國家清史編纂委員會·文獻叢刊

清代經世文選編

上

來新夏　主編

黄山書社

2011—2020年國家古籍整理出版規劃項目
國家古籍整理出版專項經費資助項目

圖書在版編目(CIP)數據

清代經世文選編 / 來新夏主編. —合肥 : 黄山書社, 2019.3
ISBN 978-7-5461-8148-6

Ⅰ.①清… Ⅱ.①來… Ⅲ.①中國歷史 - 史料 - 清代
Ⅳ.①K249.06

中國版本圖書館 CIP 數據核字(2019)第 020134 號

清代經世文選編
QINGDAI JINGSHIWEN XUANBIAN

來新夏 主 編

出 版 人 王曉光
責任編輯 歐陽慧娟 周 紅 李玲玲
技術編輯 戚 帥 李 磊
裝幀設計 龍傳人 徐力堅
出版發行 時代出版傳媒股份有限公司(http://www.press-mart.com)
黄山書社(http://www.hspress.cn)
地址郵編 安徽省合肥市蜀山區翡翠路 1118 號出版傳媒廣場 7 層 230071
印 刷 安徽新華印刷股份有限公司
版 次 2019 年 3 月第 1 版
印 次 2019 年 3 月第 1 次印刷
開 本 787mm × 1092mm 1/16
字 數 3000 千
印 張 122.25
書 號 ISBN 978-7-5461-8148-6
定 價 600.00 圓(上中下三册)

服務熱綫 0551-63533706

銷售熱綫 0551-63533761

官方直營書店(https://hsss.tmall.com)

國家清史編纂委員會出版委員會

《清代經世文選編》項目組成員

主編 來新夏

副主編 李國慶

總校 劉尚恒

三校 王永華 胡艷杰 潘友林

二校（按姓氏音序排列）

陳振江 初釗興 高鴻鈞 黄立新

江曉敏 焦静宜 李福生 李廣生

劉尚恒 穆祥望 孫繼海 孫香蘭

孫致中 涂宗濤 王沛霖 王增清

鄭天一

全書録入及初校（按姓氏音序排列）

白莉蓉 常 虹 丁學松 方廣嶺

胡艷杰 胡永曄 季秋華 翦 安

李小燕 劉桂芳 蘇 虹 孫連青

王永華 袁 彤 張建國 張金環

張 磊 張文琴 張 嚴

編務 焦静倩

總　序

戴　逸

二〇〇二年八月，國家批准建議纂修清史之報告，十一月成立由十四部委組成之領導小組，十二月十二日成立清史編纂委員會，清史編纂工程於焉肇始。

清史之編纂醞釀已久。清亡以後，北洋政府曾聘專家編寫《清史稿》，歷時十四年成書。識者議其評判不公，記載多誤，難成信史，久欲重撰新史，以世事多亂不果。中華人民共和國成立後，中央領導亦多次推動修清史之事，皆因故中輟。新世紀之始，國家安定，經濟發展，建設成績輝煌，而清史研究亦有重大進步，學界又倡修史之議，國家采納衆見，決定啓動此新世紀標誌性文化工程。

清代爲我國最後之封建王朝，統治中國二百六十八年之久，距今未遠。清代衆多之歷史和社會問題與今日息息相關。欲知今日中國國情，必當追溯清代之歷史，故而編纂一部詳細、可信、公允之清代歷史實屬切要之舉。

編史要務，首在采集史料，廣搜確證，以爲依據。必借此史料，乃能窺見歷史陳迹。故史料爲歷史研究之基礎，研究者必須積累大量史料，勤於梳理，善於分析，去粗取精，去僞存真，由此及彼，由表及裏，進行科學之抽象，上陞爲理性之認識，纔能洞察過去，認識歷史規律。史料之於歷史研究，猶如水之於魚，空氣之於鳥，水涸則魚逝，氣盈則鳥飛。歷史科學之輝煌殿堂必須巋然聳立於豐富、確鑿、可靠之史料基礎上，不能構建於虚無縹緲之中。吾儕於編史之始，即整理、出版《文獻叢刊》《檔案叢刊》，二者廣收各種史料，均爲清史編纂工程之重要組成部分，一以供修撰清史之用，提高著作質量；二爲搶救、保護、開發清代之文化資源，繼承和弘揚歷史文化遺産。

清代之史料，具有自身之特點，可以概括爲多、亂、散、新四字。

一曰多。我國素稱詩書禮義之邦，存世典籍汗牛充棟，尤以清代爲盛。蓋清代統治較久，文化發達，學士才人，比肩相望，傳世之經籍史乘、諸子百家、文字聲韻、目録金石、書畫藝術、詩文小説，遠軼前朝，積貯文獻之多，如恒河沙數，不可勝計。

昔梁元帝聚書十四萬卷於江陵，西魏軍攻掠，悉燔於火，人謂喪失天下典籍之半數，是五世紀時中國書籍總數尚不甚多。宋代印刷術推廣，載籍日衆，至清代而浩如烟海，難窺其涯涘矣。《清史稿・藝文志》著録清代書籍九千六百三十三種，人議其疏漏太多。武作成作《清史稿藝文志補編》，增補書一萬零四百三十八種，超過原志著録之數。彭國棟亦有《重修清史藝文志》，著録書一萬八千零五十九種。近年王紹曾更求詳備，致力十餘年，遍覽群籍，手抄目驗，成《清史稿藝文志拾遺》，增補書至五萬四千八百八十種，超過原志五倍半，此尚非清代存留書之全豹。王紹曾先生言："余等未見書目尚多，即已見之目，因工作粗疏，未盡鈎稽而失之眉睫者，所在多有。"清代書籍總數若干，至今尚未能確知。

清代不僅書籍浩繁，尚有大量政府檔案留存於世。中國歷朝歷代檔案已喪失殆盡（除近代考古發掘所得甲骨、簡牘外），而清朝中樞機關（内閣、軍機處）檔案，秘藏内廷，尚稱完整。加上地方存留之檔案，多達兩千萬件。檔案爲歷史事件發生過程中形成之文件，出之於當事人親身經歷和直接記録，具有較高之真實性、可靠性。大量檔案之留存極大地改善了研究條件，俾歷史學家得以運用第一手資料追踪往事，瞭解歷史真相。

二曰亂。清代以前之典籍，經歷代學者整理、研究，對其數量、類别、版本、流傳、收藏、真僞及價值已有大致瞭解。清代編纂《四庫全書》，大規模清理、甄别存世之古籍。因政治原因，查禁、篡改、銷毀所謂"悖逆""違礙"書籍，造成文化之浩劫。但此時經師大儒，聯袂入館，勤力校理，盡瘁編務。政府亦投入巨資以修明文治，故所獲成果甚豐。對收録之三千多種書籍和未收之六千多種存目書撰寫詳明精切之提要，撮其内容要旨，述其體例篇章，論其學術是非，叙其版本源流，編成二百卷《四庫全書總目》，洵爲讀書之典要、後學之津梁。乾隆以後，至於清末，文字之獄漸戢，印刷之術益精，故而人競著述，家嫻詩文，各握靈蛇之珠，衆懷崑岡之璧，千舸齊發，萬木争榮，學風大盛，典籍之積累遠邁從前。惟晚清以來，外强侵凌，干戈四起，國家多難，人民離散，未能投入力量對大量新出之典籍再作整理，而政府檔案，深藏中秘，更無由一見。故不僅不知存世清代文獻檔案之總數，即書籍分類如何變通、版本庋藏應否標明，加以部居舛誤，界劃難清，亥豕魯魚，訂正未遑。大量稿本、鈔本、孤本、珍本，土埋塵封，行將澌滅；殿刻本、局刊本、精校本與坊間劣本混淆雜陳。我國自有典籍以來，其繁雜混亂未有甚於清代典籍者矣！

三曰散。清代文獻、檔案，非常分散，分别庋藏於中央與地方各個圖書館、檔案館、博物館、教學研究機構與私人手中。即以清代中央一級之檔案言，除北京中國第一歷史檔案館所藏一千萬件以外，尚有一大部分檔案在戰争時期流離播遷，現存於臺北故宫博物院。此外，尚有藏於瀋陽遼寧省檔案館之聖訓、玉牒、滿文老檔、黑圖檔等，藏於大連市檔案館之内務府檔案，藏於江蘇泰州市博物館之題本、奏摺、録副奏摺。至於清代各地方政府之檔案文書，損毀極大，但尚有劫後殘餘，璞玉渾金，含章藴秀，數量頗豐，價值亦高。如河北獲鹿縣檔案、吉林省邊務檔案、黑龍江將軍衙門檔案、河南巡撫藩司衙門檔案、湖南安化縣永曆帝與吴三桂檔案、四川巴縣與南部縣檔案、浙江安徽江西等省之魚鱗册、徽州契約文書、内蒙古各盟旗蒙文檔案、廣東粤海關檔案、雲南省彝文傣文檔案、西藏噶厦政府藏文檔案等等分别藏於全國各省市自治區，甚至清代兩廣總督衙門檔案（亦稱《葉名琛檔案》），被英法聯軍搶掠西運，今藏於英國倫敦。

清代流傳下来之稿本、鈔本，數量豐富，因其從未刻印，彌足珍貴，如曾國藩、李鴻章、翁同龢、盛宣懷、張謇、趙鳳昌之家藏資料。至於清代之詩文集、尺牘、家譜、日記、筆記、方誌、碑刻等品類繁多，數量浩瀚，北京、上海、南京、廣州、天津、武漢及各大學圖書館中，均有不少貯存。豐城之劍氣騰霄，合浦之珠光射日，尋訪必有所獲。最近，余有江南之行，在蘇州、常熟兩地圖書館、博物館中，得見所存稿本、鈔本之目録，即有數百種之多。

某些書籍，在中國大陸已甚稀少，在海外各國反能見到，如太平天國之文書，當年在太平軍區域内，爲通行之書籍。太平天國失敗後，悉遭清政府查禁焚燬，現在中國，已難見到，而在海外，由於各國外交官、傳教士、商人競相搜求，携赴海外，故今日在外國圖書館中保存之太平天國文書較多。二十世紀内，向達、蕭一山、王重民、王慶成諸先生曾在世界各地尋覓太平天國文獻，收穫甚豐。

四曰新。清代爲傳統社會向近代社會之過渡階段，處於中西文化衝突與交融之中，產生一大批内容新穎、形式多樣之文化典籍。清朝初年，西方耶穌會傳教士來華，携來自然科學、藝術和西方宗教知識。乾隆時編《四庫全書》，曾收録歐几里得《幾何原本》、利瑪竇《乾坤體義》、熊三拔《泰西水法》《簡平儀説》等書。迄至晚清，中國力圖自强，學習西方，翻譯各類西方著作，如上海墨海書館、江南製造局譯書館所譯聲光化電之書，後嚴復所譯《天演論》《原富》《法意》等名著，林紓所譯《茶花女遺事》《黑奴籲天録》等文藝小説。中學西學，摩蕩激勵，舊學新學，鬥妍争勝，知識劇增，推陳出新，晚清典籍多别開生面、石破天驚之論，數千年來所未見，飽學宿儒所不知。突破中國傳統之知識框架，書籍之内容、形式，超經史子集之範圍，越子曰詩云之牢籠，發生前所未有之革命性變化，出現衆多新類目、新體例、新内容。

清朝實現國家之大統一，組成中國之多民族大家庭，出現以滿文、蒙古文、藏文、維吾爾文、傣文、彝文書寫之文書，構成爲清代文獻之組成部分，使得清代文獻、檔案更加豐富，更加充實，更加絢麗多彩。

清代之文獻、檔案爲我國珍貴之歷史文化遺産，其數量之龐大、品類之多樣、涵蓋之寬廣、内容之豐富，在全世界之文獻、檔案寶庫中實屬罕見。正因其具有多、亂、散、新之特點，故必須投入巨大之人力、財力進行搜集、整理、出版。吾儕因編纂清史之需，賈其餘力，整理、出版其中一小部分；且欲安裝網絡，設數據庫，運用現代科技手段，進行貯存、檢索，以利研究工作。惟清代典籍浩瀚，吾儕汲深綆短，蟻銜蚊負，力薄難任，望洋興嘆，未能做更大規模之工作。觀歷代文獻檔案，頻遭浩劫，水火兵蟲，紛至沓來，古代典籍，百不存五，可爲浩嘆！切望後來之政府學人重視保護文獻檔案之工程，投入力量，持續努力，再接再厲，使卷帙長存，瑰寶永駐，中華民族數千年之文獻檔案得以流傳永遠，沾溉將來，是所願也！

二○○四年

目　次

前　言

來新夏

一、經世文編纂的緣起

經世之文，肇端甚古，《尚書》之典、誥、謨、誓，皆具經世内容。經世語詞，始見於《莊子》。《莊子·齊物論》云："春秋經世，聖人議而不辨。"歷代名臣奏議、政書、類書，類皆經世之作。漢賈誼之《治安策》，晁錯之《論貴粟疏》等，皆爲經世名篇。唐太宗命魏徵等編《群書治要》，輯五帝至晋有關治理國家大要之完篇整段文獻，已有經世文編之端倪。南宋孝宗淳熙五年（1178），吕祖謙曾奉詔編修《聖宋文編》，擇輯有關治道之作。書成，孝宗賜名爲《皇朝文鑑》，當爲最早之經世文編。明清以來，經世之作繁興。明自永樂始，先後有《歷代名臣奏議》《名臣經濟録》《明經濟文輯》《明經濟文録》及《經世八編類纂》等書，注重社會現狀，選輯明初以來有關經世論述，志在救弊，難於實踐。惟明季學風日趨空疏，士大夫袖手空談，政權腐朽，海内阢隉，危機四起。有志之士陳子龍、徐孚遠、宋徵璧直面現實，針對時弊，力求借鑒歷史，矯正世風，乃於前人成著基礎之上，於崇禎十一年（1638）共同選輯經世之作，歷時十月，匆匆成書504卷，徑以《經世文編》命名。

《明經世文編》之編纂主旨，乃在關心世事，講求實學。編者陳子龍於其序中已明言之云："俗儒是古而非今，文士擷華而舍實。夫保殘守缺，則訓詁之文充棟不厭；尋聲設色，則雕繪之作永日以思。至於時王所尚，世務所急，是非得失之際，未之用心。苟能訪求其書者蓋寡，宜天下才智日以絀，故曰士無實學。"另一編者徐孚遠在序中亦云："今天下學士大夫無不搜討緗素，琢磨文筆。而於本朝故實，罕所措心，以故剡藻則有餘，而應務則不足。語云：'高論百王，不如憲章當代。'"其他各序，亦多抨擊空疏，故所選多祛華就實。《明經世文編》所選多應世務之急，近人吴晗論其選文原則爲明治亂、存異同和詳軍事，頗得其要。《明經世文編》采録甚廣，約在文集千種以上，多爲當朝人議論當朝政事得失之作，頗多名家名篇，堪爲當政者提供歷史經驗教訓。其間有采其文而後世不傳其集者，故《明經世文編》又有保存文獻之功。所收範圍幾盡政治、經濟、軍事、文化、社會各方面，而軍事尤見突出，有兵餉、馬政、邊防、邊情、邊墻、軍務、海防、火器等事，他如灾荒、農事、治河、水利、海運、漕運、財政、鹽法、刑法、錢法、鈔法、税課、役法等事無不與國計民生相關聯。惜明末政權猶如魚游釜底，面臨危亡，有識之士縱有善言讜論，已難挽既倒之狂瀾。《明經世文編》成書倉促，間有疏漏，不免爲後人議論；但其思想、文字對後來之影響頗大，清初經世實學之興，即其一端。

二、清代經世文的編纂

《明經世文編》是一部選輯有明一代經世致用文的總集，但因其中有涉及清入關前與明政權關係之作，對清朝先世多有不堪之詞，是以於清乾隆四十三年（1778）將其列爲禁書。儘管如此，因其可供實用施政之參考，以致查而難禁，一直流通於世，成爲清初顧炎武、黄宗羲、王夫之等經世學家之先驅。顧炎武之《天下郡國利病書》、黄宗羲之《明夷待訪録》及王夫之之《讀通鑑論》諸作，爲清初實學之首倡。諸多名臣賢士，亦多有經世名篇，呈清代經世思潮的第一次興起。其後，大批學人論者怵於康雍乾連續不斷之文字獄，爲避禍而轉入考證、訓詁等漢學學術，經世思潮一時低落。惟乾隆時人陸燿異軍突起，輯《切問齋文鈔》三十卷，收録清初以來有裨經世之文而未以經世文名書。《切問齋文鈔》雖無經世文之名，實爲清代經世文編之首作，上承《明經世文編》之餘緒，惟一改以人物排序爲以類分卷，清代諸經世文編之纂集，皆依其編例，爲清代第一次經世思潮的總括。其書刊行於乾隆四十年（1775）春，時人頗多贊譽，馮浩爲其書作序有云："（其書）或長篇連卷，博大雄深；或言簡意賅，肅括精當；或援據明辨，智者讀之而心醉；或淺易真摯，愚夫婦聽之而點頭。舉凡天時、地理、德行、政治之務，罔不探賾剖微。"其後文網漸疏，論者間出，嘉道之際，社會敗象日顯，龔自珍、魏源等有識之士，已有感覺，敢於立言。賀長齡應時而興，與魏源共輯《皇朝經世文編》百二十卷，於道光六年（1826）成書，七年（1827）梓行於上海。全書分八類六十目，總匯學術、治體、吏、户、禮、兵、刑、工各政之經世文。當時風行，後來亦頗多贊譽，同治十二年（1873）辜滢撰序稱："是編也，取材近，選言富，利病若白黑分，調劑各有法，古方今病之誚，庶乎免矣。良工從長施治，審經絡之端委，識藏府之苦欲，而鬭灸之，而鑱石之。案而調之，藥而起之，毋實實，毋虚虚，壽世仁民之道，不可勝用矣。"數十年後之《皇朝經世文續編》序中又贊稱："耦耕（賀長齡）先生具經世才，思以良法貽天下。於當代名人論議，廣搜博覽。凡有裨世用者，毋論長篇短幅，裒而録之，不泥古而切於時務，分門别類，都爲一編。體例仿《切問齋文鈔》而詳備過之。"繼其後以經世文編爲名而稱續編、三編、四編、五編、統編、新編者近二十種，另有不以經世文爲名，而實爲經世文編者，如《皇朝蓄艾文編》《皇朝道咸同光奏議》等。綜其所選達數千篇。經世文編之體一時稱盛，而鴻篇巨製難以翻讀。二十世紀六十年代我曾自現存經世文編各書，十中選一，成一選篇，以利讀者檢讀。已搜求多種，方將啓動，而"文革"禍起，遂包扎庋藏於研究室，幸獲保存，而整理選編之志，時在念中。

三、《清代經世文選編》編纂進程

新世紀之初，數十年重修清史之多方呼籲，終於2002年由政府决定，建立國家清史編修機構，並撥付巨資，開展編纂工作。各方爲此頗受激勵，我亦爲酬數十年宿願，動念爲《清代經世文選編》申請立項，遂於2004年申報待批。迨2005年4月正式立項後，當即邀集人員，制訂工作計畫，在南開大學圖書館設立項目工作室。全部進程分如下四個階段：

第一階段，從2005年7月正式立項起至同年12月止，邀請南開大學、天津師範大學、天津圖書館、天津古籍出版社等單位副高以上人員，根據臺灣出版之《清代經世文篇目》影本，以不同色筆分一二三級，圈選可進入選編之篇目。之後，又經專家組人員增補該目所未收各書之篇目。經整理後，成《清代經世文選編待選總篇目》稿。

第二階段，自2006年1月4日始至3月底，由項目組人員根據《清代經世文選編待選總篇目》，從各底本中，分别抽出各篇，複印成工作底本。從4月起至5月止，由天津圖書館工作人員，夜以繼日，將所有選篇，打字排版，初步校對，形成點校工作紙本一稿。5月22日至24日，項目組邀請點校人員十餘人討論國家清史編纂委員會文獻組下發之《文獻整理工作通則》，相互溝通，取得共識，將工作底本發給點校人員分頭進行。

第三階段，自2006年6月1日至2007年2月，由點校人員進行第一次點校。自2007年3月至9月，點校人員交换點校稿，進行復審，即第二次點校，糾正錯誤，補充遺漏，形成紙本二稿。點校人員在點校過程中對選文取捨可在另紙提出建議。項目組對二稿進行整理，裝訂成八册，送呈國家清史編纂委員會文獻組，經文獻組邀請專家評審，於2007年12月26日批復稱："總體品質合格，可以進入下一階段工作。"並附來專家匿名書面意見，對選文、分類、標點等提出中肯意見。項目組根據這些意見，反復討論、研究，確定了下一步工作程式爲：1. 將原按類編次改爲以年編次，以體現歷史發展、社會發展和不同的經世對策。2. 調整篩選更换選文，以其人政績學術爲後人所共識，而篇章又具重要參考價值者爲主。3. 聘請專人對二校稿通讀，進行三校復審。4. 對被選文作者生平進行訂補。

第四階段，自2008年1月至6月，聘請專業點校人員將二稿進行三校審定，通讀全稿，統一體例，糾謬補正。後經項目組人員理清全稿，形成紙本三稿，並做成樣稿，送請國家清史編纂委員會文獻組代爲徵求專家意見。6月14日，國家清史編纂委員會項目中心及文獻組在南開大學召開專家座談會，與會者有國家清史編纂委員會副主任馬大正和陳樺、徐兆仁、王江、李嵐等領導，專家王汝豐、王思治、劉桂生、劉志琴、史革新、張昭軍、童本道、陳錚、孫燕京以及項目組人員共二十餘人。會議就《清代經世文選編》的編纂方式、選文標準及作者小傳的寫法等方面進行熱烈討論。未到會專家楊天石和王曉秋也寄來書面建議，會議要求項目組做好定稿工作，如期結項，對項目組人員給以極大的鼓勵。會後項目組人員認真研究討論，接受建議，斟酌修訂，增補缺漏，進行如下工作：1. 根據會議决定采用以作者年次爲順序的編纂方式。2. 重新審定選文，先編篇名目録送請專家增删訂正。3. 項目負責人分頭通閲全稿，作必要的調整、訂正。4. 撰寫前言，闡述全書有關問題。5. 改寫被選文作者生平，仍以各經世文編簡要小傳爲據，正其謬誤，補其缺漏。全稿經重新編排，於12月間完成紙本定稿即第四稿，按原計畫如期完成全稿。共收文1100餘篇、附録數件，約200萬字，成《清代經世文選編》一書。

《清代經世文選編》是從目前傳世的二十種經世文中遴選、編次、點校而成的簡編。這筆文化遺産，爲清史界的學術研究提供了簡要的文獻依據和翻檢綫索，具有一定的史料價值。同時也爲當今社會發展，提供歷史借鑒，對施政實用，起到參考作用，更對後世有志經世人士勇於承擔關注社會、關注民生職責者，有所啓迪，行將推動經世思潮的新發展。

四、關於《清代經世文選編》編纂工作中若干問題的説明

在《清代經世文選編》的編纂過程中，不時出現一些矛盾和難以解决的問題，項目組曾試過不同的解决途徑。在文獻組對報送第二階段成果的批復中，曾指出應對分類、選文、點校三方面做重點研究，項目組據此對前此各有關問題進行歸納，統一認識，確定方案。現將有關問題説明如次。

1．關於斷限問題。本書選文上起清入關建立清朝始，下限斷於清宣統帝遜位止。入關前雖有重要經世文如范文程、洪承疇等人所作，也不予收録。

2．關於選文來源問題。本書爲經世文選編性質，選文均出自清代二十種經世文編，其中包括不以經世文編命名者，如《切問齋文鈔》《皇朝蓄艾文編》《皇朝道咸同光奏議》等幾種。有些重要人物的重要經世文作品，因當時未被收入所采用經世文編中，此處姑且缺如。

3．關於選文數量平衡問題。各種經世文著述中，作者名聲有大小，成果有多少。爲使論題博涉，作者面廣，一般多者二十篇上下，少者亦在一兩篇之間。

4．關於編排問題。在選文完成後，面臨如何編排次序的問題，項目組曾對此進行不同方式的嘗試。在2008年6月的專家座談會上，對編次問題，争論甚多，對類别排或時序排，各抒己見，二者各有短長，難於統一。最後經會議議定，交由項目組會後研究討論决定，采用一種編排方式，不再就此争論。項目組經過鄭重反復研究，决定采用以作者生卒年或其主要活動時間爲序的方式來編排，因爲以時代順序編排各文，可使讀者便於從歷史發展順序中較清晰地看到不同時代的社會問題及不同的對策，可操作性較强。同時爲了便於按類目檢索，我們編製了分類目録，供對照使用。

5．關於標點問題。按照工作要求，邀請點校人員，根據《文獻整理工作通則》進行初校、二校，儘量消除錯誤。經整理後，再聘請專業點校人員通校全書，統一體例，消除錯誤，要求達到較高準確率。最後由正副主編分别核校，以求完善。

6．關於作者簡介問題。對於入選作者生平小傳，最初撰寫較長，後發現各作者情況不同，小傳長短不一，而且也有掛一漏萬之虞，於是仿原經世文編簡介方式，改在選文之首，列一簡介，撰寫作者名號、籍貫、經歷、著述等。其生平不詳或原署闕名者，無法按生卒年排序，則選其内容切實有參考價值各篇，以篇名爲序，編爲副編，列於正編之後，並編入索引。

7．爲了便於檢索，本書編製了篇名索引和作者索引。

《清代經世文選編》歷經三年半的歲月，終於在國家清史編纂委員會文獻組的直接指導下完成。在這一過程中，項目組人員經歷了反復探索，也走過一些彎路，經歷過許多辛勞，同時也獲得了許多整理文獻的有益經驗。因此，我非常感謝各方面對這一項目的關注。

首先，感謝國家清史編纂委員會項目中心、文獻組對我們的信任，並在業務上和財力上給予大力幫助，使我們能順利地開展工作，完成任務。而王汝豐先生與文獻組諸君密切聯繫，時予關注，亦在此表示謝意。

其次，由於我們需用各種經世文編底本，承國家圖書館、天津圖書館、吉林大學圖書館、浙江圖書館、北京大學圖書館、北京師範大學圖書館、天津師範大學圖書館、南開大學圖書館等單位和有關人員惠助，熱情提供複印本，使項目得以及時啓動。

再次，全稿承孫致中、涂宗濤、李福生、孫香蘭、初釗興、王增清、鄭天一、孫繼海、陳振江、高鴻鈞、江曉敏、黄立新、王沛霖、穆祥望、焦静宜諸先生和女士熱情承擔第一、二次點校工作。王永華、胡艷杰、潘友林三位同志承擔第三次審校工作。他們的辛勞令人感念難忘。

《清代經世文選編》如果没有上述各方的幫助是不能如期完成的，但在此我還應對我的合作者、天津圖書館歷史文獻部主任李國慶先生表示感謝。他是一位有敬業精神，有豐富古籍整理經驗的中年學者。當初定下本項目時，國家清史編纂委員會因我已年逾八旬，建議物色一位年富力强、富有學識的學者協助，而國慶則是我心目中的首選。在三年多的合作歷程中，國慶認真履行副主編職任，在繁重的本職工作外，傾全力於《清代經世文選編》。他組織天津圖書館有關同仁，承擔繁重的文字録入、文字校對和全書編排工作，以保證編纂工作的順利推進。他隨時積存編纂進程中各種有關資料，使我便於掌握全局，爲全書做出應有的貢獻。

我以耄耋之年，得側身於盛世修典之大業，實感榮幸。雖時懷臨履之懔，但年高體弱，難免有不周與差誤。如本書有可取之處，則爲諸同仁所盡力；如有瑕疵，我職任主編，當獨任其咎。全書刊行問世，尚祈諸有識者匡正爲幸！

2009年元旦寫成於南開大學邃谷，時年87歲

編　例

一、經世文作品及其作者的收録範圍

1. 從傳世的二十種清代經世文專著中選録有清一代能夠反映當時人議論政事得失情況的經世文作品。

2. 所録經世文作品的作者，多屬於當時的重要人物，兼收非重要人物甚或佚名而内容重要的經世文作品。

3. 本書根據實際需要，收録每位作者的經世文作品數量多寡不一，少者一兩篇，多者二十餘篇。

二、經世文作品的排列順序

1. 本書所收經世文的作者，凡有生卒年或其事迹可考者，按生卒年或其主要活動時間順序排入正編。（其中，凡有生卒年者，著録於作者姓名之後的括號内；生卒年不詳者，著録時題“生卒年不詳”五字。）

2. 本書所收經世文的作者，凡生卒年不詳、活動時間不可考及闕名者，均按所選經世文作品的篇名漢語拼音順序排入副編。

3. 在每一篇經世文作品之後，附列其原始出處。如：

王命岳《蠲恤宜速議》【3】

–2. 皇朝經世文編　卷四四　户政一九　荒政四

表示此篇出自采用書目的第二種《皇朝經世文編》，卷四四，户政一九，荒政四。

三、經世文作品的分類目録

本書在所采各種清代經世文編書目原始分類的基礎上，綜合時代因素和實際收録情況，略加改進，編成新分類目録，總分 11 門，98 類。若某類僅收一篇作品，則並入相近類目中。

四、經世文作者的傳記資料

1. 爲了使讀者對所選經世文的作者有所瞭解，本書在《皇朝經世文編》《皇朝經世文續編》中所載作者小傳原始資料的基礎上，依據《三十三種清代人物傳記資料匯編》《清代科舉人物家傳資料匯編》及《清代人物生卒年表》等書，編成本書的作者小傳，内容主要包括作者生卒年、字號、籍貫、職官、科第及著作等項。

2. 凡無傳記資料可查，或佚名的經世文作者，其小傳闕如。

五、經世文作品的標點校對

根據國家清史編纂委員會編製的《文獻整理工作通則》的要求，對所選原刊經世文作品進行整理、録入和點校。

1. 原文殘缺及漏字用“□”表示，無法辨識之處用“■”表示。

2. 避諱字問題，爲避清諱而改動古代人名、書名及年號者，今予回改，如“宏治”改爲“弘治”，“唐元宗”改爲“唐玄宗”，等等。

3. 少數民族稱謂問題，如原文爲“猺族”徑改爲“瑶族”，原文爲“獞族”改爲“壯族”，等等。《伊犁興屯原始》中“回子”不改爲“回民”。“回子”爲清代對“回民”之稱呼。

4. 古今字、異體字、俗體字、通假字問題，以符合一般常用情形及文字發展源流爲原則，如“逕直”直接改爲“徑直”，等等。

5. 底本文字有誤，用“( )”標出，用“[ ]”改正，如“宋（神）[仁] 宗景祐”，等等。

六、經世文選編采用書目

本書采用清代編印的各類型經世文編凡二十種。現將各書之書名、卷數、編者及版本等事項著録如下：

1.《切問齋文鈔》三十卷　清陸燿輯　清楊國楨重刊本

2.《皇朝經世文編》一百二十卷　清賀長齡輯　民國三十六年（1947）上海廣百宋齋排印本

3.《皇朝經世文編補》一百二十卷　清張鵬飛輯　清道光二十九年（1849）來鹿堂刻本

4.《皇朝經世文續編》一百二十卷　清饒玉成輯　清光緒八年（1882）江右雙峰書屋補刻本

5.《皇朝經世文續編》一百二十卷　清葛士濬撰　清光緒十四年（1888）上海圖書集成書局排印本

6.《皇朝經世文續編》一百二十卷　清盛康輯　清光緒二十三年（1897）武進盛氏思補樓刻本

7.《皇朝經世文新增時務續編》四十卷《時事洋務》八卷　清三晝堂主人輯　清光緒二十三年（1897）掃葉山房排印本

8.《皇朝經世文三編》八十卷　清陳忠倚輯　清光緒二十八年（1902）上海書局石印本

9.《皇朝經世文新編》三十二卷　清麥仲華輯　清光緒二十七年（1901）上海書局石印本

10.《皇朝經世文新編》二十一卷　清麥仲華輯　清光緒間上海大同譯書局石印本

11.《皇朝經濟文編》一百二十八卷　清求自彊齋主人輯　清光緒二十七年（1901）上海慎記書莊石印本

12.《皇朝經濟文新編》六十二卷　清宜今室主人輯　清光緒二十七年（1901）上海宜今室石印本

13.《皇朝經世文統編》一百零七卷　清邵之棠輯　清光緒二十七年（1901）上海

寶善齋石印本

14.《皇朝經世文統編》一百二十卷　清闕名輯　清光緒二十七年（1901）上海慎記石印本

15.《皇朝經世文四編》五十二卷　清何良棟輯　清光緒二十八年（1902）石印本

16.《皇朝經世文編五集》三十二卷　清求是齋輯　清光緒二十八年（1902）上海宜今室石印本

17.《皇朝經世文新編續集》二十一卷　清甘韓輯、楊鳳藻校正　清光緒二十八年（1902）絳雪齋書局石印本

18.《皇朝道咸同光奏議》六十四卷　清王延熙、王樹敏輯　清光緒二十八年（1902）上海久敬齋石印本

19.《最新經世文編》一百三十卷　清寶善齋主人輯　清光緒二十八年（1902）上海寶善齋石印本

20.《皇朝蓄艾文編》八十卷　清于寶軒輯　清光緒二十九年（1903）上海官書局排印本

七、經世文選編索引

1. 作者索引

以本書所選經世文作品的“作者”爲檢索對象，按照作者姓名的漢語拼音順序，編製成經世文作者索引。先列作者姓名，次録其作品在本書中之頁碼。

2. 篇名索引

以本書所選的經世文“作品”爲檢索對象，按照篇名的漢語拼音順序，編製成經世文篇名索引。先列作品篇名，次録其在本書中之頁碼。

目
録

篇名目録

正　編

上冊［1—584］

中册［585—1268］

副　編

分類目録

九 刑政

十 考工（工政）

十一 洋務

一　學術

原學

文學

禮樂

廣論（儒行，法語）

二　教育

育才

書院

學校

天文

地理

醫學

物理化學

光學

四　治體

原治

政本

治法

用人

科舉

官制

銓選（貢舉，捐納）

臣職

變法

考察

六 户政

理財（富國）

養民

田制

農政

荒政

屯墾

賦役

八旗生計

税則

倉儲

錢幣

郵政

七 禮政

禮論

大典

宗法

昏禮

喪禮

服制

祭禮

正俗

八 兵政（戰備）

兵制

兵餉

兵法

地利

保甲

團練

水師

選將

戰和

九　刑政

刑論

律例

治獄

十　考工（工政）

土木

河防

運河

水利

海塘

製造（工藝）

紡織

機器

鐵路

礦務

船政

十一 洋務

通論

軍政

譴使

出洋

會黨

通商

約章

外史

交涉

正

编

佟國器（1601—?）

字匯白，遼東襄平（今屬遼寧遼陽）人，隸漢軍正藍旗。順治貢生，官至浙江巡撫。有《三撫密奏疏稿》。

弭盗九條疏

竊惟天下一切刑名，惟人命、强盗爲重。然人命有証佐可據，其事易明；有傷痕可驗，其迹易見。盗賊則不然，昏夜莫知誰何，踪迹杳無定在，迨至拘攝到官，不加嚴刑，必不肯認。然彼自爲之計，與其摧殘肢體，傷折肌骨，何如苟緩一時，姑俟後日。真盗固不輕招，招者未必真盗。臣以爲刑訊之法，未盡可恃也。若使弭盗有術，緝盗有方，審盗有法，則盗賊自少，而地方得以寧謐矣。臣等條議九款，爲我皇上陳之：

一、察爲盗之人。凡不農不商、不工不傭、無恒業之人，與盗近矣。不事生計，恣意賭博，與盗更近矣。迨其爲盗，形狀自異，出入無時，潛去潛歸，一也；往來多面生可疑之人，二也；常有贏餘，費用不經，三也。此皆民間之盗最易覺察者也。邇來爲盗，多是逃兵，冒營伍之裝飾，無將領之鈐束，地方不敢問，捕役不能詰。惟有鄉保法嚴，流寓必稽，則此輩無所容身矣。甚至見在食糧之兵，亦有爲盗者。傳聞各處禁城居民，往往被劫，非本弁故縱，豈能猖獗至此？臣以爲事發之日，該營將領應按軍法處斬。

一、嚴藏盗之地。除深山大澤、緑林嘯聚外，其欲劫掠城市人家，若非往來窺探，路徑習熟，豈能突然而來？是以娼家、酒樓、旅店，開場賭博之處，皆爲藏盗淵藪。庵觀寺院次之。誠能信賞必罰，勒令捕人不時譏察，非但得本地之盗已也，四方大盗亦俱無所容矣。

一、緝窩盗之家。世無窩主，則盗賊何處潛踪？盗之去來無常，而窩之居處有定。盗之踪迹猶秘，而窩之舉動甚彰。凡被劫之處，其盗之窩家，近不出五里，遠至十里、二十里止矣。蓋强盗行劫，勢難遠涉，一恐腹飢力盡，二恐天明追捕。豈有劫掠良久，分贓擾攘之後，自二十里外而來，復出二十里外而去乎？凡盗發後，密訪附近地方情形可疑之家，未有不得盗者。此就被劫處言也。又有久慣窩盗，四出行劫，仍串通本地之窩爲綫索者，此鄉甲之法不行故也。合應著爲法令，獲得其實者，一窩准十盗之賞。凡本州縣窩主在别州縣事發者，即就窩主所在，印官以昏庸參革。

一、釐審盗之弊。凡獲一盗，未有不令供招夥黨。初獲之時，神魂無主，情實易露。亦有狡黠之徒，故將睚眦之讎，誣扳數人，以脱嚴刑。問官不知，即有落筆附卷之害，據彼口説，信筆填寫。此單一經粘卷，凡有姓名者即爲盗案中人，縱得辯清，身家已不可問矣。故爲問官者，必細心辨其聲口，察其情狀，蓋真僞之情，辭色自别，虚捏之語，辨問則窮。我多方以辨之，則掩護之術，不及卒備；我隔别以訊之，則無備之語，不及會同。如果情節真正無疑，此單方可附卷。若是覆答謬，其中必有讎扳，玉石不分，最爲大害。故審盗有司，切不得以參差供單，草率附卷也。

一、别審贓之弊。盗以贓獲主認爲定案。然而執贓論盗往往失真，臣每見一招之中，盗數多者嘗二三十人，某人分某物，一一分明，種種招出，未嘗不嘆鞫獄之膠柱也。今有雜物數十，以二十人分之，數日後問所分物，各自言其所分，能不爽矣；以一人而言，十數人之所分，能一一不爽乎？況盜皆烏合之众，當昏夜之時，作倉皇之事，能以一人備記某人分某物乎？此皆沿習敍招格套，而不近情理者也。究所分贓，嘗云花費無存。夫以真贓花費，而無憑坐盜，誰不曰花費無存耶？凡盜情未確者，則當審其贓歸何處，賣與何人。若夫盜情既確，則不必待贓以定獄。律稱但得財者斬，謂一人得財，則同行者皆斬。故又稱同行而不分贓，分贓而不同行，皆斬也。今定獄必拘於贓，則真盜以無贓得脱者多矣。

一、嚴捕盜之法。除負固連營者應官兵剿除外，凡往來劫掠，出没無時者，惟責成於捕役。蓋盜賊原捕役之供户，捕役即盜賊之窩主也。若信賞必罰，法嚴令明，未有不得盜者。又盜之動静，惟同夥知之，當懸重賞云：盜夥之中，有能出首渠魁及黨與、引領兵役剿捕者，除免本罪外，仍論功擢用。則盜黨人人自疑，而有解散之勢矣。

一、慎緝盜之票。凡緝拿餘黨，不可不填明住址、年貌，若糊塗混開姓名，則處處可設牢籠，家家可施嚇詐矣。凡審供餘盜時，先要訊明某人年歲若干、身長身短、有鬚無鬚、面白面黑、住於某處，一一開注票上，庶無影射嚇詐之弊。臣見有事關叛逆重案，隔省關提者，並不開注籍貫、年貌，止列姓名，以致逐縣搜查，各里取結。天下同名同姓之人甚多，其爲詐索，何可勝計？伏乞天語申飭各直省内，凡有事屬叛、盜二案關提人犯者，必須注籍貫、年貌，一一明確。如無籍貫、年貌，不許行提。

一、申首盜之令。凡盜賊自首，原准免罪。若大功以上親及同居親屬，雖無服者，出首與自首同，亦准免罪。此律愚民不曉，故父兄明知子弟爲盜，而溺於情愛，遂致隱瞞。凡爲盜一二次者，父兄知之；一二月者，鄉鄰知之。鄉鄰首盜，其實甚難。蓋官司捕獲真盜，或贓有可疑，嘗十數駁未已。良善之民，出身首盜，東奔西走，妨工費錢，萬一審不成獄，不惟自坐虚枉，且致群盜報復，身命俱喪。以難事責之小民，似非情矣。惟鄉甲法行，責成甚嚴，則人畏法而不畏盜，盜亦讎法而不讎人矣。以後審實初盜，其父兄應連坐；審實久盜，其鄉鄰應重處。

一、清爲盜之源。勸善莫如鄉約，弭盜莫如保甲。第實行則事理民安，虚行則事煩民擾。夫盜豈能不與人同里而居，朝夕相見乎？彼生理經營，里人有不知者乎？所與交游姓名、面貌，里人有不識者乎？縱在孤村，豈無親戚族黨往來乎？縱屬流寓，其來踪去迹，居停主人有不熟悉者乎？若以鄉甲之法，實在舉行，如有一人爲盜，則闔約舉發；如有一人非盜，而被盜誣扳，則闔約保救。惟鄉甲廢而盜賊敢於公行，鄉甲廢而盜賊始有淵藪，鄉甲廢而被劫無聲援，鄉甲廢而真盜無舉首，鄉甲廢而被盜扳誣不敢保救。此盜風所由日熾也。鄉甲之法甚嚴，則奸宄無處容身，天下不憂不治矣。

—2. 皇朝經世文編　卷七五　兵政六　保甲下

賈漢復（1606—1677）

字膠侯，號静庵，山西曲沃（今屬臨汾）人，入清隸漢軍正藍旗。順治十四年(1657) 授督察院理事，官至兵部尚書。有《静庵未定稿》。

嚴察派徵檄《河南通志》

錢糧關係軍國重務，少派則虧國，多派則病民。原不容一毫增，亦不容一毫减者也。故前奉欽定“悉照萬曆年間等則派徵”，刊刻賦役，除荒徵熟，永爲遵守。朝廷之嘉惠元元，何其周且詳也。倘奉行者上體國課，下念民瘼，當順治十二年刊造賦役之時，若俱照萬曆年間則例銀數，磨對清楚，勒之版圖，頒以由單，何至於虧國？又何至於累民？

今本部院接准部咨，行查多派少派緣由，及將各屬派徵文册與《賦役全書》逐一查對，其各州縣每畝徵銀數目，有比《賦役》多者，有比《賦役》少者，咸與萬曆年間等册不符。至於少派者虧國，不待言矣。其多派者，每畝有多幾毫者，有多幾釐幾分者，甚有多至一錢者。如河南府新安縣，上地每畝徵銀六錢零；宜陽縣上地徵熟則例，每畝比舊則多至一錢零。若以地復原額計之，多徵銀數，每州縣不下盈千纍萬。病民之大，莫逾於此。况豫省群黎，自經凋殘之後，寥寥孑遺，皆是患難餘生。照額派徵，尚苦無措；此額外包荒，其何以堪？皆因順治十二年始造《賦役》，各官全不詳慎，以致《賦役》舛錯，貽千百年之巨害，俾窮民剜肉包荒，枉苦莫訴，何日是其底止也！故諺有云“糧爲萬年贓”，其斯之謂歟？

本部院撫豫以來，何利不爲民興？何害不爲民除？似此多派厲民之事，知之既切，察之既真，斷不肯任聽前官之誤，貽殘黎無窮之累。除行布政使查省屬地方：遵照萬曆年間則例派徵者，係某某州縣；比照《賦役》包荒多派者，係某某州縣；比照《賦役》少派者，係某某州縣。其中多派者何故多派，少派者何故少派，再一合盤籌算。多派州縣，除荒熟額銀之外，共計額外多出銀若干；少派州縣，合荒熟額銀之數，共計額内尚少銀若干。逐一查明，作何更正，造册具詳。第此多派少派之數，雖係從前司府州縣錯誤，其中少派者僅止毫釐之謬，爲數無幾，而多派者竟至每畝幾分幾錢，爲害最鉅。俟藩司查明日，咨部具題。但事關百姓永害，本部院不避嫌怨，期於力除，以甦民累。合行仰撫屬官民人等一體通知，亦見本部院惓惓爲民至意也。

—2. 皇朝經世文編　卷三二　户政七　賦役四

王命岳（1609—1667）

字伯咨，福建晋江人。順治十二年（1655）進士，官至刑科都給事中。有《恥躬堂文集》。

蠲恤宜速議

人主，父母也；百姓，則其子也。子有疾痛阽危，則父母爲之食不甘味，寢不安席，將疾趨而往省之歟，抑意其不必然，而曰盍往覩乎，然後起而安全之歟？愚知其必疾趣而往省之，苟可蘇其危苦而與之安全，致之不遺餘力矣。

比年以來，灾警洊臻，水灾旱灾，秦晋被之，齊魯被之，楚豫又被之。江以北、江以南，則概被之。愚觀撫按上灾荒之疏，聖天子非不惻然軫念，議蠲議恤，而愚猶鰓鰓然患之，以爲美意雖勤而德澤不加也，上有蠲恤之名而被恩者寡也。何以明之？撫按不能見灾而遽入告，方其入告，則當三野既空、百穀告殄之後也。郡邑請之監司，監司請之撫按，撫按移會而後拜疏。邇者曠旬日，遠者易月，乃達京師，輾轉之間，已逾數時，就令亟下明詔，立與蠲除，加之賑貸，孑遺之民亦已存者半、亡者半矣。況復遲之以行查，俟之以報章，載往載來，此其近者復纍月，遠者動經歲，然後奉旨蠲恤，孑遺之民，幾何不存者什一、亡者什九哉。且夫行查之撫按，即向者拜疏之撫按也。以爲不可信乎，則即查而復報，議而易辭，是終不可信也；以爲可信，則當其拜疏之始而已可信矣，何不以此時發德音下膏澤，使澤中之哀鴻早被恩施，而全活無數也哉。愚知朝廷斷非有所吝惜而故遲，特有司循故事、守具文而已。救火者不解帶，救水者不褰裳，奈何以億萬生靈，旦夕之命，坐耗於故事、具文之區區者乎？

願自今灾傷地方，令有司立行詳報，監司、撫按次第確察，然後入告。疏至即如請而蠲恤之，著爲令。至於有司奉行不謹，奸胥壅遏上意，藉爲中飽者，據實處分，則地方撫按之責也。雖然，此揆事而救濟，尚未爲本論也。昔宋景德間李文靖爲相，邦國灾傷，輒聞奏曰：“人主當使知四方艱難。夫知四方艱難則必思危，思危則必退而修省，是神堯其咨儆予之心，而成湯女謁苞苴之懼也。”愚於聖主敬天，大臣格君，又俱殷殷有厚望云。

—2. 皇朝經世文編　卷四四　户政一九　荒政四

王益朋（1610—1670）

原名聘，字莘民。後改今名，字鶴山，號元之，浙江仁和（今屬杭州）人。順治十二年（1655）進士，授庶常，改户、兵二科給事，後官至太僕寺少卿。有《清貽堂存稿》。

全地利重根本疏順治十四年

臣惟時詘舉嬴，難與慮始，然事關重大，貴在開先。始之規模不立，則無以垂奕世而示來兹。臣有一得之愚，可以厚功臣、收地利、明官守、宣教化、重根本、備海防者，敢不爲皇上陳之：

臣稽載籍，歷代建都不一。明洪武都金陵，永樂遷北平，以金陵爲南京。雖各功臣隨還於燕，而所賜田産皆委家人、莊頭在彼耕種，收穫租糧，供送本主。原非罄國而遷，置舊都於偏廢也。我朝定鼎燕京，則遼陽發祥之地，實猶昔之南京也。自墨勒根王苟且補苴，而陪京規制，闕焉未舉。幸皇上親政，加意根本，懸爵招民，權宜鼓舞。究竟所招不多，生聚無幾，開墾未廣，名器徒輕。頃見遼陽知府張尚賢《招徠不繼》一疏有云：去歲自春徂秋，招頭絶迹，請勑部設法招徠。或此法難行，更有彼法可通等語。而部覆以爲招民之例，原經會議題定，已屬破格鼓舞，無庸再議。臣愚以爲與其懸爵招民，應之者少，不如倣明初之制，將遼陽等處田地酌量分給功臣之家，令其委託家人、莊頭耕種，收穫供送本主。彼之地利既熟，而辨種必饒，又無煩司農之籌劃者。况八旗兵丁加以連年水患，户部議給滂糧，公私兩受虧耗，孰得孰失明白易見。至於近畿之地圈給八旗，朝廷雖有撥償，恐難盡如原數。以臣愚計，莫如即將遼陽所屬餘地查數撥補，有力之家不妨多給。在畿，民無失業之虞，不獨無地而有地；在朝廷，鮮抛荒之患，亦可因地而得民。較之近日懸爵招徠，其間容易繁難，相去徑庭矣。且旗下舊人常言關東土地肥饒，可惜抛荒無人耕種。由此觀之，諒亦臣民之所樂行者。此所謂厚功臣、收地利之一也。

其陪京舊制，在明朝，南京設有文武諸司，而科道糾參之責，部司榷關之差，咸得與焉。查洪熙、宣德在儲位時，亦曾南京監國，不止勛臣留守。今遼既稱盛京，則應察照《會典》，量設部院科道，滿漢官員按時修舉諸大典禮。至於舊時衙宇似未盡壞，略加修葺，所費不多，所關實大。又知府張尚賢《全遼文運已開》一疏，内云：遼陽士子遵旨出關，携妻挈子，千里播遷，情尤可憫。較之寄籍在遼之永平生員，視嚴綸爲故紙，畏出關如虎穴，不啻雲泥等語。臣愚以爲士爲四民之首，自當遵旨奉法，争先恐後，以風小民，何得藐視法紀如府臣所云者？伏請皇上嚴勑盡令出關，各還故土，勤學力農，一勞永逸，則其親友相依，携帶人口，正自不少。如有直省俊秀人等願赴遼試者，許其全家移住，即與田産，入籍應試，每五名一爲互結。立法之初暫寬冒籍之禁，大抵不在本地開科，則人情不肯争相趨赴，於作養士子之中，寓招徠人民之計。此所謂明官守、宣教化之一也。

至於遼陽等處，歷代以來皆爲郡縣，明初盡改置衛，止於遼陽、開元設安樂、自在二州。我朝初設一府兩縣，其餘各城俱未建置。見今海賊未殲，風候莫測，有備無患，機要宜詳。臣思祖宗陵寢所在，王氣攸鍾，實爲重地，若不預爲防維，則濱海地方一旦賊人飄忽而至，其何以應之？臣愚以爲自山海以東，凡大小衛所城池，俱當建置郡縣，設立防守，拱護聯屬，生聚教養，在此一舉。此謂重根本、備海防之一也。

抑臣更有請者，前代大小臣工，怙過不悛，或調南京使之砥礪修省，果能悔過仍復調回。今以衙蠹罪犯，徙發遼陽，雖亦填實畿輔之一端，然而非法之善也。夫寧古塔、尚陽堡，尚可比之前代邊遠之處，而遼陽左右既屬盛京，當如明之應天等處，商賈輻輳，士民樂居，佳麗富饒，斯稱天府，豈可使罪人雜處其間哉？且此輩舞文狡猾，其心必異，子孫習染，種類不端，敗壞風俗尤其小者，釀亂思逞，勢所必然，更不可不早爲區別也。

—2. 皇朝經世文編　卷三五　户政一〇　八旗生計

史　爽（生卒年不詳）

字壽平，號寰園，江蘇揚州人。順治十四年（1657）舉於鄉，後任教諭之職，卒於途所。輯著有《文獻通考鈔》《歷代選舉考議》。

運河上下游議《揚州府志》

江都之河渠，有關於河防水利者，惟運河爲大。北接高郵，南至大江，一綫漕堤，與河俱長。而最險要者，則自邵伯金家灣起，北至露筋界牌止，計堤四十餘里。堤以西曰上河，自朱家湖、黄子湖迤西，地勢漸高，常憂旱。堤以東曰下河，自堤迤東，地勢漸低，常憂澇。昔晋太傅謝安，始築邵伯堤以界之，堤以西無旱憂，堤以東無澇憂，民皆便之。至明季，高堰失修，翟壩沖缺，水勢直灌高江。此江都漕堤之所以屢决，而民胥爲魚也。然患雖中於江都，而所以患之故則有來源去路，不僅在江都也。須分三路之水而治之。

三路者何？曰上流、中流、下流也。上流不治則來水無窮，雖日治中流無益也；中流不治則蓄泄無方，雖日治下流無益也；下流不治則水無去路，雖日治中流亦無益也。

所謂上流者，高堰、周橋、翟壩是矣。高堰宜幫闊也，周橋不可開也，翟壩宜堅築也，則淮水不致旁泄，得以全力沖出清口，上而清口不淤，下而高江不溺。再查高堰以上之歸仁堤，照舊實築，而洪澤湖來流減半，高堰、翟壩俱爲易守，則來源既少而上流治矣。

所謂中流者，自淮至揚運河漕堤是也。舊制十里設一小閘，旱則蓄，澇則泄，以濟漕運，以衛民田也。又堤西諸河，霪雨非常，及清江浦之上通濟閘水下注，與盱眙、天長、高良澗水陡發，運河不能容受，於是在山陽則開涇河、黄浦二大閘，在寳應、高郵界則開子嬰溝大閘，在江都則開金灣三閘及新河十四里芒稻河東西兩閘。自邵伯至江不過三十二里，泄水最爲直捷。康熙間河院［督］王光裕，又於兩閘之西開閘三門，亦因此地泄水最易也。但金灣閘門尚窄，閘下新河孔家灣，南北淤沙淺窄，宜開通廣闊。再將陸漫溝以北開一二閘，使運河水勢南北分泄，則蓄泄有方而中流治矣。

所謂下流者，則范堤各場之海口是也。雲梯關在昔止爲淮水尾閭，故能容受而無沙淤之患。自宋神宗熙寧間黄河南徙，黄始入淮，濁流夾沙而行，稍一旁决，則勢緩沙停而河塞。愈塞愈决，愈决愈塞。且黄家嘴、七里溝相繼旁决，而雲梯關大淤，正坐此病。是雲梯關爲黄、淮兩水之尾閭，乃第一要緊海口，不必言矣。其外若山陽之廟灣海口、鹽城之石蹉天妃廟海口、興化之劉莊青龍橋口、白駒之闘龍港口、草堰之瀛河口、小海之小海團口、泰州丁溪之龍開港口、河垛車兒壩之滔子壩口，凡此皆所以泄堤東七邑之水者也。年來非不開放，而究竟田廬不免淹没，人民不免漂溺。屢煩破格蠲賑者，有二説焉：一則各海口離漕堤俱三四百里而遥，紆回曲折不能直達也；一則下河七邑，四高中窪，地形如釜，沿堤减閘之水，譬之由釜邊而入，范公堤各場口，地勢反高，譬之由釜邊而出，則釜底之田廬已在深淵矣。沿堤三十餘减閘之水，滔滔東注，既不通江，又難達海，非民田受之而焉往也。故運河之水，導之入江入海者，上策也。不得以［已］而泄之下河，則當準漕堤閘口之水與各場海口之數相等，庶來源去路足以相當。而其中之行水河路，積年淤塞，尤不可不亟爲深浚者也。在涇河、黃浦之下則射陽湖一路，子嬰溝之下則鹽城舊官河一路，清水潭下則泰山廟東河一路以及興化之海溝河、白望河、車路河，邵伯之下則顏家莊、楊家莊以達樊汊及泰州西溪河，併各場之串場河與范堤東達海。河路俱開通深闊，則水有去路，而下流亦治矣。

—2. 皇朝經世文編 卷一一二 工政一八 江蘇水利中

黄宗羲（1610—1695）

字太沖，號南雷，别號梨洲先生，浙江餘姚（今屬寧波）人。南明魯王時官至左副都御史，入清隱居講學。有《明儒學案》《明夷待訪録》。

原　君

有生之初，人各自私也，人各自利也，天下有公利而莫或興之，有公害而莫或除之。有人者出，不以一己之利爲利，而使天下受其利，不以一己之害爲害，而使天下釋其害。此其人之勤勞，必千萬於天下之人。夫以千萬倍之勤勞，而己又不享其利，必非天下之人情所欲居也。故古之人君，量而不欲入者，許由、務光是也；入而又去之者，堯、舜是也；初不欲入而不得去者，禹是也。豈古之人有所異哉？好逸惡勞，亦猶夫人之情也。後之爲人君者不然，以爲天下利害之權，皆出於我。我以天下之利盡歸於己，以天下之害盡歸於人，亦無不可。使天下之人不敢自私，不敢自利。以我之大私爲天下之公，始而慚焉，久而安焉。視天下爲莫大之産業，傳之子孫，受享無窮。

漢高帝所謂"某業所就，孰與仲多"者，其逐利之情，不覺溢之於辭矣。此無他，古者以天下爲主，君爲客，凡君之所畢世而經營者，爲天下也；今也以君爲主，天下爲客，凡天下之無地而得安寧者，爲君也。是以其未得之也，屠毒天下之肝腦，離散天下之子女，以博我一人之産業，曾不慘然。曰：我固爲子孫創業也。其既得之也，敲剥天下之骨髓，離散天下之子女，以奉我一人之淫樂，視爲當然。曰：此我産業之花息也。然則，爲天下之大害者，君而已矣。向使無君，人各得自私也，人各得自利也。嗚呼！豈設君之道，固如是乎？

古者天下之人愛戴其君，比之如父，擬之如天，誠不爲過也；今也天下之人，怨惡其君，視之如寇讎，名之爲獨夫，固其所也。而小儒規規焉，以君臣之義，無所逃於天地之間。至桀、紂之暴，猶謂湯、武不當誅之，而妄傳伯夷、叔齊無稽之事。乃兆人萬姓崩潰之血肉，曾不異夫腐鼠。豈天地之大，於兆人萬姓之中，獨私其一人一姓乎？是故，武王聖人也。孟子之言，聖人之言也。後世之君，欲以如父、如天之空名，禁人之窺伺者，皆不便於其言。至廢孟子而不立，非導源於小儒乎？雖然，使後之爲君者，果能保此産業，傳之無窮，亦無怪乎其私之也。既以産業視之，人之欲得産業，誰不如我？攝緘縢，固扃鐍，一人之智力，不能勝天下欲得之者之衆，遠者數世，近者及身，其血肉之崩潰，在其子孫矣。

昔人願世世無生帝王家，而毅宗之語公主，亦曰："若何爲生我家？"痛哉斯言，回思創業時，其欲得天下之心，有不廢然摧阻者乎？是故明乎爲君之職分，則唐虞之世，人人能讓，許由、務光非絶塵也。不明乎爲君之職分，則市井之間，人人可欲，許由、務光所以曠後世而不聞也。然君之職分難明，以俄頃淫樂不易無窮之悲，雖愚者亦明之矣。

—9. 皇朝經世文新編　卷二七　民政

原　臣

有人焉，視於無形，聽於無聲，以事其君，可謂之臣乎？曰：否。殺其身以事其君，可謂之臣乎？曰：否。夫視於無形，聽於無聲，資於事父也，殺其身者無私之極則也。而猶不足以當之，則臣道如何而後可？曰：缘夫天下之大，非一人之所能治，而分治之以群工。故我之出而仕也，爲天下，非爲君也；爲萬民，非爲一姓也。吾以天下萬民起見，非其道，即君以形聲强我，未之敢從也，况於無形無聲乎！非其道，即立身於其朝，未之敢許也，况於殺其身乎！不然，而以君之一身一姓起見，君有無形無聲之嗜欲，吾從而視之聽之，此宦官、宫妾之心也。君爲己死而爲己亡，吾從而死之、亡之，此其私昵者之事也。是乃臣、不臣之辨也。世之爲臣者，昧於此義，以謂臣爲君而設者也，君分吾以天下而後治之，君授吾以人民而後牧之，視天下人民爲人君橐中之私物。今以四方之勞擾，民生之憔悴，足以危吾君也，不得不講治之、牧之之術。苟無繫於社稷之存亡，則四方之勞擾，民生之憔悴，雖有誠臣，亦以爲纖芥之疾也。

夫古之爲臣者，於此乎，於彼乎。蓋天下之治亂，不在一姓之興亡，而自萬民之憂樂。是故桀、紂之亡，乃所以爲治也。秦政、蒙古之興，乃所以爲亂也；晋、宋、齊、梁之興亡，無與於治亂者也。爲臣者輕視斯民之水火，即能輔君而興，從君而亡，其於臣道，固未嘗不背也。夫治天下猶曳大木然，前者唱“邪”，後者唱“許”，君與臣共曳大木之人也。若手不執紼，足不履地，曳木者唯娱笑於曳木者之前，從曳木者以爲良，而曳木之職荒矣。嗟乎！後世驕君自恣，不以天下萬民爲事。其所求乎草野者，不過欲得奔走服役之人。乃使草野之應於上者，亦不出夫奔走服役，一時免於寒飢，遂感在上之知遇，不復計其禮之備與不備，躋之僕妾之間，而以爲當然。萬曆初，神宗之待張居正，其禮稍優，此於古之師傅，未能百一，當時論者駭然居正之受，無人臣禮。夫居正之罪，正坐不能以師傅自待，聽指使於僕妾，而責之反是，何也？是則耳目之浸淫於流俗之所謂臣者以爲鵠矣，又豈知臣之與君，名異而實同耶？或曰：臣不與子並稱乎？曰：非也。父子一氣，子，父分之身而爲身。故孝子雖異身，而能日近其氣，久之無不通矣；不孝之子，分身而後，日遠日疏，久之而氣不相似矣。君臣之名，從天下而有之者也。吾無天下之責，則吾在君爲路人。出而仕於君也，不以天下爲事，則君之僕妾也；以天下爲事，則君之師友也。夫然謂之臣，其名累變。夫父子固不可不變者也。

—9. 皇朝經世文新編　卷二七　民政

取士篇《明夷待訪録》

古之取士也寬，其用士也嚴；今之取士也嚴，其用士也寬。古者鄉舉里選，士之有賢能者，不患於不知。降而唐宋，其科目不一，士不得與於此，尚可轉而從事於彼，是其取之之寬也。《王制》：命鄉論秀士，升之司徒，曰選士。司徒論選士之秀者，升之學，曰俊士。大樂正論造士之秀者，升之司馬，曰進士。司馬論進士之賢者，以告於王而定其論。論定，然後官之；任官，然後爵之；位定，然後禄之。唐之士及第者，未便解褐入仕，吏部又復試之。宋雖登第入仕，然亦止簿、尉、令，録榜首纔得丞、判，是其用之之嚴也。

寬於取則無遺才，嚴於用則無倖進。今也不然。其取士止有科舉一塗，雖使豪傑之士，若屈原、董仲舒、司馬相如、揚雄之徒，舍是亦無繇而進，取之不謂嚴乎哉？一日苟得，上之列於侍從，下亦置之郡縣，即其黜落而爲鄉貢者，終身不復取解，授之以官，用之又何其寬也！嚴其取，則豪傑之老死丘壑者多矣；寬於用，此在位者多不得其人也。流俗之人，徒見二百年以來之功名氣節，一二出於其中，遂以爲科法已善，不必他求。不知科第之内，既聚此十百萬人，不應功名氣節之士獨不得入，則是功名氣節之士之得科第，非科第之能得功名氣節之士也。假使探籌較其長短而取之，行之數百年，則功名氣節之士亦自有出於探籌之中者，寧可謂探籌爲取士之善法邪！究竟功名氣節人物不及漢唐遠甚，徒使庸妄之輩充塞天下。豈天之不生才哉？則取之之法非也！我故寬取士之塗，有科舉，有薦舉，有太學，有任子，有郡縣佐，其法以諸生掌六曹。有辟召，有絶學，有上書，而用之之嚴附見焉。

明初，薦辟之法既廢，而科舉之中尤重進士。神宗以來，遂有定例，州縣印官以上，中爲進士缺，中下爲舉人缺，最下爲貢生缺。舉、貢歷官雖至方面，非廣西、雲貴不以處之，以此爲銓曹一定之格。間有一二舉、貢受知於上，拔爲卿貳大僚，則必盡力攻之，使至於得罪譴逐，且殺之而後已。於是不繇進士出身之人，遂不得不投門户以自庇，資格與朋黨，二者牢不可破，而國事大壞矣。至於翰林之官，又以清華自處，而鄙夷外曹。崇禎中，天子忽用推知考授編檢，而衆口交譁，有適從何來，遽集於此之謂。唐武儒衡語。嗚呼！科第不與資格期，而資格之局成；資格不與朋黨期，而朋黨之形立。防微慮始，有國者其爲變通之計乎？

—2. 皇朝經世文編　卷五七　禮政四　學校

科　舉

科舉之弊，未有甚於今日矣。余見高曾以來爲其學者，五經、《通鑑》、《左傳》、《國語》、《戰國策》、《莊子》、八大家，此數書者未有不讀，以資舉業之用者也。自後則束之高閣，而鑽研於蒙存淺達之講章，又其後則以爲汎濫而説約出焉。又以説約爲冗，而圭撮於低頭四書之上，童而習之，至於解褐出仕，未嘗更見他書也。

此外但取科舉中選之文，諷誦摹倣，移前掇後，雷同下筆已耳。昔有舉子以堯、舜問主司者，歐陽公答之云，如此疑難故事，不用也罷。今之舉子，大約此類也。此等人才，豈能效國家一障一亭之用？徒使天之生民，受其笞撻，可哀也夫。顧有心世道者，亦明知此輩之無用，皆因循而莫之救，何也？如以朱子《學校貢舉私議》行之，未始不可。然極重難返之勢，不無惶駭，莫若就今見行事例，稍爲變通，未嘗不可以得真才也。

今第一場經義，第二場論、表、判，第三場策，五道。經義當依朱子之法，通貫經文，條陳衆説，而斷以己意，不必如今日分段破題，對偶敷衍之體。論以觀其識見，表以觀其綺靡，判當設爲甲乙，以觀其剖決。策觀其通今致用，所陳利害，其要如何，無取讕言僻語，剿襲套話。嗟乎！舉子苟能通此，是亦足矣。無奈主文者相習成風，去取只在經義。經義又以首篇爲主。二場、三場，未嘗過目，逮夫經義已取，始吊後場，以充故事。雖累經申敕，褎如充耳，亦以時日迫速不得不然也。余嘗與萬季野私議，即浙江而論，舉子萬人，分房十餘人，每人所閲，不及千卷，日閲二百卷，五日可畢。第一場取一千卷揭榜，其不在千卷内者，不得進第二場。第二場千卷，每人閲一百卷，一日可畢，當取五百卷揭榜，其不在五百卷内者，不得進第三場。第三場方依定額揭榜，始謂之中式。如此則主文者不得專以經義爲主，而二場、三場爲有用，舉子亦不敢以空疏應世，會試亦然。此亦急救之術，行之數科而後取朱子之議行之，又何患人才之不出乎？

—2. 皇朝經世文編　卷五七　禮政四　學校

讀葬書問對

或問："趙東山《葬書問對》所謂形氣者？"對曰："形者，山阜之象，形於金木水火土也；氣者，山川之脉理，或聚或散，聚者其生氣也。"又問："所謂方位者？"對曰："以八卦辨龍之貴賤及二十四山之衰旺生剋是也。"問者曰："東山信形氣而斥方位，是乎？"對曰："是也。然東山不能自持其説耳。夫山川之起止合散，觀其大略，亦不難辨。固人人可以顯而得之。東山精微其説，以爲吉土之遇，由於天畀。葬師言天命可改，東山言人事難致。其害理同也。""然則其故何也？"曰："鬼蔭之説惑之也。"

問者曰："鬼蔭之説非乎？程子言父祖子孫同氣，彼安則此安，彼危則此危，亦其理也。"對曰："唯唯否否。夫子孫者，父祖之分身也。吴綱之貌，四百年尚類長沙。蕭穎士之狀，七世猶似鄱陽。故嚙指心痛，呼吸相通，夫人皆然。後世至性汩没，墮地以來，日遠日疏，貨財婚宦，經營異意，名爲父祖，實則路人。勉强仁義，便是階庭玉樹，彼生前之氣已不相同，而能同之於死後乎？子孫猶屬二身，人之爪髮，託處一身，隨氣生長，翦爪斷髮，痛癢不及，則是氣離血肉不能周流。至于手足指鼻，血肉所成，而折臂刖足，蒿指劓鼻，一謝當身即同木石。枯骸活骨，不相干涉。死者之形骸，即是折臂刖足、蒿指劓鼻也。在生前其氣不能通一身，在死後其氣能通子孫之各身乎？昔范縝作《神滅論》，謂神即形也，形即神也。形存即神存，形謝則神滅。難之者謂神與形殊，生則合爲一體，死則離爲二物。二説雖異，然要不敢以死者之骨骼爲有靈也。後來儒者言斷無以即盡之氣，爲將來之氣者，即神滅之説也。釋氏所言人死爲鬼，鬼復爲人者，即神不滅之論也。古今聖賢之論鬼神生死，千言萬語，總不出此二家。而鬼蔭之説，是於二家之外，鑿空言死者之骨骼，能爲禍福窮通，乃是形不滅也。其可通乎？是以古之先王，懸棺之後，迎主于廟，聚其魂魄，以墓中枯骸無所憑依也。其祭祀也，三日齋，七日戒，求諸陽，求諸陰，彷徨悽愴，猶不能必祖考精神之聚否。今富貴利達之私，充滿方寸，叩無知之骸骨，欲其流通潤澤。是神不如形，孝子不如俗子也。”

問者曰：“若是而葬，又何必論形氣乎?”曰：“不然。布席畫階亦有方位，筮賓求日，豈因利益，况乎永託親骸，而使五患相侵，坐不正席，于心安乎？程子所謂彼安則此安，彼危則此危者。據子孫之心而爲言也，豈在禍福乎?”

問者曰：“今世視此，若禍福交手而付，甯皆狂惑乎?”曰：“不觀宋景濂之誌傅守剛乎？焚屍沉骨之俗成，纓弁之家，亦靡然從之，不然則以爲辱親也。彼之惡擇地，猶此之惡焚屍也，習俗亦何常之有!”

問者曰：“地苟不吉，遷之可乎?”曰：“不可。焚屍之慘，夫人知之。入土之屍，棺朽骨散，拾而置之小櫝，其慘不異于焚如也。何如安于故土，免戮屍之虐乎？即不吉，亦不可遷也。”

問者曰：“形氣即吉，則鬼蔭在其中，又何必外之也?”對曰：“鬼蔭之説不破，則算計卜度之心起。受蔭之遲速，房分之偏枯，富貴貧賤各有附會。形氣之下，勢不得不雜以五行衰旺生剋。心愈貪而愈昏，説愈多而愈亂。于是可葬之地少矣。誠知鬼蔭之謬，則大山、長谷、回溪、伏嶺之中，其高平深厚之地，何在無之。精微之論，不能出此。雖有曾楊廖賴亦無所用。無俟乎深求遠索，無可奈何而歸之天命也。”

問者曰：“古人凡事筮日，東山斥方位而並斥時日。何也?”對曰：“古之筮日，非生剋衝合之謂也。時則皆以質明，唯昏禮用夜，有定期也。曾子問見星而行者，唯罪人與奔父母之喪者。葬以日中可知，不然謂之痁患。下壙而以宵中，今日擇時之害也。風和日出，便于將事，謂之吉日。風雨即是凶日，筮者筮此也。今之葬者，不以雨止，擇日之害也。故東山之見卓矣。”

—2. 皇朝經世文編　卷六三　禮政一〇　喪禮下

陸世儀（1611—1672）

字道威，自號剛齋，晚又號桴亭，江蘇太倉（今屬蘇州）人。崇禎五年（1632）舉於鄉，入清隱居，私謚遵道。有《桴亭先生文集》。

勸施米湯約

凡饑民至饑歲輒易死。其死也，非盡由不得食也。不得食而死者十之六七，其由食而死者十之三四。蓋饑民飢渴久，腸胃日細，驟得食則迸急不能容受，往往腸斷而死。故久飢之人不可食飯，即糜粥亦不可多食。《救荒書》言久飢之人不可驟與粥，宜傾向卓上，令饑民就吮之，恐傷其腸胃也，蓋饑民易死如此。又荒歲米穀貴，民多食豆、粞餅、麸糠、草根諸雜物，澀滯塞腸，久飢者每每致死。睹此景象，心切痛之。然歲荒粟少，公私交迫，即素封之家亦自救不暇，終無活之之法。嘗考方書，惟穀性最養人。人但得穀氣，即纍日可以不死。里中父老言北方無稻米，每患病輒索大米湯飲之，飲則輒愈。大米者，稻米也。因思今素封家雖無餘力可以活人，然朝饔夕飧猶自不廢。今願與同志者約，凡朝夕炊粥飯時，幸少增勺米，湯沸必挹取數盞盛大甕中，多多益善。明晨以湯再炊，量入麥粉少許，使成稀粥，更以水、薑三四塊擣碎調和，各就門首施之，或一次，或早晚二次，湯盡爲度，用以少潤饑民腸胃。是有八善：不費，一善也；可久，二善也；不另起鍋作竈，無冒破之費，無董率之勞，三善也；米湯之中，少投以麥，僅堪免死，不堪飽餐，則無恥之徒，苟能自活者不思侵奪，四善也；無腸塞之害，五善也；腑臟嘗潤，不至乾枯細小，則雖食豆、粞、糠諸雜物亦無害，六善也；饑民畏寒，寒氣入心無不立斃，有薑汁則辟寒氣，通腸胃，七善也；兼去穢惡，令人不生疾疫，無轉相纏染之患，八善也。有八善而其法又淺而行甚易，凡有活人之心，宜無不以爲然者，幸勿視爲膜外。

—1．切問齋文鈔　卷一九　荒政一

思辨録論學

天子所與治天下者，士人也。而士人所習，不過帖括制義，空疏無用之文。限其出身，卑其流品，使不得並於士人君子者，吏也，而吏胥所習，錢穀簿書，皆當世之務。士人共治天下，則所當親也，而遷轉不常，歷官如傳舍。吏人不與流品，則所當疏也，而終身窟穴公庭，長子孫而無禁，天下何由致治哉？周子曰：善治天下者，識其重而亟反之。今欲復古，亦反前弊而已矣。凡士人未入官之時，當養於學校，自古論道之外，凡當世之務，俱宜練習。其吏胥則惟用識字者，取其足備書寫而已，仍三年一换，已經充役者不得復入。如此則官日智而吏日愚，可無舞文弄法之弊矣。

禮者，天理之節文。故有一代則有一代之制作，皆有意義，不必是古而非今也。孔子曰：殷因於夏禮，所損益可知也。周因於殷禮，所損益可知也。則知生百代之後者，其禮必將損益百代。乃秦漢以來，其制作禮樂者多非明理之儒，而明理之儒則又多是古非今，動輒有礙，其原多由誤認“非天子不議禮”之語。蓋《中庸》所謂“不議禮”者，謂不敢輕議而改時王之制也。若私居議論，考訂折衷，此正儒者之事，亦何罪之有焉？孔子答爲邦之問，是一証也。朱子《儀禮經傳集［通］解》亦是此意。而此書成於門人，未及折衷，且亦多泥古禮，而不能揆之於今，使後世無所遵守。愚意欲一依朱子《集［通］解》所分之目，如《家禮》、《國禮》、《王朝禮》之類，自三代以至近代，一一類載其禮，而後以己意爲文以折衷之，名曰《典禮折衷》，庶幾議禮之家有所考據。格致工夫，儀禮居其大半。今人全不講此，可慨也。

薛文清云：凡國家禮文、制度、法律、條例之類，皆當熟讀深考。愚謂孔子動稱周家法度，雖周公制作之善，亦從周故也。予每怪後儒學孔子，亦動稱周家法度，而於昭代之制則廢而不講，亦不善學孔子者矣。况居官而讀律令，所謂入國問禁也。昔陸文量公嘗言國家當設宰相，及讀律令有“以後官員人等有妄言請設立丞相者，滿朝文武大臣即時執奏，將本犯凌遲處死”，不覺失色，因嘆居官不可不讀律令。今之學者奈何忽諸？

《文獻通考》與《綱目》相表裏，《綱目》詳歷代之事實，《通考》詳歷代之典禮。世全不觀，所以鮮實學之士也。鄧元錫《函史》下編、朱健《治平略》二書，宜與《通考》參看。修己治人之道，莫備於《大學》，西山《衍義》、瓊山《衍義補》，則旁通而曲暢之者也。能讀《衍義》、《衍義補》二書，則知天下無一書不可入《大學》。其不可入《大學》者，皆無用之書，皆無益於人己者也。

讀史當以《綱目》爲主，參之《資治通鑑》以觀其得失，益之《紀事本末》以求其淹貫，廣之“二十一史”以博其記覽。然約禮之功，一《綱目》足矣。《資治通鑑》與《紀事本末》猶不可不讀，“二十一史”雖不讀可也，備查足矣。“二十一史”列傳甚冗亂，其諸志卻不可不讀。蓋一代之禮、樂、刑、政存焉，未可忽也。予嘗欲去“二十一史”紀傳，别取諸志合爲一書，天文地理，各從其類，是誠大觀。《文獻通考》亦仿佛其意，但終不若獨觀一代，爲睹一代之全耳。

讀史有必不可少諸書。如《歷代地圖建置沿革》、《歷代官制建置沿革》、《年號考》、《甲子考》、《帝王世系》、《帝王授受建都考》、《歷世統譜》、《秋檠録》等書，俱不可少。意欲彙爲一集，名曰《讀史要覽》，亦是便學者之事。

水利、農田是一事兩書，可互相發，能知水利則農田思過半矣。

看書不可看重疊書，徒費心目。如唐荆川《左編》、鄧元錫《函史》上編，不過摘史中諸人，分門别類，不必觀也。

凡讀書分類，不惟有益，兼省心目。如《綱目》等三書所載，大約相同。若《綱目》用心看過，則此二書不必更用細閲，但點過便是。譬如復讀，極省工夫。然須同時理會，不可閲畢一部，再閲一部，久則記憶生疏也。其餘若理學書，如先儒語録之類作一項看。經濟書，如《文獻通考》、《函史》下編、《治平略》、《大學衍義補》、《經濟類編》之類，作一項看。天文、兵法、地利、河渠、樂律之類皆然，成就自不可量也。

凡人自二十四五以前，古文不可不學，至二十四五以後，則學道爲主，無暇及矣，須少年時及早爲之。陽明未遇湛甘泉講道時，先與同輩學作詩文，故講道之後，其往來論學書及奏疏皆明白透快，吐言成章，動合古文體格。雖識見之高，學力之到，然其得力未始不在少年時一番簡練揣摩也。學道之儒，不重作古文辭，只恐人溺於辭章之習，若藉以發揮道妙，則此一段工夫亦不可少。

君子之於天下，功不必自己出，名不必自己成。苟吾書得行，吾言得用，使天下識一分道理，享一分太平，則君子之心畢矣。凡有功業，皆與人共之者也。著述者無論矣，讀而傳之者居其半，表章而尊信之者居其半，舉而措諸行事者居其半。苟於斯道有一分之力，則於斯道有一分之功。不任其功，而反欲任過，吾未如之何也已矣。

—2. 皇朝經世文編　卷三　學術三　法語

論官制

設官分職，所以爲民極也，故官制清，則民志定。周制，在天下惟公、侯、伯、子、男，在一國惟卿、大夫、士而已。自秦罷侯置守，分爵二十級，而漢、唐、宋因之，愈棼愈亂。其制有爵，有職官，有加官，又有散階、勛爵。或一官而兼數銜，或一事而設數官，或古貴而今卑，或古卑而今貴。名目混淆，等第雜亂。欲居官者顧名思義，難矣。於以治民，不亦謬哉。故愚謂治天下斷自清官制始。三代以官爲治事之司，故其制簡而清；後世以官爲賞人之物，故其制繁而亂。

周制，地官司徒主教養萬民，今之户部但主户口、田賦、貢役、經費，非古制也。蓋古者王畿千里，千里之外以封諸候，而千里之内又分采地。九賦之斂，其人無多，故可專意教養。今則海内之田賦皆屬户部，勢不得不以教之一字，聽之學校，而全部專心會計矣。明初止分四司，而其後又分十三司，十三司各分四科，誠以庶務之浩繁也。然古者有教有養，而後世但聞取民，世代陞降，感慨係之矣。

夏、殷、周皆有九卿，即少師、少傅、少保及六官，外此無卿。今制，六部、都、通、大，謂之大九卿，鴻臚、太常、光禄寺又謂之小九卿。以今觀之，殊可併省，如鴻臚、太常、光禄、國子監可併入禮部，太僕、苑馬可併入兵部，翰林、尚寶、欽天可併入吏部。此勢之至便，而制之至善者也。昔宋初雖有九卿之名，皆以爲命官之品秩，而無執事。元豐正名，始有執掌。中興初併省冗職，衛尉、太僕併兵部，太府、司農併户部，光禄、鴻臚併禮部，亦惡其頭緒之紛也。立官制而能使頭緒井然，則治天下之道，思過半矣。

昔人謂《周禮》無諫官，凡官皆可諫者，其言似是而實非也。地官之屬，師氏詔王善，保氏諫王惡，則保氏便是諫官，故後世之設諫官，非《周禮》意也，其必復師氏、保氏之舊，而在於王所乎。

翰林院始於唐制，乘輿所在，必有文詞、經學之士，下至醫卜、伎術之流，皆直於别院，以備燕見，而文書詔令則掌於中書舍人，未之及也。乾封以後，始召文士元萬頃等草文辭，謂之北門學士。玄宗初置翰林待詔，以張九齡、張説等爲之，掌四方表疏批答。又改翰林供奉爲學士，别置學士院，專掌内命。凡拜免將相、號令征伐，皆用白麻。其後選用益重，禮遇益親，至號爲内相。又爲天子私人，而翰林院始大重。然所謂學士，皆以親疏遠近爲貴賤，未嘗有一定之品秩也。宋始有定制，職始貴顯。至於明制，則直以爲儲相之地。士子登高第者竟入翰林，不數年可坐致館閣。夫宰相，天下安危之所寄也。人主擇相，當務取洞悉國體民情者，豈可徒取文章華國乎？竊謂翰林既爲儲相地，當即以相業期之。入院之後，宜講貫歷朝經制，務爲明體適用之學，則得之矣。

—2. 皇朝經世文編　卷一三　治體七　用人

論治邑《思辨録》

治天下，必自治一國始；治一國，必自治一鄉始；治一鄉，必自五家爲比、十家爲聯始。予嘗作《治鄉三約》，先按地勢分邑爲數鄉，然後什伍其民，條分縷析，令皆歸於鄉約長，凡訟獄、師徒、户口、田數、徭役，一皆緣此而起，頗得治邑貫通之道。

今之爲治者，動行鄉約、社倉、保甲、社學，紛紛雜出，此不知爲治之要也。鄉約是綱，社倉、保甲、社學是目。鄉約者，約一鄉之人，而共爲社倉、保甲、社學也。社倉是足食事，保甲是足兵事，社學是民信事。許多條理曲折，都在此一日講究，不然，徒群聚一日，説幾句空言，何補益之有？

治天下，須用得幾賢督撫。賢督撫，古牧伯也。治一省須用得幾賢縣令。賢縣令，古諸侯也。治州縣須用得幾好鄉長。好鄉長，古鄉大夫也。得其人則治，不得其人則亂。

—2. 皇朝經世文編　卷二二　吏政八　守令中

論賦役

古者有田則有賦，有身則有役，未有稅其身者。漢高帝四年，初爲算賦，民年十五以上出一賦，人百二十錢爲一算，至五十六而除。二十而傅給繇役，亦五十六而除。是一人之身，役之兼稅之也。後世因之計口出財，遂謂之曰户口。唐租庸調法亦皆論丁，一年之間納租之外，一丁出銀十四兩，出力二十日。是不惟稅役兼於一身，而稅役之法又視漢爲過重矣。今制賦稅一出於田，役民之力，一以黄册爲定。十年編審，以次輪當，其法視漢唐爲簡。然漢唐之弊在併賦役於丁，丁困則多逃亡。今時之弊在併賦役於田，田困則多抛荒，均之未得古法也。

差役、雇役二法，王安石、司馬公各主一法。邵伯温以爲吴蜀便雇役，秦晋便差役。吕公著又謂二法利害相半，因其利而去其害，二法皆可行。是皆得其一説，而未爲至當。邱文莊有言：古今役民之法，必兼用是二者，然後行之不偏。斯言殊爲中款。蓋即一縣之中，有某役宜用差者，有某役宜用雇者。一役之中，有某地宜於雇者，有某地宜於差者。是必縣官一一用心經理，未可執方用藥也。

凡户口、丁田册籍，最爲難定。非縣官坐於堂上，耆正吏胥奔走於堂下，便可支吾辦事也。必須簡求一縣人才，縣官親臨講究。既得其道，則授之以法，俾之逐鄉逐里，一一踏勘報明，無分毫滲漏，方爲得法。此作邑致治之根本。根本一立，以行政教，以比追胥，以詰訟獄，以簡師徒，萬事皆原於此，治邑者不可不知。予於《治鄉三約》中頗詳其法。

凡户口、丁田册，在州縣斷不可不詳，而在朝廷則但當職要，不必職詳也。每見十年大造，費民間無限金錢，不過置之高閣，終未必得實數，則何如令州縣竟具總數達部之爲得哉？但府與司不可不存副本，恐有散亡遺失之患耳。

歌謡有極切時事者，亦有不可盡據者。賈似道當國，行推排法，民間大擾。太學生爲詩云："三分天下二分亡，猶把山河寸寸量。總使一坵添一畝，也應不似舊封疆。"此切時事者也。萬曆時，江陵相公當國，丈量田地，吴中詩云："量盡山田與水田，只留滄海與青天。如今那有閑州渚，寄語沙鷗莫浪眠。"然是時吴中經界久壞，賦役不均，得此始正，至於今賴之。此不可盡據者也。總之，同是一法，用得其人則治，用不得其人則亂，君子亦擇人而慎用之耳。至於愚民，可與樂成，難與慮始。孔子與子産尚不能免初政之謗，况他人乎？苟行之有法，則一二年間公論自出也。

田畝賦重則人争隱漏以逃賦，欲增田畝者無如薄賦。故李翺曰："人知重賦之可以得財，而不知輕斂之得財愈多也。"丁口之徭重，則人争隱漏以避役；欲增丁口者，無如輕徭。故馬端臨曰："庸調之徵愈增，則户口之數愈減也。"二公之言可謂知本矣。

凡州縣錢糧，有多年未完者，有已完那借不明者，有未解者，有已解而多年未獲批回者。蓋因頭緒甚多，文卷浩繁，官司不及致詳，吏胥因而作弊。剛峰設格眼册，凡一應錢糧俱照年分逐年開列，某項已解，某項未解，某項領否批回。其存留、給放等項，亦俱細細開列。凡遇撫按巡歷，不必造册，即將此册送比。比後印官仍自親收，遇陞遷事故，即申撫院交代明白，方許離任。如此可杜官吏侵漁之弊。

錢糧外有均徭一事。錢糧正供有額，獨均徭官自爲政，時時增益，吏胥上下其手，小民不知，無從控訴。剛峰設均徭法，凡一縣中，科其田地、人丁及一歲雜費之數，約爲通法定制，每畝出均徭銀若干，不增不減。其一縣費用，聽縣官於均徭銀中自爲伸縮，斷不許於均徭溢額，使吏胥不得上下其手。誠至妙之法也。

—2. 皇朝經世文編　卷二九　户政四　賦役一

論清丈田畝

清丈田畝，極爲地方美事，然往往反爲大害。不特無法，即有法矣，而奉行猶有四難：一則縣官無才，一則里胥作弊，一則豪强横肆，一則小民奸欺。人人可以上下其手。故爲人上者雖極精明，安能分身遍察。所以自古迄今，一聞清丈，則小民如畏兵火，誠難之也。然其要只在縣官得人。晦庵行之於漳泉，剛峰行之於興國，未聞其擾民也。而安石一爲方田，則天下皆震動，奉行不得其人也。又豈惟安石方田，即瓊山丈量一事，是時剛峰退休在瓊，事事與地方官斟酌而行，事事皆剛峰爲條例，而上司催督無法，里胥人人作弊，民怨特甚，况其他乎？甚矣，丈量之害之難，居官者不可不知也。

丈田，横斜伸縮之間最多弊。海剛峰令民以灰畫地，而數其眼，方六尺爲一眼，一眼爲一步，二十四步爲一分，二百四十步爲一畝，謂之癡算，使人人皆曉。是亦妙法，然不如用棕網爲尤妙。棕網者，以棕繩結網，每六尺爲一眼，遇地之尖斜畸零難算處，則以此鋪之，更捷於用灰。蓋灰算便於民，棕網便於官，二法俱不可不知。

清丈田畝，莫如行方田。方田即張子厚經界法。安石知其粗而不知其精，知其略而不知其詳，無怪乎紛紛擾民也。苟得其法，則縣官不必履畝而勘，而吏民自不能欺。吏民即欲朋比爲奸，而其勢自不能混。其法每千步爲大方，方立大標竿；百步爲小方，方立小標竿。大標竿以石爲之，如今之華表；小標竿以木爲之，如今之旗竿，下立兩石足，夾而立之。大標竿常立而不仆，小標竿或立或仆皆不妨，以下有石足可驗也。立之之法，先須正南北，以針盤準之。如立一標竿於南，則自此以至極北地方，皆依針路竪立，直如引繩，不許一毫參差。有參差，則罪其司吏。東西亦如之。如遇山險及江河水道不可立標竿者，則竟不必立。蓋此處雖不立，而有左右前後之標竿可以相準，故不立無礙，張子厚所謂"經界則不避山河之險也"。標竿既立，則標竿四至之中，其田地自有定數。如大標竿之中，千步爲一方，在今法當田四十一頃六十六畝一百六十步，在古法當田萬畝。小標竿之中，百步爲一方，在今法當田四十一畝一十六步，在古法當田百畝。不用量算，已有定額。其間使有山林川澤、不毛磽确、凹凸不平之處，責令本方業户里老自行公同量算，畫爲方帳，更不許出一方之外。每小方爲一小圖，大方爲一大圖，圖各以名號列之，一縣一郡又爲一總圖。自此以至天下，皆可攢集凑泊，總爲一大圖。不惟田畝里數可以無差，而地形之方圓曲直，亦可分毫不爽。此古今以來至妙之法也。

如吏胥作弊，乃從來通病，獨此法不畏吏胥。蓋吏胥之所以作弊者，以打量田地時，田各有業主，主有貧有富，有强有弱，吏胥俱有利害存焉。故雖以嚴刑禁之，而不能必其無弊。今則吏胥惟令竪立標竿，標竿無分爾我，民無所用其賄，吏胥何所行其弊。又打量之後，吏胥有弊，官府覆勘，無從指實，必更用打量，其法繁雜。又欺官府多不知演算法，故敢於作弊。今則官府覆勘，不勘田數，止勘標竿之準與不準，一望瞭然，凡有目者皆能辨。至于每方中田畝細數，則不用吏胥打量，即於本方之中擇年老公正者爲方長，而令各田業户自請善量算者，各算本田步口，各書四至，如魚鱗册法，畫圖貼户，攢出步畝總數，獻於官府。其有不合或相欺隱者，官府爲直之。蓋量田不用吏胥，則吏胥無所容其奸。各任業主，則業主各有四至，不肯受其欺弊。其有通同作弊者，官府不難覆勘。此法最簡最明，即中才之縣官不難從事。而古今以來，從未有知此法者，無怪乎一聞丈量，則舉天下皆爲驚擾也。

—2. 皇朝經世文編　卷三一　户政六　賦役三

論區田

予向讀《區田法》而異之，以爲播種之中既有此妙法，古人何不悉以之教民，又民間何以竟不傳此法？嘗疑不決。及讀《元史》，見元時嘗以此法下之民間，教民如法耕種，民卒不應，又待遣专官分督，究竟迄無成功。未審教督者非人耶，抑此法終不可行也？王楨曰："古人區種之法，本爲濟旱，惟近家瀕水爲上。其種不必牛犁，但鍬钁墾斸，便於貧家。大率一家五口可種一畝，男子兼作，婦人、童稚量力分工，定爲課業，各務精勤，用省工倍，田少收多。"按此云"近家瀕水"，則丘陵城阪之地必不可種矣。又聞常州、鎮江田甚高仰，而土性受水，每農夫轉水一日，則可停二三日。

太倉土性獨不然，其高仰之地遇旱日必打水二遍，若畈地則全不受水。未可一概論也。

賈思勰曰："區田以糞氣爲美，不必皆良田，又不耕旁地，庶盡地力。蓋區種不先治地，即荒地爲之也。"又曰："區中生草拔之，區間草以剗剗之。若苗長不能用鋤，則以鈎鐮比地刈其草穢。"又曰："兖州刺史劉仁之，昔在洛陽，於宅田七十步之地域爲區田，收粟三十六石，然則一畝之收有過百石矣。"徐元扈曰："區收一斗，畝六十六石，即區田一畝可食二十許人矣。蓋古今斗斛絶異。《周禮》：'食一豆肉，飲一豆酒，中人之食也。'若如今升斗，則中人豈能頓盡？孔明數升，已自不少，廉頗五斗，得無太多？計今之畝若斗，則每畝可收數石，可食兩人以下耳。"見文學張弘言有糞種壅法，即今嘗種稻田，亦可得穀畝二十餘斛也。

予欲以區田語鄉人，詢其可否，恐鄉人以爲書本中語，駭而不信，乃詭言曰："近有自湖廣來者，云彼處種田有區種法，畝可得米二十石許，果否？"因以其術詳告之。鄉人曰："理或有此。吾鄉有種芋者，其法近此。"因言種芋法：先掘地爲區，每區深闊各三尺許，熟糞壅之。每區種芋一株，漸鋤土壅芋，既成，每區得芋若干斤，每斤得金若干，計每畝約得金四十兩許，即此法也。予又問："區芋得利如此，今人家何不多種？"曰："工力甚費，人不耐煩。"然則區田之法不行，亦工力費而人不耐煩也與？然當賦役煩重之世，苟能躬耕四五畝，即可爲一家數口之養。此莫大之樂，又何工力煩費之足憂乎？

予聞東鄉有撮穀法，種必倍收，而人每不肯種，又不能多種。予問其詳，云撮穀有二難：一則耘鋤難，一則易酣，不能耐風潮也。蓋撮穀之法，先耕地，車水浸田，然後下種。以三指撮穀種下之，約五六寸一撮，如蒔秧狀。撮畢，以足徐退，復撮如初。足從水中行，水微蕩漾，則穀種不定，多四散，不能成稞簇，故不便耘鋤。又根出浮面，入土不深，稞長大，上實下虚，故易酣，且不耐風雨也。以此知區田之法之善，隔區分種則下種有地，不必足立水中，以手按實則無蕩漾之患。苗出看稀稠存留，則無耘鋤之艱。漸耨壟草以壅其根，則根深蒂固，無酣側之虞，而耐風與旱。以此徵之，區田之倍收必矣。

撮穀區田之倍收有故，蓋秧不移種，元氣未泄也。今田家蒔秧，先一日拔秧浸水中，或一宿，或再宿，不等，甚者或經三四宿而後始蒔。蒔之時拋擲堆垛，略不少惜，蒔後遇赤日，則黄萎數日而後始醒，蓋秧之元氣泄盡矣。其值陰雨而易醒者則稻必勝。早蒔之勝於晚蒔，亦以過小暑，則氣漸熱，秧難遽醒也。由此觀之，同一蒔也，醒之難易猶係禾之善否，而況移種不移種之分乎？看來秧性亦大耐磨折。今草木之類，必賤種乃易植，其貴種則移種之頃百方調護，猶多萎死。秧則不然。其拔也，信手速拔，略不顧惜，拋擲堆垛，棄置曩日，其蒔也，兩指夾之，插入水土，縱横欹斜，未嘗壅治，然及其既成，猶能畝收三四石。使壅護愛惜，曲盡其道，如區田諸法，所獲過倍，亦何足疑？乃今人習於苟簡，惟務欲速，終不肯加工加力，至誣古法，以爲必不可用。吾未如之何也，已矣！古人云："鹵莽而耕，滅裂而穫。"此言豈欺我哉？但野人愚而固未可以言語爭，有心者能躬行以率之，則庶幾矣。

漢武帝使趙過爲搜粟都尉。過能爲代田，其耕耘下種田器皆有便巧。一歲之收，嘗過縵田畝一斛以上，用力少而得穀多。按代田即古后稷法，一畝三甽，歲代其處，故曰代田。后稷以二耜爲耦，廣尺深尺曰甽，甽長終畝，一畝三甽。一夫三百甽，而播種於甽中。苗生葉以上，稍耨隴草，因隤其土，以附苗根。故詩曰：“或耘或耔，黍稷儗儗。”耘，除草也。耔，附根也。言苗稍壯，每耨輒附根，比盛暑隴盡甽平，則根深而能耐風與旱，故儗儗而盛。縵田，平田也，謂如今之田畮，不爲甽，漫漫然，故曰縵田。此大約如區田，而簡易過之。然曰過縵田每畝一斛以上，則亦不過略勝而已。區田數倍之説，恐未必也。

趙過代田之法，其簡易遠過區田。蓋區田之法，必用鍬钁墾掘，有牛犁不能用，其勞一；必擔水澆灌，有車戽不能用，其勞二。且隔行種行，田去其半，於所種行内隔區種區，則半之中又去其半，田且存四之一矣。以四之一之田而得粟欲數十倍於縵田，雖有良法，恐不及此。今欲以代田之法，參區田之意，更斟酌今農治田之方而用之。凡未下種之初，先令民以牛犁治田甽。甽深一尺，廣二尺，長終其畝。甽間爲隴。隴廣一尺，積甽中之土於隴上。一畝之地闊十五步，步當六尺，十五步得九十尺，當爲甽隴三十道。甽之首爲衡溝，以通灌輸。夫甽隴分則牛犁用矣，衡溝通則車戽便矣，甽廣於隴則田無棄地矣。乃令民治糞。糞之法，各以其土之所宜。及時播種。播種之法，一如區田，先以水灌溝，使土少蘇，平其塊壘，乃徐播種，以手按實，蓋之以灰而微潤之。苗出，耘之如法，使其中爲四行，行相去五寸，間可容鋤。生葉以上，乃漸耨隴草，隤土以附之。其應下壅及應閣水復水，俱依今農法，試之當必有驗。

今人不種區田者，一則不知其法；一則工力費；一則江南水田，田中冬夏積水，不便開溝分甽，惟高田可分甽，則又有不便者。高田冬必種麥，麥至夏至方收穫。若區田，則清明、穀雨之時已將播種。其開溝分甽，須於冬春之間畢工，是因穀而廢麥，區田所以終不可行也。然予於此又有一説：今人欲種早花，或早稻，則冬間便荒地不種二麥。其言曰：雖少卻一熟，然地力總在内，不較輸也。早稻、早花之獲不及區田，然農人猶能舍彼就此，况區田乎？故吾以爲農人能分早花、早稻之田以種區田，亦庶幾兩得矣。

種區田又有兩便之法。凡農家種稻，先於清明時治地爲秧田，俟小滿前後分蒔，其種秧之田，亦拔起再蒔。今何不寄種秧於區田，當播種時，分其田十之二三，開甽如前法，俟苗長插蒔之際，則分其餘秧，以蒔他田。在區田則以當耘耔，在常田則以當播種，是誠兩便。

農家種稻，最苦耘鋤。蓋耘鋤之時，正當溽暑，又苗禾已長，人行其中，暑氣蒸鬱，大不堪耐。故農家耘鋤，多在清早，日稍中即起，或有竟不耘鋤者。區田費耘，故人尤畏。然吾又有説於此，常田耘鋤多在暑中者，以插蒔故晏也。若區田不用插蒔，則苗長自速，大約常田插蒔之時，區田已將耘鋤矣，何暑之有？至於鋤土壅根，則今種棉之家日暴於田，不以爲苦而不鋤。區田壟高，足不濡水，與鋤棉同，亦何憚而不爲哉。

稻熟時，予往觀刈穫，見田傍一禾甚長，高衆禾約尺餘。顧問之，佃曰：“此予偶遺一粒穀，未嘗糞治，今秀實如此，亦甚奇。”予因數其穗，得二百餘粟，時衆禾遍數，皆九十餘粟，是禾不啻倍之。因思此禾蓋未嘗移種，元氣未泄故也。然偶遺田旁，不糞不耘，纖毫未加人力，其稍壯碩者，特以得全於天耳。使如前法，盡種植之宜，其穗之長茂堅好，又豈特如斯已乎？信乎樹藝之法，不可不講也。

——2. 皇朝經世文編　卷三六　户政一一　農政上

論守城

凡守令欲守城，不可不知城操之法。蓋人知戰陣中號令，不可不於平日練習，不知城守號令，尤不可不於平日練習。無論其他，只飲食寢息若無號令，便自紛然，何以禦敵？況戰陣屬兵，守城屬百姓，百姓平日全不知號令，豈可不豫習？一旦有事，驅之臨埤，孔子所謂“以不教民戰，是謂棄之也”。

崇禎庚辰間，以天下多寇盜，縣官不知城守，乃部頒《修練儲備書》，令縣官皆習城守。州守希聲錢公，以問張臨川受先，受先以問予，予曰：“是不難。太倉一邑，地不下百里，田不下百萬，但使畝出米三合、銀三釐，則修練儲備之法，可以畢舉矣。”受先請籌之，予曰：“兵志：守城之法，一步一甲士，十步加五人，積貯大縣五千，小縣二三千。今太倉一邑，城不下千垛，則千夫不可少矣；城中不下數萬家，則五千石不可少矣。今使畝出米三合、銀三釐，則一歲當得米三千石、銀三千兩。以米千石爲歲給千兵之用。其三［二］千石以備儲蓄，積之三年，得六千石，可以爲常平，賤斂貴糶，其息可以給軍食，不必復議斂矣。其銀三千兩，則以爲修鑿城隍，置買馬匹，造作弓矢、衣甲、火器，及不時賞賚之用，積之三年，可九千兩，百物充足，不必復議置矣。”受先曰：“食廩之費，莫甚於兵。今營兵日餉三分，且猶不足，即使每人日給米二升，亦歲須米七千二百，何云千石也？”予曰：“不然。守城之兵與出戰之兵不同，養無事時之守兵與有事時之守兵又不同，是有權焉。”受先問云：“何時方議官糶？”予曰：“即此可以寄軍令矣。江南之人，未知寇盜，不願爲守，獨每歲五六月米價騰湧，負販之家，常苦乏食，往往望官糶減一二錢爲幸。今試令坊郭之長，集里巷貧民，欲得米而願充守兵者約千人，稍爲什伍，諭以每歲五六七月缺米價貴，准人給米日一升，三月人共九斗，餘月不給。其守兵雖有籍，仍不入營伍，惟於暇日守令率之城操，習守禦法，歲四五次不拘。操之日，仍人給米二升，以爲他日守城之準。百姓知其無所苦而有所利，必不憚於應命，是以百人之食養千人，千石之米，恰可當一歲之用。此其便有三焉：凡兵，非養之爲難，既養而欲去之爲難。今惟城操日給米，餘日不給，則操縱在我，用之不缺其餉，不用即停，一便也；每歲官糶，費而無益，今所費無幾，一舉兩得，吏胥不能乾没，奸民不得妄食，而常平有本，又不必歲斂於民，二便也；歲時城操，百姓聚觀，一人學守，教成百人，百人學守，教成千人，使民皆習於金鼓旌旗之令，分合進退之法，三便也。”受先深以爲然，告之錢公，錢公悦，擬於明年舉行，值辛巳歲大祲，遂不果。

有人自兵間來，述流寇攻城之法，多用大銃，攢聚一處，擊去城垛，一垛碎復擊一垛，漸漸兩邊分開，至擊去十餘垛，則城上人不能存立矣；然後兩邊仍用銃猛擊，中間卻只放空銃，令甲士從空銃下匍匐至城足，鍬钁斜穿磴道登城，城上無人，莫能下禦。此因城足無牛馬墻故也。若有牛馬墻，則垛雖碎，亦不能至城足也。又火銃利仰攻，不利下擊，故攻城之賊，聞銃聲則急蒲伏，過則起而疾趨，愈近則銃愈不足恃矣。善守者，必於城足設牛馬墻，於墻中用銃，則賊不能逼。

凡都城中必當用重城，重城以多爲貴。蓋城大則難守，一處竊發，滿城擾亂。畫地而守，此八陣大陣包小陣、大營包小營之法也。予於《甲申臆議》中，曾有畫都城爲九區之説，聞者笑之，此不讀書耳。唐肅宗時，武威九姓商胡反時，武威大城中有小城七，胡據其五，二城堅守不下，度支判官崔稱以二城兵拒之，旬有七日而平，非重城之益乎？

—2. 皇朝經世文編　卷七九　兵政一〇　地利下

論　樂

樂之難諧，大約學士、大夫泥樂理而不知樂音，工師、伶人識樂音而不達樂理。其實樂者音與理而已。其聲翕純皦繹則音正焉，廣大和平則理存焉。故君子但當審音察理，若夫器數之事，如銅劑之厚薄、律尺之長短，則工師之事，聽之工師而已。不能審音察理，而反紛紛於銅劑、律尺，究竟不能通曉，反爲工師所笑。如宋景祐之樂，李照主之，然太常歌工病鐘聲濁，私賂鑄工，使減銅劑，聲清歌協，而照不知。元豐之樂，楊傑主之，欲廢舊鐘，樂工不平，一夕易之，而傑不知。崇甯之樂，魏漢津主之，請帝中指寸爲律，徑圍爲容盛，其後止用指寸，不用徑圍，且製器亦不能成劑量，工人但隨律調之。大率非漢津之本説，而漢津亦不知。則知論樂不務審聲，而紛紛器數者，大抵皆説夢也。蔡元定《律吕新書》尚不可用，況其他乎。樂不過聲詞二者，聲要渺而難尋，詞平實而易辨。三代而下，求詞之合於雅頌者寡矣，聲云乎哉。

洪武癸丑，以祭祀還宫宜用樂舞生前導，遂命翰林儒臣撰樂章。論之曰：古人詩歌樂曲，皆寓諷諫之意。後世樂章惟聞頌美，無復古意矣。嘗聞諷諫，則使人惕然有警；若頌美之辭，使人聞之，意怠而自恃。蓋自恃者日驕，自警者日强。朕意如此，卿等其撰述無有所避。於是儒臣乃上所撰《神降》《祥祝》《酣酒》《色荒》《禽荒》諸曲，凡三十九章，曰《回鑾樂歌》。其辭皆存規諫。命禮部付歌工肄習之。按此真得古人詩樂本旨。蓋祭祀還宫之日，正去敬就弛之日也。於此而敬，則無不敬矣。回鑾歌，用意深哉。

—2. 皇朝經世文編　卷五六　禮政三　大典下

張履祥（1611—1674）

字考夫，號念芝，因世居楊園村，學者又稱其爲楊園先生，浙江桐鄉（今屬嘉興）人。明末諸生，師從劉宗周，明亡後教授鄉里，講學終生。有《願學記》《讀易筆記》。

風　水

風水之説於古無有，亂世之書也。井田始於黄帝，備於成周，其詳不可得聞，大略衷於孟子方里而井，死徙無出鄉，則葬於田畔可知矣。由堪輿之説推之，豈盡土腹流金乎？豈盡土星掛角乎？當其時國家有道之長至千餘年，短者數百年，賢才輩出，子孫众多，至其民間壽考康樂，總非漢唐以下之所及。斯時郭璞未生也，風水未有也。至於選擇時月之吉凶，山頭之利害，古無葬書，不能考。《春秋》載天子諸侯之葬，可推也。今之葬者，每云夏月非利而五月則諸事俱，忌乃春秋書葬十二公之間，夏葬者二十有七，其五月者五，其會赴弗及者，又不知其幾也。蓋天子七月，諸侯五月，大夫三月，士踰月，定制不可違也。然則成周之世，何以有國有家，歷世久長，民無凶夭乎？今且不信，是蔽之甚深也。未暇多與之辯而爲之正。論曰：孟子有言，天時不如地利，地利不如人和。使其一家之中，父慈子孝，兄友弟恭，夫和妻順，其葬親以時，其居喪以禮，即或盡逢其害陰陽，豈得而賊之？如其父不父，子不子，兄弟鬩於墻，牝雞司晨，臨喪不哀，不以時葬，即或盡趨其吉天時地利，豈得而福之？風水言陰陽五行，多本《易》卦，《乾》文言曰：夫大人者與鬼神合其吉凶。《坤》文言曰：積善之家，必有餘慶；積不善之家，必有餘殃。周公、孔子豈智出郭璞下耶？抑聖人吉凶同患之情，豈猶有所未至，而不繫辭，焉以示之哉？噫，可以悟矣。

—1. 切問齋文鈔　卷七　風俗四

訓子語

人須有恒業。無恒業之人，始於喪其本心，終至喪其身。然擇術不可不慎，除耕讀二事，無一可爲者。商賈近利，易壞心術；工技役於人，近賤；醫卜之類，又下工商一等；下此益賤，更無可言者矣。然耕與讀又不可偏廢。讀而廢耕，飢寒交至；耕而廢讀，禮義遂亡。又不可虚有其名，而無其實。耕焉，而田疇就蕪；讀焉，而《詩》《書》義塞。故家子弟，坐此通病，以至喪亡隨之。古人耕，必曰力耕；學，必曰力學。天之生人，俱有心思智慮，俱有耳目手足，苟能盡力從事，何患恒心或失而世業弗永乎？

子弟七八歲，無論敏鈍，俱宜就塾讀書，使粗知義理。至十五六，然後觀其質之所近與其志尚，爲農爲士，始分其業。則自幼不習游閑，入於非慝，易以爲善，雖肄《詩》《書》，不可不令知稼穡之事；雖秉耒耜，不可不令知《詩》《書》之義。

近世以耕爲恥，只緣制科文藝取士，故競趨浮末，遂至恥非所恥耳。若漢世孝弟力田爲科，人即以爲榮矣。實論之，耕則無游惰之患，無飢寒之憂，無外慕失足之虞，無驕侈黠詐之習，思無越畔，土物愛，厥心臧，保世承家之本也。但因而廢學，一任蚩頑，則不可耳。文武本無二道。古者農人爲卒伍，公卿爲將帥，兵亦儒者當知，安可不學？但目前多見人家子弟，纔習兵矢，便有犯上作亂之事，戾傲施於父兄，恣睢行於同列，小則敗行危身，大則流爲盜賊。又似武事絶不可學。何也？由其始初未嘗教以孝弟忠信，使知禮義，而所訓習之人，率皆嚚悍無賴，故其血氣心知之險，導其端而迸發如決潰堤，泛濫四出也。須看子弟年三十左右，德性馴良，學粗有得，志趣遠大，才足幹濟者，乃延篤學名儒，本其平日所肄經史大綱，益加詳究。若朝廷邦國、禮樂刑政、天文律數、屯田水利、邊方險要之類，事事講求，則兵法亦是一種學問。或能負笈遠游，博學無方，固皆分内當爲，不可自限。然此等子弟自是不易得，非可一概論也。若方幼年，啓以搏擊戰鬭，使不仁之機先動於志氣，而得善其終者，寡矣。

—1. 切問齋文鈔　卷九　教家一

論　婦

古人有言：婦者，家之所由廢興也。今人訂婚既早，婦之性行未可預知。世教久衰，閨門氣習復難深察。娶婦賢孝固爲幸事。若其失教，在爲夫者諄復教導之，爲舅姑者詳言正色以訓誡，妯娌先至者亦宜款曲開諭，使其知所趨向，久而服習，與之俱化矣。不可遽爾棄疾，坐成其失也。教婦初來，今日新婦，他日母姑，如何忽諸？

婦之於夫，終身攸託，甘苦同之，安危與共，故曰得意一人，失意一人。舍父母兄弟而託終身於我，斯情亦可念也。事父母，奉祭祀，繼後世，更其大者矣。有過失，宜含容，不宜輒怒；有不知，宜教導，不宜薄待。《詩》曰：“如賓如友。”賓則有相敬之道，友則有滋益之義，狎侮可乎？惟夫驕恣妒悍，不順義理，欲專家政，禍敗門風者，爲不可容恕耳。貞良之婦固是不易，其爲頑鈍無恥，必不可化誨者，要亦無幾。乃至專肆，不肯順承，多因丈夫先有失德，爲其所輕，甚或短長反爲所持，故敢放恣耳。所以古人於家室之際，致美肅雝。蓋肅敬，則無媟慢之端，雝和，又無寡恩之節，家室寧有不宜乎！然則修身何可不急。

—1. 切問齋文鈔　卷九　教家一

論宗族二條

人有此生，當思不虚此生之意，在門内勉任門内之事，在宗族勉任宗族之事，不可輒起較量、推卸之私心。充較量一念，勢必一錢尺帛，兄弟叔姪不相通；充推卸一念，必至父母養生送死有不顧。門内如此，况宗族乎！即父母不若無此子，即祖宗不若少此子孫，又况其餘，安有一步推得去？人家譬如屋室也，有棟梁然後有椽、簷、榱、檻，然後有牆壁、門户，大小長短各效其能以爲用，便可成室。若各各自私，毋論不足成室，究竟一無所有而已。抑思天下爲一家、中國爲一人，而仁爲己任者，獨非人乎？乃不求爲柱石、棟梁，甘自棄爲溝中之斷，哀已。

凡讀史傳至世德之門、孝義之里，或鄉閭所稱，或朝廷所表，未嘗不甚慕之，謂子孫何幸得生其家，乃終不知反求諸身，豈非惑乎？夫彼非有異道也，父子篤，兄弟和，尊卑得其序，内外大小得其常而已。吾猶是父子，猶是兄弟，猶是尊卑、大小、内外，不能如彼，何也？得非身之不修。彼懷仁義而愛敬、諄讓以化之，我則懷利而傲慢、貪戾以敗之，與美惡之習始於一人二人，其流必及數世，誠之所感，不言而喻。故意嚮不可不端，立身不可不正。源遠者流長，根深者實遂。前人植基，職惟修德，後人踵武，庶其式穀哉。

寇永修《山居日記》云：古人睦族非止同宗。以族服考之，父族、母族、妻族皆是。昔晏平仲敝車羸馬，桓子以爲隱君之賜。晏子曰："自臣之貴，父族無不乘車者，母族無不足於衣食者，妻族無凍餒者，齊國之士，待臣舉火者三百餘人。"

—1. 切問齋文鈔 卷九 教家一

論僕役二條

先王分土授田，一夫無失其所。凡有勞事，只使子弟爲之，未嘗有僕役也。觀《論語》，有事弟子服其勞。及子適衛，冉有僕。可見王政不行，人民離散，貧無依者，勢不得不服役於人以生。是以家力有餘，子弟不給使令者，養人以資其力。久矣，爲天下之通義也，但當善待之，不可横加陵虐。陶公曰：彼亦人子也，先須開以爲善之路，示以資生之方。必其不堪扶植與屢不用命者，然後去之。苟無大惡，亦宜寬宥，不可求之太過，責之太深，使人無所容足也。彼輩無知者固多，然其必不可化導，要亦無多。至其子孫，實爲不幸，匪由自己作之，放遣可也。天子臣妾萬方，猶欲視民如子，士庶之家，牛羊犬馬待人，不畏獲罪於天乎！

男僕二十餘即當爲之娶妻，女婢近二十即當使有配偶，或别嫁之。非獨免其怨曠，亦所以已亂也。近世僕人忠謹固少，主人待之非理亦甚。蓋思上下報施，既有恒分，循環往復，又道之常，能無惕惕於心，可云爲我所制乎。

—1. 切問齋文鈔 卷九 教家一

備忘録論學

一善在身，幼而行之，長而不之舍也，善將自其身，以及諸人，以及其子孫。一不善在身，幼而行之，長而弗之改也，不善將自其身，以及諸人，以及其子孫。慎之哉。

人之德有大有小，才有大有小，量有大有小。有自其性，有自其學。大能兼小，小不能兼大。然亦有能大而不能小者，取人者不可不知。

以己之所能愧人，以己之所不能病人，輕絶貧賤而重絶富貴，小人之情狀也。執此以衡人，不蹈其失者罕矣。未有啓寵而不納侮者也，未有恥過而不作非者也。

每事責己，則己德日進；以之處人，無往不順。若一意責人，則己德日損；以之接物，無往不逆。此際不可尤人，但當責己也。故爲學者，自是則自暴，自足則自棄。

百僚師師，則德日以崇，業日以廣。卿士師師非度，則民彝大泯亂。家人朋友，何往不然？是以君子慎其所與居，所與游。

禮以防德，上智之事也；刑以防淫，下愚之事也；命以防欲，中人之事也。

學者固不可不讀書，然不可流而爲學究。固須留心世務，然不可遂入於功利。修諸身，見諸行事，可以刑家，可以範俗，窮達一致，終始一節，方不失爲聖賢之徒也。

董江都嚴氣正性，多得之《春秋》；王文中温良正直，多得之《詩》《書》。凡人專精致志於聖賢遺經，得效自是不同。是以遜志時敏，學於古訓，不可不力。

極敝之法，得良人爲之，亦不至於大厲。極良之法，使不善人行之，亦足以爲害。正如"青苗"之行，當時程明道、韓魏公所治之部，决不病民。周家"徹"法，陽貨、榮夷等行之，决是爲暴。所以求賢用人，不可不汲汲也。

五行無制則不成用。金不得火之制，則不成從革之用。火不得水之制，則不成炎上之用。水不得土之制，則不成潤下之用。土不得木之制，則不成稼穡之用。木不得金之制，則不成曲直之用。故曰："玉不琢，不成器；人不學，不知道。"師友者，制我以有成者也。

—2. 皇朝經世文編　卷三　學術三　法語

家　堂

古者庶人祭於寢，不立廟；自官師適士以上，無不廟者。《家禮》：祠堂之制，則貴賤通得用之，乃吾鄉則千百家而無一也。若以爲無財，則棟宇之隆，第宅之盛，又未嘗不庶人而擬公卿也。惟家設一厨，曰家堂，或於正寢之旁室置之，或懸之中堂而已。然多奉神佛，如釋老之宫。其稍知禮者，則立一主，曰"家堂香火之神"，或曰"天地君親師"，而以神主置其兩旁，亦無昭穆、祧祔之别。其歲時祭禮，率憑僧人節關，稱爲三代宗親，而亦無宗支遠近之數，此其概也。推其故，由於百餘里内，賢達不生，士安流俗，乃習非而罔覺也。

南渡以來，輔慶源、黄勉齋兩先生雖寓官於此，更元之亂，遺風泯如。明初程巽隱先生宦學遠方，而又殉靖難之節，人罕傳述。而臨川李公，亦當世廟之日，學者方以通經守禮爲諱，未有先倡而講明之者，其餘大率温飽之外，無餘志矣。其貧賤之士，則又阻於力之弗能，因而胥溺及此也。

閩南陳布衣與其鄉人講明《文公家禮》，而風俗以革。夫風俗之薄，莫甚於不尊祖、不敬宗，而一本之誼漠如也。今欲萃人心，莫大於敦本收族，欲敦本收族，莫急於建祠堂。其規制大小，稱財稱禮，無不可爲，願與同志共勉之也。今按"家堂香火之神"，名義安傚？至於"天地君親師"五者，以爲民生所重，則有之矣，而立一主以祀之，則無義矣。以天地爲上帝后土，則郊壇之祭，天子而下，莫敢舉也。若非上帝后土，則豈别有一天地，爲民間通得祀之者？至於君，謂先君乎，則九廟奉之矣；以爲非先君乎，則皇帝方臨御，安得而神之也？親則祠堂既立，四世主矣，又總名曰親，果何親也？先聖先師，則自國學以至各府州縣之學以及書院，莫不崇祀，不應家以瀆之。若所受業師，則固有子孫以時享。况乎薄俗人心，今日師弟，明日路人，當其生前久矣，不復胸臆，而謂身歿之後猶置念思，有之乎？故謂此主之立，直是無義，人未之思耳。

古者，大夫得祭五祀，故吾鄉錢氏不設“天地君親師”位，改爲“家堂五祀之神”。然“家堂”二字尚不典，擬改“本宅五祀之神”較安。

—2. 皇朝經世文編　卷六六　禮政一三　祭禮上

李　漁（1611—1680）

字笠鴻，號笠翁，自號湖上笠翁、隨庵主人等，浙江蘭溪人。崇禎十年（1637）秀才，入清後以賣文爲生。編著有《資治新書》《笠翁一家言》《閑情偶寄》《笠翁十種曲》等。

慎獄芻言·論人命

古法流傳至今，今人已失其實而僅存其名者，莫若人命中保辜一事。辜者，罪也。保辜者，令有罪之人自保其罪，以塞他日之辨端，且救此時之覆轍。一事而諸善備焉，古法莫良於此。譬如張三毆傷李四，李四病創垂危，自分必死，隨令親屬鳴官求驗。官府驗有真傷，審得張三凶毆是實，即以李四交付張三，責令延醫調治，照律限期，期滿之日，或生或死，定罪發落。蓋因被毆之人，自非慈親孝子，鮮不利其速死，以爲索詐凶人之地。故以調理之責付之凶人，凶人以一朝之仇，釀成殺身之禍，未有不悔恨求生者，救人即以自救，何金錢之足惜？是以一紙保辜活兩人生命也。倘其療治不痊，如期殞命，則於限滿發落之時，便可定罪結案，不致株連一人、延緩一日。何也？以其驗傷之際，先得兩造口供，被毆喪命者既以親口訴冤於生前，毆人致斃者難以活口賴傷於死後。若説不干己事，則從前之調理爲何？無證亦可以成招，完屍亦可以定罪。較審人命於既死之後，展轉推詳而莫究其實，憑空摸索而不得其端者，其勞逸難易之相去，豈霄壤哉？

今世僅存保辜之名，而不行其實，非不知人命爲極大之案，保辜爲最急之事，無奈吏牘如山，不能分别料理。每與田土、婚姻諸小訟，一概准行，常有纍月經年未遑審結，以致凶犯脱逃、無人抵命者。直待審出真情，知其毆死殺傷是實，始爲追論保辜逆數期限。及究行凶之罪，勢必反覆株連，欲起死者而問之，已無及矣。問所以不行保辜之故，則曰：人情刁惡，非復三代遺風。十紙人命狀詞，究無一紙是實。若必一一驗傷，人人取結，則官長無就憩之時，而訟庭少容足之地矣。曰：不難。是别有止刁弭詐之法在，在未經放告之先，示以畫一之規而已矣。請宰州邑者，分别狀式二紙，刊板流行。一紙照尋常狀格，無事更張，除人命之外，一切奸盗、詐僞諸重情以及田土、婚姻諸細務，總用此格。令告者據實填進，審得其實，固爲伸冤泄憤。即其詞稍有不實，亦不必概坐反誣，輕則斥逐，重則杖懲。以民間刁訟之風，浸淫日久，不能遽革，且留餘地，以待逐漸挽回。一紙則另出新裁，單爲人命而設，並柱語亦爲刊定。止以被殺、被毆情節，令告者自填，詞後留空格六行，每行分刻其上，一曰“凶犯”，二曰“凶器”，三曰“傷痕”，四曰“處所”，五曰“時日”，六曰“干證”。如用木棍毆打，則填“木棍”二字於“凶器”之下；如無凶器係拳腳毆傷者，即填“拳腳”等字；頂門有傷，則填“頂門”二字於“傷痕”之下。餘皆倣此。六項之中，如有一項不填，不遵此式，即係誣誑，必不准理。如時日稍遠，即係舊事，亦不准理。六項之後，又刻一行云：“以上如有一字虚填，自甘反坐。”令告者親填花押於下，無押者不准。如是則小民知爲特設，與依樣葫蘆者不同，法在必行，不待聽斷之後，即寫狀時已知之矣。當事者一見狀詞，即時批發，立拘兩造及詞内有名人等，並唤折傷科醫士，當堂細驗，以傷痕、凶器等項，合之詞内所填，觀其對同與否。無論事事皆虚者，懲誣必盡其法。即使五項皆同，止有一項不對，明知下筆之訛，亦必先正妄填之罪，責治告狀親屬，然後審理。審得其實，即以凶器貯庫，照前設保辜之法，責令凶人領回調理，候限滿發落。倘被毆被殺之人，去城寫遠，若令扛擡到官，恐被傷之處，中風致殞，即委廉明佐貳，匹馬單輿，督同醫士往驗，具文詳覆，以俟躬審。驗審之際，務極精詳，蓋此時耐煩一刻，即可爲他日干連人等全活數命，又免上司批駁之煩，省自己推詳之苦，始勞終逸，有裨於人己不淺也。其坐誣之法，於他訟稍寬，而獨加嚴於人命者，以別狀告，虚情雖可恨，其所害者不過被告一家，人命告虚，則不止害讎家，直且騷擾衙門，侮弄官府。令其破有用之工夫，驗無傷之鬭毆，則告者不是害人，明是害官。害人罪小，害官罪大，即斃諸杖下，彼亦何説之辭？小民之敢於誣告者，自謂我以人命告，官府原不以人命聽，不過户婚田産、口角致争之罪名耳，勝則可以服人，害亦無損於己，何所憚而不爲？今知利害若此，關係若此，苟非病狂喪心之人，必不敢爲以身試法矣。此法一行，謂世間猶有假命害人之事，吾不信也！此法一行，謂世間猶有誤填人命之事，吾不信也！此法一行，謂有司苦於錢穀、簿書及他種詞訟則可，謂爲駁審人命，難定招詳，今日檢屍，明日夾犯，與凶囚、冤鬼爲鄰者，吾不信也！但須執法不撓，初終如一，方能有濟。若使徇情受託，一紙不坐反誣，罪當情真，一犯容之漏網，則此法不行矣。要知當此之時，事事勸人執法，語語誡人徇情，無論勢有不能，即進言者亦難啓口。居官之執掌頗多，不止詞訟一事。訟詞之種類更雜，豈止人命一條？留此一事，以示無私，借此一條，以明有法，亦時勢之可行者也。况頽俗難以驟更，頑民可以漸化。焉知一事有效，不可行之第二事；二事有效，不可行之第三事乎？由人命而盗賊，由盗賊而奸情，由奸情而婚姻、田土以及鼠牙雀角諸碎事，無一不可以此法推之。果能如是，則鳴琴卧理之風，未必不階於此也。

人命中疑獄最多。有黑夜被殺，見證無人者；有屍無下落，求檢不得者；有众口齊證一人，而此人夾死不招者；有共見打死是實，及吊屍檢驗並無致命得傷者。凡遇此等，只宜案候密訪，慎勿自恃摘伏之明，鍊成附會之獄。《書》曰：“罪疑惟輕。”又曰：“寧失不經。”夫以皋陶爲士，猶慎重若此，况其他乎？今之爲官者，苟能闕疑慎獄，即是竊比皋陶。彼鍛鍊成獄者，不及古人遠矣，何聰明之足恃哉？

人命不同他獄，讞者不厭精詳，上司數批檢問，正謂恐有冤抑，欲與下僚商酌，爲平反計耳。要知一人之聰明有限，同官之思慮無窮。從前承問者，豈事事皆能自决？亦知重獄非一審可定，未必不留餘地，以俟後人。即上司批訊之法，亦自不同：有詞與意合者，有詞在此而意在彼者；又有欲輕其罪，而姑張大其詞，以示國法之重者。此雖憲體宜然，亦以試問官之决斷何如耳。承委諸公，須出己見成招，慎勿雷同附和。若觀上司之批語以定從違，或摹寫歷來之成案以了故事，其中倘有毫髮冤情，罪孽比初審者更重。何也？天下之事，一誤尚可挽回，再誤則永難救正。獄情不始於我，而死刑實成於我也。

屍當速相，而不可輕檢；骸可詳檢，而不可輕拆。拆骸蒸骨，此人命中萬不得已之計；倘有一綫餘地，尚不可行。若使人命是真，抵償可必，則死者受此劫磨，尚能瞑目。萬一抵償不果，枉遭此難，令彼何以甘心？故輕拆不如詳檢，詳檢不如速驗，速驗不如細審。果能審出真情，則不但無事檢拆，並相驗亦可不行矣。嘗思片言折獄之人，不知存活多少性命，完全多少屍骸，故人樂有賢父母也。又凡奉上司批駁，情節不明者，止審情節；屍傷欠確者，力檢屍傷。慎勿一概煩擾，以致生死俱累。

檢屍弗嫌凶穢，定宜逼近屍所，凝目相驗。稍稍移視他處，仵作人等便可行私作弊。而况故作憎嫌回避之狀，以開增減出入之門乎？每見官府坐於棚廠之内，仵作人等立於棚廠之外，相去不止數十步，而被犯鎖扭跪階，不使同看，惟憑屍親、仵作喝報屍傷，或多增分寸，或亂報青紅，官府執筆登記，但爲此輩作謄録生耳，徒有檢屍之名，絶無相驗之實，以重獄爲兒戲，直謂之草菅人命耳。及經上司批駁，再易檢官，再更仵作。或暗賣屍格，約與雷同分寸，或意欲重輕，增減疑似傷痕。駁而又駁，檢而復檢。是死者既以梃刃喪命於生前，又以蒸煮裂屍於身後，生死大故，人命關天，求問官注目一視而不可得，其冤酷遂至此哉。

檢屍之弊多端，難更僕數。其顯而易見者，備載《洗冤》等録，人所共知。另有一種奇弊，謂之買屍造傷，不惟傷假，併屍亦假，令人莫可測識。有等奸民，慣盜新墓中骸骨，以皂礬、五棓、蘇木等物，造出淺淡青紅等傷，賣與誣告人命者，賄通仵作，以此陷害讎家。或竟出仵作一人之手，取獲重利。檢官不能覺察，曾有釀成大獄者。所以檢屍一事最難，不但傷之真假宜辨，併屍之真假亦不可不辨也。

檢屍所以驗傷。驗傷者，驗屍主所告之傷，非驗所不告之傷也。屍主告驗詞内，言用某器打傷某處，即於所告之處驗之，觀所告與所驗對與不對。故曰驗傷猶之百姓告荒，而官府踏勘，止勘所告之處，驗其言之信否。至於不告之處，則雖有灾荒，亦過而不問。又如百姓被盜而遞失單，至獲盜之日，所開何物，止追何物給之。其餘財帛，焉知非其固有？皆可置而不論，同一理也。檢屍之官倘不顧名思義，舍所告之處不驗，而驗他處，或遍驗通身，則無論打傷之情確與不確，總無不抵命之人矣。何也？人生一世自少至老，或失足致跌，或負重觸堅，或游戲被擊，血不流行，聚於一處，則彼處骨節之上未有不帶傷痕者，輕則日久漸消，重則終身不散。如其不信，試將病死之人，取其骸骨蒸驗之，若果全身俱是白骨，絶無一點血痕，則檢驗之傷真足憑矣。如其不然，則此種物理尚須討論。常有問官不解此意，譬如屍主所告，原稱當頭一擊致死。及向渾身檢驗，尋出無數傷痕，盡入招詳申報。上司以傷痕不對，駁令復審。問官不肯認錯，隨增遍毆情節以實之。此非有意害人？止因此種物理書籍不載，人所未聞，見有傷痕，即疑争毆所致，有所憑而定罪，不爲冤殺無辜，故始終信之而不悔也。

—2. 皇朝經世文編　卷九四　刑政五　治獄下

慎獄芻言·論盜案

强盜初執到官，當察其私地受拷之形狼狽與否，以爲刑罰之寬嚴，詞色之喜怒。若見其步履如常，形體不甚跼促，自當示以震怒，加以嚴刑，非此則真情不能吐露。倘見有負傷甚重，神氣索然者，則宜平心静氣以鞫之，且勿遽加刑拷。何也？以其正在垂斃之時，求生之念輕，緩死之念重，非責其供吐之難，責其供吐必實之難也。地方失事，保甲負疏虞之罪，捕快畏比較之嚴，往往扶同亂報，見有踪迹可疑之人，即指爲盜。或係乞食貧民，或往時曾爲竊盜者，無論是非，輒加捆懸，逼使招承，痛加箠楚，一語偶合，又令招扳夥伴，展轉相誣，誅求無已。及至送到公堂，業已一生九死。自揣私刑若此，官法可知，尚敢以口舌害肌膚，肌膚戕性命哉。初招一錯，以後則以訛傳訛，所謂差之毫釐，失之千里者，正在此時，不可不慎也。霽威曲訊，審視再三，彼真情不露於言詞，必露於神色，俟其有瑕可攻，而後繩以三尺，未爲晚也。凡此皆以保善良，非以護盜賊。惟慮其似盜而非盜，故慎重若此。倘信其果爲真盜，豈尚肯煦煦然以詞色假之哉？

强盜殺人之律，止於梟首，實有餘辜。常有一盜而手刃數人，至數十人者，即除爲盜弗論，而以命抵命，其罪浮於律之分數，亦相倍蓰而無算矣。況有劫財毀室之强形，拒捕抗官之逆狀，甚有奸掠並行，俾事主之家，巢卵俱空，而身名交喪者，無一不堪寸磔。而其罪止於一梟，豈以此輩之肉爲不足食，故於一死之外，遂不復致詳歟？倘於此等重獄，而猶勸當事者予以哀矜，則不特爲婦人之仁，直是以放虎縱狼爲義、散鴆施毒爲恩者矣。其有止於劫財，而未經殺人放火及奸淫者，始可用吾矜疑一念，推詳其入夥之由，審究其上盜之實，以贓之有無，定罪之出入。如贓真罪確，萬無生理，雖屬飢寒所使，亦難貸以國法。所謂如得其情，哀矜弗喜者，蓋爲此輩言之也。或上盜而未得贓，與得贓而無主認者，皆可開以一面。非故縱之也，蓋以後世無恒產之授，不能責其必有恒心，兼以保甲之法不行，或行之不力，令此輩得以藏奸，是爲上者亦有過焉，不得概罪斯民故也。但此輩原屬無良，止可待以不死，萬勿遽與開籠，使得脱然事外；隸入胥靡，投之有北，俾狼心有制而不逞，庶善與惡兩不相妨，而解網之仁，不致流而爲暴矣。

每獲真盜一夥，必害良民數十家。猶之衙蠹之中，有一人被訪，則親屬與讎家皆不能安枕，非慮扳贓，即防貽禍，同一轍也。故官長於盜賊之口，只宜抑之使閉，不當導之使開。即云盜夥未獲，真贓未起，難以定招結案，勢必責令自供，然於此時此際，亦當内存不得已之心，外示無可奈何之色，每聞供報一人，必詳審數四，而後落筆。但以又害一民爲憂，勿以又添一盜爲喜。蓋於初獲之首盜，尚慮其冤，而多方軫恤，何況由幹而生枝，由枝而生葉者哉。近日世道澆漓，人心不古，良民供吐之言尚不足信，何況天理蔑亡、良心喪盡之盜哉？

禁强必先禁竊，究盜不若究窩。涓涓不息，流爲江河。小偷弗懲，其勢必爲大盜。故於穿窬之獲，究之務盡其法。無論贓多證確，刺配無疑。即使偶犯贓輕，亦必痛懲幽縶，令親屬具結，保其改過，而後釋之。倘以“飢寒所迫”一語横踞於中，草草發落，是種大盜之根，愛之適以害之矣。至於窩盜之罪，更浮於盜；寧縱十盜，勿漏一窩。無深山不聚豺狼，無巨窩不來賊盜，窩即盜之源也。禁宰耕牛一事，是弭盜良方。不知者僅以爲修福，是實政而虚談之矣。蓋大盜必始於穿窬，而穿窬之發軔，又必以盜牛爲事。何也？民間細軟之物盡在卧榻之旁，非久於竊盜者，鮮不爲其所覺。惟耕牛蓄之廊廡，且不善鳴，牽而出之甚易。盜牛入手，即售於屠宰之家，一殺之後，即無贓可認。是天下之物，最易盜者是牛，而民間被盜之物，最難獲者亦是牛。盜風之熾，未有不階於此者。彼屠牛之家，明知爲盜來之物，而購之惟恐不速者，貪其賤耳。從來宰牛之場，即爲盜賊化贓之地，禁此以熄盜風，實是敦本澄源之法，而重農止殺，又有資於民生不淺。爲民上者，亦何憚而弗力爲哉？

—2. 皇朝經世文編　卷九四　刑政五　治獄下

慎獄芻言·論奸情

奸情有二：曰强，曰和。其章明較著而易斷者，莫若和奸。以捉奸必於奸所，奸夫淫婦，罪狀昭然，不敢不以實告故也。然而和奸之律，一杖之外無加焉。爲民上者，即欲維持風教，而除淫滌污之念，又窮於無所施。所恃以挽回惡俗、整頓朝綱者，維强奸一律而已。又無奈强奸之真僞最難辨析，有其初原屬和奸，迨事發變羞，因羞成怒，而以强奸告者；有因争寵二好，由愛生妬，由妬致争，而以强奸首者；有親夫原屬賣奸，因奸夫財盡力竭，不能飽其溪壑，又戀戀不捨，拒絶無由，故告强奸，以圖割絶者；又有報讎雪怨，而苦於理屈詞窮，不能保其必勝，故用妻子爲誣賴計，令彼無從置辨者。此等詐妄之情，實難枚舉。即云呼救之時，聲聞於外，有鄰右之耳目可憑，捉奸之際，情迫於中，有奪獲之衣帽可據，然鄰右止聞聲音，不能以耳代目，衣帽雖云合體，奚難以竊爲攘。聽訟者於此，將以爲真也，而坐奸夫以死，則公道日詘，而奸僞日滋；將以爲僞也，而坐原告以誣，則善教愈阻，而淫風愈熾。每見慈祥當事，遇此等疑獄，皆以不斷斷之，置奸情於不問，但訊其以他事致争之由。或責被犯之招尤，或懲原告之多事。誠以强奸重獄，審實即當論死，不若援引他情，朦朧結局，所謂“不癡不聾，難作家翁”者是也。予獨於此有深慮焉。好生固是美德，而綱常倫理亦非細故。人之異於禽獸者，僅有此牝牡之分，嫌疑之别耳。我以一念之姑息，而比斯民於禽獸，可乎？苟審得其實，果無始和中變，借奸誣害等情，即欲出之，亦必治以九死一生之法，庶足以快貞婦之心，而雪丈夫之恥。不然，爲女子者，何樂於拒奸守節，而暴露於公庭？爲之夫者，亦何樂有此守貞不屈之婦，而反以詩書所尚者，爲辱身玷名之具哉。强奸不分已成未成，有逼婦女自盡致死者，證據若真，斷宜坐抵，萬勿慈祥太過，而引他故出之。蓋據强奸之律，已當問絞，况又因奸致死人命乎？猶之强盗殺人，以一身而負兩大辟，死罪之外既無可加，則死罪之中亦無可减。但審强奸之情，確與不確，則致死之真僞，不辯自明。苟奸情猶在疑似之間，則致死之由，尚難臆斷，幸勿膠柱斯言，而以形迹置人於死也。

律法事事從重，獨於奸情一節，竊訝其過輕。何也？淫爲萬惡之首，而和奸止於一杖，又必獲於奸所，始以奸論。然則牀以下、房以外，皆他人酣睡之地乎？捉奸必以親夫，然則翁姑、伯叔、兄弟、子姪之遇此，皆當袖手旁觀，而莫之問乎？由此論之，則親夫遠出，捉奸無人，與夫在而善爲堤防，不致獲於奸所者，皆得快其淫亂之心矣。要知造律雖出於蕭何，而參酌必由於僚寀。祇以同時同事，有盗嫂受金之輩，故以恕己者恕人，而爲天下奸夫淫婦開此方便法門，後世相因，遂爲成律耳。猶幸有“夜入人家，登時打死勿論”一語，稍寒其膽。不則，王法等於弁髦，而閨閣中冓之間，無牆不生茨矣。勸司風教者，每於此等惡俗，當嚴禁於未發之先，痛懲於已犯之後，不得因法網不密，又從而開拓之，使桑間濮上之風，馴至於莫知所底，斯名教之幸也。但不宜事事詳察，攻發民間之隱私，惟擇其奸狀最著者，劇創一二，游遍通城，使家喻户曉，知上人所痛惡者在此，則奸淫知戒，綱常不至掃地耳。

有詰者曰：“人命重獄，汝勸當事者輕之；奸情輕獄，汝勸當事者重之。亦何悖理太甚，而重駭聽聞歟?”曰：不然。奸情爲人命所自出，重奸情者，非重奸情，正所以重人命也。奸夫、親夫勢不兩立，非彼殺此，即此殺彼。其未膏鋒刃者，特有待耳。况兩夫之間難爲婦，以羞慚窘辱而自盡者，十中奚止一二哉？與其明冤於既死，何如消禍於未萌？以今日之鞭笞，代他年之殺戮；以一男一婦之鞭笞，代千人萬人之殺戮。其隱然造福者，正是無量，豈止移風易俗、市勸化之虚名而已哉?

凡審奸情，最宜持重，切勿因其事涉風流，遂亦爲褻嫚之詞以訊之。當思平時之舉動，原係觀瞻，而此際之威儀，尤關風教。稍涉詼諧，略假顰笑，彼從旁睨視者，謬謂官長喜説風情，樂於放蕩。無論奸者不悔其奸，且有不奸而强飾爲奸，思以阿其所好者矣。至於讞牘之間，更宜慎重，切勿用綺語代莊，嬉笑當罵。一涉於此，則非小民犯奸之罪狀，反是官府誨淫之供招矣。總之，下民犯此，由於上人失教。苟有反躬罪己之心，方且垂涕泣之不暇，奚忍談笑而道之哉?

—2. 皇朝經世文編　卷九四　刑政五　治獄下

慎獄芻言・論一切詞訟

小民之好訟，未有甚於今日者。往時猶在郡邑紛呶，受其累者不過守令諸公而已。近來健訟之民，皆以府縣法輕，不足威攝同輩，必欲置之憲綱。又慮我控於縣，彼必控府，我控於府，彼必控道，我控於道，彼必控司控院，不若竟走極大衙門，自處於莫可誰何之地。即曰雌雄難卜，且徼倖於未審之先，作得一日上司原告，可免一日下司拘提。况又先據勝場，隱然有負嵎之勢。於是棨戟森嚴之地，變爲鼠牙雀角之場矣。督撫、司道諸公欲不准理，無奈滿紙冤情，令人可悲可涕，又係極大之題，非關軍國錢糧，即繫身家性命，安有不爲所動者？及至准批下屬所告之狀，與所争之事絶不相蒙，如何審理？則爲訟師者，因舊例必於原詞之外别進一紙，名曰“投狀”，巧飾一二附會之語，依傍原詞，其餘盡述所争之事。讞者得此，翻然大悟，始知從前盡屬虚文，此際纔歸正傳。噫，謬矣！何其厚待郡邑而故欺之以其方，薄待上司而必罔之以非其道哉。承問官若據原詞審理，則終年不得其實，不得不開自便之門，亦即據其投狀而爲判斷，是小民欺罔之情，反爲官府藏拙之地，有是理乎?

竊謂好訟之民，敢於張大其詞以聳憲聽，不慮審斷之無稽者，以恃有投狀一著爲退步耳。原詞雖虚，投狀近實。以片語之真情，蓋彌天之大妄，不患問官不爲我用。彼所恃以健訟者在此，我所恃以弭訟者亦即在此。請督撫嚴下一令，永禁投詞。凡民間一切詞訟，止許一告一訴，此外不得再收片紙。另增一名上司批發此狀，即照此狀審理，實則竟爲剖斷，虚則竟坐反誣，無許代爲説詞，强加附會。若是，則止有初著，並無後著，即欲自蓋其欺而不得矣，尚敢以身家性命爲孤注，而强試於不測之淵哉？若是，則所告之詞，即不能字字皆真，亦必虚實相半。狀詞至有一半真情，則當准與不當准，判如黑白。但須執法不移，永著爲令，始有成效可觀。稍示游移，則撓法梗令者至矣。蓋此法最便於廉吏，更便於良民，獨不便於奸胥猾吏及承票之皂壯耳。何也？原狀所告，不過寥寥數人，常例有限。所恃爲蔓引株連以飽其溪壑之欲者，惟投狀所添之人數耳。片紙不收，隻字不准，則是可飲者盡在壺中，豈復有不醉無歸之樂哉？惡其害己，而令此法不行於世者，必此輩也夫，必此輩也夫。

—2. 皇朝經世文編　卷九四　刑政五　治獄下

王啓祚（1610—1671）

字承先，一字元錫，山東臨朐人。崇禎十六年（1643）進士，清初以隱逸赴選，授吏科給事中，又歷官户科、禮科給事中。後因病辭官，病逝，一生著述惜皆不傳。

足民裕國二事疏順治十六年

一曰民竈經界。皇上軫念國用民艱，允臣同官王命岳疏請，特遣御史二員，前往山東、河南二省，清理荒熟田畝，以期上不病國，下不病民。真朝野胥慶，臣民同悦之舉矣！然命岳止知臣鄉有荒地、熟地之不同，而不知臣鄉更有竈地、民地之不同也。止知臣鄉荒地之不可溷於熟，熟地之不可溷於荒之當察，而不知臣鄉民地之不可溷於竈，竈地之不可溷於民之當察也。臣鄉係古青州，海濱廣斥，厥篚鹽絺，煮鹽之區也。竈户於海濱，原有分就竈地，每畝止納銀六七釐不等，民地則上、中、下、下下四等不同，即下下地亦納銀三分有零。竈地、民地，重輕不同，原有定例。自明末以來，典籍不存，經界不正，則有本一地也，在運司則征竈糧，在有司則征民糧，甚至運司代竈民而與州縣争，州縣代百姓而與運司争。是一地而納二糧也，則病民。而其實運司征竈糧，竈户則詭其地而竄爲民；州縣征民糧，民户又詭其地而竄於竈。奸民並不納一糧也，則又病國。病民不可，病國亦不可。伏祈敕下撫按，專委道員與運使於産鹽處所，督率州縣，詳核典籍，詢問父老。在運司，不得以鹽地考成，而與州縣争民地；在有司，亦不得以民地考成，而與運使争竈地。審其何者爲竈地，即定之爲竈；何者爲民地，即定之爲民，詳明撫按題報。再祈各省有産鹽地方，亦令該處按照山東一例委官行查，庶竈地、民地各得清楚。民地不納竈地之輕糧，而國用不詘；竈地不徵民地之重賦，而民用不匱矣。

一曰釐剔錢弊。皇上允該部疏請，著爲銀七錢三分之令，刊入大糧由單，使上可行於下，而下亦得行於上，上下通行，全無阻礙。固宜錢貴銀賤，民用日舒而國儲日裕也。乃爾來銀不加賤，錢不加貴，而錢法未見疏通者，則以銀七錢三之法甚善，而有司未之實行者，以於有司不便耳。既無戥頭之折，即無羡餘之入。以貯私囊則携取不便，以敬上官則餽納維艱。所以由單則照例分派，而收時則不用錢而用銀。是名雖銀一兩派錢一千，而其實錢一千仍收銀一兩也，與不派錢無異矣。甚有巧於立法，自設錢桌數張，每錢一文必得銀二釐，然後换給，若非官桌所發之錢則不收。是納錢一千，用錢四千，較之用銀反一倍而二倍矣。銀七錢三之法，至此不幾窮乎？是欲以疏通而反以壅滯，此所以錢日賤，銀日貴，欲寶源之流行無礙也不可得矣。以臣愚見，除銀七之數照常置櫃收貯外，其錢三之數，另置一櫃，另設一役，專司錢責。如收錢而仍收銀以及收錢而多方取巧者，撫按官立時指參，有司計贓坐罪，收役重則處死，輕則流徙。如撫按隱匿不報，許臺垣指實糾參，庶有司知所警惕，而錢法疏通矣。

—2. 皇朝經世文編　卷二六　户政一　理財上

周亮工（1612—1672）

字元亮，號櫟園，又號減齋、陶庵等，河南祥符（今開封）人。崇禎十三年（1640）進士，明亡後爲多爾袞所徵，官至兩淮鹽運使。有《賴古堂文集》。

請禁苛派鋪户狀

夫以官價買民物，致有賠累，民已不堪矣。從未有公然出之鋪户，不給以毫釐之價者；亦未有不給毫釐之價而尚責其物之精粗、美惡，令之求死不得者；亦未有本非鋪户，而必令其子若孫承當不替者。有之，自上杭之供應巡漳道始。自借供應巡漳道名色，以恣其餘之無窮取索始。巡道之執事、旗幟、桌幃、座褥、上下鋪陳，既出之鋪户矣。二十年之前猶給以半價，十年之前尚有三分之一，邇來但有供應並無價值矣。

所謂鋪户者，蓋先年其祖若父，或經營於吴浙，或張肆於本鄉，或歇宿商賈，覓有蠅頭，或充當行户，分其牙用。雖多賠累諸端，尚有分毫利息，勉力支持，已覺難勝。今兩廣路阻，商賈難通，且向之所謂鋪户者，半登鬼籙，半徙他鄉矣。士之子尚不恒爲士，農之子亦不恒爲農，而上杭之鋪户，則如充問祖軍，其祖若父雖死，其子若孫雖改而之他業，而鋪户之名終不可得而去也。幸而本户死絶矣，又必累及其親枝；幸而逃之他邑矣，又必連及其姻戚。間有賢有司至，爲自了之計者則曰：我但不取爾等一物耳，勢必不能通之上及之下。爲調停之術者則曰：我多報名數，使之衆擎易舉耳。實則不能去其籍、絶其根。間有求情脱免，受賄更易者，亦必有一名頂替，而後有一名開除。其頂替之人，即出之開除者之口。所報者非衙門中所共垂涎之人，即彼平素所最恨之人也。一名既入簿中，千年不能更易。今日取紬緞，明日取氈絨，非嫌其色不鮮明，則怒其物之粗惡。道路既阻，又往往取邑中所絶無者以難之，求之鄉紳而不得，謀之他邑而不能。差役之權，從此尊矣。非曰代爾回官受責，必曰諒情代稟收用。取一物即有一番之刁難，交一物即有一番之使費。富者求貧，貧者求死，其來非一日矣。况鋪户之名既當，無論其家之貧富，而富有之名已四溢矣。貪吏垂涎，奸胥側目，旁枝錯出，意外誅求，皆此“鋪户”二字累之。此其苦又不止於應當官物而已也。

幸近日文武官僚，加意撫字，民少有起色。然相沿已久，若不申請禁革，爲累終自無窮。合無請乞憲臺嚴批勒碑，永遠禁革。其答應巡道鋪陳等項，當使簡省，據所開帳目，應用二百餘金。除上杭縣動綱銀備辦外，其餘不足者，令七邑量行協濟，官自差役赴省置買，不許分毫取之鋪户。其歷來相傳鋪户姓名册籍但有存者，俱令該縣焚毁。其所屬各邑大小官員，並道標、中軍、千把之類，日用、蔬菜、鹽米、魚肉等樣，俱發紋銀平買。如官價擅取一物者，即容本道按法解院究治。如此則民命少甦，逃亡復集矣。本司見各鋪户衆聲動地，不覺激切言之，伏乞鑒察施行，地方幸甚，民生幸甚。

—2. 皇朝經世文編　卷二三　吏政九　守令下

張爾岐（1612—1677）

字稷若，號蒿菴，山東濟陽（今屬濟南）人。明諸生，入清以教授鄉里終生。恪守程、朱之説，篤志力行。有《儀禮鄭註句讀》《蒿菴集》。

辨 志

人之生也，未始有異也；而卒至於大異者，習爲之也。人之有習，初不知其何以異也，而遂至於日異者，志爲之也。志異而習以異，習異而人以異。志也者，學術之樞機，適善適惡之轅楫也。樞機正則莫不正矣，樞機不正亦莫之或正矣。適燕者北其轅，雖未至燕，必不誤入越矣。適越者南其楫，雖未至越，必不誤入燕矣。嗚呼，人之於志，可不慎歟？

今夫人生而呱呱以啼，啞啞以笑，蠕蠕以動，惕惕以息，無以異也。出而就傅，朝授之讀，暮課之義，同一聖人之《易》、《書》、《詩》、《禮》、《春秋》也。及其既成，或爲百世之人焉，或爲天下之人焉，或爲一國一鄉之人焉。其劣者，爲一室之人，七尺之人焉。至其最劣，則爲不具之人，異類之人焉。言爲世法，動爲世表，存則儀其人，没則傳其書，流風餘澤，久而愈新者，百世之人也。功在生民，業隆匡濟，身存則天下賴之以安身，亡則天下莫知所恃者，天下之人也。恩施沾乎一域，行能表乎一方，業未大光、立身無負者，一國一鄉之人也。若夫智慮不離乎鍾釜，慈愛不外乎妻子，則一室之人而已。躭口體之養，徇耳目之娱，膜外概置，不通痾癢者，則七尺之人。篤於所嗜，瞀亂荒遺，則不具之人。因而敗度滅義，爲民蠹害者，則爲異類之人也。豈有生之始遽不同如此哉？抑豈有驅迫限制，爲之區别致然哉？習爲之耳。習之不同如此，志爲之耳。志在乎此，則習在乎此矣。志在乎彼，則習在乎彼矣。

子曰："苟志於仁矣，無惡也。"言志之不可不定也。故志乎道義，未有入於貨利者也。志乎貨利，未有幸而爲道義者也。志乎道義，則每進而上，志乎貨利，則每趨而下。其端甚微，其效甚巨，近在胸臆之間，遠周天地之内，定之一息之頃，著之百年之久。孟子曰："雞鳴而起，孳孳爲善者，舜之徒也。雞鳴而起，孳孳爲利者，蹠之徒也。"欲知舜與蹠之分，無他，利與善之間也。人之所以孳孳終其身不已者，志在故耳。志之爲物，往而必達，圖而必成。及其既達，則不可以返也。及其既成，則不可以改也。於是爲舜者，安享其爲舜，爲蹠者，未嘗不自悔其爲蹠，而已莫可致力矣。豈蹠之聰明材力不舜若歟？所志者殊耳。世之誦周公、孔子之言者肩相比也，誦其言，通其義，以售於世者，又項相望也。周公、孔子之遺教未聞有見諸行事，被於上下者，豈少而習之，長而忘之歟？無亦誦周公、孔子，志不在周公、孔子也？志不在周公、孔子，則所志必貨利矣。以志在貨利之人而乘富貴之資，制斯人之命，吾悲民生之日蹙也。志之定於心也，如種之播於地也。種粱菽則粱菽矣，種烏附則烏附矣。雨露之滋，壅培之力，各如所種以成效焉。粱菽成則人賴其養，烏附成則人被其毒。學不正志而勤其占畢，廣其聞見，美其文辭，以售於世，則所學於古之人者，皆其毒人自利之藉也。

嗚呼，學者一日之志，天下治亂之原，生人憂樂之本矣。孟子曰："士何事？曰尚志。"《學記》曰："凡學，官先事，士先志。"張子曰："未官者使正其志。教而不知先志，學而不知尚志，欲天下治隆而俗美，何繇得哉?”故人之漫無所志，安坐飽食而已者，自棄者也。舍其道義而汲汲貨利，不知自返者，將致毒於人，以賊其身者也。自棄，不可也，毒人而以賊其身，愈不可也。且也志在道義，未有不得乎道義者也，窮與達均得焉。志在貨利，未必貨利之果得也，而道義已坐失矣。孟子曰：“欲貴者，人之同心也。人人有貴於己者，弗思耳。”求則得之，舍則失之，是求有益於得也，求在我者也。求之有道，得之有命，是求無益於得也，求在外者也。人苟審乎内外之分，必得與不必得之數，亦可以定所志矣。

—1. 切問齋文鈔　卷一　學術一

方田法《嵩盦閑話》

方田法，始於宋（神）［仁］宗景祐時，其後屢行屢罷。至徽宗大觀五年，復行方田。官吏妄增田稅，至並不食之山而方之。御史臺受訴：有二百餘畝，方爲二十畝者，有二頃九十六畝，方爲七十畝者，虔州之瑞金是也；有稅租一十三錢，增至二貫二百者，有稅租二十七錢，增至一貫四百五十者，虔州之會昌是也。民大擾懼，乃遂罷之。其時，又以中官楊戩主後苑作，始立公田，以樂尺打量民田，取其羸者入官，别立租課，有宋仁厚之澤盡矣。方田法，用竹纏方量，每面千步立封訖，乃令民於方内認所種田。竹纏不能引之使長，稍屈稍邪，便虧原數。豪强者各自取盈，則貧弱者不得自有其地矣。且有一段分割三四方内者，奇零衺曲，打算爲難，一聽猾胥之分派。此瑞金之所以有地而無地，會昌之所以無税而有税也。順治己亥，東省行方田法，親見其弊，故知之頗悉。孟子言，方里而井，井九百畝。周以百步爲畝，每里三百六十步方之，當得一千二百九十六畝，自九百畝而外，尚餘三百九十六畝，以爲溝塗遂路之地，則地之不稅者多矣，此商鞅之所以鋭意剗除也。

—2. 皇朝經世文編　卷三一　户政六　賦役三

後篤終論上

晋皇甫謐悼厚葬之害，著論爲葬送之制，名曰《篤終》。其言曰：“司馬石槨，不如速朽；季孫璠璵，比之暴骸。文公厚葬，《春秋》以爲華元不臣。王孫親土，《漢書》以爲賢於秦始。如令魂必有知，則生死異制；如其無知，則空奪生用，捐之無益，是招露形之禍，增亡者之毒也。”其言可謂至痛切矣！然當時所謂厚葬，蓋謂珠玉之飾，含實之物，器用寶貨之藏也。今人皆無是矣，衾絞韜冒之屬尚不必備，又况所謂金鏤玉匣、金蠶玉犬者乎？乃往往有苦於乏財，數十年不克葬者，則何也？緇黄之儭度，不敢以廢也；侍從之偶俑，不敢以缺也；夾道之旛幔、鐃吹，不敢以不盛也；賓客之酒食、衣物，不敢以不豐也。其甚者，徵歌選舞，雜以百戲，非是則以爲樸；結繒縛帛，以象樓觀，非是則以爲陋。於是嘲轟咿啞之聲，艷麗詭異之飾，雜遝衢路，充斥原野，婦孺擁觀，嘆駭踴抃，而後快於心焉，而後爲能葬其親焉！富者破産而逐新，貧者舉息而蹶赴。一日之費，十年節約而不能償也；一家之喪，百家奔走而交相病也。高位縱任而不知禁，旁觀恬習而忘其非。人之欲葬其親者，恥其不備，忍於纍年暴露而不恤焉，亦甚可傷也已！何不即今之所謂厚葬者而深思之？是何者有益於親之身乎？無益於親而爲之，徒欲悦觀者之目而已。古之厚葬誠昧於理，其心猶欲爲親也；今乃於終天永訣之會，盛陳娱樂、詭麗之具，以爲觀美，徒博婦孺一時之咍笑，不近於侮其親矣乎？且其所擬象而塗飾者，未必其親之生平所宜有也，不又陷其親於僭矣乎？本欲自致於親，而適成其侮且僭，何如反而約諸禮之爲得乎？夫子嘗言喪具矣，曰：稱家有無，有勿過禮，苟無矣，縣棺而封。又曰：啜菽飲水盡其歡，斯之爲孝；斂手足形，還葬而無槨，稱其財，斯之謂禮。斯言也，誠千古葬者之大經矣！間考夫子所謂勿過禮者，大端有二焉：一者藏體魄之禮，含襲、斂襚、棺槨、宅兆之屬是也；一者事精神之禮，朝夕之奠、重主之設、虞祔祥禫之祭是也。是皆切於親之身者也，有禮以爲之制，則限於分者不敢踰，困於財者聖人亦不强焉。況於儭度之説，古所無也。即不能無疑於心，何不援先儒之論以自定也？芻靈以象生平也，凡分所不得有者，何不可已也？功布以前車，銘旌以識别，本以適用也，溢而爲幢纛之僭，何爲也？易服而吊，禮自賓出，何煩主人之裂帛？食於喪側，或非得已，何至置酒而高會？紼謳生於斥苦，方相以毆罔兩，殆喪家歌舞之所由始也；無所苦而歌，無所毆而舞，違舂相巷歌之戒矣。家有苫塊之次，墓有主賓之位，此廬幄之所以設也。廬而致飾，幄而過華，與苴麻菅疏之儀不侔矣。溯本而求，或造端於古人；沿今所尚，遂大遠於禮意。何如安其分之所適宜，量其力之所可至，庶天下無不葬之親，人子無不致之情乎？曰：子之所言，殆桐棺土輿，窶人子之所爲耳，不足以言富貴之家、備物極榮者之事也。曰：白蓋雙旗，門生挽送，非建武之佐命乎？布車載柩，飾無文采，非貞觀之元臣乎？無損於尊榮而更爲美談。蓋奢而示之以儉，儉而示之以禮，移風易俗，誠貴者、賢者之責也。

—2. 皇朝經世文編　卷六二　禮政九　喪禮上

後篤終論下

葬之習於侈也，於是有久而不克葬者，是徒知備物豐儀之爲厚其親，而不知久而不葬之大悖於禮也。先王之制，喪禮：始死而襲，襲而斂，三日而殯，殯而治葬具。其葬也，貴賤有時，天子七月，諸侯五月，大夫三月，士庶踰月。先時而葬者，謂之渴葬，後時而葬者，謂之怠喪。其自襲而斂，自斂而殯而葬，中間皆不治他事，各視其力，旦夕拮据，至葬而已。以爲所以計安親體者，必至乎葬而始畢也。襲也，斂也，殯也，皆以期成乎葬者也。殯則不可不葬，猶之襲則不可不斂，斂則不可不殯，相待而爲始終者也，故不可以他事間也。今有人親死，踰日而不襲，踰月而不斂，踰時而不殯，則人必訾之矣！其人非狂且癡，必有痛乎其心者矣。至於纍年而不葬，則相與安之，何也？殯者必於賓位，所以賓之也。父母而賓之，人子之所不忍也。而爲之者，以將葬故賓之也，所以漸即乎遠也。殯而不葬，是使其親退不得反於寢，進不得即於墓，不猶之客而不得歸，歸而未能至者歟？此非人事之至難安，而人子之大不忍者歟！

《喪服小記》曰："久而不葬者，唯主喪者不除。"疏曰："久而不葬，謂有事礙不得依月葬者，則三年冠服，身皆不得祥除也。"陳氏曰："主喪者不除，謂子於父，妻於夫，孤孫於祖父母，臣於君，未葬不得除衰絰也。"乃知古之人有不幸有故不得葬其親者，雖踰三年不除服。其心所痛在於未葬，以爲與未及三月者同實也。與未及三月者同實，斯不得計時而即吉矣。何也？喪之即吉，始於虞而成於禫。虞之爲禮，起於既葬，送形而往，迎精而返，故爲虞以安之。未葬則無所爲而虞。不虞，則卒哭與祔皆無所爲而舉。卒哭與祔不得舉，又何爲而可以練？何爲而可以祥且禫？日月邁於上，殯宮淹於下，故雖踰三年，與未及三月者同實也。未及三月而欲舉祥禫之禮，行道之人弗忍矣。斯其所以可以除而弗除歟？斯其所以寧斂形還葬，縣棺而封，而必不敢爲溢望奢求，以至於久而不葬也歟？不然，古之人豈不欲厚其親者哉。盡人皆子也，生事顯榮，死葬華盛，盡人之子皆有是心也。尊卑制乎分，盈絀限乎力，斯誠不可如何者耳。孟子不云乎："不得不可以爲悦，無財不可以爲悦"。奈何以欲厚其親之心，反使其親久客，而不得即於安？豈非所謂去其小不備，而就大不備者乎？盍亦思所以變計乎！

按《晉書·慕容儁載記》常煒言：魏晉之制，祖、父未斂葬者，不聽服官。又按《唐書·顔魯公傳》，有鄭延祚者，母卒二十九年，殯僧舍垣地，真卿時爲監察御史奏之，兄弟三十年不齒，天下聳動。停喪之爲世厲禁也久矣。附記。

—2. 皇朝經世文編　卷六二　禮政九　喪禮上

中庸論

中庸之見尊於天下也久矣，而小人每竊其説以便其私。宋儒已力明之，至近日而復晦者何也？蓋以言中庸而不指名其物，人得本所見以爲説，摹求形似，以妄意一當。故高之則以爲渾渺幽元之事。卑者則以爲義理損其半，情嗜亦損其半，此中庸耳；遷此之所是，避彼之所非，此中庸耳；衆所可，可之，衆所然，然之，此中庸耳。從前之説，既不可致詰；從後之説，又爲游移熟便猥近之稱，而人之自寄於中庸者，於是乎衆矣。此無他，不明中庸之所指者何事，既無所持以繩其是非，故人得自美其名，以各慰其不肖如此也。愚嘗讀其書而思之，其要至者兩言耳：喜怒哀樂之未發謂之中，發而皆中節謂之和。夫喜怒哀樂一日之間屢遷矣，自天子至於庶人，苟非聖賢，必不能遽中節也。聖人必知人之不能遽中節，又必不肯聽其不中節而無以節之，節之則有其物矣。不然，則喜者、樂者何以適得吾仁？哀者、怒者何以適得吾義？何所藏以爲智？何所决以爲勇？君臣、父子、兄弟、夫婦、朋友之倫，祭祀、喪葬、禪代、征誅之故，百司、執事、典章、儀物之數，飲食、言語、揖讓、登降之節，何以明得失、生變化？富貴者何所稟以爲功？貧賤憂患者何所恃以自强？四時鬼神之所幽，山川百物之所明，天地之所統，綱紀之所維，帝王之所公以爲製作，匹夫之所私以爲學問，士君子之所循以爲出處進退，則又何物以善其會通？吾知必禮也。由禮而後可以中節，中節而後可以爲中庸。則中庸云者，贊禮之極辭也。《中庸》一書，禮之統論約束也。夫禮，抑人之盛氣，抗人之懦情，以就於中。天下之人質之所不便，皆不能安，不安恐遂爲道裂指禮之物，而贊以坦易之辭，以究其説於至深、至大、至盡之地，所以堅守禮者之心而統之一途也。故其言始之天命以著從來，曰斯禮也，命與性先之矣，不然，不汝强也；極之倫彝、典則以表大業，曰斯禮也，帝王之所考，名教之所責，無之或二也；要之誠明以立本事，曰斯禮也，非明無以通微，非誠無以正隱，非所以爲外也。於是使愚不肖者知所跂，而賢智者亦厭其意而不敢求多焉。此《中庸》之書所以繼六經而鞭其後也。使其漫無所指，懸一至美之稱在事實之外，聽人之所擬，豈聖賢著書道善禁奸之本意乎？難之者曰：禮者，道之文也。子舉中庸，蔽之於禮，聖人之道無以加於禮乎？曰：禮者，道之所會也。雖有仁聖，不得禮無以加於人，則禮者道之所待以徵事者也，故其説不可殫。聖人之所是，皆禮同類也；聖人之所非，皆禮反對也。《易》之失得，《書》之治亂，《詩》之貞淫，《春秋》之誅賞，皆是物矣。盡六經之説，而後可以究《禮》之説，而後可以究《中庸》之説。《中庸》者，禮之統論約説，非其詳者也。而孔子之告顔淵曰："克己復禮爲仁。"仁不得禮無以爲行，並無以爲存也。禮之所統，不既全矣乎！吾故斷以中庸爲必有所指，而其所指，斷乎其爲禮，而非他也。漢儒取以記禮，爲得解矣。世方樂中庸之便其私，其疑吾説也必甚，烏知吾之説固古人之説耶？

—2. 皇朝經世文編　卷一　學術一　原學

孫廷銓（1613—1674）

字道相，别字沚亭，山東益都（今博山）人。崇禎十三年（1640）進士，入清官至秘書院大學士。在任年餘，以病請歸，卒謚文定。有《沚亭删定文集》《南征紀略》《漢史億》。

限田論《漢史億》

哀帝初行限田之制，王侯已下至庶人，占田不得過三十頃，過科者没入縣官。此其議本於董仲舒，欲以抑豪强，塞兼併，少近古井田之意。爲論甚美，而卒難施行者，以遠於人情也。蓋上世淳樸未散，萬法相維，故其君可以衆建而不争，其民可以耦耕而不亂。至周衰霸起，而古法已盡廢矣。况又數百年，欲則古昔而爲治，固未有萬法俱廢而一法獨立者也。且如天壤之間，山高澤深。二氣之能，冰寒火熱。一人之身，股長指短。萬象之表，鵠白烏黔。極其不齊之數，至於倍蓰無算，固孟子所謂物情者也。今夫生民之有豪强貧弱，亦如是焉矣。天地得其理，則紛紜萬感而胥育；王者平其政，則參差群品而皆安。故夏、殷之末造，井田無改，而桀、紂之民貧；漢之初興，阡陌亦無改，而文景之民富，在所以撫馭之者而已，固不必其齊同也。况當軍旅灾祲之餘，民有非業之作，野有不耕之田，欲驅天下而歸農。苟有辟草萊以贍國賦者，惟恨其少。及其易世，各有分土，蒙業而安，遂欲裁多就寡，摧强爲弱。爲此紛紛者，貧者固懷非望，富者亦有何辜？非王政之平也。夫人情驟見傾奪，必不甘棄其所有。此不肯瓜分移寄，徒應空名，則必有攘奪矯虔，適資暴吏，而民始膠膠然亂於下矣。夫爲治不本人情而好爲高論，動以法古爲名，甚則爲王莽，不甚則王安石，袛以厲民而已，曷足尚哉。

—2. 皇朝經世文編　卷一一　治體五　治法上

用人四事疏順治十七年

五月二十五日，恭讀上諭，引咎省躬，實心圖治，悔隱微之失，開直言之路，令部院等衙門據實條奏，直言弗諱，以補闕失，甚盛德也。臣愚昧，無以仰副至意，謹竭一得，臚爲四款，爲我皇上陳之：

一曰養廉恥。古者刑不上大夫，言大夫爲士民之表帥，必素有以養其廉恥之心，而後可以漸化導及下也。近見内外滿漢各官，一掛吏議，拏送刑部者，其罪之有無尚未經詳明，即加刑訊，雖曰所爲不善，刑辱其所自取，亦何足惜，然於養廉恥之道似有未符。臣竊以爲除謀反、叛逆等項大罪，即行拏問，審真正法外，其餘别項情罪，不若先行詳核明白，果係情真，方行擬罪。蓋人至貪私壞法，良心已滅，及見皇上仍加之以禮貌，而不欲遽使同於庶人，則感激之心必生其愧悔之念。如此則於法既無虧，而又以廉恥之道勵士大夫，庶風化、紀綱兩有裨益。其關於皇上道德齊禮之初心，非淺鮮矣。

一曰寬考成。有司牧民之官也，上關國計，下保民生，最爲緊要。自錢糧考成，頭緒繁雜，以致降級革職者，一歲不可勝紀。人材摧殘，催科酷烈，爲吏者止以考成爲慮，安問百姓之賣兒鬻女耶？亢旱灾疫，鮮不由此。臣等以爲錢糧係軍國要務，催徵自不容緩。但四部銀米、物料款項不一，每件定爲十分考成，則處分頭緒太多，顧此失彼，終日救過不暇。今莫若將考成則例敕下户部，再詳加考訂，酌量寬減，上不至於虧國課，下亦不至於詘人才，加惠百姓，仰答天和，其於吏治亦有裨益矣。

一曰慎名器。查總督、巡撫皆職司封疆，責任重大，自非蕩平寇盜、綏輯兵民，餘俱不足以言功。近如捐助、賑濟、完漕等事，應加級者皆得加銜，如加侍郎、尚書、宫保銜者，固朝廷優示鼓勵之意，但爵賞原以待有功，而宫保尤以畀有德。夫以重臣如督撫，而止就區區微勞，驟膺卿貳、宫保之職，當其任者莫不圖小功以邀大位，復誰肯竭智畢忠於封守之大計乎？如有封疆大功，又將何以加之耶？今後總督、巡撫，除軍功考滿應行加銜之外，餘如捐助等項，止應酌量紀録，其加級、加銜，應一概停止，庶名器不濫而重臣益自奮庸矣。

一曰儲人才。古語曰："十年樹木，百年樹人。"言儲才當豫也。今滿洲子弟俊秀者正不乏人，科甲既停，學問益寡，殊爲可惜。稽之漢代，期門羽林之士皆誦《孝經》，誠以經學爲人才之本、教化之原也。目今從龍之彦固自多人，深恐後學不繼，致令有乏才之嘆。今查國學内每佐領下止有一人肄業，似屬太少。今酌量每佐領下再各添一人，共作二人，更選老成敦大、通治體、明經術之臣以爲之師，務得曉暢大義，以備國家之用。數年以後，將見人才濟濟，而文武之選皆得其人矣。

—2. 皇朝經世文編 卷一三 治體七 用人

文帝除盜鑄令論《漢史億》

文帝五年，除盜鑄錢令，賈誼、賈山皆上書諫，而帝不從。其後吴王鑄錢，所在而有，遂成七國之亂。

夫天地自然之利，天子與民共之者也，而聖王必爲之限制，使其權一出於己。非漁奪自私，所以均生民之利，而止法外之奸也。夫民之不能不有智愚强弱者，勢也；則利之不能不有淆雜僞巧者，情也。王者爲之法禁以堤防之，使豪民、大蠹有所限止，不得過自封殖，而爲奸人之所煽動，則愚賤益安矣。若壞决堤防，令得自爲便，則利必有所偏重，害必有所洊至。賈生所云"事有招禍而法有起奸"，蓋推情察隱，而觀其弊之所究也。

夫使民得顧租鑄錢，此文帝之大惠也，而其害有然。故聖人之制法，利不自予，而柄不衆操也。

—2. 皇朝經世文編 卷五三 户政二八 錢幣下

顧炎武（1613—1682）

字寧人，號亭林，江蘇崑山人。明諸生，南明魯王時遥授兵部職方司主事。康熙詔舉鴻博，薦修《明史》，均不就。有《日知録》《顧亭林詩文集》。

立　言《日知録》

文之不可絶於天地間者，曰明道也，紀政事也，察民隱也，樂道人之善也。若此者，有益於天下，有益於將來，多一篇，多一篇之益矣。若夫怪力亂神之事，無稽之言，剿襲之説，諛佞之文，若此者，有損於己，無益於人，多一篇，多一篇之損矣。

張子有云："民，吾同胞。今日之民，吾與達而在上位者之所共也。救民以事，此達而在上位者之責也。救民以言，此亦窮而在下位者之責也。"

天下有道，則庶人不議。然則政教風俗，苟非盡善，即許庶人之議矣。故《盤庚》之誥曰"無或敢伏小人之攸箴"，而國有大疑，卜諸庶民之從逆。子産不毀鄉校，漢文止輦受言，皆以此也。唐之中世，此意猶存。魯山令元德秀，遣樂工數人連袂歌《于蔿》，玄宗爲之感動。白居易爲盩厔尉，作樂府及詩百餘篇，規諷時事，流聞禁中，憲宗召入翰林，亦近於陳列國之風，聽輿人之誦者矣。

天下之事，有言在一時，而其效見於數十百年之後者。

《魏志》：司馬朗有復井田之義，謂往者以民各有纍世之業，難中奪之，今承大亂之後，民之分散，土業無主，皆爲公田，宜及此時復之。當世未之行也。及拓跋氏之有中原，令户絶者墟宅、桑榆，盡爲公田以給授，而口分世業之制，自此而起，迄於隋、唐守之。

《魏書》：武定之初，私鑄濫惡，齊文襄王議，稱錢一文重五銖者，聽入市用。天下州鎮、郡縣之市，各置二稱懸於市門，若重不五銖，或雖重五銖而雜鉛鑞，並不聽用。當世未之行也。及隋文皇之有天下，更鑄新錢，文曰"五銖"，重如其文，置樣於關。不如樣者，没官銷毀之。而開通元寶之式自此而準，至宋時猶倣之。

朱子作《詩傳》，至於秦風《黄鳥》之篇，極言以人殉葬之害，爲出於戎翟之俗，而無明王、賢伯以討其罪，於是習以爲常，而莫知其爲非也。歷代相沿，至明代英宗，始革千古之弊。蓋御極之初，即有感於憲王之奏，而亦朱子《詩傳》有以發其天聰也。嗚呼，仁哉！

《唐書》：李叔明爲劍南節度使，上疏言道、佛之弊，請本道定寺爲三等，觀爲二等，上寺留僧二十一，上觀道士十四，每等降殺以七，皆擇有行者，餘還爲民。詔下尚書省議，已而罷之。至武宗會昌五年，始用其言，併省天下寺觀。而有明洪武中，亦稍行其法。

《元史》：京師恃東南運糧，竭民力以航不測。泰定中，虞集言京東數千里，北極遼海，南濱青齊，萑葦之場，海潮日至，淤爲沃壤。用浙人之法，築堤捍水爲田，得以傳子孫，如軍官之法。如此可以寬東南之運，以紓民力，而游手之徒皆有所歸。事不果行。及順帝至正中，海運不至，從丞相脱脱言，乃立分司農司，於江南召募能種水田及修築圍堰之人各一千，名爲農師，歲乃大稔。至今水田遺利，猶有存者。戚將軍繼光，復修之薊鎮。

是皆立議之人所不及見。而窮則變，變則通，通則久，天下之理固不出乎此也。

孔子言行夏之時，固不以望之魯之定、哀，周之景、敬也，而獨以告顏淵。及漢武帝太初之元，幾三百年矣，而遂行之。孔子之告顏淵，告漢武也。

孟子之欲用齊也，曰“以齊王，猶反手也”，若滕，則不可用也。而告文公之言，亦未嘗貶於齊、梁，曰：“有王者起，必來取法，是爲王者師也。”

嗚呼！天下之事，有其識者不必遭其時，而當其時者或無其識。然則，開物之功，立言之用，其可少哉？

—2. 皇朝經世文編　卷三　學術三　法語

與友人書十首

大難初平，宜反己自治，以爲善後之計。昔傅説之告高宗曰：“惟干戈省厥躬。”而夫子之繫《易》也，曰：“山上有水，蹇。君子以反身修德。”孟子曰：“行有不得者，皆反求諸己。”《左傳》載夫子之言曰：“臧武仲之智而不容於魯，有由也，作不順而施不恕也。”苟能省察此心，使克伐怨欲之情不萌於中，而順事恕施，以至於“在邦無怨，在家無怨”，則可以入聖人之道矣。以向者横逆之來，爲他山之石，是張子所謂“玉女於成”者也。至於臧否人物之論，甚足以招尤而損德。自顧其人，能如許子將，方可操汝南之月旦。然猶一郡而已，未敢及乎天下也。不務反己而好評人，此今之君子所以終身不可與適道，不爲吾友願之也。

每接高談，無非方人之論。子曰：“三人行，必有我師焉，擇其善者而從之，其不善者而改之。”執事之意，其在於斯乎？然而子貢方人，子曰：“賜也賢乎哉！夫我則不暇。”是則聖門之所孳孳以求者，不徒在於知人也。《論語》二十篇，惟《公冶長》一篇多論古今人物，而終之曰：“已矣乎！吾未見能見其過而内自訟者也。”又曰：“十室之邑，必有忠信如某者焉，不如某之好學也。”是則論人物者，所以爲内自訟之地，而非好學之深，則不能見己之過，雖欲改不善以遷於善，而其道無從也。記此二章於末，其用意當亦有在。願與執事詳之。

古之疑衆者行僞而堅，今之疑衆者行僞而脆。其於利害得失之際，且不能自持其是，而何以致人之信乎？故今好名之人，皆不足患，直以凡人視之可爾。

《宋史》言劉忠肅每戒子弟曰：“士當以器識爲先。一命爲文人，無足觀矣。”僕自一讀此言，便絶應酬文字，所以養其器識，而不墮於文人也。懸牌在室，以拒來請，人所共見，足下尚不知耶？抑將謂隨俗爲之，而無傷於器識耶？中孚爲其先妣求傳再三，終已辭之。蓋止爲一人一家之事，而無關於經術政理之大，則不作也。韓文公文起八代之衰，若但作《原道》、《原毁》、《争臣論》、《平淮西碑》、《張中丞傳後序》諸篇，而一切銘狀概爲謝絶，則誠近代之泰山北斗矣。今猶未敢許也。此非僕之言，當日劉乂已譏之。

能文不爲文人，能講不爲講師。吾見近日之爲文人、爲講師者，其意皆欲以文名、以講名者也。子不云乎：“是聞也，非達也，默而識之。”愚雖不敏，請事斯語矣。

君子之爲學，以明道也，以救世也。徒以詩文而已，所謂“雕蟲篆刻”，亦何益哉？某自十五以後，篤志經史。其於音學深有所得，今爲《五書》，以續《三百篇》以來久絶之傳。而别著《日知録》：上篇《經術》，中篇《治道》，下篇《博聞》，共三十餘卷。有王者起，將以見諸行事，以躋斯世於治古之隆，而未敢爲今人道也。向時所傳刻本，乃其緒餘耳。

孔子之删述六經，即伊尹、太公救民於水火之心，而今之注蟲魚、命草木者，皆不足以語此也。故曰："載之空言，不如見之行事。"夫《春秋》之作，言焉而已，而謂之行事者，天下後世用以治人之書，將欲謂之空言而不可也。愚不揣，有見於此，故凡文之不關於六經之指、當世之務者，一切不爲。而既以明道救人，則於當今之所通患，而未嘗專指其人者，亦遂不敢以辟也。夜夢作一書與執事曰："過蒲而稱子路，之平陸而責距心。"嗟乎！夢中之心，覺時之心也；匹夫之心，天下之心也。今將暫别貴地，民生利病，望悉以見教。人雖微，言雖輕，或藉之而重。

引古籌今，亦吾儒經世之用。然此等故事，不欲令在位之人知之。今日之事，興一利便是添一害，如欲行沁水之轉般，則河南必擾，開膠萊之運道，則山東必亂矣。

目擊世趨，方知治亂之關，必在人心、風俗。而所以轉移人心、風俗，則教化、紀綱爲不可闕矣。百年成之不足，一日敗之有餘。

君子將立言以垂於後，則其與平時之接物者不同。孔子之於陽貨，蓋以大夫之禮待之，而其作《春秋》則書曰"盗"。又嘗過楚，見昭王，當其問答，自必稱之爲王，而作《春秋》則書"楚子軫卒"，黜其王，削其葬。其從衆而稱之也，不以爲阿；其特書而黜之也，不以爲亢。此孔子所以爲聖之時也。孟子曰："庸敬在兄，斯須之敬在鄉人。"今子欲以一日之周旋，而施之久遠之文字，無乃不知《春秋》之義乎？

接讀來詩，彌增愧側。名言在兹，不啻口出，古人有之。然使足下蒙朋黨之譏，而老夫受虚名之禍，未必不由於此也。韓伯休不欲女子知名，足下乃欲播吾名於士大夫，其去昔賢之見，何其遠乎！人相忘於道術，魚相忘於江湖。若每作一詩輒相推重，是昔人標榜之習，而大雅君子所弗爲也。願老弟自今以往，不復挂朽人於筆舌之間，則所以全之者大矣。

羈旅之人，疾病顛連，而託迹於所知。雖主人相愛，時有蔬菜之供，而饔飱一切自給，在我無怍，於彼爲厚，此人事之常也。若欲往三四十里之外而赴張兄之請，則事體迥然不同。必如執事所云，有實心向學之機，多則數人，少則三四人，立爲課程，兩日三日一會，質疑問難，冀得造就成材，以續斯文之統。即不能盡依白鹿之規，而其遺意須存一二。恐其未必辨此，則徒餔啜也，豈君子之所爲哉？一身去就，係四方觀瞻，不可不慎。廣文孫君，與弟有舊，同張兄來此，劇論半日，當亦知弟爲硜硜踽踽之人也。

—2. 皇朝經世文編　卷四　學術四　廣論

廣　師

苕文汪子刻集，有《與人論師道書》，謂當世未嘗無可師之人，其經學修明者，吾得二人焉：曰顧子寧人，李子天生。其内行淳備者，吾得二人焉：曰魏子環極，梁子曰緝。炎武自揣鄙劣，不足以當過情之譽，而同學之士，有茗文所未知者，不可以遺也。輒就所見評之。夫學究天人，確乎不拔，吾不如王寅旭；讀書爲己，探賾洞微，吾不如楊雪臣；獨精三禮，卓然經師，吾不如張稷若；蕭然物外，自得天機，吾不如傅青主；堅苦力學，無師而成，吾不如李中孚；險阻備嘗，與時屈伸，吾不如路安卿；博聞强記，群書之府，吾不如吴任臣；文章爾雅，宅心和厚，吾不如朱錫鬯；好學不倦，篤於朋友，吾不如王山史；精心六書，信而好古，吾不如張力臣。至於達而在位，其可稱述者，亦多有之，然非布衣之所得議也。

—2. 皇朝經世文編　卷六　學術六　師友

選　補《日知録》

漢宣帝時盜賊並起，徵張敞拜膠東相，請吏追捕，有功效者得壹切比三輔尤異，如淳曰：壹切，權時也。趙廣漢奏請令長安游徼、獄吏秩百石。又《循吏傳》左馮翊有二百石卒史，此之謂尤異也。天子許之。上名尚書，調補縣令者數十人。自漢時縣令多取郡吏之尤異者，是以習其事而無不勝之患。今則一以畀之初釋褐之書生，其通曉吏治者十不一二，而耎弱無能者且居其八九矣。又不擇其人之材，而以探籌投鈎爲選用之法，是以百里之命付之闒茸不材之人，既以害民，而卒至於自害。於是煩劇之區，遂爲官人之陷井，而年年更代，其弊益深而不可振矣。然漢時之吏多通經術，故張敞得而舉之，宣帝得而用之。今天下儒非儒、吏非吏，則吾又不識用之何從也。

南人選南，北人選北，此昔年舊例。宋政和六年，詔知縣注選，雖甚遠無過三十驛者，九百里也。今之選人，動涉數千里，風土不諳，語音不曉，而赴任寧家之費復不可量。是率天下而路也。欲除銓政之弊，豈必如此而後爲至公耶？夫人主苟能開誠布公，則自大臣以下至於京朝官，無不可信之人，而銓選之處有不必在京師者。唐貞觀元年，京師穀貴，始分人於雒州置選。至開耀元年，以關外道里迢遞，河雒之邑，天下之中，始詔東西二曹，兩都分簡。留放即畢，同赴京師，謂之東選。是東都一掌選也。黔中、嶺南、閩中，官不由吏部，委都督選擇土人補授。上元高宗三年八月壬寅，敕自今每年遣五品已上，强明清正官，充南選使，仍令御史同往注擬。大曆十四年十二月己亥，詔專委南選使，停遣御史。是黔中、嶺南、閩中各一掌選也。《新書》：張九齡爲桂州都督兼嶺南按察選補使，而九齡又即嶺南之人。《李峴傳》曰：代宗即位，徵峴爲荆南節度、江陵尹、知江淮選補使。又曰：罷相爲吏部尚書，知江淮選舉，置銓於洪州。《劉滋傳》曰：興元元年，改吏部侍郎，往洪州知選事。時京師寇盗之後，天下旱蝗，穀價翔貴，選人不能赴調，乃命滋江南典選，以便江嶺之人。是江南又一掌選也。宋神宗詔川、陜、福建、廣南八路之官，罷任迎送勞苦，令轉運司立格就注，免其赴選。是亦參用唐人之法。建炎南渡，始詔福建、二廣闕並歸吏部，唯四川仍舊。今之議者必曰：如此多請託之門，而啓受賕之徑。豈唐人盡清廉，而今人皆貪濁邪？夫子之告仲弓曰："舉爾所知。"今之取士，禮部以糊名取之，是舉其所不知也。吏部以掣簽注之，是用其所不知也。是使其臣拙於知人，而巧於避事。及乎赴任之後，人與地不相宜則吏治墮，吏治墮則百姓畔，百姓畔則干戈興，於是乎軍前除吏，而併其所爲尺寸之法亦不能守。豈若廓然大公，使人得舉其所知，而明試以功，責其成效於服官之日乎！唐太宗謂侍臣曰：“刺史朕當自選，縣令宜詔五品以上各舉一人。”玄宗開元九年，敕京官五品已上，外官刺史、四府上佐，各舉縣令一人，視其政善惡爲舉者賞罰。有明正統元年十一月乙卯，敕在京三品以上官，各舉廉潔公正、明達事體、堪任御史者一人，在京四品官及國子監、翰林院堂上官，各部郎中、員外郎，六科掌科、給事中，各道掌道、御史，各舉廉慎明敏、寬厚愛民、堪任知縣者一人，吏部更加詳察而擢用之。夫欲救今時之弊，必如此而後賢才可得，政理可興也。

自南北互選之後，赴任之人動數千里，必須舉債方得到官，而土風不諳，語言難曉，政權所寄多在猾吏。昔唐之季世，嘗暫一行之於嶺南矣。文宗開成五年十一月，嶺南節度使盧鈞奏：“伏以海嶠擇吏與江淮不同，若非諳熟土風，即難搜求人瘼，且嶺中往日之弊是南選，今時之弊是北資。臣當管二十二州，惟韶、廣二州官僚每年吏部選授，若非下司貧弱令史，即是遠處無能之流。比及到官，皆有積債，十中無一肯識廉恥。臣到任四年，備知情狀。其潮州官吏伏望特循往例，不令吏部注擬，且委本道求才。若攝官廉慎有聞，依前許觀察使奏正，事堪經久，法可施行。敕旨依奏。”《唐書》：韓佽元和中爲桂管觀察使，部二十餘州，自參軍至縣令無慮三百員，吏部所補纔十一，餘皆觀察使商才補職。此固昔人以爲敝法而改絃者矣，處臺衡者其可不用讀書人哉？

掣簽之法未行，選司猶得意爲注闕，雖多有爲人擇地，亦尚能爲地擇人。自新法既行，並以聽之不可知之數，而繁劇之區有累任不得賢令，相繼褫斥者。夫君子之道在乎至公，存一避嫌之心，遂至以人牧爲嘗試。昔唐皎爲吏部侍郎，當引入銓，或云其家在蜀，乃注與吳，復有言親老，先任江南，即唱之隴右，史書以爲譏笑。以此用人，豈能致太平之理哉？《實録》言：“洪武四年正月壬辰，河南府知府徐麟，以母居蘄之廣濟請終養，詔改麟爲蘄州府知府，俾就養其母。聖主之興，坦懷待物，其所以勸群臣者至矣。”

萬曆末，常熟顧大韶作《竹籤傳》，其文倣《毛穎傳》爲之，謂籤對主上言：上而庶吉士、科道之選，下而鄉、會試取士，壹皆用臣，臣乃得展其材。此憤世滑稽之言，然以之曉人，可謂罕譬而喻矣。夫楚王之厭紐，盆子之探符，古人之用以立帝、立王，而今日釐釐施之選人乎？

唐時所謂銓者，有留有放。《唐書·選舉志》：凡取人之法有四：一曰身，體貌豐偉；二曰言，言辭辨正；三曰書，楷體遒美；四曰判，文理優長。四事皆可取，則先德行，德均以才，才均以勞。得者爲留，不得者爲放。總章二年，司列少常伯裴行儉始設長名牓，宋白曰：長名牓定留放。留者入選，放者不得入選。《長安志》曰：尚書省之南，別有吏部選院，謂之吏部南院，選人引集之所。其牓列於院外。《楊國忠傳》：故事，歲揭牓南院，爲選式是也。已定注，則過門下侍中、給事中按閱，有不可，黜之。故放者多而留者少。景雲中，以宋璟爲吏部尚書，李乂、盧從愿爲侍郎，皆不畏强禦，請謁路絶。集者萬餘人，留者三，銓不過二千，人服其公。宋時此法猶存。孝宗乾道元年五月乙亥，詔未銓試人毋得堂除，未有若近代之一登科而受禄如持券者也。

—2. 皇朝經世文編　卷一七　吏政三　銓選

出身授官《日知録》

史言開元以後，四海晏清，士無賢不肖，恥不以文章達。其應詔而舉者，多則二千人，少猶不減千人，所收百纔有一。《文獻通考》："唐時所收進士，每歲不過二三十人。士之及第者，未便解褐入仕，尚有試吏部一關。韓公三試於吏部無成，則十年猶布衣，且有出身二十年不獲禄者。"自宋太宗太平興國二年，上初即位，思振淹滯，賜進士諸科出身者五百餘人，皆先賜緑袍、鞾、笏，賜宴開寶寺。第一、第二等進士及九經，授將作監丞、大理評事，通判諸州，其餘皆優等注擬，寵章殊異，歷代未有也。薛居正等言取人太驟，不聽。此太宗初一天下，欲以得士之盛跨越前代，榮觀史册，而不知僥倖之心、欲速之習中於士人者，且數百年而不可返矣。又考《通典》舉人條例，四經出身，授緊縣尉，判入第三等，授望縣尉；五經出身，授望縣尉，判入第三等，授畿縣尉；進士與四經同資。是唐時明經、進士，初除不過縣尉。至今代，則一入詞林，更不外補。二甲之除，猶爲部屬。崇浮長惰，職此之繇。所以一第之後，盡棄其學，而以營陞納賄爲事者，以其得之淺而貴之驟也。其於唐人舉士之初制，失之遠矣。宋初用人之弊有二：進士解褐，不試吏部，一也。獻文得旨，召試除官，二也。今銜文之塗已革，而入官之選尚輕，二者之弊，其一尚存。似宜仍用唐制，若用八股之人才，而使之理煩治衆，此夫子所謂"賊夫人之子"也。

—2. 皇朝經世文編 卷一八 吏政四 官制

刺史守相得召見

兩漢之隆，尤重太守。史言孝宣拜刺史、守、相，輒親見問，觀其所繇，退而考察所行，以質其言。有名實不相應，必知其所以然。常稱曰："庶民所以安其田里，而亡嘆息愁恨之心者，政平訟理也。與我共此者，其惟良二千石乎！"當日太守常得召見，或賜璽書。堂陛之間，不甚闊絶。文帝謂季布曰："河東，吾股肱郡，故特召君耳。"武帝賜嚴助書："久不聞問，具以《春秋》對，毋以蘇秦縱横。"賜吾邱壽王書："子在朕前之時，知略輻湊。及至連十餘城之守，任四千石之重，師古曰：太守、都尉皆二千石，今壽王爲都尉，不置太守，故云四千石也。職事並廢，盜賊縱横，甚不稱在前時。何也？"光武勞潁川太守郭伋曰："賢能太守，去帝城不遠，河潤九里，冀京師並蒙福也。"合天下之大，不過數十郡國，而二千石之行能，皆獲簡於帝心，是以吏職脩而民情達，以視後世之寄耳目於監司，飾功狀於文簿者，有親疏繁簡之不同矣。其在唐時猶存此意，玄宗開元十三年，上自選諸司長官，有聲望者十一人爲刺史，命宰相、諸王餞於洛濱，御書十韻詩賜之。宣宗時，李行言自涇陽縣令除海州刺史，李君奭自醴泉令除懷州刺史，皆采之民言，擢以御筆。入謝之日，處分州事，萬里之遠如在階前。夫人主而欲親民，必自其親大吏始矣。

—2. 皇朝經世文編 卷一八 吏政四 官制

省　官《日知録》

光武中興，海内人民可得而數裁十二三，鄣塞破壞，亭燧絶滅。或空置太守、令長，招還流民。帝笑曰："今邊無人，而設長吏治之，如《春秋》素王矣。"以故省并郡國及官僚，屢見於史。而總之曰：兵革既息，天下少事，文書調役，務從簡寡，至乃十存一焉。以此知省官之故，緣於事少。今也文書日以繁，獄訟日以多，而爲之上者主於裁省，則天下之事必將叢脞而不勝，不勝之極，必復增官，而事不可爲矣。晋荀勖之論，以爲省官不如省事，省事不如清心。昔蕭、曹相漢，載其清静，民以寧一，所謂清心也。抑浮説，簡文案，略細苛，宥小失，有好變常以徼利者，必行其誅，所謂省事也。此探本之言，爲治者識此，何事紛紛於裁官多寡之間乎？

—2. 皇朝經世文編　卷一八　吏政四　官制

雜　流《日知録》

唐時凡九流百家之士，並附諸國學，而授之以經、六典。國子祭酒、司業之職，掌邦國儒學訓導之政令。有六學焉：一曰國子，二曰大學，三曰四門，四曰律學，五曰書學，六曰算學。歐陽詹貞元十四年記曰：我國家春享先師後，更日命太學博士清河張公講《禮記》。束脩既行，筵肆乃設，公就几北坐南面，直講抗牘南坐北面，大司成端委居於東，小司成率屬列於西。國子師長序公侯子孫自其館，太學長序卿大夫子孫自其館，四門師長序八方俊造自其館，廣文師長序天下秀彦自其館，其餘法家、墨家、書家、算家術業已明，亦自其館。没階雲來，即席鱗差，攢弁如星，連襟成帷。觀此可見當日養士之制寬，而教士之權一，是以人才盛而藝術脩，經學廣而師儒重。今則一切擯諸橋門之外，而其人亦自棄，不復名其業。於是道器兩亡，而行能兼廢。世教之日衰有繇然也。

漢武帝從公孫弘之議，下至郡太守、卒吏皆用通一藝以上者。唐高宗總章初，詔諸司令史考滿者，限試一經。昔王粲作《儒吏論》，以爲先王博陳其教，輔和民性，使刀筆之吏皆服雅訓，竹帛之儒亦通文法。故漢文翁爲蜀郡守，選郡縣小吏明敏有材者張叔等十餘人，親自飭厲，遣詣京師，受業博士。後漢欒巴爲桂陽太守，雖幹吏卑末，皆課令習讀，程試殿最，隨能陞授。吴顧邵爲豫章太守，小吏資質佳者輒令就學，擇其先進，擢置右職。而梁任昉有《厲吏人講學》詩。然則昔之爲吏者，皆曾執經問業之徒，心術正而名節修，其舞文以害政者寡矣。宋文恪訥言："天下未有舍儒而可以爲吏者。"是以東京之盛，自期門、羽林之士，悉令通《孝經章句》。貞觀之時，自屯營、飛騎亦給博士，使授以經，有能通經者，聽得貢舉。"小人學道則易使也"，豈不然乎？

《周官·太宰》："乃施典於邦國，而陳其殷，置其輔。"後鄭氏曰："殷，衆也，謂衆士也。輔，府史、庶人在官者。"夫庶人在官而名之曰輔，先王不敢以厮役遇其人也。重其人則人知自重矣。

歐陽公《集古録》：晋南鄉太守碑陰，官屬何其多邪？蓋通從吏而盡列之。當時猶於其間取士人，故吏亦清修，其勢然耳。迨《唐書·選舉志》始言嘗爲州縣小吏者，雖藝文可采，勿舉。劉晏亦言士有爵禄，則名重於利；吏無榮進，則利重於名，其途日輕。元順帝六年，雖命左右二司、六部吏屬於午後講習經史，其時朝綱已弛，人心將變，雖有此令，而實無其益。是以《太祖實録》言：科舉初設，上重其事，凡民間俊秀子弟皆得預選。惟胥吏心術已壞，不許應試。又詔“凡選舉，毋録吏卒之徒”。然而嘗與群臣言：元初有憲官疾，吏往候之。憲官起，扶杖而行，因以杖授吏，吏拱手卻立不受。憲官悟其意。他日見吏謝之。吏曰：“某爲屬吏，非公家僮，不敢避勞，慮傷理體。”是則此輩中未嘗無正直之人，顧上所以陶鎔成就之者何如耳。陸子静嘗言：古者無流品之分，而賢不肖之辨嚴；後世有流品之分，而賢不肖之辨略。能於分别之中而寓作成之意，庶乎其得之矣。

考《明會典》，洪武二十六年：定凡舉人出身，第一甲第一名從六品，第二名、第三名正七品，賜進士及第。第二甲從七品，賜進士出身。第三甲正八品，賜同進士出身。而一品衙門提控，正七品出身；二品衙門都吏，從七品出身；一品、二品衙門掾吏、典吏，二品衙門令史，正八品出身，其與進士不甚相遠也。後乃立格，以限其所至，而吏員之與科第高下天淵矣。故明初之制，謂之三塗並用。薦舉一塗也，天順二年，詔罷舉保經明行脩及賢良方正，以言者謂其奔競冗濫，無裨實用也。進士監生一途也，或以科與貢爲二途，非也。從考試而得者，總謂之一途。吏員一途也。蘇州况鍾、松江黄子威二郡守並有賢名，而徐稀、萬祺皆累官至尚書。永樂七年，車駕在北京，命兵部尚書署吏部事方賓，簡南京御史之才者召來，賓奏御史張循理等二十八人可用。上問其出身，賓言循理等二十四人繇進士、監生，洪秉等四人由吏。上曰：用人雖不專一塗，然御史國之司直，必有學識，達治體，廉正不阿，乃可任之。若刀筆吏知利不知義，知刻薄不知大體，用之任風紀，使人輕視朝廷。遂黜秉等爲序班。諭自今御史勿復用吏，流品自此分矣。

—2. 皇朝經世文編　卷一八　吏政四　官制

盗賊課《日知録》

《史記·酷吏傳》：“武帝作《沈命法》，曰，群盗起不發覺，發覺而捕弗滿品者，二千石以下至小吏，主者皆死。其小吏畏誅，雖有盗不敢發，恐不能得，坐課累府。府亦使其不言，故盗賊寖多，上下相爲匿，以文辭避法焉。”此漢世所名爲盗賊課，而爲法之敝已盡此數言中矣。《漢書》言張敞爲山陽太守，勃海、膠東盗賊並起，上書自請治之。言山陽郡户九萬三千，口五十萬以上，訖計盗賊未得者七十七人，《漢紀》作十七人。他課諸事亦略如此。久處閑郡，願徙治劇。夫未得之盗猶有七十七人，而以爲郡内清治，《紀》云：“敞爲太守，郡内清治。”豈非宣帝之用法寬於武帝時乎？然武帝之末，至大盗群起，遣繡衣之使持斧斷斬於郡國，乃能勝之。而宣帝之世，帶牛佩犢之徒，皆驅之歸於南畝，卒之吏稱其職，民安其業。是則治天下之道，有不恃法而行者，未可與刀筆筐篋之士議也。

《後漢書·光武紀》：“建武十六年，郡國群盗處處並起，攻劫所在，害殺長吏。郡縣追討，到則解散，去復屯結。青、徐、幽、冀四州尤甚。上乃遣使者下郡國，聽群盗自相糾擿，五人共斬，一人者除其罪。吏雖逗遛、回避、故縱者皆勿問，聽以禽討爲效。其牧守、令長坐界内盗賊而不收捕者，及以畏愞捐城委守者，皆不以爲負，但取獲賊多爲殿最，唯蔽匿者乃罪之。於是更相追捕，賊並解散。徙其魁帥於他郡，賦田受稟，使安生業。自是牛馬放牧，邑門不閉。”光武精於吏事，故其治盗之方如此。天下之事，得之於疏而失之於密，大抵皆然，又豈獨盗賊課哉！

—2. 皇朝經世文編　卷一九　吏政五　考察

田　宅《日知録》

《舊唐書》：張嘉貞在定州，所親有勸立田業者。嘉貞曰：“吾忝歷官榮，曾任國相，未死之際，豈憂饑餒，若負譴責，雖富田莊何用？比見朝士，廣占良田，及身没後，皆爲無賴子弟作酒色之資，甚無謂也。”聞者嘆服。此可謂得二疏之遺意者。若夫世變日新，人情彌險，有以富厚之名，而反使其後人無立錐之地者，亦不可不慮也。《唐書》又言：馬燧貲貨甲天下。既卒，子暢承舊業，屢爲豪幸邀取。貞元末，中尉曹志廉諷暢，令獻田園第宅。順宗復賜暢，中貴人逼取，仍指使施於佛寺。暢不敢恡，晚年財産並盡，身没之後，諸子無室可居，以至凍餒。今奉誠園亭館，即暢舊第也。王鍔家財富於公藏。及薨，有二奴告其子稷改父遺表，匿所獻家財。憲宗欲遣中使詣東都簡括，以裴度諫而止。稷後爲德州刺史，廣齎金寶、僕妾以行。節度使李全略利其貨而圖之，教本州軍作亂，殺稷而取其財。吾見今之大家，以酒色費者居其一，以争鬥破者居其一，意外之侮奪又居其一，而三桓之子孫微矣。

—2. 皇朝經世文編　卷二一　吏政七　守令上

與潘次耕書

接手札如見故人，追念痛酷，其何以堪！古人於患難之餘，而能奮然自立，以亢宗而傳世者，正自不少，足下勉旃毋怠。承諭負笈從游，古人之盛節，僕何敢當？然中心惓惓，思共晨夕，亦不能一日忘也。而頻年足迹所至，無三月之淹，友人贈以二馬、二騾，裝馱書卷，所雇從役，多有步行，一年之中，半宿旅店。此不足以累足下也，則稍貸貲本於鴈門之北、五臺之東，應募墾荒。同事者二十餘人，闢草萊、披荆棘，而立室廬於彼。然其地苦寒特甚，僕則遨游四方，亦不能留住也。彼地有水而不能用，當事遣人到南方，求能造水車、水碾、水磨之人，與夫能出資以耕者。大抵北方開山之利過於墾荒，蓄牧之獲饒於耕耨，使我有澤中千牛羊，則江南不足懷也。《列子》盗天之説，謂取之造物，而無争於人。若今日之江南，錐刀之末，將盡争之，雖微如蠛蠓，亦豈得容身於其間乎？文淵、子春，並於邊地立業，足下倘有此意，則彼中亦足以豪，但恐性不能寒及家中有累耳。徐介白久不通書，爲我以此字達之，知區區未死，宇内猶有一故人也。

—2. 皇朝經世文編　卷三七　户政一二　農政中

以錢爲賦《日知録》

《周官·太宰》：以九賦斂財賄。注：財，泉古錢字穀也。又曰：賦，口率出泉也。方回《古今考》不然此説。《荀子》言，厚刀布之斂，以奪之財。而漢律，有口算。《孝惠紀》注：漢律，人出一算，算百二十錢。此則以錢爲賦，自古有之，而不出於田畝也。唐初，租出穀，庸出絹，調出繒布，未嘗用錢。自兩税法行，遂以錢爲惟正之供矣。孟子有言，聖人治天下，使有菽粟如水火。菽粟如水火，而民焉有不仁者乎？繇今之道，無變今之俗，雖使餘糧栖畝，斗米三錢，而輸將不辦，婦子不寧，民財終不可得而阜，民德終不可得而正。何者？國家之賦，不用粟而用銀，舍所有而責所無故也。夫田野之氓，不爲商賈，不爲官，不爲賊盗，銀奚自而來哉？此唐宋諸臣每致嘆於錢荒之害，而今又甚焉！非任土以成賦，重穡以帥民，而欲望教化之行，風俗之美，無是理矣。

宋時歲賦亦止是穀帛，其入有常物，而一時所需則變而取之，使其直輕重相當，謂之折變。景祐初，詔户在第九等免折變。熙寧中，張方平上疏，言比年公私上下，並苦乏錢，又緣青苗、助役之法，農民皆變轉穀帛，輸納見錢。錢既難得，穀帛益賤，人情窘迫，謂之錢荒。司馬光亦言江淮之南民間乏錢，謂之錢荒；蘇子瞻亦言免役之害，聚斂民財於上，而下有錢荒之患。紹熙元年，臣僚言古者賦出於民之所有，不强其所無；今之爲絹者，一倍折而爲錢，再倍折而爲銀，銀愈貴，錢愈難得，穀愈不可售，使民賤糶而貴折，則大熟之歲反爲民害。願詔州郡，凡多取而多折者，重置於罰；民有糶不售者，令常平就糴，異時歲歉，平價以糶，庶於民無傷，於國有補。從之。而真宗時，知袁州何蒙，請以金折本州二税。上曰：若是，將盡廢耕農矣。不許。是宋時之弊，亦與唐同。而折銀之見於史者，自南渡後始也。解縉《太平十策》言，及今豐歲，宜於天下要害之處，每歲積糧若干，民樂近輸，而國受長久之利，計之善者也。愚以爲天下税糧，當一切盡徵本色。除漕運京倉之外，其餘則儲之於通都大邑，而使司計之臣略倣劉晏之遺意，量其歲之豐凶，稽其價之高下，糴銀解京，以資國用。一年計之不足，十年計之有餘，小民免稱貸之苦，官府省敲扑之煩，郡國有凶荒之備，一舉而三善隨之矣。

> 《白氏長慶集》策曰：夫賦斂之本者，量桑地以出租，計夫家以出庸。租庸者，穀帛而已。今則穀帛之外，又責之以錢。錢者，桑地不生銅，私家不敢鑄，業於農者何從得之？至乃吏胥追徵，官限迫蹙，則易其所有，以赴公程。當豐歲則賤糶半價，不足以充緡錢，遇凶年則息利倍稱，不足以償逋債。豐凶既若此，爲農者何所望焉？是以商賈大族，乘時射利者日以富豪；田壟罷人，望歲勤力者日以貧困。勞逸既懸，利病相誘，則農夫之心盡思釋耒而倚市，織婦之手皆欲投杼而刺文，至使田卒污萊，室如懸磬，人力罕施而地利多鬱，天時虚運而歲功不成，實繇穀帛輕而錢刀重也。夫糴甚貴、錢甚輕則傷人，糴甚賤、錢甚重則傷農。農傷則生業不專，人傷則財用不足。故王者平均其貴賤，調節其重輕，使百貨通流，四人交利，然後上無乏用，而下亦阜安。方今天下之錢日以減耗，或積於國府，或滯於私家。若復日月徵取，歲時輸納，臣恐穀帛之價轉賤，農桑之業轉傷，十年以後，其弊必更甚於今

日矣。今若量夫家之桑地，計穀帛爲租庸，以石斗登降爲差，以匹夫多少爲等，但書估價，並免稅錢，則任土之利載興，易貨之弊自革。弊革則務本者致力，利興則趨末者回心，游手於道塗、市肆者可易業於西成，託迹於軍籍、釋流者可返躬於東作，所謂“下令如流水之源，繫人於苞桑之本”者矣。

《贈友詩》曰：“私家無錢鑪，平地無銅山。胡爲春夏稅，歲歲輸銅錢？錢力日已重，農力日以殫。賤糶粟與麥，賤貿絲與綿。歲暮衣食盡，焉得無飢寒？吾聞國之初，有制垂不刊。庸必算丁口，租必計桑田。不求土所無，不强人所難。量入以爲出，上足下亦安。兵興一變法，兵息遂不還。使我農桑人，顦顇畎畝間。誰能革此弊，待君秉利權。復彼租庸法，令如貞觀年。”

李翺集有《疏改稅法》一篇，言錢者官司所鑄，粟帛者農之所出。今乃使農人賤賣粟帛，易錢入官，是豈非顛倒而取其無者耶？繇是豪家大商，皆多積錢以逐輕重，故農人日困，末業日增。請一切不督見錢，皆納布帛。

—2. 皇朝經世文編　卷五三　户政二八　錢幣下

儀禮鄭注句讀序

《記》曰：“優優大哉！禮儀三百，威儀三千。”禮者，本於人心之節文，以爲自治治人之具，是以孔子之聖猶問禮於老聃，而其與弟子答問之言，雖節目之微，無不備悉。語其子伯魚曰：“不學禮，無以立。”《鄉黨》一篇，皆動容周旋，中禮之效。然則周公之所以爲治，孔子之所以爲教，舍禮其何以焉？劉康公有言：民受天地之中以生，所謂命也。是以有動作禮儀、威儀之則，以定命也。

三代之禮，其存於後世而無疵者，獨有《儀禮》一經，漢鄭康成爲之注。魏晋已下至唐宋，通經之士無不講求於此。自熙寧中王安石變亂舊制，始罷《儀禮》，不立學官，而此經遂廢。此新法之爲經害者一也。南渡已後，二陸起於金谿，其説以德性爲宗，學者便其簡易，群然趨之，而於制度、文爲一切鄙爲末事。賴有朱子正言力辯，欲修三禮之書而卒不能勝。夫空虚妙悟之學，此新説之爲經害者二也。沿至於今，有坐皋比稱講師，門徒數百，自擬濂洛，而終身未讀此經一遍者。若天下之書皆出於國子監所頒，以爲定本，而此經誤文最多，至脱一簡一句，非唐石經之尚存於關中，則後儒無繇以得之矣。

濟陽張處士稷若，篤志好學，不應科名，録《儀禮》鄭氏注，而采賈氏、吴氏之説，略以己意斷之，名曰《儀禮鄭注句讀》。又參定監本脱誤凡二百餘字，並考石經脱誤凡五十餘字，作《正誤》二篇附於其後，藏諸家塾。時方多故，無能板行之者。後之君子，因句讀以辨其文，因文以識其義，因其義以通製作之原，則夫子所謂以承天之道而治人之情者，可以追三代之英，而禮亡之嘆不發於伊川矣！如稷若者，其將爲後世太平之先倡乎！若乃據石經刊監本，復立之學官以習士子，而姑勸之以禄利，使毋失其傳，此又有天下者之責也。

—2. 皇朝經世文編　卷五四　禮政一　禮論

以姓取名

古人取名，連姓爲義者絶少。近代人命名，如陳王道、張四維、吕調陽、馬負圖之類，榜目一出，則此等姓名幾居其半。不知始自何年。嘗讀《通鑒》至五代，後漢有虢州伶人靖邊庭，胡身之注曰：靖，姓也。優伶之名與姓通取一義，所以爲謔也。靖邊庭亦見《宋史·田欽祚傳》。考之自唐以來，如黄幡綽、雲朝霞《唐書·魏謩傳》、鏡新磨《五代史·伶官傳》、羅衣輕《遼史·伶官傳》之輩，皆載之史書，益信其言之有據也。

嗟乎！以士大夫而效伶人之命名，則自嘉靖以來然矣。

—2. 皇朝經世文編　卷六八　禮政一五　正俗上

巫咸河伯《日知録》

古之聖人，或上而爲君，或下而爲相，其知周乎萬物，而道濟天下，固非後人之所能測也，而傳者猥以一節概之。黄帝，古聖人也，而後人以爲醫師；伯益，古賢臣也，而世有百蟲將軍之號。以彼事迹章章在經籍者，且猶如此。若乃堯之臣名羿，而有窮之君亦名羿；堯之典樂名夔，而木石之怪亦爲夔；湯居亳，而亳戎之國亦名湯。夫苟以其名而疑之，則道德之用微，而謬悠之説作。

若巫咸者，可異焉。《書·君奭》篇：在大戊，時則有若伊陟臣扈，格於上帝，巫咸乂王家；在祖乙，時則有若巫咸。孔安國《傳》：賢，咸子，巫氏。《史記·殷本紀》：帝祖乙立，殷復興，巫咸任職。咸，當爲“賢”字之誤。《書·序》：伊陟相太戊，亳有祥桑穀共生於朝，伊陟贊於巫咸，作《咸乂》四篇。孔安國《傳》曰：巫咸，臣名。馬融曰：巫，男巫也，名咸，殷之巫也。孔穎達《正義》曰：《君奭·傳》曰：巫，氏也，當以巫爲氏，名咸。鄭玄云：巫咸，謂之巫官。按，《君奭》：咸子巫賢，父子並爲大臣，必不世作巫官，故孔言巫氏是也，則巫咸之爲商賢相明矣。《史記正義》謂巫咸及子賢冢，皆在蘇州常熟縣西海隅山上，蓋二子本吴人云。《越絶書》云：虞山者，巫咸所出也。是未可知。而後之言天官者宗焉，言卜筮者宗焉，言巫鬼者宗焉。言天官，則《史記·天官書》所云：昔之傳天數者，高辛之前重黎，於唐虞羲和，有夏昆吾，殷商巫咸者也。言卜筮，則《吕氏春秋》所謂“巫彭作醫，巫咸作筮”者也。言巫鬼，則《莊子》所云“巫咸祒曰來”，楚辭《離騷》所云“巫咸將夕降兮，懷椒糈而要之”，《史記·封禪書》所云“巫咸之興自此始”。許氏《説文》所云“巫咸初作巫，又其死而爲神”，則秦《詛楚文》所云“不顯大神巫咸”者也。而又或以巫咸爲黄帝時人，《歸藏》言“黄神將戰，筮於巫咸”是也。以爲帝堯時人，郭璞《巫咸山賦·序》言“巫咸以鴻術，爲帝堯醫”是也。以爲春秋時人，《莊子》言“鄭有神巫，曰季咸”，《列子》言“神巫季咸，自齊來處於鄭”是也。至《山海經·海外西經》言巫咸國在女丑北，左手操青蛇，右手操赤蛇，在登葆山，群巫所從上下也，《大荒西經》言大荒之中，有山名曰豐沮玉門，日月所入，有靈山巫咸、巫即、巫肦、巫彭、巫姑、巫真、巫禮、巫抵、巫謝、巫羅十巫，從此升降，百藥爰在；《淮南子·地形訓》言軒轅邱在西方，巫咸在其北方，則益荒誕不可稽，而知古賢之既爲後人所假託者多矣。

《竹書》：帝芬十六年，雒伯用與河伯馮夷鬭；帝泄十六年，殷侯微上甲微也。以河伯之師伐有易，殺其君綿臣。是河伯者，國居河上，而命之爲伯，如文王之爲西伯，而馮夷者，其名耳。楚辭《九歌》以《河伯》次《東君》之後，則以河伯爲神。《天問》：胡羿射夫河伯，而妻彼雒嬪。王逸《章句》：以射爲實，以妻爲夢；其解《遠游》：令海若舞馮夷，則曰馮夷，水仙人也。是河伯、馮夷，皆水神也。《穆天子傳》：至於陽紆之山，河伯、無夷之所都居。注：無夷，馮夷也。《山海經》云冰夷。《山海經》：中一作從。極之淵，深三百仞，惟冰夷恒都焉。冰夷人面，乘兩龍。郭璞注：冰夷，馮夷也，即河伯也。郭璞《江賦》：冰夷倚浪以傲睨。《莊子》曰：馮夷得之，以游大川。司馬喜注引《清冷傳》曰：馮夷，華陰潼鄉堤首里人也。服八石，得道爲水仙，是爲河伯。是以死而爲神，其説怪矣。《龍魚河圖》曰：河伯姓吕，名公子；夫人姓馮，名夷。以馮夷爲河伯之妻，更怪。楚辭《九歌》有《河伯》，而馮夷屬海若之下，亦若以爲兩人。大抵所傳各異，而謂河神有夫人者，亦秦人以君主妻河，鄴巫爲河伯娶婦之類耳。《淮南子》：馮夷、大丙之御。注：二人古之得道，能御陰陽者。《魏書》：高句麗先祖朱蒙，朱蒙母河伯女，爲夫餘王妻，朱蒙自稱爲河伯外孫。則河伯又有女、有外孫矣。

—2. 皇朝經世文編　卷六八　禮政一五　正俗上

禁兵器《日知録》

王莽始建國二年，禁民不得挾弩、鎧，徙西海。隋煬帝大業五年，“制：民間鐵叉、搭鉤、穳刃之類，嵍皆禁絶之”。尋而海内兵興，損身失國。元世祖至元二十三年，“敕：中外凡漢民持鐵尺、手撾及杖之有刃者，悉輸於官”。六月，“括諸路馬，凡色目人有馬者，三取其二，漢民悉入官”。二十六年，“括天下馬，一品、二品官許乘五匹，三品三匹，四品、五品二匹，六品以下皆一匹”。《陳天祥傳》：興國軍以籍兵器致亂，行省命天祥權知本軍事。天祥命以十家爲甲，十甲爲長，弛兵器，以從民便，境内遂平。其後代者務更舊政，治隱匿兵者甚急。天祥去未久，而興國復變，鄰郡及大江南北諸城邑，多乘勢殺其守將以應之。

順帝至元三年，禁漢人、南人、高麗人不得執持軍器，凡有馬者拘入官。已而群盗充斥，攻陷城邑。至正十七年，命山東分省團結義兵，每州添設判官一員，每縣添設主簿一員，專率義兵以事守禦。故劉文成有詩曰：“他時重禁藏矛戟，今日呼令習鼓鞞。”嗚呼！予視天下，愚夫愚婦一能勝予，古之聖王則既已言之矣。

漢武帝時，公孫弘奏言，禁民毋得挾弓弩。吾邱壽王難之，以爲聖王務教化而省禁防。今陛下昭明德，建太平，宇内日化，方外鄉風，然而盗賊猶有者，郡國二千石之罪，非挾弓弩之過也。誠能明教化之原，而帥之以爲善保家之道，則家有鶴膝，户有犀渠，適足以誇國俗之强，《舊唐書·鄭惟忠傳》引《吴都賦》。而不至導民以不祥之器矣。

—2. 皇朝經世文編　卷七一　兵政二　兵制下

驛　傳《日知録》

後唐《輿服志》曰："驛馬三十里一置。"《史記》："田横乘傳詣雒陽，未至三十里，至尸鄉厩置是也。"唐制亦然。《唐書·百官志》："凡三十里有驛。"（自）［白］居易詩"從陝至東京，今陝州至河南府。山低路漸平。風光四百里，在今代爲三百里。車馬十三程"是也。桑維翰對晋高祖言："大梁距魏，不過十驛。"其行或一日而馳十驛，岑參詩"一驛過一驛，驛騎如星流。平明發咸陽，暮及隴山頭"，韓愈詩"銜命山東撫亂師，日馳三百自嫌遲"是也。天寶六載，敕自今在降官日馳十驛以上。又如天寶十四載十一月丙寅，安禄山反於范陽，壬申聞於行在所，時上行華清宮，在今臨潼縣。六日而達。至德二載廣平王收西京，捷書至行在時，上在鳳翔府，一日而達。而唐制赦書日行五百里，則又不止於十驛也。古人以置驛之多，故行速而馬不敝。後人以節費之説，歷次裁併，至有七八十里而一驛者，馬倒官逃，職此之故。盍一考之前史乎？且如通州潞河驛，四十里至夏店驛，五十里至薊州漁陽驛。今以夏店、公樂二驛併於三河，則一驛七十里矣，豈不勞乎？又如定州永定驛，五十里至西樂驛，四十五里至伏城驛，四十里至真定府恒山驛，猶仍舊貫。使併爲三驛，亦必不堪其敝矣。

古人以三十里爲一舍。《左傳》：楚子（八）［入］鄭，退三十里，而許之平注以爲退一舍。而《詩》言："我服既成，於三十里。"《周禮·遺人》："三十里有宿，宿有路室。"然其漢人之驛馬三十里一置，有自來矣。《史記·晋世家》注引賈逵曰："司馬法從遁不過三舍。三舍，九十里也。"

國初，凡驛皆有倉。洪熙元年，河南新安知縣陶鎔奏："縣在山谷，土瘠民貧。遇歲不登，公私無措。惟南關驛有儲糧，臣不及待報，借給貧民一千七百二十八石。"上嘉其稱職。即此一事，而當時儲畜之裕，法令之寬，賢尹益下之權，明主居高之聽，皆非後世之所能及矣。然則驛之有倉石，不但以供賓客使臣，而亦所以待凶荒鬻阨，實《周禮》遺人之掌也。帖括後生，何足以知先王之政哉？

今時十里一鋪，俗作舖。設卒以遽［遞］公文。《金史》："泰和六年初，置急（遽）［遞］舖，腰（銓）［鈴］傳遞，日行三百里。"《大名府志》："唐有銀牌，宋熙寧有金字牌，急腳遞，岳飛奉詔班師，一日中十二金字牌是也。"《孟子》所云置郵而傳命，蓋古已有之。《史記》："白起既行，出咸陽西門十里至杜郵。"《漢書·黄霸傳》注，師古曰："郵亭書舍，謂傳送文書所止處。"

《山堂考索》載：唐漕制，凡陸行之程，馬日七十里，江四十里，餘水四十五里。空舟泝河四十里，江五十里，餘水六十里。沿流之舟則輕重同制，河日一百五十里，江一百里，餘水七十里。轉運徵斂、送納，皆準程節其遲速。其三峽、砥柱之類，不拘此限。此法可以不盡人馬之力，而亦無逗留之患。今之過淮、過洪及回空之限，猶有此意。而其用車、驢，則必窮日之力而後止，以至於人畜兩弊，豈非後人之急迫日甚於前人也與？然其效可睹矣。

—2. 皇朝經世文編　卷七三　兵政四　馬政

論水利《日知録》

歐陽永叔作《唐書·地理志》，凡一渠之開、一堰之立，無不記之其縣之下。實兼河渠一志，亦可謂詳而有體矣。蓋唐時爲令者，猶得以用一方之財，興期月之役。而《志》之所書，大抵在天寶以前者居什之七。豈非太平之世，吏治修而民隱達，故常以百里之官，而創千年之利。至於河朔用兵之後，則以催科爲急，而農功、水道有不暇講求者歟？然自大曆至咸通，猶不絶書於册。而今之爲吏，則數十年無聞也已。水日乾而土日積，山澤之氣不通，又焉得而無水旱乎！崇禎時，有輔臣徐光啓作書，特詳於水利之學。而給事中魏呈潤亦言：《傳》曰：雨者水氣所化。水利修，亦致雨之術也。夫子之稱禹也，曰盡力乎溝洫；而禹自言亦曰：濬畎澮距州。古聖人有天下之大事，而不遺乎其小若此。自乾時著於齊人，枯濟徵於王莽，古之通津巨瀆，今日多爲細流，而中原之田，夏旱秋潦，年年告病矣。

龍門縣，今之河津也。北三十里有瓜谷山堰，貞觀十年築。東南二十三里，有十石壚渠。二十三年，縣令長孫恕鑿，溉良田沃，畝收十石。西二十一里有馬鞍塢渠，亦恕所鑿。有龍門倉，開元二年置，所以貯渠田之入，轉般至京，以省關東之漕者也。此即漢時河東太守番係之策。《史記·河渠書》所謂“河移徙渠不利田［者］不能償種”。而唐人行之，竟以獲利。是以知天下無難舉之功，存乎其人而已。謂後人之事，必不能過前人者，不亦誣乎！

唐姜師度爲同州刺史。開元八年十月，詔曰：“昔史起溉漳之策，鄭白鑿涇之利，自兹厥後，聲塵缺然。同州刺史姜師度頃職大農，首開溝洫，歲功猶昧，物議紛如。緣其忠款可嘉，委任仍舊，暫停九列之重，假以六條之察。白藏過半，績用斯多。食乃民天，農爲政本。朕故兹巡省，不憚祁寒。今原田彌望，畎澮連屬，繇來榛棘之所，遍爲秔稻之川；倉庾有京坻之饒，關輔致畝金之潤。本營此地，欲利平人。緣百姓未開，恐三農虚棄，所以官爲開發，冀令遞相教誘。功既成矣，思與共之。其屯田内先有百姓主籍之地，比來召人作主，亦量准頃畝割還。其官屯熟田，如同州有貧下欠地之户，自辦功力能營種者，準數給付。餘地且依前官取。師度以功加金紫光禄大夫，賜帛三百匹。”《册府元龜》。又本傳云：師度既好溝洫，所在必發衆穿鑿，雖時有不利，而成功亦多。讀此詔書，然後知“無欲速”、“無見小利”二言，爲建功立事之本。

孫叔敖决期思之水，而灌雩婁之野，楚莊知其可以爲令尹也。《淮南子》。魏襄王與群臣飲酒，王爲群臣祝曰：“令吾臣皆如西門豹之爲人臣也。”史起進曰：“魏氏之行田也以百畝，鄴獨二百畝，是田惡也。漳水在其旁，西門豹不知用，是不知也；知而不興，是不仁也。仁知，豹未之盡，何足法也？”於是以史起爲鄴令。引漳水溉鄴，以富魏之河内。《史記》。又按《後漢書·安帝紀》：元初二年，修理西門豹所分漳水爲支渠，以溉民田。則指此爲西門豹所開。爲人君者，有率作興事之勤，有授方任能之略，不患無叔敖、史起之臣矣。

《漢書》：召信臣爲南陽太守，爲民作水約束，刻石立於田畔，以防紛争。《晉書》：杜預都督荆州諸軍，修召信臣遺迹，分疆刻石，使有定分，公私同利。此今日分水之制所自始也。

洪武末，遣國子生人才分詣天下郡縣，集吏民乘農隙修治水利。二十八年，奏開天下郡縣塘堰凡四萬九百八十七處，河四千一百六十二處，陂渠堤岸五千四十八處。此太祖勤民之效矣。

—2. 皇朝經世文編　卷一〇六　工政一二　水利通論

葉方恒（1615—1682）

字嵋初，號學亭，江蘇崑山人。順治十五年（1658）進士，授貴陽府推官，官至濟寧河道。有《山東全河備考》。

全河備考

從古治水稱神禹，禹治水首黄河。黄河自崑崙發源，萬里而來。禹導之自積石、龍門，特遡其入中國之始，以爲肇端，非如後人必追窮河源，好博而不適於用也。由積石東北而南，計三千里至龍門，爲西河。龍門在冀州吕梁山，石勢崇竦，其流激震。禹治其北，鑿龍門分殺其勢，西因其回流之性而導之。又南至華陰，在陜之華陰縣。自南而東至底柱，在河南陜州之三門山。又東經孟津，河南府孟津縣，過洛、汭、鞏縣至於大邳，爲大名府濬縣臨河之山。北過洚水，爲真定冀州北枯降渠，至於大陸，屬中山郡，今真定邢、趙、深三州之地。北分其勢，播爲九河，復同聚一處，而爲逆河，以入於海。其故道皆在河間、滄州、南皮、東光、慶雲、獻縣，山東平原、海豐，由寧津、吴橋、南皮諸處直達東海，是爲禹之故道。禹之載河高地以入海，蓋自河陰始。河陰以西之故道，終古不失；以東入海之故道，後世一失而泛濫南下，四出於冀、豫、兖、徐之區，其勢不可勝窮矣。

周定王五年，河徙砱礫，始失故道。漢文帝時決酸棗，東潰金堤，在河南延津、滎陽諸縣至大名、清豐一帶，延亘千里。武帝時溢平原屬德州，徙頓邱今清豐縣，又決濮陽瓠子口，開河界，注鉅野即大野，屬濟寧州，通淮、泗，蓋河始與淮通，尚未入淮也。元帝時決館陶舊屬大名，今屬臨清、漢靈鳴犢口今高唐州，舊屬清河郡。成帝時決東郡金堤，決平原，溢渤海清河、高唐州一帶、信都今冀州界。唐玄宗時決博州今東昌，溢魏州今大名冀州。五代時決鄆州今鄆城縣、博之揚劉今東平之東阿縣揚劉鎮、滑之魚池。宋太祖時決東平之竹村、開封之陽武、大名之靈河、澶淵。太宗時決温縣、滎澤、頓邱，泛於澶、濮、曹、濟諸州，東南流至彭城界即今徐州，入於淮，自此爲河入淮之始。真宗時決鄆及武定州，尋溢滑、澶、濮、曹、鄆諸邑州，浮於徐、濟而東入淮。仁宗時決開州館陶。神宗時決冀州、棗强、大名州邑，一合南清河以入淮，一合北清河以入海。南渡後，河上流諸郡爲金所據，獨受河患。其亡也，始自開封北衛州決而入渦河，南直壽、亳、蒙城、懷遠之間。元初決衛輝之新鄉、開封之陽武、杞縣之蒲口、滎澤之塔海莊、歸德、封邱諸界，其時專議疏塞而已。自至元二十六年開會通河以通運道，而河遂與運相終始矣。蓋至元以前，河自爲河，治之猶易；至元以後，河即兼運，治河必先保運，故治之較難。至正初，河決白茅、金堤等處，瀕河郡邑皆罹水患，水勢北侵安山，沿入會通河，延袤濟南、河間，將壞兩河漕司鹽場，用都漕運使賈魯言，挽河使東行，以復故道。五月功成，命翰林學士歐陽玄製《平河碑》文，並作《河防記略》。其法制、工用，爲世取法。

明洪武元年，河決曹州雙河口。二十五年，河決原武會通河，淤河。自洪武中決陽武，東經開封城北五里，又南行至項城，經潁上，東至壽州正陽鎮，全入於淮，故道遂淤。至永樂時，歲爲決徙，修築堤防，民困國弊。至九年決益甚，議濬黄河故道，尚書宋禮加濬會通河，用老人白英計，改從南旺分水遏汶，北合漳、衛遏泗，南入沂、淮。其北道魏家灣與土河相連，開二小河以泄之，有溝渠於衛東北岸通黄河，可直至海豐者如舊。其南道在南旺之北者，開新河，自汶上袁家口左徙三十里，至壽張之沙灣，接舊河，以免陸運之艱。侍郎金純導河支流，從汴城金龍口至塌場，仍合會通以入淮。漕事定，於是運必借黄，欲通運不得不先治黄也。

正統十三年，河决新城，漫流山東，經曹、濮，衝張秋，潰沙灣東堤，奪濟、汶入海路以去，諸水俱泄，壞民廬無算。

景泰三年，又大决沙灣，近河地皆没。翰林侍讀徐有貞承命以都御史往治之，作制水之牐、疏水之渠，而河流之旁出不順者，則堰之，水遂不東衝沙灣，更北出，而濟漕渠之涸。

弘治三年，决陽武，河自原武、中牟分流爲三：其大者，切近汴堤西北隅，合沁河，泛陽武、封邱、祥符、陳留、杞縣、蘭陽、儀封、考城、曹縣、寧睢、歸虞、永夏、碭蕭而下徐、淮，以入於海。其次者，横流封邱之于家集，决孫家口，漫長垣、曹、濮、鄆城、陽穀、壽張、東昌至臨清，下衛河，延患於德、滄、青縣、静海、天津，始入於海。又其次者，自中牟南下尉氏，雖稍成川，不通舟楫。至其故道，自汴城西南杏花營入渦河者，則淤澱矣。侍郎白昂治之，河倏北徙，去汴城三十里，金龍决口自淤。昂乃築北堤以防張秋之衝激，衛諸郡之泛濫，導南河自原武、中牟，下南頓，至潁州，由塗山達於鳳陽故道，合淮以入海。又於東平州戴家廟及德州之南一帶，多鑿裏河，每河口各建減水牐，以節運河之水。盈則泄之海，而東兖、德、滄之患紓；縮則蓄之河，而漕艘商舶之行利。隨河修堤二千餘里，隨堤植柳百萬餘株。又浚萊蕪諸泉二百八十餘，以濟漕河。南塞决口三十六，疏月河十餘，使由河入汴，汴入睢，睢入泗，泗入淮，以達於海。又以河南入淮非正道，恐不能容，復自魚臺歷德州、吴橋，修古河堤，自東平北至興濟，鑿小河十二道，引水入大清河及古黄河以入海。弘治五年，决張秋，入漕河，與汶水合。僉都御史劉大夏治之，謂宜疏治上流黄陵岡孫家渡。工方興，而復决張秋東堤百丈，漕舟一經决口，挽力數倍，稍失手輒覆溺。時訛言沸騰，疑河不可治，應復元海運。大夏於西岸稍南，鑿月河長三里許，引舟次第，歲運不失。及冬水落，始爲塞决計，乃親行相視潰决之源，於孫家渡口開七十餘里，濬祥符四府營淤河二十餘里，以達淮，疏賈魯舊河四十餘里，由曹縣糧道口出徐州運河。支流既分，水勢漸殺，爲築兩長堤，蹙水南下。由徐、淮故道，自武陵屬之碭沛，凡三百六十里，曰太行堤；自金龍口抵小宋渠，凡百六十里，曰新堤。又以兩堤綿遠，河或失守，必復至張秋爲漕患，相地於舊决之南一里許，爲減水壩以殺衝齧。自春徂夏，張秋之决塞，賜名安平鎮。

正德四年，河决曹、單。八年，復决黄陵岡。

嘉靖六年，决曹、單、城武楊家口，衝雞鳴臺，阻運尤甚。下廷臣議，刑部尚書胡世寧疏言：河自經汴以來，新舊分疏六道，皆入漕河，而總南入於淮。今聞諸道皆塞，止存沛縣一道，當因故道而分疏之。若運道，則宜於昭陽湖東岸獨山、新安社等處，擇其土堅無石之處，另開新河一道，南接留城，北接沙河口。二處舊河應止百四十里，隔出昭陽湖在外，以爲河流散漫之區，是則所謂不與水争地者。七年，復决徐、沛，漕渠不通，詔舉才幹大臣治之，衆推都御史盛應期。奉命單車就道，親詣相度，乃請疏趙皮寨以殺河勢，導之亳、泗、歸宿以入淮，别開昭陽湖左新渠一百四十餘里以通漕。垂成，謗興，詔罷役，奪職。嘉靖十二年，河決亳、泗、歸宿等處，淤濟寧至徐、沛數百里運道。命劉天和督浚，時議紛紜，或謂別引黄河便，或謂浚漕河便。天和躬親相度，自趙皮寨東流故道，淤一百二十餘里而至梁靖，又自梁靖岔河口東流故道，淤二百七十餘里，始至穀亭，遂定計用浚河。扒浚南旺淤淺，以免盤剥，築曹單長堤，以防衝決，植柳株以護堤岸，浚月河以備霖潦，建減水牐以司蓄泄，置順水壩以束漫流，運道暫復。十九年，河決睢州野雞岡，經渦入淮，二洪大涸，命侍郎王以旂督理。以旂特言所資河者，以濟運也，河今南徙，第疏山東諸泉，入之洪沛，以南障之堤，如會通河制，運即通矣。於是開李景高支河一道，引水出徐濟洪，八月而成。三十一年，決房村。三十七年，河北徙新集，淤而爲陸者二百五十餘里，視故道高三丈有奇，河分流弱，離爲十一，河南、山東、徐邳皆苦之。四十四年，河決，以南京刑部尚書朱衡、僉都御史潘季馴協治之。既至，舟行樹杪，力無所施，得鄒縣章時鸞《新渠規度》，遂開新渠。舊渠之東湖（日）［曰］昭陽河，從西來匯之，其勢遂絶渠而左，故舊渠不可復。而新渠在湖之東，河即横決，得湖而止。乃決策往廬於河畔，撫循十萬衆，與同甘苦。明年，新渠成，南陽至留城百四十里。疏舊渠留城至境山五十三里。

隆慶元年，開廣秦溝以通運道。先是河決沛縣，議者欲復古道，從事於新集、郭貫樓諸處上源。衡言：上源之議可罷，惟廣開秦溝，使下流通行，修築長堤，以防奔潰。仍鑿舊渠深廣之，爲牐二十，壩十二，堤三萬五千二百八十丈，石堤三十里，旱則資以濟漕，潦則泄之昭陽湖，運道盡通，是名夏鎮河，於是河專由秦溝入洪。夏五月，山水驟漲，沖坍薛河石壩，壞糧艘，議復譁然。給諫吴時來言：舊河不必議，惟新河所受上源山水宜疏濬。仍詔衡區處，遂經理挑築薛河、沙河各支流堤壩，以資蓄泄，運道俱由新河矣。隆慶三年，河水溢，自清河抵淮安城西，淤者三十餘里，決方、信二壩出海，平地水深丈餘，寶應湖堤崩壞，山東莒、郯諸處水溢，從沂河、直河入邳州。山東巡撫洪朝選疏言：黄河出口之處必多，然後可容其萬里遠來之勢，請開支河，以爲宣泄利導之方。四年，河決邳州，自睢寧白浪淺至宿遷小河口，淤百八十里，溺死漕卒千人，失米二十萬石。總督翁大立言：邇來黄河之患，不在河南、山東、豐沛，而專在徐、邳，故先欲開泇口河以遠河勢，開蕭縣河以殺河流。詔令大立躬自相度，條其利害以聞。復上疏言：治邳河閼阻之策有三：一開泇河，一就新衝，一復古道。五年，河決雙溝，南北十一口，枝流既散，幹流遂微，乃淤自匙頭灣八十里而南，變又極矣。議者欲棄幹河，而行舟於曲頭集、大枝間。冬初水落，則幹已平沙，而枝復阻淺，遂欲棄黄河運，而紛紛及於膠河海運。乃復起潘季馴開匙頭灣，塞十二口，大疏八十里，故道暫復。已而，以漕舟壞，被劾去。六年，河決邳州，運道阻，朱衡於茶城南北築兩堤，以防河水之出入。北堤自磨臍溝迄邳州之直河，南堤自離林鋪迄宿遷之小河口，各延袤三百七十里，運艘東於河流，設軍民守之，河流乃安。

萬曆元年，黄河水平。先是運道多梗，户科賈三近小試海運，至山東即墨縣福島，異常風雨，壞糧船七隻、哨船三隻，漂没糧米五千石，淹死運丁五名，（隨）［遂］罷海運，重行河運。二年，黄河沙淤海口，決房村，傅希摯議開泇河，不果行。三年，河從崔鎮等口北決，淮從高家堰東決，徐、邳以下，至淮南北，漂没千里。總漕吴桂芳上言：淮揚洪潦，萬民號泣，蓋由濱海汊港，歲久道堙，入海惟恃雲梯一徑，至海擁横流，盡成泥澨，鹽安、高寶遂不可收拾矣。國家轉運惟知急漕，而不暇急民，故朝廷設官亦主治河，而不知治海。請另設一官，專疏海道，講求捷徑，如草灣及老黄河皆趨海，不必專事雲梯爲便。又上言：今日之河，雲梯關塞而不通，高家堰通而不塞，兩者爲病。蓋高家堰决，則淮水東，黄水隨躡其後。清口塞，而堰内皆住址陸地，其泄不及清口之半，故泗州之水并聚矣。塞高堰，所以通清口而泄泗州之水也。又高堰塞，黄浦上淤，則黄浦之工自易；黄浦既塞，則興寶、鹽城田地盡出。自兹兩河横流，涓滴皆由正道，千里之内，民業可安；海口河身，日見深刷，亦可免壅潰之患矣。六年，復起潘季馴。時高堰崔鎮决口，猶然未塞，運道阻梗。議者謂諸决口當勿塞，别開支河殺水，而浚海口以通之。季馴則謂海口潮汐往來，隨浚隨淤，惟導河以歸之海，則導河即以浚海。而導河未易以人力，惟慎固堤防，使無旁决，水入地益深，則治防即以導河也。若令河决上流，固宜用疏，今下流之决，但欲其疾赴海而害祛，豈必疏哉？於是築堤堰自徐抵淮六百餘里，南北兩堤，淮水畢趨清口，會大河入海，二口不浚得通。十五年，命常居敬踏勘黄河，時河漫流開封封邱縣及東明長堤等處。禮科王士性言：宜復河故道。居敬謂故道難復，議開柴家營支河，尋諸决口皆塞，而淤者復疏。十六年，復起潘季馴督理河道。十九年，泗大水，淮泛起高於城，溺人無算。季馴上言：人欲棄舊爲新，臣謂故道必不可失，人欲支分以殺其勢，臣謂濁流必不可分，霖雨水漲，久當自消。季馴三仕三已，一以求故道，築堤束水，借水衝沙爲主。是年有《條議河道疏》，一放水淤平内地，一接築遥堤，一增支渠大堤，一增砌石堤，一浚河避湖，諸事並於運道、民生有利。二十三年，泗水爲患，總河楊一魁疏言分黄導淮。明年，開桃源黄壩新河，自黄家嘴起，至五港灌口止，分泄黄水入海，以抑黄强。闢清口沙七里，建武家墩涇河牐泄淮水，由永濟河達涇，下射陽湖入海。又建高良澗减水石牐、子嬰溝周家橋减水石牐、泄淮水，一由岔河下涇，一由草子湖、寶應湖下子嬰溝，俱通廣洋湖入海。二十五年，河大决單縣之黄堌口，溢於夏邑、永城，經宿之符離橋，出宿遷新河口，入大河，二洪告涸。楊一魁大挑李吉口，以挽黄流，謂黄堌口深淵難塞，議浚小浮橋，築小河口，功成東利運。尋久旱，運河澀，而河又决義安東壩。一魁乃議浚黄堌口及上歸灣活嘴，以受黄水，救小浮橋泗上之涸，因繪河圖上言：小浮橋股引之水，李吉口未斷之流，已足濟運。以汶、泗、沂、兖之水，建牐節宣，運道自裕，何必殫力决塞以回全河而用之哉。三十年，於黄家口漲衝魚、單、豐、沛。三十一年，特用李化龍遍行淮、徐、鳳、泗間，得前所開泇河遺迹，喟然興嘆，遂專力浚成之。於是運艘通行，昔稱過洪，今稱過淮爲出險矣。

按開泇之議，始自隆慶年間中丞翁大立。萬曆三年，中丞傅希摯建議詳明，未得允行。二十年，中丞舒應龍於韓家莊引湖水注入泇，始啓厥緒。二十六年，中丞劉東星鑿侯家灣梁城，通泇口，遂可行舟。然總未能通達，至是始共贊成出奇道以避至險。迄今運道無阻，開泇之功蓋亦偉哉！然東南之漕，自清江浦出口，由清河溯桃源，經宿遷，從董溝口入駱馬湖，而抵泇河，尚有一百八十里假道於黄河，雖河伯安瀾不受其害，不可謂非黄與運究相終始也。

天啓六年，總河李從心以運舟過宿遷淺劉口、磨兒莊等處，一船挽拽，夫以百計，一夫工費，動以數錢，窮旗典鬻以償官夫；人力與水争衡，拽纜中斷，前船横下，後船互相磕撞，官儲民命，須臾歸之逝波；風急浪高，竟日不能移一舟，前阻後壓，千艘等待，乃自馬頰口起，下至陳瑶溝止，另挑一河，計程六七十里。運船改從陳口，諸溜遠避，公私幫拽之費遂省，飄蕩磕撞之虞亦遂以杜。

崇禎八年，駱馬湖淤，泇河運道中阻。總河劉榮嗣自宿遷至徐州别鑿新河，分黄水注之，通運計二百餘里，費五十萬。其鑿處皆河故道，尺許下皆沙，挑掘成河，沙落河坎數四，引黄注之，沙隨水下，爲淺爲澀。明年，漕至，駱馬湖之淤適平，仍專行泇河，榮嗣被逮。然駱馬湖間淤，此河亦可行舟，其功不容盡泯。

國朝順治七年，荆隆朱源寨口决，直趨沙灣，運堤衝潰，挾汶水由鹽河東奔入海。順治八年，總河楊方興塞之。順治九年，大王廟口决，沙灣復潰，衝斷運道，方興修築堤岸。又自西岸湖邊起，至八里廟河邊止，開引河一道，長五百丈，順治十三年工始告成。

蓋張秋爲黄河下流，其决於明世者，正統十三年徐有貞治之，弘治五年劉大夏治之，皆費極浩繁，工極艱難。防禦之法周矣，然至是三歲再見，不重可慮哉。總之，漕運一河，泇河以南之勢自不得不借黄以達淮，而牐河以内，苟一近黄未有不受其害者，故避之務遠，防之務至。即使黄流水大，不得已爲減水之策，亦止疏之於南，不敢逼之於北矣。

—2. 皇朝經世文編　卷九六　工政二　河防一

魏裔介（1616—1686）

字石生，號貞庵，直隸栢鄉（今河北邢臺）人。順治三年（1646）進士，官至保和殿大學士，謚文毅。有《兼濟堂文集》。

明季利弊論

治天下之道，固亦多端，大要在於定經制、正人心、厚風俗而已。然經制之要，莫先於取民有制。取民之制，在審天下各郡縣地土之厚薄而定其高下，收穫之多寡而權其重輕，丈尺之大小而審其規則。如南方多種稻，而稻地有厚薄之不同；北方多種麥穀，地亦有厚薄之不同。收穫多寡有大相懸絶者，尺丈大小亦有迥然不同者，倘不詳加察核而定之，生民之苦，何由蘇乎？

户分九則，明之制也，自明之末季而已不可行矣，又况於今日乎？種馬之弊，起於永樂之時，散馬種於民間，而歲收其駒，名曰俵馬，大爲河北、山東諸省之害，民之傾家産、鬻妻子者不可勝計。至我大清而革俵馬，如解百姓之倒懸。然馬既去矣，每縣折銀至二千餘兩，此古所未有也。明季驛遞之馬，令民間喂養，又每驛設驢，其喂養馬、驢者，謂之馬頭、驢頭，而以驛丞司之，雇覓人夫，則有遞運所司之。凡衝途州縣，則令偏僻州縣幫貼，然民間賠累至極。至我大清而令官養官應，其收買草豆，不無派之民間、短予價值之弊，然百姓甘心而無怨，蓋利其大矣，而小小有弊，不足計也。

又如天下衛所，乃明朝蓄兵養馬、武備軍政也，無事則耕，有事則戰。其衛所官長，皆以指揮使、千百户爲之，而統於京師之五軍都督府。五軍都督府、同知、僉事，皆以公、侯、伯爲之。如有征討，則設掛印總兵，用文臣參贊，調取各衛兵馬，事平各歸本衛所。法至善也。迨其後天下多事，乃以衛所之軍爲不足用，而召募民間之驍悍者以爲兵。此輩多四方無籍之徒，主將得人，養之厚而馭之嚴，亦能有功，否則鼓噪逃竄，去而爲盜。明之流賊雖起於饑民，實由此輩羼入其中。爲之雄長，往往有弓馬技藝、精熟過人者。李自成、張獻忠皆逃兵中渠魁，故官兵遇之而潰，如饑民烏合，雖百萬亦不能戰也。葛榮之寇，敗於滏口，竇建德之衆，敗於虎牢，皆烏合也。安史之不易平者，正以其徒皆邊陲勁旅耳。

此數端者，或用舊法而弊，或變舊法而敗，是以爲天下者在乎斟酌時事，變而通之以盡利，勿拘拘於膠柱鼓瑟之見，斯可以矯偏救弊，而不至於國事民生之大壞也。可不審哉？可不慎哉？

—2. 皇朝經世文編　卷七〇　兵政一　兵制上

于成龍（1617—1684）

字北溟，號于山，山西永寧（今方山）人。明崇禎十二年（1639）副榜貢生，順治十八年（1661）授廣西羅城知縣，後官至兩江總督，謚清端。有《于清端政書》《于清端集》。

示親民官自省六戒

朝廷設官分職皆爲治民，而與民最親莫如州縣。近來積弊成習，親民者反以累民，甚有不知廉恥爲何物，而“天理人心”四字置之高閣不問矣。噫，吏治日壞，如倒狂瀾，何時止乎？用是偶采成言，兼參時弊，陳列六則，朝夕省觀，自爲猛惕。倘反是道也，王法不及，必有天殃及之。謹列如左：

一曰勤撫恤。州縣之官稱爲“父母”，而百姓呼爲“子民”。顧名思義，古人所以有保赤之喻也。夫保赤者，必時其飲食，體其寒暖，事事發於至誠。保民者，亦當規其飢寒，勤其勸化，事事出於無僞。蓋無僞則有實心，縱力有不及與事有掣肘，然此心自在。即於萬分中體認一分，亦百姓受福處也。昔陽城云：“撫”字心勞，知“撫”字必從心出，由心而發，隨事加恤，便有裨益。若徒外面摭拾一二便民好事，以爲得意，亦市名也，其去殘忍者幾希耳。是不可不戒。

一曰慎刑法。草木禽魚皆有生命，不可恣意殺伐。况人爲萬物靈，其肌膚手足悉胞與也。人不幸而設詞訟，又不幸而於詞訟中受刑罰，雖十分不可寬，必須求一分稍可寬處。此吕叔簡《戒刑》書内所以有“不輕撻，不就撻”之説也。至於囹圄福地，昔言已及，當思入此者皆無知小民，或有冤枉極可哀痛，自然稍加體念。若徒任意禁獄與任意加刑，甚有徇情面、恣苞苴，以下民之皮膚供長吏行私之具者，或身或子孫定遭奇禍。是不可不戒。

一曰絶賄賂。爲貧而仕，雖乘田委吏，止爲禄養，未嘗於禄養之外有别徑也。若舍此而外多求便利，即爲暮夜，楊伯起之“四知”言之已可凛矣。昔人云士大夫若受一文，不值一文。又云從來有名士，不用無名錢。試思長吏於民論到錢處，亦何項爲有名乎？夫受人錢而不與幹事，則鬼神呵責，必爲犬馬報。受人財而替人枉法，則法律森嚴，定當妻孥連累。清夜省此，不禁汗流。是不可不戒。

一曰杜私派。小民應辦正額尚且難應，未知私派何起也。不過頻年來軍需緊急，如解馬賠馬與兵馬行糧草豆、衝途供應，動以千百，無計可支，故有派之民間，俟日後銷價給發者。如近來行糧價值檄行刊附由單之末，以防發給短少之弊，是部院大臣亦疑州縣爲先取民而後發價矣。不知先取後發雖云至公無私，小民之揭借其利已經數倍。况長吏派一錢則胥里派數錢，長吏派一斗則胥里派數斗，有極不堪命者乎。何如稍那正供現價現買，而即力請上臺迅速開銷，並由單價值，亦多此一番周折。昔人云：於不得已中求一分擔當，即人民利益處也。至於因公苛斂，任意誅求，種種乘機自利，不啻爲盗取人，定然自有後禍。是不可不戒。

一曰嚴徵收。小民正供自有額賦，外此分釐非可苟也。近來徵收立法，着令自封，禁絶火耗，上之所以嚴州縣者，可謂周且密矣。夫爲州縣而受上之禁飭，即使無弊，自好者尚覺汗顔，至爲州縣而並嚴飭之不靈，倘有自欺，則有心者將視爲何等乎？古人云：錢糧一節若肯請減，其善無量。今錢糧不能減，而去其錢糧中加增之弊，亦與減錢糧仿佛。況鳩形鵠面，衣食啼號，此等困苦小民欲陰搜其膏血，縱令安然無事，滿載還家，後日亦必生流蕩子孫以覆敗之者。是不可不戒。

一曰崇節儉。天生財物固供人用，然必存不得已而用之之心，方能用度相繼。倘奢侈任意，飲食若流，無論暴殄，固犯呵譴，即費用必思取給，是亦壞心術之萌櫱也。夫長吏近民，雖自己足食，尤當思民之無食者，自己披衣，當思民之無衣者。推此一心，縱令衣食淡薄，尚且不能消受，而猶欲起侈麗之想乎？鄭俠語人云：無功於國，無德於民，若華衣美食，與盜何異？夫衣食甚細而至以盜相比，推此充類至盡，唯恐長吏之稍奢也。是不可不戒。

——1. 切問齋文鈔　卷一一　服官

嚴禁漕弊各款

照得徵兑漕糧弊竇多端，雖經本部院屢飭通行嚴禁，但恐所屬印運各官狃於故習，不思閭閻困苦，不念身家爲重，仍然陽奉陰違，恣肆勒索，殘害吾民，亦不可定。今值開兑，伊邇所有漕弊事，宜合再摘款嚴禁。

一、禁旗軍勒索之弊。夫漕糧官收官兑，原不令軍民會面，此定例也。自五米十銀之外，不許多有加增。近聞旗丁驕横，不曰米色不佳，則曰私增斛面，措勒多端。乃於十銀額支之外，每石又加銀六分，名曰“六銀”，相沿日久，遂成錮例。其銀以厫書經收入手，臨兑轉給，而厫書藉此名色，又復加斂分肥。嗟嗟小民，有限脂膏，何堪如此剥削？深可痛恨。示後如有運弁徇縱不法旗丁，串同厫書藉端勒索，或經本部院訪聞，或被里民告發，官弁飛章指參，丁書立拿杖斃。

一、革差擾之弊。各屬徵收漕糧，從前俱係差催，致小民以有限之金錢，填若輩無窮之溪壑。本部院深悉民間積困，不苦於正供而苦於差擾。今催納漕糧止許照地丁設立滚單之法，届限不完，再發木皂行提，使百姓省一分之差費，即可早完一分之正供。如有違禁差擾，定行糾參不貸。

一、禁奸棍包納之弊。米色乾圓潔净最爲第一要務。近訪有地方光棍人等住居倉旁，借開張米鋪爲名，攬收里納糧米，多勒費用，代爲完交，纍百盈千；控派粞碎糠粃，串同厫書倉役人等，機乘早晚無人之際，一概混斛厫内，致啓旗丁措勒之端。厲國病民，深可痛恨。示後如有奸棍仍前包納、紊亂漕規者，司漕各官訪實，即行鎖解轅門，以憑立斃杖下。

一、禁舵水擁擠倉場之弊。收兑漕糧重地理宜肅清，止許一旗一綱領兑，原不容帶領多人，致滋鼓噪。示後如有運弁不遵示禁，仍縱不法旗丁多帶舵水人等，蜂擁倉場、炙詐兑費、凌辱官役者，監兑府廳各官立刻揭報，以憑嚴拿究處。

一、革倉夫穴竊之弊。倉夫一役，不過專司啓閉而設，然此輩居住倉側，慣借看守爲名，遂敢作奸偷米，是多一鼠竊也。及至兑運之後，又將竹木潛行折取，致累里民備辦。令應斥革，逐令歸農，不許仍住倉側。每晚印官親臨封倉，另選誠慎人役左右巡緝。如有抗違不遵，除拿倉夫處死外，並將司漕各官從重指參。

一、革雜派淋尖之弊。小民終歲勤勞，粒粒辛苦，而狼戾者視若泥沙，每於兑漕之時借稱驗收様米名色，棍蠹群踞水次，任意勒索，甚至開倉神福有費，紅單酒席有費，糧差總書有費，奏銷算帳有費，百計取盈，不饜不休。及至糧米入厫，必要踢斛淋尖，多索耗米不等。鄉民任其蹂躪，莫敢誰何。示後如踵前弊，一經訪聞，或被里民告發，官即飛章糾參，蠹役立拿杖斃。

一、禁包歇充當之弊。漕催五年一輪，承管各甲之米，其倉中修葺鋪墊皆其事也。然而鄉愚不諳書算，每每倩僱積年棍蠹包攬代充，因而串通蠹書，共相侵蝕，以致虧米缺兑，貽累匪輕。今務令正身充當，如有奸棍包充作弊，司漕各官查拿解轅處死。

一、禁對支恤米之弊。各邑孤貧恤米，此朝廷優養無告之民。向有勢棍、富豪，利其有此恤米可以兑給漕糧，先將銀米借貸，及至兑漕之時取盈扣算。在豪富則圖利而不仁，在孤貧則抵償而愈困。更且共相垂涎支給，覬望不納，悮漕病官，莫此爲甚。本部院深悉其弊，示後各邑務須漕糧兑足，即將存倉之米照數給領，一概不許兑支。如有勢棍、富豪不遵示禁，仍蹈前轍者，司漕各官訪實，即行鎖解轅門，以憑立斃杖下，慎毋徇隱并干未便。

一、禁厫書飯食之弊。各屬徵兑漕糧，每用書役司理其事，名曰“厫書”。其中遂有索費之名，則曰“飯食”。里民計米付銀，勢不可缺，而且侵蝕折乾，往往缺兑悮運，仍派里排賠補，名曰“厫欠”。錮弊相沿，牢不可破。如有此等情弊，訪實，官參吏處不貸。

以上各款，皆切漕政錮弊，本部院不靳諄諄誡諭，無非欲爾官弁、丁役人等痛改前非，嘉與維新之意。如果實力奉行，革除積習，自當分别奬勵。倘仍怙惡不悛，剥削小民者，官即飛章指參，役拿立斃杖下。法在必行，斷不姑寬。各宜猛省，毋貽後悔。

—1. 切問齋文鈔　卷一七　財賦三

與友人論羅城事書

廣西柳州羅城，偏在山隅，土司環繞，山如劍排，水如湯沸，蠻烟瘴雨。北人居此，生還者什不一二。士民有瑶、壯、伶、俍之種，帶刀執鎗，性好鬥殺，父子兄弟，反目操戈，恬不知怪。順治十六年冬，初入版籍，成龍於十八年之官，選後，親者不以爲親，故者不以爲故，友者不以爲友，賒脚錢，寄口食，行至清源。同年生王君吉人，其人慷慨好義，反覆開譬，謂粤西非吉祥地，夙知成龍家食尚可自給，勸之勿往，以缴憑爲高。成龍時年四十五矣，然英氣有餘，私心自度：讀書半生，曾知見利勿趨、見害勿避，古人義不辭難之説何爲也？揮淚而别。五月抵家，别母及妻兒。資斧艱難，典賣田屋，止得百金。携蒼頭五人，勇壯可伴。臨行，族人相餞，歡飲至夜。古云：壯士非無淚，不灑别離間。此不情語也。天明，舉家拜别，以祖遺田産文券交付長子，但云：“我作官，不管爾；爾作人，莫念我。”攬轡登程，不復回顧。此時壯氣，直可吞瑶、壯而餐烟瘴也。

行及湖南冷水灘，一病顛連，未免英雄氣短。扶病陸行至桂林，謁上司，皆見羸體伶仃，詢及病狀，驚憫特異，惟勸以方藥調治，勿亟赴羅。抱疴之人，至是膽落。往日豪氣，消磨何所？病幾危，苦孽未盡，不速死。及柳州稍瘥，尚未知羅城在何許也。羅城與融縣沙罩連界。行至沙罩，遇許鄉老細詢之，乃知對山即是羅境。登山一望，蒿草滿目，無人行徑，繞山都似營壘陣場，瘴雲慘澹，苦霧淒迷。哀哉，此何地也？胡爲乎來哉。悔無及矣。回憶同年生之忠告不置也。癡人作夢，以爲邊界如此，漸入腹裏，或不更然。可憐黄茅一路，直抵城下。

八月二十日入縣中，一如郭外。居民六家，草屋數椽。寄居漢壽亭侯廟，支牀周倉背後，多不瞑目，心焉如割。黎明到縣，廷無門垣，兩墀茅草，一如荒郊。中堂草屋三，而東斷爲賓館，西斷爲書吏舍，中開一門，入爲内宅，茅屋三間，四面皆無墻壁。哀哉！此一活地獄也，胡爲乎來哉！鬱從中來，病不自持，一卧月餘。從僕環向而泣，無一生氣。張目一視，各不相顧，無如咎孽未盡，死而弗死，乞歸無路。扶病理事，立意修善，以回天意。凡有陋弊，清察釐革。自憾己命不殞，禍及從僕，黄瘦如鬼，相對而泣，莫能相救。無何，一僕既死，餘僕皆病。康熙元年正月，謀爲歸計。成龍自忖一官落魄，復何恨！諸僕無罪，何苦貽累？丁寧令各逃生。一僕蘇朝卿，仗義大言：“若今生當死於此，去亦不得活。棄主人，流落他鄉，即生亦何爲？”哀哉！幸有此也。當時通詳邊荒久反之地，一官一僕，難以理事，乞賜生歸。當事者置之一哂而已。其年逃僕歸家，大兒悲念：天涯萬里，一主一僕何以安身？續覓四僕來，而三僕皆登鬼籙，止存一僕，晝夜號咷，一如風魔。事處兩難，一人難以遠行，欲遣此僕歸，則孑身更苦。無如此僕，更切思歸之念，聽其浩然長往。萬里惟餘一身，生死莫能自主。夜枕一刀，牀頭樹二鎗，爲護身符。然思爲民興利除害，囊無一物。瑶、壯雖頑，想無可取之資，亦無可殺之仇，帖然相安。

事到萬不得已時，只得勉强爲之。申明保甲，不得帶刀携鎗，咸遵無犯。間有截路傷命，無踪盗情，務期緝獲。隱昧情事，盡心推詳，必得真實。立時誅戮，懸首郊野。漸次人心信服，地方寧静。而上臺采訪真確，於是有大事始行解省，小事即行處决之通行。境内雖平，憾與柳城西鄉爲鄰。此地祖孫父子，生長爲賊，肆害無已。申明當事，輒以盗案爲艱，置之高閣。成龍思：漸不可長。身爲民父母，而可使子弟罹殃咎乎？約集鄉民練兵，親督剿殺，椎牛盟誓，齊力攻擊。先發牌修路，刻日進攻。此未奉委命而專征，自揣功成亦在不赦之條。但奮不顧身，爲民而死，勝於瘴病而死也。渠魁俯首，乞恩講和，擄掠男女、牛畜皆送還，仍約每年十月犒賞牛酒，敢有侵我境者，竟行剿滅。蓋壯人不畏殺，惟以剥皮爲號令，而鄰盗漸息。至是，上臺采訪更確，反厭各州縣之請兵不已，報盗不休，爲多事也。嗣後官民親睦，或三日，或六日，環集問安，如家人父子。言及家信杳絶，悲痛如切己膚。土謡：“武陽岡三年必一反。”比及三年，食寢不安，人心既和，謡言不驗。又云：“三年一小剿，五年一大剿。”比及五年，又復無事，而民俗婚喪之事，亦皆行之以禮，感之以情。

羅城之治，如斯而已。謬蒙上臺賞識，列之薦章，遂有四川合州之擢。自數年來，本非爲功名富貴計，止欲生歸故里，日食二餐，或日食一餐，讀書堂上，坐睡堂上，毛頭赤脚，無復官長體。夜酒一壺，值錢四文，無下酒物，亦不用箸，惟讀唐詩，寫俚語，痛哭流涕，並不知杯内之爲酒爲淚也。間嘗祝城隍，我無一毫虧心事，當令早還鄉井。今得遇合，豈非上蒼默佑？回思同寅諸人，死亡無一得脱，興言及此，能不寒心？是以赴蜀之日，益勵前操，至死不變。此數年之大概也。偶書寄，以發知己萬里一慨。

陳廷敬曰：公嘗自言一生得力在令羅城。蓋與王文成之龍場同一動心忍性，故余於公傳，特載此書，以俾世人知公澹泊堅剛之操所自來云。

—2. 皇朝經世文編　卷二一　吏政七　守令上

彌盜條約

照得直屬逃人盜賊，大爲民害。無論軍民紳士，或犯窩逃，或被盜劫，家業不保，甚至身命隨之，而地鄰人等，亦咸被其牽累。今欲爲爾等謀保護安全之計，莫如力行保甲。古人守望相助，出入相扶，良法美意，可則可傚。用是因時制宜，酌定條款，編帙成書，務使家喻户曉，共相勸勉，以期寧謐。本部院撫涖兹土，與爾等情關休戚，故不憚諄諄告誡，總欲爾等各守身家，非好爲多事也。爾等當深思而力行之。所有條款，開列於後：

一、十家立爲一甲，務選殷實老成、端正勤慎者，公舉爲甲長，報官，九家咸聽約束。違者禀官重究。

一、十家各開男婦姓名、年貌，自祖、父母及本身、妻妾，至子孫、婦、女與同居叔姪、親戚，並婢僕等人口，作何生理，盡數開立門單，交與甲長，不許遺漏，以便認識稽查。違者重究。

一、九家民人，互相保結。内開某人作何生理，平日並無窩逃蓄盜、交結匪類、出入旗下、勾連生事、游手賭飲、撒潑凶惡、結黨刁訟、起滅是非等項。如有此等事犯，某八家甘受連坐，所結是實。九家合具互結一張，交付甲長，以便編入甲内。如蒙混具結，地方官查出，九家各杖三十，枷號兩月。敢有抗違不遵入甲者重究。

一、九家之中，平日有窩逃蓄盜、交結匪類、出入旗下、勾連生事者，八家不敢互結，許本人赴官自首，改過遷善，咸與自新。地方官另訂一册，開列姓名。或他處舊案扳犯，許將本犯悔過首詞叙入，以開生路；或怙惡不悛，地方官執法究治。如力不能制者，立刻申報，以憑核參拿問。其餘游手賭飲、撒潑凶惡、結黨刁訟、起滅是非者，八家不肯互結，亦另訂一册，開列姓名，不時稽查。違者重究。

一、甲長訂一甲簿。凡十家之内有出外行走者，即報明甲長，今往某處公干，甲長注入簿内；回日仍報明甲長注明，以便稽查。或恃惡不報，或詭秘不報，八家查明，即報甲長注簿，次早報官拿究。或八家通同隱諱不報，甲長查出，注簿報官。本家與來人審明口供，如來人清白，任其回去，本家仍以失報責二十板，八家各責十五板；如來人不端，即差役押解原籍，地方官查收注簿，取收管於本處，簿内注解收訖，本家責四十板，枷號三月，八家各責三十板，枷號兩月。違者重究。

一、十家之中，立有甲長。或不諳書寫，即請鄰右識字者登記。或甲長有事他往，即報明九家，公同注簿，將簿轉付甲内人收管登記；甲長回日，仍同九家將回轉情由注簿收回。如甲長家有親客來往，亦照九家例注簿。違者重究。

一、市鎮居民開店接客，須訂一簿。每晚客寓同行幾人，務查問客衆姓名，係何處人氏，來往何處，或何公幹生理，有無弓箭什物，或自備騾、馬，或雇長脚，將騾、馬毛色認明，或孤客步履，有無行李，盡數登記簿内。次早或去或住，報送甲長查閲。如有來歷慌張、語言恍惚、踪迹可疑，即密傳甲長、保長窺伺去向，夜晚小心堤防，次日勿令早行，以備不虞。如玩忽不記，他處失事，行查店家簿内未開者，從重治罪。

一、十家中，有鄉紳、兩榜、貢監生員，不便與庶民同例編查。但直屬逃盜肆害，夜不安枕，白晝劫殺，幾無虚日，紳衿咸受荼毒，歷歷有案，該地方官酌議，或鄉紳立一册，文、武兩榜各立一册，貢監、生員各立一册，將家僕盡數開列册内。邇來風俗頽靡，有以武舉而窩盜者，有以武生而爲盜者，種種不法，已經事犯，似應武舉、貢監、生員互相保結。武舉、貢監，責之縣官；文武生員，責之教官。如生員抗不互結者，教官移縣轉詳；如武舉、貢監抗不互結者，縣官申詳，一併查究。或武舉、貢監、生員居處隔遠，未悉素行，不便互保者，另列一册。如係鄉店，願編爲村莊保甲者，聽其自便。此分别貴賤之法，以寓彌盜安民之意。法在必行，違者重究。

一、鄉村各有垣牆，此彌盜安民之善制也。日久剥削，多有倒壞。自今農隙，正宜同心協力，補葺壞垣，修理栅欄。各甲長公訂一簿，輪流派撥，某日某人幾名看守栅欄，某人幾名值日查夜，登記簿内。或遇盜警，本村放炮、鳴鐘、擊鑼，大家救護。如堵禦不能入栅行劫者，巡夜、同守栅欄人等，報明地方官，各賞紅布五尺；如已入栅欄，力能救護，不致失事者，巡夜守栅人等報官，各賞紅布一丈；如當場打死、擒獲盜賊者，巡夜、守栅人等，各賞紅布一匹。倘先事不能知覺，臨時不肯救援，以致賊盜入栅，劫去財物，拷傷失主者，鄰佑併巡夜、守栅人等，一併究治。敢隱諱不報者，十家以通賊論。

一、村莊居民，一甲以至數十甲，若無統屬，則呼應不靈，應設一保長，以統屬各甲。或村莊止有一甲，將附近村莊甲長聯成一處，公舉一賢能保長，料理地方。各甲長花名，交付保長。保長將各甲合總報官，以憑稽察。凡遇鄰村有事，保長聞鐘、炮、鑼聲，立刻傳炮，各村一齊放炮，保長即率所管村莊甲長，一面分衆，各據要路堵截，一面率衆直赴當場救援。或當場殺獲賊徒，或要路擒拿賊徒者，每名各賞銀五錢，甲長賞銀一兩，保長賞銀二兩。如保長聞鄰村放炮不傳炮者，罪坐保長；甲長聞保長炮，不傳炮者，罪坐甲長；如甲長傳炮，甲内人丁不赴援者，罪坐各家；如當場退縮，觀望不前，致賊逸脱者，罪坐保長；如分撥堵守要路，放脱賊走者，即未受賊賄，甲長亦應治罪。法在必行，違者重究。

一、地方設立保、甲長，協力守禦，不可無器械使用。查一村之中須置炮一杆，鑼數面；各家成丁者，各備門棍一條。凡遇盜警，先放炮，以便保長會衆救援，兼以鐘、鑼齊擊，則各家奮勇争先。更查甲内，或有鳥鎗、弓箭、腰刀、鐵尺、長鎗、鐵叉之家，開明報官，量留鳥鎗、弓箭數件，地方官書押鎸刻於上，仍給本主，甲長同本主具領存案，不許携帶别處行走。如有遺失，從重治罪。其餘盡收入官，照物給價。如有匿藏，甲長與八家首報，本家以通賊論。如甲長、八家未經查出，被傍人首報，甲長與八家連坐。至於刀、尺、鎗、叉概鎸本家姓名，當官騐明，登記簿内，以便稽察。違者重究。

一、地方人民，有在圈占莊内居住旗房者，查明幾家，照例編入附近村民甲内。如有抗違不服者，查拘親屬，務獲正身，面取親屬保結，交付甲長，注入簿内。本身仍以抗違王法，枷責不饒。

一、十家之内，有窮苦民人不能度日者，甲長報知地方官，另造一册，設法養濟。如此等民人，既不敢出外行走，又無地土、生意，甲長不報，罪坐甲長。甲長已報，地方官任其顛連溝壑，或典雇旗下，苟延歲月，本院訪聞，縣官以不職糾參。如能設法生理養濟，四季詳報存案，以便紀功舉薦。

以上各款，務須恪遵實行，不得視爲具文故事，誤身家而干法紀。保甲人等，亦不得藉端滋擾，自取罪戾，後悔無及。

—2. 皇朝經世文編　卷七四　兵政五　保甲上

魏象樞（1617—1687）

字環極，號庸齋，直隸蔚州（今河北蔚縣）人。順治三年（1646）進士，官至刑部尚書，謚敏果。有《寒松堂集》。

公道宜彰疏

竊惟進退賞罰，國家之大權，是非可否，天下之公論。進一人、賞一人而天下知勸，退一人、罰一人而天下知懲。蓋有合乎天下之公是公非，其可其否也。故孔子曰："舉直錯諸枉則民服，舉枉錯諸直則民不服。"洵不誣矣。我皇上用人致治，以大公至正之道出之，滿漢内外，惟取賢良。而督撫大臣受皇上之恩，自當體皇上之心爲心，廉介者宜舉而不宜黜，溺職者宜黜而不宜舉，貪酷害民者宜揭參而不宜徇隱。臣略指一二所當嚴飭以警將來者，爲我皇上陳之：如原任江南嘉定縣知縣陸隴其者，廉介之官也，知縣任内清操飲冰，愛民如子，賢聲傳播於都下。臣心竊重之，謂後日可步于成龍之後塵者，此人也。乃未幾而該撫疏稱隴其守絶一塵，才非四應，德有餘而才不足。部議降調。又有被盜一案，該督疏隴其據汪標首告仇殺，審明仇殺無據，請緝結案。獲盜過半，原無諱飾，與武官竟不報聞者迥别。止以開報職名遲延，部議革職。例之所在，臣俱不暇問，但縣令中有此廉介愛民之官，正當爲群僚作榜樣，爲百姓作慈母，今之有司惟守與德爲難耳。既知其守與德矣，何不即留之以長養百姓？雖該撫再疏奏稱隴其委係冰操，不染一塵，勵其素守，策效將來。部覆不允，終以例拘。萬民怨恫，爲之罷市，去之日攀轅號哭，執香遮道。去之後，家家尸祝，比於父母，乃行李一介而蕭然歸去矣。又如原任江南鎮江府知府劉鼎者，溺職之官也，知府任内全無才能，參罰至五十案，其停陞及戴罪督催者三十餘案，降俸者四十餘級，應追銀兩無完者二萬三千兩有奇，應追米麥無完者五千九百石有奇。此一官者溺職已極，乃報陞蘇松糧道，該督撫從何見其才能？一旦盡銷參罰、停陞之案，而脱然陞去矣。又如原任絳州知州曹廷俞者，貪酷之官也，知州任内貪如虎狼，敲骨吸髓，捐納員外，因而酷以濟貪，聽信衙蠹撥置，將富民之妻王氏指稱私鹽名色，鎖禁署前神廟，嚇詐銀兩，縱役淫污，氏不允從，羞憤自縊。闔州士民告伊貪縱惡迹，平陽知府李廷梅匿不揭報，反令本府廳官親身赴州，以講和爲名，將廷俞擁護出境，以致士民不敢具告。現今公憤冤詞竪碑於州，此一官者貪惡至極，竟不爲巡撫糾參，而飄然颺去矣。

夫朝廷所以鼓勵人才、澄清吏治者，惟在賞善罰惡，進賢退不肖耳。況當公道昭明之日，乃將廉官與貪官參處同例，盡職與溺職保薦無分，豈我皇上勵精圖治、激濁揚清之盛心哉？若不嚴加申飭，則前者不戒，後者不警，下官可以欺上官，上官可以欺皇上，上下相蒙，使廉吏灰心，貪風日長，臣竊鰓鰓慮之也。伏乞嚴飭各督撫大破積習，躬先率下，表正則影直，源清則流潔，薦舉必首廉介，參劾必協輿情，於以肅官方而勵人心，民命庶其有瘳乎。

—1. 切問齋文鈔　卷一四　選舉三

請復入覲考察疏順治十年

臣惟人君御世之權莫大於賞善罰惡，國家察吏之典不外乎黜幽陟明。故虞廷考三載之績，《周官》垂六計之法，典甚重也。我朝兩次展覲，方在定鼎之初，進退固嚴，規制未備，雖抒萬國拜舞之心，猶缺御前考察之事。今值皇上躬親大政，首舉計典，明一代之令甲，所以立萬禩之章程，大非從前草創可比者。

臣爰考舊章，竊思三年朝覲，義取述職。其名爲大計者，乃天子自計天下官員之賢否，令部院、科道諸臣分理而共佐者也。即如御前有奏，大班有劾，怠職者有免冠之責，還任者有飭戒之敕，廉能超衆則面加獎賞，地方利弊則各許陳奏，在《會典》班班可按，前此皆未行之。今若嚴慎之心有加，清澄之效益著，苟令入覲諸臣不聆天言之赫奕，尤非所以勸懲天下也。臣謂鱗集闕下者，布、按二司實爲百官綱領，兩司稱職，則道府、州縣可知也。恭請皇上面召各省兩司等官，問水旱頻仍有無救濟招徠，所報地荒丁逃者誰爲致之，問錢糧混冒、官侵吏肥每至數百餘萬者誰爲掌之，問劣員絀課蠹國、久列優評者誰爲縱之，問款項混開、徵解淆亂、《賦役全書》屢飭不定者誰爲司之，問地方有藐法行私、縱賊窩盜、罪害及於職官、百姓者誰爲制之，問法律不明、任情出入人罪者誰爲議之，問欽案沈閣、久不完結者誰爲諉之，問奸蠹盜折官糧成千成萬、弊由僉謀濫差者誰爲主之。凡三年中國賦之盈縮，民命之生死，官評吏議之是非公私，關係大綱者，逐一面奏。稱職者作何獎賞，不稱職者作何處分，庶足爲表率百僚之戒。倘有支吾欺飾，容科道官以白簡隨之，款款糾駁，以服其心。俾郡邑小吏，咫尺天威，怵然于雷霆雨露之下，仰見盛世之計典昭明，海內之人心鼓勵，即千萬世永爲遵奉矣。

—2. 皇朝經世文編　卷一九　吏政五　考察

任源祥（1618—1676）

字王穀，號息齋，又號善權子，江蘇宜興（今屬無錫）人。明末諸生，入清後精研經世之學，無所得食，乃入州縣之幕理刑名錢穀，有《鳴鶴堂集》。

賦役議上

三代賦（投）［役］之制，一變於商鞅，再變於楊炎，三變於王安石，每變愈下，而古聖人良法美意澌滅殆盡。變制之始，不過趨於苟簡，規一時之利，而遂以壞萬世之大經，其勢如水之就下，至於今雖古聖人復起，欲返古而不能。是故因勢利導，隨俗立法，而不失古聖人愛民之意，天下亦大治。

查洪武《賦役黄策［册］》，以一百十户爲里，推丁多者十人爲長，餘百户爲十甲，甲凡十人輸役，里長一人，管一里催辦勾攝之事。每歲類報，總報十年攢造黄册，核隱漏，清逃亡，第民爲上、中、下三等。大約以田爲經，以人户爲緯，人户之丁糧有消長而田無消長，照田起賦，照賦著役，至今遵行。此誠所謂因勢利導，隨俗立法，而不失古聖人愛民之意者也。明之中葉，甲總不匀，故行“十段錦”法。嘉靖四十四年，每年銀差、力差，總計十甲之田派爲定則，而留餘、提補、那移參錯。款項多端，故行“一條鞭”法。隆慶四年，江西題准；崇禎中，通行力差計其代當工食之費，銀差計其扛解交納之費，併入丁糧并納。然法之行也，其始未嘗不盡善，而後稍益滋弊也。何也？立法之始，以田爲經，以人户爲緯，上、中、下三等以糧爲差，積重在糧，積輕在丁，律注賦出於田，役出於丁，其實役亦出於田。是故賦、役一準諸田，而人丁之消長無甚關於會計之大數。其弊也，或有人無丁，或有丁無人，有司不及問，亦不必問。夫耕田者人也，天下之大，人爲重，而積輕之勢乃至於不必問，其法豈盡善哉？

按户口總數，洪武二十六年造册，人户一千六十五萬二千八百七十，口六千五十四萬五千八百一十二；弘治四年造册，人户九百一十一萬三千四百四十四，口五千三百二十八萬一千一百五十三。竊計洪武兵革之後，户口消耗，弘治盛時，蕃息不啻倍蓰於前，而造册總數，不惟無益，且有損焉，則脱漏者多也。脱漏户口，律非不嚴，弘治君臣察非不精也。而所以得容其脱漏者，爲其無甚關於會計之大數也。有司惟以賦、役之辦集爲課最，而不以户口之消長爲賢否，積玩之餘，一隱於游手，再隱於相冒，三隱於浮客，田有併兼，而人亦併兼，亦法之流弊使然矣。

嗟乎！商鞅變古而井田不可復，楊炎變古而租庸調不可復，王安石變古而踐更、卒更不可復。吕祖謙曰：“寓兵於農，賦役乃定。”夫寓兵於農，人皆能言之，而施之實事，揆之時勢，罕觀其效。當此賦役大弊之餘，而欲善其後，亦因勢利導，隨俗立法，而不失古聖人愛民之意，斯已矣。

—2. 皇朝經世文編　卷二九　户政四　賦役一

賦役議下

賦役之弊，莫甚於折色。何也？開闢以來，取於民者不過三端，孟子所稱粟米、布縷、力役，唐初租、庸、調是也。此三者，古有古之定額，今有今之定額，雖欲過加之而有所不可。是故謀利者巧立爲一切之法，以愚天下之耳目，既削其名而收其實，復隱其實而增其名，於中間收放，因而隱射乾［干］没，則亦折色之爲害也。

按洪武十八年，令兩浙及京畿官田折收税糧，紗絹、金銀、棉布各准米若干。三十年，重定折色價額，大約銀每兩准米四石。兩浙及官田折收，非兩（折）［浙］、官田未嘗折收也；紗絹、金銀、棉苧布皆准折收，未嘗專以銀折收也。兩浙人多田少，逐末者衆，故用折色。其餘府、州、縣，舟車不通，或用折色。折色始不過從民之便，其後乃通行折色，惟銀是徵。久之折色名項多，難於督併，乃隱其説於“一條鞭”。折色久而忘其爲税糧，“一條鞭”久而並忘其爲折色。忘其爲折色，而折色之爲害乃大矣。按（洪）［弘］治六年題准，山西州縣可通車者，悉從民便，徵運本色。嘉靖九年題准，浙江温、台、處三府税糧，照舊徵納本色，不許巧立名色，徵價害民。由此觀之，折色害民而本色便民，昭然可見。即如江浙，每歲漕糧無升合拖欠，而折色拖欠無慮數十萬以上，則本色易徵，昭然可見也。

大抵折色有五害，本色有五善。折色用銀，銀非民之所固有，輸納艱難，一害也。輕竇易匿，便於官役侵欺，二害也。銀非貿易不可得，人多逐末，三害也。銀不制之於上，如泉府之操其柄，又不産之於下，如布帛之可衣，菽粟之可食，而偏重在銀，使豪猾得擅其利，四害也。銀雖多，非國之本貨，一旦有急，京邊空虚，五害也。夫民之所有者，力也，土之所生者，粟麥也、布帛也，取其所有、所生，而不責之以所無，民不苦，課不逋，一善也。税糧科則，各有原額，數目易曉，不得藉端那移，上下其手，二善也。輸納不用銀，銀不足貴，人多不逐末而務本，田地皆闢，三善也。務本則勤儉，勤儉則人心思善，風俗易成，四善也。所慮者本色重滯，難於起運。然通漕之處，漕運事例可照不通漕之處酌量道里，於都會要害之地建倉收貯，從其長便，數年間京邊要地，本貨充牣，軍國之需裕，富强之形成，五善也。

總計天下便於折色者，舟車不通之處而已。其餘皆便於本色，而不便於折色。即有時偶便於折色，而終不便於折色。謀國者奈何不五善是圖，而狃於一切之法，病天下乎？

—2. 皇朝經世文編　卷二九　户政四　賦役一

制錢議

錢法有二：曰鑄，曰行。鑄錢之法，不惜銅，不愛工，古人言之，今人固無以易之。行錢之法，則惟曰錢糧納錢，此古人所不待言而不言，今人屢言之而未能行之者也。古者賦出於田，曰糧。其折徵而納以銅錢，故謂之錢糧。錢糧納錢，其來已久，有不必見之於議論者。

自明季以來，錢糧課程盡數納銀，不納錢，錢於是鑄而不行。故順治中，有錢糧納錢之議，有銀七錢三之令。如是則錢可以行矣，而錢卒不行，何也？錢三准存留，不准起運，則錢糧終不納錢也。銀七錢三，非不載在編册，以示必行。然皆紙上空文，未見有實在納錢者，從好不從令也。是故錢之行，必自錢糧始；錢糧納錢，必自起運始。竊謂起運錢糧，除金花外，可盡數納錢，即不然，而或銀三錢七，或中半銀錢，皆以起運爲率。起運納錢，則有司不得不納錢；有司納錢，則民自樂輸錢；小民輸錢，則民間錢價自平，而流泉之勢有不可禦者矣。

夫起運納錢，自有多廢腳價之病，而至於流泉莫禦，其爲利不更多乎？天下之本貨二，曰布帛，曰菽粟，民實生之。天下之權貨一，曰錢，君實制之。布帛、菽粟，不便於往來貿易，故製錢如流泉，通濟天下。錢之爲物，寒不可衣，飢不可食，但製之上，陽以大一統之名號，陰以操天下之重輕，故曰權也。至於珠玉、金銀，或以爲玩好之藏，或以爲服器之飾，而非必不可少之物也。今不以錢爲通寶，而以銀爲通寶，豈以其更便於持賫而行遠耶？不知銀之爲物，民不能生之，君不能制之，徒使豪猾得以擅其奸，貪墨得以營其私，利權倒持，非國之福也。

—2. 皇朝經世文編　卷五三　户政二八　錢幣下

銓　法

方今銓政，當講求畫一，以定一代之制，當隨宜變通，以收得人之效，何也？凡國家數世而後，貴於遵守而不貴於紛更。今雖守實創，正講求畫一之時也。凡開闢草昧之初，利用一切之法以整齊天下，而未暇揆其至當。今雖創亦守，正權宜通變之時也。嘗閱邸報，於銓政中大小節目，或屢更而著爲例，或采臺諫議而斷自宸衷。如寄憑候選，順治來屢變不一。今定例投供點卯，以免參差，又憫候選之苦。一議截留，再議截半，所以重官守而體人情。舊例三途而外，惟生員得陞正印，今更定吏員准貢監例，俱陞正印，所以破資格而求異能。舊例選期錯出，今更定雙月授補，單月推陞，所以絶那移而專視聽，六部互陞，官如傳舍，今更定司屬於本部内陞轉，所以習職掌而責成功。至於停薦劾，停考選，停大計，皆所以静奔競而期實效，詳慎如此，復何議哉？然亦有見於廷議而未行者，愚請得而申之。

一曰科道之改授宜酌也。科道職司言路，必使品行卓犖，揚歷時務者居之。舊例行取考選，出自睿裁。今惟論俸，以道府之郎中挨補，非設官本意，應如臺臣趙玉堂、張所志疏内事理，或仍行取推知考選，推知所陞之中行評博改授，庶爲得體。

一曰内院中書之初授宜慎也。内院中書係貢監、生員加授職銜，舊例不以别衙門升用，今定得陞主事府同知，與推知所陞之中書科中書無别。夫撰文典籍，誠爲近侍積勤，所當優擢。然既優其擢，當慎其選。合無如臺臣高而明、吴愈聖疏内事理，或與中行評博一體推授，或由推知陞補，庶得其平。

一曰外吏宜久任也。六部久任，乃可責成本部陞轉，已經允行。而有司膺民社之責，猶席不暇煖，即長才安所見乎？宜取江撫韓世琦所請留任三年之説，酌而行之，奏最必多也。

一曰州縣宜更調也。地方之難易不同，材力之長短迴别。用違其材則兩受其弊，人地兩宜則並奏其效。各省督撫郎廷佐等紛紛入告，不約而同，宜酌而從之，成效必速也。而愚則更有説焉。掣簽之例起於萬曆末年，當時有簽部之譏。今乃以掣簽爲典要，非特初授掣簽，候補亦掣簽，推陞亦掣簽，堂司監掣，科道監掣，凡以遠嫌疑，告無罪而已。嗟乎，朝廷所賴於冢宰者，謂其能遠嫌疑告無罪已乎？冢宰之職，惟遠嫌疑告無罪，遂爲勝任而愉快乎？爲官擇人，其誰之職乎？豈知人本不可學，而冥行聽數，亦有得半者乎？無已。請於地類，其衝者、僻者，於人類，其傑者、庸者，分而掣之，可乎？簽補、簽陞亦於事酌其大小緩急，類而掣之，可乎？語云：國爾忘家，公爾忘私。當此講求詳慎之時，任事者果不以私家爲念，則嫌疑不必避，而惟以人事君之是圖，上亦稍寬其文法，而一代之制可定，得人之效可睹矣。

—2. 皇朝經世文編　卷一七　吏政三　銓選

侯方域（1618—1655）

字朝宗，河南商丘人。明末諸生，順治八年（1651）副貢生，以古文名世。有《壯悔堂文集》《四憶堂詩集》。

萬孝子割股議

有言萬孝子割股，愈其母之疾者，或曰當事是宜請於上旌而表之，或曰否，著在《會典》。余竊以人子至性純篤，世不常有。顧格於禁例，無以推駁極論，裨益仁人孝子之化，不可以不辨。

按全州孝子唐儼割其右臂肉啖父事，與此相類。姚太史淶論曰：昔鄠人之對，謂毀傷滅絶，蠹政妨義，不可以訓後世，守其說不變。夫身體髮膚不敢毀傷，聖人之訓也。但用非其所，雖拔一毛，猶懼其毀且傷也。如出於至誠，發以忠孝，則肝腦可塗，腰領可斷，而况於一股哉！昌黎又謂：陷於危難，固其忠孝，以是而死者，然後旌勸加焉。夫所謂危難者，禦患復讎類也。今視其親之疾痛瘡痍，而大不忍之心生焉，其情獨可緩哉。無可奈何，而甘於自殘，以求其親之生，聽其所爲可也。且自殘其肌膚，其勢瀕於死矣。是必篤於義烈，而非世之詭與激者所能襲也。以斯人而使固於忠孝，彼焉有不蹈者乎？今不推其情，而且以毀傷爲非，則韓子持論之過也。

昔者周公以身祈武王也，兄弟、君臣之間，苟可以延武王之命，死且爲之，而况其餘乎？信如周公之願而死也，則滅絶其身，不特毀傷之慘而已，將以絶滅之罪加之乎？吾固知其不可也。推此義也，則人子如唐生者，君子所許也，孰謂其過哉。嗚乎！姚氏之論至矣。

孝於其親，古之所謂至德要道也。世衰道微，上之人不復激揚名教，而天下誦詩讀書之人，其平居既不能致身力養，少少自盡，及一旦危險有事，則又雍容澹漠，引文飾義，視等行路，類藉口以爲中道宜耳，賢者不敢過其間。有奮不一顧以赴其君親者，反以爲詭且激，切切然議之。天顯烏自而惇，民彝烏自而正哉。夫世之切切然議之者以其詭且激也。今有人於此，誠能詭且激焉，而勉爲一善，其明日又復爲之，又明日又復爲之，漸漬而爲之不止，則是終日而且皆善也。終日而皆善，又安問其詭與不詭，激與不激哉？抑忘其身以事君，竭其力以事親，而必謂之詭且激，則世之誦詩讀書之人所謂誠然而安然者，果何爲也？嗚呼！余是以賢萬孝子。

或曰：孝子父爲宿將，行兵有紀律，不妄殺掠，是其全人父子骨肉者多矣，固宜有令嗣。然則，孝子生長戎馬之間，未嘗有所觀習，顧以至性純篤，反衰俗而振古行，非偶然也。當事雖爲請於上，旌而表之可也。

—1. 切問齋文鈔　卷九　教家一

額吏胥

今天下吏胥之横，何其甚也！雖少猶當有以額之，而况其多乎？夫以吾君、吾相朝夕所講求之法，日夜所撫循之民，厲精而施之，跂予而望其治，乃一旦蠹且壞焉於群吏胥之手。朝廷之上大聲疾呼，三令五申，遂熟視而無如之何。此其故何也？違令之誅不嚴，而容匿之藪不破也。蘇軾曰："天下之人，有甘於自棄、爲惡甚毒而不可解者，吏胥之謂也。"古之馭吏胥也，必有選而任之之道，所謂掾屬者是已。學而後入，材而後試，其賢能略與其官長等，非鄉里所舉者，則不得當也。故其途不雜，其數不可多設，其人亦自愛惜，勉厲於功名之路，有士君子之風。今則不然，奸猾者爲之，無賴者爲之，犯罪之人爲之，搢紳豪强之僕、逃叛之奴爲之，吏胥之子孫相沿襲，親若友相援引者更迭爲之。凡若此者，豈復有毫末之餘地哉？是以雞鳴而起，孳孳爲不善，不擇人而食，不擇科而犯，以是爲應然也。

嗚呼！吏胥之固結也久矣。爲之官長者，精明强固者少，闒茸啗利者衆。初聞其害亦未嘗不驚且怒，既而玩焉，以爲是固吾之左右也，浸假而備顧問，浸假而寄腹心、託爪牙，藉以營其私囊。夫且四顧躊躇，以爲吾非吏胥，誰與爲理？是一郡嘗有數守，一縣嘗有數令也。既已有吏胥矣，而吏胥又各有貳有副，或一人而兩役，或一役而數名，莫不親近其官長，而以招摇於鄉里，曰："我，吏胥也。"縣有吏胥焉，郡有吏胥焉，郡縣之佐貳有吏胥焉，其郡縣之人，又有叢蔽於諸道而爲吏胥者焉，縱横巡按之署、盤踞督撫之衙而爲吏胥者焉。

嗚呼！天下之官冗，而吏胥日以夥，每縣殆不止千人矣。以三百計，是一城社之中，而有三百狐與鼠；一郊原之中，而有三百虎與狼也。其灾焰之所及者，或代之役、代之税，或無故而魚肉，有事而勾攝，疾首痛心者幾何人？吞聲飲泣者幾何家？是吏胥一而受其害者且百也。今天下大縣以千數，縣吏胥三百，是千縣則三十萬也。一吏胥而病百人，三十萬吏胥是病三千萬人也。天下幸無盗賊之擾，水旱之灾，謐寧無事，而日有三千萬人不得其所吁，亦大可爲寒心也哉。此皆無以額之之過也。近者數有裁革之詔，亦稍稍奉行之，然今日汰而明日復矣。巡按之署撤，而督撫取而用之矣。吏胥之有罪者，縣發覺之則入於府，府發覺則入於道，道發覺之則入於院，至於院而人不敢復問向之所爲。府者、縣者轉而與之抗禮，道者降而接之以温顔。是其不可向邇之勢，始猶處於降殺之間，而其後乃反驅之於積重之地。彼大吏之不賢者無論，其賢者持己有節，而御下無術，吏胥乘其峻刻之風，威猛之性，以市其重權，而取民間之財，顧有倍蓰於往昔者矣。

嗚呼！從來天下之亂，固氣運爲之，有洪水之害，有猛獸之害，有暴君之害。豈今之氣運在吏胥耶？夫以朝廷之尊，立意欲革一事，去一人，易置大將，如呼小兒，罷遣卿相，朝下而夕出國門。獨於吏胥之至微賤，額而限之，易若舉手，乃若泰山之不可拔，决水之不可禦。天下之患，未有壅蔽因循、怠廢不舉至於此極者。此其故何也？不悉其不額之弊與必額之之法，雖欲額之而不可得也。不額之弊在官不在吏，必額之法亦在官不在吏。不額之弊有三，而額之法惟一。官之不能而畏事者，以爲吏胥之多非自吾始也，吾姑仍之，且觀望其他者之未盡汰焉。交相觀望，而吏胥卒以自若。此其弊一也。月而閲其簿，朔望而稽其名，奉令而裁之，榜而示之，陽以虚文塞責，而陰挾其金錢，還之以故物。此其弊二也。去者去矣，而留者未去。彼此營護而以浸潤其官長。三窟之兔，百足之蟲，必濟其黨與之私而後已。此其弊三也。

夫朝廷而不知吏胥之弊也。倘其知之，而下之令曰"是皆有額。踰三人者其官謫，踰五人者其官削，踰十人者其官殺無赦"，彼吏胥之爲惡而不顧其死者固有之矣，亦有官代其吏死者乎?《周書》曰:“刑罰世輕世重。”當其積弊,非重法無以制之。夫殺一人焉,而舉天下三千萬人咸受其福。雖堯舜用心,不過如此,而豈其爲商、韓之峻也哉?

—2. 皇朝經世文編 卷二四 吏政一〇 吏胥

黄六鴻（生卒年不詳）

字正卿，號思齋，江西新昌人。順治八年（1651）舉人，歷任山東郯城、東光知縣，後調爲京官，官至工科給事中。有《福惠全書》。

論驛政

夫驛傳之設，有衝有僻。衝則謂之驛站，所以供皇華之使臣、朝貢之方國與賫奏之員役也。僻則謂之里甲馬，僅以供本州邑之馳遞，故又謂之遞馬。遞馬之設，不過數匹；驛站每州邑或再設，甚衝或三設，每站額馬六十、七十不等。其廩糧工料，存留項下支銷，而歲終隨地丁奏報焉。驛傳所經，各有分省，南北所指，各有分途，違者有罰。驛有州縣兼理，或設丞專司，差使失誤，馬匹羸缺，有糾。其爲差也，有欽命公幹之大臣，有朝貢之藩使，有入覲莅任之督撫、提鎮及巡鹺監税之部院臺卿，是謂大差；有奉命星馳，急檄飛遞，尅限以赴者，是謂緊差；有承舍賫奏本章，佐僚代捧慶賀、大計表册，是謂小差；憫勞恤死，許給郵騎，是謂散差。官則給以勘合，役則給以火牌。勘合之廩給按員，火牌之口糧按分，而水驛之船隻、陸驛之夫馬，則遵照部填。其爲驛役也，有官坐，有緊差、小差、散差包馬之不一。其爲驛役也，有總理，有兵房，有馬牌、牧馬夫、背包、送差、打探、醫獸之各執事。至於額外之差，有上司之紙牌，有鄰封之協濟；額外之累，有過差之越站；額外之苦，有馬匹之多索，各項之苛求，辱官毆吏，索撻馬夫之肆横。在昔三藩未撤，海疆多事，差使繁多，往來絡繹，員役狠如狼虎，拷詐慘同盜賊。鴻伏查山東東路驛站，復設自順治戊戌之間，舊額止有夫馬工料，並無買馬糧僉，鴻因具疲驛、昔僻今衝等事一詳，通申各憲，蒙撫軍張公咨請大部，始照西中諸路，自齊河、禹城而南凡十三站，每站撥銀七百餘兩，以爲買馬糧僉，自是東路之驛累稍紓。甲寅滇黔變後，軍書旁午，奉有多索驛馬一匹者，許驛官徑申大部，即將該差員革職之旨，於是紙牌亦遂永絶，從前之需索擾害，一旦盡除。近日督撫、提鎮所令火牌，仰體聖主軫恤郵傳至意，多繳而不用。即奉差諸重臣，每自備馬匹，而沿途驛站，杳若無聞。以今視昔，曾何異於出湯火而登諸衽席之安哉？故天下諸驛差使稀少，夫馬獲以休息。使司驛務者，誠能管理之得人，喂養之有法，購補之無缺，而又親勤查閱，使無怠忽侵蝕之弊，則雖極處衝繁，亦可等於里甲之優游矣。

驛務之興廢，係乎總理之人。總理得其人，則驛務興，不得其人，則驛務廢。噫！夫此一人也，則斤斤乎其難哉？其爲人也，於本官休戚相關，諸事不欺。一則錢糧出納、工料用費，無絲毫染指扣尅。一則兵書、馬牌等，不與通同作弊及受賄徇私。一則草料喂養，勤行察勘。一則支銷用度，賬目分明。一則應差馬匹，酌量分撥得宜，而勞逸適均。一則看待驛中馬夫等，寬嚴並用，情法兼施，使其群相悦服。一則行止老成，專意辦公，而不交接浮澆，賭娼酗飲。數者具備，而後可與言總理也。噫！此一人也，蓋斤斤乎難哉！雖然，十室之邑，必有忠信，匹夫之賤，亦有密友，豈百里之宰，而遂無其人乎？或親族子弟，同鄉至戚，與生平好友，雖在任去官，而情誼不即相離者，若審度其人，確乎可任，則宜推心置腹，而厚其廩俸，俾無内顧，足以養廉，則稍有良心者，又何忍負此重託，而不竭盡其忠哉。或曰：如前所云云，恐戚友亦難其選也，奈何？余曰：料理無術，毋寧貪；通同作弊，毋寧自欺。貪不過私吾財，料理無術則諸務不振，所損實多。自欺不過朦蔽本官，通同作弊則各役無忌，立致疲殘，而驛非其驛矣。

—2. 皇朝經世文編　卷七三　兵政四　馬政

問擬餘論

凡擬人之罪，最貴原情。事有關於綱常名教，或强盗叛逆，爲法之所不容貸者，是其犯罪本情原與人以無可貸，而我因而入之，則彼雖遭顯殛，於我可無憾也。如婦人與人通奸，謀死親夫，通奸既有罪矣，又因奸而謀死其夫，擬以極刑，非云過也。若夫因貧故，令妻與人接，以利其財，及後或生嫌妬，禁革往來，而妻已情蕩難禁，遂萌謀殺之心，以圖永好，則前此縱之者，果誰爲乎？謀殺之端，適所自取，若妻依本律，何以處瞞夫奸殺之婦乎？如殺人者死，固無可議矣。如孝子爲親報仇，或報之數日之間，或報之數年之後，雖久暫有間，必其事勢有不可卒圖者，故寧隱忍而須之，處心積慮，良亦苦矣。在孝子原無求生之心，若律以平人無擅殺之條，則伊父亦無應死之法，殺仇正所以償之耳。而又併死其子，則是父之仇，終不必報耶？此事關綱常倫紀，而情有可原者也。又如强盗行劫，不分得財與未得財皆斬，亦律之無可議矣。然有貧民爲飢寒所迫，鄉愚爲匪類所引，計所得之贓，不過數衣數金，而遽令駢頸就戮，不亦慘乎？又如僻遠州縣，偶有一二狂徒，惑誘愚民，始而誆騙錢財，繼則剽劫鄉村，有司捕獲渠魁，餘黨自散，嚴飭地方倍加巡警可也。若輒以反寇申報，發兵剿洗，不惟百姓受其騷擾，無辜受其株連，即此輩之同就獮薙者，豈真有狐鳴篝火之罪乎？此又事涉强盗叛逆而情有可原者也。諸如此類，指不勝屈。

《書》云："罪疑惟輕，功疑惟重。"又云："與其殺不辜，寧失不經。"要皆從聖賢不忍人之心，每事作出人罪之想，苟有一線可寬，即從此處引而生之。若謂彼自所犯，於我何與？或據獄以讞，何能求寬？是則人在焚溺，號呼望救，而我方立而視其死，諒非仁人君子所忍出也。若詞奉上批，或承審欽件，但我認理既真，比擬確當，不妨具由詳請。上或再駁，仍照原擬，竝附以稟函，備言所以宜寬之情，與仰體上臺慎獄好生之意，似亦同具惻隱者所樂聞。即或不從，仍應字句包含，爲將來矜疑之地，不可因而拂意，遂竟改讞，致負造浮圖初念耳。

—2. 皇朝經世文編　卷九一　刑政二　律例上

施閏章（1618—1683）

字尚白，號愚山、蠖齋，江南宣城（今安徽宣城市宣州區）人。順治六年（1649）進士，歷官刑部主事、湖西道等，舉康熙十八年（1679）博學鴻儒，改翰林院侍講。有《施愚山先生文集》《學餘堂文集》《蠖齋詩話》等。

安福修學記

天下之盛衰，人才之得失，皆視其學之興廢。兵革未息，則不暇治學。及其既平，吏困於簿書，士窮於衣食，淹月纍歲，卒以無成。故非强幹有爲者不爲功。新野進士焦君榮，治安福之三年，承水旱之後，逋負相接，漕艘之營作，屯卒之勾補，兵艦之驛騷，山民之獷悍，事頻節促，不遑宵晝。於此而從事學宫，進諸生，治俎豆，吾見其才行之去人遠矣。雖然，古者有學無廟，群師弟子日習其中，而因祭菜以明敬也。後世有廟無學，置博士之長，僅司俎豆，而弟子不與居也。然則學雖具而闃無人焉，以滋茂艸，猶無學也。名隸而實背，途一而趨歧。雖委粟於地，以飽窶士，猶無學也。夫學者求諸聖人之道，而以之育才，則才出，以之蒞事，則事治者也。漢人多尚經學，服官斷獄之事，無一不出於經。今人首尚制舉業，而以其餘力治經。父師之所傳，子弟之所習，《詩》、《易》、《春秋》之指，甚且稍謬於聖人，非惟無學，亦無經也。又或自以爲經，而不知何者爲學也。由斯以觀，聖人之經，果何益於今之世哉？安福於吉爲中縣，士淳而材茂，舊多君子。明正嘉間以理學稱者，鄒公守益最著，次則劉公陽及文敏、邦采諸公，皆反身切理，深入而自得，故一時從之者甚衆。其後學者之患，或離經史，侈空談。於是劉公陽嘗極論之，以爲世儒道堯舜之孝弟，而鄉黨無稱；小温公之誠實，而然諾不踐；深言幽獨，而無忌於可指可視；高言著察，乃未及乎行之習之。吾讀其言，未嘗不撫卷嘆息，深吾道之憂也。居今之世，志聖人之道，雖鑿巖而處，負經而鋤，居孑孑，行踽踽，苟其氣專而力深，吾知其必有獲也，况士淳材茂，聚族於學，而弦誦飲食其中者乎！工有肆，農有畔，士有學，各其所也，亦各其業也。由其塗者衆而收效者寡，則吾所不敢信也。

—2. 皇朝經世文編　卷一　學術一　原學

魏際瑞（1620—1677）

原名祥，字善伯，號伯子，江西寧都（今屬贛州）人。崇禎九年（1636）諸生，有《魏伯子文集》。

雜 説

或有問於東方生曰："子游於大人無所求，重於州里有司無所關説，於財無所取，於人無所貸，不亦廉乎？子之事物皆有籍，子之圖書，記其目於卷之首與册之足者，必辨且詳，而子之立事也必預，不亦勤乎？食無兼味，寸紙不棄，不亦儉乎？施贈不遺，財物無所長，不亦慨然乎？所爲不擇吉，所向不避忌，小禮不拘，小嫌不介，不亦達乎？受寄不通其物，受諾不顧其餘，不亦貞乎？親者不諱其惡，讎者不諱其善，不亦直乎？小人諛之而不喜，君子責之而不怒，不亦公乎？己不欲而勿施諸人，不亦恕乎？童子、俗人，與爲戲謔，正人君子，與爲恭敬，不亦無方而有執乎？卧而持書，行而執卷，不亦好學乎？於事不求其備，於物不求其完，不亦知足乎？聞斯行之，不亦果乎？行而必遂，不亦才乎？學之而輒得，不亦多能乎？不畏强圉，不亦剛乎？不侮鰥寡老弱，不亦仁乎？不憂不患，不計不營，不亦樂乎？子何爲而至於斯也？"東方生曰："噫嘻！人莫苦於不自知而樂於自欺。是以欺世而盜名者，久假而不知其非也。吾之無所求，無所關説，爲不能忍辱也。無所取爲無可以取也。無所貸者，無所以爲償也。新而貸焉，吾懼人之怪其驟也；故而貸焉，吾懼人之疑其不償也。遇物而不能不目靡，臨財而不能不心動，吾以知吾貪也。事物有籍，爲善忘也。記卷首與册足，畏其煩於簡取也。事必預，不耐於臨事思也，吾是以知吾惰也。儉者，嗇於財也，吾知吾非好儉。贈施者不得已也，吾知吾非能慨然也。不擇吉、不避忌，爲有妨於作也。不拘小禮，不介小嫌，吾知吾躁而不屑，吾知吾非達也。不通物，不顧其餘，生而硜硜，非貞也。不諱惡，不諱善，性而行行，非直也。小人諛之而不喜，不能容也，君子責之而不怒，不能奮也，吾知吾非公也。不欲勿施諸人，姑息也。童子、俗人，與爲戲謔，簡也。正人君子，與爲恭敬，愧也。吾知吾非恕，非無方而有執也。卧而持書，行而執卷，吾知吾非好學也，不能静也。不求完備，吾非能知足也，懼灾禍也。聞斯行之，躁也；行而必遂，倖也，知不遂者不行，吾知非吾才也。學而輒得，吾知吾不能專且久也。不畏强圉，吾知吾匹夫之勇也。不侮鰥寡老弱，吾知吾婦人之仁也。不憂不患，不計不營，憚思也，吾非能樂天知命而泰然不動也。人莫難於自知，又莫易於自知，吾所能者，吾自知而已矣。"魏子曰："東方生其不自欺矣乎！人之疑我，是不可欺也；人之信我，是愈不可欺也。人不可欺，故欺人者曰自欺而已矣。"

魏子客於范公，楚人之爲客者詰於魏子曰："聞子有言於公，而公莫不聽也。信乎？"曰："信。"曰："然則，何以不我聽也？"曰："范公之必聽者，兩無兩有；其必不聽者，亦兩無兩有。無私無求，有情有理，非獨吾言之聽，行道之人言之而亦莫不聽也。有私有求，無情無理，非獨人言之而不聽，公即自言而亦莫肯自聽也。夫本乎兩無兩有之必聽者以爲言，雖非范公，安得而不聽之？"於是楚人嗒然而若失。

善謊必假於真，善諛必假於静，善貪必假於廉，善深必假於淺。爲文以艱深文淺陋者，爲人且以淺陋文艱深也。

積勞可以當病，積懼可以當灾。能常病者無卒死，能受挫者無終敗。

有獨至之情者，雖於凡物無情，皆可謂之有情。無獨至之情者，即於凡物有情，總可謂之無情。天下無不近情之君子，天下無不溺情之小人。太近情者不能入道，不近情者不能得道。

油枯，出於油而去油；蔗餳，出於蔗而解蔗。烏毒之地，牧靡乃多；蝮蛇所生，鴆鳥乃出。《詩》云："伐柯伐柯，其則不遠。"恩以多而怨作，樂以極而悲生。蓋日月往來之理，寒暑推移之序也。故遠怨者薄責人而自厚，君子之治天下，後共樂而先憂。

水不清者，其調物也不鮮。質不素者，其設色也不妍。平淡乃絢爛之極，寂然爲大智之原。尺蠖之屈，以求伸也；鷙鳥未擊，不能勝其身也。礪鑑者至昏治至明，濯灰者至污治至清。君子於此觀萬物之情焉。

不經疾病，不知健時之康也；不歷患難，不知平時之福也。不跋涉泥淖，不知除道者之功也；不阻絶津梁，不知濟航者之德也。不設身處地，不知人之有不得已也；不知人論世，不知事之有不得不然也。不臨文受窘，不知平日學問之優悠也；不臨窮遇報，不知隨事種德之利益也。圖維屢有不足，而後知養我者之恩；思索屢有不通，而後知教我者之德也。憂讒而後不敢輕乎毁，被痛而後不敢輕於刑也。見佻巧者之可鄙，而後知大雅之可貴。聽滑稽者之易厭，而後知體要之有味也。不親其事，不知任者之憂勞；不監其工，不知造者之煩苦也。不臨期遇變，不知固執之難憑；不力竭無計，不知責備之難盡也。我憚於改過，當知責人之貴輕；我疾惡太嚴，當知責己之貴重也。我受誣而仍有不白，當毋以事棄人；我受德而多所不覺，當無以理責報也。故曰："人恒過，然後能改。"禍福相依，疑悟相長。豈不誠哉？

人於極喜極怒之言，多不由本心。故君子不恃人之喜，不藏人之怒。

不强人，便是恕；不自恕，便是强。此之謂强恕也。以理傅欲，如虎傅翼，慎之哉？

心有拘束，則反安舒。常懷不足則有餘。

常自謂性直必粗躁，暴戾之氣未除也。自謂性樸必鄙野，苟且之氣未除也。自謂不好事必怠惰，惛散之氣未除也。自謂守理必執拗，矯僻之氣未除也。人性各有一弊，而皆取其似美者以自慰，此之謂自欺。

待至誠之人當以至誠，待譎詐之人猶當以至誠。蓋譎詐之人，病在不誠。若以爲其人未可誠動，偶參譎詐，則彼必愈增其技以加我，我又加之，是不惟不得動彼以誠，並且陷我於詐也。而曰人之多詐，豈不謬哉。

納諫進言，在己有愛莫助之之誠。將以如不得已之意，然後我之本心可以無罪悔也。

穆伯之喪，敬姜晝哭；文伯之喪，晝夜哭。哭夫以禮，哭子以情也。舜不疑象，武王、周公不疑管蔡。丹朱啓明，堯以爲嚚訟，不與天下。待兄弟以親愛，待子以義方也。夫婦多私昵，故君子節之以禮；兄弟易疏忌，故聖人純之乎仁。世俗反之。

水無不清，停之斯驗矣。民無不良，良有司治之斯驗矣。

善人不幸，人咸歸罪於天，以爲無知，是天且因善人而得罪矣。爲善之權，顧不重哉？

上世變中古，中古變叔季，而叔季不得不反乎太初。小惡畏大惡，大惡畏極惡，而極惡不能不制於大善。

人責我所有而不改，責我所無而不勉，不可以爲君子。人稱我所無而不愧，稱我所反而不怒，斷斷乎其爲小人矣。

理皆正也，偏而著之則成邪；物皆純也，淆而亂之則成雜。邪與雜匪他，即正與純之偏著、淆亂者是也。然則，君子豈敢恃曰吾純吾正也哉？

事理物情，必極之於至盡，反有空隙，惟有餘不盡爲無隙。蓋至盡則無餘，無餘則有隙。有餘不盡，則有餘者既無欲盡之意，不盡者其地反得有餘。有餘故無隙也。

—2. 皇朝經世文編　卷三　學術三　法語

李　蕃（1621—1694）

字錫徵，號懶庵，四川通江（今屬巴中）人。順治十四年（1657）舉人，官黄縣知縣。有《雪鴻堂文集》。

旱魃辨

黄民遇旱，則以里中新喪爲魃，劫而誅之，惡俗也。予治之次年辛亥，大旱。予爲此辨以曉之，此風遂熄云。

嗟爾民，旱甚矣，非魃不至此，我急欲誅之，以紓爾憂，然以新喪當之則不可。《詩》曰："旱魃爲虐。"經無明注，及考他書，兆天下之旱者二，旱一國者亦二，而兆一邑之旱者四，新喪不與焉。其狀如狐而有翼，音如鴻，而名獙獙者，姑逢山中有之。石膏水中，似鱣而一目，音如鷗者，女巫山中有之。見則天下旱者也。其旱一國者，若南方之似人而目生頂上，行如飛者，一首兩身，似蛇，而名肥遺，生於渾夕山者是也。其狀如鴞，而赤足直喙，音如鵠，而黄文白首，人面龍身者，在鐘山之東也。有鳥焉，似鴞而人面，蜼身而犬尾，在崦嵫山也。西望幽都，有音如牛，是錞於母逢山之大蛇也。有如蛇而四翼，其音如磬，是鮮山之下，鮮水之鳴蛇也。如是者旱一邑。此皆出《神異經》及東、西、南、北、中諸《山經》，非予之臆説也。爾民往察之，有一於此，任爾率比閭族黨往誅之，無赦。其或仍謂新喪爲魃者，是亂民也，惡風也，予將執國法以誅之，亦無赦。

—2. 皇朝經世文編　卷四五　户政二〇　荒政五

姚文然（？—1678）

字若侯，號龍懷，江南桐城（今屬安徽安慶）人。崇禎十六年（1643）進士，官至刑部尚書，謚端恪。有《姚端恪公詩文集》。

丈册末議

丈量之册有二，一曰魚鱗册，一曰簡明總括册。魚鱗册者，以户從田，細列邱段畝步；簡明總括册者，以田歸户，詳書清丈總數。此丈量造册之大概也。今簡明總括册已經備造申解矣，至於魚鱗册之造解藩司，則愚竊有末議焉。蓋東南地勢險狹，與西北地勢平衍廣闊者不同。東南狹隘峻峭，山岡之田多，平阪之田少，平田畝雖多而邱數少，山田畝雖少而邱數多，此一定之勢也，故造魚鱗之煩難較之西北爲甚。即以桐邑計之，計折實一畝田大者，或一二邱，或三四邱，小者或八九邱至十餘邱，酌中約算，每折實一畝爲田五六邱不等。而桐邑田畝三十九萬有奇，計邱近二百萬。魚鱗册式一葉寫田八邱，計册一本，用紙近二十餘萬，計册一葉，紙札、刷印、筆墨，倩募抄寫、磨算，約費需銀一分有奇，約造册一本，民間所費已二千餘兩。而彙解藩司，紙札浩繁，卷帙重大，途次水陸解扛之費，又復不貲。一邑如此，則一府之費可知矣，通省之費更可知矣。然此猶爲一無差訛而言也。若有萬一差訛，必致駁改，文移往復，動以月計，勢必遷延，更非旦夕可以清結也。且申解魚鱗册於藩司者，不過以爲便於稽查，及爲遣官抽丈張本而已。自愚觀之，則徒爲具文，無裨實用。何也？魚鱗册中之邱段細數雖解藩司，而田土之坐落地皮仍遠隔在各府縣，即有情弊，必須抽丈方明，紙上何從查核？至於抽丈之時，勢必按臨各縣，即取各縣貯庫清丈魚鱗册，按圖履畝，方便查勘，萬無將申解藩司之魚鱗册輦載轉發各府、州、縣以憑抽丈之理。似此，則鱗册解司，既無益於稽查，又無關於抽丈。倘得免其造解藩司，但須嚴檄各縣將現在丈量交縣魚鱗清册一本，用印存縣貯庫，以備不時抽丈，則邱段之細數存縣，田畝之總數申上。存縣者積步分明，抽丈一目了然，申上者直截簡要，民間可省勞費。即以桐邑一縣計之，已省二千餘金，則一府之省可知矣，通省之省更可知矣。愚又竊查科疏止云清丈共熟好地若干頃，言共則不過清丈總數而已。部覆止云嚴敕各撫嚴查田地之荒熟，備造清册。夫言造荒熟清册，則非造魚鱗清册可知，是今所現造簡明總括册，正與部科原疏相符。再查安撫部院牌行藩司内，載江西撫院回咨云止造總括册達部，言“總”則不及撒數，言“括”則不及細數。是江西總括册可以達部，則江南亦可援例矣。似此則簡明總括册上有部科原疏可考，近有江西成例可援。其魚鱗册止存縣庫以備抽丈，免行解司以省煩費，公私兩便，萬姓沾恩矣。

草野冒昧，未知當否？一得之愚，聊備采擇。謹議。

——1. 切問齋文鈔　卷一五　財賦一

又與蔡總漕書

前廬府關稱，廬六二衛運丁行月二糧，本折均徵，將敝府舊解廬州麥折銀，每三錢改米一石解廬，此係通行事例，不獨敝府也。弟愚見以爲，本折均半，部咨已定，自當遵行，但或有通融之法，於近地徵米、遠地徵銀，既不失均半之成規，而可省遠道之腳費。又或本地有存貯米，及應解别府米，酌量就本地撥給。如敝府運丁行月糧原編徽、寧等處，今一半本色即於本府萬億倉支給，不足者題於本府應解布政司南米内撥補，此見行之例，可倣也。況近地徵米，則行月二糧即時隨漕起運，不致有悮兑期。遠地徵銀，則編折二錢，原係春夏開徵，亦可先時起解。其於漕事，實爲兩便。若遠地徵米，則以安慶一府論之，協濟别府之米必在本府漕兑之後，即令星夜起解，已自後時。陸路有盤腳之艱，水路則有風水之阻，非惟勞民，亦且誤漕。故漕運議單載嘉靖年間運軍行糧，派别處兑運者，因徵收不齊，每石折銀四五錢不等，其明徵也。至於運米别府，繁費不貲，即如敝府解南米往江寧等處一事觀之可見矣。但運江寧猶係水運，解廬、鳳則係陸運，爲費較巨。查之《會典》，原有陸運改折之例，今廬州既已關至，鳳陽尚未文到，若解鳳麥米折色亦徵一半本色，則共銀九千五百兩，以三錢一石算之，敝府合解鳳米三萬一千六百六十六石矣。是敝府見年解鳳之米，與見年上漕之米數相同，而且多於敝府南米之一倍也，其苦累更有不可言矣。推之各府，其苦或亦皆然。此事知已經部定，但弟以托老公祖骨肉之愛，故敢便陳，倘有調劑之法，便爲老公祖萬世功德。惟是山林伏處，聞見不廣，止能竭其芻蕘，未知事勢可行與否耳？瑣瀆縷縷，知在原鑒。

—1. 切問齋文鈔　卷一七　財賦三

請定漕船年限疏

臣辦事垣中，見户、工二部會議漕船十年一造事，例請勅總漕會同督撫原限十年之外，再展幾年。酌議具題等因誠從爲國節省錢糧起見也，但運務關臣垣職掌，既有愚見，敢不直陳：

臣惟朝廷大計宜審輕重，每歲運漕米三百餘萬石以實京師，按丁給糧，沿途設牐，修治河道，所費甚鉅，不止造船一項。但以京師爲天下根本，漕米關軍民性命，故不吝重費而行之，豈不欲節省哉？運事船爲最重，查明初漕規，有五年一造者，有七年一造者，後酌定十年一造，已爲節省矣。興朝歷年因之，未有更改。今又議展限，不知年限愈遠，則見運舊船愈敝，釘膠易解，遇風浪而漂壞必多，且額造新船愈少，灑帶益重，入水深而閣淺愈滯，有悮漕糧。其未便者一也。又部議稱漕船十年有餘，豈無可用，因請展限，所慮誠是也。但漕船與江船不同，過牐趕幫，拽淺守凍，回空一遲，修艌不及，又趲新運，多有不及十年而損壞者，節經題報可查。既滿十年，約往返六七萬里，即有未壞者，不過百之一二，豈可因此將通漕船一概展限耶！若不論年限之滿與未滿，止論船之壞與不壞，則未及十年有早壞者，將免其按年數追賠之定罰乎？竊恐後此造船者不肯選料，修船者不肯加工，運船者不肯愛惜，聽其速壞速造而已。初意本在節省，久之反費錢糧，其不便者又一也。

臣思維再三，節省錢糧不必在漕船一項，且十年之内節省一次，所節幾何？今京通倉陳米除放滂糧外，積貯無多，又時過仲冬，回空阻滯，節經總漕臣屈盡美、江撫臣董衛國、浙鹽臣敖哈等題報，此時恤丁催船，尚恐有悮新漕，豈可議及造船展限之事哉？

儻臣言可采，仰祈宸斷，將漕船十年一造，仍照見行例行。倘慮官丁間有可用舊船冒領錢糧情弊，則康熙四年七月内已經户、工二部會議"補船及年應造"一疏内云：據總漕稱，十年改造之船，旗丁例應措辦貼備銀兩，孰肯將好船拆毁改造？但該督務須身親嚴查，委實不堪者方許改造。奉旨依議在案，應再請通行嚴飭可也。

—1. 切問齋文鈔　卷一七　財賦三

請禁采木擾累疏

臣聞安民之道在於省事而已。然有必不可省之事，則當就此一事之中，思其借事生端、苦累小民者而預禁之，則事行而民不擾，事畢而民不困。臣見近日工部題疏内，照《會典》開載於四川、湖廣、江西、浙江四省並新增江南一省，共五省，地方查采大楠木，以備大工之用，此所謂必不可省之事也。但臣向在田間風聞各省造船采木一事，除有司之賢者自然奉行無弊，其不肖官役有借事嚇詐之弊二，有假公行私之弊一，敬因采木而詳陳之：

一曰民間宅内之木原自不多，有不肖官役指稱封取，小民若采此木必須毁牆拆屋方可搬運，其費甚多，勢必用錢賄買求免。所謂借事嚇詐，此其一也。一曰民間墳墓之木，在地理風水之説以護墳之木爲最重，一有砍伐則震驚墳墓，子孫受殃。有等不肖官役訪知地方有富民墳墓在於某處，便出票行查有無木植。若用錢則免，不用錢則封記砍伐。小民因墳墓所關，只得費錢求免。所謂借事嚇詐，此又其一也。一曰不中式之木。蓋部中采木原有定式，木有一定名色，又徑幾丈尺，長幾丈尺，方爲合式。有不肖官役除將中式木植應行采運外，又將不中式之木借名多采，唤集民夫或自山中運至城邊，或自鄉村運至水次，或打造器具留入官衙，或打造船隻以獻上司。所謂假公行私，此其一也。

臣閲工部疏内云，需用大楠木則不采别樣木植明矣。又云該督撫查見有采就木植，或山中出産木植，則不采墳間、宅内之木又明矣。又云查長徑、尺寸、根數、需用錢糧確估報部，則長徑、尺寸不中式之木不行采取又明矣。但部中諮文與督撫牌票不過行於州縣而止，民間耳不得聞，目不得見，何由知某項木爲應采，某項木爲不應采乎？以致不肖官役及上司、差官、奸商、土棍借名生事，小民苦累無窮。臣請勅下各該督撫於所屬地方，一面嚴飭，一面體訪，倘有因采木而生事擾民，如前所言等弊者，特行題參；仍給發告示，遵照部文，備載民間宅内之木不采，墳間之木不采，不係楠木及長徑不合式者不采，並嚴飭州縣官照樣刊刻，務使城市、鄉村通行張掛曉諭，不許藏匿。如此則民間曉然，知某項木爲應采者，應公家之用，某項木爲不應采者，不至受官役之欺，雖有不肖官役欲借端嚇詐，假公行私，既畏上司之察訪，又慮民間之告發，其勢不可行，其弊亦自止矣。

—1. 切問齋文鈔　卷一八　財賦四

敬陳預備救荒疏

臣惟淮揚地方爲漕運咽喉，南北要地，與别處不同。屢年被灾，蒙皇上破格蠲賑，恩大而仁盡矣。然而水灾未退，復旱且蝗，米價較昔踴貴。臣聞人一日不再食則飢，而糧之爲物，近則生長於地，待成於時，遠則轉運於四方，未可以旦夕得也。故備荒不在於臨時而在於預畫。今淮揚本地之米既少，又聞湖廣、江西及上江等處亦多苦秋旱米貴。即臣郡安慶米價較之往年亦增數倍。計今年上流米艘到淮揚者較往年必少，此後米價亦必日貴，乃一定之理，必至之勢也。臣思備荒需糧，别無奇策，惟在相道路之遠近，就便轉輸，以通米糧之有無而已，近年浙撫臣范承謨行之已有成效。臣聞山東東府地方所産大小米麥、黄黑豆等項，舊日多自膠州等處舟運至淮安之廟灣口，沿海邊而行，風順二三日可達。商船往來，終年絡繹。自禁海以後糧食陳積應多，聞其斗較淮爲大，價較淮爲賤，若動官帑采買轉運，以備賑饑之用，則糴本省而得糧多，國帑不至甚虧，饑民可活多命，所格者片板不許下海之嚴禁耳。年來有言開禁者皆蒙嚴綸切責，臣何敢多言妄瀆？但臣思禁者，禁一切軍民人等私出海口者也。凡物民間不敢用，獨朝廷用之者，名曰“禁物”。今朝廷以備荒之故，用地方職官押官艘運官糧，出口船若干，入口照舊，亦船若干，往返有期，稽察甚易，間行數次，糧足則止。此豈可謂開海禁乎！若以此爲開海禁，則如近日福建發船下海搜近島游賊，亦可謂之開海禁乎！但其中有宜詳察確議者，一曰船隻之通融，二曰水程之遠近，三曰淮、齊兩地斗斛大小，時價低昂之大概。此非可以耳信，非可以理斷，必身在地方，久諳風土者方能洞悉。倘荷睿裁，謂臣言無必不可行之處，乞勅部酌議，行江南總督、總漕、該撫及東撫諸臣詳察熟計，以爲應止則止，以爲可行則行之，亦預備淮揚救荒之一策也。此事兩省查議必需數月之久，計聖駕東回，方能題覆。倘到彼時淮揚米價不至大貴，上流米船不至缺少，該督撫屆期題明，將此議仍可停止。古人所云“寧可備而不用，不可用而不備者”，此也。

——1. 切問齋文鈔　卷一九　荒政一

原免出繼緣坐議

功令：凡犯罪應緣坐者，雖經出繼，不准原免。仰見聖人明斷，絶欺矇之路，杜巧匿之奸，離照當空，無幽不察，實非臣下思慮所能量度。然臣竊以爲特旨出於一時，法令垂於萬世。昔唐太宗時，有敕資廕者多詐序，聽自首，不首者死。尋有詐廕事覺，大理寺卿戴胄奏以當流。太宗怒曰：“朕敕不首者死，而斷之流，是示之以不信。”且胄知敕如是，故奏以當流，何也？胄曰：“法如是而足。臣法官，獨不敢虧法耳。且敕或一時喜怒所發，法乃人主所以布大信於天下也。陛下以一時之怒而敕殺之，既知其不可，裁之以法而流。”此所謂忍小忿而存大信也。太宗遲回久之，卒從胄議。故法者，萬世之法也。緣情定罪，酌古垂後者也。

謹按《禮》：爲人後者，爲其所後父母服三年，爲其本生父母服期年，誠以人無二本也。謹按律：犯罪之人，其子孫過房與人者俱不追坐，誠以罪無重科也。今使爲人後者，於本生之父母、兄弟，不得准律寬免；倘其所後之父母、兄弟犯罪，又當依律緣坐，是一人之身而兩受父母、兄弟之連坐。且若使爲人後者本身犯罪，則其所後父母、兄弟既當從坐，而其本生父母、兄弟又復不得寬免，是以兩處之父母、兄弟，而皆受一人之連坐也。昔魏毋邱儉之誅，女適劉氏者當從坐，司隸主簿程咸上議曰："女子出適，減父母之服，所以明外成之節也。今夫黨見誅，既隨戮，父母有罪，又追刑，是一人之身而兼受内外之辟也。男不遇罪於他族，而女嬰戮於兩門，非所以均法制也。請以後在室之女，可從父母之刑；既醮之婦，止從夫家之法。"詔爲著令，歷代遵之。夫出繼之子，降其本生父母之服，正與出嫁之女同。女從夫家，男從所後，其情與法一也。今嫁女不嬰戮於二門，而繼子獨禍延於兩父，有重罹之法，無一面之網。

臣思皇上至仁至明，垂念及此，必有惻然不忍者矣。但因律有過房不坐之條，罪人或託名自匿，胥吏或緣法爲奸，四海之大，敢必其無？臣又思人君猶天地也。天之仁無所不覆，地之仁無所不載，而日月之明，幽隱或有所不照；雷霆之威，奸邪或有所不擊。其有所不照、有所不擊者，無損於日月之明、雷霆之威，而總以成天地無所不覆、無所不載之仁。故古帝王立法以懲奸，而有罪者或倖逃於法外，終不因奸而變法，使無辜者反罹於法中。《書》曰："與其殺不辜，寧失不經。"此堯舜好生之德，所以爲萬世君極者也。臣願皇上以堯舜爲法，宸衷獨斷，參酌古今，念法爲萬世之法，仍命法官將過房不坐之條，一遵欽定事例。其或有託名出繼，情事可疑者，間以特旨行之，不必永著爲令。如此則皇上無疆之仁，不測之威，並行而不悖矣。謹議。

—1. 切問齋文鈔　卷二三　刑法

梁清標（1620—1691）

字玉立，號棠村，直隸正定（今河北正定）人。崇禎十六年（1643）進士，入清後授編修，官至保和殿大學士。有《蕉林文集》。

敬陳用人三事疏順治十二年

一、崇守令之任。民生休戚，全關守令。漢世特重其官。如龔遂、黄霸、卓茂諸人，治績表著，或假以便宜，寬其文法；或璽書褒美，賜爵通侯。是以古今吏治，漢爲獨盛。今體統陵替，文法拘牽，有司力疲於趨承，心怵於功令，稍失上官之意，訶斥頻加，兵馬往來，横遭侵辱。即有賢者，欲興一利、除一害，動多掣肘，何怪職業不修，治平寡效耶？臣謂欲課實功，必先一體統，請勅下督撫，隆其禮文。或豪强有凌侮把持者，得以申請究治。四體寬然，庶可展布。又查明初有《到任須知》一書，内列規條三十一則，綱目森然，皆切民事。例於銓除之日分授選官，使知所遵守。其後漸廢不行，有司且茫然不識職守爲何事矣。今其書具在，亦宜重加訂刻，照例分發。道揆法守，上下交修，懋賞以鼓循良，重罰以儆墮窳，其誰不自勉於吏治乎？

一、重言官之選。皇上宏開言路，以襄盛治。責言官既重，則選授不可不詳。在外推官、同知中，經舉卓異、治行高等者，自當優與清華，乃俸深序及，往往陞轉部曹，一憑掣籤。及值考選，則平平無過者不得不一概行取，非所以奬廉能、慎名器也。察職掌内舊有部郎改授之例，至本朝亦屢行之，况其人近在目前，才品人所共知。臣愚謂宜照舊例，除臣部外，五部郎中、員外、主事，遇考選時，許各部堂官遴選品行端方、中懷讜直者，咨送臣部，許卓異推官、同知一體考授科道等官，斯台垣濟濟，才賢不致有沉抑之嘆矣。

一、嚴功過之衡。勵世之權，存乎黜陟。賢者進之，不肖者退之，所貴乎銓衡也。今止循資俸，按籍陞遷，雖殊才異能，與庸碌等。激勸無憑，治效曷睹？臣請於選、功二司，設紀功、紀過二簿，令督撫察所屬各官任内完賦、墾荒、獲盜、清獄，凡地方應行事宜，有能舉一政者，即開實迹報部，詳注於册。除不肖官員具疏糾參外，其有過可指者，亦時報部注册。臣部於陞遷時考其政迹多寡，定人才短長，上者優擢，次者平陞，下者左遷。在内部寺等衙門，亦各將所屬功過不時咨送，一同詳注，推陞分别之法亦如之。如是則循名責實，人才競奮矣。至於屏浮議，核成功，任賢人而勿疑，信詔令而勿變，是在乾斷獨操，何患積弊不除哉？

—2. 皇朝經世文編　卷一七　吏政三　銓選

田六善（1622—1691）

字兼山，山西陽城（今屬晋城）人。順治三年（1646）進士，官至户部侍郎。有《慢坡詩鈔》。

獎勸清吏疏順治十六年

臣惟清濁者，人品之分途；勸懲者，朝廷之大法。是懲猶繼乎勸而爲言者也。今日貪風日甚，處極重難返之勢，不得不嚴懲以儆。然懲之雖嚴，其弊日巧密，廉恥漸至於不可問，惟懲與勸並行，則今日雖不能必人之自爲勸，而行之既久，人將見清吏之可爲，黽勉自持，亦可不懲而自勸，於以上登至治不難也。今州縣未嘗無勸矣，緝拿逃人則有勸，輸銀輸粟以及開荒完糧則有勸。夫民之安危原係乎吏之清與不清，而所以勸清吏之法未嘗議及也。督撫亦未嘗無勸矣，州縣能拿逃人則彼有勸，州縣能開荒以及完糧等事則彼有勸，夫吏之清與不清，原視乎督撫之公與不公，而所以勸督撫之法未嘗議及也。且緝逃、開荒等勸，是賞能也；輸銀、輸粟等勸，是賞富也，何如得一清吏之爲有益乎？且州縣有功，督撫皆積纍以爲己功，爲其能督率也，何如能使吏無不清之爲有益乎！夫督撫之不得薦舉，不過謂其有虚文，無實用，然參易而薦難，此後督撫將每歲參數人以塞責，至於吏之清不清，則亦漠然視之而已矣。伏祈敕下督撫不得效平常薦舉習套，止查地方歷年所得清吏果有幾人，一一開報，祈皇上記名左右，以憑優擢。並祈敕下該部，或一年或二年，類查各督撫地方有清吏五人者，如何褒嘉，有清吏十人者如何優異，無清吏一人者如何處分，庶人人自奮，治道可興。然行此有五便，議此有三難，不可不講也。

何謂五便？清吏勸則飲冰茹蘗之人，謂人雖榮華，己雖冷落，而公道尚存，聲名尚美，則持守之志益堅，一便也。清吏勸則不在清吏之數者，謂己即有緝逃、輸賑等功，操守尚未見信，白簡可畏矣，誰敢不力自濯磨，二便也。清吏勸則皇上憂吏治之日壞，求其人而不得者，今後可以知某省尚有清吏幾人，以驗吏治之修廢，三便也。清吏勸使天下曉然知國家之勸有能者如彼，勸有德者如此，風俗可以丕變，四便也。至勸清吏兼勸督撫，則督撫向日謂清吏之無益於己，摧殘訶斥，令廉介之士隳心者，今見清吏之萬不可無，則必卵而翼之，親而愛之矣，五便也。

何謂三難？議者必謂一勸清吏，則其餘之不清可知也，無以處乎不在清吏之數者，一難也。夫今天下果皆清吏乎？與其不勸而涇渭不分，何若勸之而使有清名者知勉，無清名者知戒乎！議者必謂一勸清吏，恐督撫依舊受賄徇私，二難也。夫不有巡方之互察乎，巡方之在地方，雖不如督撫之久，然以察督撫所薦之虚實則甚易。不公不明，爲法已嚴，督撫亦何肯以一己之功名，爲他人之地步乎。議者必謂一勸清吏，恐錢糧等事未必能無罣礙，三難也。夫周官六計弊吏，總貫之以廉。平常加級紀録，皆可抵算罰降，豈一塵不染之吏，爲皇上愛養斯民，獨不可加級紀録，並受殊恩乎。

苟行者力致其五便，議者不惑其三難，將見廉恥可興，名節可振，循良之風不讓前古矣。臣工幸甚，天下幸甚。

——2. 皇朝經世文編 卷一九 吏政五 考察

鞠　珣（生卒年不詳）

字觀玉，山東海陽（今屬煙臺）人。順治三年（1646）舉人，官至御史。有《鞠觀玉先生奏疏》。

定鼓鑄疏

臣竊考之史籍，三代以前民間交易，以其所有，易其所無，不過菽粟、布帛而已。迨漢以來，方始盛用錢。夫錢本不可充飢蔽體，然權天下之物價，借以流通。此王者前民利用之大法也。近代以來始聞用銀，爲其輕便而易行也。究之零星分釐，秤使瑣屑，是用銀終不若用錢之便也。而且銀色高低，動多奸僞，是得銀尤不若得錢之實也。況天下銀少而銅多，用銀則苦於易竭，而鑄錢不難日增。所謂化無用成有用，天下豈不日富？乃今議鼓鑄者，以其可以得息則曰宜開，以銅斤之難得則曰宜停，所以旋舉旋停，莫能經久者，臣以爲鑄錢之方未爲詳盡，行錢之法未能疏通故也。年來直省多告凶荒，錢糧多苦逋欠。朝廷日賑日蠲，而民間愈窮愈困，所以然者，民間之所有，不過菽粟、布帛，而公家所徵者則惟銀。夫銀之在世，止有此數，民間日覓銀以輸國帑，或解司農，或輸協餉，遠而閩、廣、雲、貴，歲動數十百萬，出而不復入，積而不復散，而民間乃日搜月刮，以辦每歲之額賦。如此則銀愈少，愈少則愈貴，銀愈貴則民間之菽粟、布帛反愈賤，而民將棄田畝而不事，而民生遂愈困。人心不古，奸僞叢生，所由來矣。若不急講鼓鑄通行之法，將何以儲不匱之源？

臣反覆思維，敢抒管見於我皇上之前：夫鑄錢原非僅爲生息計也，即以生息論之，每錢一千約費銅七斤，加以爐座工炭等費不下三錢。每錢一千，作銀一兩，約略相當，無甚息也。特爲世上通盤打算，每鑄錢一千，其買銅給鑄之本銀一兩仍在民間，又爲世上增錢一千，是用一而得二，只此便是加倍之息。今定銅價每斤六分三釐，以致各關賠買不前。在外則爐座多停，其在内銅斤多欠。直省既不得通行鼓鑄，而公家反以現在關税之金拖欠於承買銅斤胥役之手。鑄法如此，有損無益而尚言錢息哉。臣愚以爲各關收銀買銅，何如兼收銅作税之爲簡且便。計一關額税若干，應買銅斤若干，各照分數徵收，如有十分則徵銀七分，徵銅三分，餘皆稱是。大抵收銀則吏胥得以高下其手，及至買銅又故昂其價值，且以難辦爲辭，官與商並受其累矣。若竟收銅斤，價值僅相當，而民間零星無用之物皆可當銀以作税，銅斤多而取利薄，莫有善於此者矣。再爲之嚴定銷毁製錢之罪。錢爲國寶，豈可輕爲銷毁。近見民間有以錢鑄爲器皿者，有化錢轉賣各關以充銅斤者，以故錢日鑄而日少，民間不惟無銀，亦且無錢，所當嚴定禁令者也。至於錢每千定價一兩，民間貿易僅值銀七八錢，其不肯通行者，止有官發於民之日，並無民納於官之時。所以民視錢日輕而錢日賤，得錢不若得銀之爲便。雖銀七錢三，久有定例，然往往陽奉陰違，有一文不徵者，有將存留、俸食等項些微徵錢者，究與不徵同。臣以爲各省協餉暨解京師者轉輸維艱，仍照舊徵銀外，餘俱半銀半錢，徵收、支放不容毫釐參差，違者治之以法。大抵專徵銀則銀貴，專徵錢則錢貴，如此均平，則上下流通，彼此俱無虧折之虞。用銀用錢，無往不宜，海内可坐致豐亨之象，國家可永無匱乏之憂，誠裕國足民之至計也。

—1. 切問齋文鈔　卷一八　財賦四

施　琅（1621—1696）

字尊侯，福建晋江人。官至臺灣水師提督，封靖海侯，謚襄壯。有《靖海紀事》。

陳臺灣棄留利害疏《臺灣府志》

臺灣北連吴會，南接粤嶠，延袤數千里，山川峻峭，港道紆回，乃江、浙、閩、粤四省之左護。隔澎湖一大洋，水道三更。明季設水師標於金門，所出汛至澎湖而止，水道亦有七更。臺灣一地，原屬化外，土番雜處，未入版圖也。然其時中國之民潛至，生聚於其間者已不下萬人，鄭芝龍爲海寇時已爲巢穴。及崇禎元年鄭芝龍就撫，將此地税與紅毛，爲互市之所，紅毛遂聯絡土番，招納内地人民，成一海外之國，漸作邊患。至順治十八年，爲海逆鄭成功所攻破，盤踞其地，糾集亡命，挾誘土番，荼毒海疆，窺伺南北，侵犯江浙。傳及其孫克塽，六十餘年無時不仰厪宸衷。

臣奉旨征討，親歷其地，備見野沃土膏，物産利溥，耕桑並耦，漁鹽滋生，滿山皆屬茂樹，遍處俱植修竹，硫磺、水籐、糖蔗、鹿皮以及一切日用之需，無所不有。向之所少者布帛耳，茲則木棉盛出，經織不乏，且舟帆四達，絲縷踵至，飭禁雖嚴，終難杜絶。實肥饒之區，險阻之域。逆孽乃一旦納土歸命，此誠天以未闢之方輿，資東南之保障，永絶邊海之禍患，豈人力所能致哉。

夫地方既入版圖，土番人民均屬赤子，善後之計尤宜周詳。此地若棄爲荒陬，復置度外，則今臺灣人居稠密，户口繁息，農工、商賈各遂其生，一行徙棄，安土重遷，失業流離，殊費經營，實非長策。況以有限之船，渡無限之民，非閲數年，難以報竣。使渡載不盡，苟且塞責，則該地之深山窮谷，竄伏潛匿者實繁有徒，和同土番，從而嘯聚，假以内地之逃軍、流民，急則走險，糾黨爲祟，造船製器，剽掠濱海，此所謂藉寇兵而齎盗糧，故昭然較著者。且此地原爲紅毛住處，無時不在涎貪。該夷賦性狡黠，所到之處善爲鼓惑人心，重以夾版船隻制作精堅，從來無敵於海外。未有土地可以托足，尚無伎倆，若坐棄數千里之膏腴，以資其停泊，必倡合黨與，竊窺邊場，逼近門庭，沿邊諸省斷難晏然無虞。至時復勤師遠征，兩涉大洋，波濤不測，恐未易再建成效。如僅守澎湖而棄臺灣，則澎湖孤懸汪洋之中，土地單薄，界於臺灣，遠隔金、厦，豈不受制於人。是守臺灣即所以固澎湖，必須聯爲臂指，各相犄角，聲氣關通，應援易及，可以寧息。況昔日僞鄭所以得負抗逋誅者，以臺灣爲老巢，以澎湖爲門户，四通八達，游移肆虐，任其所之，我之舟師往來有阻。今地方既爲我得，見在官兵星羅棊布，風期順利，片帆可至，雖有奸萌，不敢復發。部臣、撫臣未履其地，去留未敢决計，臣閲歷周詳，不敢遽議輕棄者也。

且海氛既靖，内地溢設之官兵，盡可陸續汰減，以之分防臺灣、澎湖兩處。臺灣設立總兵一員、水師副將一員、陸師參將二員、兵八千名，澎湖設水師副將一員、兵二千名，通計兵一萬名，足以固守，又無添兵增餉之費。其防守總兵、副、參、游等官，定以三年或二年轉陞内地，無致久任，永爲成例。在我皇上優爵重禄，推心置腹，大小將弁誰不勉勵竭忠？然當此地方初闢，該地正賦雜餉殊宜蠲豁。現在一萬之兵食權行全給，三年後開徵，可以佐需。抑且寓兵於農，亦能濟用，可以減省，無庸盡資内地之轉輸也。

蓋籌天下之形勢，必求萬全。臺灣一地雖屬外島，實關四省之要害，無謂彼中耕種尤能少資兵食，固當議留，即爲不毛荒壤，必藉内地挽運，亦斷斷乎其不可棄。當時封疆大臣狃於目前，苟安爲計，畫遷五省邊地以備寇患，致賊勢愈熾而民生顛沛。往事不臧，禍延及今，致遺朝廷宵旰之憂。臣今熟審該地形勢，知而不言，至於後來，萬或滋蔓難圖，竊恐皇上責臣以緘默之罪，臣又焉所自逭，故固當此地方削平，定計去留，莫敢擔承。臣思棄之必釀成大禍，留之誠永固邊圉。以臣會議具疏之外，不避冒瀆，以其利害自行詳細披陳，伏祈睿鑒。

—2. 皇朝經世文編　卷八四　兵政一五　海防中

佟鳳彩（？—1677）

字高岡，號梧友，遼寧遼陽人，隸漢軍正藍旗，歷四川、貴州、河南巡撫，謚勤僖。有《栖友堂集》。

沿河民困四事疏《河南通志》

一、河夫之偏累，宜通變也。臣查修築黄河，每歲用夫，或至萬餘名，或至七八千名，自二三月起至十月終止，俱按地畝起派，似乎公矣，其實弊有不可罄告者。如狡猾之徒以自己田土飛灑於人，勢豪之家以他人地畝包攬於己，甚至紳衿衙役借題優免，兼有不肖有司礙於情面，以致懦弱鄉愚愈累愈貧。每月或三四兩不等，方能雇夫一名，及解到河上，又爲積年河棍、夫頭百計欺壓，授以至重之工，苦不能受，勢必至於逃，逃而復向該州縣提補，又得二三兩重雇，是每夫一月已費至六七兩矣。即以初雇每月三四兩而言，一歲萬夫計之，每年費至三四十萬矣。在廟堂之上，止知河有歲修，而不知歲修之夫如許，即知有歲修之夫，更不知費百姓如許之金錢。爲今之計，莫若官雇一策。查舊例，河工夫役，管河道每歲預估用人夫若干，方行各州縣，按地起派。今若官雇，每夫每月雇價二兩足矣，每歲上工九閲月，每夫止用雇工一十八兩，即以萬夫計之，止用一十八萬，較百姓之自雇，不啻天淵矣。其每歲雇用夫若干，該銀若干，除歲徵河銀外，不足者於河南八府一州地畝分別等則，每畝派銀若干，刊明由單内，出納亦照地丁錢糧，年終河臣奏銷，倘有餘剩，留爲下年之用。如是民知有定額，不但狡猾之徒、勢豪之家、紳衿、衙役不能影射倖免，即河棍、夫頭、管工、官役輩，亦無所施其巧矣。此歲修之議若是，倘遇意外大工，則歲修之雇價，實不足以敷其浩繁之費，是又在臨時，或動何項錢糧，再行酌題可也。

一、里甲田地多寡懸殊，宜均平也。竊照均平里甲，久奉俞旨通行直省，惟河南比時爲荒多熟少，遂爾因循如故，雖有里甲之名，其實多寡不一，多者每里或五六百頃，或三四百頃，少者每里止一二百頃，甚至或數十頃，以至寥寥數頃者。遇有差徭，有司止知照里編差，不知里大則田多户殷，衆擎易舉，里小則田少人稀，難以承役。更有官、儒户名或不入甲，或入甲而不當差，甚至避重就輕，詭寄飛灑。大里愈得便宜，小里愈增苦累，名爲一例當差，實有不均之嘆。爲今之計，莫若行各州縣詳察，除已均平者不動外，凡有不均平者，不許拘喚各户審編，亦不許里書分派，止令州縣印官按見在徵糧地畝册，如一州縣有地一千頃，原分爲十里者，每里均分一百頃，一里之中各分十甲，一甲均分十頃，遇有差徭，按里甲均當，不許少有增減。如是則豪强無計躲避，貧弱不致偏枯矣。

一、柳梢之協濟，宜通變也。夫豫省沿河地方，雖云産柳，然除堤柳、園柳外，餘俱係民間納糧地土栽種，以供采辦。且生之者有限，用之者無窮。自康熙七年以來，如桃源、宿遷、牛市屯以及七里溝等處，共計河南協濟之柳已二百七十餘萬矣。又加之以本省之黄河歲修不下百餘萬，即去歲開封府屬陽武縣之潭口寺，工險事迫，無柳可用，將民間之果木，無論桃、李、杏、梨等樹，盡行砍伐堵塞，方保無虞。是黄河之害，惟豫省爲甚，本省歲修尚不能支，倘一有决口之患，本地無柳可需，鄰省又不能挽流而上，斯時歇之不可，堵之無術，不有誤大事乎？况柳必栽種數年方能得用，原非數月週歲可以易生者，是修防本省河工尚且不敷，百姓四出采辦，已屬苦累，年來協運外省，更苦難堪。嗣後或江南鄰省無河患之地方，派協江南之河工，將河南有餘不盡之柳，稍待生息，以備本省之河患，庶漕運、民生兩有攸賴矣。

一、裝運協濟柳梢之船隻，宜通變也。竊照黄河水勢汹湧，洪波直瀉，原無商旅船隻往來，不過各河口寥寥之渡艘耳。一遇協濟之柳，渡船不敷，將朱仙鎮小河民艇，從陸地挖溝引水，將船拉至大河，每隻裝柳不過二三百束，每束腳價費銀一二錢不等，然尚有船可雇，有法可設，猶可言也。今朱仙鎮之客船見封雇無已，俱各畏縮不前，大河又無片帆往來，百姓運柳至河幹者，止有望洋而嘆，官吏束手無策。若不亟圖變通，將來必至誤運。即如見今協濟七里溝之柳九十餘萬束，而堤柳、園柳每束官給腳價銀一分五釐，民柳連運腳每束給銀四分五釐。察當時議定，以本省之柳修本省之工，每束尚給五分，今遠運江南千里之外，止給四分五釐，小民無術飛運，安得不賠累乎？仰懇睿慈敕下河臣，動用捐輸錢糧，於江南出船處所雇覓到豫，使民止備辦柳束，挽運河幹，庶百姓亦稍得蘇息，大工不致遲誤矣。

—2. 皇朝經世文編　卷三三　户政八　賦役五

李之芳（1622—1694）

號鄴園，山東武定（今惠民）人。順治四年（1647）進士，官至文華殿大學士，謚文襄。有《李文襄公文集》《棘聽集》。

覺察奸蠹内外畫一疏

臣惟吏書作弊壞法，處處皆然，實未有如在京各衙門之最甚者，故釐弊剔蠹，當先自在京各衙門始。京師之蠹消，天下之蠹亦消矣；京師之弊除，天下之弊皆除矣。無如各衙門事務殷繁，易於叢奸滋弊。該管之官，一有不察，則招摇撞騙無所不爲，且授受隱秘，難以舉發。與受同罪之贓，出錢之人必不肯首告；即旁人告發，亦必不肯據實供吐。其承問之官，亦不過以夾訊不服，朦朧完結。所以朝廷清釐庶政，諸弊皆易芟除，而惟此胥吏之奸，牢不可破。即如現在各衙門吏書，豈果人人奉法，而無作奸犯科之輩者？乃數年以來，未聞某衙門袪一某蠹，某衙門發一某弊。即尋常責革，亦屬罕有之事。可見向來書吏作弊，皆該管司官因循容縱，置若罔聞，且以爲雖事發而身不任其責故也。臣思衙役犯贓，失於覺察者，本官革職。煌煌功令，率土凛遵，而惟在京衙門，不用此例。如往年門文秀一案，書辦犯贓至數千兩，該管司官竟不坐以失察，此甚非均平之法也。夫在内、在外皆朝廷法紀之地，内外官員皆朝廷發弊之人，况部院事務，關係更重，部胥作弊，賄賂更多。若謂衙役犯贓，難於覺察，豈外官偏有過人之精明，而京官皆當無聞無見乎？寬於内而嚴於外，何以厭服郡縣有司之心哉。臣乞勅部確議，嗣後在内蠹役犯贓，本官失於覺察者，一體照例處分。則在京各衙門官，必自覺察其胥吏，而奸蠹斂迹，内外肅清矣。

——2. 皇朝經世文編　卷二四　吏政一〇　吏胥

金　鎮（1622—1685）

字又鑣，號長真，順天宛平人（今北京），原籍浙江山陰。崇禎十五年（1642）舉人，入清歷官江南巡按使。有《清美詩集》。

鹽法考

管子曰，“海王之國，謹正鹽策”，國用富强。後世言鹽利者倣焉。漢初，弛山海之禁，不領於縣官。吴王濞封於廣陵，招致亡命，煮海爲鹽，國無賦而用饒。武帝時，以東郭咸陽、孔僅言，山海天地之藏宜屬少府，置鹽鐵官，募民自給費，因官器作煮鹽。元封間，以桑弘羊代僅，斡天下鹽鐵。唐開元二十二年，江淮轉運使裴耀卿，置輸場鹽倉，以受淮鹽。乾元初，第五琦變鹽法，就山海井竈近利之地置鹽院，籍游民業鹽者爲亭户，免雜徭煮鹽，盗鬻者論以法。至德十四年，以劉晏爲轉運使，晏上鹽法輕重之宜，謂官多則民擾，惟於出鹽之鄉置吏及亭户收鹽，轉鬻任商所之，其去鹽鄉遠者，轉官鹽於所在貯之。商絶鹽貴則減價以糶，曰常平鹽，官獲其利而民不知。舊時諸道有榷鹽錢，商舟所過復有税錢，晏悉奏罷之，商民均便，歲獲鹽利至六百餘萬緡，居天下賦税之半，國用給焉。宋制，諸鹽聽州縣給賣，歲課所入申尚書省，而轉運使操其贏，佐一路之費，兩淮鹽始行於江浙、荆湖諸路，所謂末鹽者也。久之，軍吏困於轉運，舟卒侵盗，雜以沙土，鹽惡不可食，坐鞭、笞、徒、配相繼莫能止，而積鹽多露積，至生合抱木於其上，數莫可較。天聖中，用翰林學士盛度言，於是詔罷官自鬻，聽入金錢，京師榷貨務，而以江淮若兩池鹽給之，歲增課十五萬。其後西事劇，募商人輸芻粟塞下，又置折中倉，聽商人以金錢若粟輸於京師，入中者優其值予券，以所在鹽給價。後世召商中鹽之法自此始。

唐初榷天下鹽利，歲僅四十萬緡，劉晏增至六百餘萬緡。迨宋紹興末，泰州海陵一監，支鹽三十餘萬席，爲錢幾七百萬緡。區區一州，當晏時天下徵榷之數而尤浮之，於鹽利籠取盡矣。迨明，以鹽課給諸邊糧餉，而水旱凶荒亦時藉以賑天下，設都轉運使司者六，而兩淮居其一，歲課百二十餘萬，幾於漕運等制。置沿海竈丁，以附近有丁産者充之，免其雜徭，給以草蕩。犯罪自流徒以下，刑止杖，仍發煎鹽。其煎辦以丁爲率，初制引四百斤，尋改辦小引，半之，每丁歲辦小引鹽十六引。計兩淮鹽歲額七十萬五千一百八十引，歲終轉運司具所辦課如目上會計，虧額者追理。凡竈丁所煎鹽，一引給工本鈔二貫，一貫值錢千。合用引目，運司官以時請於户部，印造給付，招商納粟中鹽，量所在米價高下、道里遠近爲之則。中已出給引，詣場支鹽如目，鹽出場經批驗所依數驗掣，所過官司照驗放行。其轉賣各照所定行鹽地，毋越界，若引與鹽離及越境賣者，同私鹽追斷。商賣鹽已，即所在退引還官。僞造引者斬；諸監臨勢要，令家僕行商中鹽，侵民利者罪如律，蓋法令嚴具如此。於時商中鹽者，引輸銀八分，榷利甚微，而商獲甚厚。蓋以總利權、抑專擅、贍民食而已。

永樂中，令商於各邊納米二斗五升或粟四斗，准鹽一引，於是富商大賈自出財力，招游民墾田，田日就熟，而年穀屢豐。甘肅、寧夏粟石直銀二錢，邊以大裕。宣德中，歲遣御史督視鹽法，令各運使查中鹽商，年遠事故無子孫支給者，行原籍官司，每引給資本鈔二十錠，優恤之。正統初，令淮、浙貧竈有餘鹽，官給米麥收之。竈丁逃移者，鹽課核實停其徵。又令各商守候年深不得鹽者，聽以十分爲率，支淮鹽四分，其六分兑於山東運司，不願支者聽。諸所爲軫恤商竈甚厚。其後始分爲常股、存積。常股者，商人中納，依次守支之鹽；存積者，積鹽在場，遇軍餉急，增價開中，越次而放支之鹽也。存積行而常股益艱滯，商人有守候數十年老死不得支，而兄弟妻子代之支者矣。户部尚書葉淇言商輸粟二斗五升，是以銀五分得鹽一引也。請更其法，輸銀於運司，銀四錢支鹽一引，可得粟二石，是以一引之鹽坐致八倍之利。且商人納銀運司，道近而便，上下交利，奏可。於是鹽銀歲驟增至百萬餘兩，諸商墾田塞下悉撤業歸，西北商或徙家於淮南以便鹽，而邊地爲墟。粟踴貴，石直五兩，欲復如前者輸粟塞下，及薄取八分之利，不可復矣。弘治中，大學士李東陽言，今者鹽法壞盡，各邊開中徒有名而商實失利，因極言皇親王府及内臣奏討者一，夾帶者十，弊尤甚。於是下詔，悉住支還官，自今勢要毋得求討窩占，違者聽巡按、御史糾劾。至正德中，奏討紛紜，盡隳舊制，而鹽法决裂殆盡。嘉靖五年，用御史戴金言，每正鹽一引許帶餘鹽一引，正引於各邊納糧草，餘鹽納銀運司解部，其夾帶多餘者割没入官，歲增餘鹽銀六十萬。其後鹽法御史王紳、黄國用，復請以割没銀給竈户，人二錢有差，取鹽一引，例開邊報中，名工本鹽，歲復增課銀三十萬。

是時商人於邊中鹽者，引納銀七錢，已漸減五錢，視初制不啻倍蓰，而各邊穀踴貴，不易糴。勢要或占中賣窩，若斗頭加耗，官科罰而吏侵漁之，爲費不貲。及給引下場，或官吏留難，或竈丁額課不辦，經年不得掣，且商業輸餉於邊矣，安所得贏羡重貲，往返數千里外，復輸納於運司？而有司奉令申嚴，非徵完餘鹽即正引不得下場，即已支鹽上堆，而挨單守候，非五六年鹽不得行。諸行鹽地遼遠，涉長江，排風浪，時有飄損，數十萬之貲本擲於烏有，又不能防船户攬載之無盗賣、耗竊也。蓋商憊至是而甚，於是遂分爲三：曰邊商，曰内商，曰水商。邊商多沿邊土著，專輸納米豆草束，中鹽所在，出給倉鈔，填勘合以齎投運司，給鹽引，官爲平引價，聽受直於内商而賣之。内商多徽、歙、山、陝之寓籍淮揚者，專買邊引，下場支鹽，過橋壩上堆候掣，亦官爲之定鹽價，以轉賣於水商。水商係内商自解捆者什一，餘皆江湖行商，以内商不能自致，買引鹽代行，官爲總其數，並給水程，於行鹽地而販鬻焉。明初嚴商人代支之禁，及是而諸商名目不一，均逐末利，舊制不行，勢使然也。邊商以賣引得利微，復自支鹽出場，名河鹽。而鹽法御史鄢懋卿爲請將河鹽、堆鹽相兼掣稱。懋卿又奏各場未掣引鹽百五十餘萬引，宜責令通行解捆，約可得銀百餘萬。奏下，兩淮大擾，徵斂督逼無虚日。會御史徐爌上言，商人挾資萬里，出百艱，爲國足邊，今正引之外既徵餘鹽，又加以工本割没，可謂厄矣。乃一歲之間必取盈百五十萬，前鹽有掣無售，一時越境私販者不可遏。民間皆賤買私鹽，淮鹽大阻，故水商船往返勢不能無愆期，而淮南鹽歲掣減舊額四之一，乃部解餘鹽銀六十萬，一歲兩解，無容緩，則預徵内商以取盈其數，至二十年以後所預徵商銀百五十餘萬。始以鹽上堆，而徵堆鹽，堆鹽盡則徵在倉鹽，久之，將商未買引而徵課矣。

其後寧夏多事，兵餉費鉅無所出，始議增寧夏引鹽八萬，東軍引鹽四萬有奇，名加增鹽，附單搭掣，以佐軍興旦夕之費。而諸宿猾巧爲奸利者，往往營部札爲例，於是有加罰違没引鹽，以舊鹽舊引而告加罰，許令搭掣，射利者趨焉。而運司黠猾吏受重賄，因得主使官私加罰而盗賣之，諸領部札者反不與，由是衆大銜憤。會神廟大榷海内商貨，因奏言兩淮没官鹽。歲久山積，遣内臣賣之，可得銀數十萬，爲大工費。二十七年，始遣内臣魯保奉敕查理，駐揚州，爲鹽政府。既至，而没官鹽歲久消折盡，乃括庫積餘銀五萬兩上之。所分委查鹽官四出，探巨商纍鏹百萬者，捕鞫，沿海竈户殷實者無得免。自是商、竈俱困，無復有願買新鹽者矣。夫兩淮鹽課百餘萬，取之於商，商安所出？出之於竈，以區區海濱荒蕩莽蒼之壤，民穴居露處，魑魅之與群，而歲供國家百餘萬金之課。自鈔法壞而優恤虚，所恃供課之外，商收其餘鹽，得錢易粟以糊口。若商不得利則徙業海上，飢無所得粟，寒無所得衣，窮丁坐以待斃，恃强者集衆私販，因而椎劫，甚則盗弄潢池，震動城邑，若唐末黄巢、王仙芝之類是矣。故商不得利之禍淺，而竈不得食之禍深。然竈户之困由於商困，商人之困由於私販行而正鹽壅。自魯璫查理存積，遂停壓課引八百餘萬。至四十五年，特遣郎中袁世振疏理兩淮鹽法，上十議，立減斤法，每引定鹽並包索。淮南四百三十斤，淮北四百五十斤，除引價五錢外，淮南納餘課八錢，合引價一兩三錢；淮北納餘課六錢，合引價一兩一錢。改單立綱，正行見引，附行積引，自丁巳至己巳十三年間，積引銷盡，附引始罷。天啓元年，户部侍郎臧爾勸題准，每引加鹽十五斤，徵銀一錢，以充遼餉。六年，逆閹魏忠賢差中璫二員駐維揚，搜括運帑八十萬，金爲之一空，又以大工每引加鹽十三斤，納銀八分。崇禎二年，奉詔停止。三年，户部尚書畢自嚴，以兵興餉急，題充遼餉。五年，議照遼鈔攤行之例，於綱外另行新引七萬，又題增黔鹽五萬引。六年，從撫臣唐暉請，又於湖廣武昌、漢陽二府增行淮鹽三萬引。末年，復派練剿諸餉。浮課增而商資竭矣。

皇朝受命，戎衣初定，滇、黔、閩、粤未盡削平，所需兵餉半資鹽課。順治二年，巡鹽御史李發元、運使周亮工協新鹽法，請留垣鹽給商，招令認窩辦納，免徵一切浮課，諭諸商量力行鹽，以丙戌一年爲止，後不爲例。奉部刊定引額，剖一爲二，歲行一百四十一萬三百六十引，每引運鹽二百斤，其部札加帶及解費、滷耗、包索等斤不與焉。引不分南北，納銀六錢七分有奇，與舊額符。四年至八年，各商認行鹽引，雖年運年銷，究不及額。九年，始定綱數，淮南派行一百四萬二千三百九十引，淮北派行二十二萬九千一百二十二引，上江八縣食行綱鹽十三萬八千八百四十七引，合南北正綱額數及連年頻加雜課，九年起至十六年止，統計引二百七十餘萬，壅積亦近二百三十餘萬。十七年，巡鹽御史李贊元疏請行見年額引將積鹽帶入正綱内，二引附銷，一引每包加鹽一百斤，户部覆允。十八年，御史胡文學蒞任，合計十五、十六年積引僅銷三十餘萬，而十七年正引反壅至四十餘萬，皆因鹽斤未減，以致贏壅。除淮北併引外，奏請淮南附銷之引，納引半之課，行一引之鹽，除加帶百斤。俟三年積鹽銷清，如舊徵納。章再上，制曰可。於時天下鹽課惟兩淮最多，而天下商力惟兩淮最困。蓋正課之外，私費不貲，遇一事即有一事之陋規，經一處即有一處之科派，而壅滯之故，則由綱地節增食窩，苦於地狹鹽多，商人甘納課而不願帶鹽。乃橋、所兩掣，額外之斤增重，益爲鹽法大害。則先橋掣溢斤，所掣割没，原以禁多帶之弊耳，乃其後以多報割没爲功，藉口加斤，相沿爲例。司掣者公既便於報解，私又易於隱欺，官以多斤爲利，而商病之，有司既仍踵爲故事，而奸胥、宿猾盤踞，窟穴其中。鹽政之弊，至是而極矣。

康熙九年，巡鹽御史席特納、徐旭齡憫商之困，特疏陳運鹽六大苦：一曰輸納。

商人納課，例將引數填注限單，謂之皮票，以便商下場也。而運庫扣勒皮票，每引科費錢數不等，方得給單。又有胥役使用，謂之照看，商總科斂，謂之公匣，每引正給外，費至一二錢，計歲納數萬金。其苦一。一曰過橋。商鹽出場，例將艙口報驗，謂之橋掣，以便商放橋也。而關橋扣勒引票，每引科費數分不等，方得掣放。又底鹽面鹽則有搜鹽之費，多斤少斤則有買斤之費，每引溢斤外，費至七八分，計歲約數萬金。其苦二。一曰過所。商鹽呈綱，例必造册擺馬，謂之所掣，以便商驗斤也。而未經稱掣，先有江掣之費、茶果之費，一引各數分不等。又緩掣有費、加窩有費。每引割没外，費至一二錢，計歲約數萬金。其苦三。一曰開江。引鹽既掣，例必請給水程，每引數分不等，請給桅封，每張數兩不等。又報狀、撲戳引費錢餘，封引、解捆引費數分，每引開行費至二三錢，計歲約數萬金。其苦四。一曰關津。船鹽既行，所過鹽道之掛號，營伍之巡緝，關鈔之驗科，俱各有費，計歲約數萬金。其苦五。一曰口岸。船鹽既已抵岸，而江、廣進引則有道費，每引錢餘，匣費，每引數分，又樣鹽，每包數釐，查批，每船數兩，爲費不等，計歲約數萬金。其苦六。此六苦者，爲商隱痛，請旨嚴革各項私費名色，立石永禁，並責成鹽屬各官，歲取各商有無私費甘結繳查，以甦商困。

又疏陳掣摯三大弊：一曰加鉈。掣官藉餘斤虧額爲名，不論鹽包輕重，暗掛斤兩，商鹽非增捆額外不能與鉈，准每一引增二三十斤不等，利歸於鉈，而病中於商。其弊一。一曰坐斤。掣官藉合算底馬爲名，不論斤之有無，預定餘鹽，商非多帶，不能抵掣，每引帶至四五十斤不等。公解愈多，私科愈重。其弊二。一曰做斤改斤。奸商斤多，入賄則可以填少；良商斤少，不入賄則可以填多。掣官索得使費，未掣之先暗做斤兩，已掣之後暗改斤兩，斤多者納銀反少，斤少者納銀反多，奸商之鹽日贏，良商之鹽日壅。輸納不均則害課，口岸不銷則害引。其弊三。此三弊者，假公濟私，以爲鹽害。請敕定例，橋所掣摯溢斤割没，少者三四斤，多者七八斤，不得逾額。如奸商夾帶過多，則將引目銃毁，計引科罪；掣官虚填太重，則將底馬合算，計斤坐贓。庶銷運易而商利均，掣驗公而國法信。興利除弊，莫善於此。疏奏，温旨褒嘉，勉其稱職，仍令以後各鹽差毋得因循陋規，朘削商民，敕部禁飭。數年以來，商困少甦矣。

及十三年，滇、黔告變，湖南淪陷，繼以江右郡縣，爲伏莽揭竿之徒動摇蹂躪。其寇竊攘據者，商無行鹽之地。即王師蕩掃，以次底定，而兵燹之後，户口消耗者幾逾半，嚮鹽之貯口岸者既被劫奪，而載艑連檣之商又畏風鶴，逡巡江上而不敢進，間冒險阻至其地，榛墟彌望，人民鳥獸竄，亦無所得售，度支以軍需孔棘，督餉之檄星火日下，於是而商又困。賴先後巡鹽御史劉錫、魏雙鳳多方惠恤，請蠲請緩，而又勸勉以忠義，樂輸罔後，商忘其疲。夫兩淮歲課百萬，商人縻箸竭資，逐什一之利，而上供縣官儲糈，下代閭左租庸，幾省天下秷秸之半，其有功於國、有利於民者甚大。然必鹽行不壅，而後課納不匱，使寬然少有餘裕，乃可供國家算緡之賦，當事審諸！

—2. 皇朝經世文編　卷五〇　户政二五　鹽課下

毛奇齡（1623—1716）

字大可，號初晴，浙江蕭山人。以郡望西河，人稱西河先生。康熙十八年（1679）舉博學鴻詞，授翰林院檢討。有《西河全集》。

杭州治火議

杭州多火災，歲必數發，發必延數里，且有蹈火以死者。予僦杭之前一年，相傳自鹽橋至羊市，縱横千餘里，其爲家約六萬有餘，死者若干人。予雖未親見，顧燋爛猶在目也。乃不數年，自孩兒巷至菜市東街，與前略相等。予所僦住房，已親見入烟焰中。其他則時發時熄，不可勝計。以詢居人，即中年者亦必答曰：予生若干次矣。其最徼幸可喜，亦必樹一指曰慚愧，已一次矣。從未有云無有者。頃者黄中堂門樓偶不戒，而五人齊死一樓，不得下。踰日而藩司東街又復延蔓里許，焚燒數百家。又踰日而太平門外，忽爊燄蔽天，不知所究竟。今則褚堂上下，復炎炎矣。

何以致此？或曰：此天象也。前漢《天文志》謂：吴越分野在戌，而太初曆法以太歲出戌，當房心之間，心者火也。又吴楚之疆候熒惑，占鳥喞，熒惑火宿，而鳥喞爲南方鶉火之首，凡此者皆主多火。而予獨曰否，夫既曰吴楚、吴越，則當及楚、越兩地。楚疆跨荆、揚之間，而東南百越，遠界嶺徼，未嘗限一吴郡也。且即此吴郡而南極富春，北踰江淮，爲地甚廣，乃區區以杭州一城當之，其可通乎？

或曰：此地理也。郡南鳳凰山蜿蜒南峙，南屬離方，以離方之龍而衝城而入，焉得無火？然而亦非是者，嘗考浙江左右，其自新安以南，太末以東，凡在山縣，多有離龍南起，排闥抵治者，然未聞有災害也。且此鳳凰山非離龍也。其山在正陽門西、清波門南，以卦位言之，則爲西南之坤土，以大衍五行言之，則爲天九成金之坤金，土龍、金龍皆非離龍。故予郡西南，有鮑郎山土龍入城，而予邑正西，則直有西山金龍横撞其右，未嘗礙也。

於是無所歸咎，有議開火巷。謂曩時每街必有火巷間截之，今多爲民間侵佃，以致堙塞，火患之多，實由於此。則試思火巷之廣，孰如大街，大街廣六丈有餘，尚不能截火，而謂數尺之巷能截之乎？且火之熾滅，全不繫街之多寡與巷之廣狹。蘇州閶門、揚州埂子，祇一街耳，然且兩距相望，連手可接，而皆終古無火患，何與？

更有歸咎於六井之不開者，謂唐時李泌爲刺史，特開六大井爲澆火之藉，今六井久塞，無由灌救。則杭州城寬，延袤若干，必非六井所能濟，且比户有井，綆缶之功不能急升，即舊時當事敕每家門首貯水一缸，而車薪杯水，毫無所用，甚至西洋水車，飛灑空際而並不及火，翻致車轂盆盎，填梗道路，寥寥六水窪將安用之？若云水可厭火，則西湖一大水與全城首尾，然且三門引氣，一牐通流，尚不能厭，而謂六井能厭之，此婦孺之語也。

然則如何？夫火不自致，必有所以致之者。嘗疑失火塘報各省無有，獨杭城則屢見報文，下此惟湖廣漢口，偶有報延燒至數千家者，則必杭之房與漢口之屋，有異於他。而備查兩地，則漢口專用竹，而杭則兼用竹木，自基壂以至樑、欐、棟、柱、樽、欄無非木也。而且以木爲牆障，以竹爲瓦薦壁夾。凡户牖之間，牖用櫺槅，而半墉承墉，又復以板與竹夾爲之，間或護牖以笆，護墉以籬，層層裹飾，非竹則木。然且單房少而重屋多，兩重架格，猶復接木楹於軒宇之上，名曰曬臺。計一室所用，其爲摶埴之工者，祇瓦稜數片耳。又且市廛償闠多接飛簷，橋梁、巷門每通複閣，鱗排櫛比，了無罅隙。夫以滿城燈火，百萬家烟爨，原足比沃焦之山，象欝攸之穴，而且上下四旁無非竹木，既已埋身在烈坑中矣。加之儈販營業，多以炊、煮、蒸、熬、燻、焙、燒、炙爲生計，而貧民晝苦趑逐，往多夜作，諸凡治機絲、煅金錫，皆通夕不寐。又且俗尚苟偷，大抵箕籠厝火，竹檠點燈，暑則燃蚊烟，寒則烘草薦，無非硝炭，而況俗尚釋老，合鄉禮斗，聯棚誦經，焚香燒燭，沿宵纍旦，此風在當事尤宜禁革。又何一非致火者？

考春秋宋、鄭火災，梓慎曰木，即火也。宋太皞之墟，鄭祝融之墟，皆火房也。夫太皞以木德王，祝融以火德王，而皆稱火房，則以木者實火之所由生也，是以震本木也，非火也。而一構乎離，則以震雷生離火，而離反足以滅震，如晉獻嫁女於秦穆，而秦伯伐晉，反獲晉侯於韓原，當時晉史占之者，謂歸妹之睽，以雷澤而變爲火澤，爲雷爲火爲嬴敗姬，以震本木質，而具雷火之性，雖生火而反爲火滅，比晉雖嫁女，而反即以女而害其母家，蓋明言夫木之必當召火禍也。

是以治火之法，先計嚮邇，後計撲滅。嚮邇謂嚮而近之也，撲滅者，撲使滅也。惟可嚮邇，然後可撲滅，否則近且不能，何有於撲。故盤庚遷殷有云，若火之燎於原，不可嚮邇，其猶可撲滅，謂原田草火，其勢卑小，雖不可近，猶可信手撲滅之。若房室炎上，則《五行志》云：及濫災既起，焚宗廟、燒宫室，雖興師動衆不能救也。亦以宫室、宗廟多用木飾，一經炎上，則木火難近，而必不能救。蓋諸火無威，而木火有威。治工聚火而鑄，用木骸即炭。而不用木，則雖金鐵銷鑠，而執工者得近之，何則？以無威也。祝嘏焚明幣於庭，紙錢錫鏹皆可指撥，而及毁靈座。杭俗以木主藏木室，祀寢三年謂之靈座，深合古禮反主於寢之義。爲木無幾，然而尋丈之外，各環向而不得前，何則？以威著也。今以木火而及屋，則威著已極，近且不能，而欲施手足之烈難矣。然且闤闠連綿，左房未燼，而右室已爇，木中之火，以外熱而炙於其裏，往往火所未及，而木先出烟，以外火與内火兩相煏也，如此則爛熳無已時矣。

故《春秋》有書災者，有書火者。其書凌室災則天災也。夫凌室本冰室，而猶有火，此其所以爲天也。其書成周宣榭火，則人火也。夫有木曰榭，在《爾雅》已明言之，既稱有木，而猶欲其無火，得乎？此人爲之也。故《左傳》曰：天火曰災，人火曰火。然則杭州之火，人火矣。若夫甎房則不然，古作室之工，多用陶埴甗甓以喞木，自棟、檼、榱、桷以外，皆取瓴甋墁附之。《考工記》稱爲瓦屋，今稱爲甎房，凡宫室之牆壁、屏蔽，以及庭塗、堂壂，無用木者。如《梓材》云，“既勤垣墉，惟其塗塈茨”，謂合苫土以墁之，則外牆不用木。《儀禮》士適寢，居北墉下，注土牆曰墉，則内牆不用木。《莊子》鑿坏而遁，坏者土壁也，則房壁不用木。《毛詩》中唐有甓謂甓，中庭以甎也。則庭塗不用木。《廣雅》堂以堙壂。唐史北廳以花甎甃地，謂堂址也，則堂壂不用木。《説文》屏障謂之坫。《禮記》反坫，在兩楹之間，謂以甎作屏蔽，以土作楹臺也，則屏與楹總不用木。若《左傳》云“圬人以時塓館宫室”，夫館與宫室，其宜時葺者何限？乃不戒木斲而戒圬塓，則土之勝木久矣，是以寢廟藏主，則並杙柱亦去之。《春秋》謂之宗祏，即石堂也。太史藏典籍，則並檼、欐、榱、棟皆去之，《周禮》序謂之嚴屋，即石室也。若夫《毛詩》之“縮版以載”，謂以版築土，非用版也。《秦風》之“在其板屋”，謂西戎地寒，瓦湅易裂，或以板代瓦，非謂中國之屋，可以木板作牆壁也。

蓋中國屋製四海一轍，北土南甎，俱足禦火。他不具論，即以予郡言之，凡造屋者以複甎爲垣，單甎爲壁，厚甎爲壂，薄甎爲薦，一室之中，惟楝、樑、椽、柱是木耳，他皆甎也。脱或不戒，則楝間於牆，柱間於壁，樑與椽各間於瓦薦，凡木火所向，甑灰瓦确皆足以抗之，而火不成勢。火不成勢，則救者可近；救者可近，則此屋之火，不能爇彼屋之木，即任其自焚，亦不過數間止耳。古有云雨衣易漏，易之以瓦則不漏；今木屋易火，易之以甎則不火。此非理之至明，而事之易曉者乎！嘗記予里居竈門失火，俗以草代薪，原易蔓延，且司爨者又稚婢也，乃草燼而屋並無恙，則以竈門向屋隅，兩面正側皆甎，所燋爛者獨椽、柱耳。蓋甎房之可恃如此。然而習俗相沿，其來已久，庸人狃於故常，而憚於更草。即一二有識者，或痛思改作，稍求一勞永逸之計，而寡不敵众，一室之甎，不能抗萬間之木。是必藉當事大力，留心民瘼，以一切之法嚴行之。其已成者勿論已，但新被灾之地，則必大張示諭，並敕該圖里總，勒買甎塊，且立喚紹興工匠，使另爲製造，不得因仍舊習，私用竹木，違者以非法處，並拆其所造屋。則以漸移易，庶幾有濟。夫開河大工，築萬雉而建二十臺城於其間，亦豈細役？乃前此趙大中丞毅然行之，而官不糜費，民不騷擾，兩河十門臺高而水深，至今望之者曰此趙公城，泳之者曰此趙公河也。苟當事關心，深析利害，則一矢口間，無興作，無科歛，無徵發期會，祇假以威神，而澤之被已千秋，恩之浹且萬户矣。

則亦何憚而不爲之，乃阻之者有二説：一曰甎貴而竹木賤也。夫杭屋外垣，純用土築，而舂基埋石，畚土蓋瓦，材費不貲，所絶無者獨甎耳。然且日聚多人，一唱三嘆，邪許聲連連，計物值工價，每縱横尋丈，約不下十金有餘。若丈牆之甎，則空斗複上，丈甎三百塊，不彀一金，而且土工一工，可築數丈牆，其工價裁數分耳。以十金之牆，而以一金零數分當之，孰貴孰賤？若夫壁則單甎側疊，尋丈之甎，必不敵尋丈之板之值，而苟舍板而用竹，則竹、木、土、灰四者齊用，杭州土皆貴賣，而削、築、圬、墁諸工並進，恐物值工價未必有歉於甎也。夫以一焚而家貲千百，盡付燼炭，則雖十倍之費，猶當痛自祓濯，改柯易葉，爲百年不拔之良策，而况工值計較，爲牆固甚省，而爲壁亦不費。即曰創始實難，采辦未給，或不能頓集諸物，而商賈趨利如鶩，稍有微贏，則其物無脛而至。况甎垣、瓦片，多出之過江之湘湖，而嘉、湖二府亦有陶窑，苟能用之，則纍纍四來，將見草橋、螺螄、太平、艮山四門外，堆垛如山邱，物盈則賤，豈止易辦而已乎！一曰杭州寸金地，闤闠稠密，竹木占地少，而甎則占地多也。是又不然。土牆高大者，約址占三四尺，否亦一二尺；甎牆則高大者四五寸，否即三四寸也。板壁、甎壁各以寸爲度，相去不遠，竹壁則用木村，而編竹夾以墁之，合須一寸土灰，兩面各一寸，共二寸，甎則以寸厚之塊側纍而上，但得寸而無加矣。然則不占地，亦莫甎若也。是以被灾之地，必易甎房，然後積漸次第，徐圖一轍，必使滿城皆甎而後已。此固救時良策，稍有識者，必不以其言爲河漢也。然而未灾之屋，亦當商所以救之之法。

大抵杭人多賃屋而居，屋非已有，即屋中什器亦所值無幾，脱不幸即竄身已耳，以故不關痛癢。而間有住已屋者，又往往以因循忽之。故救之者一曰徇火令。先立三十家牌，以牌中各户輪流爲首，每首值十日，每日早晚則值者至各家呼曰“請查火”，俟其家查看一遍，答曰“查訖”，然後至第二家亦如之。其法用牌一方，横刻三十家，竪列三十日，縱横界之以作格，每查訖，則於某家格下、某日格中覆以朱圈，以爲他日火罰之案焉。乃不幸失火，則杭城多游手人，噪聚乘間，名爲救火，實搶火也。今且軍旂甚夥，馬蹄一蹴踢，而其地已糜爛矣。故救之者二曰斷火巷。每三十家中，合置兩大木，先截其街巷之兩頭而横關之，里總報附近官府，即差役樹兩牌於兩頭，弟許内出不許外入。外入者即坐曰搶火，許守關者持大棍撲擊之，死傷此地者，竟置勿論。至於内出者，則各給籌一枝，驗其運帑，或有親黨請入運帑者，許持籌者引之驗入，若有救火輩來，則預作標識，如鹽橋、仙林橋各坊，義民素有册籍，許標識其坊名，書於燈而稱竿以持之，並所携鉤鐮、繩索、救火械仗，次第驗入，毋使溷亂，此要領也。

若其救法，則《春秋》原有備水器、蓄水潦諸事，而此地皆無用，惟有“撤小屋，塗大屋”六字則最爲切當。大抵木火難近撲，既不能溝澮鮮少，澆又必不得，惟撤屋爲第一良法。量其火之大小，定所撤之遠近，遠踰若干丈，近踰若干丈，須在官者預立程度，以一切行之，法在必撤，毋許阻擋者。阻擋者以違法論。至事畢，則一里内保全之家又量其遠近而合錢多寡，以償其所撤屋，無偏戾焉。若夫大屋則以水泥塗之，以水衣布幔之。杭俗屋大則牆壁高峻，可以堵禦，否則亦撤之以待，更爲無失。但大屋必屬大家，其合錢補償之事可不必耳。則三曰撤火屋，而救法已無他矣。至於其四則曰嚴火罰。從來起火之家名曰火頭，其罰甚重。今既設循令，則必查其起火者爲何牌何户，誰徇誰答，未徇耶則罪在徇，既答而不戒，則罪在答。雖罪不致死，然必重創之，以懲其後來。考明季火頭之罰，以鋃鐺繫頸游於十門，然後從縣解府，解道，解司，至撫院而止，每解衙門，必責二十箠以爲常，誠重之也。今罰宜仍舊與否，或不必然，然而嚴則必然耳。

——1. 切問齋文鈔　卷二一　保甲

魏　禧（1624—1680）

字冰叔，一字叔子，號裕齋，江西寧都（今屬贛州）人。明崇禎七年（1634）庠生，明亡絶意仕進，隱居翠微峰。有《魏叔子集》。

平論二

匹夫而好人惡人，其好不足恃，而惡之無所害。使一旦操賞罰之柄，則一人之意足以治亂天下而有餘。故欲善賞罰之道者，必先平好惡。吾嘗觀好惡之所以不平，其故有五：一曰性悖，一曰習慝，一曰眩於目，一曰聵於耳，一曰域於智之所不知。是故能反乎此五者，則好惡平矣。惡賢而好不肖，性悖者也。好其所親近焉而已，習慝也。有善不能擇，擇而不能善者，耳目之過。好惡其所知，而不能擴其所不知，以己量人者，域於智也。

且夫吾之於人，必有所好惡於其間，則將入乎五者，而不能以自救，是故反乎此五者奈何？性悖之人，謂之天殃。天殃者，千萬之中不可一二見。習慝奈何？非聖之書不敢奉，非義之士不敢親，吾討之古，吾之好惡於是焉法之；吾諏之今之賢，吾之好惡於是焉衷之。潔其好惡之宅，則其來也，有以應之而不亂。眩於目奈何？碔砆之石，其光璘然，人或以爲瑶，璞而不琢，則苴之矣。故能諂吾之目，吾則好之；不能諂吾之目，吾則惡之。錐之處囊也，其穎立出。襓劍弢弓，雖有長技不得見，是故必謹持其所諂，毋忽其所不足。聵於耳奈何？十人譽之，則吾不敢惡，十人毁之，則吾不敢好。且夫好惡者，必慎於所先入，先者主之，後者奴之，殉其虚必喪其實，執其先必距其後。域於智奈何？一人之智匹十人，絜以百人則詘矣；智匹千人，萬人絜之又詘矣，故守一人之智者必愚。一人之好惡出於性歟，性則懼其悖也，因於習歟，習則懼其慝也，用目則眩，用耳則聵也，其何敢以吾爲然？四者免矣，懼智之所域也，其何敢以吾爲然？

—2. 皇朝經世文編　卷一三　治體七　用人

平論三

是非定，則好惡正；好惡正，則毁譽平矣。雖然毁譽有道，畫姝麗者必極天下之粲，畫鬼怪者必極天下之醜。非德於姝，而讎於鬼，以爲否則不足成吾畫。是故譽人者腴其骨，而毁人者瘠其肉，蓋必如是，然後可以成其毁譽之説而已。天道善善而惡惡，聖人之道善善長而惡惡短，故君子有譽人而無毁人。與其失諸毁，寧失諸譽。雖然毁能賊人，譽亦能賊人。善毁者，如飲之瞑眩之藥；不善譽者，如餉炮炙，有毒焉腊其中而不覺也。是故以譽之不平爲恐失己者，小也。譽人而失己，他日吾有譽，人不我信而止。又其甚則我不自信，終其身不敢譽一人而止。大賢之人知爲善而已，故其於毁也呺然，從而譽之也呺然。中材之人，其始也歆於善，毁焉則輟矣，曰：是則然，烏乎然爲之。或譽則輟焉，曰：苟能然，然且足矣。雖然士之伏於蓬蒿也，呿口而言，莫或然之，刻躬而行，莫或先之，然砥節不衰，好學而善下；矗然公卿之上，愎過拂衆，則莫之敢京，何前後之戾也？此無他，富貴者，人所不敢忤，而譽之者衆也。

——2. 皇朝經世文編 卷一三 治體七 用人

平論四

古今賞罰未有一成而不變者，故平賞罰者，平其義而已矣。先賞後罰，奈何？不狃之以恩而蹐以威，則從我者懼而解，囦然如石之脱，不可合也。是道也，其在造國。先罰後賞，奈何？國媮民玩，不摘其桀，不可慴也。先之以賞，是以水濟之也，迄其後而束之，則棄前惠，怨讟生。是道也，其在亂國。賞克厥罰，奈何？天下攝然，大兵不興，大獄不作，大役不發，於是乎抉網而疏之，天下不弛。是道也，其在治國。罰剋厥賞，奈何？國可弱不可亡，民可涣不可叛也。峻法以敕之，毋敢作亂。是道也，其在衰國。疑賞疑罰，奈何？賞疑則從重，罰疑則從輕。是道也，仁主以之。功同而賞異，罪同而罰異，奈何？不能者生民心，其能者有機焉，以操天下之智勇，非賞罰之平也。是道也，權主以之。數賞而不勉，奈何？國無綱紀，臣不共君，民不畏吏，于賞則往，如僦市傭，可以緩，不可以急。是道也，闇主以之。數罰而不慴，奈何？君以徼爲明，吏以多殺人爲能。民習搒掠，視斧鑕若耒耜，不護其生，慄而思動，可以戰，不可以守。是道也，鷙主以之。一舉而已。功則賞之，有罪議罰，奈何？功大從賞，罪大從罰，或薄其賞，以塞其罰。是道也，厥謂以大蔽小。罪則罰之，有功議賞，奈何？緩則從罰，急則從賞，或薄其罰焉，售之可也。是道也，厥謂以急易緩。親麗於罰，奈何？可議者議之，不可議者不以親骫法。是道也，厥謂以公滅私。讎麗於賞，奈何？賞之而已矣。是道也，厥謂以直報怨。賞涖於親，罰涖於讎，奈何？吾無怍於吾心，斷之可也，違其迹焉不可，或虞其時焉，訾之可也。是道也，厥謂以義制事。賞盡則恩窮，罰盡則威窮，大賞、大罰，不可以輕用也。故摩世者必先之小賞、小罰以持其心，是故善用賞罰者留有餘。驟賞奈何？賞極而不盈，是謂大受。驟罰奈何？誅不待教，是謂大憝。驟賞其魁，則不足賞已。驟罰其魁，則不足罰已。當賞而財絀，奈何？吾罰其不用命者，則用命者榮矣，是之謂以不罰爲賞。或曰非嗇之也，豐之以情。故仁人之言，温於纊纊，富於車馬。《詩》曰："非女之爲美，美人之貽。"是道也以之。當罰而勢絀，奈何？吾賞其用命者，則不用命者愧，是之謂以不賞爲罰。或曰：謹持其禮以正之，則人不敢犯也。故仁義可以爲干櫓，尊俎之間折衝。《易》曰："威如之吉，反身之謂也。"是道也以之。

——2. 皇朝經世文編 卷一三 治體七 用人

制科策上

古者取士之途廣，迨後則專出於制科，而其法尤未善。八股之法，一在於摹聖人之言，不敢稱引三代以下事，不敢出本題以下之文。一在於排比有定式。夫題之義理，有博衍數十端，然後足以盡者；有舉其一端，扼要而無遺者，今必勒爲排比，則是多端者不可盡而得，其一說而畢者，必將强爲一說以對之，其對之又必摹其出比之語，斤斤然櫛句比字，而不敢或亂。六朝之文，俳儷爲工，雖雜施於游詠箋記，而後人尚譏其陋。今以長對俳儷而譯經傳，其陋抑可知矣！聖賢之理，適用爲本。故言理，不徵事則迂。疏古人之言，不徵後世之得失，則言之富且精者不得見。今必以爲不可毫髮有所損益，則是古人所一言者，吾從而再言，所短言者，吾從而長言，言之毫髮，逮聖人無益，况必不逮耶？明世黜雜學，尊孔子，勒四書五經爲題目，法視前代爲獨正，販夫竪子莫不知仁義道德之名，然才略迂疏，不逮漢唐遠甚。及其後，則遂欲求爲東晋、南宋而有不可得者。天下奇才異能，非八股不得進，自童年至老死，惟此之務，於是有身登甲第年期耄，不識古今傳國之世次，不知當世州郡之名、兵馬財賦之數者。而其才俊者，則於入官之始而後學。

故居今以救制科之敗，愚則以爲莫若廢八股，而勒之以論策。故曰：八股之爲經濟者，施於論則腐矣，論施於策則迂，策施於奏議則疏。何者？言禮者易僞，而核事者難欺。是故法未有久而不敝。然其立法之始，則不可不盡善。論策之制，其敝也必有剿襲靡衍，誇而不適用。而天下之人，則勢不得不取古今治亂之書而讀之，而講求天下兵馬財賦、關阨險阻、時務利害之事。今夫采魚者必張網於大澤，獵獸者必設罝於深山，夫固有不得魚獸者，顧涉澤以求獸，而越山以問魚，是所謂索燧人以三凌之冰、縶騏驥之足而責千里者也。或曰：聖人之學不明於天下而較事功，則刑名功利之說起，求其治必亂。答曰：吾之説非舍四書五經而别求之也。四書五經命題，以正其本，變八股，制論策，使人得盡其才，適於實用，以救其敗。請言其法：凡童子，試小學論一道，科經書白文三。四書一，《易》《書》《詩》《禮》所占經一，《春秋傳》一。令自某處起，默書至某處止，兼唐人考字、宋人帖括之意。弟子員，試四書一道，所占經一道，策一道。鄉試，策一道，《春秋》一道，判一道，四書一道，所占經一道。會試，策二道，判六道。皆一試。凡小學、四書、經爲論，無定體，無長短格及稱引秦漢以下得失、當代時務諸禁。凡命題，毋割裂章句以巧文，如虚縮、巧搭、枯難題之類。毋褻而不經。如鑽穴踰牆、殺雞攘羊之類。凡判，必依律，去對偶，如讞獄之語，或設事造題，使議其罪。假立一事，令議甲乙所犯，據律例應得何罪。凡試策，試州縣者，策以其州縣之利害。或問地方現在何事，作何區處，或泛問利弊。鄉試，策以其鄉。會試，策以天下之利害。會試之策，概論國勢治道，或古人當國事業者一，分吏、户、禮、兵、刑、工六職命題者一。自爲弟子員，各使占其所能，如習吏，則書一“吏”字於卷面，同占經例。專才者對一科，通才者對數問。中進士廷試，則使雜陳其所見而考難之，以定其官。人有平日識略出有司命題之外者，故令雜陳所見而相考難，或天子自試，或公卿雜試之，參用虞廷敷奏、《周官》論辨之意。於是以通才者署郡縣選，專某職者就某部觀政，授某部官。既受官，以奏疏。疏之體必簡而直，簡無繁文，直無隱事。天子一日萬幾，文繁則目眩騖虚而失要，事隱則不足知事之利害與人之賢否。奏某事，曰：某臣奏爲某事，若何則利，否則害。言者能行，則曰：臣所見如此，臣實堪朝廷試而用之；否則曰：臣能言，臣不能行，以臣所察，某臣能堪臣言，朝廷試而用之；又否則曰：臣所言，臣與僚友不能堪，朝廷懸其言於朝，以待能者。

或謂所言事，廷臣舉無能者，言之何益？不知吾所知之人雖皆不能，天下或有能人而吾不知；如一時無其人，有必不可不存此論者。如漢武帝下詔，募使絶域，雖非當務，其法可倣也。愚謂國家有大難事，竟當另設一科，懸格以募異人，儲材以備急用，事畢即罷其科，不爲定制可耳。乙酉自記。

—2. 皇朝經世文編　卷五七　禮政四　學校

沈　荃（1624—1684）

字貞蕤，號繹堂，江蘇華亭（今屬上海）人。順治九年（1652）進士，官至禮部侍郎，謚文恪。有《一硯齋詩集》。

弭盗四條

一、剔窩藏，以除盗藪。盗賊行劫，必有衆謀之所、寄頓之家，盗之去來無常，或難根究，而窩之居址有定，自易稽查。盗之行劫，每在曠野荒郊，而贓之窩藏，反在通都巨鎮。今請嚴飭番捕約保，於各鄉村保甲中逐細查察，但有窩藏形迹，許即公同密首。有能舉首得實，獲出真賊、真贓者，准給銀五十兩，如有藐法行私，隱匿不舉，非係畏縮避禍，即係通同受贓，事發一體坐罪。窩首既剔，則盗黨無依，誠治本之法也。

一、禁游獵，以消異萌。近訪各屬地方，有種浪子游棍，不務耕作，專事盤游，或持鳥鎗而走城市，或架鷹犬以入山林，借打獵之名，爲資身之策，每見出入無常，其實行踪閃爍。今即申飭各州邑，嚴諭保甲，凡鄉村中有此輩用鳥鎗、架鷹犬者，盡行開報，當官試驗。如技術果精，即當收入民壯之列，量給衣糧，即令巡緝道塗，擒拿賊盗，以羈其身。倘有不肯改業，仍舊胡行，該鄉鄰保，立行舉首，收其鎗械，嚴逐重懲。蓋利器不可以假人，而防奸不厭其過密也。

一、毁空廟，以窮伏莽。中州地土荒蕪，村居寥落，獨古廟、空祠是處皆有，或倚山崗，或依林樾。近來屢訊盗案，凡聚謀落脚、插秤分贓，多在此中潛迹，供招歷歷不爽。今請申飭各州縣，凡郊原静僻、人迹稀疏之處，有空閑廟宇，嚴諭鄉保開報有司，如果係古刹名祠，暫令堵塞封閉，或撥防甲居守，使不軌之徒無可歇足，將見原野廓清而萑苻屏息矣。

一、葺廢砦，以保寧居。北地居民，往往葺砦而栖，恃樓爲固，瞭望周防，其法良善。自遭兵火之後，往時土砦圮毁甚多，今地方多事，即使大鎮巨鄉，亦難安居高枕。況村墟寂寂，井舍寥寥，一有不虞，誰爲援捄？今請仍飭遠近居民，修葺廢砦，或十里五里之内，有三家五家之村，併入團居，互相捍衛。内圉既固，外寇不侵，計無有善於此者。

—2. 皇朝經世文編　卷七四　兵政五　保甲上

汪琬（1624—1691）

字苕生，號鈍翁，江蘇長洲（今屬蘇州）人。順治十二年（1655）進士，康熙時舉博學鴻詞，授翰林院編修。有《汪鈍翁文鈔》。

置後解

古者大宗而無後也，則爲之置後，小宗則否。夫小宗猶不得置後，况支庶乎？子夏曰：爲人後者孰後？後大宗也。曷爲後大宗？大宗者，尊之統也。然則族人而無後也，其遂不祀矣乎？曰：不然也。孔子曰：凡殤與無後者，祭於宗子之家，當室之白，尊於東房。是雖不置後可也。然則有大宗之家焉，有小宗之家焉，祭者將奚從？曰：視其祖。故曰：庶子不祭殤與無後者，殤與無後者從祖祔食，此之謂也。孔子曰：宗子爲殤而死，庶子弗爲後也。然則大宗其遂絶乎？曰：如之何而絶也？弗後殤者，而後殤者之祖禰，則大宗故有後也。《傳》曰：士之子爲大夫，則其父母弗能主也，使其子主之，無子則爲之置後。然則大夫而非大宗也，亦可以置後乎？曰：非是之謂也。公子有宗道焉，大夫亦然。庶姓而起爲大夫，則得别於族人之不仕者。《禮》：别子爲祖，繼别爲宗。大夫獨非大宗與？然則大夫與公子若是班乎？曰：然。公子不敢援諸侯，故公子爲别子，大夫之族不敢援大夫，故大夫亦爲别子也，如之何其可無後也。子夏曰：適子不得後大宗。然則莫尚於大宗矣。奚爲不使適子後之也？曰：以其傳重也。古人敬宗而尊祖禰，適子者繼祖禰者也，故不可以爲人後也。然則無宗支適庶而皆爲之置後，今人之所行，古人之所禁也，不亦大悖於禮與？曰：此禮之變也。蓋自宗法廢，而宗子不能收族矣。宗子不能收族，則無後者求祔食而無所，其毋乃驅之爲厲乎？故不得已爲之置後也。變也。然則今之置後者，必親昆弟之子，次則從父昆弟之子，其於古有合與？曰：不然也。《禮》：同宗皆可爲之後也。大夫有適子則後適子，有庶子而無適子，則卜所以爲後者，如衛之石祁子是也。况無子而爲之置後，其有不聽於神乎？吾是以知其卜也。卜之，則勿問其孰爲親、孰爲疏可也。是可行於古，亦可行於今者也。作置後解。

—2. 皇朝經世文編　卷五九　禮政六　宗法下

與人論墓志銘篆蓋書

志銘草就附上，有一言奉告者：倘即刻石，則篆蓋及志文首行，宜但云“某銜某府君”云云，幸勿加“暨元配某孺人”六字，此近世無識者所爲。凡唐、宋、元諸大家文悉無之，明成、弘以上亦然，即近代名流文亦然也，有碑刻、文集可考。古人非略之也，於此固有深義。蓋女子從夫，故祭曰祔食，葬曰祔葬。凡祔食者，惟立男尸，而無女尸，故曰同几則一尸，亦此義也。愚嘗論之，古人之有行狀，非特備志銘之采擇而已，將上諸太史與太常者也。上諸史官，所以請立傳也；上諸太常，所以請立謚也。今雖不復行，猶當存古人遺意。彼女子無傳、無謚，亦奚用行狀爲哉。其有不同穴者，與節烈卓卓可稱者，與先葬而夫猶存者，或夫歿且葬已久，其事行不及附見於夫志者，别爲之志銘可也。志銘之不及，雖表之可也。顧欲益之以行狀，至於事行始末，已附於夫之碑志中矣，一覽便可得也，而篆蓋、篆額，又欲益之以"暨元配"云云，必使與男子無别，此皆贅也。故愚於女子行狀，悉拒不作，而於蓋、額又欲稍存古法，殆可爲識者道耳。知足下留心文學，敢詳言以告，未審足下能見信否？琬拜白。

諸聯《明齋小識》曰：里有葬妻者作墓志，客以問余。余按《春秋》："隱公二年十二月乙卯，夫人子氏薨。"《穀梁傳》："夫人，隱公妻也。卒而不書葬，夫人之義，從君者也。"《日知録》曰："《春秋》之例，葬君則書，葬君母則書，葬妻則不書，所以别禮之輕重也。隱見存，而夫人薨，故葬不書。"依此，則葬妻而爲志若表者，皆非。古人作墓志，有合葬而不書於碑額，以夫統妻，本乎此也。然則以子葬母，寧不可爲之乎？曰：以子葬母，則必父卒，而後子可居葬母之名。否則，猶之葬妻耳。

—2. 皇朝經世文編　卷六三　禮政一〇　喪禮下

古今五服考異序

昔魯哀公使孺悲，學士喪禮於孔子。兩漢猶有專名禮服之學者，至於馬融、鄭玄、王肅、譙周之屬，皆號通儒，莫不條析異同，反復拳拳於此。勉齋黄先生，亦嘗欲撰次喪服圖式，而附古今沿革於其後，惜乎未及成書而遽殁也。自晚近以來，諱爲凶事，往往棄而不講，於是士大夫持服之時，率皆私行其胸臆，而王者制禮之意微矣。予竊慨焉，故作此考，以《儀禮》爲案，而以今之律文斷之，中間發明辨正，雜采諸家之書，而稍述鄙見於其末。孔子曰：某，小人也，何足以知禮？孔子且云耳，而况陋劣如琬者乎？然用以羽翼律文，殆不無小補云。

有問予者曰：禮與律文不同，今吾子之爲此考也，率皆取裁於律，是毋乃徇今而不古之好與？予告之曰：非也。蓋嘗三復《喪服傳》，而不能以無疑。夫高祖在九屬之内，大夫得立高祖廟，士亦得祀高祖，而顧不爲之服，可疑一也。曾祖距祖一世，顧爲祖齊衰期，而爲曾祖三月，其降殺不太甚乎，可疑二也。丈夫三十而娶，而爲之妻者，乃有夫之姊之長殤之服，可疑三也。支子不祭則不得立廟，尚何有於孤幼，而繼父乃得爲前妻之子築宫廟，可疑四也。舅與從母，皆母之黨也，顧爲從母小功，而爲舅止於緦，抑何輕舅而重從母也，可疑五也。大夫絶緦，於其旁親皆然，而獨服貴臣貴妾，可疑六也。漢魏諸儒，守其師説，牢固而不之變，中間雖有舛訛，往往從而曲爲之解。自唐以來，賢君察相，知制服之當隨時損益也，於是鳩集衆識，而稱制以决之，縣諸令甲以齊一之，至於今日，其文益詳且密。吾聞之也，禮有與民變革者矣。其不可變革者，則親親也，尊尊也，長長也，男女有别也。夫賢君察相，因乎其不可變革者，而損益其可變革者，不亦善乎，而又何周制之兢兢焉？彼徇今而不通乎古，與好古而不協乎今，是謂之俗儒，君子弗與也。

客既退，遂録之以爲序。

—2. 皇朝經世文編　卷六四　禮政一一　服制上

食鱓蠃説

滋陽署中，嘗一日食鱓而美，語予曰："此滋陽人所不知食者，吾得之甚賤。"予聞之，輒爲愀然，自是不忍復下箸。又一日，設有田蠃，語予如前，予聞之愈用愀然。因語之曰："雞、鵝、羊、豕之畜，賴人之養而後生者也，故人得之以爲養，彼無憾也。然且見其生，不忍見其死；聞其聲，不忍食其肉，其所以處之者如此。彼鱓與蠃，不待人以爲養，而我自爲取之以爲養，彼不害人而人害之，人實不仁，物何有焉？且夫彼生南方，我不取而食之，人皆得取而食之，則彼固自分爲刀俎中物而已久矣，夫其無生之心也。今則不然，我不取而食之，則人雖欲取而食之，亦不知所以食之，自我取而食之，於是人人皆知所以食之，而殺之端開自我矣。夫人之官於斯暫也，而其食鱓、蠃於斯亦暫也，而我奈何以暫時之口腹，至開無窮之殺機，由是而二物無得免者矣。悲哉！何鱓與蠃之不幸也。昔程明道先生爲上元主簿，初至，見民有持竿黏飛鳥，取其竿折之，教之使勿爲。自是邑之人無有敢畜禽鳥者。古人仁及物類蓋如此。夫不仁之事，民或爲之，尚當教之使勿爲。况民所不爲，而我導之使爲，其又何以禁焉？"

—2. 皇朝經世文編　卷六九　禮政一六　正俗下

復讎議並序

河南巡按御史覆奏，部民張潮兒手格殺其族兄生員三春，罪當死。詔法司核議。而潮兒供言其母先爲三春所殺。於是該司員外郎汪琬以爲當下御史再審，故議之。

議曰："復讎之議，載於《周官》、《禮記》、《春秋》，見於陳子昂、韓愈、柳宗元、王安石之文者詳矣。"吾不敢復剿其辭，惟以國家之律明之。律曰："若祖父母、父母被殺，而子孫擅殺行兇人者，杖六十。"注以爲不告官者。又曰："其即時殺死者勿論。"注以爲少遲即以擅殺論。由此觀之，凡有祖父母、父母之讎，雖積至於久遠而後報，皆得謂之遲，皆可援擅殺以斷者也。顧獨不許潮兒之復母讎，得毋太苛矣乎？一命一抵，此刑部現行則例也。人既殺潮兒之母，而必欲潮兒母子殉兩命以當之，其失律意明矣。

今議者曰："潮兒未嘗告官，則口供恐不可信。"夫當潮兒具招之日，有司曾不之詰？及其申解之日，御史曾不之駁？彼口供之真僞，法司亦安從知之哉？且吾非欲遂釋潮兒之死也，僅僅下御史再審而已。萬一再審之後，而其情可原，其罪可雪，吾將援此擅殺之條，以求爲國家活一孝子，則法司之所全不更多耶？

議者曰："潮兒既欲復讎，何不即時殺之？"此大不然。吾嘗見被禍之家，稚子、寡女，門户單弱者有矣，其上或壓於勢力，其次或格於賄財，苟有復讎之心，不得不乘間伺便以圖之。苟無其隙，雖積蓄於久遠，而推原律意，皆得寬之爲遲，又何間於數年内外哉。律曰："罪人本犯應死，而擅殺者杖一百。"今以三春之很戾，敢於殺其族母，是亦應殺無疑矣。此時設旁觀者若張氏之親屬，能代潮兒誅之，罪亦止於杖一百而已，况爲潮兒者乎？使果能復其母讎，而又不以减死論，不可謂法之平也。

議者又曰："奈經屢赦何?"夫復讎不可以赦言也。赦者，國家所以矜全有罪，而非孝子、慈孫不忍其親者之所欲也。今必以此罪潮兒，不幾與行兇之甚哉。故吾謂斷是獄者，但當窮其口供所從來，不當問赦前與赦後也。吾又嘗求赦文觀之，惟誤殺者赦，他若謀殺、故殺皆不赦。吾不知三春所犯爲合誤殺、律乎？抑合謀殺、故殺律乎？果當赦乎？抑不當赦乎？皆非法司所得而懸斷也。洵如吾説，使得下御史再審，不過煩本部之題請與有司之追勘耳。此其事易若反掌，而所全實多。若憚題請、追勘之勞，而甘自處於失入，爲法吏者夫亦勿之思矣。

—2. 皇朝經世文編　卷九二　刑政三　律例下

慕天顔（1624—1696）

字拱極，甘肅静寧（今屬平凉）人。順治十二年（1655）進士，官至漕運總督。有《撫吴封事》《楚黔封事》《督漕封事》。

請開海禁疏

查得户部疏，稱需用錢糧甚多。今内外諸臣，有將米豆、草束等項價值，題請加增者；有稱百姓困苦，題請蠲緩者；有稱百姓困苦，條奏賑救者。今江南等處，灾荒又見告矣。倘概議不准，恐民生不遂，有負皇上愛養斯民之至意。若競從所請，則錢糧愈少，軍需不足，豈得不預行籌劃。在外督撫，身任地方，知之必悉。如何使百姓不致困苦，以足國用，有益兵餉之處，俱行陳奏等因，具題。奉旨，九卿詹事科道，會同確議具奏。欽此。臣查生財之道，必致其源，而理財之法，當從其大。目前興師征討，四出靡寧。雖蜀道漸開，楚江咸順，而貔貅之衆，棋布星陳，資餉甚殷，所在告急。議節省則事款通裁，幾於節無可節矣。議捐輸則事例多案，幾於捐無可捐矣。然而軍馬之供億，每患不敷，度支之經營，尚苦莫措者，良由講求之術，徒循其末而未深探其本也。蓋自庸調之制廢，而民力之輸納無復本色之供；自兩税之法行，而國用之徵求惟以金錢爲急。上下相尋，惟乏金之是患也久矣。然銀兩之所由生，其途二焉。一則礦礫之銀也，一則番舶之銀也。自開采既停，而坑冶不當復問矣。自遷海既嚴，而片帆不許出洋矣。生銀之兩途並絶，則今直省之所流轉者，止有現在之銀兩。凡官司所支計，商賈所貿市，人民所恃以變通，總不出此。而且消耗者去其一，堙没者去其一，埋藏製造者又去其一。銀日用而日虧，别無補益之路。用既虧而愈急，終無生息之期。如是求財之裕，求用之舒，何異塞水之源而望其流之溢也？豈惟舒裕爲難，而匱絀之憂日甚一日，將有不可勝言者矣？

由今天下之勢，即使歲歲順成，在在豐稔，猶苦於穀賤傷農，點金無術，何况流亡迭見，灾歉頻仍？於此思窮變通久之道，不必求之天降地出，惟一破目前之成例，曰“開海禁”而已矣。蓋礦礫之開，事繁而難成，工費不可必，所取有限，所傷必多，其事未可驟論也。惟番舶之往來，以吾歲出之貨，而易其歲入之財。歲有所出，則於我毫無所損，而殖産交易，愈足以鼓藝業之勤。歲有所入，則在我日見其贏，而貨賄會通，立可以祛貧寡之患。銀兩既以充溢，課餉賴爲轉輸。數年之間，富强可以坐致。較之株守故局，議節議捐，其得失輕重，有不啻徑庭者矣。然而議此者，必謂海氛未靖，方事剿除，若一通洋，勢多扞格。則更請衡今昔事勢而言之。按故明海島諸國，並許朝貢。惟以倭彝獷悍，絶不使通。然而市舶之往來，於彼不廢，故有舶商匿貨之禁。原以專計泛海之船。行之曩朝，深得其利。其後雖有倭患，原非兆於商舶也。再以本朝而言。閩海之餘孽未殄，而荷蘭、琉球等國之貢仍至也。粤地之風帆接閩，而暹羅、紅毛等國之貢自若也。貢船本外彝所來，猶且無礙；商舶由内地所出，翻謂可虞，又事理之必不然者矣。猶記順治六七年間，彼時禁令未設，見市井貿易咸有外國貨物，民間行使多以外國銀錢。因而各省流行，所在皆有。自一禁海之後，而此等銀錢，絶迹不見一文。即此而言，是塞財源之明驗也。可知未禁之日，歲進若干之銀；既禁之後，歲減若干之利。揆此二十年來，所坐棄之金錢，不可以億萬計，真重可惜也。今則盛京、直隸、山東之海船，固聽其行矣，海洲、雲臺之棄地，亦許復業矣。香山、澳門之陸路，再准貿販矣。凡此廟謨之籌略，豈非見於海利之原可通融，而故弛其禁耶？今所請之開禁，亦即此意擴推之而已。惟是出海之途，各省有一定之口，稅賦之人，各口有一定之規。誠畫一其口岸之處，籍算其人船之數，嚴稽其違禁之貨，察懲其犯令之奸，而督率巡防，並資文武，統之以兼轄，責之以專汛，彈壓之以道官，總理之以郡佐。一切給票稽查、抽分報納諸例，皆俟定議之日，可逐一妥酌舉行也。總之，此事誠關重大。今之言者，明知此禁之當開，乃瞻顧而不敢輕言。即言矣，議者亦明知此言之可行，又因循不敢決斷。則財終從何裕而用終從何出乎？茲因需餉浩繁，民生困苦，上廑廟堂之憂，更煩院慮之切，再三籌計，展轉思維，以爲微利輕財未足以補救，今日必當致財之源，生財之大，舍此開禁一法，更無良圖。抑臣更有請者，江南棄沙，雖已復業過半，尚有界外未復之洲。實則在大江口內而不在外洋，遷民失業，更爲可憫。今若開禁，並可勘令復歸故土，墾種補課，又係生財之一端。而海舶通商，所資在天下之大，百世之遠，寧僅江南一隅足餉一時已哉！

——2. 皇朝經世文編　卷二六　户政一　理財上

劉餘謨（1625—?）

字濡柱，南直隸懷寧（今安徽安慶）人。明崇禎十六年（1643）進士，入清後官刑科給事中。

墾荒興屯疏順治九年

竊查錢糧每歲入數一千四百八十五萬九千餘兩，出數一千五百七十三萬四千餘兩，現在不敷銀八十七萬五千餘兩。其中各省兵餉一年該銀一千三百餘萬，各項經費不過二百餘萬。是國家財賦大半盡於用兵，即使天時無警，正供不虧，而軍食已急，民力已竭。況今年直隸、山東、河南、江南、湖廣水旱異常，各請蠲賑；大兵南取滇黔，遠則萬里，動必經年，雖可旦晚削平，亦須留兵鎮守，未有轉餉於數千里外而能接濟不匱者。兵有枵腹之憂，民有挽運之苦，臣蒿目憂心，晝夜籌劃，以爲捨屯田而外别無奇策也。

夫屯田之法，與滿洲圈地無異。但圈有主之熟地則爲民害，而屯無主之荒田則於民不擾，而於國甚益。如腹裏久定地方，不便軍屯，宜聽督、撫、按有司招徠開墾，業經會議，毋容瀆陳。若湖南、四川、兩廣新定地方，彌望千里，絶無人烟。據撫按疏稱，湖南、衡永等處衛所，數年並未開墾，成都、重慶、叙州、馬湖各屬，人民僅存十百，粤東拋荒已甚，粤西人少賦輕。章奏具在，歷歷可考。是幅員雖廣，空地甚多。且國家費數年兵力，數百萬金錢，若不及時耕種，亦安用竭萬姓之脂膏，收空虚之城郭乎？伏乞敕諭統兵諸將及督撫按等官，凡大兵所過，降寇、流民務在實心安插，擇其强壯者收歸營伍，其餘老弱悉令屯田。必明開籍貫，編立保甲，計口授畝，使之屯牧有地，耕種有資。其湖南、四川、兩廣駐防經制官兵，亦宜擇其膂力强壯、弓馬嫻熟者，操練講武，其老弱餘丁，擇拋荒空閑地方，照陝西鳳翔、隴西、徽州之例耕牧屯田，爲久駐計。但不得於圈地之外溷占民間有主熟田，寓彌盗之法於屯田之中，而即寓裁餉之意於練兵之内，進可以戰，退可以守，計無踰於此者。

至於川、廣部選各官，向來或因地方未定，或地方初定而無人民衙舍者，皆暫住他郡，既無益於殘疆，又虚費朝廷之廪禄。臣前伏讀明旨，蜀省凋殘，成都等府州縣僅存百十人民，似難以照例設官，誠明見萬里。臣請敕部酌議裁並，俟地熟人稠之後再復舊制。庶凋敝餘生，不病於官多民少，兼可裁其俸禄、工食等項，以爲牛力、種子諸費，即有不足，再於他省協濟。民知息肩有日，亦當勉力輸將，三年以後，必有成效，則軍馬飽騰，而荒殘可望富庶。捨此不爲，束手無策，是坐視民窮財盡，永無休息之期矣。

—2. 皇朝經世文編　卷三四　户政九　屯墾

許三禮（1625—1691）

字典三，號酉山，河南安陽人。順治十八年（1661）進士，官至兵部右侍郎。有《政學合一集》。

補定大宗議

封建廢，則宗法格而不行，鄧潛谷先生論之詳矣。雖然，至今服制丁艱，主承重孫，不猶行古宗法之一事耶？宗法不定，則立祠堂、修宗職一切事無所統屬。雖羅念庵先生變通三説可謂極善，今議不若以貴貴爲定，俾代任宗職，不得委卸。張湛虚先生曰：起於是邦而始爵者皆自爲祖，其嫡繼之亦即爲大宗。此大宗之百世不遷者也。觀《孝經》，卿大夫之孝曰“然後能守其宗廟”，士之孝曰“然後能保其禄位而守其祭祀”，益見宗廟、祭祀關乎禄位，則宗法斷當以貴貴爲定明矣。蓋祖宗積德百餘年，始發於一二子孫。其一二子孫即是祖宗呵護之爲大宗，自宜身領宗職，上祀祖先，下庇後昆，而非失之僭。至因禄位而方得祭饗歷代先人，更以明國恩而重作忠之感，豈但收合族人、厚風俗已哉。若並貴，仍論宗派，或尊尊，或長長。如無貴者，照羅説或尊尊，或長長，或賢賢，隨所遇職領、薦事焉可也。孟子曰“惟士無田，則亦不祭”，“三月無君則皇皇如”，此之謂也。

—1. 切問齋文鈔　卷八　風俗五

侯七乘（1626—?）

字仲輅，山西汾西人。順治十五年（1658）進士，官至廣信府同知。有《孝思堂集》。

文章不可苟作

柳子厚復杜温夫書，譏其見柳州一刺史，即周孔之，“至潮之二邦，當得二周孔；若至京師，則不勝周孔”。噫，何“周孔”之多也？斯言也，艾東鄉嘗舉以爲大士戒，謂“大士許人一文，當如許人一女，不可草草”。予於是嘆東鄉之識高於世人遠甚，非弇州、南溟輩所得而及也。唐世文宗時，長安文士爲貴人作碑志，若市賣然。天官卒，其門如市，甚至諠競争致，不由喪家。此輩卑卑，固無足道。朱晦菴嘗言：“陸放翁能太高，迹太近，恐爲有力者牽去，不得全其晚節。”及後放翁再出，果爲韓侂胄作《南園閱古泉記》，見譏清議。《元史》：姚燧嘗以所作就正許衡。衡賞其辭而戒之曰：“文章先有能一世之名，何以應人之見役？非其人而與之，與非其人而拒之，皆罪也。”由此觀之，語言文字，人品攸關，斯言之玷，駟馬難追。如陶穀悔作《禪詔》，孔文仲悔作《伊川彈文》，朱文公悔作《紫岩墓碑》，姚雪坡悔作《秋壑記》，李西涯悔作《佐明宫記》。與其悔之於後，何若慎之於先？韓、柳作志、傳皆不輕與人。歐陽永叔撰《尹師魯墓志銘》，但叙辨所以作墓志之意，鑿鑿不少假借。子瞻生平未嘗爲人銘墓，所銘五人皆盛德，若富鄭公、司馬温公、趙清獻公、范蜀公、張文定公也。此外趙康靖公、滕元發二銘亦代文定所爲者。在翰林，詔撰趙瞻神道碑，亦辭不作。又前輩諸大家，從未有爲宦官屬文者。韓退之《送俱文珍序》，編在外集，非李漢所録，蓋公所棄之篇也。趙松雪爲羅司徒致鈔百錠於胡汲仲，請作乃父墓銘。汲仲怒曰：“我豈爲宦官作墓銘者！”是日汲仲正絶糧，其子以情白，坐客咸勸之，卻愈堅。如此風節，豈在韋貫之、楊萬里之下哉？李治曰：“文章有不當爲者五：苟作，一也；徇物，二也；欺心，三也；蠱俗，四也；不可示子孫，五也。”噫，是道也，自漢伯喈以來，已不免慚德矣。信州鄭文恪一書，離奇瑰異，予所心醉，然其病亦在德政序、神道碑布滿集中，不擇人而文之，遂不擇人而周孔之。作者人品以此減價，甚爲可惜。吾於是嘆東鄉之識，高於世人遠甚也。

—2. 皇朝經世文編　卷五　學術五　文學

林　潞（1626—?）

字玉逵，號鹿菴，浙江錢塘（今杭州）人。有《鹿菴文鈔》。

江陵救時之相論

蘇文定云：天下有權臣，有重臣，二者其迹相近而難明。凡爲天下，宜有以養其重臣之威，使天下百官有所畏忌，而緩急之間能有所堅忍持重而不可奪。吾嘗據此以論江陵。江陵在時，舉世皆目爲權臣者也。當時群臣徒見其外而不見其内，見其侵天子之權，而不察其所爲有不得已而出於救時者。由今視江陵，似是兩人。觀其逐新鄭、廢遼王、奪情起復，幾於無上；觀其十五年之經濟，乘得爲之時，優之以才，濟之以剛，猛鷙而立功名，一時廷臣無出其右。原其意以爲舉朝因循玩愒，方且伺隙於我，而我無以肩之則事必不濟，兩宫、沖聖之倚毗必不副，當時觀場之人無論已。百年以來，曲學腐儒動輒講王霸，辨義利，不察其本末，而概以攬權震主相責。夫世廟以來，無相久矣。生非文武成康，而不識救時爲急。予以爲，逐新鄭、廢遼王、奪情起復三者，罪之大者也。其事載在國史，怙寵悖理何疑焉？吾寧信之，豈惟信之，將以責之。此其事姑未辨。洪武初，罷丞相，以五品殿閣加孤卿，名之曰閣臣。夫閣臣，詞臣也，分其任於六曹，而職司票擬。其不賢者竊一人之鼻息以張威福，其賢者宫中、府中斡旋調劑，上一閣揭，回以片言，而相之職止此矣。功可以竊，而罪可以諉，莫閣臣若。江陵起而憂之，欲舉相職。其進《直解》，進《大寶箴》，進《帝鑑圖》，欲天子敬學；進《皇陵碑》，進《寶訓》，進《御札》，欲天子法祖；裁進奉，諫營造，欲天子節儉；引見賢能，欲天子知吏治；圖百官於御屏，欲天子體群臣；請大閱，欲天子念邊防；蠲逋賦，欲天子子庶民；絶餽遺，戒請託，欲天子知大臣法則小臣廉。不寧惟是，當江陵官翰苑時，即志期公輔。四方輶軒奉使歸者，必往爲造請。轍迹所至，户口扼塞、山川形勢、地利平險、人民强弱，一一札而記之。肅皇帝二十餘年間，彼親見貴溪、分宜交相齕，而邊備廢弛，天子縱有所誅殺，卒無成功。一旦柄國，輔十齡天子，綢繆牖户，措意邊防者爲至。江陵匪直相也，而直以相將將，故南北守禦、百粤、滇、蜀必付託得人。將帥能效力者，量其才，专其責，湔其瑕，勵其志，鼓之以爵禄，假之以事權，凛之以三尺，破之以疑畏，責之以實效，數萬甲兵藏於胸，而指揮乎數千里之外。虚懷咨詢，削牘星馳，嘗有數什伯相君貫乎將士之心，而戴乎將士之首？戰勝攻取，代爲奏藁，當以某事咨稟；功成凱至，又諭以朝意，當以某辭入告，某策善後。勇怯强弱，進退疾徐，洞若觀火。邊吏奏記政府，命之親書，以毋泄機宜，又必命其書銜，擇其重大窾要者，一一陳説於天子之前，而使至尊識其勞苦，知其姓名。故能縛大憝，殲群醜，以奠安中夏者垂十年。至江陵殁而享其餘威，以固吾圉者又二十年。此江陵所爲舉相職也，而且不遺餘力以綜庶務，由是而嚴清丈，董驛遞，度河工，疏餉艘，詢水利，飭學校，核名實，辨執掌，久視爲具文者按實行之。攬權震主之外，世所謂益之以操切者也。諸葛君曰："願陛下責臣以實效，不效則治臣之罪。"夫既已有實效矣，兩宫、沖聖知之，舉朝知之，而其心未必知之。方其柄國時，惓惓致書賢者，辨明心曲，以爲吾非不知乎天下之怨，既已肩其任矣，吾欲貽沖聖以安，不專必不一，不斷必不成。十年之間，兩宫、沖聖享其逸，江陵處其勞。兩宫、沖聖任人則逸者也。六曹大臣蔭其逸，猶曰侵官，乃委瑣、齷齪者畏之，有才無膽者妬之，清正拘牽者非之，畏難者怨之，迎合者憚之，深文排詆者疑之，蜚語喧騰，而欲虛心衡斷其功罪也，胡可得哉？雖然，江陵三罪，不可以不辨。禁籞何地，而奸宄得以闌入？親藩入議，而大臣不爲援請。時際晏安，而金革何以變禮？即不曲爲文致，而罪已不容逭。才大而溢，任重而疏，以忠君愛國之心，而雜以一切吐棄之意，此則太史公責淮陰不能學道謙讓、不矜不伐者也。吾猶有説焉。宰相爲天子統百官，如裘之有領，門之有闑，舟之有柁。宰相重則朝廷尊、百務舉，宰相輕則朝廷卑、事權雜。自江陵歿後，而詆江陵者，非惟自輕，而足以誤國。廟堂諸老委蛇無建白，而使神考輕宰相，惡諫官，燕安無忌，礦使四出，宮闈挾寵，九列無官，朝堂不御，封疆大患，帷幄無謀，以門户籌邊，以朋黨任將，一誤再誤，宦寺乘之，而國不可爲矣。思陵之季，撫髀思江陵，而後知得庸相百，不若得救時之相一也。

—2. 皇朝經世文編　卷一四　治體八　臣職

賈似道公田論

一日之利，萬世之害，聖人所以惡言利。乃自古小人之誤人家國，必以利進。其始以裕國便民，聳動人主。爲人主者，當國計匱乏之時，驟聞其説，喜而行之，府藏頓盈，公私並給，以爲其言果可用，而不料其禍之至此極也。宋王安石，言利之徒也。神宗時開邊生事，用兵糜餉，安石創行青苗、助役、均輸諸新法，剥民奉上，四海困窮，而北宋遂轉卒以亡。南宋至淳祐、寶祐間，賈似道首創買公田之策，劉良貴、吴勢卿等助之，藉口祖制限田，而實以聚斂困民。敵未壓境，民心潰散，以速其亡。而其流禍且歷宋而元而明，至於今未艾也。

嘗考公田初買之時，以官品計，將官户田産逾限之數，抽三分之一回買以充公田，是猶有抑强嫉富之意也。繼而敷派，除二百畝以下者免，餘各買三分之一。又後，而百畝之家亦不免焉。官吏奉行，率以多買爲功。有不勝任者，知臨安府劉良貴輒劾之，追毁出身，永不收叙。平江、嘉興、安吉、常州、鎮江、江陰，買田皆有專官。而包恢在平江，至以肉刑從事。廖邦傑催督常州，害民特甚，至有本無田而以歸併抑買自經者。浙西六郡，買田多至三百餘萬畝，號曰公田。嗚呼！自秦商君廢井田、開阡陌，以至於宋，幾二千年，民俗習之，各田其田，各業其業。祖父以長其子孫，其間雖有多寡、廣狹、肥瘠之不同，而貧不必忌，富不必藏。今縱不能舉井田復之，反一旦取民間之田，不問可否，强進於公，且從而刻減其價。石租之田，償以十八，界會子四十。價錢稍多，則給銀絹各半；更多，則給以度牒、告身准直。登仕郎告准三百楮，將仕郎告准千楮，許赴漕試，校尉告准萬楮，承信郎告准萬五千楮，承節郎告准二萬楮，安人告准四千楮，孺人告准二千楮。所得者虛告，所失者實産，雖富民不免於破家失業。夫求國之富，不令國有富民，可乎哉？然而似道之意，未嘗以爲病民也。假公田以爲號，買之於民，非攘奪也。每歲秋租，特與饒減；有水旱則别議收數。民爲官耕者，照例輸租，非有多取之名也。屈人主之尊以爲田主，田三百五十餘萬畝，歲收可得二三百萬石。餘賦税、常額之外，忽增此數，雖天下賢君，未有不顧而樂者。

豈知其流毒至於此哉？

夫公田之名昉於殷周。其時私田並屬公家，故有授田、還田之制，非如似道之買私田爲公田也。買私爲公，則田數有定，盈於公必縮於私，名是實非。又爲立官倉以儲之，分司以主之，官佃以耕之，莊官以督之。比及收租，原額已虧，則取足於田主。或内有磽瘠及租佃頑惡之類，又從而責换於田主。民産既去，而獲累無窮，比諸白晝摽掠之盗，荼毒閭閻，殆有甚焉。明太祖起兵江南，定天下，興新政，宜改矣，而銜吴人爲張士誠死守，承元之舊，以此苦之。論者謂明祖開創太平，豁達大度，反以私怨仇其民，不知似道柄國時苟不作法於涼，後世人主雖極刻薄寡恩，又豈能創此苛政，爲困民計乎？故當明初公田之説，每畝至九斗八升，蘇逋賦至七百九十一萬石。民棄官田而逃者，鄰田一沾足，則執以償其賦，良田皆廢而不耕。宣德間，周文襄公巡按江南，始奏減歲四斗一升以上，至一百石者，減作二斗七升；二斗以上至四斗者，減作二斗一升；一斗至二斗者，減作一斗。蘇州一府，獲減課七十餘萬石。其絶户官田，召佃開墾，而薄其賦，照民田例，民命獲甦。然公田之賦雖減，而所減賦仍均攤於民田。凡州縣之公田其數少者，民田税輕；其數多者，民田税重。故至今浙西田賦輕重錯出，要比浙東爲加浮。蓋似道變法之後四百五十餘年，大害雖除，餘毒未止。古今之法，其宜革而不革者，又豈少哉？

嗚呼，窮則變，變則通。獨利竇一開，難以遏絶。本朝深仁厚澤，漸被四海。前明江西瑞州、臨江等賦，多增至十餘萬。蓋因陳友諒降將誤書册籍，以訛傳訛，沿爲定例。而本朝盡豁除之，則浙西田賦將來必獲減裁無疑也。昔者，范忠貞公開府兩浙，欲奏減矣，顧未竟厥施而去。嗚呼！後之來者，其亦體朝廷仁儉至意，舉數百年來未盡革之弊，一旦清之，毋使忠貞遺愛不獲再見也，然而難矣。

—2. 皇朝經世文編　卷三二　户政七　賦役四

魏雙鳳（1627—?）

字雖伯，直隸獲鹿（今河北獲鹿）人。順治十五年（1658）進士，官至宗人府宗正。有《南游詩草》。

請詔令宜信疏康熙十二年

臣聞人君所以鼓動天下者，在乎詔令，而詔令敷布於天下者，尤貴遵行。苟發之不妄，而持之必行，堅如金石，信如四時，則敷天之下，莫不竦聽而悦服。《書》曰："令出惟行。"《傳》曰："令重則君尊。"故詔令不可不信也。臣閲邸報，見今日已經奉旨定例之事，奉行不力者有之。臣以爲當慎持於未發之前，不宜輕格於既發之後，否則詔甫下而不遵，令未及而輒變，不特各官陽奉陰違，有負職掌，揆之國體王章，誠未見其可也。如徵收雜項、錢糧銀七分、錢三分之例，奉有旨矣，今直省州縣存留收放未嘗力行也。如每錢十文作銀一分之例，奉有旨矣，現在户部每發錢一千作銀一兩，而市肆貿易每錢一千竟作八錢一二分不等也。如不許行使舊錢之例，奉有旨矣，今各直省貿易舊錢間雜如故也。夫舊錢攙和則制錢壅塞，制錢價賤則錢法不通，豈非奉行之不力乎？如禁濫留衙役之例，奉有旨矣，今各直省大小衙門衙役蜂擁，或改换名色，或幾人朋充，未嘗遵定額也。如禁聚會燒香之例，奉有旨矣，今直省各處鳴鑼張幟，斂錢號佛未止也。如禁服飾奢侈之例，奉有旨矣，今街衢微賤雲綺奢華自若也。如擅用非刑之例，無辜斃獄之例，擅索夫馬之例，俱奉有旨矣，今職官故犯，列之彈章者比比也。凡此之類，難以枚舉，皆因内外臣工積玩成風，全不實心擔當，實力遵守，是以皇上有不忍人之心，無人代爲宣播，百姓何由而得知？皇上有不忍人之政，無人代爲奉行，百姓無從而得所。夫王言如絲，其出如綸；王言如綸，其出如綍。煌煌天語，炳若日星，而官不遵令，民不守法，何以示信於天下？伏乞嚴勅内外部院、督撫、大小諸臣，嗣後洗心滌慮，精白承休，凡一切奉旨定例之事，有益於民生、有利於風俗者，實心舉行，一體恪遵。内而五城，外而有司，如奉行不力，當即題參。弊在必剔，勿計考成；奸在必釐，勿畏强禦。事當爲即爲之，勿事苟且以塞責，事當言即告之，勿存避諱以誤公，則法令永遵，而人心大定，天下共仰皇上之明且斷矣。

—2. 皇朝經世文編　卷九　治體三　政本上

張惟赤（1627—？）

字侗孩，號螺浮，浙江海鹽（今屬嘉興）人。順治十二年（1655）進士，官至給事中。有《入告編》《退思軒集》。

訪懲衙蠹之法疏

從來剥啄小民，惡莫甚於衙蠹。皇上嚴綸申飭，不啻再三。禁舊役，革頂首，有犯贓十兩之明刑，又有犯贓一兩之新令。然立法雖嚴，而蒙蔽之局愈不可破。究之殘民肥己，盈千纍百，而未嘗發覺；即使發覺，又有巧術多端，打點彌縫，終成漏網。故肆意虐民，曾無顧忌。且自郡縣以至督撫衙門，串成一片，互相救援。雖有三年更替之令，而移姓改名，出此入彼，引接下手，非其親族，即其子孫，盤踞日深，綫索日熟。内則伺本官之性情，窺打點之捷徑，外則聯唆訟之積棍，交不肖之紳衿，因而瞞官嚼民，無所不至。

近見浙撫佟某疏：巡撫三省以來，恪遵功令，但有蠹役，憑民間告發，然後訪拿。在巡臣釐剔有方，自當一清群蠹。但恐此輩日在上官左右，聲勢赫奕。若督、撫、按三衙門各役，郡縣尚在曲意將迎，惟恐得罪，小民安敢遽然訐告？即巡按訪實拿問，既拿之後，必索款於臬司，臬司轉索於刑廳，刑廳無從驗知，必詢之本廳書役，然本廳書役必與此輩向結心腹之交，因密通消息，即令本人自行造款，遂將真實惡迹一字不提，反假捏無影無干之款，上報塞責。夫蠹役作惡，必名聞通國，始爲巡按之所訪拿。在訪拿之時，非不真知灼見，及至公堂質審，率多僞款，或姓名不對，或被証差訛，一無指實。無論問官徇庇，即執法者欲直窮到底，而其事實屬無干，無從坐罪。倖免以後，招摇得意，自誇打點神通，人人畏服，故訪拿一次，愈增一次之威名矣。在初訪之時，非不出示令人告發，但近年巡按所訪人犯，往往發下府縣監禁，以致央情保放，盛服逍遥，游行市上。愚民見之，謂彼雖屬訪拿，現在安然無事，又孰敢犯其兇鋒者？惟恐補狀訐告，而此輩彌縫術巧，日後仍在衙門，則藉端報復，身家立破。况每見縣間各蠹，訪拿問革後，反買府、廳頂首矣；府廳各蠹，訪拿問革後，反買充督、撫、按頂首矣。衙門愈大，則肆惡愈深，至於種種贓私，告出未及十之一二，而審問時且盡付子虚，或不過問成八九錢贓銀而止。何則？蓋上諭有一兩籍没流徙之新例，故必不滿一兩之數也。上下蒙蔽，打成一片。總之，此輩之身家必不至敗壞，則小民之冤苦必不敢自鳴。

臣請勅部嚴行各省撫按，以後必須嚴拿，勿待告發。拿到之日，先責迎風，然後發下按察司監禁，不許轉發府縣，以致保放。仍即出示招人補狀，其采訪各款，務開實迹。若捏造塞責，以致審質全虚者，即追究造款之人，治以扶同黨惡之罪。蓋訪拿衙蠹，必無冤濫，款贓必多，被害必衆。一憑諸真款，再憑諸告發，從公嚴審，依律治罪，被拿之蠹斷不仍留地方，則小民知蠹役之可除，自無所顧忌，而敢於伸冤矣。除撫按不時訪拿外，大小各官更將本衙門蠹役自行覺察。其府、廳、縣，每季各造本衙門人役花名册，并並無訪過再進印信甘結，移送刑官。刑官不時嚴察，如有犯者立刻揭送撫按，坐本官以徇庇之罪。倘刑官隱匿不報，撫按訪實題參，刑官一併治罪。倘撫按隱匿不參，科道官風聞一併參奏，治以徇縱之罪。如此積蠹可除，而民得安枕矣。

—2. 皇朝經世文編　卷二四　吏政一〇　吏胥

湯　斌（1627—1687）

字孔伯，號荆覲，晚號潛菴，河南睢州（今屬商丘）人。順治九年（1652）進士，官至工部、禮部尚書，謚文正，從祀孔廟。有《潛菴先生遺稿》。

重修蘇州府儒學碑記

康熙二十三年歲在甲子，天子以治定功成，行古巡狩之禮。冬十月車駕至蘇州，詢民問俗，告誡有司。還至曲阜，祭先聖廟，拜獻之儀視前代有加。親灑宸翰，題其廟額，詔天下修葺學宫，頒賜御書，海内蒸蒸罔不從乂。斌時奉命撫吴，祗謁廟學，見殿廡門垣日就頹弛、明倫堂岌岌欲傾，慮無以仰承聖天子興學重道之意，受事方新，未遑興作。明年二月，蠲俸倡始，藩臬庶僚飭材鳩工，黽勉襄事。宎、楝、櫨、桷、楹、礎之殘缺者易之，丹雘、髹漆之漫漶者新之，祠、齋、庖、庫之久廢者興之。締構堅貞，典制具備。泮水疏通，遠接太湖。松、檜、椅、桐之屬，種植千本，閲十月而工訖。於是躬率僚屬行釋菜禮，定期講學於堂，諸生執經問業，遠近咸集。又明年三月，斌奉輔導東宫之命，瀕行，進諸生而告之曰：

"此地自范文正公建學，胡安定立教，於今六百餘年矣。名卿巨儒項背相望，諸生肄業於斯，其所以紹述先哲，仰答天子作人雅意者，果安在乎！國家興治化在正人心，而正人心在崇經術。漢儒專門名家，師説相承，當《詩》《書》煨爐之餘，儀文器數之目，删定傳授之旨，猶存十一於千百。且其時選舉不以詞章，通經學古皆得上聞，朝廷定大議、斷大疑，博士據經以對。故其時士大夫勇於自立，無苟簡之心。孝弟廉讓之行，更衰亂而不變。此重經術之效也。其後虚無寂滅之説盛，聲律駢儷之習工，而經學荒矣。宋濂洛關閩諸大儒出，闡天人性道之源流。故天下知性不外乎仁義禮智，而虚無寂滅非性也，道不外乎人倫日用，而功利詞章非道也，所謂得六經之精微而繼孔孟之絶學，又豈漢以後諸儒所可及歟?《宋史》道學、儒林釐爲二傳，蓋以周、程、張、朱繼往開來，其師友淵源不可與諸儒等耳，而道學、經學自此分矣。夫所謂道學者，六經、四書之旨體驗於心，躬行而有得之謂也，非經書之外更有不傳之遺學也。故離經書而言道，此異端之所謂道也，外身心而言經，此俗儒之所謂經也。宗洙泗而禰洛閩，人心之所以正也；家柱史而户天竺，世道之所以衰也。今聖朝尊禮先聖，表章正學，士子宜知所趨向矣。吾恐朝廷以實求而士子終以名應也。苟無騖乎其名，而致力於其實，則亦曰躬行而已矣。故學者必先明義利之界，謹誠僞之關，則貧富貴賤之非道，不處不去必劃然也，造次顛沛生死禍福之間，不可移易者必確然也。毋爲枉尺直尋之事，毋作捷徑苟得之謀，寧拙毋巧，寧朴毋華，寧方毋圓，戒懼慎獨之功無時可間，子臣弟友之職不敢不勉，不愧於大廷，亦不愧於屋漏。如此則發爲議論，自能息邪距詖，而鄉愿、楊墨之教不得騁也。出爲政事，自能尊王黜霸，而管商申韓之政不得施也。其斯爲真經學，其斯爲真道學也已。否則剽竊浮華，苟爲譁世取寵之具，講論、踐履析爲二事，即誦説先儒，世道亦何賴乎？當文正公時，《中庸》猶雜《戴記》中，公獨舉以授横渠，則公之深於經學可知矣。安定之教，以經義爲本，當時太學取以爲法，宋世人才之盛實基於此。諸生爲鄉邦後進，來游來觀，其亦有所興起乎?蘇郡人文實四方所則傚也。所以佐成聖朝之治化者，予實有厚望焉。諸生請書其言爲記。”

斯役也，江蘇布政使章欽文、蘇松督糧道副使劉鼎、蘇州知府胡世威，或總理工費，或分司督察，而心計指授，巨細不遺者，鼎之力爲多。司學事者，教授吴世恒，訓導張杰也。例得並書。

—1. 切問齋文鈔 卷二 學術二

臨行曉諭

照得本院撫吴二載，一飲一食，何非爾百姓脂膏？而地方錢穀刑名，簿書鞅掌，晝夜拮据，未嘗暇逸，心雖無窮，力實有限。兼以功令嚴切，有心知有利於民，而事須題咨，定例有礙；心知有害於民，而職掌各分，掣肘殊多。如長洲之版荒，崑山之田糧，崇明之税務，江海之坍田，邳州之沉地，或事尚有待，或查報未明。至於驛遞之復二，蘆洲之辦銅，山陽之缺丁，皆新拜疏而未奉命者。民生疾苦，莫大於蘇松之浮糧、淮揚之水患，雖請命於朝，而事關重大，未易舉行。此皆本院夙夜負疚者。今蒙聖恩優擢，輔導東宫，君命召不俟駕，此固臣子之禮，輔導東宫，尤與尋常職任不同，豈敢遲回，以蹈不敬之罪。爾百姓念本都院愛民有心，忘本都院救民無術，罷市扳留，日聚集院署，哀號之聲，至不忍聞。本都院與爾百姓一體相關，豈忍因本都院之行，使爾等士廢詩書，農廢耒耜，商廢貿易？本都院爲之寢食不安。本都院於地方利弊，民生疾苦，知之頗真，入朝之後，或至尊顧問，或因事敷陳，或九卿會議，當盡力鑿鑿言之，倘蒙聖主垂鑒鄙誠，未必不大有造於爾百姓。若身在此地，去天甚遠，或有奏請，格於部覆，未必有濟。況聖主眷念財賦重地，必慎簡公忠清惠、才德兼全之大臣，十倍於本都院者，來撫兹土，爾百姓何用多慮。本都院平日告誡爾百姓之言，歷歷俱在，即朔望率爾百姓叩拜龍亭，講解鄉約，亦欲爾百姓知君臣之大義，朝廷之恩德。自今以後，願爾百姓孝親敬長，教子訓孫，勤儉，公平，謙讓；事要忍耐，勿得妄興詞訟，心要慈和，勿得輕起斗争；勿賭博，勿淫佚，勿聽邪誕師巫之説復興淫祠；早完國課，共用天和。此本都院所拳拳於爾百姓者。本都院身在京華，此心猶當往來此地。本都院見爾百姓如此情狀，既愧平日救民之道未盡，亦不忍遽恝然而去，但君命不敢違，輔導東宫之任誼不敢辭。惟爾士歸書舍，農歸田疇，商歸市肆，使本都院之心稍安，毋得紛紛擾亂也。

—2. 皇朝經世文編 卷二〇 吏政六 大吏

王日高（1628—1678）

字登孺，號北山，山東茌平（今屬聊城）人。順治十五年（1658）進士，改庶吉士，授編修，官至禮科給事中。有《槐軒集》。

河工議

今天下之事所最急者莫要於治河，而所最難者亦莫過於治河。内而廷臣，外而總督、河漕諸臣，詳哉乎其言之矣，臣復奚庸多贅。然有一得之愚，不敢不爲芻蕘之獻。

其一曰下流之當濬也。昔人治河有三策：曰疏，曰濬，曰塞。今惟用塞，而疏、濬之術不講，恐非所以清其源也。頃年河决清水潭及七里溝、涵洞、新莊集一帶，而下流則興化、泰州之白駒場、大龍港、雲梯關當其衝，地形如釜底，不有以疏之則水豬而不能出，非盈科而進則無以達於海。待衆流之將盡，而民田之污萊沮洳者已不可以勝計矣。説者謂以防海之故，雍閉海口，故水失其故道，以至泛濫而無歸。然而河自河而海自海，海口之地山磬險阻，原不可以通舟楫，彼峨舸大艑豈能飛渡哉？則瀕海諸口，斷宜亟開也。

其一曰黄淮之當合也。在昔以淮水之清，汰黄河之濁，故沙湍去而不留。今則淮自淮，黄自黄，不相爲謀。不相爲謀而勢自分矣。法仍宜講求昔日之故道，使黄河仍合於淮，以淮之猛抵黄之强，兩相濟而相爲用，而漕始不受其患。則周家橋、翟家壩一帶堤防，以驅淮與黄會者，不可不亟修也。堤修而淮之勢自注於河，而不至横溢矣。

其一曰但治漕而不必亟治河也。今之治河以通漕耳，漕通而河可不必亟治矣。其可塞之處，一面捍築以堅其防；其不可塞者，則聽其自去而不必與争地。始别開一渠以通糧艘，以待其勢之自殺，然後從而塞之，亦易爲力矣。今聞高堰一帶皆爲巨浸，湖水泛濫，故湧激而爲患耳。若仍循其故道，使歸黄者黄，歸淮者淮，則漸可就理。此所謂因其勢而利導之者也。

夫禹之治水，行所無事。非無事也，不逆其性，不争其力，不激其怒，因利自然，與爲順導而已。今之總督、河臣，身在地方，經理有年，必確然知其頭緒，孰當急，孰當緩，如治亂絲，從容就理。若操切而亟更張之，則愈棼而無紀。一人方竭蹶以從事，而從旁之人今日進一説，明日畫一策，前工未竣，後議又起，然則功何日而可成耶？所謂築室道旁者非歟？臣愚以爲不如責成總督、河漕兩臣，使之同心協力，隨時酌宜，不時奏聞，一切動用錢糧以及調度機宜，許其便宜行事，地方官不得掣肘，然後可責以成功，或三年，或五年，總計其成效。倘有推諉脱卸，委靡懦怯，與夫侵漁、冒破諸弊，或經據實糾參，或被旁人首出者，即治以庸誤之罪，復何辭哉？昔漢永光中，任河堤使者王延世，三十六日而河堤成。永平中樂浪王景能理水，德棣之河復播爲八，水有所泄而力分，偶合於禹功。自東漢迄唐，河無横决之患，任事專者有成效，非其明效大驗耶？從來論大事者，曰有治人，無治法，今日之河工何獨不然？又何必紛紛論議，以分任事者之心哉？

——1. 切問齋文鈔　卷二五　河防一

王錫闡（1628—1682）

字寅旭，號曉庵，又號天同一生，江蘇吴江（今屬蘇州）人。入清後，隱居鄉閭，以教書終生。有《曉庵先生文集》《大統西曆啓蒙》等。

授時策

古之善言憲者有二：《易・大傳》曰："革，君子以治曆明時。"子輿氏曰："苟求其故，千歲之日至，可坐而致。"其道主乎革，故無數百年不改之法。然不明其故，則亦無以爲改憲之端。太初以來，治憲者七十餘家，莫不有所修明。當時亦各自謂度越前人，而行之未久，差天已遠，往往廢不復用。何也？是在創法之人不能深推理數，而附合於蓍卦、鐘律以爲奇，增損於積年日法以爲定，或陰用前法而稍易其名，或偶悟一事而自足其智，欲其永久無弊，豈可得哉。執事以新法既非，舊法未必無誤，而博訪於草澤也。此正愚所樂得而縷陳者也。

欲知新法之誠非，須核其非之實，欲使舊法之無誤，宜釐其誤之由，然後天官家言，在今可以盡革其弊，將來可以益明其故矣。舊法之屈於西學也，非法之不若也，以甄明法意者之無其人也。今考西法所矜勝者，不過數端。疇人子弟駭然於創聞，學士大夫喜其瑰異，互相誇耀，以爲古所未有。孰知此數端者，悉具舊法之中，而非彼所獨得乎？一曰平氣以步中節也。舊法不有分至以授人時，四正以定日躔乎？一曰最高最卑，以步朓朒也。舊法不有盈縮遲疾乎？一曰真會視會，以步交食也。舊法不有朔望加減、食甚定時乎？一曰小輪歲輪，以步五星也。舊法不有平合定合、晨夕伏見、疾遲留退乎？一曰南北地度，以步北極之高下；東西地度，以步加時之先後也。舊法不有里差之術乎？大約古人立一法，必有一理詳於法而不著於理。理具法中，好學深思者自能力索而得之也。西人竊取其意，豈能越其範圍？就彼所自命創始事不過如此，其大略可知矣。至於日刻之改，天度之殊，則習於師説而不能變通，反以伐能争勝，齮齕異己，不知果何關於疏密乎？且新法布算，悉用憲表。日行惟一，而日躔表與五緯表差至五十五秒。月轉惟一，而月離表與交食表差至二十三分。日差惟一，而日躔與月離各具一表，則躔離安得合天，加時安得畫一乎？是以辛丑臘月晦，新法非朔而謂朔；癸卯七月望食，新法當既而不既，其爲僞謬，昭然共見，不可掩也。

夫新法之戾於舊法者，其不善如此；其稍善者，又悉本於舊法如彼。然則當專用舊法乎？而又非也。元氏之後，載祀三百，未經修改，法雖盡善，安能無弊？故年遠數盈，則憲元四應，或弗密也；朓朒過强，則朔望加時，或弗協也；交限失真，則薄食分秒，未可定也；緯度不紀，則凌犯有無，難預期也。至如五星段目，昔人止録舊章，黄道辰宿，迄今猶用辛巳，何可以爲定法乎？若是，則何從而可？從乎天而已。古人有言："當順天以求合，不當爲合以驗天。"法所已差，固必有致差之故；法所吻合，猶恐有偶合之緣。測愈久，則數愈密；思愈精，則理愈出。以古法爲型範，而取材於天行，考圭漏，審圭表，慎擇人，詳著法，則異同之見漸可盡泯。成憲一定，不難媲美羲和，高出近代矣。

—1. 切問齋文鈔　卷二四　時憲

姜宸英（1628—1699）

字西溟，號湛園，浙江慈溪（今屬寧波）人。康熙三十六年（1697）進士，授翰林院編修。有《湛園未定稿》。

州泉積善録序

客曰：古人謂陰德如耳鳴，己可得知，人不可得而聞。今《積善録》之刻何居？曰：此其故人八十歲翁朱紘氏之所爲也，非吴子之意也。且吾徵之孔氏矣。昔子路拯溺者，其人拜之以牛，子路受之。孔子曰："魯人必拯溺矣。"魯國之法，魯人有贖臣妾於諸侯者，取金於府。子貢贖人於諸侯，而遺其金。孔子曰："君子之舉諸身，可以移風易俗。"而教道可施於百姓者，非獨適其身之行也。魯國富者寡而貧者衆，贖而受金則不廉，不受則後無復贖。自今以後魯人不復贖矣。夫受牛，貪也；不受金，至廉也。孔子之於二子其所與如此，而所見非如彼。甚矣，聖人之樂善無已有。苟其可以誘人於善也，利且不避，而况於名乎？昔宋富鄭公於青州，趙清獻公於越州，賑荒之法，一時名儒皆爲文紀之；而元之何長者，至微末也，胡汲仲亦爲文具述其事。此録所載賑荒、施藥、救灾、助喪、施櫘諸事，皆有良法可守，後人倣而行之，爲利無窮。君子之與人爲善也，不獨從而稱道之，又以其法之不可没也，復樂書其事以貽之後焉。苟曰是嫌於名與利而避之，見之者亦曰是近於爲名，近於爲利，吾無述焉，是私也，非公也，宜爲聖人之所不取矣。吴子名之振，字孟舉，浙之石門人，博學，善文辭，方需次京職，有重名於時云。

—2. 皇朝經世文編　卷四　學術四　廣論

海防總論擬

國家混一區宇，聲教覃被，汔於無垠。唯是東南綰波而州者千餘里，一二狂孽弄兵島嶼，烽烟時接，吴越間至不得安枕而寢。皇帝御宇之十八載，神謀潛運，削平反側，從疆吏請，以次用兵於臺灣，樓船直指，繫組待命，厥角稽首恐後，遂略定其地。天子乃按輿圖，置一府三縣，設之官府綏戢之，易鱗介爲衣裳，於是依島之國爲我邊界，海隅出日，罔不率俾。皇哉，振古無前之偉烈！雖《詩》、《書》所載，何以加兹。

先是海寇鄭成功盤踞金門、厦門間，尋奪臺灣居之。游艅入犯，飄忽南北，軍吏苦於奔命。康熙初，廷議以爲徙民内地，寇無所掠食，勢將自困，遂悉徙粤、閩、江、浙、山東鎮戍之在界外者。賊計果絀，降者接踵。二年立定界樁，連歲遣官巡閱邊海諸郡縣。八年有詔稍展界縱民，得采捕近海。十三年成功子經乘閩叛，洊居漳泉。王師收閩，寇遁，疆臣再修邊備，而海、壇、金、厦復置戍兵矣。十九年六月，福建督撫臣議處投誠之衆，奏請給還民界外田地，以無主者俾之耕種，且曰：方今海外要地，已設提督、總兵、大臣鎮守，是官兵在外，而投誠在内，計可萬全無慮。詔許之。閩界始稍稍開復。二十三年五月克臺灣，十月兵部議請各省開界，得旨：江南、浙江、福建、廣東沿海田地，可給民耕種；諸要地防守事宜，其擇大臣往視焉。乃以工部侍郎金世鑑、都御史呀思哈往江南、浙江，吏部侍郎杜臻、内閣學士石柱往福建、廣東。上面諭遣之，許以便宜設防守，事竣奏聞。世鑑等往會督撫巡視，遂盡復所棄地與民，各就地險易，撥置戍兵。疏上報可。自是沿海内徙衛所、巡司、墩臺、烽堠、寨堡、關隘，皆改設於外，略如明初之制。民内有耕桑之樂，外有魚鹽之資。商舶交於四省，遍於占城、暹羅、真臘、滿剌加、浡泥、荷蘭、吕宋、日本、蘇禄、琉球諸國，乃設榷關四：於廣東澳門、福建漳州府、浙江寧波府、江南雲臺山，置吏以涖之，使泉貨流通，則奸萌自息，此上策也。而諸香［番］緩耳雕腳之倫，貫頷横裙之衆，莫不釁譯款貢，叩關蒲伏，請命下吏。凡藏山隱谷方物、瓌寶、可效之珍，畢至闕下，軨積於内府。於是恩貸之詔日下，德澤汪濊，耄倪歡悦，喜見太平，可謂極一時之盛。

然而帆檣接於内地，則盜賊生心；互市通於外國，則狡焉思逞。此前代已事。始未嘗不警誡，而後稍弛防，患輒中之。宜皇上之惓惓南顧，慮此至重也。始明太祖吴元年，用浙江行省平章李文忠言，調兵戍海鹽、海寧各州縣。洪武二年，命參政朱亮祖、副平章廖永忠取廣東，遂命亮祖鎮守，建置衛所。七年，詔以靖海侯吴楨爲總兵，都督僉事於顯副之，領江陰廣洋横海水軍四衛舟師，出海巡哨，所統京衛及太倉、杭州、温、台、明、福建漳泉、廣東潮州諸衛官軍，悉聽節制，事權專而責亦綦重矣。十七年，起信國公湯和於家，使巡視浙江、福建沿海城池。和至浙，則建議北起乍浦，南汔浦門，縈回二千里，設九衛，築五十九城及諸所、巡司，民丁四調一爲戍兵。是年江夏侯周德興亦築福建海上十六城，置巡司四十有五，按籍練民兵十餘萬，戍並海衛。二十七年，敕都督僉事商暠巡視兩浙城隍，簡閲軍士。又命魏國公徐輝祖、安陸侯吴傑練兵海上。時廣東都指揮同知花茂上言：請徙廣屬逋逃蜑户爲兵，增設依山碣石等二十四衛所城池，於要害山口、海汊立堡，撥軍戍守。詔從之，而命傑董其役。故閩、廣、江、浙一切海上陒阨城堡，傑、德興、和所建設爲多。蓋是時中國數被倭，二年寇山東並海郡縣，又寇淮安，三年寇山東，遂轉掠浙、閩，自後南北並受其患。太祖深憂之，先後設衛所屯軍。所轄於衛，衛轄於都司，而總屬之五府。其卒伍之設，每百户所旗軍一百一十有二，千户所一千一百二十，衛列五所，及衛鎮撫軍，凡五千五百有奇。各衛屯田軍率十分其七守城，三屯種。屯軍一人，賦田二十畝，而官徵其什之一。軍屯錯列，分堠而守，自粤抵遼，延袤八千五百餘里，烽火相望。而並海以南，迫近倭，故其戰守備尤密云。廣東瀕海之府八，其六府分爲三路：東路惠、潮，接壤閩疆，商舶通番所必經也，左挈惠、潮，右連高、雷、廉，而爲中路者廣州。倭寇衝突，莫甚於東路，而中路次之，西路高、雷、廉又次之。高、雷、廉，西洋貢道之所從入也。守廣者，以三路爲扼要。福建設水寨五：在漳州曰銅山，泉州曰浯嶼，興化曰南日山，福州曰小埕，福寧州曰烽火門，皆控制於海中。浙江立沈家門水寨。兩浙衛所戰艦協哨，南哨至玉環、烏沙，北哨至馬迹、洋山，而歸重於舟山、定海。江南之邊海在蘇、松。松有海塘，而無海口，其要在金山衛爲之衝；蘇州之沿海多港口者，各設水兵堵禦；而崇明爲賊所必經地，故兩處皆設重兵鎮之。至狼福山與圖山三江相呼應，又爲南北海防第一門户。江北之戰，水陸兼用。登萊三營連絡，曰登州，曰文登，曰即墨。其外島嶼環抱，迤邐以及遼陽。而金復海蓋旅順各衛，星羅棋布，足嚴守望。此其大凡也。

自成、弘後，訖嘉靖初，倭警寖息者五十餘年，邊備廢弛。衛所屯田，並兼豪右；

軍户亡耗，不復句補。水寨移於海港，墩堡棄爲荆榛，哨船毁壞不修，而奸民、逸囚、漁人、蜑户，咸伺隙思釁，勾引山城失職之貢使，嘯聚稱王，騷然蠢動。一旦烽突四起，武夫喪氣，抱首鼠竄，賊無亡矢折刃之衂，蹂躪遍於江南，城野蕭條，白骨填路矣。然後謀臣猛將分道出鎮，增兵設屯，人人扼腕而談戰守。起壬子至癸亥，首尾十餘年，中國始得安息。此寖失祖制之故也。

善乎，總制胡宗憲之言曰：夫謂之海防者，則必宜防之於海，猶江防者，必防之於江。國初每衛各造大青及風尖、八槳等船百餘隻，更番出洋哨守，海外諸島，皆有烽墩可泊。後弛其令，列船港次，浙東於定海，浙西於乍浦，蘇州於吴淞江及劉家河。夫乍浦灘塗淺闊，無所避風；吴淞江口及劉家河出海紆回，又非防海要地。故議欲分番乍浦之船守海上洋山，蘇、松之船以守馬迹，定海之船以守大衢，則三山鼎峙，哨守相聯，可扼來寇。而又其地陳錢諸島，久爲賊衝，三路之要，宜以總兵屯泊其地，每於風汛時協軍巡哨，使不得越島深入，則内地可以安堵。總兵俞大猷亦曰：倭自彼島入寇，遇正東風，經茶山入江，以犯直隸，則江内正兵之船，可以禦之。遇東北風，必由下八山、陳錢、清水、馬迹、蒲嶴、丁興、長途、衢山、楊山、普陀、馬墓等嶴經過，然後北犯金陵，西南犯浙江。請於浙江共設樓船、蒼船數百隻，分伏諸島，往來巡探攻捕，名之曰游兵，而遠遏之於大洋之外。議者多是之。或謂海栖經月，必有颶風，巉崖複礁，廉厲侔劍戟，不可下碇。癸丑，俞大猷圍王直於馬迹，蛟龍驚炮起，幾致覆没，師旋賊逸。乙卯秋，浙直會兵大衢殿前，邀賊歸路，暴風雨大作，飄舟以萬計，是邀擊海上之難也。蓋倭從南來，晝行夜止，依山栖宿，始至必泊陳錢，次馬迹，次大衢，次殿前、洋山，若驛傳然，可逆數知也。然海波無際，賊覘知諸山有備，東西南北，何所不適！嘗聞海中長年云：避颶風者，舍山泊，泛大洋，多得全。逆知死地不避，寇知豈出其下哉。故必依此四山，嚴會哨應援之令，潛師伺敵，發無不中。此與設官屯駐，顯示之標者，利害相去懸甚。右通政唐順之疏曰：臣竊觀崇明諸沙，舟山諸山，各相連絡，是造物者特設此險，以迂賊入寇之路。蔽吴淞江、定海港口，國家設縣置衛者以此。而沈家門分哨之制，至今可考。今宜於春汛時，用兵備數員，暫駐崇明、舟山，而總兵以下，分海面南北會哨，晝夜揚帆，環轉不絶，其遠哨必至馬迹而止。副使譚綸甚善其説，而謂陳錢、馬迹諸山在内海之外，止可出哨，不能設守。蓋海戰之弊有四：萬里風濤，不可端倪；白日陰霾，咫尺難辨，一也。官有常汛，使賊預知趨避，二也。孤懸島中，難於聲援，三也。將士利於無人，掩功諱敗，四也。昔江夏侯五水寨舊址設在大洋，後人以應援不便，移其三於海岸，致寇以門庭之限。議者謂宜復如舊制。或謂復之不便，而信國經營浙海，棄下八山不守，謹置汛於沈家門，人卒便之。非江夏之先見不逮信國，浙、閩之勢異故也。然賊自五島開洋諸山，曠遠蕭條無居人，得采捕小民嚮道以來，近岸常無覺者。自嘉靖乙卯後，禦洋之法立，哨探嚴緊，官得預備，則藩籬之守，其法終不可廢。故必哨賊於遠洋，而不常厥居；擊賊於内洋，而不使近岸，斯策之最善者。

初，日本之犯中國，山東、寧海、成山諸衛數被其毒。及嘉靖之亂，首犯福建，以及浙直，而延蔓於淮揚，獨山東竟未嘗被兵。何也？蓋明起南方，大兵所聚，北地置戍猶少，故寇時躪入，然東南猶不免焉。迨防守既密，南北少事，承平日久，士卒生長南方，風土脆弱，兼之衛所軍部衆不多，兵力散涣，而瀛渤之間，風氣堅悍如故，寇來獲少，所失亡多，所以日夕垂涎江南北，或比壤一日而破數縣，或千里同時而殘諸郡。其時，召客兵，募土著，徵調煩苦，民力大竭，必待督撫重臣前後彈壓而後定。

本朝創業，撤都指揮、千百户之兵，而概統於將軍、提督、總鎮，分領於城守、協鎮以下。大者宿兵纍萬，次亦數千，各城保守要害清野，以困跳踉之賊。如是者三十餘年，而卒制其命。賊不能以流劫郡縣，生民不至大困者，則兵力出於一故也。時勢不同，代各異制。考之於古，三代以前尚矣。秦命南海尉任囂築瀧口。漢陽嘉中，亦詔緣海益屯兵備盜賊。至晉咸和間，趙將劉徵帥衆數千，浮海抄東南諸縣，殺南沙都尉許儒，南沙，今常熟縣地，尋寇婁縣、武進，郗鑒擊卻之。此自北而南，寇道之始通，而海上自此漸以多故。及晉末運，恩、循、道覆，相繼倡亂，始入會稽、上虞，終於廣州、始興。又寇道自浙入廣之始也。時謝琰以會稽守督五郡軍事，率徐州文武戍海浦，今自龕山而東，至闌風、石堰、鳴鶴、松浦、蟹浦、定海皆其地。劉裕戍句章，吴國内史袁崧築滬瀆壘，後裕與盧循相持潯陽，潛遣水軍，從海道襲其番禺，則其戰守皆在吴越之間。史記恩曾一走郁洲，今臨朐縣東北，有鬱洲山，而未嘗逸出爲民害。然則防海之亟於江南舊矣。顧其制不概見。考宋時嘗於明州招寶山抵陳錢壁下，置十二水鋪，以瞭望聲息。然宋終始未嘗罹倭患也。至有明之世，建置詳矣。謹次明自洪武以來所設官立軍，以防海外、海港、海岸事宜，各省哨海界，及日本朝貢、入寇、互市始末，然後備列今制，别爲篇如左。

嗚呼！强弱因乎時也，盛衰本乎治也。明太祖不勤遠略，來則撫之，貳則絶之，選將、練兵、修備，日如寇至，故不庭之國，再世來王。後人反是，卒以招亂。

今皇上端拱穆清之上，闇昧幽阻，罔弗耀以光明，以故天威所震，陸讋水慄，猶數諭邊吏，慎固封守，毋敢邀功生事。疆埸之臣，亦朝夕討訓，以稱上德意。今坐享太平，視所經略若纖悉過計，一旦有事，舉而措之，成法具在，始知創制者之用意深遠，不可測量，而以遺萬世子孫之久安長治者，豈其微哉？

臣所撰次，依海道所經，自廣東西路始，福建、浙江、江南、登萊、天津衛、遼陽以次及之，又括海南北所經各省郡縣，自爲一卷。其沿海山沙，寇艅入犯分合，日本地輿皆有圖。

—2. 皇朝經世文編　卷八三　兵政一四　海防上

與子姪論讀書

讀書不須務多，但嚴立課程，勿使作輟，則日纍月積，所蓄自富，且可不致遺忘。歐陽公言："《孝經》《論語》《孟子》《易》《尚書》《詩》《禮》《周禮》《春秋左傳》，准以中人之資，日讀三百字，不過四年半可畢；稍鈍者，減中人之半，亦九年可畢。"今計九年可畢，則日讀百五十字。東方朔上書，自稱年十二學書，三冬文史足用；十五學擊劍；十六學《詩》《書》，誦二十二萬言；十九學孫吴《兵法》，戰陣之具，鉦鼓之教，亦誦二十二萬言。凡臣朔固已誦四十四萬言。此時朔年正二十二，自十六學《詩》《書》，至十八而畢，又自十九學兵法，至二十一而畢，皆作三年課程，三年誦二十二萬言，每年正得七萬三千三百餘言。以一年三百六十日成數算之，則一日所誦，纔得二百零三言耳。蓋中人稍下之課也。夏侯氏《東方先生像贊》："經目而誦於口，過耳而諳於心，其敏給如此。"今其所自誇大，不過中人稍下之課。可見古人讀書不苟，非獨恐其務多易忘，大抵古人讀一書，必思得此一書之用，至於終身守之不失。如此雖欲多不得也。

閻復申曰："《儀禮》《公羊》《穀梁傳》，日讀三百字，一年三四月可畢。即減半亦不過二年半。"

——1. 切問齋文鈔　卷三　學術三

田蘭芳（1628—1701）

字梁紫，號簣山，河南睢州（今屬商丘）人。明諸生，入清不仕。有《逸德軒集》。

書事三則

帝邱李氏家有邢侗畫石，董文敏宗伯題其上。或欲易而弆之，不可，屢請之，其不可如一也。久乃裝爲屏障，客奔告曰：此非屏障間物也。覆幕不及施，風雨侵之，酒炙污膩之，水火灾之，童僕觸之，孺子嬉戲而碎之，賞玩摩挲之，不撤，壞立至。告之勤，倍於請，終弗納。余聞而惻然，乃約一二好事者往觀，期以碎首求争之必行，以完此善物。既至，就視之，無言而退。及出，客問故，曰："勢已無可爲矣！即吾言幸用，奚補？"嗚呼！人之持身，無使人望而反走，終不爲之出一語，太息惜不及爲則幾矣。

今之特起以嗜爐成癖者，咸推城北徐公。公自負曰："辨銅物，審鑄法，窮爐所以依人之情，講人所以奉爐之理盡之者，誠莫余若也。"時爲人道，則競傾耳嘆爲精絶，且竊其餘論以爲己有，詡詡然轉以向人，負鑑賞而驕語之，比比也。一日與過袁氏之宅，見武修焉。以銅以鑄，與夫人與爐之相爲從事，一一舉以語之。公心是焉無疑，間以所負之辨，審窮講者，巽其詞以質。武修率駁之，以爲未當其物。公色受焉無怫，蓋不自是其是，而一以武修之是爲是也。武修爲理齋仲子，論則得之過庭。理齋尊人爲參政石憲先生，明季稱爲好事，袁氏鑑賞之傳，實本諸此。不知先生所謂鑑賞者，心得神悟，自造其物耶，抑亦有所受之，特盡其法也。嘗過百家之聚，有講席焉，聽其師南面而説經，竪拂擎拳，不啻心契千聖而貫綜百家也。偶出道上，遇章縫之士，或告之曰：此名儒某先生之弟子也。則見其神慚色沮，膠口而不能出一字，不第爲其聲之所震，亦辨於其胸者未徹，故遇物而失其所主耳。苟徹，則且命工授範矣。孔子曰："蓋有不知而作之者，我無是也。"而急以"不知爲不知"誨仲由，固聖賢無自欺之學，其亦思以防此患也夫。

寧都謝廷詔，身爲諸生，往往出入吏胥間，由是士多輕之。魏叔子禧見其人貌不甚偉，又聞其行事弗善也。久之，假館與禧讀書屋相鄰，聞之益顰蹙。比入館，數見廷詔行頻適外，不讀書，人雜遝於門，自皂隸、里胥及諸無賴生無不至。相狎既久，乃習其專爲人排難解紛亂，而不自見德，於是自失，曰："吾今日乃得謝生也。"攝衣冠拜其室。謝久薄子，遂爲上交。蓋爲其不惜辱身以急人也。吾聞之君之守身如玉，然必使其瑩然潔白，不可得而滓之。一旦墜於糞穢之中，曰拂而拭之則可交帝淡灾，吾恐玉之神亦汶而弗光矣。且廷詔之交諸匪也，事已至而姑親之乎，抑亦輸誠納交於平日邪？如事至後親，則其誠不接，彼其甘心爲我用，以脱乎我之所急？即爲用焉，太邱吊讓而紓黨錮之禍，對山請瑾而出獻吉之囚，人猶弗爲恕。况投分於平生，不幸吾之所急無一人焉。蹈於禍患，借彼以全之，其何所借手以自解，我之不爲兇徒醜類也乎？天下顧安所皆得略迹原心之魏叔子？幸而得之，自顧面目且將難於施鏡中之顔矣。非常之事，仍須非常之人爲之。余素懷硜硜，爲吾子孫，苟守小廉曲謹，終至於迂拘，而不足爲世用焉，吾必以爲真能負荷矣。

—1. 切問齋文鈔 卷一〇 教家二

朱彝尊（1629—1709）

字錫鬯，號竹垞，浙江秀水（今屬嘉興）人。康熙十八年（1679）舉博學鴻詞，授翰林院檢討。有《曝書亭集》。

樂儉堂記

太原劉炳，請名其所居之堂。予名之曰"樂儉"，而爲文記之曰：儉之爲德，匪直以撙節日用飲食而已，君子將收其放心必自此始。夫象犀、琛貝、綃紈、錦綺、臺池、僕御之盛，人咸慕而趨焉。及危機既觸，紛華盡去，悔尤隨之，往往退而喪其所處。未有百年不易者，然後知儉之能久。惟其可久，而樂存焉。蓋我既閑其侈心，天下無不足之境。食之糠核而充然，置之膏脂而不潤，宜其無戚戚之容而樂於中者，有不能自已者已。太原，唐叔之遺墟也；儉，唐風也。請爲子歌《唐・蟋蟀》之詩，曰："蟋蟀在堂，歲聿云莫。今我不樂，日月其除。"憂時之易去，思行樂之方也。既而曰"無已太康"，又曰"好樂無荒"。因爲"樂之"一言，申誠至再，則誠未嘗樂矣。其二章曰"職思其外"，其思可謂深矣，猶未免"蹶蹶"也。其三章曰"職思其憂"，夫至於思其憂，則其可憂者已去，而祇見其可樂焉。夫然後曰"良士休休"焉。此樂儉之説也。今太原之俗所不足者，非儉也，儉而能樂者鮮矣。知其樂者，子試以予言告之。

—2. 皇朝經世文編　卷四　學術四　廣論

與佟太守書

伏聞執事下車，首崇學校，將有事於釋奠。先期演習樂舞生，教以執籥秉翟。及上丁，躬率校官弟子，頖宫行禮，有秩其序，有肅其容。鄉之父老，謂五十年來所未睹。僕偶滯吴下，未克預觀其盛。致於鳩工修治，自當爲邦人倡，雖窶且貧，不敢辭也。

竊念學有鄉賢祠，本乎鄉先生没而祭社之典。兹傾圮已久，及今不葺，將化污萊。祠中主漸剥蝕，理宜更作。僕考之載記，有謂惟天子、諸侯有主，卿大夫無主，則許叔重、鄭康成也；有謂禮理重則立主，士大夫有重亦宜立主，經傳未見大夫、士無主之義，則徐邈及清河王懌也。主之制雖不載於經，然衛次仲言右主八寸，左主七寸，廣厚三寸。何休言主狀正方，穿中央，達四方，天子長尺有二寸，諸侯長一尺。《漢舊儀》言帝主長九寸，后主長七寸。杜佑《通典》述晋太康故事，帝主尺二寸，后主一尺。蔡謨言今代祠版乃禮之廟主，安昌公荀勖祠製神版皆正長尺二寸、博四寸五分、厚五分。雖諸家之説長短不齊，要之帝后之尊，莫有過於尺二寸者。涑水司馬氏、伊川程氏定爲主式：作主以栗，趺四寸以象四時，高尺二寸以象十二月，身博三十分象月之日，厚十二分象日之辰。今之法式，大率準此。

乃邇者入祠，多係封君贈公。其子孫富貴利達，不循舊章，取材舍栗，以喬木爲之，高或三五尺餘，塗以金泥，巍然坐先正之上，非禮已甚。度新鬼有所不安，神其妥於是乎？伏惟執事既事修葺，宜集其子姓，諭以尺度之不可違，令彼更造，與先民一式。斯禮行於鄉，不僭不濫，祭社之典可永無憾矣。希執事垂聽焉。

—2. 皇朝經世文編　卷五五　禮政二　大典上

徐旭齡（1630—1687）

字元文，號敬菴，浙江錢塘（今杭州）人。順治十二年（1655）進士，官至漕運總督，謚清獻。有奏疏。

安流民以弭盗疏康熙七年

臣查各省饑荒，而陝西尤甚。西北地廣人稀，耕種最難。自故明廢開中而邊無商，困軍餘而邊無屯，抑召糴而邊無賈，至於末年，求食饑民流爲寇盗，此前事之大失也。我皇上仁恩特沛，蠲賑兼行，窮民感泣，固有雖死而不忍爲盗者。然府庫之金錢有限，地方之饑饉無常，若非從長經理，則今日得賑而生，明日失賑而死，轉徙流亡，終填溝壑。第今鹽勘軍屯商糴三法，勢難驟復，惟有集流民而耕屯地，爲第一大計。查陝西屯田尚餘七萬四千六百四十八頃，此皆膏腴田畝，若將河西流移分立民屯，則待賑待蠲之民，皆可爲耕田納税之民。請敕部查照洪武、永樂招徠流亡事例，蠲免包賠，聯絡里甲，復其版籍，不必急責差徭，貸以牛種，不必急催辦納。若慮財乏難以集事，則可仿古人屯學田功之法，激勸有力人户招集耕種，而屯田易舉。昔人謂流民安則轉盗爲民，流民散則轉民爲盗。况陝西連川控豫，山谷綿亘，易爲逋藪，若今日惜興屯之費，恐後日增辦盗之餉。何如收流亡而舉仁政，不必徙民而塞下自實，不勞轉粟而邊食自充？此安民息盗之長策也。

—2. 皇朝經世文編　卷三四　户政九　屯墾

引用律例疏康熙二十年

古者樂律曰律，法律亦曰律，其義一也。律差累黍，則聲音即變，故立法者取之，言一定而不可移易也。後世法網益密，律不足以盡之，間增條例。夫例者，不得已而佐律之窮者也。律有一定，依以斷罪，無可異同也。例則用比，比則可重可輕，事有近似者，引而合之。酷吏、貪胥因以舞文弄法，致莫可詰矣。臣愚以爲十惡犯在死條，及重罪合應戍謫者，律中無不具備，其餘律所不載者，罪亦稍微焉。原立法之初意，重者設有一定之律，所以懲兇也，微者間有增定之條，所以通變也。嚴懲於重罪，而通變於輕條，無非愛養生民之意。即如謀反大逆，父母、兄弟尚有同居不同居之分，劫財殺人尚有爲首爲從之别，而且恩赦必及，會審矜疑，其不欲盡罹之法，用意如此其厚也。近日刑官决獄擬罪，所引律例或未詳明。蓋情罪至重，皇上特有天威，律例所關，分别豈無成憲？或非刑官所敢豫定。其他究擬刑獄，凡死罪充軍，必依正律；雜犯徒杖而下，始許用例。必祈皇上勅下用刑衙門，務加矜慎，庶胥吏不得以意爲輕重，而舞文索賄矣。《禮》有之曰：“附從輕言，法無一定。”而比附以成罪者，宜從輕罰也。

—2. 皇朝經世文編　卷九一　刑政二　律例上

楊素藴（1630—1689）

字筠湄，一字退庵，陝西宜君（今屬銅川）人。順治九年（1652）進士，官至湖北巡撫。有《見山樓集》。

延安丁糧積困奏請減免疏

題爲屬困苦已極，丁徭重累難堪，敬陳積弊，仰祈敕詳議以救孑遺事。明季天下之亂起於西北，而臣鄉延屬實首被其害。李自成、張獻忠等縱橫流毒二十餘年，老稚殺戮，少壯擄掠，傷心慘目已不忍言。繼以崇禎十三年天灾流行，父子相食，幾無遺類。總計此方之民半死於鋒鏑，半死於饑饉。今日之有者實百分之一，皆出萬死而就一生者也。是以原野蕭條，室廬荒廢。自宜君至延綏，南北千里之内，有經行數日不見烟火者，惟滿目蓬蒿、遍地虎狼而已。計非休息生聚，費國家數十年培養之力，必不能復元氣而措安全。乃今之積困大害，更有萬倍於他處者，丁徭是也。臣若緘嘿不言，則疾苦壅於上聞。惟有日朘月削，趨於死亡而已矣。臣宦直隸，即以直隸之錢糧較之。直隸地畝丁糧總名曰條鞭，起存留通融支收，每丁額徵不過一錢二分，是以百姓樂輸而易完。若延屬則不然。地畝所出者名曰大糧，人丁所出者名曰條鞭。大糧以供起解，額徵猶有定數。條鞭以備存留，官役之奉薪、工食出其中，師生之廪餼出其中，此猶曰必不可已之經費也。甚至各上司提册催號之使費出其中，各差役需索供應之繁雜亦出其中，而本州縣驛遞、城守諸務，又種種群出其中。嗟，嗟！百孔千瘡，何一非此晨星落落、半死半活之膏血哉！故每丁每歲有費至三兩者，有費至四兩者，較之一錢二分之額徵，其相去豈止倍蓰乎？夫延安處萬山之中，土地寒薄，收獲有限。而數年來，金生粟死，成米數石，僅能易銀一兩。且其人復皆賦資愚魯，不善治生。商賈又别無舟車往來經營運用之方，株守本業，積蓄幾何？即罄上户一家之産尚不足供終歲三丁之費，而况鵠面鳩形之衆，啼饑而號寒者乎？是以淳樸者賣男女以償之，其奸猾者非携家遠徙，則鋌而走險耳。每值開徵之期，父子蹙額，夫妻愁嘆，相率而捐親戚、棄墳墓者纍纍，若喪家之狗、失巢之鳥，進無所依，退無所據，流離瑣尾，良可惻然。即官其地者，觀此顛連光景亦皆有死之心，無生之樂。然而事勢所迫，補救無術，惟有飲泣太息而已矣。若不早爲破除此弊，恐非盡延安之民驅於樂土，盡延安之州縣胥爲廢棄不止也。伏祈皇上痛念此一方孑遺，敕下該部行令彼處撫按、道府力加釐正，額定款項。縱丁少費多不敢望，如一錢二分輕亦宜曲爲調劑。去其無益，俾不至重困難支。則奄奄殘黎，庶漸有起色乎？緣係條陳積弊，字稍逾格，貼黄難盡。伏祈睿鑒全覽，敕部詳議施行。國初陝西南北兩山咸遭寇躪，幸而未死者無不困於丁糧剥削。北山有筠湄請命，南山其奚恃乎？幸仁憲二廟前後减糧除丁，不然恐當日無孑遺矣。

—3. 皇朝經世文編補　卷二九　户政四　賦役一

陸隴其（1630—1693）

字稼書，號三魚，浙江平湖（今屬嘉興）人。康熙九年（1670）進士，官至御史，贈内閣學士。賜謚清獻，從祀聖廟。有《三魚堂集》等。

示大兒定徵

我雖在京，深以汝讀書爲念。非欲汝讀書取富貴，實欲汝讀書明白聖賢道理，免爲流俗之人。讀書、做人，不是兩件事。將所讀之書，句句體貼到自己身上來，便是做人的法，如此方叫能讀書。人若不將來身上理會，則讀書自讀書，做人自做人，只算作不曾讀書之人。讀書必以精熟爲貴。我前見汝讀《詩經》、《禮記》，皆不能成誦。聖賢經傳與濫時文不同，豈可如此草草讀過？此皆欲速而不精之故。欲速是讀書第一大病。功夫只在綿密不間斷，不在速也。能不間斷，則一日所讀雖不多，日積月纍自然充足。若刻刻欲速，則刻刻做潦草功夫。此終身不能成功之道也。方做舉業，雖不能不看時文，然時文只當將數十篇，看其規矩格式，不必將十分全力盡用於此。若讀經，讀古文，此是根本功夫。根本有得，則時文亦自然長進。千言萬語，總之讀書要將聖賢有用之書爲本，而勿但知有時文；要循序漸進，而勿欲速；要體貼到自身上，而勿徒視爲取功名之具。能念吾言，雖隔三千里，猶對面也，慎勿忽之。

—1. 切問齋文鈔　卷三　學術三

風俗策

世運之盛衰，風俗實爲之。而所以維持乎風俗，使之淳而不澆、樸而不侈者，則惟視乎上之政教何如耳？三代之時非無澆漓侈奢之民也，然而道德一而風俗同者，其政教得也。漢唐宋之時非盡澆漓侈奢之民也，然而世風漸靡，不能返於隆古者，其政教非也。三代之時經制定於上，其車服有等，其宫室有度，其飲食、器用有制。雖一寸之微，一絲之辨，必爲之釐定而頒布之。而又爲立大學以教於國，設庠序以化於邑，日夜以孝弟忠信摩厲其民人。其有奇邪蕩泆之民，則鄉大夫、州長、閭胥之徒以時糾而去之。故民之生也，所見皆仁儉之風，所聞皆仁儉之訓，少而習焉，其心安焉。一有不如是者，則鄉里相與怪之，慄焉而不寧，澆漓侈奢何自而生乎？若夫漢唐宋之時，其所重者在簿書、期會，所急者在錢穀、兵師，而凡先王所以導民之具，則以爲迂闊而不暇爲。間有賢君發憤而行之，亦不能如三代之詳密，則其俗之不古若也，豈不宜乎？由斯以觀，則政教者，風俗之本原也。不深加意於政教，而徒咎風俗之不古，曰吾民不如三代之淳，不如三代之樸，噫，是果民之不如三代耶？抑所以導民者，其本原猶未得耶？

國家承明季之衰，其澆侈之習已非一日，宜執事慨然思欲爲之所。愚以爲欲反今日之俗而登之隆古，無他，亦惟以三代所以導民者導之而已。愚非敢謂三代之法可一一施之今也，然其大體固有不可得而易者。

其一，則經制宜定也。民之所以不敢厭縱其耳目者，有上之法制爲之防耳。苟法制所不及，則何憚而不爲？今民間冠婚喪祭之禮，宫室飲食之節，初未嘗有定制也，惟其力之能爲，則無所不可。富者炫耀，貧者效尤，物力既絀，則繼之以貪詐。故靡麗日益，廉恥日消。誠宜畫爲定制，使尊卑上下各有差等，不得踰越。庶幾儉樸可興，貪詐可弭。

其一，則學校宜廣也。民之所以不入於淫蕩、安其樸素者，以其知禮義之可重耳。苟禮義不足動其心，則樸素必不如奢靡之可樂，忠厚必不如淫蕩之可慕。學校者，所以教民禮義也。今惟州縣有學，又止及於生徒，而董其任者亦止掌其册籍，核其進退，未嘗有所謂禮義之教。人不知以行誼自重，則惟以服美爲榮，何怪風俗之日澆日侈乎？宜選方正有道之士爲州縣之師長，重其禄秩，而又倣古里塾黨庠之制，以農隙教導其民，使知禮義之可重而無慕乎澆侈。

其一，則賞罰宜審也。民之所以從上之令者，以其賞罰行焉耳。賞罰不行而欲其從令，不可得也。今朝廷之賞罰亦綦嚴矣，而獨於奢儉淳澆之際，未見有賞罰行焉。胥吏被文繡，富賈爲雕牆，而有司不問；子弟凌父兄，悍僕侵家長，而有司不問。而其忠厚樸素，不隨時好者，則徒爲笑於鄉里，不聞有所獎勵。如此，安望其不爲澆侈乎？宜敕有司以時訪於境内，舉其尤者賞罰之，而即以風俗之淳疵爲考成之殿最。庶有司不敢忽，良民知所勸，而莠民知所懲。

凡此者，皆所以導民之具而風俗之本原也。誠一一舉而行之，而皇上以恭儉之德端化原於上，公卿大臣樹淳守素，奉宣德意於下，寰海内外有不返樸還淳，去奢從儉，共登三代之盛者，未之前聞。倘曰簿書、期會，錢穀、兵師，今日之急務，何暇爲此迂闊。愚恐風俗之日澆日侈，所謂今日之急務者，亦將理之不勝理也。

羅豫章曰：教化者，朝廷之先務；廉恥者，士人之名節；風俗者，天下之大事。朝廷有教化，則士人有廉恥；士人有廉恥，則天下有風俗。或朝廷不務教化，而責士人之廉恥；士人不尚廉恥，而望風俗之美，其可得乎？

—1. 切問齋文鈔　卷四　風俗一

墾荒示

爲勸民墾荒事，照得務本力穡，乃備荒之上策。磽瘠之土，苟可播種，皆足資生。查靈邑兩次奉旨蠲除荒田糧額，蒙朝廷浩蕩之恩固甚厚，但此等荒田雖瘠壤，其中豈無可略施播種，收升合之利，爲餬口之資者乎？爾民或慮一行播種，便當起科，一行起科，則所收之利不足以完公税。播種之利有限，起科之害無窮，所以逡巡而不敢種耶？不知此不足慮也。朝廷所欲起科者，乃膏腴沃壤、永遠成熟之田。若爾靈邑荒田，皆係邊山、濱河、岡阜之區。邊山者，遇雨則略可種植，逢旱則盡成石田；濱河者，水去則略有田形，水至則依然浩渺；至岡阜之所，半土半石，縱有種作，不成片段。此在爾民辛勤拮据，耕得一升，可免一日之飢；耕得二升，可免二日之飢。朝廷豈與爾民爭此些須之利耶？爲爾地方官長者，苟非病狂喪心，豈肯將此瘠薄不堪、水旱無常之土勒爾起科，以貽爾無窮之累耶？爾民但放膽耕種，勿有所慮。與其出加倍之息借貸富室，債負日積，生計愈促，何如取之地利之無窮也。與其忽遇凶荒，號呼無策，何如及此雨澤調和，盡力耕耨。苟家有三年之蓄，雖遭水旱，可免流亡，父母妻子始爲我有，萬福之源皆自此始。里長鄉老，其遍諭村民，及時努力，苟有寸壤可種植者，皆勿得荒棄。其不可種穀，可種棗、棃等物者，即行栽種，以廣生計。如怠惰不耕及里長不行勸諭者，查出一體究治。或有刁民將前項荒熟不常之地指爲熟田，挾仇索詐者，當以誣告論，從重治罪。

—1. 切問齋文鈔 卷二〇 荒政二

弭盜策

古今弭盜之術無他，治於既熾之日，不若治於未熾之先，絶於既萌之日，不若絶於未萌之先，何則？盜之初，固吾民耳，民非樂爲盜也。衣食之不給，賦役之不時，禮儀之不知，夫是以陷於盜而不能自免。使其未爲盜之先，上之人有以引之於禮儀，使無迫於飢寒而無困於賦役，則天下安有所謂盜哉。故善弭盜者，不於其終於其始，不於其著於其微。唐虞之詰奸宄，周官之嚴守望，固弭盜也。稷以播穀契以明倫者，亦弭盜也。司徒教稼穡，酇長趨耕耨者，亦弭盜也。用力不過三日，起役無過一人者，亦弭盜也。不足有補，不給有助，其於恒賦用其一、緩其二者，亦弭盜也。家有塾，黨有庠，術有序，使其父與父言義，子與子言孝，少而習焉，其心安焉者，亦弭盜也。唐虞三代所以化行俗美，外户不閉者，以其弭於未盜之先，有此具耳。三代以下則不然，上之人平居固非能教其民也，所尚者虚名也，固非能安利民也，所急者賦税也。幸而歲豐無事，則坦然四顧，以爲盜賊無自而有。遇水旱之災，飢寒無知之民，蹶然而起，不可禁止。待其既起，然後設兵以禦之，責官以詰之，剿以威之，撫以懷之，申保甲以防之，嚴緝捕以求之，懲積窩以絶之。此數者，非不可靖萑苻、清潢池，然孰非吾民，不能使之安其生，及陷乎罪，然後從而區處之乎！故前史所載龔遂、虞詡、張綱、李崇之徒，其弭盜之功，非不嘖嘖人口，然愚嘗鄙之，以爲非盛世之事也。

今天下一統，海不揚波，可謂治平矣。而江浙之間，政煩賦重，歲書大有而藜藿不充者，比比也。吾君吾相可不爲之所乎？故愚以爲天下有不足憂者，有大可憂者。兵不能禦盜不足憂，官不能詰盜不足憂，剿撫不得其方不足憂，保甲不行、緝捕不嚴、積窩不懲不足憂。教化不敦大可憂，税斂日增大可憂，農桑不登大可憂。所謂不足憂者，非謂其無關於天下也，數者之不理，一盜未獲，止一盜耳；一方未靖，止一方耳。若夫起於一盜，而有不止一盜之勢，起於一方而有不止一方之勢，此則所謂大可憂者矣。是故教化不可不敦也，教化者非必如古學校之制，率草野之民盡教以師儒也，在朝廷示之以義，申之以禮，使知貨利爲輕，廉恥爲重，則風俗之淳，可計日而俟矣。税斂不可不薄也，薄之者非必如古蠲租減額也，但在寬期限，勿使今歲而完來歲之糧，絶其侵漁，勿使加耗而半正供之額，則憔悴之民，可安枕而卧矣。農桑不可不勸也，勸之者非必如古省耕省斂也，但使農夫、紅女恒尊於富賈，豪胥無擾之以非時之役，無加之以非罪之刑，則污萊之區不令而墾矣。誠如是，民何樂而爲盜？萬一有之，則所謂自作不靖者也，所謂凡民罔弗憝者也，所謂天降威者也，夫然而兵以禦之可也，官以詰之可也，或剿之，或撫之，或申保甲，嚴緝捕，懲積窩以治之，可也。欲兵之禦盜而不爲盜，則在制之以良將，欲官之詰盜而不諱盜，則在糾之以督撫。剿可施於渠魁，而不可施於脇從，撫可以宥其生，而不可濫以恩。申保甲，嚴緝捕，懲積窩，可以詰奸民，而不可以擾良民。此弭於既形之法也。夫既有以弭於未形之前，復有以弭於既形之後，而世不登於唐虞，人不躋於三代，閭里猶有緑林之警，往來猶有暴客之虞，未之前聞。

—1. 切問齋文鈔 卷二一 保甲

選政策

人才不患其壅滯也。天下之才無窮，而朝廷之官有限。以有限之官給無窮之才，前後相守，歷歲月而不能即登庸者，勢也。是惟上之人有以鼓舞之，使已仕者樂於其職，而不見有陞轉之難；未仕者安於在下，而不覺其選授之遲。上之人徐擇而用之，才愈多則官益得人，用之愈遲，則天下之才益磨厲而有以效於上。故鼓舞之道得，則壅滯之端泯。善用才者，患無以鼓舞之，不患無以疏通之也。自古人才之多者莫如三代，建官之少者又莫如三代。然三代之時不聞有壅滯之患者，無他，鼓舞之道得焉耳。後世之人才非加多於三代也，建官非加少於三代也，然而常患其壅滯者，無他，鼓舞之道失焉耳。今初授者以考定先後爲序，陞遷者以歷多俸寡爲序，一出於至公矣。乃出缺有限，選途日艱，宜執事緦緦以壅滯爲慮，而欲求疏通之法，爲鼓舞之道也。然愚以爲今日之選政，當以鼓舞爲疏通，不必以疏通爲鼓舞。鼓舞之道，莫若於循格之中行破格之典，使中才不得越次而進，以守選法之常，而英流間得超擢以登，以通選法之變。天下之士將争自磨厲，以求赴上之意，而不見有壅滯之形。竊以爲，凡今在籍候選之人，宜令所在督撫每歲各以其職業考之，舉其最者一人，上送吏部，使得越次而選。而郡縣有司，亦令督撫歲舉其最者一人，使得越次而陞。越次而選者，一省不過歲一人，既無礙於選法之常，而英流之士得以及鋒而用，中才者亦將勉自滌勵，而不至於委靡自棄。選授之期雖遥，而皆有旦夕可選之望，則不見其遥；陞轉之途雖難，而皆有旦夕可陞之望，則不見其難。如此，尚何壅滯之足慮哉？此所謂以鼓舞爲疏通者也。若夫就疏通言疏通，則又有其道矣。一曰入仕之途宜清也。今夫仕途之所以壅者，以流品之太雜也。自科目而外，有任子，又有例監，有投誠，有府史雜流。此固朝廷所以廣用人之途，而不可偏廢也，然其中豈無冒濫而當核者乎？宜嚴其例，使一才一藝，皆得踴躍於功名，而不至開僥倖之門。一曰考課之典宜嚴也。夫不肖者安於其位，則賢才不得上陞。宜令督撫察所屬貪污者不時糾參，而考課之時，不特一二等之擢者不得濫施，即平常留任者亦必奉身寡過，有吏習民安之便，而後使之久於其任。一曰辟召之法宜參用也。漢法，長官得自辟曹掾，一時文學才俊之士皆出其中。宜倣其制，令天下長官得辟有出身士人爲掾吏，既可息奸猾之風，而士之未就職者亦得少展其才。此三者，皆今日疏通選政之道也。

—2. 皇朝經世文編 卷一七 吏政三 銓選

請速停保舉永閉先用疏

題爲請速停保舉之捐，永閉先用之例，清仕途以安民生事：

臣伏見臣同衙門御史陳菁疏，請停捐納保舉而開先用之例，部覆俱無容議。奉旨：九卿詹事科道會議具奏。臣竊以爲保舉之捐不可不停，而先用之例不可開也。夫捐納一事，原非皇上所欲行，不過因一時軍需孔亟，不得已而暫開。復恐其賢愚錯雜，有害百姓，故立保舉之法以防弊，爲慮深遠矣。近復因大同、宣府運送草豆，并保舉而亦許捐焉，則與正途無復分别，甚非皇上立法防弊之初意。且保舉所重，莫重於清廉，故督撫保舉，必有"清廉"字樣方爲合例。若保舉可以捐納，則是"清廉"二字可捐納而得也，此亦不待辨而知其不可矣。若夫前此有捐納先用一例，正途爲之壅滯，至今尚未疏通，故皇上灼見其弊，久經停止。雖前九卿因運送草豆會議酌開事例，亦未及此，蓋誠知其爲選途之害而不敢輕議也。且捐納先用之人大抵皆奔競躁進之人，故多一先用之人即多一害民之人，此又不待辨而知其不可者矣。抑臣更有請：臣竊見近日督撫於捐納之員，有遲之數年既不保舉又不參劾者，不知此等官員果清廉乎，非清廉乎？抑或在清濁之間，未可驟舉驟劾乎？夫既以捐納出身，又不能發憤自勵，則其志趨卑陋，甘於污下可知。使之久踞民上，其荼毒小民，不知當何如。故竊以爲不但保舉之捐納急當停止，而保舉之限期更當酌定。不但目前先用之例萬不可開，而從前先用之人不可不行稽核。伏乞敕部查一切捐納之員，到任三年而無保舉者，即行開缺，聽其休致。庶吏治可清，選途可疏，而民生可安矣。

—2. 皇朝經世文編　卷一七　吏政三　銓選

論役法

差役、雇役，各有利弊。傅承問有疏，言差役之善，雇役之不善，至詳悉矣。然良民之畏役已久，惟游惰之民，樂於爲之。欲禁樂者之不爲，而驅畏者使爲之，此勢之至難也。此法行，勢必良民陰雇游惰之民，在官以爲差役，在民則仍雇役。特官雇與民雇殊，而游惰之民充役則一。且官雇則有定額，民雇則誅求無已。其或犯法，究及僱者，利則歸於游惰，害則及於良民，其爲弊更無窮。此熙寧、元祐大臣，所以各持一見而不能定。論治者止可因其弊之最甚，而稍通融之，難以一概論也。《周禮》有轉移執事之游民，雇役之法恐不待後世而始有。大抵治之得失在官，不在吏。官誠賢，則雖雇役亦足以爲治；官誠不賢，則雖差役亦足以生奸。讀此疏者，知雇役之害而謹防之，可矣；若欲舉其法而盡變之，亦未易言也。至疏中云："原設工食，除冗役扣解充餉，而所留者仍給見役。"此亦可商。今《賦役書》所載各項工食，皆民之雇役錢也。如役當留，則此工食固應給役；役不當留，則此工食應還之民，或即以補現役之不足者。若扣解充餉，是朝廷既役民，而又得其錢也，可乎？先生一時之言，未慮及此。敢僭論之，所以推廣先生憂民之心也。

—2. 皇朝經世文編　卷三三　户政八　賦役五

漕 運

漕運之法，三代以前無有也。以漕運而裕國，秦漢以來不得已之策耳。夫以京師之重，而仰給於遐方，天下無事，則有侵漁遲誤之弊，天下有事，則有咽喉中梗之虞，此甚非所以久安長治也。謀國者當以三代爲常，而以秦漢爲變。經其變，所以爲一時之利；復其常，所以爲萬世之計。

故竊嘗以爲漕運無得失也，漕運之多寡即其得失。漢之初，漕山東粟以給中都，歲不過數十萬石，至其後則歲六百萬。唐之初，歲不過二十萬，至其後則三歲七百萬。宋之初亦不過數十萬，其後四河所運至五百五十萬。夫其所以不得不多者何哉？養兵之太多也，冗員之未盡去也，西北之荒田未盡墾也。苟不去其所以不得不多之原，而驯復於不漕自裕之法，乃區區講於漕運之得失，不已末乎？

國家定鼎燕京，仰給東南，漕運最爲重務。今欲驟然廢漕，其勢固必不能，而以爲裕國之本專在於此，則非愚之所敢知也。愚請先就漕論漕，而徐探其本計可乎？夫輸挽之所以愆期者，以沿途之留滯也。欲沿途之無留滯，則莫若責之督糧諸臣。旗弁之所以侵没者，以收納之不精詳也。欲收納之精詳，則莫若責之倉場諸臣。河之害漕者，在牽漕河諸水盡瀉入海也，故河决之世，陸則病水，水則病涸；發則病水，去則病涸。齊魯病水，漕河病涸，治之之法，以漕避河，不若以河避漕。夫河之勢合則易潰，分則自殺。誠於河之南北相其地勢，析其支流，條分而派别之，大者爲川澮，小者爲溝洫，則勢分而河安，河安而漕安。此皆就漕論漕，今日之良策也，而裕國之本則不在是焉。

裕國之本，其必墾西北之閑田，而寬東南之輸挽乎。墾田之所以無成效者，非墾田之難，而未得其人、未得其法也。天下之大，豈無能罷騎兵、留屯田如趙充國其人者乎？豈無能大治諸陂、穿渠溉田如鄧艾其人者乎？豈無能就高爲堡、列柵二十如韓重華其人者乎？誠能重爵位以尊之，一事權以委之，久任使以俟之，必有竭盡忠力，出而稱朝廷之旨者。

—2. 皇朝經世文編　卷四六　户政二一　漕運上

崇明老人記

吾家某於九月二十六日，在洙涇周我園家，與雲間佳士王慶孫同席。慶孫述曾至崇明縣中，見有吴姓老人者，年已九十九歲，其婦亦九十七歲矣。老人生四子，壯年貧，鬻子以自給，四子盡爲富家奴。及四子長，咸能自立，各自贖身娶婦，遂同居而養父母焉。卜居於縣治之西，列肆共五間，伯開花米店，仲開布莊，叔開醃臘，[季]開南北雜貨，四鋪並列，其中一間爲出入之所。四子奉養父母，曲盡孝道。始擬膳，每月輪一家，週而復始。其媳曰："翁姑老矣，若一月一輪，則歷三月後，方得侍奉顔色，太疏。"復擬每日一家，週而復始，媳又曰："翁姑老矣，若一日一輪，則歷三日後，方得侍奉顔色，亦疏。"乃以一餐爲率，如蚤餐伯，則午餐仲，晚餐叔，則明日早餐季，週而復始。若逢五及十，則四子共設於中堂，父母南向坐，東則四子及諸孫輩，西則四媳及諸孫媳輩，分昭、穆坐定，以次稱觴獻壽，率以爲常。老人飲食之所後置一櫥，櫥中每家各置錢一串，每串五十文，老人每食畢，反手於櫥中隨意取錢一串，即往市中嬉，買果餅啖之。櫥中錢缺，則其子潛補之，不令老人知也。老人閑往知交游，或博奕，或摴蒱。四子知其所往，隨遣人密持錢二三百文，安置所游家，并囑其家佯輸錢於老人。老人勝，輒踴躍持錢歸，老人亦不知也。亦率以爲常，蓋數十年無異云。老人夫婦至今猶無恙，其長子年七十七歲，餘子皆斑白，孫與曾孫約共二十餘人。崇明總兵劉兆以聯表其門曰："百齡夫婦齊眉，五世兒孫遶膝。"洵不誣也。

康熙二十二年十月十六日，某爲予備述慶孫之言，矍然不勝景仰贊嘆，因援筆而記之，以告世之爲人子者。

按崇明老人壯而鬻子自給，老猶博奕，雖克享大年，不過碌碌庸人耳。所可敬者，其子四人，廝養卒也，不讀詩書，不知理義，乃父母鬻其身而不怨；及拮据成家，惟知孝養其親，不特養口體，且能養親之志焉，蓋亦難矣。嗚呼！世之有親不能養，養而不能曲盡其道者，睹此能無愧乎？自記

—2. 皇朝經世文編　卷六〇　禮政七　家教

畿輔八府地圖記

康熙甲子，有詔命天下考正山川之圖。井陘道僉事李公，分查保定、真定、順德、廣平、大名五府之地；天津道朱公，分查順天、永平、河間三府之地。既遍，乃合爲圖以上，隴其備員俗吏，得縱觀焉。蓋畿輔之水，惟永平之灤、渝諸河自入海，其餘皆歸於衛、白二河以入海。衛發源河南衛輝府輝縣蘇門山百泉，流經直隸濬縣、滑縣、內黄、大名縣，過大名府城南折，東經山東館陶縣、臨清州爲運河，至天津而入海。白河又名潞河，在密雲縣南十八里，自密雲過懷柔、順義、通州、香河、武清，至天津三岔口與衛河合流入海。大名之水如洹如淇，皆自入衛。順德、廣平之水，如滏陽如漳，皆經大陸，會於滹沱以入衛。真定之水，如滋如派如滱；保定之水，如漆如易如徐，皆會於任邱縣趙北口之四角河，又東至霸州、保定縣爲玉帶河。順天之水如拒馬如琉璃，皆會於渾河，合玉帶河而入白。滹沱河在真定府城南八里，發源山西太原府繁峙縣，由雁門流經直隸靈壽、平山，遶真定府城南，歷藁城、晋州、束鹿，至冀州會滏、漳二河，過衡水武邑、武强，至河間府獻縣爲二支：一東流爲鹽河，一南流交河縣，抵青縣岔河口入衛。漳河在成安縣南五里，有清、濁二水，濁漳發源山西潞安府長子縣西發鳩山；清漳發源山西太原府平定州樂平縣，流至河南歸德府武安縣交漳口，合流至磁州三臺口：一支東流，入直隸廣平府成安縣，經肥鄉抵曲周東南一里，合滏陽河；一支北流，入邯鄲縣，經永年至曲周，會滏陽河，歷鷄澤、平鄉、任縣、隆平、寧晋至冀州，合滹沱河。滏陽河在廣平南五里，發源河南彰德府滋州神麕山，流至邯鄲縣，會渚、沁二水，由永年抵曲周，會漳河。大陸澤一名廣阿澤，受水之處，在任縣、鉅鹿、隆平、寧晋一帶，每水發時，浩淼無際，《禹貢》所謂"大陸既作"者是也。趙北口之四角河，在任邱縣西北五十七里，一接高陽河，一接長流河，一接

白溝河之一支，流過趙北口，由柴火淀入玉帶河。玉帶河在保定府北城外，接柴火淀，東流會渾河合流，又分四支，曲折流入信安河、石城淀、慈老淀、落坡淀、黑母淀、四角淀、文爾淀，總匯三角淀歸白河。高陽河在雄縣城南二十里，上流即猪龍河，至雄縣名高陽河，由蓮花淀入四角河。猪龍河在新安縣南十六里，上流即布裏河，至新安名猪龍河。布裏河在高陽縣東二十里，上流即楊村河，至高陽名布裏河。

楊村河在蠡縣南十里，上流即滋、沙、滱三河，自祁州三岔口合流至博野縣境，名蟾河，至蠡縣名楊村河。滋水在真定府城東北三十里，發源山西大同府靈邱縣枚回山，流經直隸靈壽、行唐、真定、藁城、無極、深澤，至祁州三岔口，合滱、沙二水。沙水即派河，在新樂縣南關外，發源山西太原府繁峙縣白坡頭口，流經直隸阜平、曲陽、行唐縣、新樂、定（洲）[州]，以至祁州三岔口，與滱、滋二水合流。滱水即唐河，在唐縣西南二十里，發源山西大同府靈邱縣，流入倒馬關，經直隸唐縣西南，過完縣、曲陽、定州，至祁州三岔口，合磁、沙二河。定州北十里有清水河，發源白龍泉，流至城北入滱水，俗亦謂之唐河。白溝河在新城縣南三十里，由定興縣南流來，在定興河陽渡，係淶、易、沙三河會流處，俗名北河，經容城至雄縣城南，東流矛兒灣，入玉帶河；一支由容城縣分流，至雄縣西三里名黄灣河，又經新安流入四角河。

淶水即拒馬河，在淶水縣東三里，發源山西大同府廣昌縣，流入紫荆關，過易州西北界，至房山縣境分爲二支：一東流涿州，經固安縣東南入渾河。一南流淶水縣，經定興、新城入白溝河。易水在易州南三十里，發源易州寬中谷，流至定興縣北河村，合拒馬河入白溝河。沙河即遒欄河，在淶水縣西十五里，發源本縣平樂山，流至定興爲沙河，入拒馬河。長流河一名長溝河，在新安縣西南五里，上流即徐水、雹水，合流至新安，名長流河。徐水在安肅縣南四十里，又名順水，發源易州廣昌縣，經五回嶺流下爲雷溪，至滿城縣爲大册河，至安肅爲徐河，過清苑折東，與漕河、一畝泉、方順河合流，達安州城北爲依城河，至新安合雹水爲長流河。瀑河在容城縣西南十二里，即雹水，自安肅流至容城，下流安州、新安入長流河。渾河即桑干河，在宣府西城南十里，發源山西朔平府朔州之舊馬邑縣桑乾山金龍池，接山西天鎮衛，流入直隸宣府鎮西城、東城深井堡、保安州礬山堡縉山下，名縉河，南流名合河，經沿河口流至宛平縣盧溝橋，俗曰渾河，達固安縣境，南分一支入新城縣，東轉流入霸州；一支順流又分岔，復合流入霸州，遶城東南，名通濟河，流入玉帶河。

大抵千流萬派，而衛、白二河其綱也。入衛諸水，滹沱其綱也。入白諸水，渾河及趙北口之四角河其綱也。以《禹貢》之迹言之，在畿輔者有澤水，有大陸，有九河，有衡、漳，有恒、衛。大伾山在濬縣東南二里，不與西北諸山相接。大陸即任縣、鉅鹿、隆平、寧晋之大陸。衡、漳即合滏陽、滹沱之漳也。恒水在唐縣西七十里，俗名横河，發源恒山，北合經縣，西南流入潞水，或以爲即派河者，非也。衛水發源靈壽之良同村，東南流四十里，入滹沱河，非“衛輝”之“衛”。九河、濟水，此圖不載其處。黄河故道，在開州南一百二十里，俗名響子口，由河南流來，經直隸長垣、濬縣、滑縣、東明、開州、元城等州縣，又過山東館陶縣界，入直隸清河，下達河間歸海。按漢河决酸棗，河决瓠子，自塞宣房後，河復北决館陶，分爲屯氏河，東北經魏郡、清河、信都、渤海入海。正統間，河决陽武，循響子口故道，東流抵濮州、張秋入海。弘治二年，决封邱荆隆口，漫於長垣、東明。今河水南徙益遠，故道淤塞。瓠子宫在滑縣北十里。賈讓《治河策》云：决黎陽遮害亭，放河使入北海。遮害亭在濬縣南五十里。一展卷而古今水道之源流了然在目，誠壯觀也。使廟堂之上因是而講求其蓄泄之法，如禹之盡力於溝洫者，以防民害而興民利，則是圖之所係，豈淺鮮哉？

四角河即西淀，三角河即東淀，渾河即永定河，其上源又曰桑干河。玉帶河即會同河，以其自西淀出，會巨馬、琉璃、桑乾、白溝諸水，以匯於東淀也。滹沱河之下游分支曰子牙河。

—2. 皇朝經世文編　卷一〇七　工政一三　直隸水利上

唐　甄（1630—1704）

原名大陶，字鑄萬，號圃亭，四川達州人。順治十四年（1657）舉人，官長子縣知縣。有《潛書》《圃亭集》。

非　文

古有文，典禮、威儀、辭命皆是也，不專以名筆之所書。筆之所書謂之言，若書傳之言謂之文者。數之曰：文成幾何，蓋指六書而言。六書有義故謂之文，非緣飾其辭而謂之文也。説如其事，辭如其説。善説者有倫有叙，博徵曲喻，聽盈耳焉；善辭者有倫有叙，博徵曲喻，書之於策，五采絢焉。是言也，不謂之文也。

古之善言者，根於心，矢於口，徵於事，博於典，書於策簡，采色焜燿。以此言道，道在襟帶，以此述功，功在耳目，故可尚也。漢乃謂之文，失之半焉。唐以下盡失之。迨乎近世之言文者，妄謂有體，妄謂有法，妄謂有繩墨規矩。二十三代之編籍，閼塞其心；序、論、傳、志之空言，矯誣其理。是以秦以上之言如臠肉，唐以下之文如萊羹。秦以上之言雖少也重於鈞金，唐以下之文雖多也輕於車羽。是何也？務炫於文，束於俗格，而不遂其言也。

文必有質。今世求文之弊，盡失其質矣。技巧而非真，心勞而無用，可以娱目前而不可以傳久遠也。物有象，象有滋，取則爲書，有蝌蚪、篆、籀之文。迨於末世，變爲俗書，媚容佻姿，盡亡其制矣。圖畫者，鑄於鐘鼎以垂法，繪於衣裳以明尊，施於屏壁以示戒。迨於末世，爲川巖，爲草木，爲羽毛，爲士女，以取悦於人，盡失其意矣。古之言變爲今之文，亦猶是也。彼二者，雖失也無與於治亂。若夫文流爲曲，工流爲末技，以取悦諧俗，使人心輕氣佻，竊譽失真。道喪於此，其亦百十之十一也。

—2. 皇朝經世文編　卷五　學術五　文學

取　善

孔孟之教人也嚴，其與人也寬。唯聖人乃能無闕。若與之不寬，則天下無人，無可與之共學，無可與之居位矣。其人而廉者與，吾取其廉而略其才。其人而達者與，吾取其達而略其節。其人而博者與，吾取其可問而略其自用。夫如是，則天下之人可爲吾之師友者多矣。若必求備焉，冉有之賢也，而爲季氏聚斂；季路之賢也，而死不合義；子貢之賢也，而好貨；子夏之賢也，哭子成瞽；曾子傳仲尼之道者也，乃其初不察於夫子之言，幾誤喪死之大故。此五賢者，孔門之雋也。親承聖人之教，如切如磋，如琢如磨，亦甚勤矣。然學之未至，自得之未深，猶多闕焉若是，况其下焉者乎？若必求備焉，以其短而棄其長，則五賢皆所不取，彼廉、達、博問之士，更若噲等之不可爲伍矣。

子曰："三人行必有我師焉，擇其善者而從之，其不善者而改之。"所謂三人行者，乃偶遇而與之偕行，非素共學之人也。所謂善、不善者，乃偶見之行事，非可與論學之人也，而夫子教人之取益也則若是矣。其在於今道喪學廢，德孤無鄰，不得大賢以爲我師，不得小賢以爲我友，雖芻蕘之屬、賈販之流，皆可以三人有師之法求之也。若其中有志於學者，悦仲尼之道以求淑其身心，雖爲人多疵，其在於今爲不易覯，吾不與之而孰與哉？

子夏曰：“大德不踰閑，小德出入可也。”此言與人之道也，非自處之道也。君子之自處，當如《書》之所云矣。《書》云：“與人不求備，檢身如不及。”蓋與人當寬，自處當嚴也。夫玉，天下之寶也。古人得美玉使良工琢之，必去玷以成器。若玷不去，終非寶器，人不以爲重矣。修身之道亦必去玷。玷非履邪違道之謂也。凡一動一趨之不合於度，即爲玷矣。

聖人制禮，朝聘、喪祭、燕饗、飲食，以時以節，無敢違失，登降有數，揖讓有數，酬酢有數，豈故爲是繁曲以勞人之四體哉？疏於外者懈於内，略於文者亡其實，是修身之要道，制心之切務也。是故孔子教人罕言心性，謹之以言行，約之以篤實，而心性之功在其中矣。其在於今亦有學道之人，志移於風，性成於習，好名而求聞，好動而惡静，閑居無日，皆出門嬉游之時也。群居笑語，竟夕忘反，博奕、飲酒，而務悦於人，誤以爲朋友之交當然也，而實同於市人之行矣。世雖昏濁，人心自明，真僞自見，賢不肖自别，其出於衆人之口者，不可罔也。是以君子爲學，不敢自罔而即不敢罔人，兢兢焉，一言一行，時自謹省，恐人之議其後也。非有吊賀之事也，而數見於鄉閭之會，則人議其流；非問學請益也，而數見於朋友之家，則人議其瀆；名不登於仕籍也，而數造於貴人之庭，則人議其諂；非有干旌之賢大夫也，而時稱大官之相知，則人議其污。是故君子之論不敢違也，鄉人之刺亦可畏也。古人有言曰：“禮義之不愆，何恤於人言？”謂夫讒慝之口，非謂衆論之同也。且果禮義之不愆乎？是故庶人之謗，鄉校之議，皆所以考德也。武王，聖人也，受一獒之貢，而召公則戒之曰：“不矜細行，終累大德。爲山九仞，功虧一簣。”士志於學，而乃役役焉往來於名利之中，德盡喪矣，豈一獒之累乎哉？道盡崩矣，豈一簣之虧乎哉？

—2. 皇朝經世文編　卷六　學術六　師友

善　施

《記》曰：“君子不盡人之歡，不竭人之忠，以全交也。”此受交之道，非致交之道。君子於人，歡必不盡，忠必不竭。驕吝者，富貴之恒疾。下人於揖坐，近人以辭氣，不可以免其驕也。饋金於人，視其人之有聞而厚之，不可以免其吝也。直能與善，忠能致謀，博能益寡，須濟以財則反之，臨財可以辨賢。吴人有姊之喪，有鄉先生來吊。蚤未盥，攬衣而出，先生責之，人皆稱直焉。他日舉殯，衆助之而謝弗與也。吴人有族大夫富，居教之居，仕教之仕，鄉人稱愛焉。他日罷縣，乞其負而歸之半也。施學而居財，世多其人矣，學必非學。

《詩》云：“不僭不賊，鮮不爲則。”取友之道也。《詩》云：“心之憂矣，之子無服。”交友之道也。大信必謹於小，急難相要，苟非忍者不失其言也，是不足以爲信。必釜鬵之約，三年不忘，不易其日，不易其物。有賈於交廣者，或語之以欲得椰實，比及三年而反，其人已死矣，乃陳椰實於位，而告以復之。唐子聞之曰：“推斯義也，可以寄社稷矣。”亂國之人心散，非信不能結也。貧士之言輕，非信不重於人也。其不然者，不由於中，其外若喻，積之不漸，其行不洽。

唐子之妻問於唐子曰：“子行忠信而人多不悦，其故何也?”曰：“稻麥，穀之美者也，炊之不熟，人將棄而不食，豈可以咎人哉？吾反而求之釜甑中矣。”唐子曰：“善佞者必以信行佞，善詐者必以信行詐。”世多悦之，不悦非君子所病也。

君子之處貧士，惠非難，不慢爲難。慢者，非禮文之疏、飲食之薄也。共揖不失，其睹若無，問答不失，其語若忘，是慢也。禮有儀有實，見尊於己者而下之，見己敵者而衡之，見卑於己者而上之，禮之儀也。接賤士如見公卿，臨匹夫如對上帝，禮之實也。儀有尊卑，實無厚薄也。

揚人之善，德之大者也。能揚一鄉之善者，必使聞於一鄉；能揚一方之善者，必使聞於一方；能揚天下之善者，必使聞於天下。知善不揚，是蔽其善。蔽善之人，天命不祐。揚人之善，不啻顯其善也。善既廣聞，與之者衆，必有周其窮乏，救其急難者。

唐子之母弟之子隍，來自番禺數千里，求葬不獲，問於唐子曰：“子何以得葬吾姑?”唐子曰：“吾友魏叔子葬之也。”曰：“吾聞叔子之死，先姑之葬，四年前資之乎?”曰：“非也。吾著書而人不知，叔子樂稱之，人多知之者，以是得助。是葬吾父母者，叔子也。”

用財之道，必先凍餓，葬次之，婚次之。今年不葬，可待來年。今年不婚，可待來年。不惜重施之爲其足稱於人也。朝不食，不能待夕；夕不食，不能待朝。綴絮無温，蜎體不直。一日寒侵，强者病，弱者死。忽其急而緩是謀，昧於施矣。惠人之道，必先魯弱，强有力者次之，敏多謀者次之，忠獻之後次之。天薄其生，人憎其貌，吾不恤之，是助天人爲虐也。自致有半，所藉有半，助之易矣。從而壹之則不得其平，况反之乎?

聽訟之道，必先負擔，巨室多財次之。奪之十束薪，立絶其食。負千金於萬金之家，曾不少損其啓處。有司常置小而論大，是重餘財之得失，而輕夫婦之生死也。

爲政之道，必先田市，死刑次之，盗賊次之。殺人之罪，一縣之中歲或一二人。多盗之方，一府之中歲不數見。其爲害也恒少。農不安田，賈不安市，其國必貧，無殘而民多死亡，無盗而室多空虚。農安於田，賈安於市，財用足，禮義興，不輕犯法。是去殘去盗之本也。

千金之産，其生百五，十分而三之：一以爲食，一以待不虞，一以周飢寒。倍之則凶歲可備焉。千金之富，可惠戚友；五倍之富，可惠鄰里；十倍之富，可惠鄉黨；百倍之富，可惠國邑；天子之富，可惠天下。

—2. 皇朝經世文編　卷六　學術六　師友

尚　樸

孫子問於唐子曰：“聖人之於天下何由而治乎?”

唐子曰：“毋立教名，毋設率形，使民日由善而不知。”

孫子曰："請聞其要。"

唐子曰："其尚樸乎！樸者，天地之始氣，在物爲萌，在時爲春，在人爲嬰孩，在國爲將興之候。奢者，天地之中氣，在物爲茂，在時爲秋，在人爲老、多欲，在國爲將亡之候。聖人執風之機以化天下，其道在去奢而守樸。家無塗飾之具，民鮮焜耀之望，尚素棄文，反薄歸厚。不令而行，不賞而勸，不刑而革矣。"

孫子曰："民既苦於禮義，不可强而從。則民之趨於奢也，亦如水之下壑也，何以能逆而反之乎？"

曰："請徵諸故迹：昔者秦奢而漢樸，及其治也，世多長者之行；隋奢而唐樸，及其治也，錦繡無所用之。夫二代之君，未聞堯舜之道也，與其將相起於微賤，鑒亡國之弊，以田舍處天下人之化之則若此。豈惟君天下者哉？卿大夫亦有之。荆人炫服，有爲太僕者好墨布，鄉人皆效之，帛不入境，染工遠徙。荆之尚墨布也，則太僕爲之也。豈惟卿大夫哉？匹夫亦有之。陳友諒之父好衣褐，破蘄，不殺衣褐者，有洛之賈在蘄，以褐得免，歸而終身衣褐。鄉人皆效之，帛不入境，染工遠徙。洛之尚褐也，則賈爲之也。縠帛，衣之貴者也；布褐，衣之賤者也。貴貴賤賤，人之情也。有望人焉反之，能使一鄉之人貴其所賤而賤其所貴，蓋風之移人若斯之神也。洛賈且然，况太僕哉？太僕且然，况萬乘之君哉？"

孫子曰："敢問行之之方。"

曰："先貴人，去敗類，可以行矣。"

"先貴人若何？"

曰："捐珠玉，焚貂錦，寡嬪御，遠優倿，卑宫室，廢苑囿，損羞品，卻異獻。君既能儉矣，次及帝后之族，次及大臣，次及百職，莫敢不率。貴人者，萬民之望也。貴之所尚，賤之所慕也。貴尚而賤不慕，世未有也。"

"去敗類若何？"

曰："吾嘗牧羊於沃州之山，羊多病死。有教之曰：'一羊病則群羊皆敗，子必謹視之。擇其病者而去之，不然且將盡子之群。'從其言而羊乃日蕃。治天下亦然。好名者，無才而人稱其才，無德而人稱其德，使人巧言令色，便媚取合，而失其忠信之情，是敗類之人也。多言者，以議論害治，以文辭掩道，以婞直亂正，使人尚浮誇而喪其實，是敗類之人也。此二者表僞之旗也，雕樸之刃也。《詩》曰：'大風有隧，貪人敗類。'是故善爲政者務先去之也。"

孫子曰："始吾以爲天下之難治也，今而後知天下之不難治也。苟達其情，無不可爲也。"

唐子曰："天地雖大，其道惟人。生人雖多，其本惟心。人心雖異，其用惟情。雖有順逆剛柔之不同，其爲情則一也。是故君子觀於妻子而得治天下之道，觀於僕妾而得治天下之道，觀於身之驕約、家之視效而得治天下之道。先人有言曰：語道莫若淺語，治道莫若近講。舉其要，古之賢君雖貴爲天子，富有四海，存心若赤子，處身如農夫，殿陛如田舍，衣食如貧士，海内如室家，微言妙道不外此也。"

—2. 皇朝經世文編　卷七　治體一　原治上

抑　尊

聖人定尊卑之分，將使順而率之，非使亢而遠之。爲上易驕，爲下易諛。君日益尊，臣日益卑，是以人君之賤視其臣民，如犬馬、蟲螘之不類於我，賢人退，治道遠矣。太山之高，非金玉丹青也，皆土也。江海之大，非甘露醴泉也，皆水也。天子之尊，非天帝大神也，皆人也。是以堯舜之爲君，茅茨不翦，飯以土簋，飲以土杯，雖貴爲天子，制御海内，其甘菲食，暖粗衣，就好辟惡，無異於野處也，無不與民同情也。善治必達情，達情必近人。陳五色於室中，滅燭而觀之則不見；奏五音於堂下，掩耳而聽之則不聞。人君高居而不近人，既已瞽於官、聾於民矣，雖進之以堯舜之道，其如耳目之不辨，何哉？人君之於父母，異宫而處，朝見有時，則曰天子之孝與庶人異。人君之於子孫，異宫而處，朝見有時，則曰天子之慈與庶人異。人君之於妻，異宫而處，進御有時，則曰天子之匹與庶人異。骨肉之間，驕亢襲成，是以養隆而孝衰，教疏而恩薄，讒人間之，廢嗣廢后易於反掌。不和於家，亂之本也。親雖至昵，亦有難諫，友雖至私，亦有難語，師雖善誘，亦有難教，而況君乎？人君之尊，如在天上，與帝同禮。公卿大臣，罕得進見，變色失容，不敢仰視，跪拜應對，不得比於嚴家之僕隸。於斯之時，雖有善鳴者不得聞於九天，雖有善燭者不得照於九淵。臣日益疏，智日益蔽，伊尹、傅説不能誨，龍逢、比干不能諫，而國亡矣。蜀人之事神必馮巫，謂巫爲端公，禳則爲福，詛則爲殃。人不知神所視聽，惟端公之畏，而不惜貨財以奉之。若然者，神不接於人，人不接於神，故端公得容其奸。人君之尊，其猶土神乎？權臣、嬖倖，其猶端公乎？無聞無見，大權下移，誅及伯彝，賞及盗跖。海内怨叛，寇及寢門，宴然不知。豈人之能蔽其耳目哉？勢尊，自蔽也；直言者，國之良藥也。直言之臣，國之良醫也。除膚瘍，不除癥結者，其人必死；稱君聖，謫百官過者，其國必亡。所貴乎直臣者，其上攻君之過，其次攻宫闈之過，其下焉者，攻帝族、攻后族、攻寵貴。是瘍醫也，君何賴乎！有此直臣，臣何貴乎！有此直名，是故國有直臣，百官、有司莫不畏之，畏之自天子始。昔者明顯帝食，庖人進鱉，顯帝食而甘之，舍箸而問曰："吾聞劉光縉禁鱓、鱉之屬，安所得此鱉也？"左右對曰："取之遠郊。"顯帝曰："自今勿復進此，恐犯御史禁也。"以萬乘之尊，下畏御史，可以爲帝王師矣。位在十人之上者，必處十人之下；位在百人之上者，必處百人之下；位在天下之上者，必處天下之下。古之賢君，不必大臣，匹夫、匹婦皆不敢陵；不必師傅，郎官、博士皆可受教；不必聖賢，閭里、父兄皆可訪治。尊賢之朝，雖有佞人，化爲直臣；雖有奸人，化爲良臣。何賢才之不盡，何治道之不聞？是故殿陛九仞非尊也，四（譯）［夷］來朝非榮也。海唯能下，故川澤之水歸之。人君唯能下，故天下之善歸之，是乃所以爲尊也。

—2. 皇朝經世文編　卷九　治體三　政本上

教　蠶

吴絲衣天下，聚於雙林，吴越、閩番，至於海島，皆來市焉。五月載銀而至，委積如瓦礫。吴南諸鄉，歲有百十萬之益。是以雖賦重困窮，民未至於空虚室廬，舟楫之繁庶，勝於他所，此蠶之厚利也。四月務蠶，無男女老幼，萃力靡他。無税無荒，以三旬之勞，無農四時之久，而半其利，此蠶之可貴也。夫蠶桑之地，北不逾淞，南不逾浙，西不逾湖，東不至海，不過方千里，外此則所居爲鄰，相隔一畔，而無桑矣。其無桑之方，人以爲不宜桑也，今楚、蜀、河東，及所不知之方，亦多有之。何萬里同之，而一畔異宜乎？桑如五穀，無土不宜，一畔之間，目睹其利而弗效焉，甚矣民之惰也。三代以下，廢海内無窮之利，使民不得厚其生，乃患民貧，生財無術。是猶家有寶藏而不知發，而汲汲腊醃果蔬之是鬻也。盍亦謀諸此與？吾欲使桑遍海内，有禾之土必有桑焉，然亦匪易也。蓋安之久者難創，習之慣者難作，約法而民不信，施教而民不從，則樹植亦不可就。古者田有官，是故棄爲稷官，其後教民田者，謂之田畯。田既有之，桑亦宜然。其在於今，當責之守令，於務蠶之鄉，擇人爲師，教民飼繅之法，而厚其廪給。其移桑有遠莫能致者，則待數年之後，漸近而分之。而守令則省騎時行，履其地，察其桑之盛衰，入其室，視其蠶之美惡，而終較其絲之多寡。多者獎之，寡者戒之，廢者懲之。不出十年，海内皆桑矣。昔吾行於長子，略著於篇，可以取法焉。

—2. 皇朝經世文編　卷三七　户政一二　農政中

明　悌

人之倫有五，今存四焉，其一亡矣。昔者孔子之語其徒也，孝悌惟亟，而言忠或寡焉。江漢源而海委，孝悌源而忠委。有先委而後源者耶？有源盛而委竭者耶？異哉，人之好名甚也！忠之爲名，大而顯，史記之，國褒之。昔者明之初亡也，人皆自以爲伯夷。鄉學之士，負薪之賤，夫何與於禄食之貴厚，有殺身以徇國者。當是之時，天下之言忠者十人而九，孝之名不若忠之顯大也。故當世之言孝者，千百人而一二。若夫悌，人莫爲之，亦莫言之。悌道之絶也，蓋已久於斯焉矣。吾觀賢士大夫，亦有忠似比干者也，養似曾參者也，交似叔牙者也。其處昆弟則何如？予之尺縠則有矜色，乞其斗粟則有泚顔。善己則友資之，惡己則讎視之，侵己則盗禦之。姊妹既嫁，蔑焉忘之，不知爲誰室之妾者然也。内不自知，責亦弗及，彼自矜爲完行，吾見其不遠於禽獸也。今有居父母之喪，坐作不忘，既免喪，而哀不已也，斯不亦孝矣乎！其於兄弟，亦且有然。昔者子路有姊之喪，可以除之矣，而弗除也。子曰："奚爲弗除也？"曰："吾鮮兄弟，而弗忍除也。夫子亦嘗有姊之喪矣，與弟子立而拱尚右也。弟子不知其故。"子曰："我尚右者，以我有姊之喪也。由斯觀之，可知悌矣。殺之而不怨，事君之道也；殺之而不怨，事父之道也；其於兄弟，亦且有然。昔者象欲殺舜，舜則富貴之，富貴奚足云乎？象憂，舜亦憂；象喜，舜亦喜。是道也，舜事瞽瞍之道也，人所難能也，舜則施之於弟，且施之殺己之弟。孟子稱舜之孝曰：美色富貴，不足解憂，惟順於父母，可以解憂。我且以此稱舜之悌矣，曰美色富貴，不足解憂，惟順於兄弟，可以解憂。由斯觀之，可知悌矣。人之愛莫私於其妻。《詩》曰："手如柔荑，膚如凝脂，領如蝤蠐，齒如瓠犀，螓首蛾眉，巧笑倩兮，美目盼兮。"則愛其色。居同室，寢同栖，則愛其昵。執蠶績，功鍼縷，治酒醴，調燔炙，則愛其助。及其老也，長子孫，訓婦女，則愛其成。此性情之常，聖賢之所同也。然愛之之道，則甚下於其兄弟。若子路有妻之喪，可以除之矣，而弗除也，曰：吾思吾妻而弗忍除也。若堯之二女，日以殺舜爲事，舜倖免於死。及立爲天子，尊之爲妃，寵之爲夫人。妻憂，我亦憂也，妻喜，我亦喜也。則是子路者溺情好内，君子之所薄也，則是舜者狂疾人也，且不及桀、紂之嬖妹喜、妲己也。昔者高子常問於我矣，曰："君父之重，人皆知矣。若兄弟，若妻，若子，平居奉之，及難免之，其後先輕重若何也?"曰："昔也吾嘗慎思之矣，差之謂五等：一曰君、父母，次二曰兄弟，次三曰妻，次四曰子、兄弟之子，次五曰朋友。子其權之焉。"

—2. 皇朝經世文編　卷六〇　禮政七　家教

内　倫

《詩》曰："鴛鴦在梁，戢其左翼。"鄭氏曰："鳥之雌雄不可别者，以翼知之。右掩左，雄；左掩右，雌。陰陽相下之義也。"夫婦亦相下以成家也。孔氏曰："《易》之《咸》，爲夫婦之道。"其《彖》曰："止而説，男下女。"以證夫婦相下之道，恒道也。《泰》之"天下於地"，其義亦然。夫天高地下，夫尊妻卑，若反高下，易尊卑，豈非大亂之道，而《詩》之爲義、《易》之爲象，何以云然乎？蓋地之下於天，妻之下於夫者，位也；天之下於地，夫之下於妻者，德也。古者君拜臣，臣拜君答拜，師保之前，自稱小子，德、位之不相掩也。天子之尊，冕而親迎，敬之也，亦德、位之不相掩也。若天不下於地，是謂天亢。天亢則風雨不時，五穀不熟。君不下於臣，是謂君亢。君亢則臣不竭忠，民不愛上。夫不下於妻，是謂夫亢。夫亢則門内不和，家道不成。施於國則國必亡，施於家則家必喪，可不慎與？今人多暴其妻，屈於外而威於内，忍於僕而逞於内，以妻爲遷怒之地。不祥如是，何以爲家？强則易犯，瀆則易矍，弱則易暴，孤則易施，遂至大不祥焉。蓋今學之不講，人倫不明；人倫不明，莫甚於夫妻矣。人若無妻，子孫何以出，家何以成？祭則孰寄，居則孰輔，出則孰守？不必賢智之妻，平庸之妻亦有之。是則如天之有地，如君之有臣，以言乎位則不可褻，以言乎德則顧可上而暴之乎?《詩》云，"高山仰止，景行行止"，"四牡騑騑，六轡如琴"。高山出雲，雨遍天下，天賴以成其施，是以仰止焉，言不可以不敬也。四牡既良，致遠不勞，如琴瑟之調焉，言不可以不和也。敬且和，夫婦之倫乃盡。請誦是詩，以爲爲夫者教焉。《詩》云："有洸有潰，既詒我肄。"德不能服人，威不能加人，入室而逞於妻，洸乎怒之充也，潰乎忿之不可收也，此何爲者也？人之無良，至此其極！始爲夫婦，終爲仇讎，一倫滅矣！請誦是詩，以爲爲夫者戒焉。

—2. 皇朝經世文編　卷六〇　禮政七　家教

權　實

天下奚治，令行則治。天下奚不治，令不行則不治。令不行者，文牘榜諭，充塞衢宇，民若罔聞，吏委如遺，民吏相匿，交免以文，格而不達，舉而易費。始非不厲實也，既則怠，久則忘，本政之地，亦且自廢而自掩之。是以百職不修，庶事不舉，奸敝日盛，禁例日繁，細事糾紛，要政委棄。譬之樹木，傍蘖叢樛，而枝幹枯朽矣。當是之時，皆謂在位無賢也，行政不善也，良策無出也，是猶牽車者但求厚載，而不顧轂之利轉也。若如今之致行者，雖官皆聖哲，政皆盡善，使閎夭、散宜生之屬，議爲憲令，周公裁之，召奭貳之，史佚文之，布於天下，亦不能少有補救也。會稽之東有石氏者，其季女病痞，迎良醫治之，久而不除，謝醫使去。其父思之，以爲是良醫也，奈何療之而病不除。他日竊窺之，見其舉藥不飲，而覆於牀下也。乃復迎醫，進以前藥，三飲之而疾已。夫國有善政，而德澤不加於民者，政雖善，未嘗入民也，猶石季之飲藥也。十口之家，主人雖賢，然令不行於子，則博弈敗趨；令不行於僕，則析汲不勤；令不行於妾，則壺餐不治；令不行於童子，則庭糞不除。以此爲家，其家必索，况天下之大乎？駿馬病躄，不如駑馬之疾馳；勇士折肱，不如女子之力舉。是以聖人貴能行也。昔者唐子之治長子也，其民貧，終歲而賦不盡入，璩里之民五月畢納，利蠶也。乃遍詢於衆曰："吾欲使民皆桑可乎？"皆曰："地方之土不宜桑。若宜之，民皆樹桑，毋俟今日矣。"遂已。他日游於北境，見桑焉，乃使民皆樹桑。衆又曰："昔者阿巡撫令樹榆於道，鞭笞而不成，今必不能。"不聽。違衆行之。吏請條法示於四境。唐子笑曰："文示之不信於民也久矣。"乃擇老者八人，告於民。五日而遍。身往告於民，二旬而遍。再出遇婦人於道，使人問之曰："汝知知縣之出也，奚爲乎？"曰："以樹桑。"問於老者，老者知之；問於少者，少者知之；問於孺子，孺子知之。三百五十聚之男女，無不知之者。三出入其廬，慰其婦，撫其兒，語以璩里之富於桑，不可失也。一室言之，百室聞之，三百五十聚之男女，無不欲之者。唐子曰："可矣。"乃使璩民爲諸鄉師，而往分種焉。日省於鄉，察其勤怠。督賦聽訟因之。不行一檄，不撻一人，治雖未竟也，乃三旬而得樹桑八十萬。

長子小縣也，樹植易事也。必去文而致其情，身勞而信於衆，乃能有成。夫多文藏奸，拂情易犯，不親難喻，無信莫從，所從來久矣。是以治道貴致其實也。群臣奏入，下於有司，公卿集議，復奏行之。其所行者，著爲故事，因時增易，百職凖以决事。自漢以來皆然，舍是無以爲政。然有治不治者，以實則治，以文則不治。若徒以文也，譬之優偶之戲，衣冠言貌，陳事辦理，無不合度，而豈其實哉？以娱人之觀聽也。君有詔旨，臣有陳奏，官有文書，市有牓諭，此文也。此藉以通言語，備遺忘耳，奚足恃乎？君臣相親，朝夕無間，飲食作坐同之，如匠之於器，日夜操作，則手與器相習，而無不如意，主臣一心，夜思蚤謀，無謀不行，無行不達，三月必達，終歲必效，三年必成，五年必治，十年必富，此實也。苟無其實，則謹守成法者，敗治之公卿也。明習律令者，敗治之有司也。工於文詞，嫻於言貌者，敗治之侍臣也。三者非不美也，而專尚焉，則表暴日厚，忠信日薄。察於内外，稱職常多；核其行事，無過可舉。問其治功，則無一事之善成，無一民之得所。上下相蒙，以成苟免之風，雖有志者之士，亦將靡然而不得自盡其情，此治化之所以不行也。雖然行難矣。近與遠異風，少與衆異勢，門庭之内，常不盡見，伯仲之間，亦有異心，况天下之大乎？海内之地，爲府百六十二，爲州二百二十，爲縣千一百六十，必官其地、治其事者，皆如長子之樹桑，而後天下乃治，是不亦難乎？

權者，聖人之所藉以妙其用者也。今夫與一人期，至者十八，與三人期，畢至者十五，與九人、十人期，畢至者十一，何則？權不在也。大將居中，提兵十萬，副參、游守、都總以及隊百什伍之長，轉相貫屬，如軀群羊，奮生赴死，不敢先後，何則？權在也。乘權之利，如軸轉輪，乘權之捷，如響應聲。乘權而不能行，恥莫甚焉。官有萬職，君惟一身。賢君之用官，如大將之御衆，以一用十，以十用百，以百用千，以千用萬，是則君之用者有萬，而憑之者惟十。約而易操，近而能燭。夫尊卑次屬，職之恒也，而奚有異？蓋不善用之，則萬職之利，轉而奉之於十。善用之，則十職之修，轉而布之於萬。十職能修，澤及海内，其功大，功大者賞厚。十職不正，毒及海内，其罪大，罪大者刑重。此舜所以誅四凶也。人有甚愛其子者，使妾母之，而妾不恤，教之不從則駡之，駡之不從則撻之，撻之不從則去之，改而後已。夫人情之愛莫甚於妾，人生之重莫過於母，次於妻者又莫貴於妾，而輕於去之者，何也？不去則愛不及於子也。此言雖小，可以喻大。夫人臣之愛未必昵於妾也，人臣之重未必過於子之母也，人臣之貴未必等於妾也。乃愛之而不忍傷之，重之而不敢拂之，貴之而不抑之。斯人也，未嘗操刃，而百千萬億之刃，肆行殺傷，有不期然而然者。當是之時，雖上有賢君，惠澤日施，寬恤日行，考績日嚴，流殺日具，而民常苦生而甘死。夫雨露至渥也，不能入陶穴而滋生，泉流至澤也，不能越堤防而灌溉，何則？有隔之者也。是故善爲政者，刑先於貴，後於賤；重於貴，輕於賤；密於貴，疏於賤；决於貴，假於賤，則刑約而能威。反是則貴必市賤，賤必附貴，是刑者，交相爲利之物也，法安得行，民安得被其澤乎？恩義之大莫如君臣，親臣爲腹心，政臣爲股肱，疆臣爲拇指，庶臣爲毛髪，戎臣爲衣履，是以人君之而待其臣，安富同樂，疾病同戚，厚之至也。聲色不和，貧老不恤，猶爲亢而少恩，況加之以刑罰乎。此以待良臣也。若夫專利蔽主，阿私黨邪，是民之讎、國之賊也。若之何不刑，愛德爲祥，愛殺人之人，斯爲愛乎？忍德爲凶，忍於殺人之人，斯爲忍乎？刑不可爲治也，而亦有時乎爲之者，以刑狐鼠之官，以刑豺狼之官，而重以刑匿狐鼠、養豺狼之官。國有常刑，有變刑。常刑者，律刑也。有司議之，人主不敢私。變刑者，雷霆之威也。英主神之，群臣不得與。常刑以齊小民，變刑以治元惡。元惡之臣，多援要譽，其罪難見，察之而不得其罪，質之而不得其罪，速之獄而不得其罪，非雷霆之用何以治之？德外無治，不言德而言刑者，猶醫之治寒疾也，不卻穀而飲藥，其人必危，疾愈，卻藥而反穀也，不遠矣。

—14. 皇朝經世文統編　卷二〇　治體四　治法上

徐乾學（1631—1694）

字原一，號健菴，江蘇崑山人。康熙九年（1670）進士，官至刑部尚書。有《憺園文集》。

勤政殿説

臣伏讀《月令》，明堂十二室，天子以時適居，所以法天之行，順時之紀，勤民事而出治道，非獨侈隆其制已也。蓋古者皇居取象辰極，義取自强不息之意焉。今皇帝景昊天之成命，法祖宗之恭儉，凡一切宫室制度，自非國本所關，政事所出，無替於前，無侈於後。玆勤政殿在西苑，以歲之夏日聽政於其中，每旦接對群臣，批覽章奏，少暇則紬繹經典，繙閲圖史。臣昔起家侍從，待罪公卿之後，常因奏事殿中，得奉清燕。流覽寓目，殿不甚閎敞，視正殿絶差。前爲長廊，中闢層軒，體製樸略。群臣仰頌聖德，以爲唐堯土階、大禹卑宫，殆無以過。臣深惟天行無息之義，以爲人主惟能勤而後能儉，勤則清明之氣勝，物莫投其所好，故不與儉期而儉至；不勤則晏逸之志勝，物得進爲之主，故不與奢期而奢至。由此觀之，相因之理，必至之幾也。臣竊睹皇上深宫問夜，未明求衣，至於日晏不遑。上自宫府，下逮黎庶，外及山陬海澨、日入月出之所，惟恐一事之未理，一物之未安。即位二十五年，兢業常如一日間者。鯨鯢蕩定，兵革偃息，海宇乂安，民生樂業。群工體宵旰之勤，詞人進太平之頌，願怡神暇景，閑日視朝。皇帝赫然震動，竦然吁咈，益勵憂勞，無敢怠惰。功業已盛，而常懼其荒；民庶已安，而獨居其瘁。是以侈心遏絶，儉德益光。漢臣有言：古之王者未有不始於憂勤，而終於逸樂。竊觀《詩》、《書》所載，雅異於此。周公進陳無逸，文王日昃終身，未聞其以逸樂繼也。然則虔始之道方自今日載筆之臣，豈能紀其萬一。昔華林有清暑之賦，驪山著九成之碑，並鋪張巨麗，有乖典則。臣躬述聖德，上窺《大易》自强之義，遠覽《尚書》無逸之訓，推陳堯、禹不與之衷，發明文王小心之德，雖未能編之詩書，亦庶幾垂示來者。謹拜手而爲之説。

—2. 皇朝經世文編　卷九　治體三　政本上

親喪不葬

親死不葬，此人子莫大之罪，况律有明禁，而世人往往犯之，何哉？以爲無其財耶？則斂手足形，還葬無槨，固聖人之所許也。以爲無其地耶？則暴棺於中野，而風水是求，又君子之所不爲也。且爲士大夫者，於一身之居處服食，無不窮其財力以爲之，獨父母之遺骸，反不獲一抔之土而掩蔽焉，即旁觀者尚且爲之唏嘘太息，而彼乃安焉不顧，何人心之澌滅一至於斯也！然則欲振救此弊者，將何術而可？曰有國典在，一舉律文以治之，彼人之不畏禮義者，獨不畏刑罰乎？其或仕宦之家，有司不敢行法，則必依周廣順之詔書：親喪未葬，已仕者不許榮進，未仕者不許應舉，且必於保狀内明書依禮葬畢，方許服官赴試，而所司失於覺察者，並罪。則凡欲求利達者，無不圖速葬其親，而停柩不葬之風，庶幾可以少挽，即先儒邱文莊之議亦然。昭代之章程，前王之法制，昭昭具在，何不可舉而行之哉？案今福建舉人、貢生等服滿，縣報府，府報布政司，布政司申呈禮部，並據本生鄰里結狀，稱二十七月服内已經安葬，並取地師、墳丁、土工結狀，一併申報，如無結狀，不準赴試。余在禮部見之，嘆其風俗近古，是考亭教思未墜。然是篤終之禮，豈可獨使閩士無憾？宜推行於諸布政使司，一體飭遵者也。

—2. 皇朝經世文編　卷六三　禮政一〇　喪禮下

書昌黎改葬論後

韓退之論改葬服，所據經傳無可議者。若所引《檀弓》："弁絰葛而葬，交於神明之道。"即知爲天子、諸侯之禮，非可以論通喪也。三年之喪，未葬不除服，自古一定之禮。凡服之變除，由重而輕，葬而後虞以安神，卒哭祔廟，卒哭有受服同齊衰矣，期而練爲功衰，再期而祥縞爲緦麻，哀以漸而減，服亦以漸而除。三年以内，實備五服之制，故曰人道之綱領，群倫所託始也。親柩既在殯宫，即不能行虞祔練祥之禮，而斬然衰絰，其可以驟釋去乎？古之人如翟方進諸人外，未有不行三年之喪者，亦未有過時而不葬者。即或有故，一年不能葬，即一年不變服，子思之答司徒文子，何其嚴也。退之特婉其詞，言未葬不除服，"雖有其文，未有著其人者，以是知其至少"，此言過時不葬者，古來至少耶？抑或謂既遠可以除矣，而不除者少耶？讀者疑焉。如以爲過時不葬，而守禮不除服者，其人爲可著稱，則更非禮意矣。葬緩者，謂之不能葬，不除服不足以寬緩葬之辜也，何著稱之有？若遷徙他邦，不能歸而淺葬於其土者，掘地但没其衽而已，猶謂之殯，其意以爲不成葬也。孔子殯於五父之衢，名雖爲殯，而其實無異於葬，其必迎精而反，立主安神，與尸柩在寢時異矣。既立主安神，以次行練祥之祭可也。晋濟陰郗詵寄止衛國文學講堂十餘年，母亡不致喪歸，便於堂北壁外下棺，謂之假葬。三年即吉，奉詔用爲征東參軍。或以爲城市之内、屋壁之間無葬處。不成葬，則不應除服，詵自表祖墳在緱氏，數有水規，悉遷改，常多疾病，遂便留此。此方下濕，惟城中高，遂葬所居之宅。當時山濤、魏舒並爲申理。乃知古時不强人以難行，凡埋棺及衽殯於中野者，雖曰假葬，猶許其除服即吉也。《宋史》：隆祐皇太后崩，詔權攢於會稽縣之上皇村，天子、皇后曰攢宫。攢者，亦不成葬之謂，當時攢後，既行虞祭祔廟也。至於改葬，緦不必終三月。子思對文子曰"既葬而除之"，亦無用詞費也。

—2. 皇朝經世文編　卷六三　禮政一〇　喪禮下

祖父母在妻喪用杖議

陳都諫子敬，父文和公，世爲冢嫡。子敬有妻喪，其父母已没，獨繼祖母在。或問："喪服用杖乎？"余曰："然。"或曰："《家禮》及《明律》皆言父母在，不杖，本朝律文亦然。今繼祖母在，都諫當承重，與父母在同，安得用杖？"曰："古人重妻服，既爲之杖，又爲之練禫，同於父在爲母，所以報其三年之斬，異於他服之齊衰期年者也。”《儀禮》注：“適子父在，則爲妻不杖，以父爲之主也；庶子雖父在，亦以杖即位。”故《喪服小記》曰：“父在，庶子爲妻，以杖即位可也。適子父没，即爲妻製杖，其母之存亡不論也。”惟《雜記》云：“父母在，不杖不稽顙。”而賈公彦分別言之，謂父爲適婦主喪，故父在不敢爲妻杖；若父没母在，不爲適婦之主，爲妻雖得杖，而不得稽顙也。蓋杖與不杖，顯有差等，當杖而不杖，是無故貶降其匹耦，古人不爲。故惟適子父在，不爲妻杖，其他無不杖者矣。自唐增母服爲齊衰三年，宋代因之，明又加爲斬衰，由是母服與父服並重，母在爲妻亦不杖，《家禮》及律文咸由斯義也。今繼祖母在，孫應承重者，服雖與父母同，然禮、律但言父母在不杖，不言祖父母在不杖，則爲妻製杖，夫復何疑？曰：“孫爲祖母承重，既與父母不殊，杖安得有異？”曰：“子爲父母三年，正服也。孫爲祖父母承重亦三年，加服也。加服與正服自有差別，夫安得盡同？且《儀禮》《戴記》《家禮》與《明律》，猶爲先代之書，若《大清律》則本朝制書，凡爲人臣者所共守也，敢於律文所不載者妄增之乎？”

案段成式《酉陽雜俎》云：“父在，適子妻喪不杖，衆子則杖。彼以父服服我，我以母服報之。”足知唐以前，母在並不輟杖，則祖父母益可知也。《曾子問》：女未廟見而死，婿不杖。今都諫德配及事文和公，伉儷相莊十年，寧忍同於未廟見之婦？曰：“儒者解禮與刑官引律，多推類比附，適孫承重之服既同於父母，則禮、律雖無明文，可以義斷。若服同，而爲妻制杖有異，毋乃薄於祖母乎？”曰：“爲人子孫者，情雖無窮，制則有定。《家禮》《明律》既如彼，本朝律文又如此，則遵禮、律而行，自無可議。今一旦去杖，是明明貶降婦服一等，祖母之心亦豈肯一刻安，而反謂薄於祖母哉？”

或唯唯而退，遂書以貽子敬。

—2. 皇朝經世文編　卷六五　禮政一二　服制下

族葬考

古者葬不擇地，《周禮》墓大夫職曰：“凡邦墓之地域爲之圖，令國民族葬而掌其禁令。”蓋萬民墓地同處，墓大夫爲分其域，亦如家人以昭穆定位次，而預爲之圖。新死者則授之兆，是故自天子以下，七月、五月、三月踰月之期無或愆者，惟宅兆已定，而無所容其擇也。獨《孝經》有云：“卜其宅兆而安厝之。”夫卜則有吉凶，有棄取，是亦擇矣。疑與《周禮》之言不合，不知世數無窮而地域有限，子姓蕃衍，安能盡容，其勢必至於改卜。又從他國遷來者，見爲别子始造塋，亦須卜。成子高謂慶遺曰：“我死則擇不食之地而葬我焉。”正此類也。豈後世人卜一邱之謂哉？自秦罷封建而宗法不行，族葬之禮遂廢，去聖久遠，邪説如蝟毛而起，淫巫瞽史，得簧鼓於其間。漢武帝時聚會占驗，即有所謂堪輿家。班固《藝文志・五行家》有《堪輿金匱》十四卷，又《形法家》有《宫宅地形》二十卷，葬書蓋萌芽於此，而張平子《冢賦》述上下岡壠之狀，略如今葬書尋龍捉脉之爲者。至東晋而郭璞專攻其術，世遂依託爲《青囊》之書，轉相熒惑，其毒遂横流於天下。唐太宗命吕才著論以深闢之，竟不能止。爲人子若孫者怵於禍福之説，延葬師求吉壤，剖判地脉，斟酌向背，諏選年月日時，貧者不能擇地，富者擇之太詳，於是祖、父之體魄，暴露中野，有終身不葬、纍世不葬者。夫畏禍逡巡，是爲不知命，而或以其親邀福，遲之又久，自陷於大不孝之罪，可不謂至愚乎！昔司馬文正爲諫官，奏乞禁天下葬書，而張無垢律葬巫以左道亂政，且假鬼神時日卜筮以疑衆之辟，蓋痛心疾首於世俗之所爲，冀迷者之一悟也。然自《孝經》有卜宅安厝之文，雖程朱大儒，亦以爲地不可不擇。程子以土色光潤，草木茂盛，爲吉地之驗，而又言五患當避。朱子云須形勢拱揖環抱，無空闕處乃可用，此亦仁人孝子用心之極致。但一邑之中，一鄉之地，求形勢拱揖環抱，而五患永絶者，不可多得。昔晋有九原，漢有北邙，凡國之冢墓皆萃焉。今則人卜一邱，葬師之法，雖高陵、平原，地盈數頃，而所乘止一線之氣，所容僅兩魄之棺，餘皆爲彼法所棄而不可用。如此則舊冢未没，新冢日多，安所得千百億之美地而給之？雖有知禮者告之曰：先王之制葬期遠不過七月。近代著令，概以三月。今律惑於風水，及託故停柩在家，經年不葬者，罪當杖，禮與律不可犯也。其如美地之難得，何吾故以爲《周官》之法即不可復，而宋趙季明族葬之圖不可以不講也。蓋自族葬廢而人卜一邱，美地難得，且多陰陽禁忌，遷延歲月，恬不知怪。誠使季明之説行，則兆域素定，葬可如期。唯數世之後，地不能容，乃始改卜，爲子若孫者禍福之念無所動於中，則葬師不得操其柄。此拔本塞源之論，可以矯敝俗而歸諸厚，司邦教者所當留意也。

—2. 皇朝經世文編　卷六三　禮政一〇　喪禮下

趙廷臣（？—1669）

字君鄰，遼東鐵嶺人，隸漢軍鑲黄旗。順治二年（1645）由附貢生授知縣，官至浙江總督，謚清獻。有《趙清獻公集》。

請寬臣工小過疏康熙四年

臣思古今最難得者賢才，上天至愛惜者人品。從來英哲之主，不忘使過之典，尤多求舊之恩。我皇上憲天法古，鋭意治安，期於真才異能，共圖上理，而又慮人才輻輳，選授舒遲。當此人浮於官之時，臣何敢復持寬於用人之論。但思馬必服遠而信其力，士必入官而徵其才。與其求實積於寸長未試之士，其敷奏爲難，孰若觀後效於一蹶再展之員，其圖報倍切。目今官員處分之内，豈少精明廉幹之才？或因公詿誤，或小過罷斥，以致廢錮終身者比比矣。以外吏論之，職司錢穀者，非不勤於催科，而見徵之賦額全完，帶徵之參革忽及，薄於論功而嚴於論罪，可惜也。職司刑名者，非不留意平反，而有心失入者不任咎，無心失出者必罹罪，略其大案而繩以微眚，可惜也。職司捕盜者，非不盡心搜緝，而詰捕之成效未嘗紀功，一盜之疏獲先已掛議，没其勞績而計其小疵，可惜也。諸如各項職官中，士庶百姓亦有稱其廉幹精明者，而爲地方受過、詿誤去官者，不能悉數。惟是一才一能，皆天所賦畀，以爲國家輔治之資，而偶以一節錮其終身。在一官之困阨猶淺，而揆之大造愛惜人才之意，實有舍置不得者，當如何揪然動念耶？外吏如此，更進推之輦轂之下。大小臣工，數年以來，寧無因公詿誤、小過罷斥者乎？伏念天之生才如地之產木，梁棟之姿每以風霜摧折而後成其大用。蓋求真才於廢棄之内，其感激圖報之心尤倍於尋常萬萬也。臣懇皇上敕部，將内外大小臣工，分别詿誤緣由，其中果有才能可録者，仍行甄用，庶葑菲亦邀采録之恩，而朝廷愈收得人之效矣。

—2. 皇朝經世文編　卷一三　治體七　用人

張朝珍（生卒年不詳）

字玉笥，漢軍正藍旗，歷官湖廣巡撫、兵部尚書。

詳定刑律疏康熙四年

刑法者，帝王御世之大權，而生死攸關，不可不慎。故罪疑惟輕，得情勿喜，深悲其已死不能復生也。然一之以律法，務期情當乎罪，罪協於律。彼自作之孽，雖死又何怨哉？故律例一書，古人用意深長，句法字義，確乎不可動揺。倘遵守不一，則奸吏得以輕重其間，不無獄鬼夜號，怨氣上升，以致天變之屢見也。近見《問刑新例》，有不合於律者，大抵過苛。謹以臣知者爲皇上陳之：律稱“説事過錢者，減受錢人二等，罪止杖一百，徒二年”，新例議改“與受錢人同罪”，但今衙役犯贓一兩以上流徙，至一百二十兩擬辟。設若常人而與衙役過贓一兩便擬流徙，過贓一百二十兩即置之死地，是説事過錢之罪反重於詐欺取財之罪矣。以懲儆衙蠹之峻法，而並及過錢之常人，致與受財人同罪，此新例有未當者也。此外，或有未合於律，未當於罪者尚多，請勅法司選舉通曉律法之官，將歷年諸臣條議《新例》有未當者，悉心删正，務期經久；可以垂法後世者，訂議妥確，刊入律内，頒布天下。使爲法官者，遵守劃一，毋至輕重於其間。俾天下無冤民，是亦消弭災變之一端也。

—2. 皇朝經世文編　卷九一　刑政二　律例上

張　宸（？—1678）

字青琱，號平圃，江蘇華亭（今屬上海）人。明諸生，入清進太學，授中書舍人，官至兵部員外郎。有《平圃遺稾》。

商屯議

竊惟《大學》理財之道，第言生之爲之，而不言取之。凡以取之之道，已寓於九賦九式之中，自有井區之田，有什一之賦，使外此而言取，則必出於掊克聚斂之所爲。此《大學》之所深戒也。是故有財必始於有土有人。所謂有土有人者，非必開疆廣衆之謂，但使無不耕之田，無不盡之力，而人土乃真有矣。夫使家給人足，而必欲逋上供之賦，受催科之擾，愚未之信也。今天下幅員既廣，生齒日繁，有土有人莫盛於今日，而司農懷仰屋之嗟，度支有坐困之嘆，議者輒歸咎於逋賦。夫逋賦誠足病，然總計出入之數，即使賦額全完，入數猶不抵出數，則何可不思所以變計也？

愚以爲今天下之計，莫大乎開墾荒田，而開墾荒田，則必使富人爲之。何以言之？國家亦嘗設官置吏議屯田矣，然民屯則恒産殷足之人必不赴令，而其應募者必貧民浮户，欲自備牛種則無其力，欲官爲之備則無此財。且朝令而夕課效，田未就墾而考成已迫，於是董其事者必於鄰近熟田指爲隱占，爲漏税，强取籽粒以塞期會，由是荒者未熟而熟者先累，國未利而民已困。屯之無效蓋以此也。言兵屯，則今之滿兵皆禁旅也，勢無久暴原野，胼手胝足之理。而漢兵則汰之又汰，方隅未靖，以之守汛瞭望尚且不給，而又課之耕屯？無牛種之備，有籽粒之迫，與其勤苦力作，貽後日之追呼，何如坐食縣官，享目前之宴安乎？即使復衛所屯操之設，而現在屯糧尚煩敲扑，又何力以辦此乎？故議屯於今日兵與民，俱有所不可，而莫善於使富民爲之。

夫所謂富民者，制田里、供賦税、給徭役者也。使其捨現有之業，耘不耕之田，誰則爲之？且責富户，則必議僉報，議遷徙，奸徒猾吏因而作奸求賄。人雖輕去其故鄉，此戀彼割，必致騷然多故。屯未成而害見，又何利之能爲？則有說：以處此盛王之制，抑逐末以驅之於農，實畿内以固其本。周制，廛人萍人，皆有賦斂；民無職事者，出夫家之征；閭師，凡無職者出夫布。漢承秦弊，募富民實關中、實塞下，又凡有市籍者禁不得衣絲乘馬，子孫不得爲吏。而唐宋之君，往往較讎鹽鐵，徵榷商賈，以當大半之賦。其制雖非盡善，然抑末作以息農民，猶有近古遺意。

其最善者，莫如明初開中之制。明永樂時，下鹽商輸粟於邊之令，每納米二斗五升給鹽一引，小米每引四斗，復令近邊荒閑田地得自開墾，使爲永業。商人憚轉粟之勞，無不自出財力，招致游民以事耕作。既有田産之利，遂爲家室之謀。由是守望相助，墩臺保伍，不令而具；田日就熟，年穀屢登。至天順、成化間，甘肅、寧夏粟石直銀二錢，軍國大裕。蓋其時國家之府庫倉廪僅以給都中，而其餘盡委之商人，無修邊之費。無遠輸之勞，國富而强，職此故也。自成化六年，户部尚書葉淇請更其法，課輸銀於運司，類解户部。雖鹽銀驟增百萬，而轉粟於邊之令既廢，西北商亦徙家於淮以便鹽，千里沃壤委於草莽，米石直銀五兩。淇故淮人，意獨爲淮商地，且徒見粟石二錢，則以爲二斗五升之米所直五分，不如納銀二錢五分，有四倍之入也。迨其後而米石五兩，則二錢五分之銀僅易米五升矣，且有轉運之勞、修邊之費。鹽課雖日增，漕米雖日益，既不能呼應於臨時，勢必至鹽、漕之並弊，因緣積漸，以至於貧弱而不可振。明之已事，得失不較著哉。

且夫國用之不足者，以逋賦也；賦之所以日逋者，以民貧也；民之所以日貧者，以漕耗日重也。明萬曆年間漕規，每正耗米百石，加民耗米八石四斗、銀二三兩不等，今則每百石加二三十石矣，外之踢斛淋尖，層層有贈［增］，則不啻三四十石矣。綱司話會有錢，通關小票、篩籮會籌有錢，酒飯有錢，約計銀七八錢、米一石三四斗。然後可完一石之兑，是官比一石而民費二石餘也。查《會典》開載，凡運京交倉米一石，給官耗米七八斗，或五六斗不等，又有輕賫銀兩，造船銀兩，夫腳銀兩，短運腳價，行、月二糧，而旗丁之侵欠者，又歲數十萬，是官徵米二石有餘，方有一石輸京也。州縣徵收耗米，與正米一概編額催比，一體出兑，而私耗又復加倍，是民間有四石之費，國家始有一石之用也。方秋成既畢，官民拮据完漕。春二三月間漕完甫竣，顧其室中已無所有。繼而徵比條銀，完納自不能前；完納不前，則箠楚日甚，勢不得不蹔救目前之死，買求寬限，賫發差役。胥役知其無策，需索愈甚。雖復嚴懲衙蠹，嚴追侵欠，猶鑽既朽之木，木盡而火不出，亦何益哉？是故漕不減則民不富，民不富則賦必逋，賦必逋則國用必不足。假使民有餘力，可以完納正供，何苦而供吏胥之需索？吏胥見民之完納及額，又何釁而事誅求？且民既完矣，無逋額矣，貪官污吏雖欲挪移侵蝕，又何自而借民欠之名，爲影射之地？

數者如環無端，而總由於漕事之壞，故救本澄原，先自漕始。然則爲省漕之計奈何？曰莫善於復開中之令，令商人輸納鹽課，易銀而粟。向者鹽課，每引二錢五分，今且增至八九錢矣，則大米二斗五升，不可增至四五斗，小米四斗，不可增至七八斗乎？向者開中於邊，今令納粟於京，京與邊不較近乎？既出於輸粟之途，則必爲墾田之計。向者令耕邊遠荒地，今則大江以北，山東、河南、畿輔近地在在而有。内地之坦而近，不猶愈於邊北之險而遠乎？由是而商既輸粟，則即以所輸之數量減東南漕兑之額，即以東南所減之額，代商盡輸其銀。於是而在官則耗米之費、夫船之費、輕賫之費、行、月糧之費、短運腳價之費、侵欠之費，盡可易銀而歸之於公。是商輸一石之粟，國家即有二三金之贏也。若使運粟百萬石，國家即有二三百萬之羨也。在民則私耗之費、綱司話會之費、通關小票之費、篩籮會筭之費、酒飯之費，盡可歸民。計石米民費四倍，是商輸一石之粟，民間即有三四金之省也，商輸粟百萬石，民間即有三四百萬之餘也。國家歲益三四百萬，民間歲省三四百萬，而猶謂逋賦不清、國用不足，必無之事也。

然而變法之始，則亦有道。行鹽之所，如河東險遠，閩廣奥區，地非産米，運涉爲艱，宜令仍舊納銀。若長蘆則近畿之地，於墾田最便。兩淮、兩浙産米之地，初年令其買運，繼年便可開荒，無甚苦難也。惟是引課之納，多寡不同，查萬曆年間《會典》，有七八錢一引者，有四五錢一引者。亦宜以現課銀數折而爲米，約銀二錢以内爲大米一斗，若小米則一斗五升。商人舟船具備，即使年年買納，二錢之價，腳耗已裕，况開墾之後，取之田間、輸之近畿乎？是輸銀與輸粟不大懸殊也。漕運以三四金致石粟，今以二金易石粟，損益不徑庭乎？或曰商既輸應納之粟，又令墾未熟之田，貲本將何自出？曰：是又不難。如初年應納米一石，止納九斗，留此一斗以事田工，計辦課萬金之商，歲應餘銀一千兩，十萬金之商，歲應餘銀一萬兩，以千金、萬金而召募游民，葺理房舍，疏通水利，以至牛種、耕具，其力易辦。如是而行之三四年，或六七年，田之闢者不知其凡幾矣。田既墾足，方收全課，則貲本自裕也。然額什而輸九，漕額不既虧乎？曰：無虧也。商輸百萬之粟，即折百萬之漕，商輸九十萬之粟，即折九十萬之漕，準此度彼，無虧折也。

不虧商，不損國，愚故曰欲省漕富民，莫大乎復開中之制，而開墾荒地，必使富人爲之也。抑又有説：民間荒田與熟田畝畛相接，今富商大賈令自占種，保無有淩土著而掩其所有乎？曰：是在乎責成地方之官，先令清丈荒熱地畝，明開四址，明立標準，上書某地荒田若干頃畝，造册送部，召商開種。其不入荒田數中者，一概徵糧。小民懼於商民之奪其田，雖向未陞科之熟田亦應報税，則隱漏不又清乎？商既開墾，然後三年陞半科，五年陞全科，十年之後賦額盡增，在國則既饒鹽課，復益正供；在商則既獲鹽利，復得恒產，不兩利乎？畿輔近地，在在成熟，百萬人之食，可咄嗟而具。根本强壯，大命以立，至便也。三代食粟，取之王畿五百里之内。堯都冀州，《禹貢》所載，百里納總，二百里銍，三百里秸，四百里粟，五百里米，無不令近者致重者，遠者致輕者。故四方諸侯僅貢其土物所宜，而不以米粟累之，凡以惜道里費，重勞民也。

今商輸近京之粟，而漕事量省，合古宜今，至當也。京師根本之地，富室大家百無一二，使商人就北耕種，共立家計，無遷徙之擾，而都内以實，居重馭輕，屹然改觀，至盛也。歷代創始，必有大因大革，以成一代之規。今明之所以盛，與明之所以衰，瞭然在目，不返其盛，而惟弊政之是循，何以垂後乎？惟是行之宜斷，任之須人。前代之用鹽用漕，故事宜晰；今時之孰利孰害，心計宜周。以至水利當興，施行有序，鹽場之積困宜甦，通倉之交納宜肅，酌所餘以補不足，留寬剩以裕張弛，權衡措置，在在宜周。皇上如與心膂大臣，熟計其可，毅然以爲當行，則請縷析言之。

—2. 皇朝經世文編　卷三四　户政九　屯墾

張靄生（生卒年不詳）

號留野，浙江仁和（今屬杭州）人。有《河防述言》。

河防述言

河性第一

靳大司馬撫皖江，擢督河道，問於陳子曰："比年河決數處，濁流泛濫，故道淤爲平陸，國患阻漕，民苦墊溺，治之數年罔效，豈河終不治乎？余不敏，玆奉督河之命，子盍爲我籌之？"陳子曰："河之形，有古今之異；河之性，無古今之殊。水無殊性，故治之無殊理。千古治水者，莫神禹若也。孟子曰：'禹之治水，水之道也。'言順水之性也。又曰：'禹之行水，行其所無事也。''所惡於智者，爲其鑿也。'旨哉言乎，洵深得治水之至理者乎。潢嘗觀人事萬端，或可騁機巧，事矯揉，任粉飾，猶得掩耳目於一時，襲虛名於後世。若水之性，一定而不可移，而黄水之性，尤奔注而不可遏，挾沙而不可停，且至與淮合流之區，絶無山陵阻峙，更散漫而不可約束。是機巧於此無所騁，矯揉於此無所事，粉飾於此無所任。惟有順其性而利導之一法耳。"

大司馬曰："疏瀹排決，無非事也，而曰行所無事，何也？"陳子曰："所謂行者，疏瀹決排是也；所謂無事者，因其欲下而下之，因其欲瀦而瀦之，因其欲分而分之，因其欲合而合之，因其欲直注而直注之，因其欲紆洄而紆洄之，一順水之性，而不參以人意焉，是之謂無事也。"

大司馬曰："水今橫決矣，豈可竟順其橫決之性，而遂謂之治之乎？"陳子曰："不然。今河之橫決，非河之本性也。猶人之拘於氣稟，蔽於習俗，以至蕩佚爲非，而曰其性本惡也，豈其然哉？夫河之所以決者，皆由黄水暴漲，下流壅滯，不得遂就下之性，故旁流溢出，致開決口。決口既開，旁流分勢，則正流愈緩；正流緩則沙因以停；沙停淤淺，則就下之性愈不得遂，而旁決之勢益橫矣。若曰河性喜決，此豈知河性者哉？"

大司馬曰："然則河之性若何？"陳子曰："約而言，則曰就下；分而言，則避逆而趨順也，避壅而趨疏也，避遠而趨近也，避險阻而趨坦易也。漲則氣聚，聚不能泄，則其性乃怒。分則氣衰，衰不能激，則其性又沉。流迅，則性能挾沙土而俱行；勢集，則性能壞山陵而駕上。土能制之，即縷岸可抑其狂；風能助之，遇驚飈益張其勢。故禦之得其道，則利無窮；若禦之失其道，則害莫可測。善治水者，先須曲體其性情，而或疏或瀹，或束或泄，或分或合，而俱得其自然之宜，雖有所事，究歸於無事也。宋神宗曰：'後世以事治水，故常有礙；以道治水，無違其性可也。'此與孟子之言似有合焉。至所云能順水所向，遷徙城邑以避之，此猶未知水性而不明順之之道也。水之性，豈必欲向城邑耶！水之所向，輒徙而避之，匪常法也。如徐州而上，三門以下，土鬆地闊，則寬其途以讓之，而水性以安。徐州而下，城邑逼近於河，所宜嚴其防範，束流刷沙，以趨於海，而河之性亦以安。然則，寬之、束之，皆所以順之耳。孔子《繫易》曰：'天道虧盈而益謙，地道變盈而流謙。'夫水，麗於地者也。其道之變，必由於盈而流，利必歸於謙也。盈也者，漲也，塞也；謙也者，虛也，下也。故水無不下也。孟子論水，深得孔子之《易》道者也。故善治水者，惟於盈而防其變，於謙而道其流，水自得其性矣。水果爲厲於世者耶?”陳潢字天一，號省齋，錢塘人。

審勢第二

靳大司馬問於陳子曰：“今欲順水性，其要若何?”陳子曰：“必也其度勢乎！今者諸患並作，若不先度大勢之輕重緩急，而務其重者、急者，猶振衣而不知所挈也。雖然，重與急之患，又非即於患處治之也，必推其所以致患之處而急圖之，是非熟審焉不爲功。如有患在下，而所以致患在上，則當遡其源而塞之，而在下之患方息。譬如足病，只知療足，不探其足病之所由來，雖投藥百劑勿效，而且增劇也。又有患在上，而所以致患者在下，則當疏其流以泄之，而在上之患自定。譬如困賊於圍中，而不開一面以分其志，以緩其憤，則將激其必死，一旦潰圍而出，不可收拾。故上流應泄者，先須於下流疏之。此又釜底去薪之法也。非歷覽而規度焉，則地勢之高下、水勢之來去、施工之次序，皆不可得而明也。”

大司馬曰：“兩河形勢，載籍可考，繪圖可稽，奚事親歷爲?”陳子曰：“今昔之患河雖同，而被患之地不同；今昔治河之理雖同，而弭患之策亦有不同。故善法古者，惟法其意而已。若欲考載籍以治之，何異按圖索驥、刻舟求劍耶!《禹貢》首言‘隨山刊木，奠高山大川’，非審勢而何？至乘四載，尤先事歷覽之徵也。《周禮・考工記》曰：‘溝必因水勢，防必因地勢，善溝者水漱之，善防者水淫之。’説者謂溝所以導水，不因水勢，則其流易塞；防所以止水，不因地勢，則其土易崩。故爲溝者，必因水勢之曲直，則其流斯無壅矣；爲防者，必因地勢之高下，則其土斯無崩矣。是善溝者，必漱齧之而無所壅，以因水勢故也。善防者，必淫液之而無所決，以其因地勢故也。勢之爲言亦不一，有全體之勢，有一節之勢。論全體之勢，識貴徹始終，見貴周遠近。寧損小以圖大，毋拯一方而誤全局；寧忍暫而謀久，毋利一時而遺慮於他年。地有高卑，有險易；土有淤鬆，有燥濕。其應鑿應築，可行可止，必究其致患之故，以爲探本之謀，必得易於施工之法，以成夫爲下因川之計。是舉全勢而審度之者也。若論一節之勢，如水弱，必束之，使其勢急；如水强，必泄之，使其勢平；水勢停緩，宜引之使直；水勢猛疾，必紆之使寬；水勢沖射而難遏，必築上流以逼之，使之瀠洄；水勢蕩滌而可用，即合其流以導之，使之洗刷。此皆因勢之説，又隨時隨地而酌之者也。苟不知勢，用力多而成功少；若審勢以行水，則事半而功倍。孫臏救趙，庖丁解牛，均是法也。治水者可不神明其意乎!”

大司馬曰：“善。”於是治裝，與陳子遍閱黄淮形勢及諸沖決要害，因條列擬籌河十疏，次第上之。

估計第三

陳子謂靳大司馬曰：“適千里者，三月聚糧。治河之役，與治軍無異。庀材鳩工，非財不辦。猶用兵之要，必先料其倉庫，轉其芻糧也。今興大工，倘貲用不繼，則虚鬻乏粒，易牙不能炊，空柯無刀，公輸不能斲也。夫河之於國計民生，所繫綦重，與軍政等。公其急請發帑乎?”大司馬曰：“帑固應請，但軍需尚繁，民脂已竭，惟省之又省，庶稱上意乎。”

陳子曰："不當用而用之，謂之不節；若當用而反節之，恐後之費轉相倍蓰也。公不見唐劉晏之理財乎？其造運艘，置倉庾，凡諸工計，寧寬毋刻，寧增毋減。蓋以始製不惜，物可經久，後圖修整，亦易爲功。是經始之多費者，正以省費也。設初估苟簡，勢必草率而易壞，一壞之後，不能修復，勢必更張而重構，則費不更多乎！故深於爲國計者，不可圖一時之省用，而遺旋修旋壞之虞；不可顧目前之易完，而致垂成垂敝之咎。大凡估計寧留有餘，以待節減。甚勿先爲苟且之計，以致因小而誤大也。彼有司之浮冒估銷，以圖侵漁，此不肖之甚者，法固必懲。若以多估爲己嫌，以撙節爲迎合，雖賢者恐亦不免。大臣公忠爲國，當計其大者、遠者，不當於當用而節之，以留國家異日之患，累蒼生漂溺之灾。敝國殃民，不幾乎因循苟且一念基之乎？可不慎哉！"大司馬曰："子言誠是也。諺云：'日費斗金，不敵西風一浪。'以公私有盡之金錢，而填此無窮之壑。天之生水，利人爲多，不圖黄水爲害，至於靡已也，可不深慨也夫。"

陳子曰："噫！公之悲天憫人，意良善矣。然亦皆狃於成説，而未之思耳。國家終歲之出入以千萬計，大半皆以養兵。今時當治平，未聞以糜餉而遂弛兵備也。至於河工歲修之額，設二十餘萬，不及兵餉百分之一。即另有疏築大工，歲增亦不踰數萬金。奈何獨以黄河爲耗財耶？况王者以天下爲家，其城郭、河渠，猶家室之有棟宇、溝洫也。百金之家，搆一室，每歲必有塗茨修葺之用；豈富有四海，而惜此整理山河之費乎！且東南漕運必經於河，國脉流通，利濟匪細，是又所費小而所益大也。方今聖人軫念河患，一以奠安昏墊是圖，凡有請發，無不允給。仰見廟謨宏遠，任事臣工，宜仰體此意，何沾沾惜費爲哉？"

任人第四

大司馬問曰："銓曹需次者，紛紛赴工，以冀進用，可盡録之乎？"陳子曰："營室需財，舉事需人。彼欲用命而來，安可不録？然不可濫録也，當慎之於始而已。夫水土畚鍤，非可優游坐治也。暴露日星，櫛沐風雨，躬胼胝，忍飢寒，其事固非易任矣。若膏粱紈袴之子，不可與共荼苦；躁進趨利之徒，不可與歷艱辛。倘假請濫録，必致貽誤大工。是不可無遴選之良法也。夫工之作也，必有有司董其役。而地廣事繁之處，非一官可辦。若支分縷晰，不能無藉效力者以佐之。宜以選録之任，責之董理之有司，必先究其素履，驗其材力，審其邪正，擇可録者保之，而升之於公，然後親爲驗視而録之，而試之以事。試而不稱即黜之，並究保者；試而稱事，由細而鉅，歷委以試之，於是堪大任者出矣。始慎其選擇，繼嚴其考核，終信其賞罰，自可收任人之效，而何有失人之患哉。"

大司馬曰："親爲驗視，一謀面耳，安能定其賢否耶？"陳子曰："孟子不云乎：'聽其言也，觀其眸子，人焉廋哉。'蓋應對舉止之間，其人之智愚敬忽，大略可見。至其福澤之厚薄，亦不可不審也。故命將者，福將爲上，才將次之，勇將又次之。何則？夫福厚者，必德器厚也。其爲人也，大抵皆堅凝持重，謙謹安詳，奉上必誠恪也，任事必周密也，待人必寬恕也，臨財必慎重也，其際危急之時，值艱險之地，乃能鎮定而不驚，好謀而克濟也。故曰觀人者必觀其心，而觀心者必觀其氣也。"

大司馬曰："勸懲之道，誠在於賞罰，其要若何？"陳子曰："昔人云：賞如山，罰如溪。如山云者，確乎其不可拔也，昭其信也，又山重也，所以明不輕也。如溪云者，淵乎其不可測也，示可畏也。又溪深也，所以明不寬也。是故信賞必罰者，居上之樞機，作事之綱領也。雖然，猶未論其本也。從來治法，固行於治人，而治人之本，尤在於身先。故膺重任者，敬以臨之，勇以任之，明以察之，勤以率之，寬以期之，信以要之，恒以守之。備此七者，又矢以實心，徵以實事，將如聲應響，如腕運指，庶司百執事，有不從風而偃者乎？於以捍大灾、禦大患也何有！潢更有請焉：潢等臆度之論，又不若經歷之言之親切而已試也。故凡田夫、老役有所陳説，皆宜采聽，以備參詳。此不任其人而任其言，亦任人之一端也。虞舜好問，好察邇言，取於人以爲善，其智乃大。今人命意立説，必欲出於己而後快，自私我見之未去，安可以成大事，立大功哉。”大司馬曰：“善。”

源流第五

大司馬問曰：“同一水也，何黄流湍急，獨挾沙而行，易淤易决，與他水異，果其源有殊與？”陳子曰：“河非有異於他水也。中國諸水，惟河源爲獨遠。源遠則流長，流長則入河之水遂多；入河之水既多，則其勢安得不汹湧而湍急！况西北土性鬆浮，湍急之水，即隨波而行，於是河水遂黄也。秦人之歌曰：‘涇水一石，其泥數斗。’他如燕地盧溝之水，酷似黄河，故俗稱渾河。晋之沁、汾諸水亦濁。可知西北之水，不惟黄河挾沙也。再考河自西域而來，其流雖濁，不若汴梁以東之甚。昔賈讓之《中策》，欲引河灌田。殊不知今日汴梁以東之河，若引以灌田，則禾苗必盡被沙壓耳。潘印川公之治河，去今爲近，其所著《河防一覽》，多中肯綮。雖其所言險要，近多變遷，事宜亦有遺漏。然元賈魯之後，深明河務者，潘公爲最。今稽其疏有曰：黄水所經，河南之土最鬆。昔禹導河入海，經河南者止陝縣、孟津、鞏縣三處耳。當時之水，未必如今之濁。今自河南郡之閿鄉，至歸德郡之虞城，凡五郡，河全經其地，故平時之水，沙居其六，一入伏秋，沙居其八。此豈無確據而言之歟！可知河之濁也，至河南而始甚也明矣。潢嘗溯河之上流，惟寧夏靈武諸處，至今猶引黄流以資灌溉。寧夏有漢、唐二渠，俱設牐以節蓄泄，水旱有備，民皆賴之。然定制每歲清明起工，按座挑濬，至夏畢事。方理農工，有司董之，永以爲則。由此觀之，上流之水尚不甚濁，然猶每歲必爲疏濬，不然溝渠亦淤，無所爲利矣。元臨川朱思本所述河源，自星宿海發源，行十數日，水猶清淺，可涉而渡，又行數日，水漸渾濁。則河源本清，與他水無異，不益可信哉。河之濁，且非其本然也，而謂河性喜决也，不更誣乎！尤可嗤者，昔人籌河，有建議欲於塞外鑿渠，導之北流，入於北海，勿使經中土。謂既可阻隔華夷，又使中土永無河患。論者莫不奇其策，祇惜途遥工鉅難成耳，未有知其大謬者。夫河之自西域而來，若無他水入之，止此一水曲折行數千里，其勢必衰，曷能爲中國患！其所以爲患於中國者，大半皆中國之水助之也。設導西域本來之水行於塞北，而域内之水，自湟、洮而東，若秦之灃、渭、涇、汭諸水，晋之汾、沁，梁之伊、洛、瀍、澗，齊之濟、汝、洙、泗，其間山泉溪谷，千支萬派之流，未易更僕數。凡此西北之水，安得不會爲一大川以入於海哉。矧河防所懼者，伏秋也。伏秋之漲，尤非盡自塞外來也，類皆秦、隴、冀、豫，深山幽谷，層冰積雪，一經暑雨，融消驟集，無不奔注於河。所以每當伏秋之候，有一日而水暴漲數丈者，一時不能泄瀉，遂有潰決之事。從來致患，大都出此。雖使河源引而行之塞北，烏能永免中國山水暴漲之害哉。”大司馬喟然嘆曰：“噫！論河源流者，率多傳訛。子言可破一切影響之説矣。”

堤防第六

大司馬曰：“論治河者，莫不以分殺河勢爲言。惟潘印川之説，先以堤防爲事。何歟？”陳子曰：“拯河患於異漲之際，不可不殺其勢。若平時虞其淤塞而致横决之害，必不可不合其流。是合流爲常策，而分勢爲偶事也。設專務於分，則河流必緩；緩則沙停而淤淺；愈淺愈緩，愈淤愈淺，不日而故道俱塞。河既不得遂其就下之性，勢必旁衝而四潰。故潘印川曰：以人治水，不若以水治水也。蓋堤成則水合，水合則流迅，流迅則勢猛，勢猛則新沙不停，舊沙盡刷，而河底愈深。於是水行堤内，而得遂其就下之性，方克安流耳。且考堤防之繕，由來尚矣。《禹貢》曰‘九澤既陂’，陂者，堤防也。《慎子》曰：‘治水者，茨防决塞，雖在夷翟，相似如一。學之於水，不學之於禹也。’解之者曰：茨防即今黄河之埽也。豈自潘公始哉？”

大司馬曰：“余聞宋太祖有云：‘夏后治水，但言導河至海，隨山濬川，未聞力制湍流，廣營高岸。自戰國專利堙塞故道，以小妨大，以私害公，九河之制遂隳，歷代之患弗弭。’論者悉推爲知言。今之堤防非所謂‘廣營高岸，力制湍流’者乎？子以堤防束水爲順其性，其義何居？”陳子曰：“順水之性者，非縱水之性也。譬之人性本善，率之即謂之道。然必閑其邪而方其外，夫非多方防閑之謂乎？惟多方防範，而本然之性乃全。是防者，正所以順其性也。治水亦然。縱之而就下之性反失，防之而朝宗之勢乃成。此潘印川‘以堤束水，以水刷沙’之説，真乃自然之理，初非矯揉之論。故後之論河，必當奉之爲金科也。况潘印川云：禹時之河，經於中州之地甚少，必不若今日之濁，故可分九河以殺其勢。於以知古之流可緩，而今之流斷不可以不迅。此又古今之異勢，難以執一而論也。”

大司馬曰：“子論甚善。顧《禹貢》所謂陂者，果與堤防之制有合否耶？”陳子曰：“陂者，坂也。土披下而衺側也。此非陡崕之岸，乃坦坡之堤，後人以騎而可登，謂之曰走馬堤，是即陂也。蓋堤防之制，其基必倍廣於頂，則水不能傾之。古聖人之一言，而作堤之法已備，洵言簡意該也。至於近世，堤防之名不一：其去河頗遠，築之以備大漲者，曰遥堤；逼河之滸，以束河流者，曰縷堤；地當頂衝，慮縷堤有失，而復作一堤於内以防未然者，曰夾堤；夾堤有不能綿亘，規而附於縷堤之内，形若月之半者，曰月堤；若夾堤與縷堤相比而長，恐縷堤被衝，則流遂長驅於兩堤之間而不可遏，又築一小堤横阻於中者，曰格堤，又曰横堤。堤防雖多，不出數者。其作堤之法，遥堤去河遠，必相地勢因高而聯絡之，其餘隨流以防範焉。取土須遠堤根，築土必旋挑旋夯。若近堤取土，則基不固；土厚方夯，則築不堅也。築成驗土，舊法插籤灌水，水不即滲，便爲堅結。然插驗之法，務於連晴之后，其鐵籤須細，直下直起方合。若輩作弊，籤粗而摇宕之，則貼籤之土先實，水亦不即滲，遂被掩飾矣。驗時宜細察也。遥堤之外，離堤取土之地，即可成小河，以資運料。縷堤逼流，排樁襯埽所不可少。若在頂衝險工，尤必用護堤埽也。堤土插柳，可備捲埽。堤根蓄草，亦足禦波。隨地制宜，皆不可不喻也。”

大司馬曰：“子言堤防詳矣。若異漲之時，何以殺其勢乎？”陳子曰：“遥堤去河頗寬，若異漲之時溢至遥堤，河寬而勢自殺。是雖合流而分亦寓焉矣。所患者，三瀆並漲耳。三瀆者何？黄、淮及山東漕河也。每年水漲，或黄漲而淮不漲，或淮漲而山東諸水不漲，或淮與山東水漲而黄反不漲，抑或有漲於春者，有漲於夏秋者，三瀆不並漲，猶可禦也。惟是一時而三瀆適皆漲焉，其勢遂莫之能禦。若無以預爲之地，一經泛溢，其害何可底止！則遥堤之減水壩，斷不可不設也。當其無事，人有議減壩爲虚設者；及減水時，人又有議減壩爲厲民者。此皆不知全河之事宜，而好爲局外之論者也。兵可百年不用，不可一日不備。減壩之設，何以異是！或曰：減壩泄水，大似以鄰國爲壑，毋怪乎謗者之謂厲民也。不知減壩之水，節制之兵也。所減有準，則不若堤潰之漂溺無算也。夫減壩有天然之制，必在異漲之時，方有減下之水，若漲稍退，減即止矣。此出於萬不獲已，爲保固異漲之計，何得等之曲防以病鄰也！且遥堤之外，近有運糧小河，減下之水，將從小河泄之，亦略存大禹疏九河之意。設有淹及民田之時，不異偶逢澇灾，民田低下者乃罹之也。然低田一經黄水所淤，水退而土即墊高，次年必獲倍收，損益亦正相等耳。要之，設減壩則遥堤可保無虞，保遥堤則全河可冀永定，減壩與堤防又相爲維持者也，雖有暫時之害，而實收久安之利，安得謂之厲民哉？”

疏濬第七

靳大司馬曰：“東河趨海，固以堤防爲急務，豈疏濬竟可不事乎？”陳子曰：“疏濬烏可竟廢也。夫堤防束水，固爲行所無事，設處不得不疏濬者，又必有因事順導之法，而不以人意參之，庶不悖神禹之道耳。如有潰决之患，先宜截築决口，兩旁掘溝下埽，以裹定其根，俾决口不致日擴也。若既决於旁流，則正流必緩，故道暫淤。若塞决口而不濬故道，則水將安適？水無所適，而决口之流，漸築漸逼，愈逼而水勢愈急，欲望其遽合也，不幾難哉。然疏濬故道，又未易言也。故道雖淤，豈竟如平陸乎！其浮沙塗泥，灘河淺水，一望瀰漫，欲事畚鍤，何所措手？少爲開掘，水即隨之，撈泥水中，焉能深廣？甚矣，人力之疏濬，未易言也。嘗再四圖維，而知以人治水，誠不若以水治水之爲得其道。是以欲濬故道者，莫若將决口之下故淤處，反築一堰，截其微流，溯决口之上游，相度形勢，别開一引河，直通故道。夫故道淤處既截微流，則河底涸出，漸可施工，止須開濬深溝數道，餘不必盡挖也。俟上之引河既成，下之深溝復掘，然後併力下埽，以塞决口。及此河流洶猛之際，遂開决口上流引河之口，黄流復際暴怒，有一道以泄之，勢必直注引河，由引河而直趨故道，故道已開深溝，水有所容，必且沛然莫禦，而停沙淤淺之處，便可隨流而沖刷矣。河溜既歸故道，而决口之事自減，因而再併力下埽，决口斷無不合者也。於是知築堤而水自可刷沙，乃以築爲疏，而疏且本於築也。又當知導流而埽方可塞决，乃以疏爲築，而築又原於疏也。凡此皆治其所以然之故，而不外乎以水治水而已。故導河者，鑿河之形，人力所成十之二，引河之勢，水力所滌十之八。彼以河工全憑人力，此任人而不任理者，乃小智穿鑿意見之私也。”

大司馬曰：“海口淤墊，河流不暢，潘印川謂無可施工，惟當築堤合流，導之沖刷，則海口自深。其説是已。但近年淮黄入海之道者，較昔漸狹，豈竟可無事於開廣歟？”陳子曰：“海口浩渺，洪波滔天，疏濬誠未易言。然河挾沙而海潮逆上，安得不塾！傍岸洄溜，尤易停淤。故以今較黄沙洲，出海幾及百里，而海口漸狹，勢使然也。若終不濬，下流必壅，而欲上流不决，烏可得乎？濬之如何？法於近海兩岸之内，各開一引河，挑土即培於引河之外，以作縷堤。其受河流處與入海處，且緩啓其口，俟河形鑿成，又必當河漲之時，方啓其口，引黄分注於其中，以趨於海。初似析河而三，再將中隔之沙渚，駕犁疏之，其沙必隨波漸削，久之合三而一，則海口遂開廣矣。此亦非全用人力，而半藉水力以成之者也。若曰海口竟不可施工，印川之説，不無漏議焉。"

大司馬曰："子之論，真可補潘公未盡之旨矣。至運河淤阻，非人不爲功，有何畫以治之?"陳子曰："南北漕水，皆入於河，間有河水暴漲，反入於漕之時，謂之倒灌。一經倒灌，漕必淤淺。如黄速退，而清水下注，便可刷深，亦無待開濬也。惟慮清水旁泄，力不能刷，而黄水灌久，則漕不得不濬矣。此人力之必需者也。濬之之計，量度土方，以估工費，自有常則。然計方論工，又不若聚夫而計擔給值。隨挑隨發，尤爲便捷。是在敏於任事者，因時度地，酌而行之耳。至於河身廣狹深淺之宜，又必計水之大小，流之緩急，量其水方，度其消納以定之。待舟楫通利，淺者亦可漸深。倘朝夕停淤，深者行將漸淺。水無定行，工難終已，歲修額設，良有以也。"

工料第八

陳子曰："謀事者人心也，赴工者人力也，積貯者貲財也，濟用者物料也。夫謀慮未精，不足以成事；徒謀而人力不集，則託之空言；貲財不貯，不足以圖功；聚財而物料不備，則緩急亦無濟矣。故欲籌河防，則工力與物料，不得不熟計之也。"靳大司馬曰："考古塞河之役，動發卒數十萬。今則不然，近河州縣，有歲修額設之夫，若别有大工興舉，又隨時召募，有司董之，義民率之，功竣罷去，似較古發卒爲便。今之力役，豈尚有善者乎?"陳子曰："修舉靡常，届期調發，恐有後時之慮。州縣額夫，既有定數，何不如丁銀徵科，解銀河庫，不時雇募，以免民夫起解及在工守候之苦，尤爲公私兩便也。至河流頂衝險要之處，其巡守之夫，無間晝夜，無分晴雨，皆須查視，方可不時搶救。向設有守堤夫役，慮無節制，惰弛不免也。潢思河工原比於軍法，請即以軍法行之。凡給食赴工之夫，盡募爲支餉守汛之卒，設千把等官統之，以弁領兵，以大轄小，一如身之與臂，臂之與指。如此，則節制既有責成，而防禦庶無疏虞矣。所慮者，一法立，百弊生。每見營卒多開虚糧，武弁役使無間，而練習缺然，河、兵流弊一如之。若設則私役，缺則虚冒，不幾名存實亡乎！所宜預立嚴禁，勤爲查點，以杜弊端。然此所設之卒，爲防守搶救之計也。若夫鑿渠築堤，起建大工，非募夫不辦。其法非可計土以論也。惟定其經界，酌其高深，量其尋尺，凡或築或鑿，皆以土方科之。命監司按則估計，以定經費之若干。然後監理有官，分修有官，畫界、派工、領費、募夫，以從事焉。至於募夫，涣而無稽者也，必慎擇義民以統率之。義民亦計土方取值於官，復計工散值於夫，其帑之不致於虧空，工之必期於合法，全視乎義民之得人與否，此在司事慎重擇之也。胼胝畚鍤，晴霽可作。時際陰雨，則相聚而食。其晴時所餘之貲，不足償雨時坐糜之費。役夫乏食，恐致涣散，則土方之外，當量益以陰雨之食給，此又不可不預計者也。夫搶救防守，若設卒有定制，疏塞興作，又量役以募夫，較古之撥發，誠爲無擾而易集事也。惟是精於釐弊，善於奉行，則不在治法而在治人矣。”

大司馬曰：“儲料濟用，欲有利無弊，又當若之何？”陳子曰：“埽柳葦䅟近河頗饒，需及時采運，貯於各險。至椿木來自江浙，甃石采於南湖諸山，灰甎、釘鐵，悉事陶冶。其間若因公擾民，剋價肥私，物既不能符式，料半屬於虚糜，弊固不可枚舉，亦惟勤其稽核，信其懲究，則弊不至太甚耳。而要尤在預爲儲備，不使緩急無藉。此則肯綮之至論也。若夫甎石之工，以墊底深厚幾層爲固；下埽之法，以簽椿入土多尺爲堅；甎石用灰，須以沙煉，若灌灰漿者，盡屬粉飾；埽用柳草，貴實以土，若鬆浮者，尤易漂流。凡此皆賴實心用事之人，實力董理者。至瀕海柴蕩，隨河東漲，有日廣之勢，其有裨於料，良非纖細，必宜設專官理之。凡造報之蕩，取近河易運者，責取蘆束，以作大工。其餘皆宜聽民領管，或歸竈户，或起灘租。裕公之中，復須利民，勿俾豪强兼併，滋爲弊藪，斯善也。至於運載物料，皆係木、石、柴、草粗重之物，非借水力船隻，何能搬運致遠？向來修築及伏秋搶救，俱封拿商旅行舟，害民自不必言。且倉卒之際，商賈聞風遠避，往往有料無舟，以致徒手莫救，小灾遂成大灾矣。是宜疏請將河卒建曠銀内動支，特造浚柳船隻四五百號，分隸八河廳營，各撥兵目，爲之催儹駕運，永著爲令。則緩急運料有濟，不致誤險工而害民生，此更公私兩利者也。”

因革第九

靳大司馬曰：“潘公之治河，去今爲近，其規劃可法者固多，抑有與今異者歟？”

陳子曰：“治河之理，千百世不易。惟是水之形勢與世推移，而險要遂異，流行亦殊，則規畫因以不同耳。即如明弘治間，河决荆隆口，潰黄陵岡，山東張秋鎮幾没於河，乃於曹、單等縣築太行堤障之。嘉靖初年，河漸北徙，濟寧魯橋以下，河道淤填。二十六年，河復决曹縣。四十四年，决沛之飛雲橋，逆流東行，逾漕入昭陽湖，東平州平地水深丈餘。萬曆十五年，又决荆隆口，長垣諸邑俱遭昏墊。是明時山東每有河患，長垣一帶堤防甚要。自本朝來，徐州以上，堤固流深，絶無疏虞。雖防汛難忽，而險要已銷矣。再如北運河口，明萬曆間猶在徐州北岸，黄漲時，輒灌入古洪内華等牐，動至淤塞，禁牐啓閉，歲加挑浚，殊費經理。今北運口漸改而東，黄水北灌之患永除。此皆今昔之各異者也。再者，運河南口，明時例謹閉通濟牐，糧艘過淮後，每歲六月初，即於牐外築壩，以遏黄流。霜降後，黄水退，回空之時方啓。凡一切南北往來之船，俱於五壩盤過。潘中丞丁寧告戒，以爲此例斷不可易。及本朝來，五壩俱廢，通濟閘口，今復改制，遷回其道，以接受清淮。若高堰加修，淮水不致東泄，得以全力敵黄，則黄水自不倒灌，此不特遏黄之灞永不必築，即廣濟一牐似可不用，而南北往來之舟楫無復再事盤壩矣。此更今昔之不同也。夫高堰爲全淮保障，自漢末陳登創建，至明初陳瑄大葺，潘公又加築焉，迄今爲兩河關鍵。但堰之迤南，周橋一帶，潘公不加修築，其意慮淮水大漲時，藉以泄瀉。迨我朝而流水之處，漸次刷决，以致淮水東注，遂有清水潭之大患。今若不將周橋一帶接建堰堤，則清水潭之决口終難以塞。此明時可不全築，而今必堤防之者也。然全築之固所以蓄淮水而敵黄流，顧淮水異漲，而不爲宣泄，則堰終難保，此減水壩之必不可不設者也。潘公留越城、周橋之餘地，以泄淮漲，孰知流弊致清水潭之害，今接築之，以補其缺略，仍置減灞以神明其宣泄之意，是又今昔方略之不同而同者矣。明萬曆時，北運河猶出古洪口，屢塞屢改，百餘年中，運口十改。迨東移至皂河口，雖吕梁洪諸險，皆已不經，然倒灌猶或不免。今康熙二十年，閉皂河口，又順流而東十五里出張莊運口，遂免倒灌，而運艘尚經黄河二百八十餘里，不無牽挽之瘁、風濤之危。今已於九里岡一帶，間開運料小河，將來因之聯絡開濬，引汶、沂之水，直近清河縣上流，從仲家莊入於黄河，則北河之口愈趨而下，不特黄流倒灌之患永絶，而漕艘過淮，出南運口，不二十里即入北運口，利國儲而息軍力。此更古人所不及計，而今可漸爲規畫者也。其他如明季慮睢水直射泗州，有妨陵寢，特築歸仁遥堤以捍之，使睢水北入於河也。今睢水已盡南入於淮，正可助淮敵黄，而歸仁一堤不甚阨要矣。又嘉靖間，於黄河北岸王家營東，沖開草灣河，奪黄流十分之七，至赤晏復歸大河。是時清江浦喜河北徙，恃以爲安，當事者或以議塞，或議因之而浚，紛紛不一。今已全淤，浚塞均可不議矣。此皆因革之大凡也。要知水性本動，而黄爲尤甚。其變更遷徙，原是無常，固難刻劃古人成迹而治之。惟是可信者理，可守者法。有事則順理以調劑之，俾弭其害；無事則守法以謹防之，俾安其常。一日如是，千百年亦如是。即河有因革，而理與法安有因革哉。”

善守第十

靳大司馬曰：“河之爲患，終古不息，豈遂無一勞永逸之策乎？”

陳子曰：“宇宙間萬事萬物，皆有變更，固不獨河爲然也。城郭、宫室有數千百年不傾圮者耶？常人廬舍猶須歲爲葺治，若不及時綢繆，飃摇風雨，所不免也。凡此静業尚不能不敝，况水屬動者乎！水而依山，或不挾沙，猶不速變；若黄水自中州而東，容納既多，流於平曠之境，而又挾沙以行，欲其不變，安可得乎？故一勞永逸之説，治他水或可言，而獨難言於治黄也。雖然，黄之不能常治，究人事之不能有恒耳。致害之端，無不兆於幾微，而成於怠忽。蟻穴不塞，至於沉竈，其所由來者微矣。防河者，果能察幾慮遠，杜漸防微，一人理之，千百人一其心以行之，一時定之，千百年遵其法以守之，少有衝刷，即捲埽以護之，少有滲漏，即退築以阻之，少有淤墊，即束波以滌之，少有泛溢，即量減以泄之，時時防閑，在在檢飭，自可消大患爲小患，弭小患爲無患。欲期久安長治也，何有？無如人事之不能有恒，乃勢使然也。或始勤終怠，或顧此失彼，或遷官罷去，或疾病死亡，自一官而論，已不能必其有恒矣。再者，人懷殊心，各立異論，或勤惰不同，或公私各别，或習安而忘危，或喜新而厭舊，種種無恒，河患隨作，則自衆人而論，更不能必其有恒矣。人且無恒心，而欲河之恒治也，不綦難哉。惟得公忠大臣，深明河務者，信任不疑，俾久於其職，督率屬員，惟懷永圖，再簡賢能副其官，講習有素，即屬員俱宜永任。有過則降黜，若勤勞著績者增其秩，毋遷其官，一如欽天監、太醫院之員，皆專習其事，自必諳熟其理，庶幾陳、畢繼治而協心，蕭、曹相承而寧一。將奠定之功，克守一年，即可弭患於一年，克守十年、百年，即可弭患於十年、百年矣。獨是守之之要，不特遵其成法，又必通其神明，故有不輕更張而爲守者，更有隨時變通而爲守者，此又顧其人之何如耳。嗟，嗟，天之生才不數，即生其才而或未必用，即用而或有間阻，又不獲盡其才，此其間則有天焉。若曰人事既以克修，而天意尚有難必，是則流俗人之言，而非深明天人之理者也。”

雜志第十一

靳公初莅河干，時黄水决者數處，而楊家莊之患爲尤大。河流盡歸决口，北流入海。正河淤淺，漕不得達。宿遷以東，北岸民田，皆成巨浸。陳子不爲淺近補救之計，不即築塞决口，先導南岸淮水從清口暢流，以滌下流入海之淤淺，使故道以疏。然後溯决口之上游，從南岸開鑿引河，引流入於故道。清口既不倒灌，河水半歸故道，於是决口之勢稍殺，隨即捲備巨埽塞决。是時一埽之大如陵阜，約值千金，數百人挽之，以填諸决，而决口之河流奔湧，尚且掣埽漂去。有作埽之良工，立埽上，隨之没於河。人皆股栗，束手無策矣。陳子復酌多開引河，分水勢趨於故道，斯决口之流大緩，漸可築塞。然將及合時，一夕水漲，復報潰開，官吏、役工莫不相顧失色，以爲此工必不可成也。惟陳子鎮之以静，徐曰："偶值水漲耳。俟水稍退，仍塞之，必可合。"後竟如其言。若非陳子之明識定力，欲决之塞也難矣。

黄流之倒灌北運口，其害已非一日。明時漕艘歷吕梁，抵徐州，進鎮口牐北運。每年黄漲，即逆流進牐，輒致墊塞。因立法俟漕船進口，即閉牐禁行，至秋深水退，方爲啓牐，放回空之船。然後撈浚之工究不能免。後漸改而東，至皂河口，進北運河，雖脱吕梁諸險，然黄河倒灌，猶未免也。靳公甫督河，駱馬湖口已經淤斷，漕運無由北達，危急異常。陳子即相度水勢，建議創挑皂河二十里，復挑支河三十里，由張莊運口北上，於是黄流北灌之患方息。蓋以運口愈東，則地勢愈下，北水從上注下，以順入於河，而黄水不能自下而上，以逆入於漕也。况至張莊運口，又北接駱馬湖之水，合流入河而力更足以敵黄。即稍爲更定，除數百年倒淤之患，非深得水之情性，其孰能之！

南運河口，自明季以來，漕船俱出甘羅城口之天妃牐。初時牐口逼近黄河，河水濁流，便易倒灌，比北運口之倒灌爲尤甚。淮安一帶運河遂致淤墊。每年冬季，必大興工挑浚，方可濟運。且黄水既倒灌運河，則淮水不能暢出清口，以致高堰水勢日增，下河被淹，爲害甚大。陳子建議改進太平壩，遷其途以避黄水内灌。設或黄强淮弱之年，間有倒灌，黄水勢退，清淮暢流，旋將淤泥即爲衝刷，仍不墊淺，漕運可無阻滯。一轉移間，歲省民力財用無算，上濟漕運，且保高堰之危，杜下河淹没之源，真在無聲無形之中也。

清水潭者，在高郵之北，運道所必由者也。淮水東潰，將堤防盡决，數十里略無畔岸，湍波衝激，旋爲淵深，故曰潭也。初時，因漕船經此輒被漂泊，運道中阻，勢在必修。然塞之必隨水而瀉，屢修屢潰，茫無津涯。估工者計費百萬，訖無效。陳子周視形勢，遂估計其費，以爲十萬可塞也。監司以下，皆不敢任其事，謂前估五十餘萬，今估十萬，費省十之八，焉能冀其有成效！於是陳子躬自治之。陳子知清水潭之致患也，由於高堰迤南，潘印川留越城一帶未築，以泄淮漲，及泄瀉日久，成河九道，其流不可遏，由高郵湖直衝而東，遂成清水潭之患。陳子先將越城一帶接高家堰而築之，既障淮水北行，盡出清口以敵黄，而清水潭上游之勢頓緩，水便減退，即易爲功矣。陳子又計潭之中最深，若必欲徑直築堤，潭深未易填也，乃環潭而築，稍迂其道，就其淺處施工，而其事又易矣。且他人視此工甚險，謂必以竹簏載石下之，或謂以舟載鐵沉之，紛紛妄議。陳子以爲：制水者，土也，止須土築。乃就近岸淺處，漸次運土，築兩堤於水中，約築半里許，兩頭壩住，將水戽乾，即於兩堤之中，挖土接堤再築。不特取土不遠，而河且深矣。又築半里許，其作壩戽水，挖土接堤，一如前法。漸築漸挖，而清水潭數十里之間，竟成長堤二道。糧艘行乎其間，永無漂漲之患，故今謂之曰永安河。真省費而奏功易，非人意料所及。後之治水者，誠不可不奉爲章程，而會其意旨也。

北運河口改至張莊，雖免倒灌之患，然漕船自淮出清口，溯流而上，尚有一百八十里之遥，重載逆水，固屬難行，而黄水之湍急，於徐州以東更甚。每船過黄，增僱短縴必二十餘人，而日行尚不過二三十里，况遇暴風水漲，不無漂淌之虞，淺洲淤沙，更有起剥之累。故漕艘之過黄，多費而且懷憂，良以大阨也。陳子因修建遥堤，乃於宿遷以下，如七里溝上渡口諸處，取土築堤，即間開運料小河。後因而規度於黄河北岸之内，另疏一渠，瀉北運河之水，從攔馬河至仲家莊一百八十里，就運料小河通而浚之，擴而深廣之，所費頗節，而中河之運道成矣。使漕船出清口，止於黄河行二十里許，過清河縣即進仲家莊閘，悉由平流以北運，永免風波之險阻，縴挽之勞費，又可速於趲程，不誤漕限，裨國便民，匪可言殫。洵哉！大司馬言聽計從，仰賴聖明乾斷允行，方俾膚功克奏。然陳子竭智紆籌，澹灾興利，其功有不可泯没者也。

漕船過清江浦，必由新莊牐出太平牐。而新莊牐之南，另疏一渠，由七里牐亦可出太平牐。每年大抵由新莊牐者居多，其設七里牐者，以備新莊牐之敝，或欲修造，則由七里牐也。其年正欲修新莊，遂由七里，適淮水暴漲，漕艘逆上七里牐甚艱，日止過一二船。漕院羽檄來相催促，以誤河政之誤漕也。奈牐口水勢甚緊，急切不能飛渡。靳大司馬有憂色。陳子曰："是不難也。當夕下片紙，諭有司於七里牐之上游，鑿數涵洞，引水出於牐之下。"不日涵洞成，牐口水頓平，日報漕船過數十號矣。留埜張氏目擊其事，驚嘆不已，問何以牐上鑿涵洞，而水遂平也。陳子曰："牐上鑿涵洞，則水泄而勢緩。牐下得涵洞之水，則水長而勢平。豈尚慮牐口之湍急難過哉！"留埜曰："噫！此真得水之性情者也。"

淮郡之東，真武廟者，黄流所經之處也。一日者報河决真武廟，此乃舊决口，今復潰開，靳公不覺失色。陳子往視而歸曰："可不必塞，不數日後，自塞耳。"人皆異其言，尚疑信參半也。無何，果報决口之水退出，其潰處已塞矣。留埜張氏更爲驚嘆，復問其故。陳子曰："人以此爲舊决口，向年難塞，宜乎共相憂慮也，但不知此乃下决口耳。水從來未有决而上流者，若欲由真武廟决而下行，地多陵阜，水去必不能暢，其性勢必返，而仍歸於河。况黄水挾沙，决而不能暢流，其沙俱停墊於所决之處，行即自塞矣，無待人力也。"是時淮民不知陳子不塞之故，但聞其言曰决將自塞。未幾，其言果驗，民遂有河伯降生之謡也。

以上二條，雖無關乎大工，然陳子之論，深得水之性情，可以爲後世法，特附志，亦舉一隅云。

辨惑第十二

留埜張氏問於陳子曰："近來河防致患之由，大率以黄水倒灌入淮也。淮既不能出清口，勢必東溢，盡淹高寶諸州縣。黄水分泄入南運河，則出海之勢自弱，於是沙停水滯，而上流傍决之患遂作矣。此患之不息，而費以不貲也。以愚計之，莫若竟塞清口，使黄流直注於海。再將淮水順其性而南入於江，俾黄、淮分流，則永無倒灌，而諸患之原可弭。至漕船北運，必由清口以出，則漕艘可造南北兩班。南班之船，運至於淮，即由六壩盤交北班；北班另造小樣之船，於黄河受載，運送通州。省每歲河工之費，以爲增造漕船，則兩班分運之需，亦不甚遠。而淮泗水患可息，民得安居，豈非澹灾之策乎？”陳子曰：“近代淮、黄亦曾分流矣。元時運道，漕船由江入淮，由淮順流出廟灣海口，從海道北運，是淮原未嘗與黄合流入海，而元時河患仍未息也。迨明初，平江伯陳瑄始增修高堰，開清口，導淮入黄，漕艘溯黄流，浮汶、衛諸水而北上。是時防閑得其道，不獨河無氾濫，而漕亦克濟。是元分淮、黄而患仍作，明合淮、黄而功亦奏。由此觀之，水患不息，豈僅因淮、黄之相通哉？况黄水自中州而來，至彭城以下，河流愈濁，及將入於海，又日有兩潮逆其流，若無清淮從而滌之，則海口尤易於淤。平江伯引淮入河，同趨於海，正欲滌海口之淤也。譬之人食稠糜，必易於哽咽，若漱以清茗，有不利喉而下者乎？”

下河議興，靳大司馬疏請築長堤二道，障各減壩之水，直達於海。議者譁然，以築堤於地面，架水而行，非水由地中之意。且河形既高，則田反在其下，被淹之田瀦積之波，安能歸於堤内以瀉入於海耶？聞其説者，皆不能無疑於長堤之策也。留埜張氏以問於陳子，陳子曰：“夫下河高寶、興泰七州縣之被淹也，淹於運河溢出之水也。夫溢出之水由高堰而來，白馬、氾光諸湖不能容，運河不能泄，乃溢注於下河源源不窮也。若無一渠以達之於海，則日積於七州縣之區矣。此七州縣之所以被淹，下河之所以議開也。若止慮雨澤淫潦而欲泄之，則原有廟灣、石䃮、串場、芒稻諸河具在，又安用别治一渠哉？今人不明開下河之故，而漫然爲局外之論，是以有堤高於地之惑也。須知七州縣之地，其形如釜，西近運河，地勢固西高而東下，東近海濱，又東高而西下。此范公堤之東障海潮，爲百世之利也。倘鑿渠以東通於海，不特減壩之水，不能逆上而出，將海潮且溢而入矣。今再四籌劃，不得不於淮郡之南，高郵之北，築長堤以獲減下之水，向東北就下而行朦朧港以趨歸於海也。果將減壩源源之水送入於海，而田中所瀦皆屬無源，不難日就涸竭也。彼謂田水反下不能入渠爲疑，試問開下河爲泄田中之水乎，抑爲泄減壩之水乎？若爲泄減壩之水而開渠也，又何疑田水之難泄耶？”

陳子既定開浚中河之計，人盡知浚成之利，而僅慮創鑿之難。惟竹岡周氏，以爲黄流與中河相隔密邇，黄之氾濫莫測，或决入於中河，恐致合爲一渠，終非可久之策，問難於陳子。陳子曰：“子之慮誠遠矣。然而河防之計，其可信以垂久者！惟有謹守之一法也。倘疏於防范，即相越數百千里，而患將及之；若勤於守禦，雖止隔一縷之堤，而可恃以永久。如清江浦之運河，與黄止隔數武耳，而幾百年來保固無虞，民居列市於堤上，前門臨運河，後門逼黄水，尚處之泰然，是未可以兩河相近爲疑也。”

初靳公撫皖時，陳子見廬、鳳間多荒蕪曠土，因議爲溝田之制説。本井田之溝洫，而規畫便宜，實利民而可行也。繼以靳公移節河干，其事不果。迨乎兩河奠安，向所淹溺之區漸次涸出，陳子復理溝田之説。先於安東之野，就湖地而屯墾焉。試之而利，因籌帑金之耗於河工者無算，可即涸出之土田開屯收息，以償庫項。後日者屯租積儲漸多，可以備防河之費，則國帑可節，且兩河無業之民，招之播種，又使各安其生。籌劃再四，遂有屯田之舉焉。其要先搆廬舍，定疆界，給牛種、耕具，以招徠流移，歸者如市。疇昔所嘆爲污下之澤國，行見墟烟相望，比成沃壤矣。夫水土平而農事作，裨國計而益民生，方謂太平盛業，無有過於此者也。及闢土漸廣，而豪强占利，私墾亦多，司事者從而清釐之，怨謗乃起。是時忌功者流，見治河告成，苦無從媒蘖短長，適因屯田之事，奸民散布流言，欲阻撓屯政以利其私，而忌者乘之，得以誣陷矣。或者深咎陳子曰："河工奏績，既上答國恩，下拯民患，功成名立，可以不朽矣。何爲復營屯政，致起謗端，子豈獨昧於此耶?"陳子曰："人臣事君，稍有利於國計、有益於民生者，必當竭盡其智力。若見其爲可行，而苟且緘默，以自圖遠嫌避謗，偷安處逸，其心事尚可問哉。今於河流淹溺之區，就其涸出者，給牛種、耕具，招無業之民而屯之，何害民之有？倘得會勘，潢當敷陳於廷。聖天子明燭萬里，必且洞鑒勞臣之微忱也。"惜乎陳子抵京，積勞且憤，一病不起，而其心究不能白於天下也，悲夫！

屯政一事，誤用縣丞於宣、駱龍友，頗爲擾累。兩江總督董公訥，勘實劾奏，盡以屯田還民，其事遂罷。非常之原，黎民所懼，抑亦見奉行者之難得其人也。

—2. 皇朝經世文編　卷九八　工政四　河防三

李因篤（1633—1706以後）

字天生，一字子德，陝西富平（今屬渭南）人。明諸生，康熙十八年（1679）舉博學鴻詞，授翰林院檢討。有《受祺堂集》。

荒　政

蓋聞國託本於民，民仰資於食，食聽命於歲。國託本於民，民之不能有聚無散者，食爲之也；民仰資於食，食之不能有盈無詘者，歲爲之也；食聽命於歲，歲之不能有備無患者，政爲之也。愚嘗歷觀周、漢以至今日，所謂凶年、饑歲無代無之，獨怪今之議荒政者何多誇辭，鮮實用也。其言率多歸重根本，謂宜圖諸未然。舉昔賢已效如常平、當社、社倉、恤流之事，皆遷疏目之。夫平居未能修明王制，權天下之旱乾水溢，不至有害，不幸耕稼未豐於前，歲凶適值其後，救荒如戢焚，火已燎原，則赴之惟恐不及。必曰："爾何不曲突徙薪也，不已晚乎？情勢既迫，安得不疾呼請賑哉？"且常平、當社、社倉、恤流之法，非以爲行之即事事盡善也，亦視其人何如耳。雖然，行而未善，其視格而不行者必有辨，且非以爲姑設此數者，是亦足矣，平時墾田薄斂之政可置不講也。竊意並行不相悖，權其緩急，徐圖恒足耳。考《王制》三年耕必有一年之食，九年耕必有三年之食。以三十年之通總計天下之口，雖有凶年，民無菜色，所謂講於平日也。又考《周禮》遺人掌委積，曰邦，曰鄉，曰門關，曰郊里，曰野鄙，曰縣都，自民之艱阨，老幼至賓客、羈旅皆在所恤；廩人掌九穀之數，曰匪頒，曰賙賜，曰稍食，自民之四鬴、三鬴，至二鬴不足，則令移民就穀。詔王減用，大司徒更以荒政十二聚萬民，曰散利，曰薄徵，曰緩刑，曰弛力，曰舍禁，曰去幾，曰眚禮，曰殺哀，曰蕃樂，曰多昏，曰索鬼神，曰除盜賊。司救又以節巡郊野救其疾疫。胡安國又加爲粥，溢以救饑，與工作以聚失業之人。夫遺人所掌，乃國家當時收諸委積，以待凶荒施惠之法也。廩人所掌，乃國家每歲計其豐凶以爲嗣歲移就之法也。荒政十二，乃國家遇凶荒之時救恤之法也。其未荒也，預有以待之將荒也。先有以計之，既荒也，又大有以救之。此所謂講於平日與講於臨時者也。由是觀之，足以見三代之政並行不悖矣。

若夫常平之法，始於漢耿壽昌請令邊郡築倉，穀賤則增價糴以利農，貴則減價糶以利民，名曰常平。邱濬曰："年之豐歉不常，穀之種類不一，故斂散之際必斟酌而上下之，兼行李悝之平糴。中饑發中熟之所斂，大饑發大熟之所斂，則糴不貴而民不散矣。"

當社之法始於隋長孫平，奏令民間每秋户粟米一石，以下輸之當社，委社司權量，以備凶年，名曰義倉。胡寅曰："義倉取民不厚而置之。"當社於民尤便，後世移於州郡，則文案之反覆，吏胥之侵没，其受惠者，大抵城郭之近，力能自達者耳，遠者惡能及哉。必以隋爲法，而任其事者不必見任之官，散之民者，不必在官之屬。責以大義，加以殊禮，則上不勞而民享利矣。

社倉之法始宋朱子。初建崇安開耀鄉，有社倉一所。朱子請於府，得常平米六百石。夏受粟於倉，冬則加息償之。自後隨年斂散，小歉則捐其息之半，大歉則盡捐之。凡十四年，得息米，造倉三間，及以元數六百石還府，而以見儲米三千二百石爲社倉，不復收息，每石止收耗米三升，以是鄉有凶年，人不缺食。孝宗時，下其法於諸路。邱濬曰：里社不能皆得朱子主之，又不能皆得劉如愚父子爲助，恐或計私害公，則弊不勝言。雖然，十室之邑，必有忠信。苟有司擇長者付之，實心區畫，安在其不可行也？

恤流之法莫善於宋富弼。按慶曆中，河朔大水，流民就食京東不可勝數。弼知青州，勸所部出粟，益以官廩，擇公私廬舍十萬餘區，散處其人，而官吏待缺者，皆賦以禄，使即民所聚，擇老弱病瘠廩之，仍書其勞，約爲奏請。率五日，持酒肉慰藉，出於至誠，人皆盡力。又山林陂澤之利，聽民擅取，死者爲大塚葬之。明年大熟，各以遠近受糧歸，凡活五十餘萬人，募爲兵者萬計。邱濬更欲折衷其法，立爲定規，頒布天下。凡遇荒年，或散粟，或給粥，所在長吏，即下所屬，凡所部有致仕官及待選官監，與夫耆耈夙重於鄉者，以名起之，待以士大夫禮，給以印憑，目爲公直，俾其量領官粟，各於所在，因人議賑，官不遥制。事竣，具疏上聞，量加懲勸，則吏胥不得乘機肆侵漁，此不但可施之流民也。

發賑之法，當本《周禮》之散利、薄征、遺人之施惠恤民，兼采唐宋之善者。如唐貞觀二年，遣使賑饑，民鬻子者，出金帛贖還之。邱濬又謂：待其鬻而後贖，則不售而死者必多。莫若責令有司，遇年饑鬻子者，官爲買之。每一男一女，五緡以上爲率，量給身直，贍其父母，餘以爲調養之費，傳送邊郡，編爲什伍，是於救荒之中寓實邊之效。若費無所出，則請暫貸官錢，俟江南罪人謫戍西北二邊者，俾其納五百緡，許除籍，納二百緡，許改近衛。所得緡，取補前貸。彼南人隸極邊，勾丁補伍，甚以爲苦，必有樂從之者。如此，則除一軍得百軍，移一軍得四十軍。倘行於今日，諸徙尚陽、寧古之人將引領恐後，莫之能禦矣。如代宗朝劉晏掌財賦，諸道各置知院官，每旬月具州縣豐歉之狀白使司，貴入賤出，兼以穀易雜貨供官用。知院始見不稔之端，先申至某月須若干蠲免，某月須若干救助。及期，晏不俟州縣申請，即奏行之，應民之急未嘗失時。倘行之今日，專責一府佐董其事，並知院官可以不立矣。如周顯德中，淮南饑，世宗令以米貸之，不責其必償。胡寅曰：稱貸所以惠民，亦以病之。病其責償也。或嚴其期，或徵其耗，或與米而取錢，或赤貧而重督，或胥吏以詭貸，而徵諸編氓，弊不勝言。倘行之今日，散倉廩，頒帑金，權其被灾之厚薄，而不責其償，則其惠溥矣。如宋真宗大中祥符間歲歉，民流，命侍御史乘船安撫，出粟賑貸。如仁宗遇灾，則避殿變服，恐懼見於顔色，哀矜形於詔命，被灾之所，必發倉廩平糴，不足則轉漕他路以給，又不足則誘富人入粟，秩以官爵。灾甚，則出内帑金帛，或鬻僧牒，或留歲漕，免租寬負，休役弛禁，饑民不能自存，則官養之，不得其死，則官瘞之。倘行之今日，而又責督撫大臣，如趙抃之書問屬縣，如曾鞏之先期賜貸，如隆興中之特立賞格，如辛棄疾之痛懲首惡，相兼而求濟，則民困其有豸乎？此又不特專資之於發帑者也。

然愚更揆時審勢，有切方今之石畫，而多與時議相背者。

一曰寬就食之禁。夫安土重遷，人之情也。苟非大不得已，孰肯捐親戚，違墳墓，甘爲亡民哉。蓋多藏而備具，則固無患矣。若不幸蓄積無素，與夫雖有蓄積而連歲洊飢，請之官無可發，勸之民無可貸，乞諸鄰無可應，將視其坐而待斃，不如縱其隨處餬口，以求生也。於是嚴檄郡縣，考其有無，量其多寡，或移民就粟，或轉粟就民，或高市估以招商，或發官錢以市糴。又不幸而公私乏絶，計無所出，則亟聞朝廷多遣官屬，所在招綏，給以公儲而不責償。故有以護送之，使不至潰散失所；有以節制之，使不至刼奪生亂；有以還定安集之，使彼之室家已破而復完，我之版籍已涣而復聚。富弼青州之政，可踵而行也。

曰嚴遲報之罪。孟子曰："民當饑歲，考弱死而少壯散，有司莫以告，是上慢而殘下也。"朱子嘗稱，蘇軾與林希論熙寧荒政之弊，費多而無益，以救之者遲也。嘗見州郡每有凶荒，朝廷未嘗不捐租發粟，往往行之後時，緩不及事。上有鉅萬之費，下無分毫之益，其故遲而已矣。所以遲者，緣有司急簿書而緩撫字。遇有水旱灾傷，非甚不得已不肯申達，比其申達，則州縣上府道，府道上督撫，批撥往還，動經旬月，及聞諸朝廷而令下已晚矣。然此非有司之罪，其失在國家也，何者？國家不能慎簡守令於平時，及其灾荒入告，則緦緦疑之？豈惟守令，並其司道、督撫素倚安危者，亦莫不緦緦疑之。是以不得不遣官勘驗，而所遣者又多以文法爲拘，後患爲慮，因一人之詐，疑衆皆然，惟己之便，不人之恤，彼實能霑惠者有幾哉？夫朝廷於督撫、司道諸臣，固前日所擇於諸臣之中，知其賢能而後任之者也。今一告灾之故，而不足信，則國家所倚重何如也？况今所遣官又能保其廉，而且才一一稱上德意乎。請如邱濬所言，定奏灾限期，頒行天下。八分以上馳傳，五分以上差人，二三分以上入遞，後不及期者，重治其罪。劉晏知院之説可踵而行也。

曰厚勸輸之典。邱濬云：鬻爵，非國之美也。然用之他事則不可，用之救荒則是。國家爲民無所利之也。故宋人謂之崇尚義風不與進納同。自今以往，苟遇歲饑，民有多粟者，輸以濟荒，則定爲等第，授以官秩，給與璽書，俾有司優禮與見任同。苟非大故，亦不追奪。如此，則平歲争積，而凶歲争輸矣。仁宗誘富人入粟，秩以官爵之事，可踵而行也。

至於勸農課桑，必如晁錯所言，地無遺利，民無餘力，而後邦本固。慎擇長吏，必如司馬光所云，簡公正者爲監司，俾察被灾郡邑，其守命不勝任者易之，而後吏治肅寬。減租税必如漢文景，或全蠲，或免半，遍及於四海而後民氣蘇善乎。吕祖謙曰：備荒總而論之，先王有預備之政，上也。修李悝之攻，次也。所在有可均使之流通，移民移粟，又次也。咸無焉，設糜粥，最下也。邱濬曰：周宣王所以中興者，以萬民離散，不安其居，而能勞來還定安集之也。晉惠帝所以分崩離析而迄不復振者，以六郡洊饑，流民入於潁川者數萬家，不能撫之，而有李特之首亂也。然則荒政之所關詎細，故哉。吾願今日廟堂之上，求其實，勿徇其名，緩治其本，急治其標，以徐圖其至善。俾國常藏富於民，而民無待哺於歲。昔賢之成憲具在，神而明之存乎其人，非有可行、不可行也。

歷舉經史聖君、賢臣救荒善政，備被灾之大小，擇而行之。此如中衢樽漿，任渴者之量挹取之，不必代爲限制。通儒慮事之周如此。

—3. 皇朝經世文編補　卷四一　户政一六　荒政一

治　河

愚觀《禹貢》治河始於積石，終於海，而諸州之文不少概見。其首揭於兖者，僅九河既道而已。略其所經於諸州，而著其所入於兖，此治河必治下流之驗也。九州不言治河，而貢賦之來則必以達河終焉，所疏不詳於侯國，而所會並舉於帝都，此治河即治運之驗也。太史公謂："河灾衍濫，害中國尤甚。"而其書則以河渠名，以河之害歸河，以河之利歸渠，此治河兼治渠之驗也。

平當之言曰：按經義治水，有決河浚川，而無所謂堤防壅塞。《禹貢》稱"導河"，而孟子亦稱"禹疏九河"。此治河以浚爲治，不以塞爲治之驗也。九河、逆河同在兖州，經於兖言九河，不言逆河，九河以爲播，而逆河以爲同，此治河以分爲治，不以專爲治也。商人六遷以避河决之害，天子之尊不與河争强，王都之大不與河争地，輕去其國，而重爲之防，此治河以徙民爲治，不以徙河爲治之驗也。吾聞之，善言天者必有驗於人，善言今者必有驗於古，置六驗之説於此，詳計而力行之，衷昔賢之成法，而參以當代之急務，要未有不明著其效者。雖然，愚者狃近功之易見，智者矜小慧而用鑿。故與愚者言，既難預睹其情，而與智者言，又難頓破所恃。言之於先，易致功而嘗苦其不用，言之於後，易見聽而嘗苦於無功。國家之事習若故然，不獨治河，而治河爲甚，何則？河之害深，而治河之費大也。

河之害不一，治河之功不一。而愚皆約舉其最著者，大較漢、宋、元、明之間計其患。漢之患爲决，宋之患爲入淮，元之患爲及山東諸郡，爲妨運道，明之患爲合沁、泗、沂之水同歸於淮，而河、淮爲一，爲委河於淮，以避運道，而河、漕爲二，患在漢、宋、元故道猶有存者，患在明，故道乃盡失之。然則河之患未有甚於明者也，而今且過於明焉。紀其决，漢孝文時决酸棗，元光中决瓠子，又决館陶，永光五年决清河，建始四年决東郡，鴻嘉四年决渤海。宋至和二年决大名，熙寧十年决澶州。元至正四年决濟寧，大德中決蒲口。明洪武十四年決原武，二十三年決河南，明年決原武大淮，又明年決陽武，三十年決開封，景泰三年決沙灣，天順五年決開封，成化五年又決開封，洪［弘］治二年決汴城入淮，復決黄陵岡入海，五年決張秋，七年復決張秋，十三年決曹單，萬曆中決徐州，天啓中又決徐州。漢宋元決者十，明決者十五。然則河之決未有多於明者也。而順治二年、七年金龍之決更烈於明焉。度其勢，周以前河之勢自西而東而北，漢以後自西而北而東，宋迄於明，則自西而東而南。河之自西南而東北者，河爲之；河之自南而東南者，人爲之。然則河之勢未有不順於宋明者也，而今一仍其舊焉。

約而論之，禹之功莫大於九河，然愚不曰"九河"，而曰"貝、漯之二渠"。何者？二渠以釃之，九河以播之，藉非二渠引河北行，即九河之疏安所施乎？漢之功莫大於宣防，然愚不曰"宣防"，而曰"館陶之屯氏"。何者？宣防之築，數年即決，屯氏之分，八十年無害，藉非屯氏因其自然，播河爲八，不復堤塞，即宣防之官不旋壞乎？宋之失莫大於候水，然愚不曰"候水"，而曰"熙寧之閉北流"。何者？候水隨決隨塞，民雖苦之，而未嘗亢河，閉北流則亢也。六塔之渠，決大明而始罷，金堤之堰，決内黄而盡絶，河決以北而欲回之使東，不幾與河争乎？元之失莫大於蒲口，然愚不曰"蒲口"，而曰"安山之開會通"。何者？蒲口隨塞隨決，河上之役雖無歲無之，而未嘗雜他水，開會通則雜也。引汶而北連白、衛，至二百五十里，絶濟而南連淮、泗，至一千八百里，河決以南而茫茫汶與濟之是求不幾置河於外乎？明之失莫大於夏邑，然愚不曰"夏邑"，而曰"永樂之復漕運"。何者？塞夏邑而不免於決，溢歸、亳，侵鳳、泗，雖一方受之，而未嘗遍天下，復漕運則遍天下也。引河自西南以通運，於是山東諸郡皆被其患。聽河徙東南以避運，於是濟、漯、淮、泗諸水皆被其衝。河勢在北，行在南，而往往欲息方割之勢，兼撼狂瀾之行，不幾令河無適從乎？夫得失則已較然也，從違獨無所折衷哉。

愚聞昔人之言河者，其最著凡十二家。司馬遷曰："河所從來者高，湍悍難以行乎地，數爲敗。"是論其本也。馮逡曰："九河故道既滅難明，屯氏河新決未久，其處易浚，可復浚以助大河泄暴水。"是論其支也。李尋曰："因其自決可，且勿塞，河苟欲居，當稍自成川，然後順而圖之，則用力寡而成功易。"是論其形也。賈讓曰："治河有三策，徙冀州之民，當水衝者，放河使北入海。此功一立，千載無患，謂之上策。"是論其性也。"多穿漕渠，使民得以溉田，分殺水怒，且有秔稻轉漕之便，謂之中策。"是論其情也。"繕完故堤，數逢其害，勞費無已，謂之下策。"是論其權也。關並曰："平原東郡土形疏惡，河決南北，不過百八十里，可空此地。"是論其屬也。韓收曰："略於九河之舊，穿爲四五，宜有益。"是論其匯也。王横曰："西山之下宜更開空，使緣山足，乘高地，而東北入海。"是論其舊也。歐陽修曰："奪決河之正流，使人力斡而回注，此大禹所不能。"是論其上也。劉彝曰："二股河已閉，而御河之由冀北者尚宜疏導。"是論其下也。歐陽玄曰："治河有三法，乘河之流，因而導之，謂之疏；去河之淤，因而深之，謂之浚；抑河之暴，因而扼之，謂之塞。"是論其術也。余闕曰："中原平衍，唯河横潰爲患，其勢非多爲之委，以殺其流，未可以力勝。"是論其理也。宋濂曰："南渡以後，河由彭城併汴、泗，東南以入淮，以萬里奔潰難治之河，而欲使一淮以疏其怒，此萬萬不能者。"是論其時也。約而計之，有所爲百世之利、百世之弊焉，有所爲一時之利、一時之弊焉。

何謂百世之利？邱濬有言，今日之河所以泛溢，而爲淮豫之害者，因兩瀆之水既合爲一，衆山之漢，又併以歸，淋雨無時，潢潦繼作。故欲得上流之泄，必先使下流之通。誠不惜棄地，不惜動民，擇任心膂大臣，俾於下流迄東，相其便利之所、污下之處，挑爲數河，以分其勢。又於所條支河之旁地堪種稻者，依江南法創爲污田，多作水門，引其灌溉。河分疏之後，水勢漸減。然後從下流而上，於河身之中去其淤沙，或推而蕩之，或就而開之，使河身益深，足以容水。如是則中有所受，不至於束隘，而河之委易達於海，濬之。此議兼賈讓上中二策行之。但去其患，不言其利，然患平即所以爲利。夫百世之中可以無河患，則利在百世矣。

何爲百世之弊？河之南也，以徐爲壑，自辛卯張秋之決，盡徙而北，又以兖爲壑，開國屬邑七月告決，祥符、考城、封邱諸邑，荆隆、朱源、塔灣諸口，八月告決，山東諸都邑九月又告竣，起張秋至濼口，夫濼口至臨淄十五里，歷三十九城而直逼濟南，何其甚哉！虎牢之東距海幾三千里，無崇山巨磯以閑之，無洞庭、彭蠡以納之，又不令其縱而出海，無怪乎所經氾濫，而城郭爲墟也。曩河自入海，尚能爲並河州郡之害，况今河、淮爲一，而清口又合三水，以同歸於淮乎！曩河猶有所瀦，如鉅野、梁山猶有所分，如屯氏赤河，雖元人排河入淮，而東北入海之道，猶疑有存焉。今則以一淮受衆水之歸，治之者往往違水之性、逆水之勢，而與水争利。欲行則强爲塞，欲止則强篇通。惜微渺之費，而忘所捐之大，護已成之業，而興難就之工，勞力於無用，糜財於不貲。苟顧目前遑恤，其後非徒無益，而又害之，反不如聽其自然而不治之爲愈。

夫百世之中無日不治河，則弊在百世矣！

何爲一時之利？賈魯有言：水工之功、視土工之功爲難；中流之功，視河濱之功爲難；決河口，視中流爲難；北岸之功，視南岸爲難。其後總制河防，疏塞並舉，挽河東行，以復故道。凡八閱月，諸埽、諸堤成。而河南匯於淮，又東入於海。魯之此議，蓋兼歐陽玄三法行之。就目前之利，去目前之害，輕重相權，故一時不見害而見利，則利在一時矣。

何爲一時之弊？以河須堤，歲歲而築之；以堤須埽，歲歲而完之。埽之成，民財不知其凡幾也，上諸部者，十不得一焉。埽之成，民力不知其凡幾也，上諸部者，又十不得一焉。然國家度支之費已歲至億萬，幸而未決，此億萬者終無所減，不幸而決，小則數十倍，大則數百倍。且成堤有卒，而壞堤者即戍堤之卒，守埽有夫，而破埽者即守埽之夫。何則？彼就食此中，目爲奇貨固已久也。一歲無增堤、繕埽之役，輒徬徨四顧而無以自容。雖嚴爲之禁，究莫能止。鄙夫且曰：此數萬之衆皆藉庇於河。苟其輕罷，有相率而爲盜耳。嗟乎！國家無術以養民，而以河爲之寄；無術以弭盜，而以河爲之歸。斯不亦可恥之，甚哉！指目前之害爲目前之利，上下相蒙，故一時知利而不知害，則弊在一時矣。

人君之政莫先於舉利而去害，謀事之端莫大於近取而遠核，將爲其利乎？將爲其弊乎？必曰：爲其利矣。將爲其百世乎？將爲其一時乎？必曰：爲其百世矣。而或有難者於此，曰：捐數百里之膏腴，又所壞城郭、田廬、塚墓以萬數，其如民怨何？往應之曰：今開封自鳳陽河所浸沃田歲數十萬頃，縱於迤東之地開爲數河，所費近海斥鹵不過數萬頃，果孰多孰少耶？仍即所開河旁偶值民居，則官予地以償之。偶損民業，則官倍價以酬之。或從諸寬閑之野，或更與新墾之田，讓不云乎？瀕河十郡治堤，歲費萬萬，及其大決，所殘無數。如出數年治河之費，足以業其所徙之民。民知上之所以勞我，非爲私也，亦何怨之有哉？則又有難者於此曰：漕東南以實京師，必由博濟之境，河北則會通必有所礙，其如妨運何？往應之曰：河不可驟使之東，非不可漸使之北。河突徙不常，議者每欲求禹之九道，元之四道，分遣郡邑，按圖而疏之。令由清入海而別引沁水，從魏博折東以濟漕。且漕又以汶，不以河也，河北則汶水必微，微則吾得制而相之，亦可以舟，可以漕。蓋先防鉅野，使河不妄行，俟既復千乘，然後相其宜而治之，闕不云乎？人以爲河北而會通之漕廢，子則以爲河北而會通之漕不廢，《書》所謂“浮於汶，達於河者”是也。亦安在其必爲運害哉？

夫利之在百世者，可以徐圖，而弊之在一時者，不可不急改。舍小以成其大，棄少以就夫多，毅然必行，不惑浮言。而又委任得人，規置有序，度其權宜，遲以歲月，河淮之民庶其有瘳乎？雖然平都尉之領河堤，博求衆妙，桓司空之典河議，兼考群謀，則愚請略述所聞，而更有進焉。王延世治河，嘗爲竹落，長四丈，丈九圍，盛以小石，兩舟夾載而下之，三十六日堤成，此一法也。元初治河，議於杞河三叉口，選廉幹知水利之人專司之，謹其防護，較已決而後修者，功當十倍，此一法也。尚文議治河，令河西郡縣順水之性，遠築長垣以禦泛濫，歸、德、徐、邳民之避衝者，並聽其便，仍於河南退灘地內，給被患之家以爲永業，此一法也。景濂議治河，於彭城東南浚入舊淮河，使復故道，然後導入新濟河，分其半水，使北流以殺其力，此一法也。宋禮治河，議於中灤下二十里浚舊黄河，分疏其流，使由故道而北入海，此一法也。自昂治河，議自東平之東北以至興濟，鑿小河十餘，引太清河及古黄河入海，此一法也。劉大夏治河，自黄陵岡遥殺其勢，而浚孫家渡别爲新河，浚四府營，分爲二派：築長堤，起胙城，至徐州凡三百六十里，此一法也。董其昌議治河，謂漁溝鐵線一帶，地勢多下，陳平江始開會通，此實正河，今自桃源三叉鎮至瓦子灘約九千里，其河迹尚存者三十里，宜循其舊而復之，此一法也。近時議治河者，或云自王家口以下符離一帶，更開支河以分之，即此流彼淤，亟浚其淤者，務令兩河並行，或遞居焉，此一法也。或謂荆隆口新河最淺，其流緩，不如舊河之深而急，非其所安爲區壑焉，徐、邳一帶，舊河猶存，其怒愈大，而將鍾禍於山東，今淮、泗之交，褰裳可涉矣，宜急有以濬之，此一法也。凡所謂"就河言河，治其流者"，如是也。

興溝洫之宜，則水利不可不講。《書》云：濬畎澮距川，濬川距海。夫江南之地水患鮮者，以渠多，而水勢分也。誠於齊豫間定其疆，理因通流畫爲大渠，因頃畝畫爲中渠、爲小渠。疏大渠會於河，疏中渠達於大渠，又疏小渠達於中渠。淺深廣狹因乎水，曲直從横因乎地。其卑特甚者董浚爲塘，滂則趨卑，旱則節蓄，使西北多渠，則多容水之地，多治渠則多治水之人，此治渠亦治河之要也。

酌儲積之便，則屯田不可不修。趙充國條留屯田十二便，其五云：自春省士循河湟漕穀。夫漢唐之初，其漕率不過數十萬者，屯舉而收穀多也。誠於畿輔間推乎，郡國，可水耕者，則立堰以耕之；可陸耕者，則分疆以種之。如淮南可爲水屯，穎、壽可爲陸屯，襄、鄧可爲水陸屯，分屬之守令，詳核之藩服，其出入大數，聽總制河，内則勸農，外則休運。使西北多屯，芻粟魚鹽之富，既可藉以减漕舟車牽挽之費，又可捐以治河。此治渠亦治河之要也。

通轉輸之窮，則海運不可不復。《秦紀》云：天下飛挽之役起於黄陲，瑯琊負海之郡致於朔方。夫元之世數有河患，而治之得兼南北者，以海舟行而不仰給於漕也。誠於國家閑暇求元人之故道，視有便河者，則以河爲漕，有便海者，則以海爲運。許吴楚從河，兩浙從海，蘇松與常兩從河海。米船存溺，稽之《元史》歲數，風角占視，取之沈氏《筆談》，如歷潢泊議，石沙之多寡，州渚之遠近，暫資之漁户竈丁，或併漕於總河，或併河於總漕。使西北知海，海運行，則運不妨河，而不必兼河以治運，河運緩，則河不妨運，而且得舍運以治河。此治海亦治河之要也。

凡所謂置河言河，治其原者，如是也。十法以救其流，三要以正其原，而更取吾説之關利弊，分於百世、一時者，權其緩急，揆其始終，以求當乎六驗。即薄太行而迫金堤，不煩目爲奇舉矣。不然泛言疏，而河殺則留遲，有泥留沙滯之虞；泛言濬，而河至則淤深，有匱財竭民之慮；泛言塞，而河悍則氣張，有左支右絀之嗟。吾不知其可也。

洞悉河勢源流，深明治河利弊，旁徵博引，不知其胸羅幾萬卷也。督河防者，當各書一通，酌而行之。李來南通儒之言，多中窾竅，惜無人采而陳之黼座。

——3. 皇朝經世文編補　卷九七　工政三　河防二

儲方慶（1633—1683）

字廣期，號遁庵，江蘇宜興（今屬無錫）人。康熙六年（1667）進士，官山西清源縣知縣。有《遁庵文集》。

銓 政

用人不可濫也，濫則爵禄不足重，而天下有僥倖功名之心；用人不可滯也，滯則激勸無所施，而天下有自甘棄廢之患。二者之患則均，而所以受患者不同，要其失則一也。今銓政之患，將在滯矣。説者謂富貴之途，人所奔趨，必使慎重而後遷，以明持久而難得，則人各安其分，不敢躁求。故與其失之於濫也，毋寧失之於滯。不知滯有以滯而生者，亦有以濫而生者。以滯生滯者，救滯之法不同於救濫；以濫生滯者，救滯之法即存乎救濫。以今救滯之法，不爲不詳且周矣。京職既改外員，科目復減舊額。補者既多，而取者復少。積薪之患或其無，而謁選之人經年纍月守候都門，而不得一官者，比比如故。此豈法之猶未備歟？則以知滯之出於滯，而不知滯之出於濫也。以濫得滯，而不去其濫以爲疏通之本，則雖日從事於改補之令、裁減之方，徒以阻天下進取之心，而滋其壅塞已耳，豈能有所裨益於選政哉？竊以天下官人之額而計之，京省大小之職不啻二萬有奇，而士之由甲榜進身者，三年之中不過百五十人耳。以百五十人之數任此二萬有奇之官，即參之以科貢，亦當沛然有餘。而今若是其壅遏者，乃他途之濫有以使之也。他途濫則正途不得不滯。不清他途之濫，而徒欲減正途之額，以求通於滯之中，其可得乎？至於京職候補者，其人固已積日纍功以致此一旦，今徒以缺少而概補外員，則既無以酬服官之勞，而後之爲國任事者，亦無所望於超遷而生激發之念矣。夫濫陞擢之名，而滯得官之實，則何如廣授任之門，而慎登進之始哉。然而議者必曰："京職少而選人多，其不得不滯者，勢也。而他途並進之法，又所以破科目之痼疾，安得盡闢之以待天下之士乎？"愚以爲京職既少矣，今獨以主政一官待天下郡縣吏，無乃少而益少歟！謂宜少廣其途，以示風厲也。至於科目之弊，患在得人之不精，而以他途混淆之，又未必其有濟。何則？擇人以識不以法也。識不足以知人，而曰吾有兼收之法焉，竊恐法立而人猶是矣。故夫今日之銓政，但當嚴核於正途之中，而不必任他途之濫以滯正途。但當廣開其候補之門，而不可任改授之濫以滯進取。如曰：救滯之法莫善於不次用人也，則今之員多缺少，久已患之，豈可復開多門，以待巧進？若巧者侵奪已甚，則拙者迫怵無聊，其滯當有更甚於今者矣。蓋不次用人可以救滯於滯，而不可救滯於濫。今天下之滯，以濫而滯者也。故愚願執事之除其濫焉。

—2. 皇朝經世文編 卷一七 吏政三 銓選

立法議

國家懲貪之法綦嚴矣。官得贓滿十兩，吏得贓滿一兩者，坐以流徙、絞斬之罪，視其贓之多寡遞加焉。然赦宥亟行，寬縱者衆。臣竊嘆朝廷之立法何其嚴、用法何其寬也。夫立法嚴，則人無所措手足；用法寬，則人將狃於法輕，犯之而不以爲懼。故善立法者，不爲不近情之科條，使天下有以守吾法。而不幸有小人焉冒昧而犯之，則示天下以必信，而無所事於亟行之小惠。是以天下之犯法者少，而人主之法足以立威於天下。今犯得贓者，自一兩以上輒坐以流徙。流徙，重罪也。其去絞斬無幾也。今以坐一兩之贓，天下之官吏其不至於流徙者幾希矣。必有一日數犯者焉，必有一月數十犯者焉。彼其心豈不畏禍，而甘爲不肖以自入於刑辟哉？蓋驅之於無可自容之地，則舉足措手便入網羅，雖有畏禍之心，不如轉而爲避禍之計。且有以逆窺朝廷之法未必盡行，而我不妨姑且嘗試，遂其私圖也。幸而無發其奸者，則朝廷之法不加於其身；不幸而奸發矣，所謂流徙、斬絞者隨而議其後矣，遲之一二年間，流徙之獄成而赦又至矣。故夫今日之官吏，皆有不信朝廷之法，是以法雖嚴而不足畏。夫立法以威天下，而使人不足畏，法雖嚴與無法等。愚以爲，與其立法嚴而用法寬，何如立法寬而用法嚴。立法寬則人之犯法者少，犯法者少則官吏皆得優游於法外，以自養其廉恥而無迫促不自容之狀。如是而猶犯吾法焉，是其心好爲恣睢，以蹈不測之罪，更不必有所顧惜，以養天下之奸，治之流徙即流徙，治之斬絞即斬絞。天下既得自安於法外，而又不能倖免於法中，貪吏之風庶乎其少息也。

—2. 皇朝經世文編　卷一九　吏政五　考察

饑民墾荒議

宜邑荒田幾十萬畝，吏緣是受譴者踵相接也。嘉會熊公署宜事，民有以荒田之困告公者，公憫然曰：“若是則宜之民終無生理，宜之吏亦無以功名終者矣，何前此守茲土者不思所變計也?”乃令於民曰：“田雖荒而近熟鄉者，農弗勤也，不可以言荒；田雖荒而業主之力任包賠者，無損於税糧也，不可以言荒；田雖荒而麗於山澤，可以收地利也，不可以言荒。三者之外，乃可以言荒矣。”爰核實而計之，得板荒田三萬有奇，將以請於督撫而以聞於朝，其事未竟也。會淮、揚兩郡告饑，民之死徙者纍纍不絶於路，天子惻然念之，命大臣以時賑濟。於是江淮布政使鶴鳴慕公，議徙江北之饑民，墾江南之荒田，即以賑給之資，令市牛種。餘惟舉大事、動大衆，利害不可不審也。竊以爲斯事之大利有三，大害有四，何則?

淮揚之民，流徙失業，積荒所困，不能自振，而朝廷遣使議賑，其能長久不乏乎?徙之江南，俾墾荒土，使得自謀衣食，至便也。且兩淮風俗剽悍，平居尚有跋扈飛揚之態，今聚數百萬人而驅之以飢寒，其勢不爲盜賊不止。因江南各縣之田散處之，以分其勢，則不至聚而爲奸，而耕墾事殷，得以各守其職業，而生其系累。此一利也。江南水旱之餘，田土污萊，在在皆有，即以宜論，已三萬有奇。小民業荒者逋賦無償，斃於敲扑者不可勝計，重以逃亡之攤補，里甲之賠累，展轉相加，至力不勝，而虧賦之愆，卒中於守令。當此之時，議蠲免不可望也，議流抵不可久也，議散派不可行也，惟有驅饑民墾之，不過一年，而無主之田變爲有主，欠糧之産易以完糧，使民不困而吏不憂。此二利也。朝廷蠲數十萬金錢，特遣重臣按行賑救，不過一朝一夕之温飽，饑民常苦於不繼，而在國家已費不貲矣。若今以發賑之銀盡易牛種，本計既得，則生息無窮，數年之後，漸成富庶。此三利也。

饑民千里奔走，旅食異鄉，非有鄰里親戚之誼，可假丐以生，官給牛種，所得有限；田家耕作，以糞多力勤者爲上農，而責報常在半年之後，當春夏空乏之時，何以爲生？宜邑荒田多在山澤間，易於藏奸，淮北、淮南之人率多不逞，置之深山大澤中，必有意外之患，而又無衣食以慰之，是江北無盜賊，而江南多盜賊也。此一害也。人性與土風相合則安其居，不相合則僨其俗。饑民墾荒，必與宜民錯壤而處，宜民挾有餘之勢以示饑民，饑民懷攘利之心以伺宜民，其弱者必折而入於宜民之家，其强者必起而與宜民爲難，饑民不安，則宜民亦不安。此二害也。江北耕種之法與江南殊，江北土疏而易治，江南土潤而難耕，故江北一夫之田，可以當江南之三，而江南一畝之入，亦可以當江北之二，其間耕耨之異宜、燥溼之殊性、水旱之異備，非老於農者不知。饑民挾官令而來，置之於荒蕪之土，不諳地宜，不習農事，計其初稅之入，必減於江南之人。當事既以荒田委之，豈可復責業主輸納？江南賦重役煩，非北人所習見，彼見所入之少而所責之多，則轉徙流亡亦必不免，縱有一二僅存之人，而一年牛種虧折無償，次歲耕田莫能自必。此三害也。今天下一家，東西南北皆王臣也，非若鄰敵之境，可以傾此盈彼者。况淮揚之與四府，同在一省之内。今淮揚縱有逃亡之人，亦未至盡越其境，一遇豐年，復謀保聚，養之數載，可反舊觀。今若移之江南，授之荒田，使爲世業，彼見江南風俗靡麗，可以偷生，故鄉之思十不懷一，淮、揚兩郡必爲邱墟，雖有豐登之時，竊恐舊業難復。此在江南或墾散處之荒，在江北竟成久遠不可復問之荒矣。竊意分藩之後，淮揚亦隸江南，墾江南之荒，復荒江南之地，等荒耳。轉移在彼此間，無大益也。此四害也。

夫君子舉事，慮其萬全，利害之來，權其輕重，斟酌於彼此之宜，以求爲國爲民之實效，職在是矣，愚復何策哉？

—2. 皇朝經世文編　卷三四　户政九　屯墾

兵餉策

今天下之兵餉猶不至於重困，而天下皇皇然莫不以爲困者，則以司農之供億煩也，則以小民之催科亟也。夫司農之供億誠煩矣，而未至殫府庫之藏；小民之催科誠亟矣，而未嘗有額外之徵。催科之與供億，均不足以貽上下之憂，而上之皇皇於調遣者，既有不可終日之勢；下之皇皇於輸納者，亦有不能旦夕之虞。若是乎，兵之爲害者大，而餉之爲害者深也，而去兵省餉之説起矣，汰兵清餉之説亦起矣，且以兵足餉之説亦起矣。

夫去兵省餉之説，似與古人“偃武修文”之議相爲表裏。然方今天下之勢，雖車、書一統，而山海之遺孽未必不藉師武臣力也。且天下雖安，不敢忘戰，昔人已言之矣。而謂兵可盡去，餉可遽缺乎？此去兵省餉之説所以不可行也。至於汰兵清餉之説，似可見諸施行矣。然而今日兵之最多者莫如江海，而江海之兵可汰乎？今日兵之最聚者莫如滇黔，而滇黔之兵可汰乎？兵未可汰，而餉可遽清乎？即云增餉不如核餉，多兵不如練兵，而孫子中駟之法，未嘗不以老弱爲誤敵之術也，而謂兵可言汰、餉可言清乎？此汰兵清餉之説所以不可行也。若夫以兵足餉之説，則莫切於興屯，而屯政可輕議乎？古者戍其地即食其地之粟，用其人即兼其人之食，故天下無養兵之患，而不苦於餉之不給。今東南屯重兵而東南無可墾之土，西北有閑田而西北無久駐之兵。古今之勢殊，而南北之形易，而謂屯政之可行乎？此以兵足餉之説所以又不可行也。

然則如之何而可？曰：衛民者兵之職也，養兵者民之事也，守國者兵之功也，足兵者國之威也。國不可一日無兵，而兵安得輕言汰？兵不可一日無餉，而餉安得輕言減？如曰國不堪供億也，則節浮費，裁冗食，一策也。更不然而省番休，定久戍，亦一策也。寧變通於兵之法，勿裁減夫兵之額，而兵有不可勝用之兵矣。如曰民不堪催科也，則禁加派，嚴耗贈，一策也。更不然而重本色，輕折色，亦一策也。寧權衡於餉之外，勿吝嗇於餉之中，而餉有不可勝用之餉矣。苟以兵多之故而節其餉，且以餉重之故而減其兵，是一時省養兵之費，而使萬世乏强兵之用也，非愚之所敢出也。

—2. 皇朝經世文編　卷七二　兵政三　屯餉

萬斯大（1633—1683）

字充宗，晚號跛翁，人稱褐夫先生，浙江鄞縣（今屬寧波）人。黄宗羲弟子，明亡隱居不仕。有《經學五書》等。

承重説

或問祖亡於父後，而曾祖尚存，孫承重乎？且否乎？曰：以古禮言之，重爲先祖祭祀之重，曾祖而在，重猶在曾祖之身。然業有曾孫，而爲曾祖則既老且衰，重遂有已傳、未傳之别。何則？古人七十曰老而傳，八十齊喪之事弗及，故喪服父爲長子斬。《傳》曰：正體於上，又乃將所傳重也。老而傳重，則重在祖身。祖因得立其長子以爲適子，長子而没，即立長孫以爲適孫，如是而祖亡，則祖身之重，孫即承之矣。其或曾祖未傳重，則祖在日，猶爲曾之適子，而己未立爲適曾孫，逮祖亡而後立，祖無重可傳，孫亦無重可承也。曰：然則重有已傳未傳之别，孫即有承重不承重之殊乎？曰：據《禮經》，唯言傳重，無言承重者，故《儀禮》於孫主祖喪，止曰：父卒，然後爲祖後者服斬。《雜記》載：喪祭祝辭，止曰哀孫，皆不言承重，故喪服於爲人後者曰受重。後人制禮，定爲承重之孫，蓋以上有傳，則下有承，以别於爲人後者之受重。義非不當，第專施之於孫主祖喪，則意實未該。何則？重爲先祖祭祀之重，父死子繼，豈獨非承？彼爲人後而曰受重，亦父死子繼也。承重與受重，果有殊乎？今以子死孫承，謂主祖喪爲承重，是重之義專指祖喪矣。豈知孫爲祖後而服斬，乃代其父爲喪主，非關承重乎？曰：五服莫重於斬，唯子爲父服之，孫爲祖本齊。今因父亡而服斬，以爲喪主，不謂之承重可乎？曰：吾不謂祖喪服斬之非重，第言禮必本於經，承重之稱，生於傳重，傳重之義，由於主祭，即安得專指孫主祖喪而言承重也？曰：先祀之重，雖在曾祖，就曾孫言，祖父之祭，亦重也，得不謂之承重乎？曰：曾祖尚存，則祖禰無廟，止得祔食於曾之祖禰。祔食則無尸，其祭僅同於厭，而未全乎重，安得遽稱承重也？曰：然則孫主祖喪，宜何稱？曰：稱之爲適孫可也。古人有適子者無適孫，稱之爲適孫，即知適子之既亡，而孫代爲喪主矣。且稱之爲適孫，即知先祀之重在其身，不必更言承重矣。故苟拘於承重之稱，則曾祖尚存者，有傳重未傳重之别，而孫居祖喪者，因有承重不承重之疑。唯以適孫爲稱，無論曾祖亡而當服斬，即曾祖存而亦當服斬。蓋服斬者，孫代父主喪而致其誠，而重之在曾祖者，仍無嫌於身之未承也。不既兩全而無失乎？曰：《記》謂父不主庶子之喪。祖而曾之適子也，則曾祖主其喪矣，曾孫雖服斬，豈得主之乎？曰：喪禮繁委，非老者能勝。故《記》云"老者不以筋力爲禮"，又云，"七十唯衰麻在身，飲酒食肉處於内"。喪親且然，況子喪乎？故必孫爲主無疑也。孫既爲主，可以齊衰將事乎？故必服斬無疑也。或唯唯而退。

—2. 皇朝經世文編　卷六四　禮政一一　服制上

許承宣（？—1685）

字力臣，號筠菴，江蘇江都（今屬揚州）人。康熙十五年（1676）進士，官工科給事中。有《青岑文集》。

西北水利議

天下無無水之地，亦無不可以溉田之水。古者衆建諸侯，各食其地之所入，其時稱沃饒者率在西北，不聞其仰食東南也。魯僖十三年，晉乞糴於秦，明年秦乞糴於晉，又明年晉饑，秦伯餼之粟。蓋天行遠不過千里，故告饑於鄰封，即粟行五百里之意也。

夫西北之所以沃饒者，以溝洫之制未壞也。水之流盛於東南，而其源皆在西北。用其流者利害常兼，用其源者有利而無害，其或有害，則不善用之之過也。古井田之制，夫間有遂，十夫有溝，百夫有洫，千夫有澮，萬夫有川。川者，水之匯也，萬夫之所恃賴也。旱則川之水可由澮以入於洫，由洫以入於溝，由溝以入於遂，而田不病燥；溢則遂之水可達於溝，溝之水可達於澮，澮之水可達於川，而田不病濕。秦人盡壞其制，後世莫能復。間有言西北水利者，而卒不行，或行之未久輒罷，無他，狃於常行習見，而不肯輕犯難成之事也。水利不興則地實不登，即有藝來、牟、稷、黍諸旱穀，而所入不足以應長吏之追呼，於是有棄田不求直而無一人受者，而欲募民墾荒、興水利，其誰應之哉？然則虞集所云：以百夫耕者爲百夫長，以千夫耕者爲千夫長，以萬夫耕者爲萬夫長，命以官，給以禄，我知其不可以勸民也。集之議不行於當日，丞相脱脱乃行之於至正間，則以工價、農器、牛種諸費，悉取給於官。其時鈔法大行，散之於下者，復收之於上，故給鈔五百萬錠，内帑不虧而費用足。明以來，鈔有散而無收，則雖起脱脱於今日，亦不能以虚名而邀實利也。且吾欲興水利以墾萊田，而潤泉在其上，陂池在其下，民間熟田錯雜其間，夏秋霖潦大作，則潤泉之水奔潰四出，其勢無由達陂池以會於川而入於河，故西北不獨亢暘之足憂，而亦泛溢之可慮。自非於民間熟田，相其水勢所趨，令捐棄尺寸以行水，水道不可得而通也。然而或鑿其右，或掘其左，或穿其腹，或斷其背，壞本氓自有之疆甽，成他家公用之水利，自非厚償其直，其誰與我？

然則水利終不可興乎？曰：不然。國家廣開事例，所以佐軍需也。今㕵溘次第底定，將停諸事例以澄序官方矣，何不即用見開之例，於西北各省每縣增設農田官，此日之品級與他時陞轉，皆得比於縣令，而以其應捐納之數，募耕夫，庤錢鎛，買犢儲種，并償民之棄熟田爲水道者。五年復其租，以代廪禄、胥役之費，又五年，乃核其賦額，以爲殿最，隸之於藩司，而上之於計部，額滿乃得遷，不稱職者罷之。將人人自奮於功名，新田賴以墾，而熟田亦得享其利，下可因農事以進身，上可資本富以足國。行之久，而西北之粟米日增，即東南之歲漕可漸減矣。國家漕運，歲費鏹四百餘萬，僅得米四百餘萬石，比民間中歲之直已過之，而民之加折贈耗不與焉。况乎河漕大臣，下至閘務諸冗職經費以及每歲治河所需椿木、麻、柳、薪芻等費，尤不可勝計者哉。又况東南秔稻之田，所資以灌溉，率江湖、河淮下流之水，一旦奔騰衝激，時有漂土没稼之患，未可常恃以實西北。豈若治其上流，開溝洫以行水，築堤岸以障水，爲梯田以受水，濬陂池以潴水，桔槔以導其出入，牐壩以時其啓閉，有全利而無小害也哉？是則燕、豫、秦、晋、齊、魯皆可通行，不必虞集之京東瀕海也，不必脱脱之河間、保定、密雲、順義也。將見所在皆腴壤，東南漕粟可盡改爲折色，民無兑糧之費，不蠲賦而筋力以舒，國家歲省四百餘萬之金，不煩輸將而天庾常滿，亦何憚而久不爲也？

或曰：漢孝武設搜粟都尉，明帝置宜禾都尉，三國時有典農中郎將，是宜以武職領之，如近日衛所屯營守備可矣。余曰：不然，訓農非親民之官不可用，三代時鄉大夫、遂大夫皆文臣也，彼知有功得遷，必自愛而勤於其職。吾見古孝弟力田之科，且由是可復，而國家亦豈有名器濫用之失哉？

—2. 皇朝經世文編　卷一〇八　工政一四　直隸水利中

何源濬（生卒年不詳）

字昆孚，號梅莊，江蘇淮安人。官至敘州知府。有《四川敘州府志》。

采運川木五難狀康熙二十四年

竊查采木以備欽工，最爲重大之事。凡爲臣子，自宜竭蹶圖維，以期克濟。但細繹部文，有“將需用錢糧，再行嚴加核減”之語。因思用費之多寡，視乎采運之難易。若事實艱難，而求減費，恐勢有未能。姑以馬湖之木計之，楠木皆生於深山窮谷、大箐峻阪之間，因其險遠，人迹罕到，所以能存至於今日。當砍伐之時，必須構厢起架，使木有所倚，且便削其枝葉，多用人夫、纜索維繫，方無墜損之虞。故明時必召募架匠斧手於湖廣辰州，始能施工。此伐木之難也。

拽運之路皆險窄，懸崖側足，空手尚苦難行，必須墊低就高，修棧開路，上坡下坂，輾轉數十百里，始至小溪。又苦水淺，不能浮木，遇怪石林立，必待大水泛漲，始得出江。故拽運於陸者在冬春，拽運於水者在夏秋，非可計日而至。此拽運之難也。

至若所用夫役，動以數千計，蜀地民稀，即盡一郡一邑之老壯男婦，不足充木夫之用，况有耕耘之業乎？勢必出於僱募。而應募者多係外省游手之人，無家屬之相繫，伐木拽運，役極艱辛，若非厚值相僱，曲意撫循，易至逃竄。康熙八年，前院張德地條議，於外省召募夫役五千名，以供采辦，蓋有見乎此。此夫役之難也。

至若經費一項，康熙八年，奏請每夫日支米一升，銀六分，斧手架匠日支米一升，僱工銀一錢。其合計錢糧之數目，則視乎人夫、匠役之多寡，與閱歷時日之遲速耳。查《蜀志》内載，萬曆三十五年采辦木枋，通共二萬四千六百一根，用銀六十三萬餘兩。彼當川省人民繁盛，夫匠易集之時，其費如此。今通省查報合式楠、杉二木，共八千五百五十餘根，而估計夫匠、運價，止費銀十三萬八千三百餘兩，可稱萬分節減。蜀省官員，遠宦天末，非同腹裏富庶之地，盡捐俸薪之外，别無可措，即令盡捐，恐未能克辦大役。此經費之難也。

再查部文，有“運送到京”之語。但蜀中水手，止諳川江水性，至於經歷之湖廣以下，均屬大江，風浪易作，而山東北直之閘河，則水性又異，非各省應付遞運，恐有漂失擁擱之虞，則經過地方作何接替之法，不可不預爲議定。先期行知各省，照界交代，庶臨時無誤。此運送到京之難也。

以上數事，皆職管見，確知其然。一馬湖如此，全省可知。與其拮据於事後，孰若詳審於事先。太和殿乃聖天子肇臨萬國之基，山川草木，罔不效靈。豈用下吏鰓鰓過計？惟念四川産木地方俱係崇山密箐，上則難於登天，下則險於墜淵，陸則附葛攀藤，水則沿流跨石。前欽差齊郎中同各道單身查勘，尚需二年，始得報竣。况自斬伐以至解京，紆回百折，固非月日可計，所均當仰請題明者也。

—2. 皇朝經世文編　卷九五　工政一　土木

靳輔（1633—1692）

字紫垣，漢軍鑲黄旗。順治六年（1649）進士，官至河道總督，謚文襄。有《治河方略》。

論賈魯治河

昔賈魯治河，用沉舟之法，人皆稱之。明萬曆間，僉事俞汝爲奏議，以爲塞决簡便之用無如此者。臣竊嘗疑之。夫河底淺深坦陷不一，惟草柳性柔，一經壓擠，則周遭充滿，故塞决必用埽。今以至平之舟底，而沉之深淺坦陷不一之湍流，則埽根透溜之患，必有不俟終日而見者。若沉舟之後，仍用埽工繼之，則所費不資，何如專用埽之便而省？然以魯之才，其成功如是，必非孟浪姑試之人。因於《至正河防記》沉思尋繹者累日，恍然知魯之沉舟，蓋以代壩而逼水，非以塞决而合龍也。蓋彼時故河，業已通流，但决河勢大，水流多於故河十之八，又適當秋漲洄漩湍急，埽不能下；又其上逼水三堤，短弱而勢不支，恐埽行一遲，水盡湧决，决則故河復淤，前功盡墮，因急沉舟爲壩以逼之，所謂搶救也。故前則曰“魯乃精思障水入故河之方”，後則曰“船堤之後，草埽三道並舉”。此並舉之三道，乃加築前短弱之三堤也。迨至船埽四堤并就，河勢南流，然後塞决耳。不然，魯於九月七日沉舟，而龍口之合何以直至十一月十一日耶？雖然，臣以魯於是役也，有三忌焉：魯自受命以及回朝僅逾半載，昏曉百刻，役夫分番，無少間斷，不恤民力，一也；築堤賽决，正直伏秋，用功於河流暴漲之候，不審天時，二也；廢農冒暑，聚十數萬軍民於一路，不念國家隱憂，三也。蓋魯惟上恃其君相之信任，下恃其强敏果敢之才氣，力排群議，犯三忌以成功。蓋以治河則有餘，以之體國則不足。《元史》因“石人一眼”之事，竟坐以亡元之罪，則過矣。夫“石人一眼”之謡，是亦大澤中篝火狐鳴之類，殆韓山童、李芝麻等所爲耳。然則元之亡即不因魯，毋乃火將然而投之燧也！

——2. 皇朝經世文編　卷九六　工政二　河防一

治河要論

高家堰。洪澤湖在山陽之西南，北距大河，東俯高寶諸壑。淮水遠自豫省，復挾汝、潁、湜、渦、汴群川之水，匯而入焉，瀠洄激蕩，唯下之是趨。而其地東北爲下，趨而北，則出清口而達於海；趨而東，則高寶諸壑滔天，而淮揚之民其魚矣。漢末陳登爲廣陵守，大興水利，首建高堰，障其東而使之北，淮南千餘里地無沮洳。後世治水者，皆守其舊而不變。自唐以來，南北通運。至宋，黄又徙而南，湖日寬廣成巨浸，而是堰之所係愈重。慶曆間，一修於發運使張倫。明初，再修於平江伯陳瑄。至萬曆間，河臣潘季馴復大修之，且砌以石者三千餘丈，愈鞏固焉。顧西南一帶，周橋至翟壩三十里，空之而弗堤，曰：“此處地形稍亢，天然減水壩也。”但當時湖底深而能納，雖不築堤，湖水常低於岸面，惟遇霪潦異漲，始漫溢而出。故季馴又曰：“周橋漫溢之水，爲時不久，諸湖尚可容受也。”迨黄流倒灌之後，湖底墊高，湖水亦因之而高。況决口九道，淌刷成河，地形愈陷，以愈高之湖放愈陷之地，於是此三十里稍亢之區，昔所稱漫溢不久者，今且終歲滔天，東注而不止。不特清口之力分，無以敵黄，而淮且反引黄水以俱東，二瀆交騰，高寶諸湖，盈科而不受，此清水潭所以大决而不可塞，而下河七邑，遂同溟海也。臣奉命大修，將諸决盡塞，自清口至周橋九十里舊堤，悉增築高厚，并將周橋至翟壩三十里舊無堤之處，亦創建之。蓋今日之地形、水勢與明萬曆間大異，即使季馴而在今日，亦未有不堤者也。然仍留減水壩者六處，計二百丈。壩之而弗堤，何也？湖水之高於黄水者，常五六尺，若一任其建瓴而出，則所蓄無幾，一逢亢旱，上源微細，既不足以濟運，更恐黄水乘其弱而入，故爛泥淺一帶湖灘昔人稱之爲“門限”。今不使盡闢，欲清水常留其有餘。然設若大雨連旬，洪波驟溢，清口一道之所出，不勝數百里全湖之漲，不有以減之，勢必尋隙而四潰。故趨下之勢必堤以防之，不虞之溢復壩以減之，然後節宣有度，旱不至於阻運，而澇不至於傷堤也。雖然，洪澤周圍三百餘里，合阜陵、泥墩、萬家諸湖而爲一，又上受全淮之委，空濛浩瀚，每西風一起，怒濤山湧。而以一線之長堤捍之，浪頭之所及，土崩石卸，雖歲歲增高培薄［厚］，終不能禦。竊思水，柔物也，惟激之則怒，苟順之自平。順之之法，莫若坦坡。乃多運土於堤外，每堤高一尺，填坦坡八尺；如堤高一丈，即填坦坡八丈。以填出水面爲準，務令迤斜以漸高，俾來不拒而去不留。是年秋，黄水大漲，奇風猛浪，倍異尋常，而洶湧之勢，一遇坦坡，而其怒自平，維有隨波上下，而無所逞其衝突。始知坦坡之力，反有倍蓰於石工者。故障淮以會黄者功在堤，而保堤以障淮者功在坦坡也。維是填積坦坡以來，乘及十載，風濤之所汕刷，平鋪卸去，離堤已四五十丈矣。若用帑填積，既所費不貲，又工程難見。應每年督河兵、歲夫，逐漸加工，立爲定制。每歲堤工一丈，填土兩分，務使所增之數，適稱所耗之數，則善矣。久而久之，離堤百丈之内，必漸墊而高，因叢植柳、蘆、茭草之屬，俟其根株交結，茂盛蔓延，則雖狂風動地，雪浪排空，不能越百餘丈之茂林深草而潰堤矣。

永安省。清水潭之决，歷楊茂勳、羅多、王光裕三河臣經營堵塞，十有餘年，前後費帑金五十餘萬，隨築隨圮，終難底績。其故何也？蓋高寶諸湖，西南受泗盱、天六諸山溪澗之水，西北又值高堰大潰，黄淮平注，南北交匯，洶湧滔天，方以下河爲壑，而清水潭尤屬卑窪，其勢莫禦，一難也。屢塞屢决，其勢愈盛，寬至兩百餘丈，深至七八丈，旋瀾飛沫，如雷如雹，一遇風飈乍起，輒怒濤山湧。漕艘商船至此者，皆徘徊而不敢進。雖有樁杙，人力無所施，二難也。捲（掃）［埽］築堤，全藉真正老土，然後工程堅固，可以永久。而决口地方，前後左右數百里内，非一望汪洋，即蘆洲沮洳之區，無從取土，三難也。康熙十五年，尚書冀如錫等勘閱，所司估帑五十七萬，而夫柳仍派之民間，猶未敢必其成功。臣受事後，周行閲視，曰是未可治也。清水潭以高寶諸湖爲上源，諸湖西南所受泗盱、天六之水，本等之水也。西北所受高堰東潰黄淮之水，無妄之水也。本等者不可去，但去其無妄者，而上流建瓴之水其力必大，殺而後决可塞也。於是先堵高堰，凡三十四决口。築堤建壩，令全淮盡出清口，然後專力以圖清水潭。但决口既深闊異常，若徒下埽填土，則隨下隨流，以有限之金錢，委無窮之巨壑，是後蹈前人之轍也。竊思决口不患其寬也，而患其深。然决口雖深，而决之上下五六十丈之外，未嘗加深。其法當避深就淺，於决口上下退離五六十丈爲偃月形，抱决口兩端而築之。計所築之堤，其長必數倍於决口，然較其淺深，必減七八九倍不止。況湖底平坦，則樁杙易施；湖面寬緩，則沖淌無患。因命於決口之上測之，果深不過六七尺也。然工程既大，老土難得，乃移咨漕督，令大江以南回空漕艘隨便帶老土若干方，赴工交納，選廉能官司之，計方給價。大抵梁王城之土居半，蓋其土性膠而凝，絶勝他處之土。然去工所六百餘里，非回空莫能運也，於是立標授工，就湖内越築之，中下埽個，内釘排樁，外填坦坡，身宿工次，調度董率。築成西堤一道，長九百二十一丈五尺，東堤一道，長六百零五丈，更挑繞西越河一道，長八百四十丈。凡一百八十有五日而工竣，改清水潭曰永安新河。連夫柳爲費九萬兩有奇，省帑金四十八萬餘兩。至今十餘年，屹然鞏固。運艘民船，永絶漂溺之苦焉。

南運口。大江以南，各省漕運自瓜儀以北凡四百五十餘里，至清江浦天妃閘以入黄河。此明臣平江伯陳瑄之所開也。萬曆年間，河臣潘季馴以天妃閘直接黄河，故不免内灌，因移運口於新莊閘，以納清而避黄，後亦以天妃名之，非其故矣。然其口距黄、淮交會之處不過二百丈，黄水仍復内灌，運河墊高，年年挑浚無已。兼以兩河會合，濚洄激蕩，重運出口牽挽者每艘常七八百人，或至千人。鳴金和噪，窮日之力，出口不過二三十艘。而濁流奔赴，直至高寶城下，河水俱黄，居民至澄汲而飲。於是建閘置壩，申啓閉之條，嚴旨刻石，除重運回空及貢鮮船隻放行外，即閉壩攔黄。凡官民商艇俱令盤壩往來。夫閉壩之制不獨不便於民，且空重往來之時，仍不能必黄流之不入，乃不得已之圖，非不易之策也。蓋因當時太山墩一帶及七里墩外，皆淼然巨浸，舍新莊閘之外，别無彼善於此之地，地形水勢實限之以不得不然耳。自黄河倒灌以來，西北自白洋河、千家岡一帶，直接泗州；東北自吴城、張福口一帶，直至武家墩，卑窪者悉變爲高厚。其清口以内，裴家場、帥家莊、爛泥淺周圍數十里，凡墊成平陸之處，臣挑引河四道，淮水仍出清口。是則黄流之灌在當時誠大爲運河之害，而在今則頗受其利矣。何也？清口兩岸墊高，天然成堤，黄淮不得交漫，一利也。太山墩上下洪濤盡涸，而運河之地形愈加完固。製閘建壩，可以惟我之所擇，二利也。清口之内，横亘灘洲，淮盛則湖水滔滔北注，弱則湖水常有所蓄以濟運，而不至於盡泄。即黄漲内乘，亦限於灘洲而不得縱，不久而淮水盛長，即便抵回，三利也。因而譬之，清口，全淮之口也，洪澤湖，其腹也，所挑裴家場、帥家莊、爛泥淺諸河，則其咽喉，而新莊閘河岸，則其唇吻也。夫以黄河之悍烈，而運口出於唇吻之間，宜其淺露而無庇，徑直而受灌，濟運之清淮反爲濁黄之所抵而不得入也。於是酌議拜疏，移運口於爛泥淺之上，自新莊閘之西南，挑河一道，至太平壩，又自文華寺永濟河頭起，挑河一道，引而南，經七里閘，復轉西南，亦接之太平壩，俱達爛泥淺之引河。内則兩渠并行，互爲月河，以舒急溜而備不虞；外則河渠離黄水交匯之處不下四五里，又有裴家場、帥家莊二水，乘高迅注，以爲之外捍。而爛泥淺一河，分其十之二以濟運，仍挾其十之八以射黄。運艘之出清口，譬如從咽喉而直吐。即伏秋暴漲，黄水不特不能内灌運河，并難抵運口。間遇東北風大作，纍日不止，濁流乘之，而風回溜駛，不旬日而停沙一刷無遺矣。是以邇年以來，重運過淮，揚帆直上，如歷坦途。運河永無淤墊之虞，淮民歲省挑浚之苦矣。雖然，旱澇不常，湖水設有時而淺涸，諸引河勢不能暢注而俱出，則寧使裴家場之水斷流，而爛泥淺一道務須挑浚深寬以佐運，毋或緩此而顧彼。此則意外之虞，亦不得不預爲之籌者也。

皂河。明萬曆三十一年，總河李化龍開泇河行運，自夏鎮達於直河口，不由徐昌二洪，避黄河之險者三百里，漕運利之。後直河口塞，改行董口。及董口復淤，隨取道於駱馬湖，由汪洋湖面西北行四十里，始得溝河。又二十餘里，至窑灣口而接泇。第駱馬湖，本窪田也，因明季黄河漫溢，停積而成湖。夏秋水發，不礙行舟，至冬春水涸，其淺處不流束楚。且水面遼闊，縴纜無所施，每重運入口，即役兵夫數萬，於湖中撈浚，浮送北上。而所撈之渠，不旋踵而汩没於風浪之中。年年畚鍤，宿邑騷然苦之。况黄河復故，雨潦各有所歸，湖水必致日涸，且撈浚無所施，實漕運咽喉之大虞矣。查宿邑西北四十里皂河集，其地溝渠斷續，有舊淤河形一道。若挑新浚舊，因而通之，可以上接泇河之委，而下達於黄，但啓土於沮洳之地，爲力甚艱。又南患黄河之逼，北虞山左群山之水，不有堤防，不可行運。乃揆測規畫，即取水中之土，以築水中之堤。南起皂河口，北達温家溝，水深之處挑水旱工共二千四百丈，兩岸築堤四千八百丈，凡邳、宿兩州縣舊河内，一切漫流旁泄决口三十餘處盡行築塞。又起自温溝，歷窑灣，至邳境貓兒窩，計四十里，從無堤岸，每山泉暴漲，即一望滔天，復兩岸築堤二萬七千丈。然貓兒窩一帶，爲徐、兖諸水之所注，納水太盛，則堤必傷，故建减水大壩三座以泄之。至如貓兒窩以上，地亢土堅，則空之而弗堤。又貓兒窩以西，至唐宋山三千餘丈，乃霪霖暴漲之所從出入者，則堤之。蓋自皂河而上者，無不治矣。惟是下口直截黄河，遇伏秋暴漲，不無内灌之虞，於是復加斟酌，相得皂河迤東二十餘里張家莊，其地形卑於皂河口二尺餘。而黄河上下水勢，大抵每里高低一寸，自皂河至張家莊二十餘里，黄水更低兩尺餘。内外水面高低相準，乃復挑支河一道，自皂河歷龍岡岔路口，達之張家莊出口。蓋前此皂河出口，如丁字形，黄水自西而東，皂河水自北而南，兩溜相抵而不相比，且黄强清弱，故易灌。今張家莊之出口，如人字形，黄水與張家莊之水俱自西而東，兩溜相比而不相抵。况又以皂河地高之水，下注於二十餘里地卑之出口，其迅流更足以抵黄也。由是上則東省河流，滔滔奔注，常束本等之水於槽中，而泄暴漲之水於壩外，則運口常通，永無淤塞之慮矣。

張莊運口爲皂河之尾閭，東通駱馬湖甚近，若不閉，皂河之水與湖水必半從此入黄，中河之水必弱矣，春初重運難行，閉之，則夏秋水發，又恐内漲傷堤，應將張莊口築塞，於其東建分水閘二座以减之，猶恐異常霪潦。如康熙十九年、三十四年之水，洶湧漫溢，今河臣王新命倣東省坎河口壩之制，堆積亂石爲壩，誠爲深慮，然尚虞宣泄不及，當再建一平水大壩，策方萬全。但湖口一帶，沙土鬆浮，須於宿遷治西馬陵山址土堅處爲之。更自張莊順現行之河，開複河一道，經駱馬湖，東至馬陵山，接中河以行運，置現行之湖，以爲月河泄水之地，則往來船隻，行不經壩，可無掣肘之患，兼以遠黄而備不虞。此亦善後之計，勿以爲過慮而忽之也。

皂河運道，自窑灣至吴家溝十餘里，東西堤相距二三百丈，地極卑下，水一出岸，即浩瀚滔天。每東北風起，西堤沖塌殆盡。而西堤内外，皆湖河沮洳，無從取土，修築甚難。又河形灣曲，一里數折，縴挽者苦之。蓋當時因大工屢興，請帑已數百萬，又正值軍興旁午，故力圖節省，但循河形而挑築，以寬束河流故也。今應於冬春之後，壩窑灣口以上，放水東入駱馬湖，使涸出河底，凡河道灣曲處，皆挑而直之，即以所挑之土，填築岸堤，移西堤引進東堤。俾兩岸相距不過五六十丈，則河形漸束，堤工無風浪之虞，且重運飛挽亦易前矣。

中河。百川莫險於黄河。然南北通運以來，浮黄河以達者凡五百餘里，議者莫不以爲治河即所以治漕，一似乎舍河别無所謂漕也。雖然水性避高而就下，地爲之，不可逆也。運道避險而就安，人爲之，所慮者，爲之或不當耳。有明一代，治河莫善於泇河之績，然其議倡始於隆慶年間都御史翁大立，而傅希摯繼之，再歷舒應龍、劉東星兩河臣，屢興屢阻，迨至萬曆三十一年，河臣李化龍實始通漕，卒避黄河三百里之險，至今賴之。嗣後直河口塞，董口淤，駱馬湖又淺澀不行，臣因有開皂河之請，而泇河之尾閭復通。然自清口以達張莊運口，河道尚長二百里，重運泝黄而上，僱覓縴夫，艘不下二三十輩，蟻行蚊負，日不過數里，每艘費至四五十金。遲者或至兩月有奇，方能進口，而漂失沉溺，往往不免。蓋風濤激駛，固非人力所能勝也。康熙二十五年，題覆詞臣張鴻烈《聖心愛民已極》案内，加築北岸遥堤。後復加籌酌，若於遥、縷二堤之内，再挑中河一道，上接張莊運口，并駱馬湖之清水，下歷桃清山安入平旺河以達於海。而於清口對岸清河縣西仲家莊，建大石閘一座，既可以泄山左諸山之水，而運道從此通行，避黄河之險溜，行有縴之穩途，大利也。乃決計題請，奉命興工，至二十七年正月而工竣。連年重運，一出清口，即截黄而北，由仲家閘進中河以入皂河，風濤無阻，縴拽有路。又避黄河之險二百里，抵通之期，較歷年先一月不止。回空船隻，亦無守凍之虞。在國家歲免漂失漕米之患，在各運大則無沉溺之危，小則省縴夫之費。蓋吴開邗溝，隋開御河，歷唐宋元明，漕東南以濟西北者，無不仰藉黄河以爲灌輸。欲去其害，又欲收其利，故治河愈難。至康熙二十七年，而運道之歷黄河者僅七里矣。或議於中河北岸宿、桃境内，建減水壩數座以泄漲者。臣曰不可。蓋中河之水，但患其弱而不患其强。若北岸遥堤減壩一建，則清水弱而黄必有内灌之憂，河身立淤矣。今當大工屢修之後，錢糧未敷，未敢輕議。若工帑稍充，再將遥堤加修高厚，更於中河之北，挑重河一道，即以挑河之土，築成重堤，於西寧、錫成兩橋之間建閘一座，既以分泄東省之異漲，又以灌溉宿、桃、清等七州縣之田畝，即遇黄淮并漲，亦可分泄入中河，以併出平旺歸海，真永賴之策。而臣初議挑河之舉，原議如是，故有中河之名也。又運艘自清口入仲家莊閘，雖曰截流而北，然逆流而西者居多。若於清河治東陶家莊再建一閘，重運則由陶莊而入，回空則由仲家莊而出，則俱順流矣。且兩閘并建，用備不虞，尤爲萬全。統志之以俟來者。或曰潘季馴專築堤以束水，然獨宿遷北岸不築堤。今既欲修遥堤，又築重壩，不亦異乎？曰束水歸槽乃季馴終身治河之要旨，實亦萬世不易之至言也。然其言曰："宿遷北岸，有馬陵山及倉基、侍邱等湖之限，此皆天然遥堤，故獨空之而勿堤。"若今日之地形水勢，則大不然。黄河之底與黄河之岸較之明萬曆時既高數丈，而倉基、侍邱等湖又皆淤爲平陸，無尺寸潴水之地。河水一或出槽漫岸，不有堤防，必建瓴而四決，故臣獨以修遥堤而築重堤爲必不可緩也。

—2. 皇朝經世文編　卷九八　工政四　河防三

何承都（生卒年不詳）

福建晋江人。順治六年（1649）進士，官陝西巡按御史、甘肅巡按使。

條陳賦役利弊疏順治元年

臣竊惟一代之興，必有一代之制。漢高祖元年，立獻郡國口賦法；唐高祖七年，初定租庸調法；宋太祖二年，度民田，二月遣使監輸民租。咸剗除夙弊，采其良法，行以美政，準爲時宜，使天下歡欣。一代德意，浩蕩綿遠如此也。我皇上定鼎以來，賦役一依萬曆初年條編之例，甚善矣。臣聞之，天道三十年一變，三百年一大變。明代行之三百年矣，法久而敝，敝極思通，天意以授我皇上，政惟新之時也。

臣奉命甘肅，下車入境，首問民疾苦。乃秦地最苦者莫如賦役一事。臣因思之，國用豐絀，道在理財；理財之責，專在藩司。今所恃稽核者，銷算册而已。銷算之册，歲比日計，錙度銖稱，載於册者，尺寸不爽。其實巧文周致，幹没那移，非册所載。臣以爲在清其本而已。請先言其弊：一曰徵比，二曰支銷，三曰借題。夫徵比款件，一依部文。然長吏追呼，愚民奚知？胥執簿以敲，惟恐或後。一履吏之庭，鞭扑笞責，魂驚魄悸，安敢詰而問焉？追比已盈，吏收券而焚之，小民即控訴搶籲，而已無案可結矣。上下相蒙，百姓朘骨，此徵收之弊也。支銷款件，一準實收。今任意挪移，款件不明，毫無定則，或曰本處支銷，或曰客兵支銷。支者有名無實，銷者扯甲移乙，頭緒繁碎，舞文爲奸，此支銷之弊也。至借題之害，更不可言者。如大兵經過，郡縣不能卒應，間或借之民間，小民奉公輸將，乃行之而爲例矣。借題之外，復有預辦，吏派之里，里派之户，起於分毫，積於百千，輾轉加增，愚民奚知，安敢錙銖抗違？長吏乃行之爲例矣。此借題之弊也。

清此三弊，其道有二：一曰赤歷。凡應徵款件，置爲赤歷，州縣申之道府，道府轉之藩司，藩司呈之督撫按。先期印給款件，而後藩司下之道府，道府下之州縣，州縣大榜遍示百姓，然後徵之。其印給不載者，即係巧取重科。間有大兵借用者，亦先期如前轉呈，印行借徵，此赤歷之法也。赤歷行，而徵比、借題之患亡矣。一曰存留起解。度一府之中現兵若干，應本色餉若干，折色餉若干，文武俸薪、站價公用經費若干，度一府中現徵本色幾何，折色幾何，商税鹽課、地畝草價、節裁雜項幾何。應給本府用者，即存留支領，其餘者起解布政司，其不足者，布政司於某府應解者撥定支領，不許臨時挪移，則本處支銷定矣。間有客兵經過，另立爲預備款項，一府預備若干，計通省預算若干，明開款件，有則支銷，無則預備，則客兵支銷定矣。今秦地之弊，一應兵餉俱解布政司，遠者數千里，近或數百里，俱到布政司關領，出納起耗，十費其一，兵將經過，關領盤費，十又其一，經過州縣，驛站供應，借名科索，十費二三，往來轉手，絡繹疲困。其甚者錢車一事，鞏昌至省千有餘里，自鞏運銅到省鼓鑄，自省運錢到鞏支餉，錢重車疲，一車不過數十貫，數十貫之錢爲餉無幾，而千餘里内經過州縣，雇車之費已浮於所領之錢矣。又甚者，將領夾帶貨物，兵丁鞭笞車夫，站困民苦，咸因存留起解之無定式也。存留起解定，則銷算簡省，而那移之患亡矣。

且不獨此也，秦晋苦於丁徭之重，江南苦於賦税之重，此所當議爲變通者也。抑臣又有請焉：臣前赴部進京，道經江南，父老各言昔明太祖以蘇民爲張士誠固守，遂加徵煩派，稅及牛頭，斂及絲毫，以故蘇松諸郡重賦苛稅倍於各處省直，今三百年矣，民不堪命。代已革易，邇者水旱頻仍，或亦天心仁愛，憫念下民，以示我皇上弘開湯網，蠲恤更新乎？勅下部議頒行赤歷，嚴定起解存留，禁革錢車，以杜出納起耗將兵往還、驛站疲困之苦。平賦輕徭，章程畫一，昭著治書，刊布天下，永永遵式，將億萬年聖子神孫實式賴之矣。

—2. 皇朝經世文編　卷二九　户政四　賦役一

姚延啓（生卒年不詳）

字季迪，號敬輿，浙江烏程（今屬湖州）人。順治六年（1649）進士，官至工科給事中。有《還竹軒集》。

敬陳時務疏順治十七年

伏讀上諭，因天旱灾變引咎省躬，令群臣得極言時事，寬其忌諱。臣謹摘時務中有關君德、有裨國計民生者，列爲七款，伏祈皇上垂察焉。

一、建言諸臣，首宜優恤也。言官之設，原以補衮批鱗爲職，若止糾繩臣下，而不敢匡弼君父，則唯諾盈廷，何貴吁咈，今上諭所云十二、十三年有言官處分者，如季開生、李裀等，戇直犯顔，業已身膏原野，伏祈皇上特准骸骨歸葬，家口還鄉，仍加優恤，以彰敢諫之忠魂，以昭轉圜之盛事。其餘流徙降革諸臣，亦各加存録，次第擢用。則海内無不鼓舞稱慶，從此忠鯁之風翕然丕振，不致徒以脂韋容悦爲保身家禄位之長策矣。

一、刑獄宜復舊制也。本朝律法刊布天下，臣民曉然知所趨避。今屢奉上諭，增改律條，耳目惶亂。即如拾兩籍没之令，原爲懲貪，然法愈嚴而貪風不止，今又改爲席北，大貪大恶，反漏網於吞舟之魚。又如因民間玩法者衆，故增杖罪罰贖之例，今贪污官吏，反借此以害民，贖鍰盡入私囊，愚民不知，怨歸朝廷。又如欲警徇情之官，將承問不公者概擬大辟，立法太重。此後刑官承風希指，欲免己禍，枉入人罪，以刻爲明，以殺爲威，怨咨之氣，上干天和，此尤近日旱魃之所由致也。伏祈沛然更始，除去新法，盡復舊條，則天下歡呼解網，上帝必立降甘霖矣。

一、錢糧催科不宜太急。天下之民有圈地之苦，有逃人之苦，有喂養馬匹供應大兵之苦，有封船之苦，有縴夫之苦，有打造戰船之苦，有藩府朘削之苦，有驛遞騷擾之苦，有盗賊焚掠、海寇出没之苦，又有水旱不時之苦。天下原未太平，民生原未豐裕也。今不問疾苦，概責之以十分之錢糧，而此外又有私攤私派，或一年三四次派，如河南地方，陳德兵馬經過，勒派車輛即輸四萬餘金，如此之類，過於正賦者，不知幾許矣。近日閩、浙用兵，百姓攤派之苦，供兵供馬，解草料，解釘鐵，解油炭，解船木、桅木，行齎居送，十室九空。目前急務，謂宜起徵現年，將帶徵者寬緩，以示軫念民艱之意。至於用兵地方，更望格外加恤，此在皇上厚下安宅之仁，非臣愚所得臆揣也。

一、有司人才摧折急宜從寬久任也。夫錢糧積逋，非因地方民窮，即由前官遺累，雖使龔、黄復生，亦不能立起沉痾。今不敢多舉，摘其治行尤卓者，如原任松江知府李正華、太倉州知州白登明、常州知府崔宗太、衢州知府袁國梓、紹興知府王廷議、湖州知府劉愈奇等，皆有守有才，表表著聲。錢糧舊欠不完，概令謫罷。小民扳轅涕泣，莫可如何。皇上欲開久安長治之業，須重愛養百姓之官。臣愚以爲凡考成應降應革者，乞敕撫按察其治行，如果民心愛戴，不妨特疏題留，帶罪任事，廉能可以免更易之苦，黎民得所怙恃矣。

一、兵餉不足，度支告匱，土木似宜停止也。今户、工二部錢糧日絀，即内帑所積，能有幾何？各處新舊大兵，月餉壓欠動至半年，呼庚呼癸，苦無以應。水衡金錢，與其耗之於神宫梵宇，何如儲之以飽騰士馬，賑恤饑荒！伏乞睿裁，酌其可緩者停之，其萬不容已者，亦乞敕部因舊增設，不得分外糜費。省一分即留無限脂膏，節一毫即養無窮命脉。昔漢文帝欲造露臺而惜百金之費，以爲破中人十家之産，故能馴至殷阜，府庫充盈，海内乂安。前事可爲明鑒也。

一、賢路不宜太隘也。天生人材，原以供國家之用，故宋太宗見制科取士，曰：天下英雄盡入彀中矣。我皇上屢次開科，網羅賢雋，超軼往昔，而邇者因士風靡敝，以爲多收不若約取，遂將生童入學科舉之數減之又減，大縣止進十五名，科舉亦裁其半。竊恐讀書者日少，既不爲農，又不爲儒，其抱才負氣者好勇疾貧，必至棄詩書而爲戎首。聞近日南方盗賊多有廢書不讀之輩。夫學校之設，原爲養成俊良，亦以羈縻奸猾。伏乞睿裁，仍復三年兩次進學之例，其鄉會中額亦再加擴充，或比舊例稍減三分之一，使跅弛之士不至於牢騷放廢，鋌而走險，亦敉寧之最要著也。

一、服色不可不辨也。歷代帝王創制典禮，衣冠之式原不必同，但貴賤等威，豈容無辨？皇朝定鼎十有七載，君臣章服與官役弁冕不甚分别，混淆孰甚焉。乞皇上詔禮官博采前代，斟酌損益，務於大清衣冠之中，仍示上下尊卑之體，以爲萬民瞻仰，尊朝廷而重元首，名分亦不患於褻越矣。

以上七款，皆臣素日懷之胸中者，今幸遇皇上頒布德音，求言若渴，謹據實披陳，伏祈睿鑒。

—2. 皇朝經世文編　卷一二　治體六　治法下

徐秉義（1633—1711）

字彦和，號果亭，江蘇崑山人。康熙十二年（1673）進士，官至內閣學士。有《明末忠烈紀實》。

内府藏書記

書者，載道之器，治法之所從出也。古者書聚於上，必設官以掌之。《周禮》：外史掌四方之志及三皇五帝之書，達書名於四方。蓋史官主書，老聃爲周柱下藏室史，韓宣子聘魯，觀書於太史氏，是也，要未有藏於内府者。漢興，承秦禁學之後，書缺簡脱，武帝始建藏書之策，置寫書之官，下及諸子傳説皆充祕府。孝成又使謁者陳農求遺書於天下，山巖屋壁之藏莫不畢出，漢之典文於斯爲盛，則有延室閣、廣内、麒麟、天禄之藏，命劉向、揚雄讎校之，皆在禁中，謂之中書，藏於内府自兹始。後漢之東觀，亦禁中也，至桓帝始置祕書監，掌禁中圖書祕記，謂之祕書，即東觀也。而蘭臺亦藏書，故薛夏云："蘭臺爲外臺，祕書爲内閣，然則祕閣之書藏之於内明矣。"晋宋以還，皆有祕閣之號。及唐開元中，繕寫四部書以充内庫。其後中原多故，經籍蕩然，而此制遂廢。宋興，購求漸廣，復有崇文院、太清樓及諸館閣之藏，下逮元明，以爲故事。内府藏書，其來尚矣。

雖然藏書固盛典也，而一患其雜，雜則爲小道異端，而無裨於内聖外王之學，一患其僞，僞則爲剽竊摹擬，而不協於仁義中正之歸。二者不可以不辨也。漢術數、方技之類，多爲妄人所依託，假聖賢之名以惑當世。梁華林園總集釋典，不可勝計。隋煬帝聚書，蒱博鷹狗之説無所不備。唐元載當國，請括圖書以千錢易一卷，人皆嗜利，僞作争獻。若此者，非雜則僞，雖多亦奚足貴耶？我皇上纘承丕基，重熙累洽，典謨風雅之篇，故老名儒之説，循環乙夜，而熟講於經筵，念終始典於學，以觀人文之化成。於是運獨見之明，下求書之詔，網羅遺逸，甚盛意也。而猶意群言淆亂，或詭於聖人之道，乃命有司，凡天下之書，非有裨於學問、政治者毋得收。向之所謂雜且僞者，今何患焉？董仲舒對策曰：諸不在六藝之科、孔子之教者，勿使並進。此道所以日尊，而治所以日隆也。我朝内府之典籍，不惟其多，而惟其精，上可以翼聖真，扶絶學，其次亦可以博聞洽見，益人之神智。皇上所以詒謀燕翼，而開億萬年有道之長者，皆於是乎在，豈徒玉軸牙籤，侈焜燿於册府也哉？

—2. 皇朝經世文編　卷五六　禮政三　大典下

胡　渭（1633—1714）

字朏明，號東樵，浙江德清（今屬湖州）人。十五歲爲縣學生，後棄科舉，專研經義。有《禹貢錐指》。

書揚州田賦後

今天下號爲財富之藪者，江東、浙西數百里之地，蘇、松、常、嘉、湖五郡而已。或瀕太湖，或夾松江，自唐以來，其田日增，大率圍占江湖以爲之者也。

禹之治水也，空其旁近地以居水，故水潦大至而得所瀦，其於震澤亦當若是。紹興二十三年，諫議史才言：浙西民田最廣，平時無甚害者，太湖之利也。近年瀕湖之地，多爲兵卒侵據，纍土增高，長堤彌望，名曰壩田。旱則據之以溉，而民田不沾其利；澇則遠近泛濫，不得入湖，而民田盡没。此上流圍田之害也。其下流，則吴南古有笠澤，在松江左右，春秋時此澤尚存，不知何代始變爲田。其地蓋即葉少藴所云"平望、八尺、震澤之間，水瀰漫而極淺，與太湖相接，可堤而爲田者也"，在今吴江縣界。五代梁開平三年，吴越於吴縣之松陵鎮置吴江縣。故蘇子瞻云："若欲吴淞江不塞，吴江一縣之民可盡徙於他處。上源寬闊，清水力盛，沙泥自不能積，何致有湮塞之患？"單鍔云："松江漲塞，是以三春霖雨，則蘇、湖、常、秀皆憂瀰漫。雖增吴江一邑之賦，顧三州逋失者不貲。圍田之貽害如此。笠澤既盡爲田，僅存松江一衣帶之水。上源狹隘，水不清駛，故江尾之潮沙日積，茭蘆叢生，而太湖之水入海逾緩矣。好利者因其塞而堤土以爲田，潮沙茭蘆之地悉成隴畝。"元潘應武曰："澱山湖中有山寺，宋時在水心中。歸附後，權勢占據爲田，今山寺在田中。雖有港漊，皆淺狹，潮水、湖水不相往來。"歸熙甫云："傍江之民積占茭蘆，指以告佃爲名，所納升斗之税，所占即百頃之田，而税又多吏胥隱没。昔宋時圍田，皆有禁約。今奸民豪右占田以遏水道，更經二三年，無吴淞江矣。"此又下流壅塞，以鄰爲壑，五郡同菑者也。

蓋自江左偏安，限於一方，務盡地力，以給軍興，而不暇計久遠。此與戰國時大河堤内之地，利其填淤肥美，耕田築室其中，其弊正同。而後之論墾田者，謂人功之修，浙西最盛。不知揚州土塗泥，故田下下，而圍田之土則塗泥之尤者，十年之中不能五稔，而又累及於上流，得不償失。田之日增，民之所以日困也，烏足道哉？然宋時兩浙之田，每畝税不過一斗，見杜實桓《上巡撫侍郎周忱書》。按熙寧二年，郟亶上書曰：國朝之法，一夫之田爲四十畝，出米四石。此即杜説所自出，民猶易辦。自景定公田之法行，丞相賈似道主其議。浙西於是乎多官田。下逮元明，籍没之田愈多，皆按其租簿以輸額，而浙西之税糧天下莫比矣。邱文莊濬云："韓愈謂賦出天下，而江南居九。"以今觀之，浙西又居兩浙十九也。即蘇州府計之，以準其餘。墾田九萬六千五百頃，居天下八百四十九萬六千餘頃田數之中，而出二百八十萬九千石税糧，於天下二千九百四十餘萬石歲額之内。其徵科之重，民力之竭，可知也已。蓋蘇州一府，無慮皆官田，而民田不過十五分之一，税糧五郡之冠。夫奪民之産以爲官田而重税之，殊非爲民父母之道。然其所奪者，皆豪家富人之田，與小民無涉。小民佃官田，亦與輸豪家富人之租不甚相遠，而私田之賦自若也。迨其後，版籍淆訛，逋租無算，國家有官田之名，而無官田之實。有司考成，坐此爲累。至嘉靖二十六年，嘉興知府趙瀛創議，田不分官民，税不分等則，一切以三斗起徵。蘇、松、常三府從而效之，自官田之七斗、六斗，始官田有多至一石以上者，宣德五年詔遞減三分二分，故止於七斗。下至民田之五升，通爲一則。而州縣之額，各視其所有官田之多少輕重爲準。多者長洲，至畝科三斗七升；少者太倉，畝科二斗九升。顧寧人曰：國家失累代之公田，而小民乃代官佃無涯之租賦。事之不平，莫甚於此。

嗟乎！田猶是下下之田也，而賦則不啻倍蓰於上上。三江震澤之區，昔之民溺於水，今之民溺於賦。有能惻然於東南民力之竭，而爲之曠然一變其法，使水復底定之迹，而賦不失則壤之規，斯真所謂功不在禹下者矣。

—1. 切問齋文鈔　卷一五　財賦一

梅文鼎（1633—1721）

字定九，號勿庵，安徽宣城人。康熙三十四年（1695）貢生，後屢屢不得中，轉而研究曆法算學。有《梅氏叢書輯要》《績學堂詩文鈔》。

憲學源流論

世愈降，憲愈密，而其大法則定於唐虞之時。今夫憲所步有四：曰恒星，曰日，曰月，曰五星。治憲之具有三：曰算數，曰圖象，曰測驗之器。由是三者以得前四者。躔離、朓朒、盈縮、交食、遲留、伏逆、掩犯之度，古今作憲者七十餘家，疏密代殊，製作各異，其法具在，可考而知，然大約三者盡之矣。堯命羲和御名。象日月星辰，舜在璿璣以齊七政。憲者，算數也。象者，圖也，渾象也。璿璣玉衡，窺測之器也，故曰定於唐虞之時也。然憲之最難知者有二，其一里差，其二歲差。是二差者有微有著，非積差而至於著，雖聖人不能知，而非其距之甚遠，則所差甚微，非目力可至，不能入算。故古未有知歲差者，自晋虞喜，宋何承天、祖沖之，隋劉焯，唐一行，始覺之。或以百年差一度，或以五十年，或以八十三年，未有定論。元郭守敬定爲六十六年有八月，回回、太西差法略似，而守敬又有上考下求、增損歲餘天周之法，則古之差遲、今之差速，是謂歲差之差可云精到。

若夫日月星辰之行度不變，而人所居有南北東西、正視側視之殊，則所見各異，謂之里差，亦曰視差。自漢及晋未有知之者也。北齊張子信始測交道有表裏，此方不見食者，人在月外，必反見食。"宣明法"唐穆宗長慶二年壬寅徐昂所造。本之爲氣，刻時三差，而"大衍法"有九服測食定晷漏法。元人四海測驗二十七所，而近世歐羅巴航海數萬里，以身所經山海之程，測北極爲南北差，測月食爲東西差，里差之説，至是而確。是蓋合數千年之積測以定歲差，合數萬里之實驗以定里差，距數逾遠，差積逾多，而曉然易辨；且其爲法，既推之數千年、數萬里而準，則施之近用可以無惑。

法至今日，屢變益精以此。然余亦謂定於唐虞之時者，何也？不能預知者，差之數；萬世不易者，求差之法。古之聖人以日之所在不可以目視而器窺也，故爲之中星以紀之，鳥火虚昴，此萬世求歲差之根數也。又以日之出入發斂，不可以一方之所見爲定也，故爲之嵎夷、昧谷、南交、朔方之宅，以分候之。此萬世求里差之法也。嗚呼，至矣！

—1. 切問齋文鈔　卷二四　時憲

弧三角舉要序

憲家所憑，全恃測驗。昔者蔡邕上書，願匍匐渾儀之下，按度考數，著於篇章，以成一代盛典，古人之用心蓋可想見。然則儒者端居斗室，足不履觀臺，目不睹渾象，安所得測驗之事而親之，而安從學之？曰：所恃者有測驗之法、之理在，則勾股是也。遭秦之厄，天官書器散亡，漢洛下閎鮮于妄人等，追尋墜緒，歷代相承，考訂加詳，至於今日，厥理大著，則勾股之用於渾圜是也。今夫測量之法，方易而圓難。古用徑一圍三，聊舉成數，非有所不知也。自劉徽、祖沖之各爲圓率，逮元趙友欽定爲徑一，則圍三一四一五九二，與今西術略同，皆割圓以得之，非勾股奚藉焉。西法割圓比例以直角三邊形爲主，即勾股也。但異其名，不異其實。然用勾股測平圓猶易，用勾股測渾圓更難。憲家所測，皆渾圓也，非平圓也。古有黄赤道相準之率，大約於渾器比量，僅得梗概，未能彰諸筭術。近代諸家以相減、相乘推變其差，損益有序，稍爲近之而未親也。惟元郭太史守敬始以弧矢命筭，有平視、側視諸圖，推步立成諸數，黄赤相求，斯有定準，視古爲密。由今觀之，皆勾股也。但其立法必先求矢，又用三乘方取數不易，故但能列其一象限度，率不復能求其細分之數。憲書之法則先求角，既因弧以知角，復因角以知弧。而勾股之形能預定其比例，又佐之八線互用，以通其窮。其法以三弧度相交，輒成三角，則此三弧度者各有其相應之弦，弧與弧相割，即弦與弦相遇，而勾股生焉。苟熟其法，正反斜側，八線犁然，各相得而成勾焉。八線比例以半經全數爲弦，正弦、餘弦爲勾爲股，又以割線爲弦，切線與半經全數爲其勾股，表中所列勾股形，凡五千四百。於是乎黄可變赤，赤可變黄，可以經度知緯，可以緯度知經，羅絡鈎連，旁通曲暢，分秒忽微，臚陳筭位，求諸中心，可無纖芥之疑，告諸同學，亦如指掌之晰。即不必匍匐渾儀之下，可以不窺牖而見天道，賴有此具也。

全部曆書皆弧三角之理，即皆勾股之理。顧未嘗正言爲勾股，使人望洋無際。彼云直角三邊形，此云勾股，乃西國方言，譯書時不知此理，遂生分别。又譯書者識有偏全，筆有工拙，語有淺深詳略，所載圖説不無滲漏之端、影似之談與臆參之見，學者病之。兹稍爲摘其肯綮，從而疏剔訂補，以直截發明其所以然。竊爲一言以蔽之曰：析渾圓，尋勾股而已。蓋於是而知古聖人立法之精，雖弧三角之巧，豈能出勾股範圍？然勾股之用，亦必至是而庶無餘藴耳。憲法之深微奥衍，不啻五花八門，其章句之詰曲離奇，不啻羊腸絙度，而由是以啓其扃鑰，庶將掉臂游行，若揭日月而騁康莊矣。文雖不多，實爲此道中開闢塗徑。蓋積數十年之探索，而後能會通簡易，故亟欲與同志者共之。余老矣，禹服九州之大，歷代聖人教澤所漸被，必有好學深思其人，所冀大爲闡發，俾古人之意晦而復昭，一線之傳引而弗替，則生平之志願畢矣。豈必身擅其名，然後爲得哉？余拭目俟之。

—1. 切問齋文鈔　卷二四　時憲

徐元文（1634—1691）

字公肅，號立齋，江蘇崑山人。順治十六年（1659）進士，官至協辦大學士。有《含經堂集》。

請停捐納入監疏

竊惟太學爲教化之本，人才實氣運所關，古者王子及元士適子皆入於學，而民之秀選司徒論而升焉。漢唐及宋，雖養士不同，大要必妙簡生徒，極一時之選，觀光大學，人以爲榮，從未有以貲入者。明初嘗重監生之選出身，初仕輒予方面、臺閣等官，擇簡至嚴，嚮用綦厚。其後寖失初意，至景泰時，而納粟、納馬之例開，庸流猥品輒得濫入，然亦止許生員輸納耳。成弘以後乃有民生，雖其事例時開時罷，然太學人才終於不振矣。我皇上以天縱之資，崇儒嚮學，士風文化翕爾變移，此其興教勸學千載一會也。臣等謂宜仿纍代之成謨，革故明之陋例，謹條援納人監其甚不可者有四：養士育才莫重流品，至於入貲，則冗濫實甚。有以曾充胥役而經參奏，如劉長庚者矣；有以父爲劫盜而經發覺，如趙杰者矣；至其他行不容鄉里，而竄迹六館者有之；目不識“之”、“無”，而厠名三舍者有之；或僕隸之家，或負販之子，不俊不秀之人並得冒稱俊秀之號。朝爲庸豎，夕登士林，此不可者一也。官貢各生所謂正途，或由恩授，或以才升，及其得官，則亦與援例略相等耳。然且官貢期滿考職，必歷三科九年之後，而援例入貲則不計年限，隨咨隨考，官貢監期多者二年，少亦半歲，而準貢期止三月，則是遇正途轉絀而待，雜途轉優。阻寒士攻苦之心，長富兒驕惰之氣，此不可者又一也。流品既淆，氣習亦異，往往不能折節降心，自就繩墨。至於課試文藝，其甚者或至不能塞白，雖復嚴加督訓，而素無劣等黜革之例，相習恬然，不爲恥怪，於是橋門造士之地，適爲此輩自便之塗。程課難行，士風益薄，此不可者又一也。竊計歷年以來吏部已經考授職銜，需次州縣掾佐者，不下數千人，選途積壅，補授無期。日漸加增必盈萬計，其於大體不能無妨。而諸生自一授銜，輒服其品服，輿從翩然，招摇閭里，甚至準貢或竪立旗杆，妄同舉人、進士表宅之典。選途既濫，名器實傷，此不可者又一也。即其中亦不無文采可觀，自命不苟者，然不使之以文藝自見，而亦使之一出於援納，臣等竊爲惜之，所益於人才者少，而所妨於國體者大，誠不如速行停罷之爲愈也。誠停止事例，人知非學藝不可以進身，則雖紈絝膏粱亦轉而嚮學，既甄别流品，亦鼓勵人才，所關殆非鮮淺矣。

—1. 切問齋文鈔　卷一三　選舉二

酌議捐納官員疏

臣竊見皇上鼓舞吏治，加意澄清，特以軍餉浩繁，民力凋敝，姑準諸臣之議，酌開事例，權宜濟用。然名器既濫，吏道實傷。今幸聖化宏敷，蕩平立奏，誠董正百官，與民休息之日。臣伏察康熙十八年定例，凡捐納授官及捐納復職州縣，到任三年後，稱職者具題陞轉，不稱職者題參，照例議處。其官箴有玷者，不時題參。是凡捐納之人，無論稱職不稱職，皆當以三年爲限，分別具題也。乃今各督撫具題，稱職者尚不乏人，而以不稱職題參，概未之見，至有受任四五年而不糾不舉，莫能辨其賢不肖者，謂非督撫之容徇不可也。臣以爲督撫於三年之内察各官治行，知之當已久熟。宜立一定限，報滿之日便須分別去留，應降應革即行聞奏，不得遷延月日，姑留不論不議之人以誤民生而滋奸弊。至於佐貳、教職等官，止須咨部彙題，所亟宜酌議者也。又如户部條例，道府以下捐銀者，三年後免其具題，照常陞轉。夫國家大體所關，惟賢不肖之辨而已。今吏途甚雜，所以令三年具題，蓋欲使賢者勸而不肖者懼，若聽許捐銀，是金多者可與稱職者同科矣。臣以爲稱職非可捐納而得，且此曹以現任之官營輸入之計，勢必剥民脂而長貪冒，所亟宜停止者也。歲貢一項，所謂正途，自捐納事例漸推漸廣，而生員俊秀並得輸納。嗣又開捐納生員之例，雖復目未識丁，而今日納生員，他日即納歲貢。名則清流，實多銅臭，公然冒濫，自詡正途。臣以爲正途非可捐納而得。其由捐納歲貢得官者，仍須保舉方與正途一體陞轉，所當亟宜更正者也。至於諸凡捐納事例，總屬一時暫行。皇上釐叙官方至意，固久欲停罷。臣願於滇南收復之日，即賜旨，概輟不行，不拘前者十二月停止之成命，則聖政一新，人心莫不大快矣。

—2. 皇朝經世文編　卷一七　吏政三　銓選

請入覲藩臬面奏條陳疏

竊惟三年大計，藩臬兩司並令赴京朝覲，蓋以一方之政治於藩臬兩司是寄，爲群有司之綱領，是以三載考績之期，毋論道里遠近，俱令趨事闕下，固將以閭閻之利病陳之黼座，而皇上因以鑒察其才能，爲黜陟進退之地。既明試以功矣，又必敷奏以言，此即古者述職之典也。舊例，藩臬入覲，俱許條奏地方事宜，但僅得由通政司投遞，引見一次，辭朝即行，於述職之實猶爲未盡。兹逢宇内底平之會，鉅典復行，臣請皇上特諭各省藩臬，朝見之後即將所屬地方應行事宜，各具本章，面行條奏，仰候皇上親加諮訪，聽其敷陳，其才具之優劣、議論之得失，自難逃於奏對之下。皇上知人善任，睿照至明，從此黜陟進退，在宸衷自有洞鑒，而各省藩臬跋涉赴京，亦得面陳事理，展竭悃誠於天顔咫尺之間，較之封投銀臺，尤加親切。臣又伏見皇上慎重用人，凡廷推巡撫，遇有藩司，多蒙馳召，與其臨時赴闕，何若即試之於入覲之時？况今年大計，藩、臬舉卓異者極多，皇上鑒其才能之高下，兼可以知督撫所舉之當否，於察吏用人之典，似皆不爲無補也。伏祈采擇施行。

—2. 皇朝經世文編　卷二〇　吏政六　大吏

王士禎（1634—1711）

字子真，號阮亭、漁洋山人，山東新城（今屬淄博）人。順治十五年（1658）進士，官至刑部尚書。謚文簡。有《帶經堂集》《漁洋詩話》。

請酌定先師祀典疏

竊惟聖莫盛於仲尼，禮莫大於祀典，故凡受命之君莫不奉以爲師，重其秩祀。我皇上親政以來，丕崇文教，臨雍釋奠，誠以道隆則從而隆之，不拘乎其他也。

臣考之前代，自漢高帝始以太牢祀孔子，至唐宋元而隆以王號，明成化、弘治間尊以八佾十二籩豆。雖歷代因革損益不同，要以至聖之道，歷久而彌尊，故崇祀之典有隆而無替。其改大祀而爲中祀，則嘉靖九年張孚敬之議也。伏思孔子德侔天地，道冠古今，堯、舜、禹、湯、文、武，得孔子而道統不絕於見聞，君君、臣臣、父父、子子，得孔子而倫彝不泯於宇宙。自生民以來，未有若斯之盛者也。孚敬之意，不過以孔子生未得位，不當舞八佾。不知以位言之，則孔子非但不得舞八佾，並不得舞六佾。乃歷代之君相與尊崇之，有加無已者，以道德不以位也。且禮祭從主者，以天子而祀其師，自當用天子禮樂。

我皇上文德武功，超邁隆古，褒崇正學，誅斥異端，作君作師，直接堯舜以來之道統，則議禮制、度考文，以上軼百王，下垂億禩，此其時矣。伏祈勑下禮臣及廷臣集議先師祀典，籩豆樂舞，酌采成化弘治年間儀制，俾一百五十餘年闕略之禮，煌然復昭於聖世，尊師重道之盛典，將垂範於無窮矣。

—2. 皇朝經世文編　卷五五　禮政二　大典上

劉山蔚（1635—1690）

名榛，山蔚爲其字，號董園，河南歸德（今商丘）人。諸生。有《虚直堂文集》。

答昏禮問一

客問："娶妻不娶同姓，何謂也？"曰："先儒云，爲其近於禽獸也。禽獸不知嫌微之别，人烏可無别也。"客曰："異姓其皆無嫌乎？"曰："外姻爲婚，有以奸論者矣。"客曰："雖然，中表之行，近世士大夫皆用之，或猶可許也。"曰："在律，婚姑舅、兩姨姊妹者杖八十，離異。安在其可哉？先王制禮，遠嫌而養恥，又立之科條以防不然。蓋所扶進斯民於人道者，至嚴而不可犯矣。夫所謂同姓者，猶無親之稱耳。若吾父姊妹之子，不猶夫兄弟之子乎？吾母兄弟姊妹之子，不猶之吾父兄弟姊妹之子乎？人知同姓兄弟之子不可昏，而不知異姓兄弟姊妹之子不可昏，其何異置烏喙而啖側子耶？"客曰："彼世昏者皆非歟？"曰："疏而無服者可也。姑舅、兩姨兄弟姊妹相爲服緦麻，乃亂之以昏姻而期且斬焉，如禮何？"客曰："吾黨有女養於他人，謂可解中表之迹而昏之然歟？"曰："買妾不知其姓則卜之，不知者猶卜，知而假人以免，夫誰欺？"客曰："舉世行之，未聞有用離異之律者，或居今而亦可從俗也。"曰："俗之可從，事之無害於義耳。斁倫敗禮，相率而畔於人群可乎？盗徼倖而未發，曰未見有律盗者，盗顧可爲乎哉！"

——1. 切問齋文鈔 卷四 風俗一

答昏禮問二

客曰："盟昏於襁褓可乎？"曰："無悔焉，可也。"曰："何悔？"曰："山川之或阻也，官骸之或傷也，或家落而見羞，或行非而相浼也，皆悔也。古人六禮之行，率無遠期，故《詩》曰'雝雝鳴雁，旭日始旦。士如歸妻，迨冰未泮。'冰未泮而納采，桃始華而御輪，故不至有他端之變，詒悔恨而生釁端也。"客曰："《禮》：女子二十而嫁，男子三十而娶，不已稽歟？"曰："昏，重禮也，上以事宗廟，而下以繼後世。嬉嬉童幼茫不知成人之道，烏足以刑妻宜家、爲人父而爲人母者？況血氣未定，亦非所以養壽命之源也。"客曰："有故則二十三歲而嫁，禮也。今有因喪而歸者，何歟？"曰："此禽獸之行，傷教亂化之甚者，百杖不足以蔽其罪矣。"客曰："昏者身已從吉，而主昏者或可少假乎？"曰："在律，居父母、舅姑及夫喪而與應嫁娶人主昏者，杖八十，薄於自昏無幾也。殺人者死，而主殺者寧末減哉？"客曰："男女及期而家幸無故，顧又不輒得吉卜而行也，將奈何？"曰："陰陽禁忌之説，鄙倍而不足信也。古之昏者皆仲春，蓋萬物於此而生，故人倫於此而始。古之人法天，未聞有不祥。今之人信術，未見果無凶咎也。智者可以知所從事矣。"曰："古六禮不病於繁乎？"曰："禮所以敬夫婦之始而勿容苟也，故《召南》之女雖致於獄，而謂室家之禮不備，終不之從焉。然《朱子家禮》已去問名、納吉、請期以從俗矣。夫古人問名而卜，卜吉則納吉，否則他采、他問焉。今一言之定便不可易，故此二禮爲可省。請期一節，好禮者猶有行之，減六而四而三，不得更從簡陋也。”曰：“貧者苦於不能具，奈何？”曰：“豐儉從有無之便。誠貧也，一禽一果何譏焉？今俗有空函往復，並納采而亦廢者，斯亦不敬其始也哉？”

—1. 切問齋文鈔　卷四　風俗一

答昏禮問三

客曰：“古者冕而親迎，今或不往，何也？”曰：“二氣感應以相與，以艮之少男，下於兑之少女，得感應之正，故取女吉。不然則奔而已矣。物不可以苟合，妻妾之别以此也。”客曰：“昏昏以爲期，俗或行於朝，義無害歟？”曰：“陽之來也而往焉，陰之往也而來焉，是逆天也。父，一家之天也，不敢爲父之逆子。天，天下之父也，而敢爲天之逆子哉？夫使用昕，所以致虔也；婿用昏，所以順時也。婿冒使者以行事，悖矣。而於人情又豈爲便乎？”客曰：“古六禮皆用鴈，今則獨於親迎焉，未爲闕歟？”曰：“先王之制皆有精義，而後世則苟簡焉。苟，不盡没其禮，意亦可矣，尺寸争之難勝也。”客曰：“婿奠鴈拜，主人不答拜，朱子曰‘彼爲奠鴈而拜，自不應答拜’。何解也？”曰：“非拜主人也，肅禮也。納采使者至，主人迎於門外，再拜，賓不答拜，曰‘不敢當盛禮也’。盛禮已不答，况非拜主人者乎。”客曰：“婦至宜何禮？”曰：“交拜而合巹，外此皆陋俗也。”客曰：“婦甫來而婿即詣婦家以拜，毋乃亟乎？”曰：“少陵《新婚别》云‘此身未分明，何以拜姑嫜’，婦不及見舅姑之期，尚未可以拜舅姑。夫未得於婦，而何有於婦之父母乎？不率新婦見父母，而汲汲於婦家，則是遺親而已矣。”

—1. 切問齋文鈔　卷四　風俗一

答喪禮問一

問：“既遷尸而號於廟，何禮也？”曰：“此禱復而失其禮意者也。禮既禱於五祀，士則於門於行耳。復者升屋，北面招以衣曰：‘皋某復三求之天地四方也。’魂氣無不之也，而於廟焉惑矣。始死，奠脯醢於尸東，陽位也，未忍死之也。傾漿於廟門，不但死其親矣。主人未成服，吊者入門，子弟出見之，曰：‘以未成服，不敢出見，使某拜。’禮也。而被髮跣足行於塗，何歟？”曰：“陰陽家言有所謂‘殃’者，信乎？”曰：“親而忍加以‘殃’名，不孝之罪通於天矣。夫‘殃’何物也？由俗所云，猶之乎其魂也。魂與氣非二也，氣散而魂獨留，魂去而殃猶在乎。殃之爲義，禍也，罰也。死者又何惡於其家而降之禍罰耶？果其親之靈至此而始去，則求其一見乎其位，聞乎其容聲而不可得，乃避而遠之，何心哉。凡此至陋而害理，而世卒無有非而黜之者，不可解矣。”曰：“父母兩不存，稱孤哀子，若爲繼母之子，其無嫌歟？”曰：“嫡重矣。嫌繼母則何以處嫡母哉？且《儀禮》於筮宅、卜日之類皆稱曰哀子某，哀固不專於母也，况可嫌於繼母之故而不哀乎。”曰：“繼母之子於嫡稱前母，禮歟？”曰：“非禮也。八母無前母之名，繼以言乎繼嫡也，不以爲嫡，何繼焉？前與繼亦猶然乎其嫡也。”

俞文豹《吹劍録》避煞之説不知起於何時。案唐太常博士李才《百已歷》載喪煞損害法，如已曰死者，雄煞四十七日，回殺十三、十四歲女，雌煞出南方第三家，殺白色男子，或姓鄭、潘、孫、陳，至二十日及二十九日兩次回喪家。故俗世相戒，至忌期必避之。然旅邸死者，即日出殯，煞回何處？京城乃傾家出避，東山曰：“安有執親之喪，欲全身遠害，而扃靈柩於空屋之下？又豈有爲人父而害其子者？”乃獨卧苫塊中，煞夕帖然無事。而俗師又以人死日推算，如子日死，則損子、午、卯、酉生人犯之者，入斂時雖孝子亦避，甚至婦女皆不敢向前，一切付之老嫗、家僕，非但枕藉撣扱不仔細，而金銀珠寶之類皆爲所竊。《記》曰：凡附於身者，必誠必信，勿之有悔焉爾矣。蓋亡人所隨身者惟柩中物耳，可不身臨之。此惟老成經歷，平時以此戒其子弟，庶幾臨時不爲俗師所惑。

—1. 切問齋文鈔　卷五　風俗二

答喪禮問二

問：“主之制？”曰：“伊川先生言之悉矣。高下厚薄皆有取象，不可意爲也。”曰：“世用有爵者，點朱而覆以墨，禮歟？”曰：“非禮也。親故之能書者題之足矣。必乞於有爵亦所以崇其事也。而朱焉，則無謂矣。且服官者，簿書、教令皆用朱以下行，上焉者弗敢也。人子於父母而使人肆然下臨之，又豈所以尊之乎？”曰：“父在，母之主宜何書？”曰：“從夫而稱，子不得以‘妣’名之也。”曰：“子之主則從父而稱乎？”曰：“然。”曰：“有孫者書‘考’不可乎？”曰：“嫌於無祖也。”曰：“無孫之子有泛稱‘公’者非歟？”曰：“誰公之？是於其家了無繫屬也。”曰：“立主以祀之，似不宜施於卑。”曰：“非然也。本尊則尊奉之，本卑則卑畜之。魂之所依，猶之其人在耳。蓋家必有主而統屬於尊也。”曰：“禮無明文，於何而徵之？”曰：“或問乎朱子曰：‘夫在，妻之主宜書何人奉祀？’朱子曰：‘奉祀施於所尊，以下則不必書也。’由此觀之，則夫在稱亡室，父在稱亡男，古之人無不然者。而在或人之所疑，蓋以旁書其子之名奉祀，或亦無害，不知尊者在，卑者不得干也。禮爲人子者，居不主奥，坐不中席，行不中道，立不中門，皆所以避尊者也。而於主乃敢自名而無所避哉？”曰：“父没，然後滌而改書歟？”曰：“然。”

—1. 切問齋文鈔　卷五　風俗二

答喪禮問三

問：“先生作《喪服説》，言置餘日而不用，而緦、功亦然，於何知之？”曰：“考《禮》文而知之。夫禮以倍而加隆，期則天地四時已變易，服亦可從而變易矣。其恩厚者弗忍已，而倍之則再期，故曰再期之喪三年也。”“再期之喪何以謂三年也?”曰:“二十五月而名二年得乎?”曰:“再期何以名二十五月也?”曰:“三見其死之日，則不可數於二十四月也。”曰:“胡不實以三年也?”曰:“加隆之義止矣。夫一年天時之大變也，倍之則斬衰。一月天時之小變也，倍之則緦麻。斬衰再期而稱三年，可知緦麻再月而爲一時之喪也。小功再月之倍者也，故五月焉。二時之喪而五月，則緦麻之爲再月，義愈明也。大功九月，猶之謂緦麻三月云爾。由小功四月之又一日而倍之，則八月之又一日爲三時之喪，義愈明也。倍於中殤七月則期，期再見其死之日，故曰期之喪二年也。此所謂人道之至文，引伸而會之，歷歷可見，非臆度也。”又曰:“古中月而禫，今二月矣，義何居?”曰:“所謂中月者，除前祥之日爲二十五月之數，除後免服之日爲二十七月之數，中間則名二十六月，實二十五月之餘日耳。今必滿三月而又一日始即吉，則二十八月矣，非古也。雖然，不汲汲飲酒、食肉而復寢，亦厚矣哉。”

—1. 切問齋文鈔 卷五 風俗二

答喪禮問四

問:“《王制》:大夫、士、庶人三月而葬。《左氏》曰:大夫三月，士踰月。宜何從?”曰:“《檀弓》引子思之言，三月而葬。凡附於棺者，必誠必信，勿之有悔焉爾矣。不言大夫也，蓋三月亦通禮矣。”曰:“今之人以速葬爲慹於親，何也?”曰:“非也。《喪服小記》曰:‘報葬者報虞。’報，急疾也。不待三月而葬，先王且許之，又何慹之與有?”

曰:“貧者不備物，奈何?”曰:“子游問喪具，子曰:‘稱家之有亡。’曰:‘有亡惡乎齊?’曰:‘有，毋過禮。苟亡矣，斂手足形，還葬，縣棺而封，人豈有非之者哉?’蓋豐嗇有分，固無咎於不備也。成公三年二月乙亥葬宋文公，胡氏曰:國家安靖，外無危難，曷有越禮踰時?逮乎七月而後克襄葬事哉。《左氏》曰:文公卒，始厚葬，益車馬，重器備。君子謂華元、樂舉，於是乎不臣。夫苟過乎時，厚葬其君父，秪重其罪而已矣。《爾雅》曰:‘鬼之爲言歸也。’不歸於土，猶之旅人不歸於家，其不予親以安可知也。是故在律惑於風水及託故停柩在家，經年暴露不葬者，杖八十。出禮入律，人子可不惕然懼乎?”

曰:“禮無二斬，既畢服，而又服其服以葬，得無嫌於二斬歟?”曰:“《喪服小記》曰:‘久而不葬者，主喪者不除服。’故晏子有云‘生者不得安，命之曰蓄憂;死者不得葬，命之曰蓄哀’。蓄哀云者，有故而不得葬，其情常如居喪時也。今則泰然從吉，曠歲年而若無事焉，是則棄親而已矣。故《釋名》曰‘葬不如禮曰埋’，‘不得埋曰棄’。”又曰:“喪葬用佛事，亦可從俗歟?”曰:“烏乎可?律文:居喪之家修齋設醮，家長杖八十。蓋亦與不葬其親者同罪也。”

—1. 切問齋文鈔 卷五 風俗二

熊賜履（1635—1709）

字敬修，號素九，湖北孝感人。順治十五年（1658）進士，官至東閣大學士兼吏部尚書。謚文端。有《尚書古文疏證》《經義齋集》等。

請止北巡疏

臣聞古之人主，出入必謹，起居必慎，懲無名之動，誡非事之游。故設衛而後出幄，張幄而後登輿，遮迾而後轉轂，静室而後息駕。誠恐以一時輕忽之行，致貽意外莫測之悔，不得不如是之慎且重焉。若夫盤游田獵，尤從古聖帝明王之所深誡，載在史册，班班可考也。伏睹前月駐蹕南苑，旬餘始回。兹道路傳云，車駕將幸關外。恭惟皇上一身，上則宗廟社稷所倚賴，下則中外臣民所瞻仰，前有祖宗創垂之艱，後有子孫久遠之計，一舉一動當何如其慎重，而乃忽有邊疆千里之役，此不待智者而知其萬萬不可也。諺曰：家纍千金，坐不垂堂。况萬乘之主乎？昔周穆致祈招之箴，漢武來逆旅之辱，即前代英、武二宗具有明鑒。前事之不忘，後事之師也。况乎冒霜霧，蒙塵埃，跨塹陵險，射猛逐逸。萬一鳥飛兔起，猝犯清塵，不無可慮。舍九重萬乘之安，而出萬有一危之途以爲娱，此則臣之所大懼也。且目今水旱頻仍，流亡遍野，而乘輿一出，扈從千官，騎乘糗芻供億匪易，是亦不可不爲之念也。伏乞皇上俯采芻言，即收回成命，以馳騁郊原之功裁决幾務，以控縱苑囿之日講究道理。明堂清廟之中，廣厦細旃之上，丞弼賡颺於前，師儒拜稽於後，優游泮涣，喜起一堂，以視櫛風沐雨，驟馳銜槩，疲精勞力於寒烟沙漠之間，其愉快果奚勝也！如不得已而，從事講武，則請如古蒐苗獮狩之禮，按期舉行，非時不出。仍祈倣《起居注》例，遴方正儒臣二員，朝夕簪筆左右，皇上一言一動，皆書之簡册，宣付史館，以垂永久。則出入起居，罔有弗欽；發號施令，罔有不臧。其以成就君德，裨益萬幾，休息民力，所關非淺鮮也。臣一念樸誠，愛君有素，昧死敷奏，干瀆宸嚴，無任戰兢隕越之至。

—2. 皇朝經世文編　卷九　治體三　政本上

趙俞（1635—1713）

字文鐃，號蒙泉，江蘇嘉定（今屬上海）人。康熙二十七年（1688）進士，官定陶縣知縣。有《紺寒亭文集》。

竊盜照律發落不盡處死説

邑人有進言者曰："竊盜爲民患，往日獲之，多用連鬚節大板，每十板加二板責過，用牛倒拖以畢其命，又或用鐵錘挫其脛，今皆不爾，得毋寬縱乎？"余曰："非敢然也。律文併贓論罪甚明，初犯刺杖，三犯擬絞，原無立殺之條。今獲竊盜得實者，夾訊，責刺枷號，分别發落，比照律文不爲輕矣。且大盜殺人立斬，奉文處决，亦須半年，果如往例，比大盜之死更慘而速，小盜視大盜反加等論乎！三人共盜一爪，事發皆死，前史有之，此乃衰晚之世。今聖明好生，大盜尚有减等發黑龍江者，有司敢以非罪非法盡殺之乎？古帝與其殺不辜，寧失不經，於死中求其生，可於生中求其死乎！仲山甫之德，柔嘉維則。柔失其則爲弱，余以柔道治民，於盜未嘗縱舍一人。况嚴保甲，除窩囤，務絶根株，柔未失其則也。若博赫赫之名，徇俗下之請，是殺人以媚人，遠道以干譽，仁人不爲。余知循天理奉國法而已，知我罪我，聽之可也。"

——1. 切問齋文鈔 卷二三 刑法

閻若璩（1636—1704）

字百詩，號潛邱，山西太原人。秀才，科舉屢遭敗績。博通經史，長於考據。有《尚書古文疏證》《潛邱札記》。

論北嶽中嶽

或問："北嶽祀典畢竟該在山西渾源州，抑仍曲陽耶?"余曰："曲陽是也。"萬曆十六年，大同巡撫胡來貢疏請改北嶽。沈文端鯉爲宗伯，覆疏詳駁。此駁出，足以塞異議者之口矣。第惜其引史僅及漢宣帝，未上及武帝元鼎三年常山王徙，然後北嶽在天子郡内，天漢三年，泰山修封，還，過祠常山，瘞玄玉二事。引經亦僅及《周官》、《禹貢》。

余爲詳補曰：《舜典》："十有一月朔，巡狩至於北嶽。"《傳》曰："北嶽，恒山。"《禹貢》："太行、恒山在上曲陽西北。"《爾雅》："兼殷制。"《釋山》曰："河北，恒。"《周禮·職方氏》："正北曰并州，山鎮曰恒。"注曰："恒山在上曲陽。"是虞夏、殷周異代同揆，則舜當日蚤覲北諸侯於今曲陽大茂山之下，非《山經》所稱今渾源之北嶽。《水經》所稱之玄嶽，歷歷可知，豈容議?議之者，以定鼎於燕，曲陽在南，渾源少北，改而祀之，於方位宜。余謂則有孔穎達《毛詩·崧高》之疏在，曰若必據己所都以定方位，則五嶽之名無代不改。何則?軒居上谷，處恒山之西；舜居蒲坂，在華陰之北，豈當據己所在改嶽祀乎?余嘗愛王導云，古之帝王不必以豐儉移都，此名相之言也；孔穎達云天子不據己所都以定方嶽，此名儒之言也。金世宗大定間，或言今既都燕，當別議五嶽名，不得仍前代。太常卿范拱輒援《崧高》疏數語以對，後不復改。明以來之人，獨未讀《金史》乎?因思"崧高維嶽"，非當時以太室山爲嶽，乃詩人借嶽來贊美之，曰："有崧然而高者，維是四嶽之山。其山高大，上至於天，維是至天之大嶽。降其神靈和氣，以生甫國之侯及申國之伯。"《爾雅》撰於《三百篇》後，緣此遂實指崧高爲中嶽。太史公又出於《爾雅》後，并補注《堯典》曰："中嶽，嵩高也。"是殆忘卻《禹貢》之太嶽矣。將堯有二中嶽耶?漢武登禮太室，易曰崈高，中嶽名益顯。皆爲《爾雅》所誤者。

或曰："然則周竟無中嶽乎?"余曰：周仍以唐虞時霍山爲中嶽矣。觀《職方》"河内曰冀州，山鎮曰霍山"可知。蓋自有宇宙，便有此山。黄帝正名百物，蚤已定五嶽之稱。禹主名山川，又從而奠之，下訖周秦，悉不敢移。豈有如武帝以衡山遠移南嶽之祀於灊霍山者乎?或曰："如子言，周不曾以岍爲西嶽，岍何得有嶽名?"余曰：《職方》"河西曰雍州，山鎮曰嶽山"，蚤已得嶽之名，豈待周移嶽於此而後云爾乎?漢既移南嶽，唐肅宗在鳳翔，亦曾改汧陽吴山爲西嶽，以祈靈助，要皆後王事。余最愛康成注《大司樂》，四鎮五嶽取諸《職方》九州之山而遍足，少嫌其以嶽爲西嶽，不以霍山爲中，又嫌其《宗伯》注仍襲《爾雅》，雜以嵩高，自忘卻《大司樂》注，殆由未善於讀《崧高》之詩也哉。

—2. 皇朝經世文編　卷五五　禮政二　大典上

韓　菼（1637—1704）

字元少，號慕廬、歸愚，江蘇長洲（今屬蘇州）人。康熙十二年（1673）進士，官至禮部尚書。謚文懿。有《有懷堂文稿》。

交際論

先王以人情爲田，而修禮以耕之。禮貴施報，尚往來，緣人情之同然而爲之制，使無過不及，於是懽然交暢而各愜其情。《詩》曰："（之）［知］子之來之，雜佩以贈之。"又曰："匪報也，永以爲好也。"夫子曰："吾於《木瓜》見苞苴之禮行焉。"《記》有"弓劍苞苴，簞笥問人"者。苞苴後世以爲厲禁，而以禮許之，果苞苴也，無害也。古人臣無境外交，而僑札乃相贈以縞紵。韓宣子於鄭七穆各獻馬而賦《我將》，見於傳記者不勝書也。此皆所謂交際也。而至於辭受、取與之大閑則辨之精矣，一介不與，千駟不受，惟義之從，安有貨取之君子哉。後乃禁其小者而忽其大者。余嘗考《儀禮》，凡後之所禁，皆禮之所不禁。冠禮，主人酬賓，束帛儷皮。士相見禮，摯用雉，下大夫鴈，上大夫羔，則同僚有贄矣。士見於大夫有摯，若嘗爲臣者有摯，則屬吏有摯矣。聘禮，宰書幣，夕陳幣，厥明釋幣，則封疆往來有幣矣。若過邦假道束帛，則鄰近州縣有幣矣。賓有私覿，又有私獻，則使臣有私矣。覲禮，天子郊勞，侯氏用束帛、乘馬儐使者，則以覲來者，於天子之臣有幣矣。此皆後世之噤不敢言者，而先王明著之於經，誠以人情之往來不可廢，固與辭受、取與之大者不可同日語也。自禮教不明，乃峻爲之防。毛舉此古禮以當貪名，而暮夜之金無慮大萬，不啻禦人於國門之外者，而争相賂遺不止。甚且以金珠爲脯醢，契券爲詩文，踪迹詭密，而即有欲言者亦莫得其實。於是財專有所歸，而親戚朋友之誼闕，伐木角弓之禮盡亡，而北門之大夫作矣。故交際之禮廢，不足以禁貪人，而適足以窮君子也。

——1. 切問齋文鈔　卷一四　選舉三

邵長蘅（1637—1704）

一名衡，字子湘，號青門山人，江蘇武進（今屬常州）人。諸生，後因事除名。曾入江蘇巡撫宋犖幕，以布衣終。有《青門簏稿》。

毗陵水利議

談吴中水利者，言人人殊。大較宋人亟議復五堰，復十四斗門，治吴江岸，明人亟議濬吴淞，濬劉河，導白茆港，類皆祖郟氏、單諤諸書，然無係於毗陵利害，故略弗論也。

夫水利之大曰轉漕、曰溉田。毗陵北枕江東，南憑太湖，有二浸之利而無其害。顧歲旱而旱，歲潦而潦，而漕渠之議濬、議灌頻歲見告，得無當事者慮有未究，而經畫之未詳耶。愚間按圖記，江自丹陽繞郡境一百八十餘里，西北支流道江者以十數，孟瀆最大，稍東則小河港，稍東則剩銀港。剩銀以東，烈塘最大。益東迤邐而北，澡子港最大。桃花以東，入暨陽界，則申港、利港最大。此渠皆可行舟。宋元迄明，舊置閘其上，引潮通漕，有餘則用溉，民往往益股引之，溉田數萬計，利至渥也。自明嘉靖初，築城禦倭，而孟瀆稍淤。萬曆以後，水政久弛，濁泥乘潮日積，而烈塘、澡子諸港次第淤入。我國家懲己亥海孽之訌，瀕江列戍卒，起亭燧，支流通江者，稍稍椹木石塞之，自是潮絶不來矣。潮不來則轉漕艱阻，小遇淺澀，輒議疏濬，人徒畚鍤之勞，水衡之金錢，費亡慮千萬計，而西北諸鄉，時苦旱灾。

誠疏通孟瀆、烈塘諸港，修復舊牐，其利有三。父老言潮來時，試以蕭葦留之，葦高一寸，潮留數寸，使濱江諸牐，潮至而啓，潮平悉閉。引水注之漕渠，巨艦通流，不復慮涸，一利也。孟瀆爲江浙軍餉捷徑，載在漕誌，秋冬軍船空回，脱遇京口阻滯，徑由大江抵常州，空回既速，則赴兑亦速，二利也。旁岸民田，益得支引灌溉，高磽舄鹵之鄉，變爲沃野，三利也。難者將曰：國家廢牐障流，所以阻舟艦，備非常。又其上皆築馬道，功費久遠，使盡復舊牐，馬道必廢。愚竊謂不然。孟瀆原宿有鎮兵，今距江置牐，設天關燕尾，令可通行巨艑，其他支河斗門，僅通小舟，下置栅欄，列戍之卒，謹司其啓閉。又於斗門上平布巨木，度可容數騎並驅，亡患二難矣。去二難，就三利，轉漕、溉田兼資，最上策也。

次議復餌牐，吕城、奔牛，舊制三牐，宋陸游謂自創爲餌河時，兹牐已具矣。顧毗陵以東，又有五瀉上下牐。考《宋史·河渠志》，乾道二年，以兩浙轉運司及常州守臣言，填築五瀉上下二牐，修牐裏堤岸，防泄運水，令無錫知縣掌鑰匣，遇水深六尺方開，當日慎重如是。蓋毗陵地勢，西仰東傾，吕城、奔牛牐，僅可蓄奔牛以西之水，濟丹陽運，惟五瀉牐乃可蓄無錫以西之水，濟毗陵運。今其迹雖久廢，宜於丁堰、戚墅間，特置一牐，以時啓閉，常蓄水五六尺以上，則運河免灌注、挑濬之勞。此專主漕者也。

次議疏百瀆。按舊志，百瀆在毗陵二十有六，在荆溪七十有四，所以洩西南衆流，入震澤而歸於海者，然稍湮塞矣。宜鳩工於食利之民，開茭蘆，濬淤澱，令百瀆故道十疏其六七。澇則泄水入湖，旱則引水灌溉，而濱湖之地無凶年。單鍔所云：百瀆之驗歲，水旱皆不可不開也。

次議築圍田，次議濬溝渠。陂塘下地，懼水齧之，圍田所以防也。高地利水瀦之，溝渠、陂塘所以蓄也。故農諺曰：種田先岸，種地先溝。高鄉不登，以無溝故；低鄉不登，以無岸故。郡太常唐鶴徵有言：高田多爲陂塘，厚儲深蓄，勿使洩而溢之外。低田多爲圩堰，渠穿股引，無使潰而入於内。陂塘闊深，圩堰堅完，高下兩利，歲可常稔。三策皆專主溉者也。

夫蘇松地卑下，巨浸所匯，有利亦有害，故興利難；毗陵平壤，蓄泄易施，利多而害少，故興利易。昔西門豹治鄴，漳水在旁，豹不知用，史起譏其不知。今擅必興之利，操可濟之策，據易集之形，而懲羹吹虀，因循廢墜，重爲史起所譏。詎不惜哉。愚更有説焉。一邑猶一身然，四鄉其四肢也，邑治其腹心也，川渠流通，則其榮衛血脉也。吾邑前後市河、惠明、玉帶諸河，所在填淤，舟楫梗澀。譬有人焉，四肢無恙，而心腹瘕結，其人必病。吾久憂夫晋邑之告病也。

—2. 皇朝經世文編　卷一一一　工政一七　江蘇水利上

張　英（1637—1708）

字敦復，號樂圃，安徽桐城（今屬安慶）人。康熙六年（1667）進士，官至文華殿大學士兼禮部尚書。謚文端。有《篤素堂詩文集》。

讀李文饒近倖論

文饒論近倖之害，舉桓、靈、元、成爲至鑒，以爲人君少欲、英明者則能反是。如漢文雖有鄧通、趙談，所信者賈誼、張釋之、袁盎，此所謂少欲也；武帝雖有韓嫣、李延年，所貴者公孫弘、卜式、倪寬，此所謂英明也。故君聽不惑，政無頗纇。近則開元初，内有姜皎、崔滌以極宫中之樂；外有姚、盧、蘇、宋以修天下之政。得元、成之欲，享舜、禹之名，六合晏然，千古莫及。其故何也？不得干政事也。後代能如漢之文、武及開元致理之要，雖有倖臣，亦何害於理哉？

文饒之意，以謂人君誠能少欲、英明，則雖有近倖，苟得骨鯁賢相輔理於外，而亦可以無傷於治理。予竊以爲不然。人君苟不能絶去聲色狗馬、游宴沈湎之樂，則此輩連茹並進，託處於肺腑隱深之地，必不能安分循理，勢且招權納賄，藉僭威福以行其私。此等之事，又斷不能爲骨鯁之大臣所容。使此輩小人明愬於人君之前，短長大臣，非毁朝政，則人君雖至暗，必不以近倖小臣微豎之言，遽加罪於大臣，則此輩之術亦淺矣。惟投間抵隙，窺貌伺顔，或爲無意之游談，或爲儕偶之傳説，或因一事之短而類及其餘，或因一時之疏而搆成其釁。人君方以爲自己明察所及，中外無遁情，而不知已入小人之彀中而不覺矣。

文饒論文帝之鄧通、趙談，武帝之韓嫣、李延年，開元之姜皎、崔滌，無害於治理，不能有加於當時之賢士大夫。余以爲此特舉其小人之愿者耳。如申屠嘉廷辱鄧通而文帝不之問，萬一此數輩者皆奸佞狡詐之尤，申屠嘉雖賢，能終辱之乎？江充初見，被服輕靡，及乎搆禍既深，卒成巫蠱之禍。天寶末年，社稷傾危，卒壞於近倖之手。恭顯處内，蕭望之以賢傅而不免於見殺。人君之明果能如漢文、漢武，未可必也。近倖小人之稍愿，果能如鄧通、韓嫣輩，未可必也。以稍闇之主而近尤佞之徒，幾何其不顛倒邪正，變易是非，竊權干紀，盡驅天下正人，緣引奸邪不止也，而謂雖有倖臣亦何害於理，果通論哉？

文饒又謂得元、成之欲，享舜、禹之名，六合晏然，千古莫及。是謂游宴非僻，無傷於理。予竊以爲不然。人君之一心，天下之權衡，四海九州之明鑑也。衡一差則重失矣，鑑一翳則妍媸亂矣。清明在躬，志氣如神，以臨御之，猶懼有所偏，有所弊。《書》曰："内作色荒，外作禽荒，甘酒嗜音，峻宇雕牆，有一於此，未或不亡。"非謂此數者一事遂足以亡其國，謂此端一開，則緣此而進者不可禁禦，不可測度，不可諫救，以至於敗亡，必然也。蓋游宴非僻者，小人之門也。小人者，君子之敵也。小人進，君子退；小人親，君子疏；小人衆，君子寡，亂亡之本也。乃謂得元、成之欲，享舜、禹之名，是古帝王之兢兢業業，毋冒貢於非幾者，皆不知樂其身，而過爲檢束以自苦也，豈通論哉？蘇子之論始皇，彼自謂聰明人傑，視斯、高輩刀鋸之餘，智何足以惑我亂我，而不知其禍若斯之烈也？人君而知此，則視此輩如鴆酒、毒脯，不敢近之矣。

—2. 皇朝經世文編　卷一三　治體七　用人

恒産瑣言

三代而上，田以井授，民二十受田，六十歸田。尺寸之地，皆國家所有，民間不得而私之。至秦以後，廢井田、開阡陌，百姓始得私相買賣。然則三代以上，雖至貴鉅富，求數百畝之田貽子及孫，不可得也。後世既得而買之矣，以乾坤之大塊，國家之版圖，聽人畫界分疆，立書契、評價直而鬻之，縣官雖有易姓改氏，而田主自若。董江都諸人，亦憤貧者無立錐之地，而富者田連阡陌，欲行限民名田之法，立爲節制，而不果行。乃祖乃父，以一朝之力奄有之，使後人食土之毛，善守而不輕棄，則子孫百世苟不至經變亂，亦斷不至於流離。夫孟子以王佐之才，其言王政，一言以蔽之，曰“有恒産者有恒心”而已，曰“五畝之宅、百畝之田”而已，曰“富歲子弟多賴”而已。一部《孟子》，實落處不過此數條，而終之曰：“諸侯之寶三，土地一也。”予謂土地之可寶者又有三，請一一言之：

天下之物，有新則必有故。屋久而頹，衣久而敝，臧獲牛馬，服役久而老且死。當其始重價以購，越十年而其物非故矣，再越十年而化爲烏有矣。獨有田之爲物，雖百年千年而常新。即或農力不勤，土敝産薄，一經糞溉則新矣。即或荒蕪草宅，一經墾闢則新矣。多興陂池，則枯者可以使之潤；勤薅荼蓼，則瘠者可以使之肥。亘古及今，無有朽蠹頹壞之例。始而養其祖父，繼而養其子孫，無德色，無倦容。此其可寶者一也。

天下貨財所積，則時時水火盜賊之憂，至珍異之物尤易招尤速禍。草野之人有十金之積則不能高枕而卧，獨田産不憂水火，不憂盜賊，不勞守護。即有兵戈、旱乾、水溢，離井去鄉，事定歸來，室廬畜聚一無可問，獨此一塊土，張姓者仍屬張，李姓者仍屬李，芟夷墾闢，仍爲殷實之家。舉天下之物，不足較其堅固者。且地德最實，薄植之而薄收，厚培之而厚報，或四季而三收，或一歲而再種。中田以種稻麥，旁畦餘隴以植麻、椒、木、棉之類。有尺寸之壤，則必有錙銖之入，不勞生計，不受忌疾，故與其取財於人，不若取財於天地。此其可寶者二也。

今人家子弟鮮衣怒馬，恒舞酣歌，一裘之費動至數十金，一席之費動至數金，不思吾鄉十餘年來穀賤，竭十餘石穀不足供一筵，竭百餘石穀不足供一衣，安知農家作苦，終年露體塗足，豈易得此百石哉。古人有言“惟土物愛，厥心臧”，故子弟不可不令其目擊田家之苦，開倉糶穀時，亦當令其持籌，使知來源之不易，則自知浪擲之可懼。此其可寶者三也。

今人乃視爲鄙事，不一留意，顯犯孟子之戒而不知，亦獨何哉？

嘗讀《雅》《頌》之詩，而嘆古人之於先疇如此其重也。《楚茨》《大田》之詩，皆公卿有田禄者。周有世卿，其祖若父之采地，傳諸後人，故曰曾孫。今觀其言，曰“我疆我理”，曰“我田既臧”，曰“我黍”、“我稷”、“我倉”、“我庾”。農夫愛其曾孫，則曰“曾孫不怒”，曾孫愛其農夫，則曰“農夫之慶”，以致攘饁者之食，而嘗其旨否，剥疆埸之瓜，而獻之皇祖。何其民風淳樸，上下相親如此！不止家給人足，無分外之謀，而且流風餘韻，有爲善之樂。此其所以享國承家，長遠無弊也。今世士夫之窮，皆由於無恒産，而鬻産之源則必在乎債負，債負之來，由於用度不經，故不經者債負之由也，債負者鬻産之由也，鬻産者飢寒之由也，欲除鬻産之根，則斷自經費始。居家簡要可久之道，則有陸梭山量入爲出之法在。其法合計一歲之所入，除完給公家而外，分爲三分，留一分爲歉年不收之用，其二分分爲十二分，一月用一分。若歲常豐收，則是古人耕三餘一之法。值一歲歉則以一歲所留補給，連歲歉則以積年所留補給，如此始無舉債之事。若一歲所入止給一歲之用，則一遇水旱必至逃亡，逃亡則田必荒蕪，荒蕪則穀入必少。此時賦税必暫免而旋急，數端相因而至，乃必然之理。有田之家，其爲苦累較常人更甚。此時輕棄賤鬻，以圖免追呼，實必至之勢也。然天下凶荒日少，豐稔日多，及至豐稔，而産業既鬻於人，向時富厚之子，今無立錐矣。此時當大有忍力，或鬻衣服，或鬻簪珥，或鬻臧獲，藉以完糧；打疊精神，召佃闢墾，乘間投隙，收取些須，以救旦夕；穀食不足，充以糟糠，凡百費用，盡從吝嗇，千辛萬苦，以保守先業。大約不過一二年，過此凶險，仍可耕耘收穫，不失爲殷厚之家。此亦余所目擊者。

吾既極言恒産之不可鬻矣。雖然守之有道，不可不講。若不善經理，付之僮僕之手，任其耗蠹，積日纍月，沃者變而爲瘠，潤者化而爲枯，稍瘠者化而爲石田。田瘠而畝不減，入少而賦不輕，平時僅可支持，一遇水旱催科則立槁矣。是田本爲養生之物，變而爲累身之物。然則如之何而後可哉？

欲思無鬻産，當思保産；欲保産，當使盡地理。盡地理之道有二：一在擇莊佃，一在興水利。

諺云："良田不如良佃。"此最確論。主人雖有氣力心計，佃惰且劣，則田日壞。譬如父母，雖愛嬰兒，卻付之悍婢之手，豈能知其疾苦乎？良佃之益有三：一耕種及時，二培壅有力，三蓄泄有方。古人言農最重時，早犁一月，有一月之益，故冬最良，春次之。早種一日，有一日之益，故晚禾必在秋前一日。至培壅，則古人所云百畝之糞，又云凶年糞其田而不足。《詩》云："荼蓼朽止，黍稷茂止。"用力如此，一畝可得兩畝之入。地不加廣，畝不加增，佃有餘而主人亦利矣。畜水用水，最有緩急先後，當捄則捄，當待則待，當棄則棄，惟有良農老農知之。劣農之病有三：一耕稼失時，二培壅無力，三畜泄無方。若遇豐稔之年，雨澤應時而降，惰農劣農亦鹵莽收穫，隱藏其害而不覺。一遇旱乾，則彼此優劣立見矣。且良佃所居，則屋宇整齊，場圃茂盛，樹木蔥鬱。此皆主人、僮僕力之所不能及，而良佃自爲之，劣佃則種種反是。此擇莊佃爲第一要務也。

禾在田中，以水爲命。諺云："肥田不敵瘦水。"古人開一畝之田，則必有一畝之水以濟之。後世人家，僮僕管理莊事，興塘幾石，修屋幾石，爲開銷之具而已，何嘗有寸土一鍤及於塘堰乎？夫塘宜深且堅固。余曾過江寧南鄉，其田最號沃壤，其塘甚小，不及半畝。詢之土人，知其深且陡，有及二丈者，故可以溉數十畝之田而不匱。吾鄉塘最多且大，有數畝者，有十數畝者，然淺且漏，大雨後亦不滿，稍旱則露底。田待此爲命，其何益之有哉？日積月纍，田瘠莊敝，租入日少，勢必鬻變。此興水利爲第一要務也。

若不知務此，而止保守前業，勢豈能由己哉？予置田千餘畝，皆苦瘠，以不能多辦價值，故力不能置膏腴沃壤也。然細思膏腴之價數倍於瘠田，遇水旱之時，膏腴亦未嘗不減，若豐稔之年，瘠土亦收，而租倍於膏腴矣。膏腴之所以勝者，鬻時可以得善價，平時度日，同此稻穀一石耳，無大差别。且腴田不善經理，不數年變爲中田，又數年變而爲下田矣。瘠田若善經理，則下田可使之爲中田，中田可使之爲上田。故但視後人之能保與不能保，不在田之瘠與不瘠。况名莊勝業，易爲勢力家所垂涎，子弟鬻田，必先鬻善者。予家祖居田甚瘠，在當時興作盡善，故稱沃壤。四世祖東川公卒時，囑從人葬於宅之左，曰恐爲勢家所奪，正此意也。予初析産，得三百五十餘畝。是時吾里田産正當極賤之時，人問曰："君析産有銀乎?"予對曰："但有田耳，亦苦急切難售，奈何?"今始知析産之妙，正妙在無銀；田之妙，正妙在急切難售。古者人有恒産之世，所以民無甚富，亦無甚貧也。

人家富貴，暫時榮寵耳。所恃以長子孫者，畢竟是耕讀二者。子弟有二三千金之産，方能城居。蓋薪炭、蔬菜、雞豚、魚蝦、醯醢之屬，親戚、人情、應酬、宴會之事，種種皆取辦於錢。豐年則穀賤，歉年穀亦不昂，或僅可支吾，若千金以下之業，則斷不宜城居矣。何則？居鄉則可以課耕數畝，其租倍入，可以供八口。雞豚畜之於栅，蔬菜畜之於圃，魚蝦畜之於澤，薪炭取之於山，可以經旬纍月，不用數錢。且鄉居則親戚應酬寡，即偶有客至，亦不過具鷄黍。女子力作，可以治紡績。衣布衣，策蹇驢，不必鮮華，凡此皆城居之所不能。且山水間優游俯仰，復有自得之樂，而無窘迫之憂，人苦不深察耳。果其讀書有成，策名仕宦，可以城居，則再入城居。一二世而後，宜於鄉居，則再往鄉居。鄉城耕讀，相爲循環，可久可大，豈非吉祥善事哉?况且世家之産，在城不過取其額租，其山林河泊之利，所遺甚多，此亦勢不能兼。若貧而鄉居，尚有遺利可收，不止田租而已，此又不可不知也。

予之立訓，更無多言，止有四語：讀書者不賤，守田者不飢，積德者不傾，擇交者不敗。嘗將四語律身訓子，亦不用煩言多説矣。雖至寒苦之人，但能讀書爲文，必使人欽敬，不敢忽視，其人德性亦必温和，行事决不顛倒，不在功名之得失、遇合之遲速也。守田之説，前已詳之。積德之説，六經、《語》、《孟》、諸史、百家，無非闡發此義，不須贅説。擇交之説，予目擊身歷，最爲深切。此輩毒人，如鴆之入口，蛇之螫膚，斷斷不易，决無解捄之説，則擇交尤四者之綱領也。

—2. 皇朝經世文編　卷三六　户政一一　農政上

張永銓（1639—?）

字賓門，號西村，江蘇華亭（今屬上海）人。康熙三十二年（1693）舉人，官徐州學正。有《閑存堂文集》。

先祠記

祠堂者，敬宗者也；義田者，收族者也。祖宗之神依於主，主則依於祠堂，無祠堂則無以妥亡者；子姓之生依於食，食則給於田，無義田則無以保生者。故祠堂與義田，原並重而不可偏廢者也。先王之爲廟制也，天子七，諸侯五，大夫三，士二，官司一，庶人祭於寢，使人皆得緣分以自盡。後世恐流於僭，改廟爲祠堂，則士、庶人皆得祠。古先王導民以孝之意，其重以周者，莫如宗法矣。富者以其所入輸於大宗，貧者以其所需待給於大宗，故族無甚貧甚富之人。後世宗法不行，爲義田以濟之。讀錢公輔作《范文正公義田記》，益嘆文正公之勤於收族如此。沿至今日，吾吴縉紳之家，有居則華堂邃室，游則曲沼層臺，僕隸被紈綺，婢媵飾珠玉，而未嘗有寸椽以妥先靈，斗粟尺布以給族人者。永銓心竊傷之，欲勸之以崇古道、挽時趨，則怪者半，嗤者半。

甲申冬，勉力贖書室改爲先祠，以修祀事。竊謂五十年來，欲立先祠之志，庶幾稍慰。今日者，率高祖之子孫以祀吾高，則高祖不啻在焉，率曾祖之子孫以祀吾曾，則曾祖不啻在焉，率吾祖吾父之子孫以祀祖、父，則祖與考不啻在焉。然吾高祖既如在，而凡爲高祖之子孫，豈無有半菽不飽者，長不能婚、死不能葬者？吾曾祖既如在，而凡曾祖之子孫，豈無有半菽不飽者，長不能婚、死不能葬者？推而至於始祖之子孫，無不皆然！吾祀高祖而不能恤高祖之子孫，吾祀曾祖而不能恤曾祖之子孫，吾祀始祖而不能恤始祖以來之子孫，則祖宗在天之靈，能無怨恫乎？此則祠堂既成，不能爲義田以贍族，永銓之所以終身抱憾，而不能釋然於中者也。

獨是吾宗自始祖來，子孫之居於青溪者大半皆絶，所存者惟松江一支與海上一支耳。兩支之子孫，丁不滿四十，而其中之半菽不飽、長不能婚、死不能葬者，亦自無幾，計得田百畝或五十畝，亦可稍濟族人之困。而永銓以窮儒硯田餬口，徒抱此心，其何能濟？於送主入祠之日，題其東齋曰“五思”，取思其居處、思其笑語、思其志慮、思其所愛、思其所嗜之義，而復爲聯於座右曰：敬宗來此地，收族待其人。其人其人，有耶否耶永銓之待其人，誠耶妄耶？他日其人之於永銓，果能繼耶述耶？抑亦視爲迂耶誕耶？皆未可知也。因爲記以俟之。

—2. 皇朝經世文編　卷六六　禮政一三　祭禮上

陳廷敬（1639—1712）

字子端，號説巖，山西澤州（今陽城）人。順治十五年（1658）進士，官至文淵閣大學士。謚文貞。有《午亭文編》。

定制崇儉疏

竊惟國家久安長治之計，關於風俗。風俗盛衰之故，繫乎人心。正人心，厚風俗之機，存乎教化。故品節度數必有定制，所以辨上下，定民志，使天下移風易俗，回心向道，尤教化之急務也。

洪惟皇上堯仁、舜哲、禹儉、湯勤，總攬天下之大權，先教化而後刑罰，謂禮義廉恥，國之四維，而宏獎官方，廉爲尤重。臣愚謂貪廉者治理之大關，奢儉者貪廉之根柢。欲教以廉，當先使儉，然而不能遽致者，則積習使之然也。臣伏見我皇上盛德淵純，躬先節儉，御服無奇麗之觀，尚膳鮮兼珍之味，早朝晏罷，謹小慎微，與中外臣民共登淳古之風，一時公卿大夫是則是傚，宜蒸蒸有丕變之機矣。臣謂風俗未能盡儉者，蓋古者衣冠、輿馬、服飾、器用之具，婚喪之禮，賤不得踰貴，小不得加大。今或等威未别，因而奢僭之習未盡化也。百金中人之産，一裘之費，悉啻百金，綺紈之服，機絲所織，花草蟲魚，時新日異，舊者猶新，新者已舊。貧者循舊而見嗤，富者即新而無厭。轉相慕傚，積以成風。外官之任者，或擁傔從數十百人，衣輕策肥，車馬闐咽，震驚道路。泥沙之用不惜，貪饕之行易成。由是則富者黷貨無已，貧者恥其不如，冒利觸禁，妄冀苟免。幸不罹於法，則以高貲誇耀閭里，愚民無知，見其如此，游末趨利，多離南畝，棄其本業。賈誼所謂一人耕之，十人聚而食之，欲天下無飢，不可得也。百人織之，不能衣一人，欲天下無寒，不可得也。其始由於不儉，其繼至於不廉，其卒至於天下飢寒。飢寒切於其身，奸宄因之而起。此所以刑罰未能衰止也。

然則風俗何以厚之？亦曰正人心而已。夫好尚嗜欲之中於人心，猶水之失堤防也，是教化之所宜先務矣。伏祈敕下廷臣，博考舊章，詳議定制，御賜之衣物許其服用，及近御之人照常不議外，官員、士庶，冠服、衣裘、飾用之制，婚喪之禮，有宜更定者，斟酌損益，務合於中。其淺近易行，如貂猞猁猻，昔有官品之分，今則庶人服之矣，如緞綢，昔有官民之别，今則雜然無辨矣，並宜釐正，使永遠遵行。至若外任官，輿馬、僕從不得過侈。制度既定，罔敢陵越，則節儉之風可以漸致。工者不必矜能於無用，商者不必通貨於難得，奇技淫巧、棄本趨末之民，將轉而緣南畝。田疇闢，則民無飢寒；民無飢寒，然後可以興於禮義廉恥；而國之四維以張太平無疆之盛治，端在於此，又豈惟勸廉吏而已！

—2. 皇朝經世文編　卷五四　禮政一　禮論

經學家法論

朱子論貢舉治經，謂宜討論諸經之説，各立家法，而皆以注疏爲主。《易》則兼取胡瑗、石介、歐陽修、王安石、邵雍、程頤、張載、吕大臨、楊時；《書》則兼取劉敞、王安石、蘇軾、程頤、楊時、晁説之、葉夢得、吴棫、薛季宣、吕祖謙；《詩》則兼取歐陽修、蘇軾、程頤、張載、王安石、吕大臨、楊時、吕祖謙；《周禮》則劉敞、王安石、楊時；《儀禮》則劉敞、二戴；《禮記》則劉敞、程頤、張載、吕大臨；《春秋》則啖助、趙匡、陸淳、孫明復、劉敞、程頤、胡安國；《大學》、《論語》、《中庸》、《孟子》則《集解》等書，而蘇軾、王雱、吴棫、胡寅等説亦可采。令應舉人各占兩家以上，於家狀内及經義卷子第一行内一般聲説，將來答義，則以本説爲主而旁通他説，以辨其是非，則治經者不敢妄牽己意，而必有據依矣。

愚按朱子此議，欲治經者以注疏爲主，而兼取諸家之説，以求其至，是亦未欲其專取一家之言也，而曰以注疏爲主，是更不欲擯注疏而不用明矣。今之學者不然，《易》則專取《本義》，《詩》則《集傳》，《書》則蔡沈，《春秋》則胡安國，《禮記》則陳澔，《周禮》、《儀禮》廢已久，蓋不惟諸家之説，概不列於學官，而舉朱子所云，專以爲主之注疏，學者有終其身不知爲何物者矣。即如所謂《大全》者，非甚别於專家之説，而有獨見之論也。其與朱子所云，以所治之説，旁及他説，而後以己意辨晰，以求其至是者，亦大異矣。且《大全》之書，明永樂朝急就之書也，七年開館於祕閣，十三年帝問纂修如何，館中人聞之懼，倉卒録舊書，略加删飾以進。《四書》則倪氏輯釋，《易》則董楷輯疏，《書》則董鼎輯録，《詩》則劉瑾通釋，《春秋》則汪克寬纂疏，《禮記》則陳澔集説，故《大全》者，大不全之書也。然學者猶憚其煩苦而不之讀，所服習者《本義》、《集傳》、蔡沈、胡安國、陳澔之所謂五經而已。《易》、《詩》、《書》、《禮》經，學文者猶加誦習焉。《春秋》則概删聖人之經不讀，讀胡氏《傳》。《傳》亦不盡讀，擇其可爲題目者，以其意鋪叙爲文，不敢稍逾分寸，以求合於有司。又最甚者，擇取《傳》中字句文義，以意牽合，妄託聖經，移彼就此，名爲合題，豈惟不合經意，揆之《傳》者之意，亦初不自知其何以位置安排顛錯之如此也。慢棄聖言，割裂傳注，又如朱子所謂名爲治經，而實爲經學之賊，號爲作文，而實爲文字之妖者也。蓋經學之弊，原於時文。昔者經義之興，本以論斷爲體，不執一説，引據經傳，非如後之描畫聲口，簧鼓吻唇。乳兒小生侮聖言而代爲之詞，勢不得不單守一家之詁訓，以便行文，而其腐朽惡爛，不逾時歷歲，改頭换面以趨新巧，使學者窮年積月從事於無用之空言，考其實，枵然無所得也，又何有於經學哉。

然則何以正之？曰：必如朱子之言而後可。朱子論經義，欲令明著問目之文，而疏其上下文，通約三十字以上，次列所治之説，而論其意，又次旁列他説，而以己意反復辨晰，以求至當之歸。但令直論聖賢本意，與其施用之實，不必如今日分段破題，對偶敷衍之體，每道限五六百字以上，則雖多增所治之經，而答義不至枉費詞説，日力亦有餘矣。蓋今之時義，又與南宋之時異。朱子所謂不問題之大小長短，而必欲分爲兩段，仍作兩句，對偶破題，又須借用他語，以暗貼題中之字，必極於工巧而後已。其後多者二三千言，别無他意，不過止是反復敷衍破題兩句之説而已。今之八比，雖與此異，而其爲弊則一也。故欲正經學之失，須革時文之體，時文之體革，然後學者可以旁通諸家之説，以求得乎聖人精意所存，而士不苦於無用之空言，國家收實學之效也。

—2. 皇朝經世文編　卷五七　禮政四　學校

許惟楧（生卒年不詳）

字立岩，一字念倫，浙江海寧（今屬嘉興）人。康熙三十八年（1699）舉人，官太常寺少卿。有《清卿集》。

請復進士觀政之例疏康熙五十六年

竊思國家養士，期於有用。古者兵農、禮樂各展其能，得一材則收一材之效，雖曰功名自奮，亦因造就多方，實可見之施行，而不爲空疏無用之學也。伏見我皇上愛養人才，近科新中進士又特命詞臣教習三年，實我皇上壽考作人，訓育群工至意。臣以爲未仕視其所學，既仕視其所爲。士子讀書應試，自游庠以至登第，歷經考校，皆以文章分厥次第。是凡預進士之選者，不患文義不嫻，患未能通知世務、經濟優長耳。然則教習進士，皆當以錢穀、兵刑等事課其實政，不必如教習詞臣窮經學史、考校詩文，以定高下也。

臣伏查國初進士，原照歷來舊例，放榜之後分撥各部，觀政三月，然後銓選。蓋欲令新進之臣曉習部務，爲理繁治劇地耳。然止歷一部，而各部各司之事尚未周知。臣請嗣後每科館選之外，所餘進士仍照觀政之例，分派各部，每限三月，次第遍輪，將見行則例，俾之講究學習。不過二年，而六部事務無不悉知。其中果有才品超卓、通達治體者，聽各部滿漢堂官填注考語，破格保題引見。遇應得知縣缺出，先用以爲鼓舞。其餘限滿報明，仍歸科分挨選。則時日雖少而經練倍多，學習非虛而考校更實，將來躬膺民社，駕輕就熟，上承我皇上教習之深恩，庶無負委任之盛意矣。

—2. 皇朝經世文編　卷一七　吏政三　銓選

沈　寓（1639—1717）

號寄廬，江蘇崇明（今屬上海）人。高隱不求仕進，耕讀自好。有《白華莊藏稿鈔文集》。

子賤治單父説

子賤治單父，語於孔子："此地民有賢於不齊者五人。不齊事之，教不齊所以爲治之術。"孔子許之曰："賢者，百福之宗，而神明之主也。不齊之所治者小也，不齊之所治者大，其與堯舜繼矣。"故子賤鳴琴，身不下堂而單父治。此其於後世之爲令者何如也？邑有賢士大夫，爲令之資也。令不資於賢士大夫，令不穀；士大夫納善而不獻，士大夫不賢。令將於是邑推士大夫之賢否，而賢士大夫亦於此日之令徵賢否也。《詩》云："愷悌君子，民之父母。"夫必愷悌，而後可以作民父母。父母者，所好好之、所惡惡之之謂也。日坐堂理民事，民之所好，民之所惡，令何由事事逆之於心而施之於政，適合於民之所好所惡，非與邑之賢士大夫朝夕講究之不能也。雖然，投綸錯餌，迎而吸之者，古今世比比；若存若亡，若食若不食，模棱世事者亦不少。不由徑非公事不至、非所言不言、言必有中者，什百中難一二見。令能辨而父事、兄事、友相與者，予日望之天下之邑令也。賢士大夫邑不皆有。賢父老隱居鄉里，抱經濟不見於世者，邑往往不絶。令能細訪而商之，是亦爲令之資，不減於賢士大夫也，令無不職之咎矣，民皆賢夫令矣。然又豈獨一令之政當然哉？天子於民，上下遼絶，日月不照覆缶，蟻蚊不能叫閽。邑有賢士大夫助其令，以是非夫一邑，一邑之事無不理而合於是，則朝亦有賢士大夫輔翼其世主，以是非夫天下，天下之事無不理而合於是，則天下之民安得不聖其天子乎？則知邑多賢士大夫，朝亦多賢士大夫，邑皆賢令，世皆聖天子矣。故孔子嘆曰："不齊之所以治者大，其與堯舜繼矣。"豈虚語哉？

—2. 皇朝經世文編　卷二一　吏政七　守令上

治　蘇

東南財賦，姑蘇最重；東南水利，姑蘇最要；東南人士，姑蘇最盛。治蘇者，不廉、不勤、無才，則不能彈壓衆望、率厲屬官，彼之爲固不可一朝居，而蘇益受其大病。何則？廉者，德之體也；勤者，德之輔也；才者，肆應不窮，足以幹事，而爲德之用者也。

蘇爲郡地方方不過五百里，糧三百萬有奇，而鹽蘆、關税、顔料、雜色之徵在外。郡城之户，十萬烟火，郊外人民合之州邑，何啻百萬，而搢紳士大夫肩背相望。太湖之鉅，三萬六千頃，宣、歙、常、嘉、湖五府之水匯聚於此。瀉湖之水者，古稱三江，潮水已塞，今已湮其一不可問矣。長江遶於西北，大海環於東南，蘇爲郡奥區耳。山海所産之珍奇，外國所通之貨貝，四方往來，千萬里之商賈，駢肩輻輳。至於皇華使臣之所經臨，南北大兵、車船之所絡繹，撫、藩、道、總兵之所駐，朝廷織造之所出，京師漕白、各省兵餉之所需，朝暮一一厪治郡者之心思，而且往往受大吏之節制，奔走不暇，絆其手足。治郡者於此，廉而不才不治，廉而才而不勤亦不治，廉而勤而不才亦斷斷不克治也。而况不廉而才而勤，又胡以治耶？

江南之人惠中秀外，闤闠之家亦事詩書，柔和易使耳。然言語輕佻，刻薄成風，健訟易撓，亦易於爲亂。而在治郡者，相其時勢以利導之，按其善惡以區别之，隨其地土以整齊之。蘇屬州邑八耳，風俗之染，各有專好。附郭長、吴靡麗爲最，崑、太喜於附勢，崇、嘉好鬥，江、熟鬥與勢各半。地土之宜，江多水，最下，長、崑半之，吴多山，最高，太、嘉、熟瀕海，半高半下，崇海中土浮，坍漲不常。邊湖者萑苻藏匿，邊海者鹽盗出没，時勢然也。若治郡者概以一例治之，不治，概以己意治之，不治，治之者亦各有其道。

土俗人情，時與勢耳，若夫禮義以率之，廉恥以勵之，去奸頑飾詐之風，而歸於孝弟忠信一也。然而國家以財賦爲重，人民以財賦爲憂，府縣以財賦爲急，居官者惴惴焉，惟恐財賦之不足，考居下下，終日憂失乎官，而何暇憂人民之不治、移風易俗以興王道爲能事？雖然，財賦之甲於天下，非一朝一夕，治郡者亦莫可如之何耳。獨不思能移風，能易俗，能憂人民之不禮義、不廉恥、不能孝弟忠信，而反之至於道德齊禮、有恥且格之時，則風自淳、俗自厚，家富足而户詩書，而所謂財賦者，車轂擊，人肩摩，輸將恐後，又何不足之爲憂，而坐南面日事敲扑哉？

夫子曰“庶矣哉”，今蘇屬之民也。繼以富之教之，正今日治蘇者之所有事也。而今日治蘇者之遑遑思至於富，而富日不足，思至於教，而教日頑梗，無他，徒責之民耳，亦治蘇者究未知所以思之也。思之思之，不足者何？奢華故也。無端之酒船佛事、唱戲迎神，至於衣冠艷冶、水陸珍羞，一旦滌除而返之節儉，則凡爲蘇屬致貧之風俗者一一移易之，而後富可長富也。頑梗者何？污染是也。無端之鬨鬥打降、賭博游蕩，至於婦女好巫，上下無級，一旦滌除而返之淳樸，則凡爲蘇屬倡邪之風俗者一一移易之，而後教爲真教也。雖然，治蘇者非躬率之，久於其任則不能，而王道治天下，三代以後，望之何人哉。

要之，東南人士最盛，而真體實用恒少；東南水利最要，而朝潮夕汐易淤；東南財賦最重，而輕徭薄賦何日？嗚呼！此姑蘇之所以望治而卒難於治也。

—2. 皇朝經世文編　卷二三　吏政九　守令下

張玉書（1642—1711）

字素存，號潤浦，江蘇丹徒（今屬鎮江）人。順治十八年（1661）進士，官至文華殿大學士。謚文貞。有《張文貞集》。

紀順治間户口數目

古者，司民掌登萬民之數，自生齒以上，皆書於版，威登下其死生，三年大比，而民數上於天府，則王者拜而受之，其重民如此。户口之有算賦，非古也。有田則税，有身則役，未有既役之、復税之者也。公家之事，國中自七尺以及六十，野自六尺以及六十有五，皆徵之。其貴者、賢者、能者、服公事者、老者、疾者皆含，亦以歲時上其書。是則生齒之數與力役之數當各有籍，而非以賦役之多寡爲生齒之羸絀也。

自西漢初有口錢算賦，而户口之賦以起，歷代相沿未變。獨所紀户口登耗之差，不知自生齒以上悉紀之歟？抑收口錢算賦，然後列於丁男之數歟？如以口錢算賦爲紀，則民間漏籍不可勝指，而即據此以爲羸絀，可歟？隋制，男女三歲以下爲黄，十歲以下爲小，十七歲以下爲中，十八歲以上爲丁，六十爲老。唐制，始生爲黄，四歲爲小，十六爲中，二十一爲丁，六十爲老。不知隋唐所紀户口，抑自黄口以上悉紀之否歟？

我國家户口册，仍前明黄册之制，分舊管、新收、開除、實在四則，以田土從户口，分諸上中下三等，立軍、民、匠、竈等簿，而役之輕重準焉。顧西北土滿人稀，隱避恒寡。東南則有田然後有丁，其載諸册籍者皆實輸丁糧之人，而一户之中生齒雖盛，所籍丁口率自其高曾所遺，所析産不增丁，則入丁籍者常不過數人而已。其在仕籍及舉貢監、生員與身隸營伍者，皆例得優免，而傭保、奴隸又皆不列於丁，則所謂户口登耗之數，於生齒之羸絀總無與也。夫丁之不能無隱避者，勢也。東南之賦繁役重極矣。欲審丁以增賦，雖奸無所容，而民益不堪命，是固不可行也。按黄册載某户丁幾名，於某丁下注男、婦若干口，而總數專載實在當差丁若干名。似宜變通昔人之法，分爲二册，一載實在當差丁共若干名，一載不當差人口共若干名，以爲每歲登耗之驗。其輸丁糧者俾日增日盛，不至有流移轉徙之患，而不輸丁糧者亦生息蕃衍，有登而無耗，則民氣盛而國勢强，庶幾乎王政矣。頃康熙九年，以省無益之費，議令罷造黄册。夫每縣造册煩費，罷之良是。然而各省布政使司彙造簡明册，開列人丁户口總數，上之天府以示重民事之義，倘亦古人存餼羊之遺意乎！

兹紀順治間户口數如左。我國家幅員以次開拓，自十六年雲貴下，而後輿地盡入版圖，故户口亦歲有增益，而世祖章皇帝休養疲氓，勝殘去殺，仁漸義育者十八年，然後兵燹孑遺之民得悉宥於成周太和之治，則夫奕葉而後所以保元元者可無慎歟。

—2. 皇朝經世文編　卷三〇　户政五　賦役二

停止封禪等議

該臣等議得詞臣曹禾疏稱：祀典國之大事，三五以來，無不以成功告於上帝。《封禪書》及班固諸儒言泰山五嶽之長，神靈所聚，因高崇天謂之封，就廣增地謂之禪，刻石紀號，甚盛典也。逮秦、漢、唐、宋，有事岱宗者，勞民費財，失對越之意，後世遂不敢申明其禮，不知因名山昇中，與天相見，其爲典禮，至尊至重。又黄帝上元甲子貞元運會，由是封巒勒成。漢武帝不得其時，則以十一月甲子朔至應之，而數千年之景運，適協於今日功成治定之後。皇上以精一執中爲奉若上帝之命，不可不報；山川百神之助，不可不答；運世之本，開基之功德，不可不紀。宜勿憚登陟，亟議告成。考漢唐儀注，行之簡易等語。

伏考封禪之説，不著於經。司馬遷《封禪書》乃引管仲古封禪七十二家之説，梁著作佐郎許懋極言其妄，《綱目》是之。至於甲子紀歲始於黄帝。其爲上元甲子，則史無明文。即管仲言黄帝封禪，亦未指其年爲甲子之年也。又按《書》傳，舜至岱宗，燔柴祀天，原非封禪。唐虞三代以前，實無登封故事可考。其史鑒所紀，則有秦始皇，漢武帝、光武，唐高宗、武后、明皇，宋真宗，行封禪禮。所紀禮儀則有築壇設壝及玉策、玉牒、玉簡、金匱、金繩、金泥之製，需費甚煩，且禮不合於經，雖從簡易，亦於義無當。仰惟皇上聖德布昭，神謀默運，内除苞孽，外靖鯨鯢，文教覃敷，武功赫濯，巍巍蕩蕩，直與堯舜比隆。而皇上敬天凝命，至誠感神，無一事不與天意相流通，無一時不與天心相陟降，則所以仰答神明，茂膺休祉者，固無所不極其盛矣。比者三逆蕩平，已遣官告祭郊廟、社稷、嶽瀆、海鎮諸神；臺灣歸順，又專告郊廟、社稷，一應典禮，俱經舉行。封禪告成之禮無庸議。

又科臣王承祖疏請倣虞帝之制，巡幸東方，察閭閻之利病，問風俗之厚薄，設祭方岳，以祈年豐、禱雨澤。又東嶽密邇孔里，御輦所届，觀其車服、禮器，亦千古盛世等語。伏考一歲之内，遍巡四嶽，此三代以前巡省諸侯之禮。自設郡縣以後，未有行者。舜之燔柴，原因巡守行告至禮，其望秩山川，是因祭天而望祭東方之山川，非專祭泰山之神也。我皇上鑾輿巡歷，凡所至之地，輒詢考吏治，延訪輿情，或訓飭官方，或特加蠲賑，無非省方問俗、勤民重農至意。其祭岱祈年並禱雨澤之事，非禮典所載，應無庸議。至歷代帝王詣孔里，始於漢高帝。後則漢明帝、章帝、安帝，北魏孝文帝，唐高宗、明皇，後周太祖，宋真宗，皆以經過魯地展祀，未有專詣闕里故事。我皇上博綜經學，宏闡心傳，重道崇文，千古莫並。其東巡特祀闕里應候睿裁。疏内又言封禪之事，秦皇漢武，不過耀德張功，後世鄙焉。臣等已於曹禾疏内議覆，無庸另議。

—2. 皇朝經世文編　卷五六　禮政三　大典下

昭代樂章恭紀

順治元年八月，世祖章皇帝至燕京。九月朔，即皇帝位，將以十月告祭天地、宗廟、社稷。時樂章未定，大學士臣銓、臣承疇、臣陞上言，郊廟、社稷樂章，前代皆各取佳名，以昭一代之制。漢、魏曲名各别，不可枚舉。梁用雅，北齊及隋用夏，唐用和，宋用安，金用寧，元郊社用成、宗廟用寧，明用和。今我朝削平寇亂，以有天下，有與萬邦黎獻共享太平之義，樂名宜更用平，其節則郊社九奏，社稷七奏，宗廟六奏。制可，爰命翰林諸臣分撰樂章。撰定，太常寺頒示樂舞諸生，以時肄習焉。今考各壇廟樂章，其辭明肅簡穆，取乎達將享之忱，洽幽明之德，而非《靈芝》《宛馬》《白麟》《赤蛟》諸歌誇奇瑞於天神、人鬼之前者可比。此所謂古樂之遺音、宮縣之雅奏也。而臣愚竊惟廟樂始於《三頌》，《詩序》所謂美盛德之形容，以其成功告於神明者也。《商頌》自有娀及契，以迄成湯、武丁，《周頌》自后稷、太王以及文、武、成、康，皆發揚其文德武功之盛，以達於詩歌，藏於太府。漢郊廟詩樂不及祖宗之事，則班固譏焉。晋泰始中，傅玄製《登歌》七章，分祀七廟，自是歷代相沿，皆各有廟堂之樂。蓋禮不忘其本樂，樂其所自生，古之義也。洪［弘］惟我太祖高皇帝肇造丕基，臣服之國三十有二。太宗文皇帝益纘而光大之。迄世祖章皇帝，底定方夏，混一寰區，文德武功，皆前代所未及。謂宜各製廟樂，發皇盛治，庶幾祖宗艱難創垂之烈得以昭示來兹，而徒取籩豆裸享之辭徹諸神聽，得毋於形容盛美之誼，猶有缺焉者與？謹按典制，元會樂作於殿上，名曰莽式，所陳皆昭代故事，率以滿洲舊臣充其選，有旌旄弓矢躍馬洴陣之容，有屈伸進反俯仰疾徐之節，特以歌辭無漢音，未遑頒之太常，俾樂工肄習。臣謂應命儒臣援據其事，撰譯歌詩，爲高廟樂、文廟樂，更益以入中原靖群寇諸舞，爲世廟樂，聲容悉造，事實而律諧，則太和洋溢之氣塞於宇宙，而國運之寖昌寖熾，可以預卜矣。

—2. 皇朝經世文編　卷五六　禮政三　大典下

李光地（1642—1718）

字晋卿，號厚庵，福建安溪（今屬泉州）人。康熙九年（1670）進士，歷官翰林院掌院學士，直隸巡撫，吏部尚書，文淵閣大學士。謚文貞。有《榕村集》等。

朱陸析疑

有宋中葉，運膺五百之期，天顯聚奎之象，其所以紹絶學，理遺經，使聖人之道復明於斯世者，豈偶然哉？周、邵、程、張皆以先覺之資，任道統之重，又幸而相師相友，講明其所未至，其淵源所漸，所以深造直達於聖人之藴者，必有非後人之所能窺者矣。虞廷群后，鄒嶧諸哲以來，於斯爲盛，是以千餘年之蕪翳堙塞，啓之、闢之、攘之、剔之，聖人之道灼乎其可見，坦乎其可循。嗚呼，其功可謂偉哉。

南狩以後而朱子出焉，祖孔孟，宗周程，正六經，黜百氏，躪中庸之堂而入其室，雖聖人有作不能易也。而在當時與象山陸氏其學終不能以相一，後世隨聲之徒，入者附之，出者污之，始也安於性之所近，繼遂執爲門户之見而不可回。嗚呼，彼固不知朱子，然亦何足以知陸氏哉？夫陸氏之論，躬行必先於明理。其言窮理，必深思力索，以造於昭然而不可昧，確然而不可移。此固與朱子知行之學同歸，而其心悟身安，言論親切，雖朱子亦且感動震矜而爲之左次。然則朱陸之道豈如一南一北之背而馳哉？其始終大致之所以不合者，陸氏之反約也速，收功也近，其教人之法則徑而多疏，朱子之用力也漸，衛道也嚴，其教人之法則周而無弊也。夫破末俗之陋，傳聖賢之心，洗訓詁之訛，發精微之意，若是者固二子之所同心。

然惟其訛且陋也，則必有以矯而正之，爬梳剔抉，究其枝葉以達於本根，使夫精微之意、聖賢之心，學者有所望而至焉，豈可謂是無益之業，而不復措意於其間乎？孔子，聖人也，問禮於老聃，問樂於萇弘，問官於郯子，假年學《易》，至於韋編三絶而不能休，嘆夏商之文獻不足，足則吾將往而證焉。仲尼亦胡爲孳孳而事此無益之業哉？所謂文武之道未墜於地，而天之未喪斯文者，蓋在乎此也。經莫大乎《易》，《易》莫大乎先天，先天之學不傳久矣，自堯夫發之，而陸氏以爲非作《易》之意。無極之妙，主静之宗，自濂溪啓之，而陸氏以爲是老子之旨。性之所以善，心之所以仁，主敬之要，知行之方，自程氏兄弟明之，而陸氏以爲與孔孟之言不相似。凡如此類皆可以見其講學之疏，而其議論舉措之間，猶未免於精神用事而氣不可掩，不如朱子之粹然平中，有以極其規矩準繩於無憾也。揆厥所由，陸氏蓋見世之支離沈溺而不能以自振，故刊落擺脱，直接乎孟氏之傳。然愚竊觀孟子時所以發明人心而無述作者，去聖未遠，群經大備，故第啓管籥、示關津，以爲當世人心對病之藥而已。

自漢以來道喪文弊，《禮》《樂》《詩》《書》掃地而盡，異端邪説、諸子百家紛紛藉藉相亂，學者顛倒眩瞀於其中，何由而見聖人之宗乎？濂洛諸子扶持整頓者，未幾，或疑或信，若明若昧，又緜延而將絶。是故朱子之矻矻著述以終其身，殆有所不得已也。昔周之衰，王道廢而舊章亂，邪説繁而大義乖。於是仲尼討論典墳，述帝王之道，正《雅》《頌》之篇，除《九丘》，黜《八索》，修明禮樂之遺文，使萬世道術有所統一。朱子之心，孔子之心也。若以六經爲注腳，章句爲俗學，豈獨足以病朱子，又上以爲孔子病矣？由此言之，陸氏之學得無極高明，而失之過反説約，而弊則疏者乎。

是故陸氏之學，吾儒之學也。其閑道也猶謹，其擇言也猶精。非若明之中世儒、墨、老莊混爲一途，始也師其意，後也言其言，靡然遂入於二氏而不可反者也。雖然，追原其弊，則謂非陸氏爲之端不可。蓋朱子之言曰：今之以學自立者，門户衰塌，惟陸子静精神啓發，其流禍未艾也。嗚呼，賢者之爲慮，豈不遠哉！

竊觀自朱子而後幾四百年之間，守其學者崇正經，敦實履，循循乎其不畔。逮乎中明，士大夫自以其意爲學，於是乎章句不足守，文字不足求，甚而典訓不足用，義理不足窮。經術文字、議論行檢，胥爲之一變而風聲大壞矣。《傳》曰："差之毫釐，謬以千里。"又曰："不知其形，視其影。"生今之世有欲爲聖人之學者歟？吾願謹而擇之。其有世教之責者與？吾願審而思之。

—1. 切問齋文鈔　卷一　學術一

記渾儀

儀有三重：其外一重不動者爲六合儀，所以定上下四方之位；其中一重旋轉者爲三辰儀，所以象天體圜動之行；其内一重周游四遍者爲四游儀，所以挈玉衡而便觀察。蓋三辰一儀尤爲要切。其儀有三環：一環以準赤道，一環横跨之以準二極，一環側倚之以準日道。三環交結相連，上刻南北東西縱横之宿度，以水激其機輪，使之日夜隨天東西運轉，必使在儀之度與在天之度相應而不忒，然後可以按候而仰窺也。即以木星言之，今夜經天之處距極幾度，距赤道幾度，於何知之？以儀上所刻南北之度準之，則足以知之矣。又如木星行疾時，今夜距昨夜幾度，行遲時今夜距昨夜又幾度，於何知之？以儀所刻東西之度準之，則足以知之矣。以至日軌之南北平斜，太陰之纏絡委曲，五緯之遲留順逆，莫不皆然。然儀度雖與天相準，而人之轉瞬難定，故四游儀挈衡管於中，可以隨處低昂。掛於儀之上而注視焉，則儀度與天度相直不爽，如盤針定於秒忽之中，而外薄乎四表，蓋無幾微之差也。古璿璣玉衡之説雖不可考，然大要當不甚遠。

—1. 切問齋文鈔　卷二四　時憲

五祀禮略

古者惟大夫祭五祀，然則五祀之祭，士庶蓋不得而兼之也。然今雖編氓之家，醮祭天地，禱祀河嶽尊神，僭妄無所不至，而反於五祀之祭簡嫚媟褻，付婦人、奴婢而已。是古者必大夫而後得行之祀典，今則士庶人之所不屑，必擬夫古天子、諸侯之祭，然後用之，俗之悖謬越禮，莫此爲甚。故有家者，於祭五祀不可不講也。

上古穴居野處，鑿其最中之處以通明，而雨亦溜焉，故曰中霤。以其最中，是以爲一家之主。後代易以宫室，而仍襲中霤之號，不忘古也。其在於今，則當之者梁脊是已，居一家之中，爲一家之主，其神屬土。古者士大夫之家，門皆南向，户皆東向，蓋東西陽也，南北陰也。堂之門自外而入，偶而屬陰；室之户自内而出，奇而屬陽也。

惟天子之室，左右有房，則左、右、中間皆宜有户，故在《詩》曰："築室百堵，西南其户。"言西南者，著天子所獨也。其東户則大夫以下所同，不必言也。大夫、士之制，西室東房，房向北，主婦所居，即所謂北堂。《詩》曰"焉得藼草，言樹之背"，是也。室户向東，主席在西牖下，是也。蓋古者門户並祭，户陽門陰。今作室者，率以門爲美觀，至於東西兩傍出入之處亦不設户，陰盛陽衰，豈其所宜。考以五行之内，冬宜祭井。然《月令》其祀行而不及井者，蓋古者數家同井，不能家有之，故易以行，或以行爲門外軷祭之處，恐非也。冬乃收藏之時，豈宜爲出行之祭？蓋兩階之下，屏之中間，有行焉。雨集則水所注，今俗呼天井是已，故以代井祭也。如家有井者，則必祭井無疑。

五祀之祭，今世簡略已極，考之古義，則必躬必親，不可委之婦人、婢僕，乃合禮意。惟竈神之祭，婦人可攝行之，而使厨者執事；門、户、井神之祭，子弟可攝行之，而使司門者、汲水者執事；中霤最尊，主人在家則必身親，而使子弟執事可也。

祭五祀之時，《月令》有明文矣。今俗祭土神用二月，政木剋土傷之時，祀竈神以八月，又金盛火衰之候，皆失其理也。今定依古禮，二月祭户，五月祭竈，六月祭土神，八月祭門，十一月祭井，其禮用牲魚五，奠獻如家祭之禮。

—2. 皇朝經世文編　卷六六　禮政一三　祭禮上

家廟祭享禮略

古禮之壞久矣，其漸有因，其本有根。雖有賢人君子，討論而服行之，然所謂不尊不信，則久而莫之從也固宜。况乎復古之難，而變今之不易，則凡所討論而僅存者，亦多賢人君子區區餼羊之意，自其身不能盡行，而望人之從而行之，尤不可得也。禮莫重於祭，而大宗、小宗之法不講者且數千年。夫無大宗、小宗之法，則源遠末離，無所統攝，分不定而情不屬，雖有儀節之詳，將安用之？是以鄉異俗，家異法，有身列薦紳士類而迷妄苟簡，至於犯分悖本而不自知。嗚呼！其隨俗而安之乎？抑區區講論，行其宜於今者，而不甚遠於聖人之意，庶幾存古道之什一於千百也？

歲乙巳，家廟始成，先君子將率族人修歲事焉。於是講其禮曰：此古所謂大宗者也。當有明時，族中先輩長老，亦倣古而立宗子矣。然而有數難者：古者無禄則不祭，古庶人薦而已。所謂禮不下庶人，是也。其時卿、大夫家，非世官則世禄，皆朝廷賜也。而宗子主之，故得以其禄祭。今皆無之，則宗子無禄也，奈何猶備大夫、士之禮以祭？父爲大夫，子爲士，其祭猶不敢以大夫，况庶人乎？難者一也。古者宗子爲朝廷所立，故其人爲一家之宗，而必嫻於禮法。今則有樵采負販，使之拜俯興伏，茫然不省知者矣，而奈何備盛禮以將之？難者二也。凡爲宗子者，以其爲族人之所尊重，冠昏喪祭必主焉，故祖宗之神於焉憑依。今則輕而賤之者已素，一旦被衣冠對越祖宗，人情不屬，而鬼神不附，難者三也。是故世變風移，禮以義起。今人家子孫貴者，不定其爲宗支也，則不得拘支子不祭之文，而惟斷以無禄不祭之法。且近世褒贈祖先，固不擇宗支授之，褒贈之所加，則祭祀之所及，揆以王法、人情，無可疑者。雖然，古之遺不可棄也。蓋緇布冠之廢久矣，而冠禮初加用之；中霤之號遠矣，而五祀之名沿之。説者曰：不忘古也。宗子之法，先王所以尊祖敬宗、聯屬天下之深意。今雖廢，詎知來者之不復興乎？是故使禄於朝者執爵奠獻，而設宗子之位參焉。其祝告曰“主祭孫某，宗孫某”，蓋權以古今之宜，勢不得不出於此也。寒家族人極衆，既有始祖之廟，則又將使合族均勞而伸其敬，於是又有直祭孫者，其位亦參於主祭孫、宗孫之末，而祝版並及之。此余家廟見行之禮然也。難者曰：“宗孫亦貴，而爵位下於支子，則奈何？”曰：“稍相亞者，則先宗子；遠相懸者，則先支子也。”“其家而適無貴者，則奈何？”曰：“無貴者則無禄矣，不可備祭禮也。雖有祭田而非世禄，必也殺其牲豆，略其儀節，彷彿乎古之士禮，稍優於庶人而已。或者尚可免於僭妄之咎乎？”“其主祭則以何人？”曰：“使有衣衿，而行輩長者爲之，或並無，則以宗子也。”凡前所講者，皆爲大宗也。若小宗之禮，則在今日尤有至難者。蓋既祀其四親，則必以高祖之嫡長爲小宗，而其弊無異於前大宗之所云矣。然始祖不祧，而四親迭祧，其事體不同一也。今士大夫家始祖多有廟，而四親無廟，各祭於其家而已，其事體不同二也。故人家之祭四親，莫不高、曾、祖同而父異，或高、曾同而祖、父異，高同而曾、祖、父異，泯泯棼棼，已非復古者小宗之舊矣。此則余家未能正之，姑且徇俗，無可奈何。然猶高之忌日，則就高之宗子而拜焉；曾之忌日，則就曾之宗子而拜焉。要之，大宗不立，則小宗益無所附麗而據依，雖有宋大儒程、周、張、朱諸賢，固未嘗極論於此，故曰至難也。

然則爲今日之禮者何如？曰：“古禮不可復，則存其意焉而已。”始祖四親，於古固不得人人而祭，自伊川程子之説曰：“人本乎祖，始祖皆可祭也，服制及於高、曾，則祭享亦如之，四親皆可祭也。”此固所以因世變，順人情，而爲後世折衷。然以程、朱所行考之，朱子則不敢祭其始祖，曰疑於僭；伊川遺命，乃有奪宗之言，謂已之官，法得立廟也。然則大宗、小宗之祭，自二賢行之，而後學益疑於所從。夫大賢言行將爲萬世法，豈其有偏見私意哉。以愚度之，朱子避亂而僑居於閩，其族人遠在婺源，故朱子不敢獨祭其始祖，以安於禮。藉使當日聚族而居，而其族人已設有祖廟如今人之爲者，朱子豈得廢之而不祭哉？吾知其必從伊川之説無疑矣。伊川之奪宗，學者尤惑焉，曰：侯師聖之言，而非伊川之意。然自唐以來，官尊者法乃立廟，立廟自伊川，則必以伊川主祭，故曰奪宗也。但不知所謂廟者，大宗乎，小宗乎？如大宗也，則惟伊川生存乃得主祭，若其子孫爲無禄人，則亦不得世其祭矣。以理揆之，必也其小宗也。蓋四親之廟，自己立之，則子孫尤可以世其祭，以終於已。此亦所謂古未之有，而可以義起者也。故於今而斟酌二賢之意，則始祖之廟如愚前所云者，蓋庶幾焉。何則？謂之始祖，則其子孫衆多，必有法應立廟，而可以主祭者矣。且既踞不祧之位，則其廟固始祖有也，有之則不可廢，故其子孫得更迭以其禄祭，無所嫌也。若四親則親盡迭祧，而廟非一人之廟，高祖之祭及其玄孫以下則廢之矣。故祭不常則廟亦不常，必使法應立廟者立焉，而使其子孫猶得以主其祭，迄於已之祧而止。如伊川之説，固亦變中之正也，猶以爲疑，則亦參以愚大宗之説，立廟者主祭，而仍設小宗宗子之位，奠獻祝告同之，其亦可矣。若乃五世之中，無應立廟之人，而其勢不可聚，則各備士、庶之禮，以奉其四親，而亦當於高、曾、祖之忌日，各就其宗子之家，而先展拜焉。庶幾古人之意未盡湮没，而可以待夫後世之作者。

—2. 皇朝經世文編　卷六六　禮政一三　祭禮上

萬斯同（1638—1702）

字季野，號石園，浙江鄞縣（今屬寧波）人。黄宗羲弟子，博通諸史，以布衣参加《明史》編修。有《石園文集》等。

師服議

《檀弓》曰："孔子之喪，門人疑所服。"子貢曰："夫子之喪顔回，若喪子而無服。請喪夫子，若喪父而無服。"吾讀《禮》至此，竊嘆記禮者之失言也。夫父之服子以期，爲宗子爲長子三年，其餘則長子與衆子均齊衰期年，子之服父以斬。若是乎父之爲子，與子之爲父，其禮原有不同也。夫子之於門人可以無服，而門人之於夫子亦可以無服乎？倘謂師不服弟，而弟亦可不服師，則父服子以期者，子亦將服之以期乎？愚謂情若父子，可也；因師無服而弟亦無服，則不可也。《禮》又言："孔子之喪，二三子皆絰而出。"夫喪莫重夫首絰，既加絰則必用素弁矣，既素弁則必用疑衰矣。凡此非喪服而何，而何以云無服也？孟子亦言："三年之外，門人治任將歸，相嚮而哭。"彼三年之中，既群聚於廬内，豈以吉服相對乎？知其必有服無疑也。而子貢乃更築室，獨居三年始返，彼隆於師誼如此，豈肯創爲無服之説以薄待其師邪？愚謂喪父無服之言，必記禮者失其真，而非子貢實有是言也。乃自《檀弓》載此説，後之論師服者，率以此爲據，紛紛之論，皆謂師不當制服，則皆此説有以啓之也。夫"朋友麻"之文，載在《儀禮》，聖門弟子豈有不知之者，而謂其待夫子反不若朋友哉。吾固以爲非子貢言之也。

顧大韶放言："七十子之事孔子也若事父，其喪孔子也若喪父，而無服矣。"然而終不能爲服者，何也？懼啓後世之争也。使《喪服》有師弟之條，則世所謂句讀之師、百工技藝之師，以市井爲心、交易爲道者，將安所置之邪？故聖人渾之而教之心喪焉。夫曰：心喪，則其事之如父也，與視之如市人也，烏乎，知之亦惟其心焉，知之而已。夫朋友亦猶是也。

—2. 皇朝經世文編　卷六五　禮政一二　服制下

康乃心（1643—1707）

字孟謀，號太乙，陝西郃陽（今屬渭南）人。康熙十四年（1675）舉人，隱居不仕。力學好古，工詩。有《莘野集》《莘野三千里詩鈔》等。

座師門生辯

南海梁葯亭先生佩蘭中丁酉解元，與京師一巨公號同學兄弟，交好甚篤。梁自丁酉至戊辰絶意仕進，已三十餘年。巨公懇招之入都，令載試禮部。是歲，巨公適典試事，梁成進士。登科後梁以門生禮來謁，巨公徘徊，微顧，曰："吾輩老兄弟奈何?"既而曰："否者，當先拜故人。"遂彼此爲四拜禮，若斷前好者，拜已，受梁拜如師生儀。河山氏曰："君臣之道重於朋友，萬古之通義也。"然所謂君臣者經禮、曲禮，綱常名教之大閑耳。若夫受爵公朝，而拜恩私室，則私也，非公也，至是友誼爲重矣。况國家之制，以座師、門生稱者，例有禁，非有必不可解與夫萬不可逃之義也。方巨公之招梁也，何爲乎？以其故人宿儒也，而懇之試。同學之雅以人事君之誠也。出其門而弟子之，是以朝廷之爵位爲一已之德名利之媒也。且二人之不爲好友也，無論矣！如曰布衣同學數十年，而以四拜者盡之，棄置若鶩焉，則其爲友也，亦僅矣。安坐而受拜，以故人爲弟子，是戕友也，是欺君也。有所爲而招之以試，是以故人爲名，而植黨朋比以爲實也，無一而可者也。且夫巨公之所以重梁者，豈僅以門人、弟子爲貴哉？巨公之爲門人也，亦已名矣，必曰彼名士也，而吾能録之。夫與其以名士而弟子之之爲榮也，無寧以名士而友之、而兄弟之之爲尤重且大也。汲長孺曰："使大將軍有揖客顧不重耶?"嗟夫，世風之降也，罔上行私，一以富貴利達爲歸。巨公故稱雄傑，而亦不免焉，則流俗之卑鄙、古道之無存也抑已久矣。

近日仕途污下，皆座師、門生釀之，門生恃座師爲梯榮，座師視門生爲利藪。以此黨同伐異，計私廢公，是重朋友而忘君臣大義。其有關於治忽者甚鉅，安得恥受爵公朝、拜恩私室。之薛文清遍天下，則世風庶有轉機哉。

—3. 皇朝經世文編補　卷六　學術六　師友

趙申喬（1644—1720）

字慎旃，號松伍，江蘇武進（今屬常州）人。康熙九年（1670）進士，官至户部尚書。謚恭毅。有《趙恭毅公剩稿》。

禁絶火耗私派以甦民困示

居官之要，首重律身。民困之深，莫如横斂。頃者屢奉嚴綸，諄諄以暗派私徵爲戒，誠以惟正之供尚煩敲扑，斷難容無藝之求、不經之費，以重累小民也。年來錮弊日滋，流風莫遏，爲有司者身居民上，罔恤民艱，凡害民粃政非止一端，而惟横徵私派之弊爲禍尤烈。如收解錢糧私加羡餘、火耗、解費、雜徭，每浮額數，以致公私一切費用皆取給於里民。若日用之米蔬供應，新任之器具案衣，衙署之興修蓋造，宴會之席面酒餚，上司之鋪設供奉，使客之小飯下程，提事之打發差錢，戚友之抽豐供給，節序之賀慶禮儀，衙役之幫貼工食，簿書之紙札心紅，水陸之人夫答應，官馬之喂養走差，與夫保甲牌籍、刊刷由單、報查灾荒、編審丈量等項，皆有使費，陋規難以更僕枚舉。總之，無事不私派民間，無項不苛斂里甲，而且用一派十，用十派千，以飽贓官婪蠹之貪腹，嗟嗟小民膏血有幾，而能滿此漏巵巨壑哉？即使加意撫循，猶恐積疲難起，豈民窮財盡之時，灾眚頻加之後，而尚堪無端剥削也？

本都院深維禁飭之方，可無補救之法？大抵士人厠身官籍，其榮華享用之志，久已膠錮於胸中，即眷屬、親朋之徒，盡仰周旋於鼻息，所以幸博一官，靡不身家念重，廉恥心墮。縱有稍知自愛者，亦謂地方用度無出，勢不得不取於民間。殊不知果能矢志狷介，自然節用愛人，諸凡室宇之美、妻妾之奉，與身衣、口食、日用、常行之需，俱當刻意簡省，所謂儉可養廉是也。且一介不取之屬員，上司具有良心，敬愛不暇，又何禮節之誅求乎？至於躬既淡泊，則鄉親、游宦無豐可抽，守若端嚴，則兵馬、公差有威可畏，方將退避三舍，尚敢肆其需索哉。夫居官者若於操守有玷，雖其他才小能，不足録也。即安民者不除横斂私徵，而欲家給人足，有是理乎？故本都院於申飭官常之外，特爲拈出此條，誠以遵功令，肅官箴，安黎庶，首務莫先於此。

爲此通行示諭：自今以後，務須力洗陋弊，易轍改絃。如前所指加耗私派等事，痛加禁止，一意以潔己愛民爲主，誠思昔賢懸魚留犢之風，豈異人任。本都院采訪極確，衡鑒最公，能遵守者有特疏薦舉之例，有三年卓異之典，自當特爲表揚，以備超擢。倘仍志在温飽，冥頑不悛，稍有違犯，定即糾參，請旨拿問追擬，彼時功名不保，身家隨之，懊悔晚矣。惟是大法而後小廉，形端而後表正。標榜之立，請自本都院與監司方面爲始。此後若有不肖上司，需索屬員，苞苴賄賂者，俱許據實呈揭，以憑立付白簡，本都院肅僚貞度，決不自食其言。此外過往無名之費，有妄干者，俱即指名具報，法以懲之，誰敢不惕？凡此公私費用、需索之源流盡杜，庶幾火耗私徵、横斂之錮弊可止矣。

—2. 皇朝經世文編　卷二〇　吏政六　大吏

陶元淳（1646—1698）

字子師，號南崖，江蘇常熟（今屬蘇州）人。康熙二十七年（1688）進士，官昌化縣知縣。有《南崖集》。

飭吏正俗四約

自受命以來，隨遇諮訪，深知兹土之民墜於塗炭。頃入縣境，所過田疇蕪穢，村落邱墟，竟日行榛莽間，不見一人。既抵縣治，則城垣頹敝，學校廢弛，士無絃誦之聲，家鮮缾罍之積，物産蕭條，商賈不至，較其疾苦，殆百所聞。知縣惻焉心傷，思欲救其彫敝，而未知所從。爾父兄子弟生長此邦，凡所以致此之故，必知之深矣。其悉心條列，利何以興，害何以去，務鑿鑿言之，使下不病民，而上亦不至病國，此則知縣之所深期於爾者也。知縣筮仕日淺，材薄力绵，四境中有通曉世務、諳練事情者，不拘何色目人，即列其名以報。

爾曹生長邊海，向來民牧未有以禮教先之者，其自安樸陋，宜也。今欲變易風俗，當自我左右之人始。有仍褻服徒跣、不衣不襪、囚垢入公門者，必重加懲治。夫法紀尊嚴之地，固不容此倨侮之風矣。爾其知之，勿慢。

陰陽之氣不相凌，内外之職不相紊。故男耕而女織，人倫之制，王化之基也。今爾民晝居於内，而使其婦沾體塗足力作於外，易陰陽之位，亂男女之别，傷化薄俗莫甚於此，且非所以勸勤也。夫一夫不耕，必受其飢，况通邑之民皆怠棄職業乎？今與爾民約：男子治外，女子治内，不得復循固陋，自致飢寒。即日天氣稍凉，知縣當身行田野，親察勤惰，先爲布告如左。凡我諸生、父老通曉文義者，宣明我意，家喻户曉，毋復爲此蚩蚩矣。

爾民生長兹土，一旦飄然遠適，必有大不堪於中者。非天灾之所迫，即横斂之所加，雖欲須臾少留，而勢不可得，其去此之彼，宜也。今知縣下車之始，諮訪向日舊例，可裁者即裁，可减者即减，志欲休養斯民。凡我父兄子弟，孰無廬井、鄉土之依，孰無祖宗、墳墓之戀，孰無姻戚、故舊之歡，而乃轉徙外地，失業流離，生爲旅人，死爲客鬼，汝等自顧，何以堪此？今汝等田業尚在，但能幡然來歸，即具名報縣，量免差役。其有貧窮下户實在無力者，當量給牛種，决不復令失所。汝宜鑒我之誠，勿復淹留彼中也。

—2. 皇朝經世文編　卷二三　吏政九　守令下

邱嘉穗（？—1717）

字秀瑞，號寶亭，福建上杭（今屬龍岩）人。康熙二十九年（1690）舉人，官歸善縣知縣。有《東山草堂文集》。

去僧尼

佛氏自入中國以來，駕其清虚緣業之論，鼓其神通變幻之術，甚者遂至於合老莊、混儒釋爲一家。其説日新月盛，洋溢四出，而不可遏，舉古今男女童叟，莫不迷惑没溺於其中，而吾儒之詭僻者，亦且心悦誠服，爲之奔走而不辭，即有韓、歐之文章，程朱之理學，出而聲其罪以討之，而舉世滔滔，終牽於禍福之私，而莫之能信。嗟夫，邪説横流，陷入既深。彼佛氏者，將遂蟠結於天地之間，而不可復去耶！蓋嘗爲之深思遠慮，以爲必有可以去之之方，而其責固在吾君、吾相，有天下國家之任者，而非程朱、韓歐之徒區區論議之所能禁也。請得究其弊之所極而終論之。

夫佛法之弊，有所宜去者十，皆爲天下國家者所甚急也，誘男女爲僧尼，廢夫婦之倫，而使皆無後，是絶户口也，弊一。不事君，不事親，舍人道之大，而入山林，是背忠孝也，弊二。指心説性，彌近理而大亂真，雖賢智者亦墮其術中而不悟，是害正學也，弊三。修行兼乎楊，慈悲兼乎墨，渾同是非兼乎鄉愿，空無寂滅兼乎老莊，結壇誦咒兼乎師巫，是聚異端也，弊四。不耕而食，不蠶而衣，假福報之説，以募化於十方，而一切公旬之令不及，是逃賦役也，弊五。絶男女之配，而不能絶其欲，於是師徒相通、僧尼交媾以爲常，而煽惑良家男婦，往來雜遝，藉齋會以行其淫放者又且無所不至，是敗風俗也，弊六。樓觀殿閣動擬王侯，塔廟金身糜費千萬，以人間有用之財，相率而置諸無用，是耗錢穀也，弊七。自立浮屠之教，以號召天下，而凡叛臣、逆子、忍夫、妒婦、游惰無賴之民，一事不當意，輒攘臂而歸於其門，而上與下卒莫得而禁之，是主逋逃也，弊八。天花之幻術，符咒之邪説，燒香聚衆之詭道，久爲奸民倡亂者之所借資，前世如紅巾、白蓮之教因此而竊發者，不可勝數，是釀盗賊也，弊九。唐傅奕疏曰僞起三塗，謬張六道，遂使愚民妄求功德，且生死壽夭由於自然，刑德威福關之人主，而愚僧矯詐皆云由佛。啓生人僥倖之心，竊一王賞罰之柄，是妨政事也，弊十。

佛氏之教有此十弊，皆孟子所謂禽獸食人之禍，而於孔子所謂庶而富，富而教之道，無一而不悖焉者。爲人君若相而有天下國家之責，復何所利於彼，而不之去哉。然則如之何而去之？曰：由歐陽子之本論，則必復井田，興學校，行先王之政教以導之，然後可以大正其源，而佛氏之弊，亦將不禁而自止。夫居今之世，而欲變今之俗，以還三代之舊，其將能之乎，抑未能也？如曰未能，而姑爲今日易行之計，則莫若嚴保甲之法，禁天下自今以往，男女不得復出家，僧尼不得復授徒。而其願還嫁娶者，官爲之奬賞，聽其取本寺田園、宫室，計口均分；其不願者亦姑置弗問，俟其老且死，然後收其田宅而入之官，以給天下之窮民而無告者。而又推秦人之遺法，反而用之，下焚書之令，制挾書之律，而盡廢其經卷。且令民間養生送死，無敢妄自施捨，造作佛事以與僧尼交。如此不擾民，不動衆，不越數年，僧尼必大衰息，而佛教可盡去也。夫何難之有！不然，必待王道明，理義充，而後佛無所施。雖曰君子反經之常，而本難猝立，又且無道以去之，幾何而不畏其難攻，聽其自爲，以至坐視斯人之迷溺，而卒莫之救也。若夫崔浩勸太武誅沙門，傅奕勸高祖配僧尼，是不惟有召亂之憂，而且使人主失仁厚之心，天下虧節義之化也，奚可哉？

——1. 切問齋文鈔　卷二一　保甲

丁役議

周官之制，以歲時定民之衆寡，辨物之多少，入其數於小司徒，以行徵令，三年則天下大比，按爲定法。而其民無常業者，罰之使出一夫之力役之徵。故其時户無脱漏，人無游惰，比閭族黨，相友相助，而不病其役之不均。後世田不井授，户口流離，徭役不平，小民重困，將籍其數而悉役之，則逐末者多，而轉徙無常。聽徙而不爲之究，則僑户甚逸，而無以寬土著之民，皆有不可得而盡行者。國家定爲五年一編審之令，稍得以視其税糧之高下，而酌其户口之登耗，庶幾丁役可均。而有司復不能究其實，徒與二三書役按册唱名，參以口語，截日限期，務在速定。或以意見爲去留，或視貨賄爲增減，而其登耗之大數，卒不敢越乎前人所已上之籍，則豪强倖免，而貧弱受累者終亦莫能祛其弊也。然議者不察，徒見貧富之不均，遂欲以糧配丁，併丁於糧，而創爲一定不易之額，則又大不可。

愚嘗考論古今，三代粟米、布縷、力役三徵至唐名之爲租庸調，各不相併，所輸猶輕。自楊炎始取大曆十四年賦斂最多之數，併租庸調而爲兩税，是丁口之庸錢已歸入兩税中矣。而自宋以來，復算丁口以定役法。而所謂兩税者，猶如楊炎之舊不少減。至前明定賦，又或舉一切無名雜徵而併之正供。是力役一徵，既先混入於常税之中，而復使其重出於常税之外，其視楊炎之舊法抑又重矣。然猶幸國家編審之令，丁自爲丁，糧自爲糧，糧固隨業推收，無可易者。而至於丁之多寡不一，未嘗如秦人虐政，頭會箕斂；亦未嘗如南宋、金、元推排之法，復於田税外校其浮財物力，以爲輕重。第於編審之年，有司稍以糧之損益而均其丁。其間有不能無輕重者，猶冀五載一編，通檢貧富，斟酌行之。要使客户、土著隨時通融，貧者得以少紓，富者不至苟避而止。雖有糧之丁不如無糧之丁爲可憫，而糧之富者實兼丁，丁之貧者不兼糧，貧富無常，更迭爲之，終不至以無定丁糧，而累有定之丁。且使一時游手末作之民猶有所羈縻，而不得肆。此誠仿佛《周官》之意，臣民所當共遵之令典，而不容輕有變焉者也。奈何復創爲以糧配丁，併丁於糧之議，至使游惰無罰，脱漏不禁，而又貽後世以糧去而丁獨存之累乎。

余頃游秦中鄠縣，士大夫每言其邑併丁於糧之弊，起自明季某令，至今卒不可變，遂使富户坐困於輸丁，而一切游手末作者皆相率而爲化外之民。雖或逃丁以鬻販邀厚利，而官曾莫得斂而役焉。彼併丁於糧之患猶如此，則以糧配丁者又可知也。夫人無貧富，莫不有身丁可役。而一邑之中，有田者什一，無田者什九，乃欲專責富户之糧，包賠貧户之丁，將令游惰復何所懲，而通計户口之脱漏，又已不啻過半。幸而安常無事，而多欲横斂之官，猶將排門點竈，别科貧户。不幸而有水旱、盜賊之變，富户之糧盡去，而額丁不免獨存，將仍責之富户，而富户已不能輸，將復攤之貧户，而貧户去籍已久，莫可究詰。是又踵兩税舊弊之外，而復生無窮之弊也，豈國家編審之本意哉？

竊見宋南渡後，士大夫於鄉里間頗倣朱子社倉遺意，有自爲義役之規。大約會集宗黨，以力厚薄，割租若干畝，使應役之人更收其歲入以充役費，而官無所與。宋寧宗、元英宗及泰定帝時，皆嘗以其法頒行天下，民稱其便。既至正中劉輝尹上海，亦勸豪右達官出粟，爲義役常平本，於是賦役以均。此皆往事有可行者。近順治中，先王父逸六公爲闔族户長，嘗深悉賦役之苦，而患吾族之官丁有加而無已也，乃捐金寄子母錢家爲免役計。曾不二十年，既用其利千金建祠供祭，而所爲納丁之費亦率稱是。族之一二好義者皆聞其風而踵捐之，至今以爲永利。是則遠追周人相友相助之俗，而近符宋元義役之遺風，舉世所可推而行之，以救丁糧之窮者乎。

吾願有官君子，依宋元舊法，勸民沿鄉多斂財穀，各立義役，而擇富而賢者主其出納，别加旌奬，以風勸之，庶足以佐編審之所不及。如徒患傜役之不一，而欲以糧配丁與併丁於糧者，愚未見其可也。他若近日吾邑之變法者，始附蔣令之“十段錦”，而寄米之弊變速而禍小，終附楊令之“一條鞭”，而加賦之弊變遲而禍大。是皆人士之無識者爲之，抑又出鄠令下矣。

—2. 皇朝經世文編　卷三〇　户政五　賦役二

黄中堅（1649—1719）

字震孫，號蓄齋，江蘇吴縣（今屬蘇州）人。貢生，屢舉不第，遂棄舉子業，肆力於古文。有《蓄齋集》。

限田論

聖王之治天下也，所以使之各得其所，而無所偏陂不平之患者，非能設爲一切之法以整齊之也，亦因乎時勢之所宜，而善用其補救而已矣。天下之人如此其衆也，其不能有智而無愚、有强而無弱者，勢也。智者、强者常有餘，愚者、弱者常不足，亦其勢然也。夫既已不能無有餘、不足之分，則智者不必其欺愚，而愚者自爲智所役，强者不必其凌弱，而弱者自不得不折而入於强。此雖聖人復起，豈能使之均平若一哉？故但使人之智者、强者皆兢兢不敢自恣，而愚者亦安爲之愚，弱者亦安爲之弱，而天下固可以長治。苟鰓鰓焉存抑彼伸此之見，而欲以古人之成法治今日之民，則其勢必有所不行。

昔者井田廢而阡陌開，固亦窮變通久之勢所必至也，而兼併之風遂日以盛。於是董仲舒、師丹諸儒建限田之議，而卒不果行。至元魏口分世業之法，則其法較密，而亦行之有效。説者以爲得井田遺意，而惜其後無踵而行之者。嗚呼！執是説也，幾何而不爲安石之《周禮》耶？吾觀三代盛時，以九職任萬民，自丘陵、園廛、漆林而外，大率盡歸於井田。每夫受田百畝，餘夫又别受田二十五畝，宜其民之皆有以自養。然其時即有若閑民之轉移執事、待人而食者。且夫鰥寡孤獨廢疾之倫窮於天，游惰不率教之屬窮於己，至不可勝紀也。是貧富之不齊，固自古而已然矣。况積漸以至今日，而安得不富者連阡陌、貧者無立錐也哉。凡事處積重難返之勢，而一旦欲力矯其弊，未有不至於擾民者。彼口分世業之法，吾謂獨元魏之世可行之耳。蓋北方本土廣人稀，而魏又承十六國從横之後，人民死亡略盡，其新附之衆，土田皆非其所固有，而户口復可得而數，是以其法可行。要之田無盈縮，而人有衆寡，則更一再傳，而其法當亦不能無弊也。若夫大江以南，則更有不可行者，非特奪富民之田以予貧民而以爲不可也。夫憫民之貧無立錐也，而欲奪富民之田以予之，則必人有以予之而後可也。而今之大縣，户不下數萬，苟欲計口而授田，則田少而不足以給，其不可一也。今之承事於官者率富民也，徵發之令不及於小民。彼小民竭終歲之力不過能耕十畝，蓋有見徒隸則必愓息者矣。設與以數畝之田，而責以賦役之事，彼將爲賦役所困，而並不得安其耕，其不可二也。量人量地，斟酌損益，雖得良有司竭力奉行，而亦非期月所可辦。其間奪者已奪，受者未受，國家之財賦力役，將責之何人？其不可三也。至於既行之後，又當鉤考其受田、還田，吏胥上下其手，弊孔必且百出，其不可四也。且緩急人所時有，今既官爲之限，則賣僨之際，必多窒閡而難通。其弊也，勢必富者有多田之實，而無其名，貧者有受田之名，而無其實，而民之困乃愈甚，其不可五也。故欲以多限之，如綏和之名田無過三十頃，則雖稍可裁抑豪右，而實無補於小民也。欲以少限之，如太和之人受露田四十畝，桑田二十畝，則富者必見怨，而貧者不必見德，不適足以擾民哉。故夫以限田爲良法而欲行之者，皆不審於時勢之説也。

吾謂後之君子，留心田制，亦務時其消長，正其版籍，禁其侵欺，而且輕徭薄賦，以與民休息，使富民皆得推恩於貧民，而貧民亦群知自好，而恥犯法，則物各得其所，而天下治矣。何必附會井田，始爲仁政哉？

—2. 皇朝經世文編　卷三一　户政六　賦役三

噶爾弼（？—1727）

納喇氏，滿洲鑲紅旗人。康熙五十九年（1720）授定西將軍，官至奉天將軍。

奏陳平定西藏疏

從前將拉里地方攻取奏聞。臣等領兵，暫且在拉里地方，喂養馬匹住扎，與平逆將軍約會，再行進取詔地在案。我們差往打聽信息之人，回來禀稱竹工之胡土克圖，迎來歸順。今推木品宰桑帶領準噶爾之兵六百名，蠻兵二千名，在於噶兒招毋倫之渡口，堅守墨竹工下。章名兒自綮所前來與我們之兵對敵。聞聽竹工胡圖克圖暫行歸順，臣即與衆人商議。我們若住扎，仍等約會日期，倘或推木品前來，將噶兒招毋倫之渡口墨竹工下監守，將歸順我們之人，俱驚怕更變，則坐守事務必致有悮。我們即行起身，俟推木品未能措及之先，不若將墨竹工下噶兒招毋倫之渡口攻取，再等候西寧之兵一同前進。如此議定，即將滿漢兵内挑選三十名扮爲唐古特之人，先行差往打探信息。此際工布之碟巴等親身前來禀稱，等遵奉將軍之令，帶領工布兵二千名，在於工布加木打地方下營，情願一同效力等語。臣等逐一賞明，令千總趙儒、碟巴集古爾將銀、緞等物拿去，前往工布加木打地方，將工布之兵，逐一賞賜。八月十六日，在於墨竹工下地方約會，已復差去，臣等帶領滿漢官兵，於八月初六日，自拉里起身，到工下爾拉地方。竹工之胡土克圖將伊地方人口數目册籍呈送，迎來歸順。已到竹工地方，據我們從前差去之滿漢兵禀稱，墨竹工下兒地方有唐古特之兵、桀梭蒙古兵共有千餘名，俱行安營，並無推木品之兵信息。次日起身至墨竹工下地方。據前行之先鋒禀稱，前邊扎營之賊聞我們之兵到來俱行撤散，現今彼處無兵等語。因此臣等即行前去，將墨竹工下攻取。碟巴達哇等俱行賞賜安民。據差往噶兒招毋倫渡口驗看船（雙）［隻］之通事查錯阿喇木巴等禀稱，渡口無有船（雙）［隻］。問村莊人等，俱回稱船隻俱被碟巴打克渣收去。推木品宰桑找獲車零敦多布，已回當本地方。渡口等處，碟巴打克渣會積聚二三千名蠻兵扎營。聞知大兵取了墨竹工下地方，兵丁俱已潰散。碟巴打克渣情願逃往沙漠地方。臣等即差千總趙儒、碟巴集古爾前往碟巴打克渣曉諭，“爾原受聖恩之人，令意不順即差兵將爾拿來問罪”。如此差去。碟巴打克渣自沙漠野地方，又潛逃回家。前往搜尋，明白曉諭，如不歸順，即分拿訊。因此碟巴打克渣同趙儒、集古爾一同調噶兒招毋倫，前來歸順。

接續喇嘛中古兒達旺等相繼歸順前來。看來此處唐古特俱甚是恭敬碟巴，凡事俱遵碟巴打克渣指使行事。因此將碟巴打克渣暫行款待，令其在我們營中駐扎。探聽準噶爾賊人資訊，俱前往達嗎哈喇烏蘇等處地方，接我們西寧一路兵馬前去。伊等所食糧餉，俱係碟巴打克渣自詔地攢湊送去。詔地準噶爾之喇嘛甚多。此内亦有車零敦多布，甚是靠用之人。碟巴打克渣雖經歸順，不可信服。臣等僉議得詔地地方，乃準噶爾賊人根基。我們速行由噶兒招毋倫過去，攻取詔地，將伊巢穴占住，四面路口堅守，斷賊來路。準噶爾調來之唐古特兵丁，暗地差人前去，令之各散。挑選兵馬，迎接西寧一路之兵，前來幫助。使準噶爾之賊兵，首尾不能相顧，合力易於剿滅。令碟巴打克渣傳聚皮船，於八月二十三日過河，即分隊令二等侍衛那沁、郎中鄂理等帶領滿漢官兵，作第一隊，臣與都統五哥帶領滿漢官兵，作第二隊，副都統吴那哈總兵官趙坤、馬會伯等帶領滿漢官兵，作第三隊。於二十三日五更進兵，將詔地攻取。詔地所有大小碟巴等，布來朋等寺廟之喇嘛聚集，將聖主廣施法教，救護圖伯忒愛蠻衆民之至意宣諭。衆碟巴民人、喇馬俱跪稟：“蒙聖主之恩，享受安逸。自準噶爾人等前來，將我們遭害，以致殘壞。天朝大兵到來，我們衆唐古特愛蠻人等，復見天日，紛紛歡悦。”舉掌叩首。臣等將詔地所有之達賴喇嘛倉庫盡行封謹住，於詔地堅固地方安營。於相通四面道路俱派兵堅守，斷絶準噶爾往來之人運糧道路。又爲唐古特字樣，用碟巴打克渣印信，將車零敦多布處所有唐古特之兵，暗地差人前去，令其各散。派緑旗官兵前往噶爾旦巴喇、布來朋等廟内，有喀木布等曉諭準噶爾剌麻：“準噶爾剌麻等幫護車零敦多布毁壞法教，將唐古特人等殘毁，爾等即行舉出，與爾等出家之人無涉。”若隱藏一名，俱歸罪於伊等。因此三个廟内喀木布衆剌麻，將廟内所有一百一名準噶爾剌麻舉出，内有爲首者五名，剌麻、碟巴打克渣、各廟堪布等，俱稱伊等係車零敦多布，甚是靠用之人。詢問此五名剌麻，即行斬戮。其餘九十六各準噶爾剌麻，盡行收禁詔地監内。臣等挑選滿漢兵，整頓馬匹，即前往迎接平逆將軍延信之兵，幫護合力剿滅賊寇外，爲此謹奏。

—20. 皇朝蓄艾文編　卷五二　邊陲四

張鵬翮（1649—1725）

字運青，號寬宇，四川遂寧人。康熙九年（1670）進士，官至武英殿大學士。謚文端。有《張文端公全集》《治河全書》。

論黄淮要領

自昔淮行於南，黄行於北，各自達海。黄與淮會，變也。宋元以後，黄淮始合，資黄濟運，用淮刷黄。昔取其分，今取其合。淮不與黄會，又變也。大抵淮與黄合，其勢必强，與黄離，其勢必弱。數年來黄淮失軌，運口淤爲平陸。臣鵬翮之膺簡命也，恭請訓旨。上曰："黄河何以使之深？清水何以使之出？"大學士僉謂翮曰："宜敬繹斯語。"蓋黄不深則攔入運口，所病者在國計；清不出則漫入下河，所病者在民生。大哉聖謨！固已抉理水之精微，握平成之全算。黄淮薈萃，前定於片言中矣。

既至河干，日講求所以深黄、出清者。於是言人人殊。有欲用鉄蘢爪、揚泥車往來蕩滌者，予曰："此黄庭堅之所傳以爲笑者也。前剔後淤，何損於河之尺寸乎？"有欲復老黄河者，予曰："昔季馴潘公已力排之矣。"有欲引睢水助清刷黄者，予曰："睢水涓流，無裨實用。且遠在百數十里外，費鉅難成。"皆築舍也。至出清，則全無一策。予於時不避暑雨，減騶從，拏一芥之舟，於河則自開歸至雲梯關以下，於淮則溯洪湖至盱、泗以上，博考圖經，旁諏父老，憮然曰："欲深黄其必開海口，欲出清其必塞六壩乎？夫海口不開，譬人之饕餮者，果於腹而尾閭不暢，未有不脹悶者也。六壩不塞，譬彼漏卮，隨注隨竭，未有停蓄而資吾之用者也。且夫深黄、出清，其途似殊，其實相爲用。黄不深，則常虞倒灌而清不可出，是治河即所以治淮也；清不出，則無由沖刷，而黄不能深，是導淮即所以導河也。"於是拆攔黄壩，杜諸决口，培大河南北之堤，束水以攻沙，向之河身三四尺不等，今至四五丈，而黄深矣。於是堵唐埂六壩，開張福諸引河，挽全湖之水，涓滴不使漏泄，向之清口堙爲平陸者，今且浩然沛然，而清出矣。清出則轉弱爲强，黄深則化强爲弱，强弱之勢既易，而後淮乃與黄會焉，蓋康熙三十九年十一月也。

夫自古之談治河者，紛如聚訟，漢争屯氏，宋籌二股，終莫得要領，上無聰明果斷之君，遂以大患大灾，任之氣數。我皇上以灑瀹奇功，約之兩言，千變萬化，罔不在其環中，卒使淮、黄順軌，上裨國計，下奠民生，亶聰首出，於此具見之矣，烏可以不書？

—2. 皇朝經世文編　卷一〇〇　工政六　河防五

論治清口一

清口者，運河入黄之口，即淮水所從出之口也。前代未有黄河，惟泗水徑角城，從西北來與之會，同入於海，皆清流也。而泗更清於淮，無石水六泥之濁以滓之。故唐宋以前，不聞清口齟齬之患。清口之患，自有黄河始也。黄河之爲清口患，自淮水奪堰東注，不能敵黄始也。按《史記·河渠書》：禹抑洪水，功施於三代。自是以後，滎陽下引河東南爲鴻溝，以通宋、鄭、陳、蔡、曹、衛，與濟、汝、淮、泗會於楚。西方則通漢川、雲夢之際，東方則通鴻溝之間於吴。唐宋以後，都會不同，至由淮以達帝都，清口爲之襟領。其勢一也。宋陳敏議戍守云：長淮二千餘里，河道通北方者五，清、汴、渦、潁、蔡是也。通南方以入江者，惟楚州運河耳。周世宗自楚州北神堰鑿老灌河，通戰艦以入大江。南唐遂失兩淮之地，將謀渡江，非得楚州運河無緣自達。由是觀之，清口一線實關形勝，又非獨國計民生而已。顧以全淮之水薈萃洪湖，環數百里，以一線之口泄之，已可寒心，加以淤墊，如塞小兒口而止其啼，欲不旁挺横溢爲淮揚患，得乎？恭讀我皇上三十八年巡幸高家堰，閲視畢，隨諭曰："運口太直，黄水倒灌，兼之湖口淤墊，清水不能暢流，何以敵黄？宜於湖水深處别鑿一引河，以導水出清口。"又曰："清口最爲緊要，如不將清口挑濬，高堰堤工並運口堤工，縱加高厚，均屬無益。"十二月復詔曰："比年淮揚所屬地方，罹於水患，生業蕩然。朕懷深切軫念，屢經蠲租賑業。迺黄河墊高，清口低下，淮水不能流出，百姓仍被水灾，弗獲寧宇。今或堅築高堰堤工，以束淮水，多開引河，使之衝黄，宜一一講求。"臣鵬翮之來也，上復訓之曰："河底何以使之深，清水何以使之出？"鵬翮悚惕承命，至則凡上指所及者，不敢悠忽以少需。於是開海口，黄有所歸矣。塞六壩，淮無所漏矣。開張福裴家場、張家莊、爛泥淺三岔河，又益以天然、天賜凡七引河，淮流沛然而出矣。開七引河者，導淮以刷清口也；塞六壩者，束淮使歸清口也；開海門者，殺黄之勢，不使倒灌清口也。時水患方殷，予東至海壖，南至江表，西至開歸，北至徐、兖，殆無煖席。稍有寸晷之隙，必棹小舟徘徊於惠濟祠，蓋精神無時不注於清口，而治清口又無時不注於引河。迨七引河成，於是十餘年斷絶之清流，一旦奮湧而出，淮高於黄者尺餘，揚帆直渡，曾不移瞬。又清水初出，猶慮淮爲黄弱，題建兩攔壩，備節宣。及七引河滂沛，蕩滌無餘，運口闊至九十三丈。皇上以宵旰憂勤，釋民墊隘，民之所欲，天必從之，不信而有徵哉。

—2. 皇朝經世文編　卷一〇〇　工政六　河防五

論治清口二

江、淮、河、濟，謂之四瀆。瀆者，獨也。以其不因他水，獨能達海也。考《禹貢》："導淮自桐柏，東會於泗、沂，又東入於海。"今自泗口以下，雖盡爲黄所奪，其勢固無殊也。惟是黄水薈萃衆流，來自萬里，力大而勢强。淮源近出豫州，北禦黄，南資運，力分而勢弱，此清口所以常齟齬也。況頃年六壩洞開，全淮東注，清口久爲平陸。上廑宸衷，臣受命請訓，以道淮機要必於清口。因思淮之不治，全在門户。塞六壩，杜旁蹊也。闢清口，開正路也。二者難分輕重，而湖勢方盛，六壩且爲後圖。先闢清口，庶正路開而旁蹊之勢亦殺。夫淮之涓滴不至清口久矣，非多爲引河以道之，則不出。於是獨棹小舟，泝三港，穿柳林，直造洪湖中流，歷審形勢，知淮水舊在湖西，其爲六壩牽引而東者，非經瀆也。按《南河志》，淮河舊有張福、王簡二河，季馴潘公慮其流分而力薄，爲堤塞之。今清口淤墊，入湖幾三十里，惟兹二港渟深，賈舶之沿淮者湊焉。而其首適與張福口接，於此開挑引河，淮必出。議上，天子然之。乃量工命日，親自程督，不閱月河成，凡一千三百三十五丈。又於河尾置挑水壩，由是清流奮迅，而淮、黄始會，以張福河爲首庸焉。時張福迤南裴家場，又開引河，既成，虞其分而減，力不足刷黄也，乃會張福河於裴家場，而其流益沛。張福河底堅，而裴場多沙，亦藉以沖刷也。迤南又有爛泥淺引河，屢浚未就，於是挑其淤而深之。武家墩之北，舊有三岔河，自淮流久斷，惟此一線僅存。然秋冬水落，仍爲陸地，乃督弁兵濬通之。於是有四引河矣。前此清口既淤，土囊無口，至是驚流蕩滌，闊至三十餘丈，猶慮不足暢全淮而發其浩瀚之氣也。維時唐埂六壩，既堅塞之矣。乃亟走壩上，命工度其尺寸，六壩共得二百八十丈。憮然曰："以三十餘丈之口，而欲泄二百八十丈初回之水，宜其趦趄而不盡出也。"乃詳度張福、裴場二河之間迎湖大溜，復鑿大引河一道，闊二十丈，深一丈，長一千六百七十丈，名曰張家莊河。而時凡爲引淮之河者五，既會張福河於裴家場，又益以大引河，耑資其力以刷黄；又會爛泥淺於三岔，從七里河徑文華寺，專用其力以濟運；又虞其勢之偏注也，於清口之上築壩臺一座，逼淮水三分入運，七分敵黄。諸河頭水勢相連，沛然而出，會淮，水壯激，釃爲二河，土人神之，名曰"天然河"、"天賜河"。在張福、裴場之間，於是凡有七河控引清流，至其朋勢。比至清口，混茫澎湃，而淮之門户大闢，廣至百有餘丈，淮至是乃與黄會。黄不敵淮，淮且高黄數尺，自惠濟祠上下十餘里，練影澄瀾，與天一色，濁流數點，微茫煦沫，循北岸而已。皇上明德豐功，豈不遠哉？

——2. 皇朝經世文編　卷一〇〇　工政六　河防五

論塞六壩

兩河之關鍵在高堰。高堰堅閉，則淮流之趨清口者强，而黄自弱，黄、淮順軌，南北分流，則漕渠常利，而民生亦無墊溺之患。潘公季馴已試之效，具《河防一覽》者可睹已。明萬曆二十二年，洪湖暴漲，楊公一魁用治標之法，於周家橋建閘減水，由草子河徑子嬰溝以達廣陵湖；於高良澗建閘減水，由三汊河徑溼河以達射陽湖；於武家墩建閘減水，由通濟河徑澗河亦入射陽湖，於是洪湖始有數竇矣。然昔之爲閘者，啓閉以時，尺寸有度，取減去有餘之水而已，故其閘内横以石鍵，不使通舟，閘下引河，翼以長堤，減去之水，亦不致漫溢爲患。其後商販規避榷税，利出入之便，官司徇縱，視若通津，汕刷愈深，不可收拾。淮揚恒被其毒，寖失前人建閘遺意。矧洪湖自桃源屢潰，黄流挾沙而入，墊爲平陸者三十里許，昔之淮南高而北下，今之淮西亢而東傾，又有數竇爲之牽引，欲拂其就下之性，而使之還向清口，難矣。

前河臣廢武墩、高澗二閘，於唐埂改設六壩，當時見湖水之有餘，未逆睹清口之不足耳。年來淮日趨而東，北流斷絶，昨歲淮、湖交漲，洪塘盡圮，高寶、興鹽諸邑莽爲巨浸，民生墊隘。運道齮齕，則漏巵不可不塞，誠經理兩河之要籌也。先是，康熙二十六年上諭：修理下河成功，不在高郵州有所閘壩，而在堵塞高家堰之壩。仰見我皇上聖明旁矚，欲釋下河之昏墊，必自堅閉高堰始矣。洎前河臣于成龍申塞六壩之請，會以病没，未底厥績。而其年水復大至，已堵三壩，旋委洪流，於是堵塞之成議，蓄縮莫敢肩其事。鵬翮始至，念秋汛方届，洪濤汹湧，畚鍤難施，急則多捐物力，當俟深冬水落，然後鳩工。況諸公方有幫築高堰之役，諸壩塞則湖水必高，勢將束手，非計之得也。迨九月，乃總率河員詣二壩，爲文以祀淮、湖之神，身參洪流，指示籌策，不踰月而塞其五。止留夏家橋一壩，以待鳳、泗漕船之歸，未幾亦塞。於是淮、黄始會，而平成有象矣。則皆我皇上定計於十數年之前，而左契收之者也，烏可以無紀？

—2. 皇朝經世文編 卷一〇〇 工政六 河防五

論歸仁堤

歸仁堤在宿遷桃源之境，明萬曆六年，潘季馴、江一麟所葺治。長七千六百八十丈，亘四十里，以障睢、汴二渠，及邸家、白鹿諸湖之漫溢，兼殺洪湖水勢也。大約淮揚屏蔽，其關鍵在高堰，次即歸仁堤。高堰不固，下河俱爲魚鱉；歸仁不堤，睢、汴、邸、鹿諸水，闌入洪湖，益助滔天之勢，而高堰危矣。此河防之機要也。我皇上聖學淵深，於山經、地志無不該覽，於河工則三舉鑾輿，遍歷河幹，討求曲折，故其所指示要害，皆從古籌河者所未及。康熙三十八年，諭曰："歸仁堤，人皆稱係保護明季皇陵，此妄談也。三四十里之堤，何關風水！此堤耑因水漲時，毛城等鋪横流至歸仁堤，卻回仍入黄河故耳。應酌量修築。"睿鑒固超人萬萬矣。復諭前河臣于成龍曰："要緊應修兩處。看河圖内，歸仁堤、便民閘等口俱已堵塞，毛城鋪以下等口俱未堵塞，既塞便民閘等口，毛城鋪等口所出之水將歸何處？必定散漫，大爲民害。此處關係緊要，當急籌一策。"及康熙三十九年，臣鵬翮親率河員相度。先是，于成龍擬於四堡開挖引河，由胡家溝而出黄河。鵬翮按其地勢頗亢，且係沙土，難以施功。惟起涵洞口訖老堤頭迤東，地勢少窪，湖水高黄水七寸六分，於此開置引河便。計工長三千八百二十三丈有奇，於黄河縷堤出水處建石閘，築土壩，以備黄水之入。於五堡建磯心石閘，黄河異漲，則閉縷堤閘，開五堡閘，以備湖水之出。又於引河南北岸築約水堤，並塞决口，加甃石工，使無旁溢，引水歸黄，可以衝刷河身，可以免民墊隘，可以减洪湖之浸，使高堰無虞。疏上，上嘉其合理，詔速行。於是尅日興舉，役不淹時，費無浮冒。工甫訖，而河身果以衝刷而深，田廬果以水落而出，洪湖之巨浸果以客流不入而平。是役也，費以二十八萬餘，計自高堰外，惟此爲大，而功實相爲表裏云。

—2. 皇朝經世文編 卷一〇〇 工政六 河防五

河防志略

一、挑挖引河之法。審勢貴於迎溜，而施功宜於深闊。且俟水大漲，乘機開放，則有一瀉千里之勢。不可太窄，窄則受水無多，遽難挽溜以入新河。不可太淺，淺則水不全趨，勢緩仍墊。不可過短，短則水流不舒，爲正河所抑，洄洑漩淤。須寬六十丈，或四十丈，須長二千丈，或千餘丈，方趨溜有勢而成河。不可太直，直則平緩而無波瀾湍激之勢，久亦漸淤也。必隨黄河大勢開挑，俾其河頭迎溜，河尾泄水。中間灣處，急溜衝刷，漸次河岸倒卸。再於河頭築接水埽壩，河尾築順水埽壩，對河築挑水埽壩，庶引河可成也。

一、幫築堤工之法。凡屬河道，必築堤束水歸槽，以防旁溢。無論創築、加幫，總以老土爲佳。但黄河兩岸，率多沙土，恐難盡覓老土，須於堤完後，務尋老土蓋頂蓋邊，栽種草根，以禦雨淋衝汕。

一、卷埽下埽之法。凡應用埽個，須捲長十丈八尺者方穩。高一丈者埽臺要寬七丈，方捲得緊。如遇堤頂窄狹者，架木平堤，名曰"軟埽臺"，然後捲下，先將柳枝捆成埽心，拴束充心繩揪頭繩，取蘆柴之黄亮者，縮打小緶，總繫於埽心之上。每丈下鋪滚肚麻繩一條，或不必用麻者，即用蘆纜。又將大蘆纜二條，行繩一條，密鋪於小緶之上，鋪草爲筋，以柳爲骨，如柳不足，用柴代之，均匀鋪平，需夫五六十名。如長十丈者，共需夫五六百名；八丈者，四五百名。用勇健熟諳埽總二名，一執旗招呼，一鳴鑼以鼓衆力，牽拉捆捲，後用牮稈戧推。埽臨岸時，將小緶均束於埽。埽岸上每丈釘下留橛二根，將滚肚繩挽於留橛之上。每揪頭繩一根，亦釘留橛一根，看水勢之緩急，定揪頭繩之多寡。漸次將埽推入水中，將橛頭滚肚，用活扣結於留橛之上，然後緩緩壓土。俟埽將次沉下，乃下排樁，每丈用一尺八寸木一根。若水勢湍激，頂衝埽灣，併合龍之埽，須用大木，不在一尺八寸之例。每丈用料物細數，照現行工部則例配用。

一、黄河内下埽之法。凡黄河内埽工，有修防，有救險，有搶險，有新生險。修防工程，於霜降後水勢退消，驗查舊埽傾欹者、蟄陷者、卑矮者、朽爛者，須將舊埽清消平妥，相機補下，層層簽釘大樁，照依大汛水漲之痕，仍高出數尺，一律下成順埽，薄敷以土，俟其蟄定，方可下丁頭埽。若埽未蟄實，即下丁頭埽，前順埽一有蟄陷，將别埽俱動矣。其救險工程，將有危陷，埽尚未去，急須臨河添壓大埽，長樁靠堤，急清舊埽，恐爲匯崖，填之以軟草，將兩旁安穩之埽，亦須補下大樁，併力救護，勿使走動，則工程平穩矣。其搶險乃因舊埽朽爛，或因頂衝急溜，埽下衝激空虚，舊埽全去，水匯崖岸，舊堤坍卸，岌岌堪虞。當此皇皇之際，惟有審其事之先後，埽之緩急，若誤下一埽，誤釘一樁，反致逆溜湍激，衝刷舊堤，欲去不能，每致僨事。須責令久慣埽手或熟諳人員，殫心料理。責任既專，令其度量穩妥，然後急爲接下埽個，晝夜搶下，庶舊堤無虞，兩旁之埽平穩矣。其新生險工，每於舊險工之上下，黄河大溜，一時衝至埽傍舊堤，坦坡坍卸，急須下埽，直至開溜之處而止。大率黄河埽料，以柳柴爲重，次則枯草。樁必長大，繩須堅實。至於壓土，非比清水埽個。黄水一入埽中，即泥沙停滯，若壓土太厚，反恐欹卸。俗云"下埽無法，全憑土壓"者，乃别言清水之埽也。

一、黄河塞决之法。凡黄河初决，且不必急計裹頭，亦不必急計堵塞。初開之時，水勢汹湧，未可與争。惟看其出口急溜，若有奪河情形，須建挑水壩，以遏其勢。上流挑挖引河，以挽其流，速運積料物。料物既積矣，猶在得時，時可堵矣。裹頭舊堤，務必多下邊埽，堅固停妥，然後逐漸進埽。埽不可緩，緩恐决口漸深；又不可急，急恐下埽有失。埽必欲其大而長，長大則穩。捲埽首重於繩纜，其揪頭滚心滚肚，必須長壯，務使繩勝埽，莫使埽勝繩。埽既下矣，薄用土壓，埽將沉於水，方釘簽樁，再加套埽。其樁亦必須長大，計埽將到底，方可再進沉水。將次合龍之際，須多備在工料物，恐防合龍後每因蟄陷復决也。宜於合龍之時，晝夜兼工堵塞，遇有毛道過水，或係樁頂不平，或係埽手作弊，故留罅隙，必須急爲壓土，使其平實，於罅隙用稻草，或紅草塞之，務使斷流。若涓涓不息，漸至蟄陷，不急搶救則潰矣。欲杜樁埽手之弊，惟有恤其勤勞，厚以賞賚，不必按日計值，惟以成工爲主，則工易舉而成亦速。至決口初開時，不係頂衝之處，出口勢緩，去口平散，亦不必急計堵塞，久之率多掛口淤墊也。

一、建築挑水壩之法。凡黄河迎流之處，宜建築挑水壩，又名順水，又名磯觜，又名馬頭，其功最大。如清河縣境内之運口，每爲黄水急溜直逼卞家汪，關攔清水，不得暢出，以致運口淤墊。陶家莊引河數挑不成，仰遵聖謨指示，於運口迤西築挑水壩一座，將黄水挑逼北徙，清水得以暢出陶家莊，引河得以成功。今二瀆合流，河工告成者，攸賴於是。凡遇有險工之處，照式築之，裨益非小。酌試建築之法：壩欲其寬，不可甚長，須做雁翅邊埽，以順上流，勿使埽頭逆溜，有掀揭之虞。若離縷堤遠者，須接築格堤捍禦，以防異漲時黄水溢壩後衝刷之虞。

—2. 皇朝經世文編　卷一〇三　工政九　河防八

論治下河一

淮南古澤國也。《禹貢》曰：淮海惟揚州，田下下，賦下上。以其地多沮洳，爲水所宅也。然在上古，祇淮而已。至元益之以黄，洎明又益之以運，控引諸流，而淮揚之患益深矣。下河者，揚之江都、興化、泰州、高郵、寶應，淮之山陽、鹽城，七州縣，迤東際海之地也。按陳應芳《敬之集》云，自泰州新城河以至興、高、寶、鹽之間，凡爲湖者五十有奇，則民生之不墊隘者幾矣。康熙二十八年，允淮揚士民之請，挑濬下河，大發帑金，以部臣專領其事，相繼未就。三十八年正月，上閱視河工，諭前河臣曰：下河地方田廬漂没，朕軫念民艱，屢遣大臣往治，不惜數百萬金錢，務期早綏黎庶。乃歷年已久，未有成功。今水勢仍復横溢，浸漫城廬，沈没邱隴，以致民多失業，於是撤員寢工。且曰下河不必復濬，如將上河堵築堅固，則下河不治而自治矣。所以然者，下河居運河之下，運河又居淮、湖之下，洪澤堤岸不固，則七十二山河之水建瓴東注而運堤壞，運堤壞，而江、興、泰、高、寶、山、鹽七州縣濱海之民，如魚游釜底，其勢然也。洋洋聖謨，從古言河渠者所未發。然下河爲泄水入海之道，道不通則泛漫停蓄，亦足爲害。此上諭所以有挑浚下河，引積水入海之舊案也，前河臣未暇兼顧。

臣鵬翮奉命至，開海口，闢清口，塞六壩，一稟皇上成算，上河次第就理。負海之地高原亦已種麥。惟積水不去，乃籌所以宣泄下河積水之法，分爲三路：高郵、泰州、興化其南路也；寶應其中路也；山陽、鹽城其北路也。余拿舟按視，博諏父老，洞其曲折，於高郵則自南關大壩下，起攔馬河訖朱三橋，凡三百九十一丈，又自車邏壩，起攔馬河訖齊家莊，凡三百三十丈，各開置引河，匯入運河，徑一溝二溝三垛，至興化之海溝河白駒場入於海。泰州則自淤溪至車兒埠滔子河以入於海，其舊徑也。今滔子河凡三十二里，久爲鹽商閉塞，則引挑由苦水洋以入海。興化地最窪，形如釜底，水患視他邑尤劇，則浚海溝河，起鮑家莊，徑黄莊至白駒場，凡一萬四千四百八十丈有奇，而南路之積水消矣。於山陽則開涇澗二河，二河所以泄運河溢槽之水，通舟楫之利，兼以流惡而導其滯也。

自涇河、興文二閘廢，堙爲平陸矣，予按其迹，於涇河起閘下徑大小張家橋、黄家舍至留家莊以入射陽湖，達於海，凡七千二百五十丈；於澗河起閘下徑通濟橋、陳家舍、車家橋、劉均溝入射陽湖，以達於海，凡一萬四千三十丈有奇，各興工挑浚。於山陽、鹽城則蝦、鬚二溝，射陽湖之尾閭也，往自童家營潰，黄河挾沙而入。二溝之迹無存，予訪得之，畚淤沙，筐宿泥，開通深廣，如戛梁河之瓦子莊，西塘河之老鸛尖，東塘河之由葫蘆觜，其役維艱，二河凡一萬六百七十丈。溝既通，湖不日涸，又加挑若干丈，與溜相接，入朦朧河，會爲一，徑廟灣以達於海，而北路之積水消矣。於寶應則導子嬰溝入射陽湖，以達於海，而中路之積水俱消矣。大約下河以興化爲壑，故水多趨之；以運鹽河、海溝河爲絡，故多水徑之；以射陽爲歸墟，故水多萃之。尾閭通而包絡俱暢，今下河六七州縣，爾宅爾田，各有寧宇，桑麻被野，並海皆青，孰非我皇上念深慮至，不惜金錢，疏通積水之所致哉！始余下車，即開挑人字、芒稻諸河，引湖水入江，已除水患之半；至下河三路入海之道通，而沮洳俱去，澤國化爲樂園矣。尚擬開挑串場河，自泰州以至鹽城，徑廟灣入海，凡三百里，爲商民永利；而范公捍海堤，歲久殘缺，亦欲大修之，以水患初平，且有待云。

—2. 皇朝經世文編　卷一一二　工政一八　江蘇水利中

李光坡（1651—1723）

字耜卿，又字茂夫，號皋軒，福建安溪（今屬泉州）人。諸生，李光地之弟，家居不仕，潛心經學。有《皋軒文編》。

聖人作憲之原

聖人作憲，大抵爲順天以授時而已。天道之大，在寒暑四時。而寒暑四時，運於無形，不可見也。於是即日月星辰之行度，以爲氣序之準則。是故察日之出没，而晝夜明焉；察月之往來，而朔晦明焉；察日之發斂，而冬夏明焉。《書》所謂"曆象日月星辰，敬授人時"，《易》所謂治曆明時"觀乎天文，以察時變"，皆謂是也。寒暑晝夜者，天道之綱，民用之本。其驗繫乎日星，故聖人定四方，候昏旦，參四時，考晷景以測日，數漏刻以推星，而分至啓閉，無所爽其候焉。至於朔晦望弦，雖非民事所關，而聖人亦欲其參合而無間。故復立閏法以紀月，正次舍以定辰，使寒暑、朔晦、日月、星辰，皆相成而不悖。蓋所以裁成其道，輔相其宜者如此。此《堯典》數章所以爲萬世治憲之祖也。至其所以治之之具，曰憲與象。解者曰：憲，紀數之書也；象，觀天之器也。有憲而無象焉，不可也。

所謂象者，大端有四：一曰儀，璿璣是也。蓋天度渾淪，日月五星，經緯異道，遲速異勢，其間離合遠近，不可以目力齊也。故爲儀以象渾天，刻南北東西相距之度數，與日月經天之行道，轉而望之，以知躔離進退之常，伏逆遲留之變。則雖尋徑之間，而天體無所遁其形矣。二曰管，玉衡是也。雖以儀窺天，而人之轉瞬難定，故復以管定之。横於璣之上而凝眸焉，則考宿度，望中星，皆可以不失其位矣。三曰表，土圭是也。所以致日景而辨分至、定四方者也。以長短之極察之，則知二至；以長短之中裁之，則知二分。以二分出入之景揆之，則知東西；以午中之景正之，則知南北。故辨分至，定四方，皆由此也。四曰漏，分日爲百刻，而節水爲漏，以數其刻。此又所以權衡乎儀、管、表、晷之間，定其分限，以爲測候之準者也。四者互相參質，以求天驗之詳，則所謂施之於憲，頒之於天下者，其推步不至於或差矣。蓋唐虞三代之遺法，其可考者如此。

—1. 切問齋文鈔　卷二四　時憲

張伯行（1652—1725）

字孝先，號恕齋，河南儀封（今屬開封）人。康熙二十四年（1685）進士，官至禮部尚書。謚清恪。

飭禁昏嫁喪葬華奢示

理民之道，務豐其財，豐財之法，必禁其奢。閩爲禮義之邦，日來人心漸漓，競趨汰侈，不但舍本業，營末作，麗衣鮮服，游讌酒食，爲財之蠹，即婚喪二事，禮有定經，亦不敦尚本根，專飾浮文，富者務其繁華，貧者傚彼所爲，至賣田以嫁女，破産以治喪，富者就貧，貧者顛沛，民力困絀。職此之由，合行禁止，詳條於後：

一、婚爲吉禮，人道之始，必須親迎聞入府中，惟泉州尚行此禮，他府闕如，其在省會，惟誇嫁妝，情願嫁女千金，不能教子一經，排箱倒笥，照耀街市，鋪紈披錦，輝煌里閭，一物不備女不登車，婿家責備其豐，甚且勒索隨車田業，折儀銀兩，癡人變産以應，或勉强無措，稽延年月，女至逾笄不得出閣，内有怨女，外有曠夫，嫁妝之害大矣。大凡爲人必度分量力，慈而且義，身無一命之秩，而作百兩之將，是逾分也。家無儋石之儲，而效盈門之爛，不量力也。翁姑不問婦之賢淑，但以嫁妝厚薄爲愛憎，非所以示慈也。父母不訓女順正，第欲女挾所有以驕其夫，非所以教義也。入門之後，匝月鼓樂，或至半月，或至纍日，且連旬設酒、演戲，動十餘席，糜費已極，合巹之夕，親戚朋友，夥飲徹宵，擁衆入房，披帷帳，搜枕衾，名曰鬧房，褻狎瀆亂，傷風敗俗，此其甚也。且婚喪繁文，奉有之大關，奢儉者貪廉之根柢，欲教以廉，當先使儉，然而不能遽致者，則積習使之然也。臣伏見我皇上盛德淵純，躬先節儉，御服無奇麗之觀，尚膳鮮兼珍之味，早朝晏罷謹小慎微，與中外臣民共登淳古之風，一時公卿大夫，是則是傚，宜蒸蒸有丕變之機矣。臣謂風俗未能盡儉者，蓋古者衣冠、輿馬、服飾、器用之具，婚喪之禮，賤不得踰貴，小不得加大，今或等威未别，因而奢僭之習未盡化也。百金中人之産，一裘之費，奚啻百金？綺紈之服，機絲所織花草蟲魚時新日異，舊者猶新，新者已舊。貧者循舊而見嗤，富者即新而無厭，轉相慕傚，積以成風。外官之任者或擁傔從數十百人，衣輕策肥，車馬闐咽，震驚道路，泥沙之用不惜，貪饕之行易成。由是則富者黷貨無已，貧者恥其不如，冒利觸禁，妄冀苟免，幸不罹於法，則以高貲誇耀閭里，愚民無知，見其如此，游末趨利，多離南畝，棄其本業。賈誼所謂一人耕之，十人聚而食之，欲天下無飢，不可得也。百人織之不能衣一人，欲天下無寒不可得也。其始由於不儉，其繼至於不廉，其卒至於天下飢寒，飢寒切於其身，奸宄因之而起，此所以刑罰未能衰止也。然則風俗何以厚之？亦曰正人心而已。夫好尚嗜欲之中於人心，猶水之失堤防也，是教化之所宜先務矣。伏祈敕下廷臣，博考舊章，詳議定制，御賜之衣物，許其服用，及近御之人，照常不議外，官員、士庶冠服衣裘、飾用之制、婚喪之禮有宜更定者，斟酌損益，務合於中。其淺近易行如貂、猞、猁、猻，昔有官品之分，今則庶人服之矣，如緞綢，昔有官民之别，今則雜然無辨矣，並宜釐正，使永遠遵行。至若外任官輿馬、僕從不得過侈。制度既定，罔敢陵越，則節儉之風可以漸明旨，都下業已從簡，閩中何得獨違？爲此示禁，嗣今嫁女椅桌不過數張，被褥全具，衣服一箱，過此定拿其父母以違制論。並著地方保長糾察鬧房之人，子衿移學院戒飭，小民發府縣懲治，慎之毋忽。

一、喪爲慎終，人所自致。子曰："喪與其易也寧戚。"子游曰："致乎哀而止。"世俗惑於釋典，不盡哀而佞佛，謂超度父母者，佛也。於是延緇流，建道場，誦經拜懺，或七日，或五日，或三日，或一晝夜。富者蕩財以爲美觀，貧者亦借重債勉作佛事，以塞衆議，則僧道邪説害之也。且追薦何爲者？未有佛法以前，人豈盡沉於畜生道而不出耶？既有佛法以後，人豈盡超六道而升天界耶？地獄尤爲不經，人子謂父母必入地獄，是以窮奇檮杌待其親也。即使親不幸有過，爲子者惟有反身修德幹蠱蓋愆，是爲克孝。不此之務，顧望解脱於僧，何其蠢也？道場既設，每值七日親朋會赴，食前方丈至數十人，主人臨喪不哀，惟酒食是議，客子食於喪側，必飽必醉，何其悖耶？下窆之時，親朋送葬，雖曰情理，然輀至數百乘，或百乘，少亦數十乘，孝子無暇襄事，多治厨以豐筵席，厚蓄金以發輀資，計其所費至近百金。世人停柩而不敢葬，率多由此。此地方一大弊也。孟子曰："君子不以天下儉其親。"然孟子所不儉其親者，乃棺椁、衣衾之美，非浪費之謂也。《書》曰："不作無益害有益。"以有益之錢供無益之費，何如移此無益之費，廣置祀田，使牲殺常裕，器皿長充，世世子孫蒸嘗有賴之爲孝乎？合就禁諭，如有故違，重懲不恕。

—1. 切問齋文鈔　卷四　風俗一

救荒事宜十條

賑濟

極貧賑濟，或散米，或煮粥，無容贅矣。然賑法須公。今查饑民止委鄉保地方，此輩多奸猾作弊之人，或借名造册，或斂錢始得入册，而真饑者反不得入。此查饑之弊，不可不知也。宜令鄉地既報之後，於紳衿中擇其品望公正者加以隆禮，使之查核，必令得實，然後有濟。然饑民又不可一概定也。或有此月饑，而下月可以存活者，則去之，或有此月猶可存活，而下月饑餒，則增之，務使人人得生，不至饑死而後已。現今養濟之令自今年十月養至明年七月，共十個月爲止。此十個月之中，若限定數目，分定月分，所養之人反少。若不限數目，惟以每月之飢不飢爲憑，則十二月、正月不妨多養，至五、六、七月可以少養，則所活者實多。林希元《荒政叢言》陳"二難三便"，而終之以戒拘文者，此也。

賑糶

次貧賑糶，即今之各州縣減價平糶者是也。然其中亦有當審慎者，須是查明真係次貧之民，方許糶減價之米。若無論貧富，人人得糶，富者或得賤買而貴賣，而貧人之受惠者少矣。宜照賑濟之法，每家若干口，每月需米若干斗，每月止許糶減價之米若干，富民不許概糶，而次貧之民亦不許多糶，如是則沾惠得均，庶免詐冒假託之弊矣。

賑貸

稍貧之民宜賑貸，即今各州縣之借用倉穀是也。而亦有當酌者。每見紳衿大户及豪强有力之徒，平日結交官吏，官吏等或喜其附己，或力不能制，一遇借穀之時，巧爲夤緣，有借三五石者，有借至三五十石者，且有借至三五百石者，展轉糶賣，止圖一己之利，罔恤百姓之苦。多一繼富之穀，即少一周急之穀，此稍貧之民不可不力爲查核也。宜令計口授穀，每户若干口，每日需穀若干斗，每月亦止許照數借領，不許多支，亦給印票，執票赴領。仍勸諭蓄積之家，許行出利借貸與人，候豐熟之日令其償還。如有奸猾之人不肯償還者，州縣官爲理索追比，不令逋欠，則人之借貸者多，窮乏之活者必衆矣。

擔粥法

極貧之人宜賑粥，然賑粥惟官長行之，而紳衿富户鮮有行之者，非盡無惻隱之心也，有所畏而勢不能爲耳。蓋施粥之名一出，人來必衆。此人得食而彼人不得，則彼人怨；今日得食而明日不得，則明日怨；本月得食而下月不得，則下月怨。恩未結而怨已隨之，所以雖有其心而不敢見之施行也。然則隨力賑粥，使人感恩而不怨者，豈無道乎？今設爲擔粥之法，富家有力願施粥者，每遇風雪寒冷難以求食之日，煮粥一擔，令人肩挑粥擔，隨處給食，食畢則已。明日再煮，陸續挑給，擔粥者衆則全活者多，且無斂怨争擠之患矣。又風雪之日，饑民不能出門户，每人量給粥一頓，俟天氣和暖方能出門營求。此在富者所費有限，而貧者續命已多。若給食至於數十户者，地方官亦即申報，酌行獎勵。

勸捐

一、立獎勵之法。蓋地方雖有富户，未必人人好義樂施，必得上人獎勵勸勉，則有所慕而爲善益力。宜諭富户各量力捐施，有捐之極多者爲一等尚義之民，撫臺給匾旌獎，有司宜加隆重。次者爲二等尚義之民，知府給匾旌獎。再次爲三等尚義之民，州縣給匾旌獎。若有破格多捐，爲人所不能爲者，則申詳撫院，具題旌獎。

安流民

一、流民當互相養濟也。每十人爲一排，或多一二人或少一二人亦可。立一排頭，來者即令著落排頭。如來者多，再分排頭，令聚一處。晝則各出分路求食，夜仍聚會一處。或庵觀寺院，令排頭代爲料理，而以僧人董之。蓋恐流來人多，或有死亡、拐帶、盗竊、争鬬事故，有此著落，如佃户之依里主，行旅之依店主，自帖然得安。至於男女，尤當分别。寺院有男僧者，令其收養流來之男人無妻女者；庵觀之有女尼者，令其收養流來之女人無男夫者。如一家有男女數口者，不得分别拆離，或於寺、觀，或於各鄉村處所，查設空閑房屋以處之，以耆老鄉約主其事。然流民又宜各州縣均爲安插也，使此處安插，彼處或不安插，則此處之聚集必多，必有不能周全之虞，惟各處均爲安插，則養濟自易，而人亦無擁擠之患矣。

稽察

人之飢餓而死者，必數日不得食而後死，斷無一二日不得食即餓死之理。宜令流民頭或僧人稽察，有真正一二日不得食者，即爲稟官給粥一頓，使能行走，再令出門求食。若居民，則令耆老公正者會同鄉地不時稽察，真正一二日不得食者，即令報所在官長，令給粥一頓。至風雪之日寒冷不能出門求食者，尤宜稽察報明所在官長，或量給米升合，或量給錢數十文，或用擔粥法煮以食之。但要每日留心，如有凍餓而死者，即報明所在官長，捐棺木以埋之。如先不稟明，幾日不得食而即稟報餓死者，嚴加治罪。如地方官凍餓死人不行申報者，以匿災論。如有隆冬真正無衣者，令耆老會同鄉地查明，報所在官長捐給棉衣，流民亦如之。或耆老確查明白，稟所在官長設法捐給，或勸諭紳衿富户酌量多少捐給，如此則所費者少而所活者多矣。

收養

一、鬻賣子女者，原非得已。蓋舉家飢餓，束手就斃，不如割愛以甦旦夕之命也。且買者必有糧之家，賣者必得食矣。今凡賣子女者，責令地方官捐俸，代爲回贖。此雖軫念貧民，曲爲完聚之法，但富室有力之家不肯再買，而災黎窮困之極，必有遺棄道路而凍餓以死者。今宜令如有窮苦零丁不能自存者，許令親戚收養。如無親戚者，鄰里養之。或所至之處有願收留者，任其收留役使，與僱賣人同。而人多不肯收養者，誠恐歲歉代爲收養，至年豐伊又將竟回本家，不爲使令，故不肯收養耳。今宜官給之券，聽其自定限期，以若干爲滿。其有遺棄孤兒，人家收養長大者，即拜所養爲父母，豐年不得歸還本家，著爲定例。蓋父母生之而不能養，此能養之即亦父母矣。則人之收養者自多，而孤兒庶免凍餓而死。此兩全之道也。

掩埋

一、骸骨不可不急爲掩埋也。昔文王澤及枯骨，況現經飢餓而死者乎。每見有拋棄骸骨，日色暴露，甚爲可慘。宜嚴飭城關各鄉約地人等，凡街市、道路、田間有拋棄骸骨，俱令掩埋，以順生氣。蓋災祲之後，每當疫疾，皆因餓死人多，癘氣薰蒸所致也。一經掩埋，不惟死者得安，而生者亦免灾沴之祲矣。

禁戲

《周禮》以十二荒政聚萬民，九曰"蕃樂"，注曰"閉止樂奏也"。饑饉洊臻之時，流離滿道，何心樂此乎！是以嚴加禁止。蓋人方愁苦衣食之不暇，我乃演戲以取樂，無論向隅者所不願聞，恐天地神明亦必不祐矣，何如省其費以濟民之爲得乎。自禁之後，如有搭臺及燕賓、仍前演戲者，每日罰穀十石，計日增加，立比入倉賑濟饑民，既可化無用爲有用，亦可變游惰爲勤慎矣。

——1. 切問齋文鈔　卷一九　荒政一

飭置義倉捐積穀石檄

爲特飭設立社倉，捐積穀石，以裕民生事。照得民爲邦本，食爲民天。

古之所以耕九餘三，耕三餘一，蓋爲預積貯而備荒歉也。查閩省原有常平義倉，雖歷年俱有捐積，但山多田少，人寡蓋藏，且報捐有限，若不勉力勸輸，倘雨暘弗若，一遇荒歉必致周章失措。本都院不得不預爲籌劃，先經檄飭各屬清查餘存銀兩，正爲買穀積貯之計。今值收穫之候，該府州立即查明所屬，凡有餘存銀兩，飭令盡數買穀積貯外，該府州仍率同各廳縣首先倡捐，並飭諭紳衿、士庶人等勉力捐輸。於市鎮、鄉村各置社倉一所，積貯買捐穀石。倡率好義有德之人董理勸捐，群相鼓舞樂輸，如一鄉之中有能勸捐至五十石者，該縣給匾旌獎；勸捐至一百石者，該道給匾旌獎；勸捐至二百石者，該司給匾旌獎；勸捐至二百石以上者，將勸捐之人姓名申報本都院，給匾旌獎。如紳衿、士庶人等有能約社倉會，自五十石以至二百石以上者，亦照捐輸之例旌獎。至士民捐輸多者，該縣優以禮貌，免其差徭。每倉選擇殷實誠慤之人收管倉厫穀石，公正廉介之人經理出入數目，飭令加謹收貯，毋致浥爛。嗣後每歲源源照此輸捐，設遇歲有不登，即以本鄉之積穀濟本鄉之貧民。倘該鄉悉屬殷實之家，將所積穀撥濟鄰鄉貧屬，縱有荒歉，亦可無恐。如係大荒，再行題請動常平倉穀賑濟，小民自可無虞矣。所貯穀石每歲當青黄不接之際，該鄉管理之人將穀石數目呈明地方官，平價發糶，以濟民食。其價銀令殷實之人收貯，俟秋收後照依時價買補還倉，不許假手承胥，致滋需索侵耗情弊。此事關係民命，合亟通飭，爲此牌仰該道府官吏即便遵照舉行，並飭將勸捐士民各姓名與設立社倉處所、經管姓名造册送查。該府、州、縣爲牧民之官，務宜倡率勸諭，盡心料理。本都院即以穀石之多寡，定官評之殿最，果能勸諭有法，自當另行薦舉。如或漫不經心，視爲虚文，無補備荒實政，一經查出，白簡隨之，各宜凛遵毋忽。

—1. 切問齋文鈔　卷二〇　荒政二

治河附論

溝洫之説凡河皆可用，而獨黄河不可用，何也？以其隨行而隨淤也。若與諸湖相近者，皆可用溝洫之法，而洪澤湖一帶尤爲利便。予聞往時洪澤湖如周橋、翟壩、高良澗等閘，下皆有河，河之兩岸皆爲肥美水田。自六壩開，而美田皆匯爲巨浸矣。今六壩已閉，田盡涸出，所待舉行者，水利而已。與其以有用之水委之於海，何若多開河渠、廣修溝洫、引水溉田，既資其利、又除其害之爲兩得乎？春則使之出清口，一以刷黄，一以濟運；夏時水漲，則開河渠，以灌溉民田，則昔之民苦水之害者，一轉移間，而且以得水之利矣。但凡民可與樂成，難與慮始。若聽民自爲之，勢必有所不能。或添水利官使專治之，或令地方官兼管之，務使先開河渠，俱令至運河之西岸仍於運河之下開涵洞。如淮安府山陽縣之伏龍洞，遇水小時則閉涵洞，止用以灌田，而不使之東注；遇洪澤湖水大，則取其足以灌田而止，餘水盡令泄於運河之東，由射陽湖、馬家蕩、蝦鬚溝、濛瀧入海。即運河之東至馬家蕩及蝦、鬚二溝，俱可爲水田。此處儘民爲之，不必官爲區處也。此愚一得之見也。

—2. 皇朝經世文編　卷一一一　工政一七　江蘇水利上

淮沁水利議

西北水利在黄河之北者，莫大於沁河。沁河發源於山西，由河南懷慶府武陟縣入黄河。若於木欒店倣録口壩、金口閘、堽城閘之制，修成閘壩，冬春俱係清水，則閉壩開閘，引清水入内河；夏秋水發，恐有混濁，則閉閘、開壩放入黄河。總之，清永［水］則引入内河，濁水則放入黄河，必不使涓滴入内河。則由木欒店以下至陳橋，由陳橋至黄陵岡，由黄陵岡至張秋，若運河水小，則使之入運河濟運，由臨清至天津下海。若運河水大，則使之由五空橋穿運河入鹽河，至濟南府雒口下海，或由雙河集引入牛頭河，由濟寧、魚臺至微山湖。如水勢仍大，則使之由荆山口彭家河貓兒窩過駱馬湖入中河濟運，而中河之尾仍使之由鹽河下海。如駱馬湖口水勢仍大，則使之由西寧橋河，由宿遷桃源、清河、安東、沭陽、海州五港口下海。則由木欒店以至五港口，凡有可以開通河道，挑挖溝洫，灌溉民田者，皆可成水田，而河北之水利溥矣。

西北之水利在黄河之南者，莫大於淮河。淮河發源於河南桐柏山，由開封、歸德、亳州、鳳、泗至天妃廟上出清口，此古之小清口也。古黄河，在清河縣之後，淮水出小清口，獨行五六里至大河口。黄河由清河縣後，亦獨行至大河口，淮合於黄，黄合於淮，是爲淮、黄交會處也。是小清口至大河口淮、黄交會處，尚有五六里之遥，黄水安得逆流而上，倒灌清口乎？今則黄河已遷於清河縣之前矣，黄、淮交會於清河口，黄水直衝清口，故歷年以來，總不免於倒灌之患。倒灌洪澤湖，則淤洪澤湖，倒灌運河口，則淤運河，黄水小灌則小害，大灌則大害。或歸咎於黄之强，或歸咎於淮之弱，總未有以治之，而使之不爲害也。

愚不自揣，欲清河口堵閉，使淮水獨入運河，由天妃廟後，離河稍遠之處開引河一道，穿過堤北，於堤河適中之處，使之直往東行，至鮑家營河口對過，開河口放入黄河，則黄水既無倒灌之患，而糧船由清江浦至天妃廟後御示閘對過，再開引河一道，入新河，出口過黄河，較之出舊清河口，又覺順便矣。且黄水即有倒灌，一入引河，自往東行，而不能西行矣。若慮新河一時不能寬深，恐不足以泄淮水，則將舊清口之西，御壩之東，開引河一道，建閘一座，淮水大時則啓板放入黄河，黄水大時，則閉板以拒黄，不使倒灌洪澤湖，蓄泄有方，似屬妥便。但此時淮河由開封至歸德，久經淤塞，必大加開通，中間凡有可以開通河道，挑挖溝洫，灌溉民田者，皆酌量行之。至運河口之東，有可以開河引入高家堰内灌溉民田者，則酌開河道，多挑溝洫，使高堰之内盡成膏腴之田。再將清江浦檀渡寺東運料小河閘座修理堅固，仍將運料小河盡行疏通，以至海口，則由此放水，可以灌二百餘里之民田矣。再於淮安之西，舊柳溝河開通，引水灌田。再於淮安之南，劉均溝、涇河、澗河、子嬰溝盡行開通，放水灌田，餘水下海。並將鳳凰橋人字河、芒稻河、白塔河盡行開通，引水灌田，且於運河兩岸各閘壩，俱行修理，以備蓄泄，則高寶湖水可以放入運河，運河之水亦可以灌田，且放之入海、入江，而不至有泛濫之虞矣。觀沁河、淮河之可以分流灌田，則各省凡有清水之處，皆可以設法灌田，而水利益溥矣。是在後之君子講求而酌行之耳。

沁水濁悍，衝决爲患甚大，引沁入運，此斷不可行之策。存之以備一説耳。

—2. 皇朝經世文編　卷一一五　工政二一　各省水利二

汪　份（1655—1721）

字武曹，江蘇長洲（今蘇州）人。康熙四十二年（1703 年）進士，官廣西鄉試副考官。有《遄喜齋集》《河防考》。

黄河考一

大河自禹迹而後，凡五大變，而如西漢之河則其先已經改移，未可謂爲禹時舊迹。蓋自《河渠書》盛稱宣房之役塞瓠子決河，復禹舊迹，《封禪書》亦云，讀者不復致疑。及考其實，乃與《禹貢》大伾以北河流殊不相合。瓠子在今開州，漢武塞其決口，導河北行，復歸當時未決以前故道，此其去今濬縣大伾山西之禹迹，蓋百里而遥矣。西漢時能心知其故而明言之者，獨大司空掾王横。横之言曰：禹之行河，本隨西山下東北去。《周譜》云“定王五年河徙”，則今所行非禹之所穿也。宜更開空地，使緣西山足，乘高地東北入海。横言如此，其識雖史遷弗如。横之前賈讓請決黎陽遮害亭，放河使北入海，西薄大山，東薄金堤，以遵古聖之法。計讓固已知當時河自黎陽東去之非古法，而曾不能如横之明言“河徙”。何也？横之後班固既載横言於《溝洫志》，《叙傳》又稱“惟河爲艱”，“商竭周移”，其《地理志》“魏郡鄴縣”下注云“故大河在東北入海”。又能實指出河隨西山下東北去之路在於鄴東，其於“鉅鹿”下則注云“《禹貢》大陸澤在北”，於“元氏”下則注云“沮水東至堂陽入黄河”，於“真定國縣曼縣”則注云“斯洨水首受大白渠，東至鄡入河”。又可就此尋求而知鄴東故大河下流在於鉅鹿，在於堂陽，在於鄡。夫阜城以北，西漢現有河流禹迹未改，考驗可知。而鄴東之有河，鉅鹿之有河，堂陽鄡之有河，實由《班志》發之。故禹迹久湮而得，不致終晦者，王横、班固二人力也。

黎陽者，今濬縣也。遮害亭在濬縣西南五十里。鄴縣者，今臨漳也。堂陽者，今新河也。鄡在西漢爲縣，今束鹿也。蓋大河自華陰而東，乃冀州南河之始。其東過洛汭以後，又東至黎陽西南，歷遮害亭抵宿胥口。斯冀州南河之極東矣。大河至此則折而北行，爲冀州東河之始。東河者，古冀域之東界也。大伾山在河東岸，所謂黎陽東山者也。大伾一曰青壇。其曰紫金、鳳凰、浮邱者，皆其枝峰也。同人、白祀、枉人三山在河西岸，俗號“上陽三山”，則所謂西山者，即其山也。杜佑謂西山爲太行恒山，非也。太行在輝縣、林縣，西去濬縣二百里、臨漳一百五十里，恒山在曲陽縣西北，距鉅鹿四百里，至濬縣則八百里，大河安得隨二山之足東北去也？程大昌謂禹河自澶、相以北皆行西山之麓，又謂古河在貝、冀，皆穿西山踵趾以行，亦非也，言澶而不言濬。唐澶州治爲今清豐縣，宋澶州治爲今開州，皆非禹河所經，貝爲今清河縣，亦非禹河所經。貝、冀界中求所謂西山踵趾，無有也。宿胥口在遮害亭東，直西山南。蘇代謂決宿胥之口，魏無虚頓邱，而此口卒爲後世決河難端所從發云。《河渠書》謂禹導河至大伾，廝爲二渠。所謂二渠者，其一爲漯川，自大伾之南而東北流，入海於千乘。千乘者，今高苑也。其一爲大河經流，則冀州東河之來自宿胥口者也。酈道元謂之宿胥故瀆。《濬縣舊志》：“故瀆在縣西十里，亦曰西河。”李垂謂之西河故瀆，則《班志》鄴東故大河之上流也。蓋以其在冀州東而曰東河，以其既有大伾山南改流東去之河，而曰西河。西河云者，所以别於東徙之河也。賈讓謂淇水口金堤高一丈，其東地稍下，堤稍高，至遮害亭高四五丈，則遮害亭之地卑於淇水口遠甚。而自遮害亭至於大伾以東又可知也。洪水之時，河從大伾山南東出，或决而北，或决而南，如後世决河之泛濫於兖、豫、青、徐、揚之域，《河渠書》所謂行平地數爲敗者也。讓又謂河水盛時從遮害亭堤上望北河，高出民屋，百姓皆走上山，因欲决其堤，放河使北入海，則遮害亭以北地形之卑下又可知矣。蓋濬縣之地西則高於東也，南則高於北也，故禹廝河爲二渠，自大伾山北去者爲大河經流，而自大伾山東去者爲支流漯川。漯受水不多，雖行平地，不爲敗也。鄴東故大河上流，既折而北行，凡行二百里，西岸爲湯陰、安陽、臨漳，東岸則内黄、魏縣。此之謂故大河之在鄴東者矣。後漢《郡國志》亦云鄴有故大河，蓋又祖述班《志》此説，而鄴東故大河之名遂顯白於後。《史記索隱》因謂河在鄴東，故名鄴爲河内。《玉海》因謂《地志》魏郡鄴縣有故大河在東北，直達於海，疑即禹之故河。故禹迹之不致終晦，實由於此矣。

鄴東故大河，其下流自此北行，西岸爲肥鄉、曲周，而漳水入之，其東岸爲邱縣之平恩故城。漳水者，清濁二漳也。濁漳出長子，清漳出樂平，至陟縣而二漳合流，曰交漳口。自交漳口歷臨漳、成安、肥鄉、曲周而入大河。説者謂降水即濁漳也。“降”亦作“絳”，漳、絳得通稱也，是爲北過降水也。自北過降水，而漳水即河水矣。及禹河既徙，而漳水循其道北行，故《水經》所叙漳水自平恩以下皆禹河故道也。鄴東故大河下流，自此又北行，其東岸則廣宗，西岸則平鄉、鉅鹿，大陸澤在焉。所謂至於大陸者也，按濬縣西南直汲縣北有古朝歌城，本殷墟。《貨殖傳》曰：殷人都河内。《漢志》曰：河内本殷之舊都。張守節曰：河從龍門南至華陰，東至衛州，東北入海，曲繞冀州，故言河内。而《衛世家》稱封康叔爲衛君，居河、淇間，故商墟。顔師古謂爲汲郡，朝歌地。衛之《詩》曰“瞻彼淇澳”，曰“河水洋洋，北流活活”，曰“在彼中河”。淇水徑殷墟之西，河水徑殷墟之東，命曰“河淇之間”，是故王豹處於淇而河西善謳。趙岐注曰：衛地濱於淇水，在北流河之西。是則禹河在濬西汲東之明證矣。自鄴東故大河之説倡於班《志》，後世宗之。而《通典》：鄴隸相州，殷王河亶甲所居，蓋其後因圮而遷。河水所毁曰圮，而西門豹之爲鄴令，鄴人苦爲河伯娶婦。《水經注》：漳水北徑祭陌西。俗巫爲河伯娶婦，祭於此陌。祭陌亦曰紫陌，在故鄴城西北五里。戰國時大河出清豐、南樂、元城之間，去鄴百有餘里。土人皆知異時漳水在鄴北入河，故河雖東徙，猶沿舊稱而呼漳水爲河，因以河伯娶婦惑人，凡《西門豹傳》所謂河者皆漳水也，項羽鉅鹿之戰所謂渡河者亦漳水也。是皆相沿土人舊稱而不變也。相州自鄴移治安陽，今彰德府治也。蓋彰德土人至今猶知其地舊有大河，故有所謂黄河老身、黄河老家者。余幼時在彰德，土人每指其地以相示。初猶疑流傳之妄，及讀《班志》乃知其良然。此大河自濬、汲間北流出於安陽、臨漳東之明證也。《續漢書》謂河水從列人北流，《通典》謂漳水至肥鄉横流入河。肥鄉者，漢列人也。應劭謂漳水自斥章治北入河。今曲周縣有斥章故城，在列人北。東漢初趙王子林説光武决列人河水灌赤眉。是時河益東徙，列人安得有大河？蓋亦相沿舊稱，以漳水爲河水如鄴人也。而《殷本紀》：“祖乙遷於邢。皇極經世，祖乙圮於耿，遷於邢。”《通典》謂即唐邢州，秦爲鉅鹿、邯鄲二郡地。《明一統志》：“祖乙遷邢，即今順德府治也。”蓋其地瀕河，故其後又因圮而遷，而《漢志》既謂《禹貢》大陸澤在鉅鹿北，孫炎云大陸、鉅鹿北廣河、澤河所經。蓋廣河云者，謂其爲河水所匯也。《元和志》謂邢州鉅鹿縣大陸澤，一名鉅鹿澤，在縣西北。趙州昭慶縣廣阿澤，在縣東二十五里，乃大陸别名。蓋一澤跨二縣之境，而廣阿者即廣河也。則又河水出於肥鄉、曲周、鉅鹿之東之明證也。

鄴東故大河至鉅鹿，其下流又東北行，則經所謂又北播爲九河者是已。蓋自大伾以北，地形平衍，大河勢猶居高屋翻瓶水，其下注大陸沮洳鍾水之區，奔衝散漫，交馳莫禦。禹因而播之，順其性之所便，從其地之所近，河遂分爲九派，《淮南子》所謂禹剔河而道九岐，賈誼《新書》所謂大禹“釃河而道之九牧”者也。而九派中有大河經流焉，其名實曰“徒駭”云。徒駭之與八支分而前騖也。其西北岸則新河、東鹿、深州、獻縣、青縣、大城、文安、寶坻，其東南岸則南宫、冀州、衡水、武邑、武强、阜城、交河、滄州、静海、天津。及禹河既徙，而漳河循徒駭故道北流。于欽《齊乘》謂北流之漳，安知非古徒駭河？有以也。今德平、樂陵、齊河、濟陽、慶雲、海豐之有土河，乃在九河南。志以爲徒駭者，妄也。新河即堂陽，東鹿即鄡。《班志》所謂沮水，斯洨水至此入河者也。冀州者，故信都也。深州者，故下博樂鄉也。武邑有昌亭焉，《水經》：“漳水至昌亭與滹沱河會。”《水經》所叙漳水自平恩以北皆禹河故道。其曰漳水至昌亭與滹沱河會，則禹時滹沱河在此入於大河，而滹沱河即爲河水，土人皆熟知之。故《漢志》謂成平之滹沱河，民曰“徒駭河”是也。《蔡傳》祖程氏之説，謂滹沱中高不與河通，而詆班固之顯然謬誤，非也。武强，故武隧也。阜城，故弓高也。獻縣，故樂成饒安也。交河，故成平也。青縣，故參户也。滄州，故清池，即浮陽也。《唐志》：“清池縣西五十里有徒駭河西堤，永徽三年築。”唐時大河不能北至清池，蓋猶指清池之漳水爲徒駭河也。静海，故章武平舒地也。天津鎮，亦章武地也。大城，亦平舒地也。寶坻，故泉州也。夫徒駭爲大河之經流，而《爾雅·釋水》：“九河之名，徒駭而外曰太史，曰馬頰，曰覆鬴，曰胡蘇，曰簡，曰絜，曰鉤盤，曰鬲津。”孔穎達謂徒駭是河之本道，東出分爲八支，朱子亦主其説。而《蔡傳》顧從曾旼，謂别有一河爲經流，而合簡、絜爲一河，非也。其相沿謂絜爲潔，亦非也。西漢言九河者，馮逡言今既滅難明，平當言今皆寘滅，王横亦言爲海所漸，獨許商謂古説九河之名有徒駭、胡蘇、鬲津，今見在成平、東光、鬲縣界中，自鬲以北至徒駭間相去二百餘里，今河雖數徙，不離此域。孔穎達又推明其説曰：是知九河所在，徒駭最北，鬲津最南。許商上言三河，下言三縣，則徒駭在成平，胡蘇在東光，鬲津在鬲縣，其餘不復知也。《爾雅》：九河之次，從北而南，既知三河之處，其餘六者，太史、馬頰、覆釜在東光之北、成平之南，簡、絜、鉤盤在東光之南、鬲縣之北也。其河填塞，時有故道。按今陵縣北有鬲縣故城。鬲縣者，故有鬲氏國也。而《漢志》謂成平縣有滹沱河，民曰徒駭河；東光縣有胡蘇亭、鬲縣，平當以爲鬲津，其説皆同許商。而三河之外，顔師古謂平原般縣即九河鉤盤，《通典》謂在樂陵東南，亦與孔氏所推許商之説合。他如張守節謂簡在貝州歷亭縣界，歷亭爲今恩縣，則在鬲津南。《通典》謂馬頰、覆釜在平原郡界，又云安德縣有覆釜河。按唐平原郡德州治安德，鬲縣故城在其西北，則《通典》“馬頰、覆釜二河亦在鬲津南”，皆與孔氏所推不合。安德者，今陵縣也。《輿地廣記》謂簡、潔在臨津，《元和志》謂簡、潔在南皮城外十餘步，皆合簡、潔爲一，恐未可信。臨津者，今寧津也。近志平原、商河、陽信界中有馬頰河，蓋即《寰宇記》所謂篤馬河，即古馬頰河。自是唐之馬頰在鬲津南，與《禹貢》九河無與。《明一統志》謂太史河在南皮，識者尤斥爲臆説。蓋九河已亡其八支而滅没難明也。由許商及孔穎達之言，僅可仿佛得其梗概。大抵自鉅鹿、南宫而北，今冀州、束鹿以東，海豐、天津以西，南北相距二百餘里間，正禹播爲九河所在。後世不名爲九河某某者，如于欽所謂青、滄二州間有古河堤岸數重，與夫大連澱、大河、沙河、無棣溝、土傷河之屬，未必非禹時某河某河遺迹，固不宜穿鑿附會，被新河以舊名而一一尺寸以求其合也。

至九河之亡其八支，蓋在齊桓公之世。鄭康成據《春秋緯》謂桓公填淤八流以自廣，朱子固以其説難憑而不之取。《齊乘》曰："河至大陸趨海，勢大土平，自播爲九，禹因而疏之，非禹鑿之爲九。禹後歷商周至齊桓公時千五百餘年，支流漸絶，經流獨行，其勢必然。非桓公塞八流以自廣。"此言是也。夫八流雖非齊桓所塞，而其漸就闐淤，實在斯時。蓋其後數十年而大河遂東徙云。鄴東故大河既播爲九派之後，其下流又自天津之東同爲逆河，東徑故驪城縣至今昌黎縣東絫縣故城碣石山而入於海。逆之爲言迎也，鄭康成云下尾合名爲逆河，言相迎受。蓋九派合一，以一迎八而入於海，故命曰"逆河"。漢人大抵謂逆河爲"迎河"，其説當矣。然誤在以渤海爲大海，逆河遂無所容其地。唐人亦不明逆河在何處，而宋人之言逆河尤務爲新奇怪異，而即以逆河爲九河。蓋王安石謂逆河者，逆設之河，非並時分流也。林之奇謂王氏意以同爲逆河句，釋上文播爲九河之義。羅泌曰：聖人於冀、兖逆設爲河，以防暴至之患，未至則不妨民耕，既至則不墮民舍。程珌曰：禹因地之形而逆設爲九河。凡河之道則不建都邑，不爲聚落，不耕不牧，故謂之逆河。皆踵安石之謬以九河爲逆河。而董鼎所采格言，則云逆河是開渠通海以泄河之溢，秋冬則涸，春夏則泄。夫謂八流爲開渠通海可也。若如王、羅、程三家以逆設之河解逆河，而以九河皆爲逆設之河解同爲逆河，則夫所謂未至不妨民耕，秋冬水涸之時，彼大河滔滔之流將惡乎在耶？王氏本欲謂九河非並時分流，乃卒説成並大河經流亦爲逆設之河。此以文義揆之，而知其必不然也。格言雖輯録朱子之言，然《文集》、《語類》所無，必多朱子未定之説而不欲存者。朱子謂河至兖州分爲九，復合爲一入海，見東皋《集傳》。董氏先載東皋此條，而後及格言云云，蓋亦以之兼備一説，而非必以爲折衷之定論也。且格言未嘗如三家以九河爲逆設之河，安知非朱子本謂八流是開渠通海，而記録者誤以八流爲逆河耶？夫三家之失，失在以逆河爲九河，而漢儒之誤，誤在以渤海爲大海。蓋逆河即是渤海至哉，蘇子之論莫之能易矣，而薛季宣、程大昌、黄度所云亦爲得之。薛氏謂河入海處舊在平州石城縣，東望碣石，其後大風，逆河皆漸於海。程氏謂逆河，世謂之渤海，逆河之地，比九河又特窪下，故九水傾注焉。黄氏謂逆河、碣石皆淪於海。夫誠知逆河即渤海，而漢時已淪於海，則漢儒之誤可正。而宋三家以九河爲逆河之失將不辨而自明。彼漢人徒見海水所漸者之已成海也，而遂名之爲渤海，而遂即以爲古之大海，而不知漸於海水者之乃逆河也。《河渠書》曰同爲逆河入於渤海，《漢志》曰同爲迎河入於渤海。王莽改渤海郡爲迎河，又改南皮縣爲迎河亭，《寰宇記》謂迎河在清池縣西南，胡三省謂之迎河故瀆。蓋既誤以渤海即爲大海，遂謂逆河在南皮、浮陽，而大河於章武入海，不至碣石。章武去碣石三百餘里，殊乖經文"夾右碣石入河"之義。《通典》謂爲子長、孟堅之誤宜矣。

夫碣石之東爲大海，而碣石之西爲逆河，故絫縣故城南之碣石乃河海之限也，而惜其已淪於海而莫可見也。《漢志》言碣石在右北平驪城縣。蓋今灤州南境，唐馬城縣地，此在濡水之西也。文穎謂碣石在遼西絫縣。絫縣今罷入臨渝，則在濡水之東也。郭璞兩存其說而不偏主，然古時渤海北岸之地，水未吞食灤州南境，去海尚遠，玩《禹貢》“夾右碣石入河”之文，惟絫縣海旁特立之石可以當之。此文穎之說所以優於《漢志》歟。秦始皇嘗刻碣石門，漢武亦嘗登之，曹操征烏丸有“東臨碣石，以觀滄海”之詩；而唐太宗好文主也，親逾遼海，次漢武臺刻石紀功，而不刻諸碣石，則意者其時此山已苞海中，不復可見歟。若夫《通典》謂秦築長城起自碣石，在今高麗舊界。北齊文宣紀大破契丹於青山，還登碣石，則在營州柳城東，皆非《禹貢》碣石，不當引以爲說。夫大河入海在於碣石而不在於章武，是則鄚東故大河下流之所歸宿矣。凡此者乃冀州之東河，《禹貢》大伾山西折而北行之故道，爲古冀域之東界，而非西漢之大河故瀆也。

西漢之大河故瀆自宿胥口改流東去，則王橫所謂周定王五年所徙之河是也。按《史記·周本紀年表》皆不書河徙河渠，《封禪書》又謂宣房之役復禹舊迹，既以西漢所行之河爲禹河，而不自知其誤，至《水經》所謂大河故瀆者，失與遷同。酈道元注淇水，謂淇水東流徑枋城南，右合宿胥故瀆，瀆受河於頓邱縣遮害亭東、黎山西，而不知其所受之河即《禹貢》至於大伾之河也。杜佑謂衡、漳至肥鄉入河，而不知其所入之河即《禹貢》北過降水之河也。其他謬誤叢生，禹迹日晦。如鄭康成讀“降”爲下江反，聲轉爲“共”，而謂共縣淇水，東至黎陽入河，此近降水也。周時國於此地者惡言降，故謂之共，則以淇水爲降水，而謂北過降水在淇口。《漢志》以信都“絳水”爲《禹貢》“降水”，《通典》遂於“信都”下注云“禹導河北過降水即此”。夫信都縣北之漳水乃禹河故道，漢時漳水嘗從縣北改流出於縣南，其後復由北道，而縣南之流絕，因謂之枯絳。枯絳者，漢時漳水偶然之改流，而《漢志》及《通典》誤以爲《禹貢》降水。程大昌因之，謂古降瀆貫穿信都，北向入故河，則謂北過降水，在今冀州。《通典》於“深州陸澤”注云“《禹貢》大陸澤在此”。程大昌既以枯絳爲禹迹，謂《地志》鉅鹿大陸，其地遠在枯絳上流，不與經應，遂從《通典》以深州之陸澤爲大陸，則謂至於大陸在深州。漢人又謂九河播自沙邱堰，至南皮、浮陽仍歸大河爲逆河，則謂播爲九河在元城縣，而於滄州合爲逆河。又如鄭氏以今河所從去大陸遠，而謂館陶北屯氏河爲故道，酈氏謂爲近是。與夫程氏之以澶、貝之流爲禹迹，蓋大伾遺迹一差，無往非謬。又其甚者，以杜氏預之博洽，而其注“齊之四履西至於河”，謂河自河東、河内之南界，東北經汲郡頓邱、陽平、平原樂陵之東南入海，是又以東漢之新河爲禹河，其爲失也彌遠。孔穎達謂杜所言據其當時之河，《禹貢》導河大伾以上河道不改，大伾以下即是汲郡以東，河水東流，秦漢以來始然，古之河道自大伾而北過降水。又云：“晋時河所經，春秋之時河未必然。此其規杜之失，洵高出諸儒之表。”然卒謂“大伾北過，降水故迹不可復知”，則孔氏固亦付之無可如何已矣。

今既本諸王横、班固之言，而節取諸家之説互相參考，以尋求《禹貢》大伾山西折而北行東河舊迹，如上文所云云。則又就《水經》大河故瀆，以得禹河初徙自晚周及西漢之河，於是再徙而爲東漢以至於宋初之河，三徙而爲宋决商胡北流、東流之河，四徙而爲金明昌以後南北分派之河，五徙而爲元明以來由汴合泗挾淮入海之河。此其始末之大凡，固不可不考而知也。

—1. 切問齋文鈔　卷二七　河防三

黄河考二

且夫河廼大禹所道，功通神明，萬世難改，而宿胥之口不能不潰决於周定王之五年者，何也？夫獨不觀於漢張戎、桓譚、宋蘇轍之言乎？戎之言曰：水性就下，行疾則自刮除成空而稍深，河水重濁，號爲一石水而六斗泥。今西方諸郡以至京師東行，民皆引河、渭山川水溉田，春夏乾燥水少時也，故使河流遲貯淤而稍淺，雨多水暴至則溢決，而國家數堤塞之，稍益高於平地，猶築垣而居水也。可各順從其性，毋復灌溉，則百川流行，水道自利，無溢决之患矣。譚之言曰：民競引河溉田，令河不通利，至三月桃花水至，則决以其噎不泄也。可禁民勿復引河。轍之言曰：黄河之性，急則通流，緩則淤澱。既無東西皆急之勢，安有兩河並行之理。凡此三者，蓋皆言上流宜合而不宜分也。禹、廝二渠，又播九派者，河至大伾，其怒方甚。漯川一道僅分經流一二以少泄之，而九派之分亦水自分流，非禹强鑿。又賴逆河復合爲一，踴躍奔騰入海，碣石復當其衝，是以内沙不停，外沙不入。逆河既漸於海，八支以勢分力弱，不足攻沙，遂至填淤，則夫河之上流宜合不宜分固可知矣。

而周之衰也，則於滎陽下引河東南爲渠，以與濟、汝、淮、泗會云。蓋始自今河陰縣之蒗蕩渠。蒗蕩渠至漢末壍石爲門，而曰石門渠。渠水東過滎口會濟水，又東流至浚儀北爲浚儀渠。浚儀者，大梁也。及王賁斷此渠，引其水東南出以灌大梁，謂之梁溝。世遂目故渠爲陰溝，而以梁溝爲蒗蕩渠。陰溝亦名汳水，北並大梁，東去即汴渠也。汴渠至彭城入泗，所謂汴泗交流者也。蒗蕩渠自大梁城南而東南流爲鴻溝，楚漢指此以中分天下者也。鴻溝亦曰官渡水，其水又分爲睢水，爲渦水，爲沙水。睢水至睢寧入泗，謂之睢口。渦水至義城入淮，謂之渦口。沙水又分爲二派，一至懷遠入淮，謂之沙汭，一合潁、汝至潁上以入淮，謂之潁口。枝津交絡四達。宋、鄭、陳、蔡、曹、衛之郊，河水入東南渠溝者既多，經流遲緩，不能刷沙，而於是乎有宿胥口之决。

當是之時，大河徙自宿胥口，不由大伾山之西，而於其南挾漯川以東流，至長壽津乃與漯分，漯川仍從故道至千乘入海。凡自大河泛舟而渡者皆曰津。長壽津在今滑縣東北六十餘里，去宿胥口故道一百五十餘里。《水經》："河水又東北爲長壽津。"而注謂爲"河之故瀆出焉"者是也。蓋漢武帝導河北行，復歸未决以前故道在此。而大河既東徙至於長壽津，當時於其故道築石堤迫阨之以防其泛濫。黎陽以東百餘里間，激河再西三東不得休息，故賈讓以爲此非古法也，而欲决之放河使北也。滑縣者，古豕韋氏國，所謂滑臺城者也，有津曰延津，亦曰延壽津。延壽之東曰黎陽津，亦曰白馬津。張儀、蘇代皆謂决白馬之口。張耳、陳餘從白馬渡河，袁紹遣顔良攻劉延於白馬，蓋自古津濟之要，而今則已成陸矣。大河從滑縣東去，初徙再徙，其道皆然。《唐志》："田宏正及薛平引河注故道，滑州遂無水患。"至晚唐河决滑州，歷五代及宋初屢决不已，至天聖後禍乃稍紓云。

大河自長壽津又東北行，其東岸爲開州之戚城，西岸爲内黄縣之繁陽故城。春秋趙鞅納蒯聵於戚，宵迷，陽虎曰："右河而南必至焉。"杜曰："是時河北流過元城，戚在河外，晉軍已渡河，故欲出河右而南。"蓋戚在大河東岸，大河以西爲河内，故謂戚爲河外也。繁陽者，繁水之陽，春秋之澶淵。杜預曰：在頓邱縣南也。大河自此又東北行，其東岸爲清豐縣，西岸爲南樂縣。清豐者，頓邱也。《寰宇記》云：王莽河在頓邱北十里。王莽河者，漢時所行之河，以其至王莽時枯而遂名之爲王莽河也。按元光三年五月，始有瓠子之決，其春河先決於頓邱東南，而流入渤海。史第載瓠子決河始末，而不及頓邱之塞，蓋頓邱改流，泛濫未定，至夏復東決於瓠子。及宣房功成，導河北行，復歸當時未決以前故道，故頓邱決口不勞自塞。而程大昌謂元光以後大河竟行頓邱東南者，非也。南樂者，故昌樂也。《元和志》："王莽河去昌樂十六里。"大河自此又東北行，出元城大名、冠縣、館陶之東。按《水經》，大河故瀆徑元城縣故城西北，而史稱王莽恐河決爲元城塚墓患，及決東去，元城不憂水，遂不堤塞。《元和志》："王莽曾祖墓在元城縣東二百步。"若大河果在元城西北，元城當東下之衝，其決而東去，元城必已圮，王氏墓必已壞，而史乃云元城以水東去，不憂水，則大河在元城王氏墓東明矣。《元和志》："王莽墓西去貴鄉縣三里。"《通典》："魏州治貴鄉、元城二縣。"大河既在貴鄉、元城東，而《水經》之誤可知也。《元和志》："貴鄉縣王莽河古堤，今名愜山古堤。"蓋即所謂沙邱堰也。王延世塞決河於此，以其愜乎人情也，而命曰愜山。唐官軍伐魏，擊朱滔於愜山，滔堰永濟渠入王莽故河，絶官軍歸路。唐仍東漢河道，王莽河已枯，故曰故河也。大名縣，故貴鄉、元城地也。冠縣，故冠氏也。《元和志》："王莽河在館陶縣東四里，北去冠氏縣十八里，大河在館陶，嘗因決而分爲屯氏河焉。"《水經》所謂自沙邱堰南分，屯氏河出焉者是也。

大河自館陶又東北行，其東岸爲堂邑縣，西岸爲清平，爲清河，爲博平，又爲平原之鄃縣故城。堂邑有發干故城，大河所經也。《寰宇記》："王莽河在堂邑縣北十里。"《通考》："堂邑，漢縣有黃河。東昌之堂邑，隋時始有。漢之堂邑在江南六合，蓋《堂邑志》已誤，劉南泉始正之。清平縣有貝邱故城，漢時河水北曲三折，皆邪直貝邱，郭昌所謂更穿直渠，不令北曲者也。《寰宇記》："王莽河在清平縣南十八里。"清河有甘陵故城，博平縣有艾亭城、平晋城、靈縣故城，皆大河所經也。而元帝時大河在靈縣，又別出爲鳴犢河焉。鄃者，漢田蚡食邑。河決瓠子，東南注淮、泗，鄃居河北，河決而南則鄃無水灾。蚡勸帝勿强塞，故久不復塞也。大河自此折而北，其東岸爲平原縣，又爲陵縣之鬲縣故城，爲吴橋縣。其西岸爲平原之繹幕故城，爲今德州治，爲景州。《通典》云：平原，漢舊縣。《括地志》云：平原故城在平原縣東南十里。《元和志》："王莽枯河在縣南五里。"蓋水本在縣北，縣徙而北，而水出其南矣。吴橋有安陵故城，大河所經也。今德州治，故長河縣。《元和志》："王莽枯河在長河縣東五里。"《州志》云：古黃河在州東南二十餘里，今謂之黃河崖是也。景州有修縣故城，"修"一作"蓨"，亦大河所經也。大河又自此而北，其東岸爲東光、南皮，西岸爲阜城，而清河自西來至東光，而入於大河。大河遂挾清河之水，又自此而北，其東岸爲滄州，西岸爲交河。其間有合口焉，而復與漳水合，則復歸禹河故道，而東北至天津小直沽口入海矣。

《史記》："田單轉戰逐燕，北至河上，盡復得齊城。"蓋齊地北至於無棣。無棣爲滄州屬縣。《通典》："滄州，戰國齊、趙之境。"是戰國時大河尚在滄州之北明矣。班《志》："漳水東至阜城入大河，滹水東至文安入大河。"則西漢時阜城、文安境中之漳水猶爲大河，亦可知矣。小直沽者，古沽水也。小直沽受南北諸水，東徑天津城北，合大直沽而東注於海。大直沽者，滱水也。著縣志："滱水東北流徑天津鎮東南十里，爲大直沽，地勢平衍，群流漲溢，茫無涯涘，故得厥稱是也。是時，逆河已爲海所漸，大河之流至天津遂止此。禹河之初徙，自周定王五年，以後歷秦至西漢，所行之道《水經》謂之大河故瀆，一名北瀆，俗所謂王莽河者也。而其决口之作難，實發於宿胥口。《蔡傳》所謂"河徙砱礫"，砱礫不知何在。按《溝洫志》賈讓奏有滎陽漕渠。如淳曰今礫谿口是也。礫谿，谿名。《漢書》謬，本誤以"今"爲"令"，又加"石"作"砱"，遂有"河徙砱礫"之説。蔡氏仍其誤而以之釋經，《蔡傳》謬誤大抵如此。所謂清河者，發源於淇水，後世之永濟渠也。當禹河自大伾而北，淇水挾清水自西來注之，其勢不得截，河流而東出於内黄也。其東出内黄，南爲白溝，又挾洹水，東北過廣宗縣，東爲清河，至東光入河者，當必在宿胥。既徙之後，蘇秦説趙，謂東有清河，説齊，謂西有清河，其時禹河固已徙流而東也。而禹河既徙之後，漢武帝時河决瓠子，東南注鉅野，通於淮、泗。及宣房既塞，其後河復北决，分爲屯氏河，東北徑魏郡、清河、信都、渤海入海，廣深與大河等。屯氏又分爲屯氏别河，屯氏别河至平原又分爲屯别北瀆、屯别南瀆。北瀆東至陽信故城，北入海。南瀆自平原首受大河，故瀆水東出謂之篤馬河，東北至陽信故城，南入海。而屯氏别河之徑信成縣，則張甲河出焉。張甲河截清河於廣宗，北出又分爲右瀆、左瀆，以入於清河。而鳴犢河又别出於靈縣，鳴犢又與屯氏合而入乎清河。

是時漳水之東，大河之西，既有清河，又有屯氏河、屯氏别河，張甲、鳴犢之屬，蓋三百里間枝渠交錯棼如也。而自宣房功成，復歸初徙故道。以後河嘗復决瓠子，爲王延世所塞，自是不復决。而南而輒横流，有向東之勢。成帝時河再决於平原、濟南、千乘，王莽始建國三年，河决魏郡，泛清河以東數郡。所謂清河以東數郡者，即平原、濟南、千乘也。莽幸河自元城祖墓東去，不加堤塞，而河水右溢汴渠，左亂濟瀆。明帝詔書謂汴渠水門故處皆在河中，張汜謂河决積久，侵毁濟渠。蓋枝渠既已交錯紛糾於北，經流又復縱横四出，泛溢於滎陽東汴濟之間，而北瀆之道遂至於空。及東漢王景起而治之，蓋誠懼夫北與棼如者近而不久易敗也。而又因水性之既安於東也，則於王莽時魏郡决口之南别開新道，東注之海。明帝下詔褒美，謂河、汴分流，復其舊迹。陶邱之北漸就墳壤，事在永平十三年。其河幾及千年乃廢。

是時長壽津以北故道既空，大河自津南又挾漯東行，其北岸爲開州之鐵邱，爲觀城，爲朝城。其南岸爲開州之濮陽故城，爲濮州，爲范縣。所謂開州者，宋之澶州也。鐵邱在開州西南，衛蒯聵登鐵邱望見鄭師，自投車下。杜曰在戚南。戚居北，而春秋時出河之外，鐵居南，而東漢後在河之内，則是大河之益徙而南也。唐澶州隸河北魏博鎮，胡三省曰：唐澶州治頓邱縣，後唐於濮州北築德勝南北城。晋天福三年，懼契丹南牧，遂移澶州及頓邱縣於德勝。熙寧以來，澶州治濮陽，又非石晋所移之地。按李存審於德勝南北築兩城而守之，晋既移澶州於此，故澶州有北城、南城。宋真宗幸澶州，自南城渡河，御北城門樓，居人所謂南澶、北澶者，蓋指此也。而熙寧之移治濮陽，則金改爲開州，而今仍之者也。濮陽者，顓頊之墟，故謂之帝邱。其故城在開州西南二十里，鐵邱之東也。濮陽爲漢瓠子决口，其津即以濮陽爲名，有宣房堰金堤在焉。武帝所謂塞東南决口，導河北行者也。東郡太守王尊禱於河伯，請以身填金堤，廬居堤上不去，水爲之卻，即此堤也。《水經注》云：王景治渠，築堤防，遏衝要，瓠子之水絶而不通，唯溝瀆存焉。濮陽與鐵邱雖皆開州地，然濮陽在河之南，晋王與梁戰河南，遂拔濮陽是也。濮州唐號濮陽郡，故或即以濮陽爲濮州。濮陽實自爲縣，而濮州治鄄城，非即濮陽也。及宋以濮陽爲澶州治，澶州益南徙，而濮陽並不屬濮州矣。世號澶州爲澶淵，而澶州凡三徙，皆非春秋之澶淵也。澶、滑接壤，爲晚唐及宋决河發難之始。滑州自唐開成後凡十餘決，澶州自後周廣順後亦十餘決，中間滑禍東移於澶，横壠、商胡、六塔、曹村决口皆在其地。及北流入清河，而澶禍始緩。金明昌河徙，而澶州之流乃至於絶云。

晋文公敗楚於城濮。《索隱》曰："城濮，衛邑，即濮州也。"濮州有鄄城故城。觀城者，故衛國縣。范縣有秦亭，皆大河所經也。范縣有津曰倉亭，程昱遣别騎絶倉亭津，陳宫所以不得渡也。朝城者，東武陽也。東武陽者，武水之陽也。武水者，即漯水也。《通考》："朝城有黄河。"《通鑑》："晋王畋於朝城，視河冰已堅，引兵渡河，拔楊劉是也。"朝城在長壽津之東，蓋幾二百里，大河至朝城始與漯分，漯反北行，而河乃在漯南也。其西北岸爲莘縣，爲聊城，爲博平，其東南岸爲陽穀，爲東阿，爲茌平縣之碻磝故城，爲長清縣之臨邑故城，爲高唐西南之楊墟。莘，衛邑，漢陽平縣地，杜預謂爲河流所經者也。梁劉鄩軍於莘，自莘及河，築甬道以通饋餉。胡三省曰：莘縣東距大河二十餘里，渡河而東南即鄆、濮之境。聊城者，故博州治，今東昌府治焉。《通考》："聊城有黄河，唐開元河决博州，晋天福時河决博州，皆聊城也。聊城在堂邑東南，禹河初徙，堂邑、聊城皆在河流之東，兹則出其西矣。"《元和志》："黄河在陽穀縣北十六里。"《通考》："東阿有黄河。"東阿者，此處有脱句。是時大河之衝，南漲則淹東平，東溢則侵濟南。東平者，鄆州也。唐李嗣源取鄆州，守楊劉。《九域志》云：鄆州東阿縣有楊劉鎮臨河津，梁與唐相持於楊劉，决河水注曹濮及鄆，以限唐兵，謂之護駕水决口。其後益大爲濮、鄆、齊、棣諸州患。茌平有津曰碻磝，其城西臨大河，晋宋時圮於河，乃移治河北博州界。宋王元謨入河平碻磝守之，是南北朝大河皆經此矣。

長清者，故臨邑也。縣有津曰四瀆，自河入濟，自濟入淮，自淮達江，水徑周通，故有四瀆之名也。楊墟有商河。商河首受河水，有漯水、澤水所匯也，許商所鑿，故名商河。大河自此則截漯川而北行。其東岸爲今禹城之高唐故城，齊西鄙也，盼子守之，而趙人不敢漁於河者也。其西岸爲平原，爲陵縣。袁譚初至青州，其土自河而西不過平原，是東漢平原在河之西也。平原有津曰張公渡。《水經》：東漢時人作，稱是時河水徑平原故城東大河故瀆，徑平原故城西。而《元和志》謂王莽枯河在平原縣南五里，黄河在平原縣南五十里，蓋新舊兩河在此相去最近。然自平原又北至陵縣新河，不能如故瀆之趨而北首，而兩河河道迥别矣。故瀆亦曰北瀆云者，蓋所以别於東漢新河之不能北流入海也。陵縣有津曰鹿角。陵縣，故安德，唐德州治也。《元和志》："黄河南去安德縣十八里。"大河至此則折而東，其北岸爲樂陵，爲武定，爲蒲臺。其南岸爲德平，爲臨邑，爲商河，爲青城、高苑、博興。大河又自此而東北行，至利津縣之古千乘海口入於海。蓋大河至是時始入今濟南之境，泰山直其南。應劭《漢官儀》所謂黄河去泰山二百餘里，望之如帶，若在山趾是也。武定，故厭次也。有津，即以厭次爲名。《元和志》："黄河在厭次縣南三里。"蒲臺，故漯沃也。有津，亦即以漯沃爲名。《元和志》："黄河西南去縣七十三里。"商河、武定、蒲臺皆唐棣州屬縣也。《元和志》："黄河在商河縣南八十里。"利津，金析唐渤海、蒲臺二縣置。蓋南與千乘縣共此海口。渤海亦唐棣州縣也，唐時棣州河凡三决，蓋其時海口已淤云。高苑有千乘故城，博興有利縣故城，皆大河所經也。此禹河再徙，東漢以後所行之道也。而漯水自東武陽與河别而北行，折而東至故高唐之西，漯在北，河在南。自故高唐以東至千乘海口，河截漯北行，河又在北而漯在南，蓋河已再徙，而漯猶自若其故。其後至元魏時漯水雖云輟流，然唐高宗謂濟與漯斷不相屬，則漯行河北，濟行河南，漯水之流尚猶不變。蓋自河决商胡，朝城流絶，而漯水舊迹之存焉者寡矣。

當大河自大伾北行時，乃在彰德之東、大名之西也。及初徙而出大名之東、東昌之西矣。其再徙則出東昌之東、濟南之西，而横截濟南北境，入於海云。彰德者，唐相州，古冀域，晋地也。大名，唐魏州。東昌，唐博州，古兖域。大名亦晋地也。東昌治聊城，齊之西界，所謂聊攝以東者也，本非瀕河地也。濟南，唐齊州，古青域，齊地也。《禹貢》："海岱惟青州不言河者。"河流不及於青域也。《爾雅》："兩河間曰冀州。"郭璞曰："自東河至西河也。"《王制》曰："自東河至於西河，千里而近。"孔疏曰："東河之西，西河之東，是冀州之境。"蓋東河爲古冀域東界，自相而汲，則在其東界之南也。東河之東畔爲兖域，孔疏所謂兖州自東河以東是也。唐魏州之北，貝州，治清河縣，又北，冀州，治信都縣，與夫滄州治清池縣，棣州治厭次縣，皆古兖域，在東河。東畔爲河外。《通典》誤以信都枯絳爲降水，遂謂信都爲河内，分入冀域，非也。禹河既徙而始自魏州，北逮信都、清河，皆在新徙之東河東畔，遠者至二三百里。河流東侵兖域，而出齊西界，聊城之西，東河去西河已千里而遥矣。然尚猶未入於古青州之域，而是時趙分晋信都清河地，其境東至於新徙之河，趙武靈王謂"吾國東有河，與齊共之"，賈讓謂"齊與趙、魏以河爲界"是也。及禹河再徙，出齊地聊城之東，壓青域濟南之境以趨於海，平原陵縣以北，河流不至冀域，不復在兩河間，而趙之故疆亦不能以河爲東界。蓋禹河再徙，其入海之口去古冀域碣石入海處，蓋六百餘里云。而長壽津以北故瀆之水盡空，至東光、南皮，則清河行漢北瀆故道。自滄州交河而北，則漳河合清河行禹東河故道。故酈道元云清、漳二瀆，河之舊道也。而滄州交河以北之道，禹河初徙時，河水至此復合漳水而行以入於海，東河禹迹猶存，此四百餘里間。及河道再徙，新河北行未半遽折而東流入海，而大伾以北遺迹則盡亡矣。

然王景之治新河也，鑿山開澗築堤，自滎陽至千乘海口，竭其才力爲一勞永逸之計，故功施後代幾及千年。下逮宋仁宗慶曆八年，河决商胡而其河始廢。唐時猶仍景故道。而清豐縣之西南有馬頰河者，首受大河水東北流，《唐志》所謂"久視元年開新河"者也。馬頰河至安德縣南合篤馬河，又東北至無棣入海，此特與東漢時小異者。獨入海之處，至昭宗景福時自厭次縣界决，而東北流徑濱州之渤海故城，又東北至海豐縣之無棣故城，徑馬谷小山東入海，蓋究其入海所以改流，實即宋初屢决不已，馴至商胡河徙之由。按唐河患較前後獨少，長壽二年河始决棣州，開元十二年又决博、棣二州，其後澶、滑間漸被河患。太和二年棣州河决，至壞其城。景福二年遂改流入海。宋大中祥符三年大决棣州，至徙州陽信界中，而澶、滑之間歲不得寧。仁宗景祐元年河决横隴，在東漢故道之南，歷濮州、東平、范縣、陽穀、東阿而至於長清，因名其故道之淤者曰京東故道。其自長清東北則仍行東漢故道，改流不過三百里，未大變遷，然其勢已必不能久行，故未幾而有商胡之決。夫河雖泥沙，得其所歸，何由致淤？下流先淤高壅滯，乃決上流低處。歐陽子謂横隴之水，海口先淤，凡一百四十餘里，其後游、金、赤三河相繼又淤，下流既梗，乃決上流之商胡口。故京東、横隴兩河故道皆下流淤塞，河水已棄之高地，理不可復。由歐陽子之言推之，乃知唐時棣州屢決，禍及澶、滑，必蒲臺以東海口日淤，故景福乃至改流。宋初景福改流海口，又日就湮塞，不知疏濬，上流用是屢致奔衝潰決，蓋浸不已，俄而河果大決於商胡埽矣。商胡既決，初有北流，繼有東流，迭爲開閉，後竟歸於北流。此禹河之三變也。

商胡埽在開州東三十里，其北流自埽決而北徑清豐、南樂縣西，又北至元城縣東北，而與永濟渠合焉。永濟渠者，即前所謂清河在東光入河者也。清河源發於淇水，曹操自枋頭遏其水爲白溝，一名白渠。隋煬帝導爲永濟渠，一名御河，今稱衛河云。北流既於元城東北合永濟渠，遂由其水道而東北行，至合口而與漳河合焉。其東岸爲今冠縣、館陶、臨清、夏津、武城、棗强、德州、吴橋、東光、南皮、滄州，西岸爲今廣宗、威縣、清河故城、景州。其東光、南皮、滄州之道，即西漢大河故道也。北流既挾永濟渠與漳河合，遂東北流徑獨流口，又東徑劈地口、三叉口入於海。其西岸爲今青縣，東岸爲今静海，南岸爲天津。獨流口在静海北二十里，劈地口在縣東北，三叉口蓋即天津衛東北之三岔河。此宋黄河北流之道也。嘉祐五年，北流復決爲二股。河自大名之東，歷冠縣、館陶，合馬頰河，東北至德平，合篤馬河，又東北徑樂陵、海豐入海。此其所謂東流者也。東流在東漢故瀆之西，而北流在西漢故瀆之西，漳河之東。北流初行永濟渠，後復從内黄、曲周、平鄉、廣宗、鉅鹿、清河、南宫、冀州、衡水、武强、棗强、樂壽、阜城混入漳水。按漳水自肥鄉以北皆禹東河故道，其地形獨卑下，故賈讓請放河，使北入漳水，中入海，而清河行漳水之東，西漢故瀆之西，去東河禹迹最近。宋之北流合清河以行，至合口又合漳河入海。海口深廣，河流通快，此誠千載一時。是時自澶州至乾寧軍，創堤千有餘里，若能堅其堤防，疏其壅積，上之可漸變，而盡復東河禹迹，次之守而不變，亦較之西漢故瀆爲近古。此功一立，雖至今可以無患，非東漢王景所敢望也。而朝議紛紜，必欲回河使東。六塔既敗，二股亦微，禍遍於澶、濮、濟、鄆。神宗乃下詔，東流填淤難復，將來更不修閉。元祐時不主回河之議，紹聖諸臣力閉北口，借河事以伸其紹述本謀，而不顧河勢之不欲復東。蓋商河決後二十一年，爲神宗熙寧二年，導河東流而北流閉。又十二年爲元豐四年，河復北流。哲宗紹聖初，北流又閉。後數年爲元符二年，東流斷絶，河竟北流。下至建中靖國之初，猶有建東流之議者，而禍變旋興，其地已爲金人所有。《宋史·河渠志》蓋至嘆息痛恨言之云。而金人既得其地，則遂以宋爲壑也，又利河之南，不欲其北。大定四年，范成大北使，見濬州城西南僅有大河剩水，計河離濬、滑已在高宗之世。由是河流日趨於南，決勢已成。大定十一年，河決濮州之王村，害及南京、孟衛州界，識者謂下流壅而倒灌上流也。明年，以水東南行勢大增，築上流諸州縣堤岸。至二十七年，遂令沿河京府州縣長貳官結銜並帶河防，卒亦無補，不久竟有明昌之決。

當商胡既決以後，明昌未決以前，汲縣河流未變於昔，開封、祥符直汲縣，河流南一百五十里，陳留、杞縣、睢州加遠，至如寧陵、宋城、虞城、曹單、嘉祥、金鄉、鄆城、豐蕭、沛徐直汲縣，河流東南遠者至七八百里，近者猶二三百里，而是時皆爲沿河之地，則河流之必決而南，固可知也。夫滎陽引河而禹迹東徙，枝渠交錯而北瀆遂空。此上流之害及下流者也。晚唐海口淤而景福改流，宋初海口淤而横隴、商胡屢決，與夫金之河不歸北，下流倒灌而有明昌之決，皆以下流而害及上流者也。故大河之爲患非一端而已也，先是熙寧導河使東，而北流斷絶，大決於澶州、曹村，河道南徙，東匯於梁山、張澤濼，分爲二派，一合南清河入淮，一合北清河入海，踰年決口乃塞。至是金章宗明昌五年，爲宋光宗紹熙五年，而大河徙於故道之南，起自陽武縣北，而東至於梁山濼。其北岸爲新鄉、胙城、長垣、濮州、范縣，南岸爲陽武、延津、封邱、蘭陽、東明、曹州、鄆城。梁山濼在壽張縣東七十里，大野澤之下流也，河水匯此分爲二派，如熙寧曹村決時。其北派由北清河入海者，今大清河自東平之西，歷東阿、平陰、長清、齊河、歷城、濟陽、齊東、武定、青城、濱州、蒲臺、利津入海者也。北清河者，濟水故瀆也。其南派由南清河入淮者，今會通河自東平之西，歷汶上、嘉祥、濟寧，合泗水，至清河縣入淮者是也。南清河者，泗水也。南派入淮，遂挾淮以入海，兩派並行，而其大半入於淮水。蓋南派較之北流爲盛云。當禹河初徙，再徙，三徙，皆出黎陽之東，東西禹迹積漸盡改。而明昌之決則在黎陽之西百里，南河故道自此亦稍變更，而汲縣、胙城之間河流遂絶。此禹河之四變也。

—1. 切問齋文鈔　卷二八　河防四

黄河考三

夫兩河必無並行之理，此既盛而彼必衰。物莫能兩大，雖禹之九河，其後卒亡其八支，而併歸徒駭也。明昌之決，兩派分流，而入淮者大半，北流不能並南，已具併力趨南之機焉。元世祖至元中，河果決而南，又在明昌決口，西起自陽武縣南，由渦水至懷遠入淮。泰定元年改從古汴渠入泗以入淮，則今大河所行之道是也。先是金明昌決，後而河已出開滑、胙城、長垣之南矣。至是由古汴渠之道，則併陽武、延津、封邱、東明及今山東地，唐隸河南道者，與夫江南之豐沛、邳州、宿遷、清河、安東皆在大河之北，蓋較之金温撒可喜所謂河南之地爲狹者，而又加狹焉。斯古今地勢不同之極致矣。是時新鄉河流已絶，大河出獲嘉南六十里，負陽武而東歷祥符、商邱，至徐州而合泗水，所謂古汴渠之道也。古汴渠嘗改流，從考城、宿州、虹縣至泗州，直達於淮北。宋東南漕道由之，而堙於南渡之後。蓋改流之道堙而古渠故道復通。泰定時大河既由其道至徐州合泗水，遂挾泗水東南至清河縣南而合淮水，又挾淮水歷山陽之北、安東之南，過雲梯關以入於海，而全河之由淮入海遂相沿至今不變云。

且夫河過大伾以東決，而東南注於淮，其勢雖便，然其時必駭爲非常鉅變，未有任其通行不塞者也。漢元光三年，瓠子之決東南入於淮，田蚡雖勸勿强塞，然逾二十年卒塞之。宋太平興國八年，河大決滑州，東南至彭城入於淮，亦不久即塞。咸平三年，決鄆州，浮鉅野而入於淮，則又即塞。天禧三年，決滑州至梁山濼，合清水古汴渠而入於淮，則又即塞。而熙寧曹村決口，其入淮之南派，亦不久即塞。其視爲固然，任其通行者，則自金明昌五年始。其時南北二派分流，及至元時改流出陽武之南，蓋北派遂并於南，而南北故道俱湮云。夫陽武改流，不知在至元幾年，已無可考。而會通河自東平歷濟寧至徐州，皆大河南派之道，度必南派故道已湮，轉輸不便，而乃有會通之役。按會通河經始於至元二十年，成於二十六年，蓋陽武改流當在二十年以前無疑。《元史》載二十三年、二十五年河决河南，或十五州縣，或二十二州縣，其時或已由渦入淮而又决，或泛濫於汴梁州縣間，而尚未能即定，皆未可知也。元末賈魯挽河復入於淮，顧其北流猶自不絶。明初命大將軍徐達自曹州東引河至魚臺入泗以濟運，永樂九年命尚書宋禮自曹疏河，經濮州東北入會通河，大抵别自南方引河北行以爲支流，而非復曩時北派餘波也。夫陽武爲南北分派之地，若北派果尚有餘波，永樂運道胡爲舟至陽武乃舍舟登陸耶？蓋北派故道之湮久矣。其後徐有貞分水之渠，白昂興濟十二小河，固皆其自鑿北流之道而已矣。及太行長堤成，全河南下，北流遂自此永絶云。

而當泰定時，大河由古汴渠之道合泗以入淮。其後二十年，爲順帝至正四年，河北决曹之白茅堤，又决千金堤，自兖州東昌灌會通河，延及濟南、河間也。賈魯於是有挽河東歸徐州故道之役，河成，號曰“賈魯河”。《川瀆考》引《河防考》，謂大河舊道由新集歷丁家道口、馬牧集、韓家道口、司家道口、牛黄堌、趙家圈、薊門集出小浮橋。此賈魯所復故道。《嘉靖實録》按臣戴金謂大河入淮之道，自開封經葛岡小壩、丁家道口、馬牧集、鴛鴦口至小浮橋爲汴河。蓋賈魯河始自白茅堤，雖與古汴渠異道，然下流卒入於汴渠。自新集、丁家道口至小浮橋，其所行者固即古汴渠之道焉耳矣。新集、丁家道口在商邱，馬牧集在虞城，韓司道口、牛黄堌在碭山，趙家圈、薊門集在蕭縣，小浮橋在徐州。《明一統志》謂徐州雲集橋在州城東北隅，跨汴水，比舟爲之，俗名“小浮橋”是也。自賈魯河成之後又四十七年，爲明洪武二十四年，河自原武黑洋山决而東，經祥符北，又南至項城，出潁州，東至壽州正陽鎮以入於淮也，而正道遂淤。其後二十年，至永樂九年，乃復疏入故道。《永樂實録》謂祥符中灤舊黄河岸與今河面平，浚之可殺水勢，又謂開浚訖工，自是河循故道與會通河合，所謂今河云者，即壽州入淮之河也。其曰“水勢可殺”，藺芳亦謂中灤分導河流，則是故道之復，特爲支流，河臣王暹謂之“小黄河”，而其正派正由壽州之道不塞也。是時宋禮又有疏河經濮州東北入漕之役，《川瀆考》謂金純從金龍口引河達魚臺塌場口，經二洪入淮。夫《實録》明言“河循故道”，若由濮州東北及魚臺塌場口，不得謂之循故道也。潘希曾謂河由歸德至徐入漕者，故道也。永樂年間浚開封支河達魚臺入漕者，以濟淺也。胡世寧、焦竑謂河分數道，其中小浮橋、魚臺、陽穀各爲一道，則濮州魚臺之又别爲支河明也。楊一魁謂永樂時復南决，由渦入淮，未知果否。自永樂九年河循故道，後三十七年而河自新鄉八柳樹口出東昌，衝張秋，潰沙灣東堤，奪濟、汶入海，又自滎澤孫家渡口出祥符南，並流入淮，王暹所謂正統十三年改流爲二者也。《實録》謂八柳樹河决，不由金龍口故道東至徐濟運，蓋古汴渠之道至是又湮。而《實録》不言南流出何道入淮，《川瀆考》一説由渦，又一説至壽，《錐指》則主由渦之説。

又考戴時宗謂孫家渡出壽州，胡世寧謂孫家渡至壽州一道，蓋孫家渡者固由壽入淮之道也。而明初大河分派並行，則或兼由渦河，亦未可知也。張秋在東阿、壽張、陽穀之間，運河所經也。沙灣，壽張堤名。其後四年爲景泰三年，沙灣復决。都御史徐有貞開廣濟渠疏决，河起張秋，逾范曁濮抵開州，凡數百里，作九堰以捍横流，而使之北出濟運。又於東昌、龍灣、魏灣置八閘，導古河入海。《實録》謂會黄河南流入淮，有貞始克奏功，而不言南流由何道入淮，然祥符自是乃得復在河南矣。其後十年爲天順六年，有陽武西南之決，則自獲嘉南入於原武，而獲嘉之流絶矣。又五年爲弘治二年，河決原武，衝張秋，户部侍郎白昂則築陽武長堤，爲張秋之衛，引中牟決河出滎澤陽橋，下達於淮，濬汴渠及睢水，導河入焉，以殺水勢。又以河入淮非正道，修魚臺、德州、吴橋古河堤，而自東平北至興濟鑿小河十二道，引入大清河，及古黄河入海。然未及三年，河復決於張秋，其所規劃河道廢矣。按昂所濬汴渠，自宿州至泗州者，乃北宋轉漕之道，而昂疏稱決河北流，由祥符合沁河，出丁家道口，下徐州，宜爲長堤衛之，未嘗言塞其流也。丁家道口爲古汴渠道，豈是時汴渠二道皆通耶？

當再考都御史劉忠宣大夏之治張秋決，河則分爲四派入淮，以殺其勢，又築太行長堤、金龍口新堤，而決口乃塞云。蓋四派中以出孫家渡者爲經流，其支流自四府營至歸德分爲二，一派由宿州符離橋出宿遷小河口，一派由渦河，而其自黄陵岡南出曹縣至徐州河者又爲一派。黄克纘謂劉忠宣開賈魯河，由丁家道口下徐，蓋即古汴渠之道也，《實録》所謂分流徑歸德、宿遷、徐州入運河者也，時弘治七年也。朱裳謂弘治以前四支分流，一由孫家渡，一由渦河口，一由趙皮寨，一由梁靖口。梁靖口者，古汴渠之道也。而趙皮寨乃出宿州之道。蓋朱裳四支分流之説，即大夏所分四派，而謂爲弘治前已如此，則考之未詳矣。而論者又有河分八道、七道之説，不知的在何年。胡世寧所謂南分二道者，則渦、潁二道是也。所謂東南一道者，則宿州之道是也。所謂東分新舊五道者，其一出儀封至小浮橋入漕。小浮橋爲古汴渠之道，上文固已言之。其餘有出長垣至陽穀入漕者，有出曹州至魚臺入漕者，有出沛之南從飛雲橋入漕者，有出徐、沛之中，境山之北，從溜溝入漕者。此四道皆大夏時所未有。鄭曉之説略同。焦竑所記獨少東南出宿州一道。而周金又謂黄河入淮之道有三，曰渦河，曰汴河，曰白河。白河者，宿州之道也。較之大夏所分四派，則少孫家渡經流焉。蓋河流之在南方，其南北又自遷徙不常，而諸説紛紜不一，固難盡合。

大抵明初大河分派數道，並行不廢。其宿州一道在汴渠南，渦又在宿州南，潁又在渦之南，如陽穀、魚臺、飛雲、溜溝四道，皆出汴渠北。其後地道遞湮，合併爲一。而要其大體，蓋歸於徐州古汴渠之道焉。而徐州古汴渠之道，既爲弘治七年四派分流之一，蓋是時大河之出小浮橋而東注明矣。《正德實録》乃謂正德三年始北徙三百里至小浮橋入漕，不知何故，當再考。而正德三年河流之北入於小浮橋故道也，明年自小浮橋北徙出飛雲橋，而曹縣楊家口亦決，南道日淤。八年又出曹單之北，而曹單遂爲河流首衝。自是之後十餘年間，渦、潁諸道皆湮，水勢無所殺於南，遂北入運河，塞魚臺、魯橋以下諸牐。嘉靖五年，漕船至北，假途昭陽湖以行也。六年河忽自沛決而南，一出小浮橋，一出小河口，一出渦河，各入清河，而由山陽灌裏河。論者謂沛之患且并及淮安也。然亦分一支北流，逾漕河趨昭陽湖，明年又北入昭陽，而運道大阻。八年又自飛雲橋北徙魚臺之穀亭，舟行牐面。九年又北決魚臺塌場口，衝穀亭，水經三年不去。蓋河自小浮橋而北出曹、單、豐、沛者二十年。議者患河趨於北，則開趙皮寨支河，南達白河以殺水勢。十三年遂自趙皮寨決而東，穀亭流絶，自是南徙者蓋十餘年。十六年，南入於渦河，二洪水微。十九年決睢州野雞岡，又南入於渦河。其旁出孫繼口至徐者十之二，而二洪水不盈尺。二十四年，河日南流，至徙五河蒙城縣治避之。俄忽復決而北，自曹縣入穀亭，而自是河流之趨北者，蓋四十餘年云。三十一年，河下流入海者既壅，遂自徐州房村決而北，至邳州運道，淤者五十里。明年既淺，水湧復淤。三十七年河益徙而北，而新集口至小浮橋、賈魯河故道二百五十餘里皆淤。蓋新集至小浮橋之道號爲銅幫鐵底，潘季馴所謂“河身深廣，自元及本朝嘉靖年間行之甚利”者也。其後别開一道，出小河口以殺水勢，水勢殺而河身日淺，至是二百五十餘里皆淤。河北出單縣析爲六，有出大溜溝者，有出小溜溝者，有出秦溝者，有出濁河者，有出胭脂溝者，有出飛雲橋者。既入運河至徐州，洪又分流出碭山、堅城集、郭貫樓，更析爲五，凡散爲十一派，勢弱易淤，決溢滋甚。是後一變爲溜溝，再變爲濁河，又變爲秦溝，淤愈甚而變愈速。其後歷四十七年，李化龍、曹時聘挑碭山朱旺口，復小浮橋故道一百七十里，而新集口、丁家道口竟淤隔在南岸縷堤之外云。四十四年，海沙淤高至興山等，上流益多河患。河自趙家圈決而北，抵曹縣分爲二，入秦溝者曰南股，入大小溜溝者曰北股。而北股又分流出飛雲橋，散爲十三股，北逾漕河，又北入昭陽湖。明年河又決沛縣，北入運河，而是時蕭縣城内外一望皆水，水行陸地，深或僅一二尺耳，而河身高於故道至三丈有餘也。朱衡於是開南陽新河爲運道，以遠河患，而修沛縣馬家橋堤，遏飛雲橋之流，盡南入秦溝，運道暫通。隆慶三年，河北決沛縣，西及曹單，東抵徐州，漕舟阻於邳州者二千。明年河水暴至，茶城淤，邳州亦決。自靈璧至宿遷分爲十一派，而運道之淤者一百八十里。六年復決於邳州。先是翁大立謂邇來河患專在徐、邳，宜開泇河爲運道，俾徐、邳間勿資河以漕，則河患可避。至是泇河之策竟格而不行，而茶城南北長堤成矣。噫，此其所謂專事徐、邳之道也。萬曆元年，河決徐州房村口，二年決邳州，而徐、邳河身日高。四年沛、豐、曹縣堤決，灾北被魚臺、金鄉。五年徐州河淤，邳、宿、清源兩岸多決。是冬河忽復南趨入小浮橋故道，與濁河之流並行。蓋自嘉靖末，河出秦溝而茶城遂歲患填淤也，至是小浮橋故道始復，而新集口之道久塞，故小浮橋以上河身猶淺。潘季馴言復新集口故道有五利，而不果行。六年高堰既堅，崔鎮亦固，淮安水患暫息，而徐、邳亦得暫安。七年、八年，以河工告成，河臣疊受褒賞，然下流通利，上流河防漸弛。十五年北決於金龍口，長垣、東明幾陷。十七年河決祥符，又決蘭陽李景高口，南入睢、陳，又北決入夏鎮，而南北之流靡定。二十一年魚、沛、徐、邳水漲，邳州城陷，又決單縣黄堌口，北出舊運河達鎮口牐。二十五年黄堌復決，南溢夏邑、永城，徑符離橋出小河口，分流北入舊運河而二洪涸，是時徐、邳之間復見清流也。楊一魁欲任河流南趨而濬小浮橋，引河支流濟，以汶、泗之水爲徐州以下運渠，而不克，已又欲濬李吉口以挽黄流於徐、邳，而又不克。李吉口在黄堌下，淤填益高，北流幾絶，二洪之間褰裳可涉。二十九年黄堌垂塞，復決於上流蒙牆寺，入商邱南，合淮灌洪澤湖，爲泗州患。曾如春乃開虞城王家口新河，以回河濟涸，而新河狹不能容。三十年北決單縣蘇莊，衝魚臺、豐、沛，蓋河勢南趨者六年而又趨於北，凡五年而始稍定云。三十一年又決蘇莊，潰沛縣太行堤，入夏鎮，横衝運道，而泇河之工始不爲異議所尼。三十三年自徐州決而北，泛豐、沛、單縣、魚臺，抵濟寧，而吕梁又塞。三十四年，曹時聘開朱旺口，復小浮橋以東故道一百七十里，而魚、沛、單、濟、金鄉之流悉歸小浮橋，不復散漫於北矣。自是之後三十九年，決徐州狼矢溝，明年決徐州三山，南出白洋河小河口。四十二年決靈璧之陳鋪。四十四年決祥符陶家口、張家灣，南入渦河，又決狼矢溝，北入泇河。天啓元年決雙溝，南出小河口，三年決徐州、青田、大龍口，又決雙溝。四年灌徐州城，乃遷治於雲龍山。至崇正六年，自吕梁洪決而北入直河，匯成洪流。十五年開封朱家寨之決，又南流自陳、潁入淮。蓋其大體雖歸於徐州古汴渠之道，而倏南倏北，終遷徙不常，莫能悉數。由是南北兩岸遂倚堤爲固。南岸明初大河分派，並行入淮，故祥符至碭山，至隆慶六年方有堤，而北岸務築堤以蹙河使南，故其堤爲尤多。《南河考》：北岸縷水堤西接沁水詹家店堤，東歷荆隆口、銅瓦箱，踰曹單至徐州茶城。其在荆隆口、銅瓦箱間者，此必劉大夏所築新堤，曹單乃劉天和所築，茶城爲朱衡所築，其西起詹家店堤則萬曆十六年增築也。縷堤之北有舊老堤，白昂築陽武長堤以衛張秋，朱裳謂自原武至曹縣築長堤，以防東北入海。正德七年，接築曹縣位家灣北大堤百有十里，其後劉天和接築曹單長堤，皆此堤也。舊老堤東北有長垣、東明長堤，西起陳橋集，東至白茅村。及河南徙，長垣、東明去河遠，蓋此堤廢，不修久矣。而曹縣黄陵岡之西，舊老堤之南，縷堤之北，其中有長堤焉，東訖飛雲橋，則所謂太行堤者也。舊老堤止於曹單間，而單縣以東遂以太行堤爲在北遥堤云。

當今堤工多沿明舊，而其實多有不同者焉。今河南、山東有所謂臨河堤者，而明《南河全考》有縷水堤，無臨河堤。按今《圖説》，舊時隨險築壩攔水，以護縷水堤於内，明季連爲長堤，號攔水堤，今更號其堤爲“臨河”。而明《南河考》之無此堤者，蓋其時攔水壩尚未聯爲長堤。所謂“縷水堤”，爲防河首重者也。今河圖單縣有臨河堤，其北有縷水堤，又其北爲舊存太行堤，於是號臨河堤爲三堤，縷堤爲二堤，蓋以舊存太行堤爲頭堤也。而曹縣之西，惟封邱有縷堤五百五十丈，河南七岸皆無縷堤，蓋既倚臨河堤爲門户，縷堤止爲重門之障，故多廢不修，往往爲今月堤、夾堤、重堤、備堤胚胎，而今臨河堤亦有稱年遠老堤者。碭山以東兩岸則亦如明制，止有縷堤。又按今宿遷縷堤亦或稱臨黄縷堤。“臨黄”云者，臨河也。蓋今江南即以縷堤爲臨河堤矣。則今河南、山東所謂臨河堤，或間即明縷堤修築亦未可知也。今按《全河圖説》合之，明製録河堤如左。《全河圖説》謂兩岸堤工皆自滎澤縣始，其在北岸者曰滎澤縣臨河堤，西起武陟，東至原武八里七分，滎澤縣治在南岸。曰原武縣北岸臨河堤，自滎澤東界至陽武西界四十里，又有月堤三。《南河考》有廟工口遥堤，買家寨月堤。曰陽武縣北岸臨河堤，自原武東界至封邱西界三十八里，有黑洋山月堤。《南河考》有脾沙環垻，有張茂樓垻。脾沙岡者，萬曆四十七年北决之口也。陽武城故在南岸，與新鄉汲縣分水，蓋河出其南，南河禹迹愈變。曰封邱縣北岸臨河堤，自陽武東界至祥符西界三十四里，中間于家店、中灤城、荆隆口最著名。荆隆口即金龍口也，有縷水堤一、月堤五、格堤二。格堤者，横堤也。《南河考》云荆隆口萬曆十五年之決，築遥堤長二千九十丈。又云陳橋集西抵荆隆口，東連馬家口，每歲加工修守。《川瀆考》：陳橋集在縣東南四十里，與祥符接界。封邱者，古封父國也。曰祥符北岸臨河堤，自封邱東界至陳留西界五十里，有月堤十、夾堤一、重堤二。曰陳留縣北岸臨河堤，自祥符東界至蘭陽西界一百十丈，又有回回寨月堤，祥符、陳留、蘭陽及儀封縣治皆在河南岸。曰蘭陽縣北岸臨河堤，自陳留東界至長垣西界四十里四分，中間銅瓦箱最著名。銅瓦箱在陳留、蘭陽間，决河入張秋之道也。又有月堤三。《南河考》有陳留寨銅瓦箱遥堤，有馬坊營月堤，有挖泥河。曰長垣縣月堤，自蘭陽東界至儀封五百五十一丈。曰儀封縣北岸臨河堤，自長垣東界至曹縣西界共四千六百五十五丈，又有月堤七。《南河考》云煉城口每歲加護，此今河南大河北岸之堤也。

曹、單二縣俱在大河北岸。曰曹縣臨河堤，大河自儀封歷考城界三十里過曹縣，又一百四十里而至單縣西界。考城縣治在河南岸，其堤附曹縣修防，故曹縣臨河堤共一百七十里。臨河之外縷堤、月堤、遥月堤、備堤、裏河堤、護堤、戧堤、小戧堤、格堤甚夥，而銅奶奶廟尤稱險要。曰單縣臨河堤，自曹縣東界至江南碭山西界六十里，有月堤六、格堤一，有縷水堤五十四里。又有太行堤六十九里。太行堤舊長三百六十里，今既有臨河堤，又有諸堤爲外護，故太行堤廢不修，止存此六十九里在單縣云。《南河考》：正德七年曹縣築北大堤，自位家灣至雙堌集八十里，又接築三十里。此堤蓋西與舊老堤相接。而黄陵岡之南有賈魯河，又有芝麻莊、陳隆口，有劉滿莊月堤，又有王家垻，曹縣北有曹州雙魚决口。《川瀆考》有楊、孫、焦家諸决口，而梁靖口在曹縣東南，近歸德府大河北岸，是爲趨小浮橋之道，所謂四支分流之一也。《嘉靖實録》：十四年河臣劉天和於梁靖口東行岔河，添築壓口縷水堤，又於曹縣八里灣至單縣侯家林接築長堤。此長堤當與位家灣雙堌大堤相接，蓋山東大河北岸之堤如此。

而今河南大河南岸之堤曰滎澤縣南岸臨河堤，西起舊城北，東至鄭州，長十二里。《南河考》：滎澤縣縷堤西起廣武山，東至祥符，而滎澤東南有孫家渡月堤。曰鄭州臨河堤，自滎澤東界至中牟西界四十五里。《南河考》有黄煉集遥堤。鄭州者，鄭武公徙居此州。東有莘城，史伯所謂前莘者也。曰中牟臨河堤，自鄭州東界至祥符西界四十三里七分，又中間錯以陽武堤四里七分。《南河考》：縷堤外有月堤。曰祥符南岸臨河堤，自中牟東界至陳留西界七十七里，其月堤甚夥，府四面有護城堤。《南河考》云隆慶六年築縷水堤，自祥符東至碭山乃止。又有劉獸醫遥堤，有陶家店遥堤，有張家灣、時和驛遥堤，有陶家大垻。《川瀆考》府西三十里有蘇村，府西二十里有杏花營，府東二十里有陳橋及劉獸醫、陶家店、張家灣，皆歷代决口。祥符當正統既决之後，復大决於天順五年。周王以下，至乘舟避水。至崇正十五年，城西北七十里，朱家寨之决，闔城被禍，蔓延陳、潁間。水退而城郭、屋宇皆填淤在下，遂即其上重加興造，以成都會云。祥符西南二十里有四府營舊河，劉大夏嘗濬之。祥符爲開封府治。留見《公羊傳》，後屬陳，故曰“陳留”。曰陳留縣南岸臨河堤，自祥符東界至蘭陽西界十五里。曰蘭陽縣南岸臨河堤，自陳留東界至儀封西界堤二十五里，有月堤。《南河考》有趙皮寨、李景高口遥堤二千三百五十九丈。儀封者，衛邑也。曰儀封縣南岸臨河堤，自蘭陽東界至考城西界四十七里，有月堤一。《川瀆考》：由儀封至睢州乃及考城，州去河七十里，河堤非州所綰也。州有野雞岡及孫繼口。曰考城臨河堤，自儀封東界至商邱西界五十里，縣城有護城堤。考城，故戴國也。曰商邱縣臨河堤，自考城東界至虞城西界三十六里七分，有月堤七，舊堤二，老垻臺一。《南河考》云萬曆二十年河决蒙墻寺，築王家大垻。又載新集、丁家道口、賈魯河故道，在縷堤之南。商邱爲歸德府治，古宋國去河遠，少河患。河日南徙，灾始及焉。元大順、明正統兩在河北，已而仍在河南。商邱有入淮之道曰飲馬池。曰虞城縣臨河堤，自商邱東界至碭山西界八十三里三分，中間有黄堌垻，又有月堤六。《川瀆考》：黄堌口下有李吉口，虞城西北有曾如春所開王家口新河。《南河考》：虞城東爲夏邑，爲永城。今圖不載，蓋河堤非二縣所綰也。商邱之北岸爲曹縣，虞城之北岸爲單縣。曹縣，隋濟陰縣，唐爲曹州治。金大定河圮，徙州治舊乘氏縣，明初又徙州治磐石鎮，而以治爲縣。自太行長堤成，則張秋之患息，而曹、單當衝。是時河患以曹爲首，而單次之，與宋澶、滑無以異。大抵河由北道趨於海，其途必由澶、滑。河由南道趨於海，其途必自曹、單。《兗州府志》云：兗州地平土疏，較河南尤卑下，恐異日河水不由南行而俱東注，釀成大患。故山東治河莫先曹、單。乃知曹、單河患當更危於宋澶、滑也。單縣，故單父也。大河北岸曰豐碭汛，自單縣歷碭山北，竟過豐縣至徐州西界李道華樓，計程七十三里，皆有縷水長堤。《南河考》：碭山縣北境有堅城集月堤斜垻，有朱旺大垻，有豐縣清水河月堤，有邵家垻，有秦溝上流故道。秦溝在徐州北三十里，有華山，有沛縣飛雲亭。舊運河在沛縣北，昭陽湖又在舊運河北。又回回墓支河有留城口。沛以河北徙遂近河。萬曆三十四年小浮橋故道復，沛仍與河遠如故。今河堤非沛所綰，故不載。曰徐州大垻汛，自李道華樓至邳州西界，計程百九十八里。而李道華樓東無堤者九十里，中間有大穀山堤四百四十七丈，有減水石垻，有蘇家山天然牐。蘇家山東乃有陡山，至子房山縷堤千三百十五丈，鎮口牐在焉。今《圖說》謂徐州城南地窄難容漲水，城北寬廣，故不築堤，水漲俾得展轉入運河。按明朱衡築縷水堤，自茶城、秦溝而西。茶城在徐州西北三十里，蓋徐州北岸無堤者三十里。萬曆十七年潘季馴增築塔山長堤，而鎮口牐以西遂皆有堤。是時漕道去河近而爲堤，以防黄流逸入。此明堤，今所無者也。鎮口牐之南有濁河故道，鎮口牐之東則大浮橋、小浮橋也。《川瀆考》：徐州北五十里曰大溜溝，又北十里曰小溜溝。今河圖：鎮口牐東至吕梁城，中間有狼矢溝險工及月堤，有長樊大垻險工。《南河考》有長山遥堤，在狼矢溝北。吕梁城臨吕梁洪，有上下二洪，異時激水巉巖，嘉靖時巉削就平。明時吕梁城以東即有縷堤，又有遥堤，而今河圖：自吕梁之東歷群山至董家山，乃有遥堤百八十二丈，盧家山有遥堤千四百八十二丈。明時有堤者蓋今無之。其又東曰邳州汛，自邳州西界至東界直河口，計程八十二里，黄山、郭巨山、鳳凰山、蛟龍山之間皆無堤。此亦明堤今所無者也。

自白馬山、劉家寨以東乃有縷堤，歷羊山寺、塘池、董家堂、馬船幫、宋家莊、戚家堡、青墩營，中間月堤、遥堤、撑堤不一。《南河考》：徐州北岸縷堤、遥堤，至邳州直河口止。遥堤在邳州舊城北。又北有蛤蟃湖、周柳湖，又北爲泇河。大河南岸曰碭山縣汛，自虞城東界至蕭縣西界，縷堤八十里，有毛城鋪石牐、大石垻。《南河考》：碭山縣有朱旺口，近賈魯故河有蘇莊決口。曰蕭縣汛，自西界至徐州西界縷堤六十五里。《南河考》有趙家圈，有兩河口。曰徐州郭工汛，自西界至三山頭計程六十六里，有王家山縷堤及天然石牐，有韓家山堤及月堤。明隆慶南岸縷堤止碭山西。碭山之東至韓家山，乃有石堤。此今堤明所無者也。韓家山之東有郭家觜險工，東爲徐州城，有雲龍山堤，有護城石岸，下有洪奎山店堤遥堤。《南河考》：徐州城南有永堌湖、姬村湖，有青田垻。曰徐州小店汛，自三山頭至靈璧西界縷堤四十九里三分，有楊横莊、曹横莊、楊家窪、韓垻小店月堤，有房村。《南河考》有三山決口，三山以東有縷堤，有遥堤。曰靈璧縣汛，自西界至衛工頭縷堤三千九百四十八丈，有臨河子堤，有墨家口堤。《南河考》：靈璧縣有陳溝、雙溝決口。曰睢寧縣汛，自衛工頭至峰山縷堤共千三百四十五丈，有龍虎山、峰山四牐。四牐西抵毛城鋪，共減水牐九，皆所以泄黄水之怒也。自四牐東歷武家營、王家堂、戴家樓至宿遷西界，古堤頭縷堤共萬五千八百六十六丈八尺。又有月堤、子堤、格堤。《南河考》：三山遥堤至睢寧縣東止，此碭山、豐縣、蕭縣、徐州、靈璧、睢寧、邳州大河兩岸之堤也。碭山曾在河北，今仍在河南。蕭縣者，古蕭國也。徐州者，古彭城也。自嘉靖八年至天啓四年，河凡十餘決於徐州，竟遷州治雲龍山焉。邳州，古下邳也。大河北岸邳州汛之東，曰宿遷皂河攔黄壩汛。自直河口至張莊運口縷堤五千九百十六丈，有皂河攔黄壩，有支河口，有舊中河口，新中河口，有駱馬湖，竹絡壩。曰宿桃中河通判管轄堤，自張莊運口至矮堤頭縷堤二千七十四丈，自矮堤頭至吴家墩則馬陵山坡也，故無堤。馬陵山在宿遷城北。曰宿遷大古城汛，自吴家墩至大古城縷堤八千一百五十八丈五尺。《南河考》云：自直河至古城，因河外諸湖以蓄漲水，河外高岡乃天然遥堤，故不復議築。此則今堤明所無者也。所謂諸湖者，駱馬湖、黄墩湖、侍邱湖也。曰桃源九里岡汛，自古城至河北鎮縷堤八千十二丈五尺，中間崔鎮、徐昇石壩，今塞。崔鎮在桃源西北三十里，有滿家灣引河二，有張家莊引河。曰桃源縣雞觜壩汛，自河北鎮至清河西界駱家營縷堤六千八百二十九丈一尺，中間季太三義石壩，有磯觜壩，今塞。有黄家觜，有三岔險工。《南河考》有遥堤，自古城至黄家觜止。大河南岸睢寧汛之東，曰宿遷縣蔡家樓汛，曰宿遷縣陳家道口汛，自古堤頭東至白洋河計程六十三里七分，縷堤共萬一千四百六十七丈九尺，有蔡家樓、彭家堡、徐家灣、陳家道口險工，有徐家灣臨河堤，又有月堤、總月堤、老堤，有小河口，有白洋河歸仁堤，在宿遷西南。《南河考》：三山縷堤至宿遷城南止。白洋河之東有白鹿湖、邸家湖。曰桃源縣烟墩汛，曰桃源縣龍窩汛，自白洋河至清河西界駱家營縷堤八十八里，有烟墩險工，有張莊、談莊險工，有月堤。《南河考》：桃源西南爲泗州，烟墩以西，今長堤皆明所無也。烟墩以東，明乃有長堤，至張福王簡口。此宿遷、桃源大河南岸之堤也。宿遷，古鍾吾子國，晋宿豫也。大河北岸桃源縣雞觜汛之東，曰清河北岸汛，自駱家營至中河口西岸，縷堤二千三百四十丈。中河口在清河縣治西北，自中河口西岸東至山陽四鋪溝，縷堤六千四百六十三丈一尺，有陶莊引河，有楊莊引河，有王家大壩，有王家營。《河防一覽》：鮑家營當王家營之上，訾家營之下。《南河考》：清河縣北有老黄河淤，有長堤至草灣支河。曰安東汛，自四鋪溝歷顔家河至安東縣東門，縷堤九千百四十一丈八尺，有新草灣，有邢家河險工，有時家馬頭險工。《南河考》有草灣河，有赤晏廟。曰安東上河汛，自東門至彭家灘，縷堤八千九百三十三丈，有汪、莊二塘險工，有磯觜，有月堤，有茆良口。曰安東下河汛，自彭家灘至雲梯闗，縷堤八千七百十一丈五尺四寸，有龍潭口險工，有老堤頭、佃湖、磯觜。曰安東北岸汛，自雲梯闗過欽賜大通口至六套，縷堤八千一百四十二丈五寸，有薛套，共十套。《川瀆考》云：黄淮並流，勢盛流疾，海潮若迎若遏，互相回旋，謂之"海套"，蓋皆湍激所成也。

《南河考》：安東縣有伍港口。所謂"欽賜大通口"者，我皇上命河臣張鵬翮毁董安國所築攔黄壩，而黄、淮入海之路爲之大通，故遂以是名之也。大通口北有馬港口，甚窄，爲攔黄壩引河入海之口，今淤。清河、山陽、安東三縣，大河北岸，計程共二百四十餘里，而南岸西起清河西界，東迄海口，計程共二百六十餘里。桃源、龍窩汛之東曰清河南岸汛，自清河西界至張福口，縷堤三千五百十丈，有張福口横堤，有挑水御壩，有新築挑水順堤，有清口西壩、東壩。清口之南有張福口引河，有天然河，有張家莊引河，有裴家場引河，有帥家莊引河，清河之東南爲高家堰。清口者，泗水入淮之口，《禹貢》所謂東會於泗、沂者也，命曰泗口，亦曰角城。其曰鴨陳口，曰馬頭口，皆此口也。泗水號爲南清口，在縣西三汊口，分大小清河。大清河由三汊口徑縣東北合淮，歷魚溝入海，嘉靖初淤，蓋即所謂老黄河者也。明人或謂爲東會泗沂故道，非也；《錐指》謂爲近世決河入海之道，亦非也。小清河則清口是也。大河在清口入淮，每苦濁流倒灌。爛泥淺、裴家場在明世號爲“門限沙”，我皇上深知河流之足以遏淮、蹙淮，使淮不得北出清口而無所歸也，特命築挑水御壩，捍黄水毋南下；又於北岸開陶莊引河以引之，而堅築高家堰以束淮水使北首；又開張福口諸引河，廣闢清口引淮與黄會，而刷黄沙以入海。於是清口通利，而陶莊引河遂爲大河，北岸經流云。清口之東爲運河口，運河口之東北有甘羅城堤，有卞家汪工，有天妃壩，有惠濟祠工。自此折而東入山陽界，曰山陽外河汛，自季家淺至三岔，縷堤萬一百九十五丈，有王公堤石工，清江浦直王公堤南有龍江牐。如老壩口、大小車路口、朱家溝、洪福莊皆險工，有兩車路口月堤。洪福之東爲草灣口，而柴市、湯董莊、上張莊亦險工。柴市直淮安城北，曰山陽上河汛，自三岔至桑家營縷堤八千八百九十七丈三尺，而尹莊、韓莊亦險工也。有引河二道以分水勢，而新港、周家渡、唐家堡、小茭陵、何莊、大茭陵皆險工。曰山陽下河汛，自葉家營至安東界陳家社，縷堤萬三千十二丈，而胡家莊、董家營、左家口皆險工。曰安東南岸汛，自陳家社至陸家社，縷堤萬二百六十一丈五尺，陳家莊、西磡、掌家港皆險工。按今河圖自草灣至大茭陵縷堤外有重堤二層，其最在南者曰汰黄堤，自大茭陵之東至陸家社縷堤，外有重堤一層。而《南河考》則自甘羅城歷王公堤、鉢池山、方新二壩、西橋禮壩，過淮安新城范家口石堤、劉伶臺、柳浦灣、高嶺戴、百户營、羊寨巡司，不過長堤一層。鉢池山以東，堤已去河遠，在今堤之南。此亦堤工之今昔異致也。南岸重堤之南有廟灣海口，淮安府城之東有澗河，又東爲射陽湖，又東即廟灣海口也。廟灣海口之南爲鹽城海口，爲白馬草堰海口，爲車路口丁溪海口。北岸雲梯關之北爲灌口，爲潮河。潮河亦曰鹽河，中河所從入海者也。潮河分爲二，曰南潮河、北潮河。北潮河之北爲海州海口。大河合淮水至雲梯關入海，在古揚州域，北距禹碣石、古冀州之域東北境，中間更歷兖域、青域、徐域，蓋千八百里云。山陽爲淮安府治地，在射水之陽。漢有射陂，廣陵王相勝之奏，奪王射陂葑田予貧民。張晏所謂射水之陂也。安東，漢淮浦也。

今既録兩岸河堤於右方，而明人之建堤築壩及其他補偏救弊，惟是爲務，用以暫安一時，苟免一方。乃班固所謂國之利害宜多聞而識之者，謹撮其大凡如左：

所謂太行長堤、金龍口新堤者，劉大夏所築以衛張秋者也。蓋黄陵岡居張秋上流，金龍口又居黄陵岡上流，大夏既分河爲四派，南流以殺水勢，遂於大河北岸黄陵岡左右因舊堤築太行長堤，起胙城經滑縣、長垣、東明抵曹、單，盡徐州，凡六百六十里。又於金龍口北岸築新堤一百六十里，以蹙河使南而永絶其北流。其疏稱排障百川，悉歸東南，由淮入海，蓋所謂以黄避運之法也。張秋遂賜名安平鎮。然張秋運道安，而魚、濟、徐、淮運道危矣。蓋自古治河之變自是始，故首及之所謂曹、單長堤者，自築太行長堤後六年河決曹、單，而患萃於二縣，嘗北延及城武、金鄉、魚臺、濟寧，一望在洪濤巨浪中。嘉靖十四年，河臣劉天和自梁靖口東至岔河口築壓口縷水堤，又自曹縣八里灣，東至單縣侯家林築長堤，蓋其患稍紓十餘年，而其後又時時見告。至萬曆之世，單之患又甚於曹，而泇河之議起焉。

所謂茶城南北長堤者，蓋盛應期謂大河自正德來汴南支流俱湮，全河東下至徐、沛入漕，汴河自是無患，而徐、沛當衝。隆慶四年，翁大立謂邇來河患不在河南，不在山東，不在豐、沛，在徐、邳。而是時工曹之議亦曰：自弘治時劉大夏治河而河南患息，自嘉靖初築曹、單長堤而山東患息，自新河成而豐、沛患息。於是使朱衡、萬恭綰河工，以專事徐、沛，而此二人者顧舍泇河良策而惟務築垣居水也。則於北岸築長堤，西自茶城屬之曹、單縷水舊堤，東自茶城至於宿遷、清河，曰此所以防河之北入而運道淤也。則又於南岸築長堤，西自碭山至祥符東，亦自茶城至宿遷、清河，曰此所以防河之南出而正河淤也，時隆慶六年也。其後潘季馴又於徐州東增築南北遥堤，楊一魁所謂季馴創築遥堤以束全河是也。此其捍黄流以全運道，或者謂爲河流賴以得安然。牛應元謂徐州河決，當事無可如何，旁河兩岸築長堤以束之，名曰縷堤。縷堤復決，更於數里外築長堤以防之，名曰遥堤。歲決歲補，莫可誰何。蓋季訓罷後而廷論如此。

夫自明初大河分道，南流入淮，北流亦尚未絶。及太行長堤、金龍口新堤成，盡塞北流，而猶分南流入淮之道爲四，正德時漸并爲一。嘉靖時河臣復建議分導，如滎澤之孫家渡，蘭陽之趙皮寨，及祥符之董盆口，寧陵之五里鋪、楊村鋪，睢州之地邱店、界牌口、野雞岡，分流從亳、壽諸州縣入淮，南流仍未絶也。其後二十年間，南流之道又復漸，淤及茶城。是役盡塞支流之口，季馴操之益亟。北岸自曹縣以下無入張秋之道，南岸自虞城以下無入淮之路，而大河汹汹焉盤束迫蹙於一道之中，所謂欲北不得，欲南不得者也。由是混流下赴，愈益壯猛難禦。每遇水發，堤上加堤，水勢轉高，徐州卒至遷治於雲龍山，而其禍灾之萃尤在揚淮間。劉堯誨謂河至徐、邳如大軍既敗而潰，雖有善將銛鋒，勢難約束使之就伍。今之築堤防河，無異啣木填海，盡南山之木無益於海，盡淮、徐之土無益於徐、邳。每至伏秋，白浪如山，拔地數仞，奔雷倒海，不足爲喻。丈堤尺土，適以益其怒而恣其暴。痛乎，徐、邳之勢如此。而下流爲害，所謂禍殃尤萃於淮揚間者。蓋自嘉靖六年，河至山陽入裏河，而沛患始移於淮安。漕臣王宗沐謂嘉靖中年以來無歲不被水，而其最甚莫如隆慶三年、萬曆元年，民至栖樹巢塚以救旦夕。而是時郡人胡效謨亦謂頻年河自徐州下清口，雷震憑怒，恍惚神鬼，横截淮水，倒灌洪澤湖以注山陽，又南入白馬、寶應諸湖。山陽平地常停水三四尺，雨集水深丈餘。自是以後屢潰決不已，至二十三年患稍弭，而天啓元年又大決於王公堤，三年復決於磨盤莊，而其禍且滋興而未知所終極也。

所謂南陽新河、泇河者，皆以運避黄之法也。楊一魁謂明初全河出亳、壽之交，徐、邳運道原不資河。按洪武時東北一隅，供億取給本地，未嘗轉東南之粟以餉北平也。永樂初海路並運，所謂徐、邳運不資河者，當在此時。而九年河循故道，與會通河合，即資之以濟運。論者謂引河入漕始自景泰時，其實不然。蓋是時河分數派並行，其支流入漕者不過居清水之三，命曰“黄三清七”，故徐、邳之間皆清流也。其後届河，水政廢弛，占湖爲田，泉流枯槁，而河流東注於漕者日盛，因其勢以濟涸，清口以西，歷邳州至徐州，遂假河流以漕。朱衡所謂今徐、邳漕河即黄河是也。漕者每苦河流湍悍及於覆溺，而徐州之北漕、黄既分，運道南近大河，尤多衝決之憂。正德時大河北徙，支流盡塞，獨存飛雲橋一道，水大難容，且去運河益近，恣其潰壞，而運道遂塞，至此假途昭陽湖以行。盛應期請於湖東滕、沛、鄒縣、魚臺間别開新道，與河相避，而以湖委河，爲散漫之區，其工垂成而止。嘉靖四十五年，朱衡卒如應期指開南陽新河，起自徐州、留城，歷沛縣、夏鎮至魚臺、南陽届，自是徐州以北運道去河稍遠。翁大立謂新河實勝於舊河也。

然運道暫通復阻，大立於是請開泇河，益與河相避。潘季馴、萬恭尼之而止。其後論者屢以泇河爲請，至萬曆三十二年，李化龍決策開之，而人果稱便焉。泇水有二：東泇出沂州西北箕山南流，分一支入芙蓉湖，灌稻田數千頃，所謂瑯琊之稻是也；西泇出嶧縣抱犢山，東南流與東泇合，貫四湖溉田倍芙蓉，又南合武河入泗，謂之泇口。南流至邳州，合沂水入河，武河亦曰小沂，其上流有故渠曰文河，元人謂濬此渠通沛，可避徐州二洪之險。及翁大立倡議開之，而其功卒成於李化龍。蓋化龍之言曰黄河者，運河之賊也。用之一里則有一里之害，於是决策開泇河以避之。自邳州直河口至沛縣李家口，屬於南陽新河之夏鎮，凡二百六十里。異時水程自留城至夏鎮三百六十里，至是徑捷於舊百里。自留城至邳州舊城北直河口，自直河口以西至於徐州，不假河流以漕，而二洪之險遂遠。漕船向稱過洪，茲稱過淮，一時賴其利焉。孫承宗曰漕如身然，蘭陽而上爲肩，單縣而下爲腹，夏鎮而南爲股。河決蘭陽，經東長灄曹、濮，則横決張秋而肩背潰；決單縣，則横截穀亭、沽頭入昭陽湖，而胸腹潰；決夏鎮之蘇莊，則東西鎮口遂爲河奪，而股脛潰。劉公大夏治其上，法在以河避運，於是塞黄陵岡以保張秋。朱公衡治其中，法在以運避黄，於是開南陽湖以安徐、沛。近開泇河，稍倣南陽，然南陽之役遏黄河之入沛者歸秦溝，而疏支河殺薛沙水之勢。今欲全泇河，則朱旺口之大挑何可緩也。是時泇河既開，遂挑朱旺口以復小浮橋故道，而泇河竟安矣。自泇河開後二十年，河臣欲更避河險，乃挑駱馬湖堤三十里，自董溝、陳溝入湖以入泇。已而駱馬湖淺澀難行，則開皂河四十里以入於泇河。然自清口入皂河口，假河流以漕者尚二百里，逆流挽舟，公私猶以爲病也。康熙二十七年，河臣靳輔引駱馬湖水開中河，建仲莊石牐於清口對岸，使漕船由此牐進中河以入皂河，避河險二百里。四十六年有詔，東開楊莊引河，放漕船順流以達於中河，由是盡避逆流之險，風濤無阻，運道通利，亘古莫及。

所謂會通河者，元人轉漕於燕之道，明人因其舊而修之者也。元自伯顏建議海運，歲至運米三百六十萬石至京師也。終元世倚海運爲重，然亦兼資會通以漕。當至元二十年自濟寧開河至東平安民山一百五十里，二十六年又自安民山開河至臨清二百五十里，屬之御河，以達於天津，名曰“會通”。而元《河渠志》：會通河起須城安山，西北至臨清，長二百五十餘里，建牐三十有一。須城者，東平也。安山者，即安民山也。元志不言起濟寧至東平，而下文所叙自臨清通濟三牐，南至安山牐，凡十四牐二百八十二里。蓋所謂起安山至臨清者，此也。又自安山牐南至濟州，又南至徐州，凡六百里，皆其建牐之地。而《都水分鑑》稱會通河、沛縣、金溝、沽頭諸處地形云云，則自徐、沛以北建牐之所，元時皆通謂之“會通河”。其止言起須城至臨清者，史文之疏也。明洪武初會通河猶存，原武之決，河漫安山湖而南，其道始湮。是時建都金陵，西下江湖之粟，東輸兩浙之漕，至便利矣。五年以後，時由海道運糧以餉遼東。成祖居燕，而海、陸兼運，海運歲八十萬石，陸運歲四十五萬石。陸運者，漕船自淮河、沙河至陳州，入大河，至陽武乃舍舟陸走，以抵禦河也。沙河者，汴水之支流，東南至懷遠入淮者也。沙河亦曰蔡河。已而以海險陸費，用潘正叔言，命工部尚書宋禮等濬會通河。十三年河成，海陸之運皆罷。而宋禮之濬會通河也，大抵因元人之舊，而元人引汶入洸，又引泗、沂二水入洸，以出濟寧會源閘入於運渠，猶聽其分流東北入海。故南旺之間水淺舟膠，不任重載，至是則築戴村壩，遏汶水，毋東流，俾盡入南旺，而水深廣利於轉漕。戴村在東平州東二十里，南旺在濟寧州北三十五里，地形最高，水至此南北分流，運河之脊也。自南旺北至臨清地降九十尺，爲牐十有七，而達於衛河。自南旺南至沽頭，地降百一十六尺，爲牐二十一，而達於徐州。創造運船，底平艙闊，受載不深，得水六拏而足。六拏者，三尺也。汶水出萊蕪縣原山，合牟汶、北汶、柴汶、嬴汶、小汶至安山入於濟，至戴村壩之築，而安山入濟故道塞矣。自汶別出者曰洸，猶洛之有波也。汶水既全入於南旺，又引濟南、兗州七十二泉以分入諸牐，又以南旺、安山、馬場、昭陽四湖爲水櫃，漕河水漲則減水入湖，涸則放水入河，各建牐壩，以時啓閉，而會通之漕利矣。會通河謂之泉河，亦曰牐河，所謂牐漕者也。牐河至臨清與衛河接，衛河濁而盛，牐河清而弱，建牐其間，以防衛水之漲而灌入牐河。又有三年二大挑之法焉。漕河至衛河始無啓閉之阻，安流以達天津，所謂衛漕者也。漕舟自天津又北至武清，又北至通州、太倉，皆白河之流也，曰通惠河，亦曰大通河，所謂白漕者也。白漕之南曰衛漕，衛漕之南曰牐漕，牐漕之南曰河漕、曰湖漕、曰浙漕，是曰六漕。自徐州南至淮安爲河漕，六漕中河漕最險。自泇河及新舊中河成，而河漕之險免矣。

自淮安南至於江都爲湖漕，揚州以南爲浙漕。所謂浙漕者，胡三省所謂今浙西運河，自杭州達鎮江府入大江是也。今《水經》謂之南運河，所謂湖漕者，俗謂之裏河，蓋浙西漕糧自瓜州壩達於揚州，上江及江西、湖廣漕糧自儀徵達於揚州，而自揚州歷高郵、寶應至於淮安，漕道凡三百有十里，朱子所謂邗溝運河也。其所資者，陳公塘、句城塘、上下雷塘、小新塘及邵伯、甓社、樊良新開汜光、津湖、白馬諸湖之水。邵伯鎮有越河十八里，萬曆二十八年開也。高郵有康濟越河四十里，弘治三年白昂開。或曰洪武中舊道，昂重闢之也。界首鎮有越河十八里，亦萬曆二十八年開也。寶應有宏濟越河三十六里，萬曆十三年因洪武時直渠而浚之也。寶應又有北月河百三十丈，南月河百五十丈，萬曆四十一年開也。皆明人所鑿，以避湖險要，爲自昔轉運舊道，雖小異，不遠也。

所謂邗溝者，南起江北，通射陽湖，抵末口入淮，吴夫差所掘也。《左傳·哀九年》："吴城邗溝通江淮。"杜注謂之"韓江"，韓江亦曰邗溟溝。《漢志》："江都渠水首受江北，至射陽入湖。"《水經注》"中瀆水首受江於江都縣"，徑山陽城西又東，謂之山陽浦，又東入淮。所謂"渠水"，所謂"中瀆水"者，邗溝也。其水固自江北入於淮也。晋永和中，江都水斷，乃於歐陽引江入埭，六十里至廣陵城，而陳敏又穿樊渠下注津湖，徑渡十二里達北口，蓋自此始爲直徑。興寧中復以津湖多風，又緣湖東岸二十里穿複河避之，其道則在邗溝故道之西矣。蓋邗溝首受江處已改，又變曲爲直，而水之自南而北如故。隋開皇七年，開山陽瀆通漕運，蓋即其道也。八年，燕榮伐陳，舟師乃不出淮而出東海，則山陽瀆雖稍廣，猶不勝戰艦。至大業初，大發淮南兵夫十餘萬開邗溝，自山陽至揚子入江三百餘里，水闊四十步，可通龍舟。蓋自是淮水乃自北而南流入江，與曩時異。朱子所謂自高郵入江不得爲泝也。末口，亦曰北口，山陽縣北五里之北神堰也。煬帝既開廣邗溝，又穿江南河，自京口至餘杭八百里，廣十餘丈。京口者，鎮江也。後世大抵從此爲轉輸之道。朱子謂邗溝運河，皆築埭置牐，儲閉潮汐，以通漕運，則其別鑿複河，築長堤其旁，以避湖險。蓋自昔有之，明時特祖述其遺制，故曰雖小異，不遠也。

而昔之爲堤者，晉謝安鎮揚州，築埭曰邵伯，而隋渠之旁皆築御道，樹以柳，自長安達江都，所謂隋堤者也。高郵平津堤，唐李吉甫所築也。宋熙寧五年，用陳損之言，自江都至淮陰三百六十里，立堤堰爲瀦泄。而津河中心之有堤亦自宋始，明人蓋因前世之舊而修治之。洪武九年，修高郵、寶應湖堤六十餘里，其後謂之老堤，又曰西堤。宣德七年築高郵、寶應、氾光、白馬諸湖長堤。成化八年，治揚州至淮安湖塘，造牐𥔲，引塘水濟運。弘治時白昂築高郵中堤、東堤。萬曆四年修高郵西堤，改挑康濟越河，改築中堤，舟行西堤、中堤間，廢東堤不用。五年，增築山陽運堤，十三年修築高郵護城堤。所謂高寶諸湖，周遭數百里，西受天長七十餘河，徒恃百里長堤者是也。又於運河東岸建減水牐、減水洞，水勢七尺以下則蓄之，即踰七尺，則自運堤減水牐洞下東方諸湖而入於海。所謂“湖漕弗堤與無漕同，湖堤弗牐與無堤同”是也。自成化八年議濬運河身，河臣已有河身高於湖面之奏，故以淺夫淺船取河之淤，厚湖之堤，而爲之法，曰“但許深湖，不許高堤”。蓋牐多則水易落而堤堅也，濬勤則湖愈深而堤厚也。其後畏修牐之勞，每壞一堤，即湮一牐；畏濬淺之苦，每湖淺一尺，加堤一尺，而淮南運道壞。於是萬恭請復諸牐，請復淺船淺夫。其言曰：諸牐欲密，欲狹，欲平水。密則水疏，無脹悶之患；狹則勢緩，無衝擊之患；平水則湖溢水從上透，湖涸牐底截住，無啓閉之勞。高、寶、興化諸州縣無潰堤昏墊之苦，因而勿壞公私百世之利也。然設堤、置牐、濬淺固爲運道要務，要其本計，尤視黄、淮之治否以爲安危。隆慶三年河決淮安、方新二壩，寶應堤壞。四年河決崔鎮，淮決高堰，河躡淮後，出黄浦下射陽湖，而高寶堤壞。黄浦在寶應北二十里，萬曆元年，淮合黄水，幾齧淮安西橋，截漕河東出。三年淮復決高堰，黄躡淮後，而高寶堤又壞。十九年淮湖大漲，決邵伯堤、高郵中堤。二十一年淮湖復漲，高寶諸堤一日壞者百十所。二十三年河、淮決，高郵復壞。河臣楊一魁分導淮流以弭其患，而卒不能大有益也。界首北十里有子嬰溝，寶應北三十里有涇河，皆所以泄淮水而入於海者也。江都東有芒稻湖，則所以泄淮湖之水而注之江者也。蓋河從北來，河身比淮爲高，而淮固有不能敵黄之勢矣。淮從西來，淮身比清江浦又高，故淮易於齧運，而黄又易於躡淮之後灌入浦口以齧運，而運道危，而山陽以南俱危。而山陽西南之有高堰也，以寶應較之，則卑於堰之地一丈八尺有奇。以高郵較之，則卑於堰之地二丈二尺有奇。而高寶堤東，興化、泰州田大抵卑於高寶堤丈許，其卑於高堰之地則不啻三丈有奇，黄水若倒灌清口，挾淮水以潰高堰，而縱橫於高寶諸湖，則運道又危，而山陽以北皆危。故曰運道尤視黄、淮之治否以爲安危也。

所謂清江浦者，明平江伯陳瑄所築也。古者江、淮本不相通，蓋夫差邗溝之役，《左傳》明言溝通江、淮矣。臨川吴氏澄曰：江北淮南地高於水，雖曰溝通江淮，二水之間掘一横溝，兩端築堤壅水溝中，自江拽舟入溝，又自溝拽舟入淮，江淮實未嘗通流，與左氏不合。《通鑑》胡注謂夫差溝通江淮，而淮水低於溝水，後人立北神堰以防其泄者近是。蓋江淮之通始自夫差，隋世復大開之。唐睿宗時魏景倩引淮水自黄土岡通揚州，黄土岡在今清江浦北，而劉晏爲歇艎支江船二千艘，每船受千斛，自揚州遣將部送至河陰上三門，號“上門填闕船”，則唐時江淮之通流明矣。周世宗伐南唐，臨淮水，是時唐運渠已湮，戰艦阻北神堰，不能渡江。陳傅良氏謂六朝都建業，運道不由京口，南唐亦都建業，唐時運河以不由京口而湮，理所必致也。宋雍熙中，劉蟠議開沙河以避山陽灣之險，其後喬維嶽卒開之，河長六十里，舟行便之，即今清江浦運河是也。元末復以兵起而湮。明初自揚州舟行至山陽入淮，有壩爲之關隔，必以車盤過壩，乃得泛乎淮流也。瑄因喬維嶽故道，引水自管家湖之馬家嘴，至鴨陳口入沙河，築堤置牐以通漕舟，謂之清江浦。又恐黄水濁流灌入浦口，以至淤填，乃設五牐，迭相啓閉，北曰新莊，以次而南曰福興，曰清江，曰移風，曰板牐。新莊牐亦名天妃牐，黄水即發，則閉天妃牐實土，牐外築土壩禦之，水定乃啓閉如常，而令民船仍車盤如故。萬恭所謂河雖善淤，安所假道而犯及清江浦是也。自陳瑄鑿浦建牐後，垂二百年守其啓閉之節，中間僅景泰時河灌新莊牐，清江浦淤淺阻漕一事，餘歲未有聞焉。久之遺規廢壞，牐多濁流，舟行阻滯，乃改置牐浦南三里溝，名曰通濟。而異時新莊牐在河流南射、西回、北向回溜之地，泥沙不停，風浪不及，及通濟牐之汉建，正當南射之衝，其爲患也滋甚。潘季馴移通濟牐於甘羅城，東去新莊舊牐不及一里，而嚴其啓閉之節如陳平江時。復築高堰長堤，修清江浦西長堤，又用科臣尹瑾言，清江浦河道照南旺例，三年兩濬，揚儀河道如有淺阻，小則量濬，大則加挑，而運得安，時萬曆六年也。

所謂高家堰者，後漢陳登築堰防淮故址也。明初陳瑄修治之，潘季馴更加增廣，北起武家墩，南經大小澗，其長至八十里。季馴《河防一覽》云：高堰南有越城、周家橋、翟壩，地稍亢，淮水大漲，從此溢入白馬湖，水消仍歸陸地。蓋藉此以殺淮漲，即黄河之減水壩也。若一概築堤，非惟高堰難守，即鳳、泗亦危矣。按高家堰之西爲阜陵、泥墩、萬家、洪澤湖，諸湖之西爲淮水。淮水奔流至泗州，東激於龜山之横亘，則益折而北，而諸湖環匯於東岸，故淮水泛漲恒於斯。歐陽子《泗水先春亭記》所謂暴莫大於淮者也。宋發運使許元自淮陰開新河屬之洪澤，皮公弼又修洪澤湖，所以避長、淮之險。其後蔣之奇謂上有清汴，下有洪澤，中間風波之險不過百里，乃自龜山、蛇浦至洪澤，鑿左肋爲複河以避之。是時大河自澶、濮而北，去淮流甚遠，而漕船欲避長、淮之險，則道由洪澤，是則淮水本不與諸湖合并爲一也。洪澤湖東岸有洪澤鎮，又東乃有高家堰，湖水未嘗至堰下也。明初河雖入淮而數派分流，全河未嘗併力以趨清口。當隆慶時，而河、淮之肆暴於淮安也亟矣，然諸湖猶在淮水東，與淮分道而行，至清口乃入於淮，而湖之東岸有高地、低地、民田、土城，湖水尚未與堰相接也。自黄流迫束於徐、邳一道中，其遏淮之勢益猛，而淮遂挾諸湖之水溢於堰下。季馴力持以堤束水、借水攻沙之策，爲以水治水良法，遂增築此堰，藉以束湖助淮，而刷黄水之沙也，而命之曰“淮揚之門户，黄淮之關鍵”焉。然留越城以南爲淮水天然減水壩，後人猶患其疏，乃并此築之，而設塘埂、減水六壩，以泄淮水、湖水之波於寶應、高郵諸湖云。

所謂西長堤者，淮安大河南岸之堤，漕臣王宗沐因北神堰故址而築之也，後人謂之王公堤。堤自清江浦歷鉢池山至柳浦灣六十里，宗沐《淮安二堤記》謂高家堰抗淮於西南，長堤障河於西北。其後潘季馴又增築長堤，自柳浦灣以東歷高嶺至戴百户營，由是長堤起清江浦凡百三十里。及河自西橋北徙，而以草灣支河爲經流，鉢池山以東之堤去河稍遠，而俗遂徒號堤之在清江浦者爲王公堤云。所謂歸仁堤者，潘季馴所築，以護高堰者也。睢水之入河在小河口白洋河，而小河口白洋河之下有白鹿湖、邸家湖，湖之下爲淮水。自黄河之身日高，睢水地卑，黄水反挾睢水、湖水侵淮而高堰危，而正河愈淤。歸仁堤之築，所以禦之，使黄不倒灌，而睢水得出於小河口白洋河也。然小河口白洋河塞，歸仁堤雖堅無益也。睢故入泗，大河既挾泗會淮，睢遂入河，而明《漕河圖志》乃竟以黄河稱之云。所謂草灣河、呰家營、黄家觜支河者，皆所以分導黄流也。大河掠淮安城北，自西橋東北流。嘉靖三十年，河決自草灣口，而正河遂淤。草灣在西橋北，未幾决口自塞，河歸故道。萬曆四年開草灣支河以殺水勢，其後牛應元又請疏草灣下流，達安東五港灌口入海。蓋自明末草灣之流既通，而西橋故道竟淤，遂以草灣支流爲經流焉。呰家營在清河縣東北，常居敬請於此開支河，分引河流東，入草灣河，出赤晏廟復歸大河，潘季馴阻之而止。而呰家營之下有鮑家營，河水於此自决爲支河入海。季馴以謂此天然之呰家營也，請留之以備分泄，其後湮廢已久。

康熙四十二年詔開鮑家營引河以衛淮安，四十五年工成，淮人利之，事見後河臣疏中。所謂黄家嘴者，又在鮑家營之上。萬曆二十四年，楊一魁以黄、淮漲溢，力主分黄導淮之説，因於桃源縣開黄垻新河，起自黄家嘴，達於五港口，分泄黄流入海，令毋得盡入淮。既議分黄，遂議導淮，則於子嬰溝、涇河牐、芒稻河引淮流以達於江海云。然而黄家嘴支河未久竟塞，説者謂曩時堅築高堰，爲其能束淮出口，與河角勝，以刷河沙也。不圖河身淤墊久高，猝難冲刷，淮既不能敵黄，則退入於湖，而欲乘西風以遂潰高堰矣。於是不得已爲分導之計以救一時。彼楊之所主與潘正相牴牾，然知州俞汝爲乃並謂爲碩畫，何也？蓋潘所著書固自居於補偏救弊，而楊之説亦未始不可拯險危於一時。夫河不兩行，此爲大河獨行入海言之也。若既南入於淮而淮不能容，則河非昔日之河也，而河不兩行之説似難固執於斯時而不變也。明初大河數派分流，其後竟併爲一，此誠所謂不兩行之明證也。然明初水患雖迭興，終不至若中晚之甚。潘雖力主不兩行之説，而卒留鮑家營以爲支河，則分黄之可以紓禍亦可見矣。閣臣費宏所謂勢分雖决，禍不甚大者也。至淮分則淮弱，淮弱則愈不能敵黄，而爲黄所遏，而不能北首入海，故黄未始不可分也，而淮則必不可分也，以之苟救一時可也。且全河自至元時南入於淮，至今垂五百年，其所以久於南而不可北入海者，限於勢而無可如何也。

今夫金龍口正東則徑長垣、東明出曹、濮，直趨大清河入海。蓋較之東南出徐、沛入海之道爲徑直矣。而地勢又南高北下，河之本性未嘗不欲北行也。余闕所謂南方之地本高於北，河之南徙難而北徙易是也。然自元及明，河終束於南而不能北，蓋自明人之遷都於燕，則以其倚賴於會通河東南轉漕者重也，乃始大畏河流之北以壞運道。劉大夏謂地形西南高阜，東北低下，河勢日漸東注，究其下流俱妨運道。胡世寧謂决而東北而運道竭，禍不可言。朱裳謂自原武至曹縣長堤，所以防河東北入海而安運道。近者河過魚臺，其流漸北，有越濟寧趨安平東入於海之勢。洪朝選謂河有北徙之勢，運河必淤。傅希摯謂决於蕭、碭之上，則牐河中斷。潘季馴謂徐、邳以上地形南昂北下，堤防一潰，奔流北徙，將爲牐河之梗。觀此治河之臣所言，而河之未嘗不欲北流，而徒以其有害於運而竭力蹙之使南可知也。

夫既蹙河使南，河欲北不得，其後南岸支流之口盡塞，河又欲南不得，則以全河乘高遏淮於清口，而安東之海口又獨平曠無山，較之碣石、天津、利津、海豐、嶺表，南北海口特異，而又有沙漲易於淤填，故明世論者每蹙蹙然患夫海口不利，清口淤高。黄躡淮後，挾諸湖之水潰高堰、灌高、寶，而南注於江焉。瀕江之地雖高、莫能御也。

此則禹河之五變也。

我國家承大河五變之後，明人補救無策之餘，神倉之粟取給東南，勢難縱河北行，以壞運道，故治河別無復古奇策。賴我皇上神智天錫，知古人之法與今河勢不同，指授方略，因時制宜，拯民沈溺，天下永寧。康熙四十一年九月十五日，兵部尚書兼都察院右都御史、總督河道軍務臣張鵬翮河工告成，疏曰：河工一事每廑睿慮，親臨閱視，洞悉原委，宸衷獨斷，區畫精詳。拆攔黄垻以通海口，築挑水壩，開陶莊引河，以導河北行，培高堰、築六垻，以束淮敵黄。挑張福口、裴家場、張家莊等引河以暢淮流，修歸仁堤以節宣睢水，塞時家馬頭以杜黄水旁溢，開王家營減水壩，挑鹽河以泄黄、淮漲水，鑿戚字堡諸引河，逢灣取直，以分水勢，杜邵伯、更樓諸口，修運河兩岸排樁，浚深運河，改修中河，以利漕運。疏人字、芒稻河、涇澗諸河以泄運河漲水，挑海溝、蝦、鬚等河以泄下河積水，建高郵、南關、車邏諸滚水壩以資蓄泄，工程次第修理完畢。今歲伏汛，黄、淮並漲，逾月不消，水勢大過三十五年，而堤防保固，海口通暢，運道深通，民獲耕穫，黄童白叟感戴聖恩，歡聲如雷，洋溢原野。此皆我皇上睿慮神謨，潛與天通，燭照於事前，符驗於事後，用能臻兹地平天成、萬世永賴之鴻休偉績。又四十五年十一月初三日，臣鵬翮請遵上諭，開鮑家營引河，疏曰：萬里黄河滙聚百川，至清口與淮水會，又至楊莊與中河諸水會，並流歸海，水勢滋大。昔年桃源北岸建崔鎮、徐昇、季泰、三義四垻，分泄黄河漲水，前河臣靳輔患黄水出穿中河而廢之，黄水無從宣泄，致有九里岡、龍窩等前日之决。而去年伏汛水大，清水因黄水遏於外而溢於古溝、唐埂、清水溝，黄水因清水助其勢而溢於韓家莊。今年伏、秋二汛，黄、淮、沂、汶、睢、泗之水同時並漲，宿遷之蔡家樓，桃源之九里岡、高家灣，山陽之韓家莊，安東之便益門、南東門、佃湖諸處危險至極。仰賴皇上福與天齊，方略精詳，臣等遵奉搶護，得保無虞。總由衆水并歸一河，來源多而去路少，一時宣泄不及，所以兩年水長危險如此其甚也。臣率各河官往來相度，僉云去路一暢，則來水可容。向於康熙四十二年三月初三日欽奉上諭曰："開挑鮑家營引河，俾黄河異漲之水藉此減泄，而黄河上下工程得以保固，則黄、淮之門户無虞。洪湖異漲之水藉此暢流，而高家堰工程得以平穩，則淮揚之保障永固。再於中河横堤建草垻二座於遥堤，開鮑家營引河之處開中河草垻，使清水直下鹽河，黄水大則閉中河草垻，開鮑家營草垻，使黄水暢出鮑家營。如此則相機啓閉，操縱由人，且中河亦不虞淤墊。"仰惟我皇上至聖至明，四年以前早睿照及此。臣知識短淺，見彼時水勢稍平，衹就現在形勢而論，題覆"暫停"，遂致兩年水勢如此之大。設若早遵聖訓，開此鮑家營引河，必無去年之漫溢、今歲之告險。今折衷衆論，益見聖謨宏遠，睿慮周詳。此河一開，不特黄流遄行，而淮水益得暢出，河道、民生均有裨益，誠永固河防之至計也。史臣汪份執筆立館下，幸得仰睹聖主平河方略。臣份竊謂河雖五變，而我皇上經營措注，通於神明，直與禹功並垂。謹録河臣二疏，明告天下，使共知焉。

——1. 切問齋文鈔　卷二九　河防五

黄河考四

大河自合淮入海，五變之後，東河既已盡亡，南河亦復稍變。洛、汭以東，禹迹蕩然無一存者。而自孟津以西，逆溯之爲底柱，又逆溯之爲華陰，又逆溯之爲龍門，又逆溯之爲積石，則禹迹俱存。其所經歷輿地固一一可考而知也。

《禹貢》稱導河始自積石，未嘗遠及河源。《史記·大宛列傳》：張騫使西域還，始言于闐之水，其東注鹽澤者，潛行地下，河源出於其南。天子案古圖書，名河所出山曰崑崙。《漢書·西域傳》又言，河有兩源，一出葱嶺山，一出于闐。于闐河北流，與葱嶺河合，東注蒲昌海。蒲昌海一名鹽澤，其水渟居，冬夏不增減，皆以爲潛行地下，南出於積石，爲中國河云。此河源之在西域者也。至元都實得河源於土蕃朵甘思西鄙，名曰星宿海。朱思本謂其地直四川馬湖蠻部之正西三千餘里，雲南麗江宣撫司之西北一千五百餘里。自星宿海西北行，約共十許日至九渡，又二十日至崑崙；又約行十六七日，河水北行轉西，過崑崙北，乃東北流；又約行半月，至貴德州；又四五日，至積石州；又五日，至河州安鄉關。此河源之在吐蕃者也。王文恪公鏊著辨，謂不宜以一夫之目，廢千古之論。然都實得之身歷，殆非妄談，故論者多疑西域而信吐蕃。吾姑別論次於後篇，而兹則就《禹貢》之文，論其導河始自積石者。

《漢志》金城郡河關縣下云：積石山在西南羌中，河水行塞外，東北入塞内。《水經》叙河水自積石山入塞，東至河曲，徑西海郡，直敦煌、酒泉、張掖郡南。酈注云：重源發於西塞之外，出於積石之山，徑積石而爲中國河。山在西羌之中，燒當所居。而引司馬彪謂河水屈而東北流，徑於折支之地，是爲河曲。文引應劭謂：《禹貢》折支屬雍州，在河關之西，東去河關千餘里，羌人所居，謂之河曲羌。蓋《禹貢》積石山遠在此地，乃魏王泰、李吉甫所謂大積石山者也。漢段熲追燒當羌，出塞至河首積石山，唐侯君集等追吐谷渾王伏允至星宿川，又達栢海，北望積石山，皆此山也。敦煌爲河西五郡極西，玉門、陽關在其屬縣之龍勒。明初敦煌不入版圖，而遂以肅州衛之嘉峪關爲西界。酒泉者，今肅州衛也。張掖者，今甘州衛也。敦煌、酒泉、張掖，本非大河所經。漢時河關以西，皆爲羌人地，故聊假三郡之南以表之，謂遥直其地之南也。今以下文道里之數計之。蓋大積石山，遥直酒泉之正南，而於敦煌爲東南云。大河自羌中大積石山東北行，而至於小積石，蓋凡千餘里。其北岸則歷西寧州，而馬嶺，而龍夷城，而青海，而臨羌，而西平郡界，而廓州，而龍支；其南岸則歷貴德州，而大小榆谷，而河關，而澆河故城，而積石軍，而臨津城，而枹罕。所謂西寧州者，在折支之東，朱思本所云“東北流過西寧州、貴德州、馬嶺”者也。貴德州，元隸吐蕃宣慰司。龍夷城者，王莽所置西海郡治也。青海者，塞外仙海鹽池，即西海也，趙充國所謂鮮水者也。大榆小榆谷者，土肥地美，北阻大河，唐之九曲也。臨羌河關，皆金城屬縣也。西平郡治鄯州，今西寧衛也。澆河故城者，南凉秃髮烏孤河南地。廓州，漢末爲西平郡地，直今西寧衛南一百八十里。積石軍在澆河故城東，唐儀鳳中所置，即都實自貴德州行四五日至此者也。臨津者，隋關名，隋煬帝自將伐吐谷渾，出臨津關，渡黄河至西平，即此關也。枹罕者，亦金城屬縣，今河州也。龍支者，金城郡允吾地也。龍支枹罕之間，有積石山焉。酈注謂之唐述山，魏王泰、李吉甫所謂小積石者也，《通典》於鄯州龍支下引《禹貢》之導河積石，誤指此小積石山爲《禹貢》積石佑，蓋失之。蔡氏承其誤以解《禹貢》曰：《地志》積石在金城郡河關縣西南羌中，今鄯州龍支縣也。龍支在廓州東，去河關西南羌中千餘里。蔡氏欲合《漢志》《通典》之説爲一，而不知夫河關西南羌中，與龍支相去如此其遠也。都實自貴德州四五日至此，亦誤以唐之積石軍爲《禹貢》積石，皆不可不辨者也。大河又自小積石山東北流，徑蘭州之北，命曰金城河。後漢金城河水溢出二十餘里，即此河也。蘭州，漢金城縣，有金城關在焉。其西岸爲允吾，漢金城郡治。金城郡之西北爲武威郡，今凉州衛也，又西北爲張掖、酒泉、敦煌，所謂河西五郡者也。有澆水者，自東南之積石軍而入於大河。有灕水者，自西南至枹罕而入於大河。有湟水者，合浩亹水，自西北至蘭州，而入於大河。有洮水者，自西傾山西北至蘭州，而入於大河。大河又自蘭州東北行，歷金縣北，靖遠衛北，至靈州所北，河西斗絶，在其左挾，凡行一千餘里。蓋大河自大積石山，至於龍門、華陰，凡四大折，此則其第一大折。夫《陝西志》謂自積石暨潼關，凡五大折，而分蘭州爲第一折，靈州爲第二折。按大河自積石至靈州，皆東北流，其折而北也，乃自靈州始，故不如本程氏大昌説，并爲一折之爲確云。

靖遠，故鸇陰也。榆中、勇士、祖厲、眴卷在衛左右，皆大河所經。大河在祖厲，爲祖厲河。漢武帝嘗踰隴登崆峒，西臨祖厲河而還云。而靈州所者，漢富平縣城，在河渚上，唐爲靈州靈武郡回樂縣，朔方節度治所。大河至此始曲而北流，故亦命曰河曲。靖遠衛治，唐會州會寧縣也。靖遠之西岸爲寧夏中衛，亦唐靈州地也。大河自靈州所折而北，徑寧夏衛東平羅所，東出塞，徑故豐州西，蓋幾千里，漢人亦號爲西河，衛青渡西河至高闕是也。杜佑謂之西河之側者，此第二折也。自西河則折而東，歷三受降城南，凡千里，在漢都直北，漢人謂曰北河，衛青絶梓嶺梁北河，《水經》所謂屈而東流爲北河者是也。漢人之前，秦人已謂之北河。惠文王、昭襄王，皆嘗游之。張守節所謂王游觀北河，至靈夏州之黄河是也。此其第三折也。自北河乃折而南，爲第四折之始，徑故勝州東入塞，沿河而下，出孟門，經壺口，而至於龍門，爲冀州西河，蓋幾千八百里。則《禹貢》所謂龍門，西河者也。杜佑所謂西河之側者，蓋所以别於龍門西河也。三受降城者，唐朔方總管張仁愿所築。先是朔方軍，北以大河爲界，仁愿乘突厥之虚，渡河奪其地而城之，以拂雲祠爲中城，與東西兩城相去各四百餘里，所謂漢南地也。高闕、陽山、馬陰山、緣湖山皆在焉。陽山，亦曰陰山。西城自高闕以東、陽山以西，命曰北假。高闕北距大磧口三百里。中城、東城之間，漢有縣曰成宜、宜梁、五原、臨沃、稒陽者，五原，郡地也。東城，本漢定襄郡盛樂縣，唐置振武軍焉。韓子《送韓重華序》所謂“東起振武，轉而西，過雲中界，極於中受降城，出入河山之際，六百餘里”者也。此皆在北河之北岸者也。而北河之南岸，自豐州之西、勝州之東，三面皆憑依大河，所謂河套者也。周曰朔方，秦曰新秦，漢爲朔方、五原地，隋唐爲豐勝夏州地，明爲榆林衛北境，中葉以後失之。南岸西自窳渾而臨河，而廣牧，而九原，而河目，而朔方，而渠搜，而西安陽，而河陰，而沙南，則在北河極東。折而南下之地，皆漢朔方郡、五原郡、雲中郡之縣也。窳渾者，出雞鹿塞之道也。所謂豐州者，即朔方郡廣牧地，在西河東岸。而廣牧之南、在西河東岸者，曰沃野、臨戎。踰河而在其西岸者，曰三封，亦皆朔方郡之縣也。三封之南，則上文所謂平羅所寧夏衛也。寧夏衛有賀蘭山，亦漢富平地，趙元昊之所都也。寧夏衛與靈州，自古引河灌溉，田多饒沃。今漢渠、唐渠猶在，民賴其利云。所謂勝州者，漢榆谿塞雲中、五原郡地也，有榆林關焉。雲中故城，在其東北四十餘里。所謂榆林衛者，漢上郡之龜兹縣也。勝州在冀州西河西岸，其東岸爲平鹵衛，漢雁門郡之武州縣也。衛西北有東勝州故城，漢雲中郡中楨陵地也。唐嘗徙東受降城於此。明初，舍三受降城而設衛東勝，倚偏隅以爲藩蔽。已又撤東勝，退守延綏，則去北河已遠，而河套亦竟棄而不有云。東勝爲冀州西河東岸之北隅，其南則漢雲中郡之沙陵，定襄郡之定襄、桐過，皆在平鹵西，頻河東岸。大河出定襄、桐過二縣間，其津有君子之名焉。桐過西南，爲今河曲縣、保德州興縣、臨縣，永寧州寧鄉、石樓、永和、大寧，吉州鄉寧、河津。其西岸勝州、沙南，以南爲皇甫川。皇甫川之南爲府谷、神木、葭州、吴堡、綏德、清澗、延川、延長、宜川、韓城。所謂河曲縣者，東北有偏頭關，東接鵶角山，西逼大河。其地東仰西伏，故曰偏頭山。而自河曲之南至蒲津一千五百里，皆臨陜西，隔河相望，而於神木渡河尤近云。府谷、神木、葭州，唐麟、銀二州地也。綏德州者，隋雕陰郡，唐綏州治，有無定河焉，即奢延水也。奢延水，自夏州西南至此，入於大河。夏州在豐、勝二州南，赫連所都，名曰統萬，永寧故離石縣也。石樓者，故土軍縣也。延長，故膚施地。其北有故高奴縣，董翳所都也。吉州故北屈，晋夷吾所居也。其南有津，曰采桑。孟門山在吉州西六十里，酈氏謂之風山，與宜川之孟門山參差相接，俗名石槽。今河中有山，鑿中如槽，禹之所鑿也。吉州門之南，則爲壺口、孟門，夾河左右實爲龍門上口。其河津縣壺口南支盡處，後世亦謂之龍門。西與韓城之龍門相對，亦夾河左右，謂之下口。蓋上口至下口約一百餘里。《大事記》：周威烈十三年，晋河岸傾，壅龍門，至於底柱。春秋後，河患見史傳始於此。龍門山在同州韓城縣北。唐《同州治》中雲，得臣開渠，自龍門引黄河，溉田六千餘頃。韓城，古梁國，謂之少梁，自華州北至少梁所謂河西之地也。《秦本紀》“割晋河西八城，魏納河西地”是也，謂其在龍門河之西也。秦更名少梁，曰夏陽。韓信陳船欲渡臨晋，而伏兵從夏陽以木罌缻渡軍，襲安邑，即此地也。龍門南與梁山相接，魏《土地記》所謂“梁山北有龍門山，大禹所鑿以通孟津河”者也。《詩》曰：“奕奕梁山，惟禹甸之。”《公羊傳》曰：“梁山，河上山。”《穀梁傳》曰：“梁山崩，壅遏河三日不流。”皆此梁山也。梁山亦曰吕梁山，河陰古耿國也。此《禹貢》導河積石至於龍門之所經也。昔朱子不信人説《禹貢》始於壺口鑿龍門，謂方河水汹湧迅激，縱鑿就龍門，而下流水未分殺，必且潰决四出。蓋禹先决九川，使各通於海；又濬畎澮，使各通於川。只是先從低處下手，必當始於碣石、九河，然《禹貢》首言既載壺口，明是施功自壺口始。朱子亦云：“載者，始有事也。”是朱子未嘗不謂始有事於壺口也。而包揚所録，更有先冀即兖之説。蔡傳云：經始治之謂之載。冀州，帝都所在，當先經始壺口，以殺河勢，故曰“既載”。然《禹貢》治水施功之序，則始自下流，故次兖云云。此即朱子所謂“先冀即兖者，固以此爲定論而宗之也。”蓋洪水之時，大河上下流之患，皆已亟矣。朱子謂龍門未鑿，正道不甚泄，一派西滚入關陜，一派東滚入河東，故此爲患最甚。蓋《吕氏春秋》謂龍門未闢，吕梁未鑿，河出孟門之上，大溢逆流，無有丘陵，高阜滅之，名曰洪水。朱子之説，正與相合。當其逆流東入河東，帝都被灾既甚，禹受命治水，孰更有急於此者？馬明衡《尚書疑義》曰：自下流始者，治水之大勢。然上流有壅遏之甚者，則亦必先達之，此治水之權宜也。况冀州帝都所在，吕梁河之所急，安得不先治之？斯言深得經意，亦不悖於朱子所云“先冀即兖”。讀《禹貢》者，不可不知也。大河自河津韓城南流，出郃陽、朝邑、華陰之東，滎河臨晋蒲州之西，乃折而東行。其南則潼關負河而立焉，有水自東來，至滎河入河，曰汾；又有水自東來，至蒲州入河，曰涑；有水自西來，至華陰入河，曰渭。而大河之折而東行，亦命名曰河曲。秦穆公帥師送公子重耳，涉自河曲。其後，秦晋戰於河曲，皆此地也。乃《禹貢》南至於華陰之所經，自大積石山來第四大折也。蓋大河包絡古雍域之三面，回繞五六千里，所謂秦中天險者也。而《禹貢》雍州西北境，貢道浮於積石，至於龍門西河，大抵西傾猪野以西，河西五郡、湟水南北之地，貢道皆浮於積石河而析支、崑崙、渠搜三國入貢者，亦取道於此焉。猪野者，休屠澤也。蓋雍州與析支接界，其疆域之西境最遼遠矣。自杜佑謂河湟之間，自古羌戎所居，非中國所有。而雍域西界，遂蹙地千里而遥，皆由其誤以龍門積石爲《禹貢》積石之故而已矣。

郃陽古有莘邑，《詩》云"在洽之陽"是也。榮河者，漢汾陰也。朝邑有臨晋關，秦建武關、函谷、臨晋關，以備山東諸侯，而臨晋居其北焉。蒲州有蒲坂故城，舜所都也。晋封畢萬於魏，亦蒲州地也。其封域南枕河曲，《詩》云"寘之河之干"是也。蒲津關在州西，與臨晋關夾河相對。而《史記正義》謂臨晋關即蒲津關，在臨晋縣。《索隱》則謂臨晋縣名，在河之東岸，對舊關。是移河西臨晋之名，以名河東之蒲坂，而指河西之關爲舊關也。雷首山在蒲州南，一名首陽山。《唐風》云："采苓采苓，首陽之顛。"馬融云，首陽山在蒲坂河曲之中，或稱首山，亦稱獨山，又名襄山，又名薄山，又名堯山，又名中條山，又名陑山，隨地異名也。華陰者，華山之陰也。華山者，西嶽也。李白《西嶽靈臺歌》所謂"黄河萬里觸山動，盤渦轂轉秦地雷。三峰卻立如玉摧，翠崖丹谷高掌開"者也。渭水入河之口，謂之渭口。渭水昔在船司空入河，漢船司空城在華陰東北五十里，其後在隋永豐倉入河。永豐倉在華陰東北三十五里，蓋渭口已移而南，非昔之渭口也。渭口亦名渭汭。水北曰汭，水曲流曰汭，水相入曰汭。《左傳》洛汭、漢汭、滑汭、夏汭、羅汭、豫章之汭、沙汭、淮汭、桐汭、與渭汭，皆謂之汭，其義皆如是也。大河之經孟門、壺口、龍門、梁山，兩岸疊岫連峰，相附相拱。既至潼關，循雷首之西，折而東去。華山者，復横亘於其南，而岡巒盤固，河山之勝甲於天下。潼關者，因潼水以名關，兩崖壁立，甬道天成，所謂上躋高隅，俯視洪流，盤紆峻極，實維天險。其關不知創自何年，至建安十六年，曹操破馬超於潼關，而其名始著。《通典》所謂"國之巨防，史官闕載"是也。大河自潼關北折而東，徑閿鄉、靈寶、陝州之北而至於底柱。其北岸則芮城、平陸也。閿鄉者，故湖縣，其津曰郖津。水側有黄卷阪。酈注云：涉此坂以升潼關，所謂泝黄卷以濟潼關矣。《地理通釋》云：即潼關路也。秦函谷關在靈寶縣南十一里。《地理通釋》謂自黄卷坂東出，通謂之函谷關。岸高道狹，車不得方軌。又云：自潼關至函谷，歷華、陝二州之地，俱謂之桃林塞。芮城者，古芮伯國也。《唐志》謂，陝洛負河而北，而虢汝許負河而南，陝古焦國。周召分伯，以此爲東西之别。東城即虢都之上陽，曰西虢，亦曰南虢，有虢山臨黄河。魏文侯時，虢山頽壅河。《索隱》曰：今臨河有岡阜，似是頽山之餘也。秦伯伐晋，自茅津渡，封殽尸而還。茅津在陝州西北三里。茅津亦曰陝津。衛固使兵絶陝津，杜畿至數月不得渡。畿詭道由郖津渡是也。而平陸有大陽故城，有虞城。大陽者，虢之下陽也，謂之北虢。虞城者，虞公國也。傅巖在其地，傅説傭隱於虞虢之間，即此處也。

所謂底柱者，俗名三門山。《孔傳》云："河水分流，包山而過。山見水中若柱然。"酈注云："禹治洪水，山陵當路者鑿之。故破山以通河，三穿既决，水流疏分，指狀表目，亦謂之三門矣。"三門者，或曰東爲金門，中爲三堆，西爲天柱也；或曰中爲神門，南爲鬼門，北爲人門也。底柱在大河之中，河水包山而過，從此東西波濤千里。乃自古都長安者，轉漕之道也。漢武帝時，諸農各致粟山東，歲益漕六百萬石，大抵由河入渭。賈誼所謂“河渭漕挽天下，西給京師”者也。而漕船從東來，更底柱之險。議者多獻計，請底柱以東罷，勿復漕，卒不能行。班固《西都賦》謂“東郊則有通溝大漕，潰渭洞河，泛舟山東，控引淮湖，與海通波”。是時滎陽下已引河爲汴渠。江淮漕船之來，度必自汴入河，而史文簡略，未之言也。隋文帝於衛州置黎陽倉，陝州置常平倉，華州置廣通倉，轉相灌注。江南時猶未平，所漕者，關東及汾晋之粟，以給京師。其漕船蓋自衛州浮河而致之陝，又自陝浮河以達於渭，而史亦莫之言也。煬帝開通濟渠，自東京西苑引穀洛水以達於河，復自板渚引水，歷滎澤入汴，又自大梁之東，引汴水入泗，達於淮，又開邗溝，自山陽至揚子入江，則自江而淮而汴以入於河，遂自河以達於渭。《通典》謂自是天下便於轉輸，而胡三省謂引河入汴，汴入泗，皆故道。蓋滎陽下引河爲汴渠已久，煬帝以其故道多湮而復開濬之，非創造也。唐初，江淮漕米至東都，輸含嘉倉，陸運至陝，凡陸運三百里，所謂南路陸運者也。開元二十二年，裴耀卿請罷陝陸運，乃於汴水入河之口置河陰縣，設河陰倉，三門東設集津倉，三門西設三門倉，亦曰鹽倉。鑿三門北山十八里，陸運以避三門之險。江船至河口，輸米於河陰倉而去，則以河船運至三門東，貯集津倉，而陸運以輸之西倉，乃復以船漕自河達渭，謂之北運，省陸運傭錢三十萬緡。北運不久竟廢，而陝郡太守李齊物鑿底柱爲門以通漕，開其山顛爲挽路，棄石入河，激水益湍怒，不可漕而止。至劉晏領漕事，遵耀卿之制，使江船不入汴，汴船不入河，河船不入渭。江南之運積揚州，汴河之運積河陰，河船之運積渭口，渭船之運入大倉。歲轉粟百一十萬石，無升合溺者。其後李泌益鑿集津，倉山西徑爲運道，屬於三門倉，遂罷南路陸運，如耀卿昔時所請云。所謂河船不入於渭、河船之運積渭口者皆此。底柱以東至河陰，底柱以西至渭口，大河之流也。底柱山之南有三崤山，謂之三崤道。昔晋人敗秦師於殽。殽有二陵焉。其南陵，夏后皋之墓也。其北陵，文王之所避風雨也。杜曰：此道在二殽之間南谷中。孔疏曰：俗呼爲土殽、石殽，其阨道在兩殽之間。杜既指此爲二殽，孔又引俗語明其一爲土殽，一爲石殽，《地理通釋》亦主是説。而胡三省引《水經注》殽水出盤殽之山，石殽水出石殽之山，謂殽有二陵，皆石殽山，而别以盤殽爲一殽。兩説未知孰是。按此乃所謂西殽也，古道由此。曹操西征巴漢，惡其險而更開此道，則所謂東殽也。東殽亦曰千殽之山，山有水注於河。酈注所謂“河水翼岸夾山，巍峰峻舉”者是也。《元和志》：自東殽至西殽，長三十五里，在秦關之東，漢關之西。而底柱以東至於五户灘，其間一百二十里，亦禹所鑿。其山雖闢，而湍流怒溢，舟行者自古患之。河水東流貫底柱，觸閼流，酈注謂“疑此即所謂閼流”者也。

大河自底柱山五户灘而東，其流稍爲寬衍。於是徑澠池、新安、洛陽之北，而至於孟津。其北岸則垣曲、濟源、孟縣也。漢函谷關在新安縣，所謂楊僕移關三百里者也。自漢武移關之後，至董卓脅獻帝西幸長安，出函谷關，其關並在新安。及建安十六年，潼關之名始見於史，而漢武所移之關遂廢。洛陽縣爲河南府治。黄河去縣二十里，繞北邙山之麓。縣西有河南故城，古郟鄏地，周之王城。其東門曰鼎門，九鼎所從入也。王城非天子時會諸侯則虚之。縣東有洛陽故城，周之下都，保釐大臣所居治事之地也。吕氏曰：洛都雖有二城，而成周則其總名。杜、孔皆以下都爲成周，不然也。濟源縣南距河七十里，西與垣曲接壤。大河自芮城閿鄉至此，北有中條以接王屋，南有崤函以接北邙，夾河翼帶，天然險固。雖底柱阨塞中流，旁無潰决之患。孟津在河陽縣南門外，武王盟諸侯於此，故曰盟津。馮異爲盟津將軍，統魏郡河内兵於河上，以拒洛陽。時孟津猶在河北，至安帝時其名乃移於河南。孟津亦曰富平津，杜預造橋於富平津是也。孟津西有河陽故城，《春秋》所謂“天王狩於河陽”者也。又有平縣故城，《春秋》所謂首戴也。黄河在孟縣南二十里，有南城、北城、中潬城，命曰“河陽三城”。中潬城者，河中有洲，築城其上，而河流貫於三城之間，舊稱每秋泛濫，中潬城獨屹然不動。然一壞於唐貞觀十一年，再壞於宋乾德二年。及嘉祐八年，大水馮襄，而中潬竟没於水矣。大河至孟津，雖山脉未盡，兩岸既已平闊。隋唐以來，底柱閼流爲患，孟津河身淺於曩時，南北亦多灘渚，水漲難容，宜遭水患。幸地高土堅，不至遠潰。夫下流壅而倒灌孟津，已見於金大定之時，而孟津水怒不能盡泄，其害亦必鍾於下流。故底柱孟津之間，亦非可姑置之度外也。大河自華陰至此，所謂東至於底柱，又東至於孟津者也。

大河自孟津北，又東徑鞏縣北，而洛水入焉。其北岸則温縣，而濟水入焉。又東徑汜水滎陽之北，其北岸則武陟縣，而沁水入焉。大河在鞏縣，謂之鞏河，其津曰五社。朱鮪遣將從五社津渡攻温，爲馮異所敗。光武遣耿弇、陳俊軍五社津，備滎陽以東，皆此津也。洛水至鞏縣入河，曰洛汭，亦曰什谷口，張儀所謂“下兵三川，塞什谷之口”者也。《元和志》：洛水東經洛汭，北對瑯琊渚入河，謂之洛口。今洛水自鞏界東過汜水入河，而洛口已移於東，非古之什谷口也。温周畿内，司寇蘇忿生邑。宋太平興國三年，河决孟州之温縣。蓋大河既出險就平，復南納洛川，北併濟水，勢欲馳波四出，而南岸山脉未盡，禹迹尚不至變遷云。汜水者，鄭之虎牢。亦曰制，即東虢也。漢置成皋縣。成皋有九曲山，亦曰大伾，非《禹貢》大伾也。汜水東有板渚，隋自此渚引河入汴。滎陽者，漢京縣，鄭大叔所居。京有大索城、小索城。《史記》項羽與漢戰滎陽京索間是也。明洪武十五年，河决滎陽；正統十三年，復决滎陽，經曹、濮，衝張秋，奪汶、濟入海，久之始復故道。武陟縣有黄沁口，即沁水入河之口也。熙寧時，河嘗溢於此。大河自此又東徑河陰，滎澤之北，其北岸則獲嘉。又東徑原武、陽武、延津、胙城之北，其北岸則新鄉、汲縣。又東北至濬縣西南淇水口，而淇水入之。又東徑遮害亭至宿胥口，大伾山在焉。其南岸則滑縣也，今之河陰滎澤縣，漢滎陽地也。河陰所謂蒗蕩渠，亦曰石門渠者，在滎澤縣敖城西也。滎澤縣有廣武山，有敖山，山臨河。秦築城置倉，曰敖倉。唐開成後，河屢决於滎澤縣，濟水軼出爲澤，曰滎澤。軼出者，自下湧出，非有來處，本不與河通也。後人導滎澤東流，以達於陶邱。復出之濟，在周時已有之。《職方》“豫州之川曰滎”。《穆天子傳》“浮於滎水，乃奏廣樂”，是也。《水經》謂之滎瀆。滎瀆東流之始曰滎口。謂夫導澤爲瀆，從此口而出也。秦告魏所謂决滎口，魏無大梁者也。其後，秦王賁竟引河溝灌大梁，而滅魏。河溝者，浚儀渠也。滎口、浚儀渠，皆在大梁北，可以灌城。然二者猶非大河經流。宋趙葵入汴，元人决寸金淀灌其軍。而明末汴城之禍，則朱家寨决口爲之。其所引者，皆大河經流，與王賁水異而地同。痛乎！水之可以亡人國也。滎瀆者，南濟也，後世濟水之經流也。其枝津在北者，曰北濟。而河陰之蒗蕩渠，東至滎口，與滎瀆合，自是而河與濟始亂。滎澤至東漢塞爲平陸，相傳滎澤縣即其地也。滎口在敖山東，有石門，謂之滎口石門。河陰石門渠至滎口與滎瀆合，合流久之而復分，分流在北曰滎瀆，分流在南曰汴渠。世或以其嘗合流也，而遂即以滎口石門爲河陰石門渠，非也，一在敖西，一在敖東，不可混爲一也。汴渠在春秋時已有之，楚敗晋軍於邲，邲即汴也。故世謂汴爲禹迹。然《河渠書》明言，禹功施乎三代。自是之後，滎陽亦引河爲渠，則汴渠非禹所開，明矣。大河自孟津東，至於河陰，雖或時有潰决，而禹迹未改，其東爲滎澤則土始浮鬆，而兩岸長堤遂自兹起矣。至滎澤之東爲原武，又東爲陽武，乃始變禹迹，而趨於南，故曰南河。禹迹之遞變，陽武之屢决爲之也。延津故在河南，其酸棗故城，漢文帝時决口也。《水經》謂河水又東北，通謂之延津。酈注謂石勒襲劉曜，途出於此，以河冰泮爲神靈之助，號是處爲靈昌津。而《元和志》謂滑州靈昌縣有延津，即靈昌津，在縣東北二十二里。今滑縣西南，有靈昌廢縣津，在白馬津之西南。滑縣在延津東北，殆二百里萎，《水經》通謂之延津。比河既南徙，縣居河北，而其故津遂廢矣。胙城之津曰棘津，亦曰南津。晋文公侵曹，假道於衛，弗許，還自河南濟。杜謂從汲郡南渡，出衛南而東。酈注謂即此棘津也。胙城本隸開封府，金河徙而縣在河北，遂改隸衛州焉。自獲嘉至新鄉、胙城、汲縣，皆有漢古堤，而汲縣城東南之杏園鎮，乃河津戍守地也。淇水口在濬縣西南七十餘里，此大河東過洛汭，至於大伾之所經也。大河至大伾之西，則折而北行而過洚水，而至大陸而播爲九河，而同爲逆河，至於碣石入海。蓋大河自古雍域羌中大積石山，東北至於古冀域遼西郡絫碣石，凡行九千七百餘里而入於海云。

自帝堯八十載，禹治河功成，至周定王五年，當魯宣公之七年，凡一千六百六十餘年，而大河東徙，爲第一變；自周定王五年，至王莽始建國三年，凡六百七十二年，而北瀆遂空，又五十九年，爲漢明帝永平十三年，王景治河功成，爲第二變；自永平十三年，至宋仁宗慶曆八年，凡九百七十七年，而河决商胡，漢唐之河遂廢，爲第三變；自仁宗慶曆八年，至金章宗明昌五年，當宋光宗之紹興五年，凡一百四十年，而南北分流入海，爲第四變；自金明昌五年，河水大半入淮，至元世祖至元二十六年，凡九十年，會通河成，北流遂微，又二百五年，爲明弘治七年，築斷黄陵岡支渠，北流永絶，又七十八年爲隆慶六年，茶城長堤成，於是始以區區清口受萬里全河之水，爲第五變。蓋近者顧祖禹景范、閻若璩百詩、胡渭朏明，皆精於地理，而胡氏之書論河流尤爲明晰。余於是采其言論，融會貫通於一，作爲是篇，使讀者瞭然，一睹而知萬里河流自禹功告成以後，一變，再變，三變，以至於四變、五變，與所以致變之由，其始終曲折，大凡如此云。

—1. 切問齋文鈔　卷三〇　河防六

費金吾（？—1726）

字不夜，號曉亭，浙江烏程（今屬湖州）人。康熙三十二年（1693）舉人，官至湖北巡撫。

奏陳封疆難以勝任疏雍正七年

伏念臣譾劣凡材，仰荷宸眷，寄屏藩之重任，歷嵩岱之要區，每以措置未當，自知罪愆孔多。迺蒙天言嘉許，欽召赴京，竊喜小臣或可常依於輦轂，何期聖意直欲委任以封疆，恩遇之隆，至矣極矣。微臣何修，邀眷至此，惟有奮勉以答高深，何敢暴棄以辜化育。第臣心之報效甚切，而臣力之擔荷難勝，有不得不直陳於聖主之前者：

夫巡撫，總庶務之成，雖案牘較藩司爲稍減，而巡撫統群僚之職，其董率較藩司爲倍難。必有經文緯武之才，而具達權通變之識，可決疑於俄頃之際，能審幾於未形之先，任巧幻之來而中有主宰，知緩急之序而出之從容，救前人之偏而不致矯枉過正，補庶事之闕而不使弊隨法生，持大體而不爲瑣屑之圖，務遠謀而不計目前之利，苟有益於國，勿存畏首畏尾之心，但無愧於人，勿避招怨招尤之舉，然後能整頓地方，挽回風俗，練兵籌餉而餉足兵精，飭吏乂民而民安吏肅，必如此方可膺封疆之寄，庶不負委任之隆。今臣質既迂拘，才復駑鈍，且風聞湖北、安徽二省吏治、民風尚須加意整飭，以臣之愚陋，尤恐難以勝任。在人臣宣力效忠，東西南北惟君所使，豈容趨易避難，但必力克仔肩，方於國事有濟，臣所以自揣而惴惴也。

孫國璽來東，約在年底；微臣赴闕，約在春初，統乞皇上量臣之才力以授職，示臣之法守以循行。臣惟有愈殫愚誠，不敢一事苟且塞責，一毫瞻顧因循，以仰報特達之知、逾格之恩於萬一耳。

——2. 皇朝經世文編　卷二〇　吏政六　大吏

胡　煦（1655—1736）

字滄曉，號紫弦，河南光山（今屬信陽）人。康熙五十一年（1712）進士，官至禮部侍郎。有《葆璞堂文集》。

趙恭毅公自治官書序

儒者入而考稽，出而致用，將以敷政宣猷，宜民善俗而已。而貪利者瀆於賄，矯世者瀆於苛，因俗者瀆於蠱，泥古者瀆於滯。事幹不立則傷於迎合，主見不定則隳於牽制。此非裕之以識，充之以才，而又參之以學力，未有不委靡因循，鮮克自振者也。夫積愛蓄惠，使民弗疑，莫大於信，布公止僻，使民弗咈，莫大於直。定法一聽，使民弗易，莫大於果。信以主之，直以斷之，果以成之。三者既備，政無不美者矣。信貴能明，執偏廢全，其失也塞。直貴能容，任情御物，其失也矯。果貴能詳，疾行寡顧，其失也率。塞則民惑，矯則民遁，率則民易，三者不去，政無不疚者矣。是故明以立信，誠之通也，容以翼直，誼之大也，詳以出果，智之周也。才豐而德茂，識廣而慮周，學優而用裕，非政之極量乎？恭毅公趙夫子登仕數十年，揚歷内外，每治官書不藉助於幕客，而貞心亮節，天下仰之，聖主嘉之，匪惟漢唐以下，殊難其選，三代之隆，恐未易一二比數也。讀其書者，内當觀其用心，外當觀其措行，慎勿以文字目之。

—2. 皇朝經世文編　卷一四　治體八　臣職

請博舉孝弟疏

伏見我皇上洪啓文運，廣宣教化，其於各府州縣教士養士之法，業已屢申明諭，又於首善之地躬詣太學，親御講筵，宣明經旨。且頒諸詔誥，令天下撫臣公舉孝廉方正，給以六品服色以示獎勵，其餘勸學興賢之道，亦已極盡而加矣。今觀撫臣所舉，各省之中三五人不等，要皆讀書知禮義之士，亦足以風示流品，振其愚頑。第念一省之中，地千里不止，嘗有此邑之士已蒙薦擢，而彼邑之士猶瞢然無聞者矣。文墨之士已叨寵錫，而愚賤之民猶惘然莫覺者矣。何也？以非其勢之必將遍及，非其分之徐可緩收者也。今一邑之地，少者七八千户，多者則萬户不止矣。學校教養之士不及百分之二三，此外如農圃、工商、樵漁、負販之儔，目未睹文字之書，耳不聞聖賢之訓，雖至愚極賤之士，豈遂無天性誠慤者乎？夫聖王之教化，原不擇人而授，而顓蒙之至性，亦不因地而拘。况愛親敬長，誰則無情，而十室之邑，必有忠信，彼生貢舉監之外，有能竭力奉養，菽水承歡，無忤於二親者乎！稱爲孝子，宜也。有能公於財，和於室，兄弟有序，三五代不析居者乎！稱爲悌弟，宜也。臣請每一州縣於每歲中各舉孝子一人、悌弟一人，令閤鄉具詞公舉，由縣申府，由府申司院，俟其通省彙題，悉達聖聰，然後勑下督撫，各給匾額，并免本身一家之徭役，以榮其人，使得見官長悉如生員之體貌。此固不待建坊之瑣瑣，而其人光寵實甚。臣知此例一倡，必有心知其榮、守禮奉法、觀感而繼起者矣。夫愚賤有何知識，不信耳而信目，不唯其傳言之可聽，而惟其前事之可師，當亦情勢之必然者也。昔舜舉皋陶，湯舉伊尹，而不仁者遠，爲聖人造就曲成之心，親切著明，實足以見諒於愚賤已耳。此外如畸行之義士，或篤尚友誼，或敦崇慈惠，或特著廉行，又或僕婢之賤，行義可稱，皆係創見之事，亦令州縣隨時申請，不必在歲舉之例。如是久久，臣知化行風美，人人皆知自愛，必能仰副我皇上廣教化、厚風俗之盛心矣。

—2. 皇朝經世文編　卷五七　禮政四　學校

徐旭旦（1656—?）

字浴咸，號西泠，旭齡弟，浙江錢塘（今杭州）人。康熙十一年（1672）拔貢士，後舉博學鴻詞，官廣東連平知州。有《世經堂初集》。

澹泊明志論

人之所以能伸於萬物之上者，志也。人之所以克遂其志者，不爲外物誘也，蓋心一也。而奪之者百，辨之弗嚴而守之弗定，鮮不爲其所動矣。惟知我之得於天者本無不足，而窮達之數，一任其自至而無所加損焉，則是我尊而物卑，我大而物小。極生平之所建立，無不可於隱居日信之。昔武侯訓子曰："澹泊明志。"請申其旨：夫人自成童而入大學，必棄幼志以順成德，是人之有志，豈不於離經時早辨之哉？第志有未明，口極芻豢，耳窮鄭衛，目悦膏澤，而心矜勢能之榮，外有所增，内必有所損，外有所取，内必有所棄。試思志爲誰之志，而竟令紛華靡麗移也。凡以不能淡志故至此。古之人志有未得，渭可釣也，莘可耕也，版築之勞不辭也，疏水簞瓢之貧不厭也。夫豈以淡泊鳴高哉？誠以不歷盡天下之窮，不足以明吾志之貞；不閲盡天下之困，不足以明吾志之異。辨之也嚴，故其守之也定；守之也定，故其歷久暫，皆有以自信而不疑。時而邁軸此志也，時而廟廊亦此志；時而裋褐此志也，時而華衮亦此志；時而藜藿此志也，時而鼎烹亦此志也。人悦聲色，志定而聲色不足悦；人好貨利，志潔而貨利不足好；人矜權勢，志高而權勢不足矜；人慕功名，志大而功名不足慕。夫豈惡此而逃之？蓋我之所得於天者本無不足，惟澹泊以明吾素足矣，而豈以區區外物攖吾志哉？後之君子，亦嘗有志於是矣。然不明於所性之存而養之未裕，得失亂於中，利害迫於外，不勝遷徙誘慕而志以隳，爲天下竊笑。吾是以於武侯"澹泊明志"之訓，三復不置云。

——2. 皇朝經世文編　卷四　學術四　廣論

重臣論

國有大事，重臣一言鎮之，重臣之益於國也如是。泛論名實者謂時危乃見重臣。夫國家何日無大事，疆埸何以警，盗賊何以興，賦何以增，兵何以叛，官何以貪不息，民何以窮無日，此重臣之職也。重臣一言則大綱理，重臣不言則百官言之進之者雜，人君之聽之者不專，事之幾泄，綱目亂矣，大事安得成？人君其敬大臣哉，大臣其善自重哉。

儲大文曰：漢文帝時，陳平爲左丞相，文帝問："君所任何職？"平對曰："宰相者，上佐天子理陰陽，順四時，外鎮撫四夷，使卿大夫各得任其職。"此誠識宰相之體者也。唐太宗時，房喬、杜如晦爲僕射，太宗嘗責之曰："公爲宰相，當須開耳目，求訪賢哲。有武藝謀略，才堪撫衆者，任以邊事；有經明德修，立性明悟者，任以侍臣；有明幹清慤，處事公平者，任以劇務；有學通古今，識達政術者，任以治人。此乃宰相之裨益也。比聞聽受詞訟，日不暇給，安能助朕求賢哉。”語尤明切。故宋文彦博請繼上奏封札，爰述二說以陳之。後世譔史序宰相表者，不竢煩辭，書此二則足矣。

—2. 皇朝經世文編 卷一三 治體七 用人

王心敬（1656—1738）

字爾緝，號豐川，人稱豐川先生，陝西鄠縣（今户縣）人。諸生，李二曲弟子，以賢良方正薦，皆託病推辭，曾主講湖北江漢書院。有《豐川全集》。

井利説

或問豐川氏曰："水利爲救旱第一義。然如旱日之久，則江且落、河且竭，淵泉亦且微而涸，將取水之路不且窮乎？水路窮而生民之旱飢將何濟歟?"豐川氏曰："不然。不見吾夫子繫《易》之辭，有曰'井養而不窮'耶？則如掘井一法，正可通於江河淵泉之窮，而實補於天道雨澤之缺。"吾生陝西，未能遍行天下，而如河南、湖廣、江南北，則足迹嘗及之。山西、順天、山東則嘗聞之。大約北省難井之地，惟豫省之西南境地勢高亢者，井灌多難，至山東、直隸，則可井者且當不止一半。特以地廣民稀，小民但恃天爲生，畏於勞苦，而歷來當事亦畏於草昧經營，故荒歲率聽諸天，坐待流離死亡耳。惟山西則民稠地狹，爲生艱難，其人習於儉勤，故井利甲於諸省，然亦罕遇召父、杜母爲監司，故井處終不及曠土之多。至如吾陝之西安、鳳翔二府，則西安渭水以南諸邑十五六皆可井，而民習於惰，少知其利，獨富平、蒲城二邑井利頗盛。如流渠、米原等鄉，有掘泉深至六丈外以資汲灌者，甚或用磚包砌，工費三四十金，用轆轤四架而灌者。故每值旱荒時，二邑流離死亡者獨少。鳳翔九屬水利可資處又多於西安，而棄置未講者亦且視西安爲多。

夫天道六十年必有一大水旱，三十年必有數小水旱，即十年中，旱歉亦必一二值。惟地下之水泉終無竭理，若按可井之地，立掘井之法，則實利可及於百世。今計其規制之詳，則首在視村堡人丁多寡之數，次視地勢高下淺深之宜，又次計成井取水難易省費之詳，又次必先事豫備，不至緩時以失事機。而緊要則在鄉約，村村得人，而大綱紐則在太守賢明，實心實力，嚴飭州縣，信賞必罰，絲毫不以假借也。

何以言首視村堡人丁多寡之數也？凡乏河泉之鄉，而欲興井利，必計丁成井。大約男女五口，必須一圓井，灌地五畝，十口則須二圓井，灌地十畝。若人丁二十口外，得一水車方井，用水車取水，然後可充一歲之養，而無窘急之憂。井若不稱人數，即所産不敷人用，雖欲不流離死亡，寧可得乎？此所謂必視人口之多寡以成井也。

何以必視高下淺深之宜也？地勢高則爲井深而成井難，地勢下則爲井淺而成井易。然又有雖高而不帶沙石，成井反易，地下而多有沙石，成井反難者，故地勢所宜次辨也。何以又須細計地之成井難易，取水省費之詳也？成井難者其費重，成井易者其費省。取水難者其費重，取水易者其費輕。費省則可按其地而量助以官穀，費重則可稱其費而多借以倉糧。鄉約係本地之人，必知村中人家之貧富。砌匠係久作之人，必悉其工料之情實。但得鄉約、井匠，計估不爽，官吏勤查而細酌之，然後價少而事舉，無意外之隱奸耳。故成井與取水之難易宜次計也。

何以又言必先事預備也？凡近河、近泉、近澤，一二里間水可引到之處，則襄江水車制可用。至如井深二丈以上，則山陝汲井之車，無不可用。但井須磚石包砌，工費頗多，不豫爲之計，使一切井工器具豫成於春間，倘如夏後驟旱，田苗資水，將何及乎？惟磚料先備，則臨時一井，數日可完，雖水面降落，泉不易竭矣。故曰必先事豫備也。

何以言要緊在鄉約得人，而尤在太守飭州縣信賞必罰也？蓋鄉約不得人，官吏豈能一一親視？雖上司悉心籌劃，而承行盡屬具文。且即鄉約得人，下不尊服，動輒掣肘，亦豈能成就此一大事乎？然非太守刻意巡察，州縣畏法，奚得一郡舉無廢事，不致玩愒苟且乎？故曰在鄉約得人，而尤在太守盡心也。至如細計工程，辦物料，籌費用，察舉廢，别勤惰而定賞罰，尤須切情合宜，無令大工之中沮，功罪之卒淆，則又成事之資藉，奏績之機緘爾。蓋吾又細計其詳。凡爲井之地，大約四五丈以前可以得水之地，皆可井，然用轆轤則易，而用水車則難。水車之井，淺深須在三丈上下，且即地中不帶沙石，而亦必須用磚包砌，統計工程，井淺非七八金不辦，井深非十金以上不辦，而此一水車，亦非十金不辦。然既成之後，則深井亦可灌二十餘畝，淺井且可灌三四十畝，但使糞灌及時，耘耔工勤，即此一井歲中所獲竟可百石，少亦七八十石。夫費二三十金，而荒年收百石，所值孰多？誠使相地度力，或地段寬長，丁口衆多，一家而開兩三井；又如地段窄短，人丁寡少，或數家而共爲一大井。此則用水車之井，雖難而不可忽也。

至於小井，則不須磚砌，即工匠不過數錢，器具不過一金可辦。若地中帶沙，須磚砌者，一切工費，亦止在三五金外。然一井可及五畝，但得工勤，歲可得十四五石穀，更加精勤，二十四五石可得也。夫費三五金，而於荒年收穀十四五石，甚至二十餘石，所值孰多？且即八口之家，便可度生而有餘。是則用轆轤之井，尤不可忽也。又如居近南山之鄉，井可用石代磚者，則一鄉通力載取。至其所用之檑木、井架、水車、轆轤等木，則鄉中寺觀之木，可借用者借之，富家之所蓄，與或其地之所産，則鄉約評價，或借官穀立償，或鄉約作保，亦償以秋後之穀，此亦鄉之善人所樂爲也。太守先差的當人員，稽察各鄉之舉廢，仍時乘馬巡行屬邑，務必一周再周，且即携帶酒肴，凡勤而如法者，立加賞勸，惰者立加責懲。其待鄉約，亦必一體加以榮辱。而如州縣官之宜獎宜戒，更必毫不得假焉。

總之，要一郡之内村村大小之井相間而成，户户備旱之具，無有不豫。凡工費不足者，皆鄉約通融酌劑，或稟官借穀，或保借於村中，即於秋成責其計穀之價，用加二之息，一一盡還。而此外如地高難井、石田絶水之鄉，與夫寡婦孤兒，單丁獨户，僧尼、流客，師巫、樂工，或有人而無田，或有田而無丁，或有田有人而無食用之資，皆須鄉約悉心計處，稟官施行，不使一人一家不同其利，豈非王政之大者哉！

乾隆二年，陕西巡撫臣崔紀言：“陝西平原八百餘里，農作率皆待澤於天，旱即束手無策。竊思鑿井灌田一法，實可補雨澤之缺。臣籍居蒲州，習見其利，思爲廣行。除延安、榆林二府，邠、鄜、綏德三州，所屬地高土厚，不能鑿井外，西安、同州、鳳翔、漢中四府，並渭南九州縣，地勢低下，或一二丈，或三四丈，即可得水。渭北二十里州縣，地勢高仰，亦不過四五丈、六七丈得水。但有力家可勸諭開鑿，貧民實難勉强。墾［懇］將地丁耗羨銀兩借給貧民，資鑿井費，分三年完繳，再鑿井耕田。民力況瘁，與河泉自然水利者不同，請免以水田陞科。”得旨允行。又疏言：“陝省水利，莫如龍洞渠。在秦爲鄭渠，漢爲白渠，宋迄元明，或名豐利，或名王御史新渠，或名廣惠，或名通濟，上承涇水，中受諸泉，利賴甚溥。自雍正五年，督臣岳鍾琪動帑興修，涇陽、醴泉、三原、高林四縣，咸資灌溉。奈未定歲修之法，又因涇漲入渠，泥沙漲閼，諸泉從渠岸泛出，石罅滲漏，經前撫臣碩色咨部修濬。但現在龍洞泉北入涇，不南入渠，其篩珠、瓊珠以下諸泉雖南流，奈渠身滲漏，亦多入涇。若不將龍洞及諸渠泥沙淘盡，不但不能引涇，即龍洞泉亦不下達。最要莫若於龍洞内築石壩，以納衆泉，不使入涇。龍洞南岸石堤應加高，以防濁水溢塞。又水磨橋、大王橋上下各泉，亦應於泉旁築壩，收入渠内。請設水夫三十名，供啓閉牐版之役。”俱允行。明年三月，以紀於陝西水利辦理未善，改湖南巡撫。十五年，陝西巡撫陳宏謀言：“關中之地，平原土厚，雖有河道，岸高難引，鑿井灌田實爲救旱良法。”臣諭屬勸導，凡以己資開井者，地方官驗明獎勵，無力者給社穀、常平穀作工本。報聞。

—2. 皇朝經世文編　卷三八　户政一三　農政下

井利補説

大抵井利一事，有正規，有推廣。正規者，地方開井，不論田境地畝之多少、寬窄，但計丁爲准，人過十口者必令開一大井，止四五口者，亦必開一小井，有可井之田而無人，則令地主推佃無田之人，有效力之人而無可井之田，則令身役人等爲之公議可井之田，而酌平其租，此正規也。推廣者者，若如人丁少而家計尚足支持，則雖四五口甚至兩三口者，亦務令其合左右地鄰，公同共成大井，製造水車爲貴。蓋大井、水車不但省力，於轆轤桔槔灌得地畝數多。亦且有井有車之家，即有人力與糞多，工力亦種不得如許井田，正無不可租此井、地，與人通利，令無田無井者得佃，此田即田主可安坐而得粟，猶之乎財主不動聲色，而一歲有自然之生息利益耳。陝省渭水南一帶州縣，民情懶而且淺，天旱時寧令可井之田荒蕪於旱，而不知穿井灌禾，又捨不得錢包井製車，且下不得力、下不得氣，爲人承佃，比及到得大荒，計無所出，則成群搭夥相率捨身捨命，棄田抛家而逃，直可憐，可恨。又如每州縣、鄉村、地方必有二三分鰥寡孤獨，流客、緇黄，本來無田無力、路窮計絶之侶。夫鰥寡孤獨，既處同鄉，平日不係親族，必有瓜葛，即乞丐、緇黄，亦平日到門祈望惠澤，朋率游從應接，仁人君子俱宜推分施仁，以滿吾萬物一體之願。矧陝西鄉俗無地不有寺觀常住之田，又雖小村落中亦必有田多井餘之家，若正印官善教化，則地方鄉約輩知務仁風，樂行善事，於此輩或佃或捐，可用井灌之鄉，糾衆之力，首爲之倡義，公灌一二畝，以明愛老憐孤之誼，即且流客、緇黄，中間亦合有一半膂力未衰之人，則約之佃人井田，不得曠時負租以存身命。如此則上之可明此鄉仁讓之風，次之知合衆力以濟井利，亦於有田無人之家可收不耕而穫之益，而本無井利之輩亦得借是免於流殍，而兩利兼得也。總之開井興灌一事，全在正印宜殫力體國，佐貳等負奉公巡查，鄉約輩村村得人，監巡者督勸有方，而要領則在中丞切於爲國興利、爲民造命之誠心，感孚衆志，而一切士庶不敢玩忽怠馳，藐法惰職。即二年便可成功奏績，比及三年，而陝省井田且當式四海而師百世矣。是惟明年春夏間，一循大禹過門不入之勤勞，作倡於上而後可也。總之，此事期於可井之鄉，逢荒皆收麥穀之利，地方之人，老幼客主皆養於井利之中。

天道之不足補以人事之有餘，四野之饑饉救以父母之誠求。如此，則盡人物之性，直可贊天地之化育，而洪澤人施，上下與天地同流矣。

——1. 切問齋文鈔　卷一七　財賦三

裕國便民餉兵備荒兼得之道

國家建都燕京，廩官、餉兵一切仰給漕糧，是漕糧者，京師之命也。然其糧米則倚辦於江浙、湖廣之南北，至近在二千里外，遠者且四五千，中間公私不貲之耗，至有費過本糧原額一倍者。更如江浙歉收而米貴，盛京豐稔而糧賤，即計南糧一石到京，止可值四五斗之價，甚至有止抵二三斗者。究之官廩、兵糧毫釐無加，而南民、國力徒耗於無益之處耳。然而其法終不可易者，漕糧係京師之必需，固不暇顧國力與南民也，且中間更有未融之弊存者。地方百里，便有雨暘不均之時，即二三百里間便有收成厚薄、穀價貴賤之異。今如近京者適逢豐稔，方苦無售粟之路，湖南北、江浙遠鄉糧價適以歲歉獨昂，而以功令所限，不得不竭公私之力供運，則又成豐凶皆病，遠近交窘耳。以此通盤打算，似宜准常平之義，通爲酌盈劑虛之計也。其法於江浙、湖南北，近江府縣以五六百里爲度，自淮陽以下至山東、北京，近運河州縣以二三百里爲度，緣去運河路遠，不通舟楫之處，必須車載，故以近爲貴。各於水次州縣築倉，於豐稔粟賤時，江浙、湖廣則如平糶之法收糴稻米，自淮陽如山東之界，則亦如平糶之法收糴麥粟。其分管之員，或即擇取河工之剩員，與或另選才能，其統攝則與各州縣一切積貯統歸各省總儲。凡積貯之所，皆設大武員添兵鎮守，而其提調則外責之總漕、總儲，內責之督儲。統計諸倉所貯之麥米，大約合近江近運河之積，視每年南漕運都之數，始則以足支二年爲度，俟漸次常平法行，糴本日增，必期於足支五年、七年爲度。蓋備預欲寬不欲窄也。

又必令凡供運州縣與近運河三百里州縣，須逐月具天道旱澇、粟麥貴賤之數，申報總儲，總儲即以達京都督儲衙門，彙定案卷，以便逐年查勘，與將來隨宜酌量撥支。其支撥之法，則供運之鄉但係米價至九錢以上，管領官即申報總儲，總儲即移咨在京督儲，令其按米價賤處酌撥運京。其所折之價，統計兑折米價與一切折耗公私腳費，每石總費若干，始可到京，則亦每石減二錢，直統送代運之鄉。俟於夏秋後仍准常平例，增價糴入本倉，報數總儲，並達在京督儲。倘如近京之省偶逢荒歉，粟價貴於南米，即於南倉不妨就近地儲倉撥發。又如近江近運河之省，或南豐北歉，或北豐南歉，則即差正員載豐鄉之粟以赴歉鄉，亦准常平法減價而糶，明朝廷溥恵斯民之意。庶歉鄉稍濟而粟本亦益，公私兩利爾。更如總儲既設，各處儲倉與州縣各小倉皆設專管之員，儲倉則以十分爲率，每年以三分作常平糴糶，蓋倉儲粟多，不能出陳易新，但可抽二三分糴糶也。其官吏之俸廩即出自糴本之羨，餘歸常平糴本。各州縣小倉則以十分四爲率，每年留二分作備，以一分作常平糴糶，以一分貸貧民，小倉粟少，故可常平，亦可出陳易新也。而貸法則定以加一有五之息還官。其所以必用此微息者，一分息增作糴本，五釐息可爲官吏俸薪與雀鼠、搬運、曬晾之折耗。蓋民間私貸少加三分，至貸銀糴未成之粟，則不止三分矣。以一分有五爲息，固民所樂爲也，但須厲禁官吏之勒索，斛面斗子之遺撒，重收、賣票、入粃諸弊耳。如是則遠近公私又無一不利矣。

再如京師水利大成，可以變折漕糧，近京沿河倉儲積蓄豐盈，將三五年間江浙近江之鄉、山東近河之地與北京都會，可永無粟貴粟賤、公私兼病之患。然後計便折南漕之米，隨方糴北方近河近京之粟，即便民、富國、餉兵、備荒直一舉而四得也。然如儲倉總積之粟，以十分爲率，湖南北須儲足三分半，山東一帶須三分半，江浙、江西等數省只以三分爲率。蓋湖南稻米所出常賤，山東但值年豐，麥米、諸豆所出亦常賤於他鄉，但山東省内通運河之路不多，運至倉儲不易爾。是惟詔地方官，凡水路可通運河之水，巡撫與知府查明題請，官自議法，請旨破帑或招捐修濬，而不至累及小民爲貴耳。倘如慮小麥難充南米，獨不思人情所喜麥食爲多。今觀京師食店，麵餅十七，米飯十三，即可知人情之共嗜。况餉兵麥米相兼，自古之制。嘗觀漢《趙充國傳》有"一馬負二斛四升米、八斛麥，難以追逐"之説，即是以推古之餉兵，且原麥多於米也。今不過十分中用一半分以麥抵米，奚不可歟？又若疑粟米不可抵南漕粳米，殊不知粟米之味原勝南漕赤甲之粳，且山陜、河南、山東等處之兵盡餉粟米，何獨北京不可兼餉粟米耶？雖然，此特書生臆度之見耳。至於斟酌損益，務期法在必行，行之永永無弊，則在首擇都掌管天下常平之督儲與外之總漕，及各省總儲之十七八大員，務極廉公明練之名臣如劉晏輩，爲第一義也。不然，法雖良，非其人，且行之無效，徒紛紛多此一事爾。

—1. 切問齋文鈔　卷一七　財賦三

論鹽法

佐國之用無如鹽。然南方燕齊之鹽，其利弊不能悉知。大約南方凡出鹽之處務令不病於竈户，以欲鹽之所由生，而務致嚴於察商之引，以豐國課。然而察商之引欲令盡清，正在不病竈户也。故竈户之貧困，宜培植接濟之，其鹽之滯也，宜節宣疏通之，即竈户不至窘於無聊，而盗賣之弊易革，私販之奸可禁。蓋如以常平之法，通竈户之窮，即奸商用賤價買私鹽無厚利，兼法明令肅，私商盗販之弊當即可以法制令除，且即國課不惟常裕，而更當出於常額之外矣。至如河東則鹽生有處，守望有官有兵，宜乎弊少矣。

然而盗賣私販之弊種種不一，而其大弊則又在富商各占美方，食鹽十分，而官吏扶同只輸五分之引耳。即如鄂之一邑，本引一千七百餘道，而無引餘鹽竟至四千餘石，視引額不啻倍之。即此以例各邑，其無引餘鹽皆可想而知也。又鹽有大小池、上中下之分，又有澤州小鹽三車只抵一車之價，而以稽察之疏，往往加雜市易，是尤其弊之深爲民害者。而至害民之甚，則無如升斗日削，錢價由商，勒抑令低，而鹽錢不按新市行而仍襲舊行也。善後之計，嚴核無引之鹽，厲禁小池、澤州之鹽，又爲常平之法增一分價，以借貧困之商，而民間買鹽只按原議價銀，准以時下錢行。庶幾不至虧商，而亦不至虧民，公私兩利而積弊可除爾。

—1. 切問齋文鈔　卷一八　財賦四

論餉兵

兵餉定制：正兵一日給一升，從者七合。顧如京制，一升只可實得六合五勺，且米多取之陳倉，淡而無味，再遇善飯之夫，以六合米蒸飯，亦只可以食一夫。古之養兵者，逐時椎牛饗士，酒肉不離，豈不知費之難而可惜哉？所以壯兵力而收飽騰之效也。今且每日米食之不足飽騰二字，曾可望乎！兵不飽騰，而望於戰必勝，攻必克，有是理耶？且與其多而惜其餉，致令戰陣無力，何如精於擇而食之足，以收飽騰之益？故今日餉兵之糧，不量加不可也。即平日海内兵衆驟難盡加，或定爲制，凡守兵餉法如舊，但凡出兵上陣，本兵日給十合大升，或麥或米一升爲度，而餘丁以七合爲度，庶乎情事始合耳。

—1. 切問齋文鈔　卷二二　兵制

論馬政

馬兵之威力，國之必需，矧今又有西番之釁，將來此一路之馬至者當少，而此一路之兵需用且多，是非實下一番畜聚之法，臨用且乏兵威之助，即此便屬缺略廢弛之端，欲望兵强而威振得乎？然如唐人監牧之制可行，而難得其人，如宋保馬之法，則累民而無益於事。爲今之計，弛一切馬禁，飭令兵官、旗員與大小有司合商販馬於邊，以自爲利，除先揀足限定，合養數目牡六牝四自蓄外，餘者不拘牡牝，發市變賣，民間私販亦復不禁，亦並不取其税。庶幾養者多，馬且盛，販者多，馬價賤，將三五年間官皆有馬，不惟可爲捐納紀録之用，亦且可取以爲利，補用之不足。民皆養馬，不惟可供騎耕之用，亦且可得滋生騾、馬之資，可蓄牡以備國家之購耳。比來陝西於側妄狡寇跳梁之始，其初四五年間，馱載之騾，盡出本省，陝中官員捐助之馬，半出民間而無有不足者，蓋由二十年來，陝西畜馬之多也。今則公私之騾、馬蕩然矣，邊兵未已，西路阻隔，可無急圖歟！然已寄馬於官民，而更如思出一監牧之良法，馬得自養於公，則取用愈便，資用不窮耳，然則如唐人監牧之法，亦正今日所宜，搜講其遺制而靠實行之也。

—1. 切問齋文鈔　卷二二　兵制

答問選舉

或問選授外官之宜，答曰：自前代議法者曲生防範，設爲本省人不得官本省之例，雖佐貳微員，倉巡賤職，亦不得仕於本省。其意蓋謂本省官本省，地近鄉邇，不特本官有私礙之情，亦莅事有難行之法耳。然究之所防之弊，正有出於所防之外，而中間隱伏十弊，重爲國計民生、士氣吏治之患害者匪淺也。

十弊云何？其一，海内幅�萬里，以極南之人遇極北缺，極西之人遇極東缺，路途甚有在七八千里外者，縱令妻子眷數至少，亦且不下八九口、十餘口人，況等而上之，自二十口以至三十口者，往往有之。即初赴任而費已不貲，又無論歲中必一一探候父母、顧盼全家之費矣。方其積年往來京師，非變易産業，便借貸親知。不但科貢從寒士出身爲然，即廕生、捐納，亦往往一赴遠任，債纍滿身矣。夫甫入仕途而有滿身之債負，雖欲廉以莅官，而不能自遂其本心。官一不廉，而害不且隱中於國家歟？

其二，吏爲士民師表，首宜使之敦崇教道，作風化之倡。今有如兩親已老，更無昆弟，而一選遠地，即平日至性天成之士，不能不違其本心而離親獨往，當亦非國家教孝之道也。

其三，一選遠方，語言不通，官民上下之情俱賴通於積年供役之侍吏，雖至明者，初至必受蒙籠欺詐之弊，更若書生，即終一任而上下均受其愚弄者，難以意量，是官與民俱受害也。

其四，南北風氣迥殊，一選遠地，往往飲食起居不宜，有去以十餘口，歸僅四五口，甚且有本官不免者，是害在身家也。

其五，則路途一遠，行程必淹滯時日，即曠廢職業之弊多，是害在廢職曠業也。

其六，一選遠地，新舊相接，當不能一一交手，中間必加一署事之員，即此地之百姓隱受其弊者其端必衆，是害在百姓也。

其七，本官有長路跋涉之苦，是害在本官之勞於無益也。

其八，本衙之役胥有遠接虚耗之費，是害在本官，又被於本衙役胥也。

其九，則屬在大吏，夫馬騷擾之費即不可言，是害在驛遞也。

第十，則吏之能奏善治者，由於洞悉地方之利害情形耳。地境一遠，一切事情素不能知，必當官而後問以知之，問果能盡此邑之情形乎？且邊缺陞轉大約在三四年内，故遠任之員，至有官階已轉，而尚不盡悉其州邑之情事者。此之爲弊，又可勝言哉。

欲變其弊，初無難事，亦祇依三單之法而善行之，即以十五省分南、北、中爲三單：北單盛京、山東、山西、河南、陝西五省，中單江南、浙江、江西、四川、湖廣五省，南單雲南、貴州、福建、廣東、廣西五省。除督撫特差、邊將重任、司道府尹大寮，但論才識，不分南北外，其餘文自五品以下，武自四品以下，三單各自論俸，不得以極南人任極北缺，極北人任極南缺。惟是中單盡可通融，然通融者亦止於千五百里，甚至兩千里爲度，亦不可過於此限。庶幾公私盡便，中間暗收無窮之利耳。且古不但不避近省，亦且不避本省。無論昔之魯人仕魯，齊人仕齊，古有故事。又無論昔之朱買臣、張鎮周皆守本郡，范文正公昔亦曾守蘇州，前代更有成例，不一而足。且如本朝，北京人皆仕王朝，各省中式武科與行伍大小武員，本省無不任其試用，亦不聞盡屬扶同徇私，情法拘礙也。即盛京而天下可推，即武員而文員可推，即前事而後事可推，況下至佐貳，不過分令長之一臂，更至倉巡，其實下同役胥里正，而必隔省除授，遷轉於越省數千里外哉。故文官五品以下，武員四品以下，即不遇本省應得之缺，以千五百里爲衡，而佐貳以及倉巡，則應止以五六百里内外爲衡，斯情理允協也。

—2. 皇朝經世文編　卷一七　吏政三　銓選

周振業（1660—1730）

字右序，一字意庭，江蘇吴江（今屬蘇州）人。雍正元年（1723）副貢生。有《意庭先生遺集》。

馭吏策

守令者，生民之所寄，國家之血脉也。部司者，政令之所承，朝廷之耳目也。夫人之一身，必使血脉貫通而耳目清明焉，斯可以康强而無患矣。然血脉行乎肌理，而所以管攝之者，則存乎臟腑。耳目各有官，而所以主宰之者，則存乎志氣。夫督撫者，守令之臟腑也。卿尹者，部司之志氣也。而總以效命乎天君，則一以貫之者也。故天君泰然，則由臟腑以達於血脉，由志氣以率乎耳目，未有不從令者。然而亦間有不從者，蓋血脉散布之處，不能無燥濕之感焉；耳目運動之餘，不能無聲色之引焉。此氣質之偏，雖天君亦不能禁之。而要所以調其和而反其正者，仍必有道焉，不可以不講也。今守令部司之選，既不能不循資而進，按格而陞，則賢不肖之雜焉者，此未易遽清其源者矣。然守令之賢不肖，既一委之督撫之舉劾，則亦不患其雜者。蓋一守令之賢者舉，而群守令之賢者知勸，則賢者益賢。一守令不肖者劾，而群守令之不肖者知懼，則不肖者亦化而賢。斯亦由臟腑以調血脉之道也。若夫部司之循資而遷補者，卿尹之舉劾與督撫同。其或由於最薦，或由於保舉，亦一人賢而舉者若與有榮。一人不肖而若與有辱，則知勸知懼，莫不皆然。此亦由志氣以率耳目之道也。故爲人君者不患守令、部司之不賢，而在難於督撫、卿尹之皆正。今有人焉，臟腑受病而不知，志氣昏惰而不檢，由是血脉日益乖，耳目日益從。而飲之藥者，顧乃舍其本而治其標，惟血脉之是導；謫其過者，亦且指其外而遺其内，惟耳目之是求，抑亦謬且惑矣。由此言之，知人者尤御吏之大原。握知人之哲，以慎擇督撫、卿尹其人而任之，是則養身者息志寧神以安百體之道也歟！

—2. 皇朝經世文編　卷一五　吏政一　吏論上

楊名時（1661—1737）

字賓實，號凝齋，江蘇江陰（今屬無錫）人。康熙三十年（1691）進士，官至禮部尚書。謚文定。有《楊氏全書》。

陳綏定苗疆方略札子乾隆元年

竊爲馭夷之道，貴在羈縻；服貳之方，務彰誠信。止戈所以爲武，惟德足以感人。從未有怨毒猜嫌而能長久寧帖者。查貴州接壤苗疆地方，生苗在南，漢人在北，而熟苗居其中間，與内地犬牙相錯，爲漢人傭工雇值，彼此相安，其來已久。若生苗則盤踞深山密箐之中，足迹不入内地，且有熟苗以爲捍禦，時以官兵威力相恐喝，故生苗亦絶不萌窺伺之想。自開拓苗疆之計行，於是生苗地界爲官兵所駐扎，漸次踞其土地，干戈日尋，而生苗始不得安其所。官兵駐扎之地，山高路阻，水泉不通，食貨百無一産；軍糧運至山下，官兵接運山上，尚有二三十里之遠，勞苦驚惶，妻孥隔絶，而官兵亦不得安其所。百姓改折色爲本色，少給脚價，責令運送軍糧，費用加倍，終年不息，且每被抄劫，而百姓益不得安其所。至於熟苗之苦累，更有數倍於兵民者，無事時則供挽運力役，用兵時則爲嚮導前驅。軍民待之如奴隸，生苗疾之若寇讎。官兵勝，則生苗乘間抄殺以泄忿；生苗勝，而官兵又混行屠戮以冒功。此熟苗之所以愈不得安其所也。

竊念開拓苗疆，本欲登斯民於衽席，而竟致官兵、百姓、生熟苗人，人人有赴湯蹈火之慘，有識者已决其有不靖之勢矣。至速禍而激變約有兩端：苗疆本未寧謐，而地方官遽言人盡抒誠，請加賞賜，生苗得賞者十之二三，而不得賞者十居七八，貪心不遂，已生叛心。加以熟苗勞重累深，全無賞賚，愈增怨忿，因而句結生苗以作亂，至於不可禁禦。又從前開疆拓地，止及古州、清江等處，而臺拱地方猶在化外，自有司迎合邀功，輒云“台拱苗人願獻其地，以爲官兵安營立汛之所。”上司不察，竟議駐兵。而臺拱生苗遂將官兵圍困，經兩次遣兵救援，悉皆全軍覆没。後至生熟苗人合併，因而侵軼内地。往時内地防駐之兵，皆以開拓苗疆之故，大半移駐苗界，而内地反致兵單汛弱，苗人如入空虚之境。兼以道路險易，爲熟苗所深悉，無處不被蹂躪。間有就撫熟苗，又被武臣慘戮，甚至賣其妻女，以入私橐。其脱逃者，歸告徒黨，賊志益堅，人懷必死，多手刃妻女，然後抗拒官兵。以致鋒不可當，敗衄屢告；百姓流離死徙，不可勝計。此皆無罪平民，我國家百餘年來，休養而生息之者也。目下黔省大臣奏報度必以苗人殄滅幾盡，難民復業過半，苗疆不日底定爲辭。然以臣計之，蓋有未可全信者。從來用兵之計，不過曰剿與撫而已。今欲剿，則夷方山勢陡絶，鳥道僅通一線，一夫據之，百人不敢過；即有時乘其不備，奪險而進，而苗人本無屯積，相率滚箐而走，官兵熟視其去，莫可誰何。凡飛報大捷，多屬此類，此剿之所以難也。若欲撫之，則苗人積怨已深，且幾番受誑，俱懷疑懼，加以有險可恃，非當萬不得已之時，恐不肯輕就籠絡。此撫之所以難也。爲今日計，唯有下剴切之詔，布寬大之恩，棄苗疆而不取。將重兵駐内地，修築城垣，於要害處所增立壁壘，屹立互峙，碁布星羅，俾民有可依，兵有可守。賊來則互相應援，協力擒捕，賊去則分兵撲滅，勿事窮追，再懸賞格，以購渠魁，而脅從罔治。有能擒縛首惡投誠，及所犯本輕而率衆歸順，或鄰近苗人，奮勇殺賊，驗明首功者，皆給與土官世襲，分管其地。一面加意撫綏熟苗，勿使爲生苗所劫掠，爲官兵所欺凌。如此調劑，生苗得所栖託，熟苗又荷生全，自當俯首帖心，抒誠向化。若因循修飾，臣恐兵端不能遽息，糜餉勞民，終非柔遠寧邊之善策也。

此鄂公去滇後，官吏辦理不善，以致激變之情形也。故附之文端諸疏後，以見非常之原，不但創始難，善後尤難。然因此遂欲盡棄前功，復還苗地，是則因噎廢食矣。迄今百年來，黔滇安堵，人人服文瑞之功，而後知遠大之猷，固事久論定也。

—2. 皇朝經世文編　卷八八　兵政一九　苗防

田文鏡（1662—1733）

字抑光，正黄旗漢軍。由縣丞升至河東總督、兵部尚書。謚端肅。有《總制宣化録》。

覆陳書役不必定額疏雍正七年

臣查條奏内稱弭盜之法：先嚴窩盜之家。而窩盜之人，半屬掛名之役。查各省督撫司道以下，其書吏衙役皆有經制定額，不容冒濫。而有一等游手好閑無業貧人，每於額設吏役之下空掛一名，書吏則爲“貼寫”、爲“掌案”，下役則曰“幫役”、曰“白役”，小則希免差徭，大則借端生事，自恃衙門情熟，因而包攬錢糧，把持行市，窩娼窩賭，無所不至，而猶未遂其欲。每與捕役上下其手，窩頓盜賊，發踪指示，名曰“放線”。所獲之贓，盜得其三，彼得其七，且以語言恐嚇事主，令勿報官。即使事發，而州縣捕役向爲一線串通，或以强爲竊，或故意縱放，有司爲之掣肘，百姓被其擾害。請嗣後各省掛名書役嚴行禁革，照額設之數，每名止許添一人幫辦，一正一副，可不誤公。現在掛名書役，悉令歸農，則窩盜之人少，而盜藏身之地亦少矣，等語。

臣查掛名書役，各處皆有。如科臣顧祖鎮所奏貼寫、掌案、幫役、白役等名色，則皆非掛名書役也。蓋“貼寫”，乃甫經學習幫寫文移之人；“掌案”，則久於衙門，熟諳章程，辦理稿案之人；“幫役”、“白役”，即各役内之副役，跟隨正役以效奔走之人。皆非徒掛空名者也。所謂掛名書役者，乃足迹不至衙門，經年不見本官，不知辦案爲何事，差遣爲何事，按册有名，服役無人，惟津貼、紙筆之費，以幫辦事書役。此則謂之“掛名”書役也。查各衙門書役，除州縣書役近在本處，向不换班外，其督撫、司道府書役皆散處各屬，率分爲上下班，輪流辦事。若按經制額定之數，每名再添一人，則各衙門不過寥寥數人，安能辦公無誤？即如臣衙門經制書吏，上下兩班，每班十名，共二十名。今現在辦事書吏，頭班二班俱有百餘名，是較經制十倍有餘，事務殷繁，尚苦趕辦不及。若以一正一副計算，每班不過二十人，以百餘人辦理不及之事，而欲責成於一二十人，其可得乎？由此而推，則各衙門書吏以一正一副留用，乃萬萬不能之事。

其“貼寫”一項，跟隨學習幫寫，即將來辦事之經承，而且書寫需人，不能革除者也。經制典吏役滿出缺，新募典吏何能辦理文案？故必需熟諳書辦職掌稿案。無掌案則事務茫然，是又掌案之不能革除者也。至若“幫役”、“白役”，專視差遣之繁簡，如差多事繁，正役不能親身出差，因有“幫役”、“白役”爲之代勞。上司稽查不嚴，本官有意徇縱，則一票到手，便爲利藪。所至之處，如狼似虎，恣意勒索，正副分肥。臣深知其弊，是以嚴禁司道之差，不許下府州；府州之差，不許下屬縣。其有萬不得已之事必須差提者，則令所差之衙門，將差役姓名報臣查考，如犯有需索之弊，必痛加懲處。所以一年之内，各衙門之差提甚少。差既絶少，利何從覓？正役之盤費尚且竭蹶，何能更養副役？此又“幫役”、“白役”不禁而自除者也。

至掛名書役，既不服役衙門，其所以掛此空名者，蓋亦有故。或家有田産，藉以支持門户；或居鄉被人欺凌，藉以禦抵外侮。具呈投認之後，必行地方官查其身家是否殷實，有無過犯違礙，取具印甘各結，方准注册。雖人之誠僞難必，大抵皆有産業之人也。若科臣所奏，是乃市井無賴，一無恒産之窮民，不但不能掛名於官，並書役亦不肯與之爲儔，又豈能把持行市、窩匿娼賭、使令盜賊？其他包攬錢糧等事，更不必言矣。要之，窩盜通盜，第一係不法捕役，其次則不肖營兵與勢豪土棍。臣雖不敢謂掛名書役中必無窩盜之人，然如科臣所奏，窩盜之人半屬掛名之役，去掛名之役即少窩盜之家，實非確論。臣愚以爲但當嚴查其行止，以分别去留。如平時果有生事把持等類，不但掛名書役急當革究，即現在辦事之書役亦當革究。若實係安分自守，藉支門户以禦外侮，雖有書役之名，實與農民無異，似可不必盡行革除。蓋司道府衙門書吏，本無額設工食，又有紙筆等費，既將各項陋規裁革，不許受賄作弊，若併此掛名津貼亦爲革除，則紙筆之費亦無從出矣。况各衙門書役，實非一正一副所能辦理。所有科臣顧祖鎮條奏盡除掛名之役，止留一正一副之處，應毋庸議。

—2. 皇朝經世文編　卷二四　吏政一〇　吏胥

請復倉穀借糶疏《河南通志》

伏查倉貯關係重大，自當悉心研求，從長計議，未可硜執一見，以爲可以剔弊除奸，永遠遵行者也。蓋積貯原爲備賑，而典守貴於權衡。臣愚以爲，倉穀之設，偶因水溢旱乾，則當開倉賑濟，此按其口之大小以授食，而不令民還倉者也。若夫收成稍歉，民食尚不致艱難，或至次年春麥未登之際，青黄不接之時，則當照例出借，至秋收後每石加息二分半還倉，以接濟民食者也。至於歲當大有，户慶盈寧，可以無藉於倉穀矣。但至舊穀將没、新穀未昇之時，穀價不無少昂，貧民難於買食，此又當减價出糶，以平市價者也。如此轉移，不但米穀流通，小民不致乏食，而朝廷倉糧亦得藉此出陳易新，免於紅腐。此誠一舉而兩得矣。

臣五年於兹，無時無刻不以倉貯民食爲念，常將各屬所有積穀，或當委官盤查，或乘新舊交代，俱令其分别積穀年分久暫，每樣各取一石，碾驗米粒成色，則新入倉者每穀一石得米六斗五六升，其次則六斗有零矣，再其次則五斗有零矣。穀愈陳則米粒愈細，往往止存半粒者。且陳米炊飯，不能漲發，一升止得半升之飯，又食之易至飢餓，一人常兼二人之食。此臣得之親試而無訛，訪諸老農而不爽者也。由此觀之，則倉穀之不宜久貯明矣。今以地方官奉行之不善，而欲停糶借之例，使之常存於倉，即數十年而穀仍自在者，誠不經之論也。地方官不能無賢愚、勤惰之分，胥役人等不能免中飽侵漁之弊。賢而勤者自能剔釐而除去之，愚而惰者則當糾劾而更易之；至於胥役舞奸，又當峻法以懲治之，此督撫之責、司道府州之事也。今不責各上司嚴其查察，而惟守此數十年不易之陳穀，以絶其弊端，是猶行舟者惡風濤之險而收帆，駕車者恐覆轍之虞而投轄，有是理乎？臣查豫省倉糧，俱經易穀存貯，惟雍正三年常平倉奏册内，尚存米、豆三千餘石，自應一并易穀，以免蒸霉。而春借秋還，存七糶三，仍請照舊例遵行。

—2. 皇朝經世文編　卷四〇　户政一五　倉儲下

陸奎勳（1663—1738）

字聚侯，一字坡星，號陸堂，浙江平湖（今屬嘉興）人。康熙六十年（1721）進士，官檢討。有《陸堂文集》。

海塘策

我浙東瀕大海，其民世食魚鹽之利，不啻青齊淮揚。近因中小亹漲沙，漸成平陸，海潮衝射，塘壩崩頽，上虞、海寧兩邑人民，岌岌乎有蕩析離居之患，宜乎督撫大臣相度形勢，具疏而入告，有築塘挑淤之舉也。夫海潮之大小，應乎月而生乎日。其日必再至也，是天下之大信也，非猶淮黄之水，因風以爲動静者也。若其至秋始大，則亦猶之黄河二汛，可以先期剋定者也。開淤挑淺，儲器以備用，分部而督工，其事與治河等。特於海築塘，較之淮、黄形勢，大不相侔。蓋清淮之弱，不敵濁河之强固也。而河水猶可下埽以禦，則葦藁有助也。石工未固，獨可假木櫃以護堤也。試觀海門之潮，勢若奔馬，波如連山，逞其怒而東西蕩激。元泰定間，用木櫃竹絡無功，改用石囤，其明徵也。今則江海二流，不循故道，夏蓋山以西，老鹽倉而北，均屬最衝，即使排樁加石，猶難保其鞏固矣。請因執事之問而臆對之。竊以爲塘基之式，陡塘不及坡陁塘也，是以柔勝剛之道也。而塘身之設，直塘不及凹凸塘也，是急脉緩受之道也。即河身之九曲，其理勢曷嘗有異揆哉？然而咨之近今者，不如稽之在昔。觀趙維寰之《寧志備考》，而知前明海鹽築塘之難較甚寧邑。蓋鹽邑之潮直射塘肋，寧邑之潮順塘經行也。壘石有縱横之式，下闊上縮，内齊外陂，而鎔鐵錠以貫之。又有附石之土塘，備内之複塘，則胡孝轅所撰《海鹽圖經》最爲詳善，監修者熟覽而參酌之，是亦芻蕘之一得乎？夫木石之費，既已不貲，烏可容侵漁之胥吏？險要之工，既已難固，豈可用積疲之丁夫？今遇大吏之賢者，率作於上，則夫勸功程課，直如臂之運指已耳，何慮焉？

—2. 皇朝經世文編　卷一二〇　工政二六　海塘

朱　軾（1665—1736）

字若瞻，號可亭，江西高安（今屬宜春）人。康熙三十三年（1694）進士，官至文華殿大學士。謚文端。有《朱文端公文集》。

與族人書

范文正公自政府出歸姑蘇，搜外庫惟有絹千匹，録親戚及閭里之舊，散之皆盡，曰：族黨見我生長，幼學壯仕，爲我助喜，我何以報之哉？予嘗讀此，不禁流汗面赤。自予總角入塾，輒爲族中長老所愛憐。明子伯嘗語塾師曰：此吾家千里駒也，爲我善教之。年二十泮游，舉族來賀，長老咸謂：所望於子不止是也。丁卯迄癸酉，三次試鄉闈，斗米隻鷄之贈甚夥。吾家赴試者不少，而予獨爲族人所親厚。比計偕北行，長老送予門，慰勉丁寧，依依不忍舍。迄今一記憶，不覺淚下也。越十年歸里，舉族爲置酒食。自後歸省者三，丁艱者再，族衆爲醵錢助喜賻喪，不一而足。而予歷官三十餘年，曾無尺帛之贈。此所以汗流面赤於范公數言也。

或云：世有挾富貴以驕宗黨，宗黨欲得一見其面而不可得，如錢公輔所云者。公和平坦易，親親長長，如未仕時。見人急難，欷嘘嘆息，解衣分食以恤之。又立祭田、學田，率族人以報本追遠，培養後學。公何負於族黨歟！予曰："不然。《禮》曰：'問疾弗能遺，不問其所欲；見人弗能館，不問其所舍。'注曰：'辭口惠而實不至也。'"予於族之急難者，嘆息欷嘘，卒無濟於其人之饑寒，非所謂口惠而實不至乎？又與於挾貴驕人之甚者也。先人倡捐祭田，族中踴躍佐助者甚多，學田所資纔百金，經營生息皆諸伯叔昆季之力也。予何與焉？雖然，予聞贈人者或以財或以言，予何以贈族人？於貧者則曰勤且儉，以自力於衣食，貧不足患也；於富者曰隨分周恤，冥冥中有佑之者矣。

或曰：公不能恤族而勸人周恤，徒貽口實，誰其從耳？曰：予之不德，予知之矣。所以勸勉族人者，爲貧者計，實爲富者計也。幾見有好善樂施而不長子孫者乎？况族人雖歷數十世，其初則一人之身也。凡人父母、祖父母没，則以不得侍養爲恨，有及事其高曾者，則又相與羨之。至於五服之人，多坐視其困而莫之惜，甚而身享温飽而親兄弟有饑且寒者。吾以爲此人即有父母、祖父母、高曾祖，必不能養。縱令能養，而高曾祖父之子若孫饑且寒，高曾祖父食能下咽乎？由此推之，上至於百世，苟懷木本水源之思，未有不惜其族人者也。

比聞吾鄉連年歉收，族中枵腹待斃者十之一二，而倉庾陳朽、閉而不發者，亦間有之。噫！何其忍也。昔人云：饑民一日得米數勺，可以不死。計一歲每一石可救一人不死。荒年珠粒，僅有此數，不在饑民腹中，則在富室廩庾中。今閉一石不發，必有一人死者；閉十百千石不發，必有十百千人死者矣。然則除日給外，其餘廩庾中陳陳堆積者，皆堆積死人皮骨、血肉、腦髓也。夫省一酒食之費可活幾人？省一交際之費可活幾人，省一簪珥、衣被之費可活幾人，省一布施僧道、禮拜神像、紙錢牲牢之費可活幾人，以種種活人之物而糜費於無用之地以爲豪舉，是合數千百死人之皮骨、血肉、腦髓以爲豪舉也。忍乎，不忍乎？吾嘗推其説，以爲粟者天所生以活人，偶寄吾廪庾中耳，而吾乃竊據天之所以活人者轉而殺人。殺人者死，而况殺數千百無辜之饑民！罪深孽重，必有奇禍，近於其身，遠於其子若孫。是廪庾中陳陳相因者，非徒堆積饑民之皮骨、血肉，實堆積其身及子若孫之不測奇禍也。由此言之，則救灾恤患，施之泛泛途人所不容已，而况吾一本耶！予嘗書此以自警，並示諸子弟，以動其惻隱之心。今以勸勉族之伯叔昆季，較金帛之贈爲何如也。

—2. 皇朝經世文編　卷五八　禮政五　宗法上

京東水利情形疏雍正四年

竊河道有經有緯，而緯常多於經，所以資節宣，利挹注也。臣等歷看京東之水，若白河，若薊，若洰，以及永平之灤河，皆經流之最大者。白河爲漕運要津，農田之蓄泄不與焉。然河西曠野平原，數十里内止有鳳河一道，自南苑流出，涓涓一帶，蜿蜒而東，至武清之堠上村斷流，而河身淤爲平陸。此外别無行水之溝，亦無豬水之澤，一有雨潦，不但田廬瀰漫，即運河堤岸亦宛在水中。查凉水河源，自京城西南，由南苑出宏仁橋，至張家灣入運。請於高各莊開河分流，至堠上，循鳳河故道疏濬，由大河頭入，仍於分流之處各建一閘，以時啓閉，庶積潦歸有，且可沾溉田疇，而於運道亦無礙也。

運河之東則香河，其下爲寶坻，沿河堤岸坍頽，屢爲二邑之灾，應及時修築高厚，并於牛牧屯以上斜築長堤一道，以障上流之東溢，則香河、寶坻無運河之患矣。

再通州烟郊以南之水，皆匯於窩頭，分爲二股：一股南入運河；一股東流，經香河縣之吴村匯於百家灣，入七里屯，達於寶坻。查七里屯以上，大半淤塞，地皆沙鹵，難以開鑿。若將南流一股疏通深暢，則窩頭經流歸於運河，分入香河之吴村者無多，稍加濬導，則亦可免沖溢矣。又夏店之箭桿河，經香河東北入寶坻之溝頭河，漫流入淀。應從溝頭疏濬，導流於寶坻縣南，會七里屯之水，東入八門城，達於大河，庶水有攸歸，不致漫溢爲害，且潮水自八門逆流入河，於農田亦有利焉。

寶坻之西北壤接薊州，運河自三台營會諸山之水，東南至寶邑，會白龍港，又南經玉田、豐潤，合洰水達於海，河身深闊，源遠流長，所謂棄之則害，用之則利也。請先築河堤，務須高厚，然後於下倉以南建石橋一座，橋空下閘，壅水而升之，注於兩岸，以資灌溉，多開溝澮，自近而遠，縱横貫注，用之不乏矣。

洰水又名還鄉河，源發遷安之泉莊，噴薄洶湧，懸壁而下，既入平地，則委折蛇行，土人有“三灣九曲”之稱。自康熙四十二年决運河頭，奪流而西，至雍正元年始塞决口，挑引舊河，然河道狹而堤堰卑，東决則淹豐潤，西决則淹玉田，二邑士民請展狹爲廣，改曲爲直，其説近是。然以建瓴之勢奔放直瀉處，如劉欽莊、王木匠莊各開直河一道，其舊流亦無令壅塞，俾得兩處分瀉；堤堰之逼近河身者拓而廣之，更加高厚，可無沖决之患；至沿河一帶，建閘開渠，數十里内無非沃壤。土人動言洰水湍急爲患，不知敗稼之洪濤，即長稼之膏澤，現在遠河居民引流種菜，千畦百隴在在皆然，未見利於圃而獨不利於農者也。

玉田本屬稻鄉，藍泉河出藍山西南，流入薊運，夾河豬水爲湖，伏秋山水暴發，河與湖平，一望瀰漫。應將河身疏通深廣，東以堤防，西北另開小河一道，引山澗汗漫之水入河下流，使湖無泛濫，而河得安瀾。仍於曲河頭建閘開溝，引水繞東湖，而南湖内外田地，均沾灌溉；仍於湖心最下之處圩爲水櫃，以濟泉水之不足，其利可以萬全。又泉河發源小泉山，東流會孟家泉、煖泉達於薊運河，現在引流種稻，所當搜滌泉源，多方宣播，以廣水利者也。

豐潤負山帶水，湧地成泉，疏流導河，隨取而足，志乘所謂"潤澤豐美"，邑之得名非虚。臣等歷勘所至，如城東之天官寺、牛鹿山鐵坎以及沿河沮洳之處，或疏泉，或引河，可種稻田數百畝，多至千餘畝而止。惟縣南接連大泊一帶，平疇萬頃，土膏滋潤，内有王家河、汉河、龍堂灣、泥河共四道，皆混混源泉，春夏不涸。王家河、汉河流入大泊，龍堂灣、泥河西入薊運河，而田疇不沾勺水之利爲可惜。應請滌其源，疏其流，壩以壅之，堤以蓄之，東北引陡河爲大渠，横貫四河，中間多開溝洫，度陌歷阡，瀠洄宣布，數十里内取之，左右皆逢其源，澇則田水達於溝，溝達於渠，渠會於河，河歸於大泊。大泊廣八里，長方十餘里，若於東南穿河，導入陡河以達於海，而泊内可耕之田多矣。

陡河即館水，源自灤州之館山東，流繞縣境而南，旁河村莊曰上稻地、下稻地，南曰官渠，蓋昔年圩田種稻之處，溝塍遺址尚有存者，宣各莊以下，至今稻田數百頃，村農以此多至饒裕。若推而廣之，沿河堅築堤防，多設壩閘，以時蓄泄，疆理一循舊迹，不勞區畫，而兩岸良田不可數計。

至板橋、狼窩鋪等處，東連榛子鎮一帶流泉，大概入灤州境矣。灤州爲永平屬邑，永平之水灤河爲大，其源遠，所從來者高，汹湧滂沛，推壅砂石，既不可束以堤防，亦難以資其灌溉。然各屬支流藉以匯歸，少漲溢之患，而涓滙皆農田之資。如灤州近城之别故河，淤塞漫流，數十年於兹，若照舊疏通，不惟城闉不受浸嚙，而西南負郭之田，皆收浸潤之利。

城南則有龍溪，出五子山東，大泉騰沸，流至五官營，伏入地中，至閻家莊復見，即清河之源也。按：此係遷安縣之清河。城西則有沂河，經芹菜山南流，折而東，又轉而南。二河之間地勢平衍，土岡環之，東南一望無際，皆可播流而溉也。西南則游觀莊之靳家黄坨河，引泉可田。南則稻河、吴家龍堂等處，引河可田。西北則自沙河驛之東，榛子鎮之西，龍溪黄崖煖泉會於牤牛河，按：此係灤州之牤牛河。經雙橋，而闔山瀑水入之，流清而駛，地平而潤，沿岸一帶建壩開溝，無處非水耕火耨之地矣。

灤州之北爲遷安，城北徐流營湧出五泉，合流入桃林河。又三里橋湧泉流出灤河蠶姑廟，泉河與灤河相接。龍王廟之泉頭，流爲三里河，經十里橋而南，夾河皆可田。黄山之麓，一泓湛然，浮沫如珠，西漾入石渠，渠岸清泉噴湧，即還鄉河自出也。自泉莊至新集五六里，兩岸地與水平，播之可種稻田百餘頃，且可分還鄉河上流之勢。灤河經府治之西，青龍河會焉。青龍河即盧水，縣以此得名，境内岡巒起伏，地高水深，難以汲引，惟縣北之燕河營湧泉成河，及營東五泉，漫溢四出，至張家莊一帶，皆可挹取，爲樹藝之利。

他如撫寧、昌黎、樂亭以及遵化、三河等州縣，臣等未及遍歷，然按圖考志，大抵水澤之利居多。伏念京東土壤膏腴，甲於天下，祗緣積俗怠玩，苟且因循，人有遺力，地多遺利。臣等查勘所至，宣揚聖德，明白曉諭，一時民情踴躍，歡聲雷動。今春融凍解，臣等分遣效力人員，逐一確估興工。惟是工程浩大，地方遼闊，高下隨宜，容有變通之處，抑或委員經理，未合機宜，圩田之多寡，奏效之遲速，統俟完工彙齊具奏。

—2. 皇朝經世文編 卷一〇八 工政一四 直隸水利中

儲大文（1665—1743）

字六雅，號畫山，江蘇宜興（今屬無錫）人。康熙六十年（1721）進士，官至翰林院編修。有《存硯樓文集》。

大人容物愛物論

大人之容物、愛物也，廣言之，則更僕未易數。約言之，則以培護人才、薦延士類爲容物愛物之本。不暇遠引，請引宋明以來諸宰執證之。人物莫盛於宋，宰相之賢亦莫盛於宋。然嘗謂宋有宰執三人焉，寇忠愍、范文正、欧陽文忠而已。忠愍澶淵之役，何承矩、曹瑋、荆嗣、馬全節之宿將而用，張齊賢、雷有終之大臣有威望也而用，田敏、楊延昭之奇鷙也而用，盧炎、宋搏、謝濤之文吏也而用。不寧唯是，楊億之文也而用，向敏中、張詠之遠藩也而亦用，雖丁謂亦不以李沆故而不用之鎮撫夾河也。文正知陝西三州及參大政，孫復、胡瑗、石介之學行也而用，李師中、滕宗諒、孫沔、蔡挺之恢廓縱軼也而用，种世衡、狄青、郭逵之將略也而用，尹洙、蘇舜欽之文也而用，王益柔之文而縱軼也而用。不寧唯是，雖李覯、徐復亦不以沈淪困躓而不用也。文忠知嘉祐貢舉，曾鞏、蘇軾、蘇轍之文也而中，張載、程顥之理學也而中，而其他薦延者，雖王安石、常秩亦薦，吕惠卿亦薦。雖聞邵雍之名而不薦，而不啻薦也。是故無所不容，以愛天下之才以相天子者，忠愍、文正、文忠是也。富、韓、司馬皆號名相，而嘉祐治平極盛之世不能不變而爲熙、豐，元祐不能不變而爲紹聖，人才用舍，蓋猶有憾焉。彼李沆與王曾，亦宋之名宰相也，然以張齊賢之才，又同位東府，而沆卒擠之而去；以張詠之才，又承帝問，而曾不能力舉以自代，則非大臣之道也。天地生才，磅礴鬱積，遲之又久而得一人焉。而是人之生，且爲世訕笑排斥之不暇，幸而有以自振，至爲天子用，而世亦不以不才而疑之，如齊賢、詠者，且不免湮塞之嘆，而况名位、資貫萬不及齊賢、詠者哉？

明季諸相皆齷齪無遠略，時引用一二親黨，卒不可以爲天子之大臣。惟江陵當國，於戚繼光、李成梁諸將知之而用，用之而盡，蓋猶有忠愍、文正遺略焉。而如用他事概斥之，則夫華亭、新鄭以上之機鈐，互相傾奪；吴縣、太倉以下之衣鉢，密相付授，其觝排士類，而唯恐人起而軋之則一也。而江陵善馭天下之才，功固遠矣，然而誅賞混淆，蒼素易色，故予嘗謂蒲坂之罪不在分宜下，非激也，夫亦嘆息痛恨於世之有才而不能容者也。

然則如忠愍、文正、文忠者，其容與愛有差乎？曰：生犢破車，必致千里。夫容之所以愛之也，而其用則爲容物愛物而已矣。然則如三公者，果可爲大人乎？曰：昔回鶻擊唐，占者言當見一大人。後郭子儀免胄見之，而朱子釋經，謂子儀雖未盡道，是即當時之大人也。然則如忠愍、文正、文忠者，夫亦有宋以來，宰執中之大人而已矣。

—2. 皇朝經世文編　卷一四　治體八　臣職

朱澤澐（1666—1732）

字湘陶，號止泉，江蘇寶應（今屬揚州）人。雍正時直隸總督劉師恕欲薦於朝，不應。有《朱子聖學考略》《止泉文集》。

田賦總説

先王井田之制，不能驟復。爲之裒多益寡，廣行社倉以通其意，而必先之以里甲、排門、魚鱗者，何也？張子曰："夫仁政必自經界始，貧富不均，教養無術，雖欲言治，皆苟而已。"井田之經界不可復矣，牧民者若不知民數之多寡，户口之貧富，田畝之肥瘠，雖欲裒益之，其道何由？前甲之册，由來已久，其中混擾不清，書吏奸詐，任意飛灑，弊竇萬端，若不徹底澄清，則民數終無實據，故先之以里甲焉。排門册即《周禮》伍兩卒旅。比閭族黨之制、保甲之綱目，實基於此。魚鱗册即《周禮》辨野土上、中、下地之制，遂溝、洫澮、水道之通塞，實紀於此。不但定其（刷）［制］度而已，須守令親履其地，莊村田畔以次巡行，相其道路，識其居址，與父老子弟常常接見訓告，方能熟習其户口之淳漓，田畝之高下，而條教號令有所施行。因勸之自行節儉，存耕三餘一之法，以備水旱。又勸之鄰里相保，稍分其百分之餘，以爲社倉之本，全在積誠感動，使其義理明白，良心發見，人人知賢守令爲地方愛養窮民，而後有端緒可理。故必賢才久任，一年而誠意感孚，三年而規模略定，五年而治功成矣。迨由家而族，莊鄉鋪倉遍一邑，則《周禮》遺人，鄉里、門關、郊里、野鄙、縣都，皆有委積以待施惠之制，可復見焉，豈偶然哉？蓋三册之法，里甲、排門二册，以人爲經，以田爲緯，則民之貧富善惡、風俗之淳漓，時時在心，有賞罰政教之用焉；魚鱗册以田爲經，以人爲緯，則田數之多寡、田土之肥瘠、田利之盈縮，時時在心，有因地制宜之用焉。凡保甲之法、彰癉之典、力役之征、水利救荒、經界射獵等事，皆從此三册田圖而出，具有無限妙用。惟有識者用心精之，安静行之，方知其條理脉絡耳。

—2. 皇朝經世文編　卷二九　户政四　賦役一

魯之裕（1666—1746）

字亮儕，湖北麻城（今屬黄岡）人。康熙五十九年（1720）舉人，官至直隸布政司參政。有《趣陶園集》。

選兵論

余嘗從事於四方，而見今督撫、提鎮之選補兵目者，輒竊長太息曰：此承平忘戰之所爲也乎？夫兵也者，儲以備攻守戰陣之用者也，非徒以壯督撫、提鎮之觀而已也。乃茲唯軀幹魁梧，面宇明晳、手足輕颺者是擇，其有進而衡其力之弱與强、按其藝之優與劣者，即曰精選矣。彼烏知夫魁梧者之不便於疾趨，明晳者之多出於驕滑，輕颺者之工巧於規避乎？即力强而藝優者，倉皇之頃，往往以驚懼而莫知其所措。蓋余之閲於是也久矣。

然則選之將如何？曰：兵貴膽，不貴其皮肉也；兵貴樸，不貴其伶俐也；兵貴福，不貴其黠暴也；兵貴能勞能苦，不貴其言語委婉、步趨周折也。何也？膽壯則無畏，無畏乃可以臨敵；性樸則守法，守法乃可以訓戢；相有福則其精神常足，可以久用不衰，雖有時不幸而置之死地，而能轉敗以爲功；兵能勞則奉命，能苦則無怨言，奉命無怨，而後可以收臂指之效。雖然，是猶選以人者也，不足以盡選兵之道，蓋選兵莫善於選器，必明於選器，而選兵之道乃盡焉。

人之生也，自二十以至四十者爲壯，過此則血氣不能不衰矣。就此壯者而論之，其中長短、大小、弱强之不同，勢不能齊而一之也。故其用器也，各有所宜焉，得其宜而後用之，無不利。大約目睛灼而猿臂鵠立者，宜弓箭；身材短小精悍者，宜藤牌、滚刀；其殺氣藴結於中，而有時勃發於面者，宜腰刀、手鎗；至於排鎗、大刀、擋木、撓鉤之用，則必老成有力者任之，苟少年健兒筋力未定而使習其藝，則未幾而乏矣、潰矣。長大豐偉者，而使習圓徑二尺之牌，握短刀，跪伏委曲，伸縮進退，於以出没於鋒鏑之間，其將能耶？是故選兵要矣，授之器而時以習之，尤不可不精而辨之也。知必於此乎精以辨之者，而後可與語練兵之道。

—2. 皇朝經世文編　卷七一　兵政二　兵制下

陳萬策（1667—1734）

字對初，一字謙季，福建龍岩人。康熙五十七年（1718）進士，官至詹事府詹事。有《近道齋詩文集》。

中西算法異同論

古今之爲算學者，自隸首、商高而後，若劉徽、祖冲之、趙友欽、郭守敬之徒，皆精詣其術。及西法至，而其説又有出於中法之外者，其異同可得而論也。夫中法言異乘同除，而西法總謂之四率，可謂異矣，而爲比例之理則同也。九章之内，大要多同，借衰疊借之法，蓋衰分盈朒之變其名爾。至中法謂之勾股也用邊，而西法謂之三角也用角，三邊三角，可以互求。中法有不逮於西法者，則八線表立成是也。剖全圓而爲半周，又剖爲象限，立切割弦矢之線以成正方，角何嘗非勾股與弦哉。其所以妙於中法者，用邊之術，可以高深廣遠而已。用角之術則本於天度，所以在璣衡而齊七政，亦無不具乎此。蓋用邊者斜剖之方，而用角者剖心之圓，方者測地，而圓者并可以窺天也。方程之用，西法所無，而借根方之算，中法絶未有聞也。又比例數之表，不用乘除而用併減，於平方、立方與三乘方以上之算尤捷焉，皆中法之所未有也。至於古法之爲蒜子者，今不復有，所用者珠算而已。西法則有籌算、有筆算、有矩算、有比例規算，其雜見錯出而均合於度數之自然，視中法爲備矣。蓋三代而後，六藝往往不逮於古，何止數學而已。專門之緒，鮮克尋究，而西土以爲六學之一焉，業於是者終其身竭精殫慮以相尚也。觀《幾何原本》一書，自丁先生以來，若六經之尊貴，可以考其用心，宜其争衡於中法也。雖然，異者法也，而同者理也。若劉徽、祖冲之、趙友欽以四角起數所算圓周之率，與西法曾無毫釐之差，而西人以六宗率做剖圓八線者，其術亦不外乎此。可見理同而法不異，兼中西之法，神而明之，則藝也而進乎道矣。

——1. 切問齋文鈔　卷二四　時憲

倪　蜕（1668—1736）

本名羽，字振九，號蜕翁，江蘇松江（今屬上海）人，居昆明。無意仕途，以游幕爲生。輯有《滇雲歷年傳》。

復當事論廠務書

凡采取五金之處，古俱曰“冶場”，今音訛曰“廠”。按《周禮》司徒職，礦人掌金玉錫石之地，而爲之厲禁以守之。若以時取之，則物其地圖而授之，巡其禁令。此古冶場之所自始，而今礦廠之所由名。然今天下之廠，於雲南爲最多，五金而外，尚有白銅、硃砂、水銀、烏鉛、底母、硝磺等廠，大小不止百餘處也。今請言銀廠：

歷考載籍，雲南之廠肇自明時，管理者爲鎮守太監，其貼差小閹，皆分行知廠。今迤西南北衙廠，尚其遺也。初亦不立課額，以漸增至三萬有餘，逮硐老山空，礦脉全斷，兇閹以此課款，迫令攤於民田，廠俱封閉。以後或開或閉，聽民爲之。至康熙二十一年，滇省蕩平，廠遂旺盛，嗜利之徒，游手之輩，具呈地方官，查明無礙，即准開采，由布政司給與印牌，謂之廠官。繁纓塾坐，先馬執殳，居然官矣。於是擇日出示，開爐試煎，每用礦砂，不計多寡，煎罩之際，廠官、課長、硐領各私投塊銀於内，以取厚汁之名，因即宰牛祀山，申文報旺。此名一傳，挾貲與分者遠近紛來，是爲米分廠客，或獨一人，或合數人，認定峒口，日需峒丁若干進采，每日應用油、米、鹽、菜若干，按數供支。得獲銀兩，除上課外，分作十分，鑲頭、峒領共得一分，峒丁無定數，共得三分，廠客則得六分。若遇大礦，則廠客之獲利甚豐；然亦有礦薄，而僅足抵油米者；亦有全無礦砂，竟至家破人亡者。此關乎時命，亦不可必得之數也。至上課之法，則品定礦觔，入爐煎罩成汁，較定三拍，以鐵爲之，如戥盤而有柄。上拍可兩許，此爲解上官課；中拍可五錢，是廠官養廉；下拍可二錢，係課長及諸役分支。商民所開之廠，大概如此。至於踹獲大廠，非常人之所能開者，則院、司道、提鎮衙門差委親信人擁貲前去，招集峒丁，屏辭米分，獨建其功，並不旁貸，雖獲萬兩，亦與商民無與，然有本有利，諸無怨辭。當其時廠未陞課，又極興隆，是絲絲入扣，官民皆優裕有餘資矣。及康熙四十七八年，貝制軍始報課二萬七八千兩，至今二十餘年，陸續增至七萬兩。先以年多缺額之故，裁去廠官，分屬府廳州縣管理，以便參處，嗣有存庫公銀一項，年年撥出補額，已數載於兹。雲南銀廠始末，頗盡於此。

然雲南之廠，雲南之害也。廠分既多，不耕而食者約有十萬餘人，日糜穀二千餘石，年銷八十餘萬石，又係舟車不通之地，小薄其收，每憂饑殍，金生粟死，可勝浩嘆！故唐憲宗詔曰：銅可資於鼓鑄，銀無益於民生，天下見采銀坑，並宜禁斷。蓋亦見及乎此已。且近廠之地，食物必貴，盗賊必多，雞犬不寧，虀鹽告匱，此則民之害也；煎煉之爐烟萎黄菽豆，洗礦之溪水削損田苗，此又民之害也；有礦之山，概無草木，開廠之處，例伐鄰山，此又民之害也；藏亡納叛，不問來蹤，大慝巨兇，因之匿迹，此又民之害也；舍其本業，走廠爲非，翦綹賭錢，詐騙無忌，此又民之害也；流亡日集，奸匪日滋，劫殺勾連，附彝索保，此又民之害也；至若郵遞廠文，供億廠役，種種難罄，亦無一而非爲民害者。是資於課者無多，而害於民者實甚，而謂百姓樂於地方有敝者，豈其然乎？今承下問，謹將悉知之利害具陳，惟鑒照而加之意焉。

—2. 皇朝經世文編　卷五二　户政二七　錢幣上

土官説

邊徼多土官，子孫世守。當漢唐宋時，無分流、土，而其銓叙轉遷稍稍殊焉。自元及明，分流判然矣。滇土官大小俱備，漸就裁改，所存無幾。而世每謂土官家争殺淫縱之爲，悉屬邊蠻沴氣，天固不與之以善性者，芟夷而刈殺之，宜也。雖然，世禄之家，鮮克由禮。春秋二百四十二年，《左傳》所載諸侯卿大夫家事，豈不有甚於今日土官家所爲者，齊、魯、鄭、衛豈是邊蠻，而其驕淫殺奪無所不有。蓋非太公、康叔貽謀之不善，亦封建世官之流弊必至於此極者也。故譏秦之廢封建而立郡縣爲非計者，誠迂儒矣。

然而雲南内地土官消磨亦易，暴横不法者參劾而去之，老病死亡者停襲而免之，苟有賢者薦而達之，與流官一體陞遷。如此二十年，而土官皆可以盡，既不利其所有而起意驅除，又不坐之無名而恣情斬殺。春秋代謝，一循天則之自然，又何有恩怨之得生於其間哉。獨是相鄰交緬各司，仍須羈縻繫屬，不宜輕有改更。亦非謂其尾大不掉而虞之也，特以地居荒遠，瘴癘特甚，設流官不諳風土，立防兵難免瘴病，運糧米又恐勞民，即其渠帥而用之，此固諸葛武侯經營簡易之宏模也。

—2. 皇朝經世文編　卷八六　兵政一七　蠻防上

王懋竑（1668—1741）

字予中，號白田，江蘇寶應人。康熙五十七年（1718）進士，官至翰林院編修。有《白田草堂存稿》。

議賑説

《周禮·大司徒》以六行教萬民，曰："孝友、婣睦、任恤。"婣睦、任恤與孝友並重焉。程子所謂"仁者以天地萬物爲一體"，張子所謂"疲癃、殘疾、惸獨、鰥寡皆吾兄弟之顛連無告"者，蓋推此意也。然"鄉八刑"有不婣、不睦、不任、不恤之目，而"荒政"十有二則不及勸分之説。蓋賑窮恤貧已備於平時，而又有邦之委積，鄉里之委積，都之委積，以待艱危凶荒。故專其事於官而不以及於民，誠慎之矣。

三代而後，富文忠公之於青州，趙清獻公之於越州，其救荒之法爲最詳，科條具存於今，而皆有勸富人出粟之令。朱子於浙東亦嘗行之，出粟推賞屢見於章疏。蓋分灾恤患，有無相共，州黨閭里之所必不得已者，是亦廣《周官》未盡之意，而非有所繆戾於其間也。吾邑舊歲奇灾，兩鄉具淹没。今春重以大雪寒凍，米珠薪桂，盡已乏絶，農圃固無所得食，而百工、商賈亦無所牟其利，閑民轉移，執事者遑遑無所之。鄉村中闔門餓死者所在多有，而坊郭中家以下纍日不舉火者十而五六也。夫同舟遇風，則秦越人相救如左右手；滿堂飲酒，一人向隅而泣則皆爲之不樂。州黨閭里，非秦越也，死生朝暮，不啻遇風也，比屋連舍，束手枵腹叫號無所，父母妻子委命待盡，豈特一人向隅之泣哉？寶應小邑無甚富之家，然多有不缺於食者。吾安坐晏然而聽其呻吟宛轉，死棄於溝壑之中，必有惻然痛心而大不忍者矣。

往者亦有勸分之説而應者鮮焉，蓋未嘗有至誠惻怛之心，而以文具行之，若有所迫而非其所樂爲，且或疑夫輕重取舍之不得其平，是以遲回前却，而非吾邑人之嗇於利而薄於義也。今朝廷緩徵平糶，發倉移粟，有曠古非常之惠，而此數日之間，尚有待焉。諸君倡率，共爲義舉，轉相勸諭，豆區釜鍾各隨其力，銖黍合龠，亦可累積成山。一朝之享，即可活數人之命，當亦仁人君子所願爲也。世之求福田利益爲子孫計者，或施於寺觀，或修理橋梁道路，以兩者較之，其緩急大小相去何如？則夫求福田利益爲子孫計者，莫亟於此時矣。

昔范文正爲義田以贍其族，至今守之，范氏無窮人。朱子爲社倉於崇安，而一鄉數十里之間無餓莩者。高宗憲公倣兩公之意爲"同善會"，無錫人賴其利。吾邑嘗舉行之，而未幾其法遂廢。余嘗慨吾邑風俗之敝大不如曩者，二三十年前竊私憂焉。今諸君共爲此舉，踴躍從事，有合於《周禮》及程子、張子之意，是人心轉移之機，余固樂書其事以告邑之人，而同善會其廢未久，其法可考，又將與諸君共圖之，以爲吾邑人永遠之利也。里人王懋竑書。

—1. 切問齋文鈔 卷一九 荒政一

方　苞（1668—1749）

字鳳九，一字靈皋，晚號望溪，安徽桐城（今屬安慶）人。康熙四十五年（1706）舉人，官内閣學士兼禮部右侍郎。有《望溪集》。

答尹元孚書

太夫人葬祭之禮，酌今古而取其中，甚愜予心。惟虞後更有卒哭之祭，尚仍舊説。又於謝賓引《四禮疑》、《儀禮節略》語，顯與經背，不知新吾、高安何疏忽至此，宜究切而辨正之。令嗣始相見，即告以英華果鋭，有用之日力，不宜虚費於時文。今居大母之喪，自達其情，而應乎《禮經》，乃聞見中所寡有。又欲置科舉之學而學禮，偉哉。能如此設心，即聖人之徒也。北方之學者，近有孫、湯，遠則張、程，不過終其身不違於禮而已。孔子之告顔淵，惟以非禮自克。蓋一事或違於禮，一時之心或不在於禮，則吾性之信、智、義、仁皆虧，而無以自别於禽獸。長君信能設誠而致行之，天下後世將推原於賢父之倡正學、大母之集天休，於世俗所謂功名洵可以視之如敝屣矣。而賢欲使從學於某，則不敢自匿其情。《戴記》七教，分朋友而爲三，朋友之長者即師也，其幼者即弟子也。師之道，《周官》復分而爲二，以賢得民之師，乃大司樂職所謂有德者也，以道得民之儒即大司樂職所謂有道者也。曩者賢通書于某，辭意類孔、石二公之於孫明復，固辭至再三，而意益誠、語益切，遂不敢終辭。蓋以師儒之義不明於天下久矣。使時人得聞孔、石二公之義，實有關於世道人心。而孫氏之説《春秋》，某自忖省，亦可以無愧焉。今長君欲學孔、顔之學，非兼道德而有之如程朱者，不可以爲師。某章句陋儒，雖粗知《禮經》之訓詁，於外行疏節，亦似無瑕疵，而清夜自思，父母兄弟無一不負疚於心。所謂薄於德、於禮虚者也，何足以爲長君師。而賢又擬之西山父子之於考亭，則於賢亦爲過言矣。管子曰："任之重者莫如身，塗之畏者莫如口，期而遠者莫如年。"以重任，行畏塗，至遠期，惟君子乃能矣。古之以禮成其身者類如此。而世尤近，事尤詳，莫如朱子。長君果有志焉，一以朱子爲師足矣。必欲受業於愚，則講其節文而導之先路，竊比于、胡、李、二劉而已耳。所以自成，必於管子所云"日自循省焉"。望更以此申告之。

—2. 皇朝經世文編　卷六　學術六　師友

漢文帝論

三王以降，論君德者必首漢文，非其治功有不可及也。自魏晋及五季，雖亂臣盗賊闇奸天位，皆泰然自任而不疑，故用天下以恣睢而無所畏忌。文帝則幽隱之中常若不足以當此，而懼於不終。此即大禹一夫勝予，成湯慄慄危懼之心也。世徒見其奉身之儉，接下之恭，臨民之簡，以爲黄老之學則然，不知正自視缺然之心之所發耳。然文帝用此，治術亦安於淺近，苟可以爲而止。其聞張季之論，猶曰卑之毋高，蓋謂興先王之道以明民，非己所能任也。孔子曰：子産猶衆人之母也，能食之而不能教也。《書》曰：周公師保萬民。若文帝者，能保之而不能師也夫！是乃雜於黄老之病矣夫！

—2. 皇朝經世文編　卷九　治體三　政本上

陳　儀（1670—1742）

字子翽，號一吾，順天文安（今河北廊坊）人。康熙五十四年（1715）進士，官至直隸營田觀察使。有《陳學士文集》。

治河蠡測

從來治河者，必通計全局之利害，而後可定一河之會歸；必先定下流之會歸，而後可議上游之開築。此理勢之當然，古今之通論也。明胡體乾論江南水利，以爲高山大原，衆水雜流，必有低凹處爲之壑，如人之有腹臟焉，彭蠡、震澤是也。旁溪別渚，萬派朝宗，必有一合流入海之川爲之泄，如人之有腸胃焉，江、淮、河、漢是也。南既如此，北亦宜然。以畿輔水利言之，正定、廣平、順德三郡之水，二十餘河，畢匯於南北二泊，翕受而停蓄之，然後合爲一川，出北泊經衡水之焦罔村，會滹沱之流，奔注數百里，至大城之王家口入東淀，曰子牙河。則是二泊者，正、順、廣三郡諸河之腹臟，而子牙一河爲之腸胃也。順天、保定、河間三郡之水，三十餘河，畢匯於西淀，翕受而停蓄之，然後合爲一川，出茅兒灣經保定，曰玉帶河，經霸州之苑家口，曰會同河，至文安蘇橋之三汊口，入東淀。則是西淀者，順、保、河三郡諸河之腹臟，而會同一河爲之腸胃也。至東淀一區，南納子牙之流，而正、順、廣二十餘河之匯爲二泊者盡歸之。西受會同之注，而順、保、河三郡三十餘河之匯爲西淀者又歸之。舉畿輔全局之水，無一不畢瀦於兹，以達津而赴海，則其通塞淤暢所關於通省河渠之利害者，豈不尤重哉？

康熙三十七年以前，渺然巨浸，周二三百里，清泓澄澈中港汊縱横，迴流貫注。自撫臣于成龍奉命開築永定河，不爲全局計，而祗爲一河計，遂改南流之故道，折而東行，自柳岔口注之東淀。於是淀河病，而全局皆病，即永定一河亦自不勝其病。淤高橋淀，而信安、堂二鋪遂成平陸。淤勝芳淀，而辛張、策城盡變桑田。向之渺然巨浸者，皆安歸乎？既失地於西北，則傾注於東南，而獨流一帶，淀水與運河僅限一堤，至楊柳青以下則淀運相連，南堤蓋岌岌矣，故曰淀病也。且淀池以翕受爲功，容納之量隘於下，則灌輸之勢停於上，一遇伏秋汛漲，泱漭西來，騰涌無歸，則旁溢横奔，衝堤潰岸。故今歲高陽河決而東，斷鄭州官道；子牙河決而北，文安、大城皆宛在水中；而南岸欽堤增高二尺，水猶與之平。人第訝水之大，河不能容，而不知淀之小，水失所受，故曰：全局皆病也。永定本向南流，經固霸之境而會入玉帶河，蓋率其自然之性，河未嘗淤，淀亦未嘗淤也。雖東坍西漲，時有遷徙，亦不無衝齧之虞，而填淤肥美，秋禾所失，夏麥倍償，原不足深爲病。治之之法，但當順其南下之性而利導之，多其分釃之渠以減殺之，寬築陂陀之泊岸以緩受其怒流，分建護村之月壩以預防其衝擊。如此，則害可減而利亦可興。自改河以來，河底歲墊而高，河高而增堤，堤高而河亦與之俱長。今視平地已有八九尺至一丈者，潰決則建瓴直下，爲田廬害，豈足異哉？總由濁流入止水，溜散泥沉，下流自塞歸壑之路，上游猶築居水之垣，不過厚蓄其毒以待潰耳，故曰：永定河亦自不勝其病也。夫利在耳目之前，而患伏數十年之後；當時固以爲無足憂，而卒至一發而不可救。凡事類然，不可不深思而熟計之也。

我世宗憲皇帝智與神謀，深悉渾河之爲淀病，且深悉渾河病淀之爲全局河道病，於興修水利之始，即特降諭旨，令引渾河別由一道入海，毋使入淀，可謂探本窮源，一言而舉其要矣。蓋淀爲定水，無沖刷之力，故沙入而沉；河無停流，有滌蕩之功，故泥衝而散。永定南入清河，自三十七年以前，溯之前明，百有餘年矣。舊所經由之處，沙痕的皪，岸迹分明，袁家橋以北，岸高底深，牤牛河借以行水者，即其故道也。河性善淤，能墊深爲高，而此道廢來已四十年，何以經久不湮，歷歷如是？蓋下口暢則上流疾，此即利於入河之明驗矣。雍正四年，雖經水利衙門奏於郭家務以下改挖新河，而下口仍然歸淀，故經王慶坨則王慶坨淤，入三角淀則三角淀淤，近且駸駸乎淤及楊家河矣。夫楊家河乃全局清水之尾閭也。此河一淤，則通省六十餘河之水無路歸津，勢必於楊柳青上下，穿運道而灌天津，其害有不可勝言者。故籌今日之利害，則下口會歸之路，可不爲之熟籌而審處也哉。愚以爲會歸之路，莫如順其南下之性而入玉帶河。或謂濁能淤淀，亦能淤河。玉帶河一淤，則西淀之水無所歸，必逆折橫流，爲文霸四邑害。是大不然，玉帶河西受數十河之水，渠深流急，滌蕩沖刷，泥澄沙散，已自失其渾濁之性矣。即如滹、沱、漳水，其濁流豈下於永定？而滏陽、衛河，其寬深亦不逾玉帶。滹入滏而滏未嘗淤，漳入衛而衛未嘗淤，則永定之入玉帶何足慮乎！或謂南北長堤，文大二邑民命之所繫也。渾河橫衝而入，必有潰决之憂。是又不然。大堤之决，前已屢告矣，皆清河爲患，未見有濁流也。如果濁流决堤而入，則文安仰釜之地，早已填平，何以低窪如故也！况經相國鄂公奏請加築高厚，視前數倍矣，再於堤外加以埽，鑲草壩數百丈，以備不虞，尚何意外之患乎！或謂河流湍悍，土性疏惡，不堤則氾濫妄行，蕩村莊，齧城郭，仍爲固霸諸邑害，堤之則猶是築墻而束水也。是又不然。昔渾河南行之時，河身不過十餘丈，溢岸漫流，深不過一二尺，旋長旋消，爲期不過二三日，本非巨津，如黄河之浩瀚而莫可控禦。特以東折既違其性，入淀又窒其歸，强束以長堤，適足以激其怒耳。今若順其南下之性而利導之，曲直隨勢，多其分釃之渠以減殺之，高下合宜，寬築陂陀之泊岸，緩受其怒流，寧厚勿高；分建護村之月壩，預防其衝擊，寧缺勿合。如此措置，將斥鹵變爲膏腴，史起之功可再也。縱遇異漲之年，溢岸漫流，仍不失一水一麥之利，亦何負於民哉？

天下事極則變，變則通，通則久。永定之爲淀病，今日已極，非一旦翻然改圖，復其南下之故道，使病淀者去，則淀終不可得而治也。淀起於蘇橋之三汊河，訖於天津之河頭。一汊自古山北流經高橋淀，入信安鎮爲信安河；一汊自趙家房東北流，入勝芳淀爲勝芳河，經新張、策城至褚河港，分二支：一東流爲長子河；一東北曲折可八里，爲東沽河，又東十餘里爲王慶坨河，與長子河合。而信安河亦自西來會焉，一汊下馬頭東南流經崔家房，東入張家嘴河，北流經任家莊，東流入左家莊泊，又東北經石溝，分二支：一北流與勝芳河會；一東北流至臺頭，子牙河自東南來會焉，合流至羊芬港，又分二支：一北流經瘸柳樹與長子河合；一東北流過蒿浪泊，出楊家河，抵河頭，而臺山趙家房二汊，皆出三角淀而東來會焉。此三汊之大概也。其沿堤東去，經西馬頭、堂頭入左家莊泊，經傅家營入石溝河，則鹽河之故道，非三汊之正派矣。自永定入淀以來，高橋淀淤而信安河絶。臺山一汊，併入勝芳；勝芳淀淤而辛張河絶，臺山、趙家房二汊併入臺頭。張家嘴河淤，而下馬頭一汊併入沿堤小河，是淀之上口諸河盡失故道。既苦於翕受之難，三角淀淤而長子河絶，王慶坨淤而東沽港河絶，是淀之下口諸河皆成斷港，又病於宣泄之隘，所恃以通流者，惟臺頭一河耳。以全淀所受六十餘河之水，納之一綫之中，而子牙濁河自南來者又從而溷之，不亦危哉？愚向有末議，設垡船，募衩［差］夫，委專官，計丈里，撈泥挖淺，除芢開淤，冢宰顧公已采之入告矣。其事一行，則臺頭一路上接左家莊，下達楊家河，自可逐漸寬深，不憂梗閼。而愚猶以爲一河納全淀，終非其量之所能勝，則三汊故道不可不擇其要者而開挖之，以分其來而暢其去也。一張家嘴河，雍正四年開挖未竟，水至停工，宜接開至左家莊泊，以分沿堤水勢。一沿堤小河，自堂頭至壩嘴頭，淺阻礙流，宜挖深通，使水無停駐，以保堤工。一趙家房河，村中土橋卑隘，不通舟楫，宜改造加高，中留活板，使帆檣來往，以暢河流。以上三河，其下流俱經由淀泊之中，芢草茈蔣停泥壅溜，多致淤淺斷絶，宜每歲撈挖以爲常，此則垡船之所有事矣。而尤關緊要者，在開挑勝芳舊河。此河上承臺山、趙家房二河之委，經辛張策城、褚沽、東沽三港，過王慶坨北，經三角淀南，至河頭與楊家河會。其形勢自西南而東北，最爲經直，故土人謂之照直河。雖湮塞已久，遺迹猶存，若尋逐開疏，事殊創始，寬不過十五丈，深不逾八九尺，而且陸地施工，易爲畚鍤，憑高作岸，無事堤防。導三汊於西北分流，減臺頭之東南側注，腸胃寬而尾閭暢，豈緊淀池廓清，即全局之河道堤工均有裨益矣。

—2. 皇朝經世文編　卷一一〇　工政一六　直隸河工

任啓運（1670—1744）

字翼聖，號釣臺，江蘇宜興（今屬無錫）人。雍正十一年（1733）進士，官至宗人府府丞。有《清芬樓遺稿》。

請安流民興水利疏

伏見江南淮、徐、鳳、潁地方，水患異常，皇上憂勞特甚。其賑恤也，既動用常平倉，又動用封貯備公銀百數十萬，又將癸亥運京漕糧酌留，又借浙江、永濟二倉，又將山東留漕撥濟，又諭河南、山東、江西、湖廣饑民入境，隨地安插留養，動用該處常平倉，計口均給，體恤之忱，無所不至。而二月上諭陂塘、溝洫之類，宜加意講求，俾除其害而收其益，已先事豫見。及七月上諭兩江歷被水灾，皆不善宣泄、容納所致，務救目前之灾荒，永除將來之水患，神明洞燭，誠堯、舜憂民之盛心也。

皇上中和在躬，參贊位育，何以有是水灾？臣反覆思之，知天所大啓，必與之以大憂。堯、舜非有洚水，無以彰千古之大聖；禹、稷不假成平，無以顯千古之大功。蓋愚民可與樂成，難與慮始，昵目前之安，而與計後日之久，未有能從者也。故天欲爲一朝開至治，必震動其民，而後可因民之所甚苦，因民之所甚順而爲之。古語曰："聖人不能爲時，而能乘時。"豈非因禍而爲福，轉敗而爲功，固有待於大聖人哉？臣江南人也，常歷淮、徐，涉黄河以至京，又由直隸之真定、保安，抵山西之太原、大同，見沿黄河之地多苦水，而自直隸北境及山西，大抵土廣而人稀。江南二百四十步爲畝，山西千步爲畝，而田之歲入，不及江南之什一，竊嘗怪之。謂江浙爲《禹貢》揚州之域，所稱厥田下下者也，而今蘇、杭饒沃甲天下；真定、保安、太原、大同皆《禹貢》冀州之域，所稱厥賦上上者也，而今盡成磽确。則以江浙之溝洫修，而民之耕耘亦盡其法，北土之溝洫不修，而號爲農者亦鹵莽滅裂，而不盡其道也。孔子稱禹之功曰"盡力乎溝洫"。禹自序其績曰"濬畎澮距川，决川距海"。畎者，田間水道，深廣盈尺耳。溝倍之，洫又倍之，澮則巨矣。川則多藉溪谷大水爲之，或高阜盡用人力開闢，若史所稱鄭渠、白渠亦是也。蓋五穀之性，無不藉水以滋，不特秫稻爲然，即麻、黍、菽、麥宜燥，亦未有久旱而不槁者也。故一區之中亦必有畝有畎，畝以植穀，畎以利水，雨則由畎而溝而澮以達之川，旱則由川戽之而澮而溝而升畎以滋其畝，故川者宣泄容納之大區也。今北土數千百里無一溝洫，即所樹蓺，亦無畎畝之分，當其旱則立而槁，或數日雨，又浸而萎矣。此其害在田疇。而自雍、冀以逮淮、徐，數千里之水悉注於一黄河，而河與漕亦受其病。河吏值水之盛，恐河之决，不得不稍有所泄以殺其怒，而濱河之地亦因浸而屢告荒，然後知禹之兩言，千古治田之要，亦千古治河之要也。

議者或謂遷南民以開北土，庶南無人稠田少之憂，北無土廣人稀之患，但安土重遷，人之常情，孰肯舍鄉墓之安而就磽确之地，即有願者，而道路之費、牛種之給，於何資焉？而今適有鳳、潁、徐、淮之水，其民四散遷流，河南、山東、湖廣、江西既可安插，直隸、山西何不可安插？且湖廣、江西亦苦人多田少，何如直隸、山西田多人少之可安插乎？此正因天因地之大時也。今被灾州縣，極重自十月開賑，次重十一月，次十二月開賑，或六月至一月爲差。欽差及兩江督撫大臣皆日夜焦勞，以稱明旨，但流民未盡歸，灾民未可藝。臣愚以爲可因此時諭民，願以其家遷者，具明家口男女之數，報官給引使遷。所過地方如旨所諭，動用該處常平倉，計口日給。自真定以北，凡可留之地，有卑下者即使開浚，如江南開土方法，計工給食，以成大渠。大邑可安插千口，小邑半之，官從優叙。凡地之無糧者，聽民自占，於公項給牛種之資，至三年外酌納租糧，使爲永業。流民既定，徐募蘇、杭、常、鎮民之精於農者，略如古力田之科，使爲田師，教民畎畝種植之詳。大抵一畝之渠可濟十畝之旱潦，而五穀之入必豐，豐則民艷之，而願爲溝洫者必日衆。此轉瘠土爲沃壤之大機也。其民欲復業而不肯遠遷者，則因今尚無可藝之地，先使大臣相古黄河入海及今海口爲黄河所宜宣泄之處，集民廣爲開濬，計工日給其直，寧優毋刻，寓役於賑。蓋饑民不可使之群集而無所爲，群聚則鬱蒸之氣生，無所聊賴則言不及義，而行險儌幸之計作。此又爲民防患於未然，而即爲黄河他日之容納、宣泄計者也。

在《易》，上經十二卦爲《否》，下經十二卦爲《益》。先儒謂《泰》《否》初變爲《損》《益》，《損》以持《泰》，《益》以救《否》，故《益》之四自《坤》而上，曰"利用爲依遷國"，言遷乃爲民之依。初自《乾》而下，曰"利用爲大作"，言可因是時立大功也。《彖》曰："凡益之道，與時偕行。"則因今之時爲賑荒計，并爲溝洫河渠計，不亦可乎？夫爲流民計安全，一時之便計也；爲北土計灌溉，爲黄河計蓄泄，亦百年之長計也。我皇上爲堯、舜之君，如神之志氣，有開必先。自督撫、卿貳以下，大小臣工必有能實心任事者。伏惟皇上用乾之斷，體天之行，兼集群策群力而善行之，幸甚。

—2. 皇朝經世文編　卷四三　户政一八　荒政三

書尹氏三戒

匹夫爲善於家，其説皆足以信今而傳後，非特其誠意之所結，亦其理有不可易者焉。余聞尹君玉庭三戒之説，未嘗不爲之嘆息也。

尹君之母夫人，年五十，里人將稱觴，母辭曰："余猶抱子，何言壽？俟六十其可。"越明年卒，君哀焉。父年五十有九，戒期稱慶，不及期没，君尤哀焉。於是有生日不受慶之戒。父寢疾時，常苦簀，往蘇郡買棕榻，歸則已歿矣，於是有卧不棕榻之戒。母寢疾時，里人争禱於非鬼，君之父以義斷之，不許。未幾母卒，而禱者稍間，君又哀焉。然禱者亦尋死，於是有疾不禱祈之戒。君於父母疾，兩封股。既歿，作"如在亭"以事之，朝夕謁如生。今年幾六十，鬚鬢皤然，然言及此數事，猶潸潸淚下。嗚呼！若君者，可謂能孝矣。余稽古，無遇十祝壽之禮，其在《書》曰"厥父母慶，洗腆致用酒"；《詩》曰"爲此春酒，以介眉壽"，又曰"躋彼公堂，稱彼兕觥，萬壽無疆"。此古稱壽之文也。蓋古人之於君親也，忠愛之至；忠愛之至，則凡身所得致者，莫不致焉。惟壽非身能自致，故於飲食必祝，以將其忠愛無已之誠。若必俟十年而一祝焉，其爲祝也亦已疏矣。古人疾亟，子弟乃行禱於五祀，若其身則不禱。禱者，臣子迫切之至情，非君子所自爲也。今世不知此義，不能謹之平日以獲罪於天，至於疾而後乞哀悔罪，又不用之五祀，而於一切淫昏之鬼，不亦太妄也哉？故夫不禱之說，在君則出於孝思，而實義之所必不可爲也。

余書其事以告其子弟，且使傳諸久遠。聞尹君之戒，而共知戒焉。

—2. 皇朝經世文編　卷六〇　禮政七　家教

惠士奇（1671—1741）

字天牧，一字仲儒，晚號半農居士，江蘇吴縣（今屬蘇州）人。康熙四十八年（1709）進士，官至翰林院侍讀學士。有《易説》《紅豆齋時術録》等。

荒　政

荒政之弊有四：一曰勸分，二曰抑價，三曰遏糴，四曰行粥。古者千室之邑藏千鍾，萬室之邑藏萬鐘，是以勸富分貧而食自給。且貯米於囷，一歲而陳，藏穀於廥，十年不敗。吴民争旦夕之利惟恐不及，而莫有爲十年之計者，故江南無藏穀之家。有田數十頃，米數十囷，僅數萬家之一。分一家無以給數萬家，而一家先受其弊。富民，貧之母也。病其母而不能活其子，亦何利之有焉？此荒政之弊一也。凡物多則輕，少則重，是以古之爲國者，多則斂之使重，少則散之使輕，未聞有抑價者，良以價不可抑而平也。江南既無藏穀，數十州之衆咸仰食於商，則米商實爲民之司命。彼價重則坌集，價輕則轉而之他，視利用趨，四方無擇也。抑價之令下，則米商以折閲而不至，吾恐米益乏，價益騰躍，將使菽、粟如珠玉，其誰能抑之？且抑之是教民争也，桀黠之徒必有挾持憲令起而强糴者，奸宄亦將嘯聚饑民，乘時攘奪，則盗賊四出而不可禦。此荒政之弊二也。菽、粟之流於天下，猶血脉之流於一身，流則通，遏則壅，其理易曉。况一郡之儲有限，而天下之積無窮，不能通無窮之積，而徒遏有限之儲，其罄也可立而待。或曰：遏糴所以防海也。防海之法，常聞之矣。今不思所以防之之法，而遏糴是聞，吾恐海人之糴者自如，而徒使平民揺手觸禁也。此荒政之弊三也。先王行糜粥以順時令，而非以救荒。東漢嘗行之，而民多餓死，良以胥吏幹没，賑恤多虚，撩以石灰，揉以糠核，名爲活人，其實殺之。又壯者得歠，而不能及於細弱羸老之民；近者得餔，而不能遍於深谷窮巖之域，活者二三，而死者十七八矣。且率數千人而行粥於市，則氣之所蒸，將成癘疫，衆之所聚，必有奸偷，其患不細。惟閭里長厚者可施之一鄉，而非有司之所宜行也。此荒政之弊四也。

余以爲勸分不若開渠，抑價不若通商，遏糴不若廣糴，行粥不若釐户。宋汪綱知蘭溪縣，會歲旱，躬勸富民浚堰築塘，大興水利，飢者得食其力，全活甚衆，此開渠之法也。浙東饑，宰相王淮薦朱熹爲提舉常平事以振之。始拜命，即移書他郡，募米商，蠲其徵。及至，則客舟之米已輻輳，民用不飢，此通商之法也。江右饑，辛棄疾榜通衢曰："閉糴者配，强糴者斬。"召官吏、儒生、商賈，各舉有幹實者，貸以官錢，蠲其息，俾出糴他郡，期終月至城下發糶，由是連檣而至，米價自平，此廣糴之法也。江東旱，提刑使彌窐以爲賑荒在得人，俾釐户爲五等：甲賑乙糶，丙爲自給，丁糴而戊濟，此釐户之法也。顧在於今，則猶有難行者：常平廢而廣糴無本錢，關税重而通商無厚利，釐户則胥吏上下其手，而貧富不均，開渠則富民靳固其財，而怨咨或作。惟損益古人之法而裁取其中，商榷今日之宜而務先其急，則四者皆可行也。

江南素稱澤國，環三江，跨五湖，横爲塘，縱爲浦，支爲涇、爲蕩、爲濼，所以引灌溉也。堰以潴之，堤以束之，牐以時而啓閉之，所以節水旱也。今堰牐不修而支渠淺澱，水至無以泄横流之潰，水退無以溉高仰之田，故雨則溢，而旱則涸。當勸富民計畝出錢以給下户，俾廢者修，淺者濬而益深焉，則貧富兩以爲便。救一時之患，而成數百年莫大之功，則開渠之法可行也。今山東豐而荆湖熟，江南赤地千里，貴者金，賤者土，則灌輸之利權在米商，或不能蠲其征，當半減以招之，則楚帆湘柁，啣尾而來，大艑高檣泊於水市者相望也。物聚價輕，又焉用抑？則通商之法可行也。廣糴之法，當聚耆老及鄉先生，舉富商之謹愿者，假官錢爲本，而使出糴荆湖，糴十而糶二，則有二分息，糶三則有三分息，以本還官，剖其息而中分之，半賑饑，半予商，而稍優其直。其餘則略仿真德秀之治潭而立惠民倉，辛棄疾之治福而置備安庫，以爲水旱盜賊之防。此廣糴之法可行也。釐户之法，當仿韓琦河北救灾政而擇甲户之以貲爲官者，憲司禮請之，屬以計口均户而分三等，每縣若干都，每都五人，視民居稀稠而增減其數。復授之粟，而屬以親至某鄉，聚民均給，人日一升，幼小半之，十日一周，終而復始，至麥熟止，仍分糶粟之所，給粟之所，俾均主之，而有司總其成。如此則以户均户，以民振民，既不侵牟，亦無掣頓。且人情各愛其鄉，而又恐負憲司之意，必相與慫恿從事而惟恐不均，則釐户之法可行也。

蓋荒政大略如此。若夫以實心行實政，則存乎其人。

—2. 皇朝經世文編　卷四一　户政一六　荒政一

防　海

防海之法，莫詳於宋，有海軍，有海船，有海道。其海軍則鎮江沿海水軍、江陰水軍、明州水軍、平江許浦水軍、建康靖安水軍、唐灣水軍、池州清溪鷹汉控海水軍。其海船則有刀魚、多槳、凌波、海鰍、水哨馬、雙車、得勝、十棹、大飛、旗捷、防沙、平底、水飛馬之名。其海道則泰州石港、壽春花靨、通州料角、崇明平江南北洋、秀州金山、明州向頭等鎮，蓋其大略如此。

而防海之法則又有可得而詳者。大約荆湖之寇負峒爲固，江浙之盜憑海爲居。峒有溪谷之深、林箐崖壁之阻，往往仆巨栟、布渠答以守。官軍攻之，狹則限而入，高則緣而登，非踰時不得達。其人習險善走，捷如猿猱，擒一竄百，非踰歲不得平。及官軍退，則又出而劫掠郡縣，殺戮居民，故荆湖常被其患。而海有風濤之險、颶風炮雲不測之虞。其人生長於水而識習水性，踏浪如踏土，使船如使馬，乍東乍西，時聚時散，及其鈎致蕃舶，探取婆蘭，則什伍爲群，一呼而集，其行如鬼，非可迹而捕也。然巧於水而拙於陸，一登陸則成擒矣。故常覬覦觀望，陰結土人之桀黠者而啗以利，使之刺探虚實。或陰遣其黨，役於官，賈於市，以爲内應，率常數歲一發。其患雖小於峒寇，而治之爲尤難。

是以宋之治峒寇也，以賊攻賊，而治海寇也，以盜防盜。王居安知隆興府時，盜羅世傳、李元勵嘯聚黑風峒，居安駐師廬陵，會元勵俘賊以獻，居安厚賞之，衆皆悦。而世傳疑元勵貳己，遂交惡。未幾，執元勵求降，而世傳亦死，峒寇平。此以賊攻賊之法也。沈作賓知平江府，兼制許浦水軍。郡有使臣，故海盜也。作賓使招其黨，既至，慰勉之，賜衣糧、器甲，得强勇千人，統以將，號曰義士，復募惡少千人，號曰壯士，輕捷善鬭倍官軍，由是海道不警。此以盜防盜之法也。

人情思患則不及，圖利則過之。見利之在前，而不見患之在後，故有背鄉里，棄父母、捐妻子而從之者。然均是利也，此則有利而無患，彼則利一而患十，則其去彼而就此，必也。且彼能以啗之，而我獨不可以利用之乎？有司徒知貪之足以敗類也，於是鋤奸剷暴，操三尺以從事，而莫知暴可翼弱，奸能衛良，故盗常蔓延不絕。當略倣作賓之法，而貫［一本作“貰”］其宿員，署以上官之吏，其不願者則籍記而縱舍焉。因類推迹，益招其餘，而擇魁健者爲爪牙，狙詐者爲耳目，鉤之以隱則得其情，激之以賞則得其利，開之以誠則得其心，洗磨拔拭而用之，則彼且喜且懼，不敢爲非，而盡得賊中之要領。如此，有不發，發則未嘗不備，而又何海盗之足憂？且海盗非天降而地出也，又非若猛獸居深山而龍蛇生大澤也，田横聚衆，高帝招之而來，赤子弄兵潢池，龔遂安之而散，況海島无田横而潢池皆赤子，焉用淫刑以逞哉？

—2. 皇朝經世文編　卷八五　兵政一六　海防下

馮　景（1652—1715）

馮景，字山公，一字少渠，浙江錢塘（今杭州）人。康熙十八年（1679）舉博學鴻詞，不赴。有《解春集》。

駁陰陽家言

善言天者，必有驗於人。君子惟盡人之道，而天不能違，故精數不若明理。嘗觀《藝文志》："陰陽家者流，蓋出羲和之官，欽若昊天，敬授人時。及拘者爲之，則牽於禁忌，泥於小數，舍人事而任鬼神。"及其流失，自建武以後，圖讖之説興，而占驗風角之術，往往禨祥巧中，於是益惑於人心而不可移。然吾博觀往迹，亦略備矣，知其書可焚，而其術可廢也。

今世尤惑者卜葬一事，若以窮達壽夭，皆此所致，遂有久淹親柩不葬者，有既葬失利而改卜者，有謀人宅兆而遷就馬鬣者。嗚呼，藉骨之朽以曆家之肥，可爲不仁不知矣。

其亦考諸《禮》乎？古者天子、諸侯、大夫、士葬，皆有月數，是古人不擇年月也。《春秋》：九月丁巳，魯葬定公，雨，不克葬。戊午，日下昃，乃克葬。是不擇日也。鄭葬簡公，司墓之室當路，毁之則朝而窆，不毁則日中而窆，子産不毁，是不擇時也。古之葬者，皆於國都之北，兆域有常處，是不擇地也。吕才之敘，誠爲篤論，世有明理君子，其孰能違之？元陵之葬，德宗見轀輬車不當馳道，問其故，對曰："陛下本命在午，不敢衝。"上哭曰："安有枉靈駕而謀身利乎？"命改轅直午而行。其後宣政殿廊壞，將作奏十月魁罡，未可修，上曰：但不妨公害人，則吉矣，安問時日。即命修之。夫德宗情多猜忌，而所見之達如是，亦不聞其違陰陽以致咎也。且漢明帝以反支日受章奏，而天下稱其賢。宋武帝以四廢日拜領南蠻校尉，而天下稱其達。唐太宗以辰日哭張公謹，而天下稱其仁。李愬以往亡日攻吴房，而後世稱其智。此無他，惟理之從，而不拘於數，能盡人道而已矣。故曰：君子道其常。

—2. 皇朝經世文編　卷六九　禮政一六　正俗下

張廷玉（1672—1755）

字衡臣，號硯齋，安徽桐城（今屬安慶）人。康熙三十九（1700）進士，官至保和殿大學士。謚文和，配享太廟。有《澄懷園文存》。

請免濫禁慎引律疏雍正十年

竊惟國家之設監獄，原以收禁重罪之人。是以各省人犯，罪重者收監，罪輕者或令人取保，或交人看守。本人亦自知所犯甚輕，無潛逃私逸之事。獨有刑部衙門，遇八旗部院、步軍統領衙門以及五城御史等交送人犯，不論曾經奏聞與否，亦不論事情之大小與犯罪之首從，一經鎖送刑部，即收入囹圄之中，聽候質審，以致獄卒之需索欺凌，吏胥之恐嚇詐騙，備極困頓，百弊叢生，甚至有傾家瘐斃者。及至定案時，而斬絞軍流重犯，原無多人；其餘不過徒杖笞責之罪，甚至有偶爾干連，審係無辜，應行釋放者。如今年二月間，刑部清查案件，省釋者二百餘人，即此類也。

臣細求其故，國家定例原不如是。祇因陋習相沿，彼拘送之衙門，初不計其到部之苦；而刑部官員又以寧嚴毋縱，可告無過，遂至常行而不改也。似應特頒諭旨，令九卿悉心妥議，凡衙門奏聞交送刑部，及自行拿送刑部之人，何等當收禁監獄？何等當取保看守？分別定例，詳慎遵行。如此，則濫禁之弊可除，而於刑名不無裨益。

再者，律例之文各有本旨，而刑部引用之時，往往删去前後文詞，摘中間數語，即以所斷之罪承之，甚至有求其彷彿而比照定擬者。此間避重就輕，避輕就重，司員之藉以營私，吏書之高下其手，皆由此而起。臣思都察院、大理寺與刑部，同爲法司衙門，若刑部引例不確，應令都察院、大理寺駁查改正。倘駁而不改，即令題參。如院寺扶同朦混，或草率疏忽，別經發覺，則將都察院、大理寺官員，一併加以處分。如此，或亦清刑名之一助也。

—2. 皇朝經世文編　卷九〇　刑政一　刑論

李　紱（1673—1750）

字巨來，號穆堂，江西臨川（今撫州）人。康熙四十八年（1709）進士，歷官直隸總督、禮部侍郎。有《穆堂初稿別稿》。

請清釐鹽穀弊耗疏雍正二年

臣查廣西地僻民淳，向來從無虧空。自捐納開而銀糧耗於穀，自鹽政壞而錢糧復耗於鹽。今日合鹽、穀與銀混而爲一，而虧空愈不可稽矣。從前捐穀，每石收銀一兩一二錢，及發交州縣，每石止算三錢，轉相交盤。近年奉旨積穀，並須本色，歷任撫臣漸次買補十之六七，然交價不敷買價，勢必賠累，而錢糧耗於穀矣。鹽法陋規過多，商不能支；州縣始私那庫帑運鹽自賣，以應引課。然官不能親臨各埠，勢必假手於人。奸商代官行鹽，奢侈花費，鹽課未足，而錢糧又耗於鹽矣。現在各州縣頗多虧空，各自支吾。問其庫帑，則曰“借出運鹽”；問其鹽包，則曰“現發民買穀”。於是銀與鹽穀混而爲一，而錢糧愈難稽矣。幸而今歲頗豐，早稻約七分收成，米價五六錢不等。六月中旬以後，甘霖時降，晚稻可望全收，即倉穀亦可全補，不致那用鹽包。而鹽引官運官銷，亦不必假奸商名色，致令花費，庶庫帑漸可清查耳。

—2. 皇朝經世文編　卷二七　户政二　理財下

條陳用人三法札子

奏爲請停揀選分發之例，寬公罪處分之條，專百官職司之守，以收人材之實用事。竊惟爲政在人，取人以身。我皇上嗣統以來，躬行三年之喪，以立百行之原。朝乾夕惕，孜孜圖治，舉用耆舊，廢黜僉壬。取人以身，皇建有極，用人之大本立矣，用人之大綱舉矣。

顧封疆大吏，猶有一二積習未去，足以爲害於用人之法者。臣敢冒昧陳之。大行皇帝勵精圖治，闢門籲俊，正途、雜途，以至監生、生員，無不蒐羅，務期野無遺賢，以圖天下之治。而督撫諸臣，未知聖主愛惜人材之盛心，私意揣摩，迎合紛紛，疏請揀選人員分發其地，以備任使。而候選之員，亦藉揀選，僥倖躁進。在科甲則後科可以壓前科，在捐納則後班可以壓前班。廣奔競之門，亂銓選之序，及至其地，缺少人多，有候至四五年不得官者，多至羈栖失所，甚無謂也。且人之材質，中人爲多，大約聽上司爲轉移而已，其上司貪而己獨廉，上司惰而己獨勤者，百不得一也。其上司廉而己獨貪，上司勤而己獨惰者，亦百不得一焉。而九卿之驗看，又不過取辦於俄頃，宣陳履歷，觀其衣冠應對考驗。夫以衣冠整齊爲賢，是謂公西赤賢於曾參也。其後至於租賃衣冠以應揀選，則衣冠亦不足信矣。以應對敏給爲賢，是謂嗇夫賢於張釋之也。其後至於演習履歷以應揀選，則應對亦不足信矣。且虞廷之治，臨下以簡，而揀選分發，變簡爲煩，臣任吏部時，月選州縣多者五六十人，少亦二三十人，不過月具一疏，而月選之事已畢。至於揀選分發，則一疏變爲百疏，每官一員，初至委署試用者有疏，期滿實授有疏，繁簡衝僻，試用不宜，故爲改調，以示察吏之勤又有疏。候補者多，嚴加澄汰。或改教職，或送回吏部又有疏，每官用三四疏，舉從前一月所選數十人一疏可畢者，今百疏猶不止也。君天下者，一日萬幾，心餘於事，則可以智周萬物，心爲事役，則叢脞之弊必生。推此一事，以例庶政，變少爲多，則莅事爲煩，焦勞彌甚。聖祖皇帝六十餘年，從未揀選分發，天下未嘗不治。此分發人員之法，斷宜停止，以省章奏，以息奔競，而其他庶政煩苛瑣屑者，亦推此意，稍爲減省。庶幾九重之上，政簡心清，静觀其大，而群生無不在宥矣。且督撫所以必請揀選分發者，殘忍嚴刻，妄參屬吏，縣缺多而人員不足用也。

我大行皇帝明於庶物，察於人倫，慎憲省成，率作興事。蓋聖人大智，因物付物，行所無事，而督撫之凶愚者，妄意揣摩，以嚴刻爲公，日以參官爲事。州縣之吏，或一歲半歲而被參，或數月而即逐，或一疏而參十數員，或一疏而參數十員，求其實情，並多枉抑。朝更夕改，人地不習，官無固志，苟且旦暮。至於吏胥，視官若居傳舍，即有設施，玩不奉行。其弊若此，豈封疆大臣察吏之法哉。

大行皇帝嘗召江撫臣布蘭泰，責其殘刻，乃有仰體要嚴之對。大行皇帝降旨，謂："朕聞此言，不覺爲之戰慄，汗流浹背。朕止令臣下秉公，何嘗有要嚴之意。"即命接任撫臣，查其所參屬員，逐一申理。聖心大公，昭如日月，而督撫諸臣，以多參屬吏爲秉公者，相習成風，至今未已。夫黜陟幽明，治官之典，官苟有罪，安得不參？惟當辨其過故，察其公私，凡貪贓枉法，實有受賄劣迹者，罪雖小而必不可留。凡因公詿誤，或迫於不得已，或陷於不及知者，罪雖大而不可輒去。故曰：宥過無大，刑故無小。蓋六計弊吏，以廉爲主，故貪贓之吏，刻不可容。人非聖人，不能無過，故寬其處分，乃可有爲。宋臣范仲淹謂："當官者私罪不可有，公罪不可無。"誠以畏避公罪，則無敢任事者。孔子謂："觀過可以知仁。"其論政也，以赦小過與舉賢才並稱，非赦小過不能舉賢才也。

今誠酌定處分之法：凡因公詿誤，降級革職，俱許留任。三年無過，准其開復，則居官者勇於任事，而可以收久任之效矣。夫官惟久任，然後事無不習，吏不能欺。初任則敏者亦難周知，久任則拙者亦能自勉。近奉上諭亦既久任，以虞廷之人守一官。漢世之吏諄諄長子孫，爲良法矣。但非立定章程，則秉銓選之職者，不知何以久任。

臣愚以爲：在京之官，宜令久司一職；在外之官，宜令久任一地。京官任事，莫要於六部。凡主事、員外、郎中，並由本司陞轉，陞至郎中，果才守兼優，亦加以京堂銜俸，俾令久管本司。他若六科七道，亦由本科本道陞轉，則人習所事，吏不能欺，而部院之務可得而理矣。至於外官親民者，莫過府廳、州縣，貪酷者罪之，庸懦者罷之，才品卓異者特拔之。其餘中材，並以九年爲考滿，州縣應陞，即陞本府佐貳；府佐貳應陞，即陞本府知府；知府應陞，即陞本道。雖在中材，久於其地，則察於民情，明於土俗，而循良之治，亦可冀矣。若謂地有肥瘠，缺有美惡，則外官既已均與養廉之資，京官如現在户部六科，均其飯食之費，則人無所揀擇，久於其職，亦其所樂居矣。

夫治天下之道，知人、安民二者而已。而知人尤先於安民，故曰：聖人養賢以及萬民，賢不可多得，而中材皆可器使。今誠循資格以待中材，赦小過以求後效，專官司以盡職守，則天下多可用之才，天下皆可守之法，即天下無不安之民矣。

—2. 皇朝經世文編　卷一五　吏政一　吏論

請嚴銅禁札子

奏爲請清銷毀製錢之源，以重國寶，以平錢價事：

本年十一月二十六日，欽奉上諭嚴禁奸徒銷毀製錢，以康熙錢文稀少，爲銷毀之證。此誠我皇上至聖至明，灼見弊源，確然而無可疑者也。但嚴禁銷毀之令屢下，而奸徒之銷毀如故者，固由有司奉行不力，亦由銷毀之弊難於查捕，非若私鑄者之廣聚徒衆，有爐有器，一捕而即得也。錢文入銅鋪之爐即化爲銅，未化之前原係製錢，不可得而捕也；既化之後，已成廢銅，又不可得而捕也。惟禁斷打造銅器之鋪，則銷毀亦無所用，而銷毀之弊不禁而自除矣。

雖今現在功令亦既嚴禁打造黄銅器皿，而銷毀公行、錢價不平者，止禁黄銅，未禁白銅與紅銅也。議者以白銅非製錢所用，不知今之所謂白銅，皆黄銅也；議者以紅銅非製錢所化，不知今之所謂紅銅，皆黄銅也。銅爲錠錁，煮以藥水，可爲假銀，豈不能爲白銅？嘉興烘爐，以藥水染之，作古銅色，豈不可充紅銅？故臣謂今所行白銅、紅銅，皆黄銅也。或謂現今禁用黄銅器皿，則用銅之處甚少，不知即烟袋一物，即以耗製錢而有餘。臣訪聞外間用製錢十數文打造烟袋一枝，即可賣製錢六七十文，在小民嗜利，毫末必争，頃刻取數倍之利，有不冒險爲之者乎？今天下不用烟袋之人百不得一，猶有一人用數枝者，人之數千萬而無算，則烟袋之數亦千萬而無算，鼓鑄所出，豈足當銷毀之數哉？或謂器用亦有需銅者，恐難全禁，不知富貴之家，金銀可用，士大夫以下，錫、鐵、瓷、漆無不可者，必欲饜紛華之好，則廣東上錫、雲南精鐵備極華美，何必分用鑄錢之銅，致滋奸弊？

臣請自鑄鏡及樂器而外，一切打造黄銅、紅銅、白銅之鋪，盡行禁絶，犯者發充邊遠，使天下之銅盡歸鼓鑄，國寶流通，永無銷毀，而錢不可勝用矣！

—2. 皇朝經世文編　卷五二　户政二七　錢幣上

演陣餘論

一、演陣先演領旗。凡營伍定制，每隊大纛一桿，領兵五十人。一纛所領，分十小旗，五人爲伍，中以一人爲領旗，繫小旗於背，餘四人坐作進退，悉依領旗。故演陣法，先令將弁教千把，千把教領旗，每日止率領旗操演，領旗演熟，再教全隊，蓋人少則易於指授也。

一、演陣先熟行列。務令每行相距五尺，乃爲行間容行。如演鳥鎗，連環進步，已放鎗者隨身往後旋轉，中間不致擁擠也。五尺不必弓量，此行領旗與彼行領旗横手相接，中間所空即是五尺。

一、陣内鳥鎗最爲要緊。凡執鎗裝藥，夾繩揭蓋，舉鎗照把，俱要演至得心應手，甚至心手相忘，乃爲熟練。稍有不熟，則臨時倉猝，顧此失彼，或裝藥過多過少，或夾繩過短過長，或未裝烘藥，或未揭引蓋，無論上把，即求其一響亦不可得矣。兵丁演鎗費藥，家居無事時即將空鎗演習，務令熟練。至演陣時，放則齊放，止則齊止。

如未放之時走火先響，或既止之後手鈍後響，提出教場之傍，跪閱全操，操完釋放。再犯者杖，三犯者革。

一、立賞格。凡兵丁有留心陣圖、明習進退變化之法、足代將弁指揮教演者，守糧陞戰糧，戰糧陞馬糧，馬糧陞外委把總，外委把總給親丁守糧一名。

一、兵丁須習單刀。南方多山，若兵行山溪之間，深林密箐，伏莽潛發，左右逼近，弓箭不得施，鳥鎗不能放，別無短兵，唯腰刀爲人人所有，故平素須教演單刀之法。同一刀也，明刀法者一可當十，不知刀法者十不當一。余在廣西始教軍中學習單刀，凡餘丁挑守糧，守糧挑戰糧，戰糧挑馬糧，鳥鎗、弓箭而外，必兼單刀，未習單刀者一概不取。半年之後，撫標能單刀者千有餘人。單刀不必別演陣法，即用藤牌舊陣，惟弓箭手必帶插袋而舞，鳥鎗手必負鳥鎗而舞。其法俱用一手刀法，蓋弓箭手須空左手護插袋，鳥鎗手須空左手護鳥鎗也。

—2. 皇朝經世文編　卷七七　兵政八　兵法下

陳祖范（1675—1753）

字亦韓，號見復，江蘇常熟人。雍正元年（1723）舉人，未及殿試而歸，乾隆中以經學薦授國子監司業。有《陳司業集》。

學仕解

人生不出學、仕兩途。古之學、仕循年躐級，無可捷速，無可儌倖。何則？中人多，上智少，顔淵、子奇不可以爲例也。按《禮記》：年二十外，博學不教，内而不出，謂專自勤學，不敢教人，存畜所學於内，而不表見於外。如是者有年，過三十，博學無方。前之博學也有方，恐年少志未堅定，或雜而不醇，故必示之向方。至此則志氣堅定矣，無方可也。《學記》云："七年視論學取友，謂之小成；九年視知類通達，强立而不反，謂之大成，其在斯時歟！"此爲學之節候也。四十曰强而仕，五十命爲大夫，服官政。未四十，無望仕也。未五十，無望爲大夫也。古者仕於私家，仕於庶人在官，仕爲閭胥、黨正之屬，皆謂之仕。漢三老、嗇夫、掾屬之職亦然，不遽服政也，然雖小官，亦得自行其志，而無所牽制。方物出謀發慮，道合則服從，不可則去。其不可而去，想亦不俟五十而慨然自廢矣。若五十命爲大夫，則必道合者也。服政二十年，己之底蘊無所不展。國家既已盡其才，竭其力，曰吾不忍更勞子大夫，子大夫其少安，於是去位以讓後來者，此古從官之節候也。

嗚呼，人壽幾何？二十而冠，始成人。三十有室，始理男事。四十以前，皆爲學之日。四十以後，或躍自試之時。至五十，乃致身矣。至七十，復乞身焉。天假之年，從容漸次，何其樂也。後代則不然。自六年就傅，父兄即望以仕。十餘歲，子弟之聰俊者，亦唯曰余仕。從事科目者，學其所學，而實非學。不以科目出身者，益不識所謂學。間有自命博學者，無不好爲人師，而自炫自鬻，寧有不教不出者乎？凡學官先事，士先志，故入學一年視離經辨志，三十以外，猶遜友視志。今學、仕之志，其可問乎？仕則人人期於躐躋顯要，惟智盡能索，中路差跌，斯已耳，安所謂道合不合乎？又官無大小，一入仕即去留皆不由己。官卑不肯言去，官高又不敢言去，而引年予告之義難言矣。統計一生，其未仕也，若渴若飢，若驟若馳；其既仕也，若沉若浮，若寐若迷，前瞻後顧，而無所泊栖；一朝溘盡，身與名同翳如。悲夫！

—2. 皇朝經世文編　卷一七　吏政三　銓選

高其倬（1666—1738）

字章之，號芙沼，鑲黄旗漢軍。康熙三十三年（1694）進士，官至工部尚書。謚文良。有《味和堂詩集》。

倉穀平糶疏雍正四年

竊臣細看福建情形，福、泉、漳、汀四府，産米不敷民食，泉、漳更甚，每年至二月三月，平糶不能不行。米穀一節，最爲福省第一緊要之事。而歷年以來，平糶之中積有二大病，以致官廩日虚，刁風日熾。此二病不除，難言充實倉儲，接濟民食。

其一則從前各官交盤之弊不清，其所授受皆有價無穀，而所作之價又係不敷買補之價，雖有不肯收受之員，加以上司之抑捺，衆口之調停，即不得不收。是以日見空虚，竟無彌補。臣見在徹底清盤，務必懲革此弊，容臣查清，另行具奏。其一則年年平糶之價太賤。即舉福州一府而言，歷年即極豐之歲，最賤之價，米未有買至一兩一石者。向時督撫，但討目前百姓之稱揚，不顧將來買補之無法。平糶之米每石價减至一兩，且有不及一兩，止賣九錢者。此雖米石極賤之時所不能有之價。下屬奉批收存，此價欲買之本處，則本處無一兩及九錢一石之米可買，欲買之外省，外省雖有一兩及九錢一石之米可買，其各項運腳從何而出？是以屬官之中亦有尚欲籌補者，緣價短難買，惟付之束手無策，聽其空虚，待受參處耳。而中間因糶價太賤，更生一大弊端：奸民、豪棍乘此謀利，得米到手，輾轉即有倍贏，雖設法愈密，而其術愈巧，竟視平糶爲奇貨，往往借米價略貴即鼓煽窮民，恐嚇官府，壓之以官應愛民之説，迫之以人情洶洶之勢，相沿既久，其意竟欲平糶之期一歲早似一歲，平糶之價一年賤似一年。所以從前有糶價太賤，且在年内即行平糶者，不知此不過米價稍貴，非饑荒可比。米價稍貴，乃遂如此，若實遇荒年，將何以處？若不極力挽回，則福省之倉儲惟日空虚，民食終不能接濟。

臣之愚見，如福州府來年平糶，視米之程分高下，每石定以一兩二錢或一兩三錢，穀亦視其程分高下，每石定以六錢五分或六錢。其各倉之穀，亦有在倉年久及當日收倉之時，程分即低者，再隨宜酌定；至於各外府州縣，亦隨其地平時米之貴賤定價。總之，必計算本地秋成後既平之價爲準，務使既糶之後仍可於本處或外省買運還倉，乃可源源接濟，不至一發不繼。但愚民止顧目前，不計久遠，止知目前得賤價之米之好，不知將來無接濟之米之苦，必以爲臣不如從前督撫之愛民。加以閩俗浮薄，刁棍復多，而紳衿之多事者又從而和之，恐有扞格騰謗之事。但臣爲地方長久之計，初行若少畏難，流弊何所底止？然臣亦不敢孟浪從事，已詳細熟計，豫期多方曉諭，使各紳士、軍民皆知臣之此意，是爲百姓計慮久遠，即使價稍有餘，總仍添買穀米，以濟閩民，並無一毫自爲之私，而以堅定持之，自然信從可行。再，閩省情勢，倉儲豐歉，民間纖悉皆知，米穀多餘則人情安定，辦理曉諭，一切易行。所有江南之穀，久蒙聖恩諭運，但早則更爲有益。伏乞聖恩，再令江南早趁北風多時發運，不必拘定二十萬石，隨得隨發，則趁風速到；若少遲，南風一多，恐難行走，不能刻期至閩。臣謹一併奏懇聖恩，仰祈睿鑒。

—2. 皇朝經世文編 卷四〇 户政一五 倉儲下

鄂爾泰（1677—1745）

字毅庵，西林覺羅氏，滿州鑲藍旗人。康熙三十八（1699）年舉人，官至保和殿大學士。謚文端，配享太廟。有《西林遺稿》。

改土歸流疏雍正四年

爲翦除夷官，清查田土，以增租賦，以靖地方事，竊以苗、猓逞兇，皆由土司。土司肆虐，并無官法，恃有土官、土目之名，行其相殺相劫之計。漢民被其摧殘，夷人受其荼毒，此邊疆大害，必當翦除者也。臣受恩深重，職任封疆，日夜籌思，若不盡改土歸流，將富强横暴者漸次擒拿，懦弱昏庸者漸次改置，縱使田賦、兵刑盡心料理，大端終無頭緒，稍有瞻顧，必不敢行，稍有懈怠，必不能行。不敢與不能之心，必致負君父而累官民。故以臣愚昧統計，滇、黔必以此爲第一要務。

然改歸之法，計擒爲上策，兵剿爲下策；令自投獻爲上策，勒令投獻爲下策。前鎮沅土府刀瀚、霑益土州安於蕃，經臣拿禁題參後，隨分委幹員，將各田畝、户口、銀穀數目，逐細清查。緣土州安於蕃地土更廣，私莊尤多，清册尚未造報。現據游擊楊國華、威遠同知劉洪度造報：鎮沅土府，每歲額徵米一百石，今每歲應納米一千二百一十二石零；每歲額徵銀三十六兩，今每歲應納銀二千三百四十八兩零。是其徵之私橐者不啻百數十倍，而輸之倉庫者十不及一二，百不及二三。由此類推，又何可勝計！再查附近鎮沅之者，樂甸地方與元江、新平、景東接壤，四面皆鄰漢土，一線緊逼哀牢，素爲野賊出没門户。其江形山勢，尤爲險阻。且當按版各井馱鹽要道，原係世襲土長官司管轄。該長官司刀聯斗，昏庸乖戾，受漢奸把目主使，爲害地方，民夷怨恨，若不一併改流，終難善後。臣就告發各件，即委楊國華同劉洪度止帶兵一百名，徑至者樂司質審案擬，相機行事，而刀聯斗自知罪無可逃，隨即出迎，投獻印信、號紙，但求免死，情願歸流。據此情狀，猶有可原，除俟臣題參改土歸流外，仰懇聖恩，但收其田賦，稽其户口，仍量予養贍，授以職銜，冠帶終身，以示鼓勵，則强不如安於蕃、刀瀚，勢不如刀聯斗者，皆將遵法輸誠，不煩威力，而邊地糧餉，亦不無小補矣。

至於黔省土司與滇省異，一切兇頑半出寨目，因地制宜，更須别有調度。臣已面與新提臣楊天縱詳細密商，并將各要件逐一開單，交付查訪，以便會辦，務期兩省邊方永遠寧謐。仰副聖懷，而心長力短，時切惶悚，伏乞聖主訓示遵行。

—13. 皇朝經世文統編　卷七九　經武部一〇　邊防

論人材疏雍正四年

竊惟國家政治，祇有理財一大事。田賦、兵車、刑名、教化，均待理於此。財不得理，則諸事不振，故孔子不諱言財。曰："有大道本諸絜矩，而財非人不理，人非用不得理，故爲政在人。"人存政舉，歸諸修身，是用人一事，自大吏以至於一命，皆有其責，而一身之分量等級，庶政之興廢優劣，胥視乎此，未可不勤勤加意者也。

獨是政有緩急難易，人有强柔短長。用違其材，雖能者亦難以自效，雖賢者亦或致誤。公用當其可，即中人亦可以有爲，即小人亦每能濟事，因材因地、因事因時，必官無棄人，斯政無廢事。臣昨歲赴都，留侍五日，親聆天語，以用人爲要，以得人爲難。推誠布公，虛衷實踐，行如日月，天下皆見，小試之則小效，大試之則大效者也。

臣跪誦之下，心目洞豁，浮氣頓除，深繹熟思，歡忻纍日。伏念國家設官分職，凡以爲民耳。但能利民則寬嚴水火皆所以爲仁，而勞怨非所恤；如不能利民則刑名教化皆足以爲病，而廉惠非所居。蓋謬拘臆見，薄務虛名，不以民事爲事，不以民心爲心，固未有能奏效者。恐廉吏與貪吏罪相等，好事較誤事害更大。見小不成，欲速不達，莫之或出此矣。

臣仰體鴻慈，凛遵寶訓，鏤心刻骨，敢一飯之偶忘，宣化承流，期三年而報可。但所有是非可否，俱未敢自信。惟有實據所知，不敢略有隱諱，陳請聖鑒，以申愚悃已耳。除已經奏聞，及未經親見人員不敢冒昧開注外，謹將滇、黔大小文武，另開一摺，各詳注名下，恭呈御覽，伏乞訓示。

—13. 皇朝經世文統編　卷三〇　内政部四　用人

興修滇省水利疏

竊惟地方水利，爲第一要務，攸係民生國計。故無論湖海江河以及溝渠川澮，或因勢疏導，或盡力開通。大有大利，小有小利，皆未可畏難惜費。况雲南跬步皆山，田少地多，憂旱喜潦，且並無積蓄，不通舟車。設一遇愆陽，即頓成荒歲。從前市米一石，有價值十兩、十五兩之年。是以臣自莅任以後，即詳飭通查，博采輿論，合省繪圖，迄今六載。雖亦次第舉行，然興修已竣而獲水之利行僅半；已修未竣，已竣未妥，並應修未修、委勘未確者居半。此應分晰開明，陳請聖鑒者也。

查雲南府屬嵩明州之楊林海，又名嘉麗澤，因河灣迂曲，去水甚緩，停留沙石，壅塞咽喉。每將海邊四十八村已成田畝，半行淹没，歷爲民患。臣詳加察訪，海水深止二三尺，若改疏河道，由丁家屯、龍喜村開挖二里許，直通河口，使新舊兩河並瀉，水勢暢流，不獨四十八村可永免水澇，而周圍五十餘里草塘均可開墾成田。隨委員會勘，並先將歷年阻撓之衿棍二人，枷示河岸，限以工完釋放。於是各士民歡呼踴躍，情願出夫，僅資給口糧，並未多費，於雍正六年春報竣。從此田畝歲收，並涸出田地一萬餘畝。再府屬宜良縣窪地多淹，高地無水，旱澇不均，有需調劑。臣先於雍正七年飭諭興修，所開河共五道，積水瀉於池，江水不爲害，引水灌田，現已獲濟。又臨安府有瀘江一水，來自石屏州之異龍湖，合塌沖、象沖二水及六河九泒，皆會於瀘江，以赴巖硐，伏流十餘里，出阿迷州，入盤江。而硐口、硐底、石埂十三重，阻水不能直瀉，每遇夏秋暴雨，奔湍四潰，田廬淹没。土人稱有神物憑巖，欲伐巖石，輒有風霾沙石。經委知府張無咎鑿石疏河，椎鑿不能入，强入不寸許，旋果風起沙飛，炮礫從空擊下，斷工人一指。臣據報，謂神以庇民，豈以虐民？總制奉天子命，除患濟民，而神弗許，是神不靈。隨通以誠，告以正，遣張無咎以文祭畢，復督工鑿石，應手而碎，十三重立盡。復將自瀘江至巖洞堤岸一併築修，現已有利無害，禾稻倍收。再府屬之建水州，田地甚多，苦無活水，但雨澤稍遲，即秋成失望。附近南莊之山腹中，有過泉一道，細流不息，入地無蹤，曾竭力開挖，不能疏通。

臣令以穀糠填入，向下尋流約三十里，流出於州屬之老鼠窄，知爲此泉無疑。遂穿鑿地道，伐木爲箱，穴中泉湧，勢甚湍激。隨復開溝導水，儼成大渠。並酌定規條，令挨次引灌，皆賴之豐收。府屬之阿迷州，離城里許，有小河一道，歷來不通舟楫，遵檄疏濬，現可行舟。曲靖府屬之尋甸州，城南平川沃壤，皆可墾土成田。緣尋川一河，會尋甸、嵩明兩州之水，每夏秋積雨，一望汪洋，加以馬龍州河水又會於七星橋下，衝激尋川之水，逆流泛濫，即附近熟田亦歲被淹没。土人謂自古相傳，捍禦無策。臣熟籌博訪，就其山形水勢及遠近高低，欲使尋川河順流直瀉，必先使馬龍河不争水道；欲使馬龍河不争水道，必須另開子河，俾尋甸、嵩明之水皆得暢流，並可免衝激，不致氾濫。今查勘督修，涸出田地二萬餘畝。但大河中流，有整石四十餘丈，務須開鑿，而施力殊難。復議另濬沙河十五里，以收全功。又澂江府城南之撫仙湖，延袤百餘里，中流深處可百餘丈，以受各山之水，亦名爲海。每雨多水沙宣泄不及，則附郭之河陽並江川、寧州三處，利害公之。惟海口一河，尚堪疏泄。而山溪水漲，推砂滚石，壅積易而通暢難。增築逼水壩六墩，以固石壩，以滌岸砂，涸出三千餘畝舊田，現獲豐收。又楚雄府屬之鎮南州，舊有水塘，築堤積水，以資灌溉，名千家壩。因傾廢百年，水無停蓄。臣面諭該知州，確勘詳覆，其水來自北山龍王廟及多蕨廠等處。兩旁坡巖壁立，四季泉源不竭，會流箐口兩山，回環儼如門扇。基址天成，蓄水成塘，可灌數十里田畝。隨令築壩建閘，全用大石，并將外口開挖寬深，毋得省工惜費。掘出舊碑一版，復指其缺略，示以堅完，於九年三月報竣。據稱，不獨可灌千家，並可以周萬户矣。又東川府雖倚山臨川，不通河道，種稻田者無多，餘半爲荒土。開河三道，水消田出，業招民承墾。其餘如嵩明州之寬郎河，因分水不均，里民争控。飭令開子河一道，俾兩里均平。宣威州舊少水田，僅資蕎麥。建石閘、石壩，各開渠一道，截流引水，均可墾田。禄勸州地僻土寒，穀雖成熟，惟正東、東南等村可以種稻。内有馬家莊等處，田高缺水，舊有水溝一道，久經壅塞。前任知州費秉臣，請從山腰紆折，鑿石成渠，匯復溝水，可灌田數千餘畝。大理府洱海之海口，爲附郭之三州縣水利所關，因壅塞多年，詳明興修，水得暢流。以上各件，工有大小，時有遲速，或給發承修，或騰那濟事，或奉行官吏加意急公，或本地士民出夫協力，並未動項，皆已完工。内有仍須加修者，亦不過增補其各屬地方，加堤壩、圩埂、溝洞、渠塘等類，隨時疏築，各有禀詳。事件零星，俱無庸開叙。

至於通粵河道，最關緊要，非止便客商，實欲資糧運。臣於雍正七年春，即發銀飭修，已由阿迷州以下，開至八達，共一千五百里，造船試行，直至土黄。有旱路二站，亦經置備車牛，並蓋棚店。下船至剥隘，則徑達粵江。又嵩明州之河口，經尋甸東川，由牛欄江達金沙江，周環川江，復抵昭通，以通船楫。雖工程不易，亦人力所能。現估勘繪圖覆奪，若得川、粵河水，舟通滇會，則片帆可達吴楚，又不止尋常水利事矣。

水利之興廢實關民生之休戚，屬在滇南，尤爲要務。臣不自揣，欲將東西兩迤凡有可興之水利，逐處興修。此二年以來，勤訪密查，不遺餘力。除現在省城六河昆明海口，併迤東諸府所屬，一切河渠、閘壩各項，疏濬開築，已有頭緒。其餘迤西各屬，已經查勘者，有未經查報者，務期確知，以便委辦。在舉事之始，雖不無所費，然皆臣力所能。嗣後則有涸出田地，並丈出田地，應行變價銀兩。現核數目，已約有數萬。即以此項辦此事，總屬有餘，斷無不足。是以臣屢蒙聖諭，恐力有不能，令請動正項，而並不敢請動正項，亦不敢請動贏餘也。獨是導水濬河，務期一勞永逸。暫行補救易，永籌通利難。就事治事易，以人治人難。

臣愚擬俟各工報竣，即備細彙叙，具本題明，請於道員、廳員並佐雜官員内，分别河道遠近，酌量改銜、兼銜，令總理、分理各屬水利。再酌留歲修銀兩，分定勤惰考成，立季報、月報之條，著具詳具結之例。其督撫、藩司仍應將要緊河道，分派著落，令不時勘修，俾於總管之外，又各有專員，庶現在各屬員役，不敢怠忽從事，即後來大小官吏，亦不致因循，並無可諉卸，或於邊方水利實有裨益矣。

—2. 皇朝經世文編　卷一一八　工政二四　各省水利五

楊　椿（1677—1754）

字農先，江蘇武進（今屬常州）人。康熙五十七年（1718）進士，官至翰林院侍講學士。有《孟鄰堂文鈔》。

途次見聞入告疏

臣蒙恩遣往陝西、四川，祭告嶽瀆。請訓之時面奉諭旨，途中聞見有關吏治民生者，直陳無隱。臣今事竣還京，所有見聞，敬爲皇上言之。

一、臣聞樹桑之制，詳於《孟子》；七十衣帛，著於《禮經》。四川成都等府，紡織頗盛，第製作華侈，非民間日用所宜。山西澤、潞、絳諸州府亦然。直隸、陝西則紡織甚少，即有亦不視爲急務。臣思《禹貢》九州，惟冀、雍、梁三州不篚織絲，疑非地土所宜。然《豳》詩"蠶月條桑"，"八月載績"，《魏》詩"十畝之間，桑者閑閑"。《周禮·職方氏》：正北曰并州，其利布帛。諸葛亮自表成都有桑八百株，子弟衣有餘饒。皆在今陝西、四川、直隸、山西之境，即古冀、雍、梁三州也。是知《禹貢》三州無篚，以雍、梁有織皮，冀州不用貢耳，非桑有宜有不宜也。漢崔寔爲五原太守，其俗不知織績，冬月無衣，積細草卧其中。寔賣儲峙，詣雁門廣武，迎織師，教民紡績，織紝練緼，民得以免寒苦。松江府舊無梭布，明萬曆間廣東老婦教之，遂以成俗。夫五原今河外地，越老婦至無能耳，紡織之益尚能如此，况《禹貢》九州之域，加以有司訓教，利自十倍於前。臣請敕下直省督撫，通行州縣，有能紡織者，無務華靡無益之飾，不能者官發紡織之具，迎善織者爲之師，不三五年，民自勤於紡織，而布帛可以有餘矣。

一、黄河水勢，東西莫定，河灘地畝，坍漲靡常。每有昨本爲河，而忽焉填淤；亦有今方耕種，而水至成河，不可爲閭閻之恒産，即不能充州縣之正供。臣自山西永濟縣渡河，至陝西潼關縣，聞瀕河地方向因蒲、朝争界，遣員踏看，不論地形高下，一總陞科。今二省並水，小民完納不前，每多賠累，徒有增額之名，未獲陞科之實。伏乞敕下山、陝督撫，逐一勘明其實，在高地不虞淹没者，照舊陞科，若低窪之區，請將所增糧額永行豁免，庶民勤於墾而無後累矣。

一、臣見今之議錢法者，皆曰銅少。臣愚以爲銅少之故，由於下洋太多，而僉謂銅有藉於外洋，是大不然。臣考三代以來，錢之多莫過於漢。史言元狩前都内錢貫朽而不可校，初元、永光間，内錢四十萬萬，水衡錢二十五萬萬，少府錢十八萬萬，王侯將相、氓庶之家，富至鉅萬、千萬或数百萬，皆錢也。大司農及民間日用之錢尚不在此數中，錢之多有如此，而又用銅以作兵器，以造器皿，終不患於乏銅。蓋其時海洋未通，以中國之銅止供中國之用故也。東漢而下，海邦漸至，中國之銅始少。臣聞長老言，聖祖仁皇帝初未開洋禁，民間銅器頗多，盗銷私鑄間亦有之，然未以乏銅爲慮。自洋禁開而銅始患少矣。臣頃在四川，有語臣者云，四川、雲南之銅，每百觔輒有銀數兩，中國之水不能出銅中之銀，惟外洋能出之，奸民每將紅銅賣與洋船，俟銀既凈，然後復入中國，謂之條銅。推之他省，所出亦當如是。是今日洋中之銅，名産於洋，而實即自中國者。銅之所以日少，質之所以日低，職此之由，臣請敕下沿海督撫，嚴諭諸州縣，洋船入境，敢以紅銅私與洋船買賣者，照硝磺、私鹽之律，從重治罪，則紅銅不得下洋鼓鑄，自無少銅之患矣。

一、臣查舊例，朝廷每有恩詔，凡斬絞人犯罪非常赦不原者，概行寬免，其軍流人犯未至配所，亦邀恩釋放。惟已在配所，自順治八年八月恩詔後，未有赦宥之條。臣近經数省，見軍流人犯或隻身遠徙，骨肉久離；或妻子同行，老年鰥獨，煢煢異地，實可哀矜。臣竊思軍流之與斬絞，其罪輕重懸殊，重者邀恩悉赦，輕者乃有赦與不赦之別。軍流中情罪亦各不同，有强盗免死發遣者，有命案人犯減等發配者，有緣雜犯比例遣謫者。若命、盗二案之正犯，中途遇赦得回原籍，而比例之雜犯反長繫他鄉，於情更覺可憫。臣請敕下直省督撫，詳查所屬之軍流人犯共有若干，除在配所已經入籍，不願還鄉，聽其自便外，其餘酌其罪之輕重，詳其年之遠近，具奏請旨，加以殊恩，量從赦宥，則小民咸沐下車之仁矣。

一、臣見外官自州縣而下，有雲、貴、川、廣之人仕於直隸、山西，亦或江、浙、福、廣之人仕於川、陝，其路途相去遠或萬餘里，近亦在五六千里之外，舟車之費，跋涉之艱，所不待言。而且莅任之初，語言未曉，風土未諳；又或憑限稽遲，曠官不免；更有父母在堂，孑身遠宦，晨昏既曠，音信罕通；甚之佐雜微員離鄉太遠，頂名替職，諸弊叢生。臣伏見唐時掌選官，各就注其地之宜爲令佐者。宋時知縣銓選，雖甚遠無過三十驛。三十驛者，九百里也。今請略仿其意，外官自府及直隸州以上，除授不計遠近，屬府之州縣，離家遠者不得過二千里，佐雜等官，照教諭、訓導例，就在本省銓補，定以八百里或五百里之限，則地便其人，人便其地，吏治民生均爲有益矣。

—2. 皇朝經世文編　卷一二　治體六　治法下

曹一士（1678—1736）

字諤廷，一字濟寰，江蘇青浦（今屬上海）人。雍正八年（1730）進士，官工科給事中。有《四焉齋集》。

請分别賢能疏

伏見我皇上即位以來，勤求民瘼，加惠元元。敬讀諭旨，有云："百姓安則朕躬安矣。"大哉皇言！聞者皆爲感涕。臣愚以爲，欲百姓之安，務在弗擾之而已，而其要莫先於慎擇督撫。督撫者，守令之倡也。督撫不擾守令，守令不擾小民，而天下之民莫不安矣。自大吏以至小吏，皆有賢員，有能員。賢能兼者，上也。賢而不足於能者，次之。能有餘而賢不足者，又其次也。何謂賢？務持大體，與民休息者是也。何謂能？趨事赴功，綜核名實者是也。天下能吏多而賢吏少，則吏治必有不得其平者，不可不亟加甄别也。

臣查督撫之保題守令，其辭約有數端：曰年力富强也，爲人明白也，辦事勤慎也；其實迹則錢糧無欠也，開墾多方也，善捕盗賊也。果如其言，洵所謂能吏也。乃未幾而或以贓污虧空聞，或以草菅民命劾。所謂貪吏酷吏者，無一不出於能吏之中。彼誠有才焉，以濟其惡耳。若夫吏之賢者則不然，惻怛愛人而已，悃愊無華而已，方於事上，不爲詭隨而已，吏人同聲謂之不煩而已。此數者，皆督撫所視爲無能者也，然而賢者則必出於其中。度今世不少其人，而督撫薦剡曾未及此，毋亦重視能而輕視賢之故耶？抑亦狃於積習，以能吏即爲賢吏耶？且臣恐督撫所謂能者非真能也，以趨走便利而謂之能，則老成者爲遲鈍矣，以應對捷給而謂之能，則木訥者爲迂疏矣，以逞才喜事而謂之能，則鎮静者爲怠緩矣，且或以武健嚴酷、不恤人言而謂之能，則勞於撫字、拙於鍛鍊者謂之沽名釣譽，才力不及，而掇拾細故以劾罷之矣。好尚一乖，取舍頓異。及至所取者潰敗决裂，則曰："臣不合誤舉於前，統聽部議而已。"夫有誤舉，必有誤劾。誤舉者可議其罪，誤劾者復何從而加之罰乎？

臣聞之子輿氏曰："尊賢使能。"又曰："賢者在位，能者在職。"明賢與能之宜别也。臣愚以爲，今之督撫明作有功之意多，而惇大成裕之道少，損下益上之事多，而損上益下之義少，此誠當世治體所關也。治體一偏，必滋流弊。轉移之機，實在今日。伏見我皇上於凡丈量開墾，割隸州縣，改調牧令，一切紛更繁擾之舉，皆頒旨罷革。爲督撫者，度無不承流而宣化矣。臣所慮者，彼或執其成心，則且飾非以自護，否或意爲迎合，復將姑息以偷安。二者皆不明於賢能之義也。敢請皇上特頒諭旨一道，剖晰賢能，詳加開導，俾於精明嚴肅之中，布優游寬大之政。能者務勉於賢，而賢者益勵於能。《書》曰："人之有能有爲，使羞其行。"蓋勉之於賢也。《詩》曰："嗟爾君子，無恒安息。"蓋勵之於能也。若賢非真賢，能非真能，則必諭之而不悟，導之而不從。惟皇上即賜乾斷，以罷斥之，庶督撫靡不洗心滌慮，以仰答聖明矣。至其所屬守令，敕於保題薦舉時，各分填"賢員"、"能員"字樣，然後條疏實事於下。如能員而有敗行，許督撫自行檢舉；若賢員而著劣迹，則督撫從重處分。倘其屬所舉皆能員而無一賢員，則非大吏乏正己率屬之方，即賢者有壅於上聞之患。督撫之賢否，且視其所舉而瞭如矣。如是，則以知人之哲爲安民之惠，則皇上之仁心、仁政寄之數人，天下百姓有不並受其福者哉？

—2. 皇朝經世文編 卷一九 吏政五 考察

茅星來（1678—1748）

字豈宿，號鈍叟，又號具茨山人，浙江歸安（今屬湖州）人。諸生，鋭志於學，研治經史。有《近思録集注》。

近思録集注後序

《近思録集注》既成，或疑名物訓詁非是書所重，胡考訂援據之不憚煩爲？曰：此正注之所以作也。自《宋史》分道學、儒林爲二，而後之言程朱之學者，往往但求之身心性命之間，而不復以通經學古爲事。於是，彼稍稍知究心學古者，輒用是爲詬病，以謂道學之説興，而經學寖微。噫，何其言之甚歟！夫道者，所以爲儒之具也。而學也者，所以治其具者也。故人不學則不知道，不知道則不可以爲儒，而不通知古今則不可以言學。夫經其本也，不通經則雖欲博觀今古，亦泛濫而無所歸也。《宋史》離而二之，過矣。伊川分學者爲三：曰文章，曰訓詁，曰儒者。夫六經皆文章也，其異同疑似，爲之博考而爲辨之，即訓詁也。子曰："有德者必有言。"非儒者之文章乎？孟子曰："不以文害辭，不以辭害志，以意逆志，是爲得之。"非儒者之訓詁乎？然則，文章也，訓詁也，而儒之所以爲儒者，要未始不存乎其間。然而伊川且必欲别儒於文章、訓詁之外者，何也？蓋謂求儒者之道於文章、訓詁中則可，而欲以文章、訓詁盡儒者之道則不可。其本末先後之間，固有辨也，奈之何進訓詁、章句之學於儒林，而反别道學於儒之外？其無識可謂甚也。夫道學於政術判爲二事，横渠猶病之，况離道學於儒而二之耶？甚矣，其蔽也！蓋嘗竊論之，馬、鄭、賈、孔之説經，譬則百貨之所聚也。程朱諸先生之説經，譬則操權度以平百貨之長短輕重者也。微權度則貨之長短輕重不見，而非百貨所聚，則雖有權度亦無所用之矣。備著漢唐諸家之説，以見程朱諸先生學之有本，俾彼空疏寡學者無得以藉口焉。

—2. 皇朝經世文編　卷二　學術二　儒行

顧棟高（1679—1759）

字復初、震滄，號左畬（畬），江蘇無錫人。康熙六十年（1721）進士，授内閣中書。有《春秋大事表》《萬卷樓文稿》。

郊祀分合議

天地合祭始於漢元始中，其後東漢建武、唐天寶、宋建隆迄於熙寧及明嘉靖初年皆因之。而宋元豐之始議分祭也，置局議定而後行。然冬至親祀，夏至但遣官行禮，則地祇反不與親祀之典。故元祐七年復議於南郊設皇地祇位。至八年，蘇軾引《昊天有成命》爲合祭明文，發六議以難群臣，於是主分祭者四十人，主合祭者僅八人。紹聖三年遂罷合祭，詔以夏至親祀北郊，而卒未行也。明洪武故用合祭，嘉靖中以給事夏言言，分建南北壇，然一祀之後並南郊亦未嘗親祭矣。此自古郊祀分合之大凡也。

夫《昊天有成命》，據《國語》爲祀成王之詩。小序之荒謬，朱子多駁之，固不足以爲信矣。而倡爲合祀之説者，王莽也。彼徒附會“王者父天母地”之文，而遂以天地之大，等之夫婦同牢之禮，其爲瀆侮不已甚乎，故合祭之非，不待辨而自明也。不合祀則宜用分祀矣，然主合祀者固失，而主分祀者亦未爲得，則以其説之不盡合於經，而無以服異議者之心也。鄭氏《祭法》注：“禘，謂祭昊天上帝於圜丘；郊，謂夏正建寅之月祭感生帝於南郊”。此圜丘、方丘與南北郊之分地而祭者。其説蓋本於《大司樂》，不知《大司樂》所謂“冬日至，於地上之圜丘奏之，則天神皆降；夏日至，於地上之方丘奏之，則地祇皆出”者，蓋言樂作而天神、地祇、人鬼皆感而至，猶《書》所謂“虞賓在位，鳳凰來儀，百獸率舞”耳，於祭何與？而妄增兩丘於南北郊之外，此其不合於經者一也。

然晉泰始間嘗并圜丘、方丘於南北二郊矣，後一襲用於唐，而今竟罷之，固知其説之無足據矣。若夫郊之有南北，則古今以爲得分祀之正，而未有明其非者也。匡衡曰：“祭天於南郊，就陽之位也。瘞地於北郊，即陰之象也。”愚考《春秋》書郊者以十數，曰郊，曰卜郊，曰用牲於郊，未有兼地言者，亦未有以南郊稱者。蓋王者雖父事天，母事地，而禮數則不同。《禮》：宗子祭父，支子不得祭父而得祭母，母卑於父也。天子祭天，諸侯不得祭天，而可以祭地，地卑於天也。故曰：祭帝於郊，所以定天位也；祀社於國，所以列地利也。古者無祭地之禮，有祭社之禮，寓地之祭於社，而社之祭與稷並舉，不與天對稱者，尊陽抑陰之道也。社有二：王爲群姓立社，曰大社；自爲立社，曰王社。《大司徒》：“設其社稷之壝。”又曰“血祭祭社稷”，則大社也。《封人》“掌設王之社壝”，軍旅宜於社，則王社也。王社設於宗廟之右，而大社立於國中。既曰祭帝於郊，又曰祀社於國，一郊而一國，則知大社之建不於北郊明矣。《郊特牲》疏：“社祭一歲有三。”《月令》：“仲春命民社。”《詩・甫田》曰：“以社以方，謂秋祭。”《月令》：“孟冬大割祠於公社。”三時舉祭不以夏，則知無以夏日至祭地於北郊者矣。此其不合於經者又一也。

案南北郊之説，考之於經，既無其事，祭社之説，證之先儒、五峰胡氏等言，則歷歷不爽。今若欲如古禮，必廢北郊而復立大社於國中，以春、秋、冬一歲三祀之，而不敢與郊併，然後可以盡合乎先王之制，而大服乎好異者之心。然而古今異尚，禮貴變通。王者期於敬天奉地之無失則已矣。必欲取歷代之成法盡變之，紛紛更作，此勢之所不能也。若世儒之論，以兩郊分祀爲先王之制，則不然也。是不可以不辨。

—2. 皇朝經世文編　卷五五　禮政二　大典上

春秋列國地形險要表序

險要之爲天下重也，從末世起也。群雄起而後有戰争，戰争用而後出奇制勝，設守要害，則險要尚焉。太平之世，天下爲家，未嘗有也。余讀《左氏》，知春秋險要之地，莫多於秦晋吴楚、鄭衛。鄭衛南北所争，而吴楚、秦晋壤地相錯，爲日交兵之國。桃林、二殽、茅津之爲西北險也，以秦晋七十年之戰争著也，汪氏曰：秦晋七十年之兵争，起於殽之戰，終於襄十四年十三國之師。函谷一入秦，而六國之亡兆矣；鍾離、州來、居巢之爲東南險也，以吴楚七十年之戰争著也，林氏曰：鍾離、州來、居巢三邑，吴争七十年而後得此。州來一入吴，而入郢之禍基矣。他如齊穆陵之爲大峴，晋劉裕過之而喜形於色者，而地鄰莒魯，强晋東來，道所不經，故戰伐罕書焉；晋南陽之即河陽，唐李光弼百戰守之以固關輔者，而界連周鄭，方輯和以拱衛，故兵争亦不及焉；轘轅伊闕，同一險也，伊闕以備子朝而著，而轘轅則無聞；虎牢、敖倉，同一要也，虎牢以晋悼之城而著，而敖鄗則無聞；至晋楚懸隔千里，所争惟在鄭宋，楚戍彭城以塞晋之通吴，晋城虎牢以防鄭之服楚，《春秋》尤大書特書。少習、武關，爲秦豫咽喉之地，秦人滅都，蓋欲南出以圖武關，而卒不能有。及楚圖北方，將通少習，而晋人震懼，豈非襄鄖、商雒之間，地形扼塞，與函谷俱稱絶險哉？故險要有常所，初無定形，有千年不易之險要，有一時因敵爲防之險要。往往在後世爲要害，在春秋爲散地者，此亦古今時勢不同之故也。

然考春秋時，列國用兵，鬥争不減後世，而其時境防疏闊，凡一切關隘阨塞之處，多不遣兵設守，敵國之兵平行往來，如入空虚之境，其見於《左傳》者，班班可考。

文十三年春，晋侯使詹嘉處瑕，以守桃林之塞。注云：以備秦。桃林，今潼關也。昭二十六年秋，晋知皪、趙鞅帥師納王，使女寬守闕塞。注云：以備子朝。闕塞，今伊闕也。二者，天下之險，必待紛紜有事，而後遣將設守，則其平日之漫無閑禦可知矣。齊莊公之伐晋也，入孟門，登太行，封少水而還，而晋僅於其還也，使趙勝率東陽之師追之而已，而晋平日之備禦無有也。吴闔閭之入楚也，舍舟淮、汭，自豫章與楚夾漢，道由大隧直轅冥阨，而司馬戌第於既陣，始議塞城口以邀其歸路，而楚平日之控扼無有也。是皆一夫守險，千人莫過，使當日有一旅之師、百夫之長當關旅据，則齊必不能輕騎而入羊腸之隘，吴必不能疾驅而至漢水之濆也。以至文五年，秦人入都，道由上雒，出武關，經歷晋之陰地，是時秦晋已絶好，而都在南陽之析城，深入東南五百餘里，秦出兵與楚争都，而晋人不之禁也。僖三十三年，秦人襲鄭，道自華陰，出函谷關，經歷二崤，及周之轘轅、伊闕，而後至河南之偃師，行嶔巖深谷中二千餘里，商人弦高遇諸途而始覺，而周人、晋人不之詰也。他若晋會十三國諸侯於柤，而柤爲楚地；吴伐魯，而子析故從武城道險。是蓋列國皆然，主者無設險固圉之謀，敵人無長慮卻顧之志，處兵争之世，而反若大道之行，外户不閉，歷敵境如行几席、如適户庭，主人能則有秦穆之喪師，主人不能則爲楚昭之失國。春秋之所以日尋於多事者，以此也。

《易》有之："重門擊柝，以待暴客。"又曰："慢藏誨盜。"夫土地、人民，國之寶藏，敵國、外患，國之大盜，偃然弛備，而欲狡焉啓疆者，不胠其篋、劫其藏，得乎？善爲國者，慎其封境，險其守集，深維大《易》設險之謀，重懔《周書》慎固之訓，庶乎奸宄戢志，而强鄰寢謀矣。

—2. 皇朝經世文編　卷七八　兵政九　地利上

荒政不弛刑論

王荆公爲陳良器作《神道碑》云："知江州日歲饑，有盜刈禾而傷其主者，當死。公曰：'古之荒政，所以恤民者至矣，然尚緩刑，况今哉？'即奏貸其死。"歐公志王堯臣知光州日，歲饑，群盜發民倉廪，吏治當死。公曰："此饑民求食爾，荒政之所恤也。請以减死論。"後遂著爲令。余論之曰：此正與荒政相反。蓋宋世尚忠厚，士大夫多務爲縱捨以市小仁，其實縱盜殃民，漸不可長。二公烏得列其事以爲談哉？且所謂恤民者，恤民之無食者也，非恤盜也。若乘饑劫人財，致傷害人，如此而不置於罪，則獷悍不軌之民，且以饑歲爲幸，可以無所顧忌。萬一有數千里之蝗旱，纍歲不止，則將積小盜而成大盜，奪城寺，劫掠庫財，勢必草薙而禽獮之，其爲誅殺必更甚矣，此正子太叔之仁耳。且富人者，貧人之母也。歲大祲，則勸富民出粟佐賑，如湖澤之蓄水以待匱。今不禁民之劫奪，務先涸之，是使强梁得以恣肆，而良善無所假貸也。且盜之始起，必先在中户，僅足衣食之家。若大户，則必嚴守衛以自備。大户横被劫掠，則必廣聚徒衆，執持器械，勢必將用兵剿捕，非一尉史所能禦矣。若中户被劫掠而無食，亦將起而從盜，盜日益衆，人心驚惶，訛言四起，此時加以賑恤，盜將曰畏我耳，雖加賑恤，而劫掠仍未已也。

古有因饑歲而寬其賦、薄其徵者矣，未聞有因荒而弛其法也。因荒而弛其法，是教民爲盜也。小民趨利，如水赴壑。况有飢窮以迫之，復不爲嚴刑以峻其防，當此而不爲盜，乃士大夫之知恥者耳，非所望於饑民之無賴者也。是以爲政者必用威以濟恩。《周禮》有安富之條，而荒政十二其一曰"除盜賊"。蓋正慮凶歉之歲，饑民乘機搶掠，必設爲厲禁以除之。有犯者殺無赦，使奸宄屏息，比户安枕，然後散財發粟，而大施吾仁焉。此時之富民，使之减價平糶，蠲粟賑貸，無不可者，彼將德吾之安全之，亦樂施惠以奉上之令。如此則富民得安，貧民之良善者有所得食。民氣和樂，馴至豐穰，此王者大中至正之道，孰與夫沾沾小仁，虧一成之法，而長奸宄之漸哉？

—2. 皇朝經世文編　卷九〇　刑政一　刑論

藍鼎元（1680—1733）

字玉霖，號鹿洲，福建漳浦（今屬漳州）人。雍正元年（1723）拔貢，官至廣州府知府。有《鹿洲全集》等。

論北直水利書

皇上加意蒼生，念畿輔霖潦沮洳，特命親王大臣疏導河渠，肇興疆畎，此誠千載一時之盛事也。愚少長海濱，躬耕作苦，勺水寸地，視若奇珍。及渡江淮，過齊魯，抵京師，所見萬頃平原枯燥爲陸，河、湖、淀、蕩水淺沙淤，至於夏秋霖雨，則又皆成巨浸，每嘆北方不習水利，惟苦水害，低徊顧惜，恨不得胼手胝足於其間。忽聞盛舉，懽忻手額，試爲綜畿輔之大勢而計之。

東西二淀跨雄、霸等十餘州縣，子牙、永定二河以淀爲壑，淀治而後河有歸，故欲治直隸之水，必自二淀爲始。京東之水若白河、薊河、浭河以及永平之灤河，皆經流之最大者。自衛、汶合流，地勢南高北下，每有漲潦決岸之憂。滄洲之磚河、青縣之興濟河，皆昔人分減衛水之故道也。通州以南之水，匯於窩頭夏店之箭桿河，玉田之藍泉河、泉河，豐潤之大泊、王家河、汊河、龍王堂灣泥河，永平之龍溪沂河、靳家河、黄坨河、稻河、吴家河、牤牛、桃林、湧泉、三里等河，皆支流之可數者，此京東河渠形勝之大概也。

西南之水，盧溝發源於桑干，穿西山而出，爲金口河。元郭守敬欲接故迹，使山後通流，以廣京畿之漕者是也。拒馬、滹沱二河，又經流之最大者。拒馬發源於淶山下爲白溝河，其南爲依城河，又南爲三岔口；滹沱發源於泰戲，經正定、束鹿，綿亘千里，合深、易、濡、雹、沙滋諸水，散入各淀。又有徐河、塘河，皆源出山西，洨河出於獲鹿，白馬河出於任邱，百泉河、野河出於邢臺，洺河出於遼州，滏陽河出於磁州。凡西南諸河，入任縣泊者十，入寧晋泊者十二，土人謂任爲南泊，寧晋爲北泊，皆《禹貢》“大陸澤”故地。南泊宣泄之路在雞爪河，北泊宣泄之路在滏陽河，此西南河渠形勝之大概也。

今訪求故道，疏濬深廣，多開引河，以緩奔騰之勢。修築閘壩，以制蓄泄之宜。設營田專官經營疆理，召募南方老農，課導耕種，則千里良田，嘉禾遍野，不特閭閻小民仰事俯蓄之有資，而東南轉輸且可漸次減省。現在溝洫深通，田廬不憂其泛濫，河漕不患其淺阻，其爲利難更僕數也。

昔元虞集欲於京東濱海地築塘捍水，以成稻田，明邱濬深然其説，惓惓乎三致意焉。萬曆中，給事中徐貞明上《水利議》，命兼御史領墾田使，先詣永平，受事六閱月，墾成三萬九千餘畝，而勳戚之占田者病之，爲蜚語上聞，遂以罷役。夫人情公私不一，安保其必無異議？惟在鋭意舉行，不爲浮言摇惑而已矣。今所慮者，或謂南北異宜，水田必不宜於北方。此甚不然。永平、薊州、玉田、豐潤，漠漠春疇，深耕易耨者何物乎？或謂北地無水，雨集則溝澮洪濤，雨過則萬壑焦枯，雖有河而不能得河之利。此可以閘壩蓄泄，多建堤防，以藴其勢，使河中常常有水，而因時啓閉，使旱潦不能爲害者也。或謂北方無實土，水流沙潰，堤岸不能堅固，朝成河而暮淤陸，此則當費經營耳。然黄河兩岸，一概浮沙，以葦承泥，亦能捍禦。誠不惜工力，疏浚加深，以治黄之法，堆砌兩岸，而渠水不類黄强，則一勞永逸，未嘗不可恃也。

天下無不可爲之事，惟心堅力勤，仰體皇上愛民利民之至意，置身家性命於度外，精誠所感，可以動天地、役鬼神，何農田水利不可成乎？禹之行水，八年於外，三過不入，不過忠誠焉而已，勤勞焉而已，豈如世俗陋見，别有神奇、怪誕之爲哉？夫東南轉漕一石，至京糜十石之價不止。開河墾田，根本至計。在此日勞費雖多，他年節省漕石，獲利何啻數倍？是不特北直之水利可興，而山東、河南、淮、徐上下數千里，亦可以次第舉行，而無容再計者也。

—2. 皇朝經世文編　卷一〇八　工政一四　直隸水利中

陳世倌（1680—1758）

字秉之，浙江海寧（今屬嘉興）人。康熙四十二年（1703）進士，歷官工部尚書、文淵閣大學士。謚文勤。編有《宋十賢傳》。

籌河工全局利病疏乾隆二十一年

皇上軫念民依，今歲再舉南巡大典，訪求民隱，誠兩江蒸黎出昏墊而登衽席之時也。臣查此二十餘州縣之連年被水者，由黄河南北兩岸創建減水閘壩，分泄河流，以致水緩沙停，河底日高，河身日飽，不能容納。伏秋汛至，南岸減下，則碭山、懷遠、宿州、靈璧、虹縣、五河、睢寧等州縣田畝被淹，北岸減下，則豐、沛、桃源、宿遷、清河、安東、沭陽、海州田畝被淹，而均未有已也。

夫河不兩行，治河不易之法也。康熙十六年七月，河臣靳輔疏稱："黄河南岸一決，必由邸家、白鹿等湖以入洪澤湖，助其滔天之勢，撼擊高家堰一帶堤工。各堤即堅固如鐵，亦必從頂漫過，下淹高、寶等七州縣田畝。淮流仍舊旁泄，仍不能助淮刷沙，清口以下，仍必淤墊，此南岸不治，必壞運道之情形也。北岸一決，必由駱馬湖之後，横衝邳、宿運河，將河底湖底積漸淤高。一遇伏秋異漲，則濟寧、魚臺、嘉祥、鉅野、滕嶧之田畝必致淹没，運道堤亦必潰。此北岸不治，必壞運道之情形也。"是黄河南北兩岸之不可開放，以分黄河之勢者，在靳輔自言亦已鑿鑿可據。無何，而康熙二十一年於黄河南岸則開毛城鋪減水壩一百二十丈，又建減水石閘一座，又於王家山建減水石閘三座，於峰山建減水石閘四座。北岸則於大谷山建減水石閘一座，蘇家山建減水石閘一座。其意以爲減下之水，由小神湖出睢溪口入洪澤湖，使沙澄湖底。其清水仍出清口，以助淮刷黄。不思黄河斗水沙七，所過之處，無不淤墊。現今小神湖、侍邱湖、白鹿湖以及林子、孟山等湖，早已淤平，其灌入洪澤湖者，沙澄湖内，先已淤墊湖底。湖不能容，方且奔潰四出，正靳輔所云"淮流仍舊旁泄，不能助淮刷沙"者，又何從收出清口刷黄之效乎？靳輔當日寧不計及此，特以徐家灣、蕭家渡之決，議以革職賠補，故於兩岸分建閘壩，以分水而保堤耳。而後之司河者，以其爲治河之第一人，奉爲成憲而不敢違也，不已謬乎？

夫自毛城鋪一開，而減下之不奔注入湖，浩浩滔天，撼擊高堰，勢不能禦。於是開唐埂六壩，貫入高、寶諸湖，下淹高、寶、興、鹽等七州縣，民田盡成澤國。而湖水既分，清口刷沙無力，海口漸淤。乃效潘季馴以堤束水之法，於雲梯關外，海口之内，築堤二萬三千八百丈。其意又將使水不旁溢，專力攻沙，以通海口。不思潘季馴以堤束水之法，止可施於内地之黄河，而不可施之於海口。蓋黄河挾沙而來，奔騰浩瀚，一往莫禦，故堅築堤岸，使水循堤直下，則勢猛而沙隨水去。若海口，則每日潮汐二次，以堤束水，潮至則沙隨水進，潮退則沙留堤根，日積一寸，積數十年計之，其沙日引日長，愈久愈堅。是以靳輔所言"往時雲梯關外即海。自宋神宗十年黄河南徙，至今凡七百年。關外洲灘，遠至百二十里。"此言具在可考。今自雲梯關至四木堰海口，且遠至二百八十餘里。夫以七百餘年之久，淤灘不過百二十里。靳輔至今僅七十餘年，而淤灘乃至二百八十餘里。且此二百八十餘里之中，昔年止有六套者，今且增至十套，與南岸之十洄，上下回抱，形若交牙，兜束河流，至十曲而後出海。然其今日之海口，固不至斷潢截港之爲淤，而亦寧可謂之寬暢乎？此皆由靳輔始則開南北兩岸，以分黄之勢，後則築海口兩堤，以停黄之淤，節節相因，弊所必至也。

若夫李家樓七十里無堤之處，在靳輔當時原係九十里，前河臣齊蘇勒加築二十里，今存七十里，相傳謂靳輔留以分泄黄水、保護徐州城者。臣始亦信其説，及查康熙二十四年九月，靳輔疏稱：“北岸李家樓起，至大谷山止，應接築大堤，約長一萬六千丈，束黄河異漲之水，不使北侵，以救碭、豐、徐、沛四州縣田畝。”共在原估築堤三十萬丈之内，因奉聖祖仁皇帝諭旨，令再行確議，乃將最緊要之宿、桃、清、山、安五縣河堤十四萬五千丈，先爲修舉，而此九十里無堤之處，特緩而未築耳。不然，黄河正身寬不過一二百丈，即海口亦寬不過四五百丈，計之不及三里，何至泄水之支河，乃留至一萬六千丈？且既留一萬六千丈，豈猶應不足宣泄？又於蘇家山、大谷山，各建減水閘一座。此必無之事也。特時至今日，黄底淤墊日高，水不能下，即欲加培，而礙於下游之徐城，勢有不可。適有此無堤之處，可以分泄水勢，遂附會其説，相沿至今，習爲常事耳。查乾隆六年巡漕御史都隆額奏稱：“黄河自石林、黄村二口北趨，衝刷深闊，竟與黄河平接，流入微山湖。微山湖西面，已經淤高，設全湖淤墊，始則爲患於民田，久必有妨於漕運。”今自都隆額陳奏以來，又十五六年矣，黄河之水，無歲不由此貫入微山湖。本年孫家集潰決，大溜奔騰而下，拍岸盈堤，魚臺縣竟成水底。蒙皇上特遣部臣劉統勳會同河臣白鍾山，星夜修築，已報合龍。又現議將魚臺縣另建城垣，民生固可無虞失所。但臣於乾隆八年，曾帶郎中明安圖，用儀器測量徐州城外黄河，面寬一百二十五丈，今聞現在河面僅寬四十八丈，則知數年以來，河身更爲淤墊。夫以數千里奔騰浩瀚之黄水，而束於四十八丈之河面，勢必盡赴此無堤之處，貫注微山湖。而微山湖現在淤平，即疏浚通流，亦斷不能盡復全湖之寬廣。則微山湖之水已無所容，又加以黄河之水年年減下，與運河僅隔一綫之堤，又勢必漫入運河。而運道壞，黄河絶運，而過山東河湖之水，不能順流而下，必致倒流，而魚臺、金鄉、濟寧、曹、單、滕嶧諸州縣民田盡被淹浸，則山東之民生，亦因此受其病，誠今日所當熟籌而急爲之計者。

伏查康熙二十三年，聖祖仁皇帝巡歷黄河，諄諭河臣靳輔云：“減水各壩，泄出之水，作何善法歸海？毋或淹損民田。欽此。”是黄河分泄之水，允宜設法歸海，方免淹浸民田之患也。臣愚以爲，欲救此二十餘州縣年年被水之灾，當先治黄河之墊淤。欲治黄河之墊淤，當先通海口之紆曲。查海口十套之中，惟二套、四套、六套，其長尤甚。昔年靳輔曾於雲梯關外海口，挑挖引河。又於南北兩岸築堤二萬餘丈，皆於此處取土，則知海口未嘗不可施工。况今日雲梯關外至海口，皆成漲灘板土，尚非嫩沙無駐足之地可比。應請照靳輔挑挖海口引河之法，於汛水未發之前，照河身寬深丈尺各套，直開挖引河，兩面各留數丈。俟汛水漲發，將兩面開通，使二瀆直注出海，則衝刷有力，雲梯關外河身不至紆曲，海口日見寬深矣。但套雖挑通，而兩堤尚在，能保沙之不再停堤根乎？方今兩地之内，城郭營壘，民田廬墓壤地相接。又設有葦蕩營，每年割取葦草，以資堤埽之用，未便遽議撤毁。請先曉示民間以此兩堤遇有衝決，不更繕治，如畏水患，各自遷徙。則不數年而兩堤自潰，十套十洄，將復爲海口，二瀆自可暢出矣。

至清口以上至徐州，黄河數百餘里，河底高於内地丈許，皆成老淤，水勢不能衝刷，自非大加疏濬之工不可。其疏之之法若何？伏讀聖祖仁皇帝諭旨："朕由運河一帶，以至徐州迤南黄河，細加看閲，見各堤岸愈高而水愈大。此非水大之故，皆由黄河淤墊甚高，以致積年漫溢。朕欲將黄河各險工頂溜灣處開直，使水直行刷沙。若黄河水刷深一尺，則各河水少一尺，深一丈，則各河水淺一丈。如此刷去，則水由地中行，各壩亦可不用矣。欽此。"大哉，聖人之言，誠萬世治河不易之法也。伏查乾隆二年，河臣白鍾山陳請挑挖引河，免其賠補。格於廷議，未蒙准行。然挑挖引河寬深，偶致淤墊，實非人力之罪。曾經河臣張鵬翮奏請，奉聖祖仁皇帝允准免賠在案。況今兩岸淤灘，挺出河心，上下形如交鎖，若不竭力挑挖沙嘴，則大溜不能歸中，河流不能迅捷，沙停河飽，爲害滋深。伏請皇上飭下河臣，將凡係河身灣曲處所，飭廳汛各員呈報，河臣驗明丈尺，挑挖之後，計其工段，按季報部，彙請分别議叙。其怠惰者參處。如有應挑引河，一例挑浚。即或有河成而溜不掣，然河身漲灘已經挑去，河流取直，亦於黄河大有裨益。應請免其賠補，則人自踴躍趨事。而河流既闢，刷沙有力矣。

其濬之之法若何？查治河之具，原有杏葉扒、鐵掃箒、混江龍等器。查杏葉扒齒短而鋭，挽以竹篙，輕而無用。混江龍排列鐵齒，長至尺許，墜以大石，始達河底。河臣白鍾山曾令廳汛各員施用，頗有明效，但部臣劉統勳等試之以爲無益。臣因采其意而損益之，請鑄大鐵軸一具，約長六尺，上鑄鐵齒，長三寸而鋭其角，一周凡三齒，共列五周，兩端貫以鐵鎖，務使直沉至底。用船一隻，夫四名，首横木樑，將鐵鎖分繫木樑之上，用夫牽挽而行，沿路滚翻。每十船爲一排，每十里置船一排。先委實心辦事之員，沿途備細測量，兩岸釘立木樁，書明河底高低尺寸，按月核其浚深若干尺寸，以爲賞罰。如果深至一尺，給以紀録，至五尺，予以加紀，多者按此計算，怠玩者分别參處。其已浚深者，將船撥協鄰近淺窄處所，除雨雪日期外，一排之船，每日往回三次，十日當可深一寸。積一月計之，當可深二三寸。一年計之，可深二三尺矣。先製十具，量調浚船，試演一月，如果有益，則請多備數百具，將原浚船挑選應用，分段排列河中。實力奉行一二年，倘有成效，行見河底日深，河身日闢，南北兩岸，可以不分水勢，則此二十餘州縣，漸可免被淹浸。此臣所謂疏闢海口，浚治河身，爲今日捍災之急務也。

伏乞皇上於南巡回鑾至徐家渡時，特遣大臣會同督河諸臣，自雲梯關外海口，上至徐州，東至魚臺、濟寧等處，沿河相度，將淮、黄二瀆有無可以疏治，上下兩江被水州縣民田有無可以疏涸，山東魚臺、滕嶧運道有無阻礙，微山湖東面堤岸應否幫築高厚，悉心妥議具題，次第舉行，以副皇上南巡惠民之至意。

若夫清口之内，向有爛泥淺、裴家場、張福口、帥家莊四道引河，總匯於三汊一河之内，自東南直注出口，最爲得力。聖祖仁皇帝曾命河臣張鵬翮挑浚，以暢淮流。又於運口接堤一百數十丈，以逼三汊河之勢。而於運河口門建一大墩，使三汊河大勢直注清口，惟一線回溜入運濟漕。是以洪澤湖之水出清者刷沙有力，而運河之口亦洄漩停蓄，不至順流直瀉，難以挽禦。自移運口迤下七十餘丈，以避西風汕煽黄水之患，將三汊河堵斷，以作運口下岸，於是淮水散消，出口無復激射之勢，運口又仰承在下，淮水進趨入運而出清口者，刷沙無力，以致黄河北岸之楊家莊，常虞淺阻，糧艘尚需起剥，其弊未必不由乎此。今蒙聖駕親臨高堰，閱視工程，其新舊運口情形，聖明自有洞鑑，固非臣愚所敢妄議者也。

—2. 皇朝經世文編　卷一〇〇　工政六　河防五

張　漢（1680—1759）

字月槎，號莪思，晚號蟄存，雲南石屏（今屬紅河州）人。康熙五十二年（1713）進士，官河南府知府。舉乾隆博學鴻詞，授檢討，改御史。有《留硯堂集》。

請疏通江漢水利疏

竊惟王者貴穀重農，必先水利。水利興則蓄泄有法，旱澇無憂。我皇上念切民依，凡水旱時厪宸慮，直隸營田水利，奉敕查妥議，以濟民生，凡以期於可久也。

臣聞楚省交於江漢，荆、郢實當首衝，宅壤最爲窪下。計沿河大堤，南岸自松滋六百餘里，北岸自當陽七百餘里，漢堤、江堤共計幾三千里，俱係民築民修。其間最險之處，若沙洋，若萬壙，難以枚舉，而修築弊端亦難言盡。又修築不堅，水發即潰，屢潰屢修，民力幾何。此則人民受累之源也。

計楚水大者，曰江，曰漢，曰洞庭。三者緩急相濟，迭爲利用者也。查大江發源岷山，出三峽，下彝陵州，約寬十有餘里。洞庭居大江之南，方八百里，容水無限。湖水倘增一寸，不覺其漲，江水即可減四五尺。昔人於江上流采穴口，下流虎渡口、楊林市、宋穴、調絃等口，各殺江流，導入洞庭，而復達於江，故水勢寬緩而無患。今也僅存虎渡一口，江水一發，陡高數丈，無路分瀉，田廬即爲巨浸。此江水爲害之源也。

漢水自嶓冢導漾東流而下，襄陽自安陸府以上，河寬十有餘里；安陸府以下，至寬不足一里；再下漢口，其窄益甚，船每截流而渡，江高漢弱，阻遏逆行。潛、沔諸邑，於是數受其灾矣。查漢水上流有操家口，相傳羊祜運糧舊岸，堤形尚存。其水東流，過天門縣，入三台、大松等湖。其湖居天門之東，雲夢之西，漢川之北，應城之南，支分涓口，派出五通，傳爲漢水故道，衆水通流。今臼口、操家口盡淤，水無歸注。此漢水爲害之源也。

雍正二年，鍾祥縣堤潰如雷迅發，西城不浸者三版，民無可避，田廬蕩然。居人云：此堤無十年不潰，計鍾祥一邑，今已九潰矣。他如京山、潛江、天門諸邑，地處下流，堤若陡潰，則如頂灌足耳。昔年潛、沔士民具呈申訴，請以築堤之夫供疏河之役，官不允行，民無如何。

爲今之計，欲平江、漢之水，必以疏通諸河之口爲急務矣。查江水支流，其下流當先疏者五通口、調絃口。遡而上之，當疏宋穴、楊林市，與調絃合流，又遡而上，當疏虎渡口、彌陀寺。又遡而上，當疏采穴，與虎渡合流，再疏北岸之便河郝穴，令江水從長湖丫角廟合注，則黄潭堤不築而自固。又復龐公渡，則監城可以無虞。疏新堤之口與新潭之淤，則江、漢之水於是互爲取濟矣。漢水支流則疏臼口、操家口，而沙洋之一包三險，可以無憂。疏泗港而潛、沔可以無憂，疏通順河而潛城復舊，可以無憂。再疏小里潭、竹筒河與天門縣獅子等河，而低窪諸邑乃可安堵，而無其魚之患，疏河所以爲急務也。若夫築堤，必取土於内地，内地日低，故河日高，河日高則水勢日險，患日深，是以江漢不疏，終非底定之本，積淤不濬，終失利導之宜。此則楚民之隱憂也。

夫三楚富饒，夙甲於天下。諺云："湖廣熟，天下足。"一歲兩稔，吴越亦資之。

今或稍逢水旱，即倉皇無策，致居民不免於貧困，雖不得盡委之河堤之累，然逐年估計，既苦派費之繁多，潰決無時，又慮身家之莫保，豈非河堤之爲累乎？昔年湖南巡撫陳詵洞察楚爲澤國，阨於江、漢，甫任即復調紘口，隨親詣踏勘，江則欲導之使南，漢則欲導之使北，頗爲利濟之宜。旋内陞去任，未及施行而止。臣夙有所聞，此其大略也。

臣思古者江、淮、河、漢，水行地中，然後人居平土，其實治水行其所無事也。後世詳於治淮河，略於治江、漢，故江、漢時有泛濫之虞，不知楚有洞庭，較淮河泄水爲便，此河口亦行其所無事也。伏乞皇上敕行湖廣督撫大吏，委員一一詳查，倘言屬可行，不特全楚乂安，即武昌新修堤岸，費金錢至數十萬者，亦借是以永固矣。

—2. 皇朝經世文編　卷一一七　工政二三　各省水利四

蔡世遠（1681—1734）

字聞之，號梁村，福建漳浦（今屬漳州）人。康熙四十八年（1709）進士，官至禮部右侍郎。謚文勤。有《二希堂文集》。

有高才能文章三不幸論

有才貴乎？無才貴乎？無才而齷齪、卑瑣，碌碌焉守兔園以終其身，遇物而不能知，登高而不能賦，斯亦士君子之恥也。然吾以爲有才而自恃，又不如無才之善。伊川先生以有高才，能文章，爲三不幸，正謂此也。

昔者三代之取士也，以鄉三物教萬民，鄉老及鄉大夫考其德行道藝，獻賢能之書於王，取實行而不在文章。西漢以孝廉取士，東京四科、魏晋九品皆重行誼。至隋建進士科，唐又分爲明經、進士二科，自是而後則非文學、詞章罕得進矣。節比由、夷，行同曾、史者，多屈處於下而不能知。而一字之奇，一韻之巧，馳騁於詞壇，取高官顯名於天下。嗚呼，三代以下所以多輕薄、浮華之士也。

夫樹木者以植根爲上，立品者以務實爲貴。才名過盛而矜己傲物，非大成之器也。恃其所有而攀緣趨附，輕於一試，尤喪檢辱身之士也。昔者禰正平、孔北海恃才而死，王粲、陳琳以才故卒爲曹操用，識者兩有譏焉。唐初四杰果如裴行儉之言，江東二陸終於非命，才之累人一至此哉。其餘若孟堅之附於竇氏，中郎之屈於董氏也，歆之用於莽也，劉、柳之與八司馬之列也，之數子者，皆才高天下，學冠一世，卒以負才欲試與非其人，使千載以下論古者猶有遺憾。所謂雄雞不能斷其尾，而參天蔽日之材且纏絆於野藤刺蔓以自累也。

然吾謂伊川先生其有激而言歟。當時王介甫以盛名致宰相位，新法行，爲有宋亂首而民不聊生。其時王雱警敏絶人，文章達於帝闕，竟夭其身。且蘇氏兄弟亦以文章顯者，卒與吕陶等分爲蜀黨，與朱公庭、賈易等互相掊擊。此皆伊川先生所親歷者，故其時日與邵堯夫、張横渠諸人掊抉性命之精，以復性明善爲要，以近裏著己爲功，上以接孔孟之傳，下以開晦庵之緒，使士知所重者在此不在彼也。至於文章與實學並是稱者，此又不可以概論。

——1. 切問齋文鈔　卷三　學術三

楊繩武（1681—?）

字文叔，號訥庵，江蘇蘇州人。康熙五十二年（1713）進士，官翰林院編修。有《古柏軒文集》。

曹參論

西漢賢相首數蕭、曹。曹參相業無所表見，惟當去齊時，傳稱其屬後相曰："以齊獄、市爲寄，慎無擾也。"其事至庸，近瑣屑，而以爲治道無大於此，疑其言之過。然吾觀漢初論治，大率以清净不擾者爲尚，故文景斷獄歲不過數十，此即無擾獄、市之意。而後之論者以爲與成康比烈，則參之爲治可知已。孝武之世此意寖失，用張禹、減宣、杜周、王温舒諸人，以慘急刻深爲九卿，行見知腹誹法，而獄始擾矣。用東郭咸陽、桑弘羊、孔僅爲大農丞，筦鹽鐵、船算，立均輸、平準法，而始市擾矣。用楊可從告緡令，籍民錢財物以億萬計，田宅亦如之，於是商賈中家以上無不破，而獄與市互擾矣。當是時，法令如牛毛，言利事析秋毫，天下重足而立，側目而視。論者謂漢治之衰，實由於此。蓋至是而後，嘆曹參無擾獄、市之言，治果無有大於此也。傳又稱參爲漢相，百姓歌之曰："蕭何爲法，覯若劃一。曹參繼之，守而勿失。載其清净，民以寧壹。"

夫蕭何佐高帝定天下，奔走戎馬之間，日不暇給。其所定律令，非若周公《官》、《禮》爲萬世不可易之制作也，而參守之勿失，其效猶如此。大抵國家成法，當祖宗創建之初，其節目必疏闊，而無苛細、刻薄之條，其課效必從容，而無督責旦夕之事。後世英鋭之主、喜事之臣，奮其私智，菲薄前人，以祖宗爲不足法，思欲更而張之，而其弊乃百出而不可救。宋熙寧中，王安石用新法，爲青苗、均田、雇役數事，附會《周禮》，其名甚美，而其實不便於民。當時與安石忤者，悉目爲阻撓而斥逐之。於是自太祖、太宗以來，六七世相承之良法美意蕩然無存，而百餘年休養生息之天下靡然騷動，不一再傳，遂貽靖康之禍。由此觀之，變祖宗之成法者，其弊不極於敗家亡國不止也。烏虖，可不懼哉。夫觀於安石之變法爲宋之所以亡，則知曹參之守法爲漢之所以興，較然矣！世之願治者，誠舉曹參治齊、治漢之遺意而推行之，毋以迂疏疲駑而不足爲，則幾矣。

—2. 皇朝經世文編　卷一五　吏政一　吏論上

陶正靖（1682—1745）

字稺袁，號柱中，江蘇常熟人。雍正八年（1730）進士，官至太常寺卿。有《陶晚聞先生集》。

考祀典正禮俗疏

竊臣於上年七月奉旨兼禮書館行走，臣分修祭禮，已次第具稿交送部。臣俟審定外，伏惟國家製作大備，皇上加意修明，凡舊典異同必須詳訂，習俗之弊尤宜大爲之防。查《會典》載北獄恒山，順治初於直隸曲陽縣祭，十七年移祭渾源州。謹按《周禮》鄭康成注：恒山在上曲陽。《漢書·郊祀志》、《地理志》並同。酈道元《水經注》：上曲陽本岳牧朝宿之邑也，在山曲之陽，是曰曲陽。有下，故此爲上矣。隋改曲陽爲恒陽。故《地理志》曰：恒陽縣有恒山。唐《元和郡縣志》：有恒獄觀在恒陽縣南百餘步，又有恒嶽下廟，在縣西四十步。《唐書·地理志》：元和十五年，復更恒陽縣曰曲陽，又更恒嶽曰鎮嶽，有嶽祠。沈括《筆談》云：北嶽一名大茂山，嶽祠舊在山下，祠中多唐人故碑。胡渭《禹貢錐指》曰：大茂山在今阜平縣東北七十里，接曲陽界，爲北嶽之絶頂。舊祠在其下，故昔人舉此以表恒山也。漢唐宋以來諸書所載，大略如此。

今定州曲陽縣西有舊北嶽廟，纍朝碑碣具存，自明《統志》以《水經注》有"崞舊縣南面元嶽"之語，遂謂恒山在山西渾源州南二十里。又有北嶽廟在州南五里，云即舜巡狩處。蓋皆流俗傅會，其實自明以前初無此説也。明尚書馬文昇、巡撫胡來貢先後請移祀於渾源，歷經禮部侍郎倪岳、尚書沈鯉駁寢。至本朝順治十七年，因臣下之請，未經博考，遂改祀於渾源州。《禹貢錐指》謂州距大茂約三百餘里，雖或峰巒相接，未可强合爲一。蓋指移祀之失也。夫廢數千年相沿之典，而從流俗傅會之説，誠所未安。所宜詳訂者一也。

歷代帝王，自唐始立廟於京城，惟祀三皇五帝，其餘則建廟於所都之地，各以其臣配享。明洪武初祀三皇五帝、三王並漢以後創業之君，以歷代名臣從祀。本朝順治二年，增祀遼、金、元、明五帝，從祀名臣三十九人。康熙六十一年，增祀歷代諸帝一百四十有三，名臣四十，加隆先代，甚盛典也。惟是當日禮臣未能詳繹聖祖仁皇帝諭旨，故所增祀者尚有未當，亦多缺略。若夏王孔甲、商王祖甲，《史記》譏其淫亂，周悼王見害於子朝，西漢之業衰於元、成，東漢之祚傾於桓、靈，以至唐宋之季，太阿旁落，無復綱紀，及明之武宗荒淫失德，所當以明之神宗、泰昌、天啓三君爲比，聖祖所謂不應入祠者也。唐之憲宗雖不克正終，然有中興之功，當以明愍帝爲比，聖祖謂不可與亡國例論者也。又如魏之孝文、周之世宗，卓然爲一代令主，國家每遇大典，專官祭告而廟祀缺焉，無乃自相謬戾乎？至從祀諸臣，遺漏猶多。商之賢臣若伊陟、臣扈、巫咸、甘盤，皆見於《書》，周公所稱道，周初賢臣若閎夭、散宜生、太顛、南宫适，皆在十亂之數，乃不得與方召諸臣並馨俎豆。又考自漢以來，奉公盡節如東漢第五倫，純德不渝如後魏高允，盡忠匡諫如唐魏徵，翊贊太平如宋王旦，才稱王佐如元耶律楚材，剛正清嚴如明王恕，定策安國如楊廷和，皆古今來最顯名之賢輔，而今皆略焉，何以厭尚論之公心哉？夫宗廟尚有祧毁。先代帝王之祀，以其功德及人耳，苟無功德可稱，於法即不當祀。臣又查歷代帝王陵寢祭告之處，《會典》開載，凡守成令主略備，謂宜據此爲定，或量加增益，用稱聖祖仁皇帝德意。至配享諸臣，蓋所謂社稷之臣，功在祖宗者，不必拘配食其君之例。此又宜詳定者一也。

以上二條，似應勅部集議，稽諸經史，核諸祭法，詳加參定，庶幾永垂法守，無俾後來擬議。至《禮・書例》内“正俗”一條，整齊教化於是乎在最關緊要。竊見臣庶之家，往往簡於祭祀而侈於婚喪。簡則力猶可爲而不爲，侈則力不足而强爲之，至稱貸破産而不顧。雖有知禮之人，迫於衆咻，不能自異。如婚禮之用刻絲轎圍，費至二三十金，假借一時，炫視道路，此京師、江浙所同也。浙江經前撫朱軾禁止，民以爲便，迄今未知尚遵行與否。又如山西俗最檢樸，而喪禮雕刻紙旛，中人之家費以百計，豪家費以千計，此臣所聞之原任御史陳豫朋者。諸如此類，並應嚴禁。但直省習俗攸殊，若行文查詢，動經歲月，京師萬方輻輳，請勅該部通行各衙門，傳知屬員並候選進士、舉、貢，凡本處習俗悖理傷財之事，許據實開送到館，部臣、纂修官會同商酌。若所費無多、於理未悖者，姑從獵較之義，無容置議。其有悖理傷化，費財無益之事，彙集具奏，先行請旨勅禁，仍載入禮書，犯者以違制論。如此庶足仰副我皇上正德厚生之至意。

—2. 皇朝經世文編　卷五五　禮政二　大典上

陳慶門（1682—?）

字容駟，陝西盩厔（今周至縣）人。雍正二年（1724）進士，歷官亳州、達州知州。纂有《（乾隆）直隸達州志》。

仕學一貫録

世上原無好做之官，雖抱關之吏，亦須夜行早起，方爲稱職。纔説做官好，便非做好官之人矣。士子平日讀書博得一第，居四民之上，自謂朝廷倚重，生民利賴，孰知日日行害人事，件件行折福事，時時做違心違理事，反在人前揚揚得意，略無愧色，豈復有廉恥哉！故人以得官爲可喜，我正以得官爲可懼也。

天非私富一人，原以衆貧者向託也；非私貴一人，實意衆賤者相託也。在貧賤者，自己血汗自己消受，天之鑒察也常寬；若富貴之人高爵厚禄，萬民血汗一人消受，天之督過也常嚴。天心不遠，以民爲心者也，撫民即所以奉天也。每嘆居官之人，事上則俯首鞠躬，臨民則逞志作威，或則厚斂，或則酷刑，或則苦役，賤之如犬馬，刈之如草芥，詎知禍民者天必禍之乎！“忠恕違道不遠”，捨此六字，未有能合人情、得天理者也。

當官處事嘗思有恩以及人，而以方便爲主。即如一催科也，其勢萬不能免，但就其間求其所以省民力者，不使騷擾，重爲民害，則所全已多。一聽訟也，準之以人情物理，出之以静氣平心，不事鍛煉羅織，而人心各得其平。至於恤灾捍患，移易風俗，當顛困欲斃之時而起諸溝壑，予以生全，尤不若先事區處，不致顛頓危急之爲妙也。當越理犯法之日而嚴刑峻法，重懲示警，尤不如止惡未萌，不至用刑而俗美民安之爲愈也。

官場上下相承，分誼攸關，其當盡禮儀，乃衙門體統如此。唯有忠厚以盡事上之禮，直躬而行本職之事，一切升沉顯晦非援上者所能致其萬一也。且上官所責望於下屬，下屬所仰承於上憲者，無非期其施行之咸宜耳。顧其中利害相參，是非互異，上官或得之紙上，未必盡悉其曲折，萬一見解不符，事機乖錯，爲下屬者忠告以盡其誠，善道以致其禮，但得誠意交符，自可相助爲理。夫何委靡不振，悦諛成風，上官曰是，彼亦曰是，上官曰非，彼亦曰非，迨其後事勢乖違，民怨沸騰，彼則曰此上官之意，非距心所得爲也。其居心之險，大非事上之敬，即此一段庸懦卑鄙之態，亦甚失士大夫立心制行之正矩矣。

既爲上官，誰不知以人事君之大義，誰甘爲妨賢病國之小人？如其兩賢相契，方將以言論丰采，覘人才品格，果其持論忠正，剛方自矢，彼方欲引而進之，豈肯妄加禍於守正之人乎？即不然，或意見相左，或好尚相違，甚至娼疾深惡，亦不過如梁冀之惡張綱，使之爲廣陵守耳，不過如鄧騭之惡虞詡，使之爲朝歌長耳。彼原假借賊手以殺二子，而二子卒能驤起事功，彪名後代，是殺之適以成之也。蓋才全則運險爲夷，命在則因禍爲福。人各有天，人各有命，造化有定，人其如天何，其如命何哉？

地方官詞訟無日無之，最足見居官者之明暗，而亦戒飭平反、革薄從忠之一大段工夫也。慨自人心變詐，明明被毆而稱殺傷，分明争財，妄云搶劫，又或牽引其父兄，連及其婦女，意謂未辨是非，且先使追乎擾動，耗財以泄其忿耳。更其中誣賴人命，尤極慘酷，或以奴僕脅主人，或以頑佃誣業主，或以卑幼制尊長。有親人逼死而乘機索詐者，有冒認親族而毁門壞屋者，種種誣罔，不可枚舉。官長止以屍場一驗了事，而豈知其魚糜肉爛，鯨吞虎噬已無所不至哉？此弊不除，人心日益險，事變日益多，官府亦應接不暇矣。吾謂户婚田土，當視其情詞虚實，不宜濫准。不准者必指批其不准之故，毋使再來翻瀆，不可粗心浮氣，略觀大意，以“不得混瀆”一語批出了事。其准者則必親問，不可聽其講和，問則必速，不可稽遲拖累。審明則必斷結，不可含糊逐出候示，又起探聽打點之弊。若於投詞之日，使原告証佐同時到案，當堂取証佐確供。倘詰出黨惡誣証之弊，不待被告到案證明，先懲其詐証扛幫之罪。其有情節可審者，則限日投審。原告情虚，固必加罪三等，而証佐則尤必加重。不過一二月間，扛幫積弊，無情誣訟，即可去其七八矣。誣命一事，直是父子兄弟間以死爲利，暴屍滅法。揣其情節，與手刃無異，是必嚴誣告加三等之法，懲一警百，更榜示告諭，則親族利死之心、末俗搬搶之惡風亦可從此漸息。

吕叔簡《刑戒》一書，是從鐵牀、火坑邊行清凉之劑。蓋痛酷吏深文峻法以毒無辜，故以此致戒，非謂巨惡元兇竟可寬縱也。但當推明律文，權其重輕，用刑時不可以犯法爲怒，不必以得情爲喜。蓋怒則以爲彼罪當受，絶無矜憐，喜則謂我見甚明，惟知痛快。常存此心以調伏之，不言造福，實所以盡心也。

夾棍一物，原有不得不用之時，不過欲取確供耳。初審狡展，不妨屢呼要夾，而其難其慎，不肯即夾。三木之下動關人命，堂上一聲催刑，衆役奮力，受之者魂飛魄散，氣蔽血壅，即有供吐，昏迷之中隨口强應，亦未確鑿。平日於行刑之人明白指示，如不得已，必須用夾，不得遽收，先就情理反覆窮詰，此時問者之狼狽着急，較受刑之人爲更甚。如不從實供吐，催令收刑，但一收止二三分，又就案情反覆詰問，有證據者質之證據，使其計窮語塞，自必供吐。此時官府審問，本犯呼號，行刑者暗暗鬆放，再有狡展，仍如初置刑内，再收亦不過二三分。一放一收，痛則有之，傷人則不能也。且其神魂清白，語言不至混亂，此時供吐方爲確切，可以定讞。俗稱夾棍爲大刑，示不可輕用，更不可錯用也。然不獨大刑爲然，即行杖亦不可忽竹板示警。罪當杖者，亦視其人氣體壯健，足以當之而無傷性命者，然後如法杖責。凡行杖時，官暫停閲審卷，亦不可别有問答，惟注目凝神以觀受杖之人，一則視其人能受與否，倘不能受，量減數杖，杖雖減而法已盡矣。一則防行杖者有任意重責要害，毒打一處之弊。如專用板頭，專打腿彎。余歷任二十年，從未因杖責而損傷一人者，率是道也。

牢獄之苦雜穢疫痢，暑月爲最。常遣人灑掃囹圄，洗滌枷杻，不時調取監簿稽查囚數，以自察其治狀，務使眼前火坑化作逍遥世界。此只在當官者念頭動、舌頭動、筆頭動，一霎時之間耳。

盗賊未起，防守爲要，盗賊既起，擒捕爲要。昔李崇刺兖州，令村建一樓，樓懸一鼓，諸村聞樓鼓聲，各守要路，遇盗輒擒。李肅爲宰，不必建樓，比户置鼓，盗發輒擊，遠近皆應，盗遂斂迹。吾以爲建樓置鼓猶有所費，止須家置一梆，或竹或木，一處起梆，各處四應。有被竊而不傳梆者，罪坐失主。一家傳梆而四鄰不應，及應而不出身協拿者，查明責究，亦何盗賊足慮乎！

州縣親民之官非特貪酷足爲民害，即拘謹之流未嘗不潔清自好，而闇昧不明，優柔不斷，識不足以剔弊，力不足以懲奸，彼雖不貪，有代之而吸民膏者，彼雖不酷，有代之而戕民命者，其與貪酷害民無異。且百爲叢脞，諸務廢弛，或反不若貪酷者流猶能理煩而治劇。所謂廉而無能，不若貪而有幹，古之人誠有慨乎其言之也。

爲政説寬説嚴皆迹也，莫如切實講理。理者，人心自有之天也，發一言，施一事，以我心之天感孚乎人心共有之天，非言人所不能言，實言人所必欲言也，非行人所不能行，實行人所必欲行也。寬之可爲杜母，嚴之可爲召父。寬嚴之迹悉化，以此大畏民志。所謂不賞而勸，不怒而威，此道得也，何寬嚴之足云？

古人謂太上化民以德，其次莫如猛。是説也，非謂猛愈於寬，猛以濟寬，適所以成其寬也。緣民愚無知，彼見上之寬則玩心生，後又從而刑之，則怨毒起矣。爲民上者視事之初，即嚴加整飭，吏役、士民苟有過犯，毫不假借，見之明，行之果，人心震動恪恭，各懷一不敢慢易、不敢欺蔽之心，如此則呼應既靈，法在難犯，而處心積慮却時時欲與民休息，事事爲愚頑鑒原，準情度理，足以快人聽聞，即盡法處之，身受者不敢怨，觀聽者靡不服，畏威懷德，一時並到。若其始不振，後即整頓，徒招怨耳。

——1. 切問齋文鈔　卷一一　服官

孫嘉淦（1683—1753）

字錫公，號懿齋，又號静軒，山西吕梁人。康熙五十二年（1713）進士，官至協辦大學士。謚文定。有《懿齋奏疏》。

三習一弊疏乾隆元年

臣一介庸愚，學識淺陋，荷蒙風紀重任，日夜悚惶，思竭愚夫之千慮，仰贊高深於萬一。而數月以來，捧讀上諭，仁心仁政，愷切周詳，凡臣民之心所欲而口不敢言者，皆已行之矣。事無可言，所欲言者，皇上之心而已。我皇上之心，仁孝誠敬，加以明恕，豈復尚有可議？而臣猶欲有言者，正於心無不純、政無不善之中而有所慮焉，故過計而預防之也。

今夫治亂之循環，如陰陽之運行，坤陰極盛而陽生，乾陽極盛而陰始，事當極盛之際，必有陰伏之機，藏於至微，人不能覺，而及其既著，遂積重而不可返。此其間有三習焉，不可不慎戒也。主德清則臣心服而頌，仁政多則民身受而感。出一言而盈廷稱聖，發一令而四海謳歌。在臣民原非獻諛，然而人君之耳則熟於此矣。耳與譽化，匪譽則逆，故始而匡拂者拒，繼而木訥者厭，久而頌揚之不工者亦絀矣。是謂耳習於所聞，則喜諛而惡直。上愈智則下愈愚，上愈能則下愈畏。趨蹌諂脅，顧盼而皆然；免冠叩首，應聲而即是。在臣工以爲盡禮，然而人君之目則熟於此矣。目與媚化，匪媚則觸，故始而倨野者斥，繼而嚴憚者疏，久而便辟之不巧者亦忤矣。是謂目習於所見，則喜柔而惡剛。敬求天下之士，見之多而以爲無奇也，則高己而卑人。慎辦天下之務，閱之久而以爲無難也，則雄才而易事。質之人而不聞其所短，返之己而不見其所過，於是乎意之所欲信以爲不踰，令之所發概期於必行矣。是謂心習於所是，則喜從而惡違。

三習既成，乃生一弊。何謂一弊？喜小人而厭君子是也。今夫進君子而退小人，豈獨三代以上知之哉？雖叔季之主，臨政願治，孰不思用君子？且自智之君，各賢其臣，孰不以爲吾所用者，必君子而决非小人，乃卒於小人進而君子退者，無他，用才而不用德故也。德者君子之所獨，才則小人與君子共之而且勝焉。語言奏對，君子木訥而小人佞諛，則與耳習投矣。奔走周旋，君子拙而小人便辟，則與目習投矣。即課事考勞，君子孤行其意而恥於言功，小人巧於迎合而工於顯勤，則與心習又投矣。小人挾其所長以善投，人君溺於所習而不覺，審聽之而其言入耳，諦觀之而其貌悦目，歷試之而其才稱乎心也，於是乎小人不約而自合，君子不逐而自離。夫至於小人合而君子離，其患豈可勝言哉？而揆厥所由，皆三習爲之弊焉。治亂之機，千古一轍，可考而知也。

我皇上聖明首出，無微不照，登庸耆碩，賢才彙陞，豈惟並無此弊，亦並未有此習。然臣正及其未習也而言之，設其習既成，則有知之而不敢言，抑或言之而不見聽者矣。今欲預除三習，永杜一弊，不在乎外，惟在乎心，故臣願言皇上之心也。語曰：人非聖賢，孰能無過？此淺言也。夫聖人豈無過哉？惟聖人而後能知過，惟聖人而後能改過。孔子曰“五十以學《易》，可以無大過”，大過且有，小過可知也。聖人在下，過在一身；聖人在上，過在一世，《書》曰：“百姓有過，在予一人”，是也。文王之民無凍餒，而猶視以爲如傷，惟文王知其傷也。文王之《易》貫天人，而猶望道而未見，惟文王知其未見也。賢人之過，賢人知之，庸人知之。聖人之過，聖人知之，賢人不知。欲望人之繩愆糾謬而及於所不知，難已！故望皇上之聖心自懍之也。危微之辨精，而後知執中難允；懷保之願宏，而後知民隱難周。謹幾存誠，返之己而真知其不足；老安少懷，驗之世而實見其未能。夫而後欿然不敢以自是，不敢自是之意流貫於用人行政之間，夫而後知諫諍切磋者愛我良深，而諛悦爲容者愚己而陷之阱也。耳目之習除，而便辟、善柔、便佞之態，一見而若浼；取舍之極定，而嗜好、宴安、功利之説，無緣以相投。夫而後治臻於郅隆，化成於久道也。不然而自是之根不拔，則雖斂心爲慎，慎之久而覽其無過，則謂可以少寬；勵志爲勤，勤之久而覺其有功，則謂可以稍慰。夫賢良輔弼，海宇昇平，人君之心稍慰，而欲少自寬，似亦無害於天下。而不知此念一轉，則嗜好、宴安、功利之説漸入耳而不煩，而便辟、善柔、便佞者亦熟視而不見其可憎。久而習焉，忽不自知而爲其所中，則黑白可以轉色，而東西可以易位。所謂機伏於至微，而勢成於不可返者，此之謂也。是豈可不慎戒而預防之哉?《書》曰："滿招損，謙受益。"又曰："德日新，萬邦惟懷；志自滿，九族乃離。"《大學》言見賢而不能舉，見不賢而不能退，至於好惡拂人之性，而推所由失，皆因於驕泰滿與驕泰者自是之謂也。由此觀之，治亂之機轉於君子小人之進退，進退之機握於人君一心之敬肆。能知非，則心不期敬而自敬，不見過，則心不期肆而自肆。敬者，君子之招而治之本；肆者，小人之媒而亂之階也。然則沿流溯源，約言蔽義，惟望我皇上時時事事常存不敢自是之心，而天德王道舉不外於此矣。語曰：狂夫之言而聖人擇焉。臣幸生聖世，昌言不諱，故敢竭其狂瞽，伏惟皇上包容而垂察焉，則天下幸甚。

—2. 皇朝經世文編　卷九　治體三　政本上

請開酒禁疏

伏讀上諭，河北五省燒酒盛行，特以飲少輒醉，其價易售，人皆樂其便易，故造之者多。則是造酒之由，皇上既知之矣。又讀上諭燒鍋之禁，有司陽奉陰違，黠悍富民用其資財串通胥役，敢於觸禁肆行。則是禁酒之弊皇上亦既知之矣。知其造之多而禁之難，而猶斷然必禁者，蓋以造酒之家類皆富民，而非貧民之生業。禁酒而存米穀，則富民不過暫緩於一旦，而貧民將享樂利於無窮，此所以斷然禁之而不疑也。臣之愚昧，則以爲燒酒之禁，無論禁之而滋擾，擾之而終不能禁。借令禁之不擾，而能永禁，其貧民之生計、米穀之蓋藏，不惟無益而且有所損。臣請詳言之，望皇上鑒宥而采擇焉。

夫所謂作酒醪以糜穀者，爲黄酒言之也。黄酒之麯，必用小麥，其米則需糯粳秫黍，此皆五穀之中最精且良，糜之誠爲可惜。若白酒則用高粱，而佐以豆皮、黍殼、穀糠之類，其麴則用大麥。大麥與高粱非朝夕所常食，而糠殼等項本屬棄物，雜而成酒，可以得重價，其糟可以喂六畜，此乃化無用爲有用，非作無益而害有益也。他若棗、柿、葡萄等類，皆可燒酒，乃天地自然之利，不需米穀而成。今欲禁燒酒而併禁黄酒，則無以爲祭祀賓客養老之用，誠有所不可。若不禁黄酒而止禁燒酒，則是使天下巨萬億兆飲燒酒之人皆轉而飲黄酒，飲燒酒四兩而醉者，飲黄酒二三斤而不足，則黄酒之沽必什倍於前，而小麥、糯黍之費不可以數計矣。省大麥、高粱之粗且賤者，而倍費小麥、糯黍之精且貴者，此臣所謂無益於蓋藏者也。至小民之生計，則豈特口食已哉？必將以釜甑爨而以鐵耕，百工之所爲皆需以粟易之，而又有税糧之徵，衣服、鹽蔬之用，婚姻、疾病、喪葬之費，非糶五穀無由得也。故粟太貴則病末，太賤則傷農，得其中而後農末俱利。故農有歉荒，亦有熟荒。計十年之内，歉歲三而豐歲七，則粟宜有所洩，非但積之不用而已。今北五省之地，不種高粱，則無以爲薪席、屋牆之用；種之而用其稭秆，則其顆粒宜有所售賣，燒鍋既禁，則富民不買高粱，而貧民之高粱雖賤而不售，高粱不售，而又必需酒，則必賣米、穀以買黄酒。向者一歲之内，八口之家賣高粱之價可得七八兩，今止二三兩矣，買白酒之費不過二三兩，今買黄酒則費七八兩矣。既已所入少而所出多，又加以粃、糠、穗、穀之類堆積而不能易錢，園林、果木之實腐朽而歸於無用，牛、羊、猪、鵝等畜艱食而不能肥腯。自然之利皆失，則日用所需惟糶米、麥。糶之而售，則家無蓋藏。糶之而不售，則完納税糧以及衣服、婚喪之用皆絀。此臣所謂有損於生計者也。

且夫小民之趨利，如水就下。此非政刑所能防也。利所不在，雖賞之而不爲；利之所在，則禁之而愈甚。燒鍋禁則白酒少，酒少則價必貴，價貴則私燒之利什倍。什倍之利之所在，則足以性命争焉。私鑄銅錢、私造賭具罪至斬、絞、軍、流，而民猶或犯。無他，争利故也。今私燒白酒則將定以何罪乎？我皇上大聖至仁，斷不忍以飲食細故而置民於大辟，則其罪必不比於私鑄、造賭，罪輕於彼而利有甚焉，欲民之不犯難矣。不得已也，而重官吏之處分，官畏處分則查拿，中商小賈類皆失業，而豪富之家高牆深院，查拿之所不至，敢於觸禁。則富民益獲漁利之益，貧民不勝其欲而思效之，將改造其器，而變易其法，於是乎釀醋之盆，皆可以釀醴，蒸飯之甑皆可以蒸酒。有司奉令不謹，則賄縱而分其貲財；奉令過謹，則横拿而傾其身家。不寧惟是而已，夫醋盆、飯甑則何家不有哉？一家之盆甑，偶爾犯法，則萬家之盆甑盡屬可疑。將炊爨之民比户可以查拿，日用之物隨手可以訛詐，公庭無非訐酒之訟，而囹圄亦不能容犯酒之人矣。孟子曰：“君子不以所養人者害人。”本爲小民之生計，而滋擾如此，則立法不可不慎也。

臣之愚昧，以爲燒鍋之禁，或宜於歉歲而不宜於豐年。粒米維艱，則大麥、高粱之類亦可以療飢，禁之誠爲有益，但止可禁於成灾之地，而各處不必通行，亦但可善爲勸導，暫爲封貯，而不必壞其器具，而加以刑罰。至豐年米、穀足食，則大麥、高粱之類原非朝夕常食之物，宜開通酒禁，使官吏無由需索，而民間亦得出其不急需之顆粒、無所用之粃糠，轉移售賣，以佐不時之費。則上下不擾，而百姓自享盈寧之慶矣。望皇上爲斯民熟計之也。

—2. 皇朝經世文編　卷五一　户政二六　榷酤

八旗公産疏

奏爲遵旨詳議事：旗人圈地，從前典賣與民人者，已奉旨許令旗人出價贖回。然贖地之後，旗人承買，更須酌議。伏讀上諭曰：貧乏兵丁食餉有限，無從措價，勢必至盡歸富户。富户或肯周濟親族，亦豈能多爲分給？則贖地一事，恐未必於貧乏旗人有益。聖謨洋洋，誠爲旗人思久遠之策也。

查貧乏兵丁不止無從措價，假使措置亦不能多，所買不過數十畝至一二百畝而止。身在京城，不能自種，有限之地不可以設莊頭，差人討租，往返盤費，所得租銀隨手花消，實無管業之方。雖立法以均之，終至盡歸富户，此必然之勢也。夫依古以來，使人自養則有餘，以官養人則不足。我國家苞桑鞏固，億萬斯年，八旗生齒，不知紀極。若不令其自爲生計，皆袖手而仰食，則雖多方籌劃，恐未必大有益也。

查八旗公産，以及旗退餘存入官等地，及此次贖回民典之地，不下數千萬畝。似應曉諭八旗，如有情願下鄉種地爲生者，不必取價，上地給與百畝，中地給與一百五十畝，下地給與二百畝，令其率領妻子居鄉耕種。初種之年，量給牛種、房屋之資，一時雖不無所費，而以二三百畝之田，可使一家八口之衆永無飢寒之憂，且子孫皆有常業，不復仰給於官。其爲利賴，實屬無窮。

再查八旗有地之家，從前亦多有在屯居住耕讀爲生者，後因李禧條陳，皆令移住京城，實與旗人無益。臣之愚意，除爲官披甲當差之人在京居住外，其餘閑散人等，如有情願在屯居住自行耕種者，俱各聽其自便，如此，則旗人皆知務本，風俗漸歸淳樸，且身能勞苦則筋力强壯，將來拔補兵伍必更勇健，此則萬年富强之要術也。抑臣更有請者，查我朝定鼎之初，雖將民田圈給旗人，但仍係民人輸租自種；民人自種其地，旗人坐取其租，一地兩養，彼此相安，從無異説。至近年以來，則旗民往往因欠租奪地，互控結訟。其弊皆起於取租之旗奴、承租之莊頭、攬租之地棍。小民欲治良田，必積二三年之苦工，深耕易耨，加以糞治，田甫就熟，而地棍生心，遂添租挖種矣，稍有争執，即以民霸旗地告官矣。莊頭取租多索而少交，田主受其侵盗，佃户受其侵漁，甚且今年索取明年之租，若不預完則奪地另佃矣。另佃必添租，租銀既重，逋負必多，一遇歉收，棄地而逃，並少租亦不得矣。旗人不能出京，多差家奴下屯，莊頭、地棍聲色哄誘，飲博相從，所收之租隨手花去，則又探次年之租矣。至於次年無租可索，而懼主責懲，則以佃户抗租爲詞矣，今年張甲，明年李乙，至小民以爲租已預交，旗奴以爲並未收取，遂至互訟不休矣。田主苦於欠租，雖有地而無利；民人苦於另佃，求種地而不得，而於中取利、華衣鮮食者，皆莊頭、地棍之家。剥良民以養奸民，甚可惜也。查地棍人等，有司可以懲治。

臣當嚴飭地方官，查訪得實，或被人告發，必從重嚴處。至於莊頭、旗奴，則非有司所能制也。仰懇皇上天恩，勅諭八旗王公以及有地之家，如有不設莊頭，願交有司催徵者，臣當飭地方按年催徵完解；如願自置莊頭或差家奴討取，亦悉聽其自便，但不得輕易更换種地之人。如莊頭、家奴稟稱佃户抗租，但令田主將歷年收租之額與常年所欠之租開一清單，行文地方官查明，如係莊頭、家奴於中作弊，審明，治以應得之罪。如此，則莊頭、家奴不敢侵蝕揑詐，地棍人等自無所施其奸狡，旗人按年收租不虞逋欠，民人獲有常業不患侵奪，臣乃可以勸其治糞土、勤墾闢、植菓棗、藝蠶桑，庶幾民人漸至盈寧之慶，而旗人常享豐亨之福，洵爲旗民兩便之道矣。

—2. 皇朝經世文編　卷三五　户政一〇　八旗生計

尹　泰（？—1738）

字子登，章佳氏，滿洲鑲黄旗人。官至東閣大學士兼兵部尚書。謚文恪。纂修有《大清會典》。

臺灣田糧利弊疏雍正五年

竊查臺灣全郡，盡屬沙壤，地氣長升不降。所有平原，總名草地，有力之家，視其勢高而近溪澗淡水者，赴縣呈明四至，請給墾單，召佃開墾。其所開田園，總以甲計，每田一甲，約抵内地之田十一畝有零。鄭氏當日分上、中、下三則取租。開臺之後，地方有司即照租徵糧，而業户以租交糧，致無餘粒，勢不得不將成熟之田園以多報少，欺隱之田竟倍於報墾之數。臣等細訪向來任其欺隱、不行清查之故，則其説有五：現徵科則，計畝分算，數倍於内地之糧額，若非以多報少，不能完納正供，此其説一也。臺灣沙地，每歲夏秋大雨，山水奔瀉，田園衝爲澗壑，而流沙壅積，熟田亦變荒壤，若非以多報少，將何補苴虧缺，此其説二也。臺地依山臨海，所有田園並無堤岸保障，海風稍大，鹹水湧入，田園滷浸，必俟數年鹹味盡去之後方可耕種，若非以多報少，何以抵納官糧，此其説三也。臺郡土脉炎熱，不宜用肥，兩三年後力薄寡收，便須荒棄兩年，然後耕種，若非以多報少，焉能轉换辦公，此其説四也。佃丁係漳、泉、潮、惠客民，因貪地寬可以私墾，故冒險渡臺，設使按畝清查，以租作糧，伊等力不能支，勢必各回原籍，以致田園荒廢，額賦虚懸，此其説五也。夫田糧之欺隱若此，其所以致此欺隱而難以清釐者又若此。宜作何變通以除欺隱之弊，海疆重，與内地不同，臣等愚昧，不敢輕議，謹據實奏請聖裁。

至於北路彰化一帶，縣係新設，地稍偏遠，臣等見多未闢之土，亦宜召民開墾。案查淡水同知王汧，曾經具詳稱，北路虎尾溪以上，閑原寬曠，其召民開墾之法，毋許以一人而包占數里地面，止許農民自行領墾，一夫不得過五甲，十夫連環互保，定限三年，比照内地糧額起科。再如熟番場地，向有奸棍認餉包墾，久假不歸之弊，若任其日被侵削，番衆無業可依，必至退處山内，漸漸變爲生番。宜令大社留給水旱地五百甲，中社留給水旱地四百甲，小社留給水旱地三百甲，號爲社田，以爲社番耕種收獵之所，各立界牌，將田場甲數、四至刊載全書，使日後勢豪不得侵占。其餘草地悉行召墾，並限三年起科。臣等細加尋繹，事屬當行，惟召墾農民，似宜照臣等前摺所陳，亦令歸莊併甲，務使匪類奸徒無處托足，以靖盜源。

—2. 皇朝經世文編　卷三一　户政六　賦役三

王應奎（1684—1757）

字柳南，號東漵，江蘇常熟人。應鄉試八次未中，退隱。好學至老不倦，詩文俱雋永。有《柳南文鈔》。

浮糧變通議

糧，曷以浮名也？蘇州府現額三百五十萬石矣，松江現額一百二十萬石矣。然在宋時，蘇州府不過三十餘萬也，松江府不過二十餘萬也。即有元增定賦額，蘇州府亦八十餘萬而止，松江府亦七十餘萬而止。是今日之賦額，較之於宋浮至七倍，比之於元亦浮至三倍。不特此也，即如湖廣全省額徵二百三萬，而蘇州一府之數浮之；福建全省額徵一百萬有奇，而松江一府之數浮之，豈天下之田皆生粟，而二郡獨雨金歟？建文詔免而復於永樂，文襄請減而增於萬曆，豈非極重難反之勢哉？近世撫臣之請減浮糧者相繼，而事寢不行，大抵以蘇、松財賦重地，爲國家之根本，難議蠲恤耳。

於是有爲變通之説者：或曰明時雖曰重額，而漕運贈米即在正米之中，且平米一石，派本色五斗外，止徵折色銀二錢五分。周文襄巡撫江南時，重糧田納銀一兩准米四石，輸布一匹准米一石。正額如此，加耗可知。今則每米一石，除去本色，折色至五錢有奇，而加耗猶在外。既有五米十銀，復有浮數不貲，或致一畝之租不能辦一畝之税，此加耗之害非淺也。浮糧難豁，耗贈不可減乎？或曰故明折色，於次年二月，然後分十限開徵。今則於本年正二月間，通行截票。其時宿土未翻，青苗未插，天時之水旱未卜，秋成之豐歉未定，遂以監司督之有司，有司督之里役，里役督之編户，有不如限者，則虎吏即隨其後，苟非操券於債家，入衣於質庫，其將何以應之？此早徵之爲禍最烈也。浮糧難豁，催科不可緩乎？或又曰徵輸之法減一分，則小民受一分之惠。試以蘇、松之田計算，如極重科則，每畝三斗以至四斗外者，每平米一石請減一斗科則，二斗以外者，每平米一石請減七升科則，二斗以内者，每平米一石請減五升，其一斗五升以下地蕩山塗等，則不在議減之列。如是則於國計無虧，而三百年之痼疾自此而有起色矣。全豁難議，遞減獨不可行乎？

夫是三説者，皆變通之得其道者也。但減耗、緩徵之説，可以救一時，非所以垂萬世；科則遞減之説，可以甦民困，非所以裕天儲。爲今之計，莫若以蘇、松之浮糧，攤之於天下輕額之田，每畝以一合爲率，而兩郡所浮便可以減其大半，是天下無加徵之苦，而兩郡有減賦之實，國用無毫釐之虧，而民生有再甦之樂也。昔宣德、正統間，蘇州一府逋税七百九十萬石，巡撫周文襄察知其故，遂規畫便宜，令民田加耗一斗有差，以通融官田之虧欠。至嘉靖中，知蘇州府王儀，請盡括官田、民田而裒益之，於官田之重額者，以其糧攤之輕額之民田。此攤之之説，昔人已有行之者。然以蘇、松之糧而即攤之於蘇、松，何如以蘇、松之糧而攤之於天下，蓋普天莫非王土，率土莫非王民，固不應蘇、松兩郡之黎庶，獨受此偏重之累也。語曰：仁不異遠，義不辭難。皇帝清問，則大臣入告，庶南山復禹甸之疇，大東無幓簋之嘆乎。謹議。

—2. 皇朝經世文編　卷三二　户政七　賦役四

通　智（？—1757）

滿洲正黄旗人。康熙四十六年（1707）由監生考授理藩院筆帖式，官大理寺卿、兵部右侍郎等職。

惠農渠碑記

黄河發源於崑崙，歷積石，經銀川，由石觜而北，繞鄂爾多斯六部落入黄甫川，逾潼關，會泗、沂，合淮歸海，源遠流長。而朔方一帶，導引灌溉，厚享其利焉。獨查漢託護地方，沃野膏壤，因漢、唐二渠餘波所不及，遂曠爲牧野。我皇上軫念寧夏爲邊陲重鎮，建新城，設將軍，領兵駐防，特命侍郎臣通智，會同督臣岳鍾琪，詳細踏勘。嗣命臣通智偕侍郎臣單疇書，專董是役。復揀選在部道府州縣十五員，命赴工所，分司其事。又奏請調取守備官弁武舉等十有二人，共勷厥工。乃相土宜，度形勢，以陶家觜南花家灣爲進水口，近在葉昇堡之東南也。黄流自青銅硤口而下，支派分流，至此而滔滔汩汩，順流遠引，足溉數萬頃之田。

其渠口石子層壘，底岸維堅。由此而東北，遍歷大灘，擇地脉崇阜處，開大渠三百里，口寬十三丈，至尾收爲四五丈，底深丈一二尺以至五六尺不等。高者窪之，卑者培之，引入西河尾，並歸於黄。建進水正閘一，曰惠農閘；建退水閘三：曰永護，曰恒通，曰萬全，節宣吐納，進退無虞。設永泓、永固暗洞二，以通上下之交流。設彙暗洞一，以接漢渠之餘水。正口加幫石囤，頭閘堅造石橋，則渠源不患沖決。特建尾閘以蓄泄之，外壘石節以鞏固之，則渠稍可以永賴。大渠口以東，俱引灌大渠水，其田勢高處，刳木鑿石爲槽，以飛渡漢枝渠之水而東之，仍不失其已然之迹。西坂渠尾以南直抵渠口，其西岸不能歸暗洞之小退水，特留獾洞，放之大渠一帶出之，亦絶無漲漫之患。任春、葉昇二堡爲往來孔道，於正閘復造橋房，旁列數楹，可爲守者居，兼爲行者憩。建龍王廟，立碑亭以記工程，並壯觀瞻。沿渠之橋二十有二，西河之橋十六，行旅往來，賴以普濟。其枝渠四達，長七八里以至三四十里者百餘道，均作陡口飛槽，而户口人民沿渠又各製小陡口、小獾洞千餘道，以相引灌。自此溝塍繡錯，二萬餘頃良田無不霑足。於渠之東，循大河涯築長堤三百二十餘里，以障黄流泛溢。於渠之西，疏通西河舊淤三百五十餘里，以瀉漢、唐兩渠。諸河減水各閘，旁建水手房四十二所，以司啓閉。遍置塘房三十七處，稽察邊汛，而大渠長堤以至西河，兼恃防護。渠堤二岸，俱夾植垂楊十萬餘本，其盤根可以固塴岸，其取材亦可以供歲修。至於東北隅一帶，其地尤廣，其土尤沃，改六洋河爲渠一百一十餘里，以佐大渠所不及。奏請建縣城二，其一在田州塔南爲新渠縣，其一在省嵬城西爲寶豐縣。立縣令以膺民社，設通判以司水利，建學校以育人材，置營弁以備防汛，移市口於石觜，漢夷皆便，建城堡於山後，守禦相資。

兹役也，蒙皇上特頒帑銀十六萬兩，以爲工匠、車船一切物料之用，纖微不累於民。肇始於丙午之孟秋，工竣於己酉之仲夏，向之曠土，今爲樂郊。復蒙皇恩廣被，又頒帑銀十五萬兩，以爲招徠户口恒産耕種之資，由是億兆歡呼，争先趨附，闢田園，葺廬舍，犂雲遍野，麥浪盈疇，勤耕鑿者歌帝力，安隴畝者頌高深。奏之九重，錫以嘉名曰惠農渠，遐陬赤子，盡戴光天，邊塞黎民，欣逢化日，誠國家萬年之基，而民生世享之業也。爰立石而爲之記。

—2. 皇朝經世文編　卷一一四　工政二〇　各省水利一

沈起元（1685—1763）

字子大，號敬亭，江蘇太倉（今屬蘇州）人。康熙六十年（1721）進士，官至光禄寺卿。有《敬亭文稿》。

擬時務策

《大學》之言平天下也，曰：“生之者衆，食之者寡，爲之者疾，用之者舒。”四者萬世不能易也。夫堯舜之治天下，非能解衣衣之，推食食之也，亦惟使之自爲衣食，無一夫之不獲其所，而堯舜不尸其功。故二帝、三王之世，其受禄於王家者，惟公卿、大夫、士以及庶人之在官者，餘皆自食其力，而上爲之整齊教導之爾。自漢唐而後，始有養兵之費，大耗國用，於是賦斂不得薄，民日困而兵日滋，常重爲國患，然猶曰：養兵以衛民也。未有舉數十萬不士、不農、不工、不商、非兵、非民之徒，安坐而仰食於王家，而可以爲治者。賈子云：“一人耕之，十人食之，求不飢不可得也。一人織之，十人衣之，求無寒不可得也。”可不念與？

我國家龍興沙漠，基王業於遼陽，其時部落之故人爲滿洲，漢人之先附者爲漢軍。漢軍云者，以别於漢人之未附者也。迨天與人歸，定鼎中原。滿洲漢軍分爲八旗，皆當日開國有功之人。編有尺籍，官有俸，甲有糧，於擾攘之後，因廢宅閑田而各授之業，其生裕如也。於是嚴爲之制，漢軍擅出他省者爲逃旗，罰及長吏。漢軍之仕宦於外者，子弟不得隨侍，親友不得探問，死喪於外，必返葬於京師，其約束、稽察之嚴如此。自定鼎以來，四聖相承，太平無事者百年於兹，深仁厚澤，休養覆育，生齒日繁，天下户口數倍曩昔，而旗人之繁衍視之矣。

竊聞世祖時，定甲八萬，甲受銀若干兩，米若干石。至聖祖時，乃增爲十二萬甲，蓋一甲之丁，至今而爲數十丁、數百丁者比比。於是一甲之糧，昔足以贍十家者，必不足以贍數十家、數百家，勢也。甲不能遍及，而徒使之不士、不農、不工、不商、不兵、不民，而環聚於京師數百里之内，於是其生日蹙，而無可爲計，非旗人之愚不能爲生也。雖有干木、陶朱之智，不能爲生也。豈惟旗人不能自爲計，雖堯舜之仁，不能爲之計也。今天子登極，洞悉其貧苦之狀，加恩優恤之者，已無所不至，而究不可爲經久之道。仰窺聖心，焦勞於此事者深矣。蓋聖主德意，方將使九州萬國，無一夫不得其所，而何忍輦轂之下，轉有窮而無告之人？然以生齒日滋，日用飲食之資無限，而國家之賦入有定。以有定之數，供日滋之生，無限之用，雖罄十三省之惟正，不足以給之。况今天子仁聖，蠲免賑發之令，無月不下，方損上益下，以期厚民之生，又何忍朘民之膏，以濟旗人之生。則所以謀旗人之生計者，雖堯舜之仁，誠不能矣。然堯舜之仁，必不以不能而遂不爲之計也。草茅之愚，竊以爲其道在一視滿漢而已。

夫我朝之滿洲即舜之諸馮，湯之亳，文之岐，漢高之豐、沛也。其發祥之始在是，不聞一統之後以其發祥之地之人民悉授之食，以長養其子孫也。則今之滿洲，其處之者，似亦宜若直省之士民，秀者官之，强者兵之，弱者農之、工之、商之而可矣。今且未暇言滿洲也，請言漢軍。昔以别於未附之漢人而名之爲漢軍，今天下一家，薄海内外，孰非我朝之赤子，而何必尚從而别而二之，因示天下以不廣？若以爲軍，亦必其軍也而後軍之。軍有尺籍，一軍則一丁，而非一姓一族之謂也。今漢軍之仕宦班列，既從其漢，漢之與漢人無分，而又獨於其族姓則以軍束之，而又概而禄之不可、概而伍之不能，聚之京師，不能盡用，亦不盡可用，無緩急可恃之實，而從使有朝夕不能自存之勢，亦大可惻矣，亦大可慮矣。夫别之爲漢軍者，因其祖父之軍，而軍其後之子孫也，亦蘄毋缺其軍耳。我朝之八旗，猶周之六師，漢之羽林，唐之府兵，事關宿衛，固不可虚缺也。缺之不可，溢之亦不必，則今之措置旗人者，宜莫若於漢軍之内，稽其祖籍以一人承占，或以材，或以輩行，其餘子姓則散之出旗，軍者，軍之漢者。漢之軍，有甲糧可以自給，餘歸四民，任其所之，使謀其生，則宿衛無虚籍，而輦下無窮民，所禆於經國大計者，非淺鮮矣。或曰：今漢軍雖散之出旗，其原籍無産無業，終無以生。竊謂不然。夫人之求生也，不學而能，不習而利，惟束縛之嚴，使不得展，乃仰食於上耳。使縱之自由，則天地之大，何往而不得其生。且聖人之教人也，貴使其勞而不使其逸。勞則思善，逸則思淫者，常也。今漢軍之不能爲生也，固由上之力不足以給之，即足以給之，而其生愈不給者，以其所爲衣食者，不從勤苦經營而來，則奢侈、縱恣之心，習以成性，各爲不终日之計。况法制禁令，更使之無可經營乎？若施非常之恩，下恢宏之令，俾脱旗籍，東西南北，除伊祖父作宦郡邑之外，許其擇便占籍，隸於有司，將學而爲士，力而爲農，藝而爲工，貲而爲商，以至或爲塾師，爲幕客。人自爲生，何無産與業之足患。其秀者仍可爲王國之用，勤者亦可供貢賦之入。國用所節甚多，不俟上之經畫，而人人自得於光天化日之下，於德爲深厚，於治爲光大，而於時實爲要務矣。且嘗見漢、唐、宋緜祚久遠之後，即宗室之苗裔，亦散處閭閻，齒於四民，不能盡爲班禄，况數千萬族之衆乎？

由此言之，即所以安措滿洲之處，亦必有道。其不可以官爵爲周給，稱貸爲長策，已在聖明洞鑒之中，無庸贅及者也。方今聖治日隆，德化翔洽，承天休命，萬世無疆，而惟此若隱隱重可憂者，而謀國者曾不能一爲國家深計及之。此賈誼之所以太息於漢文也與。

—2. 皇朝經世文編　卷三五　户政一〇　八旗生計

莊亨陽（1686—1746）

字元仲，號復齋，福建南靖（今屬漳州）人。康熙五十七年（1718）進士，官淮徐海道。有《秋水堂集》《河防算法書》。

河防説

徐屬之災，皆黄水爲之。昔靳文襄公以爲徐州黄河之北，逼近運河，黄水可南泄，不可北泛。故於河之南岸，開毛城鋪一百二十丈，又開天然閘三丈六尺，以泄汛漲，保運道，全徐州，意至深，法至美也。自乾隆三年，毛城鋪閉，水勢無所分。去年，南岸天然閘暴逼下注，四倍往常，水勢過猛，閘下引河狹小，不能容納，兩堰潰決，銅山之西鄉，蕭縣之東、北、南三鄉，胥受其害。此水流入睢溪口至睢寧，又因洪澤湖水滿倒漾，不得宣泄，以致淹没。而北岸石林口一帶，自李道華家樓起至蘇家山止，計九十里，向稱高阜無堤之所，四年以後，亦變而爲低窪。伏秋汛發，黄水皆從此漫溢，北流入微山湖，一由韓莊閘出運河，一由荆山口出運河，河不能容，兩岸常被淹没，然害尤未甚也。去歲石林口一決，黄水北注，直壞沛縣之縷水堤，逼微山、昭陽湖之水，不得南流，横衝運道。自夏鎮以下，韓莊閘以上，微山湖與運河合而爲一，旁無縴道，漕艘難行。沛縣全邑汪洋，城隍幾於不保。銅山河北四鄉皆成巨浸。豐縣境鄰銅、沛者亦被波及。其由荆山口入運一支，則横貫駱馬湖，破六唐河，泛濫四出，邳州、宿遷半受其毒，仍復北淹金魚滕嶧之鄉，東浸桃沭安海之境，害又不獨徐州一郡矣。今石林口工程雖已竣，然細察情形，亦未爲堅固。何者？沙虚則易崩，料鬆則易蟄，樁不入地則易漂。且護戧不加，月堤未築，冰泮之時已爲可慮，桃伏秋三汛又有不必言者。就令可保，而石林以東八十餘里無堤之處，今年汛至，恐無在而非石林口，其害仍無已時，故必急開毛城鋪，而後可永除徐州之水患也。

至古溝之決，傳者以爲河湖交漲，又云河南開通水道，直至亳州所致，不知非也。方古溝未決之先，查閲毛成鋪並未嘗過水，黄河雖漲，勢不能及湖，而河南諸水必會淮、睢歸洪澤，自古而然，無論亳州開否也。天然減水壩壅淤已三年矣，蓄極必滿，滿則必潰，縱使亳州不開，古溝能保其不決乎？古溝不決，鳳、潁、泗尚復能堪乎？論者又謂閉天然減水壩，以蓄清敵黄，既大害於鳳、潁、泗，壅之而潰，又大害於淮揚；不若塞斷清口，别於天長、六合間鑿山隙六百餘里，導淮入江，一勞永逸，其説亦似也，但本朝治水原合淮黄以通運道，若使淮自淮而黄自黄，則轉運維艱。且開六百餘里之新河，爲費不貲。孰若仍靳文襄之舊，使鳳、潁、泗、淮、揚、徐、海俱慶安瀾，不費不勞，而漕艘直達京師之爲得耶？

或又疑黄河之底，日淤日高，苟不塞天然減水壩以蓄清敵黄，則清口將有倒灌運河之患。不知天然減水壩，原與清口平泄，水正相當，直則所蓄清水力本足以敵黄，但非導毛城鋪黄水以助之，則黄自黄而湖自湖，兩不相通，湖水有時大勝河，河水亦有時大勝湖，不能無虞倒灌。故靳文襄泄黄之有餘，以濟淮之不足，化無用爲有用，功莫大焉。今試泄黄水十之二，使入毛城鋪歸湖以出清口，計正河減二分，清口增二分，則合處差四分；試泄十之三，使由毛城鋪歸湖以出清口，則合處計差六分矣。黄大則清亦大，黄小則清亦小；名爲以清刷黄，實則以黄刷黄，雖十萬年亦無倒灌之患也。再考靳文襄舊制，於清口分運處所，原建磨盤墩一座，以禦黄流；又建閘三座，視黄流之盛衰爲蓄泄，務令足以相敵。自毛城鋪閉後，黄水頓增，舊運口逼近黄河，恐其倒灌，乃改鑿新運口，離河稍遠，以爲無需舊處墩閘，一切撤去。誰知伏秋汛至，全河勢盛，灌入清口，無所關攔，而運河、洪澤兩受其侮矣。《詩》云："不愆不忘，率由舊章。"靳文襄收黄之利，今則卻黄之利，而反招黄之害，且又受淮之虐，致使徒糜數千萬帑金，數百萬之漕米，國計民生交受其困，爲計不亦左乎？及今而猶不知改圖仍舊，後將何以繼之哉？

此舊説也，不知減黄則黄愈淤，入湖則湖亦淤，至今日而病大驗矣。蓋河身窄，河底高，不於此籌變通之術，而徒議宣泄救病，適以生病耳。存之以見舊説相沿之不驗。

—2. 皇朝經世文編　卷一〇〇　工政六　河防五

郭起元（1686—?）

字復齋，福建閩縣（今屬福州）人。諸生，乾隆時舉博學鴻詞未就，後以賢良方正薦，官至泗州知州。有《介石堂詩集》。

劉晏理財論

自古有國家者，不畜言利之臣，後世有主於流通天下之財，以濟國用者，其間利害不一，或失於損下益上，或失於上下各有損，或得於上下各有益，其等差蓋懸絶矣。

聿稽漢武之世，用兵財乏，桑弘羊乃創爲買賤賣貴，謂之“均輸”。於時，商賈不行，盜賊滋熾，幾至於亂，此損下益上者也。宋王安石以治財之説誤神宗，創制置三司條例司，散放青苗錢，遣使者數十輩周行天下，講求遺利。卒之民生困敝，宋祚中絶，此上下交損者也。

若夫劉晏之理財，有上下交得者。唐肅宗朝，晏以御史大夫領東都、河南、江淮、山南等道轉運租庸鹽鐵使。時兵戈之後，中外艱食，京師斗米直千。宴所經歷，盡得其利病之由，運其謀畫，轉漕輸京，歲四十萬。由是，關中賴以無饑。唐開寶間，天下户口千萬，至德後殘於兵，户不滿二百萬。晏察州縣灾害，不使流離死亡，生齒遂日滋。嘗曰：“王者愛人，不在賜予，當使耕耘織紝，常歲平斂之，荒年蠲收之，又時其緩亟，而先後之。”其法諸道巡院皆募駛足，置驛相望，四方貨殖低昂及他利害雖甚遠，不過數日即知。是以能權（萬）［萬］貨之重輕，使天下無甚貴甚賤而物價常平。所置諸道使者，皆慎選臺閣士爲之，倚辦督成，故能有功。嘗言：“士有爵禄，名重於利；吏無榮進，利重於名。檢劾出納，一委士人，吏惟奉行文書而已。”其所任者，數千里外奉教令如在目前，不敢欺隱。每州縣有荒歉，則計官所贏儲，先令蠲某物以貸其民；民未及困而得財，其補救爲有濟。嘗曰：“善治病者，不使至危憊；善救灾者，不使至賑給。”蓋給少則不足以活人，給多則帑廪虚而國用闕，則復重斂於民矣。况賑給多僥倖，吏緣爲奸，强得之多，弱得之少，雖刑法莫能禁也。又謂：“灾沴之鄉，所乏惟糧耳。他産固尚在也，賤以出之，易以雜貨，而灾民得其利，又移其物於豐處，以收其值，則國用亦不乏矣。又多出菽粟，恣其糶運，散入村閭。下户力農不能詣市者，轉相沿及，不待教令以驅之也。而其本則在於常平，豐則貴取，饑則賤與。率諸州常儲米三百萬斛，故百事可無憂也。”

按，晏之運思精密，用法神速，有非他人所能及者。而其爲言也，以救灾爲主，惻然有恤民之心，豈弘羊剥民之謂哉？切情當理而不迂，有非介甫之所能窺見者。後之言理財者，莫不希踪於晏，而無敢訾議也，有以夫。

—2. 皇朝經世文編　卷二六　户政一　理財上

三禮試士論

諸經皆彙於一，而禮則分爲三者，蓋《周禮》爲體，《儀禮》爲履，《（儀禮）［禮記］》爲經，《曲臺禮》爲傳，昔人既詳言之矣。

《周禮》壞於劉歆之竄入，新莽假之以篡漢，王安石用之以病宋，後世學者幾於懲噎而廢食焉。《儀禮》燼於秦火之餘，漢興，叔孫通求之，僅有綿蕞。逮高堂生以十七篇上，不甚施用。後得鄭玄、馬融、王肅等之注釋，始傳於世。《曲臺記》始於后蒼，劉向校定二百五十篇，戴德删爲八十五篇，戴聖又删爲四十六篇，馬融益以《明堂會》《月令》《樂記》三篇，共四十九篇，獨列於學官，以之取士。夫《周禮》精深詳密，垂百代經制，非周公不能作。其中有説之不經、義之不協者，不妨斟酌損益而行之也。《儀禮》勉齋黄氏集録外，元吴澄輯逸經十八篇，可核而參之也。戴《記》中，《學》《庸》升爲四子書，經文不盡如二書之精粹。《月令》采之吕不韋而不用《夏小正》，其去取爲疏，學者不能無憾焉。今之論者欲三禮並列學官，俾博士弟子習讀就試，其意善矣。而立制必本於人情，人情所不樂從，雖勉强而難久。彼習《易》《書》《詩》《春秋》者，業在一經，其功專而易達；習禮者業在三經，其事兼而難通。成人小子，將視禮爲繁重，苦難之，勢必改而之他，則習者愈少，而禮終湮矣。然則三禮兼行之説，將徒托之空言，而終不可施用耶？予謂道在先之以勸導。凡科場取士，兼立三禮，俾舉子自注習某禮，統於《禮記》項下，減他經之解額以益禮經。又於歲科考經解外，更設問《周禮》《儀禮疏解》，有能通釋者，擢高等獎勵之，則士子之講習勤矣。夫坐言起行無二道，博士所業，即爲朝廷所施。《史》《漢》有禮志，章和時詔曹褒條正禮儀，得一百五十篇。唐初爲《貞觀禮》，中葉爲《開元禮》，宋初爲《開寶通禮》，明代有《大明會典》，制度詳明，皆本朝所當法者也。誦説講求，而實意行乎其間，養心淑身，修己治人，格上下而感鬼神，一以貫之矣。是在乎有志復古者。

—2. 皇朝經世文編　卷五七　禮政四　學校

李　衛（1687—1738）

字又玠，江蘇銅山（今屬徐州）人。由捐納員外郎選补兵部，官至直隸總督、兵部尚書，謚敏達。有《勅修兩浙鹽法志》。

改天主堂爲天后宫碑記

自明季萬曆間大西洋利瑪竇入中國，造爲天主之名，而其教遂蔓延於愚夫愚婦之口。其徒之入中國者，遂大興土木，營建居室於通都大邑之中。我朝定鼎以來，聖祖仁皇帝念其人生長海外，遠來就化，雖爲説不經，然皆具心思知識，未必不可教導，居之京師，使沐浴聖朝德化之盛，久而幡然改悟，歸以教其國中之人，咸知天經地義之正，此覆載深仁，不遺一物之義也。豈知荒誕狂悖之見，固結而不可解。我皇上御極之初，洞燭其奸，黜其人皆歸南澳，不得盤踞内地，而直省之所爲天主堂者，以次而改。顧其制皆崇隆巍焕，非編户之所可居，空之又日就傾圮。去荒誕狂悖之教，而移以奉有功德於蒼生之明神，不勞力而功成，不煩費而事集，此余今日改武林天主堂爲天后宫之舉也。

雖然，自利馬竇之入中國，迄今幾二百年，浸淫沉溺，惑其教者，未必一旦豁然有悟。即悟矣，或以爲不妨存而不論，以見天地之大無所不有，是其得罪於天，而爲害於人心風俗者，卒未大白於天下也。夫不申其罪，無以服附和之心；不誅其心，無以破奸詭之膽。夫教稱天主，是風雲雷雨、陰陽寒暑彼皆得而主持之也。不知未有天主之前，將竟無有陰陽寒暑、風雲雷雨乎，抑别有主持之者，俟天主出而授之柄乎，此其謬一也。

入其教者，必先將本人祖宗父母神牌，送與毁棄，以示歸教之誠。不知天主生於空桑乎，抑亦由祖宗父母而生也？彼縱生於空桑，亦不得率天下之人，而盡棄其水源木本之誼。况人所以敬天奉天者，以天實能生人生物耳，今以生我之父母祖宗而棄絶之，尚何取於生人生物之天而敬之奉之？此其謬二也。

棄絶父母、祖宗者，欲專其敬於天主也。然聞西洋之俗，亦有君臣，有兄弟朋友，且生生而不絶，則何不盡舉而廢之？而所以事天主者尤專且篤，而獨父母、祖宗，棄若敝屣。此其謬三也。

西洋之教，一技一能務窮思力索，精其藝而後止。設所得止於半而死，則舉而授之其子，脱其子猶有未就，則復舉而授之其孫，或一傳，或三四傳，其藝始精，則群然推而奉之，以爲此可以行教之人矣。今之入中國者，悉此類也。夫一技一能，原無當於生人日用之重，至於奇技淫巧，尤爲王法所不容。今既不知有祖宗、父母，則爲其祖宗、父母者，當亦不復以子孫視之。獨至奇技淫巧之事，父忽念在爲子，而不啻箕裘之授；子忽念其爲父，而不啻堂構之承。此其謬四也。

藝既精矣，遂可出而設教行道矣。夫既祖宗、父母之盡棄，其他漠不相識之人，復何關欣戚，而必窮數世之精力，以利他人之用。此其謬五也。

然此雖足爲人心風俗之害，而弊止及於惑其教之人，其罪猶小，若其居心之險，則尤有大不可問者。西洋去中國數千萬里而遥，非經歲不得達，又有大海風濤之險，去故鄉，離妻子，跋涉而來，以人情論，必有所利而爲之，故携帶土物，造作器用，其誑中國之金錢，誠不可數計。乃聞入其教者，必有所資給，人有定數，歲有定額，勞心焦思，取中國之財，而仍給之中國之人，圖利者恐不若是之拙也。或云每年紅毛船到，必廣載其國中之金錢，以濟其在中國行教之人。或又云彼來中國者，皆善黄白之術，以彼國之金錢而用之中國。

夫以此數人之行教，而國中居守之人，肯傾資以佐其用，則其所圖者非利也。彼既以天主之教惑人，而復借黄白之術以要結人心，是其設心，殆有在矣。或又爲之説曰：彼其志欲行教耳，好名之人能讓千乘之國，何難去故鄉，離妻子，蹈不測之大海，以博後世之名。夫好名之人或有捨其身以徇人者。然一人好名，何爲盡一國之人亦皆好名，而傾貲以佐之也。且絡繹而來，其居天主堂者，所在而有，抑何好名者之多也？此蓋非無所爲而爲之者，一見其技於噶爾巴矣，再見其技於吕宋矣，又幾肆其技於日本矣，爲行教計耶？抑不爲行教計耶？且愚夫愚婦，未有不以禍福動其心者。今日本於海口收港登陸之處，鑄銅爲天主跪像，抵其國者，不蹈天主像則罪至不赦。夫既爲天之主，而受海外一國如此蹂踐、毁蔑，卒亦無如之何，其不能禍福人明矣。所精者儀器，而璿璣玉衡見之唐虞矣；所重者日表，而指南車周公曾爲之矣；所奇者自鳴鐘，銅壺滴漏而漢時蚤有之矣；所駭人者機巧，而木牛流馬諸葛武侯已行之；鬼工之奇，五代時亦有之，至今尚有流傳之者。是其説不經，其所製造亦中國之所素有，其爲術又不能禍福人，吾不知何爲而人之惑之也！

西洋人之居武林者，聖祖仁皇帝曾有白金二百兩之賜，此不過念其遠來而撫恤之，彼遂建堂於此，而顔其額曰“勅建”。夫曰勅建，必奉特旨建造，今以曾受金，遂冒竊勅建之名，内外臣工受白金之賜者多矣，以之築室，遂可稱賜第乎？干國憲而冒王章，莫此爲甚，他復何可勝道耶？荒誕、狂悖者宜去，則有功德於民者宜祠也；冒竊勅建之名者宜毁，則列在祀典者宜增也。天后之神，姓氏顛末，見於記載者雖亦未可盡信，然我朝以來，海外諸國獻琛受朔者，重譯而至，魚鹽商賈，出入於驚濤駭浪之中，計日而至，刻期而還，如行江河港汊間，而天后之神，實司其職，神之靈應，呼吸可通，德功之及民，何其盛哉！誕罔不經者去，而崇德報功之典興，毁其居室之違制者改爲祠宇，撤其像塑之詭秘者設以莊嚴。夫而後武林之人，目不見天主之居，耳不聞天主之名，異端邪説久且漸熄，其有關於風化豈淺鮮哉？

—2. 皇朝經世文編　卷六九　禮政一六　正俗下

相形勢以正經界疏

查直屬正定一府，原轄三十二州縣，幅員廣闊，事務殷繁。前任督臣李維鈞，因見山西分屬儆傚，以盤查倉庫路遠難周，請改五州分治，不爲無見。而其中有矯枉過正者，蓋泥於府屬之有五州，必分而爲五，殊不知形勢之偏全、控制之遠近，又不可一概而論也。伏查國家定鼎京師，北控幽燕，南屏保定，以河間扼東路，以正定總西路，撫有萬方，宰制群動。天下都會朝貢奔走者，不出河間，則出正定，西南九省之衝，正定實爲咽喉要鎮。從前三十二城，大小維持，臂指承使，雄關環峙，城郭恢閎，股肱上郡，氣象不同。今自分隸以後，北止四十里，南僅六十里，即爲府屬統轄所不及。且郡城東門十八里外，即係晋州所屬地界，肘腋之間號令不行。合之四隅，缺其東面，於形勢爲未全，於經界爲不正。況所存止正定一縣附郭，其餘皆西北沿山簡僻之區，地勢既狹，賦額復少，似於“表裏河山，保障畿南”之義猶未相宜。雖不必盡爲更張，而補偏救弊之道，誠不可以不爲籌及者也。

臣從前屢次出差，經過其地，今復按圖稽考，細詢輿情，在阜平縣去府二百五十里者猶仍舊轄，若晋州及府屬之無極、藁城二縣，定州屬之新樂縣，俱去府治或五六十或八九十，皆在百里之間，呼吸既通，盤查極便，且均係正定東、北二面地方，似應將此四州縣，仍歸府屬，就近管轄，則四隅之形勢既全，道里之遠近適中，三輔要地防維更得鞏固。至定州爲古中山地，西擁太行，東環瀛海，夙稱制勝之區，洵宜仍分直隸州治。但所轄之新樂縣既歸府屬，則該州止有曲陽一邑，體制不稱。查保定府屬之深澤縣與定州東南接壤，相去僅九十餘里，改屬定州，亦爲近便。保定府原轄二十州縣，前雖曾請以淶水縣改隸易州，今即再去深澤，在保屬尚有十七州縣，已不爲少，而定州則西有曲陽，東有深澤，控制其中，形勢規模亦足相稱。似此一轉移間，誠如古人所云：地因其宜，天運其施，而王政惟時，悉合蕩平正直之軌度矣。再查正定府屬之平山縣，雖係山僻之邑，與晋省連界，西北至五臺縣一百八十里，西至盂縣一百五十里，皆係壘嶂層峰，險峻深遠，匪類易於隱藏。且平邑營治稻田三萬餘畝，多係晋人墾種，往來雜遝，與昔不同，稽察尤當嚴密，而縣治偏在東南，往返動須數日，實有地方空闊、鞭長莫及之勢。從前平邑下口村原設巡檢一員，後經裁去。今查離城六十里之洪子店，係五臺、盂縣分道而來之總匯，民居稠密，立有市集，應請復設巡檢一員，移駐此地，凡西北兩路交界處所，責令稽查巡緝，於地方更爲嚴密矣。

—2. 皇朝經世文編　卷七九　兵政一〇　地利下

程嗣立（1698—1744）

字風衣，號篁村，又稱水南先生，江蘇淮安人。貢生，乾隆初舉博學鴻詞不就。工詩文，善書畫。有《水南遺稿》。

唐玄宗焚珠玉服玩論

唐玄宗承貞觀之治，懲亡隋之失，開元二年六月，敕出珠玉、錦繡服玩於正殿前焚之。觀其設施，雖大有爲之君何以過之，乃未幾縱房幃之私，率致天寶之亂。或者曰：珠玉、錦繡，不服玩足矣，奚焚爲？玄宗矯情飾貌，邀譽一時，故不能持久，以迄於敗。其不足有爲，已具見於此，何待出延秋而幸西蜀也。噫，是何言歟？當開元之末也，其時朝無骨鯁之臣，内有褒、妲之寵，精明之氣消於房闥，敬畏之心侈於貢諛。假使天寶而後姚、宋猶存，玉環當不入宫，禄山當不得方鎮，抑或姚、宋死而林甫、國忠不相繼爲相，其禍亦不至若此烈。誠以輔弼得人，尚能制其欲而節其情也。是故聖人立教，治情爲先，情欲之動如火之於物，觸之而然，即不可撲滅。夫以武王之聖，西旅底貢厥獒，而召公陳戒不遺餘力，蓋慮開嗜好之端，而援之之力將不能勝也。漢高祖居山東，貪酒好色，及入關，財貨無所取，婦女無所幸，而范增懼矣。秦欲滅西戎，饋戎王女樂，戎王愛而受之，而由余遂行。則此服玩嗜好之端，卒關政治得失、興衰治亂之本，可不慎哉。方玄宗之焚珠玉、錦繡也，一時英鋭之氣奮發有爲，是以開元之治方諸貞觀。論者顧乃以訾之，其亦苛矣。

—2. 皇朝經世文編　卷九　治體三　政本上

張甄陶（1713—1780）

字希周，號惕庵，福建福清（今屬福州）人。乾隆十年（1745年）進士，由編修改廣東知縣。有《學實政録》《讀書翼注》。

上廣督論制馭澳夷狀

一、夷人寄寓澳門已逾百載，其國當饒伎巧，雄長諸番，凡各番國若喘、若嗹、若嘆咭唎、嚌嚂哂，字偏旁從口者，皆其屬國，即天方國之支流餘裔也。凡各番書信由澳夷而關通，貨物以澳夷爲寄頓。制馭夷人，乃制馭各番舶之綱領，必須揣度得其情，而後可以制其死命。現在澳夷奉法惟謹，别無他慮。唯是澳中民夷雜處，數盈二萬。凡命盜鬬毆之事，勢所必有。民人有妨損於夷人者，地方官皆盡法處治，無少徇庇。至夷人之有害於民人者，夷目必多方抗匿，或云情甘回國，不在澳居住；或欲登臺燃炮，以死抗拒。内地官司亦竭力盡法，至於斷其貿易，禁其米穀，將興大兵、釀大獄，然後途窮力盡，僅乃就法。其實皆澳中夷目妄意爲之，以示自大，非該國夷王之意，並非澳内番夷之意也。

查洋夷自入澳以來，衣食所資仰給於此，又取其羡利以歸奉夷王。凡西洋船入澳，税額較各番舶輕減倍蓰。該國視澳門爲外府，澳夷斷不敢抗顔干紀，捨澳地而去，而自取該國夷王之大戮，亦斷無合澳夷人皆願以爲虀粉，以袒一二不法夷人之理。凡其桀驁抗拒，皆以視吾法之必行與否耳。况澳中彈丸六里，此外海天相接，離該國一載程途，何以憑依，公然抗拒，必不然矣。故制夷之法惟在灼見其情。凡官司與通事行商當下澳之時，以内地之無利於夷人，而夷人之仰命於内地，與夫懷柔優渥，比諸番懸倍之處，略爲宣示，則彼之氣索伎窮，自然帖耳受制。而又嚴緝内地住澳人民，勿使侵盗喧鬨。小事用夷法，勿與深求，大案執國法，斷無輕縱，則恩威兼盡，澳夷永永相安矣。

一、澳門設有海防同知，專司彈壓番夷，規制頗爲鄭重。其實事權不屬，夷性桀驁如初。且未設此官之前，該地離香城寫遠，一切小事可已，夷漢各不生心。自設此官專司澳務，其内地之法不得行於夷，夷人之事皆得責於我，轉滋多事。又其駐扎衙門在前山寨内，離澳地十三里，凡事不聞不見，不過委之駐澳縣丞，此官幾於虚設。雖有標兵一百、把總二員稽查夷船出入，其實夷舶只由關部稽查，同知、兵役從不登船查驗，不過照依關部稟報，具文而已。

伏思澳夷之犯法負固，皆其夷目爲之，與澳夷無與。因澳夷但知有夷目，而不知有天朝之官，是以聽夷目之驅遣。今欲束以條鈐而馴其血氣，宜使合澳夷人漸知有國法之可遵，官吏之可恃，則自漸有知識，不聽夷目之驅遣，而夷目亦不得借其氣勢以自張。應將税關委員改用同知料理，則一切番舶出入皆聽同知之稽查，而一切情形無不瞭於同知之意内，而又視其欲惡爲之調劑，則其心彌復歸向，雖復夷目迫之附己，亦不肯從。夷目失衆夷之助，自然不敢恣肆。十數年後，可使就繩約如内地。語云："虎噬人而媚養己者，順也。"或疑夷性叵測，不宜以同知迫處，恐有意外之事。然縣丞、驍騎校亦皆職官，雜居已久，何嘗滋事哉？

一、澳夷言語不通，必須通事傳譯，歷來俱以在澳行商傳宣言語，該商人之鼻息，兩相浹洽，言語易從。後於設立同知定議章程之時，内有將同知標兵撥出二名充爲通事一條，商人即欲卸責地方，而標兵充當通事，既與澳夷不相諳熟，不能得澳夷要領，且人微言輕，反以啓侮，更或侵漁生事，關係非輕。仍請照前用洋商通事，乃商人視爲畏途，多方推諉。此件頗爲馭夷樞要。用商人則夷人曲折無不諳曉，用兵役則此輩無知，反視夷人爲奇貨，滋事作奸，其弊無窮。况商人之當通事，猶民人之充地保，按年輪换，不過暫時答應，非有苦累，不可聽其置身事外。蓋澳夷惟利是知，别無瞻顧，商人服飾麗都，錢財充牣，可以取重於夷人，又平日夷人孰良孰莠，孰富孰貧，無不周知。斷不宜驟易紆兵役，致傳譯不通，事有窒礙。

一、向來各番從無帶人口入内地之例，近年乃有一二番舶將婦女載入内地，經前制憲行司查議，許其寄搭澳門居住，回船仍載出口。蓋恐番婦在行，民夷雜處，恐滋意外。澳門則夷人氣類相通，别無嫌忌也。不知澳夷性情黠巧，與各番不同，凡澳夷與各番夷欲其離，不欲其合。何則？凡關部之例，各番船俱由東莞虎門入口，即時赴關上税，每番舶一隻，上税二三萬金不等。惟澳夷之舶，則由十字門入口，收泊澳門，並不向關上税，先將貨搬入澳，自行抽收，以充番官番兵俸餉，又有羨餘則解回本國。至十三行商人赴澳承買，然後赴關上税，是所科乃商人之税，與澳夷無與。又則例甚輕，每一舶不過收税三四千金不等，故澳夷得住澳之後，震誇諸國，以澳門地圖爲寶。

近年以來，天主教不行，該國夷王不肯輸財於澳，澳夷漸以困苦，所有題定洋船二十五隻多不能營運，現在惟有十餘號而已。竟有將船照私賃吕宋夷舶，影射入澳，均分其利者，其迹甚秘，無可尋求。猶幸各番與澳夷不睦，尚未有勾通之路，且澳夷藐視諸番，不相款洽。今若聽各番得以婦女入澳，則由寄頓而探視，由探視而親熟。萬一鑿破混沌，將澳舶名號賃與各番，則澳門添數舶於税額不增，外番漏一舶則於税有缺，海關每舶少萬餘金之税，則澳夷輒增數萬金之利，關係非小。請於現在洋舶回空之時，嚴諭以後不許携帶婦女入口。萬一仍有無知番人將婦女入口者，即責令行家看守，以洋行住一番婦，料無大事，不可聽其寄頓澳門以爲交通捷徑。

一、澳門雖爲地無幾，然夷人入住多年，專以行教爲事，其志實不在小。蓋由該國有二王，一曰善世國王，係屬僧身；一曰治世國王，係屬民身。僧王氣勢在民王之上，專以行教爲事，如聞中土奉教者衆，則源源輸財而至，澳中始得饒富。又夷人所有汞銀，乃銀鑛、水銀合葯煎鍊而成，若得華人目睛，則易於點化。凡入教之人將死，夷人必竊其睛以去。夷人誘人入教，非特異志，亦有所圖也。澳中舊有唐人廟一所，唐人奉教者皆入廟禮拜。凡香山、順德、新會、東莞、南海、番禺沿海嗜利之徒多入其教。至乾隆九年，香山令張汝霖始詳請將廟封閉，大費心力，始克成事。此後各處奉教民人，始不敢至唐人廟禮拜，然聞尚有竟至三巴寺禮拜者。此爲禁戢夷人之根柢，但其教不行，則氣勢自然衰止。仍請飭下沿海各附近澳門州縣，每年將不許陰行奉教，及偷至三巴寺禮拜事由，禁諭一次。其禮拜之期在冬至前後，仍飭澳門同知嚴緊稽查。但邪教永永不行，則此等夷人久之又久，亦與内地耕鑿之民同安無事矣。

—2. 皇朝經世文編　卷八三　兵政一四　海防上

沈彤（1688—1752）

字冠雲，號果堂，江蘇吴江（今屬蘇州）人。諸生，召試博學鴻詞科不遇，薦修三禮及《一統志》。有《沈果堂全集》。

與顧肇聲論墓銘諸例書

古人之銘，廟與墓兼用之，而志則專用之於幽室。南豐所寄歐陽舍人書，乃謝其撰先大夫墓碑銘而作。碑銘非幽室所用，故其書雖嘗因銘及志，而所云“或納於廟，或存於墓”者，固不論志而但論銘也。衛孔悝之《鼎銘》，晋魏顆之《景鐘銘》，銘之於彝器；韓文公之《烏氏廟碑銘》、《袁氏先廟碑》，顔魯公之《家廟碑》，銘之於碑石，是皆所以納於廟者也，於墓志無與。其存於墓者，埋諸壙中，則有若葬銘碑文、墓志銘、墓甎文、墳記、壙記之屬。立諸神道，則有若墓表碑文、墓碣銘、神道碑、阡表之屬。其名兩不相假，未有墓志而立石壙外者。惟《南史·裴子野傳》載一事，此當時藩王破常例，重疊爲之耳，《傳》云：子野之葬，湘東王爲墓志銘，陳於藏内；邵陵王又立墓志，堙於羡道。非其正也。故碑碣與表，葬後可刊，而志銘必先期而作，其有葬期迫而不及攻石者，則書石以志。既葬，刊文即不復追納之於壙，若昌黎志李元賓墓之類是也。其立石在祠堂若丙舍，蓋亦有之。今奉委所作墓銘，距葬時實遠，幽室不得用，其文但宜施於表、碣，顯刻墓前，不當名之爲志，刊藏丙舍。

唐之葬令，凡五品以上爲碑，龜趺螭首；降五品爲碣，方趺圓首，是碑與碣異制也。明制，三品以上神道碑，四品以下墓表，黄黎洲謂自有墓表，更無墓碣，知墓表亦方趺而圓首，是碣與表同制也。隋唐人之命碑、碣、表，多稱其實，後世或有碑其碣，而碣其表者。然考本朝律，處士不禁其用表，碑與碣惟品官得立，與唐令不殊，則刊石固有定制，而名號亦不得僭亂。今之所刊，但用碣制，而定名墓表，焉其可也？至碣身高廣之度，古碣高四尺。《會典》所載圓首碑，七品以下用者，高五尺五寸，闊二尺二寸。今石表或於二者之間增損定之，若所示樣本，慮太卑狹不稱。言直無文，幸鑒其意，有未當者，惟不憚往復是望。彤再拜。

—2. 皇朝經世文編　卷六三　禮政一〇　喪禮下

王士俊（？—1756）

字灼三，號犀川，貴州平越（今屬福泉）人。康熙六十年（1721）進士，官至河東總督兼河南巡撫。有《閒家編》。

興　學

古之教者，家有塾，黨有庠，州有序，國有學，所謂學校至不一也。然國學有司樂、司成，爲主教事，而州閭鄉黨之學則未聞有司職教之任者。唯考之《周禮·地官》所載，有黨正各掌其黨之政令教治，孟月屬民而讀法，祭祀則以禮屬民，州長掌其州之教治政令，考其德行道藝，糾其過惡而勸戒之。然後知黨正即一黨之師也，州長即一州之師也，以至下之爲比長閭胥，上之爲鄉遂大夫，莫不皆然。蓋皆黨正等兼領之，而未嘗另設一官矣。吕祖謙以爲周官三百六十，並不見設教之官，亦不言所教何如。周公設官，下至逐黿射鳥至微至纖之事，尚皆具載，至於建國君民之大，豈不見於明文？此蓋不領於六官，非簿書期會之事。其上者三公論道不載於書，其下者學宫設教不領於六官，此二者皆事大體重，非官司所領之故也。馬端臨則謂："古之爲吏者，其德行道藝足以爲人之師表，故發政施令無非教也。"自秦漢以來，儒與吏始異趣，政與教始殊途，於是曰郡守、曰縣令，則吏，所以治其民，曰博士官、曰文學掾，則師，所以教其士，二者漠不相爲謀矣。

雖然，以爲事大體重則可，以爲莫不相謀則豈其然哉。蓋有養民之責，即有教民之責，無論虞廷稷契互相表裏，而《周禮》教民等事掌於地官，正見養民之中默寓教民之職，出而秉耒，入而横經，何雍雍而肅肅歟。即就秦漢而後如韓延壽輩，何嘗不興舉學校，孳孳教民，不敢須臾緩歟。後世牧令責重事繁，欲其兼司秉鐸之任，勢有不能。而博士、文學等員，所司者青衿子弟耳，鄉村甿俗，不得過而問焉，民亦不甚尊禮之。非守土君子爲之葺學舍則學舍頹，爲之嚴規條則規條廢。兼士與民而操縱焉，非牧令之責而誰之責乎！

——1. 切問齋文鈔　卷一一　服官

用　人

紳士，耳目也，無耳目何以納益；幕客，心腹也，無心腹何以論思；佐吏，股肱也，無股肱何以集事。然而用人難哉，不先之以知人，則招權聚賄，官爲孤注矣，不歸之於獨斷，則坐嘯畫諾，官同木偶矣。有用人之識而後可以用人，有用人之才而後可以用人，不然非用人也，用於人者也。至於肘腋之間，隱然爲奸，莫如家僮。莊以涖之，慈以畜之，尤當明以燭之，嚴以防之。《易》曰"機事不密則害成"，其御僕之謂與！

——1. 切問齋文鈔　卷一一　服官

王善橚（生卒年不詳）

字令梃，安徽含山（今屬馬鞍山）人。乾隆十九年（1754）在世。有《石壁山房稿》。

畿輔治水策

穀資五行以生，而水爲先，故六府始水而終穀。大禹決川距海，濬畎澮距川，水害除而水利亦出，故盡力乎溝洫以備旱潦。《周禮》：遂人治遂、溝、洫、澮、川；稻人掌潴防溝、遂、列澮；匠人爲溝洫，並舉川淵。水利其昉於三代乎？馬氏端臨謂“秦廢井田”，而水利之説乃興者，誤也。《禹貢》“則壤成賦”，雖總秷秸、粟米但賦於甸服，而貢達於河，漕運蓋肇端焉。《漢書·溝洫志》則備論溉田漕粟矣。

今夫西北之水，所以不同於東南者，東南地平，流濬而土面堅實，故水之盈涸也徐，而致淤也緩；西北山多，流湧而土面浮疏，故水之盈涸也驟，而致淤也速。嘗觀畿輔之間，冬春水涸，大澤名河多可徒涉。一遇伏秋，山水迅發，奔騰衝突，小者鉅，而鉅者横，暴漲則泛溢道塗，消滯則闐塞河淀，此其較難收利於東南者也。竊謂畿輔之水，源之當濬者少，流之當暢者多，怒之當殺者多，衝之當遏者少。其務潴之而使有所容者，在清理淀泊，而勿令淺隘占耕也；其豫防之而使不得逞者，在開河分水，而非徒堤埝所能捍禦也。

水勢以永定、滹沱爲大，白河、苑口河次之；蓄泄以東西淀爲大，塌河淀、七里海次之。永定河亦曰渾河，亦曰盧溝河，亦曰黑水河，亦曰無定河。其上游曰桑干河，發源太原之天池，伏流至朔州馬邑之金龍池溢出，是爲桑乾。東下大同，抵宣府，保安州、大雁門、雲中、應州諸水，皆會穿西山，自宛平之盧溝橋，至永清之朱家莊，匯狼城河，注西沽，激蕩善徙，故《元史》稱小黄河。康熙三十七年，疏濬順（軏）［軌］，賜名永定河。滹沱河源出山西繁峙縣太戲山，流經太原，入直隸，經平山、靈壽、正定至衡水縣界，出焦罔滏水，貫寧晋泊而來入之，經冀州、武强、獻縣、河間、青縣，經大城縣之子牙村，名子牙河，匯於武清三角淀，即《水經》所云“右出爲漊，北爲濊口”者也。按《周禮》：并州，其川滹池。《唐書·五行志》：永淳、開成間，滹沱河皆溢，害稼。永定、滹沱二河質濁而力最强。白河即北運河也，亦曰潞河，亦曰沽水，亦曰白遂河，源出宣化府龍門縣，經密雲縣赴通州北關，與温榆河合，源高勢峻，至天津三岔口與南運河會，迄大沽口入海。大沽口即大直沽也，土人謂之海門。苑口河即玉帶河也，出自西淀之貓兒灣，至霸州而拒馬、桑乾、胡良、霸水皆會焉，故名會同河。今諸河雖改流，而仍總會順天、保定、正定三府。西山一帶三十餘河之水，河身深寬不逾二十丈，勢不能容，則湍悍爲暴，欲其恬然而會於東淀也難。白河、苑口皆當重浚者也。西淀跨雄、新數邑之境。拒馬河發源易州廣昌之淶山，挾琉璃河、淶、濡諸派爲白溝河入之，豬龍河自高陽來會，唐、沙、滋三水入之。是淀也，析之則曰柴伙淀，曰燒車淀，曰雜淀，《唐志》所稱“莫州九十九淀”也。西淀之水會爲一河，分爲三汊，而會於東淀。東淀延袤霸州、文安、大城、武清、東安、静海之境，七十二清河之所匯潴也。永定河自西北來，子牙河自西南來，咸入之三角一淀，當直隸全局之水，游衍而節宣之，自河頭至丁字沽，入北運河。顧東西各淀皆不免淤淺，就中三角淀所關尤鉅。若夫天津縣之塌河淀，北運河筐兒港藉以蓄泄者，寶坻縣之七里海，即北運河青龍灣藉以蓄泄者，皆無大源而易涸，此不可聽民乘涸占耕者也。由斯以觀，則水之源委、清濁、分合、强弱明，而施功之先後緩急亦略可睹矣。

朱子云：治水先從低處下手。郭子敬治盧溝河，言當開減水河，令其深廣。説者謂欲治直隸之水，莫如擴達海之口；欲擴達海之口，莫如減入口之水。又謂凡各屬所有古瀆舊港，當因勢乘便，酌量開通，近泊者導之入泊，近河者導之入河，近淀者導之入淀。然則審水性，酌地勢，訊土著高年，多穿溝渠以殺上流，加濬河淀以泄下流，善建版閘以收實用；或於南北運各建壩開河，分途入海，俾海口水減，其出寬然；勿使河員但保堤工而不問淤暢，勿使小民私取微利而或侵淀泊，庶幾怒衝自消，運河無害，溉田得利，霸、保、文、大、青、静之澤國胥爲樂國，億萬載其平成乎！

—2. 皇朝經世文編　卷一〇八　工政一四　直隸水利中

王文清（1688—1779）

字廷鑑，號九溪，湖南寧鄉（今屬長沙）人。雍正二年（1724）進士，官至宗人府主事。有《周禮會要》《考古源流》。

湘水記

瀟湘、蒸湘、沅湘三水皆緯流，而經之者湘水也。湘源出陽朔，至永州，瀟水入焉，曰瀟湘；至衡州，蒸水來會，曰蒸湘；卒與沅水合於沅，曰沅湘。此三湘所由名也。

顧考之者，往往於三湘則詳，而湘之源則略焉。陽朔山或以爲屬零陵，或以爲屬興安，説已不一。甲戌秋，余至粵西，呼土人爲前導，探湘水所自出，始知湘水發源於海陽山。海陽山即《志》所謂陽朔，屬今桂林郡靈川縣。山高七八十丈，廣五六十丈。山下有洞門，廣約二丈餘，深入有一潭，廣可三十餘步，深不可測。土人告余曰：此即湘、灕二江之源也。洞口有石澗，廣纔尺許，沿澗行里許，漸下漸闊，至興安之山東村、太平堡諸處，其水遂成一大江。蓋小江日夜所注，渟滀既盛，而又别有兩大水，自東西來助之也。東則一水逆來，起於興安之東鄉白水洞，洞下有深塘，名杉木江，逆過車田村，穿龍虎巖，跗巖再上，南折至江東村，約百餘里入江；西則一水順流，自靈川興安之長江嶺，順過豪豬田村，至太平堡，約二十里入江。蓋湘江爲主，而東西二水爲之附庸，至此合流以成其盛。灣漩至渼潭，潭深且廣，水停積，若不流，去海陽洞口已九十里矣。潭下半里許，江水洪流，中橫一洲，長數里，湘水至此分左右二江。洲北有大天平壩一座，南有小天平壩一座。此二壩即楚、粵二水分界承流之處，南流者爲灕水，北流者爲湘水。此湘水所由出也。而從此入零陵，達衡陽，過長沙，會沅朗，三湘於是争匯矣。瀟水出九疑三分石，經零陵縣西北，入於湘。蒸水《漢志》作承水，出邵陵界邪薑山，至重安縣又合界塘水，再經重安之南，又受零陵之武水，至湘東臨蒸縣，今爲衡陽之北，注於湘，謂之蒸口，《志》所稱“水氣如蒸”是也。沅水出益州牂牁郡，經辰溪，今麻陽諸溪洞水，若漸、辰、溆、潕、酉諸水，俱附此，過武陵，東注龍陽，至沅江與湘水合。此三湘之所由稱。

此數水者，一經而三緯，皆出深崖幽邃中，行二千餘里，以合於江而達於海。其淵源有本，其流行有漸，其支派有條，其分合有序。夫三湘既合之後，固極浩蕩之勢矣。究其濫觴，不過三十步之潭，潭外澗不過尺餘細流，而涓涓綿綿，遂至於此。天下事由淺而深，積小成大，下而善受之不窮者，固如斯乎？

—2. 皇朝經世文編　卷一一七　工政二三　各省水利四

畢　誼（1691—?）

字元復，江蘇婁縣（今屬上海）人。康熙五十七年（1718）進士，編修，官至鳳陽兵備道。

請繕進經史以資聖治疏乾隆二年

臣猥以空疏，備員給諫。聖明在上，圖治方殷。臣日夜思竭駑鈍，以仰答聖主求言之誠，下盡人臣補衮之義，而學識淺陋，不能盡知當世之切務，其薄物細故則又不敢苟爲摭拾，煩瀆宸衷。謹就心得之愚，一效芻蕘之獻。

竊惟聖王之治皆本於心，而聖王之心必求諸道。道本無窮，是惟充之以學問則日進；學亦無窮，惟持之以不息則日純。三代之治媲美唐虞，賢聖之君靡不由學，蓋治得其本，故化極其神。而事本至庸，則人每易忽。是以秦漢而降，世變風移，儒者則區文章、經濟爲兩途，人主則視天德、王道爲二事，但務求治而不言向學，不知詣未深乎原本，則政多苟且以自安；志不期於化神，則功以小成而自足。治不古若，職此之由。伏惟皇上萬幾在御，非若青宫無事之年，卷帙至繁，豈有秘殿繙書之暇?

竊思一日之間，延接臣下之時多，晤對聖賢之時少。兵刑錢穀，所以紛睿慮者多；往行前言，所以益聖心者少。則功憂間續，即治恐純疵。且夫社稷民人，何者非學，而聖德大業咸備於書，若欲希美於聖神，固必借資於典籍，即思收效於廣聽，亦當參考於成編。臣愚欲乞特勅史臣取經史諸書及古來奏議，不論卷帙，亦毋拘忌諱，日派二人繕寫數幅，依時進呈，伏乞聽政之餘，必賜披覽，率以爲常，更不間斷。昔《千秋金鑒》，唐臣以之稱觴；陸贄奏疏，宋臣以之進御。凡皆欲弼成君德，是以借助前言。然足備乙夜之覽觀，難免深宫之作輟。如臣所論，每日奏進，不異披覽章疏，無記誦之迹，案牘之煩，然而是非得失之林，治亂興亡之故，苟一經乎御目必有動於聖心，日就月將，固必見日起有功之象。即習見舊聞，亦足收温故知新之盛。以臣愚陋，退食之餘，偶一展卷，猶必有所感觸。况皇上秉上聖之資，懋日新之學，則所以發聖性之高明，致治功於堯舜者，理有可必，效亦不遲也。

—2. 皇朝經世文編　卷九　治體三　政本上

張　照（1691—1745）

字得天，號涇南，江蘇婁縣（今屬上海）人。康熙四十八年（1709）進士，改庶吉士，授檢討，官至刑部尚書。謚文敏。有《得天居士集》。

論鐘律疏乾隆六年

奉旨查考編鐘倍半之制，及有設而不作之故，除倍律鐘在黄鐘前從低至高不便移易之故，已於初五日合詞具奏，不另開陳外，查得編鐘一架上八下八，上爲陽律，下爲陰吕。向來考擊之節，南郊、廟祀及臨朝大典皆用黄鐘爲宫，北郊、月壇則用大吕爲宫，用黄鐘爲宫則擊上鐘不擊下鐘，若用大吕爲宫，則止擊下鐘不擊上鐘。臨期以下鐘易置上位而擊之，非下八鐘不擊也。掌儀司向無應擊下鐘之典，是以不知下鐘亦有時而擊，若太常寺樂工則知之矣。然而其所以然之故，則各不能知也。若上八鐘内又有三鐘不擊者，則以八鐘原止七音。姑洗爲宫，黄鐘起調，爲工字調，倍夷，則無射爲變徵，太簇爲變宫，三鐘不入調，是以不擊工字調。而外則惟二鐘不擊，如以太簇爲宫，倍無射起調，爲尺字調，則倍夷、則無射、太簇三鐘皆擊，而黄鐘爲變宫，夷則爲變徵，二鐘又當不擊矣。

是上三鐘亦有不擊者，因歷來俱以黄鐘調爲黄鐘宫，故爲考擊之所不及，而非設而不作也。儒生不知音律，謂黄鐘爲聲氣之元，萬物之母，郊廟、朝廷必須用黄鐘爲宫，否則有礙。不知黄鐘爲宫，其第一聲便是下羽，除變宫、變徵不入調外，商、角、徵、羽必須迭用。若聲聲皆是黄鐘，則晏子所謂琴瑟專一，誰能聽之。况《大武》之樂即是無射爲宫，載在《國語》。無射乃陽律之窮，而武王用之。則十二月各以其律爲宫，所不可亦明矣。况明代及我聖祖仁皇帝，未經考定黄鐘以前，並稱以黄鐘爲宫，及考定之後，始知一向誤以太簇爲宫，而明代盛衰不一，我朝隆盛如斯，則迂儒之論不足信又甚明。但自黄鐘以上，音以漸高，自黄鐘以下，音必漸低，其八音諧和與否，非歷試不能明曉，容臣等詳悉查考辦理，再行請旨。

—13. 皇朝經世文統編　卷七　文教部七　禮樂

尹會一（1691—1748）

字元孚，直隸博野人（今河北博野）。雍正二年（1724）進士，官至吏部侍郎。有《健餘先生文集》。

敬陳農桑四務疏

竊衣食爲生民之至計，農桑實務本之良圖。我皇上軫念民依，重農貴粟，特頒諭旨，明示勸課之方，復命廷臣，詳籌教稼之法。臣伏讀綸音，遵照部議，業已飭令各屬，隨地制宜，因民利導，設立老農，興修水利，實力奉行。惟是臣生長田間，頗知農務，謹就豫省情形，悉心籌劃，謬抒管見，敬爲我皇上陳之。

一、天時之宜乘也。凡物之生長，必有其候，故農時以勿違爲先，而力田以早種爲主。蓋早種則先得土氣，根株深固，發生必盛，收成必倍。今豫省百姓罔知節候，往往有時宜播種而未舉耜者，有時宜耘耔而始播種者，既失天時，遂違物性。臣查播麥之期，務在白露，如天氣尚暖，當於白露十日後種之。種高粱當臨清明節，種早穀當臨穀雨節，種棉花當在春末夏初，豆子、晚穀則於五月刈麥之後。在麥地播種蕎麥於中伏以內，芝蔴多種於棉花地旁。即有氣候不同、寒暄各異之處，要必按時下種，不可遲緩。令地方官刊刻告示，遍户曉諭，並責令老農督率勸勉。仍欽遵聖諭，州縣官不拘時日，輕騎減從，親往各鄉查勘，如逾時而未耕未種者，即詢明緣由，面加訓飭；倘有工本不足者，許老農開具名結，借以倉穀，秋後照例還倉，則天時無失而耕種得宜，庶百穀繁昌，收獲自豐矣。

一、人力之宜盡也。南方種田一畝，所獲以石計；北方種地一畝，所獲以斗計。非盡南智而北拙、南勤而北惰、南沃而北瘠也。蓋南方地窄人稠，一夫所耕不過十畝，多則二十畝，力聚而功專，故所獲甚厚。北方地土遼闊，農民惟圖廣種，一夫所耕，自七八十畝以至百畝不等，意以多種則多收，不知地多則糞土不能厚壅，而地力薄矣，工作不能遍及，而人事疏矣。是以小户自耕己地，種少而常得豐收；佃户受地承耕，種多而收成較薄。應令地方官勸諭田主，多招佃户，量力授田，每佃所種不得過二十畝。至耘耔之法，又須去草務盡，培壅甚厚，犁則以三覆爲率，糞則以加倍爲準，鋤則以四次爲常，棉花又不厭多鋤，則地少力專，佃户既獲豐收，田主自享其利。且分多種之田以給無田之人，則游民亦少。仍飭地方官善於奉行，不得强抑勒派，以滋擾累。

一、樹藝之宜廣也。夫木之佳者，以桑爲尚，其餘如棗、梨、桃、杏、榆、柳、椿、杜等，均堪利用。臣查豫省地方，每多鹹鹻飛沙之地，小民因難以墾種，大半荒棄。不知鹽鹻之地，挖去三尺，必無鹹味；飛沙之地，挖去三尺，必有濕氣。而村尾溝頭、籬邊屋角隙地頗多，雖不可播種五穀者，未始不可栽植樹木，似應令地方官責成鄉耆保長，廣爲勸諭，就所宜之木，隨處種植，加意培養。如鄉耆保長有能於一年之内勸民種桑五百株，梨、棗等樹一千株者，據實册報，印官給以花紅；三年内能每年添種如前數者，給匾獎勵，則地無曠土，而利賴更溥矣。

一、女工之宜勤也。竊以蠶桑之利，固屬無窮，而布匹之需，爲用尤廣。查江南蘇、松兩郡，最爲繁庶，而貧乏之民得以俯仰有資者，不在絲而在布。女子七八歲以上即能紡絮，十二三歲即能織布，一日之經營，儘足以供一人之用度而有餘。今棉花產自豫省，而商賈販於江南，則以豫省之民曠廢女工故也。臣愚以爲寸絲之直可以買尺布，衣布之人百倍於衣絲，且織布易而織絲難。教以難者，或未必其率從；致以易者，庶可冀其就業。但豫省未嘗不織布，而家有機杼者百不得一，應令地方官曉諭有力之家，或多造機杼，貸於織布之户，量取賃直；或將無礙公項、可以動支打造者，令其報名給領，俟一年之後，繳還原項。並廣諭婦女，凡牌甲之内有一家織布者，即令同甲仿效。行之久而比户連村，無不各勤紡織，似亦推廣蠶桑之一道也。

以上四條，臣仰體我皇上重農務本、富民足食之至意，竊就豫省地方，董率官民，措施辦理。但臣知識淺陋，是否有當，伏乞訓示。

—2. 皇朝經世文編　卷三六　户政一一　農政上

清理浮費疏

竊照商力之舒困，視乎費用之多寡、鹽價之貴賤，視乎成本之重輕。商人多一分之浮費，即多一分之成本，非惟病商，亦且病民。我皇上惠愛商民，體恤備至，臣職司鹽務，敢不敬體宸衷，悉心經理。查江廣口岸有匣費一項，在於揚商鹽價内扣留，以爲致送該省文武各衙門規禮、養廉等項以及一切雜費，先經前鹽臣伊拉齊查明，分別應裁應存，造册咨送前督臣高其倬覆核，恭呈世宗憲皇帝御覽。經部議覆，自雍正九年庚戌綱起，應照所議留爲巡查等費，如有地方官借端需索及口岸各商敢於逢迎分送該督撫，立即題參，與受一并治罪。至口岸各商，虚冒開銷，許本商赴鹽政衙門呈告，即行提審究追。奉旨依議，欽遵在案。

伏查湖廣匣費每綱原核存銀十二萬兩，江西每綱原核存銀三萬九千四百兩。今江廣匣費每引扣至五錢有餘，按引計費，湖廣每綱不下四十餘萬兩，江西每綱不下十餘萬兩，核之原定數目多至數倍。費重價昂，商、民並受其累，不可不急爲清理。兹據揚商公禀，此項匣費從前已奉核定，而司匣各商歷年總不清算。商等鞭長莫及，請將收支各賬開報核算，第恐原定之外，尚有支用應酬之處。今寬裕扣留，酌議每引扣費三錢，湖廣運銷八十萬引，計共扣銀二十四萬兩，較之核存原數，加銀十二萬兩。江西約運銷二十五萬引，計共扣銀七萬五千兩，較之核存原數，加銀三萬五千六百兩等情。除檄湖廣、江西驛鹽道就近督催司匣辦事各商，將收支賬目據實開報，與揚商核算外，臣思江、廣匣費既經酌核議定，即或原數之外尚有不可少之費用與不得已之應酬，亦何至多至數倍有餘？總緣匣費出自揚商，與匣商痌瘝無關，而又不按綱造册，由運司驛鹽道核明轉送鹽臣衙門察銷，出入未有確數，與受無從查核，則其任情濫用，藉端冒銷之弊在所不免。必須立法稽查，使商無浮費，事無掣肘，方爲妥協。

但江、廣相隔遥遠，非同揚州近在咫尺，易於稽察。今臣再四籌酌，現在設立循環印簿給發江、廣匣商，即從乾隆元年丙辰綱爲始，照依揚商所議，按三錢一引扣收，將所收銀兩與動支款項逐日逐條據實開載印簿内，循去環來，送臣衙門查核，至一綱完竣，通盤核算。如有盈餘，留爲下綱之用，若地方官有額外苛索，臣即移咨督撫查實題參。若司匣商人有侵冒等弊，臣即嚴提究追。俟兩綱後核其實在應用數目，每引應扣費若干，再爲酌中，永杜浮濫。至匣費款項數目，從前奉部核定之後，即經造册，咨送江、廣總督，并發驛鹽道備照在案。今立法清查，應令匣商將支用數目按季造册，并送該管驛鹽道核明，轉送督撫就近查察，更爲有益。

—1. 切問齋文鈔　卷一八　財賦四

禁止踊麴疏

臣查燒酒所需，高粱爲多。而中州所植，高粱爲盛。蓋因地土平衍，蓄泄無備，雨水稍多，即虞淹没，惟高粱質粗而稈長，較他穀爲耐水，故種植者廣。其稈名曰秫稭，民間編籬，葺屋，織席，炊薪，莫不取給於此。而黄河兩岸，堤長工險，歲搶二修，必需秫稭墊鑲，所用更不可勝計。獨是高粱之爲物，易朽而難於久貯，因用以造酒，資其利以濟日用之需，相沿既久，習以爲常，而大開燒鍋興販射利者甚少。民間取用，惟明流居多，其色類於燒酒，其味稍淡，亦用高粱作成。大概飲燒酒者十之二三，飲明流者十之八九。此酒家常率能自造，隨處俱可零沽，幾於比户皆然。使禁燒酒而不禁明流，則造酒仍衆；若禁燒酒而并禁明流，則犯禁者愈多。此臣仰體天心，再四籌劃，順民之情，因民之利，而不敢遽請嚴禁者也。惟是造酒必需麴蘖，踊麴必用二麥。

豫省産糧惟二麥爲最廣，而耗費麥糧者，莫如踊麴爲最甚。凡直隸、山、陝等省需用酒麴，類皆取資於豫。故每年二麥登場後，富商巨賈在於水陸馬頭、有名鎮集，廣收麥石，開坊踊麴，耗麥奚啻數千萬石！夫麥乃五穀之精良，非若高粱之質粗而易朽，豫省之民尤每食必需。耗一分之麥糧，則損一分之民食，若省一分之踊麴，即裕一分之積貯，是禁麴既以節二麥之費，更以清造酒之源。

臣請嗣後除民間零星製麴自用者免其逐户查禁外，其有開張作坊、廣收多踊、囤積販賣者，嚴行定例治罪，并將失察縱容之地方官定以處分。凡關津隘口，嚴加稽察，如有車載船裝、牲畜馱運，盈千纍百販往各省者，即行查拏究治。庶幾麥糧歲有餘積，儲蓄日饒。而踊麴不行，則燒鍋亦可漸減矣。他如查禁之難，滋擾之弊以及棗、柿等類之均可燒酒，諸臣業經陳奏，不敢贅瀆。

—2. 皇朝經世文編　卷五一　户政二六　榷酤

那蘇圖（？—1749）

字義文，戴佳氏，滿洲鑲黄旗人。歷官刑部尚書、直隸總督。謚恪勤。有《橋山盛記》。

蠲免事宜疏

上下兩江上年被旱，仰蒙皇上天恩，蠲賑頻施，多方籌劃，被旱災黎業已共慶盈寧，咸登衽席。兹復上廑宸衷，以被災害窮民，未能復舊大沛殊恩。直隸總督所屬，蠲免地丁銀九十萬兩，蘇州巡撫所屬，蠲免一百萬兩，安徽巡撫所屬，蠲免六十萬兩。汪洋帝德，曠古難逢。惟是臣等身任封疆，區區愚誠猶欲竭芻蕘之一得，以期推廣夫皇仁。

竊查被灾蠲免例，係按田計畝，照數核蠲，初無貧富之分，蓋以糧從地出，地既被灾，糧自應免。至於賑濟，則獨及貧民。立法誠爲至當。惟特恩蠲免錢糧，向係不論貧富，一概計田派蠲，遵行已久，固不便妄議更張。但臣伏思我皇上宵旰靡寧，勤求民隱，原在編氓之疾苦，期培閭閻之本源，諭旨宣示，昭如日星。若鄉紳富户雖遇歉收，不過稍捐其餘盈，原未有傷其元氣。況伊等田連阡陌，家多蓋藏，家居者身享太平，出仕者躬膺爵禄，任土作貢，分所當然，冒濫邀恩，寧無愧怍？且蠲免分數，在紳富之所省有限，苟移於貧民，則編户之受益良多。蓋小民絲粟必計，多免一分即受一分之惠，富户資財饒裕，減免絲毫，不見所免之益也。是以聖人必先周急，王政首在窮民，誠有由也。

臣細加籌劃，竊以民間之貧富，固難逐户指查，而糧額之多寡，不難按册歷數。糧多者其産自多，産多即係富户；糧少者其産自少，産少自屬貧民。如江南一省，田地科則應徵地丁雖各有不同，大概不甚懸殊，約計一户額徵銀在五兩以上即屬富户，自五兩以下至一兩者均爲小户，其至數錢數分及一分數釐者實屬貧民。臣謬行酌議，可否將此次蠲免地丁錢糧，飭各州縣查明現年實徵册内，凡額徵銀在五錢以下至數分及一分數釐之户，准其全行蠲免；額徵銀在五錢至一兩以上及五兩之户，計全免窮户之外，將所餘之數統計酌量，均勻分數蠲免；其額銀在五兩以上者，毋庸蠲免。仍令先將應行全完及應行酌免之花户名數，及實徵額數造册，詳送布政司彙核，酌量勻派蠲免。總以合足下江一百萬兩、上江六十萬兩而止。行知各屬，按圖備列，出示曉諭，分晰辦理，并令將實徵原册隨同申送查核。如有私徇作弊，將應免者不行造入，將不應免者混行請免，並將大户分作小户及需索私徵等弊，一經察出，或被告發，即行嚴參治罪。如此則富户原無所損，而貧民更邀蠲免之益，庶幾仰副我皇上務使小民均沾實惠、培固蒼生元氣之至意。

—2. 皇朝經世文編　卷四四　户政一九　荒政四

張允隨（1693—1751）

字覲臣，號時齋，漢軍鑲黄旗。康熙六十年（1721）進士，官至東閣大學士。謚文和。

勸農三策疏乾隆二年

奏爲請酌定考課，獎勸補助之規，以裨農政事：竊惟足食爲民生之本計，教養爲王政之先圖。綸音疊沛，無時不軫念農功，興懷勸相，曉諭督撫大吏，講求水利，而以農桑本務，倡課百姓爲先。至州縣之能勸民墾種者，非有大過，毋輕劾去，以期勸課有成。大哉王言！誠二帝三王之用心，而萬世兆民所永賴者也。臣奉到上諭，悉心體貼。除滇省水利另摺奏聞外，似覺尚有可以推廣善治者，敬爲我皇上陳之：

查勸課農桑，固州縣之責，而州縣政務殷繁，不能徧及，是以部議倣照《周禮》遂地之制，量設數人，以司董成，誠農政之先務。但思州縣牧令熟諳農功者少，似宜定爲規條，示以準的，俾選擇之始既有以察其能否，考課之時亦有以驗其勤惰。臣請定十則：一曰筋力勤健，二曰婦子協力，三曰耕牛肥壯，四曰農器充鋭，五曰籽種精良，六曰相土植宜，七曰灌溉深透，八曰耘耨以時，九曰糞壅寬餘，十曰場圃潔治。以上十條，以十得八九者爲上農，酌量州縣土田之多寡、村落之遠近，即於上農之内選擇老成謹厚之人，專司教導於井里之中。晨夕聚處之際，勤者勸之益勤，惰者勉之勿惰，逐末者引之以務本，游手者教之以學稼，不許干預他事。至農人雖終歲勤動，而其功力之齊，則全在春耕、夏種、秋收之日。牧令政務雖繁，而一歲之中，要當竭此數旬之心力，以勸農事。如每歲二三月間，東作方興，州縣親行履畝一次，則耕犁之勤惰可得大概矣。四五月間，插蒔方殷，再行履畝一次，則栽種之勤惰可得大概矣。九十月間，穡事告成，再行履畝一次，則農功之勤惰可得其全矣。勤者獎賞之，惰者誡飭之，老農教導無效者，則另選以代之。如州縣奉行不力，督撫、司道府爲之稽察而申飭之，如此，爲牧令者既克盡其勸課，亦不致滋擾閭閻，則用力少而收功溥矣。其餘月日，恪遵訓旨，凡值公事之暇，即巡歷鄉村，所至之處，詢疾苦而課農桑，獎善良而懲頑梗，則上下之情通，而提撕易入，不難合四境如一室矣。

至部議所定量加獎賞之例，固所以答老農教導之勞，而鼓衆農力作之氣。但查州縣既多，老農亦衆，若動帑賞給，則國家經費有定，若僅地方官捐給，則牧令中急公之員固不乏人，而庸謹者不無苟簡從事，則獎賞之典將成具文。又當斟酌一法，以爲風勵斯民之具。伏查遂師之制重於成周，力田之科隆於漢代，而國家現行鄉飲酒之禮，凡鄉老之年高而淳謹者得推爲介賓，民間深以爲榮。今老農雖未足與於此選，然果能率民以服先疇，若有成效，亦有司所當禮貌者也。臣請略倣其意，於每歲秋成之後，州縣查其所管鄉村，如果地闢民勤，穀豐物阜，則爲之備花紅酒醴，設席公所，進而觴之，並用鼓樂導之以出，使耕鑿之儔見農民之細，而長吏親爲優禮，其觀感興起之忱，有油然而生者矣。

至於貧乏之民，堯舜之世所不能無，故先王有省耕省斂之典，即有補不足、助不給之恩。倘課農之法既備，勸農之典復隆，而工本艱難，自當更籌補助之典，俾得及時栽種。查各屬社倉穀石原係春借秋還，而常平倉穀每年出陳易新，亦得詳明動借，然皆於青黄不接之時，以之接濟民食，安能復作籽種？臣查社倉係社長經理出入，例應加息還倉，應聽民間自行借給外，請將常平倉穀於出陳易新之外，另立借給籽種名目，在存七數内，再行酌借一二分，俾民間共知其爲作種之項。令州縣官春夏巡行畎畝之時，查係實在無種窮民，即擇倉内堪爲籽種之新穀，酌動借給，令其作種。其力稍能自備及吏胥皂役人等，不得捏冒濫借，務使貧民得沾實惠，秋成照數還倉，照例不許加息；其或偶有水旱不齊，緩至次年交倉。一轉移間，而貧民既得乘時布種，復得免重利借貸之苦，則且咸受裁成輔相之愷澤於無窮矣。

——2. 皇朝經世文編　卷三六　户政一一　農政上

晏斯盛（？—1752）

字虞際，又字一齋，江西新余人。康熙六十年（1721）進士，官至湖北巡撫，遷户部侍郎。有《楚蒙山房集》。

與尹制府論綏理苗疆書

滇、黔苦兵久矣，其素既無以服之，其繼皆有所以激之。文武員吏貪利而倖功，苟且一時，斷未有能善其後者。彼地險隘而性獷悍，剿固已難，既剿而綏撫之，使長治而久安尤難。然治安之要在於得人，得其人而治之、安之，則亦無不可久長也。其人務以清静爲體，以縝密、精明、寬大爲用。始也制要害而周爲之防，繼也因習熟而利爲之道，斯亦可矣。夫大化之所及，必有其漸，非可以旦夕期而强驅之以就吾法。以異類之屬，本俟氣化，而欲以力制，是無異期豺虎之盡爲騶虞。力大者或偶一納諸閑而不覺，至閑之不修而迫而狎之，必怒爪張牙，所傷實多。

嘗考《禹貢》："五百里荒服，其三百里蠻。"説者曰："蠻之言慢也，謂禮儀簡慢，因其俗而治之也。"又《漢書》云：班超爲西域都護，甚得衆心。超召還，任尚代之，尚謂超曰："君侯在外國三十餘年，而小人猥承君後，宜有以教之。"超曰："塞外吏士非孝子順孫，蠻夷懷鳥獸之心，難養易敗，宜蕩佚簡易，寬小過，總大綱而已。"觀此足知荒服之概，亦以知古今之無二道，形勢之無兩端矣。

抑又觀兵之爲用，必熟練於平日，未可取辦於臨時。今日之兵，平日皆游手蕩閑，驕而且懦，驟而遣之，不堪用命。且處處虧缺，一經遣調，本處輒孤弱無恃，此又未講於武備之制也。《禹貢》：綏服五百里，三百里揆文教而外，其二百里奮武衛。武衛綏服且奮，况荒服乎？兵，師也；師，衆也；衆，民也。今固不能如古師田之法，而軌里連鄉，内政軍令之寄，便宜可用。或於附近苗倮尚須防守之地，固保甲而默修其團練，裕器具，習擊刺，曉進退，則有恃無恐。賊亦知所畏避，不敢以逞。久之，此勝彼衰，强弱立判。

且良民者，國之本也。愛養未周，飢寒不免，或又苦於官法，惟曰怨咨，則異族之欲向化者且視爲畏途，而更化更難言矣。以黔言之，田少山多，土瘠民貧，又加以夫役之煩，徵調之數，不遑耕讀，日事奔馳，雇倩充應，典賣不支。清平一路，甚至以額設夫馬火牌勘合，俱令土民承當。前令於土民不服者輒置之法，殊爲未便。雖然，此時此事，權宜可也。今既撤兵，暫得休息，有賢有司静而理之，慎防禦而平争訟，使得力穡務本，即享無事之福，驟登太平。

竊嘗總其形勢，貴陽、安順、遵義地坦民庶，不減内地，可以永安。大定、南籠、思南、石阡、平越久經緝寧，地形雖險，而人民之繁庶可久，亦不減貴陽諸大郡。鎮遠、黎平、都匀、思州、銅仁地逼新疆，賑恤其久困之民，馴柔其新定之苗，一意寧謐而扼制其險要，亦未嘗不可以永寧。他如貴陽之定番、廣順二州，安順之鎮寧、永寧、普定三州縣，大定之威寧、平遠二州，南籠之普安、安南、永豐三州縣，民間與苗倮各有親串，略宜稽訪，亦可以觀其出入動静之機。總之，地方之安否，惟在親民之有司勿作無益以害有益，勿規小利而忘大經，勿工於悦上而絀於信民，勿執私見而昧恒理，庶幾乎足副大人之訓也。雖然，難矣。院、司、道位高而勢隔，人心之不同如其面，有司孰不欲其賢，而不如所期者常八九，難矣。雖然，太守者，州縣之表帥而上下之樞機也，苟得其人，則州縣之承風旨而凜憲法者，可朝令而夕至也。

某五月初開考貴陽，六月中竣事，六月二十二日至安順，現在考試兩郡生童與考者俱倍多於前，足覘民間餘力。併聞。

—2. 皇朝經世文編　卷八八　兵政一九　苗防

黔中水道記

自莊蹻略地，椓船且蘭，而牂牁江始出。然循江、循沅，前後《漢書》異指。江沅、番禺，莊蹻、唐蒙，又各殊歸。桑欽、酈元，西南未核，山溪分合，略而不詳。予既著《牂牁江考》，復據游覽所經，考證圖志，記其水道，存隅識焉。

黔處萬山中，形勢紆回，分注微渺，所爲茹納群流，吞吐溪壑，達江赴海。緯衆水而經之者，曰烏江，曰盤江，曰蒙江，曰銅仁江，曰鎮陽江，曰清江，曰都江。

烏江即夜郎水，出修文縣西北之陸廣河。過畢節縣西南七星山下，爲七星水，有關曰七星關。溯威寧到滇南者多濟此。西南有黑章水注之，或曰即墨特川。元大德五年，劉國傑破蛇節、宋隆濟於墨特川，倘此地耶。又東流至大定府，西南有落折河，自府城西北二十里，當兩山間，破地吼出，南流來注之。又東過府治南，東流右得以則河，又東左得烏西河，又東爲六歸河，又東右有簸朵河，合武著、墮極、織金等河水，自平遠州界黑跨牛場汛東流來注之。又東北有西溪河，合楠木溪水東南流來注之。又東至黔西州東南爲鴨池河，有渡曰鴨池渡，兩岸如劈，崇崖如雪，黔西大定要津。又東至修文縣西北，是爲陸廣河，距修文五十里，舊爲水西驛道，有渡曰陸廣渡。有麻線河自廣順州經安平縣東南界，東北流爲落陽河。又東北至清鎮縣城西，爲滴澄河。又北與安順府東南之九溪河、北界之三岔河、谷龍河下流合，而東北流來注之。又有三潮水，自修文縣北流來注之。又東左合白花箐水，又東左合沙溪水，有渡曰黄沙渡。又東有羅傳大河，自永寧縣東南過遵義府，西南流來注之。又東過修文縣養龍司北，是爲烏江。今有渡曰烏江渡，關曰烏江關，黔蜀要津。又東得刀靶水，又東得養馬水，又東至開州東北，遵義府綏陽縣西南，有渡曰茶山渡。有水自桐梓縣西南，徑正安州西，至石子坡南，過遵義府西南入湘水。右合綏陽縣北之源溪水、郎水、傘水、厚水，南流來注之。又有三江水，自湄潭縣北，合窄溪、渡上關花水溪、大洞溪、湄溪、馬渡溪、角路溪、大溪諸水，從廢容山司至望浦合流，北來注之。又南有渡曰落汪渡，右合渡口水，又南有洗泥河水注之。又東南至巖門，有南明河水自西南來注之。南明河出貴陽府廣順州東北阿沙壩之龍潭，合濟番河，會一宿河、九愛溪、上馬橋河、四方河，過白納司至府城西南。左受黔靈山諸泉水，及擇溪貫城河水，東過府城南右得富水。又東南得龍洞河、黄泥哨、牛渡口諸水，東西箱子口、剌平司迤北至巴香，合平伐、三岔河、八字河，所匯貴定縣城西之甕城河，再過平越府西界之清水河，一曰皮隴江者，東北經開州，東南由天星橋，入吊口綿花渡，而東北會於巖門。巖門在開州東，甕安、餘慶二縣西北，有渡曰巖門渡，爲黔楚蜀通津，波流湍激，合沓溯潋，固衆壑之關竅，亦一川之樞要矣。又東至龍泉縣西南，有渡曰葛閃渡。又東南有甕水、高平水、袁家渡水、白厓河水，匯爲江界河，合餘慶縣之白泥司水，佛山河北流來注之。又東至桶口，有水自餘慶縣東南界北流滿溪，合石阡府之龍底河、凱科江、洋溪、深溪、樂回溪等水，東北流注之。又東爲三江口，思石平遵通津也。江楚商旅由銅仁陸行者，多自此濟；蜀賈鹽艘溯思南而上者，亦多泊此。其西有得勝關。又東北有水自龍泉縣東南流來注之。又東流過思南府城南，是爲德江。又東得鸚鵡溪水，又有思邛水從邛江縣西北之朗溪流來注之。又東過婺川縣東，西有豐樂河，得煎茶溪水、登龍河水，合洪渡河、倒羊溪水，東流來注之。又東過婺川縣東北界，而達涪州，爲涪水，通於蜀，入於江。唐史稱城樂縣西一百五十里有涪陵水，《方輿勝覽》稱“思州有巴江水者”是也。

盤江，《廣輿圖》以爲牂牁江水，水出滇南小金沙江，至威寧府界，東南流爲可渡河，山曰分水嶺。威寧，舊烏撒衛也。明鄭雯曰：“予弭節西南，抵烏撒普德歸驛，驛門對可渡河壩。詢水所從，候吏稱水在西百里，注壑而出，東流爲盤江。”又曰：“越衛城北二百餘里，有七星關，河源芒部界濱城海子，通水西境，會可渡爲盤江。第山水峭險，狨猱叢居，以是人無因而至。”據今七星關水爲分水嶺所界，東出烏江，不注可渡。又小金沙江來自吐番，由雲南麗江府之塔城關入中國，經鶴慶、姚安、武定、東川諸府，至四川之叙州府，合（氓）［岷］江，入東海，與鹽江之入南海者源流迥異。則鄭氏所述，與《廣輿圖》所載俱舛矣。可渡河又東南流，迤西至木東汛，有花魚硐水西來注之。又南至龍場汛，有水自曲靖府界流來注之。又南至安南縣東北有落白河，自曲靖府界東流來注之。又東至永寧州西安南縣東，是爲盤江，爲入滇孔道。兩山夾行，水勢湍駛，不利操舟，亦難架石。參政朱家民冶鐵爲絙，懸兩巖間，覆以板，東西各建樓堞，行者賴之。尋爲賊毀。國朝經略洪承疇統大兵定滇，濟此復完，至今歲用修繕不廢。盤江又南至普安州東。又南至九盤山迤東至化江汛南，有白水河，得永寧州北之關嶺壩陵橋水，南流至鎮寧州西，而南合菜子河水，至寧谷司。又南合永豐州西北之打罕河，而南來注之。又有迤長江自普安州沙泥巖東南流來注之。又有卜者河、軟橋河、板橋河東南流注之。又南籠府有城都河，自安南縣界，得江西坡水，至高武汛，西合馬畢河，南流合魯溝河，過普市，合大坡哨水，東過府南界而東注之盤江水。又南至永豐州西南，而東南過泗城州，入於粵，達於海。

濛江，出定番州之濛潭，俗亦稱牂牁江水。水東南流，有玉帶河，從州北二里來注之。又東有洗馬河，［自］盧番司東南流注之。又東南有環帶江，合金石司之回龍江、羅番司之羅番河流注之。又東南有雙峽水，自小龍司東南流折而西注之。又東西流有繞翠江，從卧龍司南流注之。又東南有小溪水，自洪番司南來注之。又奔龍江自大龍司合大龍河東流注之。又東南有底方河，自番方司南合小番河、雲溪水並注之。又東南有冷水河，從小程番司南合漣江水，東流注之。又東南有腰帶河水，自盧山司南合擺游河，東流注之。遂東過泗城州，而歸於粵海。

銅仁江，又曰大江，出酉陽司界，過提溪司西，有溪出濫泥山，引流東南注之。又東至省溪司南有迪羅江，自司北二里江頭山流來注之。又東江曰小江，自烏羅司北梵净山發源，有九十九溪，最大者爲甕濟洞。梵净山又名曰境山，山下各溪環繞，合甕濟水南流爲小江而入大江，是爲江口，有渡曰雙江渡，爲黔楚蜀通津。又東有木耳溪，水自平南寨東南流注之。又東至銅崖，又東過府城南迤東，又東過石笏山南，又東有烏羅溪水，自烏羅司東合羊溪水，南流爲七溪，而東南流注之。又東至辰溪縣，入沅水而達於楚江。

鎮陽江，即㵲水，古五溪之一。源出偏橋右司大陽河，又曰杉木江。東南流至新施秉縣東北，右合小江。城東有橋爲黔楚孔道。又東流至縣東南界，有舊黄平州北門河，與州治東冷水溪合而東流，過新施秉縣南。又東南合大陽河爲大江，而注於諸葛洞。有鷺鷥灘，有芙蓉崖，水行石科中，盤渦傾仄，激宕淺阻，不通舟。明萬曆間，巡撫郭子章鑿之未就，罷。國朝順治十三年，總督趙廷臣以黔饑乏餉，開之，而漕楚米萬石，直溯黄平城下，尋停運仍淤。江水從中出，東南流得白水。又東得牙溪水。其西有小由溪、勇溪水注之。又東過文德關東南，右合松溪水。又東左得西峽山水。又東至鎮遠府城西南，是爲鎮陽江。滇黔宦游，江楚賈客，舟多泊此。又東左得石屏山水，右得吉祥山水。又東有橋曰祝聖橋，江楚、黔滇孔道。又東得鐵溪水，右浮石灘。又東得宛溪水。又東得秋溪水。又東得松溪水。又東迤北有星石江水，自思州府東北開天鋪，東南流來注之。又有甕坑灣水，自思州府西都平司南，而東流過府城南。又東與星石江合流爲施灣，而東流來注之。又東至沅州而入沅水，以達於長江。

清江古曰劍河，又曰長河，舊陷苗境，舟楫不通。雍正七年，總督鄂公、巡撫張公清釐夷人，題請開濬，自都匀府至湖廣黔陽縣，總一千二十餘里，遄行無阻。江有二源，並發都匀府山澗中，繞城西南，過都匀副司界。又東過八寨協營前，協有城，雍正九年新造。自此而北，左得舊豐寧司水，迤東過麻哈州東南，又東至清平縣界，受平越府三江口水，爲滇黔孔道。三江口者，麻哈江、馬場江、羊腸江也。三江口水東流過楊老驛南，又東至清平縣南界，而注於清水江。江水東至黄平州西重安驛南，有重安江，名高溪水，自黄平州西而南流注之。又東南過巖門司南，又東過舊偏橋衛南，東至於丹江營北，有九股河，發源九派大山，自雞港台拱東北流。又有丹江河自凱里流來。過揚條與九股河合爲小江，從西南流來注之。清江自此，又東至下革，東有水自上旁洞西南來。又有水自白羅宰統南來，會流爲烏沙河，東北流注之。由此迤南而東至天柱縣界之茅坪，右合錦屏縣界之亮江水。東至沅埕塘，又東南過沅口，至黔陽縣南入沅水，而達於楚江。

古州江，亦曰都江，舊陷苗境。雍正七年，總督鄂公、巡撫張公清釐，夷人歸誠，黔、粤舟行無阻。其上源有邦水河，出匀都府東南，合三道河流入獨山州。右合馬腸水，左合爛土司西南溪水，東流爲都江。明弘治中，鄧廷瓚、顧溥討爛土蠻，蓋此處也。又東至來牛營，有風柳溝小溪北來注之。至高舊營南，其北有小溪注之。過定旦汛、俾開汛、都江汛，而東至古州城西，有溶江水、車江水繞州城東南，與都江會。州城舊爲諸葛營，枕山面水，土田平衍饒澤，黔中一沃壤也。自此而東南經獨石蜡亮流至八及寨南，有水自苗古九得來注之。至下江營，又有小溪曰孖女江，自東郎官雄流由孖温南來注之。而東南經郎洞下有小溪曰孖覽江，自寨正寨平流出北行。又八孖之上有曹平江，自黎平府之曹滴司流出，南行並流注之。又東南過懷遠縣界，經車寨、梅寨、沈口南下，而入於粤，達於海。

總諸水經流七，達長江者四，歸粤海者三。舊五，新闢二。

—2. 皇朝經世文編 卷一一八 工政二四 各省水利五

社倉保甲相經緯疏乾隆九年

竊惟《周禮·族師》："五家爲比，十家爲聯，使之相保相受，刑罰慶賞，相及相共，以受邦職。"宋熙寧保甲之法，原出於此。然稽其實，則井田蓋爲之經，非區區比聯保受牽制而束縛之也。《遂人》："五家爲鄰，五鄰爲里。"《匠人》："九夫爲井，井十爲通。"《孟子》之"八家同井"，以井田横排之，一通之地，亦無不五家相比、十家相聯者，則同里同井，即相比相聯，而相保相受，實相經緯於其間矣。蓋就相生相養之地，而行政教法令於其中，是以習其事而不覺、久於其道而不變也。周之衰也，管子因之作軌里連鄉，雖稍稍小治一時，而未睹大效，亦一舉輒廢，未見樂易而可久。秦漢隋唐以下，當其盛也，其民龐雜而無所紀，及其衰也，則鳥獸散耳。宋熙寧中，有鑒於此，而編閭里之户以爲保甲，事本近古，故行之不廢，然亦第相保相受，而未得其中相生相養之經也。臣前奏推廣社倉之法，請按堡設倉，使人有所恃，安土重遷，出入相友，守望相助，保甲聯比，相爲經緯，用幾古治，非苟而已。顧欲各堡一倉，倉積穀三千，一時既有所難行，而其入穀之數，則變通於額賦之中，另分本折，稍覺紛更，誠如部議。雖然，臣竊籌之，天下之民，必有相生相養之實以爲之經，而後可行以相保相受之法而爲之緯。社倉、保甲，原有相通之理，亦有兼及之勢。彼此之間，一經一緯，大概規模，似有可觀。一時求備則甚難，簡約試之則似易，且夫時難得而易失也，時之可乘，亦未有盛於此時者也。

我皇上如天好生，偏隅之灾無不恤，一夫之飢無不拯，加意倉儲，州縣交相采備。又慮貴糴之妨民，急停止采買，停止之餘，又慮積貯之無資，而詳加酌劑，且特停户部捐銀之例，令各省捐監生俊，俱於本地交納本色，以本地之穀實本地之倉，以本地之倉備本地之用，不采買而倉儲自充，誠兩益兼濟之道也。然要其歸，總以爲民耳。查常平之積便於城，未甚便於鄉。城積多則責之也專，而無能之吏或以爲累；鄉積多則守之者衆，而當社之民可以分勞。且社倉未有實際者，倉費無所出也。名有社倉而倉不在社，社倉徒名而社實無倉，往往然矣。今生俊之穀多在於鄉，而捐穀之例又俱議有倉費，如將此捐移入社倉，捐多則倉亦多。取鄉保穀數而約舉之，大州縣約八十堡，四堡約一倉，總二十倉。倉約一千二百五十石，總二萬五千石。中州縣約四十八堡，四堡一倉，總十二倉。倉約一千二百石，總一萬四千四百石。小州縣約三十六堡，四堡一倉，總九倉。倉約一千二百石，總一萬八百石。方今之時，治平日久，雖不必比户之家可封，然實則三代之直猶在。一甲之民，常多良善，衆推甲長，在在有之。四堡之倉，輪甲遞管，共相稽查，年清年款，視社長爲尤易，而釁弊亦可盡除。由此官考其成，隱然有上下相維之勢，亦千古一時矣，正不必人人劉如愚，而效可睹者也。

楚北計大州縣三十一，應得穀七十七萬五千；中州縣十四，應穀二十萬一千六百；小州縣二十三，應穀二十四萬八千四百。總一百二十二萬五千石。除查現存有社穀四十八萬八千七百七石零外，應捐穀七十三萬六千二百九十三石。如果可行，即請將現在題明應捐補常平之七十三萬五千九百四十九石零，移入社倉，再加捐三百四十四石，已足其數。其現存社穀無倉之處，請將各州縣數年之息酌量分建，則社倉之名實俱備。至各州縣因地制宜、截長補短之處，另行具奏。其各屬常平，均有現貯之項，足資近城糶濟，以備急需。其應補之數，在鄉便於在城，似乎毋庸歧視。如城内常平尚有應行增補之處，俟捐足社倉之後，再另行題奏。

——2. 皇朝經世文編 卷四〇 户政一五 倉儲下

王安國（1694—1757）

字書城，江蘇高郵（今屬揚州）人。雍正二年（1724）進士，官至吏部尚書。謚文肅。有《王文肅公遺文》。

請省簿書以課農桑疏乾隆十一年

臣於本月蒙聖恩召對，一時冒昧陳奏，以中外簿書太繁，州縣官疲於查造登答，無暇課及農桑，胥吏倚法作奸，滋弊轉甚。但議及省繁就簡，又恐人心即於懈弛，仰祈皇上教諭部院及督撫大臣，留心體察，隨事減省。面奉德音，以教諭未必人人體悉，或致誤會，令臣告諸軍機房大學士，酌量可行之道，並令臣繕摺具奏。臣隨至軍機房向大學士訥親、張廷玉敬述聖旨。退而思之，臣前奏簿書太繁者，乃用法之流弊，非立法之本意也。夫立法之本意，所以課功核實而防奸僞也。但用之不善，則本以課功，或因瑣細而轉致羈遲；本以核實，或不勝煩數而應以具文；本以防奸，乃本病未去而他病叢生。其事不外乎錢穀刑名，其弊莫甚於文書駁核。其源始於内部曹司，其流極乎藩臬州縣，甚至州縣書役、藩臬掾吏聲氣相通，而本官反仰其鼻息，不得已因而用之，以求上下之無阻。欲其决吏胥壅蔽，知小民疾苦，何可得哉。臣愚以爲不加分析而概議減省，誠恐不知者妄測聖意，務爲省事，而因以即於懈弛。若指明弊端，剔而去之，使弊去而法行，不惟與苟安玩愒之風不相涉，且於聖明勵精圖治之意，實可仰體萬一焉。謹以臣所深知者臚列具奏。

如報銷錢糧，存留與動支數目不符，向經户部駁查，多有逐案登答，以某事案内先准銷若干者。伏思在外動支，無不題咨有案，或以案牘浩繁，户部一時無暇遍查，似可行令督撫，於奏銷時備細聲明，户部查對相符，即可准銷。至數目之訛舛，或在數兩、數十兩以上，自當照例駁查。若止毫釐以上，數星以下，此不過寫算之偶錯，似可核明更正，行令於下次奏銷時聲明。又報銷工程，如所開價值全數含混，浮冒過多，工部自當照例駁查。若一册之内止一二條不清，似可摘出行令登答，而其餘准其開銷，不必籠統駁飭發回，全册另造。如所浮開者，畸零無幾，似可竟將核減之數行明，而其餘准其開銷，如此則駁詰登答之無益者可省矣。然此猶其易見者也。其最細而不勝舉者，莫如撫藩之於州縣，一徵存而頭緒紛如，一動支而項款各别，一興修而初估、復估、完工核銷詳報不一，每詳一次，必由府而道而司而督撫。干涉糧鹽、廪膳、兵餉者，更由糧鹽兩道、學政、該管武職、清軍同知、糧運通判，每衙門有詳文，有書册，有實數册，有印結，有加結，彙於司而題咨於督撫。未題未咨之先，司府之駁詰已不一而足，或數目之差僅止分釐，或訛誤之處不過字畫，或日月錯填，或語句遺落，或序述牌行未及詳備，初無關於緊要，但有名可借，皆嚴駁更改。每駁一次，則申詳册結之，經由各衙門者必皆另造，申送至再至三。一案如此，積至數案，有不叢脞困憊者乎？

又如命盗案件，犯事失事有報，檢驗獲犯有報，初審、復審有報。至於州縣審定，解府解司，苟府司已經審訊，或詳閲全招，實有疑竇，駁令再審，亦欽恤重刑之道。乃有幕賓胥吏逞其私智，略大端而搜枝節，執一隅而概全招，雖任意指摘，毫不中情，州縣亦必逐條答覆。人犯往返，難免拖累，而詳驗招册之重複增添，不待言矣。查承審造册各有程限，一涉遲延，例有降罰。司府既經駁核，即可自脱考成，而州縣無所逃避，掾吏有權可操，因而肆爲威福。州縣功名念切，敢不應其取求？

此臣所謂簿書太繁，皆用法之流弊也。伏乞皇上密諭部院大臣，有如臣所奏、户工二部情形者，必期相宜整頓，并嚴飭各省督撫不時稽查。倘司府掾吏弄權苛駁，積至數案，則提治其掾吏。本官如徇庇抗違，則分别參奏。務令國家科條法則，不至爲舞文作奸者所矯託；官司之精神血脉，不至爲貪胥猾吏所驅使。上下衙門明白相承，盡化其疑阻留難之迹，而專心於國計民生，早作夜思，期自效於職守，於以勵其名節、策其奮庸。吏治肅而實效彰，天下吏民受皇上之福庇於無既矣！

—2. 皇朝經世文編　卷一五　吏政一　吏論上

胡天游（1696—1758）

字稚威，浙江山陰（今紹興）人。蔭副貢生，乾隆元年（1736）舉博學鴻詞，官至禮部尚書。有《石笥山房集》。

伐石志

越山石多而采習，百材資焉。宫室之基礎，輿梁之構，道路之布，礪硙杵臼、鐘氏之研具，罟師之權杠，封槨之合，皆取給焉。以需之博也，將盡山伐之。其始發集十百儔，登顛東西視，相厥膝脉，剥土之膚於外者，乘其燥氣，輸水激之，已則硼礨，然後環巨鑿，竭勇擊焉，塊而材鬻。或值大堅不可猝伐，横崖植椓，腰絙懸撞之。崩岸削絶，下臨洞黑，生活乎中者，縛柔木爲雲梯，接數十仞，猿猱臂聯，力附惴升，或繫脱階絶，霍飛鳥墮，骨無完收。伐之久，門户砑豁，漸入愈深，中空室堂，側穿奥竅，黽行狐蹲，吹炬擊敲，石時傾䃏，群醢於内；或石盡底通，冒洪溺漂，歲死者數焉。

予游於山間，憫其險劬，試慰之曰："若拮据乎是，毋或憊與？"工人顣然太息曰："豈謂斯役之不吾困耶？吾始爲農，佃田耕之，計幸卒飽。比歲登，收者繹至，飲食舟車之畢償，算贏穀無多矣。設穰餘二三月食，謀貸補餓，罔資决芸矣，歉即賣質子矣。更視吾里之農者，或銍甫釋而釜空於家矣。所以炙烈暑，風冱冬，犯虺蜴，鬬虎豹，雜倀鬼，乾汗涸嘘，腫裂肩骭，而來役此，庶無罹傷死、博入不缺，得日食吾躬，且饘其家。自頃之歲，海汐大潰，入漂其捍堤，官出符築之，籍吾名於府，旅往工，遂禁民買，併爲致傭。苟私有貨事，輒降重罰，以故利絶乎百需，而費之罄於呼者，僅膚不剥也。若估價，視常減十一，發金於藩吏，干没十一，經縣郡吏復然。持以散吾徒，值既不足，又料責侈巨，倍衆力，加日時，愈適就困，然以成之不效亟也，時扑於廷。裹創以趨，罷雨雪，奔道路，病不得休。吾茲役也，三年矣！痛孺婦之瘠弗遑及，秦越視者勢使焉。假無向擾而仍吾初工，或太守、令尹恤其罷而薄塈之，吾雖瘏手瘃足，猶私循以甘，而庸惜憊於吾躬者耶？"曰："然則予盍返諸農？雖艱食，庶少逸乎。"曰："隸既不得脱，且吾嘗以工迫懾吏狀觀催歛於鄉者，迫殆甚焉！"吁！可悲哉。吾徒以其勞也，恫工之言，推農之事，是烝烝之不困也鮮。思夫養人者焉。

—2. 皇朝經世文編　卷三三　户政八　賦役五

陳宏謀（1696—1771）

字汝咨，號榕門，廣西臨桂（今桂林）人。雍正元年（1723）進士，官至東閣大學士兼工部尚書。謚文恭。有《培遠堂集》。

論吴中吏治書

牧令之事，煩雜難理，江左較多，蘇、常二府尤甚。而訟獄，其大端也。大抵人多智巧，好事喜争，理曲者强詞奪之，尚易辨白。或將無作有，或欲揚先抑，或欲取姑與。官司聽之，急則不暇致詳，輕喜易怒，稍有失平，民得持柄而摇，以聳上司之聽；緩則日久變生，狡計百端，莫可究詰，以致一案化爲數案，小事釀成大事。逆料其詞不可信，置之不理，則虚實難明，繁者益見其繁，刁者愈逞其刁矣。惟有先之以鎮静，繼之以虚公，而又終之以迅速，民知其官不可欺，法不能逃，事入官衙，是是非非，確乎不爽，則身受者折服無言，即聞風者亦知誑詞無益，釜底抽薪，庶幾近之。所謂迅速者，只在於勤。蓋吴中風氣，最講打點，又善營求。夜長則夢多，事久必弊生。官司耐一時之煩勞，則小民受無窮之福。

向聞赴縣告狀，竟至二三十日尚不批出，所批仍屬含糊，似准不准，應拘不拘，有拘不審，偶審不結，以致鄉民皆以告亦無益，非政簡刑清也。案牘中留一分精神，即可爲百姓主持一分公道。矧官衙之是非，即里閈之從違，境内頑惡有所警懼，良善得以保全，其爲勸懲者不少矣。能令州縣官時時事事存一點惟恐冤民、累民之心，庶可望風俗移易，古人所謂刑罰得中，即刑罰中教化也。然欲能如此，又在屏省應酬。人之心思物力衹有此數，於浮文上多一分，即於實事上少一分，居官者能以周旋上官之心力致之於民，地方民生未有不實受其惠者。究竟凡事莫逃乎實，動物不外乎誠，及至政簡刑清，循聲卓越，亦不患無知音也。

—2. 皇朝經世文編　卷二二　吏政八　守令中

治永定河説

永定河發源山西，綿長千里，兩面環山，從直隸之保安州懷來縣由水關而入，以達石景山。石景山以東始有堤岸，其水均係渾流，擁泥挾沙，横悍異常，善决善淤，遷移莫定。從前原無堤岸，地面寬闊，盧溝橋以下直至霸州，由會通河入淀歸海。水發之年，一往湍激，散漫於數百里之遠，深處不過尺許，淺止數寸，及至到淀，沙已停積，止餘清流，不致淤塞淀池也。而盧溝橋以下，淀池以上，一望平蕪，雖不免年年過水，而水過沙留，次年麥收豐稔，所謂“一水一麥”是也。自築堤束水以來，河身窄狹，兩岸相去，遠者不過二三里，近則一里半里至數十丈不等，以千里遠來之急湍，束之於幾里之河堤，不能容納，動多漫溢，此理勢之必然者也。然初築之年，河身尚低，仍可以順流，間有漫溢，爲害未甚。迨後年復一年，河底漸次淤高，河岸隨亦加築，現在河底高於平地丈餘，而堤則更高一二丈不等，儼同築牆堵水，豈能免於潰决？且上流開口奪溜，則下流便淤，是以尾閭日塞，咽喉有阻，即再加高堤岸，而淤沙隨堤而長，水勢愈高，勢如建瓴，沖溢潰決隨處皆是。淀池爲西南各河蓄水之區，而淀池水清，若將永定河之水束之入淀，淀必淤積，淀池多淤一尺，則直省受水之咽喉，即多一尺之阻。所以自雍正三年淤平勝芳淀以後，各河水患年多一年，數年之後，淀池淤滿，西南諸水無處容受，則直隸水患更不可言。尤可恨者，永定一帶，全無泥土，皆係浮沙築堤，非夯硪可期堅固，遇風則堤隨沙去，遇水則堤與沙化，是以極寬極厚之堤，水到即開，沖決仍所不免。此永定一河，斷難築堤束水成河之情形也。

上年尚書顧琮奉旨察勘永定河工程，曾經會同總督李衛等奏請，仿照黄河遥堤之法，將鵝房村南大營之下，張客水口之北，接築大堤至魚壩口底，官修民埝爲永定河之北岸，將金門閘之上堵築横堤，聯絡東岸，以舊有兩堤并淤高之河形俱作爲南岸，接連新改河身，共留寬十里内外，相度形勢，將最大村落圈於堤北，設法繞過，其必不能讓出之村落，或墊高地基，或願遷徙堤外，量爲撥給房間拆費等因。經部議，以河流遷移靡常，或南或北，坍長不定，將來漸次改溜，仍恐逼近遥堤，至堤内居民不能讓出之村落、墳墓、田園，作何安頓，皆須籌畫周詳。嗣蒙皇上命大學士鄂爾泰親往詳勘，議以半截河以下改挖新河，以順南下水性，半截河以上，逐段挑挖，又於兩岸建滚水壩四座，開引河以泄漲水。原欲使濁流均散，殺其洶湧之勢，免其潰決之虞，逐年相機辦理，冀其漸次圖成，究非一勞永逸之計也。謀豈敢拘執前見，必以遥堤爲是，但再四思維，屢加籌劃，奔放之流，非窄狹之河所能納，沙泥日積，亦非疏濬之力所能通，恐年復一年，徒糜國帑，將患日深而治益難。慮及於此，輾轉難安，莫若遠築遥堤一法之爲得也。所有事宜，謹陳于後。

一、查渾水以無堤爲上，讓地爲次之，皆不與水争地也。永定河業已有堤，一時難言盡廢，惟用賈讓策，於兩岸之外遠築遥堤，相度起止，北以南苑之南龐村爲界，以衛京畿，南以淀河爲界，以防淤淀之患。地面廣闊，受水不深，散其勢所以少其力也，力少則無沖決之虞，水淺則無淹没之患。而且濁流淤地，清水歸淀，地淤則種麥益肥，淀清則尾閭不塞。不與水争地，而地之所獲可豐；不築堤以束水，而水之悍性可馴矣。

一、原議南北岸建滚水壩四座，以泄暴漲。查南岸金門閘石壩工程，用過銀十九萬餘兩，今北岸張客若照金門閘石壩丈尺，至少亦需帑銀十數萬兩，未易興工。莫若於金門閘、張客石草壩以下，相度地勢，多建草壩，寬以六丈至十二丈爲率，過水以六分至四分爲度，分泄之處既多，則渾水力緩，不至四處沖刷。草壩每座不過用銀數千金，一石壩之費可分造十草壩，需帑不多，收效更易。

一、兩岸城郭及大村莊渾水經過之地，恐水漲之年或有淹浸，應請各建護城、護村月堤，以資捍衛。其零落小村，若概築堤埝，不無繁多，小民或願墊高地基居住，或願遷附大村，量給資用。計其所費，不過數年搶修之用，而小民一時遷移，將來永無沖決。至於墳墓，難以概遷，查永定河之水，倏長倏消，每一水發，不過二三日，少止一日半日，汛期被淹，過汛仍得涸出，可無損傷。現在東、西二淀，乃長年積水之窪，廣袤數十里，其中稍高之地，築室而居，村落相望，其墳墓未始不年年淹及，今每年止受數日之淹，而得收淤積種植之利，爲害甚小，爲利甚多。縱有一二愚民，止圖目前，不願遷徙，然此等有關數十州縣之大利大害，不能爲此十餘村民目前之小不便，而忘數十州縣千百年之大利也。

一、兩遥堤之内，河流遷徙無定，或有淹旗民地畝之事，應請查明民地，豁除額糧，以免報灾失業之苦。

一、查金門閘、張客以上，地勢較高，村落亦甚稠密，不便開壩泄水。而内中或有險要處所，應防其漫溢。應相度險工，加築月堤，委令善於放淤之人，照南運河放淤之式，酌量開放，引進渾泥，填入月堤之内，俾成一片，庶堤得以鞏固。

一、建築兩岸遥堤，爲費甚鉅，議者皆以爲難。查自有永定河以來，每年歲修額數二萬兩。搶修一時緊要所需，原無定額，自數千兩至數萬兩不等。而年年興修大工，幫堤建壩，皆不下數千兩。即防汛堵築决口一二處，亦不免數萬兩。今即以四五年大工歲搶之費，加築遥堤，計費尚覺减省，一勞永逸，而官帑民力所省已多矣。

一、遥堤既築之後，水從兩岸草壩入引河分流，水小仍歸引河，水大漫流，亦不爲患。數年之後，草壩朽壞，水勢已平。此週圍數百里之區，皆受水之地，即皆爲種麥之地。不須搶修，不興大工，可以交地方官管理。總河一缺，竟可裁汰，永定河道改巡地方兼管河務，一切河員酌量裁留。其留者亦令兼管地方事務，庶上下事務聯絡，呼應既靈，於河防、民事可無歧視。

—2. 皇朝經世文編　卷一一〇　工政一六　直隸河工

通飭州縣巡歷鄉村諭乾隆十年

奉準部文，州縣巡歷鄉村，原令將境内興除事宜，如興學校，端士習，振民風，及農桑樹畜、河渠水利，并造麯燒鍋、賭博、健訟刁悍及盗竊打降、崇尚邪教之類，逐一查明，有無成效，於年底彙核奏聞。

本都院因部文内統言興學校等類，而各省地方風土人情各有不同，恐州縣浮泛一查，籠統登覆，仍屬奉行故事，未見有無成效，是以就陝言陝，將應興應除之事列爲二十四條，通行曉諭。又恐告示甚長，抄貼難遍，遠鄉士民難於盡曉，另刊示本，令其散給莊村，轉相傳述，使士民俱各曉然於興除之條，庶官司得以力行勸戒之事。其所發示本，雖按州縣大小定數，但州縣四境遼闊，村莊衆多，所發示本不敷分散。在州縣如肯行勸戒之計，自必先將示本到處分發，所費無多，比之抄示遍貼，更爲省便，更可經久。乃數月以來，有以原發示本不敷，隨即多刷分散者，有稟請再爲多發者，有照示本另刊者，有將各條另刊、告示多貼者，雖未知將來力行勸戒如何，而目下已肯作廣行勸戒之計，本都院心竊嘉之。此外，既不赴省刷印，亦不稟請多發，本部院細加體察，不過以上司所發幾本，儘此一散，便爲了事。亦有原發示本尚未發完仍存科房者；有按里分散，各里鄉保收存在家，並不傳述，官司經過亦不一問者；有止抄貼於署前通衢，掩人耳目，而遠鄉僻村士民聚積之處，又不知有此一示者；有初行時曾廣行分發，而發後即不介意，並不過問者。夫移風易俗，原非旦夕之可期，而令行禁止，必須精神之貫注。似此漫不經心，全無籌劃，如何使民周知率由，如何廣行勸戒，如何逐條登答，本都院如何彙册奏聞，將來如何漸觀成效耶？又，巡歷鄉村原爲此二十四條而設。恐各屬拘泥部文，特地下鄉，逐次具報。公出回署，茫無頭緒，日逐奔忙。故另有檄行，令其隨時隨事經過村莊，停驂詢問，如僻鄉村莊無事經過者，亦即特地前往，凡所到之處，務必傳集士民，相爲告語，不可急去急來，所歷村莊情形詳悉登記，以備逐條登答。

今聞各屬奉到之後，以此爲事，實心力行者固亦有之，而漫不經心，視爲紙上空言者甚多，更有問及尚不知有此一事者。在各屬不留心文檄之陋習，本部院久已知之，竟不料此等諄切聲呼，必須逐處巡查，逐件登答，以待彙册奏聞之件，而亦如此率忽也。時已七月，各屬如此因循苟安，將來非憑空捏混，即籠統粉飾，仍是紙上空談，虚應故事。所關甚鉅，合再諭知，仰即轉諭各屬，細閲節次示檄，並今諭内情弊，悉心查辦，告示曾否分散，如有未遍，赴省補刷甚便，其已散之地曾否轉相告語，士民曾否通曉。或一時尚未通曉，或甫經通曉尚難遵行，縱不能令士民一一遵行，當先使士民漸漸通曉，然後可以徐觀地方官之教化何如也。其巡歷村莊，已經咨明吏部展限，今年年底必須彙册奏聞。轉盼十月，屆期必須逐條明白具詳。唯有上緊巡歷，到任一日即盡一日之心力，巡歷一村即記一村之情形，實心體察，虚衷探訪，公聽並觀，勸戒並行，務將二十四條，或有此事，或無此事，或難行，或可行，或不必行，或漸有效，或尚無效，據實登答，造册通報。倘此時不早留心查記，臨期催取，茫無記憶，隨意登填，非憑空捏混，則籠統粉飾，重負皇上課吏愛民之盛心，循名責實，决難姑容。况府州巡道尚須分頭巡查，各屬如敢怠玩草率，及因巡歷鄉村而有絲毫擾累之事，府州巡道查出，立即揭參。該府州亦宜身先作則，加意振興，以端表率，毋使屬員有所藉口也。

—2. 皇朝經世文編　卷二二　吏政八　守令中

諭各道府書

監司原佐兩司所不及，錢穀專任於藩，刑名專任於臬，與聞易至越俎，不聞又覺尸曠。然使勤勤懇懇，體察講求，設誠致行，委曲求濟，則兩司方喜其相助爲理，必不以攙越爲嫌。况夫巡歷所至，事事可以稽查平反，故兩司所不能親歷者，巡道皆得親歷，官役有所顧忌，士民有所倚賴，此官不同虚設，出巡不同閑游。今奉新例，每年親歷秋審，則刑名之大者，以身先之，以心入之。不特重囚冤滯可以平反，凡大小案件、民間利弊，有一番體察即有一番措施，豈徒爲巡歷之具文已哉？太守體統較州縣爲崇，境地較州縣更廣，而於百姓則較州縣不免疏遠。務視州縣之事皆切己之事，上下文移，悉心核閲，毋以率轉率行，了承上起下之故事；且不時輕騎减從，周歷屬境，得以體訪境内土俗民情，並以察州縣之留心地方與否，詞訟之疑難，積蠹之把持，均可就近提究。闔屬士民必以太守之惠至爲有益，唯恐太守之不常至者。如此乃不愧領郡之職守，在郡一日，即有一日之實迹矣。

—2. 皇朝經世文編　卷二二　吏政八　守令中

籌辦積貯情形疏乾隆十年

竊惟積貯之法，不外常平、社倉二者。常平貯之城中，其出入也官主之；社倉散貯於鄉，其出入也社正副主之。總在散斂及時，經理如法，然後可以源源借還，民獲接濟之益，官無霉變之虞，未可圖官司省事，不顧百姓之便益與否也。

陝西省常平倉穀每年存七出三，需借者多，需糶者少，向來辦理未免拘泥，迹似慎重，實多掣肘。如州縣於二三月間始行詳借，由府而司而院，及至批行到縣，已在暮春初夏，民間不能緩待，早經貸於富室。出借之糧漸少，存倉之粟漸多，年復一年，紅朽堪虞。且州縣既已奉文，勢必令民借領，其中或按里發穀，有不願借而强借者矣，漫無區别，有不應借而借者矣。借既不能無弊，征則難以全完，以致歷年多有積欠。州縣因舊欠未清，不敢輕議再借，而不知清混借之弊，以收速還之效。故欠者日多，借者日少，陳陳相因，倉儲、民生兩無利益。此常平之穀所宜亟爲經理者也。

陝省社倉，社本無多。自雍正七年，前督臣岳鍾琪陳奏，蒙世宗憲皇帝隆恩，將應減之五分耗羡暫收兩年，代民買穀，以作社本。繼因地方官一概諉於社正副，全不稽查，致有侵虧。前撫臣張楷乃奏請定州縣官處分，將社倉入於交代。自是以後，州縣官因有責成，則又視同官物，不但社正副不能自由，即州縣亦不能自主。凡遇出借，遞層具詳，雖屬青黄不接，百姓急需借領，而上司批行未到，社正副不敢擅借，兼有以不須出借爲詞者。及有霉變，則又惟社正副是問，故各視爲畏途，殷實之人，堅不肯充。社倉之良法漸壞，而民間之積欠亦多，此社倉之穀所爲亟宜經理者也。

臣等伏思，陝省現在常平倉穀通共三百三十餘萬石，社倉本息穀七十餘萬石。臣等先會檄行司道，就通省情形妥議，詳加斟酌。常平之穀存七出三，社倉之穀出半存半。州縣於每年封印後，酌定借期，一面通詳，一面出借。其出借之期，則按耕種遲早以定先後，總在小民須借之時，不可延至麥收將届之後。并令先期出示，依次而放，隨到隨給，不許守候，平斛響攩，亦不許入多出少。其出借則先麥後穀，先陳後新。所借之户，均須力田之家，兼有的保，如游手無益及無的保者，皆不准借。倘民間無須多借，亦即留倉備貯，不必拘定出三、出半。設遇糧價昂貴，即行詳糶，以平市價。所借之糧，有麥者夏還麥，有穀者秋還穀。其社倉則仍責成社正副經理，官給印簿，令將借户、保人、姓名、糧數以及完欠，逐一登記送查。一切出納，雖責成社正副，而稽查仍在於官，自無營私舞弊之患，并令慎選社正副，務擇殷實公正之人，優以禮貌。如能經理得法，遵照定例，分别獎賞請叙。其村莊離社倉遥遠，借還未便者，許其分社便民。至歷年舊欠，先經委員確查，并分别還欠，以示勸懲。現在俱已查清，還者頗多，雖有未還，皆係實在有著，倘得夏麥有收，亦可漸次清完。歷年之舊欠既無弊竇，後此之新借更爲實在。目下青黄不接，小民争先赴借，得以及時接濟，似覺有益。

—2. 皇朝經世文編　卷四〇　户政一五　倉儲下

倡種桑樹檄乾隆二十二年

陝省蠶政久廢，連年以來官爲倡率，民間知所效法，漸次振興。除省城現設蠶館，發給工本，收賣零繭零絲，以供織紬，此外三原、鳳翔亦設館局，引誘學習外，其餘各屬民間漸多養蠶，計期四十日，即可收功。大概皆知養蠶之有利，奈老桑枯没，新桑無多，雖欲養蠶，苦無桑葉。此時惟有勸種桑株，處處有桑則處處可以養蠶，桑多則養蠶必多，此情理之曉然可見者也。

但民間既苦種桑無地，又苦桑秧難得，全在官司設法購種，聽民間赴官領取桑秧，庶可廣爲種植。官司中亦有不諳種桑者，除將種桑事宜開單，及金鎖關以北冷不宜蠶毋庸議外，仰司官吏速飭西、同、鳳、漢、邠、乾、興、商各屬，乘此小滿節前，購覓桑子，布種桑秧。桑秧既成，即於境内城壕隙地移栽桑株，并曉諭各鄉，赴縣領回桑秧，隨處栽植。今年種桑，二年之後，即可摘葉養蠶。或官爲養蠶以示效法，或令民摘葉自養，總以境内多一株桑樹，即可多養蠶筐；多一養蠶之家，即有一家得蠶之利。有絲原可賣錢，原不必家家學織也。地方官費此心思，覓人養蠶，以爲衆民倡，所得之絲原可出賣，縱初行無甚利息，所虧亦甚有限。身任地方，定能不吝些須，加意率作，以爲小民開衣食之源。行之既久，始而種桑者漸多，繼而養蠶者漸多，其利漸周，其種桑養蠶自必愈衆。將來溯厥先事之人，利澤何等久遠。

倘各屬仍前奉行故事，惟以現在勸諭種桑養蠶等語混覆；或一味迫切，强民養蠶而不買桑養蠶；或地方有桑，而誣稱無桑可買；或差役四處采取民間野桑，不肯給錢收買；或止覆稱現在遵奉買桑養蠶，而其實原未買桑養蠶者，别經查出，定行嚴參。再，興安一州，界鄰川楚，地候原非寒冷，山阿水涯自多可以種桑之處。現在緊鄰之洋縣、城固兩縣種桑養蠶，絲利最多，何以興安獨不相宜？應行該州，再爲悉心確查，一面照辦，一面回覆，毋狃前見，坐失美利也。

—2. 皇朝經世文編　卷三七　户政一二　農政中

風俗條約

江蘇繁盛，甲於東南。人文之風雅，物産之精良，海内艷稱。惟是相尚紛華，徒事巧飾，止顧目前，罔思日後。凡婚喪逾制，男女無别，僧道惑人，地棍滋事，不但耗費財物，易致貧乏，抑且干犯禮法，有玷家風。歷任院司，屢經禁處，積習已深，執迷不悟。本部院再莅兹邦，懲惡安良，法在必行，訓俗維風，責難他諉。就其甚者，臚列告戒於後。

一、嫁娶惟應及時，奢侈徒耗物力。自行聘以及奩贈，綵帛金珠，兩家羅列；内外器物，既期貴重，又求精工；迎娶之綵亭、燈轎，會親之酒筵、賞犒，富貴争勝，貧民效尤。揭債變産，止圖一時美觀，不顧人口家計。有女家多索，男家延捱，不但子女怨曠，更至釀成强搶争娶之事，至戚反成仇讎，過門立見貧窘。嗣後富者聘幣不得過八端，奩箱不得過六隻。有餘之家欲厚贈婿、女，奩田妝資更有實濟，一切擺設繁文，概從節省。貧家聘奩，各隨其力。所重婚娶成禮，何在炫燿美觀，富者爲子女惜福，貧家亦免債負。衹聞因嫁娶多費而家道消乏者，鮮見因嫁娶美觀而從此發達者，何其愚也！

一、喪葬大事，重在附身附棺，尤在致哀盡禮。新喪經懺綿延數旬，佛戲歌彈故違禁令。舉殯之時，設宴演劇，全無哀禮。人獸紙器擁塞道路，誇耀愚夫，適爲有識者竊笑。至於親死棺殮，入土爲安。乃温飽者惑於風水，久厝不葬，反以速葬爲恥，甚至數年幾代均不肯葬，滿屋停棺，到處浮厝，或慘付火焚，忘親滅禮，莫此爲甚。久奉上諭，申飭嚴禁。嗣後喪葬不許有佛戲，出殯不許多用紙器，厝棺不許過三年，有子孫之親棺毋許火化。地方官一聞佛戲，將樂器取追入官，僧道責處，出殯演劇，立即挐究。省無益之費，爲殮葬之用。安葬如期，承祭以禮，寧戚毋易，寧儉無奢。孝子順孫，豈在繁文之美觀哉?

一、宴會所以合歡，飲食止期適口。何乃争誇貴重，群尚希奇，山珍海錯之中，又講配合烹調之法，排設多品，一席費至數金，小小宴集，即耗中人終歲之資，逞欲片時，果腹有限，徒博豪侈之名，重造暴殄之孽。前撫軍徐公，曾與同官紳士有五簋之約，爲民倡率。本部院秉臬時曾與其會，一時漸有遵從，近復誇多如故。嗣後正事張筵，不得過八菜，費不得過一金；親朋小集仍以五簋爲度。約豐儉之宜，留不盡之福；物薄而情自厚，費省而禮可勤，亦何苦而不爲也?

一、婦女禮處深閨，坐則垂簾，出必擁面，所以别嫌疑、杜窺伺也，何乃習於游蕩，少婦艷妝，出頭露面，絶無顧忌。或兜轎游山，或燈夕走月，甚至寺廟游觀，燒香做會，跪聽講經，僧房道院，談笑自如。又其甚者，三月下旬，以宿神廟爲結緣；六月六日，以翻經十次可轉男身；七月晦日，以點肉燈爲求福；或宿山廟，還願求子；或捨身於後殿寢宫，朔望供役。僧道款待，惡少圍繞，本夫、親屬恬不爲怪，深爲風俗之玷。現在出示庵觀，有聽從少年婦女入寺廟者，地方官即將僧道枷示廟前，仍拘夫男懲處。

一、春祈秋報，例所不禁。聚衆賽會，酬神結會，誤農耗財，久奉上諭，廣行勸戒。江南媚神信鬼，錮蔽甚深，每稱神誕，燈綵演劇，陳設古玩稀有之物，列桌十數張，技巧百戲，清歌十番，輪流疊進。更有投身神廟，名爲執役；首戴枷鎖，名爲赦罪；擡神游市，爐亭旗傘，備極鮮妍；擡閣雜劇，極力裝扮。今日某神出游，明日某廟盛會，男女奔赴，數十百里之内人人若狂。一會之費動以千計，一年之中常至數會。地棍藉此飽囊，平民因此揭債。他如擁擠踐踏，争路打降，翦綹搶竊，結仇構怨，命盗之案，每釀於此，不止耗錢財於無益之地已也。至於鄉民信鬼，疾病不求醫藥，專事巫祝，竟日徹夜，大排牲禮，舞蹈歌唱，以爲禳解，巫師神婆，聽其剖判，今日請一神，明日送一鬼。幸而病愈，又須破産酬謝，即或不愈，止云前求未善，不悔前非。身死之後，反致衣棺無出，不能安葬。愚妄至此，殊可哀也。

以上各條，現在一面臚列告戒，一面嚴飭地方官隨處稽查，如再胡行，難瞞耳目，違條犯法，動關身命。惟願我士庶軍民人等，父兄戒其子弟，夫男戒其婦女，老成者戒其後生，賢智者戒其愚魯，而紳士明理之家更宜身先作則，嚴切防閑，式化鄉里，以敦禮教，以阜財物，以保身家，以全顔面。法令張而奸宄戢，教化明而風俗厚，本部院實有厚望焉。

—2. 皇朝經世文編　卷六八　禮政一五　正俗上

杭世駿（1696—1772）

字大宗，號堇浦，浙江仁和（今屬杭州）人。雍正元年（1723）舉人，乾隆元年（1736）舉博學鴻詞，授編修。有《道古堂文集》。

心喪釋

或有問於余曰：子適繼，于其所生之父若母死，世俗恒稱心喪，亦稱心制。考《檀弓》：事師心喪；《郭有道碑》：朋友服心喪期年者二十四人。施于所生，何居乎？未聞於《禮》經也。余應之曰：誠有之。有之何昉？蓋自晉之議禮者始矣。泰始二年，詔以周歲詣陵，宜加衰絰，太宰安平王孚、尚書令裴秀、尚書僕射武陔等奏曰：既除衰、麻而行心喪之禮，今復制服，義無所依。蓋自漢文短喪，天子既葬釋服，外此皆稱心喪也。十年，武元楊皇后崩，既葬，尚書祠部奏從博士張靖議，皇太子亦從制釋服。尚書杜預以爲，古者天子諸侯三年之喪，始同齊、斬，既葬除喪服，諒闇以居，心喪終制。高宗服喪三年，而云諒闇三年，此釋服心喪之文也。賀循《喪服要記》：凡降服，既降，心喪如常月。宋元嘉十七年，元皇后崩，皇太子心喪三年；十九年，武康公主出適，二十五月心制終盡，從禮即吉。孝建二年二月，其月末諸公主心制終，則應從吉。于時猶心禫，素衣二十七月乃除。三年，義陽王師王偃喪逝，皇后依朝制服心喪，行喪三十日公除。大明二年，有司奏右光禄大夫王偃喪，依格皇后服期，心喪三年，應再周來二月晦既吉。此則皇后、太子以及公主，固終喪而猶以心喪稱矣。其稱心喪何？厭於至尊不得衰絰也。元嘉二十三年，海鹽公主所生母蔣美人喪，太學博士顧雅（人）言：今既咸用士禮，便宜同齊衰，削杖布帶疏履期禮，畢心喪三年。旋有異議，臺奏免所居官，嗣後齊衰之禮以餘尊廢矣。陳天嘉元年，沈洙議引宋元嘉、大明，齊建元之禮，以再周二十五月爲斷。凡宋、齊、陳三代之議，皆謂厭于尊，而不得申三年之喪，則定爲心制。心制者何？美名也。古帝王之行三年之喪者有三：曰晉武帝、魏孝文帝、周武帝。孝文太和十六年，詔太樂曰：心喪在躬，未忍聞此。既公除，又稱心制，既終，二殷方始。劉智《釋議》云：心喪者，中心喪也。夫惟孝文，則固可與於中心喪者矣。張太素志天象曰：帝哭三日不絶聲，勺飲不入口者七日，納菅履，徒行至陵，哀毀骨立。

愚以爲心喪之制之善，則未或有過之者也。宋建隆二年，皇太后杜氏崩；景德元年，皇太后李氏崩，太常禮院準故事，皆言皇后、諸王，合隨皇帝以日易月之制，二十五日釋服，二十七日禫除畢，服心喪終制。此則心喪之制，較之宋、齊、陳而又不逮。然王室之禮，誠不得與士庶同。陳沈洙議云：父在爲母出適後之子，則屈降之以期，朞而除服，無復衰麻，緣情有本同之義，許以心制。隋《開皇禮》云：齊衰心喪以上，雖有奪情，並終喪，不吊不賀不預宴。唐《開元禮》云：義服爲繼父不同居者，其父卒，母嫁，出妻之子爲母及爲祖後，祖在爲祖母，雖周除，仍心喪三年。心喪之施於士庶者，蓋自此三言始。夫心喪者，中心喪也。今舉世皆稱心喪，循其名以責其實，斯亦敦本厚俗之要道也歟！然則心制者，可稱心禫乎？曰：不可。梁何佟之議宋律疏皆用二十五月，齊王儉撰《喪服古今集記》，獨以二十七月爲終，王逡之難之，《梁書》王逡之傳難王儉喪服十一條。議雖不可得見，然迄後竟無異議者。《傳》曰：喪禮有禫以祥，變有漸，不宜便除既吉，故其間服以縿縞也；又曰：禫者，淡也，既是心憂，則無所更淡其心也。然則心制者，可入仕乎？曰：不可。《開寶正禮》及天聖六年敕云：爲人後者爲其父母，若庶子爲後爲其母，亦解官申心喪。唐八坐議吉凶加減禮云：凡父卒親母嫁，齊衰杖期，爲父後者亦不服，不以私親廢祭祀，惟素服居堊室，心喪三年，免役解官。宋格令，居心喪者釋服從吉，及忘哀作樂，冒哀求仕者，並同父母正服，世之稱心制者，吾惑焉。

宗法之不立亦既久矣。方父母之生存，非必有告廟受阼之典，及其既寢疾，則託之於出繼，以爲一己之冒哀求仕者計，人之稱斯喪也，其謂之何？謂之曰心喪也者，乃其心無喪也。心喪之亡，蓋自士大夫始也。吾重悲之。

—2. 皇朝經世文編　卷六四　禮政一一　服制上

師制服議

自《檀弓》心喪之制定，於是門人之於夫子，若喪父而無服，然猶群居則絰。漢夏侯勝死，竇太后爲制服，以答師傅之恩。而東漢風俗，遂爲制杖，同之於父，甚且有表師喪而去官。延篤、孔昱、李膺見范史、宣度見《風俗通》、劉焉、王朗見《三國志》，其較著者也，而應劭嘗譏之。至晋定新禮，從摯虞之議，謂淺教之師、暫學之徒，不可皆爲之服，或有廢興，悔吝生焉。于是無服之制，相沿至今，未之有易。

杭子曰：甚乎！虞之教人以薄也！師者，匠成我以進德修業者也。於其死而等諸塗之人，在人情爲寡恩，在禮制爲闕典。淺教之師、暫學之徒，以之幾聖學，較儒術，固不可同日語。然向者既有北面之義，民生于三而事如一，教不同而倫則同，爲制服以厚俗也。若謂其淺教暫學，而豫申廢興悔吝之説，澆季末俗，將遂有逆師畔教，藉口實於摯虞之議，而傳道、受業、解惑之儒，竟至甘受菲薄而莫能以師道自立者。故吾之議，謂師死不可以不制服。其制奈何？吊服加麻，三月除之，此魏王肅、鄭稱之禮也；吊服加麻，既葬除之，此宋庾蔚之之禮也。《禮》：大夫三月而葬，士踰月而葬。《春秋》疏云：踰月，亦三月也，此五服之緦也。其服奈何？朱子之喪，門人用緦麻，深衣而布緣；何北山之喪，王魯齋定議，玄冠端武加帛，深衣布帶加葛絰屨，金仁山易之爲玄冠加帛，絰帶方屨。今可仿其意而變通之，玄冠絰帶可也。三月不宴不聽樂，三年心喪。

—2. 皇朝經世文編　卷六五　禮政一二　服制下

夏之蓉（1698—1785）

字芙裳，號醴穀，江蘇高郵（今屬揚州）人。雍正十一年（1733）進士，乾隆元年（1736）舉博學鴻詞，授檢討。有《半舫齋詩文集》。

醫說

醫説肇自黄帝，儒者多疑之。然余觀其書，古質簡素而博大精深，洞乎陰陽消息感應之理，又明乎萬物之性，蓋非周秦間人不能作也。古之人有言曰“不爲良相，則爲良醫”，以其爲活人術也。然王弇州有云：醫書至難讀，吾輩雖博通萬卷猶不能深曉其意，况以責諸俗工與，蓋畏之也。由是觀之，精其術足以活人，不精其術適足以殺人，一反覆之間而已矣。今夫人命之至重，其無罪者不可得而殺也。以罪殺之矣，而又必縣上之州，州上之府，府上之執法之有司，其大吏平反矜疑，至於再，至於三，而後以其定讞上之司寇，司寇白之天子，天子曰“可殺”，然後殺。蓋人命之重而殺之如是之難也。而醫者直殺之於三指之間、呼吸之際而有餘，雖有慈父、孝子、悌弟束手環視，莫可誰何。是其殺人鋭於鋒刃而嚴於天子之有司，而又其人曾無纖毫之罪，故甚可畏也。庸醫市工，以病就方，以方製藥，謹守繩墨、尺寸不渝，其失易見。乃若詖險之士，高自矜許，不難破壞一切成法以炫異，藥不按方，方不中病，以至輕者重，重者死。其有静者從旁諦視，審知其不然，則又危言恫喝之，乘病者之惶惑而劫持之，使必出於己而後已。已而其人果死矣，其狡辨智計又足以自脱。

嗚乎，死者含冤於九泉之下，生者泣血於苦塊之間，而彼方覥然食息，不自悔艾，是其心蓋已先病者而死矣。要其初心固無他，不過欲多得金錢以肥身家、娱妻子耳，則甚哉，其不仁也。雖然許世子不嘗藥，《春秋》以爲弑君。《記》曰：“醫不三世，不服其藥。”人子事親不能伺察顔色以審夫致疾之由，而至於病。病矣，復不能慎重所託，而委之於詖險小人以肆其毒，則又延醫者之罪也。吾故備著之，以告世之爲人子者。

——1. 切問齋文鈔　卷九　教家一

師說

古之師也以道，今之師也以藝。古之爲師者，得之於心，徵之於事，本於《禮》、《樂》、《詩》、《書》，達之家國天下。大用之大效，小用之小效，故曰道也。今之爲師者，本之於心，徵之於言，始之占畢訓詁，終之以文詞，而其實歸於無用，則藝焉而已。夫人才者，所以用天下者也。人才之盛衰，由師道之得失。天下日競於無用之藝，而欲以求古者明體達用之材，其不可得也審矣。然則如之何而可？曰：天下之藝，衷乎道者也。國家以制舉業取天下士，非以困天下之才，使之相率而出於無用也。萬物之理，莫備於《六經》。約《六經》之旨，而明白簡易，上下、精粗、本末無不該悉者，莫備於《四子書》。國家以是取士，蓋欲其明天下之理，見之行事也。其不爲論説，而體製異於古者，何也？曰：以意爲斷者，其説易於縱恣，而無以得其歸。以古人之言爲言者，則譬如水焉，受之以器，方員曲折必肖之而不能踰。故制舉業者，所以研天下之心而求古人之意。道也，非以爲藝也。

今之爲師吾惑已。六經子、史之書，其理與《四子書》相發明者，概束之高閣，而日取坊間雕刻、流傳平庸、熟爛之文，轉相授受。窺其意不過以此散漫無町畦，易於雷同剿襲而已。夫道降而藝，識者以爲人才憂，况取夫藝之下而又下者與。且其立心如是，則不獨學殖之荒落，而於人世羞恥之事尚能知之者蓋亦鮮矣。夫天下不患無才智聰明足以有爲之士，而當其童稚之年，已沈没於庸師之手，迨稍稍知自振拔，而時過後學，悔已無及。其有少年科第脱穎以去者，又不知其所學之誤，直以制舉業爲無當於用也，而因薄夫藝而益以輕。夫師則道終不明，而天下之人才將益以衰。若夫爲子弟擇師，不復審其授受之故，而惟取其人之易與而受直也廉，彼之用心，吾又惡足以知之？

—2. 皇朝經世文編　卷六　學術六　師友

丁愷曾（1698—1762）

字萼亭，號煙波釣叟，山東日照人。雍正元年（1723）拔貢，中年絶意仕進，閉門著書。有《望奎樓遺稿》。

治河要語·堤工篇

凡土之性，高者堅，下者涣。堅者老，雖衝蕩而凝以結，涣者反是。而浮沙漫散，因水而揚，故築堤者度勢急也。度勢之道，探以水平，高下攸别，而標以識之，墩以封之，斯起伏審。築堤之道，有顛有基，無過瘠，亦無過腫。凡水之勢，浮者震蕩而有力，顛過瘠則不可禁也，而腫之則土厚，風日不能入，脉内發而牽引剥也。如瘠其基，所憑既薄，疊而上之必愈峭，必愈危，而圮可立見。故腫無嫌以爲固。夫基無定而顛有憑，道在先定其顛，而下遞增之。遞增之法，以六尺爲率，蓋堤高丈者，其顛宜丈之三，以六尺加之，至基而得九。此所謂六收法也。由此以推，凡地下尺者，堤高必加尺以取平，而基必加六尺可知也。由此以推，則相勢遞加，雖數十百里地勢不齊，而堤之高低如一可知也。堤如一，則波濤洶湧而一束於堤，無此盈彼縮可知也，而豈有旁溢哉？

凡堤之名五，有縷，有遥，有越，有格，有戧。臨河曰縷，遠河曰遥，薄而爲重門曰越。越分内外，因時制宜也。河有變遷，於遥、越中預築以捍，曰格。溜蕩堤基，於後牮附，可捲埽，可防滲，總謂之戧。凡此五者，堤之異名也。縷堤之法，外坦内險。外不坦則登者艱，内不險則下埽也礙而無力。如堦如坡，既堿且平，四二收分，人許許而升，埽閣閣而落，斯縷之善也。遥堤之形，若斧若鞍，内外平收，必堅且穩，雖蹴踏不頽。

凡築堤之事，官憚煩則役惜力。何也？役任其全則多土而少硪，土多者硪力不勝，硪少者土氣仍疏。硪不勝則上急而下散，土氣疏則或蟄或冒。其究也，上土以無著而陷，故土可委於役，而硪不可委於役。此之不可不知也。

凡築堤之事，底必薄其土，土薄遇硪，鐵石斯堅，準是加工，層疊相乘，而脉發無患。此之不可不知也。

凡築堤之事，工之不能不分於夫役者，勢也。夫役之各分爲界者，情也。以夫役之衆，有别界之心，兩界之際，彼此交諉，誰灌楚亭之瓜者，事畢而合之，補綴有痕，雖絲髮皆隙，强加硪力，又震發前築，激湍砯衝，豁然開矣。此又不可不知也。

地性不同，爲土爲沙。土者粘，沙者散。多沙之堤，風颺之，雨坍之，既剥既削，必卑必薄，雖臻人工，未爲美善。故輂土無畏遠，封蓋無過薄，勿儉半尺，硪硺數四。此沙堤之固也。

凡平地數經人迹，外結皮，聯以新土，若粉傅然。草之芊眠，其根如織，遽覆新壤，必抗不入，待腐而隙生焉。上下割判，此大患也。故硪舊土者，欲其齟齬成齒，與生者交也。土勿塊者，恐其瓕而不附也。鏟草木者，防内間也。擇潤土者恐其燥而抵硪，又恐逐水成隙也。虚土寸之八，可實寸之五，硪必三加而後定。從是疊加，固如鑄矣。然後播以卉種，葉紛披如簑，根蟠結如甲。如簑則驚風驟雨不濡也，如甲則飛沫濺瀑不穿也。

凡增高培厚，能合一乎？舊堤可附，能勿捍乎？故逸者勞之占也，舊者新之媒也。法當視如平地而築之，則不遠焉，行硪同也，鏟草樹同也。切坡成堦各廣尺，犬牙制伏，新舊吐吞。舊顛剷寸有奇，覆以新土而築之，而高之，則補接化。其不裂者以此。

—1. 切問齋文鈔 卷二五 河防一

治河要語・堤漏篇

水潦暴漲，驚濤如撞，隙者綻，罅者漏，可臆也。水勢未平，綻漏何尋，強築強補者禍必渥。必探水情，必度地勢，視堤脚之地，内低外一二尺，而堤外水没止二三尺者。水勢猶小，如附以土，人少艱成，人衆損堤，智者忌之。攔以月堤，閉其氣也。㢮接大堤，以爲密也。長或二十丈，或三十丈，其基尋巔半尺，以爲固也。水勿使伸脊，勿聽昂首，月堤水滿，内外相抵，則氣不泄。氣不泄則水平，無衝觸堤土之患。然後徐自月堤兩端，實土爲戧，則大堤雖隙而鞏。此内杜也。内較外低過尋，堤外水没過五六尺者，其力猛，其勢大，毋急而邀之，毋剛而制之。飛運㜸草，利在柔，外擇坦坪，利在遠。草鋪坦坪至數十丈，草土相間，齊水後已。土遇草而留，水遇土而止，剛以柔濟，毋以子死，夫然後漏可斷也。夫役往來，踐草行堤，勿傷坦坪，斯浮坪可保而不慮冲蕩。此外杜也。

有覆釜者，有塞絮者，皆相其縈漩，泅其大小，徐塞故絮，或覆之釜，繞土成井，出水實土，復橛杙埽由井外，必密必周，世既知之。但小滲可杜，大險難濟。夫水浸堤坡，埽工下陷，明險可防，患在井穿，在獾洞；串水内匯，埽臺外整材暗撤，埽密移；凍塊揞撑舡䑶壜瓏，卒遇異漲，瓦計日解也。塞以絮，數塞必陷。覆以釜，數覆必坍。更衆手分拿，衆足蹂躪，浮坪去，湧泉出，沕潏激射，莫復救矣。譬腸胃内腐，外創暴發，不内補而外敷也。噫！

或曰：内外杜良矣，堤隙勿問諸？曰：彼急法耳。水勢逢湧，強築未可已。豫道但塞，宜㜸且輕，忌剛且重，柔毛嬋引，渣濁喜附，水入沙停，如彌斯縫，㜸輕之利也。外入觸隔，内漂無情，翹擱攻擠，冲以致潰，剛重之害也。善治者目水之解，捫堤之隙，由進水埽側橛杙必密以便褏，鍬其裂堤必盡以求實，勿入以土以免演。多實軟草，必順埽以取堅，虚埽實抱，以土周之，内三外七，登登其築，故漏絶而激波不射。此謂患後之豫。

竊料一字列埽，而中�擊爲門，則上下無附，激掀安窮，補掇不慎，疑長疑短，新埽摇摇，故埽圾圾，非道也，故補無急也。在先橛杙故埽而探其缺，暗樁揞乎塊石，砌平夫後相兩端爲式，以準新埽。斜正協，長短宜，坎坎其力，殖殖落之，如錮矣。故短者貓洞也，長者偃月也，堉者魚鼈之潛也，補者恒忌之。

治河之逸在窮冬，無汎耳而冰稜生焉，既芒且角，乘風而擴，患之藏也，是謂凌汛。不爲之所則刳埽，則鑿堤。瞬經伏汛，而洞串埽敧，非夙計矣。夫福有基，禍有胎，故納之絶之莫後，則可比其木以爲護也，則可掉舟以檢也，則可掘之剔之以除其埌也。如醫毒然，必及其肉而肌可生。套之以埽，敷之以土，齊而交木騎之，又重橛杙，是理於病之伏者，亡羊補牢，豈足以知之。

—1. 切問齋文鈔　卷二五　河防一

治河要語·河決篇

水無情而有性。其性下，故以下爲道，而智者順之。難之者曰：順其性則水流益下，今河水高於平地，決則四出如歸，挽而上焉逆也。古去其害用順，今享其利用逆，是大不然。何也？防之過不及而決焉，奔騰下注，非其質也。當是時，水怒激而苦淺，人版築而苦深，人之力非水之敵也明矣。而逆杜之，水甘聽乎？角不已而變生焉，曠日積月，杜愈難而河全病，害至渥也。善治者不與水争，而與水讓會地之形，控水之馳，循次行之而水斯不逞，蓋任公子之釣，何以加兹。

有杜頂冲決口之法。頂冲者水之故道，折如屋角，堤横築以轉水，水直下以穿堤，水勁堤開，遂成口門，飛流直入而故道淤，故道淤而口門水亦愈駛。夫水行正猛，怒宜殺也，水力正鋭，首勿擊也。道在用絶薪止火之法，而開掘引河以分其勢。第直河大溜，必走中泓，對岸近所，開掘戛戛，而上游初轉之處不無引河河頭，則仍於對岸遠尋以開之。而杜合亦無過驟，先護故埽，先裹決口，俟引河將成，而進埽束溜至十之三。溜急而埽下難，方通引河以減大溜，或引河撤水半者，是口門之水仍半也，而口門之水業不可遠回以就引，則相其大勢，無更即如故捲下。不然則於引河河頭下對岸有崖可憑者，建大挑水壩，抑或崖岸無憑，則於口門之下覓開小引河。總之，事難豫謀，臨難制勝，《孫子》豈直爲兵訓哉？

有杜埽灣決口之法。頂冲角方，埽灣角圓。方則大溜射口門中泓，圓則大溜或在口門左右。溜射中泓者大勢全入，而故道將淤，溜不定左右者，性尚游移，而故道未絶。故智者審之，凡水之游移者，雖所趨不專，然既可破埽而爲門，則斜射之力亦健，斜射既久，則力亦漸專而或成頂冲。夫水之健不可犯，而斜射之勢則可相而制之。善治水者，知斜射之勢可制也，則勿攖其中泓而以斜治斜，以斜治斜則水之勁者可柔，急者可緩，既柔且緩，則口門可以進埽，而立杜無難。或請其説，曰：無他也，擇大溜之左右，去口門數十丈或百丈，據上游而建挑水大壩而已矣。其無崖岸可就者，即接大堤建堤，用順埽保護，挑水歸漕而已矣。其變頂冲者，則於初變時急接長堤挑壩，堤高上游埽臺而已矣。至開掘引河，治同頂冲，是又事不豫謀，輕疾變重，萬不獲已者。

若夫井穿獾洞，或堤工日久，循視稍疏，因漲而潰，勢極汹湧，猶行漫灘，此惟急下裹頭，俟汛退流緩而杜之，無足難者。惟堤下舊有支河隨汛歸溜，杜合斯難，則宜及汛水未落，預杜以防變。此又疏防決口之杜法也。

凡此三者，操縱宜也，趨避得也。水不試强，人不逞力，以視逆而遏之者。勞耶，逸耶？得耶，失耶？智者辨旃。

埽以止水，臺以下埽，埽臺得勢，則免周章，是必相決口而爲之所。其水行中泓，宜左右平受，無齟齬，無高低，雙峰巖如，埽工鋪如，無偏無倚，是於頂冲宜。如溜或偏左，則左宜出埽，逼水中行，故埽臺宜左近右遠。遠或至八九丈，俟左下二三埽，大溜稍直，則右依序進埽。大抵斜射之水，既有垻堤以挑之，則埽臺亦不可無情。故宜高右三四尺，斜迎大溜以旁要之，是謂得勢。而右受水既重，則於杜合八九之後，暫停左埽，使右埽獨進，長短如一，受水均同，雖至合龍而猝患可免。漏偏右者如之，是於埽灣宜。

所謂裹頭者，决口開必裹以防，但决處下埽。惟暮秋水弱，宜至伏秋大汛，水勢勁激，裹益緊則水益急，故縮决堤十餘丈，斷堤入地二尺以下埽，椓樁鑲壓必周，上下水各下順埽十餘丈，水雖至無反。

杜至合龍則水坉，少不周而崩且潰矣。故近口十餘丈，則益檢各埽之揪頭、滾肚暨樁橛，又於龍門十丈兩垻臺積土數十方，始稍稍進埽一二，襄既固，方合以蘿蔔埽，椓之、襄之、填之。近口各埽如之，溜斷而止。然後通壓厚五尺，凡埽長十丈，兩端襄草而中壓以土，則埽重以固，旁無揭，下無陷。

缺口既合，大溜自退，而近埽之處必有河形，水長而分流，則漱外口沙也。埽腐遇變患必奢，故必視裹口跌塘，其深者於外口下順埽數十丈以爲護，淺則建貼心垻爲内戧，更築裹越，故功保而後患捐。

凡黄河冲決，全河必病。南北兩岸，長沙冲支移溜，是必不免，三年内且有大決。是故明者慎之，詳稽而築之，疏之。

—1. 切問齋文鈔　卷二五　河防一

治河要語·塞支篇

今有明險於此，汛水暴至，驚浪匒匌，决堤而奔，埽入跕跕，是則可畏乎？今有暗險於此，河水時至，旁溢支流，盤渦灘地，貼漱堤根，是則可玩乎？古人謂明者易防，暗者難禦。故發之遲者禍恒夥，何以明其然也？夫明險之難，難在暴迅。然建堤垻、開引河，或捍之，或挽之，雖强敵亦必釋憾而降以相從。支河之患當分流而已，有奪河之勢，迨湝瀰迆延，則噓吸衆川，衝堤嚙岸而不可遏。凡支河之患，非一時一地，瀾汗道里，浸淫日時，一汛未平一汛倏至，河頭蕩以日朘，堤根滌而日孤。雖擇要險，估搶防風，而長堤千里，庯埽以遍。凡支河之患，大河上流旁泄，下河必致停沙，大河沙塞，支河行地。水日高，堤日卑，一遇異漲，泛濫四出，勢必然也。

今欲使正河歸流，法在毋使停沙，而沙不可去則急杜支河，使合流以攻，水急沙行，河歸故道，則河高地卑之患捐如也。是以障爲疏之道也。以障爲疏何也？蓋支河自大河分流之處爲河頭，盤旋灘地數十百里而仍歸大河者爲河尾。夫黄河灘地臨河者高，倚堤者低，由築堤夫役，任土畏遠，又刮堤根以速高，而河之衝蕩，復漱沙外出。以是日愈高，日愈低，一旦河頭外出，則徑奔堤根以就。下愚之夫於灘地河身内築垻以横斷之，夫既外高内低，水必飛垻而過，駭水鼓怒更相觸搏，越一垻必冲一垻，非徒不能遏也，反激使膠戾盤轉而噴射大堤。善治水者，毋争其末流而制其初發，毋挽其已下之水使歸上游，而制其未泄之水使無下注，則去大河百丈或數十丈，擇河頭高阜有崖岸者堅築大坦土垻，外襄防風裹頭，以防其出。其灘内河身，擇其淺隘，相去里所，間築束水小垻以制其馳。其垻形如石閘，留門數尺，以通其流而避其怒。然則河頭分流之水，垻閉其氣，垻外無本之水，數日可淤。縱使逢湧四出，越垻而過，而遂段小垻亦俱罄控縱送之力，外者可涸，内者不來，蕩蕩成灘，何俟歷伏徂秋哉？

——1. 切問齋文鈔　卷二五　河防一

治河要語·開引篇

黄河埽灣之對岸必有灘焉，似匏似耳，似足之瘦其臁，似包圓而縮口，宛在中央逼怒河溜。溜之負沙而出者，澎湃噴激，將衝崖觸堤。其繞灘而旋，盤盤而如圓石者，懷淺脊深，又刮漱堤根而日就險。故灘北則南堤險，灘南則北堤險。而灘又非巖巖矗起，其隱隱漫漫而上者斜以坦，自半没已伏根。治之者不争上游，而决壑相浚，强以成功，溜終抗而不歸，且削迹遺根，開放之際，餘沙蕩漾，停必爲淤。故作挑水壩者，短不能挑溜歸河，長亦恐下流扼於垻。對岸阻以沙，勢必縈回垻下，激爲回溜，倒岸冲堤，百出其變。明者知之，既建磯嘴下護埽創築裹月矣。猶於開引之道，兢兢慎之。

凡開引之道有八：一曰河頭遠覓。河頭者匏之蔕，耳之根，足之臁，包之口也。凡河頭取其透崖下大而唇，既兜且吸，毋泄毋漱。河尾取其寬順以椎，亦噴亦瀉，有建瓴之勢。謀定而後計廣狹，使其張口外吞。腹大尾順，開時束水，俾冲蕩有力，緩急有情，而新河可闢。二曰經營必審。夫自頭迄尾，道里不可揣也，綿邈沙灘，高低未易以臆也。毋遽定寬深，恐高者淺阻而低者淤也，是以高則深且廣宜，低則淺且狹宜。應掘者定封土誌之，次於封土上標以竹，遥而企如雁行之横斜飄滅也，如率然之陣，荷戈森森也。或少齟齬，必移以齊，夫後量以水平，書其高低，算工方，核財賦，庶終事而素不愆。三曰分工得人。河之首尾關係非鮮，且河性善變，消長無常，苟素不更事而躁以嘗，經汛濤必傾坍内注，前工烏有矣。故必謹擇練才，任以首尾，使其寬留灘地至於百丈，而多積薪材以爲備。四曰發帑有方。凡傭工之費，毋損上，毋累下，必通計掘土如干方，傭直如干數，發其十之四而合計夫役之道里。每夫先給銀二錢以爲率，如一丈地計土六十方，方直銀八分，六八四兩八錢，則先發一兩八錢。募九夫爲役，除以陰雨停工，一夫日掘土七分，九夫掘土六方，餘直續發，斯夫無苦累，而帑不虧。五曰初工無躁。沙灘之阻，逼水旁擊，其急開引河以分其勢者，惟寐忘之，然取土不先計，則已掘者仍爲河患。故夫役雖鳩，勿言開掘，責令夫頭如分土二百丈者，先使四百夫於兩岸十五丈外，順長掘溝，廣四尺，深二尺，自首通尾無間而橋以板。掘出之土溝外遠堆，必順以長，使繩繩相續，高無減四尺，禁棄土河邊。夫如是，則竊土填岸之弊已杜，縱有坍岸，土少水多，自排不使留而無患於壅，未成無憂瀑漲，霖雨亦可宣泄。此防之豫也。六曰挨掘必忌。河工稽日，陰雨不免，淹没泥滓之患總由挨掘。今除河頭留灘一百丈外，再於夫役所分段内留一百丈，間二百丈而掘之，則水有所容而無没淹矣。即所間之二百丈既掘，而每百丈之間猶留土五尺以爲界，則雖有霖雨，無銜恤矣。七曰迎送有備。河頭必迎溜，而溜或不歸河，河尾必泄水，而水或不順下，則先於河頭築接水埽垻，河尾築順水埽垻，對河築挑水埽垻，或捍之，或延之，首尾相生，呼吸相應，水雖無情，踴躍必赴。八曰開放有時。全河既掘，止留首尾，下觀水勢，上候風色。果水勢飛漲而下，飄風抵口而吸，時乎時乎，間不及謀，備夫役，整器具，牲以告神，炮以齊衆，則先掘河尾，次掘河頭，於斯之時，駭浪暴灑，驚波飛噴，激逸勢以全驅，或鼓怒而作濤，浩浩蕩蕩直抵大河，泛濫不止，何愁吾人哉？

——1. 切問齋文鈔　卷二五　河防一

治河要語·埽工篇

凡先險而埽於旱者曰等，險而挑漕下者曰摟崖，堤根初下者曰肚埽，外親水曰面埽，没而復者曰套，不滿五尺者曰埽由，襄填新土俱曰襄墊，堤根數尺外掘深漕，平其掘土以捲埽曰埽臺。埽似鼠尾，似蘿蔔，皆以名。故迎下水者，恒大上水二三尺，面埽獨當水，餘埽以次藏之，如魚鱗之比，如鳥翼之相生，則水無可乘，溜水勁激不掀。初下埽，專恃鍬頭滚肚以挽者，既月則腐，故長椿橛埽，毋違五尺，迎溜頂沖倍之。凡鋪埽必相地勢，量寬袤，杙長繩二以爲度也，五尺一行繩，以爲束也。牽約、鋪弦、捲縮、埽心抱花畢，始從兩頭鋪之，量埽之大小以爲厚薄。凡埽之爲物，骨以柳，肉以草。柳多則重以淤也，無草則瘦疏以漱也。故先草後柳，柳少代以秫。鋪既平，齊夫役，會行繩。既備，而鳴金齊力，金奏夫號，兩拽收其大頭，然後齊號並收，則不廉挫且肥。約可縮以小繩，防繩勁結急而退緩也。鉤以小柳，名曰埽撓，鼻繩頭於内防傷觸而解也。以是鋪埽，埽必堅。

凡埽將下，留繩後揪懸勿落，如虎之耽，如鶱之臨而留。夫首既號，酌以下挨，必緊且密，以杜貓洞穿水潰堤。埽沉未實，守其揪頭鉤棘之橛，毋過鬆，恐無力也；毋過急，恐揭橛也；襄勿多土，恐擠埽外出而縫也。凡襄埽一尺，土半之以覆襄，二尺以騎馬木，埽附泥既遍杙以長椿，必迎上水，向岸毋直，所以固而抱之，埽雖外欹而觸之有力也。埽將執，先以巨繩盤椿，層襄騎馬，埽身挑水掛角之空，多補以椿，多備襄材，防守勿懈，斯垂成不敗。凡下埽，樓頭兜藏不實，虚懸串水，内必匯。牽引他埽以險，則掘其裂埽，填以嫩草，急於進水所多杙大椿而襄壓之。斯埽實，水出匯堤過半者，貼内戧嫩襄必速，匯崖之空毋補以土，以土是充其外埽也，故明者忌之。凡埽初下，水寬溜緩爲力易，因以急下，則折陷張裂走漏之病蜂起。何者？揪頭滚肚不守，則無以爲收放也；杙橛不穩，是可拔而走也，埽愈進而遠溜必急而不支也；前埽不實，無以根後埽也。故必嚴防諸害。俟埽溓深淖而不動，始壓土加襄，杙椿下橛，檢繩纜尖椿以進。故埽下而不棄，埽必附地，而溜急水深，烏乎知之，或視揪頭鬆急矣。但地有凸凹，稍支架則鬆而虚懸在也，虚懸之孔既漩澴縈瀠，再逼以埽，則激而益勁。夫埽集衆材，而椿專一木，其探既深，斯其聲可聽。吾以耳附椿橛以試之，其顫而聲大乎，是虚懸多也，其穩而水聲存乎，是猶有虚懸也，則壓以土捄之度之，務止其喘，或格格作哽咽聲，皆埽附地之驗也。

其杜合埽工已八九，而一以水深溜急，進埽齟齬則龍不合。夫埽病下沖，宜提而上，則下十丈順埽，兩路於水急溜深之門，上即於順埽上，另出埽臺，對彼岸而進埽，故深溜在下，龍門對而易合。埽工至四分以上水勢急，必視急者力之。故上水沖埽者，則埽先上水，守揪頭而及下水，壓土橛［椿］如之。回溜倒沖者反是。是攻必先强之道，先攻其强，則弱者伏。

是故一揪頭，一滚肚，必有一橛椓，橛而繩之似無慮也。然埽恃繩，繩恃橛，橛孤而折揭，駟不及矣。複以橛，則前橛絆也。至埽下壓土，誰則獨否？而薨薨其度，埽眼内塞是外擠也，明者必度其埽狹而無積者，則簍必簽而繩以繫之。凡埽未沉、眼未裹而通壓土者，大忌之。

埽半沉而裹壓，揪頭滚肚不知所屬，則收放不應。故標以楔，雖已裹壓屬埽可指，故緩急易爲力。

故埽工走漏者四：無溜而流自要者，樁錞也；溜窄不漩者，壓土離襠也；漩大而違埽遠者，埽未沉也；漩近溜大者，埽壓深坎水入坎而自埽尾出也。掘漏至三四尺，尖其樁而蓋之，則要不流；漏處加裹，守揪頭而土壓之則溜息；加裹且壓，遠漩如失；上水下邊埽至十丈、二十丈，兩路裹壓，椓樁漏處而折之，俾附底草捲土埽填其深坎，溜斷而止，則漩之近者杜矣。此埽工救敗之善者。

算埽之法，向用一三五七九遞加，雖便未捷。不若高以高自乘，再以一八之數乘之爲尤捷。但其中亦有不同。如高一尺至高五尺，並高一丈一尺至高二丈者，只用高以高自乘，以一八之數乘之，便得爲高丈尺。至高一丈者，其中有長一丈、二丈、三丈之别，須以高乘長，再以高自乘，然後以一八乘之。

—1. 切問齋文鈔　卷二五　河防一

治河要語・垻工篇

凡水之性，直者順，或涣而弱，故遇曲喜激，曲者勁，或鬱而漩，故逢直必漲。是以黄河奔馳，千里漭沆，乍合乍散，亦呼亦吸，其性然也。明者遂於曲直之間而以垻妙其機。

凡垻之名有八：曰挑水，曰雞嘴，曰扇面，曰魚鱗，曰攔河，曰減水，曰滚水，曰束水。

凡垻者攔以留之，挑以順之，要使激之，束以緩之，閉以聚之，挽以復之，分以泄之，其用不同，因時制變者善。

凡挑水、雞嘴、扇面，總以挑水，而肚埽、門埽、齊度者專其名。

凡垻既立，必埽以邊之，形如雁翅，以順上流，以護埽之頂而免水揭。凡下水雁翅，視上水三分加之，酌斜長多寡而捲下之，堅以填之，水没埽者加套埽，或裹填之必堅。縷堤或遠，須接築格堤，雖異漲有備。挑大溜不遠者，去垻數丈建重，斯水力不支而避。兩垻之間藏頭摟崖，順埽必下以周，二垻之下同之，至緩溜而止，斯回溜不生。垻至二三而水不挑者必掘引河。凡此數者，皆築壩之切務也。

挑水壩宜於埽灣上游，水勢初灣之所。自河岸迄大溜半以爲長，其溜急水深者，自岸至溜皆埽，度門埽之長而遞次加丈，至肚埽遂倍，根廣門狹，則雖有激水不撼。此雞嘴之制也。其溜緩水淺者，則埽無參差，而挑水專名。如垻長一丈，門廣十丈，方分大溜，半者近岸，一埽必高一丈，長二十丈，依埽丈减至門，適廣十丈。水没埽者加套埽，或止裹填必堅。

埽灣之先頂沖直下，由堤岸前阻而埽。故埽灣上游灘必嫩，壩不可建，而迫就大溜之灣。又恐對岸沙嘴逼大挑而鬱溜爲回，故制爲扇面，長者使挑也，圓者磨去觚稜，以無激水怒也。扇面象形，即以名也。

魚鱗壩用於絞邊拖溜直河，或摟崖順埽，間以用之，相去十丈至二十丈，遥遥疊疊，接如鱗砌，或以禦頂埽灣則小。

名攔河者，上生沙嘴，逼溜旁趨。引河需時而堤日即險，故攔河之道，乘正河未涸以趨時，擇正溜初分以據地。乘時則地不澀而牽水如歸也，據地則岐途念消而趨正專也。遂接大堤築抵水際，形如牛馬之飲河，然後築臺進埽，埽至半溜則支河不暢，正河益深，支埽益進，一闔一闢，使水激以回如駛。諺之言曰：支正分流之間，有龍舌焉，言高地也。故治河者，或因堤違既遠而建壩支下，仍必順循水勢開斷龍舌，庶入袖之水可下也。正河深廣，生險悉平，攔河壩之妙盡矣，又何有未歸之水漱蕩堤根，上游沙灘豈不隨水散哉。

凡河之變，必由積沙，沙積之由，必始水分而溜緩。故河宜合忌分，宜急忌緩，而減壩似無容言。但伏秋大汛，漲水盡蓄，則或沖擊淹漫，況出漕汛散，則正泓反緩。減壩者，固大堤也，去餘水使專力送沙也，是未可廢也。

減壩與滚壩不同，齊地者減，過水多，出地者滚，過水少。減壩止設河之南，滚壩兼設河之北。緣南岸自河南至江南，内有淮，更蕭、碭而東又多湖蕩，均歸淮河，下抵清口。且淮弱黄强，黄漲淮不敵，則倒灌清口而運阻。今以所減上游之水，還濟下流敵黄之用，是謂兩利也。惟是建造不同，則病息壞而滯飛挽，故必擇内有舊河，不遠即有湖蕩，外灘違大河毋二十里，毋高毋下，堅土平地以爲基，左右毋浮百丈，内外毋儉百尋，硪以堅之，建堤頭似石閘，既砌金門及迎水分水，爾乃於上口迎水平地，依度排比六七鎖口樁，下口分水，亦依度排比八九樁。樁内築三合土以爲壩，冬敷土三四寸，雖凝寒不裂。三合土法：以熟礦灰潔之細之，和以黄土二分，泡鶯樟葉水，熬糯做薄粥共合搗匀，乘潤敷，攧手勿重，試以水，宿不滲者堅。

—1. 切問齋文鈔　卷二五　河防一

治河要語·訓練篇

官不習夫，與無夫同，夫不習器，與無器同。無夫則無以收指臂之效也，無器則無以爲築塍之備也，故訓練急也。訓者，耳提而面命也；練者，按期而考試也。月朔集夫役於公所。

問曰：埽有名件，爾知之乎？高丈長丈之埽，需材若何也？捲下之法何似也？曰：不知也。爲告之曰：乾柳四十斤者千八百束，草七斤者千八百束，約二百套，纜二百套，箍頭繩五斤者七十，滚肚繩五十斤者六，揪頭繩五十斤者四，穿心繩五十斤者一，樁十，橛二十。捲捆埽心，必圓緊以抱，毋豕腹膨脝。各繩必穩，留橛，後必倚橛，必冒戰繩，以結埽心，鉤繩以摟埽外，守繩務慎，鬆急聽號，既下之後，眼必襄柳三百束，草三束，樁勿錞，斯蓬架撒材之險無患也。既諾。

又問曰：工有險必豫也。水溝井穿何以禦之？貓洞何以塞？滲何以補？貛宜捕，鼠宜捉，法若何也？曰：不知也。則告之曰：築堤不時，凍土瓓瓏破不及，而翹搁百蟲堫焉。遇雨井穿，深或四五尺，水漲必决，宜盡去浮土，仍旁搜四五寸至洎而止。密杵之，使聲槖槖如土，杵之細，土墁之，覆及舊堤，庶雨不演，填水溝亦如之。住貛之處薰以陳綿大椒，獵犬捕之，或網之。捉鼠則地弓鐵簽無不可者。既諾。

又問曰：埽名幾？埧名幾？堤名幾？何謂三汛？四防何説？守何有二？曰：不知也。則告之曰：埽之名，等、摟、肚、面、套、由；埧之名，挑水、雞嘴、扇面、魚鱗、攔河、減水、滚水、束水；堤之名，縷、遥、格、越、戧；三汛者，桃、伏、秋也；四防者，風、雨、晝、夜也；二守者，官、民也。風防汕削，爲龍尾小埽，遇風雨而繫於附堤水上，淠淠衛之，雨補沖淋則備簑笠，夜防盗决張燈鳴金而巡之。官者，河兵、堡夫也；民者，近堤百姓也。兵夫以防平時，百姓以備異漲也。既諾。

又問曰：黄河埽工有修防，有救險，有新生險，爾能相機行乎？曰：不能。則告之曰：霜降水消，密察舊埽，傾者、陷者、卑矮者、朽者，補襄必周。橛以大樁，仍依大汛漲痕，高數尺下順埽，薄傅土，蟄定而下丁頭埽。是謂修防。將危陷而埽未去，則臨河添壓大埽，橛以長樁，去舊埽浮土軟填之，仍橛杙旁之穩埽。是謂救險。若搶險工程，乃頂沖埽灣，埽全去，堤不保，須相其緩急，毋輕下埽，毋誤橛樁，始足濟絶險。而不意新生險工，則舊埽上大溜沖至，舊堤坍卸，必下埽。至於開溜之所，大凡壓土太厚，反至欹斜。蓋黄水一入，埽中停沙故也。諺曰“下埽無法，全憑土壓”，乃爲清水河言也。既諾。

然後按日考驗，詰其應變之法，試其捲下之能，明功過，恤勤勞。由是士識官意，官識士心，猝遇險要，應接如環。善乎家令之言兵也，一曰得地形，二曰卒服習，三曰器用利。微乎微乎，神乎神乎，是亦治河之要道也。

—1. 切問齋文鈔　卷二五　河防一

劉大櫆（1698—1779）

字耕南，號海峰，安徽桐城（今屬安慶）人。副貢生，官黟縣教諭。有《海峰詩文集》。

乞里人共建義倉引

古者帝王在上，而薄海無凍餒之民，非必分上之所有以與民也，使民之自有餘而已。故曰：三年耕有一年之蓄，九年耕有三年之蓄，不至三十年而民有九年之蓄，則雖唐水殷旱不能爲之灾。若夫《周官》荒政十二，其所謂多昏、蕃樂、索鬼神，皆迂遠不切於事情。惟散財、薄徵，爲君上之所宜行，而無補於小民之窮餓，故其科條雖具，要不若積貯之爲善也。夫下之人家無蓋藏之備，而一切仰望於上，設使水旱蟲蝗連州數郡，朝廷遽下蠲租之詔，虚郡邑倉廥以賑之，然上之所費不貲，而下之所得無幾，嗷嗷焉日待升斗以延旦夕，上之倉廩府庫已空，而民之死者過半矣。故曰“藏之於官，不若藏之於民也”。

今天下田疇不加多，税斂不加少，而天下之風俗又皆日趨於文。欲使鄉曲之農，人人皆食之以時，而用之以禮，其勢固有所不能。雖使其食時用禮，然以一人而有五子，五子而有二十五孫，嫁子娶妻之費，養生送死之具，疾病醫藥之資，祭祀賓客之用，以富者當之，十九而貧，其以貧者當之，豈能復富乎？雖然，嘗見編户之家，授田百畝，則飲食衣服既無不足，及其蓄積豐饒，或相倍蓰什伯，猶未見其有餘，何者？彼其所入者多，則其所出者亦衆。淫侈於酒食，頻煩其燕會，故雖粟米狼籍，而終歲之用猶苦其不給，一旦天灾流行，固不能以自支矣。此其爲習，非可喻之以節儉而遂改也。惟及其有餘之時預爲不足之備，不藏之於官而藏之於民，不分藏於家室之私而合藏於里社之公。其在今日，所減省者，一酒食燕會之需而已；其在他日，積之遂至於無盡，其爲利甚博，而其爲術約而易操也。

去年凶灾，民皆飢乏，草根木皮，掘剥幾盡，釜甑器皿，賣買無存，甚則拋割妻孥，與人爲僕妾，猶不足以自贍，而父子兄弟，羸老孤幼，繼踵而死。僵屍草澤，骸骨相枕藉，見之者怵目，聞之者悽心。古者鄰里有相周之義，而鄉田同井，則守望相助，疾病相扶。若使朝夕共處之人，親見其飢餓至輾轉溝壑而死，而莫之拯救，而吾獨安得宴然而已乎？夫一人向隅而泣，則舉坐爲之不樂。同里共井，其視同坐也親矣，輾轉溝壑而死，其視向隅而泣者迫矣，此固仁人君子所宜動心者也。昔漢耿壽昌作常平之倉，增價而糴，減價而糶，法非不善，然以饑歲之民，使其價糴，其力或有所不能，而以官司主之，其出入又有所不便。自是以來，長孫平之義倉，勸令百姓軍人出粟及麥，然歲歲募收，疑其數瀆。朱子之社倉，隨時斂財，然請假於府，那移爲難。今合兩法而用之，於義倉則取其當社自輸，不待請府；於社倉則取其計米收息，不必再捐。今值大有年之秋，與人傭耕者每佃田一石出穀三升，自耕其田者出穀八升，有餘之家不爲限量，隨其力所能爲，以爲補助。至於當社立倉，一甲之中推一人爲首，執策簡較稽其出入，古之人有成法矣，惟諸君子倣而行之。誠如是也，雖有水旱之灾，吾里之人其庶幾免乎！《傳》曰：人人親其親，長其長，而天下平。又曰：人人親其親，然後不獨親其親，推之他里，前後左右，莫不皆然。然則德施之及人者廣矣。

—2. 皇朝經世文編 卷四〇 户政一五 倉儲下

楊錫紱（1703—1769）

字方來，號蘭畹，江西清江（今屬宜春）人。雍正五年（1727）進士，官至漕運總督。謚勤慤。有《四知堂文集》。

陳明米貴之由疏乾隆十三年

奉上諭："米穀爲民生日用所必需，而邇年以來，日見騰貴，窮黎何以堪此？即如川湖，素稱産米，而川撫紀山則以商販雲集、米價騰湧爲奏，湖北督撫則以江南被灾，資楚糧接濟，以致本省米貴爲奏。又如直隸一省，向藉八溝糧石，今歲畿輔尚屬有秋，而八溝亦以搬運太多而貴。夫商販流通，貴則徵賤，間或暫時翔湧，何至連歲遞增，有長無落？若謂囤户居奇，此實弊藪，然自地方官力所能禁，何至全不奉行？若謂户口繁滋，則自康熙年間以來，休養生息，便應逐漸加增，何獨至今日而一時頓長？若謂水旱偏灾，則亦向來所有，何以從來未聞如此之貴？且亦當歉者貴而豐者賤，又何至到處皆然？若謂康熙年間倉儲有銀無米，今則年年采買，民間所出，半入倉庾，未免致妨民食。然在當時分省定額，悉經該督撫分别酌議，自按各省情形。且至今足額者寥寥，亟須采買，所在皆是，藉以備荒撥賑，難議停止。設或果由於此，則當切實敷陳，商酌妥辦，不當聽其自然而不爲之所也。朕反覆思之，不能深悉其故，亦未得善處之方。夫人事不修而民生不裕，今日政治之闕失何在？所以致此者何由？米豆關税，業經通免，雖不可因此遽求奏效，而於米價宜不爲無補，又何以價不日減，轉益日增？朕自御極以來，宵旰勵精，勤求民隱，閭閻疾苦，無或壅於上聞，乃不能收斗米三錢之益，而使赤子胥有艱食之累，殊益焦勞。各督撫身任封疆，於民生第一要務必當詳悉熟籌，深究其所以然。如果得其受病之由，尤當力圖補救。乃各省督撫，或不以介意，或歸咎於鄰封，或責過於商販，而應作如何辦理之處，並未籌及。可傳諭各督撫，令其實意體察，詳求得失之故，據實陳奏。或朕所舉諸條之外，别有弊端，俱宜確切入告，務期實有裨益，以裕民天。欽此。"

仰見聖主勤求民隱之至意。臣伏查水旱偏灾，與囤户居奇，雖亦足致米穀之貴，然尚非所由貴之源也。臣竊以米穀之貴，由於買食者多；買食者多，由於民貧。夫國家休養生息百餘年於兹，荒土盡闢，宜乎民之日富，而反貧者，積漸之勢然也。所謂積漸之勢有四：一曰户口繁滋，一曰風俗日奢，一曰田歸富户，一曰倉穀采買。

倉穀采買之弊，我皇上所謂"處處積貯，年年采買，民間所出，半入倉庾，未免致妨民食"，蓋已洞悉情形，毋庸更贅。户口繁滋，則聖諭謂"自康熙年間以來，休養生息，便應逐漸加增，何至一時頓長？"以臣觀之，實亦未嘗不係漸增。臣生長鄉村，世勤耕作，見康熙年間稻穀登場之時，每石不過二三錢，雍正年間則需四五錢，無復二三錢之價，今則必需五六錢，無復三四錢之價。蓋户口多則需穀亦多，雖數十年荒土，未嘗不加墾闢，然至今日而無可墾之荒者多矣，則户口繁滋，足以致米穀之價逐漸加增，勢必然也。

臣謂由於風俗日奢者，蓋國初人經亂離，備嘗艱苦，風尚儉樸。迨安居樂業，數十年後，子孫有笑其祖父之樸陋者矣。衣食之類競求佳麗，婚喪之事務期美觀，始於通都大邑，今則荒徼山僻之農民，亦漸習奢靡。平時揭借爲常，力田所入，抵債去其大半，餘又隨手花銷，甫交冬春，即須糴米而食。農民日食，亦取給市鋪，則價焉得不長也？

臣謂由於田歸富户者，蓋國初地餘於人，則地價賤，承平以後，地足養人，則地價平，承平既久，人餘於地，則地價貴。向日每畝一二兩者，今至七八兩；向日七八兩者，今至二十餘兩。貧而後賣，既賣無力復買；富而後買，已買可不復賣。近日田之歸於富户者大約十之五六，舊時有田之人今俱爲佃耕之户，每歲所入，難敷一年口食，必須買米接濟。而富户登場之後，非得善價不肯輕售，實操糧價低昂之權。夫一物也，一人市之，價不能增也；十人市之，則一時頓長矣。十人出售，價不能求多也；一人獨售，則任其高勒矣。如是而米穀安得不貴乎？

今就四者之由合而計之，生齒之繁，此我國家重熙累洽之效，無可議者。田歸富户，非均田不可，然此法行之開創之初，尚虞紛擾，今累葉承平之時，更難施行。惟風俗奢靡，尚屬勸禁可施。現奉欽定《禮書》，頒發飭遵，應令地方官實力董率。但人情由儉入奢易，由奢返儉難，此止可徐徐化導，亦不能遽收其效。至於常平積貯，藉以備荒，難議停止，聖明遠見，誠爲探本握要。然臣再四思維，雖不便因采買致貴而議停止，而其中亦尚有應斟酌調劑者。蓋積貯以足敷賑濟而止，不必過多。乾隆九年，御史孫灝奏請酌定常平貯穀額數，以平市價，經部議准，通行各省。雖俱酌定額數，然當時督撫，究竟爲有備無患之意重，而未深計及於穀價之日昂，采買之維艱。即以湖南言之，州縣之倉有貯至五六萬者，府倉有貯至七八萬者，亦未免過多，應飭各省將定額再加詳細確核，有過多者酌量裁減十之一二，其已買足者於平糶時存銀歸庫，未買足者即扣除不必再買。又從前部議，各省倉穀足額後，續有收捐監穀，設遇賑恤動用，毋庸買補。第賑恤已有額貯之穀，此額外捐穀與其久貯繁重，不如逐歲賣之。湖南現在將額外捐穀，每歲糶價解司，爲修理城垣之用，他省似亦可照行。又常平糶三，爲出陳易新計耳。其實豐年之後原無資於平糶，而倉穀堅好，亦有可存貯數年者。州縣官因年例糶三，即穀好年豐亦必出糶，請嗣後不必限定每年糶三，遇年歉價貴之時多糶固可，如年豐價平之時即不糶亦可。蓋多糶一石，小民未必多受一石之益，而少買一石，閭閻即受少賣一石之惠矣。

臣伏讀諭旨，詢及今日政治之闕失何在？所以致此者何由？仰見聖德謙沖，治益求治，誠天下生民之福也。臣反復思之，今日之政治，大綱細目無不畢舉，第奉行之下，致力不專，循名者多而盡實者少。即如定例令州縣官遍歷鄉村，體訪應興應禁各事，將行之有無效驗造册詳報，督撫核實，三年一次奏聞，此固責實之意。然查所列應興諸政，皆係易於鋪張假冒之事。其有實迹可據而難於粉飾者，莫如地方之水利。顧因泛騖之事多，而水利亦遂致力不專，未奏實效。臣竊以爲，目今養民之政，尤當專意講求者，莫如水利一事，似應酌立勸懲之法，使各認真料理，免托空言。蓋近日荒土雖已盡闢，而水利尚未盡興。夫雨暘偶愆，事所常有。果水利之蓄泄有資，自非異常水旱，豈即坐視無收？今江湖河港之水利，其在通都孔道者，固已逐一整頓，然山鄉僻壤之間，致有陂塘、堰壩歷久湮廢者不少。又一鄉一隅，水泉隔遠，塘井不足，雖可疏引開濬，而地屬有主，倡率無人，遂多因循者，亦不一而足。大約民間百畝之田，有一二畝陂塘即可救蔭，而愚民昧於遠計，寧争此一二畝歲收之穀，不知偶值少雨，併百畝而棄之。若親民之官爲之指示開導，當無不爽然悟者。臣請勅下直省，責成道府等官，督率州縣，專力於水利，務必實心講求，稽之志乘，訪之紳耆，凡遇下鄉之便，即留意相度，何處舊迹之宜復，何處新工之宜興，面同該地士庶熟籌詳議，或勸其協力，或代其設法，或量捐薄俸以爲倡，或酌請公項以爲助。果有實意感孚於民，誰不踴躍從事？風聲所樹，即身未親歷之處，一切水利，民間亦必自爲興復。則土盡膏腴，出穀可倍於舊，而蓄泄有備，偏灾不能爲患，庶於米穀之貴不無裨益。此等陂塘、堰壩之新復新興，俱有實迹，可以勘查。道府勘驗確實，果於民田有益，即詳請題咨，酌與議叙。其有平日漫不經心，以致旱澇得以爲灾，亦令道府於勘灾之際，查有未興水利、州縣明知不理者，即詳揭參處。如此，似可使州縣專力講求水利，於應興諸政中尤加意料理，未必非補救米貴之一道也。

夫米價之貴，今日已成積漸之勢，欲令一旦而復歸於賤，誠未易易。就臣所見，不過於采買之中斟酌調劑，并請專力水利，以期産穀之多。是否有當，伏惟聖明裁擇。

—2. 皇朝經世文編　卷三九　户政一四　倉儲上

秦蕙田（1702—1764）

字樹峰，號味經。江蘇金匱（今屬無錫）人。乾隆元年（1736）進士，授翰林院編修，官至刑部尚書。謚文恭。有《味經窩類稿》。

始祖先祖之祭

程子有始祖先祖之祭，朱子以其似僭而廢之，是也。竊嘗思古今異宜，其禮當以義起。程子所云“厥初生民之祖”者，理屬渺茫，於經無據；若今人家之始祖，其義於宗法之別子同者，固當祭也。何則？古之所謂始祖者，在諸侯則始封者也；在大夫士則別子也。別子有三：後世封建不行，則爲有國之始祖者寡矣。然有大功勳，爵至王公者，雖無土地，宜與古諸侯等，則其子孫宜奉爲始祖而祭之矣；又後世天下一家，仕宦遷徙，其有子孫繁衍而成族者，則始至之人，宜爲始遷之祖，與古別子之公子，自他國而來者無異，是亦宜奉爲祖而祭之矣；若崛起而爲公卿者，雖不可同於諸侯，亦宜與古之九命八命七命等，其子孫奉爲始祖，亦與古人別子之義相合。朱子所云“王朝之大夫，自上世至後世，皆不變其初來姓號”者，非即此類乎？故或建爲宗祠，或合爲家廟，凡屬子姓，群聚萃處其中，有宗法者大宗奉之，因爲百世不遷之祖；倘宗法未立，或大宗無後，則諸小宗擇其長且貴與賢者，祭則主其獻奠，原與祭別子之義相符，不可以士大夫不得祭始祖，而謂之爲僭也。惟程子謂“立春祭初祖以下之祖”，則不可行耳。邱氏以累世同爨者通之，則庶幾乎？

—2. 皇朝經世文編　卷六六　禮政一三　祭禮上

全祖望（1705—1755）

字紹衣，號謝山，浙江鄞縣（今屬寧波市）人。乾隆元年（1736）進士，選庶吉士，授知縣，辭不復出。先後主持蕺山、端溪書院。有《鮚埼亭文集》。

是亦樓記

袁正獻公世居城南，其講堂即所稱城南書院者也。講堂之旁有小樓，名以“是亦”，正獻游息登眺之所也。深寧居士述正獻之言曰：“斯區區者，直不高大耳。是亦樓也，不特斯樓，推之山石、花木、衣服、飲食、貨財、隸役，莫不皆然。即更推之我生通籍以來之宦情，皆作斯樓觀，曰：直不高顯耳，是亦仕也。蓋凡身外之物，皆可以寡求而易足，惟此身與天地並其廣大，並其高明，我固有之，朝夕摩厲，不容少怠。若自安於流俗，而曰是亦人耳，則吾所不敢也。”蓋正獻命名之意如此。予嘗謂聖賢之學，總不容苟且之説。故不特不可以苟生，亦不可以苟死；不特不可以苟取，亦不可以苟與。苟生苟取，斯其人本庸下之材，雖欲爲之起懦而不能，斯流俗之所爲也。苟死苟與，則固有求異於流俗之心，而不知此急功近名之見，君子恥之。乃獨有不妨於苟者，則惟居處日用之間，孔子所以稱衛荆之善居室也。從來文章家所叙次園榭之勝，不過流連光景，張皇其位置之工，未有以儒林之法言入之者。故予於正獻之樓，特詳其語，以見斯樓之存，即先哲之學統所寄也。正獻之殁，五百有餘年矣。予重求遺址而出之，俾承學之過此者返而省心，如聞瞿瞿濯濯之在耳焉。於以去其求安求飽之念，而不求至於聖人不止，是則正獻之所望也。

—2. 皇朝經世文編　卷四　學術四　廣論

前漢經師從祀議

開元二十二賢從祀之舉，昔人議之者多矣，是後更進迭出，愚皆不盡以爲當也。夫謂當秦人絶學之後，不可無以報諸儒修經之功，雖其人生平或無可考，而要當引而進之。此其説良是也，然此爲草昧初開言之。蓋在高、惠之間，皆以故博士授弟子者，當斯之時，遺經之不絶如綫，椎輪以爲大輅之始，其從祀宜也。自是而降，經師稍稍接踵以出，如宗法所云别子。夫有爲之前者，詎可無爲之後者？特當於其名家之中，擇其言行之不詭於道者而從祀焉。此爲授受淵源言之，文、景、武之間者是也。以後則經術大昌，誠不但以師傳門户爲足有功於聖門，必有躬行經術以承學統，而後許之，宣、元以後是也。

吾於三輩人物之中合而計之，得十有餘人焉。《易》則田何，《書》則伏勝，《詩》則浮邱伯、毛亨，《春秋左氏》則張蒼，《禮》則高堂生，此六人者爲一輩。其時《書》則古文未出，《詩》則齊、韓未名家，《春秋》則公、穀未名家，《禮》則《周禮》《禮記》未出也。田何之大宗爲丁寬，其别出爲費直。《書》則孔安國出，而補伏勝之闕。浮邱伯之大宗爲申培，毛亨之大宗爲毛萇，而轅固以齊，韓嬰以韓。張蒼之大宗爲賈誼，而胡母子都、董仲舒以《公羊》，江公以《穀梁》。高堂生之大宗爲后蒼，而河間獻王以《周禮》。蓋經於是乎備矣。丁寬以儒生而有將才，誠非墨守章句者。賈生明禮樂，言王道，當文帝時以一儒獨起，尤爲有功。申、轅正論不撓，毛萇深得聖賢之意，河間獻王言必合道，大雅不群，胡母子都則董子所尊，韓嬰雖董子不能難，孔安國則克傳其家學。惟費直、江公、后蒼無言行可紀耳。此十三人者爲一輩。蓋漢二百年經學所以盛者，諸公之力也。若集諸經之大成，而其人精忠有大節、爲一代儒林之玉振者，則惟劉向。斯皆其必當從祀者。

開元禮臣不知精審，而妄以戴聖、何休奪席，不亦謬乎？愚嘗謂西漢儒林盛於東漢，即其人亦多卓犖可傳。東京自賈逵、鄭康成、盧植而外無足取者。夫前茅之功，過於後勁，而况後之本不如前也。世有君子，倘以予言爲不謬矣。

—2. 皇朝經世文編　卷五五　禮政二　大典上

齋　期

問：亭林先生謂七七之奠，本於《易》“七日來復”，是以喪期五五，齋期七七，皆《易》數也。其説近於附會，然否？答曰：亭林儒者，非先王之法言不言，至此條則失之。然此乃其未定之説，在初刻《日知録》八卷，及晚年重定，則芟之矣。蓋自知其失也。七七之説，見於《北史》；再見於《北齊書・孫靈暉傳》，萬季野曰，究不知始於何王之世；三見於李文公所作《楊垂去佛齋説》，及皇甫持正所作《韓公神道碑銘》，則儒者斥之之言也。亭林何所見，援皋復之禮以爲緣起，夫皋復之禮，始死升屋而號，豈有行之四十九日之久者乎？鸛浦鄭氏，居喪無七七之齋，然其每浹旬一奠，亦非也。考之《禮》，大夫則朔望二奠，若非大夫，則但行朔奠一次，謂之殷奠。然則五品以下者，奠三次，五品以上者，朔望日各一次，凡十次，是禮也。

—2. 皇朝經世文編　卷六二　禮政九　喪禮上

勵宗萬（1705—1759）

字滋大，號衣園，直隸静海（今屬天津）人。康熙六十年（1721）進士，雍正時任山西學正，乾隆時官至刑部侍郎。有《京城古迹考》。

請定教職調補之法雍正六年

臣督學山右，於陛辭之日，恭領皇上諄諄訓誡，剴切丁寧，以士習民風爲首務。伏思學校爲教化之本原，而士習民風之表率。欲端士習，非徒課其文藝，必須嚴別優劣，以示勸懲。但學臣一年之中，巡歷通省各郡生員之賢否，勢不能一時備悉，而教官則一學兩員，訪察甚易，故教官職分雖卑，關係實重。臣細查通省教官册籍，壯年固不乏人，但皆年届六旬以外者居多。此輩非素餐曠職，即但知需索束脩，争取贄禮，安望其訪察優劣，有裨士風乎？查州縣官員有調繁調簡之例，今各學教缺雖非地方繁簡可比。然學分大小之不同，風俗有厚薄之各異，其年壯才長者，任居小學及士風淳厚之處，而年衰才拙者，反任大學及士習澆薄之處，人地似不相宜。臣愚請將晋省全屬教職陸續調取省城，會同撫臣，公同驗看，詳細分別。至教官原有令學臣考試之例，驗看之後，復行考其文藝，除文理荒疏、年衰力頹、不堪供職者，會同撫臣詳議題請休致外，其年壯才優、學問淹通者，調以大學要缺；其年力尚壯、文理平通者，調以中缺；其年雖已邁、尚能辦事、文亦平通者，調以小學之缺。如此，雖不能人盡賢良，官無曠職，而量才授職，稍收人地相宜之實效矣。抑或皇上特頒諭旨，令該部將教職調補之法詳議，著爲定例。調補要缺之後，其果能實心辦事、有裨士風者，酌定年分，予以優叙。其有調任之後不思報稱、有虧職守者，令學臣列疏題參，照特用人員之例，加倍治罪。

—2. 皇朝經世文編　卷五七　禮政四　學校

海　望（？—1755）

烏雅氏，滿洲正黄旗人。雍正元年（1723）授内務府主事，官至户部尚書，謚勤恪。

請弛銅禁疏乾隆元年

竊念錢文爲民間日用所需，宜加經理。近年以來，鼓鑄無缺，價值昂貴，建議者莫不多求禁銅之法。而臣獨以弛禁爲請者，誠以錢貴之害小，累民之害大，僅禁黄銅已爲深擾，而弊竇多端，概禁黄白器皿，滋擾尤深，而於錢法亦終無裨益也。夫銅器散布民間，相習甚久，一旦禁使勿用，則其情有所不便，而易生藏匿之心，往往遷延而不交，交納而不盡，緩之則互相觀望，急之則百弊叢生，是以展限之奏請屢聞，收買之告竣無日。胥吏借此需索，刁民借此訛詐，得賄則賣官法，不得賄則入人罪，搜括難盡，用法不均，其弊一也。民隱既難上達，有司未必皆賢，民間交納銅器，或有侵蝕扣剋僅得半價者，或有除去使費空手而歸者，名爲收銅，實爲勒取，其弊二也。此等銅質本極粗雜，加之銹爛，一經錢局鎔化，折耗甚多，工價不減，收買之時原費帑金，即所得不償所失，鼓鑄毫無所益，其弊三也。又況黄銅，乃係紅銅白鉛配搭而成，是以百萬斤之黄銅器皿，其中即有紅銅五六十萬斤。今禁用黄銅，而不禁紅銅，是較之未禁之先，銅又多費，而適以昂其價值，速其私毁。是故未禁黄銅之先，白銅甚少，既禁黄銅之後，白銅甚多，豈白銅之所産果多，皆奸匠銷毁制錢，攙藥煮白，以成器皿，博厚利耳，其弊四也。凡此四弊，若不究其根源，以酌變通之計，徒將一切銅器概行禁止，臣竊以爲不可。何則？銅器之禁，若止行京師，則他處仍得販賣，於事無益。若通行直省，則普天之下業此者不下數萬户，藉此以衣食者不下數十萬人，今既禁使勿造，是伊等平日所造器皿，務必令其交官，以備鼓鑄矣。

夫民間銅本，原溢於官價，加以工本，爲數更多，必若合算工本，全數散給，則小民雖不至於虧本，已有失業之苦，而於國帑亦大有折損。若祇照官價收買，則銅本既屬不敷，而工價又無所出，小民借貸經營，生計甚薄，一旦失其所依，欲改業則無門，欲坐食則無本，其何以堪？夫鼓鑄錢文，原爲便民利民，今因鼓鑄需用，而頓使民間失業，是欲便民而適以累民。我皇上軫恤商民，無微不至，即一夫不獲尚廑宸衷，豈忍使數十萬人之流離失所乎？

臣又考之史策，而知禁銅乃前代權宜之計，非可常行者也。銅器爲民間必需之物，故前代亦有因銅禁既嚴，采買於官而鬻之於民者，既而官煩民病，仍聽民間造器，而官爲立價，輾轉彌縫，迄無善法，其事已大可概見矣。我國家錢貨流通，聖祖仁皇帝六十餘年，未嘗下一禁銅之令，而銅未嘗不足於用，故曰禁銅足以擾民，而於錢法究無裨益也。又聞古語云，銅貴錢重，則有私行銷毁之弊；銅賤錢輕，則滋私鑄射利之端。是以錢文輕重，必須隨銅價之低昂而增減，庶可杜私毁私鑄之弊。上年，世帝憲皇帝特飭九卿，議令酌減分數，其錢一文重一錢二分，每年合省銅斤四五十萬觔，緣事在初行，自未能立竿見影，然所以調劑夫銅貴錢重者，成效自有可觀，固已不必屑屑於禁銅之末務矣。臣愚請照康熙年間舊例，將收、禁銅之令悉行停止，民間買賣悉從其便。衹於雲南、蘇州辦銅之處，立官分職，統計部用銅斤若干數目，盡行采取，如有餘銅，任民販賣，則鼓鑄自得充裕，而小民亦不致失業矣。

—2. 皇朝經世文編　卷五二　户政二七　錢幣上

陳其凝（生卒年不詳）

字秋崖，江蘇上元（今南京）人。雍正八年（1730）進士，官河南道監察御史、太僕寺少卿。

請截留漕艘以備平糶疏乾隆三年

去冬今春以來，畿甸雨雪未遍，聖慮周詳，惟恐青黄不接，民食多艱，又諭廷臣預爲籌劃，仰見我皇上痌瘝至切，愛民無已之心。臣愚以爲，荒政無奇策，防於未事之先，則有勸民儲積之一法；救於既事之後，惟有計口散賑之一方；至於將事未事之計，未有能出於平糶之外者。昔宋臣蘇軾在浙，親行荒政，只用平糶常平一事，更不施行餘策。又云得數萬石斛斗在市，自然壓下物價。由此觀之，今日之計，舍平糶一法，實無他策。但平糶必須倉有積貯，然後因時出糶，穀價可平，收穫可待，則倉厫之積貯，不可不急爲籌劃也。

臣近見部議，准直隸督臣所奏常平積貯一事，歸於本省上倉。此於積貯之計實有禆益，但宜作速舉行，不應多爲查詰，往返躭延。更宜勅該督撫，嚴飭各屬，務須禁革從前虚報勒索種種弊端，實力奉行，尤當專委大員盡心稽查，以圖實效。臣愚恐歉收之後，儲積有限，家有餘積，固可爲捐監之用，若家之所積不足報捐，亦難於糧食昂貴之時買穀上倉，則捐監雖有益於積貯，而當此歉收之際，恐捐數無多，即將捐穀旋捐旋糶，亦恐不足敷平糶之用。目今糧艘正在北運之際，臣請於直隸沿河州縣酌量截留，每處若干石，令附近歉收之處轉運貯倉，以備平糶之需。

糧漕關係天庾，升斗爲重。自去歲以來，五城地方及近京州縣，蒙皇上天恩，發倉米幾十萬石，减價平糶，聞附近歉收州縣小民扶老携幼，糴斗升之粟者甚衆。與其令其跋涉遠來，不如就近截留，以平彼處穀價，使不致離鄉别井，就食遠方，而所用之糧相去多寡，或亦不致大相倍蓰也。各州縣已有捐穀，又有留漕，則倉厫有積，若二麥有秋，固不必須動支；倘青黄不接，預爲出糶，亦不致有艱食之虞。臣歷觀前代備荒之政以及前人救荒之論，熟計今日之情形，舍平糶一法，别無籌劃。

而平糶之法，亦未有不講於積貯者也。惟是因其地，酌其宜，條分縷晰，審處而善行之，則在身任其職者，仰體聖天子宵旰之思，不啻己飢己溺，務期有益於民生而後已。是又所謂有治人無治法者也。

—2. 皇朝經世文編　卷四四　户政一九　荒政四

南天祥（生卒年不詳）

雲南昆明人。由行伍拔補把總，官至江南提督。

陳買馬利弊疏雍正十一年

一、江省買馬之宜畫一，以杜偏累也。伏查江省非産馬之地，向例照原定每匹十四兩與十三兩八錢之價，支領司扣朋銀，每年一次，核定數目，請部給單，委員赴口買補，計每匹價費與定額不相上下，法甚善也。但惟將軍、督撫等標及臣標沿海各營爲善，外蘇狼兩鎮標，尚或另請購買。其餘各協營，并無赴口買馬之例，亦不附各標營帶買，或就當地購覓，或從行販轉買，以致每匹價值多至二十一二兩與二十三四兩不等，所領司庫朋銀不敷所用，不得不各兵自行捐補，是同一江省買馬，事不畫一，遂有偏累之處，而不肖營員，且有通同行販，於中取利者矣。臣察知此弊，除令附近臣標營分應補馬匹，俱附臣標，照數帶回。其餘上下江各協營，向不赴口買馬者，仰請勅下將軍、督撫、鎮臣等，無論親轄外轄，俱准附帶朋銀赴口買馬，回日按數分給補額，庶兵丁得免捐賠之累，而將弁亦無滋弊之端，於營伍實有裨益者也。

一、買補營馬之宜調劑，以免私朋也。竊照各省營馬，每年照額報倒，俱因地制宜，定有成數。或遇倒斃過多之年，額領朋銀不敷買補，兵丁互相私朋，此雖出自各兵情願，並非抑勒，然仰體皇上惠恤戎行之至意，所當亟爲調劑者也。臣思武職養廉，蒙聖恩照品級之大小，賞給隨糧，使得馬步兼支，各敷其數。且自備例馬，亦得照支草乾銀兩，則凡隨丁馬匹，亦有倒斃，自應捐資買補，而以額領司庫朋銀，留充營伍買馬不敷之用，方爲潔己愛兵之道。雖向來操守廉潔之員，未必領之入己，然不著爲令，其間容有藉口營私者矣。臣查江南地土潮濕，倒馬尤多，兵丁私朋，向所不免，爲之悉心調劑，惟有將隨糧倒馬，額領朋銀，通融辦理。前據臣標中軍參將，循例將臣莅任後應報隨糧倒馬補額朋銀呈繳，臣以率屬必須正己，當即明白曉諭，飭發存貯充公。但未經請旨，不敢擅便檄行，仰懇聖明恩准，嗣後無論大小武職，隨糧倒馬，俱令自行捐資買補，仍將每年額領司庫朋銀，照數扣存各該中軍衙門，以補營伍買馬不敷之用，庶官弁無或利己，官兵得免私朋。并祈勅部通行直隸各省營分，一體遵行，則皇仁公普而軍政畫一矣。

——2. 皇朝經世文編　卷七三　兵政四　馬政

汪師韓（1707—1774）

字韓門，又字抒懷，號上湖，浙江錢塘（今杭州）人。雍正十一年（1733）進士，官編修。有《上湖分類文編》。

跋方望溪先生教忠祠禁

望溪先生年七十有五，告歸金陵，建宗祠曰教忠。以其五世祖四川都司斷事諱法者，死節於明建文朝，故云忠也。既參酌古禮以定祠規，又援《周官》以鄉三物教萬民，以鄉八刑糾之，閭胥掌觥、撻罰之事，立爲祠禁。所禁條例至約，獨於喪禮不御内加詳。其言古者三年之喪，非殯奠葬祭，夫婦不相見，語家事必於中門之外，必以晝不得入房室，犯者撻四十。婚嫁喪疾費不給，期三月，大功浹月，犯者撻三十。喪疾費不給，父母忌辰前五日，率子孫與奠者齋宿外寢，祖父母、伯叔兄弟三日，高、曾二日，薦新俗節亦如之，撻罰與期、大功犯禮者同。且也，三年之喪期不飲酒食肉，期浹月，大功終月，違者撻三十，罰不行。惟小功、緦麻，撻罰不及。條約成書，見者怪之，身後其子孫亦不能行，然其詞豈不至今閲之凛凛哉。先生爲少宗伯時，值國喪，所教習庶吉士二十七日之内齋宿館舍，無敢飲酒食肉者，他部院未嘗有也。先生好説禮服，先是友人有在京聞訃者，先生往唁，諄諄以不内宿相勉。師韓習聞焉，而今復見遺書於身後也。

嗚呼！禮教衰，人之良心日以澌滅，而一二鉅公達人，務爲通倪，取悦於俗，寒門末學之士，藉爲口實。倘皆得若先生執禮硜硜，安見無聞風惕厲者，即不肖如師韓，奉先生教，往丁内外艱，幸不陷於非禮；顧頻年爲客，期功之服，忌日之奠，愧不能盡行如先生説。夫世豈無讀先生書而笑其迂者，而亦必有讀之而其心愧恥若撻於市，則其干城名教者大矣。

—2. 皇朝經世文編　卷六二　禮政九　喪禮上

陳　道（1707—1760）

字紹洙，號凝齋。江西新城（今屬撫州）人。乾隆十三年（1748）進士，候選知縣。有《凝齋先生遺集》。

江西新城田租説上

田計畝分，賦别九等，古今通制，顧其法不能徒行也。歲久弊生，高下多少，並失其故。明制丈田册籍藏之藩庫暨各州縣衛，副本散布鄉都里甲，便民稽考，時或有所侵隱，故爲藏匿，猶得追尋官册而糾正之。國家賦税輕減，民樂輸將。有司見上供無虧，蔑視其籍，因循已久，漫漶湮没，册之存者十葢二三矣，而新城尤無一留遺。問畝分步算、上下科則，雖故老茫無以對。俗但以石斗名田，田供租一石，税糧三升，而斗斛大小不一，南鄉石視官斛大六七升，田且腴，西北多磽田，石小官斛五六升，税皆同科。稍清晰者則有老牙桶與官斛等。糧二升七合，小牙桶少官斛升餘。糧二升五合之别，然此類十之一耳。他皆漫無别白，且田無定額，石斗往往隨人自占，邑賦未嘗加而田額日增，故有田多而賦少者，亦或賦多而田少。鄉民買田承種，田入稍薄，仇視其主，抗持之風漫衍浸漬，雖豐入者亦且效尤，争訟盈庭，主佃交困，皆田則不清所致也。

余聞南昌新建佃田者，上則畝止租二石，中或一石五六斗，下則畝率一石。新邑志載每十五畝五分六釐有奇，合科糧一石，以俗例三升糧額通較，每畝合租穀二石一斗餘。視他處，上則且溢，豈新邑田則獨寬耶？抑或田浮於賦耶？非丈量復古畝分，不可得而稽也。明萬曆初以賦税不均，詔天下丈田。江西參政喬懋敬上《議丈田法》甚具，屬吏奉法急促，以增額爲能，民訴不平，事幾沮。建昌守許孚遠獨力任之，以爲及今不治，册籍散亂，後益難理，請覆丈，田分三則，曰上中下，塘二則，曰魚池、蔭塘，地二則，曰肥、曰瘠。田地圖形長廣，具載鱗册。時建郡屬邑，惟廣昌民自言糧均，求不丈，他皆案行如式。新邑令章宗理尤勤心措注，民大便。今於丈量事益難言矣，見諸文以備觀風者采焉。

—1. 切問齋文鈔　卷一五　財賦一

江西新城田租説下

昔之議丈者以平賦税，今則重在均租。建郡田皆主佃兩業，佃人轉買承種，田主無能過問，其弊滋多，故議丈視昔尤急。然細分九等，高下相去僅毫芒易眩，不若三則簡直無欺。新城田皆依山傍溪，其高下一因山水，故惟山深水沃平疇塗泥之地可爲上則；去水稍遠，待人力溉糞者爲中則；下則沿山臨谷，畸零小邱，大水、旱不能任，中歲猶可爲田。若夫童山惡水，歲受旱潦，疏薄不宜稻者，當别之爲地，使種菽粟麻蔬。上田畝租二石，中一石六斗，下一石二斗。地或五六斗，賦税如之。通計邑境糧數，等次而均分之，無溢無歉，租定賦平，即有訟獄，可按籍而理。其法先將弓步積算諸圖形，遍行曉告，都編一字，設鱗册數本。鄉各舉公正三四人同往丈量，官監之。

主佃並至田所，公同區别上中下則，長廣圖形，核實註草册，别給一票與田主收執，後有訛誤，持以爲質。至於積畝成賦，人可自爲核算，便易莫過於此。田既均矣，水利興焉。高燥之地勸民築塘聚水灌溉，塘地租賦凡受水者均之，瀕河則立車引水，其費一責於田主。此又變瘠爲腴之方，不可不籌也。

—1. 切問齋文鈔　卷一五　財賦一

官戒示長兒子守誠，任金衢嚴道。

初到地方，宜博訪僚屬，察其俗尚美惡，舊政沿習何似，無甚害義者且循故迹，無輕率變動。未能洞悉原委而輕妄動，不惟無益而且滋擾。漸次熟練，知其端的，而後可以圖議。治屬疆界、山川、道里均宜先知，託同官練達者將各府繪一總圖，地之肥瘠高下，土地所宜，水利開塞以及州縣接壤，水陸道途所通及大市鎮，並細注圖内。吏胥機巧，非智計所能防察，當立定章程，使不能爲弊；恩信相孚，使不能欺。不假權於若輩，批判一由内幕，而尤嚴飭門僕，無與爲比。内署左右爲書吏耳目所係，本官性情又爲左右所伺察，必自守嚴正安重，無偏好，無輕言妄動，使人得而玩之。

日用物件，悉照民間平買，無貪小利，短折累民。或舊有官價陋規，須潛訪察，明張告示，無爲買辦蒙蔽。食用須酌定章程，豐儉適中，他物寧自節省，無好侈靡。奢而不足，必致妄取於人，所得甚小，而所失甚大。

衙署房屋，足蔽風雨即便安居，不必修葺。如令屬官代修，尤爲不可，圖一己之快而爲累於人，何爲也？凡有餽遺，概宜謝絶，即食品不便卻，亦須擇其至輕者。凡送物投汝所好，必將有所爲，且與門僕相通，方能如是，宜峻拒之，稍涉游移，後將引類而至，所累甚多。而玩物甘言，尤足中汝，切宜謹守。至於託人購買物件，尤爲非理。此口一開，人無不輕而玩之。

養廉按月支給，無預借。諸友館穀，逐季送清，餘以給日用，能節存十之二三，以備急用爲妙。萬一不敷，寧家中補湊，斷不可妄取人錢。祖父以清白傳家，非義之物，一介不可取。

事上宜恭謹，而不可卑諂。平素守正不阿，人自不以非理事相委。若素常詭隨，臨時豈能謝絶。凡與人交，不可求一時親密。人之易見喜者，必易見怒，惟遵禮致敬，不見好亦不招尤，所謂淡而可久是也。見兩司及在撫軍坐中，凡言他屬能否，與計議政事，不可輕易出言。本屬有公事及官當遷調之處，均宜先與兩司商定，再陳之撫軍。蓋兩司總持風紀，通省政事皆其主張，分巡職當聽命，無專擅之理。遇公事差遣，切不可推諉。院司書稟宜常通，但須擇地方切要有益而可行者，無泛舉動以啓人厭。

待僚屬宜寬平和易，使人相信而不疑。故作威福欲以生人敬畏，而不知適足以使人輕賤。遇一老猾者，慮其不測，即先發以相制，未能制人而先自敗。屬吏能否，當於政治實績間驗之，語言狀貌未足爲憑，固不可先設疑心待人，亦不可以片語投合便深信不疑也。今有察吏之責，益不可不詳慎矣。

州縣相見，並須和悦顔色。論地方政事，須聽其暢言畢後，方詰其曲折，或所見不同，亦宜和婉相商。有能抗論是非者，必其中有所見，尤宜平心下氣，加意采擇。

無執己見，遽折人非。人有膽弱者，一折便將不顧事理，曲附上官之意，貽誤民事不淺。同是公事，只期事理得當而已，人己意見，斷不可留。

本境武官，尤宜和協。若有事相關者，和同辦理，無分彼此，無大小，接待總宜謙下。

出巡於地方未能有益，而先於屬官有損。但初任不能不一行部，切宜輕裝減從，一幕友、二三老實家人、書吏曉事者各二人，足供使令便好，此外無多帶僕從。夫馬及船自發錢僱，無取於縣。尤要在不遣頭站人，諸弊皆從此生，先已行牌通知，斷無須人前去。屬吏預備執事郊迎，俱拒回，隨留數人備傳呼而已。所帶家人，只一可信者應門，餘俱不得與府縣人相通。所到地方，或有訟獄當折者，就近理之。利害當興革者，細心察看，與同官參議，回署再酌，無以己見遽出令也。一切餽遺，除酒食外，概行謝絶，無因語意殷勤，稍涉游移也。或辦差務及往省，均須酌定合用人數，無多帶閑人。

善柔之人，能以曲説巧語入人心腹，當前甚覺可喜，或引而進之，謂此人必爲我用，而不知爲此者，蓋有所圖也。圖之既得，或他事未盡如意，即生怨怒心，我之勢又或稍失，彼將轉媚他人，遂不難加以讒譖陷害。此自古迄今，小人之常態，未足爲怪。閱歷未深者，往往爲其所中，事後追悔已無及矣。官場中傾軋之事甚多，而此尤難測，好諛者尤當隨地自省，加意防察。

幕中諸友須情意親洽，禮貌周到，不可疏忽。飲食酌定數品，只一二席，稍豐時常陪飯，便令厨子不敢損減。論事當和婉相商，無執己見，輕行改竄，即或意見不合，亦宜以禮貌相别，無出惡言。

分巡雖有察吏之責，而無進退之權，稍一專擅，欲自見長，則上疑於僭，下嫌其侵矣。要以安静恬退，爲守官之道。爲政最不可喜事，喜事見能，必致生事滋擾，而奉行不善者，非藉以取巧，即因緣爲奸，然又不可因此而自怠苟安也。事到面前無大小，皆當細心體察，分所得爲者，審時度勢隨事救正，於民生不無小補也。

人惟能受善言，能知人善任使，雖無才亦可免過。矜智恃才以自用者，乃下愚小器，適以自害而已。用人聽言之道，前已詳説，今更提撕，當時時以此自省。

此篇雖係戒巡道之書，然處己接物，官箴無二，與專言察吏御屬者不同，故仍入之守令中，不以職分泥也。

—2. 皇朝經世文編　卷二一　吏政七　守令上

鄂彌達（？—1761）

鄂濟氏，滿洲正白旗人。官至協辦大學士。謚文恭。

開墾荒地疏雍正十年

粵東地方，山海交錯，民俗刁悍，貧苦者多，所以小民惟利是圖，每於封禁之礦山潛往偷挖，甚至販私盜竊，毫無顧忌。雖因習尚澆漓，輕蹈法網，亦由無田可耕，無業可守，遂致漸流爲匪也。

臣自抵粵以來，將奉到歷次諭旨刊刻遍示，曉諭勸導，並嚴飭該地方文武官弁時加巡邏，勿任礦徒聚夥偷挖。臣隨行查各屬曠土及實在無業窮民，已據各屬報到二千餘户，正在商酌安插。荷蒙聖主垂念，欽差禮科給事中徐杞偕臣等悉心辦理，親歷山場，遍行查勘，各處礦硐皆屬封固，硐口蔓草叢生，並無偷挖之事。惟是無業窮民若不悉心調劑，使其衣食有賴，難保後來不蹈故轍。查肇慶府大官田地方，新設鶴山一縣及附近恩平、開平等縣，現有荒地數萬畝，以之開墾耕種，安插貧民，最爲相宜。

臣上年曾委糧驛道陶正中料理新縣城工，兼令查勘荒地。現據丈出荒地三萬三千餘畝，查業户每耕地百畝須佃五人，此可安集佃民一千六百餘户。恩平、開平荒地甚多，不止一二萬畝，現今丈出五千餘畝，尚未及四分之一。因該處地廣人稀，雖有藩庫墾荒銀兩，莫肯赴領承墾。臣等諭令有力商民，招集惠、潮等處貧民，給以廬舍、口糧工本，每安插五家，編甲入籍，即給地百畝。復念各佃遠來托居，雖有可耕之業，仍恐日後予奪，憑由業户，不能相安。應爲從長計議，凡業户領田百畝外，並令各佃俱帶領地五畝，一例納糧，永爲該佃世業，田主不得過問，庶佃户稍有餘資，無偏枯之嘆，亦可無逋租之虞。今惠、潮二府貧民，就居鶴山耕種入籍者已有三百餘户，現在陸續依栖，日益增聚，兼聞先到之人，安頓得所，無不踴躍趨赴。其各屬未報貧民，亦必陸續報出。其高、雷、廉等各府州縣可墾荒地，容俟一并丈出，設法安插，使窮民皆有恒産，足以資生。不數年間，野無曠土，地無遺利，全粵深山窮谷，無復有失業游手之民，風俗淳美，夜户不閉，地方官民均感浩蕩洪恩於無既矣。

—2. 皇朝經世文編　卷三四　户政九　屯墾

請官開米局疏雍正十一年

竊查米價騰貴，皆由囤户居奇。往往捏作謡言，增長米價，或云風爲旱兆，或云雨爲水徵，一日之間，頻增價值，一店長價，諸店皆然，名曰齊行，莫敢異議。富民家有蓄積，樂其高擡，於己無損。惟手藝貧民，終日拮据，不供口食，即遇官府有平糶倉穀，不過一升半升，日糴日食而已，無力多買，又不能户户有碾米之具，且以終日鹿鹿，並無餘暇，故寧貴價向米鋪糴米，非不知官賣穀價賤，不得已也。若欲惠此貧民，無如官開米局。臣生長京師，目擊八旗自皇上降旨設立米局以來，歷年米價皆未昂貴，總由米局價平，故囤户不能射利。法良意美，實可通行。

伏念粵東省會之區，貧民待哺尤衆，奸民乘機射利，往往高價病民。臣擬于粵東省城設立米局三處：南門設一米局，動廣州府倉穀，以該府倉大使管理；東門設一米局，動番禺縣倉穀，以該縣典史管理；西門設一米局，動南海縣倉穀，以該移駐之縣丞管理。各局將日逐糶賣數目，每日摺報各管府縣稽查。該府縣十日一報司道存案，仍令糧驛道不時稽查，察其米價，則額定倉斗，一兩一石，永成定例，無減無增。倘市價減至一兩以内，仍聽民向各店買食，市價稍昂，即照定價一兩糶賣。其赴局零買者，用銀用錢，聽隨民便，仍不許買至一斗以外，致啓販賣之端。賣出價銀，則令隨便赴穀賤地方采買，源源轉運。夫價有定額，則胥吏無所容私；局既常開，而囤户無能專利。一切肩挑負販、傭工覓食之人，三五零錢，取携皆便矣。至各府郡城，即將府倉穀石碾米開局，此照省局之例，仍責令該管道員稽查，似可以一體通行。

—2. 皇朝經世文編　卷四〇　户政一五　倉儲下

請開礦采鑄疏雍正十二年

竊粵東界連數省，一帆可通，若得就近開鑄，不但本地錢文流通，兼可資兩江、三楚、浙、閩等省之用。伏思粵東開采之議，屢奉諭旨嚴禁，礦口悉封。臣職任海疆，自應杜漸防微，况利弊相因，豈容輕舉妄動？但臣涖粵數載，遍察情形，熟思審計，有可保其有益而無害者。

粵東山多田少，生齒日庶，生計倍艱。查惠、潮、肇、韶等府礦産甚多，原係天生之寶，以資小民之生，固宜應時變通，以疏衆貨之源。若謂人衆堪虞，易聚難散，恐滋生事端，查粵省鐵爐不下五六十座，煤山木山，開挖亦多，傭工者不下數萬人，俱各相安無事。粵東向稱多盜，邇來仰賴天威，前此窠巢，已成樂土，民情漸知畏法，苟得開礦營生，方見踴躍思赴，各立家室，實無他慮。查滇南開采多年，並無他患，湖南郴、桂等處，從前歷年開采，粵西亦現在開采，並無異説；且銅鉛金錫，皆地氣凝成，此衰彼旺，彼衰此旺，更遞開之，實可不匱不竭。

若以人多則穀價易昂。試思以本地之利，養本地之民，即以本地之人，食本地之穀，未開采之先，人不少而穀不加多，即開采之後，人不多而穀豈見少？見在連年豐收，穀價平減，惟不令外省游手冒入充工，固萬無人滿之患。况本地居民各愛其生，豈肯利歸他境，更可不禁而自杜。

臣請酌量仿照各省開廠事宜，就本省地方招殷實商民，取具該地方官家道殷實印結，令其自備資本開采，專委廉正之員董理巡查，其召募人夫，各州縣官查朴實窮民，取具户鄰保結，編立保甲，填明户口住址，連名互結，併可察匪彌奸，實有利而無弊。如蒙俯準，就近開鑄，則上裕國課，下養窮黎，流布錢文，通濟鄰省，莫有便於此者矣。

—2. 皇朝經世文編　卷五二　户政二七　錢幣上

停止開礦事宜疏雍正十三年

竊查粵東惠、潮、韶、肇等府礦産甚多，原係天生自然之利，與其封禁，使無知貧民偷挖而罹於法，毋寧竟行開采，明予以資生之路，且工商俱用本地，可無易聚難散之虞；食口並不加增，又無人滿糧貴之患，實於地方有利無害，臣等是以奏請開采。自蒙聖恩俞允，臣等即遴委能員，會同各該地方官，將屬内有礦山場確勘煎試，示召本省殷商，取具地方官印結，令其自備貲本，前往開采。其需用人夫工丁，飭令各州縣查出樸實窮民，取具甲鄰户首保結，開明住址，備造清册，移送管理之員。如有面生可疑之人，潛匿在山者，即行拿究。并於附近廠地之村莊，飭令各保甲嚴行稽察，如有外來之人歇宿，務須根究，毋得容留匪人潛行窺探。地方文武以及委理之員，稍有疏忽，即行參處。如此立法嚴密，將來礦旺人多，固不虞其滋事。即礦竭之時，此項人夫原有姓名住址可稽，仍可令地方官按册著令原保之甲鄰户首領回，照舊安插。臣等於未經陳奏之先，先已再三籌劃，實無難散之虞。

兹據條陳内稱，康熙三十七八年間，督撫奏請開采，而各處道路村莊因受劫掠之害，至康熙五十一年，餘孽仍復猖獗，劫掠英德、翁源、曲江等處，名爲山賊，實係礦徒等語。臣等檢查原卷，康熙五十一年，行劫英德縣民鍾上位等家，係鐵爐停煽工丁關鳳生等夥同行劫，並非礦徒餘孽；至所稱翁源、曲江二縣，五十一年並無盜案可稽；且查康熙三十七八年間開礦至五十一年，已十有餘載，封礦既久，如何尚有礦徒聚集？據云礦徒亦不過數十餘人，粤東文武官弁並兵丁數萬，所司何事，竟任其猖獗，至十有餘年不息。

又條陳内稱，入山傭工者，即係無賴之窮民，今礦山一開，則無賴奸徒號召雲集，誠恐將來滋事等語。臣等查盜賊多屬游手好閑，焉肯傭工開礦？至於礦徒，雖不能保其全係良民，但其中傭工受值者多，游手好閑者少。且窮民入山傭工，既得生計，尚恐其爲無賴而滋事，如並不與以資生之路，豈反能保其不滋事乎？

又條陳内稱，粤東一年所收之穀，不足供本省半年之食。第查粤省雖屬山多田少，若無旱澇，所産米糧亦可敷一年之食，再藉西穀，即能充裕，是以臣等奏請建倉貯穀，無非爲充裕民食，預備荒歉之計。今乃云不足半年民食，未免言之太過！

又條陳内稱鼓鑄之事小。臣等請開礦鼓鑄，原非專爲國家經費起見，祇因天地所産金銀有數，民計艱難，今將銅鉛鼓鑄，使官鑄流通於各省，而山場所出，皆成有用之金銀。粤東百姓增出金銀無數，自然家給人足，於國計民生均有裨益，似非細事。但查礦山既開，將來各場需用人夫工丁以及買賣食物人等，口角争鬬之事，固所不免，倘或傳聞附會，借此以實其言，臣等將何辭以自解？況即不開采，通省盜案亦不能保其必無，設將來一有盜案事發，盡歸罪於開采，臣等身家性命固不足惜，究無補於地方窮民，且深負我皇上矜全之隆恩。

臣等再三籌議，停止開采，實屬安静。且恭繹聖諭：數年以來，粤東年穀順成，米價平允，盜賊漸少，地方寧謐。爲大吏者，當以静鎮處之，不當引之於動。大哉皇言！誠帝王治世安邦之至理，千載不易之良謨，臣等不勝感激之至。查粤東開采之事奉行未久，惟惠州府屬已開三四處，在廠人夫不過一二千人，辦理少有頭緒，其餘各府現在查辦，尚未開采，停止甚易。似應仰懇聖恩，將開采之事，敕部暫行停止。理合遵旨，據實陳明。

—2. 皇朝經世文編　卷五二　户政二七　錢幣上

吴士功（？—1762）

字惟亮，號凌雲，一號湛山，河南光州人。雍正十一年（1733）進士，選庶吉士，改吏部主事，官至福建巡撫。有《湛山詩鈔》。

請開臺民携眷之禁疏乾隆二十五年

竊惟我朝德威遠敷，薄海内外，共沐恩膏。如臺灣府屬一廳四縣，今歸隸版圖將及百年，久成樂土。居其地者，俱係閩粤濱海州縣之民，俱於春時往耕，西成回籍。迨後海禁漸嚴，一歸不能復往，其主業在臺灣者，既不能棄其田園，又不能搬移眷屬、别娶番女，恐滋擾害。經陞任廣東撫臣鄂彌達具奏，凡有妻子在内地者，許呈明給照，搬眷入臺，編甲爲良。人人有室家之繫累，謀生念切，自然不暇爲非。更令有司善撫教之，則知感激奮興，安生樂業。旋經議行在案。嗣於乾隆四年，前督臣郝玉麟以流寓民眷均已搬取，即有事故遲延，亦屬無幾，請停止給照。續於乾隆九年，巡視臺灣御史具奏：以内地民人，或聞臺地親年衰老，欲來侍奉，或因内地孤獨無依，欲來就養，無如例有明禁。因甘蹈偷渡之愆，不肖客頭奸艄將船駛至外洋，如遇荒島，詭稱到臺，促客登岸。荒島人烟斷絶，坐而飢斃。俄而洲上潮至，群命盡歸魚腹。因礙請照之難，致有亡身之事，請仍准携眷。經部議，令該督撫確查定議，俱如所奏。

乃十二年督臣喀爾吉善復以前奏未定年限，恐滋弊混，請定限一年之後，不准給照。自此停止以來，迄今十有餘年，凡有渡臺民人，禁絶往來，不能搬移。現在漢民已逾數十萬，其父母妻子身居内地者正復不少。向之孑身過臺者，今已墾闢田原，足供俯仰矣；向之童稚無知者，今已少壯成立、置有田産矣。若棄之而歸，則失謀生之路，若置父母妻子於不顧，更非人情所安。故其思念父母，戀妻子，冀圖完娶之隱衷，實有不能自已，以致迫不擇音，甘受奸艄之愚弄，冒險偷渡，百弊叢生。

伏查乾隆十七年，原任臺灣縣知縣魯鼎梅纂修縣志云："内地窮民在臺營生者數十萬，其父母妻子俯仰乏資，急欲赴臺就養，格於例禁，群賄船户，頂冒水手姓名，用小魚船夜載出口，私上大船抵臺。復有漁船乘夜接載，名曰灌水。經汛口覺察，奸艄照律問遣，固刑當其罪，而杖逐回籍之民，室廬抛棄，器物一空矣。更有客船串通習水積匪，用濕漏之船收載數百人，擠入艙中，將艙蓋封釘，不使上下，乘黑夜出洋，偶值風濤，盡入魚腹。比到岸，恐人知覺，遇有沙汕，輒紿令出船，名曰放生。沙汕斷頭，距岸尚遠，行至深處，全身陷入泥淖中，名曰種芋。或潮流適漲，隨流漂溺，名曰餌魚。窮民迫於飢寒，罔顧行險，相率陷阱，言之痛心。"

臣思愚民之被惡，奸艄之肆惡，其言鑿鑿可據，且與乾隆九年巡臺御史原奏不謀而合。該知縣身莅臺灣，見聞自確，載之邑乘，考訂非虚。臣一載以來，留心察訪，實屬確有之事。然卒未有因陷溺而告發者，緣事在汪洋巨浸，人迹罕到之地，被害者既已没於波臣，僥免者亦緣自干禁令，莫敢控訴，故偷禁雖嚴，而偷渡者接踵。臣與督臣俱令先後查拿，或偷渡未成而被獲，或出港遇風而返回，計一載之中共盤獲偷渡民人二十五案，老幼男婦九百九十名，内溺斃三十四人，其餘均經訊明，分别遞回原籍。其已經發覺者如此，其私自過臺在海洋被害者，恐不知凡幾。

伏念内外民人均屬朝廷赤子，向之在臺爲匪者，悉出隻身之無賴。若安分良民，既已報墾立業，有父母妻子之係戀，有仰事俯育之辛勤，自必顧惜身家，各思保聚。此從前督撫諸臣所以疊有給照搬眷之請也。及奉准行，過臺之後亦未有眷口滋釁生事者。蓋民鮮土著，則有離去之思。人有室家，各謀久安之計。乃因良民之搬眷，禁以奸民之偷渡，致令在臺者困羈逆旅，常懷内顧之憂，在籍者悵望天涯，不免向隅之泣。以故内地老幼男婦煢獨無依之人，迫欲就養，竟至鋌而走險，畢命波濤，非所以仰體皇上如天之覆，一視之仁也。

—2. 皇朝經世文編　卷八四　兵政一五　海防中

喬光烈（？—1765）

字敬亭，號潤齋，江蘇上海人。乾隆二年（1737）進士，官至湖南巡撫。有《最樂堂集》。

禁私銷議

竊惟錢文爲民生利用之資，我國家軫恤民隱，自京師以及外省，各設爐座，廣爲鼓鑄，宜錢文日裕，民用益饒。乃近年以來，錢未見足，價值不平，蓋奸黠之徒，罔利私銷，致妨民用，亟宜立法嚴詰，以杜其弊。然禁私銷之法，更難於私鑄。私鑄者，雖藏匿僻地，必須設以爐座，加以匠工，爲時既久，尚易敗露。惟私銷者，可以鎔化無迹，隨時隨地，最易藏奸。是以法禁雖嚴，終於百無一獲也。

夫欲絶其弊，必先清其源。防其弊於已然，不如杜其弊於未然。小民趨利若鶩，大抵錢質重則盜銷者多，錢質輕則盜銷者寡，此自然之理也。考古太府圜法，以銅爲錢，或爲半兩，或爲榆筴，或爲八銖、四銖，或爲赤仄、鵝眼，或爲綖環、荇葉。惟漢之五銖爲得其中，五銖以後，唯唐之開元通寶。《綱目》載稱每錢徑八分，重二銖四絫。積十錢，重一兩。積一千，重六斤四兩。較之五銖，輕重大小最爲折衷。有明邱文莊公曰：錢質如開元，至今存焉。其説蓋有本也。

我朝定制：每錢一文，重一錢四分、一錢二分五釐不等。唯康熙二十三年，管理錢法侍郎佛倫等奏：將錢一文，改鑄一錢。至康熙四十一年，復改鑄每錢一文，重一錢四分。今現行錢文，如順治、康熙青錢，質重一錢四分者，每百中僅見一二文。康熙錢重一錢者，每百中常居十之三四。歷考成書，徵諸时事，唯錢質止重一錢者，可以行之久遠而無弊耳。今應請倣照康熙二十三年之例，將現在鼓鑄錢文，每錢一文，題請改鑄一錢，每錢千文，共重六斤四兩。較現行制錢，每千重七斤八兩，計減用銅鉛一斤四兩。選匠精造，務使輪郭周正，字迹顯朗，既於國體毫無關礙，而盜銷者照現行制錢價，每銀一兩二錢五分，易錢一千文，止得黄銅六斤四兩。即改造器皿，所得價值，不過在一兩以内。奸徒無利可圖，銷毁之弊，似可不禁而自除矣。

又定例：鼓鑄錢文，銅鉛各半，每銅鉛百斤，如入點銅三斤，其質柔脆，不能打造響銅器皿。立法已屬周詳，但不能爲打銅，尚可爲鑄銅，如銅鏡、樂器以及箱櫃事件等碎小器皿，均可私銷改造。而碎小器皿，加以手工，往往不計分兩取值，每易子倍於母，是以銅少之區，雖錢質甚輕，而仍不免有私銷之弊。

夫銅鏡等物，爲民間日用所必需，若因私銷而復嚴禁錮之例，又屬繁重難行。唯一州一縣之中，銅匠不過數户，尚易稽考，應飭地方官，稽考銅匠，共有爐座若干，每月收買銅斤係何來歷，務須確有根據，并令鄰甲人等，具結保任，仍不許縱役需索，如此立禁嚴密，民知畏懼，似亦杜絶私銷之一法也。

—2. 皇朝經世文編　卷五三　户政二八　錢幣下

上張撫軍論修棧道書

日者奉檄：計出府金數萬，修治棧道，燔山鑿石，化險爲平，一勞永逸，使詳議行之。即會棧中州縣官吏，召工匠土人，悉意訪咨，商度便宜。自寧羌州七盤關與蜀界始，至鳳翔府寶雞縣止，中唯沔縣之棧多土碥，間有石坡。前已計施煅鑿，疏剔土石，令開就平廣。其寧羌、褒城、鳳縣、寶雞諸棧，皆在萬山中，凡山坡石嘴可鎚煅者，昔人並已開治，名曰“碥路”。如層巒疊嶂，傍有可通之徑，即繞道而行。唯崇山拱峙，中夾巨津，斷岸懸崖，傍無他徑，則緣溪傍麓，架木爲橋，名曰“偏橋”。凡設橋之所，其山非高數丈，即數十百丈，巖石嶄嶄，如虎豹蹲踞，不可得鑿。是於萬難措置之中，相度形便，因地制宜，爲偏橋、碥路，俾往來相通，無阻絶不前之困。

夫昔人於此，豈不欲蕩岨峿、闢峻險，出莊衢坦道於崎嶇危巇之域哉？唯其形格勢禁，而智有不得施，勇有不能用，不得已而後爲橋與路，以濟其功，此事理之曉然者也。且古者鑿山通道，或土脉堅强，巨石磐固，則聚薪烈焚，乘其燥鑠，沃以釅醯，激其剛礦，使土疏石脆，斤鎚易施，今其法雖具在，然開山者必須至山頂以至山脚，全行開闢，方能成路。若止於山脚鑿孔，火煅醋沃，而火力不能上透於數丈數十百丈之高，則山崖懸覆，底勢空虛，無所支持，必有崩頹傾壓之患，事更可虞。且崩崖碎石，既不便積於道途，以阻行旅，又不便棄諸溪澗，以壅川流，勢必移之他所，勞民費運，甚於燒山。且夫圖功者雖計其成，不惜其費。然而慮事者貴圖其始，以要其終。

今欲修棧道，惟宜如前估：凡可改橋爲路，及可開使寬平之處，並以火煅打鑿，輒事施爲。至萬難展拓，無可爲功者，唯仍用偏橋，循其舊制，其於從事爲易且便。若欲全棧用火煅山，以出道路，雖以國家之力，何事不可舉，第恐山既不能盡煅，而役費無算，歲月遷延，茫無底止，即不敢懸擬輸財多少，然終非數萬金所能成就也。

—2. 皇朝經世文編　卷九五　工政一　土木

彭維新（？—1769）

字肇周，號石原、餘山，湖南茶陵（今屬株洲）人。康熙四十五年（1706）進士，官至兵部尚書、協辦大學士。有《墨香閣集》。

姓氏溯源序

姓氏族望，自魏晋迄唐，上下矜尚，譜記益繁，而源流益混。宋羅長源《國名紀》、鄭漁仲《氏族略》，非不極意蒐討，而間涉疑似，猶未能犂然盡當人心也。夫姓分而爲氏，氏分而爲族。族猶次也，氏之别而聚焉者也。蓋姓以統祖宗所自出，歷世不移。氏以别子孫所自分，隨時而易。故姓可以稱氏，氏不可以稱姓。氏同而姓不同者，婚姻可通，流雖合而源實分也。姓同而氏不同者，婚姻不可通，流雖歧而源則一也。三代以上，男子稱其氏，婦人稱其姓，如榮叔、毛伯、叔孫、季孫之類，皆氏也。子氏、姜氏、敬嬴，皆姓也。三代而下，姓氏混爲一。至秦滅六國，子孫爲萌隸，故以國以姓以字以名爲氏，姓氏之淆始此。自時厥後，亂之者匪一，有賜國姓者，項伯、婁敬、徐世勣、李繼遷之類。有改本姓者，梁爲運期，束爲疏，奚爲嵇，敬爲文之類。有加惡姓者，齊蕭子響爲蛸，梁蕭綜爲孛，隋煬改楊元感爲梟氏，武曌改王后爲蟒氏之類。有冒貴姓者，劉淵冒漢姓，姚弋仲冒舜裔之類。又如士會之帑，處秦者爲劉，伍子胥之子，在齊者爲王孫。凡若此類，數傳而後，必至昧其本原。至伏虙同音而分而爲二，共叔段一人，而氏析爲三，是則以同爲異也。馬服之馬，淆於司馬，雁門之郭，襲於汾陽，以至王也、劉也、孔也、文也，字音無殊，受氏非一，是則以異爲同也。閱世滋遠，紛紜參錯，已至莫可究詰，而或援《春秋》稱姜氏、子氏，姜、子皆姓而謂之氏，則姓亦可稱爲氏。《大傳》云：庶姓别於上，則氏亦可稱爲姓。羽仲爲無駭請族，隱公命以展爲氏，則族亦可稱爲氏。商氏、條氏之屬謂之六族，陶氏、施氏之屬謂之七族，則氏亦可稱爲族，姓、氏、族説或互通，斯義無一致。婚姻人道之大，往往有亂宗而陷於不知，遠嫌而誤於弗考者，以此故也。

吾友陳一泓太史閔之，輯《姓氏溯源》八卷，追得姓之始，而條其支流，俾一覽即灼然於姓氏原委，徵引詳博，而裁斷簡嚴，覺鄭氏《氏族略》較此爲繁，羅氏《國名紀》較此爲略，將使婚姻之道，不瀆不疑，其裨補世教，詎小故哉。昔晋摯虞、宋何承天、梁王僧孺、唐姚士廉、林寶所撰譜、志、記、纂等書，今不盡傳，得太史是編，諸書固可聽其存亡也。夫姓、氏、族之混淆於世也久矣。涉漢涉沔，而茫然莫辨也，溯諸嶓冢焉可爾。涉潛涉沱，而茫然莫辨也，溯諸岷山焉可爾。

—2. 皇朝經世文編　卷五八　禮政五　宗法上

輔　德（？—1765）

滿洲鑲紅旗人。乾隆二十八年（1763）官江西巡撫。

請禁祠宇流弊疏乾隆二十九年

竊照江西民情健訟，有司勤惰不齊，州縣自理詞訟及上司批查案件，多不遵照例限審結，且有判斷失平，不能折服其心，未免益長刁風而滋拖累。臣到任以來，逐一清查，分飭司道府州勒限出結，秉公核正，塵積案件大半清釐。其疲緩闒茸之員，臣即分別記過參革，俾衆知儆。

惟查各屬訟案繁多之故，緣江西民人有合族建祠之習。本籍城鄉，暨其郡郭並省會地方，但係同府同省之同姓，即糾斂金錢，修建祠堂，率皆棟宇輝煌，規模宏敞。其用餘銀兩，置産收租，因而不肖之徒從中覬覦，每以風影之事妄啓訟端，藉稱合族公事，開銷祠費，縣訟不勝，即赴府翻，府審批結，又赴省控，何處控訴，即住何處祠堂，即用何處祠費，用竣，復按户派出私財，任意侵用。是祠堂有費，實爲健訟之資；同姓立祠，竟爲聚訟之地。欲彌訟端，不得不清其源而塞其流也。

臣查民間祠堂，如係建於本鄉，時祭饗而聯絡族誼，設公費以教養子弟，乃係敦尚古道，實爲美俗可封。若遠於府省地方，祭饗無聞，族誼不浹，其屋宇則傍宿健訟之徒，其公財則積爲逞訟之費，頹風敗習，莫此爲甚。况查所建府省祠堂，大率皆推原遠年君王、將相一人，共爲始祖，如周姓則祖后稷，吴姓則祖泰伯，姜姓則祖太公望，袁姓則祖袁紹。有祠必有譜。其纂輯宗譜，荒唐悖謬，亦復如之；凡屬同府同姓者，皆得出費與祠，送其支祖牌位於總龕之内，列名於宗譜之册，每祠牌位動以千百計，源流支派無所擇，出錢者聯秦越爲一家，不出錢者置親支於局外。原其創建之初，不過一二好事之徒藉端建議，希圖經手侵漁，訪其同府同省同姓，或聯絡於生童應考之時，或奔走於農民收割之後，百計勸捐，多方聳動，愚民溺於習俗，樂於輸助，故其費日集而多，其風日踵而盛。初成廣厦，置之空間，歇訟聚賭，窩匪藏奸，不可究詰。近於省會祠中，復經拿獲私鑄案犯。臣查《禮》稱，大夫不得祖諸侯，豈有民人而可妄祖前代之君相？據《禮》已宜查禁。况濫觴至爲聚訟之藪，甚而窩賭窩匪，無所不有，尤難聽其流弊，無所底止。

至現今通飭各屬，查明果係該縣土著，實有近祖可考，歲行祭祀者，仍准其存留外，其餘荒遠不經之始祖，既係附會，神亦不歆非類，應將牌位查毁，譜並削正，其外府州縣奉附之支祖，舍其本籍禋祀，寄主府省，竟作餒而之鬼，爲其子孫者當亦難安，應將牌位撤回。至其廢祠房間，若不隨時削迹，日久保無復立？應令改作平房鋪面，不準本姓棍徒阻撓。或實有願留爲該姓應試生童公寓，尚屬可行；倘准留之後，仍有訟棍盤踞及窩賭窩匪情事，除嚴拿本犯治罪外，即將其屋宇入官，或作堆鋪，或給未建衙署之員弁居住。此外，尚有一種本省外省各姓公宇，雖未供設牌位，名似稍異而實則相同，應亦照此一律辦理。嗣後永遠不許添建府省祠堂公宇。其有實係敦本支而睦宗族者，祇許於本鄉本村以時饗祀。庶幾禮教可明，訟源可滌，而民生日厚矣。

—2. 皇朝經世文編　卷五八　禮政五　宗法上

邵大業（1710—1771）

字在中，號厚庵、思餘，順天大興（今屬北京）人。雍正十一年（1733）進士，官至徐州府知府。有《謙受堂集》。

思過圖序

《易》有之：君子以遷善改過。《春秋》之義大改過。蓋自徇齊敦敏而外，古昔聖賢，未有不以改過造道者。抑聞之記曰：“退思補過。”夫唯思之乃得見而改之也。思之義大矣哉。分水柯澹齋，舊繪小像，而顔之曰“思過”。手執玦，玦者决也，風雷之象也。座設環，環者，還也，從善如流之義也。思深哉。余因之有感矣。夫人苟非甚不肖，未有明知其爲過而躬蹈之者也。當其矢心植行，恪然以繩墨自守，惴惴焉，恐入於非道，而譽者輒至。其初譽之未嘗不自疑，既而取以自証，乃竊然喜。漸則譽者益多，聞者益恬，久而自信其有譽於人也，遂並信其寔有善於己。於是聞譽若素，聞毁則怫然不任受，而毁者之言，遂不至於耳。乃至疚纍日積，譽者日益堅，而陷溺既深，遂至有明知其爲過而躬陷之者。

噫嘻！諍友面折，不可求而得矣。其浸淫淪失以至於斯極者，豈非不思之過哉。余昧道懵學，往往獲譽於族鄙，而世故結轄，末由發其深省。嘗用滋懼，今睹兹圖，則邃然深念矣。夫由穠華而進於淡泊，一變也；由淡泊而進於恐懼，又一變也。充此心以至於耄耋，其所造曷可量？而其兢兢亦寧有窮乎？

—2. 皇朝經世文編　卷四　學術四　廣論

舒赫德（1710—1777）

字伯容，號明亭，舒穆禄氏，滿洲正白旗人。官至武英殿大學士。謚文襄。

八旗開墾邊地疏乾隆二年

臣聞治天下之道，在乎由親以及疏，由近以及遠，果能使根本綿固，則枝葉自茂。臣愚以爲八旗者，國家之根本也。我皇上深見乎此，體列祖愛養旗人之聖心，有可利濟之處莫不畢舉，兩年於兹，裨益多矣。然以久遠計之，猶未見其可以無慮也。蓋養人之道，在乎因天地自然之利而利之，必使人自爲養，斯可以無不養。如若按人按户，給衣給食，雖一州一縣尚不能遍，况八旗之衆乎？我朝定鼎之初，八旗生計頗稱豐厚者，人口無多，房地充足之故也。今百年以來，甚覺窮迫者，房地減於從前，人口加有什伯，兼以俗尚奢侈，不崇節儉，所由生計日消，習尚日下，而無所底止也。夫旗人之所賴以爲生者，惟有房地，别無他項。若房地不充，雖百計以養之，究不過目前之計，終非久遠之謀。我聖祖仁皇帝愛養旗人，不啻父母之於赤子，休養安全歷數十載，可謂深矣，可謂厚矣。而近年以來尚至如此，此豈可不亟爲計慮乎？惟是京師房屋尚可通融，而地畝則昔時所謂近京五百里者，已半屬於民人。前經臣工條奏，動帑收贖，奉旨徐徐辦理，尚未舉行。臣愚以爲即便舉行，而八旗之人口太多，亦未必盡能有濟。故臣熟思長計，勢不得不變通布置，惟使不聚於一方，庶可並得其利益。苟能收效於日後，何必畏難於目前？

伏思盛京、黑龍江、寧古塔三處，爲我朝興隆之地，土脉沃美，地氣肥厚，聞其閑曠處甚多，概可開墾。雖八旗滿洲不可散在他方，而於此根本之地似不妨遷移居住。且八旗之額兵將及十萬，復有成丁閑散數萬，老穉者不在内，若令分居三處，不惟京城勁旅原無單弱之虞，而根本重地更添强壯之卒，事屬兩便。由是合計京師及三處地畝，均匀攤給，務使家有恒産，人有恒心，然後再教以儉樸，返其初風，則根本綿固，久遠可計矣。但安土重遷，乃情理之固然；而就易避難，實事勢之所有。遷之之道，必先料理於數年之前，俟三處一切之規模既定，然後於八旗之願往者及生計極窮者，一一籌其起身安家等事，明白曉諭，厚加賞賜，俾各欣然就道，不知有遷徙之苦，方可不礙於事理。若料理稍不合宜，致有抑勒，或有遺漏，乃徒生一番擾累，轉傷旗人依戀之心，更復何益之有？是在皇上揀派忠厚明幹之大臣，於臨期悉心料理，庶可使之無弊耳。至於預籌之道，請密飭三處將軍等，令其踏勘所屬地方，其爲可墾之處，應得若干地畝，可住若干兵丁，作何建造城堡房舍，有無禽魚水泉之利，逐一審度，據實具奏。俟准行之後，廣募民人，擇地開墾，其無力者官給牛具籽種，而不遽行陞科，俟地既熟，果有收穫，即動帑建造城堡，以居民人、商賈。該將軍量度情勢，如爲其人可以遷往之時，即奏聞動帑，酌定移住人數，一面改造房屋，分定區宇，然後自京派往。俟到彼時，即將所墾之地按户攤給，或即仍令民人耕種，交租給兵，則旗人不過有一往之勞，而較之在京已得世世之恒産矣。更祈皇上仍照舊例開設公庫，將各省税務歸併旗員，並將旗地典與民者，收贖給還本人。其現存公中收租、每年散給窮人之地，一併分償無地之家。臣請以十年爲期，將前項事件次第舉行，將見滿洲生計日增一日，仍復其初。廉恥之風既振，强幹之氣自生，綱紀益張，根本益固，然後更爲因時制宜，則久遠之謀更在於是矣。

—2. 皇朝經世文編　卷三五　户政一〇　八旗生計

裘日修（1712—1773）

字叔度，號諾皋，江西新建（今屬南昌）人。乾隆四年（1739）進士，官至工部尚書。謚文達。有《裘文達公文集》。

治河策上

河非可治也，亦順其自然導之而已。今之河更無事治也，亦導之使由其應歸之道而已。何者？河合淮非其所欲也，縱下流多開支河以殺其勢，而不使别於淮，終爲淮之害而亦非河之利也。故今日之河，欲其不害淮而永無患，惟在順其自然以導之。而順其自然，惟在使之别淮，尋其應歸之道以東之。其策惟何？亦曰改其流，廣其身，深其臀，不與水争地而已。

所謂改其流者，非别開河也。蓋宿遷西境九龍廟東現有小河，分黄水入中河濟運。北直駱馬湖支流爲十字河，自九龍廟至中河之劉老澗，固黄河别淮由石濩湖東歸之正道也。今將宿遷縣治南河身堵築數丈，建石閘以爲運河，使入九龍廟之河以達中河，則運道之由黄河者不多於清口。河之身，則自九龍廟至中河劉老澗，闢之使與大河等，以達駱馬湖、茆家河下流之六塘河。又將六塘河下流舊石濩湖，分爲南股北股。二河者，開挑爲一，以還湖之舊。其南股河口直五丈河，北股河口近義支河與六里河，即於五丈、義支、六里三河間，開數支流以達於海。其最北者，經蘆伊山北，由黄家嘴歸海。最南者，即歸頭圖口，改挑直下入海，毋使復入湖河。如此，則河永别於淮矣。

或曰："自劉老澗、茆家河至桃源之史家集，又經河頭集、大口門至沭陽低村，是爲歷年議達之港河。又由低村經唐溝、馬廠、湯家澗、穆家橋，以達大漣河歸海，計二百六十餘里，不較近於石濩湖乎？"然港河久堙，僅有故迹，而唐溝以下，地形高於石濩湖，又河身不寬，闢之則兩旁居民應遷者無數，路雖近而費過之，固不如石濩湖之爲勝也。

至所謂廣其身、深其臀者，則無論河流改與未改，均不容已也。廣其身，當視南方大江而稍差之。大江身面窄者或七八里，寬或三四十里。今河身自清河以西，寬不及十里，窄或僅一二里，如徐州城北，且不及一里，固宜其水之泛溢不可制也。今欲闢兩涯而侈之，即應始於河委之石濩湖。夫石濩湖三萬四千五百餘頃，固甚廣也。自爲南北股二河，其中因有民田，又兩畔間有民舍。夫禹導河必棄地，奈何於湖底爲田與舍也。今應將田仍復爲湖，而西自沭陽張將軍廟，東至海州北魏莊等地民舍，并北股河北之龍溝廟，俱應遷之。北股河北，北皂溝之北，隨加挑濬。近北股者，輸其土於北皂溝北，以爲北堤。近南股者，輸其土於南股河南之高家溝、沈家集等處，以爲南堤。如是而湖身廣，即河身廣矣。其下流五丈、義支、六里三河間，所開數支河，即《禹貢》之九河逆河也，合計之應共得五六十里，以達海口，庶河之委，受全河而無迫隘之患。其自石濩湖以西，由宿遷、邳州、銅山至河南鞏縣等處，凡河身窄者皆闢之，俾如十里、八九里之數。如是而河身不大遠於江，三汛不至横溢。所謂廣其身，凡以游之云爾。

深之法，本於大禹濬川之遺制，禹之法不可復知矣。今但用搜沙及土方挑土之法，而已可奏功。近日有爲百龍搜沙之論者，法用龍舟百艘，各於舵後置五尺之版一，竟版以鐵爲逆鱗，版面四隅置镮，以繫鐵索。舵尾二人守之，令高下提放，以搜積沙。其舟近前兩旁安水輪各一，令二人以足轉之。舟行不論上下帆風，推輪使逆鱗觸沙，隨流入海。又於海口搜之，使無阻滯，此其法甚良矣。今更因而潤澤之，其法每艘用狎水兵丁八人，百艘八百人，五艘則一武弁督之。今請於春、夏、秋三時，督令爲雁行者十，每日行舟搜沙，於秋末、三冬及春初水未發之時，即督令照土方法挑淤。又沿河每家歲派三工協挑，悉以其土加厚舊堤。如是歲行之爲常，水行地中，不復增堤，河身可無淺淤之患。此又深其臀以容之之策也。

三策相濟爲用，實萬世無疆之休也。

難者或曰："棄南北股二河之田，如虧國課何？"不知以湖爲田，雖無異漲，亦遭淹没，安從得國課也？且黄淮有故則灾及千餘里，議蠲議賑，不下數百萬。今永除此有名無實之額，以一年賑費給所徙之民有餘，而河患既息，將千餘里禾稼無傷，增穀粟數百萬斛，即可省數百萬之蠲賑，是乃大益國課也。難者又曰："闢河夫役，及百龍搜沙之人與舟，費帑得毋太甚？"夫每年治河夫役，其數繁矣。今但將一二年合用之役，於水涸時并力興工，其役宜敷於用。且既闢之後，不必復闢，所謂一勞永逸者也。至搜沙兵丁工食，不宜從輕。然計每艘給銀三百二十兩，百艘不過三萬二千，并造舟、修舟及河員俸食銀兩，不及十萬，行之既效則每年搶修諸費可省，而沿河冗員可裁。今查江南河庫，供搶修名曰部撥協濟者，約銀四十七萬六千餘兩，供俸薪兵餉名曰外解河銀柴價者，約銀二十二萬六千六百餘兩，二共七十萬二千六百餘兩，皆江南每年常額，河東河庫及興舉大工之費俱在外。今搜沙之費不及十萬，其省帑又何如也？自海口至鞏縣界，河道遼遠，若百舟不足，即倍其數，亦不及二十萬，每年計省常額七八十萬，功費之相懸如此，爲國計民生慮者，其以芻蕘之言爲可采乎？

—2. 皇朝經世文編　卷九七　工政三　河防二

治河策下

河由六塘河趨南北二股河以歸海，信得其道矣。然六塘河受駱馬湖下流，沂水發時，沭陽、安東、海州常被其害。今復合大河，恐爲害彌甚。奈何？曰：如南北二股河還石濩湖之舊，又兼闢河之身而深濬之，則雖沂、沭共歸大河，亦無患矣。必欲與大河别，則由茆家河經河頭集北引入港河，稍遷河旁居民，加挑寬深，一勞永逸，萬世之利也。

曰："此皆主大河由南歸海而言也，必不得已而北，古河故道，必擇其一，將從何道可以暢流并無礙於運乎？"曰："必不得已而思北歸。次策要不可引歸天津。以漳、衛、汶三水合，不容復益以河也。由張秋而東阿、禹城，以至濱州、陽信、蒲臺、利津、海口，此古大清河，即漢千乘故道也。明帝永平年間，德、棣之間河播爲八，王景因之以成功。歷漢唐至後周，八百餘年無河患。今尋其故道而疏之，河流通暢，可慶安瀾矣。但八河多堙，重加疏濬，厥功匪易，較之由六塘河歸海，費帑爲多耳，至欲無礙於運，此尤未易言。運河由南而北，河從西南過張秋而東北，張秋南北建石閘，南旺湖汶水不能如濟水之穿河而北也。然則自張秋至臨清二百餘里，皆當引黄水濟運，每年不無疏濬淺淤之工。臨清南建石閘，不可更令黄水入北，以淤北河。如此庶可無礙於運，而南旺迤南，多分汶水濟運，亦可永無淺涸之虞。蓋南旺至張秋僅百三十餘里，不必汶水之六故也。此策欲其有利無害，尤須河委多分支河。不然，張秋南北舉受大河之害，運道多梗矣，故曰此‘次策’也。”

曰：“河身闢至十里，東西千餘里，費帑不貲，雖捐項恐不足以濟，奈何?”曰：“闢河身，非必通身皆闢也。於南北二岸所開挑之處，各輸其土於四五里外，以爲厚堤。即以兩堤内爲河身，堤内平地較現今河底爲低，可以爲河，則無俟皆闢，而河身已十里、八九里不等矣。嗣後每於水落時，近河家賦三工同水丁八百人，協力開挑，輸其土於堤外，遍植官柳雜木，數年堤高厚如山阜，草木雜根縱横蟠結，雖有異漲不能爲患矣。夫戰國時齊與趙、魏作堤，皆去河二十五里，兩堤内計五十里。今僅十里，何可復狹? 此法無論南歸北歸，皆爲至要。不與水争地，變鞏縣迤東之河爲底，柱迤西、龍門迤北之河，策莫良於此。”

難者曰：“兩堤内河身十里，近河田園廬舍將若之何?”曰：“欲成大功，雖聖人不能姑息以悦人干譽也。法在處之得其宜耳。且近河必非良田，河身既廣，近堤水亦不深，遍植蘆葦，亦不至棄民利也。又富民必無近河居者，貧民所居，尋丈之地，原非己有，令其徙於堤外，不爲過也。”

曰：“堤工穩固，雖不廣河身，亦豈有潰决之患?”曰：“雖有堅厚石堤能保河之不决，不能保河之不溢也，故徒堤不足恃也。”曰：“近河居民歲賦三工開挑，得毋怨役之偏重乎?”曰：“河漲，近河先受其害。果能永無河患，何愛三工也? 至沿河沿堤有居民，亦計地以役之，蓋其地屬官，不令出租，雖役之不怨也。”

—2. 皇朝經世文編　卷九七　工政三　河防二

治淮論

江北之水爲患者，河爲大，淮次之，故既治河，即不可不治淮。雖然，河不治，則淮無由治矣，河既治則淮無事治矣。是故治河即宜治淮，而治淮仍不外於治河，何以言之? 治淮之要亦曰無使河合淮而已矣。蓋河合淮不特沿河之地被其害，即沿淮之民亦無不被合之之害，别淮不特沿河之地享其利，即沿淮之民亦無不享别之之利。竊嘗論黄淮合清口築大墩，其害不可勝言也，而其大者有五焉：

自清口至雲梯關，淮身爲河踞者十去其七，洪澤之南築高堰以防淮之决，其東築大墩，直抵中流，以激淮之怒，遏河之南而使之東。夫黄、淮水勢無常也，三汛漲溢叵測也。設兩水並强，高堰不守，天長、六合等縣居民將化爲魚鼈，其害一。

鳳陽土雖瘠，前古未聞屢災。自清口爲黄流所阻，西起潁、壽，東至泗州、盱眙，田園廬舍頻遭水淹，蠲賑無虚歲，流亡轉徙不可數計，其害二。

大墩之築，藉清刷黄，河漲則疏之歸海，淮漲則不肯令之竟去。故雖遇尋常之漲，沿淮禾稼，亦多損傷，其害三。

陽城之潁，天息之汝，浚儀之睢，扶溝之渦，皆以淮爲尾閭。淮流既壅，則衆水不行，歸德、汝寧、陳、許諸郡邑常爲澤國。前年嘗開挑大洪等河矣，然下無所泄，雖加濬治，末如之何，水失其常，禍及鄰省，其害四。

泗州東逼洪澤，每春月後，城陷水中，官署寄治盱眙。秋冬水落，州民輸納莫肯至。州守於荒城中設櫃督催，且數十年，其害五。

總此五害，遷延歲月，費帑病民，無有底止。得不思變計以爲之所哉。且夫淮水本非有害也，而害且五，則大墩之故也。淮非有需於大墩也，而卒使大墩爲害，則河合淮之故也。河合淮，因東淮敵河，斯大墩不得不築，高堰不得不高，而五害遂不可去。故欲去五害，莫如使淮暢流；欲使淮暢流，莫如使河流從宿遷北而別於淮。故曰治河即宜治淮，治淮仍不外於治河也。

夫治病必先於受病之源，禦寇必於所經之地。今清口河淮所經，固病源也。河淮不分，吾不知五害之何由去也。

—14. 皇朝經世文統編　卷九四　工政五　淮水

温　福（？—1773）

字履綏，費莫氏，滿洲鑲紅旗人。以翻譯舉人補兵部筆帖式，乾隆二十三年（1758）官伊犁將軍。

新疆設學疏乾隆三十四年

竊照烏魯木齊一帶地方，仰賴聖主德威遠播，西域蕩平。自乾隆二十三年駐兵屯田，二十六年招來内地户民前來屯墾，二十九年遷移安西眷兵永遠駐防，迄今已有種地民人四千二百餘户，携眷兵丁三千六百餘户，生齒日漸繁盛。而兵丁子弟内資性聰慧，堪以造就者甚多。

臣等於乾隆三十二年奏請在烏魯木齊、特納格爾、昌吉等三城各設義學一所，選擇師長教讀，兼令學習騎射技藝在案。自設義學以來，兵民俱各踴躍，令子弟入學讀書，而延選教讀之人，亦各盡心訓迪，近日頗有成效。現在讀書文童能文者固多，而兼習騎射之武童，人材弓馬可觀者亦復不乏。

查從前安西裁改廳衛、設立官學案内，經軍機大臣議准，敦煌等三縣各設訓導一員，各建文廟一所，每縣歲科兩試，准其進取文生四名，歲試各進取武生四名在案。今查烏魯木齊即迪化城設有同知一員；所屬之特納格爾即阜康城，設有縣丞一員；昌吉即寧邊城，設有通判一員；所屬之呼圖壁即景化城，設有巡檢一員，亦隸安西道所轄。從前議設同知通判之初，其設學取進文武諸生併應建文廟等事，原應與安西府敦煌等縣一律辦理，因其時未安民户，而眷兵亦未遷徙來屯，是以未經議及，現今兵民增至七八千户，當此人文漸盛之際，似應照安西敦煌等縣畫一辦理。請於迪化、寧邊二廳，每廳照敦煌等縣之例，歲科兩試各取進文生四名，歲試取進武生四名，暫令兩廳管束，俟取進諸生每廳約有百名之後，另行請旨設立訓導。至於廩增各額，敦煌等學係由衛學改設，是以各設二缺，以次幫補。今兩廳係初設之學，應俟生員考滿二十名，然後照西安之例幫補出貢。再查敦煌等縣相距肅州甚近，是以各童赴肅州考棚，聽候學臣考試。今烏魯木齊距肅州往返六千餘里，途路寫遠，諸童赴試，資斧維艱，應請將迪化、寧邊二廳諸童酌仿臺灣之例，由廳道録送臣等衙門考試，秉公取進，將取進童生名次及前列生員試卷咨送陝甘學臣，彙入歲科册卷達部。設遇不能足額，即遵照定例，寧缺毋濫。

如蒙聖恩俞允，每廳各建文廟一所，於本年秋成後，乘兵丁閑暇之時，臣等選擇地基，酌派兵丁，照依修建先農壇之例，量給口糧，興工修建。每歲祭祀銀兩亦照敦煌等縣之例，一體開銷，在於本處備用銀内動支。如此則新疆兵民子弟皆知上進有階，攻讀者益加奮志，騎射者更求嫺熟，於地方似不無裨益也。

—2. 皇朝經世文編　卷五七　禮政四　學校

莊有恭（1713—1767）

字容可，號滋圃，廣東番禺（今屬廣州）人。乾隆四年（1739）進士，授修撰，官至協辦大學士。有《三江水利紀略》。

水利條規十則

一、應濬工段，宜先釘樁牽繩量定也。查此番開浚河道，原期河道深通，暢流無阻。但恐偷減工程，辦理草率，應令地方官將估計應開各段，務必兩岸釘樁，在於老土爲準，牽繩墜下，定至水面若干尺，水面至河底若干尺，應挑土若干深，登記册内。並於兩岸釘立信樁灰印標記，嗣後收工，看明原釘各樁灰印有無更動，再照前法將繩對岸牽平，中間吊繩墜下，除去原空水面尺寸，則挑深若干，顯然易見，而偷減土方之弊可杜矣。

一、募夫，應照業食佃力之意，酌傭應役也。某縣工段若干，需夫若干，核計土方之後，即有定數。地方官必將實徵堂簿吊齊内署，查明通邑田畝頃數，計畝計夫，核有定則，並諭令各業户將圩號各佃姓名據實開呈，按其佃田之多寡，核其應役之夫數，斟酌公平，均匀傭募。定額之後，即將通邑需用人夫數目，按照都圖，明白出示曉諭，庶胥役無苛索折乾之弊，而業佃無偏枯派擾之累矣。所有應設夫頭，即於所傭夫内二十名設一夫頭，散夫責成夫頭管領；夫頭著落圩甲保領，如有誆銀逃逸，均可著落根追。其各夫夜間歇宿之處，或廟或船或廠，均於工所附近設法安置。即於估工時先爲勘定，以免臨時周章。

一、督工，應責成委員以防偷減也。貼坡墊崖、肥腮鼓腹諸弊，有一於此，不惟丈尺短少，水流不暢，而所貼所墊之土，一經雨淋，仍復坍卸河内。然此等諸弊，苟非書役圩保欲圖斂派銀錢，串通夫頭，主持賣工，互相包容，愚民亦斷不敢爲此。是惟在督工之員清潔自好，明白勸諭，悉心查察。如有前弊，查確，知會地方官，將該犯等分别枷號工所，候通工完日，從重發落。設委員不能禁除，經上司查出，或於收工之日，丈尺未足，驗有貼坡等弊，除將該委員輕則記過，重則參革外，仍拿原辦人夫著辦，並將原辦書役等照前議枷號發落。若委員布置得宜，俾書差等不敢舞弊，照依估定丈尺如式完竣者，隨時先請記功，以示鼓勵。

一、散給夫銀，應責成地方官並須明白曉諭，以免扣短也。某縣工段若干，應領帑若干，行知該地方官赴司領回，即傳集董事夫頭，當堂親自分發，不得假手書役。仍須將逐段估定土方，自某處起至某處止，長若干丈尺，共估土方若干，每方工銀若干，共估土方銀若干，車水銀若干，打壩銀若干，每銀一兩折錢若干，明白曉諭，俾使董事人夫共知應領之數。其董事夫頭有無扣尅，仍不時親問各夫，如有扣短，立即究追枷示。該董事如果實力辦理，依限早竣，地方官給匾嘉獎，以勵勤勞。

一、河水戽乾，宜先開水線收束積水，以便挑竣查驗也。查河底積水戽乾，即於河心正中，挑水溝一道，工頭直達工尾，寬三尺，深三尺。若河底再挑深一尺，即將水溝亦加挑一尺。蓋此水溝一道，既可以驗河底平與不平之繩尺，即或天雨及河内滲水，皆有歸積。一處車戽，通工即乾，無礙兩岸挑挖。工竣之後，仍須將水溝查驗，如有淤滯不流之處，即可知減挑尺寸，隨令補挑，務令線道流通，方可決壩。

一、挑河人夫，應按段分工，以專責成，以分勤惰也。人夫衆多，勤惰攙雜，若不分定小段，難以按名考核，濫竽多而勤者亦惰矣。應於每段之内，將前議二十名設一夫頭，劃爲一小段，用小號橛簽釘段首，上寫夫頭某人領夫二十名，每名分土方若干，長闊深幾丈幾尺，限幾日完工，先完者先歸字樣。另每夫五十名，僉一圩長，專司督領，則人有專責，勤惰易明。此段人夫，斷不肯爲彼段挑土，而委員查工點夫，只須於河邊往來，查看夫頭某人段内，現在挑土者幾人，擡土幾人，一目了然，不必停工而後點夫。即圩甲雇夫數目，按段核計，亦難偷減也。

一、挑起之土，應堆貯新岸十丈之外，以防淤積也。查挑夫貯土，樂近憚遠；即工員亦但期副限，利於貯土近便，則往來較速。不知貯土近便，則雨水淋瀉，人畜踐踏，不久仍滚落河中，漸歸淤積，而原挑丈尺之工半廢矣。且向因田與岸平，致田主年年培築，田邊占出河面。今應除挑寬河面之外，再留十丈，將挑起之土，堆貯於此十丈之外，先畫雙條灰線，貯土於灰線之中，務要縷齊，一帶如堤，不得任聽亂傾，高低凹凸。應責成工員，勤爲照看指示，令其如式傾貯。如離河太近及不如式，責令該工員另辦。所有堆土之堤及堤外之路，如原係侵占者勿論，有糧者查明豁除，其堤應永留，不許剷除，務使堤高於田。將來腳割，只許幫堤使高，不許棄於堤外，則積土既免滚落河中，且可以杜侵占，亦可以防水患，於低田尤宜。一舉而數善皆備，勿視爲煩苛細故也。

一、築壩應看水勢緩急，辦理合法，庶堅固以保鉅工也。溜水之河，壩基易走，應照埽工之法，兩岸層層幫埽，以次壓土，漸漸夾至河心，旋備大埽合龍。其水勢平緩之河，當於攔河用椿，兩行密釘。如壩脚闊一丈五尺或一丈，則頂收窄一丈或六七尺。排椿釘斷河身，用大長木横攔，緊扎篾纜，再以蘆席貼椿，中間築土成壩，必期堅固，不漏水眼，則無坍卸之虞矣。

一、工竣驗明開壩，應先安置挑壩餘地也。查分段開河，工竣之日，必需通工驗明，處處合式，方準開壩放水。在水面壩上之乾土，自不難挑起上岸。惟在水内之壩土，雖用力撈挖，勢難盡净，應仿照前人遺法，於壩内靠脚開挖深潭，如壩土高闊一丈，須於靠壩挖深二丈，使壩内不能挑挖齊平之土，經水一冲，歸入深潭，可與河底相平，不致高低有礙行舟，而水道亦得暢流無阻矣。

一、估計造册，應檄委專員協同地方官核實辦理也。各河港應開寬深之處，固已勘定，其寬深丈尺，亦經委員牽量册報。但土方確數，必須委員協同地方官覆勘，核實確估。且其中不無因地就勢，酌量通變之處，應先委諳練佐貳四員，赴各縣協同覆加勘丈，核實估計土方銀兩確數，連銜造册通報，庶工歸實用，帑不虚糜。

—2. 皇朝經世文編　卷一〇六　工政一二　水利通論

盧文弨（1717—1795）

字紹弓，浙江餘姚（今屬寧波）人。乾隆十七年（1752）進士，歷官翰林院侍讀學士、湖南學政。有《抱經堂叢書》《抱經堂文集》。

論母在爲妻杖否書

承詢母在爲妻制服，俗間有杖者，有不杖者，并有因生母在不製杖者，其是非安在？文弨案古今禮文，夫爲妻未有不杖者也。父在不杖者，唯嫡長子而已。《儀禮·喪服》疏："衰裳齊，牡麻絰，冠布纓，削杖，布帶疏屨。""期者"條下，其一曰妻，《傳》曰："爲妻，何以期也？妻，至親也。"又"不杖麻屨者"條下曰："大夫之適子爲妻。"《傳》云："父在則爲妻不杖。"《疏》云："父爲適子之婦，爲喪主，故適子不敢伸而杖也。"《禮記·喪服小記》曰："父在庶子爲妻，以杖即位可也。"《正義》云："舅不主庶婦，所以庶子得杖。"以此觀之，古禮衆子爲妻，雖父在亦杖矣。乃《禮記·雜記》曰："爲妻，父母在，不杖不稽顙。"《正義》云：此謂"適子爲妻"也。父没母在，爲妻雖得杖，而不得稽顙。范宣子云：在有二義，一是生時，二是在側，謂在母之側，爲妻不杖。此説雖亦有疑之者，然竊以"父在庶子爲妻杖"之文推之，豈有父没母在，而爲嫡子者已無避喪主之嫌，爲衆子者又本皆有得杖之理，乃於此反群然去杖者乎？又考之《通典》，其載古今喪服之制，爲妻一條，在齊線杖周下，而不杖周則無文，其《開元禮》亦同。又考之司馬温公《書儀》以至《明史·禮志》，亦無不盡同，並不著父母在否之異，則自當以《儀禮》所言爲斷。然如古者七十則老而傳，傳者，傳重也，則於父母之喪尚或不盡如禮，唯衰麻在身而已，而謂其尚主適子之婦之喪乎？竊意此時父雖在，不爲喪主，適子亦自可以杖即位，此則古人所未言及，竊以意度之，而謂其必如此也。蓋婦人天夫，故移父之斬於其夫，夫之於妻，義亦不可薄，上以承宗廟，下以綿嗣續，故以爲母之服服之不爲過厚，豈與夫旁期者可相爲比例哉？雖然，上所陳者，正禮也，而事或不可通於今。如世俗父喪稱孤子，母喪稱哀子，繼母在，則不敢遽稱哀子，以訃告於人，而必標明其上云奉繼母命稱哀，否則繼母之黨，必有起而成釁者。此亦豈古來如此分别乎？然而不可違也。今父没母在，或生母在，如妻死訃於人，而書"杖期夫"，吾知必有挾其短長，而責其忘母，爲不孝者，則莫若遵乎杖之實，將至母側則去之，而訃詞則不書"杖"字，此既不背古，又不違今，則庶乎兩得之道也。禮應杖者，亦有去杖之时，如父之丧以杖即位者，適子爲後者也，庶子則不以杖即位，則與喪妻而至母側去杖事正相同，況有范氏之説可據乎？

—2. 皇朝經世文編 卷六五 禮政一二 服制下

與從子掌絲書

所疏不知出處及疑義若干條，具答在别紙，此士安所謂"遭人而問，少有寧日"者也。掌絲之虚懷而勤力也至矣。雖然吾竊以爲更有進焉者，蓋人之爲言，皆曰學問。

將學焉而繼之以問邪，抑問焉而即以是爲學也，夫寡聞寡見之蘄至於多聞多見也。有道焉，得其道則耳目可以不勞，思慮不至龐雜，而其爲功也易。近世類書頗多，又諸文集亦多有注釋、箋解，然則讀書之易，宜莫如今日。然吾以爲殫見洽聞之助，不在是也。蓋已經翦截割裂於事之始末，語之原委必有不能通貫曉析者矣。今以掌絲之資性日力計之，吾不必誅以高遠難行之事，六經之外，如《爾雅》、《説文》、《史記》、《漢書》皆所當讀也。然後博覽群書，其不解者鮮矣。此言初聽若迂，然吾爲掌絲細審之事，無有捷於此者，且不必遽爲程限。但日日讀之，一卷畢，則此一卷之事與言見於他書者，自一覽而得也，推而數卷至數十卷莫不然。初可以省問之一二，繼可以省問之五六，又繼可以省問之八九矣。苟若是，則其用安有窮哉？然此猶爲記誦言之也，若夫以之明理，以之處事，則所得者益不可以數計，此事逸而功倍之道也。不然，則掌絲數月以來，所不知者，豈盡於此乎？吾所縷析以答者，能一一記之，後不復問乎？同一事也。而出於人之所援引者又各不同，其能明乎此而即無惑於彼乎？吾是以深嘉掌絲之好問，而尤願掌絲之好學也。掌絲果從事於吾言，則其於問也，亦必有更進於此者矣。

姜宸英與子姪論讀書曰：讀書不須務多，但嚴立課程，勿使作輟，則日纍月積，所蓄自富，且可不致遺忘；歐陽公言：《孝經》《論語》《孟子》《易》《尚書》《詩》《禮》《周禮》《春秋》《左傳》，準以中人之資，日讀三百字，不過四年半可畢；稍鈍者，減中人之半，亦九年可畢。今計九年可畢，則日讀百五十字；東方朔上書自稱：年十二學書，三冬文史足用；十五學擊劍；十六學詩書，誦二十二萬言；十九學孫吴兵法，戰陳之具，鉦鼓之教，亦誦二十二萬言。凡臣朔固已誦四十四萬言。此時朔年正二十二，自十六學詩書，至十八而畢，又自十九學兵法，至二十一而畢，皆作三年課程。三年誦二十二萬言，每年正得七萬三千三百餘言，以一年三百六十日成數算之，則一日所誦纔得二百零三言耳，蓋中人稍下之課也。夏侯氏《東方先生像贊》：經目而誦於口，過耳而諳於心，其敏給如此。今其所自誇大，不過中人稍下之課。可見古人讀書不苟，非獨恐其務多易忘。大抵古人讀一書，必思得此一書之用。至於於終身守之不失，如此雖欲多不得也。

—2. 皇朝經世文編　卷五　學術五　文學

程晉芳（1718—1784）

字魚門，號蕺園，安徽歙縣（今屬黄山）人。乾隆三十六年（1771）進士，官吏部主事。有《勉行堂集》。

正學論二

有儒者，有學人。儒者讀書不過多而皆得其精，以内治其心，外治其事；學人旁搜博覽，靡所不通，而以經史爲歸，期適用而已。儒者、學人合而爲一，則爲大儒，世不多覯也。國朝以來，有三儒焉，曰：湯文正斌、陸清獻隴其、楊文定名時。清獻之立朝治人，可以無憾。所微惜者，攻陸、王太過，猶墜講學習氣也。若潛庵、賓實，則昭昭乎與日月並行，玉粹金堅，吾無間然矣。而或者猶恨二公著述不多，無以輔翼經傳。夫顔淵、仲弓之賢，固嘗有著述耶？必經傳輔翼而後稱賢，則匡衡、馬融爲賢於龔舍、王烈耶？

三大儒之外有三學焉，曰：處士顧亭林炎武、黄黎［梨］洲宗羲、大學士李安溪光地。安溪之學最醇，仕太平之時，事仁聖之主，其所施行，皆有用無弊。而人不以大儒歸之者，以其心術之微多作用也。亭林、黎［梨］洲博極群書，其於古今治亂、興廢得失之數，皆融貫於胸中，因筆之於書，以爲世世法。然亭林生於明末，目擊寬弛之弊，思以嚴厲矯之，説近申、韓，幾不自覺。使其術行，必有磽确不安處，幸而不試。故人寶其言，而要之不可盡廢，在審所用之而已。黎［梨］洲於出處進退大端，言之可謂確矣。而其主意以爲不封建、不井田，則世不可以治。此則迂生習見，不宜出於學人之口，烏有經天緯地之才而不能達權通變者乎？

前乎三人者，有程雲莊焉，金正希、蔡維立之師也。當時如念臺、石齋輩皆尊服之，謂是三代以下第一人。鼎革之後，逃於禪。今其書具在，其高明廣大之識，信乎爲曠世材。而舉拂清言，詆譏二氏，究適依其門户、宗事儒者，亦已戾其大端。賢哲不世出，間一見焉。而其歸也，不必由川以達海，豈不重可惜乎！今之學者，不必求爲過高之行，亦無煩多讀未見之書，惟是行己有恥，自盟幽獨之中，孝弟慈惠以自將，希賢希聖，不躐等而進，則亦庶乎其可矣。

—2. 皇朝經世文編　卷二　學術二　儒行

正學論三

夫古人爲學，皆以自治其身心，而以應天下國家之事，故處則爲大儒，出則爲大臣，未有剖事與心爲二，剖學與行爲二者也。由漢及唐，孔孟之真傳不顯，而其學行默與古合者，亦代不乏人。及宋賢出，而修己治人之法，程功進序之方，燦然大明，毫釐不爽。程朱諸儒，亦既小試之而事無不治。自是而降，守其教者四百年，志節功行，先後相望。雖其末流，亦往往有迂拘濡緩之弊，則學而不及者之過，非前人立教者之過也。我朝顔習齋目擊闖賊之亂，求其故而不得，乃歸咎于講學，以爲學者但當從事日用，不得高言性命。其門人李剛主，力闡其傳，别註《四子書》，自謂直接孔孟。望溪方氏爲剛主作誌銘，已詳論其弊矣。近代一二儒家，又以爲程朱之學即禪學也。人之爲人，情而已矣；聖人之教人也，順乎情而已。宋儒尊性而卑情，即二氏之術，其理愈高，其論愈嚴，而其不近人情愈甚。雖日攻二氏，而實則身陷其中而不覺。

嗟乎！爲斯説者徒以便己之私，而不知其大禍仁義又在釋老、楊墨上矣。所謂情者何也？使喜怒哀樂發皆中節，則依然情之本乎性者也。如吾情有不得已者，順之勿抑之，則嗜欲横決，非始於情之不得已乎？匡、張、孔、馬迫於時勢而詭隨，馬融、蔡邕迫於威力而喪節，亦可以不得已諒之乎。今士大夫一語及講學，則譁然應之曰：人第以躬行爲尚耳，奚講之有？其言誠是。及退而察其所行，則無一事可質之人者。此又何説耶？嗟乎！魏晋之際，禮法蕩然，而士夫猶有持清議、維名教者。孰是振靡起衰，一反流俗之謬，而還之醇樸乎？

—2. 皇朝經世文編　卷二　學術二　儒行

王太岳（1722—1785）

字基平，號芥子，直隸定興（今屬河北）人。乾隆七年（1742）進士，改庶吉士，授檢討，官至雲南布政使。有《清虚山房集》。

銅政議上

竊見滇南地處荒裔，言政者必以銅政爲先。然自官置廠以來，未六十年而官民交病，進退兩窮，或比之救荒無奇策，何也？蓋今日銅政之難，其在采辦者四，而在輸運者一。

一曰官給之價難再議加也。乾隆十九年，前巡撫愛必達，以湯丹銅價實少八錢有奇奏，蒙恩許半給，則加四錢二分三釐六毫。越二年，前巡撫郭一裕請以東川鑄息充補銅本，則又加四錢二分三釐六毫。越六年，前總督吴達善通籌各局加鑄，再請增給銅價，則又奉特旨，加銀四錢。又越六年，前巡撫鄂寧遵旨陳請，則又暫加六錢，越三年始停暫加之價。於是湯丹、大水、碌碌、茂麓等廠，遂以六兩四錢爲定價，而青龍山等二十餘小廠，舊時定價三兩八九錢、四兩一二錢者，亦於乾隆二十四年前巡撫劉藻奏奉諭旨，既照湯丹舊例，每銅百斤，定以五兩一錢五分有奇收買，即金釵最劣之銅，亦以四兩之舊價，加銀六錢。朝廷之德意至爲厚矣，然行之數年，輒以困敝告，豈盡人情之無厭哉？限於舊定之價過少，雖纍加而莫能償也。夫粤、蜀與滇比鄰，而四川之銅，以九兩、十兩買百觔，廣西以十三兩買百觔，何以雲南獨有節縮乎？江陰楊文定公名時撫滇，奏陳銅廠利弊疏云各廠工本多寡不一，牽配合計，每百觔價銀九兩二錢，其後凡有計息議賠，莫不以此爲常。率至買銅，則定以四兩以至六兩，然且課銅出其中，養廉公費出其中，轉運耗損出其中，捐輸金江修費出其中，即其所謂六兩者，實得五兩一錢有奇，非惟較蜀、粤之價幾減其半，即按之雲南本價，亦特十六七耳，皆由舊定之價過少也。然在當時莫有異辭，而今乃病其少者，何也？舊時滇銅聽人取攜，自康熙四十四年始請官爲經理，歲有常課，既而官給工本，逋欠稍多，則又收銅歸本官自售。至雍正之初，始議開鼓鑄，運京局以疏銷積銅。其實歲收之銅，不過八九十萬，又後數年，亦不過二三百萬，比於今日十纔二三，是名爲歸官，而廠民之私以爲利者猶且八九，官價之多寡固不較也。自後講求益詳，綜核益密，向之隱盗者至是而釐剔畢盡，於是廠民無復纖毫之贏溢，而官價之不足，始無所以取償，是其所以病也。兹硐路已深，近山林木已盡，夫工炭價，一皆數倍於前，而又益以課長之掊剋，地保之科派，官役之往來供億，於是向之所謂本息課運、役食雜用以及廠次路耗並計其中，而後又有九兩二錢之實值者。今則專計工本而已幾於此，廠民實受價六兩四錢之外，尚須貼費一兩八九錢而後足。問所從出，不過移後補前，支左而右絀，他日之累有不可勝言者矣。夫銅價之不足，廠民之困憊至於如此，然而未有以加價請者，何也？誠知度支之籍制有經，非可以發棠之請數相嘗試也，且雖加以四錢六錢之價，而積困猶未遽蘇也。故曰：官給之價難議加也。采辦之難，此其一也。

一曰取用之數不能議減也。蓋滇銅之供運京外者，亦嘗一二議減矣。乾隆三十二年，雲南巡撫鄂寧，以各廠采銅纔得五百餘萬，不能復供諸路之買，咨請自爲區畫，准户部議，留是年加運之京銅及明年頭綱銅，以及諸路買鑄，於是雲南減運二百六十餘萬觔。後三年，雲貴總督明德又以去年獲銅雖幾千萬，然自運供京局及留滇鼓鑄外，僅餘銅一百三十萬觔，以償連年積逋九百二十餘萬猶且不足，難復遍應八路之求，因請概停各路采買，准户部議奏，許緩補解京銅，酌停江南、江西兩道采買，於是雲南減買五十餘萬觔。後半年，前巡撫明德又以各路委官在滇候領銅四百一十餘萬，以去年滇銅所餘一百餘萬計之，四年乃可足給。此四年之中，非特截留及缺交京銅不能補運，而各省歲買滇銅二百餘萬，積之數載，將有八九百萬，愈難爲計，因請裁減雲南鑄錢，及各路買銅之數，准户部議奏，許停雲南之臨安、大理、順寧、廣西府並東川新設各局鑄錢，又暫減陜西、廣西、貴州、湖北買銅六十三萬觔，於是雲南得減辦二百餘萬觔。通計前後緩減五百餘萬，廠民之氣力乃稍舒矣。夫滇銅之始歸官買也，歲供本路鑄錢九萬餘千，及運湖廣、江西錢四萬串，計纔需用一百一萬觔耳。至雍正五年，滇廠獲銅三百數十萬觔，始議發運鎮江、漢口各一百餘萬，聽江南、湖南、湖北受買。至雍正十年，發運廣西錢六萬二千餘串，亦僅需銅四十餘萬。其明年，欽奉世宗憲皇帝諭旨，議於廣西府設局開鑄，歲運京錢三十四萬四千六十二串，計亦止需銅一百六十六萬三千餘觔。乾隆二年，總督尹文端公繼善又以浙江承買洋銅，逋欠滋積，京局歲需洋銅、滇銅率四百萬觔，請敕江浙赴滇買銅二百萬觔。雲南依準部文，解運京錢之外，仍解京錢三十餘萬，以足二百萬之數。而直隸總督李衛又以他處遠買滇銅轉解，孰與雲南徑運京局，由是各省供京之正銅及加耗悉歸雲南辦解，然尚止於四百四十萬也。未幾而議以停運京錢之正耗銅，改爲加運京銅一百八十九萬餘觔矣。又未幾而福建采買二十餘萬觔矣，湖北采買五十餘萬觔矣，浙江采買二十餘萬觔矣，貴州采買四十八萬餘觔矣。既而廣西以鹽易銅十六萬餘觔矣。既而陜西罷買川銅，改買滇銅三十五萬，尋又增爲四十萬觔矣。於是雲南歲需備銅九百餘萬，而後足供京外之取，而滇局鼓鑄尚不與焉。夫天地之産，常須留有餘以待滋息，獨滇銅率以一年之入，給一年之用，比於竭流而漁，鮮能繼矣。又况一年之用，幾溢於一年之入，凶年取盈之術也，皆由取給之數過多也。嘗稽滇銅之産，其初之一二百萬觔者不論矣。自乾隆四、五年以來，大抵歲産六七百萬耳，多者八九百萬耳，其最多者千有餘萬，至於一千二三百萬止矣。今乾隆三十八年、三十九年，皆以一千二百數十萬告，此滇銅極盛之時，未嘗減於他日耳。然而不能給者，惟取之者多也。嚮時江、安、閩、浙買滇銅以代洋銅，議者以滇銅衰盛靡常，當多爲之備，仍責江、浙官收商買洋銅，以冀充裕。及請滇銅徑運京師，以其餘溢留湖廣開鑄，而商辦洋銅則聽江、浙收買鑄錢。議者又以滇銅雖有餘，尚須籌備以供京局，若遽留楚供鑄，設令將來京銅有缺，所關不細。又議浙江收買洋銅亦須存貯，滇銅或缺，仍可運京接濟。即近歲截留京銅，部議亦以滇銅實有缺乏情形，當即通籌酌劑。是皆以三十年之通制國用，爲天下計，非獨爲滇計也。至於今日，而京師之運額既無可缺，而自江南、江西以外，尚有浙、閩、黔、粤、秦、楚諸路開鑄，紛綸並舉，一則曰此民之用也，饟錢也，不可少也；再則曰鑪且停矣，待鑄棘矣，不可遲也，而滇之銅政騷然矣。夫以雲南之産，不能留供雲南之用，而裁鑄錢以畀諸路，諸路之用銅者均被其利，而産銅之雲南獨受其害，其産愈多，則求之益衆而責之益急，然則雲南之銅何時足乎？故曰：取用之數不能議減也。供辦之難，此其二也。

一曰大廠之逋累，積重莫蘇也。謹按楊文定公奏陳銅政利弊疏云，運户多出夷倮，或山行野宿，中道被竊，或馬牛病斃，棄銅而走，或奸民盜買，無可追償。又硐民皆五方無業之人，領本到手，往往私費，無力開采，亦有開硐無成，虛費工本，更或采銅既有，而偷賣私銷，貧乏逃亡，懸項纍纍，名曰廠欠。由此觀之，自有官廠，即有廠欠，非一日矣。然其時凡有無追之廠欠，並得乞恩貸免，故歲歲采銅數倍於前，而廠民之逋欠亦復數倍，司廠之員懼遭苛譴，少其數以報上官，而每至數年輒有巨萬之積欠，則有不可以豁除請者矣。上官以其實欠而莫能豁也，於是委曲、遷就以姑補其闕。乾隆二十三年，奏請預備湯丹等廠工本銀十二萬五千兩，所以償廠欠也；三十三年，逮治綜理銅政及司廠之員，著賠銀七萬五千餘兩，所以釐廠欠也；三十七年，除豁免之令，而於發價時每以百兩收銀一兩，大約歲發七十萬兩，可收七千餘兩，藉而貯之，以備逃亡，亦所以減廠欠也。至於開采之遠，工費之多，官本之不足，則莫有爲之計者，故不數年，而廠欠又復如舊。三十七年冬，鈎考廠庫，以稽廠欠，前後廠官賠補數萬觔外，仍有民欠十三萬餘兩，重蒙皇恩，特下指揮，俾籌利便，然後廠銅得以十一通商，而以鑄息代之償欠，今之東川局加鑄是也。然加鑄之息悉以償廠欠，通商之銅又以輸局供鑄，至於未足之工本，依然無措也。是以舊逋方去，新欠已來，兩年間又不可訾算矣。自頃定議，每以歲終責取無欠結狀，由所隸上司加之保結，由是連歲無廠欠之名。然工本之不足，廠民不能徒手枵腹而致采也，則爲之量借油米爐炭以資工作，而責其輸銅於官，以此羈縻廠民，曰爾第力采我能爾濟，廠民亦以此餌其上，曰官幸活我，我且力采以贖前負，上下相蒙，不過覬倖於萬有一遇之堂礦。是雖諱避廠欠，而積其欠借不歸之油米爐炭，亦復不下巨萬之值。要之，皆出公帑也，蚩蚩之氓，何知大義？彼其所以俯首受役、敝形體而不辭者，孳孳爲利耳！至於利之莫圖，而官帑之逋負，且日迫其後，而廠民始無望矣。夫廠以出銅，民以廠爲業，民無所望，廠何有焉？區區三五官吏之請求，其於銅政庸有濟乎？故曰大廠之逋累，積重莫蘇也。采辦之難，此其三也。

一曰小廠之收買，渙散莫紀也。雲南礦廠，其舊且大者，湯丹、碌碌、大水、茂麓爲最，而寧臺、金釵、義都次之；新廠之大者，獅子山、大功爲最，而發古山、九度、萬象諸廠次之；至如青龍山、日見汛、鳳凰坡、紅日巖、大風嶺諸廠，並處僻遠，礦硐深窅，常在叢山亂箐之間；而如大屯、白凹人、老箐竹、金沙、小巖，又皆界連黔、蜀，徑路雜出，奸頑無籍，貪利細民，往往潛伏其間，盗采盗鑄，選踞高岡深林，預爲走路，一遇地方兵役縱迹勾捕，則紛然駭散，莫可尋追。其在廠地采礦，又皆游惰窮民，苟圖謀食，既無貲力深開遠入，僅就山膚尋苗，而取礦經采之處，比之雞窩，采獲之礦，謂之草皮菜硫，是雖名爲采銅，實皆僥倖嘗試，一引既斷，又覓他引，一處不獲，又易他處，往來紛藉，莫知定方。是故一廠之所而采者動有數十，區地之相去，近者數里，遠者一二十里或數十里，雖官吏之善察者，固有不能周盡矣。加以此曹不領官本，無所統一，其自爲計也，本出無聊，既非恒業，何所顧惜？有則取之，無則去之，便於就則取之，不便於就則去之，如是而繩以官法，課以常科，則有散而走耳。何能縻乎？官廠者見其然也，故常莫可誰何，而惟一二客長、錫頭是倚。廠民得礦，皆由客長平其多寡而輸之，錫頭爐房，因其礦質，幾鍛幾揭而成銅焉。每以一爐之銅納官二三十觔，酬客長、錫頭幾觔，餘則聽其懷携，遠賈他方，核其實數，曾不及湯丹廠之百一。夫以滇南礦廠之多，諸路取求之廣，而惟二三大廠是資，其餘小廠環布森列以幾十數，而合計幾十廠之銅，比之二三大廠不能半焉，則大廠安得不困？

故曰：小廠之收買，涣散莫紀也。采辦之難，此其四也。

若夫轉運之難，又可略言矣。夫滇僻壤也，著籍之户纔四十萬，其畜馬牛者十一二耳。此四十萬户，分隸八十七郡邑，其在通途，而爲轉運所必由者十二三耳。由此言之，滇之馬牛不過六七萬，而運銅之馬牛不過二三萬，蓋其大較矣。滇既有歲運京銅六百三十萬，又益諸路之采買與滇之鼓鑄，歲運銅千二百萬。計馬牛之所任，牛可載八十觔，馬力倍之，一千餘萬之銅，蓋非十萬匹頭不辦矣。然民間馬牛止供田作，不能多畜以待應官，歲一受雇，可運銅三四百萬，其餘八九百萬觔者，尚須馬牛七八萬，而滇固已窮矣。乾隆三年，廷議廣西府局發運京錢，陸用牛一萬四千頭，馬九千匹，水用船三千隻，念其雇集不易，恐更擾民，輒許停鑄。是年，雲南奏言，滇銅運京，事在經始，江安閩浙之二百萬，未能一時發運。准户部議，運京許寬至明年，而江浙諸路之銅且需後命。凡以規時審勢，不欲强以所必不能也。又前件議云，户部有現銅三百萬，工部稍不足，可且借撥。又乾隆三十五年議云，户工兩局庫，有現銅四百五十萬，雲南尚有兩年運銅，計可銜接抵局者仍八百餘萬。自後滇之發運，源源無絶，以供京局鑄錢，有盈無絀，其截發掛欠銅三百五十餘萬，均可著緩補解。此其爲滇之官民計者，持論何恕，而其爲國用計者，論事又何詳也。今則不然，户局有銅二百五十萬，合工部之銅三四百萬，滇銅之發運在道，歲内均可繼至者千有餘萬，其視往時略無所減，而議者且切切焉有不繼之憂，於是雲南歲又加運舊欠銅八十萬觔，通前爲七百一十餘萬，而滇益困矣。且夫轉運之法，著令固已甚詳矣。初時京銅改由滇運，起運之日必咨經過地方，並令防衛催稽，守風守水守凍。又令所在官司核實轉報咨部，其後以運官或有買貨重載，淹留遲運，兼責沿途官弁驅促遄行，徇隱有罰。其後又以納銅不如本數，議請申用雍正二年采辦洋銅之例，運不依限者褫職戴罪管運；委解之上官並奪其官，領職如故；其有盜賣諸弊，本官按治如律，並責上官分賠。又改定運限，自永寧至通州限以九月；其在漢口、儀徵换簍换船，限以六十日；自守凍外，守風阻水之限不復計除。運銅入境，並由所在官弁依期申報奏聞，而滇、蜀亦復會商，以永寧、瀘州搬銅打包，限五十五日，其由永寧抵合江，由重慶府抵江津，並聽所在鎮道稽查，委官催督，或有無故逗遛，地方官弁匿不實報者，並予糾劾。其後以銅船停泊，阻塞挽漕。又議緣江道路委游擊、都司押運，自儀徵以下並聽巡漕御史催趕，運官雖欲飾詐遷延，固不得矣。又積疲之後，户部方日月考課，於是巡撫與布政使躬歷諸廠，以求采運之宜，而責巡道周環按視，以課轉運之勤怠，而察其停寄盜匿，其自守丞以下，州縣之長與簿尉巡檢之官，往來相屬，符檄交馳，弁役四出，所在官吏日惴惴焉救過之不暇，而厨傳騷然矣。嘗考乾隆二年，滇有餘銅三百七十四萬，故能籌洋銅之停買；十七年，有積銅一千八九百餘萬，故能給諸路之取求；二十四年以後，有大興、大銅二廠，驟增銅四百餘萬，故能貼運京錢，歲無缺滯。此如水利，其積不厚而日疏抉之，則涸可立待，勢固然也。今司運之官懼罹罪責，既皆增價雇募，然猶不免以人易畜，官司責之吏役，吏役責之鄉保、里民，每纛數日之糧以應一日之役，中間科索抑派，重爲民擾；喜事之吏，驅率老幼，横施鞭打，瘁民生而虧政體，非小故也。故曰轉運之難，此其五也。

涇渠志論

謹按秦鄭國、漢白公、宋豐利，及元之御史新渠、明之廣惠與今龍洞渠，《涇陽新舊志》皆云"名殊而實一"，其説非也。鄭渠東北行，合冶谷、清谷、濁谷及薄臺、石川諸水，經富平、蒲城以達同州朝邑。《史記》所謂"並北山東注洛"，而徐廣謂"出馮翊懷德縣"者是。白渠東南行，循涇水，經高陵、臨潼，以注於渭，故《漢書》云"尾入櫟陽"是。此兩渠所經，本不同矣。鄭渠在唐時僅有故道可考，而宋代遂云不可復，今更無（遣）［遺］迹矣。白渠雖至今不廢，然自宋熙寧、大觀間鑿中山，引涇水，東南與小鄭渠會，下流二十餘里，乃與白渠合，則是古今所通號爲白渠者，乃在三限口以下，而其引水出中山口者，了非當時故迹，則白渠亦廢久矣。宋渠北移白渠口上五十餘步，元渠又移上豐利渠北二百餘步，明渠又上御史渠北里餘，皆承前代廢迹而更張焉，非因之也。今之龍洞，雖仍廣惠之舊，然昔本引涇入渠，今乃即山瀹泉，昔以引涇爲利，今更拒涇使不爲害。制置既别，功用亦殊，安可混而同之。世之論者，不惟其是非利病是辨，而欲驅今就古以相傅會，太史公所謂無異以耳食者也。

若夫穿渠之勞，可數而知矣。鄭、白之工，史不詳其本末。然韓本謀罷秦，秦覺而至欲殺鄭國，則是果足以罷之也。《史記·平準書》、《漢書·食貨志》皆言番係穿汾河渠，鄭當時鑿漕直渠，朔方亦作溉渠，作者各數萬人，歷二三期而功不就，費亦各以鉅萬數。白渠之工，詎下於此？宋之渠，以工大而罷者數矣。中間嘗調發丁男萬三千人，屬孫冕督治，而不紀其成。其後豐利渠厪而成之，而工作已更三歲。

元之御史渠，火焚水淬，鑿石尺，直至金二兩有半，積工十四萬九千五百，然且三十餘年而功未成。明之廣惠渠，五縣民更番供役，成之以十七年之久，而鑿不甚闊，泥沙壅塞，雖成無用。是何用力多而成功少也！又况召匠貼役，繫椿起堰，下至梢椿笆棧麻鐵苫索，一切出之於民，民益蕭然煩費矣。宋疑曰："造水堰，凡用梢椿萬一千三百餘，歲出於緣渠之民，夏潦堰壞，秋復率民葺之，數斂重困，無有止息。"《元史》曰："奉元亢旱，五載失稔，人皆相食，流移疫死者十七八。今差夫又令就出用物，實不能辦集。"《涇陽舊志》曰："五縣民八月治堰，九月畢工。截石伐木，掘泥挽土，入水置囤，下臨不測。十月引水以達，來歲入秋始罷。已復作役，寒暑晝夜不得少休。加以官府程督，條約禁限，瑣屑尤甚。近年水脉艱澀，沾潤益寡。民或上訴，願弛其利，以免劬瘁。有司以故事恒規，不敢輒許。"《後志》曰："自谷口入山，峭壁高巖，陰飆慘栗，絶少人居，宿頓無所。每夫分領一工，身入洞底，掇石爬泥，常須兩三人在上，爲之引絙轉送。數人而食一工之食，豈能宿飽！五縣相去或數十里，或百餘里，往返奔命，勞怨可知。"嗟乎！穿渠本以利民也，而民之勞費至於如此，非以愛之，實以害之，朝廷本意，亦豈如此乎？

今之龍洞則明之廣惠故渠也。渠之水則山下之散泉也。因其已成，不别事穿治矣。收其泛走，不更勞陂堰矣。於是决疏泥淤，完治堤岸，不過費縣官錢數千計。而此數十泉者，固已沖瀜浩衍，以畢輸於渠，而流潤於四縣，以視昔人鑿山堰水、力愈勤而謀愈拙者，豈特事半功倍而已！若乃役由私僱，而無調發期會之煩，官自購材，而無料率抑配之擾，役興而人不知，豈非萬祀之永賴者乎！然是泉也，項襄毅實嘗鑿而出之，而龍洞以南，衆泉並列，則尤非旦夕之所可得。然而昔之人莫有爲之計者，何也？引涇之利熟於耳，而盤固於胸臆，雖有他便利，至於倍蓰什伯，而莫與易焉，是故交臂而失之也。嚮使蚤知變計如今日，則將遠引深閉以拒涇而不暇，尚何穿山治堰，亟困其民而不已哉。是故古人之法，不善用之，或足以敗，而善爲理者，酌劑變通，雖其陳迹敝政，而常能因敗以爲功。

雖然，今日之計亦有當急者，曰謹視堤壩而已。堤之作，亦在項襄毅時。厚則七尺，崇止二尺。然更百數十年，而其功不壞。雍正時始增高二尺，亦數年無恙。乾隆二年，通判羅國楫請於臺使，又增高五尺，未二年而涇水大至，堤竟毀。其後易知縣唐秉剛繼治之，以乾隆四年十月堤成，至八年六月又毀。是何也？堤崇二尺，至不高也，而七尺之徑則已厚。其用但以障泉而不以捍涇，昔人比之布甎於地，水至則湧而過耳。後之增砌至於九尺，而七尺之厚無所加，非獨不加而已，層累之形，豐下而削上，比至其顛，纔有三尺。如是則形單地危，而其禦大水也無力。而是水也，挾其暴盛之氣，出於兩崖之間，狹隘束急，無所發怒，適與堤遭，則齧抉掀㧓，以圖一逞。不幸而授以尺寸之隙，則崩潰遂不可止，勢固然也。是故治堤之法，苟欲崇之，則必厚之。不然者，毋寧卑。卑而涇水入焉，雖足以淤渠，待其過而搜剔爬梳，一日夜之力耳。高而不厚，則水之漲發無常，雖更增之尋丈，猶未能使涇不入也。而崩潰之患者，費必鉅，又需之歲月而後完，使百姓坐失數時之利，故曰毋寧卑也。此有司之所宜知也。諸壩之制，惟洞口爲非宜。聞之故老，順治間金漢鼎實始爲此。乾隆二年之壩，特因之耳。金之始爲渠，蓋猶覬覦引涇，既而知其不可引也。而見洞中之泉，亦足以會衆泉，資灌溉，於是始慮濁涇之敗泉，而置壩以拒其入。顧猶低徊顧戀，僥倖於涇之萬一可引，而姑留洞口之迹，以不没其舊，此惑者見也。夫洞口之鑿，欲引涇也。然而常時則涇不受引，比其漲盛，而濁污乃足以敗泉。然則，洞口者，揖盜入室之計也。自順治時至於今，又百餘年矣，涇流去渠口又益下矣。渠泉之爲利，較然明矣。此其與涇誠有不兩存之勢，尚何洞口故迹之足留哉。謂宜毁撤此壩，以巨石堅塞洞口，視其損敝而時葺之，使濁涇不得涓滴入，洞泉不得涓滴出，則壩之北尚有泉二三孔，可以益渠，以大其利。所謂拔本塞源，計無有急於此矣。

若大小退水槽，兩閘水磨橋，大王橋廟前溝渠右各壩，皆清濁之要限，出入之巨防，並須官自檢察，不以寒暑輟按行，不以細小廢賞罰，持久不懈，功利滋多。此日計不足，月計有餘之道也。

—2. 皇朝經世文編　卷一一四　工政二〇　各省水利一

王鳴盛（1722—1797）

字鳳喈，號西莊，又號禮堂、西沚，江蘇嘉定（今屬上海）人。乾隆十九年（1754）進士，歷官禮部侍郎、光禄寺卿。有《十七史商榷》《耕養齋詩文集》等。

陳言夏傳

陳瑚，字言夏，蘇州太倉人。弱冠爲諸生。當明季天下多故，與同里陸世儀相約，講求經濟大略，謂全史浩繁難讀，乃編爲四大部，以政事、人文别之。政部分曹事部，分代人部，分類文部，分體，爲鉅帙各數十。字如黑蟻，皆自掌録，略能背誦。又旁通當世之務，河渠、漕運、農田、水利、兵法、陣圖，無不研貫。暇則横槊舞劍，彎弓注矢，其擊刺妙天下。崇正壬午，舉應天鄉試，赴試禮部試，不第歸。時婁江湮塞，水旱洊至，民大饑。瑚上當事《救荒四政》書，其預備之政四，曰：築圍岸、開港浦、廣樹藝、預積儲；防挽之政四，曰：慎灾眚、早奏報、懲游惰、勸節省；補苴之政四，曰：通商、勸分、興役、弭亂；軫恤之政四，曰：招流亡、緩徵索、審刑獄、恤病困。又陳《支吾三議》。其《議食》四條，曰：勸義助、勤轉輸、招商米、優米鋪；《議兵》八條，曰：嚴保甲、練鄉民、設偵探、勸習射、練脚夫、練牙兵、備城守之人、備城守之器；《議信》六條，曰：勵士節、和大户、巡郊野、安典鋪、清獄囚、嚴督察。又《上巡撫王公開江書》：一審勢、二經費、三役兵、四實法。皆精切可施行，而時無能用者。

自言其學如醫之治病，求之於古，猶治方藥也，求之於今，猶切脉也。按脉以求病，按病以定方，按方以用藥，故百發不爽。然主人諱疾，則良醫束手。識者以爲篤論。乙酉以後，避兵行遁，不交人事。嘗初冬驟寒，客有重裘者，知瑚被單袷，欲解以贈，竟夕不敢發聲，退語人曰："乃知今世復有陳無已也。"其孤介如此。晚益困阨，常至絶食，終不肯干人。康熙乙卯年六十三卒。

瑚之學閎闊俊偉，博通古今。其論申、韓曰：申、韓，刑名之學。刑者，形也。其法在審合形名，故曰不知其名，復修其形；形名參同，用其所生。又曰：君操其名，臣效其形；形名參同，上下和調，蓋循名責實之謂，今直以爲刑法之刑，過矣。其論理財曰：管子富國之法，大約籠山澤之利，操輕重之權，在上不在下，而富商大賈無所牟利。漢桑、孔之徒，師其意以爲均輸、平準之法，而不知其合變。何也？管子，霸道也，可施之一國，不可施於天下。苟利吾國，鄰國雖害不恤也。爲天下則不然，此有餘，彼不足，不足者亦王土也；此享其利，彼受其弊，弊者亦王民也。故桑、孔用之漢而耗，王、吕用之宋而亡。其論賦役曰：有田則有租，即粟米之徵；有身則有庸，即力役之徵；有户即有調，即布縷之征。唐租庸調，三代之遺法也。楊炎變爲兩税，即今之條編，合丁、田、户三者而一之矣。唐法之不善，在於口分世業，其意雖倣井田，而實有不便者。後陸贄極論其弊，以爲專治資産，故不善。竊以爲不然，田租當從兩税，而有身之庸，則但當役於本邑，如今之牙行、匠户當官相似，問丁不問田可也。至如白糧之類，解送京師，自當計畝出財，行僱役之法，如今之官運可也。至有户之調，則亦當問户而不問田，但輕其税可也，今之併户田爲一者亦非也。又曰，三吴田事，全重水利。其田亦當如《禹貢》分上、中、下三等，此在縣令可以意行之，不必俟上命也。或於閑暇之日，循行郊野，分高、低、平三等。遇旱則寬高等之租税，遇水則寬低等之租税，遇全荒然後及於平等，此均農之大要也。

所著書有《蔚村講規》《聖學入門書》《社學事宜》《開江築圍書》《薦先祀神權定禮》《菊窗隨筆》《荒政全書》，今皆不傳。

舊史氏曰：國初東南多隱君子，以志節自勵，而博達多通，毅然以經世自任。陳先生實爲之魁。當避兵時至崑山之蔚村，村田沮洳導里，人築圍岸禦水，用兵家束伍法，不日而成，至今賴之。蓋其學用之必有實效，而不爲空言，斯可睹矣。顧屏居窮野，不求人知，當世遂無知之者。予求其遺書，二十年不得，聊掇所聞千百之一，不足以傳先生，然藉此存其梗概，庶幾承學之士，猶或聞風而興起焉。

—2. 皇朝經世文編　卷二　學術二　儒行

陸　燿（1723—1785）

字青來，號朗夫，江蘇吴江（今屬蘇州）人。乾隆十七年（1752）舉人，官至湖南巡撫。有《切問齋文鈔》。

與錢巽齋論行述書

伏讀所著令《先妣劉宜人行述》，其體例、稱謂，一遵果堂沈先生之緒論，甚善。然竊謂行狀之體，如上太常議謚、史館作傳者，宜用公狀之式，不復參以作者之意；如子孫自述其先世德善，以求誌銘者，乃本哀痛之餘情，發祈請之至願，必宜從乎作者之自言，而稱其祖、父之祖、父，悉以作者爲主。父之父爲祖，祖之父爲曾祖，今果堂乃據穆員外、白樂天爲證，不從狀者之所自稱，而從所狀之人之所稱，何異祖、父生時，對父而呼其祖爲父，對祖而復呼其曾祖爲父乎？唐之大家爲昌黎，宋之大家爲廬陵。昌黎《韓滂墓誌》曰："吾與妻哭之心傷。"吾者，昌黎自吾也；《女挐壙銘》曰："始命子弟與其姆易棺衾。"命者，昌黎命之也。此下治子孫之文之例也。廬陵《瀧岡阡表》，爲皇考崇公而作，然於祖則稱皇祖府君，於曾祖則稱皇曾祖府君，皆廬陵之自稱，而不從崇公之所稱，此上治祖禰之文之例也。至爲宗族友朋之碑誌，或發乎吾心之悲悼，或緣其子姓之徵求，雖從所狀之人之所稱，而必兼叙己意，以明不能以不文辭之故，曰君諱某，作文者君之也；曰系以銘，作文者系之也。唐宋名家無不如此，非始於明之中葉。此即旁治昆弟之文之例也。其於母氏，如歸熙甫《先妣事狀》，則稱外曾祖、外祖；邢子願《萬太君行狀》，則稱外王父母，蓋又自歐陽公之例而推之，未可以爲非也。且果堂之論，既從所狀之人之稱，而以其祖爲父、曾祖爲祖矣，而其自述真崖府君、吴孺人之題，則仍曰《先考真崖府君述》，《先妣吴孺人述》，於題則考其考，妣其妣，於文則考其考之考，妣其妣之妣，既考其父，又考其祖，於義已乖；既妣其母，又妣其外祖母，於義乃大不可。此獨不爲用意惟慎，爲言不順乎？凡爲文字，惟求其是。僕不敢謂穆、白二公爲非，而固必以韓、歐諸公爲是，惟純孝之君子擇焉。

—2. 皇朝經世文編　卷六三　禮政一〇　喪禮下

祠堂示長子

昨沈甥思序述女方來叔之言，謂及今宜建祠堂，問其費，曰數百金。此徒見世俗於通衢隙地建立祠廟，衒耀鄉鄰，以示貴異，不知其悖禮違制，不足學也。

古者廟寢相連，神人互依，必在中門之外，正寢之東，一世自爲一廟，各有門有堂有寢，後始變爲同堂異室之制。而其世數，必視官爵之高卑爲準，仕宦之家，雖貴至宰相，於古僅爲大夫，得立三廟而已。緣其制度繁重，難以遵行，經程朱大儒準情酌理，創爲祠堂，得祀高曾祖考四代，而其地必仍在正寢之東。正寢者，今之廳堂也，或一間或三間，中爲四龕，中置櫝，櫝中藏主，龕外垂簾，以一長桌盛之，其位以西爲上，如是而已。此吾先世所未嘗行，亦不能行。因思嘉興住宅，適於廳堂之東復有正屋，今宜於第三層向南屋内立爲祠堂，一如家禮之制，自吾高祖以至吾父，共爲四代。古人或以始封之君爲始祖，或以始遷之祖爲始祖，論始封則吾祖實受大夫之命，子孫可世祀不廢。但既遵家禮，則可不奉始祖之祀，此俟後世酌行，不必預定。至於以西爲上，說者謂鬼神尚右也。但今俗生人以東爲上，死則又以西爲上，於人情有所未安。明初用行唐令胡秉中言，許庶人祭三代，以曾祖居中，而祖左禰右。邱瓊山謂士大夫家祭四代者，亦當如之。徐健庵《讀禮通考》載此圖式，中之左爲高祖考妣，中之右爲曾祖考妣，高之左爲祖考妣，曾之右爲考妣，四龕相隔，俱係南向。此於時制既協，人情亦安。若今世俗之祠堂，既不與寢相連，神不依人，而又祀至數十世之遠，其旁親不問愚智，一皆奉主入祠，其子孫不分貴賤，居然執鬯主祭，徒廣其宫室，不以僭逾爲恥，此何足仿效乎。

女於接收房屋之後，當以此爲首務。《記》曰："君子將營宫室，宗廟爲先。"《家禮》亦云："先立祠堂於正寢之東。"他如栗主制度，祭器品式，獻享儀節，按《家禮》所載，斟酌損益行之，疑而不决，郵問詳定可也。

—2. 皇朝經世文編　卷六六　禮政一三　祭禮上

文昌祠説

文昌之祀，儒者不取。而爲之説者，其别有二：一謂文昌，天神也。《天官書》：斗魁戴匡六星，一上將，二次將，三貴相，四司命，五司中，六司禄。大宗伯以槱燎祀司中、司命。《祭法》：王爲群姓立七祀，諸侯五祀。其一曰司命。屈原《九歌》又有少司命、大司命者是也。一謂文昌，人鬼也。在周爲張仲，在漢爲張良，在晋爲凉王吕光，五代爲蜀主孟昶。姚秦之世，又爲越巂人張惡子，立廟梓潼嶺；唐明皇西狩，追封左丞；僖宗入蜀，封順濟王；宋咸平改封英顯者是也。二説皆出於道士家。元世袁清容桷，始載於《符臺集》，文昌之祠遂遍天下，尊之曰帝君，甚而闌入學宫焉。士稍讀書明理，皆灼然知其非禮，往往因爲碑記之文，而昌言排之。至朱檢討竹垞，且爲諧辭以寓譏。竊謂古之祀文昌者，司中、司命，而今之號爲帝君者，蓋司禄也。世之享厚禄者，不皆善文之人，則司禄亦無事於文，才者不必禄，禄者不必其才，帝君進退之權，不已重乎？

近人又因文昌之社，而有惜字之會。推其所以惜字之故，仍不出媚神以求富貴，則其所宜深惜。又有在字外者。毘陵相國劉文定公言，掉弄楮墨，詐欺官師，纂輯淫詞，狎侮經傳，是敗壞文字之大原，雖綈襲弆藏，其戾滋甚。故吾謂祀文昌，不若惜字紙，惜字紙，不若慎筆墨。使文昌爲天神耶，大夫以下，不敢妄干；爲人鬼耶，非其子孫，理不歆享，其祀之而不效也固宜。抑求名干進之徒，毋乃實有所闕，不能自慎於文字之間，而非鬼神之不靈與？余足迹所至，往往有以文昌、惜字之説，屬爲序記者，既已概謝弗應，而復著此文，以爲將來塞請之地。明理君子，其必有以鑒之。

—2. 皇朝經世文編　卷六九　禮政一六　正俗下

論回民啓

遵查回民多寡，向無案卷可稽。近年編查保甲，亦未將回民分別造報，就本司衙門現充書役人等，逐加詢問，亦不能明白登答。大抵此種回民，隨處多有。在東省則濟南省會之地，及臨清、東昌、濟寧等水陸馬頭，人烟凑密之處聚集尤衆。青州、武定、曹州、兖州、沂州、泰安等府次之，登萊二府又次之。其作奸犯科、鬪毆行竊、犯案纍纍者，不盡在通都大邑，聚集人衆之所，即稍僻州縣，如定陶、商河等處，間有百家數十家聚居一處，即易生事。蓋急則訌，弛則恣者，其習然也。雖聚衆三人以上，無不從重定擬，法令已極森嚴，而究無以革其桀驁之性，化爲善良之俗，本司竊謂此非可旦夕期也。今奉飭查，本司尚未知憲意所在，但姑就愚陋之見策之，則其法約有三端：

一則保甲宜另爲一册也。前此奉旨清查保甲之時，並未分别是回是民，則此内恐有脱漏。未查之烟户村莊，遂自以爲身在編查之外，犯案到官，亦無兼坐保長甲長之罪，因而益肆爲匪者有之。然當無事之時，清查之吏突至，亦慮致生驚擾。愚見即於回民中，籍其武學武生及各衙門現充書役之人，委以保長甲長之任，令其自行編查，出具保任結狀，如有前項不法情事，除本犯照例定擬外，保長甲長一併連坐，如此則冒犯觸禁者宜少矣。

一則聚處至數十家宜設義學，以資化導也。昔湖南巡撫喬公光烈任秦州時，爲回民立義學七處，招其子弟，捐給膏火，使讀聖賢之書，講中國之教。制府下其法於全陝，變而爲善者甚多，秦民至今頌之。今宜仿行其法，使所在州縣，訪尋篤實而有學行之生貢，使爲之師，教以《聖諭十六條》，並《小學》、《孝經》，務使成誦在口，講説無差，則禮義已油然自生，而後潛奪彼教中，所傳天方之書，惑人之術，使其自相賤棄，不肯奉行，然後明下一令，勒將所藏之書獻出銷毁，則其教宜熄矣。

一則回民婚配，宜與百姓一體相通也。查回民之人中國，千餘年矣，而男女婚姻，未嘗與中國相通，緣中國之人鄙夷之，不屑爲伍。回民亦遂有自外之心，而轉若傲睨我中國，而不欲爲婚者，其實必非其本心也。今回民宫室衣服，器用財賄，以及科名仕宦，一切欣慕乎我人，取資乎百姓，而惟嫁娶一節，不能相通，特拘於其教而已。今如明下一令曰：有以女適民間者，給之花紅；娶民間之女爲媳者，給之羊酒；一甲之内，有通婚姻至五家者，州縣給甲長匾額；一保之内，有通婚姻至三十家者，知府給保長匾額。有之，則加獎賞；無之，不許抑勒。如是而姻亞之間，先通和氣，所生子女，皆染華風。三十年後，可盡革回民之俗，無向者急則訌、弛則恣之患矣。

今因飭查此事，而不得其由。敬抒謬論，以備采擇。

——2. 皇朝經世文編　卷六九　禮政一六　正俗下

閻循觀（1724—1768）

字懷庭，號伊蒿，山東昌樂（今屬濰坊）人。乾隆三十一年（1766）進士，官吏部主事。有《西澗文集》《困勉齋私記》。

文士詆先儒論

予觀近代文士，以著述自命者，往往傅會經義以立言。然於程朱之學則或者尋釁索疵，而深寓其不好之意，予惑焉。夫程、朱之言，皆本六經也。學者苟近思而求之，則有以見其理之一，而本末之無殊致矣。然而攻之惟恐不勝者，則是未嘗致思於其間也。夫未嘗致思於其間，宜若六經之言，皆有所不好焉。然而崇之惟恐其不至者，則是劫於勢而不敢犯也。夫人雖甚愚，聞有非毀聖人者，則怒斥之矣。衆人皆以爲嚴，而一人以爲侮而不之顧，將如大惡大罪之犯衆誅焉。至於程、朱去今未遠，無聖人之號，稍有異議，人亦不甚怪。於是以其宿怒積忤於六經之意，盡發舒於程、朱而不能復忍者，其勢也。又有説焉，文士所愛者辭也。六經之辭，古雅深奥，利於引据，增文章之光悦，故雖棄其實而猶取其華。程、朱之言，直陳事理，或雜以方言，無雕琢之觀，華實兩無取焉，而其言又顯切近今情事，足以刺譏吾之所爲，而大有所不利，則是安得不攻也哉。然不敢攻其大者，何也？其大者，君臣父子之經，修身治人之理，皆燦著於《經》，詆之則爲詆《經》，詆《經》則犯衆誅，故不敢。乃取其訓詁字義，考論故實之異於他説者，窮極其變，至刺刺累幅不已，或詆之爲愚爲愎。

嗚呼，《六經》，程、朱之所傳者，非字義故實而已也。其道在於君臣父子之經，修身治人之理。人道之所以經緯天地，之所以貞固鬼神，之所以昭明者，皆在焉。如以字義故實而已，則古之善是者，宜莫如記醜而博之少正卯，而見棄於聖人，何也？况其所據以攻程、朱之説，又多程、朱所辨而廢之者，而非其博聞之有不及也。然且呶呶焉不知止，多見其猥瑣陋劣而不智也甚矣。秦人有敬其老師而謾其師者，或問之，曰：“老師衣紫，師衣褐。”或曰：“然則，非敬其老師也，敬紫也。”今之尊六經以辭華而侮程、朱者，是敬紫之類也。

——2. 皇朝經世文編　卷二　學術二　儒行

夏大觀（生卒年不詳）

字繼臨，號楓江，湖南湘潭人。乾隆三十年（1765）拔貢，歷官衡州訓導、嶽州教授。有《楓江詩文集》。

九江考

九江之名，見傳記有三。考《寰宇記》，在杭州者曰浙江，在潤州者曰揚子江，在江州者曰楚江，在潭州者曰湘江，在荆州者曰荆江，在利州者曰漢江，在洪州者曰南江，在蘇州者曰吴江、曰松江。此其一也。按《漢志》有曰：九江在廬江郡之潯陽縣。《潯陽記》曰：一曰烏江，二曰蚌江，三曰烏白江，四曰嘉靡江，五曰畎江，六曰沙江，七曰廪江，八曰提江，九曰菌江，此又其一也。又考蔡沈《書傳》云：沅水、无水、溆水、辰水、酉水、澬水、資水、澧水、湘水，皆合於洞庭，是爲九江，此又其一也。今按《寰宇記》之九江總南條之水計之，大約有九，固不得據爲九江定名。其列於《潯陽記》者，雖稱名鑿鑿，而孔氏辨之於前，曾氏駁之於後，其於派别形勢，既無可取，而反覆書義，亦無所衷。惟宋胡氏以洞庭爲九江，則《禹貢》顯有明文，其曰："九江孔殷。"明繫於荆州貢賦之下，此一證也。導江之文曰：過九江至於東陵。東陵今巴陵也，巴陵濱臨洞庭。此又一證也。又《楚地記》曰：巴陵瀟湘之淵，在九江之間。《水經》亦言：九江在長沙下雋西北。參互考證，而九江之爲洞庭益明矣。

惟是九江之水，各有其源，其載於《水經》者頗詳。如元、溆、辰、酉、澬五水，先後皆會於沅。沅水出黔中牂牁。且蘭縣爲旁溝水，東至潭城縣爲沅水。又東經無陽縣，有水從東南入沅，是爲無水。無水亦出牂牁，且蘭縣至無陽縣，經八百九十里《漢書·地理志》注云：無水首受故，且蘭南入沅八百九十里入沅，名曰無。按《説文》，"無"本古"舞"字，故無水或作舞水，又加作"潕"，又作"潕"，後人以"無"省作"无"，又以"無"訛作"元"，究即《水經》所載之無水也。沅既合無，又下合龍溪水、釜水，東與序溪合。按"序"與"叙"通，加水作"溆"，今之溆浦縣是也，是爲溆水。溆水一名横水，爲五溪之一。源出義陵郡鄜渠山，經龍潭紆折而流至江口，對旗山下合沅水。沅又合錦衣，再合杕水，東經辰陽縣南與辰水合。辰水出辰陽三山谷，獨毋水注之，至丹山石乃與沅匯。所匯之處，謂之辰溪口。此亦五溪之一也。水又經沅陵縣西，會武溪水，即漢馬援聞笛處。再會施水，下與酉水合。酉水導源益州巴郡臨江縣，故武陵郡充縣酉源山，東南流，經故無陽縣南，又東經故遷陵縣界，迻迤而入沅。闞駰謂之受水，水所決入名曰酉口。沅與酉合，下又會東溪水，爲魚溪水，分嶺溪水、東夷水、夷望溪水，又數折而歷枉渚，入龍陽縣境而合澬水焉。澬水一名澹水，出漢壽縣西楊山，南流東折，經其縣南，又東歷諸湖，方南注沅，與沅同入洞庭。水所入處，厥名鼎口。澧水出東别之沱，發源岷山，東流至武陵郡充縣西歷山之東，過其縣，南合茹水。又經零陽縣北，與温泉水合。又東會零溪水，東又有九渡水注之。又東會婁水，至澧陽，右會渫水，左會黄水。東過作唐縣今安鄉，左合岑水，右合澹水，折走龍陽傳家磯，入洞庭。資水出零陵郡都梁縣東北，歷夫夷、邵陽、新化、安化、益陽，東至湘陰縣臨資口，即《水經》所云水青口，與湘水合入湖。湘水發源粵西興安、靈川二縣界海陽山，至分水嶺，南流爲灕水，北流爲湘水，其水再清，故號清湘。經十餘縣所合之水，至長沙下雋縣今湘陰巴陵界入洞庭中。宋曾彦和考定九江如此。

朱子不知“元水”即“無水”輾轉訛錯之故，以爲《水經》弗載，古無是水，故置而不録；又據《禹貢》導江之文，江先合澧而過九江，以爲從九江之外而過，不知實從九江之内而過，故不數澧，於是去（元）［沅］澧而易以瀟、蒸。瀟水發源九疑山，舜葬東南陬，南流至三江口，東北與沲水合，一云與瀑、灤、漭合流，又東北至永州府城外湘口，會於湘，是爲瀟湘。又過祁陽縣至衡郡北郭，與蒸水合。蒸水發源寶慶府邵陽縣耶薑山，逶迤入衡陽境，是水其氣如蒸，故名。至衡陽縣北郭草橋河口入湘，是爲蒸湘。又歷衡陽以下數邑，至湘陰臨資口，會資水入洞庭，合沅水同注長江，是爲沅湘。此三湘之所由名也。朱子更定九江，又如此。

但澧水實合南江，以東注洞庭，故《水經注》於江陵枚回洲下，有南北江之名。南江即江水挾江入洞庭道也，夫安得而不數？曾氏之説，蔡氏遵之，似未可厚非耳。合而論之，沅、湘二水實爲之經，沅以一水貫無、溆、辰、酉、漸，而他水不計也。湘以一水貫瀟、蒸，而他水亦不計也。資澧二水皆爲之緯，聚米畫沙之形，一展卷而瞭然在目矣。後之人或從曾氏，或遵朱子，俱無不可。如必欲於曾、朱二説之間，核其宜以符其數，則宜取朱子所去之澧與所定之瀟蒸，取曾氏之湘、沅、無、辰、酉、資，而去其溆漸，蓋溆與漸，其源流視諸水爲短耳。至於諸水所經，古今異同之名，則又在究心水道，如桑欽、酈道元輩之遠覽而周諮焉。

—2. 皇朝經世文編　卷一一七　工政二三　各省水利四

孫宗溥（？—1768）

字守愚，號牧堂，浙江仁和（今屬杭州）人。乾隆二年（1737）進士，官至禮科給事中。

定經制以節民用疏乾隆十六年

伏惟我皇上宵旰圖維，民依念切，本年巡幸江浙，因地方習尚紛華，蓋藏未裕，疊蒙諭旨，飭勵臣民，凡欲使易俗移風、共臻仁壽之治，此教養斯民之至意也。竊思風俗之奢靡，其致之也，必以其漸，則更化之道，固非刑驅勢迫之所可强制，亦非家喻户説之所能遽曉。即在守土之臣，如郡縣吏與民最親，有化導之責。然使任以經畫民間日用之事，而漫無繩尺可守，非因循而任其自然，則苛細而近於紛擾，究無濟於轉移風俗之實。是必酌定章程，爲之限制，使有司得所依據，士民知所適從，然後返樸還淳，可以歸之畫一。

夫食時用禮，聖人治世之大經也。《記》曰："國奢則示之以儉，國儉則示之以禮。"蓋由儉而流於奢，民所自爲也。由奢而返於儉，則民不能自主，在立度數以節之。臣嘗熟察今日之民情，不患其好侈而不節，正患其欲儉而不能，何者？漸染已深，勢難驟改。即如江浙，人稠居密，生齒無窮，物産有限，衣食之計亦甚艱矣。其中殷實之家，豪華自喜，藉以誇耀鄉鄰者，固不乏人，至於勉强徇俗，剜肉成痏，而黯然不樂者甚多。蓋其心實不願奢，亦且其力萬不能奢，而隨俗波靡，不得獨儉。如婚禮不奢，人以爲薄於姻戚；喪事不奢，人以爲薄於父母；宴會不奢，人以爲薄於賓客。一家爲之，則鄰里竊議矣；一人爲之，則入室交訴矣。然則俗何由變，用何由節，而財更何以豐乎？是非奉朝廷之法制，以均節之，則其拘攣困苦於徇俗之情，終不得解。康熙年間，撫臣朱軾任浙時，凡民間婚喪二禮及祭享宴會，皆爲略定規模，其一切無益之費，概行禁止，士民翕然從之，頗爲稱便。此其明驗也。

臣請勅下各該督撫，轉飭州縣官，各條舉其土俗靡費之甚，灼然在所宜禁防者某事，彙之督撫，督撫爲之裁議妥協，均立規條，恭呈睿鑒，而後下之有司。首禁其非禮之費，如聚衆迎神，科錢演戲之類；次禁其託於禮而實爲無益之費，如婚喪競侈，貴賤無等之類。於教化之中，立制防之限，所謂因其勢而利導之也。又凡所立限制，只須治去太甚，疏節闊目，使之截然可行，原無事委瑣細碎，煩苛滋擾。如此，則人情胥協，教令易從，富者有節，貧者無愧，風俗可以漸淳，蓋藏可以日裕，似於教養斯民之道，不無稍有裨益爾。

—2. 皇朝經世文編　卷五四　禮政一　禮論

孔繼汾（1725—1786）

字體儀，號止堂，山東曲阜人。乾隆十二年（1747）舉人，官户部主事。有《闕里文獻考》。

論昭穆

凡昭主、穆主，初祔皆納右室，易世乃迭遷而左，此孔氏家廟之舊式也。蓋古者諸侯五廟，大（大）［夫］三廟，皆同宫異廟，故昭常爲昭，穆常爲穆。自後世變爲同堂，此禮之不行也久矣。乾隆十年夏六月，今宗子將祔考於廟。客有爲常昭常穆之説者，時宗子幼，姪廣祚，其季父也，相禮，因質於余。余曰："今古異宜，當一如舊式，遷汝曾祖及父之主於左，遷汝祖之主於右，而祔汝兄之主於最西之一室。"言未既，客詰余曰："古者昭常爲昭，穆常爲穆，雖百世不可改也。如子之説，其如昭、穆之序何?"余曰："此古者同宫異廟之禮，非後世同堂異室之禮也。"考古廟制，外爲都宫，太祖居中，昭、穆以次分列左右，廟皆南向，主則東向。及其祫祭於太祖之廟，則惟太祖仍東向，群昭之主皆列於北牖下，南向；群穆之主皆列於南牖下，北向。三代之制，固如是。蓋惟主各異廟，昭不見穆，穆不見昭，然後祔必以班，昭常爲昭，穆常爲穆，内既有以各全其尊，外始可以不失其序。自漢明帝變亂古禮，創爲同堂異室之制，魏晋因之，遂不能革。近世諸侯無國，大夫無邑，并異室之制亦有不能備者，此昭穆之所由紊也。若欲强復古典，勢必有以子躋父之嫌，常昭常穆可也，以子躋父則不可也。况昭之爲言昭也，穆之爲言深遠也，此以祫祭時南向北向之位而言之也。

今太祖既不循東向之位，是所謂昭穆者，已乖南北之義矣，徒執古禮之虚名，而亂位次之定序，恐言禮者所不敢出也。客曰："子不聞朱子議祫祭之説乎？朱子曰：'設高祖有時而在穆，則高之上無昭，而特設位於祖之西；禰之下無穆，而特設位於曾之東'，則無僭越之嫌，而不失昭穆之序，毋乃不謬於禮與?"余曰："勢不能也。祫祭者，一時之事，主可暫移，位或可以特設。若宗廟，所以妥神靈也，屋楹既不可以妄增，位更於何地特設？且客既知有特設位之禮，是已明同堂之不可以子躋父，今同者之言，益非無據矣。"客曰："然則異室不猶夫異廟乎?"余曰："異室不同，祏實同堂也。夫主之有祏也，猶人之有席也，今有子席於上，父席於下者，而曰我與父異席，勿僭父也，可乎？孝子事死如事生，事亡如事存，生者存者不敢僭父之席，死者亡者寧敢僭父之祏乎?"

今之非禮不在昭、穆，而在同堂。蓋同堂則必不可以序昭、穆，序昭、穆則必不可以同堂。而今日之事，欲不同堂又不能也。然則常昭常穆者，禮之經，而昭、穆互遷者，乃事之權也。經之不可執，而特出於權，是則余之苦心也夫。客乃無以應，而廟序互遷如故。兹因序次祔禮，謹書之於篇，以質天下之言禮者。

—2. 皇朝經世文編　卷六七　禮政一四　祭禮下

汪縉（1725—1792）

字大紳，號愛廬，江蘇蘇州人。乾隆貢生，其學出入儒佛，工於古文，覃思奥頤。有《汪子文録》。

準孟上

有兩説於此，其一説公説也，其一説私説也。二説者兩相持，且孰屈？曰：私説必屈。然而屈其説未屈其心，果得謂之屈其説乎哉？吾立公説與私説衡，蓋欲屈其心焉耳。屈其説因屈其心，是屈一而得兼也，是操公説者之大樂也。説之公私惡乎分？曰仁義也，曰利也。順之則吉，逆之則凶，此百世不易之準也。

公説也，雖然聖人休焉，百家游焉；託足假宿，奸志厹焉；堯趨舜步，容服修焉。及其見利而奔，眈眈逐逐，盡變舊態不足，更緣飾古義，波委瀾翻，潰横不可堤制。公説驟歷，如莛拂楹不爲動。義利是非之界犬牙錯，不釐且又惡得而屈之！雖然，不屈其將何底乎？無已，則就其説，因其所明，正其所處之非據，警動其心以屈之，其可乎。

何言爾利害者，私説之所明也。其説曰：民命，衣食者也。古者取之草木而有餘食，取之毛羽而有餘衣。衣食之涂寬，故争心伏。今者耕而食，耕者且未必得食；織而衣，織者且未必得衣。衣食之涂隘，故争心起。利事愈多，争心愈少；利事愈少，争心愈多。凡今之争，以愈少故愈争。不争，是無以爲命也。然則，上之人所由制民命者，在利之涂矣。屈之曰：説之以利事愈少則愈争，固也，吾不謂不然。抑知少之原之緣於争乎，抑知愈争則利事且愈少乎？今置田万畝，十人均之，人千畝，仰事俯畜、養老送終、嫁娶之事，寬然足給，而且里黨敦睦，通有無以羡資歉，不見謂少。貪黷者出視所有，欿然不厭，負强挾詐，侵冒兼併以自益。智力等者見其然而效之。樸懦積憤不平，激發相助，勝負反覆，互傾奪不可遽已。奇零斷割，而千畝之業或半失，或十失八九，而少數睹矣。故曰少之原緣於争，而愈争則愈見少也。且説之以愈少愈争者，彼微特不明於少原於争、愈争愈少之分，而實未明於不争不患其少之分也。

今置田百畝，十人食之，不可謂不少。然人受十畝，終其身和其鄉鄰，食時而用節，即遇凶歲，何至爲溝中瘠矣。故曰：不争不患其少也，争則將並無以有其少也，且將並無以有其命也。上以利制民命，民以争制利，見利而動，若鳥駭獸走，霍然解散，豈得制其命也哉。説又曰：利者，人所心聚也。故有國者必使利權盡歸於上，而後可以噏萬民而聚之。譬之齊民之家，足衣食數人，則數人聚之；足衣食百人，則百人聚之。談説仁義而不足以衣食人，則轉而衣食於人矣。是則民之聚於利不聚於仁義，斷可識已。屈之曰民以利聚，民情乎？吾固謂利之不足以聚民也，吾尤不謂民之聚散之不以利也。雖然，有辨焉。曰：聖人之聚民也以利，術家之聚民也亦以利。烏呼辨？曰：辨之於其心，辨之於其政而已。聖王者情愛民，欲其安全也，則爲之計飽煖；欲其安全之永永也，則爲之播禮教。上治風雨，下治山澤，中治彝倫。飲食牀笫之私，罔不周悉，若父兄之慮子弟也。其政之行於下者，正經界，止淫惰，開其利原，塞其濫溢之竇。自十一而外，一絲一粟，上無利焉。故民樂其生，服其教，遇饑饉兵戰之厄蟠固而不散。術家者情欲利，欲利欲博欲專。民不聚，利不博；不專，民不仰。不仰不聚，不聚不威，不威不專。是故藉民之力而博之也，藉民之力而專之也。其於民也，若豪猾之馭臧獲，若屠販者之役牛馬、豢犬豕也。厚其直，時其飢飽，廣其芻牧，堅密其圈牢，剔抉其蠹害之者，非有愛也，以爲吾將有以用之也。故其民仰利畏威，不識君父親戚，寡廉恥，惟利、威之嚮。故其民可耕可戰，至與之犯危難，威利少倍此則立解。

嗟夫！利害者私説之所明也，仁義者私説之所昧也。私説之明利害，固有未盡明焉，如此也，公説明仁義，利與害有不足明，然其明利害至盡矣。私説之明利害則祇得半也，且其利害又非特如前所陳而已。公説行，利澤溥，害端絶，清和咸理，奕禩襲休無窮期。私説行，朝爲夕利，禍害藴隆濳伏不可勝較，爲私説者乃竟未之究明也，其無幾於仁義也宜也。夫戰國之趨利亟矣，天下群没溺焉。孟子援之明仁義，乃其告梁王，獨隱其三極之微言，徒比切利害，若相與爲角勝者竊怪焉。既而究其旨，作而嘆曰：利竇之決也，甚洪水；塞其竇之難也，甚治洪水。使逆其洶驟而制之，恐堤不能立而傷轉大也。順而殺之，流將分，漸安於瀆，然後直之堤焉，遏其後衢，此治水之道也。若夫君子之繩己則不然，曰：仁人心也，義人路也。未有失其心而可以爲人者也，未有人而可以不由此路者也。是故所欲有甚於生，所惡有甚於死；行一不義、殺一不辜而得天下，不爲也，豈曰利之云乎？必也澄其原，壹其向，復焉熟焉，久而安焉。如魚在水而不知水，則與之化矣。苟利而仁焉，是假仁也；苟利而義焉，是襲義也。假與襲譬猶中薰外也，終亦必亡而已矣，擇術者其之慎諸哉。

—2. 皇朝經世文編　卷一　學術一　原學

檀　萃（1725—1801）

字豈田，號默齋，晚號廢翁，安徽望江（今屬安慶）人。乾隆二十六年（1761）進士，歷任貴州清溪、雲南禄勸知縣。有《重鐫草堂外集》。

守禦後議

鄉勇者，民兵也，異於官兵。官兵廩於官，其添設良難。民兵因於民，其團之最易，故行之於古而效，行之於今而亦效者，良以其易也。唐馬燧鎮太原，募厮役數千教之戰，數月遂成精卒。居一年，廣場羅兵數万，威震北方。李抱貞鎮澤潞，三丁編一，蠲其租徭，給之弓矢，三年皆爲精兵兩萬，不廩於官庫，兵雄爲諸軍冠。李德裕帥蜀，立雄邊子弟，總十二軍，威聲震於西南。此皆承衰弱、困敝、蹂躪之後，棘手難爲，而轉弱爲强，曾不旋踵。惟取諸其鄉，以本地之民守本地之險，故見功易易耳。然猶須募練也。其不待募練者，莫如民自相與爲兵。南唐淮北與周接壤，世宗侵唐，已舉江北，而小民相與聚山頭，立堡壁，以農器爲兵，以楮爲甲，周師屢爲所敗，唐地多爲所復。當時謂之白甲軍，豈待上之募練乎？宋之河北西路被邊州軍，百姓自相團結爲弓箭社，不論家業高下，户出一人，帶弓而鋤，佩劍而樵，出入山隈，飲食長技與敵國同。私立賞罰，嚴於官府，分番巡邏，鋪屋相望，有警擊鼓，立致千人，器甲鞍馬，常若寇至。蓋顧親戚墳墓，人自爲戰，敵深畏之，況盗賊烏合乎？

故羅大經論民兵之利，謂張魏公帥川陝，令挑選强壯，以知縣爲軍正，尉爲軍副，不半月得兵二十萬。陳福公獻民兵之策，兩淮已用其法，荆、襄尤有成規。開禧用兵，禁旅多敗，兩淮山寨萬弩手率有功。丙寅敵圍安襄，分諸郡兵與湖北義勇往救，兵潰，鈔略甚於寇戎，而義勇隨帥進退，不犯秋毫，蓋顧其室家門户也。故民兵勝於官兵，此皆行之古而效者也。其行之今而效者，是則湖北孝感之用鄉勇乎。牛生會試歸，言往來由孝感，其鄉人沈君琦上年署孝感，聞寇警，大修城，集鄉勇。賊至，營於胡家寨，衆二三萬，鄉勇僅五千禦賊，賊不敢出。會官兵二千至，共擊之，賊盡殲。他賊聞之，盡迸於西不復東。上自安陸、德安，下暨黄州數郡，安堵無虞。自是漢口、武昌皆效孝感。漢口有鄉勇三千，武昌有鄉勇五千，皆恃以無恐。襄河船幫亦有鄉勇，即以水手充之。生於臘底到沈公署，住二十日，親見士民感戴，衆志成城，屹然金湯之固。行至漢口，街衢熱鬧如故，武昌亦自帖然。又言掃滅胡家寨賊，無一賊得脱，僅遺婦女弱口收禁。捷聞時，官兵猶有殺傷，鄉勇竟鲜折損。鄉約保正各領所統之勇，所執器仗惟刀與長鏢，衣褂刺鄉勇字，皆自備，不煩於官。官但鼓舞、獎勵之，即大收其用，故論功賜以頂帶。某馬牌子力戰，加之六品銜，所以人心踴躍，争爲出力。今若照孝感已行之例，只在傳集紳士耆老、四鄉之頭人，面加獎諭，多出告示以鼓勵之，當無不濟者矣。

沈公在孝感甚得民心，事平後新令至，民不受，以爲吾公全吾城，保數萬生靈，苟去吾公，吾等即爲之死，究莫之敢奪，仍視事率常。又念吾公清苦，競賙之，雖菜傭線媪亦日有投。是知州縣之吏，能清廉即得民，民共爲守禦，上官不能以勢奪，而己亦不至於獨貧，此皆事之可風者。某家皖、黄間，感沈公之保障一方，遏絶教匪，不致蔓延於江北、淮南數千里之地，其功至大，而吾家鄉之受賜尤深，故表明其事，共率此行之，使知其成事易而見功速耳。爲三空之患，故議團集鄉勇，官不費而事易行。若出於召募，費空難以爲給，必中止。然鄉勇非但應急，即無事時亦須備也。再商行之，以爲何如。乘此民心踴躍之際而終行之，百世之利也。

—2. 皇朝經世文編　卷八九　兵政二〇　剿匪

王 杰（1725—1805）

字偉人，號惺園，陝西韓城（今屬渭南）人。乾隆二十六年（1761）進士，歷官兵部尚書、東閣大學士。謚文端。有《葆醇閣集》。

梅峰書院記

閩、粵爲東南奥區，而永春在唐以前本南安縣之桃林場，已隸泉州爲縣。深山長谷，俗尚淳樸。我朝重熙累洽，沐浴休養，積百數十載，衣冠、文物益盛於前。雍正十三年，陞縣爲州，屬德化大田。於是學使者歲科按視，三年中軺車再至焉。甲申冬，余奉命視閩學，聞兹州人士向化慕學，雅尚經術，心竊喜之。丙戌初夏，至其地見隸於黌宫者，皆彬彬然。質有其文進諸生，而先試以御纂諸經，《欽定三禮義疏》類多恪遵經訓之士，間以髫齡弱歲，亦能默誦其章句。乃益信地之可以爲良，而聖人在上聲教之，暨訖無間於遠邇有如此也。是時，三韓嘉君謀甫守兹土，詢風俗，求利弊，審爲治之先務，乃議建書院，以爲群聚講習之所。州舊有文公書院，歲久而圮，地亦湫隘。前此黄君寬、宋君應麟，皆節俸倡捐，旋以署篆未久弗果舉。嘉君乃復倡捐而亟成之，移其趾於梅山之麓，因名曰：梅峰。而仍祀文公於其内，不數月，而講藝之堂，栖士之舍畢具。

嗚呼，嘉君其知政哉！夫書院之設所以講業也。而良有司之風化莫先乎此焉。先王之道，教於六經，返而皆備於吾躬，自親師之道。不講，而士子之安於孤陋者，既無由擴其識見，務進取者，又惟名譽之求。而斯世之所以賴有士者，鮮或知之矣。程子曰：古之學者爲己，其終至於成物；今之學者爲人，其終至於喪己。夫學苟爲人，雖博學强識，黽勉善行，猶不免於爲僞，況復溺志詞章，僅爲利禄、寵辱計者，其苟且矯飾之弊可勝言哉。永之士亦既咸知向學矣，必將辨失修己治人之道，皆爲性分所固有，職分所當爲，則識不拘於卑近，功不閑於隱微，而後能析乎義理之精，而有以通乎天下之故。夫如是士之群居萃處，朝夕講明乎經義者，豈特爲異日分猷出治之材已哉？其自家庭以及里黨交游之地，莫不有其躬行之實，而所謂修己以安人者，亦即於此驗焉。禮教行而風俗茂美，安見潛移默化之無其具也。

今嘉君又將擢任去，未獲觀其成效，多士其黜浮崇實，期無負嘉君之意，以副國家菁莪棫樸之化。後之官斯土者，睹才俊之蔚興，而栽培造就之方，必且相衍於無窮。余故樂書之，以美嘉君，且以爲永之人士勉也。

知击苟且矯餙之弊，則書院人才，其修已安人者大矣。

—3．皇朝經世文編補　卷五七　禮政四　學校

王　昶（1725—1806）

字德甫，號述庵，又號蘭泉，江蘇青浦（今屬上海）人。乾隆十九年（1754）進士，官至刑部侍郎。有《春融堂集》。

征緬紀聞自序

緬自元始著於史，自元而明，屢征之不得志。明之不克孟養也，非緬也，元則已抵三江城矣，至蒲甘而敗，患在銳也。夫緬，西南一小土司耳，今已併孟養等十數土司，計其廣輪，東西幾數千里，而由三江城東北至八關，中隔諸土司境，南北又三千里，越三千里始抵其郛。且十月出關，二月瘴發當還，以五月閱數千里地，犁廷埽穴，微識者亦知其難。自明公瑞戰歿，雖命傅公經略，兩阿公以將軍副焉。然上慎之，尚未決於再用兵，會傅公力請，始遣以行。公由江以西收猛拱，抵新街，敗賊於江中。及至老官屯，合兵攻砦，懵駁懼，遂以書至，從而納款還師。如天之福，唯上之武而仁，明而斷，因以致此。此非人力也。

然緬果不可滅歟？曰：趙宏榜以三千人赴新街，弗量力也。楊寧以四月出木邦，弗知時也。明公瑞由宋賽而旋，弗度地也。皆以速示銳，以銳矜勇，故弗克勝。然則厚力而竢時，竢時而得地，何緬之弗可滅乎？稱官猛之言，蓋言漸也。余故取其說，附著於篇。

——2. 皇朝經世文編　卷八七　兵政一八　蠻防下

趙　翼（1727—1814）

字雲崧，號甌北，江蘇陽湖（今屬常州）人。乾隆二十六年（1761）進士，官至貴西兵備道。有《甌北詩集》。

唐初三禮漢書之學

六朝人最重三《禮》之學，唐初猶然。張士衡從劉軌思授《毛詩》《周禮》，又從熊安生、劉焯授《禮記》，皆精究大義。當時受其業者推賈公彥。《士衡傳》。公彥撰《周禮義疏》五十卷、《儀禮義疏》四十卷。公彥子大隱亦傳其業。又有李玄植從公彥授《禮》學，撰《三禮音義》行於世。《公彥傳》。王恭精三《禮》，别爲《義證》，甚精博。蓋文懿、文達皆當世大儒，每講必遍舉先儒義而暢恭所説。《孔穎達傳》。王元感嘗撰《禮記繩愆》，徐堅、劉知幾等深嘆賞之。《元感傳》。王方慶尤精三《禮》，學者有所咨質，必究其微，門人次爲《雜禮答問》。《方慶傳》。他如褚元量、韋逌、高仲舒、唐休璟、蘇安恒皆精三《禮》，見各本傳。今諸儒論著見於《新舊（唐）書》者，如王方慶、張齊賢論每月皆告朔之説。舊《方慶傳》、新《齊賢傳》。王元感三年之喪以二十七月，張柬之以二十五月，一本鄭康成説，一本王肅説也。舊《柬之傳》、新《元感傳》。史元燦議禘祫三年、五年之别，《韋縚傳》。朱子奢議七廟、九廟之制，《子奢傳》。韋萬石、沈伯儀、元萬頃、盧履冰等議郊丘、明堂之配，《沈伯儀傳》。皆各有据依，不同剿説。其據以論列時政者，如盧履冰、元行沖論父在爲母三年服之非，彭景直論陵廟日祭之非，康子元駁許敬宗先燔柴而後祭之非，黎幹駁歸崇敬請以景皇帝配天地之非，唐紹、蔣欽緒、褚元量駁祝欽明皇后助祭天之非，陳貞符論隱、章懷、懿德、節愍四太子廟四時祭享之非，皆見各本傳。李淳風辨太微之神不可爲天，見《蕭德言傳》；韋述議堂姨舅不宜服，見《韋縚傳》；無不援引該博，證辨確切，可爲千百世之準。其後元行沖奉詔用魏徵《類禮》列於經，與諸儒作疏，成五十篇，將立之學官，爲張説所阻，行沖又著論辨之。大曆中，尚有仲子陵、袁彝、韋彤、韋茝以《禮》名其家學，此可見唐人之究心三《禮》，考古義以斷時政，務爲有用之學，而非徒以炫博也。

次則《漢書》之學，亦唐初人所競尚。自隋時蕭該精《漢書》，嘗撰《漢書音義》，爲當時所貴。該傳。包愷亦精《漢書》，世之爲《漢書》學者，以蕭、包二家爲宗。愷傳。劉臻精於兩《漢書》，人稱爲漢聖。臻傳。又有張沖撰《漢書音義》十二卷，于仲文撰《漢書刊繁》三十卷，是《漢書》之學隋人已究心，及唐而益以考究爲業。顔師古爲太子承乾注《漢書》，解釋詳明。承乾表上之太宗，命編之秘閣。時人謂杜征南、顔秘書爲左丘明、班孟堅忠臣。其叔游秦，先撰《漢書抉疑》，師古多取其義，此顔注《漢書》至今奉爲準的者也。師古傳。房玄齡以其文繁難省，又令敬播撮其要，成四十卷，當時《漢書》之學大行。又有劉伯莊撰《漢書音義》二十卷，秦景通與弟暐皆精《漢書》，號大秦君、小秦君。當時治《漢書》者，非其指授，以爲無法。又有劉納言亦以《漢書》名家。敬播傳。姚思廉少受《漢書》，學於其父察。思廉傳。思廉之孫班，以察所撰《漢書訓纂》多爲後之注《漢書》者隱其姓氏，攘爲己説，班乃撰《漢書紹訓》四十卷，以發明其家學。姚璹傳。又顔允撰《漢書古今集》二十卷，允傳。李善撰《漢書辨惑》三十卷，善傳。王方慶嘗就任希古受《史記》、《漢書》，希古遷官，方慶仍隨之卒業。方慶傳。他如郝處俊好讀《漢書》，能暗誦。處俊傳。裴炎亦好《左氏傳》、《漢書》，炎傳。此又唐人之究心《漢書》，各稟承書說，不敢以意爲穿鑿者也。

至梁昭明太子《文選》之學，亦自蕭該撰《音義》始。入唐則曹憲撰《文選音義》，最爲世所重，江淮間爲選學者悉本之。又有許淹、李善、公孫羅相繼以《文選》教授，由是其學大行。淹、羅各撰《文選音義》行世，善撰《文選注解》六十卷，表上之，賜絹一百二十匹，至今言《文選》者以善本爲定。杜甫詩亦有“熟精《文選》理”之句。此則僅詞章之祖，而未可與經史根柢之學並論者矣。

—2. 皇朝經世文編　卷五　學術五　文學

明初吏治

《明史》魏觀等傳贊云：太祖起閭右，稔墨吏爲民害，嘗以極刑處之，然每旌舉賢良以示勸，不專任法也。嘗遣行人齎敕賜平陽令張礎、建陽令郭伯泰，旌其治行。又或因士民之請留良吏，輒進秩留任，并有坐事被逮，部民列善狀上聞，亦復其官且轉加超擢者。既擢矣，而其人改節易操，則又重法繩之，所以激勸者甚至，故一時吏治多可紀。今《循吏傳》可考也。

天下府州縣官來朝，帝諭之曰：“天下初定，百姓財力俱困，如初飛之鳥不可拔其羽，新植之木不可摇其根，在安養生息之而已，惟廉者能約己而利人，爾等當深念之。”又嘗諭户部：“國家賦税已定，撙節用度，自有餘饒，使民得盡力農桑，自然家給人足，何事聚斂也。”沿及成祖、仁、宣、英、景、憲、孝諸帝，亦皆加意吏治，其有政績卓著，往往特敕獎之。如成祖之於史誠祖，仁宗之於劉綱是也。諸良吏秩滿當遷，或罣誤罷黜，亦多因部民之請，俾進秩視事，往往至二三十年不易。其有因而作奸者，如永寧税課使劉連，結耆老請留；漢中同知王聚，求屬吏保奏，則又斥譴隨之。皆宣宗時事。閱數年，輒遣大臣分往各直省考察官吏，嚴其黜陟。而緊望之地，則特詔大臣各舉所知，以爲守令。如宣德中，先擇京官九人爲郡守，繼擇二十五人爲郡守；正統中，擇京官十一人爲郡守，後多爲良吏，爲名臣。蓋朝廷既以吏治爲重，中外大臣亦無不留意人才。仁宗詔各舉所知，郎中况鍾以張宗璉薦，帝問楊士奇，士奇曰：“宗璉實賢，臣與王直將舉之，不意爲鍾所先耳。”其後况鍾之出守，則蹇義、胡濙所薦也，翟溥則魏源所薦也，李湘則胡濙所薦也，李信圭之知蘄州，則張敞所薦，後守處州，則金濂所薦也。吉水令錢一本罷官，郡人胡廣在朝力保之，遂復職；楊榮當國時，其家人犯法，邑令魯穆嚴懲之，榮反以爲賢，而薦於朝，其時朝臣之汲引如此。在外大吏，亦多持心公正。如葉宗人爲錢塘令，人呼爲“一葉清”，其死也，按察使周新哭之。田鐸知蓬州，巡按御史過其境，無一訟者，知其下無冤民，遂薦之，擢廣東僉事，此又外省舉劾之大概也。且是時，吏部考察之權最重，蹇義、王直、馬文升先後長部事，尤以獎廉黜貪爲要。史稱蹇義慎擇守令，考察明恕；而王直察舉天下廉吏，以范衷爲第一；翟溥秩滿到部，以年老乞休。侍郎趙新舊嘗爲其上司，曰：“此江西第一賢守也。”遂不聽其去；句容令徐九思爲巡撫所劾，吏部尚書熊浹知其賢，特留之，此又吏部之能擇人而任也。以上俱見各本傳。一時風氣如此，故爲守令者無不潔己愛民，恥干清議。

《循吏傳》序云：洪武以來，吏治澄清者百餘年，當英宗、武宗之際，内外多故，而民心無土崩之虞，由吏鮮貪殘故也。嘉隆以後，吏部考察之法徒爲具文，而人皆不自顧惜，撫按之權太重，舉劾惟賄是視，而人皆貪墨以奉上司，於是吏治日媮，民生日蹙，而國亦遂以亡矣。後人徒見中葉以來，官方瘝裂，吏治窳敝，動謂衰朝秕政，而豈知其先崇尚循良，小廉大法，幾有兩漢之遺風，且駕唐宋而上哉？

—2. 皇朝經世文編　卷一九　吏政五　考察

古來用兵兵多者敗

古來用兵，往往兵多者敗。蓋兵過多，則號令不齊，氣勢不貫，必不能有臂指相使之用。且爲將者有恃衆之意，而謀多疏，爲兵者亦有恃衆之心，而戰不力。

自三代以後，能以多取勝者，惟王翦滅楚，以六十萬人；韓信破趙，以二十萬人；垓下之戰，漢兵六十萬人；裴行儉破突厥，擒阿史那奉職，以三十萬騎；郭子儀收復西京，以三十萬衆；明太祖取中原，以二十萬衆，征雲南亦以二十萬衆耳。其他如冒頓以四十萬騎圍漢高於平城，突厥始畢可汗以數十萬騎圍隋煬於雁門，契丹以三十萬騎敗周德威於新州，蒙古闊端以五十萬衆破曹友聞於大安軍，此又當别論。蓋北俗號令簡而心志一，故能以多取勝，中土所不及也。至如明太祖破陳友諒，亦以二十萬衆，然友諒是時且六十萬，則不可謂明兵之多也。其以多致敗者，長平之戰，趙括兵四十萬爲秦所坑；章邯攻趙，項羽破之，被坑者且二十萬，其多可知也；漢高以五諸侯兵五十六萬人伐楚，入彭城，爲項羽三萬人所破，溺死者二十餘萬；龍且以二十萬救齊，韓信擊斬之；吴王濞兵二十餘萬，周亞夫擊走之；新莽時，王尋、王邑以四十二萬兵圍昆陽，爲光武所破；銅馬諸賊合數百萬，亦爲光武所破；官渡之戰，袁紹兵十餘萬，曹操兵僅十分之一，擊破之；赤壁之戰，曹操治水軍八十萬，周瑜以三萬人破之；劉聰以十餘萬陳於洛西，石勒以四萬人破之；淝水之戰，苻堅戎卒六十餘萬，騎二十七萬，其先至者已三十萬，乃爲謝（元）［玄］等八萬人所敗；吕光攻龜兹，龜兹王帛純，引獪胡諸國兵七十餘萬，爲光所敗；葛榮向京師，衆號百萬，爾朱榮兵七千，衆寡不敵，葛榮聞之大喜，令其衆辦長繩，以爲至便縛取，爾朱榮乃爲奇兵，大破之；及爾朱兆以二十萬收鄴，高歡馬不滿三千，步兵不滿三萬，大戰破之；渭曲之戰，高歡將二十萬衆，宇文泰不滿萬人，破之；沙苑之捷，宇文泰又以七千兵破歡十餘萬，乃如戰所，準當時兵數，人種柳一株以旌功，凡七千株；後宇文泰又與歡戰，雖斬高敖曹，然是日置陳既大，首尾懸遠，彼此不能相知，遂大敗，燒營而遁，則亦以兵太衆也；隋文帝滅陳，合總管九十，兵五十一萬八千，皆受晋王節度，然賀若弼、韓擒虎先入建康，擒後主，兵纔八千耳，其時陳將魯廣達等，陣於白土岡，亘二十里，乃爲賀若弼等所破；煬帝征高麗，凡一百十三萬人，餽運者倍之，竟潰於薩水；宇文述等九軍共三十萬，先度遼，其脱歸者僅二千七百人；竇建德之救王世充也，置陳虎牢下，長二十餘里，爲秦王所擒；突厥犯塞，黑齒常之以二百騎破其三千騎；安禄山之反，潼關之戰，哥舒翰以二十萬衆，爲崔乾祐所敗；尹子奇兵十三萬，張巡、許遠以六千八百人敗之；九節度之師潰於相州，步騎兵六十萬；黄巢入潼關，兵六十餘萬，呼聲震河華，及據長安，李克用以四萬人破走之；契丹將阿古只以騎兵五百，敗老相軍三萬；石晋杜重威以三十萬衆擊遼，遼將高謨翰以三百騎殺其先鋒，餘兵皆走；遼天祚使蕭糺里步騎十萬討女真，阿骨打兵三千七百，至者僅二之一，力戰破之；遼又使邪律訛里朵等騎二十萬、步卒七萬來伐，阿骨打又敗之於阿婁岡；遼又使蕭特末將騎兵五萬、步卒四十萬討女真，並遼主自將，亦俱爲阿骨打敗於護步答岡；張浚富平之敗，兵四十萬人，馬七萬匹；宋將黄迪等以兵三十萬栅於文水縣，金突合速以兵九千敗之，殺八萬餘人；時康民率兵十七萬，撻不野敗之，又以騎三千，敗淮南兵十萬餘人；及和尚原之戰，兀术以十萬衆，爲吴玠所敗；仙人關之戰，撒離喝亦以十萬衆，爲吴玠所敗；劉麟、劉猊三十萬衆，楊沂中等破之於藕塘；夏人二十萬騎，李顯忠以所部八百人破之；順昌之戰，兀术、韓常兵十餘萬，爲劉錡所破；金主亮南侵，兵六十餘萬，虞允文敗之；完顔九斤、胡沙虎以四十萬衆伐蒙古，敗於會河堡；銀青衆二十萬，亦爲蒙古林華黎所敗；已而，蒙哥以五十萬衆，敗於宋合州城下，遂死；又察罕兵八十萬圍廬州，爲宋杜杲敗去；賈似道之潰於江上也，兵十三萬。凡此皆以多致敗，歷歷可考者也。

其以少擊衆，戰功最著者，如合肥之戰，張遼、李典以步卒八百，破孫權兵十萬。後秦姚萇，以千餘兵破雷惡地三萬餘衆，乃命軍士各植一木於棚孔以旌功，或疑營地太小，萇曰："吾自結髮以來，未嘗如此以少勝多者"，正以少爲奇耳。高昂以十餘騎，破爾朱羽生兵五千；宇文忻以五百騎，破尉遲迥精甲三千。薛萬徹以百騎，擊敗竇建德兵十萬。薛仁貴以卒二千攻扶餘，殺萬餘人。馬璘從李光弼攻史朝義於北邙，以兵五百，出入三反，敗其衆十萬，光弼曰："吾未見以少勝多如馬將軍者。"李嗣源救幽州，契丹萬騎遮山口，嗣源以百騎衝破之。楊業以數百騎出雁門，破契丹兵十萬，殺其將駙馬蕭咄李。劉溝堡之捷，劉昌祚以二千騎敗夏人萬騎，李師中上其功，謂西事以來，以少抗衆，未有如此者。燕達以五百人抗夏人三萬騎，九戰皆捷。岳忠武以八百人，破群盗王善等五十萬衆於南薰門，以八千人破曹成十萬衆於桂嶺，以嵬背八百破兀术於順昌，又以五百破之於朱仙鎮，皆敗其衆十餘萬。金完顔陳和尚以四百騎，敗蒙古兵八千於大昌原。而尤最奇者，宋武帝微時，以數十人覘孫恩，遇賊衆數千，便與戰，所將人俱死，帝獨奮長刀，所殺傷甚衆。南齊周盤龍子奉叔，單馬率二百餘人陷陣，虜萬騎圍之，一騎走還，報奉叔已歿，盤龍馳馬奔入，時奉叔已大破虜得出，在外不見其父，復躍馬入，父子兩騎縈繞於數萬人中，虜遂大敗。陳侯安都以十二騎破齊陣，禽其儀同乞伏無芳，又刺東方老墜馬。蕭摩訶與北齊戰於吕梁，以七騎破齊軍，奪其大旗，及周滅齊，遣將争吕梁，有精騎數千，摩訶領十二騎入周軍，斬殺甚衆。隋張須陀以五騎覘賊，遇賊裴長才等二萬奄至，圍之數百重，力戰而出。唐王君廓以十三人，破郭士衛等兵一萬。宋之悌應募擊驩州蠻，與壯士八人，被重甲，大呼薄賊，曰："獠動即死。"賊七百人皆不敢動，遂平之。金阿骨打以十人，擊走遼兵於混同江。劉整在宋時，以十二人入金信陽軍，擒其守，時以爲唐李存孝以十八騎拔洛，今整更少，乃書其號曰"賽存孝"；元渾察征乞失哈里，敵兵二千，渾察以勇士五十人破之。揚子橋之戰，張宏範以十二騎渡水，敗姜才軍。明初洛水北之戰，常遇春以單騎入元軍，敵二十餘人刺之，遇春殪其前鋒一人，大呼馳入，壯士從之，敵遂大潰。傅友德攻山西，擴廓萬騎突至，友德以五十騎沖卻之。丁德興從攻洪山寨，以百騎破賊數千。成祖靖難兵起，款台以十二騎破南兵三千人。東昌之戰，薛禄以五十騎敗南兵數百，又皆古今所罕觀者也。

按《癸辛雜識》，賈似道命廖瑩中刊《奇奇集》，萃古人用兵以寡勝衆，如赤壁、淝水之類成一書，蓋自詫其援鄂之功也。其書今不傳，今姑撮諸史所載於此。

爾朱榮既破擒葛榮，其衆皆降。爾朱令各從所樂，親屬相隨，任其居止，於是數十萬衆一朝散盡，待出百里外，乃始分道押領，隨便安置，人服其處分機速。《唐書》：秦王世民破擒竇建德，俘獲五萬人，即日散遣，使還鄉里。蓋乘其潰散之勢，遣之使還，莫不懾帖而去。衆既無主，自不能復嘯聚爲亂，而我亦免安插供饋之煩也。

—2. 皇朝經世文編　卷七一　兵政二　兵制下

論臺灣要害《皇朝武功紀盛》

臺灣之變，總督李公赴閩，道過常州，邀余偕行，佐其幕事，凡一年有餘。此編即幕中所記也，事皆與方略合，故不復删改。

林爽文本漳人，其將反也，當漳、泉二府人械鬭之後，恐泉人不同亂，乃邀泉人劉志賢共起事，欲使爲泉人倡。劉志賢自署理番同知，至鹿港收貨税，有泉民林凑等起義擒之，鹿港得無恙。是時賊方蜂起，漳人仗賊之勢，常凌泉人。及黄、任兩提督率兵至，賊稍斂，則泉人又仗官兵之勢凌漳人。迨官兵久頓不進，賊勢日熾，脅各村民從之，不從者輒焚劫，於是泉人亦皆弭首附於漳矣。惟鳳山縣南有粤民數十村，結寨自守，賊終日不敢犯。蓋賊本烏合，非真有不可撲滅之勢，故福將軍等兵至，一鼓即敗之。乃知前此諸將之過於畏慎，未免重視賊也。

今臺灣既平，有當酌改舊制者。彰化縣城宜移於鹿港，而以臺灣道及副將駐之。康熙中初取臺地時，僅臺灣、鳳山、諸羅三縣地。鳳在南，諸在北，臺灣居其中，又有鹿耳門海口通舟楫，故就其地設府治。其後北境日擴，閩人争往耕，於是諸羅之北增彰化縣，彰化縣北又增北淡水同知，則府城已偏於南。且舊時如海口僅一鹿耳門，由泉州之厦門往，海道八九百里，今彰化之鹿港既通往來，其地轉居南北之中。由泉州之蚶江往，海道僅四百里，風順半日可達。此鹿港所以爲臺地最要門户，較鹿耳門更緩急可恃也。幸林爽文等皆山賊，但知攻城，不知扼海口，故我師得揚帆至。然海舟大，不能附岸，須鹿港出小船二十里來渡兵，倘賊稍有智計，先攻鹿港，鹿港無城可守，其勢必拔，拔則據海口，禁小船，我海舟雖至，亦不得薄而登。所恃以入臺者，祇鹿耳一門耳。兵即由鹿耳入府城，又須自南而北，轉多紆折，必不能如此次之路捷而功速也。彰化城距鹿港二十里，不傍山，不通水，本非設縣之地，若移於鹿港，鎮以文武大員，無事則指麾南北，聲息皆便；有事則守海口以通内地應援，與鹿耳門互爲關鍵，使臺地常有兩路可入，則永無阻遏之患。

時上方有旨修築臺郡各城，余囑李公以此奏。李公以築城事别有司之者，遂不果。然此議終不可廢，後之留意海疆者或奏而行之，實千百年長計也。

—2. 皇朝經世文編　卷八四　兵政一五　海防中

平定兩金川附論

謹按兩金川地，較之準夷回部曾不及十之一，攻五年而後得之，勛伐似未足侈述。然其地尺寸皆山，插天摩雲，羊腸一線，紆折於懸崖峭壁中，雖將軍大臣亦多徒步，非如沙漠之地可縱騎馳突也。其扼隘處必有戰碉，甃以石而竅於墻垣，間以槍石外擊，旁既無路進兵，須從槍石中過，故一碉不過數十人，萬夫皆阻。破之之法，必步步立栅自護，以次進逼，轟大炮擊碉，使賊陝輸不能立足，官兵即隨炮入，毁而殺之。其有碉多徑阻必不能攻克者，則用繞道别進之法，視危巖絶巘無可措足、賊所不備處，乘昏夜捫蘿攀石，手足並用，如蠖循條，猿引臂，以出其後，夾攻之。故常分路各進，或三四百人爲一隊，一二百人爲一隊，賊伺隙於叢箐深澗，亦不過數十人，即突出來搏。計自用兵以來，我兵不下七八萬人，從未有列堂堂正正之大陣，鬬戰場以決勝負者，皆鑿凶裂罅而後突入。又其地雨雪多而晴少，賊之喇嘛復能用札答邪術，以致雨雪，泥深路滑，我兵力益難施。是以地不及準夷回部之大，而致力於無可致力之處，戰功之苦不啻倍蓰過之。昔哥舒翰以四萬人破土蕃石堡城之險，唐史侈爲奇績，然所攻不過一城。今則如石堡城者不下數十百處，節節出死力得之，則績之奇更前古所未聞也。

或者謂蕞爾小醜，不妨度外置之，殊不屑耗國帑兵力於此不毛地。抑知彼既隸我戎索，自難坐視其跳梁。而番夷之性，但畏威，不懷德。乾隆十四年，固嘗受降肆赦，免刀鑊而衽席之，恩至渥矣。正以未經大創，轉狃爲故常，不十年又生事，使非有以痛懲之，將益無所儆懼。各土司弱者被劫，强者亦效尤，邊徼且無寧歲，屢擾而屢討之，其勞費更不可數計也。我皇上決策剿滅，乘國家全盛之力，兵少增兵，餉少增餉，卒草薙禽獮不留遺孽。自此西南陲可千百年無事，此正一勞永逸之長計，而豈小見懦識所能仰窺萬一哉？

至於運籌握機，制勝萬里，軍書沓至，批答不逾晷刻；諸將禀承，動致克捷，即有時閫外所籌，有諭旨未到，已適相合者；亦或有諭旨到，已移步换形者。而神謀睿算，絡繹至軍，諸將知聖心所注，宵旰靡寧，皆震動奮勵，不敢稍存苟且之意，軍士亦無一懈心。用是謀者殫慮，戰者畢力，陷堅摧險，迄奏大勛。歷觀史册，千古以來未有不事隳於因循，而起功於振作者。然則掃穴擒渠，固諸將士之力；策群力以集事，則惟我皇上獨握成算，堅定不移，以成此駿烈也。（猗）［歆］歟，豈不盛哉？

—2. 皇朝經世文編　卷八七　兵政一八　蠻防下

軍機處述

軍機處本内閣之分局，國初承前明舊制，機務出納，悉關内閣，其軍事付議政王大臣議奏，康熙中諭旨或有令南書房翰林撰擬。是時南書房最爲親切地，如唐翰林學士掌内制也。雍正年間用兵西北兩路，以内閣在太和門外，儤直者多慮泄事機，始設軍需房於隆宗門内，選内閣中書之謹密者，入直繕寫，後名軍機處，地近宫庭，便於宣召。爲軍機大臣者，皆親臣重臣，於是承旨出政，皆在於此矣。直廬初僅板屋數間，今上特命改建瓦屋，然擬旨猶軍機大臣之事。先是世宗憲皇帝時，皆桐城張文和公廷玉爲之。今上初年，文和以汪文端由敦，長於文學，特薦入以代其勞。乾隆十二三年間，金川用兵，皆文端筆也。圖書則有舒文襄赫德及大司馬班公第，蒙古文則有理藩院納公延泰，皆任屬草之役。迨傅文忠公恒領揆席，滿司員欲藉爲見才營進地，文忠始稍假之，其始不過短幅片紙，後則無一非司員所擬矣。文端見滿司員如此，而漢文猶必自己出，嫌於攬持，乃亦聽司員代擬，相沿日久，遂爲軍機司員之專職。雖上亦知司員所出爲，其司員亦不必皆内閣人，凡部院之能事者皆得進焉。而員數且數倍於昔，此軍機前後不同之故事也。

按，出納詔命魏以來皆屬中書，故六朝時，中書令極貴，必以重臣爲之，而中書令官尊，不常親奏事，多令中書舍人入奏。於是中書舍人亦最爲權要地，唐初猶然，高宗時始分其職於北門學士。（元）［玄］宗時又移於翰林學士。於是中書門下之權稍輕。迨唐中葉以後，宦者操國柄設爲樞密使之職，生殺予奪皆由此出。而學士及中書俱承其下流。是以樞密一官極爲權要。昭宗時，大誅宦官，宫中無復奄寺，始命蔣元暉爲之，此樞密移於朝臣之始。地居要津，人所競羡，故宣徽使孔循欲得其處，輒譖元暉於朱全忠而殺之。朱梁改爲崇政院，以敬翔爲使。後唐復名樞密，以郭崇韜爲使。明宗時，安重誨爲使。晋高宗以樞密使劉處尚不職稱，乃廢此職，歸其印於中書，而樞密院學士亦廢。出帝時，桑維翰復之，再爲樞密使。周世宗時，王朴爲之，是五代時之樞密院，即六朝之中書。其於唐則國初之中書，中葉之學士，末季之樞密，合二爲一者也。至宋金，則樞密使專掌兵事，與宰相分職，當時謂之兩府，而他機務不與焉。元時軍國事皆師中書省。明太祖誅胡惟庸後，廢中書省不設，令六部各奏事。由是事權盡歸宸斷。然一日萬機，登記撰録，不能不設官掌其事，故永樂中，遂有内閣之設，批答本章，撰擬諭旨漸復中書省之舊，其後天子與閣臣不常見，有所諭，則命内監先寫事目，付閣撰文。於是宫内有所謂秉筆太監者，其權遂在内閣之上，與唐之樞密院無異矣。本朝則宦寺不得與政。世祖章皇帝親政之初，即日至票本房，大學士在御前票擬。康熙中，雖有南書房擬旨之例，而機事仍屬内閣。雍正以來，本章歸内閣，機務及用兵皆軍機大臣承旨，天子無日不與大臣相見，無論宦寺不得參，即承旨諸大臣亦祇供傳述繕撰，而不能稍有贊畫於其間也。按五代宋金樞密院皆有學士供草制，今軍機司員亦猶是時之樞密院學士。

軍機處有廷寄諭旨，凡機事慮漏泄不便發抄者，則軍機大臣面乘後，撰擬進呈，發出即封入紙函，用辦理軍機處銀印鈐之，交兵部加封，發驛馳遞，其遲速皆由軍機司員判明於函外，曰馬上飛遞者，不過日行三百里，有緊急則另判日行里數，或四五百里，或六百里，并有六百里加快者，即此一事，已爲前代所未有。機事必頒發而後由部行文，則已傳播人口，且驛遞遲緩，探事者可僱捷足，先驛遞而到，自有廷寄之例。始密且遠矣。此例自雍正年間始，其格式乃張文和所奏定也。軍機印藏大内，需用則請出，用畢即繳進。自用兵以來，軍報旁午，日或數起，難於屢請屢繳，故每請印出，則鈐就封函數百，以便隨時取用。而封函無專員收掌，不免狼藉遺失，宜專派一員登記月日數目，庶更爲慎重。

軍機大臣同進見，自傅文忠公始。上初年，惟訥公親一人承旨，訥公能强記而不甚通文義，每傳一旨令汪文端撰擬，訥公唯恐不得當，輒令再撰，有屢易而仍用初稿者，一稿甫定，又傳一旨，改易亦如之，文端頗苦之，然不敢較也。時傅文忠在旁，竊不平，迨平金川歸，首揆席則自陳不能多識，恐有遺忘，乞令軍機諸大臣同進見，於是遂爲例。諸臣既感和衷之雅，而文忠實亦稍釋獨記之勞。然上眷倚有加。每日晚膳後，閲内閣本章畢，有所商榷，又獨召文忠進見，時謂之晚面云。

往時軍機大臣，罕有與督撫外吏相接者，前輩嘗言張文和公在雍正年間最承寵眷，然門無竿牘，餽禮有價值百金者，輒卻之，訥公親當。今上初年亦最蒙眷遇，然其人雖苛刻，而門庭峻絶，無有能干以私者。余入軍機已不及見二公。時傅文忠爲首揆，頗和易近情矣。然外吏莫能登其門，督撫皆平交，不恃爲奥援也。余在汪文端第，凡書牘多爲作答，見湖撫陳文恭伴函，不過潼錦二端，閩撫潘敏惠公同年也，餽節亦不過葛紗而已。至軍機司員，更莫有過而問者，軍機非特不與外吏接也，即在京部院官亦少往還。余初入時，見前輩馬少京兆璟嘗正襟危坐，有部院官立階前，輒拒之曰：此機密地，非公等所宜至也。同直中有與部院官交語者，更面斥不少假，被斥者不敢置一詞云。

軍機撰述諭旨，向例撰定後於次日進呈，自西陲用兵，軍報至，輒遞入，所述旨亦隨撰進，或巡幸在途，馬上一降旨，傅文忠面奉後，使軍機司員歇馬撰繕，馳至頓宿之行營奏進，原不爲遲也。然此營至彼營七八十里，必半日方到，而兩營之間，尚有一尖營，以備駕中途小憩者，國語謂之烏墩，司員欲誇捷，遂倉猝繕就，急飛馳至烏墩進奏，名曰捷烏墩，斯固敏速集事，然限於晷刻，究不能曲盡事理，每煩御筆改定云。余直軍機時，直舍即在軍機大臣直廬之西，僅屋一間半，又逼近隆宗門之牆，故窄且暗，後遷於對面北向之屋五間，與滿州司員同直，則余已改官，不復入直矣。扈從木蘭時，戎帳中無几案，率伏地起草，或以奏事黄匣作書案，而懸腕書之，夜無燈檠，惟以鐵絲燈籠作座，置燈盤其上，映以作字，偶縈拂，輒蠟淚污滿身，非特戎帳中爲然，木蘭外有行宫，處直房亦如此，惟多一木榻耳。余歸田後，歲庚子上南巡，余恭迎於宿遷，見行宫之軍機房明牕净几，華裀繡毯，不覺爽然失也。

聖躬勤政，上每晨起，必以卯刻，長夏時，天已向明，至冬月，纔五更盡也。時同直軍機者十餘人，每夕留一人宿直舍，又恐詰朝猝有事，非一人所了，則每日輪一人早入相助，謂之早班，率以五鼓入，平時不知聖躬起居，自十二月二十四日以後，上自寢宫出，每過一門，必鳴爆竹一聲。余輩在直舍，遥聞爆竹聲，自遠漸近，則知聖駕已至。乾清宫計是時尚須燃燭寸許，始天明也。余輩十餘人，間五六日輪一早班，已覺勞苦，孰知上日日如此，然此猶尋常無事時耳。當西陲用兵，有軍報至，雖夜半亦必親覽，趣召軍機大臣，指示機宜，動千百言，余時撰擬，自起草至作楷進呈，或需一二時，上猶披衣待也。

—14. 皇朝經世文統編　卷二五　吏政三　京秩

錢大昕（1728—1804）

字曉徵，一字及之，號辛楣、竹汀居士，江蘇嘉定（今屬上海）人。乾隆十九年（1754）進士，官至詹事府少詹事。有《潛研堂集》。

與程秀才書

承以所著《易源待正稿》相示。僕於經義，素非專門，圖書術數之指尤所不解。今讀足下書，所謂欽其寶莫能名其器者也。

竊嘗思之，宣尼學《易》，但云："可以無大過。"其贊顏氏子曰："有不善未嘗不知，知之未嘗復行。"聖賢學《易》，不過欲保此身，使無大過而已。小過雖聖人未敢自信爲必無也，故曰："震无咎者存乎悔。"又曰："无咎者，善補過也。"聖人唯自覺其有過而悔之，即己不覺而人告之，亦怵然爲戒，即悔即改，此"不遠復无祇悔"之所以"元吉"也。若夫亢而有悔，迷而終凶，雖聖人亦（末）［未］如之何也矣。古之聖賢求《易》於人事，故多憂患戒懼之詞；後之儒者求《易》於空虚，故多高深窈妙之論。聖人觀《易》，不過辭變象占四者，今舍象占而求卦畫，又舍卦畫而求畫前之《易》，欲以軼出文王、孔子之外，自謂得千聖不傳之秘，由是自處至高，自信至深，謂己之必無過，且患人之言其過，辯論滋多，義理益昧，豈《易》之教固若是乎？此僕之所以不敢言《易》也。

—2. 皇朝經世文編　卷五　學術五　文學

陸氏義莊記

古者卿大夫立宗，宗子必世其禄，故有收族之誼，冠昏喪祭必請於宗子而行之。大功以上，無異財亦無貧富之殊，即其稍疏者，宗子之力足以贍之。《周官》所謂"宗以族得民"者，其法如此。若夫四閭爲族，使之相葬，五族爲黨，使之相救，五黨爲州，使之相賙，則皆庶人之無宗者，故不能不藉乎閭井之任恤，而世家大族，固未聞有此也。自宗法不行，士大夫無以收其族，昭穆既遠，視爲路人，角弓之反頻聞，葛藟之芘安望？即有敦本好禮、能施惠於三族者，一時雖賴以濟，而不能經畫可久之計，論者不無遺憾焉。三吴自泰伯、季札以禮讓開其始，洎宋范文正公守鄉郡，創立義田，以贍宗族，訖今七百餘年，范氏之苗裔，猶食其德，高義之名，彰於宸翰，其規條具在，可謂善之善者矣。

我國家列聖重熙，風俗茂美，好義君子，希風先哲者，接踵而興。長洲陸君豫齋，唐賢甫里先生之裔，自明贈尚書守禮公以來，枝條繁衍。豫齋之尊人公，至性淳備，行善於鄉，聞高平之遺風，心向往之。豫齋起而承厥志，割遺産五百畝，爲贍族之資，設義莊於陸巷，每歲收支出納，集族衆其中，相與勸於修禮勤力，而勿蹈於匪彝，殆有得乎古人收族之意者乎。夫宗法雖善，然必藉乎貴而後行之。其究也或以啓挾貴之漸，義莊則唯族之賢者能行之。其敦睦出於性之自然，故持之久遠而無弊。此范氏之意，可以爲後世法。又近歲立義莊，若吴縣陶氏，崑山顧氏，皆經大府題奏，得邀優敘。而豫齋之爲此舉，唯告諸有司，出給公據，未嘗輒求上聞。其務實而不競名，尤有加人一等者矣，豈不深可嘆尚也哉。

—2. 皇朝經世文編　卷五八　禮政五　宗法上

陳桂森（1729—1790）

字和叔，號耕岩，江蘇常熟人。乾隆三十一年（1766）進士，官大理寺少卿。

導河書

河入中國四千年，陵谷有變易而天運有循環。其遷徙之源流，堤防之大略，考之於古，驗之於今，得失具在，可畫地而談也。夫河自禹至五代，北流者幾三千年。漢武帝時南注鉅野，通淮泗，武帝發數萬人塞之，導河北行，復禹舊迹。自是至唐千年，河無大患。晋開運中，河决於滑，浸汴、曹、濮、單、鄆五州，環梁山，合汶水，與南旺蜀山湖連，河始自北而東。宋嘉祐中，分爲二流，由大名東至德、滄入海者爲東流，由大名北至恩、冀、乾寧入海者爲北流。熙寧中，河又南徙，分爲二派，一合南清河入淮，一合北清河入海，河又自東而南。元豐後又折而北，文彦博諸人力主回東之議，竭天下之力以塞之。元符二年六月，河决内黄口，勢全北流，東流遂絶。北流合御河至滄州入海，頗爲通利。南渡，地入於金，河始離濬滑故道，時有决溢。明昌五年，河决陽武，由封邱東注梁山濼，仍分爲二派，由南北兩清河，分入淮、海、汲、胙之間，禹河下流遂絶。自是歷元、明二代，河勢益趨於南，遂會淮於安東入海，淮爲黄所奪，流不能駛，因瀦於洪澤湖，爲害益甚。明潘季馴始用束淮刷沙法，導洪澤所注淮水，引七分入清口刷黄，分三分由運河以達之江，外築高家堰，使束淮有力，内設船疏浚，運河深通，自是數十年無水患。亦所謂因勢利導，故奏功獨多。蓋自宋以來治河之善未有過之者。

自國初防海寇軼入雲梯關，因關口分列梅花樁，而海口漸淤。自設葦蕩營於淤地，而海口日塞。自引洪澤湖水入高寶湖，而淮弱黄緩，清口亦日壅。迄今又數十年，下流之塞者益多，則上流之决日甚。勢有必然，無足怪者。是以邇年河水漲溢，即直注洪澤，於是以一湖而全注黄、淮二瀆之水，湖身既不能容，又黄水挾沙淤墊，洪澤益加淺狹，非東溢高寶，即西注微山。淮揚徐海郡縣歲被其害，不得耕穫者。且將十年，前後賑恤蠲貸不下數千萬，而其害正未底止。今則洪澤溢於東，而下河百萬生靈有突决棟焚之勢，二十鹽場亦危如累卵。大河正溜大半注於微山，豐、沛、蕭、碭先受其灾，兖、豫二州必繼蒙其害，而司水之臣坐視異灾，束手無措。其平居所謂治河之略，不過減歲費、督夫役、核工料而已。至地形之高下，水勢之順逆，茫乎未之講求，徒惴惴焉爲不終日之謀。歲修而月搶，東塞而西决，以僥倖於無事。一經異漲，則諉於運數之適然，而生民之魚鱉，國帑之虚靡，若以爲固當然者，徒使九重宵旰，閭閻蕩析，歲以數百萬之民命、數百萬之民財，直付之洪波巨浸，而終無紀極。不有變通，其何以善其後？故今日非得通知古今深曉地勢者，會全局於胸中，施救時之方略，改弦而更張之。吾見川壅而潰，淮揚徐海之間，兖鄆宋汴之境，淪胥以鋪，正未已也。

禹之治河也，播九河，釃二渠，以河流湍悍，故分河以殺其勢，導河北行，其所入之水猶少。自是以後，漢有屯氏及東郡渠。唐元和中，開古黄河於黎陽，以决舊河水勢，而滑州遂無水患。由宋及明中葉，河雖東南行，而宋分兩派，元有三汊，明於濮杞之間、蘭陽儀封之境，尚各有支渠，不使並行一道。今河流既歸於一，又自中牟以下合汴，徐州以下合泗，清口以下合淮口諸大水，以助其勢，奔騰迅激自數倍於禹時。乃專恃一海口，以爲尾閭之泄，而海口又僅存昔日之二三，如是而欲不爲患，是必今之治水者愈於禹而後可也。

故欲除河患，必先探其原，悉其委。其發也有自來，則上流當多開引河以殺其湍，其歸也有所瀦，則下流當廣闢海口以暢其流。夫河自大伾東走平地二千餘里始達於海，合則勢强而衝突，分則力弱而安流，其勢然也。爲今之計，當先於河南、山東二省河水經行之地，相度形勢，因其高下，分導其流，引湍悍者披爲支河，捐卑下者瀦爲大澤。疏其淤而泄其漲，則上流有所分，而沖决之患自減。至安東海口雖多淤塞，然今漕標六營，如東海之鶯游門，佃河之灌河口，廟灣之竕港，小關之野潮洋，鹽城之新洋、斗龍二港，凡諸海口並去河不遠，引而分注，爲力甚易。又葦蕩營及黑風口及射陽湖濱，皆昔時河流入海之地，今已淤壅數十里，開之難以施工，聽之貽害無已。當盡舉此數十里之地委而捐之，撤屯聚之兵民，任河流之泛濫，則海口既復，而下流壅滯之患亦除。然此猶其小者，夫河性無常，南流已六百餘年，今南河日淤高於北岸矣，水勢就下，當順其勢而利導之。河南封邱北岸，與直隸山東犬牙相錯，當先以水平測量，定其高下。其封邱險口，金龍爲最。昔時北流舊迹尚有存者，若决金龍口，由大名引而注之漳河，合滹沱諸水借以刷沙，達之天津，以復北流故道，南北分流，河患自減。釃渠播河，不泥其迹而師其意。此功既成，中州長免潰决之憂，南流可減非常之漲，數百年之利其在是也。

難者曰："分上流以開支河，通下流以闢海口，必將以移沿海之營，徙瀕河之户，計其工費，非數百萬不足以集事。今歲當大决之後，上下江灾民七百五十餘萬人，国家發帑已至八百三十餘萬兩，計米至三百萬石，而蠲賦之數不與焉。聖主恩至渥也。若復興兹大役，國何以支，而費何所出乎？"余曰："固也。子不聞治天下之患者，擇害莫若輕，擇利莫若重乎？夫河患所以至斯極者，以司水之臣頻年以來未知宣導之方，專以節費爲事，故邇年江南、河東兩總河之歲費，不及賑恤之二三。玩愒歲月，苟安目前，養癰以待其决，逮一發而難收，遂致國與民交受其害，此已事之明驗也。議者遂歸咎於節費之非，不知其弊正不止此。使治今之河，無變今之法，則節費亦决，濫費亦决。誠得干濟者任之，移此賑恤之財即爲治河之用，選灾民之强壯者什伍而聯屬之，贍其身而役其力，則上不致坐食縣官，虚費帑廪，下可以撫安凋瘵，永奠民居。俟水行地中，而上下江數十州縣之灾地可耕可穫，退淤之地其收自倍，則國賦仍登，民生保聚。視徒急於賑濟緩於治河，以至年年告灾，議蠲議賑，未有窮已，其利害相去萬萬矣。"

難者曰："上流分或至黄水細，而妨漕運；海口開或至水勢盛而决鹽場，奈何？"余曰："自明李化龍開泇河，而吕梁之運道廢。今之糧艘僅絶黄而過，固無須於濟運也。且黄水果細，則洪澤寬而高堰安，淮河盛則刷黄有力，運河益清，吾見其利，未見其害也。况北地之田素無溝洫，若分水法行，則既殺河流，又資灌溉。更募江浙農人給以衣食農具，俾以此教，十數年之後其利溥也。至海口沮洳之區，本當年黄水奔騰之地，衝溢靡常。故明淮海分司所隸鹽場有十，今已僅存板浦、臨興、中正三場，而臨興乃先裁後復，中正乃先設未久，又皆屬曬鹽，非有牢盆煎煮之事。其地皆在海州迤北，即或泛濫，擇地而徙，場行於昔者，何不可行於今？若海口不治，而下河潰决，將舉通泰二十二場盡沉於海，子何置彼而慮此也？"曰："導河北流以復故道，非常之原，黎民懼焉。子何言之易也?”余曰：“河之南也，以宋人力塞北流，河欲東則仰高而難行，欲北則沮遏而中潰，故放而南下。今南河既已日高，則北地卑矣，順下之性，導其自然，以復其故，所謂行所無事，因也，非創也。夫前世之治水者無論，即明之中葉，如宋禮引汶水以濟運，先測量水平，計濟寧平地與徐州山巔相準，懸流三十丈，故魯橋閘以南稍啓立涸，舟行半月始達。東兗之民苦挑淺之役者百六十年，自改鑿新渠，導汶入運，諸牐不煩啓閉，舟行日百餘里。而迦河未開之先，初計費數百萬，相視及當事者，皆謂斷不可行。潘季馴始尋葛墟嶺故道，尚未暇濬治，後舒應龍稍從韓莊疏鑿，至李化龍遂決意治之，初尚淺淤艱阻，後遂沛然流通，費僅及二三，遂得避黄河三百里之險。此兩人所奏之功，皆創前人未有之迹，其遺利至今賴之。亦惟能因水之性，疏導得宜，克成偉績。況有成迹之可因，而顧諉古今人之不相及哉。然苟非得其人，任之專而用之久，去其掣肘，付以便宜，吾亦未見事功之克集也。”

—1. 切問齋文鈔 卷二五 河防一

韓夢周（1729—1798）

字公復，號理堂，山東濰縣（今濰坊）人。乾隆二十三年（1758）進士，官來安知縣。有《理堂全集》。

祈雨文

嗚呼！入夏以來，雨澤告愆，夢周再禱於城隍之神，以誠之不至，而神不我德，萬姓惘懼，祈祝皇皇，靡神不舉。夢周身爲長吏，惟民是司，其憂其樂，長吏以之，其死其生，長吏視之，夙夜徬徨，莫識所爲。伏惟尊神，忠義冠今古，英靈鎮寰區，自我大清受命，隆禮寵嘉，其必將圖厥報。伏念一區之民，皆皇上赤子，一命之士，皆爲天子牧民，況於尊神覆庇蒼黎，靡有涯量。夢周不揣猥陋，且願爲民請命，敢以十事誓於神，惟神罰其吏而哀其民，夢周死且不朽：其一，有若貪黷貨利，浚民之生，願罰算十年；其一，有若殘忍酷刑以戕民，願罰算十年；其一，有若受請託，枉是非，願罰算五年；其一，有若驕逸，弗念民戚，曠厥官事，願罰算五年；其一，有若法弗及惡，以莠賊良，良者弗式，願罰算三年；其一，有若置民依農桑弗興，願罰算三年；其一，有若學校不舉，教士不以誠，願罰算三年；其一，有若諂上以利與色，思固寵位，願罰算三年；其一，有若厥鰥寡漠不在抱，爲心之喪，願罰算三年；其一，有若縱吏胥假官之威，用毒虐於小民，願罰算三年。凡兹十事，長吏有一於身，實爲惡德愆伏之由，惟神殛之，累事而加，奪其算數，用赴告於皇天后土。其疾既去，其民將蘇，及時大霈霖澤，俾萬彙昭回，民生康賴，則神之恩德，世世答貺其無斁。尚饗。

—2. 皇朝經世文編　卷四五　户政二〇　荒政五

圩田圖記

來安東南多圩田，夾列水口沙河東西岸。沙河發源於盱眙之爐山，四十里經縣東門，又三十里經水口，又三十里入烏衣河，又東匯於滁河。河水自發源行七十里，澗流溝注，交會於水口，於是始大，足灌溉，故圩田居焉。列西岸者曰羅沈圩、河西圩、范家圩、三城圩、勸犂圩、塘南圩、固鎮圩、天澗圩凡八圩；列東岸者曰瓜圩、扁圩、胡母圩、黃青圩、大雅圩、董青圩、江青圩、西廣大圩、北廣大圩、東廣大圩凡十圩，共十有八圩。凡圩之制，大者周四十餘里，次二三十里，次十餘里。四圍築堤，堤高二丈餘，厚四五丈餘；次高一丈餘，厚三四丈餘。堤外有夾河，有散水堤，内有月塘，有溝有渠。於堤半下做斗門，以石爲之，小者爲畚，以磚爲之，時其啓閉，旱則引沙河之水入斗畚，流入塘渠灌田；潦則决圩内之水出斗畚，由夾河分入散水，達沙河。沙河不能即泄，在東岸又有汪波蕩、鵝兒蕩以匯之，在西岸有紅草場黃線溝以出之。而汪波蕩爲最大，蕩廣四十餘里，東南通烏衣河，水口以北諸岡埠之水皆聚焉，於來爲巨浸。故凡圩田之設，其爲利害於沙河者十之七，爲利害於汪波蕩者十之三。此圩田規制之大略也。

凡圩田宜稻，所长住穫視他田三倍，其值亦倍於他田，故諺曰："圩田收，食三秋。”其地利然也。比年以來，雨暘愆伏，旱澇過甚，旱甚則無水可資，澇甚則中外皆飽，圩反爲澤，於是圩之民始病。然澇之中尤有甚病者曰破堤，河溢蘯湧，衝激所至，堤不能禦，則潰決而入，拔樹木，漂廬舍，圩之溝渠畦塍，蕩滌變遷，失其故制。沙礫所淤，化爲磽瘠，是以破堤之圩，三年不復。然來圩再被澇，而無破堤之患，視他邑爲幸者，非其水勢弱也，圩之堤高且固，足與水敵也。語曰：“人力足，灾爲福。”此其驗也。故凡營圩田者，莫先於固堤，欲固堤者，在齊民力；齊民力者，在通作民力既齊，厚其力食，而堤自固矣。堤固，則小旱澇足以爲備，而甚亦不爲大病，夫而後圩民可得小安也。

余三年以來，營度於此，考地勢，究利害，齊人功，凡所規建，頗有成效。因命工爲圖，備具經制，及所以興作力食之條悉列焉，俾後來者有所考，毋以荒功遺害也。

—2. 皇朝經世文編　卷一一六　工政二二　各省水利三

李　拔（1729—？）

號峨峰，四川犍爲（今屬樂山）人。乾隆十六年（1751）進士，官福州知府。有《福寧府志》等。

種棉説

天生萬物以爲人用，草花蟲殼，可爲衣被；冰繭火蠶，皆可爲絲；吉貝婆羅，皆可爲布。然出産不常，組織非易，閭閻往往難之，求其取多用宏，價廉工省，貴賤咸宜，貧富皆便者，惟棉花爲最上。

古未有棉，漢後始入中國，流傳遂廣，世蒙其休。我皇上念切民依，留心耕織，温飽之利遍於天下。予嘗北至幽燕，南抵楚粤，東游江淮，西極秦隴，足迹所經，無不衣棉之人，無不宜棉之土。八口之家，種棉一畦，歲獲百斤，無憂號寒，市肆所鬻，每斤不逾百錢，得之甚易，服之無斁，婦子熙熙，如登春臺，有由然也。閩中地號炎海，天氣温暖，土脉疏潤，最宜種植，而棉花絶少出産，購自江浙，價常加倍。又其甚者，男子惟捕蜃蛤，女子不解織絍，寸絲尺布皆須外市，苟非素封，欲不嘆無衣也得乎！

乾隆己卯，予守福寧郡，怪而問之，或云土地非宜，予疑之。因於署内隙地試種，歲入甚富，及調福州屢試有效，然後知閩地宜棉。而不棉者，非地之過也，開先無人，而種植之道不講也。謹爲粗舉其略，俾謀生者取焉。

棉樹挺生，葉如蒼耳，高二三尺，性喜燥惡濕，宜種山坡沙磧間，或地平，則四面掘小溝，以泄雨水。水聚則葉雖茂不花，即花亦鮮實，或摇落無餘。每歲春三月，取花子入土中，數日即生，非其種者，鋤而去之。每株相離約尺許，毋使太密，鋤三次，長尺許，即開黄花，花謝結實如桃。又十餘日，實開棉出，拾而存之，自下而上，綿綿不絶，自五六月至九十月方止。有頭花、中花、尾花之制，故蜀中土俗以砍花柴爲農功畢也。花既得，用車繳之，去其子，彈爲棉，紡線織布，即可爲被服。夫使農民有佐種植之利，而工商無衣貴布之累，則未有如廣興木棉之得計者也。民之欲自謀生，與司牧之欲爲民謀者，其尚審而行之。

—14. 皇朝經世文統編　卷四〇　户政五　樹物

余廷燦（1735—1798）

字卿雯，號存吾，湖南長沙人。乾隆二十六年（1761）進士，官翰林院檢討，充三通館纂修。有《存吾文集》。

民貴

厥初萬物權輿，與玄黄同剖判者，其圓顶方趾之民乎？民質也有因，民之質而文之者，則曰聖賢；民萌也有因，民之萌而達之者，則曰君相。二者非有異於民也，以民明民也，以民衛民也。非用民，而爲民用者也，此天地之心也。然治民者且曰“民賤”，何異足日荐地，而不思去地則足懸無所附；雖有飛廉跨空之足，僵仆頓踣而已矣？何異魚日在水，而不知水涸則魚相與處於陸；雖有横海之長鯨，螻蟻治其命而已矣？揚雄氏曰：周之士也貴，然文王、武王、周公之貴民也亦明矣。愛其子者隆其師，貴士正所以貴民也。寒其足者傷其心，民不貴即士亦不可得而貴也。明人竭三百年膠庠甲科之力，以奉數千百褒衣博帶之士；而此數千百褒衣博帶之士，顧知有文章聲氣，不知有民事，譚吏術則恥之，其所報國家者何也？夫姚姒子姬孔孟之聖與賢，天所靳而不輕生者。然及其既生，天亦止欲其護吾民耳。使以姚姒子姬孔孟之賢，而於吾民夷然不屑，尚謂違天；奈何截然絶吾民於士？一以爲珠玉，一以爲糞土。小民方興，相爲仇敵。國家雖欲長與士共天下，其可得哉？今夫投棄《詩》《書》，家必敗也。固也秦之賤士是也。今夫歌誦《詩》《書》不絶口，與之觀溝川澮譚、黍涂稷桑麻，則吐棄如臭惡，是直隳天地之性而棄生人之命也，又豈真能歌《詩》誦《書》者哉？

——2. 皇朝經世文編　卷一　學術一　原學

汪輝祖（1731—1807）

字焕曾，號龍莊，晚號歸廬，浙江蕭山人。乾隆四十年（1775）進士，官至道州知州。有《佐治藥言》《學治臆説》。

論用人《學治臆説》

吾友邵二雲編修言，今之吏治，三種人爲之，官擁虚名而已。三種人者，幕賓、書吏、長隨也。誠哉言乎！官之爲治，必不能離此三種人。而此三種人者，邪正相錯，求端人於幕賓，已什不四五；書吏間知守法，然視用之者以爲轉移；至長隨，則罔知義理，惟利是圖，倚爲腹心，鮮不僨事，而官聲之玷，尤在司閽。嗚呼，其弊非説所能罄也。約之猶恐稽察難周，縱之必致心膽並肆，由余"官須自作"之説而詳繹之，其必有所自處乎？

選官初至省城，及簡縣調繁，間遇資斧告匱，輒向幕友長隨假貸子錢，挈以到官，分司職事，此等人既有挾而來，必攬權以逞，辭之則負不能償，用之則名爲所敗，所當謹之。於初無已，寧厚其息，而不用其人。勿令幕友長隨爲債主。

財賦繁重之地，印官初到，書吏之有倉庫職事者，間有饋獻陋規。若輩類非素封，其所饋獻，大率挪用錢糧，一經交納，玩官於股掌之上矣。無論不能覺其弊也，覺之亦必爲所挾持，不敢據實究辦。諺云"漏脯救饑，鴆酒止渴，非不暫飽，死亦及之"，其斯之謂歟？顧官既洗心，則門印亦難染指，必且多方慫恿，非有定識定力，不惑者鮮矣。勿受書吏陋規。

幕賓、長隨利弊，前已歷歷言之。若寮友訪人於我，果相信有素，自當應其所求。如以素未深信之人，姑爲推薦以塞責，使寮友以信我之故，過信其人，萬一誤事，何以相見？故素未深信之人，斷不必徇情説項，或有推薦，亦當詳其所長，不諱其所短，使用之者可略短以取長，庶於事無僨，於心可安。勿濫薦幕友長隨。

用人弊不一端，撮要言之，則曰上下壅隔而已。爲上官者，類以公事爲重，萬不肯苛求於下，而左右給事之人，不遂其欲，輒相與百方媒孽。昔吾浙有賢令，素爲大吏所器，會大吏行部過境，左右誅求未饜，一切供儲皆陰爲撤去，曉起鐙燭夫馬一無所備，遂攖大吏之怒，摭他事劾去，此隔於上之一端也。又有賢令，勤於爲治，纖鉅必親，賞罰必信，其吏役有不得於司閽者，遇限日硃單，必濡遲而出，比其反也，又不即爲轉禀，率令枉受逾限之譴，此隔於下之一端也。被害者據實面陳，何嘗不可立懲其弊，然若輩勢同狼狽，所易之人肆毒尤甚，安能事事瀆禀，頻犯投鼠之忌，故下情終不可以上達。須防上下壅隔。

長隨與契買家奴不同，忽去忽來，事無常主。里居姓氏，俱不可憑，忠誠足信，百無一二。得缺之日，親友屬託，到省之初，同官説薦，類皆周全情面，原未必深識其人之根柢，斷不宜一概濫收。至親臨上官面言者，其勢不得不允，處之散地，尚非善策，不若任之以事，留心體察，足供驅使固爲甚善，覺有弊竇，立時辭覆，使其無可歸怨，亦有辭以對上官。勿濫收長隨。

濫收長隨之弊，始於誤人，終於自誤。蓋若輩求情面而來者猶可，其曾出薦資者，一經收録，薦主之責已卸，投閑置散，不惟薦資落空，且常餐之外一無出息，若輩又多貪飲嗜食，加以三五聚處，賭博消閑，勢不得不借債鬻衣，此皆由我誤之。彼不自度材力，又不能諒我推情收納之故，而署中公私一切，彼轉略有見聞，辭去之後，或張大其詞，以排同類，或點綴其事，以謗主人，訛言肆播，最玷官聲。濫收長隨之弊。

宅門内用事者，司閽曰門上，司印曰簽押，司庖曰管厨。宅門外則倉有司倉，驛有辦差，皆重任也。跟班一項，在署侍左右，出門供使令，介乎内外之間。惟此一役，須以少壯爲之。司閽，非老成親信者不可，其任有稽查家人出入之責，不止傳宣命令而已，心術不正，將内有所發而寢閣，外有所投而留難，攬權婪詐，無所不爲，其後必至鈎通司印，伺隙舞弊。此二處官之聲名繫之，身家亦繫之。管厨、辦差則有浮冒扣剋之弊，管倉則有盗賣虚收之弊，皆虧累所由基也。用長隨之法。

用人不可自恃。往承乏寧遠，止録游幕，時先後所用舊僕五人，一門，一印，一跟班，一司倉，一管厨。其中一人素無才識，余以閽人耆猾，稽察不易，特令專司啓閉，不甚檢核。閱歲之後，捺硃票，閣稟單，稍稍婪索，間有言者。余念大小公事一一手治，渠不敢旁參片語，未之深信，又一年而事敗，乃痛懲焉，已幾幾受累矣。兼視並聽，如之何可過恃耶？嗟乎！不可自恃，又豈獨在用下人哉？用人不可自恃。

—2. 皇朝經世文編　卷二一　吏政七　守令上

論用財《學治臆説》

士既服官，凡官之所需，及應酬種種與官俱來者，斷不能省。然官一而已，非闔家皆官也。一人官，而家之人無不官樣，禄其足濟乎？且即官之一身，衣服可以肅觀瞻，輿僕可以供任使，似亦足矣，而必備美是求，有一帶而懸表佩玉，費及千金，他物稱是者，試問官聲果否繫此而虧累因焉，果何爲哉？優伶宜屏，讌會宜簡，裘馬宜樸，家人之衣飾宜儉，借曰缺美息阜，則有原思用九百之義在，豈患貨之棄於地者，而况其未必然耶？故用財宜節，不節必貪，人即不自愛，未有甘以墨敗者。資用既絀，左右效忠之輩進獻利策，多在可以無取、可以取之間，意謂傷廉尚小，不妨姑試。利徑一開，萬難再窒，情移勢偪，欲罷不能，或被下人牽鼻，或受上官掣肘，卒之利盡歸人，害獨歸己，敗以身徇，不敗亦殃及子孫，皆由不節之一念基之。故欲爲清白吏，必自節用始。不節必貪。

宅門以外，官也，規模狹隘，則事上接下，無往非獲咎之端。宅門以内，家也，規模闊大，則取多用宏，隨在皆虧帑之漸，而其要則在勿使家人有居官之樂而已。造物勞我以生，無論在官在家，總無逸居之日。仕路何常，宜止則止，顧有知止而不獲止者，大率家人累之，家人樂於在官，即有不能去官之勢。故居官時，須使宅門以内仍與家居無異，女紅中饋，不改寒素家風，則家人無戀於一官，而退計不難自決矣。勿使家人有居官之樂。

身兼庶事，萬不能瑣屑理財，然出納之數，斷不可不知。盡委經手之人而己不與聞，則我不挪移有挪移者，我不侵盗有侵盗者，至交代時，水落石出，噬臍無及矣。宜屬司筦鑰者，分别正入、正出、雜入、雜出四簿，按旬一小結，按季一大結，隨時檢閱，則倉庫出入，相符不相符，有餘不足之數，一一在心，設遇去官，交代册籍，頃刻可成。雖猾吏無能爲弊，更可不致遺漏款目，受後任之推敲。或曰此行於簡僻小縣則可，恐繁劇之地勢不能行。余應之曰：苟不耐煩，雖簡僻何所用之？否則地異而理一也，何難行之有？夫號稱繁劇，不過增驛站，多迎送耳，亦可另設一簿，以覽其要。特立法非難，任人爲難，有治人無治法，安所得誠信之人而任之歟？出納不可不知。

賓友、僚屬之酬贈、賻貨、慶吊一切，分所常有，斟情量力，各視其時。不應則已，應之須令其人實受吾益。嘗見官中陋習，以此等應酬無可質證，司出納者，任意短色輕平，甚有至八折九折者，剋其贏以入槖。施者實費，受者虚承，良可浩嘆。劉仙圃令浙江時，今爲貴州石阡太守。遇有公分，屬帳房封固加簽，其應標名目，必俟手署，故色或未必全足，而平總不敢稍輕，亦厚交之一道也。財宜實用。

用財須儉，爲一己言之也，若以財用人，則處處宜留餘地。人之聽用於我，無不爲財起見，不使之稍有所利，其心思材力，豈肯實爲我用？且不惟不爲我用，將轉爲我害矣。且我亦何常不計利哉？席官之位，食官之禄，尚欲儉用以自贏，彼事官者而使一無所贏，其家何賴焉？寬其分乃安其身，惟恐我之不用，斯收用人之益耳。以財用人宜寬。

寧遠舊無庫，徵收餉銀皆貯内室，遇批解始發匠傾鎔。余以爲非制，創設庫房三間，命庫書司筦鑰，此正項也。即廉俸所入，亦儲帳房，應酬日用，皆取給焉。蓋一歸私室，則當問出納於室人，性嗇者慮其絀也，出之不易，或誤事機，性奢者見其贏也，用之無節，必致匱乏。且財之所主，權之所歸也，並有因以干預外事者，若之何勿慎？財不可人私室。

侈靡之爲害也，取之百姓不已，必至侵及官帑。其始偶然，繼乃常然，久且習爲固然，而忘其所以然。夫因公挪移，即干嚴律，虚出通關，亦罹重譴，况以私用而虧官帑，實爲侵盗乎？縱或倖逃法網，神且鑒之，矧法亦未可苟免耶？上官之喜怒，一身之疾病，公事之降革，皆不可知。官帑無虧，不過奪職而止，不然，將有制其命者。所當於用財時，先自謹也。官帑不可虧挪。

夫民亦知積貯之不可少也，實買實貯，事原易行，自換斗移星，權歸胥吏，而有名無實，窒礙多端。初猶藏價於庫，終且庫亦虚懸，而倉愈難言矣。遇有交代，輒移價作收，然堯水湯旱，盛世不免，設遭歉歲，生民之命繫於倉儲，萬一欲賑無糧，欲借無種，嗷嗷哀鴈，恐不能以美言市也。蓋庫虧尚可補苴於一時，倉空萬難籌措於臨事。有備無患，守土者何等關係，其可度外置乎？倉儲宜實。

吏不可墨，固已。余謂非特不可，亦且不必。數十年前，吏皆潔謹，折獄以理，間以賄勝，深自諱匿。自一二虧帑之吏，藉口彌補，其徑漸開，且家人吏役，皆甚樂官之不潔，可緣以爲奸，雖官非事事求賄，而若輩必曰非賄不可，假官之聲勢，實役之槖囊，官已受其挾持，不能治其撞騙。且官以墨著，訟者以多財爲雄，未嘗行賄，亦冒賄名。其行賄者，又好虚張其數，自詡富豪，假如費藏三百金，必號於人曰五百，而此三百金者，説合過付，吏役家人在在分肥，官之所入不能及半，而物議譁傳，多以虚數布聞。上官之賢者，必摭他事彈劾，即意甚憐才，亦必予以媿厲之方；其不賢者，則取其半以辦公，而所出之數已浮於所入之數，不得不更求他賄，自補其匱，而上官之風聞復至，故貪必愈貪。陽譴在身，陰禍及後，則何如潔己自守者，臨民不怍，事上無尤乎？墨不必爲。

清，特治術之一端，非能是遂足也。嘗有潔己之吏，傲人以清，爲治務嚴，執法務峻，雌黄在口，人人側目。一事偶失，環聚而攻之，不原其禍所由起，輒曰廉吏不可爲，夫豈廉之禍哉？蓋清，近於刻。刻於律己，可也，刻以繩人，不可也。清不可刻。

裁陋規，美舉也。然官中公事，廉俸不敷，是以因俗制宜，取贏應用。輕於汰革，目前自獲廉名，迨用無所出，勢復取給於民，且有變本而加厲者，長貪風，開訟釁，害將滋甚。極之陋規不能再復，而公事棘手，不自愛者因之百方掊克，奸宄從而藉端，善良轉難樂業，是誰之過歟？陋規之目，各處不同，惟吏役所供，萬無受理。他若平餘津貼之類，可就各地方情形，斟酌調劑，去其太甚而已，不宜輕言革除。至署篆之員，詳革陋規，是謂慷他人之慨，心不可問，君子恥之。陋規不宜遽裁。

凡有陋規之處，必多應酬。取之於民，用之於官，諺所謂“以公濟公，非實宦橐”也，歷久相沿，已成常例，萬不容於例外加增，斷不可於例中扣減。倘應出而吝，象齒之焚，不必專在賄矣。常例應酬毋獨減。

俗所指美缺，大率陋規較多之地，歲例所入，人人預籌分潤。善入而善出，惟才者能之，或不善於入，而不能不出，則轉自絀矣。慮其絀而入之不謹，禍不旋踵，懼有禍而入之稍慎，又不足以應人之求。故美缺尤不易爲，自好者萬不宜誤聽慫恿，垂涎營調。白香山詩云：“妻妾歡娛僮僕飽，始知官職爲他人。”今之爲美缺者，飽僮僕而已，妻妾歡娛其名也，實且貽子孫之累焉。居美缺者，可不常自儆乎？美缺尤不易爲。

—2. 皇朝經世文編　卷二一　吏政七　守令上

事上《學治臆説》

獲上，是治民第一義，非承奉詭隨之謂也。爲下有分，恃才則傲，固寵則諂，皆取咎之道。既爲上官，其性情才幹不必盡同，大約天分必高，歷事必久，閱人必多，我以樸實自居，必能爲所鑒諒。上官之賢者，使人固必以器矣，即非大賢，未必不用守正之吏，我向穩處立身，辦本分之事，用亦可，不用亦可，舍己徇人，斷斷不可。若夫屬吏受上官之知，可展素藴矣。然先受知者忌之，將受知者嫉之，求知而不得者伺隙而擠之，百密一疏，謡諑生焉，上官不一，不能無愛憎之别，即皆愛我矣，保繼來者之取舍一轍乎？故要人不可爲私人，尤不可爲受寵若驚、唯閲事者知之。所謂私人者，不特私事也，名爲公事，而行私意於其間，一有迎合，便失本心，爲之愈熟，委之愈堅，其勢必至喪檢骫法。此當於受知之初，矢以樸誠，不知有私，惟知有公，上官以爲不達權宜，便是立身高處。

爲吏能不趨媚上官者，須有定見。定見有三：一、信得久任，方可稱職。爲州縣者，得百里而長之，即此百里之中人情風尚，非及期月斷不能周知梗概。知而措之，順人情，因物理，信而後勞，又非期月不可。事事了徹，方與士民有臂指之聯，故功令計典定以三年，無速效也。躁於衒鬻者，歷事未幾，輒圖調署，擇善而赴，或無煖席，其於百姓休戚，漠不相關，如富家屢易乳媪者，其赤子終不受乳哺之益，父母官之謂何？二、信得簡僻地，易盡職。缺簡則酬酢無多，地僻則送迎絶少，六時功課盡歸案牘，隨到隨辦，無虞壅滯，日日理事，常與士民相見，不難取信於人，而吏役無能爲弊，官職易盡，官聲易著。衝繁之處，勞我心力者紛至沓來，日不過一二時可以親民，而此一二時又皆精神疲困之候，非具兼人之才，鮮能自全，量而後入，古人所爲重致意歟？三、信得飲啄，皆有前定。牧民之職，百姓倚爲休戚，不有宿緣，安能爲治。緣盡則去，非可以人力爲也。能者有遷調之勢，而或以發揚見抑，庸者無遷調之才，而或以真樸受知，且有甚獲上而終蹉跌，甚不獲上而荷提携者，謀而得，不謀而亦得，愈謀而愈不得，有定命焉。知其爲命，而勤勤焉求盡其職，則得失皆可不計，即不幸而以公過挂礙，可質神明，可見親友，不足悔也。

天下無受欺者，矧在上官，豈無耳目心思，安能逃其鑒察？一言不實，爲其所疑，動輒得咎，無一而可。故遇事有難爲，及案多牽窒，宜輸誠據實陳禀上官，自獲周行之示，若誑語支吾，未有不獲譴者也。至於申上之文，必須委曲詳明。然申上有三：曰驗，曰詳，曰禀。驗止立案；詳雖批回，而自道以上皆經承擬批；上官有無暇寓目者，禀則無不親閲，遇有情節繁瑣不便入詳，及不必詳辦之事，非禀不可，宜措詞委曲，叙事顯明，上官閲之，自然依允。凡留意人才之上官，往往於禀揭審視疏密，惟事尚未定，勿向上官率陳。凡率陳之故有二：一則中無把握，姑餂上官意趣；一則好爲夸張，冀博上官稱譽。不知案情未定，尚待研求，上官一主先入之言，則更正不易，至駁詰之後，難以聲説，勢必護前遷就，所傷實多耳。

—2. 皇朝經世文編　卷二一　吏政七　守令上

論處同僚《学治臆说》

人無全德，亦無全才。所治官事，必不能一無過舉，且好惡之口，不免異同，去官之後瑕疵易見，全賴接任官彌縫其闕失。居心刻薄者，多好彰前官之短，自形其長。後之視今，猶今之視昔，不留餘地以處人者，人亦不留餘地以相處，徒傷厚德，爲長者所鄙耳。勿彰前官之短。

受前官交代，是到任先務。其時官親長隨，急欲自見，往往盤量倉穀，百計搜求，以爲出力。甚有不肖長隨，借刁難爲名，從中需索，一信其説，便著刻薄之名，迨監交持平，説亦終歸無用。至平庸幕友，大處不能察核，每斤斤於細小節目，苛駁見長，亦不可輕聽。第同監交官三面核算，正項虧缺，斷難接收留抵，如有詳案，自不妨斟酌承受。其他雜項，短少些微，直可慷慨出結。此實品行攸關，勿效宦情紙薄。受代須從忠厚。

事由專辦，自可慎始圖終。若以數人會辦一事，心術難齊，材略亦異，尤宜細細協恭商酌。萬一意見齟齬，或罪關出入，或案有支離，當將利害關鍵剴切明言。言之不聽，不妨直抒己見，向上官委婉禀陳，切不可附和雷同，昧心分謗。特論須秉公，慎勿偏持矯激，轉自居於理絀也。會辦公事勿瞻徇。

立身制事，自有一定之理。惟人是倚，勢必苟同；以己爲是，勢必苟異。苟同者不免詭隨，苟異者必致過正，每兩失之。惟酌於理所當然，而不存人己之見，則無所處而不當，故可與君子同功，亦不妨爲小人分謗。勿存人己之見。

—2. 皇朝經世文編　卷二一　吏政七　守令上

通論居官《学治臆说》

官聲賢否，去官方定，而實基於到官之初。蓋新官初到，内而家人長隨，外而吏役訟師，莫不隨機嘗試，事事投其性之所近，陰竊其柄，後雖悔悟，已受牽持，官聲大玷，不能箝民之口矣。故涖任時，必須振刷精神，勤力檢飭，不可予人口實之端。官聲在初涖任時。

實授之官，吏民皆知敬畏，浹之以德，感而化焉。俗雖敝，可以循循誘也。署印官，地方格格不入，風土馴良猶可循分爲之，若刁悍疲弊之俗，萬難措手。養貽癰患，既心有不安，稍欲整頓，則群詫爲怪事，吏役既呼應不靈，士民亦恩威難洽，緩之則驕恣益甚，急之則謗讟繁興。上不負公，下能善俗，其何道之從，人地相宜，唯用人者權之耳。署任與實任不同。

疑人，則信任不專，人不爲用；疑事，則優柔寡斷，事不可成。二者皆因中無定識之故，識不定則浮議得以揺之。凡可行可止，必先權於一心，分應爲者，咎有不避，分不應爲者，功亦不居，自然不致畏首畏尾，是謂膽生於識。多疑必敗。

有才有識，可善治矣。然才貴練達，識貴明通，彼此殊尚，今昔異勢，故須相時因地，籌其所宜。若自恃才識有餘，獨行其是，終亦不能爲治。譬之醫師用藥，不知切脉加減而專襲成方，則蓡蓍殺人，未始不與砒信同禍。宜因時地爲治。

今人才識，每每不若前人。前人所定章程，總非率耳。不能深求其故，任意更張，則計劃未周，必致隱貽後累，故舊制不可輕改。舊制不可輕改。

同城文武，休戚均之。捕盗緝私，事皆一體，小分畛域，動多窒礙。原厥所始，半由兵役不睦，偏護成嫌，道在約飭衙役、和輯兵丁。如兵丁多事，則傳唤至署，剴切勸諭，且勿知會營官，全其顔面，既免革糧，又不被責。一丁感而衆丁漸化。營官性情，爽直居多，遇有事故，推誠相白，時時以禮貌接之，斷無芥蔕之理。至武職，養廉之外，別無贏羡，總比文官拮据，少有通融，量力應付，自然情投意洽，休戚相關矣。和營伍。

州縣之屬無幾，才略自易周知。此中非無端人畸士，然朝夕相見，性情易爲窺測。甚有内與閽人相狎，外與訟師相聯、揣摩恐嚇、無弊不爲者，概以坦白相待，多爲所賣，操之稍急，輒云難乎爲下，嚴恕得宜。嗚呼！難言哉。待寮屬。

私罪必不可有，公過不可盡避。一部《吏部處分則例》，自罰俸以至革職，各有專條，故語云："州縣官如琉璃屏，觸手便碎。"然如失察，如遲延，此等公罪，雖奉職無狀，大率猶可起用；若以計避之，則事出有心，身敗名裂矣。故遇有公罪案件，斷斷不宜回護。余鄬幕平湖，先後佐兩劉君，遇盗案皆力贊詳辦，不敢諱抑，後犯皆弋獲，主人亦未被議。是無論例應爾也，兩害相形則取其輕。盗案四參，限滿止於降調，往往仰荷恩原，猶得棄瑕録用；諱盗褫革，則一蹶不起。命案亦然。善乎劉冰齋之言曰："吾自朝至暮，何時不擔處分，何事不可去官，顧必避盗案之降調耶？"有味乎其言之也。公過不可避。

事無鉅細，權操在手，則人爲我用。若胸無成見，聽人主張，將用親而親官，用友而友官，用長隨吏役而長隨吏役無一非官。人人有權，即人人做官，勢必尾大不掉，官如傀儡，稍加約束，人轉難堪，甚有挾其短長者矣。國人知有穰侯、華陽而不知有王，速敗之道也。故曰官須自做。官須自做。

事來輒理，即非曠官。每有恃才之吏，假私人爲耳目，風聞訪事，幸而偶中，自詡神明，流弊所至，必有因風吹火，李代桃僵者。夫民間多事，全賴官爲檢省。官先喜事，則好事之徒安得不聞風而起，小則累人，大且自累。知政體者，不宜爲此察察也。勿用私人。

事雖甚繁，先要澄心定氣，分别緩急輕重，次第應付，方能有條不紊。如事到著忙，必致忙中多誤，名爲諸事皆辦，實且一事無成。環伺者窺其底蘊，因緣爲弊，亦萬萬無暇檢察矣。事至勿忙。

天下未有不畏官者。官示以不足畏則民玩，至官畏民而獷悍之民遂無忌憚矣。抗官鬧堂，犯者民，而使之敢犯者，官也。事起倉猝，定之以幹，尤貴定之以静，在堂勿退堂，在座勿避座，莊以臨之，誠以諭之，望者起敬，聞者生感，獷悍者無敢肆也。張皇則釀事矣。臨民者不必猝遇其事，而不可不豫其理。所以豫之者全在平日，有親民之功，民能相信，則雖官有小過，及事遭難處，亦斷斷不致有與官爲難者。遇倉猝事勿張皇。

一人之身，侍於旁者、候於下者、奔走於外者。不啻數十百人，莫不窺伺辭意，乘閑舞弊。不特聲色貨利，無一可染，即讀書賦詩，臨池作畫，皆爲召弊之緣，每乘其興到時，輒試以公事，稍有不耐煩之色，即弊所從起也。人非聖賢，誰無嗜好？須力自禁持，能寓意於物，而不凝滯於物，斯爲得之。嗜好宜戒。

豪士文人，類多善飲。必止酒而後可爲治，勢所難行，然不爲之節，最易誤事。即於事無誤，而被讒者必曰適逢使酒，即官聲之玷矣。余佐幕時，主人多善飲者，皆與之約，非二更扃宅門後不得舉杯。故不必有止酒之苦，而未嘗居耽飲之名。飲酒宜節。

經言其理，史記其事。儒生之學，先在窮經，既入官則以制事爲重。凡意計不到之處，剖大疑、决大獄，史無不備，不必鑿舟求劍，自可觸類引伸。公事稍暇，當涉獵諸史，以廣識議，慎勿謂一官一邑，不足見真實學問也。暇宜讀史。

聽訟不協情理，雖兩造曲遵，畢竟是孽。斷事茫無把握，以覆訊收場，安得不怠。原其故，只是不諳律例所致，且官之讀律，與幕不同，幕須全部熟貫，官則庶務紛乘，勢有不暇。凡律列之不關聽訟者，原可任之幕友，若田宅婚姻、錢債賊盗、人命鬥毆、訴訟詐僞、犯奸雜犯斷獄諸條，非了然於心，則兩造對簿，猝難質諸幕友者，勢必游移莫决，爲訟師之所窺測。惟熟之平日，則因事傅例，訟端百變，不難立時折斷，使訟師懾服，誑狀自少，即獲訟簡刑清之益。每遇公餘，留心一二條，不過數月可得其要，憚而不爲是謂安於怠，甘於作孽矣。律例不可不讀。

朝廷廟祀之神，無一不當敬禮，而城隍神尤爲本境之主。余帰就幕館，次日必齋戒詣廟焚香，將不能不治刑名及恐有冤抑之故，一一攄誠默禱。所館之處，類皆寧謐。館仁和則錢塘多獄，館錢塘則仁和多獄，其後館烏程、歸安亦然，當事戲號余爲“福幕”。自維庸人庸福，荷主人隆禮厚糈，所以蒙神佑者大矣。竊禄寧遠，亦以素心誓之於神，凡四年，祈禱必應，審理命案多叨神庇。然當敬者，不獨城隍神也，凡地方土神爲闔境尊信者，其先必有功德於民，始能血食勿替，或以非祀典所載，不爲之禮，此尤不可。蓋庸人婦穉，多不畏官法而畏神誅，且畏土神甚於畏廟祀之神。神不自靈，靈於事神者之心。即其畏神之一念，官爲擴而充之，俾知遷善改過，詎非神道設教之意乎？敬神以信民。

—2. 皇朝經世文編 卷二二 吏政八 守令中

論親民《學治臆説》

官之所難爲者，莫患於上下睽隔，而初任尤甚，風俗不知也，奸良莫辨也。此其要有二：一在禮士，一在稽衆。稽衆如何？入國問禁，爲吏亦然。初到官時，師心判事，不協輿情，即滋議論。每聽一事，須於堂下稠衆中，擇老成數人，體問風俗，然後折中剖斷，自然情法兼到。一日解一事，百日可解百事，不數月諸事了然，不惟理事中肯，亦令下如流水矣。但各處方言多難猝解，理事之時，如令吏役通白，必至改易輕重，當於到任時，雇十一二歲村童，早晚隨侍，令其專操土音，留心體問，則兩造鄉談自可明析，不致臨事受朦矣。禮士如何？官與民疏，士與民近，民之信官不若信士，朝廷之法紀不能盡喻於民，而士易解析，諭之於士，使轉諭於民，則道易明而教易行。境有良士，所以輔官宣化也。各鄉樹藝異宜，旱潦異勢，淳漓異習，某鄉有無地匪，某鄉有無盜賊，吏役之言不足爲據，博采周諮，惟士是賴，故禮士爲行政要務。第士之賢否難齊，概從優禮，易受欺蔽。自重之士，必不肯僕僕請見，冒昧陳言，愈親之而踪迹遠者，宜敬而信之。若無故晋謁，指揮唯命，非中無定見，即意有干求，甚或交結僕胥，伺探動静，招摇指撞，弊難枚舉，是士之賊也，又斷斷不容輕假詞色，墮其術中。故能濬知人之明，始可得尊賢之益。

然尤有宜防者二：一則防左右壅蔽也。給事左右之人，利在朦官舞弊，最懼官之耳目四徹，凡款接紳士，勤見吏役，皆非左右所樂，必有多其術以相撓制者，須將簡房號房不得阻賓，及吏役事應面禀之故，開誠宣布，示貼大堂，俾人人共見共聞，並於理事時隨便諄諭，庶左右不敢弄權矣。一則須機密不泄也。地棍訟師姓名，雖得自紳耆之口，斷不可使若輩知所由來，則摘發若神，不戒而肅。且紳耆與若輩井宅毗連，今日使有訐發之名，他日必被遷怒之禍，我方資以爲治，而致其因我受累，於義不可，於心何安？故訪察固不可不詳，舉發尤不可不慎。

司牧之道，教養兼資。教非止條告號令具文之謂，有其實焉。其在聽訟時乎？使兩造皆明義理，安得有訟。訟之起，必有一闇於事者持之，不得不受成於官。官爲明白剖析，是非判，意氣平矣。顧聽訟者往往樂居内衙，而不樂升大堂。蓋内衙簡略，可以起止自如，大堂則終日危坐，非正衣冠、尊瞻視不可，且不可以中局而止，形勞勢苦，皆以爲不便。不知内衙聽訟，止能平兩造之争，無以聳旁觀之聽，大堂則堂以下竚立而觀者不下數百人，止判一事，而事之相類者爲是爲非，皆可引伸而旁達焉，未訟者可戒，已訟者可息。故撻一人，須反覆開導，令曉然於受撻之故，則未受撻者潛感默化，縱所斷之獄未必事事適愜人隱，亦既共見共聞，可無貝錦蠅玷之虞。且訟之爲事，大概不離乎倫常日用，即斷訟以申孝友睦婣之義，其爲言易入，其爲教易周。余前承乏寧遠，俗素嚚健，動輒上控，兼好肆爲揭帖，以誣官長。余唯行此法，竊禄四年，府道未受一辭，各憲因爲余功，乃知大堂理事，其利甚溥也。故爲政親民，莫切於聽訟。

教民之要，不外勸懲二端。如朔望行香、宣講聖谕、勸農課士、鄉飲賓興、尊禮師儒、采訪節孝之類，皆勸懲之灼然者，近多目爲具文。余初莅寧遠，時方孟夏，示日勸農，皆訝異數。至鄉飲酒禮，吏莫詳其儀注，不揣迂腐，一切典禮次第行之。三四年中，耳目一新，頑惰革面，士奮科名，婦知貞節，用力無多，收效甚鉅。夫通都大邑，猶曰公務殷繁，不遑兼顧，若簡僻之區，何致夙夜鞅掌，而亦一概廢弛乎？故典關勸懲者，不可不舉。

吏役鄉氓，均無遠識。凡差遣聽斷，不將所以然之故詳細論知，必且懵於遵率，吏役則周折貽誤，鄉氓則含混滋疑，均足累治。故告下之語，必須詳細。

—2. 皇朝經世文編　卷二二　吏政八　守令中

論治訟《佐治續言》

一、摘唤須詳慎省事之說，大屬不易。蓋詞之訐控多人者，必有訟師主持其事，或以泄忿旁牽，或以左袒列證，我苟不墮其術，則反以經承弊脱爲詞，百計抵愬，甚且含沙射影，妄指幕友關通，啓官疑竇。故核稿時，必須細加量衡，惟庭訊應問及者方予傳唤，則凡摘釋之人，自有確然可删之故。遇有刁愬，無難明白批斥，使訟師不敢肆其譸張，庶株蔓之風漸息，而無辜不致受累矣。

一、批駁勿率易。一詞到官，不惟具狀人盛氣望准，且訟師差房無不樂於有事，一經批駁，群起而謀抵其隙。批語稍未中肯，非增原告之冤，即壯被告之膽，圖省事而轉釀事矣。夫人命奸盗及棍徒肆横，原非常有之事，一切口角争鬥，類皆户婚細故。兩造非親則故，非族則鄰，情深累世，衅起一時，本無不解之讎。第摘其詞中要害，酌理準情，剴切論導，使弱者心平，强者氣沮，自有親鄰調處，與其息於准理之後費入差房，何如曉於具狀之初誼全姻睦。

一、核詞須認本意。諺云“無謊不成狀”。每有控近事而先述舊事、引他事以曲證此事者，其實意有專屬，而訟師率以牽摭爲技，萬一賓主不分，勢且糾纏無已。又有初詞止控一事，而續呈漸生枝節，或至反賓爲主者，不知所以翦裁，則房差從而滋擾。故省事之法，第一在批示明白。

一、人命宜防牽連。前明徐相國階柄政時，作家書示子弟，尚誡命案不可牽涉，何况尋常百姓？往往有兇犯赤貧，累歸詞證者，故在官閲報詞，非緊要人證，即當場省釋，不令入城；應取保者，訊後立追保狀，然猶聞有官保私押之事，一日不歸，則其家一日不寧，如之何勿念？至路斃案件，差保無可生發，每將地主牽入，此則真屬無辜，尤須禁絶。核稿時更宜字字檢點，以防株累。

一、侵占勿輕查勘。豪强侵占，律所不容。然世業相承，重加修整，或本非官産，原聽民便，往往地棍藉端挾持，需索不遂，即飾詞訐控。一經准理，必先差查，差查不已，必須勘斷，官或不暇遽及，則棍差朋比，費已不貲。此等借名啓訟之人，多非善類，能於呈控時嚴切批斥，使小人畏法，固爲上策。否則，速勘嚴懲，必有陰受其福者矣。

一、勘案宜速結。事關田房墳墓，類須勘結，官事甚殷，安能日履山澤？且批勘之後，凡遇催詞，無可費心，故批勘最易，不知疆界不清，每易釀成他故。如案圖辨址，核計魚鱗、弓口券册明著者，或批斷，或訊斷，自能折服其心。不得已而批勘，必須爲之速結，所全不少。至示勘有期，勢必多人守候，尤萬萬不宜臨期更改。

一、押犯宜勤查。案有犯證，尚須覆訊者，勢不能不暫予羈管，繁劇之處，尤所多有。然羈管之弊，甚於監禁。蓋犯歸監禁，尚有管獄官時時稽查，羈管則權歸差役，差不遂欲，則縶之穢處，饑之終日，恣爲陵虐，無所不至，至有釀成人命，貽累本官者。若賊犯久押，則縱竊分肥，爲害更大。此等人犯，官難畢記，全在立簿檢察，以便隨時辦結，即官有代任，幕有替人，亦可免賄脱之患。

一、勿輕易僉差。訟一僉差，兩造不能無費，即彼此相安，息銷亦且不易。余向佐主人爲治，惟必訊之案方僉差傳唤，其餘細事多批族親查理，或久而不覆，經承稟請差催，從不允行，亦不轉票，蓋事可寢擱，必其氣已平，因而置之有益無損，加以差催，轉多挑撥矣。且族親縱有袒護，終不敢盡没其真，役則惟利是視，更不可信也。

一、宜隨機杜弊。蓋地方風氣，以官爲轉移，地棍揣摩，即視官爲迎合，官有善政，未始不資若輩厲階。如官懲賭博，則棍首局誘；官治小錢，則棍訐攙和；官清水利，則棍控侵占；官嚴鬥毆，則棍飾僞傷；官禁錮婢，則棍告占措；官恤窮佃，則棍訟業横，如此之類，悉數難終。大概有一利必有一弊，甚且利少而弊多，全在因利察弊，力究冤誣，固不可因噎廢食，斷不宜乘風縱火，使棍奸可戢，官法可行，而平民自安無事之福矣。

一、上臺批駁宜細繹。初報宜慎，前已言之，或奉上臺駁詰，尤須詳繹。蓋駁法不一，有意在輕宥而駁故從重者，有意在正犯而駁及餘證者，非虚心體會，易致歧誤。至案可完結，而碎瑣推敲，萬勿稍生煩厭，付以輕心。若我所持甚正，與上臺意見參差，必當委曲措詞，以伸己意，斷不可游移遷就，使情罪不符，亦慎毋使氣矜才，致上下觸忤。

一、治獄以色聽爲先。《書》言“五聽”，非身歷不知。余苦短視，兩造當前，恐記認不真，必先定氣凝神，注目以熟察之。情虚者，良久即眉動而目瞬，兩頰肉顫不已，出其不意，發一語詰之，其真立露，往往以是得要犯。於是堂下人私謂余工相法，能辨奸良。越年餘，僞者漸息，訟皆易辦，蓋得力於色聽者什五六焉，較口舌争，幾事半而功倍也。

一、聽訟宜静。明由静生，未有不静而能明者。長民者衣税食租，何事不取給於民，所以答民之勞者，惟平争息競，導民於義耳。片言折獄，必盡其辭而後折之，非不待其辭之畢也。嘗見武健之吏，以矜躁臨之，一語不當輒懾以威，有細故而批頰百十者，有巨案而三木疊加者，謂所得之情皆其真也，吾未之敢信。未得犯罪真情，難成信讞。致罪之由，犯者自知之。不得其情，非特入於重，彼不能甘，即從末減，彼亦以官固易欺，必圖飜異求，即於無罪而後快。於是爲之官者惡其無良也，刑以創之，愈久而愈失其真。古云獄貴初情，一犯到官，必當詳慎推求，畢得其實，然後酌情理之中，權重輕之的，求其可生之道。予以能生之路，則犯自輸服，讞定如山，不可動矣。

一、要案更不宜刑求。詞訟細務，固可不必加刑矣。或謂命盗重案，犯多狡黠，非刑訊難取確供，此非篤論也。命有傷，盜有贓，不患無據，且重案斷不止一人，隔別細鞫，真供以僞供亂之，僞供以真供正之，命有下手情形，盜有攫贓光景，揆之以理，衡之以情，未有不得其實者，特虚心推問，未免煩瑣耳。然官坐堂上，可茶可烟可小食，從容自如，犯跪堂下，外則饑憊，内則畏懼，雖甚刁譎，言多必失，静聽其隙而嚴詰之，受之以需，何患不得。而必酷以取供，愛民者不以爲然也。

一、婣族互訐，毋輕笞撻。諺曰："刑傷過犯，終身之玷"。不惟自玷，而且上辱祖父，貽羞子孫，爲民父母，其可易視笞撻耶？黠者豪者，玩法而怙惡者，非撻不足示儆，愿者能知悔罪，已當稍示矜憐矣。至兩造族婣互訐細故，能分曲直便判輸赢，一予責懲，轉留釁隙，訟仇所結，轇轕成嫌。所當於執法之時，兼寓篤親之意，將應撻不撻之故明白宣諭，使之翻然自悟，知懼且感，則一紙遵依，勝公庭百撻矣。然此爲相對相當之訟、可以情恕理諭者言。如犯者實係兇横，或倚貧擾富，或恃尊陵卑，稍從曲宥，則欲壑難填，爲之族婣者必致受害無已。遇此種人，必須盡法痛懲，即老病或婦女，亦當究其抱告，使知親不可恃，法不可干，庶幾强暴悔心，善良安業。

一、假命案，斷不可蔓延。應抵命案，吏役尚知畏法，惟自盡、路斃等事，更易蔓延滋擾。蓋百姓無知，最懼人命牽連，恐嚇撞騙，易於藉口。全賴相驗時力歸簡易。凡自盡人命，除釁起威逼，或有情罪出入，尚須覆鞫，其餘口角輕生，儘可當場斷結，不必押帶進城，令有守候之累。如死由路斃，及失足落水，則驗報立案，不待他求。每有鶻突之官，妄向地主兩隣根尋來歷，以致輾轉擠拉，徒飽吏役之橐，造孽何有紀極哉？

一、辦重案須得條理。一人治一事，及一事止數人者，權一而心暇，自可無誤。或同寅會鞫，事難專斷，或案關重大，牽涉多人，稍不静細，即滋冤抑。遇此等事，先須理清端緒，分別重輕，可以事爲經者，以人緯之，可以人爲經者，以事緯之，自爲籍記，成算在胸，方可有條不紊，不墮書吏術中。其土音各別、須用通事者，一語之譌，毫釐千里，尤宜慎之又慎。總之，辦案宜有斷制。斷制云者，非師心自用也。案無大小，總有律例可援，援引既定，則例得無干者，皆無庸句攝，人少牽連，案歸簡净矣。

一、鄰境重案不宜分畛域。守土之官，治不越境。然遇接壤命盜重案，一有風聞，即宜星速緝防。稍分畛域，受之以需，致犯得遠竄，已失敬公之義，其或假道境内，終且牽連被議，豈非自取之乎？

一、據筆迹斷訟者宜慎。尋常訟案，亦不易理也。凡民間粘呈契約、議據等項，入手便須過目，一發經承，間或舞弊挖補，初之不慎，後且難辦。向館嘉湖，吏多宿蠹，聞有絶産告贖者，業主呈契請驗，蠹吏挖去"絶"字，仍以"絶"字補之，問官照見"絶"字補痕，以爲業主挖改，竟作活産斷贖，致業主負冤莫白。余佐幕時，凡遇呈粘契據借約之辭，俱於緊要處紙背蓋用圖記，並於辭内批明，以杜訟源。至楚省則人情雖詐，只知挖改"絶賣"爲"暫典"而已，欲以筆迹斷訟者，不可不留意。

—2. 皇朝經世文編　卷二二　吏政八　守令中

論去弊《學治臆説》

論治者，僉曰興利除弊。方今久道化成，閭閻樂業，無甚可興之利，惟積弊相仍，未能盡絶。在官者，如采買折收，徵漕浮勒，及官價民貼等事；在民者，如地棍滋擾，訟師教唆，及盜賊惡丐等事，皆爲民害。各處情形不同，須就所官地方，相其緩急，次第整頓，去得一分，即民受一分之福矣，故興利不如去弊。興利不如去弊。

唆訟者最訟師，害民者最地棍。二者不去，善政無以及人。去之之本，則在治吏役。始若輩平日多與吏役關通，若輩藉吏役爲護符，吏役借若輩爲爪牙，遇有地棍訛詐、訟師播弄之案，徹底根究一二，使吏役畏法，則若輩自知斂迹矣。地棍訟師當治其本。

若輩有犯，即干讁戍。然罪一人，應有證成其罪者，勢將累及平民。且若輩黨羽鈎連，被累之人懼有後患，往往不敢顯與爲仇，重辦頗亦不易。鳧在寧遠，邑素健訟，上官命余嚴辦。余廉得數名，時時留意，兩月後有更名具辭者，當堂鎖繫，一面檢其訟案，分别示審，一面繫之堂柱，令觀理事。隔一日審其所訟一事，則薄予杖懲，繫柱如故。不過半月，憊不可支，所犯未審之案亦多求息。蓋跪與枷皆可弊混，而繫柱挺立，有目共見，又隔日受杖，宜其憊也。哀籲悔罪，從寬保釋，已挈家他徙，而無更犯者，訟牘遂日減矣。治地棍訟師之法。

士而干訟，必不可縱。然遽懲以法，又非育才之道。寧遠士習澆漓，好以干訟爲事。余至，與諸生約，國家優待衿士，雖己事許用抱告，如事非切己，或爲鄰右，或爲干證，護符袒訟者，點名之後，概不問供，給予紙筆，令在堂右，席地作文。鄰証中自有白丁在，審係白丁左袒，則與白丁並列之衿士即以白丁之罪罪之，立會教官，當堂扑責；白丁非左袒者，衿士亦不復取供，而以所作之文年終彙送學使。職員監生，則先責後詳，必不姑恕。自有此約，竟無紳士試法者，終四年未扑一衿，故知衿士原多知禮，不當與訟師同日而語。蓋士不自愛，乃好干訟。官能愛之，未有不知媿奮者。愛之之道，先在導之於學，爲月課，爲季考，拔其尤者，收之書院、義學之中，鼓舞之，振興之，隆以禮貌，優以奬賞，與干訟者榮辱迥殊，則士以對簿爲恥，莫不砥厲廉隅，不獨文教之可以日盛也。治士子干訟之法。

盜必有窩，且類與捕役鈎通。嚴比捕役，未嘗不可獲盜。顧盜之黠者，即以平日餉捕爲反噬之計，官避處分，率多顢頇完結，而盜益難治。夫捕既獲盜，功過相抵，盜果應辦，當據實陳請上官，治盜罪而録捕功，再責其獲盜補過，庶捕知感奮，盜可廓清，亦權宜之一法也。至弭盜之道，比捕尤不如親巡。印官不憚巡歷，佐雜駐防無敢自逸，時時有巡官在人意中，則捕役常知儆畏，而賊盜莫不潛踪矣。除盜之法。

力行保甲，是注考時必須之政迹，然已成故事矣。往，余佐州縣幕二十餘年，欲贊主人行之，竟不可得。歲丙午謁選至京師，會稽茹三樵先生，自述令南樂時，會歲歉，以舊無門牌，種種棘手。捐資設空白簿，備筆墨，每一地保給簿一本，筆二墨一，令將所管村莊挨户填注。閲三月，另給一簿，復填一次，半年後乘便抽查，與簿記相符，乃捐資填門牌，逐户分給，頗著實效。余謹識之，不敢忘。比至寧遠，俗稱健訟，牒中鄰右，率以數里、數十里外左袒之人列名充數，縣無魚鱗册，山原相錯，各以意争，又地多外籍流民，以墾山爲名，潛留作匪，皆不易爲治。因如先生教行之，令地保將管内四至接壤，及山多田多，有塘堰若干，橋梁若干，大路通某處，小路通某處，某土著住己屋，業何事，某流寓，主何人，有無恒業，一一注入簿内，凡四換簿，始抽查無漏，然後捐發門牌，間有漏户，亦皆具呈補給。不半年，無業之流民莫爲之主，冒充鄰右者可以按册予儆，山原亦稍稍有界址可據，盗息訟簡，邑民稱便。去寧遠時，彙三十六里印簿，移送後任，且語之曰："四年承乏，無一稱職。惟此一事，可爲他年稿本，不無小補。"故詳誌之，以廣先生之教云。能行保甲之益。

余初至湖南，今廣信太守張公朝槳，方保舉知府，在省候咨。謁訪時政，公言永州壤接廣西，流丐頗不易治。余請其治之之法，言前令武陵，下鄉相驗，適丐匪群集，役少不能捕，諭之去，則譁然乞賞路費，幾不可制。見道旁有桑園，可容百餘人，令皆進園，候點名登簿，按名給賞。群丐入，則令幹役當其户，逐一唱名放出，擇其壯者，令隨至縣城領賞，至則分别究逐，皆散去。此公之急智也，不可以再。余至寧遠，聞其流丐横行，民間大累。詰其故，則上年鄰邑歉收，扶老挈幼而來，什伍成群，遍於各里，以其捕之不能捕，逐之不可逐，是以愈來愈衆，然鄉民莫敢誰何，緩之急之，皆恐釀事。諮詢僚屬，均無良策。會初涖，例應點卯，知三十六里各有專役催糧，乃刷印小票數百番，給役分發各里，耆民協保捕逐，使人人有捕丐之責，處處皆協捕之人，流丐無地可容，不旬日而境内丐匪相率遠去，花户納課踴躍倍常，因是遂以得民。其亦可備逐丐之一術乎？逐流丐之法。

催科中寓撫字，談何容易。根串不符，釀弊甚大。宜於中縫蓋用完數木戳，官民截分，可無弊混。至户糧各書，往往擱大户，摘小户，此宜責成幕賓，實心檢核。凡比校時，細對完欠多寡確數，分别責免，完多之役，立予功單，記名酌賞，而嚴查需索之弊，庶不致追呼滋擾。若自圖安逸，常委佐貳比課，終屬虚名無益也。催科之法。

談積貯於民間，社、義二倉尚已。然行之不善，厥害靡窮。官不與聞，則飽社長之橐；官稍與聞，則恣吏役之奸。蓋貸粟之户，類多貧乏，出借難緩須臾，還倉不無延宕，官爲鈎稽，吏需規費，筦鑰之司，終多賠累。故届更替之期，畏事者多方規避，牟利者百計營求，甚有因而虧挪，僅存虚籍者，此社長之害也。其或勸捐之日，勉强書捐，歷時久遠，力不能完，官吏從而追呼，子孫因之受累，此捐户之害也。此等良法，固不宜因噎廢食，究不容刻舟求劍，欲使吏不操權，倉歸實濟，全在因時制宜，因地立法。舊有捐置者，務求社長得人，爲之設法調劑。捐户如果無力完繳，亦不妨據實詳免。若本未捐設，斷不必慕好善虚名，創捐貽患。義社二倉之弊。

花户欠賦，是處有之，顧亦有吏役侵收，冒爲民欠者。余署道州，因前兩任皆在官物故，累年民欠，不得不收。因創爲呈式，令投牒之人於呈面注明，本户每年應完條銀若干，倉穀若干，無欠則注全完，未完則注欠數。除命盗外，尋常户婚、田土、錢債細事，俱批令完欠候鞫，欠數清完，即爲聽斷，兩造樂於結訟，無不剋日輸將。間有吏役代完侵蝕，字據可憑，立予查追清款。其無訟案者，於完新賦時，飭先完舊欠，行之數月，完欠過半。第此事必須實力親稽，方有成效，倚之幕賓書吏，總歸無濟。清理民欠之法。

佐治續言

闢防之名必不可受，而可以不受闢防之故，全在謹飭。朋友爲五倫之一，主賓特朋友之一，重一主人而盡疏朋友，固非端人之所以自處。然因主人不我闢防，而律己不嚴，將聲名有玷，爲主人輕薄，終有不得不受闢防之勢。故親友往來，必須令主人知名；有事出宅門，亦須令主人確知所往。事事磊落光明，主人察其可信，自不敢露闢防之迹。否則主人舉身家以聽，安能禁其不加體訪也？不受闢防宜先謹飭。

吾言不合則去，非悻悻也。人之才質，各有所偏。賓之於主，貴相其偏而補之，審於韋弦水火之用，始盡佐治之任。不合云者，必公事實有不便，不可全以意氣矜張。主人事方未善，分當範之於善；不能就範，則引身而退。是謂不合則去。若吾說雖正，而主人別有善念，此則必須輾轉籌劃，以成其美，方於百姓有益。斷不宜堅持不合之義，恝爲舍去，即諺所云：公門中好修行矣。須成主人之美。

人知賓主初交不易，而不知交久更難。蓋到館之始，情誼未甚浹洽，盡我本分，即可告無媿。若相處多年，交既投契，則議論必有裨益，事事必謀萬全，任勞分謗，俱義所應得；引嫌避怨，便失朋友之道。特不可恃主人倚重，挾勢以濟其私耳。處久交更難。

交至忘形，方爲密契。獨吾輩之於主人，賓主形迹，斷不可略。蓋幕客之得盡其言以行其志，全在主人敬以致信。一言一動，須主人有不敢簡慢之意。忘形則易狎，狎則玩心生，而言有不聽者矣。余與光山劉君仙圃甚浹。仙圃令平湖時，欲聯齒叙之歡。余曰："俟去館日如何？"同事者多笑之，予不顧也。故余《贈別詩》有"形迹略存賓主分，情懷雅逼弟兄真"之句，蓋紀實云。賓主不可忘形。

署中銀錢出入，其任甚重，其事甚瑣，不惟刑名幕友不可越俎，即錢穀職司會計亦止主簿籍之成，筦贏絀之數而已。出入經手，非其分也。蓋既經手銀錢，勢不得不計較節嗇，其後必爲怨府。况權之所歸，將有伺顏色逢意旨者。而公事多礙，人品因之易壞。且出入簿記，一時難以交卸，雖有不合，亦不能去，如之何其自立耶？不宜經手銀錢。

入幕以賓爲名，主人禮貌盛衰，即敬肆所別。大段儀文，何可不講？若誠意無渝，則小節亦須從略。飲饌之類，當視主人之自奉何如，果其自奉素豐而儉以待我，是謂不誠；若待我雖儉，而已豐於彼之自奉，即爲加禮，更不宜瑣瑣求全。嚮客胡觀察文伯處，因言肉敗，責逐庖丁，常以爲悔。故後來歷幕，從不以口腹責人。至主人所用僕從，大率不知大體，萬不可稍假詞色，或啓干求之漸。若小小過失，量爲包容，亦遠怨之一端也。勿求全小節。

鬻文爲活，非快意事，固不可有寒乞相，使主人菲薄。而本來面目，卻須時時自念。食饒粱肉，念家有應贍之妻孥，自不忍從粱肉外更計肥甘；賚及優伶，念家有待濟之戚友，自不暇向優伶中妄博歡笑。且客中節一錢之費，則家中贏一錢之資。家食無虧，行裝可卸，又何必以衰年心力，長爲他人肩憂患哉？勿忘本計。

前言就館宜慎，猶爲處館言之。實則人品成敗，所關尤鉅。蓋尋常友朋，鮮能經年聚處，惟幕友之與主人，朝夕相習，性情氣質最易染移。所主非人，往往違離其本。

曩余初入幕時，懵無知識，在外舅署二年，未甚預官事也。迨至常州主海陽胡公，舉目生疏，始凛凛自勵。公官太守，而自奉儉約，過於寒士，無聲色嗜好，無游談詼語，日未出先僕從起，坐書室，治文書，夜必二更餘方入内室，風雨寒暑無間。每辦一事，必徹始終，反覆辨難以求其是。嘗言心之職思，愈用愈出。“思”字之義，以心爲田。田中横竪二畫，四面俱到，缺一面不可。故其於事之過去、現在、未來，無不周計也。余司書記，而公善余持論，遇刑名錢穀大事，必招共議，頗多芻蕘之采。余是以樂爲知己用，既敬公正直廉勤，又以公之生年月同先君子，僅後先君子一日，益嚴事之。公亦雅器重余，有國士之目，禮貌視他友加等。故他友皆苦公瑣細，不樂久居，余獨相依六載，覺立身制事之道，師資不少。其後擇主與公異轍者輒不就。孔子曰：“居是邦也，事其大夫之賢者。”豈可苟焉已哉！擇主人獲益。

余安貧自守，固禀母訓，不敢隕越。然玉我於成，實有自焉，而人未之知也。往歲庚辰二月，余館長洲。有某胥者，蠱余以利，謂非此不足濟貧，且詭玷前輩知名諸君以相歆動，並導余納賂之術。余笑而不答，胥意余諾也。如其術來，嚴斥之，增賂以復。余甚恐，擬批提主訟人。胥來謁，大詫。余謝曰：“主人意也。”遂絶之。至七月，余歸，應鄉試。代庖者誤爲所惑，比余九月至館，甫三日而事敗。奉桂林中丞訪究，二人倉皇竄逸，於是余私自幸，益竦然於法之不可試，利之不可近。貞初志以迄今，未嘗見棄於大人先生。蓋數十年來得力，全在“懷刑”二字也。玉成有自。

—2. 皇朝經世文編　卷二五　吏政一一　幕友

訪延賢友《學治臆説》

有司之職，禮士勤民，迎來送往，謁上官，接寮屬，日有應理公事。簿書凌雜，雖能者亦須借佽幕友，況省例不同，俗尚各别，惟習其土著知之。故到省先宜諮訪賢友，聘請入幕；同寅推薦，不宜濫許；上官情勢，有必不可卻者，寧如數贈修，隆以賓禮，勿輕信妄任，馴致誤事。

嗟乎，幕道難言矣！往余年二十二三初習幕學。其時司刑名錢穀者，儼然以賓師自處，自曉至暮，常據几案治文書，無博奕之娱，無應酬之費，遇公事援引律義，反覆辨論，間遇上官駁飭，亦能自申其説。爲之主者，敬事惟命，禮貌衰，論議忤，輒辭去。偶有一二不自重之人，群焉指目而訕笑之，未有唯阿從事者。至余年三十七八時猶然。已而稍稍委蛇，又數年以守正爲迂闊矣。江河日下，砥柱爲難。甚至苞苴關説，狼狽黨援。端方之操，什無二三。初入仕途，往往坐受其誤而不自知。於此欲得賢友，宜向老成同官虚心延訪，庶幾遇之。

幕賓之名，曰“刑名”，曰“錢穀”，曰“徵比”，曰“挂號”，曰“書啓”。其大較也，刑名錢穀，動係考成，盡人而知其當重矣。抑知賦繁之地，漏催捺閣及大頭小尾諸弊，實皆徵比核之。而詞訟案牘，刑錢多不上緊，全在號友稽查催辦。至書啓庸拙疏怠，亦足貽笑招尤，無一可以易視。惜小費者，率計較於歲修之多寡，第其人不自愛重，往往隨緣曲就。若心地光明，才學諳練之士，歲修外别無染指，非餼廩足稱，必不久安其席。與其省費誤公而貽悔，何如隆禮厚幣而獲助？

人之氣質，大概不同。毗於陽者剛，不免伉直忤物；毗於陰者柔，類多和易近人。然非平日究心律例，斷不能高自持議，較之隨波逐流、胸無定見者，遇事終可倚賴。擇友自輔，當無取其軟美也。

幕賓固不可不重。一切公事究宜身親習練，不可專倚於人。蓋己不解事，則賓之賢否無由識别，付託斷難盡效。且受理詞訟，登答上官，倉猝自有機宜，非幕賓所能贊襄。不能了然於心，何能了然於口？依樣葫蘆，底蘊一露，勢必爲上所易，爲下所玩，欲盡其職難矣。

—2. 皇朝經世文編　卷二五　吏政一一　幕友

論自首之例《佐治藥言》

全部律例精義，全在名例。求生之術，莫如犯罪自首一條。余初習法家言，鄰邑拏獲私鑄，以所供逃犯起意，案已咨部完結。越二年，逃者獲訊，不承爲首，例提從犯質鞫。犯已遠戍，諸多掣肘。適松江友人韓昇庸在座，謂可依原供，而改捕獲爲聞拏自首，則罪仍不死，案即可完。鄰令用其言，犯亦怡然輸供。余心識之。後遇情輕法重者，輒襲其法，所全頗多。曩於《佐治藥言》，曾記删改自首之報。

辛亥寓長沙，聞綏寧盜首楊辛宗在逃，知官中比父限交，赴案投首。司讞者謂與未經破案、不知姓名、悔罪自首不同，不准援減，仍擬斬決。余旋即歸里，未見《邸鈔》，不知部議云何。竊思《犯罪自首律》云：“凡犯罪未發而自首者免其罪。”是指未經破案者言也；《事發在逃律》注云：“若逃在未經到官之先者，本無加罪，仍得减本罪二等。”又，乾隆三十八年，刑部議覆蘇臬陳奏定例：“聞拏投首，除盜犯按本例分别定擬外，餘犯俱於本罪上準減一等。”是皆指被告被緝而言，故云聞拏也。楊辛宗事發在逃，聞限比其父，挺身投案，正蘇臬所奏：“雖無悔過之心，尚存畏法之念者，而多一不忍累父之心，似可矜原。”按本例免死發遣，未爲曲法。而曰“與未經破案、不知姓名、悔罪自首不同”，是必《逃在事未到官律》得免罪者，方可依聞拏自首科減。繇使楊辛宗避罪遠颺，不顧其父之比責，偷生遲久，被捕弋獲，亦止罪干斬決，不致刑更有加。繹讀讞詞，殊切耿耿。

近日讀律之友，遇一加重成案，輒手録以供摹仿，在楊辛宗死何足惜？萬一聞拏自首之律例不可徑引，則凡案類辛宗之被緝，而事非强盜者，亦將棘手狐疑。况原讞云：“楊辛宗因事主家止婦女，輒向事主回駡，臨時行强被指名緝拏，其投首在夥犯獲後，不准援減。”查辛宗劫止一次，並未傷人，視兇劫傷主之盜首，尚屬情事較輕，特以首在被緝之後，仍擬斬決，恐援以爲準，從此盜首總無生路。且案未破而自首者，千百中未聞一二。其甘心投案，多因捕緝緊急，比及父兄子弟，動於一時天性之恩，到官伏罪。若併此一線天良而絶之，則在逃之犯，更無自首。聞拏自首之例，幾成虚設矣。

案非手辦，事閲九年，疑竇在胸，終難自釋。因論治術，商及律例，願以正之高明。方今聖天子以不忍人之心，行不忍人之政。爲吏者遇可出可入，介於律可軒輊之事，當與幕友虚中辨論，仰體聖慈，力求至當。名例一門，義盡仁至，大概必不得已而用法者，尤宜細細體究。而自首各則，斷不可略觀大意，倘有投案之犯，務在求生，以全民命。歐陽崇公所謂："求其生而不得，則死者於我兩無憾也。"敢爲學治者敬告，幸勿哂其老諄，鄙其説贅，重有望焉。

—2. 皇朝經世文編　卷九二　刑政三　律例下

魯仕驥（1732—1794）

字九臯，號絜非，江西新城（今屬撫州）人。乾隆三十六年（1771）進士，官夏縣知縣。有《山木居士集》。

備荒管見

備荒莫先於重農事。重農事之目，一曰愛農民。春耕夏耘，秋獲冬斂，農民終歲勤動，無一日之暇也。功令農忙停訟，固所以恤農矣。然富室呈稟佃户，每在農忙之時，國課攸關，豈能不一爲之清理？但速以結之，俾其不至曠廢時日，至於他時農家涉訟，並速爲完結，亦庶幾寓我愛農之心焉耳。

一曰籌水利。兩山之間必有水焉，大者爲溪，小者爲澗，旱則可資以灌溉，而潦足爲田害，畜之泄之，陂塘溝甽，其不可忽者也。凡行部所至，問民疾苦，必詳詢其地方山溪若何，有無陂塘溝甽，已壞者修之，廢者復之；如或地勢低窪，常虞泛溢爲患，則築堤捍禦，當與地方有識者諮諏而慎行之。

一曰培山林。山多田少之地，其田多磽，況夫山無林木，濯濯成童山，則山中之泉脉不旺，而雨潦時降，泥沙石塊與之俱下，則田益磽矣。必也使民樵采以時，而廣畜巨木，鬱爲茂林，則上承雨露，下滋泉脉，雨潦時降，甘泉奔注，而田以肥美矣。

一曰養地力。人皆知盡地力，而不知養地力。夫斯民智慮日出，今之地力無有不盡者矣。地力益盡而五穀益少，其結實者鮮也。古者有不易之地、一易之地、再易之地。不易之地，歲可種穀，最上者也；其次則休一歲乃種，謂之一易；其次休二歲乃種，謂之再易。漢趙過作代田法，猶祖此意，總欲使地力寬然有餘耳。今縱不能如古之更易代種，然朱虚侯所謂“深根溉種，立苗欲疏，非其種者，鋤而去之”，亦所以稍養其地力也。蓋立苗疏，則地力厚，而一種入土，結實百倍，且精氣充足，其爲穀尤養人也。至辦具糞種，亦有劑量。凡畏旱之田，糞宜淡宜少，而多畜水以濟之，則蟲不爲灾；畏潦之田，糞宜燥宜厚，而深濬溝甽以泄之，則水不能淹。總之，宜以地氣爲主，地氣七分，糞三分，調劑以生穀，則其穀結實大而多矣。

一曰多穀種。古者穀種入土，必雜五種，以備灾害。今閩中多種地瓜，過於五穀，幾若食味之正。然此外如粟麥黍稷，南方不恒種者，山藪水涯，稍有隙土，即教民求其種而種之。雖地氣不齊，未必廣有收穫，然多爲之備，亦或薄有所得也。若烟草廢田荒穀，所當厲爲之禁。

一曰禁私宰。農人以牛爲産業，私宰盛則不獨盗牛者多，而牛疫滋起，尤必厲禁之。凡此皆所以重農事也。其次則當安富。富民者，貧民之母也，平日有事相見，宜接待以禮，而懇懇惻惻，勸其崇節儉，廣蓄積，省浮華侈靡之費，敦睦姻任恤之行，不獨所以周貧，正所以安其富也。至如廣作室廬，斬木不時，伐石過度，皆足以斵喪地氣，敗壞田疇，使五穀不實，亦宜勸之樸素是尚，安静是守，毋擅興土木。

又次即當安頓游民。游民者，民之蠹也，平日既無恒産，惟酗酒賭博爲事，趨而日下，遂至流爲盗賊，爲乞丐，三五成群，百十爲黨。雖在豐年，此輩大爲地方之害，不幸而遇饑饉，搶奪劫掠，將無所不至矣。是宜設法以安頓之，或有山藪水涯棄地，募之使耕，或勸富室多設閑役，如夜巡之類，藉以養之，俾之散其黨與，漸歸於正。

其中鰥寡孤獨廢疾之人，又多方以廩給之。此皆備荒之要務也。

其尤要者，必先清心寡欲，時以畏天恤民爲心，敦教化，清訟獄，慎刑罰，深念一民或冤，一物不得其所，皆足上干天和，而致水旱之灾。兢兢業業，夙興夜寐，靡敢或懈。如此則備荒之政舉矣。

—2. 皇朝經世文編　卷四一　户政一六　荒政一

姚　鼐（1732—1815）

字姬傳，一字夢穀，室名惜抱軒，安徽桐城（今屬安慶）人。乾隆二十八年（1763）進士，官至刑部郎中。有《惜抱軒全集》。

議　兵

兵民分，雖有聖人，不能使之復合者，勢也。今有人焉，命其子弟，入則挾策操管而學書，出則量庾藪，權輕重，度長短，持算而營什一之利，其子弟必無一能矣。今君國子民者，佹而使耕稼之農，聽號令，習擊刺，舍田里安居而履鋒鏑，而輕死亡之難，其病於衆庶而傷於國也亦明矣。目不兩視，耳不兩聽，手左右畫則乖，足跂立則先疲，兵農兩爲，戰則速敗，而田野爲蕪萊，國何賴此哉？

然古王者兵，未始不出於農。何也？古之時，征伐之事固少，一日戰而用其衆也，至於萬人則爲多矣。日行三十里而舍，戰陳必以禮節焉，擇素教之人，而使進退止伐於疆埸之交，不啻爲揖讓俯仰於庭户之内，夫何爲不可？後世不然，動以百萬之師，決勝於呼吸之頃，屠滅之慘，川谷流膏血，軍旅數動，則士長齒槁馘於營幕之中。當此之時，士卒知戰鬬而已，居則暴棄，而與人若不同類，固不可使伏居井里，而民苟非習於兵者，亦不可使之復爲兵矣。昔者湯之伐桀也，民則曰：舍我穡事，湯至仁也，以民爲兵，不免於怨。若後世之兵，善撫循之，或踴躍以從戎事，豈將能賢於湯武哉？兵與民分之故也。昔者管仲用齊，欲以兵服諸侯，管仲知先王兵民爲一之制，不可以決戰，故參其國，伍其鄙，國中士之鄉十五，五鄉爲一軍。參其國，故三軍以方行天下；伍其鄙，故野有五屬，五屬皆農夫而已。國則爲軍，鄙則爲農，雖不盡若唐宋以後之制，而兵民之分自是始，故齊之伯天下者，兵習戰而農不勞。是故管子天下才也，謂兵不可擾農，亦不可盡一國而爲兵，定以三萬人，教以軍令，使之足用。是故兵必習戰，農必習耕。兵不習戰，農不習耕，雖多不如其寡已。

嗚呼，後之爲兵者，何異於管子也！兵額多而不盡可戰，又不欲養兵而逸之，使之不習戰而習於百役。自明以來，運糧之丁，其始兵也，而卒不能持一梃以與怯夫爲鬬。然以代民轉輸之苦，尚有説也。今之營伍，有戰兵，有守兵，不習知戰守之事，顧使之雜爲捕伺盜賊，詰私販、娼妓、賭博之任無不與，是直有司事耳，使兵足任之，而有司不能，何以爲有司？况兵藉是名，而恐喝、取財、擾地方，爲害者有之矣。夫兵農惟不欲兼也，故使之專於爲兵，今之紛紛而呼於市，而誰何於道路者，夫豈非兼任也？則又不若使爲農之爲愈也。

—2. 皇朝經世文編　卷七〇　兵政一　兵制上

前後藏考

前藏後藏，中國至西藏有南北二道：北道自甘肅西寧出口，西南行由青海至前藏，四千一百餘里；南道自成都西九百二十里，至打箭鑪出口，西六百八十里至裹塘，西五百餘里至巴塘，西千四百里至察木多，四千五百里至拉里，西千里至札什城。札什城者，前藏也。南道别一途，自打箭罏稍北行，由草地至察木多，由察木多復稍北，又由草地亦至札什城。其地近於裹塘、拉裹之路。然與北道皆寒苦尤甚，故行者由南道里塘者爲多。昔漢欲求大夏，四道並出，其北方閉氐筰，南方閉嶲昆明。計今通藏之南道，漢氐筰所閉道也。自札什城南行九百里，至札什倫布，所謂後藏也。自札什倫布又南行，則至怒江，接雲南域外西夷之境。

自前後藏東至裹塘，司其地者，皆以僧與民長雜治之，而僧尤重。在前藏者，曰達賴喇嘛；在後藏者，曰班禪喇嘛。此其尤尊者，呼曰胡土克圖。胡土克圖者，師也。其弟子曰班弟。班弟所任職，曰倉儲巴者，主其財，任其煩事。其分居他部爲喇嘛之長曰堪布，而民長曰碟巴。又有堪布兼碟巴者，蓋西夷所敬惟僧也。

喇嘛者，皆於佛法修夙命通，死而知所往生之所。然亦間有死而失其通者，其班第輒諱之，迎民間子，擇其慧者一人，以謂即其先師，曰先師受生數十餘世矣，而猶一人也。其寺宇極華盛，然禁婦女入甚嚴。胡土克圖出，則班弟驅少婦不使見，蓋恐其心亂而失道。乾隆四十五年，高宗壽八十，班禪自後藏來覲爲祝，上禮敬之甚隆。而西山一僧，直至其前，斥責甚厲，以謂入中國見繁麗盛美，非其宜也。班禪聞而伏首，愧服之甚。未幾，果死於京師，不能言所往生。其後，後藏猶立所謂班禪者，而實迎異人子當之而已。

——13. 皇朝經世文統編　卷七九　經武部一〇　邊防

陸錫熊（1734—1792）

字健男，一字耳山，上海人。乾隆二十六年（1761）進士，曾任内閣中書，累遷副都御史。有《寶奎堂文集》。

裴行儉知人論

古聖人之所謂知人則哲，而不失天下士者，非但决之於富貴、福澤間已也，亦觀其心與術而已。故有濟世之心，而沈淪阨塞於下者，則必思所以引之，引之不得，則又必表而出之，曰某某棟梁才也。無匡時之術，而或偶乘時竊禄位者，則必思所以退之，退之不得，則指之以明風天下，曰某某食粟而已，不足任大事也。此無他，不以禄位衡人，而後我之心乃公，而後人之真愈出。

唐高宗時，進士王勮、咸陽尉蘇味道，皆未知名，獨吏部侍郎裴行儉知其必掌銓衡，託以弱息，而王、楊、盧、駱四子方負時譽，行儉决其不令終，後果偃蹇以死。行檢以是稱知人。吾甚嘉行儉之鑒衡不爽，而獨惜其所挾以論人者之非其本也。何則？我之所以能鑑人者，以其無我之見者存也。古人君纍囚臣僕皆可置之上位，而晋之祁奚且舉及其仇，彼豈嘗以有利於我而後爲之哉？而其人卒能不負所知，而天下服其識。

今行儉之於勮與味道也，吾意必勖之以得位，行道之所宜，乃但曰"弱息"爲託而已，則是行儉意中，初不必有辨别賢愚之真識也。彼不過思得一身都通顯者以庇其子孫，而賞識於下僚，則其人尤爲易感，適見二子者，駸駸有競進之才，知其將貴且達矣，於是外託知己之名，而陰遂其私願。此特保守禄位者之所爲，而初未計及於其人之才與器也。不然者，當時人才輩出，如狄梁公、張漢陽、魏高要等，皆有撥亂反正之才。行儉苟識其一人，引薦在位，豈不足以扶將衰之朝而弭未然之禍？計不出此，而沾沾於一二模稜唯諾之小人，亦安得爲大臣之度哉？且行儉之於王、楊、盧、駱也，斥之以浮躁淺露似矣，而以爲非爵禄之器，則其言尤有可議者。夫使士而果以享爵禄爲貴也，則古今來夭如顔子，窮如夷、齊，亦可以浮躁淺露目之乎？庸碌如張禹，無恥如馮道，亦可以其去浮躁淺露之習而許爲端人乎？且也息夫躬之在漢，王融之在齊，信所稱浮躁淺露者矣，而亦能致位公卿，傾動一世。四子者特不幸耳，又烏足執以定天下士也？

且夫四子之文采照耀，豈得盡以無行疑之哉？當武氏專朝，義師東起，駱賓王能草檄以聲其罪，卒死於難，亦有合於見危授命之義，以視味道之身相僞廷，諂媚女主者，相去幾何？又安得以非享位之器，而謂遂足以相勝也？果如行儉説，則凡懷才抱德而終身顑者，皆可謂非享位之器，而引庸才以誤國者，且得自附於知人之哲矣，豈足以訓天下哉？雖然，學者苟執先器識、後文藝之一言，以求遠乎浮躁之習，進不屑唯阿在庭，退亦不願以文章名世，則行儉之語亦未嘗無節取也夫！

—5. 皇朝經世文續編　卷一七　吏政二　銓選

段玉裁（1735—1815）

字若膺，號懋堂，江蘇金壇（今屬常州）人。乾隆二十五年（1760）舉人，官四川巫山縣知縣。有《經韻樓集》《説文解字註》。

娱親雅言序

以説部爲體，不取冗散無用之言，取古經、史、子、集類分而枚舉其所知以爲書。在宋莫著於《困學紀聞》，當代莫著於《日知録》，近日好學之士，多有效之者，而莫著於偃師武虚谷之《群經義證》，次則吾友嚴久能之《娱親雅言》。余嘗以爲學者記所心得，無忘所能，可以自課，可以持贈同人，莫善於是。顧爲之者，其弊有二：一曰好爲異説，一曰剿説雷同。皆中無所得，藉此邀名，自謂知古學而已。聞之東原師曰："知十而皆非真知，不若知一之爲真知也。"洞徹其本末，務剖其是非，核之群書而無硋，反之吾心而帖然。一字一句之安妥，亦天地位萬物育之氣象也。久能所説，皆得諸真知，故近以自娱娱親，遠以娱人，涣然冰釋，怡然理順，其傳世行後無疑也。

抑余又以爲考核者學問之全體，學者所以學爲人也，故考核在身心、性命、倫理、族類之間，而以讀書之考核輔之。今之言學者，身心、倫理不之務，謂宋之理學不足言，謂漢之氣節不足尚，别爲異説，簧鼓後生，此又吾輩所當大爲之坊者。然則，余之所望於久能者，勿以此自隘，有志於考核之大而已矣。

—2. 皇朝經世文編　卷二　學術二　儒行

王宏撰（1736—1795）

字無異，號山史，陝西華陰（今屬渭南）人。康熙中薦博學鴻詞，以病辭。有《山志》《砥齋集》。

法言序

漢儒能傳孔子之道者，董仲舒後則有揚雄。仲舒之學見於《天人三策》，其《春秋繁露》，猶純駁參半。雄以莽大夫爲綱目所貶，以此見黜於從祀。吾嘗觀焦竑所述，諸爲雄辨始末者，歷歷有據。則綱目之筆，亦未可定爲實録。而《法言》一書，見道之言，即仲舒有弗及者，烏可廢哉？程子最不輕許人，獨云漢儒之中，吾必以楊子雲爲賢，蓋有以也，反騷解嘲，文之末技。而《太玄》之作，無當於《易》。乃後世獨矜重之，則又吾之所未解者矣。

莽大夫之誣山史於野語，辨之極詳。

—3. 皇朝經世文編補　卷一　學術一　原學

中說序

漢以來，世之號爲文章家衆矣。義高雲天，詞潤金石，迄今掞六朝之藻者，獨艷稱之。而晋人以老莊之學雅尚清淡，頗著玄解，然往往鮮實用。数百載儒者汩没於二途，而能卓然獨以孔子之道自任，爲舉世之所不能爲，如王通者，豈不難哉？獻策不見用，退而著書河汾之間以終，可謂出處有道矣。乃後人或以此少之。然則孔孟之栖栖以求世用者皆非與，宋咸駁《中說》，至謂無其人，斯妄矣。唯帝魏之説，則吾之所不取，亦無容爲通也諱耳。

褒貶一出於大公，斯可以論衡古人，庶不隨人俯仰。學者致澤無具，動託抱道自重，以文之山史，折以孔孟栖栖，則聖賢行道有成法，可以關苛論之口。

—3. 皇朝經世文編補　卷一　學術一　原學

陳之蘭（1736—?）

字䅉儒，號香國，江西臨川（今屬撫州）人。乾隆二十三年（1758）貢生。有《香國集》。

授田論

法有可變不可變，不於變之日知之；變有可復不可復，不於復之日知之。文質異尚，子丑殊建，尸夏立而殷坐，禮麻冕而今純，此可變者也。污尊抔飲易以金罍兕觥，茅茨采椽易以刻桷丹楹，此變而不可復者也。天下有古今常行之法，不必古今常行，然當其制之早自樹於不可變，後世而變矣。不可變而變，則可變而亦可復。昔者先王之馭天下也，探其源而治之，制爲授田法以闢萬化之門，建一事而三物備焉。田均而苦樂之塗不偏，故天下育也。法立而僥倖之路不開，故天下定也。民安而性情之節不亂，故天下治也。智愚賢不肖不可得而齊，而三物者備，遂人懷敦樸，俗臻醇美，害可委也。仁有所不忍，利可專也。義有所不爲，蓋不待四術崇、八刑糾，而早已陰養其恩愛、廉恥、忠信、禮讓於畎畝間矣。後世治民不揣其本，顧欲勤督責驅而之善，教令揭於日月，刑罰威於雷霆，網益密而俗益敗壞，譬則張弓挾矢以馴鳥獸，不足爲治，反滋其亂。論者顧歸其獄於人心，以爲江河日下，雖堯舜重生，不能砥横流則已誤。夫木性直遂得雨露之潤，日新月盛，至於蔽日干雲而不屈。然而懸崖之下必無直木。夫豈生而盡不材？有迫之者也。飢寒者，民之懸崖也。千金之子，賞之不竊，非其性獨異，人治生有餘也。治生無賴而禮義繩之，故上求而下不應。非不應也，心甚欲之而不得取，手足有所急也。

自授田法廢而民無常生之業，天即豐年，能豐之於田之所在，不能豐之於田之所不在。君即薄徵，能薄之於歛之所及，不能薄之於歛之所不及。民既已汲汲皇皇謀生之計百出矣，苟可以救一朝之死，何所不忍，故恩愛薄而乖離起；苟可以延一日之生，何所不爲，故廉恥輕而慳貪生；苟可以智取，何所不譎，故忠信漓而詐僞出。苟可以力獲，何所不争，故禮讓衰而攘奪起。由是言之，立授田之法，非正教民爲善也而善焉往。廢授田之法，非正教民爲不善也而不善焉往。故曰：古今常行之法不可變也。不可變而變，則可變而亦可復。論者猥以聖人創法以利一時，時移而不得反其故。漢唐以來代有令辟，卒不能復，法與人而亡矣。殊不知萬物無始，聖人無創。玉在石中，人過而不知，良工剖焉，天下見玉矣，不可謂未剖之前無玉也。法在道中，人眊而不察，聖人制焉，天下見法矣，不可謂未制之前無法也。井田、學校、封建、肉刑皆與天俱生者也，天不亡，法亦不亡，待人而行耳。論者猥以人衆則田不給，奪富人之田恐其生亂。嗟乎，火鼠不可與語熱，冰蠶不可與語寒，今人不可與復古，皆梏於身之所處而不能盡物理。夫亂離久則戰争酷而人寡，太平久則生息深而人衆。固常反覆相尋，非必古獨凋殘而今獨蕃盛，且人寡則生者亦寡而土曠，人衆則生者亦衆而土闢，雖有饑歲，未聞菽粟告絶，盡填溝壑。天下之田自足以供天下之人，準於人以酌分田之數而不必百畝，安在其不給也哉？今之世富者一而貧者百，此百人者盡悦也。助人爲亂以去己之所利，愚者不爲。豪强即挾異志，固已有將而無兵矣。且即富人，又何嘗不悦蓄良疇美宅所以遺後人。然往往祖父繡闥雕甍，肥馬輕狐，餘粟波鄰里，而子孫或茅舍敝椿，每食不飽，猶仰給於他人，甚者及身而墜，若燎毛然。富不可恃以長保，受田於君奕葉世有之，夫失雀而得鵬，則莫不利失也，損毛而益髓，則莫不利損也。兹法之行，乃人心所不言而同欲，因民之欲以施惠，用力少而成功速，安在其不可復也？

天下之患，莫大於未或爲之而豫斷其不可。未或爲之而預斷其不可，則雖斷斷可爲者，亦將有所不爲。且夫未或爲之而又何以知其不可也？世疑孔子之道屢世莫殫，相魯三月而大治。使當時不相魯，孔子千載受其誣。子産爲鄭一年而民怨之，三年而民頌之。假令數月而罷，子産爲酷吏矣。物必以用效其實，事必以試考其歸。輪轅具而勿御，雖以騏驥駕輕車，猶將自止。人立於車上，攬轡執策，不必王良造父，可以致遠。事變何常，操縱在人。人不勝法，則驅天下之人而聽命於法。法不勝人，則挽天下之法而受命於人。誠使一代開創之初，得寡欲知人之君，鑒後世之所以亂，思前世之所以治，一體君民勵精復古，排世俗之論，勿使亂是非；去先事之畏，勿使墮機務。行之以誠，布之以公，度其地之可耕者，一夫授田若干畝而不必井。今直隸、山東、山西、河南、陝西，田無經界，民各自守其業，並無兼併之患，故不必井。舉田制而與封建俱，復以百里之地付之一人，其功成而民不擾者，遂使君之，則豪傑皆樂爲之用。可以不殺一人，數年間復見先王之制，則教化易行，禮樂可興，盡人物之性以輔相天地。

恃此具也，而其要在於朝廷得人。朝廷不得人則撓之者衆而計不定，計定而任事者或藉以便其私，利未興，弊先起，曠日持久，徒以擾民而迄無成效。故曰“必知人之君”也。張子嘗言三代田制必可復，欲試之一方而有志未就。程子則謂“必井田而後天下可爲”。非聖人之達道，道在倣其意行之而民不病。夫倣其意行之而民不病，則莫若均田限田之法。田可限可均，則亦可授矣。夫養生不必五穀，舍五穀養生別無長理；治民不必授田，舍授田治民別無善策。程子之説，以養生爲君者也。張子之説，以樹五穀爲君者也。

—1. 切問齋文鈔　卷一五　財賦一

施朝幹（？—1797）

字培叔，一字鐵如，號小鐵，江蘇儀徵（今屬揚州）人。乾隆二十八年（1763）進士，官至太僕寺卿。有《正聲集》。

刑　論

昔者周穆王命吕侯作刑以詰四方，而歷舉帝舜時三后恤功，士制百姓之治；且推其典獄之效，而極之於惟克天德，自作元命，配享在下。此其審於五刑、五服、五流、五宅之用，必有非後世之所能測者。而先爲之指其實曰："非訖於威，惟訖於富。"余始讀書至此，以爲穆王耄荒之言之陋，不可以論有虞之盛。既而思穆王固爲其時司政典獄者而言，是以徵於有虞以爲法，而又述苗民之奪貨而絶，厥世以爲戒也。蓋自商道之衰，貪墨之風漸以流行，於是盤庚之遷，亟亟焉於具貝玉者，而惕以高后之作丕刑；復以無總於貨寶，訓飭邦伯師長暨百執事。逮周之衰，而政以賄成，又有甚焉。穆王之言，其亦有不得已於此也。烏虖！秦漢以下，刑獄之失，又可勝道哉。

凡聽訟，先得情而後持法。訟之興也，大抵願樸者什之三，桀黠者什之七。其願樸者，苟據理折之，則俯首引服易易爾。其桀黠者，匿情飾辭，詭譎變幻，雖大公至正以臨之，平心以察之，而情猶有得有不得。曾是冒於貨賄，而尚能使之無遁情邪？且立訟者於庭而訊，則以貨財啓釁者過半焉。彼所得貨財，固不若官所受之多也。得少者長跪而伏辜，受多者南面而判牘。其不足以服罪人之心，亦已明矣。又況顛倒曲直，骫法而不顧也。或曰當世之吏，有受賄而謂有陰德者，如富人當死，而求所以出之是也。烏虖！富人當死，官得其情而斷以法，是死於法，非死於官也。今有富人以非禮殺臧獲，而官乃受賄而出之，則死者之魂魄將訟於幽，而又何德焉？又如州縣讞定重囚，及親屬訴冤，上官知獄辭之誤，慮屬官之得罪，納賄賂而具獄如初者。當其巧文上奏，雖堯舜且謂法所不原，而虚實相蒙，甲乙互易，夫孰從而正之？雖然魯褒所論，死可使活，生可使殺。昏亂之朝，以獄爲市，無足異爾。若以明罰勑法之盛世，而鬻獄罔忌，腥聞滋章，則是飲鴆而爲甘，兵在頸而夢猶未覺也。

—2. 皇朝經世文編　卷九〇　刑政一　刑論

章學誠（1738—1801）

字實齋，號少岩，浙江會稽（今紹興）人。乾隆四十三年（1778）進士，官國子監典籍。有《文史通義》《校讎通義》。

言公

古人之言，所以爲公也，未嘗矜於文辭而私據爲己有也。志期於道，言以明志，文以足言。其道果明於天下，而所志無不申，不必其言之果爲我有也。《虞書》曰："敷奏以言，明試以功。"此以言語觀人之始也，要在試功而庸以車服，則所貴不在言辭也。《誓誥》之體，言之成文者也，苟足立政而敷治，君臣未嘗分居立言之功也。周公曰：王若曰多方，誥四國之文也。蓋聖臣爲賢主立言，是謂賢能任聖，是即賢主之言也。曾氏鞏曰："典、謨之文，豈止載堯舜之功績，併其精微之意而亦載之。是豈尋常所及哉？當時史臣載筆，亦皆聖人之徒也。"由是觀之，賢臣爲聖主述事，是謂賢能知聖，是亦聖人之言也。文與道爲一貫，言與事爲同條。猶八音相須而樂和，不可分屬一器之良也；五味相調而鼎和，不可標識一物之甘也。故曰：古人之言所以爲公也，未嘗矜於文辭而私據爲己有也。

夫子曰："述而不作。"六藝皆周公之舊典，夫子無所事作也。《易》有《大傳》，夫子之言也，然用古人成説，而未嘗有所識別焉。元善之訓，先誦於穆姜是也。誦《易》之言而不標爲《易》，恒三之辭，証義於巫醫是也。"不忮不求"之美季路，"誠不以富"之嘆夷、齊，未嘗言出於《詩》也。"允執厥中"之述堯言，"元牡昭告"之述湯誓，未嘗言出於《書》也。《論語》記夫子之微言，而《詩》《書》初無識別，蓋亦述作無殊之旨也。夫子之言見於諸家之稱述，而《論語》未嘗兼收，蓋亦詳略互託之旨也。夫六藝爲文字之權輿，《論語》爲聖言之薈萃，創新述故，未嘗有所庸心，蓋取足以明道而立教，而聖作明述，未嘗分居立言之功也。故曰：古人之言所以爲公也，未嘗矜其文辭而私據爲己有也。

周衰文敝，諸子争鳴。蓋在夫子既没，微言絶而大義之已乖也。然而諸子思以其學易天下，固將以其所謂道者争天下所莫可加，而語言文字未嘗私其所出也。先民舊章存録而不爲識別者，管氏弟子之職，《孔叢子》、《爾雅》之篇是也。記其言行而非其身所論述者，管氏之述其身死後事，《韓非子》載其李斯駁議是也。《吕氏春秋》，先儒與《淮南鴻烈》之解同稱，蓋謂集衆客而爲之，不能自命專家。然吕氏、淮南未嘗以集衆爲諱，如後人之掩人之長以爲己有也。諸子之奮起，由於道術既裂而各以聰明才智之所偏，每有得於大道之一端，而遂欲以之易天下。其持之有故而言之成理者，固將推衍其學術而傳之其徒焉。苟足顯其術而立其宗，而援述於前與附衍於後者，未嘗分居立言之功也。故曰：古人之言所以爲公也，未嘗矜其文辭而私據爲己有也。

夫子因魯史而作《春秋》。孟子曰：其事則齊桓、晋文，其文則史。孔子自謂竊取其義焉耳。載筆之士，有志《春秋》之業，固將惟義之求，其事與文，所以借爲存義之資也。世之譏史遷者，責其載《尚書》、《左氏》、《國語》、《國策》之文，以爲割裂而無當。世之譏班固者，責其孝武以前全襲遷書，以爲盗襲而無恥。此則全不通乎史學之論也。遷史斷始五帝，沿及三代、周、秦，使舍《尚書》、《左》、《國》，豈將爲憑虚亡是之作乎？必謂《左》、《國》而下，爲遷所自撰，則陸賈之《楚漢春秋》高祖、孝文之《傳》，皆遷所采摭，其書後世不傳，而徒以所見之《尚書》、《左》、《國》怪其割裂焉，可謂知一十而不知二五者矣。固書斷自西京一代，使孝武以前不用遷史，豈將爲經生之决科，同題而異文乎？必謂孝武以後爲固之自撰，則馮商、揚雄之紀，劉歆、賈護之書，皆固之所原本。其書後人不見，而徒以所見之遷史怪其盜襲焉，可謂知白出而不知黑入者矣。屈、賈、孟、荀、老、莊、申、韓之標目，同姓侯王、異姓侯王之分表，初無發明，而僅存題目，褒貶之意默寓其中，乃立言之大者也。作史貴知其意，非同於掌故，僅求事文之末也。夫子曰："我欲托之空言，不如見諸行事之深切著明也。"此則史氏之宗旨也。苟足取其義而明其志，而事次文篇，未嘗分居立言之功也。故曰古人之言所以爲公也，未嘗矜其文辭而私據爲己有也。

漢初經師抱殘守缺，以其畢生之精力發明前聖之緒言，師授淵源等於宗支譜系。觀弟子之術業而師承之傳授，不啻梟鵠黑白不相混焉，學者不可不盡其心也。公、穀之於《春秋》，後人以爲假設問答以闡其旨爾，不知古人先有口耳之授，而後著之竹帛，非如後人作經義，苟欲名家，必以著述爲功也。商瞿受《易》於夫子，其後五傳而至田何，施、孟、梁邱皆田何之弟子也。然自田何而上未嘗有書，則三家之《易》著於《藝文》，皆悉本於田何以上口耳之學也。是知古人不著書，其言未嘗不傳也。治韓《詩》者不雜齊魯，傳伏《書》者不知孔學，諸家章句訓詁有專書矣。門人弟子援引稱述，雜見傳記章表者，不盡出於所傳之書也，而宗旨卒亦不背乎師説。則諸儒著述成書之外，别有微言緒論口授其徒，而學者神明其意，推衍變化，著於文辭，不復辨爲師之所詔與夫徒之所衍也。而人之觀之者，亦以其人而定爲其家之學，不復辨其孰爲師説、孰爲徒説也。蓋取足以通其經而傳其學，而口耳、竹帛未嘗分居立言之功也。故曰古人之言所以爲公也，未嘗矜其文辭而私據爲己有也。

嗚呼，世教之衰也，道不足而争於文，則言可得而私矣。實不充而争於名，則文可得而矜矣。言可得而私，文可得而矜，則争心起而道術裂矣。古人之言欲以喻世，而後人之言欲以欺世，非心安於欺世也，有所私而矜焉，不得不如是也。古人之言欲以淑人，後人之言欲以炫己，非古人不欲炫，而後人偏欲炫焉，有所不足與不充焉，不得不如是也。故操術不可不慎也。古人立言處其易，後人立言處其難。何以明之哉？古人所欲通者道也，不得已而有言。譬如喜於中而不得不笑，疾被體而不能不呻，豈有計於工拙敏鈍而勉强爲之效法哉？若夫道之所在，學以趨之，學之所在，類以聚之。古人有言，先得我心之同然者，即我之言也。何也？其道同也。傳之其人，能得我説而變通者，即我之言也。何也？其道同也。窮畢生之學問、思辨於一定之道，而上通千古同道之人以爲之藉，下俟千古同道之人以爲之輔，其立言也不易然哉。惟夫不師之智，務爲無實之文，則不喜而强爲笑貌，無病而故爲呻吟，已不勝其勞困矣。夫外飾之言與中出之言，其難易之數可知也。不欲争名之言，與必欲争名之言，其難易之數又可知也。通古今前後而相與公之之言，與私據獨得必欲己出之言，其難易之數又可知也。立言之士，將有志於道而從其公而易者歟？抑徒競於文而從其私而難者歟？公私難易之間必有辨矣。安得知言之士，而與之日進於道哉？

言公於世，則書有時而亡，其學不至遽絶也。蓋學成其家而流衍者長，觀者考求而能識别也。費直之《易》雖亡，而鄭、王之學出費氏，今王《易》具存，而費氏之

《易》未亡也。孔氏《古文》雖亡，而史遷問故於安國，今遷書具存，而孔氏之《書》未亡也。韓氏之《詩》雖亡，而許慎治《詩》出韓氏，今《説文》具存，而韓嬰之《詩》未亡也。劉向《洪範五行傳》與《七略》、《别録》雖亡，而班固史學出劉歆，歆之《漢記》，《漢書》所本。今《五行》、《藝文》二志具存，而劉氏之學未亡也。亦有後學託之前修者，褚少孫之藉靈於馬遷，裴松之之依光於陳壽，非緣附驥，其力不足自存也。又有道存術近，其書不幸亡逸，藉人之書以存者，《列子》殘闕，半述於莊生，楊朱書亡，多存於《韓子》。蓋莊、列同出於道家，而楊朱爲我，其術自近名法也。又有才智自騁未足名家，有道獲親，幸存斧琢之質者，告子杞柳湍水之辨，藉孟子而獲傳；惠施白馬三足之談，因莊生而遂顯。雖爲射者之鵠，亦見不羈之才非同泯泯也。又有瑣細之言，初無高論，而入於有心之聽，遂與經訓同垂。孺子濯足之歌，時俗苗碩之諺，其喻理者即淺可深，而獲存者無俗非雅也。凡若此者，非必古人易而後人難也、古人巧而後人拙也、古人勤而後人惰也，名實之勢殊，公私之情異，而有意於言與無意於言者不可同日語也。故曰無意於文而文存，有意於文而文亡。

聖人之言，賢人述之，而或失其指。賢人之言，常人述之，而或失其指。人心不同，如其面也，而曰言託於公，不必盡出於己者，何也？蓋謂道同而德合，其究終不至於背馳也。且賦詩斷章，不必若自其口出，而本指有所不拘也。引言互辨，與其言意或相反，而古人並存不廢也。前人有言，後人援以取重焉，是同古人於己也。前人有言，後人從而擴充焉，是以己附古人也。仁者見仁，知者見知。言之從同而異，從異而同者，殆如秋禽之毛，不可遍舉也。是以後人述前人而不廢前人之舊也，以爲並存於天壤，而是非得失自聽知者之别擇，乃其所以爲公也。君子惡夫盗人之言，而遽鏟去其迹，以遂掩著之私也。若夫前人已失其傳，不得已而取裁後人之論述，若遷史之於《古文尚書》，《説文》之於韓嬰《詩傳》，則其無可如何，而賴有是之僅存耳。然遷史未嘗不參以今文，而《説文》未嘗不參齊魯之説焉。是又在乎專門絶學，辨析微茫，心領神會，所以貴乎知言之士也。

—2. 皇朝經世文編　卷五　學術五　文學

婦學三則

夫敎坊曲里，非先王法制，乃前代相沿，往往士大夫閑情有寄，著於簡編，禁網所弛，不以爲罪。我朝禮教精嚴，嫌疑慎别，三代以還，未有如是之肅者也。自宫禁革除女樂，官司不設教坊，則天下男女之際無有可以假藉者矣。其有流娼頓妓，漁色售奸，並干三尺，嚴條决杖，不能援贖，雖吞舟有漏，未必盡罣爰書，而君子懷刑，豈可自拘司敗。每見名流板鐫詩稿，未窺全集，先閲標題，或紀紅粉麗情，或著青樓唱和，自命風流倜儻，以謂古人同然，不知生今之世，爲今之人，苟於禁令未嫻，更何論乎文墨。周公制禮，同姓不婚。假令生周之後，以謂上古男女無别，而瀆亂人倫，行同禽獸，以謂古人有然，可乎。夫才須學也，學貴識也。才而不學，是爲小慧，小慧無識，是爲不才。不才、小慧之人，無所不至，以纖佻、輕薄爲風雅，以造飾標榜爲聲名，炫耀後生，猖披士女，人心風俗流弊不可勝言矣。夫佻達出於子衿，古人所有，矜榜流於巾幗，前代所無，蓋實不足而争騖于名。已非夫而藉人爲重，男子有志，皆耻爲之。乃至誼絶絲蘿，禮殊授受，輒以緣情綺靡之作，托於斯文，氣類之通，因而聽甲乙於臚傳，求品題於月旦。此則釵樓勾曲，前代往往有之。静女閨姝，自有天地以來，未聞有是禮也。

古之婦學，如女史、女祝、女巫，各以職業爲學，略如男子之專藝而守官矣。至於通方之學，要於德、言、容、功，德隱難名，功粗易舉，至其學之近於文者，言、容二事爲最重也。蓋自家庭内則，以至天子、諸侯、卿、士大夫，莫不習于禮容，至於朝聘喪祭，后妃、夫人、内子、命婦，皆有職事。平日講求不預，臨事何以成文？漢之經師，多以章句言禮，尚賴徐生善爲容者。蓋以威儀進止，非徒誦説所能盡也。是婦容之必習於禮，後世大儒且有不得聞也。至於婦言主於辭命，古者内言不出於閫。所謂辭命，亦必禮文之所須也。孔子云："不學《詩》，無以言。"善辭命者未有不深於詩，乃知古之婦學，必由禮而通詩，六藝或其兼擅者耳。後世婦學失傳，其秀穎而知文者，方自謂女兼士業，德、色見於面矣。不知婦人本自有學，學必以禮爲本。舍其本業，而妄託於詩。而詩又非古人之所謂習辭命而善婦言也。是則即以學言，亦如農夫之舍其田，而士失出强之贄矣，何足徵婦學乎。嗟乎，古之婦學必由禮以通詩，今之婦學轉因詩而敗禮，禮防决而人心、風俗不可復言矣。夫固由無行之文人，倡邪説以陷之，彼真知婦學者，其視無行文人若糞土然。何至爲所惑哉。

飾時髦之中駟，爲閨閣之絶塵，彼假藉以品題，不過憐其色也。無行文人其心不可問也。嗚呼，己方以爲才而眩之。人且以爲色而憐之，不知其故而趨之，愚矣。微知其故而亦且趨之，愚之愚矣。女之佳稱，謂之静女，静則近於學矣。今之號才女者，何其動耶，何擾擾之甚耶。噫！

—2. 皇朝經世文編　卷六〇　禮政七　家教

丁 杰（1738—1807）

字升衢，號小疋，浙江歸安（今屬湖州）人。乾隆四十六年（1781）進士，官寧波府教授。有《小酉山房文集》。

嫁 娶

古者嫁娶之期，言人人殊。一爲年之少長，一爲時之早晚。今合經傳考之，男自二十至三十，女自十五至二十，時自季秋至仲春，自仲春至仲夏，皆爲得理之正。《大戴禮·本命篇》："男八歲而齔，十六情通，然後其施行；女七歲而齔，十四然後其化成。"此舉其端言之也。

《儀禮·喪服傳》："年十九至十六爲長殤。《禮》：子不殤父。"明男二十爲初娶之端。《墨子》曰：昔聖王爲法，丈夫年二十，毋敢不處家；女子年十五，毋敢不事人。王肅述《毛》曰：前賢有言，丈夫年二十，不敢不有室；女子十五，不敢不有其家。此舉其中言之也。

《周禮·媒氏》：令男三十而娶，女二十而嫁。《大戴禮·本命篇》：中古男三十而娶，女二十而嫁。《禮記·曲禮》："二十曰弱，冠，三十曰壯，有室。"《内則》："二十而冠，三十而有室。女子十有五年而笄，二十而嫁。"《尚書大傳》孔子對子張曰："男子三十而娶，女子二十而嫁。"《穀梁·文十二年》："男子二十而冠，三十而娶。女子十五而許嫁，二十而嫁。"此舉其終言之也。

《荀子·大略篇》及《韓詩傳》：古者霜降迎女，冰泮殺止。《家語·本命解》："孔子對哀公曰：'霜降而婦功成，嫁娶者行焉。冰泮而農桑起，婚禮殺於此。'"《禮運》：孔子語言偃曰："冬合男女，春頒爵位。"此《家語》之《禮運》。《詩·衛風》："將子無怒，秋以爲期。"《邶風》："士如歸妻，迨冰未泮。"此言仲春以前也。

《夏小正》："二月，綏多士女。"《周禮·媒氏》："仲春之月，令會男女，……奔者不禁。"《禮記·月令》："玄鳥至，……以太牢祠於高禖。"《詩·商頌》："天命玄鳥，降而生商。"《召南》："言采其蕨，……亦既覯止。""厭浥行露，……謂行多露。""有女懷春，吉士誘之。"《豳風》："春日遲遲，……殆及公子同歸。""倉庚于飛，……之子于歸。"《鄭風》："零露瀼瀼，與子偕臧。"《白虎通》曰："嫁娶以春。"此言仲春之時也。

《詩·召南》："摽有梅，其實七兮。求我庶士，迨其今兮。摽有梅，其實三兮。求我庶士，迨其今兮。"此言仲春之後也。

《摽有梅》，《詩序》以爲男女及時者，主乎年之少長。《唐風·綢繆》與《摽有梅》相類，《序》以爲不得其時者，主乎時之早晚。《陳風·東門之楊》，《序》以爲失時者，意重男女多違，不止論年之少長，時之早晚也。《大戴禮·本命篇》又云"太古男五十而室，女三十而嫁"，不能行於後世。《大戴逸篇·文王世子篇》："文王十三生伯邑考，十五生武王。"《左氏·襄公九年傳》："晋侯曰'國君十五而生子，所以廣繼嗣。大夫以下不得同之。'"《内則》曰"女子有故，二十三年而嫁"，非嫁娶之常例。《周禮·大司徒》："以荒政十有二，聚萬民，……十曰多昏。"則年之少長，或取其相當，而時之早晚，亦所不計。

今由孔子對哀公之言思之，男三十而有室，女二十而有夫，禮言其極，不是過也，則無在二十、三十之後者矣。男子二十而冠，有爲人父之端；女子十五許嫁，有適人之道，亦無出於十五、二十之前者矣。群生閉藏乎陰，而爲化育之始，故聖人因時以合偶男子，窮天數也，則無在霜降之前者矣。冰泮而農桑起，婚禮殺於此，亦容有出於冰泮之後者矣。知此，則《詩》之言嫁娶者多端，可一以貫之矣。

—2. 皇朝經世文編　卷六一　禮政八　昏禮

張 望(1738—1808)

字稷壇,號閏榻,江西武寧(今屬九江)人。有《閏榻先生集》。

知人難

知人難。何謂知人難?同其是而喜者,情也;不同其是而佛者,情也。有不同其是而無佛者,寧有同其是而不喜者?今有兩人於此,其一人助我者也,同其是也;其一人撓我者也,不同其是也。助我者大都君子也,撓我者大都小人也。又有兩人於此,其一人撓我者也,不同其是也;其一人助我者也,同其是也。撓我者大都君子也,助我者大都小人也。是何也?彼之助我者,有利於事而已;彼之撓我者,勿便於己而已。此之撓我者,不利於事而已;此之助我者,求便於己而已。學成行尊,名字大起,宰相知之,天子用之。顯要繫天下之望,朝廷不能有君子,無小人,不能使君子當事而小人無爲,於是乎同聲相應,同類相從,而助之者至矣,於是乎異臭相反,異色相亂,而撓之者至矣,此其固然。然而吾之心一耳,天下萬有也,人之賢不肖、事之成敗利鈍,知之而豈盡無遺?其從而撓之者,開吾之智也;其因而助之者,蔽吾之明也。夫謂因而助之而蔽吾之明者,何也?非其心之果是之,所以然者,求便於己而已。知其賢不肖矣,與其成敗利鈍矣,曹輩尚或杳默,未同其是,而此一人已依依輿嘆,同其是矣,出於非望矣,此豈其情哉?夫賢者快心恢廓,固自信,固不疑人,方且假借地望,設吾道之援,究大事如此,贊王室如此,而孰知是人之非其情也?養爪鋭爲搏擊之資,洗垢求瑕,軼吾遵路,異時以敗大名,亦悔之矣。其小者點名驟色,冒不知人之誚,其大者妄生羽毛,禍人國家,古今亦何可支哉?故曰:知人難。

—2. 皇朝經世文編 卷一三 治體七 用人

鄉 治

天下之治始乎縣,縣之治本乎令。然而縣令成教化,一風俗,以聞於宰相、天子,非其特立而孤行也。下有丞,又有尉,亦非丞與尉之輔而足也。此其故,爲縣令者殆未有以明焉。朝廷垂意爲縣矣,勤勤於必得其人;得人矣,又慮以一邑之大、民之衆,上與下不相屬,政令無與行,威惠無與遍,雖謹且廉而其政不舉,於是里有長,鄉有約,族有正,擇其賢而才者授之,然後縣令之耳目股肱備也。縣令勤於上,約與正與長奉於下,政令有與行矣,威惠有與遍矣。族之人有一善,則其正勸之一族矣,里之人有一善,則其長勸之一里矣,鄉之人有一善,則其約勸之一鄉矣;有一不善,則斥之一族矣,斥之一里矣,斥之一鄉矣。既已如此,縣令於政理之暇,又時召見此三人者,面問百姓疾苦,人情嚮背,而以考吾政。優優恰恰,勞來而益委重之,以樂乎其心而警其怠,宣上之德意於民。民皆曰上之愛我如此也,上之期我以君子、善人如此也,吾日見鄉里風俗之美也。

一鄉如此,他鄉可知也;一縣如此,他縣可知也。豈非鄉治而國治,國治而天下治乎?如或縣令不能奉承朝廷之意,以求化民成俗,至以苟且疏闊爲事,族正既授以虚名而不問，鄉約殆非所謂約也，里長殆非所謂長也，其小者理户口、治館驛，大者剽掠殺人，必以告，一切奔走奴隸之而已，一不當則群卒叫號於其家，而怒詈辱之於廷矣，而率其民以奉乎令者，固不責焉。況不選擇而使，使之又不以禮，則夫自愛者固不肯爲，爲者類鄉里無賴之人耳，借以生事容奸，賈禍於民，而陰享其利。且彼亦窺上之以無恥待也，衆之所謂下流而居之，雖欲潔清不污不得也。遂盡從而棄之，上之人又孰從而信之？不惟上之人不信而已，即以己之不善而教人善，以己之惡而謂人惡，平居譊譊，其誰信而服之乎？不信不服，而鄉里之患不可言矣。訟獄盈庭，簿書矻矻，縣令日昃而不暇食焉。極於囹圄充塞，赭衣半道，而不知誰之爲之也，其亦疏而失其本哉。論鄉治。

—2. 皇朝經世文編　卷二三　吏政九　守令下

汪志伊（1743—1818）

字稼門，號實夫，安徽桐城（今屬安慶）人。乾隆三十六年（1771）舉人，官至閩浙總督。有《稼門文鈔》。

敬陳吏治三事疏

臣思自古有治人，無治法。因一弊即立一法，而法卒不能周；立一法又生一弊，而弊終莫能除。且法愈密，則規避愈多，則廢弛愈甚。由此觀之，與其詳於議法，不如慎於用人。蓋人正而弊自除也。顧得人甚難，大抵中才多，賢者少，不肖者亦少。察不肖而痛懲之，則人心自振，而吏治可轉澆爲淳；見賢者而峻擢之，則人心愈勸，而吏治必精益求精。是中才胥奮發而效賢者之所爲，斷不至下與不肖者等。特患執資格以限之，使不得伸其志以作其氣，復設科條以縛之，使不得久其任以盡其材，且扣得項以窘之，使不得全其守以正其趨，爲可惜也。兹與司道公同熟籌，謹就閩省民生吏治實在情形，爲我聖主敬陳者有三：

一、徵收糧米限期過緊，處分太嚴，宜仍復舊例也。閩省負山環海，地瘠民貧，非他省可比。應完銀糧，勢難免於負欠。緩則尚可設法催交，急則轉以力疲違抗。查向例徵收錢糧，不及分數之展參，均有一年之限。自乾隆五十三年，經部議准湖北巡撫姜晟奏，南糧關係兵食，請定限三月，逾限不完即予以實降實革，通行在案。竊思糧米固關兵食，地丁亦關給餉，事本無分輕重，而地丁則仍限一年，糧米則改限三月，緩急未免縣殊。經徵官欠不及一分即停陞轉，接徵官二參未完，不及一分已予降調。是以六十年以前州縣懼干處分，每多捏報全完。迨兵米不敷給放，則挪碾倉穀墊支。自大加懲創以後，各屬不敢挪墊捏報，輒獲經徵不力之咎，是前以規避處分而致虧空，近以據實造報而增處分。計一官到任不過數月，初參續參即相繼而至。各頑户明知本官不久即當離任，益以抗納爲得計。該書役亦知參限將届，並不上緊催追，甚至乘機滋弊。是三月一參之新例，原期州縣自顧考成，趕緊催科，反致呼應不靈，逋欠更甚於曩日。雖此等因公被議人員俱准給咨赴部引見，仍發本省，以原官補用。而一二年間，往返徒勞，交替頻仍，於一切公事尤未免廢弛。惟有仰懇勅部，將未完糧米展參之期限，仍復一年舊例，並將前此被議人員亦照舊例改正，於吏治兵食兩有裨益。

一、州縣陞調各缺難得合例，人員應變通籌議也。查乾隆十四年，奉上諭："前因郡守縣令，當久於其任，以歷俸三年，始准調繁。宜其吏習民安，以收績效。乃遇衝繁疲難相兼之缺，該督撫往往以格於成例，調補無人爲説，而言官亦稱俸滿者才非幹練，幹練者歷俸未久，仍請不拘三年俸滿之例，則原議限年准調者又扞格而難行。將見久任之效未著，而要地之缺易懸，豈爲官擇人之道？著大學士、九卿妥議具奏。欽此。"經大學士等議准，員缺果係緊要，非幹練之員不能勝任，准令該督撫將其人其地實在相須之處，或應調補，或應陞署，詳悉聲名，專摺奏聞等因在案。兹於嘉慶四年四月接准部咨，議准御史李蘧條奏。嗣後各省遇有題調缺出，將不合例人員奏請者，臣部議駁時，將該督撫隨本查議，如復以人地相須，再行瀆請，應將覆奏之督撫，從嚴議處。又調署各員，有任意調委，及將並無卓異保薦之佐雜，委署州縣者指參等因又在案。夫前之議定是例也，全爲地方之緊要起見也。今該御史奏停是例也，特爲杜人之營幹起見也。獨不思不合例之人可以營幹陞調，豈合例之人即不可以營幹陞調乎？與其奏除人地相須之例，貽誤地方，曷若指參徇私作弊之人，以清仕路？蓋弊人易去，而要地必不可廢弛也。臣查閩省知縣一官共六十二缺，除降革離任外，現在以銀糧處分，應停陞轉，及命盜鹽課雜項處分在十案以上者，共三十九員，其甫經到任，歷俸未滿者十三員，又部選題補等項，尚未到任者十員。往往出一應調應陞之要缺，臣會同督臣暨兩司公同揀選，擬以守潔才優、官聲最著者陞調。迨查核處分，輒以降級停陞，礙難辦理。或謂該員等如果才守兼優，能認真辦事，何以屢干例議若此？殊不知地方疲難，民情獷悍，任事多而罹議亦多，固不得以因公處分之多寡，概定其人治行之優絀。若拘泥現定新例，則陞調既乏合例之員，而要缺斷無久懸之理。似應照舊不拘三年俸滿，及參罰在十案以內之例，仍以人地相須者專摺奏聞，恭候欽定。至若知縣缺出，閑於府經縣丞中遴選委署，亦因不得其人，爲一時權宜之計。但佐貳罕有卓異保薦之員，其未經保舉者，誠如部議，出身本雜，未便委以民社，自應飭司遵照查明次第更正。再漳、泉二府屬各縣，陸路搶劫頻聞，械鬬之風未息，素稱難治，甲於天下。若知縣不得久於其任，整飭難而化導尤難。似宜仿照浙江之玉環、平陽等一十五廳縣，准其俸滿保題，以陞銜留任註册，再滿三年核實題報，准其以應陞之缺題請陞用。其僅止循分供職者，即撤回以簡缺題補。倘因循怠忽，貽誤地方者，即查參分別議處，俾吏習民安，以收易俗移風之效。

一、扣廉代賠前任核删軍需銀兩爲數過多，爲時太長，應請援免以資辦公也。臣思世宗、憲宗帝於俸外復設養廉，爲官，亦爲國爲民。蓋必勵廉隅，然後不至侵漁國帑；亦必養廉恥，然後不至剥削民膏也。兹查臺灣林爽文軍需報銷銀兩，除經部臣按例准銷外，其因軍興緊急，地方官變通辦理，實經支給有據，而例不准報銷。及續經部臣駁删者，共銀一百七十九萬四千六百二十餘兩，業經前督臣伍拉納，奏請統歸於通省司道、府廳、州縣養廉内，分年攤扣，歸款在案，復經前督臣魁倫，照原攤每年額設養廉匀和銀三萬三千四百餘兩之數核算，約至嘉慶五十二年方能扣楚，爲時太長，勢必辦公竭蹷。且閩省現任各官，均非原辦軍需之員，俱代前任捐賠，故恭照嘉慶元年恩詔，分賠、代賠以及牽連著賠一概豁免之例，飭藩司查明造册，咨請部示。嗣准部覆，以此項攤捐軍需銀兩，原因從前經手各員辦理不善，經部核删攤扣。今以通省無辜之官，代賠前任無著之項，於情理未協，而經手承辦之人，轉得置身事外，更非事理之平，行令查明承辦官員，分别查取切結，另行攤扣追繳等因，隨經藩司查明從前承辦軍需各員，即清查案内咨追虧賠之人，除田産變繳外，率皆由本籍取具家産盡絶甘結咨覆。若將此項再行咨查，空文往返，終屬有名無實。臣思閩省自六十年清查以後，陋規全除，各官全賴養廉一項以資辦公。其舊有攤捐者，如采買銅鉛、批解顔料、紙張、腳價及緝捕洋盜經費，並幫貼船廠工料等項，已扣十之三四，加以攤扣前案軍需十分之三，實得養廉不及一半。誠恐不肖之員藉資口實，又致侵虧倉庫，擾累閭閻。可否仍照元年恩詔賜豁？俾現任官員不至代人攤扣，仍得辦公有資。該員等益當感激，力圖報稱，更於地方有益。

以上三條，實爲目前更張難行之事，亦海疆政務最重之端。臣受恩深重，並不敢固執己見，輕議成例，市惠邀譽，實爲地方吏治民生起見，不揣冒昧。謹奏。

—2. 皇朝經世文編　卷一六　吏政二　吏論下

汪　中（1744—1794）

字容甫，江蘇江都（今江蘇揚州）人。乾隆四十二年（1777）拔貢，後絶意仕進。遍讀經史百家之書，卓然成家。有《述學内外篇》。

左氏春秋釋疑

《左氏春秋》典策之遺，本乎周公；筆削之意，依乎孔子。聖人之道莫備於周公、孔子。明周公、孔子之道，莫若《左氏春秋》，學者其何疑焉？然古者左史記事，動則書之，是爲《春秋》，而左氏所書，不專人事。其别有五：曰天道，曰鬼神，曰灾祥，曰卜筮，曰夢。其失也巫，斯之謂與？吾就其書求之。

楚子庚侵鄭，董叔言"天道多在西北，南師不時必無功"，叔向以爲"在其君之德"。有星孛於大辰，西及漢，禆竈曰："宋、衛、陳、鄭將同日火，若我用瓘斝玉瓚，鄭必不火。"子産不與。明年鄭火，禆竈曰："不用吾言，鄭又將火。"子産以爲："天道遠，人道邇，竈焉知天道，是亦多言矣，豈不或信？"遂不與，亦不復火。由是言之，左氏之言天道，未嘗廢人事也。

隨侯以牲牷肥腯，粢盛豐備，謂可信於神。季良以爲"民，神之主也。聖王先成民，而後致力於神。民和而神降之福"。齊侯疾，梁邱據請誅於祝固、史嚚，晏子以爲"祝不勝詛"。由是言之，左氏之言鬼神，未嘗廢人事也。

鄭，内蛇與外蛇鬬，内蛇死，申繻以爲"妖由人興。人無釁焉，妖不自作"。隕石於宋五，六鷁退飛過宋都，内史叔興以爲"是陰陽之事，非吉凶所生，吉凶由人"。由是言之，左氏之言灾祥，未嘗廢人事也。

晉獻公筮嫁伯姬於秦，史蘇占之，不吉。及惠公爲秦所執，曰："先君若從史蘇之言，吾不及此。"韓簡以爲"先君多敗德，史蘇是占，勿從何益。"南蒯將叛，筮之得坤之比，子服惠伯以爲"忠信之事則可，不然，必敗，《易》不可以占險。"由是言之，左氏之言卜筮，未嘗廢人事也。

衛成公遷於帝邱，夢康叔曰："相奪予享。"公命祀相，寧武子以爲"相之不享於此久矣。非衛之罪，不可以間成王、周公之命祀。"晉趙嬰通於莊姬，嬰夢天使謂己："祭余，余福女。"士貞伯以爲："神，福仁而禍淫。淫而無罰，福也。祭，其得亡乎？"祭之之明日，而放於齊。由是言之，左氏之言夢，未嘗廢人事也。

此十者，後世儒者之所執以疑《左氏春秋》者也。而當時深識遠見之君子，類能爲之矢德音、蔽群疑，而左氏則已廣記而備言之，後人其何疑焉？若夫瓊弁玉纓，子玉弗致，庶乎知道，而卒之兵敗身死；臧會爲僭，僂句告吉，而終後臧氏。天網恢恢，吉凶之應，有時而爽。策書舊文，謹而志之，所以明教也。

問者曰："天道、鬼神、灾祥、卜筮、夢之備書於策者，何也？"曰：此史之職也。其在《周官》，大史、小史、内史、外史、御史，皆屬春官；若馮相氏、保章氏、眡祲，司天者也；太祝、器祝、甸祝、司巫、宗人，司鬼神者也，太卜、卜師、龜人、菙氏、筮人，司卜筮者也，占夢，司夢者也，與五史皆同官。

周之東遷，官失其守，而列國又不備官，則史皆得而治之。其見於典籍者，曰瞽史，曰祝史，曰史巫，曰宗祝巫史，曰祝宗卜史，明乎其爲聯事也。楚公子棄疾滅陳，史趙以爲“歲在析木之津，猶將復由”；吴始用師於越，史墨以爲“越得歲，而吴伐之，必受其凶。”然則史固司天矣。有神降於莘，惠王問諸内史過，過請以其物享焉；狄人囚史華龍滑與禮孔，二人曰：“我太史也，實掌其祭。”然則史固司鬼神矣。隕石於宋五，六鷁退飛過宋都，襄公問吉凶於周内史叔興；有雲如衆赤烏，夾日以飛，三日，楚子使問諸周太史。然則史固司灾祥矣。陳敬仲之生，周太史有以《周易》見陳侯者，陳侯使筮之；韓起觀書於太史，見《易·象》；孔成子筮立君，以示史朝。然則史固司卜筮矣。昭公將適楚，夢襄公祖，梓慎以爲不果行；趙簡子夢童子臝而轉以歌，占諸史墨。然則史固司夢矣。

司其事而不書，則爲失官，故曰天道、鬼神、灾祥、卜筮、夢之備書於策者，史之職也。古者，《詩》、《書》、《禮》、《樂》，大司樂掌之；《易象》、《春秋》，太史掌之。而儒則有道者、有德者，使教國之子弟，死則以爲樂祖，祭於瞽宗者也。後世二官俱亡，而六藝之學並於儒者，於是即儒之所業，以疑太史。

此偏知之所得，未足語於大道也。曰：是皆然矣，抑猶有可疑者。左氏之紀人事，所以聳善抑惡，以詔後世也。而有不信者焉，有不平者焉，其類有百，請約言之。鄭、息有違言，息伐鄭而敗，左氏以其犯五不韙而伐人，知其將亡；鄭請成於陳，陳桓公不許，左氏謂其長惡不悛。按鄭莊公之在位，四鄰構怨，無歲無兵，取周禾麥，射王中肩，寘母城潁，誓不復見，人道盡矣。而爲周孟侯，以没元身；陳、息一眚，而亟稱其惡。其可疑者一也。

楚武王將齋而心蕩，鄧曼知其禄盡；莫敖舉趾高，鬬伯比知其必敗。按商臣弑父與君，享國十二年，滅江及六蓼，服陳、鄭、宋，身獲考終，子有令德；潘崇教人之子使爲大逆，奄有太子之室爲太師，掌環列之尹，伐麇襲舒，屢主兵事，有尩及黨，爲國世臣。比於武王、莫敖，其咎孰多？其徵安在？其可疑二也。

有神降於莘，虢公享神，神賜之土田，内史過、史嚚知其將亡；虢公敗戎於渭汭桑田，舟之僑、卜偃知其將亡。按虢爲卿士，於周爲睦，子頽之亂，勳在王室，不幸晋方薦食，不祀忽諸，而四子備舉其亡徵，且周之東遷，拜戎不暇，渭汭桑田之役，豈不亦敵王所愾，以張中國之威，而以爲召殃，斯過矣！晋獻上烝諸母，盡滅桓、莊之族，以妾爲妻，逐群公子而殺其世子，虢多凉德，豈其若是？而日闢百里，晋是以大。其可疑三也。

公孫歸父言魯樂，晏桓子知其將亡。按歸父欲去三桓，以張公室，與公謀而聘於晋，欲以晋人去之，其忠盛矣！不幸宣公即世，其事不成；行父假於公義，以敵私怨，遂逐子家，由是公室四分，昭、哀失國，斯可謂國之不幸，而遠以懷魯蔽其罪，且意如内攘國政，外結齊、晋之臣，同惡相濟，賊殺不辜，有君不事，使之野死，又廢其子，其爲謀人不已多乎？而及身無咎，後嗣蒙業。其可疑四也。凡若此者，是有故焉。

天道福善而禍淫。禍福之至，必有其幾。君子見微知著，明徵其辭，其後或遠或近，其應也如響。作史者比事而書之策，侍於其君則誦之，有問焉則以告之，其善而適福，足以勸焉，淫而適禍，足以戒焉。此史之職也。

故《國語》：史獻書。又臨事有瞽史之道，又楚有左史倚相，能道訓典以叙百物，以朝夕獻善敗於君，使無忘先王之業。《禮運》：王前巫而後史，保傅傳，瞽史誦詩。又博聞强記、接給而善對者謂之承。承者，承天子之遺忘者，常立於後，是史佚也。

其見於《左氏春秋》者，曰君舉必書，曰史爲書，曰諸侯之會，其德刑禮義，無國不記，及夫國中［得］失之事，咸問之史，是其事也。意主於戒勸，不專於記述。其所載之事，時有異聞，意有所偏重，所謂“言豈一端，各有所當”者此也。其有善而無福，淫而無禍，雖有先事之言，不足以戒勸，則遂削而不書；其事不可没，則載之；其故不可知，則不復爲之辭。故史之於禍福，舉其已驗者也。其在上知，不聞亦式，不諫亦入，其於戒勸無所用之，則禍福雖無驗焉可也；其在下愚，不可教誨，不知話言，其於戒勸亦無所用之，則禍福雖無驗焉可也。天下之上知、下愚少而中人多，故先王設之史，使鑒於前世之善淫、禍福以知戒勸者，爲中人也。苟爲中人，則舉其已驗者可也，此史之職也。

雖然，史之戒勸，猶有二焉。蔡侯般弑其君，歲在豕韋，萇宏知其弗過此，於是楚靈王誘之於申，伏甲而殺之，此明著其禍，以爲戒者也。商臣以宫甲圍成王，王縊，此直書其事，以爲戒者也。禍之有無，史之所不得爲者也。書法無隱，史之所得爲者也。君子亦爲其所得爲者而已矣，此史之職也。

百世之上，時異事殊，故曰：古之人與其不可傳者死矣，所貴乎心知其意也。明乎此，則《左氏春秋》之疑，於是乎釋。

—2. 皇朝經世文編　卷六九　禮政一六　正俗下

洪亮吉（1746—1809）

字君直，一字稚存，號北江，晚號更生，江蘇陽湖（今常州）人。乾隆五十五年（1790）進士，官至貴州學政。有《更生齋集》等。

滇繫序

滇銅、滇鹽，實爲一方利害所在。然鹽之害，今已奏定歸民，可以不煩更制。惟銅之害，其在官者，州縣必賓缺，方運京銅，往返率五六年，攝缺者少亦四五輩。夔門則有守候之虞，江行則有沉溺之責，津門則有剥運之苦，交户、工二部，則胥吏勒索百端，不至罄其家不止，甚至有戕其身者，已屢見奏牘。害之在民者，廠民皆游手，廠本出庫，已十去二三，餘復供結納之資，酬飲博之費，迨至流亡死故，責雖歸官，而累仍在民。欲除官之弊，莫如接省遞運，則費省而責分；欲除民之弊，莫如聽人開采，而官僅設店，按價購買，則游民不至擅費帑項，胥吏不至任意侵漁，庶一方有限之資，不至漸久漸歸無着。如是而官民之元氣始復，邊境之蓄積始儲，即有水旱甲兵，而可以無意外之變。要亦經理此方者，所當豫爲之計也。敢因君言而推廣及之，他日倘稽六詔之圖，撰一方之志，有非此書不可者，則君與此書又當並垂不朽矣。

—2. 皇朝經世文編　卷五二　户政二七　錢幣上

征邪教疏嘉慶三年

今者楚蜀之民，聚徒劫衆，跳梁一隅，逃死晷刻。始則惑於白蓮、天主、八卦等教，欲以祈福；繼因受地方官挾制萬端；又以黔省苗氛不靖，派及數省，賦外加賦，横求無藝，忿不思患，欲借起事以避禍，邪教起事之由如此。

然臣以爲邪教實不足平也。何則？伊古以來，焚香聚徒，斂米入教，如漢之張魯、張角，晉之孫恩、盧循，六朝及唐川蜀之米賊，宋之儂智高，明之劉六、劉七、趙風子、徐鴻儒、唐賽兒等類，皆起於中葉以後政治略弛之時，然尚皆不旋踵即撲滅。若我朝聖聖相承，振綱飭紀，每有賑恤，皆不惜百萬帑金，視民如傷，愛衆若子，此不特中外知之，陷入邪教者知之，即爲邪教之首者亦知之。故臨陣撑拒，必言受地方官之害，以致背皇上大德。試思此等皆身罹叛逆，萬死不得足贖之人，而天良不昧尚如此，臣故云邪教不足平也。

臣今敢有請者，以爲脅從宜貸也。邪教入一村則燒一村，入一鎮則燒一鎮，以脅良民爲賊耳。邪教既退，州縣官又利其燒燼所餘，屏民使不得歸，於是良民始不得不從賊。邪教滋擾數省，首尾三年，燒村鎮愈多，則無身家衣食之民附麗之者愈衆。邪教又不甚愛惜，每行必驅之使前，或抑之在後，以抵官兵，故諸臣所入告云殺數千人數百人者，即此無業之流民，非真邪教也，非真賊也。且此曹每州縣動輒以萬計，可盡殺乎？即可盡殺，亦非皇上如天之仁所忍出此也。故臣以爲脅從宜貸，一則開愚民之自新，一則離邪教之黨羽。黨羽一散，真賊乃出，從此官兵刀箭槍炮之所傷，乃真邪教也，乃真賊也。一則吏治宜肅也。今日州縣之惡，百倍於十年、二十年以前，上敢隳天子之法，下敢竭百姓之資。以臣所聞，湖北之宜昌，四川之達州，雖稍有邪教，然民皆保身家，戀妻子，不敢犯法也。州縣官既不能消弭化導於前；及事有萌糵，即借邪教之名把持之，誅求之，不逼至於爲賊不止。臣請凡邪教所起之地，必究其激變與否，與起釁之由，而分别懲治之。或以爲事當從緩，然此輩實不可一日姑容，明示創懲，既可舒萬姓之冤，亦可塞邪民之口。

蓋今日州縣，其罪有三：凡朝廷捐賑撫恤之項，中飽於有司，皆聲言填補虧空，是上恩不下逮，一也。無事則蝕糧冒餉，有事則避罪就功。州縣以蒙其府道，府道以蒙其督撫，甚至督撫即以蒙皇上，是使下情不上達，二也。有功則長隨、幕友皆得冒之；失事則掩取遷流顛踣於道之良民以塞責。然此實不止州縣。封疆之大吏、統率之將弁，皆公然行之，安怪州縣之效尤乎？三也。一則責成宜專也，楚撫守楚，豫撫守豫，陝撫守陝，戰雖不足，守必有餘。即以陝西言之，武關、潼關、蒲關，東面之三門也，大震關、大散關、駱谷關，西面之三門也，其地皆重巖極險，使預爲之備，先使百人守之，賊何以能入武關？何以能進劍閣？又何以能復入雞頭，趨褒斜，東西蹂躪數千里，如入無人之境？此非封疆大吏不知地利，不知形勢，不先事預防之失乎？

夫朝廷之馭天下，不過賞罰二端。前者平金川，平緬甸，所以能即日告功者，賞罰嚴明，賞必待有功，罰不避勳貴故也。今行軍數年，花翎之錫至千百，而賊勢愈熾，蹂躪之地方愈多，則功果安在乎？將弁之棄營汛、棄鎮堡，常與賊鋒相避者，大吏又務爲掩飾，則咎果誰任乎？况有功而使無功者受其賞，則有功者解體；有罪而使無罪者代其罰，則有罪者益恣。故臣以爲今日之事，朝廷則賞必當，罰必行，親民之吏則各矢天良，封疆之臣則各守地界，削上下欺蒙之弊，除彼此推諉之情，如是而邪教不平，臣不信也！臣謹疏。

—2. 皇朝經世文編　卷八九　兵政二〇　劉匪

龔景瀚（1747—1803）

字惟廣，號海峰，福建閩縣（今屬福州）人。乾隆三十六年（1771）進士，官至蘭州府知府。有《澹静齋文鈔》。

堅壁清野議

竊惟邪匪滋事以來，蔓延四省，輾轉兩年，處處有賊，處處需兵。負固則經年纍月不能克，奔竄則過都越郡不能禦。議者惟以兵少爲辭，於是調鄰省、增新兵、募鄉勇，俱謂以多爲貴，不知其無益反有害也。何則？國朝經制之兵，本屬有限，而腹裏尤少。其重兵所在，非番回錯雜之區，則形勢要害之地也。一調不已而至再，再調不已而至三，備禦空虚，奸民因而肆志，則無事之區又將滋事。即如四川、湖北之兵，皆以全赴苗疆，邪教遂乘機滋事，豈非明效大驗乎？此調兵之害也。倉卒募兵，但能充數，非市井無賴之人，即窮苦無聊之輩，紀律不習，技藝不精，心志不齊，膽氣不壯，遇賊惟有紛然鳥獸散耳。此增兵之害也。鄉勇守護鄉里，易得其力，若以從征，則非所願，無室家、妻子、田廬、墳墓之足繫其心也。平居未受涓滴之恩，臨難責以身命之報，於勢既有所難能。而爲之長者，素與平等，本無上下之分，予以虚名，强相鈐制，於心又有所不服。故加恩則玩而驕，執法則忿而散，求其約束而整齊之者，難矣。其藉此爲利，浮開名數，冒領錢糧者，又無論也。至於臨陣，既未習乎戰鬬，疑則易驚，又各自爲步趨，紛則易亂。即或誘之以重利，鼓之以大義，而有勇無剛，能暫而不能久，閧然而進，亦閧然而退耳。此鄉勇之害也。

且兵勇多則糧餉廣，糧餉廣則轉運難。國家帑藏充盈，殺賊安民，雖千萬在所不計，而民間之疲於轉輸、困於差徭者，不知凡幾矣。文報有站，糧運有臺，軍營之移徙，使節之往來，其夫馬不能不資於民力。近地不足，調之遠處州縣，雖官爲給價，而例案所銷，豈能敷用？每縣夫數百名，馬數十匹，道塗之費、守候之費、津貼之費、司事者口食之費，皆派之里下，不肖生監又從而干没其中，爲日既久，民力竭矣。官吏但顧考成，一切以軍興法從事，科斂督責，民不堪命，事變滋起，或遇水旱之灾，將何以處之？况乎將領不能約束兵丁，所過甚於盗賊，鄉勇從而效尤，激之生變，是所憂者，不獨在邪匪也。

然使有濟於事，僥倖成萬一之功，亦不必過爲疑慮。而自去年以來，其情形大概可見矣。四省之山，層崖峭壁，立如城塞者，所在多有。其上有田有水，賊若據之，非數萬之衆不能攻取。然週圍百餘里，或數十里，終未能環而圍之也，竭力仰攻，士卒已傷損過半，幸而得之，賊已乘間率衆他徙矣。雖窮日夜之力以追之，而其勢常不相及。蓋賊因糧於民，無地非民，即無地非糧。官兵之糧，必須轉運。賊竄無定向，亦無定期，糧臺豈能預設，夫馬豈能預增？倉卒移營，糧必遲誤。此一難也。賊皆輕身，登降便捷，而我兵鳥槍、弓箭、火藥、鉛彈，身所佩戴不下二三十斤，行走不易。此二難也。賊皆本地之人，慣於山行，婦人孺子亦趫捷若飛，而我兵如陜甘等處，壯健有餘，輕捷不足，登山半日，汗流氣喘，未遇賊而先困矣。此三難也。賊隨時隨地可以休息，而我兵行必按隊，止必安營，挖濠樹栅，守卡站牆，日夜不得安歇。此四難也。

賊常飽而我兵常飢，賊常逸而我兵常勞，勝敗之勢已分矣。幸而勝之，所殺者賊之後隊數十百人，或其老弱疾病不能行者耳，其首逆及全夥，不可得也。賊之詭計，又分布數人於左右十餘里中，四面放火，使我兵疑畏不敢遽進，及至探明，而賊踪已遠矣。此尾追所以常不及也。於是有謂宜繞道前進，迎頭截殺者，究之亦係空言，無實濟也。前後夾攻則左右分馳，東西並攻則南北各竄。山澗重疊，道路紛歧，處處可通，頭頭是道，安所得十餘萬之兵一一追而擊之？即令兵多將廣，四面兜圍，而賊聚而衝，我散而守，十餘萬之兵，分布於周圍數百里之内，其勢既分，其力亦薄，賊以全力捨命衝突，未有不潰圍而出者。故賊之往來，可以自如，我之進退，反不能自主。賊合而我兵不得不分，賊分而我兵遂不能復合。焚掠裹脅，賊愈殺而愈多。疾病死亡，兵日添而日少。剿則無以爲守，守則無以爲剿。城池已在在堪虞，將領惟斤斤自保。

今日之賊，無論非今日之兵所能剿除，即或額兵全來，新兵已練，而使之追逐千里之遥，奔馳半月之久，力疲氣沮，其勢又爲今兵之續。賊勢益張，兵氣益餒，日延一日，事恐不可問矣。然則爲今之計，將奈何？曰：賊未至巴州，而巴州之民先去。賊未至通江，而通江之城已空。守土之官，雖欲效死勿去，其誰與守？此無他，民心無所恃也。故必先安民，然後能殺賊。民志固，則賊勢衰，使之無所裹脅，多一民，即少一賊矣。民居奠，則賊食絶，使之無所虜掠，民有一日之糧，則賊少一日之食矣。

爲今之計，必先堅壁清野之法：責成地方官，巡行鄉邑，曉諭居民，團練壯丁，建立堡寨，使百姓自相保聚。自小村入大村，移平處就險處，深溝高壘，積穀練兵，移百姓所有積聚，實於其中。賊未至，則力農貿易，各安其生；賊既至，則閉栅登陴，相與爲守。民有所恃而無恐，自不致於逃亡。别選精鋭之兵二三千名，以牽制賊勢，不與争鋒，但尾其後，賊攻則救，賊退則追，使之進不得戰，退無所食，不過旬餘，非潰則死耳。不戰而屈人，策之上者也。

其要必先選擇良吏。一省之中，賢而能者，道府豈無數人？牧令豈無二十餘人？其奔走趨事、明白勤干者，佐貳豈無數十人？今川省賊所往來，川東惟夔州一府、達州一州，川北惟保寧、順慶二府而已；陝西惟興安一府、商州一州；河南惟南陽一府；湖北惟荆州、宜昌、施南、襄陽、鄖陽五府而已。所屬牧令，賢者留之，不肖者易之。每處各派佐雜數人，分任其事。以一道府董局事，佐以正佐數員，講明利弊，議定章程，總其大綱。其餘道府分路經理稽查，不過三月，可以畢事。

其次則相度形勢。天成之險如大成寨、太平寨等處者，加卑因高，使之可守。移附近居民於其中，先藏積穀，貧者官貸其資，茅屋草棚，聽其自便，其故居仍留勿毁。賊未至時，仍可照常安樂也。其村莊、市鎮，人烟湊集，如臨江市、普安場等處者，隨其所居。因山臨水，爲築城堡，外挖深濠，務令高廣。民居零星在外者，移入之，磚石、木料、匠役之費，皆給於官，惟丁夫取於民，有貧乏者量給口糧，以代賑恤。

其次則選擇頭人。山上之寨，平地之堡，人户既多，一切事宜需人經理。擇其身家殷實、品行端方、明白曉事者，或紳監，或耆民，舉爲寨長、堡長，給以頂戴，予以鈐記，使總一寨一堡之事。其清查户口，董視工程，經營錢糧，稽查出入，訓練丁壯，修飭守備，别擇數人爲之副，各就所長，分任其事，以專責成。

其次則清查保甲。户口繁多，奸良莫辨，外至者疑其爲間諜也，即久居者亦慮其有匪黨也。行保甲之法，十家聯保，互出甘結，始准移居。匪類送官究治，其踪迹可疑、尚無確據者，另附册尾，聽其别居自便，毋使溷入，以滋後累。其餘良民，悉使團聚，家有幾人，大小幾口，所操何業，土田若干，詳注册内，以便稽核。

其次則訓練壯丁。每户抽壯丁一人，或二三人，編爲部伍，鳥槍、刀矛，各習一技，官爲給價，製備器械。每一堡寨，擇營中千把，或外委一員，兵三四名，使之教導，勤加訓練，有事則登陴守禦，自保鄉里，毋令出征。惟本州縣有警，或鄰堡告急，許其以半捄援。

其次則積貯糧穀。堡寨之中，建倉數間，富家囤户，有糧難以盡移者，官給銀收買入倉，無者買於鄰近各鄉。官兵經過，即以此糧供支。賊至閉寨，壯丁守陴，按名給糧，勿令家食。其鰥寡孤獨、貧乏殘疾及家稍充而實無糧者，准其照册分别賑借。賊平之後，即爲本鄉社倉，分貯常平。一遇灾歉，即可就近賑糶。

其次則籌度經費。所有築臺、挖濠、建倉、買糧，置備軍械，一切守禦器具及搭棚蓋屋之費，銀皆官給，交堡寨長司其出入。惟倉糧之數主於官，賑借供支，官爲報銷。其餘銀均攤於堡寨，居民所有田地，分爲十年，或八年，隨地丁徵還。

如此者有十利焉。

川省無土著之民，五方雜處，其性輕於去就，故一聞警報，輒四散奔逃。民心疑懼，則千里無堅城矣。今堡寨林立，聲勢聯絡，民居既安，民志自定。父母妻子團聚一家，無流離死亡之憂，並不慮爲賊逼脅，陷於邪黨。可以保全良民，潛消賊勢，其利一也。

糧皆藏於堡寨之内，所餘村落、店館，皆空屋耳。賊即千里焚掠，無所得食。若攻圍堡寨，則丁壯自護身家，其守必力，又有鄰堡之救援，官兵之策應，其力必不能攻陷。狂奔十餘日，非潰而四散，則輾轉於溝瀆之内矣。區區首惡，何難就擒？可以制奔竄之賊，其利二也。

據險之賊，不能不下山掠食。今民皆團聚，糧不露處。冬夏之交，野無青草。附近已無所掠，遠出則近山之堡寨，皆得邀而擊之。其勢又不敢出，坐困月餘，積糧既竭，終亦歸死亡逃散而已。可以制負固之賊，其利三也。

州縣之有鄉村，如樹之有枝葉，枝葉傷則根本無所庇。鄉村皆爲賊所蹂躪，其城郭不亡者僅矣。今四面皆有堡寨，障蔽擁護，賊必不敢徑犯城郭。有急則環而救之，賊將腹背受敵，况官兵又乘其後乎？可以保障州縣，其利四也。

堡寨遠者相距數十里，近者或十餘里。官兵經過，就近供支，糧臺可以不設，官無轉運之費，民無挽輸之勞。至文報往來，無須兵勇護之，即於堡寨之在大路者，安設夫馬遞送。可以省臺站之費，其利五也。

每省挑選精兵三千，賊合亦合，賊分亦分，牽制其後，使之不得攻陷城堡足矣。其餘悉令歸伍，所省鹽糧猶其小者也。兵少則差役亦省，民受無窮之利，而營伍不致空虚，亦無虞更生他變。其利六也。

守陴壯丁，惟賊至時數日給以口糧耳，無按月之鹽糧，無安家之銀兩也。其費較招募鄉勇，所省何啻天淵。而愛護鄉里，朝夕相見，尤有古者守望相助之意，可以情法維繫之。不若鄉勇從征日久，習於兇暴，怯公戰而喜殺掠，釀爲將來無窮之隱憂。其利七也。

保伍時相糾察，而堡寨之長又從而稽查之，則奸宄無容身之地。其桀驁不馴如嘓嚕者，亦懾而不敢肆，可以漸化爲良民。其利八也。

邪教蔓延，爲日既久，伏而未動者，正不乏人。今淑慝既分，居不相雜，冥頑者苟潛入於賊黨，可以一併殲除。其愧悔者必安居乎故業，可以保全身命，絶後患之萌，開自新之路。其利九也。

規模既定，守而勿失。遠近一體，上下同心。如網之在綱，有條不紊；如身之使臂，無令不從。無事之時，按籍而稽，瞭如也；有事之時，畫地而守，井如也。一勞永逸，數世賴之，其利十也。

然而愚者可與樂成，難於圖始，因循目下，畏難苟安。此議一出，必有沮之者。

一則曰騷擾反以累民也。夫擇利莫若重，擇害莫若輕。賊匪所過，焚燒房屋，殺戮人民，擄掠婦女，其慘極矣。民雖至愚，亦必明於利害。所全者大，即小有騷擾，猶當毅然爲之。况保其身家，全其積聚，順其情之所樂，何累之有？若云奉行不善，則官吏之過，當易其人，不當廢此法。如戰場失利，豈以偶無良將，而遂永不用兵乎？

一則曰迂緩不切於事也。夫欲速則不達，自去歲以來，各省所行何一不速？何一有效？事固有不急急於目前，而收功於異日者，及今爲之，未爲晚也。行之一縣，可保一縣。行之一府，可保一府。同時並舉，不過三月，賊在羅網之内矣，是速莫速於此也。舍此以圖，其果有旦夕奏效，操券而得之策乎？

一則慮其費大也。夫成大事者，不惜小費，苟能平賊，即多費亦所不惜。今州縣大者不過堡寨數十處，小者十餘處，一省所辦者不過三四十州縣耳，裒多益寡，合計每省用銀不過一百萬而已，後此即無所費。較之養兵、養鄉勇，每月需銀百萬兩，而靡所底止者，其費何如？且惟買糧爲費較鉅，而糧分貯於堡寨，何異貯於州縣之倉？今各州縣豈能不采買乎？其餘借項，分年帶徵歸款，是不獨省費，且並無所費矣。

一則畏其煩難也。夫天下無難成之事，患無任事之人。今自道府下至堡寨之長，總理者有人，分任者有人，勞瘁不辭，纖悉具舉，何慮其煩難？且通江、巴州、儀隴，賊所蹂躪之處，失業難民豈能不爲撫恤？清查户口，修理房屋，吊生恤死，賑乏周貧，其煩難何止十倍於此？與其補救於已然之後，何如預備於未事之先乎？

是數説者，皆不足以難之。然則今日急務，莫有先於此者矣。不然，不務安民，何以禦賊？民懼賊而逃，猶可言也。兵愈增則差徭愈重，師愈久則擾累愈多，數月之後，恐民見賊至將不逃，而與之合矣。今不早爲，後悔無及。謹陳一得之愚，以俟采擇焉。

—2. 皇朝經世文編　卷八九　兵政二〇　剿匪

吴　璥（1747—1822）

字式如，號菘圃，浙江錢塘（今屬杭州）人。乾隆四十三年（1778）進士，官至吏部尚書、協辦大學士。

派民種柳有損無益疏嘉慶六年

伏查沿河種柳，始自明臣平江伯陳瑄。其根株足以護堤，枝條足以供捲埽，晴陰足以蔭夫役，柳之功用頗大。其栽種之法，莫詳於明臣劉天和《六柳説》。向皆循守辦理。臣查江南黄河大堤，自豫東交界至雲梯關海口，兩岸各長一千一百餘里，各汛柳園地共一千八百四十一頃九十五畝，例令河兵於冬底春初栽植，以便工用。臣到任以來，遵循舊章，檄飭栽種，於勘工之便，挨次查驗，現在尚屬森茂。其沙漫、蟲蛀、凋殘枯息者，俱令隨時補種，不任短缺。

今從九品堵恩榮所奏栽柳護堤，即剿襲《六柳説》中編栽低柳之一法，敷衍其詞，實未深悉黄河形勢。蓋編栽細柳，止可用於近堤淺灘，遇有漫水，蕩漾至此堤，不致激汕，非能捍禦大溜也。

恩榮言其父插柳護田，著有成效，乃係田塍溝洫之水，豈可與黄河並論？河性猛悍異常，大溜所注，無堅不摧，雖石甃大堤，根腳密釘排樁深至數丈者，溜勢衝注，頃刻傾圮，豈區區茸細柳枝所能盤結鞏固？况近河之堤，其土多沙，樹根貫穿入土，年久根空，易生罅隙，往往水浸堤根，輒致滲漏。千金之堤，潰於蟻穴，不可不慎。是以栽柳之法，俱應於沿堤五丈内外種植，不使逼近堤根。此黄河大堤非可藉柳保固之情形也。

至於派民編里栽種，尤多不便。民居散處，離堤遠近不一，且士、農、工商、各有執業，若如所奏，驅赴沿堤種柳，並編號掛牌，伺候勘驗，倘有姑息，復命潑水補栽，必至民皆失業。而胥役、地保勒派賣放，又必紛紛擾累。迨至長成之後仍許采伐，百姓奸良不一，勢必强弱侵凌，争端疊出。查雍正年間，曾勸令官民栽柳，沿河文武捐柳五千株至二萬株者，分别議叙，殷實之民種柳兩萬株者，給與頂戴。迨行之日久，新舊混淆，遂多冒濫。在報捐之人雖稍出己貲，並不親身料理，每託弁兵代爲栽植，次年春末夏初幸而成活，得邀議叙後，絶不照管，經歷三汛，水漫沙積，漸次枯息，仍屬有名無實。甚至奸悍之徒藉種柳之名，砍伐官樹枝條，以致成株之木轉多損傷，經前督臣尹繼善等奏准停止在案。

今堵［睹］恩榮未悉河勢土性，但襲陳言，參以臆説，實屬有損無益。仍當循照舊制，於柳園官地及沿堤五丈以内，每年責令河兵栽植，並飭道將等實力稽查，以備鑲工之要需，而收護堤之實益。

—2. 皇朝經世文編　卷一〇三　工政九　河防八

百　齡 (1748—1816)

號菊溪，漢軍正黄旗。乾隆三十七年（1772）進士，歷官兩江總督、協辦大學士。謚文敏。有《守意龕集》。

極陳借黄濟運之弊疏嘉慶十七年

奉上諭："朕恭閲乾隆二十三年八月諭旨：'據白鍾山奏中河水淺，將臨黄、臨運二壩開放，引黄濟運，恐不免利少害多。引黄入運，雖權宜之法，但黄水多挾泥沙，一入運河，易致淤墊，非甚不得已，不可輕爲此遷就之計。'聖訓煌煌，至明至確，實爲治河緊要關鍵，允宜久遠遵循。近年清口因河底淤高，清水不能暢出。運河水小，漕艘經行，即取助於黄。久之不但借黄，竟係以黄濟運，遂致倒灌，並運河亦淤，百弊叢生，皆由於此。本年河流順軌，糧艘遄行，來往臣工皆言運河内全係清水，並無黄流侵灌，爲數年來罕有，實全河轉關極好機會。該督等務當謹守成規，趁此青黄分注、安瀾循軌之時，一應啓閉防守，盡心修治，不可復循故轍，仍思借黄濟運。能自今年以後，總令清水暢出運口，黄流迅赴尾閭，則河漕並治，從此可永慶平成。欽此。"臣伏查黄河自宋元以來，與淮水並流歸海之後，二瀆來源本不相同。源既不同，則水勢情形即不免有此强彼弱、此絀彼贏之異。必須長使清高於黄，乃可衝敵黄流，免使挾淤内灌。此潘季馴、靳輔、張鵬翮等俱極力以蓄清敵黄爲要務，而後之治河者。得此則河平，失此則河壞也。

近年以來，南河失於宣防，遂致河底淤高，噴塞清口，倒灌運河。每值糧艘經行，多借黄水浮送。始猶知爲事非得已，繼則視爲分所應然。以弊承弊，遷就相循，幾至以蓄清之言視爲迂闊。推原其故，緣河底日高，湖底日下，蓄清原較往日爲難；埝盱一線長堤，所砌磚石各工，不能如昔堅固，而蓄水倍於昔時，一經風浪，則防守維艱。如嘉慶十三年、十五年，俱以清水過大，致有衝决頭壩臨湖磚工，及掣開山盱義壩之患。嗣後遂以蓄清爲畏途，以借黄爲長策，因循苟且，文武偷安。殊不知河以倒灌而分流，以分流而日澱，迨至汛漲，經臨禦黄壩閉後，大溜壅遏不下，泛溢旁行，遂有上年倪家灘、王營減壩、棉拐山、李家樓之漫决。灾灾延數省，工遍全河。上煩宵旰焦勞，下致閭閻蕩析。撫心追咎，能不憤然？今幸仰仗神謨，塞平諸決。又秉承睿指，疏浚海口，接堰束水。本年閭尾深通，叨賴洪庥，瀾安伏汛。現屆秋汛大漲，自應竭力周防。惟河身因上年各處漫溢，受病愈深，則禦黄之計既難，而蓄清之方尤爲至急。是以臣前至清江，聞山盱禮壩，塌穿暢瀉，即往勘驗，飭令先堵智壩，并將禮壩攔護，收蓄湖水，備禦黄流。而在工各員，意猶觀望，藉口於湖水過於蓄多，或致堤工著重，似不若借黄濟運之安穩。蓋不蓄湖水，借黄濟運，既便於臨運各工，免致防險，而外河得有分流，則臨黄南北山海各工，亦不虞漲盛，便可稍弛守護。似此苟安便己之私心，實爲敗壞事機之大弊。此臣所菀結憤悶而不能自已者。

查現在壩外黄水祇高清水三尺餘寸，計回空漕船行抵河口之日，已在八月中旬，秋水漸落之期。且海口業已深通，自必消納益速，此時急將禮壩堵閉，俾清水於開放禦黄壩之後，高出於黄，方爲得要。即或不能蓄高，猶可施於夾激挑逼之功，使之頂黄外達，克收成效。臣竊以不敢必者天時，所當盡者人事，斷不敢曲從臆説，坐聽黄流倒灌，復循故轍。誠恐習俗移人，賢者不免。今荷聖明剴切指示，實足以振聵發矇，消除痼疾。臣遵即恭録綸言，遍論在工之道將廳營等，使之觸目警心，益勤修守，以冀淮黄並治，糧運遄行，仰副聖主廑注河防，提撕策勉之至意。

——2. 皇朝經世文編　卷九九　工政五　河防四

松筠（1754—1835）

字湘浦，蒙古正藍旗人。歷官軍機大臣、陝甘總督、武英殿大學士。謚文清。有《綏服紀略》。

西藏巡邊記

乾隆六十年乙卯夏四月巡邊，自前藏經曲水，過巴則江孜，共十日行抵後藏。由扎什倫布走岡堅守、彭錯嶺、拉孜羅羅協噶爾，過定日通拉大山，共計十一日，至聶拉木。又由達爾結嶺西轉，經過伯孜草地、鞏塘拉大山、瓊噶爾寺，南轉出宗喀，共行六日，至濟嚨。仍旋宗喀，東北行十日，還至拉孜。入東山一日，至薩迦溝廟，自廟北行二日出山，仍走岡堅，還至札什倫布。往復略地，隨在繪圖，知其概焉。緣札什倫布西南，左有薩迦溝内之曲多江鞏，右有彭錯嶺，峭壁連岡，是爲後藏咽喉，實天然要隘也。乃辛亥年，廓爾喀以步卒數千，入自聶拉木，走薩迦溝，直抵札什倫布。彼時果有現在之漢番官兵，劃分兩路，一赴曲多江鞏以扼其前，一赴彭錯嶺偵探以截其後，則廓爾喀深入無援，可以不戰自潰。至協噶爾定日左首之絨轄喀達定結，西路之宗喀、瓊噶爾、鞏塘拉大山，皆爲天然門户，曲水、巴則江孜，又爲前藏之要隘，而江孜迤南之帕克里、甘霸等處，界連藏曲大河，尤爲前後藏第一險要。所有漢番官兵及瑦布等均宜熟悉，因於前後藏江孜教場泐石，咸使對圖講求，人各胸中有主，方於汛防有益。然安邊之策，莫若自治，非獨濟嚨、聶拉木番民，應派廉潔營官管理，所有前後藏屬各營官、第巴，皆能教以廉潔自持，善撫百姓，又何他患耶？是爲記。

—2. 皇朝經世文編　卷八一　兵政一二　塞防下

伊犁興屯原始

新疆各城屯田，有兵屯，有回屯，有户屯，而無旗屯，惟伊犁皆有之。兵屯者，緑營兵丁之屯，回屯者，回民之屯，皆創自乾隆二十五年。時初設兵駐守，高宗純皇帝以武定功成，農功宜舉，特命參贊大臣阿桂專理屯田，由阿克蘇率滿洲索倫驍騎五百名、緑營兵百名、回子三百名，越穆蘇爾達巴罕至伊犁鎮守辦事，搜捕瑪哈沁，招撫潰散之厄魯特，即以緑營兵築城，回子乘時興屯，開渠灌溉。是爲伊犁屯田之始。

二十六年至三十四年，陸續由内地增調屯田兵至二千五百名，五年更替，以五百名差操，二千名屯種。四十三年，將軍伊勒圖奏准改爲携眷，定額三千名，以五百名差操，二千五百名屯種，分爲二十五屯，仍視倉儲之多寡，隨時增減屯種。此兵屯也。

回屯自阿克蘇原帶回子三百名，於伊犁河南海砮克之地分撥墾種，次年調取伯克並由烏什、葉爾羌、和闐、哈密、吐魯番等處陸續增調回子。至三十三年，共有六千三百八十三户，内除彦齊回子彦齊者，隨伯克品級給與服役之回子。三百二十三户。種地所生之麥，大小伯克及挖鐵回子六十户養贍口糧外，奏定種地回子六千户，分爲九屯，於固爾札建寧遠城居之，設阿奇穆伯克管轄。此回屯也。

户屯者，商民之屯，創自乾隆三十七年。將軍舒赫德奏明：客民莊世福等四十八户，以無礙屯工之隙地，請撥令開墾，即於本年陞科，永爲土著。此户屯也。

以上兵、回、户屯等項，行之有年，其來已久。惟旗屯一項則前此所未有，至嘉慶七年而始興。先是乾隆二十九年，奉高宗純皇帝諭旨："伊犁田土肥潤，如敷多人耕作，莫若令滿洲官兵分種，既得勤於力農，而於養贍家口，喂養馬匹，均屬有益。著查明地畝，俟滿兵到齊後酌量分給耕種。欽此。"其時將軍明瑞覆奏，以附近伊犁二百里以内可種之地甚多，俟官兵到齊再爲妥議辦理。嗣於回屯之東開築新渠，因地勢較高，未就緒而罷。三十七年，又設法引水爲土爾扈特屯田，不一二年亦罷。迨乾隆五十年、五十五年，疊奉諭旨："駐防官兵生齒日繁而國家經費有常，伊犁地廣田肥，著賞給官兵地畝，佃人耕種，用資生計。欽此。"歷任將軍皆以灌溉乏水，未及籌辦。嘉慶七年，將軍松筠相度地形，親爲履勘，始得導水要領。奏明：於惠遠城東伊犁河北岸濬大渠一道，逶迤數十里，引用河水灌田。又於城西北草湖中覓得泉水，設法疏濬，築堤岸，開支渠，引溉旗屯地畝。又於城東北就渠畔擇可種善地，分授惠遠城官兵播種，而以前此緑營裁撤之屯，授惠寧城八旗官兵，均令閑散餘丁代耕，並僱人佃種，永爲世業。得旨允行。嗣又濬大渠一道，與前所濬之渠通，名通惠渠。並於其東阿齊烏蘇地方濬大渠，引丕里沁山前之水，灌田數萬畝。此又旗屯之所由始也。

附屯務成案

乾隆二十五年，辦事大臣阿桂奏伊犁增添兵丁及種地回子，並修築城垣等事一摺，奉旨："着軍機大臣核議具奏。欽此。"當經按款核覆：

一、原奏内稱"伊犁種地回子現有三百名，宜於次年再添七百名，以足千名之數。適經舒赫德奏：派回子五百名，令其携眷，於來年時，每名應備帶小麥、大麥籽種各五斗，穀、黍籽種共五斗，農具、馬匹、牲畜等項，俱照本年移來回子之例辦理。令其於正月初間即由阿克蘇等處起程，以便二月初間雪消之際即抵伊犁種地。除咨行舒赫德外，尚應添回子二百名，俟伊犁麥收後，再行撥發前來"等語。

查伊犁地方地廣而肥，若將種地回子等多爲撥給，實屬有益。但移駐種地回子所需口糧、籽種、馬匹、牲畜，若令一時全行辦理各城回子等設措，不免拮据。自應陸續播發，應如阿桂所奏，飭令舒赫德等妥爲辦理。所請麥收後播發二百户回子，若能同五百户回子於正月内即一併發往，甚善。儻不能一併發往，麥收後種地之時已過，與其抵彼徒糜口糧，寧俟秋收後再行撥發。不但由阿克蘇起程不至拮据，而伊等至彼不久即届春季種地，亦不致糜費口糧。應請飭將此項二百名回子，於來年秋季落雪以前即令起程撥往。

一、原奏内稱"伊犁地方，外界哈薩克、布魯特，本年三百名回子始種三百石籽種，除養贍伊等本身妻子，應留籽種外，回子五百名合此回子三百名，每名若令種一石五斗籽種，十五分收穫可得糧一萬八千石，二十分收穫可得糧二萬四千石，雖至少，亦敷一千户回子、二千五百名兵丁一年口食。伊犁現有兵丁九百餘名，請於來年再添撥一千五百餘名；現有滿洲索倫、察哈爾兵八百餘名外，再派馬兵六百餘名，除現有緑營兵一百名外，再添緑營兵九百名。此項增添之兵，舒赫德處先添馬兵四五百名，於來年春間應撥五百名回子起程之際一併發來，照本年春間帶來官兵之例，辦給米麵、羊隻。

其餘兵丁俱俟麥收後起程，祗辦給沿途口食”等語。

查伊犁駐防兵丁，宜量回子等所種地畝收穫敷用，再爲陸續增添駐防。本年三百名回子所種地畝收穫之糧，即敷千餘名兵丁口食。來年若再添回子耕種，可得二千五百名兵丁一年口食。請如所奏，由葉爾羌、喀什、噶爾、阿克蘇等城調派滿洲索倫、察哈爾兵六百名，緑營兵四百名，由烏魯木齊調派緑營兵五百名添駐伊犁，不惟口糧易得，而於防守地方有裨。此項往駐兵丁，於春間護送種地回子之時，先令幾百名起程，秋季幾百名起程，所需口糧等項如何辦給之處，應飭令舒赫德行文與阿桂商酌辦理。

一、原奏内稱“來年回子足敷千名，耕種所收之糧，於壬午年即敷三千名兵丁口食。來年秋季撥駐緑營兵千名抵伊犁後，即先令耕種秋麥，壬午年春季再令耕種小麥、大麥、穀黍。計一千名緑營兵丁、一千户回子耕種所收之糧，足敷六千名兵丁口食。察看此地情形，尚毋庸許多兵丁，若有兵四五千名即足敷用。但伊犁地處極邊，界連外夷，若駐兵五千，請駐滿兵三千名，緑營兵二千名。若駐兵四千，除一千名種地緑營兵丁外，請再撥緑營兵一千名前來，令其蓋房築城，俟換班之際再行擬定數目”等語。

查現在固爾札、海努克、察罕烏蘇等處令回子居住，耕種地畝，於哈薩克、布魯特連界之處安設卡倫，防守地方，需兵較多。若駐兵五千，部伍成而威勢盛。但駐兵必裁度該處分例，不使糜費内地帑項，於事方有裨益。今阿桂雖稱年來一千名回子、一千名緑營兵丁所種之糧，除留存籽種外，可敷六千名兵丁口食。然必須耕種一年，得實在收穫數目，方可裁度定擬駐兵之數。莫若於來年秋收後，裁度秋收後實收穀石數目，如敷駐兵五千，俟奏到之日，將出派何處兵丁，如何擬定年限、換班之處，再行定議。

一、原奏内稱“伊犁名勝之地，河北無過固爾札，河南無過海努克。若論田地肥沃，無過察罕烏蘇。其海努克地方現有回子三百名，即令其居住，不使移動。海努克地方請建一小城，駐兵數百名，以遏哈薩克、布魯特等所通之路。至察罕烏蘇，地土肥沃，種地一千名緑營兵丁，即在察罕烏蘇居住，建一小城池，以遏哈薩克、布魯特由伊犁河北所來之路。請將來年春季起陸續前來之七百户回子，俱令駐扎固爾札，建一大城，所有大臣衙署及倉廒房間俱修於此。著馬兵等於草青之時，擇水草善處，牧養馬匹牲畜，以便各路遠出巡防。俟草黄落雪以前，各令回城附近度冬。但目今穀尚未積，不便即調築城兵丁，俟壬午年夏季所撥一千名緑營兵到來，專令責成築城蓋房等事。其種地兵丁、回子等，亦令其暇時幫助，使一年限内完竣”等語。

查伊犁種地駐兵，宜於形勢之地修建城池，以遏外夷。今固爾札、海努克、察罕烏蘇雖俱係形勢之地，但固爾札野柴稀少，若修建大城，令多人居住，不得柴薪，兵丁不免拮据。應於烏哈爾里克、察罕烏蘇、哈什崆吉（期）[斯]、伯勒齊爾等處廣有樹木之地，或近産煤之處，多駐兵丁，方屬有益。請令阿桂另行詳視定議。其海努克地方修一小城，現有三百户回子不使移動，仍駐兵數百名，以防西通哈薩克、布魯特之路。察罕烏蘇地方建小城池，令種地一千名緑營兵丁居住，以防哈薩克、布魯特由河北所來之路。馬兵於草青之時，擇水草善處牧馬，以便各路遠出巡防，俟落雪旋回等款，均如所奏辦理。

再，修建城池，雖據阿桂稱於壬午夏季撥緑營兵一千名，令其專修，並令種地兵丁、回子等暇時幫助，一年限内完竣。但現在伊犁駐兵俱係裁度該處收穫糧石數目，方能定議。若因築城復多派兵一千名，該兵丁等到彼並不種地，豈不糜費口糧？計現在該處所有緑營兵丁、種地回子及來年添撥緑營兵丁、種地回子，既有二千餘名，應令於種地餘暇，漸爲築城。其二千人之力，亦與一千人之力相等。築城須定年限，亦毋庸一時完竣，應請令阿桂通融酌辦。

一、原奏内稱"現議來年秋季增添一千名緑營兵丁種地，而牲畜在所必需。烏魯木齊所有换獲哈薩克馬六百餘匹，雖經舒赫德奏備伊犁之用，爲數尚有不敷。嗣後再有换獲馬匹，於來年草青之際，令安泰等一併措辦千餘匹送來應用外，哈密、巴里坤上年撤回兵丁有無回交馬匹，亦令行查鄂吉永寧處，令備需用。再由阿克蘇等處至伊犁有一千餘里，兵丁撥移前來，必須馱載牲畜，雖據舒赫德具奏，由烏魯木齊駝隻内調取三百隻，但回子地方不宜駝隻，秋季倒斃更甚。現今烏魯木齊尚有駝七百隻，請由安泰處擇五百隻，於來年草青之時委員運送之，便即將一千名緑營兵丁所需農具，一併措辦馱載前來，將駝隻即在伊犁牧放。其阿克蘇等處應撥兵丁如需用駝隻，即將此項駝隻趕往應用"等語。

查來年伊犁添駐兵丁必需馬匹、駝隻，應如阿桂所奏，飭令安泰等現有馬匹委員送往。來年伊犁添駐九百名緑營兵丁，臣等議得，應由阿克蘇派四百名，由烏魯木齊派五百名。既經舒赫德將烏魯木齊駝隻調取三百，則由阿克蘇派出四百之兵。起程時即着用此三百駝隻外，烏魯木齊既尚有駝七百餘隻，亦如阿桂所奏，擇五百隻，令馱載一千人種地所需農具，即交此項五百兵帶往。嗣後添撥伊犁種地兵丁，即就近由烏魯木齊等處現有兵丁内調撥，可免由内地派出之煩等因。奉硃批："帶領烏魯木齊兵丁前往時，著派安泰。餘依議。欽此。"

乾隆三十一年七月，將軍阿桂奏言："新疆地方種地兵丁，每名收穫十一石以上細糧，將官兵議敘者，原因初墾地畝之際，示以優獎。現在可耕之地雖肥瘠不一，亦不甚懸殊，全賴擇地引水，勤力耕作。果將力耕多收者加倍獎勵，收穫懸殊。而數年以來，漸次加增，有收至細糧二十七石有餘者；烏魯木齊等處每年每兵不過收至細糧十四五石；雅爾即今塔爾巴哈台。地方，去歲每兵始收細糧十一石。三處收穫分數懸殊，而官兵議敘纖毫無異。今各處官兵俱經住定，不比初種地畝之時，宜將獎敘之例更定，永遠遵行。每名得細糧十一石，除本處食用外，計每名每日應得八合三勺，尚不敷三人之需，嗣後請停止議敘。每名若收細糧十八石，除本身食用，尚可食養五人，請照現在議敘之例給予議敘。每兵若收至細糧二十八石，除本身食用，儘可食養八人，請由現在議敘外再加獎勵，給予議敘。如此不惟奮勉種地官兵益相鼓勵，而不甚奮勉種地官兵亦知奮勉，實於官兵邊儲，均屬有益等因。"奉旨：

“軍機大臣議奏。欽此。”經軍機大臣議覆：“應如所奏。嗣後種地兵丁每名收至細糧十一石者，停止議叙；每兵收至細糧十八石者，仍照現在議叙之例給予議叙；收至細糧二十八石者，由現在議叙例外，加倍議叙。”奉旨：“依議。欽此。”

乾隆四十七年四月，將軍伊勒圖奏言：“從前因伊犁地方未有積貯糧石，曾由屯田緑營兵丁三千内，除各項差使五百名，每年令二千五百名種地納糧，數年以來積貯之糧現在五十萬餘石，足敷三年支放。每年緑營兵丁並民人、回子等所交之糧，約可得十八萬石，除一年支放外，尚可餘二萬石。每歲積貯糧石太多，以至霉變，似屬無益；而兵丁等若不善爲操練，亦屬無益。請由屯田緑營二千五百名兵丁内撤出一千名，令一千五百名種地，一千五百名操練技勇。如此每歲更换一半操練技勇，新疆駐扎兵丁技藝嫻熟；而一半兵丁每歲種地收穫若豐，所得糧石即敷支放。倘遇稍歉之年，積糧既多，儘可無虞。”奉硃批：“好。知道了。欽此。”

乾隆五十四年正月，將軍保寧奏言：“查前任將軍伊犁倉貯之糧五十餘萬石，積糧太多，以至霉變，似屬無益。請由二千五百名種地兵丁内撤出一千名，裁減十屯，令一千五百名種地，一千五百名操演技勇。今數年所收穀石分數二十三四五分不等，計每歲所收俱以二十四分爲準，收穫四萬二千餘石，再發交緑營。種地爲民遣犯等交糧一千餘石，回子等交糧九萬六千石，及各倉斛面浮出之糧三千石，一年共可得糧十四萬三千餘石。現今伊犁一年支放共需糧十六萬六千餘石，尚欠不敷糧二萬三千石，俱由倉貯五十餘萬糧石内陸續填補。現已剩糧三十餘萬石，雖尚敷添放數十餘年，但伊犁處極邊，若不稍備存貯餘糧，倘遇有歉收，或有需糧之事，倉貯糧石不能接濟，實有關係，理宜預籌辦理。由現在各差行走一千五百兵丁内，留八百名照舊操練技勇充當各差外，以七百名增設七屯，令自來年種地，計一年二十四分收穫，可得糧一萬九千餘石。此項糧石，併現在回子等請添交糧四千餘石，敷每年支放。所餘倉貯之糧三十餘萬石，每年出陳易新，自不至於霉變，而倉中可得永遠備貯之糧。如此酌籌辦理，一年收穫足敷一年口糧，其餘操演八百名兵丁亦敷充當各項差使。”奉硃批：“好。知道了。欽此。”

嘉慶四年三月，將軍保寧奏言：“緑營三千種地兵丁内，令八百名操練當差，二千二百名種地納糧，如許來年仰賴聖主洪福，俱各豐收。每歲除由緑營兵丁、民人、回子等所交穀石内支放官兵外，尚餘糧一萬石有餘。計現在各倉所存貯穀三十六萬石有餘，足敷二年支放。雖極邊之地，積畜官兵口糧益多益善。但按年積纍過多，以致霉變，亦似可惜，理宜稍爲變通籌辦。伏思極邊之地，兵丁技勇所關緊要，伊等雖更换種地，乘暇操演，究竟不能熟練。今各倉既有永貯支放二年餘糧，請由現在種地二千二百名兵丁内撤出四百名，令一千八百名種地，更换操練技勇再添兵四百名。不惟每歲所收之糧支放仍復有餘，而兵丁技藝亦可嫻熟”。奉旨：“甚是。著照所請辦理。欽此。”

嘉慶九年二月，將軍松筠奏言：“據署總兵納爾松阿呈報，該十八屯所種地畝，尚照原任將軍伊勒圖所辦停歇章程，仍令種十五屯地畝之處，請示前來。查此處地畝不似内地用糞，各屯地畝俱係耕種一年，歇二三年，耕種始得肥沃豐收。起初緑營曾共耕種二十五屯，後因替换停歇不敷，於乾隆四十七年經前任將軍伊勒圖奏明：倉中貯穀既多，必至腐朽，而邊疆地方操練兵丁亦屬緊要，减去十屯，撤出兵丁操演，止種十五屯地畝，一則爲操演兵丁，再則因地畝久種不能肥沃，欲使輾轉更换停歇，是以如是酌籌辦理。嗣於乾隆五十四年，經前任將軍保寧以多貯穀石亦屬緊要，奏准增添七屯，共二十七屯耕種地畝。嘉慶四年，又經保寧以貯穀既多，酌量裁撤兵丁，令其操練，奏准復裁减四屯，此仍係因時籌辦。今該署鎮納爾松阿以現在所種十八屯地畝，請仍照從前替换停歇等情，合而計之，倉存穀石四十萬有餘。其所請裁减者，雖亦與從前伊勒圖定擬耕種十五屯地畝之數相符，但停歇地畝亦不可不定年限。從前經伊勒圖定擬耕種十五屯地畝，後隔七年，既經保寧奏明添種，應如納爾松阿所請，令暫裁三屯，照舊耕種十五屯地畝，嗣後不許停歇七年，應令五年停歇，限滿仍前添種。現撤三屯兵丁照舊操演，暇時令其修補各該城牆垣，務使完整。”奉硃批：“著照所請辦理。欽此。”

嘉慶十三年，將軍松筠奏言：“前於嘉慶九年爲按照舊辦章程歇種地畝奏裁三屯摺内，當經聲明歇屯五年限滿，自十四年爲始，即應再加三屯耕種，相應奏明，札行屯鎮總兵國興阿，自十四年爲始，照例加種三屯。”奉旨：“知道了。欽此。”

嘉慶十年，將軍松筠奏言：“伊犁塔爾奇地方，向設水磨一座，係六營各屯攤撥弁兵輪流應役。該弁兵等由倉領麥，每年磨麵十餘萬斤，以爲出差官兵及各項當差遣犯口食應用。每年磨麵運麵，不獨常川占用弁兵車輛，而所磨之麵新陳相接，夏熱之際不無發變，每遇官兵等支領，多致不堪食用，竟屬兩無裨益。查此項糧石，本係伊犁回户每年交糧十萬石，每石加納三升斛面餘糧。從前每年出差官兵及各項差役應支口糧，原屬有盈無絀。自乾隆五十年，前任將軍保寧奏添惠遠城滿營鳥槍、步甲四百名，每年應需口糧支放以來，皆係歷年積貯斛面餘糧，至嘉慶八年，舊存餘糧俱已儘數支放。所有步甲月支口糧，自嘉慶九年不得不於正項糧内支給。如此年復一年，必致存倉正項虧短，實非慎重倉儲之道。因思裁撤緑營磨麵運麵弁兵，儘可分撥各屯，加給籽種耕種，自明年秋收爲始，每年共可增交小麥六百石。所有回户交糧每石既有斛面三升，而緑營屯工不交斛面，殊覺偏袒。應令屯工一體，每石加交斛面三升，每年又可增交小麥九百餘石。合之每年回户斛面餘糧三千石三，共餘糧四千五百餘石。通計每年足敷支放鳥槍、步甲及出差官兵、各項差役應領口食之需，仍著糧餉處按年查明，報部備案。再查回户交糧，不獨每石加交斛面三升，其每斛足敷七十斤外，尚有鼠耗。至緑營各屯交糧，從前止交鼠耗，並無斛面，而其每斛斤秤竟至不如回糧斤秤足敷支放，實於官兵月支有礙。今雖增交斛面，其所有不敷斤秤仍應補交，以足民食而歸實貯。”奉旨：“據松筠奏酌裁水磨，加增屯糧一摺，其所稱裁撤水磨，將緑營磨麵運麵兵丁分撥各屯種地納糧，於官兵等較有裨益，所奏似尚可行。惟令緑營屯工於納糧時，一體加交斛面並補足鼠耗斤秤之處，雖係比照回户一律辦理，但亦須察緑營各屯是否力能加納，並恐開藉端勒索浮收之弊。保寧在伊犂有年，於該處情形素爲熟習，著將松筠事宜悉心詳核妥議具奏。欽此。”

當經保寧議奏，奉上諭：“前據松筠奏酌裁水磨加增屯糧一摺，因保寧前在伊犂年久，熟悉該處情形，發交核議。兹據保寧詳議覆奏，‘伊犂塔爾奇地方，向設水磨，派撥弁兵，輪流磨運麥麵，以給各項應差兵役口食。今因麥麵陳積霉變，該官兵等情願領麥易麵，自係實在情形。且撤出此項兵丁，仍可分屯耕種，增交麥石，於倉儲亦有裨益，著即照松筠所奏行。其請令緑營屯工交納糧石時，與回户一例加交斛面三升，並補足斤秤之處。緑營兵丁派潑屯田，仍須兼習操防，原與回户專事種藝者有别。所交糧石，但應令其照原定斛額交足斤數。若責令加交斛面三升，恐丁力不免拮据，且倉員等或藉詞勒索浮收，尤易滋弊，松筠所奏不可行。至惠遠城滿營添設鳥槍、步甲，每年支放口糧，現於存貯正項倉糧内動用，恐致日久短絀。據保寧奏稱：伊前任將軍時因倉貯過多，曾經奏准於屯田兵丁二千五百名内撤出四百名，輪流操演。原擬於數年後察看糧石盈絀，再行酌辦。今舊存餘糧既虞全數支放，莫若於原撤屯兵内再量爲派撥，分屯耕種。每年所收糧石逐漸加增，不惟官兵口食足敷支給，倉貯亦可日臻饒裕’等語。保寧所議較爲妥協，着即照議行。欽此。”

嘉慶九年，將軍松筠奏言：“伊犂種地回子六千户，從前每年每户交糧十六石，通共每年交糧九萬六千石。迨後生齒日繁，添墾地畝，於乾隆五十四年奏明，又共續增交糧四千石。是六千回户，四十餘年生齒倍加，阿奇木伯克鄂羅木雜布懇借厄魯特游牧閑地，暫給回子墾種，以資生計。現在仍自遍覓餘水，設法開渠，冀墾戈壁曠土，殊屬急公。因查遣屯地畝極多，與其屯種有名無實，莫若撥給回子耕作，俾應納官糧盈餘，即可養贍家口，庶於回子公私均得實惠。詢之厄魯特總官等，願將本年回子借種之地一併撥給。又春稽地方有田二千餘畝，亦准回子耕種。鄂羅木雜布及伊什罕伯克等咸稱：情願每年交納小麥二千石，以供銅鉛廠夫口食。”奉旨：“著照所請，將哈什河南遣屯地畝改撥伊犂種地之六千回户耕種，仍將本年回子借種厄魯特之地一併撥給。其春稽地方有田二千餘畝，亦準回子耕種，每年交納小麥二千石，以供銅鉛廠夫口食。欽此。”

—5. 皇朝經世文續編 卷六五 兵政四 屯餉上

南北兩路山水總叙

新疆境内之山，發脉於葱嶺，自西而東，天山最大，即《漢書》所謂祁連山。山之陽爲土魯番、哈密，山之陰爲巴里坤。然跨越數千里，重巖疊嶂，隨地異名。最著者，在北路若伊犂之額琳哈畢爾罕塔爾、巴哈台之楚呼楚、烏魯木齊之博克達，在南路若喀什噶爾之玉斯圖阿爾圖什、葉爾羌之密爾迪、和闐之桑谷樹雅、烏什之貢古魯克、阿克蘇之穆蘇爾達巴罕、喀喇沙爾之博爾圖達巴罕，皆其分支。盛夏積雪不消，俗概以雪山呼之。新疆諸水，分流異趨。南路之水皆東流，出自南北山中。若喀什噶爾之烏蘭烏蘇，葉爾羌之玉河，和闐之哈喇哈什、玉龍哈什二河，烏什之瑚什奇，阿克蘇之渾巴什，庫車之渭干，喀喇沙爾之開都，悉東匯於土魯番之羅卜淖爾。凡南北山積雪融化之水，皆入之。𣸣淪渟滀，伏流地中，即古蒲昌海也。北路之水，若伊犁諸河多西流，塔爾巴哈台之額爾齊斯諸河多東流，烏魯木齊之瑪納斯諸河多北流。或歸入淖爾，或流經葦湖，或伏入沙磧，以及雪融會合之水甚多。

伊犁之山有格登山，在城西南一百餘里；有額琳哈畢爾罕山，在城東北哈什河接連圍場山陰一帶，約三百餘里；有阿布喇勒山，在城東二百餘里哈什河東一帶，與烏魯木齊之博克達山一脉；有阿勒坦額墨爾都圖山，在城西北四百餘里；有塔爾奇山，在城東北一百餘里；有崆郭羅鄂博在城東北五十餘里。水則有伊犁河，附近城南，綿亘千餘里，流入哈薩克游牧；有哈什河，在城東北二百餘里；有崆吉斯河，在城東七百餘里；此二水即伊犁河上流。有特克斯河，源在城南隔山三百餘里，東流而北，北而西，亦爲伊犁河上流；有奎屯河，有策集河，有薩瑪爾河，俱在城西北三百餘里；有霍爾果斯河，在城西北二百餘里；有察罕烏蘇山泉，在城北二百餘里；有阿里瑪圖河，在城北二百餘里。此外東北而南，尚有烏哈爾里克，有闢里沁，有濟爾哈朗，有博羅布爾噶蘇，有察布察爾各河，汲水灌溉，廣利屯田。有賽里木淖爾，在城東北隔山二百餘里，係察哈爾游牧。西南一帶，又有特穆爾里克，有格根，有哈爾奇喇，有察林諸水，皆資游牧。凡境内之水，皆朝宗於伊犁河，惟賽里木淖爾不與焉。

西南四百餘里，鄂爾果珠勒及哈爾奇喇等卡倫以外，行百餘里，有善塔斯大嶺，山中多産野葱。疑《漢書》所謂葱嶺者，此其支脉。自善塔斯西行三百餘里，至特穆爾圖淖爾，其水周廣數百里，西北南三面皆山，山麓皆布魯特游牧，沿岸潮沙，土人以之熬鐵。特穆爾者，譯言鐵也；圖者，有也；淖爾者，海子也。言此水産鐵故名，並産大魚。由淖爾南岸越巴爾渾大山，海塔爾垓河溯流向東南，越大山可達回疆烏什。此水西流歸納林河，入安集延。由淖爾南岸至塔爾垓河，共行三百餘里，西南過察奇爾圖大山，經穆蘇爾達巴罕西麓，由此而西，仍經布魯特游牧，又行五百餘里，至鐵里冶克山嶺下二十餘里，西而轉南，由南而東，共行四百餘里，至喀什噶爾矣。穆（爾蘇）［蘇爾］達巴罕者，冰山也，在伊犁南界。自伊犁西南行一千五百餘里，始至山趾，云塔爾巴哈台之山，則有塔爾巴哈台，又名楚呼楚。在城北一百餘里，有巴克圖山；在城西七十餘里，有珠爾呼珠山；在城東北二百餘里，有霍博克薩里山；在城東二百餘里，有達爾達木圖山；在城東南五百餘里，有巴爾魯克山；在城南二百餘里，有格德蘇山；在城西南五百餘里，有綽訥庫圖勒山。在格德蘇山迤東，水則有額彌勒河；城南綿亘三百餘里，有固爾圖河；在城東南二百餘里，有額爾齊斯河；在城東北七百餘里與科布多以此河爲界，有齊桑淖爾；在城東北五百餘里，爲額爾齊斯所匯，又有噶札勒巴什淖爾；在城東四百餘里，有額賓格森淖爾，有阿勒克圖琥勒淖爾；在城西南卡倫以外，有札噶蘇淖爾；在城東北附近額爾齊斯河。此外亦有泉源諸水，均資屯牧。

自伊犁而南至烏什，則有貢古魯克山，在城北二百餘里；有巴什雅哈瑪山，在城西南一百里；有雅滿素山，在城西北二十里。水則有畢底河，來自布魯特游牧。東流分爲二支，南一支復分爲三，又東流合而爲一，與北一支匯而東流出境。其官屯及回莊田畝，均資灌溉。喀什噶爾之山，則有玉斯圖阿爾圖什山，在城西北九十餘里；有穆什山，在城西北一百五十餘里；有塔什密里克山，在城西南一百五十餘里。三山連岡疊翠，環繞三面，直接英吉沙爾。上多積雪，春融，回莊資以灌溉。水則有伊蘭烏瓦斯河，有圖舒克塔什河，有烏蘭烏蘇河，有霍色爾河，有泰里布楚克河，各流統匯烏蘭烏蘇，爲大河，回田亦賴灌輸之益。下流匯入葉爾羌、和闐諸水。

英吉沙爾之山連喀什噶爾，其水則有圖木舒克大河，東自布魯特流至城南，闊四五丈，至沙梁，架木橋，以渡行人。回民開渠引，以溉田。

葉爾羌之山，則有密爾迪山，在城西南二百餘里，產玉；有瑪爾瑚魯克山，在城西南四百餘里，產玉；又有一大山，在葉爾羌西南，與密爾迪山相連，峭拔特出，峰巒層疊，綿亘無際，回人呼爲塔爾塔什達巴罕，疑即所謂葱嶺者是也。水則有玉河，自密爾迪山流出，南支分入和闐。

和闐境内正南一帶之山，與葉爾羌之密爾迪諸山連岡不斷，皆積雪水，則有哈喇哈什河，本名桑谷樹雅；有玉隴哈什河，有哈琅圭塔克河，俱多產玉，且資灌田。

阿克蘇山則有穆蘇爾達巴罕，在城北五百餘里，即冰山。伊犁、阿克蘇，南北兩路孔道也。有滴水崖，在城東温巴什地方，察爾奇克西南六十里，產銅；有鹽池溝，在鄂依斯四十里，產銅。水則有渾巴什河，在城西五十里。

庫車迤北一帶，亦係雪山綿亘。有丁谷山，在城西北一百餘里；又城北百餘里，有山產硇砂。水則有渭干河，在城西百餘里，源自北山出，環城東南流，回莊多引渠溉田。喀喇沙爾山，則有博爾圖達巴罕，在城東北一百三十里；有著勒土斯山，在城西北一帶，接連雪山，回環千里。其中水草暢茂，土爾扈特和碩特兩部落游牧於此。水則有著勒土斯河，在著勒土斯山懷；有開都河，在城西門外五里，源出大雪山，經喀喇沙爾城西，水勢甚闊，回人引渠灌注田畝；有布古爾葦湖，在城西四百餘里，湖上有土橋一，乃西入回疆之咽喉，即《漢書》所謂“土橋之險”，凡自葉爾羌、和闐、喀什噶爾、阿克蘇、庫車、英吉沙爾、烏什等處東北來者，皆於此過渡，舍此别無路徑也。

土魯番之山，即天山東北界巴里坤，西達穆蘇爾達巴罕，又西極葱嶺，綿亘數千里。水則有羅卜諾爾，在城東南五百餘里。其澤周圍數百里，爲西域東南一大藪。澤中有回莊二處，人户各四五百，每年貢水獺皮九張，設六品伯克居之，歸土魯番約束。此諾爾普受西域回疆諸水及雪山冰山消融之水，渟而不流，潛行地中。東南至西寧，所屬番目，那本錯多瑪游牧。有山名噶達蘇赤老，出而爲黄河，經星宿海即青海南岸，東流至西寧，一千餘里。詳見《御製河源記》。古所謂“河出崑崙墟”，蓋因天山、葱嶺及穆蘇爾冰嶺一帶，蒙古語呼爲“崑都崙”，急呼則爲“崑崙”。其羅卜諾爾所匯之水，無非自天山、葱嶺而來，特由羅卜諾爾伏流地中，至噶達蘇赤老始見，是爲黄河之源。或以羅卜諾爾即爲星宿海，誤矣。哈密之山，即天山最高處，在城北一百二十里。山之北爲巴里坤，三百餘里。水則有柳谷水，在城東北，源出天山，藉資灌田焉。

—5. 皇朝經世文續編　卷九三　工政六　水利通論

法式善（1753—1813）

字開文，號時帆，人稱梧門先生，蒙古正黄旗人。乾隆四十五年（1780）進士，官至國子監司業、侍講學士。有《存素堂文集》。

與邵二雲論史事書

比在館中勘校《諸功臣傳》稿，並付到諸册籍。其中舛訛遺闕，尚復不少，良由外省之咨報非一時，中秘之前後纂修非一手，加以歲月之久，疑誤相仍，莫能指正。伏惟閣下以網羅一代之才，識卓而文茂，職掌所存，自宜及時釐定，以爲惇史。謹就管窺所及，條列其事，願先生亮察而審正之。

《傳》中有從逆之臣誤行載入者，如貴州巡撫曹申吉，叛降吴三桂，詳見《實録》及《平定三藩方略》，今《功臣傳》有《曹申吉傳》，言其殉難，而《甘文焜傳》仍言申吉從逆，則兩《傳》自相牴牾矣。有殉難大員未經載入者，如辰常道劉昇祚、辰州知府王任杞、左江道周永緒、平樂知府尹明廷，殉難年月及贈官祭葬，俱詳載《實録》紅本及《一統志》，而《傳》則未載。其餘殉難之文武員弁見《實録》紅本而不立傳者甚多。有殉節於前明而誤入國朝忠臣者，如雲南殉難之楊憲、張景仲等，俱死於土司沙定洲之難，其時明唐王、桂王相繼稱號，雲南未入版圖，楊憲等爲明殉節，而《傳》中誤以爲順治二年、三年事，應一體歸入勝朝殉節諸臣録。有年月舛誤者，如廣西巡按御史王荃可殉節在順治九年，詳載《實録》及《一統志》，而《傳》中誤作康熙年間；殉難有姓名舛誤者，如江南撫標游擊成國梴，詳見《實録》紅本，而《傳》中誤作“廷梴”。其餘官爵贈蔭舛誤遺漏者，不可勝指。若此者，或删或增或改正，俱宜歸於畫一。兹第就所已考得者言之，俟更有所得，即録呈采擇。餘不宣。

—2. 皇朝經世文編　卷六八　禮政一五　正俗上

張士元（1755—1825）

字翰宣，號鱸江，江蘇震澤（今蘇州市吴江區）人。乾隆五十三年（1788）舉人，屢試未能及第，歸家以著述自娱。有《嘉樹山房集》。

農田議

國家自西南用兵以來，所費不貲。又自辛酉之夏，京畿大水，民困未蘇，饋饟與賑恤兼行，財力固不能不屈矣。當此之時，爲公家長計，使上下俱受其利，而有備無患者，亦惟務本而已矣。蓋漢人所謂地有遺利，民有餘力，以今驗之亦然。使盡墾生穀之土，盡驅游食之民歸農，則國家財力之完富，可計日而俟也。愚不能周行天下，不知四方治田若何。然以足迹所至、諮訪所及者言之，則天下之田，未有如大江以南之治者。江南本水鄉，雖無古井田之法，而溝洫、甽澮，防水、寫水之制，猶古也。其民雖有游手，然田無不耕者，阡陌之中，春榮菜麥，秋榮禾稻，桑麻茂密，雞犬相聞。方二三千里，幾於尺土必墾，所以公私糧食常取給於東南一隅也。逾淮而北，過山東、直隸之境，則平原曠野，千里荒蕪。雖有種禾黍者，亦少深耕易耨之功，歲收益薄，而不足之處，又不種桑而種柳、棗。其民不出於農畝，則業於商販。其尤無藉者，鬻歌取食，男女年八歲以上，十四五以下，使跕屣鳴弦，伺候客館，而優笑滋多矣。此無他，北方久無溝洫之制，其田專仰雨水，命懸於天，田者少利，則放而之末作耳。以一方觀之，則天下地力、民力之未盡可知也。

近聞湖南辰州府，設碉卡八百餘座，募勇丁駐守，使居民均出田畝十分之七，與勇丁耕種自食，麻陽民不願，至於赴京陳訴，是其地有能耕之民，而無可耕之田也。又壬戌春，見京師水灾新退，流民散處城内外者以萬億計，其飢且病而死者所在多有也。朝廷設粥煮餅以食之，又出倉米賤其價以糶之，爲惠甚厚。然使舍業而待朝夕之給，所謂以餓殍之養養之也，何如與之閑田，設法安置而使之耕乎？夫田少之處至奪田以耕，田多之處或棄田不耕，而饑民且置其手足於無所用，則大計可決矣。

其一曰勸農功。語曰：“一夫不耕，或受之飢；一女不織，或受之寒。”然愚民無所勸則不勤。漢以趙過爲搜粟都尉，教代田人犁之法。二千石遣令、長、三老力田，及里父老善田者受田器，學耕種養苗狀，自是流民漸還，田野辟而儲積多。今誠下令使州縣長吏親行課農，以勤惰爲賞罰，召募流亡，申明崇本抑末之教，而多方以誘導之，則游手當日寡，而地利日出矣。

其二曰寬賦科。康熙時，令郡縣墾荒田，約六年成熟，起科納賦，而畿輔報墾者甚少。蓋北方既無溝洫之制，則新墾之田旱即成赤土，水即成巨浸，有收無收不可知，而賦科一定，不可復免，所以小民聽其荒蕪而不願墾也。當時陸稼書先生宰靈壽縣，嘗具陳巡撫于公云：“與其稽查太嚴，使民畏而不敢耕，何如稍假有司以便宜，使得以熟補荒？”因請寬至十年起科。其言極明切，今宜遵而行之也。

其三曰權水利。古遂人之法未能遽行於天下，而穿渠溉田則代有人焉，若魏史起、秦鄭國之類是也。今中原陸地，誠引水以溉之，則久不耕之縵田其息必倍。如慮今日財力不能及此，則隨地相視，一浦一港，善爲蓄泄，皆足以利田疇、振農氓。或亦如虞伯生京東之議，募富民疏渠，而以其所溉之田多少爲賞爵之上下，其補官在諸色捐納之先，則民必有願效力者，久之則水利廣矣。由北方推行之，則東南之漕運可寬矣。漕運寬則積穀儲倉，以時斂散，而東南之民亦受無窮之惠矣。此萬世之利，非僅目前小補之計也。但當行之有序，而需之以歲月耳。愚又聞之，王者之富藏之於民，故孔子曰："百姓足，君孰與不足？百姓不足，君孰與足？"又曰："不患寡而患不均，不患貧而患不安。"自古治天下者，求足用之道，未有舍本務而别開利孔者也。故言農田於理財之日，事似迂遠，而實不易之至理也。

—2. 皇朝經世文編　卷三六　户政一一　農政上

紀大奎（1756—1825）

字向辰，號慎齋，江西臨川（今屬撫州）人。乾隆四十四年（1779）舉人，官合州知州。有《雙桂堂稿》。

宗法論五

然則别子者，非諸侯之公子，若始來此國者之謂與？曰：此註疏之誤也。凡始遷他國，即當爲他日之始，彼已去其邦族，無復有宗之義，惡得更言别子也？若公子則自有宗道，不必假别子以爲名。且公子别於君，不敢謂之别子。卿大夫之别於庶姓者，乃謂之别子。别之也者，異之也；異之也者，貴之也。公子不貴於君，則不得言别子也。是以《大傳》既特言别子之宗，而即繼之以公子之宗，曰有小宗而無大宗者，有大宗而無小宗者，有無宗亦莫之宗者，公子是也。

公子有宗道，公子之公，爲其士大夫之庶者，宗其士大夫之適者，公子之宗道也。然則公子之非别子亦明矣。凡爲人後之義有三：《傳》曰：何如而可爲之後？同宗則可爲之後。又曰：何如而可以爲人後？支子可也。適子不得後大宗。又曰：爲人後者孰後？後大宗也。公子則不然。公子之適子，皆小宗繼禰者也。大夫不得祖諸侯，是以無大宗。公子無子，以昆弟之子爲之後，其爲之後者，皆小宗也。而爲人後者，後大宗之義，不得而拘，故曰有小宗而無大宗者，此其異於凡爲人後者一也。

公子之適孫，爲大宗繼祖者也。公子之適子無子，以昆弟之適子爲之後，而以其支子自爲後。凡支子之後大宗者，雖降其小宗，而終不能没其適子小宗之名，則猶得隨小宗以祭其父母。適子後大宗，則不得復爲支子之小宗以祭其父母，而適子不得後大宗之義，又不得而拘。故曰有大宗而無小宗者，此其異於凡爲人後者二也。

然是二者，猶皆以昆弟之子爲子也。若小宗無昆弟之子，大宗無從昆弟之子，則莫之宗，而爲人後之義窮矣。而公子不然，羅君位齋曰：無宗者，無小宗大宗也。無小宗者，無子之公子也。公子無子，又無昆弟之子，則無宗亦莫之宗者矣，而可以他公子之孫爲之後，是莫之宗而從父昆弟之子相爲後也。無大宗者，無孫之公子也。公子無孫，又無昆弟之孫，則亦無宗亦莫之宗者矣，而可以他公子之曾孫爲之後，是莫之宗而從祖昆弟之子相爲後也。而同宗可爲之後，非宗不爲後之義，又不得而拘，故曰有無宗亦莫之宗者，莫之宗而有宗，所以重公子之宗也。是則凡五服以内者，皆得以爲之後，此其異於凡爲人後者三也。

且公子之宗，不獨國君世子之母弟爲重也，即群公子之庶者亦無不重。故曰公子之公，爲其士大夫之庶者，宗其士大夫之適者。士大夫之庶者，庶公子之或爲大夫，或未爲大夫者是也。適者即庶者之適子，庶者與其適子，或爲大夫，或爲士，皆得命於公子之公，以其適世爲宗。蓋别子世爲大夫而後有宗，公子不必爲大夫而自有宗。故曰公子有宗道，此公子之宗所以異於别子之宗也。凡《禮》既詳言同姓之宗，又特言别子之宗與公子之宗，别子、公子，皆命氏賜族者也。一姓之中，而命氏者不一人，則一姓而有數宗；一氏之裔，而命氏者不一人，則一氏而又有數宗。是故姓有姓之族，氏有氏之族，知姓氏之分，則宗法可得而明矣。若夫宗法既廢，

禮以義起，無貴賤、適庶、遠近之嫌，而皆可以相爲後。此又古今異宜，而人情之永無憾者也。

—2. 皇朝經世文編　卷五八　禮政五　宗法上

惲　敬（1757—1817）

字子居，號簡堂，江蘇陽湖（今屬常州）人。乾隆四十八年（1783）舉人，官南昌同知。陽湖派創始人，工古文。有《大雲山房文稿》。

三代因革論一

三代以上，十而税一，用之力役，用之田獵，用之兵戎，車馬牛、楨幹、芻糧、器甲，皆民供之，而民何其充然樂也。三代以下，三十而税一，力役則發帑，田獵兵戎則召募，車馬牛、楨幹、芻糧、器甲皆上給之，而民愀然拂然，若不終日者然，何也？韓子曰：古之爲民者四，今之爲民者六。古之教者處其一，今之教者處其三。農之家一，而食粟之家六；工之家一，而用器之家六；賈之家一，而資焉之家六。雖然，未既也。一人爲貴，而數十人衣食之，是七民也。一家爲富，而数十人衣食之，是八民也。操兵者一縣数百人，是九民也。踐役者一縣復數百人，是十民也。其数百人之子弟姻婭，人數十人，皆不耕而食，不織而衣，是十一民也。牙者互之，儈者會之，是十二民也。僕非僕，臺非臺，是十三民也。婦人揄長袂，躧利屣，男子傅粉白，習歌舞，是十四民也。農、工、商三民爲之，十四民享之，是以天不能養，地不能長，百物不能産，至於不可以爲生。雖有上聖，其若之何？古者上有田而民耕之，後世富民有田，募貧民爲傭，一傭可耕十畝而贏，畝入十取四，不足以給傭，饑歲則畝無入而傭之給如故。其賃田而耕者，率畝入三，取一歸田主，以其二自食，常不足。田主得其一，又分其半以供税，且困於雜徭，亦不足。此農病也。古者工皆有法度程限，官督之，後世一切自爲，拙者不足以給身家，巧者爲淫巧，有數年而成一器者，亦不足以給身家，此工病也。古者商賈不得乘車馬，衣錦綺，人耻逐末，爲之者少，故利豐。後世一切儕之士人，人不耻逐末，爲之者衆，故利減。其富者窮極侈靡，與封君、大僚争勝，勝亦貧，不勝亦貧，此商病也。

夫以十四民之衆，資農工商三民以生，而幾幾乎不得生，而三民又病若此，雖有上聖，其若之何？惲子居曰：三代之時，十四民者皆有之，非起於後世也。聖人爲天下，四民日增其數，十民日減其數，故農工商三民之力能給十一民，而天下治。後世四民之數日減，十民之数日增，故農工商三民之力不能給十一民，而天下敝矣。聖人之道奈何？曰：不病四民而已。不病四民之道奈何？曰：不病農工商而重督士而已。夫不病農工商，則農工商有餘，重督士則士不濫。士且不能濫，彼十民者安得而濫之？不能濫，故常處不足。十民不足，而農工商有餘，争歸於農工商矣，是故十民不日減不能。夫堯舜之時，曰汝后稷播時百穀，曰疇若予工，曰懋遷有無化居。所諄諄者，三民之生而已。殷之《盤庚》，周之九《誥》皆然。此聖人減十民之法也。曰："三代之時，二氏蓋未行也，十民之説可得聞乎？"曰："太公之華士，孔子之少正卯，孟子之許行，皆二氏也。有遣戍，則已養兵，有庶人在官，則已顧役，有門子餘子，則已有富貴之游閑者矣。其餘皆所謂閑民、惰民是也。然則有天下之責者，其亦於三民之病慎策之哉。"

—2. 皇朝經世文編　卷一一　治體五　治法上

國家清史編纂委員會·文獻叢刊

清代經世文選編

中

來新夏 主編

黄山書社

顏　檢（1757—1832）

字惺甫，號岱雲，廣東連平（今屬河源）人。乾隆四十二年（1777）拔貢生，官至直隸總督。有《衍慶堂詩稿》。

覆議減差均傜利弊疏道光二年

爲遵議覆奏事。前據直隸布政使奏，直隸吏治不肅，民困不蘇，議請減差均傜，以資整飭。欽奉硃批："公同妥議，詳細奏聞，再降諭旨等因，欽此。"臣莅任後，復將通省情形細加體查，並於接見僚屬之時周諮利弊。竊謂原奏立意未嘗不善，而其事則窒礙難行，殆未能詳思而熟計之也。按賦役之制，原有常經，東南則賦重而役輕，西北則賦輕而役重，昔人立法之初，本於用一緩二之精心，而權衡至當也。直隸爲首善之區，民氣淳良，皆知急公奉上，一百數十年來，辦理差役，官民相安，從無貽誤。近年來，地方官奉行不善，不能於使民之際寓恤民之心，而於差務復踵事增華，日形朘削，以致蠹役奸胥藉端苛派，刁衿劣監過事把持，遂至控案日多，而且流弊滋甚。該司有見於辦差之弊，幡然思所以更張之，擬於每地一畝，攤徵差銀一分。其意在藉賦以收減差之實效，不知適藉差而添加賦之虚名。即如其法以行之，而累官病民之弊仍不能免，竊恐殆有甚焉，臣請得而詳陳之。

查直隸通省，有按地畝出差者，有按騾馬出差者，有按行户出差者，名色各不相同，行差即難畫一。今欲比而同之，專於地畝攤派，是逐末者差輕，務農者差重，此不可行也。直隸賦額，有每畝徵銀一錢以上者，有徵一二分至數分者，亦有僅徵數釐者。地有肥瘠，故賦有等差，今若概以一分攤之，是差費與正賦相符，且較正賦倍增矣。失輕重而淆定制，此又不可行也。

辦差章程，各處情形不一，省北州縣有旂三而民七者，有旂不辦而民獨辦者；省南州縣有衿三而民七者，有衿不辦而民獨辦者。歷久相沿，竟成積習。今欲概以一分均派，恐豪强奸滑之徒，藉端啓訟，轉滋紛擾。且一郡與一郡事例不同，一邑與一邑章程互異，甚至一村與一村情事亦不能相合，今欲執一法以繩之，恐不能强以相從。民不能從，事多掣肘，此又不可行也。

春秋兩差，派令州縣辦理，有一年一派者，有隔年一派者，原在上司因地制宜，以紓其力。今若照賦加攤，必須按年完納，致無寬暇之期，轉不若輪流派差得均勞逸。況派差折錢，民間稱便，若令同正賦完納，則必須逐一傾鎔，其火耗解費逐項加增，勢將浮於所定之數，此又不可行也。

至於中途驛站，每值護送餉鞘，遞解獄囚，及往來差使過境，需用車輛自一二輛至十數輛，或數十輛不等，不能不借資民力。派民出車，官給喂養，一呼即至，各邑亦有向定舊章。今欲一律官爲備辦，則一切皆須僱覓，差務喫緊，車户必恃以居奇，稍加裁抑，又必以勒掯累民上訴。民之情僞，官實難防；官既無權，民且益肆，此時雖出以重價亦將不應，設有票差恐滋貽誤。地方官不敢誤差，其力又不能備辦，日久自必仍然派累，且恐派累滋甚，是既累官又復病民，此更不可行也。

再，地方官派辦差傜，果能留心民瘼，如零星小户、凋敝村莊，儘可加意撫綏，隨時酌量減免。今若攤派於地，則徵收既有定額，閭閻難免追呼，將恐貧乏農民避差遷徙，轉致地畝荒而不治，不惟無補於差，必致有虧於賦，此又不可行也。

凡州縣徵解正賦，例有考成，而每年尚多拖欠不能全完者，今又加以每畝一分，無論事屬創始，民多觀望，即使踴躍輸將，恐不肖官吏視非奏銷正賦，無關吏議，或竟那移侵蝕，全不報解，亦爲事之所有，參之不可勝參。況遇水旱偏灾，正賦尚應蠲緩，豈差費獨能照舊徵收？如照舊徵收，是差費轉重於地糧，實爲非例；若一例蠲緩，則遇有差務，又將何以處之？彼時上下交相諉卸，欲復舊章而不可得，此更不可行也。

至直隸近年多以派辦不公，紛紛訐控。推原其故，非出於民之無良，亦非盡由於官之苛派，半因於户有優免本身丁銀之文，影射包攬。或有以一人而兼其宗族者，或有本人已故而延及子孫者，甚至串通書役、鄉保、地方人等，朋比爲奸，挾制官長，無賴之徒又復因而效尤，以致殷户差徭日益減免，而窮黎仍歲以爲常。年復一年，漸至苦累。此所以控案日多，而刁風愈長也。此時籌調劑之法，如恭届大差，衿民自當一律遵辦。其餘雜差，則衿户准免本身一人。其影射包攬諸弊，概行嚴禁。有力而應當差之户無計譸張，無力而不避差之民可免煩瑣，如此則以有餘補不足，似爲持平。

臣愚以爲，自古有治人無治法。立政貴持大體，無事紛更。守土重在得人，自臻治理。現惟有嚴飭該管道府，各就地方情形，並向來辦理舊制，隨時斟酌，妥爲布置。一有差務，即嚴查各州縣，如有能體恤民艱，公平允協之員，據實保舉，以示鼓勵。有聽信書役，任意浮派苦累者，立即指名糾參治罪，勿稍姑容。若有劣衿藉端包攬，刁民串通妄控者，即當秉公研審，按律嚴懲，不得稍從寬縱。是黜貪墨而杜誅求，民生可裕。除稂莠以去擾害，民困可蘇。務期畿輔之内，百姓返朴還淳，大小臣工莫不砥礪廉隅，共襄聖治。固不在明設科條，更張舊制也。臣愚昧之見，是否有當，理合恭摺奏聞。

—2. 皇朝經世文編　卷三三　户政八　賦役五

嚴如熤（1759—1826）

字炳文，號樂園，湖南溆浦（今屬懷化）人。嘉慶五年（1800）舉孝廉方正，授知縣，官至陝西按察使。有《樂園文鈔》。

規劃南巴棚民論道光元年

陝西由略陽、鳳縣迤邐而東，經寶雞、郿縣、盩厔、洋縣、寧陝、孝義、鎮安、山陽、洵陽，至湖北鄖西、上津，中間高陵深谷，千支萬派，統謂之南山老林。由寧羌、褒城迤邐而東，經南江、通江、巴州、太平、大寧、開縣、奉節、巫山、定遠、紫陽、安康、平利，至湖北之二竹、房縣、興山、保康，中間高陵深谷，千支萬派，統謂之巴山老林。多良材，産鐵礦，竹可紙，木生耳蕈。食宜包穀、蕎豆、燕麥。不當徭納糧，但給地主數貫，即可賃種數溝數嶺。故川、楚、粵、黔、安徽無業之民僑寓其中，以數百萬計，依親傍友，墾荒種地，架數椽栖身，地薄不收則徙去，統謂之棚民。種地之外，多資木厢、鹽井、鐵廠、紙煤各廠傭工爲生。蓋國家承平日久，生齒繁盛，留此奥區，助聖仁養活無數靈者也。

人聚既多，則良莠莫辨，不安本分者時有攘竊之行。而各廠必年穀豐登，糧價平賤，則匠作得以多雇。一遇旱澇，糧食昂貴，廠商停工，則傭作無資以生。一二奸民倡之，以喫大户爲名，而景附者多矣。山内州縣，地瘠賦輕，大者周圍一二千里，小亦常五六百里，地方遼闊，令尉固耳目難周，營汛亦晨星落落，遇地方失事，數日開報，數日至失事處所，常遠颺不可追捕。故居恒互相隱諱，浸淫釀成大案，迨以疏防參劾，事已無濟。且省各有界，犬牙相錯，不能越境而謀，勤能之吏亦只自固其圉。各邊徼距會城遠者二三千里，近者千數百里，不請命則專，請命則緩不及待。况事連兩省，大府咨商往返，動需數月。

故爲南巴山内區畫遠猷，不在添兵將以防制之，而在設文員以乂安之；不在即一隅而專謀之，必當合三省而共謀之。兵於稽捕外他無所事，且只能捕已爲盗之民，以申其懲創，不能化未爲盗之民，使安於耕鑿。惟地方官就現墾之户編以里甲，教之保聚，鋤其强梗，訓其俊秀，得人則盗可爲民。其中有一邑可分作兩三邑者，有數邑畸零之地可共成一邑者，相度地勢，總以稽查能周、風教能及爲主，多設撫民同知、通判，倍置民壯，與兵丁一體訓練，品秩差尊，事權亦重，遇小事件竟可領民壯追捕。同城武官，一都司守備足矣。山中民不知《詩》、《書》而人性皆善，教匪得以喫齋念經眩之。每設一廳縣即無考試事，必須復設學官，宣講聖諭，兼司義館訓課之事。擇南巴適中之地，倣明原傑故事，暫設憲臣總理。秦分漢中、興安、商州之半；蜀分夔州大江以東，綏定之北，川北之巴太、南通；楚分鄖陽一切老林地。責以經理，駐節當在興安。興安距夔州千餘里，距巴太六七百里，距鄖陽七百里，附近鎮道聽其節制。酌移各鎮，可裁營改作標兵，兵無須添。至所設城垣磚土、工費，山中陰雨，多易傾圮，宜壘石作牆，或專砌磚作硐，城雖薄而必堅。至近老林之地，環巨木作木城，亦可數十年。通計分廳縣十數處，節省一切經費，作十分算，合秦、蜀、楚通籌之，區畫尚易，不須上糜國帑。山内添廳縣以分治，則幽滯宜達，設憲官以總理，則血脉流暢。易流徙爲土著，化邪�爲良民，假之事權，寬以歲月，永慶謐安矣。夫邊徼地非肥沃，然居天下之腹心。出南山則爲三輔、豫西，出巴山則至荆襄、豫南、川西。國家無四夷外國之虞，而思患預防無急要於此者。

—2. 皇朝經世文編 卷八二 兵政一三 山防

三省山内邊防論一

安置南山之大計，莫如適中之處設重臣，以一事權，遼闊之處分州縣，以專其治理，綏靖之大規不外此矣。

考明時原傑於鄖陽設巡撫，將山内州縣遼闊者分設縣治，洵乎安邊大猷。惜其所籌辦者祇爲秦、豫、楚三省交連之處，未謀及秦、蜀上游也。山之在楚、豫者，雖亦高大，而不如秦、蜀之巉峨。且老林深箐多在秦、蜀接壤，川東北郡邑之邊秦者，距成都往往千數百里，視鄖陽之距武昌更迢遥矣。縣治過大，難以兼顧。如太平之城口，洋縣之華陽，安康之磚坪，平利之鎮坪者，此類尚多，當時並未議及。豈今昔情形不同，固有待於後人乎？

至於建置之方，則添營不如分縣營，資彈壓而已，未能責以撫綏導教也。蓋設立營汛，雖增添額兵，其民不能管也。縣則訟獄者往焉，輸納者集焉，考試之生童聚焉。久之客商移集，得賢司牧勤於治理，勸農興學，則民風可以丕變。至於審事、完課、考試，均皆便民，又不待言矣。如以邊地瘠薄，縣官窮苦，則新設之地酌以邊俸，論陞加之鼓勵，當自有奮於功名者矣。此久安常治之要也。顧安邊之猷，兵食並重。團練之法只可行於有事之時，若云加增兵額，則山内地方如此廣莫，詎數營數汛所能控制者？而其議餉議糧，經費已不貲矣。惟屯政最安邊良法，但有實心任事之人，不避勞險，安在不可舉行？即如新疆、苗疆各屯，著有成效。山内之田，難以陞科，而棚民既有水田，便成土著，亦思爲子孫之計，亦畏有賊匪之害。核其田爲屯田，編其人爲屯丁。即以現有之田定爲口分世業，設屯弁以管束之，作屯堡以團聚之，寸土顆粒，官無利焉。再爲清出叛産絶業，收其租課以供屯務之雜用。分派素得民心之司牧，剴切開導，使山民曉然知此事之爲己。如此則屯政可行，而山内稍平衍之處皆可屯堡，則氣完勢重，稽防先自便易。其各老林悉聽棚民開墾，雖有匪徒潛竄，而我整彼散，我主彼客，不得逞其奸矣。此兵寓於民，洵萬世之至計也。此議只可行於勘定之初，既定之後，業各有主，不可行矣。

—2. 皇朝經世文編 卷八二 兵政一三 山防

洋防輯要序

自昔談海防，以禦外洋、堵海口爲要策。我國家於崇明、舟山、玉環、海壇、金門、澎湖、南澳磵洲島嶼深阻之處，皆特設鎮將。而臺灣在澎湖外，距海岸水程千里，雞籠、鳳山，隸我版圖，設官蒞長，人物繁昌，屹然爲海外鉅鎮，聲威雄壯，杜島夷之窺伺矣。口岸則直隸之天津，山東之登、萊，江南之狼山，浙江之黄巖、温州，福建之福寧、厦門、漳州，廣東之潮州、碣石、虎門、高廉、瓊州，各設專閫，分布重兵。而天津以畿輔要地，舊制已設陸營。近又增以水師。松江當劉河、吴淞、川沙要口，寧波當杭、紹、定海、象山要口，泉州當金門、厦門要口，惠州密邇碣石、虎門，特駐軍門，就近統領防禦，營城汛堡，炮臺烟墩，星羅棋布，口岸之綢繆密矣。至於擇將弁，練兵卒，整備船隻器械，斷接濟，嚴透漏，禁奸徒出入，哨巡岸稽，著爲令甲，罔不嚴密整齊。

沿海人民，農桑絃誦，二百年來，晏然無七鬯警。夫不知前代之失，無由知國家之所以爲得也。明自嘉靖以降，陵夷不可言矣。當信國公沿海設立衛所之初，棄昌國、浯嶼、澎湖、南澳各要不守，論者已有撤我藩籬，貽寇巢窟之憾。迨後紀綱日弛，衛所虚存，内地奸民勾結倭夷，乘間發難。東南濱海數千里，生靈塗炭。一時名臣宿將，群策群力，經營十數年。會倭飽思歸，直海受餌，吴越烽烟浸息。而閩廣洋患旋撲旋生，蔓延而不已。失要則亂，詎不信與！嘉靖用兵時，唐順之、茅坤、譚綸、胡世寧諸名人，身在行間，目擊失事之端委，屢條防堵之機宜。其他吴越先哲，就所見聞，存之記載，皆得失之林也。顧寧人、景范兩先生，當勝國末造，視洋患爲切膚灾，蒿目時艱，憂深慮遠，而生長吴越文獻之邦，野史家集，郡邑志乘，足以供其采擇考訂。景范之學，長於輿地，寧人之識，兼通方略。其慨嘆而發之議論，往往一篇中三致意焉。較之諸家尤精而切。予往佐那制軍籌辦廣東洋匪，於海防形勢略悉一二。守郡無事，乃取緣海山川險要，輯直隸、山東、浙江、福建、廣東海疆輿地，並次其兵防、軍政、兵事，他如水戰之臨機决勝，出洋之風信潮候，船筏帆櫓，臨敵之火器弓弩，皆洋防之要，以次輯焉。元明之衛所，運道鹽政，外夷市貢，雖得失參半，亦莫非當年要務。輯之以備參稽。成書二十四卷，名曰《洋防輯要》。覽此者，知勝國疏於防制，因以啓釁召侮。諸君所太息爲未能舉行者，至聖朝而措置罔遺也。《書》曰："鑒於成憲，其罔有愆。"有封疆之責者，尚留意哉。

—2. 皇朝經世文編　卷八三　兵政一四　海防上

平定教匪總論

賊匪滋事之始，赤子弄兵潢池耳，得賢良司牧膽略過人者撫而輯之，若龔遂之治渤海，張綱之定廣陵，虞詡之平朝歌，可無大煩師徒也。迄事變既成，黨與已衆，巢穴寖多，多用師固艱於轉輸，少用師則莫制鴟張，則亂之初生，一循吏撫之而有餘；亂之既成，數名將制之而不足，詎不信哉。煜聞良醫之治病也，先之望聞問切，審其病源，察其病勢，防其餘病之傳症，視洞重垣，既已錙銖不差，然後主方。或因舊法而變通之，或因己意而斟酌之，妙選良藥，炮製如法，劑甫投而病勢霍然矣。賢將帥之戡亂也，猶良醫然，則賊匪之亂源與現在賊勢，暨事後必防之餘禍，自當一一詳究而審籌之。

白蓮教者，漢末張魯之遺也。魯父子居漢中，以妖術惑衆，其長曰祭酒，從之者人出米五斗，時稱米賊。自漢以來，歷代皆有其患。近聞教中亦有祖師名色，從教者先送供給米若干，入教之後，教中所獲貲物悉以均分。而小小邪術足以眩人，故愚者多爲所惑。然其教以奉釋念經、持齋戒殺爲名，則所聚之徒多脆弱不堪戰鬬。川省之嘓匪，其源不同。川中膏沃，易以存活。各省無業之民糜聚其間，好要結朋黨。其頭目必材技過人，衆乃共推之。凡數十人結大夥，先約遇難不許散幫，遇追捕急，公議散去，始敢各自逃生；如未議而一二人先散者，衆共追戮之，其黨極爲堅固。既結夥之後，擇長林深谷，人迹不到之處，操習拳、棒、刀、銃各藝，故其藝頗精。往時懾伏國威，不過伏匿邊邑僻路，攫取過客財貨，自達州倡亂，各匪潛相附從。近聞教匪亦逸至蜀中，則匪中添生力徒卒，而總以教匪名矣。教匪愚而詐，嘓匪悍而狂，教恃譸張之小術，嘓恃劫掠之小勇。原其初意，俱不過爲錢財貨物起見，非若有盧循、黄巢梟雄之資，覬覦非常。此致亂之源，可博采而知者也。教匪私相傳授，通都大邑恒懼發覺。間有流寓彼間之人，私學其教而歸者，終無敢公然演習。惟漢、鄖一帶，複岡疊嶂，山地尚多未墾，窮民往往流徙其間，開箐耕種。此輩輕棄其鄉，本非良善。而又有奸徒潛煽而勾引之，已非一日，故信徒者亦實繁有徒。

竊嘗綜其全勢論之，辟之惡獸。蜀之巴、達、夔、巫，南阻岷江、巫山之險，北憑羊圈、行溪、望星，接連秦之青石、栢楊、毛壩各關，懸巖峭壁，鳥道羊腸，古稱蜀道難，此數郡爲尤甚。賊匪夙匿其間，爲精鋭團聚之所，則獸之頭也。楚之鄖、歸、施、宜，西北界秦，東南界蜀。施南向係土官世業，雍正間始改土歸流。鄖陽爲楚、豫、秦三省之樞紐，長山大谷，綿亘千里。明劉千斤、鄧騔子屢據爲亂，至原傑割竹山而置竹溪，割鄖陽而置鄖西，析秦之商州而置商南、山陽，析豫之唐縣、南陽、汝州而置桐栢、南召、伊陽。地當要害，後乃專設鄖撫鎮壓之。其施、鄖之間則歸州、宜昌，有巴渝之餘風。鄖、襄之中則武當、荆山，據山岳之重阻。襄陽南來，則通安陸、宜昌，東過則逼荆門，地廣而徑多，處處可以糜爛，則獸之腹地。秦之漢中，西通略陽，北連大散。興安一府，多爲鄖陽分地，中有石鎈、金竹、化龍各山，暨坪埠峪、觀音溝、七里關各要阨，皆怪石嵯岈，谷深山阻，號稱天險。而米賊之教實始於此。其地大小龍溪，凡張氏遺迹，土人猶豔稱之，則獸之脊背也。豫之淅川，旁有荆子關，陵巒遥接武關。由是而南下，鄧州則熊耳山、旗桿嶺，山勢亦復巍峻。再南過唐縣之銅山，至桐栢縣、信陽州，則桐栢山、大復山、穹窿山與武勝各扼，古稱義陽三關者實雄峙其間，雖不似楚蜀各邊之巘巇，而中原之地，此帶實爲奥區，則獸之尾也。通計由巴達至信陽西南襄遶東北，達之東南，路近三千里，南北縱廣亦不下千餘里。楚攻急則潰入秦、豫，秦攻急，則潰入蜀、豫，蜀攻急則潰入秦、楚，豫攻急則潰入楚、秦。將據險守要，而地大路繁隨處可以偷越；將稽察奸細，則均係百姓，分辨甚難，徒爲行旅之害。

昔楊武陵計驅群賊入川，委蜀爲壑，四面聚而殲旃。及蜀不支，賊勢盛而楚隨以傾。孫雁門拒流賊於關外，賊覆全豫，豫覆而旋叩秦關，秦亦不支，皆失策也。論者謂賊匿四省邊隅深山密箐之中，攻剿難進，搜捕不及，致一時難於撲滅。不知賊在深山密箐，固難於攻擊，亦易於坐困。設長策以守之，用奇兵以襲之，終爲罝中之兔。儻縱之入平原曠野，無論有舊從教匪者爲之内應，而承平日久，民不知兵，風聲鶴唳，望塵驚潰。地方無賴之徒乘機因以虜掠，其害不可勝言矣。此賊勢之不可不知也。

至經賊匪殘破各地方，雖大兵恢復，而當時權行招納，則中懷反側者當自不少。所有流亡之衆，轉徙歸里，零星四住，未能氣完勢重。沿邊各邑，大者跨山連嶺，幅員數百里，小亦不下數十百里。州縣設兵額數名數十名，形勢單弱，詎能遍爲巡邏。而北省招募鄉勇，半爲收羅地方無賴起見，尤難資其實用，則新復各州縣城郭固自依然，將何恃而不恐耶？賊匪雖無遠略，亦有小小詐智，心計取道未破州縣，必遭攔截，而從既殘各地經由，可以遄行無阻。至既殘各地，重被匪害，則附近未破之州縣必大爲驚擾，探其人民逃散、村落空虛者乘間焚劫。是賊借山谷爲巢穴，被害各地爲旅舍，而因以蠶食各郡邑也。竊計新復各州縣必實有以固其圉、絶賊匪重擾之迹者，而後可逼賊入巢，用鵰剿以清除餘孽。他如被害各村落廬舍蕩然，難民無資以生，撫綏稍不得宜，其不能自存者或更潛相附託，亦情事所容有。此亦知醫者之宜兼防餘症也。

煜未親至行間，並未見滋事以來各文報，則局外議論，詎能得其要領？而鄙見所窺有如此者。至於攻剿之方，安輯之術，或四省而求一舉蕩平之策，或於全楚而爲保疆自固之謀，尚當力竭思慮，分路籌劃，備大智邇言之察焉。

—2. 皇朝經世文編　卷八九　兵政二〇　剿匪

黎世序（1760—1824）

字湛溪，河南羅山（今屬信陽）人。嘉慶元年（1796）進士，官至南河河道總督。謚襄勤。有《謙裕齋全集》《湛溪文集》。

請修練湖閘堤啓

竊查卑屬徒陽運河，上自江口，下至丹陽，綿亘一百四十餘里。兩岸岡陵相望，中流一綫河渠，岸高河狹，本易傾卸。加以江潮往來，潮長則水挾泥沙而進，潮落則水去沙停，故一歲之内，淤積日多。是以糧船來往，每多阻滯。從前猶三年再浚，五年三浚，自糧船冬兑冬開，遂自每歲挑挖，習以爲常。然挑河之役，從前悉藉民力。嗣奉上諭，以江、浙二省之漕，不忍獨累徒陽二邑之民，改爲歸官領帑承辦。自是以來，工員漸臻賠累，視爲畏途。且近年薪米昂貴，顧來夫役，日給薪米，照舊給發。是以每次小挑一段，工員須費七八千兩不等。以此陳陳相因，鎮郡四屬，賠纍日重。

卑府於上年十二月履任，即值督挑運河之時。往來工次，目睹情形，亟思籌劃變通，以期妥善。因即采訪輿論，檢查誌乘所載，昔年濟運，專賴閘座啓閉，收蓄江潮，並有丹陽練湖蓄水濟運。是湖去丹陽縣西百二十步，一名練塘，又名曲阿後湖。開自晋時陳敏，其湖仰受長山、驪山八十四汊之水，由西而東，匯以爲湖。湖有上下兩名，上湖高於下湖，下湖高於運河。前人於上湖之東，建石閘四，使上湖之水以次達於下湖。又於下湖之東，建石閘四，以爲關鍵，使以次達於運河。由是運河南有奔牛閘、吕城閘，北有南門閘、西門閘，使一帶河流南不直下於蘇、常，北不直出於大江。凡遇秋夏水發，則閉湖閘蓄水，使無旁溢；冬春水涸，下閉奔牛、吕城閘，使無下瀉。其江口之西南二閘，潮來則啓板進潮，潮落則下板蓄水。如有不足，則啓湖閘放水入河以濟運，此昔年修湖築閘蓄水之成法也。其湖之西，又有涵洞十二處，以時灌溉民田。故志載，涵洞以時啓閉，民田之旱澇無虞；閘座以時啓閉，運河之蓄泄有備。《湖記》有云，"湖水放一寸，運河增一尺"。每年春初，水利官巡修湖堤，以防衝决。每年八月，遣員巡視，如有侵占墾田及蓄水不多者，據實參呈。春冬則啓閘濟運，夏秋則啓涵灌田。民有盗决湖堤者，罪比殺人。制度精詳，極爲周密。歷代以來，載在郡省各志及《行水金鑑》，並《練湖歌叙》一書，凡前人奏議所及，無不備載。明季湖禁漸弛。至順治九年，經巡按秦世楨奏明開復，撰文作記。康熙十三年，前撫院馬題請續修。至康熙十九年，丹徒鄉宦張鵬官給事中，遂有廢湖墾田之議。經前巡撫慕請將上練湖高阜之處，分撥一千餘畝，給安插京口投誠之人墾種，餘聽徒陽二縣之民上價開墾。自是上練湖全廢，下湖亦被附近居民開墾湖田七千餘畝。山水不歸練湖，由馬陵一帶四處漫溢，糧田動受淹浸，及至多年，湖水正額糧田反失灌溉。康熙四十七年，經前巡撫于題請下湖仍留蓄水，將報墾田畝地丁銀五百五十三兩，漕米二百七十九石，在於湖旁民田各户攤徵。而濱湖之民以灌溉有資，欣然樂從。奉旨俞允，勒石府縣衙署，永久遵奉在案。此上練湖業已墾田，不能開復；下練湖仍留蓄水，未經私墾之原委也。

卑府前於道經丹陽之便，躬親查勘，即有該處涵長及居民人等，迎投呈懇修復湖閘，並呈《練湖歌叙》一書。卑府當即存留查閱，並帶同涵長居民周歷查勘。勘得下練湖緊靠運河，湖底高於運河底一丈有餘，周圍三十餘里。其南面湖堤約高六七尺不等，列涵洞四，埂外資湖水灌田者四十餘村。其西面湖堤，約高四五六七尺不等，列涵洞六，又有戽水缺口一二處，堤外資湖水灌田者五十餘村。其北面上湖，業爲陞科熟田，毋庸再勘。兩湖交界之處，有埂一條，上有倒敗廢閘三座，乃上湖水達於下湖之故迹也。上湖既已成田，此三閘久已無用，廢石亦多爲居民搬取，尚有存者。其東北面並無涵洞，止有長埂一條，上列缺口四五處，埂外資湖水灌田者，惟張官渡一村。由東面南湖埂連於運河之堤，排列四閘。其第一閘久已沖廢，片石無存。第二閘尚有碎石，居民利於蓄水，每年以土壅塞閘口，水大並土亦沖入運河，丹陽縣一帶運河之淤，大率爲此。其第三閘，閘墻尚整，惟底板沖壞一半。其第四閘全然完整。

卑府當帶該縣石匠胡成芳，眼同估計，議拆上練湖三座廢閘之石，運修下練湖頭二三閘，足敷八分之用，仍須添補二分，並一切夫工灰料，共估須銀四千三百餘兩。該匠情願包做保固，並據涵長居民僉稱，各村之田皆資湖水灌溉，每歲私自按田派夫修築，每田一畝，出夫一名，工作二日。以此計算，湖之西、南二面，計田四萬餘畝，派夫四萬餘名，可得八萬工。若得官爲修閘，水有所蓄，民間派夫修堤，倍加踴躍，情願自出己力，添築堤岸。官爲立定成式，無煩更籌經費各等語。卑府又委府經歷李培勳，循查水源來路，竟至長、驪二山，見各處溝澮通連，尚無阻滯。卑府伏查運河舊制，前人於各處設立閘座，原係以時汲納江潮，收蓄濟運。又有練湖蓄水，勢如建瓴，以時接濟。故從前運河，無每歲興挑之事。兹運河除横越二閘下板蓄水外，餘皆板片無存，久失啓閉，故江潮往來，任其去留，是以毫無操縱。加以練湖閘座失修，水大則一瀉無餘，水退則全行乾涸。不惟運河毫無倚賴，即湖外數萬畝民田，亦失灌溉。兹該處居民情願自築湖堤、所有閘座，又經勘估止須銀四千餘兩，此用費少而獲益多，爲勞暫而爲利久也。

本前人之成法，歷代奏達文案，班班可考。檢核河渠各書及府省各志，均皆載明，斷非無稽之言。惟是事關漕運，卑府原不敢輕爲置議，謂修濬練湖，即毋庸挑淤運河。第丹陽形勢，地土最高，山水驟發，而無所蓄藏，下游一帶，動受淹浸，倘稍經乾旱，湖外數萬畝民田，坐成枯槁。就民田水利而論，亦爲應辦之事，斷非糜費無益之舉。若湖堤修成，而運河閘座亦各按照程式，置板啓閉，則試行一二年，似於運河未必無裨。倘已有成效，再行咨達。將運河間歲停挑一次，不獨鎮屬四縣積困稍蘇，即全省官僚均輕賠累。至所須經費，不過四千餘兩，查卑府府庫，現有存貯柴租銀兩，係從來不報部閑款，惟歷任各府流交有案。卑府管見，應請即於此項柴租内動用銀四千兩，即行動土修築，將來於卑府及丹陽縣養廉内分作四年扣還歸款。既不開銷公項，兼能俯順輿情，似於民生漕務均爲有益。如蒙俯允，卑府即行出示曉諭，並即委妥員經理。

—2. 皇朝經世文編　卷一〇四　工政一〇　運河上

張惠言（1761—1802）

字皋文，號茗柯。江蘇武進（今屬常州）人。嘉慶四年（1799）進士，改庶吉士，授編修。有《茗柯文集》。

吏難二

夫吏誠有以信於下，而有志於生其民，則必無狃於目前旦夕之安，而務治其原本。今夫古之所謂休息無爲者，不爲矯絶之法，不立詭俗之制，不咈乎民心以求譽，如此而已。非謂泛泛焉任其自生自死、自榮自悴於其下，而我不與知，乃曰上與民不相擾也。若夫管子之治齊，子産之治鄭，孟子之治滕，矯然一變其故，綱立紀具，期月之間犂然也。故三子之治，可謂究其本矣。非之而不懼，沮之而不撓，及其經制既定，上下晏然，子孫蒙業，數十百年而可以無壞，然則休息無爲，未有大於此者也。

今之賢吏，曰寬傜役，謹賦税，去其盜賊，而理其獄訟，則民安而治得，是則然矣。然而其所及者，樂業之民也；若其失業者，雖有寬傜恤役之令，而彼無與也，飢寒之不恤，則所謂盜賊者，皆此人矣。吏見其盜賊也，而以爲不足惜。嗚呼，孰知其始之本非盜賊耶，而況有不肯爲盜賊而死者耶？天下之地，皆足以衣食天下之民，而利之所出不均，故得其源者生，而失其源者死。且夫一人之利，而二人資之則微，十人之利，而百人資之則匱。今民之所以求利者，一人得之，則千人趨之，然則利安得不絀，而民安得不貧？是故欲民之無飢寒，莫若均利源；欲利源之均，莫若正民業。管子曰："聖王定民之居，成民之事，四民者勿使雜處，故教有恒而事有考。"蓋古者度地居民而頒執事，其要如此。

今計一縣之中，田上下之率給幾何人，山澤所出給幾何人，四方貨賄、市井之贏息所食者幾何人，謡俗所資，技藝工匠之巧，須幾人也，磽瘠之可化者幾何，草木水石之未取者幾何，四圻之内都會者何所，鄉里市肆之不當其所者幾何，行賫四方而不棄其鄉里者幾何人，通游者何所利矣，總其數而乘除之，必使所業與利相當，而濟其有餘不足。其農之能盡地力者，工之能立物利者，商之能裕本計者，所在以告，吏發幣聘之，建以爲師，使長其曹輩而教其不及，稽其怠惰者，不任者斥之。農聚於疆，工聚於肆，賈聚於市，田而不能播耰者不容於疆，藝而不能飭材者不容於肆，貿遷而不能阜通者不容於市。其無田而無資者，使相假貸，而時其出入。男年十六而不業業，女年十三而不治絲枲者，罰其父母，則民勸其業而利修，其有飢寒者或寡矣。或曰管子之法，四民各處其所，今民之雜處久矣，亦將分之乎，否乎？曰夫分民者，非奪其居而徙其鄉也。百室之聚，必有市有肆，有民居之廛。其爲賈者必就市，而工者必就肆，其常也。吾因其宜而安集之，使其不至哤雜而已，何難焉？曰民既習其業矣，利不足，又使其他習，如之何？曰非徙已習之業也，禁其方欲習者而已。夫習焉而不獲其利，苟願有徙者，吾有以安之，而又有以教之，則彼亦樂得其所矣。

今夫一家之中，有操作者，有廝役者，有芻圉者，其爲之者，皆其人之所自欲也，而分處其所爲者，則主伯之事也。今一邑之民，爲士者，爲農若工賈者，問吏以其數，則茫然而不知也。嗚呼，僕隸無經事，而主伯且得有其家者哉？

—2. 皇朝經世文編　卷二一　吏政七　守令上

原　治

古之治天下者，上不急乎其下，而下無所拂乎其上。政不令而成，獄不省而措，其逸也如此。其政之施於民者，不過歲時讀法而已，是亦今有司之所奉行者也。其刑罰之條，止於三千五百，而以待獄訟常有餘。豈今之有司常愚，而古之有司常智歟?其民與上相接者，飲酒、習射、吹笙、擊鼓以爲樂，而知仁、聖義、中和之德，孝友、睦婣、任恤之行，禮、樂、射、御、書、數之事，皆後之學士大夫所習焉而難成、成焉而可貴者。鄉黨、州閭之子弟，常出於其間。其化之淳而俗之懋也又如此。

蓋先王之制禮也，原情而爲之節，因事而爲之防。民之生，固有喜怒哀樂之情，即［既］有飲食男女、聲色安逸之欲，而亦有惻隱、羞惡、辭讓、是非之心。故爲之婚姻、冠笄、喪服、祭祀、賓鄉相見之禮，因以制上下之禮，分親疏之等，貴賤、長幼之序，進退、揖讓、陞降之數，使之情有以自達，欲有以自遂，而仁義禮智之心油然以生，而邪氣不得接焉。民自日用飲食，知能所及，思慮所造，皆有以範之，而不知其所以然。故其入之也深，而服之也易。夫蠻粵之人，生而侏離，聞中國之音則駭而視，被髮文身之俗，資章甫而無所售。彼其習於鄙陋者猶如此，而况習於禮教者，其有奇衺放恣之民生其間，有不恠且駭，屏之而無所容者乎？故先王所以能一道德、同風俗，至於數十百年而不遷者，非其民獨厚，其理自然也。是故先王之制禮也甚繁，而其行之也甚易，其操之也甚簡，而施之也甚博。政也者，正此者也；刑也者，型此者也；樂也者，樂此者也。是故君者制禮以爲天下法，因身率而先之者也；百官有司者，奉禮以章其教，而布之民者也。度禮之所宜而申之，民所常習，故政不煩也。權禮之所禁而輕重之，以繩不合者，故刑不擾也。民習於禮，故知有是非；有是非，然後有羞惡，是故賞罰可得而用也。民習於禮，故知有父子、君臣、長幼、上下；知父子、君臣、長幼、上下，然後有孝悌、忠信。是故軍旅、田役之事，可得而使也。民習於禮，故有孝友、睦婣、任恤；有孝友、睦婣、任恤，然後有知仁、聖義、中和。是故其人材成者，可得而用也。故曰禮止，亂之所由生，猶防止水之所自來也。壞國破家亡人，必先去其禮；禮不去，而風俗隳、國家敗者，未之有也。

後之君子則不然，不治其情而罪其欲也，不制其心而惡其事也；令之以政而不知其所由然也，施之以禁而不知其所以失也。行而無所循習，動而無所法守，不勝其欲而各以知求之，知上之有以禁我也，則各以詐相遁。有司見其然，於是多爲刑辟以束縛之。條律之煩，至不可勝數，以治其不幸而不能逃者；其幸而能逃、不抵於法，則又莫之問也。雖其不能逃而抵於法，吏當之死而不敢怨。而其所以然者，豈非其人之大不幸歟？此三代以下，所以小治不數見，而大亂不止者也。

—2. 皇朝經世文編　卷五四　禮政一　禮論

鄭光策（？—1804）

字憲光、瓊河，又字蘇年，福建閩縣（今屬福州）人。乾隆四十五年（1780）進士。有《西霞文鈔》。

臺灣設官莊議

臺地之亂何爲乎？以民之疾視其長上也。民之所以疾視其長上者，以朘削日深而不勝其切心之痛也。然則今日改絃更張，爲之上者必奉公潔己，皆悉反前此之所爲，固不待再計决矣。雖然人情不甚相遠，廉吏衆所願爲，苟非甚不足於己，亦何樂强取於人，苟非有所甚迫於人，亦何忍自污乎己？

今朝廷所設官司廉俸，非扣罰即公捐，非部規即私例，有名無實，百不一存。然而官之室家賴之，親戚故舊賴之，僕從賴之，而且以延幕友，以賜胥役，以供奉上司，以送迎賓客、僚友，而又有歲時不可知之費，計其所需，豈止一端？而况海外情形與内地不同，士大夫捐親戚、棄墳墓，渡涉風濤，冒不測之險，以從事於彼。自僚友以至丁役，其經費度必倍蓰，此即廉俸本爲有餘，而又上司體恤，無意外之苛求尚恐不支，况一切無所藉手乎？東坡有云："士大夫從官於四方者，宣力之餘亦欲取樂，此人之至情也。"今即不敢言爲樂，然使一切費用艱難節澀，困苦拘囚，已非治景，况勢有迫於無可逃，而其用實無所從出，自廉俸而外，何一非侵漁刻削之端，事出於不可奈何，而復欲以法繩之，何可得哉？

伏按古者，自君、公卿、大夫皆有采地，庶士以下皆有授田。其所授者，必使足供其所費，上下各得其分，彼此可以無求，盡心宣力，以事國家，誠爲法良而意美也。魏晋以下，猶沿不廢，名曰職田。《晋書》："陶潛以官田種秫。"《宋書》："阮長之以芒種前一日去官。"此公田之證也。唐宋至元，亦間存其制。明初葉以後，始爲變更。今考臺地舊有官莊之設，官莊即公田也。然聞皆爲武營經費之資，與文職無與。竊意臺中各屬縣員吏亦宜倣此，將各處叛産及流亡無主田畝，各撥若干頃以爲公田，官府陋規固隨地皆有，然必不能多。其多者，必其額外苛求者也。惟明予之利禄，便可不争。每歲公田所入，每縣約得萬斛，方足以供公私之用。募人耕作，官收其租，一切出入悉聽之官，不得鉤考。惟定爲兩税，春糧於某時收受，秋糧於某時收受，俾交代者不得逾制指收，庶廩給有餘，可以無煩別圖漁利。夫人非甚不肖，養之既厚，當必有以自重，此亦一時所當變計之大端也。顧猶有慮者，此項田畝不難於設而難於奏，不難於奏而難於將來之報銷。鄙意福節相仁心爲質，洞悉吏情，一時善後諸事，又均得以便宜行事，倘得據情陳請，似乎俞旨可邀。若以爲格於例必不能行，則本地城址當歲修，池濠當歲濬，又有道路、津梁及民壯工食一切公費，可以託名開除者，盡爲增入，置爲公業，使官每歲自行核銷，不必逐款報部。規制略如教職之學租，書院之生息。則官之出入經費可以無掣肘之虞，即交代流移亦不必有虧空之弊。夫然後責之以廉，勵之以節。彼既無所藉端，一有貪冒之私，即操白簡以議其後，是内揆諸吾心而安，即外證之人情，彼亦赧然而心服矣。可否議行，統乞裁察。

—2. 皇朝經世文編　卷一八　吏政四　官制

喬遠煐（1761—1823）

字筆珊，湖北孝感人。乾隆五十五年（1790）进士，官至太僕寺少卿。

請杜書吏舞文疏嘉慶六年

臣查各部辦理題咨事件，惟以例案爲憑，而書吏即從中勾通外省，串同舞弊。上年恭奉諭旨申嚴飭禁，現在内外奉公守法，吏胥已不敢營私，而積習相沿，其弊或有不盡除者。緣例有明條，遵循已久；案無定準，出入多端。此由從前辦理徇私，意爲高下，以致事無區分，一部而彼此兩岐，一司而前後互異，因而書吏影射，苞苴已遂，輒援舊辦准案，有意瞻徇，撞騙未成，即援舊辦駁案，多方吹索，雖以明幹司員及持正堂官，或多被欺蒙，亦有堂司各官意見牴牾、偏持莫决者，所不免也。

臣思各部率由舊章，均有《則例》奉行。又每屆五年，即將該衙門《則例》續纂一次。該堂官揀派熟練司員，於隨時脩改事宜，分别增删，校繕黄册，恭呈御覽，刊行各直省一體遵照。立法極爲詳備，其已經登垂《則例》者，自係可以通行之案。若已經續纂不登《則例》者，即係不通行之案，顯而易見，豈有舍定例、近例不遵，而遠摭十數年成案轉足依據之理？况例外求案，部中或援成案議駁，而外間亦可援成案邀准。往返究詰，究致部駁無辭，違例議准，殊屬不成事體。此則無論准駁，皆中猾吏舞文之弊，不可不大爲之防。

臣愚以爲欲絶弊源，不如明申例禁。各部既有欽頒《則例》，無論准駁事件，皆宜援例遵行。除無例可援者，自應由部臣隨時條議請旨遵辦外，其一切遠年成案，凡係原刊《則例》及續纂《則例》不行采入者，概不許附會摭引，以杜書吏朦混之弊。至按款查核，因何與例相符、與例不符之處，有宜明指例文者，即明指例文，毋任准駁含糊；有宜全引例文者，即全引例文，毋任節删要義；有例涉兩可，宜折衷至當者，即悉心稽核，回堂秉公酌辦，毋任比擬失當；更有例外苛求，至稱未便僅照常例辦理者，亦應概行禁止。如此詳慎綜核，諸事靠實，用以垂定例而昭法守，雖有猾吏取巧嘗試，將無所用其伎倆，或亦剔釐積習之一端也。

—2. 皇朝經世文編　卷二四　吏政一〇　吏胥

吴省蘭（1763—1810）

字泉之，號稷堂，江蘇南匯（今屬上海）人。乾隆四十三年（1778）進士，官至工部侍郎。有《聽彝堂偶存稿》。

河源圖説一

案地理，非圖不明。大河源流，自古人迹罕至，《漢書》稱武帝案古圖書，名河所出山曰崑崙者，已佚不可睹。其圖之傳於今者，篤什所述，什僅得其四五；陶宗儀之所摹，又僅得篤什之四五。近時歐羅巴人作《坤輿圖説》，遍繪五大人州，而紀黄河者僅寥寥數語，豈非皆傳聞未確之故歟？洪惟我朝眅章式廓，聖祖仁皇帝嘗肇命臣工，携挈儀器，遍歷區域，測量分數，以極星出地高下，定南北相距之數，以中星偏東偏西，定東西相望之實，周天三百六十度，當大地七萬二千里，其中山川脉絡，形勢燦陳，繪畫具備。我皇上德威遠鬯，準夷、回部相繼蕩平，拓地二萬餘里。昔所詳諮博考而得者，申命有司履循絜度，繪入輿地全圖，西濛東瀛，廣輪無外。於是大河源流，一曲一直，披圖指點，均可得其出某山、行某地、分某派、合某支之實，至有古書所未陳、往圖所不載，如伏流孔道阿勒坦真源者，證以欽定輿圖，瞭若指掌，洵乎億萬禩之標準也。

顧繪輿圖者，必區分細目，而後可析其條理，亦必統括全形，而後可挈其綱維。《禹貢・九州》散叙諸流，而必以《導山》、《導水》兩章總叙其次第始末，即是意也。大河源遠而流長，自葱嶺、和闐以至於入秦隴邊境，所經歷蓋數千里。其發源之山，支絡連綿，自岡底斯、呢瑪伊斜亘葱嶺，亦袤延一二千里，中間山與山鈎帶，水與水貫通，山與水又互相經緯，既非僅繪一隅所可明。且山有斷續，水有伏見，形不屬而脉相屬者，尤必臚列全局，始顛末釐然。謹依欽定輿圖，自回部西南方流至鹽澤，由安西州入青海，抵河州，詳悉繪畫，上稽星度，下列土方，每方一度，相去百里，方向曲直，確切可據，豈爲考訂求詳核哉？蓋自康熙間戡定西藏，聖祖仁皇帝諭謂岡底斯爲衆山水之根，其地與回部、和闐相接，則崑崙正脉先入版圖；雍正間廓清西海，河源重發之區盡歸列戍開屯之内；我皇上平定準噶爾回部，疆理西域，一視侯甸，於是由葱嶺、和闐、伏羅布淖爾、重發、阿勒坦廓勒大荒以外，潛見不常之靈迹，一一近在户闥，披圖考地，而大聖人所以控西域、撫遐荒之形勢，亦略具於斯矣。

—2. 皇朝經世文編　卷一〇三　工政九　河防八

河源圖説二

《漢書》及《水經》皆言河源一出葱嶺，一出于闐。蓋出葱嶺者爲正源，出于闐者爲旁源，其形勢然也。西域山之極偏西者，莫大於葱嶺。蓋山脉延亘，自僧格喀巴布山分支西騖，由齊齊克里克嶺、特拉克嶺經喀什塔什嶺和斯魯克嶺而北折，經吉布察克、三喀克善諸山，皆得以葱嶺名之，自此東行爲天山正幹。山脉所入，其諸山之水隨地而發，群支散衍，總歸大河。

其大源有二：喀什噶爾河發源最遠；葉爾羌河與和闐鄰接，俱東行與和闐河會，源流廣大，視和闐數倍過之。蓋和闐兩岸地多沙磧，水或湮滲不流，而葱嶺之水，源委數千里，或分或合，不滲於沙，不隔於嶺，自古數河源者必曰葱嶺，以是故也。至葱嶺西方所出諸水，或入於達里岡阿鄂謨，或匯於騰吉斯鄂謨，此則《水經注》所述入雷翥海諸水，皆以西海爲歸墟，而在蔥嶺之外矣。和闐共六城，其哈拉哈什、王隴哈什二城水，爲河水分見之源，行至厄格爾雅爾而合，東北行共千一百里，始會葱嶺諸山西來之水。其左右如都瓦城、三珠城、額里齊城、塔克城諸水，自流自止，不顯與和闐河會。蓋沙磧間之，實亦和闐之旁源也。玆並遵欽定輿圖，繪列於右。

—2. 皇朝經世文編　卷一〇三　工政九　河防八

河源圖説三

西域北山即古天山，亦稱折羅漫山，東西六千里中，以此山爲北障，其南境水無不入大河者。今考蒲昌海以西，所受北山之水有四大源：最西爲阿爾蘇河，會烏什水南流，會於葱嶺、和闐河交匯處。其一爲庫車河，四源合流，流至沙雅爾域，南入河水。其一瑪巴赫色爾庫爾水，自潴不流，與河水相望，隔數十里，蓋伏流而入河水者也。其最東爲海都河，挾四源出衆山之口，潴爲淖爾，溢出南入大河。蓋古今山西麓水，《山海經》稱：敦薨之山，敦薨之水出焉，西流注於泑澤，出於崑崙之東北隅，實爲河源。即指斯水。蓋天山南麓約以四源，而海都河爲最盛，故《山海經》亦以河源稱之。所謂傳聞異詞，得其近似者也。

惟我皇朝，天山南北盡隸職方，諸水所經皆有城郭，自烏什、阿克蘇、拜城、賽喇木、庫車、哈喇沙爾至吉爾森、呢木諸城，耕屯井牧，不殊内地，皆藉河水爲灌溉，故分合脉絡一一可稽焉。由是匯於羅布淖爾，爲西域河水之總匯，計自葱嶺之東、嘉峪關之西、天山之陽、南山之陰，縱橫七八千里，稽其大勢，一涓一滴，咸於是匯歸，即古之蒲昌海也。唐杜佑疑蒲昌海爲西域自行自止之水，不與積石河通。今考羅布淖爾北近天山，南則束以沙磧諸峰，其西方爲大河衆源來處，東境又爲伏流來赴之水，合稽西域地勢，無有下於是者，故西域支流别派，亦無有不歸於是者。至於涉歷冬夏，不減不盈，則以其沙道潛通，有泄有受，其迹似異，而其故可以理推也。淖爾北倚天山支峰，南有魯齊圖達巴漢，其旁衆池駢列，爲圓池，爲方㯰池，爲鄂爾溝海圖水、巴哈噶遜水、笯齊圖色欽水，錯居環繞，燦然亦如星宿。論者謂其肖形成象，與鄂敦他臘諸泉祖孫一氣，信不誣也。《水經注》稱其洄湍電轉，爲隱淪之脉，可以證伏流矣。若夫羅布淖爾東北路諸泉，爲托克三、土爾番、闢展、哈密諸地水，皆出天山南麓，或稱交河，或稱南湖，泉流散瀰，自行自止。諸土依之，以爲聚落，伊古以來，未有言其歸向者。

今以西域地勢考之，天山正脊東出南折，以屬於安西，則其中也，蓄諸山勢，亦必西向歸於羅布淖爾。特流沙間阻，千里水泉不流行於沙面，必貫輸於沙底，雖無顯然奔赴之迹，要不容區而别之於大河外也。蓋西域大勢，四隆中窿，羅布淖爾適當其窿處，群水四面環歸，惟以東南方一隅，爲泄水之尾閭。今詳列而繪之，衆水不同，總以出天山南麓者爲斷，用以補往籍之未備焉。

—2. 皇朝經世文編 卷一〇三 工政九 河防八

河源圖説四

由羅布淖爾東南伏流沙磧千餘里，重出爲阿勒坦郭勒之源。此則漸及於近世所稱之星宿海矣。蓋自北幹、南幹分行，連山劃然中斷，諸沙委積，宏流潛伏。由羅布淖爾以至阿勒坦郭勒、重發之處，測其徑度，約一千五百里，若以伏流隨山曲折，東西激蕩，當不止二千里而羸。其間諸泉仰發，不一而足，實大河伏流入阿勒坦郭勒之孔道也。

《爾雅》載河出崑崙虚，色白；所渠並千七百一川，色黄。今考回部河水所受經流支川，無慮千數，所謂渠並者，在西域已居大半矣。從來水潛地底，側出仰流，無不黭然澄清；獨阿勒坦郭勒噶達素齊老之水，伏流初見輒作黄金色，因即以黄金名之，豈非大河靈瀆，雖伏地千里，而仍不改其本性者乎？唐人始有柏海、星宿川之目。元人窮源至星宿海，皆未識阿勒坦真源。惟我朝疆理西極，殊域一家，命使窮源，自鄂敦他臘而西更三百里，歷古亘今所未能窮見者，於是乎大河真源昭然如發蒙焉。若元使窮河源，至鄂敦他臘而止，不知其西有阿勒坦之黄水，已爲失實。其尤舛者，以朶甘思東北鄙有大雪山，名亦耳麻不莫剌，譯言騰乞里塔，指爲崑崙，自河源至崑崙已行三十日程，河繞其三面，則是崑崙爲河所經由之地，而非源矣。

我皇上燭幾鑑古，洞照如神，披覽侍衛拉錫舊所具《河源圖》，貴德之西有三昆都倫河入河水，謂蒙古語以横爲昆都倫，河之横者爲昆都倫，山之横者亦爲昆都倫，彼昆都倫以横山延亘得名，説者不察，遂以三河之名附會而誤。復讀御製《讀宋史河渠志》文，正大雪山之非崑崙，而證明其爲《禹貢》之積石山，山川道理，形勢方向，昭然明晰，無可置疑。

西域自漢武帝時通於中國，張騫始發其端，厥後開置四郡，設都護、輪臺、渠犂，皆置田卒，則大河所注，咸在節制之中。《班史》言南北有大山，中央有河，河水兩源：一出葱嶺；一出于闐，東注蒲昌海。其水停居，冬夏不增減，皆以爲潛行地下，南出積石山，爲中國河。其言信而有徵。自唐以來，誤指西河境山爲崑崙，反詆《史記》《漢書》所稱西域河道爲非是，則舛謬甚矣。《禹貢》導河自積石，言治水施功之始，非謂河源。《山海經》《水經注》沿河源重發於積石，則舉青海境大山以包舉諸地，言積石而星宿海亦在其中也。積石山，今之阿木奈瑪勒占木遜阿林，山形蟠屈數百里，巍峩高聳，爲通境之望。其山脉自祁連山南出，迤邐而東，爲托灰哈達阿林、巴哈圖爾根阿林、哈爾吉布達巴漢諸山，隨處異名，其實皆積石之一體也。大河自西方流繞其南，合三昆都倫河，折而北，而轉西，繞其東北境，與庫庫淖爾相望，蓋環積石三面一千三百餘里。大河自此東北折，由温泉邊入貴德堡，衆流漸濁，復其本性。蓋自崑崙正源，青海重源，再伏再見，至此始名黄河焉。

若夫青海，在大雪山之北，肅州、安西州之南，旁列群峰，中環巨浸，周圍千餘里，其水不與西域通，亦不流注河水。然西北一隅，正與哈拉淖爾諸水如衣馬爾山、長馬山諸源鄰接；其西南一隅，阿穆呢色爾沁地，與河水東折之處，相望纔數十里，是又大河旁源，瀦流不泄者也。蓋交流總匯於羅布淖爾、積石，重源又旁瀦於是地，既與河源鄰接，則與西北流出之居延海、休屠澤諸水隔絶河水者，迥乎不同。故亦並圖之，以明同源異見之踪迹云。

說河源者始於《史》《漢》，至本朝而大明，附録之，以見靈瀆出没性本不常，止可因勢利導，未可人力矯强也。

—2. 皇朝經世文編　卷一〇三　工政九　河防八

馬慧裕（？—1816）

字朗山，漢軍正黄旗，乾隆三十六年（1771）進士，歷官河南巡撫、漕運總督、禮部尚書。謚清恪。有《河干詩鈔》。

湖田占水疏嘉慶七年

竊以民生資乎穀食，而穀稻資乎水利，水利資乎堤垸，故近水則腴，遠水則瘠，所在皆然。湖南長沙、岳州、常德、澧州四府，濱臨洞庭，各屬多就湖之濱，築堤墾田。惟是洞庭一湖，爲川、楚、黔、粤諸水匯宿之區，自應使湖面廣闊，旁無壅滯，方易於消納。乃湖民與水争地，常有衝决漫溢之憂。經前撫臣蔣溥題請，近湖荒地，禁民築墾。查湖南瀕湖十州縣，共官圍百五十五，民圍二百九十八，刨毁私圍六十七，存留私圍九十一。其内官圍係雍正間發帑修築，民圍係業民陸續圈築，奏准存留，一體歸入歲修，無論官圍民圍，俱係業民自行修補，官爲督率。每年九月興工，不分畛域，及除易工程，皆係通垸之民，按畝出工，通力合作，於次年二月工竣，三月内勘明取結，詳請奏聞。並無設存官修民修防除搶築等費，亦無保固年限。其刨毁私圍，見俱洗刷殆盡，永禁修築，並無阻礙水道之處。至存留各私圍，係臣此次遵旨歷勘長沙等九州縣，共續報私圍埂九十四處，内有湘陰縣錫江山私埂二道，華容縣馬家私垸一處，均有礙水道，先經勒令刨毁，不准修復。餘俱築自乾隆二十八年以前，未經列入應留應毁册内，見查各堤身僅高一二尺及六七尺不等，每逢江湖灌漲，水高一二丈，此等數尺之堤，早已漫溢過頂，實不能與湖水争勢，數十年來尚無阻抑泛溢之事。圍内業民，水小藉以衛田種植，水大任其漫衍流行，每年廣種薄收，全賴捕魚、刈草之利，以完賦課，歷久相安，自可毋庸勒令刨毁，致令失所。應以見在堤埂長高丈尺爲限，示之準則，永禁增築，庶水利民生兩無妨礙矣。

至此外各屬非近江近湖之田，皆藉塘池以爲灌溉，塘池水足，則夏初久晴亦挹注有資。乃愚民昧於遠計，往往廢水利而圖田功，不獨大江大湖之濱，即自己輸糧管業之塘，亦培土改田，截流種稻。彼徒狃於雨暘時若之歲，以塘爲無用，不知偶值旱澇，所得不償所失。又流澗之水，遠近取資，若徒恃己業截墾爲田，則上溢下漫無不受累。見在各屬訟案糾紛，大半由此。臣愚以爲國家生齒日繁，地土甚闢，至於關係水利之蓄泄，當仍以地予水，而後水不爲害，田亦受益。小民不能遠慮，貪目前之小利，忘經久之大計。臣思從前已經開墾之田，逐一清釐，固恐滋擾，若自今以往，嚴行禁止，於東南各省甚爲有益。應請皇上敕下，凡地關蓄水及出水者，令地方官親自勘明，但有礙水利，即不許報墾，如有私將塘池改墾爲田者，查出重懲。此實治水務農、裨益民生之一大端也。

—2. 皇朝經世文編　卷一一七　工政二三　各省水利四

程含章（1763—1832）

字象坤，號月川，雲南景東（今景東彝族自治縣）人。乾隆五十七年（1792）舉人，官山東巡撫。有《程月川遺集》。

通飭各官熟讀律例《江右集》

《大清律例》一書，乃國家之大經大法，昭示萬古，大無不統，細無不包。爲牧令者，吏户禮兵刑工之事，無一不當辦，即無一不當知，非講讀《律例》，何處更問津梁？

本部院到任以來，察看各州縣中才具優長、知勉爲好官者，頗不乏人，而於承審案件、聽斷詞訟及一切政事，每有輕重不得其平、緩急不得其當，或濫傳婦女，率交官媒，或濫押人證，輕施縲絏，諸如此類，不一而足。自居謹慎者，一味畏葸，當斷而不斷。自詡才華者，任意草率，應慎而不慎。遂使書役、訟師始則揣官之性情，而慫慂舞弊，繼且持官之短長，而挾制逞刁，卒致畏葸者一事顢頇，釀成多故，草率者一時意氣，貽悔後來。此無他，皆由《律例》不熟，事理不明之故，孔子所謂“正牆面而立”是也。

誠取而熟讀之，則事體之輕重緩急，是非疑似詐僞變幻，無一不了然心目。即以辦案而論，知何事爲法所不恕，何事爲情所當原，某案以某項情節爲重，某事以某項人證爲重，重者應如何辦理，輕者應如何處置，平日反覆討論，知其當然，復知其所以然，至臨事而成竹在胸，施行自然中肯矣。至命案全憑屍傷，屍親呈報致死之情節、兇犯所供下手之情形，皆以相驗辨之。生前死後之傷如何分別，金刃他物之傷如何分别，同一受傷而有速死不速死之分，同一下手而有欲殺不欲殺之别，深淺之分寸，痕癊之顏色，孰真孰假，差之毫釐，謬於千里，而其法備載於《洗冤録》中。今見各州縣驗報命案，或部位錯誤，或分寸遺漏，不破口之傷則混填血流血污，已破口之傷則率報紅色紫色，致屍親、兇犯藉以狡執，開檢之案層見疊出，甚至有故意不驗，以詳請開檢，諉相驗不實之咎者。試思百姓不幸而死於非命已屬可憐，復因驗不如法，而令死者遭蒸檢之慘，爲民父母者於心安乎？皆由平時於《洗冤録》不能領會，及到屍場始行翻閲，無異臨陣讀兵書，自然茫無頭緒。至以驗屍爲穢污，假手於仵作、家人，則荒謬更甚矣。夫農商百工，一身一家之計也，而不明其理，不通其法，則弗能爲良，況牧令爲朝廷治一州一邑之民，理一州一邑之事，而不明其理，不通其法，僅憑幕友之略節以審案，據仵作之喝報以填格，遇事茫然，毫無依據，可乎哉？

州縣至繁亦不過半日之公事，各牧令如不溺於聲色之娱，斷不致刻無暇晷，《律例》、《洗冤録》想亦案頭所有，何意束之高閣、不一講求耶？合行通飭所屬各廳州縣，嗣後於辦公之暇，將《大清律例》及《洗冤録》二書，每日反覆披閲，深思熟讀，務令事理之輕重緩急、是非疑似、詐僞變幻，無一不了然心目，勿以迂闊而不爲，勿以淺嘗而輒止，則臨民涖事，從違自有定衡，加以蹈履潔清，心術醇正，如是而謂不能敷政優優者，吾不信也。良有司其共勉之！

—2. 皇朝經世文編　卷二一　吏政七　守令上

論洋害《嶺南集》

天下之大利在洋，而大害亦在洋。諸番所産之貨，皆非中國所必需。若大呢、羽毛、嗶吱、銅、錫、棉花、蘇木、藥材等類，每歲約值千萬金。猶是以貨換貨，不必以實銀交易。於中國尚無所妨。惟鴉片一物，彼以至毒之藥，並不自食，而乃賣與中國，傷吾民命，耗吾財源，約計每歲所賣不下數百萬金，皆潛以銀交易，有去無來。中國土地所産歲有幾何，一歲破耗數百萬，十歲破耗數千萬，不過二三十年，中國之白金竭矣。近來白金日漸昂貴，未始不由於此，實堪隱憂。或曰：嚴海口，謹關津，但令海關不收其税，便可禁其不來。不知沿海數千萬里，處處皆可登岸。雖有十萬兵，不能守也。利之所在，不脛而走，不羽而飛，豈必定由關津？海關向無鴉片之税，皆係傳聞之訛。至於禁兵役之包蔽，拿烟館之售賣，有犯者重治其罪，皆係皮毛之治，無益於事。必欲正本清源，惟有絶其人，不與交通貿易而後可。然試思其人之能絶焉否耶？彼諸番之與中國交易，已數百年矣。一旦絶之，則必同心合力，與我爲難，兵連禍結，非數十年不定。而沿海奸民，素食其利，且將陰爲彼用。海濱僻静，不可勝防。且勝負兵家之常，但令中國小有挫敗，則謡諑紛乘，群起而攻之矣。

天下事自我發之，須自我收之。豈可以兵爲戲而浪開邊釁哉？爲今之計，止可嚴諭各國，不許夾帶鴉片，某船有犯者，即封其艙，不許貿易。而於沿海口岸及城市鎮集，嚴密察訪，有屯賣大販，即置於法，没其財産入官，妻孥配邊。其關津口岸之查禁，自不待言。又廣爲教戒，使民回心向道，或者其稍止乎？事有明知其害，而不能即去，必姑俟之異日，以待其機之可乘者，此類是也。

—2. 皇朝經世文編　卷二六　户政一　理財上

總陳水患情形疏道光三年

竊臣奉命署理工部左侍郎，辦理直隸水利事務，隨於交卸江西巡撫篆後，沿途采訪，博稽舊案，得有端倪。此番行入直境，歷過景州、阜城、交河、獻縣、河間、任邱、雄縣、新城、涿州、良鄉十州縣，沿途履勘河淀，訪問官紳士民，又得各道府稟呈略節，通省之利弊情形雖未周歷履勘，業已得其大概，知直隸之水患已深，不可不急急圖之也。

查直隸枕山近海，平原千里，本《禹貢》冀州之域。枕山則雨水陡瀉，挾沙帶泥；近海則衆水朝宗，地形窪下；平原廣野，則河水停積，消泄不速，故其受水患也獨深。當堯舜時，洪水爲灾，大禹治之，亦於冀州工力爲多。以國朝之近事言之，雍正三年，頻次大水，欽差怡賢親王與大學士朱軾治之，大興水利，用銀數百萬兩，歷五年而竣事。乾隆四年，又復大水，直隸總督孫嘉淦治之，歷兩年而竣事。乾隆九年，又復大水，欽差尚書劉於義會同督臣高斌治之，歷四年而竣事。乾隆十六年，直隸總督方觀承大修天津尾閭一次。二十六七年，又復大水，方觀承治之，歷三年而竣事。以上四次，共用銀數百萬兩。自此之後，水道通利者數十年。迨嘉慶六年大水後，大小河道，無不淤淺。其時因川陜軍務未平，未暇修治。嗣後愈加淤積，以致道光二三年，大雨滂沱，被水州縣多至一百餘處，小民蕩析離居，哀鴻遍野。幸蒙聖主如天之仁，每歲賑恤銀米百數十萬，百姓不致困斃。然以數百萬嗷嗷待哺之民，咸仰給於官，豈可爲常？則疏通河淀，誠目前至急至要之務，無可再緩矣。

臣聞治水如治病。然治病者必先明乎病之源流，統全體而熟察之，按部位而諦審之，急則治其標，緩則治其本。以通省之大勢觀之，天津爲衆水出海之路，若海河，若塌河淀，若七里海，若賈家沽，若陳家溝，若三岔河，若興濟，若捷地，若鉤盤，若老黄河，若筐兒港，若王家務各減河，皆所以泄水入海，猶人之有尾閭也。東淀回環數百里，全省之水皆停蓄於此。若楊家河，若楊芬港，若臺頭，若勝芳，若辛張河，若三汊，皆淀中之河道，沉泓汪濊，猶人之有腹囊也。大清、子牙、永定、南運、北運五大川，乃衆水之大宗，流貫淀中，猶人之有腸臟也。西淀容納順天、保定、河間三府二十餘河之水，南北二泊容納正定、順德、廣平三府二十餘河之水，猶人之有胃垣也。而其傳送之區，若大港，若馬道，若清河門，若張青口，若玉帶，若中亭，若盧僧等河，猶人之有胸膈也。其上若豬龍，若九龍，若府河，若三岔口，若新河，若十字河，若新灃河，若滏河，吐納各支河之水，流注淀泊，猶人之有咽喉也。各屬之支港溝渠，導引積水入河，猶人之有血脉也。今則消泄之尾閭，無不阻塞；停蓄之腹囊，無不淺隘；流貫之腸臟，無不壅滯；收納之胃垣，無不平淺；傳送之胸膈，無不淤積；吐納之咽喉，無不填閼；流通之血脉，無不凝滯。加以各河淀之大小堤埝、閘壩、橋梁，無不殘缺，每遇霖潦大至，有不泛濫淫溢者乎？此直隸水道受病之部位情形也。

伏思自有直隸以來，即有此河渠淀泊，前乎此者不聞頻患水灾。自康熙三十九年以後，常苦水澇，則永定、子牙二濁河築堤之所致也。昔孫嘉淦有言：永定、子牙，向皆無堤，泥得流行田間，而水不淤淀。自永定築堤束水，而勝芳、三角等淀皆淤。自子牙築堤束水，而臺頭等淀亦淤。淀口既淤，河身日高，於是乎田水入河之路阻。陳儀亦云：永定自古無堤，雖有遷徙沖齧之虞，而填淤肥美，秋禾所失，夏麥倍償，原不足爲害。自築堤束水，東流入淀，於是淀病而全局皆病。即永定二河，亦自不勝其病。總因濁水入淀，沙散泥沉之故，此又直隸水道致病之根源也。伏查永定河自築堤以來，於今已百有餘年，河身高出平地丈有餘尺，既不能挑之使平，又不能廢堤不用，雖明知病根而無法可治，亦惟見病治病，多開閘壩以分其勢，高築堤埝以禦其衝，使不潰決爲害而已。至通省大局，工段繁多，自不能同時並舉，惟有用治標之法，先將河淀之尾閭、胸膈、咽喉，一律挑挖寬深，挑出之土用以築堤，使窪水得以暢然下注，然後廓清腹臟，利道腸胃。俟大端就理，然後用治本之法調理血脉，將各州縣之支港溝渠，逐一疏通。俾民間灌溉有資，旱潦有備，三五年後，元氣漸復。此又現在辦理之先後次第也。

至承辦工段領支錢糧，必須分段責成各道府，各率所屬之州縣佐雜並紳士、農民，各治所屬之水，一則責無旁貸，二則情形較熟，三則呼應較靈，四則利害切身，較之委員承辦者，費省而工倍。此番工程浩大，除永定河例係官修，並大川、大泊、大淀、大堤及木石一切料物，非民力所能辦理者，照例估計外，其餘挑河築堤，既難概照土方，致滋多費，而百姓連年灾歉，又不能枵腹從事，惟照以工代賑之例，爲得事理之平。臣於途次接閲督臣蔣攸銛來咨，業經疊次具奏，皆已悉協機宜，惟須嚴立賞罰，明定章程，然後人心齊奮，辦理妥速也。

抑臣更有請者：臣聞治病者，固在醫方之良，尤貴藥力之足。若有方無藥，雖扁鵲、盧醫不能徒手而奏效。經費者，治水之藥物也。此番工程之大，十倍於乾隆年間。以彼時疊次大修之後，河淀之淤塞猶輕，此番當數十年未修之餘，河淀之淤塞更重也。臣極知現在庫貯未盈，理宜處處節省。然天下事有名爲省而實費者，亦有名爲費而實省者，所當合朝野上下前後而熟計之。自道光元年以來，皇上之加恩於直隸災民者，賑恤蠲緩，不下六七百萬。而百餘州縣民間兩年不收之糧食，不下七八千萬。水浸之房屋，損壞之器物，又不下千餘萬。合公私耗損之財用計之，當不下十千餘萬。曩令早用二三百萬以治河，則可節省六七百萬之蠲賑，藏之公府，並可保全十千餘萬之食貨，藏之民間，則上下公私交受其益也。倘再不速用數百萬以治河，竊恐每年仍須蠲賑銀米二三百萬，而河道終須修治，仍須用銀數百萬，民間每年不收之糧食又不下三四千萬，無論公項不支，而畿輔數百萬生靈將不可復問，則上下公私交受其困也。且挑河築堤必須一氣呵成，修一段即完善一段，方爲有益。若輕挑小築，工作未完，一遇大雨時行，勢必至挑者復淤，築者復圮，爲費轉鉅。

臣愚昧之見，與其緩辦而費多，不若速辦而費少，與其零辦而費重，不若全辦而費輕。此案工費斷非一二百萬所能竣事。若每歲止用銀數十萬，何年得了！臣查沿途地方情形，皆屬安静，惟鳩形鵠面，向臣呼籲求救者不少。現在市集糧價，每麵一斤，制錢四十餘文，小米一升，制錢五十餘文，縱有倉穀平糶，於事何濟！必須地中出穀，乃得糧價平減。而河水一日不治，則莊稼一日不收；莊稼一日不收，則民間一日無食；民間一日無食，則聖心一日不安。臣反覆思維，惟有仰懇聖恩，飭部通盤籌議，寬給經費，俾不致辦理掣肘。但令積水早得疏消，田地早得耕穫，畿輔數百萬生靈感戴皇仁無既矣。

—2. 皇朝經世文編 卷一一〇 工政一六 直隸河工

嚴　烺（1764—1819）

字存吾，號匡山，雲南宜良（今屬昆明）人。嘉慶元年（1796）進士，官至甘肅布政使。有《紅茗山房詩存》。

重銅運以杜弊累疏

臣伏查滇省，歲運京銅六百餘萬斤，向由滇省委員解運户工二局，嗣經雲南巡撫奏請，分省遞運，准行在案。本年二月，復奉上諭："三省遞運一事，勢屬難行。着照部議，仍循舊定章程，滇省委員徑送進京，以歸簡易。欽此。"臣竊以爲，滇省運員之累有二，其一在滇，其一在京。

在滇者，往往運銅多委虧空之員，希圖當下扣其運費，以補虧款。夫州縣有虧，原宜因時題參，而運費之應領於滇者，不下六七千，一經扣抵，難以敷用。此瀘州領銅時即有賣銅之弊，又不敷用，復有沿途盜賣之弊也。其不肖州縣，或缺分本無虧空，一聞委運之信，即將官項入橐，裝點虧空，明求藩司扣其運費，而一路賣銅爲費者，亦時有之。種種積弊，皆宜急除。應請旨敕下雲南巡撫，於每歲派員解運時查其本任虧欠，在一千兩以内者，立即追完，方准發給運費，飭催起行；數至一千兩以外者，即行指名題參，另換他員解運；至於滇省應領運費，毋得絲毫扣抵，庶運員長途有資，各顧考成，不至盜賣官銅，自取罪戾矣。

至於在京之累，則户、工兩局胥吏需索是也。前年童焕曾破案之後，奸胥稍知斂迹，然法以防小人，則防維不厭其密。聞銅運抵大通橋時，運員即與户、工兩局書吏往來關説，使費議定，交賄後始能進局，否則百般刁難，必致兑收無日。臣查江南道御史有稽查户局之責，陝西道御史有稽查工局之責，每月到局監放餉錢，應請嗣後於銅運抵大通橋時，令大通橋監督報明兩道御史，酌限十日或十五日，即令起運進局，仍着户、工兩局知照兩道御史，統於十日内傳該運員，眼同兑收，以杜胥吏任意需索、纍月擱壓之弊。至交收明白，仍將有無虧短掛欠、曾否依限兑收，知照兩道御史查核，且恐兑收時胥吏等上下其手，運員無可如何。除户、工兩部管理錢法堂侍郎不時到局查驗外，應請照御史監放餉錢之例，飭令滿漢科道，每月輪流一人監兑，庶胥吏等有所警畏，運員不受需索抑勒。如運員有虧短銅斤過多者，即將其虧短實數先行奏聞，再聽户部照例核參。如此辦理，不惟胥吏無所售其奸，即運員亦不敢盜賣短少，似屬兩有裨益，庶以仰副我皇上慎重銅運、體恤運員之心於萬一矣。

—2. 皇朝經世文編　卷五二　户政二七　錢幣上

詳究黄河病原力求治法疏

竊臣等承准軍機大臣字寄道光五年十月初一日奉上諭："據張井奏熟籌河工久遠大局，請飭講求疏導良規一摺，治河之法，疏瀹與修防並重。近日河底墊高，爲患日甚，其弊皆由於有防無治。該河督所奏，歷年以來當伏秋大汛，司河各官率皆倉皇奔走，搶救不遑，及至水落霜清，則以現在可保無虞，而不復再求疏刷河身之策，漸致河底日高，清水不能暢出，堤身遞增，城郭居民盡在河底之下。惟仗歲請金錢，將黃河擡於至高之處。所言切中時弊。每年東河、南河歲請修防經費數百萬金，在國家保衛民生原不靳惜帑金，惟似此年年增培堤堰，河身愈墊愈高，勢將何所底止。前此琦善等因河工敗壞，曾有改移海口以減黃，拋護碎石坦坡以蓄清二議。昨據奏稱前赴灌河一帶，勘明灌河口海灘高仰，導河必爲頂阻，掣溜難期迅疾，口内河形窄狹，膠淤不能刷深，一經下游頂阻，勢必泛溢四出，較現行之海口轉無把握。且稽考成案，康熙年間屢改屢決，嘉慶年間屢議未就，自不可輕易更張，即碎石坦坡原爲保護湖堤之計。然亦有議及流弊者，亦不可不從長計議。現據張井奏陳，或逢灣取直，或設法疏浚，或復靳輔浚船成法，或築做對頭壩工。在張井、嚴烺身任河督，河務是其專責，琦善、程祖洛兼管河工，亦責無旁貸。著即會同籌議，或於道將廳營員弁内之諳習河務者，將海口如何可以大暢，河底如何可以刷深，悉心講求，總期遂就下之性，復舊日成規。於河工大局，計深慮遠，籌劃萬全，以冀永慶平成，勿狃於目前積習，方爲不負委任也。所有張井摺著抄給琦善、嚴烺、程祖洛閱看，將此各諭令知之。欽此。”並奉到抄發奏摺，臣等跪讀之下，仰見我皇上於兩河積弊之際，求萬世永賴之規，訓示詳明，責成遠大。臣等同膺重任，未效寸長，欽感下忱，慚悚無地。

伏查導河入海，始見《禹貢》，惟大禹始克稱治，故以神名。而周定王五年已有河決胥宿之患。自是以降，迄於漢唐宋元明，河決之患，史不絶書。言治河者無慮數百輩，要皆以防爲治，而不足以言治。蓋所謂治者，必順水之性而不與水争地。然賈讓之上策在漢已不能行，史册所傳不一其説，以今仿古多不相符。其可按籍而稽，著有成效者，在前明則有潘季馴，在我朝則有靳輔。季馴之言曰：“以人治水，不若以水治水。”夫以水治水者，即束水攻沙，以制爲順，而其時亦即有廣營高岸，力制湍流之譏。靳輔師其意而變通之，施之於河工極壞之時，深賴其力。然不數十年而患即潛滋，於今爲烈。可見徙薪曲突之甚難，而一勞永逸之無策也。推其所以然之故，則以黃河來自塞外，到處挾沙，泛漲之時每水一石沙至數斗。自滎澤出山至安阜入海，地平土疏，溜行無定，所至刷爲河槽，所去即墊成淤灘。其兩岸堤工相去遠者數十里，近者數里，雖足容納泛漲，而行溜之河槽則僅寬數十丈及百丈而止，每遇泛漲無不出槽漫灘，灘水雖有消落之時，而灘面已成淤高之勢。灘高則堤亦必加高，而堤外之城郭、田廬遂成釜底，甚或堤岸失事，溜勢旁趨，凡斷流之正河皆爲停淤之高地。夫以平時挾沙之多，加以失事停淤之易，遂使順勢就下之河道久而爲患不已，而言治愈難。至於海口之淤墊，爲全河之大害，人盡知之。故凡言治河者必重尾閭。如果海口初淤，河身未墊，則當專治海口。今受病之河不在尾閭，而實在中膈，則當兼治河身。溯查嘉慶十八年睢州漫口，至二十四五年馬營壩與蘭儀又先後漫口，以致豫東兩岸河身幾成平陸。是豫東近來河底之高，實因溜勢旁洩所致，尚非海口淤墊、下游頂注之故。惟如江境八灘以上河道積淤二百餘里，以致清口日高，黃流倒灌，清水不能外出則石堤可危，禦黃壩不能啓放則漕運滋費。且邳宿運中河之水胥仰給於東省微山湖，本年宣濟滯漕，湖水耗多存少，来年來接運北上，運中河一帶道遠源微，疏導節宣籌維不易。此雖無與於黃河，而其患則與黃河積淤相因而至。是南河之患更有甚於東河者。

臣嚴烺仰邀恩遇，調任南河。去冬涖任之初，正值堰盱失事，補偏救敝，惟日不遑。臣琦善自蒙簡擢兩江，又當接運緊要，惟有昕夕督催，迨諸事稍就清理，即與臣嚴烺推究全河致弊之由，力求久遠平成之計。並於接見通工僚屬以及耆老兵民，莫不博訪廣諮，以求一得。而臣等限於才識，本乏良圖，所采人言非徒託諸空談，即係以帑試工，毫無把握。如臣等前此擬由灌河改移海口，原因中段積淤難除，作此釜底抽薪之想。及親加履勘，乃知斷不能行。又如擬由射陽湖改移運口，亦因瀕河兵民有陳此議者，當即委員細勘，又復斷不可行，均經縷悉入奏。是南河凡有治法，無不極力講究，而勢有窒礙，又不敢固執成見，冒昧施行。因思臣等才識短淺，既不能超越前人，惟有講求前人之成規，體驗現在之形勢。如浚船疏淤，靳輔立有成案，然以混江龍鐵掃帚各器具繫於船尾，重則船不能移，輕則沙不能動。在靳輔用之於未淤之先，自可使沙隨水去，日見有功。今用之於既淤之後，欲專恃此以蕩滌深通，殊難見效。

近年南河未嘗不用此法，即臣等於塾高河道處所亦節節令其往來拉曳，以冀去淤，而其功甚緩，其效甚微。此事之可行而不甚有益者也。若對頭築壩偪溜刷深，行之運河歷有成效。蓋運河河身既窄，而來源之强弱可以人力節制。黄河水寬溜猛，施工維艱，且築成之後水小尚可偪淤，水大必致阻遏。竊恐底淤未去，而上游已節節可危。檢查南河成案，乾隆五十九年東省奏單縣汛水積長不消，係江南豐北廳築做南北土壩過多，以致壅遏水勢，不能暢順東趨。曾經欽奉諭旨：“前據福甯等奏，江省豐北汛所築土壩層層攔束，有礙東省曹、單漫水去路。彼時朕即以江省所築壩堰過多，致上游水勢不能暢速，自係蘭第錫等辦理未善，即命福甯馳赴江境，將應拆動者先行拆去，並令蘇凌阿、蘭第錫、李奉翰會同籌辦。兹據蘇凌阿等將會勘江境各土壩，分別應去應留公同籌議，所奏甚爲明晰，即可照此辦理，嗣後毋得再爲更張等因。欽此。”夫所謂南北土壩者，即對頭壩是也。是築壩之阻遏河流，前鑒具在。且所費亦實不貲，雖聖主軫念河防，不少靳惜，然於經費艱難之際，而爲此有損無益之工，此又事之必不可行者也。舍此惟有逢灣取直、束水攻沙二法，尚得因勢利導、以水治水之宜。

蓋黄河積淤之處，有水者不能挑，無水者不勝挑，惟於坐灣露灘處所逐節挑通，掣溜直注，則河底積淤自可逐漸刷深。況河身既直，溜必中行，兩岸掃工亦可化險爲平。但查取直之處，沙底可以挑成，膠底難於刷透。又或坐灣之處河槽過深，溜行已成熟徑，則所挑取直之河必須配平舊底，築壩挑溜方能改導河流，是工費既多而又須隨時相機，難期迅速。則爲目前計者，實惟束水攻沙之法，所當相輔而行。夫攻沙者不獨以黄治黄，更當以清滌黄。既欲以清滌黄，則湖水必須蓄高；既欲以黄治黄，則尾閭不容散漫。現在臣等於湖堤擬築碎石坦坡，於河堤擬請增培接築，即爲束水攻沙起見，另容次第奏乞聖裁。或疑坦坡非一時所能辦，即既辦之後，每遇風暴塌卸，必煩歲修，更難保不肖弁目兵民挹彼注兹，供其偷竊，此亦流弊之不可不慮者。惟念坦坡拋成，則大堤石工得資捍衛，即偶有風掣，當不致如從前之甚。且以大堤之歲修移爲碎石之歲修，所省實多。至於偷竊之弊，防不勝防，惟有嚴定章條，從重懲辦，似不可因噎而遂廢食。或又疑增培黄河大堤，但能加高而不能刷深，終非久遠之計。不知河堤不加，則明年汛水加增即難容納，石堤不固，則湖水必不敢蓄高，將清水永無刷黄之期，而黄河受淤，勢必日甚一日。故水之不能攻沙者，正患其束之不堅，而未可置之不束，堤即不能置之不加。惟積淤非旦夕之故，則刷淤亦非旦夕之事。

凡所謂逢灣取直、束水攻沙之法，可收遠效，難冀近功。現在大雪已逾，而順黄壩誌樁仍存水三丈三尺九寸，較上年此時尚大三尺餘寸。以此計算，即往後天寒水落，而年底存水總必多於上冬。查上冬存水已視道光元年大逾一丈，若今年更大數尺，來年汛漲何以克支？臣等逆想情形，幾於寢食俱廢，至不得已而爲急，則治標之計惟有籌及分洩去路。然兩岸舊設分水之閘壩往往不能暢消，不但無裨河底之淺深，而且立增分流之淤墊。求其洩水最暢而復能助清刷黄者，惟徐州蕭南廳屬之毛城鋪舊壩，係靳輔所建，當時分洩黄流最爲得力。其下注之水紆回數百里，澄清而達於洪澤湖。湖水既高，則堅守山盱各河壩，使專從清口滔滔外注，不獨徐城以下之漲水可以分消，而山海一帶積淤亦得全資刷滌。一轉移間而禦黄壩立可拆開，漕艘盡可遄渡，事機之便利莫過於此。惟該壩情形迥非靳輔舊制，力加鉗束，恐分洩仍屬不靈。若必收暢消之功，則淹漫田廬在所不免。現已分委幹員前往逐細查勘，如果得有把握，再容奏請聖裁。

此外尚有王營减壩，雖不能如毛城鋪之助清刷黄，而地距清口不遠，亦可減黄掣淤，俾清水得以暢出。惟鹽河不能容納，遥堤亦恐難支，雖已歷將應修土埽工程預爲籌辦，而總不敢輕於一試。然當萬不得已之際，所謂兩害相形則取其輕，則舍毛城鋪及減壩兩處，别無可籌之區。凡此皆飭據道將廳營會同籌議，所見相符，此外亦更無長策。至於鑲埽培堤，明知非治河久計，但不力防其潰，恐舊淤未去，新淤轉增，雖欲圖治於久遠而不可得。此又東、南兩河所共當謹益加謹者。

臣等仰沐恩慈，畀以重任，即捐糜頂踵，亦不足上答高深。當此宵旰勤求，竟無寸長可建，坐使無窮之隱患，知其故而莫展一籌。有常之帑金迫於用而迄無底止，撫衷自問，涕汗交流。惟有殫竭血誠，集思廣益，不敢存苟安旦夕之見，亦不敢爲東南畛域之分，務期軌順瀾安，以上慰聖主平成之至意。所有黄河受病之由，攻刷底淤之法，謹合詞恭摺具奏，伏乞皇上聖鑒。

—6. 皇朝經世文續編　卷一〇六　工政三　河防二

茅　豫（生卒年不詳）

號少山，浙江山陰（今屬紹興）人。乾隆五十二年（1787）進士，官至知府。

請行實政疏嘉慶六年

奏爲釋服届期，敬陳下悃事：

欽惟我皇上親政以來，敬以飭躬，誠以御下。臣管窺蠡測，不能上擬高深，竊以爲主敬則有常，至誠則無息。自古治功之極盛，皆由初政之不移。臣謹就三年中皇上已行之實政，約舉數大端，而久道化成，即在是矣。從來君以知人爲明，臣以盡職爲良。君知人則下情上達，臣盡職則百廢具興。皇上親政以來，整飭官常，振興臣節，彰癉悉符輿論，陟黜一秉至公。是以三年中大法小廉各勤職守，而揣摩趨附一變爲砥節勵公，吏治蒸蒸日上。臣愚以爲，用人之道，逾時覺其難，惟濬哲之原，常裕于任使之先，則雖情僞百出，而清明在躬，自可收兼聽並觀之益。此慎簡賢僚，伏願皇上永念于釋服以後者也。人主賞罰並用，使罰不及惡，何以戢奸暴而安善良？自承辦之員加等問擬，而刻核浸成爲風氣。皇上親政以來，飭法務在準情，科罪悉依本律，法無可貸，未嘗稍事姑容，罪有可矜，必使量從末減。是以三年中，吏守規條，案無枉縱，治獄固極爲明允矣。臣愚以爲立法之初皆原于厚，而奉行之久每致於嚴，惟好生之德常深于弼教之中，則雖獄訟繁興而持衡益謹，自有以握潛移默化之權。此欽恤庶獄，伏願皇上時廑於釋服以後者也。至于世風之奢儉，每隨君德爲轉移。各省呈進方物，原爲日用所需，從古皆然，行之無弊。自臣下好言進奉，往往踵事增華，而民力始疲於下矣。皇上儉樸性成，親政之初即嚴禁辦貢，違者照例治罪，誠不欲以無益害有益也。是以三年來封疆大吏不致藉端派累，其餘逢迎饋送各陋規均已一律革除，風氣之淳厚，實未有過於此時者也。

臣愚以爲人情由奢入儉難，由儉入奢易。伏願皇上釋服後黜華崇實，杜漸防微，庶人心益安古處，而風俗長此敦龐矣。國家財賦所入，費有常經，軍興至今，支用浩繁，現届大功將次告竣，自應寬籌善後。皇上以君民爲一體，親政之初，惟期藏富於民，不欲操之自上，故諸臣調劑，有意近加賦、事涉病民者，必深拒勿納。而且酌裁官欠，核減税銀，查辦漕糧，增修河務，蠲緩以蘇歉收之困，賑濟以恤一隅之灾，不惜内帑之頻頒，惟恐一夫之失所。是以三年來民安畎畝，户有蓋藏，百姓之樂業，實未有過於此時者。臣愚以爲，臣下之言利，既明禁於籌款之時，聖主之惠民，益有加於蕆功而後。伏願皇上釋服後，仍當以撙節愛養爲良圖，損上益下爲盛業，則民力舒而國用愈足，國本固而貽澤孔長矣。凡此實政之在民，業于三年中次第施行者也。臣伏願我皇上聖德日新，勵精於已治已安之後；慎修思永，勤求夫可久可大之謨。處之以恒，而被于物者洽；行之以漸，而入於人者深。常存初政之淵衷，即是萬年之景祐矣。

—2. 皇朝經世文編　卷九　治體三　政本上

阮　元（1764—1849）

字伯元，號芸臺，江蘇儀徵（今屬揚州）人。乾隆五十四年（1789）進士，官至雲貴總督。有《揅經室集》。

糧船量米捷法説

漕運總督管八省之糧，應過淮盤算者共五千船。船十餘艙，艙載米數十石至百餘石不相等，以尺量艙之寬長深而得米數。漕之書吏舊法，名曰三乘四因。書吏持珠盤，據營將所報尺寸而算之，曰某船多米幾何，某船少米幾何，求其所以多所以少之故，總漕返躬自問，未盡明也。

漕務有尺，以備造船勾水諸事之用。舊以此尺寬一丈、長一尺、深二寸五分，合漕斛米一石，故量者先須得船艙寬、長、深三者，丈尺寸分之數，而再乘之，再四因之，爲石、斗、升、合之數。是以珠算甚繁，而總漕不耐之矣。《漕運全書》内亦但載總漕親率善算之人細核一語，其如何演算法，亦未言也。

今余以部頒鐵斛較準一石米，立爲六面相同之立方形，即命其一面之寬長爲一尺，是以平方之一面分十條爲十尺，每尺一升也。又分一條爲十寸，每寸一合。連十合爲一條，得一升。排十條爲一面平方，一層得一斗。再疊平方一尺一斗者十層，即得立方形爲一石。此理易明，人所共曉也。即用此尺以量船艙，得其寬長二數，初乘之得丈、尺、寸、分之數，再以初乘之數與深者之數乘之，得丈、尺、寸、分之數，是此再乘所得之丈、尺、寸、分之數，即米之石、斗、升、合之數。故較舊法捷省一半，簡便易曉也。且珠盤指撥，隨手變滅，不足以爲案據。今用“鋪地錦”乘法，晝界填數，但用紙筆，不用珠盤，則筆筆具存，勿能改變。且吾儒習書數，終以筆墨爲便，與珠盤性不相近也。玆載立方尺形於後，並繪“鋪地錦”法，以明其理。“鋪地錦”法載方中《通度數衍》内。静玩半時，即可通曉。若總漕有實知其多、實知其少之據，則營衛軍吏皆不敢欺矣。且即令吏人習用珠盤者算之，而總漕用此筆算抽察之，亦無不可。假如吏人珠算，舊尺十船須用十刻工夫者，此尺珠算五六刻即可得數，是吏人亦樂此便捷也。不第船也，即持此尺量倉穀，亦便捷焉。用是刻石嵌壁，與同志者商之。

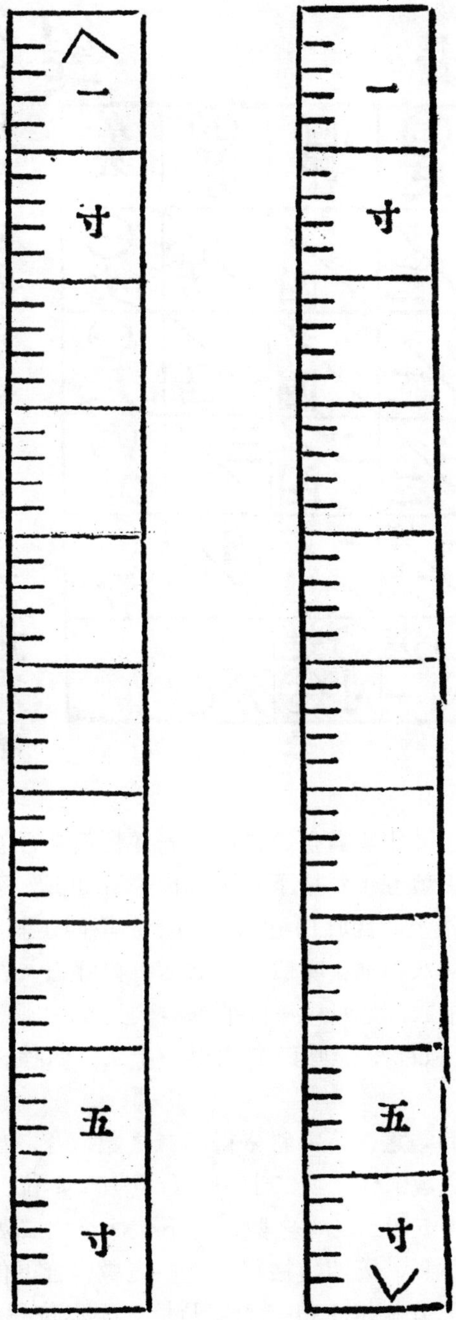

右爲立方一石之一尺舊尺約當此尺七寸六分弱

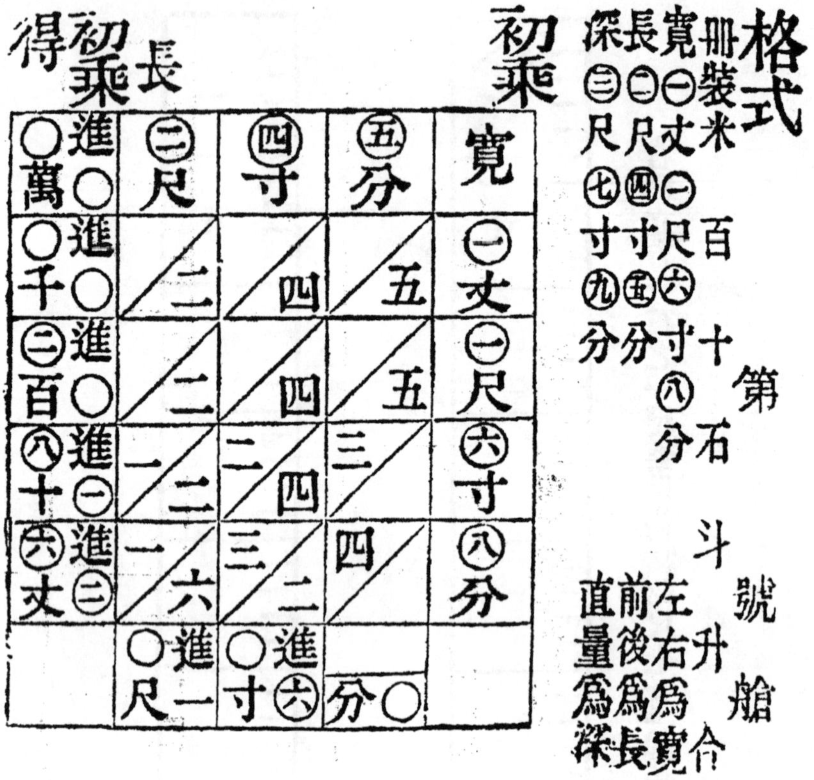

法：將假設之寬長尺寸填寫空○之内，先從長數末行五分一行，與寬數一一六八相乘，呼曰一五如五，填五于斜格下。再呼曰一五如五，又填五于斜格下。三呼曰五六得三十，填三于斜格上。四呼曰五八得四十，填四于斜格上，是五分一位乘畢矣。又從四寸一行與一一六八相乘，呼曰一四如四，再呼曰一四如四，三呼曰四六得二十四，四呼曰四八得三十二，是四寸一位乘畢矣。又從二尺一行與一一六八相乘，呼曰一二如二，再呼曰一二如二，三呼曰二六得一十二，四呼曰二八得一十六，是二尺一位乘畢矣。

然後將斜格順而側觀之，第一斜格得四二之數，合之爲六，乃填六于本位焉。第二斜格得五三四三六之數，合之爲二十一，乃填一于本位，進二十之數於上位，填二于上位焉。第三斜格得五四二二一之數，合下位所進之二數，爲一十六，乃填六于本位，進一十之數于上位焉。第四斜格得四二一之數，合下位所進之一數，爲八，乃填于本位，無所進焉。第五斜格止得二數，乃填二于本位焉。是此所紀之二八六一六，即是二百八十六丈一尺六寸，爲初乘之數也。

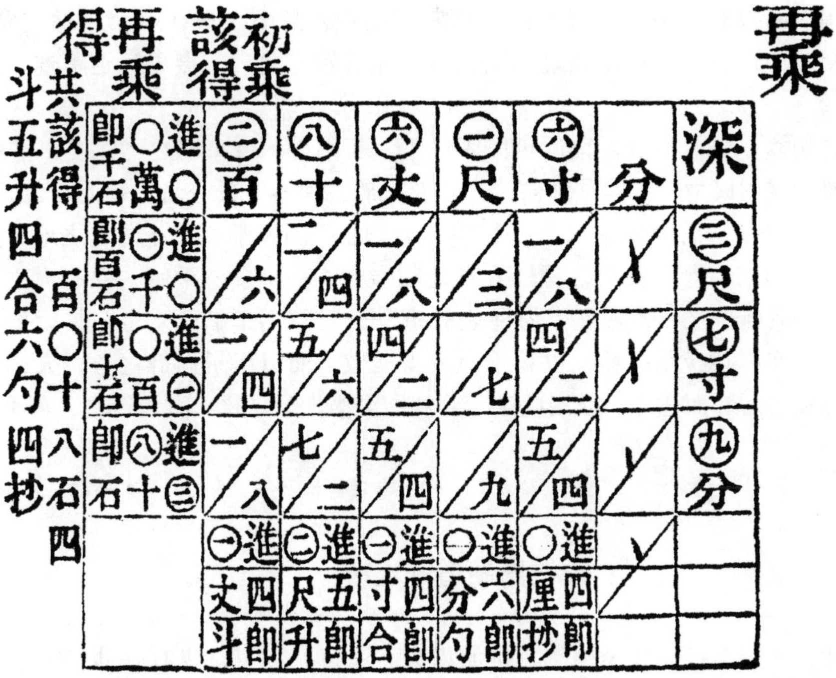

再乘法：將初乘所得之二八六一六橫排上方，以深三尺七寸九分直寫於左方，如初乘之法，次第呼乘畢，再將斜格順而側觀之，復次第填之于各位，是此所紀之一零八四五四六四，即再乘所得之實數。且此所得之一數，即百石八數，即八石四五四六四，即四斗五升四合六勺四杪，不似舊法仍須以此數再合石斗升合，加一倍遲繁也。

—2. 皇朝經世文編　卷四六　户政二一　漕運上

海運考跋

以海運易河運，不特數百年舊章不可驟改，且數萬丁伍水手失業無賴，亦爲可慮。然近年運河屢屢梗塞，且天庾無多儲，萬一南船不達，則嗌而不食，可爲寒心者也。

嘉慶八年十一月，欽奉上諭，爲預籌海運一事，即與僚屬盡心集議，外訪之於人，内稽之於古，知數百年來民生國計，籌之未嘗無人，徒以目前牽率之時，萬不敢以待供之度支，取嘗試於一旦。故入告之章，曾有“海運非必不可行之事，然非萬不得已而後行之”之語，蓋不敢決然行之，亦不敢決然不行之也。後得皇上福庇，河流順軌，其議亦寢。

然九年十月，洪澤湖水低弱，力不足以刷黄，以致河口淤沙，七省糧船全不能渡。因開祥符五瑞閘，放黄水之上流入湖，減黄助清，於是清黄始平。復開小引河數里，飛挽各船，始能渡河。當引河水未通時，七省齊奏備駁運之法，然以七省數百萬之糧，用小船以萬計，方可達淮，民情必致擾動。浙省尤少船，須向外江争先封僱，費尤鉅，勢難全漕皆歸駁運，不得已乃暗籌海運一法。十一月，招致鎮海縣由北來南之船，約得一百餘艘。此種船聞松江、上海尚有二百餘艘，約可得四百艘，每艘可載米一千五百餘石，略用兵船護出盡山，即放大洋。其裝卸之程，腳價之費，俱與之議立章程，以待不虞。交卸如速，一年可以往返三次，較河運省費三之二。後以河道復通，遂不復用。

然未雨之綢繆，聖人不廢，且近年民困於丁，丁困於河，東南之力竭矣。運費增則民力困，運費減則民力紓。因重理舊説，凡考之於古與參之於今者，纖悉著之於簡，都爲《海運考》一册。昔明邱濬《大學衍義補》曰："國家都燕，蓋極北之地，而財賦之入皆自東南而來。會通一河，譬則人身之咽喉也。一日食不下咽，立有大患。迂儒過爲遠慮，請於無事之日，尋元人海運之故道"云云。則予猶此志也。夫以聖人御世，山川效靈，亦不必尋蹈故轍，以爲千慮一得之效，而以臣子過計之心，夫亦何所不至？故不忍棄去，綜而述之。或用此法，分江浙全漕十分之幾，試而行之，可乎？

—2. 皇朝經世文編　卷四八　户政二三　漕運下

致杭嘉湖道李坦書

浙江之性，非折不行。乾隆中年，杭城以東，海甯城以東，皆有護沙；而中間老鹽倉一段，數十里獨受頂衝，則以南岸有牛舌尖沙之故。惟其有此尖沙吐尖向北，故江水之下也，過尖衝北岸，則折而向南。潮水之上也，過尖衝北岸，亦折而向南。兩頭向南，故護沙以生而受衝，險工僅中間一段耳。乾隆五十年間，有不諳塘工水性者，以牛舌尖沙爲可惡，若截而直之，則中段亦望護沙之漲。于是截牛舌，開引河導水，刷沙一空。孰知不但中段不生護沙，並兩頭護沙全失，杭城烏龍廟外，全受頂衝，潮撲民居之簷，塘外桑田盡爲滄海，海甯鎮海塯以下亦皆一片大海矣。余保障危險調劑水性者數年，至嘉慶十一年以後，兩頭漲沙復生，則以南岸漸復尖沙之故，元方以爲深幸。但恐將來復有惡尖沙不直者，故書以奉告云。

—2. 皇朝經世文編　卷一二〇　工政二六　海塘

宋如林（生卒年不詳）

號仁圃，漢軍鑲紅旗。乾隆舉人，歷官貴州按察使、松江知府。修有《松江府志》。

請種橡育蠶狀道光五年

查黔省山多田少，土瘠民貧，生齒日繁。除遵義一府農蠶並行，生計較裕，其餘各郡，耕種而外别無利生之業。惟黎平一郡漆與茶亦間有之，亦不過數邑。惟遵義之紬廣行他省。詢其由來，皆云從前亦無是繭，自乾隆中郡守陳君，係山東歷城人，見此地有青棡樹，即山東之槲櫟樹，其葉可飼山蠶，惜民間徒供薪樵之用，乃捐俸遣人至山東買取繭種，雇覓蠶師，廣爲教導，期年有成，至今利賴。蠶子甫出，置之於樹，即能自食其葉，及至成蠶，即能依枝作繭。取繭繰絲，俱不費力。惟絲粗不能織爲綾緞，僅可織紬，與山東繭紬相仿。現在遵義繭紬早已興販他省，可見其利甚溥。惟是創始之年，收買橡子及收買蠶繭，令民遠携資本，收買樹育，亦勢有所不能。

兹公同商議，由藩司籌備經費，詳請給發委員，賫赴遵義、定番一帶，先行收買橡子，散之各府廳州縣，令該管衙門，就近分給居民，不許經書役之手，以免滋擾。並諭各處教諭、訓導官，廣爲勸諭，於不堪播種五穀之地，及時種植。二三年後，橡已成樹，即可收買蠶繭，照依散給橡子之法辦理，民不出資，而實獲其利，似與民生稍有裨益。是否有當，伏候查核批示遵行。

——2. 皇朝經世文編　卷三七　户政一二　農政中

張 琛（1766—?）

字問齋，江蘇武進（今屬常州）人。副貢生，官陝西渭南縣知縣。有《日鋤齋詩集》。

布帛交易説

寧羌州，秦蜀之交，南棧之首。墝埆山田，民多瘠苦。山左諸城劉方伯曾爲州牧，取兖、沂蠶，教民如法飼之，得絲織綢，民賴以存，至今人感其恩，爲建“劉公祠”，名其綢爲“劉公繭”云。琛署留壩同知日，曾數至州，居民至今交易，悉以綢布計長短尺寸而易各物，彼此禮數來往，有無相同亦以之。按太公立九府圜法，布帛廣二尺二寸爲幅，長四丈爲匹，是布亦以通貨，今寧羌儼然古之交易市也。方伯今文正相國之父，文清相國之祖，諱棨。此今日布帛交易宜行之一證。

—3. 皇朝經世文編補　卷三七　户政一二　農政中

交子會子説

上古之世，以珠玉爲上幣，黄金爲中幣，刀布爲下幣。珠玉、黄金不能常得，於是通貧富、權輕重而以銅爲錢，故太公九府圜法至今不能改。唐置飛券、鈔引之屬，蓋以錢遠難致，以通商賈之厚齎，可以執券隨在取錢，非即以券爲錢也。至宋慶曆以來，蜀有交子；建炎以來，東南有會子。交子者，蜀人以鐵錢重，私爲之，以便交易，後遂置交子務於益州，禁民私造。大觀初改爲錢引，則直以爲錢矣。會子者止於一貫，下至二百、三百。初意暫以權錢，後則竟如錢，公私支給，無往不用矣。交子、會子者，印造簡便，可省鼓鑄之繁。物料輕微，更免采銅之累。兼之方尺之大，携帶隨身，極之數十百萬而不知其重，且致遠較之白金、黄金皆覺省易。如其可行，亦便民之一端。夫珠玉、黄金貴重之品，要皆無補於飢寒，亦藉以御轉有用之物耳。如交子、會子亦可御轉，又何異珠玉、黄金?

此鈔幣可行之一議。

—3. 皇朝經世文編補　卷五三　户政二八　錢幣下

楊景仁（1768—1828）

字静閑，號静巖，江蘇常熟人。嘉慶三年（1798）舉人，官至刑部員外郎。有《籌濟編》。

勘灾《籌濟編》

《穀梁傳》："一穀不升謂之嗛，二穀不升謂之饑，三穀不升謂之饉，四穀不升謂之荒，五穀不升謂之大祲。"古者以五穀不登之多寡，别灾傷之名目，後世灾傷之等，則履畝各有輕重。《周官》不著省灾之文，然鄉師司救，巡國及野，司稼巡野，遂師巡稼穡，無不周知其數，是以均人有豐年、中年、無年、凶札之别，當必幾經審察而後行，司徒之荒政也。夫夏灾、秋灾，輕重不齊，非親至田畝，無由定其分數，其勘報輕重之間，不惟核賑以此爲根據，即錢糧蠲緩之等差所由判焉，患辨之不早辨也。康熙三十三年河南灾，閣臣議遣官往勘，内閣學士湯文正公斌曰："無益也。使者所至，苛擾實甚。州縣一聞遣使，輒輟耕以待勘，是再荒也，不如令有司自勘良便。"即使者不苛擾，亦多增一供億之煩。是以盛世偶一行之，原爲慎重灾傷起見，而不可著爲例也。大抵勘灾之弊，半由於書吏需索牽混，往往以熟作荒，以荒作熟，以輕爲重，以重爲輕，預留徵納條漕，辦理蠲緩舞弊圖利之地。富者出錢買荒，冀免輸納，貧者無錢注荒，轉受比追。而江蘇所屬州縣，辦糧有不歸版圖而名順莊者，田在甲圖，糧在乙圖，每遇灾荒，被灾之圖與辦糧之圖紛紜轇轕，檢核爲難，滋弊尤甚，此又在清其源以去其弊者也。夫灾有所隱，害在民生，灾有所飾，虧在國計。司牧者可不躬親履勘，杜絶弊端，以盡康濟之實也哉。

—2. 皇朝經世文編　卷四一　户政一六　荒政一

輯流移《籌濟編》

謹按流民者，饑民也，與其輯之於既流之後，不如撫之於未流之先。然饑饉薦臻，本鄉無可覓食，有不得不轉徙他方者，瑣尾流離，困踣狼狽。不早爲之所，弱者阽於危亡，强者轉爲盗賊，可慮也。前代如漢，如隋，如唐，移民就食，是民之遷流轉出，自在上之意，戰國梁惠王曾行之。雖沿《周官・大司徒》移民通財、廩人移民就穀之制，衹一時權宜之計耳。其餘因時補救，具有良規，國朝尤爲詳盡，而資送留養之法，或行或不行，則變通而與時宜之，期於實惠及民而已。

查康熙三十一年，陝西流民在襄陽等處地方，得旨有情願運送潼闗米石者，即給價令其運送，此令流民就傭以濟轉輸，順便俾之回籍者。四十三年，山東流民流入京城，命大臣官員設飯廠數十處，分行煮賑，嗣直隸河間等府百姓來赴賑廠者甚衆。有旨將東省直隸流民遣官領送回籍，仍捐給籽粒，俾得耕田畝。

雍正元年論："直隸、山東、河南流民有就食京師者，著五城御史察詢口數，量給盤費，送回本籍等因，欽此。"遵旨議定，每口每程給銀六分，老病不能行走者，加給三分爲腳力費，委官護送，地方官逐程出具收結，轉送至原籍。中途患病者，令地方官留養醫治，病痊日再行轉送。此資送流民路費之始。

九年，議準直隸、山東、河南窮民渡河而南，以圖就食。令沿河州縣於各渡口詳察有力不能自達者，量給路費；如有依親傭工易食者，聽其乞食者，用載漕米糧，照例計口賑給；其欲回本籍者，資給遣回；不願即歸者，於來春耕種之候，仍皆給以資糧，令其回籍。凡資給之費，動用存留公項，造册送部。

八年，凡外出窮民，有應冬月留養者，諭令動用常平倉穀，大口日給一升，小口五合，按日動支。乾隆初，議準嗣後送流民路費，每大口日給制錢二十文，小口減半，老病者照例給脚力三分，水程照大小口應給之數，減半給與船價，奉旨依議速行，與前此定爲每口每程給銀六分之例迥殊。蓋前例以程計，一程約計百里，流民徒步，一日豈能走及一程？若以所過州縣爲程，相去或六七十里、四五十里，流民過一州縣即給銀六分，又不分大口小口，一日所得不特倍逾於賑給之數，且較民間營趁爲生者更裕，愚頑將轉以流移爲利，不思復業，是故改以日計，並分别大小口，較爲盡善也。

七年，諭各省督撫嚴飭有司，凡遇江南灾民所到之地，即隨地安頓留養，或借寺廟，或蓋棚廠，使有栖止之所，動用該處常平倉穀，計口授糧，據實報銷，並訓諭約束，不得藉端滋事。至於灾民聚集衆多之處，更委道府大員專行督察。及冬月水消，春初耕種之時，有願歸本鄉者，即資送回籍，給以麥種；其不願回籍者，亦不必强等因。聖主爲流民通盤籌劃者，如是之無微不至也。顧資送之例不皆有益，而間或滋弊。無業愚民，惰游倖澤，挈家結隊，仰給在官，或甫送歸籍，仍復重來，未副朝廷安輯之德意，轉滋閭閻貪詐之澆風。政體所關，防維宜亟。是以八年諭："河間、天津等處來京就食之民日益衆多，蓋因愚民無知，見京師既設飯廠，又有資送盤費，是以本地雖有賑濟，伊等仍輕去其鄉而不顧，且有已去而復來者，不但拋荒本業，即京師飯廠聚人太多，春暖恐染時氣，亦屬未便。著高斌設法安插，妥協辦理。欽此。"旋經大學士等議，於通州、良鄉二處添設飯廠蓆棚，以贍續至之流民。又經直隸總督飭屬固安、永清、東安、武清、霸州、文安設粥煮賑，俾北來流民隨在就食，願回籍者資給路費，仍令本籍查明補賑。自此流民不致復聚京師矣。

自時厥後，則斟酌出之，而不拘成例。十三年諭："向來外省有資送流民之例，用意良厚。然至饑饉洊臻，本處米糧乏絶，而鄰封尚可覓食，若必驅還故鄉，豈能坐以待斃？勢又將轉而之他。南北東西，輾轉資送，在鄰省既不勝其煩勞，而於灾民轉益流離失所。朕思灾輕之地，不可令其拋棄失業，自當照例資送回籍。倘遇積歉之年，本處無以餬口，轉徙他鄉，或倚託親舊以濟其乏，或傭工種佃以食其力，且其中有極無倚賴者，國家復有留養之例，地方官憫其流離，無分畛域，隨宜安插，俟灾氛平復，本地可耕，然後使回故里，亦未始非權宜之道，惟在權其輕重，相其緩急，斟酌辦理，不可執一而論。應令地方有司酌量妥辦，不必拘定成例等因。"

十八年諭："御史奏請敕諭江南鄰省督撫，照舊例留養流民，春融資送回籍等語。留養流民之法，前曾行之，有名無實，轉滋多事，且於灾民實無裨益，導之使輕去其鄉耳。近日巡撫已經具奏，故未準行。蓋與其留養於異方，何如厚加賑恤，使不流移轉徙之爲愈？今年淮、徐等處被水，朕疊次籌濟，不惜數百萬帑金，以留養資送之費計之，何啻百分之一二，豈有愛焉？若以留養資送所需增爲本地賑濟，豈不更霑實惠乎？夫以灾地專委多員，挨户察賑，尚恐不能一無遺漏，鄰省州縣各有應辦事務，又何從辨其灾黎？徒滋奸民，在本地則乘機溷冒，及資送則聚衆强搶，去而復返，日不暇給，而實在被灾流民，或依傍親屬，或傭工餬口，又必逐一稽留安插，於伊等生理益致拘礙，故停止此例等因。”

二十八年諭：“御史奏資送貧民回籍議覆一摺，以此例一開，恐致無業之徒混冒虛糜，於灾黎無益。是僅推其流弊，而未深究夫有名無實之本原，無識者將未免仍疑爲節省帑項起見。朕因直屬兩年秋霖過多，加恩蠲賑，不啻再三，即費正供鉅萬，無所靳惜，又何有於區區資送一節？然已洞悉其一無實濟，而猶曲徇陳言，矯情示惠，必不出此也。且流民故鄉既無生計，四出傭趁，即揆之古人無常職轉移執事之條，未始不可。俾之並生並育，又何至束縛馳驟，强以勢所不能？朕以爲與其資送無實濟，不如加賑濟之期，俾民獲實惠爲愈也。救荒無奇策，惟以體恤民隱爲要。設令被灾至重，甚至有田之户亦概遠徙，則所以籌撫綏必更有大設施者，又豈恃此資送虛文所能濟其萬一哉？將此通諭中外，使明知朕意。欽此。”

歷觀停止資送留養之諭，可謂深切著明。大抵法積久而生弊，道與時爲變通，是以聖諭一則曰增爲本地賑濟，再則曰不如加賑濟之期，良以輯之於既流之後，不如撫之於未流之先，帑不患其多糜，惠必施於實獲。又云設令被灾至重，必更有大設施者，想見神明化裁，包括無數經綸，而不沾沾於一時一事也。

至於流民之歸，既無庸資送，亦無庸差送焉。嘉慶七年諭：“萬凝等以現在清苑等縣，有差人領回本處貧民，輒欲令各州縣倣照辦理，勢不能不僉派差役，紛紛押送，竟與遞解人犯無異，是驅之轉於溝壑矣。且各州縣所差人役，豈能於本處饑民概行指識？彼此認領，徒滋紛擾，此事斷不可行。欽此。”此外出趁食之民，當聽其自歸，不必官差認領也。職司民牧，偶逢灾祲，預料民或流移，先期出示各鄉村，諭以即有賑恤，令其静候，毋得遠離；一面設粥平糶，以定民志。其有迫不及待挈家四出者，查户時即爲登記，以待聞賑歸來，補行賑濟。歸來貸與牛種，以資生理。其流民所至之境，不分此疆爾界，加意拊循，善爲措置，則民雖攖蕩析離居之苦，而得勞來還定之方矣。

—2. 皇朝經世文編　卷四一　户政一六　荒政一

安富以救貧説《籌濟編》

按保息六條，終於安富，注平其繇役，不專取，則安富固有道焉。昔周武王之民，有粟至百鼓，而戍避重泉。齊桓公之民，成囷者二家，而聘隆式璧。此人主藏富於民之至計，即重農積穀之微權也。顧三代以上畫井授田，富之之權操於上，其時無甚貧之民，亦無甚富之民。井田既廢，民間生計一聽民之自爲謀，而其所謂富者，半由貨殖，不盡出於農田。《史記》所以有本富、末富之辨也。近世生齒日繁，惰游日衆，裒多益寡，則本富固可恃，而末富亦可資。乃官吏日從而侵侮之，日削月朘，不久而富者亦貧矣。富者不安而日流於凋敝，設令饑饉薦臻，庫帑不散，擅動常平社倉，米穀之發又復不敷，將何所取資，以活環而待哺之窮黎耶？惟培養富户於平時，而後臨事得藉其力，平時輕徭薄賦，加意護持，臨時如平糶、施粥、助賑、貸種諸務，皆取給焉，而未可抑勒也。誘掖有方，獎勵有法，足穀翁雖甚儉嗇，見守土者從容開導，加以優禮，咸以爲榮，而踴躍聽命矣。雍正二年諭“社倉之設，原以備荒歉不時之需，朕以爲勸諭百姓，聽民便自爲之，而不當以官法繩之等因。欽此。”夫社倉米穀，小民不過斗斛之益，而聖心體恤如此深慮，有司行之不善，致滋煩擾也。而凡勸分之資乎富民者，安可以官法相繩，涉於派累哉？即令急公愛民，而理諭勢禁，强以必從，或不孚以情，而操之太蹙，或不量其力而索之太奢。竊恐志在救貧，而弊先擾富也。夫周貧者之急不可以擾富，留富者之餘斯可以救貧。司牧者繹《周官》保息安富之義，爲我國家培養元氣，俾緩急可恃，貧富相維，則幾矣。

—2. 皇朝經世文編　卷四一　户政一六　荒政一

李兆洛（1769—1841）

字申耆，晚號養一老人，江蘇陽湖（今屬常州）人。嘉慶十年（1805）進士，授安徽鳳臺縣知縣。有《養一齋集》。

鳳臺縣志論田賦

謹按田賦之棼舛，至鳳臺而極矣。無魚鱗黄册，無户區細册，坐落無准，四至無稽，土有田地之分，而田或變地，地或變田，不能分也。田有三則之别，而孰爲中則，孰爲上則，無從别也。官徵其賦，不能問所徵者何田之糧。民完其糧，不自知所完者何糧之額。所以依檔則原科折實田地，每畝科一分八釐而贏，而民間口號，止云每畝頂分。每畝頂分者，云一畝定額銀一分也。蓋下則之地，二而折一，每畝幾及一分。上則、中則爲數頗少，民間止以下則取成數也。一切推收，大約以分爲率，地既寬廣，地植又賤，口號之地，甚者加實丈之半。又湖窪灘淺，向時荒壤，漸或開犁，往往地浮於額，黠者因緣爲奸，于是有賣地而不過糧，私向業主收銀，謂之代完。又私置大弓，大於官弓。或六寸，或一尺，方言謂弓爲榠。於是賣田論價，有官榠大榠之别，而有糧無業，有業無糧，業多糧少，業少糧多，紛紛訐控矣。官無魚鱗册，所指地界漫無定準，難于丈量。上則、中則無依據科斷，加以衛田、衛地，從中夾混，不可究詰。治此之法，惟有重釐地册，更正賦額，庶可望積弊滌除，而質駑資薄，能意之而不能行之，是以滋愧也。

—2. 皇朝經世文編　卷三一　户政六　賦役三

鳳臺縣志論編查

謹案編查户口以嚴保甲，爲政之急務也。鳳臺地廣人稀，其湖漥之地，往往彌望四五里無聚落，遂至藏奸藪慝，時時爲擾，則保甲尤宜急講而行，此實有數難焉。

村落大者不過十餘家，小者或一二户，彼此相距或四五里，奇零星散，無從合併。一家爲匪，則數家從風。一村爲匪，則數村染習。蓋從惡如崩，波流之勢。且爲匪必結黨，善良遂無以自立，即能自立，亦不敢攖其鋒，此由積習漸靡，相糾相坐之法不能一朝制也。民性不戀土，無業者輒流散四出，謂之趁荒。或彌年纍月不歸，十室而三四。其外來者，則又隨宜逐便，營土屋附田塍爲居，或彌年纍月不去，不忍逐又不可編。則派甲、派總之術又窮。今國家休養生息百有餘年，仁溥義浹，四達交通，無遠弗届，生齒百倍于昔。斯邑獨彫敝不可爲，而生齒不繁者，豈非流移者衆耶？是以保聚教訓，戒遷徙，詰奸慝，尤不敢不兢兢。

竊欲并村落之最小者，使歸附近之大村落，聯其什伍，毋得擅徙，外來之户不得於野僻處營結草庵栖止。其僦屋久居者，随時編册登明原籍，嚴其任保，核其良善，其頑梗者，得即誅之，使愚民無與爲非。良民日益畏法，則保甲庶幾可行。然非上下一心，撫循周密，則恐大爲繁擾，利未見而先受其害。

嗚呼，聖賢商治，必藉手于庶。夫民土著，則生齒繁矣。安樂其處，則民土著矣。

田疇闢、室屋完，則安樂其處矣。勤治生，則田疇闢、室屋完矣。知嚮善，則勤治生矣。明是非之路，則知嚮善矣。除其害，布其利，以遂其生。聚之樂，治本之道意者，無以易此歟。

——2. 皇朝經世文編　卷七四　兵政五　保甲上

外藩蒙古要略序

祁鶴皋先生之在翰林也，歷年最久，嘗被命爲蒙古回部諸王公列傳，皆内檢黄册，外譯舌人，僅能通曉，久而後成。既成，又爲當事齮齕，復遲之數年。蓋先生於蒙古回部之事，盡勞勩矣。既進呈，爲《欽定蒙古王公列傳》，編之四庫。先生之爲是書也，先以年月日編次，條其歸附之先後，叛服之始終，封爵之次第，以爲綱領，而後分標各藩之事迹而爲之傳，名曰《外藩提要》。是傳仿《史記》，而提要仿《通鑑》也。春圃學使視學江左，行轅在江陰，而兆洛忝主講席，因進見，叩鶴皋先生諸書，學使因以《西陲紀略》見示，而曰《外藩提要》尚未刻也。兆洛因請而讀之，既卒業，謹拜手稽首作而言曰：鯫生伏几案，終世占畢，矇然不能見五帝三王之盛德大業，炳耀宇宙，其度量所存，心志所及，不知若何。其大且遠也，乃於此而恍然遇之。皇天眷佑有清，懋篤世德，全付以覆燾之下，所有疆土，無有内外，成大一統之規，亦惟列聖追配皇煌帝諦之盛業，長駕遠馭，用宏兹賁，承平晏安，二百年於今，翼子貽孫，君臣同慶，以享天之福，逮三代以下之機軌，夫豈拘學之士，井蛙之識，所得窺其運量哉。太祖高皇帝撫有科爾沁、扎賁特、杜爾伯特、郭爾羅斯。太宗文皇帝綏定奈曼巴林、扎嚕特、喀喇沁土默特、敖漢四子部（洛）［落］，茂明安、烏喇特、阿嚕科爾沁、翁牛特、克什克騰、烏珠穆沁、浩齊特、蘇尼特、阿巴噶、鄂爾多斯。世祖章皇帝又納喀爾喀右翼，聖祖仁皇帝又納阿巴哈納爾，而内扎薩克四十九旗備，乃平喀爾喀厄魯特、土爾扈特、西藏、和碩四部。世宗憲皇帝以西藏編設扎薩克。高宗純皇帝平杜爾伯特。皆編設佐領，編以旗分。

其於諸藩也，容之如天地，養之如父母，照之如日月，威之如雷霆。饑則哺之，寒則衣之，來則懷之，勞則勞之，患則救之。量財而授任，疏之以爵土，分之以人民，教之以字畜，申之以制度。一民尺土，天子無所利焉；寸賞斗罰，天子無有私焉。修其教不易其俗，齊其政不易其宜，曠然更始而不驚，靡然向風而自化。雖背恩悖義，如騰機思、和囉理、羅卜藏丹津、阿睦爾撒納等，叛則討之，遁則宥之，降則舍之。甚至噶爾丹之爲患，邊圉屢肆突犯，敗困力竭，逃無所往，猶拳拳賜書招徠，開布誠信，許以不死，蓋所以來服其心者，諄諄無已也。仁皇帝以喀爾喀諸部逼於厄魯特，率衆歸附，矜其窮阨，發倉儲以賑其乏，賜白金、茶、布以給其用，買牲畜以資其生，使皆得其所。純皇帝以土爾扈特逼於俄羅斯，率衆來歸，賜馬牛羊二十餘萬，屯粟四萬石，革裘五六萬領，布棉十餘萬，帳千具，至者如歸，而費國帑皆百餘萬。上以此感，下以此應。服教畏威懷德之思，千萬年曷有極哉。蓋外藩諸國之人，如童蒙之天性未漓，敦直以亮，故條教少而變化速。直省之民嗜欲深，則天機日薄，頑懦而詐，故扞罔時聞而刑無由措。扞罔時聞，則罔日益密；刑無由措，則小不正積而至於大不正。此兆洛所以感激於外藩之日沐浴於聖人之澤，而直省之民，反自外於瞻天就日之中者也。先生此書於皇朝數百年以來，所以綏養藩服者無不綜具，其緣起悉載，著列聖恩德之所由隆，明威之所以畀，恍然造化之亭毒，皇極之相協，如讀邃皇之書，睹鴻濛開闢之規模焉。烏可不令承學之士，聞所未聞，見所未見，了然於天人之故哉。

—6. 皇朝經世文續編　卷八八　兵政一四　塞防上

易本烺（1771—?）

字眉孫，號睽叟，湖北京山（今屬荆門）人。道光十五年（1835）舉人。有《青龍山集》。

思而不學論

子曰："學而不思則罔，思而不學則殆。"又曰："吾嘗終日不食，終夜不寢，以思無益，不如學也。"竊維聖人垂訓，皆即其人所有之病而攻砭之，未有憑虚立論者。子之言思也，曰無邪，曰慎思，曰君子有九思，曰再斯可矣，曰未之思也，夫何遠之有，曰思不出其位，其示人以思之道如此。聖門諸賢，學而不思者或有之矣，若思而不學，未之有也。虚無之習，始於晋人；心學之説，起於宋代，聖門固未之有也。

然則夫子所謂"思而不學"者，將何所鍼砭乎？及讀至下章"攻乎異端，斯害也已"，忽悟曰："我夫子殆爲西方之聖言之乎。"夫佛氏稱定慧，稱圓明，冥心頓悟，虚無寂滅，正所謂思而不學者也。或疑春秋時尚無佛教，然余觀《周書·記異》，佛生於周昭王二十四年，太史蘇由言大聖人生於西方，列子又云周穆王時西極之國有化人來。是釋迦之生已在昭穆之世，並非魯莊時。雖傳聞不一，然在孔子之前無疑也。又《隋書·經籍志》自漢以上中國未傳，或云久已流布，遭秦湮没。意者大雄氏之説，中土已有所聞，如《老子》五千言，彼時亦流於西方耶。聖人之言，似明有所指也。蓋自古天地大運，至周而分，三教聖人皆生於其時，釋迦、老聃亦天生神智非常之人，孔子亦知後世有述矣。彼其聰明神悟，實可以一空諸有，自含萬象，誠非尋常思議所及者。大聖人無常師，焉不學老聃？亦嘗問禮。安知所云"終日不食，終夜不寢以思"者，非我夫子嘗親一試之而並非設詞乎？然而課虚叩寂，終涉杳冥，徒爲疲殆。古注解"殆"字如此。不如學之，實有據依，可以修己治人也。且釋迦生荒邈之域，其地本無典籍，以其聰明超悟，自可不待學而能獨闢一途。若吾儒生中國唐虞之後，詩書禮樂具在，循之則治，違之則亂，非可徒以思悟自立者。思而不學亦唯釋迦能之，世人學之未有不入魔道者。故子一則曰"無益"，一則曰"則殆"，而即以異端目其教，以斯害誡其人，所以爲天下萬世防者至深且遠。

南宋以後禪學之害直中儒者，視昌黎之所闢猶其淺耳。宋儒言佛氏之害甚於楊墨，以爲害在楊墨後耳。豈知聖人所斥爲異端者，正指佛氏而非楊墨哉。不然思而不學，試問七十子中孰是其人乎？云曾子之學獨用心於内者，此謝上蔡之禪説，唐以前無此名目議論也。試問春秋列國孰是其人乎？雜學有管晏矣，外教有原壤子、桑伯子，然非思而不學之人也。即清静如老聃，亦尚非思而不學之人也。惟大雄氏之冥心頓悟，乃其人耳。即彼教言之，姚秦時鳩摩什所繹内典甚多。及達摩西來，但得大意，不立語言文字，並彼教之説而一掃之，豈非思而不學？固彼中之宗旨如是乎。若曰聖言廣大至誠前知，爲後世空談心學者戒，是固然矣。然而何以有異端之目，索隱行怪之語也，此非明指西方之人而何？

—6. 皇朝經世文續編　卷五　學術五　廣論

方東樹（1772—1851）

字植之，安徽桐城（今屬安慶）人。諸生，姚鼐弟子。有《儀衛軒文集》。

漢學商兑重序《儀衛軒集》

三代以上無經之名，經始於周公、孔子。樂正崇四術，春秋教以《禮》、《樂》，冬夏教以《詩》、《書》。及至春秋，舊法已亡，舊俗已熄，詐謀用而仁義之路塞。孔子懼，乃修明文武周公之道，以制義法，而作《春秋》。《春秋》亦經也。孔子雖未嘗以是教人，然其平日所雅言於人者，莫非《春秋》之義也。衛君待子爲政，子曰："必也正名乎！"陳恒弑其君，請討之。季氏伐顓臾，旅泰山，則使欲止之。此皆《春秋》之義也。至於哀公問政，子曰："文武之政，布在方策。"《論語》卒篇，載堯曰一章。柳宗元曰：是乃夫子所常常諷道之辭云耳。子曰："道之以德，齊之以禮。"能以禮讓爲國乎何有？又曰："小子何莫學夫詩。詩可以興，可以觀，可以群，可以怨。邇之事父；遠之事君。"又曰："興於詩，立於禮，成於樂。"又曰："假我數年，卒以學易，可以無大過矣。"故莊周曰："《詩》以道志，《書》以道事，《禮》以道行，《樂》以道和，《易》以道陰陽，《春秋》以道名分。"六經之爲道不同，而所以致用則一也，此周公、孔子之教也。及秦兼天下，席狙詐之俗，肆暴虐之威，遂乃蕩滅先王之典法，焚燒詩書。於時不特經之用不興，並其文字而殄滅之矣。

漢興，購求遺經，於是群經始稍稍復出。或得之屋壁，或得之淹中，或得之宿儒之口授，而固已殘缺失次，斷爛不全。賴其時一二老師大儒辛勤補綴，修明而葺治之。於是《易》有四家，《書》與《詩》三家，《禮》《春秋》兩家，號爲十四博士。則章句所由興，家法所由異，漢儒之功，萬世不可没矣。自是而至東京、魏晉以逮於南北朝，纍代諸儒，遞相衍説，辨益以詳，義益以明，而其爲説亦益以多矣。及至唐人，乃爲之定本定注，作爲釋文。舉八代數百年之紛紜，一朝而大定焉。天下學者，耳目心志，斬然一新。兼綜條貫，垂範百代，庶乎天下爲公，而可謂之大同也。然其於周公、孔子之用，猶未有以明之也。及至宋代，程朱諸子出，始因其文字以求聖人之心，而有以得於其精微之際，語之無疵，行之無弊。然後周公、孔子之真體大用，如撥雲霧而睹日月。

由今而論，漢儒、宋儒之功，並爲先聖所攸賴，有精粗而無軒輊，蓋時代使然也。道隱於小成，辨生於末學，惑中於狂疾，誕起於妄庸。自南宋慶元以來，朱子既没之後，微言未絶，復有鉅子數輩，蜂起於世，奮其私智，尚其邊見，逞其駁雜，新慧小辨，各私意見，務反朱子。其所謂道非道，而所言之韙不免於非。其於道，概乎未嘗有聞焉者也。逮於近世，爲漢學者其蔽益甚，其識益陋。其所挾惟取漢儒破碎穿鑿謬説，揚其波而汩其流，抵掌攘袂，明目張膽，惟以詆宋儒，攻朱子爲急務。要之，不知學之有統，道之有歸，聊相與逞志快意，以鶩名而已。

吾嘗譬之：經者，良苗也。漢儒者，農夫之勤菑畬也。耕而耘之，以植其禾稼。宋儒者，穫而舂之，蒸而食之，以資其性命，養其軀體，益其精神也。非漢儒耕之，則宋儒不得食。宋儒不舂而食，則禾稼蔽畝，棄於無用，而群生無以資其性命。

今之爲漢學者，則取其遺秉滯穗而復殖之，因以笑舂食者之非，日夜不息，曰：

吾將以助農夫之耕耘也。卒其所殖，不能用以置五升之飯。先生不得飽，弟子長飢。以此教人，導之爲愚。以此自力，固不獲益。畢世治經，無一言幾於道，無一念及於用，以爲經之事盡於此耳矣，經之意盡於此耳矣。其生也勤，其死也虚，其求在外，使人狂，使人昏。蕩天下之心，而不得其所本。雖取大名如周公、孔子，何離於周公、孔子，其去經也遠矣。嘗觀莊周之陳道術，若世無孔子，天下將安所止。觀漢唐儒者之治經，若無程朱，天下亦安所止。或曰："天下之治方術多矣，百家往而不反，小大精粗，六通四解，一曲之士，各有所明。雖不能無失，然大而典章制度，小而訓詁名物，往往亦有補前儒所未及者。何子罪之深也?"曰："昔者周嘗封建諸侯矣，諸侯而下爲卿大夫，卿大夫而下爲士，士之下爲庶人。周固天下之共主也。及至末孫王赧，不幸貧弱，負質無以歸之，逃之洛陽南宫謻臺。當是時，庶士人有十金之産者，因自豪，遂欲以問周京之鼎。十金之産，非不有挾也，其罪在於問鼎。後世之學者，不幸不見天地之紕，古今之大，賴程朱出而明之。乃復以其謏聞駁辨，出死力以詆而毁訾之。是何異匹夫負十金之産，而欲問周鼎者也，是惡知此天下諸侯所莫敢犯也哉?"故余既明漢儒之有功若彼，而復辨諸妄者之失若此。後有作者，亦足以明余非樂爲是譊譊也，其亦有所不得已焉者也。

—5. 皇朝經世文續編　卷二　學術二　儒行

書法言後

退之論文，屢稱揚子，而不及董子。蓋文以奇爲貴，而董子病於儒。余聞之劉先生説如此。然竊以爲退之所好揚子文，亦謂其賦及他雜文耳。若《法言》、《太玄》理淺而詞艱，節短而氣促，非文之工者也。退之所好不在此。夫立言者皆欲其不棄矣，而不能爲不可棄者，理不當而辭不文也。文其辭而無當於理者有之矣，未有當於理而其辭不文者也。揚子徒知爲不可棄，而不務培其本，畢生用力造字句已耳。或曰揚子成《太玄》，桓譚以爲後世復有子雲者，必能好之。及宋司馬温公果篤嗜其書，意者其奥而世鮮知耶。余曰：不然。夫孟、荀、揚、韓雖並稱，然孟氏之道，班於聖人。今讀其書充然沛然，高下曲折，涵天地而無極，指事而無不盡焉，曷嘗待於入黄泉出青天，若揚子之所爲耶。夫以揚氏書與孟氏相比，差等殊絶，若河潦之不可同觀如彼。而司馬氏猶非孟子而尊揚子，是尚得爲知言乎哉。又按：昔東坡不喜《法言》。海峰謂：韓公好《太玄》、《法言》，故其文字句奇。二説皆是，學者宜互參之。

—5. 皇朝經世文續編　卷五　學術五　文學一

湯金釗（1773—1856）

字敦甫，浙江蕭山人。嘉慶四年（1799）進士，歷官吏部尚書、協辦大學士。謚文端。有《寸心知室存稿》。

積善積不善説補録

世有爲善不得福，而善念旋隳者，有爲不善不得禍，而惡念遂肆者，皆未明乎積之義也。積，非一朝一夕之故，以漸而成。如積錢然，一日一錢，千日千錢。當其初未嘗有富名，久之始成爲富。善、不善之積亦然。惟積斯久，非久不足以見誠。偶行一善，誰則不能，偶犯一不善，賢者不免，所判在積耳。或積之數年、數十年而後驗，或積之數世、數十世而後驗。報速者小，報遲者大。故爲一小善勿謂無益，此即受慶之基，特患不積耳。爲一小不善勿謂無傷，此即受殃之本，特幸不積耳。明乎積之義，而爲善者可以勉矣，爲不善者可以畏矣。

—5. 皇朝經世文續編　卷四　學術四　廣論

俞正燮（1775—1840）

字理初，安徽黟縣（今屬黄山）人。道光元年（1821）舉人。有《癸巳類稿》《四養齋詩稿》。

節婦説

《禮·郊特牲》云："一與之齊，終身不改，故夫死不嫁。"《後漢書·曹世叔妻傳》云："夫有再娶之義，婦無二適之文。"故曰：夫者，天也。按婦無二適之文，固也，男亦無再娶之儀。聖人所以不定此儀者，如禮不下庶人，刑不上大夫，非謂庶人不行禮，大夫不懷刑也。自禮意不明，苛求婦人，遂爲偏義。古禮夫婦合體同尊卑，乃或卑其妻。古言終身不改身，則男女同也。事出妻，乃七改矣。妻死再娶，乃八改矣。男子理義無涯涘，而深文以罔婦人，是無恥之論也。《魏志·鍾繇傳》云：子毓爲御史中丞、侍中廷尉，聽君父已没，臣子得爲理謗。及士爲侯，其妻不復配嫁。《北史·李諧傳》云：五品以上，妻妾不得改嫁。《北夢瑣言》云：士人女郎無改適之禮。然宋濮王允讓仁宗時知大宗正事。故事，宗婦少喪夫，雖無子不許更嫁。允讓曰：此非人情。乃爲請使有歸。檢《禮志》十八云：治平中，令宗室女再嫁者，祖父有二代任殿直。若州縣以上，即許爲婚姻。熙寧十年，詔宗婦非袒免以上親，與夫聽離再嫁者，委宗正司審核。其恩澤已追奪，而乞與後夫者，降一等。尋詔宗女毋得與嘗娶人結婚，再適者不用此法。是女再嫁，與男再娶者等。《元史·列女傳》云：鄭州霍尹氏夫死，姑命其更嫁，尹不忍。姑曰：世之婦皆然，人未嘗以爲非。汝何獨恥之？尹曰：人之志不同。妾知守妾志耳。姑不能强。此則婦人之節，男子所不及。其再嫁者，不當非之。不再嫁者，敬禮之斯可矣。

——6. 皇朝經世文續編 卷六九 禮政九 昏禮

征商論

孟子言古之爲市，有司者治之，有賤丈夫罔市利，始徵商，謂仁政本不徵商。商君則言重賦抑末，《墾令》篇云："重關市之賦，則農惡商，商有疑惰之心。"《外内》篇云："末事不禁，則技巧之人利"；"市租太重，則民不得無田食貴糴，食不利，而又加重征，則民不得無去其商賈、伎巧，而事地利矣"。按商賈，民之正業。《易》稱，"先王通商賈"；《書》言，虞夏使民"懋遷有無化居"；《周·酒誥》言，"牽車服賈養父母，可以樂飲"；建國若鄭，不侵其業，不得以爲賤，又斥之爲末。戰國，士無恒産，乃始發憤詈富人。《戰國策》魯仲連云："商賈之行，不忍爲。"又有商君之策，皆所謂横議，疾貧妒富，亦其識之未宏也。周時太宰九職，商賈阜通貨賄，閭師任民任商以市事貢貨賄。

其征商也，經入則九賦有關市、山澤、幣餘，司門徵其貨賄，廛人斂絘、總、質、廛、罰之市布，其無邸肆立持，則肆長斂其總布，又泉府有市之征布。其經出則大府職，以待膳服、喪紀、賜予，廛人布入膳府。至凶荒札喪，則司市云市無徵，司關云國凶札，則無關門之徵。譬農凶歲，不取盈也。孟子乃謂仁政“關譏而不徵”，市又“不廛”、“不徵”，或由不悉周法。後人有經書不能讀，折衷至當，分持孟子、商君之説，或曰非仁政，或曰抑末反本。天理爛熟，使天理、仁政兩者不能並立，四民皆王者之人，君臣之義無所逃於天地之間，不應商賈獨以仁政不事君，專以徵科苛責農民。上下相接以義，商賈若是末，則聖王循天理不得因末爲利。若云重征以抑末，則何如禁絶之，乃反誘而征之哉？楚漢兵争，農廢，財在商賈。漢雜用王霸，欲商賈輸財，不得其名，直曰困辱之而已，至桑（宏）［弘］羊竊商君之説，始飾其辭曰：富商大賈，無所牟大利則反本，而萬物不得騰躍。鄭康成注關市、山澤、幣餘之賦云：皆末作當增賦者。若今賈人倍算，夫聖人仁政，固征農矣，仁政獨不宜授田課、植農桑，而不征歟，農豈亦末作罔利，當征之使反本。循天理，凍餒歟。然則不徵商非仁政，徵商非抑末也。夫徵商與徵農，其義一也。

—15. 皇朝經世文四編　卷一八　户政　税則

貞女説

《列女傳》云：丹陽羅静者，廣德羅勤女，爲同縣朱曠所聘，昏禮未成，勤遇病喪没。鄰比斷絶。曠觸冒經營，尋復病亡。静感其義，遂誓不嫁。有楊祚者，多將人衆，自往納幣。静乃逃竄。祚劫其弟妹。静懼爲祚所害，乃出見之。曰：實感朱曠爲妾父而死，是以托身亡者，自誓不貳。辛苦之人，願君哀而捨之。如其不然，請守之以死。乃捨之。後世女子不肯再受聘者，謂之貞女。其義實有難安。未同衾而同穴，謂之無害，則又何必親迎，何必廟見，何必爲酒食以召鄉黨僚友，世又何必有男女之分乎，此蓋賢者未思之過。必若羅静者，可云女士矣，可云貞女矣。嘗見一詩云：“閩風生女半不舉，長大期之作烈女。壻死無端女亦亡，鴆酒在尊繩在梁。女兒貪生奈逼迫，斷腸幽怨填胸臆。族人歡笑女人死，請旌藉以傳姓氏。三丈華表朝樹門，夜聞新鬼求返魂。”嗚呼，男兒以忠義自責，則可耳。婦女貞烈，豈是男子榮耀也！

—6. 皇朝經世文續編　卷六九　禮政九　昏禮

昭 槤（1776—1829）

字嘯亭，自號汲修主人。宗室，襲禮親王爵，官宗人府候補主事。有《嘯亭雜録》。

《嘯亭雜録》二則

黄文襄公廷桂督陜時，西域用兵，投誠之虜酋既宜撫綏，其竊發叛逆又應剿捕，兵出萬里，糧運維艱。公以爲"先安内而後攘外"。外夷跳梁，國無大損，若因軍需繹騷，致内地有事，則所係者大，乃命運糧車十家抽一，厚其值，許帶什物貿鬻，民踴躍争先。又以"凡事豫則立"，糧待盡而後運則士飢，馬待缺而後補則戰衄，乃命安西至哈密，沿路開池蓄豆，馬到行且喂，以故馳千餘里愈壯。臺站有缺米者，曰：吾撫蘭時，曾買穀三百萬石，分貯河東西，正爲此耳。蓋公久知純皇帝之欲西討也。上倚任如左右手，以鄭侯劉晏褒之，加太保，封忠勤伯，賜紅寶石頂，四團龍補褂。公素咯血，既理軍務，中夜輒起，或張目達旦，致積勞成疾。疾劇時囈語，猶以馬馱糧運、進剿擒賊諸務，喃喃不絶。官吏文武繞榻環聽，爲之泣下。上以其未及預飲至之禮，深惋惜之。

黄文襄督師肅州，設一公館，凡藩臬、兵備道、州縣等司軍旅事者，皆寓其中。公鎮日危坐中堂，其郵騎至，直入館院，公啓封視之，應付何司者立時分派，目擊其鈔稿鈐印畢，即以咨覆，故應付急速，從無留滯，軍事得以易蕆。司軍事者，宜以爲法也。

—5. 皇朝經世文續編 卷二〇 吏政五 大吏

張　井（1776—1835）

字芥航，號畏堂，陝西膚施（今延安）人。嘉慶六年（1801）進士，官至江南河道總督。有《三竹齋集》。

籌疏治河身事宜疏道光五年

竊臣於上年九月間，將河底墊高，急應疏治各緣由，先後恭摺陳奏。欽奉諭旨，准令赴江會勘講求。昨於抵清江後，勘視清口埝盱，復至海口，折回清江浦，當將勘查上下水勢河道情形，詳細熟籌。查長河水勢，自徐州府以下，雖形淤墊，尚不至如下游之甚。外南外北下至山安海防，淤墊高仰，節節圈灣。河圈則流緩沙停，雖海口以上二三十里坐灣處所，水深一丈八九尺至二丈餘，似亦未得謂之十分暢通。全境上下，處處受病已深。臣等親自乘舟勘查，隨時商議，欲求防守之方，實難萬全無弊。而本年順黄壩現存長水，與上年伏汛相同，一至大汛，即難保其不至失事。至洪澤湖現在水深一丈二尺八寸，較量現在黄河水面，尚高於清水五尺二寸，以致禦黄壩仍難開放，通局受病，全在黄高。但得黄水落低，清水暢出，重空軍船，自可暢行無阻。是此時之至急者，莫過於治黄，黄治而淮自治，漕亦無不治矣。然尤須先求黄河致病之由，使之不再增病，再求治病之方，使之漸次復舊。

臣等再四會商，周諮博采，悉心講求，並將陳論治法，酌量采取，擬有五則：一曰嚴守閘壩；二曰接築海口長堤；三曰逢灣取直，切灘挑河。以上三條，所以束逼河流，以免再有淤墊。四曰修復浚船；五曰築做平灘對壩。以上二條，所以力求攻刷，以期永遠深通。除接築長堤、逢灣取直二事，南河督臣先已具奏辦理外，其餘均當次第辦理。

夫黄河受病，原非一日，而近年爲尤甚。據外北、山安等汛呈送水勢報單，現在存水，較之道光元年，大至一丈三四尺，而中泓水勢，大率不過七八九尺。此五年中，何以淤墊如此之速，臣於上下經歷之處，逐加詢問，隨時默誌。蓋在徐州上下者，則有天然閘、十八里屯、龍虎滚壩、峰泰滚壩，從前伏秋大汛，未及漫灘業已啓放，甚至距河較遠，則抽溝導引，在清江浦上下者，則有祥符五瑞閘並禦黄壩之倒灌，泄水情形亦與徐屬相同。黄河挾沙而行，急則沙隨水去，緩則水過沙停。上有分流，下必停緩，此一定之理。從前閘壩之設，原以備異常盛漲，乃慮及至險，而爲不得已之謀，非以之治河而謂可循行之例也。前河臣靳輔修備各閘，皆立有定制，每漲水至若干，始准㘣閘。嗣後雖屢次增添，而河底愈墊愈高，所添之制已相去懸殊，即新鑿徐屬之虎山腰等處，亦已辦理數年。不能以現在淤高之河身，循往時盛漲之定制，且高下之勢較多，則掣泄必致分溜，閘壩既處處掣消長，河自年年淤墊。而道光二年，河水大漲，泄水更多，是年禦黄壩即致倒灌。四年，禦黄壩倒灌更甚。五年，又借黄濟運。歷次掣黄緩流，此所以受病益甚也。前明河臣潘季馴有言：治河之道，無外束水攻沙。欲河之不再增病，惟有嚴守各處閘壩，宜另行酌定，非下游盛漲難容，不得藉口啓放。

至疏導之法，歷宋、元、明不廢，至前河臣靳輔而其制大備。惟裁撤日久，其從前如何繫船，得以轉動便捷，法或失傳，此時無可訪詢。又前河臣徐端，於鐵篦子、混江龍之外，又造有翻泥車，稍爲活便，臣等公同閱看，應即於海口以上往來試行。

責成該管道員，分派委員按段稽核勤惰，明立勸懲，總期積淤漸除。惟此法可以經久，而欲使一二年内黄水驟落，亦所不能。再參用對頭壩工，使之逼溜刷沙，淤去而河自深。然從堤頭接築，必致阻遏水勢，轉成大患。今擬就河寬之處，從灘上築做對壩，止於灘面相平，斜向下流，不必接連堤根，致阻水勢。由淺而深，一面用柴，一面用土澆築，至土不能澆，然後全行用柴進占。先於海口以上淤墊之處察看形勢，或間四五里，或間十餘里，節節鑲做，由下而上，鱗次櫛比，總以壩頭刷深至四丈爲度，則底淤雖深，冀可漸次刷透。禦黄壩等處，一二年内當可落低矣。至此項壩工，冬初築成，束逼半年，至伏秋大汛時，如長水不大，並未出槽，其刷沙之力更猛，如盛漲，普律漫灘，即應聽其漫過。倘有刷塌段落，或竟全行冲刷，或河又改行壩後，均應免其着賠。次年查看情形，或有可守舊壩，止須加高接長；或又串走新河，應須另築，均于霜降後勘明辦理。迨河底刷深，止須專用浚船往來疏導矣。

臣等又查地勢西高東下，水盡東流，即此時海口以上之三百餘里，雖云墊高，然仍滔滔東注，而至濱海之絲網濱一帶，則地窪流疾，水深均在二丈以外。臣等詢之將弁，以禦黄壩以下地勢，於海口相較，高低之勢，已覺建瓴。就地勢浚治，水行地中，則湖河均可安瀾順軌。至於異常盛漲，原爲意料所不及，即如嘉慶二十四年，豫省陡漲二丈有餘，處處漫過堤頂，南北兩岸漫缺至十餘處，並無壩工壅遏，亦多潰漫。如下游正在疏治，上游陡遇異漲，即以創議爲非，必致功敗垂成，虛糜帑項，即難期河之必治。而此一二年内，尤在上游之固守堤防，萬不宜少有失事，致未見功效，又復中廢。惟受病過深，積淤幾同高阜，臣等雖于萬難籌策之中，竭盡心力，冀有萬一之助，究不識夏秋水勢如何，能否照議次第辦理，且時已桃汛，對頭壩工，必須俟霜後始能勘辦疏浚。器具現雖趕造，其造船派兵等事，亦非倉卒所能核定，且需費不貲，尤應慎重撙節，未可稍事虛糜，均俟霜降後次第酌辦。

—2. 皇朝經世文編　卷一〇〇　工政六　河防五

俞蘭臺（1776—?）

字蓀環，又字定甫，江蘇蘇州人。有《晚香堂詩鈔》。

三江水利萃言自序

言三江者，不必求《禹貢》之三江，而第求太湖下流之三江；亦不必泥東江、婁江之故迹，而第觀今日太湖下流之水勢。蓋東江陻塞已久，婁江亦無可考，今日獨有吴淞一江耳。輔吴淞者，有松江之大黄浦，嘉定之劉家港，常熟之白茆港，皆與吴淞爲表裏。自明永樂元年，夏原吉以吴淞江下流難開，止開南北兩岸安亭等浦，入劉家、白茆二港，使直注江海。又開大黄浦，自范家濱至南蹌浦口入海。至今黄浦通利，而吴淞江東半截，其勢就陻。然入海處界上海，依然如故，但細弱耳。此吴淞江所以不可不開也。昔范文正公守鄉郡，上書宰臣，謂姑蘇四郊略平，窊而爲湖者十之二三，西南之澤尤大，謂之太湖，納數郡之水。湖東一派，濬入于河，謂之淞江。積雨之時，湖溢而江壅，横没諸邑。或一歲大水，久而未耗，來年暑雨，復爲沴焉，人必薦饑，可不經晝？今疏導者不惟使東南入于松江，又使西北入于揚子江。江之與海也，其利在此。其後郟亶子僑，緝亶舊説，以爲今究水利，必先於江甯治九陽江與銀林江等五堰，體勢故迹决於西江，潤州治丹陽練湖，常州治宜興滆湖沙子崦，及江陰港浦入海。如此，則西北之水不入太湖爲害。秀州治華亭海鹽浦港，仍體究柘湖、澱山湖等處，有障遏者，並與開通，達諸浦港。杭州遷長河堰，以宣、歙、杭、睦等山源决於浙江。如此，則東南之水不入太湖爲害。仍開浚吴淞江築兩岸塘堤，設斗門水瀨，使江水不能溢入南北溝浦，而徑趨于海。又開崑山之茜涇浦使入海，新安浦、顧浦使入吴淞江，開常熟之許浦、梅里浦，决無錫之五卸堰，使入揚子江，則水患可漸息，而民田可治矣。凡此皆不專力於吴淞，而實所以分殺太湖之水。太湖之水既有所分，而吴淞江乃能獨承其下流，不至于壅噎不利而爲東南之大患，此治吴淞江之大略也。

然愚在今日，則又有説焉。夫太湖由吴淞江以達於海，而吴江縣治東西南北實當咽喉之地，治水而不治其咽喉，則必有腹心潰亂之虞。譬之于人痰涎上湧，猝然之間氣必絶矣，尚何暇論其股肱心膂哉？今縣治北有夾浦，南有長橋河及三江仙槎等六橋，東有龐山等湖，西有梅里諸港，泥沙漲塞，漸成石田，室廬墳墓，稍聚其上。又太湖東南一角，悉爲茭蘆叢生之地，此湖水所以不能急趨于吴淞江以入大海，一遇暴漲，則横潰四出而不可禁。今欲救治，雖不能盡徙吴江一縣之民，如蘇文忠公所議，然遷沙村之民，疏淤導滯，使江尾與湖相接之地不復有壅遏于其間。如人呼吸食息於元氣之中，而不至閉塞其咽喉以速之死，亦勢之所必然者矣。此又今日治吴淞江之大略也。

—2. 皇朝經世文編　卷一一三　工政一九　江蘇水利下

姚 椿（1777—1853）

字春木，一字子壽，江蘇婁縣（今屬上海）人。屢試不第，後講學於各地，工詩文。有《晚學齋文録》。

國朝文録自序

自孔孟没而文與道歧。漢唐以來，離合參半。至宋朱子出，而始舉道與文而一之。其讀《唐志》之文詳哉有味乎其言之也。有元逮明，大旨不甚相悖。國朝儒者斟酌乎文與道之間，其言曰：以、韓歐之文，達程朱之理，可謂正矣。而或者曰：是不可合，合且兩傷焉。

嗚呼，豈是真不可合與，抑未深究乎本末輕重之説也？國初諸家，沿明季緒餘，尚未有以盡變。中葉以來，文事大興，然其途亦遂歧出矣。綜而論之，要不可謂非一代之盛軌也。夫朱子畢生研究文字，其用功由致知格物入，而又以尊德性與道問學並重，是豈不足乎文者？而其言如此，亦可思其故矣。夫形而下者謂之器。今也以游藝而先乎據德依仁，以文學而駕乎孝弟謹信，是尚得謂知要者乎。又其甚者，駁雜以爲博，詆諆以爲能，而文之事益蕩然矣。蒙竊惑焉！計自幼歲，耽好文詞，茫乎未知大道之歸也。其後奉袂碩師，飫熟餘論，有以知前修之不苟，而向所采獲，復恐有所散失，輒取而類之，汰其繁蕪，去其複冗，其意以正大爲宗，其辭以雅潔爲主，間小有出入，要必於理無甚悖者，然後輯焉。

愚鄙之識，豈謂足以知諸君子之大且全而永其傳。顧或任其放軼，亦非述信好古與夫不賢者識其小之意也。於是合併爲書，凡八十二卷。竊以爲後之君子，苟欲觀歷代之會通，綜一朝之典要，而求前古聖賢之遺意焉，其亦將流覽於斯。

—5. 皇朝經世文續編 卷五 學術五 文學一

劉鴻翱（1778—1849）

字翬英、次白，號黄葉老人，山東濰縣（今濰坊）人。嘉慶十四年（1809）進士，官至福建巡撫。有《緑野齋文集》。

封建論

自秦廢封建，柳子厚以爲封建非聖人意，公天下之端自秦始。蘇子瞻、子由並主其説。劉子曰：子厚之論封建是也，其言周秦之公私則非也。封建之廢存，非人之所能爲也，天也。上有修德之天子，封建治，郡縣亦治，然封建必德大乃治，郡縣德稍次亦治，其理易明也。上無修德之天子，封建亂，郡縣亦亂，然郡縣必大不德乃亂，封建德稍衰即亂，其理易明也。故封建之天下，非堯、舜、禹、湯、文、武之聖，不足以懷服；郡縣之天下，漢、唐、宋、元、明之英君懿辟，一人獨運於上，公卿、大夫、士承流於下，民未嘗不獲安，爲是雖不生堯、舜、禹、湯、文、武，而天下已治矣。

三代後天不能常生堯、舜、禹、湯、文、武，則不能不廢封建。或曰：中原之地不郡縣不足以尊天子，邊陲之地不封建不足以控四夷。余則曰：天之廢封建，無中外異也。以天下之大，命將出師，反不如一隅之諸侯乎？是自割其土地也，是倒授兵柄於人也，是防邊外之寇而樹邊内之敵國也。國家威德鼎盛，彼或捍禦外侮，以邀天子之寵命。一旦凌夷，即帝制自爲矣。且漢唐皆威服萬里，窮髮之邦無不梯山航海而來，邊陲不封建，未見四夷之必能陵中國也。或曰：異姓可不封建，同姓無土地、甲兵，欲望其扶危定傾於喪亂之日，雖少康不能中興。是又不知社稷之安危、國祚之短長，在王者之祈天永命，不在懿親之私土子民。天苟未厭漢，光武崛起田間，克復舊物，何嘗有一成一旅哉？天苟既厭其德，則我用周之東遷，晋、鄭是依。當秦滅周時，晋、鄭之亡已久矣，將焉依乎？且漢有七國之變，晋有八王之亂，明有燕寧之禍，尤同姓封國之殷鑒也。説者又謂，吾所謂封建，有封建之利，無封建之害也，如唐顔師古之策，勿令過大，間以州縣，雜居而治，可萬世無虞。嗟乎，太宗未行師古之策，故説者云然，太宗行師古之策而受其害，則説者不復云矣。夫國雖百里，其主得操賞罰生殺之大柄，則與天子同也。今匹夫匹婦之含冤，朝告於天子，而夕罪其吏矣。如師古之策，即云不足以長亂，國小則值王室之變，藩衛天子而不足，而主不賢，禍及民生而有餘。以一眚之故，天子遽廢其君，絶其世，非所以議功議親也。以議功議親之故，而使匹夫匹婦之冤不得伸，豈王者不使一夫失所之義乎？

然則封建之不可復，無大小，一而已矣。吾故曰：唐虞三代之封建，天也；秦之廢封建，亦天也。漢唐、宋元之末，海内分裂，群雄割據，皆自相攻殺，合於一而後已。天不生堯、舜、禹、湯、文、武之君，不當堯、舜、禹、湯、文、武之時，而議封建，是欲使天下之民無孑遺也，豈天道哉？

—2. 皇朝經世文編　卷一一　治體五　治法上

鄧顯鶴（1777—1851）

字子立，號湘皋，湖南新化（今屬婁底）人。嘉慶九年（1804）舉人，授寧鄉縣訓導。有《南村草堂詩文集》。

船山遺書目録序

《船山遺書》刻既成，乃僭書其後曰：自孔子没而大道微，七十子之徒，遺言墜緒，不絶如縷。遭秦燔滅，蕩然無存。漢興，收拾餘燼，始立專門，各抱一經，私相授受。孔、鄭諸儒，始貫穿群籍，鑽研訓詁，迄其蔽也，雜於讖緯，墮於支離破碎。魏晋以後，崇尚虚無，流爲佛老，學術紛歧，世運榛塞，聖人之道晞矣。唐代義疏之作具有端緒，而是非得失未有折衷。宋世真儒出，群經乃有定論。至於近代學者，疾陋儒空談心性，逸於考古，遂至厭薄程朱，專考求古人制度名物以爲博，甚則剌取先儒删落、踳駁、謬悠之論以爲異。而一二天資高曠之士，又往往誤於良知之説。先生憂之，生平論學以漢儒爲門户，以宋五子爲堂奥，而原本源淵尤在《正蒙》一書。其推本陰陽法象之狀，往來原反之故，反復辨論，累千百言。所以歸咎上蔡、象山、姚江者甚峻，或疑其言太過。要其議論粹然，一一軌於正，固無以易也。

先生生當鼎革，自以先世爲明世臣，存亡與共。甲申後，崎嶇嶺表。既知事之不可爲，乃退而著書，竄伏祁、永、漣、邵山中，流離困苦，一歲數徙其處。最後乃定居湘西蒸左之石船山，築觀生居以終。席棘飴荼，聲影不出林莽。没後四十年，遺書散佚，其子敔始爲之收輯推闡，上之督學。宜興潘先生因緣得上史館，立傳儒林，而其書仍湮滅不傳。後生小子，致不能舉其名姓，可哀也已。當代經師，後先生而起者，無慮百十家，然諸家所著，有據爲新義，輒爲先生所已言者。《四庫總目》於《春秋稗疏》曾及之，以余所見，尤非一事，蓋未見其書也。近時儀徵相國裒輯《國朝經解》，刻於廣南。所收甚廣，獨不及先生，其他更何論已。先生出處本末，略見潘宜興、儲六雅、全謝山、余存吾諸文集中，不具述。獨詳述先生學業之大者，著於篇，使世之讀先生書者有所考焉。

—5. 皇朝經世文續編　卷二　學術二　儒行

陶澍（1779—1839）

字子霖，號雲汀，湖南安化（今屬益陽）人。嘉慶七年（1802）進士，歷官給事中，安徽、江蘇巡撫，兩江總督。有《陶文毅公遺稿》。

條陳安省虧空八事疏道光□年

一、追補人員，限期應量爲區別也。查此次虧缺銀數尚不甚多，追限分四年，亦稍寬展。原以追補須有實濟，期寬庶得從容弭補，免蹈挪移積弊。此内有升任道府以上者，亦有候補試用、丁憂告病、降革無缺者。情形既有不同，追限亦宜區別。應請將升任人員，照現任限期酌緊一半，無缺等員，照現任限期酌展一半，逾限無完，照現任章程一律辦理；丁憂、病故、降革等員，如有子孫出仕，係現任知縣以上者，亦照現任定限著追，係知縣以下候補者，均酌展一半限期追繳。在皖各員，以奉旨日起限；陞調回籍者，以皖省咨會到日起限。追繳銀兩，即解庫歸款。

一、交抵物件，應趕緊勒變歸款也。查州縣交代，本不應將房屋、什物作抵，乃節次清查，均有以物作抵者。如果可抵，何難自行售變？是其高張價值，以少抵多，顯而易見。此次查出抵款，應照上次定限，著落現任之員趕緊變繳，限千兩以下半年，千兩以上一年，三千兩以上二年，掃數歸款。變不足數，著原抵之員與承變之員各半分賠。如有意延宕，致房屋、什物年久不能變繳，即著承變之員獨賠。其承變限内，遇有交卸，各照在任月日計算分賠，勒限一年完繳，逾限無完，及完不足數，照例參革。抵缺銀款，仍著該管道、府、州賠補。

一、書役借欠，應分别追賠也。各州縣書役承辦案件，緝匪解犯，一切緊要差使，透支工食以爲盤纏、紙、飯之用。在彼時原擬按季扣還，及至案件繁多，借欠日重，一經革故、逃亡，遂成無著。前此五次清查，曾議革除。此次查出仍有此項抵缺銀款，即嚴參著賠，亦咎所應得。惟其中多有歷次清查漏未查出之款，且究係因公墊給，情非得已，如概令官賠，置原欠書役於不問，轉使奸胥猾吏得計，將來更難整飭。應仍照五次清查原辦，分别勒追賠補，無論銀數多寡，概限二年。在原欠書役名下，嚴比追完，逾限無完及完不足數，照例治罪。一面抄産變抵，抵不足數，著落原借之員名下賠十分之六，惰追各員名下賠十分之四。如接追限内遇有交卸，各照在任月日按數分賠。追不足數之欠項，直隸州在於該管道員名下，州縣在於該管府州名下，著賠歸補。嗣後地方遇有公事，應由州縣自行辦理，各歸各任，不許抵交。至差役墊完掣串，易致侵蝕，尤應嚴禁，以除積弊。

一、倉項宜核實買補也。查倉儲原以備緩急之用，如有動缺，自應隨時歸還，不容延緩。但從前采買，係按照州縣缺穀之多寡，發價買補。内中派買較多之處，即遇價平之年，加以轉運水脚，就每石六錢之例價，僅敷市價之半。設穀價昂貴，賠貼更多。州縣力不能支，往往挪動正雜款項，補於倉而缺於庫，此亦實在致虧情形。臣思與其多買而不能交，有名無實，莫若稍寬時日，分作數次買補。遇豐稔之年，就各屬情形，核定數目，發價購買。年豐則穀價自平，買少則挽運亦易，即有賠貼，在州縣亦易於爲力。庶倉項漸以充實，而庫項亦不致虧挪矣。

一、流攤宜禁革也。查各州縣流攤，如墊修衙署、倉廒、監獄、驛號、橋道，歲科修理考棚、桌櫈，緝拿捻匪、棍徒，設卡巡防，及例價不敷各項，往往稟求本管府州，批准分年流攤。或交代之際，憑監盤說合，立議分攤；或以抵款不敷，將交項剔出數條歸入攤款；或以前攤未交，又請展攤，以爲延宕之計。迨收接之後，又視爲攤款無關緊要，並不交出。陳陳相因，愈積愈多，此等名爲攤款，實即正項，誠致虧之一大端。流攤一日不止，積弊一日不除。臣自到任以來，即經剴切通飭，應請嗣後不准再有流攤名目，違者前後任一併嚴參究追。如該管府州批准流攤，或經監盤說合，私議流攤，查出一併參處。

一、捐款應嚴提也。查捐款名目不一，皆係辦公不可少之件。從前各州縣捐款爲數甚鉅，又有彌補、節省津貼等項名目，多者數千，少者數百。各州縣養廉幾何，安得而不虧缺？臣自到任以來，首將此項捐款分別應裁應減。核數在養廉三成以内，詳經前撫臣奏奉諭旨遵行在案。州縣去此大累，如釋重負，實已無可藉口。惟前所定之數，僅敷辦公而止，本無餘剩，若提解不前，辦公又必掣肘。且係奏定之款，未便稍任懸宕。計各州縣每年捐數，僅在二百兩内外零星批解，亦於州縣非宜。是以臣經通飭各屬，於批解上忙錢糧時，隨同解司備用。如有未清，即於耗羨内劃扣，庶得年清年款，公私兩益。至酌提羨餘一項，溯從二次清查，彌補無著。每年各州縣提銀十五萬兩，皖省虧空之愈積愈多，實起於此。上年經臣遞減爲一萬兩，詳請奏明辦理。專以津貼衝途最苦之潛山、鳳陽、靈璧三縣，亦係斷不可少之數，應按四季提解，以免拖欠。

一、嚴存庫款目，以重交代也。查嘉慶二十五年以前，各州縣欠解一切正雜捐款，現俱報入清查，已可按册而稽。至道光元年以後，各清各款，無許絲粟虧欠。第恐考核不嚴，仍蹈虧挪故轍。查從前州縣交代册内，每將前任短交之款，列作存庫造報，彼此商同，將無作有，積久愈多，遂成虧缺。是前任之得以支飾，後任之敢與通融，皆"存庫"二字爲取巧藏拙之方也。臣前在藩司任内，即通飭各屬，凡前後任交代，務將現存銀兩悉數批解，册内不准開列存庫。故如績溪縣虧缺元年錢糧，立即顯露，業經照例參奏。但必須明定章程，以垂久遠。應請嗣後州縣交代册内，不准開列存庫。如已報入清查者，或虧或抵，均於册内逐一載明。倘有應領銀款作抵交項者，亦於册内明晰登注，俾得核實稽考，即時查辦。至如紙張、飯食、一切無關正雜額捐之款，不得列入交代册内，以免紊雜。

一、交代之議單、欠票，應嚴行禁革也。查州縣交代，如果款目清楚，何須議立單據？倉庫無虧，更無所用其欠票。此等名目，原係州縣通融交接之弊。此次清查，前撫臣李鴻賓因各州縣開報款册易致朦混，或將本任虧款捏報前任，是以奏請調查。議單、欠票，原以鈎稽舊虧之是否確實，並非交代案内應有此名目也。今清查已竣，自宜明定章程，俾知遵守。應請嗣後州縣交代，責成接任之員據實盤收。倘再私立議單、欠票，徇情接受，一經發覺，即將前後任嚴參治罪，該管道、府、州及監盤各官，一併查參懲辦。庶通融之弊既除，而續虧自可杜絕矣。

—2. 皇朝經世文編 卷二七 户政二 理財下

陳辦灾各弊疏道光五年

竊照地方偶被偏灾，恩施撫賑，全在印委各官。嚴絶弊竇，俾帑不虚糜，人皆得濟。本年淮、揚、徐、海等府州被灾較廣，仰蒙恩旨，分别給賑，目下正值分查户口，領銀散放之時，尤須力除積弊。

就臣意計所及，采訪所知，大抵辦賑之弊，凡有十端：委員下鄉，不知道路，或不諳土語，多藉隨行書役，而書役每多與鄉保勾結，互滋朦混。其弊一也。委員夫轎及隨行書役，所得飯食不敷，或責之鄉保，鄉保承應難支，或更雇人幫辦，則又添食用，不免暗地取貲。其弊二也。各處村莊人稠勢衆，委員一到，往往捏增口數，或縱令婦女喧嘵要挾，甚至攔舟圍轎，故作攙混，責懲難加，理諭莫遣。其弊三也。或空屋無人，村鄰代稱外出，或携挈婦子，自稱遠道歸來，紛紛求票，即恐係别保之人攙入，難以猝辨。其弊四也。查賑之期，不過半月兼旬，其間有村莊遼隔，或雨雪阻滯，鄉保知其不能久稽，故意引向遠處難處，以促其期、疲其力，迨時日迫促，則未到之處仍祇憑鄉保所開給票。其弊五也。鄉保户口偶錯，地方刁棍因挾其短而訛索，稍不遂意，糾黨連控，承辦者畏其拖累，遂預留地步，以浮冒爲彌縫之具。其弊六也。鄉保固多狡猾，亦有愚民不諳例應賑否，概求賑票，鄉保駁斥，輒被毆辱，致有鄉保不敢跟查，轉聽本境土棍開報者。其弊七也。或灾本輕微，鄉保土棍斂錢雇催窮老劣衿連名求賑，不准則奔控求勘，印委各官懼以諱灾取戾，或蹈辦理不善之咎，隨亦不能堅執。其弊八也。放賑時不於酌中之地設廠散給，以致道途遼遠、老病婦女不能赴領，或赴領而口數較少，僅敷往返食用，或不能赴領而託人兼領，被其侵扣。其弊九也。地方爲富不仁之家，乘灾民窘迫，先給賤值買其賑票，一俟放賑，即持賑票雇人包領，是暗削脂膏，而灾民不能言，委員不及知。其弊十也。

有此十弊，是以辦賑甚難。然所以除弊之法有四：其一，查賑之限宜寬，寬則挨查之力舒而不致草率；放賑之日宜分，分則領賑之人少而不至擁擠。其委員又宜假之以權，一有阻撓滋擾，解赴印官，即行懲處，俾知嚴憚，自不敢藐玩以滋事。其一，委員携帶書役及跟查之鄉保，必須寬給工食，使之有力當差。如查竣一莊，毫無弊混，並應量加犒賞；稍有弊竇，立即重懲斥换，俾賞罰分明，自不致有勾結欺罔之事。其一，委員户必親到，口必親點，點驗既確，然後入册給票。每查竣一莊，即將一莊内所有極次貧花名户口及應領銀數開寫榜示，粘貼莊前，如有詭户及舛錯之處，許於數日内首告更正，則共見共聞，自無所施其捏冒之技。其一，多設賑廠，各就四鄉灾民之便，老弱不難赴領，雨雪不虞阻止，自不致爲代領者侵扣，亦不甘以賤值而賣其賑票。

有是四端，可除十弊，然總以得人爲第一要義。印委各員得人，雖諸弊叢積，不難掃除，否則或先存染指，或畏葸無能，本員已不可信，遑論其他。前經臣與督臣率同藩臬、道府及州廳以上各員捐廉，共凑銀三萬餘兩，分撥灾區，作爲辦賑委員及吏役人等食用不敷之費，俾得安心查辦，以清浮冒剋扣之源。復將應需賑銀預解淮揚府庫，俾各州縣於詳定數目時即就近領銀，毋庸遠赴司庫，以歸簡捷。並迭札通飭各屬，激發天良，屏除積習，拯救灾黎。現在體察情形，尚知奮勉。將來各員如果經理得宜，自當遵旨加以鼓勵，倘或辦理玩忽，仍即隨時參辦。地方刁劣、希冀揑冒者，現亦訪獲數人，懲辦之後均知歛迹。臣仍將應辦章程分行各屬，務期實惠均沾，無濫無遺。

—2. 皇朝經世文編 卷四二 户政一七 荒政二

覆奏海河並運疏道光五年

竊惟我皇上廑念河漕，勤劬宵旰。屬在臣工，孰不感凛交增。臣渥蒙簡畀，調任江蘇，爲錢糧最重之區，當河漕棘手之際，發蹤所由，責無旁貸，更何敢遷就游移，致滋貽誤。

竊以爲，漕米關係國家根本計，而治河即所以治漕。上年洪湖决口，一瀉無餘，其始祇因堵壩稍遲，遂致諸事牽掣。及今歲而借黄不足，繼以開挑；開挑不足，繼以駁船；駁船不已，繼以車運。現在時日已迫，而漕米之在淮南者，尚有一百數十萬石。勞勞半載，竭蹶倍形。然則變通之方，奚可以不豫也。

查海運之法，自元逮明，行之有效。止以閱時既久，章程難復，協辦大學士臣英和前摺所陳四難之説，言之甚詳。然全漕由海運則不可，而商船未嘗不可分載。臣細閱英和條議，誠識時之要著。目前籌運之策無踰於此，自屬可行。惟現交秋令，西北風多，船行不便，止可預爲布置，以運新漕。其章程一切則摺内所舉，照斛兑交，官給運腳及派委大員赴津兑收各條，均極周密。臣甫莅蘇境，與督漕諸臣尚未晤面，倘條款猶有未盡，自當隨時妥商辦理，以期行之有益。

至折漕一事，向值歉歲，偶一行之，或山區米少，離水次太遠之地，意在便民，爲朝廷格外之恩。今若遍行各屬，則格礙甚多，所難者尤在銀無所出。蓋米爲民間所自有，而銀則不能盡有，惟待於穀米之糶售，漕米改徵折色，即與地丁無異。以江蘇一省言之，額漕幾及二百萬，倘以百萬徵米由海運，而百萬折色約計應折銀二三百萬。平時一百數十萬之丁地，分爲上忙下忙。官有惰徵之處分，民有抗糧之責罰，猶且催徵不前，積爲民欠。矧於數月之内頓加逾倍之正銀，勢必穀賤傷農，有糶無售。比户需銀而銀不可得，閭閻之氣騷矣。况一省之漕，或徵或折，辦理參差，尤多掣肘。竊意漕米折色，他省情形不一，若江蘇則勢在難行。

至停運治河，一勞永逸，最爲上策。惟在去冬洪湖初决時，行之則甚易。此時石工將竣，蓄水漸深，沙泥在底，挑挖難施。如微山湖則現在本能蓄水，又未便涸泄其水以施挑挖也。至於漕運渡黄吃緊，惟在禦黄壩一處，其餘工段均不與運道相連，不必停運而始能興工。况京師萬方輻輳，漕米而外，需用甚多，若停運一年，將南方之貨物不至，北方之棗豆難消，物情殊多不便。是折色與停運二者均有不可行也。

竊思來歲當以海河並運爲宜。廣招商船，分作兩次裝載，計可運米百五六十萬石，其餘仍由運河而行。秋冬之間，即由河臣派員，將運河挑挖深通，俾資順利。計來春湖水益增，自可引導濟運，不至如借黄之累矣。大抵專辦海運則恐商船之不足，專辦河運又恐清水之難恃，惟有兩者相輔而行，可期無誤全漕。且米運即分，則運道舒而治河亦易，於天儲仍可擴充，揆之有備無患之道更屬相宜。所有臣遵旨籌議河漕大概情形，謹據實分别，可行不可行恭摺覆奏，伏乞皇上聖鑒訓示。

再海運係暫時試行，將來河道全通，自應仍由河運。萬一淺阻，亦事所時有，應請仿照唐代轉運之法，于沿河沿淮一帶建置倉廒，遇有阻滯暫爲存貯，俟水足時或由駁船載運，或由原船次年搭運。即使存貯稍久，而距京較近，緩急究有可恃。惟建倉之初所費頗多，但以搬運各策計之，其所費差足相等，而倉廒歷久尚在，其利較長，似亦轉漕之一法，可以濟運道之窮。緣奉諭旨，此外有可利漕濟運者各抒所見，謹就臣管見所及附片具陳。

—2. 皇朝經世文編　卷四八　户政二三　漕運下

敬陳兩淮鹽務積弊片

再，臣查鹽務紛繁，弊端不一。如印本智票貼息套搭，皆弊混之尤者。不肖奸商巧立名目，借端開銷，以致庫本全空，課項日絀，竟有積重難返之勢。即如商人辦運所有引課、場價、運腳使費一切併計，謂之“成本”。內有商人缺底一項，名爲“根窩”，每引取票銀一兩，每年按引即須銀一百六十九萬有餘歸於底商，先國課而坐收其利。其餘則浮費居多，每由總商開銷，取之散商，名爲“辦公”，而實不知其名目盈千纍萬，任意攤派，此類甚多，成本安得不重？成本既重，則售價必昂，而私梟由此起矣。如漢鎮爲銷鹽第一口岸，鹽價每斤需錢四五十文，迨分運各處銷售，近者六七十文，遠者竟需八九十文不等。其實鹽務成本首重正課，其次則場價，計每引配鹽三百七十四斤，僅徵正課銀一兩至數錢零不等，其砝單雜課亦僅徵一二錢不等。計算場價每鹽一斤不及十文，而轉銷各處竟至數十倍之價。且有攙和污泥，雜入皂莢、蛤灰等弊，鹽質更差。以致江廣之民膏血盡竭於鹽，貧家小户往往有兼旬彌月堅忍淡食，不知鹽味者，而鄰私乃乘機灌入。此非私販之銷售能勝於官，實由鹽價太昂有以致之也。至於儀徵一帶爲捆鹽之場，奸商與商厮難免私行夾帶，江船水手從而效尤，而私梟亦因以罔所顧忌。其實私梟所販之鹽即係場竈所產之鹽，如果商人能收買餘鹽，何致有私鹽可販？衹因商不能收而竈户窮困，偶有透漏，以資朝夕，遂致輾轉負載，積少成多。而無資本無身家之匪徒聚而成梟，幸此輩多係烏合，見利則趨，聞拏則散。現在知縣王用賓、署游擊金萬全皆練於緝捕之人，梟徒讐畏。自六月內黄玉林指拏各犯以後，紛紛逃散，地方尚屬靖謐。惟鹽務拔本塞源，必須革去奸商，另招殷實。而殷實之商又必須明定章程，删去浮費，使不受總商攤派之累，然後肯來。前與運司諄切言之，當可次第整理合併，附片具陳。

—18. 皇朝道咸同光奏議　卷三五上　户政類　鹽課

管　同（1780—1831）

字异之，號育齋，江蘇上元（今南京）人。道光舉人，從姚鼐學古文。有《因寄軒文集》。

禁用洋貨議

天下之財統此數。今上不在國，下不在民，此縣貧而彼州不聞其富，若是者何與？曰生齒日繁，淫侈愈甚，積於官吏而兼併於大商，此國與民所以併困也。雖然，是固然矣，而猶有未盡。今鄉有人焉，其家資纍數百萬，率其家人婦子，甘食褕衣，經數十年不盡。既而鄰又有人焉，作爲奇巧之物事以誑耀乎吾。吾子弟愛其物，因日以財易之。迨其久，則吾之家，徒得乎物之奇巧無用者，而吾之財盡入於鄰。

今中國之與西洋，固鄰居也。凡洋貨之至於中國者，皆所謂奇巧而無用者也。而數十年來，天下靡靡然争言洋貨。雖至貧者，亦竭蹶而從時尚。夫洋之貨胡爲而於吾哉？洋之貨十分而入吾者一，則吾之財十分而入洋者三矣。昔者，聖王之世，服飾有定制，而作奇技淫巧者有誅。夫使中國之人被服紈綺，玩弄金玉，其財固流通於中國之中，而聖王必加之厲禁者，爲其壞人心而財勢偏積也。

今中國之人，棄其土宜，不以爲貴，而靡靡然争求洋貨。是洋之人作奇技淫巧以壞我人心，而吾之財安坐而輸於異域，其在聖王宜何如？天下之物，取其適用而已矣。洋有羽毛之屬，而中國未嘗無以爲衣也。洋有刀鏡之屬，而中國未嘗無以爲器也。儀器鐘錶，彼所制誠精於吾，而爲揆日觀星者之所必取矣。然而舜在璿璣，周有土圭之法。彼其時安所得是物而用之？然則，吾於洋貨何所賴而不可絶焉。國家之制，販粟出洋者，官吏之罪，至於大辟。夫粟之與財，其爲國與民所資也，奚以異？以粟而易洋之財，與以財而易洋之貨，其爲傷民資而病中華也，又奚以異？今也獨禁粟而餘皆無禁，是知其一而不知其二者也。昔漢之時，匈奴愛漢繒絮、食物。有中行説者，教以得漢繒絮以馳草棘中，衣袴皆裂敝，以示不如旃裘之完善也。得漢食物，皆去之，以示不如湩酪之便美也。由是匈奴遂大爲漢患。夫欲謀人國，必先取無用之物以匱其有用之財。故表餌交關互市之事，古之人常致意焉。洋之樂與吾貨，其深静殆未可知。就令不然，而中國之困窮，固由於此，則安可不爲之深慮也哉。宜戒有司，嚴加厲禁。洋與吾，商賈皆不可復通。其貨之在吾中國者，一切皆焚毁不用，違者罪之。如是數年，而中國之財力必紓矣。

——2. 皇朝經世文編　卷二六　户政一　理財上

張海珊（1782—1821）

字越來，一字鐵甫，江蘇震澤（今蘇州市吴江區）人。道光元年（1821）舉人。有《小安樂窩詩文集》。

開港議

昔我夫子之稱禹曰："盡力溝洫。"蓋嘗怪其不及疏瀹决排之功，而止在溝洫之細，豈非以疏瀹决排所以去水之害，而溝洫者所以收水之利，於以成則壤而粒生，民功於是爲大乎？

考之《周禮》，遂人治野，有遂，有溝，有洫，有澮，有川。而合於匠人之制，則所謂澮者，必廣二尋，深二仞，下而至於爲洫、爲溝、爲遂，其廣與深皆殺之以兩，然必相地防，順理勢，有磬折參伍之制，有句矩之法，必極其高與深而後已。而溝之行三十者，其廣又倍焉。遂也，溝洫也，澮也，川也，若網之在綱，有條而不紊，而又有瀦以畜之，有防以止之，眎天時之旱潦，地形之高下，而爲之蓄泄焉。溝洫之制，所以輔井田以並行，井田可廢，而溝洫之制必不可廢。

東南澤國，而吴江、震澤兩邑又居其下流，水之爲害甚大，而爲利亦溥，圩田之美聞天下。其在三江左右互相游衍而逶迤入海者，則有若涇、若浦；其分承諸處之水而散瀦者，則有若湖、若蕩、若漾；其承苕霅水而分疏以入太湖者，則有若瀆、若漊、若港。或十里，或五里，或縱或衺，隨流隨瀦。而其支流曲折，又有所謂横港者，各徑其圩之東與西，而與田相入，於以時水旱，資灌溉，倘亦古溝洫之遺意乎。歲月浸久，湖流淤濁，隨水以上，水去而泥存。農人之侵占半之，圍岸之塌落又半之，而漊與港僅存其迹，或略通細流，春水時至，則無地以瀦，隨漫入田，一遇赤旱，則港底龜坼，車戽無所。人但見水之爲害，而不能用其利，豈不惜哉！

嗚呼，古所謂遂人、稻人之職既不能復，官府又不暇以此等爲事，而縉紳士夫又日事錐刀，朘小民之生，以高貲相雄，百事廢墮，道塗不修，橋梁不舉，漊港塞而圩田之利亦廢。蓋以古神聖之所盡力者，而目以爲瑣，笑以爲迂，天下事大抵如是已，作開漊港議，而以應行事宜附於後。

—2. 皇朝經世文編　卷三八　户政一三　農政下

盛百二（？—1822）

字秦川，號柚堂，浙江秀水（今嘉興）人。乾隆二十一年（1756）舉人，官淄川縣知縣。有《柚堂文集》。

編審論

編審者，治道之根本也。蓋積州縣而成天下，積鄉里而爲州縣，積户口而成鄉里，故户口清而鄉里治，鄉里治而州縣治，州縣治而天下亦治矣。《周禮》鄉遂之法，始於比鄰，詳稽其夫家之衆寡、貴賤、老幼、廢疾、六畜、車輦、田野，以施政教，以行徵令，以辨施舍，以起徒役，而奇衺奸宄亦無所容。此歷代以來不易之法也。

明洪武十四年，令天下編黄册，在城曰坊，近城曰厢，鄉都曰里，共編爲册，册首爲一圖。里有一百十户，以十户爲長，餘百户爲十甲。里長、甲首董一里、一甲之事。鰥寡孤獨不任役者，附十甲後爲奇零。其册凡一年一更定，此即今編審之制也。明初但有夏税小麥、秋税粟米及絲綿之徵，百姓皆聽役於官，十六成丁而役，六十而免，無所云丁銀也。自後乃有銀、力二差。力差者差役也，銀差者雇役也。又其後雖有二差之名，亦皆一例徵銀而已。於是胥吏上下其手，隱匿脱漏，百弊叢生。又丁銀之增損，關於考課，故丁銀有增無減，所謂溝中之瘠，猶爲籍上之丁，黄口小兒，已入追呼之册，此仁人君子所以嘆息也。

自我朝康熙五十二年，滋生人丁，永不加賦。至雍正四年，又行丁歸地畝之法，百姓優游於耕鑿之中，有司無考課之累，從容而賦繭絲，良法美意，三代以來未之有也。然因此有司遂視編審爲具文，惟胥吏是任，以至户口不清而貧富不辨，貧者有貧之實而無貧之名，富者無富之名而有富之實，又飛灑詭寄，遂有無田之税、無税之田矣。且僱役惟可行于平日，如非時力役、河防土工之類，其勢有不得不出於差者，于是徭役有不均之嘆。況編審時，吏胥按户索其飲食、簡筆之費，百姓又恐差徭之及身也，于是併户减口，專爲一切徼倖，平時按籍而常見其少，不幸天灾流行，朝廷有大恩卹，計口給發，則其數又驟見其增，於是編審、賑卹二册自相矛盾，雖有才能亦無所措其手足，始悔平時之失計，亦已晚矣。況欲求賦役均平，奸宄屏息，安可得哉，論者不察，竟以編審爲不足憑，而無益于治道，益惑矣。

—2. 皇朝經世文編　卷三〇　户政五　賦役二

書握奇經後

《握奇經》云："天地風雲，龍虎鳥蛇，四爲正，四爲奇，餘奇爲握奇。"此十九字，相傳以爲本於風后。其法爲六十四陣，中十六陣，四方各八陣，四隅各四陣。

居中者，握奇也；四方，東爲龍，西爲虎，南爲鳥，北爲蛇，即《曲禮》左青龍、右白虎、前朱雀、後玄武也；西北爲天，乾也，西南爲地，坤也，東南爲風，巽也，東北爲雲，艮也。山出雲也，八宫所以定位。李衛公云：天地風雲，本乎旗旐；龍虎鳥蛇，本乎隊伍。無他義也，四方爲正，四隅爲奇，或易之，蓋奇無定形，無不可也。

居中之兵倍四方，四方之兵倍四隅，所以居重馭輕，此八陣之體也。又法地軸十二陣居中；天衡十六陣重列居兩端；天前後輽八陣，前四居右，後四居左；地前後輽十二陣，前六陣居地軸前，後六陣居地軸後；風雲各四陣居四隅。天地之前輽爲虎翼，風從虎爲蛇蟠，後輽爲飛龍，雲從龍爲鳥翔。地軸取其鎮静，天衡取其運動，輽者以陷敵決勝，風從天，雲從地，取其不測，蛇取其固繞，鳥取其突擊，此八陣之用也。再分之，則天地風雲爲體，龍虎鳥蛇爲用，天、風、虎、蛇爲陽陣三十二，地、雲、龍、鳥爲陰陣三十二。又有游軍二十四陣，如偃月形者居於後焉，不在八陣之内，與前所稱之八陣，名同而取義則别。此武侯所傳，然漢常以立秋日肄孫吴六十四陣，是古有之，非武侯創爲矣。至有所爲變八陣、經緯八陣，又後人增衍之者也。其大要，則所爲致人，而不致於人；先爲不可勝，以待敵之可勝；欲簡不欲繁，欲易不欲難；不虚内以役外，不重本以輕末；居者常平，更番休息；四頭八尾，觸處爲首；隊間容隊，陣間容陣，人間容人，而游軍尤爲至重，故皆矯健不羈之士所爲立非常之功，御之亦宜以非常之恩也。徵之於《傳》：邲之戰，士季帥七覆於敖前，故上軍不敗，不虚内之意也；繻葛之戰，先偏後伍，先偏衡也，後武輽也；城濮之戰，胥臣蒙馬以虎皮，先犯陳蔡，鳥陣之類也；狐毛、狐偃以上軍夾攻子西，蛇之類也；欒枝曳柴而僞遁，原軫、郤溱以公族横擊之，風雲之類也。要之，奇正而已。奇正相生，循環無端。《孫子·九地》篇云：善用兵者如率然。率然者，常山之蛇也，擊首則尾至，擊尾則首至，擊中則首尾皆至。桓温觀武侯夔州八陣曰：此常山蛇勢也。一言而盡其妙矣。或者以常山爲直陣，握奇乃方陣，譏温爲妄談，真不知而妄議者歟？宋王德用帥真定，帝遣使問邊事，對曰：常時賜諸陣圖，人皆守死法，緩急不相應，以至於敗，願不以賜人。是則然矣，然此乃用圖之罪，而非圖之罪也。神明變化，原不滯於規矩，而由規矩以生，猶之有一定之八風，而後無定之風可得而驗。《周髀》之言句股也，曰句三、股四、弦五，有人執此法，以爲句必三，股必四，弦必五，施之算術一步不能行，而因咎《周髀》之誤，豈不冤哉？杜氏《通典》言兵詳矣，初不及《握奇》，且曰：龍虎鳥蛇，徒有其説，只恐難教。然八陣之法，部分奇正而已。杜氏乃證之以實事，是善體《握奇》者，杜氏也。其曰難教，蓋爲後人之變八陣及經緯八陣支離煩碎，與簡易之旨相反者言之耳。李靖之六花十二陣，杜氏詳載之，非出於八陣而何？若夫八門、九宫、三奇，此聖人所以神道設教。《漢·藝文志》兵法四種，本有陰陽家假鬼神以爲用者。然而天時不如地利，地利不如人和。不明《握奇》，人事已失矣，何暇及他，世人專以八門、九星、三奇言《握奇》，此其愈神而愈晦也夫。

—2. 皇朝經世文編　卷七七　兵政八　兵法下

王贈芳（1782—1849）

字曾貤，号霞九，江西盧陵（今吉安）人。嘉慶十六年（1811）進士，官至雲南鹽法道。有《慎其餘齋詩文集》。

請更定鹽法疏道光九年

奏爲謹陳鹽務經久之法，以除梟害而便民生，仰祈聖鑒事：

竊惟鹽者天地所生，以養民者也；鹽法者，國家所立，以便民者也。我朝鹽法，計口以配引，分地以簽商，俾民無轉運之勞，課有均輸之額。立法本爲周備，乃行之既久，積弊日深，而兩淮爲尤甚。其致弊之由，補救之法，臣前摺已詳陳之。誠以疏引必在遴商，剔奸乃能裕課。惟清釐乎全局，可收效於目前。然衹爲裕課計，則所以爲民生計者，固有未盡也。何也？天下之利，不在國，必在民。其實利在民，則國未有不利者也。今之鹽利不在國，亦並不在民，而其利歸於商。然商擅其利，而官吏争制其短長，則其費必重；商役財以結官吏，而擅其獨市之利，則其價必昂。商以鹵雜、短稱之鹽，又經水販、子店之手，偷竊攙和，而民乃受之，價以遞增而愈多，鹽以遞轉而愈醜。於是梟徒乘機逐利，與商争權，小民出官鹽之半價，得潔白之净鹽，遠於官而近於私，地利之所便，人情之所趨，固非嚴法竣刑之所能禁也。

查淮鹽引地最廣，鹽價最貴，而侵灌者亦最多，潞、蘆、閩、浙、川、粤之私，皆越境以充之，梟徒亦夾雜其中。而淮南北之梟，又私販於場竈，以灌腹内。其爲首者，有大仗頭、副仗頭之目，貲本多至數十萬，大夥以數千計，小者二三百爲群，炮位槍矛、刀戟鞭鎚之器畢具，所過關隘，輒鳴鉦施槍，銜尾飛渡，凡安徽之潁、亳、廬、鳳，江蘇之徐、邳，河南之南光，山東之曹州，湖北之襄陽，江西之南、贛、吉，紅鬍教匪、捻匪、會匪以及糧船水手，皆其黨類，處處充斥，阻壞鹽法，擾害地方。今聞江、廣等口岸，存鹽至二百餘萬引，按現在月銷計之，須至道光十一年方可銷竣，此私暢引滯之明證也。而兵役緝私者，於梟徒大夥即有懼心，兼且利其規賄，私行賣放，轉將肩挑背負之鹽、向來不在禁例者概行緝捕，以市德於商人，以邀功於上官，男女老弱皆陷縲絏，情殊可憫。又况僻鄉險隘，名雖淮鹽引地，有終身未見淮鹽者。其間私梟横行，劫奪淫掠，何所顧忌；呼號無路，隱忍吞聲。同爲朝廷赤子，官商固公行夾帶，私梟亦倖逃法網，惟此小民，官鹽還莫能致，私鹽又干厲禁，既受兵役擾累，兼被私梟兇横，民重困矣，其何以堪？

夫天下有不産鹽之地，無不食鹽之人。伏查引額定自國初，承平積百八十餘年，户口滋生，何啻十倍，而銷數翻致短絀，豈天下有如許淡食之人乎？引鹽儘數，不敷民食十分之一，鹽不出於官，必出於私，勢固然也。大凡止弊之道，貴治其源。百貨之在天下自然流通無弊者，聽民自爲謀，而不分官私也。鹽有官，必有私；有私鹽，則官鹽必壅滯而不行。臣愚以爲欲除鹽弊，以便民生，莫若課歸場竈，任竈户、商販自相交易，使與百貨同流通於天下。應請由督撫、鹽政確查竈數，令以額鹽、餘鹽具報場官；場官查核籍記，比照引課酌定額鹽課數，均匀攤徵，以餘鹽作爲羨課；不論富商、小販，均得向竈户買鹽；竈户即於售鹽時納課，以免拖欠追呼；聽民隨地運銷，不分畛域。如是則人人可以買鹽，處處可以行鹽；課無壅滯逋欠之虞，官無籌銷堵緝之累；商人購運與否，均可聽便，不致竭蹶誤公；而數十萬私梟不禁自絶，且得貨鹽小販，皆化而爲良民。本輕利多，人自樂爲，腳販日廣，鹽價日賤，往時食貴之民，莫不有含哺鼓腹之樂，民利溥而民害盡除矣。

或謂竈户勾通民販，恐賣鹽之數，以多報少。臣思向來竈煎除鹽，所以匿報售私者，以商專其利，而竈與民兩病也。今竈與民自相交易，民無慮高價而短稱，竈無慮扣價而取贏，納課之數甚輕，透漏之罪甚重，冒重罪而逃輕課，常情所不爲也。況有火伏之法，可知出鹽之數。稽查之責，專在場官。宜慎擇廉能之員，設立火伏簿扇，查明各竈盤鐅，以核竈煎實數。竈有定額，一竈一日夜煎鹽一鐅；有定觔，名曰火伏。令竈户五家互保，有隱漏者察出，本人與保人分别嚴懲驅逐。各場之課，以出鹽旺澹之月互相比較，按竈出鹽，按鹽計課，按課定限，按限批解運庫，照州縣地丁例儘徵儘解。如徵解遲延，虧隱課項，即照州縣例嚴參治罪；其著有成效者，優加鼓勵。法令簡肅，賞罰嚴明，則場竈積弊，一朝掃除矣。此法行，不惟額鹽有課，餘鹽亦復多羨，統昔之官鹽、私鹽皆輸國課，較之行引課數必當大有增加。

臣伏念我皇上御極以來，軫念鹽務疲乏，每次豁免輒至數百餘萬。恩旨諄切，本不言利，但使商持引以銷鹽，官督商以辦課，引足歲額，課清年款，而商與民安，梟不爲民害，則成法具在，何敢妄請更張？無如法久弊深，不但國課日虧，坐使小民重困，即今設法補救，取效目前，或能恤商裕課，難免梟熾民殃。若不及今改圖，誠恐私梟得鹽利則必拒捕，不得鹽利則必流爲盜賊，遲之又久，其患不僅在鹽務，而在地方。臣不敢言興利，竊願爲民除害。且不僅除一方之害，竊願除天下之害也。惟臣所陳者，因淮綱關係甚鉅，用敢特言其略。至直省，行鹽情形不同，原難概論。

伏查各省鹽務，有停頒引鹽，聽民自行煎賣者，有鹽課改歸地丁，聽民自便者，有改爲竈煎竈賣，民運民銷者，有鹽無引額，由小販擔負零賣者，或因梟盜日多，或因民食不足，或因欠款逋欠，均經陸續請改章程。是各省鹽務疲乏，亦復大略相同，而淮綱累深，未聞議改者。蓋因商人欠帑至四千餘萬之多，應商人分年帶納，若不任商，則此項全歸無着，是以未敢輕議。臣思分年帶納，即在鹽價之中，並非商人自出己貲，分三十綱既須三十年，又展限者屢矣，年復一年，何所底止？且商日裕饒，或可續歸舊款，今疲乏日甚，舊欠之外，難保其不新虧。積欠太多，帶納無期，此事勢之必然者。任商而帑仍虛懸，徵竈而課歸實獲，以今日之竈課，補昔時之商逋，且商人故業具在，仍可購鹽運銷，隨時措繳，通盤籌劃，似屬有裨。伏乞飭下直省督撫、鹽政，悉心酌議，詳定章程，令一體遵行。經久無弊，商課改爲場課，私鹽盡屬官鹽，養民便民，奸宄潛消，斯誠以美利利天下，不言所利而利大者也。臣愚昧之見，是否有當，恭摺奏聞，仰祈皇上聖鑒。

—15. 皇朝經世文四編　卷二〇　户政　鹽課

舒化民（1782—1859）

字以德，號自庵，江西靖安（今屬宜春）人。嘉慶十二年（1807）舉人，官至浙江督糧道。有《寶研堂集》。

修 防

竊惟立法期於垂久，而舉政務在得人。查東西兩防海塘柴石各工，自道光六年奏定章程，議加固限，原以嚴立限期，杜工員等草率偷減之弊，極爲周密。而嗣據該工員等會詳轉請仍循舊章，因甫經奏改，未奉准行。第思海潮風勢，夷險靡常，實非目前所能臆計。但令人力能爲，如有坍損，自屬難辭其咎。若遇風汛激烈，即難保無旋修旋壞之事。此中稍無餘地，實屬力有難支。且恐立法過嚴，工員畏累，存僥倖苟免之思，遇有險工，不敢開報，轉致貽誤大公。

竊以爲從前各工之草率，固工員之辦理不善，而亦監司之體察未周。上以修防爲調劑之方，則下亦樂以辦工爲自便之計，積習相沿，遂至如此。某由州縣出身，在仕途二十餘年，才具短絀，惟遇地方公事，未敢稍蹈欺飾。况以海塘重大，尤不容掉以輕心。據愚昧之見，擬請以後修防，責令工員擇其最險必不可緩者，據實開報，親詣勘實，方准會詳請奏。是慎之於始，既無浮冒之工，而興修以後，不時親往察看，所辦如不合式，即記過飭令加修，甚者詳請參劾。如此則工員有所警畏，工程可期結實，經費亦可期節省，即不加固限而此中之節省已多。歷一二年，或當稍有成效爾。

—5. 皇朝經世文續編　卷一二〇　工政二六　海塘

修 防

竊查兩塘工程，自南岸漲沙日增，北岸海塘喫重。道光五年，南沙止千餘丈，至十三年已漲至八千餘丈，以致北岸險工林立，石塘坍口者百數十丈。先後奏請帑金二百餘萬，始能一律鞏固完竣，而存留二十餘萬之塘工生息。歲歲修防，以資善後。每年用銀，約在十五六萬兩上下。潮汐平安，兩塘無事。嗣因經費不充，不得不量爲撙節，僅將險中尤險之工，擇要興辦。延至二十八年，次險者盡成尤險。而又益以七八月非常之風潮，坍損工段，遂至修不勝修。本年春夏兩次修工，兩防共請銀九萬有奇。原知經費不敷，不得不力求節省。所以請修之工，皆間段之中擇其尤險。惟間段，故前後多不聯屬。惟尤險，則寬深不易施工。譬如輔車唇齒之相依，前傾則後覆，唇亡則齒寒，亦理勢所必然也。况又遇八月風潮比上年尤甚。如省垣之秋濤宫，自乾隆間建修以來，從無潮潑，今則石柱擊折，撲碎樓簷，實爲從來所未有。不第柴掃刷去，並且波及行路溝槽，潮勢本極洶湧，風又加之激蕩，東裂西崩，如湯沃雪。其地寬而勢坦者，尚可依土附樁；若路槽逼窄之處，坍卸日近石塘。此而不及蚤修防，一經坍至底石，勢必搜齧塘根。目今尚無策可籌，何堪更添格外糜費。此海塘之日危一日實在情形也。

至於修工，則尤有難焉者。從前海塘平安，險要工程尚少，柴掃易以整齊，工員樂於從事。今則非尤險者不能舉辦。查辦工例有丈尺，即增減不甚懸殊。今領二丈正工之例價，兼修七八丈之溝槽，工費已不能敷。而又東西邊際，少能聯絡。新築之工，沙土鬆浮，有工未及半而被潮刷去者，有甫經修竣旋遇冲損者。每值工員間訴苦衷，往往悽然淚下。維時既不能不以厲色責其賠修，仍不能不以婉言慰其累况。此修工日艱一日之情形也。

每巡查塘工，自七八月後，實月異而日不同。既見工無完善，尤覺心悸膽寒。各處顯露石塘及坍至行路溝槽之處，不能不及早請修。工鉅費繁，實爲萬分焦急。豈不知庫項支絀，籌款維艱。然不及時補救，奏請設法籌辦，縱今冬徼倖無事，來春坍缺必多。工愈多，則工員之照管不及，工愈難，則工員之賠累不支。

某忝列分巡，豈敢以危辭聳聽。而值此任大責重，斷非庸才薄力所能勝。自到工以來，食不知味，寢不安枕。舊時心胃疼痛之病，間日一發，然不敢請假者，以曩時從事繁劇州縣郡守，垂三十年，未嘗乞一日之假，告一夕之勞，今荷天恩高厚，擢至監司，即盡瘁匪躬，豈敢顧惜？第一線危塘，爲下游七郡生靈保障，東南財賦攸關，設有貽誤，患豈勝言。瀝情稟懇，伏冀設法籌款，指示機宜。海塘幸甚，官民幸甚。

—5. 皇朝經世文續編　卷一二〇　工政二六　海塘

陳 斌（？—1823）

字陶林，號白雲，浙江德清（今屬湖州）人。嘉慶四年（1799）進士，官青陽知縣。有《白雲詩文集》。

量行溝洫之利

十一者，取民之中制也。漢三十取一，唐宋或二十或三十以取一，但輕於三代，而顧不如三代之民之樂者，以三代田必分授，而有溝洫之利其民也。三代溝洫之利，其小者民自爲也，其大者官所爲也。溝洫所起之土，即以爲道路；溝洫所通之水，即以備旱潦。大雨時行，泄而出之，田不憂潦也。越有小旱，激而灌之，苗不憂槁也。故溝洫者，萬世之利也。

後世議之，慮其棄地之多，而實無有也。一井之步，約百有八十丈，其爲溝畛者，八尺而已矣；一成之步，約萬有八千丈，其爲洫與涂者九，積十有四丈四尺而已矣，通計所棄之地，二百分之一而弱也。今更新爲之，必有慮其事之難成者，則更非甚難之事也。斌觀甽田之法，一尺之甽，二尺之遂，即耕而即成者也。今蘇湖之田，九月種麥，必爲田輪，兩輪中間，深廣二尺。其平闊之鄉，萬輪鱗接，整齊均一，彌月悉成。古之遂徑，豈有異乎？設計其五年而爲溝澮，則合八家之力而先治一橫溝，田首之步之爲百八十丈者，家出三人，就地築土，二日而畢矣。明年以八家之力再治洫，廣深三溝，其長十之，料工計日，三日而半，七日而畢矣。又明年，以八百家之力爲澮，廣深三洫，其長百溝，料工計日，一旬而半，三旬而畢矣。即以三旬之功分責三歲，其就必矣。及功之俱成，民甽田以爲利，一歲之中，家修其遂，衆治其溝洫，官督民而浚其澮，有小水旱，可以無飢。十分之飢，可救其五，故曰溝洫，萬世之利者也。此古之所不惜於區區之棄地，而亦未嘗畏其難成者也。

百姓一夫失業則飢，十日失穀則殍，此宜其家自爲生，人自爲力矣。乃百姓終歲墾田而仍飢以殍者，此必其所不能自爲者也。一則以歲之不時，一則以溝洫之不治也。歲之不時，人所莫能爲也；溝洫之不治，農民莫能爲，官可齊其力而爲之也。其不爲者，謂其至重而不敢舉、至煩而莫之任也。竊觀秦漢以下之言限田、名田者，既以奪富民而興怨讟，已無復置其議矣。而魏孝文均田之令，其還受畝分之法，遠歷北齊北周以至李唐，行之且數百年，此何以能然？況其溝洫之利，隨時隨地無不可興者，而又何以不能哉？蓋時無大水旱，則坐視爲不必爲，及水旱至而拯恤不遑，又萬萬無可爲者。加以民食之盈絀，必數年而後見，國家之利病，必數年而後見，事無近功，官無嚴課，故吾民之飢飽死生一聽命於不可知之歲，而曾無十一之防、百一之救也。斌謂救荒無善策。爲溝洫於未荒之時，此豫救之策也。即爲溝洫於救荒之時，使饑民即功而就食，此一救而兩救之策也。然而土異形，人異習，按方尺之圖，動十萬之衆，如漢武帝之輕用方士，坐廣厦之内，度谿谷之外，如王安石之欲田梁山泊者，則固不可爲也。即春議經界，秋議遣使，如宋天禧之提刑典獄，並領勸農之職，而仍無纖毫之益於民者，亦名美而不足恃也。故爲溝洫，必訪求於鄉耆里長，而總其事於郡守，責其成於縣令，分其任於縣丞、主簿，則親而不擾，久而必成。

今集四境之耆長，體訪以人情地勢，有酌見其可興溝洫之利者，丞、主簿一相度焉，而公酌之縣令，令再相度焉，準里計日，具圖以請於郡，而作其功。有廢地可以溝通者，則募其旁近失田之夫爲之，官助以不足，田成而授其人，五年而起科，畝十而當一。有溝洫其業田爲永利者，則以任本業之人。民實其田，官均其力。春夏作五日，秋作十日，冬作二旬，丞簿親董之，令一作一視，先成者籍而存於官，其未成者簿誌之，至來歲續而畢焉。民田一頃，聽溝池半畝，十頃五畝，令不當溝塗之道者，轉償其鄰田。田不及頃，則任力而不聽田。二十畝以下者，貰其力。蓄泄之利，兩邑共之，則郡守責其兩令，令或代去，則交其簿於受代之人。凡縣令置農田課，郡守察之，其阻成功及借名生擾者黜。

古揚州之田下下，今蘇湖之田之賦固上上也。自唐肅、代之世，轉稻東吳，至宋南朝，至元明漕運，俱大半取給於是。此孔安國所謂"田下賦上，而人功修"者也。蘇湖之民，善爲水田，春收豆麥，秋收禾稻，中年之入，概得三石。而北方之種地者乃不能半之，則以無爲水田者也。凡穀之種，禾稻倍入，種稻之田，水田又倍。昔時關中鄴下之渠、蜀郡之江、荆之芍陂、揚之七門三堰，本廢田也，而畝收數鍾，民賴以饒，得水之效也。西北土性高燥，宜麥宜粱，所在低平之田即爲下産，以其非粱、麥之性，而雨澤一過，水無所注故也。誠爲其守令者能勤行相度，分年規地，仿溝洫之意，備蓄泄以爲水田，種禾稻以佐晚熟，則高地之水四注，而爲害者必轉以爲利矣。且爲溝洫，非古之鑿空求水利者比也。

以民之田，興民之利，不遣使，不起徒，不招流户，視其大小功力，隨作隨成。有小水旱，此豐而彼歉，則鄰近之人必有請其法而自爲之者，勿憂事之難於慮始也。斌竊觀有水之處皆可爲田，故浙閩、江淮間岡嶺之上，有泉源可灌者爲山田，江湖之旁有淤泥可圍者爲圩田。若於西北低平之田，量爲溝洫，夫豈有山田、圩田之難哉。通其變，使民不倦。此利一興，匪獨散金錢、轉粟米、損此益彼之數也。其在於古，求代田、區田之法，其在於今，用水車、水盤之制。合乎地勢，信於民情，爲之有成，事可經久。此朱子以經界爲五十年之利者是也。

—2. 皇朝經世文編　卷三八　户政一三　農政下

行儉論

欲天下足食則勤耕，欲天下足用則行儉。勸耕之要，余有量行溝澮之説矣。若用絀而國不儉，則勞費日煩，末作日衆，人民之歸農者日少，將用不足而食益不足也，饑盜乘之，遂不可支。然則天下長久之脉，在行儉而已矣。

行儉之實，在止欲，在去飾，在禁靡，而不在於吝出内、裁正費也。蓋出内吝則無以使人，正費裁則無以供事。此歛怨之由，而非謹身節用之實政也。今觀鄉鄙細人之欲，飽煖而已。粗衣糲食，一金之資可以給一人；若進而求美好，則用倍之；進而求豐餘，則又倍之；又進而求鮮異，則更倍之矣。而所見巨商豪吏，一宴而必數緡，襲衣而必百貫，一衣食之費，平人且終歲，而耗千金；而又欲美其宫室，飾其器用，侈其一切養生送死之具；而又有聲色之娱，狗馬、畋游、戲玩之好，數倍於常用。吾以知人之欲至無窮，而其害亦至無窮也，而況於卿士大夫之有家，而況於后王君公之有國與天下者！其導欲非一人，其從欲非一事，起於至微至近之間，而漸至於屈四海之力而擱然不覺，豈不可爲寒心者耶？若一日止而絶之，以寬於民，以補於財用，則朝廷上下即傳爲盛德，不數年而天下成爲風俗。廣爲教化，則公卿守法，士大夫上廉，農民安處而盡其力。吾知任事之臣不必爲銖兩出入之計，而天下之用漸足矣。

天下習俗之陋，莫甚於去實務，尚虛美，施施然惟粉飾之事，自知其力之既屈，而猶侈其外觀，則立敝之道也。故吾謂欲行儉者，又在去飾。夫飾非一端也，有罄其力而飾者，有力不足而愈飾者。罄其力而飾者其室空，力不足而愈飾者其業敗。奚以明其然也？今有一日用之器，亦取用而足矣，而或飾以刻鏤，刻鏤不足又飾以丹采矣，丹采不足又飾以金玉矣，而凡服御飾於身、陳設飾於家、妾婢飾於内、僕從飾於門、鞍馬軺舟飾於路，非禮體所係而必爲是者，以爲外觀之不可已耳。此猶罄其力而飾者。然出廣而入有數，富室必落，中産必貧。若其已貧而勉循富者之爲，無所入而不塞出者之竇，牽庸人之議，以示觀美於俗目，而不顧其後，則日虛月耗而不可救矣。聖人有言曰：有國有家者，不患貧而患不安。貧不可諱，儉則可安。後世患貧而又不能儉者，粉飾之言誤之也。况胥天下而尚粉飾，則人無誠樸之意，事無經久之計，其害至大，又不特儉之不能行也。

至一切無名費用，即豪家大族，其房户、庖厨、廐苑之間，與夫節賞年例、寺觀香火之類，靡所不有，而况於有國家乎？故古今豐大之朝，事多用廣，費有所因，遂歷久不革，則且視爲常款，沿爲定額，曾不知其歲歲而虛糜也。濫觴之始放爲長流，大壑之澤竭於漏巵，故禁糜者又行儉之一事也。

或曰：人主患不廣大，度支出入歲鉅萬，而惟儉之行，是示人以不廣大也，奈何？曰：人主謹身節用，以一人之儉養給天下之衆，則正廣大之至也。唐堯土簋而稱聖帝，夏禹惡衣而冠三王，孝文以弋綈爲漢太宗，憲宗以一肉興唐中葉。而於豐亨裕大之時，進惟王不曾之説者，未有不誤人家國者也。故一人行儉即爲教化，天下行儉即爲風俗。儉則食用不侈而物價平，技巧不作而農力盡。由撙節之後可以蕃生殖，由生殖之後可以備積儲，有積儲而可以饋兵，可以禦荒，而天下之用恒足矣，夫豈纖悉之務哉！

曰：國儉而不能舉禮，又奈何？曰：三代而上，布衣而朝，陶匏而祭，再進以儉，故不能舉禮。今之儉猶古之奢，竊謂必行儉而後可以求禮意也。漢明帝曰：吾子豈得與先帝子比？此爲知國計者。若唐之嫁公主，宋之郊，明季之封藩，則自罷其國耳，何禮之舉，而又何儉之能行哉？

—2. 皇朝經世文編　卷五四　禮政一　禮論

劉　開（1784—1824）

字東明，一字方來，號孟塗，安徽桐城（今屬安慶）人。諸生，姚鼐弟子。有《孟塗詩文集》。

貴齒論

古之時，天下無生而即貴者也，故雖天子之元子亦比於士。當其入學，必與衆齒焉，所以明有尊也。天下無生而終賤者也，故雖在庶人，年踰八十以上，天子必加禮焉，所以明有敬也。尊齒敬老之義，始於朝廷，及乎天下，罔不同之。自三代以來，未之有易也。

今世情之賤老而貴少者，何也？新進之人多，速成之念重，學不以序，而名可倖得也。此所以鄙老而無用而輕視齒也。班固有言：古之學者耕且養，三年而通一藝，用力少而蓄德多。三十而五經立，使之優游其心志，以漸通夫修己治人之道也。故當其未出之時，而所以開濟民物之理，已講之熟矣。及至四十，道明而德立，乃可以仕。至於五十，更事既多，乃可以服官政。夫仕不必盡待四十，服政不必盡待五十，然而以是爲斷者，豈非養恬静之風，杜浮競之習哉？且古人三十而通五經，學既成矣，必遲之十年而始責以仕。蓋欲以漸摩夫學問，諳練夫時事也；且欲以涵養其性情，增益其智識也。是以出而圖君，措之裕如，澤加于生民，功垂于方策。後世學務早達，束髮成童，即期以富貴。所尚者非通經也，應舉之文也；所求者非致用也，干禄之術也。終身出處之事而旦夕圖之，賢者不能寬以歲月，以深其稽古之功，愚者無所勞其心思，而皆有驟獲之意。一旦得志，授之以政，無怪其不知所措矣。學之出於鹵莽，治之所以敗壞，豈不由此？是以舉世紛擾，澆薄成習。士競急於利禄，年甫踰三十而不登第者，則咸有不遇之感、遲暮之悲。

嗟乎，亦知古人是時尚未敢言仕耶！夫昔之以衰老爲懼者，恐其德不加修而行不能力也，後人以衰老爲懼者，其未達則嘆進取之無望，其既達則恐豪華之難久也。故世有宿儒耆彦，學行重於一時，而後生初學輒輕侮之而不爲加敬，而其人亦自傷朽鈍，無復毅然之氣。此何故也？古之人以其身爲仁義道德之身，年彌高則識彌進，而令聞日隆，故天下皆以齒爲貴；后之人以其身爲聲色貨利之身，年愈衰則力愈耗，而不能有爲，故天下遂以齒爲賤也。夫齒者，先王所以尊之敬之而不敢忽者也。國家優老之典未嘗不隆也，而世情以早達爲重，馴致其習，以至厭棄老成。三代如彼而貴，後世如此而賤，可以觀人心之變矣。

—2. 皇朝經世文編　卷四　學術四　廣論

賀長齡（1785—1848）

字耦耕，號西涯，晚號耐庵，湖南善化（今屬長沙）人。嘉慶十三年（1808）進士，官至雲貴總督。有《耐庵文集》。

勸民開溝除潦示道光二年

照得地之有水，猶人身之有血脉也。血脉壅滯，則病必及其身；水道不通，則地必受其害。此一定之理，夫人而知之者。東省連年被水，而今歲尤甚。本道雖甫經蒞任，而蒿目困苦，深惻於懷。推求其故，揔由溝洫不修，河道不濬，以致衆水失歸，泛濫爲害。而溝洫之所以不修，河道之所以不濬，固由地方官不善經理，要亦爾小民貪近利而忘遠害之故也。夫有地必有地主，各就其地之所在，開挖溝渠，既不費財，且亦不甚費力，而鄉愚無知，有地必種，斷不肯舍此尺寸之土以爲疏通水道之地。一遇雨多之年，水無所歸，一片汪洋，不但此尺寸之土一無所獲，並所謂良田者亦受其害。夫既受其害矣，似宜翻然改圖，開挖溝渠，以爲未雨綢繆之計，乃貪戀小利，迷而不悟，猶希冀於來歲雨水之或不多，及至來歲而其害如故，或且加甚焉。年復一年，田畝皆淪於巨浸。嗟我小民，衣食無出，其何以堪此也？

兹特札飭各州縣，督率各莊里長，勸導爾民，各以己力，開挑溝洫。一曰田溝，就本莊地畝間段開之，其應間隔若干畝可開一溝，應令州縣相度籌議。二曰界溝，于兩姓田畝交界之處開之，其每溝寬深若干尺，亦俟州縣相度籌議。此二者，不特水大之時足資分納，即偶逢旱涸亦可爲灌漑之需。且於彼此地界，藉爲疆畫，尤永除侵占之蔽。是偶用爾等之力於一時，實爲爾等田畝無窮之利也。

至於往來道路，舊有濠溝大半湮塞，積水之後車馬不通，亦應各就舊迹深挖，是曰路溝。即以濠内挑取之土填墊道路，路愈高則溝愈深，不但免水淹浸，而往來車馬亦不能闌入田畝，蹂踐禾稼。而濠水深足，地畝亦收滋潤之功。是既便於行旅，復益於居民，尤爲一舉兩利也。

至各州縣境内舊有河道，雖經多年湮塞，而河形猶存，橋梁尚在。可見從前本有河流，只因爾等愚民貪顧小利，往往私行侵占，開墾播種，以致愈久愈塞。亦應各自開挖，以資宣泄。爾小民各宜自計久長，及早辦理，毋致積水受害，後悔無及，尤不得貪顧小利，妄行阻撓。本道志在必行，爾等切勿觀望，要知本道之意，實爲利爾起見，非以病爾也。

—2. 皇朝經世文編　卷三八　户政一三　農政下

議覆錢票有利無弊疏道光十八年

竊臣接閱邸鈔，奉上諭：“實興奏近年銀價日昂，由於奸商所書錢票注寫‘外兑’字樣，輾轉磨兑，並無現錢。請嚴禁各錢鋪不準支吾磨兑，總以現錢交易，以防流弊等語。著步軍統領衙門、順天府、五城會議具奏，並直省各督撫妥議章程，奏明辦理。欽此。”

臣惟政在便民，道崇簡易。錢之有票猶銀之有票，蓋以運實於虚，方能流轉無滯，而虚不廢實，仍有現錢可資。非如楮幣之即以紙爲錢，不能課實也。原奏謂“輾轉磨兑，並無現錢”，臣以爲非無錢也，蓋緣交易之時不必即有用錢之事，遂以票兑换而去耳。如果需用甚切，即安能以空紙當實錢？小民雖愚，謀利則智，不待法令之程督也。且今日之銀票，其每歲所會兑，蓋數倍於錢矣。而銀乃日貴，更何得以錢賤之故歸咎錢票乎？

就臣愚見，錢票不獨無弊也，兼有數利焉。錢質繁重，難以致遠，有票而運載之費可省，并得交易遠方。其便一也。錢有良惡之異，爲數又易混淆，今但以票爲憑，并可不必揀錢，不必過數，省去許多煩擾。其便二也。且也小票隨身，更無宵小盗竊之虞，又免船水沈溺之失，其利殆不可勝計。臣嘗考之前史錢票，蓋亦便國，不僅便民也。唐憲宗時，令商賈至京師，委錢諸路進奏院及諸軍諸使富家，而以輕裝趨四方，合券乃取之，號曰“飛錢”。宋太祖時，令商旅投牒三司，乃輸錢與左藏庫，而以諸州錢給之，後因制爲便錢務。所謂“合券”者，蓋即今之會票，商既便於取携，官亦籍省賫運，國民兩利，莫善於此。明臣邱濬《大學衍義補》按語謂“今世亦可行之，但恐奉行者給受有停滯之弊，出入有减换之弊耳”。臣以爲唐宋上下通行，實裨於國計。今若禁民兑會，何以順乎人情？仍請一仍其舊，於計爲便。

緣奉飭議，僅就管見所及，據實直陳。

—18. 皇朝道咸同光奏議　卷三八　户政類　錢幣

覆陳漢苗土司各情疏道光十九年正月

竊道光十八年十二月初七日，承准軍機大臣字寄奉上諭：“有人奏，滇黔兩省外來客民、流民盤剥苗人土司田産，請飭查禁等語。川、楚、粤各省窮苦之民，前赴滇黔，租種苗人田地，與之貿易，誘以酒食衣飾，俾入不敷出，乃重利借與銀兩，將田典質，繼而加價作抵，而苗人所與佃種之地，悉歸客民、流民。至土司遇有互争案件，客民爲之包攬詞訟，借貸銀兩，皆以田土抵債種種情弊，如果屬實，不得不嚴行查禁。著伊里布、顏伯燾、賀長齡即將摺内所指各情節，悉心體訪，嚴飭各地方官隨時查察，認真禁止。除客民、流民已經置買田産不計外，儻有狡黠客民人等，侵占苗人土地及擅買土司田産，即將田地斷還，本人管業追價入官，仍照例治罪。至田主案件，如有漢人霸占苗業，及夷苗誣控平民，務當公平聽斷，治以應得之罪，毋得任聽胥役詐索，客民唆訟，以杜侵越，而靖邊陲。原摺著鈔給閲看，將此各諭令知之，欽此。”

遵旨寄信前來，臣等細繹原奏之意，蓋以前撫臣嵩溥籌辦苗疆保甲，將客民一體編查，外來流民漸少，又以苗俗本儉，因佃種苗地之客民誘以紛華，漸致入不敷出，盤剥準折，苗産半歸客民。其尤甚者，土司與漢民每有田土互争之案，輒被胥役勒索，客民從而包攬教唆，借貸銀兩，動以田土抵償，應示限制，方可保全苗業，預弭争端。臣等伏查前撫臣嵩溥查辦苗疆保甲之後，所有續增流民、續置苗産以及棚户占墾、盤剥準折等弊，均經奏明飭禁，至今遵辦。但須實力奉行，不必更設科條，徒繁案牘。惟查原奏流民漸少之説，自今觀之，蓋未嘗少，其勢亦難强行禁止。即所稱苗民習染紛華，生計漸蹙，亦不盡由客民之誘煽。奚以明其然也？人情莫不重去其鄉，計無復之，乃相率而轉徙，方宜導以生路，豈可轉行遏絶。黔省固多客民，興義府尤其淵藪。自嘉慶年間平定苗匪之後，地廣人稀，每有黔省下游及四川、湖廣客民携眷而來，租墾荒山，俱係極貧之户，終歲竭蹶，僅足餬口，其力不能盤剥苗人。且山土瘠薄，墾種二三年後，雨水冲刷，倍形磽确，仍復遷徙他往。又他省客民往來滇粤兩省，每由興義經過，中途資斧匱乏，留滯鄉場城市者，亦復不少。前撫臣嵩溥摺内已詳陳之。

自臣到黔以來，興義各屬已無不墾之山，而四川客民及本省遵義、思南等處之人仍多搬往，終歲絡繹不絶，亦嘗出示飭屬嚴禁，而不能止。細求其故，則以四川、遵義人稠地貴，而興義地賤也。思南地利太薄，興義雖瘠，猶勝思南也。然而地多烟瘴，新徙之民不服水土，輒多死亡。故雖地不加廣，來者日多，曾無人滿之患。此種情形，實堪憫惻。而原奏乃謂客民獲利甚豐，半皆廣田畝而峻墻宇，毋乃偶見一二，遂以概之千百。若使目擊流民之苦，必不忍爲是言也。黔不産鹽，布匹又貴，類皆挹注於他省。苗民錯居巖洞，所饒者雜糧、材木耳。非得客民與之交易，則鹽、布無所資，即雜糧、材木亦無由銷售，分餘利以供日用，是客民未嘗不有益於苗。且苗民務耕作，而不知貿易，客民耐勞而儉用，多就穀賤之地以爲家，是亦未嘗不兩有益。若謂紛華靡麗皆由客民導之，以至窮乏，則漢人中昔稱富户今爲貧民者，正復不少，又將誰咎！盈虚消息，物理之常，即無客民，固不能保苗民之常富也。訪開黎平之苗，率多富貴，固資山木之利，亦由善自經營，豈能無客民往來，何以不能盤剥？然則，苗民貧富之無常，猶之漢人耳。

臣等更即原奏所未及細察漢民之情形，尚有數條，敢陳聖鑒。一則苗民實爲漢民害也。黔本荒服，皆瑶、壯、仡、佬之所居。自元置宣尉使都元帥府，始有貴州之名。官職既建，乃有漢人，經今五百餘年，仍是苗多於漢。查黔省上游倮苗爲多，下游仲苗、青苗爲多。苗民固近淳樸，而仲苗則兇悍難馴，係五代時馬殷自邕管遷來。其種有三：一曰補籠，一曰卡尤，一曰青仲。貴陽、定番、廣順皆青仲，安順、鎮寧則補籠、卡尤也。其俗以偷盗劫掠爲事，不但客民不能盤剥，即土著漢民猶畏之。他如臺拱、青江、黄平等處之苗，亦多沿路行劫，滋擾客民，控制彈壓均非易易。一則苗民自爲害也。漢、苗固多争控，即苗與苗，或因口角，或因争佃，亦復互控不休；甚至苗唆苗以控苗，且句串漢匪以控苗，顛倒簸弄，從中分肥，刁詐殆難言狀。一則土目、土司之爲苗民害也。黔省上游多土目，下游多土司。土司多係江西、湖廣、山陜、江南等處之人，土目則係從前土著及由滇、蜀撥入之人。苗民佃種土目、土司之田，歲上牛羊豬雞以爲年例年租。其土目、土司之强而暴，輒虐使其苗，又於年例年租之外，多方科派之苦累殊甚。一則苗民之爲土司、土目害也。緣苗民亦多奸狡，或將佃種之田當與漢人，土目、土司所管地面甚寬，無由察知，久且轉相盗當，輒至迷失。又歷來苗民應上條銀，皆由土司交地方官轉解藩庫。近則以土司浮收，紛紛控省，求改歸地方官徵收。及準理飭辦，苗民又相率抗糧，地方官傳案不到，仍責成土司，土司不得不爲之代墊。若欲催科歸款，則又以事歸地方，該土司需索不遂，藉端重徵具控。其譸張爲幻，不必盡由漢奸，亦有苗民無異於漢人。而不相害者，國家聲教四訖，椎結侏㒧漸移舊俗，其中殷實之户，亦多勤事詩書，況苗學屢經添設，掇科出仕正不乏人，衣冠之族聯門閈而重婚姻，此等即不當仍以苗民視之。更有苗民絶異於漢人而不能相害者。熟苗之外，另有生苗，多在深山窮谷之中，性情嗜好、飲食居處皆與人殊。漢民既不能入，生苗亦復稀出，雖有狡黠客民，無所施其伎倆。

以上各情皆原奏所未及。臣等惟恪遵諭旨，通飭各屬，悉心訪查，懲盤剥之習，警包攬之風，杜侵占之漸，加以慇勤告誡，使之歸真返樸，不務奢華，冀以鋤漢奸而蘇苗困。而又將苗民之兇悍劫掠者嚴行究辦，其誣控平民之案照例治罪，則苗民之爲漢人害者亦去。苗民互控，句串唆使，詭詐百端，若能迅速聽斷，不令胥役、客民得售其奸，則苗民之自爲害者亦去。土司無違例科派之事，苗民無借端挾制之心，則土司與苗民互相爲害者亦去。至於詩禮之家，苗民亦同於漢。生苗一種，原不與漢人爲緣，固無庸議及者也。又原案内所稱胥役詐索，刁徒唆訟各情形，此二弊實生民之大蠹，不獨有害苗民。臣到黔之後，查辦衙蠹一百一十四名，業經具奏在案。又查辦教唆詞訟匪徒二十八名，兇惡棍徒一百六十二名，鎖繫鐵桿五百五十九名，均經達部有案。誠以黔省在在苗疆，若非隨時隨事嚴示懲創，何以除暴安良！年來察看情形，宵小尚爲斂迹，漢、苗亦各相安。復以各屬控案細加比對，較之從前已減十之四五。惟是黔省山多田少，民苗耕作已形不足，又有遞年尋常軍流人犯，現已積至一千七百三十餘名，新疆改發人犯又積至一千二百四十餘名，此等人犯，或挈眷偕來，或遇赦願留，生齒日繁，皆與客民無異。雖向例各犯，止准居住城内，不許私住各鄉，而生計維艱，亦未便概行禁約。稽查防範，耳目恒苦難周，臣等仍按照前撫臣嵩溥奏定章程，不敢稍涉鬆懈，亦不敢過事拘泥，惟有諄飭各屬實心實力，設法查辦，以仰副聖主綏靖苗疆、預弭争端之至意。

—5. 皇朝經世文續編　卷八〇　兵政一九　苗防

林則徐（1785—1850）

字元撫，一字少穆，福建侯官縣（今福州）人。嘉慶十六年（1811）進士，歷官湖廣總督、署理陝甘總督、雲貴總督。謚文忠。有《林則徐全集》。

查勘礦廠情形試行開采疏

竊准部咨，奉上諭："前因户部奏籌備庫款一摺，當派宗人府、大學士、軍機大臣會同妥議具奏。兹據另議章程五條，無非就自然之利，斟酌損益，惟在該督撫等，各就地方情形，熟商妥議，立定章程，具奏等因。欽此。"臣等跪誦再三，仰見聖主裕國足民，利用厚生之至意。復查新定章程五條，内如河工、漕務，本爲滇省所無；鹽務則向有定章，並無懸引墮課，自應遵旨，無庸更易；至錢糧年清年款各税，盡收盡解，均無蒂欠。除將應造清册，飭屬依限據實造報，聽候稽查，以昭劃一外，計滇省所應辦者，首在開采一事，敢不詳慎籌維。復思有土有財，貨原惡其棄於地，因利而利，富仍使之藏於民。果能經理得宜，自可推行無弊。

考之《周禮》丱人，掌金玉錫石之地。注云：丱之言礦也。其曰爲之厲禁以守者，爲未經開采言之也。曰以時取之，物其地圖而授之，巡其禁令。此即明言開采之法，爲後世所仿而行焉者也。以時云者，注疏但釋其大意。今以臣等在滇所訪聞者證之，似指冬春水涸之時而言。蓋金爲水母，五金所産之硐，皆須戽水而後取礦，故辦銅例有水洩之費，銀鑛亦然。夏秋礌硐多水，宣洩倍難，往往停歇。若水過多而無處可洩，則美礦被淹，亦成廢硐。乃悟"以時"二字，古人固早見及此也。物其地圖云者，亦如今之覓礦，先求山形豐厚，地脉堅結，草皮旺盛，引苗透露，乃可冀其成廠。滇中諺云："一山有礦，千山有引。"引之初見者，曰子㩴。漸而得有正㩴，乃可進山獲礦。礦形成片者謂之刷，礌硐寬廣者謂之堂。由成刷而成堂，始爲旺廠。若土石夾雜，則謂之鬆墭，旋開旋廢，易虧工本。甚至下開上壓，滇諺謂之"蓋被"，則非徒無益矣。故認勘必須詳細，所謂物其地圖者，正以此耳。巡其禁令云者，誠以開采人多，須有彈治之法。如今之廠内，各設課長、客長、硐長、鑪頭、㰂頭、鍋頭，皆所以約束礌户、尖户及鑪丁、砂丁之類，又須多派書差巡練，以杜偷匿漏課，並禁奪底争尖，此皆巡其禁令之遺意。

是開礦之舉，不獨歷代具有成法，而《周禮》早已明著爲經。况滇省跬步皆山，本無封禁。而小民趨利若鶩，礦旺則不招自來，礦竭亦不驅自去。斷無盤踞廢硐，甘心虧本之理。其謂人衆難散，非真知礦廠情形者也。滇人生計維艱，除耕種外，開采是其所習。近年因銅斤産薄，唯恐京運不敷。但有能覓子廠之人，廠員無不亟令試采。若輩行山望氣，日以爲常。於地力之衰旺盈虚，大都能知梗概。見有可圖之利，或以紅單而報苗引，或以僉呈而請山牌。當其朋集鳩貲，人人有所希冀。要之人事居其半，天事亦居其半。據本地人所言，開而能成，成而能久者，向實不可多得。然第就目前而論，如其地可聚千人者，必有能活千人之利。聚至數百人者，亦必有能活數百人之利。無利之處，人乃裹足。故凡各屬礦廠衰旺興閉，地方官皆不能隱瞞。惟設法經理之人，能使已閉復興，轉衰爲旺者，實難其選耳。

案查嘉慶十六年間，户部議覆：雲南銀廠十六處，抽收課税，以二萬六千五百五十兩零爲每年總額。准以此廠之有餘，補彼廠之不足。不必分廠核算，務期總額無虧。如收不足數，著落分賠。遇有盈餘，儘數報解。迨嘉慶十九年白沙一廠衰竭封閉，奉旨開除，此後定有課額者，共止十五廠。年應抽解課銀二萬四千一百一十四兩零，載在户部則例。其奏准儘收儘解之廠，則例所載，祇有角麟、太和、悉宜、白羊四處。嗣又據續報永北廳之東昇廠、東川府之碘山廠、新平縣之白達母廠。此内惟東昇一廠，歷年出産較多，所抽課銀，尚可以補各廠之缺。若碘山、白達母二廠，則皆於鉛礦内抽取，殊不濟事。其已定課額之十五廠内，如南安州之石羊、土革鎮雄州之銅廠、坡會澤縣之金牛、永平縣之三道溝，實皆歷年廢歇。因課額早定，不敢短絀，或以未成之子廠，先行劃補，或由經管之有司，自行賠解。檢查歷年奏銷册内，均與開化府鶴慶州永北廳之金廠四處，一同按額解課，總數並無虧短。除課金赢餘無多不計外，其報撥課銀節年赢餘，自一二千兩至六七千兩不等。

此臣等於未奉諭旨之先，因欲整飭廠務，即已分别查明之實在情形也。兹蒙諭令，於所屬境内，確切查勘，廣爲曉諭，酌量開采。自應先於舊廠之外，加意稽查。當飭藩司，遴擇曉事委員，分路訪覓，諭以金銀皆可采取，不必拘定一格。即或有人互争之地，前因滋事而未准開者，今不妨由官督辦。抑或草皮單薄之礦，前恐未成而不敢稟者，今不妨據實報聞。且仰繹訓諭諄諄，不准游移不辦。如果開采之後，弊多利少，亦准奏明停止等因。聖明俯體下情，如此開誠布公，官民更何所用其疑慮乎？况查滇省課金，或以牀計，或以票計，例定課額甚微。其課銀章程，本係一五抽收。民間采得十萬兩之銀，納課者僅一萬五千兩。可謂斂從其薄，於民誠有大益。將此明白開導，似民間皆已踴躍倍常。當據委員會同臨安、普洱文武稟稱，查得他郎通判所轄坤勇箐地方，距城九十里，有土山數重，山頂全係碎砂，不能栽種，故無民居。前因土内産有金砂，遂有外來游民，私挖淘洗，致相争鬬。稟經前督臣委員會同他郎元江廳州前往查逐，該游民各即逃散，遂將該山封閉。但金砂仍不時湧現，挖淘較易，難免游民旋復潛來。如蒙奏明開采，雖豐嗇難以遽定，究足以裨公課而杜私争。臣等隨復批飭各員親詣該山勘明實在情形。旋據稟覆，山頂寬平，周圍約七八里，掘土尺餘，即見細碎金砂，閃爍耀目。官員到山，游民先已躲避。勘有私硐四口，詢訪附近村人云：挖起金砂，取水屢淘，復以木板爲牀，竟日摇蕩。一人之力，日可得金幾釐，多亦不出一分。又離該山數里，有名爲三股檜及小凹子二處，勘有草皮銀礦，微夾金砂，現亦有人偷挖，但未進山成硐等情。臣等當即批准，將此三處試行開采。但先前既因私挖，致釀鬬争。此次官爲督辦，亟應選擇殷實良善者，作爲頭人。責令招募砂丁，逐層約束。前此偷挖滋事驅逐復來者，亦當訪拿究辦，以示懲儆。且必須先派員弁，多帶兵丁，始足以資彈壓。容臣等斟酌調遣，一俟布置定局，再行縷析奏聞。

又據鎮沅直隸同知，暨文山、廣通二縣先後稟稱：前因奉文廣覓銅廠，疊經示諭民人訪尋子廠呈報。嗣有鎮沅廳民羅梓鵬等，報有距城百餘里之興隆山麓，獲銀礦引苗，當令招丁試采。該廳時往履勘，其礦砂忽接忽跳，未能定準，如數月内堪以接采，擬即酌定課程。又文山縣民萬雲隴等，以距城一百八十里之白得牛寨地方，出有礦苗。該民等已各出備油米，呈縣開采。經該縣報府委勘，山勢豐厚，惟四圍包欄不甚緊密，所出草皮塃礦成色較低，兼以時有時無，不免旋作旋輟。請加察看，可否抽收銀課，儘收儘解。又廣通縣民李集之等，以象山地方，距城九十七里，有礦可采，報經該縣，准令試辦。嗣采得門礦，所出無多，業經揞鑪分計，無如銀微色低，唯將所出黑鉛，藉作底母之用。尚須再行試准，量請抽課。各據實具禀前來。臣等查該三廠開采，雖尚未見成效，然總須該地方官激勵廠民，奮勉從事，不可任其半塗而廢。現已札令速將礦砂煎樣解驗，應抽課銀，先許儘收儘解。俟試辦一年，察定情形，再將抽解數目、人額清撥。至此外，更令廣爲覓采，有苗即力求獲礦，有礦即務使成堂。如能采辦數多，應先遵照朝議，商給優獎，官請議叙，以期率作興事，感奮争先。至舊額老廠，雖據逐細查訪，實係衰歇者多。然習於廠事者，必能明其消長之機，以籌修復之法。或拉龍扯水，或旁路抄尖，或配石分計。如錘手背，夫及揞鑪下罩之人，所見既多，諒亦能知補救。即或需費工本，但能先難後獲，亦當設法爲之。倘實係硐産全枯，徒勞無益，則名是實非之廠，似應據實開除，即于儘收儘解各廠中，奏明抵補。總須比較原定舊額，無絀有羸，方爲核實整頓之道。不得因廣采新山，而轉置舊廠於不問。至於官辦、民辦、商辦及如何統轄彈治稽查之處，仰蒙恩諭，不爲遥制。凡在官商士庶，無不感激倍深，自當按地方之情形，籌經久之善策。查辦廠先須備齊油米、柴炭，資本甚鉅，原非一人之力所能獨開。官辦呼應雖靈，而在任久暫無常，恐交代葛藤滋甚。倘或因之虧空參辦，則有所藉口籌補，則益啓效尤。況地方官經管事多，安能親駐廠中，胼胝手足，勢必假手於幕丁胥役，弊竇愈多。似仍招集商民，聽其朋資夥辦。成則加獎，歇亦不追。則官有督率之權，而無著賠之累，似可常行無弊。臣等與在省司道及日久在滇之正佐各員，下逮商旅民人，無不虚衷采訪。

竊以此次認真整頓，令在必行。所宜先定章程者，約有四事：

一曰寬鉛禁。查銀礦惟炸礦爲上，爲其塊頭净潔，出銀多而成色高。然廠中似此之礦，百不得一。其習見者，名爲大花銀礦、細花銀礦，其實皆鉛礦也。鉛礦百斤，煎鉛得半，即爲好礦。而好鉛十斤，入鑪架罩其上者，得銀六七錢，次者僅二三錢。除抽課工費之外，只敷半本。其裹出鉛汁，名爲銷團。鉛浸灰内，名曰底母，皆可溜成黑鉛。以此售賣，始獲微利。滇省向因黑鉛攸關軍火，曾有比照私賣硝磺辦罪之案。故鑪户所餘底銪皆爲棄物，虧本愈多。臣等查黑鉛一項，或錘造錫薄，或炒煉黄丹顔料，所用亦廣，原非僅爲製造鉛彈之需。律例内並無黑鉛不准通商之文。且貴州之柞子廠、四川之龍頭山，黑鉛均准售賣。滇省事同一律。如准將底銪出售，以補廠民成本之虧，庶不至於退歇。況售賣底銪，必有行店。其發運若干，令廠員驗明編號，填給照票。俟運至彼處，即將照票赴該地方衙門繳銷。既可杜其走私，於軍火無所妨礙。藉得沾有利益，於廠民實獲補苴。

一曰減浮費。查雲南各屬，無論五金之廠，皆有廠規。其頭人分爲七長。每開一廠，則七長商議立規。名目愈多，剥削愈甚。查歷辦章程，迤東各廠，銅户賣礦，按所得礦價，每百兩官抽銀十五兩，謂之生課。迤西各廠，硐户賣礦，不納課。惟按煎成銀數，每百兩抽銀十二三兩不等，謂之熟課。每批解造報之正款，必不可少。此外，有所謂撒散者，則頭人、書役、巡查之工食、薪水出焉。有所謂火耗、馬脚、硐主、硐分、水分以及西岳廟功德合廠公費等名目，皆頭人所逐漸增添者。雖不能盡裁，亦必須大減。現在出示曉諭，務令痛删無益之規銀，以辦必須之油米，庶不至因累而散。

一曰嚴法令。查向來廠上之人，殷實良善者什之一，而獷悍詭譎者什之九。又廠中極興燒香結盟之習。故滇諺有云："無香不成廠。"其分也争相雄長，其合也併力把持。恃衆欺民，漸而抗官藐法。是以有礦之地，不獨官懼考成，並紳士居民亦皆懍然防範。今興利必先除害，非嚴不可。即如所用鐵器，除鎚鏨、鍋鏟、菜刀准帶外，一切鳥槍刀械，全應搜净，方許入廠。其駐廠彈壓之印委員弁，皆准設立枷杖等刑具。有犯先予枷責，或插耳箭游示，期於小懲大戒。若廠匪膽敢結黨仇殺多命，鬧成巨案，或恃衆强奸盜劫，擾害平民，責令該府州、廳縣會同營員，立即兜拏務獲，審明詳定之後，請照現辦迤西匪類章程，就地請令正法，俾得觸目警心，庶可懲一儆百。

一曰杜詐僞。查礦廠向係朋開，其股份多寡不一。有領頭兼股者，亦有搭股份尖者，自必見有好礦而後合夥。滇省有一種詐僞之徒，慣以哄騙油米爲伎倆。於礦砂堆中，擇其極好净塊，如俗名墨緑及硃砂、蕎麵之類，作爲樣礦示人，啗以重利，慫恿出貲。承攬既多，身先逃避。愚者以此受累，黠者以此詐財。良民不敢開采，多以此故。又廠上賣礦買礦之時，復有一種積蠹，插身説合，往往私抽釐頭，爲之裝蓋底面，顛倒好醜，爲貽害廠務之尤。玆先出示諭禁，嗣後訪獲此等匪徒，皆即加重懲辦，庶可除弊棍而示勸懲矣。臣等在滇未久，於礦廠情形本不諳習，仰荷聖慈委任，且蒙訓諭周詳，謹就察訪實情，先籌大概。雖成效尚未能豫必，而任事斷不敢畏難。此外續查利弊情形，總當據實直陳，以仰副宵旰，疇咨於萬一。

—5. 皇朝經世文續編　卷二六　户政三　理財下

覆奏曾望顔條陳封關禁海事宜疏

竊臣等承准軍機大臣字寄，道光十九年十二月十一日奉上諭："本日據曾望顔奏，夷情反覆，請封關禁海，設法剿辦，以清弊源一摺。又另片奏'澳夷互市貨物，亦請定以限制'等語。著林則徐、怡良、關天培、郭□□，并傳諭豫堃知之。欽此。"臣林則徐、臣怡良謹將鈔發原摺細加閱看，並傳知臣豫堃一體領閲。因關各國夷人事務，祇宜慎密商辦，未便遽事宣揚。復經函約臣關天培、臣郭□□，於查閲營伍之便，過省面商。玆已詢謀僉同，謹將察看籌議情形爲我皇上敬陳之：

察原奏以制夷要策首在封關，無論何國夷船，概不准其互市，而禁絶茶葉、大黄，有以制伏其命。封關之後，海禁宜嚴，應飭舟師將海盜剿捕盡絶。又禁大小民船，概不准其出海。復募善泅之人，使駕火船，乘風縱放，而以舟師繼之，能擒夷船，即將貨物全數給賞，該夷未有不畏懼求我者。察其果能誠心悔罪，再行奏懇天恩，准其互市，仍將大黄、茶葉毋許逾額多運，以爲鉗制之法。所論甚切，所籌亦甚周。臣等查粤東二百年來，准令諸夷互市，原係推恩外服，普示懷柔，並非内地賴其食用之資，更非關榷利其抽分之税。况自上冬斷絶英夷貿易以來，疊奉諭旨：區區税銀何足計論。大哉謨訓，中外同欽。臣等有所秉承，更可遵循辦理，絶無所用其瞻顧，即將各外國在粤貿易一律停止亦竝不難。惟是細察情形，有尚須從長計議者。

竊以封關禁海之策，一以絶諸夷之生計，一以杜鴉片之來源，雖若確有把握，然專斷一國貿易，與概斷各國貿易，揆理度勢，迥不相同。葢鴉片出産之地皆在英吉利國所轄地方，從前例禁寬時，原不止英夷販烟來粤，即别國夷船亦多以此爲利。而自上年繳清躉船烟土以後，業經奏奉恩旨概免治罪，即未便追究前非。此後别國貨船莫不遵具切結，層層查驗，並無夾帶鴉片，乃准進口開艙。惟英吉利貨船聚泊尖沙嘴，不遵法度，是以將其驅逐，不准通商。今若忽立新章，將現未犯法之各國夷船與英吉利一同拒絶，是抗違者擯之，恭順者亦擯之，未免不分良莠，事出無名。設諸夷稟問何辜，臣等即礙難批示。且查英吉利在外國最稱强悍，諸夷中惟咪唎㗎及佛蘭西尚足與之抗衡，然亦忌且憚之。其他若荷蘭、大小吕宋、嗹國、瑞國、單鷹、雙鷹、嗹啵啞等國到粤貿易者，多仰英夷鼻息。自英夷貿易斷後，他國頗皆欣欣向榮，蓋逐利者喜彼絀而此嬴，懷忿者謂此榮而彼辱。此中控馭之法，似可以夷治夷，使之相間相睽，以彼此之離心，各輸忱而内向。若概與之絶，則觖望之後，轉易聯成一氣，句結圖私。《左傳》有云"彼則懼而協以謀我"，固難間也。我天朝之馭諸夷，固非其比，要亦罰不及衆，仍宜示以大公。且封關云者，爲斷鴉片也。若鴉片果因封關而斷，亦何憚而不爲。惟是大海茫茫，四通八達，鴉片斷與不斷，轉不在乎關之封與不封。即如上冬以來，已不准英夷貿易，而臣等今春查訪外洋信息，知其將貨物載回夷埠，轉將煙土换至粤洋。並聞奸夷口出狂言，謂關以内法度雖嚴，關以外汪洋無際，通商則受管束而不能違禁，不通商則不受管束而正好賣煙。此種貪狡之心，實堪令人髮指。是以臣等近日更不得不於各海口倍加嚴拏，有一日而船烟並獲數起者，可見英夷貨去煙來之言轉非虚捏。不然以外洋風浪之惡，而英夷仍不肯盡行開去，果何所圖？

若如原奏所云，大小民船概不准其出海，則又不能。緣廣東民人以海面爲生者尤倍於陸地，故有"漁七耕三"之説，又有"三山六海"之謡，若一概不准其出洋，其勢即不可以終日。至捕漁者只許在附近海内，此説雖亦近情，然既許出洋，則風信靡常，遠近幾難自定，又孰能於洋面而阻之。即使責令水師查禁，而晝伏則夜動，東拏則西逃，亦莫可如何之事。臣林則徐上年刊立章程，責令口岸澳甲編列船號，責以五船互保，又令於風帆兩面及船身兩旁，悉用大字書寫姓名以及里居牌保。惟船數至於無算，至今尚未編完。繼又通行沿海縣營，如有夷船竄至該轄，無論内洋外洋，均將附近各船暫禁出口，必俟夷船遠遁，始許口内開船。其平時出入漁舟逐一驗查，只許帶一日之糧，不得多携食物。若銀兩洋錢尤不許隨帶出口，庶可少除接濟購買之弊。

至大黄、茶葉二物，固屬外夷要需，惟臣等歷查向來大黄出口，多者不過一千擔。緣每人所用無幾，隨身皆可收存，且尚非必不可無之物，不值爲之厲禁。惟茶葉歷年所銷，自三十餘万擔至五十餘万擔不等，現在議立公所，酌中定制，不許各夷逾額多運，即爲鉗制之方。然第一要義尤在沿海各口查拏偷漏。若中路封關，操之過蹙，而東西各路得以偷販出洋，則正税徒虧而漏巵依然莫塞。是以制馭之道，惟貴平允不偏，不至轉生他弊。若謂他國買回之後難保不轉賣英夷，此即内地行鋪互售，尚難家至日見，而况其在域外乎？要知英夷平日廣收厚積，本有長袖善舞之名，其分賣他夷以牟餘利，乃該夷之慣技。今斷絶貿易之後，即使從他夷轉售一二，亦已忍垢蒙恥，多喫暗虧。譬如大賈殷商一旦僅開子店，寄人籬下，已覺難堪。惟操縱有方，備防無懈，則原奏所謂該夷當畏懼而求我者，將於是乎在矣。

至於備火船，練鄉勇，募善泅之人等事，則臣等自上年至今皆經籌商辦理，惟待相機而動。即各山淡水，上年本已派弁守之，始則夷船以帆兜接雨水，幾於不能救渴，繼而覓諸山麓，隨處汲取不窮，則已守不勝守，似毋庸議。

總之，馭夷宜剛柔互用，不必視之太重，亦未便視之太輕。與其涇渭不分，轉至無所忌憚，曷若薰蕕有别，俾皆就我範圍。而且用諸國以併拒諸夷，則有如踣鹿；若因英夷而並絶諸國，則不啻驅魚，此際機宜不敢不慎。況所杜絶者惟在鴉片，即原奏亦云，“凡有夾帶鴉片夷船，無論何國，不准通商。則不帶鴉片者仍皆准予通商”，亦已明甚。彼各國夷人，原難保其始終不帶，若果查出夾帶，應即治以新例，不但絶其經商，如其無之，自不在峻拒之列也。

又，另片請將澳門西洋貿易定以限制。查上年臣林則徐先已會同前督臣鄧廷楨暨臣豫堃，節次商議及之。嗣經核定章程，諭令澳門同知轉飭西洋夷目遵照。即如茶葉一項，每歲連箱准給五十萬斤，仍以三年通融併計，以示酌中之道。其他分條列款，該夷均已遵行。本年正月，澳内容留英夷，即暫停西洋貿易，迨其將英夷驅出，仍即准令開關，亦與原奏請議章程不謀而合。至所謂責令澳夷代英夷保結一節，現既不准英夷貿易，自可毋庸置議。

—5. 皇朝經世文續編　卷七七　兵政一六　海防上

密陳定海夷情片

再，臣等因粤洋現有英船自必常通浙信，是以屢經設法密探定海情形。偶有覓得夷信，譯出漢文，知此次領兵攻定海城者名曰咘嘛啉。其統兵之夷目，一人名曰咖喹曦啅，係東印度水師提督，所坐夷船最大，名曰麥爾威釐，有炮七十四門。該船進定海港口時碰於大礁之上，底穿一孔，入水甚深，幾於沈没。又有帶兵夷官，職分頗大之呵囒咁被我師打死。現在英逆甚望定海居民回至該處，與之同住，而民人屢招不至，所出章程亦無人肯信，沿海漁船悉皆避去。各夷船本係隨帶鴉片售作資糧，今已火食無多，轉瞬風色將轉，均甚愁急等情。是其伎倆之窮已可概見。

臣等竊思粤省民人患其與夷相習，而此時浙省之民轉欲其習於夷，而後便於行事。若如夷信所言，火食無多，又恐風色將轉，是正有可乘之機。與其交鏑於海洋，未必即有把握，莫若誘擒於陸地，逆夷更無能爲。或將兵勇扮作鄉民，或將鄉民練作壯勇，陸續回至該處，詐爲見招而返，願與久居，一經聚有多人，約期動手，殺之將如雞狗，行見異種無遺，惟機緘不可洩露。現聞該逆中有咭吐啦一名，僞爲定海縣官，其人能爲華言，更須防其詭計。臣等已具密函，飛致浙江撫臣烏□，斟酌辦理。第係遥揣情形，未知當否，謹再附片密陳。

—5. 皇朝經世文續編　卷七七　兵政一六　海防上

密陳夷務不能歇手片

再，臣渥受厚恩，天良難昧，每念一身之獲咎猶小，而國體之攸關甚大，不敢不以見聞所及，敬爲聖主陳之：

查此次英逆所憾在粤省，而滋擾乃在浙省，雖變動若出於意外，其窮蹙正在於意中。蓋逆夷所不肯灰心者，以鴉片獲利之重，每歲易换紋銀出洋多至數千萬兩，若在粤得以復興舊業，何必遠赴浙洋。現聞其於定海一帶大張招帖，每鴉片一斤只賣洋錢一圓。是即在該國、嗌啊啦等處出産之區，尚且不敷成本。其所以甘心虧折、急於覓銷者，或云以給雇資，或云以充食用。並聞其在夷洋各埠賃船雇兵而來，費用之繁，日以數万金計，即炮子、火藥亦不能日久支持，窮蹙之形已可概見。又夷人向來過冬以氈爲暖，不著皮衣，蓋其素性然也。浙省地寒，勢必不能忍受。現有夷信到粤，已言定海陰溼之氣，病死者甚多。大抵朔風戒嚴，自然舍去舟山，揚帆南竄。而各國夷商之在粤者，自六月以來，貿易爲英夷所阻，亦各氣憤不平，均欲由該國派來兵船，與之講理。是該逆現有進退維谷之勢，能不内卻於心，惟其虛憍性成，愈窮蹙時愈欲顯其桀驁，試其恫喝，甚且别生祕計，冀得陰售其奸。如一切皆不得行，仍必帖然俯伏。臣前此屢經體驗，頗悉其情。即此時不值與之海上交鋒，而第固守藩籬，亦足使之坐困也。

夫自古頑苗逆命，初無損於堯舜之朝。我皇上以堯舜之治治中外，知鴉片之爲害甚於洪水猛獸，即堯舜在今日，亦不能不爲驅除。聖人執法懲奸，實爲天下萬世計，而天下萬世之人亦斷無以鴉片爲不必禁之理。若謂夷兵之來係由禁烟而起，則彼之以鴉片入内地者早已包存禍心，發之於此時與發之於異日，其輕重當必有辨矣。臣愚以爲，鴉片之流毒於内地，猶癰疽之流毒於人心也。癰疽生則以漸而成膿，鴉片來則以漸而致寇，原屬意中事。若在數十年前查辦，其時吸者尚少，禁令易行，猶如未經成膿之癰，内毒或可解散。今則毒流已久，譬諸癰疽作痛，不得不亟爲拔膿，而逆夷滋擾浙洋，即與潰膿無異。然惟膿潰而後疾去，果其如法醫治，托裏扶元，待至膿盡之時，自然結痂收口。若因腫痛而别籌消散，萬一毒邪内伏，誠恐患在養癰矣。

溯自查辦鴉片以來，幸賴乾斷嚴明，天威震疊，躉船二萬餘箱之繳，係英夷領事義律自行遞稟求收，現有漢、夷字原稟可查，並有夷紙印封可驗。繼而在虎門毀化烟土，先期出示，准令夷人觀看。維時來觀之夷人，有撰爲夷文數千言以紀其事者，大意謂天朝法令足服人心。今夷書中具載其文，諒外域盡能傳誦。迨後各國來船遵具切結，寫明如有夾帶鴉片，人即正法，船貨没官，亦以漢、夷字合爲一紙。自結之後，查驗他國夷船，皆已絶無鴉片。惟英逆不遵法度，且肆鴟張，是以特奉諭旨，斷其貿易。然未有浙洋之事，或尚可以仰懇恩施。今既攻占城池，戕害文武，逆情顯著，中外咸聞，非惟難許通商，自當以威服叛。第恐議者以爲内地船炮非外夷之敵，與其曠日持久，何如設法羈縻。抑知夷性無厭，得一步又進一步，若使威不能克，即恐患無已時。且他國效尤，更不可不慮。

臣之愚昧，務思上崇國體，下懾夷情，實不敢稍存游移之見也。即以船炮而言，本爲防海必需之物，雖一時難以猝辦，而爲長久計，亦不得不先事籌維。且廣東利在通商，自道光元年至今，粤海關已徵銀三千餘萬兩，收其利者必須預防其害。若前此以關税十分之一製炮造船，則制夷已可裕，如何至尚形棘手。臣節次伏讀諭旨：以税銀何足計較，仰見聖主内本外末，不言有無，誠足昭垂奕禩。但粤東關税既比他省豐饒，則以通夷之銀量爲防夷之用，從此製炮必求極利，造船必求極堅，似經費可以酌籌，即裨益實非淺鮮矣。

臣於夷務辦理不善，正在奏請治罪，何敢更獻芻蕘。然苟有裨國家，雖頂踵捐糜，亦不敢自惜。倘蒙格外天恩，寬其一綫，或令戴罪前赴浙省，隨營效力，以贖前愆，臣必當殫竭血誠，以圖克復。自粵省各處口隘防堵加嚴，察看現在情形，逆夷似無可乘之隙，藉堪仰慰宸懷。

—5. 皇朝經世文續編　卷七七　兵政一六　海防上

田制溝洫水器稻種附

明袁黄《寶坻勸農書》：井田畛涂溝澮，不必盡泥古法。縱橫曲直各隨地勢，淺深高下各因水勢。中間有卑窪特甚者，量疏爲塘塹，出溝澮之間，旱則蓄，水則洩。圍田地卑多水之處，隨地形勢，四面各築大岸以障水，中間又爲小岸，岸下有溝以洩水，或外水高而内水不得出，則車而出之。塗田瀕海之地，潮水往來，淤泥常積，鹹草叢生，此須挑溝築岸，或樹立樁橛以抵潮汛。其田形中間高兩邊下，不及十數丈爲小溝，百數丈爲中溝，千數丈爲大溝，以注雨潦，謂之甜水溝。初種水稗，斥鹵既盡，乃種稻。沙田，沙淤之田也。此田大率近水，地常潤澤，可保豐熟；四圍宜種蘆葦以護堤岸，内則普爲塍岸，可種稻秫，間爲聚落，可種桑麻；或中貫湖溝，旱則平溉，或旁繞大港，潦則洩水，無水旱之虞，故勝他田也。

邱濬《大學衍義補》：京畿地勢平衍，不必霖潦之久，輒有害稼之苦。莫若少倣《遂人》之制，每郡以境中河水爲主，又隨地勢各爲大溝，廣一丈以上者以達於河；又各隨地勢開小溝，廣四尺以上者以達於大溝；又各隨地勢開細溝，廣二三尺以上者，委曲以達於小溝。其大溝則官府爲之，小溝則合有田者共爲之，細溝則人各自爲於其田。每歲二月以後，官府遣人督其開挑，而又時常巡視，不使淤塞，縱有霖雨不能爲害矣。

左光斗《屯田水利疏》：禹功明德，惟是平水土、濬溝洫而已。支流既分，全流自殺，下流既洩，上流自安，無昏墊之害，有灌溉之利，此濬川之當議也。沿河地方，惟運河不敢開洩外，其餘源流潴委是不一水，陂塘堤堰是不一用，或故迹可尋，或方便可設，則疏渠之當議也。東南地高水下，車而溉之，上農不能十畝。北方地與水平，數十頃直移時耳。事半功倍，難易懸殊，則引流之當議也。河流漸下，地形轉高，不能平引，其法攔河設壩以壅之，或壅二三尺，或壅四五尺，然後平而引之，水與壩平，流從上度，遞流而下，節節如是。蓋不能俯地以就水，而惟升水以就地，支河淺流最宜用此，則設壩之當議也。蓄洩不時，秋水時至，壞禾蕩舍，往往有之。惟於入水之處設斗門，旱則開之，澇則塞之，出水之處反是。此建閘之當議也。沿山帶溪，最易導引，而山水暴漲，沙石衝壓，再行挑洗，勞費不償。其法順水設陂以障之，用河支不用河身，支以上溉，身聽其下行。此設陂之當議也。而必概種秔稻，恐不驟習，隨其高下，聽其物宜。總之，水源一開，水田之利勝旱地一倍，價值亦增三倍，漸漸由而不知，通而不倦，而焦原盡澤國矣，則相地之當議也。春夏急水，秋冬無所用之，儲有餘以待不足，法用池塘以積之，既可儲水待旱，兼可種魚蒔蓮。每見南方百畝之家，率以五畝爲塘，水不勝用，利亦如其畝之所入。倣而行之，或五家一塘，或十餘家一塘，居然同井遺意。惟原窪下之處，不必另設，則池塘之當議也。

國朝湯世昌《請修溝道疏》：江浙之田，畝收數石，以水利修而農力勤也。西北則不然，並無溝洫，全仗天時。其大道兩旁，儘可開溝深廣以資蓄洩。伏祈勑諭各該督撫，飭屬於秋成之後，督率農民照河工民埝民修之例，酌令富者計畝出夫，貧者出力餬口，於大道經行之所，闊則兩旁開溝，狹則止開一道，幫寬四尺，底寬二尺，深一丈，因其地勢，節節開通。如有積窪，量加深廣，以爲潴水之地，即以挖起之土，培平大道坡岸。乘此農隙，數月可竣。行之有效，即村莊徑路亦可倣行。

胡寶瑔《開田溝路溝疏》：豫省地勢平衍，其恃以宣洩者，溝渠之功，實與河道相表裏。前濬河道工竣，即將民田溝洫宜開、並每年加挑路溝及小溝、廢渠宜復各緣由陳奏，奉旨如所議，永遠實力行之。臣欽遵率屬辦理，皆係民間業佃各就地頭施功，雖有緜亘數十里者，而一人一户承挑無幾，是以民易爲力。自是，每歲或於春融，或於農隙，隨時查勘。總緣民間連獲有收，已享其利，每歲加修，更屬力少而事便，是以逐處寬深，鮮有水患。即上年被水，皆由外河衝決，並無内水瀰漫之處，且節節疏通，就下甚利，田地皆得速涸，不悞耕種，尤爲明驗也。

沈夢蘭《五省溝洫圖説》：溝洫之法，先視通河以爲川，次視支河小水及地形低窪、便於疏濬、省工力者，每距二十里爲一澮，川縱則澮横，除山澤、城邑及沙礫不可耕外，每距七百二十步爲一洫，每横距八十步爲一遂，縱距二百四十步爲一溝，皆經畫標識之。合方二十里造一册，田若干户，户若干畝，逐一注明，擇其老成衆素信服者董司其事，不可假手胥吏。歲十月，農事既登，開濬洫澮，深廣如法，其土即堆兩旁，以填塗道，人工按畝科計，田率人耕三十畝，工率日挑二百尺，人十日而洫澮畢。次開溝遂，又十日而皆畢矣。如天寒凍早，溝遂明春開亦可。其田非自種者，即著佃户開濬，照佃科工，産主量給飯資，畝率穀米一升。工畢之後丈量地畝，畝折四步，均攤以歸畫一。每歲春冬，各令撈取洫澮新淤，以糞田畝，率三四十尺以爲常例。

又溝洫之制，無地不宜，而西北尤亟。西北地勢平衍，河流勁而多濁。漲則勁流洶涌而衝決爲患，退則濁泥滯澱而淤塞爲患，古人於是作溝洫以治之。伏秋水漲，則以疏洩爲灌輸，河無迅流，野無熯土，此善用其决也。春冬水消，則以挑濬爲糞治，土薄者可使厚，水淺者可使深，此善用其淤也。

《畿輔安瀾志》：乾隆九年，河道總督高斌請展唐縣廣利渠，導唐、完之水東流一百二十里。於渠身兩岸，每渠五里設一涵洞，共二十有四。聽民濬溝，引渠分入均溉。十一年，又奏：涵洞引水大利農田，請唐、完、滿三縣涵洞不拘五里，聽村民自爲增設。

又澧河在南和、任縣二境，爲利甚溥，並無閘座涵洞。民間穴堤以空心大木横貫其内，兩岸沿堤爲溝，水由木心達諸溝塍，謂之桶引。水足則去桶塞穴，堤岸依然。

又唐縣尹楊一桂導唐河東流。至南雹水村，有客水溝横來，溝下於渠三尺許。因之則渠水跌落不能東行，填之則壅阻客水，淹害村田，乃建木騰橋，使河水騰於上，山水穿其下，上下並行，而不相害。橋欄爲閘，可啓閉，啓則水洩注溝，復入於河。

王心敬《井利説》：用水車之井，必須用磚包砌，淺者需七八金，深者十金以上，而一水車亦需十金。淺井可灌二十餘畝，深井且可灌三四十畝。但使糞灌及時，耘耔工勤，即此一井，歲穫可百石，少亦七八十石。夫費二三十金，而荒年收百石，所值孰多？至用轆轤之小井，不須磚砌，工匠不過數錢，器具不過一金。若地帶沙石須磚砌者，工費亦只三五金。一井可及五畝，但得工勤，歲可得十四五石；更加精勤，二十四五石可得也。夫費三五金，而於荒年收穀十四五石，甚至二十餘石，所值孰多？

蔣炳《諭民鑿井疏》：農民罔知盡力耕鑿。臣留心訪察，凡有井之地，悉爲上産。每大井可溉田二十餘畝，中井亦十餘畝，雨澤儻愆，足資綆汲。請令將臣詳議曉諭農民，有能鑿大井者，給口糧、工本，中井半之。地方官親爲相度。計及久遠，庶磽瘠可變膏腴。

劉於義《慶雲鹽山事宜疏》：慶雲、鹽山兩邑，雖有鹹池及苦水之處，而甜水可以澆灌之地甚多，但百姓無力砌井。查每砌磚井一，需物料銀八兩，可灌地五畝，若廣爲穿井，小旱之年，百姓竟可不餒。請於水利節省項下，將慶雲縣賞給銀一萬兩，可砌磚井一千二百五十。鹽山縣賞給銀八千兩，可砌磚井一千。再令百姓每年多開土井，以助澆灌。

元王禎《農桑通訣》：若田高而水下，則設機械用之，如翻車、筒輪、戽斗、桔槔之類，挈而上之。若地勢曲折而水遠，則爲槽架、連筒、陰溝、浚渠、陂柵之類，引而達之。凡下灌及平澆之田爲最，用車起水者次之，再車三車之田又爲次也。

王禎《灌溉圖譜》：水柵，排木障水也。若溪深田高，水不能及，於上流作柵遏水，使之旁出下溉，以及田所。水閘，開閉水門也。間有地形高下，水路不均，則跨據津要築壩，前立斗門，以備啓閉，旱則激水灌田，又可轉激轉磑，實水利之總揆也。水塘即洿池，因地形坳下用之瀦蓄水潦，或修築圳堰以備灌溉。大凡陸地平田别無溪澗井泉以溉者，救旱之法非塘不可。

又翻車，今龍骨車也。牛轉翻車比人踏功將倍之。水轉翻車視水勢隨宜用之，其水日夜不止，絶勝踏車。筒車，水激轉輪，衆筒兜水以灌田，晝夜不息。連筒，以竹通水也。架槽，木架水槽也。戽斗，挹水器也。刮車，上水輪也。桔槔，挈水械也。轆轤，纏綆械也。

明西洋熊三拔《泰西水法》：龍尾車者，河濱挈水之器也，物省而不煩，用力少而得水多。若有水之地悉皆用之，竊計人力可以半省，天灾可以半免，歲入可以倍多。玉衡車者，井泉挈水之器也，一人用之可當數人，高地植穀，縱令大旱，能救一夫之田。

《畿輔通志》：宛平縣産稻，有糯、稉二種。香河縣産稉稻、糯稻、水稻、旱稻。昌平州産膳米。房山縣産稻，紅白二種。遵化州産東方稻、雙芒稻、虎皮稻之類，皆食米。糯稻有旱糯、白糯、黄糯，皆可釀酒。滿城縣産稻有黄鬚者，有烏鬚者，有稉稻、旱稻、糯稻。淶水縣産水稻。邢臺縣産稻有三種：紅口稻、芒稻、糯稻。

臣則徐謹案：溝洫之利甚溥，非獨水田宜設，前人論之詳矣。而經畫水田，要在盡力溝洫。陂塘之瀦蓄，所以供溝洫之挹注也；閘、堰、涵洞之啓閉，所以均溝洫之節宣也。溝洫修而田制備，田制備而地中之水無一勺不疏如血脉，水旁之地無一畝不化爲膏腴。大禹之粒烝民，舉其要不外濬川距海，濬畎澮距川。然則營田之政，亦盡力溝洫而已。直隸八郡地勢，西北高，東南下，而一郡之中又各有高下之異。今擇其近水之處，隨宜經畫。負山高仰之地，可導泉引溉，則爲陂爲塘以備暵暘；濱河平廣之地，可疏渠引溉，則爲閘爲堰以齊旱澇；瀕海近淀之地，可築圍引溉，則爲圩爲堤以防漫溢。如是則水之爲田患者寡，水之不爲田用者蓋亦寡已。經畫既定，播種可施，乃更揆度地形，作水器，以省灌溉之力，辨别土性，擇稻種以適氣候之宜。使向之聽豐歉於天時者，一視勤惰於人事。人事修舉，而天時不害，地寶咸登矣。

—5. 皇朝經世文續編　卷九三　工政六　水利通論

畿輔水利推行各省議

《史記·列傳》：西門豹爲鄴令，發民鑿十二渠，灌田，民以給足。

《漢書·溝洫志》：史起爲鄴令，引漳水溉鄴，以富魏之河内。又鄭國鑿涇水爲渠，溉舄鹵之地四萬餘頃，收皆畝一鍾。於是關中爲沃野，因名曰“鄭國渠”。趙中大夫白公，穿渠引涇水溉田四千五百餘頃，因名曰“白渠”，民得其饒。又《列傳》：召信臣爲南陽太守，開通溝瀆，起水門提閼，以廣灌溉，歲歲增加，多至三萬頃。《後漢書·列傳》：鄧晨爲汝南太守，興鴻郤陂數千頃田，汝土以殷，魚稻之饒流衍他郡。

《唐書·列傳》：姜師度徙同州刺史，閼河以灌通靈陂，收棄地二千頃爲土田。又韋武爲絳州刺史，鑿汶水灌田萬三千餘頃。又温造爲朗州刺史，開復鄉渠百里，溉田二千頃，民獲其利，號“右史渠”。太和中，節度河陽，奏復懷州古秦渠枋口堰，以溉濟源、河内、温、武陟田五千頃。

《元史·列傳》：郭守敬陳水利六事。其五，懷、孟沁河漏堰餘水引東流至武陟縣北，合入御河，可灌田二千餘頃。其六，黄河自孟州西開引少分一渠，經由新舊孟州中間，順河古岸下至温縣南，復入大河，其間亦可灌田二千餘頃。

明周用《東省水利議》：治河墾田，事相表裏。田不治，則水不可治。運河以東，濟南、東昌、兖州三府雖有汶、沂、洸、泗等河，與民間田地曾不相貫注。每年泰山、徂徠山水驟發，則漫爲巨浸；一值旱暵，則又故無陂塘、渠堰蓄水以待急，遂致齊魯之間，一望赤地。此皆溝洫不修之故。今修溝洫，各因水勢地勢之宜，縱横曲直隨其所向，自高而下，自小而大，自近而遠，委之於海，則治河裕民之計也。

馮應京《重農考》：中州濱河之區，當秋水時至，百川灌河，曾無一溝一澮爲之停蓄。以故頻受其患，而不獲資尺寸之利。若乃鄴之漳水、南陽之鉗盧陂，昔人率用以灌溉；并州西南，若汾，若沁，盡可引注爲農田用。

國朝畢沅《陝省農田水利疏》：陝西四塞雄封，厥田稱上。漢中、興安、商州各屬，延亘南山，水土饒益；西安、同州、鳳翔三府，邠、乾二州，沃野千里，實爲陸海奥區。涇陽龍洞一渠，爲關内膏腴之最。大川如涇、渭、灞、滻、灃、滈、潦、潏、河、洛、漆、沮、汧、汭等水，流長源遠。若能就近疏引，築堰開渠，變瘠土爲良田，三農自獲倍收之利。况三秦爲中土上游，大川半在其地，若分爲溝洫，蓄作陂池，則入黄之水，其勢並可少殺。

臣則徐謹案：西北諸省，古稱沃饒之地甚多。河渠溝洫，漢唐以來，代有興舉，成效著於史策。自水利積久失修，膏腴之壤皆爲陸田。遂若大河以北，土性本不宜稻者，驟舉稻田之利語之，人必不信。然粤西民俗，則又止知水田種稻，不知旱地可種雜糧。先臣李紱，因地有餘利，請多覓農師教導，兼植北方粱粟。易地以觀，可知南北種植之殊，端由民習，不盡關土性也。今請俟畿輔倡行之後，確有明效，且共睹稻田之入倍於旱田，自必聞風興起。乃以營種之法頒之山、陝、豫、東諸省，令各隨宜相度，以漸興舉。由是推行愈廣，樂利愈宏，財用阜成，家給人足，風俗純厚，經正民興，東南可藉蘇積困，而西北且普慶屢豐。此億萬世無疆之福也。

—5. 皇朝經世文續編 卷九三 工政六 水利通論

開治水田有益國計民生議

乾隆二年七月諭："自古致治以養民爲本，而養民之道，必使興利防患，水旱無虞，方能蓋藏充裕，緩急有資。是以川澤、陂塘、溝渠、堤岸，凡有關於農事，豫籌劃於平時。斯蓄洩得宜，潦則有疏導之方，旱則資灌溉之利，非可委之天時豐歉之適然，而以臨時賑恤爲可塞責。朕御極以來，宵旰憂勤，惟小民之依是咨是詢，前後諭旨諄復再三。但化導自在有司，而督率則由大吏。近日直省督撫，惟甘肅巡撫德沛到任後，即以興水利、裕倉儲爲請；署陝西巡撫崔紀亦有勸民鑿井灌田之奏，尚能留心民食，知本計之所當先。其餘能盡心於吏治官方、命盜、錢糧諸事者尚不乏人，而於民生衣食本源未能切實講求。地方守令亦惟刑名、錢糧自顧考成，至以愛養百姓爲心，留意於稼穡桑麻，如古循吏所爲者，蓋不可得。即如直隸今年夏初少雨，則以熯旱爲憂；及連雨數日，尚不甚大，而永定河遂有漲溢之患，决口至四十餘處，低窪之地多被水淹。雖因山水驟發，然水性就下，其經行之地自有定所，設豫爲溝渠以洩之，爲塘堰以瀦之，自可以分殺水勢，不致匯爲洪流。衝突漫衍如此之甚，是皆平日不能豫先籌劃所致也。各該督撫、有司務體朕痌瘝乃身之意，刻刻以民生利賴爲先圖，一切水旱事宜，悉心講究。應行修舉者，即行修舉，或勸導百姓自爲修理；如工程重大應動用帑項者，即行奏聞，妥協辦理。興利除害，俾旱澇不侵，倉箱有慶，以副朕惠愛黎元至意。"

《明史·列傳》：徐貞明著《潞水客談》略曰：西北之地，旱則赤地千里，潦則洪流萬頃。惟雨暘時若，庶幾樂歲無饑。此可常恃哉？水利興，而後旱潦有備，利一。中人治生，必有常稔之田。以國家之全盛，獨待哺於東南，豈計之得哉？水利興，則餘糧栖畝皆倉庾之積，利二。東南轉輸其費數倍，西北有一石之入，則東南省數石之輸，利三。西北無溝洫，故河水橫流，民居多沒。修復水田，則可分河流，殺水患，利四。西北平曠，游騎得以長驅。若溝澮盡舉，則田野皆金湯，利五。游民輕去鄉土，易於爲亂。水利興，則業農者依田里，而游民有所歸，利六。招南人以耕西北之田，則民均而田亦均，利七。西北罹重徭之苦。田墾民聚，則徭可減，利八。沿邊諸鎮有積貯，轉輸不煩，利九。天下浮户依富家爲佃客者何限，募之爲農而簡之爲兵，屯政無不舉矣，利十。

國朝沈夢蘭《五省溝洫圖説》：溝洫之設，旱澇有備，利一。淤泥肥田，墝确悉成膏腴，利二。溝涂縱横，戎馬不能踰越，足資阻固，利三。貿遷舟載通行，車脚費省，物價可平，利四。蝗蝻間作，溝深易於捕治，利五。西北耕田，人力無所施用，俗語所謂"望天收"。溝洫既開，縵田悉作甽田，利六。西北地廣人稀，歲入無多，家無蓋藏。水利興，將饒沃無異東南，利七。東南民奢而勤，西北民儉而惰。以西北之儉，師東南之勤，民食自裕，利八。邪教之起，由多游民。百姓皆從事於隴畝，風俗自靖，利九。東南轉輸一石費至數石，故昔人謂西北有一石之收，則東南省數石之費，利十。河流漲發時憂衝决。五省遍開溝洫，計可容漲流二萬餘千丈，利十一。漲流既有所容，河堤搶築歲費漸可裁省，利十二。軍政莫善於屯田。溝洫通利，荒土悉可墾種，因此召募開屯，不費餉而兵額充足，利十三。經畫一定，邱段分明，民間無争占之端，里胥無飛灑之弊，利十四。每地方二十里，同溝共井相助，聯保甲，興社倉，諸事便易，利十五。

徐越《畿輔水利疏》：臣考之太倉，每歲漕糧所入，僅敷一歲所出之數。現值江浙饑凶，淮黄梗阻，已有歲運不能足額，抵通不能如期之虞。萬一天灾再告，輸挽難前，賑貸莫繼，無論東南之凋瘵無策以拯，即京師數千百萬官民、軍旗人等，能無米而炊乎？此時而始爲區畫，亦已晚矣。查漕糧原有常額，每年尚可留餘，祇緣歲有一百六七十萬滂糧之給，遂至空倉而出。若得因地制宜，使八旗不致荒滂，滂糧得以議省，則每年有一百六七十萬之存賸。不三年，即可有四五百萬之積儲。雖遇天時凶灾，河道阻塞，而國家有備無患，非萬年根本之重計乎？冀州之域，古稱燕趙，從來膏沃自給，不盡仰食於東南。特以人事未盡，遂將自然之地利廢置不講，以致水旱皆灾，歲無常獲。若相其地勢高卑，因勢利導，大興水田，庶幾人事修而地利登，非但八旗屯丁車籌盈祝，無藉倉撥，而各府民田由此盡墾，即東南之民力可甦，近畿之盗賊可息。何也？東南漕糧，民間交兑及漕船歲修行月諸費，以至抵通盤剥，合公私計之，大約石米到倉，費銀四五兩不等，而領出滂糧及運軍餘米，在京賣價不過八九錢耳。民力徒困，而國計何裨？水利興則米穀多，將來可照改折解銀，在本京收買足額。朝廷之上，歲可增改折銀數百萬兩，而辦漕之民力不於此而甦乎？至於西北，米多價重，生理各足，既無曠土，自無游民，誰復迫飢寒而甘爲盗賊？此又不弭盗而盗自弭者也。臣故曰：積漕，利國，富旗，安民，莫有過於大興畿輔水利者也。

陸隴其《論直隸興除事宜書》：屢年以來，朝廷憫恤灾荒，州縣議蠲議賑，所費錢糧不可勝數。與其蠲賑於既荒之後，何如講求水利於未荒之前。蠲賑之惠在一時，水利之澤在萬世。宜通查所屬州縣水道，何處宜疏通，何處宜堤防，約長闊若干，工費若干，彙成《畿輔水利》一書進呈，請以次分年舉行。以一時言之，雖若不免於費，以久遠言之，比之蠲賑，所省必百倍。或鼓舞官吏紳衿，能開河道若干者，作何優叙獎勵，此亦一策也。

李光地《飭興水利牒》：北土地宜大約病潦者十之二，苦旱者十之八。而北方苦旱遂至於不可支者，由於水利不修。今通飭州縣，各因其山川高下之宜，如近山者導泉通溝，近河者引流釃渠，若無山無河平衍之處，則勸民鑿井，亦可稍資灌溉。若一縣開一萬井，則可溉十萬畝。約計畝穫米一石，十縣之入，已當通直全屬之倉貯矣。一溝之水，又可當百井，一渠之水，又可當十溝。以此推之，水利之興，較之積穀備荒，其利不止於倍蓰而什佰也。

柴潮生《水利救荒疏》：天灾，國家代有。荒政，未有百全。計口授糧，僅救死而扶羸，以工代賑，亦掛一而漏百，何如擲百萬於水濱，而立收國富民安之效？縱有堯水湯旱，亦可挹彼注兹，是謂無弊之賑恤。連年米價屢廑聖懷，盡停采買，豈可久行？捐監輸倉，亦非上策。若小民收穫素裕，自然二鬴有資。臣訪問直隸士民，皆云有水之田較無水之田歲入不啻再倍，是謂不竭之常平。且近畿多八旗莊地，直隸亦京兆股肱，皆宜致之富饒，始可居重馭輕。若水利既興，自然軍民兩利，是謂無形之帑藏。且雨者，水土之氣所上騰而下澤也。土氣太盛則水氣受制，故明臣魏呈潤、徐光啓皆以興水利爲致雨之術。直隸近年以來閔雨者屢矣。謂政事之缺失，乃聖人罪己之懷，諉氣數之適然，亦術士無稽之論。但使水土均調，自然雨暘時若，是謂有驗之調燮。且水性分之則利，合之則害，用之則利，棄之則害。故周用有言：人人皆治田之人，即人人皆治水之人。先臣張伯行亦主此論。又陸隴其爲靈壽令，督民濬衛河，其始頗有怨言，謂開無水之河以病民。既而水潦大至，他邑苦水，獨靈壽有宣導，歲竟有秋。貨殖者旱則資舟，爲國者備斯無患，是謂隱寓之河防。

臣則徐謹案：《周官》：大司徒掌天下土地之圖，辨十二壤而知其種，樹藝之事繁矣。而王畿之内，惟稻人設專官，其用水作田之法，亦較諸職特詳。蓋五穀所殖，稻之入最豐，又性宜水，爲之溝防蓄洩之制，天時不齊，可仗人力補救，非如他種之一聽命於天。故農爲天下本務，稻又爲農之本務，而畿内藝稻又爲天下之本務。我朝劭農重穀，列聖相承，茆檐耕織，悉被宸章，海澨雨暘，動廑聖慮，稼穡惟寶，艱難周知，固已立萬世不拔之基矣。而畿輔農田水利歷經奉旨興修，藝稻迄猶未廣。今畿輔行糧地六十四萬餘頃，稻田不及百分之二，非地不宜稻也，亦非民不願種也，由不知稻田利益倍蓰旱田也。乃觀《潞水客談》所述及本朝諸臣奏疏，先後指陳稻田利益深切著明若此。是其上裨國計者，不獨爲倉儲之富，而兼通於屯政、河防；下益民生者，不獨在收穫之豐，而并及於化邪、弭盜。洵經國之遠圖，尤救時之切務也。今誠逐條研核，確信夫營田藝稻實爲根本至計，效可必致。而事在必行，則萬年美利既不難操以券觀成，俶載經營乃可與更端而圖始。而土宜之辨，已事之徵，可遞詳矣。

—5. 皇朝經世文續編　卷九四　工政七　直隸水利

禁擾累議

雍正元年論户部："朕臨御以來，宵旰憂勤，凡有益於民生者，無不廣爲籌度。因念國家承平日久，生齒殷繁，地土所出，僅可贍給，偶遇荒歉，民食惟艱。將來户口日滋，何以爲業？惟開墾一事，於百姓最有裨益。但向來開墾之弊，自州縣以至督撫俱需索，陋規致墾荒之費浮於買價。百姓畏縮不前，往往膏腴荒棄，豈不可惜！嗣後各省凡有可墾之處，聽民相度地宜，自墾自報，地方官不得勒索，胥吏亦不得阻撓。至升科之例，水田仍以六年起科，旱田以十年起科，著永爲定例。其府州縣官能勸諭百姓開墾地畝多者，准令議叙。督撫大吏能督率各屬開墾地畝多者，亦准議叙。務使野無曠土，家給人足，以副朕富民阜俗之意。"

五年諭内閣："修舉水利，種植樹木等事，原爲利濟民生，必須詳諭勸導，令其鼓舞從事，方有裨益，不得繩之以法。若地方官員因關繫考成，督課嚴急，則小民轉受其擾矣。著直隸學臣轉飭教職各官，切加曉諭，不時勸課，使小民踴躍興作。若地方官員怠忽，不加勸導，或有逼勒過嚴者，著學臣稽察奏報。三路巡察御史，亦著善於勸導，悉心稽察。如地方官有奉行不善之處，即據實奏聞。"

六年諭："凡興修河渠等事，朕意本欲惠養斯民，爲地方永賴之利。乃差往人員等奉行不善，轉爲閭閻之擾。前聞直隸工員内，有因營田拔去民間已種豇豆之事，因諭令怡親王確查。今據參，梁文中不行曉諭，於事先乃將已成之禾稼逼令抛棄，違理妄行，顯欲阻撓政事，非無心錯誤可比。該巡察御史苗壽、陶正中何以不行查參？梁文中所犯既實，不必交與該督再審，著革職，於工所枷號示衆。其所毀壞豇豆，著即於梁文中名下照數追賠。"

李光地《飭興水利牒》："此事原爲百姓籌謀，非如欽工上差諸務期會徵發，隨以督責也。該府州縣履歷民間，務要减省徒從，隻馬單車，勞問父老，詢以農事，不得騷動閭閻，費民一草。胥役有藉此作一名色，驚擾編氓者，立斃杖下。"

臣則徐謹案：爲國不患無任事之人，而患有債事之人。任事者方興利以救弊，僨事者即因利而滋弊。故曰：利不百不興，害不百不去，誠慎之也。今興治水田，爲西北百姓建無窮之利。民間自營之産，人自耕之，人自享之，賦税不增，租典由便，有利無害者也。特恐創行之始，或急於見功，奉行不善；或假手胥吏，生事滋擾；甚或違理妄行，藉以阻撓政事。如雍正六年上諭處革之梁文中其人者，將養民之政反爲擾民之事。此端一開，浮議乘隙而生，必至懲羹吹齏，因噎廢食。是在承辦各官，毋急近功，毋執偏見，虚心諮訪，善言勸導，毋令書役得以藉手，庶杜漸防微之慮周，而善作善成之效可期也。

—5. 皇朝經世文續編　卷九四　工政七　直隸水利

親勘海塘各工片

再，太倉州屬之寶山縣捐修海塘工程，經臣會同督臣陶澍奏。奉上諭："陶澍等奏籌議捐修海塘工程，估需銀二十萬兩有零。據稱業經率屬倡捐，該縣紳士踴躍輸將，捐項已經及半。附近之嘉定、上海二縣，皆脣齒相依，尚可互勸集捐以期蕆事。著即責成蘇松太道陽金城、太倉州知州李正鼎，督令各該縣隨捐隨辦，並往稽查，無任草率等因。欽此。"當經恭録轉行，欽遵辦理。旋據蘇松太道陽金城、太倉州知州李正鼎等，以該處塘工有迫近海濱，外無護灘之處，應否繞越挽築，禀請臣臨工勘辦；又嘉定、上海二縣雖已分勸盡捐，尚未集有成數，亦須臣親往督勸。臣隨於十月二十八日自省起程，前赴寶山工次，親加履勘。除縣城迤西之小沙背、迤北之談家浜二處，雖皆臨水頂衝，而迫近城垣市鎮，未便過於縮進，仍照原估於舊塘裏面加築新塘，以資重門保障外，其江西之衣周塘及江東之八房宅、唐家宅、長浜周家宅各處，均係頂對大洋，形勢挺出，外灘已塌，塘脚漸卸入海，若仍於原處修築，現在礙難施工，且恐不能經久，自應繞越另集，庶臻鞏固。

又江西、江東兩炮臺挺峙海口，雖潮大之時不免漫及根脚，而形勝所在，未便改移。惟於臨水之一面，加築圈堰，多護樁石，以憑扞衛。又施港迤南塘身留有石洞一座，因係農民灌溉所需，不便令其堵塞，但恐大汛潮猛，易被衝决，亦須略爲挽越，以避激蕩。均經臣逐加履勘，與該道、縣並紳董人等酌商定見，即飭該縣等妥爲照辦，毋許稍有草率。

至嘉定、上海二縣協捐一節，並經臣親督道府、州縣傳令各該紳士，詳加開導，互勸輸將，僉稱各官尚且捐廉爲民保障，該紳等住居切近，自當勉力輸助，以濟要工。察其情詞，尚屬踴躍，可期源源捐濟，無誤工需。臣仍諄飭撙節動用，務使料實工堅，以爲一勞永逸之計。又查今歲夏秋之間，沿海屢被風潮，本不止寶山一處，如華亭縣之海塘，亦據該縣稟報，外塘樁石多被衝損，内塘脚土間被冲刷等情，經臣彙入風潮案内附片奏，蒙聖鑒在案。玆臣於寶山勘畢之後，並到華亭海塘逐段查勘。該塘内面砌條石十五層，外面包土，其迎潮處所，又加樁木碎石，層層攔禦。潮至雖被漱齧，仍從空隙處退回，故相沿謂之玲瓏壩，實爲全郡保障。前於道光十一年遭被風潮損壞，曾經請帑承修，計今已逾保固例限。本年六月十四五及七月初二三等日，颶風大作，致將玲瓏壩土石、樁木各工，先後衝壞，潮汐直到塘根，刷去面土，激動條石。當經署松江府周岱齡督同該縣張慶瑗趕緊搶堵，一面按段查勘估計詳辦。即據該府、縣以工段綿長，一時無款可籌，而該處民力拮据，即勸捐亦恐無濟，祇得由松江府屬各員捐廉酌辦。議請先行擇要，將珠稱等號有土無石之單塘一百二十餘丈，再加木樁一層，樁内填石，石後添土，鋪築行硪，務令堅實；又將最險之金山嘴地方鳥官以下等號，擇要修築四百四十餘丈，均於石塘包土之外，量至六丈地位，排釘木樁，内填碎石，加築尾土，悉照玲瓏壩做法，修成護塘攤坡，俾險要之處，捍衛有資；再將全塘外壩徐圖修復等情。臣此次親詣覆勘，所估各段，皆係刻不容緩之工，應如該府、縣所議，先行興辦，已令即速施工。所需經費，據該府正署各員督率該屬之華亭、奉賢、上海、南匯、青浦等縣，分別捐廉，通力合作。俟工竣驗收，查明實用確數，再行專摺具奏。

——5. 皇朝經世文續編　卷一〇〇　工政一三　海塘

擬諭英吉利國王檄

謹擬頒發檄諭英吉利國王底稿，恭候欽定。

洪惟我大皇帝撫綏中外，一視同仁，利則與天下公之，害則爲天下去之。蓋以天地之心爲心也。貴國王累世相傳，皆稱恭順。觀歷次進貢表文云：凡本國人到中國貿易，均蒙大皇帝一體公平恩待等語。竊喜貴國王深明大義，感激天恩，是以天朝柔遠綏懷，倍加優禮。貿易之利，垂二百年。該國所由以富庶稱者，賴有此也。唯是通商已久，衆夷良莠不齊，遂有夾帶鴉片，誘惑華民，以致毒流各省者。似此但知利己，不顧害人，乃天理所不容，人情所共憤。大皇帝聞而震怒。特遣本大臣來至廣東，與本總督部堂、巡撫部院，會同查辦。凡内地民人販鴉片、食鴉片者，皆應處死。若追究夷人歷年販賣之罪，則其貽害深而攫利重，本爲法所當誅。惟念衆夷尚知悔罪乞誠，將躉船鴉片二萬二百八十三箱，由領事官義律，稟請繳收，全行毀化。疊經本大臣等據實具奏，幸蒙大皇帝格外施恩，以自首者，情尚可原，姑寬免罪，再犯者法難屢貸，立定新章。諒貴國王嚮化傾心，定能諭令衆夷，兢兢奉法。但必曉以利害，乃知天朝法度，斷不可以不懍遵也。

查該國距内地六七萬里，而夷船爭來貿易者，爲獲利之厚故耳。以中國之利利外夷，是夷人所獲之厚利，皆從華民分去。豈有反以毒物害華民之理？即夷人未必有心爲害，而貪利之極，不顧害人，試問天良安在？聞該國禁食鴉片甚嚴，是固明知鴉片之爲害也。既不使爲害于該國，則他國尚不可移害，况中國乎？中國所行於外國者，無一非利人之物。利於食，利於用，並利於轉賣，皆利也。中國曾有一物危害外國否？况如茶葉、大黄，外國所不可一日無也。中國若靳其利而不恤其害，則夷人何以爲生？又外國之呢羽、嗶嘰，非得中國絲經不能成織。若中國亦靳其利，夷人何利可圖？其餘食物，白糖、料薑桂而外，用物自綢緞、磁器而外，外國所必需者，曷可勝數。而外來之物，皆不過以供玩好，可有可無。既非中國要需，何難閉關絶市。乃天朝于茶、絲諸貨，悉任其販運流通，絶不靳惜。無他，利與天下公之也。該國帶去内地貨物，不特自資食用，且得以分售各國，獲利三倍。即不賣鴉片，而其三倍之利自在。何忍更以害人之物，恣無厭之求乎？設使别國有人販鴉片至英國，誘人買食，當亦貴國王所深惡而痛絶之也。向聞貴國王存心仁厚，自不肯以己所不欲者，施之於人。並聞來粤之船，皆經頒給條約，有不許携帶禁物之語。是貴國王之政令本屬嚴明。衹因商船衆多，前次或未加察。今行文照會，明知天朝禁令之嚴，定必使之不敢再犯。且聞貴國王所都之㘓𠻳，及嘶噶㘓、嗳喻等處，本皆不産鴉片。惟所轄印度地方，如咗啊啦、嗼噠啦、嚾咗嘪叭噠、嚀嘁嚀嘛㖨哇數處，連山栽種，開池製造。纍月經年，以厚其毒，臭穢上達，天怒神恫。貴國王誠能於此等處拔盡根株，盡鋤其地，改種五穀，有敢再圖種造鴉片者，重治其罪。此真興利除害之大仁政，天所佑而神所福，延年壽，長子孫，必在此舉矣。

至夷商來至内地，飲食居處，無非天朝之恩膏，積聚豐盈，無非天朝之樂利。其在該國之日猶少，而在粤東之日轉多。弼教明刑，古今通義。譬如别國人到英國貿易，尚須遵英國法度，况天朝乎？今定華民之例，賣鴉片者死，食者亦死。試思夷人若無鴉片帶來，則華民何由轉賣，何由吸食？是奸夷實陷華民於死，豈能獨予以生？彼害人一命者，尚須以命抵之，况鴉片之害人，豈止一命已乎？故新例於帶鴉片來内地之夷人，定以斬絞之罪。所謂爲天下去害者此也。復查本年二月間，據該國領事義律，以鴉片禁令森嚴，禀求寬限。凡印度港脚屬地，請限五月，英國本地，請限十月，然後即以新限遵行等語。今本大臣等奏蒙大皇帝，格外天恩，倍加體恤。凡在一年六個月之内，誤帶鴉片，但能自首全繳者，免其治罪。若過此限期，仍有帶來，則是明知故犯，即行正法，斷不寬宥。可謂仁之至義之盡矣。

我天朝君臨萬國，儘有不測神威，然不忍不教而誅，故特明宣定例。該國夷商欲圖長久貿易，必當懔遵憲典，將鴉片永斷來源，切勿以身試法。王其詰奸除慝，以保乂爾有邦，益昭恭順之忱，共用太平之福，幸甚，幸甚！接到此文之後，即將杜絶鴉片緣由，速行移覆，切勿諉延。

—13. 皇朝經世文統編　卷八〇　經武部一一　海防

查拏煙販收繳煙具情形疏

竊臣前奉諭旨，飭議吸食鴉片烟罪名，當經擬具條款，恭摺復奏在案。臣思此事須待各省奏齊，上衷宸斷，奉到諭旨頒發衹遵。而各省遠近不同，定議尚需時日，恐民間以爲久無消息，或且不必查辦，此心稍放，即不可以復收。是以臣與湖南撫臣錢寶琛、護湖北巡撫布政使臣張岳崧熟商，目下吸食罪名雖未定議，而查拏總不可稍懈，收繳亦不可稍遲，當即飭屬先訪開館興販之人，嚴飭務獲。一面會同出示，剴切禁戒，並捐廉配製斷癮藥丸二千料，在於省城及漢口鎮等處設局，派委妥員收繳烟槍、烟斗及一切器具、餘烟。果係真心改悔，查無不實不盡者，稟請暫免治罪，竝酌給藥料，俾其服食除癮，以觀後效。

旋據漢陽縣知縣郭覲辰稟報，拏獲興販鴉片之未運升一犯，在其船上貨箱内起獲夾帶烟土一千二百餘兩，烟膏八百餘兩。嗣又於漢鎮邱第祥棧房内拏獲興販之何日昇、傳桂芳兩犯，起獲何日昇烟土三百五十兩，傳桂芳烟土五百兩。又鄒阿三、馮奉金二犯先期已歸廣東，在鄒阿三皮箱内搜獲烟土二千零七十兩，馮奉金木箱内搜獲烟土九百八十兩。又在余萬順棧房内拿獲興販之范永瀣、鍾亞長兩犯，起獲范永瀣烟土七百二十兩，鍾亞長烟土一千二百五十兩。又於在逃之樊益瀣夾層床内搜獲烟土八百五十兩。隨有興販之邵錦璋、謝長林、范中和等赴府縣自行投首，邵錦璋呈出烟土二千餘兩，謝長林呈出烟土九百五十兩，范中和呈出烟土三百六十兩。以上拏獲及首繳烟土烟膏共計一萬二千餘兩。又自設局至六月底止，已繳烟槍計一千二百六十四桿，皆繫久用漬油之物，烟斗雜具俱全。臣於未出省以前，即率同兩司、道府逐一驗明，先用刀劈，繼用火燒，就中精緻華麗之槍斗，極功盡飾之式樣，不勝枚舉。其有餘膏殘瀝者，拌以桐油再行燒透，將灰投入江心。自此次燒毀以後，兩局續繳烟槍又據報有七百餘桿。省外各屬所收亦已陸續稟報，尚未彙計。統俟臣回省時驗明燒毀。竝接湖南撫臣錢寶琛來信，南省收繳烟槍亦有二千三百餘桿。

臣查近來鴉片烟流毒之深，幾於口有同嗜。地方官以爲滔滔，皆是不免畏難苟安。幸蒙諭旨特頒，飭議重罪，奸徒聞有論死之法，莫不魄悸魂驚，不特開館興販之徒聞風遠竄，竝吸食者亦恐性命難保，相率改圖。臣等查看輿情並非不可挽救，是以乘機諭戒，寬猛兼施，呈繳者姑許自新，隱匿者力加搜捕。不追既往，嚴儆將來，無非仰籍聖主德威，務令刀回污俗。以目下楚北情形而論，除官製斷癮藥丸外，凡省城漢鎮藥店所配戒烟之藥，無家不有，無日不售。高麗洋參等藥皆已長價數倍，並有耆民、婦女在路旁叩頭稱謝，據云其夫男久患烟癮，今幸服藥斷絶，身體漸强等語。是其父子家人平日所不能斷者，皆恃國法有以斷之。此時新例尚未頒行，而情形業已如是，總因"死罪"二字足以怵其心志。可見民情非不畏法，習俗大可轉移，全賴功令之森嚴，始免民心之渙弛。臣惟當督屬隨時加緊，極力湔除，俾皆革薄還淳，以期仰副聖主裕國保民之至意。其迭經拏獲興販鴉片人犯之漢陽縣知縣郭覲辰，起出烟膏烟土爲數頗多，可否賞予鼓勵之處，出自天恩。

—18. 皇朝道咸同光奏議　卷五七　刑政類　律例

勘估寶山塘工疏

竊照太倉州屬之寶山縣三面環海，境内土塘一萬五千餘丈，石塘一千三百丈。石塘之内仍加土戧，其沿塘迎險處所外釘排樁，填砌塊石，自靠塘一層至二三四五層不等。歷年久遠，潮汐激蕩，樁石損缺之處，風浪遂及塘身。嘉慶四年、十年，兩次遭被風潮，疊經奏准動帑興修。迄今又閱卅餘年，每遇伏秋大汛，土石各工被潮潑損，責令該縣隨時擇險搶修，權爲保護。

本年六月十四日陡遇異常風潮，水勢飛騰，高起數丈，沿海塘堤率多冲塌。經臣陶澍將大概情形奏，奉硃批："查明據實核辦。欽此。"臣林則徐接據沿海各屬禀報，當查風潮冲壞塘工以寶山爲最甚，除飭先行擇要搶護外，復委藩司陳鑾親赴寶邑，會同蘇松太道陽金城逐加查勘。該縣江西各段土塘穿缺一千七十餘丈，殘損二千一百八十餘丈，江東各段土塘穿缺一千一百餘丈，殘損四百四十餘丈，石塘冲裂六丈，其餘亦多殘損。雖經該道陽金城督縣捐廉趕做土戧，暫爲擁護，而急需要大加修築，方足以資抵禦。

臣等往返札商，以此項工程浩大，保障攸關，斷不可遷延貽誤。而國家經費有常，又值浙省大修海塘之際，不敢復以江蘇塘工請動帑項。因思該縣士民素尚好義急公，上年賑案勸捐已各勉力輸助，今海塘爲地方保障，尤期衆力同擎。當飭該司道體訪輿情，妥爲勸諭。一面由臣林則徐先行附片陳明，欽奉硃批："所辦妥等因。欽此。"臣等即率同司道州縣捐廉爲倡，並勸諭城鄉紳庶陸續輸捐，至七月初間已得十萬有零之數。正飭印委各員會同估辦間，復據蘇松太道陽金城等禀報：七月初二日未刻又有颶風突起，雨驟潮喧，徹夜震撼，至初三日未刻始經漸息；寶山江西各段塘面所棄土戧均被風潮漫溢，全行穿缺；江東各段新築小圩冲缺五百餘丈，舊堤亦處處增坍等情。臣等仍飭該縣俟潮勢稍落，先行設法堵禦。一面飭據太倉州知州李正鼎，督同寶山縣知縣毛正坦暨委員候補知縣龔潤森、鎮洋縣知縣孔昭顯、坐補崇明縣知縣徐家槐等，趕緊逐一履勘估計。兹據禀覆，舊塘本嫌陡直，收分過少，不足以柔潮勢。今加築新塘擬用外面三收，裏面二收，底寬八丈，頂寬二丈，高至一丈二尺，普律齊平。所有舊塘業已殘損過半，若即以新土鑲築，新舊不相膠黏，應將舊土一律剷平，將凸補凹，鋪作塘底，潑水行硪，再以新土層層加築，套硪飽錐，以期堅固。塘外簽釘排樁，填砌塊石，層數不等。其小沙背、談家濱一帶，形勢尤爲頂冲，除外面多加樁石俾資保護外，竝於裏面加築新塘，以爲重門保障。又該處舊有挑水壩二道，久經殘廢，今一並修復，仍於壩外雙樁夾石，以資挑溜。至石塘冲裂殘損各段，普律添購新石，砌築完整。其石塘尾段與土塘交接之處，加土裏護，並加石壩三層。合計江西、江東應估硪築土方約共三十五萬六千四百餘方，石塘添辦青條石一百九十餘丈，通工樁木約須六萬一百餘根，碎石二萬一千三百餘方，統計銀數須得二十萬兩有零，方能料足工堅，永資鞏固。並據司道核覆，所估並無浮揑等情。

臣等伏查寶山縣境江東、江西所轄土塘，本年兩遇風潮，穿缺殘損只有五千餘丈，其石塘亦多冲裂脱卸，既經該州縣等確加履勘，逐段修復，竝將石塘添砌新石，土塘加幫高寬，且於頂冲處所裏面添築新塘，外建挑水壩二道，以復舊制。沿塘簽釘排樁，填砌塊石，再於石塘工尾土石交接之處築土裏護，外加石壩三層，俾工段益增鞏固，實可爲一勞永逸之計。所估土方、樁石覆核尚無浮多，惟統計銀數須得二十萬兩有零，方敷辦理。而捐項甫經及半，若必俟全數捐足始行興工，則今冬已恐無及。明歲春潮驟長，抵禦無資，人心惶惶，深爲可慮。

臣等復經采訪衆論，公同商榷，事關生民保障，不獨寶山一縣。紳庶自衛身家，捐輸已形踊躍。即貼近之嘉定、上海二邑，亦皆唇齒相依，尚可互勸集捐，以期衆擎易舉。因令先將已捐之項采購料物，趕運赴工。並於寶山紳耆中公舉總董數人，散董數十人，分司其事。現在將届立冬，水勢消落，應即擇吉開工，派令印委各員分頭催辦。竝飭蘇松太道陽金城，率同太倉州知州李正鼎，時刻來往稽查，不任稍有草率。一面續勸協捐，以資辦理。察看該處民情，因見各官捐廉倡辦，係爲保衛民生起見，無不心懷感奮，雖需款繁鉅而妥爲勸導，稍寬時日，自可有成。

統於竣工之後，查明捐户銀數，照例奏咨鼓勵。如有格外多捐者，容臣等酌量，懇恩加獎。仍嚴札州縣，毋許抑勒科派，並飭杜絶虚糜，不准有絲毫浮費。如能格外撙節，即可稍減捐數。總期認真核實，以蕆鉅役而奠海疆。一俟通工完竣，臣等酌往驗收，另行具奏。

再，該工既係捐辦，應請照案免其造册報銷。據該司道會詳請奏前來，臣等謹將勘估籌辦情形合詞恭摺具奏。

—18. 皇朝道咸同光奏議　卷六四　工政類　海塘

姚　瑩（1785—1852）

字石甫，號明叔，晚號展和，安徽桐城（今屬安慶）人。嘉慶十三年（1808）進士，官至湖南按察使。有《康輶紀行》《東溟文集》等。

覆方本府求言札子《石甫文鈔》

某一介迂儒，濫膺劇地，冰兢自矢，疏拙堪虞。惟有遇事虛衷，悉心經理，察輿情，因土俗，安輯閭閻，慎重賦課，不敢偏聽幕友，不敢委任丁胥，不矯激以沽名，不因循而廢事。涖任一載以來，地方差覺安寧，士民頗相親附者，不過因地制宜，寬猛兼施而已。至於漳郡七屬民情，卑職不能盡曉。然以所聞見，大略相同，既承明問，俾竭所知，敢以愚見略陳于左：

一、開誠心以調文武。夫國家設官定制，各有職司，文以撫民，武以除暴，蓋如手足之相爲用也，乃往往不和，以致齟齬僨事。在文臣，體統自持，每心輕武人爲不曉事，而武臣亦每以此自疑，不肖兵役從而播煽其間，或兵民交涉而争權，或禮儀上下而争勝，私隙既成，遇事自相掣肘，此激變生亂之所由來也。漳、泉民風强悍，械鬥頻仍，陸路海洋盜賊時發，用兵之地常多。使不能調輯和衷，一心并力，而能濟事安民者鮮矣。故宜開心見誠，相接以禮，相通以情，顧大體，捐小節，文臣與武臣相和，胥役自與弁兵無間，則士卒效命，悍民有所畏，而盜賊無所容矣。

一、和鄉情以息械鬥。夫械鬥之緣有數端，或宿讐不解而鬥，或訟獄不平而鬥，或大小相凌而鬥，或睚眦倉卒而鬥。其要皆由負氣而好勝，一夫倄怨，千百爲難。爲地方官者，苟不究其緣而冒昧輕進，或不顧事後而取快一時，又或畏怯不前而因循示弱，若此者，罔不釀成巨患。故有兵已臨而鬥不休、兵已退而鬥如故者，此皆鄉情未和之故也。蓋其肇衅之始，不過悍族村愚，及至鬥勢已成，遂乃無分良莠。執法以往，既已不可勝誅，抑且互鬥正兇，死者不能起辨。與其濫殺無罪，莫如善處爲良。故宜震之以威而不用，示之以恩而不怯，順其情而平其怨，懲其强而撫其弱，執法而稍通變之，則民和悦而鬥可息矣。

一、籌經費以資緝捕。查漳郡一廳七縣，壤接永泉，界濱海粤，其中山嶺險阻，溪峝曲深。盜賊藏匿既便，出没無常，緩則登山，急則浮海。而巨族大姓輒擁丁千萬人，亘地數十里，兵役入社，時有拒捕之虞。故緝捕之難，不但盜賊，即案犯亦十無一獲。非懸賞購拿，即須會帶弁兵勇役，多者千人，少亦數百，駐社圍拿，動以旬日。又四路險要，除設兵防汛外，必須擇選家丁，派撥壯役，巡邏搶擄。此等捕費，皆不能動項開銷，而漳屬府縣素無贏餘閑款，此項將于何出，故須善爲籌劃，非空言所能濟事也。

一、延紳士以通上下。夫爲政不難，不得罪于巨室。巨室者，衆民之所取信也。州縣雖日親民，而仁信未孚，愚衆豈能盡曉？官之賢否取于紳士之論，若府道之尊則去民益遠矣。且漳俗族姓大小强弱之分最明，小役大、弱役强，由來已舊。搢紳之强大者，平素指揮其族人皆如奴隸，而性畏見官，有事則深匿不出，或陰使其族人爲諸不法。愚民不知畏官，惟畏若輩，莫不聽其驅使。苟失馭之，則上下之情不通，官雖甚惠愛而民不知，民或甚冤抑而官不察，此前人之所以多敗也。誠能折節降禮，待以誠信，使衆紳士咸知感服，則所至敢于出見。紳士信官，民信紳士，如此則上下通而政令可行矣。

一、崇文教以明禮讓。夫争鬥不息，由禮讓之不行。禮讓不行，由文學之失教。今州縣中亦多能興脩書院，捐設膏火，加惠文士。然或以爲市名之舉，而無誠意以將之。勸課無方，師道不立，雖月有課文，而于明禮講讓之事未有實濟。甚或以書院爲應酬上司之虚席，不問品學，濫延掌教。以至士不翕服，即文藝尚不足矜式，况于禮讓之事乎？故必慎選名師品望素重者爲之模楷，嚴立規條，厚給廩膳，俾掌教者時以孝弟、忠信、禮義之事相爲講習，更不時親臨接見諸生，從容與之言論，使其知敦品立行之可貴，察其尤者，特加奬異之，以勵其餘，而後文學可興，禮讓之事可漸明矣。

一、嚴刑罰以免姑息。《書》曰："威克厥愛允濟，愛克厥威允罔功。"《禮》曰："刑亂國，用重典。"夫所謂威與重典者，豈必日以刑人殺人爲事哉？亦使悍民有所痛切知畏而已。瑩始未來漳，即聞有會營圍捕、破屋焚巢之事，頗疑其過。及親履久之，然後知其不得已也。蓋漳民所以敢爲械鬥不法者，恃其族大丁多，所居皆堅城築堡，鎗牌火藥，器具悉備。兵役往捕，勢衆則空室而逃，勢寡則閉門拒捕。夫民苟良善，則一差役可捕，何事用兵？捕犯而至用兵，甚且當官械鬥，此與亂民何異？則即破其巢穴，焚其居舍，亦無可姑息者。第恐不肖之員，挾此妄及無辜耳。苟當其罪，即焚之而民不怨，如故方伯李公之焚歸德堡是也。夫邊鄙之地，尤重國威。今使官勢重而民勢輕，猶可以資彈壓，苟爲姑息之政，使民愈輕官，必且有尾大不掉之虞，豈所以忠誠謀國者哉？仁以存心，義以制事，罪當情真，無所用其姑息，此亦刑亂用重之一道也。

一、嚴保家以究越控。漳郡民風既悍而刁，或挾嫌而誣控，或畏罪而抵飾，但圖聳聽，不顧情理，有辭無人，有告無審。又風俗最重原告，一經奪先，則役不敢捕。其或縣中圖爲原告不及者，往往不赴縣審，即驀然越控，初非甚有冤抑必求伸理也，不過以此抵制延案而已。故親身上控者十無二三，類皆訟師爲之包攬代遞。及至催審，並無一人。殊使下情掣肘，實大有妨于政體。夫州縣如果貪污昏暗，偏聽曲斷，自難逃乎輿論，有國法在，參革之可也，誅罰之亦可也。若夫奸民畏罪逃審，徒以片紙虚辭越控，輒不察而概准親提，則是示民以州縣無權也。當此民風强悍之區，即重與之權猶恐不足，乃更從而掣其肘，使民益輕官。官何足惜，獨念國家設官定制之體，乃適以長奸民爲亂之漸乎？伏願奮明斷，飭紀綱，訪察輿論。各屬中如有聲名不肖者，立予揭參。至於部民上控之辭，平心察其虚實，嚴究保家跟交，押發本衙門辦理。使賢能自愛之員無掣肘之嘆，而不肖之員亦畏法自新，則民志可定矣。

一、嚴書役以清訟源。夫奸民逞刁誣控，法固宜懲矣。然推其所以敢控之原，則實訟師爲之主謀。訟師非他，即各衙門之書役也。蓋漳俗皆强凌弱、衆暴寡，弱小無以自存，往往結各衙門書役爲援，或禮拜爲師，或虚名掛卯。及至有事，則若輩問計。此固以有事爲幸者，于是唆之使控而從中把持之，事本細也而蔓延之使大。愚民方引爲心腹，此輩實陰爲魚肉，包准包提，無所不有，至于會盟爲匪，皆敢包庇。故民本不控也，而若教之；民本不刁也，而若導之；民本不敢爲匪也，而若庇縱而主之。官稿未行，若輩已先通消息，此其所以爲巨蠹也。故欲清訟源，必嚴治書役，惟辭入不輕准理，收呈必究保家，則若輩無權，而弊可稍止矣。

一、責賠贓以弭盗賊。查保甲之法所以嚴于平日，使無藏匪也。然而漳屬搶刦之案，大抵真盗少而仇刦多，既已行刦，則雖仇亦盗矣。是宜立賞罰之法，嚴飭各家約，分地立籤，各有界段。何處被盗，即責該地家約先使賠贓。苟能救護者免，能獲盗者有賞。蓋漳屬各村社皆有刀仗火器，既不能禁之械門，莫若即用之捕盗。苟坐視該地人民被盗而不出救，則必其通盗也。否則無義之民也，責以賠贓，夫復何辭？誠使賞罰行，則該家約自能率其子弟，互相救援，以求獲盗之賞，而免賠贓之罰，如此則盗賊之風亦庶幾可稍弭矣。

一、寛法禁以容奸人。曹參有言，毋擾獄市。獄市，奸人之所容也。至哉斯言！可謂知爲政之要矣。天下蚩蚩，愚不肖者常多，勢不能人皆守法，必盡執而誅之，焉有是理哉？爲政者但使各安其所，而不爲亂，斯可矣。苟激之，必且生變。以漳郡論之，如倡優、賭場、烟館，此皆法令之所禁也。然天之生民日衆矣，漳郡尤爲繁庶，耕商工賈之事不足以養之，懦無能者或爲傭及諸賤役，其强力而不肖者則相聚爲諸不法。自倡優、賭場、烟館之途開，藉此而活者萬人。此皆所謂奸人也，然較諸攘奪竊刦則有間矣。今必禁之，此數萬人安往乎？彼無所得食，有爲盗耳，是不可不深長思也。伏願體立法之意，操爲政之要，寛其禁而嚴其法，苟有犯必重懲之，而不問其餘，如此則民安其所而不敢滋事矣。

—2. 皇朝經世文編　卷二三　吏政九　守令下

上汪制軍書《石甫文鈔》

竊自受事平和，及今兩月，接見搢紳耆老，咨訪老成吏胥，考歷年案牘之所以紛繁、前人之所以得失，大略有可言者。

蓋平和地界閩廣，從古爲盗賊之藪，自王文成平寇亂而始建邑。其地溪嶺深阻，㯭篁叢密，無三里五里之平遠，巖壑蔽虧，彼此阻礙。民皆依山阻水，家自爲堡，人自爲兵，聚族分疆，世相仇奪，故强凌弱，衆暴寡，風氣之頑獷，亦地勢使之然也。田不甚膏腴，而山泉蒙生，溪流瀠曲，灌溉便而蘇樵易，有地瓜以備水潦之虞，有芬草以通商賈之利。其田畝依山開墾甚多，而納賦不及十之二三，故民力强而富。强則鬥，富則淫，是其情也。治斯地者，莫不以刁悍刦擄爲慮矣。

瑩愚以爲，和民之刁非刁也，悍非悍也，盗或非盗、擄或非擄也。何以言之？夫刁健之民，逞其嚚訟，莫不工于彌縫，巧爲出入。和民則好訟而不顧理，陳詞而不近情，但知聳砌爲能，實則罅隙易露，意取得財而止。瑩以爲非刁也，貪也。凡桀驁之民，性氣剛暴，習衽金革，皆膂力强而伎勇著。和民則以户姓之大小、支派之富貧爲强弱。一夫攘臂，和者千百，勢甚汹汹，及其黨散，不敢越足一步。蓋伎止負嵎，初無絶人之力。故瑩以爲非悍也，狡也。若乃白日持械，刦人于途，不可不謂之盗。然和民比黨毗鄰，無非寇讐，睚眦之怨，報之以死，平素彼此不敢入境，惟伺刦諸途，以快其私怨。故瑩以爲是仇而非盗也。若擄人勒贖則有之矣，其始或由强怨，近則奸僞之徒，往往藏其子弟而以擄控，或婦女私奔而以擄聞，及推究之，往往非實。故瑩以爲是詐而非擄也。更有異者，命盗之案，控者姓名纍纍，指證確鑿矣，及按究之則大枉。蓋和民相習，凡被殺刦，姑不即控，則取其素所嫌怨富有力者，按户指名，揚言將控。其人畏誣，即賄求除名，否則不免。故所首控，往往不實，而真兇真盜反以賄脱無名，即有名，每錯雜臚列，不可辨别矣。又地多毒草，有不甘輒服毒索詐，其輕死而好貨如此。至于倚衆抗拒，差捕莫施，動需督帶兵役，親臨圍捕，則漳泉以下皆然。然亦以其富强而不和也，故民有内鬨而無外盜，有抗悍而不敢爲逆，控制安輯之方殆不可以常律。

每覽古名將駐邊，賢臣治外，莫不因其俗宜作爲教令。其道有三，不外恩、威、信而已。夫姑息不可以爲恩，暴虐不可以爲威，貪詐不可以爲信。前乎此者，往往不免於偏弊，今思兼而用之，蓋必知四難四懼焉。夫安民，首嚴捕盜。而和民習衽金革，好鬥輕生。睚眦之怨，大者報之以死，小則擄掠人財。五里之外不敢越境，一族之内互相侵凌。論以殺人之律，則所坐盜也，及以盜論，原情則非。其難一也。夫除暴，必需逮捕。和民丁多族巨，役捕莫施，動輒親臨。前人每多率兵役圍社焚巢，往往蹂躪已深，卒無所得。即或族衆畏懼，執人以獻，悉非正賊，不過無罪餓夫，而兵費之糜已不貲矣。其難二也。夫息事寧民，必慎决獄。和民則好訟而貪，不論曲直，惟以得財爲申理。苟不得財，雖立與剖决，意猶未慊。故兩造皆有控無質。現在積案不下千餘，大半命盜、械鬥、擄掠之件。其難三也。夫居官守廉，莫如守儉。儉者，損其起居、服食、嗜好而已。其從事治公，有必不可闕者。平和自常費外，兼困行役，一歲之中催科、督捕、勘驗、止鬥、禁擄，幾無寧處。雖輕騎減從，所費已多，掣肘捉衿，未足以喻。其難四也。故仇盜不辨則懼枉屈，豪强不除則懼長亂，獄訟不决則懼株延，費用繁鉅則懼虧累。至于科條嚴重，酬應紛煩，又其最難者也。

瑩自受事以來，兢兢自矢，思欲本清、慎、勤之心，行恩、威、信之政。嚴捕誅以安閭閻，鋤强暴以扶善類。聽斷必與民共見，以示懲戒，勸諭必至誠開導，以化愚頑。每親臨四鄉，皆自出費。即有圍捕，亦以身先，未嘗輕假營伍。故所至雞犬不驚，民無擾累。杜械鬥之源，重購捕之賞。現今釐定章程，設局清理積案。而事緒膠轕，無非棘手，茹蘖飲冰，未知所濟。誠恐力薄不任，空竭區區，覆越之虞，深以滋懼。

—2. 皇朝經世文編　卷二三　吏政九　守令下

錢寶琛（1785—1859）

字楚玉、伯瑜，晚號頤叟，江蘇太倉（今屬蘇州）人。嘉慶二十四年（1819）進士，官至湖北巡撫。有《存素堂全集》。

漕運論

天下之弊，莫患乎上下相蒙，奸猾得以中飽，而上與下交受其困。今漕弊甚矣，有司苦重費矣，然恐不足以應弁丁之取求，而益多取民；上官議減費矣，然恐有司不足以應弁丁之取求而重累，則聽其益多取民而不之禁。

夫費有數耳，有名耳。其可言者費也，其不可言者可裁者也。試即開行以後計之，淮以南無所爲費也。費自閘壩始，有添闢之費，有啓板之費，有漕委供給之費，一皆取足於夫頭。夫頭浮其數以責之伍長，伍長益浮其數以科之散丁，至起駁交兑皆然。散丁之願者，竭蹷以應其黠者。貧無賴者，有借帑已耳，有逋糧已耳，有揭債已耳。問其所借者，曰新運抵補也；所逋者，曰發南追北也；所揭者，曰隨幫守取也。而其前所恣意取求於有司者，散丁什不得一二也，利盡歸於伍長，而伍長中又止一二人焉專其利。此一二者，視爲儻來，鮮衣怒馬，酒樓歌館，舉百萬金錢蕩而化爲灰爐，蓋什而八九也，其勢不日敝一日不止。

故總漕之大要有三，曰汰冗員、除役蠹、慎委運。汰冗員之目有三，曰減催趲、省隨從、申約束。除役蠹之目有三，曰核關纜、禁需索、絶餽送。慎委運之目有三，曰重更調、戒遞署、息奔競。糧道之大要有三，曰稽幫弁、察運丁、嚴水手。稽幫弁之目有三，曰黜貪劣、去奢華、退老疾。察運丁之目有三，曰杜虧缺、謹風水、節淫用。嚴水手之目有三，曰斥游幫、遏争釁、責保結。朝廷擇清嚴望重之大臣而畀之總漕，總漕擇監司之廉能精敏者而任之糧道，糧道擇幫弁之勤謹練達者委之漕運，運丁之老成明幹者派之水次，而俱秉成於總漕。上下一心協力，不苟異同，行之一年而不少效者，未之有也。然後總核其出入之數，以定次年之漕費。彼有司所出既少，而不輕減其賦以紓倒懸之赤子者，亦未之有也。

若夫楊村之駁運，通壩之兑收，俱視南漕爲輕重，奪其所可欲，而臨之以嚴威，其亦可以次第而受治也夫。

—15. 皇朝經世文四編　卷一九　户政　漕運

王　鎏（1786—1843）

原名仲鎏，字子兼，一字亮生，號荷盤山人，江蘇蘇州人。諸生，好學不倦。有《壑舟園文集》。

變法論

萬世不可變者，道也；隨時有必變者，法也。操不變之道，以御必變之法，此聖人所以裁成輔相之功也，而天下可以久安而長治。何者？王者之立法也，有利必有弊。方其立法之初，但見其利而未見其弊，行之既久，則利盡而弊生。故自古無不弊之法，而貴乎有救弊之人。小弊則小變，大弊則大變。苟不得其人，則雖變其法而無以救其弊。故變法之道又在於得其人，而相其時勢爲之也。昔者宋神宗之世，賢材林立，法度漸弛，則議變法未有過於此時者。而王安石以執拗之才，剛愎自用，舉動不當，爲天下笑。於是後世斗筲庸碌之臣，率皆安於因循積玩，而不敢有所作爲於當世。間有豪傑之士欲談天下經濟，則衆必相與排之曰："是又一王安石也。"嗚呼，何其不思之甚乎！夫國家之立法，猶醫者之用藥也。古人方劑，善用之可以祛病，而誤用之則足以殺人。今有一庸醫誤用古方，世人不咎其學術之不精，而遂欲舉黃帝之《素問》、神農之《本草》而棄之，亦且惑矣。夫安石是庸醫之誤用藥而病不治者也，實因積玩之臣是坐視其病，而不爲之服藥求醫者也。二者皆足以致死。夫天下之病多矣，世豈無精於扁鵲、倉公之術者？而奈何不使之切脉而用方也哉？

余嘗上下千古而嘆聖賢之得志也，必舉一代之弊法而盡變之。故國家治亂興亡之數，不敢歸之天運，而盡以責之於人事者。堯分天下爲九州，舜改爲十二州，禹復改爲九州，不嫌於屢變也。孔子曰："齊一變至於魯，魯一變至於道。"是孔子固欲變魯俗也。顔淵問爲邦，而告以四代之禮樂，是孔子固欲變周法也。又曰："三年無改於父之道，可謂孝矣。"明其爲道，故無改也。如其非道，則必改之。惟改其事而仍無改於道，斯之謂孝，而豈如宋哲、宗明、高拱之所謂無改也哉？孟子曰："遵先王之法而過者，未之有也。"夫欲遵先王之法，則必變戰國之法矣。又曰："由今之道，無變今之俗，雖與之天下，不能一朝居也。"蓋亟亟乎欲變法矣。行九一，立學校，去關稅，斯孟子所爲變法也。春秋時，善變法者莫如子産，伍田疇，褚衣冠，國人欲殺之而不顧也，卒以治鄭。漢文帝時，賈誼欲變法，文帝不能行，而七國之難發於景帝。至武帝用主父偃之策，諸侯帖然。豈非變法之效乎？世徒以曹參爲善守法，不知參幸承蕭何之後，立法未久，而未見其弊耳。苟行之數十年或百年，吾知百弊叢生，即參亦不能守矣。善夫，宋主立之言曰："宰相必用讀書人。"蓋謂其通古今而知變也。若徒取其拘守成法而已，則擇一胥吏而相之可也，安在其必用讀書人哉！然亦有讀書而不知通變如安石者，則以其徒知法之當變，而於所以爲變法之本者有未盡焉，固未可謂之善讀書也。夫爲政之道，莫善於易。易有三義焉：不易者，道也，變易者，法也，易簡者，道寓於法也。故曰："通其變，使民不倦。"又曰："革而當，其悔乃亡。"要之王者之法，或數百年而必變，或數十年而必變。有衆人皆欲變而變之，果獲其利；有衆人皆不欲變而變之，亦獲其利。有變之而利止於一時，利止於一方；有變之而利及於天下，利及於萬世。有法之大體不變，而僅變其節目以從事者；有大變其法，而矯枉不嫌於過正者。要皆有道之不可變者，以持之而無所私焉。嗚呼，此未可與庸臣論也。

—6. 皇朝經世文續編 卷一二 治體五 治法上

鈔幣議

三代以上，君民相通，但有足民之事，更無足君之事。必百姓足而後君足，猶子孫富而父母未嘗貧者也。三代以下，君民相隔，既有足君之事，又有足民之事，且必君足而後百姓足，猶父母富，而子孫亦未有貧者也。夫欲足民，莫如重農務穡，欲足君，莫如操錢幣之權。然而往往不能操其權者，何也？蓋自毀錢爲器，起於工匠，而利權一失矣。鉛錢私鑄，竊於奸民，而利權再失矣。外洋錢幣，行於中國，而利權三失矣。銀價低昂，操於商賈，而利權四失矣。錢票倉券，出於富户，而利權五失矣。今欲操錢幣之權，莫如禁銀而行鈔而又盡去其弊，則國用常足，而民財同阜矣。請綜錢幣之源流論之。

後魏圉謙之曰：堯遭大水，以曆山之金鑄錢；湯遭大旱，以莊山之金鑄錢。夫古者分國而治，資於粟帛者重，而資於錢幣者輕，故非水旱，要可不鑄。後人或以珠玉、龜貝、刀布爲幣，未嘗專以銀與錢也。鄭司農釋《詩》“抱布貿絲”，云：周人以布廣二寸，長二尺，憑官司印書其上，以爲民間貿易之幣。此即行鈔所昉。漢武帝造白鹿幣，唐憲宗用飛錢，又爲行錢之漸。至宋張詠始行交子。宋孝宗以内帑金帛，易楮幣藏於内庫，一時楮幣重於黄金。沿及金元皆用紙鈔。明初亦行寶鈔。至英宗有米麥折銀之令，弛用銀之禁，由是有出無入，而鈔遂不行。迨崇禎十六年，生員蔣臣奏行銅鈔，帝意欲用紙鈔，因流賊渡河，其事遂止。

夫自宋迄明，凡行鈔四五百年，本朝順治中，亦嘗兼行鈔幣，苟其有害無利，安能行之如是其久哉？按明户部侍郎倪元璐，嘗欲行鈔，其時省臣條陳十便：一曰造之本省，二曰行之途廣，三曰齎之也輕，四曰藏之也簡，五曰無成色之好醜，六曰無稱兑之輕重，七曰革銀匠之奸偷，八曰杜盜賊之窺伺，九曰錢不用而用鈔，其銅盡鑄軍器，十曰鈔行而銀不行，其銀盡實内帑。此十者，惟末二條立法尚未盡善，蓋鈔可用，而錢不可廢也。

銀雖可廢，宜仍散之民間爲器飾，而不宜盡實内帑也。其餘皆至論名言，無可疑者。而蒙細推行鈔之利，其實不止此。如凡以他物爲幣皆有盡，惟鈔則無盡。造百萬即百萬，造千萬即千萬，則操不涸之財源，其大利一也。萬物之利權收之於上，布之於下，則尊國家之體統，其大利二也。外洋不得以其幣行中國，則動遠夷之畏服，其大利三也。奸民謀逆，類皆以財利要結人心。國家財用不竭，則消奸民之逆志，其大利四也。用銀有白紋、元絲、洋錢之不同，行鈔歸於畫一，則齊天下之風俗，其大利五也。鈔法既行，收銅以供鼓鑄，則極錢法之精好，其大利六也。鈔直既有一定，商賈不得低昂之，則絶民心之詐僞，其大利七也。富家或以土窖藏銀，歷久不用，銀益見少。今舉而變之，悉出易鈔，則去壅滯之惡習，其大利八也。鈔式宜變從前，分爲七等，大鈔書《孝經》，其次書印先正格言，俾民識字，則寓教民之深意，其大利九也。凡漕務、河務、鹽務皆有積弊當釐，人不敢議者，恐經費不足故也。若行鈔，無難更定章程矣。則除萬事之積弊，其大利十也。國計大裕，捐例永停，即捐銜亦可無庸，則重朝廷之名器，其大利十一也。一切取民者從薄，予民者從厚，則行千載之仁政，其大利十二也。

夫天下無不弊之法，而常恃有救法之人，而欲圖天下之大功，必先破衆人之論。人徒見宋金元明行鈔不能無弊，遂以爲不可行，不知皆立法未周之故耳。今試言其弊之大略。一則單紙易壞，而不知裝潢糊表也。二則式印苟簡，而不知宜鏤版精工也。三則鈔文但書刑律，無可觀玩也。四則印章不多，難於辨别也。五則中統鈔自二貫至十文，分爲十一等，太瑣屑也。六則中統鈔止於二貫，民猶不便也。七則鈔值二貫者，止費錢三四文，資本太輕，紙幅狹隘，程式不精也。八則有司以出鈔爲利，入鈔爲諱也。九則民以舊鈔换新鈔，必增工墨費，每貫三分也。十則舊鈔行用，每至簡閱也。十一則鈔法屢更，使民疑也。十二則不鑄錢，而錢日少也。十三則仍雜用銀也。十四則專利於上，而不能行惠於民也。十五則雖設嚴刑，而未盡防僞之道也。

今誠能一一悉去其弊，則行鈔者，宋金元明之法也，而所以行鈔者，固非宋金元明之法也。豈非理財之善策哉？嘉慶年間翰林學士蔡之定曾奏請行鈔。然徒言行鈔，而不知去弊之方，則無以全收其利而不受其害，宜其議之不行也。夫自古有治人，無治法。然苟有治人，必有治法。而立法之善，不過即弊法而去其弊。所謂勝者，所用敗者之謀也。

蒙嘗博觀載籍，遍訪通人，有言行鈔之利者，必與之深心商榷，而究其理。有言行鈔之害者，必與之反覆辨論，而窮其故。實見鈔法之行，利及百姓，而非止國家也，利及萬世，而非止一時也。故爲考證八條，目四十，問答二十，以破衆人之論。芻蕘之愚，俟有言責者擇焉。

原鈔之始

元何異孫曰：鄭司農釋《詩》“抱布貿絲”云：周人以布長二尺，憑官司印書其上，以爲民間貿易之幣。此用鈔之始。

按司農此條，見《周禮》注。余初得之，謂可以證鈔法。後檢舊本《十一經問對》，則知何異孫已先我言之矣。今《通志堂經解》所刊《十一經問對》删去此條。

漢武帝時禁苑有白鹿，乃以白鹿皮方尺，緣以藻繢爲皮幣，直四十萬。王侯宗室朝覲聘享，必以皮幣薦璧，然後得行。

按一皮而直四十萬，其值太重，竊此意止欲取王侯宗室之利，與民間無預也。

唐憲宗行飛錢，令商賈至京師委錢給券，輕裝趨四方，合券取之。

按飛錢合券取錢，即交子之權輿。

宋太祖置便錢務，許商人投牒輸錢左藏庫，以諸州錢給之。

按此亦飛錢之意。

宋仁宗元年，置益州交子務。初張詠知益州，患蜀人鐵錢重，不便貿易，一交一緡，以三年爲一界而换之，六十五年爲二十二界，謂之交子。使富民主之。後富民稍衰，争訟不息，轉運使薛山、張若谷請置交子務，以權其出入，禁私造者。帝從其議，立務於益州界，以百二十五萬六千三百緡爲額。

按商賈憚於重齎，交子之設，正以便民。今民間自行會票則交子之用，隱操於富户矣。

造鈔之法

《宋史》云：景定四年，以收買逾限之田，復日增印會子一十五萬。咸淳四年以近頒見錢關子，貫作七百七十文，公私擅減者，官以贓論，吏則配籍。五年復申嚴關子減落之禁。七年以行在紙局所造關子紙不精，命四川制使抄造輸送，每歲以二千萬作四綱。

宋高宗二十四年，金使置交鈔庫，金以銅少造鈔引，一貫、二貫、三貫、五貫、十貫五等謂之大鈔，一伯、二伯、三伯、五伯、七伯五等謂之小鈔，與錢並用。以七年爲限，納舊易新。諸路置官庫受之，每貫取工墨錢十五，公私便焉。宋理宗景定元年，蒙古行交鈔法。王文統立十路宣撫司，示以條格，欲差發辦，而民不擾，鹽課不失常額，交鈔無致阻滯，遂行中書省造中統元寶文鈔。立互市於穎州漣水，光化軍交鈔法，自十文至二貫文凡十等，不限年月，諸路通行，賦税並聽收受，仍申嚴私鹽酒鈔麴貨等禁。

按金元用鈔之初，皆見其便。迨行之久，而其弊漸生。於是議更造，愈更造，而弊愈生，其故有由也。金之鈔初止十貫，而其後乃有二百貫至千貫者。元之鈔始止二貫，迨桑哥造至元鈔自一貫至五十文，凡十有一等，每一貫視中統鈔五貫文，是方尺之紙，直錢五千文也。武宗造至大鈔凡十三等，每一貫準至元鈔五貫，是方尺之紙，直錢五萬文也。先後輕重不倫，無怪乎視爲虚券而不可行也。斯固由更法之弊，而亦創制之初，未能斟酌至精也。然則欲行鈔者，必立法之始，詳審精密，先求盡善，一定之後，更不改造，而後鈔可永行矣。

《金史》云：初，貞元間既行鈔引法，遂設印造鈔引庫，及交鈔庫，皆設使副判各一員，都監二員，而交鈔庫副則專主書押搭印合同之事。又曰：交鈔之制，外爲闌作花紋，其上横書貫例，左曰某字料，右曰某字號，料號外篆書曰僞造交鈔者斬，告捕者賞錢三百貫，料號衡闌下曰中都交鈔庫。準尚書户部符承都堂札付户部，覆點勘令史姓名押字，又曰聖旨印造，逐路交鈔，於某處庫納錢，更許於某處庫納鈔换錢，官私同見錢，流轉其鈔，不限年月行用。如字文故暗，或鈔紙擦磨，許於所屬庫司納舊换新。若到庫支錢，或倒换新鈔，每貫量尅工墨錢若干文。庫掏攢司庫副使各押字年月日印造，鈔引庫庫子庫司、副使各押字。上至尚書户部官，亦押字。其搭印支錢處合同用印依常例。

按金之制，鈔法亦備矣，惜其尚未知裝潢精工，使不至易壞也。至於命善書者，書先正格言其上，富民而兼寓教民，不尤善乎。

《元史》云：世祖中統元年，始造交鈔，以絲爲本，每銀五十兩，易絲鈔一千兩，諸物之直，並從絲例。是年十月，又造中統元寶鈔，其文以十計者四，曰一十文，二十文，三十文，五十文。以百計者三，曰一百文，二百文，五百文。以貫計者二，曰一貫文，二貫文。每一貫同交鈔一兩，兩貫同白銀一兩。至元十二年，添造釐鈔，其例有三，曰二文，三文，五文，初鈔印以木爲板，十三年鑄銅易之。元至大四年罷行至大銀鈔、銅錢。楊朵法曰：法有便，不當視立法之人爲廢置。銅錢與楮幣相權而用，古之道也，何用遽廢耶？言雖不用，時論是之。按以鈔爲不廢，以錢鈔爲宜兼行，自是確論。元順帝十年，欲更鈔法。吏部尚書偰哲篤迎合宰相脱脱意，請以鈔一貫文省權銅錢一千文。國子祭酒吕思誠曰：中統至元自有母子，豈有以故紙爲母，而立銅爲子者乎？又曰：錢鈔用法，見爲一致，以虛换實也。今歷代錢與至正錢，中統至元鈔、交鈔，分爲五項，慮下民藏其實，而業其虛，恐不爲國家利。偰哲篤曰：至元鈔多僞，故更之。思誠曰：至元鈔非僞，人爲僞耳。至元鈔人猶識之，交鈔人未之識，僞將滋多。偰哲篤曰：錢鈔兼行何如？思誠曰：錢鈔兼行，輕重不倫，何者爲母？何者爲子？汝不通古今，徒以口舌取媚大臣乎。

按以鈔爲母，以錢爲子，鈔數多而錢數少，鈔以便總統之用，錢以便零析之用，此法未嘗不善。第當於立法之初，先定其規，而慎守之。元世先廢錢不用，至順帝時鈔法極弊之世，承仁宗罷行銀鈔、銅錢之後，而欲更法，宜其不可行也。偰哲篤誠未達時務，而吕思誠之言，亦豈極至之論耶？

陸世儀曰：古有三幣，今亦有三幣。古之三幣：珠玉、黄金、刀布；今之三幣：白金、錢、鈔。古之爲市者，以其所有，易其所無，皆粟與械器耳。粟與械器，持移量算，有所不便，於是乎代之以金。是金者，所以通粟與器械之窮也，所謂大不如小也。物有至微，釐毫市易，則金又有所不便，於是乎又代之以錢。錢者所以通金之窮也，所謂頓不如零也。千里齎持，盗賊險阻，則金與錢又有所不便，於是乎又代之以楮。楮者如唐之飛錢，今之會票，又所以通金與錢之窮也，所謂重不如輕也。識三幣之情，則知所以用三幣之法矣。

按此論三幣甚確，知重不如輕，則知鈔之不當廢矣。高珩云：鈔法亦可救急。若大糧商税非鈔不收，則鈔法立行。上操利權，出不盡而用不竭，又安用朱提爲乎？唐法爲租爲調，元明開國之初，皆以寶鈔濟用，不專重金銀也。

究鈔之法

《宋史》寶祐四年臺臣奏：川引、銀會之弊，皆因自印自用，有出無收。今當拘其印造之權，歸之朝廷，仿十八界會之造。四川會子，視淳祐之令，作七百七十陌於四川，州縣公私行使。兩料川引並毁，見在銀會姑存。舊引既清，新會有限，則楮價不損，物價自平，公私俱便矣。有旨從之。

宋沈括曰：鈔法數易，富家不蓄鈔而蓄錢。

宋徽宗改四川交子爲錢引，新交子一千，當舊交子四千，交子法大壞。

金趙秉文曰：比者寶券滯塞，蓋朝廷將議更張，而已妄傳不用，因之抑遏，漸至廢絶，此乃權歸小民也。自遷汴以來，廢回易務，臣愚謂當復置，令職官通市道者掌之。

金趙伯成曰：更造之法，陰奪民利，其弊甚於徵之。

按前朝行鈔，皆在開國之初，而行鈔無弊，尤在一朝極盛之時。元始祖、明太祖皆開基之主也，宋仁宗、金世宗皆一朝極盛之時也，宋孝宗亦南渡後之盛時，成祖亦當明之盛時，故鈔法通行無弊。明莊烈帝當末年危殆之時，方思行鈔，尚何及哉，所以雖有倪元璐之才，終於不可行也。

本朝順治八年，行鈔貫之制，是年始造鈔一十二萬八千一百七十二貫有奇。自後歲以爲額，至十八年即行停止。

按前朝於銅錢之外，皆兼以鈔爲幣，本朝始專以銀爲幣，鈔惟順治年間曾暫行之。後以國用充餘，遂行停罷。論者謂國初制鈔甚少，故暫行無弊。然苟斂散有術，制度精工，雖多造常行，亦可以有利而無弊也。

防鈔之僞

《宋史》趙開兼宣撫處置使司，疏通錢引，民以爲便。宣司獲僞引三十萬，盜五十人，張浚欲從有司議，當以死。開白浚曰：相君誤矣，使引僞加宣撫使印其上，即爲真矣，黥其徒使治幣，是相君一日獲三十萬之錢，而起五十人之死。浚稱善，悉如開言。

按此亦權時善處之法，然僞引加印爲真，則當時立法之疏可見矣。固不若多爲印特造佳紙，尤使之難於作僞也。

宋孫甫監交子務，或以僞造多犯法，欲不用。甫曰：交子可以僞造，鐵錢可以私鑄。但嚴治之，不當以小害廢大利。

按甫之言，可謂通達國體。若因有作僞而廢之，是因噎而廢食也。

《宋史》高宗三十二年，立僞造會子法，犯人處斬，告者賞錢十串，不願受者補進義校尉，若徒中及庇匿者，能告首免罪受賞，願補官者聽。

《宋史》淳熙二年，宗正丞韓祥奏：壞楮幣者，只緣變更，救楮幣者，無如收減。自去年至今，楮價粗定，不至折閱者，不變更之力也。今已罷諸造紙局，及諸州科買楮皮，更多方收減，則楮價有可增之理。上曰：善。三年，臣僚言：今官印之數雖損，而僞造之券愈增，且以十五十六界會子言之，其所入之數，宜減於所出之數。今收换之際，原額既溢，舉者未已，若非僞造，其何能致多如是？大抵前之二界，盡用川紙，物料既精，工製不苟，民欲爲僞，尚或難之。迨十七界之便，印以雜用川杜之紙，至十八界，則全用杜紙矣。紙既可以自造，價且五倍於前。故昔之爲僞者難，今之爲僞者易，人心循利甚於畏法，况利可立致，而刑未即加者乎！臣愚以爲抄撩之增添紙料，寬假工程，務極精緻，使人不能爲僞者，上也；禁捕之法，厚爲之勸，厲爲之防，使人不敢爲僞者，次也。

按此論防僞之法，極精切。

《金史》曰：高汝勵言鈔法，務在必行，府、州、縣、鎮各籍辨鈔人給以條印，聽與人辨驗，隨貫量給二錢，貫例雖多，六錢即止。每朝官出使，則令體究通滯以通聞。

按欲防僞，則必爲民間立辨僞之人，此法决不可廢。

《元史》：林興祖至治中知沿山州，沿山素多僞造鈔者，豪民吴友文爲之魁。友文奸黠悍鷙，因僞造致富，乃分遣惡少四五十人爲吏於有司，伺有欲告之者，輒先事戕之，前後殺人甚衆。興祖至官，曰：此害不除，何以牧民？即張榜禁僞造者，且立賞募民首告。俄有告者至，佯以不實斥去，又有告僞造二人並贓者，乃鞫之。款成，友文自至官，爲之營救。興祖命並執之獄，具逮捕其黨，悉置之法。

按鈔之利厚，民必思僞造，雖立嚴刑以禁之，而僞造者猶冀其事之不敗露也。若非立賞募告，則人以爲首告者損人而不利己，非素有仇怨，又誰肯告之乎？興祖之治沿山善矣。竊以爲僞造者，既重其罪，凡親族鄰里，知而不舉者，皆當緣坐，而首告者，必予重賞。凡官長能發覺逮治者，必立予遷擢。如是，則人皆畏法悦賞，而僞造之弊自絶矣。

重鈔之術

宋孝宗以内帑金帛易楮，藏於内庫者四百萬，行於民間者僅二百萬，一時楮幣重於黄金。龔茂良奏：聞得商旅往來貿易，競用會子，一爲免税，二爲省脚乘，三爲不復折閱。以此觀之，大段流通。葉衡奏：今諸處會子甚難得，宜量行支降行使。上曰：未可，向來止緣所出數多，致有今日之弊。今須少待，徐議施行。上又曰：大凡行用會子，少則重，多則輕。

按孝宗謂會子少則重，多則輕，是誠然矣。然亦不患其出之多，而第患其入之少。苟收斂有術，則鈔亦流轉於上下而無窮，奚至於多而輕哉？

《宋史》云：高宗因論四川交子最善。沈該稱提之説，謂官中常有錢百萬緡，如交子價減，官用錢買之，方得無弊。淳熙七年，以十八界與十七界會子，更不立限，永遠行使。十一年以會價增減，課其官吏。

金明昌三年，敕尚書省曰：民間交鈔流轉，當限其數，勿令多於見錢也。

按此亦同宋孝宗之意。

明昌中宰臣奏：民間所以艱得錢者，以官豪家多積故也。在唐元和間，嘗限富家過二千者死，王公重貶，没入，以五之一賞告者。上令參酌定制，令官民之家以品從物力，限見錢多不過三萬貫。

按唐制過五千者死，其法太重，富家多蓄錢，罰之足矣。鈔法行恐民蓄錢而不蓄鈔，斟酌此法行之可也。

金承安二年，宰臣奏：舊立交鈔法，凡以舊易新者，每貫取墨工錢十五文。至大定二十三年，不拘貫例，每張收八文。既無益於官，亦妨鈔法，宜從舊制便。若以鈔買鹽引，每貫權作一貫五十文，庶得多售。上曰：墨工錢貫可收十二文，買鹽引者每貫可權作一貫一百文。

按工墨費錢愈少，則民愈便。宰臣以爲有妨鈔者，法謬也。若一貫之鈔，而權作一貫一百文，使民樂於用鈔則可行。

金高汝勵曰：隨處州府庫内各有辨鈔庫子，鈔雖弊不僞，亦可收納。去都邑遠之城邑，既有設置合同换錢，客旅經之，皆可相易。更慮無合同之地，難以易者。令官庫凡納緡鈔者，受而不支，於鈔背印記官吏姓名，積半歲赴都易新鈔。如此，則緡鈔有所歸而無滯矣。

金泰和時，從遼東按察司楊雲翼言，以咸平、東京兩路，商旅所集，遂從都南例，一貫以上用交鈔，不得用錢。

又孫鐸言：民間鈔多，正宜收斂。院務税諸名錢可盡收鈔，秋夏税納正色外，亦令收鈔，不拘貫例。農民知之，則鈔漸重，可以流通。

按此三説，皆所以使鈔之必行。或問行鈔可決信民之樂從否？曰：可。但當圖之以漸，而用之有術爾。蓋鈔之利厚，必分散於官與民，使各享其利，然後行鈔可常久不廢，此能使鈔必行之術也。

《日知録》云：洪武八年三月辛酉朔，禁民間不得以金銀爲貨交易，違者治其罪，有告發者就以其貨給之。其立法若是之嚴也。九年四月己丑，許民以銀鈔、錢、絹代輸今年租税。十九年三月己巳詔歲解税課錢鈔。有道里險遠難致，許易金銀以進。五月己未，詔户部，以今年秋糧及在倉所儲通其數，除存留外，悉折收金銀、布絹、鈔定輸京師。此其折變之法雖暫行，而交易之禁亦少弛矣。

按既禁用金銀，所以重鈔也，而未幾即許民易金銀以進，是自壞其法也。顧亭林先生《錢糧論》，謂不收錢而收銀，則河北之響馬必多矣。此可知用銀之弊，易長盜賊。蓋錢貨重實，盜賊所取無多，則因而止者多矣。若用鈔則又輕而易藏，盜賊既不能知覺，又可多爲標識，則竊之必易於敗露，亦弭盗之善術也。夫以鈔之虚爲之母，以錢之質爲之子，子母相權，民已甚便，又何爲而必用銀乎？明初覬於用銀之利，故自弛其禁。而不知其長盜賊之風，啓謀財害命之端，卒至開礦殃民，而國用益以不足，此計之失也。

論鈔之用

《金史》曰：有司言交鈔舊同見錢，商旅憚於致遠，往往以錢買鈔，蓋公私俱便之事，豈可罷去。

《金史》曰：濮王守純以下，奏曰：自古軍旅之費，皆取於民間，朝廷以小鈔殊輕，權更寶券，而復禁用錢。小民淺慮，謂楮幣易壞，不若錢可久。於是得錢則珍藏，而券則亟用之，唯恐破裂而至於廢也。今朝廷知支而不知收，所以錢日貴而券日輕。然則券之輕非民輕之，國家致之然也。不若量其所支，復斂於民，出入循環。則彼知爲必用之物，而知愛重矣。今徒患輕，而即欲更造，不惟信令不能，且恐新券之復同舊券也。

按量其所支，復斂於民，自是善術，第患奉行之不力耳。

金宣宗問：鈔法如何而通？劉炳對：以斂散相權，則鈔法通。

元世祖嘗問太保劉秉忠錢幣之法。秉忠對曰：錢用於陽，楮用於陰。華夏陽明之區，沙漠幽陰之域。今陛下龍興於沙漠，君臨中夏，宜用楮幣，俾子孫世守之。若用錢不合於宜。于是絶不用錢。

按用鈔自有便處，然何必廢錢。劉秉忠不以正對，而爲此穿鑿之談，何也？

鈔弊條目四十

一、鈔分爲七等，曰五千貫，曰千貫，曰五百貫，爲大鈔。曰百貫，曰五十貫，爲中鈔。曰十貫，曰二貫，爲小鈔。大、中鈔當今會票之用，小鈔當今錢票之用。

一、二貫以下無鈔，更鑄當百當十大錢，以便民用，錢爲三等。

一、紙類甚多，造鈔務選佳紙，潔白光厚耐久者。既用造鈔，即禁民間不得買賣此紙，以防作僞。竊擬高麗紙佳者，即可造，其劣者聽民間行用。

一、五千貫，用紙三丈，闊尺二寸，千貫用紙二丈五尺，五百貫則用紙二丈，百貫用紙一丈五尺，五十貫用紙一丈，十貫用紙五尺，二貫用紙三尺。大鈔命善書者書《孝經》其上，真、草、篆、隸俱可。中鈔半書半印，用先正文，如《原道西銘》之類。小鈔用桐板印文其上，如程子四箴、《朱子家訓》之類，務極精工。

一、大鈔中鈔，裝潢成卷，小鈔亦糊裱行用，以防易壞。

一、大鈔中鈔行用時，或以金石木革爲函，小鈔以綃素爲函。

一、以金、玉、水晶、銀、銅倩好手雕爲五印，各掌官有之。又分三等，大鈔用大印五，中鈔用中印五，小鈔用小印五，以硃砂好印色印其上，違者罪之。

一、造二貫之鈔，尤貴精工，必費本二百餘文。鑄大錢必極工巧，以防僞鑄。

一、行鈔先從京師起，以次漸及於各省，約數期年，然後遍及天下。

一、造鈔發於各省布政司爲印記，發於各府又爲印記，發於各縣又爲印記，發於錢莊，錢莊又爲印記，然後行之民間，則易於辨僞。

一、以大鈔中鈔，發與各銀號，即禁其不得私出會票。如領一萬貫鈔者，半年之後，核其换銀若干。如已用完，則收其銀，如鈔十千貫之數，以一分之利與銀號。

一、以小鈔及當百當十大錢，發與錢莊，即禁其私出錢票。民以銀易錢，即以小鈔與之。如銀數不滿二貫有零者，則以大錢與之。半年之後，核其所入銀數，而收其十之九，以一分之利與錢莊。

一、民以銀易鈔，在下令半年之内，准加一分之利與之，一年之内加五釐之利與之，一年之後照時價不加。

一、民以錢易鈔，以鈔易錢，錢莊准取百分之一，不許多取。

一、鈔之出入，經吏胥之手，亦准取百分之一，但取之官，不取於民。如有勒索，嚴治其罪。

一、隨在設立辦鈔之人，官給以禄。

一、鈔既各分省分，易於稽察，又令通衢大邑設立官局，民以他省鈔至者，驗明准其换本省鈔行用。

一、民以鈔納錢糧及關税者，二貫之鈔，准作二貫二百文用。

一、小鈔行用既繁，雖糊褙尚不免易於霉爛。但辨其非僞，許將霉爛之鈔，納錢糧關税，惟止作二貫用，更不加二百文。既納之後，解部焚毁，以免倒换之弊。

一、下令，二年之後，鈔法通行，禁民間不得以銀爲幣，惟爲器皿不禁。私以銀交易者，没入其銀與物，以其半賞告者。

一、禁銀之後，募商人領銀開設官局，撻造銀器，以減半之價售於民間，使銀價益賤。民以銀易鈔者，亦作半價。

一、設立收銅之局。民間有賣銅器者，官爲重價收之，以供鼓鑄，禁絶撻造銅器之鋪。惟鎖鈕樂器，不禁。其餘銅器不准民間買賣，胥吏不得向民間搜括舊藏銅器，以致騷擾。

一、鈔貫文有一定，私減鈔價者有罪。

一、造鈔之後，必二十年，然後添造新鈔。

一、監造官鈔時，不得刻減工費，以致不如程式，違者罪之。

一、僞造者斬決梟示，出首者賞鈔百貫，更籍犯人之産予之。胥役能捕獲者，亦如之。官長能發覺，立予遷秩。鄰族知情不舉首者同坐。如始係同謀，而能自部者，免罪受賞。

一、各處官庫俱令積錢如民間，鈔多即發錢收買，不令民間壅滯。

一、小民誤用僞鈔，更不加罪，惟更究其僞造之人。

一、民間藏錢，非典當錢莊字號，不得過一千貫，如違禁，没入其錢十之五，即以五之半賞告者。

一、行鈔之初，内外官俸各加一倍。本俸暫與以銀，加俸悉給以鈔。俟鈔法通行後，官俸各加數倍，悉給以鈔。

一、書鈔之人，予以重禄，如有官爵者，紀功遷秩。造鈔出力者，立予議叙。

一、行鈔之初，必加惠於民，蠲免逋欠，優恤耆老，以新天下之耳目。

一、地方官能奉行鈔法無弊者，必予加級紀録。

一、令學中稽察貧士，給鈔周恤。

一、民有鰥寡孤獨，及遇水火凶荒之災，皆發鈔賑給。

一、地方有水利當興，及荒土可耕者，皆發鈔修治。

一、行鈔之後，關稅、田賦、鹽課皆議減。

一、商人與外洋交易，准以鈔向沿海地方官局易銀去。及還，准以銀易鈔，出入之價如一，銀器不准載入外洋。

一、外蕃貢使入朝，欲市中國之貨者，准以銀易鈔行用，則外蕃亦重中國之鈔矣。

耕當問奴，織當問婢，錢幣當問商賈。予鄉里多富商大賈，故與精於會計者，參酌事情，思其興利防弊之法，略備於此。非敢據史册陳言，徒侈書生之論也。

附鈔幣問答三十

或曰：國家之成法不可改。答曰：世祖章皇帝八年嘗造鈔，每歲十二萬，至十八年因國用充裕停止，則用鈔正所以復祖制，何嫌於改法？且語云：利不百不變法。今行鈔視用銀，豈止百倍之利乎！

或曰：天下方處全盛之時，若行鈔則示民以貧矣。答曰：苟財匱已極之世，雖欲行鈔，而民不信。正惟當全盛之勢，而生齒日繁，經費浩大，王制所謂積三十年之通者，不可不豫爲之計耳。此乃所以開富足之源，安得謂示民以貧哉？

或曰：鈔乃末世之所用，恐不可行之。答曰：宋太祖始立便錢務，至仁宗時立交子務，正宋極盛之時。金元兩朝，皆開國時用鈔。金世宗有小堯舜之稱，其時亦盛行鈔。明太祖開基之主，亦造寶鈔。至崇禎時欲行鈔而不及行，非鈔之有害於國也。而論者以爲末世之政，豈不冤哉？

或曰：恐僞造者多。答曰：既特造佳紙，多爲印信，鈔直重者，又令善書者書之，則作僞者，必先造僞紙，又刻印信，再摹字迹，有一不肖，其奸立破，較之私鑄錢，僞造銀，其難數倍。而又隨處皆立辨鈔之人，重法以誅作僞之人，重賞以奬告僞之人，則僞造自可息矣。

或曰：恐民不樂行鈔。答曰：今京師民間貿易，皆用錢票，遠方商賈，皆用會票，已不異於用鈔矣。間有錢莊歇閉，而票不能取錢，則民受其害，而民終肯用錢票者，以便易故耳。況國家所用之鈔，有散有收，永保無虞，錢可易鈔，鈔可易錢，便易之極，而民翻不樂從乎？

或曰：今錢漕一經胥吏之手，即有浮收，若行鈔則弊更不可測。答曰：錢漕所以能浮收者，以每縣各分疆界也，故胥吏得以持權。若換鈔則所設官局錢莊甚多，隨地可以换易，胥吏安得持權？且錢漕不許包完，故胥吏得以勒制小民。苟以鈔納税，儘可託紳士代納，胥吏又安敢勒制之乎？又按錢漕之浮收也，彼亦有所藉口也，曰米色之醜也，解費之重也。若行鈔，彼又無所藉以爲名矣。吾正恐胥吏之無可作弊，而奉行不力，故加百分之一以予之，豈懼其侵漁乎？

或曰：銀與銅乃堅剛不壞之物，而鈔不可久。答曰：昔之造鈔，制度苟簡，故易於毁壞。今之造鈔，程式精工，紙料堅厚，大者裝潢成卷，藏之於函，可數百年不壞，小者糊褙行用，二貫以下，仍用錢，則不至於甚繁，雖小鈔亦可十數年。即有霉壞，仍准其納糧充税，解部焚毁，可以免倒换之累，於民無損。若慮水火之虞，則以皮木爲函，可以入水不濡，以金石爲函，可以入火不熱，何易壞之有？

或曰：以楮爲幣，是以無用爲有用，近於欺民之術。答曰：銅之爲物，寒不可衣，飢不可食，聖人制爲錢，以奔走天下，是亦以無用爲有用也。設令三代上有紙，安知聖人不以之造幣乎？若必以有用爲幣，則有用莫如帛，然固不可以爲幣明也。

或曰：恐物價騰踴。答曰：物價之所以貴者，以物少而錢多也。今以鈔易銀，錢不爲之多，而物不爲之少，物價何以騰踴乎？

或曰：恐犯罪者多。答曰：僞造既難，則犯者自少。至於民之换鈔，既獲一分之利，彼自願從，朝廷未嘗强之使换也。蓋立法但禁僞銀，不禁藏銀，何犯罪之有？且從此而鉛錢、僞銀之弊絶，盜賊劫銀之風亦絶，則獄訟可省，而論者反慮犯罪者多，謬矣！

或曰：用鈔但利國耳，於民何預？答曰：國用既足，則加官俸，吏增禄，田賦可減，關税可輕，鰥寡孤獨皆養之，由是興水利，墾荒田，積義倉，修學校，使將天下無一夫之不獲，豈止利國已哉。

或曰：何不銀鈔兼用？答曰：苟欲兩利而俱存之，則銀與鈔，必互相低昂，而其價不能畫一也，明之已事可徵矣。明初禁銀不用而鈔行。其後，自弛其禁，而鈔漸不行。故必廢銀不用，而後鈔重也。

或曰：何不並錢廢之？答曰：既用鈔，則用錢之處自少，若必並錢廢之則鈔必瑣屑而不可行也。

或曰：天下之銀，盡收於上，民間不慮其空乎？答曰：銀既收於上，上亦無所用之，則當減價，仍散之於下，使民間得爲器皿，但當嚴禁其爲幣耳。如是則銀價必甚賤，而鈔益寶貴。此本齊高帝金土同價之意，而善用之者。

或曰：宋孝宗言行用會子，少則重，多則輕。今準天下銀，而制鈔無乃太多？答曰：以天下論銀之行用，本慮其少，則以銀易鈔，適如其數，雖倍加之，尚未至於多而輕也。且必二十年後添造，自不患其日多也？

或曰：宋富公弼言交子之法，必積錢爲本，今行鈔而不以積銀爲本，安在可行？答曰：此又古今時勢之不同。古人以鈔代錢，相輔而行，故必積錢爲本。今則以鈔易銀，廢銀不用，安用積銀爲本哉？百姓有萬億之銀，國家造萬億之鈔以易之，民間所有之銀，即國家用鈔之本，與宋之時勢異矣。

或曰：馬端臨言用鈔則下無犯銅之禁，今何以用鈔而復禁銅？答曰：必禁銅爲器，方可絶私鑄私毁之兩弊，又不遽禁銅，而以鈔買之，則民亦樂從矣。較之賈誼七福之説，劉秩五利之議，更爲便易。

或曰：銀可分用，而鈔難零折。答曰：鈔既分爲七等，又有錢三等以佐之，亦何事其分折乎？

或曰：恐事涉煩擾，未免駭民。答曰：今天下簿書出納，律例科條，其事甚瑣，不聞厭其煩擾。豈以操天下錢幣之大權，而可慮其煩擾乎？且因民之所利而利之，民又何駭？

或曰：中國既不以銀爲幣，銀必入於外洋。答曰：外洋欲市中國之貨，必先以銀易鈔。彼之銀有盡，而吾之鈔無窮，則外洋之銀，且入於中國，而中國之鈔，且行之外洋矣。豈慮銀之入外洋哉？

或曰：萬一國家復用銀，而不用鈔，豈不害民？答曰：天下既安於行鈔之利，後世必無廢鈔之事，正不必過慮也。

或曰：國家何不徑自行鈔，而必易民間之銀乎？答曰：以鈔易銀，非貪天下之銀也。蓋徑自用鈔，則銀歸無用，而富家之藏銀者，受其害矣。惟以銀易鈔，則民之貧富，適如其故，富者自不怨矣。

或曰：民以鈔虚銀實，終藏銀而不易鈔則何如？答曰：民之欲藏銀者，恐鈔有時不用耳。今若明示以歷久不改，彼百姓安肯舍目前現用之鈔，而藏不准爲幣之銀乎？

或曰：恐富家藏錢而錢少，則如何？答曰：宋金元鈔法屢更，故富家不蓄鈔而蓄錢。若一定不移，則藏錢繁而藏鈔簡，民又何樂爲此乎？且國家可仿唐時設立限制，使藏錢不得過多，自不至於錢荒矣。

或曰：設民以數萬之鈔，盡欲易錢，則錢莊何以給之？答曰：大鈔惟准易小鈔，小鈔方准易錢，且民間藏錢不准過一千貫，又豈慮其難給乎？

或曰：顧氏《日知録》嘗極言鈔法不可行，通人之論，似不可違。答曰：顧氏見鈔之廢，以爲帝王之權有所不行，而不知特由於錢糧不收鈔之故也。且顧氏所惡者宋金元明之鈔耳。今能盡舉其弊而去之，雖亭林先生復生，亦必以爲可行矣。

或曰：鈔行而財用足，則風俗奢侈，亦一弊也。答曰：沃土之民不材，理固有之，然加之以教，既富方穀，亦易爲善，豈反慮其足耶？

或曰：如此不幾於聚斂乎？答曰：所惡於聚斂者，爲其剥民以利國也。若鈔法則並未取民分毫之利，而民反受其益，豈可與桑弘羊之平準，王安石之青苗同日語哉？

或曰：恐奉行者不皆得人，雖良法豈能無弊。答曰：天下之法，皆可以生弊。然立法之初，必先求其盡善而後行，至其小小利害，又當隨時變通之，而大體卒不可改。但得賢者一二人操其權，則其下奉行之人，又誰敢舞弊乎？

或曰：此外豈别無足財之策，何事行鈔？答曰：天下之財，止有此數，損上則益下，損下則益上，故計臣言富國之道，未有不病民者。司馬公所以言不加賦而國用足，必無之理也。惟行鈔則取之不盡，而非取於民也，實爲法之良者。第前人行之，尚未能盡其妙耳。

《金史》云：有司乞罷七年釐革之限，交鈔字昏方换，而收斂無術，出多入少，民寖輕之。

按出多入少，最是行鈔大病，鈔之所以輕也，況更有出而無入耶！至於鈔輕而議更造，則民病，而鈔益輕矣。

金宣宗貞祐三年，胥鼎上言曰：今之物重，其弊由於鈔窒，有出而無入也。雖院務税增收數倍，而所納皆十貫例大鈔，此何益哉。今十貫例者，民間甚多，以無所歸，故市易多用見錢，而鈔每貫僅直一錢，曾不及工墨之費。臣愚謂宜權禁見錢。自是錢貨不用，富家内困藏鏹之限，外變交鈔，屢弊皆至窘敗，謂之坐化，商人往往舟運貿易於江淮，錢多入於宋矣。

按錢與鈔，當相需爲用，欲重鈔而禁富家之多藏錢可也，竟欲禁錢不用，過矣。

《金史》曰：在官利於用大鈔，而大鈔出多，民益見輕，在私利於得小鈔，而小鈔入多，國亦無補。於是禁官不得用大鈔，已而恐民用銀而不用鈔，則又責民以鈔納官，以示必行。先造二十貫至百貫例，後造二百貫至千貫例，先後輕重不倫，民益眩惑。及不得已，則限以數年，限以地方，公私受納，限以分數，由是民疑日深。其間易交鈔爲實券，實券未久，更作通寳，準銀並用，通寳未久，復作寳泉，寳泉未久，織綾印造，名曰珍貨，珍貨未久，復作寳會，訖無定制，而金祚訖矣。

按金之末造，疲於用兵，雖使貨財山積，亦必不足於用矣。而急急屢更其鈔法，有何益哉？若以金之亡而歸咎於鈔之法不可行，不揣其本而齊其末之論也。按在官利於用大鈔，在民利於用小鈔，此亦金之時勢使然。若天下承平，中外一家，商賈流通，則民亦甚便於用大鈔也。今之會票，或萬或千，何不便之有乎？

元史劉宣言：原交鈔所起，漢唐以來皆未嘗有。宋紹興初，軍餉不繼，造此以誘商旅，爲沿邊糴買之計。比銅錢易於齎擎，民甚便之。稍有滯礙，即用見錢，尚存古人子母相權之意。日增月益，其法寖弊。

《明史》云：憲宗令内外課程，錢鈔兼收，官俸軍餉亦兼支錢鈔，是時鈔一貫不能直錢一文，而計鈔徵之民，則每貫徵銀二分五厘，民以大困。正德三年，以太倉積錢給官俸十分爲率，錢一銀九。嘉靖四年，令宣課分司，收税鈔一貫，折銀三釐，錢七文折銀一分。是時鈔久不行，錢亦大壅，益專用銀矣。

按宋金元用鈔，皆與一代相終始，雖其間不能無弊，然未有廢鈔而不用者。獨明至中葉，鈔竟不行，何也？以銀幣盛用故耳。而銀幣所以盛，一壞於太祖立法之初既禁用金銀，而九年復許以銀代輸租税，所以兩浙、江西、閩、廣之民，重錢輕鈔，至以錢百六十文折鈔一貫，而物價翔貴也。再壞於英宗即位，收賦有米麥折銀之令，遂減諸納鈔者，而以米、銀、錢當鈔，弛用銀之禁。由是朝野率皆用銀，其小者用錢，而鈔壅不行也。邱濬云：鈔法不可行，以用之者無權也，信哉。

《明史》：鈔法自弘正間廢，天啓時給事中惠世楊復請造行。崇禎末有蔣臣者申其説，擢爲户部司務。倪元璐方掌部事，力主之，然終不可行而止。

按崇禎時，國勢方殆，即欲行鈔，民安肯信之哉？所以當時識者，皆追咎弘正間之廢鈔法也。使鈔法行，而不以銀爲重，即萬曆時礦税之害，亦何自而興哉！

韓文公策問曰：今天下穀愈多而帛愈賤，人愈困者，何也？耕者不多而穀有餘，蠶者不多而帛有餘，宜足而反不足，此其故又何也？

按此乃錢荒之弊。唐人用錢其弊如此！今天下用銀，能無銀荒之弊乎？欲救其弊，固莫如用鈔也。

《日知録》曰：唐宋以前，上下通行之貨，一皆以錢而已，未嘗用銀。《漢書·食貨志》言：秦併天下，幣爲二等，而珠玉、龜貝、銀錫之屬爲器飾，不爲幣。孝武所造白金三品，尋廢不行。《舊唐書》憲宗元和三年六月詔曰：天下有銀之山，必有銅礦。銅者可資於鼓鑄，銀者無益於生人。其天下自五嶺以北，見采銀坑，並宜禁斷。然考之《通典》謂：梁初惟京師及三吴、荆郢、江湘、梁益用錢，其餘州郡，則雜以穀帛交易，交廣之域，則全以金銀爲貨。而唐韓愈奏狀，亦言五嶺買賣，一以銀。元稹奏狀言，自嶺南以金銀爲貨幣，自巴以外，亦以鹽帛爲交易，黔巫溪以水銀、硃砂、繒繪、巾帽以相市。《宋史·仁宗紀》：景祐二年，詔諸路歲輸緡錢。福建、二廣易以銀，江東以帛。於是有以銀當緡錢者矣。《金史·食貨志》：舊例銀每鋌五十兩，其直百貫，民間或有截鑿之者，其價亦隨低昂，遂改鑄銀，名承安寶貨，一兩至十兩分五等，每兩折錢二貫，公私同見錢用。又云：更造興定寶泉，每貫當通寶十五，又以綾印製元光珍貨，同銀鈔及餘鈔行之。行之未久，銀價日貴，寶泉日賤，民但以銀論價。至元光二年，寶泉幾於不用。哀宗正大間，民間但以銀市易，此今日上下用銀之始。

按銀之用，始盛於金末，至明中葉而益盛。物莫能兩大，此鈔法之所以壞也。唐以前無鈔，尚不用銀，則既用鈔用錢，又何爲必用銀哉？

《日知録》云：議者但言洪武間鈔法通行。考之實録，二十七年八月丙戌，禁用銅錢矣，三十年三月甲子，禁用金銀矣，三十五年十二月甲寅，命俸米折支鈔者，每石增五貫爲十貫。是國初造鈔之後，不過數年，而其法已漸壞不行。於是有奸惡之條，充賞之格，而卒亦不能行也。蓋昏爛倒换、出入之弊，必至於此。乃以鈔之不利，而並錢禁之，廢堅剛可久之貨，而行軟熟易敗之物，宜其弗順於人情，而卒至於滯閣。後世興利之臣，慎無言此可矣。

按此一條，可知明初立法之未善。蓋金銀可禁，銅錢則豈可禁乎？亭林先生所以深恶鈔法者，不過以其昏爛、倒换、出入之弊耳。今若以佳紙製造大鈔，選天下善書者書之，裝潢糊裱，行用時以函藏之，又何有昏爛、倒换之虞乎！小鈔必自二貫起，則程式亦可精工，行用者必加慎重，而昏爛亦少。唐宋人字畫傳至今者有矣，豈以紙虞其易壞哉？又鈔之昏暗者，准其納錢糧，則陰用倒换之法，而無其害矣。惜乎前人造鈔，見未及此，恨不起亭林先生一質斯論也。

《日知録》云：國初民間所納官糧皆米、麥也，或折以鈔、布，百官所受俸亦米也，或折以鈔。其後鈔不行，而代以銀，於是糧之重者愈重，而俸之輕者愈輕，其弊在於以鈔折米，以米折鈔，以銀折米，而世莫究其源流也。

此不善用鈔之弊，後人所宜鑒也。

《文獻通考》云：歷代多即坑冶附近之所，置監鑄錢，亦以錢之置日輕，其用日廣，不容不多置監以供用。中興以來，始轉而爲楮幣。夫錢重而直少，則多置監以鑄之可也。楮輕而值多，則就行都印造足矣。今既有行在會子，又有川引、淮引、湖會，各自印造，而其末也，收换不行，稱提無策，何哉？蓋直會子之初意，非即以會爲錢，蓋以茶、鹽鈔引之屬視之，而暫以權錢耳。然鈔引所值者重，只令商人憑以取茶、鹽香貨，故必須分路。會子則公私買賣支給，無往不用，且自一貫造至二百，則是明以之當現錢矣。又况齎輕用重，千里之遠，數萬之緡，一夫之力，克日可到，則何必川自川，淮自淮，湖自湖，而使後來或廢或用，號令反覆，民聽疑惑乎？

按此見前人行鈔分地之弊。

行鈔之功

宋張慤字伯誠，高宗爲兵馬大元帥，募諸道兵勤王。慤飛挽踵道，建議即元帥府印給票鈔，以便商旅。不閲旬得緡錢五十萬以佐軍。高宗器重之。慤善理財，論錢穀利害，猶指諸掌。《河間府志》

按此見行軍時用鈔之便。

宋陝西河東顆鹽，舊官自搬運，置務拘賣。兵部員外郎范祥始爲鈔法，令商人就邊郡，入錢售鈔，請鹽任其私賣，得錢以實塞下，省數十郡搬運之費。《衍義補》

按此見行鹽用鈔之便。

宋高宗時，錢端禮知臨安府，建言，楮幣已行彛月，合支官錢，造會子。詔入都茶場置會子務，錢端禮爲六務出納制，用皆有法。

按鈔法亦在奉行之得其人，端禮亦善於立法者。

《宋史》：嘉定五年，制臣劉光祖乃會總所，以第六界新會五萬緡，令軍民以舊楮二而易其一。繼又令軍民以一楮半而易其一。又請於朝，添給新楮十萬，軍民賴之。

元劉肅，洛水人，擢正定宣撫使。中統新鈔行，罷銀鈔不用。正定以銀鈔交通於外者，凡八千餘貫，公私囂然，莫知所措。肅建三策，一曰仍舊鈔，二曰新舊兼用，三曰官以新鈔如數易舊。中書從其第三策，遂降鈔五十萬貫。按此良吏之能惠其民者。行鈔先以利民爲主，其次則不累民可也。

廣鈔之利

《金史》云：大定八年，民有犯銅禁者。上曰：銷錢作銅，舊有禁令，然民間猶有鑄鏡者，非銷錢而何？遂併禁之。十二年，上曰：金銀山澤之利，當以與民，惟錢不當私鑄。今國家財用豐盈，若流布四方，與在官何異？

按《文獻通考》云：上無搜銅之勞，下無犯禁之苦，亦一便也。以此爲行鈔之利。然行鈔亦豈能全不用錢乎？既用錢，則必防私鑄私毁之弊，是銅禁仍未可弛也。要之用鈔之利，豈止於此！

李紱請嚴禁銅疏云：錢文入銅鋪之爐，即化爲銅。而未化之前，原係制錢，不可得而捕也。既化之後，已成廢銅，又不可得而捕也。惟禁斷撻造銅器之鋪，則銷毁亦無所用，而銷毁之弊不禁而自除矣。今現在功令，止禁黄銅，未禁白銅與紅銅也。議者以白銅非制錢所用，不知今之所謂白銅皆黄銅也。議者以紅銅非制錢所化，不知今之紅銅皆黄銅也。銅爲錠錁，煮以藥水，可爲假銀，豈不能爲白銅？嘉興洪爐以藥水染之，作古銅色，豈不可充紅銅？故臣謂今所行紅白銅，皆黄銅也。臣請自鑄鏡及樂器而外，一切撻造黄銅、白銅、紅銅之鋪，盡行禁絶，犯者發充邊遠，則國寶流通矣。

户部尚書海望奏：言錢文爲民間日用所需，近年以來，鼓鑄無缺，價直昂貴，建議者莫不多求禁銅之法，而奉行不善，易滋弊竇。夫銅器久布民間，一旦禁之勿用，則其情不便。胥吏借此需索，刁民借此訛傳，得賄則賣官法，不得則入人罪，搜括難盡，用法不均，其弊一也。民隱既難上聞，有司未必皆賢，民間交納銅器，或有侵蝕扣剋，僅得半價者，或有除去使費，空手而歸者，名爲收銅實爲勒取，其弊二也。此等銅質，本極粗雜，加之銷壞，一經錢局鎔化，折耗甚多，所得不償所失，其弊三也。又況黄銅，乃係白銅、紅銅配搭而成，是以百萬斤之黄銅器皿，其中即有紅銅五十六萬斤。今禁黄銅而不禁紅銅，是較之未禁之先，銅又多費，而適以昂其價值，速其私毁，故既禁黄銅之後，白銅甚多，皆奸匠銷毁制錢，攙藥煮白，以成器皿，其弊四也。

按禁銅之令，自古行之。漢賈誼以爲七福可致，唐劉秩有五利之説，考之前史，並申禁令。若我朝銅産豐饒，礦冶之利，自足以流轉而不窮，原無藉民間所有之銅以充鼓鑄。然欲絶私鑄私毁之源，不得不嚴銅器之禁。雍正四年，嚴禁造用黄銅器皿。是時每銅器百斤，官給價銀十一兩九錢，而鸁鑄錢除工料外，以每串爲銀一兩計之，實止得八兩四錢有奇。故同一禁銅也，古者專欲爲利於上，而我朝之暫行於一時者，專欲止弊於民。海望請罷銅禁，恐其擾累於民，然苟能嚴飭官吏，何至累民？且行之數年，銅器收畢，胥吏亦無可騷擾矣。至於黄銅能變而爲白銅，自當并紅銅、白銅而禁之，不當因此而并黄銅罷之。海望、李紱二疏，論者終以李疏爲是。

邱家穗《銅鈔議》曰：錢法之所以壅滯不行者，非患其太簡而失之重，即患其過繁而失之輕也。要存權爲母子之制，而簡以統繁，繁以分簡，俾其輕重兼行，以相爲流通而已矣。今天下之錢，大率準於漢之五銖、唐之開元，而無前代甚輕甚重之患。然猶慮其勢日趨於輕，而不足以爲重者，以其一文僅當一釐之用，繁而不簡，分而無統，而子母之制不立故也。竊見自漢武令諸王侯製白鹿皮爲幣，而後人易以楮，至宋、元、明三朝始有交子、會子、寶鈔之法，皆自一貫至百千貫，以代現錢之用，究其爲製，不過方尺之紙，印文其上，而可以易數十百錢之物，其費省於錢十倍，而利用無疆，又不啻過之。顧楮之爲弊也，用勞而易毀，質薄而難全，而其上刊有定式，專視區區之印文以爲照驗，即使製造者極其工緻，而傳染未幾，已歸於斷爛而不可以復辨。上之人始不得已屢取而更造之，而新陳出入之間，動多詐僞抑勒，不可禁止。如前明行寶鈔法，每一貫准錢一千，銀一兩。曾未及中葉，而已漸輕漸減。其後一貫之鈔，不足抵一二文之用，竟以字迹漫滅、濫惡不堪而罷。蓋以纍朝數十百年之永利，而終莫之能守者，由此故也。竊謂鈔法之廢久矣，苟欲神明變通，而爲可久之計，固不必襲紙幣之虛名，亦不當用虛薄易爛之紙，莫若取白銅之精好者，銷鑄爲鈔，如今之錢式，而稍加重大，鏤以文字面曰康熙寶鈔，背曰準五準十之類，以至準百爲止，而其孔中則別之以圓，取其内外圓通，流行錢法之意。要使内局自鑄，定爲一式，輕重纖毫不容增減，以杜僞造之弊。用是雜行於散錢之中，有鈔爲母，以統錢之繁，有錢爲子，以分鈔之簡。既不若前明寶鈔之易爛，而又可收宋元交子、會子之用。其亦庶幾古人作輕作重之意，而足以救古人錢法之靡也歟！

按銅鈔與古人之鑄大錢無異，此法非嚴禁銅立造僞之賞，殆不可行也。且至於當百而止，則民猶未便，豈若紙鈔之無窮乎？彼特患霉爛耳。不知易於霉爛者，因其製作苟簡，而行用多也。若鈔值既重，則行用較少，儘可裝潢成卷，藏之以函，又豈患其易弊哉。且既行紙鈔，又可兼鑄當百大錢也。

陸世儀曰：今朝廷用錢，每便於發，不便於收，此由純用小錢，無子母相權之法故也。愚謂今後官民交易，勢當用錢者，小錢難於個數，竟用當十大錢，出入瞭然，無耗損兑折之弊，亦一法也。又曰：宜於各處布政司或大府州處，設立銀券司，朝廷發官本造號券，令客商往來者，納券取銀，出入之間，量取路費微息，則客商無道路之虞，朝廷有歲收之息，似亦甚便。

高珩曰：鑄當十當百之錢，則可以輕齎而遠行矣。

按鑄大錢，設銀券，皆與鈔法相輔者也。若既行鈔，而復鑄當百之錢，則鈔可自二貫起，而二貫以下，悉用大錢，百錢以下，悉用小錢，不患於零折之難矣。又造百貫以上之鈔，即可當銀券之用，而得古人飛錢之遺意。以鈔收買民間之銅，而鑄錢極其工巧，則私鑄者無利而自息。鑄大錢者尤必選最佳白銅，鏤爲龍鳳文，費本與價直略相當，則私鑄無利。禁民間行用銅器，則私毁者無所售，而亦自息。此誠利國足民之要務也。財用既足，則仁政可以次第舉行矣。

瑬嘗擬時務策十數篇，觀者頗不以爲非，後閱諸書，則前人多有先我而言者，特所論有詳略耳，因不欲存。惟鈔法一事，疑者十人而九，前人亦罕有論及此者。陸中丞《切問齋文鈔》、賀方伯《經世文編》僅載銅鈔之説，而於紙鈔之利則未之及。故詳考諸書，反覆思維，求其有利無害之方，著爲此編，以就正四方有道焉。

—5. 皇朝經世文續編　卷四八　户政二五　錢幣上

王兆琛（1786—1852）

字叔玉，號西坡，山東福山縣（今屬煙臺）人。嘉慶二十二年（1817）進士，官至山西巡撫。有《正俗備用字解》《眪堂書屋文集》《西坡賦稿》。

請借款生息修街便民疏

竊惟皇畿爲萬方會歸之所，商賈輻輳，車馬往來，内城、外城、街道必須一律平坦，方足以便行旅而肅觀瞻。乃内城街道舊設堆兵萬餘名，隨時起墊，遇有轍迹偏陂處所，亦皆攤刷平坦。而城外街道僅有額設鋪頭三十餘名，一城地面則分爲六七鋪，一名鋪頭則兼管十餘巷，未免地曠人寡，不敷差委。故其高低不平之處，每遇雨雪不能及時修除，則積成坑陷，不惟車馬多形阻滯，即肩挑負販之人徒步亦甚艱難。臣查向來修理城外街道並無應支公項，凡有平墊不能不雇用民夫，惟藉附近鋪户捐資，其貿易充裕者尚可支持，而貲本短少者餬口不暇，又焉能捐貲修街？且勸諭各鋪捐貲亦須胥役經手，如督責過嚴，又恐其藉端勒索，滋擾商民，是欲便之而反累之矣。况通衢大街鋪户稠密，合集衆力尚易措辦，而各處小巷鋪户無多，其居民又皆非土著，不時遷移，如勒令挨户出貲，更爲貽累。雖各巷居民間有捐貲呈請刨除積土者，乃各爲其所居之地，此修而彼不修，毗連地面反因而受累。

臣思欲使街道一律平坦，必須官爲經理，地方通盤相度，起高墊窪，方能有濟。而不能捐貲之街亦須預爲籌劃款項，添雇民夫，隨時修除，以資經久。查向例，河道溝渠處原有歲修銀三萬餘兩，自道光三年停工未修，四年十一月奏明因節年雨水沖刷，應修處所過多，請暫停緩，俟三五年後以所積歲修錢糧彙總修理，積算至今約存歲修銀二十餘萬兩。臣思溝渠街道相爲表裏，街道停潦成窪，溝渠易致淤塞，伏乞皇上准照道光二年籌撥部庫銀兩生息爲五城緝捕賞賚之例，即於河道溝渠處歲修未動款内賞借銀三萬兩，發給五城交殷實典鋪按月一分生息，每年應得息銀三千六百兩，遇閏加增三百兩。以一半息銀爲修理街道經費，交該衙門隨時支用，修平道路，以一半息銀按年解交部庫，歸還原款。俟歸完之年，將原撥三萬兩内提回部庫一萬五千兩，餘銀一萬五千兩照舊生息，以作衙道經費。將各典商姓名、領銀數目及起息日期分晰報部，以備稽核。街道、衙門凡有修理，核實支用，按季造册報部備核，仍於年終將一年細數彙報都察院，造具總册咨部核銷。如此則工有經費，帑歸實用。其鋪户叢集之區可藉商民捐資修墊者，仍照舊辦理，而空闊小巷民力不足之地，既有官項動用，亦可一律平坦矣。至各城街道舊積煤灰、渣土，向係回空煤車帶土出城。臣訪之居民，數十年來未見有帶土出城者，此時若勒令帶土，恐胥役藉端滋擾，進城車輛必致畏縮不前。城内物價倘因而昂貴，於民生亦屬無益。得此經費，將現在積土壅塞處所，按各巷添雇民夫，一律剷剷運至空隙地方。除出示曉諭居民，自剷平之後勿許再有增高積窪妨礙道路外，仍責令鋪頭按街修整街道。御史不時親身查勘，務令各處平坦。庶街道從此不致坎陷，商力不困而行旅皆便矣。

—18. 皇朝道咸同光奏議　卷五九　工政類　土木

梅曾亮（1786—1856）

字伯言，號葛君，江蘇上元（今南京）人。道光二年（1822）進士，官户部郎中。有《柏梘山房集》。

士説

求棟梁者必於木，而木不皆棟梁者也。其不材者，且不得與萑蒲、竹箭比，其實異，其名同。吾見夫木之難求也，然而求棟梁者，不求之萑蒲、竹箭之林，而斷斷然必求之木。士之於國，猶木之於室也。一國之士，其材者百無一二焉。一山之木，其材者亦百無一二焉。然國患無士，而室不患無木者，何也？豈士之寡，而木之多歟？抑信士之不如信木者歟？彼求棟梁者，不求之萑蒲、竹箭之林，而惟木之求也，不以木之有類於萑蒲、竹箭者而變計也，故天下有不材之木，而無不成之室。今以士之有類於商賈負販也，而謂用商賈負販者之無異於用士，此士之所以終不出歟？

—5. 皇朝經世文續編　卷一四　治體五　用人

湯 彝（1786—？）

字幼尊，號柚村，湖南善化（今屬長沙）人。注重經世之學，曾入兩江總督陶澍、湖廣總督盧坤幕。有《柚村詩文集》。

八排兵事考

瑶之居八排，自南宋紹興間始。八排之用兵，自明嘉靖間始。初，連有仕於粵西者，挈瑶僕十餘人歸，使墾州南黄地源山中，山高六十里，縱横百餘里，峰巒複疊，巉刻阻深。群瑶環山麓，每一聚落曰一排。初分八排：曰軍寮、馬箭、里八峒、大掌嶺、火燒坪，爲内五排；曰行祥、油嶺、横坑，爲外三排。久益繁息，延及今，復有小排一百三十有一。地險物衆，出爲民患。

嘉靖二十五年，因擾邊，征之，旋議撫。獸心未革，未幾復亂。

天啓二年，連山知縣楊懋忠請剿之，參將趙文督兵入，有老瑶數十人跪馬前垂涕乞撫，文信之，不設備。夜半，賊以虎皮蒙牛犢驅入營，官兵大亂，瑶乘之，一營盡覆。監軍道某佯撫之，以緩其暴；密請總督檄都司蔡一申率鋭師銜枚夜入，踞平瑶嶺之險。馬箭各排不能救，一申用火箭射入軍寮，焚其巢。分兵屯白石嶺、歇凉墩爲犄角，示必剿軍寮。賊潛奔油嶺。一申率勍卒，裹糧持鋤，取間道夜薄油嶺，黎明成三大營於林時洞。賊大駭乞命，一申勒獻首賊斬之，始予撫。

崇禎五年復劫民邨，逼州城三里許。吏目吴中選會守備梁棟輔追捕之，及於邊井塘，爲賊所殺。總督熊文燦議剿之而未果，自是益披猖。瑶頭李大面者，稱雄各部，自以爲槃瓠，後遂號盤古。檄民村徵租税，曰瑶糧。某排轄某邨，各畫封界，索花紅酒米，民大苦之。

十三年，廣西賊犯連山，排瑶應之，復潛結臨藍高僚、柴僚諸賊，由是楚粵之交，郡邑騷然。一月十三變，遂攻州城。州牧王立準率千總黎樹績禦之，飛書告急。總督沈猶龍令僉事道魏章、監都司蔡坤、守備馬文滔軍往援，壁於金相塘。賊大至，圍坤營兩晝夜，勺水不得入。坤無策，諭賊解圍即退兵，衣甲、火藥盡予之，僅以身免，而以兵單賊衆聞上臺。猶龍乃奏徵江、楚、閩、粵六鎮兵，分道并進，號十萬，西自大拱橋，東迄大坌嶺，營壘星羅。而六總兵以客故，不盡秉猶龍節制，各乘便利。賊乘高望之，盡悉其進退、整懈。軍寮、馬箭賊遂併力攻閩鎮陳鵬營，大戰於蕨岡頭，日已暮矣。俄，里八、大掌諸賊從山南横擊，鵬戰死，各軍皆潰。猶龍乃城茂古峒，以塞其衝，招義兵，命監紀董梅鼎守之，名咸甯堡，前立墟市，民賴以無恐。值明季天下大亂，瑶益肆。沿及國初，未盡向化。

順治八年，流賊馬寶入連州，誘排瑶出山，相倚爲暴，拆咸甯堡，掠民邨無虚日。九年，劫下水堡，千總唐某率兵追捕，伏發，死之。

康熙元年，連陽游擊武君仕率三百人偵賊石圭陂。賊數千，乘夜出動，君仕令堅壁勿與戰，且更番飽食。天明，大呼突出殺賊，賊披靡退入山峒，自此不敢出，亂稍戢。惟令兵役巡隘道，察其動静。賊惡之，欲得而甘心焉。一日，數瑶牽牛負衣被，作劫掠歸山狀，誘兵役追捕。既深入則起而殲之，其兇狡多類此。

各排惟軍寮最强，油嶺、里八峒次之。有黄邨民素苦軍寮侵暴，集壯丁伏山外，俟其出，狙擊之，擒十人獻於縣。時縣令朱三才畏盗案，盡釋之，欲其德己而不爲暴也。瑶頭房一心易之，率其黨益淫殺無忌。控訴皆置不問，瑶難復起。

四十年，士民奔行省，請討賊。提督殷化行入里八峒，駐兵山麓，遣副將林芳入排，諭以縛獻首賊。群瑶悉伏山谷，芳縱火燒瑶房，光四照。各排見焚其巢，咸怒。於是軍寮、馬箭之瑶，從排之下路仰攻；大掌、火坪之瑶，從排之上路俯擊；峒瑶恃外援，遂從中路突出。把總陳溥及兵百人皆殲焉。芳走入壺蘆田，顧謂其僕曰："此絶地，必死，汝盍去!"其僕泣不行。賊來益衆，僕以身蔽芳，彎弓四射，當者皆貫脇洞胸。矢盡，負芳而死。殷化行率總兵劉虎入，賊焚林據險，以拒化行。度兵寡未能勝，留虎於軍，而自回廣州，與督撫會疏以聞，命都統松柱等率湖廣、兩粵兵討之。四十一年二月，師次三江口，連營數十里，開山通道，三路進剿，圍之數月，賊大懼，乞降，乃撫之。城三江寨，駐兵二千，以副將領之。環八排建三十六汛，彈壓控制。百餘年來，三連之民慶安枕焉。

道光十一年，錦田瑶蠢動，潛結排瑶，應者數百人，續去者爲守隘兵截回。群瑶行時，以山土賤售民户。既歸無以資生，又失其農具，遂劫奪仇殺。由西路延及東路，而中路軍寮復袒惡助患。五月，李閣部鴻賓至，定議剿之，分三路進攻。軍寮賊誘之深入，夜火其營，三路兵皆挫失，游擊史鵠、謝國榮、王珍，并歿於陣。命禧將軍等至連，徵黔、楚、粵西兵將集，群瑶慴服，縛獻兇逆，乞命。師臣承詔撫之，八排復定。

排瑶生深山邃谷，僄捷如鳥獸，恃險設伏是其所長，故不利遠出，而官軍亦不利深入。然蔡一申之奪險神速，武君仕之堅壁挫鋭，皆以偏師奏捷。而五省六鎮十萬之兵，或無統帥而潰，或僅取輸款而歸，求其出奇制勝，以險絶爲功，則不易覯。兵法曰：兩鼠鬬於穴中，將勇者勝。是知深谷行軍，貴精練不貴兵多，亦地形然耳。且賊覘重兵至，必絶隘道，塞關險，聚穴負嵎，雖有良將勁兵無所用其武。從來皆以安撫了局者，蓋不欲老師糜餉也。

夫亂之所起，不起於起之日，其所由來者漸也。竊謂於平日宜撫之，不必撫之於既亂；於既亂宜防之，不必防之於平日。徒防之，適足以擾之，將召亂。况撫之即所以防之，可弭亂也。而其要則曰：防瑶如防猛獸，撫瑶如撫嬰兒，飽之勿飢，信之勿欺，馴伏之勿使其奔逸，安戢之勿使其仳離，庶乎祛民暴、寢邊患、節餉而不勞師也。

—5. 皇朝經世文續編　卷八〇　兵政一九　苗防

黃德溓（1787—1849）

字劭懷，更字惺溪，湖南安化（今屬益陽）人。嘉慶二十二年（1817）進士，選庶吉士，授檢討，官至陝西糧儲道。

請飭學政整飭士習疏

竊惟治民之道，教化爲先，而欲興教化，必先端士習。各省督撫司道以及守令，固皆有訓課士子之責，然或簿書錢穀鞅掌未遑。至於各省學政，則專司教化之事，自宜董率各學教官，盡心化導，以風俗人心爲己任。

臣恭查嘉慶二十一年，欽奉上諭："各省學政皆慎簡儒臣，畀以教化之責，且按試州郡，遠邇必周，於該省風土人情無難察訪周知。奸民倡爲邪説，顓蒙從而習之，或誘於財利，或溺於淫邪，各有受蔽之由。著該學政各就按試之地，察其人民所易惑者，作爲論説，剴切化導。至士爲四民之首，該學政於接見士子之時，尤當諄切訓誨，使以孝弟忠信、禮義廉恥倡率其鄉閭，身以先之，言以喻之，由寡以及衆，由親以及疏。蚩蚩者氓，耳濡目染，有所觀感而興，將日用飲食，群黎遍德，久之遷善遠惡，翕然成風，斯邪説不足誘之矣等因。欽此。"仰見聖諭煌煌，爲世道人心計者，至深且切，各省學政果能敬謹遵行，自可收經正民興之效。乃近日愚民之惑於邪説者，如山東之大乘教，兩廣之添弟會及白陽天主等教，雖法律森嚴，猶復轉相傳習，且漸蔓延於鄰境省分。此等匪徒，左道惑衆，法所不寬，但與其懲之於既犯之後，而莫净根株，不若導之於未犯之前，而使之悔悟。夫鄉愚縱屬無知，然各有身家，當其傳習之初，若該處士子有能明斥其非，怵之禍福者，亦必惕然改悔。蓋士者，民之表率，與民復相近，雖窮鄉僻壤，亦自有一二青衿，果能敦品勵學，以式化其鄰里親戚，自較之官長之禁令尤爲親切。無如近日士子，能表率其鄉里者少，不自檢束者多，或武斷鄉曲，或把持官府，架詞上控者有之，相率罷考者有之，甚至如山東省所辦周添明案内，貢生劉島於、孫文治等傳習邪教，猶爲之書寫綾額，懵然不知其非。士習如此，愚民復何所觀感，其爲累風俗人心者不小。相應請旨，飭下各省學政，於按試州郡時，實力整飭。如生童中有不守學規，武斷把持等項情弊者，一經訪聞，立加懲戒；其束脩自好者，即文理平通，亦列之優等，以昭奬勸。併於接見之時，將尊親之大義明白開示，俾各知束身名教，以轉導其鄉里，期於比户可封，奸邪悉化。且飭各學教官，平日實心迪牖，不得視考課爲故套，尤宜自端模範，以身設教，使諸生無可議其短長。如此則勸懲既彰，坊表復植，庶賢良蔚起，而民俗日淳矣。

臣更有請者：道光五年即係選拔，乃十二年始一舉行之大典，各州縣皆例得拔取一人，非同鄉試之通省合校可比，且不糊名易書，正可將文章品行二者並衡。夫十室之邑，必有忠信。一州一縣之衆，豈無行誼敦篤，素爲鄉里矜式之人？乃近來取士者，往往比較文詞之高下與字畫之工拙，而不以器識爲先，甚非所以勵士習也。况選拔貢生，一經朝考，取入一二等者，即得以小京官及知縣、教諭等官分别録用。其登進之階，視他途爲最捷，尤當核其猷守，不得專憑文藝。亦應請旨飭該學政等，届期慎重考取，務求經明行修、才能出衆者以充是選，即於現在舉行歲科兩試時，預爲察訪，亦不得輕聽教官之言，致啓奔競營求之漸。所拔取者果得其人，則各學之士有所激勸而入於善，各屬之民亦有所觀感而恥爲非，於士習民風均有裨益。

—5. 皇朝經世文續編 卷六一 禮政一二 正俗

馬福安（1789—1846）

字聖敬，號止齋，廣東順德（今屬佛山）人。道光九年（1829）進士，官至六安知州。有《止齋文鈔》。

崇檢論

昔聖人建天地之中而爲之禮，所以軌範人倫，整齊殊俗，使人得以束身寡過而無悖夫五常之性者也。自魏晋之世，老莊盛行，以放曠爲高妙，以禮法爲俗人，一時風流相尚，賢者不免。阮籍居喪飲酒食肉，謝安石期功不廢絲竹，幼輿任達折齒，畢卓甕間醉卧，當時以爲名士而艷稱之，以致禮壞樂崩，中原傾覆。故王衍將死，嘆曰："吾曹雖不如古人，向若不祖尚浮虚，戮力以匡天下，猶可不至今日。"桓温北伐至洛陽，登平乘樓，嘆曰："遂使神州陸沈，百年邱墟，王夷甫諸人不得不任其責。"西都時王愷、石崇尤爲豪侈。能守禮崇讓，克全貞素，惟劉寔兄弟而已。或問江左人士，於顔舍含推周伯仁之正、鄧伯道之清、卞望之之節。然伯仁以酒失貽譏，猶染中朝餘習。惟望之持論侃侃，當官幹實，欲軌正當世，不肯苟同時好。時貴游子弟多慕王澄、謝鯤爲達，望之以爲背禮傷教，欲奏推之，斯真篤禮守法，王臣蹇蹇者矣。

夫天下非氓庶犯法罹罪之足憂，而士大夫棄禮蔑義、罔識廉恥之可畏。誠以士大夫者，教化之紀綱，風俗之原本，而人心以爲轉移者也；故朝廷崇禮，百僚奉法，士大夫以名教相尚，節行相高，而風俗人心未有不歸於端厚者也；朝廷棄禮，百僚壞法，士大夫以浮虚相祖，放縱相師，而風俗人心未有不歸於邪薄者也。然則天下之要道可知已。欲民知義，莫如尚廉隅，欲民知禮，莫如敦矩矱，欲民貴信，必不可以巧詐欺之，欲民興仁，必不敢以刻薄行之。立身以清白奉公爲賢，當官以勤事盡職爲恪，立朝以忠厚正直爲敬，行事以秉禮尚義爲宗。一時士大夫流風篤厚，凡爲驕逸淫縱、自放於禮法之事皆兢兢焉防其萌，杜其漸。是以君子勤禮，小人盡力，廉恥篤於鄉閭，禮義興於家衖，而無奇衺不軌之民以污我大化者，由上之人不以防檢爲迂，而力崇之之效也。嘗觀東漢風俗之美，其時郭有道、陳仲弓、王彦方、管幼安之徒，皆以匹夫爲善於家而鄉里化之，争訟者望閭而返，盜竊者咸畏其知。况示以上之風旨，而士大夫又皆身爲表率，吾見禮教之興，不必俟讀法懸書而後浹於民心也，是在有風俗人心之責者加之意而已。

—15. 皇朝經世文四編　卷二七　禮政　禮政

孫家穀（1791—1832）

原名家棪，字曙州，號幼蓮，浙江鄞縣（今屬寧波）人。道光二年（1822）進士，官襄陵知縣。有《襄陵詩草》。

各國形勢類考

西貢海口有九十九彎，河道甚窄。新嘉坡市廛稠密，仿西洋制度，高敞壯麗。新嘉坡約二十萬人，西洋人二千，番人及印度人盈萬，餘皆閩粵人也。漾貢一曰冷宮，或作印昆，本秘古國，緬人割隸於英，現建鐵路由漾貢至別牟千餘里，再由別牟溯伊拉瓦底江而上，經阿瓦都城至臺慕新街，不過二千餘里，則印度至雲南邊境水陸程不逾一旬，較之迂道南洋至粵東者僅三之一而已。新嘉坡群山環抱，岡阜連綿，或起或伏，長八十里，廣五十二里。檳榔嶼，洋人名之碧蘭，山明水秀，迤南皆高山，樹木叢雜；北岸爲威諾斯里，其地袤長而狹，沿海約九百余里。蘇門答拉逶長二萬里，起息力之南，横出檳榔嶼西千餘里，中間小島不可數計。大山綿亘如畫，即所謂萬古魯山也。錫蘭島長千餘里，大石森列，潮激其上如雪花，高數丈，噴薄四散，較浙江龕、赭兩山束潮之勢更覺澎湃。錫蘭縱七百九十八里，横四百二十里。亞丁山亘數十里，若口門然，山形突兀，怪石嶙峋，數十里皆不毛。日用各物，皆自他處運來。英吉利駐以兵，屯儲煤水，以供困之。亞丁多山，不生草木，遍地紅黄，迎面一片枯山，並無碼頭，鄙陋殊甚。英人所居之處，就山開路，層層盤繞闌干，非鐵即石，甚干潔。亞丁爲孟買總督所轄，居民阿剌伯八千，印度六千餘人，西洋各國百餘人，粵民二千。設兵二千。其地與阿剌伯地勢相連，《瀛寰志略》誤爲一島。瀕海一山皆石，英人建炮臺。盡處東西各爲一山，横出海面中，廣十餘里，可以泊舟。英人據此，以爲紅海口外一形勝地。洋人環東山爲居，山後海水泛入，成一小蕩，亦建炮臺，凡炮臺三座。亞丁童山，濯濯高百餘丈，東、南兩面各立炮臺，西北莽蕩平原，乃阿剌伯國土。山後有小道與阿剌伯似斷而實連，如果蒂與枝之相綴。計中國十八里，統轄於孟買總督，爲小西洋往來衝要。英人屯煤於此。其地古稱火山竿，有雲氣，兩三年始逢雨澤。孟加拉部大吉嶺，幅員百餘里，三垂高山。西界廓爾喀，北界哲孟雄，東界布魯克巴，爲入藏孔道。土酋降附於英，居民數百家。英人修築碉堡，駐洋兵，設領事一員，曰夕格里得拉。其孟加拉副帥，每夏秋移駐於此。英人新造鐵路，又令閩、廣人居其地，無非垂涎藏地通商耳。達格卡呢爲西南洋第一大碼頭，建於扈枝黎河之右，南北袤八邁，東西廣四邁餘。街衢交錯，不可數計，富商豪賈，侈靡相尚。歐洲各國之人，悉萃於此。華人千餘。英國設大帥一員，統轄五印度，全權大臣便宜行事，緬甸漾貢及南洋各島俱歸節制。副帥一員，駐獨吉嶺。

紅海入口處僅闊一百二十里，且多礁石，船行之道隘甚。小島曰碧鱗者，實塞其衝。英人立炮臺其上，爲扼吭計。入紅海後，兩岸峰巒時隱時見，東岸爲阿剌伯，西岸爲阿非利加。入埃及境，則童山高下蜿蜒，水濱數百里不絶。蘇爾士灣口，地爲亞細亞、阿非利加兩洲一線相連處，廣約三百里，介紅海、地中海之間。同治三年，法人賴賽以機器開河通舟楫，廣六丈，深不逾三丈，七年而成。費至八萬萬，各國商人醵金爲之。以地屬埃及，蠲與三分之一，往來徵船税，分收其利。同治十三年，埃及以千一百萬金鬻諸英人。於是英人合官民所出公費約得全股之半。兩岸皆紅土，夕陽返照如胭脂畫圖。蘇爾士新開河，僅容一船。中有湖，素所來往船於此交互取道相避，風來沙聚，時須開濬，中間江路愈窄。兩岸沙山高十餘丈，舟行距岸不過數丈，又多作變回之勢。蘇爾士建河始於咸豐六年，法人里意勃斯創議開鑿，商之埃及總督阿斯巴尼拉，意見相同，遂集股貲，訂每股五百法郎，始用大機器六七十具事畚搧，日常二三萬人。至同治七年十月告成，費十萬萬兩之鉅，成河長二百八十七里，寬一百九十二尺，深二十六尺。往來之船，每客貨一墩取鈔十法郎，船客每人亦十法郎。光緒元年，英太子東臨印度。埃督欲結英，以股分四百壽太子。太子酬以金。自是，運河英得而預焉。埃及途中皆荒山曠野，沙厚二尺餘，暴風頻起。埃及途中房舍粗陋，有小於舟者。又有居沙土之中，如穴居然。

地中海境内有突尼斯，爲土耳其屬國。地勢突出海中，一山横列，下有伏洲，僅中路可通巨艦，洋船過此亦稱險境。自突尼斯以西，地勢北出，連山相屬，或遠或近，海中亦時見島嶼。地中海爲亞細亞、歐羅巴、阿非利加三洲交界處。自此盡地中海之境，北海歐羅巴，南界阿非利加，而土耳其、中東二土迤西北二千里，遥與亞西境相望。此海析分三洲之地，亦天地之一大區限矣。地中海盡處爲星子文生，屬葡萄牙，過此即大西洋。此處山石嵯峨，横截海面，水流激蕩，浪益汹涌。

意大利屬墨西拿，至法蘭西馬塞里，有火山數處。舟行峽中，兩面俱崇山峻嶺，廣狹不一，岡嶺四合，怪石嶙峋。間有人家，屋宇背山臨流。其石島重疊如鳥獸人物形者，不一而足，有名熊下山者，有名老人鵠立者。又數峰高出群山，奇峭插天。迨出峽，漸近大西洋，則波濤及天矣。

意大利途中，群山錯列，紫翠凝輝。舟行峽中，如迎如送，有峭然挺拔者，有壁立如削者，有荷葉皺者，有出水芙蓉者，望之皆成畫本。意大利拿波利島，爲意陪都，居人約四十萬。國王有行宫，時時駐焉。是以宫室中，車馬皆極華麗。有大教堂、大園囿數處。沿海炮臺硉矹，燈塔輝煌。南有火山。意大利之奈波里城，倚山臨海，厦屋連延，居人四十五萬。沿海炮臺雄峙，爲意國大海口第一，建城已二十餘年。東南有火山二，名非所弗秀。土地氣候温和，西人頗稱勝地。惟山多盜賊，捕則逸入深山不可獲。按意大利盜賊爲天下之最，查一千八百七十二年，民死於盜者二千八十人，受傷者一千五百四十人，呈報劫掠受傷者三萬七千三百五十五案，白晝搶劫者四千六百零五案，被竊者五萬九千五百二十四案。意都西南崩背地方，在威蘇威火山西南。聞一千七百九十一年前，火山頂窟中噴出灰漿土石，將其城邑掩埋，附近居民遠避者數百年，失其舊址。嗣於二百七十八年前，有欲引水建橋，掘去古物，逐漸開掘，建有城市之基，始知爲崩背舊邑，至其處所存，僅其下半猶可考。當時建置之式，城有闤闠，居有庭院。繪事多畫於壁，巷口壁畫蟠蛇者，勾欄之招也；壁垛碎磚，刊雙陽者，爲市廛之記也。石磨上下豐而腰殺。牢獄自上墜下，窨窖在下環而通門；公署柱石林立，民居户壁條分；藏宫之窔如深阱；闤隘曲折，尚有如墨之鑣久稿之屍也。

法蘭西馬塞里海口，居民五十萬，街市繁盛，樓宇皆六七層，雕闌畫檻，俱高列雲霄。夜燃煤氣燈，光如晝。客寓樓七層，梯形如旋螺。登降勞苦，則別有小屋可坐數人，用機輪旋轉，頃刻至頂樓。屋有暗消息，手一按之，櫃房即知其屋唤人，傳語亦然。鋪陳華美，按泰西客寓各國皆然。此爲入大西洋之始，故録之，後不復重叙。

馬塞里至法都途中，山岡長七十餘里，沙地中多紅白石子，大如盌。輪車過山洞四，有長四十餘里者；長橋六七，或石或鐵，有長數里者。過羅馬教王行宫，外有城牆，牆頭出廊下作密孔，爲水溝，兼以防敵。法國馬塞有新老二海口：老口狹小，二十年漸拓至北首爲新口，甚寬闊，能泊船三千，爲地中海第一大埠。老口舊有炮臺對峙，自拓新後無所用，今就於口外數小島建炮臺，深得形勢。西南有山，山頂聳立教堂。法蘭西里昂，時居民六萬，市肆繁盛倍於馬塞里。法都人民百餘萬，氣局闊大又倍於里昂。時法國里昂城居人四十萬，有大河二：一名瑣恩，一名羅納。由東北分流至城下，合而南至馬塞，出地中海，水陸通衢，貿易甚大。周築城垣，列炮臺十七。法都街市火輪車道遥望如蛛網。街道正中以小方正石墁平，專走車馬，寬約四丈。兩旁石砌高半尺，寬二尺，皆黑漆或白沙石磨平。數武植一樹，或桐或楊。兩樹之中間一路燈，兩三樹後置緑漆長凳一條，每數十武有自來水銅管，辰午間取水以滌街道。每數十樹有小屋，爲行人便溺。途中無肩挑貿易，間有賣新聞紙，有携小匣爲行人洗刷鞋上泥土者，皆小兒也。每半里一巡捕，如遇車多難行，彼即爲之指撥先後，御者不敢不從；不平之事，亦爲之剖斷曲直，無人不服。樓房十里共一簷，皆十一層，牆壁簾幔皆一色，樓下鋪户亦然。鋪主俱男子，而店夥皆婦人。法國京城巴黎。英美等國凡人烟聚處多曰城，其實無城也。法國則固是有城，在國之西北，跨塞納河而城，縱約三十里，横約四十里，繚以石垣而無雉堞，爲門四十。城外擇形勝處環列炮臺十八，城内區爲二十邑，設官分治，總轄於府尹。每門設官徵貨税。塞納河由東南西入城，形若弓背，流至西南而出，深廣清澈，可行輪舟。居人約二百萬，街衢寬大潔净，兩旁多植樹木，列肆若蜂房，屋皆六七層，每層户洞護以鏤花鐵闌，塗以金彩，異常美觀，英美皆不及。無晝夜，車馬不絶，以英京並論之。倫敦爲天下財貨薈萃之區，巴黎爲泰西第一名勝之地。四年前曾遭兵燹，毁壞實甚，今已宛然承平景象，可見其富庶焉。法國立墉城距馬塞七百六十里，居民約四十萬，都察院駐焉。有蘇安龍納江由東北來，匯於城下，經馬塞而入地中海。此城爲水陸通衢，商賈輻輳，爲法國第二大城。

英吉利北名罕，人民三十五萬，街市繁盛，爲英國第二埠頭。中華及印度棉花皆集於此，所織之布各路售賣。英吉利屬馬爾他島，北界意大利之西治里島，其南與黎波里城正相值，地形如臼，中出一山，四周環抱拱之，長四十五里，縱三十里，横出枝脚泊船，灣曲四五，炮臺十一所，英國地中海第一重鎮也。英吉利屬馬爾他島，街市整齊潔净，樓房高五六層，櫛比相望，總督署氣象雄闊。英吉利屬馬爾他島長五十里，廣二十七里，周一百六十餘里，居民十五萬，據地中海之腹，爲歐洲往來要道，建炮臺十一座，設總督，駐兵五千守之。英吉利屬奇巴答答，有石山崛起，高一千四百餘丈，長七百丈有奇，英人名之曰諾，譯言大石也。環山内一面建城，居民萬九千人，與西班牙之詭美阿非斯卑陰山相望，咫尺中隔一洲，海水泛則别爲一島。瓜達爾幾河繞其右，南與阿非利加之珥布斯赦德并横出海中，對峙成海峽，爲地中海之門户。珥布斯赦德，譯言猴子頭也。遠望西艾獵山横亘如垣，綿延數百里，所見山勢之雄闊無及此者。官兵非爾丁指山缺處曰□陀，有古營壘，爲加非達額踞西班牙時與羅馬大將奔標力戰於此，當西漢之初，距今二千餘年矣。英吉利屬直市羅陀，《使西記程》作奇巴答答，城内街道稍狹，每街鑄鐵爲栅。守兵佩其葯，城内兵丁千人，兵房亦覺寬敞。英吉利都夫爾海口至法蘭西嘎力司海口六十里，爲兩國交界，山根不斷，正值狹處，東急溜之海水，波浪激湧。英屬騷士阿母墩海口，水静波平，澄明一碧，與兩岸畫樓相掩映，風景有若湖蕩。英都倫敦，居民三百萬，城廣四五十里，人烟稠密，樓宇整齊，街道潔净，轂擊肩摩，爲泰西一大都會。巡兵黑衣紅裩，邏察無間。英都地狹人密，城内無曠土，故於地中造車道通於各街巷口。上車處由屋内拾級而下也。英都街道兩旁，白石平墊，通男女往來；中則沙土碎石築成，車馬所經也。道之廣者可七八車並馳，狹者亦可四五車，潔净無垢穢。民居、官署規模不甚懸異，結搆類皆四層，併入地，計之則五。各屋皆有入地一層爲下房、厨灶、屯煤之所。白石爲牆柱，鐵爲護栅、爲闌干，環於門外。其室内糊壁以花錦，鋪地以氈毯，嵌窗以玻璃數尺，亦以鐵栅護之。估肆則臨街，大玻璃槅貨物，鑒澈於外。惟銀行、教堂、客店、信局、電報局、醫院，制度獨閎。觀其房舍華潔，數百街如一式。詢其房價，動值數十萬金錢。使者所售房舍三層，月租英金一百十二磅。英都無城，其鞏若城闕者，火車所經之橋梁也。民車稠密，不可以行火車，爰以巨石爲飛橋，於房屋之巔，架以鐵板，墊以沙土。當以不立城郭之故問英人，據云百餘年前固有之，自火炮盛行，城不足衛，閉關以守，傷人愈多，故毁去而增固海口炮臺，較可得力。即不幸被敵闖進，猶可出兵各路以驅逐之。外洋之無城郭，不獨英也。英都戴晤士江底，火車路由平地而下，凡石階八十七級，以至巨之石爲左右垣墉，厚鐵板爲上盖，以隔江水，如一城然。火車馳其下，以煤氣燈相照引。

英都倫敦在英倫之東南，密得爾錫克司府之南，撒利府之北，跨二府交界處，距顛迷士河口約一百六十里。河水由西曲折經貫城内，東出於海。古有城垣，其址在今城之中正，舊迹都無，而仍以中正爲城内者，乃沿舊之稱。其實統謂之城，無分内外也。以今之屋宇叢聚處計之，縱二十二里，横三十里；連四周增建之屋合而計之，縱横各七十里有奇。居人約四百萬。同治十二年，計算房屋已多至五十二萬所，以後每年增建尚約二三千所。街道中狹而四隅廣，計算得二萬一千七百八十里。街燈共三十六萬餘盞，每夜用煤氣一千三百萬曉碧，每曉碧爲一正方尺。冬季多霧，室皆爐火，煤烟雲合而爲一，都作黄色，雖新建屋，不數月已黝然。道路多砌小石，車輪相擊，聲若雷鳴，屋爲震動，車中人並坐語不聞。英阿爾蘭島德布羅都會，民房一萬五千四十所，宫室之崇麗，貿易之大，街道之潔，視倫敦略遜。英阿爾蘭之德稜格蘭地方，多結草爲廬，短垣陋室，塵垢坌集。惟山水特勝，一望彌漫，無非緑障籠天，綺霧撲地；長溪激水，竟日潺湲；酒店花塢，臨流掩映。阿、蘇兩島，比比皆然，不僅此處也。英吉利三島之外，以利文浦爲第一市鎮。瓊樓繡壁，交聳雲端，登高望之，通烟氣之管，直若千萬箭，攢集空中，與夕陽鬥采。有麥西河，船隻首尾相接十八里，絶無空隙。美利堅商賈多聚集也。按彼處房屋皆有氣管，自數筒至十數筒，以通煤氣，染以紅色。英國苗爾細河，左爲雷弗普城，右爲甲爾沙地方。在岸停泊之船約二十里，銜尾不斷，往來西半球各國及愛爾蘭等埠居多，東行者不過十之三。雷城縱横各二十里，在稜格府西南，居人六十萬，爲英國第二繁盛之區。英吉利博通明格城，周三十餘里，内外皆製造銅鐵等器，販運各國。燒煤甚多，天多陰雨。英阿爾蘭德布靈都會，男丁十一萬五千餘，婦女十三萬。英倫民數二千二百七十一萬二千二百六十六名口，女多於男約五十九萬。蘇葛蘭民數三百三十五萬十八名口，女多於男約十五萬。阿爾蘭民數五百四十一萬一千四百十六名口，女多於男約十四萬。其民數并各國旅居者計之。

荷都街衢潔净，樓宇高者四五層，頗修整。河道甚多，皆直而長。樹林繁密，民居質樸。市中以兩犬駕小車售物。荷蘭北都安特垣周三十里，有河百餘道，大小舟船處處皆通，通都橋梁七百六十座，河之闊處舸艦迷津，商賈輻輳，爲歐洲大都會。荷蘭河渠縱橫，田疇沃潤，平原草肥，便於牧養，而柴門臨水，屋後繫舟，頗似淮揚風景。

漢博爾歐州民政小國，客寓樓舍臨湖，宏敞無比。湖寬廣數百畝，東西橋梁相望，樓閣圍繞如環，畫船數十，往來其中，有西湖風景。

瑞典云居平地方，左右皆湖，長一百七十里，人民稀少，路多石塊。林木欹斜，濕多坎坑，十里不見一人。天時頻雨。瑞典都城周三十里，居民十八萬，街市房屋與英法同。

俄羅斯阿剖，即芬蘭國舊都。地方居民一萬五千餘。板屋相望，樓舍不過兩層。亨心佛耳思，即芬蘭都會。其居民二萬五千。樓屋稍多，園亭亦佳。俄羅斯阿剖地方，水少山多，行船灣曲，河口有大橋甚整齊。俄羅斯屬威不爾克，屋宇不多，居民不過六千，而山水幽深，園林雅緻。俄羅斯克龍斯，大炮臺三座，鼎峙海中，有虎踞龍蟠之勢。聞咸豐四年，英法兵船至此，不能進攻始回。俄都人烟輻輳，街衢寬大，周五十餘里，居民五十三萬六千。樓閣高峻，宫殿輝煌，足稱各國都城之冠。俄羅斯北京周五十五里，居民五十三萬六千。南北一街，長二十餘里；街心鋪石，寬三丈，以走大車；兩旁鋪以厚木，寬二丈，以走小車；又兩旁以細石砌路四道，寬各一丈餘，以通行人。店鋪高峻，街巷繁盛。俄都至布國中，過山洞二處，一約十里，一約二十里。又過一鐵橋，長二十丈，高三丈，闌干高丈許，作花幛形，中走輪車，闌外小道二，以通人馬。

布魯斯馬林博爾鐵橋長三里許，高四丈，兩旁作花幛形，費金錢一百五十萬。布魯斯都城，周三十六里，居民二十餘萬。街市整齊，樓宇高峻。德意志伯靈，都城在士普里溪上，通愛爾泊河，以達波羅的海。居民一百萬，附郭二十五萬，爲歐洲第四城池，高於海面九十八尺。舊城在士普里河右，即今王宫迤東一隅。道光十年後，貿易興，寖爲要城。地皆沙磧，全賴引水供栽種、汲飲。又無山石造屋，以磚陶埴頗勝。城中街道，縱七横十餘。横街之温德爾得令登街，宏麗喧闐，甲於全城。是街東抵大王宫，以旭落士橋通之，橋列古仙石像。入西抵白命丁哀之得勝門。房屋整齊，希臘羅馬各式俱備。緑陰夾道，中爲御道，旁馬道，又旁爲馬車道，又旁爲步行道。市肆羅列，士女如雲。新舊王宫及儲君宫、博物院、軍器院肆、大學、書樓、畫院、戲園、蠟像館咸在焉。得勝門砌石爲門五道，建於乾隆五十四年，計費金錢七萬五千。上有神女御四馬鐵車。其南半里，有來伯吸士街，房屋市肆稍遜於温德爾得令登。其縱街則以福爾得利街爲最長，貫城中一千一百四十丈，有鐵道馬車，房屋較遜。其東平行數街，如沙路屯、馬格分則較短。惟其西之維耳今街，自得勝門内折南斜東，工整宏敞，爲縱街之最，親王府、府大衙署咸在。出得勝門，迤西爲氏爾噶屯之囿。

德意志阿欣地方爲古城，本羅馬人所建，後削爾蠻王居之。西歷八百十四年，王殂，爲自主之城。其禮拜堂乃羅馬規制，爲德國營造所宗式。城北有高山，其脉迤西繞至城内，地多硫泉。鐵道自北繞出東南，車場在其城南。居民七萬五千，燈火萬家，居然都會也。德意志谷郎地方，沿來因河西岸，爲德國第六通商大城。西歷五十年，行比阿民所築，後爲下日耳曼都城。一千二百十二年爲自主之城，一千七百四十九年地屬於法，及拿破侖敗，地屬布國。居民十三萬。河東爲德次城，有民萬餘。鐵道自西北隅渡河而過，大鐵橋長四百十二邁當，上層過汽車，下層過馬車，兩旁可步行，俱鹿眼鐵楞隔之。兩端各有國王銅像，爲維令一、維令四。德意志漢奴乏地方，本爲日耳曼大邦之都，因一千八百六十六年布親奥布人既勝，遂收其地爲一省。舊城跨來納河，開拓東北，峻宇通衢，整齊雄厚。有一千七百五十年之古王宫，今爲布王離宫。大戲園、博物院、禮拜堂無不壯觀。并臨頓鄉計之，有民九萬。鐵道過城東北屯傷寬廣。德意志東北境卜美阿里省城，距柏靈七十六英里，曾屬瑞典，一千七百二十年屬布，爲通商要邑。以炮臺爲城，在奥德阿江左岸。江口爲水師泊船之所。

比利時都城，街市整齊，周三十餘里，户口三十二萬有奇。比利時地沃田多，南高北低，山岡道途平坦。

西班牙葢潑非尼士特海中，波濤洶涌，葢西班牙向北盡處，地勢深入，匯成一大蕩，與法蘭西壤地相接，至羅亞爾江口又衺伸而出。中廣千餘里，海水奔騰而下，驅入蕩中，回薄奔激，乃始折出南趨，故此海袤千餘里，稍一見風則洶濤激浪相助飛騰，尤以葢潑非尼士特爲最險。葢潑，譯言尖處；非尼士，盡也；特者，地也。西班牙屬帕那馬之地，介南北美里駕之間，北自落機大山迤里之帕那馬萬餘里，又自此而南接連而爲安底斯大山，至於南洋盡處又將萬里。是一脉大山綿延南北，縱二萬里，而北境横九千餘里，南境亦横六千餘里，而中間折腰處僅百數十里。然地土雖狹，實居東西兩大洋、南北兩大山之要。其間山勢高下參差，當赤道不及一度。

美國富庶之區，皆萃於東北各省中，又以紐約、費里費、波士登三大城稱最。費城建於特爾窪河西岸，計地四百二十六正方里，屬噴夕爾費呢阿省，外通海港，商船可直達城下。街道縱横，其直如矢，寬自六七丈至十丈。中一街名伯羅思，譯即寬街，南北長三十餘里。適中處新建梅爾署，梅爾若中國知府，閎鉅華贍，云費一百五十萬金。各街中砌鵝卵石，並仿輪車鐵路法，平鋪鐵條，專行馬車。左右稍低，夾雜樹木，行人皆由兩旁甎路往來。屋牙或砌紅磚，或砌美石，自二三層至五六層。橋梁多以精鐵爲之，有長至百餘丈，寬至七八丈者。輪車鐵路約十餘條，或穿城而過，電線木桿舉目皆是，有一木懸線五六十條者。地皆沙土，無溼氣。民房十五萬一千餘，工廠、店鋪城内居多，扯司里、汪納二街貿易尤盛。自來水火皆由地底，機管曲折高下而至，通長計之約二千餘里。

美國紐約省在美之東北隅，南界噴夕爾費尼阿、紐折爾西兩省，北界英屬堪納答部，東界甘那的格、馬沙色士爾、窪滿得三省，西臨大湖，東南一隅大西洋，在三十九省中最稱繁富。會城名紐約，在省之東南隅，臨哈遜河，縱四十里，横十三里，地候甚寒，居人百萬。屋由三層至七八層，壯麗無比。車馬填塞，徹夜不絕。河内帆檣林立，一望無際。電線如脉絡，輪車須由城内經過者，則空際建長橋，或於街底穴道，即以行街道之制同。

費城最大者，一爲第五街，紳富所萃；一爲百羅街，多著名鋪户。貿易之大，美土爲第一。統地球言之，與英京、法京鼎足而三，而屋宇齊整，英法尚弗逮。蓋此城居要道，西由志克奇城直達三藩謝司戈城，過太平洋通日本、中華，東出哈遜河渡大西洋以通歐洲。水陸商賈，無不萃焉。河中地名海而給，多暗礁，水流甚急，商船不能由此直達城下，須繞出南首而進。美國之東有地名柯倫比爾者，美之京畿也。在馬利藍之東南，勿賽尼阿之東北，居二省交匯處，最得形勢。計地二千三百二十正方里。京城名華盛頓，建於遮次碧海灣西汊之尾，東臨袍特密河，縱横各十里，距費城四百五十里。屋宇整潔，風景幽清，天氣略似江蘇。道路寬展，多用油拌土而築，平坦堅韌。車馬不甚多，行人和藹謙遜，迥與費城異。宫殿、官署、民居而外，園林樹木。若店鋪尋常日用之品，皆由費、紐兩城運來。無工廠、行棧。雖有河通輪船，而大商巨賈罕至。其處唯電線則合宇宙各都會罔弗通，輪路則各省交貫。迤西北别一城曰查特湯，對河迤南又一城曰阿力克三答，盖畿輔二邑也。

美國哈佛城在美土東北，爲甘那的格省之會城，縱横各十里，東臨甘那的格河，氣候與中國塞外仿佛。地土極佳，人少疾病。街道潔净，貿易不大。書館甚多，製造廠亦夥，風俗純正，無巨富亦無極貧。美國富庶之區，皆在東土，密司失畢河迤西，直至三藩城約七千里。從前白人、西人稱土蕃爲紅人，阿非利加人爲黑人，己爲白人，俱罕至。其地皆土番所居，赤土黄沙，牛鹿逐隊。自創車路後，始有白人往居，漸成村落。如三藩城、惡敦阿馬哈等處，三十年前皆荒地也。美國都城居民約十一萬人，費里地費里城八十一萬七千有奇。

—8. 皇朝經世文三編　卷七一　洋務三　外洋疆域

朱　嶟（1791—1862）

字致堂，雲南通海（今屬玉溪）人。嘉慶二十四年（1819）進士，官至禮部尚書。謚文端。有《滇南書畫録》。

運錢法以握利權疏道光二十六年

竊維今天下大勢，銀之日趨於少，而日形其貴，不待智者而後知也。而國家之經費，猶事事取給於銀，豈非必窮之勢哉？窮則變，變則通。變通之道奈何？亦曰運錢法以握利權而已矣。

先王取山澤之藴，作泉布之寶貨，國專其利，而不使民間得私鑄者，良有以也。故定賦以粟，而平貨以錢。物賤由乎錢少，少則重，重則加鑄而散之使輕；物貴由乎錢多，多則輕，輕則作法而斂之使重。一輕一重，張弛在官，而權操於上。

今也出納以銀，而錢幾若置於無用，雖曰國寶流通，然流於下而不轉於上，於是富商市儈得以乘人之乏，相時之急，操奇贏而竊行其輕重之權。驟欲立一定價，使上下遵行，而或有勉强抑勒於其間，此令必格而不行也。要在因其便使人易從，通其變使人不怨，行其權使人不疑。

方今鹽務疲敝，皆以銀貴錢賤爲辭，以鹽之賣錢，而不賣銀也。賣錢即令解錢，人豈不樂從乎？長蘆鹽價可以解京充餉，兵餉發錢，請自京師始。東西兩隅，分建二庫收貯錢文，户工部［左］右侍郎掌之。按照時價搭放兵餉，東四旗餉東庫支領，西四旗餉西庫支領，以免轉運之勞，並毋許有剋扣、短陌、攙雜等弊，查明治罪，又誰怨乎？兩淮鹽價則解至河工，以備歲修，淮上至工皆有水路可通，挽運較易。工次、雇夫、購料，俱是用錢，此固兩便之道也。

民之以錢輸賦者，通天下無慮十之七八，地方官收錢而令解銀，賠累已不勝其苦。江西撫臣吴文鎔奏請本省坐支之項，收錢放錢；解部候撥之款，徵銀解銀；支放兵餉、役食，請照時價改折。其言不爲無見，惟是全行改折錢文，已涉紛更，應出之項盡數解司，然後由司發給，往返搬運，倍增勞費；通省之大，不用一分一釐銀幣，未免偏枯。據臣愚見以爲，州縣徵收悉照舊規，無庸更定章程，向來徵銀解銀者，姑置無論，但就現在收錢者，量其錢糧多少，視其附近地方約計兵役衆寡，爲之酌减應解銀數，少解數成，以紓其困。除易銀解司之外，則即以錢抵銀，每銀一兩折錢若干，酌一定數，以初爲常，應有耗羡、平（易）［餘］、攤捐款項仍行提出解司。而本官、同城官之廉俸，准其坐支也；本州縣之書工、役食，准其坐支也；本地分汛之兵餉，准其坐支存庫也。其餘則視道里之遠近，就近解存府庫、道庫、藩庫，按照時價以放兵餉，省標城守由藩司支放，外標外營由藩司發帖揚，向各道府州縣支領。時價則視省垣爲準，以開徵之前十日爲定，由藩司批示，遵照半年一更；餉銀每兩折錢多不過一千七，少不下一千二，下至一千二便可取爲定則，不復再减。至文武官廉俸無有收錢者，發銀如故；兵丁屯駐之區，附近州縣無有收錢者，發銀如故；局鑄之錢向有成例者，如何搭放亦如故。如此則雖變而實因，豈至糾紛而召怨乎？此議若行，於民無擾，於兵無虧，於官有益。曷言乎於民無擾也？百姓出粟米、麻絲，糶賣錢文，輸錢完賦，久已習爲故常，向收若干，今收若干，自封投櫃者不遽改折。此於民無擾也。曷言乎於兵無虧也？兵丁領銀尚須易錢，然後適用，每至兵餉下時，舖户又往往抑價，今照前定時價，放給足陌現錢，入手應用，何便如之。此於兵無虧也。曷言乎於官有益也？先時銀多，官以收錢漁利，今時錢賤，官以易銀賠累，若多用一分錢，則少解一分銀，即少受一分累，迨銀價平時，又復獲有羡餘。此則於官有益也。或謂錢收於上，則廛市一空，恐萬井有錢荒之嘆。不知兵丁、工役每月所領之錢，必行於市也。地方官除委輸官庫外，尚有其大半必須易銀解司，則其錢亦必行於市也。且今日之患，不在錢荒而在錢濫。欲救其弊，固莫利於收錢，尤莫利於停鑄。當此錢賤之時，暫停鼓鑄，將工本銀兩發出易錢，實收登庫，（簿）［薄］小者汰之，則私錢難行而官錢見多，價不漸就平乎？仍照制錢一千準銀一兩之例搭放，則利在其中矣。利歸於上，而市價漸平，則兵餉發錢之説，可得而行矣。故興利除弊之方，當以停鑄爲先著。或謂今天下銀少，錢亦並不見多，鑄何可停？不知錢雖不多，然自國初開鑄以來，流衍至於今日，加以私錢攙和，比之於銀，固明明見其多矣。將欲平價，非銀錢相埒。價何由平？爲平價而權且停鑄，迨價平而旋復開鑄，所謂欲贏先縮，一弛而一張也。若徒據目前事勢，而言原欲以錢之有餘，濟銀之不足，方當加鑄、廣鑄，奚爲而言停鑄？停鑄者，正爲加卯增鑪之地步也。昧者不察，乃謂停鑄則錢乏，錢乏而又開鑄，一時恐難猝辦。不知遺銅存焉，器具存焉，工本存焉。或疑工本業已易錢，不知工本易錢者，謂發當日應用之工本，易當日搭放之錢文，非取後日之工本而罄於一朝也。且即取後日之工本以易錢，錢未放完便可以爲工本，乘時而鳩工廣鑄，何患不及？所患者，一停之後，遂置錢法於不問，但將官局封閉，任其拋殘、剥落、偷賣，而莫之省憂。則是廢耳，烏得爲停？所謂停者，工作少休，而區畫運勞之方未嘗或息，故雖不鑄一錢，而局中應存應發之項並無短少，且有平價查私之益寓乎其中，又有加卯增鑪之功繼於其後，則停而未停也，復何患焉？或謂停鑄，祇爲虧本起見。國之大事，苟利於民，不惜費損。斯則習見聞而不通時務之論者也。

夫錢價日益賤，則物價日翔貴，此自然之勢，亦必然之理。泉府以兩錢而成一錢之功，官兵領一錢僅獲半錢之用，無利於民，有損於國，孰得孰失，必有能辨之者。或謂開鑄有息，停鑄則無息。試思長餘之錢非息乎？遺賸之銅非息乎？統計有鑪十四省，每歲卯額得錢一百十四萬串有奇，計其工本八十餘萬，以八十餘萬兩之銀，易錢搭放，即以每銀一兩合錢一千五百文計之，當長錢四十餘萬串，或錢僅敷支放，而一年鼓鑄之銅足可遺賸矣。況發銀易錢乃散重而爲輕也，收錢搭放乃斂輕而爲重也。平價之方，無易於是，一舉兩得，爲國持籌，何憚而不出此？或謂外省工本恐爲别用，借墊早已無存。試思鼓鑄不停，能以空空妙手，鑄成百萬緡錢乎？即或工本微末，易錢無多，尚可借款籌辦，以此借款易於歸還，不至無著也。或謂局中工役衆多，一朝失業散之，恐有不便。不知錢法既行，收錢放錢，在在需人，不無安置之處。且若輩執技事上，非驛卒水手之比，自食其力，别謀生理，未嘗不可。夫今日之停工屢矣，何嘗聞有工頭、匠役出而滋事者乎？由此觀之，不惟外省之鑄可停，京局之鑄先可停。縱不可停，亦可減。當其始也，減鑄而不減運，仍以其餘工本易錢，照舊搭放，銅鉛存貯三年之後，停運而不停采。停運則運脚可省，不停采則所出之銅可以留在雲南，令其就廠開鑪鼓鑄，以充滇餉，而將各省協濟之銀撥運進京，以實庫款。或就近采買銅斤，以供鼓鑄。至京銅見乏，再令滇省或運銅，或運錢，參酌而行。盖滇省薪炭賈廉，製造亦精，至長途運費，運錢與運銅一也。故他省之鑄可停，而雲南之鑄必不可停，以其銅鉛錫皆有，若停官鑄，則盜鑄者起矣。如蜀黔湖粤江湖之間，盜鑄者多，所當加工精製，以爲模範，又不徒以停鑄了事也。若謂鼓鑄既不可停，非篤論也。

總而言之，可以用錢之處則用錢，必須用銀之處則用銀。大約附近則用錢，致遠則用銀，銀錢並用，即可銀錢並收。子母相權，贏縮有制，能斂輕而爲重，能散重而爲輕，則價自平矣。價既平，乃益廣即山造幣之功，峻毀錢爲器之示，懲偷銅減工之失，苟制持得所，則錢有餘矣。錢有餘，乃益豐其糴本，采買穀石，以實倉儲，以勸稼穡。此由末返本，沿流而溯源之道也。有粟可食，有錢可支，雖未能陳紅貫朽，而利權在握，能發能收，將來銀雖絀，而不絀於用矣。補偏救弊之方，無踰於此，在審其先後，次第而布之耳。若以爲事貴因循，何必改作，鼓鑄依然鼓鑄，用銀還是用銀，工本日見其虧，錢價益流於濫，上失利柄，下困有司；有司賠累不起，則必議加徵；加徵而民不堪命，則必至激變；激變而封疆大吏帶兵彈壓，又增一重浩費；府庫日虚，征求益急。當此之時，會計之司左支右絀，一籌莫展，而關心國計者又爲不切時要之言，或議勸捐，或議改鑄，或議開礦，或議行鈔，紛如聚訟，迄用無成。夫數開捐例，則仕途久淹，人心莫奮；改鑄大錢，則名實不稱，僞造日滋；開礦，則以現在而求未來，卒之所得不償所失也；行鈔，則務虚張而鮮實濟，久之將有亦化爲無也。統觀衆論，較短絜長，曷若即此現行之錢，酌盈濟虚，運籌其間，不失制用之恒經，爲得理財之大柄哉？惟是各省情形不能畫一，其中因地制宜，隨時通變，總在直省督撫、藩司細心體察，通籌妥議，勿喜功而欲速，勿憚煩而苟安，則得之矣。

臣以候補之員，本無言事之責，特念一介庸愚，由翰詹科道不數年間洊躋卿貳，渥荷隆施，涓涘未報。昨緣事部議革職，蒙恩再爲降調，仰窺聖懷，尚有不忍終棄之意，眷戀闕廷，需留京邸。伏見經費短絀，上厪宵旰之憂，自知補救無猷，敢爲芻蕘之獻，儻有可采，相應請旨，飭下部臣、疆臣核議施行。不揣冒昧，塵瀆宸聽，不勝戰慄待命之至。

—15. 皇朝經世文四編 卷二一 户政 屯墾

龔自珍（1792—1841）

字瑟人，號定盦，浙江仁和（今屬杭州）人。道光九年（1829）進士，官禮部主事。有《龔自珍全集》。

平均篇

龔子曰：有天下者莫高於平之之尚也。其遂初乎，降是，安天下而已。又降是，與天下安而已。又降是，食天下而已。最上之世，君民聚醵。然三代之極其猶水，君取盂焉，臣取勺焉，民取卮焉。降是則勺者下侵矣，卮者上侵矣。又降則君取一石，民亦欲得一石，故或涸而踣，石而浮，則不平甚。涸而踣，則又不平甚。有天下者曰：吾欲爲邃初，則取其浮者而挹之乎，不足者而注之乎？則群然喙之矣。大略計之，浮不足之數，相去愈遠則亡愈速，去稍近治亦稍速。千萬載治亂興亡之數，直以是券矣。

人心者，世俗之本也。世俗者，王運之本也。人心亡則世俗壞，世俗壞則王運中易。王者欲自爲計，盍爲人心世俗計矣。有如貧相軋，富相耀，貧者阽，富者安，貧者日愈傾，富者日愈壅，或以羡慕，或以憤怨，或以驕汰，或以嗇吝，澆漓詭異之俗百出不可止，至極不祥之氣鬱於天地之間，鬱之久乃必發，爲兵燧，爲疫癘，生民噍類，靡有孑遺，人畜悲痛，鬼神思變置。其始不過貧富不相齊之爲之爾。小不相齊，漸至大不相齊。大不相齊，即至喪天下。

嗚呼，此貴乎操其本原，與隨其時而劑調之。上有五氣，下有五行，民有五醜，物有五才，消焉息焉，渟焉決焉，王心而已矣。是故古者天子之禮，歲終太師執律而告聲，月終太史候望而告氣。東無陼水，西無陼財，南無陼粟，北無陼土，南無陼民，北無陼風。王心則平，聽平樂，百僚受福。其《詩》有之曰：“秉心塞淵，騋牝三千。”王心誠深平，畜産且騰躍衆多，而況於人乎？又有之曰：“皇之池，其馬歕沙，皇人威儀。”其次章曰：“皇之澤，其馬歕玉，皇人受穀。”言物産蕃庶，故人得肆威儀，茹内衆善，有善名也。太史告曰：東有陼水，西有陼財，南有陼粟，北有陼土，南有陼民，北有陼風，王心則不平，聽傾樂，乘欹車，握偏衡，百僚受戒，相天下之積重輕者而變易之。其《詩》有之曰：“相其陰陽，觀其流泉。”又曰：“度其夕陽。”言營度也。故積財粟之氣滯，滯多霧，民聲苦，苦傷惠。積民之氣淫，淫多雨，民聲囂囂傷禮義。積土之氣秏，秏多日，民聲濁，濁傷智。積水積風，皆以其國瘥昏，官所掌也。且夫繼喪亡者福禄之主，繼福禄者危迫之主。語百姓曰：爾懼兵燹乎？則將起其高曾於九京而問之。懼荒饑乎？則有農夫在。上之繼福禄之盛者難矣哉。龔子曰：可以慮矣。可以慮，可以更，不可以驟。且夫唐虞之君，分一官，事一事，如是其諄也。民固未知貿遷，未能相有無，然君已懼矣。曰：後世有道吾民於富者，道吾民於貧者，莫如我自富貧之，猶可以收也。其詩曰：“不識不知，順帝之則。”

夫堯固甚慮民之識知，以違吾則也。水土平矣，男女生矣，三千年以還，何底之有。彼富貴至不急之物，賤貧者猶且筋力以成之，歲月以靡之。舍是則賤貧且無所托命。然而五家之堡必有肆，十家之邨必有賈，三十家之城必有商。若服妖之肆，若食妖之肆，若玩好妖之肆，若男子咿唔求爵禄之肆，若盜聖賢市仁誼之肆，若女子鬻容之肆。肆有魁，賈有梟，商有賢桀。其心皆欲併十家五家之財而有之。其智力雖不逮，其號既然矣。然而有天下者更之，則非號令也。有四挹四注，挹之天，挹之地，注之民，挹之民，注之天，注之地，挹之天，注之地，挹之地，注之天。其《詩》曰："挹彼注兹，可以餴饎。"豈弟君子，民之父母。有三畏：畏旬畏月畏歲；有四不畏：大言不畏，細言不畏，浮言不畏，挾言不畏。而乃試之以至順之法，齊之以至一之令，統之以至澹之心。龔子曰：有天下者，不十年幾於平矣。

—2. 皇朝經世文編　卷七　治體一　原治上

擬上今方言表

臣某言：昔臣在京師造《今方言》書，徂江之南，逾歲而成。首滿洲，尊王也；臚十八行省，大一統也；終琉球、高麗、蒙古、喀爾喀，示王者無外也。

民之所以異於禽獸也，則聲而已矣。人性智愚出於天，聲清濁侈弇鴻䌷出於地。每省各述總論，述山川，氣也。氣之轉無際，際虖氣者有際，寸合而尺徙，尺合而咫徙，故府州縣以漸而變，不敢紊也。董之以事，部之以物，俾可易考也。天道十年而小變，百年而大變。人亦小天。古今朝市城邑禮俗之變，以有形變者也；聲之變，以無形變者也。撢擇傳記，博及小説，凡古言之存者疏於下方，知今之不自今始也，及今成書，以今爲臬也。音有自南北而東西者，有自北而南而東西者，孫曾播遷，混混以成，茍有端緒可以尋究，雖謝神瞽不敢不聰也。旁采字母翻切之旨，欲撮舉一言，可以一行省音貫十八省音，可以納十八省音於一省也。

臣又言曰：三皇之世，未有文字，但有人聲。五帝三王之世以人聲爲文字，故《傳》曰："聲之精者爲言，言之精者爲文。"聲與言，文字之祖也。文字有形有義，聲爲其魂，形與義爲體魄，魄魂具而文字始具矣。夫乃外史達之，太史登之，學童諷之，皆後興者也。是故造作禮樂，經略宇宙，天地以是靈，日月以是明，江河以是清，百王以是興，百聖以是有名，審聲音之教也。

—2. 皇朝經世文編　卷五六　禮政三　大典下

蒙古聲類表序

自國語以至額訥特珂克、土伯特以至天山北路準部、南路回部，皆有方語，則皆有字頭呼韻之學，而五十一旗部屬及喀爾喀四大部反無之。今蒙古語言文字具在，沿流以溯源，因子而識母，因其自然而不惟師心之尚，能之乎？曰不能，則無爲貴聰敏矣。但其義迦觸手鉤棘，道出於天，籟無不同，法成乎人，例實不一。自《國書》十二篇外，經典白氎。同爲世尊之所宣説，同是阿難之所結集。譯祖東游，震旦筆受，一經之文先後數譯尚爾乖迕，若夫神珙所製，司馬光所圖，與德幹必特雅星哈所受，通密纖布喇所傳，乾隆初，印承睿指，或熉定正而後臚列整齊，源流明備，各還其一家之言，重以準部有托忒體，回部有彈舌聲，下士譾愚，冥搜博采，求其貫通不亦勞矣。今先舉諸家各不同處，然後準的可得而采，義迦可得而擇也。諸家不同，約有七事：

按僧伽婆羅譯《師利問經》，舉五十字；不空譯《文殊問經》，舉五十字；竺曇摩羅察譯《光贊般若經》，舉四十一字；無羅叉譯《放光般若經》，舉四十二字；鳩摩羅什譯《摩訶般若經》，舉四十二字；玄奘譯《大般若經》，四十三字；佛馱跋陀羅譯《華嚴》，四十二字；實叉難陀譯《華嚴》，四十二字；地婆訶羅譯《華嚴》，四十二字；三藏般若譯《華嚴》，四十二字；不空譯《華嚴》四十二字，《金剛頂經》五十字；曇無讖譯《大般涅槃經》、《如來性品六十二唱》，實舉五十字。六十二字約以十四音，有重見之字，故止五十也。有初短、次短、次長三種别，佛言皆以舌齒喉而有差别。此經未經《同文韻統》采摭，故特詳之。凡十三種，皆一母一聲。欽定天竺五十母、西番三十母、回部二十九母，皆同。惟聖朝國書之母，則以阿、額、衣、鄂、烏、諤六字爲第一類，餘至十二字不等如八、撥、逼以下乃十二字。準部十五母，則亦以阿至互七字爲第一類，餘亦七字成類，而非以額、依等字爲所生之聲。此例之異者一也。

天竺母所生，可舉者一千二百一十二字，西番舊六字紗、韔、婀、妻鴉合、齊雅合、齎雅合，凡六，所生纔二十四字，合新舊三十字所生，可舉者共四百三十四字。回部所生字，單字一百七十四字，連字則以一字領二十八字，輪流統領，又兼本字自領。本字如阿阿、衣衣、烏烏之屬，計八百四十一字，共計一千零十五字。國語則除第一烏珠爲十一部之綱，其第二部起，自阿衣、額衣、阿拉、額拉以下，共生一千二百四十餘字。而準部十五母，尚無推衍成圖之作者準部若以國書比較，只抵有國書之第一圖耳。中華見、溪、群、疑卅六字，舊法有演出十二攝各四聲者。又《藏經》十三種，惟《華嚴》實叉難陀本，每卷畢唱演三節，每節十字起至十四五字不等，而仍收聲於第一字，是亦譜生聲之例，而彼十二家無聞。此例之異者二也。

同爲母生子，而所以能生又分兩種。國書仿照天竺之例，定有主輔二類，其字之收聲於阿者，定納阿至髾阿二十四字爲輔字也。阿至鄂六字主字也第一部之納奴窩起，皆收聲於阿，皆輔阿而行。天竺自阿至阿斯十六字主字也，自嘎至嘎刹三十四字輔字也。《涅槃》凡六十二唱，而佛言十四音亦具主輔之理。餘如西番之三十母，即不能分主輔矣。而餘十二經，準之託忒，皆不能分矣。且西番舊六字，無所配合而生聲，實叉難陀本無所配合而生聲，即回部加記號之百七十四單字不能不以爲子，而以爲二十九頭之輔也。蓋單字從字母生，連字又從單字生，比各家又中鬲一重，如算法家之有祖孫位，是其特異，然亦無所配合而生聲。司馬氏以十二攝演神珙，近之矣。但上爲雙聲，下爲疊韻，一言瞭然，不必謂之配合而生聲。此例之異者三也

南北等韻各家，或用喉、舌、唇、齒分配陰陽而難有定論。惟元人周氏作《中原音韻》，不用分配，而陰陽乃確乎不易。人之喉舌唇齒皆各兼陰陽，豈必分配乎？周但以字區之。南北人皆同之。此例之異者四也。

恭禀睿指，國書以阿字爲元聲，實抉古來聖神未發之秘。胎八極於一喉，自然之符也。《大藏》十二種皆同，天竺同，準部同。而間有小異者，西番之不發於聲也，回部之不於字頭而於化單字也，《涅槃》之不於第一而於第四、五、六、七也又復見第二十三字。推本以譚，西番自阿努之子通密繖布喇至天竺，取三十四字歸，删其十一，加舊傳紗等六字，又加兩國同舊有之阿字爲卅字，見《徹辰薩囊書》，則原非以爲殿後字，而章佳國師叙次之小倒也。回部之單字，一轉移而即成愛里普固即阿也，《涅槃》之首三噁以義從，非必以聲從也，皆不出大聖人指授之範圍矣。雖小異不閡大同，惟大同

可臚小異。此例之異者五也。

中國等韻諸家，舊法無文，空圈記聲，其二合之字獨見佛經《瑜珈師地論》中虵字是也。實叉難陀於所生字每用圈，於母字則始用二合，空左是也。三合者僅一見，曷攞多是也。梁時僧祐作《梵漢譯經同異記》，辨之博而見之早矣。今準部亦只二合，無三合。欽定天竺西番皆三合謂所生字字母則以二合而止，無四合。國書、回部書乃有四合，回部竟至五合，舌愈捷而法愈邃矣。此例之異者六也。

天竺西番有紗補住、吉固徵卜、納囉雙納、囉哈蘭答、雅答克、巴魯達札、麻嚕烏巴達麻諸記號，回部則有則爾、則白爾、帕尺、都則爾、都則白爾、都帕尺諸記號。因思大海、烏巴什等之因蒙古書加圈點爲國書，亦即此例。蓋以形命書，而不必本有其聲，并不必別創其形，至敏捷也，餘家無之。此例之異者七也。

今欲推見蒙古字母，則諸家之法具在，其若之何而用所當用，棄所當棄，立於不可易之地哉？按明初陶氏曰：元國字以可候爲母。此詎謬者也。則恭援小兒初生之聖訓以斥之。至其都數則定以十部，每部之數則以三爲例，凡三十聲爲第一總圖，兼用百五音隸十五類之例。天山北路與喀爾喀接壤，同祖故也，不以第一頭爲九頭之綱，不必於巴、博、卜下收聲，於阿不必配有主輔而生聲。此則不泥於例也。三十字中有兩字書成一，作一聲讀者凡五，其二十五皆單聲也。所生之圖，首分陰陽兩大支爲兩圖。何爲陽？以中國有平聲無上聲之字爲陽；何爲陰？以中國四聲具足之字爲陰，此元人周德清例也。陽凡十七母，陰凡十三母也，陰陽各舉字七倍於母，餘可以推也。又使卅頭以一領二十九，互相領而疊書之，上書大，下書小，成一圖，得九百聲，回部連字例也。又於三十頭之下，各加一璸都記號，各成一聲。又於三十頭之下各加一天竺雅答克記號，改成一聲。又於三十頭之下，各加一吉固記號，改成一聲。共又得九十聲，回部單字例也。第五、第六、第七圖，猶國書總圖外之十一圖也。其書連字樣，則亦國語及天竺例也。有二合、三合、四合、五合，參用國語、天竺、西番例，而不用回部例也。每頭之下必注明今蒙古語之某句某字，以見圖爲蒙古作也。蓋爲圖凡七，爲聲凡一千四百有十。第一母阿字阿實達之阿，第二和字和拉哈喇之和，第三伊字伊蘇之伊爲一類。第四母巴字巴拜岱之巴，第五母博字卓齊博哈之博，第六卜字實喇卜之卜爲一類。第七母圖字約蘇圖之圖，第八騰字騰吉思之騰，第九坦字哈坦之坦爲一類。第十哲字哲卜尊之哲，第十一札字札木楚之札，第十二春字庫春之春爲一類。第十三蘇字舒蘇之蘇，第十四蘇圖，第十五索圖和即阿之轉，索圖即蘇圖之轉，如笛家之有隔指聲爲一類。第十六喇字喇呼濟之喇，第十七拉厄字即喇轉，第十八朗字達朗達賚之朗爲一類。第十九穆字圖薩特穆之穆，第二十曼字曼濟鼐之曼，第二十一穆爾字穆之爲穆爾，猶蘇索之加圖，此如琴家之有泛聲爲一類。第二十二母諾爾字諾穆親之諾，第二十三囊字他布囊之囊，第二十四鼐字鼐曼之鼐爲一類。第二十五丹字羅丹之丹，第二十六等字鄂等答之等，第二十七特字土默特之特爲一類。第二十八棍字棍楚克之棍，第二十九肯字色徹肯之肯，第三十克字克呼之克爲一類。

自記曰：治六書小學與四裔之學，兩不相涉也。因小學中有聲一門，聲之中有古韻、今韻、等韻三門，等韻中有西番一門。暇日聊以意推之如此，而凡史籍中聲音轉變之地名、人名、官名，未易以今讀，讀者亦既挈其樞紐矣。

—2. 皇朝經世文編　卷五六　禮政三　大典下

農宗

龔子淵淵夜思，思所以撢簡經術，通古近，定民生，而未達其目也。曰：古者未有后王君公，始有之而人不駭者何？古者未有禮樂刑法與禮樂刑法之差，始有之而人不疑懼者何？古者君若父若兄同親者何？君若父若兄同尊者何？尊親能長久者何？古之爲有家與其爲天下一以貫之者何？古之爲天下恒視爲有家者何？生民之故，上哉遠矣。

天穀没，地穀茁，始貴智貴力。有能以尺土出穀者，以爲尺土主。有能以倍尺若什尺伯尺出穀者，以爲倍尺什尺伯尺主。號次主曰伯，帝若皇，其初盡農也。則周之主伯與古之輔相大臣盡農也。則周之庸次比耦之亞旅，與土廣而穀衆，足以芘其子，力能有文質、祭享、報本之事，力能致其下之稱名，名之曰禮，曰樂，曰刑法。儒者失其情，不究其本，乃曰天下之大分，自上而下。吾則曰：先有下而漸有上。下上以推之，而卒神其説於天，是故本其所自推也。夫何駭？本其所自名也。夫何疑何懼？儒者曰：天子有宗，卿、大夫、公、侯有宗，惟庶人不足與有宗。吾則曰禮莫初于宗，惟農爲初有宗。上古不諱私，百畝之主，必子其子。其没也，百畝之亞旅，必臣其子。餘子必尊其兄，兄必養其餘子。父不私子則不慈，子不業父則不孝。餘子不尊長子則不弟，長子不贍餘子則不義。長子與餘子不别，則百畝分。數分則不長久，不能以百畝長久則不智。農之始，仁孝弟義之極，禮之備，智之所自出，宗之爲也。百畝之農有男子二。甲爲大宗，乙爲小宗。小宗者，帝皇之上藩，實農之餘夫也。有小宗之餘夫，有群宗之餘夫。小宗有男子二，甲爲小宗，乙爲群宗。群宗者，帝王之群藩也。餘夫之長子爲餘夫大宗，有子三四人，若五人，丙丁爲群宗，戊閑民。小宗餘夫有子三人，丙閑民。群宗餘夫有子二人，乙閑民。閑民使爲佃。閑民之爲佃，帝王宗室群臣也。古者無文，用撢稽而可知也。請定後王法。百畝之田，不能以獨治，役佃五。餘夫二十五畝，亦不能以獨治，役佃一。

大凡大宗一，小宗若群宗四，爲田二百畝，則養天下無田者九人。然而天子有田十萬畝，則天下無田亦不飢爲盗者四千有五百人。大縣田四十萬，則農爲天子養民萬八千人。什一之賦尚不與。非以德君也，以德而族；非以德族也，以食有力者。佃非仰食吾宗也，以爲天下出穀。然而有天下之主，受是宗之福矣。百畝之宗，以什一爲宅，以什一出租税奉上。宅不什一，則不足以容魚菽之祭，不足以容舂揄。税不什一，則不足以爲天子養官屬及選舉之士。以什一食族之佃。佃不食什一，則無以戚期功。以什一奉上，誼亦薄矣。以什一戚期功，恩亦覫矣。聖者立法，以中下齊民，不以上齊民。大宗有十口，實食三十畝。桑苎木棉竹漆果蓏十畝，糶三十畝。以三十畝之糶治傢具，傢具始於縛帚，縛籜以爲帚，治泥以爲釜，厥價陶三之，機杼四之，鐙五之，祭豆七之，米斗直葛布匹絹三之。木棉之布視絹，皆不得以澮泉貨。

百家之城，有貨百兩，十家之市，有泉十繩，裁取流通而已。則衣食之權重，則泉貨之權不重，則天下之本不濁。本清而法峻，誅種藝食妖辣地膏者，梟其頭於隴，没其三族爲奴。宗爲餘夫請田，則關大吏。佃同姓不足，取諸異姓，爲變法，關群吏。豐凶肥磽寡庶易不易，法不盡同，關群吏。國有大事以宗徙，徙政關大吏。餘夫家五口，宅五畝，實食十畝。以二畝半税，以二畝半食佃，以二畝半治蔬苎，以二畝半糶。自實食之外，宅、税、圃、糶、佃五者，毋或一廢。凡農之仕爲品官大夫者，則有禄田。大官之家，父有少疾痎、寒暑、濕乾，不以使其子，山川鬼神則使之。子有少疾痎、寒暑、濕乾，不以懟其父，崇有家也。

田一品者四世，二三品三世，四品二世，五品一世，皆勿税，勿予倖。六品以下予之倖，婢妾之養不備，則不世。祠祭弗如式不世，不辨菽粟亦不世。食妖服妖不世。同姓訟亦不世。督有家也。家受田歸田於天子，皆關大吏。稽其世數，關群吏。本百畝者進而仕，謂之貴政之農。本仕者退而守百畝，謂之釋政之農。本不百畝者進而仕，謂之亢宗之農。本仕者退而不百畝，謂之復宗之農。仕世絶，本大宗者復爲宗，本小宗者復爲小宗，本群宗者復爲群宗，本閑民復爲閑民。貴不奪宗祭，不以朝政亂田政。自大宗以至於閑民四等也。四等之農，與其進扞而國也，姑將退保於宗。與其進保而宗也，姑將退修於宅。是故籌一農身，身不七尺，人倫五品本末原流具矣。籌一農家，家不十步，古今帝王爲天下大綱總目備矣。

木無二本，川無二原，貴賤無二人，人無二治，治無二法。請使農之有一田一宅，如天子之有萬國天下。姑試之一州。州蓬跣之子，言必稱祖宗，學必世譜牒，宗能收族，族能敬宗，農宗與是州長久，泰厲空虚，野無夭札，鬼知戀公上，亦百福之主也。

—2. 皇朝經世文編　卷五八　禮政五　宗法上

答人求墓志書

藏幽之有文，又從而鱚其詞，炎漢以來，未有改也。顧禮何心哉？吾遇人求請藏幽之文，輒心動，不悄戚其容與區别其狀之詞而來者，弗許也。悄戚而來者亦戚而應之。怊悵鋪叙，既成，意尚未能和。何哉？古之始爲是制者何心哉？雖巨富貴，重以賢聖，至於殷湯，猶不能以争天下古今之勢。故《詩》曰："高岸爲谷，深谷爲陵。"仁人者姑盡吾愛以附不欲速朽之義。謂夫功德、文章、行誼之迹，與其有令聞之子孫，具於辭，冀哀而掩之。掩之者誰與？至於冀夫掩之也，而尚忍問與？仁人孝子，其遂忍逆計至於是，抑又忍弗計至是與？是求請者與爲文者所皆艱言也，而乃昌昌愉愉以命之。從夫乞爲傳爲誄之義同與？甚者辭曰或錫之誄，或錫之傳，或錫之志銘，詞體如是，固若是其易而無擇與？君家有世德，法宜爲文章，又辱吾子委責不可辭，而禃不忍爲志銘。謹撰上墓表。

—6. 皇朝經世文續編　卷七〇　禮政一〇　喪禮

説居庸關

居庸關者，古之譚守者之言也。龔子曰：疑若可守然。何以疑若可守然？曰：出昌平州，山東西遠相望，俄然而相輳相赴以至相蹙，居庸置其間，如因兩山以爲之門。故曰疑若可守然。關凡四重。南口者，下關也，爲之城。城南門至北門一里，出北門十五里，曰中關，又爲之城。城南門至北門一里，出北門又十五里，曰上關，又爲之城。城南門至北門一里，出北門又十五里，曰八達嶺，又爲之城。城南門至北門一里。蓋自南口之南門，至於八達嶺之北門，凡四十八里。而關之首尾，具制如是，故曰疑若可守然。下關最下，中關高倍之，上關高倍之，八達嶺之俯南口也，如窺井形如是，故曰疑若可守然。自入南口，城甃有天竺字、蒙古字。上關之北門，大書曰“居庸關”，景泰二年修。八達嶺之北門，大書曰“北門鎖鑰”，景泰三年建。自入南口，流水齧吾馬蹄，涉之瑽然鳴，弄之則忽湧忽洑而盡態，迹之則至於八達嶺而窮。八達嶺者，古溼餘水之原也。自入南口，木多文杏、柿、蘋婆、棠梨，皆怒華。自入南口，或容十騎，或容兩騎，或容一騎。

蒙古自北來，鞭槖駝，與余摩臂行，時時槖駝銜余騎墮。余亦撾蒙古帽，墮於槖駝前。蒙古大笑。余乃私嘆曰：若蒙古，古者建置居庸關之所以然，非以若耶？余江左士也，使余生趙宋之世，目尚不睹燕趙，何由與反毳者相撾戲於萬山間？生我聖清中外一家之世，豈不傲古人哉。蒙古來者，是歲克西克騰蘇尼特，皆入京詣理藩院交馬云。自入南口，多霧，若小雨。過中關，見税亭焉。問其吏曰：今法網寬大，税有漏乎？吏曰：大臣小臣，大偷槖駝小偷羊。余嘆曰：信若是，是有間道矣。自入南口，四山之坡陀之隟，有護邊牆數十處。問之民，皆言是明時修。微税吏言，吾固知有間道，出没予此護邊牆之間。承平之世，漏税而已。設生昔之世，與凡恃關以爲險之世，有不大駭北兵自天而降者哉。降自八達嶺，地遂平。又五里，曰岔道。

—6. 皇朝經世文續編　卷八八　兵政一四　塞防上

乙丙之際箸議·第七

夏之既夷，豫假夫商所以興，夏不假六百年矣乎？商之既夷，豫假夫周所以興，商不假八百年矣乎？無八百年不夷之天下，天下有萬億年不夷之道。然而十年而夷，五十年而夷，則以拘一祖之法，憚千夫之議，聽其自陊，以俟踵興者之改圖爾。一祖之法無不敝，千夫之議無不靡，與其贈來者以勍改革，孰若自改革？抑思我祖所以興，豈非革前代之敗耶？前代所以興，又非革前代之敗耶？何鬸然其不一姓也？天何必不樂一姓耶？鬼何必不享一姓耶？奮之，奮之。將敗則豫師來姓，又將敗則豫師來姓。《易》曰：“窮則變，變則通，通則久。”非爲黄帝以來六七姓括言之也，爲一姓勸豫也。

—9. 皇朝經世文新編　卷二　通論

乙丙之際箸議·第九

吾聞深於《春秋》者，其論史也，曰：書契以降，世有三等，三等之世，皆觀其才，才之差，治世爲一等，亂世爲一等，衰世别爲一等。衰世者，文類治世，名類治世，聲音笑貌類治世。黑白雜而五色可廢也，似治世之太素；宫羽淆而五聲可鑠也，似治世之希聲；道路荒而畔岸隳也，似治世之蕩蕩便便；人心混混而無口過也，似治世之不議。左無才相，右無才史，閫無才將，庠序無才士，隴無才民，廛無才工，衢無才商，抑巷無才偷，市無才駔，藪澤無才盜，則非但尠君子也，抑小人甚尠。當彼其世也，而才士與才民出，則百不才督之縛之，以至於僇之。僇之非刀、非鋸、非水火；文亦僇之，名亦僇之，聲音笑貌亦僇之。僇之權不告於君，不告於大夫，不宣於司市，君大夫亦不任受。其法亦不及要領，徒僇其心，僇其能憂心、能憤心、能思慮心、能作爲心、能有廉恥心、能無渣滓心。又非一日而僇之，乃以漸，或三歲而僇之，十年而僇之，百年而僇之。才者自度將見僇，則蚤夜號以求治，求治而不得，悖悍者則蚤夜號以求亂。

夫悖且悍，且睊然瞯然以思世之一便已，才不可問矣，嚮之倫慝有辭矣。然而起視其世，亂亦竟不遠矣。是故智者受三千年史氏之書，則能以良史之憂憂天下，憂不才而庸，如其憂才而悖；憂不才而衆憐，如其憂才而衆畏。履霜之屩，寒於堅冰；未雨之鳥，戚於漂搖；痺痨之疾，殆於癰疽；將萎之華，慘於槁木。三代神聖，不忍薄譎士勇夫，而厚豢駑羸，探世變也，聖之至也。

—9. 皇朝經世文新編 卷二 通論

京師樂籍説

昔者唐宋明之既宅京也，於其京師，及其通都大邑，必有樂籍。論世者多忽而不察。是以龔自珍論之曰：自非二帝三王之醇備，國家不能無私舉動，無陰謀，霸天下之統，其得天下與守天下皆然。老子曰："法令也者，將以愚民，非以明民。"孔子曰："民可使由之，不可使知之。"齊民且然。士也者，又四民之聰明憙論議者也。身心閑暇，飽暖無爲，則留心古今而好論議。留心古今而好論議，則於祖宗之立法，人主之舉動措置，一代之所以爲號令者，俱大不便。凡帝王所居曰京師，以其人民衆多，非一類一族也。是故募召女子千餘户入樂籍。樂籍既棋布於京師，其中必有資質端麗，桀黠慧者出焉。目挑心招，捭闔以爲術焉，則可以箝塞天下之游士。烏在其可以箝塞也？曰使之耗其資財，則謀一身且不暇，無謀人國之心矣。使之耗其日力，則無暇日以談二帝三王之書，又不讀史而不知古今矣。使之纏綿歌泣於床第之間，耗其壯年之雄材偉略，則思亂之志息，而議論圖度，上指天、下畫地之態益息矣。使之春晨秋夜，爲奩體詞賦游戲不急之言，以耗其才華，則論議軍國、臧否政事之文章，可以毋作矣。如此則民聽壹，國事便，而士類之保全者亦衆。曰：如是，則唐、宋、明豈無豪傑論國是，掣肘國是，而自取僇者乎？曰：有之，人主之術，或售或不售。人主有苦心奇術，足以牢籠千百中材，而不盡售於一二豪傑。此亦霸者之恨也，吁！

—10. 皇朝經世文新編 卷一八上 民政

宗稷辰（1792—1867）

字迪甫，號滌樓，浙江會稽（今绍兴）人。道光元年（1821）舉人，官至山東運河道。有《躬恥齋文鈔》。

養源篇

將有所灌輸於天下，而使得被於遠者如其近者焉，流於異日者如其同時焉，其志量恢恢乎無際矣。然而神聖之人不怖其無際而窮其有際，而更窮其際之所從來，則并窅然若不見其際焉。蓋其終大而不可窮，其始必小而不可窮也。所謂源也，河漢之不涸也，東井之不枯也。源之出於天者固然已。若夫岷嶓以上，泛觴所出，遂以成夫江；崑崙以上，衆竅所發，遂以成夫河；以及汝漢、淮泗、惡池、睢漳、湘沅、章貢、淞漸、震澤，支川萬千，莫不有源。而清淑之氣絪緼其間，流液於泱漭之區，久而無息，故恒不凋不枯，如天上之水。是故養其源者，天地也。惟其然，而君子之養源不可以已矣。夫源之出於天地者，灼然在人耳目間，而天地之潛養之者，仰莫見其端，俯莫見其倪也。若天下有大源焉存乎，凡爲天下國家者之先及其久而安焉，人莫睹而莫知焉。源大者千歲而不竭，源小者百年而漸消。微後聖人起，不能求前聖人之源之所在，而况能養之乎？養天下之源奈何？曰仁厚而已矣。仁，故大而無不容，厚，故均而無弗普。皇者洪之，帝者崇之，王者廓之，伯者託之，其下薄之，匪惟薄之，且自剥之，故有有源之天下，有無源之天下。有源可養也，無源者烏從而養之哉。彼大小之國，大者視此矣。至於家之視國甚鲜也，而其家之所興與家之所由，大亦不能無源。源之正者，要無出於仁厚。源深而養深者，家必茂而長；源淺而養深者，家亦積而昌；源淺而養又淺，家宜其落而傷。苟無數世之源而無一日之養，是無惑乎，其朝興而夕亡。蓋國家之源本雖殊，而馴致之天理同也。至於人之有身，身之有心，視家又少也。而其身心之所由生與身心之所由成，更不能無源。源之上者，要不過乎仁厚。源淳而養之又淳，可賢也，可聖也；源未盡淳而養之使淳，可善人也，可君子也；源既不淳而養之復失其淳，則始正而終邪者有之，昨良而今佞者有之，初念是而轉念非者有之，一息存而一息亡者有之。鈞是人也，皆出於性，皆出於天，不得謂之無源。而禀氣受質之不齊，其源之所得者稍薄，後起之教所以啓其覺者，或難盡復其最初之良，而盡化其氣質之駁，則其身心之不能以自養往往然也，而或臧或否，幾罷然而難以辨也。夫天下國家之源，其得養、失養也，在數人，在數世。不當其任者，雖欲養之而無由。若其身心非分外之責，源可自求，養可自力，權在己。而悠悠忽忽自棄於小人之歸、禽獸之路，是誰貽之戚哉？吾故尤痛言之，以望世之養源者。

——5. 皇朝經世文續編　卷一　學術一　原學

崇簡篇

古之明政教於天下者，以乾道運天下，必以坤道静天下。《易·繫辭》傳曰：“坤以簡能。”又曰：“簡则易從。”易從則有功。蓋欲天下之久安長治，非行簡不爲功矣。

昔唐虞治惟尚簡，夏忠商質皆因之，至周而法制典章浸以繁焉。然其洪綱巨目與百姓見者，落落可數也。春秋時强國謀兵刑，弱國謀絲粟，其上盛辭命，其下著經論，蓋駸駸乎势日趨於煩矣。洙泗之間，聖若賢思救一時偏勝之敝，而復古帝王致治之要道，遂商簡之可否，雖少偏於簡，如子桑伯子亦覺其大有濟於濁世，而不以爲非。故及門狂簡並稱，是孔子所以力矯夫習俗者也。顧其間有務寬繟而任率略者，即孔子所謂太簡也。有務凝歛而昭省約者，即孔子所許内敬外簡也。戰國紀綱陵陁，秦始一切爲制坊之。違坤道之自然而以密網繩天下，法極煩而天下之人已囂然其不静。漢高帝作，去亡秦之煩苛，而闇合二帝三王之簡易，讀約法三章，偶乎遠矣。後儒多病漢以黄老爲治本。然黄帝文不漓質，簡而純者也；老氏儉不傷慈，簡而澹者也。其道元不爲天下害，漢君臣略用其疏節闊目，以乂安一朝。後之南面鄉明者，捨簡豈有它道哉。隋初懲六朝之失，刻意綜核，有追證百年舊案之事，時老吏尚以抱案爲苦。劉炫所言，省官事而後可以望從容，唯憂不簡也。唐高祖至長安，與民約法十二條，悉除隋世苛禁。天下既定，所修典律皆簡明有要，初政故與先漢庶幾。宋祖之詔，首言“臨下以簡”。明祖之訓曰：“立法貴簡，當使人易曉。”若條緒繁多，一事兩端，吏得因緣爲奸，由是而等百世之王同千聖之揆，其治日必簡可知也。後世政刑之煩多，由條例之冗，濫觴始於北宋，而流失沿於累朝。朝行一事，夕增一例，積數百年，遂汗牛充棟而不勝計。上下其手者，甚樂其遮蔽之便，而黠胥倚法以脅官，官輒倚法以制朝廷，吏治日趨於偷薄，人心日淪於詐僞，而顛倒是非，屈抑良弱，日不知其數千百端。職爲亂階，釀成亂釁。不簡之爲病似甚微，孰意其浸尋滋長乃至於此。我列聖所以有歸併例文、銷除舊案之令，防閑煩擾，不啻再三，而各部臣無肯設誠致行，日聽其顛倒屈抑於猾吏之手而不知改，是深望主上乾綱獨攬，舉支離蒙雜之例文而一掃空之，使廓然見刑清政簡之休也。息天下之亂道無急於此矣。作《崇簡》。

—5. 皇朝經世文續編　卷一〇　治體一　原治

金應麟（1793—1852）

字亞伯，號蘭汀，浙江杭州人。道光六年（1826）進士，官至大理寺少卿。有《豸華堂文鈔》。

論内外欺罔疏道光二十二年

爲敬陳諸臣欺罔之弊，請亟伸乾斷以挽積習而培國本事。臣伏讀諭旨："朕以重任付諸臣，諸臣無非還朕一'欺'字等因，欽此。"仰見聖明洞照萬里之外，退而思維痛深以泣。顧諸臣實限於材智，鞭策不前，臣以爲國家之憂未有所底也。竊謂"欺"之一字，非徒海疆諸臣蹈之，即中外大小諸臣皆蹈之。諸臣受皇上重恩，非敢盡昧天良，其故由於爵禄之念重，而揣摩趨避之計熟耳。皇上用人行政，一秉至公，諸臣何所容其欺。顧事有不可，諸臣知而不言，惟皇上之意旨是從，此一欺也；事有衆議以爲當行，而不便於諸臣之私，則陽託補救，陰持兩端，使其事已行而實未行，或暫行而旋止，又一欺也；辦理事件預存模棱將就，皇上偶未深究，诸臣即喜其得計，以爲彌縫了結，乃是真正風氣孤立一派萬不可爲此，又一欺也。論者或謂海疆之患，由於驟嚴鴉片之禁，然當議禁之始，皇上命内外大臣各抒所見，斯時有一人不與議者乎？知其未可驟禁，則當直陳其難，而需以時日。知其必需亟禁，則當預爲之備而并力驅除。乃諸臣所議衆口一辭，迨粤省遵旨嚴辦，各處猶陽奉陰違，遷延塞責，並無一人議及沿海修備者。謂在事諸臣所見皆不及此，其誰信之，其意不過欲俟將來小有窒礙，便可陰行沮格，既不任嚴禁啓釁之咎，復不居弛禁釀禍之名。至於國家事體輕重舉非所計，此非前事欺罔之明驗乎！現在各海疆奏報事體見於諭旨者，與被害士民傳説多不相符，固由辦理機密，民間不盡能知，然其諱飾彌縫，亦已難逃聖鑒。夫諸臣之有欺有不欺，臣不敢知，然皇上英斷，有不難破諸臣之欺者，是在賞罰用舍之間而已。臣愚以爲有事之際，得人爲急，資格不可拘，嫌疑不必避，舊過不妨宥，重賞不宜惜，請明飭中外諸臣，洗心滌慮，務除欺罔積習，即令各舉所知。凡能辦交涉者，實疏其長以備任，使其誤事，諸臣立予罷斥，即以所舉更换所舉。得實者與之同賞，所舉不效者，與之同罰。有罪必行其法，施不測之威，使諸臣知畏；有才必盡其用，行不測之恩，使諸臣知感恩已渥矣。苟所事不效，則威即加之，威既嚴矣；苟其勞可録，則恩隨及之。恩威各正其功罪，使諸臣知服。威必行於貴近，恩必及於微賤，恩不逾日，威不後時，是在我皇上斷之而已。夫諸臣欺皇上，皇上不知其欺，彼尚不敢遽肆；若已明知其欺，猶令勉强任事，則彼且以欺爲得計，又將何所不至哉？現在浙省任事諸臣，即用粤之故智，而其敗衄又甚於粤。江蘇任事諸臣，即用浙之故智，而其敗衄又甚於浙。視覆轍若成例，以爲朝廷必不能寛彼責此，何皇上愛惜諸臣，而諸臣不自愛惜之甚也。臣聞長江、海口甚險，狼山、焦山等處皆有鎮兵，亦可固守，頃敵船深入，並無一人迎敵，即已失守，則國家平日養兵設險意將何爲？今若但查逃兵，不誅官吏將弁，異時紛紛效尤，輕棄職守，無恥苟活之徒，臣不知伊于胡底矣！竊見無識者流，皆謂國家無人、無兵、無糧餉、無器械，不得不從權宜。臣謂無人則當求人，無兵則當練兵，至于糧餉、械器亦當計度現在所有，多則持重，少則用謀，作三軍之氣，定邊疆之危，是在皇上假以事權與任事者，運用一心而已。國家席全盛之勢以戰，則或需時日；以守，則自固有餘。現在中國之財耗於異族之擄奪，與任事諸臣之縻費，殆以千萬計，其於事體無尺寸之功，有無窮之害，坐使皇上節用愛民，數十年之積纍爲之罄盡，言之可爲寒心。皇上聖德如天，每事引咎，諸臣恃皇上之仁慈，肆爲欺罔，已敗求賞，未戰言功。今則棄險不守，藉敵要挾竭億萬氓庶之脂膏，保一二庸臣之軀命，此又天理所不容者也。臣愚望皇上責諸臣以職守，正諸臣以功罪，紀綱肅，則朝廷尊，朝廷尊，則國本固。諸臣知畏皇上，自不敢畏敵，人且不能者退，則能者進，普天臣庶受列祖列宗之深仁厚澤二百餘年，稍有知識，詎敢爲非振其氣，則莠可爲良，諭以義，則財皆爲餉，雖海疆一隅稍有警動，實不足慮。臣不勝憤懣，謹抒愚誠，冒昧縷陳，伏乞皇上聖鑒。

—18. 皇朝道咸同光奏議　卷四　治法類　用人

吴廷棟（1793—1873）

字彦甫，一字竹如，晚號拙修老人，安徽霍山（今屬六安）人。道光五年（1825）拔貢，累官至刑部侍郎。有《拙修集》。

拙修書室記節録

人莫病於拙，然拙非病，拙而不學乃病。誠學矣，非惟拙不足累學，而學反賴用拙。惟學以拙進者，其知乃真知，而行乃堅固而不撓。子曰："參也魯而契。"子言一貫之旨者，厥惟曾子非善用拙何？朱子曰："雖有上智之資，亦必用困勉之功。"又答南軒先生書云："近日一種向外心悦之而不能自已者，皆準止酒例，戒而絶之。"此前輩所謂下士晚聞道，聊以拙自修者。若擴充不已，從此補復前非，庶其有日。嘗竊取其義以名吾讀書之室曰："惟拙乃修，惟修化拙，不拙不修。"而欲以巧自飾者，終乃至拙也哉。

—5. 皇朝經世文續編　卷一　學術一　原學

馬國翰（1794—1857）

字竹吾，號詞溪，山東歷城（今屬濟南）人。道光十二年（1832）進士，官至陝西隴州知州。有《玉函山房詩集》。

禁私押約

管押者，官法之所不得已也。命盜重情，或毆傷保辜期限，與刁頑狡黠之輩則拘守之，以防脱逸，其餘婚田錢債之訟，一質可結，牽連拖累已屬不堪，況可束縛之而維係之耶。余自蒞任以來，事無巨細，悉皆躬親。狀内人非切要，盡予删減。票出必準，其道里爲限。署中班館及附近旅店，不時稽查濫押之弊，誠可無慮。第恐村坊食宿之處，差役或於此私行拘押，藉端嚇詐，一時之耳目未周，即有被其欺凌而困頓失所者矣。今與我民約，凡票無拘鎖而敢以縲絏横加，或兩造具備而勒抑不爲送審者，立即禀究治罪。爾吏胥亦當自惕，知法玩政，有常刑罪已逮而噬臍也其奚及？以愚所見州縣、班館有二，謂之明廳，黑廳。明廳者，富而使賄者所居，坐卧诸器皆備，與家居無异；黑廳者，暗如地獄，諸器皆無，置大小便桶，縶貧者其旁，窘辱之，甚或縶上。控原告至數月經年，勒原告具悔詞而後釋。蓋墨吏洩忿之資，亦爪牙勒財之所也。或貧民負苛冤，抑鬱成疾，則速令人具保釋出，出一、二日斃者，不可僂指。計今忽見禁私押約，直如祥麟成鳳，爲貧民額手慶更生，故亟登之爲牧令勸。

—3. 皇朝經世文編補　卷九四　刑政五　治獄下

魏　源（1794—1857）

字默深，湖南邵陽人。道光二十五年（1845）進士，歷官江蘇興化、高郵知州。有《海國圖志》《古微堂集》。

孫子集註序

宋黄震有言：《孫武子》十三篇，以兵爲不得已，以久戰多殺非理，以赫赫之功爲恥。豈徒譚兵之祖，抑庶幾立言君子矣。所異於儒，惟詭道一議，言用兵變化，非奸詐之謂。且古詭即言詭，非諱其名而用其實。諸子荀、楊外，誠非其匹。知言哉。黄氏之知孫武乎？然則孫武果否知道？曰：亢之爲言也，知進而不知退，知存而不知亡，知得而不知喪，所以動而有悔也。此《易》之言兵也。天下莫柔弱於水，而攻堅强者莫之能先。此《老子》之言兵也。百戰百勝，非善之善者也；不戰而屈人之兵，善之善者也。故善用兵者，無智名，無勇功。此孫子之言道也。經之《易》，子之《老》，兵家之《孫》，其道冒萬有，其心照宇宙，其術皆合天人，綜常變。而蘇洵曰：按言以責行，孫武不能辭三失，久暴師而越釁乘，縱鞭墓而荆怒激，失秦交而包胥救。言兵則吴劣於孫，用兵則孫劣於吴。矧祖其餘論，故智者乎？不知吴澤國文身，封豕之蠻耳，一朝滅郢，氣溢於頂，主驁臣驕，據宫而寢，子胥之智不能争，季札之親且賢不能禁，一羈旅臣能已之乎？故《越絶書》稱：巫門外有吴王客孫武冢，是則客卿將兵，功成不受官，以不能盡行其説故也。或又謂將才匪人力，運用存一心。括讀父書，徒取秦禽。然兵列五禮，學禮宜及，有文事者必有武備，好謀而成，我戰則克，學矛夫子，獲甲三百。特兵危事而括易言之，與兵書相背故也。弩生于弓，弓生于彈，彈生于孝子，殺人以生人，匪謀曷成？謀定而後戰，斯常夫可制變。上謀之天，下謀之地，中謀之人，人謀敵謀，乃通於神。非神之力也，心之變化所極也。變化者，仁術也。上古聖人以其至仁之心，抏水火勝之，抏龍、蛇、虎、豹、犀、象勝之。恩生于害，害生于恩，微觀於五行相生相尅之原，天地間無往而非兵也，無兵而非道也，無道而非情也。精之又精，習與性成，則造父御、羿弓、稷稼、宜僚丸、秋奕、越女劒，皆得諸心，不能宣諸口，能言其然，不能言其所以然者也。若夫由其然，以得其所以然，深乎深乎，微乎微乎！夫非知《易》與《老》之旨者，孰與言乎？

—2. 皇朝經世文編　卷七六　兵政七　兵法上

道光洋艘征撫記上《聖武記》

道光十八年四月，鴻臚寺卿黄爵滋奏言：敬籌國計，宜防漏巵。近年各省漕賦之疲累，官吏之虧空，商民之交困，皆由銀價昂，錢價賤。向時紋銀每兩兑錢千，今則每兩兑至千有六百，其洋錢價亦因之遽長。而銀價昂少之由，由於粤東洋船鴉片烟盛行，致紋銀透漏出洋，日甚一日，有去無返。此烟來自英吉利，洋人嚴禁其國人（勿）食，有犯者以炮擊沈海中，而專誘他國，以耗其財，弱其人。既以此取葛留巴，又欲以此誘安南。安南嚴令誅絶，始不入境。今則蔓延中國，横被海内，槁人形骸，蠱人心志，喪人身家，實生民以來未有之大患。其禍烈於洪水猛獸，積重難返，非雷厲風行，不足振聾發聵。請仿《周官》用重典，治以死罪，詔各省將軍、督撫會議速奏。時中外覆奏皆主嚴禁，惟湖廣總督林則徐所奏尤剴切，言烟不禁絶，國日貧，民日弱，十餘年後豈惟無可籌之餉，抑且無可用之兵。上謂爲深慮遠識之言，詔林則徐來京，面受方略，以兵部尚書佩欽差大臣關防，馳赴廣東，查辦海口，節制水師。

初鴉片烟在康熙初以藥材納税，乾隆三十年以前，每年多不過二百箱。及嘉慶元年，因嗜者日衆，始禁其入口。嘉慶末，每年私鬻至三四千箱。始積澳門，繼移黄浦。道光初嚴禁，復移于零丁洋之躉船。零丁洋者，在老萬山内，水路四達，爲中外商船出入所必由。洋艘至，皆先以鴉片寄躉船，而後以貨入口。凡閩浙、江蘇商船即從外洋販運，其粤商則皆在口内議價，而從口外運入。始躉船尚不過五艘，其烟至多不過四五千箱，可籌火攻。而總督阮元密奏，請暫事羈縻，徐圖驅逐，於是因循日甚。其突增至二十五艘，烟二萬箱者，則在道光六年，兩廣總督李鴻賓設巡船之後。巡船每月受規銀三萬六千兩，放私入口。前此定例，互市以貨易貨，不准紋銀出洋，洋商歲補内地貨價銀四萬五百圓。逮後則但有外補洋烟之價，絶無内補貨價，于是援例影射，藩籬潰决。及道光十二年，總督盧坤始裁巡船，而水師積習已不可挽。道光十七年，總督鄧廷楨復設船，而水師副將韓肇慶專以護私漁利，與洋船約，每萬箱許送數百箱與水師報功，甚或以師船代運進口，於是韓肇慶反以獲烟功保擢總兵，賞戴孔雀翎，水師兵人人充橐，而銷烟遂至四五万箱矣。京卿中有奏請將鴉片烟照藥材收税者，不報。

十九年正月二十五日，林則徐馳驛抵粤，傳洋商伍怡和，索歷年販烟之洋商查頓、顛地。時查頓已聞風先竄，惟顛地隨英吉利公司領事義律，由澳門至省城洋館。林則徐派兵役監守之，並於省河之獵德炮臺筏斷來往，諭令將零丁洋二十五艘之烟土勒限呈繳，免其治罪，否則斷薪水，停貿易。又以禁烟事宜策問書院，士子皆以水師包庇販私對，於是奏革水師總兵韓肇慶之職，終以鄧廷楨所保，不能盡正其罪。

公司領事者，英吉利國王所派洋官司貿易者也。他國皆洋商各自貿易，惟英吉利别有公司，皆通國富商合貲銀三千萬圓，而國王派領事一員總管之。凡與中國官吏抗衡桀驁，皆領事所爲。故他國如中國鹺務之散商散輪，而公司則猶鹺務之總商整輪也。初議三十年爲一局，繼展限六十年。道光十三年，公司局散，粤中已無領事。此洋務第一轉機。

而總督盧坤初至廣東，未悉利害，聽洋商言，反行文英吉利國，令仍派領事來粤。初至者曰勞律，卑即以兵船闖入虎門構釁，勒令歸國。再至者即義律，在粤三載，至是既被圍省館，不能回澳，始于二月十二日具印禀遵繳，并將駛往東洋之煙船盡駛回粤，共繳鴉片烟二萬二百八十三箱，計每船大者千箱，次者數百箱，每箱百有二十斤，共二百三十七萬六千餘斤。林則徐會兩廣總督鄧廷楨親駐虎門驗收，以四月六日收畢，每箱約賞茶葉三觔。其烟土請解京師，詔即在海口銷毁，毋庸解京，俾沿海民人共見共聞，咸知震讋。林則徐會同督撫，於虎門監視銷毁。就海灘高處，周圍樹栅，開池浸滷，投以石灰，頃刻湯沸，不爨自然，夕啓涵洞，隨潮出海。其鴉片共四種，最上曰公斑土，白土次之，金花土又次之，每箱四十枚。又有小公斑土尤貴，皆産於東印度之孟阿臘、南印度之孟邁之曼達剌薩。其印度洋埠發票，有每月發至萬有二千餘箱者，雖間售南洋各國，而中國居其大半，歲不下五六萬箱。其烟在印度本地每箱值價銀二百五十元圓，至廣東則價銀五六百圓，爲利一倍。共燒毁貲本銀五六百萬圓，并利銀共千餘萬圓。時有各國洋商聞風來觀，作文紀事，頌中國之政。林則徐下令盡逐外洋之躉船與澳門之奸商，不許逗留内地。其續至商船有鴉片者，儻自揣不敢報驗，即日回國，亦免窮追。其進口之船均應具結，有夾帶鴉片者船貨没官，人即正法。其令過嚴，已非律載；蒙古化外人犯殺罪，准其罰牛抵償之例。時西洋彌利堅諸國皆遵具結，於是義律由省下澳禀言躉船販烟之弊，極須設法早除，如委員來澳，會議章程，可冀常遠除絶，并禀請准本國貨船泊卸澳門。此洋事第二轉機。

林則徐以澳門向例惟准設西洋額船二十有五艘，若英人援此例不入黄浦，則海關虚設，而私烟夾帶何從稽察，嚴駁不許。義律言不准泊澳，便無章程可議，因不受所賞茶葉，不肯具結，言必俟奉國王命定章程，方許貨船入口。時義律已寄信附貨船回國，往返不過半年，原可少需毋迫也。而五月内復有尖沙嘴洋船水手毆斃村民林維喜之事，諭義律交出人犯抵罪。義律拘訊黑夷五人，未獲正犯，懸賞購告犯之人，亦非故意抗違也。七月，林則徐與鄧廷楨遵例禁絶薪、蔬、食物入澳，並以澳門寓居洋人原爲經理貿易，今既不進口貿易，即不應逗留澳門。義律率其眷屬及在澳英人五十七家同遷出澳，寄居尖沙嘴貨船。於是義律始怨，暗招洋埠兵船二艘來粤，又擇三大貨船，配以炮械赴九龍山，假索食爲名，突開炮攻我水師船。我參將賴恩爵揮兵發炮，擊翻雙桅洋船一、杉板船二，及英人所雇吕宋躉船一。八月，義律遂託澳門西人代爲轉圜，願將躉船奸商盡遣回國，其貨船亦願具結，如有夾私者船貨充公，惟不肯具“人即正法”四字。此粤事第三轉機。

而林則徐以與各國結不畫一，必令書“人即正法”之語，且責繳凶犯。旋有英國二貨船遵式具結，於九月晦入口，而義律遣二兵船阻之，且禀請毋攻毁尖沙嘴之船，以俟國王之信。水師提督關天培以凶犯未繳，擲還其禀。時我師船五艘在洋彈壓，彼見前禀不收，且我師船紅旗，即發炮來攻。蓋西人號令，紅旗進戰，白旗止戰也。關天培開炮應之，擊斷洋船頭鼻，西兵多落海死。十月初，又回攻我尖沙嘴迤北之官涌山炮臺，不克。洋船恐我乘夜火攻，又水泉皆下毒，無可汲飲，遂宵遁外洋。前此九龍山之戰，奏奉批諭有“不患卿等孟浪，但患過于畏葸”之語。十一月初八日，詔曰：“英吉利自禁烟之後，反覆無常。若仍准通商，殊非事體。至區區關税，何足計論。我朝綏撫外人，恩澤極厚，英人不知感戴，反肆鴟張，是彼曲我直，中外咸知，自外生成，尚何足惜。其即將英吉利貿易停止。”且于原奏中“洋船遵法者保護之，桀驁者懲拒之”語，批諭云：“同是一國之人，辦理兩歧，未免自相矛盾。”此因禁烟而並斷英人貿易之本末也。

上又以大理寺卿曾望顏之奏，欲封關禁海，盡停各國貿易，交兩廣大吏議奏。林則徐力陳不可，且言各國不犯禁之人無故被禁，必且協力謀我，始寢前議。自封港以後，英商貨船先後至者二三十艘，皆不得入口，人人懟怨。於是義律於十一月復遣人禀言：“在粤辦事多年，實欲承平。今諸事擾亂，心多憂慮，自後請遵照大清律辦理，而無違國王之法。乞仍許英人回居澳門，俟國王諭至，即開貿易。”此粤事第四轉機。

而林則徐以新奉諭旨，不便驟更，復嚴斥堅絶。其國貨船先後起椗揚帆，駛出老萬山者十餘艘，並續至之艘多觀望流連，寄泊外洋不肯去。而粤洋漁船蛋艇亡命之徒，貪薪、蔬之厚值，並以鴉片與之交易，趨者如鶩。時林則徐已奉命總督兩廣，與水師提督關天培密籌，師船未可遽出大洋，不如以毒攻毒，遂招募漁艇蛋户，授以火船，領以弁兵，於二十年正月先赴各島嶴潛伏，約俟月晦夜乘退潮往，乘長潮還。游擊馬辰等四路分進，出其不意，突攻之於長沙灣，燒毀運烟濟夷匪船共二十三、岸上篷寮六，生擒奸民十餘，焚溺死者無數。洋船帶火倉皇開避，我兵勇乘潮急還，無一傷者。是時吸烟罪絞、販烟罪斬之律已頒，一年有六月之限期已半，各省查辦日嚴，紛紛戒食者已十之五六。而英吉利國中聞廣東罷市之信，各埠茶葉皆囤積不肯出售，市價踴貴，我閩粤販茶之商船赴南洋者皆倍利而返。其倫敦國都銀肆無銀轉輸，至借鄰埠之銀鉅萬以供支發。

義律已回國請兵，時女王令國人會議，其文武官皆主戰，其貿易商民皆不欲戰，連日議不決，最後拈鬮於羅占士神廟，三得戰鬮，始决計。國王命其外戚伯麥爲統帥，率兵船十餘，加以印度駐防兵艦二三十艘。二十年四月，林則徐奏聞，尚有“以逸待勞，以主待客，彼何能爲”之諭。五月初九夜，林則徐又遣兵船於磨刀外洋，以火船燒毀杉板洋船二，斃白洋人四，又有大洋船桅帆著火，棄椗駕逃，先後延燒大小匪艇十有一，禽獲漢奸十有三。五月，英國大小兵船十二，並車輪火船三，先後至粤，泊金星門，其餘盡泊老萬山外。林則徐又以火船十艘，每二艘絚以鐵鎖，乘風潮攻之。洋船皆急駛避，僅焚其杉板小船二，而英人自是不敢駛近海口。林則徐自去歲至粤，日日使人刺探西事，翻譯西書，又購其新聞紙，具知西人極藐水師，而畏沿海梟徒及漁船蛋户。於是招募丁壯五千，每人給月費銀六圓，贍家銀六圓。其費洋商、鹽商及潮州客商分捐。又於虎門之横檔嶼設鐵練、木筏横亘中流，購西洋各國洋炮二百餘位增排兩岸，又雇同安米艇、紅單船、拖風船，共備戰船六十，又備火舟二十，小舟百餘，以備攻剿。并購舊洋船爲式，使兵士演習攻首尾躍中艙之法，使務乘晦潮，據上風，爲萬全必勝計。林則徐親赴師子洋校閱水師，號令嚴明，聲勢壯甚。至是又下令，每殺白洋人者賞銀二百圓，黑洋人半之，斬首逆義律者，銀二萬圓，其下領兵頭目以次遞降，獲兵艘者除火藥、炮械繳官外，餘盡充賞。於是洋船之漢奸皆爲英人所疑忌，不敢留，盡遣去。其近珠江之内河，在澳門西虎門東者，盡以重兵嚴守，其餘海口多礁淺，非洋船所能入。洋船至粤旬月，無隙可乘，遂乘風竄赴各省。

是月，洋船三十一艘赴浙江，先以五艘攻福建厦門。時水師提督陳階平先期告病，總督鄧廷楨督金厦兵備道劉耀春，炮中其大兵船火藥艙，沈之。又募水勇數百，僞裝商舟出洋，攻之於南澳港。是夜無風，洋艘不便駛避，且柁尾無炮，我舟低，又外蔽皮幕，銃彈不能中，遂壞其柁尾，擲火罐噴筒，殲其夷兵數十。會風起，夷艇始竄遁。六月，全艘赴浙江，攻定海，陷之。總兵張朝發中炮折股，旋死。其分出之船游奕閩粤，時時窺伺。七月，洋船突攻澳門後之關閘，我守兵炮沈其數小舟，傷其洋目、洋兵數十。八月，林則徐偵洋帥士密之兵船五艘在磨刀洋，遂遣副將陳連升、游擊馬辰等率五兵艘出洋剿之，每艘兵六百。馬辰先遇洋帥之船，即乘上風攻之，炮破其頭鼻，船欹兵溺，圍攻良久，洋船彈已盡，僅放空炮，於是他船以小舟十餘來圍馬辰之船，而洋帥之船乘我兵與他舟相持，即乘間竄遁，撈獲死屍十餘及軍器、帥旗。入奏，遂奉“貪功啓釁，殺人滅口”之嚴旨。

蓋自定海失守後，浙江巡撫烏爾恭阿、提督祝廷彪束手無策。朝廷以定海孤懸海中，非海道，舟師不能恢復，而水戰又洋艘所長，且承平日久，沿海恐其衝突。已有蜚語上聞，言上年廣東繳烟，先許價買而後負約，以致激變者；又有言鄧廷楨厦門軍報不實者。七月，命兩江總督伊里布爲欽差大臣，赴浙江甯波視師，且敕沿海督撫，遇洋船投書，即收受馳奏。又命侍郎黄爵滋、祁寯藻赴福建查勘，適七月洋酋伯麥及義律以五艘駛赴天津投書。書乃其國巴麥滿衙門寄大清國宰相之詞，多所要索。一索貨價，（其初次來書，尚不敢顯言烟價，但以貨價爲名。及見内地復書，不及禁烟之事，後遂顯索烟價矣。）二索廣州、厦門、福州、定海、上海爲市埠，三欲共敵體平行，四索犒軍費，五不得以外洋販烟之船貽累岸商，六欲盡裁洋商浮費。直隸總督琦善收書奏聞。是時洋兵艘並未北上，志在求款通商，尚未決裂，使控馭得宜，盟約立就。天津巡道陸建瀛言："洋人所求，前三事大，後三事小。請以免税代烟價，以澳門爲市埠，以海關監督與之平行。但必嚴持禁烟爲名，以鴉片烟之至不至決數事之許不許。其通商裁費事宜，則令仍回廣東與林則徐定議，既可服外人之心，亦不失中國之體。"此西事第五轉機。

而任事者以爲在津速結則功小，不如張之使大，遂一切不決許。且於復書中即言上年廣東繳烟，其中必有多少曲折，將來欽派大臣前往查實，不難重治林則徐之罪。詔以琦善爲欽差大臣赴粤查辦，革林則徐、鄧廷楨之職，留粤聽勘，並敕沿海各省不得開炮。八月，洋船自天津起椗，以中國無決允之語，不肯歸我定海，惟撤兵船之半赴廣東。先是，林則徐奏言："自六月以來，各國洋船憤貿易爲英人所阻，咸言英人若久不歸，亦必回國各調兵船來與講理，正可以敵攻敵。中國造船鑄炮，至多不過三百萬，即可師敵之長技以制敵，此時但固守藩籬，即足使之自困。若許臣戴罪赴浙效力，必能殫竭血誠，克復定海，以慰聖廑。"不報。九月，義律回浙，入見伊里布於鎮海城，索俘酋安突德，及七月間餘姚知縣汪仲洋陷軟沙之洋舟，及黑白夷數十人，至是索之不果而去。伊里布遣其奴張喜赴洋船，餽牛、酒，首賀以林、鄧革職之事。洋酋伯麥摇首曰："林公自是中國好總督，有血性，有才氣，但不悉外國情形耳。斷鴉片可，斷一切貿易不可。貿易斷，則我國無以爲生，不得不全力以争通商，豈仇林總督而來耶?"

是時，直隸、山東争以敵情恭順入告。山東巡撫託渾布遣人餽洋船歸，至有各人向岸羅拜之奏，而廣東裁撤水師之船已半途被擄矣。署總督怡良奏聞，而十月琦善至廣東，查上年義律先後繳烟印文，欲吹求林則徐罪不可得，則首詰劫船之役何人先開炮，欲斬副將以謝之，而兵心解體矣；撤散壯丁數千，於是水勇失業，變爲漢奸，英人撫而用之，翻爲戎首矣；撤横檔水中暗樁，屢會義律于虎門，左右洋船得以探水誌察徑路，而情形虚實盡洩矣；聽鹽運使王篤之言，盡屏廣東文武，專用漢奸鮑鵬往來傳言。其人故奸人顛地之嬖僮，義律所奴視，益輕中國無人矣。義律與琦善信云："若多增兵勇來敵，即不准和。"於是已撤之兵不敢再調，凡有報緝漢奸者，則訶曰"汝即漢奸"，有探報洋情者，則拒曰"我不似林總督，以天朝大吏，終日刺探外洋情事"。一切力反前任所爲，謂可得外洋懽心。而敵人則日夜增造三板小船，招集販烟之蜈蚣艇、蟹艇數百，此外火箭、噴筒、竹梯、攻具增造不可數計。水師提督關天培密請增兵，琦善惟恐其妨和議，固拒不許。償洋商烟價銀七百萬圓，而其心必欲索埠地。

琦善前以厦門及香港二地商之鄧廷楨，廷楨言："厦門，全閩門户，不可許。香港鼎峙，爲粤海適中之地，環以尖沙嘴、裙帶路二嶼，藏風少浪，若令英人築臺設炮，久必窺伺廣東。”琦善既據以奏聞。至是不能自背前奏，又無以拒義律之求，筆舌往反，終無成議。義律遂乘其無備，於十二月五日突攻沙角、大角炮臺，乃虎門外之第一重門户也。副將陳連升守之。連升，久歷川楚戎行之老將，兵止六百，洋船炮攻其前，而漢奸二千餘梯山後攻其背，陳連升於後山埋地雷，機發轟死百餘賊而不能再發。賊後隊復擁上，衆五倍于我，我兵以扛炮前後殲二三百，而火藥已竭。賊火輪三板船又遶赴三門口，焚我戰艘。水師兵或潰或死，其横檔靖遠、威遠各炮臺僅能自保，且俱隔于洋船，不能相救。陳連升父子戰死，賊遂據沙角、大角兩炮臺。時提督關天培、總兵李廷鈺、游擊馬辰等尚分守鎮遠、威遠、靖遠各炮臺，兵各僅數百，相向而泣。天培遣廷鈺回至省城，哭求增兵，闔省文武亦皆力求。琦善置不問，惟連夜作書，令鮑鵬持送義律，再申和議，於烟價外復以香港許之，并歸浙江俘人，以易定海城。琦善與立契約，遂於正月赴虎門，宴義律於師子洋。

既而正月杪，批摺回，不允。於是事復中變。初琦善之陛辭也，奉面諭：以英人但求通商則已，如要挾無厭，可一面羈縻，一面防守，一面奏請調兵。原未令其撤防專款也。及逆黨攻陷炮臺，大肆猖獗，上震怒，於是有“烟價一毫不許，土地一寸不給”之旨，并調四川、貴州、湖南、江西兵赴剿，命林則徐、鄧廷楨隨同辦理洋務。然琦善不與林則徐商議一事，且洋人和議已絶，尚不許關天培增兵爲備，而彼則號召日多，器械日備，凶燄百倍于前矣。二十一年正月七日下詔：暴逆人罪惡，特命宗室奕山爲靖逆將軍，湖南提督楊芳、户部尚書隆文爲參贊大臣，聲罪致討；命刑部尚書祁𡎴赴江西總理兵餉。楊芳方入覲，行至安徽奉命先往，二月十三日馳至廣東，而英人已於二月五日乘風潮連破横檔炮臺、虎門炮臺，提督關天培死之矣。虎門各隘所列大炮三百餘門，并林則徐上年所購西洋炮二百餘門，皆爲敵有。湖南兵千餘新到，琦善倉卒即遣禦，之烏涌，甫交綏，粤兵先走，湖兵且戰且走，後阻四河，溺死者半，提督祥福又死之矣。廣東省河廣闊，惟東路二十里之獵得、二沙尾西南五十里之大黄滘河面稍狹，可以扼守。楊芳相度形勢，使總兵段永福率千兵扼東南十餘里之東勝寺，爲陸路三面咽喉。然其地距河五六里，不能扼賊水路，又使總兵長春以千兵扼大黄滘後五里之鳳凰岡，惟築濠壘，横木筏，未沈石下木樁，洋船可闖而過也。其獵得及二沙尾雖沈船塞石，而無兵炮守禦，敵船至，可拔而除之也。英初讋楊芳宿將威名，又未悉内河虚實，使白洋人持書至鳳凰岡議款，從以漢奸沿途探水。總兵長春收書，送城中待報，任漢奸導白洋人遍歷營壘，盡得虚實。歸報無備，於是分路深入，破鳳凰岡營，進攻東西炮臺、海珠炮臺，盡扼獵得、大黄滘兩咽喉矣。

時琦善已革去大學士，拔去孔雀翎，而怡良復以英人香港僞示奏呈，有“爾等既爲大英國子民，自應順之”。於是上益震怒，籍琦善家産，鎖逮來京。英人見朝廷赫怒，局勢大變，恐和議永絶，且洋船兵費浩大，急欲通商以濟餉，各國商船罷市久亦皆咎之，乃于二十六日託彌利堅國頭目與洋商伍怡和調停，遞書言：“如欲承平，不討别情，但求照舊通商，如有私夾鴉片者，船貨入官。”蓋并琦善所許之烟價、香港皆不敢求矣。楊芳諭令退出虎門，義律言俟奉通商之旨，兵船即退。是月，楊芳、怡良奏聞。是時門户已失，賊入堂奥，兵潰民散，炮械俱乏，舍暫款無一退敵緩兵之策，而烟價、埠地皆不索，亦足申朝廷折衝樽俎之威，與琦善未逮以前情形迥異。是粤事第六轉機。

而楊芳正月初行至江西時，聞粵中和議將定，先爲給畧堆貨之奏，以遥附琦善，固已不取信於上。及是再奏，又不陳明粵中開門揖盜，自潰藩籬，非權宜不能退賊收險，以屈爲伸之故，與目前洋人震懾天威，國體已振，勢機大轉，不可再失之故，及與將來守備已固，如再鴟張，立可剿辦之故，但影響吞吐其詞。上以其毫無方略，未戰先撫，非命將出師本意，不許。是時定海之洋船亦至廣東，共五十大艘，半泊香港，半入虎門，舳艫相接，遍樹出賣鴉片之幟。將軍奕山行至江西，以各省兵、炮、攻具未集，暫駐韶州以俟。三月二十三日，奕山、隆文及新任總督祁墳並抵廣州，奕山問計於楊芳、林則徐。二人皆言寇勢已深，而新城卑薄，無險可守，宜遣人計誘洋船退出獵得、大黄滘之外，連夜下樁沈船，岸上迅壘沙城，守以重兵大炮，爲省城外障，俾西人不能制我之命，而後調集船炮兵勇以守爲戰，俟風潮皆順，葦筏齊備，再議乘勢火攻，庶出萬全。

是月，林則徐復奉馳赴浙江軍營之命。蓋去冬浙閩總督顔伯燾、浙江巡撫劉韻珂、署兩江總督裕謙先後密疏，陳林則徐、琦善守粵功罪，至是裕謙奉命赴浙，代伊里布爲欽差大臣，故上命林則徐以四品京堂馳往會辦，以防英人敗竄赴浙。而是時英人力據省河咽喉，我兵實無勝算，且攻具未齊，所募福建水勇千人未至，近募香山、東莞水勇三千亦未集，楊芳不欲浪戰。奕山初至，亦然之。既而惑于翼長、隨員等之言，以不戰則軍餉無可開銷，功賞無由保奏，急欲僥倖一試。遂不謀於楊芳，即以四月朔夜半三路突攻洋船，一屯西炮臺外出中路，一由泥城出右路，一屯東炮臺出左路。日暮，兵已出城，奕山始詣楊芳卜休咎，楊芳大怒，拔劍忿詬，而兵已不可挽。時水勇木筏未集，先用四川餘丁充水勇者四百，廣州水勇三百，乘小舟携火箭、火彈、噴筒分路伏，聞炮齊起，以長鉤鉤其船底。是夜又值逆風，炮破其二桅大船二、杉板小船五，其被小舟圍焚遁免之大船一、火輪船一，溺洋人數百，義律自洋館登舟竄免。其洋館中貨爲四川、湖南兵擄掠一空，并誤傷彌利堅數人。甫黎明而洋兵大集，反乘順風，我兵退走。廣州城三面臨河，街市鱗櫛，繁麗甲南海，至是火光燭天，以及泥城港内所備攻敵之木筏材料數百、油薪船三十餘艘，皆爲敵人火輪船及漢奸所燼。其筏材皆運至廣西，費以數十萬計。

越三日，義律投書，約詰朝大戰。至期，敵船環攻城東、西、南三面。佛山運至新鑄八千觔大炮，本洋人所畏懼，而位置不得地勢，依山者高出水面，依水者四面受敵，炮架不能運轉取准。奕山用文吏李湘芳、西拉本爲翼長，將各省之兵互調分配，各離營伍，兵將皆不相習，潰走則互相推諉。所發鹽、菜、口糧厚薄不均。祁墳又吝費，令十五兵共一帳房，擁擠無紀律，各擇便利，虜取貨物。奕山又盡派重兵于東南二路，而西北泥城後路無守備，於是天字炮臺及泥城及四方炮臺一日皆失。守天字炮臺者段永福，守泥城者副將岱昌與參將劉大忠，守四方炮臺者總兵長春。天字炮臺上八千觔大炮未及一放，即爲洋兵錮以鐵釘。四方炮臺者在城北後山之頂，俯視全城，國初王師攻圍廣州，半載不能破，及奪後山，置炮俯擊，始陷之，乃攻城之利，守城之害也，早當拆毁。而阻上山之徑，乃官兵反設炮其上，已爲失策。且其地距水次十餘里，層崖峭徑，一夫扼險，可拒敵。自破泥城後繞東而北，沿途官兵無一阻截，至山下僅百餘人，而守臺兵望風争竄，隕崖墜死無數。洋兵唾手而得險要，連夜於臺下築土城，運火藥，於是闔城軍民如坐穽中，而聽穽上之下石矣。將軍、參贊不斬一逃將、逃兵，反開城納之。連日城外之火箭、炮彈與四方臺上之炮聲如電如雷，晝夜不息，幸大雨盆注，其箭彈非墜池塘，即墮空地，無一延燎。内城貯火藥二万觔，漢奸以火箭、火彈射之，亦爲雨所滅。惟内城尚高厚，而外城低薄，女墻卑於甍脊，人無固志。第七日，洋兵遂併力專攻城東南隅，若知將軍、參贊皆居東南者。箭彈入貢院，欞甍皆破，諸師避入巡撫署，面無人色。議使廣州知府余保純出城講款，義律立索軍餉銀六百萬圓，烟價在外，香港再議，限五日内交銀，且約將軍及外省兵先出省城，洋船始退出虎門。將軍等一切允之，城上改樹白旗，先令洋商出二百萬圓，餘於藩庫、運庫、海關庫發給。會奏請罪，而烟價及香港亦未入奏云。十三日，四方炮臺洋兵下山回船，義律即促將軍、參贊離城。十六日，奕山、隆文退兵屯金山，離省河數十里，先撤回湖南兵。惟楊芳仍留廣州彈壓，隆文於講和時即憤恚成疾，及抵金山，不數日即卒。

初，將軍、參贊之至粤也，屢奏粤民皆漢奸，粤兵皆賊黨，故遠募水勇於福建而不用粤勇。官兵擒捕漢奸，有不問是非而殺之者，粤民久不平。而英人初不殺粤民，所獲鄉勇皆釋還，或間攻土匪，禁劫掠，以要結民心，故雖有擒斬敵人之賞格，無一應命。當洋兵攻城，居民多從壁上觀。會南海義勇爲湖南誣殺，義勇大譁，數百人擁入貢院，搜兵報復，兵皆鼠竄，將軍、參贊摘段永福翎頂慰解之，始散。而洋兵亦日肆淫掠，與粤民結怨。及講和次日，洋兵千餘自四方炮臺回至泥城淫掠，於是三元里民憤起倡義報復，四面設伏，截其歸路。洋兵終日突圍不出，死者二百，殪其渠師曰伯麥、霞畢，首大如斗，奪獲其調兵令符、黄金寶敕及雙頭手炮。而三山村擊殺百餘人，奪其二炮及鎗械千。義律馳赴三元里救應，復被重圍，鄉民愈聚愈衆，至數萬，義律告急於知府余保純。是時講和，銀尚止送去四分之一，又福建水勇是日亦至，倘令圍殲洋兵，生獲洋人，挾以爲質，令其退出虎門，而後徐與講款，可一切惟我所欲。此粤事第七轉機。

而諸師不計及此也，反遣余保純馳往解勸，竟日始翼義律出圍回船。十七日，洋船漸次退出，其大船有滯淺沙者，各鄉民復思截而火之，祁𡎴諭始解散。而新安縣武舉人庾體群，亦於初四夜半以火舟三隊自穿鼻洋，乘潮攻洋船，于虎門轟其後艙，雙桅飛起空中，全船俱毁，餘船皆棄椗竄遁。又佛山義勇亦截擊于龜岡炮臺，據上風縱毒烟以眯敵目，殲殺數十，又破其應援之杉板、洋舟。大帥先後奏聞，詔責諸將調集各省官兵反不如區區義勇，其一切交部議處。義律亦慚憤，强出僞示，言百姓此次刁抗，蒙大英官憲寬容，後毋再犯。粤民憤甚，復回檄詬之曰："爾自謂船炮無敵，何不於林制府任内攻犯廣東？爾前日被圍時，何不能力戰自拔，而求救於首府？此次由奸相受爾籠絡，主款撤防，故爾得乘虚深入。倘再犯内河，我百姓若不雲集十萬衆，各出草筏，沈沙石，整鎗炮，截爾首尾，火爾艘艦，殲爾醜類者，我等即非大清國之子民。"是時，南洋、番禺二縣團勇三萬六千晝夜演練，義律偵知内河已有備，竟不敢報復。然自是知粤市之不可復開，翻然思變計，不逾月遂復有厦門之事。

—5. 皇朝經世文續編　卷七八　兵政一七　海防下

道光洋艘征撫記下《聖武記》

道光二十一年四月，英人之受款於廣東也，在我師則以救一時之危，在敵亦急欲得銀以濟兵餉，故通商章程，彼此皆未暇議及。洋兵大困於三元里，自知已結粵民之怨，又畏粵民之悍，不敢復入内河貿易。欲洋商赴香港，而香港隔海風浪，洋商無肯往者，遂欲以香港易尖沙嘴及九龍山。將軍、總督以香港尚未奏允，何況二地？約其仍來黄浦，敵遂不許我修復虎門炮臺，盡拆各炮臺之石，移築香港，且欲我拔去内河沙石樁筏。彼此相持，雖有通商之名，無通商之實。又余保純與義律議，先送軍餉六百萬圓，其煙價在外。將軍止以軍餉改稱商欠奏聞，其餘情未上達也。及洋船退出後，内河填塞，要害增修炮臺，守備日固，不能如向日之闖突。敵衆皆咎義律議款時不别索地埠，遂揚言：英吉利國王譴義律無能，改命璞鼎查爲兵帥，欲復往沿海各省，必如上年在天津所索各款。會六月，香港有風颶之事，祁𡊮、怡良張皇入奏，謂撞碎洋船無數，漂没洋兵、漢奸無數，所有帳房篷寮、新修石路，掃蕩無存，浮屍蔽海。朝廷方發藏香謝海神，布告中外，允廣東保舉守城文武至數百員。而洋船數十艘，已全赴福建，攻陷厦門矣。

初，上年洋艘之攻厦門也，水師提督陳階平先告病，鄧廷楨督同兵備道劉燿春止守舊炮臺，壘沙垣，據形勢，故賊攻不破。及顔伯燾嗣任，首劾陳階平之規避與琦善、楊芳之主款，意氣甚鋭。然故紈褲，虚憍自大，且輕鄧廷楨之僅僅自守，奏言："用守而不用攻，則賊逸我勞，賊省我費。大炮止可施諸岸上，不能載之水中；小舟止可行諸内港，不能施之大洋。"遂請餉銀二百萬，造戰艦五十餘艘，募新兵數千、水勇八千，欲與出洋馳逐。又於口外之嶼嶼、青嶼、大小檑增建三炮臺，備多力分；新鑄千炮，又多未就；空船空臺，徒等廢物。適聞廣東款議成，奉撤兵省費之旨，盡散水勇八千，不籌安置。水師提督竇振彪亦出巡外洋，内備單弱。七月初九日，洋船數十艘突至，投書令讓出厦門为外埠，俟上年天津所索各事皆遂，再行繳還。次早駛進，先以數火輪往返，忽東忽西，哨探形勢，並試我炮路。炮路者，官炮皆陷於石墻孔内，惟能直轟一線，不能左右轉運取準。故夷先以舟試之，知其所值，則避之也。既而諸舟蜂擁齊進，我守青嶼、仔尾嶼、鼓浪嶼之兵三面環擊，沈其火輪舟二、大兵船一，又傷其一桅。敵遂以二三艘併力攻一炮臺，一臺破，再攻一臺，將士死傷相繼。洋船遂注攻大炮臺，飛炮從空墮岸上，散遣之水勇變爲漢奸，從中呼譟應之。顔伯燾、劉燿春同時退避。賊遂登岸，反旋轉我臺上大炮，回轟厦門。一晝夜，官署街市皆毁，顔伯燾、劉燿春退保同安，厦門遂爲賊據。然洋人得厦門亦不守，不數日全隊駛赴浙江，惟留數艘泊據鼓浪嶼。八月初四日，顔伯燾即以收復厦門奏聞。然同知潛處四鄉，未敢回署視事。詔降顔伯燾三品頂帶留任，遣侍郎端華赴福建勘實以聞。時鼓浪嶼洋人日招工匠，增造小舟，爲駛窺内河計。是月以大船五、小船三十，駛入厦門之木樁港口，炮沈我兵船五，副將林大椿、游擊王定國中炮死。提督普陀保、總兵那丹珠督兵禦之，炮沈大洋船一，始退出外洋。其福州省河外之五虎門，潮至通舟，潮退閣淺，故洋船未敢駛入云。

初，裕謙自正月赴浙江，代伊里布爲欽差大臣。時洋船已去定海，總兵王錫朋、鄭國鴻、葛雲飛以兵五千駐定海，輯流移，修城，壘炮臺，爲善後計。裕謙任事剛鋭，而不嫻武備，與顔伯燾同。前此傾心於林則徐，而林則徐又旋有遣戍新疆，改赴河工之命。蓋廣東鹽運使王篤入京，於召見時，力黨琦而排林。林則徐去浙，浙事益無所倚。定海孤懸海中，本不必守之地，徒分兵力。提督余步雲庸而猾，素爲裕謙所鄙，一時無人可代，姑令駐招寶山，不令渡海調度。三鎮又皆武夫，無遠略。裕謙所任隨營知府黄冕、署定海知縣舒恭壽，皆吏才而非邊才。及是築定海外城，葛雲飛欲包瀕海市埠於城内，左右抵山，其三面則以山爲城。裕謙未渡海親勘，但據圖指揮從之。有諍者曰："守舟山已爲下策，況所築者又必不可守之城乎？天下無一面之城，此乃海塘耳，非外城也。賊左右翻山入，即在城内矣。備多則力分，山峻則師勞，請但環内城爲新郛，勿包外埠，勿倚外山，府城足衛兵，兵足守城，猶得下策。"既而，撓於群咻，議遂不行。至若捐舟山，專守海岸之策，更無暇籌及也。是夏，廣東講款，奉旨各省撤兵省費。時精兵五千，皆在定海，其鎮海、寧波，僅兵四千，分布各口。八月初，洋船先犯石浦，以礁險不利而退，東西游奕。十二日，進攻定海，我軍炮破其火輪舟一，即竄遁。十四日，連檣進攻曉峰嶺，開炮數百，我兵皆隱側崖，未傷。其小舟登岸者，爲鄭國鴻督兵扛炮擊退。次兩日，又營五奎島，又繞攻東港浦，又繞攻竹山門，皆爲我炮卻。十七日，賊乘我守兵力疲，遂分由五奎山、東港浦、曉峰嶺三路進攻，以牽我師。其攻曉峰嶺之賊，登岸後即撤舟，以絶反顧。前賊死傷，後賊繼進。我守山兵逆風下擊銃，不得力。日午，銃皆熱透，賊遂冒死登山入城，三總兵相繼戰死，舒恭壽服毒死，邑民救蘇之，定海復陷。其鎮海防兵四千，裕謙以千餘兵守城内外，余步雲率千餘守招寶山，總兵謝朝恩率千餘守隔江之金雞嶺。裕謙先期見招寶山建白旂，知余步雲貳志，乃盟神誓衆，余步雲託足疾不跪。裕謙奏言："洋船黑兵及漢奸不下萬人，賊可并幫來犯，我必扼要分守。賊可數日不攻，我必晝夜防備。彼衆我寡，彼聚我散，彼逸我勞。又海艘乘風潮而至，前艘稍退，則後艘必自相撞碎，故有進無退。我兵未歷戰陣，各守一炮火難禦之。見是賊五船一心，且衆船一心，而我兵則一人一心，是以自粤至閩，莫之敢攖。臣何敢輕視，惟有殫血誠，厲士卒，斷不敢以兵單退守爲詞，離鎮海半步，不敢以保全民命爲詞，受逆人片紙。"余步雲心恨之。二十六日，洋船攻鎮海，分犯金雞山及招寶山，每路數千，而余步雲不許士卒開炮，且兩次上城請退守寧波。裕謙不許。賊甫由招寶山麓攀援登岸，余步雲即率兵西走。賊踞招寶山，俯攻鎮海。其隔江之金雞山兵亦潰。裕謙知事不可爲，令副將豐伸賫欽差大臣關防送浙江巡撫，自沈泮池死之。二十九日，洋兵船四、火輪舟二、小舟數十，進至寧波。余步雲復棄城走上虞，寧紹臺道鹿澤長、知府鄧廷彩從之。時寧波以西江漸淺狹，敵小船駛至慈谿、餘姚，於是二城亦逃散一空，土匪四起，譌言傳播，浙西大震。余步雲先後兩奏，尚以裕謙先走爲詞，及殉難事聞，朝廷賜謚、賜祠、賜襲，無可再誣，則又流言此次洋兵至浙，皆爲報復裕謙夏間梟斬白夷嗢哩之仇，親駐曹娥江，以此語遍諭渡江難民。浙江巡撫劉韻珂至，據以入告。而無如敵之在廣東，先已敗盟索尖沙嘴、索九龍山，不許修虎門炮臺也，且詭稱國王褫義律改命他帥，未至定海，先破厦門也；又無如在浙先後投敵書，懸敵示，皆以欲索各省埠地爲詞，無一言及裕謙也。（明年伊里布在乍浦移書英酋，詰其何故再犯，彼復書至，亦一字不及裕謙。）裕謙有攘寇之志，而無制寇之才，同於張浚。議者不咎其喪師失地，而翻以英之在粤在閩敗盟，誣咎於浙帥，不據英書英示爲詞，而據余步雲逃罪之語爲詞，則是責張浚之不如汪、黄，而汪、黄遂堪退敵也。

九月，賊以火輪小舟犯餘姚、犯慈谿。二城先潰遁，英焚掠而去。是月，命宗室大學士奕經爲揚威將軍，侍郎文蔚、副督統特依順爲參贊，以河南巡撫牛鑑總督兩江，授怡良欽差大臣，馳赴福建。奕經用宿遷舉人臧紆青言："浙兵屢衄不可用，除奏調川、陝、河南新兵六千外，宜多用土勇、水勇。寧波、鎮海漢奸通賊，宜令浙江京官各保舉紳耆，使分伏鄉勇爲内應，而委員招集山東、河南、江淮之土勇萬人，及沿海漁鹽梟販、江湖盗賊二萬餘，分伏三城，水陸並攻，以南勇爲北勇之目，以北勇爲南勇之膽，刊給賞格。惟用散攻，不動大隊，不刻期日。陸路伺敵出入，水路各乘風潮。逢敵即殺，遇船即燒，人自爲戰，使彼出没難防，而後以大兵蹙之。"得旨允行。又詔舉奇材異能之士，且諭奕經毋遽往杭，先駐蘇城，使敵無備。俟各省兵勇齊集，再赴浙江。十月，奕經至蘇，幕下侍衛容照，司員楊熙、聯芳、阿彦達，紈絝少年，所至索供應，徵歌舞，縱搒捕，攬威福。蘇城流言四起，遠播京師，於是奕經移營嘉興。十二月十五日，奕經、文蔚同夢洋人紛紛上船，竄出大洋；詰朝各述所夢，不約而符。又適接寧波來禀，有洋人運械上船之信。於是將軍、參贊鋭意進兵，夜不能寐，明年元旦赴杭，留參贊特依順守杭州，而奕經、文蔚渡江，十六日抵紹興。先是去冬大雪，平地五六尺，入春又淫雨，晝夜兼旬，所備火舟、薪葦皆淋濕不堪用；且三城水陸縱横數百里，兵勇布置未周，非二月中旬不能集事。各路委員皆請緩師期半月，而奕經堅不肯待，定計二十八日進兵，恢復三城；而原議分伏散戰之法，一變爲排陣對戰之舉。時敵聞大將軍至，亦先自爲備，寧波英目盡上船，惟留數百人守城上大炮，以待我西門之兵。鎮海則英兵盡上招寶山，俟我兵入城則開炮俯擊，爲一舉殲我之計，此夢兆所由也。而諸將方嚴飭我軍，不許携火器、火箭，恐延燒民舍，但約城中漢奸内應，擒縛英酋英兵以獻，三城唾手可得，得城後，即執所獲英酋，與之議款，爲萬全無失。於是奕經以兵勇三千，營紹興之東關；使文蔚以兵勇四千，半屯慈谿二十里之長溪嶺，半屬副將朱桂，屯西門外之大寶山，以圖鎮海；提督段永福以兵勇四千，半伏寧波城外，屯大隱山，以圖寧波；而副將謝天貴率兵千餘，屯駱駝橋，以扼鎮海、寧波適中之路。其領鄉勇者，陸路則泗洲知州張應雲主之，令沈船梅墟，以隔斷寧、鎮英船，而楊熙伏勇上虞策應；水路則海州知州王用賓主之，專駐乍浦，而故總兵鄭國鴻之子鄭鼎臣，專司定海水勇，以火攻洋船。及期，陸路官兵皆冒雨夜進，至城則雨霽。其從寧波西門入者，城内伏勇先殲守門之賊，釘城上之炮，洞開城門，以待我兵長驅。至府署，敵始驚覺，巷戰相持。俄北門洋兵又繞至，攻其後，前後受敵，洋兵踞街樓屋上甍之，火箭火炮兩面雨下。巷狹墻高，仰攻不利，屯兵五百，且戰且退，死傷者半。段永福督後隊至，聞風反走，既不登城扼門力戰，又不退保大隱山，而直走東關。余步雲率兵兩千，駐寧波之奉化，中途聞敗折竄，終夜喘呼遍野。此寧波之師也。

其慈谿大寶山之兵，則副將朱桂、參將劉天保分領之。劉天保率河南勁勇五百先發，鎮海城亦開門以待，内應寥寥，不能縛賊，急使人出城取火器，至則天已黎明，城外招寶山敵銃齊發，我軍踉蹌遁出，而朱桂軍風雨迷路未至。此鎮海之師也。至是，始知倉卒布置之誤。然所死不過二三百兵，於大局尚無害。於是朱桂率陝甘兵千二百，回屯大寶山之右；劉天保收河南兵五百，回軍大寶山之左；張應雲兵勇亦回守慈谿城。奕經既不斬棄營逃將以肅軍令，又不進營上虞以壯士氣。文蔚復調張應雲赴奕經營商軍事，於是慈谿城中鄉勇無主，亦潰散。二月四日，敵遂遣火輪舟焚我，火舟數十於姚江，而以兵二三千自慈谿登岸，陸行十餘里，進攻大寶山，并自撤原舟，以絶反顧。朱桂以扛炮兵四百禦之，自辰至未，擊死洋兵四百餘，殲其頭目巴麥尊，我兵隱厓石樹木間，無一傷者。時洋兵離其船數十里，深入死地，使得一隊伏兵截其後，可獲全勝。不然，即有兵數百防守後山，我兵亦不致敗。此夷事第八轉機。

而謝天貴軍不至，張應雲城中伏勇已散，劉天保火器已半喪於鎮海，雖據左山，不能下山截賊。後其地即在長溪嶺之麓，距參贊營僅十餘里，朱桂請援兵數百，文蔚堅不許發，薄暮始發兵三百，而敵已分兵四百，潛越旁港，繞出我軍山後。朱桂前後受敵，父子死之。劉天保左軍亦驚潰。時長溪嶺阻險而陣，洋兵斷難黑夜進攻，而容照及聯芳等力請文蔚棄軍宵遁，沿途賞輿夫、賞舟子，惟恐英兵追及。參贊既遁，全軍遂潰，棄輜重器械山積，反妄奏營被漢奸燒毁，其實次日薄暮英兵尚未至嶺也。長溪嶺既潰，軍氣大阻喪，即有獻策請移營上虞，別選新到之兵，再誘敵深入，與之再戰、三戰，一以牽其北擾江蘇之計，一以阻其驕索無饜之氣，而後徐與講款者。奕經、文蔚心已亂，言不入耳，惟容照之言是聽。

鎮海之役，劉天保军僅傷七人，而奏言全軍覆没，僅脱回七人，大寶山之戰，我軍僅死百餘，而奏言死者千餘，慈谿英兵登岸僅二千餘人，而奏言萬有七千，無非張賊勢而逭己罪。初七日，即與文蔚棄紹興，走西興。奕經旋渡江回杭州，而陸路不可爲矣。水陸本議由乍浦雇漁舟潛渡岱山，以圖復定海，已渡水勇萬餘，分伏各港，至是亦用容照言散之，并戰船、火船盡撤回。其水勇無歸者，遂竄入英船爲漢奸，而水路亦不可爲矣。惟鄭鼎臣一路不奉命，容照、聯芳等憾之，力請誅以軍法。奕經唯唯不決。臧紓青憤盲左目，力辭去。奕經固留之，始復思用原議伏勇散戰之法，於二月十六日再渡江，檄飭各路兵勇，相機自效。一月中伺殺黑白英人三百餘級，生擒英官四人，白黑夷五十餘人，縛獻寧波漢奸主謀二人，餘盡解散。鄭鼎臣水路則三月朔聯火舟數十，圍攻大洋艘於岑港，又分攻三洋船於他港，共焚沈洋兵船四及小洋船十餘，焚溺死洋兵五六百。鎮海知縣葉堃亦報大攻洋船於海口。先後奏聞，詔賞奕經雙眼孔雀翎，文蔚一品頂戴，鄭鼎臣、葉堃獎勵有差，於是闔營沸然。前此主殺鄭鼎臣者，今又競思邀功。而主和議之人則又譁然，以爲虚報不實。巡撫劉韻珂據以劾奏。既而鄭鼎臣送所獲賊首、賊衣及毁破船板共載四大艘呈驗，劉韻珂始語塞。而韻珂前月已奏請伊里布來浙主款，上復命宗室尚書耆英爲欽差大臣署杭州將軍，與參贊齊慎赴浙，降旨不許進兵，并不許擒斬零夷，有兵勇殺一黑白夷，即行正法，并治官弁之罪，皆劉韻珂所奏請也。

是月，河南開封黄河决口堵合，詔林則徐由工次赴新疆。大學士王鼎自河南工次入京復命，後五日，發憤具遺疏，暴薨。英人是月遂棄浙，北窺松江，窺長江。登范氏天一閣，取去《一統志》，又購長江圖及黄河圖，盡得我軍所裁撤水勇爲鄉導，兼造小蛋船數十爲入淺河之用，勒索寧波紳士犒軍銀二十萬圓，許退出城池。遂以三月二十七日棄城登舟。奕經等以大軍偪退英兵，收復寧波入告。蓋賊自去秋破寧波後，即遣火輪舟歸報國王。其舟自中國至西洋，往返六月可達。至是三月初，國王諭至，令復往天津求埠地通商。故是月退出寧波，於官兵無預也。四月朔，鎮海洋船亦棄城而北，惟留四舟及洋兵千餘守定海。錢塘江口龕、赭二山，近年灘漲淤淺，潮至通舟，潮落斷流，故洋船不窺杭。而初九日犯乍浦，先以兵船橫列成陣，開炮與官兵相持，而遣小舟分路登岸，攻東門。我陝甘兵以扛炮傷敵甚衆，敵轉攻南門。駐防旗兵平日凌辱漢人，至是又動斥爲漢奸，由是福建水勇積憤，縱火内應，賊遂踰南城入，盡焚滿營。督統長喜、署乍浦同知韋逢甲死之，兵備道宋國經退走嘉興。杭州、嘉興俱戒嚴。原任大學士伊里布至乍浦洋船議款，英要挾甚侈，不能成議。劉韻珂又奏請釋還所擒黑白夷數十，送乍浦，則洋船已去，又改送鎮海，謂可解仇通好。英置不問。詔將軍、參贊分一人前赴嘉興防堵，於是奕經自紹興渡江而北。欽差大臣耆英方馳至嘉興，忽奉命前赴廣東，其杭州將軍關防命特依順署理。蓋據御史蘇廷魁之言，風聞廓爾喀國已攻襲英人駐防印度之兵，洋船將回兵救援，因有退出寧波之事。故命耆英前赴廣東，體察虛實，乘機攻香港。及江左告急，復命中道折回防堵。時香港洋船十四，杉板小船數十，洋兵千餘，漢奸、海盜藪聚其間。奕山等既招回漢奸三千餘，其香港漢奸頭目内向者亦十之六，各願立功贖罪，請包修虎門炮臺，並請乘冬令晦潮，出其不意，與香港漢奸表裏應接，火攻洋船，一舉殲之。而奕山聽祁𡎴言，惟恐觸其怒，不許。六月，詔責奕山視師廣東半載，毫無方略，屢命收復虎門，攻香港，以牽制閩浙賊勢，皆以船造未就爲詞，惟以填塞河道爲事，革去御前大臣、都察院左都御史。而顔伯燾亦久未剿除厦門停泊之洋船，革職，以怡良代之。十八日，洋船棄乍浦而北。五月初三日，洋船至吴淞口。初五日，牛鑑接奕經檄，令權宜羈縻。牛鑑遲至初七日，始遣弁齎札赴洋船，則已無及。寶山城在吴淞口外，洋面遼闊，本不如内東溝、江灣二隘之易於設伏。寶山知縣周恭壽請伏兵口内誘賊，毋守海口炮臺，牛鑑不從。總兵王志元守小沙背之徐州兵五百，即在浙從余步雲棄招寶山之潰兵也，牛鑑不懲創之，反令守要害，終日騷掠，居民汹汹。周恭壽力請撤换他兵，亦不聽。初八日黎明開炮，提督陳化成炮沈其二艘，又擊折其二艘之桅。洋兵溺死二百餘，遂以小舟繞攻小沙背。總兵王志元率徐州兵果望風西走，提督陳化成亦中炮死。賊遂由小沙背登岸，僅八九人，而塘上數千兵皆望風潰矣。牛鑑走嘉定，東炮臺之兵皆同時潰，賊遂陷寶山，喪大炮、軍仗無算，上海大震。參將繼倫率兵先棄城走松江，上海兵備道巫宜禊、上海知縣劉光斗從之，所募福建水勇變爲土匪，縱火焚掠。十一日，洋船七八艘駛入上海，城中已空無人。十三日，洋人乘火輪船二、杉板船四五，駛入松江。我兵先塞港口，距城八里，壽春鎮總兵尤渤以陝甘兵二千守之。敵開炮數十，我兵皆伏避之，炮過而起，我炮齊發，相持半日，始退。次日復至，亦如之，故松江得無恙。賊又將窺蘇州，使火輪舟測水，至泖湖，漁舟引之入淺，輪膠水草，乃返。於是二十日洋艘退出吴淞口，圖入長江矣。

初，裕謙奏江海情形，有“長江無遮障，潮來甚溜，甚難防守”之語。牛鑑則駁斥常鎮道請守鵝鼻嘴之稟，且遍諭居民，以長江沙線曲折，洋船斷不能入。賊劫沙船導火輪船，兩次駛探，初報諸險要皆無備，次報諸汊港荻洲皆無伏，始運檣深入。六月八日，薄瓜洲，瓜洲城已空，遂窺鎮江。鎮江依北固山爲城，以運河爲濠，形勢險固，非寶山比。駐防副都統海齡庸繆人也。牛鑑既失吴淞口，自應馳守鎮江，會參贊齊慎、提督劉允孝之兵，且節制副都統嬰城固守，洋船必不越鎮江而徑犯江寧，上之可以徐籌火攻，次之即與敵講款，亦不致操我死命，無求不遂。乃牛鑑從丹陽、句容直走江寧，海齡又拒齊慎、劉允孝使戰城外，惟以駐防兵守城内。鎮江繁富十萬户，海齡禁難民遷徙出城，出者皆刃夾而搜括之，日晡誅城中漢奸，合城鼎沸。凡木石、油炭、火器、守城之具，一切不備，又不團練居民鄉勇助守，城中僅駐防兵千餘與緑營兵六百，寥落如晨星。始則城外軍擊其西北登岸之賊，相持二三日，英佯攻北門，而潛師梯西南入城，土兵僅斫其一二人，敵已蟻附上，守兵皆潰。英先焚滿營，海齡爲亂兵所殺。鎮江陷，擄掠焚殺慘甚。寧波、寶山夷酋璞鼎查即欲出江，前赴天津，而馬禮遜阻之，謂此中國漕運咽喉，扼以要挾，必可如志，遂不果。是時洋船八十餘艘，炮聲震江岸，自瓜洲至儀徵之鹽艘估舶焚燒一空，火光百餘里。揚州鹽商許銀五十萬免禍。六月二十八日，遂偪江寧，東南大震。朝廷廑念漕運重地，敕耆英便宜從事。是時敵人已奉國王諭至，但得他省通商，不必更索兵餉、煙價，其鴉片煙不再至。故洋師三月出寧波，及在乍浦僞示皆有“前往天津求和，遵國王所諭辦理”之言。至是，伊里布遣張喜等至洋船，洋酋言：一索洋銀二千一百萬圓，三年交付；一索香港爲市埠，並往廣州、福州、厦門、寧波、上海貿易；一洋官欲與中國官員敵體，餘與上年同。張喜言：“煙價、兵餉，廣東已給六百萬，今索價更奢，索埠太多，若之何?”馬禮遜言：（馬禮遜，洋官之通漢語者。）“此我國所索之價，豈即中國所還之價? 且此次通商爲主，志不在銀錢，但得一二港口貿易，其兵餉、煙價，中國酌裁可也。”而諸大吏不速覆，遣張喜往返傳語。越二日，張喜還，則敵聽漢奸言，聞增調壽春兵之信，謂我借款緩敵，如今日不定議者，詰期交戰。其意蓋欲款局速成，非望所求盡允。而諸帥已膽裂，即夜覆書，一切惟命，其禁約鴉片章程一語不及。英喜出望外。諸帥會奏，言“敵設炮鍾山之頂，全城命在呼吸”，蓋仿襲粤省失四方炮臺之説，其實絶無其事。且奏稱：“昔純皇帝征緬無功，棄關外地五千里。”尤以鑿空無稽之談，誣祖德、駭聽聞。（雲南銅壁關上有額曰：“天朝中原地盡于此。”試披康熙銅板地圖，曾有銅壁關外五千里地失於乾隆者乎?）敵人又言講款文書，中國需用御寶，彼國亦遣火輪舟歸，請國王用印。兵船惟退出海口，其舟山及鼓浪嶼、香港之洋兵，必俟三年銀數交竣，方可撤歸。七月初九日，款議成，耆英、伊里布、牛鑑親赴敵人璞鼎查之舟。越二日，璞鼎查、馬禮遜等亦入城，會於正覺寺。連日分提江寧、蘇州、安徽藩庫、揚州，運庫銀數百萬，如數餽之。八月杪，洋船將出江，諸帥復餞於正覺寺。九月初旬，洋艘盡回定海。詔以不守江口，逮總督牛鑑治罪，以耆英代之；而伊里布以欽差大臣，由浙至廣東，議互市章程；褫逮領兵之奕山、奕經、文蔚、余步雲，交刑部治罪，惟余步雲於是冬伏法；其沿海失守城池之道、府、縣，及領兵將官失事者，以次懲處；分别豁免沿海被寇州縣錢糧。

而是冬又有索臺灣俘人之事，上年及次年又有廓爾喀、佛蘭西、彌利堅各國違言之事，又有廣東義兵焚洋館之事。

臺灣俘人者，二十一年八月及次年二月，洋船兩窺臺灣，一在淡水港，遭風礁觸；一在大安港，爲漁舟誘引擱淺，皆爲沿海義勇圍攻，擒獲三桅大舟一、杉板舟二、白夷二十四、黑夷百有六十五、炮二十門、刀銃、器械，并寧波、鎮海營中官物，蓋攻浙之賊，回窺閩洋者。總兵達洪阿、兵備道姚瑩先後奏聞。三月，敵遂以十九艘赴臺報復，結海盗艇數十，導之入港。我兵先破其盗舟，敵人不敢入，遥轟大炮而遁。又屢遣奸細入臺煽亂，皆被擒斬。一方屹然，洋船不敢再犯。屢詔優獎，姚瑩加布政使銜，達洪阿加提督銜，各世襲輕車都尉。是秋，江寧議款，約所獲兵民，彼此交還。而臺灣黑夷百有六十五人已於五月奉旨斬決，惟以白夷還之。敵目璞鼎查遂訐臺灣鎮道妄殺其遭風難民。時江蘇主款官吏方忌臺灣功，而福建厦門失守文武亦相形見絀，流言四起。耆英遂據閩人故總督蘇廷玉及提督李廷鈺二人家信，劾臺灣鎮道冒功，敕福建新督查奏。新督至臺灣，查案卷，則所奏皆據廳營及紳士稟報，無功可冒，因强鎮道引誣以謝洋人，遂劾逮至京。臺灣兵洶洶鼓譟，達洪阿、姚瑩諭解之。新督亦旋告病，以劉鴻翺代之。劉鴻翺盡以臺灣廳營、紳士稟報原案咨送軍機處，上遍閱之，鑒二人枉，不深罪，達洪阿、姚瑩旋即起用云。

廓爾喀者，在西藏西南，與英國所屬東印度孟阿臘接壤，世仇。二十年秋間，英人入寇，即稟駐藏大臣，言小國與底里所屬之披楞部相鄰，每受其侮。今聞底里與京屬搆兵，京屬屢勝，小國願率所部，往攻底里所屬，以助天討。使廷臣明地勢、洋情，許其犄角，則英國印度之兵，懷内顧憂，不能全赴中華。此洋事第一外助。而廷臣未知其所謂底里者即英吉利，所謂披楞者即孟阿臘，所謂京屬者即中國之廣東，顧答以蠻觸相争，天朝從不過問。於是廓夷罷攻印度，而英人入寇之兵無復内顧。及是秋，款議成，英人歸印度者，以此大驕廓爾喀。廓爾喀則反唇於駐藏大臣，詞甚誖嫚，駐藏大臣惟羈縻之而已。

佛蘭西、彌利堅者，皆大西洋强國，與英人同市廣東，且世仇英人而恭順中國。上年英人入犯，并阻遏諸國貨船，不許貿易。諸國皆憾之言："英人若不早回國，亦必各調兵船來粵與之講理。"林則徐兩次奏聞。俄林則徐罷，琦善一意主和，前議遂中止。及去年琦善褫逮甫數日，彌利堅頭目即出調停，故有"但許通商，不索一切"，及"私帶鴉片，船貨充公"之請。乃廣東諸帥夜攻洋館，反誤殺彌利堅數人，於是彌利堅不復肯出力。而佛蘭西洋官於英人再次敗盟之後，屢在粵願助造兵船。是冬來兵船二、兵帥一，言："有機密事，願面見將軍，請勿用通使，從有能漢語之二僧，可以傳言。"將軍奕山及總督祁墳與再會城外，屏左右，密言："英人阻隔諸國貿易，國王遣兵船前來保護，并命從中解散，請赴江浙代款，必能折服英人，不致無厭之求。倘英人不從，亦可藉口與之交兵。"此粵事第二外助。乃奕山始則拒不肯奏。佛蘭西請先赴香港，晤璞鼎查，議之數日，覆稱英人以香港及煙價三百萬爲請。奕山亦屏不奏，良久始奏聞，又言："敵情叵測，難保其非陰助英人，代探我虚實。"佛蘭西自正月至五月，待命半載，及六月，駛赴吴淞口，則英人已深入長江。佛蘭西請我舟導之入口，上海官吏反難之，往返申請稽時。及佛蘭西易舟入江，則款議已成數日，盡飽谿壑，視佛蘭西原議相去天淵。佛蘭西頭目頓足而返，是冬回至廣東，議互市。英人欲各國洋商就彼掛號，始輸税。佛蘭西、彌利堅皆憤言："我非英國屬國，且從未猾夏馮陵，何厚彼而疏我?"於是彌利堅來兵船八，不數月佛蘭西亦來兵船八，皆上書求入貢，面陳誠款，并請留兵船于閩、粤，惟貢使數人，由陸入京，蓋欲密獻機宜，效回紇助唐之誼。此洋事第三外助。而廷臣再三卻之，時伊里布已卒於廣東。二十三年，耆英奉命馳往接辦，先後許各國皆如英人之例，不用洋商，任往各海口，與官吏平行。英人反以此德色於諸人矣。

廣東義民者，初，英人自去夏困於三元里，不敢入市廣州，及講款後，奉旨許廣州貿易。是冬白夷横行於市，粤民怒起誅之，聚衆萬餘，焚洋館，掠其貨，又殺其洋官、洋兵於澳門海中。時璞酋兵船正在廣東，竟不敢報復。督撫懲治焚館之民以謝。而番禺紳士潘仕成捐貲延佛蘭西洋官雷壬士於家，造洋船、洋炮，又造水雷，能水中轟破船底。所捐造二桅戰艦四艘，材堅工巧，悉如西洋式。每水雷造價僅四十金，每艘僅價二萬金。詔廣東新造戰艦，一切交其承辦，毋令官吏經手，以杜侵蝕。大吏尼之，旋亦中止。故敵寇之役，中國非無外援也，非無内助也，無人調度之，則毆屬夷以資敵國，且化勍民爲奸民，且誣義民爲頑民。邇者沿海通商，鴉片益甚於前，并用廣東巡撫黄恩彤言，開各省天主教之禁。其據定海及鼓浪嶼之人皆脅官吏藪逋逃。而福州烏石山之人直據省會腹心，俯瞰全城。總督劉韻珂、巡撫徐澤醇，束手惟命，而奏疏諱之，但言給與城外破廟。閩省士民憤怨。時林則徐家居，尤爲閩大吏所忌。道光二十四年，召還耆英，降巡撫黄恩彤爲同知回籍。二十五年，英人欲踐耆英所許三年入城、設洋館之約，總督徐廣縉内聯義民，外聯彌利堅以拒之，敵受約束退。詔封徐廣縉子爵，巡撫葉名琛男爵，粤事始稍定。咸豐元年，又特詔獎雪林則徐及姚瑩、達洪阿之盡心竭力於邊，而斥耆英畏葸驕敵之罪，中外翕然欽頌。

—5. 皇朝經世文續編　卷七八　兵政一七　海防下

籌海篇上《海國圖志》

自夷變以來，帷幄所擘畫，疆埸所經營，非戰即款，非款即戰，未有專主守者，未有善言守者。不能守，何以戰？不能守，何以款？以守爲戰，而後外夷服我調度，是謂以夷攻夷；以守爲款，而後外夷範我馳驅，是謂以夷款夷。自守之策二：一曰守外洋，不如守海口，守海口，不如守内河；二曰調客兵不如練土兵，調水師不如練水勇。攻夷之策二：曰調夷之仇國以攻夷，師夷之長技以制夷。款夷之策二：曰聽互市各國以款夷，持鴉片初約以通市。今請先言守。

今議防堵者，莫不曰禦諸内河，不若禦諸海口，禦諸海口，不若禦諸外洋。不知此適得其反也。制敵者必使敵失其所長。夷艘所長者，外洋乎？内河乎？吾之所禦賊者，不過二端。一曰炮擊，一曰火攻。夷之兵船大者長十丈，闊數丈，聯以堅木，澆以厚鉛，旁列大炮二層。我炮若僅中其舷旁，則船在大洋，乘水力活，不過退卻搖蕩，不破不沉。必中其桅與頭鼻，方不能行駛，即有火輪舟牽往別港，連夜修治。惟中其火藥艙，始轟發翻沉。絶無泅底鑿沉之説。其難一。若以火舟出洋焚之，則底質堅厚，焚不能燃，必以火箭、噴筒焚其帆索，油薪、火藥轟其柁尾、頭鼻。而夷船桅斗上，常有夷兵鏡遠瞭望，我火舟未至，早已棄椗駛避。其難二。夷船起椗，必須一時之久。故遇急，則斬纜棄椗而遁。夷船三五爲幫，分泊深洋，四面棋布，並非連檣排列。我火船攻其一船，則各船之炮皆可環擊，並分遣杉船小舟救援。縱使晦夜乘潮，能突傷其一二艘，終不能使之大創。而我海岸綿長，處處防其闖突。賊逸我勞，賊合我分。其難三。海戰在乘上風。如使風潮皆順，則即雇閩廣之大梭船、大米艇，外裹糖包，亦可得勝。鄭成功之破荷蘭，明汪鋐之破佛郎機，皆偶乘風潮，出其不意。若久與交戰，則海洋極寥闊，夷船善駕駛，往往轉下風爲上風。我舟即不能敵。即水勇水雷，亦止能泅攻内河淡水，不能泅伏鹹洋。其難四。觀于安南兩次創夷，片帆不返，皆誘其深入内河，而後大創之，則知欲奏奇功，斷無舍内河而禦大洋之理。賊入内河，則止能魚貫，不能棋錯四布。我止禦上游一面，先擇淺狹要隘，沉舟絙筏以遏其前，沙垣大炮以守其側，再備下游樁筏，以斷其後，而後乘風潮，選水勇，或駕火舟，首尾而攻之，沈舟塞港之處必留洪路以出火舟。或仿粤中所造西洋水雷，黑夜泅送船底，出其不意，一舉而轟裂之。夷船尚能如大洋之隨意駛避，互相救應乎？倘夷分兵登陸，繞我後路，則預掘暗溝以截其前，層伏地雷，以奪其魄。夷船尚能縱横進退自如乎？兩岸兵炮，水陸夾攻，夷炮不能透垣，我炮可以及船。風濤四起，草木皆兵。夷船自救不暇，尚能回炮攻我乎？即使向下游沉筏之地，豕突衝竄，而稽留片時之間，我火箭、噴筒已燼其帆，火罐、火斗已傷其人。水勇已登其艙，岸上步兵又扛炮以攻其後，乘上風，縱毒煙，播沙灰，以眯其目。有不聚而殲旃者乎？是口門以内守急而戰緩，守正而戰奇，口門以外則戰守俱難爲力。一要既操，四難俱釋矣。或曰：門户失守則民心驚惶，縱賊入庭則必干罪戾。倘賊方入口，即分夷兵登岸，夾攻我後，或進攻我城，則如之何？曰：所謂誘賊入内河者，謂兵炮、地雷，水陸埋伏，如設穽以待虎，設罾以待魚，必能制其死命，而後縱其入險，非開門延盗之謂也。奏明兵機，以縱爲擒，何失守之有？賊雖入口，尚未至我所扼守之地，何驚惶之有？然海口全無一兵，尚恐賊疑，未敢長驅深入。必兼以廢炮羸師，佯與相持，而後棄走，引入死地。即如粤之三元里非内地乎？若非夷兵登岸肆擾，安能成圍酋截敵之舉。松江府城非内河乎？尤提軍於上海失守之後，整兵二千，以待夷船駛入，放炮相持，二日而退。使先備火攻，塞去路，安在不可奏安南殄滅之功？傳曰：不備不虞，不可以師。《易》曰：王公設險以守其國。夫險者，非徒據口拒守，敵不能入之謂。謂其口内四路可以設伏，口門要害可截其走。寇能入而不能出也。自用兵以來，寇入粤東珠江者一，入寧波甬江者一，入黄浦松江者一，皆惟全力拒口外，而堂奥門庭蕩然無備，及門庭一失，而腹地皆潰。使舍守口外之力以守内河，守口外兵六七千者，守口内兵不過三千，得以其餘爲犄角奇伏之用。猾賊知兵，必不肯入。如果深入送死，一處受創，處處戒心，斷不敢東闖西突，而長江高枕矣。何至鯨駛石頭之磯，霆震金焦之下哉！故曰：守遠不若守近，守多不若守約，守正不若守奇，守闊不若守狹，守深不若守淺。

—5. 皇朝經世文續編　卷七八　兵政一七　海防下

籌海篇下

或曰：專守内河，誠可制夷艘之横突，而不能制夷炮之猛烈。則我兵猶懾虚聲，奪鋭氣，其若之何？曰：大炮者，水戰之用，非陸戰之用也。即水戰亦我師擊沉敵舟之用，非敵舟擊傷我兵之用也。且沉舟亦攻海面遠舟之用，非内河近岸近舟之用也。西北平原大磧，陸戰用炮，必先立戰車，以制敵騎，然後駕炮于車，以破敵陣。東南江濱海澨，夷若以輪船推炮上岸，則有灘塗、沮洳之險，有塘陡、岸陡之險，有港汊横縱之險，大船不能近岸，小船不能載大炮。故自用兵以來，夷兵之傷我者，皆以鳥槍、火箭，從無携炮岸戰之事。惟我兵之扛炮扛銃，則跋涉奔馳，所至可用，且較彼鳥槍、火箭更遠更烈。其可無懼者一。若夷從船上開炮，則無論數千斤之炮，數十斤之彈，遇沙即止。而我兵得于沙垣中炮擊其舟。故厦門、定海、寶山屢爲我炮擊破夷船，而厦門、定海之土城，寶山之土塘，皆未嘗爲炮破。即鎮海、鎮江之城牆，亦未嘗爲炮破。松江夷船開炮兩日，我兵列陣城外，伏而避之，炮過後起，畢竟未傷一人。其破城者，皆小舟渡賊登岸，攻我背後。我兵望風輒潰。及夷至，則城中已無一人，何嘗與炮事哉？但使近塘近城之地，兼伏地雷，則我炮可傷夷，夷炮不能傷我。其可無懼者二。夷船在大洋，去岸數里，槍箭所不能及。故非數千斤大炮不能遥擊。闖入内河，則舟岸相去不過半里數丈，而我之扛炮必可及半里，火箭、噴筒可及十數丈。但沿岸先築土垣，則我之火箭可及夷，夷炮不能及我。其可無懼者三。或謂内河上游要隘，我可預沉舟筏，築炮城，備兵勇，其下游縱敵入隘之處，預設之則敵疑不前，不備之則倉卒無及。不知惟大炮笨重難運，至樁木筏材，可伏近村，囊沙塗泥，散亂堆野。敵一望無可疑。俟敵舟已過之後，分遣兵勇，一面運筏下樁，一面壘沙成垣，頃刻可就。而我扛炮之兵，亦頃刻可集。不持大炮而用扛炮，出奇設伏，其利無窮。可無懼者四。然有一宜防者，則曰飛炮。非謂懸桅上之號炮，而謂仰空墮彈之炸炮也。我之炮臺雖堅，而彼以飛炮注攻，炸裂四出，迸射數丈，我將士往往擾亂。雖攻粤城時所放飛炮、火箭，非墮空地，則飄池塘，以隔城而不能有準，見章奏。而厦門則以飛炮而衆潰，寶山則又以飛炮而衆潰。惟是内河水勢深淺不能一律，即使夷船冒險駛入，必須時時測量，以防淺擱。斷不能數十艘一齊擁進。其飛炮能及垣内者，不過逼近塘岸之數艘。急用大炮、扛炮注攻其火藥之艙，拉篷索、扶頭鼻之人，是爲急策。更有預備之策，先於土垣内横挖淺田，鋪磚貯水。我兵可以往來，飛炮、火箭墮水即熄。或爲斜坡，前高後低，使飛炮轉落深坑。此須預先歷試，不可臨時僥倖。由此觀之，夷之長技曰飛炮，我之長技曰扛炮。扛炮又不如扛銃。若能講求益精，於輕炮中藏用炸彈，則且兼有飛炮之長。誠能出奇設伏，則多造大炮不如多造扛炮。輕炮鑄製易，演練易，運負易，挾攻追剿易，横放直透，可傷數十人，可及百餘丈，視笨重不靈之大炮，得力十倍。乃張夷者競曰夷炮之利，禦夷者亦曰鑄大炮之利，曾不問所施何地。試問用兵以來，定海總兵以扛炮連戰數日，殲夷千計，而大炮則擊破一舟之外，無他效也。大寶山以扛銃三十，擊死夷兵四百，而招寶山所列大炮，不曾一用。至去冬以來，浙江鑄炮益工益巧，光華靈動不下西洋，而效安在也？其至沙角大角之戰，陳連升以地雷、扛銃擊死夷兵三四百，而鹿門左右皆購列西洋夷炮二百餘，未聞足以拒敵，而適以資敵也。不講求用炮之人，施炮之地，與攻炮守炮之别，陸炮水炮之宜，紛紛惟以畏炮爲詞，鑄炮爲事，不過祇藉兵而資寇。故曰：城非不高也，池非不深也，兵甲非不堅利也，委而去之，是器利不如人和也。

——5. 皇朝經世文續編　卷七八　兵政一七　海防下

默觚上節録

學之言覺也，以先覺覺後覺，故莘野以畎畝樂堯舜君民之道。學之言效也，以後人師前人，故傅巖以稽古陳恭默思道之君。覺伊尹之所覺，是爲尊德性。學傅説之所學，是爲道問學。自周以前，言學者莫先於伊、傅二聖，君子觀其會通焉。

沈潛剛克，高明柔克。箕範言學，開孔子賢知過之、愚柔不及之先也。敬勝怠吉，義勝欲從，丹書陳道，括《周易》敬以直内、義以方外之全也。剛柔克而性不畸，敬義立而德不孤。自孔孟以前，言學者莫粹於《丹》、《範》二謨，君子體諸旦明焉。

何謂大人之學格本末之物？曰意之所構，一念一慮皆物焉；心之所構，四端五性皆物焉；身之所構，五事五倫皆物焉；家國天下所構，萬幾百慮皆物焉。夫孰非理耶，性耶，上帝所以降衷耶。圖諸意而省察皆格焉，圖諸心而體驗皆格焉，圖諸身而閱歷講求皆格焉，圖諸家國天下而學問思辨、識大識小皆格焉。夫孰非擇善耶，明善耶，先王所以復性耶。常人不著不察之倫物，異端不倫不物之著察，合之而聖學出焉。日進無疆，宥密皇皇，是爲宅心之王。

豪傑而不聖賢者有之，未有聖賢而不豪傑者也。賈生得王佐之用，董生得王佐之體，合之則漢世顔伊之儔，不善學之，則爲揚雄、王通之比。

墨子非樂，異乎先王，然後儒亦未聞以樂化天下。是儒即不非樂，而樂同歸於廢矣。墨子明鬼，後儒遂主無鬼，無鬼非聖人宗廟祭祀之教，徒使小人爲惡無忌憚。則異端之言反長於儒者矣。孟子闢墨，止闢其薄葬短喪，愛無差等，而未嘗一言及於明鬼、非樂、節用、止攻。夫豈爲反唇角口之孔叢，夫豈同草玄寂寞之揚雄乎？

—6. 皇朝經世文續編　卷五　學術五　廣論

兩漢經師今古文家法考序

魏源曰：余讀《後漢書·儒林傳》，衛、杜、馬、賈諸君子承劉歆之緒論，創立費、孔、毛、左古文之宗，土苴西京十四博士，今文之學謂之俗儒，廢書而喟。夫西漢經師承七十子微言大義，《易》則施、孟、梁邱，皆能以占變知來，《書》則大小夏侯、歐陽、兒寬，皆能以《洪範》匡世主，《詩》則申公、轅固生、韓嬰、王吉、韋孟、匡衡，皆以三百五篇當諫書，《春秋》則董仲舒、雋不疑之決獄，《禮》則魯諸生、賈誼、韋元成之議制度，而蕭望之等皆以《孝經》《論語》保傅輔道。求之東京，未或有聞焉。其文章述作，則陸賈《新語》以《詩》《書》説高祖，賈誼《新書》爲漢定制作，《春秋繁露》，《尚書大傳》，《韓詩外傳》，劉向《五行》，揚雄《太玄》，皆以其自得之學，範陰陽，矩聖學，規皇極，斐然與三代同風，而東京亦未有聞焉。今世言學則必曰東漢之學勝西漢，東漢鄭、許之學綜六經。嗚呼，二君惟六書、三禮並視諸經爲閎深，故多用今文家法，及鄭氏旁釋《易》《詩》《書》《春秋》，皆創異門户，左今右古。其後鄭學大行，浸淫遂至《易》亡施、孟、梁邱，《書》亡夏侯、歐陽，《詩》亡齊、魯、韓，《春秋》亡鄒夾，《公羊》《穀梁》半亡半存，亦成絶學。讖緯盛，經術卑，儒用絀。晏、肅、預、謐之徒，始得以清言名理並起持其後，東晋梅賾僞古文《書》遂乘機竄入，並馬、鄭亦歸於淪佚。西京微言大義之學墜於東京，東京典章制度之學絶於隋唐，兩漢詁訓聲音之學熄於魏晋，其道果孰隆替哉！且夫文質再世而必復，天道三微而成一著。今日復古之要，由詁訓聲音以進於東京典章制度，此齊一變至魯也。由典章制度以進於西漢微言大義，貫經術、故事、文章於一，此魯一變至道也。

道光商横攝提格之歲，源既叙録武進禮曹劉申受先生遺書，略陳群經家法，兹乃推廣遍集兩漢《儒林傳》、《藝文志》之文。

凡得《周易》今文家施氏學第一，梁邱學第二，孟喜氏學第三，孟氏學旁出京氏、焦氏第四，《周易》古文家費氏學第五，其流爲荀氏卦氣之學，鄭玄爻辰之學，此外又有虞翻消息卦變之學，斯爲《易》學今古文傳授大概也。

《尚書》今文列於博士者，有伏生、歐陽、大小夏侯二十八篇之學，有孔安國古文四十餘篇之學，至東漢初劉歆、杜林、衛宏、賈逵、馬融、鄭康成又别創古文之學，其篇次與今文同。而孔安國佚十六篇，仍無師説，此皆不列於博士者。及東晋僞古文及僞孔傳出，唐代列於學校，而伏、歐之今文，馬、鄭之古文，同時並亡。予據《大傳》殘編，加以《史記》《漢書》諸子所徵引，共成《書古微》。斯《尚書》今古文傳授大概也。

《詩》則漢初皆習齊轅固生、魯申公、韓嬰三家，惟《毛詩》别爲古文。鄭康成初年習《韓詩》及箋《詩》，改從毛，於是齊、魯、韓次第佚亡，今惟存毛傳。及宋朱子、王應麟始略采三家《詩》殘文而未得條緒。明何楷、本朝范家相、桐城徐璈次第蒐輯，始獲三家《詩》十之七八，而余發揮之，成《詩古微》。此詩今古文大概也。

小學以《説文》爲宗，歷代罕究。國朝顧炎武始明音學，而段、王二氏發明《説文》《廣雅》，惟轉注之説尚有疏舛，予特爲發明之。此小學家之大概也。

《禮經》則禘祫之義，王肅與鄭玄抗衡。鄭主緯書感生五帝之説，肅主人帝爲始祖所自出之帝，輸攻墨守，秦固失之，楚亦未得。而鄭玄《周禮注》計口出泉，至宋遂啓王安石新法之禍。惟宋朱子纂《儀禮經傳通解》，分家禮、邦國禮、王朝禮、喪祭禮，合三禮爲一書，集三代古禮之大成。又欲采後世制度，因革損益，以擇其可行。國朝《讀禮通考》、《五禮通考》，實成其志。此則古今三禮之大概也。

今采史志所載各家，立案於前，而隨人疏證，略施斷制於後。俾承學之士法古今者，一披覽而群經群儒粲然如處一堂，識大識小，學無常師，有爲之君子，亦將有樂於斯乎。

—6. 皇朝經世文續編　卷六　學術六　文學

聖武記叙

荆楚以南，有積感之民焉。距生於乾隆征楚苗之前一歲，中更嘉慶征教匪、征海寇之歲，迄十八載畿輔靖賊之歲，始貢京師。又迄道光征回疆之歲，始筮仕京師。京師，掌故海也，得借觀史館秘閣官書及士大夫私家著述、故老傳説。於是我生以後數大事，及我生以前上迄國初數十大事，磊落乎耳目，旁薄乎胸臆。因以溯洄於民力物力之盛衰，人材風俗、進退消息之本末。晚僑江淮，海警飆忽，軍問沓至，愾然觸其中之所積，乃盡發其櫝藏，排比經緯，馳騁往復。先取其涉兵事及所論議若干篇，爲十有四卷，統四十餘萬言，告成於海夷就款江寧之月。乃敬叙其端曰：天地以五行戰陰陽，聖人飭五官，則戰勝於廟堂。戰勝廟堂者如之何？曰聖清尚矣，請言聖清以前之世。今夫財用不足，國非貧，人材不競之謂貧。令不行于海外，國非羸，令不行於境内之謂羸。故先王不患財用而惟亟人材，不憂不逞志於四夷，而憂不逞志於四境。官無不材，則國楨富；境無廢令，則國柄强。楨富柄强，則以之詰奸奸不處，以之治財財不蠹，以之蒐器器不窳，以之練士士無虚伍。如是何患於四夷，何憂乎禦侮？斯之謂折衝於尊俎。嘗觀周、漢、唐、宋、金、元、明之中葉矣。瞻其闕，夫豈無懸令？詢其廷，夫豈無充位？人見其令雷行於九服，而不知其令未出階闥也。人見其材雲布乎九列十二牧，而不知其槁伏於灌莽也。無一政能申軍法，則佚民玩；無一材堪充軍吏，則敖民狂；無一事非耗軍實，則四民皆荒。佚民玩則畫箠不能令一羊，敖民狂則蟄雷不能破一牆，四民皆荒然，且今日揖於堂，明日觴於隍，後日胠於藏。以節制輕桓文，以富强歸管商，以火烈金肅議成湯，奚必更問其勝負於疆場矣？記曰：物恥足以振之，國恥足以興之。故昔帝王處蒙業久安之世，當涣汗大號之日，必虩然以軍令飭天下之人心，皇然以軍食延天下之人材。人材進則軍政修，人心肅則國威遒。一喜四海春，一怒四海秋。五官强，五兵昌，禁止令行，四夷來王。是之謂戰勝於廟堂。是以後聖師前聖，後王師前王，師前聖前王，莫近於我烈祖神宗矣。《書》曰：其克詰爾戎兵，以陟禹之迹。方行天下，至於海表，以覲文王之耿光，以揚武王之大烈。用敢拜手稽首，作《聖武記》。

—6. 皇朝經世文續編　卷八三　兵政九　兵法上

丁　晏（1794—1876）

字儉卿，一字柘堂，號石亭居士，江蘇山陽（今淮安）人。道光元年（1821）舉人，官内閣中書。有《頤志齋叢書》。

書包倦翁安吴四種後

倦翁與余交契三十年。既成《安吴四種》，亟寄一部以示余。余讀其文，激宕遒美，其敷陳剴切，皆經世之言，有關國計民生，不爲空疏無用之學，近儒之魁士名人也。余獨惜其好言利，以貽無窮之害。倦翁好奇人也，以好奇之過，敢爲大言，訾毁成法，變更舊章，務爲可驚可喜之論，以炫世駭俗，而不意其害之至此極也。夫漕運官鹽，國家之成法也，積久行之，不能無弊。然當其遵行之時，國用殷富，民生蕃庶，利與弊相乘，未見其害之甚也。倦翁必欲變漕運爲海道，變官鹽爲票商，狃目前之利。馴至海運票引既成，而漕艘鹽船水手、捆工，數十萬之閑民，嗷嗷無食，其勢不爲盗賊不止。於是揭竿亡命之徒，乘間而起，蹂躪數省，焚掠累年而未已。向之所謂利者，已付無何有之鄉，而其爲害，有不可勝言者矣。其始言利之計，始於一二書生，久之浸淫幕府。爲大僚者，染功利之近習，昧經世之遠圖，誤信而强行之，務隳舊章，破敗决裂，已成不可收拾之勢。而國用民生，交受其困。及乎賊氛既張，民之傷殘至酷，豈非人事使之然哉？嗚呼，讀書不過聖賢經傳，便成名儒，謂能得海外奇書者，妄也。治世不過古今成法，便爲善俗，謂能建當時奇策者，尤妄也。《孟子》首戒言利，率由舊章。今之人好言利而輕改舊章，專與《孟子》相反，何其戾也。憶丙子秋，余在白下，吴門王亮生示余《鈔幣芻言》，余不以爲然。謂輕錢行鈔，必無利而有害。丙申春，余在都中，宜黄黄樹齋鴻臚示余《禁洋煙疏》稿，請塞漏卮以培國本，座客皆交口贊之。余獨嘿無一言。樹齋固問之。余曰：不禁則民日以弱，中國必疲；禁則利在所争，外夷必畔。且禁煙當以民命爲重，不當計利；立法當以中國爲先，不當攘夷。坐客亦不以余言爲然。迄乎鈔法行而錢法大壞，洋煙禁而邊釁大開，孰非變法者作之俑乎？余深慨夫變法者之言利，舊章雖存，不能驟復，國用民生日受其害而靡所底也。故自附於倦翁之諍友，爲之書後以正之。

—6. 皇朝經世文續編　卷一二　治體五　治法上

陳起詩（1795—1842）

字敦甫，號雲心，湖南郴州人。道光九年（1829）進士，授吏部主事，後遷員外郎，以御史記名。

平瑶議

平瑶之法，搜捕之功多，戰陣之用少。而搜捕之兵，北兵不如南兵，客兵不如主兵，官兵不如鄉兵。請詳論之。

五嶺綿亘數省，自廣西、廣東、湖南以至江西、福建，嶺巔所在，多瑶人耕種，去住荒忽，名過山瑶。而廣西、廣東、湖南三省交界處，有平坡千里，萬山環抱，南通連州，北負永州，西枕平榮，東隔韶連，爲瑶人祖宗以來巢穴聚集之處，名八排瑶。大道自連州三江口入爲咽喉，永州九嶷山爲背脊，廣西桂林爲首，湖南騎田、江西大庾贛嶺爲尾。永州瑶匪係過山瑶，有生瑶、熟瑶二種。熟瑶與近山漢人雜居，風氣略同；生瑶言語不通，嗜欲亦異。熟瑶彊富，生瑶瘠貧。生瑶常聽熟瑶指使，是二是一，如鬼如蜮。所以嘯聚動成千百，猖獗遂連三省者，地勢聯絡然也。苗瑶蠻壯，性俱戀家，易驚多疑，不耐持久，貪利苟得，不能遠謀。嘉慶初，湖南苗反，輾轉七八年始定，而未出辰州一步，可知苗瑶無足慮，以性俱戀家故耳。然山深箐密，聚散無常，非有平原曠野，可以布陣安營，而決機於十里數十里也。林翳谷伏，詭譎易生，非有高城深池，可以十圍五攻，而取勝於一戰再戰也。東竄西突，楚粤并起，非有通衢要道可以整軍聚糧，而擣堅於一路也。無百人數十人可容之巢穴，而鼠穴鳥巢，剿之不勝其剿；無數百人千人之攻伏，而雉攻兔伏，防之不勝其防。其地彷佛金川，亦尺寸皆山之地；其事不異苗疆，惟雕剿之法最宜。故曰搜捕之功多，戰陣之用少。

雖然，言搜捕者，必主調兵。吾謂兵不必調而必練，兵不貴聚而貴分，兵不在官而在民，則北兵不如南兵，客兵不如主兵，官兵不如鄉兵之説也。北兵長於弓馬，馳逐平地，性氣剛果，臨陣齊一。然不能耐飢寒，難於持久；不習潮溼炎熱鬱悶，必多疾病；不能輕捷跳躍，攀援鑽窺，易致竭蹶；又不識瑶人言語、瑶人性情，則剿殺追逐，進止遲速，起伏探望，呼吸之頃，易失機宜；不習山林高深，途徑紆直之實，則欲迎頭反成尾追，欲兜殺反多透漏，故北兵不如南兵。四川、貴州兵素稱勁旅，既耐勞苦又習險阻，湖南、兩廣遣調較易，將來大營非此五省之兵不可。然而楚粤之兵，素欠訓練，必多涣散。小利争進，小失競奔，又專恃大營，則防此失彼，剿一逃三。欲戰，則餌之來而不即來；欲守，則多所防而不暇防。曠日持久，師勞餉糜。苗疆之役，所以不收功於福貝子，而得效於傅鼐。故曰客兵不如主兵，官兵不如鄉兵。

且夫團練鄉兵以剿瑶匪有十宜焉：山谷高深，徑途遠近，形勢險易，人人習知。則彼之所乘與所必獲，我知趨避；我所可及與不易及，又知緩急。識地利，一也。久雨烈日，寒熱温溼，春疫秋癘，習而不苦；飢飽勞逸，不生諸病。順天時，二也。彼之言語十知九，彼之性情十知八，爲攻，爲守，爲伏，爲逃，爲降，爲詐，十知六七。臨陣之際，人人有應變之機。得賊情，三也。人自爲戰鬬，家自爲捍禦，號呼擊刺之聲同，不誤於風雨；父母室家之念重，敢棄而散亡？兵心固，四也。近瑶十數州縣，村莊累萬，既苦裹脅，又震兵差，守則固無可恃，逃則必有所歸。團練鄉勇則併小村爲大村，移低堡就高堡，寨長漸多，糧薪漸聚。民志定，五也。會匪居民十之五，鹽販居民十之二，礦丁廠徒居民十之三，盜賊逃人居民十之一。約此數種，不少梟雄，此有所收，不竄入彼。削賊黨，六也。邊地民人畏官最甚，文武皆可統領，易於節制。臨陣扞救官長，必不致分彼此。一操縱，七也。官兵飲食衣裝不比鄉民耐苦。查官兵日給銀二錢五分，貼補糜費，似尚不止此數。若匪逆起滅無常，則大軍駐撤兩礙。團練鄉勇則可以久駐，易於供給，即瑶事平静，亦可倚爲善後之圖。簡供億，八也。此有鄉團，則邊野無所掠，而彼米鹽、布絮、銅鐵之來路窮，漢奸無所通，而我聲擊擒伏，虛實之機密。堅壁壘，九也。臨武、藍山、江華、永明、道州、全州、灌陽、恭城、富川、連山、連州、陽山、乳源十數州縣，皆有鄉團，則彼勢剖而難聚，防多而難備，力散而難久，心分而易疑，變化由我，勝算先人。勢剖而難聚，則大兵所入，賊不能併力以禦；防多而難備，則聲東擊西，誘此伏彼，賊必自救不遑；力散而難久，則各爲其巢穴，各逃其生命，而剿撫可兼施；心分而易疑，則賊黨必有互相推諉，互相殘忌者，首逆可不日擒獻。制死命，十也。具此十善，而談瑶事者不出此。

其難亦有四：謂曠日持久，無速效也；謂糾保練約，必騷擾也；謂鄉兵非盡善類，易藏奸細，不識步伍，難約束也；謂寨堡圍場，旗幟器械，所費不貲，地方官吏，借練勇之名，以爲開銷，或借以索民間幫補，仍無實際，憂經費也。是四者誠然。然而天下事，有見爲緩而急莫甚，見爲擾而安莫甚，見爲難而易莫甚，見爲費而節莫甚。請破其難，而仍申吾説。

自兵興以至今日，已二月矣。調貴州兵，湖北緑營兵，駐防兵，久需時日。由今以後，所謂速效，又可必邪！使自今日始，三省督撫通飭沿邊州縣近瑶山者，團練村堡，約每縣五六處，以爲守望；招集鄉勇，約每縣六七百人，要縣至千人爲止，以備剿殺。奉行得人，一時並舉，不出三四月，可以成事。團練既成，分道並進，不出一月，必能剿滅。命將出師，可必之於四五月之内乎？是所謂無速效者，蓋見爲緩而速莫甚者也。

邊地州縣所轄之鄉民，其騷擾有甚於客兵者乎？州縣自練之兵，其騷擾有甚於滿漢兵者乎？外來之兵，一則騷擾官府，二則騷擾市集，三則騷擾田産，即節制得人，而風聲所到亦足騷擾人心。賊來之，民心已震，兵來之，民膽又寒。當事類能知之，未必能言之耳。其實客兵騷擾之弊，更足以摇動邊境之人心，而使之勾通瑶賊，不可不防，不可不畏也。果得有膽智、得民心之州縣，勸諭鄉民，使日爲團結，招徠壯丁。使聽吾指使所團者，皆比閭族黨之家；所練者，皆交友認識之群。州縣既可藉大兵駐扎之威，以馴鄉勇；大兵又可藉鄉勇搜捕之力，以壯軍聲。兩相爲用，既不擾官，又不擾民，又不擾兵，若龔遂之治渤海，張綱之定廣陵，虞詡之平朝歌，只在良有司十餘人耳。是所謂恐騷擾者，蓋見爲擾而安莫甚者也。

奸細之伏，藏於鄉兵，可畏已；奸細之伏，藏於大兵所臨之地，尤可畏也。然伏藏於大營之左右，而客兵不能識認之；伏藏於鄉兵之左右，而鄉兵無不識認之。見生面而必詰，聞音異而起疑，外來奸細固不患入吾團練。第鄉民非盡善類，朝集暮逃，稍縱滋驕，刻繩易變，其可慮亦與兵同。要在良有司慎簡而收之，善撫而教之耳。教之善，則莠民可轉其力爲奮不顧身之士；教不善，則官民可恃其衆而有咆哮挾制之時。得失之數亦略相等。況約束以官，又須各鄉紳耆董之，各鄉殷實明白者分理。游民以有所事而日勤，梟雄以有所希而亦奮。賊匪奸細有爲吾近邊鄉人所知識者，併多方招之爲我用，多方疑之使之不敢自用。其奸細如李愬之平淮蔡是也。所謂難約束者，亦見爲難而易莫甚者也。

今日經費之艱難，人人知之，人人能言之矣。大營所在，供應不少。吾謂撤荆州駐防千兵，即省千兵之費。半撤湖北督標、湖南撫標、廣西撫標兵約不下二千人，以見在余提軍領貴州兵駐廣東、廣西界，羅提軍領湖北、湖南兵駐湖南界，進戰之事，全以任之，不使文官掣其肘。湖督駐永州，廣督駐連州，廣西撫駐平樂，督飭十餘州縣團練鄉兵，不使武將梗其論，三四月内，各縣即可分道併攻，大軍亦於兩省分進。吾知不待戰而降者降，逃者逃，擒者擒，伏者伏矣。以五六月而告功，費之省也幾何？即以撤兵之費，爲各州縣倡首賞勞之費，亦已省經費多多矣。至於各州縣經費之出，其説有四：一則勸諭富民，輸粟出財，修堡建團。二則勸諭貧民，自出財穀，相爲移併，以保身家。三則通粤鹽之禁於寶、茶、攸、酃、郴、衡一帶，官收税以濟軍需，考照宋李忠定、明王陽明辦湖南兵事舊法，勿以安常處順之見泥之，兵靖復舊。四則熟瑶叛産即與近邊民田錯雜，各縣皆有，仍須鄉老勘報，清理入官。糧收堡寨，以爲屯積。又各州縣常平社倉、義倉、育嬰、橋亭等項公田公費，縣紳鄉老自爲經理，亦復不少。兵興動用，兵靖償還，無傷於官，無害於民。乙丙征苗之役，調兩廣兵，衡、永、郴、桂四府民間助給過兵口糧，甚爲踴躍。况地近切膚，豈憂慳吝！則此四條經費已足，而於國家經費固省之又省也。是所謂憂經費者，又見爲費而省莫甚焉者也。

夫團練鄉勇之説，古人言之詳矣。即平定教匪、平定紅苗，亦已著有成效。而今日不能早决此策者，事狃於所習而疑，倡始爲甚難，人憚於更改而慮勞怨之難任，大抵然也。溯查教匪、紅苗兩舉，初皆調兵征剿，西滅東起，此竄彼伏，積年累歲，然後歸於堅壁清野之策，以致底平。夫明者先見於未然，勇者定計於必行。前之策不效而後變計，則所失已多。是宜力求循良，稍破資格，官兵與紳士并資，采訪與稽查互用，以人薦人，以邊治邊，其究也并可以瑶攻瑶。且夫今日南方之民，即瑶匪平静，豈遂不思所以善後哉。亘廣西、廣東、湖南、江西、福建數省邊境，叢山長林，苗瑶壯蠻所居外，礦丁、廠徒、木客、鹽販、盗賊所匿、罪人所逃，硝磺銅鐵之産不乏，鳥道羊腸，攀藤沿壁，百里咫尺，呼嘯驚疑。民無所恃，則動易静難；官無所恃，則賞窮罰竭。催科、提解、捕捉之案棘夫手，養育、教誡、判斷之事梗其行，此何如之策哉？故曰團練鄉勇，即瑶事平静亦可倚爲善後之圖。烏乎！又豈徒平瑶之策已哉。

—5. 皇朝經世文續編　卷八〇　兵政一九　苗防

徐繼畬（1795—1873）

字健男，號松龕，山西五臺人。道光六年（1826）進士，歷任廣西、福建巡撫，閩浙總督，改太僕寺卿。有《瀛環志略》《松龕先生全集》。

瀛環志略自序

地理非圖不明，圖非履覽不悉。大塊有形，非可以意爲伸縮也。泰西人善於行遠，帆檣周四海，所至輒抽筆繪圖，故其圖獨爲可據。道光癸卯，因公駐厦門，晤米利堅人雅裨理，西國多聞之士也，能作閩語，携有地圖册子，繪刻極細，苦不識其字，因鈎摹十餘幅，就雅裨理詢譯之，粗知各國之名，然匆卒不能詳也。明年再至厦門郡，司馬霍君蓉生購得地圖二册，一大二尺餘，一尺許，較雅裨理册子尤爲詳密，併覓得泰西人漢字雜書數種，余復搜求得若干種。其書俚不文，淹雅者不能入目。余則薈萃采擇，得片紙亦存録勿棄。每晤泰西人輒披册子考證之，於域外諸國地形時勢，稍稍得其涯略。乃依圖立説，采諸書之可信者，衍之爲篇，久之積成卷帙。每得一書，或有新聞，輒竄改增補，稿凡數十易。自癸卯至今，五閲寒暑，公事之餘，惟以此爲消遣，未嘗一日輟也。陳慈圃方伯、鹿春如觀察見之，以爲可存，爲之删訂其舛誤，分爲十卷。同人索觀者多，慫恿付梓，乃名之曰《瀛環志略》。而記其緣起如此。

附凡例：

一、此書以圖爲綱領，圖從泰西人原本鈎摹，其原圖河道脉絡細如毛髮，山嶺城邑，大小畢備，既不能盡譯其名，而漢字筆畫繁多，亦非分寸之地所能注寫，故河道僅畫其最著者，山嶺僅畫其大勢，城邑僅標其國都，其餘一概從略。

一、此書專詳域外，葱嶺之東，外興安嶺之南，五印度之北，一切蒙回各部，皆我國家候尉所治，朝鮮雖斗入東海，亦無異親藩，胥神州之扶翊，不應闌入此書。謹繪一圖於卷首，明拱極朝宗之義，而不敢贅一辭。

一、南洋諸島國，葦杭閩粤，五印度近連兩藏，漢以後，明以前，皆弱小番部，朝貢時通，今則胥變爲歐羅巴諸國埔頭，此古今一大變局。故於此兩地，言之較詳。至諸島國自兩漢時即通中國，歷代史籍，不無紀載，然地名國號輾轉淆訛，方向遠近亦言人人殊，莫可究詰，轉不如近時閩粤人游南洋者所紀録爲可據。此書於南洋諸島國，皆依據近人雜書，而略附其沿革於後。五印度現爲英吉利屬部，皆依據泰西人書。其歷代沿革，過於煩瑣，且半涉釋典，僅於篇中略叙數語，以歸簡净。

一、西域諸部，迄南之波斯天方諸國，泰西人繪有分圖，其葱嶺之西，裏海之東，波斯愛烏罕之北，俄羅斯之南，泰西人繪爲一圖，總名爲達爾給斯丹。（斯丹一作士丹，西域言國主也。《元史》訛爲算端，又作算灘。乃古時康居、大夏、大宛、大月氏、奄蔡諸國。歷代變更沿革，亂如棼絲，近世士大夫從軍西域者，亦多所撰述。今止就見於官書者，約略言之，不敢涉考據之藩籬，其亦聊以藏拙云爾。

一、日本、越南、暹羅、緬甸諸國，歷代史籍言之綦詳，今止就其現在國勢士俗立傳，而略附其沿革於後。至歐羅巴、阿非利加、亞墨利加諸國，從前不見史籍，今皆遡其立國之始，以至今日。其古時名國如巴庇倫今土耳其東土、波斯即今波斯、希臘今土耳其西土、猶太即拂菻，今土耳其東土、羅馬即大秦，今意大里亞列國、厄日多即麥西，在阿非利加北境、非尼西亞即加爾達額，在阿非利加北境之類，皆別爲一傳，附於今本國之後，庶幾界畫分明，不涉牽混。

一、泰西諸國疆域、形勢、沿革、物産、時事，皆取之泰西人雜書，有刻本，有鈔本，並月報新聞紙之類，約數十種，其文理大半俚俗不通，而事實則多有可據。諸説間有不同，擇其近是者從之。亦有晤泰西人時得之口述者，湊合而敷衍成文，期於成片段而已。取材既雜，不復注其出於某書也。

一、泰西人如利瑪竇、艾儒略、南懷仁之屬，皆久居京師，通習漢文，故其所著之書，文理頗爲明順，然誇誕詭譎之説亦已不少。近泰西人無深於漢文者，故其書多俚俗不文，而其叙各國興衰事迹則確鑿可據。乃知彼之文，轉不如此之樸也。

一、外國地名最難辨識，十人譯之而十異，一人譯之而前後或異。蓋外國同音者無兩字，而中國則同音者或數十字。外國有兩字合音，三字合音，而中國無此種字。故以漢字書番語，其不能吻合者，本居十之七八，而泰西人學漢字者，皆居粤東，粤東土語本非漢文正音，輾轉淆訛，遂至不可辨識。一波斯也，而或譯爲“白西”，轉而爲“包社”，“巴社”，訛而爲“高奢”。余嘗令泰西人口述之，則曰“百爾”，設又令其筆書之，則曰“比耳西”。今將譯音異名注於各國之下，庶閲者易於辨認，然亦不能遍及也。

一、泰西人於漢字正音，不能細分，斯也，士也，是也，實也，西也，蘇也，混爲一音，而剌與拉無論矣。土也，都也，度也，杜也，多也，突也，混爲一音，而撒與薩無論矣。故所譯地名人名，言人人殊。

一、泰西各國，語音本不相同，此書地名有英吉利所譯者，有葡萄牙所譯者。英人所譯字數簡，而語音不全，葡人所譯，語音雖備，而一地名至八九字，詰屈不能合吻。如花旗之首國，英人譯之曰緬，葡人譯之曰賣内賣讀如美，内讀如呢。今姑用以紀事。無由知其孰爲是非也。

一、地名中，亞字在首者，皆讀爲阿，在尾者多讀爲訝，加字多讀爲嘎平聲，亦有讀爲家者，内字皆讀平聲，音近尼，痾字讀如訶。

一、各國正名，如瑞國當作瑞典，嗹國當作嗹馬，西班牙當作以西把尼亞，葡萄牙當作波爾都噶亞，然一經更改，閲者猝不知爲何國。故一切仍其舊稱。

一、外國地名人名，少者一字，多者至八九字，絶無文義可循，數名連寫，閲者無由讀斷。今將地名、人名悉行鈎出，間加圈點，以醒眉目。明知非著書之體，姑取其便於披閲耳。

—5. 皇朝經世文續編 卷五 學術五 文學一

李星沅（1797—1851）

字子湘，號石梧，湖南湘陰（今屬岳陽）人。道光十二年（1832）進士，官至兩江總督，謚文恭。有《李文恭公遺集》。

縷陳密查邪匪誑毒情形片道光二十六年

再，人情厭常喜新。每藉不經之談，侈爲不刊之論，道聽塗説，以訛傳訛，而其害中於地方，其幾伏爲事變。唐臣韓愈有云："甚矣！人之好怪也，不求其端，不訊其末，惟怪之欲聞。"則誠慨乎其言之也。如本年夏初，浙江蕭山縣義橋、臨浦等鎮，偶有幼孩暴卒之事。因之傳單四布，遠近譁言。江蘇各屬城村，群以邪匪誑毒，禁食餹果，窮簷小本貿易，以餹果爲生業者，遂終日不得一錢。蚩蚩者輕去其鄉，人地生疏，輒謂形迹可疑，横加搜詰，甚至叢毆以後再行捆送，經府縣當堂研試，共信無他。一面嚴禁妄拏，出示開導，令各安居樂業，毋爲浮言所惑，民心始就帖然。至六月中旬，又傳浙江上虞縣，有睡中迷魘者，有聞腥風發暈者，有紙人夜出攫食暗翦雞毛者，及委員分途確查，則仍絶無其事。此必前説已窮，更易一説，以新耳目。非奸民乘機恐嚇，圖便穿窬，即游民好事播揚，憑空杜撰。以尼山所不語，致鄭人以相驚，如蜩如螗，爲鬼爲蜮。臣等愚昧之見，竊以事難理喻，惟在主乎其常。妖由人興，尤必鎮之以静。雖采生折割，幻術何窮，而乍見惻隱，良知所共，果有邪匪誑毒，直省風行，地方文武各官非喪心病狂，當不忍爲諱匿。且此項邪匪，既將伐掘於其死，何不拐騙於其生。又安知毒斃之兒，其心肝腦腎，即探囊而取耶，又能禁被害之家，皆箝口結舌，不一鳴之官耶！現在比户相安，前説盡息，仍由臣等疊飭各屬，隨時隨地，認真設法𨈆訪。其查辦不力，稍涉粉飾者，即行指名撤參。惟以有無報案爲憑，一切無稽之言相戒勿聽。蓋風會邪正之判，人心動静之機，隱繫於此，不敢不深思熟慮。謹再據實縷陳伏乞聖鑒。

—6. 皇朝經世文續編　卷七四　禮政一四　正俗

奏舉行團練片道光二十六年

再，雲、緬一帶，地接邊陲，林箐叢雜，游匪習知路徑，便捷自如，外則遁出夷方，内則竄入鄰境，散歸村寨，仍冒良民，嘯聚成群，恣行剽掠，若非厚集兵力，無以儆彼凶頑。惟滇省地廣人稀，各標營相距窵遠，山高石滑，險峭異常，兵行既難兼程，寇至即難立應，一有徵調，率多後時。且官兵以火器爲先，施諸狹隘則不便；匪黨以野戰爲利，禦以整隊則弗宜。又或兵未及齊，賊已先遁，兵方漸撤，賊復欻來，勞逸之勢攸分，攻守之策宜豫。即此次緬寧回匪，反復肆擾，自應懲創從嚴，而兵出賊歸，兵聚賊散，挾其故智，前後若出一途。臣到任以來，細加察訪，情形稍悉，籌慮倍深。現飭在事文武，趁此師旅漸集，務須激揚士氣，振刷積疲，或設伏間出奇兵，或就近兼用土練，散黨與以清勾結，擇要隘以慎周防，保屯積以絶寇糧，稽軍火以嚴接濟。待彼窮蹙，痛予殲除。至此類踪迹靡常，所在多有，固不忍禽獮草薙，更無從埽穴犂庭。若以小醜跳梁，動輒勞師糜餉，於理似爲不值，於勢亦有所難。欲期簡易可行，莫如團練之法。人自爲衛，農即爲兵，寇至則修我戈矛，寇去則入此室處，無調發支給之擾，無跋涉轉徙之煩。不必伺其方來，而常存備禦，不必極其所往，而各固藩籬。以治匪而不勞，以輔兵所不逮，計無便於此者。臣已疊札通飭諄諭地方官認真董勸，實力奉行，因地因時，相保相助，務有裨於邊備，而無藉於軍需。其夥黨較多、情節較重者，仍即會營稟商籌剿，不准諱飾姑容，久之漢回協和，聯爲一氣，游匪無所託足，或亦化莠爲良之道。敢再披瀝密陳。

—11. 皇朝經濟文編　卷八〇　兵政八　團練

李棠階（1798—1865）

字樹南，號文園，又號强齋，河南河内（今屬焦作）人。道光二年（1822）進士，官至工部尚書兼軍機大臣。謚文清。有《李文清公遺書》。

河朔書院諭諸生

國家設科，以四書、經藝、策、詩、取士，原欲使講求聖賢之實學，稽考經史，通知時事，以實得諸己者發而爲文，國家因以其發而爲文者，徵其所行，此即古人考言詢事之意也。源遠流分，弊端百出，至不可究詰。實力守分爲舉業者，已屬傑出，更安望其留心正學，刻苦勤修，以期至於古之聖賢耶。然此流弊使然，非設科之本意也。今皇上以弱冠之年，企堯舜之盛，勵精圖治，孜孜講學，朝廷氣象，翕然丕變。登極詔内，已有舉孝廉方正之條，今聞又有議舉博學鴻詞之説。將來變通舊章，參用徵辟，亦未可知。凡舉貢監生以及布衣之士，平日修行積學而困於場屋者，皆可以自見。真千載一時，諸生自審：何者足以應聖主之所求耶？無以應所求，則愧悔之發，可不思所以自奮自勉耶？願諸生於所示條約，留心致思，勿視爲迂闊而棄置之。必端其趨向，必慎其言動，必戒其欺僞，必拓其規模。於《六經》、《通鑑》以及小學、《近思録》諸書，精研博考，務期實得於身心，措之於事業，以副聖天子務實學、求真才之至意。若乃誨之諄諄，聽之藐藐，自甘暴棄，終歸污下，則予末如之何也！已矣，思之勉之！

——4. 皇朝經世文續編　卷五七　禮政四　學校

王茂蔭（1798—1865）

字椿年，號子懷，安徽歙县（今屬黄山）人。道光十二年（1832）進士，官至吏部右侍郎。有《王侍郎奏議》。

條議鈔法疏咸豐元年

臣維用人、理財二者固分本末，然當務爲急，今日之需才急矣，而理財亦正不容緩。粤西之軍務未息，河工之待用尤殷。國家經費有常，豈能供額外之用？於是部臣又有開捐例之議。夫捐例之弊人皆知之，豈部臣獨不知之而爲此議耶？不得已也。臣觀自漢以來不得已而未經國之計者有二：一曰鑄大錢，一曰行鈔幣。二者之利同，而其難以經久亦略相似。然臣嘗考鑄大錢，如漢元鼎迄明，興者數矣，曾不三五年即廢。鈔幣之法昉於唐之飛錢，宋初因之置便錢務，可考者至道末商人便錢百七十餘萬貫，天禧末增二十三萬貫，計其流行已三四十年。交子之決，自天聖至大觀行之七八十年。會子之法始自紹興，行之終宋之世。有元一代皆以鈔行，明沿用之，至弘正間始廢，蓋亦行百有餘年。是鈔又不能久中之尚可久者也。臣見往年議平銀價，内外臣工多爲鑄大錢之説，因私擬爲《鈔法》，以爲兩利取重，兩害取輕。計鈔之利不啻十倍於大錢，而其弊則亦不過造僞不行而止。國初造鈔歲十餘萬，行之亦經十年之久。其行也所以輔相夫不足，其止也即以裁成夫有餘。聖神妙用，百世可師，濟用權宜似莫逾於此。顧雖擬之，久而不敢上者，誠恐奉行不善轉爲法累，苟可無需自不必行。若爲不得已之計，則芻蕘之愚似宜陳之，以備采擇，用是不揣冒昧，敬將所擬《鈔法》十條恭繕進呈，伏乞皇上聖鑒。

一、推鈔之弊。鈔之利自不待言，行鈔之不能無弊，亦人所盡曉。然知有弊而不能實知弊之所在，知弊之所在而不能立法以破除之，則鈔不行。間嘗深思切究，即古來行鈔之弊而詳推之，蓋有十端：一則禁用銀而多設科條，未便民而先擾民。二則謀擅利而屢更法令，未信民而先疑民。三則有司喜出而惡入，適以示輕。四則百姓以舊而换新，不免多費。五則紙質太輕而易壞。六則真僞易淆而難識。七造鈔太多則壅滯而物力必貴。八造鈔太細則瑣屑而詐僞滋繁。九則官吏出納，民人疑畏而難親。十則製作草率，工料偷減而不一。誠能舉此十弊去之，先求無累於民而後求有益於國，方可以議立法。

一、擬鈔之值。元以前未嘗用銀，故鈔皆以錢貫計。今所貴在銀而不在錢，則鈔宜以銀兩計，過重則不便於分，過輕則不便於整。請定爲兩種，以十兩者爲一種，五十兩者爲一種。十兩以下則可以錢便之者也，十兩以上至數十兩，則皆可以十兩者便之，百兩以上至數千兩則皆可以五十兩者便之。其平色則以庫平足色爲准，既以便上庫，亦以便流通。蓋即仿現行庫餉錠式，以免瑣碎參差之弊。

一、酌鈔之數。鈔無定數，則出之不窮，似爲大利，不知出愈多值愈賤。明季鈔一貫至不值一錢，於是不得不思責民納銀以易鈔，不得不思禁民用銀以行鈔，種種擾民皆由此出。宋紹定五年，兩界會子多至三億二千九百餘萬，此所以不行也。宋孝宗曰："會子少則重，多則輕。"此鈔法之扼要也。請仿國初之法，每歲先造鈔十萬兩，計十兩者五千張，五十兩者一千張，試行一二年，計可流通，則每歲倍之；又得流通，則歲又倍之。極鈔之數以一千萬兩爲限，蓋國家歲出歲入不過數千萬兩。以數實輔一虚，行之以漸，限之以制，用鈔以輔銀，而非舍銀而從鈔，庶無壅滯之弊。

一、精鈔之製。自來鈔多用紙，故有“楮幣”之名，既易潮爛，尤易造僞。今擬仿古者用幣之意，請由户部立一制鈔局，先選織造處工人，以上等熟絲織如部照之式，分爲兩等，方尺有五寸者爲一等，方尺有二寸者爲一等，四圍篆織花紋，中横嵌“大清通行寶鈔”六字滿文於額，直嵌“大清寶鈔天下通行”八字漢文於兩旁。按每歲應製鈔張數造辦，以方尺五者爲庫平足色紋銀五十兩，尺二者爲庫平足色紋銀十兩。選能書吏，於録中滿漢合璧作雙行書。每年擬定數字，每字一千號編爲一簿。鈔之前，按簿上每張填某字某號；鈔之後，書“某年月日，户部奏准大清寶鈔與銀錢通行使用。僞造者斬，告捕者賞銀若干兩，仍給犯人財産，誣告坐”。皆漢書。再請飭另鑄大清寶鈔印一顆，於中間滿漢紋銀數上鈐以印，前某字某號上鈔與簿鈐騎縫印。鈔質必厚實如上等江綢，篆文必細緻，滿漢書必工楷一律，印文必完整，印油必鮮明，監造各官有草率不如式者，治以罪。禁民間不得私織如鈔花樣，有犯必懲。再請飭於製鈔局特派一二有心計之員，另處密室，於每鈔上暗設標識數處，所設標識惟此一二人知之。仍立一標識簿，載明每年之鈔標識幾處、如何辨認，封藏以便後來檢對。其識按年更换，以杜窺測。一切均不得假手書吏，以防洩漏。如此則造僞甚難，辨識甚易，僞造之弊庶幾可杜。且綢質較足經久，亦不致遽虞黴爛矣。

一、行鈔之法。立法必自京師始。如部中每歲製鈔十萬，請先以一萬分頒五城御史，合傳屬内殷實之銀號，當堂將鈔酌爲頒發，取具領狀，由城移送銀庫。銀號領鈔，准與微利。每庫平五十兩者，止令繳市平五十兩，庫平十兩者，止令繳市平十兩。限於領鈔後次月隨同庫上收捐時，將銀繳庫。銀號領鈔後，許加字號圖記花字於鈔之背面，聽各處行用，並准兑與捐生作捐項，與銀各半上兑。餘鈔九萬，酌分各直省、大都會及東南、兩河，交各督撫飭省會、州縣發交錢糧、銀號。其銀號領鈔亦如京城，准與微利。庫平止繳市平，將銀於次月繳納各州縣庫。領鈔之銀號亦准加字號圖記於鈔之背面，聽各處行用，並許爲辦解錢糧，與銀各半解司。其有無錢糧、銀號之州縣，或交官鹽店與典鋪。凡京城之銀號自多捐生兑换，外省州縣之銀號，有專爲辦解錢糧者，鹽店典鋪亦皆與官吏較親，儻書吏再有需索之弊，許該捐生、銀號等指名呈究。該管官即嚴行懲辦，庶幾民情無所疑畏矣。

一、籌鈔之通。京城發銀號之鈔，許捐生作兑項，則鈔仍歸於部庫。庫上每月應放款項，除零星散數不可給鈔外，如數十百兩以上者，部庫均可酌量以鈔搭放。凡領鈔者，如兵餉、馬乾不便分析，即可向銀號兑銀，散給鈔上有銀號圖記，如他銀號未曉，即向原加圖記銀號兑换，自屬其便。該銀號收鈔，仍可爲兑與捐生之用。外省發銀號之鈔，許其解充地丁，則鈔仍歸於藩庫。該省每年應撥放款項，該藩司酌量以銀與鈔各半發給。領鈔者均令就各州縣錢糧、銀號兑换。該銀號得鈔仍可爲辦解錢糧之用。在各該銀號以銀易鈔，既聽各處行用，且可爲捐生上兑捐項，辦解錢糧，並無苦果。如或故意勒措，不肯兑换，和減不肯如數，許民人指控，治之以罪。凡民畏與官吏交，而不畏與銀號交。如此而疑畏之弊益除矣。

一、廣鈔之利。鈔法行之自上，原不强民，然利輕齎與行遠，無成色與重輕，較之金銀，於民爲便。内而順天府、五城，外而督撫、州縣令，出示曉諭，使民咸知此意。聽民人等向銀號兑换行用，並聽爲隨處上納錢糧，兑换銀錢之用。再請飭發鈔專在省會、州縣，而收鈔則凡天下州縣，必令於城内立一收鈔銀號，無論本地异鄉民人有持鈔至者，或作文錢糧，或兑换銀錢，均即如數兑交。各州縣收鈔後，均可爲辦解錢糧之用。如行鈔數年，而州縣有並無鈔解充地丁者，是該州縣辦理不善，使鈔不得通於該處。該督撫查明，即行參處。京外各行鈔銀號，均飭於招牌上加鈔字，有持鈔至者均即兑换，毋許抑勒。各州縣解藩庫者，均令於鈔正面之旁，註明某年月日某州縣恭解。至民間輾轉流通，均許背面注明年月收自何人，或加圖記、花字，遇有僞鈔不罪。用鈔之人惟究鈔所由來，逐層追溯，得造僞之人而止。如此而民無用鈔之苦矣。

一、换鈔之法。部庫令一人專司鈔之出入。每收鈔時，必詳審鈔之正反面，不必待其昏爛，但鈔之背面圖記、花字注寫略已將滿者，即付送製鈔局。各省收鈔遇有似此者，即作解項解部，部庫亦付送製鈔局，使民間無换鈔需索之慮。各省解部者，亦令於鈔正面之旁，注每年月日某省解製鈔局，於原製鈔簿上，對明年月字號，註明每年月日銷，將鈔截角，另貯一庫。遇有僞鈔，便可對明。如係已銷之號而尚有未銷之鈔，則取當年製鈔標識簿核對，前後兩鈔，何者真僞，立可辨認。按僞鈔背面各圖記追究由來，則僞造無不破矣。

一、嚴鈔之防。製鈔、行鈔各法，非不力思防弊。然恐法久而弊仍生，再請法行之後，不得令有更張，致民觀聽惶惑以壞法。造鈔之制不得漸減工料，致失本來制度以壞法。民人有僞造者，即照鈔文治罪，不得輕縱以壞法。如是而壞法之弊庶幾可杜。宋臣韓祥有言：壞楮弊老，莫如收減增添料質。寬假工程，務極精緻，使人不能爲僞者，上也。禁捕之法，厚爲之勸，厲爲之防，使人不能僞爲者，次也。是言得鈔法之精意矣。

一、行鈔之人。自來法立弊生，非生於法，實生於人。顧生弊之人，商民爲輕，官吏爲重。商民之弊官吏可以治之，官吏之弊商民不得而遠之也。今於商民交易，雖力爲設法不經官吏之手，然官吏果欲牟利，從而需索扣減，亦復何難？商民兑换一有扣減，即不敢用。將使虚名徒懸，而利不通於上下，論者因以爲鈔不可行。似非鈔之不可行也，保甲社倉良法具在，苟非良吏亦終不行，是豈法之過與？州縣得人則商民奉法，督撫得人則官吏奉法，是在聖明洞鑒之中，又獨鈔爲然矣。唯是明臣邱濬謂鈔不可行，以用之者無權也。故行鈔尤貴稱提有法。稱提之法則在經國大臣相時之輕重，而收發操縱之。庶幾可以經久。以上所擬十條，第就管見所及舉其大綱。請旨飭部院大臣，詳細妥議，如可施行，再令部臣詳定節目。

—18. 皇朝道咸同光奏議　卷三八　户政類　錢幣

張兆熙（1799—1862）

字占泰，號惠荞，江蘇南匯（今屬上海）人。

遺訓八則録二

一、世俗兄弟嫌隙，皆起於争些便宜。不知兄與弟争，弟當思曰：兄，我同父之兄也。我失便宜，兄得之，是猶父母得之也。何較焉？弟與兄争，亦當作如是觀。兄弟間，苟能一念不忘父母，則忿争自平，利益莫大於是。但家門之和，古人尤有要訣，所謂不聽婦言是也。

一、士人一舉一動，衆所屬目，行止不容不謹，煙、賭、狹邪尤宜深戒。毋自恕曰暫，暫即常之階也。每見世俗子弟不知戒此，不旋踵而辱身敗行者多矣。汝輩無論讀書、營生，總當持重戒輕，無失古人守身如玉之旨，不可以小德出入爲藉口也。

—5. 皇朝經世文續編　卷五六　禮政七　家教

胡興仁（1797—1872）

字恕堂，湖南保靖人。道光五年（1825）拔貢生，官至浙江巡撫。有《補拙軒小草》。

征夷船進口硝磺税銀議

道光二十三年閏七月初七日《邸報》，欽差兩江總督耆英等在廣東附片具奏征收夷船進口硝磺税銀一摺，據稱“各國洋船壓舵之鹹沙，可以煎濾成硝，因例無免税明文，各國夷商均在外洋私售，無賴匪徒即指爲違禁貨物，查拏生事。議嗣後每硝一擔，征收三錢。其出口硝磺仍應嚴禁”等語。查鹹沙難免回潮，以之壓舵，似非淡沙石塊之比，難保不損壞船板。即可煎濾成硝，在夷船進口之時尚是鹹沙，並非硝磺，亦未便以未成硝之沙責其納税。且鹹沙煎硝，向在何處地面？若係由該國煎成，在外洋私售，則直謂之硝磺，不得謂之鹹沙。若到内地始煎，則何以又在外洋私售？如鹹沙可以成硝，則是濱海之地無處非硝，又何需乎内地之硝磺？不需内地之硝磺，則向來硝磺出洋之禁何以立法綦嚴？今既明立章程，征進口之硝税，則硝在船中，是出是入，礙難分辨。竊恐以“進口”二字朦混影射，名爲征鹹沙進口之税，實以弛硝磺出洋之禁，其弊不可勝言。

自來内地奸商私販硝磺，非賣與洋盜，即賣與外夷，從不聞外洋有硝載入内地，是以例無完税明文。如果海岸之鹹沙皆可成硝，則奸商雖爲漁利起見，亦有身家，既無重利可圖，何必冒險私販？此議一行，是向負私販之名，今遵公販之例，以未成硝之沙科税，有硝之名，無硝之實，殊非體恤外夷之道。洋船瞬息千里，守口員弁果能一一稽查，保無有出洋之船夾帶硝磺者乎？既明收進口之税，則難禁出洋之硝，所得不償所失，流弊正自無窮。若有意俯就外夷，則是授人以柄，釀禍無涯。向止粤東一省，今則福州、厦門、寧波、上海一律照辦，從此外夷之硝磺不可勝用矣。彼有所贏則此有所絀，國家收税無幾，受患實深。厝火積薪，當防其漸。

—5. 皇朝經世文續編　卷七七　兵政一六　海防上

王柏心（1798—1873）

字子壽，號筠亭，湖北監利（今屬荆州）人。道光二十四年（1844）進士，官刑部主事。有《百柱堂全集》。

導　俗

俗之薄，由讓道之不達，儉德之不昭也。古者君讓善於天，臣讓善於君，子讓善於親。士之應選舉也有讓，受爵位也有讓。下及觴酒豆肉，道路州巷之間，不期而讓道達焉。古者天子卑官菲食，諸侯制節謹度，群臣大法小廉，以逮庶民，食時用禮，不期而儉德昭焉。何俗之厚也。導源於上，而民皆敦勸於下也。今自一介之士，其視禄位僩然有欲得之心，居之不辭，營之無已。百金之子，靡衣媮食，與貲累鉅萬者等。朝廷教化非不行也，法度非不具也，而俗以浸薄，則士大夫所以倡率之者過也。讓不達，斯争競起矣，忠信衰矣；儉不昭，斯品制隳矣，財用匱矣。此蠹化傷教之大，虧法敗度之深，而有位君子不急圖所以矯之，靡靡之貸日甚一日，不知其何所終極也。

夫所謂讓，非虚崇美節也，必有好善之實，有知人審己之明，所謂儉，非苟爲孅嗇也，必内撿其縱佚，外酌其品式，惟士大夫始能深求而力行之。彼愚民何知，視其表而隨其流，斯翕然從之已耳。且是二者，囂凌之堤防，驕僭之銜勒也。决川瀆於平原，無堤防以禦之，則横流彌野矣；騁騆馬於交衢，無銜勒以制之，則奔軼僨轅矣。俗之澆漓固無形也，然較有形之患爲尤切。士大夫任風化之責，既恬不爲慮，又不躬行儉讓以先之，欲俗之歸復於厚，安可得也？

—4. 皇朝經世文續編　卷八　治體二　原治下

賈允升（？—1833）

字猷廷，號東愚、芝岩，山東黄縣（今龍口市）人。乾隆六十年（1795）進士，改翰林院庶吉士，嘉慶六年（1801）改陝西道監察御史，累官至兵部右侍郎。

請除外省積弊六事疏嘉慶八年

竊見今日害民者數事，請申嚴法令爲之限制。縷陳其事，惟聖主擇焉。

一、首慈惠，以專考課也。府州縣官，爲國養民者也。而今守令患在知有上司，而不知有民，定稿案則逆計上司之准駁，不問輿情；辦差務則迎合上司之歡心，不恤民力。上司保題考語，或云才情練達，或云辦事勤能，往往聲名平常之人亦濫登薦牘，甚有甫經送部引見，而所屬百姓已來京控告擾累者。雖所控未必皆實，然果平日愛民如子，小民具有天良，不應至此。請嗣後督撫保薦，必疏列愛民實政數條，不得空言陳奏。如守令中有實政及民者，偶遇罣誤失察處分，准督撫條列事實，酌量議抵。保題不實，大吏治罪，庶外間曉然於朝廷用人之意，則逢迎之路塞，慈惠之風行。再，國史館昭明善惡，爲人臣炯鑒，而循吏未有列傳，似無以爲良吏勸。請敕下史館總裁，董率各纂修官遍查諸書，自國初以來守令中有惠政可考者，照立《忠義傳》之例編爲《循良傳》，使中外臨民之官知所企慕，似亦揚清激濁之一端，於吏治不無裨補。

一、禁薦託，以絶弊累也。上司勒薦幕賓、長隨，許屬員揭報。如屬員營求上司，因所薦幕賓、長隨勾通作弊，俱交部議處，例禁綦嚴。臣風聞此弊竟未能絶。上司薦人與屬員，派定束脩，刑名至數百金，錢穀亦須二三百金。或刑、錢俱已無缺，更爲添薦一人，名刑錢總管，修金愈厚。收漕地方則添薦一人，謂之幫漕，是州縣廉俸幾不足供幕賓之費。至於長隨，自行招用者，作弊敗露，無難懲逐，若上司所薦，不免投鼠忌器。其尤爲害者，上司之幕友、家人亦薦人於屬員，往來串通，最易爲奸，甚至稿案准駁，藉以挾制本官，而本官亦無可如何。請嚴諭直省，申明定例，凡上司不得薦人與屬員，更請定爲條例，上司之幕友、家人與州縣交通薦託，除將幕友、家人分别發落外，其上司照自薦人與屬員之例議處；屬員如行收用，照營求上司薦人之例治罪。

一、省官差，以安農務也。驛站額設馬匹，以資公用。其有緊急公務，額馬不敷，暫向民間雇用，豈至病民？然此項差役深爲民病，良由舊設額馬不盡足數，而出差官員又往往於勘合定限馬匹外，恣意濫用，州縣官不敢阻止，不得不取用民間，因而承票胥役漁利作奸，車、馬、騾、驢盡數查拏，其實官所取用十無一二，餘者均須賄免。至於應差之馬，芻牧不時，驅策無節，率多倒斃，故每遇官差，農民歇業，商旅不行，爲累甚鉅。臣訪聞良鄉縣去京纔數十里，耳目甚近，而拉用官車已深爲行旅之病，何況外省！請嚴諭各督撫，於所屬地方派道府大員清查驛馬，務令足額，仍申明定例，勘合外不許多用一夫一馬，違者嚴參。間有緊要差務，額馬不敷，派吏胥照實數雇用，倒斃者賠價，將出票辦馬之弊永行禁止。

一、除官價，以靖市廛也。外省官價之弊，每行設立行頭，各衙門需用等物，總取諸行頭，行頭分斂於鋪户，以應官差。凡行頭所繳之物，有自來無價者，有酌予半價者，因之吏胥人等借以作奸，用一取十，至於日用碎細之物不可名行者，大抵予以半值，又自門僕胥役剥削數層方能到手。每見僻鄉窮黎收拾柴炭、雞鴨等物，肩挑入市以謀升斗，一遇官差則徒手而歸，良堪憐憫。查定例，外省大小官員除日用零星食物外，需用布匹、紬緞一切貨物，俱不得於管轄地方賒買，何況以官價累民如此之甚。祈嚴諭督撫，務飭所屬，出示厲禁，將前弊杜絶，永不許有官價之名，違者嚴參治罪。

一、懲書役，以遏暴横也。查定例，司道、府州縣不行察訪衙蠹者，照徇庇例議處；督撫不行訪參者，交部議處；其訪拏衙蠹及贓私數目，年底造册題報。外間奉行日久，視爲具文。六月内上諭：嗣後各督撫當嚴飭屬員，於地方詞訟申詳事件，務須依限完結，即自理詞訟亦須迅速完結。臣查外省聽訟遲延，半由不能約束胥役。尋常鬭拏案件，衙蠹之囊橐不飽，即訟獄之審辦無期。請審定憲令，凡胥役犯擾害等罪，俱加等科斷；本官失察，别經發覺者參處，能自訪辦者免議。若前任衙蠹，後任查出，量予議叙；有能查辦鄰境衙蠹者，照拏獲鄰境盗犯例，酌量議叙。仍責成督撫大員詳悉察訪，年終彙題，以憑考核，庶衙蠹斂迹，閭閻得安居樂業矣。

一、申禁令，以挽奢僭也。耕夫蠶婦，饥不得食，寒不得衣，而胥吏、家人、長隨、優俳，衣服鮮華，紗羅、綢緞、細毛焜燿街市，除帽頂、補服外，無以分别貴賤。至於官職紳士，恥爲儉樸，浮靡相高，日甚一日，物利因之而絀，贓犯因之而興。皇上慎儉德爲天下先，宜可以風動四方，而流俗之情習爲固然，共爲奢僭而不知其非。臣思法制之立，由近及遠。奢靡之風，京師在所不免。請諭在京王公、大臣、官員，凡車服器用務爲節儉，並各自約束家人、吏役，毋得踰制，庶直省有所觀法，人情返樸，物價漸平，生計可充，廉隅可礪也。

以上數條，臣在籍時皆親見其累民病俗。皇上莅政以來，風氣烝烝丕變。及今又數年，人情習於故常，漸復其舊。現當三省善後，與民休息，似應申明憲令，掃除諸弊，於吏治民風庶亦有助於萬一也。

—2. 皇朝經世文編　卷一六　吏政二　吏論下

俞德淵（？—1836）

字陶泉，寧夏平羅（今屬石嘴山）人。嘉慶二十二年（1817）進士，官至兩淮鹽運使。有《默齋公牘》。

諭淮商

爲明白曉諭事，照得前因船户不得水脚夾带私鹽，影射銷售，當蒙欽差大臣會同督憲奏明，此後應將水脚例價照實核發，回空船隻，按照到日先後，挨次編號，不準仍蹈買裝舊習。所以必須編號者，原杜以大船而裝少引，藉以稽查引數起見。查原奏内並無輪號挨裝之説。商人以成千累萬資本捆鹽上載，行走江面千有餘里，自應聽其擇選船隻之堅固，僱覓老成可信之船户攬載而行，以昭慎重。況船之大小不同，引之多少迥異，若必照號挨裝，既拂人情，更多滯礙。總之，專用埠頭則買裝之弊難除，添設幫首則把持之弊又生。督憲洞悉情形，深以挨裝之事爲不妥，是以檄飭另派公正辦事商人二名，專司編號及督發水脚事宜，俾除積弊，以示公允。兹本署司到任後，檢查卷案，不特該商人並未前往查辦，而自上年七月間奉文編號起，迄今並未辦定，轉於埠頭之外另添幫首、董事，名目殊堪詫異。試思埠頭之把持、勒索，弊已顯然，方期力加整頓，何堪又添幫首、董事，反起把持壓裝之漸？多一事則多一事之周張，多一人即多一人之費用，更與奏定删減浮費繁文之意迴不相符。且本署司訪聞添設幫首人等，竟敢私出揭帖，意圖挾制，亟應嚴行禁革，以儆刁頑。除詳明督憲，並札令監掣同知暨儀徵縣訪拏，仍另行委員前往，專司編號等事外，合行出示通行曉諭，爲此示仰商人及埠頭並各船户人等知悉。自示之後，所有委員添派幫頭、董事人等，概行禁革。商人捆鹽上載，聽其在於編定四百六十五隻船内，自行僱覓，報知監掣並委員人等，配合引數上載，總須將船裝滿，不準留有空艙致多夾帶。如所僱之船不在前編數内，即由委員接連已編之船，挨次添入，仍將自一號起，至幾百幾十號止，某號裝引鹽若干，註明船户姓名，先造總册二本申賫以憑。另委大員抽查，俟裝載後，量明水迹，加烙火印開行，按五日造册報名督憲，暨本署司查考。至應發水脚，即查照前委員稟定舊額，眼同商人埠頭圓契給發。如有剋扣平色，及埠頭、商夥、商厮仍有需索情弊，許該船户赴轅喊稟，定行從嚴究辦。該幫頭人等亦須各知自愛，遁迹藏踪。倘敢仍前揑造謡言，妄生事端，一經監掣同知及儀徵縣拏解到案，本署司惟有執法從事。爾時噬臍無及，宜各凛遵，毋違，特示。

——3. 皇朝經世文編補　卷五〇　户政二五　鹽課下

禁揑控示

爲恭録剴切示諭，以儆刁頑，以杜擾害事。照得本司接閲《邸鈔》，欽奉上諭："刑部議奏，御史宋邵穀奏請嚴定官民藉端訛索一摺，嗣後官民人等告訐之案，察其事不干己，顯係詐騙不遂，或因懷挾私讐以圖報復者，内外問刑。衙門不問虚實，立案不行，及呈内臚列多款，或涉訟後復告牽他事，但擇其切己者，準爲審理。其不係干己情由，亦但立案不行，仍各將該原告照違制律杖一百，再加枷號一個月，係官革職。已革職者，與民人一例辦理。如敢妄揑干己情事聳準，及至提集人證審辦，仍係不干己事者，除誣告反坐，罪重者仍從重定擬外，其餘無論所告虛實，詐贓多寡，已未入手，俱不分首從，問擬發近邊充軍，仍先在犯事地方枷號三個月示衆，滿日再行發配。係旗人，照例銷除旗檔，一例問發該部，即纂入例册，永遠遵行。餘依議，欽此。”仰見我皇上嚴立科條，從新懲創，以期無訟之至意。凡屬官民，自當安分守法，勉作善良，以爲保身全家之計。且訟則終凶，古人垂誡，誣告反坐，律有明條，苟非情切剥膚不得輕言赴愬，何况事非干己，豈可妄肆譸張？

邇來健訟之習，各省皆然。本司久任江南，知此地民情尤善架空弄巧。或倚恃生監，假借公事出頭，或藉口錢漕，動輒挾制官府，並有不赴州縣具呈，率行越訴，不候本官審斷，旋即上陳。將無作有，以僞亂真，專意訐人，陰私寻人，款迹牽多年之舊案，造無稽之謗言，疊起循生。憑空結撰告一人，而被累多人，控一事，而株連多事。種種揑砌何可勝言！窺其意向，非意主詐財，即心存洩忿，含沙射影，鬼蜮百般。及至官爲準理，則設計遷延，規避不到，致被告之人難堪拖累，不得不出財求息，買静圖安。而猾吏奸胥亦遂乘機騙詐，魚肉善良，飽衙蠹之貪囊，遂刁徒之詭計，言之實堪痛恨。即有時公庭對簿，審係原告虛誣，地方有司反以到案供明，不敢始終誣執等詞，從寬完結。水懦民玩，忌憚毫無。而訟師奸民挾其唆誘之伎倆，搭棚陷害，益復何所底止！

兹恭奉明立科條，如有事不干己，懷讐報復，立案不行，仍將原告滿杖枷號。是前此尚可一詞圖詐，今則告狀不行，反先干杖枷之罪，即有妄揑干己情事，聳準提審，訊明後仍係事不干己，無論所告虛實，曾否得贓，不分首從，概行擬軍。更不能以到案供明，從寬完結。害人適以害己，圖財先自耗財。在逞刁健訟之徒固屬無可憐恤，而愚民罔知新例，誠恐誤犯刑章。除嚴札各府州縣實力查辦外，合亟剴切出示曉諭，爲此示仰闔屬生監、軍民人等知悉。自示之後，務宜安分守法，滌慮洗心。凡可以忍耐者，須知無事爲福，微嫌細故，情恕理遣，斷勿弄智舞文，投詞訐訟。至若事不干己，尤宜屏置勿論，不得以平素私讐，意存報復。倘復報迷不悟，妄揑圖擾，即或僥倖脱批，一經審明之後，衆供確鑿，虛實立分，縲紲桁楊，實由自取，言之可爲寒心。此本司諄諄勸導，俾爾等畏法自全，慎勿視爲告誡虛文，自貽後悔也。

—3. 皇朝經世文編補　卷九四　刑政五　治獄下

禁機匠匪徒人等聚集滋事示

爲嚴禁游手好閑，恃衆鬭狠匪徒，以靖地方事。本府访聞省城内外，有游手無賴之徒，呼朋引類，結黨成群，往往於空曠之地，如東花園、城脚根門、東王府塘等處，及凡廟宇、公所，每至下午之時，即有一班無知惡少平空聚集，以鬭力爲能，手挽四五十斤石鎖，互擲互接，或以肩臂承受，並有使兩人肩舁竹扛，一人兩手伏住，聳身而起，盤旋於上下左右之間，名曰：盤扛，又號稱爲草辣子。日日演習，自誇勇力過人。上屋踰墻，身輕便捷，薄鞋大辮，短服袒胸，練成一種棍徒惡習。設有睚眦小忿，或遇良懦可欺，遂即平地生波，待强詐擾。又有機匠一業，每坊輒有數十人，均係無籍之徒、烏合之衆，雖係織機爲生，而性情粗暴，好勇鬬狠，動輒聚衆兇毆。

道光二年，有機匠張幗效等，在新橋一帶地方糾衆兇鬬，奉前督憲照兇惡棍徒例，問擬軍徒，奏明辦理。數年以來，不但不知斂迹，近更訪聞各立會名，拜盟結黨，私設公所，竟有數十起之多。新橋、沙灣等處，在在俱有。專以聚衆逞兇爲事，致使鄉民側目，善士寒心。此等匪徒實屬大干法紀。查定例，游手好閑，不務本業之流，演弄手棒，輪匕舞棍者，杖一百，流三千里。隨同學習者，杖一百，徒三年。又結會樹黨，魚肉鄉民，凌弱暴寡者，不論人數多寡，爲首照兇惡棍徒例發遣，爲從滿徒，律例何等森嚴。况鄉城重地，豈容不逞之徒肆行玩法，應即嚴拏，照例究辦。不忍不教而誅，除行上江二縣一體查禁外，合亟出示，剴切嚴禁，爲此示仰軍民、匠役人等及各鋪地甲知悉。自示之後，務須各勤正業，痛改前非，當知强梁者不得其死，好勝者必遇其敵。况恃强凌弱，律法難容。縲絏桁楊，追悔莫及。何苦因風吹火使酒，撻降甘居地棍之名，不齒正人之口。該機匠人等本係手藝小民，宜知安分自守。倘再仍前玩法，有少年聚集拋鎖、盤扛，及恃强詐擾、結會兇毆等事，一經本府訪知，或被旁人首告，定即查拏到案，照例嚴懲，必不稍存姑息，勿謂言之不預，執法太苛。該地甲等亦各認真嚴密查察，傳諭改悔。如有前項匪徒不遵告誡，立即稟請拏究。倘敢徇隱，定與正犯一律治罪，均各凛遵毋違特示。

角力鬬捷，樹黨成群，即不爲寇賊奸宄，閭井已不勝其擾，况涓涓不塞，將爲江河乎！《水滸傳》一書竟爲暴亂者嚆矢矣。此輩約信不渝，臨難不悔，若用之於正，雖古之義烈士奚以過之。惜乎，其終爲兇人也！豈真戾氣獨鍾哉？蓋先人之言誤之耳。閏生

——3. 皇朝經世文編補　卷九四　刑政五　治獄下

湯　鵬（1801—1844）

字海秋，號儲瑶、止信，湖南益陽人。道光三年（1823）進士，授禮部主事，官至山東道監察御史。有《海秋詩文集》。

訓　廉

浮邱子曰：凡與人家國天下事者，蓋其恩有所授也，則不能毋以赤心古義酬之，事有所錯也，則不能毋以精心果力治之。赤心古義酬其恩，精心果力治其事，則不能毋割其私以從公。公與私不兩營，私則不能復公，公則不得復私。

曷其奈何弗廉？貴賤富貧，各自其命爲之也。貴不耀賤，則賤不歆貴；富不耀貧，則貧不歆富。不相耀則心不生，不相歆則計不亂。心不生，計不亂，則破礪志、操名節以肥其躬者，亡有也。

曷其奈何弗廉？造物之精英，生人之美利，毋攖之使獨也。毋攖之使獨，則必均，均則毋豐於己，毋嗇於人。毋豐於己，是故不能以其所無爲其所有；毋嗇於人，是故不能以其所有爲其所爲。

曷其奈何弗廉？人心亡厭，其必覬造物之精英而備取之，奪生人之美利而獨享之。備取之，則精英必竭；獨享之，則美利又所必争。精英必竭，則造物怒；美利必争，則生人怨。造物怒，則慘不可言；生人怨，則變不可支。

曷其奈何弗廉？侈心則崇賄者肥其躬也，肥其子孫也。肥其躬，則躬有盡時；肥其子孫，則子孫無已時。躬有盡則將焉享，子孫無已則將焉保？躬不享，子孫不保，賄貴耶，德貴耶？德貴於賄，則其澤數世而不斬；賄貴於德，則其澤及身而斬。

曷其奈何弗廉？大臣者，小臣之所視聽也；内臣者，外臣之所望風旨者也。大臣廉，則小臣不能毋自愛；内臣廉，則外臣不能毋自謹，小臣自愛，外臣自謹，則心志清而職事舉。

曷其奈何弗廉？大臣弗廉，小臣以其賄先之。賄先則譽至，賄後則毁至；譽至則遷擢，毁至則遲滯。遷擢由賄先，則才能者於廉恥蔑如也；遲滯由賄後，則德行者於顯榮闕如也。才能者亡廉恥，則群愚傚其爲人；德行者亡顯榮，則士氣積於不振。群愚傚其爲人則風俗壞，士氣積於不振則人心枝。風俗壞，人心枝，則誰氏之憂也？

曷其奈何弗廉？内臣弗廉，外臣以其賄通之。賄通則有喜，賄塞則有怒。喜則爲外臣粉飾朝評，雖有罪弗得彰焉；怒則爲外臣謡諑萬端，雖有功弗得彰焉。外臣思掩其罪以掠其功，則貢其喜以柔其怒；内臣思固其交以厚其賄，則護其非以揚其功。外臣貢其喜，柔其怒，則朋友愛憎豈不重於朝廷賞罰耶？内臣護其罪，揚其功，則疆隅治忽豈不壅於朝廷聽視耶？愛憎重於賞罰，則綱紀裂，治忽壅於聽視，則元氣衰。綱紀裂，元氣衰，則誰氏之咎也？

曷其奈何弗廉？小臣毋自愛則必貪，貪則與左右吏胥作奸。與左右吏胥作奸，則遇事持其短長。遇事持其短長，則小臣所獲有幾，而左右吏胥作奸無窮。左右吏胥作奸無窮，則積久必敗露。積久必敗露，則所獲有幾者不能毋與左右吏胥坐其刑誅。

曷其奈何弗廉？外臣毋自謹則必貪，貪則括取百姓脂膏以從己之欲。從己之欲則豢養彌甚，豢養彌甚則嗜欲横多。嗜欲横多則外臣括取無已，而百姓脂膏有窮。百姓脂膏有窮，則必積爲怨毒，形爲謗訕。怨毒謗訕不已，則必鬱爲旱乾水溢，激爲狂飈怒雷。旱乾水溢、狂飈怒雷不已，則饑民不能毋爲盜，盜不能毋爲亂。饑民爲盜，盜爲亂，則血彼於鋒刃以吐其憤已耳。

曷其奈何弗廉？不情之請，非分之財，必藉其所密之人授之。其所密之人見可欲，必不能毋動，動必不可毋奢，奢必不能盈其所密之人之願。不能盈其所密之人之願則言必泄，言必泄則衆漸聞，衆漸聞則愚民憾而士族羞。愚民憾，則訴之天以邀其死，而士族羞，則且筆之於書以世其故去醜。

曷其奈何弗廉？貪者嗜財，廉者嗜名，貪廉之常也。世運駮，人才詭，則貪廉不能毋變本加厲。貪廉變本加厲，則貪者嗜財也，更嗜名也，廉者嗜名也，更嗜財也。爾乃嗜財更嗜名，則飾之乎儉壹可風；爾乃嗜名更嗜財，則飾之乎取與有節。飾之乎儉壹可風，則奴僕料其僞，朋友忘其貪；飾之乎取與有節，則朋友料其僞，朝廷謂其廉。朋友忘其貪，則出死力以捍非議；朝廷謂其廉，則借寵榮以便私計。出死力捍非議，爾乃成其終身之貪，無一朝之敗也；借寵榮便私計，爾乃成其近似之廉，無刻苦之累也。一貪一廉，互相爲根；乍陰乍陽，孰測其然？巧僞以叢，蠱惑以翩，物望以雜，國是以捐。

曷其奈何弗廉？幾希之界，夜氣之存，貪未嘗不省，省未嘗不悔也。貪又未嘗竟悔也。爾乃狃於故，則曰不可更也；爾乃濆厥聲，則曰不可湔洗也。勿謂不可更，更之而故者新；勿謂不可湔洗，湔洗之而臭者馨。故者新，則盜蹠倏化爲伯夷；臭者馨，則鮑魚倏化爲芝蘭。盜蹠化爲伯夷，鮑魚化爲芝蘭，則爲善有力，爲惡無謂。爲善有力，爲惡無謂，則凡天下之貪者舉可悔，天下之悔者舉可化也。

曷其奈何弗廉？《詩》、《禮》之宗，仁義之傑，貪未嘗不近，近未嘗不敬也，貪又未嘗竟近，近又未嘗竟敬也。爾乃危言篤論以激之，則曰其慮事過也；爾乃正言莊論以曉之，則曰其執理腐也。勿謂慮事過、失其守者身將墮，勿謂執理腐、失其正者心焉處。君子知身之不可墮也，故安之；知心之不可離其處也，故操之。安之爲泰山之重，墮之爲鴻毛之輕；操之爲毫厘之是，離之爲千里之謬。

曷其奈何弗廉？君子欲化民成俗，則整躬帥物。欲整躬帥物，則壹志絜行。欲壹志絜行，則讀書考理。爾乃弗讀書考理，則曰壹志絜行，强攝之已矣；爾乃弗壹志絜行，則曰整躬帥物，逆施之已矣；爾乃弗整躬帥物，則曰化民成俗，虚縻之已矣。縻之者虚則不詳，施之者逆則不昌，攝之者强則不常。曷其奈何弗廉？君子欲去迫塞蔽虧之弊，其必自訓廉始乎？

——15. 皇朝經世文四編　卷一三　吏政　吏政

張鵬飛（1801—1854）

字摶九，陝西安康人。道光元年（1821）舉人。主持臨潼、安康書院講習，曾官四川直隸州判。有《來鹿堂集》。

增刻三省邊防備覽序

嘗讀賈長沙策，惜其卓議名論，思患豫防，竟阻於絳灌不之用。至武帝時，其策果行，終漢世，果無復藩國之患。設使當文帝時早用之，七國不至以從逆終。後之人必且議書生過激之論，徒託於虚矣。豈知仁人君子之用心，第求國計民生陰受其福，詎忍幸事變而沽己名哉？今讀嚴樂園方伯《三省邊防備覽》，深嘆其飭武籌邊用心有合於長沙，惜乎，行之未遠，賫志以殁，不能不重鋟之以廣其傳也。

三省者何？陝西、四川、湖北也，其邊境毗連，犬牙相錯，實爲坤輿之奥區。高山長林緜亘千數百里，彌望蓊鬱，竟日不見人煙。附近省民，利其地廣賦輕，襁負而至，佃山結屋，墾土開荒，土著目之曰新民。其地鹽、米、食物較他省價減十之五，失業游民與避饑棚民往往以此爲逋逃藪。游民有資則私販趨利，折本則群聚爲非，賭竊拐騙，無所不至。其爲棚民者，扶老携幼，盈千纍百，擇肥勒食，一餐石米，伊自號曰嘓大户。大户目伊曰：挨兵。供之則慮力有不能，拂之則恐禍且立至。其地距縣治動輒一二百里，民不堪二者之擾，禀官捕治。陝追則逸之蜀，蜀追則逸之楚。路歧如麻，人竄似梭，咫尺隔省，彼此守令均有鞭長莫及之嘆，此緝捕之所以不能立獲也。然此猶其小者也。其尤黠者，有紅錢、黑錢、大五帽頂諸名色，其結黨數十人，或數百人，羽翼既多，各習拳、棍、刀、鎗，以資捍護。或夜劫富民，或晝搶場鎮。先約遇兵役追捕，不許散黨。如事急，衆議散去，始各逃竄。如未議而一二人先散者，衆共戮之。以此，其藝既精，其黨亦固，小則拒捕抗官，大則揭竿謀逆，甚或棊布要害，公然爲犄角之勢。官師憤志撲誅，多用兵則艱於轉餉，少用兵則莫制鴟張，致煩士馬戡定，經年累歲，然後以次削平之。

稽之五代、唐宋不勝枚舉。姑以起滅於勝國者，約舉之以概其前可也。明成化時，劉通蠢動於房縣，其黨李原、王洪、王彪，擾及川陝。藉非項嘉興忠討之，原陽城傑撫之，滋蔓直不知底止。正德時，保甯賊藍廷瑞自稱順天王，鄢本恕自稱刮地王，十萬餘衆延蔓川、陝、湖、廣。藉非洪錢塘鍾、彭世麟設計誘擒，其蹂躪更不堪言矣。自時厥後，在陝西，時則有何冕蘇嘯西鄉星子山，淡文省盤踞金州王莽山，李三負固紫陽高峰寨。在四川，時則有劉烈爲盗於保甯，曹甫焚掠於營蓬，喻思順竄擾於通巴。在湖廣，時則有荼毒鄖西之楊文政，巢窟房縣之王斌，盗聚巴東之黄中。所在掠地劫民，大肆屠戮。哀我孑遺，既無牛種，自廢耕耘，千里炊絶，斗米十金。無論被搶之地，元氣盡耗，即附近州縣亦疲於奔命，固圉弗遑矣。其最勞撻伐者，則崇禎時之李自成、張獻忠。當二賊乘亂竊據於三省也，其時殺戮之慘，從古未聞。幸賴大兵吊伐，元惡伏誅，而流毒餘氛處處劫掠。陝有劉二虎、小紅狼分踞興安、甯羌一帶。川有姚黄十三家盗弄於保順、達夔一帶。湖廣有郝摇旗、馬黨塔、楊明啓竄屯於房竹、大甯一帶。千數百里之提封，莫非鴞獍縱横之所。直至康熙二三十年漸取其類而殲旃。凡此皆明之餘毒見於史志可考。此外，旋起旋撲爲害不烈者，尚不能僂指悉述也。

我朝混一函夏，以德綏民，薄海内外，來享來王，間有一二梗化，天兵所指無不如摧枯拉朽。獨此三省邊疆在嘉慶初則有白蓮教匪之變，最稽天討。當時合滿漢軍數十萬，剿撫五六年之久，不克奏功，卒恃龔太守景瀚堅壁清野議，始能制奔豕之命。未及一年，非逃即擒，而大憝生縛於闕下。屈指底定以來，迄今廿有餘年矣。痛定思痛，不能不爲懲羹吹虀之謀。凡以談虎色變，身受其害最深也。間嘗求此三省邊境所以治少亂多之故，説者謂狐兔易於跧伏，攻之難而守之易。其實揆厥所由，總因防禦日弛，撫字不勤之所致。然則曲突徙薪，烏可不早爲計耶？今雖邊烽久熄，民氣恬熙，而山深箐密，向爲匪人久踞之區，保無有漏網遺孽，冷灰復然乎？保無有顛木由蘖旁生側發乎？是以今上御極之年，大吏奏請仿前明專設鄖撫例，以總其成，以資彈壓。

時三省督撫條奏改陝西甎坪縣丞爲撫民通判，四川、湖北各要隘，均更定有差。未雨綢繆，誠有鑒前此黨聚竊發，艱難百戰，爲能正本塞源也。余時山居，聞之喜甚，即欲輯教匪滋事始末，彙成一書，以爲殷鑒。徒以冗務纏縛，卒卒未果。不意方伯時作行人，竟先爲之。晴窗披覽，見其自輿圖以至藝文，洪纖畢具，直如家留侯之借箸而謀，馬伏波之聚米爲山，大旨總在因地設防，用垂久遠。所謂布置在乎審勢，權變貴乎因時，洵爲安邊大猷也。

第其中有二三錯譌與搜采未備者，不辭固陋，竊就見聞所及，爲之分訂、分增於其後。誠使莅乎此者，果能酌古準今，遵其防撫，或如龔遂之治渤海，或如張綱之治廣陵，不過需賢能數十員分布其間，可以安坐而治矣。昔人云：亂之既成，數名將制之而不足；亂之未成，一循吏撫之而有餘。安見古今人不相及耶？然此論出必有從而議其後者，一則謂更張適以擾民，一則謂迂闊徒抱杞憂。夫議之誠是矣。特以一命之吏，身荷君恩，苟利國計民生，則成敗毁譽豈所暇顧？即或以攘臂不靖責之，竊謂方伯蹈長沙之覆轍，余又何敢求免物議，祇有俯首受之而已矣。

身經亂離之慘，不能不取循良成書，依類分增，散布三省官紳。俾懲前毖後，各保疆圉，文之工拙不計也。

—3. 皇朝經世文編補　卷八二　兵政一三　山防

朱　琦（1803—1861）

字濂甫，號伯韓，廣西桂林人。道光十五年（1835）進士，選庶吉士，授編修，遷御史。有《怡志堂詩文集》。

名實説

孰難辨？曰：名難辨。名者，士之所争趨而易惑。天下有鄉曲之行，有大人之行。鄉曲、大人，其名也。考之以其行，而察其有用與否，其實也。世之稱者，曰謹厚，曰廉静，曰退讓，三者名之至美者也，而不知此鄉曲之行，非所謂大人者也。大人之職，在於經國家，安社稷，有剛毅大節爲人主畏憚，有深謀遠識爲天下長計，合則留，不合以義去，身之便安不暇計也，世之指摘不敢逃也。今也不然，曰吾爲天下長計，則天下之釁必集於我，吾爲人主畏憚，則不能久於其位，不如謹厚、廉静、退讓，此三者可以安坐無患，而其名又至美。夫無其患而可久於其位，又有天下美名，士何憚而不争趨於此，故近世所號爲公卿之賢者，此三者爲多。當其峨冠襜裾、從容步趨於廟廊之間，上之人不疑而非議不加，其深沈不可測也；一旦遇大利害，搶攘無措，鉗口撟舌而莫敢言，而所謂謹厚、廉静、退讓，至此舉無可用，於是始思向之爲人主畏憚而有深謀遠識者，不可得矣。且謹厚、廉静、退讓三者，非果無用也，亦各以時耳。古有負蓋世之功而思持其後，挾震主之威而惟恐不終，未嘗不斤斤於此。有非常之功與名，而斤斤於此，故可蒙榮譽，鎮薄俗，保晚節；後世無其才而冒其位，安其樂而辟其患，假於名之至美，惘然自以爲足，是藏身之固莫便於此三者，孔子之所謂鄙夫也。其究鄉愿也，是張禹、胡廣、趙戒之類也，甚矣其恥也！且吾聞大木有尺寸之朽而不棄，駿馬有奔踶之患而可馭，世之貪者、矯者、肆者，往往其才可用。今人貌爲不貪不矯不肆而訖無用，其名是，其實非也，故曰難辨也。鄉曲無譏矣，然豈無草茅坐誦，而憂天下其人者乎？而士之在高位者，伈伈晛晛，曾鄉曲之不若，何也？是故君子慎其名，鄉曲而有大人之行者榮，大人而爲鄉曲之行者辱。

——5. 皇朝經世文續編　卷二〇　吏政五　大吏

彭洋中（1803—1864）

字彦深，一字曉杭，湖南湘鄉（今屬湘潭）人。道光八年（1828）舉人，官潼川知府。有《古香山館存稿》。

湘勇原流記

湘鄉踞湘江上游，地廣而沃。中歲委積鱗比。民間正供之賦，向由書吏携串票赴鄉征。日久弊滋，需索重沓，民不能堪，激爲抗欠之計。其俗又剽悍，斂錢拜會，歲以爲常。

道光末年，糾衆積六七萬，爲首匪類，踞山依箐，遍立巢窟，焚掠擄殺，無處無之。被害之家，駢詞上愬，絲棼苦不能治。三十年，粤西金田釁作。上命前任雲貴總督林則徐經略之，道卒。又以命前任兩江總督李星沅，亦遽卒於軍。粤賊勢日熾。湘鄉會匪通焉。將藉口錢漕，以發大難，都人士罔知所措，或爲徙避計。不能徙者，則約數百人赴告各大吏，謂寇賊之患，百萬甲兵制之於後而不足者，一二循吏弭之於先而有餘。請以賢能縣令往。巡撫駱秉章、署布政使春熙皆頷之。然遍計群吏，罕勝其任者。擇尤遣之，則又胥視爲畏途，相顧繭足。曰：吾官可劾罷，軀命殊未遽捐也。用是擬委十數輩，咸固辭。事勢迫不可復待。時清江朱孫詒，卸署長沙縣事甫月餘，又已奉部咨允補鄷縣令。按省例，皆不得遽委他缺。湘人知其賢且能也，相率遮大吏輿，乞借寇。秉章語屬僚曰：誠知非朱令不可，第違省例，而强以人人所不欲，乖護惜吏才之意耳。春熙曰：是可以忠義動也。因促召朱令至，則長揖以顧全局懇。孫詒受命無難色。其捧檄往，則是年十月初二日也。孫詒未蒞任之先，鄉民麕集數千人城中，環縣令署，噪聒錢漕事。聞孫詒至，喙頓息。孫詒下令曰："胥吏濫索，誠病民。然新漕伊邇，驟改章，恐弗及。其各歸，來年當爲若盡剔朘削弊。敢胥動浮言者，罪不赦。會匪擾閭里，爾切近灾也。亟縛獻，毋少延。"衆唯唯，遂散。是月半，有以盗魁陳勝祥、劉福田、彭明新來獻者。訊得實，并寘諸法。自是縶賊之索，日相屬於道。邑中狐狖嗥嘯，爲之稍戢。訪紳士之賢者，知廩饍生羅澤南、諸生王鑫、文士劉蓉、康景暉其人。

明年，咸豐改元，詔舉孝廉方正，以羅澤南應。二月，縣試士，拔劉蓉冠其曹。旋集諸紳議改錢漕法，悉去浮勒，務便民。嚴治舞弊桀黠吏。湘人大愉。湘鄉書吏最狡惡，令或稍閑以法，輒多方誣去之。王鑫悉其狀，密舉以聞，請預防。四月初八日，孫詒巡鄉，至三坊萬貫亭，紳民迎謁，王鑫預焉，與語移時。屬詣署襄公務。隨抵三十五都洪山殿，康景暉詣焉，談竟夕，乃返署。當是時，大學士賽尚阿、都統巴德清、達洪阿奉命剿粤西賊。孫詒召諸紳謂之曰：防患未然，古之善教。今粤賊洪秀全等勢張甚，未易遽殄。若北竄由恭城、灌陽而全州，則永郡之東安界，由陽朔、臨桂而靈川，則寶郡之新寧界，皆毗連邵陽。湘鄉固邵陽接壤也，計程不數日，賊可及吾境。人以爲患在隔省，吾視之猶肘腋耳。官軍布守衝要不能遍，團練鄉兵差足衛閭閻。及今不理端緒，恐倉卒措置難也。王鑫曰：請自隗始。爰創具規約，遍曉諭於三坊倡之。餘四十七都亦次第行。時洪逆困守永安，官軍十餘萬，繞之四市，不惟楚省無風鶴警，即粤西諸郡邑，亦猶晏然太平。是以示諭團規概不及旗幟、隊伍、刀矛槍炮字，恐駭觀聽也。未幾，湖廣總督程矞采得旨防湖南邊，將督師次衡州。孫詒欲於其過境也，縷陳團練策，請飭通行。而總督方謂賊焰易撲，勿庸爲此迂遠謀，勞民傷財，無益至計。孫詒之説不得入。七月，邑之二十五六七，都三十五，暨四十都，會匪同時驟起，群出抄搶。四十都職員李耕亭家，被禍尤烈。孫詒遣劉蓉、康景暉號召團練，親往捕治之。會匪拒捕，銃彈傷孫詒準及手足，輿夫、丁役負創者數人。詰旦，孫詒裹創大集團丁，圍攻賊渠熊聰一於湖洞，火其廬。擒賊目王祥二及其夥數人。熊聰一棄湖洞奔八十里，潛伏楊家灘，謀遁出境。團長蕭積惠購獲之。王鑫亦會團於三十五都助捕。獲賊頭目百余人，檻送總督行營究治。計前後就捕者七百有奇。孫詒以內匪不靖，則外患無自防，益與王鑫、康景暉諸人講求團練緝捕法，網山搜谷，梟鷙爲空。

二年二月，洪逆挈其黨楊秀清、蕭朝貴、石達開等，突永安圍，走臨桂，攻省城，鋭首北向。孫詒謀諸王鑫、康景暉曰：衡、永駐重兵，寶慶有副將領兵協郡伯守，賊必不敢往。由東安擣虛而來，吾湘鄉正當其衝。團丁未習戰，不值一吷，非可遂恃無恐也。吾欲選勁卒分布要隘，當前鋒，以團丁綴其後，助聲勢，兩君以爲何如？皆對曰：此萬全策也。遂募敢死士，日訓練。四月，全州陷，戒益嚴。賊睨湘鄉有備，繞竄陷道州，陷江華、永明、桂陽、郴州。七月，王鑫等偕文士易良幹各集團數百人，造縣聽調。命分三營，易良幹領中營，王鑫領左營，武生楊虎臣、團長王開化、張運蘭隸焉，康景暉領右營。以諸生羅信南綜理三營糧糈，謝邦翰偫兵械。縣學兩司教官，併廩餼生魏萬傑等，分投勸捐助以濟軍食。事當創始，驚世駭俗。前此團練甫倡，舉邑紳耆庭諍已屢。迨是益譁然。有怨詈者，有揶揄者，有謂寇賊可冀其不來，練卒必不能不生事者。孫詒親若友進諫曰：“衆口囂囂，姑已之以息謗，若何？寇將至而斂民怨，非計也。”答曰：“愚民偷旦夕安，忘巨禍，猶赤子有疾，苦藥餌號啼耳。苟且徇之，安用父母爲！”遂不聽。有挺身向康景暉吧呀忿争，斥以首禍者，孫詒召其父責之曰：“爾子敢復爾，將寘重典！爲沮撓公事戒！”復飭緝妄議者數人，薄懲之，事乃定。是月羅澤南來，命易良幹奉以中營事，而已副之。時洪、楊諸逆犯長沙，警報日數至。二十九日夜，謠言賊至江車，距邑城七十里。商民驚擾鼎沸，練卒亡去者十之八九。厥明，偵知其非，稍稍復集。或以爲言。孫詒曰：“始事固如此，無足爲怪。”乃皆召而語之曰：“古來良將，功名赫赫於後者，其初皆未嘗不畏怯。惟一經畏怯，膽即漸以老練，故名卒成。今爾輩虛驚，宜自笑，且自懲也。”越數日，又謂之曰：“凡臨戰陣，避死反死，捨死殺賊則必生。爾輩當念人無壽夭，咸有死期。死於牖下，何如馬革裹尸耀來世。以此熟自計，遇賊自勇氣百倍矣。”練卒環聽，若頓悟。孫詒馭凶暴尚嚴，而拊循士民，則厚獎其能，徐勉以所不逮，不求備，不務速成，告諭懃懇，善開發人志意。類如此，人所以樂爲用而造就多。

八月，長沙賊圍仍未解。孫詒令王鑫將其衆出駐馬托鋪，康景暉駐辰前鋪，舉人趙煥聯領團丁駐道林，相犄角。伺賊至迎擊。羅澤南、易良幹防衛縣城。先是孫詒以臨敵制勝，首在士卒一心，次則布隊森肅。因推古人陣法用意所在，制爲起伏分合周陆獵逐之式，于王鑫之行授焉。王鑫到防，日日按式操演不稍間。兩營踵之，湘軍紀律自此始。既而又令附郭三坊三都，比户選練，爲城保障。令城內立八團，團總各一人。每團選壯丁二百，共一千六百人，分爲八班。孫詒每日凌晨起，率其一，更迭赴各都坊會操。凡步伐止齊之法，刀矛槍炮之用，皆躬示其狀，俾模式焉。操畢，輒引一隊至前，面語以忠義之教、勳賞之榮、勇怯死生之理，口指手畫，無異授徒。雖舌焦吻燥，不憚勞也。當其創設三營也，營僅三百六十人。至是增至八百人。合諸城内八團，附郭六都坊，暨其餘四十二都團練，習技擊、嫻隊伍者，綜計約十數萬。

九月，劉蓉來，立連坐法。一人怯退，同伍罪均。令各團自具狀爲憑執。人皆指天日誓。孫詒乃諏吉椎牛饗士，率諸紳縣庭同嚼飲，萬衆歡騰，始儼然有親上死長之意矣。邑之十八都，地名壺天者，聚衆應洪逆。孫詒率易良幹、羅信南馳往掩捕，一鼓蕩平。王鑫請曰："練卒可用矣。願以一旅援長沙，殄兹寇。"孫詒壯之，令率所部往。十月十九日達行省，賊已他竄。怏怏而回。洪逆旋破岳州，圍武昌，大兵咸逐賊上。諸郡縣土寇蜂起，邑之賽田楊家灘匪類漏網者亦蠢動。孫詒率羅澤南、劉蓉往平之。至是署事期滿，將瓜代。澤南與諸紳詣大府留。其時張亮基撫湖南，湘陰左宗棠襄事其幕，謂澤南曰："湘潭避兵僑君邑者，皆謂邑團軍近數十萬，能調省資保衛否乎？"澤南曰："可。"

十一月，張亮基寓書孫詒，屬選千人往。不以檄而以書，重禮孫詒也。孫詒將親行，謀與偕者。羅信南請往。澤南以親老辭，王鑫亦辭。孫詒謂澤南曰："君孝廉方正也，事親誠先務。然境土若不靖，將負父母逃之荒外乎？抑聽其引頸膏賊刃乎？"澤南無辭。又謂王鑫曰："湘鄉團練成，君實其勳首。今大府調練卒，咸屬望君。奈何反卻顧辜衆望乎？世變方亟，志士有爲之時。守此不去，以待科舉，毛錐子將笑人也。"皆應曰："願如命。"於是王鑫以三百六十人先發。

十二月三十日報至，孫詒督同澤南、信南以七百二十人繼之。劉蓉隨。明年正月初八日亦報至。至之日，張亮基已擢湖廣總督去，潘鐸嗣爲巡撫，命長沙守倉景愉點驗焉，郡丞椿齡代之行。事畢，言於景愉曰："乃今見亞夫細柳軍矣。曩昔霸上棘門，兒戲者爾。"月杪，孫詒歸自長沙。二月，衡山縣草市賊起。王鑫奉大府檄，以所部往擊，悉就殲。四月，安化縣藍田賊起。孫詒奉大府檄，以羅信南、謝邦翰隨麾蓋往擊，若伐槁薪焉。五月孫詒解湘鄉縣事。洪逆之攻武昌也，陷之。由是闖漢陽，躪蘄、黄，狂犇而東。九江、池州、安慶、太平諸郡，相繼不守。遂入江寧，據爲僞都。分其黨俶擾江西行省。湖北按察使江忠源奉幫辦軍務之命，將趨鄂中。聞南昌警告，順道馳剿。兵寡賊衆，書抵曾國藩請援。國藩方駐長沙幫辦團防。商諸復任巡撫駱秉章曰："營兵疲，不如鄉勇健，能戰鬥。令朱牧提湘勇赴援，其可乎？"孫詒是時已擢任郴州也。秉章然之。遂以孫詒統援軍奏。孫詒令羅澤南領中營，廩餼生李杏春、團長李續宜佐之，易良幹領前營，團長羅信東佐之，謝邦翰領右營，團長李續賓佐之，康景暉獨領左營，楊虎臣獨領後營，羅信南領親兵，王鑫留剿郴、桂土寇。

六月遄發。候補道夏廷樾、庶常郭嵩燾偕行。七月十九日，師次南昌。二十四日，與賊交綏永和門外，大敗之。謝邦翰、易良幹、羅信東窮追至江涓，奪賊舟，被戕。孫詒哭之慟。以李續賓代領右營，羅信南兼領前營。吉安故多盜，聞南昌被圍，豎旗反。忠源暨巡撫張芾、在籍尚書陳孚恩，慮其與粵逆合，奏令孫詒扼樟樹鎮，斷賊勾結。遣候選教諭劉長佑隸指麾。孫詒到鎮，以長佑與羅澤南、李續賓等偏師擣吉安，掃滅土寇。

八月二十三日，南昌遂解嚴。江西全省以次戡定。湘勇凱旋。忠源本國藩門下士，喜湘勇精鋭，疏言國藩有湘勇六千餘。上信之。始命國藩帥以援鄂。國藩既得旨，大募湘勇，盡調孫詒所部將士，爲東征計。忠源撫皖，又馳疏調孫詒，以秉章奏留，乃止。

四年二月，粵匪上竄，國藩命羅澤南、李續賓防剿衡、永、郴、桂，以固後路。自將王鑫等水陸軍萬餘人東下。三月，至岳州，遇賊，軍盡覆。歸咎王鑫，將罪焉。左宗棠言於秉章，力保全之。使屯郴、桂。召羅澤南、李續賓還長沙，規進取。國藩曰："湘勇恐不足以戰也。"宗棠曰："勁旅也，殺賊多矣。奚不足!"四月，孫詒署理寶慶府事。國藩於七月整旅復東下，羅澤南、李續賓等所向摧靡，迭克岳州、武昌、漢陽、蘄、黄各城。六月，粵逆復犯江西。巡撫陳啓邁疏乞命孫詒率羅澤南往援。秉章以孫詒方專郡，澤南業東下，奏覆。十二月，國藩督師湖口，又敗績，武、漢兩郡重陷。國藩收拾潰卒，退屯九江。羅澤南、李續賓以其間入江西，剿廣信、饒州踞賊。

五年，戰于弋陽，大捷。戰于信州，亦大捷。廣、饒一路告廓清。俄以國藩命回軍武昌，逆賊復狼奔豕突，江西全局糜爛。

六年四月，廷旨命孫詒帶湘勇應援。秉章以部曲已散於湖北、江西各營，一時難以復集之言奏覆。孫詒誠明强毅，知治體，習勤勞，又深得士民心。楚省倚以爲重，僉不欲其遠違。兩年前南昌之役，楚中稍有警報，即共引領望孫詒歸。故他省奏調，大府體士民意，輒弗遣。然其所練湘勇，旌旗遍天下，將才之被陶鑄成者，王鑫、羅澤南、李續賓其最著也。澤南旋中炮死武昌城下。李續賓挈其弟續宜接統全軍。於是年十一月，再收武昌、漢陽。八年四月克九江，提兵皖疆，連下灊、太、桐、舒四城。十月初十日戰没。王鑫之于役郴、桂也，恢復東安、郴州共十餘城，軍麾直指粵東西界，驅虺蝮而斃諸其穴。六年九月，轉戰岳州，剗除崇陽、通城各劇賊。七年，徇江西吉、臨諸郡，禽獮草薙。八月，棄諸軍長徂。王開化、張運蘭、趙焕聯、楊虎臣繼之，戰功並卓卓著。又有團長蕭啓江、蔣益澧、劉嶽昭者，啓江先隸羅澤南營，益澧隸王鑫營，嶽昭又隸啓江營，厥後均别將遏巨敵，爲朝廷分一面憂。

自咸豐三年迨今，文則督撫而下，武則提鎮而下，自湘勇中來者，更僕未易悉數矣。駱秉章疏薦孫詒云：湘軍樸勇敢戰，由該員辦團而起，豈虚語哉？然孫詒以湘勇故，幾覆其宗。咸豐五年，逆首石達開寇江西。甫至瑞州，榜曰：三百里内外有匿清江朱氏族屬一人者，家駢誅，導使逃及知其逃匿所在不報者亦然。既抵清江，又勒邑人縛送孫詒親屬，否則盡城屠。蓋以其練勁旅，支拄東南，俾不得逞爲憾也。幸賊中有感孫詒忠義者，輾轉爲緩頰，乃免於難，然生産則以是蕩然矣。

—6. 皇朝經世文續編　卷八二　兵政八　團練下

張　穆（1805—1849）

字石州，自署㲀齋居士，山西平定州（今屬陽泉）人。道光十一年（1831）優貢生，考取正白旗漢教習。後棄科考。有《㲀齋詩文集》。

海疆善後宜重守令論

漢宣帝有言曰：與我共治天下者，其唯良吏二千石乎。爰躬自引問，璽書獎勞，有功賜金封爵，遇公卿缺，輒得超任。光武初即大位，未遑他務，先封前密令卓茂爲太傅褒德侯，明章承之。每下詔書，多嘉循吏。故西京之盛，盛於元康、神爵之間。東京之盛，推建武、永平焉。明宣宗命大臣各舉所知，出典劇郡，各賜敕書，得便宜從事。是以得況鍾、莫守愚諸人，明之治亦未有如宣德者也。由是觀之，守令者國家之根本，而培養元氣者也。守令賢故民附，民附則知親上。守令賢則民肅，民肅則知畏上。民親且畏，則法立而令易行，賦税不期足而自充，奇衺不期絶而自遠。於是乎民和而天降之福，則風雨時，草木茂，年豐人樂而嘉祥應。何則？民以君爲心，君以民爲體，而守令者中握之樞機也。人雖感患大病，胃氣不傷則必愈。天下雖有大變，民心不散則不危。一方守令賢，則一方賢天下，守令賢則天下安矣。今國家重熙累洽垂二百年，一海外島國狂噬三年，而海寓爲之驛騷，帑藏爲之耗竭。今縱能如當事者所云，可以帖耳受撫，而虎狼在户，反復莫必。師屢挫辱，既無得氣之兵，民困徵輸，並無可籌之餉，萬一他日卒然有變，可不爲深懼乎？今之計國是者，徒纖悉於微芒之利，粉飾乎訓練之名。不知民財已竭，豈能供上之求？廩給不充，豈有可練之卒？至於徵無可徵，餉無可餉，而一切苟且之政將行。唐代宗、德宗，金宣宗，明神宗之弊，不深可懼乎？方今良法美意事事有名無實，譬之於人，五官猶是，手足猶是，而關竅不靈，運動皆滯，是以當極盛之時，而不及四期，已敗壞至此。嗚呼，豈非庸臣尸素當職，謬享太平之福，至於紀綱暗紊，萬事暗隳，所貽之隱憂乎？今欲求韓、白之才，何能倉卒遇也？即有桑、孔之智，豈能旦夕奏效也？所恃者，自列聖以至今上，皇帝愛民如子之仁，元氣深厚耳。夫重士必食士之報，愛民必食民之報。自漢以來，民之安居樂業，蕃衍休養，未有盛於我朝者也。是以粤東屢遭侵毒，而忠愛不衰，義檄義旗，相繼而起。閩省厦門彼族畏民驅逐，遁不敢居。即江蘇素稱孱弱，而沿海沿江之民，亦間有殺賊自效者。此真祖宗積纍之厚，皇天眷佑之深，所當乘其機而利用之也。

然則欲治今日之天下，則莫若固未散之人心。欲固未散之民心，則其要歸於擇守令。而海疆之善後，卒亦無以易此焉。何也？今之所患者漢奸，而漢奸皆内地之民也。守令賢則必善行保甲，民愛守令如父母，則糾察易而密，奸民何所容乎？其善一矣。今之所患者鴉片。守令賢則民聽其訓誨。父戒子，兄勉弟，以其遠於鴆毒。而吸食之徒，且不容於家庭，不齒於鄉里，不待嚴刑峻法，而習惡可消。其善二矣。今之所患者無兵。守令賢則各鄉皆可團結，一旦有事，荷耰鋤者皆兵也，不勝調發萬萬哉！其善三矣。民皆爲兵，何憂於餉？其善四矣。熟其地利，悉其險易，則街衢之間，阡陌之地，皆可掘溝爲險，設伏無形。其善五矣。撫其桀黠，使爲商賈。犁其心，潰其腹。其善六矣。教化既行，則民效醇儉，而海外淫巧之物，將日漸不行。省民間金錢之耗，而風俗日美。其善七矣。商漁奸販，必有魁桀爲之首。守令賢則能知其蹤迹，廣爲招致，便爲我用。大則將才，小則精卒也。如是而緑營鈍弱之兵可以汰。其善八矣。化奸爲良，鹽税日益，可以裕國。其善九矣。潛驅默率，使民由之而不知，干城腹心，狀於無形。内地不憂，彼族不疑。其善十矣。此與練兵勇，修炮臺，空談守禦，卒爲逆氛所禁而不得施者，功相萬也。

愚故曰："治今之天下，莫要於擇守令。而海疆之善後，莫要於此也。"難者曰："沿海七省縣，亘幾七千里，安能盡得賢守令而任之。"應之曰："天生人才，惟生大才不數。今欲朝廷求賢，而曰必如管樂、蕭韓、岳飛、王守仁諸人，誠知其難也。若守令則凡實心爲國爲民者，即是良吏。以天下之大而不能擇數十人乎，特患不求之耳。"曰："求之而督撫不以實應。奈何?"曰："今督撫保舉，十九皆趨走便習之人。海疆，則趨走便習者之畏途也。非忠心愛國之人，絶不願往。非胸有把握而洞曉事體之人，决亦不敢往。其願往敢往者，則必漢章所稱悃愊無華之吏矣。夫悃愊無華之吏，今之督撫所遺也。而海疆之令下，則趨走便習之人必其舉平日督撫所遺者，以爲已脱避之地矣。而悃愊無華者，有忠君愛國之心，又能通曉事體，亦無不樂於應膺薦以思一展布。"愚故曰："選守令於他地，則保者或不公。選守令於海疆，則保者必多實。又況内外臣工，各有耳目，又何必專恃督撫哉?"雖然愚猶願國家寬其處分，授之便宜。俾之真能展布，而勿掣其肘也。一不如條例焉而有罰，一事擅焉而有罰。督撫藩臬，一婦四姑，重重令壓，時恐得罪。又況繁簡不均，動輒更調。民情未習，瓜代已聞。雖有善心，終無表見。則漢明二宣賜書敕久任超擢之意，其亦當取法乎?

嗚呼，由海疆善後而慎擇守令，由海疆守令而推之天下。朝廷復以誠意體之，上下交欣，歡若一體，百廢竝修，百利竝舉，則是國家何憂乎，無財何憂乎？無將奚恥而不恤，奚敵而不服乎哉！

—6. 皇朝經世文續編　卷二六　吏政九　守令下

魯一同（1805—1863）

字通甫，江蘇清河（今屬淮安）人。道光十五年（1835）舉人，屢試不第，遂絶意仕進，工詩善文。有《通甫類稿》。

檄鳳潁淮徐滁泗宿海八府屬文代

狂寇稽天討之日久矣！自正月以來，兩省不戒，蔓延江北，維揚士庶，怵於邪説，開門揖盗，坐受殘辱。皇上赫然震怒，大軍徂征，毁其土壕，燒其船隻，脅從而來歸者，日以千計。賊勢窮蹙，嬰城自守。節鎮大臣，方爲百全之謀，環攻而待其斃。

乃三月中旬，有賊數千，豕突江浦，蜂擁六合。六合義民，操白梃而踣之，殺賊千餘，燒船數百。賊負殘創，掠滁、徐，走鳳、宿。此皆驚喪之餘孽，迸散之醜徒，非有器械之堅利，旗隊之整肅也。然而清流之險不守，臨淮之關不閉，俾賊游魂假息，蕩漾中土。夫徐方古多英傑，鳳、潁風氣勁快，豈今昔之勢殊，而勇怯之情異與？備預不素，而久安之民易摇，聯絡不堅，而自孤之心多危也。棠，泗産也，官於淮楚。南當廣陵之衝，西承洪澤之委，地散民龐，衆情岌岌。待罪三月，幸不辱命。每當簡衆誓師，聽江介之悲風，望淮西之烽火，何嘗不按劍衝冠，撫弦流涕。嗟夫！猘犬狂噬，久而自斃，天厚其毒，於斯極矣！淮右吾桑梓，緣河盡股肱，綿地千里，二瀆如帶，形勢都要，遮蔽中原。齊乃心力，何寇不殄？守乃險隘，何鋒不遏？至於賊情，可得而言。

夫賊無徵調之繁，無文法之密，行無紀律，居無部次，千里不齎糧，發掘虜掠，去則委棄，走如飄風，聚如蚊蟻，此其所長也。至於兩陣相敵，炮火齊發，則賊之藤牌布障不能當也。平原善地，戈矛進退，則賊之短刀竹竿不能支也。馬步並進，更番休息，賊之芒履赤足，不能敵也。村堡自守，野無所掠，賊之饑困不能給也。連城犄角，遠近相救，賊之徒衆不能應也。由是言之，賊之長在剽疾，遇堅則退。賊之情在恫喝，能忍則全。豈有八屬義衆，不及六合一隅之民，千里維城，竟無六合一戰之效！竊爲士大夫羞之！敬陳約言，各勉忠義。

一、約心。有惟恐見賊之心，賊斯至矣。有惟恐不見賊之心，賊斯去矣。譬如十人同居密室，忽疑鬼至，則左右皆鬼矣。使十人操戈而逐鬼，則無鬼矣。奉約八屬官紳軍民，各自磨礪，時存恐不見賊之心，膽氣自倍。賊有不來，來則殲旃。

一、約耳。聞急報而不驚恐，以驚我衆也。聞捷音而不喜，恐以懈吾志也。其言自賊中來者，安知非妄語，其言不自賊中來者，安知非妄傳，奉約八屬官紳軍民，塞耳不聞，以止煽惑。

一、約足。足用之立，奈何乎徒行！足用之進，奈何乎徒退！能行而不能立，終無立足之地矣；能退而不能進，終無可退之地矣。奉約八屬官紳軍民，思進有不死，而退無十全，何必紛紛遷徙，自陷危亡爲？

一、約力。人各用其力，則勇生，一人倡而衆人從，則勇生，知衆進之不能俱死，則勇生。奉約八屬官紳軍民，齊心同奮，如左右手，則前無强寇矣。

一、約財。窖金藏幣，爲盗守也；裹囊負橐，爲盗醜也。盗不有之，人得而有之矣。下智守財，散十之一。中智守財，散三之一。上智守財，全散之。十之一者，可以守；三之一者，可以戰；全散者，百戰而百勝。奉約八屬殷富之家，散財養士，以衛厚資。

一、約官民。官非民何衛，民非官何與衛？棄其民而思苟免者，是匹夫也。出城一步，童子制其命矣。棄其官而思逃亡者，是鳥散也。出鄉一步，豺狼食其肉矣。奉約八屬官民，相愛相結，如父兄子弟。雖有黠寇，不敢正視。

一、約城鎮。城鎮之民，主客各半，其情必貳。貳者，盜之乘也。客財多浮，思捲而趨。主人弗恤，與客齟齬。雖有秦越之人，不親於盜賊乎？雖有仇隙之家，不恩於盜賊乎？奉約八屬城鎮之人，破除彼此之懷，庶得同舟之濟。

一、約鄉野。小村並大村，塹而守之，小堡並大堡，塹而守之，五里一小聚，十里一大聚。聚少百家，多及千户，晝獲於野，暮藏於室，丁壯處外，婦子處内。警至鳴鼓，連聚畢集，不集者罰。聚必有長，苦樂必均，飢寒必恤，出入必察，恩分相得。賊之散而之鄉，必非大衆也。四面而攻之，無噍類矣。

以上八約備矣。尤有請者，國家休養二百年，朝廷旰食近三載，自粤賊踞桂管，破湖湘，走九江，下皖桐，陷金陵，虜維揚，前後興師十萬，屢經創艾，而其烽未熸者，節鎮有追剿之師，郡縣無堵截之力。逐西則走東，攻南則竄北。犄角之勢未備，而守令之權散也。計賊大衆不過數千，並其裹脅，不過數萬。總其數不能敵一大縣。江寧分其一，鎮江分其一，揚州分其一，臨淮又分其一。其勢已散，力已孤。今向大臣圍金陵，戰江南，琦大臣圍廣陵，戰江北，漏而出者，僅數千人。誠使郡縣各守其疆，連城相應，則立時散破。遷延日久，滋蔓可憂。棠不自揆，敬與八屬守土僚友，遥申歃血之約，共指天日之誓。賊至一縣，四縣應之。賊至一府，府屬諸縣應之。其或不應，鬼誅神殛。既上不以憂貽君父，而下以安其民業，流福子孫，不亦美乎！麥熟急刈麥，禾熟急刈禾。殺賊所獲恣所取。從我者生，背我者死。吴棠謹約。

—4. 皇朝經世文續編　卷八九　兵政二〇　剿匪

張　杓（1805—1865）

字慶璿，又字磬泉，浙江山陰（今屬紹興）人。嘉慶十三年（1808）舉人，曾選授揭陽教諭。有《磨甋齋文存》。

日知録跋

亭林先生挾經世之才，懷匡時之志，慨然以世道人心爲己任。所著《天下郡國利病書》，於《廿一史》外，博采天下圖經及有明一代實録，下至公移、邸報，凡有關民生利害者悉萃録之，旁推互證，務質之今日所可行，而不爲泥古之説，誠古今一大著作也。書凡三十二卷，《餘録》四卷，乃先生讀書有得，隨筆記録之文，尤生平精詣所在，自經史而外，凡國家政治，大而典禮、財賦，小而館舍、郵亭，無不援據典籍，疏通其源流而考論其得失。至於風俗之敗壞，世教之陵遲，則陳古諷今，尤三太息。蓋先生目擊明季之政，故不覺言之深痛如此。雖其中考經之失，如幽、并、營三州不在《禹貢》九州之内；考史之失，如宣房既築，導河北行，而梁楚之地無水灾之類，皆不免疏舛；又譏《説文》穿鑿，至謂武后製字，荆公作書，皆濫觴於許氏，立言亦過當。閻百詩、錢辛楣先後糾正之，均足爲先生諍友。要之，先生之才，體用兼備，固不屑屑以考訂見長，而亦不徒以經生自命也。即以經學論，書中所録及世所傳五經異同，類皆折中衆説、不名一家者，是先生學期心得，不尚苟同，而亦非立異，正不必於馬、鄭、程、朱之間，爲先生强分主奴也。論者不察，乃據《音學五書》，謂古音復萌自先生始，遂推先生爲漢學。或又以《下學指南》一書，謂先生尊信朱子，力辨上蔡、横浦、象山諸人之非，因目先生爲宋儒。議論曉曉，自以爲推崇先生者至矣，而惡足當先生意哉！

—2. 皇朝經世文編　卷二　學術二　儒行

吴敏樹（1805—1873）

字本深，號南屏，湖南岳陽人。道光十二年（1832）舉人，官瀏陽縣訓導。有《柈湖文録》。

黄特軒傳

黄森字特軒，居湘陰東北鄉長樂里。長樂爲岳州走長沙古驛道，地寬平，四面倚山，羅江流其間，下入湘水。咸豐四年，湖南起勇軍，將東下剿賊。賊復自安慶上犯，陷武昌、岳州，急趨長沙。時賊由水路掠船至羅江。新市、長樂人驚走。而其里人有先在賊中者，至是以長髮歸，脅里中率錢糧輸賊。黄君爲里富室，挈家去。已而錢米大集，脅者皆自取之。衆怒曰：此僞耳！相與執而殺之。已殺，則又大恐。乃請豪長者謀之皆尤，衆人莫爲計。黄君至，曰："殺此賊誠善！今惟有團練耳。爾等但能一心致死，何患！所須錢物無多少，從我辦之。"衆大喜。即日户閲壯丁，具器械，立幟於門。别揀勇力數百人，分營要隘。是時巨賊已率衆南上。而巴陵土賊大起，皆先在賊者，一人輒倡數百衆，劫奪村聚，無敢抗者。而楊某、陳某爲之渠，以千餘人入平江北界之岑川。聞長樂獨執殺其黨，首倡團練，欲乘其未定破之。岑川西去長樂五十里。一日以四百人，天未明而往，長樂人不意其猝至。黄君方與諸團首會食，賊已近里許矣。即呼召其營勇，獨與五十人先往，禦之山下小村。地有長溝，楊柳蔽翳，各不相望見。突相遇小橋間，即刺斃賊大旗一人，連刺紅衣騎馬賊殺之，即其渠陳某也。因大呼，遠近皆應。群賊遽失魄，癡立不能動。勇益集，直推刃仆之，殺百數十人，又追殺走者。賊逃還岑川，不能半，即皆走歸巴陵。黄君旋又逐之巴陵新牆市。土賊即時皆散。於是黄君名赫然聞數縣間，省府盛奬其功。

其年五月，提督塔公已破賊湘潭，將收岳州，營於長樂。黄君與其團人常爲軍導。軍進退皆依倚之。明年六月，賊帥何某，自通城以數千衆出巴陵，殺數百人，將由長樂犯長沙。黄君大集其勇，他鄉團皆争赴之，幾二萬人。賊至巴陵關王橋，距二十里，聞炮聲大起，即退去。是時粤賊方與楚軍相持於湖北、江西。常以一股踞崇陽、通城，窺湖南，爲衝我心腹計。我軍屢入擊破之，旋復合聚。黄軍嘗以團勇隨官軍剿賊，通城賊先遁，長樂人自是頗輕賊。而團事既久，貲絀不給，練營亦遂停罷。但以探候約相警集而已。

又明年五月，何賊自通城乘夜入巴陵，將復犯長沙。即捲旗輕行走長樂，緣山嶺以入。殺牧牛兒，山中始覺之。遽出勇以鬥，而四山皆有賊出，遂驚潰。挾妻子渡水入南山。賊亦不敢偪。其明日，賊將渡水，由古驛以上。長樂水南，地屬平江，與長樂合團。其人復相聚，禦之水上。賊竟日望之不敢渡。抵暮，遂縱火焚市屋，下走三十里，始渡水，至新市，夜殺千餘人。而長沙已聞賊，城備完。賊乃掠東境，由醴陵、萍鄉去。蓋長樂團爲省城北蔽者且數年，至是始不振。黄君鬱鬱以爲恨，年餘遂病疽以卒。

余因避兵，早識黄君，備知其團事始末。其人意氣灑落，異於尋常富人。倉卒立事，有非偶然者。然余有以見團練之不易爲，而今官吏一聞賊警，輒以此責望於民者，未察其實也。

當賊初起，常以誑言鼓動一世之貧民。彼貧民忌恨富民，而欲壞之久矣。皆謂害不及我，而甚有利，則孰肯出其死力，以爲富民衛。雖出錢財，莫之應也。應者亦陰挾兩端，賊至，即迎之耳。故凡爲團兵者，必其鄉之人，適然與賊角，有讐讎而後可用也。而其地必深阻易守，人必簡練習部分戰鬥，氣力精專，而又財用饒給。然以居賊所必經地，以與賊連歲持久，則未有能也。若黄君之爲團可謂能用其人，其功效卓著，非僅保全其鄉，雖及其壞散之時，賊終忌之，不能逞殘於其人，而省城猶得其一二日阻遏之力。至其所恨，亦非人之所宜加過於君者也。故余嘗謂鄉團禦賊之事，獨宜聽民之所爲，商官無多預焉。何則？彼其身家，誠知自急。其形勢苟可合而有恃，固宜有能因便而用之。若將以爲法令，而驅之使集，則民苟以其名相應，而黠猾之徒妄爲侈張，以取媚於官，而漁獵閭伍之利，因爲武斷者，皆是也。此適足以餌賊而殃人，奚團練之有乎？

余故紀黄君而備論之如此。黄君早歲讀書，嘗以例貢生應舉場。既棄去，以其才治家，益興其産，而甚能施。故里人尤樂從之。其爲團練也，官以軍功保奏加五品銜，賞戴藍翎。卒時五十一。

—5. 皇朝經世文續編　卷六八　兵政七　保甲

文敝

今天下學士懵然於其所學，内不知所以治身，外不知所以治人者，豈非時文之由哉？夫時文者，習於聖人賢人之言而附以儒者之説，其所稱非修己之實，則治國平天下之道也。然而學者日習爲之，且内不知所以治身，外不知所以治人者，何耶？今之爲時文者，非果能明於聖人賢人之心，知其事而言之者也。村塾十歲之童子粗誦章句，操筆而學爲文，則其所言，莫非堯舜三代之故，孔子孟子之爲人，其實衣服飲食之事皆無曉也。而時文以取士既久，四子書之言所用以爲之題者，益亂且碎，語其種類凡有數十，學者欲皆備之，則窮日之力而不足以給，又烏知其他？是故其師之所坐堂而講，弟子之所執卷以聽，群居之所切劘，課試之所高下，非是無有也。其於治身治人之道，則曰非我事也，我不知也，我知爲聖人賢人言之爾。是故入而事其親，出而游於其鄉，無以異於蒙不識字之人也，又恐不及焉。及其一旦竊科第而將入於官，乃始學爲仕宦走趨之術、一切官府之儀狀品式而往充位焉，而今世法令所以待夫天下之事者，皆未之聞也。

是故今之天下有人曰“我將治身而爲其善去其惡，則必歸於陰隲感應之書”，有人曰“我將治人而清其獄訟，理其簿書，則必師乎刑名幕客之輩”。夫以陰隲感應之書而尊於聖人賢人之教，以刑名幕客之輩而傲於服習仁義之人，而爲之師，然則今之學士豈不辱孔孟而羞儒名哉？故時文之敝至今日而極矣。嗚呼，其將何道而變之？

—6. 皇朝經世文續編　卷六　學術六　文學

湯成烈（1805—1880）

字果卿，號確園，江蘇武進（今屬常州）人。道光十一年（1831）舉人，官浙江玉環同知。有《古藤書屋文甲乙集》。

師律篇三

然則將廢兵而任勇乎？曰：於《傳》有言，天生五材，誰能去兵？虞夏商周，征伐命夫六卿，春秋列國，卿大夫帥師侵伐，未嘗有武臣也。秦始變法，將相分命。漢高除秦誅楚，惟將士之力，其制太守郡丞、令長丞尉，皆主郡縣之兵，未嘗專設武職也；將軍之屬，有征討則置，事畢則罷，未嘗專命武臣也。後漢蠻夷盜賊竊發，命刺史、太守討之。漢世，惟匈奴、西羌、烏桓、鮮卑勢力强大，方簡將帥以統諸軍，不盡取諸材官羽林之列也。由是觀之，以文臣掌兵事，而世治而功易就。後世武員冗繁，幾與文職相埒，而品秩之尊復過之，一兵犯法，府縣不得輒治，必請於營員而後得繫之獄，不然，一營必譁。

夫兵亦民也，朝廷設府縣以治民，豈有一充卒伍，而遂出民之外乎？凡提鎮大營，兵衆而悍，往往擾害閭閻，細民飲泣，不敢告官，是不衛民而害民。自恃提鎮之尊，而蔑視法度，斯豈可以爲訓乎？斯豈治世之法乎！故欲更之，必盡汰武職而後可。宋知夔州楊應有言：諸路屯戍當歸守臣，兵民之任一，然後號令不二。今府縣駐防武職之位秩多尊於文吏，安得顛倒而駕馭之乎？平日分庭抗顔，有不平之意氣，守令安得號令其下乎？州縣有盜劫，例須會營踏勘，有解犯，例須弁兵護送，而遷延，而短缺，習爲故常，轉多誤事，不如專責守土者之爲愈矣。然而曰：例在，不可廢也。一遇失事，其弁在家安坐，必裝揑傷痕，欺罔其上，以挫折縣官，而其上挾品秩之尊，回護營弁，歸咎地方，幾見營弁有捕獲凶盜各犯者乎？承平之世，虚糜廪禄，無所事，安望其折衝禦侮乎？故欲除養兵之弊，必盡汰武職而後可。

夫使武職盡去，使府縣閱實隸籍之兵，汰其老弱，甄其技藝，合於式者留，大府五百人，中府三百人，大縣百五十人，中縣一百二十人，小縣八十人。去其營之名，而名曰府兵，曰縣兵。於府則同知、通判、經歷、司獄分任蒐練之任，而知府將之；縣則縣丞、主簿、巡檢、典史分掌教習之任，而知縣將之。同、通、丞、簿間曹無事，按日分操，炮械弓刀務期精熟，而府縣每月一閲，視分别優劣而賞罰必行，訓之以尊君親上忠愛之義，戒以淫暴酗賭鬪狠之條，月一申令。規模初定，然後教以行陣之法、攻戰之勢，責以守望緝捕之職，勉以同仇敵愾之心，親之如子弟，威之以斧鉞，推之以心腹，任之以股肱。人雖不多，太平之世固已足用，餉廪易給。至於多事之日，即令其人招來親戚子弟，各自爲伍，而召衿耆以告之，使之分率訓練。夫使百人平日習熟戰陣及火器技勇之類，其鄰里親屬人不下十餘人，臨時聚而教之，千人不可立致乎？於是分之四鄰要隘之地，聯以鄰封，各縣得千人則大府可萬人矣。萬人一心，以守以戰，何爲而不可？

——15. 皇朝經世文四編　卷三三　兵政　兵制

羅澤南（1808—1856）

字仲嶽，號羅山，湖南湘鄉（今屬湘潭）人。廪生，咸豐元年（1851）舉孝廉方正，歷官浙江寧紹台道、布政使。謚忠節。有《羅忠節集》。

天　地

邵子曰：天地之大，陰陽盡之矣。其説可得而知之乎？曰：可。太極既判，兩儀以立。純陽之氣浮而爲天，蒼蒼之色非形質也，人望之而所見如是也。一晝一夜，周行三百六十五度有奇而未嘗息者，所以稱爲健也。地以純陽之氣，凝結於天之中。天之氣甚厚，循環不已，故常聚而不散。天有以施，地得有以成之，《易》之所謂“承天時行”也。有形者，陰也；無形者，陽也。有形之陰質，攝於無形之陽氣，如人之百骸五官，各有定位，精神血氣時灌輸於筋節脉絡之間也。陰陽之最著者莫如日月。日爲衆陽之宗，其光乃陽精之氣所溢。日質本陰者，不過如火之中闇，非真有形質也。月則有質，借日之光以爲光。如水本明，無日月火光以照之，其中亦無所見。是亦地之無成而代有終也。

陰氣斂陽於内，陽欲出而不得，則激而爲雷。陰氣格陽於外，陽欲入而不得，則噫而爲風。陰氣出而陽驅之，陰不能拒陽則集而爲雲。陽氣升而陰壓之，陽不能勝陰則持而爲雨。此二氣之交感也。物之得陽者親上，物之得陰者親下。飛也，動也，陽也；潛也，植也，陰也。鶡旦求陽，陽生而鶡旦不鳴；反舌感陰，陰生而反舌無聲。凡物之生死、伏見、鳴已，皆二氣之消長也。是孰非陰陽之所充周者哉？雖然，布濩天地者氣也，而綱維天地者理。理生氣，理即存乎氣也。氣載理，氣實統乎理也。於穆不已，天地之所以長存；覆載無私，天地之所以不息。向使無理以主宰於其間，則此陰陽之氣將游散而無紀，安得資生資始、化育流行之若是哉？然則，天地無消息乎？曰：物有息，必有消。即天地會有盡時，繼此而爲天地者將不知其凡幾。是亦惟此一理以遞嬗之也。氣有消息，理無消息也。然則，天地有内外乎？曰：物有内即有外，即天地亦有盡處。此外之爲天地者又不知其凡幾。是亦惟此一理以統攝之也。形有内外，理無内外也。是固以理推之，合當如是耳。人處天地之中微矣，五官得其宜，萬事得其理，天以之清，地以之甯。是以聖人體天地之理，持天地之化，而天地順之。故曰天、地、人謂之三才。

—5. 皇朝經世文續編　卷四　學術四　廣論

答高旭堂書

前辱手書，具悉愛我厚意。且以僕前日所論，可備采擇，更詢芻蕘以藥舊習。是可見旭堂之虚懷，益可見旭堂之進境也。吾人用功，以治心爲要。心也者，帥也。耳目口體，卒徒也。帥强則士卒用命，指揮無不如意。帥弱則士卒驕悍，肆出而不可制。是故人不能正其心，則耳目口體，無不足爲心害。雖然，心立矣，耳目口體，皆欲其退而聽命矣，養之不得其道，則亦無以祛其欲而全其天。何哉？大道之藴，至深至微，得其粗必窮其精，得其表必窮其裏。偶然涉獵，遂謂會其旨要，此中之奥妙，不復爲之詳察，是雖日取數十卷讀之，亦無所得於其心。及見之行事，未有能縝密者。此其心粗也。

聖域賢關，非一蹴所能幾及。必持之以恒久，需之以時日，寸累尺積，從容涵泳，而後可底於成。以遠大之功程，遽期效於旦夕，不復循序漸進，以次臻於高明之域，則行遠不能自邇，登高不能自卑，躐等之弊生，助長之病起矣。此其心躁也。一心之微，天下之理無不具，必擴其度量，廣集衆善；如大海然，納之以百川，而莫見其盈也；如深谷然，投之以衆物，而莫見其滿也。參考衆説，以求至善之所在，始足以盡吾心而知吾性。故謙則受益，滿必招損。使執一説而衆説遂有不能人，偏立一見，而他人之見，遂有所不能受，必至師心自用，滯於一隅，而莫能匯大道之全矣。此其心隘也。

人受天地之中以生，爲聖爲賢，祇盡一己分内事。惟學成德立，出吾言以發斯世之聾聵。古聖人著書立説，以明道也，非以争名也。纔窺宫牆，即思垂著述於後世，是皆外面起見。用功雖超乎流俗，立心實中於功利矣。且立言必先知言。格致未深，遽思編集衆説，針灸庸流，何異乳兒舌澀，思論天下大事哉。此其心雜也。粗則不能精其心以窮一己之理，躁則不能永其心以竟一己之功，隘則不能宏其心以集一己之善，雜則不能一其心以復一己之性。況乎其進鋭者，其退必速。始恃其壯往之氣，思欲成功於一時，久無所獲，則必厭棄而不肯進。而耳目口體，無不投閑抵隙，以爲一心之害。是粗心躁心隘心雜心不去，而怠心又因是而生矣。如軍令嚴肅，士卒畏威，而大將暴虐，終不足以服其心。必至於離德解體，軍令有所不能行者。

旭堂以穎悟之資，兼果敢之力，實吾輩所深畏。特觀理或粗，求效或躁，取善或隘，用心或雜，如吾前所云云者。今自知其爲痼疾，廣搜藥石以醫之，則有不難起沉屙於一朝者。旭堂勉乎哉。格致者，所以窮此心之理。誠意正心，乃工夫下手處也。修齊治平，根於心而次第以施之者也。精其心，而於事物之理，無不欲其窮；永其心，而於道德之功，無不欲其竟；宏其心，而於天下之益，無不欲其集；一其心，而於天命之性，無不欲其復。發憤以修其業，從容以俟其成。夫如是，吾之心日擴，吾之力日固，怠心不生，道心彌存，斯可以祛吾欲而全吾天，以造聖賢之閫域矣。旭堂勉乎哉。夫知病不難也，知病而能求藥爲難。余受病最深，何能醫君之病。然先聖先賢之書具在，無不可案證以求方也。

古人謂人主用兵，不難於將兵，而難於將將。吾人進德，不難於應事，而難於養心。心得其養，又何疾之不可除，何病之不可醫乎！旭堂勉乎哉。令叔雲亭先生江右之行，果否？想家政日多，此際亦難驟往。以令叔天懷之沉静，識見之高明，立品之清潔，深足爲旭堂藥石。使得日侍其側，親聆訓誨，吾知旭堂之受益，必有無窮者。别情繾綣，言不盡意。

—6. 皇朝經世文續編　卷四　學術四　法語

蔣敦復（1808—1867）

字克父，一字劍人，號江東老劍，江蘇寶山（今屬上海）人。諸生。有《嘯古堂詩文集》。

擬與英國使臣威妥瑪書《嘯古堂集》

頃有人自都門來，盛傳足下至總理衙門，親遞《新議論略》；總税司赫君，復遞《局外旁觀論》，連篇累牘，各數千言。中外情形，反復辨論，語重心長，動中窾要。有心人讀之，無不毛髮灑然，憤媿無地。使乎！使乎！愛我中國，抑何厚乎？然鄙人竊怪公等巧于代謀，而自謀則拙也；明于料人，而料己則暗也。又怪中外情好，雖甚浹洽，揆之于理，終有所隔閡而難通也。足下在吾中國多歷年所，近駐京師，日閲邸抄、四方奏報，上下弊病，無不周知。越俎而謀，欲使借法自强，又恐他日不能守信，倉卒有變，緩不濟急。與赫君所言内情、外情，大略相同。第名爲公論，實挾私智，虚聲恫喝，無所不至。嘻！亦太甚矣。

某也聞有國有家者，凡有舉動，必準人情合天理，不徒恃强取勝也。公等云云，似六合之外，别有一理。請設譬以明之："今有世家鉅族，大厦連雲，修治乏人，稍稍損壞。有比屋居者語之曰：'爾有多屋臨于通衢，吾將賃焉。'不俟允否，强納契券人而據之。他日又曰：'爾之家垣墉剥落，盗賊充斥，曷不塈茨？曷不禽治？爾力不任，吾將助爾。助爾，爾之家則爲吾有，爾無與已。'"敢問足下，此何理也？如足下輩所言不肯與不能二事，一則强之使肯，一則必有能者出而攘臂，何以異于是？且足下亦知中外人情有同有不同乎？一論通商，中國帝王崇本抑末，貴農桑而賤商賈，關市之徵，所以懲其黷貨無厭，而使之重去其鄉也。通海通番，舊有例禁。今之越數萬里重洋，往來貿易，外邦人樂至中國，中國人不願至外邦，此中外人情不同，非可强而致也。既爲商賈，什一權子母謀，餘利以畜妻子，厚身家，此中外人情所同，非可歧而視也。乃自西國與吾通商，凡可以攘我之利源，奪我之利權者，悉載條約，惟恐不盡，西計得矣。中國之人何聊賴乎？

至十年换約之説，公等又云："將來西國有所必請必得，請必遂其所得而後已。"平心察之，其所必欲，乃我中國所必不能行之事。信如斯言，中國自西自東、自南自北，皆將有西人車轍馬迹焉。中國五嶽四瀆，天之所設，地之所限，遂西人之欲，則必有有力者，一舉手而平五嶽、填四瀆，蕩蕩便便，任其所之，無不快意，肆志而後可。則必盡中國百千萬億人民供其役使，百千萬億財貨金寶入其府藏，百千萬億土田、宫室、苑囿納其賦税，百千萬億精靈血肉、飛潛動植服其聲威、娱其視聽之數者，必萬取萬勝，萬萬無不可而後可。如有萬分之一所不可者，則我中國人民必將群起，而剚刃于西人之腹。財貨金寶，西人知愛而不知惡，必名曰"腐腸之毒餌、附骨之癰疽"；土田、宫室、苑囿，西人能入而不能出，必盡驅而納之于罟擭陷阱之中；精靈血肉、飛潛動植，西人狎而玩之，勤而侮之，必將環而伺之。跬步之間、房闥之地，造次顛沛，無一不相與爲難。凡此者，何也？不準人情、不合天理，勢所必然，無足深怪。足下徒見西國目前有形之利，不知他日無形之害如此其大也。

一論傳教。中國之教，堯、舜、禹、湯、文、武、周公、孔子，此數聖人者，未嘗執途人而語之曰："爾必從吾教。"然從古至今，自天子以至于庶人，未有不從堯、舜、禹、湯、文、武、周公、孔子之教者。出乎堯、舜、禹、湯、文、武、周公、孔子之教之外，即入乎禽與獸之中。人而願爲禽與獸也，則已不願爲禽獸，則必從堯、舜、禹、湯、文、武、周公、孔子之教。堯、舜、禹、湯、文、武、周公、孔子之教，仁之至、義之盡，天理人情之正，無一毫矯强於其間。夫是以不言而信，不待勸而自成也。天主一教，西國教士奔走四方，學習國語、開設講堂，千言萬語、舌壞唇傷，不過勸人一信字，故其教名曰"信天主"。此必其中有不可信之道也，即返之於己，亦有不自信者矣。夫不可信而求信，己不自信，而欲使人信，非人情必不信。無論不信，即千百人中，或有一二人信者，大抵傭工手民、村子竈妾，至愚下賤輩耳。亦有黠桀莠民、衣冠敗類，喪其行檢，鄉里不齒，無所得食，竄名彼教，以圖生活。然且教士耳目所不及，則亦敬鬼神、祀遺象，拜先人、邱隴顯，犯其所謂十誡，豈真不樂升天堂、不畏入地獄哉？秉彝攸好之德，出於至性，發於自然，天堂地獄之説，不足以勝之也。

中國異端之害，古有楊、墨，今有釋、老。釋近墨，老近楊，二氏之教，世主固嘗奉之。漢唐以來，能自立教者，要亦有故。佛氏，一大智慧人。所傳内典，經中國文人才士爲之潤色，奥義微言，往往而有中材以上受其牢籠。老氏籍隸中土，官周柱史，其教慈儉清浄，不貪爲寶，世主用之，天下亦治。若夫天主教，明季始入中國，利瑪竇、南懷仁諸人，皆通天算、輿地之學，材藝絶倫。其所著《七克》等書，切理饜心，頗近儒者，故當時士夫樂與之游。今之教士來者，問有如利、南輩其人者？無有也。所論教事，荒謬淺陋，又不曉中國文義，不欲通人爲之潤色，開堂講論，剌剌不休，如夢中囈語。稍有知識者，聞之無不捧腹而笑。夫以二氏之教，廣博精微，尚無足引人出於古聖先王之道之外，況遠不及二氏之天主教，欲使行於中國，烏可得耶？然而西人之必欲行其教於中國，其用意蓋有在矣。中國之人，未有信從也，彼固知之，是有術焉：施小惠使饜其口腹，行小善使震其耳目，從而誘之，以美福厚報，使迷惑其心志，變易其肺肝，溺焉不返，不顧利害生死，惟吾説之是從。天下無事，戎伏于莽。一旦有事，入吾教者，皆雲合響應，起而叛其長上。嗚呼！是禍中國也。中國之人知其爲禍，故愈不信從，非上之人禁之使不從也。仁義中正之道，入人者深。君臣、父子、昆弟、夫婦、朋友之序，確乎不可易。天堂地獄之説，固不足以勝之也。請一言以蔽之，中國堯、舜、禹、湯、文、武、周公、孔子之教一日不絶，西國之教一日不行，彼行是教者，豈不大愚乎哉？

通商、傳教二者，事之已然者也。更有未然之事，則僕之所尤可怪者矣。赫君《論》中有云："試問中國將來能常爲自主之國否？"斯言也，他人不解，僕則解之：泰西各國，政有三等，一民爲主，西語曰"伯勒格斯"，今南北美利加等國是也；一君民共爲主，西語曰"京"，今之英國是也。惟西語曰"恩伯臘"者，即中國帝王之號，政刑大事，君自主之，今俄羅斯、法蘭西、墺地利諸國是也。西國有是三等，故稱中國爲自主之國，而鰓鰓焉。使自審其將來之能與不能，將惡中國而利其不能耶？抑愛我中國？惟恐不能而望其能也。如惟恐不能而望其能，則我中國從未有不能自主者。五帝官天下，其傳賢也；君主之三王，家天下。其傳子也，亦君主之。秦以前，天下爲侯國，侯國各有主，天子爲侯國之主。秦以後天下爲郡縣，郡縣皆有主，皇帝爲郡縣之主。仁如堯舜，民之主也。暴如桀紂，亦民之主。君臣之際，名分甚嚴，恩禮至重。名分嚴，故莫敢爲主。恩禮重，故共戴一主。惟其能也，故名曰“自主之國”。如使以西國民爲主、君民共爲主之政行于中國，此大亂之道也。或謂“蒼鵝出典午東，白鴈來天水空，割有夏，宜興戎。”中國將來不能自主，殆指此耶？此大謬不然之説也。中國所以能常爲自主之國者，在德不在力。以無道行之，雖强必亡；以有道守之，雖弱必昌。晋政不綱，骨肉相戕，非五胡所能滅也。江左偏安，可謂弱矣，以苻氏之强，一萌投鞭之志，淝水奔潰，國隨以亡。趙宋南渡，康王孱王，虜馬臨江，兵氣不揚。元祖起自漠北，定鼎燕京，不及百年，大命已傾。不務修德，以力經營，天人之際，蓋可睹矣。迨夫明祚之將終也，皇天眷顧，命我聖清入主中夏，世世相承，靡有失德。今皇帝沖齡踐阼，兩宫母后慈訓有加，親藩夾輔，群臣輯睦，小醜跳梁，漸次撲滅。海内喁喁望治，國家深仁厚澤，固結人心者二百餘年矣，豈與往昔氈裘之君可同日語哉？然則何謂不能？赫君之意，直謂將來西國協力以攻中國，中國地方瓜分而瓦裂，如是則不能常爲自主之國矣。嗚呼，噫嘻，言不可若是其易也，是利吾中國之不能自主也。盍亦思中國不能自主之大不利于西國乎？

今日通商、傳教二大事，孰許之？我皇上許之，海内人心固有所不欲也。雖不欲，而上有天子，又有天子之命吏與西國使臣共立條約，並天率土，莫敢不遵。此中國能自主之明效大驗也。假令他日天子下一詔曰：“今與西國條約所載有不便於爾民者，余一人不能自主，惟爾民任自爲之。”百姓固有所痛心疾首、積怒深怨于西人，聞是詔下，雖三尺童子，亦將肉袒被髪，荷戈執梃，而前與西人併命于一日。燎原之火，不可撲也；鷙鳥之擊，弗及避也。其他，非中國臣子所忍言。及是時，天下英雄承敝而起，既無所主，爲患更速。西國奈何而欲吾中國將來不能自主也？昔在有唐，吐蕃、回紇聯翩入寇，中自携貳，更受唐約，鈔掠輜重，狼狽而返。蓋人各有心，師難用衆，勢如連雞，莫敢先動，見利忘義，同室相攻，首爲禍始，卒以凶終。夫亂者，治之機。中國之亂，有中國之法足以治之，强者弱之。兆西國之强，舉事一不當，而弱之者至矣。僕所深怪，自謀拙而料己暗者，正謂此也。竊意高明之見，必不出此。或者異邦之人，紛紜聚論，有此數説。公等傳述所聞，俾我中國君臣知所戒心，有備無患，愛吾中國可謂厚矣。僕亦請爲西國計，自今以往，與我中國相待以誠，相守以信，毋爲妄舉，毋生侈心，天理人情，斟酌盡善。他時换約，去所不便，擇其便者務令彼我之間均獲利益。誠如是，則中外相安，永保無疆之休。若逞其私智，乘機漸進。欲要吾以必不能從之事從此，外國生事，中國多事，一治一亂，誰强誰弱，天下事未可知也。僕不佞，往者自蘇返滬，獲共話言，相知之雅，欽欽弗諼，願效忠告之義，不避忌諱，無所逃罪，謹奉書以聞。伏惟亮察，並使赫君知之，何如？

—5. 皇朝經世文續編　卷一〇四　洋務四　邦交一

萬言策咸豐十一年

竊惟今日事勢，欲經營天下，可三言決也：一曰合天下之全力，二曰破天下之成局，三曰求天下之真才。信能行此三者，舉其綱而綱自張，挈其領而衣自整。天下之亂，可從此定矣。不行此三者，縱魚破綱，任鼠齧衣，日復一日，坐失事機。後雖欲舉綱挈領，可復得邪。

曷言乎合天下之全力也？譬之獵者，禽狐兔，逐獐猳一，韓盧宋鵲力耳。猛虎伏深林，巨蟒横大澤，磨牙吮血，實緐有徒。則必發士卒，具網罟，操强弓毒矢大，合圍以攻之，盡殺毋遺類，焉爲他日患。賊始粤西，其勢甚微，郡縣力治之有餘。地方有司，才無一足辦者，養成潰癰不可收拾。至朝廷命將出師，亦不能制。推其失，在賊未出粤。不調集兩廣官軍，及川湖、雲貴土司狼兵，并力擒治，及既竄出，不盡調河南、山東、江南、浙江之師遏其前，川湖、雲貴、兩廣之兵躡其後。師少粮匱，從風而靡。使之蹂躪數省，直據金陵，以爲巢穴。差數大帥，竭盡心力，僅足相持。至今日而國家財賦之區，半爲賊有。東南大局，漸不可支。中外臣工，猶然泄泄不深維天下安危大計。今日議籌餉，明日議練兵。苟且塗飾，不可終日。賊在東，曰我今已克西。賊至彼，曰我已備此。滔天狂寇，密邇四封，猶以未涉吾圉爲幸。身膺重寄，手握大兵，萬不敢過雷池一步。嗚呼，將謂辭賊待天誅耶。草莽微臣，日夜腐心飲泣。思惟有天子赫然震怒，將封疆文武大吏之玩寇失律貽誤國家者，盡法誅殺，毋有佚罰。分天下爲四道，各立都統。命一人爲元帥，總轄四道。令川湖運穀米，閩廣通商貨。幽并募騎士，江淮造舟楫。長駕遠馭，勢聲大振，如愚向者憤言所云。元帥開幕府，辟僚屬，有不用命，得專誅僇。責成四都統齊心并力，小勝負不足論，以滅賊爲期。天下非小弱也，熊貔之士，不二心之臣，如林而如雨也。十年之狂寇，用全力以制之，可一朝殲也。

曷言乎破天下之成局也？譬之醫者，治癬疥，祛寒食，攻而去之，易如也。風邪入腠理，柴胡麻黄汗之不出，蠱蟲入臟腑，雷丸水銀殺之不得，區區清平補助之品，無所用之，必也翻倉倒廪，大瀉下之。盡除穢污痞積之物，然後宿疾去而元氣復。往者天下之病，在於上下相蒙，相率爲僞，至今日而遂爲沈痾，殆不可起。貪利而忘義，畏死而名節掃地。士大夫尚然，安問軍校。夫刑賞者，人主威福馭下之大柄，亦大臣公忠體國之微權。彼中人以下，固多貪利而畏死，正以功有所賞，罪有所刑，於是有利不可貪，死不足畏者，庶幾免罪而立功。今也罪不必加刑，地方失事文武，鼠竄以圖苟活，相率皆望風而逃。賞不必有功，督撫保舉人員，狐媚以事上官，甚且假他途以進。中外大小官吏，尤而效之，合成一局，牢不可破。如是而欲望中材以下，不巧爲趨避以冀超遷。豪傑有志之士，不去之若浼，甯老死巖穴間，烏可得邪。中材以上，盡獲超遷。豪傑有志之士，老死巖穴，豈國家之幸，天下蒼生之福哉。由此言之，貪利畏死，士大夫之風邪蠱疾也。非翻倉倒廪，大瀉下之，上下相蒙相率，爲僞之沈痾宿疾，必不能去。昔人有言曰：刑多而賞少，則無刑；賞多而刑少，則無賞。刑也者，翻倉倒廪，大瀉下之之法也。不然，觀之今日，賞者衆矣。士大夫之貪利畏死何自若也，是惟人主勿尚姑息，大臣勿樹私恩。上下相蒙相率爲僞，一切苟且塗餘不可終日之術，勿行乎其間。大破天下之成局，由是而激人之心，厲人之氣。發號施令，士卒樂聞；興師動衆，士卒樂戰。交兵接刃，士卒樂死。苟士大夫顧名義而識廉恥，士卒何患乎不勇哉，曷言乎求天下之真才也。譬之匠者，修傳舍，葺馬廐，拳曲臃腫不才之木，無不可用者。若夫鎬京之闢，九柯十匠。建章之宫，千門萬户，則必命工師求大木。凡輪囷離奇，礧砢多節，偃蹇沈薶於高厓幽壑中者，慮無不輦而出之。有其任必當其選，爲其事必奏其功。匠人雖愚，必不以枯木朽株置之清廟明堂之上明矣。當今之世，天下謂之乏才。有則十年之狂寇，何以至今不滅也。江南大營，偪近賊。巢向張二帥，相持八載。東南半壁，賴此二人。孤立寡援，卒以身殉。向由行伍進，張自賊中來。戴皇天，履后土，不愧臣子大義，天下無出此老兵降卒右者。朝廷雖乏人，何至於老兵降卒中求人才。由此觀之，天下真無才矣乎。

夫才之生於世也，無籍地，無貴宗，不可以勢位縻，不可以利禄誘。才無求於世，世有求於才耳。大才當大受，小才當小知。以仁義爲名，志廣術疏，迂闊寡效者，非才。以掊克爲能，頭會箕斂，貽禍蒼生者，非才。得小慧，謂智籠萬物具粗材，謂勇冠千夫，血氣用事，險詭莫測者，非才。適會事變，自詡風雲，叨竊勢分，獨專衮鉞，覆餗遺羞，負乘致寇者，非才。所謂真才者，何也？其處也，即以天下爲己任；其出也，不以一賊遺君父。博通古今之變，善鑒成敗之幾；忠孝廉節，發於至性；聰明英偉，純任自然；若智若愚，亦狂亦狷；涪湛於世，世不能測其底藴。必也，我聖君賢相，壇席神明以奉之，馨香禱祀以求之。彼其身一出而彌綸宇宙，補救元黄，合群策群力而用之，即賊立可破滅。不然，則竟不出。彼安能以無貲之軀，受不足重輕之任哉。

愚所謂三言者，破天下之成局，而後有治法；得天下之真才，而後有治人；合天下之全力以治之。天下之亂不自此定乎。雖然，有其力無其巧，事倍而功半；有其力有其巧，事半而功倍。能用天下而不爲天下用，其斯之謂巧乎？今天下所患者亦三：一曰無將。非無將，拙於用將。三軍之師，可襲而虜。二曰無兵。非無兵，拙於用兵。百萬之衆，走不知所之。三曰無財。非無財，拙於用財。四海之富，若窮乏無所措。爲天下用，而不能用天下，其病至此。天下有變，權在將，漫然而任之，漫然而受之，果堪將否，能治兵否，任者不知，受者不自知。爲將用不能用將矣。將使兵者也，兵之命，生死縣於將手。將之所欲爲，一失其道，不能使兵。將之命，轉（縣）［繫］於兵手，爲兵用而不能用兵矣。天下之財，當爲天下惜之。公用之常有餘，私用之常不足。始聚之，終棄之，卒歸於無何有。爲財用而不能用財矣，若是者拙之故也。

夫惟巧者，能用將而不爲將用，要在擇將。《傳》曰："先察後任者昌，先任後察者亡。"又曰："無萬人之智者，不可使處萬人之上"，言將不可不擇也。何謂擇將，必審其人。夫人之質有剛柔，性有緩急。剛急之人，可與犯難，難與安常。柔緩之人，可與循分，難與圖功。又若狐疑之輩，不可謀始。膠執之徒，不能通方。殘忍之人，能報私仇，不能赴公義，且懼其犯上也。狙詐之人，貪利有餘，謀理不足，更慮其反覆也，故擇不可不慎也。古之爲將者，其等凡六：有大將，有名將，有賢將、才將，有鬥將、能將。大將視其量，名將觀其略。賢將、才將察其守，鬥將、能將甄其技。量足以包萬有，育群材。進退生殺，喜怒不形於色。成敗利鈍，欲惡無動於心。一切才略、操守、技藝，用衆人之長而已，不見其所長。如是者，可以爲大將。略足以周萬事，决群疑，握陰陽之要，鬼神不能測其奥。合動静之宜，龍蛇無以喻其機。智深勇沉，無以異於大將，特量微不及耳。如是者，可以爲名將。可殺也不可使處不完，可殺也不可使擊不勝，可殺也不可使欺百姓。或安或勉，所守定也。賢將、才將以之。斬元戎之首，蹋名王之庭。有進死之榮，無退生之辱。雖氣矜之隆，要其技實天下之至精也。鬥將、能將以之。凡堂堂之陳，正正之旗，大將將之。使名將將別部以會師，賢將、才將，左右偏裨列校。鬥將、能將，足當選鋒。王者之師，無敵於天下，職是故也。竊觀今之將帥，未有足當古之大將、名將、賢將、才將者，鬥將、能將不過數人，遽使之當大將之任，智勇俱困，卒隕其命，或更摧抑屈辱之，使一不得，展其所長，汶汶以殁，豈不惜哉。

以愚論之，慎選將材亦當破成局，而後得真才。往年用兵，封疆大臣，以便宜擢兵勇有至提鎮者。叅游以下，不計其數。文自丞尉起家至二千石者，頗不乏人。其人始皆奮勉以就功名，艱苦以取富貴，功名既得，富貴既來，身家念重，君親事忘，其氣漸衰，不復可振。今宜別選異能，勿尚恒格。文於雜流中，武自千夫長下。耕田之夫，兔罝之士，苟有異於衆，無不登於選。相其形體，聽其言語，覘其動作，十可得三四矣。懼之以觀其勇，利之以觀其廉，搖惑之以觀其智，十可得五六矣。授之以事顯其能，庸之以階責其效，程之以器盡其量，十可得七八矣。若猶未也，獸之搏也，厲其爪牙；禽之擊也，矯其翅翮，有氣燄以先之也。如有非常之才，必有非常之氣燄，可望而知。雖其才有偏全大小之不同，慎而擇之，焉有不得者哉。

夫惟巧者，能用兵而不爲兵用，要在訓兵。孔子曰："以不教民戰，是謂棄之。"又曰：善人教民七年，亦可以即戎矣。古之教民者，未遽使之即戎也。壯者以暇日，修其孝弟忠信，入事父兄，出事長上，春蒐夏苗，秋獮冬狩，習其金鼓之節，明其坐作進退之法。一旦有事，踴躍啓行，執殳前驅。敵王所愾，直易易事耳。蓋常三時務農，一時講武。後世兵農既分，民不知兵，兵不習農，兵農交相病，而民苦賊又苦兵。爲人上者，奈何使兵之苦吾民哉。此無他，不教不訓，遽使之戰。戰而畏賊，則退。退而無所得，則取償於民以飽其欲。又其甚者，未戰先掠，勇於殺民，及與賊遇，其氣轉餒，不敗何爲。夫兵固以氣爲主。氣也者，一發而不可收之物也。猝然而發，衡鋒陷堅，無不可者。然而難以持久，善用兵者，貴有以養之。欲養士氣，先得士心。將之於兵，不得其心，未有能得其力者也；不得其力，未有能得其死者也。結以恩信，若父之愛其子；道以禮義，若師之範其弟；卑身下士，一齊甘苦；親臨疾病，慰問家室；妻子縫補於行間，身自分功於作役。夫是以士卒冒白刃，赴湯火，出其死力，奮不顧身，非惡生而樂死，誠思致命而報之於上也。士思致命而報之於上，夫其氣安得餒，其心可使之歷久而不變。雖然，下之所以報其上者，必出其死力；上之所以恤其下者，務保其生全。善師者不陳，善陳者不戰，善戰者不敗，不敗者勝之於未戰之先。節制之師是也。師無節制，兵未交而敗形已見，夫是以求生而適得死。今之用兵者，不訓一士，不練一卒，賞罰未明，親疏未附，臨之以不知誰何之人，痛癢無關，加之以傲狠自是之性，猜嫌日甚。疆埸之事，上與下各懷一生之念。壁壘不堅，行陳不整，器械不精，耳目手足不相習。一遇鋒鏑，紛紛然鳥獸散耳。兵法云：置之死地而後能生。爲其堅壁壘，整行陳，堅器械，習耳目手足，號令如山，雖百萬之衆，圍十數重，屹然不可動。若兩軍相見，衹辦一走。即置之生地，無不死者。大衆奔北，兵刃追逐，蹂躪老弱，顛厓墜谷，亡匿搜索，駢誅係戮，飢寒野掠，犯怒食肉，惟求生也。無所之而不得其死，蚩蚩者不足責。儼然三軍之司命，相與一敗。肝腦塗地，顧猶有藉口者，曰士不用命。嗚呼，上不能保其生全，即用命徒并命耳。兵兇戰危，夫人而知之。其爲將者避之，使其士必趨之，非人情。雖孫吴不爲功，不恤其下，衆叛親離，五步之内，輒發危機。威令不行，而訓練無素也。

夫惟巧者，能用財而不爲財用，要在省財。財猶水也，不竭其源，其流必長。夫金帛穀米産於地，普天皆王土也。出於民，率土皆王臣也。土地人民，生財之原。爲天子命吏，爲國家守其原。譬之富人之家，其守藏之僕也。盗入門，委而去之，可謂忠乎。主人家食指累千百，旦夕所需，奴輩侵蝕若漏卮，其家必中落。其主計之，僕相聚而謀，省浮食，减服用，勤於治生，猶可以復舊業。若浮食如故，服用如故，男女曠其職業，奴輩侵蝕如故，不節之嗟，嗟何及耶。生財之道，世所稱精明强幹，有心計者自能任之，非愚之所敢知也。用財之弊，其迹顯然，愚亦未敢盡言。軍興以來，國家常以數十萬官軍與賊相持。此十年中，合而計之，爲費本鉅，加以弊竇，何可勝道。兵食調度，日益艱難，剜肉補瘡，無非取之於民，民力之竭，亦不待言。嗟乎，百姓受朝廷豢養之恩，即破其身家亦所不恨也。獨是破十年之産以養一兵，不收一兵之效；破萬室之邑以供一將，不受一將之賜，非徒無益而又害之。民爲邦本，此於國家利害何如乎？財産於地者也。東南租税所出，沃野千里，農桑之利，衣食半天下。賊破一縣，據一縣之財；破一郡，擅一郡之富。試以江浙二省被賊所陷，府廳州縣論之，每歲度支所入幾何，地方所出幾何，富商、上户、田户業産幾何。一時失守，盡爲賊有。賊既得之，足以養氣力。我偏失之，不足以濟軍需，無可奈何，竭澤而魚，區區權宜之術，自耗其元氣，以與賊相持久，利害懸絶，不待智者而知之矣。自古富强之策，莫不因人以盡地力，任地以課農桑。今者吾民半爲賊擄，其餘老稚轉溝壑，壯者散而之四方，田園盡蕪，生齒漸耗。貽他日無窮之憂，當事者早克復一日，釋一日之慮，奈何遷延觀望，日復一日不知所届，拱手而謝於人曰無財。財之産於地者，曷爲棄而不取也。或曰：非棄也，固將取之。取之不能不費財，愚誠不知財之道奚自生，第謂其入也不易，其出也得無有可省者乎。宜實而勿虚，其食也惟艱，其爲也得無有可力者乎，宜疾而勿需。其聚也，如水之赴於壑也。壑於公，勿壑於私，懼尾閭之一洩而不復可收拾也。有財、有兵、有將，滅賊有期，討賊有效。兵法云："知彼知己，百戰百勝。"賊在彼，宜知彼。知彼之形有强弱，勢有輕重，人有智愚勇怯。强者塞之，弱者擊之，重者離之，輕者夷之。强者塞而勿擊也，擊其弱而强者躓矣。重者離而勿夷也，夷其輕而重者靡矣。智者疑之，勇者餌之，愚者侮之，怯者褫之。智者不可侮，勇者不可褫。侮其愚而智者始疑，褫其怯而勇者可餌。務使彼墮吾之術中而不知覺，己則勿墮彼之術中，所謂致人而不致於人是也。

今之用兵者，亦知賊之形勢爲何如乎？賊初起未有大志，及據金陵，形勢漸成，此其志不在小，或出或入，倏聚倏散。凡所以牽吾之力，撓吾之事權者。利在分，然分則形强而勢輕，合則形弱而勢重。愚謂形之分而强者，若翦其羽翼，解其肢體，脅從者散。群不遑奔走相聚，其終也必合，而形之分者弱矣。其勢之合而重者，若首尾互擊，腹背並入，不知所備，四出策應不暇，其究也必分，而勢之合者輕矣，此其大略也。若夫强弱無定形，塞之擊之隨其時。輕重無定勢，離之夷之應其機，時哉勿可失。知幾其如神，神而明之，存乎其人矣。

今之用兵者，亦知賊中有若而人，賊首爲何如人乎？粤西奸徒，假外洋天主教名號，號召徒衆，爲之魁者，大率駔儈無賴。今其人都伏冥誅，僅僞翼王尚在，餘皆新附之賊也。近來彼中行軍調度，頗有可觀。必有人焉爲之謀主，僞王號中，沈猛陰鷙，麤具將材者，當不乏人。前破郡縣，殺掠過當。今在省垣，亦不甚暴。設鄉官，徵賦税，修樓櫓，募材勇，此其志更不在小。似聞彼中有頗懷去就，願拔身來歸者，當開懷以招之。或有可用之才，轉能爲國家出死力，否則用計以離間之。其智者深悉吾之弊病，而無所顧忌也。法當用疑，其勇者欲顯己之材武，而莫與相角也。法當用餌，疑之餌之，俾無所用其智與勇也。彼愚者怯者，不啻拉枯摧朽，何足慮哉？凡所以勝負在呼吸之間，成敗在掌握之中者。非真知賊將之智愚勇怯不可。夫是以知賊之形勢，則知吾之所以制其强弱輕重者，必有道矣。知賊將之智愚勇怯，則知我軍之智愚勇怯與彼何若，若何可取長於彼者，亦必有道矣。知己之道，即在知彼。若才分相越，必不能敵。知其道者，在齊孫臏教田單上下駟之説矣。大綱若此，固已盡得。至於細務，亦不可忽。古之行軍，必覘敵情。動静虚實，纖悉具聞。現聞賊日譴十數輩在此探聽消息，而賊之静動虚實吾轉未能深知，以偵探之不得其人也。宜懸重賞，募精探，伏路泅水，飛檐走壁，消息一真，關楗甚大。至或乘間梟一賊首，或取賊卧内一物爲信，使彼疑有内應，賊黨中自相携貳，褫魄喪膽，日夜不安。上兵伐謀，罔知所措。刺客偷兒，皆可用也。

夫吾之所以必合天下之全力者，以賊之分股竄擾無乎不之也。江西、河南，近所稱全省已肅清者，今又告警矣。軍中曲折，難以懸揣。就江浙二省，愚所目擊者言之。浙江之賊，方牽杭省而圖甯紹。江南之賊，自江省至蘇省聲勢聯絡，四出侵軼，其意未嘗一日忘上海也。甯紹兩郡十數縣，負山海之固，擅魚鹽之利，又有他郡爲之股肱。上海斗大一縣城，數百里内皆賊，十數里外即賊。辦浙江之賊猶可爲，辦江南之賊從何處下手，以愚策之，今之上海，居然省會，與浙杭省同，江浙大府。但當高坐省城，居中調度。調浙東之師，辦浙西之賊。江北之師，辦江南之賊。兩路齊舉，賊即走矣。浙自杭省克復，當事者檄重兵以守省城。間一出擊禾郡之賊，賊未曾退，官軍數萬，仰食於甯紹。甯紹各辦團練，畫錢塘江而守，此甚非策也。江南賊衆我寡，猶幸江北無賊。然與此間聲息不及，旦夕偷安，遲之日久，更非策矣。用兵之道，有聲有實，恒聲東而擊西，孫臏圍魏以救趙，是也。有正有奇，常以正兵戰而奇兵勝，韓信拔趙幟，易漢幟是也。古之人有行之者，今何爲獨不可？

浙東之師，辦浙西之賊，不擊浙西，浙西之賊自走。江北之師，辦江南之賊，但擊江南，江浙之賊俱走。兵法云：善守者守其所不攻，善攻者攻其所不守。又云：善守者敵不知所攻，善攻者敵不知所守。今賊知吾所守者杭省、上海，所攻者蘇省嘉興。攻吾之所守，守吾之所攻，如是而已。吾知賊所攻者杭省、上海，即守杭省、上海；所守者蘇省嘉興，即攻蘇省嘉興。譬之奕者，各下死著，亦可謂不善攻守者矣。昔耿弇攻張步於青齊，渡河先拔祝阿，開圍令賊得奔歸鐘城。鐘城人聞祝阿已潰，大恐，空壁亡去。步使其弟藍將精卒守西安，别將守臨淄，弇進軍，軍二城之間，勅諸將後五日攻西安。藍聞之，晨夜警守。及期，弇勅諸軍夜半蓐食，質明至臨淄，攻半日破之，藍亦棄西安而遁，此聲東擊西之法。師孫臏之圍魏救韓，變而爲拔一得二。岑彭入蜀，使臧宫將降卒五萬，從涪水上平西拒延岑，自分兵浮江下還江州，泝都江而上，襲擊侯丹，大破之。倍道兼行二千餘里，往拔武陽，使精騎擊廣都，去成都數十里，勢如風雨，所至皆奔散。初，公孫述聞漢兵在平曲，故遣大兵逆之。及彭至武陽，繞出延岑軍後，蜀地大震，此正兵戰奇兵勝之法。師韓信之拔趙幟易漢幟，變而爲反客爲主，明於聲實奇正。師古而不泥古，以此用兵，當不亞於古人。爲今之計，江浙大吏，當合同辦賊。聲言盡起，浙東甯、紹、温、台之師航海而至，剋期大舉進攻蘇省。傳檄遠近，使賊聞之，必收召其衆，厚集於蘇，江省空虚。潛令江北揚、通、泰之師，自瓜、儀渡江，直擣金陵。又以舟師兩道，一進福山取常熟，一進江陰收無錫。又出京口戰船，往來江上，以爲疑兵。賊必還救江省，分兵禦我。江省若破，蘇郡之賊，不戰自潰。兩道舟師，掩擊賊背，疾趨襲蘇，賊中脅從，必有應者，兩省克一，官軍勢振。浙東之師，旌旗蔽海，金鼓震天，登岸揚兵，卻收旁郡。以精卒間道取蘇，分兵一趨太湖，乘便伺擊；一出金山柘林，沿海口岸，先據要害。又以游兵分綴嘉禾之賊，杭省、上海兩路出師。此爲正兵，堅壁勿戰，但示形勢而已。特開一面，令賊潰走，諸道官軍，尾追横截，如是而江浙之賊，縱未盡殲，當亦無幾何矣。愚觀江浙賊勢，江南重於浙江。江南賊形，江省强於蘇省。欲去浙江之賊，宜先拔江南。欲去江省之賊，宜先攻蘇省。浙東之師爲正兵，先聲後實；江北之師爲奇兵，先實後聲。奇正相生，虚實互用，機貴神速，無有定方，孫臏、韓信、耿弇、岑彭皆可師也。務使賊不知所守，而吾之攻乃必克；不知所攻，而吾之守自有餘。一舉手而兩省盡復，當事者何憚而不出此也。行吾之策，以戰爲守。賊方備吾之攻不暇，奚暇攻人？杭省、上海，安於太山矣。如以守言，古之守城者，未有徒守一城，閉門而受人之攻者也。即有之，亦惟是倉猝不及，以禦急兵。未有綢繆未雨，籌劃多方，計無復之，待賊至，則束手而任其來攻也。杭郡負郭多山，法當於城外諸山擇地安營，多張旗幟，陰伏精卒於林麓谿谷。賊來圍城，我兵反擊其背，伏兵横衝之，俟其擾亂，城中人出應之，内外夾擊，蔑不濟矣。上海地勢平衍，無險可扼，故晋袁崧特築滬瀆壘以禦孫恩。今宜略仿其意，去城十里許，别築土城，以精兵數千人守之。賊至，出其不意，或擊或襲，九天之上，九地之下，莫測我軍多寡，此犄角之勢也。又於新閘左右，虹口以北至屈家橋，特派官軍巡邏。迤西北一帶，列戍相望，漁舟數十，沿吴淞江上下游泳。浦東則龍王廟、塘橋、張江栅等處，各結民團，以相保衛。北吴淞口、南金山衛，俱置重兵，立爲門户。此外護之形也。如此則上海形勢已固，賊亦未敢遽窺。守城之策，莫此爲最，其他或以爲可恃，譬之引虎狼而入室，豈愚之所敢知哉。

若夫團練一事，可聽民之自爲團，自爲練，不啻代吾之團練。賊至，可聽民之自爲戰，自爲守，固已助吾之戰守。凡此百姓自爲計，官勿與其事，何也？其在官者皆僞也，不足恃也。歷觀前古，民經喪亂，競保隖壁，建旗立社，號曰義兵。善用兵者識其豪傑，因而撫之，推心置腹，恩同父子，忠義激發，殺賊立功，此其效也。往時愚在富春山中，嘗論其事矣。鄉行并村，城行保甲。大姓立宗法，田野開溝洫。父老講鄉約，子弟勒部伍。賊至，百姓隨官出擊。一切外兵，毋庸調遣入境。若逃潰兵勇敢與居民爲難，格殺勿論，此爲兵無紀律者言之。如有節制之師，不爲民害，號令嚴明，士卒用命，團練並舉，官民相保，百姓何吝於財，何愛其力哉。然而吾之所慮有大於此者，不去浙西之賊，杭省不安，浙東諸郡亦不安；不去江南之賊，上海不安，江北諸郡亦不安。去而之他，旋復來擾，浙東西、江南北仍不安。無財、無兵、無將，自治之術已疏，不知彼，不知己，不善攻守，戰勝之策安在？

自今已往，舉事一不當，重斯民之困，生奸雄之心，天下胥不安。天下之民凡四：士、農、工、商，皆良民也。各安其生則天下治，不安則亂。亂天下之民亦四：一曰游民，二曰奸民，三曰流民，四曰亂民。天下無事，隳其職業，日薰其利欲之心，是爲游民。無事思生事，則爲奸民。天下有事，棄其鄉里，不勝其飢寒之苦，是爲流民。有事思害事，則爲亂民。奸民常生於游民之中，亂民即伏於流民之内。故天下無事不可使有游民，有事不可使有流民。吾之所慮，爲他日患者，其流民乎。往者無事，游民亡賴，頽惰自甘。承平日久，奸民萌蘖其間，互相煽動，以爲之倡，横生事端，毒痡海内。男不得耕，女不得織。孑遺之民，無以無家。今日之良民，皆他日之流民。扶老携幼，千百成群，露處野宿，骨肉難分。地方有司，防有他故，閉闗不納，哀鴻嗸嗸，愈集愈衆，無所得食。急何能擇，鋌而走險，乃亦作賊。又以人衆心力不一，其勢不能不推一人以出號令，桀鶩不馴，所在多有。一夫攘臂，群吠四起。李特、葛榮之流，復生於世。後之亂者，與前群盜各欲專據一方，互相兼併，狼吞虎噬，弱肉强食。當是時也，雖起天下之至巧，賢豪盡矣，無所用其將。壯士死矣，無所用其兵，土地荒、人民散矣，無所用其財。萬有不幸，至於此極。天下之亂，真無日定矣。

雖然，亂也者，治之機也。亂天下之民，與治天下之才並生於世，以待天之悔禍，人之思治。及今圖之，天下事尚可爲。必也合天下之全力乎，非得天下之真才，合全力而不能用；不破天下之成局，求真才而不可得。今日事勢，經之營之，舉綱挈領，吾直以三言决之。嗚呼，吾言之而聽者誰耶。得無罪耶，則將無言耶。

—14. 皇朝經世文統編　卷六九　兵政五　兵機下

張文虎（1808—1885）

字孟彪，又字嘯山，號天目山樵，江蘇南匯縣（今屬上海）人。道光六年（1826）貢生，官候選訓導。有《舒藝室雜著》。

新譯幾何原本序

《幾何原本》前六卷，明徐文定公受之西洋利瑪竇氏，同時李凉庵彙入《天學初函》。而《圜容較義》《測量法義》諸書，其引幾何頗有出六卷外者，學者因以不見全書爲憾。咸豐間，海寧李壬叔，始與西士偉烈亞力續譯其後九卷，復爲之訂其舛誤，此書遂爲完帙。松江韓緑卿嘗刻之，印行無幾，而板毁於寇。壬叔從余安慶軍中，以是書視予，曰："此算學家不可少之書失，今不刻，行復絶矣。"會余移駐金陵，因屬壬叔取後九卷重校付刊。繼思無前六卷，則初學無由得其蹊徑，而亂後書籍蕩泯，《天學初函》，世亦稀覯。近時廣東海山仙館刻本，紕繆實多，不足貴重。因並取六卷者，屬校刊之。蓋我中國算書，以《九章》分目，皆因事立名，各爲一法，學者泥其迹而求之，往往畢生習算，知其然而不知其所以然，遂有苦其繁而視爲絶學者。無他，徒眩其法，而不知求其理也。《傳》曰："物生而後有象，象而後有滋，滋而後有數。"然則數出於象，觀其象而通其理，然後立法以求其數。則雖未睹前人已成之法，創而設之，若合符契。至於探賾索隱，推廣古法之所未備，則益遠而無窮也。《幾何原本》不言法而言理，括一切有形而概之曰點、線、面、體。點、線、面、體者象也，點相引而成線，線相遇而成面，面相疊而成體，而線與線，面與面，體與體，其形有相兼，有相似，其數有和，有較，有有等，有無等，有有比例，有無比例。洞悉乎點線面體而禦之以加減乘除，譬諸閉門造車，出門而合轍也，奚敝敝然逐物而求之哉。然則《九章》可廢乎？非也。學者通乎聲音訓詁之端，而後古書之奥衍者可讀也；明乎點、線、面、體之理，而後數之繁難者可通也。《九章》之法，各適其用，《幾何原本》，則徹乎《九章》立法之源，而凡《九章》所未及者無不賅也。致其知於此，而驗其用於彼，其如肆力小學而收效於群籍者歟？

—5. 皇朝經世文續編　卷六　學術六　文學二附算學

書清芬集後

明歸熙甫以女子未婚守志爲過禮，近世江都汪容甫復作議以佐其説。甚哉，二君之不知禮也。

古聖人緣情以制禮，度夫中人所能行者著之，而不責以卓越過高之行，此禮之所以通於天下萬世也。然其中有隱微疑似之間，不能顯著之令者，則以俟知其意者之善擇焉。哀公問於孔子曰："禮，男必三十而有室，女必二十而有夫也，豈不晚哉？"孔子曰："夫禮，言其極也，不是過也。男子二十而冠，有爲人父之道；女子十五許嫁，有適人之道。"推此，則禮文之不可泥明矣。是故三年之喪，禮也。世有若劉瑜之服除二十餘年，布衣蔬食常居墓側者，君子不以爲非也。不能食粥，羹之以菜，有疾飲酒食肉，禮也。世有若張敷、杜栖隱之不食鹽菜，哀毀傷生者，君子不以爲非也。師没，心喪三年，禮也。世有若子貢之三年，以外築室獨居者，君子不以爲非也。汪踦，殤也，能執干戈，以衛社稷，則喪之如成人，君子亦不以爲非也。若如二君論，則兹數子皆可議矣。且二君所執者，《曾子問》之文也。其文曰："既納幣，有吉日。"

壻之父母死，已葬，致命女氏曰：某之子有父母之喪，不得嗣爲兄弟，使某致命。女氏許諾，而不敢嫁。壻免喪，女之父母使人請壻，弗取而後嫁之。夫其不敢嫁者，正以女已許人，而重之也。壻弗取而後嫁，而不責以堅守者，所謂度中人所能行也。而後嫁者雖辭也。又曰：取女有吉日，而女死，壻齊衰而吊，既葬而除之。夫死，亦如之。注曰：女服斬衰，何服也？服以斬衰，則儼然其夫矣。而不責以守節者，亦度中人所能行。設於時有矢志不嫁，或以身殉，或願事舅姑者，君子亦悲其情而許之。而容甫氏乃比之齊楚之君死，魯衛之臣號呼而自殺，則必爲狂易失心之人。

嗚呼，是何言也？《昏禮》："納采，主人筵于户西西上右几。"注曰："將以先祖之遺體與人，故受其禮於禰廟。"《曲禮》："女子許嫁，纓。"注曰："女子許嫁繫纓，有從人之端也。"許嫁之初，其重如此，而比之魯衛之臣於齊楚之君，其不爲狂易失心之論乎？昔者齊侯之女嫁於衛，至城門而衛君死。保母曰：可以反矣。女不聽，遂入，持三年之喪。弟立，請同庖，女不聽。衛愬於齊，齊使人告女，女作詩曰：我心匪石，不可轉也。我心匪席，不可卷也。見《烈女傳》，蓋《韓詩》説。又衛女嫁於齊太子，中道聞太子死，問傅母曰：何如？傅母曰：當往持喪。喪畢，不肯歸，終之以死。見《樂府詩集》引揚雄《琴清英》。此二女者，豈不知有既葬除服之禮哉？矢志不嫁，節著千載，容甫又將比之魯衛之臣，號呼而自殺乎？

高子問於孟子曰："夫嫁娶者，非己所自親也，衛女何以得編於《詩》也？"孟子曰："有衛女之志則可，無衛女之志則怠。"見《韓詩外傳》。此即所謂卓絶過高之行，不可以責之中人者也。以卓絶過高之行，而謂之狂易失心，吾不知容甫之心何心也。熙甫氏曰：女子在室，惟其父母爲許聘於人，而己無與焉。夫己身，父母之身也。己身許嫁者，父母也，父母許之，而曰己無與焉。此復成何説乎？且夫禮非强人而束縛之、馳驟之也，亦求其心之所安而已。微、箕、比干，皆謚爲仁。伊、周、夷、齊，各成其是。孔子聞孔悝之難，曰："柴也其來，由也死矣。"而無所褒貶於其間。此所謂各求其心之所安也。

禮三代不相襲，今古異宜。父在爲母，婦爲舅姑，服皆期，而今則皆三年，二君其能執古禮以反之乎？孔子曰："禮，與其奢也，寧儉；喪，與其易也，寧戚。"以今世俗波靡，日趨浮薄，苟有卓絶過高之行，實足以激厲人心，而二君者又從而非議之，其亦異乎孔子之論禮矣！然熙甫亦自知其言之過，故於《張氏女貞節記》斡旋之，舉三仁、夷、齊爲況，而容甫遂怙終焉。

奉賢徐母吴孺人，未婚夫死，在室守志十五年，聞姑病，泣請歸徐事姑，撫嗣子得厚成立，事聞於學，使者旌其廬，士大夫有歌詠其事者。得厚彙刊爲《清芬集》，乞言於虎。虎讀臨川、昆明兩學使序，辨熙甫之謬，引而未發，又未及容甫所議，故爲推而詳之，不自覺其辭費也。

十三間樓校書記

西湖寶石山之半，蓋有宋十三間樓舊地，爲東坡守杭時治事之所云，今地入彌勒院、郡人瞿君世瑛，重葺樓三楹，仍舊額曰：十三間樓。己亥庚子秋，錢君熙泰，續文瀾閣校書之役，偕予兩寓於此樓。前爲後湖，夾岸即錦帶橋，西南衺對孤山之放鶴亭。予詩所謂："開窗看放孤山鶴，萬古逋仙共髯翁"是也。動止飧寢，皆在竹蔭嵐翠中，臨窗泚筆，緑映毫楮，執卷而諷，與梵唄相應。天未曙，聞鐘磬聲悠然，披衣頓起，視群山猶夢夢也。中間出游湖上諸勝地，西至天目九鎖，南渡江，登會稽探禹穴，訪蘭亭修禊處，或一再宿，或逾旬乃返。返則仍校書于此樓。時績溪胡農部竹村，元和陳文學碩甫，同寓湖上。胡君精《三禮》，方爲《儀禮正義》，補賈氏之疏漏。陳君專治《詩》毛傳，亦作疏以糾孔氏，時時過從，商榷疑義。蓋讀書之樂，交游之雅，登臨游覽之勝，三者兼之矣。

昔東坡居杭，游迹止于洞霄宫，未嘗過浙東。其時牽於一官，讀書交游之事，能如今日與否，固未可知。而吾兩人以物外之身，兼斯三者而有之，非厚幸與！錢君笑曰："東坡讀破萬卷，交遍賢士大夫，身行半天下，而子乃以是傲之，慎矣。"予曰："東坡大矣，何敢言。雖然，茫茫宦海，名編黨籍，舟車所至，曾不得一日安處，老竄窮荒，備歷憂患，其視吾兩人閑鷗野鶩，翱翔山水間，安知不顧而樂之。抑豈惟東坡，將當世實有企羨之者。"錢君慨然太息曰："有是哉。子之言蓋有爲而發也。"既歸，倩工作《十三間樓校書圖》，遂書其語爲記。

—13. 皇朝經世文統編 卷一三 文教部一三 師友

馮桂芬（1809—1874）

字林一，號景亭，江蘇吴縣（今屬蘇州）人。道光十九年（1839）進士，授翰林院編修，充廣西鄉試正考官。有《顯志堂集》。

公黜陟議

今試泛論取人者，將重文字乎？將重才德乎？則必曰：才德重矣。將重一二人之私見乎？將重千百人之公論乎？則必曰：公論重矣。然而自漢以來，取人之法，薦剡策試百其途，要不外試之以文字，舉之以數大臣。豈不以才德虛而無據，公論散而無紀，不得不舍之而憑文字，憑私見哉。而不知其斷不足以得人也。人第知劉蕡下第江東，不知爲文字之不足憑。夫豈知通籍後之黜陟，乃並不足憑之文字而無之。自枚卜以下，無非取人於容貌語言奔走之間，例舉之而例用之。雖公論皆知爲門筲無足算者，年遷歲擢，無何而參鼎鉉，無何而擁節旄，比比皆是。士大夫平居論説，從不聞曰：某德可大貴，某才可大貴。但聞曰：某命某相可大貴。夫至言命言相，而其效可睹矣。於乎！奚怪其不能得人哉。欲求變計，非虛者實之，散者一之不可。

《堯典》曰："師錫。師者衆也。"《禮》曰："爵人於朝，與衆共之。"孔子曰："舉直錯諸枉，則民服。"民者，亦衆詞也。《孟子》曰："國人皆曰賢，然後察之。見賢焉，然後用之。"三代上，固自有善取衆論之法。經傳文簡，不可考。而《孟子》之言獨彰明較著，則其事可意會也。《新唐書·趙憬傳》："憬曰'宜采士譽，以譽多先用'。"即此意。道在以明會推之法廣而用之。又以今保舉之法反而用之。會推必重臣之貴，今廣之於庶僚。保舉爲長吏之權，今移之於下位，責成京官，自中書以上，皆歲舉六部九卿一人，翰詹科道一人，外省知府以上一人，吏部籍之，以得舉多少爲先後。遇應升缺，列上。其無舉者，不得列。又令歲舉部院司官一人，吏部交各堂官。有應升缺，用其舉多者。若用舉少者，則必言其故。候欽定。外官則令在籍在京、在外各紳及諸生各鄉正副董耆老，歲舉同知以下巡檢以上一人上之郡。郡核其得舉最多者，上之大吏。大吏博采輿論折衷之，許删不許增。造册奏聞。有缺以次保升。不與上司以權，而參劾之權則與之。夫鄉人皆好惡之，未可，平就人言之也。至於官，則未有鄉人皆好而非好官者，即未有鄉人皆惡而非劣員者，故此法至當不易。至各官考績，宜首以所舉得人與否爲功罪，以重其事。所謂取才取德，取千百人之公論者，如此。另議，通籍後不得再試。又議考官學政皆由公舉即無庸考試差。他如詩文傳播膾炙人口者，宜詞苑；風裁峻整膽識兼優者，宜諫垣；文筆敏捷記識無遺者宜樞廷；通達治化機警絶人者，宜外任；皆可隨事分舉。公論所在，豈不勝於一日之試哉。

—5. 皇朝經世文續編　卷一四　治體五　用人

免回避議

事有顯背三代聖人之制、釀民生無形之害、開胥吏無窮之利、沿襲數百年、墨守之爲金科玉律而不知變者，莫如官員回避本省之例。成周三代，世家草澤，俱任於其國。維楚有材，晋實用之，變也，非常也。漢之朱買臣，元魏之畢安敬《山堂肆考》，畢四世爲本郡太守、唐之張漢周、宋之范仲淹，皆守本郡。明代始有南北選之例，後遂定爲回避本省，不聞明之治勝於古之治也。爲此説者，不過曰官於本地，關説之徑路熟，恩怨之嫌疑多，囊槖之取携便而已，不知營私固易，舉發亦倍易；阿比固多，責備亦倍。多祖宗邱墓之所在、子孫室家之所託，立身一敗，萬事瓦裂，非一官傳舍之比。鄉評之可畏，甚於輿論。愚則以爲官於本地，較之他鄉倍宜自愛自重，亦人情也。至於遠任之害，昔人多有言之者。舟車驢馬人夫之費，其給之也，非斥産即揭債；其償之也，非國帑即民膏。到官之後，言語之不通，風土之不諳，利弊則咨訪無從，獄訟則詞聽無術，不得不倚奸胥爲耳目，循宿弊以步趨，於國計民生損乎？益乎？况乎關説之徑路難通，則轉多因緣之輩矣。恩怨之嫌疑不涉，則彌無忌憚之心矣。囊槖之取携不易，則更益賫送之費矣。人果賢耶，不可待之以不肖；人果不肖耶，仍無以禁其不肖，無益於國，有損於民，莫此爲甚。

今制惟親老告近，爲天理人情之至，然亦多爲條目，有年歲之限，有次丁有無之别，稍不合即謂之規避遠省。曾亦思國家之設官，取其能治民乎，取其能行遠乎？傎孰甚焉！且又何以處夫勾通書吏、遷就以求合者乎？竊以爲此法宜反而用之。大吏特簡者不論，外府廳州縣各官，用宋政和無過三十驛之法三十里爲一驛，無論有親無親，皆選近省。縣丞以下不出省。復古鄉亭之職。庶幾參古制今，國民交益矣。

—5. 皇朝經世文續編　卷一七　吏政二　銓選

復鄉職議

治天下者，宜合治，亦宜分治。不合治，則不能齊億萬以統於一，而天下争；不分治，則不能推一以及乎億萬，而天下亂。柳宗元《封建論》云：“有里胥而後有縣大夫，有縣大夫而後有諸侯，有諸侯而後有方伯連帥，有方伯連帥而後有天子。”此合之説也。封建之合不如郡縣之合尤固，故封建不可久而郡縣可久。反而言之，天子不能獨治天下，任之大吏，大吏不能獨治一省，任之郡守；郡守不能獨治一郡，任之縣令；縣令不能獨治一縣，任之令以下各官。此分之説也。顧氏炎武曰：“大官多者其世衰，小官多者其世盛。”蓋大官所以治治民之官，小官所以治民。分而又分，其數不能不多，其位不能不小。今世治民之官頗少矣。縣令藐然七尺耳，控一二百里之廣，馭千百萬户之衆，其能家至户到，而周知其循莠勤惰、飽饑甘苦哉？至令以下各官，非貲選即吏員，流品既雜，志趣多庸，加以間關跋涉，千里萬里而來，身家妻子惟一官是食，犬馬於富民，魚肉乎貧民，視令以上尤甚蠹民而已，何有乎治民？然則今之小官，如顧氏之説，更多其數，患不滋甚耶！不知顧氏之意，固欲復古鄉亭之職也。

考周制，鄉大夫之下有州長、黨正、族師、閭胥、比長，遂大夫之下有縣正、鄙師、酇長、里宰、鄰長，以鄉人爲之，皆官也。以今十萬户之州縣計之，當有鄉遂大夫十，州長、縣正五十，閭胥、里宰五千，比長、鄰長二萬五千。此今日斷不可行之事。漢制十里一亭，亭有長。十亭一鄉，鄉有三老、嗇夫、游徼。三老掌教化，嗇夫職聽訟、收賦稅，游徼循禁盗賊，亦以鄉人爲之，亦皆官也。以今方二百里之州縣計之，當有三老、嗇夫、游徼各四十，亭長四百，視周已大減，然猶之多也。隋文始一切罷之，蓋亦一時矯枉過正之舉，乃遂爲萬世定制。《唐六典》：漢氏縣丞尉多以本郡人爲之，三輔縣則兼用他郡。及隋氏革選，盡用他郡之人。今州縣設佐四五人撥二三人分治各鄉，至都、圖則有地保、地聰司民事，其流品在平民之下，論者亦知其不足爲治也。於是保甲之法，十家一甲長，百家一保正，一鄉一保長，然率視爲具文。詔書憲檄絡繹旁午，而卒不行。間行之，而亦無效。軍興以來，各省團練民勇有圖董，有總董，大同小異，顧行之轉視保甲爲有效，然則其故可思也。地保等賤役也，甲長等猶之賤役也，皆非官也。圖董紳士也，非官而近於官者也。惟官能治民，不官何以能治民？

保甲之法，去其官而存其五四遞進之法，不亦買櫝而還珠乎？吾甚不解。論保甲者謂得《周官》遺意，則何不徑師周公，乃必以隋文爲主而周公爲輔也？玆爲之酌古斟今，折衷周漢之法，縣留一丞或簿爲副，駐城，各圖滿百家公舉一副董，滿千家公舉一正董，里中人各以片楮書姓名，保舉一人，交公所彙核，擇其得舉最多者用之，皆以諸生以下爲限，不爲官，不立署，不設儀仗，以本地土神祠爲公所。民有争訟，副董會里中耆老於神前，環而聽其辭。副董折中公論而斷焉，理曲者責之罰之，不服則送正董，會同兩造族正，公聽如前。又不服，送巡檢。罪至五刑，送縣。其不由董而達巡檢或縣者，皆謂之越訴，今州縣門或署越訴笞五十，蓋指越老而里訴州縣，非謂越州縣而訴府。詳見《日知録》。則里然老聽斷小事，固舊制矣。不與理。緝捕關正副董指引，而不與責成。徵收由正副董勸導，而不與涉手。滿五千家地廣人稀之縣量減設一巡檢，全乎爲官，如今制。惟以鄰郡二三百里内無山川間阻之地，諸生幕職薦舉者爲之丞簿，由巡檢升除。丞簿月給養廉三五十金，巡檢半之。正董薪水月十金，副董半之。正副董皆三年一易。其有異績殊譽，功德在閭里者，許入薦舉，有過者隨時黜之。見令丞簿尉用紳士禮，交用照會。有罪即與凡民同。如是則真能親民，真能治民。大小相維，遠近相聯，庶幾顧氏所謂小官多者乎？無事而行保甲，必有循名責實之功；有事而行團練，更得偕作同仇之力。風俗有不日新、教化有不日上哉。

—5. 皇朝經世文續編　卷一八　吏政三　官制

易吏胥議

後世流品，莫賤於吏，至今日而等於奴隸矣；後世權勢，又莫貴於吏，至今日而駕於公卿矣。

《册府元龜》：唐元和中，敕曾任州府小吏，不得申送進士，與虧禮教。被科罰，皆謂之不入清流。《明太祖實録》："吏胥心術已壞，不許應試。"吏之賤舊矣。至近日江蘇州縣漕書閽人更迭爲之，衣冠不與齒，其賤也如彼。而勢權之盛，則又莫盛於今日。州縣曰可，吏曰不可，斯不可矣，猶其小者也；卿貳督撫曰可，吏部曰不可，斯不可矣，猶其小者也；天子曰可，吏部曰不可，其不可者亦半焉。於是乎，其權遂出於宰相大臣之上，其貴也又如此。夫所謂可不可者，部費之到不到也。《漢書》云：所欲生則與生比，所欲死則與死比。專指廷尉言。今則轉於吏、户、兵、工、四部爲甚。無他，利之所在耳。每部不下千人，其渠數十人，車馬宫室，衣服妻妾之奉，埒於王侯。内外交結，隱語郵書，往來旁午，輦金暮夜，踪迹詭秘，莫能得其贓私都數。嘗與一紹興人擬議：吏部四司，歲約三百萬；兵部官少，而費更鉅；户部有鹽漕，工部有河工。計四部歲不下千萬。外省大小衙門，人數尤衆，婪贓更多，更不啻千萬。究銀所從來，國家之帑藏居其三，吾民之脂膏居其七。今天下之亂，誰爲之？亦官與吏耳，而吏視官爲甚。顧氏炎武謂之"養百萬虎狼於民間"者是也。虎狼何知？但知搏噬。噬民不已，繼以噬國，無足怪；獨怪國家之必養此虎狼何居？正名定罪，非盡殺不可，然非一殺之而即已也。殺一虎狼，復養一虎狼，其噬人自若。是今之吏之不可復用也明矣。

考《周禮·太宰》："陳其殷，置其輔。"鄭注："殷，衆也。謂衆士也。""輔，府史庶人在官者。"夫輔，非賤簡之名，又與士同列，知古不以吏爲賤役。漢武帝時，卒史皆用通一藝以上者。唐高宗詔諸司令史考滿者，令試一經。吏宜通經，古之道也。元時小吏，可致宰執臺諫。明亦有吏員累官卿貳者。况鍾爲郡，尤有賢名。中葉以後，始賤吏不用，非初制也。錢氏大昕曰："元時士人皆樂爲吏，而吏亦知自重。自士大夫之於吏，以奴隸使之，盜賊待之，而吏遂無所用。"旨哉，斯言！今日之用吏，殆以國計民生全付之奴隸盜賊也，可乎哉？既不能不用之，即宜有以尊之。惟今日吏之賤，中於人心；驟尊之清流，猶不就也。

竊以爲既如前議，改例之後，案牘减大半，外官可并其事於幕，而名之曰幕職。略仿唐制，與以入仕之途，不得以游閑之人爲之。由郡縣學山長，擇諸生中有才有行，而文學中平、歷三試不中式者，送郡縣充選，兼準應試。九年無過，叙丞簿官候選，始脱試籍。丞倅佐貳等官，於郡縣分聘一人，大吏及部院皆由郡縣擇其尤上之。今制，惟軍機處不設吏，以章京治文書，蘇拉僅供奔走之役，故流弊較少，亦部院可以幕職代書吏之證也。此幕職一途與科目薦舉，二途並用，惟不得入翰林及爲大學士，稍示區别，其餘遷擢無稍軒輊。又薦舉可不由諸生，而幕職不得不由諸生，著爲令。如此則人知自重，舞文黷貨之風，庶幾少衰息乎？

—5. 皇朝經世文續編　卷二二　吏政七　吏胥

籌國用議

古不以銀爲幣。唐時用銀，不過蠻市。明初用鈔用錢，禁用銀。中葉後，銀始通行。顧氏炎武著論，用錢廢銀，意在復古。余往時見銀價日貴，農田出穀，而國課徵銀，準折消耗，民不聊生。未嘗不以顧氏之論爲善。乃自五口通商，而天下之局大變。從此以銀爲幣之勢已定，雖五帝三王復起，不能改也已。蓋今以合地球九萬里爲一大天下，中國僅十有五分之一耳。其十有四用銀，而其一不用銀，猶之十有七省用銀，而一省不用銀，行乎不行乎？

曩嘗謂市易之事，貴徵賤，賤徵貴，勢之所趨，有莫適爲主，而一成不可變者。即如鈔幣一法，雖以天子之命不行，斯不行耳。嚴刑峻法曾不足動其毫末。徵諸古而皆然，驗之今而益信。且夫鈔亦幸而不可行耳。若其可行，則銀且盡爲諸夷所有。一旦有事，鈔幣無從支銀，百萬資財，俄頃片楮。而銀之重中于人心，權勢遂盡移於有銀之諸夷。幾何不爲閩省前年之事！然則，居今日而言裕國，宜何從？曰：仍無逾于農桑之常説，而佐以樹茶、開礦而已。西北水利，已具前議，又不獨西北也。大江以南之農恒勤，大江以北之民多惰。左山舒君夢齡宰皖北，以地多曠土，募江蘇人教民耕之。民輒曰：必爾始得食，寧餓死耳。噫，伺論東豫哉。是宜勸之董之，務有以變之，俾無曠土而後已。且也，東南諸省兵燹之後，流離死亡，所在皆是。孑遺餘黎，多者十之三四，少者十不及一人。少即田荒，田荒即米絀。必有受其饑者。是宜以西人耕具濟之。或用馬，或用火輪機，一人可耕百畝。或曰：我中華向來地窄民稠，一用此器，傭趁者無所得食，未免利少而害多。以今日之論，頗非地窄民稠之舊。則此器不可常用，而可暫用也。

又中國積歲兵荒，絲市減十之六七，而夷船所購，數倍往時。故蠶桑之利，近年更普。往嘗謂古無棉布，以麻葛爲布，故老者非帛不暖，而桑與農並重。至拔茶樹桑，傳爲善政。更由當時以絹爲幣之故。自木棉人中國，似蠶桑非貧民急務矣。然由今日觀之，則茶桑又並爲富國之大原也。上海一口，貿易歲四五千萬，而絲茶爲大宗。彼以鴉片洋貨相抵猶不足，必以銀補之。設使彼有鴉片，我無絲茶，中國早不支矣，勸桑亦具前議。至茶宜於山石起巉不能生他木之處。若推廣種茶，其利不可勝計。開礦一事，或疑礦税病民，礦徒擾民，且礙風水。不知風水渺茫之説，非經國者所宜言。開礦非利其税，即經費之外，全以與民，不失爲藏富之道。礦徒非賊比，在駕馭得人而已。諸夷以開礦爲常政，不聞滋事。且夷書有云：中國地多遺利。設我不開，而彼開之，坐視其捆載而去，將若之何！又夷書動言鴉片害人，宜禁。將來和議既固，理曉諸夷，彼禁販運，我禁吸食。即仍修吸食者，斬之。舊令亦未嘗不可徐議之也。裕國之道，不外乎此。

—5. 皇朝經世文續編　卷二四　户政一　理財上

罷關征議

諺云："關無善政。"今驗之而信，過而不留，散而無紀，主關者不能一一臨視之也。即能之，而丈量之不諳，貨值之不别，隱匿轉换之不可知，雖視猶不視也。於是乎寄耳目於一切之人，自傔從而吏胥，而差役，而拉縴人等商吏不相識，其居閑人曰拉縴，千百輩之身家妻子，攢食於一關矣。聞粵海故事，司閽二人，月支薪水各八百兩；籤押四人，半之；餘執事及各小口長隨，以千數有差。此固非他關所有，然浮費之多，莫甚於關，亦可想見。至完税之法，試以所聞滸墅關一端言之：運米百石者，官吏教之報三十石，驗過則云實米四十石，應倍罰作八十石，仍少完二十石。若實報百石，所費且不止百石，其弊如此。

大抵田賦之數，民之所出者二三，而國之所人者一；關税之數，民之所出者十，而國之所人者一。然而州縣浮收往往滋事，而關税則否者，農心齊，商心不齊也。農不可他適，不可徙業；商可他適，可徙業也。農不能增其獲以償賦，商能增其價以償税也。農之所謂二三者，多加乎一之外；商之所謂十者，不甚加乎一之外也。故關之弊，不甚病商，而轉以蠹國。承平既久，生齒益繁，需用益多，通商益廣，以理言之，關税宜倍增。乃數十年來，徵數日絀，虧空日多，轉不及曩時所定户、工二部四百六十萬之額通商各口在外。

其咎安在？嘗閲英國《財賦志略》：咸豐二年歲入四千八百餘萬内，關税一千八百餘萬。又云六年歲入七千餘萬，不言關税若干。一通事云：七千餘萬中，關税之增最多。夫彼國通商增廣，固不止中華，而中華實大宗；彼增而我無增，不惟無增，而且益減，何哉？不實徵、不實解也。夫彼之能實徵實解者，吾見之江海關矣。貨物進口，彼鬼役持帳來易我單，即憑單令我役運岸，不聞運單中所無之一物，亦不聞自運一物亦有奸商漏税當别論。夫以今日之夷猻，若以吾吏吾商處之，必十漏七八，我亦無如何而彼不爲也。於我關如此，即於彼關可知。往嘗謂洋錢重七錢三分，實紋銀六錢五分，餘鉛八分；中國行用輒當銀八錢以上。其中國仿造者，雖無鉛亦不行。何則？識其爲夷製即可信。其有實銀六錢五分，若彼雜以銅鉛，亦非我所能識别，而彼决不爲，是以通行。侯官林文忠公造銀餅，初亦便用，未幾即質雜，市中析之爲零銀，銀餅遂廢。又今夷市，我購彼貨，先銀後貨；彼購我貨，先貨後銀。甚有寄販名目，與貨後輒揚帆西去，一年爲期，贏縮惟彼所命者。要之，彼不能信我，斷不敢與之交易，而通商之局散矣。夫子曰："言忠信，雖蠻貊可行。"不謂蠻貊能信，我乃爲蠻貊所行，可爲太息。

今觀於關務，而益慨然於彼之能信，我之不能信也。夫我之不能信，爲隱微深痼之疾，非一朝夕之故。驟欲其洗心革面，斷有所不能。莫若舉各關而盡撤之，京門則復譏而不征之法，以税額入諸釐捐，以代各關，責成地方官會同紳董治之。釐捐立法尚新，依爲蝨蠹者宜少。即亦散而無紀，尚非過而不留。脱有弊竇，有踪迹可尋，有人證可指。比之關政，猶彼善於此。特不得多設卡柵，招引關蠹，無關之名，有關之實而已。且釐捐者，市征也。王制"市廛而不征，關譏而不征"。孟子言："文王治岐，關市譏而不征。"而《周禮》有關市之征。是其法必始於殷之衰，文王去之，周公又行之，春秋戰國無改。《管子·霸形篇》："關譏而不征，市廛而不賦。"是管子亦嘗云之。孟子欲復文王之治以復古，雖以周公之法而不謂然也。即今制，固亦有關征無市征也，落地税以濟關征之窮，非市征。增釐捐而關市並征矣。釐捐之弊將如宋陳遘之經制錢，翁彦國之總制錢，流毒無窮。擇一而廢之，又曷可緩哉。

—5. 皇朝經世文續編　卷四七　户政二四　榷酤

改河道議

曷言乎繪圖以改河道也？漢賈讓《治河下策》云："繕完故堤，增庳培薄，勞費無已，數逢其害。"今之治河守此數語，以爲金科玉律，竭天下之膏血以奉之，國病而民亦病。爲萬世計者，奚忍安此？嗚呼，以催科聽訟爲治天下之道而天下壞，以增庳培薄爲治河之道而河壞。庸人誤國，一而已矣。近者，十年三决，前所未聞。蓋由雲梯關淤淺，入海不暢，自近一二十年來爲甚。吾鄉王司馬熙文之言曰：道光末年所言。"少時侍吾父蘭儀同知署，署瀕河，堤高於檻一二尺，髫齓之事如目前耳。後三十年而予攝是職，署門外，東西來皆半里外下坦坡乃得入署。堤巍峨踞綽楔上。準此，逆推國初，豈水由地中行乎？必不然矣。詢之老吏云：三十年中，初年歲高三寸，遞加至今歲高一尺内外。此近年加淤之信而有徵者。蓋不特不由地中行，且不由地上行，直由城上行焉。繕完故堤之法，至今日而萬不可用。計必出於改道。既欲改道，當求一勞永逸之道而改之，决矣。

癸丑以來，决河由大清河入海，此奪濟也。大清橋畔有坊，康熙年間刊聯中有“嶽色河聲”字，蓋借用韋莊詩，心如嶽色留秦地，夢逐河聲出禹門。而以泰山爲嶽，濟爲河，而不知濟之不可稱河也。在今日則土人以爲讖，謂河流自此定，不必别求改道。然亦宜審其高下而始能知其宜因與否也。如其可因，即可用西人刷沙之法。法用千匹馬大火輪置船旁，可上可下，於退潮時下其輪，使附於沙而轉之，沙四飛隨潮而去，凡通潮之地皆宜之。黄河水性湍急，更無處不宜。自下流迤邐而上，積日纍月，鍥而不舍，雖欲復由地中行之舊不難。此不特黄河可用，北河亦可用，即南運河徒陽等處亦可用。且東南水利久不治，數日之霖，積月不退，宜於通潮各海口如法濬之，使下流迅駛，則上流雖不濬，而自有一落千丈强之勢，可收事半功倍之效。治河之書，如《行水金鑑》之類，汗牛充棟，率多紙上空談，難資實用。夫爲下必因川澤，未有改河道而不自審高下始者。諸書間及測量，止言所欲施工之地，從未有普遍測量之説，亦由不知其法爾。應請下前議繪圖法於直隸、河南、山東三省，遍測各州縣高下，縮爲一圖，乃擇其窪下遠城郭之地，聯爲一綫，以達於海，誠數百年之利也。

近世論治河者，靳氏輔、夏氏駰諸人，痛詆讓策。夏氏不足道，靳氏以治河名，何以爲此説，亦自文其所不能而已。至附會修太原爲修堤，“九澤既陂”，爲堤陂然，則禹又一鯀也。考《説文》：“陂，阪也，一曰沱也。”《詩》：“彼澤之陂。”《毛傳》：“陂，澤障也。”澤障即沱。蓋水旁淺灘，故蒲荷生之，豈堤之謂邪！至高平曰原，與治水尤無涉，其不足辨明矣。《周髀算經》曰：“故禹之所以治天下者，此數之所由生也。”漢趙君卿注云：“禹治洪水，決流江河，望山川之形，定高下之勢，除滔天之灾，釋昏墊之厄，使東注於海而無浸溺，乃句股之所由生也。”是君卿固知治水之必用算學，而其法不傳。元郭守敬，算學名家，史稱其習水利，巧思絶人，陳水利六事，又十有一事；又嘗以海面較京師至汴梁，定其地形高下之差；又自孟門而東循黄河故道，縱横數百里間，各爲測量地平。或可以分殺河勢，或可以灌溉田土。是守敬亦知治水之必用算學，而其法又不傳。然亦可見古之人有行之者矣。

—5. 皇朝經世文續編　卷八九　工政二　河防上

重專對議

春秋時以善辭令爲學問之一端，若臧文仲、子産之類，代有其人。夫子論士品，以使於四方，不辱君命，居於孝弟信果之上。又曰：“誦詩三百，不能專對，雖多亦奚以爲？”可見當時專對之重。列國以後，此學遂廢，間有如富弼、曹利用諸人，止一人一事，艷爲美談，蓋不爲專才久矣。

今海外諸夷，一春秋時之列國也，不特形勢同，即風氣亦相近焉。勢力相高，而言必稱理；譎詐相尚，而口必道信。兩軍交戰，不廢通使。一旦渝平，居然與國亦復。

大侵小、强陵弱，而必有其藉口之端。不聞有不論理、不論信如戰國時事者。然則居今日而言經濟應對之才，又曷可少哉？如吉爾杭阿公甲寅上海之事。官軍攻劉麗川於上海，軍洋涇西營。卒戲洋涇，殺夷女二，卒亦傷二人。其明日，夷從賊攻我，八營潰，餘布政使吉爾杭公十有一營未動。抵暮，一赫蹄來，略言弁兵某等百許人犯吾界，殺人盡，今夕縛以來，不者，詰朝且踹。若十有一營百許人者，皆我良將勁兵也。公以示劉君存厚曰："今日事可見，是不可戰。吾欲法汾陽單騎見虜事，以理爭之。彼平日相見，動輒稱理，宜得當萬一。不然，君能帥偏師毀夷場，吾死不恨。"劉君曰："能。"次晨，公從四騎抵理事官阿里國門，阿里國拒不見，强之而後出，便申前語。公曰："安有我大皇帝兵勇，而可無故殺之者乎？獨殺吉某，則可吾戴吾頭來矣。"延頸作就殺狀，阿里國大笑曰："何至是。"公因曰："兵勇犯若界，曲在我。若以一介之使，索此罪人，敢不從命。今與逆賊比而攻我，曲在若矣。貴國不惟曲直之是講，天實鑑之，非吉某所畏也。有戰而已，勝負何常之有？"阿里國無以對，卒定約通好而還。咸豐四年三月十日事也。僉曰："是役也，大軍獲全蘇省安堵，皆吉公一言之力也；通商二十年，善馭夷者，莫吉公若。戊午津門之議，一有吉公，必不至是。是專對得人之效也。

昔漢武帝詔察茂才異等，可使絶國者，於古有徵，於今尤亟。應請特詔中外大臣，各舉所知，有口辯膽氣、機牙肆應之人，時賜召對以驗之，量予差遣以試之，用備他日通商大臣之選，庶幾折衝樽俎，毋致隕越貽羞矣。

—5. 皇朝經世文續編　卷一〇四　洋務四　邦交一

采西學議

傳稱左史倚相能讀《三墳》、《五典》、《八索》、《九邱》。孔安國曰：九州之志，謂之九邱。《詩》列十五國之風。康成譜序云：欲知源流清濁之所處，則循其上下而省之。欲知風化芳臭氣澤之所及，則旁行以觀之。孔子作《春秋》，有取于百二十國寶書，伊古儒者未有不博古而兼通今，綜上下縱橫以爲學者也。顧今之天下，非三代之天下比矣。《周髀算經》有四極四和，與半年爲晝半年爲夜等説。後人不得其解。《周禮》職方疏，神農以上有大九州。後世德薄，止治神州。神州者，東南一州也。騶衍談天，中國名曰赤縣神州。中國外，如赤縣神州者九。當時疑爲荒唐之言。顧氏炎武不知西海。

夫西洋，即西海，彼時已習於人口。《職方外紀》等書，已入中國。顧氏或未見，或見而不信，皆未可知。今則地球九萬里，莫非舟車所通，人力所到。《周髀》、《禮疏》、騶衍所稱，一一實其地。據西人輿圖所列，不下百國。此百國中，經譯之書，惟明末意大裏亞及今英吉利兩國書，凡數十種。其述耶穌教者，率猥鄙無足道。此外如算學、重學、視學、光學、化學等，皆得格物至理。輿地書備列百國山川、阨塞、風土物産，多中人所不及。昔鄭公孫揮能知四國之爲，子産能舉晋國實沈臺駘之故。列國猶其有人，可以中華大一統之邦而無之乎？亦學士之羞也。今之習於夷者，曰通事。其人率皆市井佻達游閑，不齒鄉里，無所得衣食者，始爲之。其質魯，其識淺，其心術又鄙，聲色貨利之外，不知其他。且其能不過略通夷語，間識夷字，僅知貨目數名與俚淺文理而已，安望其留心學問乎？惟彼亦不足於若輩。特設義學，招貧苦童稚兼習中外文字。不知村童沽豎，穎悟者絶少，而又漸染於夷場習氣，故所得仍與若輩等。

今欲采西學，宜於廣東、上海設一繙譯公所，選近郡十五歲以下、穎悟文童，倍其廩餼，住院肄業，聘西人課以諸國語言文字，又聘内地名師，課以經史等學，兼習算學。聞英華書院、墨海書院藏書甚多，又俄夷道光二十七年所進書数百種，存於方略館，宜發院擇其有理者譯之。由是而曆算之術，而格致之理，而制器尚象之法，兼綜條貫，輪船火器之外，正非一端。如曆法從古無數十年不變之理。今時憲以乾隆甲子爲元，承用已逾百年，漸多差忒。甲辰修改，墨守西人舊法，進退其數，不足依據，必求所以正之。聞西人見用地動新術，與天行密合，是可資以授時。又如河工，前造百龍搜沙之器，以無效而輟。聞西人海港刷沙，其法甚捷，是可資以行水。又如農具織具，百工所需，多用機輪，用力少而成功多。是可資以治生。其他凡有益於國計民生者皆是。奇技淫巧不與焉。三年之後，諸文童于諸國書，應口成誦者，許補本學諸生。如有神明變化，能實見之行事者，由通商大臣，請賞給舉人如前議。中國多秀民，必有出於夷而轉勝於夷者。誠今日論學一要務矣。

夫學問者，經濟所從出也。太史公論治曰："法後王。"爲其近己而俗變相類，議卑而易行也。愚以爲在今日，又宜曰鑒諸國。諸國同時並域，獨能自致富强，豈非相類而易行之。尤大彰明較著者，如以中國之倫常名教爲原本，輔以諸國富强之術，不更善之善者哉。且也，通市二十年來，彼酋之習我語言文字者甚多。其尤者，能讀我經史。于我朝章、吏治、輿地、民情類能言之。而我都護以下之于彼國，則懵然無所知。相形之下，能無愧乎？於是乎不得不寄耳目於蠢愚謬妄之通事，詞氣輕重緩急，轉輾傳述，失其本指。幾何不以小嫌釀大釁。夫馭夷爲今天下第一要政，乃以樞紐付之若輩，無怪彼己之不知，情僞之不識，議和議戰，汔不得其要領，此國家之隱憂也。此議行，則習其語言文字者必多。多則必有正人君子通達治體者出其中，然後得其要領而馭之。綏靖邊陲，道又在是。如謂六合之内，論而不議，封故見而限恩聞，恐古博物君子必不爾也。

—5. 皇朝經世文續編　卷一二〇　洋務二〇　培才

校邠廬抗議自序

三代聖人之法，後人多疑爲疏闊，疑爲繁重，相率芟夷屏棄，如弁髦敝屣，而就其所謂近功小利者，世更代改。積今二千餘年，而蕩焉，泯焉矣。一二儒者欲挾空言以争之，而勢恒不勝。迨乎經歷世變，始知三代聖人之法，未嘗有此弊。

夫而後恍然于聖人之所以爲聖人也。試略舉數事言之。以億萬人自養則有餘，以一人養千百人則不足。觀於今日，奉軍國則民力竭，養兵勇則國力又竭，而始知聖人兵農合一，車徒馬牛甲兵出自民間之法之善也。取士何以始澤宫，射御何以登六藝？觀於今日文臣不知兵，武士不曉事，而始知聖人文武不分之法之善也。什而取不及一，視古爲少，倍蓰而當一，視古轉多，觀於今日倍征無藝，而始知聖人百畝而徹之法之善也。土宜出於地而無窮，遠物限於地而難致，觀於今日運道阻，天庾空，而始知聖人四百里粟，五百里米之法之善也。食爲民天，有食斯有民。水爲穀母，治田先治水。觀於今日水利塞，稻田少，民受其饑，而始知聖人盡力溝洫之法之善也。世之盛衰在吏治，治之隆污在人才。觀於今日科目不得人，而始知聖人鄉舉里選之法之善也。郅治必先親睦，百行莫先孝弟，觀於今日期功陌路，富貴貧賤不相恤，而始知聖人宗以族得民之法之善也。廉遠堂高，簻疏有體，九重萬里，呼籲誰聞，觀於今日諫諍設專官，民隱不上達，而始知聖人懸鞀建鐸庶人傳語之法之善也。權所屬，則末秩亦將逞志，用不贍，則中材不能無求，觀於今日俸薄官貪，而始知聖人分田制禄之法之善也。天下有億萬不齊之事端，古今無範圍不過之法律，觀於今日則例猥瑣，案牘繁多，而始知聖人不鑄刑書之法之善也。開邊拓土，石田不耕，長駕遠馭，鞭長莫及，觀於今日外患不已，而始知聖人守在四夷之法之善也。術業以不專而疏，心思以不用而錮，觀於今日器用苦窳，借資夷裔，而始知聖人梓匠名官倉庾世氏之法之善也。此類尚多，更僕難數。然則，爲治者將曠然大變，一切復古乎？曰：不可！古今異時，亦異勢。《論語》稱損益，《禮》稱不相沿襲，又戒生今反古。古法有易復，有難復；有復之而善，有復之而不善。復之不善者，不必論；復之善而難復，即不得以其難而不復。況復之善而又易，復更無解於不復。去其不當復者，用其當復者，所有望於先聖後聖之若合符節矣。

桂芬讀書十年，在外涉歷於艱難情僞者三十年。間有私議，不能無參以雜家，佐以私臆，甚且羼以異説，而要以不畔于三代聖人之法爲宗旨，志此者有年。一官無言責，懷欲陳之而未有路。乃者鄉居，偶一好事，創大小户均賦之議，輒中僉壬所忌，固宜絶口不掛時政。重以衰病，逡巡無用世之望，懼遂泯没，爰以避地暇日，筆之於書。凡爲篇四十，舊作附者又二。用後漢《趙壹傳》語，名之曰《抗議》，即位卑言高之意。明知有不能行者，有不可行者。夫不能行則非言者之過。而千慮一得，多言或中，又何至無一可行！存之以質同志云耳。

咸豐十一年冬十月吴縣馮桂芬自序

—6. 皇朝經世文續編　卷九　治體二　原治下

重酒酤議

酒禁由來已古。《禹疏》儀狄，《酒誥》懲群飲，《周官》司虣禁，以屬游飲食於市者。漢初群飲者罰金，武帝時，桑弘羊始榷酒酤，而酒禁廢。惟武侯治蜀，禁酒嚴，道無醉人，餘不聞焉。王應麟謂榷酤之害，甚于魯之初税畝。無他，食爲民天，酒爲食蠹。統五穀約之，以升粟成酒一升有半爲率，統萬民約之，以十人而一飲，飲亦一斤有半爲率，是十人而糜十一人之食也。億萬衆必有十分之一受其饑者，如之何不禁？然而不能禁也，大凡民間日用飲食、起居貿易，一切細故，相沿已久，習爲故常者，一旦欲反之，雖臨之以天子之尊，威之以大辟之重，亦終於不行。不考古事，不采近聞，不達人情物理，或任性，或恃才，皆不知其不可禁。不知其不可禁而禁之，適所以擾之而汔無以禁之。

雍正間，嘗禁銅。先定三品以上準用銅器，嗣又改爲一品。乾隆初，尚書海望疏，以禁銅不效，請弛禁。亦嘗嚴酒禁。乾隆初，孫公嘉淦奏罷之。疏中言直隸省一年中被系者千數百人，不勝其株累，而釀酤如故。世宗朝當盛鼎之時，整齊嚴肅，中外顒若，宜可以令行禁止，然而不能禁。斯不能禁矣，皆前事之師也。又何論近年煙禁乎？愚竊以爲如酒者，止宜重酤以困之，厘捐本抽百分之一，獨酒可令頓酤十之，零酤二十之，舞弊倍其罰。經三四厘捐，而酒值倍矣。使貧者不能不節飲，尤貧者不能不止飲。但得減釀一分，即多若干米，亦即多活若干人，有利無弊者也。至收捐有效，宜量減五穀棉布之捐，尤宜廣戒飲之諭，加酗酒之律。宴饗之事，爲之節制，沉湎之人，勿登薦剡。使天下曉然知上意之所在，庶其有瘳乎。至孫疏有云：不釀酒則粱粟棄地，轉以病民。猶之言賭場妓館，貧民轉移執事，賴以得食，成何議論邪？是無足辨。

—6. 皇朝經世文續編　卷五五　户政二七　榷酤

汰冗員議

《周禮》設官分職，鄭注謂各有所職而百事舉，有是官始能舉是事，無是官即不能舉是事，而後是官不可廢，不然者，皆冗員也。國家多一冗員，不特多一糜廩禄之人，即多一朘民膏之人，甚且多一僨國是之人，亦何苦而設此累民累國之一位哉？今之冗員多矣，不冗于小，冗於大，不冗于閑，冗于要，不冗於一二，冗於十百，試備言之：

一漕運衙門。夫南漕三百餘萬石耳，彼富商大賈挾數百萬之資，致數千里之遠，逾山涉淵，艱難險阻，有數倍于運道者，曾不假尺寸之勢，什伍之衛，而不患不達，矧煌煌然天庾正供耶！脱無漕督以下各官經過之地，有郡縣，有營汛，有河員，莫非王臣，將袖手而聽其不達耶！朝廷之力，乃不富商大賈若耶，天下有非常大事，而於理不可通者，此類是也。今制漕督以少司馬領行臺，開府握兵符，控制七行省，豈不巍巍然大官哉。夷考其職不知何所爲也。考漕營始於明隆慶間，漕撫方廉，爲備倭患而設，厥後因而不删，久乃忘其所自始，漕督所轄衛弁三百，標兵二千，暖衣飽食，安坐無事，將約束水手耶，萬艘綿延千百里，鞭長不及，將儆備不虞耶，不足以當胠篋探囊之盗。矧其大者，復有旗丁一項，然則糜費國帑，需索漕船之外，無餘事矣，是为一最大冗官。至糧道一官，于公事無絲毫之益，歲一臨倉責州縣陋規，取盈而去，州縣倚爲護符，彈壓生監，恫喝平民，以爲陋規之酬。然則所謂公事者，助旗丁勒索州縣，助州縣魚肉小民而已。近河運不可復，漕督糧道更無所用，此外又有督糧同知、管糧通判、主簿之類，皆坐食漕規，不與漕務，此漕督以下一切官弁、兵丁之必宜全裁者也。

一河務衙門。兩河歲修五百萬，實用不過十之一二耳，其餘皆河督，以至兵夫瓜剖而豆分之。聞馴謹河員常以十之三辦工，貪冒者遞減，甚有非搶險不使一錢者。夫既不辦工，自以並歸地方爲便至。河兵之制，創自國朝，初設時其人皆諳習水性，持土石與波濤争勝，合龍下掃不失尺寸，故辨工不調民夫，今皆不然，是河兵亦毫無所用，此河督以下，一切官弁、兵丁之必宜全裁者也。

一各關監督、體統與督撫埒，糜費繁多，故視道府兼管之關，徵收倍絀，織造公事更簡，故諺謂之“吃飯官”。至各口監督税課更少，能如另議概撤各關大善，即不能，儘可歸督撫委員兼理，此監督、織造之必宜全裁者也。

一鹽務衙門。鹽鐵置使由來已久，運使固不可省，至鹽政領之督撫已足，至運同、運副、提舉等官，或有或無，毫無深義。大使似州縣，非州縣亦兩歧，惟各場遼闊，不可無官，可移吏目、巡檢駐扎兼理鹽事，但存運同或運副一人，爲運使之屬，驅策奔走可矣，此鹽務中同副等官之必宜量裁者也。

一督撫司道。考郡縣之始，守令而已，今準古大小侯，守準古方伯連帥，其官重矣。後世始設監臨官，守權漸輕，至有道、有司、有督撫，而守令等於輿臺，非重親民官之道也。督撫始于明不常置，後乃爲專官，總督多至十二人，巡撫多至二十九人。國朝多並省而例亦不一，督撫或並設，或偏設。並設者不必治，偏設者不必不治，是督撫可省其一。大省督兼撫如直隸等省，小省撫可兼督，如山西等省爲便，各直省以布政司爲主。又設按察司掌刑名按劾之事，而刑名不過視成例，按劾久無其實，可並之布政。又各道本布按之副，兵巡監糧，各分一職無非贅疣，折中之法，酌以三四府設一員兼兩司，各道之事，而上其成於督撫，至郡縣皆以各設一副爲限制，此督撫司道以下各官，之必宜量裁者也。

一京官、六卿、九列後先奔走，備員品而壯觀。瞻帝者上儀，固不能從簡陋，且從古已然，宜仍舊貫。惟東宮不設，安用官屬，詹事府可並歸翰林院，以副名實。科道爲耳目之官，宜多不宜少，然今制八十人之中，仗馬寒蟬居大半，何取乎具臣，不如減額之半，而許科甲出身之中書以上，及外任司道言事，殆不啻八十人之效也，有可采耶？固拾遺補闕之攸資；無可采耶？亦詢事考言之一法，其餘閑曹，亦減其半，內務府糜費更多，必應大減。編檢在二十名外者，部曹五年內不能補闕者，概令回籍充山長，一以廣教化，一以示體恤，爲兩得之術，此京官之必宜量裁者也。

一內外武職，王公將軍、都統之外，提督十三人，總兵六十二人，亦大官太多。又如準部、回部、新疆各官亦太多，率多養尊處優，惡勞好逸，能糜帑不能殺賊，宜無論大小皆減其半，此內外武職之必宜量裁者也。

恭考《會典》，內外文武官共二萬七千餘員，其編檢、庶吉士、侍衛以及準部、回部官無定員者，不與焉。我朝設官於古不爲多，而大官之多，爲漢以來所未有。國家鼎盛之時，物力豐盈，雍容揖讓，無形之弊，人所不覺，今則自微而著，有不能不大加芟薙者，而節費固其小焉者也。

—12. 皇朝經濟文新編　卷七　吏治一

善馭夷議

今國家以夷務爲第一要政，而剿賊次之。何也？賊可滅，夷不可滅也。一夷滅，百夷不俱滅也，一夷滅，代以一夷，仍不滅也。一夷爲一夷所滅，而一夷彌强，不如不滅也。盛衰倚伏之説，可就一夷言，不可就百夷言。此夷衰，彼夷盛，夷務仍自若。然則，馭夷之道，可不講乎？馭夷之道不講，宜戰反和，宜和反戰，而夷務壞。忽和忽戰，而夷務壞。戰不一于戰，和不一於和，而夷務更壞。今既議和，宜一於和，坦然以至誠待之，猜嫌疑忌之迹，一切無所用。耳屬於垣，鐘聞於外，無益事機，適啓瑕釁。

子貢曰：“無報人之志，而令人疑之，拙也。有報人之意，而使人知之，殆也。事未發而先聞，危也。三者，舉事之大患。”見《史記·孔子弟子傳》、《戰國策·燕策》蘇代語，略同。蓋本子貢。以今日行之，直所謂無報人之志，而令人疑之者也。然則，將一切曲從乎？曰：非也。愚正以爲曲從其外，猜嫌疑忌其中之非計也。夷人動輒稱理。吾即以其人之法，還治其人之身。理可從，從之。理不可從，據理以折之。諸夷不知三綱，而尚知一信。非真能信也。一不信，而百國群起而攻之，箝制之，使不得不信也。吉勇烈之事，即能爲理屈之明證。然則，和可久恃乎？曰：難言也。蓋嘗博采旁咨，而知諸夷不能無異志。而目前數年中，則未也。

中華爲地球第一大國，原隰沃衍，民物蕃阜，固宜百國所垂涎。年來遍繪地圖，輒迹及乎滇黔川陝，其意何居！然而目前必無事者，則以俄、英、法、美四國，地醜德齊，外睦内猜，互相箝制，而莫敢先發也。俄與英、法講和未久，美嘗大困于英，英法亦世搆兵。其於他國，亦無歲無戰爭。要其終，講和多而兼併少。故諸夷多千年數百年舊國。不特兼并難，即臣屬亦不易。何則？諸夷意中各有一彼國獨强，即我國將弱之心。故一國有急難，無論遠近，輒助之。蓋不僅輔車唇齒之説，其識見遠出乎秦時六國之上。如土耳其欲并希臘，俄、英、法救之。俄欲并土耳其，西班牙欲并摩洛哥，皆英、法救之，訖歸於和。彼於小國猶爾，况敢覬覦一大國哉。

津門戊午之事，發端于英，輒牽率三國而來者，無他，不敢專其利也。懼三國之議其後也。庚申之事，得當即已者，亦懼俄、美之議其後也。可取而忽舍，可進而忽退。夫安有興師動衆，間關跋涉八萬里之遠，無端而去，無端而復來哉。不待智者而知其不然矣。故曰：目前必無事也，可以坦然無疑也。將來四國之交既固，協以謀我，或四國自相鬥，一國勝而三國爲所制，而後及於我。然四國之相讎，勝於讎我，交必不能固。而自鬥，則爲日必不遠，可慮也。又西藏之南及新疆天山南路，皆與英屬部孟加拉本若等境接壤，可慮也。俄境東自興安嶺，西至科布多，毗連者數千里。近聞俄夷踪迹已及綏芬河一帶，距長白、吉林不甚遠，更可慮也。然則，前議自强之道，誠不可須臾緩矣！不自强而有事，危道也。不自强而無事，幸也，而不能久幸也。矧可猜嫌疑忌以速之使有事也，自强而有事，則我有以待之。矧一自强而即可弭之使無事也，自强而無事，則我不爲禍始，即中外生靈之福，又何所用其猜嫌疑忌爲哉。

—20. 皇朝蓄艾文編　卷一　通論一

製洋器議

有天地開闢以來，未有之奇憤，凡有心知血氣，莫不衝冠髮上指者，則今日之以廣運萬里，地球中第一大國，而受制於小夷也。以地球三百六十度，每度二百五十里，如圓周積計之，大海三分去一，實爲方一里者，十三億五千萬。我大清國北自興安嶺，南至崖州，距四十三度，計萬七百餘里，東自庫頁島，西至噶什喀爾，距七十七度，計萬九千餘里，截盈補縮，約南北八千里，東西萬一千里，爲方一里者八千八百萬，是一國而居地球十有五分之一也。餘百許國，俄、英、法、米爲大。據英人《地理全志》稽之，我中華幅員八倍於俄，十倍于米，百倍於法，二百倍于英。地之大如是，五洲之内，日用百需，無求於他國而自足者，獨有一中華，地之善又如是。雖彼中輿地書，必以中華首列。非畏我，非尊我，直以國最大，天時地利物産無不甲於地球而已。而今顧醜然屈於四國之下者，則非天時地利物産之不如也，人實不如耳。彼人非倛首重瞳之奇，我人非僬僥三尺之弱，人奚不如？且中華扶輿靈秀，磅礴而鬱積，巢燧羲軒數神聖，前民利用所創始，諸夷晚出，何嘗不竊我緒餘。人又奚不如！則非天賦人以不如也，人自不如耳。天賦人以不如，可恥也，可恥而無可爲也。人自不如，尤可恥也。然可恥而有可爲也，如恥之莫如自强。夫所謂不如，實不如也。忌嫉之無益，文飾之不能，勉强之無庸。向時中國積習長技，俱無所施。道在實知其不如之所在。

彼何以小而强？我何以大而弱？必求所以如之，仍亦存乎人而已矣。以今論之，約有數端。人無棄材，不如夷；地無遺利，不如夷；君民不隔，不如夷；名實必符，不如夷；四者道在反求，惟皇上振刷紀綱，一轉移間耳，此無待於夷者也。至於軍旅之事，船堅炮利，不如夷；有進無退，不如夷。而人材健壯，未必不如夷。是夷得其三，我得其一，故難勝。此兵亦能有進無退，是我得其二，故間勝。粤人軍械，半購諸夷，而不備，並能有進無退，是我得其二有半，故半勝。然即良將勁兵，因械於敵，如天之福，十戰十勝，而彼能來，我不能往，犁庭掃閭，固無其事，後患正無已時。而况乎勝負未可知也。得三與得二有半，究有間也，何如全乎其爲得三之相當也。果全乎其爲得三，不特主客異形，勞逸異勢，且我有可以窮追之道，彼有懼我報復之心，殆不啻相當焉，斯百戰百勝之術矣。夫得二之效，亦道在反求，而無待於夷。然則，有待於夷者，獨船堅炮利一事耳。

魏氏源論馭夷，其曰："以夷攻夷，以夷款夷。"無論語言文字之不通，往來聘問之不習，忽欲以疏間親，萬不可行。且是欲以戰國視諸夷，而不知其情事大不侔也。魏氏所見夷書新聞紙不少，不宜爲此説。蓋其人生平學問，喜自居於縱横家者流，故有此蔽。愚則以爲不能自强，徒逞譎詭，適足取敗而已。獨師夷長技以制夷一語，爲得之。

夫九州之人，億萬衆之心思材力，殫精竭慮於一器，而謂竟無能之者，吾誰欺！惟是輸倕之巧至難也，非上知不能爲也；圬鏝之役至賤也，雖中材不屑爲也。願爲者不能爲，能爲者不屑爲。必不合之勢矣，此所以讓諸夷以獨能也。道在重其事，尊其選，特設一科，以待能者。宜於通商各口撥款設船炮局，聘夷人數名，招内地善運思者，從受其法，以授衆匠。其工成與夷製無辨者賞給舉人，一體會試。出夷製之上者，賞給進士，一體殿試。廩其匠倍蓰，勿令他適。夫國家重科目，中於人心久矣。聰明智巧之士，窮老盡氣，銷磨於時文、試帖、楷書無用之事，又優劣得失無定數，而莫肯徙業者，以上之重之也。今令分其半以從事于製器尚象之途，優則得，劣則失，劃然一定，而仍可以得時文、試帖、楷書之賞。夫誰不樂聞！且其人有過人之禀，何不可以餘力治文學，講吏治。較之捐輸所得，不猶愈乎？即較之時文、試帖、楷書所得，不猶愈乎？即如另議改定科舉，而是科却可並行不悖。

中華之聰明智巧，必在諸夷之上，往時特不用之耳。上好下甚，風行響應，當有殊尤異敏，出新意於西洋之外者。始則師而法之，繼則比而齊之，終則駕而上之，自强之道，實在乎是。昔吴受乘車戰陣之法于晋，而争長於晋。趙武靈爲胡服，而勝胡。近事俄夷有比達王者，微服傭于英局，三年盡得其巧技，國遂勃興。安南、暹羅等國，近來皆能仿造西洋船炮。前年西夷突入日本國都，求通市，許之。未幾日本亦駕火輪船十數，遍歷西洋，報聘各國，多所要約，諸國知其意，亦許之。日本蕞爾國耳，尚知發憤爲雄。獨我大國，將納污含垢以終古哉。孟子曰：國家閒暇，及是時明其政刑。又以敵國外患，同于法家拂士。尹鐸曰：委土可以爲師保。今者諸夷互市，聚於中土，適有此和好無事之間隙，殆天與我以自强之時也。不於此急起乘之，祇迓天休命，後悔晚矣。或曰：管仲攘夷狄，夫子仁之。郲用夷禮《春秋》貶之。今之所議，毋乃非聖人之道耶？是不然。

夫所謂攘者，必實有以攘之，非虛憍之氣也。居今日而言攘夷，試問其何以攘之？所謂不用者，亦實見其不足用，非迂闊之論也。夫世變代嬗，質趨文，拙趨巧，其勢然也。時憲之曆，鐘錶槍炮之器，皆西法也。居今日而據六曆以頒朔，修刻漏以稽時，挾弩矢以臨戎，曰吾不用夷禮也，可乎？且用其器，非用其禮也。用之，乃所以攘之也。以經費言之，軍械之價，常十倍。然利鈍所分，勝敗係之，固當別論。輪船亦然。然彼船一年而一運，此船一年而一二十運。移往時鹽船糧船費用，改造輪船，即百船已不止千船之用。無事可以運鹽轉粟，有事可以調兵赴援，呼應奔走，無不捷，豈特十倍之利哉。或曰：雇人購船何如？曰：不可。能造，能修，能用，則我之利器也。不能造，不能修，不能用，則仍人之利器也。利器在人手，以之轉漕，一日可令我饑餓。以之運鹽，一日可令我食淡。以之涉江海，一日可令我覆溺。倉卒有隙，幡然倒戈。舟中敵國，遂爲實事。而購值不貲，歲修不貲，賞犒不貲，使令之不便，駕馭之不易，其小焉者也。是尚不如借兵雇船之爲愈也。借兵雇船，皆暫也，非常也。目前固無隙，故可暫也。日後豈能必無隙，故不可常也。終以自造，自修，自用之爲無弊也。

夫而後内可以蕩乎區宇，夫而後外可以雄長瀛寰，夫而後可以復本有之强，夫而後可以雪從前之恥，夫而後完然爲廣運萬里，地球中第一大國。而正本清源之治，久安長治之規，可從容議也。夫窮兵黷武，非聖人之道，原不必尤而效之。但使我有隱然之威，戰可必克也，不戰亦可屈人也，而我中華始可自立於天下。不然者，有可自强之道，暴棄之而不知惜；有可雪恥之道，隱忍之而不知所爲計，亦不獨俄、英、法、米之爲慮也！我中華且將爲天下所魚肉。何以堪之！此賈生之所爲痛哭流涕者也。

—20. 皇朝蓄艾文編　卷二四　工藝一

變科舉議

昔年侍飲先師林文忠公署。客或曰：時文取士，所取非所用。坐有龍巖饒孝廉廷襄，夙有狂名，公故人也。已被酒，謾曰：君爲明祖所紿矣！明祖以梟雄陰鷙，猜忌馭天下，懼天下瑰偉傑特之士，起而與爲難，以爲經義詩賦，皆將借徑於讀書稽古，不啻傅虎以翼，終且不可制。求一途以可禁錮生人之心思材力，不能復爲讀書稽古有用之學者，莫善於時文，故毅然用之。其事爲孔孟明理載道之事，其術爲唐宗英雄人彀之術，其心爲始皇焚書坑儒之心。抑之以點名搜索防弊之法，以折其廉恥，揚之以鹿鳴瓊林優異之典，以生其歆羡。三年一科，今科失而來科可得。一科復一科，轉瞬而其人已老，不能爲我患，而明祖之願畢矣。意在敗壞天下之人才，非欲造就天下之人才。君爲此論，明祖得毋胡盧地下乎？於是文忠舉杯相屬曰：奇論！宜浮一大白！君狂態果如昔。一笑而罷。余小冠末坐，不敢置一詞。退而思之，洪武中，嘗停科目十年。繼又與吏員薦舉並用。如典史擢都御史，秀才擢尚書，監生擢布政使，登進之優，殆過之。其專用科目，在隆慶以後。固知孝廉非正論也。且有明國初之時文，未嘗不根柢經史，胎息唐宋。古文程墨有程，中式有式，非可鹵莽爲之。嘉道以降，漸不如前。至近二三十年來，遂若探籌，然極工不必得，極拙不必失，繆種流傳，非一朝夕之故，斷不可復，以之取士。窮變變通，此其時矣。曠覽前古取士之法，屢變而得人輩出，莫能軒輊。論者謂盂圓則水圓，盂方則水方，任以何法取之，所得不外此若而人。柳宗元送崔子符罷舉詩序，曰：惟其所尚，又舉移而從之，可謂通論。何以言之？蓋以考試取士，不過别其聰明智巧之高下而已。所試者經義，聰明智巧即用之經義。所試者詞賦，聰明智巧即用之詞賦，故法異而所得仍同。然所試之事太易，則聰明智巧之高下不甚可辨。考八股，始於王安石，令吕惠卿、王雱所撰《熙寧大義式》。元祐間，中書省即言工拙不相遠，難以考試。蓋言太易也。至今日之時文，而易更極矣。顧氏炎武謂：科場之法，欲其難，不欲其易。誠哉是言！

蓋難則能否可以自知，中材以下，有度德量力之心，不能不知難而退，而覬倖之人少矣。難則工拙可以衆著，中材以上有實至名歸之效，益願其因難見巧，而奮勉之人多矣。且也，多一攻苦之時，即少一荒嬉游冶之時，多一鍵户之人，即少一營求奔競之人，文風振而士習亦端焉。而司衡校者，優劣易以識别，不致采碧之迷離，高下難以任心，無敢黑白之顛倒，亦難之效也。至於所謂難者，要不外功令中之經解、古學、策問三者而已。宜以經解爲第一場，經學爲主，凡考據在三代上者皆是，而小學算學附焉。經學宜先漢而後宋。無他，宋空而漢實，宋易而漢難也。以策論爲第二場，史學爲主。凡考據在三代下者，皆是。以古學爲第三場。散文、駢體文、賦各體詩各一首。三場各一主考，而分校之。蓋合校則有所偏重，其弊必至以一藝之優劣爲去取，不如分校之善。宜令科甲出身，七品以上之京官，每場各舉堪任考官同考官者三人，交軍機進呈，發部，彙爲一册，以得保之多少爲先後。届期，部擬前列而異籍者十人，聽簡。多擬以備簡，以絶流弊。不擬者勿簡，以示大公。扃試事宜，一如舊制。惟體制既多，懷挾無益，搜檢可視舊加嚴。搜出者焚之，逐之，而不與罰。三場各編各號分送。三考官各視原額倍中，送監臨官核。其三優者，作爲舉人，兩優者作爲副貢，一優者從其廩增附之。舊而作爲廩貢、增貢、附貢，次科副貢，得一優廩，增附貢，得兩優，皆准遞升。不論經策古學，一體並計。蓋專精與兼長，亦足相抵也。會試一切如鄉試法。而以三優者爲貢士，兩優一優爲副榜。如中正榜謄録之法。下科准並試。

殿試亦分三場，而删復試。朝考仍得相准，惟减其篇數，令窮力之日足辨。欽派讀卷官三人，各分去取。部臣彙核，首列三優，次列兩優、一優，皆以經策古三者間列。周而復始，即爲長榜。分三甲進呈欽定，傳臚授職如舊儀。至學政，令大小京官舉三事兼長者爲之。亦不論省分官職之大小。童生縣府試三場，不覆試以歸簡易。學政試三場，皆分取倍原額。提調彙校，以三優者爲附生，兩優一優爲佾生。仍籍之，與下届並計。生員則於新章初試後，即序三優兩優一優造册，以後歷試，皆並計優之多少，隨試而變。又與山長保優册參互定册，學政主之。惟山長不保優者不與貢，遇有拔優恩歲貢及廪增闕，皆按册序補。拔優恩歲貢考試，皆省之。經歲科十試，各從其廪增附之。舊而作爲廪監、增監、附監准出學。其捐貢、捐監一概停止。生童游京師者，令寄大宛應試，一如原籍。以人數定額。生員許並計原資。咨回原籍者，亦如之。

凡國學，天下學校書院，皆用三事並試。通籍後不得再試。國家進賢，將以治國安民。而求之文字中，衹以儔人無從識别，爲此不得已之法。登諸朝矣，試以事矣，方將磨厲以經世之具，而猶令其留戀占畢，何爲者！夫侍宴賦詩，賞花釣魚，從容文雅，猶是虞廷賡歌之意。至京朝官而命題扃試，古之所無。二三品之官，五六十之年，繫眼鏡，習楷書，甚無謂也。自散館大考試差御史、軍機、中書、學正等試，可一切停罷矣。

—14. 皇朝經世文統編 卷六二 禮政一〇 貢舉附武科

葉裕仁（1809—1879）

字復三，號歸盦，江蘇鎮洋（今屬太倉）人。弱冠補諸生，咸豐初舉孝廉方正，官直隸州州判。有《歸盦文稿》。

書皇朝經世文編學術門後

《皇朝經世文編·學術門》所録格言名論，可謂多矣。然錯雜不倫，煩而寡要，經世之務，固如是已耶？蓋學術之是非邪正，關乎世運之興衰治亂，何其重也。予以爲輯是編者，宜以崇正學、黜異端爲首務。上則論列帝王之學，凡黼座之箴規、經筵之敷奏、朝臣之諫牘，足以正君而善俗者，皆可載也。至於學校、黨庠、術序之教法，先儒讀書講學之規約，皆可載也。要使求治者知所振興，後學者端其趨向，庶幾得之。若前人格言名論不可勝收，况其所録多一隅之説，更有害理之甚者耶。蓋乾嘉以來，去湯、陸諸君子已遠，儒者一趨於訓詁考據，炫奇鬬博，理學衰息，孔孟之道不著，宜其所見止此也。書之以告世之閲是編者。

—6. 皇朝經世文續編　卷六　學術六　文學

邵懿辰（1810—1861）

字位西，號半岩，浙江仁和（今屬杭州）人。道光十一年（1831）舉人，官至刑部員外郎。有《半巖廬遺集》。

儀宋堂後記

三代之下道義、功利，離而爲二，而猶幸道義得附功利而存。何也？自孔子雅言《詩》《書》《禮》，翼贊《周易》，因魯史成《春秋》，其後群弟子相與撰次其言辭行迹，爲《論語》，而又各以意推衍爲《大學》《中庸》，《七篇》之書。經火于秦，《論語》伏於屋壁，《大學》《中庸》汩于《戴記》，而七篇夷于諸子。豈經書之藏顯固有時乎？何尊慕而信用之者少也？漢武帝始以英傑之才，崇嚮儒術。用孔子六經，收召當世賢良俊茂之士。其後遂爲成格。而史遷讀功令，乃至廢書而嘆。班固繼譏之，以謂儒道所由廣禄利之途然耳。明太祖既一海内，與其佐劉基，以四子書章義試士。行之五百年不改，以至於今。

議者又謂以排偶之文，汩傳疏之體，束髮小生，哆口執筆，代聖人立言，爲侮聖傷道之大者。夫二君誠不能以道義躬先天下，不得已而爲此制，蓋亦阨於世變，而其爲效，亦有以陰福天下後世，而人不知。且使秦漢迄元明至今二千餘年之久，田不井，學不興，聖君賢宰不問出。苟無孔子之六經，與夫有宋程朱所考定四子之書在天壤之間，如飲食衣服常留而不敝，則夫乾坤幾何而不毁壞，人類幾何而不絶滅耶？徒以功令之所在，爵賞之所趨，故雖遐陬僻壤，婦人小子皆能知孔子之爲聖，程朱子之爲賢。言於其口，而出於其心，猝不知其納于義理之域。是其爲效固已奢，而澤天下後世固已博矣。二君者，以功倡天下，而道賴以尊；以利誘天下，而義賴以著。蓋於此非甚失者。向使漢不以經術取人，明不以制義試士。雖聖賢精神與天地相憑依，必不至歸於泯滅無有。然亦安能家喻户曉，焯然如今之盛邪？不察是而尤之，亦徒好爲高論而未達事實之過也。

余友蘇君厚子，爲正誼明道之學，而棄科舉，十年於兹矣。名其堂曰儀宋，屬余爲之記。蓋既以志其趨向，而亦以病夫世之穿鑿新異名爲漢學者。夫漢學長於考訂，宋學長于義理。固不可疇爲輕重。然自明至今，所承皆宋學也，士大夫必用四書義進其身。程朱之傳注，童而習之，既長而畔焉，何異蟲生於苗而還食其葉，其爲蠹學也大矣。余於兹未暇與辨，而且論古今學術之通乎世變者若此，俾夫學者知循今之法，猶可恃以安，而無爲嘩世取名，驟變經常之制也。是爲記。

—5. 皇朝經世文續編　卷四　學術四　廣論

文人少達多窮論

古文人自屈原而下，多幽憂困辱，崎嶇隱閔，未有泰然終世而無患者。昔賢論之，以謂名者造物之所靳，既報以不朽矣，其他福祥，殆不能兼斂。而文人搜刻琢雕，窮天地之奥變，發露萬物之情狀，造物者固亦忌之，而遂詒以窮。

余則以謂古人文章之工巧，非在於佚樂而得之也，蓋必自其窮者居平規摩誦習於所爲，嗚唈不快之意態時或遇之，久之而心志與爲流通，其氣之所乘，遂有冥相感召者。譬之草木枝葉必類其本，是以文之工者日益肖，而境之觭窮而不偶，亦不幸往往似之。且夫人世紛華好美之物，其忽焉而驟至者蓋少，必自其心神積注焉，而後司命者乃不舍此而他屬。太史公曰"誠壹之所致"是也。今彼所用心乃在於寂寥無人之境，追古之窮者相與馳騁上下而覬與之並。當夫志滿意得，動之以可欲，而固有所不顧。及其憔悴無聊之後，睹他人之休明顯赫，亦不能無少望，而要有所以自得者，如排雲氣、倚閶闔，莽乎窺天之外，下視庸人齪夫之所享受，有若井邑煙舍，埃污溷濁，曾不足以動其一眄。夫其自得如此，故神者亦陰鑒其志，俾之自遂其所樂，而不强與以所不能。此自昔工文事而致窮取困之大都也。

抑嘗觀名人文集，凡其骨肉枝葉以及親懿而交密者，可悲可痛之事，不一而足，豈真"物之腐臭者近必染哉"。今夫一鄉一邑，有文人而享大名者出焉，與有故舊姻連者皆得附名簡端，託青雲而不朽，則其得於此而嗇於彼，亦必有故矣。嗟乎，邱明以盲，遷以腐，退之以謫，永叔以讒，子厚、子瞻幾蒙大戮，而孔文舉、蔡伯喈竟逢難而不免其身，其可畏如此，而後之士尚猶執簡泚筆，窮力奮追而不知止，抑獨何與？

—6. 皇朝經世文續編　卷六　學術六　文學

徐　鼒（1810—1862）

字彝舟，號亦才，江蘇六合（今屬南京）人。道光二十五年（1845）進士，官至福建延平府知府。有《未灰齋文集》。

務本論自叙

辛丑之夏，英夷犯廣州，御史某請開礦助餉，議者或惜其説之不行。鼒以爲國用之不足，非銀少也，恃銀以爲用之弊也。擬上諫開礦封事。其略曰：今之籌國用者，在於重農桑而已矣。重農桑必先貴粟帛。貴粟帛必先禁淫侈。淫侈禁而後商賈之利微，商賈之利微而後耕織之人衆。耕織之人衆而後粟帛之所出多。粟帛之所出多而後銀價賤。銀價賤而後泉貨之源通。議者迂之。鼒惟邱甲刑書，規于叔嚮，井田世禄，非諸蘭陵。夫束脩之往來，莫親僑肸，洙泗之紹述，莫過孟荀。而猶分茅而設蕝也如是。況鼒童土下士，而欲奮一人之舌，信天下之心，其亦傎矣。顧以人之不信吾説，而吾遂無以自信，則是曖姝濡需之學，重以突梯挈楹之情。《易傳》曰："中心疑者其辭枝，失其守者其辭屈。"鼒竊恧焉，因就前説，罄其辨，條其法，爲《務本論》上下篇。蓋以守弈者舉棋之戒，且以備遒人木鐸之徇焉。

—5. 皇朝經世文續編　卷二四　户政一　理財上

翁同書（1810—1865）

字祖庚，號藥房，江蘇常熟人。道光二十年（1840）進士，官至安徽巡撫。謚文勤。有《𦵏齋文稿》。

條陳馬政疏咸豐六年

一請清釐馬政以重帑項也。伏思馬匹爲武備之要需，牧廠爲邊防之重務。承平日久，百弊叢生，馬政之廢馳未有甚於今日者，一則曰營馬之弊，一則曰牧馬之弊。

曷言乎營馬之弊也？定例額設馬兵即應騎官馬一匹，近雖奉議裁汰，而例設之馬尚多。其馬皆飼於官槽，實則徒存册籍之空文，設令數馬以對，寥寥無幾。聞甘肅一省存營之馬不及其半，該省係産馬之區尚且如此，他省可知。大抵各省之馬乾多入不肖營員之手，一遇征調，則各營馬兵皆徒步就道，衆怨沸騰。軍營缺馬，高價購買，兵丁益行拮据。是額設之馬無補於軍興而徒飽私橐，可爲痛恨。今縱不能盡汰其浮冒，亦當於額設營馬之中量減二三成，稍減芻秣之費。如是則一省每歲所撙節，殆以數萬計，合各直省計之，可成鉅款，而軍實亦可昭其綜核矣。

曷言乎牧馬之弊也？甘肅一省甘州提標及西寧、凉州、肅州諸鎮標皆有牧廠，其地水草肥沃，牧馬蕃息果使得人經理，馬數可以日增。風聞各牧廠於滋生之馬往往以多報少，隱匿大半，上下通同一氣，恣意侵魚。加以野番抄掠，幾無虚歲，由是卒不獲收草場之利。應請飭下陝甘總督設法抽查核實造報，察其登耗之數，籍其毛齒之别，稽其肥瘠之形，嚴其印烙之法，將孳生之馬於撥給各營之外，其餘全數變價解存司庫。如是則成周教駣攻駒之政，唐代設牧置監之規，復振興於今日，而牧廠不等於虚設矣。

——18. 皇朝道咸同光奏議 卷五四 兵政類 馬政

條議整頓馬政章程疏同治元年

竊思馬政與軍政相爲表裏，歷年軍營打仗，馬隊爲得力最多。欲期兵丁制勝，先須馬匹精良。近來調赴軍營馬匹時有疲瘦不堪用者，馬不得力，兵亦隨之，所關實非淺鮮。推原其故，總由監牧官視爲具文，該管官漫無覺察。積習既深，滋弊益甚，似宜急圖整頓，以蒐軍實而挽頹風。謹擬《章程》六條，恭呈皇上采擇焉。

一、牧官宜嚴考核也。查牧廠大臣以下設立總管、副總管、協領等官，如督率弁兵將馬匹妥爲牧養，何難一律膘肥。擬請責成該廠大臣認真查察，歲終具奏，將各群膘分在實在情形於摺内聲明，倘奏明馬匹膘肥，至調用時有疲瘦不堪者，將牧監官從重治罪，原奏大臣嚴加議處。如一律膘肥，將監牧官、原奏大臣均從優議叙。其膘分肥壯與否，解到時應由軍營大臣親身查驗，秉公具奏，以昭核實。

一、責成宜杜推諉也。調取馬匹，擬請責成該廠大臣督率監牧官認真挑選，沿途送解，仍由該大臣揀選牧廠員弁作爲督解官送抵軍營，以專責成而杜推諉。

一、沿途宜善喂養也。馬匹解赴軍營，或數百里，或數千里，跋涉艱辛，更須加意喂養。向來調馬時，先期知照經過地方官廣設棚房，寬儲草料，嗣後擬請沿途馬乾照例酌加十分之二應付。如有剋扣者，從重治罪。如解官額外需索，亦照此辦理。

一、報倒宜按定例也。查例載，武職官員解送軍營馬匹，每一百匹准其倒斃三匹，如倒斃四五匹至二十匹者，按數分别議處；二十匹以上者，分别治罪；如有盜賣别情，交刑部從重治罪；其總理督解之員合其督解總數，按其倒斃多寡，亦照此分别議處、治罪等語。現在沿途馬乾業已酌加，自不得以例價不敷餧養籍口。如有例外報倒者，照数追賠。其數多者，均照例分别治罪。

一、孳生宜備册案也。查牧廠係限三年一均齊，其孳生多者，官議叙，兵議賞；少者兵議罰，官議處。咸豐四年以軍營調用甚多，碍難均齊，由太僕寺奏准展緩在案。嗣後七年、十年亦照此辦理，第均齊雖緩而孳生如舊。查四年以後該廠僅將孳生數目年終咨報，未經比照均齊例案分晰載明，不無含混。嗣後擬請每年終仍將孳生數目咨報，並將歷届均齊數目，令該都統依遞核算造具四注清漢細册報部，以備查核，不得以展緩有案，籍滋弊混。

一、營驛馬匹宜一律整頓也。查京外各營各直省驛站，均須額設馬匹，雖向不調赴軍營，然營馬有操差各項差使，驛馬均有馳遞公文差使，在在均關緊要，或有缺額及馬匹疲瘦，貽誤亦匪淺鮮。擬請嗣後京外各營及各直省驛站應令該管大臣確切查核，每年歲終具奏。如查有缺額及疲乏等弊，即著從嚴參辦。

—18. 皇朝道咸同光奏議　卷五四　兵政類　馬政

曾國藩（1811—1872）

字滌生，湖南湘鄉（今屬湘潭）人。道光十八年（1838 年）進士，歷官兩江總督、直隸總督等。謚文正。有《曾文正公集》。

應詔請講求用人疏道光三十年

二月初八日，奉皇上諭令：九卿科道有言事之責者，於用人、行政一切事宜，皆得據實直陳，封章密奏。仰見聖德謙冲，孜孜求治。臣竊惟用人、行政二者，自古皆相提並論，獨至我朝則凡百庶政皆已著有成憲，既備既詳，未可輕議。今日所當講求者，惟在用人一端耳。方今人才不乏，欲作育而激揚之端，賴我皇上之妙用。大抵有轉移之道，有培養之方，有考察之法，三者不可廢一。請爲我皇上陳之：

所謂轉移之道，何也？我朝列聖爲政，大抵因時俗之過，而矯之使就於中。順治之時，瘡痍初復，民志未定，故聖祖繼之以寬。康熙之末，久安而吏弛，刑措而民偷，故世宗救之以嚴。乾隆、嘉慶之際，人尚才華，士鶩高遠，故大行皇帝斂之以鎮靜，以變其浮誇之習。一時人才循循規矩準繩之中，無有敢才智自雄，鋒芒自逞者。然有守者多，而有猷有爲者漸覺其少，大率以畏葸爲慎，以柔靡爲恭。以臣觀之，京官之辦事，通病有二：曰退縮，曰瑣屑。外官之辦事，通病有二：曰敷衍，曰顢頇。退縮者，同官互推，不肎任怨；動輒請旨，不肎任咎是也。瑣屑者，利析錙銖，不顧大體，察及秋毫，不見輿薪是也。敷衍者，裝頭蓋面，但計目前，剜肉補瘡，不問明日是也。顢頇者，外面完全而中已潰爛，章奏粉飾而語無歸宿是也。有此四者，習俗相沿，但求苟安無過，不求振作有爲，將來一有艱鉅，國家必有乏才之患。我大行皇帝深知此中之消息，故亟思得一有用之才，以力挽頹風。去年京察人員，數月之内擢臬司者三人，擢藩司者一人。蓋亦欲破格超遷，整頓積弱之習也。無如風會所趨，勢難驟變。今若遽求振作之才，又恐躁競者因而倖進，轉不足以收實效。

臣愚以爲，欲使有用之才不出範圍之中，莫若使之從事於學術。漢臣諸葛亮曰：才須學，學須識，蓋至論也。然欲人才皆知好學，又必自我皇上以身作則，乃能操轉移風化之本。臣考聖祖仁皇帝登極之後，勤學好問，儒臣逐日進講，寒暑不輟，萬壽聖節不許間斷，三藩用兵亦不停止，召見廷臣，輒與之往復討論，故當時人才濟濟，好學者多。至康熙末年，博學偉才，大半皆聖祖教諭而成就之。今皇上春秋鼎盛，正與聖祖講學之年相似，臣之愚見，欲請俟二十七月後，舉行逐日進講之例，四海傳播，人人嚮風。召見臣工，與之從容論難，見無才者，則勖之以學，以痛懲模稜罷軟之習。見有才者，則愈勖之以學，以化其剛愎刻薄之偏。十年以後，人才必有起色。一人典學於宫中，群英鼓舞於天下，其幾在此，其效在彼。康熙年間之往事，昭昭可觀也。以今日之委靡因循，而期之以振作，又慮他日之更張僨事，而澤之以《詩》《書》，但期默運而潛移，不肎矯枉而正。蓋轉移之道，其略如此。

所謂培養之方，何也？凡人才未登仕版者，姑不具論。其已登仕版者，如内閣、六部、翰林院最爲薈萃之地，將來内而卿相，外而督撫，大約不出此八衙門者。此八衙門者，人才數千，我皇上不能一一周知也。培養之權，不得不責成於堂官。所謂培養者，約有數端：曰教誨，曰甄别，曰保舉，曰超擢。堂官之於司員，一言嘉奬則感而圖功，片語責懲則畏而改過，此教誨之不可緩也。榛棘不除則蘭蕙減色，害馬不去則騏驥短氣，此甄別之不可緩也。嘉慶四年、十八年，兩次令部院各保司員，此保舉之成案也。雍正年間，甘汝來以主事而賞人薓，放知府；嘉慶年間，黄鉞以主事而充翰林，入南齋，此超擢之成案也。蓋嘗論之，人才譬之禾稼，堂官之教誨猶種植耘耔也，甄別則去其稂莠也，保舉則猶灌溉也。皇上超擢，譬之甘雨時降，苗勃然興也；堂官常常到署，譬之農夫日日田間，乃能熟悉穡事也。今各衙門堂官，多内廷行走之員，或纍月不克到署，與司員恒不相習，自掌印、主稿數人而外，大半不能識面，譬之稼禾稂莠，聽其同生同落於畎畝之中，而農夫不問。教誨之法無聞，甄別之例亦廢。近奉明詔保舉，又但及外官而不及京秩，培養之道不尚有未盡者哉？

自頃歲以來，六部人數日多，或二十年不得補缺，或終身不得主稿。内閣、翰林院員數亦三倍於前，往往十年不得一差、不遷一秩，故已英才摧挫矣。而堂官又多在内廷，終歲不獲一見。如吏部六堂，内廷四人，禮部六堂，内廷四人，户部六堂，皆直内廷，翰林兩掌院，皆直内廷。在諸臣隨侍御園，本難分身入署，而又或兼攝兩部，或管理數處。爲司員者，畫稿則悤悤一面，白事則寥寥數語，縱使才德俱優，曾不能邀堂官之一顧，又焉能達天子之知哉？以若干之人才，近在眼前，不能加意培養，甚可惜也。臣之愚見，欲請皇上稍爲酌量，每部須有三四堂不入直内廷者，令其日日到署，以與司員相砥礪。翰林掌院亦須有不直内廷者，令其與編檢相濡染，務使屬官之性情心術，長官一一周知。皇上不時詢問某也才，某也直，某也小知，某也大受，不特屬官之優劣粲然畢呈，即長官之淺深亦可互見，旁考參稽，而入衙門之人才同往來於聖主之胸中。彼司員者，但令姓名達於九重，不必升官遷秩，而已感激無地矣。然後保舉之法、甄別之例次第舉行乎舊章。皇上偶有超擢，則楩枏一升，而草木之精神皆振。蓋培養之方，其略如此。

所謂考察之法何也？古者詢事、考言，二者並重。近來各衙門辦事，小者循例，大者請旨。本無才猷之可見，則莫若於言考之。而召旨陳言，天威咫尺，又不宜喋喋便佞，則莫若於奏摺考之矣。國家定例，内而九卿科道，外而督撫藩臬，皆有言事之責。各省道員，不許專摺謝恩，而許專摺言事。乃十餘年間，九卿無一人陳時政之得失，司道無一摺言地方之利病，相率緘默。一時之風氣，有不解其所以然者。科道間有奏疏，而從無一言及主德之隆替，無一摺彈大臣之過失，豈君爲堯舜之君、臣皆稷契之臣乎？一時之風氣，亦有不解其所以然者。臣考本朝以來，匡言主德者，孫嘉淦以自是規高宗，袁銑以寡欲規大行皇帝，皆蒙優旨嘉納，至今傳爲美談。糾彈大臣者，如李之芳參劾魏裔介，彭鵬參劾李光地，厥後四人皆爲名臣，亦至今傳爲美談。自古直言不諱，未有盛於我朝者也。今皇上御極之初，又特詔求言，而褒答倭仁之諭，臣讀之至於抃舞感泣，此誠太平之象。

然臣猶有過慮者，誠見我皇上求言甚切，恐諸臣紛紛入奏，或者條陳庶政，頗多雷同之語，不免久而生厭。彈劾大臣，懼長攻訐之風，又不免久而生厭。今臣之愚見，願皇上堅持聖意，借奏摺爲考核人才之具，永不生厭斁之心。涉於雷同者，不必交議而已；過於攻訐者，不必發鈔而已。此外則但見其有益，初不見其有損。人情狃於故常，大抵多所顧忌，如主德之隆替，大臣之過失，非皇上再三誘之使言，誰肎輕冒不韙？如藩臬之奏事，道員之具摺，雖有定例，久不遵行，非皇上再三迫之使言，又誰肯立異，以犯督撫之怒哉？臣亦知内外大小群言並進，即浮僞之人不能不雜出其中。然無本之言，其術可以一售，而不可以再試。朗鑑高懸，豈能終遁。方今考九卿之賢否，但憑召見之應對；考科道之賢否，但憑三年之京察；考司道之賢否，但憑督撫之考語。若使人人建言，參互質證，豈不更爲核實乎？臣所謂考察之法，其略如此。三者相需爲用，並行不悖。

臣本愚陋，頃以議禮一疏，荷蒙皇上天語褒嘉，感激思所以報。但憾識見淺薄，無補萬一，伏求皇上憐其愚誠，俯賜訓示，幸甚。

—15. 皇朝經世文四編　卷三　治體　用人

通籌全局仍請添練馬隊疏咸豐九年

竊臣才識短淺，何足以規劃全局。就近處數省而論，安徽軍務最爲喫重，江西次之，福建又次之。皖南中界一山，皖北中界一湖，兩路賊勢，臣前疏已詳晰具奏。近聞福建之賊，尚踞連城；江西之賊，竄入南安；贛州戒嚴，定南、崇義相繼失守。以臣愚見，連城之賊，閩省兵力足以了之；南、贛之賊，人數尚多，悍者較少，非一支客軍所能猝辦，必須本省兵力輔以團練，方可徐起有功；惟安徽賊衆，其氛甚惡，其患方長。大凡官軍與賊，此消則彼長，彼消則此長，斷無中立之理。我能進而剿賊，則賊將竭力禦我；不能進而剿賊，則賊將乘隙犯我，旁出四溢。皖南無進剿之師，則賊必南犯浙江；皖北無進剿之師，則賊必北犯齊、豫。故就一隅觀之，則江西之南贛，福建之連城，均是賊黨，均須兵力，不可舍近而圖遠；將全局觀之，則兩利相形，當取其重，兩害相形，當取其輕，又不得不舍小而圖大，舍其枝葉而圖其根本。誠使大江兩岸，各置重兵，水陸三路，鼓行東下，剿皖南則可分金陵之賊勢，即可紓浙江之隱憂；剿皖北則可分廬州之賊勢，即可紓山東、河南之隱憂。方今湖北全省肅清，然與皖省處處緊接、防不勝防者，莫如湖北；據賊上游之勢、能制皖賊之死命者，亦莫如湖北。臣與官文、胡林翼等熟商，就現在之光景，稍加恢廓，北岸須添足馬步三萬人，都興阿、李續宜、鮑超等任之；中流現有水師萬餘人，楊載福、彭玉麟等任之；南岸須添足馬步二萬人，臣率蕭啓江、張運蘭等任之。三道並進，夾江而下，幸而得手，進占十里，則賊蹙十里之勢；進占百里，則賊少百里之糧，即不甚得手，而上游之勢既重，下游之賊不得不以全力禦我；其於金陵、瀘州兩大營，均足以抽釜底之薪，而增車外之輔。此遵旨通籌全局，宜併力大江兩岸之微意也。

至臣處近日軍情，蕭啓江一軍，自石城拔營南赴雩都，據稟南贛各屬，賊踪蔓延，勢難兼顧，臣批令專救贛州，以保要郡，不必旁顧他處。張運蘭一軍，自臘月十七日馳赴景德鎮，十九日吴國佐小挫一次，二十七日張運蘭大勝一次，開仗情形，由臣另摺具奏。贛州居江西之極南，景德鎮居江西之極北，相距千有餘里，臣駐建昌，距兩軍各五、六百里，調度不靈，輾運不便。且兩處皆孤軍深入，賊衆兵單，日夜焦思，無兵可濟。臣前次摺尾聲明，蕭啓江之軍，或留防南路，或隨臣北行，容俟續行具奏，近日詳加體察，顧此則失彼，顧彼則失此，與其懸心兩地，不如專力一方，已咨商江西撫臣耆齡，請其調勁旅以剿南贛，兼辦團練以散脅從，臣即專辦北路，調回蕭啓江一軍，歸併饒州、彭湖等處。在江西，則臣管北路，耆齡管南路；在皖省則臣攻南岸，都興阿攻北岸。地有分防，斯職無旁貸；師有定向，斯軍無二心，免致到處牽掣，一無所成。此臣處近日軍情，擬調蕭啓江并赴北路之微意也。

臣往日在軍，未聞賊匪能用馬隊，近聞賊匪常以馬隊衝鋒，捻匪則馬隊尤多。李續賓三河之敗，即係馬賊數千，爲湘軍向來所未見；昨吴國佐景德鎮之挫，亦爲賊馬所眩。今欲整頓陸軍，不得不添設馬隊。東三省馬隊勁旅，根本所在，不敢多爲奏調。臣與湖廣督臣撫臣緘商，擬由官文等奏調察哈爾馬三千匹，請旨飭上駟院押解來南；穎、亳一帶，有善騎之勇可募，名曰馬勇，應即添練馬隊二千餘騎，與都興阿之舊隊相輔而行，于九江、湖口等處，擇平地曠野，馳騁而操習之。惟以南人而騎北馬，以勇丁而學弓箭，非倉猝所能奏效，臣願竭數月之力，朝夕講求，從容訓練，期于成熟而止。練成之後，以二千匹交江北，隸都興阿麾下；以五百匹交江南，隸臣麾下，以壯步軍之氣，而寒賊衆之心。餘賸馬匹，游牧于黄州，鞍轡等具，設局于九江，以備隨時更换之用。仰仗皇上威福，前事若行，皖豫等省軍務可期起色。此添設馬隊，臣願自任訓練之微意也。

溯自咸豐六年洪楊内亂，湖北肅清，武漢再克，臣方慶幸，以爲大難計日可平，不謂遷延歲月，粤逆未盡，捻逆復興，餉項有不支之勢，將士有久疲之心，若非奮發精神，變换局面，將有類乎古人所謂惰氣、歸氣者，不得不改絃更張，亟思所以振之。區區愚忱，謹就近三省軍事，遵旨統籌全局，恭摺覆奏。

—5. 皇朝經世文續編　卷六七　兵政六　馬政

奏撥二成洋税片同治六年四月

再，臣回任後通計餉需款目，一年入數較之出數不敷甚鉅，且有萬不容緩之事，須另行籌款者約計數端：如製造輪船實爲救時要策，上海開設鐵廠，在滬及洋商購買機器兩副，大致已屬全備，而造船一事則以無款可籌，尚未興辦。臣前在安慶曾試造一小輪船，不甚得法。李鴻章苦心經營，獨得要領。現在江寧上海各局製造洋炮、洋槍、洋火等項，均用内地匠人。能學外洋機巧，以必應速辦之事，又有可乘之時，有可用之人，而坐困於無可撥之銀，殊覺機會可惜。此一端也。

剿捻之師如劉松山一軍，例支月餉六萬兩，入秦以後因添發米價運費將近七萬，今年僅解去兩關。該軍孤懸西陲，日與捻向寇接戰，深恐餉項不繼或生他變。淮勇諸軍人數較多，霆軍湘軍上年均發滿餉，淮勇僅發九關。臣寸心抱歉，久欲略爲增添而計無所出。近則蘇局釐金大減，滬釐亦遠不如前，鹽務則久無起色。似此情形并不能足關之數，目下三四兩關即難湊齊，夙夜憂懼，深恐無以維繫軍心。此又一端也。

捻逆馳突無定，臣常謂北以黄河防務爲主，東以運河防務爲主，南以大江防務爲主，能守定此數處，不使賊踪竄過一步，大局尚不至決裂。而長江上下數千里，僅恃水師，絶少陸兵，北岸沿江最要郡縣安慶僅有兩營，揚州亦僅兩營，滁州、和州、無爲州並無一兵。臣思添練數營，布置各城爲思患預防之計，免致如二月間賊竄江濱，上下千里紛紛遷避，亦以無款可籌，迄未舉行。此又一端也。

運河自清水潭以外處處卑薄，蟄塌險工林立。前月漕臣奏修堤壩，又另片奏挑張福口引河、修復新堤三案，分别勸捐撥款辦理。臣經過淮揚察看，商民大苦，旋經咨商停捐，而各工均不可緩，銀款又無可撥。此亦一端也。

臣在營十餘年，每謂疆臣自有籌餉之權，從不敢以支絀情形上瀆宸聽。今江南雖已肅清，民力實尚窮困，入款祇有此數，出款常有加增，即京餉及協濟陜甘霆軍之餉，義亦不可少減。至製造輪船等事，福建尚奏撥巨款新立鐵廠，江南已有鉄廠，豈可置之不辦？再四思維，實有萬難周轉之勢。查江海關洋税一項，自扣款清結以後，提解四成，另款存儲部庫，本係奏定專撥之款，未敢動用絲毫。惟現當餉需萬分喫緊，合無仰懇天恩俯准，將洋税解部之四成酌留二成，以濟要需。如蒙俞允，臣擬以一成爲專造輪船之用，以一成酌濟淮軍及添兵等事，其餘二成仍隨時按給報解。俟輪船辦有就緒，各軍餉項稍裕，即當奏明，仍按四成全數解部，以符初議。

—18. 皇朝道咸同光奏議　卷五〇上　兵政類　餉需

新造輪船疏同治七年九月初二日

竊中國試造輪船之議。臣於咸豐十一年七月覆奏購買船炮摺内，即有此説，同治元二年間，駐扎安慶，設局試造洋器。全用漢人，未雇洋匠。雖造成一小輪船，而行駛遲鈍，不甚得法。二年冬間，派令候補同知容閎，出洋購買機器，漸有擴充之意。湖廣督臣李鴻章，自初任蘇撫，即留心外洋軍械。維時丁日昌在上海道任内，彼此講求禦侮之策，製器之方。四年五月，在滬購買機器一座，派委知府馮焌光、沈保靖等，開設鐵廠。適容閎所購之器，亦於是時運到，歸並一局。始以攻剿方殷，專造槍炮，亦因經費支絀，難興船工。至六年四月臣奏請撥留洋税二成，以一成爲專造輪船之用，仰蒙聖慈允准，於是撥款漸裕，購料漸多。蘇松太道應寶時及馮焌光沈保靖等，朝夕討論，期於必成。

查製造輪船以汽鑪、機器、船壳三項爲大宗，從前上海洋廠自製輪船，其汽鑪、機器，均係購自外洋，帶至内地，裝配船壳，從未有自構式樣，造成重大機器汽鑪全具者。此次創辦之始，考究圖説，自出機杼。本年閏四月間，臣赴上海察看，已有端緒。

七月初旬，第一號工竣，臣命名曰恬吉輪船，意取四海波恬，廠務安吉也。其汽鑪、船壳兩項，均係廠中自造。機器則購買舊者，修整參用，船身長十八丈五尺，闊二丈七尺二寸，先在吴淞口外試行，由銅沙直出大洋，至浙江舟山而旋。復於八月十三日駛至金陵。臣親自登舟試行至采石機，每一時上水行七十餘里，下水行一百二十餘里，尚屬堅緻靈便，可以涉歷重洋。原議擬造四號，今第一號係屬明輪，此後即續造暗輪，將來漸推漸精，即二十餘丈之大艦，可伸可縮之煙筩，可高可低之輪軸，或亦可苦思而得之。

上年試辦以來，臣深恐日久無成，未敢率爾具奏。仰賴朝廷不惜巨款，不責速效，得以從容集事。中國自强之道，或基於此。各委員苦心經營，其勞勩亦不可没也。溯自上海初立鐵廠。迄今已逾三年，先後籌辦情形，請爲皇上粗陳其概。

開局之初，軍事孔亟。李鴻章飭令先造槍、炮兩項，以應急需。惟製造槍炮，必先有製槍製炮之器，乃能舉辦。查原購鐵廠，修船之器居多，造炮之器甚少。各委員詳考圖説，以點線面體之法，求方圓平直之用。就廠中洋器，以母生子，觸類旁通，造成大小機器三十餘座。即用此器以鑄炮，鑪高三丈，圍逾一丈，以風輪煽熾火力。去渣存液，一氣鑄成。先鑄實心，再用機器車刮鏇挖，使炮之外光如鏡，内滑如脂。製造開花、田雞等。炮配備炮車、炸彈、藥引、木心等物，皆與外洋所造者足相匹敵。

至洋槍一項，需用機器尤多。如碾捲槍筒，車刮外光，鑽挖内膛，鏇造斜棱等事，各有精器，巧式百出。槍成之後，亦與購自外洋者無異。此四五年間先造槍炮，兼造製器之器之情形也。

該局向在上海虹口，暫租洋廠，中外錯處，諸多不便。且機器日增，廠地狹窄，不能安置。六年夏間，乃欲上海城南興建新廠，購地七十餘畝，修造公所。其已成者曰汽鑪廠，曰機器廠，曰熟鐵廠，曰洋槍樓，曰木工廠，曰鑄銅鐵廠，曰火箭廠，曰庫房，曰棧房，煤房，文案房，工務廳，暨中外工匠住居之室。房屋頗多，規矩亦肅。其未成者，尚須速開船塢，以整破舟，酌建瓦棚，以儲木料。另立學館以習繙譯。

蓋繙譯一事，係製造之根本。洋從制器出於算學，其中奥妙，皆有圖説可尋。特以彼此文義扞格不通，故雖日習其器，究不明夫用器與製器之所以然。本所局中委員，於繙譯甚爲究心，先後訂請英國偉烈亞力、美國傳蘭雅、瑪高温三名，專擇有裨製造之書，詳細繙出。現已譯成《汽機發軔》、《汽機問答》、《運規約指》、《泰西采煤圖説》四種。擬俟學館建成，即選聰頴子弟，隨同學習，妥立課程，先從圖説入手，切實研究。庶幾物理融貫，不必假手洋人，亦可引伸另勒成書。此又擇地遷廠，及添建繙譯館之情形也。

兹因輪船初成之際，理公一併附奏。該局員等殫精竭慮，創此宏規，實屬著有成效。其尤爲出力各員，可否籲懇天恩，給予獎叙，恭候命下遵行。如蒙俞允，臣當與李鴻章、丁日昌酌核清單，由新任督臣馬新貽會奏。所有新造第一號輪船工竣，並附陳機器局籌辦情形，謹會同湖廣督臣李鴻章、江蘇巡撫臣丁日昌，恭摺具陳。伏乞皇太后皇上聖鑒訓示。謹奏。

—20. 皇朝蓄艾文編 卷三五 郵運一

籌辦河運工程疏同治十年

竊九年分江北冬漕，遵照部議仍辦河運，臣於十一月十二日專摺陳奏在案。伏查八年分江北漕米，於九年河運赴通，節節阻滯。水陸兼通，直至十月杪始能蕆事。一切經費雖由糧道王大經格外撙節，不至過鉅，而人事之艱，時日之久，較之海運難易懸殊。該糧道交米事竣，赴部引見，現已馳回江甯。臣面詢情形，證以臣出京時由運河南下所見者，其言多屬相符，不預爲籌劃，恐下次又蹈覆轍。據稱本届承辦河運在事六月之久，中間處處沮滯，歷歷可數。如嶧縣境内之大泛口，該處爲山水經由之所，一遇暴漲則汛流急湍，迨水退之後則沙淤停積。今年漕船經過該處，水深不及二尺，河底碎石縱横，最碍舟行。必須由山東認真興挑，挖深四五尺，並將近灘石堆剗除，與河底配平，方利行駛。自大泛口而北，則有滕縣境内之郗山口，該處爲入湖要道，淺而且窄。又微山湖内之王家樓、滿家口、安家口，獨山湖内之利建閘，南陽湖北之新店閘、華家淺、石佛閘、南旺閘，分水龍王廟以北之劉老口、袁口閘，處處淤淺，或數十丈，或百餘丈，亦須由山東逐段勘明，一律挑深，方可無阻。此未渡黄以前阻滯之處，宜預爲籌辦者也。

議者謂早日開兑，早日過湖，即使費力，尚不愆期。不知濟甯以南淺處已多，濟甯以北運河尤爲乾涸，總須守候伏汛盛漲，方足以資浮送至黄水穿運之處。漸徙而南，自安山至戴家廟三十里，自戴家廟至八里廟二十二里，運河舊有之堤盡被黄水衝破，缺口極多，黄水湍悍而勢急，漕船載重而質脆，斷難破浪而行，需用剗船下椗以立之根，然後由漕船絞關，步步上移，否則簸蕩急溜之中，無復收泊之處。而十里鋪姜家莊、道人橋等處，又極淤淺，似須由山東設法一面於淤阻處極力疏濬，一面於運堤各缺口排釘木樁，貫以巨索，俾漕船經過有所依傍牽挽，不至爲洪溜所吸，倉卒失事。此渡黄時阻滯情形宜預爲籌辦者也。

及至渡黄以後，若在伏汛未落以前，或易爲力。若伏汛已過，等候秋汛，即屬杳茫不可必之數。九年，在八里廟守候兩月之久，可爲前鑒。自張秋至臨清二百餘里河身有高有下，其疏導之法須量河身之高下，高者開挖宜深，下者開挖稍淺，庶可高低相等，一律深通。再於黄流已長未落之時即下閘板蓄水，以免消耗。或就平水南閘迆東築一挑水壩，引黄入運，皆多方設法力圖幹旋之策。此渡黄以後運道易涸，宜預爲籌辦者也。

山東水勢長落無定，或先長而後忽落，或先小而後復大。漕船經由東境一千數百里，向歸嶧滕、魚臺、濟甯、東平、東阿各州縣封雇船隻，以備起剥之用，而地方官相距甚遠，兼顧不遑。九年，所雇剥船不免臨時逃散，擬請酌改章程，責成東省管河廳員雇備剥船，小者裝米三十石，大者至百石爲止。一遇漕船淺阻，斟酌起剥，而由糧道按石給發飯錢，以免枵腹。至閘夫亦改由河員招集，歸其約束，一並由糧道給予工食，庶不缺誤。此又略改舊章，宜預爲籌辦者也。

東平州運河之西有一鹽河，倚山爲障，爲東省鹽船所經要道。漕船若由安山左近繞入鹽河，至八里廟仍歸運道，計程二百餘里，較之經渡黄流，上有缺口大溜，下有亂石樹樁者，其難易懸殊，是以商船率多避黄而趨此路。上年因非運漕正道，未敢試行。十年行抵安山時，如遇黄流過猛，祇宜變通改道。惟自安山三里堡入鹽河之路，亦須預先勘明，何處平順，先立標竿爲誌，免致臨時周章。此又渡黄改道，宜預爲籌辦者也。

以上五端，皆河工應辦事宜，又皆在山東境内。從前糧艘運北，沿途修閘築壩，挑河過剥，均由南河、東河兩督臣，治黄治運注意專在漕務，事事各有考成，處處不惜重費，故能駕輕就熟，事無不舉。今則黄流横决，運河失修，河員之經費大減，河運之米數極微，欲以江北一隅，數萬之漕，而責山東以全力治河治運，未免獨爲其難。然部臣所以不肯竟廢河運者，亦因成法不可輕改，圖事不可畏難，具有遠慮。丁寶楨見義勇爲，力顧大局，亦必不因米數太少之故而忽視沿河應辦之工。糧道王大經躬肩重任，既已經歷險艱，兹令再試危途，不得不預爲綢繆，免其遲誤。現在欽奉諭旨，飭派漕臣張兆棟前往山東會勘築堤束黄事宜，必可與東河督臣蘇廷魁、山東撫臣丁寶楨面商一切。相應請旨飭下該督撫等通籌運道全局，建可久之宏謨，並將臣此摺所指興工之處，分途興辦，利目前之漕務。臣當飭催該糧道等趕緊兑米，及早開行，仰慰宸廑。

—18. 皇朝道咸同光奏議　卷六二　工政類　運河

求闕齋日記一則

本朝博學之家信多閎儒碩士，而其中爲人者多，爲己者少。如顧、閻並稱，顧則爲己，閻則不免人之見者存；江、戴並稱，江則爲己，戴則不免人之見者存；段、王並稱，王則爲己，段則不免人之見者存；方、劉、姚並稱，方、姚爲己，劉則不免人之見者存。其達而在上者，李厚庵、朱可亭、秦味經則爲己之數多，紀曉嵐、阮芸臺則不免人之見者存。學者用力，固宜於幽獨中，先將爲己、爲人之界分别明白，然後審端致力，種桃得桃，種杏得杏。未有根本不正，而枝葉發生能自鬯茂者也。

—5. 皇朝經世文續編　卷一　學術一　原學

書學案小識後

唐先生撰輯《國朝學案》，命國藩校字、付梓，既畢役，乃謹書其後曰：天生斯民，予以健順五常之性，豈以自淑而已。將使育民淑世而彌縫天地之缺憾，其於天下之物無所不當。究二儀之奠，日月星辰之紀，氓庶之生成，鬼神之情狀，草木鳥獸之咸若，灑掃應對進退之瑣，皆吾性分之所有事，故曰“萬物皆備於我”。人者，天地之心也。聖人者，其智足以周知庶物，其才能時措而咸宜。然不敢縱心以自用，必求權度而挈之。以舜之濬哲猶且好問好察，周公思有不合則夜以繼日。孔子聖之盛也，而有事乎好古敏求，顏淵、孟子之賢，亦曰博文，曰集義。蓋欲完吾性分之一源，則當明凡物萬殊之等，欲悉萬殊之等，則莫若即物而窮理。即物窮理云者，古昔賢聖共由之軌，非朱子一家之創解也。

自陸象山氏以本心爲訓，而明之餘姚王氏乃頗遥承其緒，其説主於良知，謂吾心自有天則，不當支離而求諸事物。夫天則誠是也。目巧所至，不繼之以規矩準繩，遂可據乎？且以舜、周公、孔子、顏、孟之知如彼，而猶好問、好察、夜以繼日、好古敏求、博文而集義之勤如此，况以中人之質，重以物欲之累，而謂念念不過乎，則其能無少誣耶？自是以後，沿其流者百輩，間有豪傑之士思有以救其偏，變一説則生一蔽。高景逸、顧涇陽之學，以静坐爲主，所重仍在知覺，此變而蔽者也。近世乾嘉之間，諸儒務爲浩博，惠定宇、戴東原之流，鈎研詁訓，本河間獻王實事求是之旨，薄宋賢爲空疏。夫所謂事者非物乎？是者非理乎？實事求是，非即朱子所稱即物窮理者乎？名目自高，詆毁日月，亦變而蔽者也。别有顏習齋、李恕谷氏之學，忍嗜欲，苦筋骨，力勤於見迹，等於許行之並耕，病宋賢爲無用，又一蔽也。由前之蔽，排王氏而不塞其源，是五十步笑百步之類矣。由後之二蔽，矯王氏而過於正，是因噎廢食之類矣。我朝崇儒一道，正學翕興，平湖陸子、桐鄉張子，闢詖辭而反經，確乎其不可拔。陸桴亭、顧亭林之徒，博大精微，體用兼賅。其他鉅公碩學，項領相望，二百年來大小醇疵區以别矣。

唐先生於是輯爲此編，大率居敬而不偏於静，格物而不病於瑣，力行而不迫於隘。三者交修，采擇名言，略依此例。其或守王氏之故轍與變王氏，而鄰於前三者之蔽，則皆釐而剔之。豈好辯哉。去古日遠，百家各以其意自鳴，是丹非素，無術相勝，雖其尤近理者，亦不能饜人人之心而無異辭，道不同不相爲謀，則亦已矣。若其有嗜於此而取途焉，則且多其識，去其矜無以聞道自標、無以方隅自囿，不爲口耳之求，而求自得焉，是則君子者已。是唐先生與人爲善之志也。

—5. 皇朝經世文續編　卷二　學術二　儒行

勸誡淺言四則

立身以不妄語爲本，治家以不晏起爲本，居官以不要錢爲本，行軍以不擾民爲本。以才自足，以能自矜，則爲小人所忌，亦爲君子所薄。好談兵事者，其閱歷必淺。好攻人短者，其自治必疏。務實之學，必自禁大言始。欲禁大言，必自不輕論兵始，自不道人短始。

三達德之首曰智，智即明也。古來豪杰動稱英雄，英即明也。明有二端：人見其近，吾見其遠，曰高明；人見其粗，吾見其細，曰精明。高明者，譬如室中所見有限，登樓則所見遠矣，登山則所見更遠矣；精明者，譬如至微之物，以顯微鏡照之，則加大一倍、十倍、百倍矣。又如粗糙之米，再舂則粗糠全去，三舂四舂則精白絶倫矣。高明由於天分，精明由於學問。好問若買顯微之鏡，好學若舂上熟之米，總須心中極明而後口中可斷。能明而斷，謂之英斷。不明而斷，謂之武斷。武斷自己之事，爲害猶淺；武斷他人之事，招怨實深。惟謙退而不肯輕斷，最足養福。

孔門教人，莫大於求仁。而其最切者莫要於“欲立立人，欲達達人”二語。立、達云何？蓋我要步步站得穩，須知他人也要站得穩，所謂立也；我要處處行得通，須知他人也要行得通，所謂達也。聖賢教人修身，千言萬語，而要以不忮不求爲重。忮者，嫉賢害能，妒功争寵，所謂怠者不能修，忌者畏人修之類也。求者，貪利貪名，懷土懷惠，所謂未得患得，既得患失之類也。忮不常見，每發露於名業相侔、勢位相埒之人；求不常見，每發露於貨財相接、仕進相妨之際。將欲造福，先去忮心，所謂人能充無欲害人之心，而仁不可勝用也；將欲立品，先去求心，所謂人能充無穿窬之心，而義不可勝用也。

—5. 皇朝經世文續編　卷三　學術三　法語

復李眉生書

接初三日手書，藉審台候綏愉，醇修日密，公餘讀書，日有常課，欣慰無已。承詢虛實譬喻異詁等門，屬以破格相告。若鄙人有所秘惜也者。僕雖無狀，亦何敢稍懷吝心。特以年近六十，學問之事，一無所成，未言而先自愧赧。

昔在京師，讀王懷祖、段懋堂諸書，亦嘗研究古文家用字之法。來函所詢三門，虛實者，實字而虛用，虛字而實用也。何以謂之實字虛用？如春風風人，夏雨雨人。上風雨，實字也，下風雨，則當作養字解，是虛用矣。解衣衣我，推食食我。上衣食實字也，下衣食則當作惠字解，是虛用矣。春朝朝日，秋夕夕月。上朝夕，實字也，下朝夕，則當作祭字解，是虛用矣。入其門無人門焉者，入其閨無人閨焉者。上門閨實字也，下門閨，則當作守字解。是虛用矣。後人或以實者作本音讀，虛者破作他音讀。若風讀如諷，雨讀如籲，衣讀如裔，食讀如嗣之類，古人曾無是也。何以謂之虛字實用？如步行也，虛字也。然《管子》之六尺爲步，韓文之步有新船，輿地之瓜步，邀笛步，《詩經》之國步，天步，則實用矣。薄迫也，虛字也。然因其叢密而林曰林薄，因其不厚而簾曰帷薄，以及《爾雅》之屋上薄，《莊子》之高門懸薄，則實用矣。覆敗也，虛字也。然《左傳》設伏以敗人之兵，其伏兵即名曰覆。如鄭突爲三覆以待之，韓穿帥七覆于敖前。是虛字而實用矣。從順也，虛字也。然《左傳》於位次有定者，其次序即名曰從。如荀伯不復從，豎牛亂大從，是虛字而實用矣。然此猶就虛字之本義而引伸之也。亦有與本義全不相涉，而借此字以名彼物者。如收，斂也，虛字也，而車之輪名曰收。賢，長也，虛字也，而車轂之大穿名曰賢。畏，懼也，虛字也，而弓之淵名曰畏。峻，高也，虛字也，而弓之拄弦處名曰峻。此又器物命名，虛字實用之别爲一類也。

至用字有譬喻之法。後世須數句而喻意始明。古人衹一字而喻意已明。如駿，良馬也；因其良而美之。故《爾雅》駿訓爲大。馬行必疾，故駿又訓爲速。《商頌》之下國駿龐，《周頌》之駿發爾私，是取大之義爲喻也。《武成》之侯衛駿奔，《管子》之弟子駿作，是取速之義爲喻也。膍，牛百葉也，或作肶，或作毗，音義並同。牛百葉重疊而體厚，故《爾雅》、《毛傳》皆訓爲厚。《節南山》之天子是毗，《采菽》之福禄膍之，是取厚之義爲喻也。宿，夜止也，止則有留義，又有久義。子路之無宿諾，孟子之不宿怨，是取留之義爲喻也。《史記》之宿將宿儒，是取久之義爲喻也。渴，欲飲也，欲之則有切望之義。又有急就之義。《鄭箋雲漢詩》曰：渴雨之甚。石苞檄吴書曰：渴賞之士。是取切望之義爲喻也。《公羊傳》曰：渴葬，是取急就之義爲喻也。至於《異詁雲》者，則無論何書，處處有之。大抵人所共知，則爲常語，人所罕聞，則爲異詁。昔郭景純注《爾雅》，近世王伯申著《經傳釋詞》，于衆所易曉者，皆指爲常語，而不甚置論。惟難曉者，則深究而詳辨之。如淫訓爲淫亂，此常語人所共知也，然如詩之既有淫威，則淫訓爲大。《左傳》之淫刑以逞，則淫訓爲濫。《書》之淫舍梏牛馬，左之淫芻蕘者，則淫當訓爲縱。莊子之淫文章，淫於性，則淫字又當訓爲贅。皆異詁也。黨，訓鄉黨，此常語，人所共知也。然《説文》云：黨，不鮮也。黨字從黑，則色不鮮，乃是本義。《方言》又云：黨，智也。郭注以爲解寤之貌。《鄉射禮》侯黨，鄭注以爲黨，旁也。《左傳》何黨之乎？杜注以爲黨，所也。皆異詁也。展，訓爲舒展，此常語也。即《説文》訓展爲轉。《爾雅》訓展爲誠，亦常語，人所共知也。然《儀禮》有司展群幣，則展訓爲陳。《周禮》展其功緒，則展訓爲録。《旅獒》時庸展親，則展當訓爲存省。《周禮》之展犧牲，展鐘，展樂器，則展又當訓爲察驗。皆異詁也。此國藩講求故訓，分立三門之微意也。

古人用字不主故常，初無定例。要之各有精意運乎其閑。且如高平曰阜，大道曰路，土之高者曰冢，曰墳，皆實字也。然以其有高廣之意，故《爾雅》、《毛傳》於此四字，均訓爲大。四牡孔阜，爾殽既阜，火烈具阜，阜成兆民，其用阜字俱有盛大之意。王者之門曰路門，寢曰路寢，車曰路車，馬曰路馬，其用路字俱有正大之意。長子曰冢子，長婦曰冢婦，天官曰冢宰，友邦曰冢君，其用冢字俱有重大之意。《小雅》之牂羊墳首，司烜之共墳燭，其用墳字俱有肥大之意。至三墳五典，則高大矣。凡此等類謂之實字虛用也可，謂之譬喻也可，即謂之異詁也亦同。

閣下現讀《通鑒》，司馬公本精于小學，胡身之亦博極群書。即就《通鑒》異詁之字，偶一鈔記，或他人視爲常語，而己心以爲異，則且鈔之。或明日視爲常語，而今日以爲異，亦姑鈔之久之，多識雅訓。不特譬喻虛實二門可通，即其他各門亦可觸類而貫徹矣。

—5. 皇朝經世文續編　卷五　學術五　文學一

歐陽生文集序

乾隆之末，桐城姚姬傳先生鼐，善爲古文辭，慕效其鄉先輩方望溪侍郎之所爲，而受法於劉君大櫆及其世父編修君範。三子既通儒碩望，姚先生治其術益精。歷城周永年書昌爲之語曰："天下之文章，其在桐城乎！"由是學者多歸嚮桐城，號"桐城派"，猶前世所稱江西詩派者也。

姚先生晚而主鍾山書院講席，門下著籍者，上元有管同異之、梅曾亮伯言，桐城有方東樹植之、姚瑩石甫。四人者，稱爲高第弟子，各以所得傳授徒友，往往不絕。在桐城者，有戴鈞衡存莊，事植之久，尤精力過絶人，自以爲守其邑先正之法，禮之後進，義無所讓也。其不列弟子籍，同時服膺，有新城魯仕驥絜非、宜興吳德旋仲倫。絜非之甥爲陳用光碩士。碩士既師其舅，又親受業姚先生之門，鄉人化之，多好文章。碩士之群從，有陳學受藝叔、陳溥廣敷，而南豐又有吳嘉賓子序，皆承絜非之風，私淑於姚先生。由是江西建昌有桐城之學。仲倫與永福呂璜月滄交友。月滄之鄉人，有臨桂朱琦伯韓、龍啓瑞翰臣、馬平王拯定甫，皆步趨吳氏、呂氏，而益求廣其術於梅伯言。由是桐城宗派流衍於廣西矣。昔者，國藩嘗怪姚先生典試湖南，而吾鄉出其門者未聞相從以學文爲事。既而得巴陵吳敏樹南屏，稱述其術，篤好而不厭。而武陵楊彝珍性農、善化孫鼎臣芝房、湘陰郭嵩燾伯琛、溆浦舒燾伯魯，亦以姚氏文家正軌，違此則又何求？最後得湘潭歐陽生。生，吾友歐陽兆熊小岑之子，而受法於巴陵吳君、湘陰郭君，亦師事新城二陳。其漸染者多，其志趣嗜好舉天下之美，無以易乎桐城姚氏者也。

當乾隆中葉，海內魁儒畸士，崇尚鴻博，繁稱旁證，考核一字，累数千言不能休。別立幟志，名曰"漢學"。深擯有宋諸子義理之説，以爲不足復存，其爲文尤蕪雜寡要。姚先生獨排衆議，以爲義理、考據、詞章三者不可偏廢。必義理爲質，而後文有所附，考據有所歸。一編之內，惟此尤兢兢。當時孤立無助，傳之五六十年。近世學子稍稍誦其文，承用其説。道之廢興，亦各有時，其命也歟哉。自洪楊倡亂，東南荼毒。鍾山石城，昔時姚先生撰杖都講之所，今爲犬羊窟宅，深固而不可拔。桐城淪爲異域，既克而復失，戴鈞衡全家殉難，身亦歐血死矣！

余來建昌，問新城、南豐兵燹之餘，百物蕩盡，田荒不治，蓬蒿没人。一二文士轉徙無所，而廣西用兵九載，群盗猶汹汹，驟不可爬梳。龍君翰臣又物故，獨吾鄉少安，二三君子尚得優游文學，曲折以求合桐城之轍。而舒燾前卒，歐陽生亦以瘵死。老者牽於人事，或遭亂不得竟其學，少者或中道夭殂。四方多故，求如姚先生之聰明早達、太平壽考、從容以躋於古之作者，卒不可得。然則業之成否，又得謂之非命也耶？歐陽生名勳，字子和，歿於咸豐五年三月，年二十有幾。其文若詩，清縝喜往復，亦時有亂離之慨。莊周云："逃空虚者，聞人足音跫然而喜。"而況昆弟親戚之謦欬其側者乎？余之不聞桐城諸老之謦欬也久矣！觀生之爲，則豈直足音而已。故爲之序，以塞小岑之悲，亦以見文章與世變相因，俾後之人得以考覽焉。

—5. 皇朝經世文續編　卷九　學術九　師友

奏爲故撫臣忠勤盡瘁緣由疏

竊前湖北撫臣胡林翼，由翰林起家，洊歷外任。咸豐五年三月，蒙先皇帝特達之知，由貴州道員不及半載擢署湖北巡撫。當是時，武漢已三次失陷，湖北州縣大半淪没，各路兵勇潰散殆盡。胡林翼坐困於金口、洪山一帶，勞身焦思，不特無兵無餉，亦且無官無幕，自兩司以至州縣佐雜，皆遠隔北岸數百里外，一錢一粟，皆親作書函向人求貸，情詞深痛，殘破之餘，十不一應。至發其益陽私家之穀以濟軍食，士卒爲之感動，會湘勇自江西援鄂，軍勢日振。六年十一月攻克武漢，以次恢復黄州等郡縣。論者以爲鄂省巡撫可稍息肩矣，胡林翼不少爲自固之計，悉師越境，圍攻九江，又分兵先救端州。督撫之以全力援剿鄰省，自湖北始也。九江圍剿年餘，相持不下，中間石達開自江西窺鄂，陳玉成自皖北犯鄂者三次，胡林翼終不肯撤九江之圍、回救本省之急，或親統一軍肅清蘄、黄，或分遣諸將驅歸皖、豫，卒能克復九江，殺賊净盡，爲東南一大轉機。潯功甫蒇，復奏明以全鄂之力，辦皖北之賊。迨李續賓覆軍於三河，胡林翼先以母喪，歸籍未滿百日，聞信急起，痛哭誓師，不入衙署，進駐黄州。論者又以李續賓良將新逝，元氣未復，但可姑保吾圉，不宜兼顧鄰封。胡林翼不以爲然，驚魂甫定，即派重兵越二千里，援解湖南寶慶之圍，援湘之師未返，又議大舉圖皖。是時，臣國藩有奉入蜀之命，胡林翼留臣共圖皖疆，先滅髮匪，保三吴之財賦，雪數天之公憤。繪圖數十張，分致臣與官文暨諸路將領，晝夜諮謀。十年春間，大戰於潛山、太湖，相繼克之，遂定圍攻安慶之策，親駐太湖督剿。本年五月，回援鄂省，病中猶屢寄臣書，縷陳勿撤皖圍，力剿援賊之策，故安慶之克，臣前奏推胡林翼爲首功，此非微臣私議，蓋在事文武所共知，亦大行皇帝所洞鑒也。

大凡良將相聚則意見紛歧，或道義自高而不免氣矜之過，或功能自負而不免器識之偏，一言不合，動成水火。近世將材推湖北爲最多，如塔齊布、羅澤南、李續賓、都興阿、多隆阿、李續宜、楊載福、彭玉麐、鮑超等，胡林翼均以國士相待，傾身結納，人人皆有布衣昆弟之歡，或分資財以惠其室家，寄珍藥以慰其父母，前敵諸軍，求餉求援，竭蹶經營，夜以繼日，書問餽遺，不絶於道。自七年以來，每遇捷報之摺，胡林翼皆不具奏，恒推官文與臣處主稿，偶一出奏，則盛稱諸將之功，而己不與焉。其心兢兢以推讓僚友、扶植忠良爲務，外省盛傳楚師協和，親如骨肉，而於胡林翼之苦心調護，或不盡知，此臣所自媿昔時之不逮，而又憂後此之難繼者也。

軍興以來，各省皆以餉絀爲慮。湖北三次失守，百物蕩盡，乙卯、丙辰之際，窮窘極矣。自荆州榷鹽，各府抽釐，鄂中稍足自存，胡林翼綜核之才，冠絶一時。每於理財之中，暗寓查吏之法。咸豐三年，部定漕米變價，每石折銀一兩三錢，而各省州縣照舊浮收，加至數倍，鄂省竟有每石十數千者，上下因之交困。胡林翼於七年春間創設減漕，嚴裁冗費，先皇帝硃批獎諭，謂其不顧情面，祛百年之積弊，甚屬可嘉。統計湖北減漕一項，每年爲民間省錢一百四十餘萬串，爲帑項增銀四十二萬兩，又節省提存銀三十一萬餘兩，利國利民，但不利中飽之蠹。向來各衙門陋規、臺局浮費革除殆盡。州縣徵收正課，不准浮收毫釐，亦不准借催科政拙之名，爲猾吏肥私之地。各卡委員日有訓、月有課，批答書函娓娓千言，以爲取民贍軍，使商賈皆知同仇而敵愾，是即所以教忠；多入少出，使局員皆知潔己而奉公，是即所以興廉。貞白之士樂爲之用，欺飾之徒譴責亦重。故湖北瘠區，養兵六萬，月費至四十萬之多，而商民不疲，吏治日懋，斯又精心默運，非操切之術所得與也。

自頃八月以來，安慶克復，江、鄂肅清，方幸全局振興，便可長驅東下，不圖大功未竟，長城遽頽。湖廣督臣官文，奏請將胡林翼敕部優恤，諒蒙聖慈矜鑒。臣與該故撫共事日久，相知頗深，咸豐四年曾奏稱胡林翼之才勝臣十倍，近年遇事諮詢，尤服其進德之猛，不敢阿好溢美，亦不敢没其忠勳。謹將該故撫以死勤事大略情形據實瀆陳，伏乞飭付國史館查照施行。胡林翼之子胡之勳，讀書聰慧，可否加恩之處，出自逾格鴻慈。

—5. 皇朝經世文續編　卷二〇　吏政五　大吏

條陳長蘆鹽務疏

竊臣於同治八年五月初一日奉到寄諭："前因給事中陳鴻翊奏請整頓長蘆鹽務，當經降旨，交户部議奏。兹據奏稱，陳鴻翊所擬各條，或係申明成例，或係現辦有案，或款由外銷，向未報部。總之，蘆綱積弊，在引岸虚懸，乏人認運，因而交款日絀，浮費過重，商力難紓，正供遂致暗虧，請飭迅速整頓等語。著曾國藩按照部議各條，督飭長蘆運司，將應辦事宜趕緊修舉，應汰陋習實力埽除。如尚有未盡事宜，並著體察情形，酌擬章程具奏等因，欽此。"當即恭録，札飭運司恒慶據實詳覆，以憑核奏。旋據該運司將鹽捐錢文津貼剥船一條，先行詳請咨覆，其餘九條亦於六月間詳復。臣以其中利弊未能詳細釐剔，所陳尚有不實不盡，批令再行確查具詳。九月初間，又經另委候補知府李興鋭，馳赴天津，按照原奏各條，明察暗訪，悉心考究，據實稟復。兹據該司及委員先後查復前來，臣參觀互證，酌擬辦法，分條具陳如左：

第一條，認辦懸岸，宜定限期。查蘆商認辦引地，向例於具稟之後，飭綱查明是否家道殷實，仍由本商自覓散商，聯名出結具保，由綱總循例加結，始由運司轉詳咨部更名，一面給發行知，領引辦運。此等層折，原爲慎重課帑，由來已久。其中緊要關鍵，重在出結之保商，不在加結畫押之總商，其或商本實不充足，或外來人地生疏，綱中無商承保，則往返查訪，稽延時日，亦事勢所常有，並非該商總等有意刁難，藉端需索也。惟新商認岸之初，辦千引者，向令先交兩課銀一千餘兩不等，名曰寄庫，以驗殷乏。又認運、租運、捆運之外，另有試運章程，試之二三年，果不能辦，准其稟退。有寄庫，則資本之證據早明；有試運，則本商之進退裕如，在綱總不必過於慎重，徒啓壟斷之疑，不以爲因循廢公，即以爲靳惜美岸，迹近把持，情同勒掯。嗣後新商具呈，但有散商聯名具保者，即令綱總酌定限期，於二十日内加結畫押，運司亦迅速發給行知，庶衆商可資鼓舞。

第二條，保結商人，宜專責成。查長蘆向例，新商入綱，取具聯名商保，保其家道殷實；如有貽誤課運，願甘分賠甘結。惟各商因通綱向有隨引帶交參課銀兩，遇有參商拖欠課款，除以查抄家産變抵不敷外，均在商交參課内彌補，是以從無保商攤賠之案。迨至道光二十九年，引岸參懸，無商認辦，懸課過多，參課不敷彌補，通綱添捐懸岸課一款，隨領引時每引交銀四分，專補懸課之用。無如懸岸日增，歸補愈難，所有續參商課，雖逐案飭令分賠，總未據完交實銀。且查蘆綱商人多因誤運悮課，其本商名下自能保全，出綱者甚屬稀少，若再責令分賠，代人受過，並不予以年限，難免不紛紛畏累遠避，則蘆屬引地從此有參無認，殊於全局有礙，自應量爲變通。擬請仿照保固三年定限，如果三年正課之内，認商貽悮課運被參，即將應交正課除抄查備抵外，其餘參欠課銀，分作三成在於參商名下追交，二成出結之散商加結之，總商分賠一成。如逾三年之期，認商業經完過，奏銷引課，可稱家道殷實，即與保商無涉，以示限制。似此酌核辦理，於課款分賠有著，而於各商亦不致有畏累不保之虞矣。

第三條，督催總商，宜先完課。查蘆商完課，無論總商、散商，均照通綱一律辦理。近年奏銷後所欠勒限課銀，委係累商欠交之款。綱商名下應交正課，均經依限催完。惟向來章程，每届上課之期，運司派委鹽務候補數員，率同綱總督催，委員平日與衆商情誼不洽，於鹽務底裏不明，督催無權，虚應故事，每届籠統完至八分以上爲率；而此八分中，孰多孰寡，孰先孰後，無從稽考，是總商之拉匀捀算，從中取巧，其物議亦由此而起。嗣後惟當遵照部議，敕令綱總首先完納，每届奏銷，將總商下課款是否清完之處，附案聲明，仍由運司將總商另立簿册，散商亦立一簿，將已完幾成，未完幾成，據實登註，隨同銷册詳文送鹽院衙門備查。綱總無從牽拉衆商，無從矇混，開誠布公，共見共聞，徵收亦當日有起色。

第四條，捆運懸岸，宜交全額。查長蘆懸岸，前於道光二十八年，經欽差王大臣查辦鹽務案内，將無商州縣五十五處，除有州縣自行運銷者十一處無容更改外，其餘四十四處之河南懸岸二十州縣，盡改票鹽，仿照淮北成案，先課後鹽，無論資本多寡，一經交課給票護運。直隸懸岸二十四處，予限半年，責令各州縣，或招商，或招販，一律整理。倘商販無人，責成各州縣領運。如州縣實不能辦理之處，仍由鹽運司遴員官運等因。今查直、豫各處懸岸，除陸續招有新商具認外，尚有豫屬之新鄭、太康、扶溝、長葛，直屬之成安、開州，並先經曾有商認辦，復又參懸之豫屬鄢陵、沈邱、項城、洧川，又二十八年以後續經參懸引岸。除隨據新商接認外，尚有南岸之祥符、許州、禹州、臨潁、郾城，直隸之永清、邢臺、鷄澤、隆平、鉅鹿、衡水、唐山、曲周，統計二十三處。内除衡水現有新商稟認試辦外，其餘各岸疊經該司出示招商，並通飭各屬一體廣爲招募，迄今無商認辦。引岸虛懸，民食堪虞，自不得不照案飭令官商民販招運，藉濟民食，以補課款。惟捆運多寡無定，原與包額認辦不同，若輩惟利是圖，能多捆一包之鹽，即多獲一包之利，亦未嘗不願多運多銷，而卒之所運無幾。蓋亦有故，或因資本微薄，無力多捆，或因岸地滯銷，有虧成本，以致未能按額捆運。現在既准部議，自應遵照。飭令捆運之各官商，如果情願包額認辦，限一年之内出具認狀保結，詳請咨部更名；一面由司另行募新商稟認妥辦，如有實在銷滯，無商認辦之處，每岸專案詳咨，不復以籠統浮詞搪塞。蓋懸岸爲中外所同慮，捆運乃鹺政之弊端，本無所容其掩飾也。

第五條，長蘆綱總，宜令更代。查山東綱總，雖係按年更换，第山東先課後引，長蘆先引後課，綱總之責任，兩不相侔，换期太促。必以甲年應完之課款，責成丙年之綱總督催，恐此推彼諉之弊，必且層見疊出。且綱總爲通綱領袖，要在遴選得人。非其人，即一月一换無裨實政；得其人，即累年不换亦愜輿情。蘆商殷實者少，殷實而認真辦事者尤少，年年更换，恐中選之人無多，而廢弛之患滋甚。現經運司於舊綱總四人之内，挑留楊俊元、華楨，斥退高凌漢、黄昭融，於本年六月具奏，衆論尚屬允協。嗣後，綱總擬不必限定换期，爲衆商所翕服者酌留接充。如其不然，隨時撤换，詳請咨部查照。

第六條，代銷融銷，宜行分别。查長蘆滯岸積引，例准融與暢岸分成代銷。當辦理融銷之初，原爲蘆商疲累居多，銷路又滯，每至奏銷届限，雖引地積有存鹽，而課項無措，力不能完，勢必紛紛參追，各商以融鹽與融引事同一律，稟請將積鹽融賣與别商銷售，以所得之鹽價即交庫抵課。惟復價一項，歸買商完交。其餘一切課款，仍由賣商按限呈納，仍爲保全奏課起見。同治三年，前任督臣劉長佑，奏覆河南撫臣張之萬奏參蘆商把持案内，將融銷引鹽一層，業經詳細聲明，有案可稽檢。查近三年案卷，亦係疲累之商，或因正課無措，或因復價到限，無力措交，不得已將所運之鹽融賣與别商，運赴暢岸銷售，其所得價銀，由買商呈出交官，以濟目前之急。是賣商得價，融銷即與自運銷售無異。在買商既經按包交價，並非得無課之鹽；在賣商，鹽已收價，亦非上無鹽之課，融賣融買，事出兩商情願，並非買商圖得便宜，致有弊竇。且代銷與融銷稍異之處，代銷則賣主津貼銀，每引三錢五六分至四錢不等，其正雜課、復價等款，概歸買主完納。融銷則買主代交正課六錢、復價五錢解費二分一釐，其餘各款仍由賣主自行完納。代銷則賣主出津貼之費，融銷則賣主有自納之款，其辦法不同，而使累商得稍資周轉則同。賣者買者彼此扣算定價，兩相情願則亦同。所有各商融銷引鹽，除捆運之商仍遵三年奏案，飭令一概領引運鹽不准融銷外，其行商融鹽，應請照舊辦理，免其禁革，以保頹綱而重帑項。

第七條，歷年積欠，宜令代交。查歸補庫墊積欠一項，自道光二十八年清查案内，共計銀二千三百四十三萬一千四百餘兩，每年議定庫墊銀六萬兩、積欠銀十一萬兩，分年按引攤交，每引攤銀二錢四分零。自同治二年起，因商力拮据，改爲外引撥出銀一錢二分，京引撥出銀八分，領引時隨引完納，其餘銀兩仍照案按限帶交。嗣於同治五年，因綱情愈疲，稟請外引減交銀一錢，京引減交銀六分。自道光二十九年起，至咸豐八年止，除已完現商净欠交銀五十九萬八千三百三十餘兩，業經奏奉部覆准，自咸豐十一年奏銷後，分作五年代完；又自咸豐九年起，至同治七年止，續應征銀一百七十萬兩，内除參懸無著銀四十九萬九千二百四十餘兩，永平七屬官辦暨天津公共口岸未撥銀四萬四千二百三十餘兩，現商應交銀一百十五萬六千五百二十餘兩，内已完銀三十五萬六千七百餘兩，連前實計，現商共未完銀一百三十九萬八千一百五十餘兩。其已交銀兩，均經湊撥各餉動用，按季册報在案。其欠交銀兩，雖屢經嚴諭飭催，無如各商僉稱因近年引地被擾被灾，領運失時，額引滯銷，商力拮据，顧運顧課已屬萬分竭蹶，前項積欠代交前商參累之款，一時無力賠交，委屬實情。且近來參商迭出，長蘆懸岸已屬不少，若以此紛紛參辦，通綱無商不欠，幾至無岸不全，懸綱掣動，所關非細。兹准部議，除將欠交銀兩趕緊設法嚴行催交，以清積欠外，所有隨引先交之款，按每年出庫引數，核計應完數目，造入春秋撥册，聽候部撥。至於欲紓商力，必須減成本，臣當另案陳奏。

第八條，報灾補運，宜再詳查。查各州縣詳報被搶、被水各商引鹽，有詳運司已經委員會勘，尚未勘覆詳報者，是以失鹽數目，即院司兩處案卷已覺未能相符。兹據該司逐細詳查，除奉部覆准補運五、六等年，被梟匪髮逆燒搶之甯晋、臨城、杞縣，七年被捻逆焚搶之定州、南樂、清豐、大名、開州、東明、臨漳等州縣，商人益德裕等被搶失鹽一萬六千零二十九包不計外，實在據委員勘復陸續詳報之清苑等處，商人被搶失鹽四萬五千六百七十七包，又新城等州縣被水衝淹鹽一萬八千六百三十一包。又已委未經復勘之濟源等州縣，并未經委勘之安平縣商人被搶失鹽一萬零八百五十六包，又因案情未符，批飭覆查，未據詳覆之温縣等處商人在途被搶失鹽三千二百四十六包，除由司核明，照例分案叙詳，并將未經通詳各州縣，分飭另行補報，以昭核實外，所有州縣、商名、鹽數，分别另造清册，呈送備查。請將原册封送軍機處，并分咨户部，以備考核。

第九條，加觔抽錢，宜行禁止。查道光二十八年清查案内，每包加鹽一百五十觔，合計北鹽重五百六十七觔有奇，南鹽重五百七十二觔有奇，違者即以私論。各商赴坨築鹽，向由批驗所大使驗明秤掣，按包編號之後，始行飭商裝運。前奉部飭，即經該運司明查暗訪，出示嚴禁，并親赴關所，查照鹽包，挨次編列號數，按包抽提，當堂秤掣，均屬相符。訊據各商僉稱伊等赴坨按引築包，均由批驗大使查驗秤掣編號，有一鹽必有一引，造關時按號抽提過秤，既有官司稽查，又有部砝觔兩，衆目共睹，非商等所能行私朦混。且伊等深知例禁綦嚴，當自顧身家，何肯犯法取利。至造關時裝載備掣者，即係批驗所過秤編號之引鹽，此外實在並無另有私築號鹽，意圖夾私加觔情事。復飭據小直沽批驗所大使王鳳岡，以查明各商赴坨築運，均係遵照部砝觔兩一律辦理，並無加斛加帶。另築號鹽以備掣抽情弊，出具印結，詳送到司。該司恐尚有不實不盡，復經連日逐細查訪，僉稱如一。此後惟有嚴益加嚴，督飭委員暨批驗大使認真秤掣，不時密查。倘有商奸夾私加觔情弊，立即照例從嚴懲辦，臣亦當不時由省委員赴津，密查掣驗事宜，斷不敢稍存姑息，以杜流弊而肅鹾政。至隨引每包抽收津貼錢五十文，乃係同治六年海運案内，各商公議捐作津貼漕剥民船之用，並無浮收抑勒情弊，業經另行詳明咨部，覆准在案。

第十條，墨筆科則，宜加裁革。查道光二十八年，欽差王大臣查辦鹽務，核定科則，曰正雜課，曰平飯，曰補欠，曰歸補積欠，曰王范滿垣租息，曰領告雜費，曰緝費，曰各項解費，曰内外帑利，共九款，每引攤交銀二兩六釐，刊單通行，飭商遵照。此木板之則也。後有續增商捐款項，因年限多寡並無一定，一經捐足，即由各商隨時禀請停止，並非作爲定額，是以向用筆墨添寫刊單之後。同治三年，河南撫臣張之萬奏參蘆商把持、運使受其朦蔽案内，指稱墨筆私加私用。經前運司克明查出，墨筆添寫者，曰縣岸課，曰捐補參價，曰欽天監生息，曰歸補緝費，曰口岸汛工，曰籌補津貼，曰還墊辦公，曰酌增領告，曰朝袍册寶，曰修署，曰報效軍需，曰隨引復價，凡十二款。當將墨筆原委逐款造册，由前督臣劉長佑奏覆，有案可稽。嗣將朝袍册寶六釐、修署一分、報效軍需二分三款，先後停止。同治六七年間，因迭奉内務府奏派長蘆采辦絹箋，以及蘆勇口糧，並捐築金堤、挑挖府河等事，增添一款，初曰寄庫還款，改曰金堤還款，其餘均照前奏之數，並無絲毫加增。此外又有南場各商禀添大河口延費一款，南引各商捐添報效豫省恊餉一款，係不在通綱科則之例，皆墨筆之則也。至所稱領引時外加者三款，查有津貼辦貢一款，因前辦采貢緞商人張鑑歷年賠累，各舊商公議，情願每引津貼辦貢銀三分五釐；又津貼辦公一款，因總商辦公，一切費用出自己囊，衆商公議，願每引幫貼辦公銀六釐。迨因舊商星散，新商心力不齊，完交寥寥，本年已將此二款停止矣；至巡費津貼一款，係承辦清、静、滄、鹽四處引地，緝費裁減不敷，通綱公議，每引願幫銀四釐。此爲保護引地而設，應仍其舊。斯三者，外交幫貼之則也。據該運司造具木板科則一册，續增墨筆一册，外交幫貼一册，並將領告科則、款式呈送前來，理合封送軍機處，並分咨户部備查。至部議以浮費過重，行令認真釐剔，分别禁止，臣亦深知蘆綱之疲，由於成本太重，銷路太滯，而衆商亦禀訴苦累情形，呈請拯救，頃至天津，與運司面商一切，即日將各項科則酌擬裁減具奏，以輕成本而挽頽綱。

以上十條，就部文所指者，逐細登覆。至於引滯商疲，全綱不振，别圖補救之方，容即於酌减科則案内另行具陳。

——5. 皇朝經世文續編　卷四四　户政二一　鹽課三

長江水師事宜三十條

第一條，提督建衙蕪湖：長江水師提督駐扎，原議在於蕪湖建立衙署。查蕪湖内河甚小，冬令水涸，不能安泊戰艦；若泊大江之中，則洪濤巨浸，其患莫測。查江南太平府，河外通江，内通湖，可扎戰船數十營，右達皖南寧國府，南漪固城諸湖，左達江蘇高淳、溧水兩縣，石臼、丹陽諸湖，兼可扼東壩之要隘，擬以提督駐扎太平府，設立衙署。

第二條，提督立行署于岳州：長江水師提督管轄之地，上自荆州、岳州，下至江蘇崇明，兩岸支河内湖均歸統轄，計程近五千餘里，分列五省，若僅駐扎太平府，恐其照料難周，擬於岳州府設立行署，該提督分月輪駐，以半年駐下江太平府，以半年駐上江岳州府，每年周歷巡查。駐上江，則巡閲至洞庭湖荆州止，駐下江則巡閲至狼山止。

第三條，提督單銜奏事：長江水師提督，統轄較遠，責任甚重，擬請單銜奏事，以專責成。如遇有與各省地方公事及陸營交涉之件，則會商該省督撫，分別奏咨辦理；如地方公事及陸營有與水師交涉之件，該省督撫亦會商長江提督，分別奏咨辦理。提督之官，其初本係文職，明末李如松始以武臣而爲提督，初尚文武兼用，後乃專用武職，惟九門提督一缺，尚是文臣兼領，江皖晋豫等省提督之缺，尚以巡撫兼領，略存舊制。今長江提督一缺，擬請文武兼用，蓋緣長江通商，處處與外國交接，朝夕相見，必須提督平日稍有威權，乃足以資彈壓。該提督仍歸兩江總督、湖廣總督節制。

第四條，長江共立六標：長江水師共立六標。提督駐扎太平府，所轄提標五營；岳州設一總兵，所轄鎮標四營；漢陽設一總兵，所轄鎮標四營；湖口設一總兵，所轄鎮標五營；瓜洲設一總兵，所轄鎮標四營；狼山鎮總兵兼隸長江，所轄鎮標二營。通共二十四營。

第五條，長江與各省水面分界：長江水師與各省河湖交界之處，應即畫分界限，各有汛地，以專責成。湖北，除江面千餘里全歸長江提督外，其自荆州以上，泝江至宜昌、巴東，漢陽以上，泝漢至襄陽、郎陽及各支河湖汊，應由湖北另行設防，歸湖廣總督、湖北提督統轄。湖南，除江面及洞庭湖歸長江提督外，其湘沅二水應由湖南另行設防，歸湖南巡撫、湖南提督統轄。江西，除江面及鄱陽湖歸長江提督外，其吴城以上省河及東西支河，應由江西另行設防，歸江西巡撫統轄。安徽，除江面與傍江之湖歸長江提督外，其淮河，自正陽關以下至洪澤湖止，並接連蘇屬之支河湖蕩，應另設淮揚水師，歸淮揚鎮總兵統帶，兩江總督、漕運總督、安徽巡撫兼轄。江蘇，除江面歸長江提督外，其自鎮江以東，凡江南之支河湖蕩，應另設太湖水師，歸兩江總督、江蘇巡撫、江南提督統轄。其舊設海口之狼山、福山、蘇松三鎮，除福山、蘇松二鎮悉仍其舊外，擬以狼山鎮兼隸長江提督標下，仍聽兩江總督、江南提督節制。

第六條，副參游沿江建衙：副將、參將、游擊各有專營，自應設立衙署。惟長江水師營汛，其責任專重在水面，并無防守城池、彈壓市鎮之責，其立汛建署，須擇有港汊内河可收泊戰艦者，庶免風濤覆溺之患。雖孤洲野岸亦可修造衙署，宜距城市稍遠，乃爲妥善。

第七條，都司以下不立衙署：水師官兵，皆宜以船爲家，不准登岸居住，如違例住岸上者，官即革職，兵即革糧。自都司以下，皆係哨官，即以哨船爲辦公之所，不准建衙陸居。至長江提鎮，除例給坐船外，各給督陣舢板二號，每船額設守備哨官一員，兵二十名，内柁兵一名，頭兵一名，炮兵二名，槳兵十六名。凡提鎮衙門巡捕、跟丁、執事人等，皆輪流派此船之人值班聽差，下班仍以船爲家，不准在岸居住。副參游督陣舢板各一號，悉如之。

第八條，營制船數：副將營制，戰船四十三號，内長龍船二號，舢板船四十號，督陣大舢板船一號。參將營制，戰船三十三號，内長龍船二號，舢板船三十號，督陣大舢板船一號。游擊營制，戰船二十三號，内長龍船二號，舢板船二十號，督陣大舢板船一號；其雖係游擊營制，而用船三十三號者，惟岳州、漢陽二營。凡專立之營，皆以都司二員管駕長龍爲領哨，其各散哨員弁均受約束。左領哨專管本營錢糧，右領哨專管本營船炮軍裝，及一切差遣巡查諸務。其舢板之以守備充哨官者，爲副領哨，每守備率領船十號。

第九條，戰船人數：長江水師額兵：副將營，督陣舢板船一號，兵二十名；長龍船二號，每船二十五人，共兵五十名；舢板船四十號，每船十四人，共兵五百六十名；稿書、書識十四名，共額兵六百三十名，共哨官四十三員。參將營，督陣舢板船一號，兵二十名；長龍船二號，每船二十五人，共兵五十名；舢板船三十號，每船十四人，共兵四百二十名，共額兵四百九十名，共哨官三十三員。游擊營，督陣舢板船一號，兵二十名；長龍船二號，每船二十五人，共兵五十名；舢板船二十號，每船十四人，共兵二百八十名，共額兵三百五十名，共哨官二十三員。其游擊營亦有用三十三船者，全做參將營之例，稿書、書識均不在內。

第十條，都司於本船之外另有打仗舢板：領哨都司，除長龍戰船一號有兵外，另給無兵之舢板船一號，如遇出兵入小河港汊，恐長龍遲滯，則由長龍撥兵歸此舢板乘坐，領哨出隊，以期便捷。

第十一條，設立書吏：長江水師提督，用稿書四名，書識八名；總兵用稿書二名，書識六名；副參游皆用稿書二名，書識四名；都司用稿書一名，書識二名；守備用書識二名；千把各用書識一名。

第十二條，兵丁糧額：咸豐四年，初立水師之時，較陸軍勇糧稍減，槳手每月三兩六錢，柁工四兩五錢，頭工四兩二錢不等，厥後因銀價日賤，米價日貴，槳手加爲三兩九錢。今將水勇改爲額兵，而各處陸營紛紛招勇，若遽將水兵口糧太減，則人皆去爲陸勇，誰復肯當水兵，自應酌量暫從其優。長龍戰船額設兵二十五名，內柁工兵一名，每月給銀三兩六錢，每日一錢二分；管艙兵一名、頭工兵一名、炮手兵四名，每月給銀三兩，每日一錢；槳手兵十八名，每月給銀二兩七錢，每日九分。舢板戰船額設兵十四名，內柁工兵一名，頭工兵一名，炮手兵二名，槳手兵十名；督陣大舢板額設兵二十名，內柁工兵一名，頭工兵一名，炮手兵二名，槳手十六名，月餉均與長龍戰船同。稿書與柁糧同，月支三兩六錢；書識與槳糧同，月支二兩七錢。俟軍務大定，各路並無招勇之事，再由長江提督、江楚總督專案具奏，議將口糧酌減，乃爲定額，亦須優於陸兵，庶不至似今日綠營之廢弛。

第十三條，哨官額缺：長江水師副將營協標哨官額缺，應設都司二缺，守備三缺，千總十缺，把總十二缺，外委十六缺。參將營哨官額缺，應設都司二缺，守備二缺，千總八缺，把總九缺，外委十二缺。游擊營哨官額缺，應設都司二缺，守備一缺，千總四缺，把總六缺，外委十缺。以上各營哨官皆以各員所管之船爲缺，不設衙署。

第十四條，另給座船：長江水師提督，給座船四號；總兵，給座船三號；副參游，給座船二號；各營哨官、都司、守備以下直至外委，皆無衙署，每哨各給座船一號，以抵陸營衙署。馬匹之費，提督每座船月支價銀十六兩；總兵、副參游每座船月支價銀十四兩，都、守以下每座船月支價銀十二兩。

第十五條，出缺遴補：長江水師哨官缺出，都守千把外委五項，應全歸長江提督主政，即就長江水師中遴員題補；其營官缺出，副參游三項，擬以七成歸長江水師中題補，以三成由兵部就各省水師中推補；至總兵缺出，由長江提督、兩江總督、湖廣總督三人各保堪勝人員，平日開單保奏，屆時恭候特旨簡放。

第十六條，餉項出入報銷：長江水師上下五千里，分防五省，若向五處藩庫領餉，分歸五省報銷，殊覺散漫無紀，户部難於稽考，而各省入款出款俱有常額，若添此項兵餉，殊覺别籌維艱。查沿江釐卡，皆係水師恢復之地，水軍歷年口糧多取諸此。今長江既立經制，水師酌定永遠章程，凡俸廉糧餉、船炮子藥一切費用，應酌留釐卡數處，在兩江境内者歸江寧鹽道經收，在兩湖境内者歸武昌鹽道經收。每年届發餉之時，其在楚境，各營造册呈明湖廣總督、長江提督，赴武昌鹽道庫支領；其在江境，各營造册呈明兩江總督、長江提督，赴江寧鹽道庫支領。江楚兩總督每年各自具本題銷，不彙入各省藩庫奏銷案内，以免牽混。

第十七條，三處設藥彈局：長江水師炮位，大者千餘斤，次者亦數百斤，所需子藥最多，須常設子藥局，以資操演而備不虞。查湖北省城、安徽省城造藥，均有牛碾，最爲穩便，該二省應各設火藥局，常川製造。江蘇、江西應辦硝斤，協濟安徽藥局；湖南應辦硝斤，協湖北藥局。至生鐵産于湖南，應在長沙設立子彈局，常川製造，封門大子、熟鐵群子，分解湖北、安徽兩省。所有楚境各營，均赴武昌請領子藥；江境各營，均赴安慶請領子藥。至三局造辦子藥之費，由武昌、江寧兩鹽道庫于釐金項下撥給。

第十八條，三處設立船廠：長江戰船，大炮震驚，最易朽壞。議定每届三年修理一次，十二年即行更换，應於湖北之漢陽、江西之吴城、江南之草鞋夾三處各設船廠，排定子丑寅卯等年，某年應修整某營某哨之船，某年應更换某營某哨之船，輪流興工。江境兩廠，由兩江總督暨長江提督委員監修；楚境一廠，由湖廣總督暨長江提督委員監修；所有船廠經費，亦由江寧鹽道、武昌鹽道兩庫撥給。其風篷一件，三年即須更换一次，杆索纜繂等物，每届修整之年，亦須酌量添换，均准在於船廠請領。

第十九條，雨篷旗幟等費：長江戰船並無竹篷木艕，惟以布棚遮避雨露霜雪，名曰雨棚，最易朽腐。又如錨本、腦索、炮繩、旗幟、紅油、白油等項，均須時常修换，不能待三年之期，亦不能赴船廠請領。此五者名曰雜費，酌定長龍戰船每年發銀六十兩，舢板戰船每年發銀四十兩，交該哨官采辦修飾，以壯軍容。江境之船由江寧鹽道發給，楚境之船由武昌鹽道發給。

第二十條，廉俸兵米：長江水師提督，現擬文武兼用，其養廉應即加重，每年支銀八千兩，其餘俸薪、蔬菜、燭炭、心紅、紙張等項，均照陸營提督之例支給。自總兵以下直至千把，凡養廉、俸薪、蔬菜、燭炭、心紅、紙張等項，均照陸營之例發給。外委，准食柁糧雙分，仍每年支養廉銀十八兩。惟陸營之例馬，改爲水師之座船，其水師官兵應領之米，照各省緑營陸兵定例，每人日支八合，亦由江寧鹽道、武昌鹽道兩衙門于釐卡項下購米，按季支發。以上子藥局、船廠、雜費、廉俸兵米四條，均彙入正餉案内題銷。

第二十一條，禁約三事：長江水師，舊日營規甚嚴，近來日就鬆懈。今立爲經制，水師應申明定規三條，决不可犯者：一曰不許登岸居住，二曰不許吸食洋烟，三曰不許賭博。如有登岸居住、吸食洋烟者，官則革職，兵則革糧；有犯賭者，由該管將領察核情節，禀明嚴辦。

第二十二條，疏防處分：現在髮逆肅清，長江水師各分汛地，專以驅逐游匪，嚴防劫盗爲重，倘有水盗划船刦搶巨案，逾限不獲，由長江提督專案參劾，不得以陸營尚未開參、文員尚未開參，稍涉推諉遲延，以重江防而絶盗風。

第二十三條，已保官階大者借補小缺：長江水師設立營汛，待部議覆准後，即須補放實缺。查《軍興十餘》載，水師員弁所保官階，提鎮居多，副參游亦不少，所設營缺有限，應以保舉較大之階，借補較小之缺，由臣等會同長江提督開單奏補。其現在勇丁營制，俟部議覆准後，應即陸續遣撤。一俟勇營撤畢，即照新定兵丁餉章發給。

第二十四條，不准私借戰船：長江水師各有汛地，不得私離，且長龍舢板均係官物，非同私物可以借用，凡各省文武差人員，雖有緊急公務，非奉有長江提督及五省督撫專札派坐戰船者，不得私借戰船乘坐，以圖便易，違者照不應馳驛、妄行馳驛例議處。各營哨官非奉有專札，而以戰船私借客官及朋友乘坐者，照私離汛地例議處。

第二十五條，船式炮數：長江水師修造戰船式樣，長龍底長四丈一尺，底中寬五尺四寸，舢板底長二丈九尺，底中寬三尺二寸。督陣舢板，略加長大。長龍設大炮前後左右六位，舢板設大炮前後兩位，左右設車轉小炮兩位。小鎗、短刀、長矛、噴筒，隨宜配用。

第二十六條，海口添造大船：狼山鎮總兵，現改歸長江提督管轄。該處江寬百餘里，洪濤浩瀚，海風不測，長龍、舢板船身太小，有風即不能出港。狼鎮所轄均係洋面，近來寧釣沙船帶有炮位槍械，每以捕盗爲名，趁風行劫。擬每營造大舢板二十號，並造大船數號，如紅單拖罟式樣，多安炮位，巡緝内洋，以壯聲威。又擬造輪船數號，分布狼山、崇明等處，於江海防務更資得力。

第二十七條，不准私設炮船，亦不許水師干預鹽務：炮船爲江中利器，然可以禦暴，亦可以爲暴。如准商民私造炮船，則强盗亦可造炮船以行劫，鹽梟亦可造炮船以護私，假名僞旗，萬難稽查。此後既立長江經制水師，應將民間私造炮船一概禁革，雖文武官員不准私設炮船，以杜奸民影射，難於查察。如有私立炮船不立時禀報者，惟該汛之水師是問。至巡緝私鹽，本以炮船爲最便，然亦只准於瓜洲、漢陽兩鎮標下，奏派戰船若干號，巡緝某處；其未經奏派之戰船，概不准干預鹽務，尤不准包庇私鹽。如有包庇者，由兩江總督、湖廣總督嚴行參辦。

第二十八條，建衙經費：長江水師提鎮暨副參游駐扎之處，均須設立衙署、軍裝局，其經費即取諸酌留釐卡，一俟部議覆准，即由臣等會同江楚總督、長江提督派員勘估，次第建造，事竣核實報銷。

第二十九條，沿江舊日水師改隸長江提督：江南之京口、狼山等營，江西之湖口營，湖北之漢陽營，湖南之岳州等營，凡向有水師之名而無炮船之實者，令各該處均立標營，改從新章，應悉歸長江水師提督節制，以昭畫一。其向無水師名目者，不必更改。

第三十條，考糧考缺操演章程：水師以使船爲第一義，善放炮次之。凡考槳糧，須令一人駕一小划，渡江一兩次；凡考炮糧，須令連放五炮，無走火遲鈍等弊；凡考應升應補之缺，須令數船於無風之日，蕩槳逆行三十里，驗其遲速；其哨官，仍考試技藝，以定等差；至校各鎮之優劣，每年春季，長江提督會同兩湖總督，調集岳州、漢陽二標，在於武昌江面，或武漢各湖簡閱一次；秋季會同兩江總督，調集湖口、太平、瓜洲、狼山四標，在於黄天蕩等處，簡閱一次。閱畢，會摺具奏，優者酌量保奬，劣者分别參辦。

—5. 皇朝經世文續編　卷六三　兵政二　兵制中

再議練軍事宜疏

竊臣接准部咨，會奏直隸練軍事宜一摺，令臣迅即籌定簡明章程，奏報定議等因，咨行到臣。臣竊維用兵之道，隨地形、賊勢而變焉者也，初無一定之規、可泥之法。或古人著績之事，後人效之而無功，或今日致勝之方，異日狃之而反敗，惟知陳迹之不可狃，獨見之不可恃。隨處擇善而從，庶可常行無弊。即就扎營一事言之，湘勇初出，亦屢爲粵匪所破，繼而高其壘、深其濠，先圖自固之道，旋即用此以制敵。厥後淮勇諸軍繼起，亦皆以高壘深溝爲自立之本，善扎營者即稱勁旅。直至移師北來，改剿捻匪，每日計行路之遠近，分各營之優劣，曾無築壘挖濠之暇，而營壘之或堅或否，于勝敗全不相涉；及詢及陝甘剿回、貴州平苗，亦不以築壘挖濠爲先務，至天津捍禦外洋，雖堅壁亦不足恃，即此一端，已知陳迹之不可狃，兵事之變化無常矣。然安營支帳、埋鍋造飯，一則不擾閭閻，一則自固壁壘，斯乃古來之常法，並非勇營之新章，終未可棄而不講也。

臣愚以爲直隸練軍，宜添學扎營之法，每月拔營一次，行二三百里爲率，令兵丁修壘浚濠，躬親畚築，以習勞勩，不坐差車，以慣行走。至運米搬柴，則勇丁不過偶爾爲之，如今年近事，老湘營之勇由綏德州運米至花馬池，銘軍之勇由濟寧州運米至張秋是也。論平日之常例，則采薪等事，每勇百人照章有長夫三十六名，兵丁百人舊例亦有夫役三十名，並有報填四十名者。

臣意練軍既拔營行動，即需添募長夫，百兵給三十名，雖所費較鉅，似亦不可省之項。有長夫任樵汲負重之事，則兵丁可不任搬運之勞，既以稍示體恤，又以見築壘挖濠等事必須躬親。寬於此者，正欲其嚴於彼。至部臣所議，兵丁宜講衣冠禮節，臣意老營操演，儘可整冠束帶，以習儀文。拔營行走，仍以帕首短衣，以歸簡便。凡此，皆一張一弛，擇善而從者也。臣前摺所謂重統領之權者，蓋因平日之事權不一，則臨陣之指麾不靈。

臣在南中，常見有藩臬衙門，募勇多營，平日之領餉、拔缺、請獎等事，皆有衙門主政，至臨陣之際，則另派武員統領率之打仗，至指麾不克如意。即巡撫及大帥所部多營，平日無一定之統領，臨時酌撥數營，派一將統之赴敵，終不能得士卒死力。而江楚諸省倖獲成功者，大抵皆有得力統領，其權素重，臨陣往來指揮、號令進退之人，既係平日發餉挑缺、主持賞罰之人，士卒之耳目有專屬，心志無疑貳，是以所向有功。臣所謂事權宜專，本意如此。然亦會逢其適，幸遇塔齊布、羅澤南、李續賓、楊岳斌、多隆阿、鮑超、劉銘傳、劉松山諸人，或隸臣部，或隸他部，皆假重權而樹偉績。苟非其人，權亦未可概施。部臣所議，得良將則日起有功，遇不肖則流弊不可勝言，洵爲允當之論。良將者，可幸遇而不可强求者也。嗣後直隸練軍統領，臣當悉心察看，遇上選則破格優待，盡其所長；遇中材則隨處防維，無使越分，庶幾兩全之道耳。部臣復議及兵將相習，可收一氣貫通之效，又言轉弱爲强，不必借材於異地等語。

臣竊意就兵言之，以土著爲主，以保狀爲憑，斷無令外省客勇充補之理，而客勇亦無願補遠省額兵之志；就官言之，則武職自一命以上，直至提鎮，皆准服官各省。

況畿輔萬方輻輳，尤志士願效馳驅之地，是各路將弁有出色者，皆可酌調來直，不得以借才論。

直隸練軍，詢諸衆論，不外二法：一曰就本營之鎮將，練本營之弁兵；一曰調南人之戰將，練北人之新兵而已。訪聞前此六軍用本營鎮將爲統領者，其情易通，而苦于闒營無振作之氣；用南人戰將爲統領者，其氣稍盛，而苦于上下無聯絡之情。將欲救二者之弊，氣之不振，本營官或不勝統率之任，當察其懈弛，擇人而換之；情之不聯，南將或不知士卒之艱，當令其久處，積誠以感之。臣今擬於前留四千人外，先添三千人，稍復舊觀：一於古北口暫添千人，該提督傅振邦，老於戎行，安詳勤慎，一於正定鎮暫練千人，該總兵譚勝達，勇敢素著，志氣方新，二處皆以本管官統之者也；一於保定暫添千人，令前瓊州鎮彭楚漢，以南將統之，與中軍冷慶所轄千人，姑分兩起，俟查驗實在得力，而後合併一軍。此因論兵將相孚，而擬目前添練之拙計也。部臣又令籌定簡明章程，再行按月給餉，並查明直隸未經遣撤之勇，勅令回籍，妥爲安插。

臣察直隸勇丁，上年經署督臣官文奏留十二營，臣今年撤去余承恩三營，其後夏麥秋禾疊遭亢旱，常有匪徒竊發，因恐散勇窮無所歸，聚而滋事，是以遷延未及續撤，俟秋末安靖，再當遣撤數營，即以裁勇之銀，添作練軍之費。至淮勇銘軍，乃臣所奏爲拱衛京畿之師，其大隊扎於張秋，分數營駐扎保定，數營駐扎臨清，目下不擬裁撤，另行附片覆奏。練軍規模，臣擬仍以四軍爲斷，二軍駐京以北，二軍駐京以南，每軍三千人，統將功效尤著者，或添至四千、五千人。其餘常行章程，已詳具於部臣及前督臣劉長佑所議條款中。臣昨議練餉、底餉一併支領，馬隊不溷步隊之中，一棚只以十人爲率，亦經部議允准。此外如頂名冒替，是前此之積弊，未知將來能否革除；參用南將是前此所已行，未知此後能否融洽；此次所議添募長夫，每月拔營，亦未知有無窒礙。此三者一有未妥，則全局皆須變更，臣不敢遽定章程，恐不久仍需更换也。可否請旨，一面交各衙門核議，臣一面先行試辦，其餉需暫用江南協款，俟定議後，再由户部撥發。俟試行果有頭緒，然後刊刻簡明章程，俾各軍一律遵守。

—5. 皇朝經世文續編　卷七一　兵政一〇　兵法下

擬選聰穎子弟出洋習藝疏

竊臣國藩上年在天津辦理洋務，經前江蘇巡撫丁日昌奉旨來津會辦，屢與臣商榷，擬選聰穎幼童送赴泰西各國書院，學習軍政、船政、步算、製造諸書。約計十餘年，業成而歸。使西人擅長之技，中國皆能諳悉。然後可以漸圖自强。且謂携帶幼童前赴外國者，加四品銜刑部主事陳蘭彬，江蘇候補同知容閎，皆可勝任等語。臣國藩深韙其言。曾于上年九月本年正月兩次附奏在案。臣鴻章復往返函商。竊謂自斌椿及志剛孫家穀兩次奉命游歷各國，於海外情形亦已窺其要領。如輿圖、算法、步天、測海、造船、製器等事，無一不與用兵相表裏。凡游學他國，得有長技者，歸即延入書院，分科傳授，精益求精。其於軍政船政，直視爲身心性命之學。今中國欲效其意而精通其法，則當此風氣既開，似宜亟選聰穎子弟携往外國肄業，實力講求，以仰副我皇上徐圖自强之至意。

查美國新立和約第七條內載，嗣後中國人欲入美國大小官學習各等文藝，須照相待最優國人民一體優待。又美國可以在中國指准外國人居住地方設立學堂，中國人亦可在美國一體照辦等語。本年春間，美國公使過天津時，臣鴻章面與商及。允俟知照到日，即轉致本國妥爲照料。三月間，英國公使來津接見，亦以此事有無相詢。臣鴻章當以實告，意頗欣許。亦謂先赴美國學習，英國大書院極多，將來亦可隨便派往。此固外國人所深願。似于和好大局，有益無損。臣等伏思外國所長，既肯聽人共習。志剛、孫家穀又已導之先路。計由太平洋乘輪船徑達美國，月餘可至，當非甚難之事。或謂天津、上海、福州等處，已設局仿造輪船槍炮軍火，京師設同文館，選滿漢子弟，延西人教授，又上海開廣方言館，選文童肄業。似中國已有基緒，無須遠涉重洋。不知設局製造，開館教習，所以圖振奮之基也。遠適肄業，集思廣益，所以收遠大之效也。

西人學求實濟，無論爲士爲工爲兵，無不入塾讀書，共明其理，習見其器，躬親其事，各致其心思巧力，遞相師授，期於月異而歲不同。中國欲取其長，一旦遽圖盡購其器，不惟力有不逮，且此中奧窔，苟非遍覽久習，則本原無由洞澈，而曲折無以自明。古人謂學齊語者，須引而置之莊嶽之閑。又曰百聞不如一見。比物此志也。況誠得其法，歸而觸類引伸，視今日所爲孜孜以求者，不更擴充於無窮耶？惟是試辦之難有二。一曰選材，一曰籌費。蓋聰穎子弟，不可多得。必其志趣遠大，名質樸實，不牽於家累，不入于紛華者，方能遠游異國，安心學習。則選材難。國家帑項，歲有常額，增此派人出洋肄習之款，更須措辦。則籌費又難。凡此二者，臣等亦深知其難。第以成山始於一簣，蓄艾期以三年。及今以圖，庶他日繼長增高，稍易爲力。爰飭陳蘭彬、容閎等悉心酌議，加以覆核。擬派員在滬設局，訪選沿海各省聰穎幼童，每年以三十名爲率。四年計一百二十名。分年搭船赴洋，在外國肄習。十五年後，按年分起，挨次回華。計回華之日，各幼童不過三十歲上下，年力方强，正可及時報效。聞前閩粵寧波子弟，亦時有赴洋學習者。但止圖識粗淺洋文洋話，以便與洋人交易爲衣食計。此則人選之初，慎之又慎。

至帶赴外國，悉歸委員管束。分門別類，務求學術精到。又有翻譯教習，隨時課以中國文義，俾識立身大節，可冀成有用之材。雖未必皆爲偉器，而人材既衆，當有瑰異者出乎其中。此拔十得五之說也。至於通計費用，首尾二十年，需銀百二十萬兩，誠屬鉅款。然此款不必一時湊撥，分析計之，每年接濟六萬，尚不覺其過難。除初年盤川，發給委員携帶外，其餘指有定款，按年預撥，交與銀號，陸續匯寄。事亦易辦。總之，圖事之始，固不能予之甚吝，而遽望之甚賒。況遠適異國，儲才備用，更不可以經費偶乏，淺嘗中輟。

近年來，設局製造，開館教習，凡西人擅長之技，中國頗知究心。所須經費，均蒙諭旨准撥。亦以志在必成，雖難不憚，雖費不惜。日積月纍，成效漸有可觀。兹擬選帶聰穎子弟赴外國肄業，事雖稍異，意實相同。謹將章程十二條，恭呈御覽，合無仰懇天恩，飭下江海關，于洋税項下按年指撥，勿使缺乏。恭候命下，臣等即飭設局挑選聰穎子弟，妥慎辦理。如有章程中未盡事宜，並請敕下總理衙門酌核更改。臣等亦可隨時奏請更正。

—5. 皇朝經世文續編　卷一二〇　洋務二〇　培才

湖南文徵序

吾友湘潭羅君研生，以所編纂《湖南文徵》百九十卷示余，而屬爲序其端。

國藩陋甚，齒又益衰，奚足以語文事。竊聞古之文，初無所謂法也。《易》《書》《詩》《儀禮》《春秋》諸經，其體勢聲色，曾無一字相襲。即周秦諸子，亦各自成體。持此衡彼，畫然若金玉與卉木之不同類，是烏有所謂法者。後人本不能文，强取古人所造而摹擬之，於是有合有離，而法不法名焉。若其不俟摹擬，人心各具自然之文，約有二端，曰理，曰情。二者人人之所固有。就吾所知之理，而筆諸書，而傳諸世，稱吾愛惡悲愉之情，而綴辭以達之，若剖肺肝而陳簡策，斯皆自然之文。性情敦厚者，類能爲之。而淺深工拙，遂相去十百千萬，而未始有極。自群經而外，百家著述，率有偏勝。以理勝者，多闡幽造極之語，而其弊或激宕失中。以情勝者，多悱惻感人之言，而其弊常豐縟而寡實。自東漢至隋，文人秀士，大抵義不孤行，辭多儷語。即議大政，考大禮，亦每綴以排比之句，間以婀娜之聲。歷唐代而不改。雖韓、李鋭志復古，而不能革舉世駢體之風。此皆習於情韻者類也。宋興既久，歐、蘇、曾、王之徒，崇奉韓公，以爲不遷之宗。適會其時，大儒迭起，相與上探鄒魯，研討微言，群士慕效，類皆法韓氏之氣體，以闡明性道。自元明至聖朝康雍之間，風會略同。非是不足與於斯文之末。此皆習于義理者類也。乾隆以來，鴻生碩彦，稍厭舊聞，别啓涂軌，遠探漢儒之學，因有所謂考據之文。一字之音訓，一物之制度，辨論動至數千言。曩所稱義理之文，淡遠簡樸者，或屏棄之，以爲空疏不足道。此又習俗趨向之一變已。

湖南之爲邦，北枕大江，南薄五嶺，西接黔蜀，群苗所萃，蓋亦山國荒僻之亞。然周之末，屈原出於其間，《離騷》諸篇，爲後世言情韻者所祖。逮乎宋世，周子復生於斯，作《太極圖説通》書，爲後世言義理者所祖。兩賢者皆前無師承，創立高文，上與《詩經》、《周易》同風，下而百代逸才，舉莫能越其範圍。而況湖湘後進，沾被流風者乎？兹編所録，精于理者蓋十之六，善言情者約十之四。而駢體亦頗有甄采。不言法而法未始或紊。惟考據之文，蒐集極少。前哲之倡導不宏，後生之歆慕亦寡。研生之學，稽《説文》以究達詁，箋《禹貢》以晰地志，固亦深明考據家之説。而論文但崇體要，不尚繁稱博引，取其長而不溺其偏，其猶君子慎于擇術之道歟？

—6. 皇朝經世文續編　卷六　學術六　文學

原　才

風俗之厚薄奚自乎？自乎一二人之心之所向而已。民之生，庸弱者戢戢皆是也。有一二賢且智者，則衆人君之而受命焉。尤智者，所君尤衆焉。此一二人者之心向義，則衆人與之赴義。一二人者之心向利，則衆人與之赴利。衆之所趨，勢之所歸，雖有大力，莫之敢逆。故曰：撓萬物者莫疾乎風。風俗之於人之心，始乎微而終乎不可禦者也。先王之治天下，使賢者皆當路在勢，其風民也皆以義，故道一而風俗同。世教既衰，所謂一二人者，不盡在位。彼其心之所向，勢不能不騰爲口説，而播爲聲氣。

而衆人者，勢不能不聽命而蒸爲習尚。於是乎徒黨蔚起，而一時之人才出焉。有以仁義倡者，其徒黨亦死仁義而不顧。有以功利倡者，其徒黨亦死功利而不返。水流濕，火就燥，無感不讎，所從來久矣。

今之君子之在勢者，輒曰天下無才。彼自尸于高明之地，不克以己之所向，轉移習俗，而陶鑄一世之人，而翻謝曰無才。謂之不誣可乎？否也。十室之邑，有好義之士，其智足移十人者，必能拔十人中之尤者而材之。其智足移百人者，必能拔百人中之尤者而材之。然則，轉移習俗，而陶鑄一世之人，非特處高明之地者然也。凡一命以上，皆有責焉者也。有國家者，得吾説而存之，則將慎擇與共天位之人。士大夫得吾説而存之，則將惴惴乎謹其心之所向。恐一不當而壞風俗，賊人才。循是爲之，數十年之後，萬一有收其效者乎？非所逆睹已。

—6. 皇朝經世文續編　卷一五　治體八　用人上

嚴辦土匪以靖地方疏

正月初九日，准湖南巡撫咨稱：咸豐二年十二月三十日，奉上諭："湖南籌辦撥兵募勇各事宜，即著責成張亮基、潘鐸，會同在籍侍郎曾國藩，妥爲辦理。欽此。"又於二月初一日，准署理湖南巡撫咨稱：咸豐三年正月初三日，奉上諭："朕思除莠即以安良。即有會匪地方，亦莠民少而良民多。封疆大吏惟當翦除百惡，即可保衛善良。所有瀏陽、攸縣各處匪徒，即著該署督撫等認真查辦，並著會同在籍侍郎曾國藩，體察地方情形，應如何設法團練以資保衛之處，悉心妥辦理等因。欽此。"仰見皇上南顧焦慮，無時或紓。

去年，臣初至省城，撫臣張亮基調撥湖南外營兵一千名，招募湘鄉練勇一千名，來省防禦。至正月初间，粵匪東竄武昌，業已收復長沙，即可解嚴。署督臣張亮基、署撫臣潘鐸，皆與臣商，所有留省之雲南、河南各兵，即行分别撤回；新招舊募之勇，亦即分别裁汰。共留兵勇三千餘人，已足以資防守。即間有土匪竊發，亦足以資剿辦。至於團練一事，臣前摺略陳大概，曾言捐錢斂費之難，近來博采輿論，體察民情，知鄉團有多費錢文者，亦有不必多費錢文者。併村結寨，築墻建碉，多製器械，廣延教師，招募壯士，常操技藝，此多費錢文，民不樂從者也。不併村落，不立碉堡，居雖星散，聞聲相救；不製旗幟，不募勇士，農夫牧豎，皆爲健卒；耰鋤竹木，皆爲兵器。此不必多費錢文，民所樂從者也。多費錢文者，不免於擾累地方，然以之禦粵匪，則仍不足；不必多費錢文者，雖未能大壯聲勢，然以之防土匪則已有餘。今粵匪全數東下，各縣鄉團專以查拏土匪爲主。臣是以剴切曉諭、令其異居同心，互相聯絡，不多費錢，不甚勞力，以冀百姓之鼓舞而聽從。

湖南會匪之多，人所共知。去年粵逆入楚，凡入添弟會者，大半附之而去，然尚有餘孽未盡。此外又有所謂串子會、紅黑會、半邊錢會、一股香會，名目繁多，往往成群結黨，嘯聚山谷。如東南之衡水、郴桂，西南之寶慶、靖州，萬山叢薄，尤爲匪徒卵育之區。蓋緣近年有司亦深知會匪之不可遏，特不欲其禍自我而發，相與掩飾彌縫，以苟且一日之安，積數十年應辦不辦之案，而任其延宕；積數十年應殺之人，而任其横行，遂以釀成目前之巨寇。今鄉里無賴之民，囂然而不靖。彼見夫往年命案盗案之首犯，常消摇於法外；又見夫近年粵匪土匪之肆行，皆猖獗而莫制，遂以爲法律不足憑，官長不足畏也。平居造作謡言，煽惑人心，白日搶刼，毫無忌憚。若非嚴刑峻法，痛加誅戮，必無以折其不逞之志，而銷其逆亂之萌。臣之愚見：欲純用重典以鋤强暴，但願良民有安生之日，即臣身得殘忍嚴酷之名，所不敢辭。但願通省無不破之案，即剿辦有棘手萬難之處，亦不敢辭。署督臣張亮基、署撫臣潘鐸，皆思嚴厲整頓，力挽頽風，時時相與籌商，誓當盡除湖南大小各會匪，滌瑕去垢，埽蕩廓清，不敢稍留餘孽，以貽乎君父之憂。其匪徒較多之地，如東南之衡水、郴桂，臣當往衡州駐扎數月，就近查辦。西南之寶、靖各屬，臣當往寶慶駐扎數月，就近查辦。所至常帶兵勇數百，文武數員，以資剿捕之用。聯絡本地之鄉團，使之多覓眼線，堵截要隘。以一方之善良，治一方之匪類，可期無巢不破，無犯不擒，此臣擬辦會匪之大概情形也。

至於教匪、盗匪與會匪事同一律。三者之外，又有平日之痞匪，與近時新出之游匪。何謂游匪？逃兵逃勇，奔竄而返，無資可歸，無營可投，沿途逗留，隨處搶掠，此游匪之一種也。粤寇蹂躪之區，財物罄空，室廬焚毁，弱者則乞丐近地，强者則轉徙他鄉。或乃會聚醜類，隨從刼掠，此游匪之一種也。粤寇蹂躪之所，常有游手數千隨之而行，或假充長夫，或假冒餘丁，混雜於買賣街中，偷竊於支應局内。迨大營既遠，展轉流落，到處滋擾，此游匪之又一種也。臣現在省城辦理街團，於此三種游匪，尤認真查拏。遇有形迹可疑、曾經搶掠刼盟者，即用巡撫令旗，恭請王命，立行正法。臣寓館設審案局，派委妥員二人，拏獲匪徒，立予嚴訊。即尋常痞匪如奸胥、蠹役、訟師、光棍之類，亦加倍嚴懲，不復拘泥成例，概以寬厚爲心。當此有事之秋，强弱相吞，大小相侵，不誅鋤其刁悍害民者，則善良終無聊生之日。不敢不威猛救時，以求於地方有益。

—15. 皇朝經世文四編　卷三九　兵政　剿匪

遵覆通籌全局疏

同治元年正月二十四日，承准議政王軍機大臣字寄正月十三日奉上諭："曾國藩、左宗棠、李續宜等均負時望，卓著戰功，疊經先後簡任督撫，畀以重任。曾國藩節制四省，左宗棠雖簡任浙江，並諭以不必爲地方職守牽制，復因皖事孔亟，不得已以李續宜移皖撫，原冀合力通籌，力挽東南大局。現在江浙賊氛恣肆，亟應設法進兵，早圖恢復，拯生民於水火。前經曾國藩等奏稱，克復漕鎮無爲，方冀東征之師可以直下江南。乃自去冬以來該督撫等奏報甚稀，幾於月僅一至。而浙省嚴州、紹興、寧波、杭州等府縣各城迭次報陷，蘇省松江、上海、吴淞口等處警報頻來，皖北則苗練與髮逆交乘，圖穎甚急，賊氛到處蔓延，日甚一日。朕以沖齡嗣位，荷蒙兩宫皇太后孜孜求治，舉賢任能，焦勞宵旰，日與議政王軍機大臣籌商軍務，每於該大臣等奏報到時，詳加披覽，一切規畫輙深嘉許，言聽計從。想該大臣等勝算老謀於大局，必早有布置。惟賊氛日熾，而該大臣等章奏寥寥，南服睠懷，殊深廑念。現在曾國荃募勇是否到營？

李鴻章帶兵是否到鎮？鮑超進規甯國能否得手？多隆阿、蔣凝學等軍曾否分攻？盧壽、楊載福何時可以銷假回營，與彭玉麟併圖東下？兵貴神速，東南之民待救孔急，而軍情變幻靡常，總宜趕緊辦理。其如何通籌全局，緩急兼權，均著將一切機宜隨時馳奏，以舒懸系。潁郡關北路之防，湖州府、海甯州前據該大臣奏稱尚能堅守，上海爲餉源所自出，吴淞口守禦尤要。曾國藩、左宗棠、李續宜等如何布置籌劃萬全之處，均着隨時分别迅速馳奏，毋得稽延，實深殷盼。將此由六百里加緊各諭令知之。欽此。"跪讀之下，悚惕實深。諭旨垂詢各條，臣於正月初十、二十二兩次奏報，亦已粗陳梗概。惟以聖主信任之專，兩宫皇太后望治之切，而臣等章奏寥寥，幾於月僅一至，疏遲之罪，夫復何辭！

臣忝列戎行，歷年以來奏報甚稀，其所以硜硜自守者，蓋亦有故。一則不輕奏謡傳之言。如近日賈臻奏盧州克復，袁甲三奏巢縣克復，皆因無稽之探報以爲入告之實據。又或賊踪未近，預先震驚，輒以十萬、二十萬具奏，尤足以惑軍心而誤大計。臣處向不憑探報入奏，不欲以謡傳之詞淆朝廷之耳目也。一則不輕奏未定之事。凡大股悍賊之來，其始常危險萬狀，能堅忍支持，而後能漸臻安穩。如去歲黄文金之内犯攻陷七縣，緊持三月而臣僅彙作四次入奏，去冬徽州之被圍，苦戰九次，堅守彌月，而臣僅彙作兩次入奏，不欲以未定之狀增朝廷之憂慮也。一則不輕奏預計之説。兵事成敗難以逆料，咸豐八九年間江南屢奏金陵指日可克，十年夏間浙江屢奏嘉興指日可克，厥後皆不能踐言。臣初督兩江之時，奏稱由寧國進兵可達蘇境，厥後寧國失守，至今不能踐言，臣深以爲恥。至近日内臣章奏蒙鈔示臣處者，或稱援浙之師可由嘉興直擣蘇州，或稱揚州之師可由常熟進攻蘇州，皆不量兵餉兩窮之苦，而預擬萬不可成之計。臣不欲以預計之説入奏，非特慮大言之難踐，亦恐紛亂朝廷之規盡也。因此三者，每存敬慎之懷，轉蹈遲延之咎。前此文宗顯皇帝御字分任其責於封疆將帥，臣猶得以碌碌隨諸帥之後，循愚拙之常，兹值聖皇踐阼之初，微臣尤忝非常之遇，倚任彌重，延訪更殷，欽奉諄諭，自當變更前轍，隨時飛章入告。嗣後擬十日奏事一次，有急則加班具奏所有。此次諭旨垂詢之件及正月歷奉寄諭垂詢諸事，謹分條一一詳對於後：

一、曾國荃新募之勇，據報正月二十前可以招齊，二十四日自湘起程，由水陸東來，二月底可抵安慶。俟到安慶後，即令其進攻巢縣、和州、含山等處，能破此三城，則與下游六合、楊州聯爲一片，毫無阻隔矣。楊載福本應於臘月銷假回營，因辰沅賊警逼近，本地官紳請楊載福代守乾州廳城，因此羈延至今，尚無起程確信。臣已三次飛催，屬其於二月回營。張運蘭前因病離營，因徽州被圍，催令力疾就道，即日將抵安慶，可回徽營矣。

一、李鴻章一軍於臘底正初招募淮勇五營，另撥湘勇數營，趕緊訓練，二月可以成軍。本擬由水陸駛赴鎮江，因民船不能直衝賊中洋船，又不肯雇載兵勇，不得已仍須從陸路行走，由巢縣、和、含賊中經過，前有堅城，後無糧路，亦極可危之道。應俟曾國荃一面圍攻巢、含，李鴻章一面傍城衝過，衝至和州以下，則出六合、江浦以達於鎮江毫無梗阻矣。

一、去年攻克無爲運漕、東關等處，本可乘勝直擣巢縣、梁山，進圖金陵，近日袁甲三一軍攻克天長、六合、江浦、浦口，尤有直薄金陵之機。方今東南糜爛，臣等孰不思直攻老巢擒渠掃穴？惟用兵之道可進而不可退，算成必兼算敗，與其急進金陵，師勞無功而復退，何如先清後路，脚根已穩而後進。所有進兵金陵之次第，以臣愚計之，多隆阿一軍應俟攻克廬州而後可進，曾國荃一軍應俟攻克巢縣、含山、和州、西梁山而後可進，袁甲三、李世忠一軍應俟會克廬州、守定六合而後可進，都興阿一軍應俟守定揚州、浦口而後可進，彭玉麟、楊載福之水師應俟攻克裕溪口、西梁山而後可進。欲拔本根，先剪枝葉。仍須計算各路游擊之師數倍於金陵圍城之師，庶幾無撤回之虞。擬即以臣議商之袁甲三、都興阿等是否有當，恭候訓示遵行。

一、潁州圍城之賊，聞係捻匪與苗黨句結，志在必得潁郡，與壽州、霍邱爲犄角之勢，李續宜業經奏派大吉、籲慶衍兩軍赴潁救援。據報於正月二十六日自霍山起程，惟繞道固始，計程四百七十里，途次無米可買，恐到潁不能迅速。但求潁城堅守月餘，勝保救之於北，成大吉等援之於南，必可立解重圍。李續宜所部之兵留三支駐守湖北，分防襄陽、德安、麻城等處，以兩支赴援潁州，以一支防守六安，此外親兵帶來安慶者亦無幾矣。

一、謀浙之道，保廣信之糧路以守衢州，保徽州之後路以攻嚴州。舍此二者，别無良策。臣已兩次具奏在案。目下左宗棠駐扎開化境内，正月十七日在篁岸獲勝仗一次，二十日在馬金嶺等處獲大捷一次。即日進攻遂安等縣，係從衢、嚴之間下手。惟徽州歙、績二縣群賊又復麕聚，我方圖入浙境，賊乃圖犯江皖。春夏間必戰争不休也。湖州、海寧久無信息，鮑超圍攻青陽未下，不能遽及寧國之境，又豈能遥通湖州之信？昨奉寄諭垂念趙景賢飭赴福建糧道之任，朝廷愛才之心薄海，臣民聞之生感，特無如音問難通，徒深憂灼。

一、江蘇軍務自寶山、奉賢、南匯、川沙失守後，上海已岌岌可危，至今月餘巋然幸存，蓋髮逆畏忌西洋，不敢驟樹大敵，而目下情勢舍借助洋兵，亦實别無良策。臣于二十二日曾經附片具奏，上海僻處東隅，論籌餉爲要區，論用兵則爲絶地，假使無洋人相助，髮逆以長圍裹我，官兵若少而弱，則轉瞬又成坐困之勢；若多而强，則不宜置此無用之地。再四思維，不得所以保全之法，擬仍借洋人之力，開誠布公與敦和好，共保人財。將來果派何軍協同防守之處，應俟李鴻章到鎮，陳士杰到皖，再行察看，奏明辦理。

以上各條，均係近日諭旨下問之件，有業經具奏者，有未及詳陳者，理合一併臚舉，仰慰慈廑。

—18. 皇朝道咸同光奏議　卷五三上　兵政類　剿匪

國朝先正事略序

余嘗以大清達人傑士，超越古初，而記述闕如，用爲嘆憾。道光之末，聞嘉興錢衎石結事儀吉，仿明焦竑《徵獻録》，爲國朝《徵獻録》，因屬給事從子應溥，寫其目録，得將相、大臣、循良、忠節、儒林、文苑等凡八百餘人，積二三百卷，借名人之碑傳，存名人之事迹。自别京師，久從徵役，而此目録册者，不可復睹。同治初，又得鄢陵蘇源生文集，具述其師錢給事於《徵獻録》之外，復節録名臣，爲《先正事略》。於是知錢氏頗有造述，不僅鈔纂諸家之文矣。又二年，而得吾鄉李元度次青所著

《先正事略》，命名乃適與錢氏相合。前此二百餘年，未有成書。近三十年中，錢氏編摩于汴水，次青成業於湖湘，斯足徵通儒意趣之同，抑地下達人傑士，其靈爽不可終閟也。

自古英哲非常之君，往往得人鼎盛。若漢之武帝，唐之文皇，宋之仁宗，元之世祖，明之孝宗。其時皆異材勃起，俊彥雲屯，焜耀簡編。然考其流風所被，率不過數十年而止。惟周之文王暨我聖祖仁皇帝，乃閱數百載而風流未没。周自後稷十五世，集大成于文王，而成康以洎東周，多士濟濟，皆若秉文王之德。我朝六祖一宗，集大成於康熙，而雍乾以後，英賢輩出，皆若沐聖祖之教，此在愚氓亦似知之。其所以然者，雖大智莫能名也。聖祖嘗自言：年十七八時讀書過勞，至於咯血而不肯少休。老耄而手不釋卷。臨摹名家手卷，多至萬餘；寫廟寺匾榜，多至千餘。蓋雖寒畯，不能方其專，北征度漠南，巡治河，雖卒役不能逾其勞。祈雨禱疾，步行天壇，並醢醤齏鹽而不御。年逾六十，猶扶病而力行之。凡前聖所稱至德純行，殆無一而不備。上而天象地輿、曆算音樂、考禮行師、刑律農政，下至射御、醫藥、奇門、壬遁、滿蒙、西域、外洋之文書字母，殆無一而不通，且無一不創立新法，别啓律途。後來高才絶藝，終莫能出其範圍。然則雍、乾、嘉、道，累葉之才，雖謂皆聖祖教育而成，誰曰不然？

今上皇帝嗣位，大統中興，雖去康熙益遠矣，而將帥之乘運會立勳名者，多出一時章句之儒，則亦未始非聖祖餘澤，陶冶於無窮也。如次青者，蓋亦章句之儒，從事戎行。咸豐甲寅、乙卯之際，與國藩患難相依，備嘗艱險，厥後自領一隊，轉戰數年。軍每失利，輒以公義糾劾罷職。論者或咎國藩執法過當，亦頗咎次青在軍偏好文學，奪治兵之日力，有如莊生所譏挾策而亡羊者。久之，中外大臣數薦次青緩急可倚，國藩亦草疏密陳："李元度下筆千言，兼人之才，臣昔彈劾太嚴，至今内疚，惟朝廷量予褒省。"當時雖爲吏議所格，天子終右之，起家復任黔南軍事，師比有功，超拜雲南按察使，而是書亦於黔中告成。

聖祖有言曰："學貴初有决定不移之志，中有勇猛精進之心，末有堅貞永固之力。"次青提兵四省，屢蹶仍振，所謂貞固者非耶？發憤著書，鴻篇立就，亦云勇猛矣。願益以貞固之道持之，尋訪錢氏遺書，參訂修補，矜練歲年，慎褒貶於錙銖，酌言而取衷，終成聖清鉅典，上躋周家雅頌誓誥之林，不尤足壯矣哉。

——20. 皇朝蓄艾文編　卷七七　雜纂一

求闕齋記

國藩讀《易》至臨而喟然嘆曰：剛浸而長矣。至於八月有凶，消亦不久也。可畏也哉。天地之氣，陽至矣，則退而生陰。陰至矣，則進而生陽。一損一益者，自然之理也。物生而有嗜欲，好盈而忘闕。是故體安車駕，則金輿鏓衡，不足於乘；目辨五色，則黼黻文章，不足於服。由是八音繁會，不足於耳，庶羞珍膳，不足於味。窮巷甕牖之夫，驟膺金紫，物以移其體，習以蕩其志。向所謂搤挽而不得者，漸乃厭鄙而不屑御。旁觀者以爲固然，不足訾議。故曰：位不期驕，禄不期侈。彼爲象箸，必爲玉杯，漸積之勢然也。而好奇之士，巧取曲營，不逐衆之所争，獨汲汲於所謂名者，道不同，不相爲謀。或貴富以飽其欲，或聲譽以厭其情，其於志盈一也。夫名者，先王所以驅一世於軌物也。中人以下，蹈道不實，於是爵禄以顯馭之，名以陰驅之。使之踐其迹，不必明其意。若君子人者，深知乎道德之意，方懼名之既加，則得於内者日浮，將恥之矣。而淺者譁然騖之，不亦悲乎！

國藩不肖，備員東宫之末，世之所謂清秩。家承余蔭，自王父母以下，並康强安順。孟子稱父母俱存，兄弟無故，抑又過之。《洪範》曰："凡厥庶民，有猷有爲有守，不協於極，不罹於咎，女則錫之福。"若國藩者，無爲無猷而多罹於咎，而或錫之福，所謂不稱其服者歟？於是名其所居曰求闕齋。凡外至之榮，耳目百體之嗜，皆使留其缺陷。禮主減而樂主盈，樂不可極，以禮節之。庶以制吾性焉，防吾淫焉。若夫令聞廣譽，尤造物所靳予者。實至而歸之，所取已貪矣。况以無實者攘之乎？行非聖人而有完名者，殆不能無所矜飾於其間也。吾亦將守吾闕者焉。

—20. 皇朝蓄艾文編　卷七七　雜纂一

討粵匪檄

逆賊洪秀全、楊秀清稱亂以來，於今五年矣。荼毒生靈數百餘萬，蹂躪州縣五千餘里。所過之境，船隻無論大小，人民無論貧富，一概搶掠罄盡，寸草不留。其擄入賊中者，剥取衣服，搜刮銀錢。銀滿五兩而不獻賊者，即行斬首。男子日給米一合，驅之臨陣向前，驅之築城浚濠。婦人日給米一合，驅之登陴守夜，驅之運米挑煤。婦女而不肯解脚者，則立斬其足而示衆婦。船户而陰謀逃歸者，則倒擡其屍以示衆船。粵匪自處於安富尊榮，而視我兩湖三江被脅之人，曾犬豕牛馬之不若。此其殘忍慘酷，凡有血氣者，未有聞之而不痛憾者也。

自唐虞三代以來，歷世聖人扶持名教，敦叙人倫，君臣父子，上下尊卑，秩然如冠履之不可倒置。粵匪竊外夷之緒，崇天主之教，自其僞君僞相，下逮兵卒賤役，皆以兄弟稱之。謂惟天可稱父，此外凡民之父，皆兄弟也。凡民之母，皆姊妹也。農不能自耕以納賦，而謂田皆天王之田。商不能自賈以取息，而謂貨皆天王之貨。士不能誦孔子之經，而别有所謂耶穌之説，《新約》之書。舉中國數千年禮義人倫，詩書典則，一旦掃地蕩盡，此豈獨我大清之變，乃開闢以來名教之奇變，我孔子、孟子之所痛哭于九原。凡讀書識字者，又烏可袖手安坐，不思一爲之所也？

自古生有功德，没則爲神，王道治明，神道治幽。雖亂臣賊子，窮凶極醜，亦往往敬畏神祇。李自成至曲阜，不犯聖廟，張獻忠至梓潼，亦祭文昌。粵匪焚郴州之學宫，毁宣聖之木主，十哲兩廡，狼藉滿地。嗣是所過郡縣，先毁廟宇。即忠臣義士，如關帝、岳王之凛凛，亦皆污其宫室，殘其身首。以至佛寺道院，城隍社壇，無廟不焚，無像不滅。斯又鬼神所共憤怒，欲一雪此憾於冥冥之中者也。

本部堂奉天子命，統師二萬，水陸並進，誓將卧薪嘗膽，殄此凶逆，救我被擄之船隻，拔出被脅之民人。不特舒天子宵旰之勤勞，而且慰孔孟人倫之隱痛。不特爲百萬生靈報枉殺之仇，而且爲上下神祇雪被辱之憾。是用傳檄遠近，咸使聞知。倘有血性男子，號召義旅，助我征剿者，本部堂引爲心腹，酌給口糧。倘有抱道君子，痛天主教之横行中原，赫然奮怒，以衛吾道者，本部堂禮之幕府，待以賓師。倘有仗義仁人，捐銀助餉者，千金以内，給予實收部照，千金以上，專摺奏請優敘。倘有久陷賊中，自拔來歸，殺其頭目，以城來降者，本部堂收之帳下，奏授官爵。倘有被脅經年，發長數寸，臨陣棄械，徒手歸城者，一概免死，資遣回籍。在昔漢唐元明之末，群盜如毛，皆由主昏政亂，莫能削平。今天子憂勤惕厲，敬天恤民，田不加賦，户不抽丁，以列聖深厚之仁，討暴虐無賴之賊，無論遲速，終歸滅亡。不待智者而明矣。若爾被脅之人，甘心從逆，抗拒天誅，大兵一壓，玉石俱焚，亦不能更爲分别也。本部堂德薄能鮮，獨仗忠信二字爲行軍之本。上有日月，下有鬼神，明有浩浩長江之水，幽有前此殉難各忠臣烈士之魂，實鑒吾心，咸聽吾言。檄到如律令，無忽！

—20. 皇朝蓄艾文編　卷七七　雜纂一

江忠源（1812—1854）

字常孺，號岷樵，湖南新寧（今屬邵陽）人。道光十七年（1837）舉人，官至安徽巡撫。謚忠烈。有《江忠烈公遺集》。

條陳軍務疏

粤自逆賊滋事以來，用兵數年，糜餉至二千餘萬，人無固志，地罕堅城，巨寇披猖，久稽天討。非賊衆而我寡，賊强而我弱，賊智而我愚也。法之不肅，謀之不臧，貽誤至今，宜思變計。微臣效力軍前，出入矢石鋒鏑之餘，於今三載。兵勇强怯之情形，事功遲速之機會，苟有所見，何忍不畢獻其愚。謹將兵事大略，有關得失者，撮舉八條，爲我皇上敬陳之。

一曰嚴軍法。法者，將之所以馭衆，使之出人生死而無敢違者也。將不行法，是謂無將。兵不畏法，是謂無兵。軍興以來，法玩極矣。全州以失援陷，而赴救不力者相仍。道州以棄城陷，而望風先逃者接踵。馴至岳州預設防師，不能爲旦夕之守，九江厚積兵力，不能遏水陸之衝。文武以避賊爲固然，士卒以逃亡爲長策。皆由畏賊之念重，畏法之念輕也。夫人情孰不畏死而貪生，而軍令必責其舍生而就死者，誠以百人决死，萬衆莫當，一夫倡逃，千軍自廢。誠使將士知國典之不可幸逃，自不得不併心一力以致死於賊。將有致死於賊之心，而謀自生；士有致死於賊之心，而勇自倍。是所誅戮者不過一二人，而所保全者常千萬人也。宋仁宗當承平之餘，儂智高反，官軍屢失利，攻陷名城無數。最後狄青至軍，斬逃潰將校二十餘人，而軍威始振。嘉慶初年，三省教匪之變，經略額勒登保平之。其言賊遇官兵，條條死路，惟向前接仗，是一生路。官兵遇賊，條條生路，惟向前接仗，是一死路。故賊常致死於我，而我兵轉畏迎其鋒。利鈍之機，已决於此。即如粤逆與官兵接戰，每驅新附之賊在前，而以死黨監督其後，名曰排刀手。遇有卻顧，輒行擊殺，以故匪黨不得不爲之盡力。賊之脅衆也以嚴，而我之馭衆也以寬。賊之退也必死，而進猶可生，我之退也可生，而進輒易死。其誰不望風先靡而預辦一走也？誠欲反怯而爲强，則莫如易寬而以猛。皇上執法以馭將帥，將帥奉法以令偏裨，偏裨行法以督士卒。遇賊潰走，藉詞巧避者，有誅；臨陣不互相救援者，有誅；不奉令而遽先撤隊者，有誅；堵禦不力致賊竄逸者，有誅。軍令既嚴，士氣自奮。討賊之效，庶可計日而待也。

一曰撤提鎮。提鎮而下，爲副參游，副參游而下爲都守，都守而下爲千把，以次遞相節制，而提鎮之位爲最尊。承平日久，兵革不用，宿將之以功名著者，多就凋謝。今之提鎮，類多積資較俸，洊至高位，非盡論功閥勞績而得之者也。朝廷以虚名使之閫，未遑擇其才略。其中老於戎事，深悉戰守機宜者，雖尚有之，而闒茸充位，無足短長者，正復不少。權尊則意爲趨避，而偏裨不敢與争。位重則法難驟加，而大帥不敢擅决。夫人情當齒壯官卑之日，每思奮發有爲，致身通顯。及至身居高位，則顧恤之念重，而進取之念衰。責其忘軀冒險，踔厲迅發，以赴事機難矣。且軍營體制，副參以下，俱聽命於所轄之提鎮。其臨陣也，必提鎮先退，而後副參隨之，副參退，而後都守隨之，都守退，而後千把隨之，千把退，而後士卒隨之。提鎮不得其人，即所屬之副參以下，均難期得力。是以姑容一二庸妄之提鎮，致可用之將弁兵丁同歸無用也。又軍興既久，籌餉滋艱。提鎮薪水夫價之需，及役使護衛之人，均較參游數倍。計裁一提鎮之費，養精兵二百而有餘，亦奚取以有限餉糈，奉此無益之提鎮爲哉。副參以下，任重敢戰者，未嘗無人。其資位較輕，則奉檄不敢遷延，其擢拔方始，則臨事易爲感奮。誠擇提鎮之久歷戎行，膽略尚優者，以資統禦，其餘概行撤遣。副參以下，量才委用，務盡其長，斯軍政嚴而軍食亦裕。此時幸有殄寇之資，異日仍獲赳桓之用矣。

一曰汰弁兵。選兵之道，膽氣第一，樸實耐苦次之，技藝嫻熟次之，巧猾懦怯爲下。有武藝而無膽氣，則臨陣忙亂，並其平常演習之技，而亦忘之。故常有力敵百夫，藝高群卒，而臨陣一揮即僕，與未習技藝之人等者。戰陣之事，與搏鬥異，兩軍相持，旗幟駭目，金鼓震耳，膽怯則心易動，心動則耳目手足舉失其常也。質實耐苦之人，軍令易於服習，性情易於調馴，令進則進，令退則退，陟山渡水，不知其勞，歷夏經冬，不知其瘁。故衆可得而用。至於巧猾怯懦之流，無事則應對趨蹌，務爲觀美。臨陣則趑趄退避，專擇便宜。論功則多方鑽營，希圖美擢。遇敗則巧爲推諉，求便私圖。將弁如此，不足以整軍，兵士如此，不足以禦敵。徒糜金粟，無補絲毫，此兵弁之應汰者一也。軍興既久，徵調頻煩，有從軍數年，漸形委頓者，有老羸充數，不堪驅使者，是謂疲乏之兵。又如曾經戰敗，部曲潰散，或遇急卸裝而得生，或事後潛逃而就伍，驚魂甫定，轉戰何堪。苟取充兵，難期再振。是謂殘敗之兵。當茲餉運不繼之時，豈容若輩更滋虛耗。此兵弁之應汰者又一也。誠飭各營，於此數者，嚴爲淘汰，選其膽氣充壯者爲一等，以備攻剿之用，其次備守營圍堵之用。藥品既備，攻達乃神。爪牙既强，聲威自暢。斯亦當今之急務矣。

一曰明賞罰。勝有賞，敗有罰，夫人知之矣。雖然，勝有賞，而所賞者非真勝也，則不如無賞，敗有罰，而所罰者非真敗也，則不如無罰。無賞無罰，人猶冀有賞罰之時。賞非其功，而罰非其罪，則人知其賞爲主帥私昵之人，其罰爲主帥傾陷之人，懲勸之用乖，怨讟之聲起，而軍心不可問矣。軍興以來，得一勝仗，有功者固賞叙隨之，而左右隨侍之人，先叨獎録。逆匪蔓延四年，糜爛六省，未嘗行一失律之誅，按一縱寇之罪。勝敗本兵家之常，主兵者每言勝而不言敗。功過本不妨互見之事，主兵者不録過而專録功。有賞而無罰，何以昭懲勸而令三軍乎？夫軍中賞罰，未可一概論也。戰而勝，固當賞矣。然或雜然旅進，割取他人之首級以冒功，或當迫擊至要之時，不思乘勢掩殺，只顧奪取財物器械馬匹。以致大勝變爲小勝者，又當罰。戰而敗固當罰矣。然或奮勇前驅，後援不繼，或大衆卻走，而一軍獨前者，又當賞。且同一賞，而厚薄攸分，同一罰而輕重迥別。當視其功罪爲等差。大帥惟據營主之稟報，營主又付諸左右之品評，功罪之實，既非采訪所能知，又因毁譽而多誤，求其權衡至當，犁然合乎人心，難矣。自非親歷行陣，開誠心，布公道，何以慰士卒之懷，而振積疲之習乎？

一曰戒浪戰。用兵之道，能守而後能戰，能制人而後不制於人，能避賊之長而後可用吾之短。粤逆狡悍凶頑，頗有盜賊之智。臣隨諸軍自粤西至湖南，與賊大小百數十戰，亦嘗備觀其結營置陣之詳，疾行徐止之狀矣。賊之結營也，因地築壘，環以深濠，牆厚數尺，層開炮眼，濠闊數丈，密釘竹籤。其置陣也，或分三路，或分兩路，正兵應敵，奇兵或分抄陣後，或直擣中堅。其止也，遍購匪黨，四出窺探，伺吾虛實，以廣其謀。其行也，遥張虚聲，飆忽倏至，乘吾倉皇，以逞其毒。我兵併力攻其堅壘，每至損傷精鋭。其新兵未曾與賊戰者，不諳營壘濠牆之式，將卒無所恃以爲固，往往爲賊所乘。陜西徵兵之在湖南以及湖北、江西、安徽、江南諸軍之失利，皆由於賊知結營之利，而我不知也。賊分數路，我每以一路當之。即或數道併發，而臨陣彼此不相顧。或左進而右退，或後卻而前行。賊得以施其奇正抄伏之術。廣西、湖南諸戰之失利，皆由於賊知布陣之訣，而我不知也。賊之止也，宜扼要以斷其接濟，嚴兵以堵其逃竄。賊之行也，宜預擇精兵宿將，攔頭迎擊，以遏其鋒。沿途設伏，以撓其勢。乃我之圍賊也，不務扼要嚴防，專以撲營逐利爲事。其追賊也，不務攔頭迎擊，專以跟踪尾擊爲能。小有挫失，將卒之氣先餒。又須養之經旬，始堪一戰。逆賊得以長其凶鋒，我軍終莫操乎勝算。此兵謀不可不豫，而浪戰所以宜戒也。

一曰察地勢。兵志曰：不知地利，不可行師。地利云者，非僅僅圖史所載山川一定之險也。視賊出入之踪，而先爲之防。察賊分合之勢，而遥爲之制。雖漸車之澮，數仞之岡，苟形勢在所必争，即機會不可偶失。請以近事明之，全州蓑衣渡之戰，賊鋒已挫，宜連營河東，斷賊右臂。道州之役，賊勢本孤，宜分屯七裏橋，扼賊東竄。長沙之圍，賊路俱窮，宜駐龍回潭土牆頭堵賊西潰之路。他如道州雙牌蓮濤灣六十里之奇險，賊入死地，而縱之使生。湘陰之臨資口，岳州之城陵磯，皆水陸必争之隘，而放之使遁。利害昭然，猶堪覆驗。事前未及虚心體訪，預爲綢繆，一潰難收，悔之無及。計自逆匪滋事以來，要地之疏防，機宜之坐失，似此者實已指不勝屈。禍基咫尺，流毒千里，人謀未臧，釀成巨患，此正宜引爲前車之鑒者也。

一曰嚴約束。殺賊所以安民，安民乃可以殺賊。將出令而兵不敢嘩，兵奉令而民不知擾，則有制之師也。粤逆所過之處，横刀躍馬，市肆一空。人民遭其屠戮，子女遭其擄脅，財物遭其搜括，室廬遭其焚毁，慘酷之狀，固已觸目心傷，被害遺黎，群焉飲憾。然市井愚民，罔識大義，亦容有謂盗賊之害，猶愈於兵者，何也？粤逆志在擇肥而噬，下户窮簷，搜求不暇，且或以時詐示仁義，愚弄吾民，買飯求漿，多給市直。至於不法兵勇，罔知號令。方其攫取奸污，則雖窮苦之家，亦鮮得免。於是民不怨賊而反怨官兵矣。夫以盗賊而詭施小惠，民于盗賊宜有恕詞。以官軍而行同盗賊，民于官兵能無隱憾。若不隨時嚴按軍法以服民心，恐草野怨咨鬱勃之言，將有難於盡詰者。軍中兵勇而外，有長夫，有餘丁，有隨營貿易之人。兵丁舊服營規，管轄甚密。果令嚴爲約束，無難一律肅然，鄉勇多係四方無籍之民，較兵丁殊爲難管。然猶名隸籍伍，有犯自可按籍而稽。至於長夫及隨營買賣之人，則均游蕩性成，不安鄉里。名雖貿易營生，實則不堪問其所自。倏來倏往，踪迹靡常。甚或僞造兵勇腰牌，假其裝束，時赴近營各鄉村，掠取各物，轉賣營中，肆行無忌。鄉民誤爲兵勇，不敢格殺。且畏其勢横人衆，莫敢誰何。此輩久處營中，熟睹戰鬥之事，輕生嗜利，習爲固然。將來事竣撤遣，散處民閑，必多不靖。從前三省教匪之役，大局已經戡定，而搜誅餘匪，及不法夫勇之嘯聚者，又至兩年。其明證矣。應飭各營於所管轄兵丁、長夫及買賣人等，嚴明約束。遇有干犯，除兵勇分别治罪外，長夫及買賣人等，尤宜從重懲處。其有逃匿他方者，所在地方官一體嚴密察緝，隨時懲辦。重即處死。斯亦結民心而毖後患之一端也。

一曰寬脅從。粤逆起事，死黨存者實不過數千。其餘則新附之匪與裹脅之衆也。

會匪盜賊，與兇惡痞棍，粵楚州縣，所在有之。平時作奸犯科，擾害鄉曲。官司每苦文法之煩，曲從寬貸，一旦有警，遂爾率其醜類，從亂如歸。又在配軍流及被賊劫放監禁各犯，乘亂得脱，爲賊馳驅。此皆甘心從逆，執死不回，寬之而無可寬者也。至若村市良民，被賊驅脅，本無從逆之情。但因賊中禁制甚嚴，末由自拔。又或以全家被擄，勢難兩全。依違其間，遂歷歲月。比髮已加長，便與老賊無殊。欲留則違其歸順之心，欲去則恐膺不測之戮。低徊無計，進退維艱。此等苦衷，殊堪軫念。賊匪自武昌竄去時，黨衆薙髮潛逃者，亦已無數。即其中長髮之賊，爲居民瀝訴被裹之由，往往悲感無端，聲淚俱下。可見小民具有天良，終非左道所能煽惑也。官飭各營，多寫簡明示諭，射入賊中。臨陣於旁近竪立投誠免死大旗。令其乘官軍與賊接仗時，棄械奔赴旗下，並設一薙髮公局，發給免死執照，資遣回家。儻如官兵連獲大勝，非獨不甘從逆者以免死而得生，即心持兩端者亦將去逆而效順。既可用諜以探賊之情，復可用閑以携賊之黨。黨羽既已披離，渠魁何難殄滅！其于剿賊機宜，或亦不爲無補也。

—5. 皇朝經世文續編　卷六九　兵政八　兵法上

答曾侍郎師書

九月二十四日奉八月二十三日衡州一書，並寄示與王樸山兄往來各函，具言兵之不可用，欲再招勇六千，以爲滅賊之具。初七日從吴甄甫先生處，寄到一書，又以南昌楚勇求賞一事，慮勇亦不可用。忠源竊謂兵勇皆未嘗不可用，患將兵將勇者不得其人也。

夫兵之不可用者，勇於擾民，狠于仇勇，敢於犯上，而獨怯於殺賊，既盡于吾師前書所云矣。然使得一廉明之將統之，視兵民爲一體，則兵不敢擾民，聯兵勇爲一氣，則兵不敢仇勇。將之愛兵如父兄之愛子弟，則兵之衛將亦將如手足之衛頭目，而無把持挾制之患。將有敢死之心，則訓練必勤，兵有可以殺賊之具，則膽氣自壯，而無畏避遷延之禍。今之爲將者一切反是，而謂兵不可用。兵亦任咎也。

若夫勇之難用，則更有甚於兵者。潮勇捷勇，無論矣。吾鄉嚴雲舫之辰勇，樊川之勝勇，勞氏子之彪勇，在長沙皆能殺賊。其後歸鄧紹良統帶，駐鎮江府城外，淫掠殺戮，至激吾民控愬於賊，甘心爲賊嚮導。頃刻之間，全軍潰散。賴和鎮軍接統之，整齊訓練，稍稍成軍。然聞其欲懲治一二人，竟以不密，逃去爲賊。竊意兵之爲害，尚不至此。諸勇之中，惟楚勇較馴，無從前數者之弊。然南昌求賞一事，亦大不成事體。吾師所聞，不爲無因。筠仙既歸裏，問之可得其顛末。雖由小人教之，忠源未能先事預防，然其頑梗亦可概見。湘勇較楚勇尤馴。然閂山所統，八月二十六日爲索賞項，幾於讙嘩。寶峰所統，在德安一鬨而散。勇之難帶，其略如此。然而羅山之勇無是，樸山之勇無是，即忠源前此之楚勇亦不聞有是。不獨此也，廣勇最稱跋扈，大營散之，張石卿制軍收之，以援江西。忠源甚非所願。念既如此，不收恐去從賊。姑令扎營城外，而留心駕馭之，卒乃大得其用。楚勇相親已久，置之不經意，至有求賞之事。可見患常發於所忽，不可不同警也。由此觀之，勇之不可用，其故仍不在勇而在帶勇之人。

夫兵之弊，由國家承平日久，市井游猾之徒，無所得食，攢入營伍，求肥其身，養其妻子。不知打仗殺賊爲何事。有游猾之尤者，工於語言趨蹌以媚其上。爲之上者，喜其媚己也，而予之官。彼以是術而得官，則必操是術以進退衆兵。洊至高位，則又操是術所黜陟衆官。相沿已久，積重難返，營務安得不壞，軍政安得不弛。一旦有事，惟相率而逃耳。若勇則募于有事之時，皆山野椎魯之夫，其猛悍之性，尚爲可用。然從征日久，得錢易則習於奢華，殺人多則果於殘忍。事平之後，散處田間，則貽異日無窮之禍。故論目前搏擊之用，則兵不如勇，而論異日遣散之難，則勇不如兵。然忠源終不欲以兵易勇者，兵之患在本源，倉卒而難拔。勇之患在流弊，先事而可防。且急則治標。今日之時勢，寧取其勇悍搏擊之用，而後日遣散之難尚可求其人求其法以治之也。故忠源甚韙吾師前書之論，而顧不以後書所難自阻。但多求羅山樸山其人者以爲上將，則收勇之利，並可弭勇之害，而賊不難平矣。

方今賊據有長江之險，非多造船筏，廣製炮位，訓練水勇，先務肅清江面，竊恐江南江西、安徽、湖南北各省，無安枕之日。然竊計海内人才，能辦此者，惟吾師一人。能管駕船勇與狂賊相持于波濤險隘之中而不懼者，惟不肖與蔭渠、羅山、樸山數人。賊在武昌時，接吾師前書，欣幸慶倖。次日，適發報，而附片陳明，請吾師選派船勇，從洞庭駛下，並請楊熙管帶船勇，從荆州西來，以剿爲堵。昨奉諭旨，區區愚計，實已上協天心。而竊慮吾師或以後書所難自阻。且鄂省已戒嚴。若遂寢前議，則天下巨禍，其誰弭之！敢請吾師即日繕摺，與忠源聯銜具奏，並致書海内豪傑，廣集經費，號召吾鄉忠義之士，迅建義旗，蔽江而下。忠源亦當收集淮南奇杰，以爲應援。若再曠日持久，天下大局，非臣子所忍言矣。

忠源以八月二十九日自江西起程，九月十二日抵田家鎮，十三日到防。二十一抵黄陂縣，二十六筠仙告歸。其遷延之致，艱難辛苦之狀，筠弟自能言之。二十六日巳刻，則詳各奏牘中。謹抄録寄呈。惟月之三日，拜巡撫安徽之命。自分識淺才拘，不足以勝天下之重。而安徽又當萬難措手之時，深懼隕越，貽知己羞。其到彼措置之方，具詳致周敬翁信中。鈔稿寄覽，求一一教之。彼中紳士，除吕鶴田、吴竹如二公外，尚有可求之人否？官吏中除陳岱雲外，尚有知其底藴者否？鄒叔績宏博淵懿，人所共知，而才識之遠大，膽氣之充裕，尤爲今世所希睹。見與忠源同往，獲益良多。惟不知季高、霞仙諸君子，尚有肯來相助爲理者否？求爲我問之。叔績之兄子伯韓，見在南省鑄炮。忠源欲請赴淮南。懇吾師代爲勸駕。忠源匆匆，未能致書。並懇請其帶鐵匠數十人。吾師爲籌劃盤川資送來廬，至禱！至禱！樸山天下奇男子，得吾師回信後，即當奏調。匆匆不及致書。吾師久駐衡州，似非所宜。末流之世，凡事當委曲求濟。昨得霞兄書，深以此意相規。忠源深感佩之。只悔在江西時，未能推誠相待。竊願與吾師共勉之！

—5. 皇朝經世文續編 卷六九 兵政八 兵法上

張緒楷（？—1860）

字朗山，河南商城（今屬信陽）人。咸豐十年（1860）進士，官至通政使。

請嚴禁非刑疏光緒九年

竊維民爲邦本，國有常刑，明刑所以弼教，非徒崇尚刑名也。溯自軍興以來，兵燹遺黎，凋亡殆盡，迄今底定近二十年，元氣未復，正宜休養生息以培根本。無如捐例頻開，軍功輩出半，皆貪墨嚴酷之徒，久不知“撫”字爲何事。而爲大吏者耳濡目染，方且以武健爲幹員，以苛刻爲能吏，致使任意妄爲，毫無忌憚。一切審訊案件創立非刑，有以布紙粘人身，向日曬乾，帶肉揭起，片片血淋，名曰“剥皮”；有以藤荆縛置人背，使芒鑽刺，逐条拔出，根根透骨，名曰“抽筋”；有以錘敲脛，應聲粉碎；有以炭炙膚，惡臭腥聞；又製有好漢櫈、好漢箭、站枷、站籠等具，種種奇異，不可枚舉。無非故作威福，殘虐爲快，可謂蜂蠆其心，豺狼成性矣。夫三木之下何求不得？似此傷心慘目，有求死惟恐不速者，夫亦何供之不招、何案之不認乎！即使罪無可逭，而明正典刑，自彰國法，肆行淩虐，奚用憲典！所有金陵三牌樓一案，前此即以刑求。河南呼冤一獄，鎮平縣馬翥即用蚊烟燒炙熬審，背痕宛然。雖冤與不冤尚未據該撫等覆奏，而當時之定讞，故以刑成也。他如各省之濫刑斃命，見於奏報者不一而足。其餘之隱忍就死，無所控告冤獄，不知凡幾矣。

民豈無良，遭此慘毒，所由比年以來四川、甘肅地震有聲，閩粤沿海地方颶風大作，其灾異屢見者，未始非怨氣所積而成也。古聖王刑期無刑，禹有下車之泣，湯有解網之化，曾子曰：“得情勿喜，具見忠厚之意。”漢時崇尚循吏，召父有稱，杜母有頌，德化所及，自有人不敢欺、人不能欺者。果能忠信明决，何難折以片言？即使訊鞫多方，亦自案無遁飾。况我朝聖聖相承，律有減緩之條，時行赦宥之典，深仁厚澤二百餘年，又時以水旱偏灾動關宸廑，豈容此殘酷之吏朘削民生？應請旨飭下各直省督撫、督同、臬司，嚴諭各州縣及問刑衙門，申明定例，遵用常刑，總宜虚衷研鞫，勿草率以圖功，勿顢頇以從事，期在無縱無枉以成信讞。除常刑之外，一切非刑永遠禁革。儻有仍蹈故轍，别經發覺，除將該員嚴懲外，並將各督撫、臬司分别議處。是在各大吏慎選良吏，使司民牧訪，有著名酷吏即行撤參，仰副我皇上軫念民依，明慎用刑之至意。庶幾民氣可舒，天心可格，灾沴潛消，雨暘時若，用克臻億萬年有道之長，天下幸甚。

—18. 皇朝道咸同光奏議　卷五八　刑政類　治獄

胡林翼（1812—1861）

字貺生，號潤芝，湖南益陽人。道光十六年（1836）進士，官至湖北巡撫。謚文忠。有《胡文忠公遺集》。

與大府論會匪書咸豐元年辛亥

黎平會匪最多，古州、永從、丙妹尤甚。有言會匪總頭收盜匪爲爪牙者，有言會匪從湖南寶慶、衡州來者，有言古州多粵人，會［匪］從廣東來者，且言實繁有徒、兵差一氣者。其盜匪有老冒、老三哥、大五、大六、大九爲之渠魁。其編號從大一至大十，小十至小一，以湖南紙牌之字爲燒香拜會之號，此則確有可據者也。愚以爲，楚粤遍地皆是。然有會匪而不爲盜者，無大盜而不拜把者；有會而不盡爲匪者，無匪而不拜會者。刻下湖南、四川奉密旨訪拏，然而不可輕動者，何也？武備之弛，兵氣之弱，國帑之支絀，人心之浮僞怯懦，實非旦夕所能挽回。設使辦理不善，禍端一發，不可收拾。轉不如暗爲轉移之爲得計。

暗爲轉移之計，莫先於除盜懲貪。國家之敗，由官邪也。自來西域、臺灣、達州起事，均因官吏貪污，會匪得以藉口。川省之惡戴如煌而譽劉青天。近年新寧因貪吏李博平糶勒價二千文一石，次年差役訛詐雷再浩之妻黨，以致李元發又復倡亂。桂平韋正因謬懸登仕郎匾額，疊次訛詐，因而倡亂，僞稱爲王。前此固羡慕登仕郎而不可得者也。挺而走險，誰爲厲階？是會匪極多之地，如得廉吏主持，必不致釀成事端；即無會匪之地，而以貪吏混迹，則平民亦可釀亂。明季張李之亂，豈盡拜會者乎？

其次莫如除盜。盜匪多强悍敢死之人，會匪必借其力；會匪多深險不測之人，盜匪必資其計。然使翦其爪牙，則會匪亦弱。愚以爲，不必計其爲匪爲會，惟有盜案者必殺無赦，則盜平而會亦消。即明知爲盜匪中之會匪，亦止究其爲盜爲匪，而不必問其爲會，則可安反側之心，而消無窮之禍。若鹵莽訪拏，將良懦就擒而渠魁兔脱；兵差滋擾，而閭閻騷然，勢必簧鼓；其餘黨以倡亂萌，國計民生兩有所損。惟實在辦事者，不可居辦事之名，不可惜辦事之費，尤不可無了事之心，則大局均有裨益。

—5. 皇朝經世文續編　卷八一　兵政二〇　剿匪上

革除漕務積弊並減定漕章密疏咸豐七年

竊惟湖北通省有漕州縣凡三十有三，額征北漕正耗米十五萬石有奇，南米十三萬七千石有奇。北漕由丁船兑運京倉，南米由州縣解交荆州滿營及各標緑營。咸豐三年，因湖廣漕船停運，部文令變價解部，每石折銀一兩三錢，各州縣仍照舊徵收。時因省城失陷，未及辦理。臣自咸豐五年三月蒙恩擢署湖北巡撫，即訪聞各州縣徵收漕糧多所浮勒，大爲民病，每思有以變易之，適以軍事方殷，無暇及此。上年武漢克復，楚境漸次肅清。今歲雨暘時若，年成頗稱豐稔，漕糧可望開征，若不於此設法清釐，舉積弊而一更張之，國計民生，將何補救？惟是楚北漕弊，浮收之重，實由於冗費之多，使非先察積弊之由，是猶止沸者不去其薪，墾田者懼圖其蔓也。臣請爲皇上密陳之：

查湖北各州縣額徵米數多者二萬餘石，少者二千餘石或數百石，北漕、南米，合徵分解。其徵收米石者謂之本色，以錢折米者謂之折色。其徵收折色多寡不同，有本色多於折色者，有折色多於本色者，有本色、折色各半者，有全收折色者。其徵收折色，每石折收錢或五六千，或七八千，或十二三千，或十五六千，竟有多至十八九千者。其徵收本色，每石浮收米或五六斗，或七八斗，或加倍收，竟有多至三石零者。此外又有耗米、水脚等項，分款另收。又有由單、券票、樣米、號錢等名，多端需索。民力幾何，其能堪此？而州縣則有所藉口也。向來漕運，道通時不無津貼，方能挽運入都，而丁船藉此需索，兑費爲數甚鉅者，固無論已。即現在停運免兑，幫費可省，而糧道有漕規，本管道府有漕規，丞倅尹尉各官俱有漕規；院署有房費，司署有房費，糧道署及本管道府署書吏各有房費，此冗費之在上者也。又有刁紳劣監，包攬完納，其零取於小户者重，其整交於官倉者微，民謂之曰“蝗蟲”。更有挾州縣浮勒之短，分州縣浮勒之肥，一有不遂，相率告漕，甚或聚衆哄倉，名雖爲民請命，實則爲己求財也，官謂之“蝗蟲費”。種種蠹弊，盈千纍百，無不於州縣取之。其派撥南米者，撥定後由州縣自運，交荆州府衙門，或交本色，或交折色。其交本色者，正米耗米之外，尚需雜費銀兩甚多；其交折色者，每米一石或二兩，或三兩不等。要之費未交足，米故遲收，此冗費之在南米者也。夫州縣既多冗費，勢不能不向糧户浮收。州縣既有浮收，勢不能不受刁民挾制。於是大户折色之價日減，小民折色之價日增，土棍豪衿多方抗欠，猾胥蠹役從中欺侵。各州縣雖勒折浮收，間有所得，半皆耗於上下冗費之中。而國家維正之供，往往徵不足數，則相率揑報灾歉，藉緩徵爲騰挪，而漕政因之益壞。百餘年來，日甚一日，東南數省積弊相同，而湖北則幾有不可挽回之勢矣。湖北現當兵燹之餘，若聽有漕州縣仍照前此之，每石十餘千收取，必至民困難蘇，有負我皇上軫恤凋殘、愛養民生之至意。

臣自九月初旬由九江旋省，日與省中司道、武漢二府晝夜籌商，立志減漕，以蘇民困。竊謂欲禁浮收，當先革冗費。現已遴委道府大員，馳詣各州縣體察情形，破除情面，分别删減，嚴立限制，明立章程，榜之通衢，俾窮鄉僻隅，一律周知；貪吏猾胥無從欺隱，取中飽之資以分益乎上下，務期積弊盡除，民力藉以稍紓，而國賦得歸實濟。《易》云：窮則變，變則通，通則久。此其時也。然積重難返，弊已百年。利之所在，人人得而争之。一旦發其痼疾，窮其利藪，取而還之於民、歸之於公，將必有疑之怪之，且從而謗毁之者。臣愚以爲苟利於國，苟利於民，即孰殺之歌，在所不恤。臣膺封圻重寄，錢漕係臣職守。漕弊一日未清，臣職一日未盡，除俟辦有端倪，再行另摺陳明。謹先將湖北漕務積弊亟當清釐情形，縷晰密陳。

—5. 皇朝經世文續編　卷三〇　户政七　賦役上

致兩司書

宜昌以陳守洪鐘委署，爲是安常處順，循分供職，必可不負也。佐雜必不能不循資格。不循資格，則司中吏胥高下其手，而撞騙萬端。司中於循資序補挨委之餘，祗須訪拔其聲名之尤美，參劾其貪鄙之太甚者，便可整飭。惟州縣有民社之寄，斷不可僅守資格。要缺必須遴員，差委例得酌量。如謂林翼等有私，林翼願執其咎而不敢辭。林翼昔年從政，見天下之督撫藩臬，一差一缺，無一不照例而行，即無一不挾私以徇。且瘠苦煩難，人之所棄者，則尚有輪補輪委之人。而肥美滑甘，則皆捷足者所得。懸一例而預謀於例先，更變一説以圓通於例外。例實足以快其私，而不足以杜一切之弊也。蓋輪補，酌補輪委酌委，本有兩端之可趨可避，而顛倒之心，上下之手，則仍在督撫藩臬耳。昔在黔湘，見藩臬某某，開口便言例。如某公在湖南，無一事不照例。實則無一事真照例，凡京官有所囑託，或屬吏有所賄求，如鼓答桴，其應如響。京信朝至，司牌夕懸。苞苴夜行，委札晨發。甚有不出省門，而獲盗十名，或數十名，專意請托，而記功十次，且數十次者矣。故曰：循例乃適足以快其私。故林翼願破格而以一人執其咎也。

—6. 皇朝經世文續編　卷一六　治體九　用人下

訪舉隱逸疏

竊惟鄂居天下之中，水陸四達，平時富商巨賈，往來聚集，競尚繁華，閭閻耳濡目染，相習成風，變本加厲，識者蓋隱憂焉。迨經兵燹迭擾，民氣凋殘，遷播流離，四民同困。此固循環剥復之自然，亦天心人事轉捩之機會也。臣維移風易俗，教化爲先。顧官之於民，條告或視爲具文，刑章亦倖圖苟免，不若其鄉之賢士大夫，朝夕與處，情易通而言易入者，亦勢使然也。特以側陋寒微，不求聞達，當道者又不搜羅汲引，任其淪没巖阿，無怪乎滔滔皆是。提倡無人，而浮僞之士，且以爲積學立品如某某者，卒亦無所表見，甚至窮餓終老，人亦何樂爲君子，而恥不爲君子哉？此世風之所以日下，而人才之所以亟舉也。

鄂之興國州，爲江西入楚門户，逆匪頻年嵎負，蹂躪特甚。處士萬斛泉，結茅山中，讀書講道，賊至時，正襟端坐，絃誦不輟，賊亦不敢逼，自相引去。平日以朱子《小學》暨《近思録》爲宗，尤精研《大學衍義》並性理諸書，家貧性孝，取與不苟。前學臣龍啓瑞、杜翰，將拔爲秀才，遂不應試，延主崇正書院講席，深裨士林。其弟子宋鼎、鄒金粟，均布衣，不求仕進，安貧樂道，砥礪廉隅，爲鄉里所矜式。臣徵之，皆不肯出，復加采訪，輿論翕然。竊以造物生才，原關氣數，國家選士，不限雲泥。當玆力挽頽風，得才士百，不若得醇士一，可否仰乞天恩，准將興國州處士萬斛泉，給予國子監學正銜；宋鼎、鄒金粟，均給予翰林院待詔銜，庶幾觀感奮興，頑廉懦立，共率由於仁義道德之域，實于人心風俗大有裨益。

—5. 皇朝經世文續編　卷六一　禮政一二　正俗

陳河南捻匪情形疏

竊自蘇、常失陷，大局瓦解，東南財賦之區，倉儲根本所繫，督臣撫臣駐守之地，不能爲一日之守，凡有血氣，莫不憂傷。我皇上簡命督臣曾國藩視師江表，人望所歸，軍威自振。倘能假以便宜，期以歲月，厚集兵餉，當可成功。

惟是曾國藩僅止勇丁萬餘人，近年江南江北、皖南皖北之賊數不下數十萬人，金陵之兵數七萬，一旦潰決，前車可鑒。曾國藩渡江須兵四路：一出廣信顧浙江，一出祁門趨徽州，一循江岸出池州，每路須一二萬人乃能戰守兼資；又須另備一路留鎮祁門等處作後防而通餉道，皖北頓少一萬餘人，兵勢已弱。且賊計賊勢定於七月西趨，既已破吴，即將犯楚。應請皇上諭飭兩江督臣曾國藩並江西、湖南各撫臣，通力合作，共籌兵餉。若專意指調湖北之兵，則吴已失而楚必隨之。武漢爲上游之形勢，荆、襄爲南北之樞紐，必保楚乃能謀吴，此固不易之局也。

尤可憂者，潁州、亳州、蒙城一帶捻匪，本年三月十三日，出巢擄掠河南之祥符、陳留、杞縣、蘭儀、尉氏、洧川、新鄭、密縣、禹州、淮府、商水、襄城、臨潁、項城、鹿邑、柘城、睢州、汝陽、正陽、上蔡、西平、遂平、確山、汝州、魯山、寶豐、南召、裕州、葉縣、舞陽三十州縣，焚掠村莊，不取城池。至閏三月杪，飽載而歸。所過之處，無一兵一卒與賊接戰，任其縱横，不知去向。勝保奏報，搪塞之詞，欺謾之狀，可覆按也。夫國以民爲元氣，民以財爲元氣，民財既空，國計自損。河南之生聚不完，賊將轉顧而焚掠他省。計近二年來，每年春仲、秋季，兩次出巢，大掠河南。本年秋冬，將及湖北之襄陽、漢陽、德安等府；又必擾入陜西、山東、山西等省；再一二年，浸浸而及於附畿州縣矣。腹心之患，此爲最大。臣聞賊騎近萬，往來飄忽，不僅袁甲三淮南之軍不能回顧北路，即勝保、關保、傅振邦等北路之兵當之輒靡，斷難破滅此賊。應請皇上特簡知兵重臣，於直隸、山東地方，擇地駐扎簡練馬兵萬人、步兵一二萬人，不爲近防而布遠勢，不期速效而勤遠謀，必期於一二年間，將潁、亳一帶賊巢一律蕩平。然後江淮之後路無虞，而中原之本實先固。臣非僅爲襄陽、漢陽等府作自保之計，爲憂危之詞也。

臣極知所言爲越分，特以臣今日言之，已無救於河南。臣再默而不言，則五省均將受害。使臣言而不中，則固北路五省之福也。

—5. 皇朝經世文續編　卷八二　兵政二一　剿匪中

請起復曾侍郎督師疏

竊以本年賊匪大股，上犯楚邊，節次痛剿，幸獲肅清。小池口僞城既已克復，湖口縣城並兩岸夾守之僞城及賊船數百號，又已焚奪一空，片帆不返。查九江之賊，恃小池口、湖口爲犄角者也。兹於一月之内，奪其所恃，潯城岌岌孤立，糧草有餘，逃竄無路。克復之機，似有把握。從此大軍建瓴東下，直抵金陵，擒渠掃穴，此天下軍民所日夜企望之機會矣。惟是水軍萬餘人，江面千餘里，若無總統大員，節制調度，則號令不一，心力不齊。譬如舟行有檣帆，而轉舵不得人，陸行有良馬，而轡策不在手，終必危殆而不安矣。水師一軍，建議于江忠源，創造于曾國藩，而整理擴充，至近年而始大。戰艦輜重八九百號，大小炮位二千尊，江漢之師，如雷如霆，軍聲不爲不盛。惟是出楚入吴，風利不泊，即瓜步金陵，均可隨機剿辦。其應與吴皖統兵將帥互相策應之處，既非李續賓、楊載福、彭玉麟所能咨商。而李續賓、楊載福、彭玉麟之嚴厲剛烈，落落寡合，亦非他省將帥所能調遣。且軍旅之事，以一而成，以二三而敗。唐代九節度之師潰於相州，其時名將如郭子儀、李光弼亦不能免。蓋謀議可資於衆人，而决斷須歸於一將。此又軍事之大較矣。楊載福、彭玉麟經曾國藩拔識於風塵之中，自湘潭出師，以至今日，久已分爲兩部。即不能統爲一軍。在該員本無不和，在兩營弁勇，即有才力不相上下之勢。是該鎮道勢又不能互爲統轄。查丁憂兵部侍郎曾國藩持躬謹慎，早邀聖鑒。水師將弁，皆其舊部。吴會形勢阨塞之要，尤所留心。前請終制，蒙恩暫准曾國藩讀禮家居，曷嘗須臾忘天下哉。滋幸機勢可乘，東南大局，時不可失，移孝作忠，出而任事，天下後世，將益信其忠而必不能責其不孝。事必見其大而時必乘其先。應請飭下曾國藩，迅速起程，由鄂抵潯，即日督同楊載幅、彭玉麟、李續賓等水陸各軍，會同將軍都興阿，長驅東下。都興阿忠勤素著，馬隊勇敢冠軍，素與南勇將士，一力一心，必可直搗金陵，預操勝算。

抑臣更有請者。自軍興以來，凡官軍所到之處，賊必嚴爲之備。我軍鋭意仰攻，炮石所及，徒損精鋭，積日纍月，壯氣潛銷。悍賊乘之，轉致於敗。又賊之詭計，以堅守綴我兵力，轉於無兵及兵弱之處，狡焉思逞。是我軍之膠滯一隅，而賊乃得以出没無定。循是不變，則兵日見其少，而賊日見其多。固非賊之果多於官軍，亦非賊之果强於官軍也。即如四年，臣同塔齊布、羅澤南等力攻九江及湖口西岸梅家洲賊城。旬日之間，傷亡至多。五年，羅澤南、李元度等專攻湖口縣城，城不可拔。六年、七年彭玉麟、楊載福約會夾攻，迭次血戰。因無陸師相依，遂無成效。其不得手之故，無他，兵出以正，不以奇，賊得以先爲之備也。此次李續賓、楊載福先期密商，以陸師五千人，從潯城渡江而北，揚言進剿宿太，而即夜潛入舟師，繞出湖口之下十里。天甫黎明，舍舟登陸，踞城後山巔，監其腦而拊其背。其時内湖外江水師血戰方酣，賊亦盡力抗拒。陸軍大呼突入。水陸之賊，均駭愕失措。不知此軍從何而來也。是役也，臣愚以爲深合於出不意而攻不備之兵機，固非臣之智慮所及。竊計以陸師精兵六千人，另籌每月船價銀二萬兩，雇民船四百號，從水師之後，仍帶長夫鍋帳，並二月米糧軍火，遇皖南皖北江南等處有賊之處，隨機雕剿，則我兵所至，皆賊計之所不及防。迨其聞警調援，我軍即可迎戰。抑或堅守不出，我兵亦可改圖。兵到之後，賊必設備。設備之後，兵可遄歸。兵歸之日，賊必弛備。弛備之日，兵可再出。計不出數月，而賊技已窮，賊勢必蹙矣。惟是以奇兵雕剿，在乎審機觀變。無論南岸北岸，江界皖界，應請飭帶兵大員，覘賊所在，不拘守成法，不頓兵堅城，不爲鄰省所節制，不爲賊情所牽綴，動静之機，默存於心，倏往倏來，如出九天而入九淵。不僅賊匪不能窺其機，即他省將帥督撫亦莫能測其用。若使稍有沾滯，兵機必鈍矣。又兵勇之敢戰者，傷亡必多。即如九月初八初九湖口之役，水陸中傷共九百餘員名。血戰之奇，固近年所罕覯。然傷亡過多，即宜調回武漢，加意休養，以慰軍情而養壯氣。仍以精兵調赴下游，彌縫其闕。更番迭戰，如環無端。則往來進退，神變不窮。庶不致拘滯一隅，轉誤大局。應請以九江爲老營根本，仍以武昌爲换防並糧臺根本。則餉糈不匱而士氣常新。必於討賊機宜，大有裨益。

—13. 皇朝經世文統編　卷三〇　内政部四　用人

敬陳湖北兵政吏治疏六年十二月初三日

臣查湖北軍務不飭，已歷五年，無論賊匪之多寡强弱，而聞警先驚，接仗即潰者，比比皆是，上下相蒙，恬不知恥，推求其故，則以將領不得其人，紀綱不立，而是非不明也。深思紀綱所以不立，是非所以不明之故，則誤於使貪使詐之説不知已，則先爲貪詐所使，而曰吾能使貪使詐也，豈不謬哉。本省既無得力之兵將，而川、楚、河南勇目之黠桀者，糾合無賴、隨營投效，以一報百，以百報千，冒領口糧，交綏即潰，所投不合，又顧之他。國家之帑項至爲艱難，而徒以供無賴之欲壑，以此殺賊，猶北轍而南轅，勢必不可。至遣散不得其方，則相聚爲盜耳，此近三四年楚北募勇之大患，其流患將有不可思議者矣。古之治兵者，先求將而後選兵，今之言兵者，先招兵，而並不擇將，譬之振衣者不提其領，結網者不挈其綱，是棼之也，將自斃矣。督臣官文上年受事以來，收集兵勇，力加整頓，得力尤在馬隊之忠勇，能使三軍之士風氣爲之一變。

查有前任湖南臬司降補知府魁聯久任寶慶、衡州、岳州等處，捐解私囊，養士募勇，已歷十年，其志趣公忠迥非庸俗可及，經督臣官文派充總理營務，伉直明決，知無不言，釐剔弊端，獨任勞怨，實爲湖北軍務必不可少之員，目下力疾從公尚難羈以職守，惟馬隊及各營之精鋭，必應迅速進取，而湖北本省餉少勇多，冗雜不治不戢，自焚後患方大，急應裁汰浮僞，簡鍊精鋭，可否敕下魁聯幫，辦湖北南北兩岸水陸營務事宜，責成一例簡汰。該員曾任三品大員，應否賞給三品卿銜，以重事權之處，伏侯聖裁，非臣所敢擅請。至湖北緑營兵丁，懦怯若性，正額虚浮，軍政營制蕩然無存，而其虚糜如故也。現署提督楊載福，才識嚴明，如可假以二年必能整飭。惟東征事急，水師無可專委之員，容臣再行詳思訪舉，另摺。

奏聞，此爲兵事急應整飭之要。武漢形勢壯闊，自古用武之地，荆、襄爲南北之關鍵，而武漢爲荆、襄之咽喉。武漢有警則鄰疆震驚，南服均阻，控制無術，本根既摇。四年之中，武昌三陷，漢陽四陷，國帑因而虚糜，民生因而凋敝，東南數省受害之烈，亦爲武漢爲尤甚矣。昔周室征淮，師出江漢。晋代平吴，久謀荆、襄。王濬造船，循江而下，陶侃之勳，鎮守武昌。宋臣岳飛、李綱之謀畫岳鄂，均以此爲高屋建瓴之勢，控制長江，惟鄂爲要，固東南一大都會矣。夫善鬥者必扼其吭，善兵者必審其勢，今於武漢設立重鎮，則水陸東征之師，恃武漢爲根本，大營有據險之勢，軍士無返顧之虞，軍火米糧委輸不絶，傷夷疾病休養得所，是則平吴之策，必在先保鄂郡矣，保鄂之不失，必須先固漢陽。蓋漢陽爲江漢總匯，武昌僅南岸一府，而漢陽則可通入府也。

臣查歷年湖北之失，在於漢陽並不設備，江面無一水師，下游小挫，賊遂長驅直人，束手待斃，莫可如何？前車之覆，殷鑒不遠，應請於武漢設陸師八千人，水師二千人，此萬餘人者日夜訓練，則平時有藜藿不采之威，臨事有折衝禦侮之勢，本境亂民隨時征討，固可稍除隱慝，且東征之師，孤軍下剿，善戰者必傷，久役者必疲，傷病之人留於軍中，不僅誤戰亦且誤餉，若以武漢之防，兵更番替代，彌縫其闕，則士氣常新，軍行必利。至水師以炮爲利器，炮聲震疊，無半年不小修之船，亦無一年不大修之船，更番迭戰，以武漢爲歸宿，則我兵常處其安而不處其危矣。或疑武漢兩城，公廨私廬百不存一，城周二十里，設守爲難，臣愚以爲非是，蚧冒藍縷以啓山林，衛文作都訓農通商，是在行之以儉而訓之以勤耳，苟此而不能守，去之他處何益？此武漢宜急設防練兵之要。

湖北莠民之從賊者以興國、崇陽、通城、通山、大冶、廣濟、黄梅爲最多，臣於臬司任内由岳州駐崇陽一月，以保甲之法，勒令首户捆斬三千人，未及畢事而馳往九江矣。兵至爲民賊來從逆，及今不治，終必爲亂治之法，兵勇搜捕，不僅徒滋擾害，亦且事久無成，惟有保甲清查户族，捆獻分别斬釋之法，然而牧令不得其人，則法不能行，害且滋甚。其已被賊擾之三十餘州縣，吏惰民驕，其未被賊擾之三十餘州縣，官仇民而民且仇官。夫吏治之不修，兵禍之所由起也，士氣之不振，民心之所由變也。官吏之舉動，爲士民之所趨向，紳士之舉動，又爲愚民之所趨向，未有不養士而能致民，亦未有不察吏而能安民者。臣恐湖北之民揭竿而起者，不必粤匪之再至，而將盗弄潢池矣。即如五年大熟，州縣乃或報灾，經臣駁斥在案。六年大饑，州縣轉不報灾，又經臣迭次駁斥在案。以豐爲歉是病國計，以歉爲豐是害民生，而終必害於國計。

又查積年以來，每遇歉歲，官吏私收而恩旨蠲緩者，實惠不及於民，則有所謂挖徵名目，又有所謂急公名目，無一非蠹國病民，飽丁胥之欲壑，而肥官吏之私囊，實堪髮指，凡下與上交接之事，諉之幕友而官不問，凡官與民交接之事，諉之門丁而官不問，詞訟案牘病在積壓，盗賊奸宄弊在因循。夫州縣之所謂小事，即百姓之大事，今日之所謂小賊，即異日之大賊。厝火積薪，更切隱憂。又如軍餉浩繁，不能不取給於捐輸牙帖釐金，以資小補，報捐則有踩堂贄見之費，牙帖則有勒索之費，釐金則有私設之費，其所繳於公者薄，其所取於民者厚。

臣受事以來迭次特參，均蒙恩旨俞允，在國自有刑章，在臣亦甘爲怨府，惟深思利弊之原，劾貪非難，而求財爲難，前者劾去，後者踵事而巧避其名，則其弊將有不可勝言者矣。且賊擾之地官缺久懸，觀望不前，所在皆是。臣愚以爲必應嚴禁官場應酬陋習，與群吏更始崇尚敦樸，屏退浮華，行之數年，或可改觀，人情固欲自便其私，上無所求，則下可自贍，責以廉潔而無辭，風俗必使先趨於正，大官所好，即群吏所爲不煩董戒而自愛。目下情形州縣尚懸缺待人，可否敕下部臣暫勿拘臣文法資格。地方吏治，是臣專責，容臣次第清理，分别委署，如果實驗有效，才具出衆，即行奏請試署，以期實濟而利民生，此吏治急應整飭之要。

以上三事，是湖北之先務，其餘應辦事宜，容臣隨時奏請恩訓，刻下武漢甫經收復，人或以爲已治已安矣，而臣之所憂方大如以爲已治已安，則前此固已收復二次矣。况江西腹内七府，尚淪於賊，與四年之僅失九江者，情形回異，江西之腹内均與武漢唇齒相依，旁軼横出，又不僅九江、安慶，爲足慮也，未收復之先事勢極難，而文武尚有懼心，收復之後，布置尚易，而特恐文武均萌肆志，外省粉飾之習久，在聖明洞鑒，不揣愚昧直陳於聖主之前可否？

—18. 皇朝道咸同光奏議　卷一　治法類　通論

徐子苓（1812—1876）

字叔倬，號毅甫，晚年自署墨道人，安徽合肥人。道光十五年（1835）舉人，官和州學正。有《敦艮吉齋文存》。

與邵位西擬言時事書

接覆書，讀竟喜極而悲。僕雖愚，與足下相知頗悉。惟方在京師時，聞人言足下近復好爲詩，心竊不然。以爲足下起布衣，驟擢要地，當早淬厲，以求備天下之用，何自喜於詩爲？而是時諸君子争言，事事多梗，又竊怪足下居京師久，所識賢公卿甚衆，苟利國家，造膝而謀，詭辭而退，功不必自我出，名不必自我居也，歸附數言相質。復辱教益，知賢者之用心，迴出於恒情之外，而天下事之積弊難挽者，其用力殊難。微足下深慮，夫奚及此！

客冬販鹽揚州，歸次擬爲一書。既自忖草茅之士，不識體要，恐蹈不測，重貽老親憂，久胠其草，都漸不復省記。今天下之患，自朝廷百執事以至閭巷小夫，皆能言之，曰財匱矣，兵弱矣。海氛之難以力弭，煙禁之不可以驟申，人材之不足以爲用也。嘗深思其弊之所由生，與其禍之所終極，竊以爲有不可緩者二，有必宜振刷者六。謹陳其略，惟詳察之。

夫今日之最不可緩者，煙禁是矣。或曰：煙果可以復禁乎？禁之而驟，昔年海上之師，其前鑒也。是大不然。夫海上之役，豈禁煙之過哉。今有鬻糖於肆者，群小兒日嗜而甘之。其家長怒群小兒之耗，而重扃之。有幹僕焉，遷其怒于糖主人，毀其什物，忿而鬩於市。其家長懼而褫其僕。有庸僕焉，與糖主人媾，倒戈而揖之。海上之役，禁煙以啓釁，幹僕之激而遷怒者也。倒戈而揖之，庸奴之與爲媾者也。或曰：禁之必重擾，且其患在民不在國。民間每年漏出之數，與國之正供無涉焉。是又不然。財者，上與下交相濟焉者也。煙之患，蠹財且鈍兵，又重壞天下之人才，其禍烈於洪水猛獸。夫蠹財之弊，愚者亦且知之。其鈍兵又壞天下之人才焉，何也？孔子曰：以不教民戰，是謂棄之。孟子曰：無恒産而有恒心者，惟士爲能。今日之兵與士，揆以古先王之法，皆不教而無恒心之民。今第以一邑論，農之食煙者十之二，工之食煙者十之三，賈之食煙者十之六，兵之食煙者十之八，士之食煙者十之五。上至督撫僕隸之私，下及縣門與臺之賤，其食煙者又十之八九。且夫今之所謂兵與士，平居教養之術，固已疏矣，而又毒之以煙。故其居嘗靡事而不爲。十餘年之間，獄訟繁興，盗賊蜂起，苞苴盛而請托公行，廉恥衰而風俗大壞，職是故也。夫以數十年之沉錮，而謂其禁之之易焉，何也？蓋昔者嘗舉煙禁矣。方禁下，未期月而戒者半。其久食之老疾不能猝戒者，節縮焉而減其半。去年十月間，外間傳言當事將復申煙禁。其少年動色而相戒，其久食之老疾者，又節縮焉而預減其半。蓋人心即天心也。煙之爲禍中國久矣。破人之家，滅人之祀，寡人之妻，孤人之子，其父兄則流涕痛哭而無如何，其子弟則蹙額呼天而無所控告。夫洪水猛獸，天以開禹周公。煙之爲禍，外洋所以毒中國。禁之而戎釁開，其禍小。不禁而殫天下之財，鈍天下之兵，驅天下之人，以墮異族之術中，其禍較遲，而其發也尤烈。然則，禁之將奈何？曰法宜簡。簡則可久。罰必行，必行則民之從之也捷。雖然，不可以不慮也。

今夫異族之蟠踞于海邊諸郡，其勢日熾，而内地盗賊之滋，又久而益蔓。今粤西又騷然動矣。爲今之計，莫急於練兵。兵不在多而在精。通天下兵額計之，蓋近百萬。弁卒之俸餉，準以歲入之數，蓋五分而去其二。平日以有用待匱之財，養無用之兵。有事又遠調他省，或召募鄉勇以益之。故其費益耗。是兩失之也。夫舉天下百萬驕惰不教之兵，驟下一令曰：省之便，其變誠未易言。今第朝而練焉，汰其一二人，暮而練焉，汰其一二人，而因以其暇，簡較其器械，去扣剥之陋規，清虚伍之濫額，時出重賞，以激勵之意，寓選鋒之法，天下之兵，方歡欣鼓舞，以爲朝廷日增餉恤兵之不暇。不期年間，可省十余萬人。而其存者數十萬人之兵，皆天下之勁卒矣。有練兵之益，無省兵之患，是一舉而兩得之也。議者必曰；國朝疆域，遠過前代。方增防置守之不給，惡在其能省之也？蓋蓄方所以攻病，養兵所以制敵。故良醫用方，不責多品。强國詰戎，不煩增卒。昔之養兵以自弱者，宋其前事矣。太祖之世，兵不過二十萬。康定、慶曆而後，增至百萬，卒無救于靖康之禍。明之季世，兵號四百萬，卒亡于張、李。國初兵額亦不過二十萬。今試舉目前大勢，較之國初，其强弱虚實之形，不待智者而决矣。往者海上之役，有戍兵自戍所來，鬻煙土於市中。或問之。曰：炮藥所易也。嗟乎，有兵如此，雖數千萬，夫究安所用之哉。且夫練兵之説行，又不第省兵已也。戰守之具修，外患懾矣。斥堠之制謹，内盗弭矣。虚額糜餉之費裁，國家之經費裕如矣。

夫禁煙、練兵，誠今日之急務，而知之者必不肯言，言之者必不能行，則以今日之人才之不足爲用焉故也。禁煙誠易，夫安所得十數賢督撫而任之？練兵誠易，夫安所得十數知兵之將而屬之？然則，財匱兵乏，舉不足憂，惟人才之不足用，乃可憂之尤甚者。且夫今天下亦豈乏才哉。群天下之士大夫，以其專攻詞章聲韻之精神，進求於當世之務，其才皆可以有爲。以其揣摩榮寵利鈍之心思，易而爲自靖之忱，其忠皆可以許國。然則，由今之勢，以救今之弊，請少振刷焉其可乎？一日廣直言之路。國家舊制，外而督撫監司，皆有言事之責。然督撫彌縫細故，監司言事，從未聞焉。内而政本歸之軍機，言責歸之風憲。軍機條議之是非，風憲不得預聞。風憲推劾之可否，軍機得而掣肘。况今日之壅蔽甚矣！下情阻於上聞，上澤滯於下流。易曰：屯，剛柔始交而難生。又曰：雲雷屯，君子以經綸，震乘於坎。故曰難生。有險之義焉。陷於坎，則雲上而雷下，坎之所以爲屯也。動於震，則雷上而雨下，屯之所以爲解也。故聖王鑒屯之義，常於貴而下賤。舜明四目，禹拜昌言，壅蔽絶，上下之氣所由通焉。

謹案唐貞觀元年，制中書門下三品以上入閣奏事，皆命諫官隨之。有失輒奏。宋太祖建隆二年，詔每月内殿起居，百官以次轉對，並指陳時政得失。哲宗即位，首詔司馬光於洛。既至，即疏請廣開言路。爲今之計，竊以軍機處宜增諫官數員，隨事檢駁，以防偏重之憂。每歲酌增直言敢諫一科。無論官民，許以封狀言事。凡民聞水旱盗賊，許以上聞。有務爲新奇迂闊而不通者，報聞焉而已。其實要可采者，時旌異以激勸之。决壅蔽之失，通上下之情，事誠莫要於此。

一曰酌武舉之式。練兵必先於擇將，兵之勇怯視乎將。蘇軾論武舉方略，以爲天下實才，不可求之語言，較之武力，獨見之于戰。戰不可得而試，見之於治兵。然在今日，亦無新募之兵之可以嘗試也。竊以每大比時，於畿輔屯卒，每伍抽派數人，額以三四千人爲準，有中式者，假以一日之軍令，即以約束之能否，定其高下。且今之武舉，非獨不知兵，並其語言文字，亦漫不相涉矣。自其試於州郡，默寫七書，皆倩於人。甚有目不自識其姓名者。擇將固不求之于虛文。然古之名將，無不好讀書，通古今成敗者。竊以武舉之式，騎射而外，雜以古今成敗，以考其言，試之治兵，以觀其能。夫其人既通於古今之方略，又能治新集之兵，是亦足以爲將矣。如第曰騎射焉已也，則夫齊之孫臏，漢之韓信，諸葛武侯，晋之羊祐，此數子者，試進而廁之於今日所謂武舉之中，其不見擯於有司者幾何哉。

一曰革館學之陋。書者，六藝之一，漢人謂之小學，以試童子之爲吏者。今日館職，實儲養輔相之地，内而九卿庶尹，外而方岳監司，於此焉取之。夫考疑似於點畫，程工拙於豪厘，此一能書吏事也。而老師巨公，轉相授受，上以是倡，下以是應。天下士靡然從之，玩日廢時，方具侈頌美之諛詞，修嚅嚅之恒態。民生之休戚，漠然不以關其心。朝綱之得失，懵然不能舉其數。故吏治日壞，相業日卑。天下之人才，坐是以不振。晋人清談病國，殆又甚之，然則爲今之計，所以黜浮警惰，以振作天下之士氣，其變通損益，請自館職始。

一曰明賞罰之用。孫子曰：施無法之賞，懸無政之令。蓋循乎例以爲賞罰，將不能以禦一軍，况天下乎？竊以今日之弊，賞濫而罰輕，而于督撫尤甚。古之聖王，神乎賞罰之用，賞始於至賤，故賞一人而天下勸，罰始於至貴，故罰一人而天下勸‘夫水旱之流亡，盗賊之滋長，凡郡縣之不力，皆督撫之罪也。今第觀其緘默拱手，動循成例，亦似無窮兇極惡之可指名。而科道之糾彈，又難得其贓罪之確據。故其賢者以謙謹寡過爲稱職，其愚不肖者遂以威福肆行，廣積貨賄。迨乎形迹敗露，議輕則降階，議重僅褫職。彼其心蓋曰：吾仕宦而至督撫，富貴之勢極矣。即不幸奉嚴譴；然猶保首領，擁艷妻，畔然以貲雄一方，夫亦何憚而不爲者。且夫督撫者，郡縣之表率也。得一督撫，數十郡縣之愚者怯者貪而酷者，咸化爲良吏矣。失一督撫，數十郡縣之仁者勇者廉而介者，悉化爲庸吏矣。于此之時，不有明賞峻罰，其奚以濟！峻罰之謂何？誅殛之已矣。不必有贓罪之確據也。誅殛其因循廢墜焉已矣。科道之糾彈，亦不必得其贓罪之確據也。糾彈其因循廢墜焉已矣。蓋因循廢墜，其禍被於天下國家，而罪浮於贓。舜之誅四凶也，史未嘗明著其得罪之由。其見於書者，共工之罪止於静言庸違。鯀有治水之才，其罪止于方命圮族。王氏曰：方命者，猶今之廢格詔書也。然而聖人必誅殛之，何也？則以彼四凶者，位之也尊，禄之也厚，故其罰之也彌嚴。

一曰籌敵。外洋本非中國敵也，然其勢方熾，中國之鋭方挫。以方挫之勢，當甚熾之敵，籌之將奈何？或曰：購洋炮，市洋舟，弛漢奸之禁，用間出奇，敵來則戰，敵去則守。有旨哉，其籌之也。夫購炮省於造炮，市舟省於造舟，弛漢奸之禁，則以散其黨，用間出奇，則以乘其釁而擊其敝。然吾竊以爲今日之憂，不在海疆而在内地，不在異族之猖獗，而在朝廷百執事之玩愒畏懦，無肯爲國家任事之人。風淫寒濕之疾，始於腠理，中于藏府，迨久而發于四支。四支者，病形，非本病也。不求其本，日案形以造方，雖日進一劑，其方不讎，病本加厲。今即使當事者，日汲汲焉購洋炮，市洋舟，弛漢奸之禁，設重賞以用閑矣。吾竊知其無能爲也。何則？因循浮冒之弊不除，雖日購炮市舟，衹具文耳。况乎海關陋規，文武官弁以及齊民，均藉分潤，而外洋之得漢奸之用，又嘗費數十年之精神，以綢繆而固結之。弛與禁均具文也。《孫子》十三篇，始于計，終於間。未有計不定而能用間者。往者臺灣之役，姚啓聖開修來館以間鄭氏矣。間誠可用，顧在今日，夫又安所得能用間之人，而間之哉？然則籌之將奈何？曰：憂在外者，戰與守焉而已。今日之憂，其始則由内以潰於外，其繼則挫於外。而又以牽制乎其内。方乾嘉間，海内富庶久，外洋得以其奇技淫巧愚中國人。中國人之無業者，餌其利，而左右之當事者，又但利其關榷之所人，調停護惜，如養驕子。嘉慶道光之間，兩至天津，一至山東洋面，叛形見矣。所謂由内以潰於外也。乃所謂挫於外又以牽制乎其内。則今日之事是矣。昔之貨煙者，挈囊胠篋，行辟人而授之。今且公然交易于日中矣。昔之奸民劫於鄉，今且劫於近郊矣。其大者蠢蠢然乘間而起者，粤西又以警告矣。昔之外洋貪中國之財貨，猶震其名。今則深悉乎中國之虛實，而並笑其寠矣。而一二大臣，其愚者方僥倖於無事，其賢者則又藉口於省事矣。故曰：今日之憂，不在海疆而在内地，不在異族之猖獗，而在百執事之不肯任事也。

然則，籌之將奈何？曰禁煙練兵擇將，皆吾之所以籌敵，而求言、儲相、明賞、峻罰，乃以治其本病耳。一曰節財。財者，國家之精神命脉，其以有無爲不足計者誠過，而一切遷就於目前，是又必困之道也。謹案國家歲入之數，四千四百餘萬，用出之數，大約十分而去其八。民間每歲之積欠，宗禄之繁衍，興河工諸役，又重耗之。當事恃爲籌財大計，無過於捐輸一途。夫弭盗莫先於擇吏，足用無過於節財。從古以來，奸民倡亂，多由於吏者之不良。今者捐例旋止旋開，無乃非計乎？且夫捐輸一事，病民又病國，援納所入，揆以今日情勢，誠有不足恃者。夫官以貲得，斯政以賄成。民間貨錢本歸息止。捐輸之人，輸本于公，陰責其償於民，所獲既倍其本，而禄俸所入，又歲享其息。是上與下俱受其病矣。竊聞近年清查，兩淮運庫舊欠四千三百餘萬，山東庫虧一百四十餘萬。一省如此，他省可知。是凡鹽商平日之捐輸，見任官之捐升捐級，爲其子弟捐缺捐選，無一非正供之所侵入也。奸商貪吏，陽倖於捐輸之美名，而使國家每陰受每年積欠之實累，計無外於此者。竊以今日事勢，别無生財之法，惟節之即以生之耳。煙誠禁，民無廢業，斯無逋賊；兵誠練，軍無濫伍，斯無糜食。汰間散之冗官，清公私之積欠，一反手而財可以足，兵可以振，吏治日新，風俗益厚。計之尤便者也。

昔傅説之告高宗曰：惟治亂在庶官。又曰：惟事事乃其有備。有備無患。《節南山》之詩刺尹氏曰：誰秉國成，不自爲政，卒勞百姓！蓋任相者，天子之事，佐天子以進退百官，而不避天下之怨勞者，宰相之事也。今者時相逐矣，邊事亟，捐例又開矣。足下居要樞，猶末階，簿領官牘之是程朝聞一事，臨食不樂，暮聞一説，仰屋長嘆。雖願效忠，如卑官何？乃僕之愚，所願於足下者，官無大小，併力則濟。人無賢愚，推誠易通。蓋樞要之地，近于宰相，委蛇以處之，遇事反覆而善道之，無避嫌，無近名。燕雀處堂，堂焚巢覆，人孰不愛其身家。四海者，天下之大家也。天下安，士大夫之家始安。則試告之曰：毋倖全而畏事。作舍道邊，三年不成。居稷契之位，能憂天下之憂者，是亦稷契焉矣。則試告之曰：無自狹而牽制於浮言。雖有鎡基，不如待時。失時不爲，後益難支。則試告之曰：無養禍以貽憂于後人。

僕嘗讀《易》至於同人，反覆其義，竊嘆天下之故，非一人之所能持。否之所以有待于同人。而古之君子，所以獲同於上下之交者，其用力誠難。同人之德曰中正。九三位尊而不中，絀於五。其類猶衆。有伏戎之象焉。高陵於法爲絶地，至三歲，其黨乃枯。小人之難去也如此。四近於五，欲同未決，曰乘其墉者，有前卻之象焉。二與五相應而分卑，由宗而野，同之始大。孔子曰："在下位不獲乎上，民不可得而治矣"。同於宗者，以其文明中正之德，致力於三與四之間，而上應於五，有艱貞之義焉。足下質厚而氣沈，抱欲爲之略，矢奮不顧身之義，雖卑官，樞要之職，與宰相近。謹附陳區區之見。儻辱教以所未及，則又幸甚！

—6. 皇朝經世文續編　卷一四　治體七　治法下

左宗棠（1812—1885）

字季高，自號湘上農人，湖南湘陰（今屬岳陽）人。道光十二年（1832）舉人，官至東閣大學士，調任兩江總督。謚文襄。有《左文襄公全集》。

瀝陳閩省鹺務積弊請改行票運釐課並抽疏同治四年

竊查福建鹽課，自國初定制，歲僅徵銀八萬五千餘兩。雍正元年各場委官監管，地方官隨處設卡，委員收税，先完課而後給單，聽其配運售賣。至乾隆七年奏定，盈餘銀十四萬一千餘兩，較之原額增至兩倍。後因歸商辦理，劃地分售，即以常年所收税銀作爲引額。此法一變，商之浮費遂增，鹽之行銷遂隘。後人補偏救弊，朝令暮更。於是分而爲官幫，爲商幫，爲縣澳。官銷引滯，則責令各商代銷；舊商欠帑，則勒令新商攤補。迨道光年間，一變爲僉商，再變爲試辦，三變爲官運，而鹽法之敗壞極矣。

就西路商幫論之：一商倒幫，分派各商代課。課額愈多，成本愈重。又加以規費之需索，流交之帑息，溪海之險阻，虧折坐耗，不數年而資産蕩然，倒罷相繼。此商幫之積弊也。商幫倒懸，帆額無人認配，則又變爲官運。試辦之始，銷路尚覺疏通，迨其後，官視爲利藪，開銷挪墊，虚抵搪塞，辦運者扣費以入私橐，督銷者賣私以取盈餘。比課額太懸，則又捏報失水搶毀等情，上下分肥，弊端百出，遂致所領成本逐漸銷磨。此官運之積弊也。縣澳各幫，距場較近，收私賣私，習爲固然。其始，地方官姑爲隱忍，久之官勢浸衰，私梟浸熾，遂於埕私、場私、包私、船私、幫私、引私之外，復有糾黨持械，明目張膽之擔私，與官争利，與商爲仇。到處皆然，無從捕治。此縣澳之積弊也。福興、漳泉各府二十一廳縣，謂之官幫，向皆歸縣徵收，毋論已未征存，均應按日計算，責令完納，久著定章。奈州縣畏難苟安，任人包辦，名曰“樸户”。樸户者，即館辦之别名也。其因地方民情刁悍，不敷征解者有之，而獲有盈餘者實亦不少。乃因甲年所收之錢，必待乙年奏銷，遂相率以二三分抵兑藩庫軍需，冒銷無著之款，避免革職處分；其餘則盡飽私囊，攘爲己有。雖歷任鹽道嚴札頻催而抗延不交，竟成積習。此官幫之積弊也。各場員有督曬配運之責，有緝私修坎之勞。今因場署大半無存，官坎莫考，遂不駐場經理，借寓省垣。遇有海私進口，商人收買運銷，各場員則冒認場分，指私爲官，截角收費，藉圖漁利，以致埕坎全廢，遍地皆私。濱海愚民，久不知場員爲何官，配鹽爲何事，肆無忌憚，糾衆横行。此場務之積弊也。

夫鹽爲天地自然之利，綜計閩省全年財賦以四分計之，鹽居其一。惟利之所在，弊即叢之。雖軍興十餘年，閩省被禍，較他省爲輕；閩省鹽課，較他省爲少，而積弊相沿，竟至日引月長，全綱不可復問。此臣等所以亟籌通變之方也。咸豐元年，户部奏閩省商疲引滯，請飭在於就場征課，按包抽税二條，詳細妥籌，擇一可行之策，另議章程，據實具奏，已奉俞允。嗣因上下游軍務繁興，未及查辦奏覆。至咸豐三年，又御史蔡徵藩條陳，閩省鹽務請修復收税舊章，按照現商完課數目，改收場税、關税一摺，又奉敕下，詳悉妥議，切實具陳。後經前任督撫臣奏請，將續倒懸額七百五十餘帆，試行招販辦運。行之未久，成效無聞。竊維兩淮改票之案，在承平之時一經變通，課額較旺。即近年皖浙被兵之後，商散民窮，舉行票運，釐課並抽，亦復有裨軍餉。閩省僻在海陬，山水險阻，雖非商賈輻輳之區，然各屬地方被擾較輕。西路各幫，舊商猶在其間，官幫稞户藉此營運者又復不少。誠能改行票運，仿照皖浙辦法，甕課並抽，其餘冗費概行裁革，並飭各場員駐場督配，各府州縣分設局卡，重抽私販，開設官行，均配銷數。下游濱海一帶産鹽地方，酌撥師船梭巡，以杜擔私船私偷漏，或可稍事補苴。據福建鹽法道吴大廷稟呈條款請奏前來，臣等查閩省鹽務積弊，相沿已非一日；全綱受病，亦非一端。該道所稟，洞悉弊源，計惟改行票運，甕課並抽，庶可藉圖整飭。除現定條款甫議試行，尚有未盡事宜，批飭隨時妥籌稟辦外，合無仰懇天恩，俯念閩省鹺綱疲壞，准予改行票運，試辦一年。限内容臣等督令該道，儘徵盡解，免計分數考成，俾得力籌整頓。察看一年限滿，如果行有成效，再行奏請，著爲定章。

—5. 皇朝經世文續編　卷四五　户政二二　鹽課四

遵旨督辦新疆軍務敬陳籌劃情形疏光緒元年六月補録

竊臣於四月初八日承准軍機大臣字寄，光緒元年三月二十八日奉上諭："本日已有旨，令左宗棠以欽差大臣督辦新疆軍務。金順調補烏魯木齊都統，仍幫辦軍務。景廉調補正白旗漢軍都統，回京供職。景廉著俟金順行抵古城後，將各營兵勇糧餉移交金順接管，再行起程回京。新疆軍務孔殷，必須速籌進兵，節節掃蕩。金順本有自帶各營，益以景廉所部兵力，已不單薄，著即督率各營，親臨前敵，相機進剿，爲收復烏魯木齊之計。所有進兵機宜，隨時會商左宗棠酌辦。袁保恒已令回京供職，西征糧臺已諭左宗棠責成陜西藩司經理，應行奏催及咨行事件，呈陜西巡撫核辦。關外轉運事宜，即在哈密、巴里坤各處設立糧餉分局，由左宗棠派員經管。袁保恒將經手事件逐一交代清楚後，起程回京。見在關外兵事餉事並轉運事宜，均歸左宗棠督辦。蘭州相距窵遠，鞭長莫及，該大臣當統籌全局，酌核辦理關外軍食，務當源源運濟，以期士飽馬騰，毋令停軍待哺。宋慶一軍，該大臣已咨令回扎潼關。本日亦諭知錢鼎銘，商令該提督擇要駐扎矣等因。欽此。"跪聆之下，悚惕實深。

竊維新疆之事，從前兵力因餉事未能兼顧，遂至叛回構變，强敵窺邊，土宇人民不可覆按於此，而欲力圖恢復，挈二萬里戎索之舊還之職方，戢萬千族殊俗之民漸以聲教，正值寰區甫靖，財力久殫，内患雖平，民勞未艾，其難誠有倍于拓疆之始者。微臣庸朽菲才，又值衰疾侵尋，志慮鈍竭，何敢不自忖量，謬以自承。顧念臣子之義厥重，匪躬疆場攸司，責無他諉。自從戎伊始，即矢盡瘁馳驅，豈頭白臨邊，忽易初志。謹將所籌情形爲我皇上敬陳之：

一曰廣籌軍糧也。師行北路，宜用北路之糧，不但節費，亦免耗糧，臣前疏已詳之。南路肅局既有見糧，又車馱駝隻購雇稍多，可以灌運，自宜嚴切督催，以廣儲峙。北局設於歸化，分局設于包頭，飭升用知府前署綏德直隸州知州陳瑞芝、提督銜總兵蕭兆元司之，雇民駝轉運，計自三月至五月，據報陸續運過四千餘萬斤至巴里坤，每百斤牽合銀八兩内外。袁保恒前奏寧夏采運，臣飭署寧夏鎮總兵記名提督譚拔萃、寧夏府知府李宗賓接辦，見據報已雇駝數百，先由察罕廟試行，如果此路通利，再爲加辦察看。漠北素産健駝，又便水草，惜久未開運，倉卒應募者少。又駝户每以拉差爲苦，疑阻不前，臣見飭巴里坤鎮鎮迪道嚴行示禁，冀聞風踵至，運道暢行，庶餉饋可通，亦收節省之益。

正辦理間，適俄國游歷官索思諾福斯齊等到蘭，與之談論近事，索思諾福斯齊自稱俄國在山諾而地方糧産甚多，駝隻亦健，距中國古城地方不遠，如中國需用糧食，伊可代辦，送至古城交收。由俄起運，須護運兵弁，均由在山諾而派撥。其兵費一併攤入糧脚價内。每百斤需銀七兩五錢，如年豐糧多，駝脚不貴，則價尚可減也。比即與定議書立合約，計年内可運古城糧二百萬斤，明年夏可運足三百萬斤。索思諾福斯齊已專兵入瓦勞伏，前往告知其地巡撫，據稱斷不致誤。臣見委知府銜甘肅候補同知丁鶚等赴巴里坤，又委布政司銜甘肅即補道陶兆熊等赴古城，辦理采糧開墾及收支事宜。此北路籌糧情形也。

南路肅局存見糧三萬餘石，安西局存見糧一百數十萬斤，哈密局除張曜各營外，存見糧一百三十餘萬斤，見正趕緊灌運。張曜在哈密辦屯墾水利，事必躬親，不惜勞瘁。據報墾荒地一萬九千餘畝，可獲糧數千石。見據甘凉肅各廳州縣稟報，今歲夏雨優渥，冀獲豐稔，將來新糧市價有減無增。車駝之受雇者亦日多一日，轉運較從前稍易。此南路籌糧情形也。

臣因歸化、包頭采運巴里坤，較凉甘肅采運巴里坤價脚大減，而糧則實裝實卸，别無虚耗，故決計於北路開一運道，陸續撥兑實銀已四十餘萬兩，寧夏已發銀三萬兩。計秋高駝集，運數可增。南路由甘運肅，由肅運安西，均用車馱；由安西運哈密，運巴里坤，均用駝隻，節設廠局，浚水泉，刈草薪，以利運道。一切經費統於現辦采運項下開支，計轆轤轉般，運數可倍。此合南北兩運，籌巴里坤之糧也。

俄國在山諾爾地方，緊接我布倫托海邊界，距古數百里，俄人代爲采運二百萬斤送古城，視巴里坤運古城路程較近，實屬獲之意外，計需銀十五萬兩。此於北路之北籌古城之糧也。就目前局勢，籌應前敵急需，事之所得爲者祇此。

歷代之論邊防，莫不以開屯爲首務，或辦之用兵之時，以省轉饋，或辦之事定之後，以規久遠。要之，得人則有益軍儲；不得其人，則虚糜經費。且西北之地，開荒尤資水利，就窪潴水障之令深，引渠溉田，灑之令普，既需人工，尤資器具。而哈密土質善滲，土工石工外，别有毛毡包裹之工，爲他處所罕，既需多籌器具，又需廣備氈條，開墾之先，所費即巨。臣於張曜由安進屯哈密時，已津貼過運脚等銀五萬餘兩，購辦氈條價脚銀，約九萬一千餘兩。張曜躬率所部殫力經營，而後得著成效。計以後踵而行之，因此奥區，保綏戎藩，而成數十百年無窮之利。見復經畫巴里坤，收召飢兵一千三百餘名，每月給餉銀三千兩，配以矛桿鎗炮子藥，俾其復成勁旅。復委甘肅同知丁鶚等勷辦屯墾事務，兼收包、歸、寧夏所解軍糧。惟巴里坤地當天山頂畔，氣候凝寒，舊設天時地利人和等廠，久已荒廢，屯務雖興，尚難供客軍坐食也。由巴城而西北七站，地勢沃衍，天氣漸和，由此而古城迤西一帶，更稱膏腴上壤。景廉所辦公屯私屯外，餘荒甚多，若兵民盡力耕墾，不虞乏食。臣見委布政使銜甘肅補用道陶兆熊揀帶員弁，前赴古城驗收俄人代辦軍糧，支發價脚。一面察看古城一帶情形，經畫屯墾事宜，隨時馳稟核奪。此籌哈密、巴里坤、古城糧運屯墾情形也。

一曰兵事宜早爲整理也。西事稽延至今，未睹成效，由於冗食多而戰士少耳。緑旗諸營久不足額，就近各省無勁兵應調，於是取土著兵民及各處就食兵民，授地耕墾，一備軍食，一備戰守。無事則驅其盡力隴畝，有事則調其效命鋒鏑。謂之且耕且戰，事非不勞；謂之即兵即農，名非不美。然調赴期會，則彼此觀望，數日不能取齊；麾令前驅，則勇怯雜糅，氣勢不能完整，其何以戰。且既挂名武籍，又令其從事耕耘，譬猶左手畫圓，右手畫方，兩者相兼，必致一無所就。且戰之兵不能戰，且耕之兵不暇耕也。兹宜畫兵農爲二，擇其精壯有膽之兵，宜馬者馬，宜步者步，束以營制，一如内地軍營。其曾著戰績如徐學功輩，用之爲管帶，爲督帶；其才能辦事如孔才輩，用之爲幫辦。凡督帶、管帶，以及所部哨官什長，酌給薪水辦公銀兩，散人給餉與糧，按照客軍營制减給。其願弱不任戰者散之爲農，按照户口，指餘荒地畝，令其承墾，由官酌給籽種、農器、耕牛，收穫後繳歸本倉外不取息，所獲糧石由官照時價收買。庶簡其精壯，營伍可得而實；散其願弱，屯墾可得而增，兩利之道也。

關外各城所駐大臣，有辦事、領隊、幫辦之分；所駐之兵，有錫伯、索倫、達呼爾、察哈爾、蒙古、厄魯特、沙畢納爾，及緑營携眷兵、换防番戍兵之分。亂後舊制不可復按，而辦事幫辦、領隊大臣於本營存兵外，兼帶馬步各營，各請專餉。所稱馬隊步隊，既罕能戰之兵，而辦事、幫辦、領隊各員又非盡知兵之選，徒糜餉糧，無濟實用。都統及各大臣因慮産餉未極其豐，增竈更形其絀，力主畫地自封，閉關謝客之議，以護官私屯糧，不顧兵事利鈍。金順進駐古城，張曜進屯哈密，遲回不前，而後隊尚迍邅原防者，以此見在巴里坤、古城已辦采運，哈密已開營屯。金順、張曜兩軍留後之隊，應即陸續開拔。兵力既增，則屯丁可减。

竊惟此時必分别兵農，責兵以戰，課農以耕，而後餉事可節，兵事可精也。哈密、巴里坤、古城所駐各大臣，就見在旗營核定糧餉，如缺額過多，准照舊額馬步就地挑募丁壯補數，但責其保守城隘，不必責以戰事；脱屯丁伍籍散之歸農，則盡力隴畝。民樂耕其野，而官屯私屯地畝收穫餘糧，准照時價發糶，民亦得其饒，不但分駐各軍可資接濟，即調發續進馬步，沿途就地采購，毋須裹糧以趨，於兵事更覺順利，較之見在辦法，兵農兩荒，不猶愈乎。如蒙聖明鑒允，應請飭下金順、文麟遵照辦理，庶於時局有裨。此籌整理哈密、巴里坤、古城兵事實在情形也。

諭旨關外兵事、餉事並轉運事宜，均責臣督辦。而蘭州距前敵數千里，糧餉轉運雖可總其成，至忝預戎機，則調度指揮，不能發當其可，自當簡率大軍，親駐肅州，相機辦理。惟師行糧隨，事豫則立。當此新穀未升，駝隻歇廠，轉運難期暢旺之時，不先將前敵各軍食糧灌運充裕，催其留後各營陸續開行，而遽大軍進發，致占前敵軍食，以後彼此兼顧，更費周章。督臣兼司關隴，轄境遼闊，移節肅州，距關内腹地太遠，又苦鞭長莫及。調集各軍所遺營壘，均是扼要地方，非權其緩急，移撥填扎，於建威消萌之計，亦形疏略。見在一面督飭西路各局，於駝隻起廠之前，趕催車馱層遞灌運。一至八月即調新駝分駐安西、哈密各處，分段層遞轉輸，而調回車馱搬運新糧，一灌運安西糧局，一運供臣部軍食，庶期會從容，畜力舒展，於事均便。一面調集各路將領，商議出關隨征，留後防守各事宜及移營分扎，一切務臻周妥。臣之進駐肅州未能求速者，此也。

至景廉所奏關内運糧至古城，應以十萬石爲度，以斤計則三千餘萬斤，非竭四五年之力不能辦到。金順緘開所有會銜緘牘，全未與聞。所需軍糧，合留後十餘營，并計每年以市斗二萬石爲度，尚只六百萬斤。然此皆金順未調補烏魯木齊都統以前，就彼時局勢言之也，合併聲明。

——5. 皇朝經世文續編 卷七一 兵政一〇 兵法下

請拓增船炮大廠疏光緒十一年

竊惟防海以船炮爲先，船廠以自製爲便，此一定不易之理。臣於同治五年，奏設船政局於福建，仿造外國兵船。甫蒙俞允，即拜西征之命，一切製造經歷，任船政大臣斟酌辦理。所製各船，多仿半兵半商舊式。近年雖造鐵脅快船，較舊式爲稍利，然方之外洋鐵甲，仍覺强弱懸殊。船中槍炮，概係購配，較外洋兵船所用，又有多寡利鈍之分，所以夷釁一開，皆謂水戰不足恃也。夫中國之地，東南濱海，外有臺、澎、金、厦、瓊州、定海、崇明各島嶼之散布，内有長江、津、滬、閩、粤各港口之洪通，敵船一來，處處皆爲危地，戰固爲難，守亦非易。現今守口之炮，率購自外洋，子彈火藥，形式雜出，各炮各彈，南北洋雖能配補，而炮身槍管久必損缺，各國既守公法，一概停賣，將來由雜而少，由少而無，試有不堪設想者。

臣去冬布置閩海防務，親歷長門金牌察看炮臺，飭將馬江被敵擊沈之炮起出安配，粗足自固。然炮位少而海口多，陸師仍不能省；兵多餉巨，司庫難支，不得已而有商借洋款之舉。夫借款必還，且耗巨息，幸而軍務順手，尚不失爲權宜。倘夷餤日張，海防日棘，而徒剜肉醫瘡，勉强支持，何以抑强寇而靖海疆？臣愚以爲，攘夷之策，斷宜先戰後和，修戰之備，不可因陋就簡，彼挾所長以凌我，我必謀所以制之。因於船政局舊班出洋學生内，詢考製炮大略。據稱泰西炮廠不一，當以法華士廠、克虜伯廠、安蒙士唐廠、好雨鶯廠四處爲最。法克兩廠，炮身、炮筒、炮箍，皆煉成全鋼；安蒙士唐廠，筒用精鋼，身用熟鐵；好雨鶯廠，筒箍用精鋼，身用鑄鐵。皆擅專長。然半鋼半鐵，製費雖減，惟有用久裂縫之虞，不如純用全鋼，價雖貴而無弊。參觀比較，仍以德國克虜伯、英國法華士作法爲妙。故中外各國，用該局廠之炮爲最多。中國欲興炮政，必於此兩廠擇一取法僱其上等工匠，定購製炮機器，就船政造船舊廠，開拓加增，尅日興工鑄造。雖經始之費需銀五六十萬兩，而從此不向外洋買炮，即以買炮經費津貼炮廠，當亦有赢無絀。惟製炮之鐵，與常用鐵器煉法不同，必須另開大礦，添機煉冶，始免向外洋購鐵。查福州穆源礦苗極佳，閩中官民屢議開采，以銷路不旺而止，若用以製炮，取之甚便。如能籌得二三百萬金，礦炮並舉，不惟炮可自製，推之鐵甲兵船與夫火車鐵路，一切大政皆可次第開辦，較向外洋購買，終歲以銀易鐵，得失顯然。泰西各强國，於此等工程，斷不貪購買之便而自省煩勞，良有以也。各等語禀，由船政局提調道員周懋琦轉禀前來。

臣查西洋各國，二十年前尚無鐵艦，所有兵船與中國船政局現製相符。即炮位藥彈，亦多前膛笨重之物。論其昔年兵力物力，本非能與我爲難，孰料該夷逐漸講求，日新月異，兵船鐵甲厚至一尺有餘，更以一二尺厚之陰丁魯泊如象皮膠者，貼襯其裏，以故剛柔摩蕩，堅實異常。其後膛巨炮全重能力突過，從前上海製造局所譯《克虜伯炮準心法》及《兵船海岸炮位架圖説》言之甚詳。《申報》所載英國新造巨炮，可受藥彈一千餘磅之重，能洞穿五尺餘厚之鐵甲，聞者莫不咋舌，而自泰西各國視之，亦尋常工作耳。該夷修明武備，不惜財力，至於如此。此次法夷犯順，游弈重洋，不過恃其船堅炮利。而我以船炮懸殊之故，匪獨不能海上交綏，即臺灣數百里水程，亦苦難於渡涉。及待開廠製辦，補牢顧犬，已覺其遲。若更畏難惜費，不思振作，何以謀自强而息外患耶！穆源鐵礦，臣接見閩省官紳，均謂便於開采，似應委員試辦，并拓馬江船廠，興工鑄炮。臣又聞江南徐州鐵礦，礦苗之旺，甲五大洲。若能籌款開辦，即於楚吴交界之處，擇要設立船政炮廠，專造鐵甲兵船，後膛巨炮，實國家武備第一要義。臣老矣，無深謀至計可分聖主憂勞，目睹時艱，不勝愧憤。惟念開鐵礦、製船炮各節，事雖重大，實係刻不容緩。理合請旨，敕下内外臣工，迅速妥議具奏。仍乞宸衷獨斷，期於必行，天下幸甚！

—5. 皇朝經世文續編　卷一〇八　洋務八軍政上

請陜甘鄉試分闈並分設學政疏

竊維甘肅地處西北邊荒，舊隸陜西行省統轄。康熙年間，拓地日廣，始設甘肅巡撫，駐扎臨洮。乾隆年間，又改臨洮爲蘭州府，後設總督駐之，兼管巡撫事。地當西陲衝要，南北界連，藩服荒服，漢蒙回番，雜處其間；謡俗異宜，習尚各别，漢敦儒術，回習天方，蒙番崇信佛教，亘古至今，未之有改。置省以來，諸凡建設，或創或因，於武備尚詳，而文治獨略。其異於各省者兩大端：各省除壤地毘連，一水可通之。安徽一省，鄉試歸併江南取中，士子久習爲常。此外均就全省適中、督撫駐扎處所設立貢院，届期考官入闈校閲，照額取中。獨甘省距陜道阻且長，而鄉試必須赴陜，陜甘學政遠駐陜西三原，三年一度按臨甘肅，舉行歲科。兩試均與各省不同。故自改建省治以來，甘肅士人經明行修、能自淑其鄉里者，尚不乏人，至巍科上第、以文章經濟取重當世者，概不多見。非各省皆知稽古之力、争自濯磨，甘肅士人獨安固陋、不求聞達也。計甘肅府廳州縣，距陜近者，平慶涇、鞏秦階兩道約八九百里、千里；蘭州一道，近者一千三四百里，遠者一千六七百里；蘭州迤西凉州、甘州、西寧，迤北寧夏，遠或二千餘里，或三千里；至肅州、安西一道，則三千里，或四千里；鎮迪一道，更五六千里不等。邊塞路程寫遠，又兼鶩砂亂石，足礙馳驅，較中原行路之難奚翅倍蓰。士人赴陜應試，非月餘、兩月之久不達，所需車馱僱價、飲食芻秣諸費，旅費、卷費，小者數十金，多者百數十金。其赴鄉試，蓋與東南各省舉人赴會試勞費相等，故諸生附府廳州縣学籍，後竟有畢生不能赴鄉試者。窮經皓首，一試無緣，良可慨矣。

軍興以來，學臣不按臨甘肅者已餘十稔，幸前學臣許振禕不避艱險，以次按試。生童踴躍歡呼，迎拜馬首，計補行各届歲科諸試，取入新生不下萬人，而從前取進生員尚不在内。徒以資斧無措，不能遠行，加之夏秋暑雨，水潦縱横，有無從問津者，有中道迍邅、致悮場期、廢然而返者，有資斧耗盡、抑郁成疾以殁者，其得抵陜完試事者不及三千人。然則甘肅士子之赴鄉試者，合新舊諸生計之，不過十之一二而已。臣自肅州凱旋，歷甘凉各郡，途間見諸生迎謁道左，初疑其秋試被放者，比詢以試事，則僉稱無力赴陜，不知其詳。言已，欷歔不絶，慰諭遣之。

前接准學臣許振禕咨送甘省赴試士子公懇分闈呈詞，當行兩司議詳。昨由肅凱旋，後又據紳士前刑部主事滕烜、道員曹炯及漢回士紳等，聯名呈稱捐建貢院，擇定神州門外地基，籌備磚瓦材木，已有頭緒，請援照湖廣、雲貴鄉試分闈取中前來，並稱甘省武試本係分闈，文試宜可倣照，懇求具奏。臣惟湖廣、雲貴等省鄉試，道路險遠，歷蒙列聖恩旨，分闈取中，士林感頌至今。兹甘肅赴陝鄉試，道路險遠，較各省數倍有加。皇上一視同仁，軫念士人赴試維艱，儻恩允分闈取中，俾邊徼寒微，得照各省一律就近應試，則投戈講藝，士氣奮興，文治之隆，可計日而待也。惟是分闈取中，額數應定若干，難以擬議。蓋陝甘鄉闈，向係合兩省取中，從未分析。兹甫議分闈取中，若將兩省額數平分各占一半，則陝省應試人員向多於甘省，現且有增無減，甘肅如占額一半，致陝西中額頓形減少，殊非情理之平。若照臣度隴之初，奏准甘肅取中二十一名成案計算，無論當時因賊氛正熾，赴試人稀，一時權宜酌擬，本非甘省定額，況當隴境肅清，應試士人自必增多數倍，而中額僅此，翻致向隅，亦無是理。若按照永廣中額部章計算，甘肅軍興以來，各府廳州縣派捐糧料餉需，均值人物彫殘市價翔貴之時，調核各廳州縣歷年案卷，稽核捐輸之款，爲數甚鉅，而又限於部議，永廣中額不得過十名。定章無從推廣，此擬議中額鮮可依據之實情也。溯考從前兩省合中時，道光丁酉、己亥、咸豐壬子等科，甘肅每榜曾取中三十餘名。同治九年庚午科鄉試，臣接陝西撫臣蔣志章緘，稱主考評場中試卷，甘肅獨優，殊嫌額滿。本年癸酉科鄉試，據陝西藩司譚鍾麟禀主考所論亦同。是陝甘文風無容軒輊，而甘肅分闈後人文日新月盛，尤在意中。合無仰懇皇上天恩，逾格特准，比照各省中額最少之貴州，每科取中四十名，滿營應試士子每科取中二名，合共四十二名，作爲定額。遇簡放主考學政之年，另簡甘肅正副考官各一員，甘肅學政一員，俾合省士子得以就近鄉試，而歲科按届舉行，學臣得免跋涉之勞，生童得以時親承訓，迪習舊學而啓新知，不獨邊方士習文風可期丕振已也。

臣自西征以來，自睹民俗陵夷，泯棼日甚，不但劫殺争奪視爲故常，動輒嘯聚多人，恣爲不法，而民間倫紀不明，禮教久斁，干名犯義之案誅不勝誅。緣地雜華戎，習俗漸染日深，正恐夏變爲夷，靡所止極。不得已設局鄂省，刊刻四書五經小學善本，分市各府州廳縣，師行所至，飭設立漢回義塾，分司訓課，冀耳濡目染，漸移陋習，仍復華風。邇來漢民敦崇儒術，誦習六經，回民亦頗知響慕，争請設立義塾，延師課讀儒書。前學臣許振禕次第按臨，多方激厲，回生得附學籍貢成均者所在不乏，益欣欣然以得附宫墻爲意外榮幸。食桑黮而懷好音，斯其時乎！若荷皇恩，允其分闈就試，届時簡派學政，按期校閱，則經正民興，邊氓長治久安之效基於此矣。臣亦知聖賢之學不在科名，士之志於學者，不因科名而始勸。然非科名無以勸學，非勸學則無讀書明理之人，望其轉移風化、同我太平，無以致之，固非謂科第文章足以歆動庸耳俗目，兼可博取名譽也。愚見所及，謹以附陳。

—5. 皇朝經世文續編　卷五三　禮政四　學校上

臺灣吏事兵事均宜及時綢繆疏

竊臣忝督閩浙，於今三載有餘，初因浙寇未平，專意兩浙，嗣浙事勾當甫畢，巨逆李世賢、汪海洋由粵東分道犯閩，臣率諸軍入閩剿賊，閩軍肅清。臣遵旨入粵，迨粵事速蕆，臣始抵任治事，以次按治各郡縣土匪、治軍之日多，治事之日少，計自二月十八日回閩以後，甫七閱月，復奉恩命，移督陝甘，自維時日迫促，智慮短淺，上孤朝廷倚注之恩，下負十郡士民望治之意，俯仰愧怍莫可言，宜其最抱歉者，莫如福寧、臺灣兩府。初意擬俟各郡治匪事畢，再圖次第整理，福寧一郡距省匪遥，尚易隨時料量，至臺灣則遠隔大洋，聲氣間隔，該鎮道等遇事專制，略不稟承，細察所辦各事，無非欺飾彌縫，毫無善狀，現檄調補臺灣鎮總兵劉明燈，臺灣道吴大廷，於抵臺後逐加訪察，冀可銷患未萌，而吏事兵事應早爲籌劃者，不敢以去閩在即，稍事緘默，謹爲我皇上一一陳之：

臺灣設郡之始議，由内地各標營調兵，更番戍守，三載爲期，用意至爲深遠，計額兵一萬四千餘，可謂多矣。咸豐初年因内地兵事孔亟，班戍之制不行，見今存者不及三分之一，名册有兵，行伍無兵，一有蠢動，即須募勇。所募者本處游手無籍之徒，聚則爲兵，散則爲匪，勒索騷擾不問可知。從前臺灣道設有道標，以備調遣，近自道標裁撤，遇有剿捕之事，文員不得不借重，武營一切任其虛冒侵欺，莫敢究詰。武營縱兵爲奸，營兵以通賊爲利，全臺之患，實由此起。道光四年奉旨鎮兵歸臺灣道察看，久未奉行，群已習焉忘之。今欲復兵制，則宜遵班兵舊章，三年更戍，欲重道員事權，則宜復道標，俾有憑籍，申明鎮兵歸道察看之例，以杜欺回而重操防，庶幾互相維制，而軍政可肅也。臺灣水師向設戰船九十六號，今無一存者，戰船既無，而大修小修之費仍不肯減，船無可修，而修船之費仍不能無。武營虛冒侵欺，籍口定例，非文員所能禁革，而歷任總兵從未有舉而釐正之者，將弁煬敝於下鎮，臣回惑於上，積習相沿，由來已久，如欲剔除痼弊，移此款項制船巡洋，募練水兵，以求實效，必須鎮道得人同心共濟，而部中不復以舊例相繩，庶幾實事求是，而船政可舉也。

臺灣物産素饒，官斯土者，惟務取陋規以飽私橐，廳縣有收至二萬餘兩者。臺灣道除收受節壽禮外，洋藥、樟腦規費概籠入已。知府於節壽外，專據監利，武營以虧挪爲固然，恬不爲怪，交代延不結算，自副將至守備，多者十二任，少者八九任、四五任，並無結報，侵吞欵項不知若干，非廉明鎮道，澈底清釐，何從窮其底蘊。兹據吴大廷禀，擬將道署陋規，樟腦、洋藥等項，悉數歸公，永革節壽陋規，以昭清白。劉明燈等亦毅然裁陋規，革節壽爲請，是皆正本清源之策。所不容已者，惟陋規既已裁革，則必别籌津貼以資辦公，庶廉吏可爲，乃收正已率屬之效也。

閩省文武錮習，以辦案索兵費爲取盈之計，近時内地嚴加懲誡，此風稍止。臺郡則遠隔大洋，肆無忌憚，民俗挾仇械鬥勝者，輒占敗者室家田産，謂之扎厝，地方官不爲按律懲治，先勒索勇糧夫價，及其臨鄉，則置正兇於不問，或捕捉案外一兩人，聊以塞責民忿，官之貪庸也，乃相率結會私鬥，浸成巨案。諺云："十年一大反，五年一小反。"大概由此。必賴廉正明幹之道員，時以洗冤擇物爲心，嚴操守，勤訪治，孜孜奉公，不敢暇逸，庶幾惠澤下究，人心固結，乃收長治久安之效也。

臺灣生番性雖蠻野，卻極馴順，地方官如能清慤自持，以簡佚之道處之，最易見德。從前生番獻水沙連六社之地，請得薙髮比於内地民人，疆臣以聞而部議格之，生番鞅鞅失望，率致游民勾番私墾，徒長械鬥之風寖，且藏垢納污，終爲逋逃之數，至今臺人言之，猶有餘恨。夫馭邊氓之道與内地殊，此輩山獸河魚，但能順其性而撫之，勿有擾害，積漸自然，自可無事。無論生番輸款，内附供糧當差，於國家有益無損，即令稍有所費，亦當羈縻弗絶，以示恩信。何有擯絶不受，坐視客民强占虐使，留爲肇衅之端，况近自洋人入駐要口以來，游歷内山，習知形勢，設我棄而人取之，尤於事體非宜。現當生齒繁盛，游民輻輳之時，似宜弛懇荒之令，並聽生番薙髮齒於編氓，所有番社情事願内附者聽之，但勿强爲招致，於事理似無不可。至臺郡雖屬産米之區，近因番船搬運頗多，地方官結士民時有蓋藏空虚之慮，禁出勢有不能，則當社立倉廣謀儲積，似不可緩，凡此均應由該鎮道察看情形，隨時籌辦者。

臣原擬於諸務就緒後，東渡一行。今去閩有日，無暇及此，幸劉明燈、吴大廷皆實心任事，相信有素，必能綢繆未雨，爲東南奠此嚴疆，以上所陳可否，仰懇皇上天恩飭下該鎮道察看地方情形，隨時會銜陳奏，責成妥爲辦理，不勝感幸之至。

—18. 皇朝道咸同光奏議　卷一　治法類　通論

戴　棨（1813—1882）

字澗鄰，號銘新，江蘇丹徒（今屬鎮江）人。道光二十三年（1843）舉人，官至浙江嚴州府知府。有《聽鸝山館詩文鈔》。

定嚴屬墾荒章程並招棚民開墾記

浙省自兵燹後，田畝久荒，各市鎮悉成焦土，遠近鄉村亦復人煙寥落，連阡累陌一片荆榛。辦理善後事宜，墾荒其第一要務也。余涖任後，查嚴郡各屬，田地荒蕪，人民稀少，較他郡情形，蹂躪更甚，愍焉憂之。今欲招墾，必須外來之户樂於耕種。墾户日多一日，則荒田日少一日，庶糧賦不至久懸無如。外來墾户由江西者，則有衢之荒田可耕，由寧紹來者，則有杭屬之荒田可耕，惟嚴郡居中，止有徽州一路。徽嚴交界地方，皆係荒産，斷不肯捨此適彼。惟查有棚民一項，向來以種山爲業，地方農民不與爲伍。自咸豐十年後，粤匪滋擾，棚民僻處深山，未受大害，現較農民尚勝一籌。昔日無田可種而不能不種山，今日有田可種而能改種山爲種田。田之出息究勝於山，各棚民非不願種，實不敢種，須設法招之使種，此所以有棚民開墾之議也。

嚴郡收復以來，迄今數載，田既久荒，墾本較大，種山之民聚族於斯，其招墾也尚易，他郡之民遷徙於斯，其招墾也更難，若非明定章程，格外優恤，難期踴躍從事，非特他郡之民裹足不前，即棚民亦多疑畏。竊恐荒田日久，不墾皆成廢地，何以使糧不虚懸哉？今查各屬田畝，或業户畏完錢糧不肯遽報，或佃户私自墾種不即呈報，其中更有因田畝墾熟，假冒誣認，甚則書差舞弊，藉端勒詐，以至日久争執，種種弊端，不一而足。且支河㕚港，種田者必資水利，聞開墾各户，本地農民不准取水，所有築堰等費又欲外來之墾户承認，不肯按已種田畝均攤。是必嚴行禁止，以廣招徠，蓋弊既除而後利可興也。余閲善後局頒發章程，聲明各屬有不能强同之處，應由地方官隨時隨地酌量禀辦，以期盡美盡善。余不敢謂所擬章程咸臻美善，而因時利導，因地制宜，因人成事，悉心斟酌，謹列膚見四條如左：

一、宜令隨墾隨報也。本地荒田，外來墾種各户無論本籍寄籍，須先報明認墾，不准隱匿遲延。近年來田畝荒蕪已久，墾本較大，三年内如有原業主來認，應分租息作爲墾本，不准分租，亦不准遽行收回，俟承種之人稍得利息，三年後再行退還。其有情願本人佃種者，悉聽自便。報墾到縣，不准勒索墾户分文，並准免完錢糧一年，須以原報畝數爲憑。三年内業主承認，既不分租，一年之後應完錢糧，即暫令墾户照出。倘未新墾之田，佃户照舊完租，由業主完糧，不在此例。其有私墾而不舉報者，查出作私占論。庶隱匿不報之弊可除。

一、宜令墾三年後即行執業也。限定年分，須照到縣報墾日期爲憑，扣至三年方准呈辦。三年後如無業主來認，准墾種各户作爲己業，過户完糧，既得利息，復有恒産，自必踴躍從事。所有溝港取水，本地農民不准阻止。倘有築堰蓄水之事，亦必按畝均攤，毋令墾户多出錢文。庶墾户樂從而日久争執之風可息。

一、宜令原業主早爲呈報也。荒田有人墾種，如實係自外間回來者，方準照數收回，到籍三月内即須禀報。倘係在籍之户不即行報明，延至日久，俟田已墾熟再行呈報，顯係有意取巧。詢明地鄰，即將所種田畝罰半歸墾户執業。至於業主之親族，不得混行争執。庶業主不敢久匿田畝，可以逐次清釐。

一、宜嚴禁冒認也。荒田墾熟後，本籍奸民固有藉端假冒，甚則衙門書差串出鄉民冒認，藉端勒詐。其實有印契糧串可憑者，自當退還；如無確據，必須本莊地保紳董代爲出結，方准執業。如有非業主前來冒認，並憑空捏造假契，訊明情節，嚴行懲辦。衙門書差勾串勒索，尤爲地方之害，倘有此弊，更應從重治罪。庶墾户無所疑畏，田畝可以漸次耕種。

—5. 皇朝經世文續編　卷三三　户政一〇　屯墾

龍啓瑞（1814—1858）

字輯五，號翰臣，廣西臨桂（今桂林市）人。道光二十一年（1841）進士，官至江西布政使。有《經德堂集》。

致曾滌生侍郎書

月初六日，專人還，接奉手書，知前件遠蒙關注。某此事實出於萬不獲已，寸心可以對天地，質鬼神。若世之所謂謹默畏慎者，難免不以爲非，要亦不足聽熒也。數十年來，士大夫以含忍爲忠厚，以寬大爲美名。如有持正不爲苟同者，即以刻薄之名加之。立見其僨事，而不肯得罪於同官；即使其殃民，而不肯曲從夫清議。夫不忍於一人而忍于百姓，不忍于同僚而忍于吾君，其爲害詎有極耶！天下事，所以流失敗壞而莫可挽回者，孰非若輩有以釀成之也。某平生實不肯以苛論繩人。即今日作鄉紳，亦不肯不爲地方官設想。如使我當之，而力不足舉其事者，斷不肯責望當局。今日吾鄉之事，實爲此一二人所敗。如使盡其心力，及早爲之，雖庸才亦必有以自見。受人之牛羊，而不爲之求牧與芻，且驅而致之虎狼而莫之省憂，徒束手號於衆曰吾無才，則當其受牛羊之時，何不皇然自謝其不敏也？且今日之事，又不止於無才而已。而又幸其主人之多難也，而忍從而欺之。顛倒是非有無，直以爲旁若無人者。彼其心之無君，亦已甚矣。

某雖不才，蓋亦廁身士林，略知大義。目擊此欺君害民之事，實覺於心不甘。如律以居是邦不非其大夫之義，則爲春秋時分土分民者言之。不才以王人而與公事，烏可以此爲例！又有謂所言雖是，但惜其晚，而於事無益。某則謂不至今日言之，亦不見效。如謂晚而無濟，則他日言之，更屬無益。不如早一日言之，更有一日之效。生平賦性愚戇，惟正直二字，自謂可以矢神明。嘗謂好惡如有悖於大公者，則生不可立於大清之朝，死不可以入先人之廟。執事所謂邦之司直者，庶其聞而諒我乎？北事承于續函示悉，感荷。以後如有所聞，更望寄示。天下大局，固已不堪設想。吾輩爲一日臣子，便當盡一日職分。主德仁明，民心未去，撥亂反正，安知不在今日。旌麾駐臨匪遥，鄰封受庇，瞻望風采，企羨無窮。

——6. 皇朝經世文續編　卷一九　吏政二　吏論下

上梅伯言先生書

伯言先生閣下，憶前歲春間，蒙賜先人陷幽之文，當即肅復，敬申哀謝，道遠未知何時得達。比逆賊逾嶺出，息耗益梗不通。聞先生陷危城中，曾作二詩感懷，末由奉寄。嗣於新之方伯處，知先生已脱賊自歸，移家黄墅，爲之欣忭者彌日。會粤西土匪益熾，牽於集鄉兵，議團費，終日卒卒，唇吻枯燥，逮晚不得休息。又地方官相與違難，噫氣填胸肺間。因自戒執筆，恐發攄太過，以益時忌，故不能以一函詢近況、道款曲。然依企之誠，則未嘗一日而置諸懷也。伏維遁迹林間，興居安善。金陵異族逼處，聞數十里外村落尚可安居，未審近復何如？憂患播遷之餘，以道自勝，親近圖史，神明不衰，固當爲先生祝之耳。近年變端殊大，非前時意料所及。然先生文集中《上汪尚書書》已言之，良佩深識遠見。抑某竊有進者，奸民固非重州縣之權不辦。今州縣雖無權，然察一結盟聚黨之奸民，固力有餘也。特上之督撫，不肯擔代處分，又樂以容忍欺飾爲事。有一二能辦之員，且多方駁飭之，使逆知吾意而不敢爲。然督撫亦非真以爲事之宜如此也。大抵容身固寵，視疆埸若無與。苟及吾身幸無事，他日自有執其咎者。又上之則有宰相，風示意旨，謂水旱盗賊，不當以時入告，上煩聖慮。國家經費有常，不許以毛髮細故，輒請動用。由前之説，固非古大臣之所以事君矣。由後之説，其所以防冒濫，非不善也。然疆吏因此而不敢辦盗。逮其潰決，則所費者愈多。爲督撫者，類皆儒生寒素，夙昔援引遷擢，不能不藉助於宰相。如不諮而後行，則事必不成而有礙。是以受戒莫敢復言。蓋以某所聞皆如是也。

金田會匪，芽孽于道光十四五年。某作秀才時，已微知之。彼時巡撫某公，方日以游山賦詩飲酒爲樂。繼之者猶不肯辦盗。又繼之者，則所謂窺時相意旨者是也。當其時，馮雲山、韋振、胡以洸等，蓋無人不爲本地紳民指控，拘於囹圄者數月。府縣以爲無是事也，而故縱之。逮其起事，始以八百人聚于桂平之紫金山。紳民知必爲巨患，集鄉兵千餘，自備口糧器械，欲往剿捕，具公揭於道府，但請委員督視，使知非私門而殺人，得免於抵償。蓋其時粤西初有團練，而民之畏法如此。道府顧置之不問。紳民再三催促，始委一候補知縣薩某應之。而夫馬又不時給。委員因逡巡不去。賊聚黨瞬至巨萬。團練弱，且兼官兵之莫爲助，遂群撒手，而賊勢滔天矣。蓋某所聞於官中者如此。此不能不爲之太息痛恨也！今天下州縣多矣，即一省不下數十百餘，安得盡賢者爲之。惟督撫得人，則州縣不期而自治。督撫不肯欺蒙皇上，則州縣亦必不敢欺蒙督撫。此其勢然也。竊謂如先生之論，使州縣得人爲御史，固足以激勵人材，而建白不至爲空言。然列薦牘而上之者，督撫也。如使他人薦之，恐非時政所宜，亦未必遂公且明於督撫。州縣雖賢安能違其意而自致於高明哉？惟宰相實有抑揚督撫之權。督撫皆得其一言，以爲事勢之輕重。故從古天下之治亂，未有不由乎宰相者。今粤西之始禍可睹已。此蓋先生文之所未及者。故某引伸其説，以爲世鑒。先生其然之否耶？

數年里居，因團練事，時與官吏交涉。竊見今之所患，有甚於昔。殆親見前人之覆轍而躬自蹈之者。如使一誤再誤，則爲憂更大。去冬曾據實瀝情，入告廟堂。初意極爲慎重，浸淫爲持魁柄者所遏。彼人不能扼我而能忌我。又賊勢滋蔓，凡鄉團之良，如唐子實輩，皆敗不肯出。某於是不得不奉母引去。忌我者亦不能留也。蓋某之所以出處進退者如此。其委折非言可盡。自十月十一日，自家起程，今日始抵衡陽，將取道襄樊以達秦中，謁見座師王雁汀中丞，擇便地安置老弱，再圖北上。今之時勢，談何容易！况以空疏無據者爲之。其能有萬一之濟耶？儻容隱居奉母，偷得一寬閑寂寞之濱，則私願已足。先生其必有以教我！滌笙侍郎一軍，居然近今豪杰。觀其起事之始，其氣足以吞川瀆，撼山嶽。而幕下人才，亦皆一往無前，凌厲蓋世，宜其有以攝凶頑而吐氣也。然自九江而下，賊愈悍，我愈孤。江北之蜂屯蟻聚者，其志量尤不可窺測。則恃蒼生之福命爲之。滌笙到此，則更爲其難矣。

前歲《感懷》二律，並今歲《立春日寄懷》近作，附録呈正。先生文集，曾否刻成？便丐以一帙見寄。今年在粤與伯韓子實裒集師友文刻之，而以子實居其名，命曰《涵通樓師友文鈔》。先生文從伯韓鈔本録出。近作則先人墓志《黄個園傳》皆與焉。

頗有集隘不能盡登之憾。此外月滄先生子穆伯韓、少鶴及某六人，爲書九卷。先生及伯韓、少鶴皆二卷，而少鶴及同鄉蘇虛谷之詞，合鄙作共爲一卷。凡十卷。今已裝訂印行。詩鈔擬俟續刻。蓋貲與日皆不能給。而先生詩集，從前未經録出，不知能以副本見寄否？兵戈擾擾，勞生僕僕，無補時艱，獨平日文章之好，結習未忘，常自笑且自憐也。獨以識一時師友淵源之緒，則先生或亦有取焉。道遠，書何能悉。

—6. 皇朝經世文續編　卷二三　吏政六　大吏

文　瑞（？—1862）

烏蘇氏，字叔安，滿洲鑲紅旗人。道光二十一年（1841）進士，授編修，擢侍講，遷至左副都御史。咸豐帝即位求言，疏陳四事。兼署大理寺卿，擢刑部左侍郎。

培國脉肅政體疏道光三十年

竊維總理天下之道，首在端本清源。而立綱陳紀，要期臻於一，是自古聖帝王兢兢業業，未有不憂勤惕厲而能成其郅治之休者也。語云：“爲君難”。《書》云：“后克艱厥後。”蓋人君者，以一身而統天下，措施庶政，誠有其甚難者。古今治亂之機，每争於忽微，必慎之又慎也。恭維我皇上體元建極，錫福綏民，四海九州皆仰望而睹昇平之治。然從古治功之極盛，皆由初政之始基。而揆其本源，亦不過數大端，足扼其要，謹臚列四事曰：選賢才以資輔弼，明賞罰以昭勸懲，任聽納以察得失，謹調攝以衛聖躬。請分晰爲我皇上言之：

夫郅治以得人爲先，有治法尤在有治人，人存而政斯舉然。大臣法則小臣廉。欲立政而序百官，必自大臣始。人君日夕不遑，於臣工優劣安能周知？大臣者以道事君，進賢退不肖，實其專責。故内而宰衡，外而督撫，足以總其成而收其效也。宰衡得人，斯能公忠體國，而黜陟攸宜，内則賢臣日進；各督撫得人，斯能清正愛人，而舉措悉當，外則循吏日多矣。如是，中外安有不治者？然此尤賴我皇上遴選而簡擢之也。是善用人者必先知人，知之深斯用之當耳。且人之流品不一，知之亦不易矣。輕躁者喜事，喜事則好爲紛更，終必致於憤事；模棱者畏事，畏事則每涉因循，勢必致於誤事。其甚者則苟同諧俗，務爲柔媚，當利害得失之際，遇有籌劃，不曰拂上意，則曰礙人情，事事委過君上而已。博寬厚之名，緘默之外無他長也，承順之外無他術也。觀其迹似亦未見其顯然貽誤也，不知職事已爲之漸廢，人心已爲之漸壞，紀綱已爲之漸弛，而天下陰受其禍矣。夫建大業、定大策、决大疑，非才能何以克濟？徒以將順爲長，有事則一籌莫展，是上有勵精圖治之主，下無實心任事之臣，古今同此一慨也。伏望皇上振興臣節，整飭官常於專任之中，寓慎簡之意，庶良才日聚，輔弼得人矣。

刑賞者馭世之大權，賞一人而天下咸勸，罰一人而天下咸服。功必賞而過必罰，惟斷乃成也。自古立政大端無踰於此，雖堯舜禹湯文武之聖，亦不能舍此以爲治。後世未嘗無賞罰，而究不能有勸懲者，賞不當賞，而罰不必罰也。蓋賞不當賞，則開臣下希冀之風，而妄想者有之；罰不必罰，則啓臣工輕忽之漸，而幸免者有之。夫如是，即受寵榮者未必知恩，而脱法網者更無所忌。於以知立法之必宜信也。雖然賞固不宜過，而罰或鄰於苛，則適成刻薄之治。伏願皇上建中出治，斟酌合宜，一行惠而不遺不濫，一施威而無枉無縱，斯天下服教畏神，無不勸懲矣。

國家慎選臺垣以資諫諍，原欲其啓迪匡弼也。伏讀天聰十年恭奉上諭：“凡有政事背謬及貝勒大臣有驕肆慢上、貪酷不法、無禮妄行者，許都察院直言無隱，即所奏涉虚亦不坐罪；倘知情蒙蔽，以誤國論。”聖訓煌煌，垂千古矣。近來官常率皆因循，清操有所不講。凡在科道，豈無聞知，而緘默者居多。邇者恭奉諭旨令陳時事，仰見聖懷若渴，葑菲不遺，中外無不相慶。然而進言者衆，則聽言尤難。疏逖小臣，各抒己見，或言事過於切直，或論人涉於激烈，或瑣屑無關大體，或譏慮不免卑微，在皇上如天之量，善則從之，否則置之而已。若乃以一己之愛憎而進退夫人才，以一心之好惡而議論夫政事，或黨援是引而涉夤緣，或舉劾失宜而徇情面。亦有莊言正論，迹似忠誠，而言與行違，徒工欺飾。我皇上聰明天亶，燭照無遺，又豈能稍有疑惑，特恐浸潤之謀、萋菲之行，實有難於遍察者。伏望皇上聽言觀行，鑑空衡平，嘉猷嘉謀則見諸實事，假忠假信則黜之當前，乾綱獨斷而權不下移，則良言日萃，而匪言自無入矣。稽古聖賢學問莫切於修身，正心誠意，皆修身之事也。

《經》云："自天子以至於庶人，壹是皆以修身爲本。"聖人垂訓之意深矣。夫以凡民不過一身一家，猶以修身爲要；若夫天子之身，上則宗廟社稷所倚賴，下則中外臣民所託命，承先裕後，關繫非輕，固尤以修身爲本圖焉。歷觀今古聽政之勤，我朝爲最矣。批答章牘，接見臣工，凡政務之大小鉅細，皆上廑宸衷，洎乎祀典朝儀，禮節繁重，無不躬親將事。是天下任事之勞未有過於皇上者，而天下用心之苦亦未有過於皇上者。雖天體至健，原可措之裕如，而聖躬持勞，尤宜時加慎重。伏願皇上起居必適寒燠，必調以敬身，愛身爲修身之道。斯聖體臻康和，而庶政益昭美備。萬年有道之長，皆基於是矣。凡此數端悉爲要務。伏乞皇上俯加采擇，不勝戰慄待命之至。

道光三十年三月十一日奉上諭："左副都御史文瑞奏陳四事，朕詳加披閱，所論剴切真摯，深協朕懷，并録進乾隆元年左都御史孫嘉淦三習一弊疏。其論爲君之道洵屬切直精深，堪爲聽言臨政之助。臺端爲言路表率文瑞首進讜言，朕虚懷納受。諒九卿科道，斷不緘默畏葸，負朕諄切求言之意也。欽此。"

——15. 皇朝經世文續編　卷一〇　治體三　政本上

勝 保（1814—1863）

字克齋，滿洲鑲白旗人。道光二十年（1840）舉人，官至兵部侍郎。

請親理大政疏咸豐十一年

奏爲政柄下移，無以服衆，應請皇太后親理大政，並另簡近支親王輔政，以正國體而順人心，恭摺仰祈聖鑒事：

竊惟朝廷政柄操之自上，非臣下所得而專。我朝君臣之分極嚴，尤非前朝之比。自文宗顯皇帝龍馭上升，皇上嗣位，聰明天亶，尚在沖齡，全在輔政得人，同民好惡，方足以資佐理。如怡親王載垣、鄭親王端華等非不宣力有年，然而赫赫師尹，民具爾瞻，今竟以之當秉政鉅任，攬君國大權，以臣僕而代綸音，挾至尊以令天下，實無以副寄托之重而餍四海之心。在該王等不過以承寫硃諭爲詞，居之不疑，不知我皇上以宗子纘承大統，天與人歸，原不以誅諭之有無爲定。至贊襄政務一節，則當以親親尊賢爲斷，不得專以承寫爲憑。何也？先皇帝彌留之際，近支親王多不在側，仰窺顧命苦衷，所以未留親筆誅諭者，未必非以輔政難得其人，以待我皇上自擇而任之，以成未竟之志也。今嗣聖既未親政，皇太后又不臨朝，是政柄盡付之該王等數人，而所擬諭旨又非盡出自宸衷。其託諸摯籤簡放，請鈐用符信圖章，在該王等原欲以此取信於人，無如人皆不能相信。民可畏，天下難欺。縱可勉强一時，不能行諸日久。如御史董元章條陳四事極有關係，應准應駁，惟當斷自聖裁，廣集廷議，以定行止。該王等果知以國事爲重，亦當推賢虚己，免蹈危疑。乃徑行擬旨駁斥，已開矯竊之端，大失臣民之望。命下之日，中外譁然。自古天無二日，民無二王，禮樂征伐自天子出，凡統兵將帥暨各省疆臣皆受先皇帝特簡。雖當勢處萬難，無不思竭力圖報者，亦以統於所尊，故能一誠不貳。今一旦政柄下移，群疑莫釋，道路之人見詔旨皆曰此非吾君之言也，此非吾母后聖母之意也。一切發號施令，真僞難分，衆情洶洶，咸懷不服，不獨天下人心日形解體，且恐外國聞知亦覺與理不順，又將從而生心，所關甚大。

夫天下者，宣宗成皇帝之天下，傳之文宗顯皇帝以付之我皇上踐祚者也。昔周之世武王崩，成王立，周公相之。本朝攝政王之輔世祖，亦猶周公之相成王，疏不間親，典册具在。以周公禮聖尚不免管蔡流言，迨風雷示警於金縢而忠棐益見。現在近支諸王中能知大體邁於載垣、端華尚不乏人，一切離間之言應請毋庸過慮。又知垂簾聽政之制，宋宣仁太后稱爲女中堯舜，群情歡洽，國本無傷。我文皇后當國初年，雖無垂簾明文而有聽政實用，因時制宜，惟期允當不易。爲今之計，非皇太后親理萬幾，召對群臣，無以通下情而正國體，非另簡近支親王佐理庶務，盡心匡弼，不足以振綱紀而順人心。惟有籲懇皇上俯納芻蕘，即奉皇太后權宜聽政，二聖並崇，而於近支親王中擇賢而任，仍秉命而行，以待我皇上親政以前一切用人行政大端不致變更紊亂，以承郅治於無窮，宗社幸甚，臣民幸甚。如此庶於親親尊賢之大經既不相悖，且於該王等亦可保全終始，受福良多。此皆中外臣工所欲言而未發者，臣先爲言之。

臣忝爲大臣，受國厚恩，屢奉先皇帝手詔嘉勉云“朕所望於該大臣者至大至達，”又奉有“忠勇性成，赤心報國”等諭。每誦天語，感激涕零。今外患固宜亟平，而内憂尤當早慮。臣天良所迫，何忍不言？何敢不言？伏願皇上乾剛獨斷，迅賜施行，並請將此摺發交惠親王、惇親王、醇郡王等公同閱看，如有尚未盡善之處，應令大學士九卿科道集議以聞，庶大局可全，而人心可定。謹不揣冒昧，披瀝上陳，無任激切待命之至。

—18. 皇朝道咸同光奏議　卷四〇　禮政類　大典

羅惇衍（1814—1874）

字星齋，又字兆蕃，號椒生，廣東順德（今屬佛山）人。道光十五年（1835）進士，官至户部尚書兼左都御史。謚文恪。有《集義編》《孔子集語》。

勤求治理疏道光三十年

奏爲勤求治理貴得要圖，請皇上法祖訓以端本善俗事。臣竊惟古帝王立綱陳紀，根源祇在一心檢攝，此心莫先於居敬窮理，居敬窮理莫先於勤省察，勤省察莫先於觀覽載籍。皇上濳邸，典學無間寒暑，凡經書之藴以古今懿行嘉言皆資記誦。逮乎親政以來，每日進呈實録，默識勤求，於列聖危微精一之傳，洵若合符節矣，但師法祖訓固宜總匯而兼賤，亦貴旁通而博采。

臣恭讀聖祖仁皇帝《御纂性理精義》並親製序文有曰："朕自沖齡至近六十年來未嘗少輟經書，唐虞三代以來，聖賢相傳授受言性而已，宋儒始有性理之名，使人知盡性之學，不外循理也。故敦好典籍於理道之言，尤所加意，臨莅日久，玩味愈深，體之身心，驗之政事，而確然知其不可易，欽此。"此書理該詞約，内聖外王之功，無不畢備。其總論爲學之方立志之要，由存養省察致知力行，以及人倫性命，皆有程途可按，階級可循。至於總論治道、君道、臣道、用人、田賦、學校、宗廟、禮樂、兵政、刑罰、諫諍等類，尤足以端主極而肅官方，惟在皇上萬幾之餘，講習討論，身體而力行之耳。

昔孔子曰明王有三懼：一曰處尊位而恐不聞其過，二曰得志而恐驕，三曰聞天下之至道而恐不能行。以此知躬行實踐而後至道能體諸身，至道體諸身，而後能本身出治以之整躬百度，宰制萬端，胥與此書相觸發，誠如董仲舒所云，爲人君者正，心以正，朝廷正，朝廷正，朝廷以正，百官正，百官以正，萬民正，萬民以正，四方者皆於是乎在矣。然欲興利而除弊，或患其不能周知，欲察吏而安民，或患其不能盡善，求其明燭無窮，物來畢照，俾群僚無所售其欺罔者，則莫如世宗憲皇帝硃批諭旨。

此書所載臣工奏摺，凡二百二十三人，恭録批答，使共知所陳之得失，非惟神機莫測，明見萬里，爲自古聖君之所無，即累牘連編，悉經丹毫甲乙，二帝三王以後亦未聞如是之勤政也。今日灾異頻仍，盜賊竊發，民生日窘，吏治日隳，必聖主大振乾綱，然後可臻上理，敬祈皇上於揆幾度務之暇，并將此書日閲一二事，凡督撫所奏，有能深謀遠慮措置得宜者，固蒙褒答；若不實不盡，及飾詐懷私者，亦一一爲之指示周詳，庶大吏皆知所警戒，各思振刷精神，力除積習，則所以飭官常而維邦本者，實繫於此焉。

抑臣尤有進者，昔宋臣司馬光論人君修心之要有三：曰仁、曰明、曰武。仁者非嫗煦姑息之謂，興教化，修政治，養百姓，利萬物，此人君之仁也。明者非煩苛伺察之謂，知道誼，識安危，别賢愚，辨是非，此人君之明也。武者非疆亢暴戾之謂，惟道所在斷之不疑，奸不能惑，佞不能移，此人君之武也。臣細繹其言，以爲人君之道，既在於仁、明、武，則所戒在於不仁、不明、不武。夫不仁，豈必盡由殘忍哉，賢不能進，邪不能遠，氣節漸虧，於士類流禍，且及於民生，是即近乎不仁矣。不明，豈必盡由昏闇哉，偏聽生奸，獨任成亂，壅蔽將至，於左右善惡每易於混淆即鄰乎不明矣。不武，豈必盡由柔懦哉，嗜欲未清，心志偶懈，政務稍涉於因循綱維，遂形其廢弛，是即類乎不武矣。光又論致治之道有三：曰審官、曰信賞、曰必罰。又論養兵衛國，務精不侈多，其言皆切中治理，爲今日之急務，實足與《御纂性理精義》《硃批諭旨》二書互相發明者也。他如《御撰資政要覽》《庭訓格言》《御定執中成憲》《御製日知薈說》《御製評鑑闡要》諸書，皆本心法治法而以一貫之，用能方軌六經，垂模萬世，伏願皇上本法祖之意，以修己推而至於知人安民，皆得其道，將賢否既判，教養日修，天下有不蕩平正直者哉。臣學識拘墟，未知當否。不勝惶悚之至，伏乞皇上聖鑒。

—18. 皇朝道咸同光奏議　卷三　治法類　政本

請崇儉禁奢疏咸豐元年

奏爲風俗侈靡，民生日困，請旨崇儉禁奢，以蓄物力事。臣聞楊綰作相德可移風，賈誼獻書憂深亡等，是知尚儉固賴在位者以爲倡，而好奢尤屬有心人所同慮也。況天地止有此數，用之者節，則物力裕而可以流通，耗之者多則物力窮而無從滋息。此固民生盛衰之大原，而實國家贏絀之大計，惟能以禮爲節，則趨向端而泯棼靖。臣訪耆舊之談，咸謂嘉慶人心簡樸，俗尚儉質，父老粗糲是甘，子弟皆儉勤服教，大吏廉素相尚，屬僚亦悃愊無華，當時物力豐亨而好義急公者不乏。蓋人知奢靡爲無益，故好尚正而異物不能遷，得以其所有餘而濟其所不足。

臣生嘉慶之季，洎道光初年則八九歲矣，目睹閭巷之間尚多儉約自持者。今則汰侈是從，恬不爲怪，遇有婚嫁喪葬等事，動輒費千餘金或數百金，無者多方稱貸以取辦集，祇圖苟悦耳目，免人嗤笑。問其度日之資，往往朝不謀夕，豈不愚冥可憫。又京外各官尋常宴會動至一席費五六金，外官款宴上司，竟有一日而費百金者。此類糜耗不一而足，三十年中日甚一日，以至十室九空，公私交困，勢所必然。重以外國奇技淫巧日蕩民志而用之無藝，遂至錢價益賤，銀價益昂，州縣實受其累。然議者見財用不足，專事補苴而不思所以節之。臣謂此尚未探其本也。誠令人人務儉嗇，家家服勤苦，則浪費之患將不待禁而漸除。往者原任大學士富俊曾奏官民服用奢靡踰制，請嚴加禁遏，而遵行不力，徒屬具文。

臣伏思皇上代天理物，天道之大，不過消息盈虛而已。《易》曰："天地節而四時成。"今官民之不節甚矣。乃至婢妾幼穉，亦復被華采而飾珠玉，豈惟暴殄，尤屬僭踰！又其甚者，患婚嫁之費，而至於溺女不舉，是不慈也。因窀穸之費而至於停棺不葬，是不孝也。不慈不孝，豈非人心風俗之大害乎！伏願皇上咸與維新，既躬行節儉以倡之，又從而督勸之，務令京外官民於一切吉凶事宜悉遵典禮，以逮服食器用概歸省約，其有奢侈違制者，上司必戒飭屬吏，官吏必戒飭子民，庶冀人心知警，共還質樸。數年之間物力自裕，人事修而天心亦必默轉，水旱盜賊且當自此而消。

謹按《大清會典》及《事例圖說》爲書一千一百三十二卷，成於嘉慶二十三年，《大清通禮》爲書五十四卷，成於道光四年。《皇朝典禮備載》二書，第卷帙浩繁，非民間所能備有。雖道光八年，曾命内外各衙門將民間應用服飾及婚喪儀制，查照《會典》刊刻簡明規條，使百姓知所恪守，乃有司未能奉行。故凡典禮之切於日用倫常者，皆無以率循不越。相應請旨敕下禮部，就《會典》、《通禮》二書，撮其簡約常行者以爲條教之式，俾海内臣庶皆可家喻户曉，必期於革奢而反儉。是誠今日救時之急務也。不然官民無所法守，則習俗相沿，奢侈益甚。賢者且不能免，而况庸近無識者乎？譬若川流滔滔日下，良可慨已。臣愚昧之見，是否有當，伏乞皇上聖鑒。

—18. 皇朝道咸同光奏議　卷四四　禮政類　正俗

葛學禮（1815—1865）

字敬中，號恪庭，上海人。咸豐十二年（1852）舉人。

學　論

古之學者，學先聖賢之行事而已。蓋自其爲弟子時，固已正其性情，端其趨向，而後誦詩讀書，多識前言往行，以蓄其德。及其入學，則并習出征獻俘之禮，而於並世之人材有一善可師者，亦必求得而識之，以爲行習之助。故一旦任事，直舉而措之耳矣。即時異勢殊，不可徑用所學，要於古人之行事，平日既好學深思而得其意，則變化生心而不窮於應，此真學古之效也。今之學者乃不然，其專攻舉業空疏無用者勿論已。一二有志之士研求經義，高談漢儒，然其學也祇日求古人之短，思乘間抵隙以儌一日之名，而於其可實見諸行事者，固弗識也。洎乎世變事起，則其平日所論説與此殊不相涉，而倉皇失措，甚或名義蕩然，與空疏者等。且夫古之人，不特幼而學之者，其於天下事若所素習，雖以俗吏武夫，稍知向學，往往不數日而卓然有異於衆。此無他，惟學古人之行事而有得也。識得古人數十百事，而適遇事之不甚與古異者，推以行之，而功名爛焉。今讀古人之書，日惟求得其間一置喙，以動人聽聞，而博取聲譽富貴，宜天下之事日壞而無克救之者也。

先君子平生志行略見《詩文存草自序》，已列學術儒行類矣。兹謹録數篇有關法古訓俗之大者，分列原學、宗法兩門，俾閲者益得因其文以考其行焉。士濬謹識。

—5. 皇朝經世文續編　卷一　學術一　原學

劉　蓉（1816—1873）

字孟蓉，號霞仙，湖南湘鄉（今屬湘潭）人。諸生，官至陝西巡撫。有《養晦堂文集》《思辨録疑義》。

求放心説

古聖賢有治心之學，而不聞有求心之法。凡其説之見於《詩》、《書》、《禮》、《樂》，爲後世學問之助者，皆治心之要也。然心果治矣，固可無俟於求，自無放佚之患。苟或失之，未有不得所以求之道，而能自進於治心之學者，此孟子求放心之訓所由昉歟。虽然，人知此心遂於物欲者爲放，而不知流於昏憒之爲放也；知此心游於渺冥者爲放，而不知墮於虚寂之爲放也；知此心淪於紛擾龐雜者爲放，不知溺於記誦詞章者之亦爲放也。夫苟不能明辨其端勢，將誤以放者爲存，其爲心害且有不可勝言，此尤用力於求放心者所宜知也。

且夫求之云者，夫豈以此求彼，如失鷄犬者然，必俟求而後可得哉？人與鷄犬，兩物也，故可以相求。然其求之也，亦有或得或不得，而不可必者。惟其判然二物，非可恃爲吾所固有之具也。夫心則一而已矣。以心求心，如以目視目，以耳聽耳，未有能見且聞者。不寧惟是而已，且將益馳騖於惝恍不可捉摸之域，膠擾促迫，無復一息之寧。此佛氏返歸寂照之説所由，悖謬而不可訓也。然則其求之奈何？曰：是其放之已往者，既已如星飛電馳，不可復追矣。若其乍覺而忽在者，不可不提撕警覺，以冀其復存也。存之之道無他，亦日約之於義理之途而已。是心一離乎義理之外，則瞬息千里，頃刻萬變，不可以方。所求吾一念悚然自覺其放，則向之瞬息千里、頃刻萬變而不可測者，固已不待羈束而自歸於虚靈之舍矣。於是主敬以持之，窮理以精之。養之於端莊静一之中，以立其本；約之於學問思辨之際，以博其趣。庶吾心有所向往持循，及其久而安焉。惟所欲而不踰中正之矩，此求心之道所以爲求仁之方也。其或不務出此，而拘束操切，冀幸一日之存，或轉有躁擾而不寧者，譬之馬然，患其泛駕奔踶不可羈馭也。於是縶而維之，加桎梏焉。非不帖然服也，然情志益迫，則且益奮躍躑躅而不得其安，夫豈術之善者哉。造父於此施之羈靮，範我馳驅，按轡徐行於通衢坦道之間，左控右勒，指顧千里。其用力不勞，而自無奔逸之患，則操縱之道得焉耳。是故善御馬者制之使行，善持心者約之使達。苟得其道，雖一日之間，周覽八方，酬酢萬變，而神明之用無往而不存也。苟失其道，雖終身塊坐，寂守一隅，吾知必背而馳焉。然則，君子於此亦可得所以用力之方矣。余病夫學者放其心而不求，或求焉不以其道，且紛擾煩迫，轉益其疾，甚或墮於釋氏清静寂滅之歸也，故爲之説以曉之。

——5. 皇朝經世文續編　卷一　學術一　原學

習　説

少時讀書養晦堂之西偏一室，俯而讀，仰而思。思有弗得，輒起繞室以旋。室有窪徑尺，浸淫日廣，每履之足若躓焉，既久而遂安之。一日先君子來室中坐語，久之，顧而笑曰："一室之不治，何以家國天下爲顧?"謂童子取土平之。嗣復起旋，履其迹，蹴然以驚，如土忽隆起者，俯視地坦然則既平矣。已而復然，又久而後安之。於是作而嘆曰：習之中人甚哉。足之利平地而不與窪適也。及其既久，則窪者若平，不待目與地屬、心與足謀，而自適其適。至使反而即乎其故，則反窒焉，趦趄而不寧。豈非性隨習易以失其故趨哉？上之布令戾於民者，始若有所甚苦，久乃相與安之。其又久，視聽移而心志以淫，且視爲固然而不之怪。是故君子務平其政，誠慎其所以道之也。

昔者，先王謹庠序之教，使士興於學，修五禮，敦六行，使民勸於義，所以範其心思，耳、目、手、足、百體，使習於動作、威儀、進退、俯仰之容，其法至備。凡以道之使復其性而已。及其漸摩久而禮俗成，則民之赴義，如飢渴之於飲食，不必勸而後趨。見邪說淫辭之咻吾前，而疾去之如避蛇蠍，不待禁而自絶。此先王治天下之大法，所以納民軌物，而建久安長治之規也。自王迹熄而百度廢，治教之經不正而邪慝興，於是民志蕩然，始如堤防之決，泛濫橫流而莫知所止。於斯時也，殊方不道之教，又闖然入吾國而潛煽之。其窺測象數之精，既足以聳賢智者之聽而功利夸詐之説，又足炫亂愚不肖之耳目而蠱其志。浸淫不已，與之俱化，雖欲使反而即乎其故而固不可得。此尤古今亂轍之較然者也。然且不爲之憂，夫惡知所終。極哉，吾懼夫足之與窪適也，故著其説於篇。

—5. 皇朝經世文續編　卷四　學術四　廣論

蔣琦齡（1816—1876）

字申甫，號石月，廣西全州（今屬桂林）人。道光二十年（1840）進士，官至順天府府尹。有《空青水碧齋文集》。

應詔上中興十二策疏同治元年

竊臣蒙恩准令回籍終養，適大河南北逆匪出没，道路通塞，不時未克起程，留滯澤州。伏見去年十月上諭："以時勢艱危，命中外臣工有奏事之責者，于用人行政一切事宜據實直陳，封章密奏，務期各抒所見等因，欽此。"臣伏讀再四，欽感莫名。竊惟自古國家安危治亂，但視言路通塞，欣逢皇太后皇上聖明，沈機立斷，剪剔權奸，一切與天下更始，海隅蒼生方共額手拭目以俟太平。渙汗之初，首以求言爲務，詔書愷惻，讀者莫不感動。臣雖休閑乞養之員，無當官奏事之責，伏念累世食禄受恩，及臣之身，復蒙先帝自翰林擢任京堂，涓埃未報，幸逢朝政維新，求言詔下，臣雖愚昧，而備員中外，遇事亦嘗留心，重以比年顛躓于兵戈道路，閲曆頗多。念古人江湖魏闕之言，欲副今日竭忱抒悃之諭勉陳芻蕘，妄希采擇，謹就目前情勢，敬擬十二策：曰端正本、除粉飾、任賢能、開言路、恤民隱、整吏治、籌軍實、詰戎行、慎名器、恤旗僕、挽頹風、崇正學。效愚者之一得，冀山海之少，裨語多觸犯，不勝悚惶，伏祈皇太后皇上伏鑒愚忱，垂賜聽覽，微臣幸甚，天下幸甚。

臣聞出治者君，輔君者相，歷代相臣之弄權，屢變其名，其實凡在左右事權所屬，即宰相也。本朝乾隆以來，設立軍機處，内閣擁虚名而軍機爲真相，軍機大臣行走次序，雖亦前代首輔參政之比，然期其各矢忠貞，豈取伴食云爾哉。溯自穆彰阿以首揆專政，遇事同列噤不敢言，逮載垣等用事軍機，聽其指揮，莫敢支吾，樞垣又擁虚名，雖諸臣不免負恩，亦積威約之漸也，馴致禍亂疊興，柄臣亦皆不得免焉。今幸逢皇太后皇上英明，大奸脱距於近支王中，特授恭親王爲議政王，强幹弱枝，朝廷用意固爲深遠。然考我朝聖祖、高宗禦極之初，倚任王大臣皆有輔政議政之名，而所用不止一人，若夫位隆專任，禮絶百僚，則攝政王以後未嘗再有也。雖以王之忠賢萬無他慮，而位高勢逼，任重權屬，更非軍機行走在前之比。萬一群公猶沿餘習，謇諤不聞，則豈獨非朝廷簡任本意，亦非王之本懷也。自古以叔父之尊，專元宰之任，懋著忠勳，克全終始者，惟周公及本朝之睿忠親王而已。即以周公之聖，其初不免流言，睿王之忠，身後尚多遺議。蓋位疑則隙生，勢逼則失大，理有固然，勢有必至，歷觀史册不寒而慄。又況周公、睿王值開國之初，無垂簾之舉，臣下周攸禀令事權之屬，容有不得已者。重以二公交贊八王，同時人才衆多，國勢强盛，今則時非周公、睿王之時，而賢才缺乏，敵寇交訌，其難更有甚于周公、睿王者。臣竊意，以王之賢，當此之時必有踧踖難安者矣。然則何道以處此耶?《易》曰："乾乾因時而惕，雖危無咎。"又曰："地道無成而代有終。"《詩》曰："如臨深淵，如履薄冰。"《書》曰："滿招損，謙受益。"又曰："臣罔以寵利居成功。"臣愚以爲王雖當周公、睿王之任，正不宜以周公、睿王自期，唯宜遠以漢之東平，魏之彭城。近以本朝之怡賢親王爲法，朝廷恩禮愈極優崇，賢王沖懷愈益退讓，惟王已有籲令，臣工各抒所見之奏，謙懷忠惟爲中外所共仰，特延攬不遺群言，夾輔尤資同列，務俾軍機處力矯從前附和之習，獻可替否，咸盡其懷，雖貴和衷，尤貴和而不同，其有不合咸於簾前共取進止，疑難重大，不妨盈廷集議，勿參成見，勿遽裁决，洪範謀及庶人，漢廷博士六百石，皆與廷議，況今之九卿科道耶！如此則位雖高而不危，任雖重而不疑，令聞不已，夾輔之勳成，福祚流于子孫，雖周公、睿王有不及矣。臣之言此爲朝廷，亦即所以爲王也，目前之務孰有切於此者乎？臣之所謂端政本者，此也。

人君所恃以感通億兆聯爲一體者，一誠而已。《易》曰："信及豚魚。"《書》曰："惟德動天"。至誠感神，誠則天神之遠，豚魚之頑，皆可以一氣孚之，况於臣民乎！誠能動物不誠未有能動者也。朝廷綸綍之宣，或讀而生感，或視之茫然，誠與不誠之别而已。明王制治於未亂，保邦于未危，賢相防患於未然，是以吁咈多交儆之辭，承平有水旱之奏，不幸而運值中否灾害並至，則必下哀痛之詔，追悔既往，深自刻責，期與天下更始。若亂矣，而以爲未亂，危矣，而以爲未危，是幸四海之遠，欺百姓之愚，則豈獨民愚不可欺，徒使悼嘆朝廷穨廢自甘，振作無意，忠賢爲之短氣，盜賊聞而生心，其關係良非淺鮮也。昔成湯以罪己勃興，楚昭以善言復國，唐德宗奉天赦書，痛自引過，無所忌諱，宣布之日，雖武夫悍卒，無不思奮。臣節識者知賊不足平，我朝嘉慶十八年林清之變，不過小丑，竊發而我仁宗睿皇帝猶爲之下詔引過罪己，中外莫不感悦，遂以戡定禍亂，重致太平垂五十年，誠能動物彰彰如是，慨自穆彰阿、載垣等當國，政無鉅細，托於機密，往往閉而不宣，一以箝言官之口，售其壅蔽之奸，一則不學無術，以爲一切兵戈盜賊不祥之事，皆於政體有妨，足令詔令減色，萬不得已而宣示，亦必變其文法，飾以美名，相沿日久，視爲當然。庚申之變，寇在國門，猶務秘密，廷臣偶有論列，則必詰其聞之何處，得自何人，以致滿朝結舌，馴至播遷，猶無一紙明詔告諭海内，夫事至此極，豈能隱藏，徒令傳聞異辭，遠近震驚。已而畿南山東奸民揭竿競起，皖豫捻賊益肆長驅，豈非粉飾之爲害烈哉。唐臣陸贄有言曰：動人以言，所感已淺，言又不切，其誰肎懷。臣伏願朝廷自令鑒於既往，與天下臣民相見以誠，興言禍亂不妨流涕陳辭，德音既宣，不宜更參忌諱一切秋獮和戎恭順就撫之名，均宜删除。用人行政，明降諭旨，批答章奏，悉令發鈔，除兵機所關不宜預泄，即郡縣不守，師律失機，朝廷雖不宣布，草野豈無見聞，與其傳説而甚，其辭何若苦口以作其氣，且使外廷共見共聞，則懷忠抱義之士，于朝政之偶失，皆得以補缺拾遺，隨時論捄所謂罪己以收人心，改過以應天道，杜權奸壅蔽之私，激四海忠義之氣，皆在乎此。臣之所謂除粉飾此也。

自古太后臨朝，徽音盛烈，毫無遺議者，唯宋之宣仁高后而已。顧宣仁不過承神宗變法之後，起而修復之，以蘇民困，承平之世，原易見功，孰與我兩宫皇太后除患肘腋，浤濟艱難，此誠振古所未有，其賢于宣仁遠矣。考宣仁之政，首在任賢所謂元祐、開皇，極力歸用老成，如司馬文吕諸賢，不徒起用悉畀鈞柄，即文彦博年近九十，猶令五日一詣都堂平章軍國重事，其餘蘇軾劉摯滕元發鮮于侁之輩，分任侍從臺諫，京尹監司各當其才，兹其所以成旋乾轉坤之功，致女中堯舜之稱也。方今先朝舊臣次第悉蒙召用，實與宣仁後先一揆，夫朝廷之重老成，豈徒珍同鼎彝責其坐鎮而已，必將賴以康濟時艱，如現在祁寯藻翁心存之忠純，宜令參預大政，襄贊機密，若徒擁内閣之虚名，守一部之例案，其所裨益亦已僅矣。倭仁、李棠階之宜任師儒王慶雲之宜筦度支，王茂蔭之宜長臺垣，各用其長，斯各收其效。其尚未起用如前任右副都御史張芾之忠直，前任總督吴振之練達，張亮基之幹濟，前任布政使馬秀儒之純篤，莊受祺之精敏，小臣中臣所知如前任科道宗稷辰、蔣達、尹耕雲、陸秉樞之鯁直敢言，前任編修何紹基之品端學邃，前任編修郭嵩燾主事、王柏心之留心經濟，編修袁保恒之嫻武略，前任道員張百揆、陝西知縣田福謙、現任四川知縣孫濂之著循聲，皆一時之選，足備任使。夫知而不用與不知同，用而不盡其才，與不用同，故知人必兼善任也。又語曰：耕當問奴，織當問婢。《易》曰："同聲相應，同氣相求。"朝廷而欲收羅賢俊，莫若即今日之所謂賢者，令其各舉所知，彼既懷以人，事君之忠，自無蔽賢不祥之慮。若現在所謂明保不論何人，但官二品以上，即責以薦士，彼猶未免流俗之目，安得遂有相士之識？其黠者采取一二虚聲以飾觀聽，而以私人比黨竄名其中，督撫恃有權勢以愛憎取人，甚而情面賄賂，皆所不免。所保不愜衆望者尤多，朝廷不察，概令送部，欲於引見召對，俄頃之際，判其賢否，此必不能無從發付，則仍概令記名，旋被擢，用此如探物暗室，無怪乎魚珠淆混，薰蕕不別，欲收得人之效不亦難乎！夫爲政在人，用人尤行政之本也，可不慎哉？臣之所謂任賢能者此也。

今已下明詔求直言，中外臣民舉，欣欣然頌揚聖治於無已，臣猶區區過慮，以開言路爲請者，何也？蓋人情好名而惡實，有始而鮮終。明代過灾亦每求言，迨言之過直又心嗛焉。既礙於求言，不能以言罪人，則默而識之，徐俟其後而伺其隙，終於逐其人而後已，此所謂好名而惡實也。唐之太宗明皇，虚懷納諫，而貞觀開元之治，後不如前，終於踣魏征之碑，成仗馬之喻，此所謂有初鮮終也。我朝聖聖相承，禦極之初求言下詔，豈循故事飾虚文。初元求言以後可不求邪，誠以聽言納諫爲君德之首，無時不當，然特恐其久而或不然也，故每當禦極，視爲首務，提撕而警覺之。蓋申明舊章之意也，乃言路猶有不通之時何哉？蓋世之治亂，視言路之通塞，言路之通塞又視宰相之賢否，相臣而賢，自能開訪扶持，惟恐言官之不言，惟恐言之或不盡，雖然意見之偏，賢者不免，韓琦之於司馬光，司馬光之於蘇軾，是已況下此者乎！夫政府言官類多水火，權臣而欲逞煬竈之技，則必先箝言官之口，大而誅殛，小而竄遂，俾有所懾而不敢逞其伎倆，大略相同，史册所載如出一轍。我朝聖明在上，權不下移，於此而欲成其雍蔽之好，蓋亦非易。道光、咸豐之末，臣皆在京局，默窺心焉，數之竊嘆其用心之巧，操術之工，爲從來所未有，史册所未載也。請爲我皇上悉陳之：一曰隱密，二曰觸忌，三曰摘疵，四曰示意，五曰反求，操此五術，而雍蔽之奸售，臺諫之口緘矣。何謂隱密？章奏每不發鈔，諭旨亦少明降，朝廷舉動雖在廷，亦得諸傳聞疑似之間，既不敢以風聞爲無據之談，更恐以泄漏被根求之譴。夫人臣致身，原不惜碎首以冀有裨幸，而折檻曳裾，終致感悟，此身雖蹈庚申之變，事前所以無一批鱗之奏，挽救之言非盡，廷臣無良賢，載垣端華劫持之罪，爲不容誅也。何謂觸忌？朝廷用人行政，豈能有得無失，争可否於殿陛之間失矣，而不至終失，此古今設立諫官之意也。今則用一人行一政，言者言之，朝廷從之，則以爲威福不自上操權柄，且將下移。夫小事宜言，則大事愈宜言，可知小臣之不當宜言，則大臣之更不當宜言，可知乃進大臣行大政，轉以臺諫爲疏逖小臣，非所宜言，朝廷自有權衡，則臺諫之所宜言者何事宜，夫不肖者，毛舉細故，賢者亦托空談。夫納諫美名也，朝廷之所甚願，侵權大惡也，人主之所深忌。今避所甚願而予以所深忌，非宰相之罪而誰罪哉。何謂摘疵？求言既切，則言者必多，言之既多，則豈能盡善，而假公營私，飾詞希進，末俗之弊何所不有，是在朝廷廣采而精擇之。陸贄之言曰：天不以地有惡木而廢發生，天子不以世有小人而廢聽納，乃奸臣則摘其言之無當者，以生聖心之厭，又摘其言之有弊者，以激聖心之怒，既厭且怒，乃從而構之，以爲此輩皆無足采，徒亂人意，殊不知舜之取善，在察邇言而執兩用中，則所察不必盡用，而所言則無不察也。求言而懲羹吹齏，因噎廢食，是又宰相箝制言官之術也。何謂示意？自古設官類皆重内而輕外，近緣京職清苦，備外用以爲鼓舞之方，乃權臣即以之待，言官以爲明，行黜罰則朝廷有拒諫之名，言者遂沽名之願，不若微示以意緘默者，悉邀外用；多言者還原衙門。夫天下中材多而豪傑少，庸俗之貪利又甚於好名，彼見朝廷愛憎若此，誰不仰希風旨，以便身圖，道府爲方面之員。科道亦清要之選，賢者豈慕膴仕，何不可久於其職，不知其人果賢，既知其身之不用，言之不從，徵色發聲之餘，必不冐戀棧以增厭惡，其不能不奉身以退，相率以去者勢也。道光之末，謇諤節少，脂韋習成，非此之故哉。何謂反求言行相顧？儒者以勵躬修，聽言用人，朝廷原爲兩事，况人各有能有不能，置宰我子貢言語之長，而課以文學政事，必謝不敏；張良爲劃策之臣，令其出帷幄而當治國治軍之任，亦所不能，，則謂宰我端木不及冉季諸賢，張良空談不如蕭何、韓信可乎？又况權奸掣肘，必無成功，狄山之禦，匈奴周處之擊，齊萬年，卒以隕敗，豈由無才，至於父子、兄弟功罪且不相及，於朝廷之聽言何與，唯穆彰阿事成皇最久，知聖人敦崇實學，特重踐履，故每于進言之臣，責以踐言之實，一有不效，不明加排擊，而微示譏姗。聖心既以其言行不符而厭薄之，其人亦自顧懷慙，同朝遂動色相戒，乃至御史朱琦頗著直聲，求其身無可訾，則以其弟之獲罪，謂其家猶不治。朱琦論奏，遂多不采，豈知朝廷不以言用人，不以人廢言，賢人君子議論容有不可用之時，憸壬小人建白，亦多不可廢之處，今乃因言以責人，繼遂緣人而廢言，依託正論以售陰謀，此穆彰阿之奸，較載垣等尤不易識，卒以塞忠諫之路，成和議之失，釀潢池之禍，爲致亂之魁者，此也。凡臣所言，固爲已事，而援既往，可戒將來，且恐餘習亦未盡滌，聖主而能豫燭諸奸，則所謂好名惡實，有初鮮終之弊，皆不戒而自除，臣之所謂開言路者，此也。

軍興逾十載矣，瘡痍呻吟，遍滿海内，軍食誅求，猶然未已，然當事者苟能潔己奉公，搜括所得，盡歸實用，則民間雖筋疲力竭之餘，猶視爲分所應爾竭蹶輸，將此臣年來經涉南北各省得之目睹，益嘆聖朝深仁厚澤，浹髓淪肌，至是，而見其端也。唯其如此，聖澤愈可思，而民亦愈可哀矣。夫民爲邦本，人心未去，即天命長留，將幸其如此，遂縱斧斤以逞吾之欲邪，抑哀其如此。更恐其或不如此，而姑留有餘，俾不至於途窮倒行也。方今厲民之政，指不勝屈，其大端則津貼抽釐勸捐，津貼雖僅行之四川，而按糧加派各省多有，亦與津貼無異，抽釐勸捐則天下皆然，其言曰括民以養兵殺賊，即所以爲民，然殺賊而賊愈多，是賊未殺而民先死矣。又况緣勸捐抽釐而激變者，已踵相接，所得錙銖，所失山嶽，民將去而爲賊，尚何殺賊之云乎。唐時道州蠻掠居民，而諸使調發符牒至二百函，元結作詩，以爲賊之不如。宋葉適謂國家偶經兵亂，不肖之吏因而促迫草芥其民，賊未足以爲病，官吏已相與亡其國。羅大經謂古今國家之禍，兆之者夷狄盜賊，成之者不肖之官吏。當變之起，不務爲弭變之道，乃以幸變之心，施激變之術，借生靈之性命爲富貴之梯媒，日甚一日，而國隨之矣。三復斯言，歷朝同慨，令督撫大吏迫于饟饋，但顧目前大張網羅，廣縱鷹犬，而且以所得之多寡，爲考成之殿最，屬官仰承意旨，憑籍威權既飽私囊，復書上考，則亦何樂不爲，何所不至，是督撫雖不至以幸變之心施激變之術，而所任用借生靈之性命爲富貴之梯媒者，可勝數哉。本朝家法以愛民爲本，度支雖絀不肎加賦，然現如津貼加派，亦即加賦之别名，勸捐抽釐，雖非加賦，而害更甚於加賦。蓋加賦根於糧畝，猶有定額，捐釐全無依據，可以意爲抽釐之貨物具在目前，侵吞有限。勸捐之産業，由人指報，弊混無窮，三者均之苛政。勸捐尤爲最虐，勸之不從，則脅以威脅之不遂，則陷以法，甚或誣以通賊，授意訐告，淹禁桎梏，雖紳宦士類無所區别，摧辱折磨，必遂所欲而後已。究竟焦爛之餘，所獲幾何？以之助軍，有類太倉之一粒，而民生重困所不忍言，富民轉爲窮民，窮民去而爲盜，臣不敢謂殺賊而賊不盡也，誠恐賊盡民亦隨之盡耳，此等情形南省尤重。夫官以巡撫爲名，顧名思義之謂何？臣伏望朝廷慎簡疆臣，諄諄告誡，所謂勸捐抽釐雖不能遽罷，亦當哀矜惻怛，勿爲竭澤之漁，慎擇委員，約束胥吏不爲已甚。或謂此言亦類紾臂而姑徐徐，是大不然，即以抽釐而論，臣自丁憂起復，來往兩湖，初過漢川，釐卡胥吏猛若虎狼，亦身受其擾。及其再至，則甚帖然。臣默然識胡林翼之爲立法之始，不免過嚴，既定之後，亦即從寬也。又所善原任衡永道李惟醇語及抽釐，但有愁嘆，遇事每抑吏役而恤商民，衡湘千里，釐卡林立，終其任無一事，以此類推於無可如何之中，未嘗無補偏救弊之術。如津貼、勸捐、抽釐或用一停二，勿同時並舉。勸捐分上富、次富，勸其上即舍其次，抽釐有總卡分卡，持其總即撤其分，以及視緩急爲寬嚴，量時勢爲操縱，勿一成而不易，勿有張而無弛，地留有餘，弊去已甚，寬一分，民受一分之賜，亦何至束手無策哉。臣之所謂恤民隱者，此也。

盜賊之起，由於吏治之漓，吏治之漓，由於登進之濫，夫用人之宜，用正途，而目前之妨正途者，曰捐納、曰軍功。捐班之妨正途，害吏治也，夫人能言之，朝廷亦知之，知之而苦於捐例之不能停，則不得已而聽之。夫既已聽之，則不必更問吏治矣。乃朝廷猶拳拳以吏治爲念，言者亦緦緦以吏治爲言，則臣請得切指其弊，而望朝廷之有以挽回於萬一也。夫捐例之不能停，此出於不得已者也，必使捐班加於正途之上，勢且擠正途而盡去之，勢且迫正途亦效捐班之所爲，俾天下之仕者，不盡出於捐班不止，俾天下之人心風俗不盡化爲捐班不止，此亦可謂之不得已乎，而尚何吏治之可言乎。昔之捐班不過於正途之外别添一途，未幾而並駕齊驅矣，未幾而出乎其上矣，今則正途寥寥有日少日無之勢，此其故計臣疆吏分任其咎，而督撫爲尤甚，各省風氣略同，而直隸、河南爲尤甚。近日吏部選法，正途人員幾無到班之日，此部臣欲鼓舞捐生知有度支，不知有吏治，此猶爲經費所迫而然也；若督撫之厭惡正途，任用捐納，則不盡爲鼓舞捐生而然也。南省苦兵軍功之員較多北方，安靖捐班之勢尤盛，臣于庚申之秋，行過保定，見彼處即用人員不但終身無補缺之望，幾於終身無委署之期，困苦窮餓莫能名狀，至有追悔不應會試中式者，此誠駭人聽聞，爲從來所未有也，夫督撫既不爲鼓舞捐生起見，何其好惡拂人如此之甚。臣蓋深心體察而得其故矣。正途固多敗類，捐班豈盡賢員？無如正途之員來自田間，多由寒畯，其見識迂陋，舉止生疏，面目可憎，語言無味，其作奸犯科類不當行，往往迫督撫以不能不知、苦督撫以不能不辨優容不已，必至決裂，決裂再三，必至厭惡者勢也。若捐班實由殷富，來自田里者百無一二，要皆官員子弟戚友，吏胥依草附木，久居衙署，此豈寒酸措大之比哉。

其於官場之酬應儀節趨蹌答，對簿書期會之爲，舞文弄法之巧，耳而目之，童而習之，養成便佞桀黠之才，助以聲氣党援之盛。初登仕版，老吏不如其未作奸，大吏見其當行能事，故以爲才。其既作奸能發能收，大吏口雖不言，心或更以爲才，愛重不已，必至倚任，倚任不已，必至保薦者，亦勢也。因而托於鼓舞捐輸，力抑正途，又或托於一視同仁，唯賢是任，究其所謂賢者，亦皆捐也，習尚若斯，遂成風氣，飢寒所迫，群起效尤，正途始而憤之疾之，繼且慕之學之，夫同一作奸，督撫樂於無事，則以其不敗者爲幸，朝廷百姓交受其害，則以其易敗者爲幸，至於慕之學之，則不當行者，當行易敗者，亦不敗矣。昔人謂賊吏犯法，法在奸吏舞文，法亡吏治至此，人心風俗至此，危乎不危？又況開科取士，每進千人選缺，補官歲無一二，求才幾成虚語，應試將至無人，可不堪爲流涕長太息者哉。然以此等流弊降旨明詰，部臣無以自解，督撫必不肯承空言告誡，終於無益。爲今之計，捐例既不能停，惟有速令廷臣集議，酌改選補現例，明定各省委署章程，捐納正途劃爲兩途，選補委署各不相涉。正途之人不妥仍用正途，捐班不能侵占，更宜略分先後，稍示重輕，督撫有意故違，部臣科道糾察立參，如此庶可挽回于萬一乎。若軍功之有妨正途，人亦知之軍功之有妨吏治，人或未知之也。三代而下，文武異途，兵民分治，既分之後，勢難復合。宋祖承五代之弊，以士人爲縣令，論者謂所以開三百年太平之治，蓋材官武夫原不足當親民之任，况值閭閻凋瘵，貲郎取償之餘又加以武健倖進之吏，以其殺賊之技殺民，民何以堪？且人才難得，才而兼文武者尤難，如諸葛亮猶短於將略，光武功臣多不任以吏事，今軍營保薦類曰文武兼資，若皆才過蜀相，品軼雲臺，何乃多才而賊未平，將毋標榜亦遇其實，又况或無考語，但遇立功，不授以都守參游，而保以牧令道府，道府再保，便至兩司，兩司再保，便至巡撫，不數年間已去横戈躍馬之場，而總察吏安民之任，縱其才能出衆，亦恐素所未嫻。或謂軍營保舉，但視原資，彼既起家文職，不能再保武弁，又用人之際諸多牽就，啗以所欲，始得其力，臣皆以爲不然也。近日從軍之士，往往預捐文職末員以爲保薦地步，窺其用意之深，早已垂涎膴仕。夫用武而令以就文爲願，得官而以多才爲榮，追其得志不問，可知朝廷文武並重，各用所長，有功而升，以專閫，甚或錫爵，豈猶不足爲榮。文吏所以養民，作吏而任其殘賊斯民以徇軍營牽就之舉，此爲得不償失。夫以殺賊立功，而令牧民是用所短，以叙功授職而令害民，不如無功。臣請朝廷從今著令，不問原資文武，但問所立何功，除襄贊運籌仍授文官，其餘即縉紳生監既以殺賊爲能，便授帶兵之職，不徒用其所長，抑且酬其壯志，庶幾文武各當，兵民均安。蓋軍功人員之有妨於吏治，事方始而害未彰。朝廷知而預防，較捐班亦易爲力，誠不可不加之意也，臣之所謂整吏治者，此也。

自來一統之朝，往往一隅有事，天下爲之騷然。唐以前兵即取之於民不待言矣，宋元以來所用屯軍召募，弊仍如故，則餉之爲也。軍興必以餉，餉必籌之，未被兵之地，兵一日不罷，餉一日不已，悉索之餘，完善亦皆殘破，變無事爲有事，比之剜肉補瘡無救於瘡，而彼復成瘡，勢必至於瘡痍遍體，剜無可剜，事不可爲矣。今賊起于粤，而楚吴，而浙閩，遂至豫蜀燕齊莫不有事，僅餘秦晋幾幾乎剜無可剜矣。若不上下古今深思熟慮以求（至）［生］計，是始因一隅摇天下，繼乃可以一隅支全局，竊恐數年之後挽救之策，將無所施。夫一統之朝，幅員寬廣，徵兵集餉，古今之弊略同，特不解分裂割據之時，如六朝之十六國，五代之十國，又或如春秋之列國，小者不過今之一縣一府，大者不過一省，亦各保有境土，猶或狡焉，啓疆未審所調何處之兵，所撥何處之餉，然則有人此有土，有土此有財，非即以其土之人守其土，非即以其土之財養其土之人耶！臣讀明臣王守仁之書，其平宸濠於倉猝間，檄守令各率吏士勤王，所謂吏士，除兵勇外，牌行州縣各率打手數百，赴召所用，分哨領兵，即知府、通判、知縣等官，遂能於旬月之間集兵萬餘，俘擒元惡。假令如今日奏調他路之兵，請撥鄰省之餉，曠日持久，此之兵餉集，彼之兵餉不知增至幾何，守仁且爲宸濠擒矣。然則守仁功誠偉，亦值彼時之守令原有可率以勤王之人。夫打手即民快之别名，而多至數百，頃刻立赴，恃以殺賊，此必非臨時召募，亦非州縣私俸能養可知。惜其章程無從詳考。臣請師其意而斟酌以定制，令大縣養勇四五百人，小縣二三百人。完善之區於正供之外按糧酌派，足養其人而止；殘破之區錢糧蠲緩，視正供額而損益之，足養其人而止。一切勸捐抽釐、搜括民財諸弊政，概行停止，即無力兼辦團練亦聽之。此數百人募本縣之良民，即以本縣之官領之。此數百人之糧餉，即以本地之紳耆掌之。認真訓練，備本省之調遣。一縣有事，數縣之勇赴之。牧令爲偏裨，道府爲之帥。一郡有事，數郡之勇赴之。道府爲偏裨，督撫爲之帥。約計一省州縣，酌其中每縣可得三四百人，每省可得二三萬人。此二三萬人之兵與餉，不假外求，約而舉之，其利有十。寇盜竊發，即本管道府可以隨時調集，事半功倍，一也。以其地之兵擊其地之賊，天時地利皆所諳習，二也。所用皆良民，無跋扈之虞，通賊之弊，三也。賊平無事，散有所歸，四也。以百姓爲兵，牧令爲統領，上司爲元帥，將與士相習，將與將又相習，五也。拔其本境之豪，以爲哨官隊長，銷患於未形，而團練之流弊除，六也。州縣皆有備，互相應援，賊來不至棄城，四鄰可以入保，七也。按畝酌派，派有定額，共見共聞，官紳橫取，上司易於覺察，小民可以控訴，八也。地方官身爲統帶，則此數百人不得恃以保境，先恃以保身。虧額侵餉，技藝生疏，調遣固易敗露，臨陣且身先受害。况官領兵而虧額，紳必不服，紳領餉而侵餉，官必不從。以本境之財養本境之勇，而有名無實，民亦不肎。有弊易於發覺，九也。捐餉辦團，一錢到官，其飽貪吏劣紳之私囊，而快其恩讎者，不知凡幾。此法行，則一切停免，事均平而害輕減。官收養民之效，民解倒懸之厄，十也。或謂焦爛之餘，此法雖善，均之病民。斯言是矣。然同一事，當權其利病；同一病，當權其重輕。現在之民誠不宜擾，然自審從此與民休息，遂可無求於民，則此誠爲多事。如或不然，則與其勸捐不已，加以科派，科派不已，加以辦團，又加以官紳之侵削，閭閻重困，功效全無。縱使括民之財，其數相等，亦當舍彼從此。况於勇無定額，先量其力之所能，事有緩急，亦可隨時增損。必能減於平日搜括之數，而不至困以所甚難。且直省錢糧銷數，以兵餉爲大宗。此法若行，並可漸裁無用之兵，移養有用之勇。分正額一分之錢糧，即可寬税外一分之加派。其利變而無窮，具效久而滋大。又或謂牧令既任牧民，又兼帶勇，文武之才，豈可多得。不知秦漢郡縣之官，皆兼兵民之任。朝廷科條政教，孰不待人而行？不可以法之善而廢人，亦豈可以人之難而廢法？况創法之始，非賢俊不爲功。法定之餘，雖中材亦可守。如果朝廷以是爲賞罰，大府以是爲殿最，趨向成習，講求益精，庸駑以觀感而知奮，人才以磨練而愈出矣。臣現寓鳳臺，其知縣令里民養勇，隨其貧富以爲多寡，得勇四百人，分布太行各隘，補兵力之不及，經年而民無怨讟。賊知有備不來，是亦彷佛此法而頗著效者。擴而充之，斟酌盡善，何慮賊之不平？臣所慮者，唯在督撫不得其人耳。督撫得人，自能選擇屬員，變通鼓舞。用一人以安一省，知人善任，則朝廷之所憂勞者矣。臣之所謂籌軍實者此也。

行軍之要，威克厥愛。今軍營保舉盈千纍百，而誅罰百無一二，此師之所以少成功也。然師老餉匱之餘，所恃以維縶鼓舞者，僅此官階名器。在軍帥或不得已而保，則朝廷亦不得已而從。雖然，賞而優可也，賞而濫不可也。夫賞重罰輕，已與用兵之道相悖；賞而至於濫，則無功者冒功，有功者不賞。得之不足爲榮，不得不足爲辱。是所恃以維縶鼓舞者，適足以怠軍心，解衆體。此近日師之所以少成功，尚非賞重罰輕之謂也。夫賞而優，可云不得已；賞而濫，亦可云不得已乎！然則欲師之有功，必先賞罰當。賞罰當，必先功罪明。功罪明，賞罰當，則雖有時賞過於罰，猶足以維縶鼓舞於什一。是朝廷留心賞罰，先宜核明功罪。軍興之初，猶不過接仗掩敗爲勝，殺賊以少報多。近日則幾於以無爲有矣。如殘破之城，賊所不顧，偶一過之，則奏逐賊出境，力保危城；焚掠既飽，歸其舊巢，則奏殺賊無算，一律肅清。究其所謂保城、殺賊，並無其事。夫此等情弊原不難知。如既云逐賊出境，則賊何敢再來？既能殺賊肅清，則再來亦能堵禦，乃未幾而出境者復入境，肅清者不肅清矣。朝廷不合計其矛盾之狀以核功罪，而分據其前後之奏各施賞罰，於是賞重罰輕，而賞者濫矣。甚或有賞無罰，而濫者益濫矣。軍帥督撫始而嘗試，繼無忌憚，遂至空中樓閣由其意造，師律至此，安能平賊？賊愈熾則兵愈久，兵愈久則餉愈窮，餉愈窮則一切苟且遷就之計愈出。相爲循環，莫知所極。此朝廷未嘗認真核明功罪之過也。單營期飾之弊，近日言者屢以爲言，明詔亦嘗以爲誠。然而積習既深，空言安能挽救？天良已昧，聖語無從警惕。是非有策以杜其奸，而懾其志不可。臣嘗值史館，讀平定三省邪匪方略。竊歎仁宗睿皇帝聰明聖智，其挽回軍營歷年之積習，成肅清三省之大功，必細心紬繹，始得聖人用意之精深於萬一也。三省軍務，其始流弊雖不如今之甚，而大略亦同。仁宗親政，先謀元帥。以德楞泰勇略過於額勒登保，而公忠不如，卒以額勒登保爲經略大臣。額勒登保之爲將也，目不識漢文，而忠誠無僞。其奏事勝則言勝，敗則言敗，絶無增飾。命將得人，固已饒先著而握勝算矣。當時襄陽、達州之賊，各以五色分號，分突川陝楚，股數至多，或分或合，不可勝紀。於是分命某軍勦某股之賊，以專責成。逾境窮追，期於撲滅。命各省督撫、各督守令堅壁清野，各守其地，亦有專責以斷賊援，經略總其成，軍帥督撫分其任，其軍報不准含糊，言賊不准云忽添另股，必曰某號某賊酋，率賊若干，來自何處，戰於何處，殺賊若干，餘賊若干，竄於何處，我兵作何跟追，彼處有無他軍邀截，應歸何帥接辦，其地名必冠以州縣，如黄村必日大興之黄村、蘆溝必曰宛平之蘆溝，此境之賊竄出彼境，則曰某人在前何以不截，彼境之賊竄入此境，則曰某人在後何以不追。此奏賊衆一萬，殺其五千，彼奏又殺五千，則賊應盡，其或不盡而反多，則兩奏有一不實，既各有責成，則各任功過，各任功過，則過不能相顧，功不能相掩，參觀互證，而得其矛盾破綻之處，詰責隨之，詰責不已，誅譴隨之，是以階前萬里，瞭如指掌，軍中動静悚若親臨，功過賞罰大公，悉當將士安得而不奮，盗賊安得而不平哉。臣私心妄揣當日宵旰之勞，襄贊之勤，所不待言，即黼座之旁，樞密之地，軍情章奏亦必撮要另記，輿圖地志亦或張挂羅列，朝覽夕稽用能批答，悉中機宜成功若斯之盛也。爲今之計，正宜仰遵成憲，以袪積弊，唯此等亦微臣管窺蠡測，零記合參得其大概。方略之中，原無明定章程，似宜令樞臣討論斟酌，參以時勢著爲條款，實力照行，必能破除欺飾，俾將帥知所警惕，稽核功罪而賞罰，可以勸懲矣。抑臣更有請者，前代行軍或置監軍，唐以宦官，明以御史。宦官無論矣，若御史不令其參謀略以侵主帥之權，而令其察功過以防蒙蔽之弊，似亦救時之權術，矯枉之善策也。臣之所謂詰戎行者，此也。

臣伏讀《平定三省方略》，見睿皇帝之馭將也，勞雖微必録，惡雖小必懲，戰勝則手詔褒之，賜物寵之，甚或榮以御用冠服，頒以上方食品、醫藥，以慰其病，優恤其父母子弟，以安其心。凡所以鼓舞而激勸之者，無不至也。惟獨官職之升轉，則非剿盡一股之賊，殲一著名之賊酋不可得。即額勒登保平苗疆時已封侯，官領侍衛内大臣矣，移師楚蜀未嘗敗衄，特以師久無功，降其官爵，僅留虚銜，仍令帶兵自贖，迨至馳告肅清，克膺懋賞，仍不過領侍衛内大臣封侯而已，後值聖駕東巡，額勒登保留京，病篤，乃弛命回京晋封公爵，受封未幾而卒，中外始曉然於聖主之待若人，非吝此一階，其遲遲蓋有爲也。聞其病而馳封，則欲封亦已久矣，其遲遲原非得已也。昔宋祖於曹彬吝一使相，用意之深，正與此同。豈非以使相公爵人臣極品授之太早，則有功無以復加，而志驕意滿之後，再用亦難有功。夫額勒登保、曹彬賢將也，而猶若此，然則朝廷名器難得，則足以爲榮，易得則不足以生感，馭將之道，有不得不然者乎！而況材官蹶張之倫，視曹彬、額勒登保無能，爲役甫立，微功即授大官，彼以所得爲可貴，則長其驕，以所得爲易得，則生其慢。既驕且慢，所謂飽難爲用，求其復再立功不可得矣。今用兵已逾十年，其殲一著名之賊酋，剿盡全股之賊者，甚數寥寥，克復之城，類多賊自委城而去，保奏官職，臚列千百，縱使所奏皆已覺過濫，況又不實，何以勸人。近日綿州圍解，劉蓉以贊畫之功，由知縣超擢布政使，縱云破格用人，未免進之過驟，究竟不過一戰之功，賊猶見在，假令克復已陷之城，平定兩川之寇，未審朝廷更以何官賞之古者。計功授禄，量而後人，劉蓉果賢，必且讓不敢當。昔教匪之役，四川知縣劉清亦以才略政績名達九重，破格超擢，然嘉慶十八年猶官山東鹽運使，後乃洊升藩司計，其資格殆二十年。劉蓉之賢縱能十倍劉清，而遷官之速十倍不止，即此一端，視從前用人馭將之道遠不相侔。夫朝廷名器太輕，人以爲易得，得之不足生感，猶可言也，人人更以爲應得不得，轉多觖望，則鼓舞之策，戾駕馭之術，窮矣。臣伏願朝廷於官爵名器宜加珍惜，非剿盡全股之賊，殲著名之酋，不輕擢授。尋常勝仗，温詔褒嘉，賜予優異，已足爲榮，庶幾以難得者爲可貴，則得之足以生感，不得亦各思奮，此誠鼓舞群才之善策，駕馭英豪之大權也。臣之所謂慎名器者，此也。

國家之厚旗僕者至矣，而八旗生計日益困乏，原其始，合計中外禁旅駐防二十餘萬，而居京者半之，圈近京五百里之地，重逃旗出外之禁，居重馭輕，非僅爲謀生聚，所以固根本而資環衛也。己而丁口日增定，爲十二萬甲，丁雖增而兵額不增，是在康熙朝已逆料餉糈之難繼矣，特未預籌安置散丁之法耳。乾隆朝八旗丁册已數十萬，約計今日又當數倍，而糧與地不加多安得而不困乏哉？重以國用日絀，圜法屢變，南糧近又大缺，丁口日增一日，廪給日少一日，岌岌之勢，猶不可亟，爲之計可乎！夫生齒日繁，一甲之丁積爲數十丁、數百丁非復一甲之糧所能贍，此人所易知也；以一甲之糧兼支數十丁、數百丁，則此一甲之糧雖有若無，而飢寒困苦救死不贍。國家養此一甲之兵，亦雖有若無，此人所未及思也，此庚申之變，竟不能背城借一，而圓明園官兵望風即潰，環衛遂無寸功，盡旅幾同虚設，推原其故，非盡由於承平廢弛，乃未能及早爲之計也，豈不重可嘆哉。見在當務之急，無過講武，講武宜先練兵，練兵而餓其體膚，困其父母妻子，雖孫吴不能以從事，况其爲旗民世僕根本至計耶！考先朝諸臣嘗有以此條奏者矣，舒赫德謂東三省沃壤數千里，僅爲牧場閑田，請移八旗散丁數萬以實舊都。孫嘉淦謂獨石口外之紅城子、開平，張家口外之興和城、新平城，川原膏沃，可耕之地各數萬頃，請於四城駐防滿兵若干，令其屯墾牧獵，又旗人願下鄉耕種者，給旗産，許其自種，漢軍罷仕者願在外者，允其擇樂土以長子孫。近人魏源著《聖武記》載之頗詳。又臣聞大學士祁寯藻言道光末年，樞廷亦嘗籌議及此，謂口外熱河等處，亦有閑田，足可屯墾，特苦於經營之不易，夫從前既已見及出終於躊躇未辦者，蓋承平之世變法爲難，又事未至於已極，則法猶可以不變。夫物窮則變，變則通。以今日情形言之，則誠窮而宜變以求通之時矣。宜令廷臣集議周咨博采，並取從前諸臣奏議，參以時勢而酌其可行，如關東口外之閑田，可否移屯清旗民之贖産與入宫之籍産，可否授田任其自耕，寬漢軍出外之禁，可否任其自謀，務在分布安插，勿拘一格，俾閑散自謀衣食，斯甲兵無所牽累，從而認真訓練以成勁旅。濟八旗生計之艱難，復國家禁軍之强盛，一舉而兩善備焉。蓋非常之功，每待非常之人，是誠有待於今日也。臣之所謂恤旗僕者，此也。

設官分職，自漢唐以迄元明，類多重内輕外，漢汲黯不肯受太守印，唐班景倩被召還朝喜若登仙，論者以爲朝廷於内外官不宜歧視，然歷朝官制皆詳内而略外，朝廷爲治原，京師爲根本，則重内猶可言也，若令之外重内輕，則自來所未有。夫翰詹科道爲清要之官，部曹亦政務總匯之司，何處不若道府，蓋緣京官俸入太微不能自給，於是垂涎外用，太久成爲風氣，朝廷亦遂就其欲惡以爲激勸之權，上考記名以道府用，比緣度支日絀，京官銀米折抵之餘，愈無以自存，遂紛紛投效軍營，隨辦團練以求出路，治原政本之地，恃以釐工熙績者，鬱鬱若不可以久居，其有關於政體甚大，而以侍從郎官之貴佝僂於外吏之庭，奔走于粗官武夫之麾下，廉恥道喪。其有關於人心風俗尤大，相沿日久，莫知其非，既不自重人亦遂不重之。臣愚以爲宜飭督撫及各路軍帥，嗣後不得妄奏京員供其差委，並飭各部院現在供職之員，不准從軍辦團，其翰詹科道及部院司員正途出身者，俸銀俸米宜何如量爲優給，俾可自力從從公以肅政體而挽士風，至於京官之羡外官，正所謂好官不過多得錢，而以今之外官論，則無一應得之錢然終於羡之者，豈人人思爲貪墨哉，則以外官相沿有不除之陋規也。陋規之大端，惟州縣徵收錢糧，平餘折耗，盡取于民，於是上司亦以節壽爲名，道府取之州縣，院到取之道府，其不能除而幾于人人皆然，處處皆然，何也？蓋自耗羡歸公，代以養廉銀，大員事簡而廉厚，道府以下事愈多而廉愈少，即以州縣論，廉多者不過千數百兩，少者五六百兩，而州縣延一幕友輒數百金，故衝劇歲入之廉，不能敵其歲出十分之一，此猶以承平時言之也。至於目前捐攤之款，日積日多，自州縣以至道府，所謂養廉非但化爲烏有，捐攤之數且溢于養廉之數，捐攤者捐廉攤廉也。至於捐廉而廉盡藩司盡扣，其廉不足以抵，猶復嚴催補解取盈焉而後止，亦不計所補解者，安從得也？此猶以道府州縣言之也，院司養廉較厚，捐攤所不能盡，而減折以來所餘亦遂無幾，臣在四川見總督養廉銀萬三千兩，僅餘兩千四百兩，其刑名幕友束脩，即千三百兩，幕友不止一人，費亦不僅延幕一事，其所餘將以辦公乎？以自養乎？近日官捐動曰廉俸所積，其實並無所得，又安從積？不過出其陋規之餘耳。是以今之外官，論應得之錢，實無一錢可得，古者重禄以勸士，庶人在官禄足代耕，今則監司方面之大員，不得比于士庶，所謂無以辦公猶飾辭也。深求其義，殆無以活命而猶曰：上廉則必蚓而後可。夫當官任事之時，責以曲肱飲水，雖聖人亦有不能。先事後食，人臣之義並食去之，身且不存，安能事事，匪頒詔糈古今常經，非特辦公宜急，即臣子之身家，亦君父所軫念，故重禄所以勸士爲宰與粟所不辭，在今日必以待禄而功爲可羞與粟而辭爲可貴，高則高矣，無如終爲勢不能，苦於不能而又不敢言，則不明取而暗取，如今所謂陋規，朝廷未嘗不知之，特以其不敗而聽之。幸而不敗則以爲操守廉潔，不幸而敗則以爲卑鄙無恥，是上下相蒙，教之作僞也。因而紳民挾持州縣，州縣挾持上司，地方有事，州縣不敢詰；州縣不肖，大吏不敢詰，各殫其才力聰明，以爲彌縫隱徇之計，遂有家家販私酒，不犯是高手之謡。此其廉恥道喪更有甚於貪墨。其爲吏治人心風俗之害可勝言哉。臣愚以爲宜罷有名無實之養廉，而令督撫以下各上其陋規之數，而斟酌其去留，令足以辦公自給，多者裁免之，隱匿者罪之，著爲令。而仍多取者以贓論重治之，不但可以整吏治挽風俗，也可以省度支，紓民困。惟道光初年亦嘗有此議矣，論者謂人情多貪，著爲定額又將於額外多取，其議遂寢。臣則以爲天下中材之人多，無可籍口。則以有所恥而不爲，隨以重罰，則以有所畏而不敢，果其黷貨無厭，則雖不定額，亦豈不能多取？況恤之猶不自愛，上之人施罰而心安，下之人亦受罰而無怨矣。臣之所謂挽頽風者，此也。

處多事之秋，而高談理學，鮮不以爲迂矣，豈知世之治亂原于人心風俗，人心風俗原于教化，教化原於學術，正學不明欲以施教化、厚風俗致太平，必不可得矣。是學術者政教之本也。國初理學調停于朱陸之間，其實沿前明餘派所宗尚者，陸王而孫奇逢、湯斌、李容諸人，敦崇實踐，類能救姚江末流之失，其粹然爲程朱之學者，不過陸隴其、張伯行數人，賴聖祖仁皇帝表章扶持，一以程朱爲歸，於是正學昌明，國運隆盛，人才輩出，流風餘韻至今賴之。而毛奇齡、閻若璩之輩揚孔鄭之餘波，爲考據之漢學，與程朱相難，亦肇于其時。迨至乾隆文治日盛，好古力學之士，益以考訂博洽相尚，嚴性理之空談，以記誦爲實學。中葉開四庫之館，紀昀等司其事，鈎元提要，凡遇宋儒之書，必致不滿之詞，微詞譏刺，于濂洛關閩爲尤甚，風尚所趨，於是乾隆以還，遂以宋儒爲詬病，性理道學，群相鄙夷，偶一及之籍供笑柄。翁方綱之不背程朱，適成左袒；姚鼐之文以載道，終屬支離，雖有一二豪傑如陳法、韓夢周，偶出其間，類如捧土塞河，無所補救，蓋周程張朱之學，至是或幾乎熄矣。夫以性道之空談，較見聞之賅洽，誠覺漢學實而宋學空矣，然亦思聖賢之學，果何學哉。非以學爲人子，學爲人臣，入事父母，出事長上者耶？以身心之踐履，較口耳之記誦，果何實而何空也。又況文字訓詁，器數形名，爲道所寓不可以爲道，講求既精，反躬無毫末之涉。又爲制度宜於古或不宜於今，束髮授書至於槁項，討論精詳，臨事不獲一用。夫洽聞殫，見著作等身，乃于天理民彜之實，身心國家之要，漠然初未介意，概乎其未有聞，此可謂之學哉？宜夫世道衰微，人道匱乏，士無氣節，民不興行，陵夷流極，以有今日。今則異學迭興，群爲利誘，充塞害政，尤未知所底止。然則欲正人心，厚風俗，以圖太平，非崇正學以興教化不能也。則曷仰法聖祖提倡宗風，退孔鄭而進程朱，賤考據而崇理學，今世之能爲宋學者，如倭仁、李棠階已爲碩果之餘，宜隆以師儒之任，責以教胄之事，如古之胡瑗孫明復就成均以設科，如近代之湯斌，雖公卿可從請業，優崇其恩禮而鄭重其事，以風示天下豪傑興起四方風動，是在朝廷轉移間而已。夫上行下效，捷于影響，君師合統，尤易見功，果能表章扶持，以承先聖，將正教昌明，邪説自沮，上禮下學，賊民自以不興孝弟忠信，可使制梃以雪國恥矣。臣之所謂崇正學者，此也。

右臣所上十二策，言雪恥而不及用兵，能自强始能服人也，言用人而不及理財，得人則事省，事省則用自節也；抉摘時弊不避嬋怨，兼忘忌諱，譬之醫者，洞悉病症始能投藥也。牽就時勢不爲高遠難行之論，譬之病已急，先治其標也。自惟嶺海孤賤，憂患餘生，徒以犬馬眷戀之忱，徘徊數月，莫能自已，終冒伯宗之誡而違括囊之占，儻蒙聖明省擇身，即阽危心猶厚，幸况于歸田負米之餘，獲作太平之民，臣之志願於斯滿足。《詩》云：“心之憂矣，疢如疾首”。今日時勢之謂也。又曰：“心乎愛矣，遐不謂矣”。微臣今日之謂也。臣不勝戰慄，待罪之至。

—18. 皇朝道咸同光奏議　卷一　治法類　通論

金安清（1816—1878）

字眉生，號儻齋，晚号六幸翁，浙江嘉善（今屬嘉興）人。國子監生，後棄舉業，游幕公卿間，官鹽運使、按察使。有《六幸翁文稿》。

淮軍平捻記書後

粵逆之變，始於道光三十年，自此三年之中，圍桂林、長沙，破武昌，陷安慶。咸豐三年正月，已直抵金陵城下。時豐北黄河决口，堵而不成，是年始塞。余司東岸大壩，事工甫竣，警報沓至。前鄂督周文忠公僑寓宿州，奉命攝皖撫，統師扼北竄，在徐州後路設糧臺，截留協餉三十萬，奏請余與查廉訪經理其事，余兩至宿城，與公籌方略，潁、亳間，承平時已多不靖，至是匪徒麕集，千里如蝟毛。文忠先除内釁，既剿且撫。日誅兇梗者數百人，血流成渠，余皆親見之。未幾朝命吕文節公、袁端敏公及今合肥伯相父子咸來皖，與文忠會。余雖在後路司糧臺，而南北軍情賊勢，三兩日必上書文忠，論一時窾要。文忠輒以示座客，曰："此天下奇才也。"故余與伯相初不識面，而互相知名，則自此始。是年秋八月，最後上文忠書，大略曰：髮逆之始不足萬人，入楚境而始衆。渡洞庭湖而群不逞附之，勢乃張。若使之踞守鄂城，分其黨爲三路。一由荆、襄窺川、陝，一由漢陽趨汴梁，一由安慶長驅北犯。則中原數省，民不知兵，大局瓦解久矣。乃艷心東南財賦，全股東下，其志已僭。日久破敗可必，惟皖北地大物博，爲南北朝征戰必争之地。揭竿四起，設有山澤雄桀之徒，假竊名號，徘徊兩利，則其患有大甚於粵匪者。宜及此時請帑數十萬，招徠醜類，率以南征。誘之并力於粵逆，倖而勝。梟獍固除，不得利，而肘腋之患，藉手於長髮殄之，此以毒攻毒，兩利之道也。文忠得書，拍案大悦，時工部尚書許文恪公舉海内人才，以余名上，奉旨飭赴豫軍，文忠乃與奕揆帥公疏曰：金某才猷卓練，識略明通，講求經世之務，志切匡時。其議論鑿然能見其大，平時居心辦事，誠懇周详，不遺餘力，實爲宇宙有用之才。請仍留江蘇云云。未幾，文忠以老病薨，奕相亦逝。余之議乃不果上，而張落刑即於其時起。是捻匪未發以前，余固先策其必横，而預爲之所也。逾六年，當歲己未，皖撫翁中丞會勝宫保駐軍五河，壽州捻首張龍、任柱等據鳳陽、懷遠，句結髮賊陳玉成、李秀成，蔓延淮河上下，雖李兆受已受勝軍之撫，苗沛霖亦方以土團佐軍，而皖軍火器不精，短兵無力。余在江浙代籌皖餉，乃上書勝、翁二公，宜用洋人槍炮，庶可制賊死命。由上海購洋炮三百尊，洋槍倍之，載至五河，子藥悉備，一抵營而分布水陸。即日開仗，所發必洞，捻匪大駭。後來鳳、懷二城相率克復。余又重價購得連珠手槍，一發可三十二出者。勝公携以自隨，八達嶺之敗，賴此槍以擊賊，危急中恃以自全。蓋用洋人槍炮之議，亦自余首試之也。惜其時軍餉奇絀，江浙旋陷，勝、翁亦先後被議，故其效雖顯著而無人能推行。至同治初元，伯相督師上海，遂獨行其計，與余前意脗合。卒以此蕩髮除捻，立功天下，豈非天意也哉。捻匪之技，不如粵逆之堅悍，而飄轉迅疾則過之。勝、僧治之於前，曾、李殄之於後。勝則以撫爲剿，僧則以追爲剿，曾則以守爲剿，而李則兼撫、守、追三者而合用之。先後次第，井然不紊，其成大勛宜也。

三代以下，潢池之患，陳涉始於秦，赤眉横於漢，而黄巾恣於東京之末。迨唐黄巢遂爲朱温之嚆矢。汴宋之方臘，幺麽不足言。惟元之韓林兒、劉福通，爲群雄之首。明祖摧亮削誠，遂得天位。崇禎時闖獻之禍，所擾不過川、陝、豫、楚四境耳。洪、盧諸人，未嘗不可辦賊，而事權牽掣，忽東忽西，即楊武陵十面張網，及以蜀爲阱。其説頗長，而行之不竟其用，千金之堤，一蟻穴潰之。誰謂人謀可勝天定乎？我朝國初之先後三藩滋事，兵勢方盛，戡定非難。川楚之役，固得力於堅壁清野，然無額、德二公游擊之師，二楊、羅桂窮搜之力，則江漢以東，亦不能高枕。當咸豐一朝，髮逆蹂躪遍海内，捻患則僅皖北一隅，所毗連者，中州東境而已。迨江浙師熸，近畿海警，直東之河北長槍會、連荘會、白蓮教紛起滋擾。捻焰始張，即禦賊之土圍，亦恃衆劫掠，兵與賊了無辨。使同治元二年間，苗沛霖尚梗，不誘擒四眼狗，而張落刑、龔瞎子不能斃，則中原事不可問矣。曾相建四鎮之議，李相爲扼守運河膠、萊之策，皆蕩平群捻之無等等咒。不及三年，大功告蒇。宗社之威靈，諸將帥之勇略，觀周君此編，有可爲贊嘆欣服者。然而聞之兵法曰：十者圍之，五者攻之。捻馬多至十數萬，星馳電掣於東西數千里之地，以不及十萬之師，僅恃河濱一牆迫之，欲無間隙，亦綦難矣。膠、萊内潰，固東軍不能并力。而賊之鋭以縱來，我之兵以横布。一地失，而諸軍卷甲不及救，亦形格勢禁爲之也。登萊、青、濟、泰、武，苟陷一二名城省會，賊以少衆綴我師圖克復，而偵伺圍軍單薄處，以全力赴之，南侵北竄，其所向詎有量乎？故辦流賊，當以設謀解散爲上計，而堅壁清野次之，集烏合之衆，食飲動息與賊同而驅之并命者，則又其次。自古無長圍之説，而伯相乃竟以長圍建大功。蓋前敵之士，有長圍則心志固，守河之士，有長圍則勞逸均。先爲不可勝，以待敵之可勝。運用之妙，存乎一心。此又馭軍不可傳之祕謀，而即爲滅賊不可少之長算。其時疆臣之不盡同心，與朝臣之未能深信，交相摇憾，浮言朋興，皆未預當局以意決之耳。然他日或有類此之役，而輒以長圍爲伯相功，以長圍爲不可易之法，則伯相所未必許也。兵無定形，勝無常計，師古法而不泥古法，庶可稱善學孫叔敖者矣。捻匪始患，余目擊之而預籌之。洋炮之利，余親試之而首行之。今乃投老空山，追懷往事，徒濡墨以記其崖略於簡末，靦顔視息，未縻軀命山追弧躍馬之場，其無能也，正其大幸也歟。

—6. 皇朝經世文續編　卷九五　兵制二一　剿匪三

彭玉麟（1816—1890）

字雪琴，號退省庵主人，湖南衡陽人。附生，官至兵部尚書。謚剛直。有《彭剛直公詩集》。

敬陳管見籌自强之計疏

奏爲敬陳管見，仰祈聖鑒事：竊臣少更憂患，長從軍旅，近則鋒鏑餘生，久攖痼疾，自問平生無日不在憂危困苦之中。目睹時局難艱，内患外侮，伏於無形。我皇上沖齡踐阼，兩宫皇太后垂簾聽政，日理萬機。臣受恩深重，自愧不能稍分宵旰之憂，耿耿此心，如負重疚。每當中夜彷徨，爲國計民生，通籌大局，誠有亟宜自强，不容一日稍緩者。然如購備船炮，廣儲軍火，籌劃餉需，似自强矣，而非自强之根本也。論今日之時勢，譬猶大病之後，元氣久虚，治表尤須治裏。又如樹木欲其枝葉茂盛，必先培養根本。臣不自揆，妄抒愚戇之見，熟籌自强之策，請爲皇太后皇上縷晰陳之。

一曰清吏治。州縣親民之官，最關緊要，苟不得人，即爲地方之害。卑污貪鄙，固當參革究辦，庸遝委靡，亦當分别降調。兵燹之後，民生多困，實由吏治多疏。各省候補人員，流品不一，大吏往往優容。不知優容於知恥者，尚可激勵自新，優容於不知恥者，適足以養成不肖。近來各省風氣，往往因候補人員擁擠，輪署州縣，而實缺轉少，從此官常愈壞，百姓之受禍愈酷。何也？官員之署事，譬之住屋之租賃，自家住宅，稍有破壞，急急補治，責無旁貸故也。若借居蘧居，明知非我之屋，不特不加修葺，甚至任意糟塌，拆屋作薪，久之輾轉租賃，勢必至棟折榱崩而後已。今之委署人員，大半類是。天下百姓具有天良，豈肯甘心悖逆。從前叛逆滋事之地，非地方官貪酷逼迫，即地方官寬縱顢頇，此中消息甚微，關係甚大。欲求州縣之得力，全在統率之得人。督撫者通省之統率也，司道者各府之統率也，知府者州縣之統率也。從前承平之時，朝廷視知府甚重，京察一等人員，道府並用。凡擢任知府者，屬吏之賢否黜陟，得操其權，頗得上下相維之本意，近十餘年來，知府之權輕矣，各州縣于司道督撫分位懸殊，情事扞格，其中貽誤，實非淺鮮。臣愚以爲欲辨州縣之賢否，必專責成于知府。各省知府果能勤慎廉明，嚴察屬吏於賢者准密保，於不賢者准密參，仍由督撫司道，詳確考核，總以有實據爲主，不逞私臆，不徇情面，吏治一清，天下何患不治。擬請旨飭下各省督撫，廣求循吏，久于其任，勿以委署爲調劑之具，庶不至視官爲傳舍，而吏治日有起色矣。此自强之根本一也。

一曰嚴軍政。自古談兵之書，以一語賅之，曰兵貴練而已。國家養兵數百年，司農所入，大半以供軍餉。乃粤逆創亂，曩之擁厚禄顯爵者，所率弁兵，莫不望風披靡，此豈兵之真不足恃歟？將帥習於安逸，官弁習於驕肆，兵丁習於怠惰，吞糧冒餉，老弱充數，不但兵不知兵，將亦不知兵，無怪糜爛半天下也。今日之情形，則又不然，向時所謂驕肆怠惰之官弁兵丁，業已化爲烏有，各省水陸提鎮，多由戰功洊擢，各省兵丁，亦多另行招募，非曩時不知戰陣，不習操練者可比。自此訓練有方，不准沾染習氣，自必事半功倍。然防微杜漸，不可不嚴。倘提鎮稍事安逸，則官弁即習爲驕肆，兵丁即習爲怠惰。天下事挽之甚難，敗之甚易。居今日而不痛加整頓，則天下之兵，又成虚設，豈不大可惜哉。然欲練兵，必先足食。兵餉原有定例，兵米亦有定數，近因經費支絀，所發兵餉，或七成八成不等，且有同在一省，所發不一，或七月八月十月亦不等。至兵米有向在各州縣給領者，現亦隨餉或七成八成不等，又或每石折銀若干，輾轉核扣，不足以贍一身，又安望其專心操練乎？臣愚以爲各省之兵，缺額不補則可，缺餉少發則斷不可。擬請旨飭下各督撫，查明舊制，發給滿餉，兵米亦照定例發給，不准折銀剋扣。食足則兵足，老弱不汰自去。如有攤扣兵餉，吸食洋煙者，官弁兵丁殺無赦，庶幾軍政日嚴，緩急可恃。此自强之根本二也。

一曰端士習。夫言自强，而歸之士習，其説似近迂闊。然士爲四民之首，人心風會，因之轉移。軍興二十餘年，卒能削平大難，由於士氣固結故也。古者教士于庠序學校。，今日之教官，猶其遺意。然名存而實不符矣。近時士習，砥行立名者固不乏人，而不顧名義，趨利若鶩，甚至武斷鄉曲，挾持官長者，比比皆是。州縣容忍調停，希冀了事，而教官不敢過問，此就士之桀黠者言之：若夫良懦之儒，安分守己，偶有小事，與官場交涉，地方官痛抑之，或辱毆之，而教官亦不得過問。以至士習不振，刁生劣監，更得肆行無忌，此皆教官無權故也。或曰：教官冷曹閑職，無法律以正人心，無恩賞以激士氣，其隨波逐流，委蛇進退，亦有無可如何之勢。不知教官之不足有爲者，由於在上者視爲可有可無之官耳。誠能顧名思義，所謂教諭、訓導者，其義安在？昔宋臣胡瑗爲湖南學教授，設經義、治事兩齋，以教從學之士，千古稱之。彼獨非教官乎？誠得訪求一二稱職之人，樹之風聲，予以拔擢，天下聞之，靡然向風，未始非挽回士習之一策。擬請旨飭下各督撫學政，時時訪察教官之賢否。賢者量加保升，不賢者即行參撤，庶幾士林觀感，而人心日歸於正，風俗日趨於厚，此自强之根本三也。

一曰蘇民困。民之困不困於朝廷之法令，而困於奉行法令之人。瘡痍之氓，生計窮蹙，錢糧原屬正供，而浮收勒折，民不聊生。訟獄本求伸冤，而拖累稽延，永無了結。人命盜案，一役下鄉，數家破産。至於抽釐助餉，出於萬不得已，各省苦累極矣。而百物昂貴，其受困終歸於民。居今日而欲蘇民困，其計果安在哉？邦以民爲本，民以食爲天，仍不外乎開地利而已。兵燹後，江、浙、安徽等省，荒田極多，至今未能開墾，議者輙欲辦屯田，屢經奉旨飭查，各省大吏俱以爲難行。前兩江總督曾國藩覆奏，亦以爲窒礙多端，未能試辦。然則今日之荒田，竟將任其廢棄乎？臣愚以爲，欲開荒田，仍應聽民自墾。欲民自墾，非寬其賦税不可。荒田之不墾，固由於耕種人少，資本太重，而究其不敢承種者，實由地方官徵斂太急。其申報上司者，不實不盡，其取諸百姓者，搜刮無遺。耕種之計朝定，催科之吏夕來，按籍而稽，不遺餘力，一經入册，即使復荒，亦必完此空糧。相彼小民，何堪此苛政乎哉？誠能寬其禁令，甫經開荒者，一概不問。或種豆麥，或種蔬果，或種竹木，悉聽其自便，總使小民有利可圖。數年之後，利息果厚，酌量科徵，必須分别厚薄，斷不能照向來米數一律起科。一鄉如此，一縣如此，推而至於各府各縣皆如此，安見大利不可漸興乎？或謂禁令一弛，下則攘奪紛爭，上則中飽舞弊，而公家獨受其損，此誠難保其必無。然地方官果能盡心民事，嚴懲蠹役，則諸弊悉除，利源不涸，豈可因噎廢食，坐令數千萬頃地畝，竟成石田乎！擬請旨飭下各督撫，就各省地方情形，剴切勸諭，多墾荒田，寬其賦税，以厚民生，而培元氣，並通飭地方官，嚴懲牙蠹、訟棍，速理詞訟案件，不准姑息遷延。至釐捐雖不能停，不妨酌減二成。恤商即以愛民，自古富强之策，未有不從百姓始。此自强之根本四也。

以上四端，就臣管見所及，分析縷陳。如果根本既端，一面寬籌餉需，廣購船炮軍火等項，以備不虞之需，庶基址既固，規模益閎，内外本末，無不具矣。是否有當，伏乞采擇施行。若夫輔翼聖德，以端本原，遴選賢才，以膺艱巨，嚴宦寺以抑僥倖，減營繕以裕度支，伏讀疊次懿旨，俱在皇太后聖慮之中，無俟臣工鰓鰓過慮。臣尤伏願皇上兢兢業業，慎終如始，力杜粉飾因循之習，而絶無急功近名之心，常抱卧薪嚐膽之忱，而不作耀武觀兵之舉。天下幸甚！區區愚誠，不勝戰慄屏營之至。

—8. 皇朝經世文三編　卷一三　治體一　政本上

編教民

國家崇正學，開異端，教澤涵濡數百年于兹矣。而欲破堯、舜、禹、湯、文、武、周公、孔子之道之藩籬，借天堂、地獄之説以蠱惑我民心者，其泰西之傳教乎。泰西本基督一教，其後分而三：英吉利、德意志、丹麥、荷蘭、瑞威頓、瑙威、瑞西等國所從之教，耶穌教也；意大利、奥馬加、比非利亞、法國、西日斯巴尼亞、葡萄牙、比利時等國所從之教，天主教也；小亞細、歐羅巴東、俄羅斯、希臘國所從之教，希臘教也。各分門户，互結黨援，即在西國已啓争端。迨明季，天主教始入中國，從者尚少。厥後利瑪竇、南懷仁等挾天算、地輿之學來游内地，其所著《七寶》等書，理亦與儒者相近，故當時士大夫皆與之游，不甚鄙之。至道光、咸豐間，法人屢遣教士學習華語，奔走四方，開設講堂，于是奸民遂借進教爲護符，詐鄉愚，凌孤弱，占人之妻，侵人之産。及至事發，教士私相袒護，或若匿之講堂，或縱之海外，人民怨極，群思報復，遂至毁教堂，毆教士。滇案甫結，津案旋生，中外幾于失和，皆天主一教階之厲也。

第急于傳教者，衹屬法人，實與他國無與。中國人民未及辨此，統聞洋人之名而即惡之，一聞洋人之來而即避之。因甲嫉乙，在所不免。且法人本非富强，其所以自備貲本，周流勸導，必欲廣其傳者，實欲以小利小惠收拾人心，人心既附，然後可以惟吾説之是從，此中國大有所利耳。不料利不能圖，害且隨之。欲以之愚人者，適以之自愚。上年普國之戰，教人實啓其端。西班牙謂法國獨居惡名，受其實禍。伊慼自貽，將誰之咎。近聞印度拒額力士教，德國逐耶穌教，葡萄牙、西班牙皆籍教黨財産入官，意大利封教堂七十餘間，簿籍其産，此誠自爲消長之機。

現法人已知中國之良民斷不可入教，其入教者不過傭工貧民耳，村嫗社婦耳。即有桀黠莠民，籍圖生計，其實亦陽奉而陰違。于是自怨自艾，深悔前傳教之失，各國又群起而咎其傳教之非，可見秉彝之德，出于自然，發于天性，而天堂、地獄之説不足以勝之也。但華人之已入迷途者亦復不少，欲救其蔽，宜將教民開明年貫、姓名，報明地方官，另編爲一册。即教士亦應歸地方官約束，遇有事故，依華法秉公照辦，教士不得過問。庶幾入教之民仍不失爲中國之民，即教士亦無所逞其庇縱矣。

尤可慶幸者，自美、德二國派員來華，親瞻中朝教化，而後實深欽慕，即各國亦莫不佩服。現在泰西之人學者，必習中國言語文字，所有五經四子書概行刊刷，先刻華文而以西文注釋之，日日諷誦，其景從之心，較之中國人之入彼教者爲更切。可見堯、舜、禹、湯、文、武、周公、孔子之教，仁之至，義之盡，天理人情之極，則無一毫矯强于其間。而凡有血氣者，自可不言而信，不勸而從也。將來漸推漸廣，風氣日開，聖教盛行，率薄海食味辨色別聲之人，而皆不敢出于堯、舜、禹、湯、文、武、周公、孔子之教之外，天主教云乎哉。

—8. 皇朝經世文三編　卷二七　户政五　賦役

廣學校

今之自命爲通儒者，以洋務爲不屑，鄙西學爲可恥。有習其言語文字者，從而腹誹之，且從而唾駡之，甚至屏爲名教之罪人。

嘻，甚矣。夫所貴於儒者，貴其博古耳，通今耳。試問今之儒者通各國言語乎？通各國文字乎？即叩以各國之名能通知乎？徒拘拘於制藝之末，而學問經濟盡於是而已矣。方今海防孔亟，而所謂熟識洋務者，不過市儈之徒，正宜培養人材。攻彼之盾，即藉彼之矛，誰謂西學可廢哉？又況西學者，非僅西人之學也。名爲西學，則儒者以非類爲恥，知其本出於中國之學，則儒者當以不知爲恥。即以文字論，古之制字者本三人，下行者爲蒼頡，從左至右而旁行者爲佉盧，從右至左而旁行者爲沮誦。泰西之字，實本于佉盧也。天文曆算本蓋天、宣夜之術，《周髀算經》、《春秋》、《元命苞》等書，言之詳矣。《墨子》曰："化徵易若鼃爲鶉，五合水火土離然，鑠金腐水，離本同重，體合類異，二體不合不類"。此化學之祖也。"均髮均縣，輕重而髮絶不均也，均其絶也莫絶"。此重學之祖也。"臨鑒立景二光夾一光，足被下光故成景於上首，被上光故成景於下鑒者，近中則所鑒大景亦大遠，中則所鑒小景亦小"。此光學之祖也。《亢倉子》云："蜕地之謂水，蜕水之謂氣"。汽學之祖也。《禮經》言："地載神氣，神氣風霆，風霆流形，百物露生"。電氣之祖也。《關尹子》言："石擊石生光，雷電緣氣以生，可以爲之"。《淮南子》言："黄埃青曾，赤丹白礜，元砥歷歲生澒，其泉之埃，上爲雲，陰陽相薄爲雷，激揚爲電，鍊土生木，鍊木生火，鍊火生雲，鍊雲生水，鍊水反土。"中國之言電氣詳矣。至於圜一中同，長方柱隅，四讙圜規，寫殳方柱，見股重其前弦，其輏法意規員，三神機陰開剞劂無迹，城守舟戰之具，蛾傳羊玲之篇，機器兵法，皆有淵源。墨言理氣，與管子、關尹子、列子、莊子互相出入。《韓非子》、《吕氏春秋》備言墨翟之技，削鵲使飛，巧輗拙鳶，班班可考。泰西智士，從而推衍其緒而精，不乎言奇技淫巧，本不出中國載籍之外。儒生於百家之書，歷代之事，未能博考，乍見異物，詫爲新奇，亦可哂矣！

但西學規例，極爲詳備，國中男女無論貴賤，自王子以至庶人，至七八歲者皆入學。在鄉爲鄉學，每人七日内出學費一本納合中國錢三十文。在城爲城學，每人一月出學費一喜林合中國銀一錢七分。如或不足，地方官捐補。其曰鄉曰城者，特就地而言之，其實即鄉塾也。塾中分十餘班，考勤惰以爲升降。其不能超升班首者，不得出塾學藝。鄉塾之上有郡學院，再上有實學院，再進有仕學院，然後入大學院。學分四科，曰經學、法學、智學、醫學。經學者，第論其教中之事，各學其所學，道其所道，無足羨也。法學者，考論古今政事利弊，及出使通商之事。智學者，講求格物性理、各國言語文字之事。醫學者，先考周身内外部位，次論經絡表裡功用，然後論病源，製藥品，以至於胎產等事。更有技藝院，格物院，均學習汽機、電報、織造、采礦等事。又有算學、化學，考驗極精。算學兼天文、地球、勾股、測量之法。化學則格金、石、植、動、胎、濕、卵、化之理。再有船政院、武學院、通商院、農政院、丹青院、律樂院、師道院、宣道院、女樂院、訓瞽院、訓聾子院、訓孤子院、養廢疾院、訓罪童院、餘有文會、印書會。别有大書院數處，書籍甚富，任人進觀。總之造就人才，各因所長，無論何學，必期實事求是，誠法之至善者也。

中國取士，止分文武兩科。文科專尚時藝，錢穀、兵刑非所習也。武科雖以騎射技勇見長，究之武經尚未識爲何書，遑問韜鈐。前次髮捻等匪跳梁，其建大功而蕩群醜者，武科中人乎，抑非武科中人哉？然而武科正大可用也。方今戰守之策，不外水師、火器兩途。誠能于武科中設三等以考試之，一試以山川形勢進退之方，二試以算學機器製造之能，三試以測量槍炮高低之度。其兼擅衆長者，不次超遷。其專工一藝者，量材任事。選將之道，將於是乎在。

近年來我朝總理衙門，派幼童出洋學習，萬里從游，法至良，意至苦矣。但童子何知，血氣未定，性情心術，愈染而愈失其本來，盡棄其學，恐盡變於夷者也。不如將西國有用之書，條分縷析，譯以華文，刊行各直省書院，每院特設一科，請精於泰西之天算、地球、船政、化學、醫學及言語文字律例者爲之教習。或即以出洋學習之學成返國者當之。其學徒則選十歲以上，廿歲以下者，不得過長，以致口音難調，亦不得過穉，以致氣質易染。又或於科歲兩試所録文武俊秀，擇其有志西學，年亦相當者，就其性之所近，專習一科，其理易通，其效更速。又況名列庠序，咸知自愛，既可以收當務之益，復不背于聖人之教。而諸生之數奇不偶，又别開一途，以博取功名，誰不樂於從事哉。至於在院膏火，宜仿龍門書院章程，官爲籌備。肄業期滿，歷試上等者，准赴京都同文館或總理衙門考驗。考驗之後，或給以經費，赴外國大書院學習三年，或派赴總理衙門及船政機器等局當差，或充各國出使隨員翻譯。庶幾人材日廣，風氣日開，不獨長西人之所長，何難駕西人而上之哉。

現京都設有同文館，滬上設有廣方言館，近復創立中西書院，廣其額至四百餘人，分爲兩院，其法以疏通文字者爲超等，以年齒稍長而讀書多者爲一等，其餘各有差，凡三等。超等，一等以午前學西學，午後學中學。二等以午前學中學，午後學西學。三等以年較少，專習中學，而緩西學，恐以西學分其心也。粵東與蘇州新設有西塾，專教西語、西文、西算、設綫、案報、測電諸學。設額雖少，可以漸推而漸廣，爲洋務培植人材正未可量。鄙人聞之，因不禁喜色相告也。

—8. 皇朝經世文三編　卷四一　禮政六　學校上

力阻和議片

再，臣正封摺間，適接督臣張樹聲緘致總署電音，得悉署直隸督臣李鴻章方與法酋議款，聞之不勝駭異。伏維法夷犯順，率土同仇。臣昨奉光緒十年三月二十六日上諭，飭臣等振刷精神，竭誠籌辦防務。臣當宣示各軍，莫不踴躍歡呼，激昂思奮。乃甫數日，而忽有議款之舉，得毋阻赴義之心，而褫敵愾之氣，況今日法夷無斷斷乎不可款者。臣素愚戆，忘其冒昧，有不容已於言者，請爲皇太后皇上一一陳之。

法夷無端生釁，殘我屬國。及我出師保護，又復肆其豕突撓敗我師，迄今並未大加懲創，遽與議和，何以張國威示天下？不可許者一。法夷並未受創，翻然請款，是必中藏詭譎，或怠我師，而徐乘其後，或謀緩我，而誤以多方，其害無窮，不可許者二。既與議款，不索兵費，更爲叵測。該夷惟利是視，忽棄日前所索巨萬之費不言，但言越境通商，其中不免有詐，恐將來必有十倍取償於後者。瘠中華以奉島夷，飾目前以釀邊患，不可許者三。以外强中乾之法夷，憑陵我藩服，吞噬我疆土，堂堂中華不勤遠略，不問其罪，轉降心相從，以就其和，使之此次得志，而效顰法夷者，必狺狺然環向而起。是款一法夷，而轉來無數法夷也。群謀日滋，隱憂方大，不可許者四。雲南物産富饒，五金之礦，翠玉之璞，艷稱於世，久爲西人所垂涎。若與議款，必由蒙自以内，許其通商，迨爲日既久，形勢險隘，彼皆周知，廣傳邪教，以張羽翼。一旦竊發，不僅通商，將何以支？不可許者五。此五不可者，人人知之。倘漫不加察，貿貿焉亟與議和，以爲國計萬全，臣固未敢信也。

法夷自通商以來，前于天津教堂一案，即思起端，以償其所大欲，適爲普人所窘而止，旋即狡謀越南。爲自强之計，我中華果以全力決勝，審用兵，籌餉分，量彼族萬難久持。故先爲恫喝以速其和，又貌爲恭順以工其術，其實鬼蜮伎倆窮矣。此揣敵情而可戰者一也。我朝以神武開基，將帥得人，遠軼前古，嗣平髮捻之亂，亦忠勇輩出，賈其餘勇，似足定邊。憶前議防俄之時，奉旨著京外保薦人材，即以將才不易，存者什一爲慮。再閲數年，老成凋謝盡矣。雖攘外不必定用安内之才，而有識究須有膽，曷若及時精選宿將，俾講求以柔克剛，以散敵整之法，以盡其長，此論將才而可戰者二也。道光年間，夷釁初開，廣東三元里團勇，義聲至今猶在，此外各省因事激憤之案，層見疊出，亦見民間不平之氣，不可遏抑。越南劉義亦中華民也，竄伏荒裔，自全不暇，猶能尚義屢殲法夷。各省山陬僻壤，不乏英豪，聞與夷戰，莫不聞雞起舞，共發雄心，願效死力，此察民情而可戰者三也。查萬國公法有可節取者，在戰分義與不義一節。如興戰不義，傷害天理，不獨可以理喻，並可以力止等情，深與齊人代燕之義暗合。亦足徵萬國之公也。我朝廷一面通飭各督撫臣大張曉諭，於通商和好各國極力保護，專與法夷絶好，准各義民誅其天主教士，毁其天主鬼樓，罷其駐京法使，撤其生意馬頭，既銷萌蘖，不虞支蔓，此采公法而可戰者四也。語云：師直爲壯，曲爲老。今兵端自法夷開，窮兵黷戰，掠地争城，欺侮太甚，實爲萬國公法所不容。宜歷數法夷罪狀，布告中外，使咸知理曲在彼，直在我，不得已而用兵伐罪。明有日月，幽有鬼神，共鑒此衷，應蒙默佑。此卜天理可戰而決必勝者五也。有此五可，亦人人知之，倘失此機宜，恐我中華永無自强之日，其將如天下後世之非議何？

伏乞我朝廷乾綱獨斷，嚴飭沿海各疆吏及各將領，防務不可一刻稍懈。尤須洗心易慮，卧薪嚐膽，各矢天良，修矛偕作，憤切同仇，以與法夷從事。臣雖衰朽無似，斷不敢惜此病軀殘喘，稍存畏葸。尚當獎率將士，爲各軍先。惟宜和宜戰，大局攸關，聖明洞鑒，自有權衡，原非臣下所敢妄議。微臣老病昏眊，在軍言軍，謹冒昧將所有不可款而可戰緣由，披瀝附片具陳，不勝惶悚待罪之至！

—8. 皇朝經世文三編　卷五一　兵政七　兵機一

盛世危言叙

《盛世危言》一書，香山鄭陶齋觀察所著也。陶齋原名官應，少倜儻，有奇志，尚氣節。庚申之變，目擊時艱，遂棄舉業，學西人語言文字，隱於商，日與西人游，足迹半天下。考究各國政治得失利病，凡有關於安内攘外之説者，隨手筆録，積年纍月成若干篇，皆時務切要之言。語云："識時務者爲俊杰"，反是則爲俗吏迂儒。當今日之時勢，强鄰日逼，儼成戰國之局，雖孔孟復生亦不能不因時而變矣。嘗讀《春秋》，知當時君相無不周知各國山川險要、風俗民情、君臣賢否，日求富强之策，不以資格限人，始無異於今日泰西各國。我朝懷柔遠人，海禁大開，亦當知某國何以興，某國何以衰。知己知彼，洞見本源，方有著手之徒。豈徒尚皮毛，購船炮而已乎。

余賦性木訥，不諳洋務，今閱是書所説中西利病情形，瞭如指掌，其忠義之氣，溢於行間字裏，實獲我心，故綴數語，亟勸其刊行問世，以期與海内諸公采擇而力行之。將見孔孟之道，風行海外，莫不尊親。彼族之器，我能制造，日新月異，自然國富兵强，四夷賓服，奚不可以是書爲左券也哉。甲申冬日衡陽彭玉麟叙於海南軍次。

—16. 皇朝經世文編五集　卷一　叙

力阻鐵路請造小輪船片 光緒七年二月二十七日

再俄人遠懾天威，革面革心，敬服懷柔，刻已無事，可漸紓宵旰隱憂矣。從來和局漢唐所有，而單于匈奴之邊釁仍復屢開，滋擾爲患者。蓋彼族性同犬羊，貪狼無厭，祇知畏威不知懷德，伊古以來如是也。我國家承平日久，邊海之防久疏未備，復因洪楊粵逆之亂，兵力不暇及遠，以致英夷各國乘間入我内地，屢肆恫喝，屢歸和局。在我朝廷厚澤柔遠，無微不至，而彼族類則得寸進尺，得尺思丈，至於今日，不可收拾。卧榻之側，已爲他人酣睡，普天之下稍有血氣者，莫不髮指，實以我不能自强，學尚西法，食其唾馀，非借彼不行，此所以不能威服遠人，俾該族肆其犬羊之性，玩我於股掌上故也。

今俄事倖和，兵事不興，實賴朝廷威德兼施所致。幸此時海上得一日平安，正我海口得一日預備，疆臣大吏卧薪嘗膽，同心合力，和衷共濟，正在此時，機不可失也。趕緊添造輪船，廣儲軍火，拔擢人才，籌餉籌兵；不當用者，宜極力持節省，不可附和以僨事；應當用者，萬不可節省，務期實事求是以成事，方稱未雨綢繆，老成謀國之道，除一面講求武備，以先固藩籬外，仍一面講求吏治、軍政、士習、民風、以固根本，庶可日漸于强以服遠人可免無事，倘或此時幸免無事，苟偷旦夕之安，不防轉盼之危，得過且過，甚至因循泄沓，粉飾顢頇以固爵禄，亦或好大喜功，徒炫才能，虚縻庫款，專講洋法，舍己求人，用夷變夏，不復顧後三思，則爲禍非臣所能知也。

從來强兵必先富，國未有不富而能强者，此時國瘠民貧，求富之法，只在節省鉅款，以不宜用之費以分濟當用之費，則費歸實用矣。一處費不糜，處處之費悉不糜，如居家飲食酬應不稍浪費而月積年累，不求富而自富于無形之中。治國如治家，理在宜然也。即如購鐵甲船，造火輪路，此鉅費之糜何爲乎？不思自强之法，而欲借他人之法以爲强，是自欺也。是欲糜傾國數千百萬鉅費，終爲他人作嫁也。從來有海防無海戰之法，棄海口不設法嚴防以固門户，而欲以鐵甲争勝於大洋，果確有把握乎？兹不俱論。即以鐵路而言，無非欲求自便，不思便於己者亦可便於人，我能於此鐵路往來，彼亦能於此鐵路往來，官軍可於此鐵路往來，盗賊亦可於此鐵路往來，且往年雲南之寡爲鐵路也，吴淞之費亦爲鐵路也，固有不准洋人開鐵路而永禁在案者。今乃自開鐵路，不但使該洋人借爲口實，亦且即此開洋人多事之端，我自作俑，能復禁彼洋人不於中國舟車所不能至之處，而造鐵路以至之乎？

長江萬里之險，天所以限南北也，能戰能守，鐵路成則長江天塹失，王營到京千五百餘里程途，供行李往來爲生者數十萬人。鐵路成，則此數十萬人生計絶，飢寒所迫必至聚而爲盗，此可慮也。大河南北近歲水旱頻仍，仰賴兩宫太后皇上恩慈賑恤，得以無事，然人事無常，天時亦無常，倘或雨暘不能時，若加之王營至京失業數十萬游民，難保不萌亂階，畿輔切近，此尤爲可慮也。是言鐵路能獲大利者，臣恐大利未獲而大害隨之，孰重孰輕，不言而明。况此時各海口急宜籌辦要務，無費可籌，莫若節此鉅款，分作海口防務之急需，使固海口之防，静以待動，有備無虞，而後内地始能從容謀富及强，否則永不能富强，而能外侮不入内患不烈乎！

應請我皇太后皇上聖智獨斷，不准開此鐵路，先節此糜費之大款以辦急需。臣去年秋奏請於吴淞海防添造十八丈長兵輪船十隻，爲永遠固長江門户之要務，仰蒙天恩俯允，飭江南等省分造，以期速成，此軍此款，經費無多，而急需籌備，應請於節省此鐵路鉅費中分十分之一，飭沿江各督撫，同力合作籌款酌助，南洋大臣迅成此工，以先立自强之一端。臣一介書生，不學無術，加以老病頽唐，無能爲也，而愚戇成性，不知忌諱時際艱難，不安寢饋，雖無位之可尸，實有職之當盡，用敢直陳。

—18. 皇朝道咸同光奏議　卷一三　時務類　鐵路

鍾文烝（1818—1877）

字殿才，又字朝美，號子勤，浙江嘉善（今屬嘉興）人。道光二十六年（1846）舉人，絶意仕進，日事著述。有《春秋穀梁經傳補注》《論語序詳正》《信美室集》。

新定魯論語題辭

《魯論語》自夏侯、蕭、韋以來，一變爲張侯論，而包氏、周氏據之，則以魯兼齊説矣；再變爲鄭本，則以周之本兼齊古説矣；三變爲何本，自宋至今之所承用。則且以包、周、鄭之本與孔、馬古文之本雜然混合矣。夫漢代經師今文之學實勝古文，而今文之傳自魯人者尤爲可貴。顧獨於《論語》昧其朔焉，將可乎哉。竊謂何本《論語》，其字句不盡魯也，其篇章則猶魯也。就其篇章，審其字句，斯後儒之責已。

歲甲戌，門人沈善登請定《魯論語》，乃謹據隸釋漢石經殘碑之所存及《經典釋文》鄭注之所出，并其記鄭本異字、梁武帝説等，遍考而改之。惟卅字，卌字兩處不依碑本，加圈以爲識。贛字、毋字、斿字、國字、藩字、避字、佚字、志字，有未敢徑改者，亦鐵圈其側。夫字宜删不删則識以長方，又旁考《鹽鐵論》、《法言》、《白虎通》、《論衡》、《潛夫論》、《孟子注》、《漢書》、《後漢書》、《魏志》、《吴志》及諸漢碑一一捃摭，以還魯學。

是書也，雖未必盡如夏侯、蕭、韋之舊，而大較不相遠矣。易之爲亦，可以糾《史記》；下之爲趨，可以通《聘禮》；躁之爲傲，可以證《荀子》。其他如貢爲贛，與爲予，燕爲宴，識爲志，芸爲耘，則皆用正字。傳爲專，抑爲意，乎爲于，賦爲傅，誨僞悔，蕩爲湯，儺爲獻，以爲已，饑爲飢，折爲制，算爲選，裨爲卑，慧爲惠，廉爲貶，窒爲室，呵爲何，墜爲隧，則皆今文家聲義通借之字，習小學者可以觀焉。至於魯讀無可考見者，悉依何本。而何本之不同，有正義本，有釋文本，有義疏本，有外國足利、高麗各本，又有唐石經、蜀石經本，今各擇善而從，不拘一例，往往以《玉篇》、《廣韻》、《群經音辨》、《五經文字》、《兩漢書注》、《文選注》及唐宋諸類書之屬參伍求之。世有明眼人當不以專輒誚我。

—5. 皇朝經世文續編　卷五　學術五　文學一

李宗羲（1818—1884）

字雨亭，四川開縣（今重慶開州區）人。道光二十七年（1847）進士，官至兩江總督。有《江寧輿圖説》。

四禁告示

爲剴切曉諭事，照得本部院訪聞晋省向有刁風惡習牢不可破，若非嚴行禁止，何以厚民俗而全民生，兹將應禁各條，開列於後：

一、禁訟師唆訟。訟則終凶，載在經典，誣告反坐，律有明文，夫小敏豈皆刁滑，其敢於忘控者，多由訟師暗中主持，彼遂恃以無恐，殊不知若輩以刀筆爲生涯，名爲幫忙，實則圖利，凡遇户婚、田債細故，故無不百計挑唆，一被其愚，往往纏訟不休，或致傾家破産，或致帶鎖披枷，種種苦情，追悔何及，嗣後倘遇忿争之事，務須再三忍耐，斷不得輕易涉訟。如係萬不得已，亦祇宜據實申訴，切勿聽人唆使，砌詞誣控，自貽伊戚。至於積慣訟棍，罪應充軍，現今嚴密訪拿，有犯必懲，亦當革面洗心，各安本分，毋再簸弄鄉愚，自蹈法網，凜之戒之。

一、禁藉死圖賴。晋省民多輕生，婦女尤甚，推原其故，一由不能忍氣，一由有意害人。其不能忍氣者，性情褊急，一有忿恨，心如火燒，既不前思後想，又不肯向人剖辨，除却一死，無路可走。殊不思人身難得，既死不可復生，何妨稍爲忍耐，且在人固屬無理，自己亦或有不是，平心思之，自然忿氣漸消，不肯輕易尋死。其有意害人者，一忿之差，投窑投井，不論事之大小，不計理之是非，以爲舍此一身，便可報復，不知輕生無抵命之條，圖賴有應科之罪，是欲誣陷他人，反害自己親屬。務必湔洗積習，勿再妄生拙計，倘或執迷不悟，仍敢藉死圖賴，定將屍親按律嚴辦，决不寬宥。

一、禁厚葬。晋省盗墓之案，層見疊出，而婦女之墓尤多，細紡其故，盖因三晋陋習，葬具大豐，而於婦女裝殮衾之外，加以珠寶首飾，更有母家以女所遺之物棄之不甘，取之不得，於是多方争索，盡以殉葬，不知埋金於塚内，徒啓盗賊竊發之心，劫墓開棺，屍骸暴露，是厚殮反以貽禍也。縱拿獲盗犯，照例嚴辦，而夜臺剥斲之傷，仍歸無補，與其追悔於事後，曷若弭患於未形，用是普告閭閻，禁止厚葬，黜華崇儉，則盗風自息矣。

一、禁溺女。天地有好生之德，父母有愛子之心，雖生男生女，似有區别，而在天地均屬生靈，在父母同爲骨肉，何可故意傷殘。兹聞晋省溺女之風俗各屬均所不免，而平定、榆次及南路爲尤甚。初生一女，勉强存留，連産數胎，即行淹斃，甚至見女即溺，不留一胎，忍心害理，大干天和，皆由貧者衣食維艱，憚於撫育，富者吝於陪嫁，相率效尤，殊不知天地生一人，必有一人之養，况嫁女原可量力，些小粧奩亦於家計無損，何忍一經墜地，頓起殺機，是以律有專條，罪不減於故殺，家多絶嗣，禍實起於害生。嗣後有生女者，宜如生男一般，勿再溺斃，倘敢狃於習俗，復蹈前愆，惟有按律治罪而已，勿悔。

以上四條，爾軍民人等，皆當細心體會。父戒其子，兄勉其弟，勿爲刁風惡俗所移，致負本部院厚望也，特示。

—14. 皇朝經世文統編　卷八九　刑政　治獄

劉成忠（1818—1884）

字子恕，號因齋，江蘇丹徒（今屬鎮江）人。咸豐二年（1852）進士，官河南南汝光道、陳許道。有《因齋詩存》《河防芻議》。

河防芻議

治河於平成之歲，惟防險而已矣。自來防險之法有四：一曰埽，二曰壩，三曰引河，四曰重堤。四者之中，重堤最費，而效最大。引河之效亞於重堤，然有不能成之時，又有甫成旋廢之患，故古人慎言之。壩之費比重堤、引河爲省，而其用則廣，以之挑溜則與引河同，以之護岸則與重堤同，一事而二美具焉者也。埽能禦變而倉卒，而費又省，故防險以埽爲首，然不能經久，又有引溜生工之大害，就一時言則費似省，合數歲言則費極奢矣。今重堤、引河既不可以猝辦，黎襄勤公之碎石壩、栗恭勤公之磚壩又皆毀壞殆盡。河營之所傳習惟鑲埽一事，固已不足以應變，而又悉舉前人之埽制而陰壞之，務爲苟簡，使之易蟄、易走、易腐，以爲請帑加修之地，積習相沿，不知始於何時，雖有賢員莫能自異。猶幸咸豐三年以後，河由山東入海，下游寬廣，因而豫省河面低於道光年間者四五六尺不等，雖當伏秋之盛漲，出槽之時頗少，是以二十年來歲修之費不及從前十之二三，而全河得以無事。

近年山東之河自北而南淤墊已遍，漸不知前此之河之通暢。而豫省伏秋之漲水亦遂難於消洩，霜清已過，險報頻聞，而歲搶歲修，遂一再請增而不能已矣。今之久於河者曰：治河無他，惟多備稭料云耳。夫誠能多備稭料，亦豈非先事預防之上策？然河工之變，百出不窮，有耳目心思所不及者，無料不可以治河，而治河之難，固非曰吾有料焉，遂可畢乃事也。若一切幾宜審之未當，而但恃稭料以爲鑲埽之備，埽蟄則加埽，走則補，無埽之地而溜至，則又添埽以禦之，積而久焉，處處皆埽。舍舊謀新，閱數年必易一次，雖有不涸之餉源，安能知漏卮之何所底止耶？

成忠管窺之見，竊以爲河工之守險譬於兵家之守城，善守城者不待敵已傅城，而始憑堞以擊之也，或驅之境外，而使其轉而之他；或禦之近郊，而使其止而不前，迨至萬不得已，然後嬰城而守焉，誠以守近固不如守遠也。埽者，嬰城之守也；引河則驅敵於境外者也；壩則禦之於郊以內、墉以外者也；重堤之建，是棄外城而守内城也。若既有重堤，又先之以放淤，則是不惟守内城，直棄平地而守高山也。夫吾既驅之於境外，又禦之於郊内，而又由外城而及内城，步步爲營，層層設險，敵雖强，未有不疲而思退者矣，意外之患何自生哉？此埽、壩、引河及重堤四者，所以缺一不可也。然引河用帑動以巨萬計，非其地上有吸川之形，下有建瓴之勢，則雖引而不能成；非開放之後有數日不消之盛漲，則雖成而亦旋廢，糜餉多而收效少，自非合龍之大工未易輕舉。

成忠遍查成案，見乾隆、嘉慶時有包灘下埽之法，凡大溜塌灘，灘雖塌而堤尚遠者，即於堤外下埽包灘，雖不如引河之能改河溜，其爲禦之於境外則一也。開河難而守灘易，如今日下南十六堡、中河頭堡、二堡，皆有灘可守之地，灘苟不去，堤復何患哉？其或堤外無灘，則當多築挑壩，或石或磚，或柴或土，凡臨黄之堤皆當及早爲之，如今日上南八堡至十一堡、中河二堡至四堡、下南二十堡是也。灘不可守，壩不及築，則其計必出於埽。埽者，治河之常法，凡南河皆用之，而獨不宜於豫省，靳文襄公所稱河南土性虚鬆，下埽難以存立者是也。今南岸三廳臨河之地無往非埽，而其埽又遠遜於古，苟非變而通之，一遇頂沖大溜，其患將有立睹者。雍正以前，河南各工用埽絶少，惟滎澤北門外護城堤上有埽工一二處，其餘留逢溜，近皆預築裹堤、月堤以待之，今雖殘缺，猶有存者，如上南之裴昌廟、中河之頭堡至四堡、下南之十七堡至二十六堡是也。古人之防險，於建壩、鑲埽、加堤之外，先之以引河。今引河不用而易以守灘，其餘三事悉如其舊，亦猶是由遠而近之義也。謹條其説如左：

一曰外灘宜守也。黄河之性喜曲惡直，曲而向北，則南岸生灘而北險；曲而向南，則北岸生灘而南險。是以防河之法但防險工，其有灘以爲外蔽者毋庸防也。然河流善徙，數年中必一變，伏秋之時則一日中且數變，其變而生險也必自塌灘始，灘盡而薄堤，薄堤而險必出矣。河工之例有守堤而無守灘，每當大溜之逼注，一日或塌灘數丈，甚且至於數十丈，司河事者相與瞠目，束手而無如之何，惟坐待其迫堤，然後鑲埽而已。至於未雨之綢繆，固有所不暇及也。夫灘者，堤之藩籬也。灘存則堤固，灘去則堤危。幸而灘去堤遠，雖一再坍塌不至有齧堤之慮，則誠可以不論耳。若頂衝埽灣之溜，已塌至距堤百丈之地，則不出旬日，堤將隨盡，安可不爲之所耶。咸豐以前，河由徐州南下，地狹而水易壅，河水出槽者十年中常七八見。每逢水漲之時，灘面低於水面，水從灘上攻堤，雖有護灘之埽、壩，但能使灘之不續塌，不能使堤之不受攻，故守堤常急，而守灘似緩。然溜力之重輕因乎水勢之深淺，愈深則力愈重，漸淺則力漸輕。假如中泓之水深有二丈，灘比堤低一丈，河水踰灘而上，僅一丈之水力耳。若外無此灘，則堤前水深三丈，而攻堤之溜挾三丈之力矣。以三丈之溜力視一丈之溜力，其守之難易爲何如也？灘遠者不必守，灘低者不足守，灘本不塌，則毋論高低遠近亦皆可以不守。若塌形已現，地漸近而灘尚高，則雖當咸豐以前水易上灘之年，古人亦未嘗不設守。《治河方略》云：搶救頂衝之法，於外灘地面離堤三四十丈，飛掘丈許深槽，捲下釘埽。是守灘之一證也。乾隆十一年，高文定公奏云：近有包灘下埽者，水未近堤，於河灘近水作壩臺下埽。是守灘之又一證也。嘉慶十九年，黎襄勤公疏云：王平莊河勢坐灣，旬日塌灘一百七十丈，應即就堤外老灘趕鑲包灘大埽挑溜開行。是守灘之又一證也。成案之班班可考者如此，況今日之河與古尤異，上灘之時少，塌灘之時多，往往灘高於水五六七尺，大溜一至，塌卸不已。蓋水之上灘視水面之高低，溜之塌灘則視溜頭之向背，不能上灘者未嘗不能塌灘也。於灘留數武之地，即可爲堤減數丈之水，即其上灘亦不足患，況乎其不能也。此今日之河所以必以守灘爲要務也。守之之法，用埽不如用壩，或石或磚，皆足弭患。若溜勢不大，則挂摟防風亦自可用。救變於始生，遏寇於境外，較之坐視其塌必至堤而始議守者，非惟省費，抑且不瀕於危矣。

一曰蓋壩宜建也。挑溜固堤之方莫善於壩。壩者，水中之斷堤耳，而其爲用則有倍蓰於堤者。堤能禦水不能挑水，且所禦者爲平漫之水，鑲之以埽，護之以磚石，然後能禦有溜之水；然止於禦之而已，終不能移其溜而使之遠去也。壩之爲制，斜插大溜之中，溜爲壩阻轉而向外，既能使壩前之堤無溜，又能使壩下之堤無溜，十丈之壩能蓋二十丈之堤，因而重之，以次而長，二壩長於頭壩，三壩長於二壩。壩至三道之多，則大溜爲其所挑，變直下爲斜射，已成熟徑，終不能半途而自返，非獨六七十丈之内無溜，即二三百丈之内亦無溜矣。十丈之堤僅能蔽十丈之地，二十丈之堤僅能蔽二十丈之地，而壩之爲用，獨能以三十丈之斷堤而護三百丈臨河之地，事一而功十，治河之法未有巧於此者。且堤者，外水而内田者也，萬頃之濤僅此一重之障，一經摧陷，則堤内更無可據之險。幫築裏，月費既大而時亦迂，倉卒之間，往往不及。壩則撑於堤外，即或坍盡，尚可退守大堤，多一重外壩即多一層遮隔，而又可多數日之延緩，以爲補埽戧堤之地，斯又其善之善者也。若夫欲水之歸槽則築長壩以逼之，欲河之中深則作對壩以激之，一切作用皆出於壩，壩之功效大矣哉。今之道廳非不知用壩勝於用埽，歷任河帥廑念宣防，深維一勞永逸之計，尤孜孜注意於此。然而承辦之營員，動輒估至萬金或八九千金，度支不足，添款爲艱，是以屢欲建壩而不果也。成忠以理度之，一埽之長由七八丈以至十丈，寬約二丈，高約出水四五尺，其初鑲也，三面皆水，惟背倚大堤之一面爲實地。今用捆鑲之法，以建柴土之壩，自堤前起亦三面臨水，一面以堤爲實地，捆至第二占則以背倚之第一占爲實地，由是而三占四占五占皆然，至第五占則長已十丈，而壩成矣，核其丈尺特五段之埽耳。埽出水五尺，壩出水亦不過五尺，埽寬十丈，上下皆同，壩則面寬六丈，底寬十六丈，比之於埽特寬八丈耳。新埽一段其費約五百金，以五段之埽爲一壩，則其價特二千五百金也。加以繩纜之值，僱船之費，外鑲邊埽，中澆土壩，至於四五千金足矣，安有萬金之理耶？然工員承辦必謂五千金不敷所用，今姑不與之辨，請以磚壩代之。柴土壩易圮易腐，故面寬占至八丈，若磚壩則四丈已足。其底約寬十丈，高約二丈，計長十丈之磚壩，應用磚一千四百方。下南磚價每方七千五百文，計每壩用錢一萬零五百，爲銀六千兩，此實砌之磚之方數也。磚拋水中，欹斜堆疊，多有嵌空之處，數不能用至一千四百方，則有五千金之帑在下南可成一壩矣。上南向不用磚，亦無舊磚之可市，開窑制造每磚約需十文、十一文，比下南每方約加銀一兩五錢，共約加銀二千兩，通計一壩用銀七千兩。以每年購料購石之費節省二萬，便可成磚壩三座。三年之後，壩多而埽自省，斷不至再有加價之慮矣。此亦變通之一法也。抑猶有進焉者。凡磚石及柴土之壩，惟水中始有之，若灘上築壩則用土足矣。然灘有老灘新灘之分，老灘之面比伏秋水面高二三尺至五六尺不等，若於其上築壩，則壩在灘上，水在灘下，壩與水兩不相值。惟壩頭臨水，可以鑲埽拋石，而上首下首不能也，大溜一至灘腹淘空，動輒塌灘四五丈，灘塌而壩隨之，雖極穹窿亦歸無益。惟新灘之閱二三年者，冬春水不上灘，可築土壩，伏秋有溜，鑲埽拋石，無溜則聽之，比之老灘較爲有用。或謂既長新灘，是溜勢已去，安用此土壩者爲？不知黄河工段無定之中原亦有定，知下南險工由十七堡以至二十一堡爲歷年搶險之地，其中或提或坐，小有變遷，如同治十年、十一年則在二十堡至二十一堡，而十八堡以上無事。迨十二三年，則在十七八堡，霜清後直至十六堡，而二十堡至二十一堡無事。通計此一廳河勢，不出此黑岡上下六堡之中，已去者未必不來，方來者未必不去。至於十五堡以上、二十二堡以下，如魁星樓、回回店，未始非著名之古險，而此數十年中淤閉已久，雖置之不問可也。今二十堡下之新灘，高於水面三尺，入伏以後水必上灘，有工無工難以預定，乘此尚可築壩之時成壩三座，以爲水去復來之備。斯未雨綢繆之上策也。此外各廳有相同者，亦以此法行之，每歲可成數壩，一朝溜至，其守易矣，比之磚石柴土豈不效同而費省哉？

一曰埽制宜更也。河工之用埽自漢已然，明潘印川宫保、我朝靳文襄公之治河，凡險要之地皆恃埽以守禦，未嘗以埽爲引溜生工也，亦未嘗棄埽而抛磚石也。自用柳改而用稭，而古法於是一變；自横埽盡爲直埽，而古法於是又一變。自是以來，愈變愈下，直至今日而埽遂爲利少害多之物矣。成忠遍查成案，竊以爲古埽之變爲今埽者其弊有六，請得詳而言之。《治河方略》云：埽必柳七而草三。何也？柳多則重而入底，然無草則又疏而漏，故必骨以柳而肉以草也。又曰：柳遇水則生，草入水而腐，爲土性既宜之，且又省費而易辦。乾隆十九年，江督尹文端公奏言：河工料物，柴、柳爲上，稭次之。柴、柳入水耐漚而經久，柳質尤重，壓埽沈著有力，入水經一二十年不腐，稭至一二年後朽壞無存。柴不如柳，然猶勝於稭。此皆言鑲埽之物莫良於柳，而草則所以補柳之疏漏也。有明一代，埽皆用柳，每高五尺之埽，用草六百斤，柳三百六十斤，柳少則以葦代之，無用稭者。河工之用稭見於章奏者，自雍正二年河南布政使田文鏡始，其時每稭一斤，開銷銀一釐。是年雲南布政使李衛奏言：前三十餘載河不爲患者，實河臣靳輔之力，彼時沿河種柳，今河官取兩岸産柳之地成田，納租分肥，而稭料則仍派於民。奏入，乃復申官地種柳之令，歷乾隆、嘉慶終不能復。然如乾隆十八年，張家馬路漫工猶草、柳並用也。由道光至今，竟不知埽有用柳之説矣。柳質既重，歷年又多不用柳而用稭，於是遂無三年不换之埽。此埽之易柳爲稭者，其弊一也。

埽者河工所常用，治河書但謂之埽而已，不言爲横爲直也。以捲埽及捆鑲之埽推之，則其體宜必横，不横則埽臺不能捲，不横則船不能捆，此理之易見者。今河工之埽皆以秫稭之頭向外，自頂至踵有直無横，詢之年老之兵弁，皆言自古如此。成忠詳加考驗，始知河工口號，凡鑲埽、築壩，皆有丁、順之分，直者爲丁，横者爲順。乾隆四十七年，阿文成公堵青龍岡漫口，兩邊進占，地勢不順，奏言：應於上水南首自南釘椿，向北進占，進至七八占，仍向西進占，如此丁、順做去，似爲較穩，是則丁、順云者，一直一横之謂，通工之所習聞者，不獨鑲埽然，即築壩亦然也。治河書無直埽、横埽之説，而有丁埽、順埽之名。《治河方略》云：禦冰凌之埽必丁頭而無横。何也？冰堅鋒利，横下埽則小擦而靡，大磕必折也。然埽灣之處，則丁頭埽又挑溜而易衝，必用順埽魚鱗櫛比而下之，然後可以攩溜而固堤。又云：搶救頂衝之法，於外灘地内離堤三四十丈，飛掘丈許深槽，捲做高丈許釘埽，先期埋入，或百丈或七八十丈，下至稍可舒展處爲止；若離堤甚近，則即於大溜内先用順埽保護，一面仍於順埽外捲下釘埽，均看大溜長短以定埽個多少。以《方略》所言，合之阿公之奏，則丁順即爲横直，而今日之直埽即古之丁埽無疑矣。頂衝大溜歲不一見，今所謂險工大都皆埽灣及絞邊之順溜耳。埽灣之溜，其力亦能塌厓。然其深則不過二丈，惟用丁埽以兜之，然後始至三四丈，若順埽則仍止二丈，斷無太深之理。何以言之？凡順下之埽，非捲即捆，捲做之埽其上必加散料，兼壓大土，埽爲料土所壓，圓者變而爲扁，上寬一二丈者，其底必至三四丈，迤邐而下，狀如坦坡，此埽之有收分者也。捆鑲之埽，其初鑲之第一坯，雖亦平鋪，然其上有船以攔之，而其下則任其所之，一經加料加土，兼之衆夫之齊跳，愈跳愈開，愈下愈遠，其收分較捲做之埽尤大。故埽灣之溜至此斜漫而上，亦斜拖而下，其向前之勢方酣，故横縛之纜能固；其在下之力不重，故近埽之土無傷，有搪溜之功，而無兜溜之害。埽灣如此絞邊，可知此頂衝而外，河工所用所以率皆順埽也。或有詰之者曰：溜莫大於頂衝，釘頭埽既能兜溜，則頂衝之溜其爲挑也宜益大，曷爲不可用於埽灣者，反可用於頂衝也？且順埽既無兜溜之患，曷爲可用於埽灣者，又不可用於頂衝也？不知頂衝者險工之尤險者也，向來失事多由於此，必加倍於尋常搶險之法乃可禦之。推原頂衝之所由來，或因對岸嫩灘兜住溜勢，不得遂其就下之性，變而横走直衝本岸；或因雞心灘外舊有大河，原亦順流東去，忽灘面於水漲之時衝開一道，有如峽口，峽愈長則力愈大，從灘之對面捲地而來，波瀾雖若排空攻擊，實已透底。横安之順埽，以千百莖之柴柳排比而成，所恃者，裏肚之各纜、入腹之長樁爲之鈐束，一經頂衝大溜之奔注，但揭去迎面一二排之柴柳，則纜鬆而依附不固，亦樁孤而籤釘皆虚，逐浪隨流勢將盡散。即或未散，而水力太猛，必將埽底之土淘空，巨浪一撞，翻身入水，蓋溜勢長而埽身短，雖有收分固不足以相抗也。釘頭埽則森然排列，左埽右埽兩兩相依，頂衝之所不能折，惟搜根淘底之是懼，故前人於頂衝之丁埽，必捲至丈許之高。蓋高既丈許，則其長必至十丈，次則亦必七八丈，以七八丈之長埽挺入河心，大溜能淘深河底三四丈，然後能鑽入埽底三四丈，前雖懸空，後自貼實，又有順埽以承其後，重關疊鍵，此其所以雖兜溜而終能禦衝者，爲其直而且長也。今之丁埽本從省纜、省工起見，散亂抛擲，或距堤一丈，或距堤二三丈，既無入河七八丈之長，徒效其稭根向外，變横爲直，屹然如峭壁之立。凡順堤絞邊以及埽灣之溜，一爲屹立之埽所逼，回漩而入，徹底掀翻，水深至三四丈，則入於埽底者亦三四丈。以二三丈長之埽，僑寄於三四丈空窩之上，其後又無順埽，安得不隨溜而走耶？栗恭勤公云："埽能壓激水勢，俯齧堤根。"意正謂此。且不獨俯齧堤根也，埽根之水深，則埽上之數丈與埽下之數丈亦因之而俱深，水深則又添埽，埽添則又加深，輾轉相尋，爲費無已。此自乾隆中葉以後，姚、高、黎諸河帥所以皆有埽能引溜生工之奏，以爲非不得已不可以用埽也，而不知非埽之本如此也，惟丁埽則然。此埽之變横爲直者，其弊二也。

有此二弊，本原之地已壞，仍訛踵謬，其弊益多。《治河方略》云：初下埽個，仗揪頭滚肚諸繩以拉之，月餘即腐朽矣，全賴長樁釘埽於下，而管束鑲墊於上也。乾隆三年，制軍白莊恪公奏言："捲下大埽，非密釘長樁深入老土，無以關束而資穩固。江南河工杉櫪、楊樁並用，豫東兩省全用楊樁，每年約千百餘株，在洛陽、偃師、鞏縣、孟津、濟源、温孟等縣購買。"是由康熙以至乾隆之初，未有不用樁者，其後以借樁冒銷者多，於是合龍大工不准用樁，而歲修則猶用之。今自丁埽之法行，埽前之水動深三四丈，雖有長樁不能到底，而籤樁之法遂廢。夫埽之所以經擊撞而不走者，樁固之也。今以埽個浮置於堤外河内之地，在中間者猶有左右兩埽之夾輔，工頭工尾則溜至而即走耳。此埽之不釘長樁者，其弊三也。

明潘印川《河防一覽》云：埽以土勝爲主。諺云："鑲埽無法，全憑土壓。"此河工不易之通論。軟鑲之例由數寸花土以次遞加，至面土三尺而止。今秫稭所鑲之丁埽，質本易朽，水又易深，溜到之後往往蟄至兩三次。假如埽面土高三尺，屢蟄之後，土皆入水，浪淘波洗，頃刻盡矣，必又加三尺之料以補之，是枉費也。河員之不壓大土，原亦未嘗無説，然而埽無土壓則輕，輕則不能入土而易危，輕則不能禦溜而易動，動輒走埽，理固宜然。此埽之不壓大土者，其弊四也。

河工之埽，舊皆用捲，有明一代無捆船兜纜之舉，惟靳文襄《治河方略》於堵塞支河嘗用此法，其見於章奏者，自乾隆十八年大學士舒公赫德督辦銅山縣漫工始，然至將合龍時猶用捲埽也。嘉慶、道光間始全用軟鑲，以爲勝於捲埽，蓋以其料皆著底，無虛懸偏重之弊也。其法誠善，而其費則視捲埽爲尤重。工員惟省費之是亟，於是歲搶修之埽，又變爲推枕鑲，用丁而不用順，無裹肚之繩，無提腦揪梢之纜，惟恃兩旁之埽以夾之。埽之草率偷減，未有甚於此者矣。捆鑲行而捲埽廢，推枕行而捲埽益廢，今八九十之老兵不知捲埽爲何狀，設遇頂衝大浪，船不能捆，其將何以應之？此捲埽之失傳，其弊五也。

騎馬之設，所以攔迎面加鑲之料，使之不散，實於順埽爲宜。惟捆鑲之埽每占相承，迎面無安騎馬之地，故於上下水用之，非謂必當在兩頭也。束薪者不束其腰，而以十字架加於首尾，能毋散乎？今自丁埽之行，騎馬皆用於迎面，每年所費與順埽略同，而得力則迴遜於順埽。此騎馬之無用，其弊六也。

凡此諸弊，非一朝一夕之故。乾隆五十五年，有江南老民湯乾學伏闕上言：近年河工多故，皆由不遵古法所致。並條陳捲埽種柳諸事。則其時之埽，已非康熙已前之埽可知矣。今欲漸除諸弊，必自變丁爲順始。然柳枝不用，則埽雖順而歷時不能久，亦終無以善其後。種柳之事非三五年不能成，順埽則隨時可易。然變推枕爲捆鑲，其費不止加倍，在廳員既無此力，且已成之埽亦未可一朝遂廢也。

成忠悉心籌議，如舊埽之前溜勢著重，莫善於多拋磚石以衛其足。以深二丈厚三尺計之，每一丈之埽當用磚石六方，拋至四五十丈，溜勢必可稍減，然用磚石已三百方矣。今磚石之堆，大抵多虛少實，其在岸有三百方之積者，入水之後不知用至如干，而後有三百方之用也。此其難一也。

其本無埽段之地，一朝溜至，莫善於改鑲順埽。然順埽之繩橛、人工皆數倍於丁埽，其費固已不貲，又捲埽之法無一人能任之者。捆鑲則非船不可，新生之險急於星火，雖纜橛亦苦不能應手，又安得船耶？是又一難也。

必不得已而思其次，其惟留磴乎？其法於新生之埽本擬面寬一丈者，頭坯加寬至四丈，其後每加鑲尺餘，即收進一尺，約計埽高二丈可收進一丈五尺，埽面之寬但存一丈，層層收縮，有如磴然。乾隆時嘗行之，節省鑲埽之費以爲培高堤岸之用，行之未久，或有謂其無益者，其事遂罷。以今思之，省費誠亦無多，然逐層留磴，則雖在丁埽亦有收分，不至有兜溜淘深之懼，是無易丁爲順之名，而有易丁爲順之實，埽前之水斷不能深至三丈也。成忠嘗詢之營員，或以爲可，或以爲不可，姑試行之，較之變推枕爲捆鑲者，其費究可大減也；若誠無益，則惟捆鑲及磚石而已。百年之弊，非一日所能除，亦非一言所可盡，爲之以漸，庶幾尚有復古之日歟！

一曰重堤宜築也。自明潘宮保之治河，即有縷堤、遥堤之制。《河防一覽》所載河圖，自滎澤、武陟以至雲梯關，未有不兩堤者。又兼築月堤、格堤於中，略如今之圈埝。我朝靳文襄公因之，雖徐州已下地勢太狹，間有不築遥堤以省費者，然遥縷並見者固十之七八也。當明季及我朝順治年間，黄河之患惟河南爲甚，説見順治十八年十月總河宫保朱公梅麓奏中。迨靳文襄公總督南河，其時爲康熙十六年，距朱公具疏時僅十六七年耳，而其見於文襄公之書者，一則曰徐州以上堤固河深，絶無河患；再則曰治河之事莫難於保險，開歸以下堤多者至四五重，無甚險。前後情形其不同也如此。成忠查《河南通志》，自順治八年總河楊公茂勛始，築堤之役無歲無之。朱宫保在任十年，設因地遠近以次調夫之法，民服其公，所築尤多。自是歲以爲常，起順治八年，終康熙二十九年，計四十年中築堤凡一百八十三處，此靳文襄公所以羡中州黄河兩岸遥堤、格堤、月堤之多。而自堤成之後，所以直至康熙之六十年，僅决詹家店之一處也，重堤之大效如此。今河南南北兩岸舊堤猶有存者，然殘缺已甚，稍完整者不及十處，欲一一修而補之誠非容易。然每年磚石麻稭之外，例有土工銀三四萬兩，營汛各員賴此自效，此本有之款不待加增者。現在有工之處，堤面寬皆八丈十丈，並有過十丈者，此近年整頓河工之成效，迥非四五年前之比。既已高厚堅整矣，歲支土工之銀尚有贏者，正可加築重堤，先自有工之處始，次及雖無工而不可恃者，然後再於最要之處，修其重堤後之重堤，如下南十七堡圈埝之外，又有十七堡至二十六堡之大圈埝，是已期以十年舊堤盡復，然後再議其他。如是者有大利二焉：

一曰水戧。凡大堤危急之時搶築堤裏，謂之幫裏戧。水戧云者，不戧以土而戧以水也。非大溜不能塌堤，既塌堤矣，多築二三丈之裏戧，是否有濟，殊不可知。惟於重堤之處預築格堤，以成圈埝，一旦事急，竟從堤之下游開口放水，使内塘先爲水據，則外堤有所憑以爲固，所謂戧也。《河防一覽》圖内説之甚詳，以爲治河之法莫妙於此，今人不加深考，往往疑畏，不知南河險工賴此保全者多矣，且非獨南河也。《河渠紀聞》云：江南遇大水縷堤著重時，每開倒鈎放水入内。豫省沙鬆，多不輕放。然如銅瓦廂古稱極險，加築月堤，每歲增培，至乾隆乙卯，大溜曲注，危險異常，開倒鈎引入内塘，登時灌滿，水仍外出頂溜開行，此其驗也。黄河之溜，短則力猛，長則氣衰，凡頂衝埽灣之最險者，其對面兆溜之灘及出峽之口，大都皆一望可見，爲其近也。若放入内埝，則經行之地又多百十餘丈，水已伸腰，其險自平。況倒鈎引入，必在不甚迎溜之處，俄頃之間，水已灌滿，以水搪水，外堤未必再塌，即或塌開，亦無跌塘之勢，混茫一片仍從所放之缺口入河耳，何險之不可保哉？

一曰放淤。其法與水戧相同，惟水戧當溜注之時開下口者居多，不敢於迎溜之處又開上口。若放淤則多於無溜處行之，從上口灌入，從下口放出，每歲可淤高三四尺，積三五歲，内塘之地高與河平，可以永無河患。康熙三十一年，靳文襄公再任總河，上《河工守成疏》云：臣輔前任内，曾將邳州董家堂、桃源縣龍窩二處險工，擇埽臺上下建設涵洞，引黄灌注；復於月堤亦建涵洞，使清水流出月堤之外，堤裏窪地不久淤成平陸，不但堤根牢固，而每年取土亦易。又云：臣輔復任以來，見邳州舊城迤西，周圍約有百里地勢卑窪，四面皆高，以致所淹之水永無去路，臣以爲此亦可借黄以淤之者也。臣輔在任時，徐州長樊壩險工，堤裏窪地甚多，涵洞不足淤灌，遂於埽臺下首掘開丈許之口，引黄内灌，伏秋一過，自然掛口，仍將掘口之處堵塞，數月間已淤高二三尺矣。今邳州亦宜仿此行之，其清水亦可引之運河而去。或慮掘堤可虞，不妨建設小閘更爲萬全云。自公上此疏後歷數十年，放淤之法大行，乾隆二十一年行之於石林，二十九年行之於夏家馬路，三十年行之於孫家集，三十一年行之於蔡家樓，三十三年行之於徐家莊，嘉慶二十一年行之於李家莊，更有賈家莊、七里溝、朱家壩、曹工大壩等處。見於大學士吴公松圃疏者，其歲月今不可考矣。伏查黄河之患在兩堤中者，莫大於積水傷堤，而無寸土之可取；在兩堤外距河數十里百里者，莫大於田爲沙壓，無地可耕。今若行此放淤之法，如上南之鄭州十堡、十一堡，中河之中牟、上汛四五堡，下南之二十堡至二十六堡，或開倒鈎之渠，掘堤放入，或砌涵洞，或建小閘，從大溜所背之地施工，斷不致有奪溜之患，一二年後，兩堤之間水去淤留，即不能高與堤平，亦可免無土可取之患。若夫利之尤大者，如今日鄭州、中牟、祥符。凡在賈魯河之北者，歷年爲河工漫口所經，飛沙極目，杳無居人，昔日膏腴皆成棄地，小民疾首蹙額而無如之何。若相度形勢，於有圈埝之地，内外皆設洞閘，俾堤前平漫之水，從閘洞放至平地，其水歸入賈魯河，所挾之淤必留於經過之處。諺云“緊沙漫淤”。凡漫水未有挾沙而行者，沙壓之地皆昔年之急溜也。如是行之數年之後，斥鹵變爲膏腴，歲增民食、官租以巨萬計，真無窮之大利哉。

以上四事，守灘必購磚石，蓋壩同磚石柴土皆可爲之，因時因地惟費之省者是宜耳。埽之弊最多最久，一朝易之，夫豈易言？近時名臣如黎襄勤公、栗恭勤公，其於埽之利弊知之深矣。其所以變而用磚石者，誠以多年積弊非旦夕可除也。變埽爲壩，又變捲埽之壩爲内土外磚石之壩，此前賢救急之良法，欲求速效，惟此爲宜。其次則以磚石衛埽根。又其次則試行留磴之法，爲之以漸，或者其有瘳乎？重堤之保險放淤，不獨免河之害，兼欲收河之利。治河無上策，此則庶幾上策歟？然而知之者以爲大利，不知者或且以爲大害，姑存此説以待事機之會耳。保險之法之可言者，大略不外此四事。至於治河之本，尚有其遠且大者，則非淺見之所能知也。

——5. 皇朝經世文續編　卷八九　工政二　河防上

徐　壽（1818—1884）

字雪邨，號生元，江蘇無錫人。創辦格致書院，譯有《西藝知新》《化學鑑原》等。

發藍篇

發藍之器大概用銅、銀、金等質爲體，而外加玻璃類之料，用吹火筒或小火爐令其鎔化而粘合。凡發藍料常用透明而易鎔之質，謂之本質，又名鎔配料，此質内可任意添配各色之料。兹先列製合本質之方，次列各色料之方。

第一方，鉛丹十六分，鍛過之硼砂三分，火石玻璃細粉十二分，火石細粉四分，盛於瓷罐，加熱十二小時，傾入水内，而用瓷乳鉢研成細粉。

第二方，錫三分，鉛十分，相加盛於鐵鍋，加熱至暗紅刮取面上所生之皮而備用。此皮内不可含未化分之金類，將皮研爲細粉，用水漂洗。此粉四分净砂或净火石粉四分相加和，再加食鹽一分，或别種鹼屬質一分，盛於瓷鍋略鎔之。

第三方，鉛錫等分而照前方爲之，將此質一分，火石細粉一分，相和再加净鉀養、炭養二分照前方爲之。

第四方，火石玻璃粉三兩，鉛丹一兩，照前方爲之。

第五方，鉛丹十八分，生硼砂十一分，火石玻璃粉十六，分照前方爲之。

第六方，火石細粉十分，硝一分，鉀養一分，照前方爲之。

以上各方所成之料俱藉熱度之大小並歷時之久暫，如添以砂，或玻璃等質，則其料更易鎔化，若添錫養則其色白而不透光。用硼砂者不甚好，因能令藍料面上生霜而退其色。

黑色料

第一方，鍛過之鐵養十二分，鈷養一分，相和每一分，配以前方之本質一分，照法鎔之。

第二方，净泥三分，鐵養一分，此爲最佳之黑色。

第三方，錳養三分，煞弗耳即鈷礦一分，相和添以本質而鎔之。

藍色料

第一方，前方之本質加鈷養其數配准所需之色之深淺。

第二方，砂與鉛丹與硝各十分，火石玻璃細粉或火石細粉二十分，鈷養一分，或多或少配准其色之深淺爲度。

棕色料

第一方，錳養五分，鉛丹十六分，火石細粉八分。

第二方，錳養九分，鉛丹三十四分，火石細粉十六分。

第三方，鉛丹一分，鍛過之鐵養一分，銻礦二分，鉛養二分，砂二分，相和而添入前各本質内，其多少依所需之色。如欲改其色則鈷養少許加之，或煞弗耳少許。

緑色料

第一方，前本質二磅，黑色銅養一兩，照前法爲之。

第二方，照一方爲之，惟添以鐵養半錢。

第三方，銅細屑二兩，鉛養二兩，硝一兩，砂四兩，相和而添以本質若干。

第四方，本質和以鉻養足配所需之色，此色極佳，能耐大熱，但不慎用則變成死樹葉之色。

第五方，本質五兩，黑色銅養二十釐至四十釐，鉻養二釐，此色與緑寶石同。

第六方，前藍料並後黄料依所需之比例相和。

橄欖色料

第一方，藍料二分，黑料一分，黄料一分相和。

橘皮色料

第一方，鉛丹十二分，紅色之鐵養硫養一分，銻養一分，火石細粉三分，相和而鍛之，研爲細粉以本質五十分相和鎔之。

第二方，鉛丹十二分，銻養四分，火石粉三分，紅色鐵養硫養一分，相和而鍛之，每用二分添以本質五分。

瓷色或葡萄色料

第一方，本質和以金養或卡西由司瓷料即金養錫養或用錳養。

第二方，硫與硝與皂礬與銻養與錫養各一磅，鉛丹六十磅，相和鎔之，待冷研粉，添以紅色之銅養十九兩，煞弗耳粉一兩，鐵養一兩，半硼砂三兩，另將金、銀、汞三質照便當之比例配成一磅，各料相和鎔之，用銅條掉之，置於倒焰爐内，加熱二十四小時，即成羅馬國之拜德禮拜堂内用發藍作各色之窗，其瓷色用此方。

紅色料

第一方，本質和以紅色銅養，其色若變緑，或變棕，因銅多收氧氣，可加以含炭之質，如牛羊油或木炭等能復紅色。

第二方，本質和以金養或金之鹽類質，或卡西由司紅料。此法能得各種紅色最佳，間有製成此料爲無色，後用吹火筒之時而其色顯明。

第三方，鐵養硫養鍛成黑色一分，另將第五號之本質六分和以鐵養三分，將此和料三分與前料之一分相和，即成深紅色。

第四方，紅色鐵養硫養二分，第一方之本質六分，白鉛三分，此爲淡紅色。

玫瑰色料

第一方，瓷色料三分，或用其鎔和者，或未鎔和者，本質九十分銀，箔或銀養一分，倘其色深銀養宜少。

無色透明料

第一方，用前本質之任一種俱可。

茄花色料

第一方，瓷色料二分，第二方之紅色料三分，本質六分相和。

第二方，鹽性或鹼性之本質若干，添以錳養若干，以色恰好爲度，其色藉金類合養之質，故必慎，其料不可遇油質或含炭之質。

白色料

第一方，錫二分，鉛一分，照前本質第二方之法鎔之，而取其皮，研成細粉，用此粉一分，明玻璃料或本質二分，錳數釐研細，相加鎔之，如此三四次，切不可遇鹽或塵土，或鐵養，此料爲呆白色。

第二方，打打以密的一分，無鉛極净，玻璃三分，相和而照前法爲之，此白色最佳。

第三方，鉛三十分，錫三十三分，如前第二方取皮研細，用五十分火石細粉，五十分鉀養果酸，一百分相和，此料亦爲呆白色。

製白色之料必取各質之極净者，若含異質必損其色，所以合法爲之則所成之料能勝於乳色寶石。

黄色料

凡黄色料比别種色之料難於制合，所需之鎔配料少而必有金類之性，玆將名家所最信用者五方列後：

第一方，本質和以鉛養並鐵養少許。

第二方，將鉛與錫灰與鉛養與砂各一兩，硝四兩，相和鎔化研粉，添以本質若干。

第三方，白色銻養與白礬與淡輕緑各一分，鉛養炭養一分至三分，各質研細粉而相和，加熱足化，分其淡輕緑，其用法如前，而色最明。

第四方，鉛丹八兩，另將銻養與錫各一兩，和鎔而鍛之，添以第五方之本質十五兩，共和匀而鎔之。

第五方，銀養和以前方金類性之本質即合用其銀之鹽類質，亦有人用之，惟難料理又法將銀養一薄層鋪在器面而加熱頗大，後去其面上所生之銀皮，下有最佳之黄色。

—19. 最新經世文編　卷一三〇　美學二　修飾

郭嵩燾（1818—1891）

字伯琛，號筠仙，湖南湘陰（今屬岳陽）人。道光二十七年（1847）進士，官至兵部左侍郎。近代首位駐外使節。有《養知書屋集》等。

擬陳洋務疏

奏爲微臣假期將滿，遵旨帶病銷假。謹就所知洋務情形，恭摺貝陳，仰祈聖鑒事。竊臣因病兩次乞假回籍，渥荷天恩，優賞假期。于時滇案辦理已有端倪，而臣病久未痊，分當求退。五月二十四日，英使威妥瑪貿然出京，滇案未能議結，臣豈遽能置身事外，自應勉强支持，暫請銷假。而現在辦理洋務機宜，有可一言其略者。伏思夷狄爲患中國，自古皆然。所以控禦之方，戰守和三者而已。彼其侵擾有常所，其盛衰有定勢，因時制變，應之有餘。洋人以通商爲義，環列各海口，深入長江數千里，藉釁生端，以求便利。名爲外憂，而負嵎實在内地，名爲敵國，而構禍不出邦交。故臣以爲今日之洋務，戰守和三者俱無可言。何以言之？凡戰有二：曰攻剿之師，曰應敵之師，西洋各國，遠隔數萬里，中國不能往攻明矣。而如洋人練兵製器之精，其君臣相與講求，日新月異，未嘗稍息，而獨不肯輕易用兵。其視通商各口，皆其利藪，意尤護惜之。彼不言戰，何爲迫使戰乎？凡和有三：曰定歲幣之等差，曰議聘使之禮節，曰辨稱號之崇卑。

洋人通商二十餘年，從未較論及此。咸豐七年，廣東用兵，而上海、寧波通商如故。次年，天津用兵，即廣東通商亦復如故。其苛索兵費，但以爲因此用兵，兵費即取償於此，始終通商而已。每一滋事，增加口岸，遍據要害，所争莫大於是，更不得以和論。至於守之爲義，由皇古至於今日，由天下至於一家莫能廢也。中國沿海九千餘里，大小百數十口，虎門、大沽並稱天險。道光二十五年，三口通商以後，洋務辦理，已有成局。增修虎門炮臺，爲善後之計，費至數百萬。咸豐七年，洋人直入，一毀無餘。咸豐九年，天津防堵，良將勁兵，高壘巨炮之用，終亦不能持久。至於廣東輾轉貽誤，而有寧波之失，金陵輾轉貽誤，而有鎮江之失。延及咸豐七年，廣東省城爲洋人襲入，擾及天津。洋務遂至窮於辦理，此其成迹亦略可睹矣。今且遍及内地，設立公使，駐扎京師，曾無藩籬之隔。故臣以爲守者，經國之常略，而非目前防海之勝算也。

竊謂辦理洋務，一言以蔽之，曰講求應付之方而已矣。應付之方，不越理、勢二者。勢者，人與我共之者也。有彼所必争之勢，有我所必争之勢。權其輕重，時其緩急，先使事理了然於心。彼之所必争，不能不應者也。彼所必争，而亦我之所必争，又所萬不能應者也。宜應者，許之更無遲疑，不宜應者，拒之亦更無屈撓。斯之謂勢；理者，所以自處者也。自古中外交兵，先審曲直。勢足而理固，不能違，勢不足而別無可恃，尤恃理以折之。伏見列朝平定準噶爾、布魯特方略，以至仁誅暴逆，而坦然一示以誠，招携懷柔，委曲深至。乾隆二十九年，西疆烏什之叛，辦事大臣某某，已戕於賊，追咎肇釁之由，譴及其子孫。嘉慶二十五年，回疆之變，參贊大臣某某，經回民控訴，逮問治罪。道光二十九年甘肅誘殺撒拉番民，亦經控訴，逮問督臣某某。所屬回番各部，拊循處理，務使持平，惟恐一夫稱屈。允爲列聖控制中外之成規，深求古今得失之故，熟察彼此因應之宜。斯之謂理。臣惟洋人之强，與其逼處中國，爲害之深，遠過於前代。而其藉端陵藉，乘釁要求，中國與之相處，其情事亦絶異於前代。處之得其法，其於各口税務，及學館教習，及練兵製器諸大端，洋人相與經營贊畫，未嘗稍有猜忌。處之不得其法，則議論繁多，變故滋生，往往小事釀成大事，易事變成難事，以致貽累無窮。

竊見辦理洋務三十年，中外諸臣，一襲南宋以後之議論，以和爲辱，以戰爲高，積成數百年習氣。其自北宋以前，上推至漢唐，綏邊應敵，深謀遠略，載在史册，未嘗省覽。洋人情勢，尤所茫然，無能推測其底藴，而窺知其究竟。朝廷設立總理衙門，專辦洋務，亦不能不内惜人言，周章顧盼，無敢直截辦理。臣以庸愚，爲衆論所詬譏，何敢再有陳奏。然竊計今時關係天下利病，無過於洋務。直隸督臣李鴻章、兩江督臣沈葆楨、福建巡撫丁日昌練習洋務，至精至博，用能力籌富强之術。而於交涉洋務亦皆深得體要，維持保全。如臣才識短乏，而自道光二十二年辦理洋務，據所見聞，證以前代事迹，深有悟於中外交接之義，沛然不疑於其心。疾病昏愚，無能自效，而其理固有可言者。謹就今日辦理洋務機宜，略具四條，可以見之施行。伏候聖明采擇。

一、國家設立軍機處，爲出政之所，中外事機，悉歸裁定。咸豐十一年，總理衙門之設，一仿軍機處章程。遂與軍機處並立。其時恭親王實司總理，可以專制。兼因交涉洋務，多持正議，不願與聞。今已辦理十餘年矣。察看西洋大勢，總理衙門，當遂爲國家定制。頒發上諭，及一切處置事宜，不能不歸軍機處。軍機大臣未經奉派總理衙門行走，茫然莫知其原委，是非得失，無從推求。臣愚以爲軍機大臣，皆應兼總理衙門銜名，庶幾討論情勢，通籌熟計，以期有所裨益。

一、西洋通商，向止廣東一口。嗣是沿海開口，以及奉天，内達江西、湖北。法蘭西分踞安南，與廣西接壤；俄羅斯出入西北各口，遍及陜甘及山西。英吉利又議雲南通商。其四川、貴州、河南交涉教案，層見疊出。目前無洋務交涉，獨湖南一省耳。必能諳悉洋情，辦理始能裕如。於此稍有惶惑，一視若荆棘之在其身。其始過持正論，其後輾轉翻異，迷誤必多。故今日人才，以通知洋務爲尤要。自與洋人通商以來，事變數出，多因華洋交涉案件，争辨紛紜，而辦理歸結處，總在訛索賠款，廣開口岸，此其命意之所在。無知預防者，動輒積嫌生釁，激成事端，輾轉以資其挾制，而使遂其欲。推原其故，由地方官不知洋情。既以搆釁爲能，而多加之粉飾，又以了案爲屈，而更益以推延。似此情形，施之民間訟案，含忍受冤，即亦無辭。施之洋人，必至多生事故。故臣以爲考求洋務，亦無他義，通知事理而已矣。漢詔出使絶國，與將相並重。當時所急者，不過折沖樽俎一日之間，實不逮西洋關係緊要之萬一。伏願皇上考攬人才，勤求方略，期使中外諸臣，勿存薄視遠人之心。以洞知其得失利病之原，忍辱負重，刻自砥礪，以激厲士大夫之心，而獎成士民奮發有爲之氣，外籌應接之術，内立富强之基，在朝廷一念之斡旋而已。

一、駐扎西洋公使，萬非今日急務。其間惟美利堅之金山，中國流寓數萬人，左近祕嚕及西班牙所屬之古巴，兼有招工事宜，足資辦理。此外各國，全無憑藉，而恃數萬里外之使臣，因事與之辨争，事理稍有虚飾，困辱立見。即有能者，亦徒以有用之才，虚棄之無用之地。將來海道開通，中國商人能赴各國設立行棧，有可經理之事，漸次選派大員充當公使駐扎，自不可少。此時出使通好，委無關係。而既經奉派出使英國，各國相援爲例。正慮此後出使歲必加多。臣以爲考求洋務，中外諸臣，必宜留意，而出使則盡人可以差遣。竊計各部寺院二三品以下堂官，類能諳悉體制，講求應對。朝廷以息事安人爲心，奉命出使，誰敢不盡力。應請以後選派使臣，依照常例，由禮部開列二三品以下堂官，年歲不滿五十者，聽候欽派。亦與尋常出使同等，務使廷臣相習爲故常，不至意存輕重，而於洋情事勢，亦不能不一加研考，以求備國家緩急之用。其爲裨益必多矣。

一、西洋公法，通商各國，悉依本國法度。中國刑例，有萬非西洋所能行者。當時議定條約，未能仿照刑例案酌添通商事例，以致會審公所，一依西洋法度，以資聽斷。中國一切無可據之勢，惟當廓然示以大公。凡租界滋事，依洋法辦理，州縣地方滋事，依中法辦理。其視洋民，猶中國之民。視辦理洋案，亦猶辦理中國之案。先期化除畛域之見，以存中國一視同仁之體。其間交涉洋務，上諭奏摺，應發鈔者，概行發鈔，使天下曉然知事理之平。其有委曲周旋，亦能窺見朝廷之用心，以知事理之得失，非獨以釋士民之疑，亦足以折服洋人之氣矣。以上四條，於辦理洋務要略，未能詳及。而先務通知古今之宜，以求應變之術，熟覽中外之勢，以息人言之囂，自可漸次講求控禦之方，推行富强之計。要求其歸，理勢二者，深籌遠攬，無以逾焉者也。有宋大儒程頤論事，必折衷一是。其言當時朝廷有五不可及。一曰：至誠待敵國。夫能以誠信待人，人亦必以誠信應之。以猜疑待人，人亦即以猜疑應之。此理無或爽者。方今時勢艱難，財力支絀，洋案多一反覆，即國家多傷一分元氣。維持國體，全在先事防維。事端一出，補救無從。此後更難與處。臣久病衰頽，委無材用，足應國家之急。斷不敢希圖以語言效用，供人指摘。審量洋情事勢，則實有確不可易者。冒昧上陳，言辭拙直，不勝戰慄隕越之至。

—5. 皇朝經世文續編　卷八三　兵政一四　海防上

上合肥伯相書

二月初八日，寄上第三信，想塵鈞鑒。此間政教風俗，氣象日新。推求其立國本末，其始君臣争政，交相屠戮，大亂數十百年，至若爾日而後定。初非有至德善教，累積之久也。百餘年來，其官民相與講求國政，自其君行之，蒸蒸日臻於上理。至今君主以賢明稱，人心風俗，進而益善。計其富强之業，實始乾隆以後。火輪船創始乾隆，初未甚以爲利也。至嘉慶六年，始用以行海。又因法創爲火輪車，起自嘉慶十八年。其後益講求電氣之學，由吸鐵機器，傳遞書信。至道光十八年，始設電報于其國都，漸推而遠。同治四年，乃達印度。自道光二十二年與中國構兵，火輪船遂至粵東。咸豐十年再構兵，而電報徑由印度至上海矣。其開創才數十年。乘中國之衰敝，七萬里一瞬而至。然亦足見天地之氣機，一發不可遏。中國士大夫自怙其私，以求遏抑天地之機，未有能勝者也。

來此數月，實見火輪車之便利，三四百里，往返僅及半日。其地士紳，力以中國宜修造火輪車相就勸勉。且謂英國富强，實基於此。其始亦相與疑阻，即以初抵倫敦蘇士阿摩登海口言之。往來車運，用馬三萬餘匹，慮防其生計也。迨車路開通，用馬乃至六七萬匹，蓋以道途便利，貿易日繁，火輪車止出一道。相距數十里以下，來就火車者，用馬逾多也。

去冬，道上海，見格致書院藏一火輪車道圖，由印度直通雲南，一出臨安以東趨廣州，一出楚雄以北趨四川，以達漢口，又由廣州循嶺以出湖南，而會於漢口。乃由南京至鎮江，東出上海，又東出寧波，北出天津，以達京師。見之怪咋，謂雲南甫通商，即籌及火輪車路也。及來倫敦，得此圖，知已出自十餘年前。凡其蓄意之所至，無不至也。印度火輪車才及阿薩密。其通中國，分山南北兩道。北道由阿薩密直抵依拉襪底河。南道繞出緬甸，折而東北，以會於依拉襪底河，而達蠻允。大率雲南通商一二年後，兩處鐵路，所必興修者。日本公使見語云：天地自然之利，西人能發出之。彼爲其難，吾爲其易。豈宜更自坐廢！中國土地之廣，人民之衆，各國所心羡也。聞至今一無振作，極爲可惜。嵩燾赧然無以爲答。前歲入都，本意推求古今事宜，辨其異同得失。

自隋唐之世，與西洋通商，已歷千數百年。因鴉片煙之禁，而構難以次增加。各海口内達長江，其勢日逼，其患日深。宜究明其本末，條具其所以致富之實，而發明其用心，而後中國所以自處，與其所以處人者，皆可以知其節要。謀勒爲一書，上之總署，頒行天下學校，以解士大夫之惑。朝廷所以周旋遠人之心，固自有其遠者大者，當使臣民喻知之。以爲此義明，即國家億世之長基可操券而定也。道天津，亦曾爲中堂陳之。及至京師，折於喧囂之議論，噤不得發。

竊謂中國之人心，有萬不可解者。西洋爲害之烈，莫甚於鴉片煙。英國士紳，亦自恥其以害人者爲構釁中國之具也。方謀所以禁絶之。中國士大夫甘心陷溺，恬不爲悔。數十年國家之恥，耗竭財力，毒害民生，無一人引爲疚心。鐘錶玩具，家皆有之，呢絨洋布之屬，遍及窮荒僻壤。江浙風俗，至於舍國家錢幣，而專行使洋錢。且昂其價，漠然無知其非者。一聞修造鐵路電報，痛心疾首，群起阻難，至有以見洋人機器爲公憤者。曾劼剛以家諱，乘坐南京小輪船至長沙。官紳起而大嘩，數年不息，是甘心承人之害，以使朘吾之脂膏，而挾全力自塞其利源，蒙不知其何心也！辦理洋務三十年，疆吏全無知曉，而以挾持朝廷曰：公論。朝廷亦因而奬飾之曰：公論。嗚呼，天下之民氣，鬱塞壅遏，無能上達久矣。而用其鴟張無識之氣，鼓動游民，以求一逞。官吏又從而導引之。宋之弱，明之亡，皆此鴟張無識者爲之也。

嵩燾，楚人也。生長愚頑之鄉，又未一習商賈，與洋人相近。蓋嘗讀書觀理，歷考古今事變，而得之於舉世嘩笑之中，求所以爲保邦制國之經，以自立於不敝，沛然言之，略無顧忌，而始終一不相諒，竄身七萬里之外，未及兩月，一參再參，亦遂幡然自悔其初心，不敢復爲陳論。而見聞所及，有必應陳之中堂者。日本在英國學習技藝二百餘人。各海口皆有之。而在倫敦者九十人。嵩燾所見二十人，皆能英語。有名長崗良芝助者，故諸侯也，自治一國。今降爲世爵，亦在此學習律法。其户部尚書恩婁葉歐搴至奉使講求經制出入，謀盡仿效行之。所立電報信局，亦在倫敦學習有成，即設局辦理。而學兵法者甚少。蓋兵者，末也。各種創制，皆立國之本也。中堂方主兵，故專意考求兵法。愚見所及，各省營制，萬無可整頓之理。募勇又非能常也。西洋此數十年中，無憂構兵，直可以理勢決者。考求倫敦募兵之法，皆先使讀書通知兵法，而後入選。遣醫士相其血脉膽氣，筋骨堅强，而後教之跳躍，次第盡槍炮技藝之能事，乃編入伍，其根柢厚矣。此豈中國所能行者！一身之技，無能及遠，正慮殫千金以學屠龍，技成無所用之。

嵩燾欲令李丹崖携帶出洋之官學生，改習相度煤鐵煉冶諸法，及興修鐵路與電學，以求實用。仍飭各省督撫多選少年才俊，資其費用，先至天津、上海、福建各機器局，考求儀式，通知語言文字，而後遣赴外洋。各就才質所近，分途研習，各機器局亦當添設教師二三人，以待來者。但須一引其端，庶冀人心之知所趨向也。此間有斯諦文森者，亦曾言各國鐵路，多所創造，尤勤勤焉勸中國之急爲之。謹將所擬節略上呈。抑嵩燾之意，以爲事事須洋人爲之，必不可常也。當先使中國之人通曉其法。埃及國隸阿非利加，及修造鐵路，先遣人赴英國練習而後敢仿行之，此最可法。伏乞鈞示，以憑與李丹崖會商辦理。

竊以爲方今治國之要，其應行者多端，而莫切於急圖内治，以立富强之基。如此二者，可以立國千年而不敝。其爲利之遠且大者，不具論也。其淺而易見者有二利：中國幅員逾萬里，郵傳遠者，數十日乃達。聲氣常若隔絶。二者行萬里，猶庭户也。驟有水旱盗賊，朝發夕聞，則無慮有奸民竊發稱亂者。此一利也。中國官民之勢，懸隔太甚，又益相與掩蔽朝廷耳目，以便其私，是以民氣常鬱結不得上達。二者行，富民皆得自效以供國家之用，即群懷踴躍之心。而道路所經，如人身血脉，自然流通，政治美惡，無能自掩，則無慮有貪吏遏抑民氣爲奸利者。此又一利也。

三代盛時，不過曰吏效其職，民輸其情而已。其道固無以加此也。論者徒謂洋人機器所至，有害地方風水，其説大謬。修造鐵路電報，必於驛道皆平地面爲之，無所鑿毁。至於機器開煤吸水以求深也。煤質愈深愈佳。中國開煤務旁通，洋人開煤務深入。同一開采，淺深一也，有何妨礙。即以湖南地産言之。鐵礦多在寶慶，煤礦多在衡州。而科名人物，以此二郡爲獨盛。湘潭石潭産煤，世家巨族多出其地。湘鄉煤産無處無之。功名爵禄，尤稱極盛。世人一哄之議論，無與發其蒙者。何不近據事實徵之。中國百姓自爲之，而自利之，無故群起而相阻難。數十年後，洋人所至，逐漸興修，其勢足以相制，其利又足以啖奸豪滋事者，役使之以爲用。則使權利一歸於洋人，而中國無以自立。傳曰：天之生此民也，使先知覺後知，使先覺覺後覺也。先知先覺之任，必朝廷大臣任之。是以政教明，則士大夫之議論自息。亦在朝廷斷行之而已。

至於國家根本大計，度今之時，量今之力，有難以一二舉行者，而切要者數端。無關根本大計，而要爲諸政之所從出。不先務此，雖有良法美意，日起以圖功，亦終歸無方。

一曰禁止鴉片煙。原鴉片煙之禁，實自雍正時。其始供藥品而已。賴政教修明，官吏奉法，民間無敢吸食者。至道光中，其風始熾。嵩燾少時，尚未聞此。于時物利豐阜，家給人足，百姓守法惟謹。迨後鴉片煙之害興，而世風日變，水旱盗賊，相承以起。即今日洋禍之烈，實始自禁鴉片煙。而金田賊首，亦因海防散勇，嘯聚山谷，馴至大亂。是此鴉片煙不獨戕賊民生，耗竭財力，實亦爲導亂之原。洋人至今引爲大咎，中國反習而安之。竊以爲鴉片煙之害不除，諸事一無可爲。而求其禁止之方，有至簡而易行者。其法在先官而後民，先士子而後及于百姓。一用勸導之術，而以刑罰濟其窮。其用罰亦惟動其廉恥之心，而激使自立。寬以二十年之期，必可保其禁絶，不至稍有貽患。嵩燾前摺已詳言之，無可易者。此一事也。

一曰開墾浙江荒土。初聞洋人惟務商賈之利，於農田不甚經營也。至是始知其不然。其通商專務富民，所税茶、酒及煙，數者而已，餘皆無税。歲計商賈贏餘，而估其所獲之利，約八十分取一。住房、器物，計租取税，略如中國之户税。歲入三百磅以下者不税。其所得寶星及他表記、泐之用器，有税。畜犬以上，有税，並出常税之外。國家經制所入，一取之地税，其勤地力至矣。往見陳文恭公巡撫陝西、河南，專意農事，興水利，溉田。在湖南教民耕種，諸法悉備，可爲知本計者。江浙經亂後，距今十二三年，荒蕪之田，未墾者仍多。百姓憚于疏辟之勤，而自惜其力。州縣苦於奏銷之累，而並没其名。荒者聽其蕪萊，墾者亦相爲隱匿，亦宜户部所應經營，督撫所應勸導者，此又一事也。

一曰喀什噶爾之地宜割與雅穀刊。氐羌數叛酒泉，光武仍其君長，賜以印綬。吐谷渾徒浩亹河，郭元振請即其所置之邊要密邇，義取羈縻，無所顧惜。至於漢建校尉，唐置都護，遠或萬里，近或數千，降胡雜虜，因叛襲封，以爲故事，無足比論。惟喀什噶爾之地逼近安集，延其勢不能築，葱嶺爲長城以遮遏之。浩罕諸部，並於俄羅斯，回部餘民，乘喀什噶爾之亂，襲據其地，猶懾中國之威，而思托爲附庸。去歲，威妥瑪代爲之請，嵩燾謂當俯順其心，與爲約誓，令繳還各城，但得一鎮守烏魯木齊之大臣，信義威望，足以相服，可保百年無事。若徒恃兵力攻取，曠日持久，耗費無已。幸而克捷，而回部餘民，必走投俄羅斯，以相比附。構兵縱掠，終歲騷動，徒使俄人乘間坐享其利，而中國承其敝。未知所以善其後也。夫經國者務籌久遠。主兵者惟取進攻。是以棄地之議，不能出之將帥也。惟恃朝廷權衡緩急輕重，秉成算以宣示機宜，而後將帥之威伸，而朝廷之恩乃深入遠人之心，使之俯首而聽約束。故以爲威妥瑪之代請，實機會之不可失者，此又一事也。

一曰伊犁一城，宜與俄人定約，以垂久遠。英俄兩國，勢足相敵，而英人務拓地以興利，俄人務襲土以開疆。無端乘亂襲據伊犁，此其志在掠地而已。竊度新疆事定，令俄人交付伊犁一城，必尚多煩議論。西洋公法，無乘亂據人土地之例。勢且要求兵費，責以收贖。而非有鉅款，足厭其心，知其必不能允也。故莫如反其道而行之，不責其減價而贖之我，而責其准所贖價交易而鬻之彼。如日本庫頁一荒島，猶欲全據之，必不肯輕易退還伊犁明矣。與其含糊懸宕，以生戎心，莫如明與定約，畫疆分界，可保數十年之安。必不得已，收回黑龍江以西地，與之互易，亦尚有名可據，此又一事也。

一曰停止各省釐捐。嵩燾於釐捐籌餉，知之甚明，行之甚力。湖南開辦釐捐，實一力贊成之。在粤東陳覆釐捐情形，援古證今，自謂能得其要領。然凡爲釐捐，以籌餉也，原非國家經制。軍務告竣十餘年，迄今不議停止，則非體矣，且法久則弊生。各省本無急需，相與視爲閑款，不甚措意，是以辦理日久，收數日微。驟有軍務，籌劃餉糈，踵事循章，習爲故常，將更無可施力，尤兩敝之道也。前歲因滇案議停租界釐捐，是專爲洋人免釐，何異驅魚而致之淵，驅雀而納之叢，不獨有失民商之心，其傷國體實甚，意謂宜及時停免各省釐捐。租界免釐一節，自應删除。並與立約，因事籌餉，不在此例。而如福建之茶，浙江之絲，及凡物産之在其地者，應收土税，以備地方之用，不與釐捐同免，此皆可據理以求勝者。舊時茶税，每箱八兩。五口通商，驟減至二兩五錢。曾與赫總税司言之。渠意亦謂：如此各省自有之利，尚可設法另議，無並土税不准完納之理。中國自有之利，操縱宜出之朝廷。蒙於此事極有不安於心者，此又一事也。

嵩燾本奉使海外，凡中外交涉事件，稍有所見，例得上聞，懷欲陳之久矣。徒念京師蒙被口語，側身天地，至無所容。朝廷亦不能不采納人言，加之賤簡。又甫出洋，屢見參案，更不敢有所陳論，自取愆尤。獨念中堂爲國重臣，中外得失，利病所關，宜廑盛慮。區區所陳，準時度勢，略舉其切要者，措之而得，行之又至簡而易。非徒爲高遠難行之言，以自快其議論者。往與寶相論今時洋務，中堂能致其大，丁雨生能致其精，沈幼丹能盡其實。其餘在位諸公，竟無知者。寶相笑謂嵩燾既精且大。嵩燾答言：豈惟不敢望精且大，生平學問皆在虛處，無致實之功，其距幼丹尚遠。雖然，考古證今，知其大要。由漢唐推之三代，經國懷遠之略，與今日所以異同損益之宜，獨有以知其深。竊以爲南宋以來，此義絶於天下者七百餘年。此則區區所獨自信，而無敢多讓者也，惟中堂采擇上陳，推而行之，所以裨益國家必多矣。

—5. 皇朝經世文續編　卷一〇二　洋務二　洋務通論中

奏請禁煙第二疏

竊臣於光緒三年二月初八日，具奏設法禁止鴉片煙一摺，至今未奉批諭。竊惟國家興利除弊，關係重大，未易輕議整頓。鴉片烟爲害中國，共五十年，通計各省士民，陷溺其中，率十之四五。其害日廣，其毒亦日深。道光十九年，特詔嚴禁，至激成海疆之禍，而吸食者愈多。至咸豐九年，例禁已開，更無顧忌。臣於此時，復爲禁止鴉片煙之議，人皆知其難行，而臣揆之事理，驗之人心，顧獨以爲至易。蓋使國家嚴立科條，責成地方官禁之，徒以擾累百姓，其終必至愈禁而愈開。使人民自爲禁制，以獎勵其廉恥，而激發其天良，則動於詔旨一二言，而人心自振，積弊亦將自除。此臣熟籌深計，而決知其必然者也。謹就愚見所及，略具數條，敬爲皇上陳之。

一曰權衡人情，以定限制之期。臣前摺議禁鴉片煙，以清理學校爲先。所有文武職官及舉貢士紳，一例示限三年，自屬一定不移之章程。而其中情節，實各不同。有因治病吸食者，有年逾五十，精力已衰，不能驟戒者，惟當責成各地方官，清釐整飭。萬不可搜剔窺伺，及開揭告之風。其紳民五十以上，已至垂暮之年，亦可無庸示禁。蓋此次議禁之意，在嚴絶其將來，不在追咎其既往，庶幾人心不至驚惶。即督撫大吏，因病吸食，亦可無憂反噬，朝廷但有覺察，無難處辦。至於學校出身之階，正本清源，端在於是。自府縣試互結，即須以鴉片煙爲首禁，應纂入《學政全書》，萬不宜絲毫寬假。此權衡人情之大端也。

二曰嚴禁栽種，以除蔓延之害。臣前摺叙述陝甘、雲貴、山西、四川等省，栽種罌粟情形。沿西數千里之地，日肆蔓延。內而江南之滁州，浙江之台州，亦皆種植罌粟。有滁土台土之名，向皆銷行內地。是各省多種一畝罌粟，即民間多增一畝之害端，國家亦多廢一畝之生産。臣在京師，聞山西撫臣鮑源深請禁栽種罌粟。出省閱兵，各州縣先期拔去驛路兩旁罌粟一二畝，改種禾麥，相傳爲笑。近年吏治廢弛日甚，欺誣粉飾，莫知爲非。非得督撫臣深體朝廷之用心，切實推求，斷絶根株，萬不能有裨益，此嚴禁栽種之大端也。

三曰嚴防訛詐，以除胥吏之擾。朝廷明示例禁，督撫下其令於州縣，即授其權於書差，乘勢苛擾，得賄包庇，其害且有不勝言者。自咸豐時開鴉片煙之禁，旋禁旋開，又旋加禁，亦復無此政體。臣之愚見，以爲當時開禁，僅及民商，官紳仍照舊禁止。是今日之設禁，與咸豐之開禁，用意正屬相同。而一以勸戒爲義，則差役之騷擾不能不先示嚴禁。但有因事生風，借禁煙爲名，稍事訛詐，應聽民人呈控。交涉書差者，立行拿懲，交涉地方官者，亦立與嚴參。總期使民間實受禁煙之利，而不至虛貽禁煙之害，此嚴防胥吏之大端也。

四曰選派紳員，以重稽查之責。近年廣東設立勸禁鴉片煙會，臣常嘉其用心之善。然出自民間私議，有勸導之功，而無董率之責，其勢不足以振發人心。應飭各省督撫臣，舉派在籍公正知事體紳員一二人，使專司示禁鴉片煙之責。以次責成各府州縣及學官，各舉派總辦一人，幫辦二三人，仍由府紳總其成，以達於省紳，而稽考其成效。亦不必設立公局，開支經費。但由地方官及各紳民，捐資廣制戒煙方藥，分散四鄉，責成各族族長，稽查一族，各鄉鄉長，稽查一鄉。督撫即因以推知州縣之奉行與否，及各府縣紳員之得力與否。一除粉飾之心，而坦然示以大公，惻然推以至誠，紳民未有不感動踴躍，自爲禁制者。此舉派稽查之大端也。

五曰明定章程，以示勸懲之義。竊查鴉片煙之盛行，在道光中葉以後，風俗人心，因之日趨於澆漓，水旱盜賊，相承以起，貽患至今。是鴉片煙之爲害，不獨耗及財力，戕賊民命，實爲國家治亂之機一大關鍵。是以道光中設爲厲禁嚴刑，原屬懲奸之要義，立法並無稍過。惟當紀綱廢弛，風俗頹敗之餘，法令愈嚴，推行愈多梗塞，不能不以整齊之令，寓諸從容勸導之中。而人心骫法已甚，其驟難禁革之積弊，尤應明定章程，以使知利病之切身，而自求變計。其法即取販賣鴉片煙之利，以爲禁煙之資。凡販運鴉片煙土者，無論城村市鎮，概准厘税加征五倍，永不停免。亦責成紳員，互相稽查。一由厘局徵收，而酌提爲製造方藥之費。其各省栽種罌粟者，亦皆示限嚴禁。各視土地所宜，責令改種五穀。其田土有多寡，又有承佃及自耕之田。逾期不改，種二十畝以上，酌提一半充公。承佃者出自業户之意，全數充公；出自佃民之意，責成更佃。不遵辦者，亦全數充公。二十畝以下，勒限懲責。其充公之田，各就其鄉添設小學及各善舉，由地方官督飭辦理。有侵蝕者，亦聽呈控懲辦。此明定章程之大端也。

六曰禁革烟館，以絶傳染之害。鴉片煙爲害之烈，尤莫甚於煙館。無藝平民及子弟之無管束者，無不從煙館吸食，以至積而成癮，其害亦人所共知而不能禁革者，在官之耳目，不能敵書差之包庇也。聞兩江督臣沈葆楨，嚴禁煙館，皆相率移至城外。以沈葆楨切實認真，其力亦不過周及城内而已。非責成各處士紳自相稽查，萬不能有實際，而非督撫及地方官有實求整飭之心，亦萬不能責紳士之奉行。是以自古興利除弊，尤以察吏爲先。在京各城司坊等官，在外各州縣巡檢典史，能不以收受陋規爲事，禁革煙館，即亦非難，此嚴禁傳染之大端也。

伏查國家興利除弊，大抵交涉部務，應由部臣制其准駁之權。其有違犯禁令，亦應由部臣添議科條，編入則例。惟此次禁止鴉片煙，先及官紳士子，本屬從前未開之禁，無庸另立專條。其禁止栽種罌粟，及開設煙館，尤屢見之奏案，明示例禁。至於州縣之差役訛詐，按律處辦，已自有餘，並無庸酌增條例。各海口徵收洋土税則，照舊辦理，或另立章程，税釐並徵，酌量增加，均可及時開辦，聽從販運。此次議禁，大旨全無妨礙。俟奉有禁辦明文，臣即照會英國外部，漸次禁止栽種販運。此時開辦之始，惟當從容涵泳，寬以二十年之期。先官而後民，先士子而後及于百姓，一以漸摩勸戒爲義，示以朝廷愛民之苦心，力拯陷溺，力除苛擾，與天下相感以誠。而其大要尤在責成各省士紳，自立章程，切實勸導，求實效而不務虚文，求真有益百姓，而不專假官勢以責近功。人心具有天良，無不可感動禁革者。伏乞天恩明下臣章，飭各督撫臣虚心核議，實力舉行。天下臣民，蒙被聖恩，永無涯際！

——13. 皇朝經世文統編　卷二七　内政部一　治術

督撫同城急宜酌量變通疏

奏爲國家設官，如督撫同城一條，急宜酌量變通。謹就微臣閲歷所及，推論其源流而究明其得失，恭摺奏祈聖鑒事：

竊查明永樂初，潯、桂、柳三府蠻亂，遣給事中雷填巡撫廣西，爲巡撫之名所自始。景泰三年，潯、梧瑶亂，廷議以兩廣宜協濟應援，乃設總督。是總督、巡撫二者，皆肇端於兩粤。終明之世，以十三布政使爲定員，而總督、巡撫或分或併，或設或罷，大率與兵事相終始。成化以後，建置日繁，如京東北一路，有薊遼總督、保定總督、宣大總督，又有順天巡撫、永平巡撫、保定巡撫、遼東巡撫、宣府巡撫、大同巡撫、天津巡撫、密雲巡撫，開府相望。然考其時督撫駐扎地方，從無同城者。保定添設總督，而保定巡撫别駐真定；宣大分設巡撫，而宣大總督别駐陽和。至兩廣督撫沿革，其初分設巡撫，而後改設總督，天順二年遣右僉都御史葉盛巡撫兩廣，則又稍易其名，成化元年又以總督兼巡撫，嘉靖中添設廣東巡撫，總督衹兼巡撫廣西，由梧州移駐肇慶，隆慶三年又添設廣西巡撫，總督改兼巡撫廣東。是兩廣總督、巡撫明時未嘗兼設。

國朝以來，總督、巡撫著爲定制，中間小有裁併，而視明世紛更變易，規模固遠勝矣。其督撫同駐會城者三，曰福建，曰湖廣，曰雲南；本不同城而後移駐會城遂成定例者一，曰兩廣。推原立法之始，地方吏治歸各省巡撫經理，聽節制於總官，而總督專主兵，是以河南、山東、山西專設巡撫，即不復設提督。爲不欲使武臣主兵，而巡撫又不得統轄，提督故爲巡撫兼銜。直隸、四川、甘肅專設總督仍兼巡撫銜。大致以兵事歸總督，以民事歸巡撫，此國家定制也。而巡撫例歸總督節制，督撫同城，巡撫無敢自專者，於是一切大政悉歸總督主持，又名開幕府行文書，不能如六部尚書、侍郎同治一事也，而參差杌隉之意常多。道光之季，兩廣藴孽已深，叛匪一起，亂民從之如歸，蔓延遍及東南，而皖豫之捻匪、陝甘之回匪乘之以逞，爲亂者皆民也，則各省撫臣之失職多矣。額設營兵多或六七萬人，少亦萬餘人，竟不得一兵之用，鎮將參游循資超擢任爲將帥者更無一人，所用以轉戰者皆勇也，而兵爲虚設，積久又益加累，歲糜錢糧千餘萬，相與處之怡然，則各省督臣之失職尤甚矣。而自軍興以來，江忠源、胡林翼、羅澤南、李續賓，及今劉長佑、曾國荃、劉坤一、劉嶽昭等，皆以司道主兵，或績功至督撫，兵權日分，總督僅守虚名。而例定分年查閲營伍、考核將弁，均係總督專政，出巡之日爲多，兩省情形亦資周覽，軍興數年，此典竟廢。

同治元年，兵部議奏御史陳廷經變通營制一摺，奉旨："江蘇、浙江、安徽、江西、陝西、湖南、廣西、貴州等省，各鎮協武職陞遷調補暫由巡撫辦理，千總以下徑由巡撫咨拔報部，所有校閲營伍、考核將弁並本省籌辦防剿，即專責成巡撫經理。其總督兼轄省分，軍政考核著經由巡撫就近出考，會同具題，至巡撫同城者，仍照舊章辦理等因，欽此。"因查一省千餘里之地，能考求其利病、周知其情狀已難其人，至於兼轄省分原不過奉行文書，周旋應付，稍求整頓，隔閡必多，所以議歸巡撫經理，蓋亦窮而必變之勢也。而與總督分省之巡撫，軍政民事一聽主裁；與總督同城之巡撫，軍政既不得與聞，民事又須受成總督，一則虛立其銜，一則兩操其柄。是從前督撫同城，名存而實去者僅一巡撫。自頃數年，則督撫之名實兩乖，而巡撫乃尤爲失職。

臣悉其得失利病，爲我皇上一陳之。《傳》曰：天下之動，貞乎一者也。惟其一也，故能齊百姓之耳目，而定屬吏之從違。宋置監州而兵以弱，明置巡按而政以嚣，知道者惜之，然於政之所出猶有未分也。督撫同城，愛憎好惡之異情，寬嚴緩急之異用，同爲君子而意見各持，同爲小人而譸張倍出。如舉一人也，此譽之，彼毁之，則是非淆；劾一人也，此遠之，彼近之，則趨避易。徒令司道以下茫然莫知適從，其君子逶迤進退以求兩無所忤，其小人居閑以遂其私。國家定制，錢糧及升調員缺總之藩司，刑案總之臬司，督撫專任其成，本不易有設施，而又水火交攻，戈矛互進。是皇上設官以求治也，而督撫同城乃萬無可言治。向使一縣置兩令，一郡置兩守，百姓俛趨俛避，俛迎俛合，能一日安乎？州縣之大，百姓之愚，猶足爲害，何况主持數十州縣之地，御千百之屬吏，而使之兩相持以撓政黷民，爲害必鉅，此理勢之固然者也。臣自道光二十七年通籍假歸過武昌，目悉吏治之媮，氣習之深，心憂其將亂。其後五年而亂作，前後督撫殉難三人，伏誅二人，被劾四人。賴胡林翼開立規模，風氣爲之稍變。雲南之亂則既成矣，前督臣張亮基，每言及前撫臣徐之銘牽掣情形，輒至慨嘆。而各直省吏治之媮，人心之弊，閩粤爲尤甚。細究其由來，數十年瞻顧因循，釀亂保奸，實以督撫同城之故。以言其事既如彼，以言其效又如此。歷來同城督撫猜忌，相爲敵讐，獨於公事一切雍容坐視，求免於嫌怨。承平日久，循例守職，亦庶幾可以寡過；處多事之時，承積疲之俗而多所牽掣，苟安無事，以謂之和衷，朝廷獨焉賴之？自古中材多而賢人少。皇上委任疆吏，但使中材足以自守，其間一二賢者弛張以時，自可相維於不敝。督撫同城，則賢者永不得有爲，中材亦因以自廢，此臣所謂急宜變通者也。近年，雲南督撫皆浮寄境外，一無憑藉。臣愚以爲雲貴總督一缺宜暫停罷，責成巡撫剿賊，以一事權。其閩浙、兩廣總督則或援照明制，兼併一員。福建情形臣不能知其詳。廣東督撫兩標及兩署書吏分别裁并，營政、吏治、關税、鹽務四者未嘗不可整飭。權分則情多乖，責專則事易集，不獨於地方補益甚鉅，其有裨於國家之經費亦必多矣。

臣伏見明臣韓雍在兩廣總督任内，疏言兩廣地大事殷，請裁總督，東西各設巡撫，當時立見施行。韓雍請分其責於兩省，今臣請重其事於異城，義取因時，事亦同揆。至於國朝督撫之沿革，如河東總督、偏遠巡撫，亦時有廢置。即咸豐九年裁撤南河總督一缺，斷自宸衷，期使大臣無曠官虛設之員，而天下亦同受其利益。

臣撫粤兩年，於地方利弊源流知之頗悉，懷此欲陳久矣，以慮語言稍涉直切，或疑其有他意，是以欲言復置。今旦夕交卸，以切身之閲歷，求及時之變通，用敢推明得失利病之原，上備聖明采擇可否。仰邀皇上天恩，飭軍機大臣、吏部、兵部會議，並抄發臣摺，交各督撫公同核議，以求妥善之處，伏乞聖鑒施行。謹奏。

—8. 皇朝經世文三編　卷一三　治體一　政本上

吴鼎元（1819—？）

字新伯，號右卿，浙江杭州人。咸豐元年（1851）舉人。

理財論

理財之説，固平天下之道也。唐虞之盛，不過曰阜財；《大學》之精，不過曰生財。然則，理財之説要必有所先矣。所先者何？商務而已。顧其爲事有六：一曰開鐵路。貨物流通，罕有壅滯，轉運之靈，莫捷於此。一曰設銀行。擴立股票，試借國債，大公無私，以昭誠信。一曰製新器。洋貨進口，銷場太旺；仿而行之，以奪其利。一曰輕税釐。關市之征，酷吏如虎。欲廣財源，宜先減税。一曰興藝學。農桑畜牧，不圖新法，振而作之，庶革舊習。一曰立公司。事必衆擎，然後易舉。公司之制，宜仿泰西。夫此六者，皆理財之要，而爲商務之所必不可緩者也。

由是，大綱既立，推而行之，設商部、定商政、立商會、廣商報，事事可行，人人可理。擴將來之利，收已失之權，美哉，美哉。且夫粵匪之亂，兵興十數年，而利不竭者，以財之猶在民也。通商以來，財日耗，國日疲，以利之流於洋也。今誠能務厥先圖，而知各國商政之法，無使以官制商，無使以官侵商，保商之權，捷商之途，轉移之會其在斯乎，其在斯乎。此理財之所最先者也。而不然者，鐵路不開，則往來阻；銀行不設，則資本空；新器不製，則洋貨旺；税釐不輕，則土商虧；藝學不興，則財源竭；公司不立，則合力微：欲求商務之充，烏可得哉？謀國是者，尚其慎旃。

—15. 皇朝經世文四編　卷一七　户政　理財

孫鼎臣（1819—1859）

字子餘，號芝房，湖南善化（今屬長沙）人。道光二十五年（1845）進士，官至翰林院侍讀。有《蒼筤集》。

論鹽二

治天下之弊，當究其弊之始終，得其所由生與其所終，極去之，而利自見。天下産鹽之地，曰兩淮，曰兩浙，曰長蘆，曰福建，曰廣東，曰河東，曰甘肅，曰雲南，曰四川。淮南歲引一百三十九萬五千五百有十，課銀五百八十餘萬兩；淮北歲引二十九萬六千九百八十有二，課銀二十七萬二千兩有奇；兩浙歲引八十萬五千三百九十有七，課銀二十九萬兩有奇；長蘆歲引九十六萬六千四十有六，課銀一百五十六萬兩有奇；福建歲引五十四萬五千六十有二，課銀三十萬二千六百兩有奇；廣東歲引八十一萬四千五百有十，課銀六十四萬七千五百兩有奇；河東歲引三十三萬三千四百四十有二，課銀五十八萬一千六百兩；甘肅花馬池歲引七萬二千六百八十有六，課銀一萬四千五百兩有奇；雲南無引，歲額以觔計者三千九百四十二萬七千一百，課銀三十七萬六千二百兩有奇；四川無額，視一歲所售之數請引於部，而備餘引凡五千。蓋鹽課居天下財賦四之一，兩淮最鉅，其弊亦最甚。爲鹽之策者，亦獨繁要，其歸則緝私也，恤竈也，裕商也。

爲緝私之説者，天下無不食鹽之人。生齒之息，今倍於昔；鹽之售反絀於昔，則病鹽者，實私鹽也。彼塞則此通矣，其説誠是也。然私果安出乎？私之途非一。船私者出於商船之船户，漕私者出於回空之軍船，鄰私者出於鄰境之商梟。私者出於所在之私販，以其慓鷙也，而謂之梟。功私者出於商所捕得之私鹽，而莫盛於商所自販之私。商賄吏，而以滷耗爲名，溢於額引者，倍於售也。先私而後官，私無課而官有課也。雖然商之販私非商之故，課重使之然也。課之重非課之故，吏黷使之然也。順治初，始定綱數，淮南之引一百四萬二千三百九十，淮北二十二萬九千一百二十有二。今淮南之引增三十五萬三千百有二十，淮北之引增六萬七千八十有六矣。引自既增，商未受鹽而先輸課；輸課之外，歲有貢；貢之數五十萬；在公之費又七八十萬。其間大工、大師旅，則有加價，有加觔。商又輒獻銀以佐國家之急，常一二百萬。産鹽之地自場吏以上，行鹽之地自卒役以上，至於文武大吏，莫不有賄，而又責之貸錢船户以造船，出財募人以捕私，其爲用之繁且廣。如是定制，凡引課銀八錢三分及一兩一錢七分，而商非銀二三兩不能運一引。其後，向之二者增而四，三者增而五，鬻一綱之鹽，纔得三百萬，而所費殆二千萬，欲不販私得乎？故雖販私而吏不問也，商私行而官引滯矣。總船私、漕私、鄰私、梟私之數，不敵商私；船私、漕私、鄰私、梟私可以法戢，而商私不能禁。故緝私之説，掩耳盗鈴之説也。

夫鹽産於場，場不私鬻，私鹽安出？禁其所販之地，不若禁其所産之地；清其源而流自絶。於是議稽火伏以禁場私者矣。火伏者，所以稽煮鹽之數也。一竈爲一鐅，歷一晝夜，一鐅之得鹽若干有定數，起止皆場官監之。然諸場廣袤數百里，火伏之時有先後，逐竈逐鐅而視之，不能之勢也。且夫計口授鹽，度天下之丁，制爲引之數；引之數有限，而鹽之産恒有餘。積有用之鹽於無用之地，欲禁朝不給夕之竈丁，使毋私鬻；禁嗜利之商與梟，使毋私市，可乎？禁之，必收餘鹽以恤丁。丁有餘力，場無餘鹽，私不緝自止。此緝私先恤竈之説也。雖然，是餘者委之無力之場商收之乎？委之積困之綱商收之乎？課逋帑絀，欲仰於官，而官又不能。故恤竈之説，亦畫餅以止兒啼也。

不收餘鹽無以恤竈，不紓商力則不能收餘鹽。然則，裕商其恤竈之本乎？於是榷鹽之使司計之。臣請蠲玉貢矣，請免積逋矣，請帶徵滯課矣，請加價加斛而免其課矣。又有封輪散輪之法，以劑其盈虛；又借底馬之法，以資其轉運。凡所以爲商計者無弗至，而商之困不蘇，額入之課累歲而可逋，官吏之費依時而無爽。故裕商之説，亦朝四暮三之説也。原其所由始，而極其所終，其利弊之所在瞭然矣。

往者，陶文毅督兩江，當淮北積弊之後，綱商盡散，乃更其法爲民運，官給票而收其税，命曰“票鹽”。行之而效，蠲一切之冗費。其費則視商運纔損三之一，而運鹽者已獲厚利，積年之滯鹽頓空，亦宋沈立裁官估而歲額轉增之證也。後十餘年，淮南之商益困。陸沔陽以文毅爲之而效也，如淮北之法行之，而綱法始盡散。未幾，東南用兵，兩淮之引地戎馬交馳，鹽法益埽地無餘，而弊亦隨之蕩然盡矣！數窮理極，向之鈎帶蟠結，堅如錮山，紛如積絲。數十百年廟堂之上，勞心焦思以圖之；閎識之士，竭智畢慮以謀之。扃而不可排、障而不可開者，一旦決去，如轉石於千刃之岡，而墮之淵也。雖人事爲之，抑豈非天哉。

—5. 皇朝經世文續編　卷四三　户政二〇　鹽課二

丁　顯（1819—?）

字韻漁，一字鞠生，號西圃，江苏山陽（今屬淮北）人。咸豐九年（1859）舉人，官睢寧訓導。有《寄绿軒類稿》。

黄河北徙應復淮水故道有利無害論

嘗思不一勞者不永逸，不暫費者不久省。成規相襲而未策萬全，不可以除積世之害；機勢可乘而或惑浮言，不可以建萬世之利。即如今日之淮水是已。

淮水發源于河南平氏縣，其在《禹貢》曰：“導淮自桐柏，東會于泗沂，東入于海。”淮即今河南桐柏縣淮河，歷安徽潁、鳳、盱、泗并徑江蘇桃源清河。而東者是泗，即今山東泗水縣泗河，歷曲阜、滋陽、濟甯、鄒縣、魚臺，經流南陽湖、微山湖，迄八閘而東南行爲中河。逮清口入淮者是沂，即今山東沂水縣沂河，歷蘭山、郯城，經駱馬湖迄舊邳州會中河入淮者是入海之處，即今江蘇安東縣雲梯關地，此神禹之故道也。其時水分爲南北條，四瀆安流各不相併，有利而無害。自漢及宋，遂有河患，衝決遷移，靡有定地。或決而復塞，仍歸一道；或決而分行，匯爲兩渠；或決而由鉅野入泗，而不日仍歸故河；或決而奪汴水入淮，而不久即歸故道。此數千年中，傾灌城邑，衍溢田疇，咎悉由于黄河，而淮水安流如故。然俱爲害于兖豫，未嘗爲害于徐揚也。及宋神宗時大決澶州曹村，而河淮遂合爲一瀆。彼其時，淮揚猶未遽被其害者，緣黄河猶分爲二派：一合北清河入海，一合南清河入淮。水有所分，黄水亦未甚强。淮水之清，足以刷黄河之沙而行。且黄河經行未久，淮流淤墊猶未甚高，海口深通猶未遽壅，是以二瀆並流、暢行入海，尚不致爲害。乃至明（宏）［弘］治中，劉大夏築斷黄陵岡，河之北流絶，而全黄河遂奪淮以行。今日清口以東之舊黄河，即禹以來淮水之尾閭也。自是淮揚之害，遂靡有已時。

有明一代，黄河之決于北岸者十有四，黄河之決于南岸因以入淮者五。其最慘者，隆慶四年高家堰大潰，淮河之水洚洞東注，合白馬、汜光諸湖，決入八淺。其時山鹽、高寶、興泰、江東諸縣，悉爲巨浸，于是命侍郎潘季馴治之。馴之治，大抵以疏闢海口，束清刷沙爲善策。終馴之任，其害稍戢。逮乎我朝，黄水之屢決屢塞，猶議補苴；而淮水之愈塞愈決，迄少樂歲。即如一湖堤也，而一決於武家墩，再決於高良澗，三決於高家堰，四決於古溝壩，五決於佘家壩，六決於十三堡。即如一運河堤也，而一決於露筋廟，再決於崇灣堤，三決於清水潭，四決於邵伯鎮，五決於狀元墩，六決於馬棚灣，七決於荷花塘，八決於六安閘。即如一清水潭也，而一決於康熙九年，再決於康熙十一年，三決於康熙十二年，四決於康熙十五年，五決於康熙十九年。彼其時，廟算非不周也，河臣非不明也，國帑非不足也，民力非不富也，疏源濬流非不毅且勤也，防微杜漸非不精且細也，而卒未能弭其患者，緣黄河日强，淤澱日高，淮水欲由故道而行，則黄河已扼其吭。是以夏秋之交，一經盛漲，消減則支派無自而開，宣洩則尾閭已爲黄占，欲其不決而爲害也，雖神禹治之亦不易爲力。幸賴靳文襄公神明獨運，設法補苴，於湖堤則設仁義禮智等壩，以減全湖之水勢；於運堤則設車邏、昭關等壩，以洩運河之異漲。伏秋盛汛，啓閉以時，終公之任，未嘗有潰決之害。然而每歲啓壩之時，農民號呼哭聲震地，波濤萬頃，秋禾一空。昔之人有言曰：“東去祗宜疏海口，西來切莫放周橋。”均是害也。堤之决也，水性猛，猛則灌城邑而傷民人，其害大；壩之啓也，水性緩，緩則漫田疇而損禾稼，其害小。文襄公不得已之苦心，天下實共諒之。

乃自咸豐初年，豐工再决，黄河北徙，而河道又一變。自此淮安之地，永絶河患，淮揚之民私相慶曰：“從此河自爲河，淮自爲淮，二瀆分流，各不相妨。出水火而袵席，易昏墊爲平成，此其時矣。”誠能於此疏闢引河，大濬海口，以復神禹之故道，則積世之害於此去，即萬世之利於此興，其功當不在禹下，亦何至清水潭再决於今日耶！嗣因軍務倥偬，計未及此，釀至今年六月二十九日，清水潭漫决多丈，洪濤巨溜横竪數百里，興泰城中水深數尺，而禾稼之淹傷、廬舍之漂没，其慘更不可忍言。數月之中，奇灾迭告，民户之財産頓耗數千萬金，國賦之租糧頓損數十萬額。推之鹽課之不能照額徵收，釐金之不能如數清繳，更可懸想而知。今諸大憲，集款堵塞，刻日告成，兩郡居民歡聲載道。然杞人之憂，更有不能已者。洪澤湖於高堰五壩爲建瓴之勢，而高寶湖於運堤五壩又爲建瓴之勢，霪雨盛汛，無歲無之。而自軍興以來，庫帑支絀，歲修經費小。小補苴，今歲塞，而明歲復决，其害不可勝言。不决於此，而或决於彼，其害尤不可勝言。不决於運堤，而或决於盱堰，其害更不可勝言。就使不再决也，而伏秋防險，河廳汛地，竭蹶河干，在在總須經費。萬一啓壩，億頃禾苗又歸罄盡。秋冬堵築，虚耗萬金。間嘗私相議説，與其勞費無已，爲懲湯止沸之謀，曷如扼要以圖爲釜底抽薪之術。術何在？亦在闢清口，引水入黄，以復舊淮河尾閭而已矣。且清口不闢之害，又不獨淮揚而已也。

淮水發源於河南，迄潁、鳳而始大合七十二道山河之水，悉瀦於洪澤湖。每際桃汛秋防，潁鳳、盱泗、壽亳、懷霍之交，悉成巨浸，决堤潰岸，害亦相仍。則堰盱閘壩爲淮河漫溢之堤防，即爲皖水宣洩之門户，是故三河未啓，則皖省濱淮州縣被其患；運堤既决，則廣陵瀕海州縣被其害。惟水性趨下，裹下河之害常什九也。况乎清口之不闢，害之在於淮揚者猶可防閑，而害之在於徐海者更難補救。沂泗兩水，舊俱會淮入海。近則黄河高仰，横截中流，沂泗之不能入清口，猶淮水之不能出引河。而南陽、昭陽、微山等湖水又從韓莊閘奔騰澎汎灌入運河，夏秋盛汛，巨浪彌天，豐、沛、邳、郯、桃、宿之區，悉成澤國。幸而高寶水勢不旺，則穿貫淮渠借道南運，併由運堤五壩氾濫東流，以裏下河爲壑；不幸而高寶兩湖水勢飽漲，則惟有常開劉老澗，由六塘河入海，波流漫溢，海贛沭安，秋成絶望。以是知海口不闢，徐海之害等於淮揚。蒿目民艱者，尚其援手以救之哉。且夫除非常之害者，與其難不如其易也；建無窮之利者，與其創不如其因也。間嘗遠考志書，近采輿論，治淮之法，代有格言。有治河以治淮者，明朝之潘公季馴，我朝之靳公文襄，俱以蓄清刷黄，開濬海口爲上策。其時淮爲黄踞，黄奪淮行，疏排堵築，施工實難。彼兩公者猶復慘澹經營，使全淮合黄入海。而今則黄河已徙，復故較易。難者猶妙其轉移，易者豈窮於經畫！有遷淮以讓河者，河帥張鵬翮欲於盱眙溜淮套等處鑿山開道，由六合縣南引淮入江。恭逢聖祖仁皇帝南巡指示，鑒其决不可行，其議遂寢。文襄公入奏，欲由車邏鎮築堤，寬一百五十丈，歷白駒場引淮束水注海，以高寶紳民叩閽，呈其不便，其議亦寢。彼二策者，不過以黄遏淮流，欲由别道以爲淮水尾閭。其法近創，是以其策終不可行。

而今則仍由清口入海，實爲禹王遺迹。其法甚因。創者似不無窒礙，因者豈難於遵循，誠能不惜經費，堵塞三河，疏濬海口，俾淮水悉由故道暢行入海，庶水有所歸，漕堤以東永弭水患，則淮揚之害去矣。清口既闢，皖省七十二道山河之水奔騰東注，悉以海爲壑，上游永弭漫溢之患，則潁鳳之害去矣。而海口既闢淤澱以消，東省下注之水自能暢出清口，會淮入海，劉老澗即可永閉，則徐海之害去矣。顧不獨遠害而已也，而利即由此興。

漕艘渡淮，舊因黄河高仰，設立閘壩，魚貫灌塘，艱險萬狀，有需時日。今淮河疏濬，一律深暢，將來復興河運，永免灌塘之險，一利也。

淮安關税舊額數十萬，自三河不堵，由湖繞越者多，淮河無水，由下河繞越者更多。今淮河復歸故道，南達川、楚、閩、浙，北達青、兖、帝畿，西達皖豫，俱一水可通，由陸繞越者轉多煩費，商船自由淮關納税駛行，不致紛紛繞道，税額漸可恢復，二利也。

淮海引鹽，向因引河未通，無法達淮，俱屯西壩復行陸運數十里始入洪湖，盤剥頗難。今清口既闢，鹽艘可由雙金閘入淮，轉達引河，徑泝長淮，赴各口岸售賣，永免盤剥之費，三利也。

淮南竈户，俱仗范公堤捍禦甜水，保護鹽場，每際運堤决口，汪洋大溜，悉由丁溪、草堰、八團等閘泛濫東行，鹽場漫溢，職此之由。今淮水由清口暢行入海，則高寶湖漸次消涸，下河無水患，鹽産永旺，鹽課即可照額徵收，四利也。

洪澤一湖，舊係民田，自黄河南徙，淮水停蓄，膏腴之産俱付洪流。今清口既闢，水復歸槽，填淤肥美，湖田萬頃，召佃耕種，即以秋收之租錢濟歲修之經費，五利也。

高寶兩湖，亦稱沃壤，自洪湖南洩日久，田疇胥成澤國。今淮水徑由清口入海，則白馬、甓社、氾光等湖，除舊有湖源外，淤出良田可數萬頃，即廣爲開墾，六利也。

山清兩岸，民田俱資湖水灌溉，一自引河淤塞，水無來源，栽插之時往往借水東省。今引河既闢，清口既開，淮水暢入運河，足資灌溉，七利也。

高寶江泰漕堤以來，周圍千里，約田三十萬頃，近因瀕年壩水爲灾，圩凹之區多成荒廢。今洪湖由清口入海，則壩水永絶，該處田畝即可廣爲種藝，八利也。

安阜濒河兩岸，舊因黄河濁浪難開支河，以資灌溉，田畝俱種旱穀。今淮河既復，清流灌注，兩岸俱可多開支河，設立涵洞，改爲秧麥田，獲益良多，九利也。

安阜兩堤集鎮，自黄河遠徙，舟楫不行，懋遷俱絶，諸多不便。今淮河既復，自清河王營，歷安東城邑，迄阜甯十套十巨以達海，其商賈之輻輳，豆粱之販運，貨物之雲集，實有無窮之益，十利也。

葦蕩營之柴，近因艱於運轉，蘆課不旺。今海口暢闢，可由淮水故道直達運河，十一利也。

長淮天險，横隔南北，猝有兵戎，扼險以守，賊不敢渡，十二利也。

仍舊之害如彼，復舊之利如此，而卒未毅然行之者，直以非常之舉，國帑支絀，經費無所出耳。殊不知爲民除百世之害者，即役民力而不爲勞；爲民建萬世之利者，即資民財而不爲虐。堵三河、闢清口、濬淮河、挑雲梯關尾閭，經費非數百萬緡不可，而淮揚、潁、鳳、徐、海從此獲益者有四十州縣。誠能於四十州縣中設法勸捐，兼籌鉅款，相機試行，勞者一時，而安瀾可以永慶，費者一日，而鉅工不復再興，長治久安在此時矣。

然自來非常之舉，浮言易興。闢海口，濬淮渠，願者八九，而梗者一二。或謂有妨於河灘地者，灘中隙地，開墾有年，一旦復爲河渠，民多觖望。不知兩灘之地寬者數里，僅開十餘丈河渠，兩灘仍可墾種，非經異漲，收穫如初。霖雨爲灾，到處漫溢，即如今歲，雖未開復淮河，蘭儀以東下注之水俱歸海口，兩岸豆粱百無一二。一經排濬入海，兩灘積澇自可速消，無損於灘民，實有裨於國計。此浮言之可靖者一也。

或謂盱、泗、懷、鳳，近年因三河宣洩反爲利藪，一經堵塞，該處又年年被澇，其益何在？不知堵三河而不闢海口，則積水壅遏。皖省不願利上游而不堵三河，則湖水淹没；高寶又不願與其仍舊，而或有偏枯，孰若復舊而兩有裨益。且近年三河不閉，始因粵氛未除，藉限戎馬之足，終因湖濱簧鼓踞爲支派之開，是乃權宜之法，終非久遠之圖，策非出於萬全，安能行之百世！其在《河南志》曰："夫導淮者，當導之入海，而不可導之入湖。"湖非民田乎？又嘗譬之淮爲泗即泗州患，淮即泗之賊也。爲泗患者，宜逐之出境，而誘之四出，抄掠内地，可乎？不導之入海而導之入湖，何以異此？此浮言之可靖者二也。

或謂淮居四瀆，亦非細流，春汛秋霖，兩堤防險，不在高寶，而在安阜，又將若何？不知河源萬里，奔赴尾閭，巨浪洪波，易於潰决；而淮流之清斷不如黄流之濁，淮水之弱斷不如黄水之强。自禹迄明，淮水經流兩縣三千餘年，黄淮未合之時，未聞有潰决之害，其明證也。黄河舊堤，自明迄今歲費數十萬金，修築鞏固，屹若金城。防黄水而有餘，豈障淮流而不足！且未經挑濬，水行地上，即浮水亦足爲灾。一經疏濬，水行地中，順流入海，非若洪湖之未闢，尾閭四出衝决，况堰盱五壩遺制猶存，萬一安阜横流漫溢，危如纍卵，間或一開，由高寶湖源暢出六閘沿江宣洩，則安阜水有分流，自不難於立減，而高寶湖歸河引亦不患於横行。此浮言之可靖者三也。

或謂淮水故道久爲黄踞，今淮流復舊，一旦黄水復來，又將若何？不知黄河尾閭舊在碣石，自漢以來，勢漸向南，緣每决必淤，每淤必高，高則河流不能再歸故道。其變遷最大者，千乘一徙，而自禹以來之故道廢；横隴一徙，而自漢以來之故道廢。徙而合於淮，極南之勢。而自宋迄明清，桃豐沛河流淤澱，兩岸俱高。自明迄今，曹單儀蘭河决，沙停兩堤，俱仰南地淤塞，北徙之勢已成。豐工之役就使告成，河亦不能不舍淮而去。黄河復來，必無之勢。即或遷移日久，黄淮再合，而藉清刷沙，潘靳兩公成規具在，本無礙於河防，實可資于水利。此浮言之可靖者四也。

或謂雲梯關外，淤澱漸遥，未築堤防，防險無自。不知營稱葦蕩，本淮水豬蓄之區，秋冬水涸二十餘丈，河渠足資宣洩。設當伏汛横流散漫，潮汐瀠洄之地，海濱遠闊之區，何妨任其游衍。古人所謂不與水争地是也。此浮言之可靖者五也。

或又謂民生日匱，猶議勸捐；國用不充，猶請籌款，殊非當務之急。不知利之在一二日者，苟艱難即可緩圖；利之在千萬世者，雖竭蹶亦當補救。即如今歲夏秋，清水潭一决，劉老澗常開，而國課之暗虧者數百萬，民財之立耗者數千萬。今爲之興大利除大害，而大憲籌一年之款，小民費一歲之捐，卒能千百世永享其安，數千里咸蒙其福，孰省孰費？孰急孰緩？必有能辨之者。况襲舊，則歲修不少虚縻，灾區終難徵税；復故，則關税即可增色，湖灘並可升科。此其利鈍損益，更有難悉數者矣。此浮言之可靖者六也。

總之，堵三河、闢清口、濬淮渠、開雲梯關尾閭四項工程，缺一不可。而或艱於經費，小爲補救，僅堵三河而不大開引河，則上游之水無由洩，潁、鳳之害不能除；僅開引河而不大挑清口，則洪湖之水不暢出，盱、泗之害不能除；僅挑清口而不寬濬淮渠，大闢雲梯關尾閭，則水不注海，楊莊、王營一帶必憂漫溢，安東、阜寧水行地上，設經汛漲易於潰決，清桃安阜之害不能除。抑又思之，非常之舉，非其人不能成也。有其人不獲其時，不能成也。

今諸大憲經緯天地，底定乾坤，舉行禹功，易於反掌。且疏濬堤防，未有易於此時者也。向時淮爲黄奪，濁沙排空，開闢尾閭，河臣束手。是以淮揚省鄉先達，高郵孫濩孫雖有再闢利津海口分爲兩渠之奏，寶應朱澤雲雖有開濬漁溝大河讓淮故道之策，山陽徐越雖有請開黄家嘴支河分黄導淮之疏，議終不行，蓋時不可爲也。今則天心厭亂，黄河遠遷，千載一時，會逢其適。乘此施功，事逸功半。而黄河遠徙僅踰十年，槼黄舊堤稍加修葺、擇其險要處幫做堤工，屯潴淮水，即足相容。乘此時而不爲之，設或再逾十年，黄河兩堤全歸剷削，雖欲再議復淮故道，萬萬不能。齊人有言曰："雖有智慧，不如乘勢；雖有鎡基，不如待時。"

今則治法治人，民望如歲，而又處不可待之時，誠能於今歲冬季設法挪款大開引河，將舊黄河稍加挑濬，庶來歲盛漲之時，洪湖有所分洩。即運堤不致憑陵，新做堤工可期保護裏河，埽壩可冀緩開。其堵三河、濬清口、挑淮河、闢雲梯關尾閭、幫兩堤柴埽大工，定於來歲冬季舉行，亦於來歲秋收徵費，則千百世之害於此去，即數千里之利於此興，豈不懿哉。

—5. 皇朝經世文續編　卷九六　工政九　江蘇水利上

導淮捷議

導淮局將開矣，而議論紛紛。或謂需數千萬緡，或謂需數百萬金。大加興挑，一氣呵成，自需千百萬緡。然今日全力供軍中之緊餉尚屬不敷，一時安能籌劃。或謂功必不可成，或謂害轉由此鉅，本以減害，斷無有害之理。惟辦之不善，則不免利此害彼。或謂洪湖北高南下，斷難挽而東注。細查，黄河底高於中運河底一丈六尺，僅高於洪湖底一丈一尺，黄堽寺志樁存水一丈二尺，黄河即能出淮水一尺，則淮水入黄實屬易易。今淮水之不能東注者，實因禮字河未閉，水難蓄高，而沂泗又爲之壅遏。能於廢黄河濬成之日，將沂泗之水另籌去路，則湖水自易暢行入黄。再閉禮河奪溜東行，適還其本然之性也。議者又謂禮字河金門水深八丈，宣洩極暢，舊黄河即濬深丈餘，漸次沖刷，安能敵禮河之深？再查，禮河八丈，僅就金門跌塘而言，稍東抵司徒廟則深四丈，再東亦有深一二丈者，濬黄行淮一指顧間耳。或謂移淮於車邏壩，築堤束水入海。此議河帥靳文襄公入奏，以寶應喬石林侍御率同人抗疏争之，其説遂寢。淮爲黄占之時，尚不能行今日故道，可復再建此議，必奉部駁。或謂以黄河北堤，爲南堤費省而功倍。果爾，則必徙城池，移集鎮，遷邱墓，廢廬舍，其説斷不能行。處今日而議導淮，舍故道末由也。或謂蚤堵禮壩，擡水刷沙，淮水便能東注。擡水刷沙亦是一法。惟下游未能暢徹，遽堵三河，毋盱堰可危，而山寶盱泗安阜未能弭害，先憂受害，似不如先借沂泗之水刷沙，較爲無弊。或謂自高良澗迄安東城，地極高仰，擇段興挑，湖水自不壅遏。其説不無可采，然下游亦不可任其漫溢，仍須一律疏濬，俾能建瓴湍，瀉方能盪刷有力。或謂堵閉順清河，全以中運河之水刷黄，一俟中泓寬暢，再引湖水灌注。其説非不可行，然不加疏濬，則水不歸槽，勢太散漫，即沖刷亦恐迂緩。不製器具衝刷，聽之於水，亦未易寛深，且近年高寶山清湖水不出，全仗沂泗以濟栽插，遽將順清河閉塞，又難以時啓閉，於數州縣大有妨礙。或謂洪湖水勢太旺，禮字河斷不可閉。禮河不可遽閉，禮河亦不可久敞。遽閉則湖堤有掣卸之虞，終敞則故道難收蕩刷之力也。擬堵閉禮壩時，即將智信二壩啓除，永遠敞口，俾盛汛之水逐漸流去。設有非常異漲，仍將林家西壩相時開除，以防湖堤掣卸之患。如此則淮水可併力攻沙，而各處亦免意外之險。築室道謀，言人人異。非挾其私意，即昧於遠圖。非常之原，黎民懼焉，毋足怪也。

竊謂勢可徐圖則成功自易，機能巧運則經費不多。處今日而言導淮，以支絀之餉，成浩大之圖，而功期其必就，勢非藉清刷濁不爲功。何則？運泥於堤，藉助於人力，費鉅而功難；驅沙於海，藉資於水力，費省而功倍。而非因地勢、藉機器、募夫役、緩時日、以人力濟水力，則又不能確有把握。查自禮河不閉，沂泗之水常高於淮，遽欲引淮併沂泗入黄，經費甚鉅，不如首從楊莊掘濬，先引沂泗之水，冬夏不息，排刷兼施。俟其暢徹，再由清口分闢引河數道，引淮水外出合沂泗併力攻沙，因勢利導，視徑從洪湖掘濬者較有把握。此捷徑一也。由楊莊迄海口，河身四百四十餘里，其中灣勢太多，宣洩似難遽暢，且自八灘以東，潮水所經，疏濬匪易。查馬港口外有越港冲槽，係嘉慶十三年漫口，槽中水面低於黄河水面六尺九寸。按之舊黄河底自屬低窪，行二十餘里即抵小黄河。若由此？開黄堤，由越港經小黄河入大潮河，錢糧自可從省。且里數較近，更加建瓴之勢，宣洩自必更暢，即沖刷尤易有功。此捷徑二也。廢黄河雖係鬆沙，然徒聽水力刷之，究難剋日告成。擬製尖巧器具，往來梭織，衝激其沙淤，俾隨建瓴之水歸海，則日起有功數，丈之深不難立致，視徒恃水力沖刷者，功驗較速。此捷徑三也。廢黄河遽開數十丈，固鮮此巨款；即藉資水力，亦易刷深而未易刷寛。擬多添夫役，漸次開寛，俾將兩灘沙泥全藉水力浮送，按日逐流東去，日積月纍，數十丈之寛可以豫定，視徒恃開闢者省費懸殊。此捷徑四也。抑又思之，排刷之功，亟以圖之，則難爲功；徐以施之，則易爲力。數十丈之寛，三四丈之深，遽欲期諸旦夕，其勢萬萬不能。然果能排刷兼施，晝夜不息，期以五年，全淮定能瀉注。凡若此者，順序以施功則費輕，改道以就近則功省，運機以代濬則勢易，逐漸以開寛則款約。核其經費，約銀百數十萬兩即足，而從此閉禮河，復淮瀆，永弭水患，成算可操。以治人行治法，孰謂功之必不可成乎！顯因復瀆之舉，與各州縣同人公訂章程，且稟請辦，而念支絀之餉，又慮難於籌劃，遂廣集夫衆益，故不憚於更端。非惟精益求精，亦且省之又省，爰再擬簡捷章程四條，以備采擇。

一、首由楊莊掘濬，就勢衝刷也。查廢黄河，河泓極高處，須掘一丈一尺八寸，照以十二丈口兩灘極高處，須掘二丈一尺八寸，方配中運河底。而自楊莊以迄馬港口達大潮河，約二百五十里，若一例配平中運河底，疏濬經費未免太鉅，惟照配平洪湖底，加深一尺，存底三丈，兩邊二五收，約可展口寛八九丈，淮水盛漲，固可宣洩。即以中運河雙金閘志樁，隆冬極小之時，河泓亦可過水三四五尺。冬夏通溜，來年即可試行排刷之法，設因經費不足，鏟高就低，則首年仍多乾涸，次年定可一律過水。其排刷之法，即於第三年春行試辦。況自楊莊以東，俱屬建瓴之勢，水勢定能衝刷，惟不以人力濟水力，則不能迅速奏功。擬多製尖潁機器，日夜輪流往來梭織。機器之制，首曰輕便鐵篦。横長五尺，安設五寸長篦齒十數行，魚頭横栅，參用檀木，以輕便爲要。次曰轉輪蒺藜。以檀木二根，首尾俱貫橫栅中，橫眠五尺長鐵蒺藜一具，旁設圓眼，俾可運動，四面旋轉，鐵齒掀翻，沙泥自能攪起，逐流東去。日刷日深，實操必勝之機。又次曰布水冲沙船。法以尖頭闊尾船，腰懸鐵篦，尾掛披水鐵板，旁加鑲板長數丈，制如削瓜之鏍，加轉輪兩道，板離水底一二尺，輪轉，河底水從板下布冲，自能湍激有溜。見《皇朝經世文編》。魚貫錯雜，每具二十四架。運轉之法，以蝦鬚纜長夫四名運行，一架日夜循環行一百二十餘里，輪流更换，不使閑歇。或一具獨運，或兩具並行。大約機器之功，日可刷深三分，以一年約計，定可刷深一丈矣。更僱長夫，按段在兩岸日以鍬笆等具，卸泥三寸入水，俾隨蒺篦運轉之時，順溜到海。一夫日派河二十丈，一里派夫九名，自楊莊抵馬港口約二百里，派長夫一千八百名，以每日開寬三寸約略科算，一年定能開寬九丈矣。合三年之久，可有四丈之深，三十六七丈之寬。此所謂以人力濟水力，排刷兼施者也。而核計經費，照以底寬三丈、濬深一丈科算土方，約需銀四十萬兩。加以局費雜項及兩岸夯硪河兵，並製造機器，共需銀五十萬兩。機器七十二架，日夜更换夫役須夫五百七十六名，併兩岸長夫合二千三百七十六名，每夫日給飯食銀八分，日科銀一百九十兩八分，一歲科銀六萬八千四百二十八兩八錢。加以段局經費並雜項，每歲需銀七萬八千兩。自己巳十月起抵壬申冬，剋期三年，合需銀二十三萬四千兩。再淮渠日寬，每歲以次增添機器十二架，合二年科算，又需銀八千二百九十四兩四錢。如此則下游暢徹，洪湖即可東注入海矣。共科銀七十四萬二千二百九十四兩四錢。

一、次展寬張福口引河，因勢排刷也。張福口引河口寬約八九丈，十四堡外均深九尺一丈五寸不等，足與湖底相配。其十五六堡淤深五六尺，十七八堡淤深三四尺，或借罱船撈濬，或乘湖冰掘挖，經費約需銀萬兩。惟查洪湖水面寬闊，而張福口僅八九丈之寬，水勢自難湧出，再欲展寬以暢湖源，濬深以敵禮河，又需銀數十萬兩。今擬分爲兩局，逐日以機器三十架運刷以極其深，兩岸僱長夫五百四十名，日以鍬笆等物鏟土入水以極其寬，均如排刷廢黄河之式。此項工程在掘濬廢黄河次冬興辦，緣楊莊以東排刷一年，河泓可深二丈，沂泗暢注淮水即併而之東，次第興工，自能挾沙以行，不致倒漾。照辦二年，二十七八丈之寬，二丈數尺之深，似可豫期。而核計經費，疏濬張福口河頭經費需銀萬兩，此外機器運夫日夜算二百四十名，並加兩岸長夫合七百六十名，每名日給飯食銀八分，一日科銀六十兩零八錢，每歲科銀二萬一千八百八十八兩，加以局費雜項歲需銀三萬二千兩，二年合費銀六萬四千兩。加製造機器銀六千兩，功驗加倍，經費僅需銀七分之一。從此淮水暢出清口，即可抵沂泗，不致倒漾。共科銀八萬兩。

一、次掘開天然引河及官田窪，以防盛漲也。洪湖之水來源甚旺，僅開張福口引河，宣洩不及，又憂漫溢。且張福口僅靠湖邊來源已湧，即宣洩，亦憂壅遏。須於湖心分道瀉注，乃能減全湖之漲。擬於第三年冬，由天然引河及官田窪各濬深一丈，底寬三丈，兩邊二收，展口七丈。即以機器六十架，在兩引河排刷，兩岸僱長夫壹千零八十名攛沙入水，俱如排刷廢黄河之式。如此行之周年，每河可寬十餘丈，深二丈，而核計經費，疏濬兩引河約需銀八萬兩。此外機器運夫日夜算四百八十名，並兩岸長夫合一千五百六十名，日各給飯食銀八分，一日科銀一百二十四兩零八錢，每歲科銀四萬四千九百二十八兩，加以局費雜項，歲費銀約五萬八千兩，加製造機器銀一萬二千兩。如此則盛漲可防，而五壩亦可永閉。共科銀十五萬兩。

一、越港冲槽，另設濬船，以防壅滯也。自楊莊至馬港口舊黄河，日夜衝刷，沙泥俱歸冲漕，不勤加扒剔，尾閭又憂壅遏。而潮汐往來，疏濬匪易，擬製濬船四十隻，每船載夫役十人，亦以機器按日接運，潮退則就岸開寬，潮來則登船梭織，自可免其停墊。而核計經費每夫日給銀八分，夫役四百名，日科銀三十二兩，每歲科銀一萬一千五百二十兩，約三年合銀三萬四千五百六十兩，加製造機器銀八千兩。如此則海口日刷日深，而經費亦有定數。共科銀四萬二千五百六十兩。

以上各項工程，五年之久，共需銀一百零一萬四千八百五十四兩，便可全淮復故。加以修補石工，約需銀二十萬兩。修補惠濟閘暨林家西壩並各處掃壩，約需銀十萬兩。堵閉三河銀十五萬兩。合需銀一百四十六萬四千八百五十四兩四錢。此外貼補累工及每年修補器具，隨時量爲增加。擬請疏濬黄河通溜後，先製器具十二架，由佃湖鎮抵馬港口約三十餘里，試辦七八個月，約費銀五千餘兩。如果收有成效，再行次第照辦。萬一排刷之力試行迂緩，次年即於中泓兩旁分年開寬，或分浚二渠，如靳文襄公川字河式。

—5. 皇朝經世文續編　卷九七　工政一〇　江蘇水利下

沈葆楨（1820—1879）

字幼丹，福建侯官（今屬福州）人。道光二十七年（1847）進士，官至兩江總督兼南洋通商大臣。謚文肅。有《沈文肅公政書》。

覆奏洋務事宜疏

竊臣于本年十月十七日，承軍機大臣密寄九月二十七日，奉上諭："總理各國事務衙門奏，海防急宜切籌一摺，所陳練兵簡器，造船籌餉，用人持久各條，著詳細籌議切實辦法。此外别有要計，一併奏陳，不得以空言塞責等因，欽此。"仰見我皇上宵旰焦勞，昭然若揭。伏讀再四，感激涕零。臣咕嗶迂儒，洋務非所諳習。年來待罪船政，不過因人成事，絶未窺見要領。然不敢不以采訪所及，參以管見蠡測，爲我皇上敬陳之。

原奏稱禦外患，較辦髮捻爲更難，兵亦較辦髮捻宜更精，誠確論也。夫兵何以精？練斯精耳。以西洋槍炮之猛烈，賁育無所用其力，養潘無所施其巧。及觀其練兵也，槍隊則步伐止齊之節，縱横徐疾之序，炮隊則旋轉進退，前卻修整之法，測量彈炸遠近遲速之方，斷斷講求，若忘其利器之可恃也者。蓋不以一人之力爲力，而以千萬人之力爲力，不以一人之巧爲巧，而以千萬人之巧爲巧也。然而練義勇之兵易，練經制之兵難。髮捻事起，各省無不舍兵而募勇，明知兵無用也。而大難甫平，轉撤制勝之勇，而復用無用之兵。臣竊以爲過矣。數年來，封疆大吏，思矯兵之積弱，優之餉糈，使與勇等，束之營壘，使與勇偕。而海上軍興，復紛紛募勇，未聞以兵爲可恃者。文法繁而積弊深故也。撫議一定，餉款不支，將又議汰勇留兵。用其所不養，養其所不用。明知之而故違之。自强其何術乎？若以西法練兵，不得不先以西法練將。將所不知，而兵欺之；將所不屑，而兵效之。今之名將，皆剿髮捻立功者也。習故蹈常，則無從精進。而中年以外，百戰之餘，使舍其所長，折節于西學，非其所願，亦非其所長。然不能盡曉其文，不可不深明其義。應請每省選知兵大將，能耐勞苦者一二人，練勇二萬，少則萬人，分爲兩軍。一駐省會，一駐衝要。屯扎大營，勿零星散布，專練洋槍洋炮。一時臨敵，奉調即可遄征。選西洋知兵者爲之教習。我之大將，待以賓友，朝夕與之講明，切究其中要法。數年而後，陸營庶幾可恃矣。水師則以熟狎風濤者爲本。槍炮按日操演，尚可月冀有成。若夫水師與陸師異。外海水師與内江水師異。近日外海水師，與向日之外海水師又異。緣營原額，不乏精壯。然城市熟而風濤疏。即曾制勝之洋槍隊，陸路用之，猶患不足，豈能撥入水師！且遷地不良，若病眩暈，雖至精之技，無所用之。沿海漁户，實繁有徒。招募非難，練習亦易。所獨難者，管駕官耳。且淺言之，商船舵工，各口之引水，其天資穎異，於西洋輪船中，歷練多年者，能充駕馭。然僅百中之一二耳。深言之，則必通曉華洋文理，明於算學兵法者，乃勝其任。非剽竊所能爲功。上海出洋局十五年限滿，及閩廠學生，再令出洋學習二三年，必有堪膺斯選者。至迎剿截擊尾追諸法，合數船操演，則其法備寓於中。應請將現有之兵輪船延英國水師官一人教練，以二人副之。除奉差馳出外，餘當按日合操。數年之後，水師亦庶幾可恃矣。經費不足，宜將水陸冗兵之無用者，酌量裁汰。固不當立意紛更，亦不當意存遷就。總之，化無用爲有用，是在督撫之因地制宜耳。

原奏稱各國槍炮日出日精，明知效彼之長，己居於後。然使並無此器，更何所恃！因而思購最精之品，與自行鑄造之方。夫槍炮非購之難，而知之難，用之尤難。新舊既判，優劣懸殊。貿然購之，雖得以賤價，要棄物耳。非能測量炮力之遠近，彈子開花之遲速。莫能演試，何能較其優劣？演後膛槍一出，費銀數分，演螺絲大炮一出，費銀數十兩。磨擦有費，修理有費，得斯器者，往往什襲藏之。日久銹生，一用不可再用。其惜之也，不啻棄之。前膛槍一出，後膛槍可以四出。故臨陣必用後膛槍。法之薩司博，俄之白爾單，布之莫司爾，皆後膛槍也。而以美之林明敦爲最。近則英之麻抵尼享厘，駕乎其上。今聞布之新出者，又勝之矣。各國洋槍外，均有小炮隊，而以美之格林爲最。其大炮先尚銅，繼爲鐵。今則非鋼不珍。前後膛互相短長，而皆以螺絲爲貴。前膛者下藥裝子之人，須身出炮外，所以避敵人之炮。然開放鮮炸裂之虞。前膛者，以英國爲最。聞有新制口徑四十二寸重八十噸開花彈千二百磅者，其演放則用電線火然，而人要避之。否則，聲震耳裂。此恐非中國所宜。後膛炮各國皆有之，而布國練鋼之法，非他國所能。其彈子以開花爲貴。然攻鐵甲船，則非實心之鋼彈不入也。竊以爲洋槍宜隨時訪其最精者購之。大炮以十餘噸者爲宜。既購之後，須逐日付操。則兵練而器亦練。磨擦洋油砂布棉紗之費，修理工匠之費，必不容省。其不至減費以肥私囊者，是在將之得人。鑄造得津滬兩局，已有端緒。應稍加廣，自當日起有功。臣竊以爲操術宜專，專而後精，精而後可以益求其精。應請飭總理衙門，將沿海各局，通盤打算。孰宜子藥，孰宜槍炮，孰宜銅鐵，孰宜船隻，各耑其任。以此所有，易彼所無。誠以洋人每造一器，必開無數廠所。若愛博不專，則廠先不能容工，焉得不苟！須以此局之贏，濟彼局之絀。如千人之食，炊以一灶，明似費巨，中省實多。若一人一灶，費必倍矣。今年臣在臺灣，李鴻章以津局所成洋藥，金陵所成洋炮火龍，陸續見濟。若由閩廠購器自製，費當如何？臣購洋槍，獨取林明敦者，亦以滬局亦在學制，子藥可以挹注，修理不患無人故也。至鑄造槍炮，似宜仿出洋局之例，選巧匠穎童，赴布國學習。取法于上，冀得淵源。取徑似迂，收效爲速。

原奏稱創立外海水師，應如何添選兵船及鐵甲船，並自行製造擴充之處，均宜切實備籌。查中國海江，年來盜氛欠靖，倭番構衅，通遞文報，裝運援兵，未曾棘手。此則有船之利之明徵也。然淮軍分裝三次，纍月而後完。合操僅派六船，便無船以供差遣。此又船少之病之明征也。第購船原屬萬不得已之急需。自通商以來，從未見外國肯以全美之船售諸中國者。欲求其精，非製造不可。官廠所造，未必其精。然創始有基，則進階有漸。外國苦煤炭之費，因爲新式省煤輪機。苦船脅灣木之難，因爲新式鐵脅。應請購新式卧機一副，仿之以制兵船；新式立機一副，仿之以制商船。鐵船脅全副，仿之以濟灣木之匱。勿惜目前之費，冀收後日之功。惟駕駛乏才，則船多亦不足恃。臣曩者向赫德借凌凡官兵，教各船合操。據稱老輩管駕官，多由商船出身。熟駛駕而不精兵法。其自學習出身者，駕駛兵法，皆有根柢。加以閱歷，便成全才。則出洋學習一端，不容緩也。欲獲鐵甲船之利，當先知鐵甲船之難。其制始於美法，各國踵而行之，而英最精。然新制試洋，全船覆没者再。一則務求鐵甲之厚，忘其上重下輕，一側而不能挽也。一則務求水面避炮，忘其船不勝而沉也。臣前擬拓廠試造，費既繁重，成復需時。且上等匠師，未必肯遠涉吾地。因復有赴西洋定制，兼資生童學習之議。費雖多而效較捷。而取大取小，中無定見。躊躇再四，罔所折衷。其爲因地制宜之説者，謂造船須爲修船計。吃水只宜丈七八尺，使可進福州口。雖建石塢廣廠，增添機器，所費亦屬不貲，然海口關鎖重疊，去洋面尚有數十餘里，猝外遇警，得炮臺數座，精勇數千守之，廠中仍可製造修理，以應急需。且駕駛有信任之華人，不致掣肘。但行駛快捷如常，亦僅能避敵而從無勝敵者。英國入華之鐵甲船損壞，香港船塢亦不能容，轉向東洋修理。夫東洋目前尚無大船，何以有此大塢？其意可知。況宜仿者更不止此。既未雨而綢繆焉，仍存因陋就簡之見，如侮予何。果爾，則必定制最大之鐵甲船，又必擇沿海最深之地，爲最大之船塢。蓋最大之船廠，所有一切機器洋師匠徒咸備，重兵設險以護之，誠煌煌巨觀也。而僅此一端，已非千余萬金不辦。且極深之水，内江無之，必在外海。我之全力所萃，敵人亦必以全力攻之。外警一來，本廠仍須停止，而待濟於他廠。况華人驟得大船，無敢承領駕駛者。雇募洋匠，臨警必萬分周章。臣雖生長海濱，向未出洋。自任船政，始知福州海口。奉命赴臺，始見臺灣海口。其何處宜此船塢，無從懸揣。而又深慮積費之難，翙工之難。所以日夜彷徨，寢食俱廢者半月有餘，而無能臆斷也。謹將候選知州張思桂所議，及洋將日意格所陳，函達總理衙門，以便采擇。

原奏稱非有大宗鉅款，不能開辦，非有不竭餉源，不能持久。以四成洋税，存款無多，更求開源節流之計。查四成洋税，各關歲入若干，何處借撥若干，户部現存若干，非臣所預知。惟念天下洋務，綱領在總理衙門，天下財賦，綱領在户部。必總理衙門周知户部實存之款，而後洋務可通盤籌劃。必户部周知各關實存之款，而後隨時可應總理衙門之急需。計四成洋税，各關必無敢侵挪者。或者指撥六成，浮於所入之款，因而暫挪四成，以待後日彌補。第必須將六成不敷指撥之處，立即切實奏咨，而後户部得以權衡調濟。若秘而不宣，則六成既不敷撥，安得彌補之期。各關以爲出款，户部尚以爲存款。日撥日深，始和盤托出，貽誤必多。論開源者曰：借洋款。夫今日所借之數，即後日所償之數。非源也。且厚息輸於外洋，非甚然眉，誰甘挖肉。曰：大開捐。民力竭矣，减成徒濫名器，未必踴躍輸將。即以抑勒，所得亦復無多。且可一不可再。曰：增洋税。無論外人以利爲命，勢必不行。即竭澤而漁，亦非招徠之術。現在洋税尚無弊竇，尤不當使藉口，以啓偷漏之端。曰：清田賦。夫髮捻之亂，相尋十數年，而元氣尚能漸復者，則以國家雖急，從來不肯加賦，農民稍得以自存故也。按户搜索，民不聊生。州縣抑勒之難堪，略加糧額以應之，所得幾何，貽累匪淺。曰：收鹽利。鹽歸官辦，如得劉晏之才，未嘗不可驟見起也。然而接軸連檣，完厘課而享其奇贏者，吾之商也。肩挑背負，逃厘課而竊其微利者，吾之民也。得才如劉晏，不過巧取商民之利，而歸之官。萬一不如劉晏，則弊有不可勝言者。勿擾獄市，古人深意存焉。似不如仍舊貫之爲愈也。欲言開源，或者其煤鐵乎？福建古田等處，産鐵甚旺。洋人用之，皆以爲鐵質勝於西洋。第地不産煤，以松木鎔之。近山松盡，鐵礦亦廢。且不通水路，運致殊艱。煤價每擔僅千余文，而運費加倍。雖稍加價值，亦不能源源而來。臺灣産煤，聞兼産鐵。然不諳以煤鎔鐵之法。故向來無試采者。臣曾函商總理衙門，令赫德延一看山洋人來臺。果能苗旺質佳，再行約議試辦。近聞李鴻章已於磁州舉行。將來或可仿照辦理。蓋煤炭充牣，則財不耗於西洋，而作苦小民，兼得資以食力。臺地樟腦石油，雖其利不及煤炭，亦地不愛寶之一端也。硫黄例禁綦嚴。第禁之而不免漏卮。不若收之以廣儲軍用。然此皆取效於數年之後。目前經始，尚苦於費未易籌。至節流，亦節其無用而已矣。臣以爲折沖資行陣，則武科宜裁；南糧歸海運，則漕標宜裁。事權貴一，責成貴專。專則與總督同城之巡撫宜裁。減一分虛糜，即可增一分實用。我皇上躬行節儉，費惜露臺。凡在臣工，孰不當仰體斯意哉。

原奏稱以上各事，一不得人，均歸虛費。請簡派知兵重望，實心辦事，熟諳洋情之大員爲之統兵。各大臣公議會推，奏請欽定。臣賦性疏昧，何足以言知人。第就見聞所及，兼此數長者，無逾李鴻章、左宗棠者矣。李坐鎮畿輔，中外洋務本賴其主持。左宗棠一時能否舍陜甘而蒞海疆，非臣所敢妄參末議。臣竊窺兵部侍郎彭玉麟，忠肝義膽，迥出流輩，必能爲國家肩大事。雖居官任職，非其所願，而禦灾捍患，當所不辭。或疑海疆統帥，時與洋人交接。若性情激烈，恐嫌隙易生。抑知天下惟忠義之人最能堅忍，即遠人亦未嘗不考其素行而生愛敬之心。至於後進人才，既關培養，尤資歷練，而後取多用宏，其源不竭。近日人才之弊有二。一則誤於空談，謂公憤可以御敵。言及外事，則斥爲漢奸，及身居局中，又茫然不知所措。一則狃於習見，謂我曾以此法破髮捻。戰以氣勝，宜勿懾於彼族欺人之言。迨臨事而悟其弗如，則已晚矣。近懲二者之弊，又取柔和軟熟一路。但通洋語，略識洋文，能調停交涉事件者，便爲出類拔萃之才。抑知片長末技，以備顧問，以供驅策，未嘗不可，實學非所知也。行陣部伍，中國以爲角力之士也，而西洋無不知書之武臣。規矩準繩，中國以爲食力之民也，而西洋無不知書之匠首。我以爲粗，彼以爲精，則彼得其精，我得其粗，固其所也。臣前者特請設算學一科。誠以外國權輿萬事之方，胥根乎算學。而中國鼓勵人才之用，莫捷於制藝科。今同文館之設有年矣。其中當有學業勤敏，心術明粹者，可否仿照滿之筆帖式，漢之小京官，撥入總理衙門，使習外事，徐察其所成就，而進退之。其尤異者，升之于司官，與正途出身等。夫教之于同文館，所以培養之也。試之于總理衙門，所以歷練之也。非培養，則才無自始；非歷練，則才無自伸。其出洋有成效而歸者，更當優予拔擢。名之所在，衆所争趨。日推日廣，而才不可勝用矣。臣就所見洋師，咸謂中國聰明，實勝於西洋。循序求之，不患其不精進。但風氣創始，苦於督率之無人。即如船政一事，如得通曉製造淵源者領袖其間，所成就者必不止此。今則督藝徒者匠首也，而匠首之智不如藝徒。督匠首者紳員也，而紳員之智不如匠首。督紳員者臣也，紳員能知其大意，臣則一無所知而已矣。一切造船駛船，不能躬審其是非，只能訪問其優劣。心力交瘁，聾聵何補。此培養歷練後進之人才所以不得不亟亟也。

原奏議定開辦後，應如何一心一力，曆久堅持，尤宜同盡公忠，永維大局。臣以爲欲收持久之效，當究其所以不能持久之原，而預杜之。誠使度支無缺，日就月將，誰則欲居不韙之名，以更垂成之緒。所慮者，作無益，害有益。其始也並非與自强之意有所齟齬。迨踵事增華，潛滋賠累，耗費之門，日辟日廣，府庫之積，日朘日深。水旱盜賊之憂，相尋而起。司農仰屋，物議横生。斯時欲爲苟且之謀，不可得矣。人情憤則奮，樂則頹。但使朝野内外，以庚申之恥常懸于目前，何能以自强之思，皆置於度外。至於辦理不善，當咎其人之失當，不容廢於半途。時勢互殊，苟與其人以便宜，不容苛之以文法。有以不變爲持久者。自强之方，聞善能從。所謂窮則變，變則通，通則久也。然以練兵簡器，造船爲自强之目，籌餉爲自强之綱，而貫乎綱目之中者，則持久之精神，與持久之作用。士大夫知格致爲入聖之門徑，即報國之經綸，讀有用之書，試諸有用之地，以成其爲有用之才。局中者受局外之攻錯，集思廣益，不視之爲浮言。局外者諒局中之苦心，露膽披肝，各資其所獨見。人人咸有以自盡，惟不苟同者，然後能爲和同。因循之弊，庶乎免矣。

—4. 皇朝經世文續編　卷八三　兵政一四　海防上

機器到工已齊並船廠現在情形摺同治七年六月

竊臣于本年正月初五日，業將洋將日意格等所購第一起機器到工奏明在案。四月十六日，復由外國馬梨阿勒各三丁船運到第二起機器。其中最鉅者爲鐵廠水筒三口，每口各廣數十圍，高近一尋，輪船之水缸次之，餘爲鐵廠一半器具，殊形詭狀，非安頓如法，闢捩咸張，無從稱名指類。當時分派員紳，督率人夫，移頓二十餘日之久，始獲竣事。五月十九日，第三起機器，復由外國夾板船運到。船名曰法彼爾士，較第一二起之船大倍之。據日意格稱：中所載除鐵條七千四百二十九條，鐵片鐵釘大炮洋灰等項數百件不計外，凡爲機器者五百六十有三。最重者二萬余斤，余或萬餘斤，七八千斤，三四千斤不等。自五月末旬之初，勇丁數百人，揮汗炎風烈日之中，並力搬運。及今一月，尚未蕆事。六月十七日，第四起機器復到。船名曰汪德乃木。所載皆輪船機器，計重百有二萬四千八百斤，計件三萬五千有奇。當令抛泊江中，先將稍輕者，用兵船剥載入廠。其餘重大者，俟第三起搬竣，再行部署。而當時羅列岸旁，分頭起運者，則有曰安迷喇，系運花旗木板之船，有曰悦諾花思得，系運喰叻長短雜木之船，有曰西洞，系運船槽木料之船。外尚有臺灣運木運煤之船，厦門運磚之船，附近運沙運石運土之民船，分載竹梢插護江岸之小船，搬移杉木儲蓋各廠之排船，而木簰小舠不與焉。沿江埠頭，星羅棋布，無隙可容。故日役千夫，難以克期告畢。論閩省夏秋之閑，颱颶常作，機器重船，皆涉數萬里而來。倘因風浪疏虞，停工待器，勢必遷延時日。

今各起陸續到齊，但費安置之力。大廠一成，便可專心製造。故中外員匠，咸鼓舞赴功，以爲鉅工之成，愈有把握也。船塢地基舊坍之處，臣恐其復有横决，自閏月末旬之初，即派弁人山采伐竹箭數萬，分插沿江淺流處所。從前潮汐爲西南風所激，汹湧陷前者，現十減其四五。上流沖口，前擬巨艦載石沉之水中。無如旋渦屈注，萬馬奔馳，千石之舟，無從下椗。現于水中樹木爲栅，壘石爲壩，力遏怒流。因江底向多爛泥，泥弱石强，須漸實漸加，一時未能遽就。環塢長濠，當一律盡填。惟左近一帶，工作繁興，需土匪易，而小溝未開。倘遇陰雨，無從疏泄。因於左側濠口當沖之處，先封塞以杜近患，再行施工。現在急流漸緩，果經秋颱，安堵如故。潮頭盡折而西。以後水落霜寒，石塘方可興役。此船塢地基之情形也。

船廠以内，已成者曰轉鋸廠，安十五匹馬力水缸於中。中爲鋸輪者三，一曰大直鋸，一曰小直鋸，一曰圓鋸。外爲礪輪者一，爲鑽機者一，爲車林者二，爲鉗床者三十有五。缸中湯氣既升，大小鐵輪，互相索引。各機一時併發，雷動飆馳。除零星鉗鑿爐削不計外，尚有重機未曾排比妥帖者，難以枚舉。四起機器既齊，從前房屋不足容之，復搭瓦房三十餘間，曰大機器之所。輪船水缸，凹凸累砢，高若重樓，闢竅相通，盈千纍百，其已成者，自外洋轉運，皆拆解而來。入廠後，必費數月釘鈐紐合之工，方可適用。因於製作之處，建瓦亭一區，名曰水缸之廠。外國鑄器，皆先有鐵模，始必刻木爲範，不溢累黍。後乃擣炭和沙與土，即其空隙填之，脱胎而出，再灌鐵汁。其閑鐵模乃就。刻模者以遲而成功，鑄模者以速而見效。遲速既殊，不得淆雜。於是分建二區：一曰木模之廠，一曰鑄鐵之廠。風雨針，寒暑表，皆輪船必需。其制法則鈎心鬥角，其器具或牛毛繭絲。當其游思無閑，炫於日光，則目神散，有所隔蔽，則目力窮。其造作之所，塞向辟牖，陰陽向背，調度必有洋人。辰下業已完工，可以董率匠徒，排列鏤刻。因名之曰鐘錶之廠。西人鎚鐵，小者需人力，大者賴懸機。懸機之器，或隆然而高，或呀然而深，重皆數千斤，森挺槎枒。目前大廠未成，已須工作。非夏屋不能容。於是復有暫搭之鎚鐵廠。其與鐵廠鄰者曰銅廠。地稍狹，制亦如之。鐵銅水缸等廠，鎔煉火爐甚夥，扇韝爲煩。西法取風地中，不勞人力。先周各廠，甃磚爲隧，斜引旁通，磐石蓋之，鋪土與地平，而翕張之，鐵機系於鋸廠之方窖，氣輪一動，彈指閑數百步外爐火並熾，力倍風箱。若是者名日風洞。銅鐵重器，自彼移此，皆需百十人。因創拽車以便挪動。然恐溼土埋輪。因處處削木爲道，凸其兩旁，中平如砥，俾易推行。若是者名曰木轍。從前畫館之設，寄於棧房。現在堆積充牣，不能不另蓋一區。於是復有繪事之廠，采辦銅鐵煤炭木料石灰繩纜等件。分道而來，連艑累舸，量移上岸，非分儲之不可。而收積材木之地，非潮水可通，不但出運爲難，亦慮久而枯朽。於是塢外南側，既建一區曰廣儲之廠。又于塢北裏許濱江淺港，圈數百丈，以鱗疊巨材，上接山坳，駐兵守之，曰儲材之廠。廠内除轉移執事外，隨同洋人學習者，若鋸木之匠，造船之匠，冷鐵之匠，鑄鐵之匠，刻模之匠，鑄銅之匠，水缸之匠，反沙之匠，車床之匠，鉗床之匠。其因營造各廠而招者，若斲木之匠，版築之匠，鎚石之匠，攻皮之匠，共二三千人。五方雜處，漫無統紀，易滋事端。栖息無從，亦難號召。於是塢外復建二所居之。在左者曰東考工所，在右者曰西考工所。皆以員紳統之。早出暮歸，乃無紊亂。據日意格前稱華匠與洋匠，器用不同，言語不通，事事隔閡。況素諳繩墨者，類皆中年以往，心氣耗散，往往不能探賾通微。請各廠分招十五以上十八以下有膂力悟性者，或十餘人，或數十人，俾易教導，名曰藝徒。現所招已及百餘。又不能無以鈐束之。於是復有藝圃之設。各廠事務猥煩，委派員紳，近增至百餘。曉鐘出塢，躬率工作，指揮奔走，見星始歸。饋饁在道，每遇暴風驟雨，借蓋無從，不能不小築數閑，以資憩息。於是復有塢内官廳之設。傭工雜作，各有健丁，日每八九百人，非以兵法部勒，則散而難稽，呼而不應。於是每十人以什長一人束之，每五什長以隊長一人束之。特派勤能之武弁統焉。然必寢息有所，灶廁有所，稽查有所。因傍山結壘，略如營房，是爲健丁營之設。

凡此者，數月以來，已皆趕辦，計可先後告竣。其餘若煉鐵爐，磚片之窑，燒煤骨之窑，鍛蜃灰之窑，以及浸木磚槽等處，或才興工，或才擇地。經營之後，當更陸續奏聞。此船塢内外之情形也。鐵廠地基，去冬以來，開土釘樁，以及嵌填石屑石灰，皆已就緒。應行補苴者，亦屬無幾。惟所需堅磚方石，厥數甚鉅。合計五廠，需磚數百萬方，需石則自長二丈三尺六寸至一尺二寸五分者，計十萬有奇。堅磚以海船運於下游，數目既多，非數百起不能盡之。石質粗重，運載更難。即源源到工，但移一石，非數人不可。況刓方琢平，勢難驟用。際此盛夏酷暑，石上如沃熱湯。凡椎鑿者，下烝上曝，鼓火生光，膚焦肉泡。故雖監工日號，迄今牆基未就。廠内横樑，需堅木一百五六十根，每根長須七丈二尺有奇，圍圓八尺以上。近地搜采，無此巨材。現飭員往暹羅三馬丹吻勞呷等處覓購。窮海總檣往來，第憑風汛，更非刻日可期。所幸機器已齊，並有現成輪軸。倘船材該備，年底船身可就，尚易圖成。惟斵輪之方，總俟營構齊全，方有眉目。此大鐵廠之情形也。洋將德克碑自到工以來，睹塢内運載之艱，願往南洋訪購載貨夾板船，已附搭輪船前往安南各國。兩月以後，方得回閩。理合附陳。

——4. 皇朝經世文續編　卷九五　工政一　土木

請停武闈片

撙節經費，各省情形不同，而就大局言之，曰節無用以裨有用而已。國家文武並重，論求才之道，原謂取多則用宏。然文職以科甲爲正途，而武職科甲升階，獨居行伍軍功之後，則祖宗立法之精意，不可不深長思也。歷科武闈報部經費，每省已數千金，而不合部例，又不能徑裁，歸於外銷者不與焉。其院試、郡試、縣試，則爲牧令虧累之一大端。果所拔者爲朝廷折衝禦侮必不可少之才，即所費滋多，亦不當吝惜。顧自軍興而後，竊計國家所以收得人之效者，多半由額兵練勇而來，科目之榮，遠不逮焉。即以京旗論，人才輩出者，首推火器營、健鋭營，今則神機營出色當行矣。何者？習其所用也。臣到任日，武舉聯銜稟訴，投營幾及十年不得一差，心焉憫之。然詳細察看，其曉暢營務，實不足與行伍出身者比；其奮勇耐勞，實不足與軍功出身者比。何者？所用非習也。夫歸標效力者尚能束身自愛，勉就範圍，而無事家居者往往恃頂戴爲護符，以武斷鄉曲，蓋名雖爲士，實則游民，有章服之榮，而無操防之苦，故以不守卧碑，詿劣者文生少而武生多，則又非徒無用也。誠奉廷旨飭停武闈，例銷之款提解部庫，每科合各省亦可得數萬金，而綜計州縣所省虧累尤屬不少。爲州縣省一分虧累，即爲民間留一分元氣。其有志向上者，或兵或勇，任其所托，早得窺見行陣真際，以自奮於功名，樸厚者歸農，無從沾染習氣，則財與才均化無用爲有用矣。可否請旨勅下部臣，通籌定議，出自聖裁。

——5. 皇朝經世文續編　卷五四　禮政五　學校下

察看福州海口船塢大概情形疏同治六年八月

竊臣於六月十七日，馳赴馬尾莅事，業經奏明在案。隨接見在事員紳，咨詢一切，並駕輪船周覽上下形勢，知馬尾一區，上抵省垣南臺，水程四十里，下抵五虎門海口，水程八十里有奇。自五虎門而上，黄埔、壺江、雙龜、金牌、館頭、亭頭、閩安，皆形勢之區，而金牌爲最要。自閩安而上，洋嶼、羅星塔、烏龍江、林浦，皆形勢之區，而羅星塔爲最要。馬尾地隸閩縣，踞羅星之上流，三江交匯，中間港汊旁通長樂、福清、連江等縣，重山環抱，層層鎖鑰。當候潮盛漲，海門以上島嶼皆浮，潮歸而後，洲渚礁沙縈回畢露，所以數十年來，外國輪船、夾板船常泊海口，非土人及久住口岸之洋人引港，不能自達省城。道光末年，地方大吏籌備海防，但載石鑿舟，以塞林浦上流，竟割重重天險而棄之，臣詢之海濱土人，至今猶共以爲非策也。

船塢在馬尾山麓，地曰中岐。但就其一方地勢而言，大江在前，迤南而下，群峰西拱，狀若匡牀。中間坦處，舊本村田，去年購買歸官，始圈爲船塢，計地周圍四百五十丈有奇。客冬以來，招集民夫，窪者平之，低者壘之，慮田土之積弱難勝也，沿塢密釘木樁以固之，慮海潮溪汛之不時驟至也，沿塢各增五尺以防之。塢外三面環以深壕，既藉通運載之船，亦可瀉積淤之水。塢内濱江者爲船槽，若鐵廠、輪廠、機器之廠、斲木之廠、架木之棧房，皆參列其後。餘尚有從前未經商定之件，宜俟洋將到閩，續行分别籌商措置。塢外之東迤北，爲臣及辦事各員紳公所，外列外國匠房三十間，周以甎垣，如鱗之次。外國匠房之左，爲法國學堂，後綴生徒下處三十間，其制略如匠房之式。又左爲英國學堂，其生徒下處同之。下近江滸，則煤廠在焉，上倚山麓，則中國匠房在焉。循麓再上，山之左肋可以眺遠，臣飭前駐楚軍五百人，因地築壘，不特可攬船廠全局，沿江上下數十里，風帆沙鳥如在几前。稍下，則監督日意格所居也。在臣公所之右者，有外國醫生寓樓，匠首寓樓。其與日意格山樓對峙者，則副監督德克碑之屋。下爲官道，將抵江岸，劃爲官街，以便民間貿易。一切土木，或已經完工，或已有三四分至八九分不等，辰下畚鍤雨集，斤斧云從，計日課功，屈指可數。此船塢内外之大概情形也。

臣又惟船政根本，在於學堂。因於六月十九日，就馬尾甄别法學藝童，隨及英學藝童，既因其勤惰分别升降，復定章程，每日常課外，令讀《聖諭廣訓》、《孝經》，兼習論策，以明義理。其續招入局者，先扃門考校，擇其文理明通，尤擇其資質純厚者，以待敘補。蓋欲習技藝，不能不藉聰明之士，而天下往往愚魯者尚循規矩，聰明之士非範以中正，必易入奇衺。今日之事，以中國之心思，通外國之技巧，可也；以外國之習氣，變中國之性情，不可也。且浮澆險薄之子，必無持久之功，他日于天文算法等事，安能精益求精、密益求密？謹始慎微之方，所以不能不講也。

采辦一節，似易實難，不患美材之難求，而患人心之苟且。向來官場氣習，以浮冒搪塞爲能，船政之興，尤視爲利藪。去年以來，承辦銅鐵木料煤炭者非無其人，然用商賈，有時擾累之弊甚於官司，用官司，有時侵漁之端甚於商賈，馴至劣幕奸胥，交通市儈，鬼蜮叢生，是以民間置貨，尚有精良，一屬公家，便多贋鼎，明知國帑之當重，竟敢於糜國帑，明知要工之不可誤，竟敢於誤要工，言之實堪痛恨。臣邇又聞，向來外國船材煤炭，多運自緬甸、暹羅，現雖遣員先於近處采幹搜巖，他日恐仍不免取材荒裔，重洋遼迴，更防不勝防。任非其人，糜費雖多，仍歸無用，擬乘此發令之初，明罰勑法，以警其餘。人心畏法，而後弊竇可除，良材畢至也。

船廠之興，固須收羅工匠，輪船下水，則舵工、水勇缺一不行，非徒習慣風濤，尤須熟精槍炮，蓋國家之創造輪船，譬諸千金買駿，倘衝鋒陷陣，不持寸鐵，雖有千里之馬，安足成功？現在洋匠尚未至閩，船成尚需時日，擬先調閩中舊撤炮船十隻，添練水勇二三百名，未成船以前，藉以巡緝近洋，成船以後，即可擐甲登舟，駕輕就熟。此臣近日考校學堂，分飭采辦及招募水勇之情形也。

至製造工程，俟日意格等分載工匠、輪機到廠后，再行具奏。除繪圖咨呈軍機處、總理衙門外，理合現將大概情形，謹會同一等恪靖伯陝甘總督臣左宗棠、福州將軍臣英桂、閩浙總督臣吴棠、福建巡撫臣李福泰，恭摺由驛具奏以聞。

—5. 皇朝經世文續編　卷七二　兵政一一　地利上

北路中路開山情形疏

竊臣等於同治十三年十二月初一日，業將北路開山情形奏明在案，玆迭准提臣羅大春咨函稱：北路大南澳生番自經黄朋厚、馮安國等懲辦之後，上年十二月初九、十三等日，斗史武達、斗史蘇達簡、斗史實紀律、斗史麼哥老輝等五社番目，各帶番丁百餘人，叩營乞撫。經馮安國等分别誡飭賞犒遣歸，番情遂頗安謐。本年正月初五日，羅大春由蘇澳率隊起程，初九日始抵新城。初十、十二等日，履勘三層城，尤仔丹溪、馬鄰溪、鯉浪港，旁繞加禮宛番、南勢番，直抵花蓮港之北而止。據陳形勢，自蘇澳起至花蓮港之北止，計途二百里，中界得其黎。得其黎以北百四十里，山道崎嶇，沙洲間之大濁水、大小清水一帶，峭壁插雲，陡趾浸海，怒濤上擊，眩目驚心。軍行，束馬捫壁，蹜蹜而過，尤稱險絶。得其黎以南六十里，則皆平地，背山面海，如悉墾種，無非良田。奈地曠人稀，新城漢民僅三十餘户耳，外盡番社也。自大濁水起至三層城止，依山之番，統名曰大魯閣。其口社曰九宛、曰實仔眼、曰龜旼，曰旼沙，曰符吻、曰崙頂、曰實空、曰實仔入眼，凡八社。憑高恃險，野性靡常。歧萊平埔之番，居鯉浪港之北者，曰加禮宛、曰竹仔林、曰武暖、曰七結仔、曰談仔秉、曰瑶歌，凡六社，統名曰加禮宛社。其性畏强欺弱。居鯉浪港之南者，曰根老爺、曰飽干、曰薄薄、曰斗難、曰七脚川、曰理劉、曰脂屘屘等七社，統名曰南勢番。男女共七千七百有四人，雖悉具結就撫，而薄薄、理劉二社，皆既順復貳者。除薄薄一社知煮鹽，加禮宛一社頗耕種，餘悉茹毛飲血之倫，叛服不常，時當防範。論他日建城之地，宜在歧萊。若新城、三層、馬鄰、鯉浪，不過營汛之區，尤必截大清水以南隸歧萊，截大清水以北隸大南澳，方足資控制也。自該提督躬率大隊入新城，添設碉堡，該番驟生疑慮，來營要求子藥，未經允給，遂呼聚悍黨，晝則伏莽，夜則撲碉。節經各營奮擊，時有斬獲，稍息窺伺。丁勇等因之傷亡數十人。最狡者，正月二十四、二十五、二十六、二月初五、初六、初七、初八等日，大魯閣番竟敢糾衆數百，撲我新碉。弁勇一面力拒，一面興築。該提督親督炮隊馳援，番族傷亡頗多，始行敗竄。我勇陣亡者亦二十五人。迭經懲創，番情稍定。擬自蘇澳五里亭起，迄秀姑巒之鵲子埔止，計地三百四五十里，區分五段，沿途建三十二碉，各派營哨屯之，俾一氣聯絡。而以新到之宣義左營駐三層城，策應鵲子埔以北；宣義右營駐加禮宛，策應鵲子埔以南。此花蓮港以北籌辦之情形也。

花蓮港以南爲走秀姑巒之道，固木瓜番游獵之場也。登高一望，平沙無垠，茅葦盈丈，人迹不到。蓋以該番兇惡不亞斗史諸社，故沃壤曠如南北港，道闊及三十餘丈，欲造正河木橋，左近苦無巨材，因先建支河木橋一道。軍功陳輝煌業率所部，結筏以濟，直趨吴全城。該處離秀姑巒衹數十里，當時即有成廣澳之番目，秀姑巒之通事，來營乞撫。其中别有大吧籠社、嗎噠唵社，皆附近强番，節經設法招撫，番目等各率耆老丁壯，由通事引至新城歸化，各賞酒食而歸。平埔之番聞已盡此，平埔既附，以之專圖高山，似事勢較易。此花蓮港以南籌辦之情形也。

中路原派前南澳鎮總兵吴光亮，帶兩營駐集集鋪一帶，隨經臣等奏派臺灣道夏獻綸，督理開山撫番諸事，嗣以遣探山路未回，未即動手。本年正月，臺南剿務方殷，劉璈丁憂回籍，夏獻綸暫兼營務處，遂緩前行。兹迭據吴光亮禀稱：自年底探路歸報後，本年正月初九日起，即率勇由林圯埔、社藔兩路，分開至大坪頂，合爲一路，進而大水窟，進而頂城，計共開路七千八百三十五丈有奇。二月初七日，復由頂城開工，直抵凰鳳山麓，躋半山，越平溪，經大坵田，跨扒不坑等處，而入茅埔，計又開路三千七百七十五丈有奇。兩處統計一萬一千六百一十丈。凡建塘坊八所。沿途橋道、溝壑、木圍、宿站，俱漸興修。分派兵勇自集集街起至社藔、大水窟、大坵、田茅埔、南仔脚、蔓東埔各要隘，已逐節配扎。又送到查撫水、裏審鹿等三十九社名册，計歸化番丁番口凡七千二百九十二人。辰下方循途漸入，斬棘披荆，以出秀姑巒之背，倘能因勢開通，將與北路諸軍聯爲一氣。此又中路一帶開山之情形也。至卑南等處，自内埔以至大貓蠢，張其光諸營分布其間。袁聞柝病痊後，業再馳往經理，番情尚稱安帖。臺郡城工雖竣，而安平炮壘，以甎石巨材轉運維艱，一時尚未蕆役。旂後炮臺，早已興工，因淮軍挑調入山，暫行緩辦，理合陳明。

—5. 皇朝經世文續編　卷七九　兵政一八　蠻防

番社就撫布置情形疏

竊臣等於本年四月二十三日，將先後攻破竹坑、本武並内外獅頭等社情形，奏明在案。兹迭准總統淮軍提督唐定奎報稱：各軍攻克獅頭等社後，仍分哨扼險，拔木通途，徐圖進取。附近各社，知負嵎不足恃，天討不可逃，五月初九日，率芒社番目一名、晋笏一名、姑益翼一名、沙貝一名、處雷一名，姑鰍董的社番目名烏力烈，南片社番目名姑令，草山社番目一名，土結一名筲朗等，率散番五十餘人，到營乞降。經該提督傳譯曉諭利害，僉共震懾，籲求收恤。當日均給衣履諸物，該番等各跪戴而歸。十二日，枋山民人有程古六者，帶至内龜紋社番目野艾、外龜紋社番目布阿里烟，又有射不力社番目郎阿郎者，帶至中紋社番目龜吮仔，周武濫社番目文阿蛋及散番等百餘人，款營乞降。該提督示約七條：曰遵薙髮，曰編户口，曰交兇犯，曰禁仇殺，曰立總目，曰墾番地，曰設番塾。以龜紋社首野艾向爲諸社頭人，拔充總社目統之，著照約遵行。所統番社，如有殺人，即著總目交兇。如三年之内，各社並無擅殺一人，即將總目從優給賞。其獅頭社餘孽，探悉竄伏何社，即由何社跟交，不許藏匿。野艾及各番等，均願遵約。隨將竹坑社更名曰永平社，本武社更名曰永福社，草山社更名曰永安社，内外獅頭社更名曰内外永化社。脅從各社，均許自新。惟獅頭社罪大惡極，漏網者不許復業。所有内外永化社，即著總社目另招屯墾，以昭炯戒。於枋藔地方，先建番塾一區，令各社均送番童三數人，學語言文字以達其情，習拜跪禮讓以柔其氣。各番聞之，無不俯首帖服等因。適臣凱泰，本月十一日由省東渡，十七日抵臺，與臣葆楨公同參酌。伏思曩奉撫番之命，以獅頭社之變，易撫爲剿，實出於萬不得已。幸天威所震，頑族歸誠，敢不仰體生成，使之同託帡幪之下！惟狉榛之性初就範圍，不能不堅明約束，俾先受我羈勒，後乃可徐與漸摩。擬即如該提督所請，按條實力奉行。臣等愚昧之見，是否有當，祗候聖裁。

——5. 皇朝經世文續編 卷七九 兵政一八 蠻防

設法嚴拏哥老會匪片

臣承准軍機大臣字寄光緒元年十二月二十日奉上諭："李瀚章奏，匪徒設立會名，全在大吏督飭，地方官設法嚴拏，毋庸另立章程，飭臣體察情形，悉心妥議等因。欽此。"臣查劉坤一收標之説，意在銷患無形，顧不特巨款難籌，且恐聲氣潛通，外匪恃内奸爲護符，流弊益不可問。李瀚章謂宜設法嚴拏，自是正論。第哥老會安清道友由來已久，比而誅之，則不可勝誅，只得懲首惡、散脅從。而各處所訪頭目，言人人殊。若憑空飭拏，正恐恩怨相尋，傳聞不實，渠魁漏網，波及無辜。若畏難苟安，則爲虺弗摧，爲蛇奈何。髮捻根株，前鑒不遠。

臣反覆再四，竊以前督臣曾國藩"不問其會不會，只問其匪不匪"二語，可謂要言不煩。蓋此輩不能枵腹相從，其勢必出於盜。盜得其所欲，而後如獸走壙，實繁有徒。倘有犯必懲，則彼無以爲生，何由聚而不散，此用兵者斷其糧道不擊自潰之術也。惟是緝捕爲地方官專責，而近日地方官反以緝捕爲畏途。即以蘇省情形而論，伏莽以江北爲最多，而地方官之缺亦以江北爲最苦。有極力儉嗇而始免虧累者，有極力儉嗇而尚不免虧累者。一盜案出，捕役有費，眼線有費；其大者非捕役眼線所能爲力也，會營有費，雇勇有費。案之破不破未可知，牧令之力竭矣。幸而破案，上司拘牽文法，必令招解去省，或數百里，或千餘里。犯到省必翻供，翻供必發還，舟車之費不貲，牧令益無以爲計矣。故始而諱盜，繼而縱盜，相習成風。諱盜者，以爲權宜；縱盜者，以爲陰騭。況自有署事一年期滿之例，官署如傳舍，彼以"五日京兆自待人"，亦以"五日京兆待之"，誰願以緝捕自累，且兼以爲後任累者。盜如入無人之境，而會匪之根蒂不可動摇矣。臣愚以爲，宜慎選牧令而久任之，勿狃於調劑之習，使人心無所定向。州縣去省稍遠者，遇有刦案定供後，督撫批飭本管道府覆訊相符，即予就地正法。俾人必知警，牧令不致重虧，營弁長於緝捕者，重賞之，優擢之，庶幾吏治振而盜風戢，盜風戢而會匪自消矣！

——5. 皇朝經世文續編 卷八三 兵政二二 剿匪下

借黄濟運貽害大河全局疏

竊臣等接准部咨江北各州縣漕米仍飭辦理河運等因，光緒二年七月二十五日奉旨："依議。欽此。"查江浙冬漕及江西兩湖采辦京米均係海運，獨江北十餘萬石部臣堅持定見，以爲漕運不廢，河道賴以長存。且有借黄濟運之方，但使黄汛不至斷流，則漕運終無窘步。所籌至深且遠，苟非迫於時勢之萬不得已，臣何敢不盡忠竭力，共濟時艱？惟本年河運困阻情形迥非昔比，不敢不以千慮所及，爲皇太后、皇上縷晰陳之：

從前河運愆期，中途改而陸運，曰開兑遲延，致誤黄汛耳。本届漕米於正月起至二月初十日止，賨汜水次一律開行，是月二十八日悉數挽過三閘，催趲不爲不速。乃楊莊以北淺不盈尺，非特無水濟運，且須蓄水養船，難得甘霖。又經上游啓壩，逐層套送，隨地起剥，其淤處雖剥船，亦僅半裝方能浮送。挑河之費、打壩之費、灌塘之費、雇剥之費、車絞之費，所虚糜者不知凡幾，然黄汛之期固未誤也。乃渡黄後察看運河之底，高與大河水面相埒，黄流無從灌入，遂議築壩興挑。自口門至張秋九百餘丈，挑濶三丈，挑深三尺，縱能暢行無阻，兩省所費蓋不貲矣。夫運河之底何以高至於是？則歷届借黄濟運所淤者也。借終日之力以濟之，償彙月之力以挑之，猶可言也。乃秋汛一到，漕船銜尾争進，未及半而運口窒，則昨日所挑者又爲今日黄流所淤，餘船欲不出於陸運不可得矣。借黄既不足以濟運，徒使山東河道年年受淤，是河道未嘗賴漕運而存，且將因漕運而廢。水失其本然之性，商賈之舟楫，農田之灌溉，從此交病。

而愚臣鰓鰓過慮，竊以爲無形之患又有甚於此者，何則？就下者，水之性也。大河挾泥沙而行，停則淤，淤則决。故治河者有偪堤束黄之法，又有借清刷黄之法。蓋益其湍悍之性，使挾泥沙疾趨，不稍停留，庶不致潰而旁出。今黄汛方苦微弱，未嘗偪堤以束之，借清以刷之，轉復導之旁行，舒其湍悍之性，上游愈舒，則下游愈緩，所挾泥沙無力東注中道，遞積數年之後，河身高與堤等。北潰則畿輔受其虐，南潰則淮徐罹其殃，而東省之首當其衝者無論也。臣愚以爲水宜順其性，政貴因乎時。合無仰懇天恩，准將江北漕糧暫辦數年海運，俟山東運道一律通暢，再議酌復舊章。至淮徐一帶運河所關於農田、賈舶者甚鉅，幸淮南引地全復，有款可籌，斷不敢以河運暫停，置水利於不顧。

—18. 皇朝道咸同光奏議　卷六二　工政類　運河

船工將竣謹籌善後事宜疏

竊惟船政之設，原約造百五十匹馬力輪船十一隻，八十匹馬力輪船五隻。嗣督臣英桂，議改第七號爲二百五十匹馬力。據該監督估計，工料繁鉅，較百五十匹馬力增一倍有零。請以一號抵作兩號。經臣文煜等奏明在案。共應大小成船一十五隻。除第十號以上，業經迭次奏明出洋外。本年八月初六日，第十一號之濟安試洋。八月二十八日，第十二號之永保試洋。均一時以七十里爲率。輪機之靈捷，船身之堅固，與安瀾等船大略相同。九月十九日，第十三號之海鏡下水。計年内可以出洋。第十四號輪船，年内亦可下水。惟第十五號須待明春。然中國匠徒能放手自造，與遣散洋匠，兩無妨礙。此船工將竣之實在情形也。此後如爲節省經費起見，則停止造船。除修船養船而外，一切皆可節省。惟既絶難續，不免盡棄前功。而鵲巢鳩居，異族之垂涎尤爲可慮。若歲仍造船兩號，則已成之緒，不致中乖，而洋人辛工，歲可省十余萬。然中國員匠能就已成之緒而熟之，斷不能拓未競之緒而精之。雖則歲告成船，究竟毫無進境。與我皇上力圖自强之旨，迥不侔矣。臣竊以爲欲日起而有功，在循序而漸進。將窺其精微之奧，宜置之莊嶽之閑。前學堂習法國語言文字者也。當選其學生之天資穎異，學有根柢者，仍赴法國深究其造船之方，及其推陳出新之理。後學堂習英國語言文字者也。當選其學生之天資穎異，學有根柢者，仍赴英國，深究其駛船之方，及其練兵制勝之理。速則三年，遲則五年，必事半而功倍。蓋以升堂者求其人室，異於不得其門者矣。其學生中有學問優良，而身體荏弱，不勝入廠上船之任者，應令在學堂接充教習，俾指授後進天文地輿算學等書。三年五年後，有由外國學成而歸者，則以學堂後進之可造者補之。斯人才源源而來，朝廷不乏於用。惟合之遞年成船二隻，所費甚鉅。本年所加月款二萬可省，而原定月款五萬，必不能省也。限期瞬届，應如何辦理之處，敢懇皇上飭下各衙門，速議具奏。倘以前赴外國學習爲可行，則數萬里長途，驟試者不無疑懼。臣奉旨後，尚須與日意格及生童人等堅明約束，詳議章程。必事事得理之所安，而後人人於心有所恃。臣不揣冒昧，謹會同一等恪靖伯陝甘總督臣左宗棠、福州將軍臣文煜、閩浙總督臣李鶴年、福建巡撫臣王凱泰，恭摺附驛馳陳。

—5. 皇朝經世文續編　卷八八　工政一　土木

第一號輪船下水並續辦各情形疏同治八年五月

竊臣於七年十二月二十六日，業將船政一切工程，奏明在案。本年正月起，廣召艌鑽各匠，黏灰穿孔，塞罅漚釘，鐵匠打鑲鐵梁鐵脅鐵條等件。兩月之久，始行蕆事。三月初旬，船匠始得刓雕梁座，鬥攏機器，車治舵桅。鐵匠拆移輪機水缸等件，上船配合，遍嵌泡釘螺餅；兼製銅管氣筒，尾輪鐵輥等事。如是者復一月有奇。四月以後，船内之匠，則造艙堵戰枰桅架椗車舨板等件，船外之匠，則趕包龍骨銅皮，分造重�凹槽，下水托輞等件。内外完備，乃加堊洋油，聯鈴銅板。如是者復二十日有奇。四月之杪，日意格禀稱船上大小工程一切告竣，請期下水。臣飭監工員紳覆驗無異。因諏五月初一日乘午潮張滿，縱船入江。先期一日，用巨鑊煮牛膏豕脂胰皂油等物數十斛，灌人船底凹槽凝厚寸許，將船臺初疊之木，節節掇下，另墊木楔，使船身低倚兩旁托架，跗萼相銜，留船旁撐柱數十根以支之。届期，臣躬率提調周開錫及各員紳，致祭天後江神土神船神。向午潮平，日意格督匠作人等，盡拔撐柱，將船頭所銜木楔，衆斧齊敲，使船勢全力趨下，再將船頭托輞鋸斷。鋸甫過半，船砉然自行。一瞬之間，船離岸數十丈。船上人乘勢下椗，拋泊江心。萬斛艨艟，自陸入水，微波不濺，江岸無聲。中外歡呼，詫爲神助。辰下方升桅竿，繫帆纜，安床爨，添旗幟，製號衣，整炮械，以備出港。適提調道員胡光墉同管駕官副將銜游擊貝錦泉，續募通曉輪機之中國舵工水手八十余人到工。伏念新船如生馬，非銜轡均調，恐不相習。且一律用中國人駕駛，初試風濤尤當慎益加慎。因飭該管駕等就船上加緊練習，由近漸遠。七月間，當可徑出大洋，駛赴津門，請旨簡派大臣勘驗。此第一號下水之情形也。第二號之船，自開工以來，匠作等駕輕就熟，工程較速。現邊板已封三分之一。再有兩三月，亦可下水。第三號船臺底樁，俱如法釘齊。全架一成，便可興造。木料一節，日意格所購者，年内已到五起，業經臣等奏明在案。本年二月初十日，第六起報到。二月二十八日，第七起報到。三月初十日，第八起報到。三月二十九日，第九起報到。四月十二日，第十起報到。凡五起，計裝曲直木及栺板六萬六千六百四十六幅地。去年委員劉國泰往南洋所辦者，於二月十七日報到。船名曰法蘇甲裏。凡載栺木鐵抄打馬釉轆武結喋啣沓蚋等木一千八百四十余節，石來板二千七百八十餘片。其中可供鐵廠横樑之用者不少。目下良材麇至，船工自易圖成。惟機器之出，專由鐵廠。閩省春夏陰雨連綿，版築不易。監工員紳，披蓑荷笠，號召泥滓之中。數月以來，甎垣石檻石簷，一律完竣。棨棁宋桷，亦皆裁量如式。而鑄匠方趕造船上各種器具，未遑兼鑄鐵柱。是以棟宇未得觀成。現首船下水，鑄工稍松。當飭刻期趕辦。鐵廠告竣，便可講求輪機關竅。輪機之巧，能應手得心，船事乃中邊俱徹也。前派總監工道員葉文瀾赴暹羅采辦栺木。據報于三月初一日安抵喰叻。派游擊吴世忠、舉人蔣錫璠等先赴暹羅。葉文瀾先將喰叻所辦木料，雇船起運。亦於四月初六日前赴暹羅矣。第一號船擬名曰萬年清。第二號船擬名曰湄雲，暫資號召。應俟抵津勘驗，再懇恩旨，寵錫嘉名，以光海宇。其萬年清謹委游擊貝錦泉管駕，湄雲謹委游擊吴世忠管駕，貝錦泉原駕之華福寶，委都司銜貝珊泉管駕，以專責成。

—5. 皇朝經世文續編　卷一〇八　洋務八　軍政上

丁寶楨（1820—1886）

字稺璜，貴州平遠（今貴州省畢節市織金縣）人。咸豐三年（1853）進士，官至四川總督。謚文誠。有《丁文誠公遺集》。

籌辦海防疏光緒元年十月一日

竊臣前因籌辦海防，當經奏調湖北道員張蔭桓來東差委，旋派赴煙臺，會同登萊青道龔易圖、總統師船候補道李宗岱周歷口岸，察度形勢，密籌布置稟辦，並令張蔭桓赴津與北洋大臣李鴻章稟商一切。兹據該道等稟稱，東省海防與他省異，津、滬、閩、粵皆有内河通海，自以通海之河爲海口重地，應築炮臺，嚴兵駐守。東省情形則南自莒州與江南接壤之海岸起，迆至北海之海豐大山口止，皆係濱海扼要，無可扼之區，居中無適中之地。蓋東三府地形如人伸一臂陡入海中，三面臨海，處處可登。内中惟鐵門關一處爲黄河通海之口，外有攔沙，大舶即不能入，而黄河濁流挾沙，輪船浮駛，沙入其輪，亦不能進，現可毋須設防，以節兵力。此外自大山口起至鐵門關一段，濱海皆係鹽鹵之地，地瘠民貧，村莊寥落，上無所掠，彼難駐兵。自鐵門關迆南折東至萊州府之海廟一段，内經利津、蒲臺、壽光、濰縣、昌邑、掖縣六州縣海面，向名爲内海，海濱多係平砂，潮來則漫，潮退則係一片陷淖，而海水皆淺，難入大舟。故輪船由煙赴津皆由長山群島北駛，從不西繞以上各處，似可無煩；更顧自掖縣之海廟起至登州府城一段水勢稍深，然輪亦不輕入，可用師船時爲巡哨，防其撥兵登岸。自登郡至煙臺一段，爲東海最要之地，聲勢極宜聯絡，水陸均宜設防。自煙臺至威海衛及成山一段，輪船時相往來，外國兵船多泊于此，亦宜加意防範。自成山南折而西迆，至俚島、石島、金口繞、嶗山而至青島、膠州一段，水勢雖深，皆係小口，爲内地船隻往來之區。内惟膠州一口通内之膠萊河，而島形散漫，無險可扼，輪船内駛距膠州河口尚有四十里，即不能進，亦可陸地自行設防。自膠州至莒州、日照一段，與江南之青口接壤，皆係淺水，非巨舶可涉，外人向不過問，可不設防師。此東省沿海海面之大概情形也。

今計東省海面應設防之處有三：一曰煙臺。煙臺爲通商口岸，洋船聚集而與津門信息常通，常洋兩關皆師宿於此，勢不能不守。然煙臺地勢山麓平坦，無險可扼，雖北有之罘島爲屏，東有崆峒諸島爲蔽，而相去皆極遼闊。其居中扼要，可以屯營之處惟煙臺山爲最，然爲洋人環山而居，一無隙地。且山形不甚寬廣，以之築立炮臺太爲蹙逼。此外如八蜡廟山背尚可設炮臺，而距崆峒島十二三里有奇，距之罘島十八九里有奇，開炮勢難相及，且係孤懸東首，與後山均不聯貫。而煙臺無城郭圩寨，其中居民皆商販聚集，一旦有警勢必四散。且華洋雜處，亦難區分畫守，而南山之背即爲海面，敵易包抄。至之罘島沙堤横亘之外皆屬海岸，直達登州，百餘里之内處處皆我後路，自應慎密籌布。兹擬於通伸岡設大座防營，駐兵三千人，以固後路。再於煙臺山下設一浮鐵炮臺，八蜡廟設一浮鐵炮臺，之罘島之西設一浮鐵炮臺，再於之罘東首築一砂土曲折炮臺，庶前後可以相顧，我之輪船亦可出可入，可戰可守。此煙臺之防也。一曰威海衛。威海地勢較煙臺似爲緊束，三面皆係高山，惟一面臨海而外有劉公島爲之屏蔽。劉公島北東兩面爲二口門島，東口門雖寬，水勢尚淺，可以置一浮鉄炮臺於劉公島之東，而於内面建一砂土炮臺。海外密布水雷，閉此一門，但留島北口門爲我船出入，其北口門亦有山環合，可以建立炮臺。計有三座砂土炮臺於内，有二浮鐵炮臺於外，則威海一口可以爲輪船水寨。輪船出與敵戰，勝則可追，敗則可退，而自固此威海之防也。一曰登郡。郡城負山臨海，水城直瞰海濱，北有大嶺，南有沙埂，對面有長山島爲屏，形勢較爲雄壯。而蓬萊閣下海多暗礁，自水城至長山島，海面雖有四十餘里之遥，鐵甲巨舶不能入，輪船即能入而不能停，故登郡之守又與威海、煙臺情形不同。應於城北之彈子渦山上設一砂土高式炮臺。再於城南之砂埂上設一土圓式炮臺，長山島西再設一曲折砂土炮臺，與郡城相爲犄角，而於近城要處密布阻船之物，則郡城似無可慮。此登郡之防也。此則東省洋面要地形勢之大概也。

然則今日之防，若直、東、奉三省合力併謀，有鐵甲船五號、中輪船十號、小輪船六號分布於東之煙臺、威海。奉之黑山灣，爲北洋作一關鍵，進則擊，退則守，可分可合。此爲北洋計，而東省之防亦在其中。此策之一。否則精選陸軍，練習槍炮，以分扎登州、黄縣、福山等處，無事則分，有警則合。敵若登岸，可以合擊，敵若紛擾，亦可肆應。儻敵船直犯津門，亦可以輪船載送赴援。此爲東省自防計，而實可以爲北防大局計。此策之二。然二者皆用費多而需時久，此時餉力不及，東省衹能自爲防，則宜以登郡爲根基，先置登郡之防，再練陸軍二三千人駐守煙臺後山，聯爲聲勢。俟浮鐵炮臺可以成購，再設煙臺海上之防。俟鐵甲輪船大備，再設水寨之防。俟登郡築臺能於合式，再議各處炮臺之防。逐年而謀之，分時而任之，必使防一處得一處之地利，練一營得一營之兵力。此策之三。該道等意見相同，繪具山東沿海全圖，測量水勢深淺、地形廣狹，禀請鑒擇遵辦前來。

臣維山東海防鞏衛畿輔，而沿海十餘里汪洋彌漫，無險可憑。懸圖按索，似多形勢緊凑之區。及身歷海島登陟眺望，切實研究，始悉山勢、風力、潮力情形。該道等擬於煙臺、威海、登郡布防尚合機宜，惟所稱先設登郡之防似非目前所急。蓋此時辦防應注意北洋，兼顧東省。臣詳細酌度，應先將煙臺炮臺興辦，次及威海。兹擬於煙臺通伸岡先築一圩，沿墻置炮，中屯陸師，圩中設望樓，安放走輪大炮。復於八蜡廟築一圓式炮臺，分内外兩層，外層添設隔堆，分布炮位，内層仍置望樓，安設走輪大炮。又於之罘山東莊建曲折炮臺一座，以資聯絡，則煙臺之防基局稍立。其威海衛形勢如該道等所禀，密布水雷，緊閉一門，僅留北口一門以通我師。於劉公島之麓築一炮臺，其島口兩面各築一炮臺以相犄角，威海之局亦稍有把握。此兩處防局既立，然後議辦登郡。如此次第以圖，庶北洋緩急可備，且不致絀於餉力。至所稱應用鐵甲船、大小兵輪船、浮鐵炮臺等項目，非北洋經費充足不克舉辦，未能卒議。其現在所需炮位，擬用克虜伯後膛鋼炮，參用阿鳴斯郎前膛鋼炮，築臺工竣，次第購買。至兵勇應用槍炮，除格林連珠炮、克虜伯四磅炮利用外，應購用亨利馬啼呢快槍方能應敵。現擬各項定購，以期利用。其行隊攻守之法，更當加意講求。近日登榮水師營經李宗岱嚴加操練，漸有成效。以後漸次擴充陸隊，亦無難整飭。

臣規畫既定，復查候補道張蔭桓明幹勤能，勇於任事，即飭派總辦防務，會同龔易圖在登萊口岸設局儲料。年内先集鐵木灰石各料物，明春開凍便可興辦。惟山東在北洋之内，所有一應經費應須取給北洋，而部撥之款臣商之李鴻章，一時實未能應手。而目擊時艱，又不能因循株守規，擬就本省各庫暫時匀凑四五萬兩先行濟用，並即咨明李鴻章，一俟北洋經費解到，即行陸續撥還，以清款目。如此稍爲騰挪，庶免停待。伏乞飭部查照。至於選練陸師，應俟槍炮購備後再爲籌辦。所有遵旨籌辦海防、先築炮臺、購備軍器緣由，謹會同北洋大臣李鴻章合詞恭摺具奏。

—18. 皇朝道咸同光奏議　卷五一　兵政類　海防

黔邊鹽務情形片光緒四年六月初五日

再，臣于上年七月内將先行籌辦黔邊鹽務，改由官運商銷，酌擬章程，並請撥借各款，緣由具奏。經户部核覆，奉旨："依議。欽此"咨行，欽遵在案。嗣因山東、湖北兩省借款，僅准山東巡撫借解銀八萬兩到川，臣復于司道各庫陸續籌借銀四十二萬兩，共湊銀五十萬兩，飭委候補道唐炯馳赴瀘州，設局總理一切事宜，並于犍、富、射三廠立購鹽分局，永、綦、合、涪四邊岸及近邊之各廳州縣設售鹽分局，各委妥寔幹員分司其事，統由唐炯調度，俾一事權，並將從前貪吏奸商一切營私中飽積弊盡力湔除。因事屬創始，頭緒紛煩，且期爲將來立久遠之規，故不憚一時竭經營之力。自上年九月初六日設局，直至十一月底，成本漸敷，鹽斤到岸，規模始定。十二月初開辦行銷，引數逐漸增加。臣于每月查閱册報，隨時細核其具詳各事宜，條理精密，秩然不紊，而于疏引張紓廠困、順商情、便民食，寔爲深得要領。然臣終以事關重大，未經目睹，時惕于懷。因于此次閲伍道，經犍、樂各廠集竈户等，詳加詢察，皆以官運一行，民食頓便。及至瀘州，調取總局册簿逐一查對，按黔邊額引一萬零七百七十道，近邊計引三千八百六十三道，共一萬四千六百三十三道，截至四月底寔已行銷一萬零八百三十四道，僅賸引三千七百九十餘道，銷數寔爲大暢。然猶係上年初辦之九、十、冬三個月内各計，岸原積有商號售鹽，未便令其停秤，仍准其與官鹽並銷。此中多有占攔，必須自十二月計算起，始爲官運行銷之始。今截至本年四月底止僅五個月，于額引已銷至四分之三，除成本五十萬兩不計外，寔已收税羡截釐各款銀三十八萬有奇，是較之往年銷引已屬加倍，收銀亦已增多。似此行銷，截至六月底，本年額引即可銷完，即能代銷積引。臣以目前銷數約計，將來截至年底，必可帶銷積引一萬餘張，即至少亦可帶銷至六七千張確有把握。又查向來商號，四岸共二十五家，近復新添九家，唐炯現在設法使之進入黔地遞設子店，日後不惟行銷暢旺，課款增多，而沿途店棧愈開愈廣，黔民得有生計者亦復不少。是黔省凋殘之餘即可籍此興復，尤足維持兩省大局。而臣所深幸者，目邊岸廢弛，犍廠五通橋素極煩盛之區，盡歸零落，今則一旦更新，各大小商竈無不踴躍趨公，而井河及沿江船户添造船隻，認官運者更數十家，各岸商人争售官鹽者亦不謀而合。現在鹽價頓平，川黔各岸已有食賤之喜，私梟亦因而斂迹。合是數者徵之，似已大見成效。此半年來札委唐炯辦理官運得手之大概情形也。

伏念川省鹽務本國家自然之大利，奈近數十年來蠹吏奸商侵欺偷漏，弊端百出，以至引積至十餘萬張，積欠羡截至一百數十萬兩。兹一旦整飭而更張之，欲袪其弊，則錮結甚深，不易窺測；欲行我法，則煽惑僉衆，動相把持。蓋若輩之陰蝕此利者已數十年，今一旦奪，每年百餘萬中飽之利歸之于公，欲其不痛心嫉首不可得也。故于見在公事昭然共著，無暇可指，遂往往造作浮言，或以爲喜事紛更，或以爲與民争利，而無識者復不求端訊末，輒從而附和之，冀圖阻撓大計，充其私囊。辦理寔爲格手，是全在任事者堅定不拔，用能相與有成。臣身任疆圻，睹川省之積弊已深，念黔省之流亡難復，闢衆謗以謀全局，職所應爲，何避嫌怨？惟候補道唐炯忠正强毅，清操絶人，其公而忘私，在從前川省辦賊時，藍石各逆皆呼之爲“唐拼命”，至今川人尚樂道之。後以援黔爲疑謗所傷，功棄垂成，潔身而退。臣此次到川，函招再四，始允前來，即與之商辦黔邊動中肯綮，因奏令總辦局務，該道極力推辭。臣以此事興辦關係川黔兩省大局，且當此財用匱乏，坐視一省自然之大利半歸乾没，寔無以對朝廷，因誠懇挽留，求資臂助。該道見義無可辭，始毅然承辦。自受事以來，秉正持嚴，破除情面，行甫半年，寔已弊絶利興，顯見成效。而得手尤在商民均利，並不爲國家樹分毫之怨，尤爲擘書稱詳。然公家之獲益良多，而該道之受謗已甚。屢與臣言，以鹽務規模大定，此後循章辦理，引課自增，惟自知忠直任事，雖殫竭血忱，恐終爲浮議所敗，擬將辭去。臣仍激以大義，再三挽留，將來本届奏銷到部，其明效大驗，自可仰邀聖明洞鑒。惟創辦之初，事機正順，而辯言亂政亦屬恒情，不得不據寔瀝陳于聖主之前，俾寔心辦公之人不致動多顧慮，然後大事可集，于國計民生乃有所裨。

—18. 皇朝道咸同光奏議　卷三五　户政類　鹽課

都江堰歲修親往查驗片光緒五年十二月二十日

再，查都江堰自康熙以來即定有歲修，分内外江先後辦理。每年於十一月水涸時先修外江，即將外江之水全數閘入内江，定期於十二月中修理完竣。又將内江之水全數閘入外江，定期於次年二月清明前後十日内完竣。然後起閘放水，分入内外兩江，其放水分數内江定爲六分，外江定爲四分，係以江中所修分水魚觜内權衡。至所謂人字堤者，長僅一百二十丈，其堤身壁立水中，春時則全資以得力，至夏秋間則不甚喫緊。蓋因三四月内江水尚未漲發，内江每患水少，故以此堤攔截内江之水，使不至溢入外江。至五六七月江水大漲，内江不能容納，則必須任其漫過堤頂洩出外江，而後内江不致泛濫。故人字堤一段向來均用竹編成長籠，裝石堆砌其間，高低尺寸均有一定。光緒三年，陸葆德等易籠石爲砌石者，殆見此段堤身屹立江中。以籠石堆砌歷年，一經漲發後竹即朽敗，不堪禦水，冬令必須全行折修。因與該處紳民等商，擬改籠石爲砌石，期於經久，可免年年折修，稍節公費。嗣經次年江水大漲，砌石之法不若籠石之宣洩合宜，即於是年冬月自備經費，仍將所砌石堤全行拆盡，照舊改爲籠石堆砌。既改爲籠石堆砌，則此後仍須照前年年拆修方可無誤。而内外江江心，光緒三年大修，後以水雨年盛漲，江水來源甚勇，挾沙而下，不無淤積處所，亦應照前將河底逐段查看辦理，以免愈積愈甚，用資久遠。

現在正值歲修外江之時，臣以此兩年内江流極順，若再於歲修時督飭水利同知切實辦理，則即此雍道年間所定歲修之款儘足敷用，萬不至如同治二三年以後辦法，費日加增，江日漫溢，爲害農田。臣因都江堰距省不遠，因於十二月初二日親行前往查看。該水利同知歲修外江之工將次竣事，辦理尚爲結實，當飭於十五日趕將内江之水放出外江，修理内江。定於明春二月中放水分入内外兩江，以資農田播種之用。約計内江歲修之工明春二月初旬即可完竣，届時或由臣親往查驗，或委員前往查驗，再爲陳奏。

至内外江分水定制，本係外四内六，而歷來盛漲時究未能恰如分際。臣年來推求其故，並委員會同水利同知再四詳度地形，始覺江水來源處有白馬槽一道，其地勢甚長，將江流倒阻，致溜勢偏趨右路。復將其形勢與分水魚嘴詳加測量，似亦將魚嘴遮攔過半，以致分水不能適中，故江水下流内江易致偏重。臣詳審形勢，確切不易，已飭令該同知將白馬槽一處挑去十八丈有零。此次前往查看，甚覺直截得力，復沿河遍詢老農，均稱妥協。且謂此次歲修工程，明年江水即有大漲，儘足以資抵禦，無虞横溢。查江水之利害，農民實所身受。且其居處田畝多在江干，於水利尤爲關心，倘辦理稍有不合，即相率攔阻。現在都江堰工各屬鄉農尚無異議，臣以此差可自信，其他則非所敢知也。所有都江堰辦理歲修工程，臣出省親往查看各情形，謹附片具陳。

—18. 皇朝道咸同光奏議　卷六三　工政類　水利

覆陳籌備饟需疏光緒六年四月十六日

竊臣接准户部咨，光緒六年正月二十五日欽奉上諭："户部奏籌備饟需一摺，國家歲入歲出自有常，經軍興以來供億浩煩，以致京師及各省庫儲均形支絀，事平之後帑藏仍未裕如，皆因本有之財源不能規復，可緩之用款未盡減裁，既無以備緩急之需，亦非慎重度支之意。如該部所稱各屬墾荒一條，果能認真查辦，行之數年，何嘗不可漸復舊額。其捐收兩淮票本一條，既與改票初章不相剌謬，且亦不至病商。至通核關税及整飭釐金各條，均屬目前要務，必須嚴定章程，核實辦理。州縣經徵錢糧，絲毫皆關國帑，豈容任意虧短。該部所請嚴查州縣交代及嚴核各項奏銷各條，係爲裕饟源、除積弊起見，其專提減成養廉銀兩及催提減平銀兩各條，或循名核實，或申明舊章，均可次第施行。若停止不急工程及核實顔料緞匹兩庫折價等條，亦係撙節帑項之道，均著照所議辦理。總之，有治法須有治人，任事諸臣果肯實力實心行之以漸，持之以果，自可著有成效。若徒敷衍從事，則雖有良法美意，不過視同具文，仍於治理無補。此次户部所籌各節，除停止工程、核實折價應由該部籌辦外，其餘皆疆臣之責。各該督撫平日受國厚恩，當此時事多艱，豈可懈弛因循，不知振作？著於奉到此旨後，督率藩運各司並該關監督等，振刷精神，悉心經畫，各盡其職，所當爲毋避嫌怨，毋涉瞻徇，毋畏艱難，毋任粉飾，總期國計民生兩有裨益，方爲不負委任。仍將如何辦理情形趕緊妥籌定議，限兩個月據實覆奏，不准稍有延宕。至各省物力民情，並著各就地方近日情形通盤酌度，如有可籌之款、可興之利、無損於民而有益於國者，各抒所見，一併奏聞，以備擇采。欽此。"跪誦之下，仰見聖主恩患豫防周諮博采之至意，莫明欽感。當經恭録行知司道，按照部議逐條悉心查酌。

如户部原奏各屬墾荒一條。川省人民繁庶，窮困居多，現在民間田土凡山巔水涯、田塍土埂，無不栽種麥菽，報官上糧，實無荒地可墾。故川省地丁向係征收足額，年清年款，即從前都江堰失修，成都府屬温江、灌縣、郫縣、金堂、崇慶州等州縣，連年被水淹没之地不下二十餘萬畝，歷未報部豁免錢糧，每年征收仍復照額。至光緒四五年修理堰工後，統計成屬州縣，已陸續涸復地八萬九千餘畝，現查民間隨涸隨種，漸次成熟，亦係復還故業，無科可升此外並無未墾之土。

又如户部原奏捐收鹽商票本一條。臣于隔省淮鹽事宜未曾身歷其境，不能了悉。惟川省鹽務，滇黔邊岸，業經開辦。四五兩年，正引積引銷行甚暢，征收税羡截釐各款亦逐年加增。現復清查計岸積弊，綜計邊計兩引，溯自咸豐初年至今，虧短羨截至一百四十餘萬兩内。前任鹽茶道撥釐作羨先後不過五六年，虧短羨截計有四十餘萬兩，而暗中虧短鹽釐又不下數十萬兩。迨丁丑綱開辦官運，除雜款開支外，征收課税羨截釐金至六十餘萬兩，戊寅綱征收課税羨截釐金至七十餘萬兩。以後循章辦理，則逐年加增不可勝計。現在除二三貪吏奸商不遂，其中飽之私不免騰議外，其餘商民得免從前官吏婪索私派之累，無不樂從，行銷已屬暢旺。又現收各局引釐則歸本省司鹽兩庫，撥解各省軍饟，官局所收課税羨截等項則按年奏銷，按照部議隨時遵照部撥分解滇黔兩省，以爲善後之需。其餘暫作運本，藉資周轉，隨時可以聽候部撥委解，非似從前漫無著落，僅以空言搪塞者比。但能從此恪守定章，年年認真辦理，自無從前侵蝕營私諸弊，不但正引課羨可望足額已也。

又户部原奏通核關税銀兩一條。查川省僻處西陲，不濱湖海，關税一項惟持夔州一關爲大宗。從前額解銀十八萬餘兩，近因上下游洋票盛行，占去税銀過多，迭據該關監督禀請，將短征税銀劃出洋税撥抵。前經臣據情奏明，由户部會同總理各國衙門議，令川鄂兩省會同具奏，而此時洋票日多一日，無法禁止。該關之税以後萬難足額，惟有嚴飭該監督等認真征收，嚴杜偷漏，涓滴歸公。但正税爲洋票所占，既形不足，則溢解更難，絀則均絀，係屬實在情形。

又户部原奏整頓各項釐金一條。川省釐務，貨釐向以夔府、嘉定兩局，鹽釐向以重慶一局爲征解最多之區。軍興以後，前任原定釐數本較税額爲重，然從前征解一切非若關税之確有定準，悉聽管局委員隨意報解，各上司皆視爲調劑差使，全無考核。臣到任後，重定上下各局卡互驗釐票章程，通飭各局按月造報收支實數清册。臣督同司道逐月比較近三年對月收數，以收數之多寡定委員之功過，考核既嚴，局員無從避就。如夔府釐局從前無洋票侵占，查每年至多收二十七八萬兩，自比較後，上年核計征收實數，除洋票免釐銀十六万數千兩外，尚報解銀三十一萬數千兩，比從前無洋票侵占之年收數加至十餘萬兩。嘉定釐局從前收解至多不過三萬餘兩，自比較後，四年即增收四萬三千餘兩，五年則增收至五萬一千餘兩。此外，各局均經臣照章比較前三年收數，無不加增，開支各項悉歸核實辦理。又重慶鹽釐局從前濟楚，每引征收銀三十七兩五錢，檢查每年收數不過二十七八萬兩。臣到任後既爲之除去鹽包加重之弊，因爲之酌減釐銀，定爲每引完釐二十五兩，而四五兩年收數皆至三十四五萬兩，轉較未減之時多收五六萬兩。此外如富、犍兩廠餘鹽票釐，三四年前犍廠所收每年不過數千兩，至多不過萬餘兩，富廠每年所收至多不過四五萬兩，合計兩廠收數約有六七萬兩。自四年整頓以後，犍、富兩廠所收票釐，四年則收至十四萬數千兩，五年則收至十五萬數千兩。其潼川府一卡，從前收數不過數千兩至萬餘兩不等，自四年整頓後，每年收數增至三萬數千兩不等。合計通省貨釐鹽釐每年所入已不下四十餘萬兩。就從前額定之款，已設之局核實整理，但使利歸公家，不入官紳私囊。至於釐數皆有減無增，並無分毫病商病民。此近年辦理鹽貨釐金之明效，舍此更別無可整頓也。

又户部原奏嚴查州縣交代一條。川省交代向多逾限，經年纍月不清不結。臣到任後即查看情形，參酌時勢，明定章程，通飭查辦。其從前虧挪交待、延不清解者均已次第參劾，勒限嚴追，現在各州縣交代均飭依限結報。四五兩年以來，以前挪虧之款催繳既多，而以後實少虧空之弊，是以司庫去年撥解協饟尚有贏餘，即其明證。臣當再督飭藩司恪遵此次諭旨，力守定章，隨時確查，掃除一切疲玩積習，斷不敢回護縱弛以重功令。

又户部原奏嚴核各省奏銷一條。以地丁爲大宗。川省地丁額征六十六萬餘兩，均係年清年款，其餘田房税契、魚牙當課及鹽茶課税等項亦屬正款。各州縣如有短欠，於奏銷時即開具分數清單，將經征不力之員奏參摘頂，勒限嚴追。逾限即照例參處，部中有案可稽，並無停壓不辦之弊。

又户部原奏停止不急工程一條。川省一切工程久經停止，間有工作，多係民間捐辦。惟都江堰歲修工程有關十數州縣農田，爲万不可少之需。現除例定歲修銀兩外，如有隨時搶險應撥之款，均係自行設法籌辦，並不開銷正款。

又户部原奏核實緞匹折價一條。川省前准内務府並户部咨年辦綢緞貢貨一次，自本年爲始已停止采辦。其五年分已經派辦之貨，前經督飭鹽茶道查照成案，遴委妥員核實經理，仍比較歷年所需價值切實核減，詳細報部。

以上所陳各節，皆近年辦理實在情形。此外如有未盡事宜，容再博訪周諮，籌度辦理。總之，興利不外除弊，能多除一分之弊，即可多興一分之利。如只知取盈於終歲，勤動之民，有傷元氣，臣決不敢爲也。臣渥荷殊恩，重膺疆寄，凡利國利民之事，惟有知無不爲，爲無不力，斷不敢因循怠玩，罔念時艱，致貽九重宵旰。尤不敢遠嫌避謗，稍事遷就，希圖見好寅僚。況蒙聖訓周詳，益當刻自惕厲，率同司道守令潔己奉公，各盡職分所當爲。輔臣力所不逮，總期有裨帑藏，共濟艱難，上副聖主安不忘危之至意。除扣平減廉兩款銀兩向歸藩司彙收彙解，容俟飭司查明，已經撥解若干，存賸司庫若干，另行分晰具奏外，所有川省近年籌備饟需情形，理合查照部議各條，先行據實由驛四百里恭摺縷陳。

—18. 皇朝道咸同光奏議　卷五〇　兵政類　餉需

王炳燮（1821—1879）

字絅齋，號樸臣，江蘇元和（今屬蘇州）人。光緒二年（1876）進士，官邯鄲、天津縣知縣。有《毋自欺室文集》《絅齋詩存》。

上李伯相論畿南水患書

永定河僅恃堤工，久失疏浚，以至受病日深，河身高仰。非得實心任事熟悉河務之人，精詳測視，澈底施工，誠不足爲一勞永逸之計。然畿南水患，不徒在永定一河也。蓋水之爲物，必有所蓄洩，斯不患其漲溢。假使各處淀濼，一一深通，各州縣多有溝渠，雖遇暴水，下游不及宣洩，而水有所容，亦不至泛濫爲害，縱泛濫亦不至害若今之甚也。昔陸清獻宰靈壽，多開溝渠，人非議之。後值水發，獨不爲灾，是其已事。某向曾經過西淀，見淀水淤淺，多有占種茭蘆芋栗等物。居民無知貪利，致沙停水淺，灘漲日多，恐各澱亦皆不免同此情形。似宜俟水勢退落，周視各淀濼，擇其淤淺尤關緊要處所，大加疏浚，以工代賑。目前救活饑民無算，而日後庶免墊溢之灾。當今要務，似無逾此。至各州縣離淀濼較遠之區，亦宜及時多開溝渠，設立涵洞。平時蓄水以資灌溉，水多開放，有所宣洩，民間耕種，不至全恃天時。所謂收水之利，即可以免水之害，亦在人設誠致行之耳。夫子恫瘝在抱，爲民請命，不惜多方籌劃爲奠綏黎庶之謀，至誠感格，天心助順，不獨消弭灾沴，即意外非常之虞，亦當消遁於無形，是可爲蒼生慶幸者也。蒙諭勘視大悲院地基。昨往周視，其處前扼三汊河口，白河水繞出其西，東南有賈家溝，北有塌河淀，建城爲守禦計，似得形便。惟現在積水未消，西南乾地，較西沽爲多，而東北窪坑處所，水深有至丈餘者，平地水亦深至三五尺不等。其下土肉堅疏厚薄何如？將來築基圈建，是否合宜？均難懸揣。請俟水退後派員詳細察視爲妥。愚昧之見，未知是否，統候鈞裁。

—6. 皇朝經世文續編　卷一一〇　工政七　直隸河工

蘇松水利考

蘇松田賦甲於天下，以其地處膏腴，多水澤而利於灌溉也。然而偶值潦歲，即至田廬淹没。是得水之利，而亦受其害，此水利所以不可不講也。蘇松於古爲揚州地。《禹貢》云：三江既入，震澤底定，此言水利之權輿也。震澤即今太湖。三江之説不一，就蘇松而言，則不必遠求，第言太湖下流之三江可也。東江婁江，故迹久湮，惟吴淞一江，尚仍其舊。則就今日而言，亦不必泥古三江，第言今日之水道可也。明季以來，言吴中水利者，以劉家河白茆河合吴淞江，爲湖水入海之三大支，以當古之三江。蓋太湖北受荆溪百瀆，南受天目諸山之水，匯爲巨浸。由吴江之十八港十七橋寶帶橋，吴縣之鮎魚口大缺口胥口銅坑口，分流散入澱山、陽城、昆承、龐山、獨墅、九里、三泖諸湖，渟涵蓄泄，以資灌溉，吴淞白茆劉河暨諸支港，分道達海。必下流通暢，斯引吸太湖，自無壅潦之虞。從前支流淤塞，吴中頻有水患。自道光癸未以後，疏浚不止一次，然後來水患，仍未能免。己酉之灾，更甚於癸未。後雖屢次復浚，而一遇霪霖，低田輒被淹浸，其故何也？考明初夏尚書治水浙西時，吴淞闊一百五十丈。

至隆慶間，海忠介公挑浚吴淞江，自黄渡至宋家橋長八十里，江面舊三十丈，增開十五丈。夫自夏公之時至隆慶，一百五十丈之江面，止存三十丈者，以劉河大開之後，水道分而爲之遞減也。然自海公增開，江面之闊四十五丈，後三十餘年而又旋塞。萬曆年間，蘇松道許公開浚吴淞，不數年而又塞。蓋下流通潮之處，濁沙淤淀，日積一錢之厚，一歲之積，三尺有餘，無怪乎挑浚之後，不數年而復淤塞也。推諸白茆劉河通潮處，莫不皆然。下流既塞，則疏泄不暢。所以一遇霖潦，便至成灾，亦其勢然也。又嘗考之，白茆港劉家河暨七浦塘福山口，爲蘇州東北泄水之巨川。吴淞江暨大黄浦，又蘇松南北交境泄水之大道。通潮之處，濁沙既易淤淀。今之黄浦腹處，適當上海東偏，頻歲以來，淤漲數十丈，浦身漸狹，異域之人，貪踞地利，挑土填築，方且未已，亦爲害水道之一端。竊恐將來重煩疏浚，不獨吴淞白茆劉河諸港而已也。必也相其奪水之地，大加開浚，以次施功，而又修圩岸以禦横流，復板閘以防淤澱，使蘇屬之三十六浦，松屬之八匯，皆得以時節宣旱潦，則蘇松之民，可以長享水利，而無慮水潦爲害矣。

—6. 皇朝經世文續編　卷一一五　工政一二　江南水利上

機器議

地經兵燹，田畝荒蕪，誠以開墾爲第一要務。而地多人少，現在丁男不足以耕各屬之荒土，江南沃壤坐視棄捐，良可嘆惜。今欲以巧便之法，遍墾荒田，使人不加多，而境無棄地，於是有用西洋機器之議，不知西洋奇器便於治水，而難於治土，未有易收其實效者。按《農政全書》有龍尾恒升等車，利於取水，一具可灌數百畝，至於芟除草根，翻劚板土，初無巧法，即《奇器圖》所載代耕之法，亦終費人力，用之良難。此外如《諸器圖説》有虹吸之制，亦利引水，而代耕終賴人功，非鄧玉函、徐光啓諸人巧不足也，勢不能也。或曰今之治河，亦用西洋法矣，輪船行處，土隨輪起，誠倣其製，易船爲車，於輪端施耜，以水火法激輪使行，耜隨輪轉，土即翻起，奚不可者?抑思藝種之法，利在深耕，犁宜稍長，起土乃深，而久荒之土堅實難翻，一車之中火力有限，非如行舟半資水力，若使犁頭長闊，入土既深，力恐不能翻轉，犁若短窄，又慮無益。從來耕種之法，土既翻轉，必加耙耖，使𡋯土破散，水土融和，始可下種，加以耨耘諸事，皆賴人爲，否則土磽草茂，嘉穀爲之不生，墾地雖多，穫稻仍少。且西洋奇器皆富商大賈之所利，而非耕夫田婦之所宜，嘗見泰西之製，每成一器，輒費多資，耕作農民安能具此?夫自井田制壞，貧富不均，貧者之力，富者之財，相資爲用，民得並生，若使富民挾其利器無藉多工，則富者益富，貧者益貧，王政之平，諒無取此，傳有之曰：民生在勤，勤則不匱。又曰民勞則思，思則善心生；逸則淫，淫則忘善，忘善則惡心生。蓋不徒貧富之所關，抑亦治亂之所係也。聞之江北完善之區，農病田少，莫若招之使來，令自占種，緩其升科之期，給以耰鋤之具。又凡裁撤兵勇，概令歸農，督以率長，用屯田法處之。一年之後，荒田漸次成熟，推而廣之，民之孳生漸衆，即地之闢治愈多，聖人爲治，不外乎中庸，大亂之後，難期速效，似無俟乎奇器之爲也。

—14. 皇朝經世文統編　卷三九　户政四　墾屯

李元度（1821—1887）

字次青，晚號超然老人，湖南平江（今屬岳陽）人。道光二十三年（1843）舉人，官至貴州布政使。有《國朝先正事略》《天岳山館文鈔》等。

答友人論異教書

來書以泰西人行異教於中國，愚甿多爲所惑，慮奪吾堯舜孔孟之席，謂此開闢已來未有之變。其言深痛若此，有心哉，有心哉。然某之隅見，竊謂不足慮，抑且深足爲喜。不惟不慮彼教奪吾孔孟之席，且喜吾孔孟之教將盛行於彼都，而大變其陋俗。請畢吾説以廣足下之志焉。

蓋堯舜孔孟之教，爲天地立心，爲生民立命，乃乾坤所繇以不敝者也。天地之生，人爲貴，人之道，以倫常爲本。彼際天並海之夷以千百國計，皆人也。有血氣即有心，知皆可以人道治之者也。特自古不通中國，又相去七萬里，禮聞來學，不聞往教，故末繇近聖人之居，而聞其教耳。天誘其衷，以互市故，朋游於中土，而漸近吾禮義之俗。彼自知前者之蔑棄倫紀，不復可以爲人，有不幡然大變其故俗者邪？天主耶穌教，僅法蘭西一國耳。然且諸國皆擯之不使闌入其境，蓋亦共知其陋矣。惡能加毫末于堯舜孔孟之教哉。且子未讀《中庸》乎？惟天下至誠能盡其性，則能盡人之性，能盡物之性。物之性且當盡，况彼固人也，同在並生並育中，聽其自外倫紀，而終失其性，其何以贊天地之化育，而與天地參乎？天心仁愛，聖人有教無類，必不忍出此也。聖人之道，譬如天地之無不覆幬，無不持載。是以聲名洋溢乎中國，施及蠻貊，舟車所至，人力所通，天之所覆，地之所載，日月所照，霜露所墜，凡有血氣者，莫不尊親。故曰配天。此正堯舜孔孟之實録也。其曰舟車所至，人力所通，則以大地九萬餘里，尚有舟車人力所不及者。今此通商諸國，天假其智慧，創火輪舟車，以速其至。此聖教將行於泰西之大機括也。繼諸國而來者，後將不知其紀。堯舜孔孟之教，當遍行於天地所覆載之區，特自今日爲始。造物豈無意哉。

且夫堯舜孔孟之教，在中國亦以漸而及也。堯舜都冀州，其時惟今山西、山東、直隸、河南、陝西數行省爲中原，餘皆要荒服也。孔孟時，吴越荆楚尚以蠻夷擯之。宋以來，三江兩湖，閩浙黔滇川粵始大盛，聲明文物，視鄒魯不少讓。謂非聖教之自近而遠，自狹而廣歟？至若唐虞之苗，三代之玁狁、獯鬻、犬戎，漢之匈奴，晉之氐羌，唐之吐番、回紇，宋之契丹，其故俗類皆斁彝倫，娶同姓，兄收弟婦，弟室兄妻，習然不爲怪。自元魏遼金分主中國，其俗即已大變。元大一統，稱尤盛。今之西北蒙古部，皆元裔也。世爲國家臣僕，賢哲代生，非復當年之舊矣。向使其閉關絶迹，不與中國通，不至今猶睢盱狉榛之故俗邪？不但此也，我朝雍正中，滇黔川楚兩粵諸蠻夷，改土歸流，亦自開闢以來，始沐王化。至乾隆中，新疆拓土二萬里，則真天下一家，中國一人矣。堯舜孔孟之教，蓋漸推漸遠，初無一息之停也。今泰西諸國，適以互市來，其必將用夏變夷，而不至變於夷也决矣！抑考元會運世之説，堯時在午，距今不過四千年，正中天之運也。天地之氣，日趨於文明，故西人之繁富靡麗，乘時以達中土，殆有氣機以感召之。其舟車器械天文算學，亦未嘗無補於中國。天殆使之竭智慧以助中國之文明，而即以親炙中邦者，漸使染于堯舜孔孟之教，豈偶然哉。王者無外，聖人無外，天地之心更無外。當此中天景運，聖教被絶域，必自今日始矣。孟子曰：逃楊必歸於儒，歸斯受之而已。抑何必視之若讎，去之若浼乎。吾故曰：不慮彼教奪吾孔孟之席，而喜吾孔孟之教將盛行於彼都也。若夫自强之術，有國者所當務。豈必因遠人之狎至，而始爲之所哉。偶書所見，伸紙不覺累幅。惟垂察不宣。

—5. 皇朝經世文續編　卷一　學術一　原學

與郭筠仙中丞論通志體例書

某積歲從戎，學殖荒落。去秋當事招入志館，其時告養尚未得請，慮有阻格，須浼當道再陳，故未敢謝卻。又聞總其事者爲閣下，某不過備寫官之列，側聆緒論，亦藉以牖茅塞。故姑蝨其間，實則無能爲役也。邇者議論多而成功少，同事半已謝去，方懼事無成局，又惡敢更立異同？顧愚者千慮，或有一得，私心見爲未安，亦未敢嘿爾而息。前見同人所擬體例，實有不悦於心者，不敢附和，謹條舉而商搉之。

夫志爲官書，自有通行體例，書成當繕正本，表呈御覽，非私家著述比，亦非郡邑志之猶可别出機杼者比也。康熙中，嘗頒《河南通志》於天下，爲修書之式。雍正七年，詔各直省纂輯通志，亦經部頒條例，今雖不可得見，然各志具在，《河南志》具在，即通行之格式也。至《盛京通志》、《熱河志》則皆經欽定，《大清一統志》則奉敕編撰，《四庫書提要》稱“《盛京志》發凡起例，一一皆稟睿裁”。然所分三十六門，統名爲“志”，未聞别立名目也。《熱河志》分二十四門，《一統志》每行省立統部外，諸府及直隸州又各分二十一門，統名爲“志”，未聞變易名目也。自嘉慶中謝蘊山修《廣西通志》，仿《景定建康志》圖、表、志、傳例，爲典一、表四、略十、録二、傳八，實二百年來十八布政司中官書之創體。道光初，阮文達重修《廣東志》仍而效之，遂爲嗜奇好古者之濫觴。

昨見子壽同年《志例瑣談》，擬全效其體，執事韙之，蒙竊惑焉。謹案列祖列宗《實録》告成後，例修《聖訓》，即以實録館爲訓典館。“典”之義本自《尚書》堯典、舜典，皆以稽古稱，其爲史臣追記明矣。是“訓典”衹宜用之於列聖，而今上之詔旨又不能不恭録，統稱“訓典”，於義未安，轉不若各志之稱“詔諭”者爲合也。查《廣西志・訓典》中不載世祖定鼎建元詔，凡列聖遺詔、登極詔皆闕焉。《廣東志》效之，而獨於仁宗遺詔、宣宗登極詔恭録於篇，竟似有所擇者。然開宗第一義即詳略不倫若此，其不可從一也。

學校爲政教之源，人才所自出，世道之升降繫焉。康海《武功志》并學校於建置中，此特爲簡括計，且係邑乘，姑從略耳。然已有議之者，《通志》效之，則可謂不知本矣。考州郡志之存者，以宋朱長文之《吴郡圖經續記》、周淙之《乾道臨安志》爲最古。《吴郡志》爲目二十有八，中立學校門在州宅、亭館、祠廟之前，《臨安志》亦立學校門，繼城社、廨舍之後。自宋仁宗慶曆四年始，詔郡縣皆立學，朱氏書成於元豐七年，相去三十餘年，而其知重學校已若此。自後若常棠《澉水志》、袁桷《延祐四明志》，均詳學校，未聞并入廨舍、亭堂、寺廟及城邑祠祀中也。明包節《陝西行都司志》置學校、祀典於建置中，謂二者爲建置大端。《提要》駁之曰：“自郡縣山川、人物外，無一不從建置起者，能全附之建置乎？”其論正矣。聖朝重道崇儒，典章大備，高出宋明萬萬，《兩廣志》乃列學校於建置略，凡典制、禮儀、樂舞，概付闕如。是可略也，孰不可略。如謂事係公典，《通禮》、《會典》有專書，無俟贅引。然則彼所謂經政略、前事略者，何一不具有成書，而乃詳於彼而略於此乎？且既并學校於建置矣，而學制、學田苦於無可附麗，則又分見於經政略中，相距三四十卷之遥，不惟輕重失宜，亦且首尾懸隔。其不可從二也。

古之地志載方域、山川、物産而已。《元和郡縣志》頗涉古迹，蓋用《山海經》例。《太平寰宇記》始及人物、藝文，皆繇輿地推廣及之者也。夫有土地然後有人民政事，法當以地理爲本。今以表繼典，表目四，惟沿革屬地理，而職官、選舉、封建遽以類從，共爲卷八十有奇，始及地圖。今又增道里表，則卷益繁重。《提要》有云，“末大於本，輿圖反若附録其間”。誠如所譏矣。且使閲者繙書二三十册，尚未見地圖，於地志名義實不相應。其不可從三也。

《周官》六卿分職，後世六部因之。凡官署皆設六曹，賀氏《經世文編》亦以此分類，鄧氏《寶慶志》創爲六書，雖變舊例，而眉目實秩然不混。今其所謂“經政略”者，爲類二十有一，合吏户禮兵工之政，統出一門，端緒迷茫，不便檢閲，至户口應與田賦連類，乃入輿地略中，附以希姓，尤覺不倫。明黄仲昭《八閩通志》以户口、水利隸食貨門，《提要》譏其牽强不倫，創例未協，惜乎未及見《兩廣志》也。夫《通志》備官民稽考，宜雅俗共賞。凡通行體例，人所習也，今忽變更名目，使閲者茫然。及核所紀載，仍係公家言，不過分并易置以表異，徒見爲作聰明亂舊章耳，其不可從四也。

方志古稱圖經，圖與表《河南通志》皆有之，自不可少。若夫録也，略也，傳也，則皆與志同一義也。既曰志矣，而志中復有略、有録、有傳，非疊牀架屋乎？古志書以録名者，惟宋高似孫《剡録》，其目有官治志、山水志、兵志、學志，反以録爲經而以志爲緯。陳振孫《書録解題》稱，似孫爲館職時，上韓侂胄生日詩九首，皆用“錫”字，寓“九錫”之意，清議擯之，知處州尤貪酷，其人不足道，其書更不足據也。以“略”名者，惟明謝肇淛之《滇略》，計分十門，曰版略、勝略、産略、俗略、績略、獻略、事略、文略、夷略、雜略，一義相承，未聞又闌入别體也。此外若明任慶雲撰《商略》，自謂本諸華嶠，《提要》駁之曰：“華嶠曰略，語出《史通》，亦史志之别名，非地志之名也。”略之義例如此，則易志爲略，尤可不必矣。又考明雷禮《真定志》爲紀四、志九、傳十五，《提要》譏其與地志體例不合。隆慶《永州志》爲記一、志七、傳五，《提要》譏其雖宗《漢書》，卻非志體。胡松《滁州志》，《提要》亦譏其以志名冒史體，文雖璆而義則乖，是地志之不宜襲史體也彰彰矣。《提要》爲欽定之書，群言淆亂，衷諸聖斷。《兩廣志》炫博矜奇，故與相背。其不可從五也。

或謂謝、阮號稱碩學鉅公，創例當有義法，然舍欽頒之成式，欽定之成書，而獨從一家之臆説，此豈遵道遵路之義，抑豈爲下不倍之義乎？且十八布政司皆有志，兩廣僅居其二。《廣西志》在謝氏前者有郝浴、李紱、金鉷，《廣東志》在阮氏前者有黄佐、劉秉權、郝玉麟，皆循通例，是謝、阮特兩志中偶一爲之者耳。三人占，則從二人之言，何必違衆用獨，舍坦途而履羊腸？若徒震其名，則各直省纂修《通志》之見於四庫目録者，黄宫允之雋、沈光禄起元、查編修慎行、傅編修玉露、陸檢討奎勳、孫編修灝、顧司業棟高、杜檢討詔儲庶常大文，皆鴻達魁壘之彦，未必遂後謝、阮二君也。昔王文恪作《姑蘇志》，以楊儀部循吉好謠詠，不欲與之同局。書成，循吉摘“姑蘇”二字，未展卷即詆爲不通，文恪大服。毛西河撰《蕭山志刊誤》，又作《杭志三詰三誤辨》。今之爲儀部爲西河者，正不乏人。若循舊章而偶誤，猶可説也，變通例而召謗，誰其尸之？其不可從六也。

凡此六端，即質之作者，亦不能强爲辭。至山川、關隘反居輿地之外，宦績著録另立遷謫一門，及阮氏謂國初收粤及削平尚藩諸鉅事已載國史，此志不得書之，與《廣西志》同例，則子壽已糾其謬矣。顧猶欲用其例，殆僅見其目録，未細察其書乎。竊謂作志以典核謹嚴，備掌故，扶植倫常，有益民風吏治爲貴，不在體例之異也。前者南屏年丈於大箸《湘陰志》屢欲獻疑，某謂邑乘例不進呈，不妨自爲一則，惟《通志》不可，執事見告亦如此云。迄今並未裁示體例，度未必竟以《兩廣志》爲圭臬，某不勝私憂過計，慮或至一成不變，故不能已於言。竊見《江南通志》用班史例，分爲十志，以綱統目，以簡御繁，視《河南志》小有出入，而例實完善。附録别紙，略加變通，移職官、選舉、封建、世爵諸表於後，以還地志面目，未知有當否？如必以爲瞽説而慭置之，即亦不敢作伴食之懷慎矣。慮口述不能盡其辭，故以筆談，干瀆清嚴，伏增惶悚。

—6. 皇朝經世文續編　卷六　學術六　文學

馬徵麟（1821—1893）

字素臣，號鍾山、淡園居士，安徽懷寧（今屬安慶）人。有《歷代地理沿革圖》。

長江津要十三則

兵家重地利，得其阨塞，則門户完固，堂奥自安。江防門户，舊稱廖角嘴廖，荆川宛溪作“蓼”，《利病書》作“料”，海門廳境、營前沙屬崇明縣，南北相對爲第一重，狼山、福山相對爲第二重。然皆江面遼闊，堵塞爲難，今已另立内洋五營主之。至長江汛防，起自江陰之蝦蟆山，則鵝鼻嘴一帶，在通局爲内户，而於長江營制實爲第一關鍵。南岸大、小石灣，與北岸劉聞沙，相距不過三里許，炮堤炮臺綿亘如堤，每堤可施炮數十位兩兩相屬。此《易》所稱地險，大塊資我守禦者也。

泝洄而上，則圌山爲鎮江門户，屹立南岸。江中順江洲，亘數十百里，與北岸三江營互相犄角，舟行其間，東折而南，層峰峭壁，重重險隘。此所謂表裏山河者也。京口、邗溝，互通南北，東南漕運之所經，鹽課之所出。咫尺之地，半壁咽喉，顧不重與？

又上則划子口。其南岸對出者爲石埠橋，前扼長江，後控滁口。烏龍山與沙洲圩炮堤對出，爲金陵之門户，古稱宣化鎮在六合縣南，南岸對建康之靖安鎮，最爲衝要，當即此矣。

炮堤之設，居陸地以制江面，與水師有唇齒之依，勝於濡須夾水置塢矣。究非陸居不守，且無以專責成。水師以船爲家，新章水兵住岸，疊有厲禁，勢不得越俎以代，則肝膽楚越矣。牖户綢繆，宜迨未雨。

又上則牛渚、采石，中權之津要；東西梁山，安徽之屏翰；小孤、澎浪、湖口、九江，豫章之喉吭；田家鎮、西塞山一帶，全楚之鎖鑰；陽邏堡、沙武口，荆、揚、豫三州之關塞；岳州爲楚南門閎，而全楚之腰膂；螺山、鴨闌、楊林、臨湘、白螺、道人諸磯，兩兩相對，又荆州、岳州之扃鐍也。

又上則筲箕窪，爲沮漳之口，春秋時，與江、漢二瀆同爲楚望。虎渡河别而爲沱，當在周秦以後，求之禹迹，實爲長江之幹水。荆河、虎渡，二江雙流，互爲本支，據鄢郢之勝，握全楚之樞，上游有故，則操之有要矣。

岳州一鎮，勢如高屋建瓴水，瓜州一鎮，形若丸泥封函關，其間湖漢各營，絡繹不絶，呼吸相通，姑孰山川阻險，扼要江津，居中馭駛，勢若率然，觸處爲首尾。是故無事散之五標而不見多，有事聚之一隅而不見少。

瓜州固，裕溪守，則淮南有蔽；九江固，則利盡南海；漢陽固，則郧襄高枕；岳州固，則滇蜀安堵。長江天塹，限南北而扼東西，長江之防，專防長江云乎哉？

章氏《山堂考索》曰：江出岷山，經夔峽而抵荆楚，則江陵爲一都會；沅湘衆水，合洞庭而輸之江，則武昌爲一都會；豫章江與鄱陽之浸，會於湓口，則九江爲一都會。今按皖南皖北衆水合於牛渚，則姑孰爲一都會；南連吴越，北接淮陽，則鎮江爲一都會。疆域雖遠，而險要必争之地，不過數四，猶人八尺之軀，筋脉之會，亦數處耳。宋吴表臣云：大江之南，上自荆鄂，下至常潤，其要不過七渡。上流最緊者三，荆南之公安，石首，岳之北津；即今荆河腦，一曰三江口。中流最緊者二，鄂之武昌，太平之采石；下流最緊者二，建康之宣化鎮，江之瓜洲。兵家因敵制變，猶水因地制形，未可刻舟膠柱以求，録此以當舉燭。

自昔江流壯闊，在在緣以爲險。近代漸就淤填，一葦可矜飛越，江固非復昔日天險也。然分南北者利於寬，扼東西者利於狹，則今日之用長江，與昔日之用長江，移宫换羽矣。

地扼東西，忽則鐵絙皆斷，風利不泊；天限南北，忽則浮梁不差，甚且擣虚飛渡。此亦一長江，彼亦一長江，豈伊地利，亦抑人謀也。是故得其道，則洪流障於一葦；違其道，則江河潰於蟻穴。

或謂長江之師，不爲寡矣，將以彌巨寇，在示形便，以握其樞。若夫江湖數千里，分地設守，散之若無，會哨巡防，祇禦小偷，不知會哨捕偷，所以肄勤勞、便舟楫、擾風濤也。調防以馭之，會操以聚之，所以操縱自如也。木石之轉，群羊之驅，風帆之利，非若陸營之居重鎮，扼其都會，寓合於分，不亦可乎？又況楚有七澤，吴浸五湖，沮洳空曠，號爲萑苻，萌芽不翦，滋蔓難圖，戢小偷亦以彌内患，又可忽諸？

狼山五阜，舊隔江水，不相連屬。《讀史方輿紀要》云：軍山與刀刃山，隔江數里，塔山有兩石門相對，即元張瑄、朱清海運故道。今五山斷續相連，皆在陸地。江陰浮山，一名巫山，舊在江中，所謂巫門之隘也，今則壽興沙壅爲海壖，浮山附屬南岸。靖江東北之孤山，舊在北岸，屬泰興縣。其後岸圮，山入江中，去岸五六里，與江陰浮山相對，成化八年，潮沙壅積，化爲膏腴，而山復居平陸。靖江縣，舊爲江陰之東西馬駝沙，在大江中，天啓後，沙壅連屬北岸，因開界河，與泰興緣河爲境。揚子江舊闊四十里，瓜洲本江中一洲，後乃北與揚子橋在揚州府城南十五里相連，而江面僅寬七八里。瓜洲狀如瓜字，唐開元以後，漸爲南北襟喉，宋乾道四年，始築城置守，近年以來，江濤震撼，五門已淪其四。今和州治，爲秦歷陽。《歷陽典録》云：歷陽未縣以前，江水泛濫，舊圖謂漁邱渡，爲伍員入吴濟渡處，是昔時江流由今城中，而後乃徙而東也。安慶屬縣之小姑山，舊峙江北岸，與南岸群山對立，爲控扼處。成化二十年，江水忽分流於山北，而小姑遂有砥柱中流之勢。黄州赤壁，舊側江濆，今其下爲湖，湖外爲洲，去江數里。江夏鸚鵡洲，舊在江中，洪武時連屬北岸，又云崇禎間蕩絶無存，今之稱名，非復故址。枝江百里洲，嘉靖時衝决爲二。高岸爲谷，深谷爲陵，可勝道哉。

——5. 皇朝經世文續編　卷七二　兵政一一　地利上

俞　樾（1821—1907）

字蔭甫，號曲園，浙江德清（今屬湖州）人。道光三十年（1850）進士，翰林院編修。有《春在堂全集》。

封建郡縣説

自秦廢封建，以郡縣治之，遂爲萬世不易之法。論者以爲如冬裘夏葛之各適其時耳，吾謂封建必以郡縣之法行之，郡縣必以封建之法輔之，兩者並用然後無弊。古者天子畿内，其地千里，千里之中，有六卿六遂之制，即郡縣之法也。其外以八州之地，爲一千六百八十國，五國則有長，十國則有帥，三十國則有正，二百一十國則有伯，凡八百五十六正，一百六十八帥，三百三十六長，分而屬於天子之老二人曰二伯。此其大小相制，内外相維，亦即郡縣之法也。

自齊桓晉文興，而諸侯以力相勝，其地大，其國强，則遂爲之長，天下之諸侯，聚而聽命乎盟主，而屬長連帥之制，蕩然無存，自此天下之勢，棼而無紀，至秦而同歸於盡。吾故曰封建必以郡縣之法行之，然後無弊。雖然，郡縣之世，亦豈可以廢封建乎哉。世以罷侯置守爲始皇罪。夫罷侯置守未失也，其失在乎專用郡縣而不復存封建之制。方秦初并天下，李斯言置諸侯不便，丞相綰等言燕齊地遠宜置王，而始皇曰：廷尉議是。夫使始皇取綰與斯之議而兼用之，内地置守尉監，而遠地置王。則夫陳勝者，安能起隴畝之中而亂天下哉。且亦何畏乎匈奴，而竭天下之力以築長城也哉。是故郡縣亦必以封建之法輔之，而後無弊也。嗚呼！宋之已事，可以觀矣。宋太祖既有天下，以爲中國之患，莫大乎藩鎮，於是罷節度使，而以文臣領郡，爲强幹弱枝之計。然而河東之折氏，靈武之李氏，則猶許其世襲如故也。其後議者以世襲不便，移李氏於陝西，而靈武之失不旋踵矣。然則内地郡縣，而邊地封建，固有天下者之長計也。世之論者自唐以前皆是封建而非郡縣，自唐以後皆右郡縣而左封建。胥一偏之見而已矣。

—4. 皇朝經世文續編　卷一一　治體五　治法上

禮理説

禮出於理乎？理出於禮乎？曰：禮雖先王未之有，可以義起也，是禮固出於理也。然而聖人治天下，則以禮而不以理。以禮不以理，無弊之道也。且如君臣無獄，父子無獄，若是者何也？禮所不得争也。禮所不得争，故以無獄絶之也。使不以禮而以理，則固有是非曲直在矣。君臣父子而論是非曲直，大亂之道也。是故聖人治天下以禮，不得已而以理，何也？天下之人而皆從吾禮，則固善矣。不幸而有不合乎禮且大悖乎禮者，不得不以理曉之，此古治獄之官所以名之曰理也。

禮者，治之於未訟之先；理者，治之於既訟之後也。然而遇君臣父子之獄，則仍不言理而言禮，舍禮而言理，是使天下多訟也。且禮者天下無一人不可以遵行，而理則能明之者尠矣。孔子曰："麻冕，禮也。今也純儉，吾從衆。"此在聖人則可耳，使胥天下之人而使之斟酌乎理以定從違，則必有得而有失矣。幸而從純之儉可也，不幸而從拜下之泰將奈何？固不如一概繩之以禮爲無弊也。

夫天理之説已見於《樂記》，非宋儒創爲之。然聖人治天下以禮不以理，理也者不得已而用之於治獄，舍禮言理，是治獄也。治天下非治獄也，以治獄者治天下，而人倫之變滋矣。今夫婦人從一而終，周公著其文於《易》，理固如此也。及其制禮也，則有同母異父昆弟之服，是又許之再嫁矣，然後知聖人之于人繩之以禮，不繩之以理也。故中材以下皆可勉而及也。後之君子以理繩人，則天下無全人矣。嗚呼！是司空城旦書也。

—5. 皇朝經世文續編　卷五〇　禮政一　禮論

奏定文廟祀典記

咸豐六年十有一月，河南學政臣樾言：昔孔子周流列國，同時賢大夫其克協聖心者，於衛則有伯玉，於鄭則有子産。而觀《論語》所載，則於子産尤稱道弗衰，蓋孔子在鄭嘗以兄事之，及其卒也爲之流涕。今文廟從祀，有蘧瑗而無公孫僑，非所以遵循聖心、修明祀事也。臣比因校士再至鄭州，登東里之墟，渡溱洧之水，緬懷遺愛，想見其人，夫附驥益顯，非必及門。衛、鄭兩賢事同一體，瑗既從祀，僑胡獨遺？臣愚以爲，先賢鄭大夫、公孫僑宜從祀文廟大成殿兩廡。又按孔子有兄曰孟皮，故《論語》稱孔子以兄子妻南容，而《史記・弟子列傳》有孔子兄子孔忠，蓋皆孟皮之子也。孟皮言行無所表見，然既爲孔子之兄，則亦祀典所不可闕者。孔子曰："所求乎弟以事兄，未能也。"今以孔子爲帝王萬世之師，京師郡縣莫不崇祀。上及其祖，下逮其孫，而獨缺其兄，揆之至聖之心，或者猶有憾乎？臣愚以爲孟皮宜配享文廟崇聖祠。

奏上，詔下其議於禮部，僉曰："宜如臣樾言，爰定公孫僑從祀大成殿西廡，位林放上；孟皮配享崇聖祠，位西向第一。"天子俞焉。於是上自國學，下至郡縣學，咸奉行如詔書禮也。其明年，樾以人言免官，自惟奉職無狀，不稱朝廷遣使者之意，惟此二事祀典存焉。且孟皮之議實發於先臣，蓋先臣有《詠古詩》四章，其次章爲孟皮未與配享而作，奉承先志，幸無失墜。念漢世如乙瑛請置卒史韓勅造立禮器，咸刻石勒名，垂示後世。作而不紀，後無述焉。爰著本末，以毖方來。乃爲頌曰：

英英子産，君子之風。兄事勿替，尼父所欽。宜祀於廡，以尊孔心。扶彼蘧氏，爲聖作朋。

孟皮弱足，不良能行。有開必先，實惟聖兄。所求未能，聖心悲傷。配食先代，祀事孔明。

—4. 皇朝經世文續編　卷五五　禮政二　大典上

劉錫鴻（1821—?）

字雲生，廣東番禺（今屬廣州）人。道光二十八年（1848）舉人，反洋務論者，曾任駐英副使，官至刑部員外郎。有《劉光禄遺稿》《英軺私記》。

水師宜兼練陸戰疏光緒五年

伏惟我朝練兵之法，陸營綦詳，水師則操舟、張帆、鳴角、發炮而外未及。夫槍械之擊刺誠以船炮得力，水戰即可策勝也。然或悍賊趨至，直逼師船，大炮無可復施，水手又不習技擊，則不得不棄船而去。咸豐四五年間，臣從軍兩粤，往往目睹其弊，且師船平時拋泊無事，日習於洋煙娼賭以長驕惰，臨敵亦多不可用。臣今閱歷外洋，知師船水手必當兼練火槍刀牌、跳躍擊刺之技，而不可專恃大炮也。

蓋師船練此，其利有四：水手臨陣各以刀牌或小洋槍隨身，則賊船搶近不至束手無策，利一；船戰即偶不利，猶可攏船傍岸爲陸陣以護之，不至竟棄而逃，利二；賊巢在水陸之交者，水師登岸剿捕，即可兼充陸軍，無庸水陸兩營夾輔而行，致誤於彼此相待，利三；水師操演技藝日勞，其身可免安逸太過以生他事，利四。此固可補簡閲之闕略，爲今日江海捕務所宜亟講者，應請旨飭下各省之有水師者，無論何項師船，一律兼習陸戰，以期得用。

—18. 皇朝道咸同光奏議　卷四九　兵政類　水師

丁日昌 (1823—1882)

字禹生，又字雨生，廣東豐順（今屬梅州）人。貢生，歷官江蘇巡撫、福建巡撫、船政大臣。有《百蘭山館集》。

核定錢漕科則疏

竊惟州縣爲親民之官，必一言一動皆可使百姓共見共聞，内外既不隔閡，膏澤方可宣布。蘇省田地科則多至二百有奇，業户只知田畝多寡，不知科則重輕。每至徵收地漕，書差據爲利藪。又花户完納銀米，所資於糶穀賣絲，往往以所得之洋銀錢文，零星繳櫃。書差陰持其柄，洋銀可以短估，銀價可以高擡。而且正供之外，尚可勒索串票腳費，小民之脂膏有限，書差之欲壑無窮，種種弊端，殊難枚舉。

臣去年在蘇藩司任内，曾經通飭各廳州縣，於易知由單之外，刊刻簡明告示，注明某都某圖，科則幾等；每銀一兩，折錢若干；每米一石，隨耗幾斗，不准淋尖踢斛；洋錢每元，時價若干。其册串紙張，書役卒飯，一併注明，由官給發，不准絲毫需索。如有於告示所不載之處，浮勒分文，准其控告。於開徵前數日，將告示遍貼城鄉，使愚夫愚婦，一目了然，書差不能高下其手。並飭將示式通報查考，實足以杜弊端而禁欺朦。故上年收成，雖未皆豐稔，完數尚稱踴躍。本年上忙開徵，訪聞各廳縣張貼前項告示者固多，而匿示不貼者亦復不少。皆因此項告示一經到處張貼，則書差無所施其浮勒之技，是以從中阻撓，州縣不免爲所疑惑。經臣督飭，蘇藩司嚴飭各州縣遵照舉行，並一面嚴查。如係一時疏忽，先行記過；儻若有心玩誤，即分別撤參。仍恐各州縣始勤終怠，日久玩生，合無仰懇聖慈俯念此項簡明告示，係爲杜絶浮收起見，准臣通飭蘇省各廳州縣，嗣後永爲定章。庶窮鄉僻壤長戴聖仁，而猾吏奸胥無從中飽矣。

—5. 皇朝經世文續編　卷三一　户政八　賦役中

請核實徵額片光緒三年

查臺灣府屬於百十年來抄封逆匪翁雲寬、林爽文等各案叛産，年額徵收租穀，變繳價銀五萬四千九百九十餘兩，内除先後奉部准豁，臺、彰兩屬水沖無徵銀一千一百六十餘兩外，計實尚應徵銀五萬三千八百三十餘兩，均撥充臺、澎各營戍兵加餉，歷經辦理在案。

臣到臺後，詳查前項叛産分隸各屬，或近於海，或比於山。其中曠野水田固堪樹藝稼穡，亦有旱園埔地只能栽種雜糧，肥瘠既屬不同，徵收向非易事。矧數十年來，未經釐查，佃户逃亡故絶，不堪枚舉。且臺灣多屬沙地，遇雨沖瀉，熟地即變荒田。其附近海濱者，偶值暴風，則海潮湧入，必待數年，鹹味去盡始可耕耘。各佃散處鄉隅，艱於稟報，各縣因無圖册，礙難具詳。因而租額虚懸，田畝日短，有額則官不能不催，無田則佃斷不能不納。追呼既苦，必致於流亡，流亡之餘，必均之鄰保。差役則於其間藉端訛詐，故在官雖無顆粒之收，在民仍有需索之累。其舊案所充叛産，世遠年湮，有無冤抑，無從查考。若如近年逆首戴萬生案内所充叛産，竟有毫無干涉之人亦一律抄封在内，情同瓜蔓，實可憫憐。小民呼籲無門，惟有散四方而填溝壑。臣此次巡查北路，有攔輿老婦聲訴及此，不禁爲之涕零。至原充佃首近皆倒退，死亡無人承應，或由府遴添委員，或由縣選舉紳董，名爲總理，分段催繳核稽，徵數均不過七分上下。幸自同治八年裁兵以後，各營加餉減少，現徵之數尚敷支放。惟時閭閻既多貽累，帑項又復虚懸，若不設法清釐，則陳陳相因，官民俱困，貽累伊於胡底。計每年田業之坍塌、佃户之故絶者固多，而新墾復壅匿不報升，與夫侵占欺隱者當亦不少，必須認真查辦，方有裨於國計民生。現除淡水廳所轄年額尚無短缺外，其餘分隸臺灣、鳳山、嘉義、彰化四縣，嘉慶八年以前本係各縣就近分徵，若仍由府派撥委員紳董前往清查徵繳，不特稽查，雖周轉恐益滋流弊。查各廳縣於每案叛租之内，均有徵收供穀餉銀，應請嗣後即由各廳縣徵收折解府庫，並將缺徵田額逐一釐查。如係塌坍抛荒實在無著者，詳請豁除。其在近年悮行抄封的，有憑據可查者，准由地方官妥傳的户親自領回，不許書差紳董從中舞弊。若有新墾匿報以及欺隱侵占，清出分别歸補，倘能適符原數，固宜照額造銷，其餘歸補以外或有盈餘，並應據實具報，不准稍有欺混。所有未經清釐以前，儘徵儘報，造册奏銷，俾免延悮。當飭臺灣道夏獻綸、臺灣府張夢元分飭各縣，妥速查辦，並具詳前情，聲明奏請前來。

臣爲核實起見，是否有當，理合會同督臣何璟附片陳明。

—5. 皇朝經世文續編　卷三三　户政一〇　屯墾

清理積案以甦民困疏

閭閻苦累，莫甚於詞訟。地方官宕延不結，差役藉端訛詐，經年纍月，動至蕩産傾家，因而强者變爲盗賊，黠者流入異端，人心風俗之壞，胥由乎此。是以臣任蘇撫時，創立章程，通飭各屬，將詞訟按月造册通報，予以功過，以示勸懲。並令將押犯姓名懸掛粉牌，按月另册造報，必隱者彰之使顯，然後官吏不敢任意欺朦。仍隨時派員密查報册實數是否相符，遂漸無延案私押之弊，而民困亦藉以稍蘇。前直隸督臣曾國藩、前福建撫臣卞寶第，知行之有裨於民，先後向臣處抄録章程，通飭直隸、福建各屬，一體仿辦。

兹臣蒙恩簡授福建巡撫，接任後，即經嚴飭各屬，實事求是，勿得仍蹈從前積習。月餘以來，披閲各屬禀報，類皆有名無實，積壓之案仍多，審結之案實少；且聞僞造匿報之弊不一而足，即押犯亦多不列册不掛牌者，深堪詫異。當經臣查出種種弊端，計閩縣共匿報詞訟一百餘起，侯官、莆田二縣共匿報詞訟二百餘起，福清縣共匿報詞訟八十餘起；雖内有前任未報之案，而各該縣到任後不知據實補報，且蹈其覆轍，均難辭咎。又派員查點閩縣押犯匿報二名，侯官縣押犯匿報十五名，福清縣押犯匿報二十八名，南平縣押犯匿報二十五名；此外晋江、建安、甌寧、邵武、長汀、漳平等縣詞訟册報亦多匿漏。以清訟安民之舉而視爲故事，具文粉飾朦混，殊堪痛恨。

訪查各州縣陋習，緣因詞訟據實禀報，倘結案不及成數必干處分。是以每月必揑造審結若干起，作爲開除，既可避免處分，又可以結案之多，希冀上司保獎。故統一省月報册計之，結案已不下數萬起，宜若訟獄可清，民困可蘇矣。而各州縣年復一年，案牘仍不少减者，何哉？蓋造入月報者，皆口角細故之案，大半僞捏。其真案之不結者，依然如故。是多一番防範，更多一番欺朦。若非於立法之初，盡發其覆，擇尤參處，無以袪錮習而儆玩延。除福清縣知縣某已另案參革，並再查明各縣有無匿報詞訟，以及押犯懸牌不實，另行辦理外，相應請旨，將調署閩縣知縣某、署侯官縣知懸某、調署莆田縣知縣某、晋江縣知縣某、署南平縣知縣某、調署建安縣知縣某、署甌寧縣知縣某、邵武縣知縣某、署漳平縣知縣某、調署漳平縣知縣某，十員一併摘頂，勒限半年内將積壓各案次第結清，再行奏請開復。其有認真振作，一律清結者，届時仰乞聖恩，分别奬勵。倘再不知愧奮，另行嚴參，以示懲勸。

—5. 皇朝經世文續編　卷八七　刑政四　治獄

郭崑燾（1823—1882）

字仲毅，號意城，湖南湘陰（今屬岳陽）人。道光二十四年（1844）舉人，官内閣中書四品京堂銜。有《雲卧山莊詩集》。

論任事

近來風氣，不任事而好議事。席豐厚之勢，處崇高之境，身兼富貴，安享榮華。不顧人之嫉忌，而專務嫉忌他人。自快私欲，般樂怠傲，雖費重貲不惜；而輸助公家，利濟寒素，則錙銖必較。亦可謂之三反。後一反鄉里富家子亦優爲之，前二反則皆出於搢紳世族之有才氣勢力者。此三十年前所無，君子於此知世變矣。軍興以來，營中親兵散勇亦多屢膺保薦，花翎紅頂幾遍城市，既無官職可以自效，復無貲財可以自存，即又不能遂厥初衷，重理故業。愚懦者則到處求人，黠滑者則流入戈會。嘗謂粵賊之起，其始磨厲湖南之豪傑，其後乃敗壞湖南之風氣，極盛難繼，理固然也。聞汝營中，規矩尚存，惟哨弁多用，提督總兵究恐難於駕馭。且須密察其從何軍出身，有無戈會形迹。如有此等人，便須設法處辦。察其無積惡之才，不足爲患者，則遠遣之，不特爲目前驅策著想，兼須爲異日遣散著想。此未宜曲徇人情兼收並蓄者也。來稟謂辦事難於忍氣。吾謂不辦事則已，辦事未有不受氣者。辦大事受大氣，辦小事受小氣，此雖盛時亦所不免。要須謹操守，勤職分，持大體，略細務。毋好爲矯激，毋自炫才華，語言之間，留人地步，酬對之傾，常存謙退，久之，人必能相諒，不可不知。

—15. 皇朝經世文四編　卷三　治體　用人　臣職

裴蔭森（1823—1895）

字樾岑，江蘇阜寧（今屬鹽城）人。同治二年（1863）進士，歷官福建按察使、船政大臣，晚年補授光禄寺卿。有《裴光禄遺集》。

請撥款製船疏光緒十一年

竊查同治十三年，倭兵擾臺，前總理船政臣沈葆楨疊次商辦鐵甲兵船。在事官紳，有婉辭諷止者，有直言駁辯者。而沈葆楨與洋將之言曰："有鐵甲而兵輪乃得用其長，無鐵甲而兵輪終恐失所恃。"議者謂其慮患之深，不遽信其謀兵之善也。迨上年法人犯順，各處新報開列法國兵船，綜計不足三十號，而差遣轉運各船，亦充其數。至上等炮船，不過與福勝、建勝等船爭猛，上等兵船，不過與南琛、南瑞等船爭快，徒以二三鐵甲，縱横閩浙洋面。馬江之役，七船同沉，石浦之役，五船俱退。雖管船者不得其人，而虚聲所播，士膽先靡，要皆無鐵甲而兵輪失所恃之明證也。然則，懲前毖後之計，整頓海軍，必須造辦鐵甲，時勢所趨，無庸再决者矣。查有船政出洋學生同知銜魏瀚，參將銜游擊陳兆翱，都司鄭清濂等，在洋肄業，時逾七年。曾經委令監造德國鐵甲兵船，閱歷頗深。據稱法國於光緒十一年創造雙機鋼甲兵船，名柯襲德士、迪克士、飛禮則唐等三船，計船身長中尺十七丈三尺九寸，船腰闊四丈，船旁鋼甲厚八寸，艙面鋼厚二寸，每時可行中國海道八十里，配用新式康邦卧機，計算實馬力一千七百匹。較北洋德國訂造之定遠鐵甲船身較小，與濟遠鐵甲馬力稍輕，而駕駛較易，費用較減。除炮位魚雷電燈另購外，每船工料估銀須四十萬兩。兩船並造，須二十八月可成，三船同造，三十六月即竣。閩省若得有此等鋼甲兵船三數號，炮船快船，得所護衛，膽壯則氣揚，法船斷不敢輕率啓釁。

兹禀由提調道員周懋琦繪圖轉禀請示，並據試造雙機鋼甲。以魏瀚、鄭清濂、吴德章監造船身，陳兆翱、李壽田、楊廉臣監造船機，確有把握。如果虚糜工費，甘與該學生等一同科罪等語。臣等復查疆臣議辦鐵甲十有餘年。或因喫水動逾二丈三四尺，中國海口較淺，出入不能自如，所可慮者一。閩粤等省船塢過小，修理不能勝載，所可慮者二。船身滯重，轉掉未靈，管駕不能如法，所可慮者三。該道員周懋琦等所呈總分船圖，據開全船墩載一千八百墩，喫水止深一丈二尺二寸，沿海各口均可駛行，則出入不難矣。船政前爲南洋承辦開濟等項快船，實馬力二千四百匹，本勘定附廠紅山山麓，另造砌石大塢，預備修理南北洋快兵船鐵甲船之用。核估工料，需銀一十萬兩，三四月可以工竣。現將次第造辦。則修理不難矣。三届出洋學生，另請案加展年限。每年在外國兵船閱歷，須扣足六個月爲期。船政又另購夾板，復設練船，爲出洋訓練學生水手之用。則管駕亦不難矣。自來兵家有恃乃可無恐，先聲足以奪人。南北洋籌辦水師，頗費財力。援閩之師，久而不出。出則遲回觀望，畏葸不前。法人得窺其微，遂乃截商阻漕，以欺中國。鐵甲未成，兵船無護，不敢輕於嘗試，得以大肆要求。幸而諒山復爲我克，臺、澎不能安踞，孤拔又伏冥誅，餉絀民嘩，暫時就範。然而法人豈能一日忘臺、澎耶？該道員久官閩臺，該學生等籍地福省，均無希圖名利之心。祇以馬江死事諸人，非其親故，即爲鄉鄰。以報仇雪憤之心，寄於監作考工之事。其成效必有可觀。至所需製船經費一百三十餘萬兩，或在洋關酌撥，抑或另籌協濟，現雖經費異常支絀，然必需之款，臣等不敢稍有畏難。應俟奉旨後，臣昌濬等隨時妥籌辦理。所有船政試造雙機鐵甲兵船緣由，理合會同馳奏。抑臣等更有請者。歐洲大局已成連横之勢，中國若再拘於成見，情形岌岌可危。除製炮造船，教將練兵，别無自强之道。然不開礦煉鐵，購機造爐，事事購自外洋，財源溢出，軍火之費，較之洋藥漏卮，尤爲繁巨。臣宗棠日前拓增船炮大廠一疏。仍求宸衷獨斷，天下幸甚！此摺系臣蔭森主稿，臣宗棠、臣圖善、臣昌濬、臣兆棟會商，意見相同。謹恭摺附輪船到滬，交上海縣由驛五百里馳陳。

——5. 皇朝經世文續編　卷一〇八　洋務八　軍政上

購置練船疏光緒十一年

竊查泰西水師章程：凡習駕駛者，先由學堂肄業數年。於天文、羅經、測量、算法粗具根柢，大約年十八九歲以後，派入練船，周涉海洋，閱歷風沙，演試炮彈，嚴定年限，按時考試，按等升調。蓋海上交綏，非衽席風濤者不能確有把握耳。練船以夾板爲多。輪船用火，帆船用風。汪洋大海之中，偶遇機器損傷，抑或煤炭缺乏，非帆纜無以繼輪機之窮。故學御帆船，較輪船爲尤要，亦較輪船爲尤難也。

同治九年，原任大學士英桂，于閩浙總督任内，曾以萬金購日爾曼國夾板一號，從新修改，名曰建威練船，另延英國水師官遜順等爲教習，頗著成效。嗣建威損壞，經費支絀，改派揚武爲練船，有名無實，練務廢弛。馬江、石浦諸役，死事獲咎。各學生内有疊經英國水師兵船總統書院教習甚爲褒獎，出具切考，給憑回工者，乃臨事倉惶，不能出奇制勝。固由船小力單，形見勢絀，亦各船士卒，疏於訓練所致。蓋練船不但練水手炮勇，即管駕大二副，無不因練成熟，臨機决勝，此泰西海軍尤必多設練船者也。

臣等以爲諸費可省，練船之費必不能省。創深痛鉅之餘，懲前毖後，萬難再事因循。前任船政臣何如璋奏請由廠新造夾板，估費須二萬餘兩，又恐耽誤别船工程，因未造辦。適有英商美那二枝半桅夾板一號，去冬守風泊住羅星塔江次。該船主遂先回滬。其船托英商天裕洋行拍賣，洋平番銀四千元。委員勘估該船，身長英尺一百四十尺，腰闊英尺三十一尺三寸，艙深英尺十七尺七寸，商墩可載重四百五十七墩。船身係硬木，枰面係金山松木，均無腐爛。艙底底拴，銅鐵各半，船底全鑲銅片，桅身係鐵木，船上鐵索、錨練、舢板、抽水機器、起錨車件一切器具俱全。查閲驗船公司憑照，係同治十年在法廠製成，光緒八年至十年保險公司照一等夾船保險。即飭知縣魏瀚買定，並由英領事繕立契據。惟去冬今春，久泊江灘，艙板應須修理，帆纜亦須更换，商船改練，所有帆艙、索艙、火藥、艙彈、子艙及炮門、戰秤、官廳、住房等處，又須添備。核估修費，減於建威，而船身較爲堅結。查船政前屆出洋章程，習駕駛者每年在船僅兩個月。現擬咨商北洋大臣大學士臣李鴻章，請改爲每年在船必扣足六個月。冀增功課。惟核計每人每届三年匀算，需銀一萬元之多，勢難多派學生。而學生根柢未深，出洋亦屬無益。整頓海軍，惟有多設帆船訓練，庶有實效。現在所購夾板，擬名曰平遠。已飭廠員趕修。於船政駕駛學堂各生，取其年逾十八歲以上，二十五六以下，材貌魁梧，膽氣壯定者，另選精壯水手多人，赴船肄業，嚴定課程，稽核日記，由近及遠。東則日本、高麗各洋，南則新加坡、檳榔島各埠；北則旅順、大連環海參崴；西則印度洋、紅海、地中海，每年春出秋歸，冬出夏歸。學堂所習天文海圖，證之於礁沙實境，是否測算合符，所習槍炮陣法，驗之於風水疑難，是否施放定準。三年爲期，與學堂輪番更换。學業愈熟，人才愈練愈多。同是出洋同習駕駛，用費較減，收效較易。果有膽略非常，人才出衆，再赴各國兵船，涉歷一年半載，便能得其體用。據提調道員周懋琦禀請前來。臣查駕駛與製造不同。外洋廠多器備，習製造者非親至廠中不能深窺窾竅。習駕駛者，則無論何國水師，不外嚴密二字。嚴則一律整齊，密則不留疏懈，而要在乎熟而已。至臨陣對敵，運用在乎一心。但須出洋久練，不必定至外國兵船，始識兵機也。惟管駕練船，不同管駕輪船。管駕輪船，固須熟習船學，管駕練船，即爲各輪船管駕執事水手之教習，必須曾歷各國洋面，通曉水師章程，爲洋員所素知者，始能勝任。未便輕率派委。船政向延西員，又頗煩費。現擬會商李鴻章，於北洋兵船管駕内，或於水師學堂教習内，揀派管駕，以資得力。

—5. 皇朝經世文續編　卷一〇八　洋務八　軍政上

李鴻章（1823—1901）

字少荃，號儀叟，安徽合肥人。道光二十七年（1847）進士，累官太子太傅、文華殿大學士。封肅毅伯，謚文忠。有《李文忠公全集》。

遵議黄運兩河情形疏[①]同治十一年

竊同治十年二月兵部主事蔣作錦呈遞《治河條議》，奉旨交漕臣、河臣、山東撫臣會同妥議具奏。前任河臣蘇廷魁、漕臣蘇鳳文先後去任，未及會商。臣喬松年到任未久，亦未敢遽行定議，兹博采群言，詳加體察，該員所陳四策皆卓然有見，可以采取。山東境内黄水日益泛濫，運河日益淤塞，治之之法不外兩策：一則堵河南之銅瓦廂，俾其復歸清江浦故道，仍由雲梯關入海；一則就黄水現到之處築堤束之，俾不至於横決，由利津入海。此兩者皆爲正當之策，於兩者之中權衡輕重，又以就東境築隄束黄爲優。

自漢至唐，河從千乘郡入海。千乘即今利津、樂安縣境，正爲漢唐故道。且淮徐間舊日河身半成平陸，兩岸舊隄多已圮廢，欲令河歸故道，必先挑濬河身，補還堤工。計此費極鉅，而爲日亦甚長。况河之北徙似關天意，北宋時河忽南徙，百計挽其北行而不能。今既北徙，恐挽令南行而亦不能。若濬舊河、築舊堤而河終不南行，是虚擲帑金也。莫若即就東境築堤束之，斯爲順水之性而事半功倍。自黄水由張秋穿運入大清河，歷年漕船過張秋且借以濟運，無如黄水挾沙，其流無定。前數年大溜全趨張秋後，則决胡堰、洪川口、霍家橋、新興屯等處，溜勢逐漸南趨，因而運河堤岸南自安山三里鋪，北至沈家口一帶皆爲黄水穿斷，缺口紛岐，大小不一，水勢多由三里鋪等口下注，入大清河。張秋在北，安山在南，其間運河間段爲沙所淤，節節梗阻，舟楫不通。本年漕船繞行坡河，以至八里廟，冀達張秋。而黄水之至張秋、八里廟者，僅有一股來源，溜勢亦弱，故難分流入運濟漕。借黄濟運固非善策，以後恐求借黄而不可得，明年恐坡河亦難繞行。此時惟有盡堵黄水旁泄之路，俾其全歸張秋、八里廟一口下注入海，旁流分注運河，庶可借以濟運，而爲畫分清黄之計。除洪川口業經淤閉外，其餘各口悉應堵合，而霍橋一口爲最鉅。口寬約四五百丈，需費亦屬不少。惟工關緊要，此處不堵則黄水日見歧出，運河日受其害。此時運河半已淤塞，再任黄水分灌，必致全被淤平，南船更跬步難進，是以霍橋决口亟須堵合也。

前人謂治黄在乎築堤束水、束水攻沙，誠爲至論。東境黄水所以無定者，以無堤束之之故。霍橋既堵當爲築堤之計。張秋西南沙河迤北，向有大堤一道，經壽張、范濮、開州綿亘百餘里，雖有殘缺，堤身高厚，但略加修補，即屬可恃。再於張秋南門外曹家堤口，循此大堤接築至解家山衹五十餘里，此則可爲黄水北岸之堤也。又自張家志門起至沈家口迤東馬山頭止，新築長堤一百八十餘里，此則可爲黄水南岸之堤也。兩岸既有堤防，乃不致於旁溢，水可全趨張秋。因借以濟運，應於兩堤之中酌留金門三四丈以爲運口，南北各建草閘一座，以爲漕船入運門户，草閘之外各築欄黄越壩一道。南運口爲汶、黄交匯之所，應於草閘内添做鉗口壩三道，層層鉗束，以免黄水倒

① 註：本篇作者爲喬松年。

灌之虞。北運口内張秋迆北至臨清，運河積淤過厚，應須實力挑濬，務以閘底石板相平爲度。黄水既全注張秋，運河又得深通，必可分流入運，漕船自可遄行無阻。張秋迆南至安山運河，歷年受黄水之患已深，亦應間斷普行挑浚，兩岸堤工缺口一律加築補還，即可引汶北流與黄水會合以濟漕行。從前山東運河原有每年冬挑、六年大挑之例，近多展緩，俟此次普行挑浚後，仍須按年照例挑辦。戴村之玲瓏石壩、三合土壩爲蓄汶濟運最要關鍵，同治四年補修以後，已歷數年，漸有剥落，而水勢逐年增長，不能攔蓄。每年又築草壩以資擎託，常被衝失，仍不足恃。必須將原壩加高堅築，方爲經久之計。但使運河照舊疏通，黄河有所鈐束，則漕行無滯，而民田亦不至再淹，即借黄濟運亦屬可恃。現在黄水既擬築堤收束，張家志門之上游至銅瓦厢口門止，大清河之下游至利津海口止，自應一律築堤，方爲全善。惟道路綿長，工程較大，且與運道無關，尚可略緩。應俟所擬新堤築成，水勢既定，分年接築，則用款得以稍紓，亦不至於貽誤矣。黄運兩河未治有年，若再因循，後益難於措手。臣熟計深思，黄水則因勢利導，運河則規復舊觀，計無便於此者。可否請旨飭下廷臣覆議。如衆論僉同，臣再估計工段錢糧，奏請欽派大臣來東會同督辦，以昭慎重，伏候聖裁。

至蔣作錦《條議》内引衛濟運一節，因臨清北路之水並無來源，故爲此議。如得導衛入運，實屬有裨。惟刻下所急在束黄蓄清，若黄水四溢，雖導衛入運仍爲無益。若束黄蓄清之後，借黄濟運可以無弊，則亦可無須導衛。蓋自元成集至張秋一百餘里新開一河，施工不易，而衛河兩旁居民惟恐失灌田之利，天津鹽船惟恐有淺阻之虞。且爲工既鉅，亦難同時並興。擬俟堵霍家橋决口、築黄水長堤、做運河諸閘壩各工既畢，再行察看，可已則已。如必須導衛入運以資瀦蓄，再行審度情形，續籌辦法。

—18. 皇朝道咸同光奏議　卷六〇　工政類　河工

覆陳直隸河道地勢情形疏光緒七年

竊臣欽奉光緒七年二月三十日寄諭："左宗棠奏擬調馬步各營興修水利等語等因。欽此。"並准順天府尹臣咨請主稿會奏前來。伏查近畿水利，關繫國計民生，興修無待。再計臣莅直以來，迭經察酌籌辦，未敢稍涉漠視。惟限於地勢財力，河淀又受淤過深，有難盡利無害者。

溯自宋元迄明，代有興作，實效鮮聞。惟北宋何承矩就雄、霸等處平曠之地築堰爲障，引水爲塘，率軍屯墾，以禦戎馬，專爲設防起見。今之東西淀皆其遺址。維時河朔本多曠土，堰外即屬敵境，聽其旱潦，無關得失，故可專利一隅。厥後人民日聚，田疇日闢，野無棄地，不能如前之占地曲防，故治之之法亦復不易。我朝康熙雍乾年間，屢蒙聖祖仁皇帝、高宗純皇帝巡行規畫、指授機宜，迭命賢王重臣董理其事，先後歷時數十年，官民用費千百萬，濬築兼施，節宣備至，始克奏功。然旱潦仍不能免。即如雍正四年，甫報工竣，而五年夏秋，永定等河漫決多口，各屬被水者三十餘州縣。其營成之水田，又因缺雨，難資灌溉，未幾而多改旱田。蓋河道本來狹隘，既少餘地開寬，土性又極鬆浮，往往旋挑旋塌。且渾流激湍，挾沙壅泥，沙多則易淤，土鬆則易潰。其上游之山槽陡峻，勢如高屋建瓴，水發則萬派奔騰，各河頓形壅漲；汛過則來源微弱，冬春淺可膠舟。迥不如南方之河深土堅、能容多水、源遠流長，四時不絶也。伏讀乾隆二十七年十一月高宗純皇帝諭曰：“從前近畿議脩水利營田，未嘗不再三經畫，始終未收實濟，可見地利不能强同等因。欽此。”聖謨燭照，洞見本源。此往事之可考而知者也。

乾隆以後，未興大役。道咸以後，軍需繁鉅，更兼顧不遑。即例定歲脩之費，亦層疊折減，於是河務廢弛日甚。凡永定、大清、滹沱、北運、南運五大河，又附麗五大河之六十餘支河，原有閘壩堤埝無一不壞，減河引河無一不塞。其正河身，淤墊愈高。永定河在雍乾時已漸高仰，今視河底，竟高於河外民田數丈，昔人譬之於墻上築夾墻行水，非一日已。而節宣西南路諸水之南泊北泊，節宣西北路諸水之西淀東淀，又早被濁流填淤，或竟成民地。其河淀下游則僅恃天津三岔口一綫海河迤邐出口，平時既不能暢消，秋令海潮頂托倒灌，自胸膈腸腹以至尾閭節節皆病，是以每遇積潦盛漲，横衝四溢，連成一片。順保津河各屬水患特重。此同治十年前後之情形也。

曾國藩莅直時，首以治河爲務，而未克興辦大工。臣接任後，適值連年大水，迭經遴員周歷勘驗，並隨時親自察度，詳稽往牘，博采群言，求所以修治五大河、東西淀之法。蓋五大河爲一省之綱，東西淀爲各河之要，須先從此入手。若房山、正定一帶尚非急切者，五大河中以永定之害爲最深。然蘆溝以上東於兩山之間，向無工程，其病實在蘆溝以下，須挑去二百餘里中泓一二丈之積沙，方能順軌。否則以南堤爲北堤，而改河使南，另築南堤以障之，亦可安流弭節而去。二策者勞費皆不可計。若挑去全河極厚之積沙，自來無此辦法，亦無出沙堆積之處。若改南堤爲北堤，則固安、永清兩縣城近靠南岸，須議遷建，尤於民情不順。其大清、北運、南運則須分别挑濬河身，加築堤埝，修復閘壩減河，始保安瀾。統計工程皆極繁鉅，萬萬無此財力。滹沱趨向無定，自來不設堤防。同治七年由藁城北徙，以文安大窪爲壑，其故道之難復，上游之難分，下游之難泄。曾國藩與臣均詳陳有案。東西淀寬廣百數十里，淤泥厚極，人力難施。此費鉅工艱，不能大辦之情形也。

考之往事既如彼，揆之今情又如此。臣目擊時艱，既不敢籲求巨帑於君父，又不忍坐視顛沛於民生，只有逐漸設法，量力補救，豈有畏難苟安，任其自盈自涸之理？頻年以來，脩復永定河金門閘及南、上、北三灰壩，以資分泄，裁灣切灘，以紓溜勢，加築堤段，添備麻袋、土車，以助搶險。大清河則於新雄境内開蘆溝減河，於霸州、文安境内接開中亭河、勝芳河，以分泄上游盛漲。於任邱開趙王減河，以分泄西淀盛漲，並將堤埝分别修築。今年又於文安左各莊至臺頭，挑挖河身二十六里，寬十餘丈，深丈餘，以暢下游去路。滹沱河則於河間及文安窪酌開引河兩道，今年又於獻縣朱家口另開減河三十餘里，均歸子牙河達津，以輕河、獻、任、雄、霸、保、文大積患。北運河則於通州築壩，挽復潮白河歸槽，不使横溢。於香河王家務、武清筐兒港修復石壩，以減漲水。於天津霍家嘴疏濬引河以通下口。今年又於武清、寶坻境内，挑挖筐兒港、王家務兩減河河身，以資暢泄。南運河則於青、滄、静海等處脩復堤工二百餘里，因東境四女寺、哨馬營，直境捷地、興濟四處減河久廢，遂於静海之靳官屯，另開減河工六十餘里，使别途入海，不併注津河。又於天津城東永定、大清、滹沱、北運交會之陳家溝，開河百餘里，以分泄四大河之水，徑達北塘入海，庶免海河過於淤滯。其無、深、蠡、博、高陽一帶，則堅築豬龍河堤，以防滹沱北越。任邱至天津一帶，則加築千里堤、格淀堤，使河自河而淀自淀。西沽、韓家樹上至東淀，則用西洋機器船節節挖淺，水路已通。又於廣平開洛河，順德挑灃河，趙州濬滏槐干河，及此外各屬水道堤壩受害較深者，亦隨時酌量疏築，並令地方官民於無礙運道官堤之處，或擇開溝洫，或戽水灌池。有泉源者，察看疏濬。距河遠者，開鑿井眼。若河間府屬井工則係專案辦理。以上歷年所需工費，除匀撥賑款捐項以工代撫外，並抽調淮練各軍分助挑辦。淮軍統領周盛傳，更於津東之興農鎮至大沽，創開新河九十里，上接南運減河。又於減河兩旁各開一渠，以便農田引灌。其興農鎮以下，又開横河六道，節節挖溝引水，營成稻田六萬畝，且耕且防。海疆有此溝河，亦可限戎馬之足。此臣頻年就賑捐兵力，竭蹶經營之情形，皆有奏牘可稽者也。

自來河道必須上下游並治，是以臣於各河上游或修復閘壩，酌開減河，以資分減；下游或挑濬正河，添闢減河，以暢去路。近年順、保、津河各屬水患較輕，尚不致横衝四溢，連成一片。但值廢弛已極之後，官民交窘之時，迥與康熙、雍、乾年間情事不同，僅能量力補苴，實無從更張大舉。若欲使各河一律順軌，則必籌定銀款，先將永定河自蘆溝以下二百餘里改河築堤，可保數十年無患；又將大清河雄縣一帶之淤窄挑寬濬深，北運、南運河卑薄未補之堤埝、淤廢未損之減河，分别加修。東西淀、南北泊及津東之塌河等淀爲節宣諸水之區，尤宜設法疏濬，使可容受蓄泄。並將淀西上游蠡、高境内之豬龍河淤窄挑濬寬深。再次則酌修各屬支河，及畿東之薊運等河，務使脉絡貫通，經緯畢具，悉去胸膈腸腹尾閭之病。然後廣開溝渠，相濟爲用，庶水害既除，而水利可興，不致此旱彼潦，此盈彼涸。惟統計最要次要各工甚巨，即如永定一河，若照議興辦土方不知凡幾，其一切閘壩物料、工用器具、借用旗民田地等項，爲費亦復不貲，實非數營兵勇所能辦。則臣部淮練各營僅二萬餘人，分札各要隘修築炮臺、彈壓地面、緝捕盜賊，各有專司，只能抽暇就近酌調助役，勢難全撤要防，罷停操巡，以致顧此失彼。今年濬文安之大清河，開獻縣之滹沱河減河，挑寶坻武清之北運減河，並於高陽修豬龍河堤，任邱修千里堤，全賴東南各省官紳集捐協助，始克就緒。然已竭忠盡慮，此後斷難爲繼。

本省向係缺額，入不敷出，更無餘款可籌。倘能如康、雍年間故事，約計現在應辦工程，先行由部按年措給銀百餘萬兩，自可分役勘議，招雇民夫，助以兵勇，及時擇要辦理，次第興作。惟部庫拮据，外省支絀，竊恐一時難集巨款，似仍只能量力籌辦，未便剋期奏效。左宗棠以所帶各營移治上游，正可輔直力之不逮。前已咨請飭挑涿州北關外拒馬河淤沙，以試其端，並經左宗棠不辭勞瘁，親履察勘。惟本届伏汛將臨，盛漲即至，難再别施畚鍤。此後應修河處，即由左宗棠察酌，隨時會商。當飭地方印委實力襄助，相與有成。微臣忝司守土兼任河工，責無旁貸。昨已督飭司道，詳確勘議，無論上游下游，仍當統籌兼顧，盡其力所能行，以期逐漸補救。惟賑捐既已停止，本省又無款項可籌，將來必不可少之工需，只可奏懇由部酌撥，以資接濟。此現時統籌酌辦之情形也。

正在具摺間，接准部咨，以左宗棠前奏水利事宜，業經醇親王遵奉懿旨覆奏，蒙派恭親王、醇親王會同左宗棠及臣等妥議奏辦等因，仰見朝廷廑念民生，慎重水利至意。除抄摺咨呈恭親王、醇親王並左宗棠酌核，仍隨時會籌議辦外，所有臣等原奉寄諭統籌酌辦緣由，合先會同兼管順天府府尹臣童華、署順天府府尹臣張凱嵩恭摺，由驛覆陳。

—5. 皇朝經世文續編　卷九五　工政八　直隸河工

津滬電線辦有成效請招商接辦推廣疏光緒九年

竊臣於光緒六年八月，奏請由天津陸路循運河至鎮江、上海，設立陸路電報，籌款墊辦。俟辦成后，擇公正商董，招股集貲接辦，並設電報學堂教習生徒，自行經理。是年八月十四日，奉上諭“現在籌辦防務，南北洋必須消息靈通，以期無誤事機。該大臣請於陸路由天津至鎮江達上海安置電線，係爲因時制宜起見，即著妥爲籌辦，並江蘇、山東各督撫飭令地方官，一體照料保護，勿任損壞，餘著照所議辦理可也。欽此”。仰見朝廷主持要政裨益軍謀之至意，欽服莫名。當經督飭前津海關道鄭藻如、候補道盛宣懷、劉含芳等妥議章程，與丹國大北電報公司商立合同，代爲購料，雇人查勘設線道路，以資熟手指導。自七年五月初興工，至十月底工竣，中外消息瞬息可通。仍照奏案招集商股，自八年三月初，歸商接辦，由官督查。臣仍籌貼每年沿途弁兵巡費一萬一千兩，以示體卹。五年後，如電資有餘，再行截止。

夏間，朝鮮内變，急調南北水陸各軍，實賴電報靈捷，其赴機之速，爲從來所未有。即總理衙門與臣密商出洋各使臣及南省要務，莫不旋至立應，成效已灼然共見。臣與總理衙門往返函商，惟有勸集華商先行接辦由滬至粤沿海各口陸線，以保中國自主之權。京外籌商軍國要事，調兵催餉，亦得一氣靈通，於洋務、防務實有裨益，而商民之轉輸貿易者，亦藉電報速達，利益更廣。因飭津滬電報局委員盛宣懷等，傳集衆商，妥晰會議。據盛宣懷會同各員董等聯銜馳禀：擬請自蘇州、浙江、福建通商各海口以達廣東，與現在粤商所辦陸線相接，計將六千里，照津滬陸線成本工費核算，約須銀四十餘萬兩。而沿途分設局棧，籌辦實屬不易，惟欲收我中國自主之權利，必當竭力籌維，勸集巨資，次第開辦，以圖報效之忱。公議章程十條，呈請察核，並請援案奏明，請旨敕下蘇浙閩粤各督撫轉行經過地方官，一體照料保護等情前來。臣查核所議章程，尚屬周妥，謹照抄恭呈御覽。當此中外交涉之際，必須激勵衆商，群策群力，共圖其成，雖浙閩粤各省道里較遠，民情不一，而同治十三年，沈葆楨奏請在閩境興辦電線，速達軍報，業蒙旨准，因循未就。署兩廣督臣曾國荃，現飭粤商興造陸線，業有成局，可知風氣漸開，南中官民，皆知電報爲有益軍國、商旅之事。況自津達滬，二千數百里陸線成後，沿途毫無擾累，各省必有風聞。擬請飭下江蘇、浙江、福建、廣東各督撫臣，轉飭經過各地方官，妥爲勸諭，隨事照料保護，勿使稍有阻撓損壞，以期事在必成，有裨大局。

—5. 皇朝經世文續編　卷一〇九　洋務九　軍政中

覆陳海岸不能遏敵疏十二月初二日

竊臣承准軍機大臣字寄光緒十年九月二十七日奉上諭：“廷煦祁世長奏，遵查山東籌辦海防情形呈遞圖説，據稱煙台北對旅順，海面至此一束，若能兩岸同心扼此要隘，則津沽得有鎖鑰，其防守之法應如何測淺深、審沙綫、備船炮、設水師、招募精習海戰之人，必有出奇制勝之策等語。該處爲海防要地，必須經營布置以扼要衝，以杜敵船北犯之路。著李鴻章、慶裕、陳士杰將所奏各節會同悉心妥籌，奏明辦理。原奏著抄給閲看等因。欽此。”仰見聖主綏靖北洋，綢繆門户，欽佩莫名。

遵查渤海古稱“少海”，言小海也。海道自黑水洋北來入山東之成山衛，島嶼相望，至登州漸漸收束，非復茫無畔岸，故昔人以“小海”目之。按圖而觀煙台在南，旅順在北，相距似近，實則中隔海面尚有二百四十餘里之遥，輪船南過煙台者，旅順不得而見，北過旅順者，煙台亦不得而知。臣嘗兩至威海，三至旅順、煙台，身履其地，目擊而心數之，非憑空揣測也。由煙台西行百五十里爲登州，與旅順相對峙。其間海島凡十有四，曰廟島，曰長山，曰沙礮，曰大黑山、小黑山、大竹山、小竹山，曰侯雞，曰高山，曰砣磯，曰大欽、小欽，曰南隍城，曰北隍城，各島相距十餘里，二三十里不等，其中皆有行船之路、泊船之地。而登州至長山島海面四十里，旅順至北隍城島海面六十里，尤爲最寬。原奏謂島嶼羅峙者即此。夫以二百餘里之洋面而有十四島星羅碁布，若隱若見，萬頃茫然，任其所之。敵船處處皆可闌入，不惟堵禦無從，抑且瞭望不及於此。而籌防守之法但當以戰爲防，不能以守爲防。原奏所稱備船炮、設水師，誠爲破的之論。如欲杜夷船北犯之路，必須船炮相當，以鐵船禦敵之鐵艦，以快船禦敵之快船，再以魚雷艇數十艘密布各島，伺便狙擊，方可制勝。

臣昔年創議訂購鐵甲，近復經營旅順，修濬船澳，原以該處爲北洋首衝，私冀鐵艦回華即可在彼停泊，練習水軍，逐漸擴充，使渤海有重門疊户之勢。津沽隱然在堂奥之中，夷船萬一北犯，必顧後瞻前，不遽長驅直入。竊謂北門鎖鑰，計無逾於此者。耿耿此心，積有歲年，徒以經費支絀，不能暢所欲爲。德人又重違公法，“定遠”等鐵甲船急切未能來華。時勢所迫，財力所限，心有餘而力不足。至勞九重東顧之憂，此臣所爲，昕夕焦慮，引疚無窮者也。目下北洋水師除“超勇”“揚威”兩快船調赴朝鮮，其“康濟”“威遠”兩船專作練船，並無巨炮，難任戰事。六鎮蚊船只宜分扼海口，未可馳逐外洋。此外如煙台之“泰安”，營口之“湄雲”，船身脆薄，難禦大敵，亦不足以聯絡聲援，湊成一隊。至閩廣沿海漁户，雖多習水性，亦未經海戰，且必須船炮得力，與敵相埒，始可酌量募用，斷非空拳泅水所能摧陷敵鋒。方今庫儲奇絀，供億浩繁。沿海陸營月餉正慮不敷，若添設水軍，餉力更難爲繼，一時亦不得實用。惟有就現有船隻量爲布置，分泊各口，與陸營炮台相犄角。但冀同心戮力，堅穩措持，使敵船久泊大洋，無可添煤水之口岸，庶不遽懸軍深入。若謂兩岸偕心，遂可力扼要衝，在聖主必不爲空言之責成，在微臣亦不敢飾詞以聳聽。

—18. 皇朝道咸同光奏議　卷五一　兵政類　海防

覆奏直隸水田難成疏十二月初二日

竊臣承准軍機大臣字寄光緒十六年八月二十二日奉上諭：“給事中洪良品奏直隸頻歲水灾，請籌疏濬，以興水利一摺。據稱疏濬不可緩者有六，似難而實易者有三，行之大利者十有一，所當豫計者有五，請飭集議興辦等語。所陳各條是否可行，著李鴻章體察情形，妥籌具奏等因。欽此。”遵即轉飭辦理永定河工臬司周馥、候補道吴廷斌會同籌賑局司道等體察情形，妥細籌議。兹據該司道等核議詳覆前來。

臣查核原奏，該給事中請修水利，大致以開溝渠營稻田爲急。疏中所稱不可緩者六，似難而實易者三，行之大利者十有一。累累數千言，反覆推闡，無非極言未辦之害，已辦之利及當今易辦之勢。如果直隸溝渠可以盡開，稻田可以盡營，自不難收此十一大利。惟查以上各條，大都沿襲舊聞，信爲確論，而於古今地勢之異致、南北天時之異宜，尚未深考。其所陳利害今姑勿論，僅就原奏所當豫籌者五條，詳加籌度。

五條之中尤以審地勢一條爲主腦，而籌經費、選賢才、持定見、策工作皆其後焉者也。考古冀州跨有今直、豫、晋三省之地，唐虞、夏、商建都，三面環河。昔之黄河由河間天津入海，以地勢揆之南北泊，即《禹貢》大陸澤，久已淤爲沃衍。東西淀即宋時塘濼，爲遼宋所分界，今已半成沮洳。任邱縣境内之鄚州鎮爲古州治，今則形如釜底。天津之三汊河爲宋時黄河入海之口，今海口遠在大沽，代遠年湮，滄桑變易，高原或成陂澤窪下，强半填淤，殆非人力所能爲。夫以太原左轉西北，萬峰矗天，伏秋大雨口外數千里，千溪萬派之水奔騰而下，畿南一帶地平土疏，頃刻輒漲數尺或一二丈，衝蕩泛溢，勢所必然。聖祖仁皇帝慮清濁合流之不可制也，乃築千里堤格淀，堤使淀與子牙河各行一路。世宗憲皇帝慮永定河南行之淤淀也，令引渾河别由一道改移下口，其餘官堤民堤今昔增築總計不下三四千里。沙土雜半，險工林立，每當伏秋盛漲，兵民日夜防守，甚於防寇，豈有放水灌入平地之理？今若語沿河居民以開渠引水，無不錯愕駭怪者，顧謂民志易從勢順易理耶？且水田之制不獨地勢難行，即天時亦南北迥異，春夏之交布秧宜雨，而直隸彼時則苦雨少水涸。今滏陽各河出山之處，土人頗知鑿渠藝稻，節届芒種，上游分水入渠，則下游舟行苦淺，屢起訟端。東西淀左近窪地鄉民亦散布稻種，私計旱年一穫，每當伏秋漲發，輒遭漂没。此實限於天時，斷非人力所能補救者也。

宋何承規，元郭守敬、虞集，明汪應蛟、徐貞明、董應舉、左光斗諸人，皆謂直隸可營水田，言之鑿鑿。宋元事遠，難以取證。今以明代已行之事考之，徐貞明僅營田三百九十餘頃，汪應蛟僅營田五十頃，董應舉營田最多，亦僅一千八百餘頃，然皆黍粟並收，並不盡種水稻。且其意在墾荒殖穀，並非藉以消滅全境水患。今訪其遺迹，所營之田非導山泉，即傍海潮，絶不引大河無節制之水以資灌溉，安能藉減河水之患？又安能廣營多穫以抵南漕之入？後人拘守陳編，遂謂當日諸人未能久任以竟厥功，其亦弗思甚矣。雍正五年，怡賢親王、大學士朱軾興修直隸水利，四年之間營治稻田六千餘頃，然不旋踵而其利頓減。九年，大學士朱軾、河道總督劉於義，即將距水較遠、地勢積高之田聽民隨便種植。乾隆九年，大學士高斌、吏部尚書劉於義復加相度，專於河道施工，奏明營田應順民情，只酌借井陘等縣民人工本銀數千兩，是營田並未能加多也。當雍正、乾隆年間，聖明裁斷，於上群臣奔走，於下帑項充足，賞罰風行，其規模迥非前代可比，而收效衹有此數，可見直隸水田之不能盡營，而踵行擴充之甚不易也。

恭讀乾隆十二年四月二十八日上諭：“直隸水利關係綦重，是以皇考特命怡賢親王及大學士朱軾等督修，欲營水田以備不虞。後以南北地利異宜，難臻續效等因。欽此。”又恭讀乾隆二十七年十一月上諭：“范時紀摺奏，京南霸州、文安等處地勢低窪，易致淹浸，請設法疏通，添築堤埝，改爲水田一事。此不過偶以近來一二年間雨水稍多，竟似此等地畝素成積潦之區，殊不知現在情形乃北省所偶遇，設過冬春之交，晴霽日久，便成陸壤。蓋物土宜者，南北燥溼，不能不從其性。即如附近昆明湖一帶地方試種稻田，水泉最爲便利，而蓄泄旺減不時，灌溉已難遍及。倘將窪地盡令改作秧田，當雨水過多，即可藉以瀦用，而雨澤一歉又將何以救旱？從前近京議修水利營田，未嘗不再三經畫，始終未獲實濟。可見地利不能强同，亦其明驗等因。欽此。”

仰見聖明，洞燭利病，考究精詳，謨訓昭垂，允宜遵守。後世臣民可毋庸輕議更張矣。即如天津地方，康熙年間總兵藍理在天津城南墾水田二百餘頃，不久被河水淤廢。咸豐九年，親王僧格林沁督師海口，在鹹水沽等處墾水田四十餘頃，嗣以旱澇不時，迄未能一律種稻，而所費工本已屬不貲。光緒初年，臣以海防緊要不可不講求屯政，曾飭前湖南提督周盛傳在天津東南鄉開挖引河，墾水田一千三百餘頃，用淮勇民夫數萬人經營六七年之久，始獲成熟。此在潮汐可恃之地，役南方習農之人，尚且勞費若此。若於腹内五大河，經流多分支派，穿穴堤防濬溝，遂於平原易黍粟以秔稻，水不應時，土非澤埴。竊恐欲富民而適以擾民，欲減水患而適以增水患也。

至原奏籌經費條内謂“請添百餘萬金，再移工賑百十萬金以爲水利開基，後復分年籌費，限以十年竣事”。查本年水灾，仰蒙皇恩優渥，先後所發順直銀米皆係辦賑要需，灾黎待哺嗷嗷，何能奪貧民口食移以辦此？且被灾饑民老幼婦弱居多，豈能概令工作以代賑撫？直隸庫儲極絀，供億浩繁，亦斷難歲籌鉅款議辦營田諸事。

又原奏策工作條内，請以西洋濬河機器施之永定各河，又請於伏秋汛後挑切淤灘，又請於海口多開引河以暢去路。查此三事，固人力所能行者。西洋挖河機器船陸續共購三隻，一在大沽口外遭風沈溺，一已報廢，現僅存一隻，頻年在東淀挖泥培堤，水深堤寬，頗有效驗。但購船養船之費爲數過鉅，實無餘力多置。永定河則挾沙帶泥，來去靡定，自來不通舟楫，機器船無從駛入。且灘寬堤遠，所挖之泥不能送堆於岸，仍屬無益。伏秋汛後挑切淤灘，原爲去河内頂衝之險，今欲以裁灘多少爲河員殿最，大抵河員不患工多，只患無工可辦。此項經費浩大，祇能相機酌籌，未便另請添款。

海口多開引河，議者頗多，然必審酌地勢之宜。蓋減水分溜須於上游另闢一途入海，方於全局有裨。查直隸五大河，惟南北兩運距海稍近，各有減河。南運減河在山東境者有四女寺、哨馬營兩處，在直隸境者有捷地、興濟兩處。自道光、咸豐以來，各減河皆就淤廢，是以全河之水悉注天津三汊口。其捷地、興濟舊河久成平陸，屢議勘辦，輒以工大費鉅而止。光緒六年，臣飭前湖南提督周盛傳墾闢水田，自静海縣之靳官屯、運河東岸至興農鎮，開挖減河一道，直接該軍營田之河，分泄盛漲入海。十三年，臣又會同山東撫臣張曜派員挑挖四女寺減河，宣泄南運河盛漲，稍著成效。北運減河有王家務、筐兒港二處，又於天津之霍家嘴挑挖減河一道，添設滚水石壩，分溜甚暢。同治十三年，曾於天津城東開濬陳家溝減河一道，名曰金鐘河，分由北塘歸海，亦減海河正溜十分之三，本年復調淮練各軍重加修治。此外實無可再議分減之處。

臣兼任河防，但能有裨民生，曷敢稍執成見？溯自同治十年以後，直隸屢被水灾，修培堤岸，疏濬支流，幾於無河不堤，無工不辦。深知部庫艱絀，不敢多請。賴各省官紳商民時相解推，集腋遠助。歷查成案，直隸治河之勤，勸捐之多，未有若近歲者。

在尋常漲發之年，無不獲保安瀾，觀安州、雄縣、文安、大城、天津、静海各低區，有向來棄爲污萊斥鹵者，皆播種殆遍，絶少曠土，雖不能盡墾水田，亦可謂地無遺利矣。今夏霪雨浹旬，異常大漲，爲百十年所未有，河身不能容納，堤岸遂多漫溢，甚至堤外窪地瀝水亦積深數尺。此誠困於天時地勢之無可如何，非盡由人謀之不臧也。地方官吏惟有急圖塞决，多方疏消，以冀河流早日順軌，農民復業。即小民所亟亟籲求者，亦莫不以此爲急。現在各河漫口，臣已督飭各該管河道分别一律堵合，惟兩水夾堤，難於取土。明春尚須加高培厚，以資保障。此外各大河正堤及各減河分支，擬俟來春派員分别查勘，應修築者修築，應疏濬者疏濬，統視力量之所及，籌款設法補救，以期仰副宵旰焦勞之至意。至於開墾水田，衹可因地制宜，量爲勸辦，以收一隅之益，斷難全力大舉，貪迂遠無成之功。該給事中所陳各條，詳加體察，實屬窒礙難行，應請無庸置議。

—18. 皇朝道咸同光奏議　卷六三　工政類　水利

勘籌山東黄河會議大治辦法光緒二十五年二月初十日

竊臣欽奉光緒二十四年九月三十日慈禧端佑康頤昭豫莊誠壽恭欽獻崇熙皇太后懿旨："世鐸等會奏籌議山東黄河工程，請特簡大員前往察看一摺，著派李鴻章前往山東，會同任道鎔、張汝梅周歷河干，履勘情形，通籌全局，議定切實辦法，必須確有把握，實在可行。此項河工關係數省民生，李鴻章等務當認真勘辦，不得互相推諉，徒托空言。仍將各項工程分别核實估計應需經費，開單奏明，請旨辦理，用副朝廷慎重河防至意等因。欽此。"嗣山東糧道尚其亨、福建興化府知府啓續先後奉旨隨同勘工，臣鴻章復奏調熟悉河務之前直隸臬司周馥、前大順廣道吴廷斌等來工勘籌一切。該司道等會同上中下三游總辦等周歷履勘，上自曹州府屬黄河入境起，下至利津縣海口止，南北兩岸往來逐段察看，並帶天津武備學堂學生上下測量，沿路遇員弁鄉民勤加詢訪，酌擬大治辦法，具詳請奏前來。臣等先後前往覆勘，情形甚爲詳確，謹據實爲我皇太后、皇上縷晰陳之：

山東黄河自咸豐五年銅瓦廂改道以來，初因大清河槽深通時，當軍務煩興，未遑修治。同治十一年以後漸有潰溢，始築上游南堤。光緒八年以後潰溢屢見，遂普築兩岸大堤。尺寸初不高寬，乃民間先就河涯築有小埝，隨灣就曲，緊偪黄流。大堤成後復勸民照舊守埝，後又有將埝改歸官守之處，於是堤久失修，有殘缺而不可守者。守埝之民又因河灘淤高，漸將埝身加高，每遇泛漲埝决，水遂建瓴而下，堤亦因而隨决。此歷來失事病根也。

上游曹、兖所屬南北兩堤，凑長四百里，兩堤相去有二十里至三四十里不等，皆官爲修守。中間民埝偶决水，仍由埝外堤内歸入正河，大决則堤亦不保。計南北險工十四處，自同治以來决僅四五見。此上游情形也。

中游濟南、泰安所屬兩岸堤埝各半，凑長五百里。南岸上段傍山無堤，下段守埝，北岸上段守堤迤下又守埝，彼此參差不一，無非爲埝内村莊難遷，權爲保守之計。下游武定府所屬南岸全守堤，北岸全守埝，凑長五百三十餘里，地勢近海愈平，水勢近海愈大，情形較中游更重。綜計全河之險，中游以下極多，計南岸近省百里，近埝之險有二十三處，北岸自長清官莊至利津以下鹽窩止，四百六十八里之間有險五十四處。二十年來已決三十一次。此中下游情形也。

至下游近海百里之間向無堤埝，間有之亦甚卑薄。現在黄水由絲網口入海，一望瀰漫，寬約二三十里，串溝甚多，並無一定河槽，深四五尺或一二尺數寸不等，愈下愈淺。此又入海尾閭阻滯情形也。

詢考在工員弁，僉稱去年盛漲，堤埝高水面一二尺者十之五，與水平者十之三，竟有水高堤頂，搶築子埝以防護者。各處埽壩卑薄，歲修稭料勉敷春日鑲修，至伏汛搶險早已用罄無存；碎石爲護險要需，亦因無款不能多購；防汛兵夫額設四千餘人，分防南北兩岸一千四百餘里，僅合每里三人，平時巡水查漏已去其半。昔年防汛尚添雇月夫，近亦因無款少雇。該司道此次到工，一路少見存料，亦無土牛，問之兵弁，據稱春日鑲埽，夏日防汛，秋冬又搶堵漫口，竟無餘間挑積土牛，即此可概其餘。此近年山東辦工竭蹷情形也。

查黄河自改入東省，修防諸務本屬草創，間有興作，皆因經費支絀，未按治河成法。如前撫陳士杰創立兩岸大堤只高一丈，嗣經前撫張曜請款增培，亦只擇要加高帮寬，規模固未大立。前撫李秉衡於二十二年十月間歷陳山東受河之害，治河之難。謂近年幾於無歲不決，無歲不數決，除額撥經費不計外，其另案之款十年通算不下八百萬兩，而河工敗壞日甚一日等語。二十三四等年仍復漫溢多處，東民久罹昏墊，幾不聊生。朝廷屢糜鉅金，閭閻迄無安歲，日積月纍，長此爲窮，若不按照成規大加修治，何以仰答皇太后、皇上愛養元元之至意?

臣等與該司道等詳考古今治河之法，惟漢臣賈讓徙當水衝之民，讓地於水數語實爲上策。其次則惟有展寬河身，令開封河寬十餘里，决溢尚少。從前江南徐州上下河形較狹，决溢頗多。今山東上游河面寬於中下兩游，决溢較少，皆明證也。明臣潘季馴有言："河堤必須遠築，大約離岸須三四里，庶容蓄寬廣，勿逼水以致易決。"康熙中河臣靳輔有言："豫省築堤甚遠，其至近者亦三五里，遠則游波寬緩，不能深入，勢必復引而他去，而淤灘仍爲平陸，雖險易守。"此皆按事切理之言。

查光緒九年前撫陳士杰建築中下游兩岸大堤，南岸自長清達於蒲台，計四百餘里。北岸自東阿達於利津，計六百餘里。現派武備學生逐細測量，兩堤相距有五六里至八九里不等。應即就此兩堤加培高厚，永爲修守，似不失爲中策。惟查兩岸之中先有棄堤守埝之處，如南岸濼口上下守埝者一百一十里，内除上段近省六十餘里爲商賈輻輳之區，近來險工稍平，暫緩推展，其下段四十餘里要險極多，十餘年來已決口九次，耗費實甚。擬將此埝外二十餘村妥爲遷去，棄埝守堤，庶離水稍遠，防守易周。此南岸酌擬遷民廢埝辦法也。

至北岸守埝之工，計長清至利津有四百六十里之長，埝外堤内有數百村莊之多。此埝逼近湍流，河面太狹，無處不彎，無彎不險，斷無久守不敗之理。河底淤高，埝外地如釜底，各村亦斷不能久安室家。且埝破堤無不破，欲保此埝外數百村而併堤外數千村，同一被灾，尤覺非計。但自棄堤守埝以來時閱八載，小民安土重遷，不肯遠去，非可旦夕議定。今詳加勘度，北岸從長清官莊至齊河六十餘里之民埝，因南岸傍山無堤，河面尚寬，擬即以埝作堤。又利津以下至鹽窩七十餘里，埝外地皆斥鹵，不便徙民，亦擬以埝作堤。此兩段民埝既經改爲官堤，埝外之民即堤外之民，自應無庸遷徙。其齊河至利津尚有三百二十里之民，埝緊逼河干以致河面太狹，竟有寬不及一里者，要險林立，屢遭冲决，勢不得不廢埝守堤，但北堤殘缺多年，無可退守，且需款過鉅，遷民更難，應暫照舊守埝。此北岸分别現在守埝作堤及將來再議廢埝守堤辦法也。

至南北兩岸大堤爲河工第一重大關係，今既處處卑薄，險工無以資防禦，即平工常有鑽漏之害，非照黄河舊式大加培築，不足以固修防而垂久遠。現擬一律加培，凡平工以頂寬三丈，險工以頂寬四丈五丈爲率，底寬以十一丈至十五丈爲率。其中改埝爲堤之處併照此式修培。遇有應行展寬取直之處酌量估辦，其暫守民埝之處一併量加修築，總期足禦泛漲。至下口入海尾閭尤關全河大局，現在水行絲網口入海，去路偏向東南，形勢不順，而汪洋無涯，人不能立足，堤無法施工，既無以束水攻沙，故不免下壅上潰。今勘得鐵門關故道尚有八十餘里之河形愈下愈見寬深，直通海口，形勢較絲網口、韓家垣兩路爲順，疏築之工亦較該兩處稍省。然建攔河大壩一座，挑引河三十餘里，築兩岸大堤各八十餘里，所需工費頗鉅。惟是下口不治，全河皆病。朱子有云“治水先從下游施工”，靳輔云“下口受淤，必以漸而决於上”。今欲整頓全河，不得不從長計議核實勘估。此又大培兩岸堤工，改正下口，以振全河局勢之辦法也。

其餘如添修費以固根基，設減壩以泄異漲，以及設堡夫、辦豁免、設廳汛武職等事，辦理雖有先後緩急之分，實爲將來必不可少之舉。臣等與該司道等通盤籌劃，悉心妥議，臚列應辦之事，計已估工程所需各費，除官俸兵餉不計外，約共須銀九百三十萬三千餘兩。以外尚有未能約估者，亦於各條内叙明。工程分年辦理，經費亦分年具領。開辦某工，再將某工細造估册，現只綜核大數而言大約。此項鉅工如果將來遷民等事順手，經營五六年可期辦竣，略如從前南河規模，但需南河當日三四年修費，則一切法制釐然畢具。而山東無蓄清敵黄之累，歲修經費必較南河大省。南傍泰山之麓，北限徒駭之流，宣防得宜，不致輕易改道中變，亦較南河收效爲遠大。工成後嚴定賞罰章程，得人而理，誠如軍機大臣等原議，雖不能一勞永逸，究非漫無把握。謹將所擬大治辦法十條繕具清單，恭呈御覽。此項工程過大，請款較鉅，應請飭下軍機大臣會同户部迅速核議施行。

—18. 皇朝道咸同光奏議　卷六〇　工政類　河工

謹陳故督臣忠勛盡瘁大略疏幕府代擬

竊大學士兩江督臣曾國藩，因病出缺，業經欽奉恩旨，軫念忠良，飾終典禮，至優極渥。伏讀二月十二日上諭，稱其學問純粹，器識宏深，秉性忠誠，持躬清正。天語褒許，允爲千古定評。至其生平戰功政績，昭昭在人耳目，並有歷年奏報可稽，無俟臣之贅述。惟臣昔佐曾國藩戎幕數年，邇來共事亦爲最久，知之稍詳。其前後所歷困苦艱難之境，隱微曲折之情，與其夙昔志行之所在，有外人所不能盡知者，請爲聖主敬陳之：

伏查咸豐初年，粤賊蔓延東南各省，分黨北竄，群寇和之，流毒幾遍海内。承平已久，民不知兵，緑營將士既未得力，各省辦團練者尤鮮成效。曾國藩以在籍侍郎，奉文宗顯皇帝特旨出治鄉兵，於舉世風靡之餘，英謨獨奮，不主故常，雖無尺寸之權，毅然以滅賊自任。奏請仿前明戚繼光束伍成法，募勇訓練，旋駐衡州，創建舟師。凡槍炮刀錨之模式，帆檣槳艣之位置，無不躬自演試，殫竭思力，不憚再三更製，以極其精。初次出師，援岳州，援長沙，皆不利，世俗不察，交口譏議，甚者加意侵侮。當是時，勢力既不行於州縣，號令更難信於紳民，蓋不特籌餉籌防事事掣肘已也。曾國藩忍辱負詬，堅定不摇，庀材訓士，奮兵復出，湘潭、岳州連戰大捷，盡驅粵賊出湖南境，遂克武漢、蘄、黄，肅清湖北。

咸豐四年秋冬之間，長驅千里，席捲無前，湘勇之旌旗遂爲海内生色，厥後各路之殺賊立功者咸倚爲重。以一縣之人而遍於十八行省，以捍衛鄉閭之舉而終以底定四方，前古未嘗有也。湖北既清，遂率水陸諸軍循江東下，駸駸乎有直擣金陵之勢。無如事機不順，進圍九江不克，而督臣楊霈之師潰於上游，賊復竄踞武漢。曾國藩以孤軍困于江西，其部下得力良將皆遣回援湖北，金陵巨寇勾結楚粵諸賊，乘間飆至，曾國藩兵分餉絀，又無地方之任，事權掣肘，一如在湖南之時。崎嶇數年，僅支危局。然其所規畫設施，非僅爲屏障一方之計，丰采隱然動天下矣。

咸豐七年，丁父憂回籍，三疏懇請終制，文宗顯皇帝鑒其孝思肫切，准令暫守禮廬。既復，奉命視師，廓清江西，進圖安慶，旋以蘇、常淪陷，授鉞東征，畀以兩江重任。當此之時，賊勢如飄風疾雨，蹂躪大江南北，幾無完土，蘇、皖兩省糜爛尤甚。曾國藩於無可籌措之時，多方布置，奏薦左宗棠襄辦軍務，募勇湖南，徵鮑超於皖北，調蔣益澧於廣西，定計不撤安慶之圍，自帥所部萬人馳入祁門。甫接皖防，而徽、寧復陷，諸路悍賊麕集祁門前後，左右疊進環攻，幾有應接不暇之勢。曾國藩示以鎮静，激厲諸軍，晝夜苦戰，相持數月之久，群賊望風授馘，喪膽宵遁，自是軍威大振，而時局遂有轉機矣。迨安慶告克，沿江各城要隘以次底定，而全浙復陷，吴越之民接踵告急。曾國藩以賊勢浩大，定議分道進兵：其弟曾國荃，統得勝之師，進薄金陵，攻守並施，鏖兵連歲；楊岳斌、彭玉麟專率水師埽蕩江面；鮑超以霆軍東西馳擊；外此則左宗棠援浙之師爲一路；臣鴻章援蘇之師爲一路；其淮潁一帶則有袁甲三、李續宜、多隆阿諸軍。分途並峙，將帥聯翩，羽書絡繹，曾國藩總持全局，會商機宜，折衷至當。數年内，軍情變幻，奇險環生，風波疊起，其籌兵籌餉，議剿議防，憂勞情狀，殆難縷述。朝廷復虚衷延訪，凡天下大政及疆吏之能否，無不殷殷垂問。曾國藩知無不言，言無不盡，聖明鑒其忠悃，每有論奏，立見施行，用能庶政一新，捷音頻奏。議者以爲，戡定粵逆之功，惟曾國藩實倡於始，實總其成，其沈毅之氣，堅卓之力，深遠之謀，即求之往古名臣，亦所罕觀也。

方臣之初募淮勇也，曾國藩授臣以手訂水陸營制，臣披玩數四，覺其所定人數之多寡，薪糧之降殺，皆參酌時勢，簡要精嚴，允爲久遠不敝之規。又酌撥湘勇數營，俾獲觀摩練習，臣抵滬之後，擴充訓募，實以此軍爲發軔之始。迨金陵既克，累函囑臣勿撤淮勇，以備剿捻之用。同治四五年間，曾國藩剿捻齊豫，雖未見速效，然長牆圈制之策，實已得其要領。臣得變通盡利以竟全功，其創始之勞，實不可没，臣於七年七月曾經附片奏明，初非推美之辭也。

致治之要，莫先察吏。曾國藩之在江南治軍治吏，本自聯爲一氣。自軍旅漸平，百務創舉，曾國藩集思廣益，手定章程，期可行之經久，勸農課桑，修文興教，振窮戢暴，獎廉去貪，不數年間民氣大蘇，而官場浮滑之習亦爲之一變。其在直隸未及兩年，如清積訟，減差徭，籌荒政，皆有實惠及民，前後舉劾屬吏兩疏，尤爲衆情所翕服。其法於涖任之始，令省中司道將所屬各員酌加考語，開摺彙進，以備校核；一面留心訪察，偶有所聞即登之記簿，參伍錯綜而得其真，俟賢否昭然，具疏舉劾。闔省驚以爲神，官民至今稱頌。

曾國藩平生未嘗專講吏事，然其培養元氣，轉移積習，則專精吏治者所不逮也。兩淮鹺務，自兵燹以後疲滯極矣，商本既虧，引岸全廢，加以營弁把持，票法全壞。曾國藩自駐安慶，即將淮南北鹺綱次第整理，奏定新章。以運商運鹽到岸，弊在争售，則立督銷總局，以整輪規；場商收鹽入垣，弊在搶跌，則立瓜洲總棧，以保牌價；以商本宜輕，方利轉輸，則定緩釐，以紓商力；以正課所入絲毫爲重，則定奏報，以務稽查。計自同治三年春初至九年冬杪，共收課銀至二千萬兩以外，釐錢至七百萬串以外，近來湘淮各軍餉項及解京之餉，實以鹽利爲一大宗，而商民樂業上下獲益，則其平日用意之公且溥，尤有在立法之外者矣。

自泰西各國通商以來，中外情形已大變於往古，曾國藩深知時勢之艱，審之又審，不肯孟浪將事。其大旨但務守定條約，示以誠信，使彼不能求逞於我，薄物細故，或所不校。曾國藩自謂不習洋務，前歲天津之事，論者於責望之餘，加以詆議，曾國藩亦深自引咎，不稍置辯。然其所持大綱，自不可易。居恒以隱患方長爲慮，謂自强之道貴於銖積寸累，一步不可蹈空，一語不可矜張。其講求之要有三：曰製器，曰學技，曰操兵。故於滬局之造輪船，方言館之繙譯洋學，未嘗不反覆致意。其他如操練輪船，演習洋隊，挑選幼童出洋肄業，無非求爲自强張本，蓋其心兢兢於所謂綢繆未雨之謀，未嘗一日忘也。臣於曾國藩忠勛之迹，謹略舉其大端若此。

至其始終不變，而持之有恒者，則惟曰以克己爲體，以進賢爲用，二者足以盡之矣。大凡克己之功未至，則本原不立，始爲學術之差，繼爲事業之累，其端甚微，其效立見。曾國藩自通籍後服官侍從，即與故大學士倭仁、前侍郎吴廷棟、故太常寺卿唐鑑、故道員何桂珍講求儒先之書，剖析義理宗旨，極爲純正。其清修亮節，已震一時，平時制行甚嚴而不事表襮於外，立心甚恕而不務求備於人，故其道大而能容，通而不迂，無前人講學之流弊。繼乃不輕立説，專務躬行，進德尤猛。其在軍在官，勤以率下則無間昕宵，儉以奉身則不殊寒素，久爲衆所共見。其素所自勖而勖人者，每遇一事，尤以“畏難取巧”爲深戒，雖禍患在前，謗議在後，亦毅然赴之而不顧。與人共事，論功則推以讓人，任勞則引爲己責，盛德所感，始而部曲化之，繼而同寮諒之，終則各省從而慕效之，所以轉移風氣者在此，所以宏濟艱難者亦在此。曾國藩秉性謙退，受寵若驚，從戎之始即奏明丁憂期内，雖稍立功績，無論何項褒榮，概不敢受。迨服闋之後，戰益功著，寵命迭加。其弟曾國荃累以戰功晋秩，亦必具疏懇辭，至於再四。其深衷尤欲遠避權勢，隱防外重内輕之漸，故於節制四省、節制三省之命，辭之尤力，非矯飾也。臨事則懼大功之難成，終事則懼盛名之難副，故位望愈重，而益存欿然不足之思。前歲回任兩江，朝廷許以坐鎮，聞曾國藩仍力疾視事，不肯少休，臨殁之日，依舊接見屬僚，料檢公牘。其數十年來，逐日行事均有日記，二月初四日絶筆，猶殷殷焉以曠官爲疚，戰兢臨履之意溢於言表，此其克己之功老而彌篤，雖古聖賢自强不息之學，亦無以過之也。

自昔多事之秋，無不以賢才之衆寡，判功效之廣狹。曾國藩知人之鑒，超軼古今，或邂逅於風塵之中，一見以爲偉器，或物色於形迹之表，確然許爲異材。平日持議常謂天下至大，事變至殷，决非一手一足之所能維持，故其振拔幽滯，宏奬人傑，尤屬不遺餘力。嘗聞江忠源未達時，以公車入都謁見，款語移時，曾國藩目送之，曰：此人必立名天下，然當以節烈稱。後乃專疏保薦，以應求賢之詔。胡林翼以臬司統兵，隸曾國藩部下，即奏稱其才勝己十倍，二人皆不次擢用，卓著忠勤，曾國藩經營軍事，卒賴其助。其在籍辦團之始，若塔齊布、羅澤南、李續賓、李續宜、王鑫、楊岳斌、彭玉麟，或聘自諸生，或拔自隴畝，或招自營伍，均以至誠相與，俾獲各盡所長，内而幕僚，外而臺局，均極一時之選。其餘部下將士，或立功既久而浸至大顯，或以血戰成名，臨敵死綏者尤未易以悉數。最後遣劉松山一軍入關，經曾國藩拔之列將之中，謂可獨當一面，卒能揚威秦隴，功勛卓然。曾國藩又謂，人才以培養而出，器識以歷練而成。故其取人，凡於兵事、餉事、吏事、文事有一長者，無不優加奬借，量材録用。將吏來謁，無不立時接見，殷勤訓誨，或有難辦之事，難言之隱，鮮不博訪周知，代爲籌劃。别後則馳書告誡，有師弟督課之風，有父兄期望之意，非常之士與自好之徒，皆樂爲之用。雖其桀驁貪詐，若李世忠、陳國瑞之流，苟有一節可用，必給以函牘，殷勤諷勉，奬其長而指其過，勸令痛改前非，不肯遽爾棄絶，此又其憐才之盛意與造就之微權，相因而出者也。

竊嘗綜叙曾國藩之爲人，其臨事謹慎，動應繩墨，而成敗利鈍，有所不計，似漢臣諸葛亮，然遭遇盛時，建樹宏闊，則又過之；其發謀决策，應物度務，下筆千言，窮盡事理，似唐臣陸贄，然涉歷諸艱，親嘗甘苦，則又過之；其無學不窺，默究精要，而踐履篤實，始終一誠，似宋臣司馬光，然百戰勛勞，飽閲世變，則又過之。臣於曾國藩，師事近三十年，既確有聞見，固不敢阿好溢美，亦何忍令其苦心孤詣，湮没不彰，反覆籌思，義難終嘿，謹撮叙大略，據實瀆陳，相應請旨，飭付國史館查照施行，以彰先帝知人之明，而示後世人臣之法。

此合肥相國擬而未上之疏也。先是，相國聞文正公之喪，亟欲具疏臚陳事迹，請付史館。惟以相隔較遠，於近事未能周知，乃馳書金陵幕府，屬令就近考核，擬一疏稿。無錫薛君福成，實疏是草，南北往返，輾轉稽延，倏逾兩月，時則署兩江制軍何公，湖廣制軍李公暨安徽撫軍英公，皆已陸續具疏表彰，朝廷恩禮優渥，至再至三，相國以爲若再上疏，近於煩瀆，因寢之而未奏。癸酉春，瑛獲借是稿讀之，其中叙述諸大端，有出各省奏疏之外者，爰録一通，付諸剞劂，附《文正公奏疏》後，亦考證事實之一助也。張瑛跋。

—5. 皇朝經世文續編　卷二〇　吏政五　大吏

派員携帶幼童出洋並應辦事宜疏

竊臣等擬選聰穎子弟前赴泰西各國肄習技藝，以培人材，業於十年七月初三日專摺會奏在案。旋准總理衙門覆奏：不分滿漢子弟，擇其質地端謹、文理優長，一律送往。每年所需薪水膏火，准於江海關洋税項下借撥等因，知照前來。

伏查挑選幼童出洋肄業，固屬中華創始之舉，抑亦古來未有之事。所有携帶幼童委員，聯絡中外，事體重大。擬之古人，出使絶域，雖時地不同，而以數萬里之遥，需之二十年之久，非堅忍耐勞、志趣卓越者，不足以膺是選。查有奏調來江之四品銜刑部候補主事陳蘭彬，夙抱偉志，以用世自命。挹其容貌則粥粥若無能，絶不矜才使氣；與之討論時事，皆洞燭幾微，蓋有遠略而具内心者。又運同銜江蘇候補同知容閎，前在花旗等處最久，而志趣深遠，不爲習俗所囿。同治二年，曾派令出洋購買機器。該員練習外洋風土人情，美國尤熟游之地，足以聯外交而窺祕鑰。以上二員，上次摺内業經奏明，均堪勝任。相應請旨，飭派陳蘭彬爲正委員，容閎爲副委員，常川駐扎、美國，經理一切事宜。此時不敢遽請奬叙，將來辦有成效，再由臣等從優酌保。至挑選幼童，應在上海先行設局，頭批出洋後，即挑選次年之第二批，又挑選第三年、第四年各批，與出洋之員呼吸相通。查有鹽運使銜候補知府劉翰清，淵雅純篤，熟悉洋務，業經檄令總理滬局事宜。所有駐洋及在兩局中外大小事件，由陳蘭彬等互相商辦，各專責成。兹將臣等前奏所未及者，酌擬應辦事宜開列清單，恭呈御覽。仰懇天恩，飭下總理衙門，核覆施行。

附出洋應辦事宜六條

一、挑選幼童，不分滿漢子弟，年十二歲至二十歲爲率，收録入局。由滬局委員查考中學、西學，分别教導。將來出洋後，肄習西學，仍兼講中學，課以《孝經》、小學、五經及國朝律例等書，隨資高下，循序漸進。每遇房虚昴星等日，正副二委員傳集各童宣講聖諭，廣訓示，以尊君親上之義，庶不至囿於異學。

一、幼童選定後，取具年貌、籍貫暨親屬甘結，收局注册，在滬局肄習，以六个月爲率。察看可以造就，方准資送出洋，仍由滬局送册，報明通商大臣，轉咨總理衙門查考。至洋局課程以四個月考驗一次，年終分别等第報查。其成功則以十五年爲率。中間藝成後，游歷兩年，以驗所學。然後回至内地，聽候總理衙門酌量器使，奏明委用。此係選定官生，不准半塗而廢，亦不准入籍外洋。學成後，不准在華洋自謀别業。

一、出洋委員及駐滬辦事，所有内外往來文件，應刊給關防。洋局之文曰“奏派選帶幼童出洋肄業事宜關防”，滬局之文曰“總理幼童出洋肄業滬局事宜關防”。均經臣刊刻飭發，以資信守。

一、每年八月頒發時憲書，由江海關轉交税務司，遞至洋局。恭逢三大節以及朔望等日，由駐洋之員率同在事各員以及諸幼童，望闕行禮，俾嫻儀節，而昭誠敬。

一、出洋辦事除正副二委員外，擬用繙譯一員，教習一員。查有五品銜監生曾恒忠，究心算學，兼曉沿海各省土音，堪充繙譯事宜。光禄寺典簿附監生葉源濬，文筆暢達，留心事務，堪充出洋教習事宜。業由臣檄飭遵照，屆時同正副委員一併前往。

一、每年需用經費，查照奏定章程，於江海關洋税項下指撥。洋局用款，下年應用之項，於上年六月前由上海道籌撥銀兩，眼同税務司匯寄外洋，交駐洋之員驗收。其滬局用款，即交滬局總辦支銷。惟原奏係二十年内共用一百二十萬金，約計每年須六萬兩。而細加推算，分年應用之款，參差不齊，不能適符六萬之數。如首數年滬上設局，幼童齊往，用款較鉅，第四年竟至八萬九千六百餘兩。末數年，幼童已歸，用款較減。第十九年僅需二萬三千四百餘兩。此外各年遞推，亦皆多寡懸殊。兹有陳蘭彬等核開清單，某年應用銀若干，交江海關道署存照。按年寄洋，仍由該道分析造報，以昭核實。

——5. 皇朝經世文續編 卷一二〇 洋務二〇 培才

選派閩廠生徒出洋習藝並酌議章程疏

竊臣葆楨前於同治十二年十一月，奏陳船工善後事宜摺内，請於閩廠前後學堂，選派學生分赴英法兩國，學習製造駕駛之方及推陳出新練兵制勝之理，速則三年，遲則五年，擬令船廠監督日意格詳議章程，經總理衙門議，請勅下南北洋大臣會商熟籌等因。奉旨："依議。欽此。"欽遵在案，旋因臺灣有事，倥傯未及定議。

上年臣等籌議海防摺内，於出洋學習一事，斷斷焉不謀同辭。及臣日昌、臣贊誠，先後接辦船政，察看前後堂學生内秀傑之士於西人造駛諸法多能悉心研究，亟應遣令出洋學習，以期精益求精。臣等往返函商，竊謂西洋製造之精，實源本於測算格致之學，奇才迭出，月異日新。即如造船一事，近時輪機鐵脅，一變前模，船身愈堅，用煤愈省，而行駛愈速。若不前赴西廠觀摩考索，終難探製作之源。至如駕駛之法，近日華員亦能自行管駕，涉歷風濤。惟測量天文沙線，遇風保險等事，仍未得其深際。其駕駛鐵甲兵船，於大洋狂風巨浪中，布陳應敵、離合變化之奇，華員皆未經見。自非目接身親，斷難窺其祕鑰。查製造各廠，法爲最盛；而水師操練，英爲最精。閩廠前堂學生，本習法國語言文字，應即令赴法國官廠，學習製造。務令通船新式輪機器具，無一不能自製，方爲成效。後堂學生，本習英國語言文字，應即令赴英國水師大學堂及鐵甲兵船學習駕駛，務令精通該國水師兵法，能自駕鐵船於大洋操戰，方爲成效。如此分途學習，期以數年之久，必可操練成才，儲備海防之用。至學生中有天資傑出，能習礦學、化學及交涉公法等事，均可隨宜肄業。惟人數既多，道里遼遠，非遴選賢員，派充監督，不足以資統馭而重責成。查有三品銜候選道李鳳苞，學識閎通，志慮遠大，於西洋輿圖、算術及各國興衰源流，均能默討潛搜，中外交涉要務尤爲練達，實屬不可多得之才，以之充派華監督必能勝任。至訪詢各國官廠、官學，安插學生，延請洋師，仍應有情形熟悉之員，聯絡維持，主客方無隔閡。臣葆楨原奏所稱，正一品銜閩廠監督日意格前已回國，經臣等催調來華，商辦一切。該員久襄船政，條理熟諳，於船廠學生情誼亦能融洽，以之派充洋監督，必可勝任。

六月間李鳳苞、日意格二員來津禀商，臣鴻章適有烟臺之役，即携該員等同往，飭令籌議章程。滇案結後，曾將該員等所議各節，抄送總理衙門核奪。兹經臣等再四討論，復與李鳳苞、日意格切實核减學生員數，以三十名爲度，肄習年限以三年爲度，責以成效，嚴定賞罰。出洋經費，分年匯解，約共需銀二十萬兩。此項經費，必應籌定有著之款。臣鴻章前議由閩省額撥南北洋海防項下酌提動用，先儘釐金撥解，釐金不敷，即在閩海關四成洋税項下就近凑撥。旋准福州將軍臣文煜咨稱，閩關四成洋税無存款，俟第六十五結届滿，再行核數撥解等因。新授閩浙督臣何璟過保定時，臣與面商，一切亦深以爲然。兹由臣日昌函致臣鴻章議定，由閩省釐金項下籌銀十萬兩，閩海關四成洋税項下籌銀五萬兩，船政經費項下匀撥銀五萬兩。是此項二十萬之數，均已議有著落。查照分年匯解章程，第一年七萬三千兩有奇，第二年六萬有奇，第三年五萬八千兩有奇，並游歷及應支教習修金等費，隨時核計撥匯。閩力雖甚拮据，必能酌量緩急，以符定議。應請於海防額餉内作正開銷。查西洋各國，均以中國遣人赴彼學習爲和好證驗。前派幼童赴美國，英使即有“該國大書院極多，將來亦可隨時派往”之語。秋間滇案議結，時臣鴻章面告威妥瑪，以擬遣學生赴英學習。該使允俟總理衙門知照到日，轉致本國外部。九月間威妥瑪回國過晤臣，復與商明照辦。惟該國兵船定例稍嚴。聞日本近時已有七人在英兵船學習。臣在烟臺閱視洋操，即見有日本武弁在英國鐵甲船隨同操演。今議學生分班送往，又有郭嵩燾等駐英商辦，當無礙難之處。至法使白來尼屢以日意格辦船有效爲言，此舉亦該使所深願。現擬令該監督等率同學生於明年正月啓行，應請勅下總理衙門，迅速分别知照英法駐京公使，令其轉達本國，妥爲照料。臣鴻章於本年三月間，因洋員李勱協回國之便，派令武弁卞長勝等七人同赴德國軍營學習兵技。當時未派監督，心甚懸念。此次李鳳苞出洋，飭令該員按三月一次，由輪車馳赴德國兼查卞長勝等功課，並請總理衙門酌量照會德國駐京公使，一體知照辦理。

近自同治十二年籌遣幼童赴美學習之後，上年日意格回國，臣葆楨遣學生數名隨往游學，本年臣鴻章又遣卞長勝等赴德國學習，此次又派李鳳苞等率領學生分赴英法兩國。從此，中國端緒漸引，風氣漸開，雖未必人人能成，亦可拔十得五，實於海防自强之基不無裨益。謹將臣等籌議船政學生出洋章程及經費數目，分繕清單，恭呈御覽。仰懇飭下總理衙門，核准施行。

附選派船政學生出洋肄業章程十條

一、奏派華洋監督各一員，不分正副，會辦出洋肄業事務。俟挈帶生徒到英法兩國時，兩監督公同察看大學堂、大官廠應行學習之處，會同安插，訂請精明教習指授。如應調赴别廠或更换教習，仍須會商辦理。其督課約束等事，亦責成兩監督不分畛域。如遇兩監督分駐英法之時，則應分投照顧。其華員及生徒經費，歸華監督支發；洋員洋教習及華文案經費，歸洋監督支發。每年底，由兩監督將支發各數會銜造報。凡調度督率，每事必會同認真探討，和衷商榷，期於有成。萬一意見不合，許即據實呈明通商大臣、船政大臣察奪。

一、選派製造學生十四名，製造藝徒四名，交兩監督帶赴法國學習製造。此項學生既宜另延學堂教習課讀，以培根柢；又宜赴廠習藝，以明理法。俾可兼程並進，得收速效，以備總監工之選。其藝徒學成後，可備分廠監工之選。凡所習之藝，均須極新極巧。倘仍習老樣，則惟兩監督是問。如有他廠新式機器及炮臺、兵船、營壘、礦廠應行考訂之處，由兩監督隨時酌帶生徒量給。其第一年除酌帶量給外，其餘生徒可以無須游歷。第二、第三兩年，約以每年游歷六十日爲率，均不必盡數同行，亦不必拘定時日。

一、選派駕駛學生十二名，交兩監督帶赴英國學習駕駛兵船。此項學生，應赴水師學堂先習英書，並另延教習指授鎗炮、水雷等法，俟由兩監督陸續送格林回次抱士穆德大學院肄習。其間並可帶赴各廠及炮臺、兵船、礦廠游歷，約共一年，再上大兵船、大鐵甲船，學習水師各法，約二年定可有成。但上兵船額，可援日本派送肄業之例，陸續拔尤，分班派送五六人。其未到班者，仍留大學堂學習。既上兵船，須照英國水師規制，除留辮髮外，可暫改英兵官裝束。其費由華監督歸經費項下支給。内有劉步蟾、林泰曾二名，前經出洋學習，此次赴英，即可送入大兵船肄業。

一、製造生徒赴法國官學、官廠學習，駕駛學生赴英國格林回次抱士穆德學堂並鐵甲大兵船學習。應請總理衙門先行分别照會駐京之英法公使，咨會本國外務院准照辦理。其英國學習各事，或再由中國駐英欽差大臣就近咨商辦理。兩項學生，每三個月由華洋監督會同甄别一次，或公訂專門洋師甄别，並由華監督酌量調考華文論説。其學生於閑暇時，宜兼習《史鑑》等有用之書，以期明體達用。所有考册，由兩監督彙送船政大臣，轉咨通商大臣。備核其駐洋之期，以抵英法都城日起，計滿三年爲限。未及三年之前四个月，兩監督考驗學成者送回供差。其中若有數人將成未成，須續學一年或半年者，届時會同稟候裁奪，總以製造者能放手造作新式船機及全船應需之物；駕駛者能管駕鐵甲兵船，回華調度布陣，並有專門洋師考取給予確據者，方爲成效。如一切辦無成效，將監督議處。

一、製造、駕駛兩項學生之内，或此外另有學生願學礦務、化學及交涉公法等事者，由兩監督會商挑選，就其才質所近，分别安插學習，支給教習脩金。仍由兩監督隨時抽查功課，令將逐日所習詳記送核。亦以三年爲期。學成後，公訂專門洋師考驗確實，給有的據，送回供差。

一、兩監督及各項生徒，自出洋以迄回華，凡一切肄習功課、游歷見聞以及日用晋接之事，均須詳註日記，或用藥水印出副本，或設循環簿，遞次互换，總以每半年彙送船政大臣查核。將簿中所記，由船政抄咨南北洋大臣覆核。或别國有便益新樣之船身輪機及一切軍火水陸機器，由監督隨時探明，覓取圖説，分别繪譯，務令在洋生徒考究精確，實能仿效，一面將圖説彙送船政衙門察核。所需各費，作正開銷。

一、各項生徒，如遇所訂教習不能認真指教，或别有不便之處，應隨時訴明華監督，會同洋監督察看確實，妥爲安置。若該生徒無故荒廢，不求進益，有名無實，及有他項嗜好者，均由兩監督會商，分别留遣嚴究。其員生每月家信二次，信資以及醫藥等費作正開銷。或延洋醫，或延駐洋欽使之官醫，或應另請派撥醫生，均於到洋後酌定。萬一因攻苦積勞，致有不測之事，則運回等費，作正開銷。並給薪費一年半，仍酌量情節，稟請附奏，以示優恤。如有聞訃丁憂者，學生在洋守制二十七日，另加恤賞，飭該家屬具領。

一、此次選派生徒，應由監督溯查考迹，詳加驗看。如有不應出洋，濫收帶往，不能在官學、官廠造就以致剔回者，其回費由監督自給。倘生徒赴洋後，有藉詞挾制情事，因而剔回者，即將挾制實在情形稟請抵華後查明懲究。如咎不在監督者，仍開報回費。實係因病遣回者，不在此例。

一、兩監督和衷會辦，當互相覺察。萬一華監督有敷衍塞責等情弊，而洋監督不行舉發；或洋監督有敷衍塞責等情弊，而華監督不行舉發者，咎各相等。查有扶同確據，即分别照會咨行，隨時撤换，不必俟三年期滿。如果事事實際、生徒多優異者，將兩監督專摺奏請奬叙。

一、此次所議章程，總以三年學有成效爲限。若三年後或從此停止或另開局面，均由船政大臣、通商大臣會商主裁，外人不得干預。

—5. 皇朝經世文續編　卷一二〇　洋務二〇　培才

覆陳籌慮兵餉大端疏

臣自欽遵諭旨，函商曾國藩，原擬俟兵餉大端籌有把握，再行縷晰覆陳。旋准曾國藩咨鈔九月十九日覆陳摺片，内稱“河洛現無可剿之賊，淮勇亦無可調之師。李鴻章若果入洛，豈肯撤東路布置已定之兵，挾以西行，坐視山東、江蘇之糜爛而不顧”等語，似屬切中事情。曾國藩因業經覆奏，未另與臣覆信。臣再四籌思，彼覆疏中已陳之言皆臣所欲言，而不敢遽言之隱。大局所關，臣未便稍有立異，但不知批旨如何定見，五中旁皇，瞻前顧後，仍有不能已於言者。綜其大要，約有三端：

一、兵勢難遽分也。我朝從前武功專恃兵力，此次軍務全資勇力。臣初至軍營，習聞周天爵、福濟、琦善、向榮、和春諸臣之議論，皆謂旗緑弁兵馴謹而易調遣，各省勇丁桀驁而少紀律，其不得已而用勇，就地召募，隨時遣汰，尚無甚流弊。若遠調數千里外，終必譁潰誤事。咸豐初年，廣西所募潮勇最多，向榮、張國樑等帶赴江南，沿途騷擾，卒至十年三月金陵之變，一潰而遂不可收拾矣。自曾國藩、江忠源、胡林翼、李續賓等創練楚勇，不用一兵，蓋深知緑營廢弛已久，習氣太深，萬不足以殺敵致果，而以楚將練楚勇，恩信素孚，法制嚴密。又由湖南北轉戰江皖，一水可通，人地相宜，是以歷久而能成功。然李續賓、唐訓方以楚勇剿淮北之捻，劉長祐以楚勇剿直隸之騎馬賊，均未大著功效，則以離鄉太遠，南北異宜，勇性未能馴服，何能得其死力？曾國藩有鑒於斯，故於金陵克復，東南軍事將竣，即將所部湘勇全行遣撤。但屬臣暫留淮勇，以備中原剿捻，自係因地制宜。夫捻匪係皖豫東三省無賴糾合而成，其隸皖籍者，大都蒙、亳、潁、宿人，皆在淮北。臣籍隸廬州，實在淮南，所部淮勇則廬州、六安、安慶、揚州人居多，皆濱江之處，於長江上下防剿最宜，軍士戰於其鄉亦較得力，其性情風氣與淮北迥殊。同治元年，臣初由安慶赴滬，湘勇以去地太遠，均不欲從，乃商之曾國藩，就臣鄉里團練久戰之士選將束伍，逐漸添募。如程學啓、劉銘傳、潘鼎新、周盛波等，始僅爲營官，帶數百人耳，嗣因打仗可靠，各增募至數千人，今遂爲淮勇最勁之兵，究之用於江淮南北，必可指揮如意。若逐漸調移山東、河南邊境，尚可勉强相從。若赴河洛山陜，並預備剿除京東馬賊、甘肅回匪之用，水土不習，誠恐遷地勿良，勇心涣散。朝廷期望於臣，欲以西北軍事相屬，不過以臣在吴粗立戰功，而臣亦惟賴所部將士踴躍用命。若今臣去，而平素慣用之健將勁兵不得隨行，臣復何能爲役？曾國藩籌設徐州、濟甯、周家口等處防軍，皆臣部最出力者，臣若不調西行，則聲勢不能大振；若全調他往，則東皖無以自立；若另圖招募馬步，而隨身先無親信可恃之兵勇，必致敗軍僨事而無裨於全局。此兵勢不能遽分之實情也。

一、餉源難專恃也。凡欲滅賊，必先治兵；欲强兵，必先足餉；欲籌餉，必先得人與地。臣自咸豐三年至八年皆在皖北軍中，竊見和春、鄭魁士之軍戰陣頗勇，旋因餉缺而潰。袁甲三、翁同書繼之，更因餉絶而敗。即十年江南大營之潰，十一年浙江之陷，皆由於糧餉斷絶。官文、胡林翼籌鄂餉以供東征，曾國藩進圖江、皖，以江西、湖南、廣東釐金爲餉源，左宗棠以浙餉辦閩、浙之賊，臣以蘇滬入款辦江浙之賊，皆能自我爲政，轉輸不匱，幸而蒇事。從古至今，言兵事未有不先籌餉糈者也。諭旨慮及皖、豫髮捻一日不除，盛京、甘肅勢難兼顧，誠以捻滅而後騰出餉需，非徒捻滅而後騰出兵力。有餉則到處兵力皆可用，無餉則已成勁旅亦無用也。陶茂林、雷正綰皆多隆阿部下百戰驍將，昔何勇而今何怯，其一潰再潰之故，可想而知。曾國藩夏間奉命剿捻，臣忝署江督，即以後路籌餉引爲己任，以安其心。數月以來，分屯豫東蘇皖千餘里，湘淮兵勇四萬餘，糧運供支，源源協濟。又兼籌蘇、松、揚州留防各陸營、長江外海各水師、皖南北、江西防剿遣撤各湘軍之餉，雖以入抵出不敷尚多，竭力匀撥，幸無貽誤。臣若奉命西征，現在進圖剿捻、後路分防各軍之餉尚無專責之人。即臣帶兵遠出，餉源當居於何處，籌餉當責成何人，亦未蒙聖明指示。若無確然可指之款，率衆前行，必爲雷正綰、陶茂林之續。若非切實可靠之人維持後路，亦無以安曾國藩與臣軍各將士之心。

臣嘗默籌熟計，目今大患在捻與回，自須先圖滅捻。若以現餉養現兵，約計河南可養戰士一萬五千，山東可養戰士二萬，安徽可養戰士一萬，江蘇可養戰士六七萬，湖北可養戰士四五萬。各省督撫果皆熟諳韜略，認真籌餉練兵，使一兵得一兵之用，通力合作，勿存推諉争忌之心，則兵與餉可漸足，一二年間可奏效。若皇上專派大員，而各督撫謂事有專屬，或擁兵觀望，或玩視軍需，或勝則争功，敗則諉咎，遂使客兵出境，種種牽掣，亦難必其收功之遲速矣。臣若赴豫，欲圖兜滅北捻，必須多練馬隊以備衝突，廣置車騾以資轉運，餉需甚鉅。豫中蹂躪已久，力難供應，若專指蘇餉，目下蘇滬税釐分供前敵淮軍已虞飢潰，再添練馬步，人數益多，道路益遠，勢必不支。臣一經離任，恐不能遥制。此餉源不能專恃之實情也。

一、軍火難常接濟也。臣軍久在江南剿賊，習見洋人火器之精利，由是棄中國盡習用之抬槍、鳥槍而變爲洋槍隊。現計出省及留防陸營五萬餘人，約有洋槍三四萬桿，銅帽月需千餘萬顆，粗細洋火藥月需十餘萬觔，均按月在上海香港各洋行先期采買，陸續供支，臣每親自料理。又有開花炮隊四營，一爲潘鼎新帶往濟甯，一交劉秉璋鎮守蘇州，其副將羅榮光、劉玉龍兩營爲臣親兵，現在分守金陵城外之下關、江東橋兩處江口。緣洋人最重開花炮，目下長江通商番舶來往，奸人覬覦，偵知有此利器，可稍奪魄。洋炮重者千餘觔，輕亦數百觔，其炮具之堅精，藥彈之繁冗，臣講求數年，稍窺秘要，他人多未及見，更未與知。臣既辛苦練成，若出省督師，必須酌量調往，藉壯聲勢。惟炮隊所用器械子彈盡仿洋式，所需銅鐵木煤各項工料均來自外國，故須就近設局製造。蘇州先設有三局，嗣因丁日昌在滬購得機器鐵廠一座，將丁日昌、韓殿甲兩局移併上海鐵局，曾經奏明，欲再移設金陵，爲久遠之計。臣若遠赴他省，則炮局與鐵廠久必廢弛，不但技藝不能漸精，且慮工費多有缺乏，而臣軍接濟亦有斷絶之時。此軍火恐不能常常接濟之實情也。

臣所慮者，祇此三端。倘蒙皇上天恩俯憫愚忱，熟思審處，俾微臣帶兵遠出，日後無掣肘之患，臣得效命疆埸，努力設謀，幫同曾國藩等，爲國家殲此殘孽，雖萬死有所不辭。

—15. 皇朝經世文四編　卷三五　兵政　糧餉

請行海運片

再，目今黄河北徙，河運一廢不可再復，凡識時務者皆知之。任事諸臣或謂應復淮徐故道，或謂宜就東境束水濟運，皆於無可如何之中作萬有一然之想。實與神禹治水，行所無事之大旨相悖，既不免於鑿，必爲之無成。臣正摺内已言之詳矣。部臣奏令江北漕糧每年由運河試解赴通，亦欲羈縻運道，使不遽廢起見，無如年復一年自安山至張秋、臨清三百里間情形日變，險阻迭出。近歲黄漲入運，可資浮送，爲時極暫。同治九年、十一年，黄汛始終並未灌運，遂改用陸運與搶蓄雨水二策，艱難危險之狀概可想見。即能運通，亦僅十萬石内外，究於倉儲漕政何裨？久之，試辦者必至不能辦而止。

臣於覆疏内請仍推廣海運，蓋就其易且大者言之，而議者久不免驚詫。其實自道光六年創辦海運以濟河運之窮，咸豐以後無年不由海運，無年不兼采辦，京倉命脉賴以維繫，顧習焉不察耳。今南北官商往來，率以海舶爲通衢捷徑，獨至運糧則有戒心，將謂夷情叵測，豈肯舍各口通商而無端開衅；將謂沙船短缺，何難借官商輪船？而自顧本根，就中國洋面運中國官糧，外人斷不敢欺侮，即有他變，我停運而彼亦須停貿易，洋人不若是愚也。若慮緩急之間京儲匱乏，似應於無事時多籌起運，多方采買，使數年中得有一年之蓄，内顧可以無虞。查嘉慶年間大學士劉權之奏，言南漕運抵京倉，綜計公私費用，每石需銀十八兩，積弊相沿，實爲秕政。今人皆欲復河運，殊不思河運之病國病民至此。海運費大減而運極速，固倍省於河運矣。至江浙采買成案，每石連水脚剥價銀不過二兩七八錢，視海運正漕尤省。昨與輪船招商局紳董籌議，除每年搭運蘇浙正漕外，若遵照采買定價，領銀赴南省産米地方購運若干石，於正供完後徑解赴通交收，不至貽誤。如奉允行，再飭議章程，咨部核辦。國家但移河費運費爲之節省其餘，以併力於海防，斯本末並治，富强可馴致矣。

—18. 皇朝道咸同光奏議　卷三四　户政類　漕運

張樹聲（1824—1884）

字振軒，號靄卿，安徽合肥人。廩生，官至兩廣總督，謚靖達。有《張靖達公雜著》。

戒粵民出洋謀生示

照得粵省貧民，多有搭船出洋，自謀生業。如果本人情願出外，並無别情，原可聽其自便。但定章民人出洋，必須自備川資者，其中用意，民間未必深知。今特爲爾等一詳言之。

查民人由粵出洋，道途窵遠，盤川在所必需。現在每有華商洋船，搭客至檀香山埠。凡華商租船之費用，即出自搭客之川資。若爾等果能將應給川資備足交清，然後上船出外，則抵埠後，我朝設有領事官，一切下情，不難赴愬。即傭趁營生均可自由己便，不致受制于人。倘不能自備川資，因向租船之華商立單借貸，約期以償。在爾等以爲到埠後設法圖維，即可清還借項。不思爾等在中國梓桑之地，尚無力自備川資，豈遠涉外洋數萬里之遥，人地生疏，轉能籌償欠項？勢必受人挾制，逼令當工，寫立合同，分年還欠。又將人作押，轉揭銀兩，扣還所借川資。爾等遠適異邦，身難自主。或聽其轉賣他處，或被其勒當苦工。雖有中國領事官，無從查悉。必將異地稽留，痛室家之遠隔。甚且終身淪落，歸鄉國以無期。去就死生，皆難逆料矣。是以定章，民人出洋，川資必須自備者，職是故也。

近日省城有等奸商，租賃外國船隻，搭客出洋。往往借與川資，議立期單，於到埠後當工償欠。又慮稽查委員查詢，究出弊端，則誘令搭客，混認川資係由自備。愚民無識，往往墮其術中。該奸商等譸張狡譎，各搭客因爲所欺，即外國洋船之船主人等，亦只知其租船搭客，不知其以搭客影射招工。此等奸商設陷愚民，實屬罪無可逭。本部堂院已札飭地方官嚴拿究辦，以警將來。至華民出洋，向章應由各鋪户出具保結，聲明各搭客均係自備川資，並無被人拐騙情事，並不許濫保匪人。各該鋪户人等如果訪查明確，各搭客委係自備川資，情願前往，並非被人招誘拐騙，平日亦屬安分之人，自可仍照向章出具保結，不致無端波累，枉受株連。倘該鋪户等並未查明，輒將借貸川資之搭客及不安分之匪人，率行濫保，一經告發，或被查出，定即一併查究，决不姑寬。

—5. 皇朝經世文續編　卷二七　户政四　養民

曾國荃（1824—1890）

字沅甫，號叔純，湖南湘鄉（今屬湘潭）人。咸豐二年（1852）優貢生，累官陝甘、兩廣、兩江總督。封威毅伯，謚忠襄。有《曾忠襄公文集》。

查勘應修黄河南岸長堤及設官修守疏光緒二年

竊臣前准部咨欽奉上諭：“丁寶楨奏《現辦堤壩兩工情形請設立廳汛》一摺，着該部會同河東河道總督妥議具奏。欽此。”部臣以黄河水勢何處險要，廳汛應設何處，未便懸擬，令臣詳細履勘，體察情形，專摺覆奏，再行核辦。

奉文之際，時值大汛，臣正在黄河上游督飭修防，奏明暫緩赴東，嗣於霜清後赴濟寧閲伍，查勘運道，即親履堤工，委員逐段丈量，自蘭陽汛十堡起，至運口十里堡止，計程三百餘里。内惟菏澤縣新工下首堤工共一百九十餘里，頂寬三丈，底寬十丈，高一丈四尺，係賈工合龍後丁寶楨督率辦成者，屹峙整齊，堪資防守。惟切近大河迎溜坐灣之處，尚宜酌量幫寬；其餘民埝，或高寬數尺至丈餘不等，且土性沙鬆，已難攔禦汛水；而蘭陽口門以下，至長垣縣境七十里，則尚無堤岸，如設官防守，須先將該處興築堤工，並將民埝卑窄段落，一律幫培高厚，再行設官，方免下防上溢之虞。查上游黄河大堤，頂寬六七丈至十餘丈不等，今縱不如上游堤工之寬厚，而臨黄緊要工段，亦必須量爲加寬，始能堆料厢埽，盡力防守，以捍不虞。第以實土核計銀數，均非二三十萬金不辦。值此經費支絀，焉能籌此鉅款？若欲借資民力，則下民昏墊已久，詎能踴躍從公？然察看無堤之處，溜勢若一側注，不獨由東境曹、單、金、魚、鉅、嘉等縣漫淹入湖，淤塞運道，而江境淮揚通海財賦之區，亦大可慮。臣再四思維，擬於無款可籌之時，作一變通辦理之計。河南蘭儀境内，應築堤二十里，直隸長垣境内，應築堤五十里，及該上下首並東明境内卑窄堤工，應行幫培者亦復不少。擬請由直隸督臣、河南撫臣於各本省派撥，將備酌帶練軍練勇前往興築；兼由河工派撥明白工程，弁兵幫同力作。務令層土層硪堅實夯打，一律鞏固。其東省單薄堤埝，仍由山東撫臣派令現在駐堤勇丁擇要增培。凡於溜勢趨注吃重段落，量爲加寬，然後分設廳營汛弁兵夫，按段駐守，庶幾聯爲一氣，免致溜再旁趨。至於北岸，地勢本高，且有舊日金堤屹峙於二十里之後，實足借資衛護北岸土地人民。目下先其所急，理宜防守南堤，爲保全山東運道及江北財富之區。一俟各工辦理完竣，便可設官照舊修守。

惟念國家制用有常，設官則經費難籌，如將從前裁撤乾河廳營各缺及已裁卡夫酌量移復，以免另行添設，爲力較易，而爲費亦較省。查銅瓦厢失事下游河涸工停，南北兩岸裁撤同知二缺、通判五缺、州同一缺、州判一缺、縣丞四缺、主簿六缺、巡檢二缺、經歷一缺、都司一缺、協備六缺、千總三缺、把總二缺、分防十一缺，共裁文武四十五缺，裁汰額兵一千零九十名，又裁堡夫七百二十四名。現擬先就南岸新堤劃分段落，設同知三員、通判一員、州判一員、縣丞三員、主簿四員、巡檢二員、都司一員、守備二員、協備一員、千總三員、把總二員、分防五員，以上各缺，均於已裁各缺内酌量復設。惟此裁缺内並無守備，應於協備缺内改爲守備二缺，共計移設二十八缺，額外外委十一名，向於記名外委内拔補。並撥兵六百一十四名、堡夫四百九十五名。將堤岸劃分段落，酌定廳汛名目，其直隸河岸堤段較少，應分隸於河南之蘭儀廳與山東之荷明廳，就近兼管，以免隔河呼應不便。以上四廳，惟蘭儀廳應隸於開歸陳許道管轄，其荷明廳、濮鄆廳、鄆壽廳均應隸於兖沂曹濟道管轄。第堤岸既立，則每歲修守之資，即應預爲籌備。查從前河南蘭儀廳、山東漕河、糧河、曹考等廳另搶各案，雖無一定之數，而每歲修守約共需銀二十餘萬兩。蘭儀用款歷由河南籌撥，漕糧等廳用款歷由山東籌撥。今日新堤創始，修守應於舊章無殊，每年實需銀兩若干，原難預爲懸擬，必須試辦二三年方知大概規模。以後每廳需購歲料若干、歲麻若干、磚石若干、防險銀若干，似應察看各廳情形，就工之繁簡、埽壩之多寡，以定銀兩之數目。三年之内，由各道廳稟明，河臣自履勘險要，秉公酌中定議，方可以垂永久之科則。至於此項工需，應請聖訓，飭部頒行議定，指明由山東、河南照廳撥款，以便丙子年設廳之後遵照辦理。惟念山東、河南每年添此用款，應請部臣於派撥協餉時，曲爲體卹，以寬其力。其餘一切未盡事宜，俟部臣定議具奏後，再由山東撫臣、河南撫臣飭令兖沂、開歸二道，隨時具禀，咨部示覆遵行。所有遵議補堤設官緣由，理合逐條陳明，並繕清單，繪圖貼説，恭呈御覽。

—5. 皇朝經世文續編　卷九〇　工政三　河防中

統籌閩粵浙三省防務片

海防區分南北洋，而山東之烟臺歸北洋兼轄，閩、浙、粵三口歸南洋兼轄。烟臺只有一口，尚易兼顧。閩粵則有台、澎、金、厦、雷、瓊之散布。浙江則有定海、鎮海之要隘。道遠則經營匪易，隔省則呼應欠靈。今津沽、吴淞等處既擬增雷快鐵甲等船，福建、廣東、浙江三省，亦須速籌鉅款，及時製備，庶無事則各爲操練，有事則立調應援，以期聲勢聯絡，鞏固海疆。各省督撫臣，皆具深謀遠識。何省應增何項船隻若干，或由廠自造，或由外國訂購，亦宜趁此決計自强，通力合作。相應請旨敕下各該省，趕速籌商，奏明辦理。至近日西人陸戰，皆用炮隊當先，而以後膛洋槍繼之。臣處有由滇、粵、臺北前敵觀戰來者，言之甚詳。是陸兵從前專練洋槍，以後更宜加練炮隊。所需後膛槍炮，尤爲最要之軍械。一經海口封禁，購辦無從。似須先事購備。並添購機器，推廣仿造，庶免缺乏之虞。除飭上海、金陵兩機器局遵照妥辦外，一併請旨敕下閩粵等省，預行籌備，洵於防務有裨。

—5. 皇朝經世文續編　卷一〇八　洋務八　軍政上

何秋濤（1824—1862）

字願船，福建光澤（今屬南平）人。道光二十五年（1845）進士，授刑部主事，升員外郎，供職懋勤殿。有《一鐙精舍甲部稿》。

俄羅斯進呈書籍記書目附

大清受天命有九有，薄海内外，罔不臣服。西北有俄羅斯國，地荒遠，負北冰海，南鄰蒙古，及諸回部。慕我朝德化，歲時使其國秀穎子弟，來都城學滿漢文字，誦習經史諸書，國家厚給廪糈，精選文學之官以教習之。歲滿則歸其本國，復使其他子弟來代，謂之换班。蓋我聖朝聲教遠訖，漸仁摩義，舉凡遐荒遠徼，莫不欲使之習道德而敦詩書，斯誠亘古以來未有之盛舉也！

二百年來，其國漸被風化，文事益盛。國人以本國文字纂集成書，不下數十百種。然限於疆域，傳至中國者絶少。其國民各分種族，曰薩剌瓦族，曰力丁族，曰芬族，曰日爾曼人，曰猶太散民，皆重希臘教門，亦天主教别派也。曰韃韃里族，游牧於國南鄙，奉回教，即西域回部。種類曰甲才族，亦游牧於國東南鄙，奉佛教，即中國蒙古之别部也。初蒙古土爾扈特部與準噶爾構釁，北依俄羅斯。俄羅斯以額濟勒河地處之，乃明季時事也。至乾隆三十六年，土爾扈特汗渥巴錫率其河東户口十餘萬人至伊犁歸附。其河西户口尚居俄羅斯，皆習佛教。道光二十五年，俄羅斯國王表言，《丹珠爾經》乃佛教所重，而本國無之，奏求頒賜。上命發雍和宫藏本八百餘册賜之。越數月，其國王因肄業换班學生進京，乃盡繕俄羅斯所有書籍來獻，凡三百五十七號，每號爲一帙，裝飾甚華，有書有圖。惟通體皆俄羅斯字，人不盡識。當事者議發還之。或曰：斯乃所以爲報也，卻之轉拂遠人之情。則奏請收存於理藩院，以俟暇日將翻譯焉。於是軍機處存注檔册，例須先譯書名，乃得其三百五十七號之書目。好事者争相傳録，余亦得而迻焉。考其中言彼國史事、地理、武備、演算法之書十之五，醫藥、種樹之書十之二，字學、訓解之書十之二。其天主教書，與夫詩文等類，僅十之一而已。此其中足備掌故考核者多矣。置之典屬，掌之樞廷，將來取次譯之，於邊防軍政，大有裨益，其所系豈淺鮮哉。昔大西洋利瑪竇等，以明萬曆時入中國，獻所著各書，當時稱爲盛事。不知西洋距中國絶遠，利瑪竇等自進所爲書，與其國王無與也。至如艾儒略之《職方外紀》，南懷仁之《坤輿圖説》，皆入中國後所編纂，類多張大彼教，誇詫誕謾之詞，不足爲據。今俄羅斯漸被文德，淪浹已久，其國王自獻書籍至三百餘種之多，皆確實而有徵。既遠勝艾、南諸書之荒陋，又其慕德恭順之懷，迥逾尋常，尤爲自古所未有。夫豈明代利瑪竇等進書之事，所可比擬於萬一哉。余謂此千古稀逢之盛會也，不可以不記。因次其書目於左，以告來者。

俄羅斯國進呈書籍總目。［略］

—5. 皇朝經世文續編　卷七四　兵政一三　塞防上

卞寶第（1825—1893）

字頌臣，江蘇儀徵（今屬揚州）人。咸豐元年（1851）舉人，歷官福建巡撫、湖南巡撫、湖廣總督、閩浙總督兼管福建船政等。有《卞頌臣集》。

請將荒地試墾水田疏同治四年

竊臣等聞寧河縣與天津縣交界地方有荒地六七十里，曠無居人，地方廢棄，良爲可惜。查寧河等縣所屬塌河淀、軍糧城、七里海、陳家溝、東堤頭、新河一帶，瀕臨海河，若引水灌溉，可開稻田一千餘頃，歲可收稻米十萬石，於北地倉儲、近畿民食均有裨益。因思咸豐九年間，科爾沁親王僧格林沁駐兵大沽海口，以海河兩岸舊有水田日久荒廢，倡勸捐資，墾得稻田四千二百餘畝，遂使斥鹵之區成爲沃壤。嗣經侍郎崇厚督員經理，頗著成效。

臣卞寶第函致崇厚，詢訪情形，旋據覆稱，軍糧城一帶臨傍海河，潮汐相通，無水之時可以灌溉，水漲之時可以宣泄，須官爲經理，開渠二道以爲豬蓄節宣之所。計渠一道共長三十餘里，兩道共長六十餘里，約需工價一萬數千金，必得官爲籌款。開成之後，招佃墾種，確可得稻田千餘頃，變斥鹵爲膏腴，洵爲美利等語。查該侍郎在鹽水沽一帶勸墾水田，連年收穫稻米頗豐，辦理極爲熟悉。可否飭下通商大臣侍郎崇厚派委妥員，會同地方官，前赴軍糧城一帶履勘情形，酌議章程，與臣等及直隸總督會商，奏請諭旨定奪，以便遵行。倘能辦有成效，則近畿可得十數萬稻糧之益，而曠土咸成沃區矣。是否有當，伏乞聖鑒訓示。

—15. 皇朝經世文四編　卷二一　户政　屯墾　錢幣

袁祖志（1827—1900）

字翔甫，號枚孫，别署倉山舊主，浙江錢塘（今杭州）人。袁枚孫，官江蘇知縣。有《談瀛閣詩稿》。

論和約條款之可駭

日來外間傳來中倭所定和約之條款，有同者有不同者，有大同而小異者，紛紛擾擾，莫衷一是。照人情物理而論，似乎不應如是，亦當不至於如是，何也？蓋讀至狂悖無理處，幾欲令人目眥盡裂，而鬢髮上指焉。此等約章何以示後世，何以供五大洲萬國之披覽哉。即使白刃加於項，鼎鑊列於庭，强逼畫諾而爲，使臣者亦不合曲從也。而竟委曲相從，宜乎？盈廷諸臣嘖有煩言，交章參劾，宜乎！臺灣百姓胥懷義憤，伏闕上書，祖宗二百餘年之德澤，普天之下，率土之濱，浹髓淪肌，其入人也至深且切，一旦聞朝廷將受辱於他邦，君父將貽羞於異國，天良未昧，孰肯甘心？

竊臣謂使臣而爲怯懦書生，或不免攝於威，使臣而爲百戰元戎也，則似不應爾也；使臣而爲少年新進，或不免屈於勢，使臣而爲老臣碩望也，則似不應爾也；使臣而爲疏遠小臣，或不免昧夫國體，使臣而爲當朝首輔也，則似不應爾也；使臣而職難專擅，或不免聽其所爲，使臣而全權在握，則似不應爾也。況乎受恩深重，較之在朝在外之臣工，有過之而無不及。當此之時，宜如何能報我國家，報我朝廷，言不能折，當以力争之，力不能争，當以死繼之，使千秋萬世鑒其悃誠，億兆黎民知其梗概。且已垂暮之年華，何惜殘生之富貴，節操全於一時，聲明著於百代，榮莫榮於此矣，著莫著於此矣。所謂死有重於泰山者，即此之謂也。不出乎此，是誠何心，吾不得而知之焉。

奈説者謂俄人已動旁觀之怒，行且興問罪之師，兵船已抵夫倭疆，而英亦將繼之，而德亦將繼之，且恐泰西諸大國皆將繼之。斯言也，能動淺見寡識者之聽，而不能動深謀遠慮者之聽。噫，夫俄亦何愛於我中國哉，既不愛夫我中國，即未必輕舉妄動，誤爲鋤强扶弱之圖，實俄之有志於中與倭也，已非一日矣。視中如鷸，視倭如蚌，鷸蚌相争，正是漁人之利。今既巧值其時，自然而然相時而動，養精蓄鋭，將坐以收其利者，更將藉此而大有爲焉。恨彼倭人所見者小，不恤同洲之義，不顧唇口之形，僥幸得志於一時，狂誕遂超乎萬古。聞其所訂之約款，並約中國不得於未换之前，預以顯示夫人，蓋亦因有礙各國之商務大局，唯恐先以示人，則他國或從而梗之也。此情形更何堪，以此約款，輕易允諾，而撤手言旋乎！然則膺全權之任者，將何詞以解乎？或謂似此唯諾將事是。全權者，全乎其行權之心，而直昧乎握權之義。權之時義危矣哉，以權而無所不權，遂至於割地焉，遂至於一切從命焉。試問我國有何開罪於彼，而當償其兵費乎？我之兵費又將誰索乎？夫戎首者，彼也。甘居屈節求成者，我也。因我之委曲以期息戰也，遂大開苛索之端，遂藉啓無厭之欲。約款所列，路人知其心矣，而當事者何獨昧之？

側聞全權大臣之往也，所帶隨員十餘人之多，皆平時曾膺擢荐，所稱爲才智之士、經濟之才者也。乃亦無一人焉啓使臣之聰，開使臣之惑，獻一策以增輝壇坫，設一謨以耀我邦家，而乃一概默默無言，奉身偕退。問有一人能知主憂臣辱，主辱臣死之義乎？無有也。論倭之蹂躪我中國也如是，則主憂也可知；倭之要挾我中國者如是，則主辱也可知。主憂而臣不辱，主辱而臣不死，有是理乎！有是理乎！而乃手捧此等約章，歸報君父乎！以堂堂大一統之中國，金甌無缺，環海不波，遽啓强梁者，［百］般挾制，誰秉國鈞，其能逃夫千秋萬世之刺譏者，恐亦斷斷乎無是理也。又聞臺灣之民以割地故，極不甘心，然則約款所載，限期移民，限期交地，彼殆見及乎此，而欲我中國先去此不順之民，俾彼可無煩力取耳。此等移民割地之事，乘其乏者，自然即仍煩全權大臣一行，以了此一樁公案，諒亦無可推諉無勞當宁之躊躇焉。既能甘心俯首而畫約章，自能百計圖維以辦交代，即遼陽一帶之地，似亦毋煩他手，而儘堪游刃有餘焉。彼時而能不啓變端，則以和約條款爲可駭者，亦當默爾而息，而以爲無可駭矣。

—12. 皇朝經濟文新編　各國交涉二

孫家鼐（1827—1909）

字燮臣，號蟄生，安徽壽州（今淮南市壽縣）人。咸豐九年（1859）進士，官至武英殿大學士，謚文正。有《太傅孫文正公手書遺稿》。

奏官書局開辦章程疏

奏爲請旨事。光緒二十二年正月二十一日奉上諭：“總理各國事務衙門奏：新設官書局，請派大員管理一摺，著派孫家鼐管理，欽此。”臣恭奉諭旨，朝夕籌思，且與原辦書局諸臣，悉心酌度，謹擬開辦章程，分條臚列，恭呈御覽。

一、藏書籍。擬設藏書院，尊藏列朝聖訓欽定諸書，及各衙門現行則例、各省通志、河漕鹽釐各項政書。並請准其咨取儲存庋列，其古今經史子集，有關政術學業者，一切購置院中，用備留心時事、講求學問者，入院借觀，恢廣學識。

一、刊書籍。擬設刊書處，譯刻各國書籍。舉凡律例、公法、商務、農務、製造、測算之學，及武備工程諸書，凡有益於國計民生與交涉事件者，皆譯成中國文字，廣爲流布。

一、備儀器。擬設游藝院，廣購化學、電學、光學諸新機，礦質、地質、動物、植物各異産，分別部居，逐門陳列，俾學者心摹手試，考驗研求，了然於目，曉然於心。將來如製造船隻、槍炮等事，可以別材質之良窳，物價之低昂，用法之利鈍，不致受人蒙蔽。

一、廣教肄。擬設學堂一所，延精通中外文理者一人爲教習。凡京官年力富强者，子弟之姿性聰穎、安詳端正者，如願學語言文字及製造諸法，聽其酌出學資入館肄習。

一、籌經費。總理衙門原奏，每月撥銀一千兩。查局中用款以延教習、繙書籍爲大宗，此外繹報及書手、匠役人等工價伙食，費亦不貲，每月千兩，只供各項之用。至於購買圖籍、儀器等款，尚無所出。原辦零星招股，過於冗碎，自應遵照原奏，酌核收納。現在事屬創行，需款數難預定，惟有就現有經費，次第興辦，總以撙節爲充拓之基，切戒濫費，以收實濟。

一、分職掌。上年部院諸臣開設書局，倉猝舉辦，草定規模，議事尚未畫一。今擬將局中諸務，各分職掌，庶心志專一，可期日起有功。所有在局辦事諸臣職名，另單開呈御覽。

一、刊印信。擬刻一木質關防，文曰：管理官書局大臣之關防。凡向總理衙門領取經費及有行文事件，即以此爲憑信。

以上七條，如蒙俞允，臣即敬謹遵行，即從本日開辦。

臣竊惟同治初年總理衙門請設立同文館，講求泰西諸國文字，令翰詹部院各官一體入館習練。維時議論紛紜，人情疑阻，風氣未開，事因中止。後雖經總理衙門設法招徠，入館生徒略有成就，而讀書明理之人，從事其中者絶少。遂致中外間隔，彼己不知，倉猝應機，動多舛誤。近者倭人構釁，創鉅痛深。一二文人學士默參消息，審知富强之端，基乎學問，講肄所積，爰出人才，砥礪奮興，消除畛域。期以洞中外之情形，保國家於久大。此與同治初年設立同文館之意，實相表裏，誠轉移風氣之一大樞紐也。臣開辦初章，事歸簡要，未盡事務，漸圖擴充。其藏書、刊書、游藝學堂諸所，有稽查諸員考其課業，綜理諸員總期綱維。各期敬業樂群，尊賢尚齒，善資群議，術集衆長。庶幾成材者，擴會通過半之思，志學者得師友觀摩之益。至局中用款，惟延請翻譯、抄寫書籍、典收文簿、登記賬目，及工匠製造之人，發給薪水。此外興辦局務、翰詹科道部院諸臣皆出於誠懇之心，忠勤之念，但期創開風氣，增廣見聞，爲異日報效國家之用。臣亦鑒其初心，一概不請獎叙，不支薪資。至印送各路電報，只選擇有用者照原文抄録不加議論。凡有關涉時政，臧否人物者概不登載，以符總理衙門原奏。所有議立條款，請旨遵辦緣由，請繕折具陳，伏乞皇上聖鑒，訓示。謹奏。

同治初年，恭邸奏開同文館，倭文端公抗疏力争，遽尼成議。假使斯局開於三十年前，向之肄業編檢，皆位卿貳矣。用以更新百度，力圖富强，安見不能駕泰西諸國而上之吁！香隱。

—8. 皇朝經世文三編　卷一　學術一　原學上

丁韙良（1827—1916）

字冠西，號悳三，美國傳教士。道光三十年（1850）至中國，後任同文館、京師大學堂總教習，撰譯甚多，有《同文館題名録》《萬國公法》及《公法便覽》等。

通使總論

通使之例雖繁，其理至簡，要之不外凖情度宜，而主在辦理交涉事務。推而言之，爲外交之道；實而按之，爲議事之法。然各國往來事宜，時有變遷互易，皆隨國之盛衰，事之虚實，勢之分合耳。伊古以來，大抵如斯。凡膺使臣之職者，皆宜詳考往事。無如史記紛繁，案卷甚夥，欲徧覽周知，以求辦理交涉事務之法，亦已難矣。是以使臣每藉閲歷之資深，以補考證之不足。蓋事雖相同，而時勢或異；或時勢無異，而人地有殊，焉能泥於成格，繩以一律？況今昔情狀不同，邦國風俗亦異，常見事同，而辦法迥異。惟在當事者洞悉情形，周詳智慮，因時制宜耳。然非謂因此而通使之學可廢。

夫使學雖無定則，而歷來各國與外使往來文件、册簿，即可視其如何敷詞立意，以資考證。遇事又須熟悉情形，搜羅程式，互相較量。然後視人地之宜，酌核措詞。至昔日之成案，雖不盡宜於今日之需，但不可不恃爲繩墨。緣人之趨利避害，古今同情。往昔案件，若悉心考查情由，恒能預料其完結之處，可知凡事遇有阻礙，如何疏通；遇有損害，如何預避。視昔人之錯誤，即可藉爲前車之鑒矣。

通使之學，關係甚鉅，然精通者甚鮮。雖偶有博學深求，而於《公法》《史記》等書，知崖略者居多，竟領使命後而始習者有之。夫使臣若謂胸有邱壑而師心自用，實爲謬妄。蓋人無學問僥倖供職者，雖偶有之，而聰明才幹總不足以應事物之紛紜，即專恃閲歷，亦已誤矣。況公使一經到任，難免被事糾纏，此時無暇考證，不及詳查，若無積學，則手足無所措矣。處事固貴乎閲歷，而欲泛應曲當，須精熟通使之學。然欲精熟通使之學，須先涉獵諸學而博采之，更當以此事爲專課而力求之。其諸學之尤要者開列於左：

一、須知天然公法。其理係通行萬國，而彼此交際之道，皆以此爲凖。

一、須知各國通例。有出於條約明文者，有出於從俗通行者，緣各國或以玉帛相見，或以干戈相見，皆以此爲凖。

一、須知西洋諸大國律例。

一、須知各國歷代史記。其尤要者，係所載交戰議和以及近代所定條約。讀此，則國之興替，政之隆污，皆可明晰。

一、須知各國大勢。何國志在侵吞兼併？何國志在均勢守成？何國志在合盟自固？

一、須知富國策。内載貨物，何以生産？何以銷售？何以散聚？

一、須知各國風土人情，以及户口、水陸、兵額、地丁、租税等項。

一、須知各項公文程式。洋文格式尚未譯就，但漢文程式則披閲總理衙門文件可也。此外，本書列有應讀之書百有餘種，皆未譯出漢文。若徒譯名目，實爲無益。惟惠頓氏所著《萬國公法》，業已譯刊，而本書以之冠於百家。

除以上諸學之外，欲專辦交涉事件，尤須通曉各國語言文字。一則能讀原文，可以沿流溯源；一則因公會晤，可以方言議事。以視借人傳解，實爲便易，並可暢談積愫，彼此開誠布公，而免猜疑之釁。

西洋辦理交涉事件，以法文爲通行，英德兩國語言文字次之。自八十年來，各國議立條約，往往專用法文。即如一千八百十五年，諸國公使於奥京會議，及一千八百三十九年，比利時與荷蘭分而自立，荷比兩國議定條約，亦皆用法文。總之，用法文繕寫條約者居多。有時注明“權用法文”，非必用法文者有之。

—5. 皇朝經世文續編　卷一〇四　洋務四　邦交一

論通使禮節

論禮節分類

天下各國，於衣冠禮節，莫不立有定制，以辨尊卑。在蠻夷尚有尊上敬長之禮，則文教盛行之邦，其職分尊卑，豈可無衣冠禮節以辨異乎？夫禮節如靈妙機器，機器有軸以運行不紊，有輪以旋轉不停，故免迸裂之虞。在禮節不但見之於語言，並形之於筆墨，即號令之能行，亦莫不賴乎禮。進退之間有禮，以免受侮；語言之際有禮，以免招尤。總之，禮爲合宜之要鍵也。今按照使臣之等級職守，以及所享之利益，與現定通行往來之處，略載於左：

一、使臣與彼國君主及宗親往來禮節；

一、使臣按照等級互相往來禮節詳載下節，因禮節之間有關使臣權利之節；

一、使臣往來文件程式詳載原書第二編第一章内，此書亦有略述之處；

一、國君、親王、公使及領事等官，或海口登舟，或洋面相遇禮節。

論按級待使之禮

自使命日繁，並有常川駐京者，於是通使禮節陸續漸增。後因强弱各國，皆遣使於威司發里，議立和約，禮節始定。

各國之君位不齊，使臣之等級不一，以及條約章程不能皆同，是以通使禮節難以一律。兩國向無尊卑之序，即當交以平行之禮。若向分尊卑，即應作爲定例，不可隕越。

其互異之處，此書不能細述。惟於各國現在通行之禮，擇其要者有二，載之以備查考。

一、國君接待使臣之禮，不可有減於通行常禮。因接待之禮有關君國體制，其禮不足，恐鄰於怠慢，甚至因情節之輕重而疑有意侮辱者。

一、接待使臣厚薄之處，或出君主本心，或因按照條約，或因遵守成規，但不得於他國使臣權利有礙，以致藉爲口實。天下無兩國同禮者，故接見使臣一切禮節必須合宜，既不辱其職，又不礙其權。至於格外之優待，亦宜一視同仁，不可偏枯，以免畸重畸輕之弊。

至外國使臣因相待禮節彼此争辯，我國不必過問。昔各國駐扎英京公使乘車郊迎瑞典來使。是時日國公使策馬速馳，欲行於法使之前，因而彼此争鬬，毆斃法人八名。法君乃與日國理論，而英國置身事外，未嘗過問。

論推尊調處之國

使臣等級，上文業已論及。然遇兩國或數國有會商事件不能定議，同請某國調處，某國所遣之使雖卑，彼國之使雖尊，仍當讓調處使臣位列在前。

論使臣會晤次序

各國使臣因公會晤，其位之上下，以中爲尊，右次之，左又次之。遇有朝會大祭等禮，皆以位尊者居中。若魚貫而行，即按等級，自中分左右，以次而列，仍以右爲上。若不在行禮之列，惟在位旁觀，如看劇、聽經等事，亦復如此。二人或行或坐，以右爲上。土國以左爲上。

使臣因公會晤，其次序之先後不可過於拘泥，否則一有不合，即生争競。以予觀之，莫如不拘次序之爲妙也。

各國使臣遇有會議、筵宴等事，如棹椅四面環坐，無論廳堂如何，方向以面向大門或窗牖位居中者爲首座；屋門則不論在座之左右，總以不背門爲正。若限於地勢，不能如是安放，即以右臨户牖位居中者爲首座，右爲兩座，左爲三座，二之次爲四座，三之次爲五座，餘可類推。總之，不論坐立，以右爲尊。

前后排列，其次序不一。有以前行者爲首位，有以末行者爲首位。因人數以定次序，如二人，以前行者爲首位。三人，以中爲首位，前者次之，後者又次之。四人，以前行者爲末位，次爲二位，三爲首位，四爲三位。五人，以首行者爲四位，次爲三位，中爲首位，四爲四位，五爲末位。

横行排列，有以右爲首位者，有以左爲首位者。並有次序，互相間隔者，如二人，以右爲首位。三人，以中（以）［爲］首位，右次之，左又次之。四人，以右爲首位，餘皆以次而推。五人，以右之首位爲四位，次爲二位，三爲首位，四爲三位，五爲末位。餘皆準此。

兩國或均屬平行，或尊卑未定，遇使臣因公會晤，其次序之先後，恐致争執。則有調處排列之法，或將該使臣等所居之位皆作爲首位，或彼此輪流居首，或按各國君主年齒，或按在位所歷年數，或將該使臣等簡派與到任之先後而定，或掣簽皆可。一千七百九年，丹、波兩國君主在布京會晤。是時，係掣簽以定其次序先後。

使臣遇他國與己同等之使，前來本署拜謁，不論兩國君位尊卑，皆當按賓主之理延之上座。至三等公使拜謁二等者，亦當按賓主接待。惟二三等公使拜謁頭等公使，不得援以爲例。一千八百十四、十五年間，奥京大會；又一千八百十八年間，艾克司會議，各國使臣坐位均未拘次序，使臣畫押按法文字母查國名，以字母之前後定其次序。再，一千七百八百年間，四國在艾克司會議，各國使臣不拘禮節，不分尊卑，係預爲議定。至會議之特設一圓棹，各國使臣環坐，以座位無上下，而等級亦無分尊卑矣。

論使臣與職爵宗親次序

因公會晤使臣與地方職爵，位次或按彼此等級、兩國情誼以及向來成案而定。昔帝王之使前往諸侯之國，國君讓居首位者有之，因位次而争執者亦有之，今則絶無如此推讓者。

按通行常例，國君子弟位列公使之先，其餘宗親尚無定制。

本地各項職官，前往公使署内，與數國公使會晤，除頭等公使外，無論何等，皆讓本地職官位列在先，頭等公使祇遜位於總理大臣而已。至公使前往本地職官住宅，與本地大臣會晤，除總理大臣外，無論何等職官，皆讓公使位列在先。

論接待使臣並使臣朝覲之禮

因使臣之等級不一，各國之條約不同，風俗亦異，於是接待公使之禮亦各懸殊。

今就現在通行之例論之。

公使一經行抵任所，即當報明該國總理大臣。若頭等公使，可委本署參贊前往報到，投遞副本國書，請示朝覲時日。至二等公使，亦可委之參贊，但正使行文知照總理大臣，請示朝覲時日者居多。使臣報到等事，即經照章辦理。而總理大臣業已照覆後，國君即準其朝覲。昔頭等公使覲見國君，左右排列儀仗甚盛。現在除土國外，禮節一概從簡。辦事大臣抵任，照例應將文憑呈遞總理大臣。其報到以及請示呈遞文憑時日等事，仍與二三等公使無異。

至如何朝覲，或在公朝，或在私朝，當按照兩國意見，並向來定章而行。使臣非必俟覲見國君之後方能接印任事。有先行私見，遲逾數月始補行覲見之禮者。然遇曠典大禮，特遣頭等公使，往往有預先委員或函致彼國，議定接見之禮，該使方前往供職者。

頭等公使到任卸任朝見國君之禮，西洋大國雖不皆同。今就其所同者，略爲述之：

朝見屆期，帶見大臣率領六馬宫車前往使臣公署，請正使先升，帶見大臣同坐。該使自備之車，空隨於後。其隨使人員皆自備車輛相隨。迨至宫門，有武弁人等執刃擊鼓，列隧迎接。進正門，升正階，御前大臣出迎，帶見大臣前引行至殿内。國君或坐或立，旁列王公大臣，正使與隨使人員進行三鞠躬禮。國君立命正使坐。正使坐誦陳詞。詞畢，參贊捧過國書，正使呈遞國君。國君接而授之總理大臣，國君復誦答詞。使臣仍三鞠躬退出。自一千八百五十年間，法國始特立帶領公使覲見大臣之職，以前均係内大臣兼膺此事。

有將正使隨送回者，有隨往拜見小君儲貳以及懿親後，方送該使回署者。在日斯巴尼亞等三四國，使臣覲見君后，有以吻親君后之手爲禮者。

國君無躬親答拜之例，皆令總理大臣前往，其餘或親往或遣人代往，向無定章。

朝覲之後，使臣方得任事，而享一切權利。

查土耳其定例：凡二等使臣朝覲，先將國書呈遞冢宰，次遞國君。至辦事大臣，衹拜謁冢宰，呈遞文憑而已。

待使臣妻室之禮，按使臣等級而論。惟頭等公使夫人面君，君方賜座。遇有慶賀之事，頭等公使可請國君王后前來本署，但非大典不可輕有此舉。

論私朝接見使臣之例

頭、二等公使，國君可在私朝接見。至接見二等在私朝之時居多。其一切禮儀較上文所載更爲簡便，國君不陞正殿，使臣無隨從執事。君或獨立，或衹總理大臣伴駕。使臣行常禮，將所奉之國書呈上；其副本例應隨求見信函，先爲呈遞。

接見三等公使之禮即駐扎公使，不但各國不同，並視彼此之情誼而定。

使臣於到任卸任，除例應朝見外，遇有緊要事件，如伊君發給手書、寶星以及慰問信函，令其面呈彼國之主，亦可特爲謁見。國君有於公使覲見之外，按期復行接見者，如元旦等日。

論使臣互拜之禮

使臣到任之後，雖於未經朝見之先，業已私拜各國使臣。然既經朝見，必當再爲官拜。至如何拜謁，須遵照常例彼此等級而行。若未經有此拜謁，則使臣不自以爲公然接任。

頭等公使朝見之後，即將接見日期或公服或便服，自行知照各國公使。總理大臣亦將該使臣接見本地官紳日期，載之《邸抄》。屆期往拜者，由掌禮大員帶見。

頭等公使除彼此另有情誼不計外，有不親拜二三等者，祇投名刺而已。至二三等公使則異是。無論何等，凡在本地各國使臣，皆應親往拜謁。

使臣之妻亦同此例。頭等公使之妻，惟先拜他國頭等公使以及總理大臣之妻而已。伊亦當速爲答拜。至二三等公使之妻，應先拜頭等。

昔有大國二等公使抵任，不欲先拜四等者，因而互相争執，不一而足。今則除頭等外，無論何等公使，一經到任，皆應先拜各等公使。再，本地大憲與各國公使，因拜謁之先後，亦間有争執者。此等情事，應以遵照常例爲要。

各國禮節既多，不同使臣抵任後，可將如何朝覲拜謁之處，詢諸前路，以便奉行，否則一有不周，愆尤難免。

論尊稱使臣之例

凡與頭等公使往來言語信函，除國君外，皆以愛克塞郎司譯言至尊之意稱之。至二等使臣，本不膺此尊稱，惟兼本國文武大憲之銜方可。查西洋各國御前大臣、部院尚書、水陸提督以及文武大憲等職，皆同此尊稱。今二等公使亦以此稱之者，非視其本職，乃視其兼銜而呼之耳。

論尊敬使臣之禮

查使臣駐京之例未開，凡頭等公使到京以及沿途接待，與友邦之君親臨無異。今則除土耳其國頭等公使外，其餘若是接待者甚鮮。至郊迎使臣，護送進京之禮，久已廢棄。惟航海而來，守口衛所放炮，以爲示敬之儀。詳見水師禮節之内。

頭等公使與教皇使臣專享崇禮有三：乘坐六馬輕車，一也；武弁列隊迎接，二也；公署可設華蓋，三也。頭等公使署中若設華蓋，内懸國君之像，大小與本體相若。遇國君慶賀典禮及該使抵任時接見官員，應立於華蓋之側，以免遮掩君像。

總之，使臣駐扎他國，不得於同等公使所享寵榮之外另求優異，如兩國立有成約另當别論。

小國接待大國使臣，往往格外從優者有之。甚至大國待二等公使，不如小國待三等之禮盛也。遇國家慶賀大典，其公使位次僅遜於親王、王妃、公主等，無論何等使臣，皆當延請。至各等參贊，按常例亦莫不折柬而約。昔辦事大臣及參贊之夫人原不帶見國君，邇來亦覲見矣。

論賞賜使臣職銜禮物

使臣或久駐該國，或委辦緊要事件諸臻妥善，或奉命來行慶吊。其返斾旋國，國君率有賞賜，以示嘉獎。或賞以職銜，或賜以珍物如烟壺、小匣等類，上以寶石鑲嵌君像，往往有之。至使臣應否收受，須請本國指示。而民政之國，間有不准其收受者。寶星等件，往往賞賜太濫，則佩者必多，其光榮反爲減色。

—5. 皇朝經世文續編　卷一〇五　洋務五　邦交二

吴曾英（1828—1875）

字全耆，號東軒，江蘇太倉（今屬蘇州）人。有《覆瓿叢談》《南洋各島國論》。

設險守國論

嘗謂恃險、失險，二者均過。昔者綿竹不守，西蜀云亡；成臯、大峴不守，前趙與南燕覆滅，此有國者所深戒也。九邊險要，無過長城，大道曰關，小道曰口，若偏關，若寧武，若雁門，爲外三關；若居庸，若紫荆，若倒馬，爲内三關；此外喜峰、古北、獨石，以迄張家口、殺虎口，尤稱形勝，王公設險，於斯爲大。況今南北一家，内蒙古五十一旗，外蒙古八十六旗，悉隸典屬，於烏里雅蘇臺有將軍，於科布多有參贊，於庫倫有辦事大臣，均守在俄夷之交界，或設鄂博，或設卡倫，或設柳條邊，與西之葱嶺、崑岡，東之白山、黑水，遥遥鼎峙，嚴密周防，非前代以燕、趙、秦、晋爲邊塞者可比。然今天下大勢，又在水不在陸，自嶺南至遼左，一片汪洋，無復藩籬之限，西國又用輪船、電線，呼吸相通，幾似無險可扼，而陰沙暗礁，布滿大洋，其落漈爛泥尾、萬里長沙、千里石塘等，舟船向不敢近，所可横行直駛者，止長沙、門沙、馬琦、頭門及天堂門五島門而已。此亦海國形勢，天設之險，以限中外者也。竊謂海疆防守大局，當分三路：粤閩爲一路，吴越爲一路，燕齊爲一路。粤閩最居險要，西國之船，由地中海駛蘇爾士，而浮紅海、印度海，便是自亞丁、錫蘭、新嘉坡，以抵香港、厦門，粤閩首當其衝。三山五羊之間，時虞侵軼，所幸虎門、厦門、南澳、海壇等島嶼環拱，將弁星羅，互相策應，於南洋或可無慮耳。燕齊外障朝鮮，最要莫如登郡，北與旅順對峙，天然門户，北洋重鎮無過於是。倘得大臣統轄三路，復於廟島、皮島、之罘島等處，添設礮臺，層層控扼，天津、牛莊猶處堂奥也。吴越財賦要區，上海一隅，尤四大洲總匯，在通商十四口中最爲繁劇，非但西國從香港來者，趨之若鶩，近且由大東洋取道日本，從横濱、神户、長崎，以徑入吴淞，已别開生面。

防禦之謀，云何得已。伏思大江入海之口，斜向東南，而東南島嶼，以陳錢爲要害，由陳錢而洋山、殿前、馬迹、大衢，恍如驛傳，昔人有言之者矣。前明胡宗憲議設總鎮於陳錢，分哨洋山、馬迹、大衢，據險而守，以重江浙門户，洵碩畫也。今誠參用其策，創設東洋水師，統轄江浙洋面，兼募漁勇，以聯舟會哨，令聲勢上接遼陽，下連嶺嶠，未始非中權扼要、思患預防之長策也。至南北海疆之島嶼，地廣而險，如南澳、大奚山，各三四百里，海壇、玉環山，周圍各七百餘里，其他即不甚相類，而一二百里、數十里者，更不可勝數。揆其形勢，正天造地設之郡邑也。乃沿海之沙洲島嶼極多，而懸海之府廳州縣極少，長此聽其荒廢，棄而不守，或永爲逋逃淵藪，或如澳門、香港，被外夷垂涎占據，可慮亦可惜。如就幅員廣狹，悉設郡邑，大者分治數縣，小者合治一縣，俾小民開墾升科，立子孫長久之業，繭絲保障，亦足兵足食良圖也。古人云："治險以狹。"又云："一寸山河一寸金。"誠不可忽。況今大海諸山，皆饒漁鹽，財用足以供賦税、裕度支。即使建置之初，不無耗費錢糧，斷不至如西域新疆，歲需協濟。且彼懸海人多强悍，撫而用之，悉洋防勁卒也。沿海地皆回抱，環以扼之，即海國長城也。此其爲利於國家，豈淺鮮哉？

—5. 皇朝經世文續編　卷七二　兵政一一　地利上

王　韜（1827—1897）

字紫詮，號仲弢，江蘇蘇州人。諸生，中年辦報，宣傳變法，晚年在上海主持格致書院。有《弢園文録外編》。

變法上

泰西人士，嘗閱中國史籍，以爲五千年來未之或變也。夫中國亦何嘗不變哉。巢燧羲軒，開闢草昧，則爲創制之天下。唐虞繼統，號曰中天，則爲文明之天下。三代以來，至秦而一變。漢唐以來，至今日而又一變。西人動譏儒者墨守孔子之道而不變。不知孔子而處於今日，亦不得不一變。蓋孔子固聖之時者也，觀其答顔子之問爲邦，曰："行夏之時，乘殷之輅，服周之冕。"於三代之典章制度，斟酌得中。惟求不悖於古，以宜乎今而已矣。於答子張之問，則曰："殷因於夏禮，所損益可知也。周因於殷禮，所損益可知也。其或繼周者，雖百世可知也。"此孔子蓋言其常也，而非言其變也。言其常，則一王繼治，有革有因，勢不能盡廢前代之制而不用。言其變，則未及數百年而祖龍崛起，封建廢而爲郡縣，焚詩書，坑儒士，樂壞禮崩，法律蕩然，亦孔子之所未及料者也。漢承秦弊，不能盡改。自是以後，去三代漸遠。三代之法，不能行於今日。如其泥古以爲治，此孔子所謂生今之世，而反古之道者也。由此觀之，中國何嘗不變哉。即歐洲諸國之爲治，亦由漸而變，初何嘗一蹴而幾，自矜速化歟？銅龍沙漏，璿璣玉衡，中國已有之於唐虞之世。鐘錶之法，亦由中國往。算法借根方，得自印度。火器之製，宋時已有。如金人之守汴，元人之攻襄陽，何嘗不恃炮火。其由中國傳入可知也。其他如火輪舟車，其興不過數十年間而已。而即欲因是笑我中國之不能善變，毋乃未嘗自行揆度也歟？

吾知中國不及百年，必且盡用泰西之法，而駕乎其上。蓋同一舟也，帆船與輪舶，遲速異焉矣。同一車也，駕馬與鼓輪，遠近殊焉矣。同一軍械也，弓矢刀矛之與火器，勝敗分焉矣。同一火器也，舊法與新製，收效各别焉矣。同一工作也，人工與機器，難易各判焉矣。無其法則不思變通，有其器則必能仿效，西人即不從而指導之，華人亦自必竭其心思材力，以專注乎此。雖然，此皆器也，而非道也，不得謂治國平天下之本也。夫孔子之道，人道也。人類不盡，其道不變。三綱五倫，生人之初已具，能盡乎人之分所當爲，乃可無憾。聖賢之學，胥自此基。舍是而言，死後誰得而知之，亦誰得而見之？况西國所謂死後獲福者，其修亦必裕於生前。然則，仍是儒者作善降祥，作不善降殃之説耳。故吾向者曾謂數百年之後，道必大同。蓋天既合地球之南，朔東西而歸於一，天亦必化天下諸教之異同，而歸於一源。我中國既盡用泰西之所長，以至取士授官，亦必不泥成法。蓋至此時不得不變古以通今者，勢也。而今則猶未也。今如有人必欲廢古來之制作，以遂其一時之紛更，言之於大廷廣衆之中，當必以其人非喪心病狂，决不至是。

嗚呼，世人皆明於既往而昧於將來。惟深思遠慮之士，乃能默揣而得之。天心變於上，則人事變於下。天開泰西諸國之人心，而畀之以聰明智慧，器藝技巧，百出不窮，航海東來，聚之於一中國之中。此固古今之創事，天地之變局。諸國既恃其長，自遠而至，挾其所有，以傲我之所無，日從而張其炫耀，肆其欺陵，相軋以相傾，則我又烏能不思變計哉？是則導我以不容不變者天心也，迫我以不得不變者人事也。如石之轉圜於崇岡，未及墜地，猶謂其難，而不知其一落千仞也。況今者我國已自設局廠，製造槍炮，建置舟船，一切悉以西法從事。招商局既建，輪船遍及各處，而洋務人員輒加優擢。臺灣、福州已小試電氣通標之法。北方擬開煤鐵諸礦。所未行者輪車鐵路耳，則或尚有所待也，此皆一變之機也。惟所惜者僅襲皮毛，而即囂然自以爲足。又皆因循苟且，粉飾雍容，終不能一旦驟臻於自强。不知天時有寒暑而不能驟更，冰炭有冷暖而不能立異，則變亦非一時之所能也。要之，在人而已矣。盡人事以聽天心，則請決之以百年。

—20. 皇朝蓄艾文編　卷一　通論一

變法中

《易》曰："窮則變，變則通。"知天下事，未有久而不變者也。上古之天下，一變而爲中古，中古之天下，一變而爲三代。自祖龍崛起，兼併宇内，廢封建而爲郡縣，焚書坑儒，三代之禮樂典章制度，蕩焉泯焉，無一存焉。三代之天下，至此而又一變。自漢以來，各代遞嬗，征誅禪讓，各有其局。雖疆域漸廣，而登王會列屏藩者，不過東南洋諸島國而已。此外無聞焉。

自明季利瑪竇入中國，始知有東西兩半球。而海外諸國有若棋布星羅。至今日而泰西大小各國，無不通和立約，叩關而求互市。舉海外數十國悉聚於一中國之中，見所未見，聞所未聞。幾於六合爲一國，四海爲一家。秦漢以來之天下，至此而又一變。嗚呼，至今日而欲辨天下事，必自歐洲始！以歐洲諸大國，爲富强之綱領，制作之樞紐，舍此無以師其長而成一變之道。中西同有舟，而彼則以輪船；中西同有車，而彼則以火車；中西同有驛遞，而彼則以電音；中西同有火器，而彼之槍炮獨精；中西同有備禦，而彼之炮臺水雷獨擅其勝；中西同有陸兵水師，而彼之兵法獨長。其他則彼之所考察，爲我之所未知，彼之所講求，爲我之所不及，如是者直不可以僂指數。設我中國至此時而不一變，安能埒於歐洲諸大國，而與之比權量力也哉？然而一變之道難矣。以今日西國之所有，彼悍然不顧者，皆視以爲不屑者也。其言曰：我用我法以治天下，自有聖人之道在。不知道貴乎因時制宜而已。即使孔子而生乎今日，其斷不拘泥古昔而不爲變通，有可知也。

今觀中國之所長者無他，曰：因循也，苟且也，蒙蔽也，粉飾也，貪罔也，虚矯也。喜貢諛而惡直言，好貨財而彼此交征利。其有深思遠慮，矯然出衆者，則必擯不見用。苟以一變之説進，其不譁然逐之者幾希。蓋進言者必美其詞曰：中國人才之衆也，土地之廣也，甲兵之强也，財力之富也，法度之美也，非西國之所能望其項背也。嗚呼，是皆然矣。特彼知人才之衆，而不知所以養其人才以爲我用。知土地之廣，而不知所以治其土地以爲我益。知甲兵之强，而不知練其甲兵以爲我威。知財力之富，而不知所以裕其財力，開源節流，以出諸無窮，而用之不匱。知法度之美，而不知奉公守法行之維力，不至視作具文。凡此皆其蔽也。

故至今日而言治，非一變不爲功。變之之道奈何？

其一曰：取士之法宜變也。帖括一道，至今日而所趨益下，庸腐惡劣，不可嚮邇。乃猶以之取士曰制科。歲取數千百貿然無知之人，而號之曰士。將來委之以治民，民其治乎？我故曰：取士之法不變，則人才終不出。

其一曰：練兵之法宜變也。今之陸營水師，其著於籍者，有名而無實。當事者以兵不足恃，又從而募勇，能聚而不能散。今天津駐防之兵至十萬，雖足以拱衛神京，翼保畿輔，以壯聲威而遏覬覦。而他處海防均須整頓。緑旗滿營，水師戰艦，皆當易器械，更船舶，使之壁壘一新，而不得仍以戈矛弓矢從事。苟仍其舊而不早爲之計，是謂以不教民戰，無殊驅之就死地也。我故曰：兵法不變，則兵不能强。

其一曰：學校之虚文宜變也。今所設教諭、訓導，小邑一人，大邑兩人，虚糜廩粟，並無所事。且其人類皆闒冗無能，龍鍾寡耻，不足爲士之表率。書院山長，衹取聲譽，以所薦之榮辱爲去留，而每月所課，不過奉行故事而已。是朝廷有養士之名，而無養士之實也。是反不若漢時所立國子監，天下士子猶得讀書於其中也。

其一曰：律例之繁文宜變也。昔高祖入關，其與民約，不過曰法三章耳。近世之吏，上下其手，律例愈密而愈紊。不過供其舞文弄法已耳。拘牽文義，厥弊日滋。動曰成例難違，舊法當守。而一切之事，都爲其所束縛馳驟矣。是朝廷有行法之名，而無奉法之實也。是不如减條教，省號令，開誠布公，而與民相見以天也。

凡是四者，皆宜亟變者也。四者既變，然後以西法參用乎其間。而其最要者，移風易俗之權操之自上。而與民漸漬於無形，轉移於不覺。蓋其變也，由本以及末，由内以及外，由大以及小，而非徒恃乎西法也。

—20. 皇朝蓄艾文編　卷一　通論一

變法下

治天下者當立其本，而不徒整頓乎末。當根乎内，而不徒恢張於外。當規於大，而不徒馳騖乎小。蓋天下氣運之開，以時而變，而天下情事之繁，亦以時而異。試以西法一端言之，今與昔異。而中外之情亦以閱時而不同。昔者惟在崇尚西法，立富强之本，以爲收效。即在目前，即泰西人士亦並以爲西學振興，正在今日。以中國之大，而師西國之長，集思廣益，其後當未可限量。泰西各國，固誰得而頡頏之！今沿海各直省皆設有專局，製槍炮，造舟艦，遴選幼童，出洋肄業。自其外觀之，非不龐洪彪炳。然惜其尚襲皮毛，有其名而鮮其實也。福州前時所製輪船，悉西國古法耳，不值識者之一噱。他處所造，機捩轉動之妙，不能不賴乎西人之指授。而窺其意則已嚣然自足，輒以爲心思智慧，足與西人匹，或且過之而有餘矣。夫槍炮則在施放之巧，舟艦則在駕駛之能，行陣之器，固不可不利，而所以用利器者則在人也。今公使簡矣，領事設矣，皇華之選，絡繹於道。或恐有儀秦其人，逞游説以逖簧鼓，而徒以口舌得官者，更恐有夤緣攀附，奔競鑽營，而得附於其間者。所謂才者未必才，所謂能者未必能。徒碌碌因人成事而已。

故今日我國之急務，其先在治民，其次在治兵，而總其綱領則在儲材。

誠以有形之仿效，固不如無形之鼓舞也。局廠之爐錘，固不如人心之機器也。朝廷設官西土，要宜鄭重其始，一切當以正途人員。苟流品太雜，恐褻國體。其有掣肘之處，則先以西人副之，爲之披榛闢莽。至若通商口岸，所有中外交涉案牘，往來文移，宜彙輯成書，頒示遐邇。其後更譯以西文。一旦有事，當局者可援别案以爲折辯之地。而此中亦有所主持。此亦講求洋務之一道也。總之，凡事必當實事求是，開誠布公，可者立行，不可行者始終毅然不摇。夫天下事從未有尚虚文而收實效者。翻然一變，宜在今日。若夫治民必由牧令始，治兵必由團練始。牧令之賢否，則先在慎簡督撫，甄别才能，考察勤惰，才者不次遷擢，不才者立予罷黜。此固督撫之事也。

至於治兵，則難言之矣。宜先改營規，易軍制，汰兵額，異器械，必如李光弼之臨陣，壁壘一新而後可。然論者必議其更張。蒙則謂今日練兵，若不以西法從事，則火艦火器亦徒虚設耳。不獨水師當變，即陸軍亦當變也。不獨緑營當變，即旗丁滿兵亦當變也。且也長江水師與洋海水師不同，我國須於長江水師之外專設海軍，然後内可以防奸，外可以禦侮。

儲材之道，宜於制科之外，别設專科，以達政體者爲先，曉暢機務者爲次。即以制科言之，二場之經題宜以實學，三場之策題宜以時務，與首場並重。庶幾明體達用，本末兼賅。此寓變通於轉移之中。實以漸挽其風氣，而裁成鼓勵之。四五科之後，乃並時文而變之，則論者不議其驟革矣。肄習水師武備，國家宜另設學校，教之以司炮、駕舟、布陣、製器，俾各有專長。習之於平日，用之于臨時。其遣發至泰西者，尤不可專在一國，以示兼收而並效。以上宜力求整頓，勿作具文。民心既固，兵力既强，而後所有西法，乃可次第舉行。

今日簡公使，設領事，歲糜朝廷數十萬金，議者或論其太驟，或惜其徒費。不知中外隔閡，非此不能消息相通，未始無裨於大局。特不在其事而在其人也。此則由乎上善爲之用耳。焜耀敦槃，折沖樽俎，必有郭隗、毛遂其人者出焉。銜命中朝，宣威異域，必有班定遠、傅介子其人者出焉。或者以爲西法不足恃，何以西人用之足以雄長歐洲，争衡天下？不知泰西諸邦，國小而民聚，其民心齊而志固，同仇敵愾，素蓄於中。在其國内，各事其事，各業其業，雍雍然其氣静謐而專壹，故國易以治。夫豈徒恃乎器藝技巧，繁術小慧，遂足以收效也哉？

——20. 皇朝蓄艾文編　卷一　通論一

王　韜

去學校積弊以興人才論

國之强弱何由哉？爲土地有大小歟？爲士卒有多寡歟？抑爲器械有利鈍歟？蓄積有虚實歟？余以爲皆非也。然則何由？人材之盛衰爲之也。今夫工師之爲宫室，伐木於山，相其大小、長短，度材而用之。及其功之成，崇臺廣榭，万户千門，輪焉奂焉，莫不備極工巧。國之於人材亦然，量能而授事，度材而任職，百事由以舉，衆務由以成。自古治化之隆，莫若堯舜之世。堯舜之聖，豈其一人獨勞於上哉，亦在乎得人而任之而已。故使禹堙洪水，稷播百穀，伯夷典禮，夔典樂，契掌教，皋陶掌刑，而後教化成。周有十亂而國以興，漢有三傑而基業以立，至後世盛衰强弱，未有不由此者。然則人主欲治天下，其有急於斯者乎？地之於草木，何地不生，國之於人材，何國蔑有。然則盛衰有不同者，無他，由乎養與不養焉耳。欲養人才，必興學校。

古者三代之時，自王畿至於諸侯之國，莫不有學，其制甚備，其設甚廣。人心既正而風俗自馴，教化既洽而材俊自出。此後世所以不及也。今之議者莫不知此，多設博士增置生徒，學校之盛百倍曩時，然士務虚文而薄實行，其能通當世之務者百不一二焉。是何也？豈人材之不如古哉？蓋今之教學者，皆乖其方也。《周官·大司徒》："以鄉三物教萬民而賓興之。一曰六德：智、仁、聖、義、忠、和。二曰六行：孝、友、睦、婣、任、恤。三曰六藝：禮、樂、射、御、書、數。"以是爲銓選之法則，當時之所謂學者可知。曰六德、曰六行，則豈今之習章句、誦傳注之謂乎？曰六藝，則豈今之騖空文、逞浮辭之謂乎？是以當世之士，德行足以爲人之師，才能足以應當世之務，教其所用而用其所教。於是學校之廢興，爲人才之盛衰，而治化之所以致隆者，實由於此矣。今也學校雖設而風俗不馴，生徒雖多而材俊不出，若此則學校將何所用哉？徒視爲粉飾太平之具而已。竊以爲其弊有五，請得而備論之：

古之教學，不惟其書，惟其行；不惟其理，惟其事。孔子曰："吾欲無言。"又曰："我無行而不與二三子者。"又曰："行有餘力則以學文。"盖以教人以德行爲先，而不專以讀書爲事也。公明宣學於曾子，三年不讀書，曰："宣見夫子居家庭應賓客，居朝廷説之學而未能也。"則當時之所謂學者，豈專在於書乎？小學教人以灑掃應對之節，禮樂射御書數之文，莫非事也。盖使人從事於日用實務，而至於其理則不必縷析以告之也。故孔子罕言利與命與仁，而子貢曰："夫子之文章可得而聞也。夫子之言性與天道不可得而聞也。"夫教之以實事，程之以實功，於是乎實材出矣，可以通當世之務，可以供國家之用。今之所謂學者，牽制章句，剖析文義，弊弊焉；用力於末節而不復顧其行誼，如何其不爲帖括所拘者？又復高談性命，衍説仁義，細析毫芒，而至於錢穀財賦之事，茫然罔曉也，曰"彼非吾事也"，亦不恥其不知。故今之學者不惟其行惟其書，不惟其事惟其理，若是則望實材之出，不亦難乎？是其爲弊一。

古者治教出於一，上自人主，下至比長閭胥，莫非師也。而無所謂掌教之官者，蓋吏乃師也。非有德行道藝者，不能爲吏。其爲吏者，必其足爲人師者。及至後世，治教分而儒吏判。掌錢穀刑獄之事，名之曰吏；掌學校教授之任，名之曰儒。吏自爲吏，儒自爲儒，二者不相謀而互相訾嗷。爲吏者，不知先王之治道而專以法令從事；爲儒者，不知經世之務而專以浮文是尚。故學校之盛衰不關於治化之隆替。是其爲弊二。

古者仕學爲一。子夏曰："仕而優則學，學而優則仕。"子産曰："吾聞學而後入政，未聞以政學者也。"古者學校所教者，莫非實事，故士之入學者，大而禮樂刑法，細而錢穀算數，莫不曉暢而諳歷。故雖未入仕而其所以可仕之故，固已了然。他日服官，施而行之耳，舉而措之耳，學其所仕而行其所學，欲治效勿成得乎？今也所學者章句，所業者文詞，所志者科名焉耳。其於當世之利害，錢穀兵刑之實務，漠然置之度外。如是欲學爲博士則得矣，爲童子師則得矣，及士而爲仕，則棄咿唔呫嗶之習，而從事於簿書案牘，是猶不習操舟而泛於海，其不爲滑吏狡胥所姗笑者幾希。所用非所學，所學非所用，仕學歧而爲二，遂使詆儒者爲迂闊。夫如是，雖使天下之人盡讀書，尚虚文，而飾太平則可矣，望其治化之隆則未也。是其爲弊三。

古者文武出於一途，有文事者必有武備，文以治國，武以捍難，猶之水火之性異而相爲用。故古者射御並於六藝而教之於學，所以使其嫻於武事，一有征戰，人皆知兵，可以據鞍而從戎。今之武人率不知禮讓爲何物，儒者亦藐視武事以爲非我所宜知，於是文武分爲二途，而士氣之頹靡愈不可救。是其爲弊四。

古者人專學一事，學成而仕，終身不易其任。故皋陶作士，益作虞，夔典樂，伯夷典禮，終始一官，不遷他職，是故其爲事專而功莫不成。漢儒治專門之學，伏生於《書》，申公於《詩》，二戴於《禮》，皆以畢生之力專治一經，故其爲説深微，非後世所及。今也不然，方其學也，兼習諸經，涉獵雜書，散漫無紀，或搜抉異聞，徒供談柄，故雖以十數年之學而識見議論不加進；及其服官，今日治吏曹，明日移刑曹，未及熟其職事則又轉而之他。夫今日典禮而明日典刑，雖伯夷、皋陶胡能底其績；今日治《詩》而明日治《書》，雖伏生、申公不能通其義。今者人材之壞正坐此。是其爲弊五。

今在上者，苟能留意於此，取士以德行道藝，則弊去其一。使士通世務，吏知治道，則弊去其二。學其所仕而行其所學，使悉當其用，則弊去其三。文武歸爲一途，儒知戰陣，將知仁義，則弊去其四。使士專治一經，專學一事，隨其材之成，官之終身，則弊去其五。五弊去，則真材出，而國勢不振者未之有也。不然，學校之興廢，不關乎人材之盛衰，而徒爲具文，不深可惜哉。

—15. 皇朝經世文四編　卷二七　禮政　學校

郵　政

中國自開海禁，與各邦通商互市，攘往熙來，已數十年於兹矣。凡事取其所長，補我所短，於國計民生有裨者，俾次第舉行，惟書信館尚屬缺如，似當推廣及之者也。夫朝廷之詔曰：臣工之章奏、文武之照會咨禀、寮寀之案件關移，凡有涉於政事者，無不形諸公牘。要件則用馬遞，常事仍由驛站。如慮時稽道阻，又復專弁飛賫。故古者既設行人之官，復置郵傳之驛，皆所以布德音，集衆議，達下情焉。至商旅工役人等，出謀衣食，欲報平安，或飛信以達價值，或具函以匯款項，雖出各信局分别寄交，每有浮沉，無從追究。近來通商各口信局附由輪船，已較往時便捷，然僅能施於輪船所到之處，若關河阻隔，則驛使難逢。且華人寄迹外洋，如新舊金山、星架波、東南洋各島，中外隔絶，病苦難知。使中國亦仿照西法遍設書信館，雖萬里如在一堂，何致受外人欺凌，情難自達哉。

按泰西各國，其前亦如中華設站專送公文，不寄私信。迨乾隆年間，上下院會議，謂此法止便於國，未便於民。因於中國城埠鎮鄉，凡商民聚集之區，遍設書信館，統以大臣，派員經理。凡公文、私信，莫不通傳，罔有歧視。近日上海復設工部局總理其事，日本亦仿而行之。其經費所從，即出自商民之信資，而公文往來，資以津貼。每年除支繳外，所餘巨款悉歸國用。而商民私信，無論遠近，隨時往返，從無失誤，取資極廉，其利國便民也如此。或謂明季嘗因裁撤驛站，致滋盜賊，貽禍無窮。若復更章，前車可鑒。不知其時盜賊蜂起，饑饉洊臻，而所裁驛夫，又不善爲安集，流亡莫撫，賑卹無聞，故迨而從賊耳。今雖仿照西法而傳遞需人，此輩仍可受役公家，以資熟手。惟必須與泰西諸國聯合一氣，乃爲緊要關繫。總其利民益國，經始得人，若徒存中外之見，作畛畦之分，值今之勢，爲今之人，必有所不能者矣。

—16. 皇朝經世文編五集 卷二二 驛傳郵政電報

補尫起廢藥痼議

今天下有三大病，而上下皆晏然而莫知，此亂之所以日亟也。迄今不治，其病日深，將至於不可救。昔扁鵲見齊桓公，始而請治，繼而駭，終而却走遠去，何則？以求治不早，後雖欲治之無術也。天下事至今日幾於潰敗决裂，而在位者方且相與因循怠玩，粉飾鋪張，以求掩天下耳目。嗚呼，是亦難矣！此賈生之所爲痛哭流涕長太息者也。夫諱病而不延醫，此危道也。由其外觀之，若甚無事，而其内已岌岌不可終日。今日之病，何以異是。然則治其可緩乎？何謂三大病？脂膏日削，厥病日尫。治國如治身，去盜如去邪。盜亂天下，則以甲兵威之，邪客營衛，則以藥石攻之。大盜除而國脉傷，客邪驅而元氣匱，同一理也。

國家自軍興以來，括天下之財賦以填巨壑，民生益蹙，國計益敝。今賊雖少衰，天下已瘠矣。夫今日所以取諸民者，皆非正額，所謂苟且不終日之計也。顧賊一日不滅，則此諸弊政一日不能去。此猶飲鴆湯以療渴，進豬苓以養生，暫猶不可行者也。邪熾髓竭，變而爲尫。及今不治，其證將殆，則所以補尫者宜急也。手足不仁，厥病曰廢。江浙者，天下之四肢也。四肢受害，一身將無用。善治之者，當使之斷而重續。然則創鉅痛深，不能驟愈。乃今欲以受害之手足，遽令其爲心腹所使，其能之乎？矧腹心亦均病，勢不及顧，則治之爲尤難。賊陷浙江已一年有半，所恃者僅滬邑彈丸地。以一隅當全局，或恐難以久持，况乎賊勢駸駸四出搜掠。近賊之地，蹂躪已極，即使一旦克復，户版衰減，殷富散亡，已萬不如前。而所以鎮撫善後一切之事，其費必且什伯倍蓰。欲征之於民，民力不堪。不取於民，費將安措？而克復之期，尚未有時日也。夫治天下當如身之使臂，臂之使指。今一臂之指，巨幾如股，再有寒疾中之，外邪乘之，以掣我肘，必至不可屈伸，則所以起廢者宜急也。拘牽義例，厥病曰痼。今天下内事動持於部議，外事一由於吏手。即有新法美意，可以施諸實用者，偶不合於成例，輒爲部議所格。老成持重者爲精能，闒冗畏事者爲歷練，而英敏不羈、畸異不群之士，概無由進。外而郡邑民事，其權不操諸官而操諸吏，上下其手，顛倒是非，官一切不能問，以爲非是且遭部駁矣。

其用人也，一循以資格，不問才否，持身自固，蒙蔽日深，則所以藥痼者宜急也。至今日而欲補尫起廢藥痼，則將何術以處？夫亦急思變計而已矣。爲生民闢生財之源，爲地方籌滅賊之效，爲朝廷廣儲材之路，而天下自無不治矣。天施地生，山蘊川懷，此自然之利也。製造操作，佐以機器，此人工之利也。舟車致遠，販有易無，此商賈之利也。是在上之人教導而鼓舞之耳。上行而下自效，行之十年，當有可觀。此非與泰西諸國争其利也，亦欲使我固有之利，仍歸於民耳。民生既足，國勢自張，而後一切乃可有爲。遠賊議堵，近賊議剿，降賊議撫，此盡人所知者也。今賊踞江浙，堵剿俱窮。議者乃不得已而欲用撫，不知此時撫未易言也。江浙之賊，視上游以爲緩急。

法當專攻金陵，而分兵以牽制江浙，使賊首尾不能相顧。金陵既拔，則此輩立當渙散耳，然後可以議撫也。庚申以前，賊習於勞苦，其氣鋭。庚申以後，賊安於逸樂，其志惰。苟得勁旅以躪之，可殲之於一鼓，故破今日金陵之賊不難。先在建壘掘濠，長圍深阻，然後廣購火器，多用地雷，勢必旦夕奏功。髮賊肅清，而後可徐議其他。

天下之患，不患在賊而患在無人才。朝廷之上，一切設施，不患在持法而患在行法之無人。有人而後法以立。於是蠲免之及，條教之頒，守禦之方，折衝之略，皆能持之以實心實力，而一切非具文。然此其人不能於尋常科第中求之也，在儲之於平日而已。始以空言收天下之才，繼以實事試天下之才，而後真才乃出。即其權宜時勢，斟酌損益，以變通之者，亦非盡越乎法之外，乃能不拘乎法之中耳。人才者，國家之元氣，群生賴以立命。誠能朝無倖位，野無遺賢，又何有於區區之盜哉？三病既除，然後天下事可得而措其手足矣。至於恢宏王道，敷施善政，整頓軍威，肅嚴邊事，俾强鄰悍國，咸就我範圍，是所望於一變之君子。

—20. 皇朝蓄艾文編　卷一　通論一

變法自强上

嗚呼，余今者觀於中外交涉之故，而不禁重有感焉！泰西諸國通商於中土，亦既三十餘年矣。而内外諸當事者，多未能洞明其故，若燭照數計而龜卜。其於利害之所繫，昏然如隔十重簾幙。其有規恢情勢，斟酌時宜，能據理法以折之者，雖未嘗無人。而不知彼之所謂萬國公法者，必先兵强國富，勢盛力敵，而後可入乎此。否則束縛馳驟，亦惟其所欲爲而已。故知乎此，則惟先盡其在我者而後徐及其他。如講求武備，整頓海防，慎固守禦，改易營制，習練兵士，精製器械，此六者，實爲當務之急。而文武科兩途，皆當變通，悉更舊制。否則，人才不生。

其次在裕財用。如開礦，鑄銀，尚機器，行紡織，通商於遠，許貿易於國中者，皆得以輪舶。而火輪鐵路，電氣通標，亦無不自我而爲之。凡泰西諸國之所眈眈注視，躍躍欲試者，一旦我盡舉而次第行之，俾彼無所覬覦艷羡其間，此即强中以馭外之法也。上之所好，下必甚焉，雷厲風行，安見其有不可者！設或不然，動遵故例，拘守成法，因循苟且，不知變遷，則我中國當自承其弊。何則？泰西諸國之群集而環伺我者，有一迫之以不得不然之勢也。且此之所變者，特其迹焉而已。治國之道，固無容異於往昔者也。如是謂之戰勝於朝廷。況乎當今之時，處今之勢，固非閉關自大時也。泰西諸國之人居中土，有公使，有領事，有水師，有陸兵，戰艦艨艟，不絶於道。而我國之至西者，落落如晨星。其有折衝乎樽俎，輝煌於敦槃者，未聞有人也。其達彼此情意，通中外之消息者，則有日報。時或辨論其是非，折衷其曲直。有時彼國朝廷，采取輿論，探悉群情，亦即出自日報中。竊以爲此亦可從而仿效者也。中外交涉之事，時時可刊之日報中。俾泰西之人，秉公持論其間。是豈無所裨益者與？歐洲近日情形，其强弱大小，亦已瞭然於指上螺紋。

普、俄、英、法，此四國者，於中土關繫至重者也。三十年前，所患者在英法。而在今日所患者，尤在普俄。俄之於北方，如黑龍江，如新疆，固已形見者也。普則猶未著其端倪。邇者以晏拿帆船遇害被劫一事，普國立意索償。識者以爲交鄰之道，玉帛干戈，二者實相倚伏。蓋和則以玉帛相將，戰則以兵戎相見，理無兩立，事不並行。然則圖治其間者將奈何？則將應之曰：開誠布公，相見以天。必謹必速，毋詐毋虞。又何患之有！至於英法東來，皆於東南洋設立埔頭以爲外府。而普俄則無之。今俄方注意於北方，籌度經營，未遑兼顧。普則欲圖之久矣。特無間可乘耳。諸國通商之局，英爲最巨。設一旦兵事或起，豈獨無所凝歟？不知英固早計及乎此也。普俄之駸駸馳騁於中土，豈英法之所喜。特恐一旦事勢所會，即英法亦有不得不退聽者。浸假普法釋嫌，英俄結好，此固歐洲之福，而天下之深憂。

總之，歐洲升平之局，識者以爲恐未能持久。而亞洲變故之生，亦豈人事之所能逆億！惟先盡其在我，以聽之於天而已。盡其在我，則莫先乎變法自强。今日當變者有四：一曰取士，二曰練兵，三曰學校，四曰律例。

—20. 皇朝蓄艾文編 卷一 通論一

變法自强中

然則取士當若何？曰：欲得真才，必先自廢時文始。夫人幼而學，壯而行，出其家修，即爲廷獻。今乃以無用之時文，爲進身之階，及問其何以察吏，何以治民，則茫然莫對也。所習非所用，所用非所長，則何不以有用之時，講有用之學。大抵必如前代科目法，區爲數門。首曰：孝弟賢良，次曰：孝廉方正，三曰：德著行修，四曰：茂才異等。此四者，皆由鄉舉里選。國家不必試其文章，但當優其獎勵，以厚風俗，以端教化。至所以考試者，曰經學，曰史學，曰掌故之學，曰詞章之學，曰輿圖，曰格致，曰天算，曰律例，曰辨論時事，曰直言極諫。凡區十科。不論何途以進，皆得取之爲士，試之以官。至武科亦宜廢弓刀石，而改爲槍炮。其上者則曰有智略，能諳習韜鈐，深明地理，應敵之機，制敵之命。其次曰勇略，能折衝禦侮，斬將搴旗。其次曰製器，造防守之具，明堵禦之宜，其建築炮臺，製造機器，悉統諸此，務以盡其所長。凡此文武兩途，兼收並進，務使野無遺賢，朝無倖位。而天下之人才，自然日見其盛矣。

然則，練兵當若何？曰：陸營必廢弓矛，水師必廢艇舶，而一以槍炮爲先，輪船爲尚。然後兵可强也。其爲兵曰步兵、騎兵，其爲隊曰槍隊、炮隊。平日練之，自無不精。臨時用之，自無不準。而後命中及遠，足以攻堅而蹈瑕。水師則首在乎駕駛，必其能衝涉波濤，稔悉颱颶，測量風雲沙線，足寄以衆人之命，乃可充其任也。其船之小者，用於内河；船之大者，用於沿海。至鐵甲戰艦，用以守禦，無不資水火二氣之力，而專恃雙輪之迅駛。惟其駕之已稔，自必操之在握。而後渡海入洋，足以御風而破浪。陸營水師之練兵，一以西法爲南針。必使心志定，步法齊，隊伍肅，常若臨大敵而可用也。此外汰冗兵，減軍額，厚餉糈，俾足以養贍其身家，駐防之兵，居於營屋，一仿西國之制度。然後營汛各兵，方非虛設。兵勇之外，益以團練。依古守望相助之法，平日按期練兵，無得間斷。而近地團練民兵，亦可入而習學。如是則兵皆可用之兵，民皆可用之民。一旦有事，不至於倉皇無措。而民與兵和，兵與民習，亦不至兵民相陵，致生事端。能如是而兵不强者，吾弗信也。

然則，設立學校，以收教士之實效，當若何？曰學校、書院之設，當令士子日夜肄習其中，必學立藝成而後可出也。其一曰文學，即經史掌故詞章之學也。經學俾知古聖緒言，先儒訓詁，以立其基。史學俾明於百代之存亡得失，以充其識。掌故則知古今之繁變，政事之紛更，制度之沿革。詞章以紀事華國而已。此四者，總不外乎文也。其二曰藝學，即輿圖，格致，天算，律例也。輿圖能識地理之險易，山川之阨塞。格致能知造物制器之微奥，光學化學，悉所包涵。天算爲機器之權輿。律例爲服官出使之必需，小之定案决獄，大之應對四方，折衝樽俎。此四者，總不外乎藝也。文藝兩端，皆選專門名家者，以爲之導師，務歸實用，不尚虚文，辯論時事，直言極諫。此二者以覘其作吏之斷裁，立朝之風節而已。於是士有以教，亦有以養，自無不奮矣。此外則有武備院、藝術院，用之教武科營弁，使之各成其材。

然則，廢律例之繁文，而用律例之精意，當若何？曰：今天下之所謂吏者，必盡行裁撤而後可。内自京師，外至直省，大自六部，小至州縣，舉二百餘年來，牢不可破之積習，悉一掃而空之。而以爲士之明習律例者，以充其任。甄别其勤惰，考校其優劣，三年無過，授以一官以鼓勵之。凡昔日拘文牽義，以一字爲重輕，以片言爲軒輊，得以上下其手者，悉付之於一炬而後大快。州縣監獄，必大加整頓，罪囚拘繫，無得虐待。夏冬之間，所以體恤罪囚者，毋作具文。州縣胥役，限以定數，毋得逾百人。凡此者，皆所以擴清積弊也。

—20. 皇朝蓄艾文編　卷一　通論一

變法自强下

居今日而論中州大勢，固四千年來未有之創局也。我中朝素嚴海禁，閉關自守，不勤遠略。海外諸國，至中華而貢獻者，來斯受之而已。未嘗遠至其地也。以故天下有事，其危常繫西北，而不重東南。自與泰西諸國通商立約以來，盡舟航之利，歷環瀛之遠，視萬里有如咫尺，經滄波有同衽席。國無遠近，皆得與我爲鄰。如英、如俄、如普、如法，皆歐洲强大之國也。今以中國地圖按之，則俄處西北，最爲逼近。西南有英屬之印度，毗接雲南。而法兵業駐越南，則南界又復連屬諸國。並以大海爲門户。輪船所指，百日可遍於地球。於是縱横出入，駸駸乎幾有與中國鼎立之勢，而有似乎春秋時之列國。惟是中國方當髮撚回、苗之擾，前後用兵幾二十餘年，甫經平定。然則，以艱難拮据之際，而與方盛之諸强國相鄰，設非熟思審處，奮發有爲，亟致富强以圖自立，將何以善其後乎？夫風會既有不同，即時事貴知所變。日本，海東之一小國耳。一旦勃然有志振興，頓革平昔因循之弊，其國中一切制度，概法乎泰西，仿效取則，惟恐其人之不深。數年之間，竟能自造船舶，自製槍炮，練兵訓士，開礦鑄錢，並其冠裳文字屋宇之制，無不改而從之。民間如有不願從者亦聽焉。彼以爲此非獨厚於泰西也，師其所長而掩其所短，亦欲求立乎泰西諸大國之間，而與之較長絜短，而無所餒也。否則，行舟於海，彼則用輪，而我則用帆，遲速不同矣。行兵於行陣，彼則用槍炮，而我則用刀矛，命中制勝，又不同矣。彼以訓練節制之師，我以跳蕩拍張、漫無紀律之士當之，烏有不敗者哉。此强弱之不同也。彼則出地寶，擴財源，而我任聽自然，不知搜取，徒知徵之於民而已，此貧富之不同也。故日本乃亟思變計也。然則我中國曷不反其道而行之哉？我中國地大物博，幅員之廣，財賦之裕，才智之衆，薄海内外皆莫與競。溯乎立國規模，根深蒂固。但時異勢殊，今昔不同，則因地制宜，固不可不思變通之道焉。其道奈何？曰：毋因循也，毋苟且也，毋玩愒也，毋輕忽也，毋粉飾也，毋誇張也，毋蒙蔽也，毋安於無事也，毋溺於晏安也，毋狃於積習也，毋徒襲其皮毛也，毋有初而鮮終也，毋始勤而終怠也。必有人焉，深明制治之道，周知通變之宜而後可。否則，機器固有局矣，方言固有館矣，遣發子弟固往美洲攻西學矣，行陣用兵固熟練洋槍矣，而何以委靡不振者仍如故也？洞明時變，大有干謀者，仍未能見其人也，徒令論者以爲西法不足效而已。或以爲糜費也，或以爲多事也，或以爲無益於上而徒損於下也。

嗚呼，是非西法之不善，效之者未至也！所謂變之之道未得焉。彼言者直坐井窺天，以蠡測海耳。西法必不受過也。且夫西法者，治之具，而非即以爲治者也。使徒恃西人之舟堅炮利，器巧算精，而不師其上下一心，嚴尚簡便之處，則猶未可與權。蓋我所謂師法者，固更有進焉者矣。彼迂腐之儒，又何足以知之哉？説者又謂中朝制度，迥越尋常。前代謨猷，姑勿具論，即如我國家康雍乾三朝，聖德兵威，讋惕殊俗，式廓版圖，訖乎化外。而一時簡賢任能，張馳互用，三代以下不逮焉，復何論乎漢唐！今誠一意請求，勵精圖治，先有以明天下兵民之志，而後規復河運，酌禁鴉片，則閉關謝客，亦何不可自固我圉，而奚必鰓鰓焉學習西法也哉。子之所云，適足以貽笑於豪傑之士而自玷耳。不知時之所尚，勢之所趨，終貴因事制宜，以權達變。天時人事，皆由西北以至東南。故水必以輪舟，陸必以火車，捷必以電線，然後全地球可合爲一家。中國一變之道，蓋有不得不然者焉。不信吾言，請驗諸百年之後。

—20. 皇朝蓄艾文編　卷一　通論一

答强弱論

前者《香港日報》中，嘗論國家盛衰强弱之故，倚伏無端，而其能明致弱之由，振積衰之勢，操自强之道，立常盛之地者，則未有也。夫四海大矣，人才衆矣，豈無深識遠慮之士，炳燭於幾先，斡旋於事後，坐而言可以起而行者。日報秉筆主人，嘗以是篇附於郵筒，遠致之七萬里之外，來問甫里逸民。逸民讀未終篇，作而嘆曰：憂深哉其人也！此恤緯之嫠，倚柱之女，所以致無可如何之思也。因聊據所見以答之。

嗚呼，世變至此極矣。中國三千年以來，所守之典章法度，至此而幾將播蕩澌滅，可不懼哉。夫古今無異治，强弱無異民，非古之强遠勝今，亦非今之强遠遜古。善用之則强，不善用之則弱。然而强弱之勢已見者，何哉？則時爲之也。有心人曠觀往古，静驗來今，而知天道與時消息，人事與時變通。居東南者，每由東南而之西北。居西北者，每由西北而之東南。而西北恒强，東南恒弱。東南柔而静，西北剛而動。静則善守，剛能制人。故西北每足爲東南患，而東南不足爲西北病。顧守有時足以待變，柔有時足以制剛。而遲速久暫之間，審幾者每不能决之於操券，則以守必承其弊，柔必化以漸。未弊則彼將先乘以困我，未漸則彼將先發以難我。由是觀之，方張之機不可遏，始厲之鋒不可攖。明者智者知其然矣。然則，何以待之？曰：莫如師其所長。蓋天道變於上，人事不得不變於下。《易》曰："窮則變，變則通。"此君子所以自强不息也。或曰：必變而後可以爲國，則將驅東南之政事聲明，風俗文物，而盡西北之乎？非也。吾所謂變者，變其外不變其内，變其所當變者，非變其不可變者。所謂變者在我而已。非我不變，而彼强我必變也。彼使我變，利爲彼得。我自欲變，權爲我操。或曰：否。弱即强之機，强即弱之漸。守可長而變難恃，柔不敝而剛易壞。不觀夫商之鬼方，周之玁狁，漢之匈奴，晋之拓拔五胡，唐之吐蕃回紇，宋之契丹女真，明之也先，其種類或存或亡。又如羅馬盛於漢，西域回部盛於唐，西班牙盛於宋，葡萄牙、荷蘭盛於明，而今皆無聞。自古仁義爲國，其敝也衰。甲兵爲國，其亡也蹶。元太祖之興，其兵力無敵於天下。而自入中國，漸至委靡不振。是以至弱馭至强，至柔服至剛者，道之至也。何必用彼以變我？嗚呼，未明天道之所當然，人事之所以然也。

吾不必遠徵諸三代以上。春秋之際，幅員狹隘，楚越並爲蠻邦，遼遠視同絶域。自是而降，唐漢聲教，漸訖遠方。元明版圖，回逾朔漠。逮我聖朝，青山雪海，近在肘腋，珠崖臺島，咸奉冠裳。是境土之由漸廣斥也如此。而歐洲諸邦，亦漸由印度而南洋而東粵，百十年間，洪波無阻，風氣大開，海舶估艘，羽集鱗萃。凡前史之所未載，亘古之所未通，無不款關而求互市。我朝亦盡牢籠禮貌之，概與之通和立約。合地球東西南朔九萬里之遥，胥聚之於一中國之中。此古今之創事，天地之變局。此豈出於人意計所及料哉。天心爲之也。蓋善變者天心也。天之聚數十西國於一中國，非欲弱中國，正欲强中國；非欲禍中國，正欲福中國。故善用者可以轉禍而爲福，變弱而爲强。不患彼西人之日來，而但患我中國之自域。無他，在一變而已矣。

三十餘年來，西人之至此者，群效其智力才能，悉出其奇技良法，以媚我中國。而我中國熟視焉若無睹，漫習焉弗加察。所謂握要制勝者安在？所謂先事預防者安在？或且以深閉固拒爲良謀，或且以柔服羈縻爲至計。在朝者不出於江統之徙，則出於魏絳之和。在野者不出於辛有之吁嗟，即出於郇模之憤激。即其稍有變通成法者，小變而非大變，貌變而非真變也。粉飾蒙蔽，因循苟且。此賈長沙之所以痛哭流涕長太息者也。夫用兵以刀矛，一變而爲槍炮；航海以舟艦，一變而爲輪舶；行陸以車馬，一變而爲火車；工作以器具，一變而爲機捩。雖刀矛槍炮，同於用兵；舟艦輪舶，同於航海；車馬火車，同於行陸；器具機捩，同於工作，及其成功一也。然而緩速利鈍，難易勞逸，不可同日而語矣。凡此四者，皆彼所有而我無其一。使我無彼有，而彼與我渺不相涉，則我雖無不爲病，彼雖有不足誇。吾但行吾素可耳。獨奈彼之咄咄逼人，相形見絀也。且彼方欲日出其技，以與我争雄競勝，絜長較短，以相角而相陵。則我豈可一日無之哉。一變之道，在乎師其所能，奪其所恃。况彼之有是四者，亦不過百年數十年間耳，而被及於中國者如是之速。天其或者將大有造於中國也乎？準諸天道，揆諸人事，將見不及百年，四者必並有於中國。行之若固有，視之如常技。吾固不欲吾言之驗，而有不得不驗者勢也，亦時爲之也。天蓋欲合東西兩半球，聯而爲一也。然後世變至此乃極。天道大明，人事大備。間嘗笑邵康節元會運數之説爲誣誕。今而知地球之永，大抵不過一萬二千年而已。始闢之一千年，爲天地人自無而有之天下，將壞之一千年，爲天地人自有而無之天下。其所謂世界者，約略不過萬年。

前五千年，爲諸國分建之天下，後五千年，爲諸國聯合之天下。蓋不如此，則世變不極，地球不毁，人類不亡。我故曰：善變者天心也。莊子曰："天地不仁，以萬物爲芻狗。"旨哉言乎！顧虚空界中，非止一地球也。若準以一行星一地球推之，則地球如恒河沙數。而以我所居之地球置其間，僅若一粒芥子。觸鬥蠻争，由造物主觀之，不值一笑。則我之所論，亦猶地球中微塵也夫！嗚呼，此論出，知我罪我，聽之而已。

—20. 皇朝蓄艾文編　卷一　通論一

上當路論時務書

當今天下紛然競尚洋務矣。豈不以洋務即時務哉。言兵事者，則曰槍炮之精也，船艦之堅也，軍法之嚴肅也，營制之整齊也，邊備之周也，海防之固也，無一非推西人爲巨擘。一若自西人外，無可與談兵者矣。言藝術者，則曰輿圖之精核也，象緯之深明也，造器制物之奇巧也，機器之妙，可以水火二氣之力以代人工也，一切織紝冶造，無不胥賴乎是。一若事半功倍，舍此無能駕乎其上。而此外更不足與言制器者矣。其談富國之效者，則曰開礦也，鑄幣也，因土之宜，盡地之利。一若裕民而足國，非此不可。至於學問一端，亦以西人爲尚。化學、光學、重學、醫學、植物之學，皆有專門名家，辨析毫芒，幾若非此不足以言學。而凡一切文字詞章，無不悉廢。夫自東西通商以來，留心時務者，固宜師其所長，而攻其所短，明其情僞，攬其形勢，悉其民風俗尚，知其山川物産。而於其古今來之盛衰强弱，沿革升降，探其源而溯其流，然後我可以蹈暇伺隙以制之。此之謂長於時務者，駕馭之道不外是。而修睦之要，亦在於斯。顧未有舍己以從人者也。

今日時務之急，首在乎收拾人心。蓋民可順而不可逆，民可足而不可匱，民可静而不可動。其外龐然囂然，而實則無所有者，能爲民禍而不能爲民福，能爲民害而不能爲民利。治民之本，當知盡其在我者而已。西學西法，非不可用。但當與我相輔而行之可已。《書》有之曰："民惟邦本，本固邦寧。"故治民本也，仿效西法，其末也。西國之所以講强兵富國者，率以尚器爲先。惟是用器者人也。有器而無人，器亦虚設耳。孟子言以仁政治民之效曰：可使制挺。此非迂談也。蓋民忠義激發之氣，實有百折而不回者。人心之機器，速於影響，一國之爐錘，捷於桴鼓，是在爲上者善用之耳。治民之要，在乎因民之利而導之，順民之志而通之。即如泰西諸國，亦非徒馳域外之觀者也。其善於治民者莫如英。入其國中，無不優游暇豫，自樂其天，而不尚操切之政，束縛馳驟以爲能者。夫如是，然後能行之久遠。抑又聞之，治國之道，先在養其元氣。如西國之法，斲削之尤甚者也。必也擇其善而去其不善，不必强我以就人。而在以彼之所學，就我之範圍。神明變化焉，而民不知。略陳時務所在，幸少垂察而采擇焉。

—20. 皇朝蓄艾文編　卷一　通論一

銘　安（1828—1911）

字鼎臣，葉赫那拉氏，滿洲鑲黄旗人。咸豐六年（1856）進士，選庶吉士，授編修，官至内閣學士。謚文肅。有《止足齋詩存》。

查明朝鮮貧民占種邊地擬請一律領照納租疏光緒七年

竊臣等前經奏派三品銜調吉林差委知府李金鏞辦理琿春招墾事宜，兹據李金鏞稟稱，前稟四十八處閑荒清摺内，有土門江北岸由下嘎牙河至高麗鎮約二百里。此次前往查勘，由下嘎牙河起，攀躋巉巖，度越數嶺，查至高麗鎮北，岸上計有閑荒八處，前臨江水，後擁群山，荒僻深奥，向爲人迹不到之區，即本地農民亦從未深入。該處與朝鮮一江之隔，該國邊民屢遭荒歉，或被江水淹没，無地耕種，陸續渡江開墾。現查已熟之地不下二千晌，該國窮民數千人賴以餬口，有朝鮮咸鏡道刺史發給執照，分段注册。並據該國穩城府兵官趙秉稷面稱，沿江之民半多仰給於北岸，彼民自知越界墾種，但求格外施仁等語。事關邊界出入，不敢不據實上稟，應如何清查安插之處，稟請核辦前來。

臣等查吉省與朝鮮毗連之處，向以土門江爲界。今朝鮮貧民所墾閑荒，在土門江北岸，其爲吉林轄地無疑，邊界曠土，豈容外藩任意侵占？該國咸鏡道刺史發給執照，殊屬錯誤。現今李金鏞查明，該處實係叢山阻隔，爲中國官民所不到，該國寄居之户，墾種有年，並有數千人之多。薄海窮黎，莫非天朝赤子，若照例嚴行驅逐出界，恐數千無告窮民同時失所，殊堪憐憫。臣等仰體聖明綏來藩服一視同仁之意，擬請飭下禮部，咨明朝鮮國王，由該國派員，會同吉林委員查勘，明確劃清界址。所有該國民人寄居户口已墾荒地，合無仰懇天恩，俯念窮民無所依歸，准其查照吉林向章，每晌繳押荒錢二千一百文，每年每晌完佃地租錢六百六十文。由臣銘安飭司給領執照，限令每年冬季將應交租錢就近交至琿春，由放荒委員照數收納，或由該國派員代收，一併彙交，以歸簡易。或該國鑄錢不能出境，議令以牛抵租，亦可備吉省墾荒之用。其咸鏡道刺史所給執照，應即飭令收回銷毁，免致兩歧。如蒙諭旨，後由臣派員，會同朝鮮委員秉公核辦，詳議章程，妥爲安插，以清界址而示懷柔。

—5. 皇朝經世文續編　卷三三　户政一〇　屯墾

容　閎（1828—1912）

字達萌，號純甫，廣東香山縣（今屬珠海）人。耶魯大學畢業，曾任駐美副公使。有《西學東漸記》。

請創辦銀行章程·銀行總綱四條

一、開辦事權。銀行仿自泰西英法諸國，屢經改章，愈變愈精，要以美國爲最善，日本銀行亦多采之。今擬參仿美國銀行章程，先設總行於京都，續分設銀行於各省城及通商口岸。總銀行資本以一千萬元爲額，統由户部籌撥，欽派大臣督辦，並專派大員總辦。分銀行即由督辦總辦陸續招商集股，擇地開設。所有總行分行一切應辦事宜，隨時擬定，咨明户部辦理。

一、印發券票。泰西有國債券，無論數千百萬，皆由銀行籌繳。今息借商民之財，而給以憑據，名爲債券。銀元通行市面，而代以紙幣，名爲銀票。此兩種均由總銀行用機器製造。或暫時先往外洋定造。借券年息五厘，以備各分行繳銀領券。凡有商民願買，亦可照領。銀票照資本定額。如以一千萬元爲本，應提六成六百萬元存庫。此六百萬元中，又以八成製爲銀票，計四百八十萬元。票内載明有庫款存抵，本多票少，隨時兑現，與空出紙幣者不同，自無折閲之慮。通行各省可抵錢糧，繳歸藩庫即可作京餉起解。開辦之後京外流通資本愈厚，即照章加發銀票。該票之鋼模定鏨，紙張定造，經數十手而成。正面華文，背面西文，花紋工細，斷難仿冒。仍由户部編號加戳，然後通行。每月已未發各若干，詳注册簿。發出銀票，設或日久破損，准换新票，所繳舊票，點明號數，對衆銷毁。

一、擴充分行。總行既撥官款，分行應招商股。京都繁盛，可設分行數處。各省會暨通商大埠，如上海等處，次第招商開設。泰西因領用券票，稱爲國家銀行。今請設立牌號，稱爲某某官銀行。如集股十萬元，應先繳銀三萬元，給與借券，如繳銀之數。股本多，則借券遞加。總合股本三分之一爲度。此項借券，於各處官銀行開市時，仍繳存總銀行，掣給憑單，每年給與年息五厘，核照所繳借券之多寡，減成另領銀票。所減成數，又以股本多寡酌定等差。股本五十萬以下者，照所繳借券領銀票九成。五十萬以上者，八成。百萬以上者，七五成。三百萬以上者，六成。如此，則股本愈多，而所領銀票之成數愈減。此項銀票需用若干，係於總銀行額設四百八十萬元銀票之外，另行隨時印造。萬一分行虧折，已有存總行之借券抵保，且爲數多於銀票。除抵償外，尚有餘款，以備派員查帳等用。再有盈餘，仍給還各股商。並照西例，凡銀票存項股本，每年正月七日收税兩次。每次通扯銀票已用出者，收税五毫，存項二毫半，股本二毫半，合併一厘，兩次共計二厘。收税極微，與生意無礙。其餘未領借券之票號錢莊，如有願改官銀行者，亦准繳銀領券，一律辦理。其牌號悉聽照舊，無庸更易。

一、兼管製造。現在銅錢日少，而金銀兩品尤闕，擬由京都總銀行鑄造金銀錢。近日金錢一項，外洋交涉漸多。其分兩成色，務與西式一律，庶中外通行，不致因金價先零而折閲。審是，則需金日多，金礦宜盡力開采。土法淘洗，所得無幾。宜聘礦師，購機器，廣開以期迅速。所出之金，統運京都鑄錢，不得私售出洋，以杜漏卮。此中收回利權不少。若礦金不敷鼓鑄，自可稍待機宜。且先鑄銀元，以便民用。現查各省官局已鑄銀錢，其成色高低，務宜一律。設有參差，關係甚大。請飭將各省新鑄式様，送總銀行查驗。其每年共鑄若干數目，亦須咨報，以憑稽核。

—10. 皇朝經世文新編　卷一〇下　商政

請創辦銀行章程・總行章程十二條

一、總銀行代户部籌款，本與分行專做生意者不同。惟創辦之始，分行尚未遍設。擬請暫收官商存項，並匯劃支付等款，以爲商辦分行之倡。經理一切，尤在得人。應由總辦招請美國熟手，分司其事。詳核支收，以免遺漏，而昭大信。漸與各國著名銀行聯絡，以期匯劃可通，緩急可恃。款歸實際，人無虚設。所有員司，概不徇情濫用。

一、總銀行自總辦以次，薪水以及公用，應准作正開銷，暫在所撥資本内支付。俟銀票通行，鑄錢獲利後，自應專撥幾成，以備行用。一切款目，每月結報一次，每年綜核一次。刻成總册，遍發各省分行，並詳報户部備案。總銀行册簿，户部堂司可以隨時閲看。

一、所撥資本一千萬元，除六百萬元存庫外，尚餘四百萬元，預備購地建屋，造庫、機器、鋼模、紙張並鑄造金銀等用。奉准之後，請先撥若干，以便布置一切。

一、鑄造金銀，所需較鉅。如資本不敷周轉，應請設法籌撥，轉輸甚捷，不致久閣成本。以後户部應放款餉，如以金銀錢及銀票爲便，即可酌量搭放。若創辦之始，市價未平，或有漲落等情，再行斟酌辦理，以期盡善。

一、新開金礦，或統歸官辦，或招商集股。商股應得之金，擬請按照時價給以鑄出之金錢，以免金砂、金塊轉售出洋。此中仍恐難免偷漏。須飭經辦之人隨時稽查結報。

一、總行有稽查分行之責。買空賣空自當嚴禁。如各行有違例情事，可派委員至該行查帳。如有應改應添或應撤之事，稟請核辦費用，開銷公款。如派出之員，有滋擾勒索等事，准分行詳報，立時撤去。

一、總行所收藏鐵櫃之借券以及各項鋼模，每年須由户部會同查看一次，有無損壞走漏，登明簿册。其已停辦之銀行，所用銀票鋼模，隨時驗明銷毁。

一、所發借券，除官銀行照領外，其餘紳商士庶，均可購買，應付年息五厘，無論何處官銀行，一律驗票照付。所付之銀，由官銀行報明總銀行，提款劃還。

一、所收借券現銀，實與息借商款無異。因有銀行付息，較易取信。俟集成巨款後，可用以整頓海陸兩軍，及一切保護疆土、振興商務之事。

一、泰西借券名目不一，用作何項工程者，即名爲何項借券。或二十年，或三十年，券内載明年限。但使年息照付，民信皆孚。限滿之後，仍可展期若干年，换給新券。

一、鐵路招商，創議已久。只准華商承辦，不許暗招洋股。且路長款少，勢難遍築。惟總銀行及分行開設之後，借券暢行，可另發鐵路借券，每張百元至五百元，或一千元。商民因銀行之可恃，而深信國家，必有群相購買者。通國鐵路，不難同時並築矣。

一、借券之式，大約長方尺餘，上列本票，下列方寸小票，四十張，即息票也。到期持向銀行，剪去一票，即可收息。再到期，再剪。每年付息兩次。剪盡小票，則年限已滿，可持本票收本。其法甚善，其製甚精。兹謹繪圖式於左：

上層本票，下層分列小票，每年付息兩次，每次剪去一票，計四十小票，二十年期滿。

——10. 皇朝經世文新編 卷一〇下 商政

請創辦銀行章程・分行章程二十四條

一、分設官銀行之牌號住址，及董事幾人，集股若干，每人有股若干，每股先收若干，應設立合同簿册，刻用圖記，開報總銀行，轉詳户部，給與准開執照。並禀請本省藩司，暨地方官立案，以憑查考。

一、官銀行如集股十萬元，應俟開辦獲利後，逐漸提存公積銀至二萬元爲止。作爲餘本。萬一股本虧折，除將餘本儘數分償外，不更追查各股商私財。此爲有限公司，庶股商不致受累。

一、開設之日，照西例先定限二十年。如無違例之事，准其再開。如未滿年限，查有違例之事，即令停辦。或三分有二之股商不願再開，亦可隨時會議停辦。

一、股商所買股份，即係自己產業。如欲轉售於人，可至本行報明，於簿册内改换新股商姓名住址。如未報明改换，倘有應問股商之事，仍惟舊股商是問。

一、股商公舉董事，至少五人。董事中再推某爲總董，某爲副董，某爲本行總理。均須有股份稍多之人。至雇用司帳等人，均須的保，定賞罰。凡收買匯票期票以及代存銀兩抵押款項，應由總理主政。

一、股本收進一半，即可禀請開辦。未收股本，分期續收。如有股商或代股商辦事之人，於續收股本，到期不付，即出傳單聲明轉售。倘無人願買，則該股已付之本，准於六個月内由董事會議定奪。倘因此而資本不足，即行查帳停辦。

一、如欲推廣生意，加添資本，或三分有二之股商，欲減少資本，均須詳報總銀行批准，以便定借券之多少，照例增減。

一、每年正月七月，由公舉董事聚議行務。董事任事之期，一年爲限。如衆議僉同，亦可接任。每股商按股之多少派議事單若干紙，備書是否字樣。如不能親到，可託他股商代議。而行中執事不與焉。至股商有欠行中款項者，不准會議。

一、錢莊票號，資本充足，可以改官銀行者，不必另换牌號。如有數家合併一行者，牌號聽其自定。均須將資本若干，報明總銀行，照定章核辦。

一、每六個月，董事查核，除開銷外，净利若干，每股派息若干。所獲净利，當先提百分之十劃入下届帳内，爲公積銀。一俟公積與股本核算至二十成之數，乃止不提。

一、銀行借與一公司一商家或一人之款項，期限以六個月爲定。如欲展期，須董事議准。其銀數不得過收進股本百分之十。至收買期匯各票抵押生意，不在此例。

一、銀行股份票，不准在本行抵押。本行資本，不得移作各項工業字號，如股商挂欠本行銀款，過期不還，可將其股份撤回。准六個月内售出。或當衆拍賣歸款。否則，總銀行可查帳勒停。

一、銀行所領銀票，原爲隨時行用，不准抵押現銀，作爲增添股本，亦不准將原定股本抽出，以銀票充作股本。

一、各銀行應於每年正月七月間，十日之内，開明上届用出銀票，收進存項，除存部借券外，所有股本通扯計算，每項若干，由首董帳房等簽字，呈繳總銀行備查。如有不開報者，議罰若干元，在應付借券息内扣除。

一、官銀行所領銀票，如有水火不測，准由該銀行呈出實據，具結請總銀行换給新票，補足所失之數。

一、官銀行所領銀票，雖有繳存之借券抵保，而銀行内仍須存現銀二十五成，謂用出銀票，所收存項兩款合算百分中之二十五成。以備兑現，俾無缺乏之虞。

一、外省各官銀行，應於所備現銀二十五成之内，酌提若干，存放京都總銀行。總銀行將此銀另款存儲，不營運，不算息，以備各省官銀行到京可以兑現。總銀行收銀之後，給與各省官銀行收條。官銀行將此收條，亦可作爲本行存銀額數。總期京外銀票流通，以昭大信。

一、各處官銀行所領銀票，准用以輸納地丁錢糧、厘金、鹽課等款。一如現銀，不折不扣。惟進出口關税，仍用現銀。

一、京外各處官款餉項，如有可以交銀行存放者，即就近發交生息。應解京餉協餉，亦可飭該行匯解，以歸簡易。

一、銀行於借款拆息期匯各票，應收息銀，須照各處市面常例議定，不得逾額。如有違例取息過重，應將存總銀行之借券息罰去。並准人控告，飭令償還。

一、銀行不得收買地基。除建造本行房屋及分行房屋、地基外，設有因欠項抵押或被欠無著，作爲歸款之地基，暫時執掌，即須售去。不得過兩年半期限。凡抵押地基、房産，亦須産價多於抵款一倍，以昭慎重。

一、銀行銀票，如有持向該行兑現而不照付者，准持銀票之人控告。由總銀行查明確實議罰。或收管該銀行資本簿據，並代理各帳。

一、銀行停辦後，應將所存現銀，繳歸總銀行，以備代付用出銀票之數。總行收票付現之後，即將該行牌號銀票銷毁，不再用出。其前繳抵保銀票之借券，可仍發還，聽其作何開支。

一、銀行自欲停辦，潛將期匯各票、抵押産據，易换他人姓名，以圖巧避，查出從重議罰。

—10. 皇朝經世文新編　卷一〇下　商政

華蘅芳（1833—1902）

字若汀，江蘇金匱（今屬無錫）人。曾入曾國藩幕，先後於上海格致書院、湖北自强學堂等處講授算學。有《行素軒算學》《行素軒詩文存》。

論學算之法

算學中門徑甚多，歧途百出，非備嘗此中之艱苦者，不能洞悉其曲折，所以學算亦不可無法也。

學算之人其志向各有不同，故其所學之事遂亦從此分焉。綜而計之，大約可分爲兩類：一爲闡明數理以成著作，一爲推演各數施之實用。

算學中可施之實用者皆無難爲之事，如推田畝之積步，倉廩之積斛，商功之積尺，測量高深廣遠，推步日月五星，皆已有成法在前，依其法而演之，衹須知加、減、乘、除及比例之法，已綽乎有餘，其須用開方者，固不多見也。

即進而論造表之法，如八線與弧背互相求，真數與對數互相求，或從縱横兩線求各曲線之長，及其所函之面積、皮積、體積，若既有其本題之級數式，依其式而演之，亦不過用加、減、乘、除、開方而已，並無難爲之事也。

所以學算者之志向若只求見用於當世，爲衣食名利之計，則衹須熟習整數、分數、小數之三種加、減、乘、除、開方，再從各書中摘録測量、推步各種成法，藏之篋中，便已無所不能算矣。天元、代數之術，皆可不必究心也。

若非急於求用，而務欲闡明數理，則其所學之事非株守成法者所可比。蓋因數學中深奥之理無窮，則其明理之法亦非一端所能盡，故必兼綜各法，乃於理無障碍之處也。

一切算法皆從條段之理而生，故算學中淺近之理皆可以幾何之法明之。惟篤信幾何之人，每自恃其點、線、面、體之學，而不信天元，且不肯再習天元，此乃爲幾何所囿而不得自脱者也。

用幾何之法以明算理，每題必作一圖，每圖必係以説，有圖無説，有説無圖，皆不足以發明題義。然至立方以上，其條段之理已不能繪圖，則幾何之術窮矣。天元之術不必處處言條段，而一切條段之理無不包括於其中，此蓋古演段之所由名也。蓋至如積相消，而條段之理終不肯紊亂，所以無論若干乘方，亦無論如何帶縱，不必分别其形象而概以一例推之。

惟演元之書，其所設之各題大抵務爲深奥，而不適於用習天元者，不能不習其題，則從此又生魔障矣。此非爲天元所誤，乃爲天元書中之題所誤也。

即如句股弦可以彼此相求，又能以和較之，互相求；又能以和較之和較，互相求，亦可謂極其變化之妙矣。猶不肯已，則以同式之各句股又成和較，而一一識别，其彼此相關之理標名立目，條分縷析，以解之創之者，自詡神奇。傳之者共推絶學。師以此授其弟，官以此課其士，萃古今能算之才，使之困頓老死於句股之中，而不自知悔悟者，李欒城之力也。

幾何之學從條段以明題理，故條段明而題理亦明。天元之學從題理以明條段，故題理明而條段亦明。惟幾何之條段必藉夫圖，天元之條段則無藉乎圖也。所以天元所明之理能比幾何更深。

然天元但能將未知之數明其條段，而其已知之數則渾和於太極之中，不能一望而知其條段如何。惟代數之術，則無論已知之數、未知之數，其條段之理莫不一二分明，故代數所明之理又能廣於天元。

學者既明代數之術，則於數理之奥赜者固無不能明矣。然猶有言之，或甚繁求之，或甚難而不得簡易之法以賅之者，何哉？因代數但能推一切常數而不能推其變數也。惟微分、積分之術則能推一切變數，故有微分、積分之術，而代數之用愈廣矣。

或有問者曰：如子之説，天元勝於幾何，代數勝於天元，微分、積分又勝於代數，則學者何不徑習微積，而必從幾何、元、代以及微積耶？

答之曰：不習幾何，則於如積之理不能盡明，故不可徑習天元。不習天元則於正負開方之理不能盡明。雖從代數得其相等之式，亦不易求其同數。微分、積分其算式仍籍代數爲用，不習代數烏能徑習微積？所以幾何、元、代、微積其學必循序而及，不可躐等而進也。

或又問曰：微積之必由代數而出，固無疑矣。若謂習代數者，必先知天元；習天元者，必先明幾何，此乃欺人之論也。夫天元中法也，幾何、代數皆西法也。中西各創其法，曾未彼此相謀，則創天元者固不知有幾何也，創代數者亦不知有天元也。不知者尚且能創，而謂反不能學者，天下有是理乎？

答之曰：余之所謂循序而及者言如此。學之則易於入耳，非謂舍此即不能學也。創天元者固未見幾何之書，而天元之理則無非幾何之理也。創代數者，雖未見天元之書，而代數之理，則猶之天元之理也。然則幾何、元、代，其明理之法雖異，而其所明之理則同。惟幾何爲初學所最易明，故必從幾何入手。天元之書，難於幾何而易於代數，以其有數可核也。代數之法繁於天元，而其用則廣於天元，故既明天元，方可學代數。

又有問者曰：演數與明理既分爲兩途，則演數者固不必明理矣。惟不知明理者亦能演數否，且不知明理者所演之數，有異於不明理者所演之數否？

答之曰：明理之人惟不喜演數耳，非不能演數也。使强明理之人爲演數之事，其演得之數亦無異於演數者所演之數也。惟專門演數之人因已演之甚熟，故速而且準，爲明理者所不能及耳。

或又問曰：算法之事所用者數也，明其理而不善演其數，則是能説而不能行矣。又曷取乎明理爲哉？

答之曰：演數者衹能用法，而明理者則能創法。凡演數者所用之法，皆明理者之所創也。算法古疏今密，古拙今巧，苟非明其理而精益求精，安能至此乎？明理之人，譬如創業演數之人，譬如守成其勞逸，難易有不可同日而語者。

明理之人非但能創前所未有之法，又能以因爲創，而將從前已有之法改之，使更便於用。故有至難之法，一變而爲至易者；亦有至繁之法，一變而爲至簡者。即如圓徑求周，古時用割圓之法，開方數十次，僅能得數位密率，今用屢乘屢除，可任求若干位密率，而不必開方。又如求八線之法，古時用六宗三要二簡法，而不能任求某角之線，今則弧背與八線能彼此相求。又如真數求對數，古時用中比例之法，以代開數十百次之方，今用級數可以任求而不必用中比例，其簡易不知幾何倍矣。

或又問曰：明理始能創法，是創法之人，無有不明其理者也。吾見近時算學之書，每有但言其所立之各術，而於立術之理則不贅一辭，豈其理祇能自明而不能與人共明歟？抑秘其立術之理，而惟恐人之得明歟？

答之曰：子所言之書，其創法之時，蓋用天元之術，以演各尖堆之垛積，枝枝節節而爲之，此中曲折之故祇爲創法者所自明。若欲與人共明其理，則取徑紆回，布算繁重，演之非易，言之甚難，不能如微分、積分之直捷簡明也。卷帙既多，則刊校均非易事。故先刊各術，而其釋術之書將俟續出。後因已見微積之術，覺己法不足以傳示，後世遂焚棄其稿，未可知也。或身遭兵燹，就義成仁，而遺稿飄零散失，亦未可知也。

或又問曰：有數種算學之書，其所立之術雖未嘗自匿其理，而觀其釋術之語終不能明白曉暢，其故何也？

答之曰：立術之理，若非從大公至正之軌悟入，每覺可以意會而不可以言傳，故自明其理則易，欲使他人共明其理則難。蓋其人雖有鉤深致遠之心思，而筆墨所達未能曲盡其妙，則他人觀之仍不能明。此亦由於觀是書者功夫尚淺，未能領略其語耳。

或又問曰：今之算術密矣，巧矣，簡而易矣，蔑以加矣。吾恐從此以後即有鑽研數理之人，亦未必能再創新術矣。

答之曰：他事皆有止境，而算學無止境也。古人創術之時，何嘗不自以爲巧密。逮有巧密於古術者，則以古術爲疏拙矣。後之視今，亦猶今之視昔，安知此後更無再巧再密之術，而視今之巧密者爲疏拙耶。

—13. 皇朝經世文統編　卷九六　格物部二　算學

代數術序

《代數術》二十五卷，余與西士傅蘭雅所譯也。傅君本精於此學，余亦粗明算法。故傅君口述之，余筆記之。一日數千言，不厭其艱苦，凡兩月而脱稿。繕寫付梓，經年告成，爰展閲一過，而序之曰：

數之名始於一而終於九，故至十則進其位，而仍以自一至九之數名之。至百則又進其位，而仍以自一至九之數名之。如是以至千萬億兆，其例一也。夫古人造數之時，所以必以十紀之者，誠以數之多可至無窮，若每數各與一名，則吾之名必有窮時，且紛而無序，將不可記憶，不如極之於九而以十進其位，則舉手而示，屈指而記，雖愚魯者皆能之。故可便於民生日用，傳之數千百年，至今不變也。觀夫市廛貿易之區，百貨羅列，精粗、美惡、貴賤之不同，則其數殊焉。多寡、長短、大小之不同，則其數又殊焉。凡欲以其所有易其所無者，必握算而計之。其所斤斤計較者，莫非數也。設有人言吾可用他法以代其數，夫誰能信之？良以其乘除加減，不過舉手之勞，頃刻而得，無有奥邃難明之理在其間，本無藉乎代也。惟是數理幽深，最耐探索，疇人演算，務闡精微，於是乎設題愈難，布算愈繁，甚至經旬纍月，不能畢一數。且其所求之數，往往雜揉隱匿於各數之内，而其理亦紆遠而不易明。若每事必設一題，每題必立一術，枝枝節節而爲之，術之多將不可勝紀，而仍不足以窮數理之變，則不如任數理之萬變，而我立一通法以馭之，此中法之天元，西法之代數所由作也。代數之術，其已知未知之數，皆代之以字，而乘除加減，各有記號以爲區别，可如題之曲折以相赴。迨夫層累已明，階級已見，乃以所代之數入之，而所求之數出焉。故可以省算學之工，而心亦較逸，以其可不藉思索而得也。雖然，代數之術誠簡矣，誠便矣，試問工此術者，遂能不病其繁乎，則又不能也。夫人之用心，日進而不已，苟不至昏眊迷亂，必不肯中輟。故始則因繁而求簡，及其既簡也，必更進焉而復遇其繁。雖迭代數十次，其能免哉？由是知代數之意，乃爲數學中鉤深索隱之用，非爲淺近之算法而設也。若米鹽零雜之事，而概欲以代數施之，未有不爲市儈所笑者也。至於代數、天元之異同優劣，讀此書者，自能知之，無待余言也。

—5. 皇朝經世文續編　卷八　學術八　文學四（附算學）

王文韶（1830—1908）

字夔石，號耕娱，浙江仁和（今屬杭州）人。咸豐二年（1852）進士，歷官湖南巡撫、直隸總督、武英殿大學士。有《宣南奏議》《湘撫奏議》。

奏開設天津中西學堂疏

爲道員創辦西學學堂，倡捐集資，不動公款，奏明立案，恭摺仰祈聖鑒事。竊據津海關道盛宣懷禀稱：自强之道，以作育人才爲本；求才之道，以設立學堂爲先。光緒十二年前關道周馥請在津郡設立博文書院招募學生，課以中西有用之學，嗣因與税務司德璀琳意見不合，籌款維艱，致將造成房屋，抵押銀行，未能開辦。惟學堂遲設一年，則人材遲出一年。日本援照西法廣開學堂書院，不特陸軍海軍將弁取材於學堂，即外部出使諸員及製造、開礦等工，亦皆取材於學堂。中國智能之士，何地蔑有。但選將材於儔人廣衆之中，拔使材於詩文帖括之内，至於製造工藝，則皆用不通文理、不解測算之匠徒，而欲與各國絜長較短，難矣。

該道擬請設立頭等、二等學堂各一所，以資造就人材。惟二等學堂功課，必須四年方能升入頭等學堂，頭等學堂功課，亦必須四年方能進入專門之學，不能躐等。現擬通融求速，二等學堂本年即由天津、上海、香港等處，先招已通小學堂第三年功夫者三十名，列作頭班，已通第二年功夫者三十名，列作二班，已通第一年功夫者三十名，列作三班，來年再續招三十名，列作四班，合成一百二十名爲額。第二年起，每年即可拔出頭班三十名，升入頭等學堂。其餘以次遞升。仍每年挑選三十名，入堂補四班之額，源源不絶。此外國所謂小學堂也。

至頭等學堂，本年先招已通大學堂第一年功夫者，精選三十名，列作末班，來年即可升列第三班，並取二等之第一班三十名，升補頭等第四班之缺。嗣後按年遞升，亦以一百二十名爲額。至第四年頭等頭班三十名，准給考單，挑選出堂，或派赴外洋，分途歷練，或酌量委派洋務職事。此外國所謂大學堂也。

該道與曾充教習之美國駐津副領事丁家立考究再三，酌擬頭等二等學堂章程功課，必期切近易成。約計頭等學堂每年需經費銀四萬餘兩，二等學堂每年需經費銀一萬五千餘兩，共需銀五萬五千餘兩。現值國用浩繁，庫款竭蹷，事雖應辦，而費實難籌。查津海鈔關，近年税項尚旺，該道情願每年倡捐銀一萬五千兩。又天津米麥進口，自光緒十九年禀明每石專抽博文書院經費銀三厘，每年得收捐銀三四千兩。今擬每石改收銀五厘，尚不爲多。又電報局衆商每年擬捐繳銀洋二萬元，招商局衆商每年捐繳規銀二萬兩。統計每年可收銀五萬四五千兩，以之撥充學堂經費，不相上下。所有頭等學堂，即照前督臣李鴻章批准周馥原議，以博文書院房屋爲專堂。現經廣西臬司胡燏棻設法籌款，向銀行贖回。至應購格致、化學器具、書籍等項，及聘請教習川資，創辦應用各款，不在常年經費之内。計自光緒十九年起至本年四月止，米捐存銀八千餘兩，應即核實動支。其二等學堂，須覓地另行蓋造。擬在開辦初年，教習學生尚未齊全應餘經費内提用，毋庸請發公款。房屋未成之先，借用頭等學堂，暫行栖止。擬定章程功課，禀請具奏立案前來。

臣查光緒二十一年閏五月二十八日奉上諭："自來求治之道，必當因時制宜。況當國事艱難，尤宜上下一心，圖自强而弭隱患。朕宵旰憂勤，懲前毖後，惟以蠲除痼習，力行實政爲先。疊據中外臣工條陳時務，詳加披覽，采擇施行。如修鐵路，鑄錢幣，造機器，開礦産，折南漕，減兵額，創郵政，練陸軍，整海軍，立學堂，大抵以籌餉練兵爲急務，以恤商惠工爲本源，皆應及時舉辦，等因，欽此。”設立學堂即其中應辦之一端。凡鐵路、機器、開礦、治軍諸務，均可以西法爲宗。則造就人材，尤當以學堂爲急。該道仰體時艱，就本任及經營招商電報各局，設法籌款創辦，此事不動絲毫公帑，洵屬講求時務，公而忘私。所擬章程，亦均周妥，應即照辦。惟堂内事繁責重，必須通曉西學，才堪總核之員，認真經理，方不致有名無實。查二品銜候選道伍廷芳堪以委派總辦頭等學堂，同知銜候補知縣蔡紹基堪以委派總辦二等學堂，並延訂美國人丁家立爲總教習。一切應辦事宜，仍責成盛宣懷會商伍廷芳等妥速辦理，以免因循，虚曠歲月。其會辦、提調、監督等名目，一概删除，藉省開銷而杜紛雜。除分飭遵照，並將章程咨送軍機處、總理衙門查核外，所有創設北洋西學學堂緣由，理合恭摺具陳，伏乞皇上聖鑒訓示。謹奏。光緒二十一年八月十二日具奏。十四日奉硃批該衙門：“知道，欽此。”

—8. 皇朝經世文三編　卷一　學術一　原學上

陳寶箴（1831—1900）

字右銘，晚號四覺老人，江西義寧（今九江市修水縣）人。咸豐元年（1851）舉人，官至湖南巡撫。有《陳寶箴集》。

上沈中丞書節録

一曰飭吏治以蘇民困。自來地方之盛衰由於州縣，州縣之賢否繫於上官。上官者，以察吏爲職者也。夫考績固在詢事，而官人先在知人。近今撫院之於屬吏，一月凡六見。其所以求爲察之道者，可謂勤矣。然其見也，魚貫而入，雁行而立。有執事者，啓白數語，聞命即趨而退。其需次無職事者，侍坐少頃，即趨而退。上下之情不通，慮於屬吏之賢否器能莫之測也。夫立談之頃，不足以知人。乃並此立談之頃而忽之，以求知人，不可得也。不能知人，而欲用以爲治，不可得也。請自今定屬吏分班謁見之規，先期曉示，每於暇日傳見數人。見必坐談良久，開誠布公，和顏色而導之使言。因以考其材能，究其學識，驗其誠僞。見之至再三，則其材器之大小，心術之邪正，亦必有灼然而不可掩者。於是就其賢者、能者奬借而裁成之；患不肖者，警惕而訓勉之。然後試之以事，以課其功；量材器使，以盡其用。不特用得其人，且使人人有踴躍向善，争自濯磨之意。是辨論考核之中，兼寓鼓舞化裁之意。所以挽風氣，作人心，而清爲治之原者，莫要於此。又聞胡文忠公撫鄂時，於州縣幕友、家丁皆有限制，並禁約上僚，毋得濫薦私人以擾其廉，亦爲端本之道。蓋冗費節則清俸易足，中人既可勉爲，賢者亦無奪志。至於佐貳等官，可裁者量行奏裁。其萬不可裁者，亦請嚴加誡飭，毋許擅受民詞。庶吏治正，而民困可蘇，敷政之原基之矣。

一曰賑難民以培元氣。民之疾苦顛連，轉於溝壑，而委命於天民之良也。官爲天子牧民，而坐視民之轉於溝壑，而委命於天，官之不良也。父母之於子，當其疾病垂危，非甚不得已，則必竭智畢慮求醫藥以救之。野有餓殍而不知發，惡在其爲民父母也。凍餒之民，迫而爲盜，則元氣損。凍餒之民，守法待死，不爲盜，而竟不免於死，則群情渙而悖亂生，天意乖而災害作，元氣更損。夫怨不在大，感不在私。一夫含冤，百夫扼腕。受恩感激，聞者涕零。此感通之理，維繫之原也。寶箴自皖城歸過洋塘，道經彭澤、鄱陽縣境，目擊田廬榛莽，墟落蕭條，雀無羅之可張，草掘根而亦盡。頹牆敗屋之中無非鳩形瘠骨、垂死待盡之人，奄奄愁嘆。又或病婦零丁，而數歲孤兒，繞牀哀號，嗷嗷索哺。流離家口，賣婦呼天。野田殭尸，握草盈掬。睹之酸鼻，言之痛心。計至明年，耕穫無期，則噍類盡矣。悠悠蒼天，能不悲哉。嗚呼！我省自遭兵燹以來，罹毒之區，未有若是之慘者。幸遇上臺有仁愛惻隱之君子如執事，而一隅之民，卒令不免於盡如此，豈有司莫以告耶。今日軍需尚急，公帑誠不易支。然軍餉以救土崩之禍，賑恤以消瓦解之形，緩急雖殊，厝薪同患，必於萬難措置之中，求一拯救之法。公款之能籌與否，非寶箴之愚所能知。竊意救焚拯溺，閭里争先。天災流行何地蔑有，況今年賊擾邊陲，而腹裏無恙者，以鄱湖、彭澤等邑獨爲之阱也。我省郡縣殷富，雖頻經捐派，都鮮蓋藏。然擇其尤爲富厚者，勸令出資助賑，許爲奏請奬叙。又擇各地方官之宦資稍裕者，婉勸量捐，俟有措手之法，即移一見在之款，以應急需，其必有濟。前聞饒郡王守，統籌鄱陽賑濟，牛種之貲約需制錢七八萬緡。計彭澤雖被害較苦，其丁口凋零亦較甚。所費之多，或亦有限。而鄱陽受害略淺，合之只敵一縣，統計四處共需制錢二十餘萬緡，合七十州縣公私官民之力，共籌二千餘萬之數，但使辦理得宜，當亦非無米爲炊者。比聞執事於鄱陽一邑業已定有賑章，每丁月給米二升，具見仁者用心之苦。然寶箴以爲賑而不能活，猶未賑也。活而不能久，猶不活也。間聞發賑之處，地方劣紳，揑報户口，冒領浮銷，又復從中侵漁。有一丁只受米八九合者，實堪痛恨。此後發賑，宜視地方受害之淺深爲厚薄，更宜遍行曉諭，使人人共知每月賑數若干。又遴委賢員親往踏看灾黎情形，實稽户口，密訪侵挪。如有此等劣紳，即擬照侵克軍糧例，置之極典。復飭委員按查田畝，量給籽牛，務乞視爲目前最要急務，毋作因循苟且之謀。庶民沾實惠，人慶更生，使血氣之倫，咸欣欣有喜色而相告曰：國家設父母之官，果能憂吾憂而生全我也。則有補於中興元氣者，當不在芟夷寇亂下矣。

一曰明學術以育人材。江右素號禮義之鄉。有宋以來，歐陽諸公以文章提倡一時，厥後理學節義，爲世所宗，大儒名臣蒸蒸繼起者，數百餘年。匡廬、鄱陽之靈氣，磅礴鬱積，發泄無餘，然未有如今日之衰者。繩墨自修之士，理煩治劇之材，今雖不乏其人，而求如昔日之德行精純，節義事功，争光日月者，蓋未之見，此豈山川鍾毓之靈有時而闕哉。學術不明，則志氣餒於中，流俗奪其外，前哲流風餘韻，愈遠愈微，雖有翹楚之材，欲自振拔而無師友淵源，以開廣其志意，則亦不免自安於小就。此人材所以日絀，有識者所大憂也。國家立教官以造士，設制科以遴才，意非不善。然教官之權太輕，又不知所以爲教。而制科之弊，則務爲帖括勦襲，以資弋獵，雖日讀四子五經，滿紙道德經濟，其實於己無與也。是故書法爲藝事之微，乃求之今日俗學之士，惟有此等伎倆尚可備文書案牘之用，末流至此，可爲浩嘆。夫法久則變，變則通。變通之權，非任封圻者所能自便。而其可以就成法之中寓化裁之意者，莫如書院一事。昔潛庵先生撫蘇州，凡村里塾師，皆令地方保擇，重育材之本也。省垣風化所基，其書院山長尤重，我省豫章書院，舊規例聘鄉先達之品學德望，可爲多士楷模者爲之。相沿既久，惟以同鄉賦閑之甲科顯宦遞主斯席。於是州縣山長，至有以科目先後，次第推任者。其間賢者不謂無人，然不論其實能造士與否，而第以科目官爵爲重，則與今日教官之或以資格，或以納粟進者，其弊何殊。夫師儒者，士子趨嚮之的也。彼見其師之所有，不過八股、詩賦之技，而儼然爲人貴重如是，則其所嚮往而步趨者，亦止如是而已，何以激發其志氣，振興其耳目哉？請自今釐定省屬書院章程，略仿胡忠定經義治事之規，拔其優者，厚以廩餼而禮貌之，又拔其優者而薦舉之。至於山長首宜慎擇，毋循陋章，但求爲事擇人，如實有品學德望可爲楷模者，不宜拘以資位，並不必泥定本省。即如安徽王子槐侍郎，品望學術當世所稱，近以讀禮南歸，若能聘主豫章講席，誠不愧古者師道之任，惟執事裁之。寶箴歷觀古大儒筮仕之邦，莫不以明教化、興學校爲己任，執事山斗之望，士論所宗，登高一呼，衆山皆應。設誠而致行之，數年之後，學術漸明，人材必奮。豈惟我省之幸，天下國家，與有裨焉。剥復之機，培養之任，雖欲不望之執事而不得矣。

一曰禁邪教以消禍萌。自聖教寖微，人心狡詐，散醇澆樸，變故繁興，於是奸宄之徒倡爲邪説以惑世。有天主、耶穌、青蓮、紅蓮、白蓮等名色，當其時，上不之禁，或禁之不力，以馴至於大亂。近今，天主、耶穌之禍烈矣，而青蓮、白蓮等教，方蟠伏羅布而未及發，所謂伏戎之患也。明之徐鴻儒、于七，國朝嘉慶三年之林清等，皆以此煽惑人心，貽害匪細。邇來寇難方急，群情自危，由是匪徒乘之，謂習其教可以免劫運、保妻子，愚民蚩蚩，從之如騖，而湖北、江右尤衆。寶箴間從彼中自新之人，詢其根柢，頗悉大概，大抵其教與耶穌邪說略同，而黨羽散布之廣，幾遍天下。教中頭目以次約束，有内四景、外四景、頂行、正恩等職，略如職官之制。約以能收五十人入教者充正恩，其他率視其徒之多寡爲推升。亦有捐銀授職者，謂之修功德。傳教頭目常糾附近習教之人，不時聚合，謂之拜香。習教之家，遇傳教者至，無論識與不識，皆敬之若神明，親之若戚好。每令婦女誦經，侍坐閟室，謂之傳道。詢其教主所在，則彼亦不深知，但每歲頭目量習教之家，斂錢齎送，沿途遞解，如置驛然。又聞教主所居之處，附近二十餘里，皆其徒黨。所得金錢恐埋彼處地道中。凡此悖妄無忌之情，不獨風俗人心因之大壞，且恐徒醜既多，狡焉思啓，大爲將來之患。夫禍貴消於未萌，害每生於所忽。涓涓不塞，將成江河，綿綿不絶，將尋斧柯，願執事者之早計也。

今之爲遼緩之説者，皆曰元氣足則邪氣自除，此不足慮，又曰操之太急，懼其生變。説誠似也，然愚不知元氣果何時而足耶？今有久病新愈之人，醫者曰予參苓，以培元氣，而其人顧竊竊然日尋酒色而消耗之，謂將絶其消耗之原乎。將日俟其强，復以期勝此消耗乎。若慮其急而生變，不之顧，是猶馭悍馬者懼其嚙踶，遂並其畢羈而弛之，其不蹴稼傷人者幾希矣。然則禁之當奈何？曰：明教令以曉喻之，申法禁以儆懼之。欲其不擾民，則莫如嚴保甲；欲其知悔悟、則莫如講鄉約。如是而猶有執迷不悟、怙惡不悛者，殺無赦。要令元氣易充，而亦不至於生變，斯爲善耳。執事試熟思而審處之，必有轉圜之術，又非寶箴之愚所能測者。倘能轉禍爲福，則保全實大，所謂不動聲色，而措天下於泰山之安者。此之謂也。

寶箴以道中目擊灾黎，欲以達於執事，因類及此數端，似皆有關政體，且以爲世之所貴乎君子者，謂其仔肩自任，能爲人之所不能爲也。執事幼學壯行，海内瞻仰，前以信州孤城，赤手而抗數萬之衆，此其剛大之氣，幹濟之才。懦夫小儒，聞風興起，充其氣而濟之以惻怛之誠，何所不可。今江西之民之於執事，愛之如父母，待之以聖賢，其此意亦重可哀矣。寶箴幼而失學，長而無成，束髮受書，早凛然於出位之思，未信之諫，爾來周旋士大夫間，皆不敢妄有陳説。乃今獨嘵嘵然，冒嫌疑之際而爲之者，亦深知執事之賢能，大有造于斯土也。若謂不能料其必行，而姑藉是爲名高，以欺無識。又或如昔人所謂欲有爲於世，忘其枉己而爲之者。寶箴雖至不肖，尚不至是。《記》曰："君子之愛人也以德，小人之愛人也以姑息。"寶箴願爲君子，不願爲小人。惟執事鑒其區區之愚，留神裁察。

—4. 皇朝經世文續編　卷九　治體三　政本上

河北精舍學規

三代之所以造士者至矣，八歲入小學，十五入大學。由明德而親民，體用備焉。士無等差，而皆教之窮理、盡性、修己、治人。嗟乎，何其待士之厚，而憂世之深遠也。晚周學校，僅存虚名，先王良法美意蕩焉。漢唐以來，體用遂分而爲二，國家學校之外，廣建書院。納群髦於經籍，因明制而加詳焉。降及末流，考所爲教，率不出經藝試帖，蓋利禄之錮蔽乎人心久矣。

乾嘉之際，士稍以爲陋，一二巨人長德，相承爲考證之學。儀徵阮文達公遂創建詁經精舍、學海堂於浙江、廣東。余嘗覽其學規，蓋亦勤密矣。然數十百年間，考据辭章之士，多出其中，而能以道德經綸世變者，渺焉寡聞。是果天之生才有數耶，抑教者與學者皆相感以類耶？嗣是江蘇、湖北、四川、陝西漸設精舍，而俱不出學海堂之制。精廬之開或數十人，或百人，日從事訓詁名物，辨白考訂。餘姚朱肯夫庶子提學湖南，踵設校經堂，博選俊異，厚給廩俸，因文達學，規而擴之。經訓之外，令學者並究心宋五子書，而務持平於漢宋家之説，視他加慎焉，然其規模制度，成於倉卒，於造士之本原，或闕焉而未備。夫世運之盛衰，人才爲之；人才之盛衰，學術爲之。爲國家得人，不如爲國家樹人之用之廣也。養之一州一府，而天下用之不盡。養之一世，而數世十世用之有餘。古碩達君子，規畫宏遠者，則有然矣。國家設官，子之民而責以教養，而任教民之責者，往往忽之於無事之時。一遇變故，輒委任無人，而以庸駑當之，造致壞亂。乃嘆人才之難得，是果人才之難得乎？

嘉穀不種則不生，良木不溉則不美也。晚近之人才，可謂乏矣。約而計之，亦有四端焉：曰義理，曰經濟，曰辭章、考据。辭章考据，虚美無用，姑無論已。爲義理之學者，專言心言性，以記誦語録爲能，泥古而賤今，卑事功而薄名實，執理甚堅，而才不足以應變，持論似正，而知不足與料遠。言經濟者，動以正心誠意爲迂，不知本不立者標不治，未有不治其心而能不流於功利者，未有以忽君子忽小人之心而能終爲君子不爲小人者也。其平居抵掌忠義，激昂慷慨，率皆意氣爲之，意氣餒而忠義竭矣。故氣節自學問存養出者，可以造次，可以顛沛死生。其出於意氣者，謂之客感焉，鼓之則動，再而衰，三而竭矣。此今世人才之大病也，故曰源不清者流濁，本不固者枝窳。國家之法，重於更改，各行省精舍，足以得經生，不足以得通才，體用之不明，而本末混淆故也。夫立法之先，規畫不宏者，陋矣。宏而不精，雜矣。不陋不雜，弊且百出，況陋且雜乎？然則若之何？曰：義理爲體，經濟爲用，辭章、考据爲文采。文采不必盡人責之也，體用則不可偏廢焉。本義理而發爲事功，因之以立言，則學術不至於偏雜，人才不至於苟簡。教必先本而後末，學必同條而共貫。君子觀於體用一原之故，知賢哲之去人不遠矣。謹撰學規若干條列後，諸肄業生得備覽焉。

一、讀書總期明體達用。今參酌晁景迂、曾文正課程用之。經以四子書爲主，《易》《書》《詩》《三禮》《春秋》輔之；史以司馬氏《資治通鑑》、畢氏《續通鑑》、夏氏《明通鑑》爲主，《二十四史》輔之。爲主者日月不可離，爲輔者輪次誦習。要在隨時體認，以古證今，以人證我。經則由訓詁以探義理，由平實以詣精微。史則博通古事以求其要，參究時勢，以窮其變。

一、諸生誦習經史而外，或旁及詩文、天文、算學，各從所好，期於不荒正課而止。至鹽漕、地輿、水利、農田、兵法、河工、屯牧、船炮，尤用世之士所宜急講，所置諸項書籍，宜以次恣覽。與經史課程，月按籍一考，省其敏鈍，察其勤惰。天文、算學本與地輿相表裏，以功用繁瑣費時，恐荒正課，又非易專精，姑不列焉。

一、諸生所讀之書，或有發明，或有指駁，不論當否，無妨存録日記册中。山長考課，得以就正。其平日師友講論，亦宜注記以備遺忘。至身心微過，筆之於書，尤資悚愓。不得以日記當呈師長，遂揜而不著也。生人痛病，中材以上不免，唯在勇於自改，過何害焉？凡過肯與人共觀者，其心必光明，不肯與人共觀者，其心必黯昧。光明、黯昧即君子、小人之分也。況師長精識者，自能鑒别。讀小人閑居一章，可以爽然矣。

一、成德成材，本屬一貫，後人歧而視之，遂致學術不古。肄業諸生，或文才可觀，而於孝弟本原上不能盡職，雖有一切聰明才辨，適足以成爲小人而已。孔子謂：孝者所以事君，弟者所以事長。古人求忠臣，必於孝子之門。庭闈多闕，則異日之致君可知。故《大學》謂：其所厚者薄，而其所薄者厚，未之有也。其有内行肫篤，而於經世大務荒穢不治，但取淺近語録，奉爲師資，則亦不足以成大器。精舍之設，原欲合體用爲一，爲國家樹千百孝子忠臣、賢相良將，所以望諸生者厚矣。山長於考察課程外，咨訪諸生平日所以事親事長之道，如内行不敦，斯宫牆有玷，即不得士禮相待。諸生宜有則改之，無則加勉。

一、學以心得爲主。近世漢宋門户之習專，黨同伐異，是己非人，以至公至大之事，而存自私自小之見。誰爲戎首，大雅所譏，竊謂“驕矜”二字學問中斷不可有。即使誠正如程、朱，精博如馬、鄭，衹可謂盡吾性分之所固有，職分之所當爲，無所爲驕矜也。其黨同伐異，是己非人，皆未嘗博觀而深求之。此世儒之陋，有志之士所宜深戒。況驕矜則不能集思廣益，長傲飾非，百病皆由此生。夫子謂如有周公之才之美，使驕且吝，則不足觀，有以也夫。

一、考較高下所以啓人争心，故伊川非之。學海堂之制，年定四考。黄君彭年《條議天津精舍規例》，以稽課代考，此意甚美。湖南校經堂，則於日記中第其高下，優給獎賞。山長初到，未審成規，發題試士，品次甲乙。群起讙譁，蓋各人用力所在不同，山長取録，或賞其意，或采其辭，斷不能人人饜心。反使子衿有慢師之過，長者受不明之譏。今倣參其意，不定考試，惟稽課程，有褒貶而無等第。非僅免争，亦以崇厚。至謂此法足以塞鈔襲代替之弊，杜利欲之門。勿論然否，亦斷不忍以此心薄待多士也。

一、諸生於四書、《通鑑》都注籍誦習外，各治一經，或《詩》或《書》，各治一史，或《史記》，或《漢書》，其兵農鹽漕各政，聽本人專習兼習。在昔孔門教士，政事、言語不必同科。虞廷用才教稼明刑，各專厥職。誠以人生才力有限，與其博而不精，不如專而能一也。至精力過人者，原可兼收並蓄。

一、日課按學海堂規制，分句讀、評校、鈔録、箸述四者。句讀鈔録，按日無闕；評校箸述，一聽本生，不列課程。文達所定讀經日二十頁，似爲過多。國朝漢學諸公，窮竟日之力不過五頁，蓋爲參考衆説，故稽時日。今課程經史並重，又與專治經籍者不同，定以五頁，繁簡合宜。四子書不定頁數。《通鑑》以三十頁爲度。《史》《漢》或一卷爲限。要之課程，但能使歸畫一。諸生宜視爲切己之事，勿僅以具文視之。斯授者盡其心，受者獲其益。不然，雖條例繁密，終無補也。

一、諸生功課，每月一稽。稽時諸生將所讀書敬呈山長。質疑問難，所有評校箸述，留山長處，静侯評訂。即或評訂不當，本生之心亦宜敬受斷，不可便生輕薄。師之於弟，君父而外，此爲最重。情義周洽，原無形迹見存，間有訓正。或因病下藥，或杜漸防微，或借彼攻此，無非化育陶成之心。倘稍加指駁，即形怨怒，不惟弟職有虧，亦德器不廣矣。

一、出入必譏，似非待士之道。若漫不省察，則絶無限制。在好學君子，原不須此。然衆人之勤，難保無一人之惰，則譏固所以制惰者也。况出入無節，必至友朋此往彼來，雖諸生性厭酬接，亦無辭以謝之。有門籍注記，正可藉塞其路。昔邴原勤業，口不飲酒。仲舒讀書，目不窺園。紛紛接納，徒荒日力耳。顔淵壯歲，盛德焕發。鄧仲華、周公瑾英年功名震宇宙，静夜自維，則有欲徵逐而不遑者矣，何待譏焉。

一、師道有教無類，人才愈多，則成就愈衆，他日之敷施愈宏。精舍本不爲一州一縣起見，自應來者不拒。然絀於經費，不得不限以定數。其調充額者，未必人皆高才，不須觀聽過深。其未調充額者，或限於見聞，不無遺珠之嘆。其有自備膏火，願來附學者，待視無二。但不宜妄相非薄，私立黨羽。山長視諸生如子弟，斷無厚此薄彼之心。諸生宜深體此意，敬業樂群。倘稍有隔閡，恐啓末俗侈肆凌駕之習，所關世道人心實非淺鮮。

一、每月朔望，山長率諸生衣冠謁聖。謁聖既畢，諸生以次詣謁山長。此雖儀文末節，然古人一拜一跪，精意存焉。常人之情，晏居深處則肆焉。齊明盛服，以承祭祀。惰者恭，侈者斂矣。懸古大人君子於胸中，則世俗委瑣之見頓消。故監觀陟降，賢者以之凝心神而束筋骸也。三日不見叔度，則鄙吝復生。見君子而後厭然，有道之不可不日親也如是夫。諸生慎勿視同繁文，託故不詣。其明理者，尚宜先爲之倡。若依違觀望，則自外於名教矣。

一、夙興爲學者第一要務。舜之徒，雞鳴而起，孳孳爲善。故朝而受業，士之職也。清明在躬，志氣如神。古人謂此時求道則易悟，爲事則易成，良有以也。諸生宜黎明即起，温誦四子書，反復涵泳，果能澄心静契，則本日神志自斂，放心自收，虚靈自澈。《大學》知止而後有定一節，尤用功切要語。宜時玩味胸中，此心有主，則本日任讀何書，自有要領。不然，雖多奚爲？

一、鈔録宜分三項，所以内體而外用也。諸生平日讀書，凡遇學術精深淵微之處，録入内篇，以厚本原。典章政事，崇論宏議，遠略壯猷，録入外篇，以廣措施。權謀術數，兵機詭道，録入雜篇，以應急變。斯爲本末兼該，細大不遺。

一、近人著述，必以注經注子當之，否則不得與斯。殆亦時賢習氣，注經注子，非真有所得，足以補前賢而牖後學者，慎勿輕爲。其輕爲者，或鋪張門面，藉欺流俗，或自忘淺陋，敝帚千金，終爲雅識所譏也。此次精舍，實欲爲國造數有體有用之才，非可僅以博聞强識塞責。諸生匡坐，或論古人之賢否，或辨學術之是非，或議政事之得失，皆可謂之箸述。不必如各省精舍例，以解經若干條，考訂制度若干篇也。然古昔制度，通才豈可不知，要在重本輕末，由大及小而已。諸生識之。

—4. 皇朝經世文續編　卷五七　禮政四　學校

戴　楫（1809—?）

字汝舟，號純甫，江蘇丹徒（今屬鎮江）人。咸豐元年（1851）舉孝廉方正。有《純甫古文鈔》。

論用兵謀國當先審幾料敵

嗚呼，今日之事，夫豈戰之罪哉？徒以漫然不知兵之人，以猝然不能戰之卒，而猝然與方張之敵遇，其能操勝券乎？從來用兵之法不一，有正兵，有奇兵，皆必以名將統之，而後克以成事。不得名將，亦必以戰將當之。今將帥無人，而兵非夙習，無異於驅市人而戰。兵士所用之器亦皆鈍敝窳損，多不足以臨陣取勝，以倉卒招募之众，而統之以退縮不前之將，重之以所用非利器，欲以制敵死命，難矣！人第見我之屢敗，敵之屢勝，而不追求其致敗之故，翻然一改其所爲，終無以爲取勝之地。

取勝非難，其道有三：曰擇將，曰練兵，曰簡器，而終之以善料敵情。今倭人用兵，率行詭道，動以虛聲恫喝，或聲東以擊西，或避實以擊虛，間諜偵探，改裝易服，遍布於各處，輦轂之下，潛踪匿迹，我國一有舉動，聲息皆知，甚至我國之富户殷商、微員末秩，多甘心向外，與敵相通，率以情形虛實告彼。自始事以迄今日，倭人始則以和好要我，繼則以卑詞媚我，使我信其所言，墮彼術中，毫不爲備。彼則潛行濟師，節節前進，著著争先，而我宴然若無事也。逮我運兵調艦，猝被其所要擊，乃一發而不可收拾矣。故論事者，因倭人之猖獗至是，而追咎於僨事之由，知其所失有三：一失於因循，不能自占先著；再失於粉飾，諱敗而爲勝；三失於將帥無人，兵士解體，而事遂不可爲矣。今倭犯北方，警信迭聞，捷書不至，堅城名郡相繼失守，疊壘連營望風而遁，致倭人長驅直入，幾無險阻之可守，是豈敵之能兵哉？即如今日者，倭人云欲南竄，遍播流言，致令沿海居民皆惴惴焉，各思轉徙，羽檄交馳，紛紛然嚴爲設備。其實倭方專心注意於北方，未遑他顧，奚暇别圖。彼蓋特恐我南洋兵輪聚而至北，乘間伺隙，攻其不備，或則潛師輕襲，乘虛徑搗其國中，行圍魏救趙之法，亦彼之所懼也，故爲此先聲恫喝，欲使南洋留以自防，不敢出雷池一步耳。彼舟艦既少，兵卒又寡，合之則尚可支持，分之則力弱勢孤，立見傾危，必於北方大受懲創，計無復之，乃始肯舍北而圖南耳，此時則猶未也。

夫用兵之道，貴在能料敵情，故知彼知己，百戰百勝。事未至而我先爲之備，事已至而我猝爲之應，身雖在局中，而常在處於局外，燭照於先幾，而洞明於當局。倭人之謀我中國，籌之已豫而發之已遲，備之已周而出之已晚，蹈瑕伺釁者已非一日。二十餘年來，其所延請之外人，皆爲之耳目、爲之謀主；其所設駐扎中國之領事，前來中國之游士以及旅於中國之行商坐賈，皆偵探也，皆間諜也；其於東三省，早已測量淺深，圖繪險要，借游歷之名，遍履各境，積慮處心，匪伊朝夕，而我率以誠心待之。其侵臺灣、戮生番，即滅琉球之漸也；其滅琉球、縣沖繩，即踞鮮擾中國之所自也，而我率以大度包容之。其媚西人，輕中國，由來已漸。相形之下，設身以處地者，殊爲憤懣。其攻獲履順之時，見英國統兵大員前來，恪恭迓接，獻媚弗遑，謂之曰：我國今日之得以至此，盡由則效西法而致，非大國訓教之力不能及是。所言抑何諂哉？抑知小國之勝大國，非福也，殃也。徐偃王之前車可鑑。普之勝法，足以雄視歐洲，出與諸大國抗衡，高執牛耳，諸國皆莫敢誰，何者？以普於此時本已與法勢鈞力敵，甲兵相若也，土壤相若也，人民財貨亦相若也，兼以南北二十五邦合而爲一，固已志憤風雲，氣吞山海矣。國勢之雄，如日方中，似未可與今日之倭相提並論也。倭國小民貧，版輿狹隘，物産鮮少，人民寡弱，僅比中國二三者，設使中國人民發奮爲雄，普天率土，誓切同仇，敵王之愾一旦忿然並起，舉袂成雲，揮汗成雨，以一抵百，尚自有餘，安見操鋤制梃，不虞於彈雨槍林，所謂“牛雖瘠，僨於豚上，莫畏不死”，今者不過一時幸勝已耳。蕞爾島國，竟爾跋扈飛揚至此，不獨出於吾人意計之外，即彼之初願，亦所不及料。嗚呼！天實爲之，謂之何哉。

我國家以民命爲重，不忍其性命殞於鋒鏑，血肉捐於郊原，不憚特簡重臣，屈己議和，愛民恤士，薄海同欽，仰見聖主如天之惠。若彼猶横加需索，是謂逆天。夫天功不可幸貪也，天寵不可屢邀也，天意不可妄測也。倭今者心驕志滿，自以爲無與之敵，自此可成雄圖，儕於上邦。孰知天下之事，豈能預料？黄雀志在螳螂，不意有操弓挾彈之隨其後也；鷸之與蚌相持河畔，而不虞漁人之坐伺其側也。今者，泰西諸國環而相伺，各擁重兵，駐於海上，艨艟絡繹，旌旆飛揚，往來游弋其間，或曰觀戰，或曰衛商者，其名也，彼豈皆真心爲我中國哉？亦豈喜倭人之坐成强大哉？實將冀收漁人之獲，蓋有益均沾，泰西之通例則然也。彼調艦運兵，豈無所費？將來借端取償，有所要約，勢所必至，而俄人於此尤眈眈焉。泰西公法，主於不滅人之國，朝鮮將來當爲自主之邦，歸諸國之所保護。遼瀋近與俄鄰，土壤毗連，倭於今日雖邀倖勝，事尚未足，泰西諸國既出爲調人，恐必不使倭人踞爲己有。倭之厚，俄之薄也，俄人於此尤非心之所甘。然則倭於今日，亦懵然在夢中耳。泰西諸國必静待倭事之作何究竟，而後始發其端。

惟是我國家當此强鄰孔迫，時局多艱，苟不自强，將爲众矢之端，故不可不早思變計也。嗚呼，灑長沙之淚，不盡欷噓；呈同甫之書，曷勝慷慨！惟願用兵謀國，捷於審幾，慎於料敵，庶有以善其後也夫！

—15. 皇朝經世文四編　卷三四　兵政　兵法

奕訢(1833—1898)

清宗室，號樂道堂主人，封恭親王。謚忠。有《樂道堂集》。

奏請開設同文館疏

臣等因製造機器，必須講求天文算學，議於同文館内添設分館等因，於十一月初五日具奏，奉旨：依議。欽此。欽遵在案。

臣等伏查此次招考天文算學之議，並非務奇好異，震於西人術數之學也。蓋以西人製造之法，無不由度數而生。今中國議欲講求製造輪船、機器諸法，苟不藉西士爲先導，俾講明機巧之原、製作之本，竊恐師心自用，枉費錢糧，仍無裨於實際，是以臣等衡量再三，而有此奏。論者不察，必有以臣等此舉爲不急之務者，必有以舍中法而從西人爲非者，甚且有以中國人師法西人爲深可恥者，此皆不識時務也。夫中國之宜謀自强至今日而已亟矣，識時務者莫不以采西學、制洋器爲自强之道。疆臣如左宗棠、李鴻章等皆深明其理，堅持其説，時於奏牘中詳陳之。上年李鴻章在上海設立機器局，由京營揀派兵弁前往學習。近日左宗棠亦請在閩設立藝局，選少年穎悟子弟，延聘洋人，教以語言文字、演算法、畫法，以爲將來造輪船、機器之本。由此以觀，是西學之不可不急爲肄習也，固非臣等數人之私見矣。或謂雇賃輪船，購買洋槍，各口均曾辦過，既便且省，何必爲此勞績？不知中國所當學者，固不止輪船、槍炮一事。即以輪船、槍炮而論，雇買以應，其用計雖便，而法終在人，講求以徹其原，法既明而用將在我。蓋一則權宜之策，一則久遠之謀，孰得孰失，不待辨而明矣。至於以舍中法而從西人爲非，亦臆説也。查西術之借根，實本於中術之天元，彼中猶目爲東來法，特其人性情縝密，善於運思，遂能推陳出新，擅名海外耳。其實法固中國之法也。天文演算法如此，其餘亦無不如此。

中國創其法，西人襲之。中國儻能駕而上之，則在我既已洞悉根源，遇事不必外求，其利益正非淺鮮。且西人之術，我聖祖仁皇帝深韙之矣，當時列在臺官，垂爲時憲，兼容并包，智周無外。本朝掌故，亦不宜數典而忘。況六藝之中，數居其一。古者農夫、戍卒皆識天文，後世設爲厲禁，知者始鮮。我朝康熙年間，除私習天文之禁，由是人文蔚起，天學盛行，治經之儒皆兼治數，各家著述，考證俱精。語曰：一物不知，儒者之恥。士子出户，舉目見天，顧不解列宿爲何物，亦足羞也。即今日不設此館，尤當肄業及之，況乎懸的以招哉。若夫以師法西人爲恥，此其説尤謬。夫天下之恥，莫恥於不若人。查西洋各國數十年來講求輪船之制，互相師法，製造日新。東洋日本近亦遣人赴英國學其文字，究其象數，爲仿造輪船張本，不數年亦必有成。西洋各國雄長海邦，各不相下者無論矣。若夫日本蕞爾國耳，尚知發憤爲雄。獨中國狃於因循積習，不思振作，恥孰甚焉！今不以不如人爲恥，而獨以學其人爲恥，將安於不如而終不學，遂可雪其恥乎？或謂製造乃工匠之事，儒者不屑爲之，臣等尤有説焉。查《周禮·考工》一記，所載皆梓匠輪輿之事，數千百年黌序奉爲經術，其故何也？蓋匠人習其事，儒者明其理，理明而用宏焉。今日之學學其理也，乃儒者格物致知之事，並非强士大夫以親執藝事也。又何疑焉！

總之學期適用，事貴因時。外人之疑議雖多，當局之權衡宜當。臣等於此籌之熟矣。惟是事屬創始，立法宜詳。大抵欲嚴課程，必須優給廩餼，欲期鼓舞，必當量予升途。謹公同酌擬章程六條，繕呈御覽，恭候欽定。再查翰林院編修檢討、庶吉士等官，學問素優，差使較簡，若令學習此項天文算學，程功必易。又進士出身之五品以下京外官、舉人五項貢生，事同一律，應請一併推廣招考，以資博采。

—8. 皇朝經世文三編　卷一　學術一　原學上

張道淵（1833—？）

字學源，號秋生，一號又生，雲南太和（今大理）人。同治二年（1863）進士，歷官兵科、吏科給事。

據供先結以清庶獄疏

竊查命盜重案，向分首從，定罪輕重不等。如首犯在逃，未獲從犯，監候待質。必首犯到案，然後訊供辦結，立法本極詳慎。臣愚以爲，首從罪名，輕重所關。該犯當獲案之初，大都避重就輕，孰肯自認爲首？誣扳妄指，真僞已不可憑。第有一犯在逃，便可以爲首推之，是案犯人多已獲者，未必皆爲從，在逃者未必皆爲首也。至於雜案之中，干證牽連人犯更多，或私押呈收禁，情弊百端，無非受待質之累。《易》云："君子以明慎用刑而不留獄。"盍鑒於此？今以犯未全獲，遂令該犯等監候，並長年拘之。如此，在逃者早獲，自可於質對後辦結。倘竟無獲，必至重案終懸，而有罪者稽誅，無辜者受累，無枉無縱之謂，何不第此也？監候至於數年，瘐斃則情罪無當，逃越則緝拿更難，即不斃逃，而案犯日多，恐獄中亦無地可容。近年各省中，時有越獄之案，未必非人犯太多之故。伏思朝廷慎重刑章，屢經更定，各衙門按章辦理，原無所枉縱於其間。惟查監候之案，既係待質，必要犯全獲，乃能訊結。而現在此等案件，聞各省中竟有淹滯數年者，若非變通辦理，不第案多積壓，日久弊生。且輕重緩急之間，民命實有妨礙。况現值荒旱成灾，皇上虔祈雪澤，尤應清理庶獄，用以恤民隱而感天心。擬請飭下内外理刑各衙門，除現辦現審案犯，務須按限清結外，其餘一切監候待質者，無論新案舊案、首犯從犯，亟宜酌量情節，按照現供應得罪名，即於擬定後先爲辦結，不必以一犯在逃，再延時日。並請飭下刑部，分别案件，逐一議定章程，頒發各省：凡係首犯在逃、從犯先獲之案，但訊明確供，以一二年爲限，令其監候待質。如限滿首犯未獲，即將現獲之犯擬定罪名，或輕或重，按例先結。將來在逃者獲案，無論首從，均加等重辦，以昭炯戒。如此變通辦理，則罪輕者不至久羈囹圄而庶獄清，情實者不能倖免科條而刑罰中。庶幾天時、人事兩相感召，而休徵可驗矣。

——5. 皇朝經世文續編　卷八七　刑政四　治獄

董文焕（1833—1877）

字堯章，號峴樵，山西洪洞縣（今屬臨汾）人。咸豐六年（1856）進士，歷官甘肅甘凉道、蘭州試院監試官。有《峴樵山房詩集》。

請飭臣工講求律例疏同治五年

竊臣伏讀雍正三年世宗憲皇帝《御製大清律集解序》曰：“是書豈惟百爾有位，宜精思熟習，凡士之注名吏部，將膺民社之責者，講明有素，則臨民治事不假於幕客胥吏，而判决有餘”等諭，又伏讀乾隆七年二月上諭：“吏部進呈《則例》，内擬删‘官員考校律例’一條，朕思律例有關政治，若謂各部律例未能盡行通曉則可，若於本部本司律例茫然不知，辦理事件徒委之書吏之手，有是理乎？此例著仍舊例，不應删去。欽此。”仰見聖諭周詳，申明律例之至意。天律爲一代之典章，例爲因時之斷制。國朝於《會典》《大清律》各書外，又有六部《則例》及《吏治》諸書，於錢穀、兵刑、禮樂、法制無不疏通證明。宋蘇軾詩云：“讀書万卷不讀律，致君堯舜終無術。”誠以律例者，帝王馭世之大柄，爲治之要莫先於此。今士子讀書應試以至登第，皆以制藝、詩賦分厥高下，而於吏治、法律諸書則固無暇深究，及釋褐登仕，所用皆非所學，每視律例爲末務，薄爲幕客、胥吏之能。才賢者既不屑究心，庸下者又苦其難讀。至躬親案牘，茫無主見，跋前疐後，在在不免，勢不能不委諸胥吏。吏熟官生，吏明官暗，把持朦蔽，百弊叢生，幕客日尊，吏權日重，無怪内外政事日蹈因循，而不能更求實效矣。

臣愚以爲未仕當視其所學，既仕當視其所爲。查例載百司官吏務要熟讀講明律意，剖决事務。每遇年終在内在外各從上司官考校，若有不能講解，不曉律意者，官罰俸一年等語。立法本極周密，無如廢弛日久，不肯實力奉行。京官以學習爲具文，外官以試用爲故事。問以律例茫然不知，即該管上司不復更爲考校。此吏治日壞，百弊所由叢生也。相應請旨飭下内外大臣，通飭所屬各員，平日講明律例，剖决事務，每遇年終仍尊舊例，將屬員悉心考校。如有不諳律例、任令胥吏舞弊者，隨時甄别，毋稍徇隱。至六部學習人員，於奏留時，考以本部則例，其條對詳明者方准奏留，如迂疏茫昧者，或咨回吏部，或再留三年，由該堂官隨時酌定。外省試用人員於期滿時考以大清律例，由該督撫嚴加防範，不准代倩。察其能否稱職，分别繁簡員缺調補。若不曉公事、文理欠通者，或參劾降調，或量改他職。俾内外各員知所勸懲，無不講求律例，庶積弊除而紀綱可期整飭矣。

—18. 皇朝道咸同光奏議　卷五七　刑政類　律例

尹耕雲（1815—1877）

字瞻甫，號杏農，江蘇桃源（今宿遷市泗陽縣）人。道光三十年（1850）進士，官至河南河陜汝道。有《心白日齋集》。

京師本計疏

竊以京師萬方輻輳，户口殷繁，日用所需米珠薪桂，近年拮据之狀什倍曩時。我皇上厚澤深仁恩同覆載，每讀恤民之詔無不感激涕零。惟糧價翔踴如前，難期平減，小民迫於饑餓，竟有自戕其身，指日秋成，猶不能稍緩須臾以待，過此而往何以禦冬？苟不圖補救之方，恐未免生成之憾，管見所及敢敬陳之。

一曰平糶。京師米價踴貴，由於商販居奇，造作謠言，擡高市價，偶見偏隅蝻孳，遂云四境灾荒，或謂暘爲旱徵，或謂雨爲水兆，一唱衆和，頃刻騰昂，於此而求市價之平，家喻户曉，百呼莫應，持之稍急，方藉歇業以爲挾制之端。古人云萬家之邑，千斛在市，物價自平。故欲惠此貧民，無如開官店以糶倉穀也。粳稻出自東南，本非燕趙土物，海運之來有限，京倉所積無多，除此項不動外，請將本年豫東小米及米局所收雜糧現儲京倉者，撥給數萬石，由順天府五城於京師内外城擇適中之地，務得寬敞之區，開官糧店，遴委廉幹官員董司其事，其價較市價減十分之二，用票用錢，悉從民便，仍不得買過一斗以杜販賣之端。本年春季，何嘗不開官糧店而於官民均無裨益者，未開之先，不查烟户故也。古今救荒之政，糶與賑類，故平糶須以辦賑之法行之，其微有不同，則辦賑必須查口，平糶止須查户，視其户之貧而無力者，予以官籌。籌内載明糶某局米，記其姓名於册，開糶之日一面驗籌，一面予糶。查户非委員胥吏不足以供指使，但亦不能盡委諸彼。京官紳富住居既近，耳目自真，俾其協辦。如上年侍郎王茂陰等辦理守助約章程可以仿照，責其成於八旗都統、府尹，五城事亦易集，官糧店之寬敞者分男女爲二處，儻限於地即分兩店。蓋持錢糴米，其人並非乞丐，故當分晰以免喧囂。夫地取其適中，則往返易。價減其什二，則虧折輕，稽查有籌薄，則商民之籍不淆，出入有分塗，則廉恥之道不喪。市價既平，而覯糧店亦不必盡徹。

一曰采買京倉米豆。大抵兵餉搭放之需撥以平糶，散一石於民，即虧一石於倉，若不采買，憑何彌補。不惟此也，官店雖開，而市價之平與否未可知也，積於不涸之倉，藏於不竭之府，而後下令如流水之源。米價所以騰貴，商販所以藉口，其故可知矣，無非謂京中當十大錢七八千文買銀一兩，京外每兩衹值制錢二三千文，即銀一端出入已多折耗，加以道塗盤費、門關需索，轉運至京成本已重，斯言亦屬至情，而官爲采買則不患此。夫部庫所儲者銀，而支放各項錢款，爲多發部庫之銀，采買雜糧即動平糶之錢支應，放款銀不必以錢易，其便一；錢足以供支放，則寳源、寳泉各局鼓鑄之費可省，其便二；無銀錢折耗，而以京外糧價之平，劑京内糧價之貴，有贏無絀，其便三；官爲采買，則門關稽而不征，商販接踵而來，其便四。若慮部庫之銀難於彌補，則捐銅局現收各項，俱係交錢，究之捐生，何嘗不挈銀而至？請飭户部妥爲酌議，某項至某項搭交銀一成，某項至某項搭交銀二三成，亦當捐生所踴躍，而以之彌補庫款不難。至經手采買之人，應由户部招徠殷商，取具連環保結，采買之地，宜遠而不宜近，宜分散於各處，不宜聚集於一隅。

一曰賙恤。《周官》：三物賓興六行：曰孝友、睦姻、任恤、五族相捄、五黨相賙。古人謂爲荒政之本，而以散利薄征十二事爲臨時補救之方，即後世漢武帝四年，亦有募豪富相假貸之文。宋元壽中，彭城王義康令蓄積之家留一年儲，餘皆糶貨。夫群居萃處，緩急相通情也。外省府州廳縣偶值灾荒，大户往往開倉賑貸，或有贍其族鄰，或惠及於鄉里。十室之邑必有忠信，京師内而八旗，外而五城，豈無紳耆富户樂善好施之人？所以憚而不爲者，其故有二：輦轂之下誰敢以市義自居，而且人烟稠密，食指數十百萬，博施濟衆，自古爲難。夫捐金出粟，力易盡而勢不可常也。方今之大計，莫若八旗都統、順天府尹、五城御史，各就所屬紳富宛轉開導，動以至誠，其肯自出鉅貲，開設糧店與官店相輔而行，較市價隨時而減，此賙恤之上者。其獨立未遑而能糾約同人，共平市價者次之。其以小米麥豆数石數十石捐助官糧店者，又其次之。市價既平，分别給予優叙，亦所以勸爲善而厚人心也。

一曰蓄積。《王制》以三十年之通制，國用三年耕必有一年之食，九年耕必有三年之食。《周禮》：廩人掌萬民之食，人四鬴上也，人三鬴中也，人二鬴下也。民以食爲天，穀與金争貴，故曰蓄積者，天下之大命也。京師轉漕東南，歲數百萬，太倉積粟，紅腐相因，當糧儲充牣之時，未爲圖匱於豐之計，暑濕之霉變，奸蠹之侵蝕，積弊不可勝言。比年粤寇跳樑，江淮告警，海運未能足額，都人遂以乏食爲憂，今雖報捷時聞，蕩平克期可待，而東南数省民氣難甦，與其取給於多寡不可期必之海運，不如即根本之地預爲蓄積也。近畿水利自元明代興代廢，我朝雍正年間設京東、京西、京南、天津營田四局，得稻田六千頃有奇，今雖河道不修，溝渠湮塞，計現存地畝不下三四千頃，每畝一石，歲得稻米可三十萬石。上年捐米局所收以之搭放俸餉是其驗也。現據直隸督臣奏請興修水利，除未修者逐漸疏濬而外，請飭下該督臣查明現在稻田若干頃，歲收約計若干石，刈穫登場，即由官照時給價收買，運送京師，毋使貨棄於地。又順天府屬二十餘州縣，皆在五百里以内。《禹貢》：四百里粟，五百里米，蓋因道里匪遥，故以粟米爲賦。請凡順天所屬地方悉收本色，如此則每歲所入，已不下數十萬石。如南漕足額，則此項贏餘，出陳入新以爲預備。宋蘇軾所謂歲之所以入足用而有餘，九年之蓄常閑而無用，天不能灾，地不能貧，四夷盗賊不能困，萬世之計者此也。

—18. 皇朝道咸同光奏議　卷三二　户政類　倉儲

錢寶廉（生卒年不詳）

字湘呤，浙江嘉善（今屬嘉興）人。道光三十年（1850）進士，歷官刑部侍郎、吏部侍郎。

服制命案例無明文請旨飭議專條疏

竊維刑律嚴明，最重服制。尊卑名分，難例平人。即如同一强盗，在平人則首從皆斬；在尊長則按服制科斷，無死罪也。同一謀殺，在平人則首犯斬候加功絞候；在尊長則首犯絞候，爲從即應遞減，非死罪也。同一圖財害命，在平人則造意加功，均予斬決，不加功者，斬候不行，而分贓者擬軍；在尊長則惟圖産争襲，謀殺卑幼者，擬斬監候，爲從亦應量減，並未定爲死罪也。誠以親屬重奸不重盗，即因尋常相盗殺傷，仍依服制科斷，例有專條，不得與平人牽混。

本年河南秋審李金木一案，該省原擬緩決，刑部以罪疑惟輕，照議入緩，經太僕寺少卿鍾佩賢奏稱"與例不符"，奉旨飭部覆核，刑部將其改"入情實迹，其忍心蔑理，誠屬法所難寬"。但於例意不明，刑章有礙，不能不詳悉具陳，以免將來歧誤。

查李金木爲李淦小功尊屬，聽從李泳杜誘摘伊姪項戴銀圈，因其哭喊，恐事敗露，復聽從李泳杜致死滅口，核係臨時致死，與預謀害命者不同。該省原擬照謀殺幼孩本例科罪，實爲此案正條。查例載，如將十歲以下幼孩逞忿謀殺者，首犯擬斬立決；若係圖財加以梟；未從而加功之犯，俱擬絞立決。與圖財害命罪名，首從均不相同，未可相提並論。除起意爲首，同族無服之李泳杜罪應斬梟，業已監，故戮屍無庸議外，其加功從犯李金木則係死者小功尊屬，若照平人加功擬以絞决，則與尊長謀殺之例不符；若照尊長加功之例減等擬流，又與謀殺幼孩之例不合。例無尊長圖財謀殺十歲以下卑幼明文，惟查有功服以下尊長，若挾有卑幼之父兄伯叔夙嫌，將其十歲以下子女弟姪遷怒殺害者，照凡人例擬斬監候。又功服以下尊長殺死卑幼，如係圖謀財産，强盗放火殺人，圖奸謀殺，照凡人例，擬斬監候，二罪相等，從一科斷。是以比照尊長圖謀財産例定擬，實因死本幼穉。比較各例從其重者，所謂斷罪無正條，比照他例也。又因例無爲從之文，既不便照尊長加功減等擬流，又未敢照平人加功擅擬絞候，不得不照原例科斷，以待秋審之時量爲區别也。但詳繹例文，既有云圖謀財産，則是專言産業有非致死不能入已者，並非可竊可攘尋常財物也。故下文有云："其餘尋常親屬相盗，及圖詐圖賴他人財物、謀故殺卑幼者，仍依服制科斷。"所謂"尋常相盗"即指攘竊財物而言，苟非圖産、圖奸、强盗、放火、殺人，當皆以尋常論。又恐因盗殺傷，誤作圖財害命，特加"謀故"字樣以明之，言尋常相盗雖謀故殺者，亦依服制科斷，例意本爲周密，但未顯言耳。此案李金木所犯各節，當在尋常相盗謀殺卑幼之列，核其爲從加功應從末減。原題因死係幼孩，不能不比較各條從重，定擬秋審。因犯非造意，不能不參稽各例，酌量照緩。若原題業已從嚴，秋審又將入實，不特與爲首尊長無分，且較加功平人轉重矣。

設將來遇有似此案情，而造意加功均係尊長，固不能將爲首之犯例外加重，又不能將加功之犯再行輕減。此外，如有同行不加功與夫同謀不行者，又將如何科擬？倘或謀殺一人，而有三四尊長加功，勢必至以尊長數命抵卑幼一命，從來無此辦法。况圖財謀殺幼孩，平人加功止於絞决，以尊長加以實斬，亦覺輕重失宜。緫緫格礙，殊鮮遵循。且原例既無不分首從之義，則爲從之必有區別，與爲從而係平人亦必不能較尊長轉輕，自非明定章程，恐不足以昭法守相。應請旨飭部，核議另立專條，務期情法兩平，以飭紀綱而資引斷。

—5. 皇朝經世文續編　卷八五　刑政二　律例上

朱其昂（？—1878）

字雲甫，江蘇寶山縣（今屬上海）人。原係以沙船爲業的淞滬鉅賈，捐資爲通判，累至道員，曾任浙江漕運局總辦。

海河並運論

謹案論漕運者，非主復河運，即主仍海運。治河運者恪守舊章，而未善復之之法；仍海運者董收近效，而未睹仍之之害。雖言皆有本，其實非萬全之策也。夫海河形勢，今昔迥殊。控制機宜，關繫尤大。惟因時以制宜，乃變通而盡善。在歷代海河興廢，惟利弊是論。在當今，變置措施，直安危攸繫。與其臨渴而掘井，何如未雨而綢繆。職道濫竽飛挽二十二年，比來創辦招商局務，粗觀成效，幸免隕越之虞與負委任之意。兹以歷年承辦運務見聞所及而有得者，著爲海河並運、製機器、内河造小輪船承運之説，不揣愚昧，敬謹録呈，惟執事者采擇焉。

主復河運者，其意良是。但運河節節淤塞，軍船片板靡存，處不能驟復之時，而持不可不復之議。於是藉良窳不齊之民船爲軍船，凑各處無源之水通運道。曠日持久，而得主於通州，尚屬幸事。若張秋一帶淤塞成陸之處，糧船至其地，待水渡黄，而伏汛不發，雨水不多，迨至七八月，河底依然枯涸，不得已而换船陸運，輾轉遞剥，費盡無窮之力而運至静海、天津等處，運河已凍，米色已霉，起囤無倉，回空無日。如同治十年之河運，不特疲民傷財，且幾貽誤正供。此所謂未善復之之法，一之爲甚，不可再試者也。

主仍海運者，謂自道光六年、咸豐三年江浙漕糧相繼改歸海運以來，抵津早而交倉速，脚費省而折耗輕，公私稱便。雖比年沙寧船生意寖衰，船隻漸少，往往不敷承運，且船身較遜，米色亦間有蒸變之虞，然有招商局輪船協運，以補沙寧船之不足，而利便過之。海防日有起色，洋面尚屬安靖，循而行之，足以持久，何必去易就難，捨便捷之海運，復艱難之河運哉？不知天下事無遠慮，必有近憂，患須防於未形，機須見於先事。今海防雖備，洋面雖安，萬一洋面不靖，海防戒嚴，縱不至防無可防，靖終不靖，而當不靖之時、嚴防之際，京倉豈可一日空虚？兹固百年未必有之事，而一日不可無斯慮者。此所謂未睹仍之之害，規小利而忘大患者也。

竊意爲今之計，趁洋面安靖、暢行海運之時，試行河運，辦有成效，或以十分之五，或以三分之二撥歸河運，無事則海河並運，有事則專歸河運。此爲最便。但欲行河運，宜先治河；欲治河，宜先講治河之法。治河之難，非狃於成見，即誤於因循。今運河雖多阻滯，究不至全行淤塞。若再耽延，必至無從下手。現在淤塞成陸之處，如張秋至臨清，南北數百里，乾見河底，尚可用人工挑挖。惟淺阻有水之處，河身較長，既不能戽水開濬，又不能帶水疏通，見效殊非易易。至軍船既已無存，自應用民船轉運。然米數少尚可招雇，米數一多，萬難應手，勢不能不由官添造糧船。若舊例是循，不但花銷太大，費用浩繁，而且夙昔之弊端百出，可考而知。又往返稽延，不能備緩急之用，故狃於成見無濟也。惟有製機器以治河，造小輪船以承運，智力兼施，河漕並治，經費省而閲時速，似爲創説，實可程功。河道既通，輪船既備，即從江北以試其端。江北有漕州縣半濱運河，如高郵、邵伯、寶應、氾水、仙女廟一帶，類皆產米之區。邇年江北運漕，均在該處買米，兑裝起運，視江浙等省尤爲便捷。俟江北漕糧全歸河運，然後繼之以湖廣，分之以江浙，由近及遠，自少至多，南北脉絡貫通，江河周流無滯，將見運河商賈漸集，兩岸居民日增。如是則河運日益多，海運日益少。河運多則内地盛，海運少則海口衰，海口衰則外人無可希冀，海防亦由是固矣。

惟是治河造船，在在需費，值此餉項支絀，勢難二者兼籌。而治河、造船相爲表裏，既不能一氣呵成，又不能二者偏舉，惟有於有漕省分按漕數先行借墊，或於各新關二成洋税項下借撥若干，通融濟用。其河運規模，仿照招商局協運章程，先造兵商兼用新式小輪船十隻，每船力勝二百墩，喫水三四尺，堪裝米二千石。一日夜行五百里，一月運二次，每年自二月至九月可運米三四十萬石。回空貨物以北方煤鐵爲主。運漕之暇，協助防務，即以水腳爲澆裹，奏派妥員，予以事權，俾資展布，不數年必能船米遞增。若造船至百號，則米可運三四百萬石。轆轤轉運，梭織巡防，南北數省若身之使臂，臂之使指，内防愈密，外防愈堅。且江海往來貨物，已有招商局大輪船以分其勢，又設小輪船以攬其全，不獨海防有事有備無患，且洋商生意不難使之徒手而返矣。

至有漕省分起運之處，有通州交米之處，均應設立公局，由小輪船往運赴通，一杜攙米之弊端，一省轉剥之周折，較現在海運由津轉運者更爲利便。或謂此事不難於造船起運，而難於治河利運。運河綿亘二千九百餘里，既限於地軸高低淺深不一，復梗以黄河險阻泛順靡常。又運河自臨清州南牐門重疊，啓閉有時，而輪船往來利於迅速，若節節等牐則耽延時日，若隨到隨啓則水源不敷，且下水而放牐猶易，上水而盤牐更難，此皆老生常談，世俗泛論，實未嘗深長思也。夫自清江至臨清，爲牐六十有一，拚以三日耽延便可過，却牐雖多，何礙於道？至於河淺之處，可濬以深之，來源不敷之處，可引支流以足之，黄河水涸之際，可開渠以通之。汛漲之際，其勢汹湧，在他船不能截流而過，以輪船機器之猛利，船身之堅固，行動之靈便，又何難一二時辰克期飛渡耶？第河以北地形卑下，勢處下流，若開濬運河之口而不爲堤防，一旦黄流堤漲，横注北趨，則自陽谷、茌平而下，其患不可勝言。然亦有以制其患者，開利津鐵門關外四十里淤塞之海口，以暢其下流，而高其北岸堤塍，堅其運河牐壩，則桃花之浪、竹箭之流，俱無慮矣。

或又謂復河運而用輪船，能保外人不因端藉口，啓其通商運道之心乎？不知彼族惟利是圖，從前各口之利權爲其占去者，内無輪船以制其先，遂致爲其所奪。現在興内地之利，先有輪船以制之，即使欲争，而我以運漕爲名，明杜其争之之口，以防江爲義，强戢其争之之心，斯外人初則不可争，繼則不敢争者也。聞東洋内地皆設有小輪船，故西人火輪船至東洋通商，止於海口往來，不入内河駕駛，非若入我中國，既得通商江漢，又欲馳騾川滇也。此其明證。或又謂外人窺伺邊境，如雲、貴、四川等省，或駕輪船，或開鐵路。彼方狡焉思逞，日出不窮，而我徒沾沾於小輪船，殊非當務之急，不知事有似緩而實急，似小而實大者。彼族之窺我邊境，其志固不在邊境也。按沿海各口久非净土，所恃者内地耳。然自漢口通商以後，天塹之雄已爲穿破，若雲、貴、四川再開鐵路，衣帶之勢全歸無用，表裏山河大半爲其牽制，一朝有事，防不勝防，守不勝守矣。今設小輪船以通河運，使東南財賦可以由運河輸至京師，固其根本，然後設防於海江要隘，寓兵滇蜀咽喉，南北無隔閡之虞，飛挽有自如之勢，聲色不動而形勢已成。夫豈非當務之急者哉？

或又謂設小輪船恐礙招商局大輪船生意，是知其一而不知其二者。夫大輪船儘有海運可支，即使他日盡改河運，尚可赴南北各埠争復利權。況招商局以攬載爲大宗，未嘗專恃運漕爲生活，亦復何礙？或又謂海運改則沙寧船生意絶，河運用輪船則運河民船生業皆有關於華商元氣，殊不知沙寧船倚藉運漕，原近年來不得不然之計，若各口輪船漸少，則沙寧船生意漸復，運漕之利有限，貿易之利無窮，何至於絶？小輪船往來裝載貨物，以漕米煤鐵爲宗，本非運河民船生意，即稍有侵占，通運道之支河别港口岸甚多，亦足以爲生計，又何至失業乎？或又謂如是恐新關税項減色，然新關減色一分，常關起色二分，但須改常關平時完納之條，從新關見百抽五之例，截長補短，並無損益於公家。苟能挹彼注兹，固不必因噎而廢食也。

洋商之入中華也，由南及北，串入長江。追原其故，未始非河運廢弛，内地巨商大賈懋遷海口，於是各口漸旺，而洋商乘機漸入。置金帛於門外，使竊兒生心，此慢藏誨盗之所由來。而前代海禁之嚴，亦以有見及於此也。誠能復内地之利，即分海口之利；分海口之利，即分洋商之利。自北及南，漸漸利皆歸我，得瀉子補母之法，行見熙熙攘攘盡我得也。國勢由是而强，元氣由是而復，而數十年外來之患，亦可消弭於無形矣。總之，外人以通商爲名窺我中土，我即以運漕爲名制其叵測。此中樞紐，不待明言。但非常之舉即大難之端，若任用非人，則罕有成效。是惟任人不疑，疑人莫任，專其職事，假其便宜，不以一眚見嗔，不以群言轉念，儻號令朝更而暮改，等築室於道旁，則經權所繫，成敗攸關，不可或忽者也。治河運漕章程十條，附例於左：

一、治河宜總計全河形勢，分别辦理也。按運河北自通州石壩起，南至揚州瓜州口止，長二千八百八十二里，四分河形，曲直不一，河道通塞不一，地勢起伏不一，水流順逆不一，堤位險夷不一，牐座完廢不一，須節節勘視，處處丈量，洞達全河形勢，然後繪圖估工，畫清段落，酌定限期，或用人工挑築，或用機器開濬，派員分途辦理，同時並舉，庶冀克期蕆事，工費不致虚糜。

一、治運河宜兼治黄河，以免沖决之患也。按運河自戴家廟牐至安山牐，穿黄河而過。當河水安流，船隻固可利濟，即水枯之際，尚可開通支河，引汶水以渡。惟汛漲之時，奔流洶湧，北岸輒有泛濫沖决之虞。若僅高堤堅牐，捍禦是論，雖爲不可少之工程，尚非治本之意。查黄河汛濫，皆由下流淤塞，不能容納消導所致，是宜開濬東河以下黄河淤淺之區，與利津鐵門關外四十里淤阻之海口，以暢其入海之流，則順軌可期，自不至爲患矣。

一、小輪船式樣要兵商兼用，以期適用也。將來製造小輪船，宜雙暗輪鐵殼，兵商兼用式樣，以期無事運漕，有事調用。並擬每船兼造有機器跟剥一隻。查海江遼闊，行剥大小皆宜運河，則河面窄狹，牐座較多，牐門僅闊二丈二尺，船面限於丈尺，船身本小，便於兵商兼用。然裝米之外，不能多載客貨，多趁搭客。而運河一通輪船，南北貨物，沿途搭客，勢必應接不暇，故宜兼造跟剥，多設客位，以便裝載。平時祇須拖帶，以省煤費，若遇江湖牐壩水溜之處，亦可生火開輪，或拖或剥，相輔而行，免有阻滯。如是則造船之資本既輕，又適於用運河輪船，法制略盡於此矣。舵工水手，概用華人，不准雇用洋人，一免駭内地之見聞，别開罅隙，一以杜外人之經歷，致啓譸張。至船上起貨起椗及往來盤牐，俱用機器之轉移，取其省力而利便，事半而功倍也。

一、製造機器，宜斟酌變通，格外靈巧也。運河狹淺，牐壩較多，若機器大而河身小，則不但有難容之勢，抑且多轉折之礙，必須相度河道淺深、牐門闊狹。向外洋定造開挖内河之靈小機器，議立合同，如不合於用，説明包退包换，以期利器善事，費不浪擲也。

一、擬請添設運河常關，照新關則例榷税，以補新關之絀也。運河既通輪船，南北搭裝貨物必多，内河貨多則海口貨少，海口貨少，洋關税項必減。而現在要需，半資關税，一朝減色，窒礙殊多。是以必須添設運河常關，以補新關之絀。然常關税則所征甚輕，若照常關税則抽收仍復無幾，故又須援新關見百抽五之條，照常完納，以期關市之征有益無損。惟輪船運漕北上，裝載貨物，仍須遵照舊章，免予二成輪税。如二成以外及回空裝載貨物概令納税，不准遺漏絲毫。其所收税項，亦應照新關章程，以八成解部，二成留存，以備不虞之用。

一、治河造船，宜先籌款也。治河之費，擬請於各新關二成洋税項下陸續借墊，或於有漕省分按漕數先行撥借，以便將河道設法疏濬，一面製造小輪船，稟請派漕試運，以觀厥成。

一、海運漸歸河運，擬請將所省運通剥費撥爲治河經費也。查海運米石由天津轉運通州，每米一石需剥船水脚錢六七分，毛米八合，食米一升一合五勺，合計每萬石應需水脚銀一千六七百兩，米一百九十五合。若用小輪船徑運赴通，前二項俱可節省。若小輪船承運至百萬石，則年可節省銀十六七萬兩，米一萬九千五百石。應請將此項節省經費撥歸河治項下，以還借墊之款。其銀即與承運水脚銀兩一併按數支發，無須另文領解，以歸簡便而省繁文。

一、擬籌歲修運河經費，以垂久遠也。河運復，河道通，必須設有常經。籌定歲修經費，以便隨時疏濬修築，河道無淤塞之虞，堤牐無倒塌之慮。查海江輪船裝載貨物之外，尚可搭趁客位。此項小輪船舉行，既可通内地數省之商賈，又可免外洋艱險之風波，貨物搭客自必日見興旺。擬於裝貨搭客水脚項下，由局照九五扣例扣提河道經費，其河工牐壩一切夫役歲修經費，皆由此項開支。儻有要大工程，經費不敷，再行復稟，請於二成税項之下動撥，庶費有所出，永無廢弛之患。

一、試辦河運，宜除去從前河運積習也。查河運經費名目甚多，現既擬用小輪船，則在南受兑，在北交兑，並承運水脚二成免税，一切均應照近年招商局協運蘇浙漕糧章程辦理，即辦漕省分通壩正雜各項，均須奏咨立案，仿照海運成案辦理，以歸畫一而杜弊端。

一、小輪船裝卸漕米，地方擬請設立公局也。輪船承運漕糧，一切交兑事宜，頭緒紛繁，内應派人照料。擬請於輪船受兑之處，與通州交米之處，設立公局，專派員董經理其事，以昭慎重而有責成。

——15. 皇朝經世文四編　卷一九　户政　賦税　漕運

朱孫貽（？—1879）

字石翹，江西清江（今樟樹）人。入貲爲刑部主事，官至浙江鹽運使。

團練説

咸豐八年戊午七月，客又謂於余曰："粵自莠民倡亂十有餘年，其始未嘗略地攻城，迨洪楊諸逆占據永安後，雖棄城北竄，而相繼而起者，踵相接也。近今幾載，失陷城池，難以枚舉，今水陸之師克復數郡，中丞勞公奏調吾子總司善後，將以何者爲先？"

余曰："團練。"

客曰："僕在此有年矣，具悉民間疾苦，困於賊者難堪，困於團練者亦甚，借團練以科斂錢穀者無論已，有名爲團練而實通賊者，不惟鄉閭仰其鼻息，以圖保身家，即地方官亦聽其指揮，以苟全性命。有藉充團總而大獲重利者，其始將微物以餌地方官，其後遂挾制地方官，以魚肉鄉民，甚至自相雄長，生事忿争，又或率其黨羽公然爲盗，種種流弊，莫可名言。吾子千餘里銜命而來，而但言團練，何也？"

余曰："此皆未嘗經官辦理，亦辦理不得其人之故也。"

客曰："苟得其人，當講求吏治，何專言團練也？"

余曰："今日之廣西，任團練固不能致治，廢團練亦無以已亂，吏治應以團練爲先也。"客曰："何以言之？"

余曰："詒自五月抵粵，居會垣者已旬餘，駐柳郡者尋倏兩月，所見所聞與吾子之言大約相同，然各府州縣莫不有團，賊來或順從或警走，毫無所用，賊區或科派，或欺凌擾害不堪，此等情形豈能致治，若竟廢之，則械器山積，手所便携，猜驁習成，目所慣睹，不逞盈郊，逋逃遍野，兵不可恃，勇難長養，此等情形豈能已亂。惟有遴選人材，實行團練，竭力整頓，仍不外因勢利導，用心督率，要必使若網在綱，無團練者，使之速舉辦以便稽查，有團練者，使之就範圍而歸約束。但團練之患率有五等：一患經費難以持久，二患恃衆恐其横行，三患有事未必可靠，四患官民難免紛擾，五患伏莽未能悉除。蓋團練固資經費，今團練無薪水，團丁無口糧，則經費無難持久矣。恃衆横行，容或有之，今每縣團總不過數人，團長十餘人，團正數十人，兼立百長、什長，使其遞相管束以人制之，分路管領以地限之，且悉聽地方官指使，團總聽命於官，是官總其權也。可操縱自如也，無慮其横行矣。有事難靠，匪惟團総，恐難靠而遂不行，是因噎廢食也。今凡城市有店鋪之處暨殷實之家，令凑資練勇，賊來練勇當先，團勇幫助，一方有警，悉調各城市之勇，聚於一處，分邊防剿，久之不獨練勇可靠，即團勇皆成勁旅矣。官民紛擾，乃辦者不得其法。今畎畝不曠其工作，室家不罄其蓋藏，官惟勤於督責，民自樂於聽從，行所無事，何紛擾之有？伏莽不除，最足爲患。今三人會團，必令稽查匪類窩家，是兼行保甲也。外匪固不能來，内匪亦奚由匿，何伏莽之有？無此五患，間以暇時校其技藝，齊其隊伍，逐層團総團長、團正、百長、什長訓誨，使之輯然和睦，有勇知方。行見民與民鄰近莊村相聯絡，而友助可期也；民與官鄰封州縣通呼吸，而應援足恃也。豈惟盗賊不生，亦且禮讓可復，而吏治民風駸駸乎日上矣，團練顧不重乎！今所定團練條規，皆力祛團練之弊，而實收團練之效者，子曷不詳閲之?”

客乃再三紬繹，反復思量，不覺勃然而興，曰：“有是哉。吾子之所言團練，如是之詳且善也。曩者吾子在楚，所至之處共知取效於團練。長沙十二屬，惟湘鄉至今完全，九府四直隸，惟寶慶未遭兵燹。不意初來嶺嶠，獨能洞悉利弊，而嚴密其法，以簡易其行也。由是觀之，非團練斷無以已亂，且非若吾子所言之團練，亦必不能以戢干戈而奠安黎庶也。”

客既知其然也，爰書其説，以告閩省各府州縣之舉行團練者。

—14. 皇朝經世文統編　卷七六　兵政一二　團練

張自牧（1832—1886）

字笠臣，號謙之，湖南湘陰（今屬岳陽）人。由諸生官至浙江補用道，加布政使銜。有《蠡測卮言》。

瀛海論上篇

天生烝民，各從其類。無懷、葛天以前，民至老死，不相往來，無所謂中外也。有聖人起，作之君，作之師，教以人倫。禮樂法制相維，而人道以立。就文物昭著者，推爲華夏。三代以還，庸、蜀、羌、髳、微、盧、彭濮、淮夷、徐戎、赤狄、白狄，錯處九州之内。《禹貢》：荒服，職方蕃國。漢唐宋史籍所載，列於朝貢者，大抵去中國不甚遠。今泰西人所稱亞細亞也，其間如昆堅、丁零黠戞斯、骨利幹、大秦等國，在今歐羅巴之域。然重譯偶通，傳聞仿佛，史臣約略言之，以夸王會之盛耳。有明中葉，西班牙、葡萄牙、荷蘭，自歐羅巴航海西來，攘據南海諸島，而泰西之人遂接踵於中土。此虞、夏、商、周、漢、晉、唐、宋四千餘年來所未有也。昔騶衍九州之説，《山海》十州之書，閎大不經，荒杳無據。自利瑪竇、陽瑪諾、湯若望、南懷仁、穆尼閣、奈端輩相率西來，而後地球九萬里，畫方計步，運於掌上。四大土之國，喁喁響風矣。就地球全體言之，在東半者，中國爲最大。泰西人舉俄羅斯東境及東方朝鮮、日本、琉球諸國；南交越南、暹羅、南掌、緬甸及南洋群島；西北布哈爾漢月氏、波斯漢安息、愛烏罕漢罽賓、俾路芝漢烏弋離、基發即機窪諸回部；西南五印度漢身毒；極西阿剌伯漢條支，迤北土耳其之東中兩土，附之其地；北距冰海，東距東洋，南距印度海，西距紅海、地中海、黑海，統名之曰亞細亞。夷語無義可譯，姑就所稱者舉之爾。亞細亞之西北爲歐羅巴，西南爲阿非利加，三土相連。阿非利加視亞細亞之半，歐羅巴視阿非利加之半。亞墨利加别居地球之西，分南北兩土，視亞細亞相若。阿非廣莫荒昧，僅東北隅近印度海、紅海、地中海者，有埃及一曰麥西、努北阿、阿北西尼亞等國稍通聲教，常受役於歐羅巴。亞墨大國有米利堅一作美利哥即花旗，小國有墨西哥；南亞墨有巴西、勃露一曰秘魯、智利、玻非利亞、金加西臘等國。米利堅於乾隆中始立國，地廣人衆，通商最盛，勢與歐羅巴諸大國抗衡。華盛頓爲創業之主，乃不以位傳子孫，分國二十餘部，每部設統領，而以伯里璽天德主之，爲合衆國。四歲一易，退位者與齊民齒，民無常奉，而百年無争戰之事。風土略近中國，流寓多華人，克累弗尼亞省尤衆，世所稱西金山也。勃露於前年始通中國，而相去益遠。地小而貧，華人往傭者輒虐遇之。英、俄、日本皆以爲非近，亦無續往傭者。

阿非、亞墨二土之興衰，皆非邊防之急也。今之談邊防者，東西南三洋而已。亞細亞東境爲東洋，距中國最近；南海群島爲南洋，爲西洋人中國孔道；歐羅巴爲西洋。東洋以日本爲大國，自西漢時通中國，隋唐宋屢入貢，元人伐之無功，明代復通貢，然數犯邊國。初通國書，定銅鉛采買之制。同治中始立和約，旋有臺灣生番之役，仍臻和好。其地距山東、閩浙不遠，華人浮海而往，所至成聚。近日效法泰西機器、輪舟、車及練兵、開礦諸務，勢寖强。然能禁鴉片烟，天主教不入其境。嘗改用歐羅巴文字，國人弗便，仍用華文而以倭音讀之，别有倭字，就華字減筆成文，行於國中。地近高麗、琉球，已與高麗立約，顧欲臣屬琉球，亦地勢然也。同治十二年使臣瑣意西馬，十三年使臣柳原前光，先後入覲。

外國豔稱之歐羅巴，幅員在西土爲最小。黄海注其中即波羅的海，黑海界其東，地中海横其南，大西洋海浮其西，烏拉大山亘其北。俄羅斯都於黄海東岸彼得羅堡。附西岸者爲瑞國一曰瑞威頓，一曰瑞典，即藍旗，其都曰斯得哥爾摩一曰斯叨克浩母。瑞國之西爲瑙威一曰挪耳瓦，一曰哪威，一曰諾魯威亞，其都曰格里士特阿拿。附南岸者爲嗹國一曰丹馬，一曰大尼，即黄旗，其都曰哥卑的給。迤東爲普魯士東部一曰布路斯，即單鷹旗，其都曰伯靈。嗹國之南、普魯士之西爲日耳曼一曰德意志，列國，歐羅巴之中原也。普魯士之南、日耳曼之東爲奥地利亞一曰奥斯瑪加，即雙鷹旗，其都曰維也納。奥地利亞之東南，枕黑海，接亞細亞界爲土耳其一曰都魯機，其都曰君士但丁。土耳其之南小國曰希臘一曰額里士，都於雅典，曰亞德納斯。日耳曼之南曰瑞士，瑞士之南斗入地中海曰意大里亞列國一曰伊達里亞，一曰義大利。日耳曼之西北，臨大西洋海曰荷蘭，其都曰亞摩斯得耳登一作掩木士特爾坦，一作安持提。荷蘭之南曰比利時，其都曰不魯舍拉斯一作比律悉，一作木蘭洛士爾士。日耳曼之西、比利時之東曰普魯士西部，兩部夾日耳曼之左右，蓋普魯士本日耳曼所分之國也今普國合日耳曼通稱德國。比利時之南、普魯士西部之東南、瑞士之東曰法蘭西一曰佛郎機，其都曰巴黎斯。法蘭西之西南曰西班牙一曰日斯巴尼亞，一曰以西把尼亞，其都曰馬特一作馬德里，一作莫珠爾勒得。西班牙之西臨大西海曰葡萄牙一曰博爾都噶亞，其都曰里斯玻亞一作力士門，又作德門。法蘭西之西北有倫敦一作蘭頓、蘇格蘭一作師古泰，又作斯哥西亞、阿爾蘭一作爾蘭，又作一爾蘭大，三島鼎峙海中，曰英吉利。倫敦者，英吉利之都也。凡歐羅巴之民，貪而勇，君臣上下雞鳴而起，孳孳爲利。利之所在，父子兄弟不相顧，勞苦艱難無所避。一藝之末，一器之微，竭畢生心力赴之。精益求精，巧益求巧，專心鋭進而不知止，其天性然也。各國以俄羅斯爲最大；英吉利、法蘭西、普魯士皆强盛，勢足相抗；土耳其、奥地利亞亦大國，而衰弱特甚。俄、普、英、法，疊相雄長；其餘小國數十，星羅棊布，錯雜其間。諸大國皆有鯨吞蠶食之心，而互相猜忌，合從連衡，頗似春秋列國之局。嘉慶中，法蘭西王拿破侖第一，肆其雄心，滅荷蘭，廢西班牙，取葡萄牙，兼併意大里亞、瑞士，日耳曼割普魯士之半，奪奥地利亞藩屬圍嗹都，燒俄羅斯舊都，横絶四海，蓋楚靈王、吴夫差之流亞。自墨斯科敗後，亦近於乾溪甬東之辱。嘉慶十六年，法人攻俄，兵潰於墨斯科。諸國合兵攻之，二十一年爲英所俘，流之荒島，道光元年死。嘉慶二十年，各國大會於維也納，各反侵地，修好息民，視葵邱衣裳之會，宋虢弭兵之盟，夐然大矣。英議員烈奢得之言曰：一千八百十四年，英美定約於干特，以争財致衅；至三十三年，各遣使公議，其事遂息。三十五年，法土失和，就正於德國而解。六十三年，英與巴西不睦，而比國解之。六十八年，土希争屬地而德國解之。皆不煩一兵，得使臣會議，片言而釋。泰西情勢如此。《論語》曰："使於四方，不辱君命。"《詩》曰："控於大邦，誰因誰極。"使臣能執義正辭，賢於擐甲荷戈遠矣。漢昭求使絶國之才，至與將相並重，有以夫。

俄羅斯東境西伯利八部，界中國之北面，西連高加索五部，迤南鄰印度，遠包中國之西面。迤北則波羅的海東五域三十七部。東俄五部，國都在焉。大俄十九部、加鄖俄五部、小俄三部、南俄五部。再西則波蘭十四部。波蘭八部，益以白峨六部。又跨海逾墨領峽，據北亞墨利加之一隅，曰監加扎，隸西伯利部西伯利、高加索二部，在亞西亞域；波羅角、海東波蘭二部，在歐羅巴域。康熙中，擾我索倫諸部，再予國書未報，復由荷蘭附書諭之，乃通好罷兵，立碑定界，通商於車臣汗部之恰克圖，即西伯利部所屬義爾古德斯科之甲他城，庫倫大臣所司。彼以皮來，我以茶往者也。其後日益南向。道光中，自高加索新藩，脅降西域回部布哈爾諸族，通波斯，以噬印度，漸與後藏相近，尚未接壤，屢與英吉利血戰於雪山南北，亦未能得志。咸豐中，兩次請地，自黑龍江以東雅克薩、尼布楚諸城，烏魯木齊以西伊犁、庫車、阿克蘇諸城，皆割而有之。而喀什噶爾、葉爾羌諸城，乘機竊據，附庸於俄。同治十三年，以重兵降回部之基發，通道於巴克達山至北印度之克什米爾。巴克達山有三路達印度：一越印度之庫施山而達喀布爾，計千六百餘里；一徑達印度之排紹曦耳，計千五百里；一出庫施、崑崙兩山之間，達克什米爾，計六百餘里。而喀爾墾特即廓爾喀之樊籬迫矣。近英吉利立約以愛烏罕即阿富根爲界，俄兵不得踰此而南，俄人未之許也。又東得日本薩莫暇夷之地，以科爾立十八島易之。更跨東海，繞出高麗之東，開采煤鐵，頗享其利。駐兵黑龍江界，將營造火輪車路通中國，特以通商日久，歷二百年未嘗開釁。康熙中，郎中圖理琛曾至其地。三十二年，使臣義玆柏阿朗迭義迭思一作雅蘭布來朝，召見賜坐賜食。嗣後俄人游學於京師，間有入貢者。同治十二年使臣倭良戛里、十三年使臣布策來，皆召見。光緒元年，使臣索思諾福恩齊等來訪茶市，見陝甘總督，稱其志在永敦和好，信乎？否乎？

英吉利，倫敦五十二部，蘇格蘭三十三部，阿爾蘭三十二部，三島廣輪不過中國一小省。其屬地，西得北亞墨利加，東得印度，迤南得南洋諸島，越海控馭，皆在數千萬里外。前明時，初得北亞墨利加，廣土萬餘里，頓至富强。後以重税暴歛，民不堪命而叛。乾隆四十年，華盛頓一作瓦新敦，一作兀興騰崛起，割南境爲米利堅國，血戰八年而國定，英人僅保北境荒寒之土。五印度在緬甸之西，兩藏之西南，地方數千里。明時葡萄牙、荷蘭經營其地，立埔通市舶，擅印度海之利。國初英人敺而奪之。康熙七年，在東印度之孟加臘，買地建館，築炮臺，日臻富盛。乾隆十七年，遂舉兵滅孟加臘，乘勝兼南中諸部，有爲英所滅者，有聽其置吏僅擁空名者，有受役屬爲藩國者。僅郭爾喀東印度國、克什米爾北印度國、新的亞中印度國、信地西印度國等數國，尚能自存，餘皆隸英版矣。英人建藩部四：曰孟加臘一作榜葛剌，曰麻打拉薩，曰孟買，曰亞加拉。孟加臘之東北，緬甸之西北，有阿薩密部，本土夷崇佛教，英人據爲别部。東距騰越猓夷、傜夷隔之，南距前藏，貉貐與布魯克巴隔之，去中國咫尺。南印度之南海中，大島曰錫蘭，古狼牙修地，嘉慶時英人滅之。循海而東，阿喀剌朗谷兩埔取之，緬甸在東，據有新嘉坡即息力柔佛地、麻剌甲即滿剌加、檳榔嶼即新埠三埔，其地偪近暹羅。又於南洋之極東，闢大荒島曰澳大利亞，又名南亞細亞，世所稱南金山也。其地自爲一土，約二萬餘里，荒曠無人，英人墾而闢之，未得十之一也。近人以此土比亞細、歐羅、阿非、亞墨，稱第五大州。别島曰搦日倫敦又名新西蘭，爲自古人迹未到之地。太平洋之飛幾島，亦舉國稱屬焉，由倫敦往澳大所必經也。又有獅山諸地，在阿非利加西界；特墨拉拉諸地，在南亞墨利加南界，蓋遥領之屬地，遠矣。道光十七年，國主威廉第四卒，兄女維多利亞年十八嗣位，即今之女主也。贅日耳曼列侯之子阿里巴，一作博雅那爲婿，早卒。英國向通商於粤東。乾隆二十七年，特允英商伯時購運湖絲。四十年，有商船遇颶飄入粤洋，厚卹而歸之。五十八年，國主若耳治第三遣使臣馬戛爾尼一作麥加尼來朝，上御澹泊敬誠殿受之，貢天文、地球儀器二十八種。值萬壽聖節，上御含青齋受賀，賜賚豐渥，命侍郎松筠送至粤洋。嘉慶元年入貢，二十一年使臣司當冬一作暗蝦士來朝。道光中以鴉片肇釁，迄咸豐時復有違言，旋即通好。同治十二年，使臣威妥馬來賀親政，與美使鏤斐迪、法使熱福理、荷蘭使費果蓀及日本、俄使同覲見於紫光閣，邦交益篤矣。倫敦三島，壤地褊小，山澤之利開闢殆盡。聯邦即美利堅既失倚，印度爲外府，兵餉皆賴焉。俄人闢地日偪，又間遣希臘教俄國所奉之教入印度，英人患之，近年專務加惠於印地，遣貴戚大臣鎮撫之。光緒元年，其太子往游，拊循其人。英主稱徽號，以印度綴國號之下，殆將有東遷之志歟?

法蘭西地方二千餘里，建八十六郡，近年爲普魯士所敗，割蔑士城以西七城以講。其人精於算術、機巧，凡火輪車、自來火鎗炮，大半皆其所創。風俗勁悍，負氣好勝，尤長於用兵，號令如山，萬足一步，前者已死，後者繼進。火器之利，冠於泰西。嘉慶時其王拿破侖第一，百戰無前，威行西土，後以弗戢自焚。咸豐時，與英吉利合兵來津門，議約未成，遂至開釁，旋立和約。同治中，其王拿破侖第三，與普魯士搆釁，血戰數年，爲普所虜。其時，適天津居民有攻殺教人豐大業之獄，朝廷命諸大臣赴津議事，法人方肆其要挾，而國都已爲普人所覆，乃草草成約而去。法主既禽同治十二年歿於英之雷塞思德爾，其大臣爸亞等復與普和，乃改用米利堅之俗，不立君，以首領統治國事。同治十年，踢矮士即爸亞任首領；十二年，麥馬韓代之。麥馬韓者，拿破侖第三之大臣，有惠政，嘗與普戰，兵敗不能死，君亡不能救，又從而代之，而國人皆以爲賢。近日拿破侖第三之子魯夷拿破侖，與法前主波旁之庶子尚伴爾，皆謀復立國，紛紛未能定也。七八年前，據安南海口，屢戰屢勝，已得六埠之地，上年爲安南將劉永福所敗，禽其大帥安將軍，旋復求成於法。蓋越南文弱之國，終非其敵也。近日法人已駐兵順化越南都城，扼富良江復營埔於暹羅矣。

普魯士，東西二土共八部，本日耳曼所分之國。地小於法，兵亦弱於法。其君臣勵精自强，遂能破法蘭西，割其愛勒塞斯洛脱七城之地。一蔑士，二地顛荷鋒，三必𪗇，四發勒剌壞克，五士得剌士伯克，六施來施踢特，七新伯拉薩克。普人毁施、發二城，存其五。德意志，三十六列國奉爲主，雄視四方。俄、英、土、奥皆憚其强盛，修好無間。近國如荷蘭、比利時，遠國如波斯、日本、越南，皆慕而納交焉。

歐羅巴自夏時有異人曰摩西，創立十誡教人。其後瑣羅門約翰，遞有演述。漢元壽二年，耶穌生於羅馬，既長，遂傳天主教，歷數百年。有保羅者，别立希臘教；有路易者，别立耶穌教。三教鼎跱，互相攻擊，而皆宗天主。今俄羅斯、額里士，行希臘教；英吉利、瑞典、哪威、大尼、荷蘭，行耶穌教；法蘭西、奥斯瑪加、意大里亞、比利時、西班牙、葡萄牙，行天主教。惟天主教有教王，各國皆尊禮之，法蘭西尤甚。教主横恣，嘗劫制各國君后，莫敢誰何。獨德國大臣畢士麻克惡之，盡奪教主之權，繩以官法，故教至德而窮。《萬國公報》云："教人猛如虎，貪如狼，德意智搏而縛之，翦其爪牙，彌尾帖耳，不復能肆凶殘。"又云："教人久持太阿，德人奪其柄而擊之，批其頟而扼其喉矣。"德之强盛，畢士之功爲多。語其相業，亦泰西之管夷吾也，畢士亦人傑也哉。同時意大里亞相蘭渣塞勒，亦以力奪教主之權，致其君爲合衆國之主，有大勛。乃以籍教堂七十二所入官，爲教人所齮齕，竟引疾而去。則畢士之得行其志，亦視德主韮里特威廉之能任賢弗貳耳。意大里亞爲歐羅巴古一統之國，《漢書》謂之大秦。其後衰微，嘗爲土、奥、法所併，屢滅屢復。嘉慶時，維也納之會，定其國爲九。大國四：曰羅馬，教主踞之；曰多斯加納；曰薩爾的尼亞；曰拉布勒士。小國五：曰巴爾麻，曰摩德那，曰盧加，曰摩納哥，曰勝馬里虐。道光二十八年，薩爾的尼亞王威克妥耳斯馬努嗣位，能中興其國。咸豐十一年，遂爲合衆國，復故號，取羅馬都之，結好四鄰，稱强國焉。雍正初，教化王伯該弟多，遣使來賀登極，自稱伊達里亞國。其時教化王之勢甚强，九國皆爲所屬也。舊都羅馬，義主既合九國之衆，與教王同都而居，頗能收教王之權矣。奧地利亞盛時，日耳曼、意大里皆其藩屬，今則儕爲與國。嘗爲盟長，疆域三千餘里，亦大國也。瑪加本其附庸，近合爲一國矣。

土耳其本回部，崇瑪哈穆特之教一作摩哈麥，六朝時阿剌伯人回教之祖，與泰西殊趨。其土分東中西三土：東土五部，古巴庇倫、西里亞即西女國，一稱如德亞國、猶大諸名國故地，與中土買諾六部，皆在亞細亞域内；西土八部，都城所在。羅美里亞部都城曰君士但丁，在黑海峽口、與買諾隔海。《後漢書·大秦傳》言"飛橋數百里，可度北海"，是也。黑海、地中海由此峽相通。俗無彝倫，政無綱紀，屢爲俄人所陵。英、法、普諸國，相與維持匡助之。同治十三年，國君以荒淫被廢，其從子紐來嗣位。光緒二年，紐來有心疾，大臣立其弟哈米，國人不服，又以教事構兵，屠戮慘酷，鄰國皆惡之，勢岌岌矣。瑞國處窮髮之北，瑞典二十四部，挪耳瓦即哪嘁十七部，時分時合。北負冰海，貧瘠特甚。丹馬國更小，地形從日耳曼北出，如人舒臂，與瑞國南境，遥相迎拒作凹凸之形。國分五部，有加的牙海峽，爲波羅的海要隘。希臘本古名邦，今爲新造之國。地分十部，國小而治，文物爲泰西之冠，諸大國亦尊禮之。古希臘十二國，今西土耳其全境，新希臘則雅典一部，古亞德約斯之南境也。

西班牙三土四十九部，國勢弱於法蘭西，而地相若。明時航海得南洋吕宋地，遂成大國，屢與各國構兵。康熙十七年，曾入貢。道光中，女主依撒伯爾拉立，屬地多叛。同治中，所屬古巴島復自立爲國。大臣廢女主，而迎立意大里亞世子阿馬得牙，在位二年，其前王之從子登卡洛斯，遥奉依撒伯爾拉之子阿耳分所，既而自立。戰爭屢歲，阿馬不安於位，遯歸意國，人遂仿瑞士之俗，爲民主之邦，編爲十七國，吕宋、古巴皆與焉。依撒伯爾拉，改嫁法王子多勒多。光緒元年，國人迎立阿耳分所，屬國復合，而登卡則儼然敵國矣。葡萄牙，小國，處西海之濱，附於西班牙，地分六部。明隆慶時，航海至廣東，乞租香山濠境隙地，疆臣林富代請許之，因立埔頭於澳門，遂爲泰西通市之始。其後營廣土於南亞。墨利加建巴西藩部，旋亦自立爲國。康熙五年，國王若望遣使臣麥德樂入貢方物四十餘種。九年，國王阿豐肅即亞方蘇弟六入貢。十七年，表貢獅子。五十九年，使臣斐拉理入朝，召見於暢春園之九經三事殿，賜坐賜茶。雍正五年，貢方物。乾隆十七年，國王若瑟表貢自來火器等物。十八年，使臣巴哲格來朝，上御乾清宫見之。

瑞士分二十二部，不立王侯，推鄉官理事。近交懽於德，方黜教黨，立爲合衆之國。國勢方興未艾也。荷蘭、比利時，本一國所分，東爲荷蘭十一部，西爲比利時九部，亦時分時合。順治十二年，荷蘭入貢通市。康熙二年，定貿易，二年一次。三年，助克厦門金門有功。六年，使臣卑獨攀阿閏入貢。二十五年，使臣賓先芝巴入貢。乾隆五十九年，特免貢使所帶出口貨税。同治十三年，比利時使臣色而能仕入朝。荷蘭澤國，好勤遠略，明時嘗踞臺灣，屢犯閩浙，鄭芝龍嘗焚其舟。後臺灣爲鄭成功所得，荷人受創甚鉅，不敢報也。南洋島嶼，荷蘭占據最多。近與亞齊屢戰不勝，卒與聯和，諸島騷然，漸有鞭長莫及之懼。德國寖昌，偪近肘腋，荷勢且入爲屬國。比利時西面附庸尚無足重輕，而南島夙爲荷埔者，若隸於德，則東道關鍵，皆在其握，英法所必争也。

南洋諸島國，吕宋在臺灣之南，再南爲西里百島。西里百之東北爲摩鹿加，再東爲巴布亞大島。西里百之北爲蘇禄，再西南爲婆羅州泥婆婆登婆羅門明滓唐吉里地悶文萊等國。由厦門趨七州洋，過崑崙而南，爲噶留巴梁毗騫，唐猪婆，元明爪哇等國，再西爲蘇門答臘，大小亞齊在焉。巴蘇兩島相望，海口之峽曰巽他即舊港地，爲歐羅巴西來要道。蘇門答臘之東北有長島，爲新嘉坡麻喇甲。稍西，别一小島，爲檳榔嶼。明以前，諸島國屢通朝貢，與滇粤邊徼、安南、暹羅、南掌、緬甸諸國，同列藩服。迨歐羅巴人航海遠來，其始以重幣購片土爲埔頭，泊舟立市，傳布其教。盤踞既久，徒黨日衆，漸而攘其賦税，漸而刦其君長，漸而奪其土地，馴而致之，不勞而定。或遇有機會可乘，則以大兵蹙之，飆馳電掣等於拉朽摧枯。百餘年間，島夷翦滅略盡，惟蘇禄以彈丸僅存。於是葡萄牙踞澳門即濠境，西班牙踞吕宋，荷蘭踞西里百、摩鹿加、婆羅洲、噶留巴、大亞齊諸島，而巴布亞荒島，亦墾而闢之。同治中，法蘭西侵占安南之嘉定省，英吉利侵占緬甸之漾貢，設分埠，而中國南徼處處與泰西交涉矣。昔漢人謀通大秦，屢爲安息所遏。桓帝時始得一通，竟不能再至。明時歐羅巴人航大西洋海，繞阿非利加之南，過大狼山即岌樸，一稱好望角東泛南洋諸島，而趨澳門水程約三萬里。道光中，由直布羅陀海口東駛入地中海，至埃及之蘇爾士登陸，易火輪車至紅海，復浮舟出亞丁，入印度海，泛南洋入巽他峽，至新嘉坡，經安南，達香港，計程可減其半。同治季年，法蘭西與埃及鑿蘇爾士，開新河，至亞勒散得，由是三萬里海面，一葦可杭。光緒初，英人購買此河，遂專歸英轄。由倫敦四十日可達津門，則火輪之神速也。

南洋地近閩廣，華人流寓日衆，邇年吕宋、亞齊之人，逐西班牙、荷蘭所置吏，自立爲國。由是南洋島國，駸有勝廣求六國後之勢。而歐羅東道漸有戒心，競請中國於新嘉坡、金山等處設立領事，保衛華人，亦所以羈縻之，防其揭竿而起也。近聞英人謀開鐵路，由印度以通雲南，殆有改趨西道之志。光緒元年，騰越外徼，遂有土番攻殺英探路使者馬嘉理之事矣。同時土耳其沙納利革亂民，戕德法兩國使臣，土國以銀四萬磅卹其家，其事遂解。又威支尼斯之獄，英人爲古巴人擊斃者，白人十、黑人九，西班牙卹之，白人人給銀五百磅，黑人三百磅而已。俄羅斯北鄙，亞爾干日爾部，人長三尺，以犬爲馬，以鹿爲牛，古之僬僥氏也。南亞墨利加南服，有巴他峨拿部，一曰智加人，長丈餘，古之鄋瞞氏也，以其不通中國，故不具論。

—5. 皇朝經世文續編　卷一〇二　洋務二　洋務通論中

李端棻（1833—1907）

字信臣，號苾園，貴州貴筑（今貴陽）人。同治二年（1863）進士，歷任雲南學政、内閣學士、刑部侍郎等職。戊戌變法失敗後，謫戍新疆。有《苾園詩存》。

請推廣學校疏

奏爲時事多艱，需材孔亟，請推廣學校，以勵人才，而資禦侮恭摺仰祈聖鑒事：

竊臣聞國於天地，必有與立。言人才之多寡，繫國勢之强弱也。去歲軍事既定，皇上順窮變通久之義，將新庶政，以圖自强，恐辦理無人，百廢莫舉，特降明詔，求通達中外能周時用之士，所在咸令表薦，以備擢用。綸綍一下，海内想望，以爲豪傑雲集，富强立致。然數月以來，應者寥寥，即有一二，或僅束身自好之輩，罕有濟難瑰偉之才，於側席盛懷，未能盡副。夫以中國民衆數萬萬，其爲士者十數萬，而人才乏絶至於如是，非天之不生才也，教之之道未盡也。夫二十年來，都中設同文館，各省立實學館、廣方言館、水師武備學堂、自强學堂，皆合中外學術，相與講習，所在而有，而臣顧謂教之之道未盡，何也？諸館皆徒習西語西文，而于治國之道、富强之原，一切要書，多未肄及，其未盡一也。格致製造諸學，非終身執業，聚衆講求，不能致精。今除湖北學堂外，其餘諸館學業不分，齋院生徒不重專門，其未盡二也。諸學或非試驗、測繪不能精，或非游歷、察勘不能確，今之諸館，未備圖器，未遣游歷，則日求之于故紙堆中，終成空談，無自致用，其未盡三也。利禄之路不出斯途，俊慧子弟率從事帖括，以取富貴，及既得科第，遂與學絶，終爲棄材。今諸館所教，率自成童以下，苟逾弱冠，即已通籍，雖或向學，欲從未由，其未盡四也。巨厦非一木所能支，横流非獨柱所能砥。天下之大，事變之亟，必求多士，始濟艱難。今十八行省衹有數館，每館生徒衹有數十，士之欲學者，或以地僻而不能達，或以額外而不能容。即使在館學徒，一人有一人之用，尚于治天下之才萬不足一，況于功課不精，成就無幾，其未盡五也。此諸館所以設立二十餘年，而國家不一收奇才異能之用者，惟此之故。曰：然則巖穴之間，好學之士，豈無能自績學以待驅策者？曰：格致、製造、農商、兵礦諸學，非若考據、詞章、帖括之可以閉户獺祭而得也，書必待繙譯而後得讀，一人之學能繼群籍乎？業必待測驗而後致精，一人之力能購群器乎？學必待游歷而後徵實，一人之身能履群地乎？此所以雖有一二倜儻有志之士，或學焉而不能成，或成矣而不能大也。

乃者欽奏明詔，設官書局于都畿，領以大臣，以重其事。伏讀之下，仰見聖神措慮，洞見本原。臣于局中一切章程雖未具悉，然知必有良法美意，以宣達聖意、闡揚風化者。他日奇才異能由斯而出，不可勝數也。惟育才之法匪限於一途，作人之風當遍於率土。臣請推廣此意，自京師以及各省府州縣，皆設學堂。府州縣學選民間俊秀子弟年十二至二十者入學，其諸生以上欲學者聽之。學中課程，誦四書、《通鑑》、小學等書，而輔以各國語言文字及算學、天文、地理之粗淺者，萬國古史近事之簡明者，格致理之平易者，以三年爲期。省學選諸生年二十五以下者入學，其舉人以上欲學者聽之。學中課程，誦經史子及國朝掌故諸書，而輔之以天文、輿地、算學、格致、製造、農商、兵礦、時事、交涉等學，以三年爲期。京師大學選舉貢監年三十以下者入學，其京官願學者聽之。學中課程一如省學，惟益加專精，各執一門，不遷其業，以三年爲期。其省學大學所課門目繁多，可仿宋胡瑗經義治事之例，分齋講習，等其榮途一歸科第，予以出身，一如常官。如此，則人争濯磨，士知嚮往，風氣日開，技能自成，才不可勝用矣。或疑似此興作所費必多，今國家正值患貧，何處籌此巨款？臣查各省及府州縣率有書院，歲調生徒入院肄業，聘師講授，意美法良。惟奉行既久，積習日深，多課帖括，難育異才。今可令每省每縣各改其一院，增廣功課，變通章程，以爲學堂。書院舊有公款，其有不足，始撥官款補之。因舊增廣，則事順而易行；就近分籌，則需少而易集。惟京師爲首善之區，不宜因陋就簡，示天下以樸，似當酌動帑藏，以崇體制。每歲得十餘萬，規模已可大成。中國之大，豈以此十餘萬爲貧富哉。又疑所立學堂既多，所需教習亦衆，竊恐乏人堪任此職。臣以爲事屬創始，學者當起於淺近，教者亦無取精深。今宜令中外大吏各舉才任教習之士，悉以名聞，或就地聘延，或考試選補。海内之大，必有可以充其任者。學堂既立，遠之得三代庠序之意，近之采西人厰院之長，興賢教能之道，思過半矣。然課其記誦而不廓其見聞，非所以造異才也。就學者有日進之功，其不能就學者無講習之助，非所以廣風氣也。今推而廣之，厥有與學校之益相須而成者，蓋數端焉：

一曰設藏書樓。好學之士，半屬寒畯，購書既苦無力，借書又難其人，坐此固陋寡聞，無所成就者不知凡幾。高宗純皇帝知其然也，特於江南設文宗、文匯、文瀾三閣，備庋秘籍，恣人借觀。嘉慶間，大學士阮元推廣此意，在焦山、靈隱起立書藏，津逮後學。自此以往，江浙文風甲于天下，作人之盛，成效可睹也。泰西諸國頗得此道，都會之地皆有藏書，其尤富者至千萬卷，許人入觀，成學之衆，亦由於此。今請依乾隆故事，更加增廣，自京師及十八行省省會咸設大書樓，調殿板及各官書局所刻書籍，暨同文館製造局所譯西書，按部分送各省以實之。其或有切用之書，爲民間刻本官局所無者，開列清單，訪書價值，徐行購補。其西學書陸續譯出者，譯局隨時咨送，妥定章程，許人入樓看讀。由地方公擇好學解事之人經理其事，如此則向之無書可讀者皆得以自勉於學，無委棄才矣。古今中外有用之書，官書局有刻本者居十之七八，每局酌提數部分送各省，其費至省，其事至順，一奉明詔，事即立辦，而餉遺學者，增益人才。其益蓋非淺鮮也。

二曰創儀器院也。格致實學，咸藉試驗。無視遠之鏡，不足言天學；無測繪之儀，不足言地學。不多見礦質，不足言礦學；不習睹汽機，不足言工程之學。其餘諸學，率皆類是。然此等新器，所費不貲，家即素封，亦難獨講，學何從進，業焉能成？今請於所立諸學堂，咸别設一院，購藏儀器，令諸學徒皆就試習，則實事求是，自易專精。各器擇要而購，每省撥萬金以上，已可粗備。此後陸續添置，漸成大觀，則其費易借籌，而學徒所成視昔日紙上空談相去遠矣。

三曰開譯書局也。兵法曰：知己知彼，百戰百勝。今與西人交涉，而不能盡知其情僞，此見弱之道也。欲求知彼，首在譯書。近年以來，製造局、同文館等處譯出刻成已百餘種，可謂知所務也。然所譯之書，詳於術藝而略於政事，於彼中治國之本末，時局之變遷，言之未盡。至於學校、農政、商務、鐵路、郵政諸事，今日所亟宜講求者，一切章程條理，彼國咸有專書，詳哉言之，今此等書悉無譯本。又泰西格致新學，製造新法，月異歲殊，後來居上，今所已譯出者率十年以前之書，且數亦甚少，未能盡其所長。今請於京師設大譯書館，廣集西書之言政治者，論時局者，言學校、農商、工礦者，及新法新學近年所增者，分類譯出，不厭詳博，隨時刻布，廉值發售，則可以增益見聞，開廣才智矣。

四曰廣立報館也。知今而不知古，則爲俗士；知古而不知今，則爲腐儒。欲博古者莫若讀書，欲通今者莫若閱報，二者相須而成，缺一不可。泰西每國報館多至數百所，每館每日出報多至數萬張，凡時局政要、商務兵機、新藝奇技、五洲所有事故，靡所不言。閱報之人，上自君后，下自婦孺，皆足不出户而於天下事瞭然也。故在上者能措辦庶務而無壅蔽，在下者能通達政體以待上之用。富强之原，厥由於是。今中國邸鈔之外，其報館僅有上海、漢口、廣州、香港十餘所，主筆之人不學無術，所言率皆淺陋，不足省覽。總署海關近譯西報，然所譯甚少，又未經印行，外間未由得見。今請於京師及各省會並通商口岸、繁盛鎮埠，咸立大報館，擇購西報之尤善者，分而譯之。譯成，除恭繕進呈御覽並咨送京外大小衙門外，即廣印廉售，布之海内。其各省政俗土宜，亦由各館派人查驗，隨時報聞，則識時之俊日多，幹國之才日出矣。

五曰選派游歷也。学徒既受学數年、考試及格者，當選高才以充游歷。游歷之道有二：一、游歷各國，肄業於彼之學校，縱覽乎彼之工廠，精益求精，以期大成。一、游歷各省，察驗礦質，鈎核商務，測繪輿地，查閱物宜，皆限以早期，厚給薪俸，隨時著書。歸至，有司察其切實有用者，爲之刊布，優加獎勵。其游惰而無狀者，官則立予降黜，士則奪其出身。數年之後，則輶軒絶域之士，斐然成章；郡國利病之書，備哉粲爛矣。或疑近年兩次所派游歷學生未收大效，不知前者所派游歷乃職官而非學童，在中國既未經講求，至外洋亦未嘗受學，故事涉空衍，寡有所成。其所派學生又血氣未定，讀中國書太少，遽游歷絶域，易染洋風，雖薄有技能，亦不適于用。今若由學堂選充，兩弊俱免，其所成就，必非前此之所能例也。夫既有官書局、大學堂以爲之經，復有此五者以爲之緯，則中人以下皆可自勵於學，而奇才異能之士，其所成就益遠且大。十年以後，賢俊盈廷，不可勝用矣。以修内政，何政不舉？以雪舊恥，何恥不除？上以恢列聖之遠猷，下以懾强鄰之狡啓。道未有急于是者。若仰蒙采擇，乞飭下中外大臣，妥議章程，取旨施行。臣愚一得之見，是否有當，伏乞皇上聖鑒訓示。謹奏。

—8. 皇朝經世文三編　卷四一　禮政六　學校上

王闓運（1833—1916）

字壬秋，號湘綺，湖南湘潭人。咸豐七年（1857）舉人，光緒時賜翰林院檢討，歷主四川尊經書院，充長沙思賢講舍、衡州船山書院山長。有《湘綺樓全集》。

論　文

文有時代而無家數，今所以不及古者，習俗使之然也。韓退之遂云非三代兩漢之書不敢觀，如是僅得爲擬古之文，及其應世，事迹人地，全非古所有，則失其故步，而反不如時手駕輕就熟也。明人號爲復古，全無古色，即退之文，亦豈有一句似子長、揚雄耶？故知學古漸漬於古，先作論事理短篇，務使成章，取古人成作處處臨摹，如仿書然。一字一句，必求其似。如此者家書賬記，皆可摹古。然後稍記事，先取今事與古事類者，比而作之，再取今事與古事遠者，比而附之，終取今事爲古所絶無者，改而文之。如是非十餘年之專功，不能到也。人病在好名欲速，偷懶姑息，孰肯而刊楮七日，以削棘猴。故自唐以來，絶無一似古之文，唯八家爲易似耳。今貶八家不得言文，及其作文，更不如八家，以八家亦自有二三年工力，乃可至也。詩則有家數，易模擬，其難亦在於變化。於全篇模擬中，能自運一兩句，久之可一兩聯，久之可一兩行，則自成家數矣。成家之後，亦防其泛溢。詩者持也，持其所得，而謹其易失，其功無可懈者。雖七十從心，仍如十五志學，故爲治心之要。自齊梁以來，鮮能知此。其爲詩不過欲得名耳。杜子美詩聖，乃其宗旨在以死驚人，豈詩義哉。要之聞道猶易，成文甚難。必道理充周，則詩文自古。此又似易而愈難，非人生易言之境也。孔子大聖，發憤忘食，其教人不憤不啓，請一言以蔽曰憤而已。憤者非人言好，乃憤己之不好。憤則勤學，學則愈憤。終身僶勉，惟日不足，而何道之不聞。

—2. 皇朝經世文編　卷五　學術五　文學

李鳳苞（1834—1887）

字丹崖，江蘇崇明（今屬上海）人。光緒四年（1878）賜二品頂戴，任出使德國大臣兼使奥、意、荷三國。有《四裔編年表》《西國政聞匯編》。

巴黎答友人書

竊嘗謂西國富强，不盡由於製器治兵，誠如來諭。謹就見聞所及，爲知己陳之。西國制治之要，約有五大端。

一曰通民氣。民居甚散，分位懸殊，通之匪易。乃由鄉舉里選，以設上下議院，遇事昌言無忌。凡纖悉不便於民者，必本至誠，以設法妥貼之。又設卿大夫、里正等官，以安閭閻，以審獄訟。用民治民，自無紛擾。而復實查户版，生死婚嫁，靡弗詳記，俾一夫無不得所。則君公之分愈尊，而上下之情愈通矣。

二曰保民生。人情莫不欲安富壽考，使以横逆待之，誅求困之，盜賊冤獄以折挫之，惠未必吉，逆未必凶，人人無自立之權，遂人人無自堅之志矣。西國則上以誠心保民，下亦咸知自保。凡身家性命器用財賄，絶無意外之虞。且予告官員，半俸贍之，老病弁兵，終身養之，老幼廢疾，陣亡子息，皆設局教育之。使居官無落職之慮，則不至貪墨。臨陣無内顧之憂，則無所畏縮。有不共勉厥職，上下一心，固結不解者乎？

三曰牖民衷。凡智慧材力，日浚則日靈，日梏則日窒。西國孩提，教以認識實字。稍長，教以貫串文義。量其材質，分習算、繪、氣化各學。而月杪年終，總其所習而試之。必令心領神會，手舞足蹈。不令讀未解之書，不妄試未習之事。及其成人，或專一事或名一藝，而終身無一日廢學者，何也？有新報之流傳，有社會之宣講也。新報自朝政至技藝，何止千百，皆通人載筆，至理名言。自君公以至婢媪牧圉，與婦孺之在舟車，無不人手一編。某國得某地，某人創某器，咸能洞悉其源委也。社會亦每國數百處，係老師宿儒，分講治制、律例、製造格致等學。環聽者男婦數百人。口講指畫，必使聽者領悟而後快。故通國男婦，無不各勤所學。而智慧材力，如萌蘖之易生，枝葉之易茂矣。

四曰養民恥。西國無殘忍之刑，惟故殺者罪止遠戍苦工。其餘不過監禁及罰鍰而已。監禁之服用精潔，與官家埒。又教以誦讀，課以工藝，濟以醫藥，無拘攣，亦無鞭撻。而人猶畏刑自守，視犯罪爲不齒。即尋常偶爽一約，若負重疚。偶拾一遺，若撻市朝。是以牛羊晝夜遍野，貨物堆聚通衢，衣物之遺忘於舟車者，每出新報招認。從未聞有宵小之覬覦者。雖由民有生計，亦民知廉恥故也。父母不怒責其子，家主不呵叱其僕，雖犬馬亦不加箠楚。而雍然秩然，自無違忤乖張。男女雜坐談天，而不及淫亂，皆養恥之效也。

五曰阜民財。古人言：有國者宜藏富於民。愚謂民之富有三要：一盡地力。謂講水利、種植、氣化之學，而使尺寸無棄地也。二盡人力。通工易事，而可各擅專門，由熟生巧也。同力合作，而可任用致遠，裒多益寡也。又濟之以機器，可令時省而工倍也。三盡財力。有公司及銀號，而錙銖之積，均得入股生息，匯成大工大賈，庶蓄財者不致浪費矣。有鈔票及金銀錢，而便於輕賫，利於轉運，一錢可抵百錢之用矣。

凡此五端之所以上下相學，永久不渝者，尤本于四道：則孔孟之忠恕，官禮之精詳，黄老之堅定，佛氏之徹悟也。

其治國齊家，持躬接物，動與盡己推己之旨相符，直合王霸爲一，而駸駸三代大同之治矣。此孔孟之道也。

其政治規制，既合《周官》八法八柄九兩九職，以至邦交之合行人，製器之合考工，無不縷晰條分，整齊畫一。制法者既公而無私，奉法者即久而無弊。此官禮之道也。

本百折不回之志，以立堅强不拔之操，無囂競，無浮躁，遇事則以静制動，行權則欲取故與，實有大智若愚，大巧若拙之慨，迥非補苴張惶之治，所得希其萬一。此黄老之道也。

至於窮事物之理，則無論格致等學，必抉其疑。即政治、律例、公法、理財治獄之書，莫不元箸超超，辯才無礙，絶無影響附會，臆度緫揣等病。有内典之精深，而無内典之隱晦。皆其深造自得，貫通了悟之證。此佛氏之道也。

夫然而可製船械，可興工商，可固邊防，可勤遠略。凡有所爲，莫不綱舉目張，而舉重若輕也。此皆見聞所得，非敢好事鋪張，暇時當再逐條指實以發明之。所識西國博雅之士，論及創制，每推中國。如新報之仿邸抄，化學之本丹家，信局則采孛羅之記，印書則爲馮道之法，煤燈之本於四川火井，考試之本於歲科取士，至於南針、火藥、算學、天文之開於中國，更無論矣。唯西國日求其精，中國日失其傳耳。窮則變，變則通，誠吾國今日急務矣。

漏殘燈爐，率筆直書。尚求知己，不吝垂教。

—5. 皇朝經世文續編　卷一〇三　洋務三　洋務通論下

陸心源（1834—1894）

字剛父，號存齋，浙江歸安（今屬湖州）人。咸豐九年（1859）舉人，官至廣東高廉道。有《儀顧堂文集》《金石録補》。

風俗通義篇目考

《風俗通義》，《隋書·經籍志》："三十一卷。"注云："《録》一卷。"《唐書·藝文志》："三十卷。"與《隋志》異。蓋《隋志》並《録》計之，《唐志》不並《録》計之也。至宋已無完書，是以《崇文總目》所載惟十卷。元豐中，蘇魏公以官私兩本互校，次爲十卷，即今所行本也。見《魏公集》卷六十六。嗣後《郡齋讀書志》《書録解題》《文獻通考》所載無過十卷者。但《風俗通》原本雖佚，而庾仲容《子鈔》、馬總《意林》，宋時尚有完書，所録皆據三十卷本。此見於《廣韻》《御覽》《通志》者，所以多出今本外也。嘉定錢曉徵始有逸文之輯，仁和孫貽穀繼之，盧弨弓又加考訂，刊入《群書拾補》中，于應氏書逸文搜羅略備矣。惟原書三十卷，篇各有名。今自十篇之外，書亡而篇名亦亡，雖以錢、孫、盧三君之博洽，僅據《太平御覽》《續漢書·五行志》考得《論數》《災異》兩篇名，其他未能詳也。愚以《蘇魏公集·校正風俗通義序》考之，《皇霸》《正失》《愆禮》《過譽》《十反》《聲音》《祀典》《神怪》《山澤》十篇之外，其餘篇名之見於《意林》者，曰《心政》，曰《古制》，曰《陰教》，曰《辨惑》，曰《析當》，曰《恕度》，曰《嘉號》，曰《穢稱》，曰《恃遇》，曰《姓氏》，曰《諱篇》，曰《釋忘》，曰《輯事》，曰《服妖》，曰《喪祭》，曰《宫室》，曰《市井》，曰《數紀》，曰《新秦》，曰《獄法》，凡二十目，合之今存十篇，適得三十篇，與《唐書·藝文志》合。《御覽》所引《論數》，當即《數紀篇》。盧氏據《續漢書·五行志》增《災異》一目，恐未必然也。叙又引《意林》所載《析當篇》云："泰山太守臣劭再拜上書曰：'秦皇焚書坑儒，六藝缺亡。高祖受命，四海乂安，往於壁柱石室之中，得其遺文，竹杇帛裂，殘缺不備，至國家行事，俗間流語，莫能原察。故三代遺輶軒使者，經絶域，采方言，令人君不出户牖而知異俗之語耳。'"凡九十字，爲《群書拾補》所遺，故並録之。

—5. 皇朝經世文續編　卷五　學術五　文學一

淮南子高許二注考

《隋書·經籍志》：《淮南子》，二十一篇，許慎注。又高誘注二十一卷。《新唐書·藝文志》同。至宋而高、許二注相混，故陳氏《書録解題》謂："今本題許慎注，而詳序文即是高誘，殊不可曉。"嘉慶中莊逵吉重刊《淮南子》，叙始謂後人誤合兩家爲一，混而不分，似矣。至據《地形訓》"大汾"注與《吕覽》注異，《俶真訓》"剞劂"注與《本經訓》注異以證之，則未知古人注書先後互異者甚多，未可以爲證也。

以愚考之，高注十三篇，自漢迄今無異。許注二十一篇，至北宋時存十八篇，今惟存八篇。何以明之？高氏自序云："弁揖借八篇刺之，會揖身喪，遂亡不得。"是誘在時已亡八篇矣。隋唐以後何以反得廿一篇乎？此高注原本有十三篇、無二十一篇之明證也。蘇魏公校正《淮南子》序云："是書有後漢太尉祭酒許慎、東郡濮陽令高誘二家之注，隋唐目録本别傳行。今校崇文舊書與蜀川印本暨臣某家書凡七部，並題曰：《淮南子》，二注相參，不復可辨。惟集賢本前賢題云許標其首，皆是閑詁，鴻烈之下謂之'記上'；高題卷首皆謂之鴻烈解經，解經之下高氏注，每篇之下皆曰訓，又多數篇爲上下，以此爲異。《崇文總目》亦如此云。"又謂："高注更詳于許氏，本書文句亦有小異。臣某據文推次，頗見端緒。高注篇名皆有'故曰因以題篇'之語，其間奇字並載音讀。許于篇下粗論大意，卷内或有假借用字，以'周'爲'舟'，以'楯'爲'循'，以'而'爲'如'，以'恬'爲'惔'，如此非一。又其詳略不同，誠如《總目》之説。互相考證，去其重複，共得高注十三篇、許注十八篇"。此北宋時許注存十八篇之明證也。

余初讀《淮南子》，頗怪《原道》《俶真》《天文》《墬形》《時則》《覽冥》《精神》《本經》《主術》《氾論》《説山》《説林》《修務》十三篇注，何以詳且有音讀？其餘八篇注，何以略且無音讀？截然如出兩手。及讀《蘇魏公集》，且細繹高氏序，而千載之疑乃釋。案《原道》《俶真》《天文》《墬形》《時則》《覽冥》《精神》《本經》《主術》《氾論》《説山》《説林》《修務》十三篇，每篇名注皆有"因以題篇"四字，注中載音讀。如滑讀曰骨，哥讀曰謳歌之類甚夥，則此十三篇乃高注也。《謬稱》《齊俗》《道應》《詮言》《兵略》《人間》《泰族》《要略》八篇，篇下無"因以題篇"四字，注皆粗解大意，且無音讀，則此八篇乃許注也。想魏晋以後，因高書不全，遂以許書補之，猶范曄書無志，以司馬彪補之也，故隋唐志皆云二十一卷。許注略於高注，後人喜詳輕略，高書行而許書遂微，宋時尚存十八篇，至明而十八篇亦不可見矣。獨怪孫氏星衍、錢氏坫、程氏敦、莊氏逵吉于《淮南》書用功頗深，但知二注之混，而不知其混而實分，則矜言漢學，讀書不多之弊也。後有校正《淮南子》者，於《謬稱》八篇宜題曰"許慎記上"，于《原道》等十三篇宜題曰"高誘注"。斯乃高、許之功臣矣。

—5. 皇朝經世文續編　卷五　學術五　文學一

酒課考

武帝天漢三年，初作酒榷。唐德宗貞元二年，每斗榷錢百五十。按杜詩"速宜相就飲一斗，恰有三百青銅錢"。今榷百五十，則十分抽五矣。宋至道二年，兩京諸州收榷課銅錢一百二十一萬四千餘貫，鐵錢一百五十六萬五千餘貫，京城賣麯錢四十八萬餘貫。天禧末，榷課增銅錢七百七十九萬六千餘貫，鐵錢增一百三十五萬四千餘貫，賣麯增三十九萬一千餘貫。按《會要》，鐵錢十，當銅錢一。慶曆二年閏九月二十四日，初收增添鹽酒課利錢，每升添一文，謂之王福部文添酒錢。皇祐中，歲課合緡錢一千四百九十八萬六千九十六貫。熙寧五年正月四日，令官務每升添一文。崇寧二年十月八日，令官監酒務，上色升添二文，中下一文。四年十月，量添二色酒價錢，上色升五文，次三文。政和五年十二月十一日，令諸路依山東酒價，升添二文。建炎四年十一月十二日，曾紆申請權添酒錢，每升上色四十二文，次色十八文。紹興元年，令添酒錢，每升上色二十文，下色十文。三年四月八日，令煮酒量添三十文，作一百五十文足。按自慶曆至紹興，共增一百一文，而曰“作一百五十文足”，則舊課當得五十文矣。五年閏二月，每升各增五文。六年二月，權增升十文。八年六月，令兩浙諸路煮酒增添十文足，並臘蒸酒增添六文足。九年，以都督府申請，權添十一文。又有發運使造舡添酒錢，每升上色三文，次二文。提舉司量添酒錢，又以上下色升一文，不知所始。

按酒之有課，尚矣。而獲利之厚，無過於宋南渡後。四川一省，歲收至六百餘萬貫，故能以江南半壁，支持强敵，馬騰士飽，延百餘年。其生財之道善矣。蓋酒爲嗜好之物，而非日用所需。不飲者，雖强之而不能嗜；飲者，即禁之而不止。故雖加價十倍，亦不致有累於民。較之加賦於田，抽錢於丁，相去不亦遠哉？

—5. 皇朝經世文續編　卷四七　户政二四　榷酤

宗源翰（1834—1897）

字湘文，室名頤情館，江蘇上元（今南京）人。監生，官至浙江温處兵備道。有《頤情館聞過集》。

郵政事宜往復稟函全稿

敬稟者，竊興辦郵政局，自去春奉文後，詢之税務司，云“須緩辦”，亦衹静以待之。明知原奏係以總税務司赫德爲總辦，雖有各口税司與關道商辦之言，而其主持固在洋人也。至去臘歲杪，職道接準甌海關那税司函稱：“奉總税務司札發奏準章程及《岸資則例》，準定於明年正月初一日一律開辦，此後官商軍民不得爲人代寄信函，違者干罰，即祈擬章曉諭等情，並附來刊印《岸資則例》單一紙。職道以總理衙門原頒章程甚繁，不盡是寄信人應知之事，擬專取與寄信人及信局有關涉者，摘録廿餘條示諭。惟原章示諭門第一條，謂開創之初，暫照各關現辦寄信章程辦理，俟辦有就緒。再爲體察情形，將章程所載各事明晰示諭。此時似是開創，究應如何示諭，函詢税司，復稱不過奉文開辦，不得謂之就緒。示内不必臚叙章程，當即出示渾叙奉各憲行知，奏准開辦郵政局。現於正月朔開辦，此後官民信件不得徑交輪船，其趁船之人亦不得爲人代寄，干罰一切章程辦法及取資數目，儘可到關詢問，並無疑難，亦不苛刻。其内地不由輪船之信件，仍由民局照常寄遞”等語。一面親傳温城信局兩家，告以郵政現由關辦，尚未設局及分設遞夫，仍須該信局經手者多不必驚疑。衹要爾等不藉詞多取於人，人自信從。一面查核税司送來《岸資則例》，與原章不能盡符，而郵局與民局來往之五條，又與則例章程不能盡符，旋又函致税司。現當試辦之初，尚不能整齊劃一，事當試行，宜一切從寬，不可過於苛求。俟民間漸漸樂從，而我之章程亦可明白示諭之時，再漸認真，目前暫勿拘執。即如零星洋錢寄送往來，乃民間日日常有之事，若因我之岸資未定，不准人寄，恐民間將譁然，謂洋錢非犯禁之物，不應禁寄爲藉口。甌關税務司那威勇，人本和平，故自正月至今，輪船來往兩次，尚無搭客苛罰五十兩、五百兩之事。又民局經職道傳諭，亦均勉就範圍，尚無枝節。惟上海招商局輪船去臘先懸厲禁，不但不爲人寄信，即公件亦不准收，恐干苛罰，在船人與搭船人，無不懔懔。税司終以郵局與民局往來五條中，言“包内不得私寄銀洋，及貴重物件亦不准寄”字樣，謂係定自總税司，不敢有踰尺寸。而所謂不准私寄者究應如何公寄，迄無下文。奏章中“匯寄不得過百兩”一條，專言匯兑，匯兑與信寄不同，且匯兑豈鄉曲所能通行。至所謂貴重物件不准寄者，究竟何項爲貴重，何項非貴重，語極囫圇，尤令人無所適從。凡有民間寄洋銀之信，郵政局及各信局概不收送，官商士民皆蹙額以爲不便，甚有馳書職道處詰問者。

伏思總理衙門原奏有云：“泰西郵政，上下交便。中國仿而行之，爲利民即以利國之要政。仰見本末兼權，便民爲先。民間寄信一事，委瑣繁雜，自商民士子以至傭販厮卒，人人有須寄之信，即人人有須寄之錢，行之而便，固無一人不被其澤；行之而不便，即無一人不受其困。以温州一口而論，商賈百工大半寧波人，勇營大半湘皖人。外縣如平陽、瑞安一帶，鄉間窮民大率赴杭、嘉、湖傭耕，其寄信無不須由温口轉遞。凡男子出外謀生，家口日盼寄資濟用。其富而有勢力或錢數多者，尚可暫時匯畫假貸；

貧者錙銖積纍，一月不寄錢，其家即一月不得食。他處於輪船外尚有内地民船可以通融代寄，若由温至滬民船本極寥寥，況又風信靡常，自海口通輪以來，由温寄本省、外省之信件，凡道出滬上者，無一不由輪船轉遞。自郵政局不寄銀錢，温郡之人無異鯁喉而扼吭。若上海等處客民無慮巨萬，上海蘇杭與長江均隸郵政，似更不可有此厲民之事。愚蠢小民見商輪平日寄信寄洋相安已久，一旦創行郵政，臨之以洋人，遂群形不便。若輩豈知朝廷創制之苦心，且疑事由洋人壟斷，故不復體恤中國民情矣，不能不慮伏禍機。況原奏章程各條中並無不准代寄銀洋之説，迄今行將一月，衆情惶惶，屢商税司，總以須候總税司之示。擬請大人即日電達總理衙門，轉飭總税務司，告以中國士民傭販信寄零星銀洋，或包於信内，或包於信外，通行已久，斷難禁止，且難久停。如何取賫，宜速電各口税司，或商關道，或商民局，各就各口向辦情形速定，免生枝節。

又奏章之外，另發五條，内載郵政局用泰西法碼秤件，中國信件仍宜用中國法碼律，度量衡未可示小民以異式。又如每包之重，或曰不過八斤餘，又或曰八兩，寬長不過一尺，内外厚不過八寸餘。此在西國郵政局自用夫役，或防繁重，不得不從嚴。今悉用商局輪船，而經手又多由民局，何取乎如是之苛細，以形其困。應否請改，出自鈞裁。

職道爲關心民困，且現辦與奏定章程有異，恐礙新政，故敢披瀝直陳，鵠候示遵。

再西法頗重民權，民有不便之事可由議院以達政府，故上下絶無隔閡。今甫仿行西法而遂困民，又使官民皆緘口而坐視，想總税司亦必深不取也。

—9. 皇朝經世文新編　卷一七　郵運下

赫　德（Robert Hart）（1835—1911）

英國人，字鷺賓。1861 年至 1911 年任清海關總稅務司。有《中國論集》等。

局外旁觀論

一、矮人立於長人肩上，所見必遠於長人。廬山真面目，惟在山水外者，得見其全。旁觀敢抒所見亦然，或效一得之愚。

一、論事必察真實，始能扼要。以虚爲實，所論浮誇；以實爲虚，所論無確。况事情之與日變通，勸行之道，貴因乎時，惟望當局者采聽焉。

一、立論貴乎實所論。中华自有紀載以來，歷數千年，莫古於中國；而自四海各國觀之，莫弱於中國，事之真也。自古不通于外國，近數十年，各國漸漸與中國往來，若欲閉關拒絶，原所不易，情之變也。不此之計，而所謂立言施行者，果何所主哉。

一、論中華情事者，一曰内情，一曰外情也。今日之外情，係由前日之内情所致；而今日内情，亦必有外情所變。一内情局外難言，旁聽者只可轉傳。如律例本極允當，而用法多屬因循；制度本極精詳，而日久盡爲虚器。外省臣工，不能久於其任，以致盡職者少，營私者多。寄耳目於非人，而舉動未當；供貪婪於戚友，而民怨弗聞。在京大小臣工名望公正者，苦於管轄甚多，分内職分，反無講求之暇。部員任胥吏操權，以費之有無定准駁，使外官清廉者必被駁飭。如是而欲民生安業，豈可得耶！各省籌劃款項，動逾萬萬，而兵丁欠餉，竟致纍月經年。兵勇之數，稱千百萬，按名排點，實屬老弱愚蠢，充數而已。平日挑抬營生，未經訓練，一旦令其戰陣，實驅市人而使鬭，以刀矛爲耒耜。駐防人等，平時拉弓舉石，只講架式，股肱怠惰，只得養鳥消遣。賊至未决一死戰，而全家自盡請卹矣。對敵之時，賊退始皆前進，賊如不退，兵必先退，帶兵官且以勝仗俱報矣。乃殺一二平民，或由賊去而遇未剃髮之村農，且以斬馘髮逆無算，入告邀功矣。通經原爲致用，而今之士人，書籍非不熟讀，詩文非不精通，使之出仕，而於人所應曉之事，問之輒不能答，一旦身居民上，安能剔弊厘奸。定制爲上下所遵守，如居官者，回避本省一條，係爲防弊而設，然人品豈無正直？原籍情形既熟，言語皆通，名望所孚，乃格於成例而使官别省，俸滿即行升調，於地方公事，未及深究，胥吏反得久踞衙署以售其奸，年滿吏换之説，盡屬虚話。此例所欲禁，弊即由此例而生。禁止邪教，原爲崇正，乃各省以神靈顯佑，奏請匾額者，屢屢各省撥款迭催，而民言剥皮。及至大小所需，飭令捐備，例不准銷，是令舞弊也。法本善而反惡，種種非是，以致萬國之内，最馴順之百姓，竟致處處不服變亂。吁！事不以實，而徒飾虚文可乎！

一、旁觀者論内情，文武各事之行，盡屬子虚。執法者惟利是視，理財者自便身家，在上者即有所見，亦如無見。遠情不能上達，上令不能遠行。以上各情，局外常情。中國以此懦弱，若不振有窺伺之意，即内與外往來者，連聞其説，難保無藐上不服作亂之害。所言今日之外情，由昔日之内情所致，何耶？中華土産，本爲外國所缺，外國各貨，内地可銷，由此有通商之舉，其勢日密。居官者初視洋人，以夷待之如狗。人來日多，身物無可倚恃，必須定章，方有可憑。是以道光年間，始動干戈，嗣有條約，均以日後必要爲善。惟條約所允，地方常有違背，今洋人疑懷上司不知所致，而上憲不悟，無奈復動干戈。得有隨時赴京明文方息。迨後因可赴京，以爲更妥，乃大臣初次北上，仍以夷相待。違約阻止，復致興兵，在京换約，派常駐之大臣，致有庚申年之事。似此文字，皆由智淺而欲輕人，力弱而欲服人。現在某事當行，某事不當行，已有條約可憑，一經背約，即有問故之患。所言外患由内召，此也。兹实貿貿而行，必啓外多進一步之衅。

一、外情係内情所致，而外情何也？前數十年，中國與外國並無往來，亦無所謂章程，且中國或不知外洋有如許國。現在議定條約，有十國之多。駐京有外國所派大臣，新設有衙門，專辦各國事務，且數年前幾次有事。可見外國所請以力可得通商，條約非中國本意，係由外國而定。外國定約，係因保全往來之故。各國往來之故不同，爲通商有三大國，而定約之要又有三，曰邊界，曰傳教，曰貿易，而其國爲俄、法、英也。至邊界一節，俄國與中國有萬里之相連畫界，辦交涉事件，非有定章不可。是以俄國來往，較别國爲早。現在定約，邊界已與昔年不同。至傳教一節，奉天主教及耶穌教者，以此爲正，以别教爲邪。傳教者皆謂盡此之本分，而便益於彼。傳耶穌教者，非止一國之人，且小有不同，皆係民間捐資，令往各處傳教，以爲善舉，與國家無涉。傳天主教者不同，各國之人皆有，然教内有教皇統轄各處傳教之人，與各國君爲平等，而各國以天主爲教之國，皆當爲護法，奉此爲國教，而法國爲首。通商各條約内，皆有准之傳教，並保護奉教章程。奉教者交接周密，無處不聽傳教之言，傳教者無不奉教皇之命。傳教内有故奉教，各國必來調理。即如法國因廣西有害死傳教之事，致派兵直抵京門。至貿易一件，各國雖有分，而英國爲首。論貿易之事，不過以貨納何税、何處作口岸，何處准居住等語爲要，有章程可憑，各國各有着落。若一違章，均與各國有關，不得輕視。以上三節，既定有條約，必應於邊界循照舊章，必應准傳教而保護奉教，必應於貿易遵守各章。此數言係保外情。

一、外情如此，照辦與否，於内情有何關係？

一、民間立有合同，即國中立有條約。民間如違背合同，可以告官准理。國中違背條約，在萬國公法，准至用兵，敗者必認舊約，賠補兵費，約外加保方止。中國初次與外國定約，並未以條約爲重，不過聊作退敵之策。至今萬衆之内，或有一二人知有條約，然未識條約之重，未知違約之害。

一、照約辦理，内情如何？曰民化而國興。外國所有之方便，民均可學而得，中國原有之好處，可留而遵。外國之方便者，不一而足，如水陸舟車、工巧器具、寄信電機、銀錢式様、軍火兵法等，均極精妙。國民與沾其益，願學者皆能學，故曰民化。中外來往日多，而敦好外無多事之擾，内有學得之益，故曰國興。

一、不照辦如何？照辦則年比年相識，日比日相親，民化而國興。若違章大不同，乃有動兵之舉，國亂之灾，旁觀皆言違約者，或因不肯照約，或因不能照約。若因不肯，必至有出而勉强者；若因不能，必至有起而代行者。前次動兵，可見泰西最小之國，尚有必得之力。或有邊界有事，俄國何難占地？若教内有故，致由外進兵，奉教者何難相助？若貿易有阻止，而英國進兵，各國必從。一經動兵，外國有得無失，是以當留心而免之。常聞外論中國官民，可以利動，勢處極弱而不守信。若再有動兵之事，成敗得失，不待智者而決。是以或有應辦，或有請辦，不如早辦，不致日後爲人所勉强也。

一、内情壞至此，外國險至此。内事，旁觀者自不敢多勸，已有章程，旁觀者祇可指出内外必欲辦之事。

一、内所應行，其難辦，首在無財。然無財非因民間真無財，亦非因理財所得之少。惟行官之下取於民者多，而上輸於國者少。民力亦肯多輸，難在無財。是各項錢糧，均因整頓，即如以鹽課、地丁、税餉之項，各項應派明幹大員，將各處情形細查，從新定日後之辦法。其地丁一項，本係甚輕，無人耕地，自無他糧。既耕地，糧本輕，或可照土産貴賤，分别征多征少，浮耗當去，而正供自增。其鹽課一項，無私鹽之處甚少，而辦鹽之員，未嘗無財。其税餉一層，沿海各口、内地各關，均有飽私囊而漏公項之弊。以上三項，若認真整頓，日後所得之銀可敷國家之用。錢糧之外，應派大員查察，如舊例之應變通删改者，不致於日後應辦之事有窒礙，財既得而例無礙。文武各事不難更正。文之要，惟各官俸禄。各等官員應予以足敷用度定數，不致再外設法得錢。升官加俸，查明署内應用人若干，並開銷經費。官署各人雖數不少，向係均得度日之銀。左右之民，均言被勒。其民不服，並非因被勒之多，因無定時、無定數，而係私取。若因國用，度新定民間應納各項銀兩，必無不服。所交之銀，並無格外爲難，反或較少，仍足各官重禄。各署定費，若此意向外任詢問，如何均不願，必答不行。玆法實益國政，豈有外不遵内，而必以内聽外之理？武之要，在兵精不在兵多。兵法、兵數、兵餉，兵有應改。各省若有兵五千人，常留營操練，不准出外謀生，十八省不過九萬之多。此時百萬不得力，而省京都只養一萬之數，此費可於洋税扣滿四成之數支銷。再文武應准本省居官，爲官係明理之人，在本省熟悉風俗語言，署内有舞弊，較外省來人更易查出。其餘一切事宜，日後可設法隨時整頓，必致國安民富。

一、凡有外國可教之善法，應學應辦，即如鑄銀鑄錢以便民用，做輪車以利人行，造轮船以便涉險，置電氣以通信。外國之好法，不止四條，然旁觀勸行之意不在此，係在外國日後必請之事。

一、大皇帝召見各國駐京大臣，若不允見，雖不便遽至失好，恐必籍他端而生事，不如先告以可見。

一、命大臣駐扎外國，於中國有大益處。在京所駐之大臣，若請辦有理之事，中國自應照辦；若請辦無理之事，中國若無大臣駐其本國，難以不照辦。

一、准洋商合華商會製輪車、電機等事。

一、以上所勸行，係將舊例地丁、鹽課、税餉、官俸、兵制整頓外，係召見命使，會製召見無損命使，自護會製民富。

一、内外所勸行者，若去非一日能好，然愈早則愈好。惟應另有數事，立應料理。若不將此數事辦完，想辦餘事，恐晚船将沉，白日不及修矣。

一、潮州進城之事，經五年之久，文書往來，至今領事未曾進城，而事愈久愈難，多年不照條約辦理，均言或以未肯，或以未能之故，玆再不辦，必致生事。

一、係田提督未拏，上次所録上諭，與先數日給駐京大臣閲看之稿，有不同之處，以致幾生釁端。雖奉有諭旨，若知其人仍安居無事，後辦此案，不足行事，至其未完各事，不如早了。

一、未了各事，勸早料理者，非他，倘不早了，必致興動干戈。無不知中外交兵，外有必勝之勢。若敗而始了各事，外必不能以此而罷兵也。外所欲得之事，現已深知，若再戰勝，其事更不可問矣。

一、旁觀所論，並非恐嚇之輕語，而外日後必引各事，並非欲害中國。各國所欲，並無他意，惟願中國能守和睦，如上年照約退兵，各處會同剿賊，可見實心相待之意。中外通商，若以後不再動兵，外亦甚悦。即如求益免損，各顧體面，各國往來，常有因此等事而用兵也。若潮州并田提督二事，實有此情，若仍因循不辦，必致生事，生事則不了矣。

一、潮州進城一節，事關大局，宜派大員往辦，或請旨命廣督前往，或命李宫保前去。至田提督一節，不如由京派大員跟兵役數名，由内江輪船直赴川，查提到案。二事尤宜速辦。數日後，新到英國大臣若知有五年未辦之事，難以再待。將就法國因貴州事未完，必不甘服。一處有事，各處必群起相向，中國有失而無得。

一、所説日後内情，必由外情而變，此意可明奉勸。各事若不試辦，無庸提及。泰西各國，左近日本、暹羅各小國，若要作亂，無可抵擋，若照行，泰西各國，必致忻悦，無事不助，無時不合。蓋萬國來往，向來各國讓各國之事。中國若不讓，各國必不服。若讓而作國，作萬國之友，其地廣大，其民衆多，文義均通，安分務工。止有國政轉移，無難爲萬國之首；若不轉移，數年必爲外洋萬國之役。日後之内情，均由此日之外情而生。此日之外情，在王爺大人之手。諸臣之决斷，萬民之造化也。

—14. 皇朝經世文統編　卷一〇四　洋務二　通論下

葛士達（1835—1893）

字伯材，號子材，江蘇上海縣（今屬上海）人。諸生，官至山西平定州知州。有《從戎日記》《遂志齋集》。

治漳説

漳之病榆也，綿亘邑境，工繁費鉅，事屬非常。非能枝節圖功，非能補苴奏效，非能歲月蕆事，非能赤手經營。地形有高下，水勢有緩急，土性有堅浮。相度未周，不得要領，胸無成竹，無從舉手。有其財而無其人，徒費無成也。水行地上，橫漫無歸，或宜濬渠，或宜分導。民田廬墓，必有移毀；豪右之族，騰謗飛讒。非常之原，黎民熒惑，事未動手，怨尤交至。有其人而任之不堅、信之不固，與夫不獲於上，不孚於民，徒勞亦無成也。且事體重大，必由積累。成功非可程限計度，使必專藉官力而民不助勞，專恃公帑而民不輸資。拘牽文法，必無實濟。蓋專藉官力公帑，將必設局委員，驗估監視，吏胥雜沓夫馬酬應，既多無益之供需，其中賢不肖難齊，浮冒侵欺在所不免，而意見不能盡符，動作每多掣肘。矧事既經官，不得不尅期了事，斷難籌度盡善，徒勞亦終無成也。今夫治病必求其致病之由與受病之源，而先治其本根，其餘枝葉自可不勞而理。

予嘗細度榆境全漳之勢，北由遼和諸山自高而下，勢若建瓴，其性湍急，固人所共知。而獨至社城以南，一入平地，不迅流而疾去，怒濤澎湃，回還衝擊，若有物以激之鼓之，以爲害于吾榆。且漳水之所經不獨榆，若黎、若潞、若襄垣諸邑未嘗受病，而獨病榆，或有神其説者，謂中有物爲祟，或謂是榆民之劫。此皆非探源之論也。夫水之性無不就下，其不即下而衝擊爲病者，必其來去不能自如以致此耳。予細測榆境南北之地形，西北之地高，而東南自魏城以往東方山等處，以達關壑一帶，地形亦高，前後高而中央獨下，形若釜底。此其所以受病之源也。來路既高，其勢湍猛，固莫可遏。去路不暢，必致回還鼓舞于平壤之間而衝擊爲病。譬之人也伏而牛飲，一吸千鍾而便溺不利，無由消導，其能不作惡於胸胃臟腑之間耶？故議治漳必先疏濬魏城以南之道，使去路深暢，不阻其流，而全漳之害，已去其過半。然地方之有水，資之以利人利物者，無盡而治之，竟如盜賊驅之出門、逐之出境，僅曰使無害於我而已，水利之謂何？且漳水之來源既處極高，無有以殺其勢、平其怒，直下迸注，平壤之受害猶不能免。鄙意宜就社城以南，度其地形之高下，順其水勢之曲折，析之爲二爲三，以紓其湍急之勢。水勢既緩，再于河之兩旁多開小渠，縱橫互注，仿古井田之法而變通之，以收灌溉之利。更擇窪下之處開鑿池塘，隨地潴蓄，以備水旱不時之需。

予訪之土人云："距城南北較平之處，其下往往有泉眼，掘深五六尺，輒可及泉。"使果浚鑿深廣，將來菱藕魚蝦之利潤及一方，水利正非一端也。然斷非日月所能成功，亦非一人手足之力；事鉅費浩，相度經營，誠非易易。必須洞悉形勢，握其要領，勿辭勞瘁，勿避怨嫌，勿問終始，尤必官民相孚，統籌合作，乃可有成。使非然者，徒勞徒費，終無濟也。方今上下空如，奇災而後，户口凋零，地畝荒蕪，無力開墾，奚暇籌議及此？予爲此説，亦僅空言無補。然水利爲地方有司之責，不能以一時力難舉行，而遂漠不留意。積數月之苦思，誌愚人之一得，後之覽者，尚弗河漢斯言而迂闊視之也。

—5. 皇朝經世文續編　卷九八　工政一一　各省水利上

汪朝棨（1835—?）

字鶴笙，江蘇長洲（今屬蘇州）人。咸豐六年（1856）進士，官江西道御史。

請禁止奪情疏

竊維人臣致身之義，與孝子愛親之忱，二者相因，所以陳情乞養者寬其歲時，守制終喪者著爲令典。自軍興以來，需才孔亟，帶兵大員暨各督撫或以全局所關，資其鎮撫，或以重城新復，賴其維持。我皇上顧念疆圻，往往特旨奪情，是爲變通權宜之計，誠非得已。至於道府州縣各官及隨營人員關係較輕、才具優長者亦正不乏人，豈得貪驢虞之小補，毁名教之大防？乃近來外省道府州縣各官及隨營人員一經聞訃，百計營求爲奪情之舉，各督撫輒爲具疏代懇。隨營人員，則以防剿喫緊爲詞，守土人員則以紳民爰戴爲詞，於是奏留之後薦牘屢登，州縣等官有不數年而保至監司大員者，是以哀痛之身爲梯榮之徑，不知古人墨絰從戎出自君民之挽留，並非出自私意之營謀也。此等天性涼薄之人而欲望其移孝作忠，其可得乎？相應請旨飭下各督撫，除軍務省分帶兵人員防剿喫緊，未便遽易生手，准其奏請奪情，仍俟軍務告竣再行回籍守制外，其餘隨營糧臺、文案各員及並非軍務之省分道府以下各官，一概不准代懇奪情。如有聞訃之後營求奏留，遲延不即回籍守制者，即著據實奏參，治以不孝之罪，以爲有參倫理者戒。

—18. 皇朝道咸同光奏議　卷四六　禮政類　喪禮

張汝梅（1836—1902）

字翰仙，河南密縣（今河南新密市）人。舉人，歷官山西按察使、陝西布政使、山東巡撫。

陝省設局試辦水利疏

竊臣到陝以來，體察地方情形，知講求水利實爲目前要務。查陝省居天下上游，諸水經流，衝瀜浩衍，爲利甚溥。秦漢以還，關中水利以鄭國渠爲最著，即今之龍洞渠也。餘凡濱臨河、漢、涇、渭及所匯交流各處，可以通舟楫、資灌溉者不一而足。顧水性靡常，其爲利爲害，大率因人事爲轉移。從前各屬河渠以時疏濬，所以利賴攸遠。今則半就湮廢，食利無多，甚至壅遏遷徙，泛濫沖激。如咸寧縣之灞河、華州之太平、羅紋、構峪、石梯、遇仙等河，華陰縣之長潤、敷水、渭河、方山等，本年夏間因雨盛漲，水皆漫溢出槽，決堤潰岸，沖淹田禾。至今華州、咸寧縣在北鄉一帶尚有積水未消、禾麥不能播種之處。此固由於兵祲之後民物凋罷，未能盡力溝渠，亦由牧民者相率因循，不加董勸所致。若再不圖整頓，將來不特水利盡廢，抑且民困日深，急宜選員認真辦理，隨經札行司道會議去後。兹據詳請，擬於省城設立水利局，委派明幹之員提調局務，其局即附設善後局内等情前來。

臣查有候補知府周銘旗在陝有年，凡於民間生計無不講求，而於水利尤所留心，堪以委充提調，並再選員分赴各州縣會同地方官核實辦理，務期盡水之利，除水之患，以裕民生而培邦本。其局用應需、官吏薪水口食等項，再由司道等撙節詳議，另行咨部立案，一面督同司道局員切實講求，俟自成效再當隨時奏報。

—18. 皇朝道咸同光奏議 卷六三 工政類 水利

劉銘傳（1836—1896）

字省三，安徽合肥人。官至臺灣巡撫。謚壯肅。有《大潛山房詩鈔》《劉壯肅公奏議》。

請開鐵路以圖自强疏光緒六年

臣以菲材，渥承恩遇，自解兵柄，養痾田園，每念中外大局，往往中夜起立，眦裂泣下，恨不能竭犬馬以圖報於萬一。近者被命，力疾來京，仰蒙召見，訓誨周詳，莫名欽感。竊念人臣事君之道，知無不言。况事變至迫，利害甚鉅，敢不竭其縷縷，爲我皇太后、皇上敬陳之：

中國自與外國通商以來，門户洞開，藩籬盡撤，自古敵國外患，未有如此之多且强也。彼族遇事風生，欺凌挾制，一國有事，各國圜窺。而俄地横亘東西，北與俄壤界交錯，扼吭拊背，尤爲心腹之憂。我以積弱不振，不能不忍辱含垢，遇事遷就，不惜玉帛以解兵戎。然而和難久恃，財有盡期，守此不變，何以自立？今論者動曰用兵矣。竊謂用兵之道，貴審敵情。俄自歐洲起造鐵路，漸近浩罕，又將由海參崴開鐵路以達琿春，此時之持滿不發者，非畏我兵力，以鐵路未成故也，不出十年，禍將不測。日本一彈丸國耳，其君臣師西洋之長技，恃有鐵路，動逞螳螂之臂，藐視中華，亦遇事與我爲難。臣每私憂竊嘆，以爲失今不圖自强，後雖欲圖，恐無及矣。自强之道，練兵造器，固宜次第舉行。然其機括，則在於急造鐵路。鐵路之利，於漕務、賑務、商務、礦務、釐捐、行旅者，不可殫述。而於用兵一道，尤爲急不可緩之圖。中國幅員遼闊，北邊綿亘萬里，毗連俄界；通商各海口，又與各國共之，畫疆而守，則防不勝防；馳逐往來，則鞭長莫及。惟鐵路一開，則東西南北，呼吸相通，視敵所驅，相機策應，雖萬里之遥，數日可至，雖百萬之衆，一呼而集，無徵調倉皇之過，無轉輸艱阻之虞。且兵合則强，兵分則弱。以中國十八省計之，兵非不多，餉非不足，然各省兵餉，主於各省督撫，此疆彼界，各具一心，遇有兵端，自顧不暇，徵調餉兵，無力承應，雖詔書切責，無濟緩急，蓋一國分爲十八疆界也。若鐵路造成，則聲勢聯絡，血脉貫通，裁兵節餉，併成勁旅，十八省合爲一氣，一兵可抵十數兵之用。將來兵權、將權俱在朝廷，内重外輕，不爲疆臣所牽制矣。

方今國計絀於防邊，民生困於釐卡，各國通商，争奪利權，財賦日竭，後患方殷。如有鐵路，收費足以養兵，則釐卡可以酌裁，並無洋票通行之病。裕國便民之道，無踰於此。且俄人所以挾我，日本所以輕我者，皆以中國守一隅之見，畏難苟安，不能奮興耳。若一下造鐵路之詔，顯露自强之機，則氣勢立振。彼族聞之，必先震驚，不獨俄約易成，即日本窺伺之心，亦可從此潛消。本年李鴻章奏請沿海安設電線，此亦軍務之急需，但電線須與鐵路相輔而行，省費既多，看守亦易。或者以鐵路經費難籌，無力舉辦爲疑。竊謂議集商股，猶恐散漫難成，今欲乘時立辦，莫如議借洋債。洋債以濟國用，斷斷不可，若以之開利源，則款歸有著，洋商樂於稱貸，國家有所取償，息可從輕，期可從緩，且彼國慣修鐵路之匠，亦自願效能於天朝。此誠不可失之機會也。

查中國要道，南路宜開二條，一條由清江經山東，一由漢口經河南，俱達京師。

北路宜由京師東通盛京，西通甘肅，惟工費浩繁，急切未能並舉。擬請先修清江至京一路，與本年議修之電線相表裏。此路經山東、直隸地界最多，或謂於民間墳墓、廬舍有礙，必多阻撓，不知官道寬廣，鐵路所經只占丈餘之地，於墳墓、廬舍當不相妨。即偶有牙錯，亦不難紆折以避。臣昔年剿捻中原，屢經各該省，其地勢民情，固所稔知，非敢爲臆斷也。事關軍國安危大計，如蒙俞允，請旨勅下總理衙門，迅速議復。若輾轉遷延，視爲緩圖，將來俄局定後，築室道謀，誠恐卧薪嘗膽，徒託空言，則永無自强之日矣。

—5. 皇朝經世文續編　卷一〇九　洋務九　軍政中

請開禁出口硫磺片

再臺灣素産樟腦、硫磺兩項，民間私熬私售，每多械争滋事，經内閣學士臣林維源、道員林朝棟等籌商，收歸官辦，以助撫番經費。臣查硫磺一項，歷由已革浙江候補知府、通商委員李彤恩兼辦，飭令該委員商同候補知府丁達意，將樟腦、硫磺籌議辦理章程，以收自然之利。據李彤恩等禀稱：樟腦一項，近來日本出産甚多，香港腦價日落，若歸官辦，每石可獲利二三元。臺産每年可出樟腦萬石，硫磺臺産最佳。經前兩江督臣沈葆楨奏請開禁，采備官用，歷年辦有舊章，每石成本洋一元，官買每石價洋三元，每年出産六七千石，上等硫磺每年衹出口千石，均解歸官用，其次積聚三千餘石，官既不用，商禁未開，不能出口，日久愈積愈多，不獨糜費棄置可惜，且香港年銷硫磺至萬餘石，運至江南天津一帶，薰炙葵扇草帽，蒸炊餑餑，製造爆竹，銷路甚廣，臺灣所産甚佳，民私煮販運，出口不一，而足以自采之磺，禁不出口，既聽日本暢銷，又不能禁止奸民私煮，若設法經理，雖獲利無多，於撫番經費不無小補等情前來。臣查臺灣樟腦、硫磺兩項，民間私煮私售，每多械争滋事。歸官收買出售，發給執照出口，就目前情形而論，每年可獲利三萬餘元。以後若能出産多，銷路暢，經理得人，日漸推廣，以自有之財，供無窮之用，實於國計民生兩有裨益。惟硫磺一項雖沈葆楨奏請開禁，采歸官用，尚未准商運出口，相應請旨一體開禁，以暢銷路而免堆積。

—18. 皇朝道咸同光奏議　卷一二　時務類　礦物

楊昌濬（1826—1897）

字石泉，號鏡涵，别號壺天老人，湖南婁底人。諸生，歷官浙江巡撫、陝甘總督等職。有《平浙經略》《平定關隴紀略》《五好山房詩稿》。

遵旨籌議臺灣改設行省事宜疏

竊照光緒十一年九月初五日，欽奉慈禧端佑康頤昭豫莊誠皇太后懿旨：“醇親王奕譞等遵籌海防善後事宜摺内奏稱：臺灣要區，宜有大員駐扎等語。臺灣爲南洋門户，關係緊要，自應因時變通，以資控制。着福建巡撫改爲臺灣巡撫，常川駐扎福建，巡撫事即着閩浙總督兼管。所有一切改設事宜，該督撫詳細籌議，奏明辦理。欽此。”又於十一年十月十九日奉上諭：“臺灣南北，地輿袤延甚遠，以形勢而論，臺北各海口尤爲緊要。原設臺灣道一員，遠駐臺南，深慮難以兼顧。且巡撫常川駐扎，一切錢穀刑名事宜，必須分員管理。各專責成，應否於臺灣道之外，添設臺北道一員，著楊昌濬、劉銘傳悉心會商，妥議具奏等因。欽此。”欽遵經臣等各將籌度情形，先後覆奏。十一年十二月十二日奉上諭：“楊昌濬奏，添設臺北道，不如添設藩司。係爲因地制宜起見，自可准行。臺灣雖設行省，必須與福建連成一氣，如甘肅、新疆之制，庶可内外相維。著詳細會商，奏明辦理。”復於十二年三月二十四日奉上諭：“劉銘傳奏，澎湖爲閩臺門户，非特設重鎮，不足以資控制。楊昌濬與該撫意見相同，擬將澎湖副將與壇鎮對調，仍歸總督管轄等語。即着楊昌濬、劉銘傳會同籌議具奏。閩臺防務關係緊要，該督等商辦一切，務當和衷共濟，不分畛域，力顧大局。上年諭令該督等會議臺灣改設各事宜，並着一併妥議，毋稍遲延等因。欽此。”此仰見皇太后、皇上垂念海疆，諄諄訓誡之至意，臣等忝膺重寄，目擊時艱，何敢不竭力籌維，和衷商榷，以期事歸盡善，仰紓宸慮？除往返函牘不計外，臣昌濬於二月間渡臺，臣銘傳於四月間復内渡，詳細面商。

查臺灣爲南洋門户，七省藩籬。奉旨改設巡撫，以資控制，而實爲保固海疆遠大之謀。惟沿海數縣之地，其餘番地尚係化外，氣局未成，孤懸海外，與新疆情形不同。閩臺本係一省，今分爲二，尤須唇齒相依，以收指臂之助。誠應遵旨，内外相維，不分畛域，乃可於事有成。兹就省局司道，及署臺灣道陳鳴志、總理糧臺前貴州藩司沈應奎，籌議各條，覆加酌核，謹繕清單，恭呈御覽。

現在整頓海防，百廢待舉，加以改設行省，經費浩繁。如澎湖一島，辦防需銀八十萬兩，業經臣等先後奏請，勅部指撥。此外，辦防製械設電，添官分治，招墾撫番，在在均關緊要。至建立省城衙署、壇廟各項工程，雖不妨稍緩，既已分省，亦不能不次第舉辦。臺地防營，除裁撤外，尚存三十五營，分部沿海二千餘里，勢難再減。臣等悉心籌劃，擬由閩海關本年照舊協銀二十萬兩，經臣銘傳咨請署福州將軍古尼音布，嗣後由厦關徑撥解臺。其閩省各庫局，無論如何爲難，每年按限協銀二十四萬兩，陸續籌解；並請旨飭下粤海、江海、浙海、九江、江漢五關，每年協銀三十六萬兩，共成八十萬兩，以五年爲度。統計閩省及閩海關所協四十四萬，合之臺地歲入百萬兩，專爲防軍月餉之需。其五關每歲各協銀七萬餘兩，尚屬輕而易舉，而臺事稍得藉手，庶不致盡託空言。仍求朝廷寬以時日，容臣銘傳分别緩急輕重，次第舉辦。現已奏明清理田賦，並隨地隨事力求整飭，變私爲公。如三五年後，能照部議，以臺地自有之財，供臺地之用，即當奏請停止協款。一切改設事宜，清單内有未核裁者，容臣等續行奏咨辦理。

—5. 皇朝經世文續編　卷七五　兵政一四　塞防下

籌議臺灣郡縣分别添改裁撤以資治理疏光緒十三年

竊臣等於光緒十二年六月十三日，會奏臺灣改設事宜摺内，聲明彰化等縣地輿太廣，亟須添官分治。奉旨："該部議奏。欽此。"旋經部咨議，令酌度情形，奏明辦理等因。

伏查臺灣疆域南北相距七百餘里，東西近者二百餘里，遠或三四百里，崇山大溪鈎連高下。從前所治不過山前迤南一線，或僅設三縣而有餘。自後榛莽日開，故屢增廳治而猶不足。光緒元年，沈葆楨請設臺北府縣以固北路，又將同知移治卑南以顧後山。全臺官制粗有規模，然彼時局勢未開，擇要修舉非一勞永逸之計也。臣等公同商酌，竊謂建置之法恃險與勢，分治之道貴持其平。臺省治理視内地爲難，而各縣幅員反較多於内地，如彰化、嘉義、鳳山、新竹、淡水等縣，縱横二百餘里、三百里不等，倉卒有事，鞭長莫及。且防務爲治臺要領，轄境太廣則耳目難周，控制太寬則聲氣多阻。至山後、中北兩路延袤三四百里，僅區段所設碉堡，並無專駐治理之員，前寄清虚亦難遥制。現當改設伊始，百廢具興，若不量予變通，何以定責成而垂久遠。臣銘傳於上年九月親赴中路督剿叛番，沿途察看地勢，並據各地方官將境内扼塞道里、田園山溪繪圖貼説，呈送前來。又據撫番清賦各員弁將撫墾地所陸續禀報，謹就山前後通局籌劃，有應添設者、應改設者、應裁撤者。查彰化橋孜圖地方，山環水復，中開平原，氣象宏敞，又當全臺適中之地，擬照前撫臣岑毓英議，就該處建立省城，分彰化東北之境設首府，曰臺灣府，附郭府縣曰臺灣縣。將原有之臺灣府縣改爲臺南府安平縣。嘉義之東、彰化之南，自濁水溪始，石圭溪止，截長補短，方長約百餘里，擬添設一縣，曰雲林縣。新竹苗栗街一帶，扼内山之衝，東連太湖，沿山新墾荒地甚多，擬分新竹西南各境添設一縣，曰苗栗縣，合原有之彰化及埔理社通判，一廳四縣，均隸臺灣府屬，其鹿港同知一缺應即裁撤。淡水之北，東控三貂嶺，番社歧出，距縣太遠。基隆爲臺北第一門户，通商建埠，交涉紛繁，現值開采煤礦，修造鐵路，商民麕集，尤賴撫綏。擬分淡水東北四堡之地，撤歸基隆廳管轄，將原設通判改爲撫民理番同知，以重事權。此前路添改之大略也。

後山形勢北以蘇澳爲總隘，南以卑南爲要區，控扼中權。厥惟水尾其地與擬設之雲林縣東西相直，現開路一百九十餘里，由丹社嶺集集街徑達彰化，將來省城建立，中路前後脉絡呼吸相通，實爲臺東鎖鑰。擬添設直隸州知州一員，曰臺東直隸州。左界宜蘭，右界恒春，計長五百餘里，寬三四十里、十餘里不等，統歸該州管轄，仍隸於臺灣兵備道。其卑南廳舊治，擬請改設直隸州同一員，水尾迤南改爲花蓮港廳，墾熟田約數千畝，其外海口水深數丈，稽查商舶，彈壓民番。擬請添設直隸州判一員，常川駐扎，均隸臺東直隸州屬。此後路添改之大略也。謹按臺灣疆土賦役，日增月廣，與舊時羈縻僑置情形迥不相同，因地制宜，似難再緩。況年來生番歸化，狉獉之性初就範圍，尤須分道拊循，藉收實效，輯遐牖邇，在在需員。臣等身在局中，既不敢遇事紛更，以紊典章之舊；亦不敢因陋就簡，以失富庶之基。損益酌中，期歸妥協。如蒙俞允，臣等擬先委員前往，作爲署任，主辦畫界分治事務，並請飭部分別換鑄關防印信，先行頒發，俾昭信守。俟全局勘定，再將四至圖册及作爲何項缺分，詳細奏咨，請旨定奪。至教職暨沿山沿隘佐雜武弁並屯地等官，應添應改，亦擬於郡縣設定後，分飭各員就近體察，詳請奏咨。其餘未盡事宜，統俟陸續會商，隨時具奏辦理。

—5. 皇朝經世文續編　卷二九　户政六　疆域下

戴　望（1837—1873）

字子高，浙江德清（今屬湖州）人。諸生，後棄舉業，究漢儒説，專心治經。有《顏氏學記》《謫麐堂遺集》。

顧職方郡縣論駁議

予讀顧職方郡縣論曰：知封建之所以變而爲郡縣，則知郡縣之敝而將復變。有聖人出，寓封建之意於郡縣，而天下治，尊令長之秩。予以生財治人之權，罷監司之任，設世官之獎，行辟屬之法。後之君苟欲厚民生，强國勢，則必用吾言。其説曰：改知縣爲五品官，正其名曰縣令。任其職者，必用千里之内習其風土之人。其初曰試令，三年稱職爲真，又三年稱職封父母，又三年稱職璽書勞問，又三年稱職進階益禄。任之終身，其老疾乞休者，舉其子若弟代。不舉子若弟，舉他人者聽。既代去，處其縣爲祭酒，禄之終身。所舉之人，復爲試令，三年稱職爲真，如上法。每三四縣若五六縣爲郡，郡設一太守，太守三年一代。詔遣御史巡方，一年一代。其督撫司道悉罷。令以下設一丞，吏部選授，丞任九年以上得輔令。丞以下，曰簿、曰尉、曰博士、曰驛丞、曰司倉、曰游徼、曰嗇夫之屬。備設之，聽令自擇，報名於吏部。簿以下，得用本邑人爲之。令有得罪於民，小則流，大則殺。其稱職者，既家於縣，則除其本籍。

何謂稱職？曰土地辟，田野治，樹木蕃，溝洫修，城郭固，倉廪實，學校興，盜賊屏，戎器完，人民樂業而已。駮之曰：是不度乎？今古之宜而言之也。周制，封建爵五等，固非就其地之人而封之。天子使監于其國者，固非若丞之得補爲令也。矧井田不可復矣，則封建之意，安得寓於郡縣之中？缺之繁簡不齊，丞以下之備設其人，或可裁，或可增也。賦税之所入不等，則各私其土，子其民，有盡用之而不及今禄之所入，有半用之而已足。至若軍師、城築、貢賦之所需，則謂用不足，以他縣之賦益之，名爲協濟。如是，則邊郡恒不及三江之所入，而將以三江之賦，協濟滇黔塞外之民乎？兵不可寓於農矣，安得不以東餉給西兵，以南糧給北驛，而僅以縣之所餘，定爲解京之額乎？

太守非方伯之據有大國，而可奉令以征討之也。以數百太守之所上，部寺勢不得而盡察之。則雖欲移督撫之權於部寺，而縣令之賄屬，且充塞於部寺之庭。民咨胥怨，抑制於令，而無可如何，而謂竝處之一城之内，親故雖欲撓之而有不可者。如是，則必至臣妾其父兄，奴僇其族黨，而不孝弟睦婣之行，先自爲令者始矣。慮子弟之專，而以太守舉旁縣之兵討之，則令先自合爲昏媾，或盟爲朋黨。不數十年，可兼旁縣爲一，而日尋干戈以相讎也。以不得尺土之太守，亦將脅而從之矣。如懼流與殺而納款于太守。太守皆相容而爲奸，亦未始非唐之節度比也。終身不得遷，而進其階，空名而已。三年一益禄，則以數千之縣令，稱職或十年，或二十年，而國用將無所出，使縣之人民土地，城郭藩垣，倉廪囷窌，世其子孫，一旦有罪流殺，有不擁之以爲叛者乎！如縣令得開礦自私，而礦金不遍於地也。旁縣有不聞而争之者乎？今既自私其縣，而使間歲舉一人試於部。上者爲郎，或補令。次者爲丞。於其近郡用之。又次者歸其本縣署爲簿尉。是使外而臨縣，内而郎官，非其私昵，則其舉薦，外内相緣爲惡，則以古者鄉舉里選之意，盡爲奸令植黨藏身之固而已矣。故井田壞而封建之制不可行，郡縣分而世守之官不可設。大法，非合數聖人之才不能易。大敝，非合數賢人之議不能除。職方之言近乎固，故歷辯之，以曉後世惑其説之可行者。

—6. 皇朝經世文續編　卷二四　吏政七　守令上

汪仲伊握奇圖解序

歙汪子仲伊以所箸《握奇圖解》示予，曰：“子好議論今古，蓋抒子所欲言，張吾之書。”予曰：“唯唯否否。嘗聞之古初矣，天地設而有陰陽。一闔一闢，一消一息，道之經而兵之精與？古之人制陣法，所謂天衡地軸，前後衝者，不以是形與？天不能有陽而無陰，有日而無月，地不能有山而無川，人不能有文而無武，有道而無兵。道若日也，兵若月也。月承日以爲光，兵輔道以爲紀。道無兵，道滅兵，無道兵殘，兵爲衛道設也。堯舜貴讓，未嘗不善陣。湯武好仁，未嘗不用戰。徒揖讓，不知陣。善陣者覆之。徒仁義，不用戰。善戰者搰之。暴秦而降，漢之高帝、光武，明之高皇，兵與道合，不合則賊盜闚人國，夷狄竊王鈇。勝則屠城破邑，殺人億千百萬。敗則掠野，醢人畜以爲食。雖有君子，莫之能禦也。事幸而得集，則號爲君子者，從而登其城，伺其穀，朝跽堯舜之，夕見湯武之矣。

鄉所謂屠城掠野之徒，盈其貫以死從，而揚之曰：“此元功重臣，與伊摯、吕尚論功度德者也。”吾嘗受嬴、劉以往史氏之書，皆以是觀矣。於乎！是其故何也？則由於虚靈沖漠、枯坐屍嘘之徒之張目拱手而謀人家國者，階之厲也。不知道，不通兵，致道離兵，而兵不衛道，賊盜夷狄，遂相帥角，逐反以兵脅道滅道，不大可哀哉。抑人有恒言，皆曰兵農禮樂，不知古者以兵屬之禮，宗伯掌其儀，司馬職其功。戰鬬不可空習，則四時田獵以閑之。子路言可使知方，知其軍陣行列、坐作進退之法也。先王安不忘危，存不忘亡，軍旅之事，寓於俎豆。俎數奇，豆數偶。兵之方員鋭直，所以乘承比應者，胥於是焉在，丹徒莊棫之書，序仲伊之書，其言粹矣美矣。復推道與兵相輔之義，以廣其怡。仲伊其不非我邪？

—6. 皇朝經世文續編　卷八三　兵政九　兵法上

黎庶昌（1837—1897）

字蒓齋，號麓農山人，貴州遵義人。廪貢生，曾任駐日本國大臣，官至四川川東道員。有《拙尊園叢稿》。

周以來十一書應立學議

昔周衰，孔子自衛反魯，憂道不行，退而贊《易》，叙《書》，删《詩》，定《禮》《樂》，修《春秋》，垂范百王，是爲六經，尊盛與道無極。《樂經》遭秦而闕，僅存其五。然而孔子没，門弟子各闡師説：曾子述《孝經》，游、夏之徒撰《論語》，左丘明、公羊、穀梁傳《春秋》。至戰國而有《孟子》。《爾雅》《禮記》，浸尤晚出。自是而七經、九經、十一經之名以立。及至孟蜀刻石成都，十三經遂著爲令。其於孔子所删定，固已增益其七八矣。唐雖以經升《老子》，而不久即廢。南宋時，朱子作集注，始於《戴記》中摘出《大學》《中庸》，以配《論語》《孟子》，題曰“四書”，詔學者讀書當自四書始。淳熙以降，翕然宗之。元皇慶中，定制以四書試士。明代樂其易簡，因仍不革。學使者校藝，專以《論》《孟》《學》《庸》發題，先四書而後五經，廢注疏而遵朱説，道術因之一變。

我聖祖仁皇帝、高宗純皇帝深維其弊，力矯末流，詔撰七經傳説、匯纂、義疏等，頒諸學官，示天下以實事求是之旨。包舉漢宋，不名一家。康熙、乾隆以還，巨儒雲興，經學由是盛絶。然所廢舉，亦祇系傳注之間，非於經外别立一書，以崇配者也。嘗謹按國家自府廳州縣、學政校士，以及鄉會試，雖以四子五經垂教，舍是莫由進身，而私家誦讀，往往溢出令甲，頗有視爲不刊之典者。

當周末時，莊子著書多寓言，然其指事類情，於諸子中最爲瑰放特出。陸德明《釋文》，已列爲經，而作之音義。淮南王安稱國風好色而不淫，小雅怨誹而不亂，《離騷》兼之。王逸注《楚辭》，尊《離騷》曰經，朱子從而不廢。後世騷學、選學，相因爲用。欲袪文章流别之僞，《文選》其最要矣。司馬遷《史記》，究天人之際，通古今之變，其閎識孤懷，蓋未易幾也。班孟堅紀述漢事，斷代爲書，文字之淵源，經書之大法，粲然畢備。許叔重《説文解字》，博奥精嚴，六藝遺文，賴以不墜，實軼《爾雅》一經之上，本朝蔚成絶學。《儀禮》十七篇，《士禮》雖存，頗闕王朝邦國舊典。欲觀後世帝王因襲之迹，惟杜氏《通典》、馬氏《通考》，博要能通。《通鑒》上續《左氏》，事始三家分晋，體大而思精，言馴而不雜，則亦優視聖作矣。杜子美冠絶古今詩人，韓愈文章粹然一出於正，其道自比孟子。使孔門用詩文，二子者入室矣。校此數家之言，兼包大小，豈非文武道不墜地在人，卓然俟聖不惑者哉。故其書之傳遠者，一二千歲，少亦七八百年，非有名爵利禄之資，然而歷世相承，誦習不絶，精深博篤，取用宏多，有以協人心衆好之同，如饑渴飲食不可一日離也，其視爲經固已久矣。

往者嘗與曾文正公討論群籍，公獨以謂子若莊子，詞若《離騷》，集若《文選》，史若兩司馬氏、班氏，小學若許氏，典章若杜氏、馬氏，詩文若子美杜氏、昌黎韓氏，所謂曠代命世大才也。躋其書以配經典，誰曰不宜？今以功令之所頒若彼，學士大夫之所誦習若此。《記》曰：人其國，其教可知也。又曰：民之所好好之。竊謂《莊子》以下十一書，宜因私家肄習，特爲崇異，立入學官，使列十三經後，以《莊子》次

《孟子》，《楚辭》《文選》、杜詩、韓文次《毛詩》，《史記》《漢書》次《尚書》，《通鑒》次《左氏》，《通典》《文獻通考》次《三禮》，《説文》次《爾雅》。各降一等，命曰亞經。俾天下人士，益隆所習，咸馳騖乎通儒。於以廣學甄微，翼贊聖業，非復謏聞曲學之私，將樂與海内知言君子，一平其議也。

—6. 皇朝經世文續編　卷六　學術六　文學

應詔陳言疏同治元年

臣愚伏讀七月二十八日《星變詔書》，勤求中外直言，特開忌諱，冀聆幽隱遺闕，仰見皇上寅畏天命、勵精圖治之至意。臣竊幸詔書一下，必有直臣烈士，披瀝肝膽，昌言讜論，侃侃諤諤，以聳動天聽，指陳利害，爲一代除積弊，爲萬世開太平，爲國家固本根，爲生人振節氣。上以回天變，下以盡人事。乃涉月逾旬，而王公宰相無有言者，督撫大吏無有言者，甚而至於臺諫諸臣亦無有言者！臣愚區區之心，不勝憤悶。謹應詔昧萬死，爲陛下一言：

臣聞天道福善而禍淫，氣和則致祥，氣乖則致異。祥多者則其國安，異多者則其國危。此天地之常經，古今之通義也。故聖人因天道以警人事。春秋二百四十二年間，日食星隕、山崩川竭、螟蜮旱潦、雨雪冥晦之屬，無一不備書，以明天道之至嚴而可畏，不可以纖小忽也。周之衰，聖王不作。陵夷至於秦漢以還，禍變日甚，灾異尤多。然其大者，爲危亡傾覆之徵，小者亦政治舛失之驗，歷史所記，殷鑒昭然，不可誣也。

自陛下即位以來，纔期年耳。上年冬地震金州，雨雪不作。今年正月日三暈，二月星變。春夏之際，陰霾晝晦者數，大風揚沙塞河，河北旱蝗間起，陝甘大水漂没總督，秋京師等處大疫，死者相望，廣東颶風震括千餘里，人民傷亡萬計。七月星隕，彗星又見於西北。此皆異常之變，稠見疊集於一年之内，以警戒於陛下，非小小灾異之事，可謂寒心者也。陛下知天命之可畏，深宫修省乾惕，以弭其變。故詔下數日，而星象滅亡。雖太戊之化祥桑，成湯之禱旱雨，無以加兹。以此見天人之際，感應至捷，又不可誣也。然則革今日之積弊，行先王之德政，而休祥有不立至，變異猶有復作者哉。

臣願陛下察臣愚而寬臣罪。陛下深處法宫之中，尊居九重之上，庶僚莫能睹其面，豪俊莫能進其忠，雖殫精極思竭蹶以圖天下之治，而本末輕重，利害得失，既未能周歷而洞悉，又未能合天下之才智，熟思審處，以求萬世之安。徒委之諸王大臣。諸王大臣不盡深識遠覽，敢於任天下之重，逡巡塞責而已。夫天下大位也，治天下公事也。陛下居天下之大位，辦天下之公事，將欲撥亂反正，不進天下之英賢傑士，而與謀根本不拔之基，創生民未有之業，徒以引繩削墨，拘文牽義，坐致乂安。此亦却行而求前者之計也。

臣觀今日大勢，猶人病腫，四肢不能運動，日朘月削。竊恐痿憊不起之證，深入於膏肓，一旦元氣厥絶，而國有不濟之患矣。賢才者所以固國家之元氣者也。人無元氣則亡，國無元氣則滅。乃者陛下亦嘗汲汲以求賢爲事矣，然而一歲之中，奇材異能之特進誰者也？鴻識博學之顧問者誰也？山林隱逸之辟召者誰也？末僚下位之汲引者誰也？公卿大臣之薦剡者又誰也？陛下有求賢之意，而諸臣無求賢之心。即有求賢之心，而陛下又不示以求之之格，於是天下之賢才銷亡淪滅於草莽之中，而卒無以自見過者。或至目天下爲無才，豈不謬哉。今之言求賢者，動曰循例。夫循例則人人皆賢，而無所謂不賢者矣。循例則人人皆可自進，而無待於陛下之求之矣。

賢才者將以備非常之用，愈求愈出，而不可以例限者也。設例以待豪傑之士，彼既不肯俯就，而忠臣智士又厄於例而不得伸其才。充例者類多庸陋闒冗，不足與計議天下大事。三者皆例爲之害。陛下因循而不變，無惑乎糾紛舛謬，王政不綱，百度訌潰，至於此極也。陛下誠能掃除一切文法，倣漢代求賢之意，參之以司馬光十科之議，責諸臣以求賢，咸訪以才之所宜，書而進之，不時拔用。賢多者受上賞，壅蔽者蒙大戮。不必限軍功之一途，不得置幽隱而不舉。陛下博以諮之，寬以收之，量以用之。行之數年間，臣見中國元氣振而痿憊之證可以起矣。

今日人心之所以敝壞，國家之所以孱懦不起者，由朝廷無以策厲而倡導之也。陛下即位之初，新政屢出，人人翹首引領，以謂中興旦夕可致。及行之數月，而氣亦漸餒矣。孔子曰："欲速則不達。"孟子曰："進鋭者退速。"《中庸》惟稱"至誠爲無息"，三者之間是不可以不深察也。陛下之氣正則天下之氣正矣，陛下之氣衰則天下之氣衰矣。陛下上承先帝付託之重，下繫四海元氣之望，蚤暮求治以冀中興，而以文墨取人，以律例舉事，是猶繩騏驥之足而欲爲千里之行也。

今日之弊，其亦可謂多術矣。言守法則胥吏弄法，言課官則百司曠官。宰相公卿，不擇賢愚，但依銓次以充數。督撫大吏不問能否，但由資格以遞升。滿漢分以設官，則非官不必備之義；守令輕於遷調，則爲擾亂生民之端。民隱不得上聞，恩澤不得不下究。疏通正途而官方仍窒，求進直言而極諫未聞。言財則財日窮，言兵則兵日玩，言教化則教化不行，言風俗則風俗不厚。凡此皆亟宜更張之弊，而陛下今日之所未行者也。

臣請爲陛下切指之。胥吏弄法，此不持大綱之過；百司曠官，此不責實效之過；授官論銓次，進人以資格，此惰於量才之過；民隱不上聞，恩澤不下究，此粉飾太平之過；官分滿漢，此畛域太明之過；輕用守令，此忽於民瘼之過；官方不澄，此不愛名器之過；直言不盡，此惡聞咎失之過；財日窮，兵日玩，教化不行，風俗不厚，此安於積習不思變通之過。陛下爲天下父母，爲中興令辟，尚不能掃群弊而空之，更誰望哉？是以朝廷之上，因循沿襲，翕翕訿訿，不特大疑大難，相顧眄眙而不肯任，即小小勞怨，亦且退避不遑。遇艱難輒曰無法，效軟媚稱爲合時。以盡忠孝者爲大愚，以講利弊者爲多事。無正色率下之義，無盡忠納誨之心，無推賢讓能之美，無以死勤事之節。素餐竊位，廉恥道消。此乾綱之所以岌岌欲墜，而陛下中興之治徒遷延歲月，鋪張具文，而無收實效也。

陛下即位之初，亦嘗憤中外之緘默，而大計之無聞矣。故聲靈一布，遐邇震動。蔣琦齡进中興之策，王柏心陳經綸之篇，海內嚮風，正氣申雪，不可謂天下之無才矣。乃前者御史曹登庸以多言黜官，職員龐鶴年遞呈封事，不聞奬進以作敢言之氣，培忠孝之原，而反以越職編管，是後言者寂寥。此可見天下有以測陛下之意向，而緘口卷舌以退矣。天下莫不願陛下之稍假顏色，而欲爲效忠瀝悃以待用也，慮陛下之不由斯道也。不由斯道，則壅蔽之患起矣。前者雖數下直言之詔，然其大要不過内責之諫官，外責之督撫而已。而於士民陳獻之路仍未開，百司職事之禁仍未弛，國家之大計仍未去其忌諱也。多忌諱，則采納皆虚矣；禁陳獻，則聽受不宏矣。陛下何不大開天下之忌諱，使人人得自盡其愚，則諫諍之氣伸，而萬世之議出矣。天地剛毅正大之氣，凝聚於中國。中國人士必有當之者，不應至今日而不發洩。然竊觀今日之士氣，隳靡散漫而不振，何也？臣又有以知取之不以道也。古者鄉舉里選，猶以考行爲難。後世變科舉以取人，一切已非先王之舊。然猶諮以時務，兼舉實行，而又廣科目以待之，尚可得才於十二三。今盡困天下之聰明才力於場屋中。而場屋之士又盡一生之精力，不爲效命宣勞之用，徒困之於八比、小楷、試帖至無足用之物。天下貿貿莫聞大道，而其試之也，又第取之於字句點畫間，其亦可謂靡靡之術矣。使天地剛毅正大之氣，消磨沮喪而無一復存。教不遵孔孟程朱而遵王安石，士不講修齊誠正、詩書、禮樂，而講小楷、時文，世不尚禮義廉恥，而尚鑽營奔競。朝廷以此望士，士以此報效朝廷。以故人心日壞，人才日凡，風俗日下，皇路荆榛，聖道息滅，悠悠長夜，良可痛也。

臣愚以謂程文之士，資格之官，殊不足以當度外非常之用。而又竊惜陛下抱用賢之美意，樂於求才而疏於識才，急於取才而略於培才，獨不罷去一切八比、小楷、試帖之弊，兼舉德行才能、文學，與夫孝弟、力田、茂才異等、博學宏詞、直言極諫之屬，以復前代取士之良法也。陛下之喜怒，天下之真喜怒也。喜則必賞，怒則必罰，天下謂之真賞罰。往者肅順、端華等之大逆，爲天下所切齒痛恨，陛下奮雷霆之威以誅之，天下莫不服陛下之至神。近者何桂清以誤國罪魁，江表人民莫不思食其肉，陛下徇私情而不誅，天下於是惜陛下之不斷。夫賞罰者，天子之所與天下共，不得而私者也。賞罰乖於上，群情解於下。陛下方奉天行討，將帥如林，海内豪杰，喁喁内嚮，冀成雲合響應之勢。而賞罰一乖，坐失衆望，此不可解之事矣。陛下之賞罰壞，則天下之賞罰無一不壞，舉可惜矣。名器者賞罰之大端，用人之先路也。今開捐籌餉，借名器以濟天下之窮，宜可以裕度支矣。而臣見近年以來，捐例日以繁，捐價日以減，報捐者日以多。四方之告匱者復日甚一日，得不償失，有明徵矣。

陛下承祖宗極盛之後，奈何以黜陟大柄，反覆於部議，假手於吏胥，受賣官鬻爵之名，爲直尺枉尋之計。奔競海内，流毒朝廷，百姓得以罹其殃，陛下莫能禁其弊。此亦非當世之利矣。無論非常偉出之才，不肯由此途，國家用人之法，不必以此重，而堂堂中國三綱五常之所繫，政教典禮之所出，戎夷蠻狄之所瞻仰，自令官方混濁，善惡不分，奸宄同原，貪婪雜出，亦斷非聖朝之所宜矣。鄙夫孺子今日入兑，明日升庸，而與公卿相揖讓。商賈皁隸今日舍業，明日居官，儼然操國家之大權，君臣上下惟見以利相接。臣憂其國之危矣！傳曰：“禮義廉恥，國之四維。四維不張，國乃滅亡。”今日之勢，何以異此！

故臣竊謂目前之積弊，未有如開捐之糜爛者。士不必讀書而躋大位，民不必耕種而服美官。天下之人，見其取之至速且易，於是苟有蓄積者，輒思出此苟且至便之計。群趨衆騖，如蠅蚋之集朽腐。溺而不返，不特無以抑生人僥倖之氣，養國家廉讓之風，而反令天下之人，以爲民爲恥，其患非淺鮮矣。陛下建中興之治，十已四五，而此端不塞，臣實病之。名器之壞，如此因之，有冗官之害。内而王公、宰相以下，名以數千計也；外而督撫、將軍、提鎮以下，名以萬餘計也。此猶正額也，而每歲科目之所得，開捐保舉之所進，幾十倍之。綜計天下之官，當不下十萬人。而僕役、書胥幾數十倍者，尚不在此數。夫開捐則濫，濫則易，易則視官爲私物，幾成子孫世襲之珍，而富家便利矣；官冗則滯，滯則貧，貧則無所不爲而寡廉鮮恥矣。二者交爲國之大害也。國家有此數十萬之游民，既不能自食其力，必坐安袖手以待元元之養。而百姓方流離瑣尾，無一日之安，無一省之靖。男不得耕，女不得織。加以軍輸追迫，有司侵漁未有窮極，尚冀其能安貧忍死，而無橫潰決出之虞哉！臣恐河北之響馬，江淮之長髮，皖豫之逆捻，川黔之苗教，滇秦之回紇，從此不可復制。此消彼長，迭爲宗社憂，而亡敗之轍見矣。

故臣竊計今天下危道有十二：而内外賊寇不與開捐取利，上下交征，一危也；冗官蕪雜，貽害百姓，二危也；捐釐抽税，刻剥無已，三危也；律例牽掣，百度不張，四危也；空言粉飾，務爲太平，五危也；言路不宏，見聞多隘，六危也；士無實行，正氣不伸，七危也；禮義廉恥，上無倡率，八危也；官人不擇，援例是銓，九危也；守令無權，濫授輕調，十危也；兵制破壞，散漫不修，十一危也；財源閉竭，不思變通，十二危也。不特如此，京師亦有十危焉：無勁兵，一也；無一月之儲蓄，二也；多游民，三也；盗賊公行，不用重典，四也；旗人坐食，毫無生計，五也；商民把持物價，昂賤不常，六也；律例屢更，法令不一，七也；户口繁衆，無所統紀，八也；官禄不給，無以養廉，九也；閑暇時日，不策備防，十也。凡此危道不除，而欲坐治天下，豈不難哉乃者！

陛下亦嘗除弊矣，然除之不盡，不如勿除，爲其除與不除等也；亦嘗興利矣，然興之不力，不如勿興，爲其興與不興等也。夫治國猶張絃作室也，絃敝不取而更張之，絃不可調也；室圮不從而改造之，室不可居也。非更張而遂謂前人製絃之不善，改造而遂謂前人作室之不堅也。今天下大局，敗壞若此，陛下第用守而不用創。不知法敝不變，則不可守；事繁不省，則不可守；人才不更，則不可守；積弊不除，則不可守；律例不寬，則不可守。臣愚以爲，今日之事當以創爲守，而後天下乃大可爲也。陛下何不鑒前代治亂之故，考今日得失之由，重守令之權，講取士之法，寬用賢之格，宏聽言之路，除冗官之害，罷開捐之途，去滿漢之名，破律例之習，行鈔幣之法，救兵制之壞，延進天下賢才，開誠布公，與之籌根本不拔之基，創生民未有之業。庶足以恢宏國脉，而光先帝之舊德也。陛下以沖齡踐阼，孜孜求治，志在中興，而又有兩宫皇太后親裁大政，和衷集事，用以宏濟于艱難，誠百代之昌期矣。故臣敢昧死上書言事，粗陳大略，而亦不知其言觸犯忌諱也。

昔宋當南渡之後，君臣上下安於一隅，惡聞恢復之説，陳亮以一書生，猶數上書陳當世利害，欲以感動孝宗。況陛下大一統之君，同符聖祖，虚己求言，樂於聽受。顧可詔下月餘，而無一人竭忠盡愚，以塞陛下之清問哉。陛下不以臣妄愚不肖，賜之優容，使臣得竟其説，條悉數事以聞，此尤區區犬馬之誠，不勝大願，干犯天威，罪當萬死，臣謹言。

同治初元，詔求直言。一時中外臣工，咸具條奏，敷陳嘉納，繁不勝收。至士人伏闕上書者，亦復更端繼進，草野愚戇，不諳體制，多被譴放。惟此疏獨蒙優旨，渥膺榮遇，疏詞一出，傳誦都下。所言詳而能要，切中時弊，其感動天聽。長承特達之知，非偶然也。尚有覆陳條目一疏，引申格令，尤爲賅備，以未見施行，故不録。

—6. 皇朝經世文續編　卷一三　治體六　治法中

張之洞（1837—1909）

字孝達，號香濤，直隸南皮（今河北南皮縣）人。同治二年（1863）進士，授編修，官至體仁閣大學士。謚文襄。有《張文襄公全集》。

裁減公費禁止水禮各緣由疏光緒八年

竊查外省臬司道府直隸州等官辦公，每患不足廉俸，扣減益形支絀，不得不仰給屬吏。其歲時餽送，向有三節兩壽季規，到任禮、程儀諸目，各省皆同，山西亦然。大吏之講求吏治者，知其足以累州縣，而又無以處司道府州，於是乎別籌閑款，明定公費，使上無匱乏，下無挾制，故近年各省遵旨議定公費之案，屢見奏章，然其款必有所出，如三江、閩、蜀諸省，或取之釐羨，或取之漕折，或取之鹽平，倘別無可籌，亦必量加裁減，然後著爲定數，凡以意在恤下而已。自光緒六年，王定安任冀寧道時，懲於晉省官吏之貧窘，舊日規禮不能克期如數，因慫恿葆亨巧立裁汰陋規之空名，改立公費，以便其私。舊日止送水禮者，一律改爲實銀，並妄稱裁去一二三成，朦混飾奏，州縣由此重困，人人嗟怨，物議沸騰。

臣抵晉後，案考其實，則皆明減暗增，甚至自無而有，自少而多，原奏所謂核減三成者，僅止兩縣，其餘僅減一成、半成，而合以加平加色，較舊數實爲過之。且向來致送規禮，每年五六次之中，必短欠一二三次不等。至水禮一項，厚薄有間，辭受無恒，即使收納，不過數色。今則化私爲官，轉絀爲贏，公然委員專提公費於領款坐扣，以致歸綏道屬，向無節壽陋規者，藉口新章，一律添收，横徵巧取，敗壞官常，莫此爲甚矣。

臣除晉省苛政，首將原議臣衙門公費一萬九千五百五十兩，供支桌飯六千四百兩，暨此外一應查庫門包等陋規，全行裁禁。旋將通省公費，就光緒六年原定數目，體察情形分別裁汰，臬道府州所收公費，除河東道全裁外，其餘酌量核減，其著名瘠苦，原有解送公費者，如永和、蒲縣、大寧、平魯、吉州、汾西、和順、榆社、寧鄉、寧武、偏關、沁源、屯留、沁水、静樂、五寨、天鎮、五台、右玉、定襄、左雲、霍邱、廣靈、苛嵐、嵐縣等二十五州縣，全行裁免。著名瘠苦原無解送公費者，如石樓、應州、山陰、垣曲、平陸等五州縣，申明永禁。口外各屬新增解送公費者，如歸化城、綏遠城、薩拉齊、清水河、托克托城和林格爾等六廳，仍行裁革。其餘舊有解送公費，尚非瘠區者六十四廳州縣，概行減半，各屬中如鴈平道暨朔、寧、平、汾、澤五府，遼、沁、隰三直隸州，或地居瘠苦，或删減較多，不能不量予補苴，即於臣衙門所裁各費之内，酌提津貼。綜計裁減之數，除津貼各屬外，爲兩司各道歲省銀六千二百一十一兩，爲各府直隸州同知通判歲省銀一萬四千五百六十九兩，爲州縣歲省銀五萬八千一百三十七兩，通計爲合省屬官歲省銀七萬八千九百一十六兩。晉省餽送上司水禮之風，亦爲巨害，實與節壽無異，送時開票，持票，折錢優缺，每年五六次，統計所值，撫藩兩衙門豐者二三千金，約者一二千金以下，衙門遞減有差，廉者不收，收者率留其半，一年所費亦復不貲。今一併嚴申厲禁，刊印章程。以本年四月爲始，通飭遵行。臣平心審核，此次所定，固一本於損上益下之義，然實亦足敷辦公，絶無强人以所難之事。此後倘有於裁減之外，横索巧取者，當即劾治其罪。

—5. 皇朝經世文續編　卷二五　户政二　理財中

修治直晋路工完竣疏光緒十年

竊惟平治道路、通商惠工，經傳昭垂，以爲利民富國之要政。前於光緒七年七月經前撫臣衛榮光奏明，興修四天門工程，自晋省榆次縣什貼鎮起，至直隸獲鹿縣土門口止，由晋獨力認辦。即令湘毅軍與撫標練軍兩營分段認修，派委修補道員專案造銷，奉旨允准在案。臣到任後，節次加派總兵何鳴高、副將呼延霖、參將申萬禄、副將吴元愷、都司吴良儒督率諸合，添雇夫匠，分段修治，常川駐工。並飭新授蒲州府知府、前署平定州知州沈晋祥會同履勘籌度，因地立法，稽核軍匠。查此項路工跨直晋兩省之境，東起土門，西訖什貼，首尾綿亘三百八十餘里，以中間有山嶺，四處最爲險峻，故以四天門爲統名以括之。其實除四天門之外，巉巖峻坂，隤岸長灘，遍地皆是，連屬不絶，無處無險，無村無工。而河灘難越，岸曲易刷，其爲害與費工，較之山嶺爲尤甚。其險要工段之在直境者，曰土門口，曰東天門，曰白王莊，曰微水鎮，曰井陘縣南關，曰三里橋，曰長岡，曰横口窑嶺，曰板橋，曰龍窩寺。其險要工段之在晋省者，曰北天門，曰甘桃驛，曰固關，曰槐樹鋪，曰柏木井，曰西天門，曰青玉峽，曰翠蛟潭，曰橋頭，曰西郊，曰南天門，曰義井，曰平潭，曰石壩嘴，曰墩台山，曰測石驛，曰張浄村，曰芥泉驛，曰紅泥坡，曰要羅山。以上各工，除修築道路，填平坑坎，均係土工，尚易修治外，其難者大率土石相間，或專用石土，或鑲以石砌，或護以攔馬。山峻者斬巖剗壁以益其寬，岸狹者培土累石以增其厚，道旁開渠以泄横流，隨處作橋以通車馬。而用力最爲艱苦者，則爲井陘南關、東天門、青玉峽、測石驛四處。井陘南關石橋斷壞以來，涉水四次方達官道。今自南關外至東坡底止，創築石堤六段，計長五里有奇，屹若長城，永免厲揭之苦。東天門既將舊路石工重修完整，因地勢過於斗峻，行旅畏阻，另於東南山麓創開新道七里有餘，高下聽民所由。青玉峽一段兩山夾峙，以河爲道，山雨暴漲，漂没人畜，無所逃避。現於兩岸砌石成磡，中實碎石沙泥，融以油灰鈎攗牢固。義井至測石驛一段灘路纡迴，涉水者十二處，夏秋亦苦山水之患。今於平潭、石壩嘴、墩台山三處創築石堤二里，内則因山開道，外則築壩護堤，堤内樹桑，堤外樹柳，可以方軌行車。所有各工，於去年三、九、十一等月，本年三、四等月陸續呈報完竣。經臣飭委署平定州知州蔣拱辰逐段勘驗，據稟工程堅實，均能合法，可期經久等情。

又省南驛路中至霍山最險者爲韓侯嶺，該處爲七省通衢，千年巨險，北道既通，南路宜理。臣復檄委署霍州知州方龍光、榮河縣知縣王希濂、副將胡有才於上年九月勘估興工，自靈石縣坡底起，歷竹杆坡、山神廟、韓侯嶺、郭家溝、天險橋、仁義鎮、逍遥嶺、老張灣溝、窊窑以至霍州北關止，計程九十里，分爲十一段。其間石岡、土坡，間以河灘，處處施工，兼用土石，高者鑿之使平，陷者填之使實。其鑲石砌開水道護攔墻，一如四天門之法。現已據稟委勘，一律修治完善。此外潞安府西至洪洞縣曲亭鎮一路，計程三百五十里，東北自府城至黎城縣東陽關，計程一百四十里，平遥縣東關至沁源縣赤石橋一路，計程八十里，偏關縣至朔州秤溝一路，計程一百二十里，均係商旅必經，素不通車之路，節經分別批飭各路地方官相地鳩工，一律開通車路，於光緒八年、九年、十年先後具報工竣前來。

臣查晋地環山而處，道阻民勞，四天門、韓侯嶺之險聞於天下。今已一律坦蕩，冠蓋往來，任載絡繹，車駝無傾躓之虞，人畜免漂溺之患。從此商悦工來，百貨蕃息，晋民生計當必有所裨益。各軍工役辛苦兩年有餘，寒暑不輟，夏則雨旱，冬則斲冰，於行旅、居民秋毫無擾。各該員弁於兩省連界奏辦要工，兩年來，督率經管，始終勤奮，不無微勞。且考嘉慶年紳民捐修路工碑碣，計東天門一段即費數十萬兩，今該員等於兩省界連要工，躬率軍士，搭用工匠，所費不過三萬數千金，於經費尤能核實節省。除將四天門、韓侯嶺，其次出力各員弁、兵勇暨潞安、平遥、偏關等工施治較易，均由臣核給請獎外，謹擇其尤爲出力者繕擬清單，仰懇天恩俯准，給予獎叙，以昭激勸。其武弁千把以下，由臣咨部給獎。所需經費皆於善後款内動支，應請免其專案報部，即由臣飭令清源局道核明確數，歸入善後案内造銷。

—18. 皇朝道咸同光奏議　卷五九　工政類　土木

擬分任文武大員查辦匪鄉疏光緒十二年

竊維廣東莠民危害地方者，匪有三類：一曰盜劫，一曰拜會，一曰械鬭。盜以搶擄，會以糾黨，械以焚殺，三者互相出入，通名曰“約會”。多則爲盜，盜强則助鬭，鬭久則招募，會、盜各匪皆入。其中習俗相沿襲，蘖牙日盛，擾害農商，撓亂法紀。盜以廣州府屬沿海各縣，肇慶、韶州兩府沿江各縣及廉州、瓊州兩府洋面爲最多。會以惠州府及毗連香港之九龍司等處爲最多，高、廉所屬亦漸蔓衍。匪以惠、潮、廣三府爲最多，廉、瓊次之。廣、惠、潮鬭徒則以香港、澳門爲窟穴，廉、瓊匪徒則以越南爲逃藪。

溯查同治以前潮州府屬最號難治，焚殺相尋，田地荒蕪，商旅裹足，錢糧抗完，民不畏官，幾同化外。經前督臣瑞麟於同治七年奏派署潮州鎮總兵方耀帶兵剿辦，周歷匪鄉，清釐積案，先後拿獲首要匪犯一千一百餘名，盡法懲治，民情大懽。近十餘年潮屬遂爲安土。嗣後同治十年有查辦韶州、翁源等處土匪，廣州、東莞劫虜械鬭之案；同治十二年有剿捕東西兩省交界高、廉等處伏莽之案；光緒三年有查辦惠州匪鄉之案。無不懾以兵威，勒交匪犯炮械，一時稍微斂迹，終以未經大加懲創，撤營之後，其結盟拜會、劫門報復如故。比年以來沿海辦防未及清釐，内地高州之電白、惠州之稔山，於光緒八年、十年先後滋事，雖經創辦，未絶根株。兼以游勇海盜、鹽梟會匪、暴鄉悍族互相勾煽助勢，黨類益衆，仇殺益多，炮火攻擊，動連一二十鄉村鎮，劫掠月至二三十起。其大姓恃强凌虐，拳匪抗官，視爲常事，非文告所能禁，非縣汛所能理。若不趁此軍事稍暇之時，由統兵大員酌帶營勇前往歷來滋事地方，督同該管文武，剖分良莠，詳查釁由，示以軍威，勒交匪械，如敢抗庇，即行圍捕，痛懲積惡，重治窩家，申嚴條約，鈐束化導，則將來禍患誠恐未已。

臣等維安良除莠，古有名箴，是爲“杜遏亂萌之謀，必先行辟以止辟之政”。迭經督辦欽、廉防務前廣西提督馮子材、署水師提督方耀、署陸路提督鄭紹忠電函往復，屢次面商，均以爲此時應辦之事，未可養癰遺患，以至燎原難滅。現擬將粤省各州縣著名匪鄉澈底查辦。會匪、盗匪、鬥匪一體清釐。以惠、潮爲一路，廣州爲一路，廉州爲一路。惠州海豐、陸豐兩縣悍鄉最多，匪徒最衆，從前豎旗倡亂已非一次，近日情形凶横日甚，此處應先行舉辦。擬以方耀專辦該處，鄰近水師所轄者附焉。其餘惠、潮所屬各縣，屬陸路提督轄者，以鄭紹忠會同辦理。以鄭紹忠專辦廣州屬番禺、東莞、香山、新會、新寧、清遠、花縣、佛岡等處，督同署廣州協副將鄧安邦辦理韶州、肇慶兩府，界連廣屬者亦附焉。其近海匪鄉則以方耀會同辦理。以馮子材專辦欽、廉等處。其洋面盗匪及九頭山匪巢，則飭陽江鎮總兵黄廷彪統帶兵輪暨該管水師巡艇，協同馮子材之軍剿捕。至於訊供定罪究以前之案情，立以後之約法，必須道府大員會同妥辦。惠州即委署惠、潮、嘉道益齡，廣州即委署督糧道李蕊，廉州即委署廉州府李璲會同辦理。責令該道府等督率委員將捕獲捆送各匪調核案卷，研究是非。其情節較重，素行不法，有擄殺糾匪實據者，即予正法，餘則分别懲治、保釋，剪除積年巨憝，以生其敬畏之心，扶持一鄉端人，並予以鈐束之柄。略仿潮州章程，設立約正約副、族正族副、房正房副，責成稽查勸導，給以札諭，榮以頂戴、匾額，以後該鄉如有各項匪徒，即令舉首捆送，令悍徒皆歸於統紀，獷俗以漸而轉移。

國法彰明，穢瑕滌蕩，庶可保全良善，杜絶亂階。馮子材勛威夙著，性慈愛民，以辦本地土匪自可裕如。方耀、鄭紹忠歷年辦匪，久著成效，均能明達事理，不致冤誣，衆所信服。臣等又諄囑馮子材等轉飭各將弁，辦案與戡亂有别，捕匪與禦敵不同，仍當酌量重輕，寬猛相濟，毋得過爲操切。至於劣紳豪棍保匪誣良，於此舉甚爲不便，其造作謡言，蜚辭誣搆，恐所不免。臣等惟有勤商辦法，考究實情，不以浮言而撼大局，以仰副聖主綏靖海疆，于惠邊氓之至意。

—18. 皇朝道咸同光奏議　卷五三下　兵政類　剿匪

請開兩廣鐵禁疏光緒十三年

竊據兩廣鹽運使王毓藻會同廣東布政使高崇基詳稱，各省鐵斤鐵器，定例不准下海，所以預防移濟洋盗也。海禁既開，今昔情形迥異，每歲外洋鋼鐵入口不下數千萬斤，所售槍炮、器具不下數百萬件，銷銀不止數百萬兩，有來無往，理殊不平。近年來，各省講求礦務，率以煤鐵爲大宗。粤鐵尤屬精良，而銷路不廣，即欲行銷沿海各口，陸運脚費既煩，海運又冒法網，徒使洋鐵到處通流，大利盡爲所奪。廣東現在礦政局鼓舞商民，應請將兩廣鐵斤鐵器免禁出洋，至出口之處，一體照例完納税釐，詳請具奏前來。臣查粤鐵出産素饒，行銷不廣，聽其頓滯一區，不惟洋鐵遍行，漏卮難塞，即粤鐵盈積私販，亦難盡絶。徒令礦法多一窒礙，工商少一營生。伏查光緒九年十二月，臣在山西巡撫任内，會同北洋大臣李鴻章，奏請將山西鐵斤准由天津出口，轉運各處。奉旨："著照所請。欽此。"現在晋鐵由津出海，轉運奉天省，久已欽遵辦理。廣東、廣西事同一律，且廣東現在開辦礦政，該司道等所請援案免禁出洋，係爲利民通商起見，相應據情奏懇天恩，俯准兩廣鐵斤、鐵器海運出洋銷售，以興礦務而惠商民。

——5. 皇朝經世文續編　卷一一五　洋務一五　商務三

派員查明南洋商務情形擬設領事並籌計一切經費疏光緒十三年

竊臣於光緒十二年二月二十五日遵旨，會同出使大臣張蔭桓具奏：籌議外洋各埠捐船護商情形，當經奏派總兵銜兩江儘先副將王榮和、鹽運使銜候選知府余瓗，先赴南洋有名諸島，詳慎周歷，飭將設官、造船兩事，一併密加商度，以憑籌定切實辦法等因，奉旨："該衙門知道。欽此。"當經總理衙門電致駐英、荷、日使臣，轉告該國外部。去後，該委員王榮和等於十二年七月二十七日由粤起程。先後往查各島埠情形，均經隨時禀報，頗爲諳悉。本年七月，各回粤東，臣復面加考詢，大抵設立領事一節，事甚切要，勢亦可行。謹撮其大要，爲我皇太后、皇上陳之：

查該委員等所歷南洋，計二十餘埠。先至小吕宋，爲日斯巴尼亞國屬。次新嘉坡，次麻六甲，次檳榔嶼，次仰江，皆英國屬。次日裏，次日裏各附埠，次加拉巴各附埠，次加拉巴，次三寶壠，次三寶壠各附埠，次泗里末，皆荷蘭國屬。次新金山之鉢打穩，次雪梨，次美利濱，次亞都律省各附埠，次衮司倫，次衮司倫各附埠，皆英國屬。其抵小吕宋也，華民分訴日人虐害情形，懇請派官保護，自籌經費。緣該處華民五萬餘人，貿易最盛，受害亦最深。該委員等詳查被害各案，或挾嫌故殺，或圖搶故燒，甚至官兵徇私，巡差訛詐，暴斂横徵，顯違條約，當經擇要照會日官查辦。時值土人聯名，擬逐内地華工，該委員等到吕，其議遂寢。綜核情形，非設總領事不可。其分設正副各領事暨駐扎處所，由總領事因地制宜，擇員禀委，以期妥洽。其抵新嘉坡也，與原設領事左秉隆往見坡督各官，禮意尚洽。該處華民十五萬人，富甲各處。除衙舍公産外，所有實業華人居其八，洋人僅得其二。每年往來華工又最多。英設華民政務司專理其事，立法尚稱公允。惟不向中國領事衙門報名，情意既不聯絡，而目擊招工客館作奸欺瞞，無從禁止，亦失保護之旨，似應並由中國領事官稽查，以重事權，而免流弊。至麻六甲、檳榔嶼兩處，與新嘉坡相連，華商居多，生意繁盛。又附屬石郎阿國之吉隆埠，卑力國之罅埠，均尚知保護華工。華人開采錫礦者十餘萬衆，富至百萬者數人，服飾禮儀一如故鄉，無所改换。檳榔嶼一埠，人才聰敏，爲諸埠之冠，宜添設副領事一員，與駐坡領事相助爲理，益可以收後效。其抵緬甸之仰江也，該處華人三萬餘衆，設有寧陽會館及各公司。該員遍加訪察，出産以米石爲大宗，寶石、牛皮等物次之。自英據其地，收餉設戍，密邇騰越，爲中國隱患。此處宜設副領事聯絡商情，必於邊事有益。其抵日裏也，該處爲原奏所未及。華工亦萬餘衆，來自汕頭等處。先由客頭帶至新嘉坡、檳榔嶼，經英官查過，自願傭工者，訂立華文合同，往日裏爲傭，所業種烟、扎烟，勤奮者年中可餘番銀百餘元，否則不足餬口。工頭以賭傾其資，繼以稱貸。第二年復須留工，則返鄉無日。查荷官洋文章程内載工人有過，准園主送官訊辦，不得私自鞭撻。做工不得過三年之限，限滿後，無論有無虧欠，園主皆應給予川資，不得再留等語。而園主陽奉陰違，於華文合同内並不叙明，任意虐待。經該委員等告知荷官，始允爲設法整頓。此處宜設副領事，以資保護。其抵加拉巴也，該處華民七萬餘衆，荷人捐税繁多，賭風尤熾，甚至迫令入彼國籍。其附近之波哥内埠、文丁内埠，皆有華人聚處。又有三寶瓏與疏羅及麥里芬及泗里末及惹加等處，皆荷蘭國屬地，華人二十餘萬衆，荷官横肆暴虐，該委員等接見華商，備言其苦。中國如籌保護小吕宋而外，當以加拉巴爲先。該處宜設總領事，兼辦三寶瓏等處事務，於荷屬各埠華人加以恩義，數十萬之衆皆可内附。其分設副領事，一切與小吕宋同。其抵新金山之鉢打穩埠也，華工三千餘衆，雪梨附近，華人萬餘衆。美利濱埠、旺加拉打埠、必治活埠、叭拉辣埠、紐加士埠、市丹塔埠，均屬新金山外埠。惟庇釐市檳埠，係衮司倫之省城。又有湯市嘁路埠、波得忌利士埠及谷當埠，每處華人自數百至千餘不等。該委員皆勤加撫慰，查新金山即英屬澳士地利，爲五大洲之一，地方遼闊，物産繁富，多五金礦産，華人至者頗多，英欲阻之，特立收人税之法，每人納英金十磅，方准登岸，間有收至三十磅者。似可援照美國總領事章程，在雪梨大埠派設總領事一員，總理雪梨及美利濱、亞都律、衮司倫各埠，並紐討蘭島華人商務，則華工得所庇倚，謀生益覺有資。其各埠副領事，可即令商人兼辦，無須發給薪費。此該委員等先後禀報籌辦，及回粤後面加詢考之大略情形也。

臣查委員王榮和等于役南洋，海程五萬餘里。各埠商民，睹漢官之威儀，仰堯天之覆幬，莫不歡呼迎謁，感頌皇仁。其懇求保護之情，極爲迫切。查出洋華民，數逾百萬，中國生齒日繁，藉此消納不少。近年各國漸知妒忌，苛虐驅迫，接踵效尤。若海上不安其居即歸内地，沿海驟增此無數游民，何以處之？故保護之舉，實所以弭近憂而非以勤遠略也。儻蒙朝廷設立領事加以撫循，則人心自然固結，爲南洋無形之保障，所益匪淺。該委員等所到之處，各該國洋官款接照料，禮意甚優，英屬尤爲周至。商及保護等事，亦俱和平承允。其議設領事一節，英屬最爲欣然，力勸速辦，俾資約束。荷日限於公法，亦皆無辭相拒。查小吕宋距中國最近，華民望切倒懸，必須先設總領事駐扎其地，以收遠近之心，以伸華商之氣。經臣電商張蔭桓，擬派總兵銜兩江儘先補用副將王榮和，爲駐扎小吕宋總領事。緣該處閩人最多，王榮和籍隸福建，穩練精詳，究心洋務，素爲閩人所信服。此次出差南洋，親歷小吕宋各埠，熟習情形，深得窽要，以之充當總領事，人地實屬相宜。應由該大臣先向日國商定發給憑照事宜，再行奏明辦理。隨准該大臣咨稱，業經照會外部，概允照辦，而藩部以土人齮齕爲詞，懼設官之後喧賓奪主，礙其溢征，是以至今延宕。臣查各國通例，凡立約通使之後，即可派領事駐扎其地，保護商人。古巴等處中國早經設官，小吕宋同爲日屬，何獨不可？應請旨飭下總理衙門與日使會商，催令該國速發憑照，不容推宕。一面由臣咨會張蔭桓，催促外部速辦，此外商務較繁之埠，應如何添設正副領事，應俟小吕宋辦有規模再行推廣。至英荷各屬，或苛待華工，或暴征身税，亦應次第設官申理。容俟般鳥各島一律訪查之後，由臣分别咨商駐英、荷、法使臣，酌度奏明辦理。所有總領事、譒譯、隨員等官薪俸，前經奏明，請由中朝籌給。本年六月十二日，承准總理衙門咨開：此次小吕宋新設領事薪俸經費，應由何項撥給？應給若干？由臣妥籌辦法等因。臣體察所禀情形，各該島甚願自籌，力亦能辦。將來小吕宋總領事派定後，應在出使經費項下，將第一年經費先行核給，較爲得體。並照總理衙門奏復新嘉坡成案，飭令該領事將歲收册照各費，報明抵還。第二年後，便可不費公帑，餘者作爲造船公款，禀俟撥用。其總領事等署中一切辦公雜用，應准於所收册照等費内動支開報，毋庸另請公款，一年後稟報核定數目。其設領事之處，就其餘款酌撥若干，量設書院一所，亦先從小吕宋辦起，由臣捐資倡助，並購置經書，發給存儲。令各該領事、紳董，選擇流寓儒士，以爲之師，隨時爲華人子弟講授，使其習聞聖人之教，中國禮義彝倫之正，則聰明志氣之用得以擴充，而愈開水源木本之思，益將深固而不解。從此輾轉傳播，凡有血氣，未必無觀感之思。查各埠入款，以每年注册及進出口船牌之費，最爲名正言順，誠使事機順利，不致别有阻礙。屈計該處此兩項所入不少，除抵支領事公費外，尚可逐漸積存一款，以備購致護商兵船之用。一切收撥章程，應俟設官之後再行飭令核擬。如所收册照、船牌等費不敷開銷，擬懇恩准，由粤省勸諭各該埠商量力捐資，奬以虚銜封典翎枝，專充領事經費，永不提用。各埠旺淡不等，挹彼注兹，必可敷用。所有查過南洋各埠華民商務情形，並請催設小吕宋總領事暨籌計經費各緣由，除將該委員原稟分咨總理衙門暨北洋大臣外，理合恭摺具奏。

再，上年奏派總兵銜副將王榮和、鹽運使銜知府余瓗，周歷南洋有名諸島，往返程期約須八閲月，所有月薪、公費每月統共需銀一千三百八十兩，請由粤海關歲撥出使經費項下，就近劃給，均經奏明在案。現據該委員等稟稱，自上年七月起程，至本年七月初四日由新金山折回粤省止，已逾期四月有餘。所至各埠，如日裏、柔佛、庇釐市濱、亞都律、大金山、叭拉辣、旺加拉、打必治、活谷當等九處，皆原案未及備載，而華民衆多，商務緊要，不得不順道一往，以致往返稽時，未能如期蕆事。先經稟准，展期六個月，綜核支用，不敷已多。重洋未克隨時請領，當由新金山折回，現擬續請經費，再往般鳥、西貢、海防、暹羅各處查看等情。臣查王榮和等祗以遠隔重洋，跋涉不辭勞瘁，所查各埠情形，甚爲詳細。般鳥一島，地方廣闊，距中華洋面不遠。至暹羅、西貢、海防等處，南洋近地，華民極多，尤應體訪明確，自應將前奏未歷各埠，仍由該委員等一律訪查，以竟全局。當經咨會粤海關監督臣長有，在於出使經費項下，續撥六個月經費，銀八千二百八十兩，發給該委員等收領，以便遄行。理合附片陳明。

—5. 皇朝經世文續編　卷一一五　洋務一五　商務三

澳門租界改歸葡國永遠居住立約尚宜妥議緩定疏光緒十三年

竊臣於光緒十三年三月廿四日承准總理衙門咨稱：洋藥税釐併徵新章香港與澳門會辦各節，於光緒十三年二月十三日奏，奉硃批“依議，欽此”，恭録咨行到粤。

查原奏内稱：竊查洋藥自印度販運來華，駐於香港、澳門，分赴各口銷售，必須英、葡兩國相助稽查，方可杜偷漏繞越之弊。上年正月間，奏請飭派道員邵友濂會同總税務司赫德，前往香港與英官會商辦理。查知港地雖爲握要，尚須澳門會辦，始能得力。澳門自前明嘉靖時即經葡國占居，歲輸租課，迨至國初，知該處被占已久，難以收回，遂改税課爲地租，總令輸銀五百兩，按年完繳。自道光廿九年以後，並此項銀兩亦未交納。近年該國屢求通商，業已訂約通商。因澳門之事，争論未定，輒作罷論。刻下因洋藥税釐併徵一案，非與葡國商辦，則澳門之偷漏無從巡緝。是以十二月間開辦併徵之後，即密飭赫德派税務司金登幹，就近前往葡國，徐圖辦法。兹據赫德申稱，“現已准葡國外部電信，一、派使來華相議，通商條約。二、葡國永駐澳門，管理一切。三、葡國不得讓其地於他國。四、所見香港如何辦法，澳門亦類推辦理。以上四款，澳門可即由稅務司金登幹在彼畫押爲據，一面照會英國使臣，持改葡國派使來華議約，並飭駐澳門洋官即照所議開辦”各等語。

查澳門久爲彼國盤踞，今縱不准其永遠居住，亦屬虛文，又徒於稅務多添窒礙，並無收回澳門之實際。倘能議約有成，則權有專歸，稅務可期無闕，向之偷漏稅課者，今可設關，向之收納叛亡者，今可緝匪，向之拐騙丁口者，皆可安插稽查，而且與新加坡等埠鄰近，藉可通達消息，尤爲得力。

再查葡國貧困日甚，如法、美、俄、德各國皆有財力，無不垂涎澳門，冀以巨款購得其地爲駐兵之所，是不讓其地，於他國一層，尤應於議約之先，切實聲明，杜絶覬覦。相議各節似宜照行，請旨飭下兩廣督臣遵辦，並札飭總稅務司飭金登幹先行畫押。至同治年間，原定未换條約各款，今昔情形不同，所有應增應删各節，應候該國使臣至華，詳細核議，隨時另行請旨辦理等語。

臣惟葡人僦居澳門，歷有年所，總署因其久假不歸，且慮他國垂涎，陽資其榷稅緝奸之力，陰禁其併吞竊據之謀，原所以曲示羈縻，裨益國計，所以臣初見港報，尚覺將信將疑，未幾接到總署來文，方知成謀已定，迫灼彷徨不知所喻。數日以來，通籌利害，竊恐羈縻之意雖善，滋長之患方多，兹事重大，有不得不瀝陳於聖主之前者。查澳門爲香山縣管轄，距省城三百餘里，陸路可通，實爲廣東海面門户，非如瓊州之孤懸海外，亦非如香港之矗立海中。葡人乃盤踞多年，不交租銀，不守界址，然亦幸中國之不屑與較，至絜權量力，我之可以逼葡，葡之不足病我，事理至明。今因事要求曲徇其請，遷就立約，在葡人始願不及，即他國亦相顧驚疑。夫因練軍而始籌餉，必先損權，可慮一也。

葡人之住澳，本以圍墻爲界，墻外民田、户籍，悉隸香山管轄，葡人逐漸越占，又屢向界外村民勒收田房租鈔。迭據旺厦村紳民聯稟赴愬，經臣先後委員勘明，照會葡官查禁在案，各爲租界，猶得加以詰問，明立提防。若竟畀以管理一切之權，將此後近地人民盡歸葡屬，以後水界附島葡皆視爲固有，是其政令既行於澳中，管轄得及於澳外，界限混淆，潛滋暗長，可慮二也。

中國濱海各省，租界林立，一切管轄辦案權判章程，幸有公法可循，條約可守，雖暫無退還之舉，亦莫生覬覦之心。今有澳門爲例，則日後諸强國乘機伺便，接踵效尤，拒之則有厚薄之嫌，應之則成滋蔓之勢。且此次英、葡同一幫緝，英人倡議之事，德色尤深，葡則成效未見，已有先施，爽約收利，能無厚報，可慮三也。

粤民僑寓澳門者何止數萬，往往兩地置産，兩地行商，無從限數，至於商民盗匪往來如織，尤無紀極。西例：凡生長於某國之地，即可隸籍爲某國之民，領取票據，恃爲護身符，遇有犯事，地方官不能以華法治之。即如光緒十一年南海縣民何回生，現隸民籍，家有職官，人所共知，乃英領事來文，久居香港，冒入英籍，公然據爲英國屬民，前車可鑒。查英國稽議較嚴，猶不能無冒濫給票之弊，葡國貪鄙陋劣，若以澳門歸其管轄，奸民得以巧於冒籍，四出作奸，葡國必漁利相幫，紛紛輸案違範，官法不行，可慮四也。

澳門藪盗庇奸由來已久，自臣到任後，所有照會葡官提究要犯，雖不無往返駁詰，亦均陸續交出，以視港官之杜留員弁，勒詔訟師糜費曠日，或交或否，聽憑洋官辦理，往往始終不交出者，難易較殊。租界與屬地辦法不同，確有明驗，今若改歸管轄以後，不獨拐騙人口難以相查，彼之事權愈專，我之隔越愈甚，可慮五也。

葡據澳地未立條約，利益不能與各國同沾，葡人犯事可歸地方官審辦。通商以來，未聞有葡人游歷傳教之條，彼族將藉長爲營利之計，將來凡涉教案，必有歐洲之人所不屑爲者，葡人則緩爲之，可慮六也。

葡人貧困日甚，各國垂涎澳門，誠如總署所云，冀以巨款購得爲駐兵之所，然名爲租界，環瀛共知，猶未敢公然取求，顯干名義。今改歸葡轄，我縱能禁葡人之不得轉讓，豈能保各國之不以力爭設竟效併吞之？故智不取之於我，而取之於人，葡爲自主之國，而無可求援，中國爲局外之觀，而無從庇護。澳門最近省垣，此後水陸籌防，均難措手，實爲肘腋之患，非獨脣齒之憂，可慮七也。

有此數弊，雖併徵得效，利害兼權，似亦不能無過慮。特是草約已立，勢難中止。

微臣愚陋，竊思今日補救之策約有五條：

一曰細訂詳約查册，雖經金登幹畫押，而詳細條約應删應增仍須與葡使到華，會同總署核議，請旨辦理。其永駐澳門一案，原因商辦徵税，格外見讓，租銀非畫地歸葡者，且約有不得轉讓他國之文，可見澳門係中國讓與葡國居住，仍係中國疆土，應聲明讓與葡國永遠居住，免其租銀，不得視爲葡國屬地。其不讓地於他國一案，應聲明澳門仍中國疆土，葡國不得讓於他國。如此則我有讓地之名，而無損權之實，仍與立議毫不相背，既可關葡人之口，亦不至生他國之心。

一曰畫清界限，有水界、陸界。何謂陸界，東枕山，西南濱海，是爲澳其原立之三巴門、水坑門、新開門，舊址具在，誌書可考。彼所營炮路兵房，均屬格外侵占，應於立約時，堅持圍墻爲界，不使尺寸有踰。彼有所在租界外之地，本屬可有可無，我讓則彼取，我争則彼棄，斷不至因此遂棄前議。何謂水界，公法載地主有管轄水界之權，以炮碼能及之處爲止，若兩國土地毗連，中隔小河以中流爲界，此係指各國自有之地及征伐所得者。而澳門本係中國之地，不應准其永遠居住，葡人只能管轄所住之地，宜明立規條約款，所有水道准其船隻往來，不得援引公法，並管轄水界。

一曰界由外定。准葡住澳，免其租銀，水界仍是中國所有，自無水界之可分。陸界至舊有圍墻爲止，葡人於同治初年將圍墻拆卸，希圖滅迹。然墻可拆而舊址終不可毁，將來約有成議，似應由粤省督撫臣就近派員，會同葡使親往履勘，詳查舊址，公同立界，俾免影射踰越。

一曰核對洋文。查赫德申稱所訂草約四條，與澳門新報所載者，文義輕重懸殊，第一條派使來華相議，通商條約洋文内悉與葡國别處屬地無異字樣，草約内澳門字樣凡三見，洋文皆作澳門及澳門附地，二字意極含糊，不難將圍墻外至旺厦村陰吞，在内即附近小島毗連村落，皆可作附地觀，至謂與葡國别處屬地無異一語，措辭亦謬，雖洋報所載未足爲信，要其有意蒙混，藉圖侵占。傳説必非無因，既與總署奏案不符，亦非奉旨准其駐澳本意。應請飭下總署，先將草約文詳細較對，防其狡混而免侵越。

一曰暫緩批准。凡對議批准權在朝廷，各國之通例。英國烟臺條約，光緒二年所立，有批准之案，直至上年始行議定。成案可據，自應明與之約定，約後須俟税釐款項大增，拐騙、逃亡、捕捉諸事，均有明效可徵，兩國始行批准，在彼得售奢願。

以上五條，皆就原約之中，力籌萬全，其間自必有總署所已經籌及者，亦容有澳門情形總署所未能深悉者，謹竭管蠡所及，以備挽救之資。竊葡人至貧至弱，素爲各國所輕，食用則仰資粵産，貿易則專仗粵商，其於粵尚不能無所顧忌。今既允其立約，並准其永駐澳門，港報所載又有利益均沾之條，是葡人所獲已多，即此次洋藥有所删增，亦足饜其願望。况所陳各端，皆在草約立論未定，當有變更，應請飭下總理衙門，於葡使來華之時，就臣所陳，細爲辨論，極力堅持。彼能就我範圍，自可照此立約；若其不從，是棄約出自葡國，草約自可任作罷論。香港徵税章程仍照舉行，而於拱北關多設巡船，前山廠多派巡丁，各陸路截緝漏私，當亦無多，而葡人必大有所不便，利害相形，不數年間彼終不能不就所議來立約章，如此則所損於厘税者少，所全於大局者多矣。

—5. 皇朝經世文續編　卷一一九　洋務一九　固圉下

粵省創設水陸師學堂以儲群材疏光緒十三年

竊惟古今人材皆出於學。學之爲事，講習與歷練兼之。近日海防要策，首重水師兵輪，次則陸軍火器。外洋諸國，於水陸兩軍皆立專學，天文海道、算學輪機、礮械營壘、工作製造，分類講求，童而習之，畢生不徙其業，是以稱雄海上。我朝聖武恢閎，中國人材所萃，將才何一不備？兵法何一不精？特是時勢不同。船礮機算諸端，至今日而巧者益巧、烈者益烈，若欲因時制變，固非設學不可。近年天津、福州皆設水師學堂，而天津兼設武備學堂以練陸師，誠以二者不可偏廢也。

廣東，南洋首衝，邊海兼籌，應儲水陸師器使之材，較他省爲尤急。光緒三年，前督臣劉坤一捐銀十五萬兩，奏明生息爲儲養洋務人才之用。光緒六年，前督臣張樹聲、撫臣裕寬，於省城東南四十里長洲地方，就前款内撥銀建造學館，分派教習，考選學生，肄習西洋語文、算法，用項取之前次息銀。特以限於費絀，定額較少，此外有關兵事諸端，未能肄及。臣之洞到任後，察看該館，生徒學業尚堪造就，改名博學館，於奏請籌辦閩粵兩省開設學堂各務摺内，聲明在案。臣等審度時勢，公同籌商，擬即就其地改爲水陸師學堂，並須添購地段，增建堂舍、教習所，以區功課而臻完備。其水師、陸師，均各額設七十名。先挑選博學館舊生通曉外國語文、算法者三十名，爲内學生；再遴選曾在軍營歷練、膽氣素優之武弁二十名，爲營學生；再擬選業已讀書史，能文章，年十六以上，三十以下之文生二十名，爲外學生。無論生、監，俱准就學。其水師，則學英國語文，分管輪、駕駛兩項。管輪堂，學機輪理法，製造運用之源；駕駛堂，學天文海道、駕駛攻戰之法。其陸師，則學德國語文，分馬步、槍礮、營造三項。内學生，取其繙譯已曉，算法已諳；營學生，取其兵事已歷，膽氣已壯；外學生，取其志向已定，文理已通。惟營學生、外學生兩途，年齒較長，學習外國語文稍有不便，應於洋教習之外，添用華繙譯一名，轉相解授，以便領悟。其房舍，則分爲水師誦堂、水師操堂；陸師誦堂、陸師操場、陸師馬步炮操場。其規制課程，略仿津閩成法，復斟酌粵省情形，稍有變通，大抵兼采各國之所長，而不染習氣，謹求武備之實用，而不尚虚文。堂中課程，限定每日清晨先讀四書五經數刻，以端其本。每逢洋教習歇課之日，即令講習書史，試以策論，俾其通知中國史事、兵事，以適於用。在堂者一律仍准應文武試，以開其上進之程。其營學生、外學生兩途，年歲不必甚幼，庶可辨其志趣氣質，不致虛養庸下之才。語文但取粗通，不必以此一端耗其心力目力，總期由粗入精，必不使逐末遺本。水師學成之後，撥入練船。另設練船正教習，槍礮、帆纜教習，測算教習，四員皆用洋弁。在船課讀，即在中國沿海口岸游行，認真練習一年之後，再選其才藝尤長者，分赴外國學堂、兵船學習。其陸師者，三年學成後，擇尤出洋，分赴各國學堂陸軍練習。水陸均令每年九月在堂，三月在船在營，遇有外洋有事，擬照西國通例，前往觀覽，以資考鏡實事。

現在購買地基，添造學舍，興築場廠，約估需銀六萬兩；每月員弁薪水、華洋教習薪費、學生贍養、丁役工食，約需銀五千兩。按之津閩章程，已屬節省。堂中應用書籍、機器，隨時添置，除博學館原有每年息銀六千餘兩外，應於海防經費項下開支。粵省度支極絀，豈敢更增用款？然爲此儲才要務，不得不竭力成之。惟學堂事屬創始，總辦者非有熟習大員未易勝任。查有二品銜分省補用道吴仲翔，才識沈毅，思慮精詳，前充福建船政提調十餘年，船政始規皆其創辦，嗣經北洋大臣李鴻章調赴天津，委辦水師學堂，亦著成效。現在請假回籍，經臣等函邀，來粵詢商一切，相應請旨將吴仲翔發交臣等差委，擬即委令總辦水師學堂事務，以資熟手。至洋教習，擬用三員：水師駕駛洋教習一員，查有福建船廠英員李家，在閩期滿，堪以調充；陸師語文測算兼操練正洋教習一員，粵省現有德弁歐披次，堪以充補；其副教習一員，應由臣等咨商德國出使大臣，向外部選訂。此外應設漢教習十一員：水師則駕駛、操演、洋文各一員，華文三員；陸師則英文幫教二員，德文幫教一員，華文二員。其稽查各堂，及經營錢糧、文案各委員，酌用。此舉現經臣等詳加籌度，飭據廣東布政使高崇基，會同海防善後局司道擬議章程，詳請具奏前來，除咨明海軍衙門、總理衙門暨户兵二部外，謹合詞恭摺具陳。

—5. 皇朝經世文續編　卷一二〇　洋務二〇　培才

請整飭治理疏

竊惟近日治晋之道，議者皆以培養元氣爲言，然而元氣之傷，必有所以奪之而始傷；元氣之復，亦必有所以助之而後復。若不爲之抉去病根，祛其所奪，益其所助，而徒以彌縫姑息、矯託鎮静之治，坐收富庶之功，無是理也。臣以爲國之元氣，在户口蕃息，田野墾闢，政事有紀綱，經賦無侵盗，而聚斂吝嗇不與焉。民之元氣，在官吏無苛擾，四民無游惰，而末富奸利不與焉。官之元氣，在官項無虧累，上司無誅求，賢否不顛倒，功過有黑白，而濫恩曲法不與焉。山西自咸豐以來，較稱完善，公私積弊，本多沿襲。前撫臣曾國荃治晋之日，飢饉洊臻，專意荒政，多用權宜，勢不能過加繩削。自葆亨由藩司而接護撫篆，因緣爲奸，壞法亂紀，於是民困未起，吏道益衰。至衛榮光之來，始漸整肅，考究經年，方欲有所設施，遽移蘇撫以去，因以一切利病原委，娓娓告之於臣，加以臣數月來之酌考思索，灼見晋省公私困窮，幾乎無以自立，物力空匱，人才艱難，上司政出多門，屬吏愍不畏法，民習頽惰以蹙其生，士氣衰微而廢其學，軍律日即蕩弛，吏胥敢於爲奸。譬如尫羸之軀而復爲百病，諸創之所攻削，固非表裏兼治不可。

大抵晋省要務二十事：一責墾荒，一清善後，一省差徭，一除累糧，一儲倉穀，一禁罌粟，此六條務本以養民；一減公費，一裁攤捐，此二條養廉以課吏；一結交代，一核庫款，一杜吏奸，一理厘金，一救鹽法，此五條去蠹以理財；一開地利，一惠工商，此二條輔農以興利；一培學校，此一條重士以善俗；一紓餉力，一練主兵，一遏盜萌，一修邊政，此四條固圉以圖强。凡此皆儒術經常之規，絶不敢爲功利操切之計。其前八條謹於此次分别陳情，請旨辦理，其餘亦經詳加規畫，即當續奏上陳。要之，凡百政事，皆須得人而理。晋省偏僻陋隘，官斯土者，才俊之士志氣鬱遏而不伸，闒冗之流徼倖掩覆而苟免。其致此之由，尤在近年。大吏紀綱不立，賞罰無章，不激不揚，人才安出？臣殫竭愚誠，董率告戒，各官中有奉職無狀、妨於吏治民生者，已經隨時劾奏。果能由司道以至牧令，共矢公忠，咸遵法度，皆以利國利民爲務，自有效可觀。至於善後事件，需用浩繁，尤非稍留財力不辦。伏望聖慈，俯念右輔巖疆彫敝太甚，急須培補維持。於晋省用人理財諸端，種種爲難情形，鑒察軫念，斷自宸裁，稍逾常格，俾臣得盡力爲之，則將來民康物阜，皆出聖主之生成矣。

—5. 皇朝經世文續編　卷一三　治體四　治法下

遵旨謹陳管見疏附片

閏三月十七日，欽奉兩宫皇太后懿旨，以吏部主事吴可讀遺有密摺，請豫定大統之歸。前降旨時“即是此意，命諸臣妥議具奏”。

竊謂爲穆宗毅皇帝立嗣繼嗣，即是繼統。此出於兩宫皇太后之意，合乎天下臣民之心，而即爲我皇上之所深願，乃萬古不磨之義，將來必踐之言。臣敬吴可讀之至忠至烈，然謂其於不必慮者而過慮，於所當慮者而未及深慮也。恭查爲穆宗繼嗣之語，同治十三年十二月初五日，光緒元年正月十七日及本年閏三月十七日，三奉懿旨，炳如日星。從來人君子孫凡言繼嗣者，即指纘承大統，而言天子諸侯並同一理，蓋人君以國爲體，諸侯不得祖天子，公廟不設於私家。苟不承統何以嗣爲？下至三代之世卿大夫，漢魏以至本朝之世爵世職，但云以某爲嗣，即是紹封襲廕。故繼嗣繼統毫無分别，編稽群經諸史，從無異説。其分繼統繼嗣爲兩事者，乃前明張璁、桂萼之怪妄謬説。高宗純皇帝欽定《儀禮義疏》早已辭而闢之矣。今懿旨申命至於再三，金匱寶籙何待他求！設有迷妄小人，舞文翻案，則廷臣中凡讀書識字者皆得執簡而争。所謂不必慮者一也。

前代人君授受之際，事變誠多。然就該主事所舉二事論之，宋太宗背太祖而害其姪沂王德昭，非太宗子也；明景帝背英宗而廢其姪太子見深，非景帝子也。若皇上以皇子嗣穆宗，名曰先朝之繼體，實則今日之麟振，有何嫌疑？有何吝惜？以皇上仁孝之聖質，受兩宫皇太后高厚之殊恩，起自宗支，付之神器，必不忍負皇太后，必不忍負穆宗。且夫遵慈命，孝也；篤天顯，友也；使皇子廣孝思於不匱，慈也。躬膺寶祚，而使大統名分歸之於先帝，讓也。無損於實而四美具焉。中主亦能勉爲之，况聖主乎？所謂不必慮者二也。

該主事所慮趙普、黄玹之輩，誠難保其必無。然忠佞不齊，數年前曾有請頒鐵券之廣安矣，大小臣工豈遂絶無激發？明世宗紊大統而昵私親者，以興獻王已没，故得藉口親恩恣爲越禮，群臣不能抗也。假使興獻王在，必尚能以禮自處，少加裁制。今醇親王天性最厚，忠直恪恭。該主事既知其賢，萬一果如所慮，他日有人妄進異言，醇親王受累朝之厚恩，必能出一言以救正。所謂不必慮者三也。

然而竟如該主事所請，明降懿旨，將來大統仍歸穆宗之嗣子，意則無以易矣，詞則未盡善也。緣前奉懿旨，謂生有皇子即承繼穆宗爲嗣。今若參以該主事之説，是一生而已定爲後之義，即一生而定大寶之傳，合併爲一，將類建儲。我朝列聖以立儲爲大戒。高宗九降綸音，萬分剴切。今若建之，有違家法。所謂未及慮者一也。前代儲貳，讒搆奪嫡，流弊已多；今被以紹統之高名，重以承繼之形迹，較之尋常主器，尤易生嫌。所謂未及慮者二也。然此尚非其弊之最甚者也。天位授受，簡在帝心，所以慎重付託，爲宗社計也。帝堯多男非止一索，聖意所屬，知在何人？此時早定，豈非太驟！所謂未及慮者三也。

今者承命集議，伏讀此次懿旨，"即是此意"四字，言簡意賅，至堅至確。天下萬世，誰敢不遵？無可移易者也。獨是聖意宜遵，家法亦宜守。今日之事，約有二説。淺之爲穆宗計者，則但如諸臣之議，並請一渾涵懿旨，略謂屢次懿旨俱已賅括。皇上孝友性成，必能處置盡善，似乎無所妨矣。然而生即承繼，"即是此意"一語，字字當遵。託諸文辭，則可避建儲之名；見諸實事，則儼成一建儲之局。他日誕皇子，命承繼，廷臣中爲公爲私不可知，皆必將援祖訓以争之，則承繼之事中止。此日以恐類建儲，而承統之説不能定；異日又以恐類建儲，而承繼之旨不能宣。是令皇上轉多難處矣。然則，深之爲穆宗計，而即爲宗社計，惟有因承統者以爲承嗣一法，皇子衆多，不能遽指定何人承繼，將來纘承大統者即承繼穆宗爲嗣。此則本乎聖意，合乎家法，而皇上處此亦不至於礙難。伏請兩宫聖裁，即以此意明降懿旨。皇上親政之初，循覽慈訓，感惻天懷，自必仰體聖意，再頒諭旨，祇告郊廟，宣示萬方，則固已昭於天壤，堅於金石矣。如此約有五利：守彝訓，一也；待宸斷，二也；無嫌疑，三也；無更變，四也；精擇賢，五也。至於精擇賢，而其利宏焉。在兩宫慈愛之念，惟期於繼嗣繼統久遠，遵行豈必亟亟焉，指定一承繼之人而後慰，即穆宗在天之靈，當亦願後嗣聖德永綏洪祚，又豈必斤斤焉早標一嗣子之目而後安？此固爲我國家億萬年之至計，即使專爲穆宗嗣子策之，似亦無善於此者矣。

或爲禮制精深，動關名義。由此以承統爲承嗣之説，安保日後無泥古聚訟者，則臣請得條舉其説而豫辨之：一曰《禮》：爲人後者爲之子。三代人君，凡繼先君之統者，即爲先君之後，雖無父子之名，而用父子之禮。皇上承穆宗之統矣，何以又别立後？不知父子之説，漢唐來久已不行。且皇上承繼文宗顯皇帝爲子，已有明文。文宗有子，則穆宗無子矣。豈有御宇十三年，功德溥四海之先帝，而不爲立後者？其不足辨一也。一曰《禮》：嫡子不得後大宗。不知此爲臣庶言之，非爲天家言之也。古來擇取親屬入承大統，則本宗不敢私其嫡子，尊尊也。若嗣君爲先君立嗣，則嗣君亦不得私其嫡子。蓋嗣君與先君當日，固有君臣之分者也，亦尊尊也。然入承大統者，既承累朝之大宗，則本支應自爲繼，别之宗並不得以小宗論，於禮於法當立别嗣者也。嗣君既爲大宗，則雖以子爲先君後，於禮於法不能别立嗣者也。然則，就今日事勢論之，將來皇子雖爲穆宗之嗣子，仍無妨爲皇上之嫡子，尊尊亦親親也。《皇朝律令》對承繼之文則曰：本生父母，他日稱謂區别，聖心自有權衡。兩宫以聖而行權，皇上以聖而制禮，一舉而忠孝慈友之人倫備焉，尊尊親親之禮意晐焉，義協而禮起，何爲不可？其不足辨二也。一曰《春秋傳》云：君子大居正，故兄弟叔姪輾轉授受，每難帖然，知從父從子乃生釁隙。若皇子承先朝，但存名義，豈判親疏？其不足辨三也。凡此皆群經之精言，而實不切於今日之情事。設有迂儒引之以撓夫國是，佞夫藉之以文其莠言，大智聰明，豈能惑哉。

今者往事已矣，惠陵永閟，帝后同歸。既無委裘遺腹之男，復鮮慰情勝無之女，傷心千古，夫復何言！承嗣承統之説，不過於禮制典册之中存此數字空文，俾穆宗在天之靈爽，雖遠而不遠，幾忘而不忘，庶可稍慰兩宫鬻閔之恩，且伸皇上友于之愛。夫吴可讀，區區一貶謫小臣耳，尚且昌言以發其端，致命以期其許，何况子道弟道兼盡之聖主哉。昔漢景帝欲悦竇太后之意，至有千秋萬歲後傳梁王之語。梁王非有應嗣之分者也。宋高宗以太宗之後，乃閔太祖子孫遠落，而以太祖七世孫孝宗爲嗣，孝宗非有承統之約者也。皇上聖明，遠在二君之上。竊謂今日者，惟在責成毓慶宫侍學諸臣，盡心輔導，培養天性，開陳至道，皇上孝悌之心油然而自生，尊尊親親之等，秩然而不紊，任賢去佞，内修外攘，則所以仰體兩宫，上慰穆宗者，固不僅在繼嗣承統一端而已也。即以此一端而論，其沃心正本之方，亦在彼而不在此。伏維皇太后與皇上名分已定，恩誼日篤。皇太后視皇上所生皇子，無論承繼穆宗與否，同爲己孫；皇上視所生皇子，無論承嗣穆宗與否，同爲己子。君臣一德，共濟艱難，此宗社之福，而臣民之願也。

臣恭繹懿旨中“即是此意，妥議具奏”二語文義是者，是其將來大統宜歸嗣子之意，議者議夫繼嗣繼統並行不悖之方，臣工應命陳言，豈敢以依違兩可之游詞貽廟堂他日之籌慮。是以謹竭愚悃，專摺具陳，無任悚惕屏營之至。

再此次懿旨中“即是此意”一語，乃此議之緊要關鍵，天地神祇，實所共聞，朝野臣民，咸所共喻。诸臣心知其意，而苦於恐涉建儲，不敢發揮，故不便述此四字之文，而專駁吴可讀之摺，以爲如此便可不類建儲矣。豈知聖意已經宣播，若不善爲會通，乘此時畫一良策，究其事勢，轉恐終必類於建儲而後已。且懿旨上言豫定下言，即是語意相連，今不爲之疏解分明，以妥議具奏，始以無庸置議，終傳之四方，實駭物聽。雖其所謂無庸議者，係指原摺而言，誠恐迂儒以文害辭，誤疑兩宫有游移之意，更恐他日讒佞附會，正藉此議爲翻案之端。一言之微，語病甚大。竊謂此事關繫至重，伏望兩宫聖裁熟思，權衡至當，再降懿旨，臣愚不勝大願。

恭讀四月初十日慈安太后、慈禧太后懿旨，略謂皇帝受穆宗毅皇帝付託之重，將來誕生皇子，自能慎選元良，纘承統緒。其繼大統者，爲穆宗毅皇帝之嗣子，守祖宗之成憲，示天下以無私。皇帝必能善體此意也。所有吴可讀原奏及王大臣等會議摺，徐桐、翁同龢、潘祖蔭聯銜摺，寶廷、張之洞各一摺，並閏三月十七日暨本日諭旨，均著另録一分，存毓慶宫。至吴可讀以死建言，孤忠可憫，着交部照五品官例支恤，蓋略用竹坡學士疏中語意，而可爲天下萬世爲人臣者勸矣。

—5. 皇朝經世文續編　卷五一　禮政二　大典上

奏爲重案未協有關治本民心疏

竊四川東鄉縣一案，昨經欽差恩承、童華查辦，審擬奏覆，勅下刑部議奏。在恩承等研鞫數月，自當詳慎，部臣公同核議，自當平允。惟是此案之真正本源、緊要關鍵，似尚有未盡縷晰上聞者。道路傳聞，人言藉藉，不敢不爲我皇上陳之：

伏思此案之查辦由於濫殺；濫殺由於誣叛請剿；誣叛請剿由於聚衆鬧糧；聚衆鬧糧由於違例苛斂，各稟各疏中所謂署東鄉縣知縣孫定揚議派捐輸，每正銀一兩多加錢五百文是也。查四川之捐輸與他省異。咸豐中葉，軍餉無出計，臣議於四川錢糧之外加收津貼。津貼者按糧攤派，正賦一兩，則津貼亦一兩矣。咸豐末年，更議於津貼之外加收捐輸。捐輸者亦按糧攤派。川省一百六十州縣，除最瘠數十州縣外，餘皆派及，或一年一派，或兩年三派，由藩司臨時斟酌。大約每縣地丁五六千金者，捐輸派至萬金上下，而錢糧最少之户不派，正賦一兩，則捐輸並不止一兩矣。此皆報部充餉之正款也，而耗羡解費不與焉。不特此也，川省雜派最多，若夫馬局、若三費局，有者什之八九，此外地方公事各局，名目不一，皆取之於民，皆派之於糧。局紳議之，官吏斂之，大率每地丁一兩，合之津捐雜派，大縣完多將近十兩，中縣完少亦須五六兩。糧民交納者，先完雜費，繼完津捐，然後許完正賦。雜費不完，串票不可得。無串票，則官得治以抗糧之罪，其術亦巧而毒矣。非若他省，捐輸偶一爲之，即有勒派，止累富室而已。川省捐輸之數向由藩司派定，照文徵收，無可加減。故東鄉之多收五百文，非勒捐富户也，乃加賦也，非爲國聚斂也，乃肥己也。此等情節，度朝廷未必盡知也。考川省蕃盛，自雍正間招民墾荒始。國初以來闢地少，定賦輕，故司農屢次加派，而百姓黽勉輸將。蓋蜀民涵沐聖澤，亦知急公紓難之義，不忍吝也。官吏於是謂蜀人富而且愚，因之苛斂不已。然而百姓亦能曲諒官吏辦公之無資，私用之不給，民力已竭，仍不敢怨也。何至舊章之外，復又增加。且東鄉自同治八年以後，局中有鉅萬之徵收，無一紙之清帳，鄉民憤激清算，遂發兵以剿之，且舉無數無干之老弱婦孺而屠戮之。此不得不爲四川百姓痛哭流涕，而訴之於天地父母者也。

且皇太后、皇上亦思髮、捻所以削平之故乎？咸豐以來，賊氛幾遍天下，師老餉匱，岌岌可危，然而以次掃蕩，重睹昇平。誠有如宋韓琦、歐陽修所云：“臣等五六書生，輔佐太后，而天下聽從者，此豈盡師武臣力之所致哉。”良由列祖列宗深仁厚澤，積纍淪浹，故皇天眷佑我聖清而使然也。我朝深仁厚澤，固屬美不勝書，然大要則有兩事：一曰“賦斂輕”，一曰“刑罰平”。賦輕則不至竭民財，刑平則不肯殘民命。順治元年，世祖章皇帝諭曰：“官吏朦混倍徵者，殺無赦。”十三年，嚴徵收加派之禁。康熙五十二年，聖祖仁皇帝特頒永不加賦之諭，爲古今數千年所無之善政。至於好生惡殺，慎重刑辟，乃列聖相傳之心法。順治十年六月，聖諭有云：“死者不可復生，誤者不可復改。此悔此怨，咎將誰歸？務平心守法，使人不冤。”康熙十二年十二月，勅刑部將逆案干連人等情罪，稍可矜疑者，概行省釋。康熙元年三月，定録供不全、引律不確之禁。二十二年十二月，諭大學士等曰：“人命重大，無辜枉死，上干天和。”二十四年四月，定有司誣良爲盗，照故入平人例，從重治罪之禁。九月，定貪官不入緩決之例。四十七年二月，遣侍郎穆丹，審浙江大嵐山賊案，親書諭旨，令察審時毋得恐嚇良民。並諭除賊犯正身外，株連人等用刑尤宜謹慎。乾隆五十年七月，河南王金等糾衆拒傷兵役一案，李二等六十七犯持械助勢，奉旨從寬免死。至《大清律》一書，原本《唐律》，斟酌盡善，最爲精詳平允。二百年來，君臣上下，準此斷獄，無敢意爲重輕，所以培元氣而篤丕基者，在此兩端而已。嘗考從古帝王，所以享國久長者，財力、兵力、權謀、術數皆不足恃，惟民心爲可恃。誠使君仁民悦，則雖積貧積弱而不至於危。雖有四裔强鄰，見其國之民氣固結，天心眷注，則隱然有不可動摇之勢，而不敢生其陵侮覬覦之心。即如近年北省奇灾，餓莩遍野，以尋常事勢論之，足以生事。然人情帖然，饑而不害者，此乃天鑒我皇太后、皇上有愛民之心故也。今孫定揚横徵暴斂，妄召外兵，殘民以逞，民不叛而誣爲叛，城不圍而捏爲圍，兵已臨而不乘機撫定，將欲剿而無一語阻攔。流毒半年，殺人如草。假使非該員捏禀於先，則督臣剿洗之批何從而下？非該員慫恿于後，則各營妄殺之念何自而萌？原禀明有"形同叛逆，縣城危在旦夕"之語，謂之蓄意誣民爲逆，百喙何辭？查《例》載："誣告叛逆已决者，斬。"《律》載："故入人罪至死者，坐。"今聞恩承等不引確切之本律，而牽合"告重事不實"之條，况例載"告重事不實"，並"全誣十人以上，發邊遠充軍。如有干係重大事情，臨時酌量辦理"，何又將後二語删去乎？此非孟子所謂"刺人而殺，諉罪於兵者"哉。臣愚以爲不誅孫定揚，不惟無以謝東鄉千百之冤魂，無以服袁廷蛟，並無以服李有恒。使皇太后、皇上，早聞四川官吏貪殘剥削之狀，親見東鄉百姓焚殺糜爛、呼號宛轉之形，不知若何憫惻？若何震怒？乃案懸四年，兩被京控，三經糾參，兩易督臣，三奉查辦，而卒之舍首惡而不誅。事無真是非，刑無真罪名，此臣之所大懼也。

夫臣亦何惡於孫定揚，而必欲誅之？所惜者，國家之法紀，祖宗之德澤，苛斂屠殺不忍背叛朝廷之民心。近年承軍務之後，封疆牧令，心粗手滑，動輒用兵。即如去年浙江金屺蘭私墾升科一案，山東陵縣抗漕一案，殺戮亦爲過重。然且姑置勿論，蓋事未上聞，則咎在督撫。案已到部，則權在朝廷。若再不遏其流，以後日肆貪虐，必致毆民爲盜而後已。臣前奉命視學蜀中，光緒二年夏間考試川北，即聞物議沸騰，擬俟回省詳考本末，如實有顛倒，即當上陳。乃秋間到省，已經臺臣參劾，得旨查辦，自不便再行瀆奏。今日獄成罪定，而是非未明。臣來自蜀中，實有見聞，若不一言，上無以對朝廷，下無以對四川通省之士民。此案卷牘太多，如蒙勅將孫定揚誣叛請兵原禀原供摘出上呈，一經御覽，真情立見。或謂屢經查辦，關涉大員太多，豈能再爲平反？不知失出一案，處分頗輕，果爲國家所倚任之大臣，用舍操縱，朝廷自有權衡，何必顧忌牽制，致紊大法哉？臣願皇太后、皇上深維祖訓至嚴，人命至重，民言可畏，天鑒難欺。關係至大，不獨一蜀。應如何核議之處，恭候聖裁。

—5. 皇朝經世文續編　卷八七　刑政四　治獄

上海强學會序

天下之變岌岌哉。夫挽世變在人才，成人才在學術，講學術在合群。累合什百之群，不如累合千萬之群，其成就尤速，轉移尤鉅也。今者，海内多故，天子慭焉閔憂，特下明詔，搜求才識閎達及九能之人、一藝之士，而應詔者寡，固搜訪之未逮歟？得無專門之學，風氣未啓，有以致之耶？故患貧而理財，而專精農工商礦之學者無人；患弱而練兵，而專精水陸軍及製造船炮之學者無人，乃至外國政俗亦寡有深通其故者，此所關非細故也。頃士大夫創立强學會於京師，以講中國自强之學。風雨雜沓，朝士麟萃，尚慮未能布衍於海内。於是江海散佚，山林耆舊，盍簪聚講求。如漢之汝南，唐之東都，宋之洛陽，爲士大夫所走集者，今爲上海。乃群天下之圖書器物，群天下之同仁學士相與講焉。嘗考泰西所以富强之由，皆由學會講求之力，《傳》偁“以文會友，以友輔仁”；《記》偁“敬業樂群”。其以開風氣而成人才，以應聖天子側席之意，而濟中國之變，殆由此耶。其樂從諸君子游乎？吾願觀其成焉。

—9. 皇朝經世文新編　卷二六　會黨

上海强學會章程

一、本會專爲中國自强而立。以中國之弱，由於學之不講，教之未修，故政法不舉。今者鑑萬國强盛弱亡之故，以求中國自强之學。總會立於上海，以接京師，次及於各直省。

一、今日學校頹廢，士無術學，衹謀利禄之業，間考文史，不周世用。又士皆散處，聲氣不通，講習無自，既違敬業樂群之義，又失會友輔仁之旨。西國每講一種學術，必有專會。會中無書不備，無器不儲。即僻居散處，亦得購書閱報，以廣觀摩。故士有專業，而才日以成；國資其用，而勢日以盛。今設此會，聚天下之圖書器物，集天下之心思耳目，略仿古者學校之規及各家專門之法，以廣見聞，而開風氣。上以廣先聖孔子之教，下以成國家有用之才。最要者四事，條列於下，其局章附焉：

一、譯印圖書。道莫患於塞，莫善於通。互市者通商以濟有無，互譯者通士以廣問學。嘗考講求西學之法，以譯書爲第一義。蓋以中國人而講西文，不過通酬酢語言，只能譯書札尺牘，其能讀朝章國律者已少。至各學專門之書，各具深微之理。即其字，義各有專門不盡相通，彼方士人不入此門者亦不識其字。此固非游歷洋差人所能解，亦非同文方言譯生所能知。即有一二專門之士，無以發天下之學者，其爲益甚鮮。欲令天下士人皆通西學，莫若譯成中文之書，俾中國百萬學人，人人能解，成才自衆，然後可給國家之用。今西學堂知課語言文字，而寡及譯書。惟聖祖仁皇帝御纂《數理精藴》，潤色西算，嘉惠士林。高宗純皇帝欽定《四庫提要》，凡自明以來所譯西書，並許箸録。曾文正公開製造局，以譯書爲根，得其本矣。今此會先辨譯書，首譯各國各報，以爲日報取資；次譯章程、條教、律例、條約、公法、目録、招牌等書，然後及地圖暨各種學術之書。隨譯隨刊，並登日報，或分地，或分事，或分類，或編表，分之爲散報，合之爲宏編，以資講求，而廣聞見，並設譯學堂專任此事。

一、刊布報紙。陳文恭公勸士閲邸報以知時務。林文忠公常譯《澳門月报》以覘敵情。近來津滬各報，取便推俗，語涉繁蕪。官譯新聞紙，外間未易購求。今之刊報，專録中國時務，兼譯外洋新聞。凡於學術治術有關切要者，巨細畢登。會中時務附焉。其邸鈔全分各處，各種中文報紙，各處新事，各人議論，並存鈔以廣學識，各局互相鈔寄。

一、開大書藏。乾隆時敕建文匯閣於揚州，建文宗閣於鎮江，例准士子就讀。經亂散失，遺書無多。此會擬宏區宇，廣集圖書。近年西政西學日新不已，實則中國聖經古子先發其端，即歷代史書、百家著述，多有與之闇合者。但研求者寡，其流漸湮。今之聚書，務使海内學者知中國自古有窮理之學，而講求實用之意亦未遽遜，正不必驚望而無極，更不宜畫界以自封。泰西通都大邑，必有大藏書樓，即中國圖籍亦藏弆至多。今合中國四庫圖書購鈔一分，而先搜其經世有用者，西人政教及各種學術圖書，皆旁搜購采，以廣考鏡，而備研求。其各省書局之書，皆存局代售。

一、開博物院。文字明其義，有不能明者，非圖譜不顯；圖譜明其體，有不能明者，非器物不顯。《詩》稱"關關雎鳩"，熟陸機之《疏》，通冲遠之《説》，學者窮日詳考其形色而不知雎鳩也。置雎鳩於前，則立識矣。人之一體，讀《素問》，考《明堂》及《全體新論》，不知也。外國有人身全體，一見則立明矣。康熙年間《欽定時憲書》采用西法，置南懷仁所造儀器於觀象臺，其曆算與中土迥異。今步天測量，非登臺觀器不能明。又如輪船之大而且速，槍炮之堅而且利，製造機器之出貨捷而且多，苟一寓目便知守舊蹈常斷不能與之角力而争利。西國博物院，凡地球上天生之物、人造之器備列其中。苟一物利用，必思考而成之，不令棄擲；苟一器適用，必思則傚，旋且運化生新，而利便又遠過之。合衆人之心思以求實用，合萬國之器物以啓心思，烏得不富？烏得不强？今創設此院，凡古今中外，兵農工商，各種新器，如新市鉄艦、輪車、水雷、火器及各種電學、化學、光學、重學、天學、地學、物學、醫學諸圖器，各種礦質及動植種類，皆爲備購博攬兼收，以爲益智集思之助。

右四條皆本會開辦，各有詳細章程，别行刊布。

一、會中於義所應爲之事，莫不竭力視集款多寡次第舉行者。又有數事：立學堂以教人才，創講堂以傳孔教，派游歷以查地輿、礦務、風俗，設養貧院以收乞丐、教工藝，視何處籌款多者即在其地舉行，惟望我海内志士合力爲之。

一、入會者將姓名、爵里函知局中，即送以章程，收捐款後即編號。會中遇事知照，展轉援引，愈推愈廣，庶幾自保其類，不致令外國誚以散沙。

一、入會者不論名位學業，但有志講求，概予延納。德業相勸，過失相規，患難相恤，務推藍田鄉約之義，庶自保其教。

一、中國非無專門績學之士，苦於不相聞問，無由觀摩。即已有學問，無人能知，且平素無相交之雅，相遇生妒忮之心。今此會使海内學士聲氣相通，以期增長，是入會之大益。既無隔礙，且合海内之士聯結講求，庶自强有基。

一、入會諸君，原爲講求學問。聖門分科，聽性所近。今爲分别門類，皆以孔子經學爲本。自中國史學，歷代制度，各種考據，各種詞章，各省政俗利弊，萬國史學，萬國公法，萬國律例，萬國政教理法，古今萬國語言文字，天文地輿，化重光聲，物理性理，生物地質，醫藥金石，動植氣力，治術師範，測量書畫，文字減筆，農務牧畜，商務機器，製造營建，輪船鐵路，電綫電器，製造礦學，水陸軍學，以及一技一藝，皆聽人自認，與衆講習。如有新得之學，新得之理，告知本會，以便登報。將來設立學堂，亦分門教士，人才自盛。

一、入會諸君，原爲學問起見，其有疑義，可函詢會中講求，當詢通人詳答。其有經世文字，新論新法，可寄稿本局，經通人評定，或鈔存備覽，或刊刻流通。倘發中西未得之新理，加酬奬賞，標其姓名，以收切磋之益。

一、外國學會，咸樂布施，有捐至百萬者，故學者甚盛。各省善堂捐款亦多累數千百，况此舉功德比善堂尤大。今議凡來入會者皆須捐助，最少以十兩爲限。

一、善堂捐助義舉，皆立即捐資。凡入此會，概同斯例。若逾月不交，即將其會名扣除。其五十兩以上，准分兩次清交；百兩以上，准分四次清交。每次以兩月爲限。

一、凡捐助百兩以上者，每譯印成書，各送一部；五十兩以上者，譯印之書但收成本；三十兩以上者，取譯印之書，減價一成。自十兩以上，報紙皆減二成，並刊名報上。其有捐助千金者，永准其送一人入學堂，肄業由會中支給。

一、捐助之款寫明姓名爵里，交强學總局給收條，仍到本局换票處换聯票收執，作爲入會之據。其各處捐助之款，寫明姓名爵里，就近交電報局代收，製給三聯票收條。電報局將三聯票編號存案，將第三聯票寄本局，由本局换給入會聯票交電報局，付給收執爲據。本局將姓名、爵里、學業、寄寓，按照聯票號數彙編存案。聯票皆有董事圖章。

一、開辦此會，合海内之耆碩名士任之。所有局事，由開辦諸人内公舉四人爲提調，二人坐辦，二人會辦；公舉諳練公正者八人爲董事，亦四人坐辦，四人會辦。創辦定後，分年舉人輪管。倘董友因事辭退，提調董事集衆公舉，擇衆而從。既經舉定，不准以私見議改。被議之人，非有實在爲難亦不准規避委卸。其管事、管書、管器，皆用會内通達之人，由提調董事公酌保用。董事擬多邀辦賑諸君，其協理人數隨時增議。

一、入會之友，必求品行心術端正明白者方可延入。局中應辦之事，會友隨時獻替留備，采擇到局之後，倘别存意見，或誕妄挾私及逞奇立異者，恐於局務有礙，即由提調董事諸君公議辭退。如有不以局中爲然者，到局申明，捐銀照例充公，去留均聽其便。

一、局中訪求博雅通才，主譯書撰報之事。其人數隨時增廣，皆由提調董事公同妥訪邀請。

一、局内司賬須習知貿易書籍情形及刷印文字者充其選，必須董友考查確實，一秉至公。又須有結實鋪保，方許招致。倘涉營私舞弊，一經查出，原保之人照例責賠；經手之董事會友，凡預有保薦之力者，亦須一律議罰。

一、局中用項，概由值董核發。如有巨款在數千百金以上者，須各董友齊集公議，方准開支。收有成數，擇殷實商號存儲，立摺支取。如存數漸多，亦可議生利息。發票之期按幾日爲限，由值董眼同經理。

一、開局提調、董事，均仗義創辦，不議薪資。將來局款大盛，須專請人辦理，始議薪水。惟譯書、撰報、管書、管器、司事、教習、游歷、司賬，酌量給予薪水。

一、譯書刊報，會友應分送及減成售賣者，俱持票到總局、分局，驗票付給。

一、書局開辦之始，務求儉約，以期持久。擇地賃屋，茶點坐落，須清雅潔净。董友集議之日，不拘分際，儀文從簡。凡博奕游戲，徵逐喧囂，概宜屏禁，俾無壞局規。嗣後辦有成效，人多款足，再議擴充，自行建造添設園舍。

一、局内用款，分出、入、存三柱，簡明登記，每月一小結。刊刻報章，月朔由各董事齊集查閱，務期核實無弊。閱竟，各於名下署押爲記。每年一大結，彙刻徵信録，分送提調、董事及捐款百兩以上者，以昭信實。

一、先訂簡明章程，以期迅速集辦，每事各有詳細章程。舉辦以後，隨時集議。如有利弊應興應革，均由提調董友公議删增，或每季一集，每年一大議，並核用款，稽勤惰，詳稽論定，再行刊刻布告。

—9. 皇朝經世文新編　卷二六　會黨

請嚴禁種植罌粟片光緒八年

晋民好種罌粟，最盛者二十餘廳州縣，其餘多少不等，幾於無縣無之。曠土傷農，以致畝無栖糧，家無儲粟。丁戊奇荒，其禍實中於此。然而，覆轍相尋，不知迷復。議者或持不宜禁之説。大率一由見小，一由畏難。然臣謂以地以時，有不可不禁者四。

晋地磽瘠，産糧無多，早年本恃外省接濟。自爲罌粟所奪，蓋藏益空。即如前此大祲，垣曲産烟最多，餓斃亦最衆。近日種烟之利，以交城爲最盛，而糧價亦以交城爲最昂。賊民害稼，確有明證。此時若再不遏其流，設有偏灾，豈堪設想！此必禁者一也。

晋省山農多，水利少，種植罌粟之功，倍於蔬卉，偶有山溪水滸，可資灌溉，悉以歸之。罌粟此物，最耗地力，數年之後，更種他穀，亦且不蕃。僅有此區區難得之水利，而養此毒民之物，此必禁者二也。

晋省吸烟之癖，官吏士民，弁兵胥役，以及婦人女子，雖皆沾染，大率鄉僻居其十之六，城市居其十之八，人人尫羸，家家晏起，怠惰頽靡，毫無朝氣。在官者不修其職，食力者不勤其業，循此不已，貧者益貧，弱者益弱，數十年後，晋其危乎！惟種之多者，故吸之便，此必禁者三也。

洋藥税爲海關大宗，今日方議重徵，藉禁外販，以爲坊民正俗之謀。若内地不禁，聽其蕃滋，何以關遠人之口？此必禁者四也。

查晋省罌粟之所以不能禁者，一由於上官之禁弛不一，朝令夕更。一由於官吏之視爲利源，圖收畝税。袪此二弊，必有成效可觀。臣愚以爲禁之有方，行之有漸，先膏腴而後磽硝，先腹地而後邊廳。責之於鄉保，毋徒付之於吏胥，遏之於播種之先，毋徒毁之於揚華之後。力禁苛擾，嚴定考成，感民以誠，未有不動。雖不能遽絶根株，而少一畦之罌粟，即多一口之餘糧矣。至於官生將卒，臣已多方勸戒。現仿李鴻章天津所設之戒烟局，延醫購藥，以冀廣起沉疴。屬官中有嗜好廢事，分别撤任停委，勒限戒斷，許令自新。弁勇勒限戒斷，不悛者汰黜。學校諸生，由學臣隨時董戒，冀以漸摩觀感，徐收移風易俗之功。

—13. 皇朝經世文統編　卷二六　地輿部一一　種植

奏設武備學堂摺

奏爲鄂省設立武備學堂以教將領之材恭摺具陳，仰乞聖鑒事。竊照光緒二十一年閏五月二十八日奉上諭："練陸軍，整海軍，立學堂，皆應及時舉辦等因，欽此。"又光緒二十二年十一月初二日奉上諭："武備學堂能否於各省會一律添設，著妥籌具奏等因，欽此。"亟應欽遵辦理，臣查自强之策，以教育人材爲先，教戰之方，以設立學堂爲本。湖北地據長江上游，南北樞紐，又將來鐵路所發端，尤爲用武之邦。當此時勢多艱，自宜開設武備學堂，以儲將材而作士氣。臣於上年回鄂後，即經欽遵前前旨，力籌舉辦，一面電致外洋，選募洋員教習，一面規畫籌款，建堂招考學生等事。查近年外洋各國講求兵事，益爲精密。向來中國學堂所教，多係俊秀幼童，及各營兵勇文理既昧，氣質亦粗，斷難領會精要，且資地寒微，出身尚遠，數年之中斷不能遽膺文武官職，安望其展轉倡率，廣開風氣？況所教學生，若僅可充末弁兵勇之選，則一堂之經費，數年之功力，止成就弁勇百餘名，多設則爲數不貲，少設則無裨實濟。

大率外洋武備學堂分爲三等：小學堂教弁目，中學堂教武官，大學堂教統領，學術淺深難易以此爲差。今中華爲救時之計，雖不能遽設大學堂，而教武官之學堂則不可緩，取材精而經費省，用功約而收效多。今擬專儲將領之材，專選文武舉貢生員，及文監生、文武候補候選員弁，以及官紳世家子弟文理明通身體强健者，考取入學堂肄業。緣上項諸人皆科名仕宦中人，將來效用國家，引伸會通，展轉傳授，上則可任帶兵征戰之事，次亦可充營務募府軍械局所之官。蓋此輩即或未能有衝鋒決勝之才，然於考核弁兵，籌備餉械，整飭製造各局，察閱炮臺營壘諸事，則固優爲之矣。裨益多而收效速，似乎無逾於此。嘗惟兵事爲國之大政，古者學校中人無不先習射禦，與我朝八旗文員兼習騎射之意相同，而《司馬法》一書列入禮家，故卿士大夫皆爲軍官，伍兩卒旅悉入鄉校。《春秋傳》云"雖有文事，必有武備"，此先聖身體力行之效，經義照然，以至孔門諸賢多能戮力行間，執戈衛國。唐宋以後文武分趨，殊失古人教士良法美意。泰西諸國民皆爲兵，將皆入學，頗於古義有合。今擬合文武爲一途，雖曰因時制宜，實則反經復古也。

查武備學堂功課分講堂、操場兩事。講堂以明其禮，操場以盡其用。講堂如軍械學、算學、測繪地圖學、各國戰史、營壘橋道製造之法、營陣攻守轉運之要，操場功課如槍隊、炮隊、馬隊、營壘工程隊、行軍隊、行軍炮臺、行軍鐵路、行軍電線、行軍旱雷、演習測量、演習體操等事，皆須次第講習通曉，始有實用。經臣於上年電致出使德國大臣許景澄，向德國兵部商派都司法勒根漢、千總根次二洋員來鄂教習，曾與德兵部議定到華後，法勒根漢加給副將銜，根次加給游擊銜，令其體制較優，以資表率管束，並議定歸總辦道員節制。惟學生百餘人教習僅止兩人，不敷講授，宜據該洋員堅請添募數人，以資協理。現經電商，兩江督臣劉坤一於江南自强軍洋員中，調撥洋員三人來鄂，乃法勒根漢挑選甚嚴，僅留德守備斯忒老一員，令入武備學堂隨同教習，尚短一員允俟隨後再行訪募，其餘何福滿、賽德爾兩員，派入護軍營洋操隊，教練弁勇。其功課章程，令洋教習酌議，總辦道員核議轉稟，由臣核定飭辦。洋教習課程餘暇，即令其誦讀四書，披覽讀史兵略，以固中學之根柢，端畢生之趨向，另派華教習經理考選學生百二十名，並選派粵津學堂出身，久充教習者十二員，爲領班學生。按照洋教習講説課程，譯成華文、華語轉述指授。諸生入學以後，無論何項功名，統爲學生，均須恪遵規矩，虛心受教，違章者即行屏除。除火食、操衣均由學堂供給外，每月給贍銀四兩。分定月課、季課、年終大課，以考其優劣，如果將來學有成效，擬請援照直隸、江南奏定學堂年限章程請奬，並擇委差缺，以示破格鼓勵。玆於湖北省城東偏黄土坡地方，購地建造武備學堂，該堂未造成之先，暫借鐵政局及該局附近租賃房屋爲栖止之所，派委署江漢關道、湖北候補道蔡錫勇總辦該學堂事宜。令該道督同洋教習妥定課程，認真激勸，並委奏調分省知府錢恂、浙江候補府瞬豫，充學堂提調，令其考核經費，約束學生，整飭一切，責令該員等與洋教習商酌協助，隨時維持，以期有實效而無流弊。查武備學堂歲費甚鉅，鄂省之力本難辦此，然當此時艱事急，閑暇不易得，人材不易成，若再一因循，蓄艾已晚，反覆焦思，不能不勉力爲之。現擬暫在鹽務雜款及銀元局赢餘項下設法凑撥，惟此係國家經武儲材之要政，若零星凑補，勉强支持亦爲非體，將來尚須籌定常款，奏明辦理，以期經久。除咨總理衙門外，所有設立武備學堂緣由，理合會同湖北巡撫臣譚繼洵，恭摺奏陳，伏乞皇上聖鑒謹奏。

—14. 皇朝經世文統編　卷六一　禮政九　學校

力争和議電奏一

總署鈞鑒：聞和議各條，不勝焦灼。痛憤倭寇，狂悖至此！種種利害，顯然可見，中外諸臣均已懇切陳奏，無待瀆陳。其中如旅順不肯交還，及威海、劉公島、天津駐兵各條，尤爲可駭。查旅順、威海乃北洋門户，若不退還，則北洋咽喉，從此梗塞，以後雖有水師，何處停泊修理？旅順、劉公島常駐倭船，天津又駐陸兵，近在肘腋。旅順島、津沽、山海關皆一日可到，烟臺尤近，彼日肆要挾，稍不滿欲，朝發夕至。且倭約各條，貪苛大甚。臺灣民悍，不甘屬倭，必然啓釁，各省軍民必致痛哭深怨，斷不甘心。稍有枝節，彼即謂不依條約，立刻生事。彼時戰不及戰，和不及和，守不及守，即欲暫避，亦不及避。倭性兇狠，不同西國，其禍豈堪設想！查要挾各條之害，聖明豈有不知？朝廷所以勉爲和議者，不過爲保全京城，姑冀目前粗安，徐圖補救。若照倭索諸條，更是自困自危之道，欲求旦夕偷安而不可得。又洋報有與中國聯合以備戰守一條，大約是爲中國經理各省機器製造、鐵路等事，尤爲險詐。查購買洋械，本難常恃。幸各省尚有數局可造槍炮彈藥，稍資接濟。經此倭事，創巨痛深，正須急籌鉅款，竭力擴充。運兵鐵路，亦須量力修造。

今若令倭人干預，則内地軍火運道，皆在倭掌握中。水師既不能振，陸軍亦不能自主，中華何以立國？且倭駐旅、威則自遼陽以至威海、榮城周圍三千里，處處水陸皆須永遠設防，所費太鉅，當此賠款巨萬之際，防費將從何出？至蘇杭織造絲綢，川楚織紗造布，則各國亦必效尤，改造土貨，中國工匠生計從此盡矣！海軍無歸宿，陸軍無利器，威海棄則京畿無屏蔽，商民貧則軍餉無來源。各國欺凌，商人嗟怨，外患疊至，内變將出。恐係大學士李鴻章昏迷之際，李經芳等冒昧應許。竊惟遣員議和，乃朝廷休兵息民之盛德，顧全大局之苦衷。洞雖愚昧，亦知仰體，斷不敢爲大言迂論，以瀆宸聰。所慮者，京城不能安，和議不能成，不論遠患，先有近憂。伏望聖明熟思深察，敕下王大臣等迅速會議，設法補救，以候聖裁。但此時總須乞援，方易措手。惟有速向英俄德諸國，懇切籌商，優與和益，訂立密約，懇其實力相助，問其所欲，許以重酬，絶不吝惜。無論英、德、俄酬謝若何，去中國較遠，總較倭患爲輕。此須先請各國公同告倭，令人停戰，以便從容議辦，尤爲緊要。迫切上陳，萬分惶悚，請代奏。洞肅。

—14. 皇朝經世文統編　卷八一　兵政一七　邊防下

力争和議電奏二

倭約萬分無理，地險、商利、餉力、兵權一朝奪盡，神人共憤，意在吞噬中國，非僅占數地而已。所有棄臺、旅之害，威海、劉公島駐兵之害，與中國聯合備戰各條之害，二十六日電奏已詳陳。近聞通商條目賠款限制，尤堪駭異！各省口岸城邑、商業、工藝、輪船，處處任意往來，任意製造，一網打盡，工商生路盡矣！倭在華製造土物，一照洋貨納税，各國效尤，如不能拒，厘金虧矣。賠款二萬萬兩，六年付清，又加五厘申息，即借英國洋款轉付，分期攤還，每年亦須還本息一千數百萬兩，各海口洋税空矣。今借款係赫德一手經理，專借英款，將來無論如何搜括，亦不能還清，英國必索我地方作抵，是又生一患矣。民貧極則生亂，厘款去則無餉，陸師海軍永不能練，中國外無自强之望，内無剿匪之力矣。威、旅之兵必致永遠不撤，京城亦無安枕之日矣。

一倭如此，各國援例要挾，動以窺伺京城爲詞，更不能拘，後患不可勝言矣。然非藉兵威不能廢約。此時欲廢倭約，保京城，安中國，惟有乞援强國一策。俄國已邀德、法阻倭占地，正可乘機懇之乞援，非可空言，必須予以界務、商務實利。竊思威、旅乃北洋門户，臺灣乃南洋咽喉，今朝廷既肯割此兩處與倭，何不即以此與倭者，轉而賂英俄乎？所失不及其半，即可轉敗於勝。惟有懇請飭總署及出使大臣急與俄國商訂密約，如有助我攻倭脅倭，盡廢全約，即酌量分新疆之地，或南路回疆數城，或北路數城以酬之，並許推廣商務。如英肯助我，酌量割分西域一帶之藏地，讓與若干以酬之，亦許以推廣商務。外洋通例若此，兩國有聯盟密約，有戰事即可相助，不在局外之例。俄現有兵船三十餘艘在中國海面，英有兵船二十餘艘在中國海面。俄、英兩國，只須有一國相助，其兵船已足制倭而有餘，其船或開向横濱、長崎，或徑趨廣島，或游行南北洋，兵船一動，倭氣立阻。倭極畏西洋，斷不敢與俄、英開戰。若俄、英二國相助，則兵不血刃，而倭約自廢，京城自安。若倭敢戰，則我拒其陸兵，英俄截其海道，攻其國都，倭必滅矣。同一棄地，而畫分新疆、西域可保緊要之威、旅，兼存膏腴之臺灣，且可盡廢一切毒害中國之約，權其輕重，利害顯然。且遼東、旅順國家根本，臺灣歸化，康熙初年既而開拓，藏衛大定則在乾隆中葉，先後緩急，亦有不同。譬如人有疾病，臺灣割棄，威、旅駐兵，咽喉之病也，内地處處通商，賠款力不能還，心腹之患也，西域邊遠，髀骨之損也。蓋英、俄本强，然歷次條約，尚無吞併中國之意，即以重利酬之，於彼有益，於我尚無大損。倭專心欲害中國，正苦餉力不足。

若此約允行，則從此既强且富。是我助以專噬中國之資矣。至倭約各條，處處包藏禍心，而字句巧黠，意圖含混，尤望將和議各條發交王大臣等細心閲看，自知其間之毒謀矣。此因和議已許割地，故擬此爲權宜轉移之策，冀以救急紓禍。憂憤迫切，仰候聖裁。請代奏。張之洞肅。光緒二十一年四月初一日。

—14. 皇朝經世文統編 卷八一 兵政一七 邊防下

游學篇

出洋一年，勝於讀西書五年。此趙營平百聞不如一見之説也。入外國學堂一年，勝於中國學堂三年。此孟子置之莊獄之説也。游學之説，幼童不如通人，庶僚不如親貴。嘗見古之游歷者矣：晉文公在外十九年，遍歷諸侯，歸國而霸；趙武靈王微服游秦，歸國而强。春秋戰國最尚游學，賢如曾子、左丘明，才如吴起、樂羊子，皆以游學聞。其餘策士、雜家不能悉舉。後世英主名臣，如漢光武學於長安，昭烈周旋被鄭康成、陳元方；明孫承宗未達之先，周歷邊塞；袁崇焕爲京官之日，潛到遼東。此往事名驗也。請論今事：日本小國耳，何興之暴也？伊籐、山縣、榎本、陸奥諸人，皆二十年前出洋之學生也，憤其國爲西洋所脅，率其徒百餘人，分詣德、法、英諸國，或學政治工商，或學水陸兵法。學成而歸，用爲將相，政事一變，雄視東方。不特此也，俄之前主大彼得憤彼國之不强，親到英吉利、荷蘭兩國船廠，爲工役十餘年，盡得其水師輪機駕駛之法，並學其各廠製造。歸國之後，諸事丕變，今日遂爲四海第一大國。不特此也，暹羅久爲法國涎伺，於光緒二十年與法有釁，行將吞併矣。暹王感憤，國内毅然變法，一切更始。遣其世子游英國，學水師。去年暹王游歐洲，駕火船游紅海，來迎者即其學成之世子也。暹王亦自通西文西學，各國敬禮有加，暹羅遂以不亡。上爲俄，中爲日本，下爲暹羅，中國獨不能比其中者乎？

至游學之國，西洋不如東洋。一路近省費，可多遣；一去華近，易考察；一東文近於中文，易通曉；一西書甚繁，凡西學不切要者，東人已删節而酌改之。中東情勢、風俗相近，易仿行，事半功倍，無過於此。若自欲求精求備，再赴西洋，有何不可！或謂昔嘗遣幼童赴美學習矣，何以無效？曰：失之幼也。又嘗遣學生赴英、法、德學水陸師各藝矣，何以人才不多？曰：失之使臣監督不措意，又無出身明文也。又嘗派京員游歷矣，何以材不材相兼？曰：失之不選也。雖然，以予所知，此中固亦有足備時用者矣。若因噎廢食之談，豚蹏篝車之望，此乃禍人家國之邪説，勿聽可也。

嘗考《孟子》所論聖賢、帝王、將相歷險難、成功業，其要歸不過曰“動心忍性，增益其所不能”而已，曰“生於憂患”而已。夫受侮而不恥，蹙國而不懼，是不動也。冥然罔覺，悍然不顧，以效法人爲恥，是不忍也。習常蹈故，一唱百和，憚於改作，官無一知，士無一長，工無一技，外不遠游，内不立學，是不“增益所不能”也。無心、無性、無能，是將死於憂患矣，何生之足云！

—15. 皇朝經世文四編 卷五 學術 原學

湖督招考自强學堂學生示

本部堂於光緒十九年十月奏設自强學堂於武昌省城，分方言、算學、格致、商務四齋。惟方言一齋，住堂肄業。其餘三齋，按月考課。歷年循辦在案。誠以爾時兩湖風氣未開，姑以四者開其先路。惟是自强之道，貴乎周知情僞，取人所長。若非精曉洋文，即不能自讀西書，必無從會通博采。兹經本部堂詳加酌核，更定自强學堂章程。其算學一門，中國古法及新譯西書書籍較多，可不假道西文，業經於上年五月改歸兩湖書院，另行講習。其格致、商務兩門，中國既少專書，津滬諸局、西人學館譯出諸編，不過略舉大概，教者、學者無從深求。現將格致、商務兩門停課，先行統課方言，以爲一切西學之階梯。將來格致、商務，即可自行誦譯探討。

查京師同文館，分設英文、法文、德文、俄文等館，規模大備。惟一館學生，勢不能應中外之求。此外各省堂局學習洋文，多係專習一事，取法一國。查西人學業，各國雖大致相同，而專長、兼長，實非一致。辦理交涉，尤貴因應咸宜。此英、法、德、俄四國語言文字，必須分門指授之意也。本部堂意在造就通材，所期遠大。欲使學者皆能自讀西書，自研西法，則可深窺立法之本源，並可曲闡旁通之新義。既不必讀輾轉傳繙之書，致得粗而遺精；亦不至墨守西師一人之法，致所知之有限。將來學成以後，通殊方之學，察隣國之政，功用甚宏。實基於此，必須資性穎悟，身家清白。先通華文，先通儒書，義理明通，志趣端正，方能與選。今分立英、法、德、俄語言文字四門，每門學生以三十名爲額，四門共一百二十名。英文、法文各省傳習較久，目下四學始基，即派華員爲教習。俄文、德文通習素罕，分派俄員、德員爲教習，輔以華員，協同課授。現已委員購地，尅期添造誦堂並學生所住齋舍，合行出示招考學生，至堂内原有英文學生，其未通華文者。應行汰除。統計應行招足一百二十名之額。目下誦堂住舍，尚未造成。先行每門招十五名，入堂肄業。其餘十五名，俟誦堂齋舍造齊，再行來堂。除該生飯食、書籍、紙筆等，均由學堂備辦外，每名每月給膏火銀五元，以資安心學習。爲此示仰各省舉貢生監職員、官紳子弟人等知悉。凡有華文精通，年在二十四歲以內，十五以外者，無論本省外省，悉准報名與考，聽候本部堂派員考試，録取覆試，挑選入堂學習。凡入堂學生，不論何項人員，均須恪遵規矩，聽授教習及管學各員約束。如不守學規，即行斥退，斷不寬貸。自出示之日起，以十五日爲限。凡有志與考者，迅赴自强學堂報名，慎勿觀望自誤。並開列簡明章程十二條示後。特示。

一、自强學堂以一百二十名，分習英、法、德、俄四國語言文字。每門三十名，分四堂授課。

一、學生必年在二十四歲以内，十五以外，口齒較靈，志趣漸定者。過二十四歲，或不及十五者，均不録取。

一、學生必須以華文爲根柢，以聖道爲準繩。儒書既通，則指授西文，亦可收事半功倍之效。此次挑取學生，非華文清通、義理明白、根基已立者，斷不收録。

一、吸洋烟斷不收録。

一、挑取學生，先考華文一次，照定額加倍挑取。再行面試，並相其器宇端正、口齒靈敏、體質壯實、確無嗜好者，録取入堂。並於定額之外，備取三四十名，俟入堂三月以後甄别一次，將不堪造就者剔去。仍照舊額留堂學習。

一、學生有年齒稍長，或已列膠庠者，必已通曉儒書，每日除西學功課外，儘可自温舊業。其年齒稍穉，華文較淺之學生，另於該學堂設立華文教習，於西文之暇，課授儒書華文，並作論說。庶幾中外兼通，不致忘本。

一、學生宜專心致志。習學堂講授諸課，不准在堂兼作時文試帖，亦不准並應各書院課試，以致兩歧。

一、學生凡已入學者，准其請假以應鄉試。其一切歲科小試，概不准請假。

一、學生以五年爲畢業。學生留堂以後即爲官學生，其未畢業以前，若非實有緊要正事，不得自行請假。若藉端求去，改習卑下之業，甚或不自愛惜，受洋行僱充繙譯，須將其歷年薪水火食，及本身一切用費追繳。責成該學堂於學生挑選留堂之日，即將其家世考詢明確，並須有同鄉官員誠實可靠之人，出具保結。

一、教授西文，既忌陸續增收學生，新舊攙雜，不能成班，令教者窘於指授。該堂學生既經挑定以後，即應截止收録。至已留堂學生，或有因事撤退者，只可任令虛額，不能陸續收補。即使來堂來學者衆，亦只能俟下届招考新生之時，令其投考，另作新班教授，不得中道收補，攙入舊班。

一、學生凡在誦堂，聽華洋教習約束。凡在齋舍，或飯廳，聽提調總稽查，並管學約束。如有失規者，在誦堂即由教習酌量儆戒，在齋舍由提調酌量儆戒。不率教者斥退。課程學規條目糊牌懸掛堂内。

—20. 皇朝蓄艾文編　卷一六　學校四

楚督遵擬漢口試辦商務局疏

竊照承准軍機大臣字寄，光緒二十四年六月初七日奉上諭：“振興商務爲目前切要之圖。迭經諭令各省認真整頓，而辦理尚無頭緒。泰西各國，首重商學。是以商務勃興，稱雄海外。中國地大物博，百貨浩穰，果能就地取材，講求製造，自可以暗塞漏卮，不致利歸外溢。著劉坤一、張之洞揀派通達商務、明白公正之員紳，試辦商務局事宜。先於沿江沿海，如上海、漢口一帶，查明各該處所出物産，設廠興工。果使製造精良，自能銷路暢旺，日起有功。應如何設立商學、商報、商會各端，暨某省所出之物産，某貨所宜之製造，並著飭令切實講求，務使利源日闢，不令貨棄於地。以期逐漸推廣，馴致富强。事屬創辦，總以得人爲先。該督等慎選有人，即著將擬定辦法迅速奏聞，毋稍延緩。將此各諭令知之。欽此。”仰見朝廷通商、惠工、阜財、利民之至意，欽佩莫名。

查商務乃今日要政。上海爲沿海總匯，漢口爲上游要衝，鐵路樞紐，自應分設兩局。除上海一局，由兩江督臣劉坤一委員開辦外，兹於漢口設立商務局，以鼓舞聯絡上游川陜、河南、雲貴、湘粤等處工商爲要義。其商學、商報、商會及講求工廠製作、商貨銷路等事，江楚兩局各自籌辦。遇有應行聯絡貫通，或應互相協助之處，隨酌辦，時知照會商辦理。雖分爲兩局，仍聯爲一氣。應由兩江督臣劉坤一商籌。所有應辦之事，其要有八，謹條列於後。

一曰啓發。商報、商會、商學，皆係啓發之事。商報采訪沿江沿海各口岸，暨鄰省本省土地所産及人工所造，各貨市價銷路，並譯各洋報所載商務，兼譯西書之有關商務者，分期出報。商會係由本局商董邀集各省各幫大商入局，定立商會，或面商，或通函，或登報，互相討論考較，以期聯絡協助，力厚氣旺。商學係考求製貨理法，銷貨道路，綜較新式護商律例，以及中外盈絀，銀價漲落，各國嗜好，各業衰旺各情形。自應設立學堂，延師教習，方能增長智術。惟中國設立商學，華人能任教習者，斷無其人。若延請洋教習，經費太鉅，且設堂經費亦屬不貲，斷難舉辦。惟有赴外洋學習，但西洋過遠，東洋較便，商會中人，有願往者，自備資斧。或由商會籌集公款，湊齊人數若干，由該局稟臣發給護照前往，並咨明總理衙門暨出使大臣查照。至設局之始，不能不酌籌經費，以資刊報、設會等事之需。擬於整頓牙帖項下籌撥。以後商務漸興，果有成效，方可與衆商酌議籌集經費之法。

二曰倡導。製造土貨，需用機器，華商不知成本若干，有無利息，未敢試辦。現擬除已設之紗布、絲麻各局外，其餘土貨之需用機器者，若牛皮、骨角、紙張、竹器、漆器、洋蠟之類，均可次第籌辦。由官籌本若干，並備商款若干，先設數廠，令其觀感。見有成效，自知仿行。或代爲訪求製造之法，及需用何項機器，以爲之倡。

三曰合力。商務必集公司，方能大舉。一省商力不足，合他省以益之。查上游四川、雲貴等省，出產土貨甚多，而地勢較偏，購機選匠，種種不便。且機器運至川江以上，實屬不易，銷路亦窄。若造成後再運至下游行銷，徒多往返耗費。至於陝甘、河南、兩廣、湖南，亦不如漢口地勢適中四達。現擬於武漢一帶衝要地方，購買地段，以備入商會者，在此地段内購地造屋，或設行棧，或設機廠。

四曰塞漏。現在洋商已准在内地設廠製造土貨，無從禁阻，愈開愈多。華商更難覓生計。即使後日續開，固已著著落後。莫若議與洋商合辦，既免占我全利，並可學其工藝，此亦補救漏卮之一法。

五曰袪習。中國商賈積習，識陋見小，亦思依仿新式，辦運新貨。而偷減工料，貨質全非，以假亂真，以劣攙優，種種欺僞，以致外人割價退盤，甚至無人過問。其貨真價實之商，反爲所累。甚有招集股分，意存誆騙，事未辦成，資已用罄。遂至人人畏避，公司難集，商務莫興。實緣於此。必須明定賞罰，以示勸懲。

六曰保護。近日各省倒帳之案，層見迭出。漢口沙市，已屬不少。商局既設未倒之先，官爲訪察防護。既倒之後，官爲嚴追懲辦。凡曾經倒塌之商，照西例飭令報窮，列諸商報，使遠近咸知，以後永遠不准更名充商貿易。

七曰體恤。嚴禁税關釐卡，留難需索。新製土貨可以抵制洋貨者，奏明減輕，或暫免厘税。定明專利年限，不准他商仿造。

八曰獎勵。新創機廠，暨捐資興辦商報、商會、商學，及在外洋學成工藝回華，可資實用者，奏明請獎。

以上八端，總之不外於抵制洋貨，依仿洋式，借助洋師三義。從此著手，方爲有關内地商務大端。由粗入精，由近及遠，即將前經奏設之勸商局，歸併此局之内。其中事體繁博，現在先立大概章程，此後隨時籌劃變通，務期以漸推廣。查有奏調湖北差委廣東候補道王秉恩，端廉切實，才力精强，商務綜核，尤所擅長。此次另片奏調之江蘇候補道程儀洛，廉正核實，不辭勞怨。擬委令該兩員會同總理其局，並擬遴選殷實誠信、通曉時勢之商董數人爲總董。惟漢口之商，外省人多，本省人少，但取其熟悉商情，勢難拘於本處紳士，所有選員、設局大概情形，已經於七月十八日電奏。奉旨允准在案。現在督飭該道等將商務應辦各事宜，妥擬詳細章程，認真次第籌辦。

務期聯絡上游各省，漸次擴充。除以後辦法，隨時奏陳外，理合恭摺覆陳。伏乞皇太后、皇上聖鑒。謹奏。

—20. 皇朝蓄艾文編 卷三〇 商政三

湖督撫會議科舉新章並請酌改詩賦小楷試法疏[①]

竊臣前准部咨，光緒二十四年五月初六日，欽奉上諭："開經濟特科，令中外大臣薦舉考試。"近日恭讀邸鈔，四月二十三日，欽奉上諭："叚叚以變法自强，京外設立學堂爲急。"又五月初五日，欽奉上諭："於下科爲始，鄉會歲科各試向用四書文字，一律改試策論，一切詳細章程該部即妥議具奏等因，欽此。"際此時事艱難，人才匱乏，屢頒明詔，破除成格，力懲譾陋空疏之習，思得體用兼備、通達時務之士而任之。海内士民，見我皇上處事之明決如此，求才之急切如此，孰不欽仰感奮。竊維救時必自求人才始，求才必自變科舉始。四書五經，道大義精，炳如日月，講明五倫，範圍萬世。聖教之所以爲聖，中華之所以爲中，寔在於此。歷代帝王經天緯地之大政，宅中馭外之遠略，莫不由之。國家之以四書文、五經文取士，大中至正，無可議者也。乃流失相沿，主司不善奉行，士林習爲庸陋，不能佐國家經時濟變之用，於是八股文字遂爲人所詬病。今聖上斷然罷去八股不用，固已足振動天下之耳目，激發天下之才智。特是科舉一事，天下學術所繫，即爲國家治本所關。若一切考試節目，未能詳酌妥善，則恐未必能遽收實效，而流弊不可不防。嘗考北宋初創爲經義取士之法，體裁衹如講義，文筆亦尚近雅。明成化時始定爲八股之式，行之已五百年，文愈俗而愈卑，流愈久而愈敝。雖設有二場經文，三場策問，而主司簡率自便，惟重頭場時文，二三場字句無疵，即已取中，遂有三場寔止一場之弊。今改用策論，誠足以破拘攣陳腐之習矣。然文章之體不正，命題之例不嚴，則國家垂教之旨不顯，取士之格不一，多士之趨向不定。今廢時文者，惡八股之纖巧、苛瑣、浮濫，不能闡發聖賢之義理也，非廢四書五經也。若不爲定式，恐策論發題，或雜采群經字句，或兼采經史他書，界限過寬，則爲文者必至漫無遵守，徒騁詞華，行之日久，必至不讀四書五經原文，背道忘本，此則聲教興廢，中華安危之關，非細故也。

竊以爲今日當詳議者約有數端。一曰正名。正其名曰四書義、五經義，以示復古，文格大略，如講義、討論經説。二曰定題。四書義出四書原文，五經義出五經原文，或全章，或數章，或全節，或數節，或一句，或數句，均可。不得删改增減一字，亦不得用其義而改其詞。三曰正體。以樸寔説理、明白曉暢爲貴。不得塗澤浮艷，作駢儷體，亦不得鈎章棘句，作怪澀體。四曰徵寔。准其引徵史事，博考群書，但非違悖經旨之言皆得引用。凡時文向來無謂禁忌，悉與蠲除。五曰閑邪。若周秦諸子之謬論，釋老二氏之妄談，異域之方言，報館之瑣語，凡一切離經畔道之言，嚴加屏黜，不准闌入。則八股之格式雖變，而衡文之宗旨，仍與清真雅正之聖訓相符。

顧猶有慮者，文士之能講寔學、治古文者不多，改章之始，僅能稍變八股面目，

---

① 註：本篇作者爲張之洞、陳寶箴。

不免以時文陳言濫調敷衍成篇。若主司仍以頭場爲重，則二三場雖有博通之士，仍然見遺，與變法之本意尚未相符。若主司厭其空疏陳腐，驅重二三場，則首場又同虚設，其詭誕浮薄，務趨風氣者，或又將邪詖之説解釋四書五經，附會聖道，必致離經叛道，心術不端之士，雜然并近。四書五經本義全失，聖道既微，世運愈否。其始則爲世誣民之流，其終必有犯上作亂之事。其流弊尤多，爲禍尤烈，且明旨開特科，立學堂，而學堂肄業有成之士，未嘗示以進身之階，經濟雖併入鄉會試，而未議及六科如何分考之法，若非合科舉經濟學堂爲一事，則以科目升者，偏重於詞章，仍無以救迂陋無用之弊。以他途進者，自外於聖道，適足以爲邪説暴行之階。今宜籌一體用一貫之法，求才不厭多門，而學術仍歸於一是，方爲中正而無弊。昔朱子當南宋國勢微弱之際，憤神州之多難，懼救世之無才，屢欲改變科舉，嘗考《語類》中力詆時文之弊者，不一而足，而究其救科舉積弊之法，則曰更須兼他科目取人。歐陽修知諫院時，惡當時舉人鄙惡剽盗全不曉事之弊，嘗疏請改爲三場分試，隨場而去之法，每場皆有去留，頭場策論合格試二場，二場論合格者試三場。其大要曰：鄙惡乖誕，以漸先去，少而易考，不至勞昏，全不曉事之人無由而進。其説頗切於今日之情事。朱子之擬兼他科目，猶今之特科經濟六門也。歐陽修之欲以策論救詩賦，猶今之欲以中西經濟救時文也。又查今日定例武科鄉會小試，騎射步射，硬弓刀石，分爲三場，皆有去取。人數遞删而遞少，技藝遞考而遞精。而磨勘之例，尤以末場弓刀爲重。

竊爲宜遠師朱、歐之論，近仿武科之制，擬爲先博後約，隨場去取之法，將三場先後之序互易之，而又層遞取之。大率如府縣考復試之法，第一場試以中國史事，國朝政治論五道。此爲中學經濟。假如一省中額八十名者，頭場取八百名，額四十名者，頭場取四百名。大率十倍中額即先發榜一次，不取者罷歸，取者始准試第二場。二場試以時務策五道，專問五洲各國之政，專門之藝政，如各國地理、學校、財賦、兵制、商務、刑律等類，藝如格致、製造、聲光化電等類，分用發題考試，此爲西學經濟，其雖解西法而支離狂悖，顯背聖教者，斥不取。中額八十名者，二場取二百四十名，額四十名者，取一百二十名，大率三倍中額。再發榜一次，不取者罷歸，取者始准試第三場。三場試四書義兩篇，五經義一篇，取其學通而不雜，理純而不腐者。合校三場均優者，始中式發榜，如額磨勘之日，於三場尤須從嚴，如有四書義、五經義理解妄謬，離經叛道者，士子考官均行黜革。如是則取入二場者，必其博涉古今，明習内政者也。然恐其明於治内，而闇於治外，於是更以西政西藝考之。其取入三場者，必其通達時務，研求新學者也。然又恐其學雖博，才雖通，而理解未純，趨向未正，於是更以四書義、五經義考之，其三場可觀而中式者，必其宗法聖賢，見理純正者也。大抵首場先取博學，二場於博學中求通才，三場於通才中求純正。先博後約，先粗後精，既無迂闇庸陋之才，亦無偏駁狂妄之弊。三場各有取義，以前兩場中西經濟補益之，而以終場四書義、五經義範圍之。較之或偏重首場，或偏重二三場，所得多矣。且分場發榜，則下第者先歸，二三場卷數愈少，校閲亦易，寒士無候榜久羈之苦，謄録無卷多錯誤之弊，主司無竭蹶草率之虞，一舉三善，人才必多，而著重尤在末場，猶之府縣試皆憑末覆以爲去取，不愈見四書五經之重哉。其學政歲科兩考生童，均可以例推之。歲科考例，先試經古一場，即專以史論時務策兩門發題。生員歲考正場，原係一四書文，一經文，即改爲四書義、經義各一。生員科考，童生考試，一切均同。

其童試孝經論、性理論，應仍其舊。難者或曰主司罕通新學，則如之何，不知應試則難，試官則易。近年上海譯編中外政學藝學之書，不下數十種，切寔者亦當不少，闈中例准調書，據書考校，似不足以窘考官。且房官中通曉時務者尚多，總裁主考，惟司覆閲，尤非難事。至外省主考學政年力多强，詔旨既下，以三年之功，講求時務，豈不足以爲衡文量才之資乎。

惟是變法之初，兼習未久，其所研求時務者，豈能遽造深通，是宜於甄録之時，稍寬其格，以示駿骨招賢之意。兩科以後，通才碩學，自必蔚然可觀。且登科入仕者漸多，則京外考官房官，自不可勝用矣。

抑臣等之愚，更有請者，百年以來，試場兼重詩賦小楷，京官之用小楷者尤多，士人多逾中年始成進士，甫脱八股之厄，又受小楷之困，以至通籍廿年之侍從，年逾六旬之京堂，各種考試，仍然不免其所謂小楷者，亦不合古人書法，姿媚俗書，貽譏算子，挑剔破體，察及秋毫。且同一紅格大卷，殿試、散館、優拔貢、朝考，字體之大小不同，同一白摺，而朝考、大考、考差、考御史各項，字格之疏密不同。紛歧煩擾，各有短長。詔令并無明文，而朝野沿爲痼習。故大學士曾國藩奏疏嘗剴切言之。夫八股猶或可以覘理解之淺深，詩賦則多文而少理，詩賦猶可以見文詞之雅俗，小楷則有藝而無文，其損志氣，耗目力，廢學問，較之八股、詩賦，殆有甚焉。由是士氣銷磨，光陰虚擲，舉天下登科入仕之人才，歸於疏漏軟熟，以至今日，遂無以紓國家之急。今既罷去時文，則京官考試詩賦、小楷之舉，亦望聖明奮然釐定，一併掃除。

查鄉、會試之外，惟殿試一場，典禮至重，自不可廢。然臨軒發策，登進賢良，自宜求得正誼明道如董仲舒，直言極諫如劉蕡者而用之，斷不宜以小楷爲去取。一經殿試，即可據爲職之等差，以昭鄭重。朝考似可從省，及通籍以後，無論翰苑部堂一應職官，皆以講求寔學寔政爲主。凡考試文藝、小楷之事，斷宜停免。惟當考其職業以爲進退，則已仕之人才，不致以雕蟲小技困之於老死。俾得汲汲講求强國禦侮之方。此則尤切於任官修政之急務者也。

至於詞章書法，潤色鴻業，乃館閣撰述應奉文字所必需，自亦不可偏廢。如朝廷需用此項人員之時，特頒諭旨，偶一行之，不爲常例。略如考試，南書房考試中書故事，嚴則止及翰詹，寬則無論翰詹、部屬小京官，皆可與考。視其原有階品，分別授官，應候請旨裁定。與三年會試、殿試取士之通例，各不相涉。庶幾文學政事，兩不相妨矣。難者又曰：本朝名臣出於翰林科舉者多矣，安見時文、詩賦、小楷之無益。不知登進貴顯，限於一途。固不能使賢者必出其中，抑豈能使賢才必不出其中。此乃偶然相值，非時文、詩賦、小楷之果足以得人也。且諸名臣之學識閲歷，率皆自通籍任事以後，始能大進。然則中年以前，神智精力銷磨於考試者不少矣。假使主文者，不專以詞文詩賦小楷爲去取，所得名臣不更多乎。竊謂如此辦法，博之以經濟，約之以道德。學堂有登進之路，科目無無用之人，時務無悖道之患，似此切寔易行，流弊亦少。此舉爲造就人才之樞紐，而即爲維持人心世道之本原。

臣等憂慮所及，不敢不效其一得之愚。事體重大，猶望敕下廷臣會議施行。不勝惶悚激切之至。光緒二十四年六月初一日奏。

—20. 皇朝蓄艾文編　卷一五　學校二

劉永福（1837—1917）

字淵亭，廣東欽州（今屬廣西防城）人。黑旗軍將領。

諭黑旗將士檄

嗚呼，皇天無親，維德是輔；聖人有訓，佳兵不祥。我越南自白雉入貢以來，知中國有聖人，不敢自外，托於帡幪覆幬之中者，數千年於兹。中國亦待之以誠，撫之以惠，愛如骨肉，而親若家庭，偶有外患内憂，莫不煩天朝之綏靖。越南人民惟知有中國，不知有他國，故與各外國絶不相通。蠢兹法夷，逞其强悍，恃其機械，輒敢肆焉蠶食，恣厥鯨吞，毒比長蛇，貪踰封豕，既竊踞夫西貢，又潛窺夫東京，外托保護之名，中懷叵測之志。試思分疆劃界，各有臣民，各有政教，何待越俎代謀，是其藉詞行詐，包藏禍心，可以不言而喻。况自法東來之後，攻掠越地，荼毒越民，越南之倉庫據爲己有，越南之關税收爲私藏，越南之城池遭其蟠踞，越南之元氣被其剥喪，招越南之判民以添其翼，隳越南之險阻以快其心，種種狂悖之行，神人之所共忿，天地之所不容。我越人凡有血氣，莫不痛心疾首，透爪裂眥，願得食法人之肉，寢法人之皮，真有一夫大呼，市人皆左袒之勢。

永福以羈旅之身，受國王恩遇，資以土地，授以甲兵，其初（一）成一旅之衆，得所假手，十年生聚，十年教訓，積數十年之心力，有勁卒數萬人，賴以保障東南，用資戰守。三軍之士，當知食毛踐土，恩義並隆，去逆效順，殃咎立至。越南雖褊小，向爲中國不侵不判之臣，今越南有難，中國必爲援助。兹者，滇撫唐中丞、粤西撫徐中丞，同率兵百萬，分道出關，天兵遥駐，聲勢赫濯；粤督張制軍、粤撫裕中丞，要亦皆部署周至，轉運不窮。近又特簡彭宫保來粤督師，以守爲戰，韓范坐鎮，西賊喪膽。我軍有此救援，士氣定當益奮。本提督不過中原一武夫，流寓來越，荷蒙國王恩禮有加，重資委任，爾衆士亦蒙大惠，禄養有年，三軍銘挾纊之恩，多士載如春之澤，固宜激發忠義，競作干城。而况中朝大皇帝，又特沛殊恩，寄以重任，本提督固責無旁貸，爾衆士亦義不容辭，當思受國王之恩養，咸懷報主之忱，荷中朝之化裁彌切，尊王之義先登，蹈陣奮不顧身，飢剥法夷之膚，渴飲法夷之血，滅此朝食，所向無前。

法夷之機械足以自阱，法夷之凶暴足以自戕。前者，法酋拿破崙第一，頗善用兵，其國人稱之天神，擐甲執兵，千人辟易，彼時其武勇横暴不已，卒爲英人所俘，爲世大辱。厥後拿破崙第三，率乃祖之攸行，志在開疆，性喜用武，横徵暴斂，戢怨小邦，天怨人憤，藴久必發，爰假手普國，殲其巨魁，毁其國都，法人之氣，爲之不揚，歐西各國，羞爲與伍。似此可以稍自斂迹矣，而乃猶復怙惡不悛，不復吐氣於他邦，轉欲逞志於我國。我越南雖僻處海濱，號稱積弱，然師以曲直爲老壯，兵以順逆爲勝敗。兵法：雖强曾何足懼？自法夷入寇，狼奔豕突，跋扈鴟張，幾於目無越人。本提督率爾有衆，起與力争，一戰可以威悦授首，再戰而實滑遁逃，科力不能逞其凶，夏文不能施其計，大旗所指，蚩尤潛光，長戈淵所揮淵日再起。賊軍矢窮糧盡，困守一隅，以海防内河爲負隅之恃，而我分道以擾之，亟肆以疲之，奇兵正法，互爲策應，攻城攻野，動合機宜，南定驚草木之兵，東海懔烽烟之警，賊軍皆墨，我武維揚。法夷猶敢執迷不悟，逼我順化，蹙我都城，乘我國之新喪，利援軍之道遠，遂乃抑勒新主，强爲要盟。夫要盟神弗之福，盟可要亦可寒，何足措意？而法夷自爲得志，益復驕横，又欲窺我北寧，侵我桑台，中朝之大度則藐爲畏葸，吾軍之果毅則視若仇讎，不恤衆口之交譏，不顧天心之勿順、國狗之瘈噬遍乎友邦，巴蛇之吞侵思及遠郡。

賊與我勢不兩立，我與賊義不俱生！今與爾衆共伸天討，各奮神威，轉戰無前，有進勿退，得法夷首一級，賞銀五十兩，如賊目倍之；獲兵船一艘者，賞如其船之數，毁鐵艦倍之。其有我游民爲法兵所羅致、脇令當兵者，倘能悔罪自拔，悉予免究，反戈攻後，因而獲勝者仍論功行賞，弗問前愆。惟法夷及其所部之黑夷，則盡殺無赦，必使東京之餘孽，掃蕩無遺，西貢之腥聞，湔除净盡。上以副中朝倚畀之重，中以報國王休養之德，下以舒越民怨毒之心，成敗利鈍，所不遑計爾。衆士欲建不世之奇勛，成不朽之偉業，惟本提督馬首是瞻，功多有厚賞，不迪有顯戮，爾衆士惟時懋哉。檄到如律令。

—8. 皇朝經世文三編　卷五二　兵政八　兵機二

解散脅從法人示

三宣提督劉爲申明大義，解散脅從事：照得《春秋》之義，首嚴夷夏，君父之仇，不共戴天。自法蘭西竄擾東京以來，有志之士，同聲憤激，思得其肉而寢其皮。況本提督忝掌兵符，謬膺重任，其能與法人並立天地間乎？天未厭亂，馳驅二載，老弱苦轉輸，少壯膏原野，此正枕戈待旦之秋，杖策從軍之會。苟爾軍民人等，以本提督之心爲心，則衆志可以成城，小丑何難遽殄，還吾城池，殲彼犬羊，封户以爲京觀，獻俘以告先王，豈不壯哉！孰意爾等不顧利害，不辨順逆，競有受彼籠絡，爲彼爪牙者，聞之殊爲駭異。繼而思之，爾等雖愚，亦有天良，何至忘君國之深讎，受虎狼之威脅。此必由法人以利誘爾，以勢逼爾。爾等未必深思，以至受其欺爾。本提督嫉惡雖嚴，待爾等則甚慈，不忍不教而誅，用順逆利害，一一爲爾等告之。法人陽托保護之名，陰爲攘竊之計，狎侮宫廷，凌辱官長，奸淫婦女，焚毁田園，見者傷心，聞者切齒。爾等甘爲彼用，上無以對君父，下無以對妻孥。一不可也。法人數敗之餘，屢次調兵，號稱數千，其實不過數百，黔驢之技，至此已窮，於是計誘爾等爲之前驅，槍炮刀矛爾受之，而彼不受也。爾等獨不爲性命計耶？二不可也。法人多行無禮，不獨本提督知之，即歐洲諸國亦無不知之。現在計不得逞，不得不以甘言重利誘之爾等。將來適或得志，必至奪爾之田産，占爾之妻女，後雖悔之，噬臍何及？三不可也。天朝懷遠字小，恩威並著，爾等若不及早歸順，一旦大憝就擒，罪人斯得，爾等不獨爲本國之亂民，抑爲天朝之賊子，王法所不宥，公論所不容，四不可也。本提督現在業將法人誘入陷阱，蠢兹丑類，已在掌握之中。爾等倘執迷不悟，必至盡罹法網。本提督不追已往之愆，曲予自新之路，有能將法將首級齎獻軍前者受上賞，偵彼軍情爲我耳目者受中賞，糾合隊伍投營報效者受下賞。如其怙惡不悛，大兵到日，玉石俱焚。往事非遥，前車可鑒，勿謂本提督言之不早也！切切特示。

—8. 皇朝經世文三編　卷五二　兵政八　兵機二

致法兵酋孤拔書

聞之古者，交兵不廢使命，爾法人侵擾北圻，於兹十有九月矣。既喪師以辱國，亦靡餉以病民，痛巨創深，而未啓悔禍之心，夫復何言！顧念北圻之民，遭此蹂躪，數百里内，風聲鶴唳，不遑寢處，伊誰之故？而使我族類顛連困苦，若是之甚！予體上天好生之德，我王恤民之心，爰爲爾一言。數月以來，爾軍以負嵎之窮，保游釜之餘魂，困守營塞，不敢出戰。風聞爾邦之人，又以虚詞要挾中國，云將攻打廣東，黔驢技倆，可謂窮極醜惡矣！堂堂中國，爲天下四洲所景仰，曾何懼爾法之有？即予亦明知爾邦不敢用兵中國，致殃及他邦，其爲虚聲恫喝何疑？今予用告爾，以振盲聵而發癡聾。溯自二十年前，爲中國同治皇上紀元之歲，予以避亂來越，有衆一旅，非我族黨，即我交游。時則興化、宣光兩省，土匪作亂，肆行劫掠，官軍剿捕未殄。予以貿遷旅居，奉大吏檄辦團練，爰集同志，約法成章，殲滅匪徒，獲邀懋賞。是年爾國爲九龍江之役，稱兵南圻。予奉命勤王，視師南下，三戰三捷，擒爾將帥，俘爾軍民，爾豈不知之？迨次年和議成，辭魏闕北歸，仍安素業。爾邦輒張皇誇大，以爲兵多地廣，丕著武功，爲天下莫大之國，掌天下最重之權，雄視六合，莫敢抗衡云云。

予以大義陳師，凡執殳前驅者，非荷耒之農夫，即負販之良賈，非有製造槍炮之利徒，仗一義字，激動衆志，爲國捍患，屢挫爾鋒。爾邦之宿積忿永福久矣！然而永福豈畏爾哉。尤可笑者，爾邦輒以保護爲名。試思越南爲中國藩服有年，如欲保護，有中國在，與法蘭西何干？譬如人家子弟，其寒暖痛癢，自有父母調持，設來一素不相識之人，牽其衣裾而煦嫗之，噢咻之，貌似親愛，中實有拐騙引誘之心矣。爾邦之情誠，何異於是？予知爾邦受創於普，城郭其沼，君王其俘，城下之盟，酬金才了，爾邦屬部，有流離失所者矣，有逼處强鄰者矣，曷不謀爲保護，而耽耽焉干預我越哉！越俎代庖，舍己芸人，爲天下所笑，爾邦豈未之前聞耶？即以保護而論，則中朝大皇帝頻年命將出師，爲越南以剿除土匪，整旅而旋，不取一粟，不傷一禾，雞犬無驚，人民安堵，如是謂保護。而爾等目擊各省土匪之亂，袖手坐視，未助一兵，或隨機煽惑，利人灾患則有之，於保護乎何有？然往事勿論已。今者之役，爾亦非靦然以保護爲名哉。何以據人之城，戕人之官，奪人之庫，乘人之喪，逼脅立約，又縱令黑鬼淫掠殘掠，無所不至。斯比於窮凶極惡之盗賊，有加甚焉。以盗賊而假仁義之名，名其可假也哉。今者中朝大皇帝赫然震怒，聲罪致討，永福奉到廣西巡撫徐大臣飭知，欽奉上諭，飭令整軍進扎，規復河内省城，不可稍有退沮。煌煌天訓，越南臣民幸慶再生。伏念中國大皇帝以天地覆載之仁，懷柔南方，罔不悦服，豈欲輕啓兵端。即我越南國王，素秉禮義，於爾法人事事優容。乃爾包藏禍心，詭計叵測，既詎我百萬金錢，賴我六省膏腴，又奪我三關管鑰。我王始終以禮相待，至有今日，驕孫之養，有由來也！兹者國步維新，王靈大振，永福慷慨誓師，三軍之士，莫不感激涕零，願捨身以報國。予姑翦滅此而朝食，疇勿努力，以赴戎行。行將電掣雷馳，殲爾丑類，而安我良民矣。顧我思頑石有點頭之日，惡虎有貼耳之時，爾雖悖蠻，抑豈不感悟。用是不憚煩言，再三開導。須知越國圖遠，自古無功，億兆離心，不敵十臣同德。况中國以熊羆之帥，率荼火之師，永福執鋭披堅，以爲爪牙之助。西山之粟，可食十年，河北之田，可屯百萬。關内關外，五里一台，十里一站，大軍所至，山岳動摇。豈若爾邦之今日外務籌兵，明日議院籌餉，虚張聲勢，外强中乾也哉！粤自七月二十八日、八月十九等日，疊創爾軍之後，所以按兵不動者，非畏爾强，一則以天朝尚在議和，痛剿之餘，爾等有所藉口，一則乘機觀變，正欲厚集爾衆，使盡入我網，庶幾後患無滋也。乃猶妄想攻打北寧，覬覦燕台，豈尚在夢中耶！或者天牖爾衷，幡然悔過，還河内、南定等城，星夜退師舟中，則永福雖奉嚴旨，誠可爲民惜命，乞請徐大臣轉懇聖恩，赦既往而贖將來，不爲窮寇之追，仍聯和好之誼。永福一人，實能任之，决不食言。若其怙惡不悛，執迷不悟，則永福今日承命之下，進退維死，誓即身率勁卒，嚮導王師，捨命進攻，不遺餘力，城下之日，駢首誅戮，毋冀漏網。夫人貴見機，事莫求盡，及此日而聽藥石之言，誠無損爾邦威望。若必負固不服，一旦勢成土崩，雖中國大皇帝不欲窮兵黷武，遠略海外，而西貢巢穴定必乘勢剿平，不使爾屬一兵一卒涌迹越南土地。斯時西洲各國莫不周知，爾國尚何顔立於歐洲耶！恐拿破崙第三之辱，將復見於今日也！此又非僅爲爾警覺者矣。且吾聞爾邦稱兵於越，皆前任外務署中一人私見。上不裁於總統，下不協於輿情，尤屬罔上私行，違衆速禍。今業已去職，繼之者主見未定，同官爲寮，爾當馳書啓牖，毋使蹈前人愆也！限以三日，立取復音。如其聽言藐藐，則悦未學，前轍猶在，惟執事三復之。

—11. 皇朝經濟文編　卷七三　兵政一　兵政

殷之輅（1838—?）

字秋浦，江蘇無錫人。有《隨適齋吟草》。

振興中國論

夫人一身必脉絡貫通，氣血充足，情志暢達，而後精神克振，百體俱康。爲國亦然。故鐵路者，所以通國之脉絡也；銀錢者，所以充國之氣血也；郵政者，所以達國之情志也。三者備而後富强有本，百廢俱興。方今地球各國，莫不於此三者竭力推廣。泰西創法之善，固早徵乎實效；日本仿行其法亦且底於小成。何中國尚視爲可有可無之數乎？且斯三者，在地狹民少之小國易於周轉，有之固益便利，無之亦不甚爲病。中國地廣民多，往者互市未開，利不外奪，有無尚不足爲輕重。今五洲通道，萬國觀瞻，何尚淡然漠然乎？今即三者而申論之。

鐵路議築已久，言利言害，一傳衆咻。然而各大憲先後遵旨奏覆，張香帥議先築幹路，自京達漢，分年籌款，已蒙嘉許，似可立見施行，詎又爲浮議所阻。其自開平接造之路，既已南北交馳，官商分辦，今年忽又停止，雖因經費不濟，抑亦未嘗重其事。且若果重其事，極力推廣，則當此倭人犯順，用以運兵運械，電掣風馳，何至遲悮戎機哉？所望當道懲前毖後，勿畏難，勿惜費，速踐前議，次第開築，俾鐵路終克告成，有如脉絡貫通，則振興之大綱得其一。

銀錢議鑄，亦屢前此試辦，多不得法，故皆無成。近年粤省早經購機開鑪，辦有成效，而所出不多，難資流轉他省，未聞有繼起者，豈以其未能獲利而觀望歟？夫鑄銀與圜法理同，本以便民，非必求利；利若過厚，法必不行。然初辦無利者，久辦即可有利；小辦利薄者，大辦自然利豐。且即使無利，已免行用洋圓而暗受巨虧於外國，是即利之大者，况非實無利乎？亦視辦理之善不善耳。所望當道知人善任，立可大可久之規，就粤局成法而益加詳審。迨鼓鑄既精且熟，尤必兼設官銀行以廣流通，俾商務日盛，財用不匱，有如氣血充周，則振興之大綱得其二。

郵政亦早議整，無如屢作屢止。今春側聞仍歸赫總税司經辦，既又寂然。始因軍務倥偬，始暫緩歟？夫古人置郵，雖置國報，亦兼遞民信。泰西郵政，初亦仿自中國，而辦理特善，遂爲國家增一大宗進款，而民亦稱便。其在本國固無處不通，又立萬國郵約，彼此互爲遞送。惟本國不能任他國開設信館，以一事權，法至善而利至溥也。日本遂亦仿行自彼國明治二年始，即我國同治九年，遣使至歐洲與各國互立郵便之約，亦復章程井井，成效昭昭。以光緒丁亥一年計之，彼國所入郵税得二億貳萬三千三百四十八兩有奇，自後每歲有增無减。若中國仿行，其利亦何啻十倍。而中國于郵政一端，獨不果於整頓，既坐失其大利，又不便於商民，誠何心哉。况輪船、電報成局已久，其於郵政事已過半，而猶任外國信館、民間信局各私其權，諸不妥善，國家轉歲費巨金於特設之驛站，上下截然，兩無裨益，是直難索解人矣。所望當道毋惜反手之勞於一轉移間，俾郵政果然克整，有如情志暢達，則振興之大綱得其三。

三者皆中國今時之要務，如欲振興，須亟圖之，庶幾大綱既立，條目斯彰。舉凡善法，可以致富强者，即不難次第從事矣。至於若何辦法，則三者各有要領及詳細章程，早經中西多士反覆敷陳，玆不再贅。

要言不煩，大綱克舉。天南遁叟評。

—8. 皇朝經世文三編 卷二一 治體九 廣論

薛福成（1838—1894）

字叔耘，號庸庵，江蘇無錫人。同治丁卯（1867）副貢生，官至湖南按察使，曾任駐意、法、英等國公使。有《庸庵全集》。

治平六策

竊臣伏讀邸鈔，欽奉慈安端裕康慶皇太后、慈禧端佑康頤皇太后懿旨，諭令内外大小臣工，竭誠抒悃，共濟時艱。仰見聖朝博采讜言之至意，海内臣民同深欽仰。恭惟皇太后、皇上勤求治理，綸音初布，即停三海工程，斥去宫中紛華浮麗之品；申明列聖家法，所有不安本分之太監分别斥革定罪；用御史李宏謨之奏，將内務府大臣立予革職；九卿科道陳言者，莫不立蒙褒答。凡所謂節用愛人之政，親賢遠佞之謨，皆已實見諸施行。四海嚮風，翕然稱頌，孰能復有遺議？然臣所欲進其愚悃者，則慎終如始，日新又新之説也。伊古聖人造詣愈高，則克治愈密。蓋節儉之至，而仍慮及耗費；清明之至，而仍慮及壅蔽；憂勤之至，而仍慮及因循。惟謹之於微，防之於漸，而後聖德無纖毫之累。治本既懋，上理可臻。若夫用人行政諸事宜，莫外乎遵循成憲，然必有修明之術，有補救之方，有變通之道。臣竊就管見所及，謹擬治平六策，其大端曰養賢才，肅吏治，恤民隱，籌漕運，練軍實，裕財用，均期有裨實務，稍濟時艱。如蒙聖明俯賜察核天下，幸甚！

世運之所以爲隆替者何？在乎賢才之消長而已。夫天之生才，恒足以周天下之用。然而賢才有盛有不盛者，則培養之道爲之也。曩者大行皇帝御極之初，皇太后殷殷求治，博訪賢才。大臣薦舉，每多不次擢用。於是碩輔盈朝，勛臣輩出。四方瓌俊，奮袂崛起，以贊中興之運，是豈無術以致之哉？蓋由虚隨宏獎，振古罕有，而又不拘一格，隨宜器使，用能光顯丕業，至今猶被其庥。邇年以來，獎進之賢才，似稍不如前矣。竊恐數十年後老成凋謝，繼起無人，此事之大可慮者也！夫欲賢才之奮興，必先培養於平日。培養之術，其要有三：

一曰重京秩。自古設官，重内輕外。漢汲黯出守淮陽，則至於流涕。唐班景倩入爲大理，則喜若登仙。此古帝王居中馭外，鼓舞豪俊之微權也。我朝頒禄，因明舊制，京員俸薄不逮漢唐十分之一。又自耗羡歸公之後，外官有養廉而京員無養廉，人情益重外輕内。然其初升轉猶易，京外兩途互爲出入，故供職者不以爲苦。近日京員盼慕外放極不易得，恒以困於資斧告假而去，絶迹京華。其留者衣食不贍，竭蹶經營，每於國家之掌故，民生之利病，不暇講求。此京秩所以愈輕也。查乾隆二年增京官恩俸，法良意美，度越元明，似宜略仿前謨，酌爲推廣，别籌恒款，普加京員。養廉籌款之法，宜取諸節省之餉項。方今滇、黔、關、隴次第肅清，勇營大半凱撤，將來所節餉需，合計不下一千餘萬。應查明各省停撥之餉，酌提十分之一二，飭令每歲解部，以備京員養廉之用。所費於國計者甚微，所裨於治體者實大。至若清要之選，當課以經世之具，勿專尚小楷之精，試律之巧，俾獲講求實用。其各部院保舉人員，在聖明鑒衡不爽，隨宜超擢，以勵其氣，中外迭用，以練其才。庶舉世重外輕内之見，可以默轉於無形，百年樹人之計在此舉矣。

一曰設幕職。伏查雍正元年，世宗憲皇帝命督撫保舉幕賓，以彰激勸，諭旨有云：

"今之幕客，即古之參謀、記室。凡節度、觀察等使赴任之時，皆徵辟幕僚，功績果著，即拜表薦引。彼愛惜功名，自不敢任意苟且。"臣謹案：我朝名臣若方觀承、嚴如熤、林則徐，近年如大學士李鴻章、左宗棠，始皆託迹幕僚，洞悉中外利病，故能卓著忠勛。可否略仿漢唐宋遺法，仰承世宗鼓勵人材之盛心，准令各督撫奏辟幕僚，自京外官以至布衣，如有才守出群者，許即專疏保薦，視其本職計資論俸，一體升轉，無職者量加録用。行之稍久，必有閎駿之士出乎其間。此亦造就之一法也。

一曰開特科。隋唐以降，始專尚考試。然其時科目甚多，登進之途頗廣。明初始專以八股取士，文風渾樸，得人稱盛。今行之已五百餘年，陳文委積，剿説相仍，而真意漸汩。取士者束以程式，工拙不甚相遠，而黜陟益以難憑。遂使世之慕速化者，置經史實學於不問，競取近科闈墨，摹擬剽竊，以弋科第。前歲中式舉人徐景春，至不知《公羊傳》爲何書，貽笑海内，乃其明鑒。然則科舉之法，久而漸敝，殆不可無以救之矣。我朝康熙、乾隆年間，兩舉詞科，一時名儒碩德及閎雅儁異之才，悉萃其中，文運之隆，遠邁前古。非賢才之獨盛於此時也。誠以大臣之舉，非聞望素著者，不敢妄登薦牘。其與冥搜於場屋，決得失於片時者迥不侔也。誠法聖祖、高宗遺意，特舉制科，則非常之士聞風興起。其設科之名，或稱博學鴻詞，或稱賢良方正，或稱直言極諫，應由部臣臨時請旨定奪，庶賢才無沈抑之患，可輔科舉所不逮。而前此空疏之弊，亦且漸以轉移。或謂方今科甲人員不少，而復舉特科，恐益致仕途之壅滯。不知特科乃曠世而一開，所用不過數十人，且其所舉大半亦出於科甲，是未足爲科甲之累，而適所以劑科甲之窮，補偏救敝之方，不外是矣。蓋重京秩，則賢才奮於内矣。設幕職，則賢才練於外矣。開特科，則舉世賢才無遺逸之虞矣。臣之所願養賢才者此也。

自來吏治之升降，視乎牧令之賢否。牧令之黜陟，由乎大吏之考察。大吏果賢，則吏治不患其不肅也。伏讀皇太后懿旨，諭令各直省督撫，秉公舉劾，任用賢能。煌煌聖訓，整飭吏治之宏規不外是矣。臣愚以爲，方今激勸牧令又有兩端：一在清其途，一在勵其氣。何謂清牧令之途？國朝捐輸之例，向因不得已而設。我宣宗、文宗御極之初，首停捐例，當時以爲美談。嗣因髮捻肇釁，餉需浩繁，始議推廣捐例。然收數未見贏餘，仕途益形龐雜。臣嘗考乾隆年間常例，每歲捐監、捐封、捐級等項收銀約三百萬。今捐例既從折減，以示招徠，而每歲户部收銀轉不及百五十萬，是何也？名器重，則虚銜彌覺其榮，雖多費而有所不惜；名器濫，則實職不難驟獲，雖減數而未必樂輸，人情大抵然也。自頃軍務告竣，餉需大減，如謂國家闕此百數十萬之經費，臣有以知其不然矣。況今甘捐、皖捐、黔捐等局，所得無幾，所傷實多。該省既已肅清，尤宜亟行停止。今欲議停捐例，宜於各省鹽課、洋税項下均匀指撥，合成鉅款，以抵京餉局之所入。其捐輸常例，但留捐監、捐封、捐級與夫雜職等項，概收實銀。人人知名器之足貴，則户部收數亦必不至於過絀。國計無纖毫之損，吏治有澄清之益。轉移之機，非細故矣。何謂勵牧令之氣？東漢縣令往往入爲三公，唐世凡官不歷州縣不擬臺省，宋制非兩任縣州不得除監察御史。自明以後，行取知縣，皆入爲御史及主事，得人最多。我朝康熙年間，名臣如郭琇、彭鵬、陸隴其、朱軾，皆由縣令入爲京員，理學經濟，震耀一時。康熙四十四年，御史黄秉中疏言：知縣考選科道，殊覺太驟，廷議停止。乾隆初年又以主事人多缺少，凡行取知縣改以知州揀選。在當日酌更成法，原所以協一時之宜。然行之百年，州縣無望於清華，漸乏循良之績，京員未膺夫繁劇，或少練達之猷。吏治與人材，不免兩爲減色。今欲整飭吏治，陶鑄人材，莫如復聖祖初年行取舊制，或稍變通其意，州縣兩途並予行取，凡科甲出身保舉卓異之員知州行取授御史，知縣行取授主事，庶銜缺亦足相當，而上司操此爲激揚，牧令羡此爲清貴，吏治必有振興之一日。或謂近日京員壅滯，而復參用外員，恐愈失疏通之意。不知康熙以前京員練習民事，上而督撫，下而道府，莫不起自京員。方今聖朝知人善任，若果摩勵京員，俾與外員互爲出入，正所以疏通京員也。京外兩途無扞格不通之患，而後郅治可期矣。夫既清其途，復勵其氣，然後責大吏以考課，雖中材之牧令猶將自奮於功名。然尤有宜治其本者，則養廉、坐支各項減成不可不復也。查各省文職養廉，向支錢糧耗羡。同治八年部議廉俸復額，必須各省錢糧耗羡徵收足額始可抵放，此亦本末兼權之意。惟是州縣養廉大者無過千兩，蓋與坐支各款均屬辦公不可少之費。今皆減成發給，其公私之用必至竭蹶，欲其不妄取於民不可得也。州縣無清廉之操，欲其課農桑、勤撫字、善催科不可得也。且錢糧之不足額，半由民欠，半由官虧。與其靳數成之發款，而虧無限之公帑，似不如全復舊額而嚴核官虧，可以勖官常，即可以裕國計。馭吏之本，莫先乎是。若夫勸懲之具、表率之資，是在大吏平時之措注，非一朝一夕之故也。臣之所願肅吏治者此也。

天下當有事之時，軍餉之不能不藉資於民力者，勢也。曩以剿辦粤捻各寇，不得已而設局抽釐，酌取商賈之贏餘，略濟餉需之支絀，以視元明之加賦籌餉，相去不啻霄壤。加以我國家二百餘年深仁厚澤，浹髓淪肌，商民踴躍輸將，源源接濟，故能饋數十萬嗷嗷待食之軍，而滅方張之寇，惟其如是，而民情大可見矣。然民力必休養於平日，始可借資於一時。今海内軍事已平，臣愚以爲聖朝軫念民瘼，此其時也。軍興以來，釐金之旺，素推東南數省。今試以江蘇一省論之，江蘇久遭兵燹，創痍呻吟，元氣未復。向已力籌鉅餉，剿平諸寇。今則户部指撥之款，各省歲協之餉，悉以江蘇爲大宗。計其所出，地丁居其一，漕糧居其一，洋税居其一，鹽課居其一，釐金又居其一。每項各數百萬，幅員不廣於他省，而財賦倍蓰過之，民力之竭，亦可知矣。以臣所見，閭閻十室九空，而百物昂貴，小民奔走，拮据艱於生計；力田之農，終歲勤動，尚難自給，偶過水旱，即不免流移道路，其顛沛尪羸之況，不可殫述也。一省如此，他省可知。伏惟聖慈恫瘝在抱，似宜乘此群寇蕩平之際，與民休息，漸裁釐金。即以一時經費未充，尚難驟撤，可否飭下各省督撫，察度情形，或酌減捐數，或歸併釐卡，以爲異日盡裁之漸？至於布帛粟米，爲群黎衣食所資，尤宜普除釐捐，大慰民望。若再因循不革，恐承平無事，上下視爲定額，必將有不可少之出款與爲抵銷。一旦復有不虞之事，將籌何款以應之？故裁之所以爲異日緩急計也。若夫釐金之外，又有厲民之政，則莫如四川津貼一項。四川古稱饒沃，國初定賦，以其荐經寇亂，概從輕額。故其地五倍江蘇，而錢糧不逮五分之一。厥後生殖日繁，物阜民富，仕宦之人遂視四川爲財藪，其公私雜費與一切陋規，莫不按畝加派，名曰津貼。遷流日久，變本加厲，取之無藝，用之愈奢，凡州縣供應上司之差，小者千金，大者逾萬，綜計民力所出，逾於正賦之額，幾有十倍不止者。夫聖主有輕徭薄賦之仁，而小民轉受苛派無窮之累。揆厥由來，雖非一日而循，是不變終爲厲階。兹欲剔除宿弊，誠宜大加整頓，斟酌時宜，明定經制，飭下疆臣，風勵僚屬，敦尚廉隅，庶積習可蠲，而於國計民生，兩有裨矣。臣之所願恤民隱者此也。

自元明漕東南之粟以實京師，累代講求，其法屢變。元用海運，患多漂溺，明用河運，患多勞費。二者得失維均。今則海道便利，事捷而費省；運河梗阻，法敝而費多。竊嘗綜其利弊論之，蓋河運不如海運，海運不如商運，臣請略陳其説。自前明以屯田養衛軍，以衛丁運漕糧。國朝改爲旗丁，其始法非不善。暨其弊也，屯户不能耕，而傭平民以耕；旗丁不能運，而募水手以運。於是積耗多而游手繁，旗丁誅求於州縣，州縣暴斂於平民。其取盈於旗丁者，則有閘官，有弁兵，有倉書。其取盈於州縣者，則有上官，有豪紳，有胥吏。上下交徵，而州縣之取諸民者，往往三四倍於正賦。其費之出於上者，則有漕艘之修，有旗丁之糧，有州縣之支銷，有糧道之經費，加以閘官衛官之俸，漕標河標之餉。溯查嘉慶年間，協辦大學士劉權之疏言，南漕每石需費十有八金，蓋合上下浮費而言之。國家歲漕四百萬石之米，是有七千餘萬金之費也。近歲海運之法行，蓋窮極變通之候。在國家減省浮費，裨益實多。其州縣之漕章，亦經各省大吏酌中釐定，明予以辦公之經費，隱絶其無限之浮收，民情翕然，至今稱便。乃聞議者頗欲規復河運，苟非狃於故見，則必有所利於其中者也。啓中飽而便私圖，孰甚於是。是河運之不如海運明矣。臣又聞京倉支用，以甲米爲大宗。八旗兵丁不慣米食，往往由牛录章京領米，易錢折給兵丁買雜糧充食，每石京錢若干，合銀一兩有奇。相沿既久，習而安之。官俸亦然。領米輒發米鋪，或因攙雜泥沙，霉爛不堪復食，則發糖坊，每石得銀亦一兩有奇。赴倉親領米者，百不得一，蓋涉途遠則侵蠹必多，經時久則折耗自易。以漕運無窮之勞費，而每石僅獲一金之用，亦可慨矣。今誠統計南漕抵倉之米，每歲共有若干，飭令各省將折漕之價，與其應發水脚之費，解交部庫。所有甲米官俸，願領銀者照漕折銀數發給。每歲部發鉅帑，慎選廉幹之員，於天津、通州、京倉三處，招商運米，宜於免關税。外援糧船，带免他税之例，定爲運米若干石，准免他税若干；回空之船，一體給照免税。倉米既滿，而運米鬻於市者亦如之。商人惟利是鶩，一聞定例，則江浙之米與奉天牛莊之米，必將航海而來。山東、河南之米，亦由運河而至。京東豐潤、玉田之米，絡繹駢集。惟所擇之如此，則有七便焉。米色精潔，一便也；部庫充裕，二便也；民力久紓，三便也；内外支銷，漕項節省至千萬兩以外，四便也；甲米官俸所得有豐於前，五便也；都門内外，米商奔赴，百貨流通，六便也；畿民見米之易售，多種稻田，漸興水利，七便也。有此七便，上下交益，是海運之不如商運明矣。或謂滄海茫茫，一旦恐有不測之變，招商亦難經久，終不如河運之可恃。不知護運道以備不虞可也，慮滄海之有警，因謂海運不如河運，此因噎廢食之見也。況今洋面平穩，輪船迅速，雖在多事之秋，富商大賈挾數百萬之貲，致數萬里之遠，踰山涉波，艱難險阻，曾不假尺寸之勢、什伍之衛，不患不達。而運河數千里，節節淺阻，一有烽塵之警，亦未必暢然可行。爲今之計，宜以海運與招商並舉，如招商著有成效，不妨漸推漸廣，而略以海運輔之，仍隨時保護運河，量加修濬，每歲酌行河運十數萬石，務使運道毋廢而已。若是而謂運道有壅閼之虞，京倉有闕乏之患，必不然矣。臣之所願籌漕運者此也。

自古養兵無善政，南宋之括財，晚明之加賦，皆爲兵多所累，識者病之。我朝緑營兵額五十餘萬，較之宋明業已大減。然養兵之費歲二千萬，幾耗天下歲入之半。軍興二十餘年，各省剿賊，皆倚勇丁以集事，曾未聞緑營出一良將，立一奇功。臣蓋嘗深究本末，而知其弊也。查各省緑營舊制，馬兵月餉銀二兩，步兵一兩五錢，守兵一兩，平時仰事俯畜，尚難自給，咸以小貿營生，手藝糊口。承平日久，或没齒不經戰陣。其居將領之任者，亦復狃於因循，拘於文法，於是乎有老弱濫竽之籍，有役使趨走之卒，有侵減虚懸之餉。其兵仰食，縣官視爲當然。悍者飲博無賴，愿者疲玩不振，每遇操演之期，巧飾虚藝，以炫耳目。一聞徵調，膽寒氣沮。甚者雇人頂替，行則需車，役則需夫，繁索供张，官民交病。洎乎臨敵，真能折衝致果者，百無一二。積弊相嬗，雖有豪傑之士，無由奮興。然則緑營之不可復恃者，時勢然也。自楚軍、淮軍相繼並起，勇丁月餉倍於緑營之戰兵，其得力尤在法令簡嚴，事權專壹，自統領以至營官什長，莫不情意相洽，誼若一家。而又可撤可募，隨募隨練。用其方新之氣，故能奮建殊勛。然今之勇營，已稍不如前矣。若使積年屯駐，不見大敵，久而暮氣乘之，又久而積習錮之，恐復如緑營之不振。故中外之議，皆主撤勇而練兵。夫練兵，誠急務也。然使僅守緑營舊制，是兵愈冗而愈弱也。臣愚以爲，居今日而修戎備，與其以一餉養一兵，而十兵無一兵之用；何如以兩餉養一兵，而一兵獲數兵之用。昔人調兵，貴精不貴多，其成效可睹也。臣謹案：乾隆四十七年增兵六萬有奇，大學士阿桂上疏力争，以歲餉驟加恐難爲繼。厥後果因帑藏大絀，疊議裁汰。頃者海内用兵未遑，兼顧緑營兵餉欠發甚鉅，自是每有戰守之事，一倚勇營，而緑營幾同虚設。近見各省整理緑營，如浙江之減兵加餉，直隸、河南之添餉練軍。前大學士曾國藩在兩江任内，整頓外海水師，舊兵一萬餘名裁爲二千餘名，以濟添給薪糧、修造船隻之費，部議韙之。蓋中外大臣皆已深鑒緑營之敝，而思有以救之，非一日矣。可否推行此法，飭下各省督撫，裁汰緑營虚額，與其衰廢斥退之缺、病故開除之缺，一概勿補；仍體察各路情形，或存緑營原額之半，或減存三之一，以其所節之餉，酌加馬步口糧，分隸數鎮，會合訓練。營制太破者歸而併之，汛防太散者撤而聚之，約計腹省有勁兵一萬，邊省萬五千人，即可以彈壓盗賊，隱備不虞。仍酌留得力勇營，參錯屯駐，有事則輔以召募，藉戰守之實務，行訓練之成法。如是則平時無冗食之兵，臨時獲勁旅之用，循名核實，化弱爲强，計無過於此矣。雖然方今要務，整理緑營之外，尤有培護根本之計，有慎籌門户之計。所謂根本之計何也？我國家神武開基，東三省勁騎，爲亘古所僅見。近以徵調絡繹，漸至凋零。老者物故，弱者未壯。其於布陣合圍之法，馳驅擊刺之術，漸失其傳。若不及時整飭，恐斯事遂爲絶學。似宜飭下吉林、黑龍江將軍，挑選駐防子弟，優加廩餼而勤練之，務使制勝妙技賡續不窮。將來健旅日出，北可固邊塞之防，西可備新疆之用，所裨豈淺鮮哉！所謂門户之計何也？東南軍事，以水師爲最利。長江水師，利用舢板、長龍、快蟹等船，外海水師，利用廣艇、紅單、拖罾等船。而論今日海疆所需，則輪船尤爲利器。然其操演之法與長江水師截然兩途，與外海水師亦迥然異轍，苟非專門名家，窮年畢世，不能洞悉其精微。今中國閩滬各廠，雖陸續製造輪船，似尚乏統帶輪船之將才，則利器不可得而用也。夫事當締造之初，非破格鼓舞，不足以彰激勸。似應飭下海疆大吏，薦舉輪船將才，其尤異者，不次拔擢，俾天下知功名之路，相率研求，殫精畢力，以備干城之用。庶幾將才益練，水師益精，而外侮無虞矣。臣之所願練軍實者此也。

孟子有言：無政事則財用不足。《大學》平天下一章，於理財之道，蓋兢兢焉。臣之愚策，如所謂加養廉，停捐例，裁釐金，皆有妨於財用者也。如所謂核冗餉，籌漕運，減兵額，皆有裨於財用者也。以其所羸，補其所絀，原足相當。而論方今不涸之源，則尤賴朝廷崇尚節儉，以風天下。天下盡趨於節儉，而財用無不足之虞。故臣又以爲，理財之政，不必開其源也，惟在節其流而已。節流之法，不必廣其術也，惟在核州縣之交盤而已。謹查吏部定例，州縣交代，正限兩月内不能結者，謂之初參；展限兩月復不能結者，謂之二參。如舊任官虧缺，正項錢糧或並無虧缺，而新任遲延不按者，皆由該督撫題參革職；交代未清，而該上司不聲明者，司道府州降三級調用，督撫降一級留任，此行之久而無弊者也。降及晚近，州縣交代不盡依限完結，上司憚處分之繁，亦遂不依限題參，往往藉輾轉駁查，宕延歲月。及其浸久，舊任困於旅費，無款可交，終身寄寓，子孫流離，皆所不免。其新任以舊款未清，轉相牽率，於是交代不結者什有八九，而上司亦遂有參不勝參之勢。庫款之所以日虧，職是故也。臣聞近來辦理交代，以山東爲最善。山東一省，自前撫臣閻敬銘申明舊例，刊刻交代章程十一條，頒發州縣，並通飭各屬，不得藉各項工程名目，報銷正款錢糧；其交代逾限者，參革毋貸。同治初年，每歲藩庫所收正雜各款，不過八九十萬兩。近則藩庫收款至二百五六十萬以外，藉支本省餉需及京協各餉。一省如此，天下可知矣。夫州縣職司錢糧，坐擁倉庫，計其公私之用，每歲多耗數千金，未甚覺其費也。然合天下千五百州縣計之，是三年而耗二千萬也。彼曾任州縣者，亦以挪移甚便，不能節縮衣食，終不免窘乏之虞、查抄之累，此公私兩損之道也。若交代素嚴，俾州縣豫知節嗇，則國家少虧帑之虞，州縣免終身之累，此公私兩便之道也。如臣愚見，可否飭下吏部，申明舊例，並咨取山東交代章程通行各省，實力辦理。又恐積虧之後驟加整頓，則新舊相混，窒礙必多。欲杜侵虧，惟有寬既往而嚴將來之一法，酌復養廉以裕其力，禁止攤賠以清其流，庶各省大吏易於措手。自兹以往，逾限必參，二參必革，功令嚴而虧挪少，虧項絶而庫藏充，理財之道，莫先乎此矣。臣之所願裕財用者此也。

以上六策，皆史册經見之端，士民欣慕之事，或經列聖創垂，而著爲良法，或係大臣籌措，而迭見成功，臣不過就聞見之餘，略參引伸之義，冀可推行乎海内，先期斟酌乎時宜。雖國家大政，不止此數端。然苟非治術所深資，平時所切究，亦不敢掇拾細故，冒昧瀆陳。

—5. 皇朝經世文續編　卷一二　治體三　治法上

敵　情

聯泰西各邦，以謀中國，其勢可虞，分附近鄰邦，以合西人，其勢更可虞。日本之依附西人，妄有覬覦，天下共知之矣。然東西皆有約之國，按之公法，一國不協，各國可以從中調停。而今日之中國斷不能得之於西人者，何也？彼西人之始至中國也，中國未諳外交之道，因應不盡合宜。彼疑中國之猜防之，蔑視之也，又知中國之可以勢迫也，於是動輒要求。予之以利而不知感，商之以情而不即應，繩之以約而不盡遵。今中國雖漸知情僞，而彼尚狃於故智，輒思伺中國有事以圖利也。中國以琉球之故，與日本稍有違言，英、德使臣雖未干預，若使與聞此事，彼必虚張日本之聲勢，以脅持中國，彼必代日本護其短，而故評中國爲非，彼必稍損中國以益日本，因以市恩於日本。彼必反謂損中國者，爲助中國，因以責報於中國。夫西人於條約、公法，研之甚熟，豈真無是非者哉！彼欲善自爲謀，勢固必出於此也。往者日本將廢琉球之時，昌言不願各國公使與聞。彼素恃西人爲黨援，尚且如此，中國亦宜用此例，或逆拒於無形，或昌言而布告，勿使西人參與其間，則進止自由，可免掣肘之虞矣。或曰：然則中國有事，各國調停之説，終不可恃乎？曰：此其機仍在中國而已。中國能自强，即鄰邦啓釁，各國出而調停，未嘗無小益。中國未能自强，而狡寇争雄，各國因之玩侮，必致有大損。況今駐華各使，惟利是視，又值修約之際，蹈暇伺間，詭謀百出，不豫爲之防，是倒持太阿以授之也。至若美前總統，位望較崇，宅心敦厚，未染虚詐之習，不妨倚爲排解。法、美、荷蘭三國舊與琉球有約，其駐倭公使，不妨聯爲指臂。但恐倭人性情堅韌，未必肯聽耳。若幸而轉圜，固有裨補，即終不見納，亦無後患也。或曰：天下强邦，皆有獨親獨厚之國，然後緩急足倚。中國孤立久矣，今誠於修約時稍讓以利，其可使之親厚我乎？曰：相親厚之道，在布置於平日，非一朝一夕之故。今中國讓之以利，彼且謂恫喝而得之也，必有得步進步之心，是讓之仍無益也。若夫英、法相親以拒俄，俄、德相親以制法，德、奥相親以主歐東之政，彼其先未始非仇敵也，一旦釋怨修好，則一國順而全局爲之轉移。中國與美有相助之約，則美可親，與俄爲最舊之交，則俄可親。其他若英、若德、若法，苟可結納，均宜因勢而導之，迎機而赴之，而此中得失，則以識彼性情爲樞紐。蓋嘗考西人之俗矣。西人以交際與交涉，判爲兩途。中國使臣之在外洋，彼皆禮貌隆洽，及談公事則截然不稍通融。中國之於各使，亦宜以此法治之，是讓以虚而不讓以實也。西人於練兵、造船、製器及一切技藝，喜自耀其所長，未嘗秘爲獨得。中國誠能切實講求，彼謂我有自强之道，先已敬慕悦服，又知我不相鄙薄，不難罄中藏以相示。或時以微利啖之，是得其技而兼得其心也。西人頗尚豪爽，而又好爲不情之請，以給中國。中國宜擇其可允者允之，不可允者不妨直指利弊，告以必不能行之故。彼亦詞窮而氣沮，是折其非乃能折其心也。得此數者，以與西人從事，復由駐洋公使察其隱情，隨宜措注，但能於諸國中得其一國，而諸國無不相助矣。近聞日本與美議立新約，美許歸復日本内治之權利，日本許增兩口通商，以酬答之。夫此有所贈，彼有所答。是名爲相讓而實無所失也。而有事時可得合從連横之助，又何憚而不爲哉？且中國地博物阜，西人通商，所獲之利十倍於日本。彼於日本何所愛，必厚彼而薄此哉。亦在得其道而已。夫誠得西人以爲外援，彼日本區區之國，將從風聽命之不暇，尚何桀驁之有。

—5. 皇朝經世文續編　卷一〇四　洋務四　邦交一

利權二

凡兩國交涉之事，條約所及者依約而行，條約所不及者據理而斷。中外各國，所以敦睦誼於不敝也。按舊約，各貨納税後，即准由中國商人遍運天下，路過税關不得加重税則，只可按估價則例，每兩加税不得過若干分。此約立於道光二十二年，維時海内無事，田賦足額，尚無釐金名目，當事又不知中國税額較之地球各國有輕至四五倍、七八倍者，故與洋人立約如此耳。厥後，天下多故，餉無所出，始創爲抽釐之法。

蓋西國通例，量出爲入，一歲中有額外用度，輒加派於各項之中；或有兵事，亦由衆商捐集鉅餉。殆與中國抽釐，名異實同，而於例定之商税，則迥不相涉也。夫中國有自主之權，軍餉籌之中國，非各國所能干預。創辦釐捐之初，洋商之貨亦在各子口抽課，均無異辭。迨咸豐八年、十一年，訂立條約，與各口通共章程，始議定洋貨、土貨倘願一次納税，免各子口徵收紛繁，每百兩徵銀二兩五錢，給予半税單，爲他子口毫不另徵之據。其不領税單者，仍應逢關納税，遇卡抽釐。斯乃格外通融之法，體恤洋商已無微不至。彼洋商運洋貨，以子口半税抵内地釐捐，其獲利過於華商遠矣。然而商人無饜之求，靡所底止。往歲滇案未結，英國威使復徇奸商之請，藉端要挾，所欲甚奢，日久相持，始立《烟臺條約》，定於租界内不抽洋貨釐金。又洋貨運入内地，不分華商、洋商，均可請領半税單，是又格外通融之法。所以優待洋商、流通洋貨者，至矣盡矣，蔑以加矣！聞各國議院於中國釐金一事，本不以爲非。戊寅八月新聞紙：英之大臣以《烟臺條約》未遽核准，並有慮中國之責其食言者。威使徘徊觀望，其理既絀，其氣自衰。彼之本計，不過俟德、法諸國修約之後，坐享其成。其或從中播弄，或隱爲主謀，均未可知。然各國所據以争者，舊約之説也。蓋嘗細繹舊約之意，當時既並無釐卡，則内地祇有常關耳。常關税額較輕於洋關。其曰“路過税關不得加重税則”者，譬如江海關納税復過蘇關，浙海關納税復過杭關，均不再按值百抽五之例納税耳。然該關之税，仍自當完，故後此議定：不領税單者，有逢關納税之款，而各商無不遵行。至釐卡收捐，專爲籌餉而設，名之曰捐，則非税可知，名之曰卡，則非關可知。二者既不能相混，則條約固無不得抽釐之文，彼西人將何説之辭？且查同治元、二年間，上海洋商屢請領事陰止租界抽釐，英國卜公使批札駁斥，法、美兩使亦意見相同。乙亥七月，新聞紙録《字林新報》有“同治二年，英使批上海英領事稟，並英國外務大臣復英公使”之語，均言租界應由華官抽收華商之捐。夫租界且如此，况在租界之外？舉是以折之，而彼當無詞也。洋人之貨一入華人之手，聽其或留或售，或用或不用，洋人不得過而問焉。則華人以名義所在，自捐公家之餉，亦固其所。西洋諸國，無物不徵，無人無事不徵。即如商賈，既税之於合夥，又税之於出入貨物，又税之於發收銀錢，又税之於每歲所贏之利。其徵斂之繁，十倍中國。設使中國欲減其税項，以便華貨之暢行，彼能允之乎？舉是以折之，而彼當無詞也。洋人之説，動謂以釐金之故，致洋貨阻滯不行。考近年進口洋貨，每歲值銀至八千萬兩以外，較之十數年前幾逾一倍，可謂年盛一年矣。而猶云貿易不暢，其將誰欺？舉是以折之，而彼又當無詞也。總之，洋商於已得之利，則習而忘之；未得之利，則變幻百出以圖之，充其無窮之欲壑。雖盡去商税，猶未以爲足也。衆商日聒之領事，領事日唆之公使，公使非不知事之難行，姑肆其恫喝以嘗試中國，幸而得請，可以要譽市恩，萬一中國必不能允，彼亦有詞以謝衆商矣。然則應之者，在洞燭其情，始終勿爲所摇而已。

—5. 皇朝經世文續編　卷一一六　洋務一六　商務四

利權三

聞嘗聞西人爲持平之論者曰：“洋商之求免釐金，非敢干中國之政。特以中國釐卡林立，收數互有異同，運貨者不能約定成本，恐多折閱耳。”審如是，則加洋税免釐金之説也。昔者，日耳曼未一統之時，小邦棊布，關税繁苛，百貨不能流通。自普人稱雄，始集各邦議立統關，入口貨但徵税一次，税亦視前加重。以各邦幅員之大小，按月均分。近者，德相畢士麻克又在其國議加進口税。今裁撤釐金之議，德使巴蘭德頗主之。若知中國必不能允彼，或以統關之説進。然中國之形勢與德國異。中國之地以開方道里積算，赢於德國者幾及二十倍。各省各口所設釐卡，皆有必不可緩之用，待以支銷。今洋關加税少，中國萬不敷用，加税多，洋人又未必願也。則惟有堅持舊章，與之駁辯而已。且中國所需之物，衹有此數。即去釐金，貧民不必因之多用洋貨。其販運在數百里内者，抽課本微，即或道路綿遠，納釐較多，獲利亦較厚。其數輒加之售貨之内，而華民亦不因此少用洋貨，是釐金並無損於洋商也。中國之護商旅也，陸路則有防勇，水路則有水師，皆恃釐金以給巨餉。去釐金，必去水陸各營。盗賊之起，何以彈壓？洋貨、土貨皆將阻滯不行。是釐金大有益於洋商也。夫無損如彼，有益如此，然而巴使拾威使之緒餘，起而相争。彼自謂天下强國，德猶出英之上。故凡英所不能行於中國者，欲競而得之，以示豪舉。然竊以爲誤矣。巴使於約章之原委、釐務之窾要，實未究心，徒受威使之愚弄而不自知。今以洋船貿易論，英商居十之七，美、德、法及東西洋各國共居十之三，就令争而獲利，亦不過英取其十，而德取其一。威使自知無可置喙，乃嗾巴使於修約之時，强中國以所難行。事成，則英商坐享其利；不成，則德人且以不諳公法爲笑於天下。威使爲英計則得矣，何英之智而德之愚耶？德之君相素以豪傑成名，一聞此中曲折，亦必不以巴使爲然也。

或曰：“中國加洋藥之税，罷洋貨之釐以相抵，可乎？”曰：抽釐，則利權在我；加税，則利權在彼。即令倍加洋藥之税，與釐金若足相抵，然洋藥在中國例本當禁，專恃此爲利源，名已不順，萬一異日有可禁之機，必以礙於帑項而中止，是使中國留終古之毒也。且洋藥之爲物，輕微易藏，在於把握。若加税過重，偷漏必多，仍無補於國計。而釐金之利則一去不可返矣。威、巴諸使，每舉關卡一二小節，以爲要挾罷釐之詞。不知此等乃通商常有之事。就案清理則可，藉爲要挾之資則不可。而况彼之所嘵瀆者，又各有一是非也。然則洋貨加税之説可行乎？曰：必不得已，如所加之數逮於釐金之數，又於立約之時善防其弊，則固未嘗不可行。西洋各國税額大較以值百取二十、取四十爲衡，又多則有值百取六十者，有值百取百者，又有通行免關税者。蓋於軒輊之中，各寓自私之計，不若中國之大公無我，出入一體。今酌中定論，自洋藥而外，均以值百取二十爲斷，或於釐金所失之數稍足相償乎。

—5. 皇朝經世文續編 卷一一六 洋務一六 商務四

利權四

自巨寇竊發以來，軍餉告匱，始立榷釐之法。古之人有行之者，漢之算緡、唐之除官錢、宋之頭子錢，其意皆相同也。救時之彦，創爲此策，而軍餉賴以支持者逾二十年。邇者，群寇削平，洋人頗謂軍事起，則抽釐以助餉，軍事定，宜免釐以恤商。不知此説似是而實非者也。蓋自各國通商，而洋貨之販運，洋人之游歷，日益繁多。

不能無水陸各營以資保護，不能無船政、機器諸廠以精製造，不能無江海各隘炮臺以固藩籬，凡若此類，雖質之洋人，必皆謂當爲之事。而歲出之經費，亦十倍於前日。是故通商之事既不可廢，即各項經費一日難減，即各省釐課一日難停也。

夫中國於釐務苟持之甚堅，洋人或出於加税之一説，萬一所加之數竟如中國所需之數，則其中又有利有弊，何也？當子口税章初定之時，洋商以半税而免内地釐金，其利本優於華商。華商之巧者，不免與洋商狼狽相倚，譸張爲幻。於是，有代華商領半税單而取其規費，有用運照庇送無運照之土貨，有用洋船代華商携帶洋藥各貨，有憑運照免納釐金，未到子口之先已將土貨售銷。是洋税與釐金均受其病也，是使守分之華商不能獲利也，是驅守分之華商不得不爲奸商也。今定税例，華商、洋商一律。凡進口之洋貨，納税於海濱之通商正口；凡出口之土貨，納税於内地之第一子口。各釐卡量加裁併，論其大勢，宜密於近海而疏於内地。用新定税額一徵之後，任其所之，不復重徵。是舉，前此弊端一舉而清之也。不必立防弊章程，而弊自絶矣。内地各省，祇須於最要之口設立總卡，既可撙節浮費，而華貨販運較近者並無所徵，則小民咸受其益。此皆中國之利也。

然而猶有慮者，釐金取之華民，中國有自主之權。今既盡歸之洋税，設洋人於下次修約復以税重爲言，勢必致固有之利權，動爲洋人所牽制。是宜於立約時聲明，加税與停釐相抵。如異日酌減税額，亦宜酌復釐金，以昭平允，永杜洋人之藉口。此一端也。中國既權釐金所入盡歸之洋税，其或華人自在内地販運土貨，若免其徵税，既恐洋商隱附於華商以滋弊混，若偶經一卡，而亦用值百抽二十之例，勢必有所難行。是宜明訂章程，核定道里之遠近，如某處至海口須經幾卡，則貨税亦可作幾次分繳。如是，則華人不以苛斂爲苦，而所經各卡，節節稽徵，洋税不能偷漏。此又一端也。二端既立，乃可祛其弊而收其利矣。

然則中國既得其利，洋商獨無利乎？曰：有洋商運貨入中國，可豫定成本若干，贏餘若干，操券而來，必如願而返，利一也。關税交納之後，運入内地，無守候驗貨之煩，無逐卡停留之苦，行運既速，成本較輕，利二也。洋商一次納税雖若稍重，然隱加之售價之内，仍取償於華民，華民但知洋貨之不復納税也，無不樂於販運，或益從此暢銷，利三也。利之所在，顯然易明，洋人何憚而不爲？然竊料洋人昧於遠圖而溺於近利，加税一説，勢固必不我從也。則惟有堅持舊章，與之駁辯而已。

—5. 皇朝經世文續編　卷一一六　洋務一六　商務四

條議一則

自中外交涉以來，中國士大夫拘於成見，往往高談氣節，鄙棄洋務而不屑道，一臨事變，無所適從。其處爲熟習洋務者，則又唯通事之流與市井之雄，聲色貨利之外，不知有他。此異才所以難得也。今欲人才之奮起，必使聰明才傑之士，研求時務而後可。昔漢武帝詔舉茂才異等，可爲將相及使絶域者。似宜略仿此意，另設一科，飭令内外大臣各舉所知，亦不必設有定額。其新科進士，大挑舉人，優拔貢，如有洞達洋務者，亦許大臣保薦，仿學習河工之例，别爲録用。其用之之道，如膽識兼優，辯論横生者，宜出使；熟諳條約，操守廉潔者，宜税務；才猷練達，風骨峻整者，宜海疆州縣。求之既早，斯用之不窮。彼士大夫見聞既熟，亦可轉移風氣，不務空談矣。

—5. 皇朝經世文續編　卷一二〇　洋務二〇　培才

礦屯議

今天下日趨於貧之故，大端有二：一則商務不盛，利輸於外，猶水之漸泄而人不知也；一則礦政未修，貨棄於地，猶水之漸涸而人不知也。蓋天地生人養人之具，火化之用，莫大乎煤，轉移之用，器械之用，莫大乎五金。此中外不易之勢也。中國於取煤之法，雖研之未精，而民間猶或務之。其取五金之法，則廢而不講久矣。《周禮》礦人一官，掌金玉錫石之地，若以時取之，則物其地圖而授之。知古聖人經緯天下，所以爲斯民利用厚生者籌之綦詳。《漢書・地理志》州郡有銅官、鐵官者凡數十處。迄於唐宋，未嘗不采取五金。其事時見於史傳。自明之晚季，以礦税爲厚斂之端。宦竪四出，徵求無藝，有司因之苛派百姓，海内騷然。當時既受其弊，後世遂相戒不敢復議，此礦政所以不修也。近數百年來，天地菁英之氣，鬱而不發。鄉曲土豪與無業游民，遂敢糾黨開礦，作奸犯科，抗拒官吏。幸而逐之。當事者慮其易聚難散，不得不封閉礦硐，垂爲厲禁，而礦政益以不修矣。由前之説，弊在所任非人，藉其名以漁利，而並無其實，固不當因噎而廢食也。由後之説，弊在委棄寶藏與玩法者。欲起而攘之，將防玩法之民，先收自然之利。苟上有治之之法，而民自難遁於法之外也。然而猶有狃於故見，而或疑爲多事者，亦可謂不審於時與勢之宜者矣。夫民於五金之用，一日不可缺，一人不可無。今以天下之大，而所用銅鐵皆仰給外洋。至於金銀，如英、美所屬之新舊金山，每歲出於礦者數千萬，奚啻取之如泥沙。中國無生之之道，僅以古昔所有，互相轉輸，又已用之盡錙銖。通商以來僅三十年，而外國日富，中國日貧。復數十年，則益不可支矣。是可不籌所以振之哉？且中國礦産之饒，甲於地球諸國。苟善取而善用之，固大可爲之資也。而論采取之道，則官商分辦之外，惟礦屯一法爲最善。何以言之？今天下額設緑營之外，每省各有防營。無事坐食，既糜巨餉，去之又不足以建威銷萌，益示弱於鄰敵。是以新疆之豫軍，畿輔之淮軍，莫不經理屯田，以裨軍食。其他如河防水利、炮臺城垣諸工，亦往往借助於各營。此誠撙節財用、酌劑盈虚之要道也。

竊聞西南滇、黔、楚、粤、隴、蜀諸省，五金並産，寶氣充積。誠擇礦苗最旺之山，每省先撥一二營，試行采煉。於以創開風氣，逐漸推廣，有六利焉。

向聞傭工開礦，一人所獲每敷一人之食。如得佳礦，即有赢餘。營勇開礦，計每丁終歲所獲，即不能抵所支之餉，如或僅抵十之五六，亦可省營餉之半也。若礦屯漸多，即所節甚鉅。其利一。

勇丁游閑無事，浸至習成驕惰，騷動閭閻。今於操練之餘，課以礦務，使之勤動於山谷之間，猶得葆其樸勇之氣。其利二。

礦産皆在窮岩絶嶠遼廓之區，於此分屯各營，則苗蠻有懾服之心，客匪絶占踞之望。其利三。

官商開礦，籌本最難。本之難籌，尤以工費爲大宗。營勇有額支之餉。經始之初，只須購機器，訂礦師。成本既輕，事乃易集，其利四。

礦務既興，則運送必有舟車，淘煉必有工匠。未始非小民謀食之資。其利五。

無論金銀銅鐵，中國之所出漸多，則外洋之來者漸少。一年計之而不足，數十年計之而有餘。其利六。

有此六利，則礦屯之舉尤勝於官商之經營也審矣。若夫選將領，擇官吏，聯民情，定規制，則恃乎各省大吏之體察情勢，訪求人才，視其意之輕重，而效之大小判焉。昔宋蘇軾治徐州，以利國監爲鐵官，商賈所聚，凡三十六冶，冶各百餘人。采礦代炭，多强力鷙忍之民。欲使冶户各出十人，借其名於官，授以刀槊，教之擊刺，每月庭集而閲試之，以待大盜。此寓强於富之術也。而礦屯之説，則足以寓富於强。推而行之，富一方可，富天下亦可。譬猶導水者之引其泉，將滚滚而不竭也，而豈有泄涸之患也哉。

—6. 皇朝經世文續編　卷五七　户政二九　開礦

論督撫同城之損

國朝例設總督八闕，巡撫十五闕，近又添設新疆巡撫一闕，而移福建巡撫於臺灣。當未移以前，凡督撫同城者四：閩浙總督與福建巡撫同駐福州，湖廣總督與湖北巡撫同駐武昌，兩廣總督與廣東巡撫同駐廣州，雲貴總督與雲南巡撫同駐雲南。厥初總督不常設，值其時其地用兵者設之。軍事既平，遂不復罷，亦俾與巡撫互相稽察，所以示維制、防恣横也。然一城之中主大政者二人，志不齊，權不壹，其勢不得不出於争。若督、撫二人皆不肖，則互相容隱以便私圖，仍難收牽制之益，如乾隆間伍拉納、浦霖之事可睹矣。若一賢一不肖，則以小人惎君子力常有餘，以君子抗小人勢常不足，即久而是非自明，賞罰不爽，而國計民生之受病已深，如康熙間噶禮、張伯行之事可睹矣。又有君子與小人共事，不免稍事瞻徇者，如乾隆間孫嘉淦、許容之事可睹矣。若督、撫皆賢，則本無所用其牽制，然或意見不同，性情不同，因而不能相安者，雖賢者不免。曾文正公與沈文肅公葆楨本不同城，且有推薦之誼，尚難始終浹洽，其他可知矣。郭侍郎嵩燾於去廣東巡撫任時，疏陳督撫同城之弊，謂宜酌量變通，言甚切。至兹，余姑就見聞所逮者述之。吴文節公文鎔，總督湖廣時粤賊勢方張，爲巡撫崇綸所齮齕，迫令督帥出省而隱掣其肘，軍械、糧餉皆缺，文節由此死綏，武昌旋陷。厥後爲胡文忠公與總督文恭公官文相處最善，爲天下所稱頌。文忠既没，文恭劾巡撫嚴樹森，去之。威毅伯曾公國荃爲巡撫，又劾去文恭，曾公亦不安其位以去。迨伯相合肥李公總督湖廣，爲巡撫者本其屬吏，諸事拱手受成。李尚書瀚音知之，一循舊轍，又在位日久，自此巡撫幾以閑散自居，而督、撫無齟齬，政權無紛撓矣。郭侍郎之巡撫廣東也，適故相瑞麟以將軍遷總督，頗黷貨賣官，治軍尤畏葸。侍郎心弗善也，上疏微糾其失，以無奥援罷去。蔣果敏公益澧爲巡撫，英鋭喜任事。瑞麟心憚之，嚴劾蔣公去職，因愈專横、無顧忌。其後英瀚爲總督，以允闈姓繳捐事，爲巡撫張兆棟所劾罷。近今張尚書之洞總督兩廣，與歷任巡撫皆不相能。朝廷至令兼攝巡撫，以專其任。則督撫同設之無益，亦可概見矣。咸豐、同治間，徐之銘巡撫雲南，爲叛回所脅制，復倚回寇以自固，殺升任陝西巡撫鄧爾恒於境上。張尚書亮基爲總督，至引疾求退，以速出滇境爲幸。潘忠毅公鐸爲總督，方圖以回攻回，之銘泄其謀，忠毅遂遇害。光緒初年，總督劉岳昭與巡撫岑襄勤公毓英不相能，輿論皆不直總督，寖至罷黜。潘鼎新巡撫雲南，盛其氣，陵總督劉武慎公長佑，頗蔑視之。劉公鬱鬱，上疏求去。朝廷罷鼎新，慰留劉公。此皆督撫不能相容之明證也。福建督、撫之外，又有將軍及船政大臣，政令歧出，尤不能畫一。自巡撫移臺灣，復裁船政大臣，而總督兼理船政及巡撫事，未始無裨於政體。

余謂湖北、廣東、雲南三行省皆可廢巡撫而以總督兼理，如福建之例。不特此也，各省之道府同城者，皆可廢知府而以道員兼理其事，庶幾紛争之釁可弭，民生吏治受益多矣。竊考宋代節度、安撫等使皆兼知一府，故雖使相，亦稱大府。此誠意美法良，非近制所及者也。夫尊如督撫尚可兼知一府，然則以總督兼巡撫，以道員兼知府事，尚何不可之有？

—8. 皇朝經世文三編　卷一三　治體一　政本上

敘團練大臣

自府兵變爲召募，有國家者整軍經武，不能不籌養兵之費，亦時勢使然也。本朝緑營兵餉。歲費二十萬金，然因額數較多，馬步守兵所得餉糈，不能盡給其事畜之資，無事各謀生業，届期始赴操練，是以川楚教匪之變，緑營兵已不盡得力，多有用川勇以成功者。近世號鄉兵曰勇營，以别於緑營經制之兵，而川勇之名始著於時。迨粵匪、捻匪、回匪之禍，藉楚勇、淮勇之力以平之，而緑營兵之績更無聞焉。左文襄公遂有減兵加餉之策，然則餉不加裕尚罕實用，而况無餉乎？團練之説，即古保甲之法之遺意，防小盗則可，禦强寇則不可。有得力之勁軍以剿强寇，而以團練輔之，爲堅壁清野計則可，專恃團練以剿强寇則不可。咸豐、同治間，群寇蜂起，設防愈多而力愈分，用兵愈衆而餉愈匱，自閣部大臣以逮言路，頗建議勸民團練，特派大臣督之，無募兵之勞，無籌餉之難，其説非不美也。然天下事無實意者鮮有效，務虚名者多後患。姑就余見聞所及論列之。

當粵寇之始横也，長沙則有丁憂湖北巡撫羅繞典，南昌則有前刑部尚書陳孚恩，二公皆與本省巡撫會辦軍務，同在同城之中而又歷時甚暫，故意見未見相歧，權力未至相軋。安徽則有工部侍郎吕文節公賢基，當皖北糜爛之時，無兵無餉，赤手空拳，卒殉舒城之難。惟曾文正公，始不過奉命幫辦團練，後乃改爲就地捐餉，募勇自練，教戰之後，聲盛既著，於是有本省之捐餉，有鄰省之協餉，餉源廣而募勇漸多，是文正以團練始，不以團練終，且幸其改圖之速，所以能成殄寇之奇功，擴勇營之規制也。外此，如河南有内閣學士毛昶熙，亦號爲自成一軍，然實疲弱不耐戰，或俟賊自退，掞張將吏功績，創賊則未也。又如山東有禮部侍郎杜𫖯，才力尤短，信任戚友，隱撓官吏之權，以致弱者抗糧自豪，强者揭竿而起，庫藏虚耗，上下交困。相國朝邑閻公巡撫山東時，嘗太息言之。又如浙東有前漕運總督邵燦，爲巡撫王有齡所劾罷。繼之者爲左副都御使王履謙，尤與有齡不相能，官紳忤於上，兵練閧於下，紹興失陷，杭州亦難固守。有齡殉難，遺疏劾履謙，加嚴譴，而事已無及矣。又如通州有前湖南布政使王藻，怙勢作威，殺害避難紳商，侵奪良民財産，富擁專城，幸而賊氛未到，一方先被其毒矣。至如寇勢最張之時，江南則有侍郎龐鍾璐，江北則有左副都御史晏端書，江西則有候補京卿劉繹，數公皆清德雅望，不願多事，能使民間不知有團練大臣，已爲一時罕覯。若其篤老癃廢，雖充團練大臣之數，口不言戰守事宜，一聞賊至，倉皇奔徙之不暇，遑卹其他，若是者纍纍也。嗚呼！自兵事起，世之談經濟者，措意於團練已數十年，曾文正公雖由此發軔，然惟早變其實，並變其名，所以能有成功，否則，前事可睹矣。其賢者，固束手無措，僅以一死報國，或明知無可發舒，潔身遠引而已；其不賢者，則齮齕大吏，蠹國殃民，不啻爲賊先導，求其能捍寇保境者十無一二。蓋在上者，以不必籌餉爲便，不知百端流弊皆由此起。苗沛霖以團練爲名，遂據淮北以叛。咸豐季年，山東、安徽、河南立寨自固者，遍布諸郡縣，遂有寨主名目。凡爲寨主者，皆武斷鄉曲，賊害行旅，官吏所不能問，王法所不能施。科爾沁忠親王藉百戰之威而剗平之，何其難也。同治七年，捻寇衝突畿輔，各營將士孤行失道，及公車北上之士，有爲諸寨所活埋者，竟無從問其主名，此則團練之禍也。

—8. 皇朝經世文三編　卷一九　治體七　臣職

滇緬分界通商事宜疏

奏爲滇緬分界通商，亟應豫爲籌備，不使英國獨占先著，以免臨時棘手，恭摺密陳，仰祈聖鑒事。

竊查倫敦使署接管卷内，光緒十一年冬間，印度派兵出境，進據緬甸。維時出使大臣曾紀澤承准總理衙門事務，各國密電疊次與英外部會商，初意立君存祀，俾守十年一貢之例。既不可得，始議定由英駐緬大員按期遣使賫獻儀物。其界務、商務兩事，則擬先定分界，再籌通商。蓋因英人注意商務，若分劃邊界，偶有轇轕，則辦理通商諸多掣肘，虧損無窮，固不能不審其次第也。英人自以驟闢緬甸全境，所獲已多，是以有稍讓中國展拓邊界之説。當時英外部侍郎克蕾曾稱：英廷願將潞江以東之地，自雲南南界之外起，南抵暹羅北界；西濱潞江，即洋圖所謂薩爾温江；東抵瀾滄江下游。其中北有南掌國，南有撣人各種，或留爲屬國，或收爲屬地，悉聽中國之便。曾紀澤轉咨總理衙門，亦云南掌本係入貢中華之國，倘英人果將潞江以東讓我，似宜受之。將撣人、南掌均留爲屬國，責其按期朝貢，並將上邦之權，明告天下，方可防後患而固邊圉等語。曾紀澤又嘗向外英部論砍索八募之地。八募蓋即蠻募之新街，昔時蠻募土司之地頗大，後乃悉爲緬甸所併。其商賈匯票之區謂之新街，洋圖譯音則爲八募，距騰越邊外百數十里，在厄勒瓦諦江，即大金沙江上游之東，龍川江下游之南，向爲滇緬通商巨鎮。英人以其爲全緬菁華所萃，靳而未許。迨争論數次，克蕾始云：英廷已飭駐緬之英官勘驗一地，以便允中國立埠，且可在彼設關收税。據參贊官馬格理云：八募雖不可得，其東二三十里有舊八募城，似肯讓與中國，日後貿易亦可臻繁盛，且允將大金沙江爲兩國公共之江。如此，則形勢與彼同之，利益亦與彼分之。其隱裨大局，似尤較得潞東之地爲勝。曾紀澤以商辦已有端緒，因與外部互書，節略存卷，暫停不議。旋即交卸回華。光緒十二年六月，總理衙門與英使歐格訥議約五條，第一條申明十年呈進之例，第三條中緬邊界應由中英兩國派員會同勘定，其邊界通商事宜，亦應另立專章等因在案。臣竊譯總理衙門與英使訂定之約章，及曾紀澤與外部會商之節略，雖措辭略不同，而大意仍相脗合。蓋外部所稱願讓之地，因立約時尚未勘定，故以兩國派員會勘一句括之。此從前商辦滇緬事務之大略情形也。

溯自立約至今已越五年，英人未嘗催問，我國家亦暫置不理。然臣近聞英廷正與暹羅勘辦界務，又屢次密派幹員馳往滇緬交界，查看形勢，探詢礦產，並有創築鐵路通接滇邊之意。議者咸知，彼俟布置妥協，必轉以延擱已久爲辭，來相促迫，勢不能不驟允開辦，則彼從容而我倉猝，彼諳練而我生疏，彼措注已周，而我進退失據。臨時竭蹶，成算未操，斷無不受虧損之理。就今日情勢而論，商務須從界務生根，但使分界能協機宜，則他日通商亦可少滋流弊。夫審度利病，隨宜操縱，固屬總理衙門與勘界大臣之事。然使明知彼族之有隱謀而緘默不言，坐失事機，則咎在使臣。若欲先事豫籌，查探邊情，又非責之疆吏不可。惟是分界固非詳查密訪不能得其要領，而其輕重緩急之大勢則有可計議者。大抵英人所稱願讓潞東之地，南北將及千里，東西亦五六里，果能將南掌與撣人收爲屬國，或列爲甌脱之地，誠係綏邊保小之良圖。惟查南掌即老撾之轉音，臣閲外洋最新圖説，似老撾已歸屬暹羅。若徒受英人之虚惠而能不能有其地，恐轉爲外人所竊笑。倘因此别生枝節，又非計之得者。蓋南掌、撣人本各判爲數小國，分附緬甸、暹羅，似宜查明南掌入暹羅之外，是否尚有自立之國，以定受與不受。其向附緬甸之撣人地實大於南掌，稍能自立，且素服中國之化，若收爲我屬，則普洱、順甯等府邊徼皆可鞏固矣。至曾紀澤所索入募之地，雖爲英人所不肯舍，其曾經默許之舊入募者，亦可爲通至大金沙江張本。若將來竟不與争或争而不得，臣竊有五慮焉。夫天下事不進則退。從前展拓邊界之論，非謂區區邊界足增中國之大也。臣聞乾隆年間，緬甸恃强不靖，吞滅滇邊諸土司，騰越入關之外，形勢不全。西南一隅，本多不甚清晰之界，若我不求展出，彼或反將勘入，一慮也。我不于邊外稍留餘地，彼必築鐵路直接滇邊，一遇有事，動受要挾，二慮也。長江上源爲小金沙江，小金沙江最上之源，由藏入滇，距邊甚近，洋圖即謂之揚子江。我若進分大金沙江之利，尚可使彼籬邊稍遠，萬一仍守故界，則彼窺知江源伊邇，或寖圖行船徑入長江，以争通商之利，三慮也。我稍展界，則通商在緬境。夫英人經營商埠最爲長技，而我在彼設關收税亦可與之俱旺。我不展界，則通商在滇境，將來彼且來擇租界、設領事，地方諸務究不能不受牽制，四慮也。我得大江金沙之利，則迤西一路之銅，可由輪船遵海北上，運費當省倍蓰，否則彼獨據運貨之利。既入滇境，窺知礦産之富，或且漸生狡謀，五慮也。凡此五慮，皆在意計之中。臣又竊慮，英人于此數年内，壹意延宕，待我相忘，稍久，乃催勘界，或更遇事要求，設置前議節略于不顧。且謀國之道，莫患乎爲敵所逆料。中國素有不勤遠略之名，外洋各國知之稔矣。所以伺機而動，迭起相乘，琉球滅而越南隨之，越南削而緬甸又隨之，今且駸駸議及朝鮮矣。竊思英廷前議節略，彼料中國未必竟受，而故以此相嘗試，固未可知。我若出其不意，據其前説，力與相持，或能因此稍展界務。各國知中國辦理此等事件與前不同，亦可伐敵謀而收後效。況彼所予即有不宜收者，不妨明指之以爲另索之符。彼之意即有萬難之允者，不妨故求之，以得抵制之益。（益）邊情不可不洞悉而舊議不可不重理。擬請敕下雲貴督臣王文韶，遴派妥員分途偵察，如南掌之存亡，撣人之强弱，騰越關外之地勢、民風，一一查詢明確，據實覆陳，以備勘界時有所依據。並請皇上敕下微臣催問英國外部以勘界定期與分界辦法。一面即可相機辨論，仍與總理衙門函電相聞，務衷至當。臣非不知英人性情堅韌，當其驟得全緬喜出望外，故許中國稍分其利，今則事隔數年，未嘗不思毁棄前説。然臣閱卷中節略，係英文參贊官馬格里與英外部侍郎克蕾會議時爲最多，今幸二人均未更换，彼或難遽翻異。臣不過多費筆舌，多糜日力，以與之磋磨，雖無速效，斷不致别有損碍。抑或冀得寸得尺，稍補涓埃。臣因邊疆得失動關緊要，且此事爲中國全局所繫，不敢不罄其愚忱，謹摹繪滇緬交界及南掌、撣人疆域全圖，恭呈御覽。所有滇緬分界事宜，亟應豫籌緣由，理合恭摺密陳，伏乞皇上聖鑒。謹示，謹奏。

—8. 皇朝經世文三編　卷二七　户政四　疆城

海關出入貨税叙略

光緒十八年，進口洋藥價銀二千七百四十一萬餘兩，洋布、羽綾、棉紗、棉線價銀五千二百七十萬餘兩，呢羽、嗶嘰、氈絨價銀四百七十九萬餘兩，鋼、鐵、銅、鉛、錫價銀七百十三萬餘兩，米價銀五百八十二萬餘兩，煤油價銀五百零四萬餘兩，海貨價銀五百二十萬餘兩，煤價銀二百萬餘兩，自來火價銀一百四十二萬餘兩，其餘雜貨價銀各數十百萬兩不等。都洋貨價銀一萬三千五百十萬餘兩，而紗布、呢羽等幾居進口貨價之半，洋藥亦幾居四分之一。爲中國宜設方略計，漸杜洋藥來源，而勸導商民仿洋法織布、紡紗，尤爲第一要義。其次開礦，其次煉鐵，其次仿織呢羽、氈絨，其次仿造自來火及製煉煤油。夫風氣既開，而致富之能事盡此矣。出口絲繭價銀三千零三十四萬餘兩，綢緞價銀七百九十六萬餘兩，茶價銀二千五百九十八萬餘兩，棉花價銀五百零八萬餘兩，草帽緶價銀二百零五萬餘兩，糖價銀二百零七萬餘兩，紙價銀一百五十七萬餘兩，席價銀一百二十九萬餘兩，豆價、爆竹價銀各一百十八萬餘兩，瓷器、窑器價銀一百零八萬餘兩，其餘雜貨價銀各數十百萬餘兩不等。都土貨價銀一萬零二百五十八萬餘兩，絲、茶兩項爲大宗，幾占土貨價十分之六。如欲整頓土貨，仍須注力絲、茶，庶能握其綱領。其餘如棉、糖、紙、席、草帽緶等物，苟能隨事講求，隨時整理，亦有大益。此外土貨俟鐵路開通，必有於無意中暢銷，如草帽緶之類者矣。竊查光緒元、二年間，出入口貨約略足以相抵，今以出貨與入貨相比較，中國虧銀至三千二百五十餘萬兩之多，何哉？近兩年中，洋布、洋紗進口之價逾於元、二年間之價約三千數百萬兩，則中國虧銀皆紗布暢銷爲之也。從此中國織婦機女束手飢寒者，不下數千萬人，豈細故哉。而謂導民紡紗織布尚可緩乎哉。抑余又聞紡紗之效，逾於織布。今日本通國經營，已獲厚利。即華民自織之布，亦樂購用洋紗，以其價廉質良而易售，故華商偶設一二紡紗之廠，亦無不獲利者。然則有提倡之責者，盍勸商民購機器設廠，先仿洋法紡紗，以蕲漸及織布乎？

—8. 皇朝經世文三編　卷三六　户政一五　榷酤上

豫籌各國使臣合請覲見片

再查外洋各國風氣，交際與交涉截然判爲兩事。交際之禮節務爲周到，交涉之事件不稍通融。惟其厚於交際，故可嚴於交涉。凡各國使臣初到一國駐扎之時，其君主無不接見，慰勞數語，以示優待。使臣鞠躬而退，並不言及公事。此西國之通例也。臣到英後，除呈遞國書外，其君主延請讌會一次，聽樂、觀舞會各二次，禮意頗爲周浹。今聞各國駐京公使以未蒙晝接，不無私議。萬一合辭來請，我若深閉固拒，相形之下，似覺於情誼想然。昔年英使威妥瑪，借未許覲見爲辭，頗於烟臺條款多所要挾。

夫靳虛禮而受實損非，計之得也。臣愚以爲，今日有同治十二年間成案可循，不妨援照辦理。當時議者亦頗多疑慮，一則恐其有所瀆請，一則謂中西之禮不同也。然禮成而退，海内且傳爲盛事者，何也？西例，公見不言公事，即晤其外部亦然，洋使斷無不諳之理。若論禮節，可於召見各使臣之先，敕下總理衙門告以如願行中禮或行西禮，各聽其便。如是則彼雖自行西禮，仍於禮制無損。又聞雍正年間羅馬教王遣使到京，世宗憲皇帝允行西禮；乾隆五十八年英國遣使馬戛爾尼原作馬格理，今依出使奏疏。據《海國圖志》。來華，亦奉高宗純皇帝特旨，准行西禮，賜以筵宴。未知禮部等衙門是否有案可稽，似亦足備考證。臣爲豫籌應付各使起見，理合附片密陳，伏乞聖鑒。謹奏。

—8. 皇朝經世文三編　卷三八　禮政一　大典

出使四國奏疏序

奏議，古文之一體也。昔曾文正公選鈔奏議，宗賈長沙、陸宣公、蘇文忠三家。鳴原堂論文，專論奏疏，亦既涵其涯而抉其奥矣。蓋古今奏議，推西漢爲極軌，而氣勢之盛，事理之顯，尤莫善於賈生《陳政事疏》。劉子政封事，忠愛懇款，發於至性，諸葛武侯《出師表》，規模宏遠，誥謨之遺，皆與賈氏文相輔翼。惜乎其不多覯也。漢氏以降，文章道衰，風骨少隕。唐代韓柳有作奏事之文，爲之不多，限於位與時也。陸公以駢偶之體運單行之氣，文正謂其理精則比隆濂洛，氣盛亦方駕韓蘇，洵非虚語。蘇文忠奏議，終身效法陸公。蓋以敷奏君上之體，宜乎條暢軒豁。能如是，亦足矣。夫長沙究利害，宣公研義理，文忠審人情，三家各有深詣。文正宗之，允矣。竊又以爲文正奏疏，參用近時奏牘之式，運以古文峻潔之氣，實爲六七百年來奏疏絶調。每欲汰幕客代擬之作，專存文正手筆，匯鈔數卷，私資揣摩，卒卒未果。然奏疏一體，前則三家，後則文正，皆福成所服膺弗失者也。曩在幕府，嘗裁奏牘，均係代作。奉使四國以來，忝列京卿，有奏事之實，非使職所及者，不敢妄陳。癸巳之秋，期滿將歸，穀行篋得疏稿數十首，稍删循例諸作，釐爲二卷，俟質當世，亦以自鏡云。嗟夫，經濟無窮，事變日新。方今西洋諸國情狀，賈、陸、蘇三公與文正所不及睹者也。福成既睹四賢未睹之事矣，則凡所當言者，皆四賢所未及言者也。惟其爲四賢所未及言，居今之世，乃益不能已於言。安得起四賢於今日，抒厥壯，猶一啓後人之不逮耶？夫古人雖往，事理則同。論事者不得因其事爲古人所未諗，遂謂奮筆纂辭可不師古人也。此福成所以益睪然高望於四賢也。光緒十九年冬十月，無錫薛福成自序於英倫使館。

—8. 皇朝經世文三編　卷三九　禮政四　聘使

出使四國公牘序

公牘之體，曰奏疏，下告上之辭也；曰咨文，平等相告者也；其雖平等而稍示不敢與抗者，則曰咨呈；曰札文，曰批答，上行下之辭也；其施之官稍下而非所屬者，則曰照會；曰書函，上下平等，皆可通行者也；曰詳文，曰稟牘，皆以下官告其上官者也，官在兩司上者可勿用。大臣出使，有洋文照會者，蓋以此國使臣告彼國外部大臣之辭，亦即兩國相告之辭也。執筆者宜審機勢，晰情僞，研條約，諳公法。得其竅，則人爲我詘；失其竅，則我詘於人。是非於此明，利害於此形，强弱於此分，實握使事最要之綱領。使事既有端緒，然後述其梗概而奏之，而咨之，札之，意有未達，則再爲書以引伸之。胥是物也，故凡治出使公牘者，必以洋文照會爲兢兢。而諸體之公牘，皆由此生焉。電報雖爲昔日所無，邇來籌襄公務之機要，大半渾括故此。故亦當附公牘之列。余奉使海外，四閱寒暑。既甄録疏稿，都爲一集，復裒咨、函、札、批之稍關國計民生者，暨洋文照會與電報，釐存八卷，時自覽觀，以備考鏡焉。自我中國通使東西洋諸大邦，所以諳政俗、聯邦交、保權利者，頗獲無形之益。然使職難稱之故，蓋由中國風氣初開，昔日達官不曉外務，動爲西人所欺。西人狃於積習，更以不敢施之西洋諸國者，施之中國。爲使臣者，遂不能不與之争。争之稍緩，彼必漠視而不理，其病中於畏事；争之過亢，彼必借端以相尤，其迹疑於生事。邇來當事顧生事者較少，而習畏事者較多，故失之剛者常少，而失之柔者常多。余生性憨拙，凡遇交涉大事，輒喜斷斷争辯。争之之具，必以洋文照會爲嚆矢。有時用力過鋭，彼或怒而停議。然未嘗不得自轉圜，未嘗不稍就我範圍。蓋我雖執彼所不願聞之言，而其理正，其事核，其氣平，出以忠信之懷，將以誠懇之意，知彼不能難我也。然後斷然用之以難彼而勿疑。其端倪可見於文牘者，亦僅十之四五而已。久之，彼且積感而釋疑，轉嗛而爲敬。欺者不敢復欺，争者可漸息争矣。顧欲與争辯，則平日之聯絡布置，尤不可不慎。譬之關弓者必和其幹，調其絲，引矢一發，彀力雖勁，不至弧折弦絶者，審固於先事也。洋文照會，皆余授意譯者所擬，然後再譯爲華文。中西文法，截然不同，頗有詰屈聱牙之嫌。余恐汩其真也，未敢驟加删潤。後之覽者，亦會其意焉可耳。光緒十九年冬十月，無錫福成自序於英倫使館。

—8. 皇朝經世文三編　卷三九　禮政四　聘使

約　章

兩國議和，不能無約。約章行之既久，恐有畸重畸輕之事，以致兩國之有偏損也，不得不訂期修改，以劑其平，此中外通行之要也。然修約之舉，期於兩國有益無損。

損一國以益一國，不行也；一國允而一國不允，不行也。伊古以來，未聞有修約不遂而遽至決裂之舉。惟其如是，則存自利之見者，不得恣睢以從事；有自護之權者，不妨從容以徐商。曩者，滇邊案起，英國威使以馬加里之死，多方挾制，中國務得大體，不得不量予變通，以弭外釁，於是始立烟臺之約。今前案早結，而英國於約内之事尚未盡行，其理絀則其氣衰，所以威使支吾延宕，但嗾德國巴使借修約之事多所要求；要求不得，旋肆恫愒；恫愒不應，而彼之技乃窮，即令佯示決裂之形。中國惟當静以待之，其萬不能允者始終堅執一辭，而彼固無如我何也。如其可允而有大損於中國者，宜取大益以抵之；有小損於中國者，宜取小益以抵之。損益適足相當，彼商民猶未愜望，或將如英國新約之訂而不行。否則，相持不決，而修約中止。要之不失爲中道，固非中國所慮也。

雖然中國立約之初，有視若尋常，而貽患於無窮者。大要有二：

一則曰一國獲利，各國均霑也。西人始來，不過一二國，中國不知其牽率而至者如是其衆也。既因有此約，一國所得，諸國安坐而享之。一國所求，諸國群起而助之。是不啻驅西洋諸國，使之協以謀我也，失計莫甚於此。從前諸國以英國爲主謀，英國允而各國無不照行。是尚有統宗之處。今則德國雄長歐洲，每事與英競勝，且烟臺條款德人藉英之力，霑利多矣。今復以修約而誅求無已，而英人亦乘間而導之，合力以謀之，此皆"利益均霑"一語階之厲也。往者不可救，來者猶可追。今欲頓棄前約，彼必不肯從也。是莫如存其名而去其實，使彼相忘於不覺。

往見戊辰與英國所訂新約第一條及照會之文，用意甚善，惜乎其未行也。又聞總税務司赫德之議擬定各國通行約本，另設一漢文條約底式，凡有外國訂約者，即按通行之約以授之。此誠省事之良法也。"利益均霑"之文不必去，而其弊自去矣。今歲德國修約，尚未定議。英國亦届修約之期，如竟能罷論固善，不然則三國同時議約，宜告之曰：約文有"一體均霑"之語，若稍有參差，則一事兩歧而開辦無期，莫若乘立約之始而會歸於一。英、法、德三國既允，其餘諸國可無慮矣。他日届期修約，彼即不能迭出以相嘗。萬一意見不合，不過互相牽制，不行新約而止耳。各國無端之喧聒，其少紓乎。

一則曰洋人居中國，不歸中國官管理也。夫商民居何國何地，即受治於此地之有司，亦地球各國通行之法。獨中國初定約時，洋人以中西法律迥殊，始議華人治以華法，歸華人管理，洋人治以洋法，歸洋官管理。然居此地而不受治於有司，則諸事爲之掣肘。且中國之法重，西洋之法輕，有時華人、洋人同犯一罪，而華人受重法，洋人受輕法，已覺不均。今即以人命論，華人犯法，必議抵償，議撫卹，無有能倖免者。洋人犯法，從無抵償之事，洋官又必多方庇護，縱之回國，是不特輕法所未施，而直無法以治之矣。此無他，有司無權之故也。

爲今之計，既不能强西人而就中法，且莫如用洋法以治洋人。按烟臺條款，有照會各國議定審案章程之約；赫德亦謂華、洋訟件宜定一通行之訊法，通行之罪名，乃能經久無弊。近聞美國與日本議立新約，許歸復其内治之權，外人皆歸地方官管豁。中國亦宜於此時商之各國，議定條款，凡通商口岸設立理案衙門，由各省大吏遴選幹員及聘外國律師各一人主其事，凡有華、洋訟件，均歸此衙門審辦。其通行之法，宜參用中西律例，詳細酌核。如猶不能行，即專用洋法亦可。何也？治華、洋交涉之事，本與中國自治之法不同。以洋法治華人，所以使華人避重就輕也；以洋法治洋人，所以使洋人難逃法外也。補偏救弊，舍是無他術矣。

夫條約之要議固不止二端，而以此二端爲最鉅。驟與之商未必肯聽，則於無形之中潛寓轉移可也。即不然，用以抵其所索之款可也。若夫法國之約，莫如約束教民；俄國之約，莫如清理邊界，似皆宜於通行之約之外，别立專條。其間幾微之得失，實爲中國安危之機，是又當以全力注之者矣。

—8. 皇朝經世文三編　卷四〇　禮政五　約章

論中國在公法以外之害

泰西有《萬國公法》一書，所以齊大小强弱不齊之國，而使有可守之准繩。各國所以能息兵革者，此書不爲無功。然所以用公法之柄，仍隱隱以强弱爲衡，頗有名實之不同。强盛之國，事事欲軼乎公法，而人勉以公法繩之，雖稍自克以俯循乎公法，其取盈於公法之外者已不少矣。衰弱之國，事事求合乎公法，而人不以公法待之，雖能自奮以仰企乎公法，其受損於公法之外者已無窮矣。是同遵公法者，其名同遵公法，而損益大有不同者。其實也，雖然各國之大小强弱，萬有不齊，究賴此公法以齊之，則可以弭有形之釁，雖至弱之小國，亦得藉公法以自存。

惟亞西亞東方諸國風氣不同，政事不同，言語文字不同，初與公法有格格不相入之勢，而此書亦若未挈東方諸國在内。三十年來，日本、暹羅盡力經營，以求附乎泰西之公法。日本至改正朔、易服色以媚西人，而西人亦遂引之人公法矣。中國與西人立約之初，不知《萬國公法》爲何書，有時西人援公法以相詰責，秉鈞者嘗應之曰："我中國不願入爾之公法。中西之俗，豈能强同。爾述公法，我實不知。"自是以後，西人輒謂中國爲公法外之國，公法内應享之權利闕然無與。如各國商埠，獨不許中國設領事官，而彼之領事在中國者，統轄商民，權與守土官相埒。洋人殺害華民，無一按律治罪者。近者美國驅禁華民，幾不齒中國於友邦。此皆與公法大相剌謬者也。公法外所受之害，中國無不受之。蓋西人明知我不能舉公法以與之争，即與之争，諸國皆漠視之，不肯發一公論也。則其悍然冒不韙以陵我者，雖違理傷誼有所不卹矣。

余嘗謂中國如有秦始皇、漢武帝、唐太宗、元太祖之聲威，則雖黜公法、拒西人，其何嚮而不濟？若勢有不逮，曷若以公法爲依歸，尚不受無窮之害。秉鈞者初不料其一言之失，流弊至於此極也。近年以來，使臣出駐各國，往往援據公法爲辯論之資，雖有效有不效，西人之舊習已稍改矣。往歲余殫盡心力與英廷議定設立香港領事官，此可爲風示他國張本，即可爲隱抽昔日受虧條約張本。無如當事諸公有一二人挾私懷忌，出死力以阻之，余獨不解其是何肺肝。中國辦事之難，一至於此，可勝嘆哉，可勝嘆哉。

—8. 皇朝經世文三編　卷四〇　禮政五　約章

選將練兵論

西洋各陸軍，以德國爲最勝，水師以英國爲最精，固已。然不必英與德也，余觀各國營伍，無不步伐整齊，操練精熟，多有一定步驟，非可尺寸踰越。其所以驟勝中國之故，厥有兩端：

一則中國三代以前，文武原未嘗分途，漢唐猶存此意。宋明以來重文輕武，自是文人不屑習武，而習武者皆係粗材，積弱不振，外侮迭侵，職此之由。泰西各國，選將練兵皆出學校，武備一院，選聰穎子弟讀書十數年，再令入伍習練，雖王子之貴，皆視爲急務，歷練既深，又多學問，故無不精嫻韜略。夫西人選擇精、讀書久、閱歷深而始能當一兵，其所以制勝者在此。一隸營籍，則平日見重於閭里，如中國諸生之列膠庠，即年滿告退，亦有半餉以贍其老，所以能使樂於從事，不憚致其畢生之力，而將才亦因以輩出也。

一則兵事不尚空談，貴乎實練。中國兵法之有專家，始於戰國之時，厥後漢之韓信，唐之李靖，皆有兵法傳於世，蓋此中竅要，非可鹵莽，宜有心得也。宋明以後，漸失其傳，非烏合之衆，僥倖於一勝，即疲弱之卒，糜餉於平時耳。岳武穆不盡依古兵法，斯其天資卓絶，非可强幾，後惟戚南塘氏，束伍練兵，著爲專書。曾文正公頗用其法，核定營制，而楚軍、淮軍相繼並起，懋著功績。然亦因與粵、捻諸寇相持稍久，故能練之益精也。歐洲各邦，以戰立國一二千年矣，上下一心，競智爭雄，目見耳聞，濡染已久，又復互相師法，舍短集長，凡陣法之變化，號令之疾徐，船械之良楛，槍炮之利鈍，無不窮究祕要，確有程度，非若中國之承平稍久，或并古所習之兵法而失其傳也。

以上二者，彼之所以獲此成效，本非易易，中國雖不必盡改舊章，專行西法，但能明其意而變通之，酌其宜而整頓之，未始非事半功倍之術也。

—8. 皇朝經世文三編　卷五六　兵政一三　操練上

振百工説

古者聖人操制作之權以御天下。包犧、神農、黄帝、堯、舜、禹、周公，皆神明於工政者也。故曰備物致用，立成器以爲天下利，莫大乎聖人。聖人之制，四民並重，而工居士商農之中，未嘗有軒輊之意存乎其間。虞廷颺拜，垂、殳斨、伯與、禹、皋、夔、稷、契同爲名臣。《周禮・冬官》雖闕，而《考工》一記精密周詳，足見三代盛時，工藝之不苟。周公製指南鍼，迄今海内外咸師其法。東漢張衡，文學冠絶一時，所製儀器非後人思力所能及。諸葛亮在伊尹伯仲之間，所製有木牛流馬，有諸葛燈，有諸葛銅鼓，無不精巧絶倫。宋明以來，專尚時文帖括之學，舍此無進身之塗，於是輕農工商而專重士。又惟以攻時文帖括者，爲已盡士之能事，而其他學業瞢然罔省，下至工匠，皆斥爲粗賤之流，寖假風俗漸成，竟若非性粗品賤不爲工匠者。於是中古以前，智創巧述之事，寂然無聞矣。

泰西風俗，以工商立國，大較恃工爲體，恃商爲用，則工實尚居商之先，士研其理，工致其功，則工又必兼士之事。吾嘗審泰西諸國勃興之故，數十年來，何其良工之多也。鐵路、火車之工，則創其説者曰羅哲爾，曰諾爾德，而後之研求致遠者，不名一家。火輪舟之工，則引其端者曰迷路耳，曰代路爾，曰塞明敦，而後之變通盡利者，不專一式。電報之工，最闡精微者，則有若嘎刺法尼，若佛爾塔，若倭斯得，若阿拉格，若安貝爾。鍊鋼之工，最擅聲譽者，則有西門子，若馬丁，若別色麻，若陪爾那，若回特活德。製槍之工，則有若林明敦，若哄者士得，若毛瑟，若亨利馬梯尼。製炮之工，則有若魯克伯，若阿模士莊，若荷乞開司，若那登飛。其他造船、造鋼甲之工，則有德之伏爾鏗，英之雅羅，法之科魯蘇。造魚雷、造火藥之工，則有奥之懷臺脱，德之刷次考甫，德之杜屯考甫。泰西以人姓爲人名，自鍊鋼以下，大抵以人名爲廠名，即以廠名爲物名者居多。當其創一法，興一廠，無不學參造化，思通鬼神，往往有讀書數萬卷，試練數十年，然後能爲亘古開一絶藝者，往往有祖孫父子積數世之財力精力，然後能爲斯民創一美利者。由是國家給予憑單，俾獨享其利，則千萬之巨，富可立致焉。又或獎其勤勞，錫以封爵，即位至將相者，莫不與分庭抗禮，有欿然自視弗如之意。則宇宙之大，名可兼得焉。夫泰西百工之開物成務，所以可富可强，可大可久者，以朝野上下敬之，慕之，扶之，翼之，有以激厲之之故也。

若是者，人見謂與今日之中國相反。吾謂與古之中國適相符也。中國果欲發憤自强，則振百工以前民用，其要端矣。欲勸百工，必先破去千年以來科舉之學之畦畛，朝野上下皆漸化其賤工貴士之心，是在默窺三代上聖人之用意，復稍參西法而酌用之，庶幾風氣自變，人才日出乎。

—8. 皇朝經世文三編　卷六三　工政三　工程

察看英法兩國交涉事宜疏

奏爲微臣分駐英法數月，察看交涉事宜，謹陳梗概，恭摺仰祈聖鑒事。

竊臣在法國、英國、比國呈遞國書，已將各國互敦和好之意，陸續據實奏報在案。惟聞義國羅馬都城一交夏令，瘴氣甚重。該國王及其外部大臣皆避暑在外，必俟八九月後回都辦事。臣是以暫緩馳赴羅馬，稍以其暇詳閲接管案卷，聯絡議院官紳。謹將見聞所及，爲聖主縷陳之：

竊惟數十年來，西洋諸國惟英法與我中國素多齟齬，一二强邦迭起乘之，事變愈棘。從前英使如威妥瑪、巴夏禮等，法使如巴德諾脱等，尤窺知中國情事，狃於積習，動輒要挾，句結他國，協以謀我。與之以利而不知感，商之以情而不即應，繩之以約而不盡遵，其所由來非一日矣。臣嘗觀光緒三、四年間舊牘，前使臣郭嵩燾初到之時，枝節不少，口舌滋繁，有明係中國自主之權而妄思侵礙者，有明係彼國訂行之款而不即照辦者。蓋彼之商人惟利是視，不顧大體，而公使、領事向恃中國無駐洋使臣，與彼外部辯論，往往逞其一面之辭，要求迫脅，惟所欲爲。今則事勢既異於前，威、巴諸使或退或死，狡謀斯戢，積案稍清。

臣嘗與英法官紳往來酬酢，察其言論，多有聯絡中國之意，不復如昔日之壹意輕藐。推原其故，厥有數端：一則越南一役，法人欲索賠償，竟不可得。至今法人議論，咸晳斐禮之開釁，恨其得不償失，各國始知中國之不受恫喝也。一則十餘年中，冠蓋聯翩出駐各國，漸能諳其風俗，審其利弊，情意既浹，邦交益固也。一則中國於海防、海軍諸要政逐漸整頓，風聲所播，收效無形。且近年出洋學生試於書院，常列高等，彼亦知華人之才力不後西人也。凡此數端，皆係聖明措注因時及内外大臣盡力經營之效。臣愚以爲，乘此振興之際，遇有交涉事件，可以相機度勢，默轉潛移，稍裨大局。大抵外交之道與内治息息相通，如商税受損，則財用不足矣，教民横恣，則吏治不飭矣，海外之華民保護不及，則國勢不張矣，内地之土貨行銷不遠，則民生不厚矣。此在任使事者設法維持，隨宜籌措，雖舊約驟難更改，而情勢或可變通。臣擬於兹數者審度情形，俟有機會，大則奏請諭旨遵辦，小則函咨總理衙門裁酌，總期捷聲息而通隔閡，收權利而銷外侮，仰副朝廷委任之意。

抑臣又聞外洋各國使臣互相駐扎，皆以得見君主爲榮。君主亦必接見，以示優異。皇上親政以來，各使以未覲天顔，疑有薄待之意，不無私議，屢見英法新聞紙中。將來恐不免合力固請，似亦當籌所以應之也。所有察看交涉事宜，理合恭摺密陳，伏乞皇上聖鑒訓示。謹奏。

—8. 皇朝經世文三編　卷七二　洋務四　外洋鄰交

西法爲公共之理説

歐、美兩洲諸國勃焉興起之機，在學問日新，工商奮績，而其絶大關鍵皆在近百年中。至其所以横絶寰宇而莫與抗者，不過恃火輪、舟車及電綫諸務，實皆創行於六七十年之内，其他概可知矣。今之議者或驚駭他人之强盛，而推之過當，或以堂堂中國何至效法西人，意在擯絶而貶之過嚴，殆皆所見之不廣也。夫西人之商政、兵法、造船、製器及農漁、收礦諸務，實無不精，而皆導其源於汽學、光學、電學、化學，以得御水、御火、御電之法。斯殆造化之靈機，無久而不泄之理，特假西人之專門名家以闡之，乃天地間公共之理，非西人所得而私也。中國綴學之士聰明才力，豈遜西人？特無如少年精力多縻於時文、試帖、小楷之中，非若西洋億兆人之奮其智慧，專攻有用之學，遂能直造精微。斯固無庸自諱，亦何必自畫也。上古之世制作萃於中華，自神聖迭興，造卦畫，造市易，造耒耜，造舟車，造弧矢，造網罟，造衣裳，造書契，當鴻荒草昧，而忽有此文明，豈不較今日西人制作尤爲神奇，特人皆習慣而不察耳。即如《堯典》之定四時，《周髀》之傳算術，西人星算之學未始不權輿於此，其他有益國事民事者，安知其非取法於中華也？昔者宇宙尚無制作，中國聖人仰觀俯察，而西人漸效之；今者，西人踵中國聖人之制作而研精不輟，中國又何嘗不可因之？若怵他人我先，而不欲自形其短，是諱疾忌醫也；若謂追隨不易，而慮始終不能勝人，是因噎廢食也。夫青出於藍而勝於藍，冰凝於水而寒於水。巫臣教吴而弱楚，武靈變服以滅胡，蓋相師者未必無相勝之機，吾又安知千百年後，華人不因西人之學再闢造化之靈機，俾西人色然以驚，睪然而企也？

—8. 皇朝經世文三編　卷七八　洋務一〇　外洋通論四

通籌南洋各島請設領事官保護華民疏

奏爲英國屬埠擬添設領事官保護華民，並通籌南洋各島派員先后次第，恭摺仰祈聖鑒事。竊臣查光緒十二年兩廣督臣張之洞派遣委員副將王榮和、知府余瓗訪查南洋各島華民商務，奏稱該委員等周歷二十餘埠，約計英、荷、日三國屬島，應設領事者三處，設正副領事者各數處，經總理衙門議復在案。臣於光緒十六年七月，准總理衙門咨稱：據海軍提督丁汝昌文稱，此次巡洋，如附近新嘉坡各島，曰檳榔嶼，曰麻六甲，曰柔佛，曰芙，曰石蘭莪，曰白蠟，皆未設領事，華商因受欺凌剥削之苦，無不環訴哀求。擬請各設副領事一員，即以隨地公正殷商攝之，統轄於新嘉坡領事。因先與該外部商定，核給憑照。如能辦到，實於華民有裨等因。到臣當經辦文，照會英國外部，援照公法及各國常例，聲明中國可派駐領事官，分駐英國屬境。俟商有端倪，擬再咨明總理衙門，詳籌妥辦。臣竊思領事一官，關繫緊要，而南洋各島華民繁庶，若不統論全局，則一事之利弊無以明；若不兼籌各國，則一隅之情勢無由顯。臣謹綜其始終本末，爲聖主敬陳之。

大抵外洋各國莫不以商務爲富强之本。凡在外國通商之口，必設領事，以保護商人，遇有苛例，隨時駁阻，所以旅居樂業，商務日旺。即游歷之員、工藝之人，亦皆所至如歸。而西洋各國領事之在中國獲力尤大，良由立約之初，中國未諳洋情，允令管轄本國寓華商民，與地［方］官無異。方洋人每有人命、債訟等案，均由領事官自理，往往掣我地方官之肘。從前中國各口之枝節横生，亦實由於此。然即在他國不理政務之領事，僅以保護商務爲名者，各國亦視之甚重，稍有交涉，即籌建設。蓋枝葉繁則根本固，耳目廣則聲息靈，民氣樂則國勢張，自然之理也。

中國領事之駐外洋者，在英則有新嘉坡領事；在美則有舊金山總領事，有紐約領事；在西班牙則有古巴總領事，有馬丹薩領事；在秘魯則有嘉里約領事；在日本則有長崎、横濱、神户三處領事，有箱館副理事。蓋南北美洲與日本各口，迭經總理衙門與出使大臣籌劃經營，建置較密。惟南洋各島星羅棋布，形勢尤爲切近。華民往來居住，或通商，或傭工，或種植，或開礦，不下三百餘萬人。即委員王榮和等所到之處，亦已報有百餘萬人。臣竊據平日所見聞，參以張之洞原奏，計華民萃居之地，荷蘭、西班牙兩國所屬，應專設領事者約四處：曰蘇門答臘之日裏埠，曰噶羅巴，曰三寶壠等埠，曰小吕宋。英法兩國所屬，應專設領事者約五處：曰香港，曰新金山，曰緬甸之仰江，曰越南之北圻與西貢。他如檳榔嶼等處，已［亦］可相機設法，或以就近領事兼攝，或選殷商爲紳董，畀以副領事之名，略給經費，而以就近領事轄之。斟酌盈虚，隨宜措注，要亦所費無多。就南洋各島而論，衹須設領事十數員，大勢已覺周妥。加以略有添派，綜計歲費當不過十萬金。竊查各關洋税項下，每歲提撥一成半，作爲出使經費，約銀一百數十萬兩。而近年出使各館所需暨游歷人員所用，統計當不過六十萬兩。總理衙門原議，以其贏數豫備添設各國使臣之用。臣愚以爲，西洋頭等强國均已派有使臣，即二三等之國亦由各使就近兼攝，似暫無須多派。惟逐漸添此十數領事者，則商政日興，民財日阜，息息有與内政相通之故，且慰輿情於絶遠，不啓華人觖望之端，收權利於無形，不開外人姍笑之漸，所獲裨益較之所費，奚啻十倍！臣嘗閲各國貿易總册，以洋貨、土貨出入相準，每歲中國之銀流入外洋者約一二千萬兩。又考數年前美國舊金山銀行匯票總數，每歲華民匯入中國之銀約合八百萬兩内外，雖該處工資較豐，而人數尚非最多，則推之古巴魯可知，推之南洋各島又可知矣。夫中國貿易與各國相衡，虧短甚鉅，然尚有可周轉者，以華民出洋所獲之利，足資補苴也。倘此源再塞，則内地之銀必更立形匱乏。民窮已甚，竊思事變叢生。即就新嘉坡一埠而論，設立領事已十三年，支銷經費未滿十萬金。然各省賑捐海防捐所獲之款，實已倍之，而商傭十四五萬人，其前後携寄回華者，當亦不下一二千萬。蓋領事一官，在彼外洋雖無管轄華民之權，實有保護華民之責。縱令妥訂條約章程，必得領事隨所見聞與彼地方官商辦，則洋官亦得藉以稽查，而土人不敢任意苛虐。即駐洋使臣欲與外部辯論，亦必以領事所報爲憑，方能使洋官有所顧忌。此領事一官所以不能不設之由，而已設領事之處未嘗無顯著之效也。

今華民出洋之利，已稍不如前矣。誠能於南洋各島酌添領事，尚可挽回補救，而收固有之利源。然所以議之稍久、迄少就緒者，蓋亦因立約之初，中國未悉洋情，並不知華民出洋之衆，於是但給彼在中國設領事之柄，而無我在外洋設領事之文。又各國開荒島爲巨埠，專賴招致華民，而洋人實屬寥寥。一經我設立領事，彼不免喧賓奪主之嫌，又礙其暴歛横徵之舉，所以始必堅拒，繼則宕延。外部以咨商藩部爲辭，藩部以官民不便爲説，雖管禿唇焦，而終無如彼何。此惟在局中者深知其難，而局外之視事太易者。又或稱就地可集鉅資，無需另籌經費。或狃於洋官駐華之例，幾謂一設領事，華民即爲所轄，竟無異管理地方者。此皆閱歷未深，實多隔閡。當局者知其斷難辦到，不無矯枉過正之議，幾謂徒多耗費，無甚裨益，斯殆有激而然。臣竊以爲，望之過奢，轉滋流弊。領事所收之身格費、船照費，原可略資津貼，正不必歛鉅資以招物議。今已設領事之處，驗民船，稽民數，原可稍分彼權，正不必攬政柄以啓猜疑。但如臣以上所陳，則不求近效而其效最大，惟須認定主見，中外一意，合力堅持，得寸得尺，相機籌辦，必可循序就範。即如新嘉坡初設領事，英之外部亦儘力阻撓，當時頗費周折，至今乃無異議。竊查英、法、荷、日四國屬境，其苛待華民、不願我設領事者，以荷、日二國爲最，而法次之，英又次之。荷、日國勢皆昔盛今衰。其立國命脉乃在南洋諸島。島中墾田、開礦、招商、徵税各事，又恃華民爲根柢。惟其政令不甚明肅，呼應不甚靈通，洋官往往徵取無藝僑寓之西人，又侵侮華民，或迫之入籍，或拘之爲奴，或禁其往來，或朘其生計。若有華官在旁理論，究可補救一二。雖商設領事之始，彼必枝梧推宕，然我苟據理執言，因勢利導，始終堅持，諒彼亦無辭以難我。及早圖之，則難者或漸化爲易；失今不圖，則易者亦漸覺其難。想總理衙門，必仍知照出使美、日秘臣崔國因催商日國外部，先在小吕宋設立領事，俾便次第推廣，以符原議。至英國待我華民較爲公允，臣觀各國在英屬地設一領事，視爲泛常之舉，向無攔阻。又知英國君臣用意，頗欲與中國互敦睦誼，或不於此等事件稍露歧視中國之形。近與該外部商議，請照各國之例，在英地隨宜派設領事，即彼未肯速允，臣擬堅持初議，至再至三，與之磋磨，先就香港、仰江、新金山等埠酌設一二員，而檳榔嶼等六處亦當審其地勢人數，從長籌劃。由此推之，法、荷各屬亦或較易爲力。

臣非不知洋人性情堅韌，每商一事必多波折。然苟不憚筆舌之繁，不參游移之見，不紊緩急之序，或稍有效可圖。蓋庇蔭周則民生厚，而不獨開商務；財用裕則近憂紓，而非以勤遠略；布置廣則衆志聯，而兼可詗敵情；呼籲少則國體尊，而即以銷外侮。臣爲海外數百萬生靈起見，不敢稍安緘默，所有英國屬埠擬設領事，並通籌南洋各島派員次第緣由，恭摺具陳，伏乞皇上聖鑒訓示。謹奏。

—8. 皇朝經世文三編　卷七八　洋務一〇　外洋通論四

海關徵税敘略

總税務司赫德屬駐英税務司金登干，送來光緒十八年海關貿易總册，余受而閱之，條分件繫，經緯分明。是年徵税之數，凡進口正税銀四百五十九萬餘兩，出口正税銀八百二十五萬餘兩，復進口半税銀八十二萬餘兩，洋藥税銀二百二十八萬餘兩，船鈔銀三十八萬餘兩，内地半税銀四十七萬餘兩，洋藥釐金銀五百六十六萬餘兩，以上七項，都二千二百六十八萬餘兩。比較十七年絀十六萬九千餘兩，比較十六年贏六十九萬三千餘兩。若就各關所徵七項銀分計之，江海關，徵銀六百三十七萬餘兩；粵海關，徵銀三百三十四萬餘兩；江漢關，徵銀一百八十九萬餘兩；閩海關，徵銀一百六十八萬餘兩；湖海關，徵銀一百四十八萬餘兩；浙海關，徵銀一百二十五萬餘兩；九江關，徵銀一百零四萬餘兩；厦門關，徵銀九十七萬餘兩；蕪湖關，徵銀七十萬餘兩；津海關，徵銀六十九萬餘兩；淡水關，徵銀六十三萬五千餘兩；鎮江關，徵銀六十三萬一千餘兩；山海關，徵銀五十四萬餘兩；九龍關，徵銀四十七萬餘兩；臺南關，徵銀四十四萬餘兩；拱北關，徵銀三十八萬餘兩；東海關，徵銀三十三萬餘兩；北海關，徵銀二十五萬餘兩；重慶關，徵銀二十萬餘兩；宜昌關，徵銀十一萬餘兩；瓊海關，徵銀九萬八千餘兩；蒙自關，徵銀七萬三千餘兩；甌海關，徵銀三萬六千餘兩；龍州關，徵銀一千七百餘兩。以上二十四關徵收之總數，即前七項徵收之總數。

近年，滬、粵等關收數所以益旺者，以洋葯釐金歸併之故，閩、漢等關收數所以漸減者，以茶葉銷路日衰之故。綜計是年進口洋貨，價銀一萬三千五百十萬餘兩，進口正税並洋藥税，得銀六百八十八萬餘兩，核諸值百抽五之數，大相懸殊，然洋藥釐金固尚不在内也；出口土貨，價銀一萬零二百五十八萬餘兩，出口正税得銀八百二十五萬餘兩，已逾值百抽八之數，與所謂值百抽五者不符，則以土貨之價，已大減於初定税則之時之價，蓋絲、茶二者爲之也。

余嘗考財用盈虚之故矣。大凡土脉膏沃，物産充羡，壤博民殷，商貨所趨如水歸壑，則税可赢；又或衆力勤劬，工藝精良，流貤日廣，爲遐方日用所必需，則税可赢；又或地雖磽瘠，專産一物，如絲如茶，居民恃爲恒業，遠人聞而欣羡，則税可赢；又或綰轂通衢，因利乘便，官山府海，發天地自然之藏，都泉布輸寫之會，則税可赢。此數者，貴審其地形，開其風氣，尤視大水之經緯脉絡，以定群商之輻凑與否。夫上海扼長江之要，故税最多；廣州扼粵江之要，故次之；漢口扼漢江之要，福州扼閩江之要，故又次之。北方之水，溜急沙淤，不便行舟，故雖以黄河之大且長，獨無榷税極盛之關。

夫殖財之源雖因地勢，亦隨人事、天時而變焉者也。核其所徵之税，而地之衝僻、民之貧富、物之旺衰、歲之豐歉，俱可藉以考鏡焉，余故摘紀其大略如此。

—10. 皇朝經世文新編 卷一二 稅則

與法蘭西立約通商保護越南議

竊觀法蘭西使寶海所議《中國與法國應辦越南事宜》三條，大旨不外分界、通商與保護越南。果能互崇信義，秉公立約，則法人有悔禍之意，越南有可存之機，從此釁端漸弭，邊疆漸固，而中國之經理外務漸能制勝於無形。即異日朝鮮、琉球諸藩國，亦當隱蒙其益。此中國盛衰强弱之機括所由分也。然嘗考之以敵情，徵之以近事，復將寶使前後文函反覆玩味，竊慮法人未必遽就範圍，尚將故作波折也。洋人之得步進步，即欲行此三條而節目尚多可議也。約事之多歧，人言之可畏，稍不詳審，或至貽悔於將來也。夫事不籌之於豫，則設慮不周，思不集之於衆，則獲益不廣。福成因斯事關繫全局，謹審其剛柔、緩急、進退、迎距之機宜，議其大略如左：

一、和戰二事，宜虛實相濟也。邇年以來，外侮環逼，議者或偏於主戰，或偏於主和，不知二者皆非也。夫一意欲戰，則將使彼不能轉圜，兵連禍結，致成不了之局。且中國武備未精，未可爲孤注之一擲也。一意欲和，則彼窺見我之情實，益肆要求無所底止。一國得志而諸國效尤矣，中國將奚以自立邪？是故爲今之計，莫如以和爲體，以作可戰之勢爲用。昔者英人之救土耳其也，廣調戰艦，進泊黑海，仍隱勸土人與俄講解，故俄人有所顧忌而其約易成。庚午天津之案，誤在未調重兵，不免於倉猝之間爲法人所挾制。甲戌臺灣之役，雖有重兵，又誤在議和太速。近者東北邊調軍防俄，而伊犂改約，未受大損。朝鮮告變，雄師電邁，而倭人氣沮，受盟而退。此皆其明驗也。且所謂作可戰之勢者，即使事機所值，偶出於戰，亦必時時執願和之說，如是則敵不能歸曲於我，而轉圜亦易。夫法人之破東京也，瞰其無備，突啓波瀾，無理極矣，乃轉歸咎於河内總督之藐視，自稱並無侵占土地之意，時以交還東京、補立和約爲言。戰國時蘇代之論秦王曰：必令其言如循環，用兵如刺蜚。夫殘破人之國都而猶厚貌，甘言自云並無惡意，可謂言如循環矣。恃强陵弱，不崇朝而取東京，可謂用兵如刺蜚矣。中國亦宜稍襲其意，惟知雖戰而無礙於和，則其究亦並不至乎戰。此和戰二事，虛實相濟之妙訣也。

一、法國上下之謀議，不可不審明也。法在歐洲習於戰鬭，素稱强國。自改爲民政，而其國人始有息肩之意。且畏德人戰勝之威，割其腴壤，償以鉅費。法之君臣痛心疾首，未嘗不思蓄鋭觀變，以全力求逞於德也。今瞷越南之貧且弱，欲稍稍蠶食其地，如英之據印度，俄之滅波蘭。然法之所畏莫如德。德與法同壤而國勢日强，不啻卧虎伺榻。俄、奥諸國，又法之世仇而德之與國也。英人每以滇境通商，忌法人之占先著，法人豈不知之。法之牽制既多，竊料彼國經營越南，僅用財力、兵力十分之一，計猶爲之。若必勞師糜餉而多後患，則彼必長慮卻顧，有所不爲矣。何則？彼非畏中國也，畏歐洲諸國之議其後也。今法國聞中國發兵之信，攘臂而起者固非無人，然究其歸宿，必係願和者多，願戰者少。觀其外部，接寶使電信即飭西貢巡撫勿得生事，其情可見。竊嘗以管見度之，其言戰言和、紛紜無定者，法之上下議院也；經畫邊務、兼顧大局、適可而止者，法之朝廷也；不殫啓釁、欲以拓土爲功者，法之西貢巡撫也。至其使臣寶海奉厥朝廷之意，原以排難解紛爲職，然彼亦量中國之情勢以爲進退，苟騁其口舌，先得便利，未嘗不見可而進，冀著其爲使之功。審此數端，而越南之事乃可措手矣。即與寶使議辦越事，尤不可不善爲駕馭矣。

一、滇、粤各軍不能驟撤也。自法人侵擾越南，中國分道出師，以示聲援，未嘗明言拒法，而越南君臣以壯其氣，不致驟立受虧之約。劉永福等以堅其守，不肯據爲退避之謀，即法人亦以兵少勢孤，有所顧忌。此誠綏邊字小之要著也。迨兩國之軍日益相逼，恐肇釁端，姑因寶使之言，酌許退軍，以便兩國派員會議，乘風轉帆之妙，誠莫亟於此。乃寶使照會稱，中國已飭官兵退扎，足令法國派出驅逐黄黑旗黨巡軍無有阻難。是我退而彼反求進，情殊叵測，且與前言不符，誠有如總理衙門所慮者。即使寶使並無此心，或因譯漢文，義稍有訛舛，然中國救越之得勁也以出師，則其鬆勁也必以退師。若竟如寶使照會所稱退回本境，法人見中國退兵之速也，彼之議院必因此窺我之怯餒而謀濟師，彼之西貢巡撫必益以覷越之虚弱而謀占踞，勢必進攻劉永福等以規北圻諸省，不必寶使先有此情也。倘法人乘機思逞，即寶使亦力不能禁也。彼時執前議以責寶使，彼將置之不理。若我兵因法人爽約既退且進，恐必激成釁端，轉非弭事之道。

福成愚以爲，此時粤軍分布富良江以北，與法軍尚隔一江，不必撤退。或令其最近東京之一路酌量移營。滇軍前敵在興化以東者，宜密飭酌度形勢，退舍數十里，已足表和好之誼。若寶使以未退回本境藉口，宜答以兩國相交，未聞有施無報。中報既退扎以示先施，法軍亦宜退出東京以昭睦誼。如此乃足間執其口，而折其無厭之求。即至會議之時，兵備尤不可稍懈，庶聲威振而和局可成矣。

一、立約分界保護，最宜詳審也。越南全境近三十省，順化都城在富春省。富春以北以廣治省廣平道爲左圻；其河静、乂安、寧平、清化、南定、興安、河内、海陽、北寧、廣安、諒山、太原、高平、山西、興化、宣光十六省爲北圻；富春以南以廣南省、廣義道爲右圻。而南圻九省中，有嘉定、邊和、定祥、永隆、安江、河僊六省，已爲法人所踞，設西貢巡撫治之。惟廣和、富安、平順三省尚屬越南。是南圻所存不過三分之一。惟北圻境壤綿廣，而十餘年來中國疊次出師，爲越南剿平劇寇，如吴亞終、黄崇英、李揚才、陸之平等悉就擒滅。富良江以北之山西、太原、諒山、高平、北寧、宣光、海陽等省，皆中國所戡定之地，且其土産較瘠，非法人所垂涎。其素稱膏腴，爲彼所注意者，蓋在越都左右圻及南圻所餘之地。又以經營富良江商路，則北圻迤南之地亦難盡讓歸我，此法人之隱情也。寶使照會稱法國願設法自海口以達滇境通一河路，以裨商務。又稱兩國在紅江中間之地劃定界限，北歸中國巡查保護，南歸法國巡查保護，併互相立約，將越南之北圻現有全境永遠保全。夫僅曰保全北圻，則北圻以外，如順化都城即非所保矣。萬一此約既定，彼即進取越都，我將不能過問。且紅江即富良江也，富良江以北之地，不及北圻之半，是中國所巡護僅有越地五分之一，未照平允。況彼即認保勝爲中國所開之口岸，保勝在富良江以南，則其中又多轇轕。似宜如總理衙門所議，北圻歸中國保護，南圻歸法國保護，以與之磋磨。雖明知彼必不允，然進求乎上僅得其次，將來或能辦到富良江以北北圻之地歸中國巡查保護，越南現有南圻全境歸法國巡查保護，富良江以南北圻之地與其都城左右圻之城，仍令越南自爲經理。由兩國遣使常駐越都，設法保護其富良江上下游，俾越南認爲法人通商之路，如中國長江通商之例。至其設官分治，設關收税，均由越南自主。如此則措注允協，可無南顧憂矣。

一、法人如不認越南爲中國屬邦，我亦宜勿認法越之舊約也。法越兩國甲戌年所立和約聲明，越南操自主之權，並不服屬他國。是法人早伏狡謀，欲使中國不得與聞其事，而越人自墮其術中矣。又稱越南之平定、海陽兩省，溯上洱河可達滇境，是其蓄意開通商路已非一日。然越南之朝貢中國，乃中外所共知，彼既不認爲我之屬邦，我亦能勿認其前約。况雲南爲中國之地，則通商允不允之權在我。苟能握其要領，善爲操縱，彼自須就我範圍也。

一、法人宜以東京交還越南，以符原議也。法人之初下東京也，曾行文越南，謂河内總督不以禮相待，致有攻戰，然實非利其土也，請越南王派員赴河内妥議，以便交還城池。又稱欲補立條約，即許退出東京，並將所取庫銀及海防關税銀三十七箱交還越南，仍許越官依舊收税。寶使亦迭次切實言明：彼國並無占併東京、北圻土地之意。是法人之踞河内，初意本在要盟。今保勝通商既如所請，則交還城池與帑項亦必議定日期。東京既須交還，則彼設局巡查北圻之説似宜駁罷。何則？既稱巡查，則必駐兵。駐兵則越南不能自立，富良江以南之地恐終難保全也。

一、滇境通商爲英人所忌，宜令法人知之也。英人於《烟臺條約》早有通商雲南之議，祇以緬甸陸路多阻，迄今無成。乃法人捷足先登，開通江路，則緬甸通滇之路更難。英人有慮其事者，見於本年七月新聞紙，謂“嗣後法與緬鄰，倘英緬失和，法人濟緬以軍火，緬與法將立保護之約，將來法必全滅越南，而以緬爲外府，大非英人之利”等語，是英人慮之熟而忌之深矣。春間越南侍郎陳叔訒託招商局代稟，有欲以重賂求救英德諸國之説。厥後越南王咨兩廣總督，求給憑照，往聘英德諸國，不可謂謀之不臧，中國固宜玉成其事，隱示扶持。雖英德未必遽能助越，究竟有益無損，且易動法人顧慮之心。此亦辯論時隱讋法人之一助也。

一、處置劉永福須妥爲斟酌也。永福本黑旗黨之渠魁，始爲流寇，繼受越南提督之職，扼守山西、保勝一路，榷商税以供軍餉，故法人必欲驅之，以通保勝商路。然永福素恃此爲餉源，誓死不肯退讓。又前嘗敗法師，北圻之民與黄黑旗黨之嘯聚者頗恃之以爲固。法之兵輪累次駛向山西，不戰而退，似稍憚永福威名者。寶使初次照會，謂中國應設法使商貨暢行，如驅除盗賊，撤去保勝境上關卡之類。其後照會總理衙門，則稱中國兵退扎，足令法軍驅除黄黑旗黨無有阻。此皆指劉永福而言。然使中國竟代法人驅剿永福，非惟清議所不與，且爲中外所竊笑，固萬無此理。若竟聽法人進攻永福，則彼兵威既盛，或因此盡併北圻，中國將何以禦之？今欲籌善處之方，保勝既作爲中國許法人通商之口岸，而永福嘗詣粤軍求救，願爲前鋒，似莫如由中國授以一官，編其部衆爲一二營，於富良江北擇地安插。其軍餉許由中國給發，日後即在保勝關税開支，諒永福不敢不遵。法人既得通商之利，又聞永福爲我用，斯足稍戢其狡謀矣。

一、通商章程宜詳議慎核也。法人知中國地産之厚，考求商路殆閲十年。其著議謂開通紅江商路，則川、黔、西藏之貨可由水道直達東京，各商咸願捆載而來，數年後進出口貨物當增至數萬萬佛郎，故其經營不遺餘力。彼既蓄意日久，我自難於阻遏。且就大計論之，亦可不必終阻。何也？使法人謀開此路，而中國初未覺察，則法人獨享其利，而中國將受其害。今由兩國會議通商，原期兩國共分其利。果能使滇蜀土貨暢銷，邊民日臻富庶，則中國之獲益尤厚。倘將來保勝一關，每歲進出口貨價各有一千萬兩，是歲得洋稅百餘萬也。惟此爲邊地通商之始，與江海各口情形不同。從前各口通商所議條約，大半由逼迫而成，中國受虧過鉅。此次兩國本無交涉，中國因越事慨允商務，似不能援照江海各口章程，必當明示限制，仿今歲朝鮮與美國立約之意，議一最公允之規條，以昭友誼，或酌增税項，或漸收政權。如此則他日續立之約可援例議辦，已立之約可隱爲挽回。其有裨於全局，豈淺鮮哉。

一、越南既歸兩國保護，則兩國所辦之事均應一律也。分界通商之議既定，法廷必仍遣使駐越，與聞國政，名爲保護。彼時中國若意存省事，憚於遣使，則越南之事中國仍不得與聞，將獨任法使以把持，啓其挾制侵占之漸，是以越南委之於法也。西洋於半主之國，無不遣使駐扎。況約章既定，無復重要事件，他日兩使駐越，原不過遇事會議，照約辦理而已。然既欲保全越南，則循例之舉實不能闕。或謂朝鮮、越南同爲屬邦，朝鮮既不遣使，越南豈能獨異？不知朝鮮之不遣使，因其爲我屬邦，而與西洋諸國平行也，慮體制之難壹也。越南之不能不遣使，因兩國既有保護之名，則兩使必有會商之務也，恐措施之不壹也。隨機應付，各有所宜，難一概而論耳。

一、富良江以北各省宜駐兵巡防也。中國所以力護越南者，欲固我滇粵邊圉也。而富良江以北各省又滇粵切近之藩籬也。越南不靖，則北圻不安。北圻不安，則滇粵亦不安。今欲保全越南，如能跨富良江南北而守之，固屬甚善。即勢有不能，則江北各省宜駐防軍也必矣。蓋法人既有巡查越南之説，則其軍必不能盡撤。而我一旦撤師，示以未遑遠略，又將啓彼狡謀。且邇來粵軍頻歲出關，驅剿叛寇，即遇班師入塞，亦常分布要害，以顧邊防，其餉項仍不能稍減，古人所謂事不可息，則住與行勞費相等也。今令滇粵各軍分駐越境，計不過於額餉之外多加運費，而緣邊有拱衛之師，屬國壯輔翼之勢，防軍以巡練而少懈弛，强敵覘舉動而憚聲威，其爲利也多矣。且法人以江北數省乃中國所戡定，故其意甘讓而不爭。萬一越南日就衰弱，終至爲法所滅，則中國分此一隅，亦差免爲各國所輕視。此乃將來最後之一著，而今則未可明言也。惟各軍暴露已久，宜以休軍爲名，入屯各省城中，越人方恃我爲捍蔽，必無異辭。斯邊陲收坐鎮之功，將士免久役之苦矣。

以上各端，或理論於事前，或籌措於事後，雖法人未必遽能盡允，然福成以爲頗有把握者。以法人所深願者在通商，所不願者在開釁也。今脅之以所不願，餌之以所深願，堅持前説，不稍遷就，則管見所擬，似有八九可成。夫寶使原議三條，大旨固在撮合兩國之好，然窺其意，實尚無定衡。我苟力與相持，則所得或稍益於三條之外。我不力與相持，則所得或尚歉於三條之内。寶使之所設辭推諉者，不曰本國議院不允，即曰西貢巡撫不允。今中國亦宜如其法以相抵制，其有關於兵事者，可託滇粵兩督以拒之；其有關於界務者，可託越南及劉永福以拒之；其餘一切不可允之事，更可託中外清議以拒之。拒之以辭，而彼乃知所允之非易得矣。夫得失既巨，周折必多。果能貫以全神，始終不懈，俾斯事持平議結，則東西洋各國知中國漸習外務，不敢肆其侵侮。從此力加整頓，並圖富强，中外交涉之事庶有豸乎。

—9. 皇朝經世文新編　卷二一　交涉中

請豁除舊禁招徠華民疏

奏爲時勢互殊，例意已變，擬請申明新章，豁除舊禁，以護商民而廣招徠，恭摺仰祈聖鑒事。

竊臣溯查國朝順治、康熙年間始嚴海禁。當時因鄭成功父子竊據臺灣，窺犯江浙閩粵，招誘平民脅爲死黨，寇勢滋蔓，沿海騷動，不能不創立禁例以大爲之防。凡閩人在番託故不歸，復偷渡私回者，一經拿獲，即行正法。厥後臺灣既平，務在與民休息，不欲生事海外。康熙五十六年，禁止南洋貿易一案，經九卿議定：凡出洋久留者，行文外國，解回正法。蒙聖祖仁皇帝特恩，令五十六年以前出洋之人俱准回原籍。雍正六年奉諭："出洋之人陸續返棹，而彼地存留不歸者，皆甘心異域、違禁偷往之人，不准回籍。欽此。"乾隆十四年，復奉高宗純皇帝特諭，將私往噶羅巴充當甲必丹之陳怡老嚴加懲治，貨物入官。大抵昔日海盜未殲，鄰交未訂，彼出洋之民禁之則可以孤寇黨，弭釁端，不禁則慮其泄事機，傷國體。且承平之世，地廣而人不稠，人散則土益曠。深維至計，首懸厲禁，非苛待此出洋之民也，時勢爲之也。

自道光二十二年以來，陸續與東西洋諸國立約通商，英國《江寧和約》第一條："華英人民各住他國者，必受保佑身家安全。"美國《續約》第五條："中國與美國人民前往各國，或願常住入籍，或隨時來往，總聽其自便。"而《祕魯條約》及古巴華工條款，亦於出洋華民鄭重再三，庇之惟恐不周，籌之惟恐不至，每於海外要地設領事官以保護之。誠以今者火輪、舟車無阻不通，瀛環諸國，固已近若户庭，邇於几席，勢不能閉關獨治。且我聖朝煦濡涵育逾二百年，中國漸有人滿之患，遂不得不導傭工以擴生計，開商路以阜財用，順民志以聯聲氣，張國勢以尊體統。蓋海禁早弛，風氣大開，一視同仁，無間遐邇。前例以不廢而自廢，不删而自删，非偏厚此出洋之民也，時勢爲之也。

臣於光緒十七年，奉派道員黄遵憲爲新嘉坡總領事官，屬令到任後詳察流寓華民情形，核實稟報。兹據稱，南洋各島華民不下百餘萬人。約計沿海貿易、落地産業所有利權，歐洲、阿剌伯、巫來由人各居十之一，而華人乃占十之七。華人中如廣、瓊、惠、嘉各籍約居七之二，粵之潮洲，閩之漳、泉，乃占七之五。粵人多來往自如，潮人則去留各半，閩人最稱殷富。惟土著多而流寓少，皆置田園、長子孫，雖居外洋已百餘年，正朔服色仍守華風，婚喪賓祭亦沿舊俗。近年各省籌賑籌防，多捐鉅款，競邀封銜翎頂，以志榮幸。觀其拳拳本國之心，知聖澤之浹洽者深矣。惟籌及歸計，則皆蹙額相告，以爲官長之查究，胥吏之侵擾，宗黨鄰里之訛索，種種貽累，不可勝言。凡挾貲回國之人，有指爲逋盜者，有斥爲通番者，有謂爲偷運軍火接濟海盜者，有謂其販賣豬仔要結洋匪者，有强取其箱篋肆行瓜分者，有拆毁其屋宇不許建造者，有僞造積年契券藉索逋欠者。海外羇氓，孤行孑立，一遭誣陷，控訴無門，因是不欲回國。間有以商賈至者，不稱英人則稱荷人，反倚勢挾威，干犯法紀。地方有司，莫敢誰何。今欲掃除積弊，必當大張曉諭，申明舊例既停，新章早定，俾民間耳目一新，庶有裨益。蓋黄遵憲體察既深，見聞較熟，故言之詳切如此。

臣竊惟保富之法肇於《周官》，懷遠之謨陳於《管子》。民性何常，惟能安彼身家者是趨是附。中國出洋之民數百萬，粵人以傭工爲較多，其俗雖賤，視之尚能聽其自便，衣食之外頗積餘財，至今濱海郡縣稱稍殷阜，未始不在乎此。閩人多富商巨賈，其俗則待之甚苛，拒之過峻，往往擁貲百萬，覊栖海外，十無一還。且華民非無依戀故土之思也，國家亦本非行驅禁之政也，特以約章初立之時，未及廣布明文，家喻户曉，遂使累朝深仁厚意，澤不下究，化不遠被。奸胥劣紳且得窺其罅以滋擾累，爲淵驅魚，爲叢毆雀，甚非計也。夫英、荷諸國招致華民，開荒島爲巨埠，是彼能借資於我也。華民擅幹才，操利柄，不思聯爲指臂，又從而擯絶之，是我不能借資於彼也。及今而早爲之圖，尚可收桑榆之效；及今而不爲之計，必至憂杼柚之空。查前督臣沈葆楨奏請，將不准偷渡臺灣舊例一概豁除，曾奉特旨俞允，省具文，裨實政，莫善於此，迄今海内交口稱便。出洋華民事同一律，可否籲懇天恩，俯念民生凋敝，敕下總理各國事務衙門，核議保護出洋華民良法，並聲明舊例已改，以杜吏民詐擾之端。由沿海各省督撫及出使大臣分途切實曉諭，奉宣德意，俾衆周知，並准各口領事官訪其平日聲名素稱良善，核給護照。如是則不事紛更，不滋煩擾，可以收將涣之人心，可以振積玩之大局，可以融中外之畛域，可以通官民之隔閡。懷舊國者源源而至，細民無輕去其鄉之心。適樂土者熙熙而來，朝廷獲藏富於民之益。一旦有事，緩急足倚，枝榮本固，厥效非淺。所有擬請申明新章，豁除舊禁，以護商民而廣招徠緣由，理合恭摺瀝陳，伏乞皇上聖鑒訓示。謹奏。

是疏於光緒十九年五月十六日由英倫使館發遞，七月初十日奉硃批："該衙門議奏。欽此。"總理衙門於八月初四日覆奏："應如所請，敕下刑部，將私出外境之例酌擬删改，並由沿海督撫出示曉諭：凡良善商民，無論在洋久暫，婚娶生息，一概准由出使大臣或領事官給與護照，任其回國治生置業，與内地人民一律看待，毋得仍前藉端訛索，違者按律懲治。"奉硃批："依議。欽此。"

附　陳派撥兵船保護商民片

再，臣聞流寓外洋華民，往往以勢孤氣餒，爲他國人所輕侮。西洋通例，莫不派撥兵船保護商民，俾旅居者增氣以自壯。近者中國海軍各艦亦嘗巡歷新嘉坡諸埠，華民喜色相慶，以手加額，謂爲從前未有之光寵。惟海軍船數不多，經費不裕，勢難分撥兵輪久駐海外。華民集貲，積少成多，未嘗不願供給船費。稟請酌派軍艦，稍張聲勢。從前兩廣督臣張之洞曾議勸辦此事，未及就緒。設令果有成效，則海軍省養船之費而有歷練之資；兵船無坐食之名而著保護之績；商賈傭工捐費不多，頗霑利益；使臣領事權力雖弱，亦倚聲援，一舉而數善備焉。臣屬總領事黄遵憲相機利導，據稱閩商未肯出力，事難必成，臣是以有招護華民之請。蓋華商有力者之在外埠，商務之旺衰繫之，軍實之强弱繫之，即西人亦視之頗重也。理合附片密陳，伏乞聖鑒。謹奏。

—9. 皇朝經世文新編　卷二二　交涉下

治術學術在專精説

中國上古之世，賢者與民並耕而食，饔飧而治。孟子譏其以大人小人之事並而爲一。蓋洪荒樸略之時，文明尚未啓也。厥後耕織陶冶之事，不能不分。分之愈多，術乃愈精。是故以禹之聖而專作司空，皋陶之聖而專作士，稷契之聖而專作司農、司徒，甚至終其身不改一官，此唐虞之所以盛也。管子稱天下才，其所以教民之法，不外士之子恒爲士，農之子恒爲農，工之子恒爲工，商之子恒爲商，此齊國之所以霸也。宋明以來，漸失此意。自取士專用時文、試帖、小楷，若謂工於藝者即無所不能，究其極乃一無所能。仕於京者忽户部，忽刑部，忽兵部，迄無定職；仕於外者忽齊魯，忽吴楚，忽蜀粤，迄無定居；忽治河，忽督糧，忽運鹽，亦迄無定官。夫以古之聖人所經營數十年而不敢自謂有成效者，乃以今之常人於歲月之間，而望盡其職守，豈不難哉！泰西諸國頗異於此。出使一途，由隨員而領事而參贊而公使，薦升爲全權公使或外部大臣，數十年不改其用焉。軍政一途，由百總而千總而都司而副將，薦升爲水陸軍提督或兵部大臣，數十年不變其術焉。他如或嫻工程，或精會計，或諳法律，或究牧礦，皆倚厥專長，盡其用，不相攙也，不相撓也。士之所研，則有算學、化學、電學、光學、天學、地學及一切格致之學，而一學之中，又往往分爲數十百種，至累世莫殫其業焉。工之所習，則有攻金，攻木，攻石，攻皮，攻骨角，攻羽毛及設色搏填，而一藝之中又往往分爲數十百種。即如造炮攻金之一事也，而炮膛、炮門、炮彈、炮架所析不下數十件，各有專業而不相混焉。造船攻木之一事也，而船板、船桅、船輪、船機所分不下數十事，各有專家而不相侵焉。所以近年購訂船炮，每由承辦之一廠向諸廠分購各料，彙集成器，而其器乃愈精。余謂西人不過略師管子之意而推廣之，治術如是，學術亦如是，宜其驟致富强也。中國承宋明以來之積弊，日趨貧弱，貧弱之極，恐致衰微，必也籌振興之善策，求自治之要圖，亦惟詳考唐虞以後，宋明以前之良法而漸擴充之，而稍變通之，斯可矣。

—12. 皇朝經濟文新編　工藝新論二

書科爾沁忠親王大沽之敗

英吉利、法蘭西以咸豐七年冬十一月攻陷廣州，執總督葉名琛，久踞不退，注謀在改約章，索償款，增商埠，自謂據城爲質，必可如其所請，講解以罷也。於是總督兩廣兼通商大臣者，爲侯官黄宗漢。宗漢亦承平文俗吏耳，盱衡厲色，操下如束濕薪。退駐惠州，既不激勵兵練，籌克會城，又不與英使會議立約退師事。習見通商以來，主和者例干清議，挑釁者亦膺嚴譴，舉凡馭遠綏邊暨戰守方略，惟以閉口不言，塞耳不聞爲能。英使額爾金久不得我要領，乃糾法美二國，駛兵船北上。

咸豐八年夏四月，驟至大沽海口。大沽緑營兵素不練，多恇怯。一見敵船驚潰。洋兵踞我南北岸炮臺。直隸總督譚廷襄、提督張殿元等，皆以疏防獲罪，遣戍監候有差。洋兵以大小輪船七，暨舢板船駛入河内，直薄天津。額爾金等照會内閣："此來非用兵，蓋欲修好。請回見天子訴其事。"文宗特遣侍郎銜耆英諭止之，不能。耆英歸，賜死。遂命科爾沁親王僧格林沁以欽差大臣視師通州，遣大學士桂良、尚書花沙納，往議和約。英人多索償款及商埠。許之，恐傷國體，拒之，慮挑强敵。乃以兩江總督何桂清兼通商大臣。特派桂良、花沙納馳赴上海，會同桂清先與英人商定税則，再議約章。亦欲姑退之以紓近患，修戎備也。六月，英法美三國兵船退去。七月，王移軍海口，修築大沽口北塘營壘炮臺，購巨炮分布要害，檄州縣伐大木，輸之海堧，植叢樁水底，以禦輪船。又奏請調吉林、黑龍江、察哈爾及蒙古兩盟馬隊前後赴軍者，可五千騎。

九年春三月辛未朔，怡親王載垣馳赴天津，察勘海防事務。桂良等在上海與額爾金商定稅則。額爾金遣其弟卜魯士率兵船北駛，聲言將入京換約。桂良等告以大沽設防，當進自北塘。夏五月庚寅，卜魯士至攔江沙外。壬辰，遣其兵船闖入大沽海口，先覘形勢。王故羸師以張之。癸巳，洋輪十七艘駛進雞心灘，用炸炮摧斷鐵練。甲午，鼓輪直進，毀我防具。皆樹紅旗催戰。直隸總督恒福派員持天津道照會，告以桂相已由上海馳還，請移馳北塘口外，静待换約。否則，暫令换約官數人，由北塘至天津。英人摽使者不受照會，開炮擊我炮臺，分遣步隊蟻傳登岸。王揮鞭上馬，督軍鏖戰。戒炮臺同時開炮，沉毁數船，擊殺登岸洋兵數百，生擒二人。英領隊官傷股而蘁殞焉。洋輪入内河者，皆已中炮，不能駕駛。惟一艘遁至攔江沙外。是役也，英人狃於往歲海口之無備，且窺見臺中炮力微弱，未知我增置大炮也，貿然輕進。迨我炮擊壞數船，洋兵相顧睖眙，心手瞀亂，縱炮鶩擊，多不能中。海潮方上，易進難退，倉猝不能出口。而我臺瞭擊敵船，蔑不中者。是以獲捷。英船未入口者，留駐大沽以南，分向旅順、威海衛、大連灣、大孤山游泊測繪，皆海口形勝也。或在此購煤汲淡水，轉若爲濟寇後路焉。疆吏營將聞之憆然。咸謂荒島無足扞者，會英糧船且盡，始悉南駛。當英兵開戰也，美使華若翰由北塘登岸，詣京師，呈遞國書，款以優禮，换約而返。華洋鉅賈知英人恥其敗挫，必興師報復，懼妨互市也，自議集捐白金三百萬兩，輸償英餉，沮其再舉。於是英使法使照會通商大臣何桂清，若事事遵八年原約，即可罷兵。桂清據以入告。得旨："卜魯士輒帶兵船，毁我海口防具，首先背約，損兵折將，實由自取，並非中國失信。所有八年議和條款，概作罷論。若彼自知悔悟，必於前議條款内擇道光年間曾有之事，無礙大體者，通融辦理。令其有以回報本國。仍在上海定議，不得率行北來。倘再有兵船駛入攔江沙者，必痛加攻剿，毋貽後悔。"當是時，廟謨以獲勝之後，欲改前約，冀英、法二國或就範圍也。然猶申戒疆臣帥臣，不得見敵輒先開炮，致礙和局。又命留北塘一口，爲通使議和地。顧北塘地勢扼要，不亞大沽。明代防倭，已有炮臺。康熙、道光年間皆修葺之。迨王督辦海防，營度於大沽、北塘之間，已二三年。北塘用帑百餘萬金，僅成南北三炮臺。曾有言宜縱寇登岸擊之者。王心韙其説。旋奉旨撤北塘備之，退就大沽營城，移其巨炮，置大沽南北岸炮臺。營城距北塘陸路三十七里，水路七十里。議者謂禦寇不於藩垣而於堂奥，失計已甚。北塘紳士御史陳鴻翊密疏争於朝，不聽。翰林院編修郭嵩燾在幕府，亦力争之。王狃於大沽之捷，謂彼以船來，不能多携馬隊。俟其登岸，我以勁騎蹙之，可以必勝。洋兵伎倆，我所深知，何足懼哉。嵩燾以議論不合，遂辭去。

十年夏，英將額爾金、法將噶羅率輪船帆船，共百艘入寇。復至大沽口。詗我設備嚴，懲前敗不敢闌入。徐窺北塘之弛防也，遂移向北塘。先縱小火輪船至海岸，以鐵鏈繫巨樁，鼓輪拽之。須臾樁則自拔。一樁去，復拔一樁。不二三日而數百樁拔盡矣。六月丁丑，英法馬步隊各挽炮車登岸，先據炮臺。官軍猶以其來换約，不之禦也。大吏委員持照會，請其使臣入都换約，不應。王整軍以出，所部馬隊，已調赴他軍，不滿五千，合京旗步隊，幾及萬人。英軍馬步可一萬，法軍八千。壬午，洋船由北塘進内港。我軍馳往扼之。適值潮縮，船不能動。懼爲我軍所襲也，高懸白旗，示欲議和狀。我軍信之，不敢縱擊。比潮長，洋兵出不意，薄我師。我師被挫。洋兵由北而南，將逼大沽。抵新河，我軍禦之。洋兵先以七百人出戰。王瞰其寡也，麾勁騎馳之。洋兵退，乘勢蹴之。洋兵各執一槍，精利無前。數十步外，即不能近。俄而七百人爲一字陣，每人相去數十步，陣長數里，輅我馬隊三千，漸圍漸迫。我軍不能退，突圍欲出。洋兵發槍無不中，我軍如牆之隤，紛紛由馬上顛隕。近世火器日精，臨陣者以俯伏猱進，爲避擊之術。騎兵人馬相依，占地愈多且高，遂爲衆槍之的。然後知槍炮既興，騎兵難以必勝，或反足爲累也。戊子，王師敗績於新河。收合馬隊，出者七人而已。精鋭耗竭，勢遂不支。退保唐兒沽。英法軍張甚。出全隊攻軍糧城，又攻副都統德興阿之營於新河，皆陷之。大沽、北塘，如左右户。新河復居大沽之背。是時洋輪由北塘分向大沽，駕大炮擬我炮臺以扼我前，步騎踞新河以鰌我後。大沽炮臺益危。炮穴外向，不能反擊。王所經理三載之工程，與數百萬之帑金，悉置無用之地。王始悔縱敵登岸之非計，而事已不可挽矣。庚寅，我軍復退。洋兵進踞唐兒沽。辛卯，奉朱諭云："僧格林沁握手言别，倏逾半載，大沽兩岸，正在危急，諒汝憂心如焚。天下根本，不在海口，實在京師。稍有挫失，須退守津郡，自北而南，迎頭截剿。萬不可寄身命於炮臺，以國家依賴之身，與醜夷拚命，太不值矣。南北岸炮臺，須擇大員代爲防守。汝身爲統帥，固難擅自離營。今有特旨，非汝畏葸。若不念大局，只了一身之計，殊負朕心。握管悽愴，諄諄特諭，汝其懔遵。"壬辰，特派侍郎文俊、武備院卿恒祺，馳往北塘海口，伴送英、法二國使臣，入都换約。秋七月癸巳朔，上命大學士瑞麟、尚書伊勒東阿，統京旗馬步官兵九千防通州。丁酉黎明，洋兵攻大沽北岸石縫炮臺。一開花彈焱入火藥庫，訇然震發，雷砰電颮，土崩石飛，炮臺失陷。提督樂善死之。惟南炮臺尚存。王念屢挫之後精鋭傷亡，南炮臺孤立難持久。適奉密旨退防後路，乃撤營城及南炮臺防兵，次於通州之張家灣。與瑞麟軍相依護。庚子，以疏防故，奪王三眼花翎、領侍衛内大臣、鑲黄旗滿洲都統。洋兵進至天津，會和議屢講不就，遂逼通州。八月戊辰，光禄寺卿勝保率偏師邀戰於八里橋，勝保紅頂黄褂，騁而督戰。洋兵叢槍注擊，傷頰墜馬。師奔。瑞麟軍聞風兇懼，宵潰。王軍朝陽門外。己巳，天子以秋獮巡幸熱河，洋兵縱火燔圓明園。甲申，王軍亦潰。聞恭親王在長新店，與瑞麟等皆往從之。英法按軍郭外，欲邀恭親王主和議。恭親王用恒祺居間排解，往復關説甚苦。浹兩旬，和約始定。九月壬寅，暨英人法人平。當是時，曾文正公國藩督師祁門，胡文忠公林翼駐軍太湖，進剿粤寇，相持甚急。聞變合疏奏請於兩人中簡派一人，率精兵萬人入援。會和議成，乃不果行。英法軍以海口封凍爲虞，皆於初冬退去。

議者始悟咸豐七年廣州被陷之後，未始不可善爲講解。内外大臣無一諳洋情者，遂於剛柔緩急、取與操縱之訣，未能適中機宜。又或專爲身謀，玩視大局，瞢然置之不理。使彼激而生變，紛紜者數年。局勢乃彌棘矣。不然，則乘大沽挫敗之後，隱示轉圜。倘得能者善爲迎距，則八年原許之款，或可擇其重者抽去一二。即使仍用前約，其愈於十年所定之款猶多。目敵情叵測，大沽、北塘與各海口，皆當嚴備。夫瀕海設防，猶在海駕舟也。舟之大數十丈，鑿方寸之孔，縱水漏入，則全舟沉矣。寇一入口，内地震驚，防不勝防。彼且反客爲主。又以津沽屏蔽京師，而能戰之兵，實不滿萬。亦覺軍勢過單。況騎隊不敵槍隊，更出人意計外乎？自古戰守和互相爲用，兩國修好，軍衛不撤，設防之無害於和，亦明矣。是故戰愈奮，守愈固，則和愈速。不戰不守，和亦難久。要挾孔多，和固受瘥，自然之理也。北塘撤防爲議和地，時論頗歸咎於載垣、端華、肅順之誤大計。彼時三人贊襄密勿，其責自無可辭。蓋戰和兩歧，斷非萬全之策。若十年之役，仍能却敵，勿令深入，則彼已頻年動衆，師勞餉匱，勢當自沮。然後遣明煉沉毅夙有威望之大臣，馳赴上海，揆時度勢，與之定議，豈不愈於天津立約哉，豈不更愈於京師立約哉。

—13. 皇朝經世文統編　卷五二　外交部七　中外和戰

海關出入貨價叙略

是年貨由英國運到者，值銀二千八百四十七萬餘兩，香港運到者，值銀六千九百八十萬餘兩，印度運到者，值銀一千三百八十六萬餘兩，新加坡運到者，值銀一百九十一萬餘兩，澳大利亞大浪山、加那大運到者，值銀一百零一萬餘兩，以上英國及英屬地來貨，都值銀一萬一千五百四十八萬餘兩。由中國運之英國，之香港，之印度，之新加坡，之澳大利亞大浪山、加那大者，都值銀五千五百六十萬餘兩。出入相較，中國虧銀五千九百七十萬兩。貨由美國運到者，值銀六百零六萬餘兩。由中國運之美國者，值銀一千零七十八萬餘兩。出入相較，中國赢銀四百七十二萬餘兩。貨由歐州諸國運到者，值銀五百十二萬餘兩，由中國運之歐洲諸國者，值銀一千七百十六萬餘兩。出入相較，中國赢銀一千二百零四萬餘兩。貨由俄國運到者，值銀五十五萬餘兩。由中國運之俄國者，值銀七百零四萬餘兩。出入相較，中國赢銀六百四十九萬餘兩。貨由日本運到者，值銀六百七十萬餘兩。由中國運之日本者，值銀八百五萬餘兩。出入相較，中國赢銀一百三十五萬餘兩。貨由澳門運到者，值銀三百十七萬餘兩。由中國運之澳門者，值銀一百六十八萬兩。出入相較，中國虧銀一百五十萬餘兩。貨由小吕宋、越南、暹羅、爪哇、埃及五國運到者值銀三十一萬餘兩。由中國運之五國者，值銀一百八十六萬餘兩。出入相較，中國赢銀一百五十五萬餘兩。

綜而觀之，中國之銀耗於英國及英屬地者甚鉅，而稍取盈於通商諸國。然絀者多，而盈者寡，勢尚不足相補。故一歲中虧銀至三千二百五十餘萬之多。華茶銷於英者，年少一年，銷於俄者年多一年。俄之用茶，雖未能逮昔日之英，然華茶不至壅滯者，以俄人爲之運用也。中國之貨稍稍暢銷於日本，則以日本紡紗驟盛，不能不用中國之棉花。蓋中國與日本互分其利云。

今日論時務者，或謂英人耗蠹中國，頗欲聯俄以擯英，此與兒童之見無異。夫民所以樂購此貨者，皆爲衣食日用所必需，而又質良價廉之故。當其不用，雖君父不得而勸之，於遠人乎何愛？當其必用，雖君父不得而禁之，於遠人乎何尤？即如日本二十年來專精奮力，研求工商之術，遂能仿造洋貨及華貨，質良價廉，幾掩其上，英人非但不惎撓之，且極口稱道之。中國樂用其貨者，比比是矣。中國地博物阜，人工甚廉，數倍日本，誠知病英人之耗蠹乎？則有日本之成法在，又何必出不能行之下策哉！或謂中國雖虧銀三千二百五十萬兩，然各關所收厘税既得二千二百六十餘萬兩，加以洋商自募牙儈，凡進口七厘，出口八厘，用費共有一千數百萬兩，皆入華人之手。以彼絜此，中國尚贏數十萬兩，是中國之銀未嘗錙銖漏入外洋也。斯又不然。考光緒元年，出入貨相準，華貨尚贏百餘萬兩，以關稅用費合計之，是中國且多贏二千餘萬金矣，當是歲贏二千萬金，中國且日見貧耗，況如今日之勢乎？是不能不亟爲之計者。牧民之政也，保邦之本也，爲上之責也。

—14. 皇朝經世文統編 卷四七 户政一二 關稅

曾紀澤（1839—1890）

字劼剛，湖南湘鄉（今屬湘潭）人。曾國藩之子，襲侯爵，先後出任駐英、法、俄公使，官至兵部左侍郎兼總理各國事務衙門大臣。謚惠敏。有《曾惠敏公遺集》。

西學略述序

《記》曰："辟如行遠，必自邇；辟如登高，必自卑。"老氏亦云："合抱之木，生於毫末；九層之臺，起於纍土；千里之行，始於足下。"蓋天下事業、文章、學問、術藝，未有不積小以高大，由淺近而臻深遠者。泰西之學，條别派分，更仆難數。學成而精至者，大抵撼風霆而揭日月，奪造化而疑鬼神。方其授學伊始，往往舉孩提之童所能言能知，匹夫愚婦所不屑道者，筆之爲塾鈔，編之爲日課，耆彦師姆，諄復道之，不以粗淺爲恥，翻以躐進爲戒。其向學易而爲學有次序，此泰西學者之所以衆多，學而成名者亦因是而濟濟焉。試舉一二端明之論。

光色之學，曰白者諸色皆備，黑者諸色皆無。諸色皆備，則不復受色，故以色著白紙，常推而拒之，顯露於紙上。諸色皆無，則能受衆色，故以色著黑紙，納常而入之，隱於紙中。夫繪白紙而顯露，繪黑紙而隱晦，此孩提之童所能言能知，匹夫愚婦所不屑道者也。然泰西學士，由此理以證日質之所有，辨虹霓之七色，窺玻璃之三角，定藻繪之彰施，考影相之宜忌，其學無窮極焉。

又論寒熱之學，曰五金傳熱，毛羽不傳熱。投鐵杖一端於火，火外之鐵，遽不可執，焚獸皮將盡而未盡者，仍可執，此傳熱不傳熱之證也。狐貉足以禦寒，非狐貉能生熱也。惟其不傳熱，故能護藏人身本有之熱。夫投鐵杖與獸皮於火，可執不可執之别，此亦孩提之童所能言能知，匹夫愚婦所不屑道者也。然泰西學士由此理以考求太陽地心之熱力，與一切機器鍵轄、火輪舟車、蒸汽生力之大凡。稽化學生克之源，察冷暖漲縮之理。儲水銀、鑄鋼鼓以製寒暑之表，風雨之針。五緯彗孛，地球月輪，藉攝力以環日；地火震山，空陽生颷，循定規以行灾。推測之眇，通乎神明，其學亦無窮極焉。所謂積小以高大，由淺近而臻深遠者，非其效與？

總税務司路賓赫君擇泰西新出學塾有用之書十有六種，屬英國儒艾士先生約瑟譯成華文，書成問叙於予。予嘗忝使持節，躬隸歐洲，每欲纂輯見聞，編爲一帙，事務紛乘，因循不果。今閲此十六種，探驪得珠，剖璞呈玉，遴擇之當，實獲我心。雖曰發蒙之書，淺近易知，究其所謂深遠者，第於精微奥妙，益加詳盡焉耳，實未始出此書所紀範圍之外。舉淺近而深遠寓焉，詎非涉海之帆楫，燭暗之燈炬歟？古稱通天地人爲儒。又曰一物不知，儒者之恥。又豈易言？發軔於此書，就性天之所近，更著研耽之力，其於專門之學，殆庶幾乎？《爾雅》訓詁之文，《急就》奇觚之字，賈、董、楊、班於是乎興。吾人而有志於西學，則雖以《爾雅》《急就章》視此編焉可也。

—8. 皇朝經世文三編　卷二　學術二　原學下

覆陳法國大概情形疏

奏爲恭摺覆陳，仰祈聖鑒事。

竊臣於光緒七年十二月初十日，承准軍機大臣密寄光緒七年十月十五日奉上諭："總理各國事務衙門奏法人謀占越南北境，並欲通商雲南釁尋辦法各摺片，覽奏均悉。越南向隸藩服，爲滇粵兩省屏蔽。法人據其西貢一帶，現復以東京捕盜爲名，添置兵船，並欲由紅江通商雲南，計殊叵測。該國積弱已久，若任其侵削，則滇粵藩籬盡爲他族逼處，後患不可勝言。總理各國事務衙門所奏，與李鴻章籌商辦法，即著李鴻章、左宗棠、劉坤一、張樹聲、劉長佑、慶裕、杜瑞聯商同密爲妥辦。其丁日昌、曾紀澤函致該衙門各節，一併參酌辦理，務當詳加揆度，合力圖維，庶可弭釁端而安邊境。並將如何辦理情形隨時詳晰密陳。曾紀澤屢與法國外部辯詰，仍著堅持前議，相機辯論，期於大局有裨。原摺片均著鈔給閱看，將此密諭左宗棠、曾紀澤，並由五百里密諭李鴻章、劉坤一、張樹聲、劉長佑、慶裕、杜瑞聯知之。欽此。"鈔録總理各國事務衙門原奏摺片各一件，遵旨寄信前來。仰見我皇太后、皇上慎重邊防，矜全藩服，因特籌備，指授機宜。跪讀之餘，莫名欽悚。

伏查法人覬覦越南，蓄意已久。緣該國初據西貢、柬埔塞等處之時，滿意瀾滄江、湄南河可以直通雲南。其後見該二水淺涸，多處不能通舟，遂欲占據越南東京，由富良江入口以通雲南，添開商埠。該國圖越之事，新報則議論紛紜，官場則機鈐秘密。然而議紳士庶論及此事，視取越南東京皆謂易如反掌。上年冬間，臣在俄議約，因聞法國有派兵前往越南之議，比即照會法國外部，並與法國駐俄公使商犀晤談，力言越南受封中朝，久列屬邦，該國如有緊要事件，中國不能置若罔聞。本年閏七月間，臣由俄換約事畢，回駐巴黎，又於八月初一日照會外部，將總理衙門歷年未認法越所訂條約之意，剴切聲明。日久乃接外部尚書剛必達覆文，措詞雖尚剛硬，然法廷於進取之謀，似已稍作回翔之勢。緣法國商人堵益在昔年往來滇越，經營貿易，即爲法國西貢總督堵白蕾圖占越南之綫索，後因事端敗露，西貢總督所派守備嘎業爲越南人所殺，商人堵布益所齎成本亦致虧折數百萬佛郎，該商歸向法廷索取，法廷許以俟定計占取東京之時給予償款。本年該商業已函致廣東、上海舊日同夥之西人，前來巴黎領取償款。是法廷定議占取東京之據。厥後該商夥德爾吉等來巴黎，無款可領，失望而歸。有臣處繙譯官馬格里之友、上海載生洋行之史密德親聞德爾吉言之甚詳。是此事暫得寢息之據。

微臣揣度大概情勢，法國除在廷數員之外，能深明東方情形者實無多人，竟有不知越南爲中之屬邦者。繼見總理衙門屢次聲明，不認法越條約；又屢次聲明，中國保全屬國以固邊圉，不能漠視之意。該國或者畏威懷德，有所顧忌，而不敢遽發，亦在意中。惟臣處未接該外部確實覆文，仍不敢謂遽有把握。總理衙門王大臣原奏所稱，争以空言，必須見諸實際。實屬至當不移之論。各疆臣欽奉寄諭之後，如何遵旨妥爲布置，自必先後據實陳奏。臣當欽遵諭旨，堅持前議，總以不認法越前訂之約爲根，以冀形格勢禁，消弭釁端，仰慰宸廑。除將臣與法外部來往照會分別譯漢鈔稿，咨呈總理各國事務衙門，並將臣所具照會稿摘要先行電達該衙門查核外，所有微臣現與法國持論情形及揣度法國大概情勢，理合恭摺覆陳，伏乞皇太后、皇上聖鑒訓示。謹奏。

——8. 皇朝經世文三編 卷四四 禮政九 交涉

倫敦致丁雨生中丞

二月八日，接誦臘八日手書，具審兩肅蕪椷，已塵青覽。日本垂涎臺灣，果從琉球入手。公之言中，天下之不幸也。猶冀廊廟之上，及早籌之，無令彼族狡計，遂得盡逞。所謂亡羊補牢，尚不爲遲。吾華清流士大夫，高論唐虞、商、周糟粕之遺，而忽肘腋心腹之患。究其弊不獨無益，實足貽誤事機，挫壯健之軀，以成羸尫之疾。此其咎不全在讀書酸子，亦當事者憚於締構，怯於肩任，有以釀之。紀澤自履歐洲，目睹遠人政教之有緒，富强之有本，艶羡之極，憤懣隨之。然引商刻羽，雜以流徵，屬而和者幾人。祇能向深山窮谷中，一唱三嘆焉耳。連旬心緒尤惡，緣正月二十三日得譯署電報，謂崇地山所訂約章，中外臣工並謂窒礙難行，派紀澤使俄，再行商議。夫全權大臣與一國帝王面訂之件，忽欲翻異。施之至弱極小之邦，然且未肯帖然順從，况以俄之强大，理所不能折，勢所不能詘者乎？刻下函牘未至，不知其詳，不審所任之事，是否猶可措手？紀澤所懼者，入其境而見輕，直無術以自列於公使之班，無論商議事件之齟齬也。總署有總署意見，京官有京官意見，左帥有左帥意見，俄人有俄人意見，紀澤縱有畫策，於無可著棋之局，覓一劫路，其奈意見紛歧，道旁築室，助成者鮮，而足毁者多，蓋不蹈地山覆轍不止也。地山固太怯弱，又牽乎私家之事，回華太急，近於專擅，與言路以口實。然全權大臣，處事一有不當，即重譴醜詆無所不至，嗣後使臣在外者，更何能開口議事。此亦言事者祇觀一面，不顧後難之過也。紀澤有二事，與時賢所論相反者。或論重懲使臣，所以明告俄人，以使者之所訂，非華人之本意，則改之較易。愚見則以爲懲使愈重，則辱俄愈甚，改約愈難。將有所求，而反激怒之，所求其能獲耶？或論俄多内亂，其君臣不暇與我爲難。愚見則以爲俄之内亂，緣地瘠民貧，無業亡命者衆也。俄之君臣，常喜邊陲有事，藉征戰之役，以消納思亂之民。左相以前事得手，遂欲輕爲戎首，蓋亦一隅之見，未嘗統籌全局耳。總之毁約亦非譯署本意，特爲言路所迫，而紀澤適承其累耳。

——8. 皇朝經世文三編 卷四四 禮政九 交涉

王詠霓（1839—1916）

字子裳，號六潭，浙江黄巖（今屬台州）人。光緒六年（1880）進士，歷官鳳陽、太平、池州等地知府。有《函雅堂集》。

擬增設女童學塾議

西人之教，男女並重，故男有才，而女亦有才。中國則不然，男女之間畫然兩途，男子所爲之事，女子不惟不知所以爲，抑且不能爲。豈不以爲女子者生長深閨，惟知幽嫻貞静之爲賢淑，苟能閫範克修，已足邀譽於鄉黨，稱賢内助，又奚暇問及外事，冒彼越俎之嫌也乎？况其尤者，朝御鉛華，夕施脂粉，以炫耀其麗質，或首翠臂金，絲衣珠履，以誇鬪其富貴，遂使數千年來巾幗中絶少奇偉之彦，良可慨已。

夫扶陽抑陰，亞細亞一洲相沿之積習也。獨西國女子，凡男子所能之事俱無不能，而國家之設教也，男有塾，女亦有塾，男子入塾之年，即女子就傅之歲。其課程之層累而上，略與男等，循序漸進，居然計日呈功。至其内政，與中國同，爲井臼烹飪，爲織紝組紃，爲鞠育撫字，未嘗有一職之不修，而偏能出其餘力，以代男子之任。其射御書數，若百工技藝，無一不習，並無一不精。嘗聞某國有一市肆，闤市貿易皆婦人爲之。其出入之均平，會計之精當，舉國信而服之，以此致富者數萬家。又聞某國有練軍一營，統領營哨兵弁皆弱女子，而紀律森嚴，行陣整飭，如山岳之不可摇撼，較昔人所稱娘子軍、夫人陣者，不徒其有名，而竟有其實，該國號爲勁旅。統此二事觀之，則西國女子，其智勇材力實有勝於男子者，良以因材施教，當事者悉心訓迪，俾之克底於成，而非若華人之聽其暴棄也。他若日本一國，僅海濱三島地，而其女子亦頗能代男子之勞，更有潛心中國文字之學者，其文采亦頗斐然可觀，推諸書畫名家、醫師雜技，亦頗能得其奥竅。近二十年間，效法泰西，人材蒸蒸日上，而女子中之聰穎者，亦無不妙解西文，精究天算、格致之學。

噫！天地清淑之氣，何獨鍾毓靈秀於海外金閨至哉？中原閨秀之以德行、材藝、智勇、材略見者，歷代以來，雖間亦一覯，然寥落如晨星碩果。即當世閨閣中，亦未嘗無軼類超群之淑媛，或伏而不顯，或功半輒隳，故皆不能著名於時。西教士之儔設，於男女學塾聘請品學兼優之教習，隨時教導，頗有深心。第所教皆村野女子，絶少名門淑質，故其所就亦未能造最上一乘。今中國廣興學塾以儲材，仍循古制，偏重於男子而不及於婦人，坐令中人以下之姿，日汩没於侈靡之俗而不能自返。

鄙意宜添設女童學塾一所，專教有志女子，倣西人之制，自八歲入小學，始教以針黹女工之事，凡婦所應爲者，皆當悉心教導。若果材質有餘，資秉極純而又明敏，當使學男子之學，如天算、格致等類，要當先授以五經、四子諸書，使之略明大義，則氣實可化，而知識於以擴充，不致拘拘然膠執成見，懵然無所覺悟矣。或謂中國女子之不才，皆由於裹足一事所悞。不揣其本而齊其末，致使有用之精神，日消磨於誨淫之具，而不知羞爲女子者，以其有切膚之痛。拘束官骸，故日顰蹙於隱微之地，而不能自暢其胸襟，自擴其懷抱，又安望其砥礪於有爲之事，而爲當世傑出之人才哉。且不第此也，其工愁善病，多愠寡歡，以致孱弱之質不能勝重大之任，亦職是故耳。故昔西國女士有大足會之設，欲挽生民無辜之刑，俾之各完其自然之體，其用意可謂至厚，而惜乎華人不能遽悟也。考裹足一事，國初康熙年間曾懸厲禁，不啻三令五申，無如積習相沿，牢不可破。國家以其無甚重輕而多徒紛擾，故旋釋不聞。今觀於各國政教之男女並重、人材輩出也，故竊擬一説，爲閨閣創未有之良法，成不世出之奇才。他日倘有采而行之者，則蕙質蘭心之侶，又多一陶情淑性之術，未始非玉臺勝金事，閨（閣）佳話也。爰銓次其説，而録諸報首，以就正於有心世道之君子。

—16. 皇朝經世文編五集　卷五　書院

鍾天緯（1840—1900）

字鶴笙，江蘇華亭（今屬上海）人。上海廣方言館肄業，曾游歷歐洲各國，畢生從事翻譯和教育工作。譯有《工程致富》《考工紀要》。

中國鐵路如何取道爲便論

聖清撫有寰宇二百四十六年，恭逢我皇上親裁大政，百度維新，諭兩廣督臣所請開辦輪車幹路，自漢口至京分爲四段，按八年造成。復命海軍衙門議奏，經王大臣等奏請，北自蘆溝橋至正定，南自漢口至信陽州，分頭舉辦。一切勘路、估工、買地、購料、籌款、招股、建橋、開礦等事，擘畫周詳，思慮精密，可謂毫無遺蘊。中外聞之，歡聲雷動，以爲此路一成，中國十八省呼應靈通，國勢爲之一振，如久痿之人忽然起立，手足筋骨舒展自如，素加狎侮之人爲之駭愕却立，此真當今自强之要圖，起國之藥石也。謹效一得之愚，妄上便宜之説，分爲十二條，仰酬明問。如有可采，幸乞轉陳，幸甚！

一、請先定辦法，以立基址也。中國之患在乎事無定論，往往以一人以爲是，而事已舉行，一人以爲非，而事又中變。甚至一官有一官之政令，雖前任之良法美意，苦心經營，一經後任更張，不難全功盡棄，西人所以笑我辦事之游移無定也。今鐵路工程重大，若不先定辦法，垂爲經制，將來一有浮言，不難中止，雖有富强之策，苦於每廢半途。伏查外洋國，有大政一經議院議定，國王允從，則事終要於必成，官雖易而事終不易。此所以每辦必成也。愚謂應請奏明，此項鐵路永爲中國自强之圖，不容再有異議，貽笑外人。目前仍用官督商辦之法，設立公司，招商集股，聽該公司獨行若干年，不準別家添設。萬一國家欲停止或收回，亦須照原本償還，並給官利。凡鐵路經行地方，不准民人阻撓，地方官須知保護，聽該公司任便購地、招股、購料，倘遇用兵運餉，亦須加以津貼。如此明白宣示，昭示大信，則天下商民始克踴躍入股，而不致觀望不前矣。此蓋鐵路開宗明義第一章也。

一、請繞道上游以渡黄河也。竊計造鐵路非難，而渡河爲難。若中國之鐵路，則以渡黄河爲尤難。蓋黄河時有變遷，甚或潰决千里，改道他行，且水溜沙浮，建橋尤難立柱。若造掛橋，則河岸易崩，計非數百萬金不辦，且亦難保其經久。故必擇上游岸堅河窄之處建橋，爲一勞永逸之計，此係一成不易之辦法。惟在滎陽渡河，雖河流不患遷移，但查由信陽至滎陽，必須過鄭州之境，該處爲前年决口，地形之低不待測量而知。竊料黄河下流之入門愈塞，則上游之潰决愈西，如由清江而蘭儀，而銅瓦箱，而開封，而鄭州，皆漸决漸西，故宜早相地勢，以避將來之險。愚謂應在新鄭分路，直達密縣，徑抵滎陽，繞出鄭州之境，則旁山麓而行，地勢尤高，永無淹没之患。以道里計，併省滎澤一程。説者謂鐵路建於山地比平地尤宜，蓋山路地堅取石尤易，衹須削高填低則路基立成，若在平地低區，而欲築高鐵路不爲水淹計，非數百萬石料土方不可，則工程大費矣。

一、請勘明道里，先設電線也。凡鐵路必與電線相輔而行，沿途傳電通問方免意外之虞。如上年天津鐵路兩車相擊，致斃多人，即是無電之弊。今漢口至京尚未一律設線，而沿途履勘道里形勢，本須插標作記，不如隨勘隨即立桿掛電，每隔若干里即立一報房，爲電學生司報之處，將來委員會督工匠役，鋪路營勇駐扎，均有所依傍。借電路爲鐵路之先驅，則方向定而指歸一矣。議者謂由漢口至信陽山路崎嶇，工程倍費，若取道襄樊路勢較平，若循漢江而上，貿易尤盛，轉運機器、鐵軌、木石等料，運費大廉，此亦可備一説。但愚謂開路總宜取徑，若繞道襄樊，支河紛歧，必須建造鐵橋多座，工程太費。況每日迂途數百里，即費煤不貲。若在襄樊以東，地勢居漢江下游，亦恐有堤決之虞。況由南陽、新野入豫，盡是山路，比信陽尤爲崎嶇，不如仍循驛路正站爲穩也。

一、請保定官利以資招股也。中國自礦股一敗以來，上海傾倒銀號多家，十室九空，喪資百萬。天下視爲厲階，再有言及集股者，無不匿笑掩耳而走。近來如漠河金礦、貴州鐵礦、上海織布、天津鐵路皆在上海招股，百無一應者，何也？則以中國凡百公司無一不招股，無一曾得法，招股時官則代爲張皇，股散時官則付之不問，是以視爲畏途而不敢再蹈覆轍耳。愚謂西洋各國凡辦重大工程，爲官力民力所不能辦者，聽民糾集股分，國家讓以各種利益，且爲保利若干分，虧則官爲賠補，多則官取盈餘，故雖數百萬金咄嗟可辦。若中國能仿照此法，奏定國家保利一分，每年由官給發，則人人倚信，而集股自易矣。如此方能不動國帑，不借洋債，而鐵路辦成。若欲專倚官本辦成官路，則將來流弊無窮，雖聖人亦無以善其後也。

一、請暫借商款，以當國債也。查西洋各國，凡遇大工大役無不借國債以經營，負債愈多，亦國勢愈穩。遇有外侮，兆民無不解囊輸餉，特不可借外國之債受其盤剥，而授以大阿耳。惜中國未開此創，是以遇有兵荒河患，輙以開捐例爲得計，徒令名器愈濫，而吏治愈淆。其取償於侵上削下者，更百倍於國債之利。近日顧中國雖無國債，且樂借洋債矣。聞公私貸洋人之銀不下二千餘萬，每年輸利不下二百萬，殊爲漏巵。今欲大開鐵路，如不借洋債則不能集事，如借洋債則貽累無窮。愚謂中國究未嘗無財，何必仰人鼻息，受其挾制？不如先借商款爲漸開國債地步，由藩運兩司、糧道、關道等，各認借若干萬，加以印票，定以限期，指明何項公款爲抵，由各州縣向鹽商、紳富、匯號、典商分頭勸借，每年認利若干，作正開銷，即由地方官按期給利，晷刻不逾。其勸借多者，經勸之州縣及鹽商、紳富優予獎勵，則不祟朝而國債辦成矣。且此例一開，預留國家異日緩急之途，倉卒用兵之費，當亦未雨綢繆之計也。

一、請印發鈔票以代現銀也。元明以鈔票爲虐政者，則以一紙空券欲抵巨萬現銀，情同誑騙也。西國以鈔票爲便民者，則以有一萬之銀，始發一萬之票，無絲毫折扣也。鈔票之行不行，其關鍵全在乎此。如民情不信，則雖臨以君上之威而無濟；如民情倚信，則雖商賈之票而亦通行。今中國鈔票之法雖廢，而西號之匯兑、商民之期票反能彼此流通，近且沿海各口反用美國匯豐等銀行鈔票以代現銀，更覺相形國家兑絀。此無他，外國現銀均存諸銀行爲根抵，而出鈔票以爲憑券，省匯兑之煩，則其利皆歸國。中國則官項皆存諸庫，徒爲吏胥挪盜之資，甚可惜也。似宜集西商票號數十家，聽其每省公開一銀行，准其造鈔票、鑄銀幣，一切章程聽商人自議，國家不過竭力維持，將藩運道關各庫現銀，均發出營運以取利。如京餉解款，賦税錢糧，不分鈔票、銀幣一律可以上兑，部吏藩庫不准絲毫扣折爲難，則鈔票有根可取，處處通行矣。其製造鈔票之法，須用西國機器，則花紋精緻而紙張異樣，奸徒不能仿造矣。又有暗碼花押，雖洋人代造僞票，亦一望而知，不難立刻破案。有百萬之銀，復有百萬鈔票，則財力騰出一倍，而辦理鐵路從容矣。

一、請開辦煤鐵以資造軌也。伏查鐵路非煤不行，而車軌非鐵不可。中國礦産雖多，但用土法開采鎔煉，終不及西人機器之精。然使本地無礦而采諸遠方，仍不合算。兩湖素稱煤鐵之區，從前寶慶、衡州之鐵，廣銷江浙等省。就湖北言之，如武昌、大冶、興國、荆門、當陽等處，在在産煤産鐵。光緒二年，曾有英國礦師郭師敦遍歷楚疆，勘尋礦脉，據稱湖北之鐵，推武昌、興國爲最，湖北之煤，以荆門州、當陽爲最。其大冶鐵質曾化分得六十三分；興國鐵並含錳、氧，可以鎔鍊成鋼，化分有六十一分；其當陽之煤，火氣升騰，適合化鐵鎔爐之用；荆門之煤，則並可以造白煤，與英煤無異。該數處距漢口非遠，水路本通，有鐵路則轉運更易，運價更廉，大足濟本省開辦鐵路之用。愚謂湖北煤鐵土産既饒，且比清平、化定、盂縣之産取材近而運費省，似宜就近開采，以資鑄軌供鐵路之用，則工本省而成效速矣。

一、請預買旁地以收厚租也。竊聞外洋建造鐵路地價甚昂，故其經費以購地爲大宗。然地價既昂，則路旁之餘地亦因之而貴，聽人建棧取租，大可獲利。故西人之善賈者，一聞新開鐵路，即相擇形勢争買路旁之地，以圖收取厚租。然使此鐵路不開，則田價不以驟昂，造屋亦無人顧問，故平心論之，此項利益應歸鐵路公司所得，方爲持平。愚謂應另立租地公司，名目即從鐵路公款内提出數十萬金，專爲買地之用。擇城市碼頭，貿易熱鬧之區，相度形勢，擇便購買，建造棧房，開設店鋪，以供百工居肆之需。凡鐵路初造之際，公司往往分利甚微，如以地租之厚利，以挹注公司之不足，則公司有恃無恐，立於不敗之地矣。西人近在上海，即用此法買地造屋，取租以收厚利。似亦當仿其意也。

一、請調勇築路以助大工也。古今蠹國耗財之事不一端，而尤以養兵爲最大之費，無窮之壑。論者謂兵可百年不用，不可一日無備。然使養之者百年，而用之者僅一旦，已不合算，若養之百年而並不得一日之用，則亦安用此耗國之物哉？乃本朝養緑營額兵六十餘萬，而粤捻、回匪之亂，竟未收一卒一騎之用，此亦可以變計已。今縱不敢如晋武之銷兵，亦當如府兵之改制。與其養一不能戰陣之兵，不如養一猶能工作之勇；與其飽暖而使之驕，不如工作以勞其力。愚謂宜仿古人屯田之法，設爲屯工，照湖北擬開鐵路之地，每百里設立一屯，派定地段，責令其采取木石，開築路基，高者削之，卑者填之，俾成一律坦途，則鐵路之基址已成六七，然後安設鐵軌，直一轉移間耳。凡某營某哨承築之路，如果堅平合式，則分别獎賞，保舉功名，且核其工價，割股分以酬之，作爲該營之犒賞。其中有從前湘淮舊部立功將士，身經數百戰者，即留在該公司充哨巡、管車之役，俾得優膳終身，免得流入匪類。萬一有警，立可招募成營矣。昔德人破法，凡將弁曾在行間立功者，皆派在鐵路公司充司巡之任。似亦可仿其意而爲之也。

一、請試行小輪以利轉運也。凡轉運貨物，陸路運脚更貴於水路不止倍蓰。水路而有輪船轉運，則貨物之成本可輕，於土貨之銷場尤利。中國外海長江之利，既爲洋人所奪，莫可挽回。惟有廣造淺水小輪，推行内地，則洋船不能追踪而入，而利可獨操矣。乃兩湖輿情深惡洋人，不容洋船闌入一步，然而我中國所自設之小輪無礙也。特恐積習相沿，莫可驟挽，莫如陰用轉移。愚謂不如先造中國式之小輪船，但用其汽機、鍋爐、螺輪等件，藏於艙底，上則仍用滿江紅江船之式，或即用長龍杉板等式，則楚人習見不驚矣。且近日有某營官創造火輪炮船，其烟通即藏於艙底，噴出無聲，敵又不能瞭望，樊人以爲獨得之秘。不若即仿其式以造淺水小輪，試行於襄、楚、荆、宜、長沙、衡湘一帶。先運文報，由洞庭湖以抵常德，則貴州之文報通矣；由宜昌以抵夔、重，則四川之驛遞通矣；由襄陽以抵商州之龍駒寨，則陝西之文報通矣。苟人人稱便，處處可通，然後推廣其例，准搭客、搭貨。蓋鐵路恃支路爲來源，有小輪以濟支路之窮，則鐵路之客貨常盈，而轉運貨物源源不絶矣。

一、請多開支路以攬利權也。凡樹木僅有正幹而無旁枝，則其樹必漸萎；凡水道僅有經流而無支河，則其河亦易淤。鐵路之理亦然，若但有幹路而無支路，則貿易必不旺，商旅必不多，其勢即難以持久。今自漢口至京都，迤長二三千里，途中貨客行短站者較多，而行長站者少。若有支路，客有上下，貨有起落，彼此相勻。愚謂每段幹路，至少須添支路二條，如由漢口至信陽州爲第一段，則應分支路二條：一由光山、固始出六安，以載茶葉，繞盧郡以達浦口，爲下游運漕之路；一由應城、京山、安陸出荆門、當陽，以運煤、鐵；如有餘力，再由宜昌開至夔州、重慶，爲入川之路。若第二段，左支應由洛陽入關，直達西安；其右支應由開封、歸德以抵清江。此路沿黄河南岸，與幹路一經一緯，綰轂中原，亦可名爲幹路。第三段，右支應由邯鄲、廣平以達東昌，爲山東入京之鐵路；左支應由澤路以抵太原，兼運平定、盂縣之鐵。再由太原至忻、代、繁昌折而東，以達涿州，與幹路相接，歸併入京之大道，即爲第四段之右支。第四段之左支則應由遵化、欒州通至山海關，以接東三省之驛路。如此天下大局若網在綱，四通八達，商務、工務、漕務、賑務無不呼應靈通，則氣局振，而收回中國利權不少矣。

一、請津助鄰礦以資協濟也。中國自議開礦以來，雖各省紛紛舉辦，而迄無一成，惟開平一礦稍有成效。近則徐州之利國，青州之青溪，皆議用西洋之機器采煤錬鐵，然因貲本不敷，時停時作。但聞其所購機器，實係西洋最精之品，價值亦昂，大半轉運來華。其總辦貴州礦務爲潘道露，素精化學，兼諳英國别色麻鐵鋼之法，擬由粗鐵錬成精鋼，一切錬鋼機器亦皆完備。其徐州礦，雖機器未來，而鐵質甚精，曾由徐守建寅亦用西國木炭錬鋼之法，錬成鋼炮一尊，解往北洋試驗。該兩礦所産之鐵，可以錬鋼，確有明驗。若聽其中止，未免可惜。愚謂該兩礦雖在隔省，而同爲中國自强之圖，誠能奏撥公款，協助其成，每礦借以貲本若干，責成其造成鐵軌若干，彼此立存合同，定以期限，一如向洋廠訂買之法，如逾限不交，而責承辦之人補賠。如此一經激勵，則不買洋鐵而自能造成鐵軌不難矣。

—8. 皇朝經世文三編　卷六三　工政三　工程

擴充商務十條

一曰設商會。竊見中國經商之道，心思未嘗不敏，營運未嘗不勤，而獲利終不逮西商者，良以彼則官爲護持，此則官多抑勒耳。查西洋政治，事事必順人情。惟商務則一切操以壟斷。彼國家非特不禁，反從而庇之，俾其獲利。此無他，西國以商税爲歲入之大宗，故視工商爲國家之命脉。各埠均設商會，京都且設總會，而延爵紳爲之領袖，其權足與議院相抗。每有屈抑，許經愬諸巴力門衙門，故商人得恃無恐，貿易盛而國勢日强。中國則不然。目商賈爲市儈，薄工藝爲細民，平日抑勒百端，有事視爲魚肉，故其勢涣散，而不能自立，更何能與洋商頡頏。即如關税，洋人僅完厘半，而華人則勒索數成。盤查則洋船不敢誰何，華船則百般恫喝。以致華商人人短氣，而有不能自保之勢矣。誠能仿外領事之法，許各業推舉紳董，優以體制，假以事權，遇有商務，許其直達有司。凡有益於中國商業，聽其設法保護，而不以成法撓之。如粤中百工麕聚，商販肩摩，地窄人稠，生計困苦。苟爲振興，内以裕小民衣食之源，外以杜洋人侵牟之害，大足開天下風氣之先，斯亦轉移之妙術也。竊慨粤東縉紳巨族，每與長吏抗衡，若禮貌之加，舍彼就此，其亦古人式怒蛙之見乎？

二曰合公司。嘗觀西洋軍餉，全出於商税。商人經商萬里，涉歷重洋，牟境外之利，以養其本國之民，故國日富而兵亦日强。華商則僅鬻販於本國，楚弓楚得，利害維均，此豈材力聰明有不逮哉。由於華商勢分，分則力薄本微，不能經營遠略。西人勢合，合則本大力厚，而無往不前。所謂獨力難成，衆擎易舉，則公司是已。乃中國近年開礦争設公司。去歲滬市傾倒銀號多家，十室九空，均受其累。至今視爲厲階。再欲糾股集貲，慮無不掩耳而走。此其故由於華人不善效顰，徒慕公司之名，不考公司之實，不知西國每立公司，必禀請國家，由商部派員查勘，事實可憑，利亦操券，始准開辦。每一公司，由各股東公保董事十二人，由衆董事再推總辦正副各一，而每人亦必有多股於中。總辦受成於各董，各董受成於各股東。上下箝制，耳目昭著，自然弊無由生。乃中國適與之相反。糾股者只須禀請大憲，給示招徠，刊一章程，繪一圖説，海市蜃樓，全憑臆造。各股東亦不究其礦在何處，礦質若何，本無置産業貽子孫之心，不過以股票低昂爲居奇之計，賣買空盤，宛同賭博，宜其一敗塗地也。今若概廢其良法美意，則未免因咽廢食，而後來重大工程，斷難開辦矣。爲今計，宜查照西洋成法，凡立公司，必經商會派人查考，酌定其章程，務使總辦不能獨操其權，而悉以各股東公論爲斷，則凡鐵路、電報、開礦、制船諸務，胥可借衆力以成矣。外國設公司律法，本有成書。苟斟酌折衷，垂爲令甲，庶中國公司，足與洋人相埒，而能馳域外之觀矣。

三曰借國債。查國債之法，創自歐洲，實開千古未有之局。不敢謂永無弊端，而終覺其有大利而無大弊。何則？古來國用不足，無非加派於民。或算緡錢，或榷酒酤，或税間架，頭會箕斂，無非取濟一時，甚或搜括富民，鬻賣官爵，極矣。然倘歲比不登，内訌外寇，則此苟且不終日之計，亦終有時而窮。觀勝國末造，加派練餉，民不聊生，至斥宫中器用以抵餉，而嘩潰時聞，明社卒屋。此無他，强括民之脂膏，而不予民以應得之利，則小民安肯毁家抒難，以濟國用哉。乃觀西洋，每有大工大役，必告貸民財，而復予以操券之息，按期應付，晷刻不爽。倘有兵事，不必强民捐輸，而百萬之餉咄嗟立辦，而從未有延諉抵賴者。若一經爽約，則將來雖有急需，民皆袖手，而自蹈驪山舉烽之覆轍，故不敢也。今中國自與洋人交接，海防軍費，百倍從前，斷非内地賦税所能供。全恃徵收洋税，爲一線來源。一有兵争，海口全封，洋税告絶，斷非枵腹所能久持，勢必出重利以借洋債，渴飲鴆酒，所弗計矣。倘適與其國構釁，則並告貸無門，此坐斃之道也。即此一端，其後患奚堪設想。不若早開國債之例，俾閭閻慣用，深信不疑，留後日告急之途，亦未雨綢繆之説也。今之洋債，其息爲百分之九，與其本國幾爲加倍。而我中國未嘗無財，何必受其盤剥，而歲輸重息於外洋？若自借本國之國債，每年償利若干，由各海關經理，刊給餉票，以抵現銀，而即由海關付息。庶商民取信，盡出其藏鏹以牟什一之利。則市面流通，經商易於獲利。萬一有閉關絶市之時，而民皆肯傾囊以獻。不啻取之宫中。當安危呼吸之際，而始收其效。故曰有大利而無大弊也。

四曰鑄銀幣。人情莫不喜簡而惡繁，趨輕而避重。順人情而行之，則下令如流水之源，而公私交受其益。今之錢法，亦窳濫極矣。京都行當十大錢，一出國門，乃不能易一醉。外省私鑄充斥。康雍朝大錢，已千不獲一。而人情乃相率而喜用外國銀錢。初用西班牙老板，繼用墨西哥新板。近且英、法、美、德均鑄銀錢，流入中國。而日本起而效尤，歲鑄小銀錢，羼入市肆，每年不下數十萬計，價亦日昂。論其銀質，不值所准之錢，而取信於其國家之官鑄，所謂銀幣也。乃中國不自鼓鑄，坐使外人得操圜法之輕重，而利遂爲其所獨擅。欲設法禁之，而人情所趨，卒亦無如何也。論其行駛之便，一曰成色定，二曰分兩准，三曰交易便，四曰取携輕，五曰價值不易低昂，六曰花紋不易假造。較之元寶紋銀，傾銷之耗蝕，兑换之侵欺，扣短平而攙僞銀者，不可同年而語矣。欲收其利權，莫如中國奏明設局，購用機器，自行鼓鑄三品之錢。每副機器，小者不過五萬元。吉林機局，曾購一具。凡鑄金銀之錢，均須稍攙雜質，方能堅結，而擊之有聲。核其贏餘，足敷爐火、人工、鼓鑄之費。即使無餘，而商務已大受其益矣。但須國家頒定律法，定各等之價，並相准之數，每數至若干，即須用何種之錢，如英制銅錢滿十二，即須用小銀錢一元。銀錢滿二十，即須用金錢一元。而金銀銅既有搭用之例，價值相准，則凡錢糧、關税、厘金之科，則悉依此而定。使徵者、解者、收者、發者，莫不皆准此數。無平色之高低，無兑换之扣勒，自無浮收侵蝕之弊矣。市肆之價，不能因時爲軒輊，捉搦刁難，則賣買空盤之弊，不禁而自絶矣。

五曰廣輪船。日本之與西洋立約也，許其在海口通商，而不准其駛入内地，侵其本國自有之利。故日人自造輪舶，駛行内海江河，以與洋人争利。中國與各國立約，乃許其輪舶駛入長江，又聽其沿海置船往來。如天津、上海、寧波、福州、香港、汕頭等埠，向有怡和、禪臣、旗昌三家，按期輪船往來，奪我華人分内之利。是以李爵相創開招商局，思與之並駕争衡，而其勢常苦不逮。乃主持局務者，復誤以重價買並旗昌一家，仍不能獨收壟斷之利，而財力反爲之疲。欲謀挽救中國之商務，莫如廣造小輪船，通行内地。彼洋船隻能抵通商口岸，而小輪船駛入内河，據其上游，争攬載貨。如近日茶市盛於漢口。倘小輪船駛入湘漢二江，直至襄陽、長沙一帶，貿易攬載，則茶商争思捷足先售，自無不樂載小輪。倘欲徑赴上海，亦可省换船過駁之繁。即可由該輪船一手交卸，則洋輪船之生意大減矣。推而至於天津由運河以抵通州，烟臺由黄河以抵濟南，九江由鄱陽以抵南昌，安慶由巢湖以抵廬州，鎮江由運河則南可抵蘇、常，北可抵濟寧，上海則可由黄浦以抵蘇、松、杭、嘉、湖數府。至於粤東西江水深溜緩，上可駛至廣西之梧州。如此力據上游，争其攬載，則洋人瞠視而爲之奪氣，而我商務必大有起色矣。且輪舶愈多，則司機駕駛之人材愈出。推而行駛大洋，直一轉移間，而不必借才異域。英國兵船管駕，例必由商船遴拔，而中國水師生徒，乃欲一蹴而幾，其誤不可以道里計矣。間嘗私論，以爲中國必先設商船學堂，練習駕船管機之舵工、水手，方可爲練習水師之基。蓋未有不嫺駕駛商船，而能駕駛兵船者也。

六曰設民廠。國家設科取士，若不勸民家弦户誦，而徒恃庠序學校，以培養人才，斷無文教如斯之盛。觀此而知國家崇尚機器，而但設官廠者，其取徑迂而收效遠矣。西洋製造船炮、槍械、子藥，皆取辦於民廠爲多。即有一二官廠，亦悉用包工之法，與民廠無異。所以無冗工，無濫食。計工授食，而工作以精。今中國各省設立船政、機器、子藥等局矣。每年動用正款以數百萬計，而所成之物，若經由外洋購買，或由洋匠承包，費可減半。然欲爲華人開風氣，不計也。但官廠之弊，工匠浮濫，且皆執業以嬉，而賞罰不行，勤惰無別，亦誰肯舍逸就勞，以干衆嫉？每製成一器，價比外洋尤昂，而復草率不精，形模徒具，往往取笑洋人，旋生狎侮。如此雖百年，終無生色。惟有仿照洋廠之法，一切包工承辦，責令匠目，逐件分包，或准其携歸私製，則工匠有一分之本領，即食一分之薪貲，奏一分之工程，即給一分之價值。循名責實，務使費國幣一錢，即須造成一錢之物，而器皆精實，價不虛浮，則工匠無不争奮矣。今福州、天津、江寧、杭州、山東各廠局，皆由官辦，未免積習相沿，誠不敢矯舉其弊。惟粤東軍火機器等局，用包工之法，能以泰西之工藝，開民廠之規模，且修理輪船、機括，無不估工包價。如仿其法，令民間多開私廠，或即以官廠租給商人，每年收取租息，以抵製造之費。如國家需用器具，責成該廠儘先趕辦，以其餘力聽其爲民製造機器、輪船及救火水龍，并一切開礦、挖河、抽水、磨麥、紡紗、織布各機器，以收其利。如此，則風氣大開，人才日出，工藝日益精進，不煩國家之提倡矣。

七曰頒牙帖。泰西工藝之精，甲於天下，而考其致此，全由國家鼓舞而成。猶中國誘之科舉利禄之途也。其道何由？則在於頒給牙帖，即西語所謂丕登也。丕登者，如士人考得新理新法，工商創成一技一藝，即獻諸國家，由商部考驗，上者賜以爵禄，中者酬以寶星，下次亦准其擅爲專門之藝，或傳爲世業，或專利數年，國家給以文憑，以杜通國工商剿襲仿造。即國家欲仿其新法者，亦與本人商購，償以重貲。如創造汽機輪車、紡織機器諸人，各國無不頒賜爵秩，廪以終身，至今榮名永世。是以西人無論仕宦、縉紳、農工、商賈，無不夢寐思得新法，爲取富貴，貽子孫。名利兩全之計，寢食俱忘，不惜傾家試驗。西人因此享大名、獲巨富者，不勝僂指。每年美國發給牙帖數萬張。其通商工藝之精，根柢全由於此。彼其言曰：所貴乎士者，非徒高尚其志而已也，必須創立新法，有益於國，有利於民，斯不愧爲四民之首。故西國之儒者，不徒抱詩書、談仁義而已也。有商中之士，有工中之士，有農中之士，皆著書立説，自成一家，日出其新法。中國誠能采用其意，不必驅天下儒者，而盡出於一途，各聽其天資所近，不論農工商賈，考求新理新法，以利國利民。每省由督撫考驗，給以牙帖，以能自出心裁者受上賞，變通西制者受中賞，步趨成法者受下賞。准其一家，專擅其利以酬勞，不准他人仿造以奪其利。甚或破格奏獎，榮以功名。但得一省督撫倡之，即他省推行自易矣。重賞之下而無勇夫，斯未之信也。

八曰保海險。外國經營商務，不外兩端。有公司而力量始厚，有保險而意外無虞，而商務乃有恃而無恐。保險之法，非真能保危險也。特遇險而失事，則照數賠償耳。其法維何？則假如有海舶出洋，報明其船貨貲本值銀百萬，則保險行不必查其果值此價與否，但即抽其百分之一以爲費，而給以保單。萬一遭風遇礁，意外失事，即照百萬之本如數償之。不居功，無吝色也。一歲之中，所保千艘，而船之沈溺、貨之漂失者，恒不過千中遇一。除賠償百萬外，尚有九百萬悉飽己囊。是保險家不費一錢，徒手而得九百萬之贏餘也。斯亦可謂天壤間第一貿易矣。在船商重洋涉險，僅費萬金，即可高枕無憂，永無折閱之慮，何樂不爲。若華商之爲海舶生理者，每遇風濤，終夜徬徨，雖擁貲千萬，一夕可以赤貧。由於獨力爲之，而無保險之法也。自有此法，而洋人放膽經營，無遠勿屆。而華商則畏風畏礁，侷促一隅，不能牟他國之利。而中外商務，遂天淵之判矣。且外洋保險不但保海險已也，凡房屋則保其火險，輪車則保其碰險，甚至人身則保其病險，如限内人死，則家屬得領賠款，而寡婦、孤兒藉有以養，不致流離失所矣。惟鬥殺、服毒之人例不賠償，則人皆惜命，而無自戕之妄作矣。此蓋以白鴿票射標之法，用之以濟困扶危，真衛商便民之善術也。誠能令華商糾設公司，仿行保險，一切變通其法，則每年各海口保險之費，不致流入外洋矣。

九曰設信局。西人頗能留心中國政務，每謂中國度支有出入兩大款，可省而不知省，當取而不知取，殊爲司國計者一憾。可省者，即各省每年開支驛站經費，幾耗天下錢糧十分之一。可取者即設立公信局，而徵收其税。以西法言之，公私信函，合爲一局。國家特設信部官，爲經理之。量路之遠近，秤函之重輕，徵收信貲。每封黏以印花，隨處可投，無遠弗届。通國遍設支局，若網在綱，有條不紊。遞送境内之函，一日而達。若遞出境外，就歐羅巴一洲，從無淹滯至三日者。每年除去車輪、牲馬、人夫、房屋、薪工、雜費，尚有贏餘，爲入款一大宗。即如英國，於光緒九年信部經費用銀三百四十萬磅，而徵取信貲至七百萬磅，幾抵中國銀一千萬兩。而日本仿行信局，亦大獲其利。現已刊出華字清單，人盡知之。既無中國驛站提塘、馬號、鋪遞各項經費，而凡出使述職，計偕按部之員，需索夫馬供應，犧芻行館之供張，酒饌之饋遺，舉地方州縣賠累不堪者，一洗而空，每年節省度支，不知凡幾，而并可爲國家開一絶大利源。今北省議開鐵路，將來附輪而行，自可操券。惟官爲經理，頭緒太繁，不如開設信局，招商承辦。大商包一省，小商包一縣。推之各口各埠，皆設支局。如身使臂，一氣呵成。水通輪舟，陸通快馬，偏僻處則用專差。一切走卒脚夫，皆受餼於官，以自食其力。凡摺奏公牘，仍派委員司之，以專責成。無論公私信函，一律秤封給值。不必驟裁驛站錢糧，以恤其私。僅就私信一項言之，已足出入相抵。而遞送迅速，商人莫不便之。信貲且大可減，此亦有益於國帑商務一大政也。今上海、天津已設文報局矣，若粵東援案仿設，俾摺差航海赴京，其亦公信局之嚆矢乎。

十曰賽工藝。天下事有粗觀類游戲，而實隱寓富强之意者，其西人之賽珍會乎。賽珍會者，聚五州之物産，羅各國之珍奇，而品評其優劣高下，以行其賞賚，或得金牌，或得寶星。於焉增識見，廣見聞，作商賈之南車，爲工藝之龜鑑，亦猶文士角藝於名場也。一經品題，聲價十倍。而論者病其勞費不貲，笑爲過舉。而自西人觀之，則固用意深而取效遠，爲歐洲振興商務之一大關鍵也。乃華商未明其益，而每遇西國設會，亦樂以珍物輦致其中。西人笑爲如盲人觀劇，聽旁觀撫掌，而亦嘆賞不置，其妙處初未嘗領略也。每賽一次，中國亦必費數十萬金。誠不如自行賽會，以導華人之先路，而開富國之基。誠能就南方之賽會迎神，北方之廟集趕墟，變通其法，令百工商賈，各行各業，自賽其物産，下至家用什物，亦羅列於會場，兼行交易，舉紳董爲之經理，而不必托諸神道設教，效僧尼之簧鼓，蹈巫覡之荒唐。一轉移間，舉閭閻所欲燒香、供佛、演劇、放燈之費，悉用諸通商惠工之實際，仍不失歲晚務閑，萬民行樂之意，則游戲也而至理存焉矣。縣邑則准其按年一賽，府州准其三年一賽，省會海口准其五年一賽。每越十年，則集通國之菁英物産、古玩奇珍，千蹄萬輪，八方輦致，而品騭其高下，以分殿最焉。如某處物産最高，某處製造極細，某物爲洋人所喜，而貿易可興，某匠爲本國之冠，而工藝最妙，一一登記於簿，獎以金牌，爲之延譽。彼工商得一獎帖，榮於泥金，斯益留心於製造矣。

—13. 皇朝經世文統編　卷五七　理財部二　商務

吴汝綸（1840—1903）

字摯甫，安徽桐城（今屬安慶）人。同治四年（1865）進士，長期充任曾國藩、李鴻章幕僚，歷官深州、冀州知州。曾主講保定蓮池書院，後任京師大學堂總教習。有《桐城吴先生全書》。

天演論序

嚴子幾道既譯英人赫胥黎所著《天演論》，以示汝綸曰："爲我序之。"天演者，西國格物家言也，其學以天擇物競二義，綜萬彙之本原，考動植之蕃耗，言治者取焉。因物變遞嬗，深䆒乎質力聚散之義，推極乎古今萬國盛衰興壞之由，而大歸以任天爲治。赫胥黎氏起而盡變故説，以爲天不可獨任，要貴以人持天。以人持天，必究極乎天賦之能，使人治日即乎新，而後其國永存，而種族賴以不墜，是之謂與天争勝。而人之争天而勝天者，又皆天事之所苞。是故天行人治，同歸天演。其爲書奥頤縱横，博涉乎希臘、竺乾斯多噶、婆羅門、釋迦諸學，審同析異而取其衷，吾國之所創聞也。凡赫胥黎氏之道具如此，斯以信美矣。抑汝綸之深有取於是書，則又以嚴子之雄於文。以爲赫胥氏之指趣得嚴子乃益明。自吾國之譯西書，未有能及嚴子者也。凡吾聖賢之教，上者道勝而文至，其次道稍卑矣，而文猶足以久。獨文之不足，斯其道不能以徒存。六藝尚已。晚周以來，諸子各自名家，其文多可喜，其大要有集録之書，有自著之言。集録者，篇各爲義，不相統貫，原於《詩》《書》者也。自著者，建立一幹，葉枝扶疏，原於《易》《春秋》者也。漢之士争以撰著相高，其尤者，《太史公書》，繼《春秋》而作，人治以著。揚子《太玄》，擬《易》爲之，天行以闡，是皆所謂一幹而枝葉扶疏也。及唐中葉，而韓退之氏出，源本《詩》《書》，一變而爲集録之體，宋以來宗之。是故漢氏多撰著之編，唐宋多集録之文，其大略也。集録既多，而向之所爲撰著之體，不復多見。間一有之，其文采不足以自發，知言者擯焉弗列也。獨近世所傳西人書，率皆一幹而衆枝，有合於漢氏之撰著。又惜吾國之譯言者，大抵弇陋不文，不足傳載其義。夫撰著之與集録，其體雖變，其要於文之能工一而已。今議者謂西人之學，多吾所未聞，欲瀹民智，莫善於譯書。吾則以謂今西書之流入吾國，適當吾文學靡敝之時，士大夫相矜尚，以爲學者時文耳，公牘耳，説部耳，舍此三者，幾無所爲書。而是三者，固不足與文學之事。今西書雖多新學，顧吾之士，以其時文、公牘、説部之詞，譯而傳之，有識者方鄙夷而不知，顧民智之瀹何由？此無他，文不足焉故也。文如幾道，可與言譯書矣。往者釋氏之入中國，中學未衰也，能者筆受，前後相望，顧其文自爲一類，不與中國同。今赫胥黎氏之道，未知於釋氏何如？然欲儕其書於太史氏、揚氏之列，吾知其難也。即欲儕之唐宋作者，吾亦知其難也。嚴子一文之，而其書乃駸駸與晚周諸子相上下，然則文顧不重耶！抑嚴子之譯是書，不惟自傳其文而已。蓋謂赫胥黎氏以人持天，以人治之，日新衛其種族之説，其義富，其辭危，使讀焉者怵焉知變，於國論殆有助乎。是恉也，予又惑焉。凡書必與其時之學者相入，而後其效明。今學者方以時文、公牘、説部爲學，而嚴子乃欲進之以可久之詞，與晚周諸子相上下之書，吾想其傑馳而不相入也。雖然，嚴子之意，蓋將有待也。待而得其人，則吾民之智瀹矣。是又赫胥黎氏以人治歸天演之一義也歟？光緒戊戌孟夏叙。

—20. 皇朝蓄艾文編　卷七一　學術三

胡燏棻（1840—1906）

字芸楣，號寄虹山人，室名寄虹山館，安徽泗州（今泗縣）人。同治十三年（1874）進士，官順天府尹、總理各國事務大臣、刑部右侍郎等。

上變法自强條陳疏

奏爲因時變法，力圖自强，謹條陳善後事宜，恭摺仰祈聖鑑事。

臣聞五帝殊時，不相沿樂；三王異世，不相襲禮。蓋窮變通久，因時制宜之道不同也。上年倭人肇釁，陸師屢挫，海軍繼失，寇燄猖狂，神人共憤。我皇上不忍兩國生靈久罹鋒鏑，以大事小，舍戰言和。雖兩害從輕，計不能不出於此。然自古馭外之策，斷無一意主和可以久安之理。唐於吐番，宋於金人，是其明鑑。今遼河以東失地，雖由俄、德、法三國合起而争，許還故土，但俄人仍有“從容商議”之語，恐不免枝節横生；臺灣交地，近復激成變端，倭人能否不起責言，固難預料。然此風一開，事變亦日亟一日，及今而不思改計，竊恐數年以後，大局更不堪設想。目前之急者在籌餉，次練兵，而籌餉、練兵之本源，尤在敦勸工商，廣興學校。伏查國家賦税所入，歲有常經，今忽添此二萬萬兩之兵費，非借洋債，從何措置？以最輕利息六釐計算，每年需息銀一千二百萬兩，而陸續償還本銀尚不在此數。且自上年用兵以來，關内外各路添兵購械，所借華洋商款，應償本息已屬不少。此外，奉直兩省善後事宜，仍須節節增修，次第興舉，北洋海軍亦不能不重新創辦，以圖補苴，約計購船置械非數千萬金不能成軍。此後水陸所需，每歲又不下千餘萬金，入者祇有此數，出者驟然加增，雖日責司農籌劃度支，亦恐無從應付。

竊觀泰西各國，無論軍餉、工程，千萬之需，咄嗟立辦，何者？藏富於民，多取之而不爲虐，而民亦樂輸以奉其公。彼其器械日製而日精，商務日開而日盛，水陸之兵日練而日强。蓋董勸之始，國家設各項學校以培植之，藝術既成，分各項官守以任使之，故民有人人自奮之思，治有蒸蒸日上之勢。今中國土地之廣，人民之衆，物産之饒，爲泰西各國所未有。辦理洋務以來，於今五十年矣，如同文、方言館，船政、製造局，水師、武備學堂，凡富强之計，何嘗不一一仿行？而遷地弗良，每有淮橘爲枳之嘆，因中僅襲緒餘，未窺精奥；亦因朝廷所以號召人才首在科目，天下豪傑所注重者，仍不外乎制藝、試帖、楷法之屬，而於西學不過視作别途。雖其所造已深，學有成效，亦第等諸保舉、議叙之流，不得廁於正途出身之列，此由操術疏而收效寡也。日本，一彈丸島國耳。自明治維新以來，力行西法亦僅僅三十餘年，而其工作之巧，出産之多，礦政、郵政、商政之興旺，國家歲入租賦共約八千餘萬元，此以西法致富之明效也。其徵兵，憲兵、預備、後備之軍，總計不過十數萬人，快船、雷艇總計不過二十餘號，而水路各軍皆能同心齊力，曉暢戎機，此又以西法致强之明效也。反鏡以觀得失利鈍之故，亦覽可知矣。今士大夫莫不以割地、賠費種種要挾爲可恥，然時勢所逼，已無可如何，則惟有急求雪恥之方。昔普法之戰，法之名城殘破幾盡，電線、鐵路處處毁裂，賠償兵費計五千兆佛蘭克，其數且十倍今日之二萬萬兩。然法人自定約後，上下一心，孜孜求治，從前弊政一體蠲除，不及十年又致富强，仍爲歐洲雄大之國，論者謂較勝於拿破輪之時。

今中國以二十二行省之地，四百餘兆之民，所有失陷者不過六、七州縣，而謂不能復仇洗恥，建我聲威，必無是理。但求皇上一心振作，破除成例，改絃更張，咸與維新。事苟有益，雖朝野之所驚疑，臣工之所執難，亦毅然而行之；事苟無益，雖成法之所在，耳目之所習，亦决然而更之。實心實力行之十年，將見雄長海上，方駕歐洲，舊邦新命之基，自此而益鞏，豈徒一雪割地、賠費之恥而已！臣之愚昧，何敢挾其芻蕘之見，輕言變法？但縱觀世運，俯念時艱，痛定思痛，誠恐朝野上下，高談理學者狃於清議，鄙功利爲不足言，習於便安者又以爲和局已定，泄沓相仍，設或敵國外患猝然再舉，更慮抵禦無方，從此卧薪嘗膽，求醫療疴，其何可稍緩須臾耶！微臣早夜焦思，今日即孔孟復生，舍富强亦無立國之基，而舍效行西法一途，更無致富强之術。用敢不揣冒昧，就管見所及，舉籌餉、練兵、重工商、興學校數大事，敬爲我皇上縷晰陳之。

一、開鐵路，以利轉輸也。中國鐵路之議，屢舉屢廢，自經此次軍事，利鈍之故昭然共見。應請援照前兩廣督臣張之洞原議，自漢口至京開辦幹路，顧辦法次第，必當先定大綱。第一在勸立公司。准民間自招股本，而一切窒礙之處，如買地、勘界之類，必須官爲保護。第二在勘明道里。從前原議，北自蘆溝橋至正定，南自漢口至信陽州，分頭舉辦。查漢口至信陽，山路崎嶇，工費較鉅，不若取道襄樊，地勢平坦。其鐵軌渡河之路，尤宜在鄭州以西，滎陽以東，已出山險、經流不改之地。既渡河，則東循淇、衛，西倚太行，北行而達保定，地高路平，較爲穩固。第三在多開支路。自漢口至京迤長三千里，若僅有幹無支，則貿易必不旺，商旅必不多，其勢亦難持久。竊謂支路宜分三段：南路由光山、固始，出六安以載茶葉，由應城、京山、安陸，出荆門、當陽以運煤鐵；西路由懷慶出軹關，經蒲、解，以達關隴；東路由開封、歸德，過宿、泗以抵清江。如此則天下大局，若網在綱，商務、工務、漕務、軍務，莫不四通八達。第四在議定規制。自高脚鐵軌之制出，而大車一變；自電氣傳力之機出，而火車又一變。今俄人自加斯濱海達暉春一路，即係用高脚軌電氣車之法。今創辦之初，宜擇其至便至捷而爲之，以免他日紛紛改造，又有我鈍彼利之嘆。迨辦成後，每年除公司費用、修理費以外，所餘利銀，官收其什一之税，誠能各省一律舉行，則公家歲可得數百萬金，而且東西南北節節流通，則土物日出，商務日旺，釐金關税亦日饒，是每歲所增入又不下數百萬金。一旦疆埸有事，運餉運兵，朝呼夕至。今日寓强於富之道，計無有切於此者矣。

一、鑄鈔幣、銀幣，以裕財源也。昔元、明以鈔票爲虐政者，則以一紙空券，欲抵鉅萬現銀，情同誑騙。西國以鈔幣便民者，則以有一萬之銀，止有一萬之票，無絲毫虚浮也。中國不自設銀行、自印鈔票、自鑄銀幣，遂使西人以方寸花紋之券，抵盈千累萬之金，如匯豐、德華、有利等洋行之鈔票是也。以低潮九成之銀，易庫紋十成之價，如墨西哥、吕宋、日本等國之洋錢是也。今誠能於各省通商口岸，一律設局自鑄金、銀、銅三品之錢，頒定相準之價，垂爲令甲；一面於京城設立官家銀行，歸户部督理，省會分行歸藩司經理，通商碼頭則歸關道總核。購極精之器，造極細之紙，印行鈔票而存其現銀於銀行，妥定章程，明頒諭旨，俾民得以鈔幣兩項完納租賦税釐。至各省旗兵、緑營、防營之餉，京外文武百官之廉俸，亦即以鈔幣兩項分搭匀撥，而尤必各處銀行於出入授受之間，隨時查核，不至鈔溢於銀，並絶無毫釐短折，方能取信於人，持之久遠。惟用人必須按照西法，用商務之章程，杜官場之習氣，慎選精明廉潔之人綜計出入，其餘亦須屏絶情面，皆由公舉，不得私薦，方免弊竇。至於放息，責成殷實保人，一有虧折，惟保人代償。押款則值十押七，一經逾期，拍賣償抵，不足仍向欠户追還。果能照此認真辦理，實力奉行，其收回利權，孳生息款，計每歲盈餘之數至少當在千萬以上。此誠今日至要之務。

一、開民廠，以造機器也。中國各省設立製造、船政、槍炮、子藥等局不下十餘處，向外洋購置機器物件不下千百萬金，而於製造本原並未領略。不聞某廠新創一槍、自造一炮能突過泰西，不聞某局自製一機器能創垂民用。一旦有事，件件仍須購自外洋。豈真中人之智不及西人？推其病源，厥有三故：各廠之設也，類依洋人成事，而中國所延洋匠未必通材，往往僅曉粗工，不知精詣，襲迹象而遺神明，其病一。廠係官辦，一切工料資本每歲均有定額，即有自出心裁，思創造一器，而所需成本苦無從報銷。且外洋一器之成，如別色麻之鋼、克鹿卜之炮，或法經數易，事更數手，成本費數十萬金，然後享無窮之利，垂久大之業。今中國之工匠既無此堅忍之力，國家又別無鼓舞之途，遂事事依樣葫蘆，一成不變，其病二。外洋各廠之工頭匠目，均係學童出身，學有本原，而其監督總理之人，無不曉暢工藝，深明化、重、光、電、算、數之學，故能守法創法，精益求精。今中國各局總辦、提調人員，或且九九之數未諳，授以礦質而不能辨，叩以機器括而不能名，但求不至偷工減料已屬難得，器械利鈍悉聽工匠指揮，茫無分曉，其病三。竊謂中國欲藉官廠製器，雖百年亦終無起色，必須准各省廣開民廠，令民間自爲講求。如國家欲購槍炮、船械、機器，均託民廠包辦包用。其試不如式者，雖定造亦必剔退，則人人有争利之心、虧本之懼，自然專心致志，實力講求，以期駕乎西製之上。如此漏卮既塞，而一有兵事，取求易給，不至爲洋商壟斷居奇，受重價之累，且不至爲敵人阻港攬舟，冒行海之險矣。

一、開礦産，以資利用也。中國煤鐵五金，遍地皆是。從前業經各處報商開辦，乃卒至股本耗析，成效毫無，則非礦之不可開，實由辦之不得法。夫辦礦之要，又有四：第一在重聘礦師。西洋實有學問之礦師，其國中且延致不及，故往往不願來華；其願來者，不過外託行家，陰圖漁利，即能悟其欺妄，而全局已隳。故欲開礦，當先求師；欲求師，當先重聘。第二在慎選礦地。夫貴州鐵質非不佳也，乃轉運至千里以外，則成本重而其價昂矣。漠河金苗非不旺也，乃地處極邊，百貨騰貴，則工作難而出數少矣。故開礦之地，必須擇其水陸交通轉運便利之處，則人工往來易於招集，物件輻輳易於取求。第三在細考礦質。同一礦也，而質有良楛，即質分貴賤，故往往集本同而獲利不等。假使當日以開平礦務之規模資本，而開齊魯淄濰之佳礦，則今日獲利當倍蓰於此矣。第四在厚集礦本。夫資本出於富家，則原有置産業貽子孫之心；資本出於市儈，則無非借股票低昂爲買辦空盤之計，收效稍遲，即棄如敝屣。從前公司爲股票牽掣，一傾百倒，皆由於此。故招散股不如招大股，招商股不如招官股。而其大要，尤在辦理之得人，必須正大光明，赤心爲國，絶無一毫私見，否則礦不成則害在公家，礦既成則利歸私室，初次選擇，斷不可瞻徇情面。果能於此四者講求盡善，而謂礦務不能辦，礦利不可求，必無是理。況將來欲廣造鐵路，則處處需鐵軌、需煤觔；欲自鑄錢幣，則各局需金、需銀、需銅；欲自開民廠鑄鎗炮、機器，則各需五金及硝磺、鉛汞等質。是招股開礦，實今日之最大利源也。

一、折南漕，以節經費也。查京倉支用，以甲米爲大宗，官俸僅十之一，八旗兵丁不慣食米，往往由牛录章京領米易錢折給，兵丁買雜糧，約南米一石僅合銀一兩有奇。官俸亦然，四品以上尚多親領，其餘領米票轉［賣］米鋪，每石亦一兩有奇。夫南漕自催科、征調、督運、驗收，經時五六月，行路數千里，竭百姓無數之脂膏，聚吏胥無數之蠹賊，耗國家無數之開銷。運至京倉，至每石之值，通扯或十兩或五六兩不等，而及其歸宿，乃爲易銀一兩之用，此實絶大漏卮，徒以冗官蠹吏中飽，所在積習不改，此真可爲長太息者也。推原其故，朝廷深思遠慮，以爲歲歲無南漕二百萬石流通市中，則一切雜糧必牽掣而驟貴，兵民有受其飢者，故不惜繁費而爲此。然自輪船暢行以後，商米北來，源源不絶，利之所在，人争趨之。市中有米與官中有米同，則少米之患在今時可以無慮，應請通飭各省，改徵折色，其耗費一概帶征，並歸藩庫起解。至旗丁、京官應領俸米，或援照成案，則每石折銀一兩四錢，或按照市價，則每石折銀亦不過二兩有奇。而一切漕河之工程，海運之經費，漕督、糧道以下之員弁兵丁，倉場侍郎、監督糧廳以下之胥吏差役，皆可一律裁汰蠲除，是國家歲省數百萬開銷及多數百萬盈羡，而官兵兩項所領實銀，且較增於從前領票轉賣之值，公私兩途，一舉而均得大利，有益於國，無損於民，亦何憚而不爲哉？即使慮及歲飢乏食，則每年所提出餘銀數十萬兩，在津兑買南米，存儲通倉，新陳互易，以爲有備無患之計，其事亦輕而易舉。如慮海疆有事，運道或至梗阻，恐將來商官兩病，則更不然。蓋名爲官米，則敵船可以捕拿；名爲商米，雖仇國亦不能阻截。公法俱在，有例可援，是可不必顧慮也。

一、減兵額，以歸實際也。粤捻事平以後，緑營之無功效已可顯見，而老成持重動以不裁爲言，於是有減兵增餉之議，各省或變緑營而爲練營。今倭事敉平，則練軍之一無功效又可顯見，乃猶坐養此數十萬無用之民，耗此數十萬有用之餉，一旦有事，各省仍屬紛紛招勇，是兵外加兵、餉外加餉，國用安得而不絀？夫緑營之所以不能遽裁者，徒以爲如水有汛、陸有鋪，緝捕防守有專責耳。殊不知近年緑營兵餉，藩庫入不敷出，往往餉有按照七八成或五成核放者，每兵每月僅領銀數錢，平日不敷養贍，多以小買營生，巡緝俱屬虚文。况各省水陸聚會之區，如閩浙之漁商，則僱船出洋自護矣，是汛兵亦無用；直省之會城，則另設保甲、守望等局以巡緝矣，是鋪兵亦無用。爲今之計，莫如酌地方之繁簡，裁其老弱，按年先裁二成，五年裁竣，國家歲可省千餘萬。今即以此款責成直省，皆按照西法，先挑老兵子弟，擇其年力精壯、粗識之無者，另行創立新軍。現任實缺提鎮參游，如尚堪造就者，即充統領營官之任，否則一概裁去。如此而轉移間，化無用爲有用，國無坐食之費，兵有精練之實。倘慮水陸各汛捕務一無專責，或將守望、保甲等局，仿照西國巡捕之制，城鄉市鎮人物輻輳之區改設巡捕，款項不足，亦如西法，收巡捕捐，官督率而分稽查之職於紳董，事更可得實際。但求朝廷排斥群疑，破除成例，毅然行之，未有不立見功效者也。

一、創郵政，以删驛遞也。中國各省皆設驛站鋪遞，每年支銷錢糧計三百餘萬金。其實各省之奏牘、公文所遞有限，而仕宦往來之所擾滋多，至督撫則更有提塘摺差，每一摺差抵京，費以百十兩計；民間所開信館，索貲既巨，又多遺失，此公私兩困也。查泰西各國，莫不由國家設立郵政局，無論公私，一體權其分量之輕重，定給遞費之多寡，由郵部刊刻信票印花出售。凡寄信者預先購買，用時取粘信角，投入信箱，有人按時收取，且此法不但省驛站之費，而且歲獲盈餘，爲泰西各國進項之一大宗，應仿照辦理。其第一辦法，則先借招商局爲發軔之始。每船各派專司文報一人，通商十九口岸，均設分局管理；公私信件，則糾合民間各信局而爲之。内地各碼頭、各市鎮，令信局一家承包。其第二辦法，則借電報爲推廣之路。凡有電報地方，亦派一人在局專司文報，代爲遞送；至未設電報各處，亦照前法，令信局一家承包。其第三辦法，則俟火車暢行，再借鐵路公司爲往來之總匯。凡幹路、支路火車停卸之處，以派一人在局專司其事；至將來欲遍行内地，各鎮各埠儘先廣設分局，派人經理。如此則若網在綱，無遠弗屆。現在地球各國，其郵政章程通爲一例，到處流行，公私遞費並無多寡之殊，即日本亦在其列。就英國而論，每年郵部除用費外，計贏英金一百數十萬磅。獨吾中國未嘗仿行，急宜參考西制，從速舉辦，庶每歲可省驛站三百萬之耗費，而收郵部數百萬之盈餘。如以爲京外各官因公來往京師，例須乘驛，恐一旦删去驛站，致多窒礙，則更爲掩耳盜鈴之談。今東南十餘省，凡官員來往，無不僱坐輪船，獨山東、山西、河南、陜、甘五省，尚有官站耳。若計其道里遠近，人役多寡，由兵部、户部酌給路費，沿途聽其自僱車馬，在應差各官，實所深願，更毋庸多慮。

一、創練陸兵，以資控馭也。此次東征，兵非不多，而一無足恃，則非兵之不任戰，實由統將太多，每遇戰事，往往心志不齊，互相掣肘，動蹈唐朝九節度之失。夫東名宿將，西名老臣，此募十營，彼募萬人，譬之治疾，一人有病，延醫滿室，寒熱雜投，斷無不弊之理。而尤有積習應行痛改者，厥有四端。昔年淮楚諸將起自田間，志在殺賊，人皆樸誠，弊端尚少。承平以後，統兵大將驕奢淫佚，濡染已深，軍需如故，勇額日缺，上浮開，下尅扣，百弊叢生。兵之口糧尚未能養贍一身，誰肯效命疆埸？以致萬衆離心，遇戰紛紛潰散，此一病也。從前粤、捻之亂，軍火未精，將領祇須勇氣百倍，易於取勝。今則泰西官兵之選，必先由各學館出身，其所考各學，有本國文、臘丁文、法文、地理學、幾何學、代數學、古今史學、三角法、信手繪圖法，國家平日重視此選，民間亦以得選爲榮。其千、把總之職，略如中國詞林之清望，故能學餘於事，人餘於學。而今中國，先事一無培植，一聞招募，各營員皆以鑽謀爲能事，不以韜鈐爲實政，是兵官先不知戰，安望教兵以戰？此又一病也。西國之講求武備者，凡鎗炮新器一出，試之而佳，即通飭各營，改用一律。今中國無著名之廠，件件購自外洋，承平之日，部臣以款絀爲難，先事未能預備，及變起倉猝，疆臣各辦乃事，但以購得軍火爲責，未能講求，以致同屬諸軍，而此營與彼營之器不同，前膛後膛但期滿數，德製粤製并作一家，所由一旦，臨陣，號令不能畫一，施政不能取準，此又一病也。考西國，每經一戰則列陣之體一改，每創一器則行陣之式一更。今中國一切攻守之法，又沿舊習，湘楚各軍尚有大旗刀矛爲戰具者，並有持新器而茫然不知用法者，猶復師心自用，以爲昔年曾經戰陣，即無不能禦之敵，承訛襲謬，沿而不改，此又一病也。今欲創練新軍，宜通飭各省，一律改練近年新出之西法。而其大要，先在直省設立武科武備學堂，行取各州縣武生武舉，考其漢文通順、年力精壯者，選令入塾，給以養贍，即聘洋員爲之教習。三年後，由洋教習考給文憑，然後由分派入營充當哨官，其學問尤傑出者充當營官。從此或將武科鄉試，亦以鎗炮命中爲去取，則將才輩出，不患有兵而無官。現在都守以下候補各員，其有漢文通順、情願投入學堂充當學生者，亦一體辦理。則此訓官之法也。至募兵不可太雜。今各處所招之勇，急於成軍，不暇選擇，乞丐、無賴混雜其中。藝未練成，驅以赴敵。一經臨陣，望風而遁，反以利器資敵，沿途更肆焚劫，日後又投别軍，仍蹈前轍，以致屢戰屢敗。此欲就其弊，必由以本籍地方官查取住址、親族，方許入營當勇，以杜將吏逃亡之弊。到營時，先酌身材，不入格者當即剔退；既成陣伍，先練步法手法，次練描準，並練行軍操法，年滿四十給以一年餉銀，令歸鄉里；在營之年，三年酌給月假，准其回籍，但一聞徵調，雖在假内，即須立至。此練兵之法也。其統領、營哨各官之薪水，欲杜其尅扣之弊，必須從豐。兵勇之餉項分别，有事亦宜加增，由各省督撫設立糧臺，按月由糧臺點名給發。設糧臺短發，准統領官申詳告訐，以杜侵扣；成軍之始，應發號褂、棉襖、皮衣等件，均不扣錢，恤其飢寒，方能得其死力。此放餉之法也。新練各軍取用機器，必因時制宜，改歸一律。就近年新製而論，步槍以曼里夏、毛瑟小口徑爲佳，馬槍以可爾脱爲佳，步炮、輕炮以克虜伯格魯深爲佳，快炮以拿登飛爾哈乞開司爲佳。此簡器之法也。至兵數多寡，統計北洋宜練兵五萬人爲一大枝，南洋宜練兵三萬人，廣東、湖北宜練兵二萬人，其餘各省，每省有萬人已敷調遣，務須掃除積弊，習練操法，統歸一律，庶徵調乃得力也。

一、重整海軍，以圖恢復也。中國創設之初，原設沿邊海七省後先舉辦，祇以經費不充，故以北洋爲發軔之始。春間，威海繼陷，舟師全没，雖由諸軍之不力，抑亦援軍之莫繼也。夫泰西各國，皆以鐵甲快船之堅利雄長五洲。故就今日之情事以觀，凡地球近海之邦，苟無海軍强盛，萬無立國之理。查中國從前辦法，與西制多有不同，其受病亦即在此。西國之制，海軍可以節制陸路，而陸路不能節制海軍。蓋洋面遼闊，軍情瞬息百變，必非陸路所能知也；今中國則海軍提督須聽疆臣之指揮矣。其不同者一。西國海軍提督，必由水師學堂出身，積纍而升，其於重學、汽學、算家、天文地理學，無一不通，無項不熟，爲各船兵官所服，故志趨合而號令行；今就北洋而論，如已革提督丁汝昌，本係淮軍陸將，水師學問毫無根柢，平素各兵官本輕視之。一旦臨陣，無論其不知水戰之法，即知亦安能號令各船？其不同者二。各國兵船，歲歲考求新理，精益求精。凡舊械之不合式者，必更易之，新器之致用者，必訓練之；今中國如檔雷之裙網，甫經購置，尚不知用法。上年大東溝之戰，以攻鐵甲所用之尖彈，擊倭人鋼皮之快船，故倭船雖受創而無大損，是用器、簡器之不審也。其不同者三。今欲重整海軍，於購械而外，宜改定章程，選求將帥，仿照泰西成規，海軍提督但聽樞府之號令，不受疆臣之節制。兩國既下戰書，即許便宜行事。尤應沿海各省，一律舉辦，無事則分道巡游，有事則聯爲一氣，不得稍分畛域。今春威海告急，南洋兵輪坐視而不之救，重爲泰西諸邦所姍笑。急宜統籌全局，俟辦理稍有端緒，應合沿海七省，特簡總統大員，庶使節節靈通，聲氣聯絡，一方告警，全軍立至矣。目前辦法，應先向英國延聘水師宿將，如昔年琅威里其人者，多設水師學堂以儲其才，派學成各生或出洋游歷，或備資斧分寄各國兵船，以資習練。天下無不可辦之事，但在實心實力以求之耳。

一、設立學堂，以儲人材也。泰西各邦，近今人才輩出，其大本大原，全在廣設學堂。商有學堂，則操奇計贏之術日嫺；工有學堂，則創造利用之智日闢；農商有學堂，則樹藝飼畜之利日溥；礦務有學堂，則寳藏之富日新；醫有學堂，則生養之道日邃；聲光化電各項格致有學堂，則新理新物日出而不窮；水師陸師各項武備［有］學堂，則戰守攻取日習而益熟；乃至女子亦有塾政，聾啞亦有教法。以故國無棄地、民無廢材，富强之基由斯而立。至其學堂之制，不必盡由官設，民間紳富亦集資舉辦，但國家設大書院以考取之。今中國各省書院、義塾，制亦大備，乃設八股、試帖、詞賦、經義而外，一無講求；又明知其無用，而徒以法令所在，相沿不改，人材消耗，實由於此。擬請特旨，通飭各直省督撫，務必破除成見，設法變更，棄章句小儒之習，求經濟匡世之材，概從實學。應先舉省會書院，歸併裁改，創立各項學堂；將現在京師總署、上海製造局已譯各種西學之書，分印頒發，一面仍廣繹格致、新聞及近年新出西史，延積學之西士，及中國久於西學有爲之人，爲之教習，尤必朝廷妥定章程考取，垂爲令典，務使民間有一種之學，國家即有一途之用。數年以後，民智漸開，然後由省而府而縣，遞爲推廣，將大小各書院一律裁改，開設各項學堂。即民間亦必有自行集資設立者，將見海内人士喁喁向風，而謂一切官商製造之學、貨財之利、水陸之軍不能媲美歐洲，臣不信也。日本自維新以來，不過一二十年而國富民强，爲泰西所推服，是廣興學校、力行西法之名驗。今日中國，關鍵全係乎此。蓋人才爲國家根本，盛衰之機互相倚伏，正不得謂功效之迂遠也。

以上各條，或變通舊制，或創行新法，臣愚亦何敢謂所言盡屬可行，第變通盡利，力求富强之道，舍此不圖，更無長策。自來殷憂啓聖，多難興邦，時局轉移之機，正在今日。伏願皇上法五帝三皇制作之遺意，敕下部臣、疆臣通籌合議，斷自宸衷，俯采而施行之，上以固億萬年有道之基，下以慰薄海臣民之望。臣不勝戰慄迫切之至，謹恭摺具陳，伏乞皇上聖鑒，訓示施行。謹奏。

—5. 皇朝經世文續編　卷九九　工政一二　各省水利下

徐賡陛（1841—？）

字次舟，浙江湖州人。曾爲張之洞、李鴻章幕僚，官至江蘇道員。有《不慊齋漫存》。

覆陳廣東水利議

竊查治廣東之水與北省異，北省之水患在無堤，而廣東之水則患在多堤。治廣東之水又與各省異，各省之水患在害多而利少，治廣東之水患在利多而害即因之。乾隆以前廣東初無水患也。迨其後，海口日淤，沙田日多。嘉慶以來，上游各縣乃屢決不已，民受其害。於是議之者有開新興河以殺水勢之説，有盡拆石壩、刨去沙田之説，有量爲限制、嚴禁新築之説。卑職博訪周諮，竊以爲上二説皆決不可行，而嚴禁新築，亦有應行詳審之處，請畢愚説，惟裁察焉。

開新興河，昔年估價在千萬以上，今細爲推勘，聞亦當八百萬，則經費不足，其不可一也。地勢太高，水性湍急，既開之後，其歸槽與否，仍未可知，且違《周禮》"逆地泐"之訓，則成效難必，其不可二也。據區懋林、馮志超諸説，謂挨西山畔有行潦坑渠，爲舊時分流之迹。然考之《水經》及歷代地志，鬱、豚諸水，皆由今日四會以下入海，實無新興分流之迹，則古事無徵，其不可三也。此開新興河之説固不待再計而知其不可也。若盡拆石壩、刨去沙田，誠如憲札所云："既涉煩擾，亦非人情。"且去下游膏腴之地，以保上游磽确之田，啓豪右之紛爭，違民生之樂利，此又不待計而知其不可也。惟憲札所云："以現在起墾成田者，定爲限制，嗣後即永遠禁止添築石壩基圍。"自是酌中辦法，有利無弊，經國遠謨，至爲欽佩。然卑職再四揣量，覺此中仍有難焉者，何則？唐以前西江之水自四會入海，今則四會以下沃野千里，無復故迹矣。即唐時南海神廟猶在大海之中，故刺史往察，闔府爲之諫止。今則順德以下河道淺窄，士女游觀，扁舟徑渡矣。蓋滄海之變桑田，天道固難逆睹。而因利以順天下，聖言已著經文，既不能禁海水之成田，即難棄沙田而不墾。且海水之衝刷靡常，此刷彼淤，則此税不能不減，彼税不得不增，水挾沙行，緣岸而止。一年積二三分厚之泥沙，百年即高一二尺厚之田地。即如嘉慶間，先登堡前陳軍涌之沙坦九十餘畝，屢以有礙水道，不准承墾。而其後因洛口沙衝决，遂將新沙撥抵。誠以溢坦既生，墾與不墾固無異也。惟其立壩閉水、强築成田者，則所在必禁，宜令有司以時巡察，遇有違犯，即毁拆之；牧令玩愒不舉者，並加糾治。而議者多有以委員歲巡，武職偵伺，紳士攻訐之説進者。竊以爲整頓之始，固必藉明幹委員，會同州縣，逐一履勘，繪成圖册，永遠立案，以杜將來。

至若分以責成，著爲令典，則日久生弊，亦屬可虞。夫親民之官莫如牧令，日與民習，則疾痛疴癢，自覺相關。即遇中材，亦不過漫不經心，頹廢職守，要不至於因循之外，别生營觳之端。若稽查特設專員，則賢否恐難一致，萬一視爲成例，科取陋規，則一如今日查禁燒鍋，查禁私鑄，徒成文具，無裨事機。至營汛武職，本籍者多，其中假公濟私，因緣射利，弊難縷數，豈易防閑？士民攻訐之風本爲薄俗，因而導之，政體謂何？且恐陽以訐人，陰以利己，豪强兼併，貧弱流離，粵東豪宗已不可制，若再假之以權，必至更張其勢。哀此惸獨，何以聊生？

昔明臣潘季馴云："治河者，無一勞永逸之功，但當收補偏救弊之效。亦無新奇可喜之説，但當守安常處順之規。”此固治水之要言，而在廣東尤爲恰合也。向來廣東之水，有白鵝潭以渟蓄之，有獅子洋以宣洩之，千百年來絶無水患，亦無永定河之有任縣、寧晋二泊，大江之有洞庭、鄱陽兩湖也。今則鵝潭之心漸成淤澱，而獅子洋面亦較舊爲窄，故上有飛來、羚羊兩峽以束之，而下無極寬之海口以洩之，潰决頻仍，未必不由於此。則疏通尾閭最爲扼要，第欲濬海口，尤虞自决藩籬。天津、吴淞近皆不議開濬，老成謀國，將别有崇論卓識主持其間乎？廣東情事雖稍不同，然今之海口，猶足以限峨舸大艦，則舊迹或未可宣通，新淤或轉成天塹，天時人事，殆有未可預知者。愚以爲禁新築之外，固别無他法，而禁新築之中，亦惟責成州縣，禁其人力之强爲者而已。若夫政貴有恒，令勿惟反，是尤在慎選牧令，惠養黎元，民無疾視其上之心，斯下有捷於影響之效。親賢人，遠小人，所以除壅蔽也；顧民碞，持大體，所以培本原也。此固卑職等牧令微員，所當相爲自勉已。愚謬之見，無補高深；明問下垂，率臆以對。是否有當，恭候憲裁。

—5. 皇朝經世文續編　卷九九　工政一二　各省水利下

徐家鼎（1840—？）

字象三，號鑄盦，一號伯子，安徽太湖（今屬安慶）人。廩貢生，同治七年（1868）進士，官禮部主事，儀制司行走。

科舉太濫請停止捐輸廣額之案疏

竊維國家取士，寬其途以宏造就，仍嚴其格以示範圍。臣前任禮部司員纂修《科場條例》，詳查各省鄉試原定中額，惟直隸、江南兩省在百名以上，而江南自上下兩江分額取中，每省僅得數十名。此外如浙江、江西、福建、湖廣數大省均不過八九十名，而湖南北分闈後，每省亦僅四十餘名。始知科場立法定額少則取中難，取中難則倖心絶，倖心絶則弊竇清，弊竇清則真才出，此文風所以蒸蒸日上也。

自咸豐初年軍事孔亟，始以捐輸助餉，議加鄉試中額，有分次暫廣者，有永廣定額者，捐銀最多之省暫廣、永廣各名數，視原額每至倍增。應試者既僥幸希榮、主試者亦遷就足額，遂至搶冒頂替，百弊叢生，而魚目混珠，鑒衡易爽，實於文風士習關係匪輕。伏查咸豐三年會議原奏内有“軍務告竣，即行停止”之語，而請廣永遠定額至多不得過十名，是於鼓勵之中仍寓限制之意。

嗣於同治十三年議准停止永加定額，而捐銀至三十萬兩者仍准廣一次，中額一名。近年軍務肅清，各省捐輸廣額之案漸少。惟四川一省於同治五年經署督臣崇實等以按糧津貼，復舉辦捐輸，奏請再加文武鄉試永遠中額各十名，此後津貼捐輸仍照案隨時加廣等因，欽奉特旨允准。自是以後，該省所廣一次中額每科多至二十名，自同治五年至今已在百名以上。而該省津貼捐輸每年皆有定數，則每科中額皆得援案請加，名爲暫廣，實同永廣。且查該省原定中額係六十名，自咸豐五年、八年兩次奏准加廣永遠定額以足十名之限，至同治五年復荷特恩，再加定額十名，計歷科中額幾與江浙大省相等。江浙賦税甲於天下，四川額賦本輕，即津貼捐輸亦不能出江浙正供之上。如中額有加無已，將躋諸直隸百名之數，而視江浙定額加多，殊覺未爲允協。現在軍務肅清已久，所有各省捐輸請廣鄉試中額之案，自應查照咸豐三年原議一律停止。相應請旨飭下禮部通行各省督撫，嗣後無論何項捐輸，概不得援照辦理軍務章程，再請加廣鄉試中額，以符定制而杜冒濫。至各省鄉人數之衆，由於學額之寬，查捐輸加廣學額前，於光緒元年經禮部奏准，凡業經廣過數次及一次者，概行停止加廣，如未經請廣者，准照案加廣一次等因，原以普皇仁而資鼓舞。今鄉試中額即請停止加廣，則各府州縣捐輸無論已未廣過學額，亦不得再行援請，俾昭畫一。

—18. 皇朝道咸同光奏議　卷四二　禮政類　貢舉

王之春（1842—1906）

字芍棠，號椒生，湖南清泉（今屬衡陽）人。曾游歷日本，出使俄國，官山西、安徽等省巡撫。有《椒生隨筆》《國朝柔遠記》。

自强切要疏

爲厪念時艱，道宜亟籌自强。謹就切要易行數端，恭摺臚陳，仰祈聖鑒事。

臣竊維善岐黄者，氣血首在流通；營宫室者，輪奂務求新美。故四達不悖，則周軌宜同；億兆一心，則商戈可倒。人各展其心思材力，則成就於有用者多。財有必絜乎浥注源流，而工費之經營兼重。人工既竭，山川必獻其菁華。交際日繁，任使宜昭其體制。臣此次奉命出使俄國，兼歷英、德、法各都，周閱工廠，訪其政制，察其異同。竊以爲彼皆日異月新，環匝四鄰，時當新創之餘，斷不能不捐益舊制，參仿新規，冀可驟復虧之元氣，隱弭將來之禍萌。然棼亂如絲，若不提其綱領，奚以析理分條於共治？臣愚謂有必不可緩者八端：一鐵路，二軍制，三變通科舉，四造就人材，五籌款項，六重工商，七礦務，八交涉。以上數端，或臣工所已言而未能切盡，或章奏已塵積而尚待推詳。臣海外歸槎，蒙賞假養創，在途每念和局甫定，時事方艱，我皇上宵旰焦勞，臣傷病微軀，刻難安枕。謹就管窺所及，攄陳鬲臆。自知芻蕘末論，無稍補於崇高。惟冀宥納施行，用稍裨於萬一。所有條陳事宜，另繕清單，理合專摺具陳，伏乞皇上聖鑒。謹奏。

謹將所擬八條繕具清單，恭呈御覽。

一、鐵路宜亟開拓也。外洋創興鐵路不過五六十年，其都邑市廛，固因此日增繁盛，即磽瘠荒僻之地，亦且易爲通衢。聞其創設之始，莫不謗怨沸騰，繼則争相仿佛，彼此互通，良以富强之首務，莫重夫此也。夫國家惟患不均，上下尤虞暌隔。鐵路之速以日行千五百里計，則萬里外之民隱朝夕可知，萬里外之灾荒轉輪可濟，萬里外之邊警呼吸可備，天下如指臂之相使也。鐵路之利以萬里計，東南之商貨，朝夕可集於西北；西北之産植，亦轉徙獲利於東南。所謂山足木，澤足魚也。京師養兵十萬，則二十行省日懾於十萬之威；行省各養十萬，則京師旦夕而有二百萬之衆，所謂兵足而用舒也。且閭巷之人可謀生於國都，不但無方隅之囿，闤闠之夫可負戴於鄉鎮，不但保輿人之業，天下如血脉之灌輸也。臣所經行如法、德、俄、英各會城商埠，無不軌道綱張，機輪梭織，道旁貿易燈火連宵，而馬車手車亦仍往來不絶。但聞其利，未見其弊。中國士大夫聞見日新，仰知朝廷孜孜求治，其不以西人所長爲非者已居七八。然而蘆漢鐵路之議迄未舉辦，津遼鐵路之興亦未展拓，大抵以經費難籌，且防外人專利耳。不知外洋軌路皆集商股而成，或限數十年，或十餘年，歸入公家。一遇軍事賑務，即限内亦儘公家運用。雖以公司承辦，匠師董役，而集股招商購料無不取資内地。臣嘗訪詢公司數家，雖各國章程微有增損，大抵商人所取償者宛衹運價一端，而地方之因以振興者所益甚大。且既歸商承辦承運，則防守之費、養路之費皆其所出，又較勝官爲經理也。該公司等又謂中華工人，物料食用皆倍賤於外洋，則造價自較省於外洋，是在臨時估核耳。至如軌條一項，應用罐鋼及貝色麻鋼，現在江南製造局、湖北鐵政局皆能自錬，亦可轉售該商，俾我利旁溢。臣詳覽内地輿圖，竊以爲宜興辦者以三道爲最要：一由瓜州至天津，可省漕運之煩；一由漢口至襄樊，至陜甘，達川省；一由上海至浙閩，至廣東，以便富省之商貨輾轉流通，藉以捍衛邊圉。以上三道，頭緒雖分，但得明幹大員，廣集外洋公司，悉心籌議，請旨運行。國家目前不出一費，而非常之大利自可咄嗟立舉。若十年之内不籌成效，臣之身家願職其咎，惟望早興一日，則早收一日之利，誠爲至幸。臣聞此次山海關之役，其徵調獨較他路靈通，得以久持，此亦鐵路之效，尤可取證者也。

一、軍制宜急變更也。泰西自二三千年來以戰立國，其講求戰守之法，君民上下内外一心，無不精益求精。蓋非是則無以自存。邇來槍則有前門、後門、單響、連響之殊，製炮則有前膛、後膛、銅鐵、純鋼之異，炮臺則有明式、暗式、泥土、三合土、鐵鑄之分，戰艦有蚊船、雷船、碰船、快船、鐵甲船，水雷有伏雷、行雷、秆雷、魚雷，火藥則有炸藥、棉藥、餅藥、栗藥，新奇疊出，體制不窮，造物幾無以供其雕鑱。然風氣盛開，即在此三四十年間。而此三四十年間，戰争轉少於昔年者，各國皆憚於先發也。是故今之時勢，善謀者常以精籌攻戰守具爲無形之制勝，殆以不用爲用，初不必見之實事也。夫地球各國，平時考究槍炮、艦臺、營制、弁勇之孰良孰楛，孰勇孰怯，無不確有定評。一旦有事，則弱者讓於强者，强者讓於尤强者。强者於攻戰守早有把握，則雖取千百之地，索千百萬之餉而不難。弱者於諸務毫無講求，亦惟有勉强承命而已。然則，居今之世，雖堯舜之君，伊吕之臣，亦不能不講求新制者，勢也。蓋必營度於平日，然後能操於無形。泰西各國設立海防，又必有鐵艦十數號以爲中主，又必有快船數十以相策應。其餘碰船、雷船尤必廣爲籌備，其快船速率有每點鐘能行二十餘里者。蓋用鉛質。鉛質參雜，船既輕快，質尤堅勁。以上諸製自宜多派學生出洋學習，或遴選廉幹之員出洋購訂，並募洋將訓練，俾得蔚然自成一軍。海疆形勝，如揚子江頭之白茅，及南澳、烟臺、虎門各處，宜專設堤鎮以固海面。水勇則粤人爲上，浙之台州次之，而甯閩爲下。陸軍宜仍於内地精練洋槍隊四萬人，招募洋將而爲之訓練，器械由洋匠經理，自得精良。餉糈由洋將經理，會同華將支放，無虞短額尅扣等弊，仍參用華將統帶，以免喧賓奪主、太阿倒持之嫌。招募則南以湘粤爲勝，北以淮北曹沂爲宜，由其風氣剛勁，素性然也。訓練則聚之以營房，教之以學堂，擇其身材授以技藝，鼓其忠義之氣，游之智略之林。下等練一年咨送回籍，充後備兵；中等練三年咨送回籍，充次備兵；上等則留，分札要地各防營，厚其餉，胥作爲常備兵，常用訓練，使無日不如臨大敵。庶幾有備無患，而聲威復振矣。

一、科舉宜稍變通也。中國文人精力多瘁於時文、試帖、小楷，西人則各因其智慧，以攻其專家之業，遂令國無棄材。竊謂此即中國古來因材施教、官人造選之遺意也。今擬請文場止用一文一詩，外則試以天學、光學、化學、電學、重學、機器、格致各條，令明白講説，以覘造就。先於鄉、會試三場内酌量變化，院、府、縣試一律照行，令知此項學問，皆由中土聖賢發其淵源，即儒者格物致知之事，其精可通於性命，其大可造乎國家，並不得目爲西學。抑或天文、地輿諸學，特設一科，與科甲出身者一律並重，自不敢輕算學、格致、機器諸學爲藝事，而潛心力學，都在其中。以中國土地之廣，人材之衆，數年後必能家自爲學，人自爲業，滿朝朱紫，盡深通乎天文諸學，不必假手於人。而此項人才，分别取舍，但開端不得不借材於異地，爲之先導耳。又，國初以弓矢取天下，故武科向重騎射。今外洋槍炮愈出愈奇，我即不能不變通舊制，擬請武試步箭一場，改試槍炮；馬射，改試馬槍。是一邑之中有數百人應武試者，即隱寓數百洋槍隊也。暗中取效，實無涯際。取定之後，即應派入營汛，充當弁勇，將倅以次升補，則所用皆其所習，可并收人才之效矣。竊謂中國三代以前，文武原未嘗分途。漢唐猶存此意。宋明以來，右文輕武，自是文人不屑習武，而習武者皆係粗才。積弱不振，外務迭侵，職此之由。泰西各國選將練兵，皆出學校。武備一院，選聰穎子弟讀書數年，再令入伍習練。雖王子之貴，皆視爲急務。歷練既深，又多學問，一隸營籍，則見重閭里，如中國諸生之列膠庠。即年滿告退，亦有半餉以贍其老。此所以樂於從事，殫效全力，以得備將校爲榮。中國追維古制，示以變通，令文武無畸重畸輕之弊，則安固有備，危亦可恃矣。

一、人材宜急造就也。歐美兩洲各國勃焉興起之機，在學問日新，工商日旺，而其絶大關鍵不過恃火輪舟車及電線諸務而已。實則此天地間公共之理，不知此皆吾輩載籍所已言。其賢智者不暇考求，中下者不及知，或轉駭他人之强盛而推之過當，或以爲堂堂中國何致效法西人而擯之過嚴。臣以爲皆所見之不廣也。《墨子・魯問》《公輸》諸篇，機器、船械之學所自出也。《旗幟》一篇，西人旗燈之所自法也。近中則所見大景亦大，遠中則所見小景亦小。今之作窺遠鏡、顯微鏡者，皆不越此兩語範圍也。《吕氏春秋・似順論》云："漆淖水淖，合兩淖則爲蹇，溼之則爲乾。金柔錫柔，合兩柔則爲剛，燔之則誉［燔之則爲淖］。"又考《氾訓論》云："老槐生火，久血爲燐。"《博物志》云："積艾三年，焚之流鉛錫。"此化學之所自出也。《主述訓》云："衆智所爲，無不成也。千人之群無絶梁，萬人之聚無廢功。"西學各事之所以能勝人者，率此術也。至於《易》之"雷電合"，而《章・書》之"潤下作鹹"五語，《漢書》之"洗金以鹽，濯錦以魚"等句，一皆化學、電學、格致諸學之權輿也。《管子》云：上有丹鉛。上有丹砂者，下有黄金。上有磁石者，下有銅金。上有鉛者，下有銀。上有赭，下有鐵。此山之見榮者，即礦學之宗旨也。中國京師同文館則有格物、化學之科，天津則有武備、水師、電報學堂之設，上海、廣東則有廣方言、同文各館，福建則有船政各廠，湖北則有兩湖書院分校之西學各館，重慶亦設有洋文學堂，自可日新月異。擬請於已設之處再爲推廣，未設之區亟爲創設，俾聰明才辨之士，各擴其心思耳目，貢其技能，甄别異等，隨時録用，則人才蒸蒸日上矣。

一、款項宜善籌備也。戰事以來，糜費不貲，度支告匱。洋款既非持久之道，捐輸亦成逐末之形。即向民間息借，亦因風氣未開，難以相信。若勉强勸辦，則擾累將不勝言。竊謂理財一道，不外開源節流二端。今請自京師以至各直省分設官銀號，又應准外洋添設一二家，聯絡一氣，定出入利息，隨便可以支存。既便生民之積儲，而中國種種大商務大工作皆可由此次第舉行。歐洲各國之有人頭紙，其用至溥，其法至便，鈔票之行即用此紙。中國從前擬用鈔票，每慮奸民僞造。查泰西造紙廠，俄國爲上。此紙須用機器甚鉅，民間不能猝辦，故可杜造。其用暗碼人頭，即在水中製成。今請飭駐俄使臣，暫由俄國定購暗印紙張來華，由户部鈐以印信，作爲三聯緘合，然後裁割頒發各省，令用此紙，籌餉之策之善，斷無有過於此者，所謂開財之源者此也。鐵路既開，則漕運、驛站皆可節省。練軍既成，則緑營招募或併或裁，節冗費，嚴浮濫，懲服飾之過制，禁寺觀之增修，民生日尚節儉，銀錢自不至外溢，所謂節財之流者此也。

一、商工宜急講求也。自漢興，重本抑末，商賈不得衣錦乘軒，商遂爲四民之殿。中國工人藝事比於賤役，細民藉資餬口而已。不知神農日中爲市，以王天下；太公勸女紅，管子正鹽策，而諸侯斂袂朝齊。此重商政之權輿也。古者制器尚象，以前民用。《管子》亦有云：財蓋天下，工蓋天下，器蓋天下，器成卒選，則士知勝。又曰：致天下之精材，來天下之良工，則有戰勝之具。此工藝之權輿也。泰西各國，莫不重商而集股開埠，以英爲最，故英最富；莫不重工而製造精博，以德爲最，故德最强。中國總理衙門、南北洋大臣皆綜商務，然内外交既繁且要，不能與工商相習，委員分辦，又慮權輕而弊多。擬請特簡大臣專理商務，駐扎江海交匯之處，講求進口、出口各貨物。查出口貨物，以絲、茶爲大宗。除俄人自來中國購茶外，餘者皆係英商壟斷，故令華商坐受虧損。法國之立墉一鎮銷絲最廣，宜與法人合股設立公司，自運絲觔出售彼國。先行試辦茶葉一項，則宜講求製法，按章領行，官票裝箱。出售時，先宜公司稽查，底面一律，以敵外洋之産。入口之貨，呢絨、洋布而外，木、鐵亦爲大宗。洋布已設局，然尚不敷華民之用。呢絨則尚未有及者，是宜設立，廣行仿造。洋酒税重價昂，而銷售最暢，多用葡萄製造。中國東北各省，葡萄種大而味厚，且價賤於外洋，可勸商人設廠釀造行銷，亦收利權之一端也。至磁器、繡貨、綢緞、草帽邊，皆外洋所重。然既無專商承辦磁、繡、帽邊等項，倭貨即爲之塞充。綢緞一項，西國雖多自造，而絲不純潔，終難敵華。宜於既有之産，精益求精。而彼國機器所成之貨，則悉心仿製，别出奇新。每成一器一物，則獎賞而鼓舞之，或獎以功碑，或予以寶星，並許其獨辦若干年限以保利權，庶製造多而百貨集矣。夫省試以勸百工，來百工以足財用，此帝王經天下之大政也。况值風氣大開，主客相形，自不得執貴本賤末之陳説，而早爲計及也。

一、礦務宜急振興也。自明季礦務煩興，擾累閭閻，士民至今相沿爲戒。近數十年，經西國礦師周歷各行省，細心測驗著爲論説，謂中國寶藏甚富。除最上層古法所能取者，不過浮面外。若用機器開挖，則中國未泄之寶氣實百倍於外洋。蓋因千餘年來，丱政不修，轉令貨棄於地。夫窖粟盈廩而懸釜告飢，疊衣滿箱而尺襦不備，此守藏之故也。查西洋各礦，以煤礦爲最貴，蓋其實用於民者多也。英、德之所富强者，良以煤、鐵之礦倍多於别國。中國各礦，隨在皆是，而煤、鐵尤無省不饒，徒以承辦不實，没盡股貲，令人望而裹足。即一二自行開辦者，又以成本無多，甫試輒止，故亦迄無成效。不知入土愈深，物質愈美，是非鑿險縋幽，不足探奇取奥。請招募洋商暫就沿海各省擇地開辦，會集業主妥議允行。即預先訂約，一俟開有成效，准照西國各例抽税，以充國用。餘者變賣，亦應先儘本國購買。倘遇軍事，並不得售於敵人。若開無成效，例不賠償成本。一經開辦，斷不容借詞風水，輒行撓阻。庶幾地不愛寶，既可令市面之銀幣流通，而無業窮民亦可藉工餬口。至於東三省金礦、雲南銅礦，已經開辦者更當精益求精，不使菁華終閟矣。

一、交涉宜專任使也。泰西各國設官，雖不必與中國同，而其大致乃不甚相遠。每分八部，其六部略同中制。此外有外部、海部。外部專掌各國交涉之事，並不兼攝别部，使得專精考校，免致遺誤也。而一日治公則有定時，七日則有休息，所以節其勞而重其任也。國家設立總理衙門，即西國之外部，與六部同例。擬請自尚、侍以下各設專官，至特簡王大臣、軍機大臣兼理，不兼他部，庶得殫精治事。又泰西各國，無論國之大小，公使皆以等第分班次。頭等可隨時入見，君主請茶會，面商要事，不致隔膜；二等先期約定，止能接見外部，君主茶會，執分不及。今土爾其、希臘、日本各小國，皆遣頭等公使，分駐各邦。而中土以堂堂大國，行走班次乃反居其後，於國體統既有關礙，於交涉亦動形掣肘。擬請嗣後駐扎英、俄兩國使臣，均以頭等派充，增費無多而收效甚遠，國體亦因之日尊矣。

—7. 皇朝經世文新增時務洋務續編　卷二二　時務二二

王先謙（1842—1917）

字益吾，晚年自號葵園老人，湖南長沙人。同治四年（1865）進士，官國子監祭酒。有《虛受堂詩文集》。

續古文辭類纂序

自桐城方望溪氏以古文專家之學，主張後進，海峰承之，遺風遂衍。姚惜抱禀其師傳，覃心冥追，益以所自得，推究閫奥，開設户牖，天下翕然號爲正宗。承學之士，如蓬從風，如川赴壑，尋聲企景，項領相望。百餘年來，轉相傳述，遍於東南。由其道而名於文苑者，以數十計。嗚呼，何其盛也。自聖清宰世，用正風厲薄海，耆碩輩出，講明心性，恢張義理。厥後鴻生鉅儒，逞志浩博，鉤研訓詁，繁引曲證，立漢學之名，詆斥宋儒言義理者。惜抱自守孤芳，以義理、考據、詞章，三者不可一闕。義理爲幹，而後文有所附，考據有所歸，故其爲文源流兼賅，粹然一出於醇雅。當時相授受者，特其門弟子數輩，然卒流風餘韻，沾被百年，成就遠大。逐末者不閎，而知道者常勝。詎不信與！道光末，造士多高語周秦漢魏，薄清淡簡樸之文爲不足爲。梅郎中、曾文正之倫，相與修道立教，惜抱遺緒，賴以不墜。逮粤寇肇亂，禍延海宇，文物蕩盡，人士流徙，展轉至今，困猶未蘇。京師首善之區，人文之所萃集，求如昔日梅、曾諸老，聲氣冥合，簫管翕鳴，邈然不可復得。而況山陬海澨，弇陋寡儔，有志之士生於其間，誰與祓濯而振起之乎？觀於學術盛衰升降之源，豈非有心世道君子責歟。惜抱《古文辭類纂》開示准的，賴此編存，學者猶知遵守。余輒師其意，推求義法淵源，采自乾隆迄咸豐間，得三十九人。論其得失，區别義類，竊附於姚氏之書，亦當世著作之林也。後有君子以覽觀焉。

—5. 皇朝經世文續編　卷五　學術五　文學一

條陳洋務事宜疏

臣聞：人臣在上位者，以盡職爲忠；居下位者，以盡言爲忠。值當言之事，而淡漠於局外，即爲負恩。有自效之路，而緘默於當官，亦爲瘝職。方今紀綱整肅，寰宇粗安，切要之圖，莫如洋務。九重宵旰所經營，中外大臣所籌度，或害未至而先防之，或機甫發而善應之。上下同心，内外一體，審慎詳密，維持歷年，綜論彼族情形，約有三變。咸豐十年，英、法各國内犯，要挾百端，和約既訂，互换成議。俄、美亦相繼立約，就中英爲禍首。撫局初定，彼人狡詐難信，内地糜爛，朝野岌岌，其時深可慮者，首在英。同治初元，剿辦髮、捻，大有轉機，西人知我兵力尚强，心漸慴服。雖文乃耳馬加利等，前後數案，屢煩辨論，旋就安帖。俄國疆域毗連，蓄意侵占，議界之事，屢催不辦，且以代收伊犁爲詞，堅執推延，駸駸進步，其時深可慮者，又在俄。同治末年，倭人犯我臺灣，近復動輒稱兵，不遵定約，海防未固，禦侮尚無把握，此時深可慮者，又不在他國而先在倭。敵情既有變更，則區畫亦因之而異。伏讀嘉慶十五年七月仁宗睿皇帝聖訓有曰："國家經理大事，總當握其要領，專心一意，方克有濟。即如醫家治病，遇有棘手之證，若不究其受病根源，率行下藥，雖多方療治，其病不除。欽此。”今洋務萬分棘手，亦當認定病證，以爲下藥次序。自古敵國外患，無代無之，辦理多方，是非各别。漢係單于之頸，唐犁突厥之庭，力足以舉敵，此最上也。齊桓興召陵之役，無損於芊楚毫末，而周以尊。寇準贊澶淵之師，無損於契丹毫末，而宋以振氣，足以懾敵，不戰而屈人。抑其次也。張浚覆軍于大金，沐晟敗績於交趾，師行雖正，任用非人，無審己料敵之能，而貿然一試者也。割地和親，卑稱厚幣，前代多有，困敝隨之，蔑足論矣。是故遜讓無救於邊患，務在自强，鹵莽適以速顛危，要在審敵。壯我之氣以懾敵，然後可以立國，充我之力以舉敵，然後可以久安。審機赴勢，間不容髮。苟或失時，後將奚補。臣故竭其愚悃，謹就管見所及，約爲四條。繕呈御覽。

一、審敵情。本朝奠鼎中原，臣句麗而役蒙古，前代邊患，一舉而空之。獨準噶爾跳梁西北，旋就芟夷。俄羅斯僻處邊遠，時蓄詭謀。列聖撫御得宜，故能帖耳受命。及咸豐末，泰西諸國紛至沓來，俄人起而交乘，要約互市。邇來倭國狙伺日甚一日。合十數國之從，以搆難中土，實爲千古未有創局。敵則求請無厭，我乃應接不暇，此亦智勇俱困之秋矣。然而强弱異形，緩急異勢。以目下情形而論，敵之謀我既各有其用意所在，我之應敵亦當審擇所處，酌分次第，就最亟者，專精籌辦，以爲制勝自强之基，破方發之狡謀，而後可以杜無形之大患。若渾同一視，則此十數國方張之勢無在而非隱憂，治絲棼之，庸有濟乎！秦之兼併也，攻韓魏而交楚齊，漢之籌邊也，威匈奴而撫南粤，卒乃六合混一，胡越來庭。誠熟審先後遠近次序，專力切己之圖，氣伸於一隅，而威遂立於天下也。乾隆二十三年正月，俄人呈獻阿睦爾撒納逆屍，蒙高宗純皇帝諭曰：“駕馭外藩之道，示之以謙則愈驕，怵之以威則自畏。此二言，若子孫世世能守，實大清國億萬年無疆之庥也。欽此。”臣思今日情勢，原不能遽希全盛之軌，而勞心殫力以期有濟，則皇太后、皇上當與中外大臣同之。稍一因循，受病愈深，恐無挽回之日。然則揣敵情以求所從事，非見在更不可緩者哉。就各國言之，泰西諸大邦通商者據我津要，傳教者愚我黔黎，彼皆蓄意甚深，貪狠萬狀，謂其志不在土地，誠非洞微之論。但西人越國數萬里，兵饟既難爲繼，虚實究未深知。各國互市擅利之區，又貪戀牽制，而無能首禍。故兵船祇藉以恫喝，必不遽啓戰争。即彼國有釁可乘，亦中華百年以内兵力所不及，此但可羈縻而不可圖者也。俄國地大兵强，與我接壤，實爲肘腋巨患。若彼意存開釁，陸地相持，勝負未定，海道來犯，防不勝防，此我終當善策之，而不能遽發者也。

獨倭夷蕞爾小邦，横行海外，勢殺於俄國，而地偪於泰西。顧釁興無名之師，顯露與我爲難之意，縱其得志，爲患不後於俄。覆而取之，不惟俄人有所震懾，而不敢生心，即泰西知我兵力竟能及遠，亦將潛戢其詭計。此天予我以自强之資，不可失也。倭之崛起爲雄也，特聽巴夏禮陰謀，慫恿乘中國之敝而起耳。然其國據三島，視中華一二省之大，地不爲廣，新購鐵甲船祇四號，皆木質蒙鐵，海戰並不堪用，小兵船聞亦甚少，兵不爲强，洋債日增，窮困彌甚，國不爲富。往歲窺我臺灣，正進退維谷之際，而我允給兵費，得意以去。近遂破滅琉球，夷爲沖繩縣，駸駸乎雄視海上矣。然其實非有深固不摇之基業，長駕遠馭之規爲也。夫覘國者不必履其地而知之，觀其所行，而足以察其民之從違與其國之興廢。倭夷蔑棄舊人，專任一來自外洋之巴夏禮，而所謀又不協於衆志，其臣離矣。仿效西人制度，改易衣冠，焚毀典籍，耗民財而隳士氣，其人畔矣。薩司馬不服，竭其全力，僅乃平之，内屬變亂，夷甿流離。年來侵臺灣，入琉球，佳兵犯順，皆敗徵之先見。舉國以爲天朝且旦夕加兵也，而皆有怨毒其上之心。其能安然無恙者，特以强力僨興之時未遭外侮，雖疲敝而尚足自支耳。或謂倭國兵精，所向得志。不知薩司馬本其屬地，琉球弱小，取之甚易，非倭力果有餘也。宋王偃破敵益地，國滅於齊，郅支單于乘勝驕嫚，梟首於漢。倭夷雖横，不過桀宋郅支之比，即與諸海國争衡，亦當覆敗。况天威震疊，豈醜虜所能當耶！然彼果無挑釁之師，我何妨示包荒之度。今背公法者，倭也，棄和約者，倭也，開兵端者，倭也。彼既藐我爲無能，猶審顧遲回，而不思一怒，彼之得尺進尺，豈有已時。不今歲兵及於臺灣，則明年禍發於朝鮮，待其氣力壯盛，而始圖之，其難什伯。該夷比年用兵，行徑迹類小偷，不予痛懲，則放膽恣行，將成大盗而不能擒捕。且琉球、朝鮮均我東方屬國，密邇倭夷，琉球不復，朝鮮能無寒心，斯又東藩觀聽所繫，非僅國家戎政攸關也。側聞辨論琉球一事，該夷藉口何如璋照會，措詞過激，延宕枝梧，今轉不必急責其退還琉球。而彼若詭計調停，割地兩屬，亦不可允許。蓋許之，則彼得利，而我無以爲問罪之名，不許則該夷貪地不還，曲終在彼。見在該夷，堅指琉球本其屬國，刊入洋報，傳布各邦，我亦當明斥其揑冒，使各邦知之。否則各邦轉以彼爲有理之事矣。

竊謂辦理之法，首在慎擇使臣。明歲更换之期，此任較各國公使尤重，非文士所能勝。必得歷練營務，樸實沈毅，堅忍有爲之文員充之，不用副使，以免掣肘，令其廣設耳目，使彼中虚實，纖悉咸知。長崎、横濱各島，現有中國理事官，當由使臣遴擇調派，以期呼應靈通。各島多中國商民，由使臣飭各理事官，不動聲色，按户派丁，陰以兵法部勒，使之彼此聯絡，守望相助，托爲保衛閭閻，務在結以恩信，俾肯暗爲我用。該夷與中土同文，購畫彼中山川形勢，尚易爲力。得其地圖，可發交南北洋大臣，派人講習，備行軍嚮導。琉球遺臣義士，有來歸求救者，量爲收恤，勿絶其望。既以究知該國地形，兼令諜探倭夷動静。蓋興滅國，即所以振天威，此實關繫我朝字小存亡體統，不得視爲鄉鄰之鬥。即天下臣民，皆有以諒聖主之心，並非因喜功而糜費也。一俟海防少完，兵船足用，舉該夷背約構兵諸罪，布告各國，霆擊風捲，出者不意，收琉球孑遺之衆，出朝鮮犄角之兵，戰艦直搗其夷巢，華民嚮應於各島。以堂堂正正之師，取衆叛親離之地，可一舉而集事也。然後乘戰勝之威，清俄人占越舊疆，定泰西互市限制。勝勢在我，則進止輕重隨所施而咸宜。高宗馭遠之鴻規，何不可再見於今日哉？朝廷不出師以威四夷，朝廷苟出師以威四夷，或者其必由乎此矣。

一、振士氣。古今人才之用不竭，在上培養之，振興之而已。非培養則才不生，非振興則才不成。用在才，而所以可用在氣。若居上者弗爲振作，官與兵民皆有頹廢涣散之勢，氣不舉而才亦隨以消亡矣。人固有不待驅策而竭盡悃忱者，孟子所謂豪傑之士，雖無文王猶興。此上知之資，不能多得。故供奔走者，半中材，不加磨煉，則苶然歸於無用。本朝大臣，如阿桂、舒赫德皆命世勛佐，然亦幾經摧挫，而後鬱爲梁棟之姿。蓋非是不足動心忍性，增益不能，下此者更無論矣。乾隆二十四年十月，高宗純皇帝以戡定新疆諭曰："此番遐方綏靖，我將軍、參贊以及一介執戈之士，無不得嫻行陣，於國氣人才深有裨益。然非朕力爲振作，信賞必罰以淬厲之，其誰不畏難苟安，而坐希無事之福乎。欽此。”聖謨深遠，有味乎其言之。所謂國氣，即士氣也。臣每一恭讀，輒爲低回往復，仰首企慕，而不能自已也。今論辦洋務者，動慮無人才可用。臣以爲，亦在上之振作何如耳。嘉慶時，李長庚、王得禄、邱良功等皆以殲擒海盜，著績重洋。果辦洋務，而謂無人才，臣不信也。夫物必待時而顯，才必練事而成。他端皆可書授師傳，獨用兵非身親不悉。本朝不辦新疆，則無平定金川之阿桂等；不辦金川則無平定臺灣、廓爾喀之福康安、海蘭察等；無廓爾喀、苗疆之役，額勒登保等何由見知而平教匪；無教匪之役，長齡等何由授鉞而定回疆。道光以來，承平日久，人不知兵，一旦萑苻肇亂，流毒極於四海。然無此番兵事，曾國藩、李鴻章或不過以文學侍從終其身，而左宗棠、彭玉麟輩將老死荒山，烏能爲國家效命哉。

今天下甫定，宿將尚多，不及時驅策而淬厲之，萬一將來遇不得不用兵之時，恐真無可用之才矣。人情本多怯而少勇，雖禁止令行，猶懼不率，若任其委蛇遷就，至僨事而已莫能追。高宗純皇帝臨御臣工時，有不測之賞罰，聖意所在，大抵勇往者雖獲咎必宥，畏葸者雖善全必懲。至籌辦邊務，尤不假借，故能群材用命，武功十全。漢通外域，谷吉十數輩奉使戕軀命而不恤，其時爲都護者，多能行便宜，張國威，亦見前代之法令嚴明也。今諸國通好，使事頻繁，似宜嚴定辱命之罰，俾人皆有所顧忌而不敢專爲身謀，於國事庶有裨益。此任將、擇使二事，臣以爲在官所宜急爲振作者此也。古來無不敝之兵制，本朝軍政盡善，勁旅無前。自髮、捻恣行，湘淮義勇名天下，營兵或反爲世詬病，於是有裁兵併餉之議，有改勇爲兵之議。臣謂此皆未觀其通，而求其實也，裁兵併餉，以爲餉足則兵自精，而汛地不敷巡防，奸宄更多竊發，利未收，害先見矣。改勇爲兵，蓋以兵無用，而勇有用。均是人也，耰鋤之民可使殺賊，行伍之士反謂不如，舍本齊末，殆非通論。夫兵之病在與將不習，而平日之勢分，勇之利在將士一體，而平日之勢合。但警急時，有屯扎一處之勇，承平時不能有屯扎一處之兵。即如長江水師，其初攻剿爲要，不能不合，及改兵，則汛防爲要，不能不分。然既改之後，規制既異，操練較難，設有戰事，即難必盡如當日之精鋭得力。雖以彭玉麟自將，而自改之，亦無兩全善策。推之陸營，何莫不然？若分汛以詰奸，而别屯軍以備調，庶乎其可。然無此軍制，亦無此巨餉也。況久屯之軍，鋒鋭消耗，驟臨戰陣，又豈能必其可恃乎！然則如何而可？亦惟勤練節制之師，用其方新之氣而已矣。乾隆二十四年九月，飭將軍富德等，追索霍集占于巴達克山。諭曰：“我滿洲風尚素稱醇樸勇往，而承平日久，八旗子弟多耽安逸，偶遇軍旅之事，轉致不能嫻習。朕於此舉，正欲訓誨督率之，俾習勤勞而諳韜略。而諸臣中或猶有狃於小利近功，不知事機之緩急者。古者無事之時，不廢訓戎講武，今以法無可逭之逆酋，當功有必成之事會，且可藉以練我殺敵致果之將材，又何所顧慮，而竟爲浮論所惑。欽此。”恭繹聖訓，實以藉軍事練兵爲妙用。夫兵者聖人不得已而用之，然非諱言而屏棄之也。時會方乘，有臨事之懼，天討既致，無黷武之心耳。若不得已而不用，則國威漸損，其究必至孱弱不振，虚言訓練無益也。今練軍行之有效，可漸推廣。中興後，閭閻子弟，皆有强悍勇烈之概，急公赴難之心，果其用之，十萬雄師，咄嗟立致，選將部署，數月而定，過此以往，未之或知。臣謂兵氣宜急思所以振之者，此也。

我朝恩澤之厚，曠隆往牒，編氓浹髓淪肌，深固不拔。自天主教入中國，迄今十餘載，奸民起而馳騖，良懦視爲慣常，而忠憤亦稍衰矣。民心之不定，由於國威之不立，豈細故哉。宋太祖以神武開基，後嗣失之積弱，然其仍世仁厚，積纍頗深。及中原淪於金元，無一人提戈仗義。民豈無良，迫於勢之無可如何耳。俄人占據伊犁、索倫、錫伯，人衆流離困苦，不獲自拔來歸，我兵力所不及在彼中者，亦無能殺賊反正，足見固結之人心可恃，而未可專恃也。臣前在湖南，見士民聞教士將至，咸欲得而甘心，詢之各省莫不如是。固由鄉愚罔識此時禁令，然彼自以爲尊孔孟，則不容異教，戴朝廷則屏斥外夷，此等忠義正直之氣，實列祖列宗二百餘年涵濡漸漬而成，非易致也。夫以斯民之所同惡，而爲上者諭之以可從，又因而法令驅迫之，奸民入教者較良善爲安樂，有事則調停而袒護之。官府不如此，朝廷又從而加罰焉。始則愚民不知，僅怨官府，今知之而駸駸乎怨及朝廷矣。臣亦知國家辦理深心，目下更無别法。但再閱多年，蚩蚩之耳目心志，污染愈深，欲求如此時忠義正直之風，以備干城腹心之選，竊慮其倍難也。臣謂民氣宜急思所以振之者此也。夫欲振官與兵民之氣，則又全在聖主持之。以一心有通籌之至計，有堅忍之定見，應舉之事，次第分責其成，可取之材，大小咸儲其用。奇謀坐定於宫廷，威聲已樹於海澨。外夷聞之，行將自戢。譬諸賁育有不仁之疾，兒童得而易之，一旦霍然起立，雖赳赳之夫，亦變色流汗於百步之外矣。何有於强敵之相侮，小醜之難平哉？

一、籌經費。洋人入中國爲時已久，朝廷深思密計，求所爲制勝之方，而尚未大收成效。蓋以度支匱乏，挹注無資，則經費之籌亟已。其要約有數端，敬爲聖主陳之。

一墾荒。臣前奏經費宜裕，摺中詳言之，已蒙敕部議奏。查嘉慶二十年十一月，御史盧浙奏，直隸省官荒地畝，並各項入官地畝，積案久延。仁宗睿皇帝諭曰："屢經户部奏准，降旨飭令該督等委員勘丈，召墾升科，乃因循已久，有閲十餘年或數十年尚未勘報者，實屬怠玩疲懈。若係官吏本家私田，孰肯聽其荒廢耶？先公後私之良臣竟少，深可浩嘆。欽此。"以承平無事之時，查辦數十萬官荒地畝，尚至屢煩聖慮。今江浙等省荒田，事體重大，察弊尤難。所恃疆吏公忠，視國事如家事，尤在上專其責成而已。

二開礦。此中外臣工屢請舉行者。泰西皆用開礦致富强，中國産煤、鐵少，則輪船所用，必取給外洋，是中土添一漏卮，外洋增一利藪。故從前可以不辦，今日勢難緩圖。國家無事之日，動不如静，有事則當與時勢爲變通。且地不愛寶，秘久必宣，亦自然之理也。前李鴻章試辦於磁州等處，不聞成績如何。劉長佑亦請在滇籌辦，以費絀而止。臣常求各省難於創始之故，特以機器費鉅，事無把握。竊意開辦不必先用機器。外洋多精地質學者，即中土亦不乏其人。滇、黔、川邊老民尤爲諳習，測量衰旺，十不失一。由各督撫雇募試采，果得巨礦，再以機器濟之，則費不虚糜，而事有實效。滇黔道遠運艱，東北諸省可開之地頗多，當以漸舉辦。官啓其端，招商繼之，購買機器，商力不及，則官借貲本，分年扣還。大抵興利之事，官辦不如民辦。官辦則糜費甚而中飽多，不啓其端，商民難與慮始，亦必疑懼裹足。但期推行漸廣，不必利盡歸官，而國家受益甚大。所謂以美利利天下，不言所利也。或以前明流弊爲疑。臣又嘗深求明代之失。萬曆二十四年，開礦遍天下，命中官爲礦使，編富民爲礦頭，礦無所得，勒民納銀，民不能支借庫銀，代富家巨族誣以盗礦，良田美宅指爲礦脉。征榷之使，急如星火，搜括之令，密如牛毛。其時諫臣言，陛下謂取諸山澤礦，使實奪之閭閻。切論危言，神宗不悟，流毒廿載，國脉大傷。嘉靖三十五年開礦，一歲中費三萬餘金，而得銀二萬八千五百，不足以償失。成化十年采金於湖廣寶慶等郡，歲役五十五萬人，死者無算，而得金三十餘兩，官吏欺謾，適成笑柄。此明事歷歷可指者。

大凡國家舉事，先問本意何在，則能行與否，可以直决。爲國聚斂，雖小且易，事無不敗；爲民與利，雖大且難，事無不成。明所采者，金銀礦也，以聚斂爲急。見在臣工所請開者，煤、鐵礦也，以爲民興利爲重。今天下所用煤、鐵、銅、鉛，無一非礦，舊者可用，而謂新者不可增，似非情理。各省山礦，因硐老而奏封閉，得線而請開采者，載在列朝實録，史不勝書，從未聞别生異議。今但渾言開礦，不復别白，而前代民間隱痛，猶在人心，亦無怪人之致疑耳。乾隆五十二年十月，給事中孟生蕙奏請停止直隸總督劉峨所奏昌平州開采磺礦。諭曰："京城外西山北山一帶，開采煤窑，及鑿取石塊，自元明以來迄今數百餘年，取之無盡，用之不竭，從未聞以關繫風水，設有例禁，豈開采硫磺，遂至於地脉有礙？即云開設磺廠，恐聚集多人，滋擾地方，則每歲采取煤斤石料，所用人夫不知凡幾，豈皆良善安分之徒，何以并未見有滋生事端之處。"聖諭詳明，實足破世俗迂惑之見。見在各省有留防兵即多人，足資彈壓，可無他慮。惟商辦之後，必令該督撫選廉正之員，專司其事，不由州縣官經手，以免朘削滋弊。至采取金銀，我朝向無此事。伊犁淘金，和闐采玉，皆於乾隆、嘉慶年間定制，聽民自流通，官爲譏禁約，定税則。蓋以一歸官辦，流弊無窮。將來寶藏之興，倘有自然呈露者，則貨不棄地，亦在疆臣之辦理得法耳。

一嚴汰冗員。各省道府州縣佐貳，少或數百員，多則千數百員，其中儘有奇特秀穎可成就之材，既驅而内之仕途，則專意圖謀差委，爲衣食計，材力銷於放逸，心計困於鑽營，此節義之士所以不興。而捐輸減成之後，不獨於國帑無益，即人才亦因之日就敝壞也。各省差委之事，本可數計，候補人員既多，疆吏不能無勉强加派、情面酬應之舉。聖經言生財大道，首在生衆食寡。今舉可自謀生之人，群袖手仰食於公家，即天子富有四海，亦自力不能給，堯舜所以病博施也。可否飭令各督撫將差委人員，認真裁汰，以節糜耗。今外捐雖停，此半年中，報捐分發，人數倍多，宜令督撫嚴密扃試，文理不通者停其差委，到省後補署，差委無期者，聽其呈請回籍，静候咨取，免致爲候補所累。見當辦理洋務需人，該員等有諳習外洋文字、語言、測算、輿圖、機器、化學、電氣學者，令其自行呈明，由督撫試驗能否，分列等差，匯咨總理衙門存記，以備將來咨取當差。或回籍數年後，始學習精通者，准呈明本省督撫試驗匯咨，杜其僥倖之門，而開其報效之路。一轉移間，化無用爲有用，庶辦理洋務之人才，亦可藉此振興。

一整頓釐榷。釐捐數目日少一日，固由洋船包攬，辦理實亦未盡得法。比較嚴密，以杜侵隱，而商民之受困愈甚；分卡林立，以防偷漏，而胥役之訛索滋繁。此則應寬者不寬，當併者不併也。至委員侵吞鉅款，上司徇隱彌縫，前此所無，近日有之。以國家萬不得已之舉，乃至肥劣員之囊橐，民與國兩無所益，深可痛惜！欲救其弊，仍宜參用士人。官場習氣較重，衣食漸求華美，應酬易致虧挪，及得差委，千瘡百孔，膽大妄爲者，便敢公然侵蝕，迨發覺撤委，帑項所失已多。士人愛惜身家，顧畏名義，願欲不奢，月得十千二十千，即足養其廉而資其力。官又查察而鈐束之，無虞作弊。劉晏所以奏績於唐時，前撫臣胡林翼所以收效於鄂省也。邇來候補人多，釐捐全歸官辦，然安插冗員，與慎重國帑，孰得孰失，固皎然易明矣。

一加抽洋藥税釐。臣向在鎮江，詢悉洋藥局委員，洋藥進口每年約七萬餘箱，洋人每箱售銀五百兩，總計三千五六百萬。中國每箱收税三十兩，總計不過二百一二十萬。洋藥釐捐各省多寡不同，總計祗二百數十萬。中國所得，皆民輸官用，並非獲自洋人。而外洋以此毒物，收中國之銀，歲至三千數百萬之多，中國如之何而不窮也？朝廷屢申吸烟種種明禁，誠爲根本至計。但徒禁内地之種，而不能禁洋人之售，則吸者如故，而益以壟斷予洋人，除害不及半，而利全失之矣。查《英國條約》云：洋藥如何徵税，聽憑中國辦理。《烟臺條約》亦議定厘税並徵。當時惟此一款，中國稍得便宜。乃各款均由中國照辦，此事延宕至今。見在威妥瑪來華，當與堅持定議，加税一倍。儻滯銷而來者漸少，既可以救民生，若仍前暢行，亦藉以紓國用。如威妥瑪堅執不允，我當設數端，以相抵駁。使其俯就範圍，多争一分，即多得一分之益。

一仿製織造機器。洋人呢布買中國絲棉成之，每歲售銀亦三千餘萬。良由機器便捷，獲利甚厚。我若仿製，亦可塞一漏卮。或由南北洋大臣，招妥實商人，借款辦理。乾隆五十一年，商人王世榮請借帑銀，嘉慶十七年，蘆商義和泰懇借運本，均敕部議行。此皆成案可援，無損於國而大便於民者也。從來王道不言功利，若外患方張之會，亦難置富强爲緩圖。言强必先富，而富莫大於藏富於民。今約計洋藥、呢布兩項出洋之銀已六七千萬。若再不爲籌劃，將來匱乏，恐不專在國計而在民生，後患何堪設想！嘉慶十九年正月諭曰："夷商交易，原令彼此以貨物相准，俾中外通易有無，以便民用。若將内地銀兩，每年偷運出洋百數十萬，歲積月累，於國計民生均有關繫，著蔣攸銛、祥紹查明每歲夷商等偷運足色銀兩出洋實有若干，應如何酌定章程，嚴密禁止，會同妥議具奏。欽此。"仰見聖慮淵深，於中國銀兩出洋之患，早已洞鑒。今時事更非昔比，若之何轉不爲之所也？以上數條，臣特舉其大者。

夫籌經費於今日，亦極難矣。既不能益我所本無，即當求我所固有。臣所擬後四條，專以防侵耗而塞漏卮。若本源至計，當以墾荒、開礦爲大宗，而開礦獲利尤速。朝廷如謂事不可緩，似應斷在必行。開辦之始，既不用機器，測量之人，亦不用外夷，自無慮驚駭耳目。果得巨礦，應用機器，再剴切曉諭地方以爲民興利及防禦外夷之意，則民情大順，而事無留難。外夷所需於我者，茶、絲爲最。近聞英國蠶桑漸興，印度茶種甚佳，再一二十年，我將一無可恃。西人講化學者，每言中國繁富甲五大洲，煤鐵之利，外國不及，不解何以窮困。故今開礦暢旺，不獨濟我之用，兼可擅彼之利也。至欲挈財用之綱領，則權必當操之於上。伏讀高宗純皇帝御批《通鑒輯覽》曰："明代財用不足，由於上不知府藏之數，臣下遂得肆其私竊乾没。使能慎核於平時，復加之制終謹度，何遽至於入不敷出？迨國用告匱，而欲取資山澤，非特臨渴掘井，緩不及待，且以杯水沃輿薪，亦何濟於事哉。"聖謨洋洋，臣尤願聖主敬懔而深思之，實國家無疆之福也。夫中外臣工之於洋人，咸欲滅此朝食，所以束手下氣，徒坐無經費耳。自同治以來，朝議疆防，惟是爲尤亟矣，而經費未籌，至今如故，天下安有坐而收功之事乎？

一、備船械。洋人所以悍然與我爲難者，非不知中國民心之固結也。群匪蕩平以後，非不知我兵力尚强也，而敢於如此，特謂彼能來而我不能往耳。故備輪船爲亟。我不能空舟而破敵，則槍炮機器不容不具，故備械亦亟焉。閩滬船廠設立有年，商船頗多，兵船太少。臣以爲目今要務，全在戰守，兵船爲亟，商船尚在其次。夫招商輪船，原藉以分洋人之利辦理，具有苦心。但從來營利之舉，官辦必難持久。船政總理大員，屢行更换，經管多人，頭緒紛雜，照察不及，久則弊生，且帑項有限，擴充爲難。今當成效漸著之時，人人知有利可圖，宜廣爲招徠，使富商聞風踴躍，凑股合辦。增一駕駛出洋之船，則中國多獲一船之益，外洋即减一分之利。惟商民以成本重大，兼畏風濤，圖利之心不敵避害之心，又當以爵秩獎勵之。今外捐已停，名器貴重，鼓舞之權，端在於此。可否明定章程，將每船製造修理、往來駕駛之費若干，運載貨物之利若干，由船局綜核開載，刊布各省，俾人共曉，然並令督撫仿鹽務招商之例，廣諭天下以朝廷修明船政之意。凡鳩貲造一船出洋者，照軍功例酌予級紀，駕駛三年獲利富厚者，酌賞頂帶虚銜，船多而年久，賞亦遞加。人知有利可謀，有賞可勸，又有船政大員爲之維持，兵船爲之保衛，公家初不利其絲毫，孰不欣然樂從。將來風氣大開，於損外益内之舉，自有實效。西人富强，全在官商一體。國朝海禁森嚴，商民不准出洋貿易。今事非昔比，則因敵之利而求所以制敵之方，當先通商之情，而後他日資商之力。至兵船如何製辦，督撫中如李鴻章、沈葆楨、丁日昌等皆講求有素，自必擇精語詳，非臣愚所敢擬議。然竊聞英、法、俄諸國，皆以鐵甲船擅勝，各有數十號，美國前有四十餘號，近年以爲可以不用，大半分售各國，專造一種碰船，其前鋒利如錐，遇鐵甲船直前撞之，轟然洞孔破裂。若日本木質鐵甲船，所蒙之鐵厚僅三四寸許，以此破之，更易矣。將來出洋徵剿，自應有鐵甲船十數號，爲攻戰之需，目前經費不充，似可倣照美國，先備碰船數十號。計鐵甲船一號，費在百萬金以上，碰船約二十餘萬金。省一鐵甲船，可辦碰船五六號，以之防海制敵，可期得力，即防衛出洋商船，保護海運漕米，均足恃以無虞。至各省製備小輪船太多，增一船即多一船管帶之人、支銷之費，此等船隻既不能内河緝捕，又不能出洋戰剿，徒資應差靈便，無大利益，宜停此後增備，以節虚糜。

大抵外夷舉事囂張特甚，然利在上下同心，猛鷙堅忍，勢有必至。中國辦事鎮静有餘，然病在情意隔閡，瞻顧推諉，終於無成。嘉慶十一年正月，粤省奏報，喀咟國即俄羅斯，有商船來廣，諭令嗣後申明定例，杜其再至。時俄人本有恰克圖貿易舊章，而意重趨利，不憚深謀遠越，其能致富强，亦即在此。泰西諸邦，美、布最爲後起。美主華盛頓於乾隆四十三年，據英國亞美利加之地以立國，四十九年即遣商船至中國購茶，五十九年造戰艦，嘉慶十二年作輪船，又十數年，興利之事大備，强盛埒英、法矣。布主佛得力於康熙四十年由日爾曼屬國自立爲國，其孫福達利弗修武備，再世積弱，至嘉慶十一年，爲法人所襲，由是重困，同治以後，威令姆大修船械，一戰而踣法王，遂爲强國。由是言之，國無大小，惟視自立何如。烏有堂堂天朝，而轉遜謝於海外幺麽之理哉。各省設立機器局，原以學製諳習，免臨事購買，爲人把持。雖糜耗於目前，必程功於異日。丁寶楨設局川省，奏明准行，迨恩承等查辦，又復奏撤。一主利用，一主惜費，朝廷兩議並從，原屬虚衷博采。但各省設局製辦，獨川省因人言頓止，帑項既已虚擲，政令亦不畫一。是講明西法之舉，朝廷尚不能自信，何以使人共信。臣竊意現當安内攘外之時，不少變通盡利之事，動牽異論，安有成謀。況遇事出以游移，疆吏之勇往者無所遵循，苟安者遂其諉卸，天下必多不興之利不除之弊。斯則望聖主持權於上，樞臣力贊於下也。康熙中議開陶莊，引河不决，乾隆時開之，而河漸北徙。嘉慶中議行海運不决，道光時行之，而利賴至今。非常之事，始共驚疑，待其成而後信。臣亦願朝廷於製備船械，持定見而開群惑也。至於水雷、炮臺、電線、鐵路，防海所不可少，皆當次第籌辦，而船廠量移腹地，免致有警時徙置爲難，尤其當務之急者矣。

以上四條，士氣宜振審敵情，而後有致力之端，船械宜備，籌經費，而後得開辦之具。四者之中經費爲亟，當於此專力圖維勇，決於初基，而後不匱於持久。臣維自古患氣所伏，恒在極盛之時，弭於未形，人恒不覺，一有差失，即成巨釁。不善其後，彌覺可憂。西人不忘情於中國非一日矣。溯查乾隆五十八年八月，英夷入貢，凡該國派人駐京、浙江寧波、舟山、天津、廣東等處泊船貿易，貨物刪減税，則任聽該國傳教各節，今日現行者，彼時皆已具奏陳請，當降敕嚴加駁斥。六十年入貢，稍爲恭順。嘉慶中德天賜以傳教破案矣，呞嚧陳以圖畫中國山川上聞矣。疆臣泄沓從事，蘊蘖伏戎。其尤甚者，十三年，夷人兵船徑入澳門，占住炮臺，兩廣督臣吴熊光任其留停，遲遲入告。仁宗睿皇帝節次嚴飭，該督始向理諭，而辦理過軟，夷人稽延數月，揚帆徑去，始窺見中國虚實。二十一年七月入貢，膽敢届覲見之時，正副使一同稱病，則已立意生釁。仰蒙聖度包涵，以六合之外，存而不論，將夷使驅逐回國。道光中葉，疊次内犯，論者歸咎彼時和議，不知履霜堅冰，由來者漸也。俄夷夙號大國，若非康熙、乾隆時辦理得法，其可慮亦不待今日。故制倭不下辣手，今日之倭又異日之英、俄也。夫當日所以議和者，特因戰備未修，倉卒從事，安一時之反側，非以爲永奠之良謀也。習久相忘，幾以口舌爲可常恃，一教案之出，一换約之期，必增立新條，彼智愈長，我謀愈絀。今歲威妥瑪爲中國抽收洋貨厘税一事，乃至糾合十餘國公使，群萃都門，圖遂其要挾之計。俄國定約，伊犁各城既未全歸，白彦虎又不獻出，而領事設至大理，通商直達陝甘，東南之門户洞開，西北之藩籬何恃？此忠臣義士聞之，所爲撫膺而嘆憤也！我明知和議不可憑信，彼人貪心無已，而一切未盡設施，相顧束手。見在河運漸廢，漕粟全恃海運，萬一彼人合而謀我，以數船横亘洋面，則全局關繫匪輕。彼之要約，恐更有出於情理之外者，我亦將晏然而已乎？國朝家法昭垂，政由乾斷，襄贊必資臣下，主持全在聖心。况軍務夷情所繫重大，上有安民之怒，諸臣敢不群起赴功，上懷恤衆之仁，諸臣亦且相安無事。全局樞紐，秉自宸衷，非群策群力所敢任也。

自來謀敵者，固當審量彼此强弱，尤在酌事理之當否，民情之順逆。今事理本無可疑，民情實大可用，聖主固深知之矣。至軍事利鈍，非能逆睹。本朝武功，遠邁前古，而準夷籌兵於三朝，金川收功於再舉，即同治初戡定粵捻，何敢信曾國藩等必能奏績，而堅定邁往，終以有成。可見委任得人，不憂罔濟。國家立賢無方，文武具備，爲守兼優之人，千百中或衹一二，至乘事會而赴功名者，何時蔑有？人臣勛名成就，亦思爲晚節保全之地，智略可倚以集事，而馳驅半非所能堪。故汲引人才，以備任使，方得以人事君之義。李鴻章、左宗棠、沈葆楨皆殫心戎務，公忠體國，大臣彭玉麟筦轄長江，血誠任事，水軍戰士，尤所深悉，岑毓英志存殄虜，不畏艱難。似可飭令諸臣，將其部下才堪將帥偏裨之選者，密疏存記，專備海防指臂之用。至沿海師船規模，必得專員統轄。南北洋分設總統，彼此隔閡，呼應不靈。總統之上，宜特派大臣兼轄之，守則巡閱操防，戰則發縱指示，黜陟調度，一切由其主持，沿海省分督撫轉鑲設防，助其不逮，同德同力，而氣象爲之一振矣。夫目下籌經費，備船械，原以先固海防，非遽輕言海戰。然通南北九千里之洋面必在在籌防，毫無滲漏。我不敢出洋一步，坐待敵人來攻，而竭力以禦之，雖愚者亦知守之不盡可恃也。故必能戰而後能防。既能戰矣，焉有值可乘之隙而不乘，轉坐待他人之我侮乎！宋臣蘇軾曰："聖人不能爲時，亦不失時，時非聖人所能爲也。能不失之而已。"臣謂："目前洋務情勢，尚在可爲之時，亦願聖主能不失之而已。"策定於一時，而基肇於萬世，疑稽於卿庶，而機決於宮廷。故曰：上無卧薪嘗膽之謀，而欲下有聞雞枕戈之志，必不得之數也。臣備員講幄，目擊時艱，慺慺愚忱，不能自抑，冒昧上陳，無任惶悚待命之至。

—5. 皇朝經世文續編　卷一〇二　洋務二　洋務通論中

鄭觀應（1842—1922）

又名官應，字正翔，號陶齋，廣東香山（今中山）人。早期改良思想家，曾任上海電報局總辦、粤漢鐵路公司總辦。有《盛世危言》。

西　學

今之命爲清流、自居正人者，動以不談洋務爲高。見有講求西學者，則斥之曰：名教罪人，士林敗類。噫，今日之緬甸、越南，其高人亦豈少哉。其賢者蹈海而沉湘，不賢者靦顔而苟活耳。溝瀆之諒，於天時人事何裨乎？且今日之洋務，猶時務也。欲捄時弊，自當對證以發藥。譬諸君父有危疾，爲忠臣孝子者，將百計求醫而學醫乎？抑痛詆醫之不可恃，不求不學，誓以身殉而坐視其死亡乎？然則，西學之當講不當講，亦可不煩言而解矣。古曰：通天地人之謂儒。又曰：一物不知，儒者所恥。今彼之所謂天學者，以天文爲綱，而一切演算法、曆法、電學、光學諸藝，皆由天學以推至其極者也。中國獨京師有天文臺，講求者甚少；意西國無縣不有天文臺、地理會，講求者甚多。日本亦有天文臺二十處，地理會設已多年。法國之地理會歲鑄金牌數枚，以贈各國測地之士。英京倫敦舊有地理會，縱論古今沿革，探討輿地源流，入是會者尤多。學問淵博之士近復開會聚議，遣人分往各部探地者，刻已陸續回英。其赴亞非利加者，共有一百五十人，以栗味斯敦爲首。自西曆一千八百七十八年十二月十四日，由倫敦起程南往亞非利加，其領袖者道卒，有一弱冠少年起而代領相率，前進至罷倍凹地方訪尋金銀各礦，知前人傳述不盡可信，而所遇之處亦有前人所未至者，均筆之于書。泰西考核地理，不憚縋幽鑿險，以資印證，宜其精闢罕儔也。亞墨利加洲之中境，近聞新立一格致會。其領袖者名夏而納，素精輿地之學，足跡所涉□跨歐洲，其經費半由該處某富商捐助，半由法國公家核給。乃選人四出探察物産，詳别道里。如其物能自取携者，則挈以歸；否則畫圖貼説，儲諸夾袋，亦足以資考訂。而勒之成書，章程極爲盡善。我國亦當仿而行之，以資多識。所謂地學者，以地輿爲綱，而一切測量、經緯、種植、車舟、兵陣諸藝，皆由地學以推至其極者也。所謂人學者，以方言文字爲綱，而一切政教、刑法、食貨、製造、商賈工技諸藝皆由人學以推至其極者也。并有益於國計民生，非奇技淫巧之謂也。此外有剽竊皮毛，好名嗜利者，則震驚他人之强盛而推崇過當，但供談劇，亦實不能知其强盛之所以然。此則無本之學也。

夫所貴乎通儒者，博古通今，審時度勢，不薄待他人；亦不至震駭異族。不務匿己長，亦不敢回護己短，而後能建非常之業，爲非常之人。中外通商已數十載，事機迭出，肆應乏才。不於今日急求忠智之士，使之練達西國製造、文字、朝章、政令、風化，將何以維大局、制强鄰乎？且天下之事業、文章、學問、術藝，未有不積小以成高大，由淺近而臻深遠者。所謂合抱之木，生於毫末，九層之臺，起於壘土，千里之行，始於足下是也。西人謂華人所學西法，皆淺嘗輒止，有名無實。蓋總其事者，不精其學。未識師授優劣，課藝高下，往往爲人朦昧。所以學生所習，每況愈下，歷日雖久，仍不如人。西報云，日本幼孩已得教訓，與泰西不甚相懸。其教習之法仿照英國北省章程，男女皆分塾督教，窮究諸學，博考各國疆域甚詳。其房屋亦高大爽塏，令學徒通曉保養身體臟腑方法。雖英之倫敦、法之巴黎，斯學校亦無以復加云。論泰西之學，派别條分，商政、兵法、造船、製器以及農、漁、牧、礦諸務，實無一不精，而皆導其源於汽學、光學、化學、電學，以操御水，御火，御風，御電之權衡。故能鑿混沌之竅，而奪造化之功。方其授學伊始，易知易能，不以粗淺爲羞，反以躐等爲戒。迨年日長，學日深，層累而上，漸沉浸於史記、算法、格致、化學諸門。此力學者之所以多，而成名者亦彌衆也。今人自居學者，而目不睹諸子之書，耳不聞列朝之史，以爲西法創自西人，或詫爲巧不可階，或斥爲卑無足道，噫，異矣。昔大撓定甲子，神農造耒耜，史皇創文字，軒轅制衣冠，蚩尤作五兵，湯作飛車，揮作弓，夷牟作矢。當其創造之始，亦何嘗不驚人耳目，各樹神奇。況夫星氣之占，始於臾區；勾股之學，始於隸首；地圖之學，始於髀蓋；九章之術，始於《周禮》；地圓之説，創自管子。不僅此也，渾天之制，昉璣衡，則測量有自來矣；公輸子削木人爲御，墨翟刻木鳶而飛，武侯作木牛流馬，祖沖之之千里船，不因風水，施機自運，宋楊么之樓船，雙輪激水，行駛如飛，則輪船有自來矣；秋官象胥，鄭注譯官，則翻譯有自來矣；陽燧取明火於日，方諸取明水於月，則格物有自來矣。一則化學，古所載爍金腐水，離木同重，體合類異，二體不合不類，此化學之出於我也。一則重學，古所謂均髮，均懸輕重而髮絶，其不均也均，其絶也莫絶，此重學之出於我也。一則光學，古云臨鑒立影，二光夾一光，足被下光，故成影於上，首被上光，故成影於下。近中所鑒，大影亦大，遠中所鑒，小影亦小。此光學之出於我也。一則氣學，《亢倉子》："蜕地之謂水，蜕水之謂氣。"此氣學之出於我也。一則電學，《關尹子》："石擊石生光。"雷電緣氣以生，亦可爲之。《淮南子》："陰陽相薄爲雷，激揚爲電，磁石引鍼，琥珀拾芥。"此電學之出爲我也。古神聖興物以備民用，曰形，曰象，曰數，曰器，曰物，皆實徵諸事，非虚測其理也。童子就學，教以書數，窮理精藝，實基於此。自學者騖虚而避實，遂以浮華無實之八股與小楷、試帖之專工，汩没性靈，虚費時日。率天下而入於無用之地，而中學日見其荒，西學遂莫窺其藴矣。不知我所固有者，西人特踵而行之，運以精心，持以定力，造詣精深，淵乎莫測。所謂禮失而求諸野者，此其時也。

近人江慎修融貫中西測算，兼能製造奇器。嘗製木牛以耕，造木驢以代步，應聲筒之製，亦先生創之。誰謂中人巧思，獨遜西人哉。以中國本有之學，還之於中國，是猶取之外厩，納之内厩，尚鰓鰓焉謂西人之學，中國所未有，乃必歸美於西人。西人能讀中國書者，不將揶揄之乎？且夫國於天地，必有與立。究其盛衰興廢，固各有所以致此之由。學校者，人才所由出，人才者，國勢所由强。故泰西之强，强於學，非强於人也。然則，欲與之争强，非徒在槍炮戰艦也，强在學中國之學，而又學其所學也。

今之學其學者，不過粗通文字語言，爲一己謀衣食。彼自有其精微廣大之處，何嘗稍涉藩籬。故善學者必先明本末，更明所謂大本末而後可言西學。分而言之，如格致製造等，學其本也，各國最重格致之學。英國格致會頗多，獲益甚大。講求格致新法者，約十萬人。語言文字，其末也。合而言之，則中學其本也，西學其末也。主以中學，輔以西學。知其緩急，審其變通，操縱剛柔，洞達政體。教學之效，其在兹乎？

—8. 皇朝經世文三編　卷二　學術二　原學下

醫　道

醫之道通於神明。自神農、黃帝以來，講明切究，以導一世於和平，登斯民於仁壽者也。今之醫者，類多讀書不就，商賈無貲，稍獵方書，藉謀衣食，偶然奏效，便負神奇，逞其聰明，高其聲價，以謬傳謬，以盲引盲。古法徒存，無能變通。此所以諺有不藥爲中醫之説也。夫人當疾痛慘怛萃於其身，凡有血氣之倫，孰不求生而惡死？乃世無和緩，竟以性命死生之重，付託於輕率庸妄之夫。一方試病，妙詡青囊，三指殺人，怨深白刃。言念及此，忍以醫術一門列爲方技而小道視之歟？考《周官・冢宰》，有醫師掌醫之政令，又有食醫、疾醫、瘍醫，掌醫萬民之病，兩之以九竅之變，參之以九藏之動。凡民有疾病者分而治之，死終則各書其所以，而入於醫師，歲終稽其醫事，以制其食。十全爲上；十失一，次之；十失二，次之；十失三，次之；十失四，爲下。是考醫之法，古制綦嚴，所以重民命也。

西國醫理醫法，雖與中國不同，得失亦或互見。然實事求是，推詳病源，慎重人命之心，勝於中國近世之漫無握把，關心民瘼者所不可不知者也。各國醫學，設專科立法有七：曰窮理，曰化學，曰解剖，曰生理，曰病理，曰藥性，曰治療。其治病之法二十有四，大要有六：曰漏泄，曰分解，曰清涼，曰收酸，曰强壯，曰緩攣。皆考名師教誨，各盡其長。迨至學成，官爲考驗，必須確有心得，給予文憑，方能以醫師自命。其難其貴，如中國之科第然。故學問閲歷，精益求精。中國之醫能如是乎？中國之官吏能如是之認真考驗乎？此不若西醫者一也。

西醫論人身臟腑、筋絡、骨節、腠理，如鐘錶、輪機，非開拆細驗，無以知其功用及致壞之由。是以西國老人院、癲狂、聾啞等院，遇有死者，許醫局剖析肢體，窮究病症及生生化化之原，以教後學。故西醫皆明臟腑血脉之奥。考中國神農以至華、扁，實爲西醫剖割之祖。如論臟腑之部位，即可知有割腹驗看之事。特其學失傳耳。今中國習醫絶無此事。雖數世老醫，不知臟腑何形。遇奇險不治之症，終亦不明病源何在。此不若西醫者二也。

西醫謂人之思慮、智慧、知覺、運動，皆腦爲之主。而腦有氣筋無數，散布於五官百骸。何處腦氣筋壞，即何處有病。衰邁之人，腦氣不足，遂有麻木昏聵之病。幼小之童，腦氣過盛，多有角弓反張之症。而心之爲用，專司乎血。心脉一躍，血行一度。驗心脉之遲疾，知病體之輕重。中醫以切脉爲治病之要。西醫則謂人之一身，皆有脉絡。血猶水也，脉絡猶百川也。潮血來回，無不震動，即無不有脉。夫血發源於心，運行百體，嘘吸生氣，由肺復返於心，日夜周流，運行不息。若按脉推求，决無是理。蓋周身脉管，皆由心系總管而出，散布於百體四肢，豈可以兩手寸許之管，强分寸關尺，謂五臟六腑，皆繫於此？且剖驗兩手脉位，其管大如雞翎之管，循臂而上，漸上漸大，上至頸項，即於頸中脉管通連，直達至心而止，並不與他臟相屬。何以知各臟之脉，必現於此耶？且直通一脉，何以知三指分部界限毫不相紊耶？故謂一脉可驗周身之病則可，謂某脉獨主某經之病則不可。西醫事事徵實，日日講求，又有顯微鏡能測目力難見之物，故能察隱洞微。中醫多模糊影響之談，貴空言而罕實效。此不若西醫者三也。

治病之法，中醫則曰木尅土，治脾胃者先平肝；火尅金，治肺者先瀉心；水尅火，治心者先降腎。或曰三焦皆空虚之處，或曰六經有起止之方。西醫則何處之病，即用何處之藥，而尤以保腦筋、養腸胃爲主。用藥之法，中國多用草木，性有變遷；西國多用金石，質有一定。且無論湯丸膏散，皆屬醫生自配。較之買自藥鋪，品味攙雜，炮製不精，自行煎熬，不諳火候者，功用固殊矣。此不若西醫者四也。

西醫論略病症紛繁，内外諸症不下二千種。審察療治，醫者之職。大要不外體質、功用二端。蓋人之皮肉筋骨，合而成形。實之以臟腑，貫之以血脉，所謂體質也。一物有一物之用，無虚設，無假借，所謂功用也。有體質之病，有功用之病，有體質、功用相兼之病。必先細心體認，方能施治。其外症，有刺割也，扎綁也，敷治也，洗滌也，事必躬親，非心靈手敏而器具又極精良，不能嘗試。如自開鉗，血管鉗，曲鉸剪，直鉸剪。刀則曰鈎、曰割，針則曰探、曰坑，以及手鉗、銀丹，皆精巧利用，故於外症尤著奇功。其内症更持機器於腕中，以辨聲音之虚實，置寒暑表於口内，以察臟腑之寒温。一切藥性病源無不本化學研究而出，故考求有素，識見自真。且有醫家報章，何人何病，何法醫痊，必登諸報以告後世。若遇疑難大症，亦皆登報以告高明。或七日一紙，或期月一紙。業此者購歸觀玩，互相質證，以盡所長。日本素學中醫，今亦參用西法，活人無算。其明證已。此不及西醫者五也。

竊謂中西醫學，各有短長。中醫失於虚，西醫泥於實；中醫程其效，西醫貴其功。其外治諸方，儼扁鵲、華陀之遺意。有中國失傳而逸於西域者，有日久考驗，彌近彌精者。要其制藥精良，用器靈妙，事有考核，醫無妄人，實暗合中國古意而遠勝於時醫，亦不必曲爲諱飾矣。謂宜考諸周書，參西法，自太醫院始，一律詳加考核。内證主以中法，外證參以西醫。各省各府，各州縣鎮市之間，令殷户集資建立醫院，考選名醫，充當院長。肄業諸生，由院中主教考其文理通順者，方准入院學習，悉心教授，無玩無欺。先將《靈樞》《素問》《内經》《難經》熟讀，博覽仲景、思邈及唐宋四家之成法，參以西國之圖器、剖割之奇方，精益求精，不分中外。學習數載，考驗有成，酌予虚銜，給以執照，方能出而濟世。其無照而私自懸壺，草菅人命者，重懲不貸。有能治疑難大證，卓著神效者，報明醫院，頒發銀牌匾額，遞加虚銜頂帶，以旌其功。並將治法病由，登之醫學日報，年終彙集，刊刻成書。庶庸妄者不致濫竽，高明者有以自立。醫之一道，可與良相同功矣。

—8. 皇朝經世文三編　卷六　學術六　廣論下　附醫理

儲將才論

古之所謂將才者，曰儒將，曰大將，曰才將，曰戰將。樂毅、羊祜、諸葛亮、謝安、韋叡、岳飛等，儒將也。韓信、馮異、王猛、賀若弼、李靖、郭子儀、曹彬、徐達等，大將也。孫臏、吴起、白起、耿弇、楊素、慕容紹宗、李光弼、馬燧等，才將也。英布、王霸、張遼、劉牢之、曹景宗、高敖曹、周德威、擴廓帖木兒等，戰將也。史册所載，代止數人。若夫偏裨、部曲之才，難殫述矣。

且夫儒將、大將、才將、戰將，皆將也。韓信之對漢高祖曰："臣善將兵，惟陛下善將將。"故將才著於戎伍，而儲才則先備於朝廷。君子聽鐘聲則思武臣，聽磬聲則思封疆之臣，聽鼓聲則思將帥之臣。故天下安，注意相；天下危，注意將。天生五材誰能去兵，禁廷頗牧之思，豈虚語哉？小亂則小才生，大亂則大才生。前代之將才勿論已。國初海寇内犯，而姚啓聖、施琅、藍理、李之芳之將才出。三藩同叛，而岳樂、穆占、趙良棟、梁化鳳、王進寶之將才出。準噶内閧，而超勇親王、策凌之將才出。回部犂庭，而兆惠、明瑞之將才出。金川擣穴，而阿薩、海蘭察之將才出。川楚征剿，而額勒登保、德楞泰、楊遇春、楊芳之將才出。髮捻等逆縱横擾亂，而向、張、江、塔、羅、李諸帥之將才出。天地生才不易，爪牙、心膂，得一二人足矣。然而一夫善射，百夫決拾；一人學射，教成百人；百人學戰，教成千人。將將者道，先儲才。安在不户穰吴而家起翦也乎？

且夫兵無强弱，而時則異古今；衆無多寡，而勢則分中外。今之戰時，非二十一史中戰事之所有也。今之戰術，非孫吴兵書中戰術可盡也。大抵陸軍之將才固難，水師之將才尤難。昔則曰鬬智、曰鬬力，今則曰鬬器、鬬船炮。一管駕而全船之生死皆繫焉，一大炮而全營之安危賴焉，一頃刻而兩國之勝負決焉。是真中國四千餘年未有之戰局也。

或曰習陸戰，則宜講地營長堤之法；習海戰，則宜知據風乘潮之利。噫，是末務耳。爲將之道，智、信、仁、勇、嚴五字盡之，知己知彼四字盡之。運用之妙，存乎一心，不必泥古法，更何必拘西法哉。或又曰：師西人之長，以制其短。夫中國自有所長也，非一日矣。往昔諸大帥戰勝攻取，以克奏膚功，所行者，何嘗非中國素習之軍律？所用者，何嘗非中國之軍械也哉？然則西法之可參酌以用，而非可專用也明矣。至於出奇用簡，避堅攻瑕，勝算獨操，我中國將才固優爲之。

然則儲將才，將何如？曰：在内求才於兵部，在外取才於疆臣。京師兵部主之，各直省督撫主之。特設一儲才館，於武員中遴選入館，專授中國古名將兵書兵法，所謂練膽、練藝、練陣、練地、練時者。精究古法得失詳略，神其變化。購置我朝開拓各邊及平定各匪《紀略》，暨諸名臣奏議、文集，並進人所著輿圖、器械等書，與近年繙譯歐洲各國撰述諸書，示以皇朝之武功，諭以名臣之偉績，曉以良工之妙技，作其忠義之誨，導以尊親之實。兵法攻心爲上。吾爲儲才者，先攻其心而已矣。至操槍演炮，挖溝築墻，及打靶泅水，用刀運力，炮隊馬隊等事，則已有武備、水師學堂者。

然而儲才之道，猶有進也。將才之難，武夫力戰，而間或未明步隊。大文人讀書，而未易兼明兵法。二者相訾，其失維均。科目正途、聰明秀士、留心時務者，試其器識明通，經史淹貫，即令入儲才館，試以騎射，課以韜鈐，可以登船執桴，可以乘風破浪。陸兵則屯兵伏卒，抄襲交攻，安置炮位，施放槍法。臨敵身先，無難踴躍直前也；對壘布置，無難從容坐鎮也。海軍則習海道，識沙線，驗風潮。駕駛輪船，無難親自指點也；開放槍礮，無難親自手揮也。合文於武，可以得智勇。覘器識則誠堪爲閫外重寄矣。前明王守仁、唐順之、韓雍、譚綸、熊廷弼、盧象昇諸文臣，考其文集本傳，皆言其精於騎射。前者剿平髮捻諸術，多出帖括章句諸儒。庠序有通才，即國家有將才矣。然則儲將才者將如何？曰：武臣習文，文臣肄武，戰將、才將、儒將、大將，吾將拭目俟之。

—8. 皇朝經世文三編　卷二〇　治體八　培才

吏治上

地方之治亂，視官吏之賢否爲轉移。朝廷求治，亦視用人何如耳。一縣得人則一縣治，一郡得人則一郡治，一省得人則一省治，天下得人則天下治。中樞之與督撫，朝廷之腹心，官守之師帥，操用人行政之大權者也。夫國家設官，本以爲民。其與民最親，而賢否得失之間，動關國家之治亂者，尤在州縣。何則？天下者，州縣之所積也，内而六部，外而兩司道府諸官，皆考察此州縣者耳。伊古以來，未有民不聊生，而國家可以稱治者，亦未有牧令非人，而疆人政事可以坐致太平者。獨奈何進身之始，科甲、保舉、捐納既已不一其途，而吏部遷選之章，率範之於掣籤按輪之中，而不復問其人之賢否。及選得補缺，則需次日久，負債纍纍，廉俸不足以食其身家，黜陟不足以勵其志氣。不肖者恣睢暴戾，如蛇蝎，如虎狼。即上司風聞參撤，而鄉里小民之死者已不可復生，斷者已不可復續矣。間有廉能之吏，一意興利除弊，教養斯民，而知府之意見不同也，司道之威嚴可畏也，上官掎之，同寅笑之，衆庶疑之，必潰其成而後已。故今之巧宦，莫妙於陽避處分而陰濟奸貪，一事不爲而無惡不作，上朘國計，下剥民生，但能博上憲之歡心，得同官之要譽，則天變不足畏，人言不足恤，君恩不足念，民怨不足憂，作官十年而家富身肥，囊橐纍纍然數十萬金在握矣。於是而上司薦之曰幹員，同僚推之曰能吏，小民之受其魚肉者，雖痛心疾首，箝口側目而無如何也。噫，上下之間，相蒙相遁至於如此，而猶日日言自治，是猶南轅而北其轍也，其必無成也決矣！况上之任人也不專，用人也既不盡其才，又不問其能否，陸路之將可改水師，水師之將可調陸路，刑部之員可調工部，兵部之員可調吏部，强以所不能而不專任其所以能，豈果有兼人之資，無事不精，故能隨事勝任耶？正慮其所謂無不能者，乃竟無一能耳，徒伴食貽譏，一任顛倒於胥吏之手，爲可嘆也。

溯唐虞之世，設官分職，各有專司，不相兼統。如契爲司徒，皋陶爲司寇，伯夷作秩宗，夔典樂之類，皆以其所優爲者任之。未聞以敷教之事强皋陶，以刑名之事强伯夷，以典禮之事强夔也，是以百職庶司皆能各稱其職。今泰西各國用人行政亦如是，其户部人員不能調刑部，陸路人員不能調水師。學古入官，量才授職，自何部何署出身，日久升遷，終於此部之首領而已。爵可崇，俸可增，而官不遷移。故職既專而事無曠廢，任愈久而職更精深。富强之原，實基於此。查户部之外有農部，專考树藝之精；工部之外有商部，專講貿易之道；兵部之外有郵政部，專管驛遞之往來。外部即我之譯署，内部即我之吏部，獨無禮部之設，亦無銓選之條。百僚升降權歸議院，期會之令出自君王，選舉之政操自民間。用土人或久居其地者，官無回避本省之例。蓋既洞悉其風土人情，自收駕輕就熟之效也。西人云，泰西地方官，非土人不用，非土人不舉，恐其不能盡知風土人情利弊。凡屬身家清白有産業者，均許保舉人材，考察録用，與中國上古行鄉舉里選之例無異。俞陰甫太史云，今州縣吏乃如傭力者，然計一歲之利在一歲之事。其地誠肥饒耶？上之人不欲使久擅其利，滿一歲率去之。其地誠瘠耶？其人又不得一歲而亟亟以求去。以故賢者莫能有所設施，而不肖者惟知飽其私囊，官与民漠不相習。一旦有急，城非不高也，池非不深也，米粟非不多也，兵革非不堅利也，委而去之，疾視其長上之死而莫之救。然而曰吾將自强，正不知果在何日也。聽訟之事派以陪審，而肆威作福之弊袪；列以見證，而妄指誣陷之弊絶。所謂爵人於朝，與衆共之；刑人於市，與衆棄之。兼聽則明，偏聽則暗者，昔聞其語，今見其事，而且俸糈優厚，人無内顧之憂，職任精專，事有難寬之責。君民一體，上下一心，孜孜然日求有益於民，有益於國。否則，議院排之，國君斥之，不能一日居其位。此泰西諸國所以不言吏治，而吏治自然蒸蒸日臻於上理者。彼此之情通，聲名之念重，而壅蔽之患除也。

夫中國自秦漢以來，以文法治天下，科條非不密也，其奉行而持守之者，非不嚴且明也，及其既也，適以束縛天下之君子，而便利天下之小人。官司益多，否塞益甚；堂廉益遠，積弊益深。欲一掃而空之，誠非開設議院不可。即勢殊地限，久而難變，亦當裁汰冗員，酌增廉俸，以漸通其隔閡，而漸化其貪婪。此自治之初基，亦即自强之本計也。夫天下雖大，其州縣不過千餘，屬牧令不過千餘人，爲上合樞垣疆帥之才力精神，以慎選之，以嚴核之，敷奏以言，明試以功，賞必當功，罰必當罪，循名責實，至正大公，則吏治日清，民生日遂，國本日固，國勢日强，而何畏乎英俄，何憂乎船礮，何患乎各國之協以謀我哉？故曰："國以民爲本。而致治之道，莫切於親民之官；生亂之原，莫急於病民之政。"所謂天下得人則天下治者，此之謂也。

英國授職之官，無論充兵官、議員、刑員以及内政、外政衙門，大小臣工，皆須在衆人前向天發誓，謂以後當忠心爲國，篤愛朝廷，身許馳驅，爲國家效力。發誓後方能任事。今泰西各國及合衆國皆用此例。西俗，國家凡有兵禍，或匪人謀叛，或敵國來攻，朝廷志在安民，興師戢暴，必令官兵誓衆，以安民心。其或官民謀逆，則令彼此地方官民皆對天發誓，其内詐者立時可睹，見於顔色，朝廷即知爲某也忠，某也奸，某也曲，某也直，有諸中而形諸外，自無所逃遁。然亦有剛愎不仁，强項不馴，不知敬畏帝天，雖有别謀，亦復當衆同誓，以爲口頭言語無足重輕。此等人爲衆所不齒，乃桀驁之尤者也。王爵棠星使云：法國政事，以大統小，以内控外，體制與中夏略同。州郡邑鄉分設專官以理民事，而其權操之於上，咸遵一律，罔或違異。每一千端則設一官，若中國之州縣，凡膺是職者，必考授律例師，凡民間瑣案，悉由其剖斷。苟有稍涉疑似，未臻平允者，則代爲申詳上憲，據法研鞫，俾成信讞。各鄉鎮則另設甘門一員，如中國巡檢之類。凡其所設各署，俱有專職，從不兼攝數事。大抵理地方民情者統稱刑訟衙門，而官有崇卑。如州縣鄉鎮等官，其小者也。其上則有大衙門二十七所，如有事控於地方官懸案不斷，或剖斷不公，即可復控諸所轄上司，偏歷二十七所而後止。然此尚係瑣細案件也。若值重大之事，其上另有專斷之官，其職分約同中國按察使，各府中均設是署，一所凡有冤抑，聽其赴愬。每年四期，每三月一集，開堂會鞫，並許被控者自選秉公耆老十有二人，届時質證剖理，惟毋得徇私偏袒。然後鞫者聽兩造之辭以辨直曲，舍寡從衆，期無誣屈，以爲懲勸。其追理商民公私逋負，則有錢債衙門。其官由州縣百姓公舉，三年一任，期滿再舉。但推選雖由民庶，而俞允仍歸國主。凡鄉民因索逋涉訟者，其數在一千五百福蘭以下，即由州縣上司判决。若一千五百福蘭以上之案，乃控於錢債衙門爲之。比州每府，皆有駐防水陸兵丁，苟有犯案，統歸所主辦理。至於巴黎所有衙署，不可勝數，凡國中官吏所斷一切詞訟，均必上聞。其有懸擬未决者，亦皆關白，以定是否。其中辦事人員均係著名律師，除上下議院外，有參贊機密大臣，有執國政大臣，有總理度支者，有專司出納者，有主軍旅者，有権税餉者，有專理户婚田土事者，有專理商賈事者，有治盜賊鬭毆事者，有治列邦事者，有管屬國地方事者。觀其分職建官，頗能尊卑相御，内外相維，無畸重畸輕之患。

其爲部十二：曰内部，總理庶政，兼攝群司，職同中國首輔。本國事件，咸聽裁决。曰户部，專司出納，國中一切財賦税餉皆其主持。曰商部，管通商事務。曰農部，管民間一切種植。曰工部，凡軍械火藥、修治建築，皆其經理。曰文部，掌管學校。曰兵部，主持軍旅，凡調遣一切皆其主政。曰海部，修戰艦，治水師。曰藩部，管理各處屬地。曰刑部，主持律例，兼理教案。又曰創例院，籌議軍餉，增改律法，皆其專政。以上皆以勛爵大員爲之。國有大政，國主於此數人謀之，有機要事皆得參謀議。同治十一年，國會別設軍機一職，由上下議院公舉二十八人，伯理璽天德亦簡拔十五人。凡下詔諭、上箋奏，皆由此四十三人管理。據其報册，每年建官計文員約二十萬人，可謂繁矣。歐洲各國度支往往出多入寡，皆因設官繁密，事不兼設之故，而又給禄豐盈，食浮於人，以致經費常患不足。然秩雖充而事克舉，國中大小臣工無不守法尚廉，不懈厥職。其在官者皆民之望，即貴至執政大臣，抑且以民之可否爲去留。又其榷徵税餉，具有常度，涓滴必歸公款，不得朘民爲生。其所謂庫臣者，不過綜厥大綱而已。其所謂理財者，不過司出納掌簿録而已。而所謂因循蒙蔽、侵冒剥蝕、乾没克扣之弊，彼反無之。凡泰西各國大都如此，此可以想其立法之善矣。按泰西民主之國、君民共主之國，各部長歸宰相自擇其人，如宰相一换，而各部長雖才德素優，與宰相不情投意合者，亦必解組賦閑。

我國家時艱孔亟，萬難苟且姑安，急欲補救，量爲變通，惟恐爲不洞識時務，或未經歷練者所誤，而反歸咎於變法之人，故前篇有擬請朝廷簡派親王、貝勒游歷一説，今時不可緩，亟宜簡派親信之王公大臣能通西國言語文字者更妙，隨帶繙譯，游歷各國，豐其經費，寬其歲月，考究各國水陸軍事、礮臺、戰艦、學校、商務、刑律，如有才德之兼優老臣宿將，當奏請朝廷重聘回國，以其所長分派各部佐理，如素當户部大臣歸户部，素當兵部者歸兵部，素當農部者歸農部，萬不可以户部人員當兵部。去年以陸軍兵官漢納根當水師副統領，已爲外人所笑。且中國政教所學非所用，所用非所長，已素爲各國輕侮。不致爲官商所愚，是則變法自强無不得心應手矣。

—8. 皇朝經世文三編 卷二二 吏政一 吏治

吏治下

上篇論州縣爲親民之官，而賢否得失關乎國家治亂。然督撫爲朝廷之腹心，守官之師率，統屬之賢否，全在督撫公正廉明，平日留心察視，不爲人所蒙蔽，然後能甄别確當。一有偏私，則所賢所否者皆不當矣。一省之司道，佐督撫以出治者也，而用人理財，尤爲藩司之專責。藩司之賢否得失，督撫居其半。若督撫大公無我，嚴加舉劾，朝廷察其好惡以定黜陟，人皆有自愛之心，敢不稱其職守乎？首府者，又督撫兩司所寄爲耳目，而藉以進退州縣，其責亦綦重矣。自有以人地相宜之條量移州縣，而後各省爲人擇地者十之八九，爲地擇人者十無二三。以爾車來，以我賄遷，駑庸競進，以事貪婪，孰能盡心於民事哉？而以民事爲事者，又每拙於逢迎，故黜陟不公則奔競不息。源濁而流清，未水之或有也。守牧有表率之責，大省不過十數州郡，以督撫司道之長才，鑒别十數員知府、直州之賢否，何難？大郡不過十數州縣，小郡亦不過數州縣，以本管知府就近察數州縣之賢否，何難？愚以爲甄别府廳州縣，必須分别差等，平素具有灼見真知，臨時乃能因材器使，所謂可小知不可大受，可大受不可小知也。

其未試與已試而不堪用者爲一等；廉明誠静、有守有爲、足以勝任地方者爲一等；賢能出衆、著有勞積、可理衝繁之地者爲一等。復將通省府廳州縣查明肥瘠難易，一一分别注明，擇其清正勤能、盡心民事者，選以優缺，俾知瘠區不可規避，美缺不待鑽營，則樸實者安分，而能賢者競奮。吏治轉移，或在於此。要之，州縣爲親民之官，與州縣切近而實臨其上者，是爲知府。州縣之功過，知府得以詳之。司道督撫而察其可否，以定其優劣。上之視知府重，則知府自視亦不輕，使州縣有所敬畏，而不敢不爲好官。所謂一縣得人則一縣治，一郡得人則一郡治也。至於關差厘局，每一缺出，百計營謀。倖進之途，往往有三五年不更替者，否則交卸彼局而又接管此局，託詞事關重大，非資熟手不能勝任。其實無地方之責，不過收支銀錢耳，一謹愿之吏已足爲之。乃有徇情市恩、不畏物議、巧者獲利、拙者向隅，以致關税厘金日形短絀、己則飽填欲壑、惟利是圖者，以治地方，宰百姓，安望其爲廉吏乎？黜貪崇廉，任賢而黜不肖，是又在督撫破除情面，一秉至公也。或云朝廷下詔求賢，十數年來，各督撫所舉皆門生故吏，及業經簡在帝心之臣，無一山林隱逸之士。負奇才而勵品行、尚氣節者，終不得上進；無廉耻而善於鑽營者，竟得保舉超陞。惟知削下媚上，不問民生休戚，以諱言有事爲無事，以苟且了事爲能事，因循玩愒，相習成風。廣東賄賂公行，賭刼之風甚熾，被刼者多不報案，因破案者百不得一，徒耗稟費、差費、驗勘夫馬費耳。官之爲民，亦可知也。間有洞識事務、才德兼優者，率皆秉性忠貞，不善逢迎，率欲興利除弊，往往事多掣肘，不克舉行。亦有學西法而圖自强者，又苦於不能知人善任，集思廣益，多爲洋人所愚，安得不爲各國所欺侮乎？

善夫，劍華氏之言曰：今之督撫，才德兼優而又洞識時務者鮮，類皆尸居暮氣，非病於才力不足、精神過短，即病於情面太重、以公濟私。有識見淺陋、不識時務者，只知偏聽節費，以傳虚名，往往前任遺政雖將來大有益於國計，惟尚未見其效者，無論其糜費幾何，亦即裁撤，以致功敗垂成。臨時需用，重新復議。非獨急緩不濟，而糜費反多矣。有好大喜功、剛愎自用者，雖知時務，任性妄爲而不悔，既不能知人善任，又不能量才器使。或采文字虚聲，或重師弟年誼。有一人而兼數事者，因無閲歷，以致爲人所愚。迹其所爲，皆糜費多而成功少。製造不及洋人之精，價值不如外來之廉，而旁觀月旦，多庸中之佼佼者矣。至如平日官聲本屬平常，及晚年循資例進洊升督撫，暮氣已重，遇事粉飾因循，只飽其囊槖，爲子孫計，初不知國計民生爲何事。論者僉謂近日宦途風氣，每以有事爲老成，而甘於因循弛墮。苟勤於厥職，不憚煩勞，類招多事之嫌，執其一節之失，而並没其他事之長，坐令勇於任事者不若尸其位之輩，轉足苟安無恙也。悲夫，人才之絀，豈非由於不能造就人才之過哉。造就人材之權，上在元首，下在樞廷。查泰西各國，凡新任宰相視事之始，必自擇其平日同志之人，升諸朝廷，以爲心腹，庶幾議事和衷，辦事無束手也。故何律師《新政論議》謂復古之要有七，首擇百揆以協同寅，併吏、禮二部而爲一，名曰内部。宜添商部、學部、外部，合户、工、刑、兵爲八部，以一人爲宰相，而八部之長使宰相自擇其人。夫政者各有專司，不能專俎。政既爲某部之政，則官必爲某部之官，故升降黜陟必由該部定議，方能允當。繁文末節，治體無關，於有謂之事而加之意，先於無謂之事而省其繁，故拜跪趨蹌既行除免，而傑士始來。故併禮、吏兩部而爲一，所以專責成而大得士也。商務不興，則不能與敵國並立，故加立商部；學部不設，則國内無堪用之臣，故加立學部。今强鄰日逼，時事多艱，正宜澄叙官方，安内而後可以攘外。亟當力爲整頓，剔弊除奸，爲百姓求賢父母，培養元氣。督撫司道以民事爲重，州縣不稱其職，知府揭至於上師；司道不稱其職，督撫立上彈章；督撫不稱其職，朝廷立予罷斥。整綱飭紀，除惡擇賢，則一切病民之政皆不難掃除净盡矣。故正本清源，必自慎用督撫始。

泰西日報嘗謂我朝内外臣工泥古不通今，所學非所用，偏重科甲，上下相蒙，植黨營私，賣官鬻爵，不能量才器使，有一人而兼數任者。吏治不講，流弊甚多，惟身家念重，畏難苟安，以聚斂爲才能，以廢弛爲節儉，以因循爲鎮静，以退縮爲慎重，以調停掩飾爲熟諳夷情。凡事皆有名無實，所用刑具過於忍，所學西法亦僅得皮毛，能洞識各國政治得失、盛衰利病者無幾。豈非教化未敷，尚未處處創立有中西大小義學所致？若不通權達變，因時制宜，終難富强，無異土耳其，風俗、政治委靡不振等語。查光緒四年八月十四日英報，論土耳其大小官員賄賂公行，曲直顛倒，有朝綰符而夕摘印者。苞苴競進，賄多者得善地。若貧而有才者，終不得預選。土王暨部臣明知，亦拘守成見，萎靡不振。謂小亞西亞如此辦理，恐難富强，何不通國更張。於是論議紛紛，漸有因循推委，久之併前議亦不提。土國之病，在於不迅斷，欲振不振，非一次矣。所以然者，世官爵裔，生長紈絝，未嘗出國門一步，如井底蛙，何嘗見一善政。民之顛連呼號，如無聞見，即親睹之，而以爲與我無涉。欲其保全疆土，難矣。按中國未必如土耳其國政之甚，清廉之官尚多，惟惜不洞識外國利弊情形，拘守成例，因循苟且，但顧身家性命耳。

噫，此皆道聽塗説，未讀列朝聖訓及名臣奏疏之故。今特敬述一二，爲閲洋報而隨聲附和者覽焉。恭讀世宗憲皇帝批諭李敏達公雍正二年七月二十五日疏曰："封疆大吏關係國家隆替，若得有猷、有爲、有守者二十餘人，分布寰區之内，俾各涖臨民，敷宣教化，則天下大治，計日可期矣。無如英髦罕覯，即能公之一字，亦不易獲。朕只得隨材器使，量能授職，徐觀後效耳。"雍正十二年批諭廣東總督鄂文恭疏曰："身膺封疆要任，當遠大是務，不宜見識淺狹。公私界限，祇在幾微念慮之間，一涉瞻徇，即爲負國溺職，重則貽累功名事業，輕亦難免物議，於己毫無裨益。無如燭理不明者比比皆然，每爭趨些少光榮，以圖目前快志，遂置日後無限悔吝於不計也。"仰見聖明虚懷集益，洞悉吏治利弊，知人善任，不拘定格，不主故常。又讀雍正二年七月二十五日李敏達公一疏，其中論用人之道、保舉一端種種流弊，略曰：婪財納賄，賣官鬻爵，其所恃結納廷臣，年送規例，故窮奢極欲，毫無忌憚。至所用之人，大抵非門客幫閒，則光棍蠹史，以至微極賤、寡廉鮮耻之徒，不行寅緣鑽刺之路，尚有何事不可爲？甚至道廳與堂官結爲兄弟，微員認爲假子，是以賣官惟論管錢糧之多寡，以定價值之高低。且題補多係賒賬，止須印領一紙，補後方勾通開銷。果能照領全楚，則爲廉幹之員，再有美缺，復又題陞。用人如此，凡有才能而顧品行者，不惟無人援引，率皆懷抱羞惡，奉身而退。又謂用人之道所關甚大，舉大吏不徒論其持守，更當考其經猷，不徒貴乎意見之不拘，尤當求其执守之無偏。且封疆重任有統兵守土之權，若高言淡漠，必致武備不修；有察吏安民之政，倘激揚失當，必致人心不服。即有好官，用非其地，不惟不見其長，而適以彰其短。欲其勝任而愉快也，難矣！若人地不相宜，雖清官尚至流弊，況其節操未優者乎？此舉大吏之不可不詳慎也。至於保舉，有司若不考其實驗而但録其才，則輕浮躁率、挪移科斂之弊即出其中。且僅采其聲名，粉飾沽譽、鑽營欺蔽之端亦寓其内。惟操守一節，實心爲難，然猶昭然於人耳目之事，真僞可以立見，止在保舉者之公私耳。

臣自履任至今，每細心閲歷各屬員，其庸碌無長、貪劣廢弛者俱不足論。觀其頗有聲名、素稱才能之員，一一考其實迹。有差委奔走之事則長於辦理，而撫字催科無一可取者；有長於吏治而疏於出納，以致錢糧虧空者；有利口捷給，論事多中，而於職守事務全無實濟者。又有一等，巧於鑽營，專工窺探上司之性情嗜好，曲意迎合，甚而言動氣象無不體貼效法，以求酷肖，遂至彼此投機，一遇保舉，舍此而誰。豈知圖得保舉，則從前之官小而不少露鋒芒者，至此得志而本色盡現，此又才用於詐僞而其患尤烈者也。更有風厲之官不近人情，循良之吏反滋弊竇。凡此數等，皆以才名而多於地方有誤。尚保舉者僅以才能二字塞責，鮮有不貽害者。臣請嗣後凡保舉各官必令注名所長，不必諱其所短，驗過成效，確有實迹，以備簡用，必求人地相宜，方有裨益也。既盡力任事，則非徒承辦目下各項案件遂爲稱職，當思培植地方元氣作何，未雨綢繆，整飭通省屬員作何，寬嚴並濟，務期上有益於國計，下有利於民生。凡用人理財，經畫未久，化導積習，懲創愚頑，稍爲朝廷分勞宣力，方不愧於此心。且身爲封疆大吏，必有經文緯武之才，博古通今之識，庶能不動聲色，措置咸宜。

又鄂文端疏曰：竊惟國家政事，祇有理財一大事。田賦、兵車、刑名、教化，均待理於此。財不得理，則諸事不振，故孔子不諱言財，曰有大道本諸絜矩。而財非人不理，人非用不得理，故爲政在人，人存政舉，歸諸一身。是用人一事，自大吏以至於一命，皆有其責，而一身之分重等級，庶政之興廢優劣，胥視乎此，未可不勤勤用意者也。獨是政有緩急難易，人有强柔短長，用違其才，雖能者亦難以自效，雖賢者亦或致誤。公用當其才，即中人亦可以有爲，即小人亦每能濟事。因財因地因事因時，必官無棄人，斯政無廢事。朝廷設官分職，原以濟事，非爲衆人藏身地。但能濟事，俱屬可用，雖小人亦當惜之教之。但不能濟事，俱屬無用，即善人亦當移之置之。忠厚老成而略無才具者，可信而不可用；聰明才智而動出範圍者，可用而不可信也。又云諸國各種蠻賊，憑陵江外，忽出忽没，並無定所，肆其兇殘，莫可踪迹。不獨劫人燒寨視爲之常，殺兵傷官亦目爲故事，而文武專司，懦者託言羈縻，巧者熟籌利害，縱報知督撫提鎮，率皆互相隱諱，以爲妥協。間有建議征剿者，非以爲好事，即指爲喜功。此數百年相沿錮習，即近十餘年來亦不無瞻顧者也。

又史文靖疏曰：督撫爲特簡之大員，信任專而委畀重。一切興利除弊、整綱肅紀之事，尤當不避嫌怨，不憚勤勞，不博長厚虛聲，不踵因循陋習，事事凛遵訓旨，實力奉行，庶幾民可以安，吏可以察，政可以舉，教可以興，貪墨知政，豪强斂迹，盗風止息，國賦阜盈，文武協和，兵民輯睦，方無忝節制之重任，方無負簡畀之殊恩。今試問心自揣，果能如此奉行盡善、經歷咸宜乎？夫督撫者，群吏之表率也；政治者，斯民之觀化也。若大臣身任封疆，不能使地方日有起色，風俗日見雍熙，其何以膺節鉞而無愧乎？故必行之一年則有一年之成效，行之數載則有數載之規模，而悠忽從事，苟且自安，皆當深戒也。雖才具或有短長，智慮或有深淺，而有志自勵者，無不可學習而至。試觀今日督撫，事事悉能仰遵聖訓，而又克盡撫綏封疆之職，其吏治民風實有可觀者，非僅行一文，張一示，遂可爲遵行不怠也，亦非舉一吏，劾一官，遂可爲奉職無欺也。即不然，或奉諭旨免行數事，畏天之威，矯飾一時者，皆不可爲臣心已殫、人力已竭也。大凡人臣奉君，此心惟知有君，而不知有人，不知有己，斯可以任封疆之重矣。蓋心者身之主，此心既肯許國，自然公忠自矢，至誠無欺，不必有意迎合，而辦理之事協於至當不易之理，自能聖心矣。愚按當時君明臣良，民康物阜，郅治之隆，非無故也。何西報尚爲我國君臣偏重科甲，用非所長，因循粉飾，不能虚心講求吏治耶？然歷觀古今中外各國，無不有君子小人，是在朝廷無偏無倚，使賢者在位，能者在職，是非黑白不致顛倒混淆，庶幾源潔流清，共濟時艱也夫！

—8. 皇朝經世文三編 卷二二 吏政一 吏治

國債

泰西各國，無不有國債。凡由議院公議准借者，其國雖爲别人所得，仍須照還。故各國興大役，出大軍，國用不敷，即向民間告貸，動輒數千百萬。或每年給息，或按年拔本。君民上下，緩急相濟，有無相通。隱寓藏富於民之義，而實不欲授利權於别國也。當法越有事之時，粤東籌辦海防，需餉孔亟。余曾條陳當道，請仿西人之法，籌借民款，准由各海關銀號出票，按年清利。其票據可抵關税、錢糧、捐納之需。數目無折扣，成色無高低。借款至百萬之家，有司宜優加禮待，善爲保護，不得藉端勒捐，以示體恤，則民間必踴躍樂從。昔英國政府因庫帑充溢，欲將國債全數歸清，而英之富民，咸謂存之於家，不若存之於國，不樂收領。再三稟請，願將利息減輕而後已。夫財猶水也，惟患其壅塞，不患其流通。上下交徵，則敗國亡家之券也。上下相濟，則親上死長之心也。苟能示以大公，持以大信，試借民債，以給度支，成一時濟變之良規，即以保萬世無疆之盛業。較前日開捐例以鬻爵，借洋債以損國，設厘卡以病民，其利弊得失之相去有不可以道里計者。萬一貸之己民而缺，仍有不足，始可酌以微息，轉貸鄰封。考英、法、德、美諸國借貸，行息三厘，多不過四五厘而止。若土耳其、波斯等國，則因欠債過重，行息過多，致利權授於他人，國勢寢形微弱。中國幅員之廣，礦産之饒，遠勝泰西，人所共悉。入款甚多，而借款甚少。無須重息，可貸多金。前此洋債行息至七八厘以上者，非經手侵漁，即洋行扣折耳。聞中國借券之股份，中外人争購之。每股九十五磅，有漲至一百零四五磅者。外國之債股，分單時有漲跌，即俄國之鈔票，亦有漲跌也。由是觀之，中國雖少出子金，仍能應手。聞我駐英某大臣曰：嗣後籌借洋款，應向英國勞士齋乃、德博令等大銀行籌商。此兩行專與各國挪借銀錢，素有名望，人皆信服。常能以微息借巨貲。他處銀行，萬不能及。洋人嘗言：如中國借銀百萬，必到匯豐、麗如等銀行，説明所借之數，所給之息，指明某某口關税備償，本利分作若干結，按結支付，限年還清。銀行應允借款，收存文契，即將銀如數兑交。此向來籌借洋款之情形也。該銀行如果自有鉅款，此法尚屬可行。無如僅能擔承，實非殷實。中國既與該行議定，該行即出具百兩券票一萬張，從一至萬。買股者或買一張，或買百張，多寡不等。迨頭結還款到期，何人之銀先收，何人之銀後付，不可預知。其故何也？蓋券票之漲跌無定。券票跌則本錢恐缺，人思速還；券票漲則利息依期，人思久借。爰創拈鬮之法，定還債之期，免疑該行有偏袒之弊。此等辦法，雖極公平，然股多之人，本錢必有虧損。蓋收回全數，或收回半數，非到拈鬮之日，無從預知，斷不能料理於先。收回本錢，復人股份，大爲不便。倘將來再籌借款，須設法補救此失，始易通融。必將放債諸人不便之事，代爲通盤籌劃。若稍有妨礙，勢必增長利息，益受其虧。欲策萬全，厥有二法。一曰立法。借銀限定年月，一次全還。一曰按結歸款。先於券内載明第一結歸還若干。第二結第三結歸還若干，俾得早爲料理。彼放債者亦樂聞某國借債建造鐵路、電線、開礦、治河一切富國之政，利息大而券票强，甚不願出貲借人，妄作耗財無益之事。尤惡借債用兵，將銀錢變作火藥彈丸。萬一亡國破家，則借款將成畫餅，不但失去利息而已。駐英大臣之言如此，可深思其故矣。

我國家量入爲出，本有常經。前時借債外洋，權應一時之用。金磅高下，既受鉅虧。嗣後洋債一端，自應永行停止。况目前所借，並非外洋真正殷實商家。仍由銀行擔承後，每一股百金，聽中外商民購買。該行董事，轉得上下其手，坐收利權。中國二十一行省殷實商民，爲數不少。但使由户部及各藩庫仿西法出給股票，每股百金，定期歸還，按年行息，收放出入，誠信無欺，安見中外商民之信户部者，必不如其信銀行，信中國者必不如其信外國乎？即萬不得已而再借洋債，亦須統籌全局，審慎周詳。不必再托在中國諸銀行經手，以免輾轉扣折，虧累無窮。但飭駐英使臣，徑向勞士齋乃、德博令等大銀行熟商，行息不過四五厘。中國屢借巨貲，素守信義，歐西各國，共見共聞，大可與其本國國債之息銀低昂相等。苟還本之期，定以一二十載，則彼民之有貲出借者，亦可作爲産業，踴躍集貲。蓋貪利之心，中西無異。利可圖矣，慮其不可恃，以致失利。利可恃矣，又慮忽借忽還，不能久享其利。亦中外具有同情也。且也貸債既多，則中外之交歡愈固，而國本愈堅矣。幾有休戚相關之勢，亦情之出於自然者也。今中國息借洋款，以海關作抵，其誠其信，爲天下萬國所無。乃以此絶大利權，不授於己民，而授之於外國，且不授於外國殷實之富户，而甘授於外國奸狡之牙商，此所以洋款一事，遂爲通商以來一絶大漏卮。而泰西各國有識之士，且啞啞然竊笑於其後也。則不知彼己之情者，决不足籌交涉收利權也。

—8. 皇朝經世文三編　卷二五　户政二　理財中

稅　則

自道光二十二年大開海禁，與各國立約通商，洋人各貨進口納税後，即准由華商販運各地，過關衹按估價，每百兩加税不得過於五兩。維時，當事不知中國税額輕於各國四、五倍，或七、八倍，故立約甚輕也。迨後天下多事，始創榷貨抽釐之制，藉資軍餉。釐捐最旺時，歲收二千萬，雖稍減亦有一千五百萬，取於商者甚微，益於國者甚大，較之按畝加賦，得失懸殊。無如法久弊生，或因辦理不善，或因設卡過多，避重就輕，遂增子税之條。查初辦釐捐時，洋人之貨亦在各子口徵課，尚無異説。迨咸豐八年十一月，中西重訂條約，始定洋貨土貨一次納税，可免各口徵收者，每百兩徵銀二兩五錢，給半税單爲憑。無論運往何地，他子口不得再徵。其無半税單者，逢關過卡，照例納税抽釐，斯乃體恤洋商恩施格外，較之華人其獲利厚矣。於是洋商獲利，華商裹足不前，迫令納費洋人，論釐捐之輕重，納報費之多少。託其出名，認爲己貨。如洋人虧空，凡代華商報關之貨不能控追，及代華人出名在租界所買之地，亦弄假成真矣。洋商坐收其利，有代華商領子口半税單者，有洋商洋船裝運洋藥各貨者，有代用護照包送無運照之土貨者。且同一土貨由香港來，則准其報半税、無釐捐；若由粵省來，則不准報子口税，必報釐捐。同一洋貨在洋人手則無釐捐，在華人手則納釐捐。無異爲淵驅魚，爲叢驅爵。不獨譸張爲幻，流弊日多，且先失保護己民之利權，於國體亦大有關礙也。查香港、澳門無徵收釐捐之例，商賈多樂出其途。爲今之計，不如裁撤釐金，加增關税，其販運别口者仍納半税，華洋一律徵收，則洋人無所藉口，華商不至向隅，似亦收回利權之要道也。或慮西人不允，請俟换約之歲，預先叙明，如有不利吾民，有碍吾國自主之權者，准其隨時自行更變，以豫爲日後酌改地步。况據《公法便覽》第三章論邦國相交之權及款待外國人民之例，註説甚明，其二節云，凡遇交涉異邦客商，一切章程均由各國主權自定，實於公法脗合。彼雖狡悍，亦可以理折之也。

嘗考泰西各國税額，各國之税無不隨時變通。大約本國所必需之物其税必輕，或免税以招徠之；奪本國土産之利者，其税必重，所以保本國之利。凡無益於日用之物者，其税必重，以其縻費於無用之地，欲民間惡而絶之；凡物有害於民生如鴉片之類，不准入口。至於税則，隨各國自定，而他國不能置議，欲增則增之，欲禁則禁之，以其貨爲内政，而不妨由己訂也。大致以值百取二十，或取四十、六十爲率，最多則有值百取百者。美國進口貨税值四徵三，商雖非之，然不能違抗，亦有全不徵税者，蓋於輕重之中，各寓自便之計。如洋酒、煙捲等物，外洋徵税極重，在國中列肆賣煙酒者，尚需納規領牌。今中西和約凡進口之吕宋煙、洋酒只充伙食，概不納税。查中國通商章程第二段，凡有金銀，外國各等銀錢、麵粟、米粉、砂穀、麵餅、熟肉、熟菜、牛奶、酥牛油、密餞，外國衣服、金銀首飾、攙銀器、香水、碱炭、柴薪，外國燭絲煙、煙葉、酒家用船、用雜物、行李、紙張、筆墨、氈毯、鐵刀，外國自用藥料、玻璃、器皿，各物進口皆准免税。泰西俱無此例，尤屬不公。日本税關皆用土人，凡船用家用煙酒等物，照例納税，往時出口税重，進口税輕，出口貨少，進口貨多，今則反是。凡所需外來之物皆仿西法，自行製造且免税或減税出口，使商務日旺，進款日多。我國無業者衆，更宜設法仿行。又查日本來往貨物，必須盡由海關碼頭上棧驗税後方可放行，不准另設碼頭。内地凡租界巡捕房，亦歸日本人經理，其獵狗、獵槍、獵地，仿外國例皆有税納云。今宜重訂新章，一律加徵。又如中國各種煙酒、珠玉、古玩等物，本非日用所必需，雖加數倍亦不爲過。查旱煙、水煙、皮絲、浄絲、黄條、青條各種，歲銷數十萬箱，亦可謂鉅矣。而土貨出洋者税宜從輕。最妙莫如出口全行免税，進口則加重。庶己貨可以暢行，而來貨自形壅滯。然恐一時難於辦到，則加重入口税，減輕出口税，似宜並行者也。凡我國所有者輕税以廣法路，我國所無者重税以遏來源，收我權利，富我商民，酌盈劑虚，莫要於此。總之泰西税法，於别國進口之貨税恒從重，於本國出口之貨税恒從輕，查出口茶，雖至粗者每百斤價值十兩，亦須納正半税關秤銀三兩七錢五分，連所抽釐捐是值十抽五矣。進口貨至貴者，例不過每百抽五，有失利權，大損國體。或全免出口之税。今日本已倣行之矣。其税於國中者煙、酒兩項，特從其重他貨，或免或輕，專以遏别國之利源，廣本國之銷路，便吾民之日用生計爲主。國君須保百姓利權不爲外人所奪，庶免生計日絀。其定税之權操諸本國，雖至大之國不能制小國之重輕，雖至小之國不致受大國之撓阻，盖通行之公法使然也。其或某國重收本國某貨之税，則本國亦重收某國之税以相抵制；某國輕收本國某貨之税，則本國亦輕收某國某貨之税以相酬報。此又兩國互立之法也。即此而推，因時制變之機權在是矣。當日海禁初開，華人不諳商務，一切船隻之進出貨物之稽徵，皆委洋人經理，京都特設總税務司，前上海英領事麥華陀云：今之赫總税司雖不負中朝之任使，第信之過深。於徵税之餘，復令經畫沿海之燈塔、礮臺、賽會事宜，亦責其派人總理，在赫德感深知遇，原無挾持之隱侵蝕之私，而設官分職各有專司，材可兼人，事難兼任，以赫德勾當雜事則可，以總税司分承他務則不可，何則？赫德不能不死，替人豈必盡如赫德？維持國計者，必切深遠之慮，斯立長久之規。各口海關則設正副税務司，幫同監督經理榷政。税務司下又有幫辦，自頭等以至四等，每等皆分正副，此外更有扦手，皆以西人承充，惟通事及辦理漢文之書啓、徵收税項之書吏，始用華人。

夫中外通商數十餘載，華人亦多精通税則，熟悉約章。與其假手他人，袒護彼族，何若易用華人之爲愈乎。或謂華人誠實者少，狡猾者多，用之恐滋弊竇，不知税則既定，中外通行，耳目觀瞻，衆多所繫，非若各省釐卡貨税之數彼此不符，雖有奸胥，安能舞弊？應請明定章程，擇三品以上官員，曾任關道、熟悉情形者爲總税務司，其各口税司、幫辦等皆漸易華人，照章辦理。庶千萬巨款權自我操，不致陰袒西人，阻撓税則，不特榷政大有裨益，而於中華政體所保全者爲尤大也。

——8. 皇朝經世文三編　卷三六　户政一五　榷酤上

典禮上

禮之興也，其在中古乎？當黄帝與蚩尤戰於阪泉、涿鹿之間，方耀武功，未遑文教。及堯舜繼統，垂衣裳而天下治，於是乎禮文備具，中天之世，號爲文明。逮至周末文勝，威儀三百，禮儀三千，禮文之詳備莫過於周。是故夫子曰“周尚文”，而又有“郁郁乎”之嘆也。然禮與其繁也，寧簡。至於今日，繁已極矣。返璞還醇，其在兹乎？

溯自玄黄剖判以來，始而衣皮飲其血，簡陋無儀禮可知。及製衣裳，造宫室，作禮樂，而威儀品節，次第畢備。自來踵事者必增華，變本者必加厲。萬物之數，其始由簡，而日趨於繁。繁至於極無可加，則又一變，而日趨於簡。簡亦必至於極，而後乃復爲繁。其氣機之旋轉，猶夫陰極陽生，陽極陰生，若循環之無端，莫能窮之也。夫五帝不相師，三王不相襲，聖人不凝滯於物，而能與世推移。塗山之會，執玉帛者萬國，變而爲春秋列國，列國又變爲七國，七國并於秦，又變爲郡縣一統。凡周先王之衣冠、典制、文物、儀器，莫不蕩然無存。蓋周爲文之極繁，繁極而至秦，乃一大變。中間復更數大變，以至於今，則日趨於簡，日還乎質之時也。何則？吾蓋嘗微窺乎歷代變革之故，而知之矣。衮冕也，一變而爲通天冠矣；上衣下裳也，一變而爲通袍矣；佩玉佩觽，種種之修飾也，一變而若存若亡矣；廣裾也，一變而爲箭袖矣；束髮也，一變而爲修髮矣。衣冠如此，禮節可知。禮節者，隨衣冠制度而相爲損益變通者也。孔子曰：“先進於禮樂，野人也；後進於禮樂，君子也。如用之，則吾從先進。”又曰：“殷尚質，周尚文。”又曰：“質勝文則野，文勝質則史。”又曰：“麻冕，禮也。今也純儉，吾從衆。”合數語以體察之，蓋可知夫子之右質而左文也。夫質者，樸也，有崇尚太璞之意；文者，彣也，有粉飾虛華之意。公孫子陽坐據西屬天府之國，而不能當漢兵一戰者，亦以煩禮多儀失之也。劉景升當漢末之亂，方且招名士，標厨俊，駸駸乎講求虛禮，曾何救於荆州之覆乎？善夫，夫子之美仲雍也，曰：“雍也可使南面。”然則，吾謂夫子之貴質非虛語也。夫自秦漢以來，一代各有一代之典禮，由博返約，一言可斷，即吾所謂由繁而趨於簡也。

今中國之制度禮節，蓋已簡於前代矣，抑猶未也，雖日趨於簡，而猶未簡至於極，則遷流正復無已。譬如立版走丸，丸不墜至於地，則流轉正無一息之停，惟細心人乃能體會之耳。三代以上，揖讓而已；今則有登降跪拜，且極至於九叩之煩文矣。三代以上，三公常坐而論道，今則由坐而立班列侍者，且變爲長跽敷陳矣。然此猶曰尊君父之禮也。至於卑幼之於長上，屬僚之於上官，小民之於官長，僮僕之於主人，皆動輒跪拜，罕復答禮，不論其中藏誠敬之實意，而徒責其外貌卑抑之虛文，是相率而以僞接也。故上以此求，即下以此應。或面呈巧令，轉背即肆訕謗，或外作足恭，腹誹甚於輕侮，則亦何益之有哉。今如泰西各國通行之禮節，益亦簡矣。臣下之見君上，不過三鞠躬而已，免冠握手而已，上下皆立見，無所謂一坐一跪也。古之時，諸侯朝天子亦然。天子南面而立，諸侯北面而朝，是也，此即西禮之暗合乎中國古禮之遺意者也。至其僚屬相見，友朋相晤，長幼官民之相接，皆不過一免冠，一握手而已。説者謂中煩而外簡，中禮難學而外禮易爲，是亦不然。设純尚虛文而罕實意，以將之譬如作傀儡戲，其跪拜揖讓，盍嘗不彬彬可觀？苟徒曰禮也可，以演習而貌爲一，無真意存其間，何以異是？若夫西禮，雖脱略乎形迹，有類乎倨放，然去其虛文之僞，則必流露其真誠。苟徒曰禮也可，以演習而貌爲殊，不知心意一有怠傲，則聲音笑貌立著其非，不可以虛文掩飾也。此吾所謂真難而僞易也。夫堂廉之交接，上下之會同，親友之結納，疇不欲其相待以誠，乃不求其中心之自然，而徒責其外貌之當然？自然者，無有不簡，所以然者之根也；所以然者，亦無有不簡，當然之本也。止求其當然，則枝葉盛而漸離本根，浸假而至於世風日漓，詐僞相尋，皆肇於此，非細故也。更如迎送、宴會、年節之儀，婚喪、壽慶之事，亦恒喜耀其外觀，有一不臻華美者，則歉然，譁然，自尤而人非之。至於精意之存亡，真誠之有無，乃相與置諸勿論。孔子曰："禮與其奢也，寧儉；喪與其易也，寧戚。"亦可深長思矣。

嗚呼，此我中國上下四萬萬人群相見以僞，而至成今日之衰弱也。與其悦典禮之繁，共成一僞，何如從典禮之簡，猶得一真？仲弓曰："居敬而行簡，以臨其民。"是可爲今日主典禮者當頭之棒喝也已。

—8. 皇朝經世文三編　卷三八　禮政一　大典

典禮下

《傳》曰："禮所以安國家，宣社稷。"《記》曰："禮所以辨上下，定民志。"古人於禮也，其重如此。古者禮從宜，事從俗，入境而問禁，入國而問俗。先王之治民也，因其政不異其宜，齊其教不易其俗。是以有古禮，有今禮，有世俗所謂之禮。吉凶、軍賓、嘉讌、享朝、會盟，皆國家之大禮也。古人於行禮之時，或有愆儀失節者，皆知其爲咎徵之先現，禍機之將發，如臨食而嘆，聞樂而憂，執玉之俯仰高卑，趨走之視流行速，皆是也。自後世禮教失傳，禮意寖衰，徒見之於虛文外貌，而禮之本原不可得而知矣。嗚呼！此禮之變也，非禮之常也。

夫毋不敬之謂禮。今之脅肩諂笑、喜怒逢迎以爲智，效一官能效一職者，問猶敢有責難交儆、陳善閉邪於主上、上司者耶？今之順旨面諛、請託干謁，以圖辦一公事、討一優差者，問猶得有殫心竭慮、盡瘁鞠躬，以措辦得宜者耶？夫訑訑之聲音顔色，已拒人於千里之外，而猶曰士相見也，禮在則然；赫赫之喝道鳴騶，已辟人於咫尺之間，而猶曰官淑問也，禮在則然。故自有此煩文，是以卑躬屈節以爲禮，而抗直之士斷不收；自有此末節，是以有厚賂重賂而謂禮，而剛介之夫斷不取。國家社稷之危，危在此；上下民志之散，散在此。夫禮者，理也。行乎禮之真者，國之興也不難；行乎禮之僞者，國之亡也亦易。高麗之屬中國也，有虚名而無實利。中國爲高麗而與日本戰者，徒爲虚名。虚名者，即今之所謂禮也。是故明乎禮之真者，不慕虚名而忘實利，不殘民命以作戰功。晋不争繼文之霸業而争狄土，秦不争東周之王號而争蜀疆，俄於近日不西争土耳其而東争高麗，皆此意也。所望我國崇實事，去浮文，除禮之僞，而得禮之真。譬如爲子者，温凊定省，其於父母也，問安無缺，而乃惰其四肢，不顧父母之養，濫交匪類，反貽父母之憂，何如勤工作，謹交游，而以至親無文爲孝也？如爲臣者，跪拜趨承，其於君上也，儀注無失，而乃授之以事則有曠職之譏，託之以財則有欺蒙之弊，何如供厥職，慎厥操，而以至敬無詞爲忠也？忠孝，禮之大端，其餘可以類推矣。

泰西之官，亦有品位之不同。大都任事者權尊，位高者望重，此亦與中國不相殊異。惟其出入起居，一切規模往往喬野無文，簡樸不飾，旁人見之不知其爲官也。迨各事其事，各在其位，則出一令也，無不應之如響，創一舉也，無不應之如響，創一舉也，無不從之如流。至其衣冠服御，或者亦有區别，我輩異邦人不能深知而詳辨。然較之中國，則華實之間大相徑庭。故泰西各國，其於民間之情形，民事之底藴，莫不瞭然若觀火，而無廉遠堂高之慮。雖以一國之主，皆得與齊民相晤談，初無赫聲濯靈，難於一見。此其風氣，直與古人無異矣。

自昔，我中國何嘗不如此？三代以上，君與民近，天子猶一方之吏。茅茨之階，不以爲陋；霑體塗足之倫，時接於目。其爲君者，或遁於荒野，或學於儒臣。如商王武丁，諒陰不言，夢賚良弼，求傅説於版築之間，而舉之相位。説者謂其求賢之誠，感格蒼昊而不知。其實由高宗遁荒之時，早知傅説之賢，特恐來自田間，舉登於位，朝臣或有所疑，故託爲應夢旁求之事耳。迨至秦漢而後，此等異聞猶或有之，然君之體則漸尊矣。至於官，則猶未若今日之倨貴也。夫人主一身，豈能綜理庶務？勢不得不委任臣下。而大臣又不得事事躬親，亦不得不分任其責於屬僚。内而宰相部臣，外而督撫大員，皆其位尊而權重者也。惟其位尊，故其威儀禮節皆與人不同；惟其權重，故其下亦莫不尊之敬之，而體勢之崇高，儀度之尊嚴，與人迥異。自是而大員之一出一入，儀制繁盛，隨從衆多。伺候其門者，咸傴僂足恭，有不敢仰視者；一轎馬也，緑呢絢爛，舁者少則四人，多則八人，頂馬跟馬，前後擁護，肅静回避，除道清塵，今當道前後擁護，手舉清道旗、肅静牌者，皆衣衫襤褸，形同乞丐。無論停足何處，即解衣捫虱，非但不能壯觀瞻，反爲西人誚笑。其體統有如此者；一舟車也，或坐輪船，或坐兵艦，舟中則不敢搭客，不敢裝貨，開輪繫纜必升炮，隆隆然絡繹不絶，騾車套車極其高大，前扈後從，其尊崇有如此者。夫體統尊崇至於如此，則凡民間有冤，抑苦情欲赴訴於前者，誰不有所畏縮？求其下情得以上達也，烏可得哉？且不獨大員爲然也，即州縣各官，莫不自張其威。一州一縣彼獨稱尊，除見上司時不敢不致敬盡禮外，若在衙署，或下鄉催科、踏勘、相驗等事，亦復扈從如雲，威儀煊赫。以州縣親民之官，且不能俯察下情，躬問疾苦，則封疆大員，更無論矣。即如各鎮分司巡檢，亦且夜郎自大，不肯紆尊降貴。中國之官，體制如此，則其異於西國者遠矣。西國雖以將相大員，握重權、掌兵柄，指揮如意，措置裕如，而其出入之間，坐不過馬，諸客雜坐，隨車輪船，而輪船除水師提督等官自有坐船外，往往附坐公司商家之船。即挈眷同行，亦與行之人亦不甚衆，護從之輩，益復寥寥。即有德政及人，或當臨行之時，紛紛餞送者，亦初無中國之所謂萬民衣傘及一切匾額銜牌之類，但以杯酒爲酬，並致祝詞而已。

夫中國之官場，其繁重也如此；泰西之官場，其簡捷也如彼。以此見中外之所由分，而中國之文有不如泰西之質者矣，中國之華有不如泰西之實者矣。

—8. 皇朝經世文三編　卷三八　禮政一　大典

女　教

中古女學諸書，失傳已久。自片語單文，散見六經諸子外，以班昭《女誡》爲最先，劉向《列女傳》、鄭氏《女孝經》、《女訓》、《閫範》、《女範》各有發明。近世藍鹿洲采輯經史子集中爲婦人法式者，謂之《女學》，頗稱詳贍。所惜者朝野上下間，拘於"無才便是德"之俗諺，女子獨不就學，婦工亦無專師。其賢者稍講求女紅、中饋之間而已。於古人所爲婦德、婦言、婦容、婦功者，有其名無其實。禮教之不講，政化之所由日衰也。泰西女學與男丁並重。人生八歲，無分男女，皆須入塾，訓以讀書、識字、算數等事。塾規與男塾略同。有學實學者，有學師道者，學成，准在女塾教授女徒。有學仕學者，有入太學院肄業，以廣其聞見者。雖平民婦女，不必如男子之博雅淹通，亦必能通書文，明道理，守規矩，達事情，參以書數、繪畫、紡織、烹調之事，而女工、中饋附之，乃能佐子相夫，爲賢内助矣。瑞士國有大書院，准女子入内習醫，如果精通，亦可給憑行道。而收生一端，關繫尤重。俄國特設教女收生院。凡胎前産後一切要症，必須明白透澈，體恤入微。既講求婦科，即内外各科，亦可兼習也。中國之人，生齒繁昌，心思靈巧，女範雖肅，女學多疏。誠能廣籌經費，增設女塾，參仿西法譯以華文。仍將中國諸經列傳訓誡女子之書，别類分門，因材施教，而女紅、紡織、書數各事繼之。富者出貲，貧者就學。由地方官吏命婦，歲月稽查，奬其勤而懲其惰。美而賢者，官吏妥爲擇配，以示褒嘉。至於女塾章程，必須參仿泰西，整齊嚴肅，庶他日爲賢女，爲賢婦，爲賢母，三從四德，童而習之，久而化之，紡繡精妙，書算通明，復能相子佐夫，不致虚糜坐食。愚賤皆知禮義，教化具有本原。此文武之所以化行俗美也。至婦女裹足，合地球五大洲萬國九萬餘里，僅有中國而已。國朝功令，已加禁革，而相沿既久，俗尚未移。夫父母之愛子也，無所不至，而鍾愛女子尤甚於男兒。獨此事酷虐殘忍，殆無人理。或四五歲，或七八歲，嚴詞厲色，陵逼百端，必使骨斷筋摧，其心乃快。以爲如此而後他日適人，可矜可貴。苟膚圓六寸，則戚里咸以爲羞。此種澆風，城市倍於鄉曲。世家巨室，尤而效之。人生不幸作女子身，更不幸而爲中國之女子，戕賊肢體，迫束筋骸，血肉淋漓，如膺大戮，如負重疾，如罹沉災，西人論女子裹足，男子宫刑，乃極弊之政，爲合地球五大洲之所無，宜爲彼族嗤笑。革之者真爲聖君賢相矣！稚年罹剥膚之凶，畢世嬰刖足之罪。氣質虚弱者，因以傷生。雖父母愛憐，而死者不可復生，斷者不可復續矣。即倖全性命，而終日需人扶掖，井臼安克操持。偶有水火盜賊之災，則步履艱難，坐以待斃，戕伐生質，以爲美觀，作無益以爲有益，是爲誨淫之尤。苟易裹足之功改而就學，罄十年之力率以讀書，則天下女子之才力聰明，豈果出男子下哉。所望有轉移風化之責者，重申禁令，立限一年。已裹者姑仍其舊，而書裹足二字表其額，懸其門楣。嗣後一律禁止。故違者罪其家長，富貴者停給誥封。通飭各省，廣立女塾，使女子皆入塾讀書。其美而才者，地方官吏贈物贈扁，以獎榮之。各塾女師，如能教化賢才，卓有成效，咨請旌獎，以勸將來。一轉移間，而道一風同，利興弊去。成周之雅化，《關雎》《麟趾》之休風，無難復見於今日矣。

—8. 皇朝經世文三編　卷三八　禮政二　家教

學　校

學校者，造就人才之地，治天下之大本也。古者，家有塾，黨有庠，州有序，國有學。比年入學，中年考校，一年視離經辨志，三年視敬業樂群，五年視博習親師，七年視論學取友，謂之小成。九年知類通達，强立而不反，謂之大成。而又教以弦誦，舒其性情。故其時博學者多，成材者衆也。比及後世，學校之制廢，人各延師以課其子弟。窮民之無力者，荒嬉頹廢，目不識丁，竟罔知天地古今爲何物，而蔑倫悖理之事因之層出不窮。此皆學校不講之故也。今泰西各國猶有古風。其學校規制，大略相同，而德國尤爲明備。學之大小，各有次第。鄉塾散置民間，由貧家子弟而設，由地方官集貲經理。無論貴賤男女，自五歲後，皆須入學。不入學者，罪其父母。即下至聾瞽喑啞殘疾之人，亦莫不有學。使習一藝以自養其天刑之軀。立學之法，可謂無微不至矣。初訓以幼學，間附數學入門，本國地理等書。生徒百數以内者，一師訓之；百數以外至千數，則分數班。每班必有一師。此班學滿，乃遷彼班。依次遞升，不容躐等。察其貧者，免出修脯。稍贍者半之。郡院學者之修脯，亦不過一錢至半元而止。院中生徒，亦分數班。班有專師。有專教算學之師，有專教格物之師，有專教重學、理學、史鑒、輿地、繪畫、各國語言文字之師。期滿，考列上等，則各就其藝能，或入實學院，或入技藝院。其實學分上下兩院，皆以實學爲主。約分十三班。初入院，在末班。每班留一年。閱十三年，遍歷諸班，方能出院。上院考出，入太學院，免三年軍籍。下院雖列首班，仍充軍籍。三年可入技藝等院。大學之掌教，必名望出衆，才識兼優者，方膺此任。院中書籍、圖畫、儀器，無一不備。一經學，二法學，三智學，四醫學。經學者，教中之學。即耶穌天主之類。法學者，考古今政事利弊異同，及奉使外國修辭、通商有關國例之事。智學者，格物、性理、文字、語言之類。醫學者，統核全身内外諸部位經絡、表裏功用病源、製配藥品、胎産接生諸法。技藝院者，汽機、電報、采礦、陶冶、製煉、織造等事。格物院與技藝院略同。大抵多原於數學。數學則以《幾何原本》爲宗。其次力學，力學者考究各物之力量。化學，考核金石、植物、胎卵、濕化、各物化生之理。其次爲天學，測步五星七政之交會伏留。其次爲航海之學，必嫻於地理測量、駕駛者，方能知船行何度，水性何宜，颱颶、沙礁若何趨避。武學院課與實學院同。但多武藝、兵法、御馬諸務。通商院則以數學、銀學、文字三者爲宗。其於各國方言、土産、水路陸程、税則、和約以及錢幣銀單、條規則例、公司保險各事，無不傳習。農政院、丹青院、律樂院、師道院、宣道院、女學院、訓瞽院、訓聾暗院、訓孤子院、訓罪童院、養廢疾院，更有文會、夜學、印書會、新聞館。別有大書院九處，書籍甚富，聽人觀覽借鈔。但不能携之出院。每歲發國帑以贍生徒。其教法之詳，教思之廣，如此。

大抵泰西各國，教育人才之道，計有三事。曰學校，曰新聞報館，曰書籍館。而學校又有三等。一初學，以七歲至十五歲爲度，求粗通文算、淺略地球史志爲准。聰穎者可兼學他國語言文字；中學以十五歲至二十一歲爲度，窮究各學，分門別類，無一不賅；上學以二十一歲二十六歲上下爲度，至此則精益求精，每有由故得新，自創一事，爲絶無僅有者。夫欲制勝於人，必盡知其成法而後能變通，而後能克敵。彼萃數十國人材，窮數百年智力，擲億萬兆貲財，而後得之，勒爲成書，公諸人而不私諸己，廣其學而不秘其傳者，何也？彼實竊我中國古聖之緒餘，精益求精，以還之中國。雖欲自私自秘焉而天有所不許也。後之視今，亦猶今之視昔。彼泥古不化，詆爲異學，甘守固陋，以受制於人者，皆未之思耳。今中國既設同文、方言各館，水師、武備各堂，歷有年所，而諸學尚未深通，製造率仗西匠，未聞有別出心裁，創一奇器者。技藝未專，而授受之道未得也。誠能將西國有用之書，條分縷晰，譯出華文，頒行天下各書院，俾人人得而學之。以中國幅員之廣，人材之衆，竭其聰明才力，何難駕西人而上之哉。

—8. 皇朝經世文三編　卷四一　禮政六　學校上

停武試

天下有優劣高下，顯然爲衆目共知共見，雖親愛不能阿私，雖仇讎不能沮抑，無可倖亦莫我屈者，莫如武事。視弓刀之强弱，别中之多寡，非文藝之無定評比也。自順治十二年復行武殿試，遂與文科一一相準，視漢六郡良家羽林期門、唐翹關負重之選，殆於過之。選舉之法不可謂不備，宜乎網羅天下豪傑而無或遺矣。乃事竟有大不然者，何哉？則以右文左武之見太重，而循名責實之道不講也。承平日久，文吏視武弁如奴僕，郭隗曰："馮几據杖，眄視指使，則厮役之人；至若恣睢奮擊，呴藉叱咄，則徒隸之人。至矣！"故武科一途，衣冠之族不屑與，一也。力士多出藜藿，而試事之費十倍於文，寒素不能與，二也。武試有教師壟斷，非其素識，無門可入，窮鄉僻壤不得與也。所取之途既狹，故所得之才不真。試以常人之有文學者十人，與十文生校其勝，文生者究少；以常人之有武力者十人，與十武生校其勝，武生者比比皆是矣，雖舉人、進士亦然。當時與大將、立大功者，行伍多而科甲少。武科之不得人視文科尤甚，故武職以行伍爲正途，而科甲不與，顯與國家設科之意不合，而沿襲具文何爲者？夫優劣高下既有一定之數，何取乎一日之短長，何取乎一人之衡校，何取乎關防之所瑣碎，何取乎考試之勞費？宜停罷大小一切武試，一歸之薦舉，仍存進士舉人生員爲出身之名，專以膂力爲高下，不與選階。而緑營之遷擢必由之法，由兵部明定一格，力舉若干斤者中生員選，若干斤者中舉人選，若干斤者中進士選，無論漢滿、直省一律遴選，無定額，令各州縣於書烟户門牌時，凡有成童以上、力能舉若干等斤者造册，由縣而府而督撫學政考驗符合，皆登之册，禮之如文士，删一切前跪報名等例。其中進士選者，給咨送部引見授職，内用者留京營學習，外用者回省營學習，餘分别作爲舉人、生員皆留營學習，序補弁兵額。其不願留營、仍就士農工商舊業者，雖狀元授職後亦聽，逾時願至者亦聽。三年一舉，著爲令。嗣後緑營弁兵無出身者不得補。凡以武改文者，武生作爲佾生，舉人以上作爲附生，一體肄業，皆仍其章服。或曰：專以膂力爲高下，何也？曰：比就其易見而難。强者用之也。旁涉於馬步弓刀，即有一日之短長，即有倖有不倖，不如專憑膂力爲一定不可易。或又曰：不與選階何也？曰：專憑膂力可爲兵，不可爲將；可爲裨將，不可爲大將。或兇悍，或貪黷，或膽不足臨陣，或智不足制敵，或才不足馭下，雖有膂力猶之不可用也。歸營學習，令上司廉察之，昭其慎也。或又曰：不分省，又無定額，何也？曰：文試之就地定額無定評也。顯然有定評復而顛倒高下，此何理也？余嘗遇順德府一武童，百人之敵，以射中不及數，三黜於小試，而吾吴與試即取中猶不及額。聖人之治天下曰平，若是者平乎，不平乎？或又曰：聽其以武改文，何也？曰：宋嘉定十年始定武舉不得應文試，是武舉應文試古之道也，庶幾有文武全才出其間，漸可復文武不分之舊邪？或又曰：聽其來去自如，何也？曰：此牢籠天下勇士之術也。驍雄悍鷙之徒，輒多不喜束縛，故不肯就我。又其人往往不事生産，至他日迫飢寒流而爲匪，雖欲就我而不能。令於弱冠之初，以舉人、進士之榮名爲昭明，示以無所束縛，必欣然就我。迨飢寒既至，更無不就我之理。是有餘者以虚文縻之，不足者以實惠撫之，始有餘而繼不足者，則又預爲之地以待之。然吾知甘於爲匪者少矣。一轉移間，舉前三弊而一空之，有科目之榮，無武夫之辱，衣冠何至不屑，一也。按户而求，不遺僻遠，二也。不經教師，無所浮費，三也。如此則羅致既廣，不特干城腹心之選可收實效，兼可以清伏莽之原而弭無形之患矣。

—8. 皇朝經世文三編　卷四三　禮政八　學校下

水　師

中國海疆，袤延萬餘里。泰西各國兵舶飈馳，輪轉絡繹往來，無事則探測我險易，有事則窺伺我藩離，從此海防遂開千古未有之變局。居今日而籌水師，誠急務矣。

顧其中綱領，約有五端：曰輪船，曰火器，曰海道，曰水營，曰將才。何以言乎輪船也？泰西自設輪舟，民船之舊制盡改。其始，皆木殼船身及尋常之明暗輪耳；繼則木殼護以鐵板，名曰鐵甲船；繼而船身全易鐵殼，而水線上下所護鐵板愈厚；船頭另裝絶大之鋼刃，以衝碰敵船；船面或造旋轉鐵駁臺，以便四面分擊；鐵甲厚至十餘寸，而海上咸稱無敵矣。然船身太重，喫水太深，行駛既難加速，造費尤倍常船。於是蚊子船、快碰船之制復出。快碰船者，行海備戰之船也。船堅且速，炮大而遠者爲佳。船身全用鋼殼，不取其厚，並無鐵甲，配炮大而不多，船頭仍裝鋼刃。體質既輕，吸水自淺，轉動自靈。另出新意，造爲極速極省煤之鐵器，每點鐘能行二十餘里，勝可速追，敗可急走。敵欲擊以大炮，取準較難；欲衝以水雷，躲閃較易。且碰船之爲用，兩舟回翔迎距，相機一搏，如鷙鳥之下擊，捷不及瞬。勢險節短，惟快乃神。否則，反受碰於人，而利害天淵矣。蚊子船者，助守炮臺及海口之船，狀其眇小而名也。船長僅十五六丈，喫水僅六七尺，船身低矮，進退自如。船載一巨炮，彈子恒重八九百磅，合數船即有數巨炮，抄襲由我，分合自如。縱使敵人破我一船，損失不過十餘萬。設破敵一大船，其損失輒以數十萬計；破一大鐵甲，則一二百萬計矣。俄、美蚊船之制，復稍以鐵甲護之，尤可突險進攻，此以小制大之妙用也。現在西國水師，除尋常兵輪外，新造之大鐵甲日少，而快碰、蚊子兩式日多。惟其不膠成見，故能出奇無窮也。

今中國既有歷年造購之兵輪，又有新增之大鐵甲、快碰、蚊子等船，並自造魚雷。各艇似宜酌分巡守兩事：蚊子船專助守炮臺，兵輪以防海口；快碰等船及魚雷各艇，專主進攻襲擊，敵至，或分抄，或合擊，得機則進，失機則退。我能涉淺，能埋伏，能更迭出没。而又有鐵甲以爲坐鎮，有炮臺以爲依附，有海口以爲要衝，有蚊船以爲救應，敵必不敢冒險而深入矣。至巡海之船，擬分三大支：一巡直東，爲北洋；一巡蘇浙，爲中洋；一巡閩粵，爲南洋。每支酌配大鐵甲一二號，兵輪船四號，擇善地以立水營，分泊巡守。倘無事，則梭巡東洋、南洋、印度洋及美洲、非［洲］、澳洲、歐洲各島、各埠，由近而遠，逐漸游歷，以練駕駛，習窺水道，張國威，護華商。有警，則北、中、南三支互爲聲援。敵窺一路，則守者距之於内，巡者擊之於外；敵分窺各路，則避實擊虚，伺隙雕勦，或三路同出，使敵疲於接應，或彼出此伏，使敵無隙可至。至各路攻守機宜，必藉内地電線互通消息，乃能聯絡一氣。如此而敵猶敢輕犯者鮮矣。倘現在各船尚未足數，似宜竭力購足，俾得成軍。如德之露臺水線帶，英之旋臺鐵甲堡，尤新式之最佳者，增購三四號或更多；仿造快船、碰船、蚊子船近日水師總以快船快炮爲佳各數艘，以備臨陣補闕應猝之用。論者曰：如此布置，非費千百萬金不能有成。目下帑項未充，費何從出？不知天下大勢，須籌全局。敵之敢於窺我者，以我力之未足也。試觀從前海疆有事，一役之費，動輒一二千萬金，而百姓之損失尤多，國威之摧挫不少。今乘無事之日，籌貲自固，使敵不敢生心，國計民生均受其益。移有事時之用項於無事之時，未雨綢繆，保全於無形者實大。語云："亡羊補牢，未爲晚也。"此輪船之當籌者一也。火器另有專條，兹不贅叙。

若夫海道，尤非蹈常習故可以從事矣。測海之法，英國爲最備。無論商舶兵舶，每次行海，必將逐日所經之水程、所遇之風色、所探海底之沙土、所測某處島嶼之礁石，繪圖立法，歸而呈於海部衙門。海部再將各船所記，參互考訂，以驗海途之險易。苟何處有疑，則派船專往測之。不因其地之衝僻而有所歧視。兵船之上，必有學生沿路測量繪圖，彼此考證，其講求之勤求如此。今中國海道，隔省即不能知，甚至隔府隔縣亦不備知。近來輪舶聿興，常行之道，不敢謂毫無所見，試問各口之迂捷、淺深、沙線、礁石，能一一洞徹乎？各船管駕舵工能一一留心乎？未可知也。英國於我中國海疆，自混同江而南，以迄於越南一帶，某省某地，無不刊成海圖，詳載一切。全圖之外，衝要者另爲外圖。或沙線變通，即隨時另刊新圖，聽人售觀，毫無隱秘。似宜擇其所刊年月之最近者，購至中國，設立專局，選精曉洋文之士，譯繪重刊。分派駐各處水師輪船，責令管駕人員，各於所到之地，按圖覆考，相符者注明相符，若樣不符者，即改注該地的名。外國往不知某地的名，即任取一名呼之，每有未符。其沙礁深淺，或有遷移改換，即隨時改注。若原圖有漏，即詳爲補載。限以半年，將已經注改者，繳局一次，由局再給一分。如法查注，亦以半年一繳。如是兩年，再繳數次，當可作爲定本，由局核刊，分給兵輪領用，則各船皆有依據，縱素未涉歷，亦可按圖而索，臨事不致張皇。惟測量注改，此時管駕未必深諳，必先由水師學堂派撥測繪學生，令其隨船辦理。此海道之當籌者一也。

輪船之有水師，猶陸路之有城壘，必進可以戰，退可以守，乃能動出萬全。況水首重天時，暴風、重霧、寒冰，皆須慎避，安能不急籌寄泊之區乎！若未歷辦海疆，何由洞澈？且水營重地，縱華洋人等，指稱某地相宜，必須老成熟悉者，審慎履勘，方可舉辦。然其理與法，有可得而言者。如北洋之經營旅順及威海衛，誠中外所翕然稱許者也。設炮臺以資捍衛，設船塢以備修舱，設陸營以通接濟，握東奉最狹之隘口，拱畿甸最要之門户，而設處又非西國應行輪船之地，我據全勢以臨敵人，雄固無逾於此。然旅順口内，港水淺狹，不能停大舶，屯多船。形勢似尤以威海爲第一，居南北適中之地，控扼朝鮮、日本之水道，近歲經營，洵非虚設。至於中南兩洋，則江蘇之舟山，廣東之南澳，均宜及時籌布。其地自成險要，並無洋舶輳集，大可建立水營、船塢，陸營後路亦可近通接濟，皆設險置守之要區也。平時軍火糧餉，以十之一二扣存水營，而仍以内地存積爲根本。就目前而論，北洋莫善於天津機器局，南洋莫善於閩省船政局。至中洋之上海機器局，則密邇通商口岸，地勢平衍，無險可阨，似較津閩爲遜。但經營二十餘載，一旦未易改圖，是在他日之斟酌而變通耳。倘遇有警，則内地所積之軍火一切，或增撥水營存儲，或酌分海疆緊要省分，務使我能濟急，而敵不能扼阻襲取，是爲盡善之策。此水營之當籌者一也。

或謂驗收鐵甲船之法，其要有三：

一、在考究全船。究重心之斜正，隔堵之布置，碰鋒之堅利，舵機之靈捷，炮位之運動，及機器水缸、水門、藥彈艙、戰臺、魚管等處位置。

一、在講求炮械。德國克虜伯大炮，製成先用滿藥施放，藉驗炮身之堅及貫甲之力。德國水師俱用克虜伯炮械，雖操法與英國稍異，而專用是炮者，定臻精密。

一、在試演慎重，俾知輪機之滿力，轉圍大小，船性之左右，炮彈之遲速。

中國濟遠船，德廠所造也，而英廠頗訾議之。昔阿模士莊廠匠師槐持説帖云：濟遠船内有數處不及同時兵船之造法。一則分艙禦水之法未妥也，尤可慮者穹甲下各艙，如鍋爐艙長約占船身三分之一，若於下面薄鐵板處鑽一孔，水即易入。一則穹甲艙面雖固，然全裝於水面之下，其浮力與平穩均未盡善。倘船邊有水擊穿，則水入穹甲之上，甲未損而船或沉矣。一則舵柄未經保護也。前面炮臺及烟囱、風艙諸口，不宜用直甲保護等語。凡爲監督者，不可不參考也。船既堅矣，圖既精矣，而駕駛未悉，仍與無船同也。火器利矣，而施放未習，仍與無火器同也。水軍成矣，水營立矣，而士卒未習；士卒習矣，而將領未得其人，是以軍與營資敵也。美提督查弗而忒，於辛巳年春，曾由天津緘致其舊金山一友，其中言：余駐天津六閱月，稔悉中外交涉未能浹洽，緣西人每有輕視中國之處。查通商之利，英爲大宗，是以事多挾制，若美國則無是矣。年來中國購造鐵甲兵船，説者謂中國有水師矣。惟與西國相較，則甚弱。艦船上尚用洋人，未必肯以中國之心爲心。各公使又在細心察視，不欲中國驟强。是則中國亦未可謂有水師也。故日本步武西法，水師將士自幼皆入學讀書，歷加考拔，派至練船練習。水師提督固悉駕駛，且通英法水師陣法，自能升旂號令各船布陣，而兵弁水手一律整齊。聞西人之作壁上觀者，咸謂彼國水師與泰西無異矣。其陸軍則仿德國募民爲兵，訓練三年，令歸田里，一旦有事，招之入伍，雖遠在異國，不得不聞招即赴兵，雖散處各處，然已訓練三年，與臨招募以市井少年充數者有别。又聞其統兵大員必由學校出身，學既成，則航海至泰西，隸名軍籍，勤加練習，勞苦不辭。如是一二十年，必由兵士而升爲武員，然後回國重用。如山縣有明、榎本武揚之流，今之位尊爵高、獨當一面者，皆昔在歐洲充黑衣之籍、執戟荷戈者也。不特武員爲然，即文員亦莫不然。聞明治維新，子爵伊藤博文，欲詳考歐洲之俗，深苦不得入門，乃依集西官當賤役，閲十餘年始歸。現貴爲首相矣。夫然，故將才尤重西國育才之法，有專書，有專師，分門别類，循序致精。雖有一二稍嫌繁重，而上不以爲紓，下不以爲苦，蓋其俗使然。

今中國水師，似宜再聘英國海軍宿將，如瑯提督認真教授者。西報云：前北洋水師總教習瑯提督，及前福州駕駛學堂有一洋教習，皆能悉心授教，奈諸生苦其功課多、立法嚴，藉端公稟當道開除，未盡所授閲者，惜之。所有南、北洋兵船、鐵艦，均歸訓練，優者升，劣者除，以杜倖進。至各省所設駕駛學堂，皆延西師，分門教習。已升至第一班者，即派登舟歷練，勿使久居學堂，耽安閑而縻歲月。蓋至船練習，利有數端：實事求是，不尚虚談，利一；閲歷風濤，能耐勞苦，利二；增長膽氣，遇險不驚，利三；巡游島嶼，堪資聞見，利四；隨時察驗，預覘才器，利五。各班之中，有志趣遠大、識慮警敏、心地純實、功力精進、膽氣凝定、身體堅壯、耐勞安分者，皆屬有用之才，存而記之，以資器使。英國水師官甲必丹伯力儒，在英京武備大會宣言於衆曰：日本仿西國政務，勢漸炎炎，非僅取軍械之一長而已也。他日爲將領、爲偏裨、爲教習、爲司機、爲頭目，即在其中；最下亦可爲精卒、爲匠手、爲聽受約束之兵丁壯役。若登舟之後，性情驕狠，頹惰輕浮，貪詐生事，一切不堪造就者，雖權貴子弟，立予剔除，以肅軍紀。如是，而人才不興者未之有也。泰西之水師莫强於英法，而兵船之制度則尤以英爲最精。蓋他國水師，兵丁兼充水手，英則另有水手，專管行船，不分。兵丁之力，較各國爲尤勝。英國水師船中有童子軍七千餘人。俄國戰船雖不及英國之多，亦有童子軍五千人。教習駕駛者，有兵船學堂，有商船學堂，以船爲學堂之所，每學堂肄業者三百人，在此習學。至兵船紀律，自將領以至兵丁，皆不准無事登岸閑游。又任意住宿，惟禮拜日可給假上岸，亦不能留岸住宿。我國兵船，俱未能恪遵法度，此所以有日本十五年之案也。唐景星觀察曰："我國兵船與英國兵船同在烟台，日落時，我國兵船時有小艇攏岸；英國兵船，無一小艇灣泊，而軍政寬嚴可見矣。"海軍章程，雖定有施教之法，考校之方，奈虚應故事。各兵船月有公費數百兩，爲船上燈油、機器房車油、棉紗繩、油船等用，因係管駕所包，致船艙機器擦抹不勤，應油不油，應換不换，故船身各件易壞，而後膛炮機亦致生銹。如統領果是水師學堂出身，而又公正廉明、認真考察，斷不致爲人蒙蔽至此。因水師全權，非若泰西歸於水師提督，我國家升降、賞罰、戰守機宜，皆權自上操。然軍情萬變，事必乘機，若遥爲節制，縱不掣肘，必多遷延貽誤。各省督撫、將軍、都統，皆有統領兵弁之責，試問其深諳武備否？即素未悉統領材能，復何從知偏裨優劣，而遽委以舉錯升調！雖無私心，亦恐難期盡善，况假之展轉賄賂者乎！昔豐順丁中丞，辦事精明，聞某以賄賂而得管駕，故親坐該船，驗其能否。該管駕與司舵者，預爲關説，視其所吸烟桿嘴爲表，指東則曰東，指西則曰西，丁中丞竟爲蒙蔽，可知非深於此道必受人欺。查西例，武員升降，皆由兵部。水陸提督黜陟，以其部下暢曉戎機、迭獲勝仗之武員升任，從無文職大僚而權能舉錯及委任軍事者。今中國於軍制不能復古，悉效西法，即訓兵口號，亦仿西音。夫歐西兵法，精益求精，如英之阿林鄧、法之拿破侖等兵法，儘可與孫吴兵法參用。惟訓兵口號，宜改華音，非但易習，而又得體耳。中日戰後，德員漢納根曰：中國取敗之道有二大端：一曰無統帥。各督撫自保封疆，分而不合；一曰無名將。各提鎮未諳韜略，闇而不明，剛愎自用。職是二端，必難望勠力同心，克操勝算。而原其流弊之極，不得不咎中國立法之凉。蓋中國律例，地方官失守城池，罪當斬首，故各省督撫以下莫不慄慄危懼，有事則自顧疆土，遑暇舍己從人。中國兵將雖衆，實則各自爲謀。泰西軍制，凡將帥武弁，須由武備院肄業生考充。兵弁以次遞升，必其學成，然後致用，以得統兵弁爲榮。中國雖亦以行伍出身爲正途，但左文右武，且視兵之流品爲最卑，而凡閥閱之子弟，博雅之生徒，皆以入營伍爲大恥。無賴之輩，始貪其月餉而趨之，日積月纍，或以僥倖躐保，或以鑽營薦升。今專閫大員之拔自行［伍］間者，多此類也。十步之内，必有芳草。吾未敢抹煞，謂若輩盡無可用之才，特其揚旗揭鼓之時，既慚祈父之爪牙，又鮮兔罝之心腹，及至獨當一面，心雄萬夫，徒以學問未深，練習未精，斯識見終於未廣，忽遇梟雄之敵，將非交綏而遽敗，即聞警而先逃。其罪可誅，其情可憫，而師徒撓敗之羞，固已早決諸平日所望者。創鉅痛深之後，發憤爲雄，或如德之勝法。故軍中缺陷之處，吾輩迭經具禀聲明，深冀總師干者，因屢敗而痛除疾痼，幡然一變。不料其泄沓至今，此我輩所悵然失望者也。按西人關心中國者，皆著書立説，謂中國水師未精，將帥無人，不惜大聲疾呼，願舉國猛然警覺矣。今英、俄、法、德、日，莫不以水師長駕遠馭。我中國海疆遼闊，海口又多，誠如張香濤制軍疏云：防不勝防，守不勝守。無論如何，海軍終宜復設。亟宜多貸洋款，借材異域，設水師學堂，練船，定造新式鐵艦、快炮。英上院公爵馬君云：海戰之勝負，在鐵艦翻陳出新，大炮去遲易遠之故。可謂深知當務之急。豈可以威海之覆，因噎而廢食哉。

英國以水師爲重，另分一部曰海軍，設立大員五，以司厥事。其人必深明水師諸事，乃足當其任。一曰總理，有綜核一切之權。雖屬文職，必由武備院出身，而兼理樞密院事務。尚書二員，一管船廠一云總理船廠製造船艦，一管行船一云管理轉運糧餉事宜。侍郎二員，一管匯兑購置一云總理購置物件，一管出入帳目一云司理銀款。别設監督一員，由議院轉調，升降職與五大員同，皆歸國家黜陟。其下又有司官十員，曰協理官，曰管船官，曰會計官，曰機料官，曰轉寄官，曰管工官，曰管炮官，曰管票官，曰管膳官，曰醫官。此外别有數官不歸海部者，曰海國公所長，曰行船會長，曰天文學長，曰水師學長。侍郎與會計官同司出納，因而另分兩司專理各處船塢事宜。第一司内，管機器者一員，管各工料之加增者一員，管理木料者一員，驗工及清帳者各二員。第二司内，管煤者一員，管船廠數目者三員，管購置物件、建造樓房者各一員。通國船廠之稱頭等者四處，稱二等者四處，屬地船廠十有五處。四等頭等船廠，皆有專員管理。水師提督所轄係船與艦兵丁及學習船中操演者耆指各事，更有管轄巡捕之權，平時彈壓，戰時防守，雖不兼理船廠，亦可隨時訪察而入告焉。或謂中國海軍大臣及司理者，各司厥職，能如認真乎？能深明水師諸事乎？昔年中法失和之時，法人在海面搜查各國商船，何以中國不能照辦？據深通西律者云：因未照公法，設立戰利法院耳。然則，戰利法院之設，亦當今要政，不可緩矣。查戰利法院，又名司海法院。日本已經仿設，頒有一定章程，名爲捉拿敵人船貨衙門。我中國尤宜聘精於泰西律例、萬國公法者，及早商辦。如不能自强，不設海軍，不製鐵甲，雖有名目，似難施行，徒有瞠目視之而已。

薛星使疏云："外洋水師，屹然能成一軍者，必須有鐵甲船以扼中權，有快船以便迎敵，有碰船以作衝鋒，有蚊船以守海港，有運船以接濟餉械，有書信船、有暗接電線之船以靈通消息，有雷艇而行雷可以出奇、伏雷可以制勝，又必有炮臺以作靠山，有島澳以屯全隊，有廠塢以修巨艦，而後海軍乃無缺陷。一旦有事，可進可退，可戰可守矣。蓋鐵艦無快船、碰船爲輔佐，必轉爲敵之快船、碰船所困，是直孤注而已。而碰船、快船又必得鐵艦數號，始壯聲威，而資坐鎮。蚊船炮大船小，艙淺底平，可作守港利器，但行駛既緩，風浪宜避，祇能在海口及沿岸淺水處馳逐接戰，難爲洋面制敵之具。一中炮子，即有沈破之患。碰船亦有蒙鐵甲，皆船身小而甲厚，專爲衝陷敵船而設，謂之鐵甲衝船。快船有巡海快船、鋼売快船二種，首尾設大炮兩尊，船喫水之下暗設衝頭，可以碰壞鐵艦，每點鐘行四十五里，洵稱迅捷。總之，以上各器，凡經營大枝海軍者，缺一不可。合之則相濟爲用，離之則獨立無功。"許竹篔星使，上次出使德、法諸國，經辦船炮，條陳海軍船炮應辦事宜一疏，頗多精要，可以采用。惜篇幅太長，不能備録。張香濤制軍疏云："今日禦敵大端，惟以海軍爲第一要務。沿海七八千里，防不勝防，守不勝守。彼避堅而攻瑕，避實而攻虚。我勞彼逸，我鈍彼靈；彼横行海面，而我不能斷其接濟；彼空國出師，而我不能攻其巢穴。雖竭天下之力，費無窮之餉，終無完固之策，而國已困而不可振。故今日無論如何艱難，終宜復設海軍。"查近日海戰，洋人以船快炮快爲要著，與從前專恃船堅炮巨者稍異。大約每一軍必有一二大炮，鐵艦爲老營，而以穹甲快船爲戰兵，以魚雷炮船爲奇兵。每軍約配穹甲快船四五艘，魚雷炮船七八艘。穹甲雷船所配，皆係大小快炮。中等穹甲一艘長三十餘丈，每一點鐘行三十二海里。魚雷炮船長二十餘丈，與魚雷艇之輕小者有别，每一點鐘行二十八海里，最爲捷速。中國海軍尤以斷敵船接濟爲要策，加以防内海、護長江，則魚雷炮船之輕速，尤爲合用。每廠造穹甲，八月可成一艘，一年可成五艘；魚雷炮船五个月可成一艘，一年可成十艘；大鐵艦一年餘可成一艘。若分向英法各大廠定造，則一年内外，海軍數枝之船，皆可齊備應用，庶免悠忽延誤。今大勢自以南洋、北洋、閩洋、粤洋，各設海軍一枝爲正辦。若限於物力太鉅，則南北兩枝斷不可少。大約海軍一枝，船、炮、魚雷各費，共需銀一千餘萬至二千萬兩。借洋債數千萬兩，籌辦不難，而難在養費與人才耳。此攻彼戰，此出彼歸，或分或合，變動不一，方不致困守一隅也。至水路尤難於陸路，將領必用洋將爲之。中國未經戰陣之學生，粗疏不諳之武弁，斷不能用。雖善於陸戰，非水師學堂出身，亦不宜用。且非用洋將，則積弊必不能除，操練必不能精，考核拔擢必不能公。俟臣將各船弁勇中考有出色可信者，再以派充各學管帶。至各船應如何配用布置，應請旨敕瑯威理迅速來華，並帶精熟水師將弁數人同來，以便通籌全局，及早舉辦訂購。至於船上所用弁勇，則仍須多派精熟員弁及有志子弟，赴英國學習。非水師出身，不能精熟；非通西國言語文字，不宜出洋。余見昔年南洋兵管船駕，多陸路兵官，皆不曉外國之言語。此舉尤宜從速。我有籌鉅款購多船之舉，先聲所播，足見中國志氣未衰，已足以隱折各國吞噬之志矣。惟既設海軍，必宜多籌船塢。西國水師擇地建閫。其要有六：水深不凍，往來無阻，一也；山列屏障，可避颱颶，二也；路連腹地，易運糗糧，三也；近山多石，可修船塢，四也；濱臨大洋，便於操練，五也；地出海中，以扼要害之處，六也。而可造船塢之地，頗不易得。除旅順、福州原有船塢外，山東膠州澳、廣東虎門以内，宜分設大小兵艦船塢。長江以内，尤宜分設中等船塢。除鐵艦外，若穹甲及雷船，皆能入江修理。蓋兵船攻敵，無論勝負，必不能一無所損傷。海軍交戰，不能定在何處傷損，船塢若不多設數處，設一塢爲敵所踞，或海道所截，我船不能歸塢修理。數戰之後，多船均廢矣。此則今日固國衛民之先務，無論如何艱難負累，而必當竭蹶以成之。二公之言，可謂知彼知己，切中時弊者矣。

王爵堂星使云：法國海部，於去年起，將戰船上中號、大號口徑之炮，盡行改用快炮。凡北海、地中海之船，業經陸續歸塢，在製造局中换裝快炮。查此項快炮已裝於北極海面、印度洋面等處兵船矣。船面木質之器，盡行改换鐵質者，以避敵人炸彈之毁。一則停泊中國，藉壯聲威；一則駛赴馬島，以資征討。但衹除舊更新，尚嫌單薄。故擬於哈乞開司之梅花炮外，更添馬克心拿登飛得之快炮。馬克心近今最精良最凶之器，德奥二國水師已有此項炮位，而法水師亦當於一年内備齊。是炮共有炮膛十具，裝藥、裝彈皆有活笱。每分時能開千響，足抵五十人每秒時中開快槍二十響。藥彈即用格拉及勒培爾槍之子，子儲炮架之内，計有二千八百八十个，衹須一動炮架，其子自入炮門。海部尚書欲令船中炮手熟習其法，故令五戰埠各派人員於去臘初一日來至巴黎，每水師船廠各派正副炮弁二員，在水師總廠中學習馬克心炮之動法、配法、拆法及收拾法，學成後給予專照，各歸本職，即委其在軍械所及戰船上教授各炮手，以行新法。近數年來，各國於行海大加講求，而以速率爲尤重。商船固須借重速率，而兵船則尤以速率爲第一關鍵。假使此國有兵船一隊，爲數不多而行駛頗速；彼國兵船雖多，器械亦利，而行駛遲緩，則此軍即不必與彼交綏海上，而可徑轟其海口。且兵船遲緩者，斷不能阻碍敵人兵務，由商船皆有極大之速率故也。速率之蒸蒸日上，實足令人觸目警心。總之，船行之速率，實無止境。果能配合各國鋼鉛及他項材料，實得至輕之質、極大之力，以馴至於日久耐用，更深求水之阻力、機之進力、油汁代煤汽鍋，布置之妙，其所造又安有窮期乎！

寓日之德國人云：曾至横須賀船塢，觀日人拆卸丁汝昌所獻之兵船。其船身尚堅固如常，惟機器已多銹壞。可見中國水師各將弁，不知勤飭司機人用心揩擦，未免溺職素餐矣。究其弊，皆因管駕瞻徇情面，統領水師不能認真。所謂督撫其事者素未諳習，遇有變故茫無頭緒，惟有因循苟且了事。又恐大權爲他人所得，故門户之見尤牢不可破。必至强不知以爲知，甘爲小人蒙蔽，致僨國事而弗恤也。中日之戰可以爲鑒矣。中國雖有二十三省之大，各督撫均存畛域之心，水陸兵官互不相顧，地雖大而勢分。不若美、德兩國，皆有數十小國歸其統屬，政治雖有不同，而水師大小兵艦均歸一統領管轄，所有將官兵士亦歸其黜陟升降，調度隨時奏報，各屬國不得掣［肘］。時地雖分而勢合。各國之水師，亦屬如是。惟水師統領，非資格最深兼有財力者不能當。因與各國兵船水師提督時有宴會，費用甚多也。或恐水師盡歸統領黜陟，兵權過重，不知所升之統領，多是年老久於水師，而上下院議員皆知其人品學問何如。且各船發給兵餉藥彈一切，另派有管理之員，所以從無尅扣及跛扈之人。我中國南北洋水師，亦宜仿西法，歸一水師提督中資格最深者統領，免致臨時各督撫各分畛域，各船借詞規避，再蹈前轍，互不相救也。今中日息戰所訂和約，不向日索還丁汝昌所獻之兵艦，日本又不照公法，竟將旅順船塢轟壞，此與向來各國戰例大相違背者矣。慕雍山人註曰：凡事必須經練於平日，方能應用於平時。若事多未備，而禮樂兵刑歛簿書錢穀之繁，皆欲責之一身，使其歷任，是未能操刀而遽使之割，未學製而遽使之裁也。丁統領以陸軍之將，而奏膺水師統領之職，余嘗與海軍諸將領相識相見，其意氣自豪，嫖賭是務，不但海道圖、海戰陣法有所未習，即船中槍炮若干、機器何名，問之亦茫然也。惟於各口立私宅，包倡妓，或多取小妻分置各海口，一抵船埠，即身歸私宅，酣歌恒舞，俾晝作夜已。噫！欲此輩效命於洪波駭浪中，視死如歸，豈不艱若登天哉。惟有鄧壯烈一人，庶幾乎無慚愧於海軍之將才矣。兵輪既有鐵甲，復有軟甲，縱敵彈將軟甲擊壞，而本身之鐵甲尚在。

所以歐美各大國，論國勢强弱，必視鐵甲、軟甲、魚雷多寡，火器精粗，將才能否，以爲斷。英國以水師稱雄海上，故船塢最多，美、法、德亦不少。意大利招英商承辦官船塢，若干年後買歸意國。各國近復講求快船，歲有所增。且將戰船停置一處，祇留數人看守，或預存造備戰船材料，一遇戰事，配合應用，欲省平日養兵諸費，法甚善也。又與郵船公司議定，嗣後公司所造輪船，須半仿兵船式，俾有事時借爲攻戰之用，平日仍航海裝載貨客。聞有快船廿五艘，每點鐘可行海里廿二諾每諾合中國三里三。遇有戰事，每頓按月由國家償費用銀十六先令至廿二先令。向日往來郵政快船皆屬於英，今美國亦新製快船兩艘，國家於每諾按次津貼銀四元。每元合華銀一兩四錢。按西例，凡有益於國家者，無不歲有津貼。如開大船塢，其寬窄度數遵國家船政官所定，歲助經費銀若干，所以無利不興。日本自得中國之賠款，多撥以增廣學校，添置鐵艦。聞定造魚雷船有百艘之多。可見多國講求戰船、人材、商務，立法良而用意深也。因閱各書所載各國兵船數目，於今大不相符。故將《政治全書》所載各國戰船、守口船、巡船、魚雷船譯出，分等備列於後。

光緒二十一年各國兵船表

船名＼國别		英國	法國	俄國	意大利國	德國	荷蘭國	西班牙國	奥國	瑞典國	瑙威國
戰船	頭等	二十九艘	二十一艘	十七艘	八艘	五艘		一艘	一艘		
	二等	八艘	九艘		四艘	三艘			五艘		
	三等	七艘	三艘	一艘					二艘		
守口船		十七艘	十八艘	二十五艘	四艘	十三艘	二十二艘	二艘			
頭等巡船	一號	二十九艘	六艘	七艘	四艘	一艘		七艘	十艘	十七艘	四艘
	二號	十二艘	十一艘	七艘	五艘	八艘	六艘	二艘			
二等巡船		五十九艘	三十艘	二艘	十六艘	九艘	八艘	六艘	四艘	一艘	
三等巡船	一號	一百五艘	四十六艘	三十九艘	三十八艘	十八艘	八艘	二十二艘	十九艘	十艘	四艘
	二號	八十七艘	六十二艘	十六艘	八艘	三艘	六十八艘	二十四艘	九艘	七艘	十四艘

魚雷船	頭等	八十五艘	四十六艘	六十八艘	一百七艘	一百十四艘	六艘	十二艘	二十四艘		
	二等	三十五艘	百四十一艘	七艘	三十六艘	二十艘	十四艘	二十艘	三十一艘	十六艘	九艘
	三等	十八艘	三十八艘				三艘	一艘	八艘	二艘	三艘
小計		共四百八十九艘	共四百三十六艘	共一百八十九艘	共二百二十四艘	共二百一艘	共一百三十五艘	共九十七艘	共一百十四艘	共五十三艘	共三十四艘

船名＼國別		丹國	葡萄牙國	土耳其國	希臘國	美國	巴西國	阿金定國	智利國	日本國
戰船	頭等	一艘		一艘		六艘			一艘	二艘
	二等	四艘		一艘			二艘			
	三等			七艘	二艘	十八艘				
守口船		三艘	一艘	一艘		五艘	九艘	二艘	一艘	
頭等巡船	一號		四艘	九艘	三艘	二艘				
	二號	六艘	一艘	二艘		十三艘		三艘	一艘	四艘
二等巡船		十四艘	二十七艘	三十二艘	四艘	七艘	三艘	二艘	四艘	九艘
三等巡船	一號	六艘	五艘	二十三艘	十六艘	十四艘	五艘	六艘	二艘	十六艘
	二號			九艘	六艘	二艘	十八艘	六艘	八艘	三艘
魚雷船	頭等	四艘	三艘	十五艘	六艘		七艘	八艘		一艘
	二等	二艘		七艘	六艘	一艘	五艘	六艘	六艘	二十四艘
	三等								三艘	十六艘
小計		共四十艘	共四十一艘	共一百七艘	共四十三艘	共六十八艘	共四十九艘	共三十三艘	共二十六艘	共七十五艘

—8. 皇朝經世文三編　卷四八　兵政四　海防四

行軍以間諜爲先論

今天下，一强弱相陵、大小相吞之局也。勢既處於相争，其機自不得不出於争。顧争之於已發，不如争之於未發；争之於有形，不若争之於無形。蓋争於已發、争於有形，終不見事事落人之後，固不若争於未發、争於無形，得以獨操勝算也。善弈者必先審敵勢，知何者爲正兵，何者爲奇兵，何者爲聲東擊西之兵，乃能預爲之備，而不爲彼所乘；善料敵者，亦必於事機之未露，兵釁之未開，高瞻遠矚，密訪詳稽，於彼國之一舉一動，無不瞭然於心，如秦宫鏡，如牛渚犀，乃能事事争先，制人而不爲人所制。欲料敵情，使無遁飾，豈有他道哉？亦在乎多派間諜而已矣。所謂間諜者，即細作之謂。間者，主乎離間。孫子有用間之説，使敵國君臣猜忌，將士離心。楚漢相拒於成皋，漢用陳平携黄金千斤，離間楚君臣，遂使拔山蓋世之英雄有范增而不能用，間之爲用大矣哉。諜者，主乎偵探，詐爲敵國之人，混入敵國之地，察其舉止，燭其隱微，以報本國。如《左傳》桓公十二年，楚師伐絞，羅人使偵，伯嘉諜之；又宣公八年，晋人獲秦諜是也。可見間諜之廢，自昔已然。西國用兵，尤留意於此，即當承平無事之時，亦不憚廣出金貲，派熟諳地理、精測天文、深通兵學者，密赴他國，測其城郭之疏密，山川之夷險，道里之遠近，堡壘之形勢。若水路，則量其海口之深淺，沙線、礁石之有無，一一繪圖貼説，持以歸國，上諸政府，頒諸將士。使平日用心觀覽，一旦有警，則長驅直搗，所向無前，於敵國之扼塞，了然於心，不煩導引之人而已如入舊游之地，此行師之所以神速也。德法一役，電掣雷轟，爲泰西數大戰之一，德之所以取勝，固由將勇兵精，然其争奪險要，使法國全體瓦解，救應不靈，則未始非間諜之功。此外各國争戰，亦不廢此。而於本國，如見此等間諜私行入境，或測路徑，或繪炮臺，一經窺破，立即處以重刑；即本國爲敵人所誘，與之串同一氣，私以國中機密陰告敵人者，處分亦重，或立時處死，或永遠監禁，使作苦工，立法不可謂不嚴。惟彼此雖嚴爲之防，而仍不免互相策遣者，誠以間諜之不可廢，不妨各盡其道，各爲其主，以期戰勝於未發，攻取於無形。

今歐西、日本之用間諜者於我國，至我國者或爲牧師傳教，或遣武員游歷，或托游方和尚，或説習商務，或説學方言，孜孜偵探，非察政務之設施，即考江山之形勝，無不瞭如指掌，而我尚以大度容之，不爲之準備。然彼以間諜探我軍情，應嚴爲之防。而間諜之來，必有漢奸爲之窩藏，爲之導引，則欲除外奸，尤必先除内奸，必使我國之一舉一動，彼不能預揣於先幾，而後能運用如神，指揮如意。此欲操勝算者，所以必杜間諜也。然易地以言，將欲知彼國意向之所在，虚實之所分，則亦不得不用間諜。中國於辦理外務，往往折盡便宜，其病由於不悉外情，致爲他人所脅制。即日本之欲圖朝鮮，以擾東三省，蓄念於十年之前，其所規畫豈無形迹之可觀？苟多派明幹之人，廣寄耳目，伺察情形，自可未事而預爲之備。何至直等和議決裂，而始岌岌焉籌戰守哉？且當兵釁既開之後，彼於我軍之調赴何處，設防何地，無不留心偵探。而我於彼軍之虚實，反有所不知，一任彼之蹈瑕抵隙、聲東擊西之軍，即我堅守不致喪師失地，而兵力已疲於接應矣。故善用兵者，必知彼之虚實，而後用奇謀以制之，出奇兵以勝之。孫子曰：知彼知己，百戰百勝。武侯曰：用兵之道，心戰爲上，兵戰次之。觀於此，而知間諜之不可廢也。

——8. 皇朝經世文三編　卷五四　兵政一〇　兵機四

驛　站

泰西諸國但有郵政，而無驛站。中國則各省皆設驛站鋪遞，自古迄今，未嘗或廢。其爲用也，大率供皇華之使臣，朝貢之方國，賫奏之員弁，與夫文武之咨稟，寮寀之關移。驛站於各州各邑按驛置站，遞送往來，毋有間斷。每站額馬或六十，或七十。重大移文多以驛馬傳遞，有緊急公文每日或限行六百里，或限行八百里，遲行則州縣官例有處分。此項廪糧工料即於存留項下支銷，而歲終隨地丁奏報焉。每歲驛站費用約銀三百萬兩，出款亦可謂鉅矣。其爲差也，有大差、小差之名，有緊差、散差之别。而水驛之船隻，郵驛之夫馬，罔不具備。其實各省之奏牘、公文所遞有限，而仕宦往來之所擾滋多。至督撫則更有提塘摺差抵京，費以百十金計，然便於國而不便於民，利於公而不利於私。於是民間遂有信局之設，一切信札概由信局寄帶。顧凡大城鎮有信局處，則書信可通。若荒州僻縣商賈稀少者，則無信局，以致寄書道梗，游客又深苦其不便。況信局每多延擱，或致浮沉銀兩珍物，甚至遭幹没。既無條例以懲其罪，又無專責以分其勞。此其便捷可恃，遠不如泰西之郵局矣。

西人嘗謂中國度支有出入兩大款可省而不知省，當取而不知取。可省者，即各省每年開支驛站經費，幾耗天下錢糧十分之一。當取者，即設立郵政局，徵收其税。今中國若行郵政，則驛站之費似可裁減。或謂明季之衰，嘗因裁撤驛站，失業之徒遂無所歸，以致盗賊蜂起。彼時雖因饑饉頻仍，當事者又不善爲撫輯，故至於此。

今設郵政，當開創之初，勢不能全行裁撤，況乎各省遍設郵局，必費用鉅而事難舉行。從來舉事之始創不如因，今各省已設有電報，各處亦已暢行輪船，儘可相輔以成。如欲籌郵政辦法，其始不如歸併於驛站，電報、輪船、驛站三者並行而不悖，當令郵政仍資於驛站，所有驛站中奔走遞送之人，選其精練幹敏樸誠勤慎者仍充其役，溺職惰事者由漸删除。即酌用其房屋，則［以］設郵局，則其事乃可謀始而無所掣肘。他日鐵路既設，其爲利便，豈有涯哉。

今之驛站，國家已費無窮之帑項，而商民絶未沾絲毫之利益，誠何故而不之廢？夫天下之成大事者，勿薄小利而不爲，勿泥舊制而弗變。即如電報一事，當經始之時，膠固拘泥者未嘗無私議，卒賴當局力爲支持以奏厥成，行之十有餘年，漸推漸廣，確有明效。電報可遞要音，公私俱便。今也驛站行之已久，其弊日滋，惟當局者以一旦難以裁撤，其人亦難以安置，緦緦焉動多顧慮。或謂驛郵各行其是，各不相涉。此一説也。或謂併驛於郵，附郵於驛。此亦一説也。而皆屬有見，惟當局仍不免有回護驛務之意，而實則深知驛弊，無法能除之耳。顧必除之而後行郵，則郵政終無行期矣。開創之初，何不兼行並設，尚無窒礙也哉。

竊以爲郵政既行，驛務自廢，無足慮也。蓋電報設而驛差輕其半，輪船通而驛差輕其七八。若鐵路之幹支漸次告成，而驛站勢難再留。故欲廢驛站則竟廢之，欲行郵政則竟行之。行之既暢，而無問乎驛站可也。苟爲國計，何如早爲置郵而裁驛也？合一出一入計之，每年爲國家節耗費而收盈餘，所裨益者幾何。明者自知，無須細剖。是在當局一轉移間耳，豈非爲裕國便民之要務也哉？如以爲京外各官因公往來京師，例須乘驛，恐一旦删去驛站，致多窒礙，則其説實爲掩耳盗鈴。今東南十餘省，凡官員來往無不僱坐輪船，獨奉天、吉、黑、秦、晋、新疆等省尚行官站耳。若計其道里遠近，人役多寡，由户兵二部酌給路費，聽其自僱車馬。在應差各官，固所深願，更毋庸多所顧慮矣。

—8. 皇朝經世文三編　卷五五　兵政一一　郵政

日報上

古之時，謗有木諫，有鼓善，有旌，太史采風，行人問俗，所以求通民隱、達民情者，如是其亟亟也。自秦焚書坑儒，以愚黔首，欲籠天下於智取術馭刑驅勢迫之中。酷烈熏爍，天下並起而亡之。漢魏而還，人主喜秦法之便於一人也，明詆其非，暗襲其意。陵夷而肇中原陸沈之禍。唐宋代有賢者，乃始設給諫侍御諸言官，以防壅蔽，而清議始彰。然以云民隱悉通，民情悉達，則猶未也。欲通之達之，則莫如廣設日報矣。泰西各國，上議院、下議院、各省各府各縣議政局、商務局、各衙門大小案件，及分駐各國通使領事歲報新藝商務情形，凡獻替之謨，興革之事，其君相舉動之是非，議員辨論之高下，内外工商之衰旺，悉聽報館照録登報。主筆者觸類引伸，撰爲論説，使知議員之優劣，政事之從違。故日報盛行，不脛而走。其名目有日報、月報、七日報、半月報之别。其體裁有新政、異聞、近事、告白之分。或一季一出，一年一出，遲速不一，種類攸分。如律家有律報，醫家有醫報，士農工商亦各有報，官紳、士庶、軍士、工役之流，莫不家置一編，以廣見聞，而資考證。甚至小兒亦有報紙，文義粗淺，取其易知。夫强民讀書，而民莫之應。不勸民閲報，而民自樂觀。蓋新聞者，淺近之文也。增人智慧，益人聰明，明義理以伸公論，俾蒙蔽欺飾之習一洗而空。是以暴君污吏必深恨，日報亦泰西民政之樞紐也。近年英國報館二千一百八十餘家，法國報館一千二百三十餘家，德國報館二千三百五十餘家，美國報館一萬四千一百五十餘家，俄國報館四百三十餘家。總各國計之，每一國有三四千種，每種一次，少者數百本，多則數十萬本。出報既多，閲報者亦廣。大報館爲國家耳目，探訪事情。每值他邦有事，與本國有關繫者，即專聘博雅之士，親往遠方探訪消息。官書未達，反藉日報得其先聲。官家以其有益於民，助其成者厥有三事：一免紙税，二助送報，三出本以資之。故遠近各國之事，無不周知。其銷路之廣尤在聞見多而議論正，得失著而褒貶嚴。論政者之有所刺譏，與柄政者之有所申辯，是非衆著，隱暗胥彰，一切不法之徒，亦不敢肆行無忌矣。中國通商各口，如上海、天津、漢口、香港等處開設報館，主之者皆西人。每遇中外交涉，間有詆毁當軸，蠱惑民心者。近通商日久，華人主筆，議論持平。廣州復有《廣報》、《中西日報》之屬，大抵皆西人爲主，而華人之主筆者，亦幾幾乎擯諸四夷矣。日本無郡不有日報館。惟禁報館妄言，以肅觀聽。英、美、比三國無禁報館言事之條。我各省當道，亦宜妥訂章程，設法保護。札飭有體面之紳士倡辦，以開風氣。如英國泰吾士日報館主筆者，皆歸田之宰相名臣，自然無勒索財賄，亦名馳中外矣。今宜於沿海各省，次第仿行。概用華人秉筆。而西人報館，止准用西字報章，無事之時官吏設法保護，俾於勸善懲惡，興利除弊，以及人才之盛衰，風俗之純疵，製作之良窳，泰西各國政事有何更改，兵制有何變遷，商務製造有何新法，足以有益於人者，精心考核，列之報章。大小官員，苟有過失，必直言無諱，不准各官與報館爲難。如有無端詆毁，勒詐財賄者，衹准其禀明上司，委員公斷，以存三代之分。執筆者尤須毫無私曲，暗托者則婉謝之，納賄者則峻拒之，胸中不染一塵，惟澄觀天下之得失是非，自抒偉論。倘有徇私受賄，顛倒是非，借人事以報私仇，藉巧詞以抒積忿，逞堅白異同之辯，亂斯民之視聽者，則迹同穢史，罪等莠民，可援例告官懲治。如謂當道挾恨，審斷不公，准其登報以告天下，庶公論不稍寬假。有事之際，官吏立法稽查，於本國之兵機不宜輕泄，於敵人之虚實不厭詳明。則常變經權，操縱在我。較今日之禁止華人而聽西人開設者，其是非得失損益爲何如也。夫報館之設，其益甚多。約而舉之，厥有數事：各省水旱灾區遠隔，不免置之膜視，無動於中。自報紙風傳，而灾民流離困苦情形，宛在心目。於是施衣捐賑，源源挹注，得保孑遺，此有功於救荒也。作奸犯科者，明正典刑，報紙中歷歷詳述，見之者膽落氣沮，不敢恣意横行，而反側漸平，閭閻安枕，此有功於除暴也。士君子讀書立品，尤貴通達時務，卓爲有用之才，自有日報，足不逾户庭，而周知天下之事，一旦假我斧柯，不致毫無把握，此有功於學業也。其餘有益於國計民生，邊防商務者，更僕數之未易終也。而奈何掩聰塞明，箝口結舌，坐使敵國懷覬覦之志，外人操筆削之權，泰然自安，施施然甘受他人之陵侮也?

—8. 皇朝經世文三編　卷五五　兵政一一　郵政

紡織論

黎召民方伯曰：“富强之道，不外二端。彼需於我者，自行販運；我需於彼者，自行製造。”誠哉，是言也。進口之貨，除烟土外，以紗布爲大宗。向時每歲進口值銀一二千萬，光緒十八年增至五千二百七十三萬七千四百餘兩，内印度、英國棉紗值銀二千二百三十餘萬兩。邇來更有增無減，以致銀錢外流，華民失業。洋布、洋紗、洋花邊、洋巾入中國，而女紅失業。煤油、洋燭、洋電燈入中國，而東南數省之柏樹皆棄爲不材。洋鉄、洋針、洋釘入中國，而業冶者多無事投閑。此其大者，尚有小者不勝枚舉。所以然者，外國用機製，故工緻而價廉，且成功亦易。中國用人工，實笨而價費，且成功亦難，華人生計皆爲所奪矣。如棉花一項，産自沿海各區，用以織布、紡紗，供本地服用外，運往西北各省者絡繹不絶。自洋紗、洋布進口，華人貪其價廉質美，相率購用，而南省紗布之利半爲所奪，迄今通商大埠及内地市鎮城鄉，衣大布者十之二三，衣洋布者十之七八。嗚呼，洋貨流通日廣，而土産運售日艱，有心人能不怒焉憂哉？方今之時，坐視土布失業，固有所不可，欲禁洋布不至，亦有所不能，於無可如何之中籌一暗收利權之策，則莫如加洋布税，設洋布廠。西貢進口布税，漂布每匹值洋三元半者，須納税一元三角，是值百抽三十七矣；扣布每匹值洋三元一角五者，須納税一元三角，是值百抽四十矣。今中國洋布税，值百者僅抽其五，甚有不及五者，如扣布每匹止納税四分，洋布之寬三十因制長四十碼者，每匹僅納税錢餘，或八分、四分，輕微尤甚。此不啻授以利權，暢其銷路，所由進口日衆，獲利日豐也。今若改章加税，使價值漸貴，運售漸難，則土布之銷場漸廣。失之東隅，收之桑榆，未爲晚也。況換約之限期以十年，届期毅然行之，必有成效。

然既杜洋布之來，尤須自織洋布以與之抗衡，通商大埠及内地各省皆宜設紡織局，並購機織造，以塞來源。查紡織工作共分三層：首曰軋花。西國軋花向亦人力，自英人懷德尼出，始創機器，而利便百倍於人工。西人綜計每畝棉花歲收六十六斤，人工軋花每日可得净棉三斤許，必須歷二十二日始軋成一畝之花。自機器行，則日半已足，敏捷可知。況棉中雜實又可提清，鬆匀潔白，華人皆喜用之。次曰紡織。工分十二層，曰打花去土，曰彈花成片，曰梳棉成帶，曰引棉成條，曰初成鬆紗，曰引長，曰捲緊，曰紡經紗，曰製緯紗，曰絡紗成絖，曰合絖成包，曰提檢廢棉。皆有機器紡成，倍精倍速，所亟宜仿行者也。三曰織布。工分六層，曰絡經，曰漿縷，曰織縷，曰摺布，曰印花。其機器有大有小，不但程工捷速，而織成布縷亦精細圓匀，勝於人工倍蓰也。論紗布之利，各國莫不講求，尤以英爲巨擘。當西歷一千八百六十八年，棉花廠有二千四百七十處，織機有四十萬座，紡紗梃子有三千二百萬根。以後逐年添設，局、廠日多，紗布運往各邦以億萬計。其棉花皆采自美國、印度，織成紗布運售於美、印、中華。技藝既精，心思尤巧，所由獨擅利權也。年來日本機器織廠日增，所織各種棉布運入中國銷售者，亦日見其夥。今中國已於上海、漢口設局，紡織果辦理得法，以自種之花織自用之布，工賤價廉，無須運脚，實可收回利權。惟華人用法布者過多，兩局紡織不能敷用，倘再推廣設局，遍及於内地各區，除銷本國外，並可自派輪船，運售於元山、釜山、仁川及南洋各島，則紗布之大利，何難與泰西、日本諸國抗衡哉。

—15. 皇朝經世文四編　卷四三　工政　紡織

練　兵

内安外攘，莫先於兵。整旅行師，莫重於練。兵可百年不用，不可一日不備。古之時春蒐夏苗，秋獮冬狩。其訓練之勤如此。今之爲將者，不言練兵而專募勇，營哨粗具，重費餉需。觀美徒存，難收實效。行成則立加裁撤，戒嚴又倉猝招羅，不知訓練端在平時，豈猝募即可驅以臨敵耶？

夫部卒之强弱，視將領之賢愚，寧在强分兵勇之名目！承平已久，習氣漸深，以較曾、胡當日平賊之師，相去遠矣。雖有强悍之勇，而訓練不得其人，則有勇與無勇等。昔土耳其因埃及省反，請德國將軍毛奇相助。毛奇進營閲操畢云：兵皆新集，勢不相敵，不可交綏。後竟如所言。泰西陸兵之强，首推俄德。水師之精，群讓英法。然訓練精熟，鎗械犀利，步伐齊整，大抵各國從同，亦一時尚武風使然也。德士花之安云：彼國以醫士巡行都邑，選精壯少年入營操練。三年有成，氣許授室。以故舉國皆兵，倉猝應征，莫不有勇知方，爲國效力。其鎗法、陣法、口號，平時訓練已熟，每年仍調操十二次，以免生疏。大小將官，均由武備學堂挑選精於布陣、騎擊、測量、繪畫者，方授以職。武可兼文，文不能兼武。每歲國君大閲，計陸兵、水師、野戰各一次，操時與對敵無異。每營有司糧食者，有司製造者，有司修理器械、建造炮石者，有司造築鐵路、橋梁者，有司製備兵食、料理醫藥、療治疾病者。其講求之不遺餘力如此。

營規則水陸兩軍，各分三等。水軍之制，首以熟悉舟楫爲一等；次以嫻習鎗炮爲一等，終以兼習陸戰爲一等。水師巨艦可容千人，而指揮進退，列炮、排鎗惟帥主之。山川形勢，風雲沙線，亦惟帥詳之。此水軍之大略也。陸軍分炮兵、馬兵、步兵各爲一等。再於步兵之中分作三枝：曰獵隊、象隊、大行隊。獵隊執短鎗，附劍鎗末藉引前鋒，多開而寡合。象隊執長鎗附戈鎗末，如張兩翼，依勢而夾輔。大行隊則如火如荼，轟雷掣電之師矣。馬兵之中分作四枝：一爲偵探輕騎。挺長矛，疾驅前軍數百里，苟非控縱素嫻，人馬精妙，弗克勝任。一爲追逐輕騎。佩長劍、挾短鎗，乘敵敗北時用之。一爲介胄鐵騎。亦佩長劍，挾短鎗，攻堅披鋭用之。一爲變化精騎。或騎或步，兼擅其長。大炮兵只分攻守兩等。守則守護城臺，用炮之最巨者。攻則摧擊敵壘，用炮之稍次者。必也明攻守之法，習轉運之勞，一切藥碼，隨時齊備，整頓城垣、炮臺、船艦、器械諸事，均伊所職。雖馬步兩軍，恒兼力作，未若炮臺之辛苦彌甚。此陸軍之大略也。

考歐洲各邦，以戰立國，争雄角智，垂二千年。凡陣法之變化，號令之疾徐，船械之良楛，鎗炮之利鈍，無不日夕講求，確有程度。非若中國重文輕武，稍一承平，便目兵事爲不詳。況文則拘牽而不識權謀，武則粗鄙而未聞韜略。縱有黄帝握奇、太公陰符、孫吴心法、諸葛八陣，或置之高閣，或視爲陳言。古法既昧源流，西法又恥追步，何怪乎積弱之不振也？方今各國勤修武備，兵額日增。約略數之，普、俄、法三國各百餘萬，奥國八十餘萬，意國七十餘萬，英國三四十萬，此外民盡爲兵。有事之時，舉備徵調。此即中國古時之田賦府兵，寓兵於農之法也。西國人民土地遠遜中華，徒以精益求精，遂能雄視海外。我中國中興以來，將帥得人，士卒用命，似於軍頗爲精進，然有不得不急爲整頓者。額設旗緑制兵六十萬，馬兵月餉一兩五錢，步一兩二錢，守兵僅一兩。非特無以贍家，且無以餬口。況日本近仿西例，變成法。凡兵士戰死者，由官給其父母妻月費銀十元，子女由官養至十六歲止。其入籍者，多老弱無賴之輩，鮮精强克敵之夫。昇平日久，舊額虚懸，餘兵頂冒，營務廢弛，至斯而極。粤捻之亂，群以制兵不可用。而湘淮練勇，遂告成功。夫制兵既不可用，即當隨時裁革，再補練勇，以節餉需。何至今兩項兼支，坐耗糧餉？因循粉飾，中外同之。況前招練勇，雖曰精强，而今則老邁衰頽，亦幾與制兵相等。計惟將各省所設制兵練勇，一律仿西法操選，每省練兵若干。其不入選者汰之，就地另募精壯補充。月餉悉歸一律，平特撙節。臨時酌增，訓練精勤，勿稍疏懈。各省仿設武備學堂，其將帥營哨各官，務選明練之才，講究韜略，參用西法，實事求是。必如德士所云熟識中外兵法、量算、天文、地理圖説，與古今戰陣勝負根原者，乃能鞠旅陳師，爲三軍之司命。水師每鎮亦須設立學堂。一切舟楫檣帆、測風防颶、量星探石、鎗炮命中諸大端，必須確有見地，事事精能，庶他日强鄰壓境，指揮操縱，悉合機宜，不致徒糜巨餉矣。

按西國水陸諸軍將帥，非由武備及水師學堂出身，並久歷戰陣、資格極深者，不得任其職。所在當水陸軍提督者，皆老成謀略優長之選。猶備有參佐數員，常與運籌決策，以資歷練而審機宜。臨敵之時，何處安營，何處進剿，何處設伏，何處可斷其糧道，何處可截其援師，地勢敵情，瞭如指掌。繪圖遍示，使一軍諳悉情形，有恃無恐。以故戰勝攻取，如響應聲。普法之役，普人皆有法國地圖，舉山川城市險要所在，兵糧所聚，戍守所至，若者難攻，若者易取，一覽瞭然。上下同心，卒成大捷，其明徵已。各國將弁，必由武備院韜略館習練兵法，乃有出身。至夫軍裝則一律鮮明，軍器亦皆堅利，儲備口糧，以千把輪流經管。暇則秣馬聚兵，每日小操，每歲大操。凡兵弁之號令，視十將軍，十將軍之號令，視大將軍，以次遞傳，整齊畫一。而將軍又以時察其勤惰，嚴其賞罰。號令嚴密，皆由平時教習而成。步伐止齊，川流山立，殆不愧於古所稱節制之師也。泰西公例，隨營醫生不論本軍敵軍，一視同仁，互相診治。旗章以白邊紅十字爲號，彼此概不加害。又於軍中絡一籃輿，標題其上。有受傷者，舁歸就醫，經歷敵營，亦無傷害。即交鋒被獲，令其指天發誓，不預軍事，立行釋放。倘歸復來戰，彼國將帥，必正其罪。此亦古人不重傷之遺意歟。

或者曰：子所論乎仿西法，設書院，練將才，明地理，識敵情，製利器，足食足兵，額無空設。查各國兵數，概無以少報多之事，惟中國有之。且營官利心重者，不獨以少報多，且扣其號褂、糧價等費，層層剥削，所餘無幾。如行山路時值雪，芒鞋草履，立時破碎，赤足長征，勞苦萬狀。若將帥不愛惜兵士，與同甘苦，何能使其赴湯蹈火而不辭耶？餉不虛糜，無兵勇之分，盡成勁旅，法則善矣，其如款絀何？曰：今日養兵養勇之費，總計逾五千萬。而有事之日，仍召募紛紛，何者足操必勝之權？何如及此閑暇之時，整頓經營，以期養一兵得一兵之用乎！古云：兵不夙練，與無兵同；器不精利，與徒手同；利器不得人而用，與無器同。查京師暨各省駐防兵二十萬有奇，各省緑營兵六十六萬一千六百餘人，各省練勇在外，據英人琅提督云，可用者不過二十萬，且無鐵路，徵調爲難。各省畛域之見未銷，一省有事，鄰省不相救應。同此額餉，同此制兵，在精不在多，留强不留弱，亦在爲上者破除情面，痛革積習，一轉移間而已矣。

—20. 皇朝蓄艾文編　卷三九　軍政二

葛士清（1843—?）

字仲廉，號子漣，上海人。葛學禮之子，光緒十四年（1888）舉人，官至教諭。

民團論

"團練鄉勇"四字，每字各有實義。辦此者，能名副其實，乃有利而無害。團，則聲勢氣誼，皆宜固結；練，則進退擊刺，皆宜講求；鄉，則取土著之人，而客籍流氓不得與；勇，則取壯健之士，而老弱疲病不得充。否則，練而不團，臨事將各顧而不足恃；團而不練，臨事將亂次而不足恃；鄉而無勇，必至遁逃恐後，而不足恃；勇而非鄉，必至游勇客匪雜處，而害更無窮。夫臨事各顧，臨事亂次，臨事遁逃，衹無益於捍禦，無濟於時艱耳。至游勇客匪雜處其間，是直揖盜而登之堂室，授之器械，害將有不可勝言者。幸外患之未至，則若虎狼酣豢於卧側，暫且馴伏，一旦有警，而肘腋變生，噬臍悔無及矣。故四字中，鄉字尤亟。竊謂團勇，必團土著，投充必得的保。然猶有慮焉：比年來，人心好亂樂禍，到處皆然。即土著之民，亦尚未足深恃，必擇結實可靠之營勇穿插其間。如團勇三百人，則參以營勇一百人，平時訓練既有所取法，而其中有桀驁者，亦遂得所鈐束，而不敢萌他志。至統斯衆者，有分有總，亦宜就營員中簡任之，俾申明紀律，嚴定賞罰，以兵法部勒，蓋取其與營勇相習，得以檢制營勇者檢制民團也。若夫梭巡布置，則地段不得不分，呼吸仍須一氣，是在知兵之營員，按法教之而已。

現就上海城内團練，可略仿營制而變通之。每十人爲一隊，洋槍四人，長茅二人，大刀二人，短刀二人，每隊設隊長一人。每五隊爲一團，設團長一人，書寫一人，團長親兵四人，書寫隨從一人，巡更二人，置馬二匹，馬夫二人，一以供團長乘坐，一以備探報之用。集成五團，分前後中左右，號衣上標明團前營、團後營、團中營、團左營、團右營，並於左方標明槍隊、矛隊、大刀隊、短刀隊，右方標明本勇姓名。旗分五色，中黄、前紅、後黑、左青、右白。屯聚之處，就城内地段之前後中左右分之，中營在縣署前，左則近大東門，右則近西門，前則近南門，後則近北門。中營設團總一人，五團均歸節制。設團總親兵四人，添設團總坐馬一匹，馬夫一人。每日午後，統至空曠之處，演包抄分合之法，夜間每鼓每團，抽隊輪巡，即以此法行之。其團勇名籍，當注明年歲、面貌、居處及保人姓名。團勇應募時，試以刀石，並傳齊各段地保，證明居處籍貫，確係土著，然後入册。其參用營勇鈐束，可請現在駐防湘軍統領暫撥，每隊多則四人，少則二人，俟訓練有成，可仍歸原伍。

—5. 皇朝經世文續編　卷六八　兵政七　保甲

保甲論

民團之設，所以防内有奸宄也。而奸宄之來，必有窩藏之地，不絕其窩藏，而徒恃民團以巡之，將我東而彼匿於西，我西而彼匿於東，巡者自巡，其如奸宄自在何？夫塞水必於其源，拔木必於其本。保甲者，所以塞奸宄之源，而拔奸宄之本也。竊謂地方除著名紳富及世家大族外，凡居民鋪户，皆當實力清查；其茶坊、酒肆及烟間，則更當於夜間行抽查之法，或早或晚，勿拘其時，俾不得窺測而趨避。查時按照門牌，如多一人，即行拿訊，如此則奸宄無所容，而内憂庶可絶乎。其有不得按門牌以清查者，則隙地之潛藏是也。如上海城内西南隅固多隙地，易生伏莽，然果能實力稽查，亦不難使之絶迹，道在按段責成地保，而密遣親信之人覘之，如有伏莽，立即擒治，而坐地保以諱匿之罪，度奸宄亦無所容矣。

城内茶坊、酒肆、烟間，不一而足，宜預先出示，限以每晚至幾點鐘一律關閉，届時可先查其已關與否，再隔一、二點鐘，則抽查其人數多少，較門牌若何，以知其有無窩匿。

—5. 皇朝經世文續編　卷六八　兵政七　保甲

國家清史編纂委員會·文獻叢刊

清代經世文選編

（下）

來新夏　主编

黄山書社

劉光蕡（1843—1903）

字焕唐，號古愚，陝西咸陽人。光緒元年（1875）舉人，主講味經書院，清末出任甘肅大學堂總教習。有《烟霞草堂文集》。

陝西創用機器織布公啓

公啓者：吾陝爲文獻舊邦，伊古以來，人材最勝。近自兵燹頻仍，蓋迥不如前矣。豈天之降材爾，殊固時運有所限耶？抑亦培植者之無其具耶？夫聖門論政，先富後教。蓋衣食足而後禮義興也。關中古稱上腴，自井田湮，水利廢，地力遂因之日削，邇者土産所出，粟麥而外，惟棉爲大宗。自餘日用之需，半取給於南省，而廣布一項，歲費至四五百萬金，視丁糧過之。今以全陝而論，家鮮千倉之資，地無五金之礦，年復一年，所出愈鉅，烏得而不貧且窘也。然以昔日言之，我失其資而楚受其益，利源猶在中國，硜硜自守未爲不可。頃自倭人通款，明訂約章，有准其自運機器至各内地製造土貨一條。夫曰内地，則非專指通商埠頭言也。曰製造，又非僅爲互市有無計也。沿海長江各口，彼族既率其醜類盤踞而生殖之矣。則今之夙夜覬覦者，舍晋之煤鐵、甘之皮毛與吾陝之花布，亦奚所求？學使趙愍焉憂之，爰有創設織布局之議，以爲陝俗患貧，儒鮮真修，奬勵無資，聖教將滅，則害在士；終年胼胝，體不蔽膚，尺布寸金，難謀衣褐，則害在農；器物苦窳，技巧日拙，貨殖不通，生計益困，則害在工；異族聚居，長袖善舞，壟斷自營，利權盡失，則害尤在商。使非及時圖維，合官紳商之全力以持之，其後患有不可勝言者。不以某等爲不材而咨詢及之，以冀挽回全局。吾陝人士，類能審時變而達大體者，倘肯集衆力而舉之，則不惟獲利之豐如操左券，將來辦有成效，上之足以培國家之元氣，下之足以發桑梓之人材，當亦蒙諸君子所心許也。一俟事有成基，再由學使會同當道奏明，釐訂章程，妥爲辦理，謹先條陳其略，幸賜鑒焉。此啓。

附集股説略：

一、此次辦理機器織布，擬官紳商同心合力，一氣共舉。商管銀錢、賬項、買賣各事，紳管學習機器、教訓學徒各事，官則主持保護而不侵利權。即有事涉衙門，有紳承當，决不致貽累商民，無可疑懼。

一、此事若全用官本則爲官辦，利必歸於官，勢將多派委員，致多浮費，故須民間先集股分，以爲根本。倘不足用，再領官本。則事屬民辦，利盡歸於民矣。

一、湖北有洋布局，係官辦，用銀三十餘萬兩。官辦則局面大，耗費多；吾陝民辦，費當較減。若用湖北錢政局之機器，所省尤多。然成本不嫌其過寬，本愈寬則利愈大。今擬以銀一千兩爲一股，若能集二百股，則有二十萬之本，即可辦矣。

一、此股集成，不必即繳出。俟辦有端倪，蓋造房屋、購買機器、延請教師、收買棉花，需用若干，然後照股分陸續繳齊。目下只書一册，以爲後日收銀之據。

一、此股集成，每十股舉值年一人，每歲二十人值年，主持一切事故。其局中辦事，即由此二十人公舉，每年一易。五年以後，出股分之人，皆知局中利弊，彼自放心，知官紳未嘗分毫用伊銀兩。

一、此事吾陝係創辦，不可冒然舉辦，須派善算及通達買賣之二三人，先往湖北住居洋布局，細查數月，細觀湖北規矩及機器織法，用房若干，機器若干，每日紡紗若干，織布若干，需銀若干，使胸中略有規模，然後訪求教師，言明幾年必使陝人自能使用機器，每年需銀若干，陝人學精謝銀若干，立定（和）〔合〕同，即與同購機器運以赴陝。陝中房已蓋成，即可安置機器，紡綫織布矣。

一、此事辦成，必有大利。何也？湖北棉花常價須二百有零，倍貴於陝西，彼處將布用人織成，運赴陝西，層層厘稅，尚能獲利，今以百餘文錢之棉花，用省工之機器，無運脚，無沿路厘稅，其獲利豈不顯然可信！不惟獲利，且必大豐。

一、此事不辦，必有大害。何也？洋紗一物，其始來自印度人，以其質細無力，滯而不銷。久之漸有圖其簡便而購以織布者，既而布行不勝其揀。買主且樂其精，於是甚行。倭人艷之，遂轉購中國之花至長崎，各軋花紡紗，機器廠中製造成貨，然後轉運中國銷售。計二十年出口之花約五十萬担之多，惟以水脚厘稅太重，獲利未能甚豐爲憾。今議款約章，既有准在各内地製造一切土貨之條，將來勢必先以涇原爲下手處，既無運脚關稅，又省人力工作，其價自必極賤，誰肯買用貴而不好之土布，而不買用精而極賤之洋布哉。立見陝西所行之湖北布無人買用，陝西布行自然家家倒閉，而每歲數百萬之生意利益盡被外人奪去，豈非大害？此害顯而易見。凡我陝人，宜惕然自懼，速爲防之，而在布行尤宜猛醒。

一、此事既辦，宜速設機器書院。不能自用機器，雇人代作，仍受制於人，不能全收利權。擬開局即立一書院，凡有股分之人，均選聰穎子弟送入書院，公請教師，教訓各樣機器。數年之後，自造機器，不惟洋布全收其利，其他有利之事既可漸次推行，而人才一經歷練，自必瑰傑輩出矣。

一、此次集股，不拘籍貫。此事爲保全中國利權起見，非專爲陝人謀也。陝中商民舊多外省之人，今一律入股，即應送子弟入書院學習，倘學習精通，即由本局出具保結，送憲司面試，其有成者可咨送總理衙門，以備任使。

一、此次集股，不拘官民。中國之弊，全在官民相隔。故諸事受制於外洋，不獨利權也，而利權尤甚！外國合一國之君民謀利，中國則聽民自爲之。外人之力聚，中國之勢散，中國所以貧弱於外洋也。此次集股欲聯官紳商爲一氣，即當不問官紳商皆准入股，獲利均分，則官紳商之氣常通，諸事皆可辦矣。其仕宦省分，不准開設市肆之舊例，擬稟請奏聞。此次集股爲民保利，非與民争利，不在例禁之内。且官爲民倡也，如亂後初行淮鹽，官商同辦，方始暢行，可援以爲例。其有效彭剛直公之爲人，辦成得利後，盡以其股本歸公者聽。

一、初集股分，不可無歸宿之處。擬即以味經刊書處爲總匯之所。凡有欲入股者，均自書明姓名字號，居址籍貫，即寫一册，俟有二三十股，即可選人前往湖北；有五六十股及湖北信回，即可開拓廠基，蓋造房屋、購機器，歸即安置織布矣。蓋造房屋即選人監工，而以工所爲總匯，刊書處之總匯即撤。

一、此次創辦集股，及集股已成，推舉值年，無論紳商，不給薪水。其常住局中辦事及往湖北者，則須薪水。

一、此事係創辦，凡有官紳商能晰機器利弊、用法、價值及織布法程利弊，均可來味經面商，或路遠以函相示。局開後如有弊端，入股之人均可至局相告，即非入股之人亦可以函相告。此事爲保我中國利權，凡我中國之人，宜人人竭其才智爲之。某等才智短淺，不敢自以爲是，不樂聞人言也。

一、此局既成，織布精而價廉，必能暢銷獲利。將來去路既廣，再爲擴充廠屋，增添機器。第恐本地之人既知機器之利，或别開一局以掣利源，殊非同力合作之本意，此風決不可開。中國之勢本散，藉此聚之。若又紛紛私設機器，則又散而不聚，何能力敵外洋！宜以私設機器機房懸爲厲禁，方能收回利權。

一、既能以機器織布，其染法、印花亦宜漸次講求，以及洋紬、洋縐、羽毛、洋絨、畢吉、羽綾呢等類，均宜推廣製造。蓋以上各物，以羊毛爲大用，本省土産所出，購辦尤易，獲利必豐。總之，此局爲開風氣之端，凡西藝之長，足以利國利民者，均須以次漸及，方不負今日立局本心。

一、機器織布局創始於上海，近年以來沿海長江一帶，相繼仿行，集股創設。計已成及將成者共十五處，以本年各局核計之，大約統有紡紗車三十六萬架，織布機器約三千軸，軋花機器更難悉數，而日增月盛者，且方興未艾也。使非大有利益，誰復糜數十百萬金之費爲兒戲哉。查海關二十年結賬，洋布之入口者不及一千四百萬匹，視十六年一千七百四十萬匹，十七年之一千八百六十萬匹，减少甚鉅，此亦可觀其大凡矣。

一、湖北機局所織之布，種類甚多，有幅寬一尺五寸者，其用與廣布等。今擬開辦時多分種數，視何等銷售暢旺則以全力注之，庶免積滯之弊。

一、此次集股，隨發股分票一張，有願入股者，自書籍貫、銀數於票内，持至涇陽味經刊書處，登入底本賬内。迨收銀時，另發執照存本人處，以後即以另發之票爲收取利息之據。其願入數股、數十股者，或書一票，或書數票、數十票者，各從其便。其力不能入一股者，或入半股，或一二分亦准集入，止書一票，繳銀獲利，均照分數折算。

一、此次集股創設織廠，決無不獲利之理。即或日久利微，或别出事端，均不准致累股主，派認虧折。所用官項，亦均由廠歸還，與民股無異，則入股者知有利無害，踴躍從事。此次之股，既易集，他日推廣煤鐵皮毛，人皆信服，亦易爲力矣。

—9. 皇朝經世文新編　卷一一　工藝

劉錦棠（1844—1894）

字毅齋，湖南湘鄉（今屬湘潭）人。監生，官至新疆巡撫。謚襄勤。有《劉襄勤公奏稿》。

籌辦新疆屯墾及清查隱賦各情形疏光緒十三年

竊照新疆地方，幅員遼闊，戈壁之外，不乏膏腴，兵燹以來，鞠爲茂草。繼經平定，招集流亡，加意撫綏，興修屯墾。南路廛民繁庶，荒地尚屬無多。北路鎮迪各屬，已墾熟地不過十之二三，田賦缺額既多，閭閻亦形彫敝，新招各户率皆貧乏，非由公中酌借成本，不足以廣招徠。

臣前飭據藩司魏光燾，體察情形，悉心籌劃，酌擬章程，每户給地六十畝，由公中借給籽種糧三石，製辦農具銀六兩，修蓋房屋銀八兩，耕牛兩頭，合價銀二十四兩。或父子共作，或兄弟同居，或雇夥結伴，均按照二人爲一户，並月給鹽、菜銀一兩八錢，口糧麵九十斤。自春耕起，按八個月計算，通計每户銀糧牽算約需借給成本銀七十三兩一錢。定限初年還半，次年全繳。設遇歉收，查明酌展，繳本之後，按畝升科，啓徵額糧，自第三年始徵半，次年全徵。仍倣營田之制，十户派一屯長，如營中什長之制，五十户派一屯正，如營中百長之制，每屯正五名派一委員管理。凡請領成本、督察農工一切事宜，地方官責之委員，委員責之屯正，屯正責之屯長。仍十户出具連環保結，互相糾察，層層鈐束，以免領本潛逃，耗費曠工，及滋事不法諸弊。其屯正、屯長，每名仍准領地六十畝，借給成本，一如户民之例。惟每月另給屯正銀四兩、屯長銀二兩，仍按八個月計算，俱免扣還，以示獎勵。前於《覆陳安插助墾人犯摺》內，逐一聲明在案。兹查迪化縣安插三百六户，奇臺縣安插一百户，昌吉縣安插一百四户，阜康縣安插五十三户，綏來縣安插三百二十户，濟木薩縣丞安插六十六户，呼圖壁巡檢安插七十四户，哈密通判安插四十五户，精河巡檢安插二十二户，總計安插土客一千九十户。除籽種、口糧由倉糧項下借發外，共領過成本銀四萬九千八百餘兩，另由公中籌給修渠經費銀四千八百餘兩，均於善後經費項下開支。其舊户中有隱匿正賦者，亦定章飭屬清查，准各户自行首報，即於具報到官之日，按畝升科，姑寬既往。如不行首報，查出嚴懲，仍追歷年隱賦。已據各屬查報隱糧一千三百四十餘石，均自十二年起徵。

此上年定章興辦屯墾並清查隱賦之各項情形也。惟新疆屯地向資渠水灌溉，亂後渠多壅廢，開辦之初，擇其易於爲力者先加疏浚，經費尚屬無多，以後續籌安插，此款必須增鉅。現值安插遣犯需費不資，即以收回成本周轉。能否招墾民户如上年之數，應俟察看情形酌量籌辦，以期户口日增，荒蕪日闢，賦額日加，漸臻富庶。至南路各屬亦報新墾地一萬九千餘畝，分年啓徵，均係報明，不領墾費，合併聲明。除咨部查照外，謹會同陝甘總督臣譚鍾麟恭摺具陳。

—5. 皇朝經世文續編　卷三三　户政一〇　屯墾

馬建忠（1844—1900）

名乾，字眉叔，又字斯才，江蘇丹徒（今屬鎮江）人。清末留學法國，兼任駐法公使郭嵩燾翻譯，官至道員。有《適可齋紀言》。

借債以開鐵道説

債者所以劑盈虛，通有無，與市易之道并重。其始民與民借，未有國與民借者也。國債之説，仿於歐西之希臘，周時波斯來侵，餉匱，急不能籌，告稱於民。羅馬因之。往往募豪富，人相假貸，無所取信，民不樂從。越千有餘載，英、法、奥等國搆兵，兵費浩繁，且君能信用其民，民樂輸借，故康熙五十五年，諸國借款負至七千五百兆佛朗之多。又七十餘載，負至萬二千六百四十兆半。又二十餘載，負至三萬八千二百五十兆。然此猶國與民借，未有國與國借，國與他國之民相借者也。乾嘉以後，此風浸熾，計道光二十七年，諸國之負積至四萬三千二百七十六兆。然此猶借債以籌餉，未有借債以制用者也。而咸同之間，則歐美諸國鐵道、機廠、電報之屬，日新月異，動用浩繁，專事借貸。於是同治九年，諸國之負積至九萬七千七百七十四兆。近今十年之際，事變益煩，外洋國債積至二百萬兆有奇。其間印度二千五百七十五兆，日本、香港四十三兆，新金山八百九十四兆，亞非加洲九百九十一兆，餘皆爲歐美各國所欠。

夫此各國者，論幅員則不廣，論生齒則不繁，而遇有乞借，則借之人不可勝數，借之銀不可勝用，沛乎如泉源，浩乎若江河。是遵何道以致此？曰：取信之有本也，告貸之有方也，償負之有期也。此三者，借債之經，而行權之道則存乎其人。西人云：取現在之銀，償將來之息，謂之債恃。將來之息致現在之銀，謂之信。故凡乞借於人者，必有所恃，豪商恃其蓄積，素封恃其田廬，國家恃其賦税，故計臣以國計之盈虛爲借債之難易。英國素稱饒富，其借款率皆息三釐，鮮有逾於四釐者。法國如之。惟軍興需餉孔亟，迫不得已，歲息加至五六釐。而執政之臣又不願負此重債之名，因於借債之中寓加息之意。如英人有以八十三至七十九當一百，而歲息三釐。法人有以九十二至七十六當一百，而歲息四釐五釐者。意大利國用支絀，至以四十九當一百，而歲息三釐。西班牙借三百兆佛朗，至以四十二當一百，而歲息三釐，名曰三釐，蓋不翅六釐矣。此以行軍縻帑，無可指之款必償其息，致令債主寒心，不能不居奇以昂其息。至於借債以治道途，以辟山澤，以濬海口，以興鐵道，凡所以爲民謀生之具，即所以爲國開財之源，與借債以行軍，其情事迥不相同，故人人争輸，雲集霧合，不召自來，恃其有款之可抵，有息之可償故也。英國籌民間善後之銀，歲借一百五十兆至百七十五兆佛朗，其印度債款至三十兆，新金山債款一千一百兆，率皆用製鐵道。而法、奥、意大利諸國修治鐵道之費稱貸數千兆。下至弱小如秘魯，鐵道之費，借諸歐洲，亦至三千二百萬金磅，貧瘠如都尼斯，亦借至十萬金磅，而土爾基與埃及諸國無論矣。然則取信之道在有所取償，取償之道在有所指名。無所指名則取信不深，取貸不廣。若僅曰國饒則易，國貧則難，猶未知取信之有本也。

告貸之方難更僕數。散借於凡民則苦其零星難集，專借於豪富則虞其需索過多。前二百餘年，西國借款往往取於銀行，大爲所困。蓋倉猝之秋，供億困乏，不得不遷就於目前，固非告貸之能事也。善告貸者，務於平日結納其銀行，牢籠其豪富，而後緩急相需，倉卒可辦，不然鮮不爲人所挾制。至嘉慶初年，始向民間告貸，英國創之，不旬日得一千八百萬金磅。荷蘭繼之，於道光二十二年得三千餘萬佛朗有奇。奥國於同治初年得六百兆佛朗有奇。法國踵行之，至賠普國兵費祇需三千兆，乃一呼即應者竟有三萬七千餘兆。而俄羅斯、意大利、西班牙與南北亞墨利加各小國，皆遣赴英法，徑向民間借取，不可勝數。大率息銀五六釐，視銀行之息稍輕焉。惟恐凡民顧慮，集腋難成，則有先向銀行取用，漸令轉借於民，以足其數。然由銀行介紹，或恐經手分肥，爲息必厚。英人於此思有以減之，乃先期判示，明訂所借之數與所予之息，使銀行之願貸者各書所取之息，函送前來，然後擇其息輕者貸之。自有此散借、專借與先示後擇之方參錯互用，而各國興作工程之費借於英法官私銀行者，動以數十兆計，其稱息無逾六七釐者，則告貸之有方也。

取信既有本，告貸復有方，宜若無難事矣，而不知償負亦正不易。法當於稱貸之初，即豫留清還之地，有予倍稱之息以餌債主者，人存則予，人亡則本利俱無，且以亡者之利歸并於存者。存者日少，而利日多，人思身與利存，而不思人與本俱亡也。法國尚欠此等債款七百六十一萬佛朗。昔歐洲遍行此法，自有保壽公司乃漸廢矣。有償息之外另償若干，逐漸騰還，視其另償之多寡，限三十年、九十年以結清者。英國於同治八年尚欠此等債款四百萬磅。有常息之外，另提餘息以資鬮還者，言定常息由三釐加半以至四釐，餘息由釐半至二釐。常息則按年一付，餘息則兩年一鬮，鬮以債票，得票還其本銀，外加若干倍以償之。償之厚，則貸不吝矣。故西洋城市修治街路與開礦、鐵道概從此法，而土爾基與埃及之鐵道則專以此爲務矣。又債券書號票［票號］不書名姓，以便輾轉抵用，一如銀票。使公司之利厚者歲提一二成贖回其票，則不言償而自償矣。姑無論重息以償本，因利以贖債，與騰還鬮還各法，孰得孰失，要皆於利息之中寓歸還之計。至於應變無方，則存乎其人，尚何慮負之不償，償之無期哉。

今中國議開鐵道，當以籌款爲先。顧將籌之於官乎，而京協等餉拮据以甚。抑將籌之於民乎，而風氣未闢，集股維艱。無已，則有借洋債之一法。然而借債以開鐵道，事屬創舉，苟非仿效西法，參酌得中，何足以臻美善而絶流弊。竊嘗熟察事機，而統計之矣。中國果借洋債，辦法多端，其中有不可行者，有不可不行者，有可行不可行因乎其人者。天下之利，最患中飽。各口洋商林立，而銀行之出貸者無逾三四家，俱係外洋分行，計其成本，祇足以供市肆之所需，不足以應經營之大舉，勢必乞諸其鄰，從中漁利，況乎祇此三四銀行，保無有互相勾結、壟斷爲奸？即使外國大銀行派人來華，亦難越其範圍。爲今之計，惟有自行承辦，徑往英、法都會，與其官私銀行面行商榷，由我計息，由我定價，一杜居間把持之弊。語曰：争名者於朝，争利者於市。英、法都會，天下稱貸之市朝也。又況所需之款專爲在外洋購置輪車、機器、鐵軌之用。使由中國借銀，匯至外洋兑换，磅價必致折耗，不若以外洋之銀購外洋之物，既免折耗之費，復無壟斷之虞。反乎此，而在中國各口謀之，其能集事也難矣。此不可行者一。

借債與入股有别。入股可坐分每年贏餘，借債者惟指望按年之利息。中國創行鐵道，綿亘腹地，豈可令洋商入股，鼾睡卧榻之旁？前土爾基初置鐵道，入股者率屬英、法、奥國之富户。埃及鑿蘇合渚河，入股者率屬法人，河工告竣，法人專享其利。前數年，其股票大半落於英人之手，於是立約，以其河爲萬國通行之河，各國興戎亦禁不能封。豈非開河利人，反自貽其害乎？往歲辦蘇河之法人名來散貝斯，又議於南北亞墨利加洲中腰鑿巴剌瑪峽，以通東西太平二洋，美國阻其承辦，蓋有鑒於斯也。是鐵道之不可招洋股也。此不可行者二。

製造鐵道，需時甚久，非一二年所能蕆事。而此一二年中所借之款，歲須輸息，取之於國庫而國庫空虛，取之於鐵道而鐵道未峻。惟有仿效西法，并五六年當償之息一氣借成，以免異日騰挪無所，失信於人。此不可不行者一。

計鐵道所需費數千百萬，既無久假不歸之理，亦無全數盡還之力，即或攤分撥還，而每次撥還之數亦必累至百萬，力不能勝。惟有仿效西法，每年償息外，另提或一釐或釐半，大約攤至五十年即可結清。此不可不行者一。

中國初創鐵道，由京以達淮城，往來通衢，創興之後利可倍蓰。但一借洋債，每年輸息數十萬，是中國之鐵道反爲洋人之利藪。惟有仿效西法，一切借券第標號數，不標姓名，一俟鐵道得利之後將其券逐漸收回。此不可不行者一。

借貸之事曲折難行。其借也，銀行可按期而取足，民間難悉數以取盈。然銀行利重，民間利輕。因創鐵道而借洋債，其豪商或知其利而生艷羡之心，其小民或不知其利而無輸將之意，是在經理者多方相度，委曲相通，使各國民間皆知此事爲中國興利之事，信之深而趨之衆，庶可裒成集腋，不爲豪富所把持。此借於銀行與不借於銀行者之未可預定也。

外洋鐵廠指不勝屈，而首屈者則如德之克鹿伯，法之科魯蘇，英之塞斐爾德，工匠六七千，歲銷數百萬。其廠主素慕中國鐵道之利，假使徑向賒欠各種輪機、軌轍、鐵道所需，工竣後按年撥還，彼必樂從，似可減稱貸之款而省轉折之耗。所慮者，彼或高擡價值，或陰爲主持，反不若借銀償銀較爲直捷，是在經理者酌理準情，通方達變，以求一萬全之策。此賒欠鐵廠與不賒欠鐵廠之未可預定也。

至籌償負之法，或附入本息以攤還，或鬮取債券以清結，往往失之毫釐，累苦巨萬，亦難臆料。此皆可行不可行一視乎其人者。

或曰借債必有所取信，取信必有所指名。今向洋人借債，何者取信，何者指名。西人惟知中國購置槍炮必償其直，與夫西征借餉必償其息，然皆官爲之任，而有所指名。今猝需款數千萬金，無所質信，能乎不能？使或懼西人之不我信，而指關税以爲名，無論關税各有分項，難以騰挪，且前者借用洋債之時，議者動謂窒礙多端，司農奏明停止，似亦未便因此再借巨款，致煩過慮。曰：此乃不知借款以行鐵道之理也。歐美諸國鐵道，迄今造成者不下四萬餘里，何一非借款以成，何一有取保之説？而所恃以取信者，不過恃一素有名望之監工踏勘估工之清單，與夫日後運載之利益耳。中國鐵道以聯絡南北爲要，所獲贏餘必甲天下，人人共知。誠得一精鍊監工細爲勘估，即持所勘估者以示外洋，必可取信，何事國爲之保，指關税作償款而後可哉！

使或慮爲效迂遠，難供運用之需，則有簡便之法。其法維何？曰：先築一由津達京之鐵道以爲提倡。其利有六：中國鐵道未經監工估計，而由津至京聞有一英國監工嘗爲履勘，襲其已勘之迹再加履勘，則事半而功倍矣。其利一。自津距京，徑行無逾二百里，期年可成，明效易見。其利二。南北鐵道非一二年可竣，造端宏大，易啓驚疑。津京鐵道一成，則南北往來先以輪舟，繼以輪車，士庶官商，人人稱便，將來繼築南北鐵道集款必易，轉運亦速。其利三。中國之行鐵道、電報，事屬創見，不知者必群起攻之，以爲宜於外洋而不宜於中國。使津京鐵道一成，人見其周行之便，馳驅之疾，無不習爲故常也。且平素以車爲生者，爲火車搬運貨物，起卸行李，較疇昔有益無損，而後知鐵道之設，上足以利國，下足以利民，止有因鐵道而便於往來之利，絕無因鐵道而失其生計之害。如此則他日考求西學、小儒不至咋舌，清議不至騰口矣。此亦挽回氣運之先聲也。其利四。鐵道之難，不在創製之維艱，而在經理之不善。南北鐵道執役之人數千，經營之人數百，華人既不諳行鐵道，勢必專僱洋人，費不勝計。今若先製京津鐵道，挑選華人學治道途，學置鐵軌，學駛輪車，學司收納。他日即可用於南北。其利五。初創鐵道，倉卒借債之主不能深信，息或過厚。西人著論中國之書充棟汗牛，皆以官飽私橐、政出多門爲説。倘舉鐵道由官督辦，外洋債主雖知斯道之必可獲利，而或恐事權不一，侵蝕甚多，日久弊生，債主受損，於是增其利息，以爲孤注之擲者有之矣。否則遣用信人，名爲監察［各事］者有之矣。今製津京鐵道，用人宜專，制法宜善。在我必慎於始，以立漸推漸遠之基。在彼得全其資，益徵無詐無虞之信。即使創造伊始，借息或重，而需款不巨則償息亦微。洋人見中國鐵道有成，異日借用巨款，其息必可大減，是津京鐵道之足以取信者遠也。其利六。

夫通道爲濬利之源，借債乃急標之舉。術雖補苴，要皆氣數轉移之機，國家振興之兆。苟於借債之中，不籌一泛應曲當之良法，而顧鰓鰓焉慮有流弊而中止也，是何異慮色荒而禁婚姻，慮禽荒而廢蒐狩也，弗思爾矣！

—9. 皇朝經世文新編　卷一六　郵運上

法國海軍職要叙

右論海軍詳矣。然不詳兵艦、火器、與夫水寨陣法及一切出奇制勝之具，何哉？蓋海軍之要，在用人力、得人心，而戰備其末焉者也。戰備因時而變，而所以用人力、得人心者，則有不變者。在試觀兵艦，由風帆變火輪，由明輪變艙輪，由是而變爲鐵甲、爲快船、爲帶甲快船。其出没轟擊者，又變而有蛟子、穹龜、水雷諸名。其機器由冷度而熱度，而凝汽，行將舍汽而電焉。又由平置而竪置，而倒置，且單筒、雙筒、三、四、五筒，更屢變而加焉。其火器之變，則由前門炮而螺膛，而後門螺膛，而後門鋼鐵套配，而鋼絲纏束矣。其炮質由鐵而銅，而鋼，而五金分劑矣。又由範鑄而錘鍊，而挖膛，而卷箭矣。其炮彈由圓彈而開花，而橢圓，而尖圓錐，而尖圓錐且自引火矣。且始而鉛者，而鐵，而鋼矣。其为火藥，則由藥末而包，而圓餅，而棱餅，而穴棱餅，行且求其無煙無響矣。至如演炮斠准之法，始用人力，繼用機輪，由是平輪、螺輪、汽輪、冷水壓力輪，更屢變而愈靈捷焉。推之水寨陣法及一切出奇制勝之具，亦罔不因時而變也。由前觀之，其變若此，循是以往，當又有愈變愈奇者。使據今日之所變，以爲得其要領焉，而詳言之，安知一轉瞬間不已爲陳迹乎？夫至變者物也，而所以神明乎其變者人也。故船械非不堅利也，澳嶼風濤非不駕輕而就熟也，然而不勝者，則人之力有不齊，人之心有不固也。

嘗游歐洲，縱觀各國海軍，見其有一事則有一職，有一受職之人則有一稱職之事。

迹其因事受職，職有其名者，必使事有其實。凡所爲，由稺卒、幼卒而升之隊長、藝長，由火輪夫而升至總司輪，由考工生而考至考工使，由少從而升至統師、總領，悉皆屢經考驗。人無倖進，則人力齊也。又見其優俸有贍恤，有審院，有巡洋禮數，以之正其是非，生其羞惡，作其鼓舞，感其忠愛，則人心固也。因是而知海軍之要，恃乎人之明其職與盡乎其職之分也。各國言海軍亦至纖且悉矣，而原其精意所在則大同。

當時就法文而譯，其要如此，名曰《法國海軍職要》，弆之行篋已有十餘年。而由今觀之，則外洋各國之兵艦、火器與夫制勝之具已屢變矣，而其用人力、得人心之道猶是也。中國之兵艦、火器亦屢增而屢變矣，而所以明其職、盡其分之要，其尚待講求猶昔也，益於此而信海軍之要，雖百世而無所損益也。友人見之，或以爲是編所敘海軍之官，亦猶《周禮》所言“建其正，立其貳，設其考，陳其殷，置其輔”耳。是編所敘海軍之職，亦猶《周禮》所言“正其治，受其會，聽其致事，而詔王廢置”耳。孔子曰：“禮失而求諸野。”然則是編也，其諸班固所稱瘉於野者乎？

時在光緒十七年辛卯正月。

—10. 皇朝經世文新編　卷一八　兵政上

上李伯相言出洋工課書

四月以來，政治學院工課甚緊，考期伊邇，無暇將日記繕録呈上。郭星使於四月下旬至法，五月初呈國書，札忠兼辦翻譯事務，並承多加薪水。長者之賜，忠何敢辭！且翻譯事少，不致荒功，無負來歐初意。五月下旬，乃政治學院考期，對策八條。第一問爲萬國公法，都凡一千八百頁，歷來各國交涉、興兵疑案存焉。第二問爲各類條約，論各國通商、譯信、電報、鐵路、權量、錢幣、佃漁、監犯及領事交涉各事。第三問爲各國商例，論商會匯票之所以持信，於以知近今百年西人之富，不專在機器之創興，而其要領專在保護商會。善法美政，昭然可舉。是以鐵路、電線、汽機、礦務成本至巨，要之以信，不患其衆擎不舉也。金銀有限，而用款無窮。以楮代幣，約之以信，而一錢可得數百錢之用也。第四問爲各國外史，專論公使外部密札要函，而後知普之稱雄，俄之一統，與夫俄土之宿怨，英法之代興，其故可覶縷而陳也。第五問爲英、美、法三國政術治化之異同，上下相維之道，利弊何如？英能持久而不變，美則不變而多蔽，法則屢變而屢壞，其故何在？第六問爲普、比、瑞、奧四國政術治化。普之鯨吞各邦，瑞之聯絡各部，比爲局外之國，奧爲新蹶之後，措置庶務，孰得孰失？第七問爲各國吏治異同，或爲君主，或爲民主，或爲君民共主之國，其定法、執法、審法之權，分而任之，不責于一身，權不相侵，故其政事綱舉目張，粲然而觀。催科不由長官，墨吏無所逞其欲，罪名定於鄉老，酷吏無所舞其文。人人有自立之權，即人人有自愛之意。第八問爲賦税之科則，國債之多少。西國賦税十倍于中華，而民無怨者，國債貸之於民而民不疑，其故安在？

此八條者，考試對策凡三日。其書策不下二十本，策問之條目蓋百許計。忠逐一詳對，俱得學師優奬，刊之新報，謂能洞隱燭微，提綱挈領，非徒鑽故紙者可比。此亦西人與我華人交涉日淺，往往存藐視之心，故有一知半解，輒許爲奇。則其奇之，正所以輕之也。忠惟有鋭意考求，詎敢以一得自矜哉！忠自到巴黎後，多與當道相往還。而所最善者，則有彼之所謂翰林院數人，專講算化、格致諸學，與夫各國政事興替之由。各國欽仰，尊如北斗。渠輩見忠考究西學，殷殷教誨。每勸忠考取彼國功名。忠對以遠來學習，祇求其實，不務其名。勸者云："徒競其名而不務其實，吾西人亦患此弊。然名之不揚，則所學不彰。故華人與西人交涉，時時或被欺朦。非華人之智短才疏也，名不揚而學不彰，則不足以服之也。且辦交涉以文詞律例爲主，講富强以算學、格致爲本，中國不患不富，而患藏富之不用。將來采礦、釀酒、製機器、創鐵路、通電報諸大端，在在皆需算化、格致諸學。我國功名，皆以此爲宗。子欲務實，意在斯乎？以子之所學，精而求之，取功名如拾芥，何憚而不爲耶？"忠以此説商之二監督，允其赴試。既應政治試畢，然後應文詞科。

六月底試第一場，期二日。

第一日以臘丁文擬古羅瑪皇賀大將提都征服猶太詔。又以法文譯埃及、希臘水戰、臘丁歌章。次日考問輿圖及希臘臘丁與法國著名詩文，兼問各國史學。復得宗師優獎，謂願法人之與考者，如忠斯可矣。一時在堂聽者不下數百人，咸鼓掌稱善。而巴黎新聞紙傳揚殆遍，謂日本、波斯、土爾基人負笈巴黎者固有考取格致秀才及律例舉人，而東土之人，獨未有考取文詞秀才者。有之，則自忠始也。忠念些須微名而震驚若此，亦見西人好名之甚也。年終考文詞秀才。

第二場兼考格致秀才。來年春夏之交，可考律例、格致舉科。近日工課稍寬，閑至炫奇會，游覽四方之來巴黎者，轂擊肩摩，多於平日數倍。但炫奇會所以陳各國新得之法，令人細玩。會終標獎其最優者，原以激勵智謀之士。然而炮之有前膛後膛，孰優孰劣？彈之貯棉藥火藥，何利何弊？附船之鐵甲，有橫直之分。燃海之電燈，有動静之别。而水雷則有拖帶、激射、浮沉之不一，炮壘則有連環、犄角、重單之不同。均無定論，是軍法之無新奇者也。煤瘴之伏礦中，無定法可免，真空以助升降，無善術可行。此礦務之猶有憾事也。機織之布，敏捷而不耐久，機壓之呢，耐久而不光滑，機紡之紬，價廉而無寶光。此紡織之猶待考求也。下至印書、釀酒、農具，大抵皆仿奥、美二國炫奇會之舊式，並未創有新制。至於電線、傳聲與電報、印聲，徒駭見聞，究無大益。惟英太子之珠鑽玩好，法世家之金石古皿，獨闢新奇，乃前此所未曾有。然此不過誇陳設之精，供游觀之樂，以奢靡相矜而已。豈開會之本意哉！蓋法人之設此會，意不在炫奇，而在鋪張。蓋法戰敗賠款後，幾難復振，近則力講富强，特設此會以誇富於外人。有論中國賽會之物，挂一漏萬。中華以絲、茶爲大宗，而各省所出之紬，未見鋪陳；各山所産之茶，未見羅列；至磁器之不古，顧繡之不精，無一可取；而農具、人物，且類要貨，堂堂中國，竟不及日本島族！豈日本之管會乃其土人，而中華則委之西人之咎乎？以西人而陳中華土産，宜乎其見聞之淺也。有以質之忠者，忠惟云賽會另有監會之人，余不敢越俎而謀，又何能詳言其故。此巴黎炫奇會之大略也。

竊念忠此次來歐一載有餘，初到之時，以爲歐洲各國富强，專在製造之精，兵紀之嚴。及披其律例，考其文事，而知其講富者，以護商會爲本，求强者，以得民心爲要。護商會而賦税可加，則蓋藏自足；得民心則忠愛倍切，而敵愾可期。他如學校建而智士日多，議院立而下情可達。其製造、軍旅、水師諸大端，皆其末焉者也。於是以爲各國之政，盡善盡美矣。及入政治院聽講，又與其士大夫反復質證，而後知盡信書則不如無書之論爲不謬也。英之有君主，又有上下議院，似乎政皆出此矣。不知君主徒事簽押，上下議院徒托空談，而政柄操之首相與二三樞密大臣。遇有難事，則以議院爲藉口。美之監國，由民自舉，似乎公而無私矣。乃每逢選舉之時，賄賂公行。更一監國則更一番人物，凡所官者，皆其黨羽。欲望其治，得乎？法爲民主之國，似乎入官者不由世族矣，不知互爲朋比，除智能傑出之士，如點耶諸君，苟非族類而欲得一優差，補一美缺，戛戛乎其難之。諸如此類，不勝枚舉。

忠自維於各國政事，雖未能窺其底蘊，而已得其梗概。思彙爲一編，名曰《聞政》。取其不徒得之口誦，兼資耳聞以爲進益也。西人以利爲先，首曰開財源，二曰厚民生，三曰裕國用，四曰端吏治，五曰廣言路，六曰嚴考試，七曰講軍政，而終之以聯邦交焉。現已稍有所集。但自恨少無所學，涉獵不廣。每有辭不達意之苦。然忠惟自録其所聞，以上無負中堂栽培之意，下無忘西學根本之論，敢云立説也哉！

原稿已佚，曾劼剛襲侯激賞此作，載入《使英法日記》中，爰録存之。

—13. 皇朝經世文統編　卷一　文教部一　學術

擬設繙譯書院議

竊謂今日之中國，其見欺於外人也甚矣。道光季年以來，彼與我所立約款税則，則以向欺東方諸國者，轉而欺我。於是其公使傲昵於京師，以陵我政府；其領事强梁於口岸，以抗我官長；其大小商賈盤踞於租界，以剥我工商；其諸色教士散布於腹地，以惑我子民。夫彼之所以悍然不顧，敢於爲此者，欺我不知其情僞，不知其虚實也。然而其情僞虚實，非不予我以可知也。外洋各國，其政令之張弛，國勢之强弱，民情之順逆，與其上下一心，相維相繫，有以成風俗而禦外侮者，率皆以本國語言文字，不憚繁瑣而筆之於書。彼國人人得而知之，並無一毫隱匿於其間。中國士大夫，其泥古守舊者無論已，而一二在位有志之士，又苦於語言不達，文字不通，不能遍覽其書，遂不能遍知其風尚，欲其不受欺也得乎？雖然，前車之覆，後車之鑒也。然則，欲使吾士大夫之在位者，盡知其情實，盡通其壅蔽，因而參觀互證，盡得其剛柔操縱之所以然，則譯書一事非當今之急務與？語云：知己知彼，百戰百勝。戰勝於疆埸則然，戰勝於廟堂，亦何獨不然。

泰西各國，自有明通市以來，其教士已將中國之經傳綱鑒，譯以辣丁、法、英文字。康熙間，於巴黎斯設一漢文書館。近則各國都會，不惜重貲，皆設有漢文館。有能將漢文古今書籍，下至稗官小説，譯成其本國語言者，則厚廪之。其使臣至中國，署中皆以重金另聘漢文教習，學習漢文，不盡通其底藴不止。各國之求知漢文也如此。而於譯書一事，其重且久也又如此。近今上海製造局、福州船政局與京師譯署，雖設有同文書館，羅致學生，以讀諸國語言文字。第始事之意，止求通好，不專譯書。即有譯成數種，或僅爲一事一藝之用，未有將其政令治教之本原條貫，譯爲成書，使人人得以觀其會通者。其律例公法之類，間有摘譯，或文辭艱澀，於原書之面目盡失本來，或挂一漏萬，割裂復重，未足資爲考訂之助。夫譯之爲事難矣。譯之將奈何？其平日冥心鉤考，必先將所譯者與所以譯者兩國之文字，深嗜篤好，字櫛句比，以考彼此文字孳生之源、同異之故，所有相當之實義，委曲推究，務審其音聲之高下，析其字句之繁簡，盡其文體之變態，及其義理精深奥折之所由然。夫如是，則一書到手，經營反復，確知其意旨之所在，而又摹寫其神情，仿佛其語氣，然後心悟神解，振筆而書，譯成之文，適如其所譯而止，而曾無毫髮出入於其間。夫而後能使閲者所得之益，與觀原文無異，是則爲善譯也已。今之譯者，大抵於外國之語言，或稍涉其藩籬，而其文字之微辭奥旨，與夫各國之所謂古文詞者，率茫然而未識其名稱，或僅通外國文字言語，而漢文則粗陋鄙俚，未窺門徑。使之從事譯書，閲者展卷未終，俗惡之氣，觸人欲嘔。又或轉請西人之稍通華語者，爲之口述，而旁聽者乃爲仿佛摹寫其詞中所欲達之意，其未能達者，則又參以已意而武斷其間。蓋通洋文者不達漢文，通漢文者又不達洋文，亦何怪夫所譯之書，皆駁雜迂訛，爲天下識者所鄙夷而訕笑也。夫中國於應譯之書既未全譯，所譯一二種又皆駁雜迂訛。而欲求一精通洋語洋文，兼善華文，而造其堂奥，足當譯書之任者，横覽中西，同心蓋寡。則譯書之不容少緩，而譯書之才之不得不及時造就也，不待言矣。

余生也晚，外患方興，内訌洊至。東南淪陷，考試無由。於漢文之外，乃肆意於辣丁文字，上及希臘，並英、法語言。蓋辣丁乃歐洲語言文字之祖。不知辣丁文字，猶漢文之昧於小學，而字義未能盡通。故英、法通儒，日課辣丁古文詞，轉譯爲本國之文者，此也。少長，又復旁涉萬國史事，輿圖政教，曆算度數，與夫水光聲電，以及昆蟲、草木、金石之學。如是者五六年，進讀彼所謂性理格致之書，又一二年。而後於彼國一切書籍，庶幾貫穿融洽，怡然理順，涣然冰釋，遂與漢文無異。前者郭侍郎出使，隨往英法。暇時因舉曩所習者，在法國考院，與考其文字、格致兩科，而幸獲焉。又進與考律師之選，政治之選，出使之選，亦皆獲焉。曾擬將諸國政教之源流，律例之同異，以及教養之道，制用之經，古今沿革之凡，貨財斂散之故，譯爲一書。而爲事拘牽，志未得遂。近復爲世詬忌，擯斥家居。幸有暇日，得以重理舊業。今也倭氛不靖，而外禦無策。蓋無人不追悔於海禁初開之後，士大夫中能有一二人深知外洋之情實，而早爲之變計者，當不至有今日也。

余也蒿目時艱，竊謂中國急宜創設繙譯書院。爰不惜筆墨，既縷陳譯書之難易得失於左，復將書院條目與書院章程，臚陳於右。倘士大夫有志世道者，見而心許，采擇而行之，則中國幸甚!

一、繙譯書院之設，專以造就譯才爲主。諸生之入院者，擬選分兩班。一選已曉英文或法文，年近二十，而姿質在中人以上者十餘名入院，校其所造英法文之淺深，酌量補讀，而日譯新事數篇，以爲工課。加讀漢文，如唐宋諸家之文，而上及周秦漢諸子，日課論説，務求其辭之達，而理之舉。如是者一年，即可從事翻譯。而行文可免壅滯艱澀之弊。

一、選長於漢文，年近二十，而天姿絶人者，亦十餘名。每日限時課讀英法文字，上及辣丁、希臘語言。果能工課不輟，用志不紛，而又得循循善誘者爲之指示，不過二年，洋文即可通曉，然後肆力於繙譯，收效必速。蓋先通漢文，後讀洋文，事半功倍。爲其文理無間，中外所異者，事物之稱名耳。

一、擬請一兼通漢文洋文之人，爲書院監理，並充洋文教習。凡諸生應讀洋文書籍，與每日譯書課程，皆其派定。應譯之書，亦其擇選。而考校諸生之勤惰進退，及學有成效與否，胥責成焉。

一、擬請長於古文詞者四五人，專爲潤色已譯之書，並充漢文教習，改削論說。暇時商定所譯名目，必取雅馴，不戾於今而有徵於古者，一一編録，即可爲同文字典底本。又擬雇用書手五六名，以備鈔録。

一、院中有執事者，必須常川住院。諸生則旬日休沐一次，准假歲無過一月。歲終，諸生勤惰由監理稟報，批飭榜示。

一、應譯之事，擬分三類。其一爲各國之時政。外洋各國内治之政，如上下議院之立言，各國交涉之件，如各國外部往來信札，新議條款，信使公會之議，其原文皆有專報。此須隨到隨譯，按旬印報。書院初設，即應舉辦者也。其二爲居官者考訂之書。如行政、治軍、生財、交鄰諸大端，所必需者也。爲書甚繁，今姑舉其尤當譯者數種。如《羅馬律》，要爲諸國定律之祖，諸國律例異同，諸國商律考異，民主與君主經國之經，山林漁澤之政，郵電鐵軌之政，公法例案，備載一切交涉事件原委，條約集成，自古迄今，宇下各國，凡有條約，無不具載，其爲卷甚富，譯成約可三四百卷。《東方領事便覽》，生財經權之學，國債消長，銀行體用，萬輿集成。凡五洲險要，皆有詳圖，爲圖三千餘幅，乃輿圖中最爲詳備之書。《羅瑪總王責撒爾行軍日記》《法王那波倫第一行軍日記》，此兩王者，西人稱爲古今絶無僅有之將材。所載攻守之法，至爲詳備。他書應譯者，不可勝記。而諸書類皆英法文字，擇其善者譯之。開院後一年，其已通洋文諸生，即可將前書分課繙譯。二年後，新讀洋文諸生，亦可助譯。則出書自易。其三爲外洋學館應讀之書，應次第譯成，於彼國之事，方有根柢。如萬國史乘，歷代興廢，政教相涉之源，又演算法、幾何、八線重學、熱光聲電，與夫飛潛、動植、金石之學，性理格致之書，皆擇其尤要而可資討論者，列爲逐日課程。一二年後，即派諸生更譯，附旬報印送，以資觀覽焉。

一、書院中擬設書樓。除初設時已購中外書籍外，新出者應隨時添購。其書籍必派人專司，日時啓閉。每月按簿查點。其初應購之書，值約數千。每歲添費數百金，可以補其未備。

一、一二年後，擬於院中自備活字板一副，雇刻工之精於刻圖者數名。其初譯件不多，可請書坊代印。

一、書院房屋，總宜寬敞整潔。其居地宜附近通商口岸，取其傳遞便捷，消息靈通。而外洋各報紙，公司船隨到隨送，則可分譯，不致稽留。

一、書院費用，皆有定額。擬派一支應者，專司出入，按月呈報。至書院内各項額外開支，皆宜預籌經費，按年撥給，以爲書院立不拔之基焉。

—13. 皇朝經世文統編　卷六　文教部六　譯著

巴黎復友人書

接奉九月二十六日尊誨，屬將有益於交涉之學業者，詳叙送核，以便函達總署。

謹按交涉之道，繁博錯雜，類皆與列國之俗尚爲變遷，非一二語所可盡。而其因時遞變之源流，與夫隨時達變之才識，則爲政治學院所考論。而政治學院孜孜所講求者，則尤爲相時制變之實學也。忠不揣愚陋，即以平日所見聞者，綜其大概，謹爲一一陳之。

夫泰西政教，肇自希臘，而羅馬踵之。當希臘未闢之先，其濱地中海東南諸部，若范尼，若埃及，人民富庶，流户北渡，遷於希臘，各據一隅，專事兼併。迨外寇屢侵，諸部落並力死拒，斐理勃王始乘時行連合之説。其嗣王亞立山卒成其志。於是悉起中國兵，東向略地，至猶太、波斯、印度之屬，綿亘數萬里。而所征國，都有各不相下之心，無割地請和之説。交涉之道，猶未起也。羅馬創始之初，地廣人稀，招徠流亡，漸臻蕃庶。然後閉關謝使，禁絶外人。即有至者，不得與本國人民同享權利。迨國勢昌盛，攫取希臘而收之。遂奄有地中海周圍諸國。溯其戰争之際，雖無遣使立約之明文，猶有不殺使臣之遺意。殆即交涉之道之嚆矢歟？

羅瑪統一泰西，垂三百餘年，鞭笞叱吒，遠方之來貢者有之，未聞講信修睦之與國也。君士但丁營造東都，遂以其名命之。其子劈分羅瑪而東西之，勢解力弱。歷傳數世，北方之來寇西羅瑪者，始于高特，而亞第辣繼之，西羅瑪遂滅。東羅瑪至儒斯定王大修律例，僅一時之盛。及瑪奥買之説行，屢爲回教所侵。而東羅瑪卒歸土爾基矣。此皆以勢力相傾軋兼併爲得志，而交涉之道蓋缺然已。

自泰西晏然無事，不憂外寇，而列國皆秉命於教皇。教皇於各國，有事則遣人以襄理之。各國遇教皇繼統，則專使以朝賀之。凡有争競惟折衷於教皇，而不以干戈事事。其意大利地瓜分數十國，如佛勞朗斯、如維尼斯等城，皆各主其主。大事决于教皇，小事自通使問。殆亂靡之後，崇尚文詞。使臣聘會，每有專對肆應之才。以佛勞朗斯蕞爾一郡，能折維尼士之富豪，能奪法國之氣焰，謂非瑪基亞范肋之辭令有以致之歟？故瑪公之著述，迄今使臣奉爲秘本。

與其相後先者，有當特，有貝大爾克，有包加斯，有奇基亞第尼諸公，皆爲意國文學之祖。或以詩鳴，或以文鳴，要皆充皇華之選者也。其措詞執禮，往往相假以仁義，相襲以忠信。是殆春秋時晏嬰、叔向、公孫僑之徒歟？然其所争交涉之事，衹關一國之安危，非係歐洲之均勢也。夫歐洲列國壤地毘連，雖一境之文治武功，由我獨斷。然保無有狡焉思啓者，乘間抵隙，以爲與國虞。於是諸列國申盟要言，以强弱相恤，大小相維，成一均勢之局。即戰國合縱、連横之説，名異而事同者也。而歐洲自勝朝之末以迄於今，交涉之道，專主於此。

溯夫東羅瑪既滅，回教猖獗，東襲翕加利，西入西班牙，中攻意大利。教王震恐，糾力抵敵。回難既平，國君之權益微，教皇之權益固。日爾曼各部長，半歸於教皇之手。於是羅代禄首創異説，自立一幟，而教事以分。日爾曼之北，從之者如影響矣。西班牙君加禄第五世，陽奉教皇之命，陰肆攘奪之謀，恃與列國聯姻，遂因承繼之名，襲取意大利、日爾曼之屬，尊加皇號。而亞勃斯普朝之權力寖熾。法國介於西班牙、日爾曼之間，懼其日逼，搆聯日爾曼北之各屬，歷三君二相，以與噢大利王轉戰三十載，而有范斯法尼之會。是會也，立瑞士，建荷蘭，貶噢大利皇位承襲之分，訂日爾曼列邦統屬之制。至是均勢之局大定。復爲之辨使臣之等威，申聘問之儀制。遇有嫌隙，可講信修睦，無復興兵搆怨矣。交涉之道，焕然一新。而歐洲信使之往來駐扎，實權輿於此。

法王路易十四世，亦既逞志於范斯法尼之會，好大喜功，北伐荷蘭，南取蒲爾公地。適西班牙王加禄第二世薨而無嗣，遺命傳位於盎穌公，名裴理勃者。裴理勃，路易王之孫也。諸侯王方慮法國之威權日以寖大。今復王西班牙，是虎而翼之也。維時英國方强，普國寖盛，連合日爾曼、荷蘭、沙孚亞之衆，與法王轉戰十三載，至康熙五十一年而有迂特來之會。是會也，雖不足阻裴理勃之王有西班牙，而議定法、西二國不得合併爲一，實足弭偏重之患。其許英人踞基不樂他，雄鎮地中海之要隘，並約法王退還侵地，亦足以戢法之雄心。而歐洲之均勢復定矣。

無何，而普國方張，俄疆大闢。至乾隆十三年，法國内亂十五年，廢其君，立爲民主之國。那波倫以一裨將，進攻意大利，跨海而東，觀兵埃及，既襲大位，窮兵黷武，所向風靡。削其地，絶其爵，囊括歐洲，而均一之勢復壞。及其敗也，列國征盟，而有維也納之會。是會也，還侵地，正疆界，立日爾曼之盟屬，增荷蘭國之土宇，而法人不復東向矣。三分保蘭，以一俄、噢、普之勢，分四等使者，以明各行人之禮。其所以維繫歐洲之均勢者，周且密矣。

夫均勢之説，創于范斯法尼之會。然而與會者，不過法、噢、瑞典、西班牙暨日爾曼之屬。而普因北教而屏，英以異教而斥。故其相維之勢，足以聯絡數國，不足以統屬歐洲也。至迂特來之會，英、普與焉，而俄國不與，是均勢之盟未盡普也。且范斯法尼之會，諸國雖共訂條章，而西班牙與荷蘭另有孟斯德之約，日爾曼王率屬邦先與瑞典有奥斯納勃盧克之約，繼與法國復有孟斯德之約，法國與西班牙又有比來納山之約。前後紛紜，而統謂之范斯法尼之約。又迂特來之會，英人先與法王盟，繼與西班牙王盟，復與他國王分盟。然則，是二會者，只屬數國之私盟，而非列邦之公約。夫會者所以結同盟之信，盟之者衆，則信益彰而守愈篤。今此二會散漫無紀，不能共相維持，宜其不久而各國弁髦之也。

維也納之會則不然。俄國與約，而均勢之道公；友邦共盟，而要結之誼固。然而俗尚異趣也，民情異好也，分疆立界而建之國，其所與建者，不獨恃山河之險阻，亦俗尚之同趣，民情之同好，有以維結群倫，而君之民之也。維也納會，定各國之疆界，只求土地之均平，不問民俗之向背。故自有會以來，比利斯分自荷蘭，噢大利喪其東境，意大利及德意志統一屬邦，希臘國及羅孟里無復藩封，土爾基向爲局外之國，近與歐洲厠。是西土之均勢雖平，而東方之争論又起矣。然則，交涉之道，始以并吞相尚而不明，繼以譎辯相欺而復失，終以均勢相維而信未孚。徒恃此載在盟府一二無足重輕之虚文，安足以修和於罔替！夫國與國既已犬牙相錯，自有唇齒之依。故一國之權利所在，即與國之强弱攸關。英人利在行商，埠頭遍天下矣。俄人利有南境，版土因以日展矣。普與法勢不兩立，而兵力愈精。意若噢思復故疆，而營求未已。故泰西之講公法者，發議盈廷，非説理之不明，實所利之各異。以致源同派别，分立門户。上下數十家，莫衷一是。於是辦交涉者，不過藉口於公法以曲徇其私。

須知交涉之源流既已因時而遞變，即交涉之才識，尤貴達變以應時。此交涉之道所以存乎其人也。方佛勞朗斯之盛，使於各國者，不過一介行人，權不重而位不高，要能以口舌之微權，而繫朝廷之得失。及自范斯法尼以至維也納，則所遣使臣，儼然身代其君矣。其術以間伺爲能，以奢靡相尚。祇求出身之貴賤，不問其人之賢愚。雖有專任之權，要無責成之職。故有以巾幗而使辦交涉者矣。爲之國者，得一二能臣坐鎮於内，遣使他國以窺其情僞而詳報之，即足以默定機宜而爲之因應。間有遣一使而從者數十，務與彼都士夫交接，善爲鈎距，以得事情。遇有大徵會，然後始遣一二能臣，相爲反復論辯可否。今也開新政之禁，而清議愈多。重議院之權，而民情可達。輪舟火道之星羅棋布，往來便而俗尚則計日而更；水汽機力之雷動風行，工商裕而財源則與時遞長。所以辦交涉者，非若昔時惟窺探一二人之心思可以坐操勝算，又必洞悉他國民情之好惡，俗尚之從違，與夫地利之饒瘠，始足以立和議，設商約，定税則，而不爲人所愚弄。故視昔爲倍難焉。

余嘗讀鬼谷子書，其馳説諸侯之國，必視其人之材性賢愚、剛柔、緩急，而因其好惡、喜懼、哀樂而捭闔之，陽開陰塞，變化無窮。顧天下諸侯，無不入其彀中者。豈有異術哉！兵法曰：知彼知己。交涉之道，盡於是矣。夫彼不易知也。故閲彼新報以揣其要旨，入彼議院以察其變遷，上結紳衿，默觀動静，下連商賈，隱相機宜。是以近今百年泰西之長於交涉者，首推意之加乎爾，普之璧斯瑪，法之大意郎，俄之加且高弗，英之巴末司東、奧之墨代直客之數公者，先皆久游列國，或充公使之選，或爲游覽之娱。一旦身入機府，他國之民情俗尚，瞭如指掌。復得出使之臣，時傳消息。雖千里如一室矣。己亦不易知也。知我之所長，尤宜知我之所短。知我之所長，故掩之以待時而發。知我之所短，故彰之可因奮而更。既已知我知彼矣，尤宜先定所向。所向既定，而後心無旁營，力無旁貸。所謀則濟，所舉則成。如加乎爾以統一爲心，璧斯瑪以雄長爲志，加且高弗以廓闢爲懷，終皆克償其願者，所向先定故也。若法王那波倫第三世，始欲求逞於民，則附英而攻俄，繼欲示好於俄，則息戰而疏英。攻噢大利以沽恩於意人，伐墨西哥以修睦於噢國。方普人之攻丹也，陰圖其利。及普人之入噢也，轉慴其威。一旦普人修怨，法王孑然無他國一師之助者，所向不定故也。所向既定，而後可言交涉之道矣。

蓋天下事，衆擎則易舉，孤掌則難鳴，理之常也。夫同宅寰中，此疆彼界，而建爲國，則必小事大，大事小，憂危與共，戰守相援，而勢乃不孤。故英得法助，奏績於黑海之濱，意與法連，逞志於緑氈之上。西人講公事，以緑氈鋪臺爲禮。范斯法尼之緑氈猶在也。嘗親見之。比利斯交歡于英法，自成局外之邦。合衆國求助於法王，得行自主之政。此皆邦交之實有所援也。或恐鄰國之袒我仇，而因與之交者，亦有之。如普之攻噢也，結法人而餌之利，則噢獨而危。及其攻法也，善俄國而申之盟，則法孤而敗。故自均勢之局定，而列國安危所繫，莫大於邦交。第交不可無，而擇亦宜慎。英人之交，惟利是圖，利在則友，利亡則寇。列國之結歡於英者，大抵無實德之可圖，祇求其不助之助耳。嘗慨今之不善交者，莫土人若。見俄國之日强，故附之，而俄已三削其地矣。見法人之喜功，故親之，而法已兩奪其權矣。又見英人之已護也，故私之，而英幾半分其國矣。

嗟夫，當回人之滅東羅瑪也，闢疆展土，歐西爲之重足而立。所來使臣，動加鞭笞，而莫敢誰何。今則時窮勢迫，國内之政教、財賦，反爲外人牽掣。民貧國蹙，僻守一隅，幾於國不其國者，何也？處遞變之時，不因時而與之俱變。内無定向，而知變之士窮；外無友邦，而應變之方少。徒守此千百年前瑪奥買所著《高朗》一書，欲以應夫千百年後世道之變，無惑乎日就削亡，徒爲天下後世多一泥古不通今之龜鑑，可不惜哉！

今夫應時達變之才識係乎用，難責人以必有，而相時制變之實學關乎理，亦力學之可求。然專論夫理者，遇事每倉皇而失措，泛求其用者，臨時轉窒礙而鮮通。是必理用之兼備，庶可泛應而曲當。當夫事之來也，或援文起例，或考古證今，或假公法以求全。事同而情異，則考其國制國律以別其微茫。事異而境同，則察其地理地宜以窮其竟委。每有交涉立約之事，所定不過數十款，而動涉歲年，方可蕆事。非此數十款難以遽訂，亦以未訂之先，援公法，證往事，合兩國之體制律例，與其險阻物宜，無不悉心參究，以求夫至當。此列國掄選使才所由，以交涉實學嚴加考核，庶幾使館無濫竽之輩，行人無辱命之虞。

按：歐洲各國，辦理外務，用才之例不一。有内外隔絶者，外爲使臣參贊等員，内爲外部總辦各司互調，往往白首而專於一事，是以因熟生巧，此其益也。然内外生嫌，未免事多遲滯，則其弊也。有内外更調者，如英國新制，其外部大小司事，與出使之隨員及二三等參贊，可由領外部大臣，斟酌互調。至列國之制，大約參贊與隨員不得内調。若出使大臣，有無間内外者矣。

其選才之法，亦不一。有自幼入官院，專課出使學者。每年有考，限以年數，取則派往各使署試用，按班遷轉，此噢之制也。有無官學院專課此種學業，但按時報名投考，限以三月之久，歷較所試諸端，能售者即歸試用班，内用六月，外用十八月，扣足二年，由使臣出考語，升爲散秩三等參贊，遞升散秩二等參贊，後升爲使署參贊等員，則英制之大略也。所有考章，與法國新定者大同小異，但微簡耳。或有考取律科而自效者，亦有不考律科而徵用者。此各國之制之不同也。

惟各國録用使才，類皆擇其人可以肆應。而家道苦寒，及出身微賤者，乃擯不得與。法國出使之才，自乾嘉而後，惟大意郎與基沙尤著而已，餘皆碌碌無聞。其故有二。一因議院多植黨與，每與執政不相能。故執政既迭更，而執政之心腹如頭等公使，勢必屢易。新執政更事未久，遇有列國公會，率貿然親往。無怪其爲屢經公會，熟悉公事之高且加弗、璧斯瑪、盎得喇西等人所玩弄矣。此一弊也。一以收用新進，祇取富豪子弟。而富豪子弟，性率浮躁，使往與國，不通語言，不習風土，心厭公事，而不考求，身擁厚貲，可供酬應。以此按班遷升，烏能勝任！間有精明領事，久居異國，交結士商，能洞悉情僞者，則又格於班次，不過轉調他處，此又一弊也。

至光緒三年春，公爵對加斯領外部事，居職歲久，灼知利弊。因即同治八年所定出使章程，斟酌而損益之。今姑擇其大凡。

一、凡讀律後生，願出使及領事者，准在案卷房學習。

一、凡已取律例、格致、詞章各一科，並能通曉兩國文字者，准歸試用班差委。

一、凡試用以二年爲期。其一年外差扣足，方准部考。

一、凡水陸兵弁暨監工礦師等員，願改出使及領事者，能通曉兩國文字，即准部考，無須試用二年，以示優異。

一、凡部考已取人員，轉升班次如下。初授本部司事，學習領事，與三等參贊同一位。進升各房總司，摘由司員，正領事，與二等參贊同一位。轉升本部幫辦。總領事與頭等參贊同一位。凡同位者，概准調補至部。考條章，經領國事，麥瑪韓行咨大臣，議定如左：一部考。有考出使者，有考領事者。每歲冬季，舉行一次。倘於年内舉行，須由外部先二月榜示。

一、凡考生二次不録，即行革考，不准再投。一考出使，應由外務總辦監臨，另派考官四人。考領事，應由商務總辦監臨，另派考官四人。其考官則由領外部事大臣。於二等公使及本部幫辦、總辦暨總領事内派出。

一、考試章程。每次先面試。如式，再行考問。

一、考試條目，分六種。一曰國制，論歐美二洲之治體與其定律、行律、守律之權，並特論法國各部條例與内外衙門詳札事件。二曰公法源流，論公法家門户之别之理。三曰公法新論，論講約、立約、准約、守約、廢約、續約之權。約有和好、連好之辨，有遣助、作保，並居局外之不同。有讓地、劃界、河利及賠款、關提、錢幣、驛鈴、郵電、鐵道、關卡、商舶往來與刷印、書籍、傳奇等事。各因所約而殊者也。論外國人民之律，有户籍、婚嫁之條，有外國人民與法國官長，或法國人民與外國官長彼此控告之式。論列國戰局，有務守局外與排解兩敵之條，有期會、公會及商辦等會之式。論海疆事宜，有捕魚界限，有商船、旗幟、兵舶權别以及查艙、販禁之例。有巡海封口，追還海舶，捕逐海盗以及禁販黑奴之款。論出使與領事，有奉使之權利，有使員之例章，有使署與領事交涉之儀注，有使署與領事署内所造卷册報銷賬目領俸之格式。又駐扎東方領事，兼有審案之權之論。四曰交涉紀略。上自范斯法尼，下至普法交戰，比事屬辭，詳論其得失。五曰商務，論法國商政之因革與關榷之税制。而税制有通行與訂約之殊，稽查進出口貨，其税則有估價與按物抽征之别，其估價有官價與時價之異。凡進口貨以原貨外運者，有躉船總棧之制，以之成器物外運者，有存税暫交之别。論商民船隻，有爲保護商民起見者，則准其往來本國及屬地埠頭，而於外國商船，則加税旗税棧之征以苦之。有爲招徠行商起見者，則大開口岸，任人出入，交争貨利。而舵工有短雇長雇之傭值，關制有横征豁免之利弊。凡此者皆隸焉。六曰輿圖物産，論各國之經界，川河之源委，山谷之形勢，稽户口，查兵額，辨鎮守通商之埠，考兵舶、商船之數。論運載之利，有鐵道，有輪舟，有船塢總棧，以便海航；有電線郵船，以通消息。再各國郵船公司鐵道公司，有官幫私設之殊。論各國土物地産，於機器廠、煤礦廠尤當加意。論錢幣有各國錢法之不一，與歷來求一之公論。並尚論各國度支之源由，借款之永暫及國債券票流行之通塞。凡此種種，必曲暢旁通，始能應考。

所謂面試者，分三場。第一場試英普文字。凡三題。一譯近時英普之公牘，以覘其通曉否。一譯英普議院之論，而撮其命意，以觀其能會通否。一寫英普文，以叙事之要旨，以試其辭達否。第二場試交涉之學。凡三題。一公法新論，一交涉紀略，一或輿圖，或商務，各一條。此第考其所已知，而未徵諸實用。故第三場授之交涉案卷，令其條陳應辦，以知其理用兼賅否。

考問者分兩場。第一場問英普文字。凡三事：一令朗誦英普公牘，以審其聲似否。繼令繙譯，以察其融會否。一考官朗誦英普公牘，隨令考生摘略，果能聲入心通否。一與語英普方言，隨令酬對，試其果能肆應無方否。第二場問交涉之學，各數條。求其應對不爽，以覘其果能理用貫通否。此即法國部考之新章也。

執是以求才，庶無遺憾。然而論者猶曰：此治末舍本之法也。謂夫與考者，必試用二年，考取方授職，而廪餼之。試用之時，無微禄之沾。而外差一年，更須多備資斧。衹足以杜寒微之士，而開幸進之門。蓋廪餼甚微，三等參贊之歲俸，尚不及所費者四之一。夫使身爲使員，而費用務省，將厨傳不豐，交游不廣，則似危邦之陋風，尤非治國之盛觀。凋弊寒嗇，爲外人觀笑，此又執政者所不願。若欲稍從豐厚，則俸不足用，勢必取給於家。於是有志之士，窘於財力，而求進者少。則所取不敷，所使勢必濫取。况乎使員在外多年，津貼而升庸，不過二等公使。其外部秉政公會大員與頭等公使，率用議院新進之臣。於出使之事素非練達，而久任使員者，反受其節制。於是出使人員，不過藉此名目以資游覽。相時而退，鮮有老於其職者。故曰：治其末而舍其本也。

然則，必如何而後可？曰：重禄俸以養其志，嚴考校以求其才，然後即以所取之人，專辦交涉。無問内外，悉資熟手。庶幾遇大事有知變應變之才，足以折服衆人之意氣，而捍衛吾國之利權矣。夫處今之世，輪舟、鐵道、梭織寰中，而欲自囿一隅，禁絶外人往來，勢必不能。不若因其利而利之，以廣我之利源。推行盡善，國富民殷。立約修和，而内平外睦，四境無雞犬之警，萬國消鋒鏑之憂。誰謂交涉之學小補也哉！

—13. 皇朝經世文統編　卷四六　外交部一　交涉

盛宣懷（1844—1916）

字杏蓀，號愚齋，江蘇武進（今屬常州）人。諸生，官直隸州知州、工部侍郎、會辦商約大臣、郵傳部大臣等。有《愚齋存稿》。

自强大計舉要臚陳

奏爲自强大計，當舉其要，謹就管見，臚陳梗概，恭摺仰祈聖鑒事。竊自海防事起，中外上下，競言自强，讜論嘉謨，日有獻納。上年經日朝之釁，藎臣志士，益慨然於弱强利鈍之故，欲盡取歐洲之新法，變易華夏之舊習。朝廷深維至計，舉其大者遠者，於是有創辦南北鐵路之役。顧臣以爲鐵路者所以速徵調、通利源，爲自强一端，非幹路既成即可坐而俟其强也。泰西諸邦用舉國之才智，以興農桑、工藝之利，即藉舉國之商力，以養水陸之兵，保農工之業。蓋國非兵不强，必有精兵，然後可以應徵調，則宜練兵。兵非餉曷練？必興商務，然後可以擴利源，則宜理財。兵與財不得其人，雖日言練日言理，而終無可用之兵、可恃之財，則宜育才。臣頃蒙召對，略陳愚慮，嗣軍機大臣復奉旨傳詢，俾罄蠡窺管測之微。仰見聖人兼聽並觀，邇言是察，不揣愚昧，謹以三事爲我皇上條析陳之。

一曰練兵之要。中國三代寓兵於農，唐宋以降專用召募。兵民久分，各國皆然。近年東西諸國兵制，皆由募兵而復爲徵兵。世變所趨，中國豈能獨不然哉？顧今日既糜餉千餘萬以養無用之緑兵，復糜餉千餘萬以養有用之練勇。髮、捻平定二三十年，所謂有用之勇一旦臨敵，其僨事與緑兵等。方事之棘，各路添募，倉猝成軍，臣所睹多有不能持槍施放者。蓋募兵一事，無賴亡命兼收並蓄，來無所考，其弊一。少壯從軍，衰老除汰，去無所歸，其弊二。聞警增募，類驅市人，不教謂棄，其弊三。事定遣散，多爲盗賊，遂貽民害，其弊四。近者議裁緑營，而減兵不能汰官；議建洋操，而餉重不能多練。况勇餉與兵餉不同，新勇與舊勇餉復不同。餉厚者不免相矜，餉薄者自甘廢弛，軍制愈紛，餉力愈絀，兵氣愈弱。現除京營外，各省實存緑兵練勇八十萬人，更新而不去舊，無此財力，制兵而不畫一，非善治軍。宜將天下畫分十鎮，海疆邊疆爲重，腹地僻地爲輕；堅强樸實之地多徵，膏沃柔脆之區少選。參酌西法，簡練新兵三十萬人，就各鎮形勢輕重差等，兵數多寡，徵選户籍可稽、未經罪犯、年在二十以上二十五以下、體質身幹合格者，録爲常備兵，入營教練，期以三年；退爲豫備兵，亦期三年；退爲後備兵，亦期三年；退爲民兵，期以五年，除其兵籍。自豫備兵以下，平時在家服農，有事以次徵集。豫備兵每年一次召集屯營，與常備兵合操；後備兵每年一次召集，便宜地方使之演習，皆視道里遠近給路費。民兵不集操，在籍者皆免本户徭役。每歲十月由各鎮揀派，選兵官分赴各屬，會同州縣，驗選合格者注於籍，隨時徵充常備，壯者入營而老者退籍，老者退而壯者又復入營。歷三年而一兵之餉得二兵之用，歷六年而一兵之餉得三兵之用，九年以後，歲額三十萬人之餉，常得一百二十萬人之用。兵皆土著，游惰不録，其利一。更遞進退，室家可歸，其利二。事至徵召，人皆練習，其利三。事畢歸農，不流爲匪，其利四。各鎮營制餉章統歸一律，各營槍炮器械統歸一式，舉緑營、勇營悉去之，以其歲餉三千餘萬兩，練常備兵三十萬人，重訂餉章，祗期核實，不必過優，歲約不逾二十萬兩，其餘以備洋教習薪水、豫備後備兵調操路費及酌留緑營之餉，計無不足。此事爲强弱關鍵，雖加籌款項，亦所應爲。况就餉練兵尤難濡緩，但持之貴堅，行之宜漸。或每鎮先練三分之一，練成後再行添練，以足額爲止。裁革緑兵營勇亦如之。至緑營向有城守防汛之責，護餉解犯等差，或酌留若干屬於州縣，略效各國警察巡捕之意，而責成整飭之，自無偏廢之虞。應請特簡知兵重臣，會同兵部，查明兵數、餉數，並采取英、德、俄、法、美、日諸國練兵之法，抉擇參酌，釐定章程，奏准施行，永爲定制。

一曰理財之要。理財有二義，開源節流盡之矣。今之廣製造、興礦政，以開源也。紗布各廠，成本之重，不足敵洋産；五金各礦，收效之速，不足濟急需。今之併局卡、裁冗費，以節流也。減併者百一，無裨國計之大；節裁者錙銖，何當中飽之鉅？言常用則歲出歲入不相抵，言通商則輸出輸入不相抵；言洋債則竭内外之力而更無以相抵。欲求足國，先無病民。欲收商利，在挽外溢。加税之議事未就緒，聞西人以釐金爲詞，蓋窺我國用之絀，必不能停收釐金也。應機决策，莫若徑免天下中途釐金，加關税爲值百抽十，令彼無所藉口。釐金既免，即仿行西國印税之法，辦理得宜，計加收之關税，新收之印税，合之當倍於釐金，而免釐則出口土貨易於流通，加税則進口洋貨或稍清減，取益防損，利在無形。所謂足國而不病民，且陰以挽外溢之利者，此也。西人聚舉國之財爲通商惠工之本，綜其樞紐，皆在銀行。中國亟宜仿辦，毋任洋人銀行專我大利。中國銀行既立，使大信孚於商民，泉府因通而不窮。仿借國債，可代洋債，不受重息之挾制，不喫鎊價之虧折，所謂挽外溢以足國者，此其一也。墨西哥國以九成之銀鑄錢，運行中國，易我十成之銀，歲耗以萬億計。近來中外臣工多議自鑄銀元，廣東、湖北、北洋、南洋先後鑄造，分兩輕重悉準墨銀。臣愚以爲國家圜法，自古及今皆自爲制度，隨人趨步，各國所無。既不能廢兩爲元，各庫出入仍需元寶，必致無銀可鑄。查光緒十二年十月海軍衙門奏請將應放南北洋經費及東三省餉項，均按二兩平核發，是餉需改用京平已有成案。今宜在京師特設銀元總局，以廣東、湖北、天津、上海爲分局，開鑄銀幣，每元重京平九成銀一兩，再酌鑄金錢及小銀錢，使子母相權而行。凡出款俱用官鑄銀幣，各省關收納地丁錢糧、鹽課、關税、釐金俱收官鑄銀幣，元寶、小錠概不准用，惟收款仍照庫平十成銀計算。庫平較京平定以每百兩加平六兩，十成銀較九成銀，每百兩應加色十兩，除各庫上兑津貼銀一兩，定以每百兩加色九兩，如應交庫平足銀一百兩者，實收銀幣一百十五元，無輕重高下之别，無減平扣色之弊，易簡理得，婦孺難欺。每年度支八千餘萬兩，户部約可盈餘平色銀一千二百萬兩，較向來各省撥解平餘，多收當不下千萬。所謂挽外溢以足國者，又其一也。此外商務鉅細萬端，設施有序，應請特簡通達中外之大臣專司商政，會同户部，取法鄰國，實見施行，興起商學，鼓舞工藝。利源無外溢，藏富於商民。君孰與不足，國何患不强？

一曰育才之要。西國人才之盛，皆出於學堂。然考其所爲學堂之等、入學之年、程課之序，與夫農工商兵之莫不有學，往往與曲臺之禮，《周官》之書，《左氏》《公羊》之傳，管、墨諸子之説相符。蓋無人不學，無事不教，本三代學校之制。特中國去古既遠，寖成文具，而泰西學堂闇合道妙，立致富强，益以見古聖人之道，大用大效，小用小效，文軌雖殊，而莫能外也。近日刑部侍郎李端棻推廣學校一摺，洞見本原，當蒙采擇。竊謂各府州縣驟難遍設學堂，宜令各省先設省學堂一所，教以天算、輿地、格致、制造、汽機、礦冶諸學，而以法律、政治、商税爲要。先設武備學堂一所，教以築壘測地、槍炮制造、彈丸發送、隊伍分合、馬騎控御諸學，而以兵律戎機、有勇知方爲要。在下之趨向，全視在上之用舍。同文館、廣方言館出洋學生糜費不少而得人不多，文科之八股試帖，武科之弓刀石，不待督責而莫不致力，其明證也。今不能盡改科舉之制，似宜專設一科，裁天下之廣額，爲新學之進階，明定功令，使文武學堂卒業者皆有出身之正途，齊仕進於科第，則聞風興起，學校如林，人才自不可勝用。應請特簡通知時務學行俱懋之大臣，專司學政，會同禮、兵二部，提絜綱領，一新海内觀聽。有志之士不自奮於有用之學者，未之有也。

以上三端，參酌歐美致富致强之術，實不外聖經足食足兵之謨，舉而措之，要在知人用人而已。所慮拘牽舊制，難以變通，又或慨然於物窮則變，意在振興；而尤慮天下督撫心志不齊，難以統籌全局，恐年復一年，外人眈眈，視我一無足恃，肆彼要求，得步進步，無兵則不能保守利權，無餉則不能充養兵力，二者互爲掣肘，甚至洋債不能再借，邊土不能自保，至其時始悔七年之病不蓄三年之艾，殆已晚矣。自古國家政事之張弛，强弱之機括，皆繫於君臣之謀慮，一轉移間，其效立見。臣惟國恥不可忘，邦交不可恃。伏願皇上鑒覆轍之在前，審宇宙之大勢，發憤自强，毅然定斷，勿敷衍而畏難，勿回惑於疑議。王大臣等皆公忠體國，卧薪嘗膽，同贊聖謨。國富兵强，遠人自服，此薄海臣庶所延頸企踵以俟之者也。臣管見所及，謹冒昧瀆陳，伏乞皇上聖鑒訓示。謹奏。

再，銀行昉於泰西，其大旨在流通一國之貨財，以應上下之求給。立法既善於中國之票號錢莊，而國家任保護權，利無旁撓，故能維持不敝。各國通商以來，華人不知務此，英、法、德、俄、日本之銀行，乃推行來華，攘我大利。近年中外士大夫灼見本末，亦多建開設銀行之議，商務樞機所繫。現又舉辦鐵路，造端宏大，非急設中國銀行，無以通華商之氣脉，杜洋商之挾持。議者謂國家銀行當全發帑本，簡畀大官，通行鈔票，由部造發，如英、法等國財賦皆出入於銀行，是户部之外府也。然中外風氣不同，部鈔殷鑒未遠，執官府之制度，運貿易之經綸，恐窒礙滋多，流弊斯集，或致委重西人，取資洋款，數千萬金，咄嗟立辦，其詞甚甘，其權在彼，利害之數，未易計度。臣惟銀行者商家之事，商不信則力不合，力不合則事不成，欲慎始而圖終，必積小以成大。擬請簡派大臣，遴選各省公正殷實之紳商，舉爲總董，號召華商，招集股本銀五百萬兩，先在京都、上海設立中國銀行，其餘各省會、各口岸以次添設分行，照泰西商例，悉由商董自行經理。臣前在上海，與開設粤閩、浙滬、江漢各海關官銀號之紳商、候選道嚴信厚議及銀行之事，嚴信厚顧全大局，情願以其獨開之銀號歸併公家之銀行，使其氣局寬展，並照匯豐銀行規制，以精紙用機器印造銀票，與現銀相輔而行，按存銀之數爲印票之數，以備隨時兑現。各省官司向銀行借貸，應照西例，由總行稟明户部，批准以何款抵還，方能議訂合同。歐洲國債數千百萬，皆由銀行籌辦，印發借券，應收年息，歸行取付，大信不渝，集事自易。嗣後京外撥解之款可交匯，以省解費。公中備用之款，可暫存以取子息。官造銀元尚不能通行盡利者，可由銀行轉輸，上下官得坐收平色之利。銀行用人辦事，悉以匯豐章程爲準，則合天下之商力以辦天下之銀行，但使華行多獲一分利，即從洋行收回一分之權；並照西例，俟有餘利，酌量提捐歸公，預定章程遵守。商民既交得其便，國家即陰收其益。俟將來官商交孚，内外政法變通盡利，再行籌設國家銀行，與商行並行不悖，庶幾早見措施，以免空言無補。謹附片陳請，伏乞聖鑒訓示。謹奏。

再，使命不辱，專對稱能，自非學人，莫任斯選。邇者環球通商，皇華載道，泰西各國來華使臣，類能尊主庇民，克舉厥職。雖憑藉國勢，要其才行多有本原。日本維新未久，觀其來者，亦往往接武西士。中國遣使交鄰時逾廿載，同文之館培植不爲不殷，隨使之員閱歷不爲不廣，然猶不免有乏才之嘆者何歟？毋亦孔孟義理之學未植其本，中外政法之故未通其大，雖嫻熟其語言文字，僅同於小道可觀，而不足以致遠也。臣上年在津海關道任内籌款設立學堂，招選生徒，延訂華洋教習，分教天算、輿地、格致、制造、汽機、化礦諸學，禀經直隸督臣王文韶奏明開辦。本年春間又在上海捐購地基，禀明兩江督臣劉坤一，籌款議建南洋公學，如津學之制而損益之，俟籌辦就緒，再當陳奏。綜厥成課，收效皆在十年之後。且諸生選自童幼，未有一命之秩，既不能變更科舉，即學業有成亦難驟膺顯擢，予以要任，相需方殷，緩不濟急。日本明治初元，鹿島、馬關戰屢失利，諸藩皆擇遣藩士翹楚，厚其資裝，就學外國。今當路諸人，率出於此。擬請略取其意，在京師及上海兩處各設一達成館，取成材之士，專學英法語言文字，專課法律、公法、政治、通商之學，期以三年，均有門徑，已通大要，請命出使大臣，奏調隨員，悉取於兩館。俟至外洋，俾就學於名師，就試於大學，歷練三年。歸國之後，内而總署章京，外而各口關道使署參贊，皆非是不得與。資望既著，即出使大臣、總署大臣之選也。其入館之法，兩館各以三四十名爲額，京官取翰林編檢、六部司員，外官取候補候選州縣以上，道府以下。令京官四品以上、外官三品以上各舉所知，出具切實考語，保送特簡專使學政大臣考取，分發京師、上海兩館。其常年經費，延請洋教習及館舍、膏獎、書籍、食用各項，每年兩館約需銀十萬兩，請由臣在所管招商輪船、電報兩局内捐集解濟，以伸報效。其設館之地，京師由專司學政大臣酌定，上海附於南洋公學。詳細章程俟奉諭旨後由專司學政大臣核定，奏咨照辦。抑臣更有陳者：孔門以德行爲首科，西學以修身爲根本，必先貞固，乃爲幹事之材，未有華士可當重遠之寄。保送之人，必以志操堅卓、器識深穩爲指歸，勿震聲華，勿牽私故，庶幾行己有恥，可使四方。此則内外諸臣所共知，而在臣特爲鰓鰓過慮者也。謹附片具陳，伏乞聖鑒訓示。謹奏。

—8. 皇朝經世文三編　卷一五　治體三　原治

擬辦鐵路説帖

謹將盛宣懷擬辦鐵路説帖，敬繕清單恭呈御覽。竊爲蘆漢爲南北一大幹路，於拱衛京師大有益，於轉運商貨在其次，此中利弊謹縷晰陳之。

或曰官本官辦，直捷痛快。無如鉅款難籌，尤恐將來督撫志趣各殊，辦理紛歧，因噎廢食。如福建船政，創辦之初，左宗棠、沈葆楨言之，何其鄭重，卒至虛糜公費，不能推廣。造船，在人以爲利器，在我以爲漏巵，以彼例此，勢必相同，此籌官辦之難也。

或曰商本商辦，便宜乾净。無如華商眼光極近，魄力極微，求利又極奢。問路工何日可成，答以四五年，問路本實需若干，答以四千餘萬；問路息歲獲若干，答以四五年全工未竣，無利可給。聞者無不爽然而去。夫華商本無遠識，紳富則暗置恒產，有錢惟恐人知，商賈則挾貲營運，一日不能無利，此集華股之難也。

或曰摒合洋股，款足易成。無如洋人合股之公司事權全屬洋人，此路原爲徵調而設，苟遇緊急之秋，彼守局外之例，不准運兵饋餉，適與造路本意相左，恐這一路予人以開端，各執利益同沾之例，相與要求，必將路路被人占造，今日路屬何國，即他日地屬何國，此合洋股之難也。

或曰借用洋債，事半功倍。無如國債向以海關實款質抵，故各國趨之若鶩，儻由公司出名商借商還，衹能以鐵路抵押，而路未造成之際，本利全屬蹈空，洋人以爲操縱，勢必多方要挾，仍須國家批准，保其本利有著而後可行，此借洋債之難也。

又查蘆漢地當上游，東南各省之貨客，江浙兩省之漕糧，由滬至津與由滬至漢，輪船運貨日期相埒，萬無輪船由滬運漢之後，再轉輪車之理，是車運僅有雲貴、川湘之貨客，路長而費繁，本重而利輕，華商熟籌已久，况路經鄂、豫、直三省，無甚富商大賈，故欲專指蘆漢而招股，恐直無人過問。蓋洋務商務惟粵滬風氣先開，乃居粵滬之商人而視蘆漢之公司，以爲遠矣，此鐵路專指蘆漢而招股尤難也。

又查此項幹路，據德國工師錫樂巴云：由信陽州形似弓絃，約二千八百里，由襄樊形似弓背約三千二百里，照津蘆二百十六里估價二百四十餘萬兩，約平路每里將及一萬二千兩，加之黄河大橋，並鑿山填湖，共估四千萬兩左右，勘路繪圖分頭開造，至速必須四五年，似此艱難曠遠之鉅工，付諸位卑望淺之外吏，士夫讀書稽古，必詫爲曠代未有之奇。不解公司條例，銀錢俱屬股商，公舉之總董經手，或仍誤會利權操於一人，稍不遂欲，謗議横生，能使功成而後退，成敗自有定論，若竟墮半途，一身不足惜，其如大局何？此鐵路委諸宣懷而任事尤難也。

以上情形，宣懷在津、在鄂業已據實稟明，兹奉飭傳到京，仰蒙諮詢所及，遵當直抒所見，以備采擇。

一、請特設鐵路總公司，先造蘆漢幹路，其餘蘇、滬、粵、漢等處，亦准該公司次第議請展造，不再另設公司，似此西北造路，東南商股方能號召，且可泯各國窺伺之心，斷却無數葛藤，即使各國來議，或可援照電綫，飭交公司查照公法理論。亦可稍助公家之力，隱消萌蘗不少。

謹查直督、湖督會奏：蘇滬鐵路歸併蘆漢公司，不再另設，係恐南北兩路同時並舉，商力愈難，更恐南商專力南路，轉致北路落後，莫如通力合作，庶可先成北路。及八月初四日，調回新加坡領事張振勳到滬，面稱南洋各埠及粵港華商，均以蘆漢不願入股，無法招徠，如准其帶造廣東鐵路，粵人方願入股等語。查許應鏘招股章程内，本有續由漢口至廣東，以期筋節靈通之語，擬請現立公司，不以蘆漢限制，並非迹涉恢張，實係注重幹路。

一、請由鐵路總公司招集商股四十萬股，每股銀百兩，共總收齊計銀四千萬兩，自開工日起至工竣日止，擬先收商股七百萬爲公司根基，並請暫入官股三百萬兩，爲天下倡率。官股亦照商股製發公司股票，申送户部存儲，俟大工告成之日，官商股分一律收利，將來或永遠列作官股，或俟商股充足，隨時歸還，悉聽官便。

謹查南洋請辦吴淞至金陵鐵路，原奏内稱估計七百萬兩爲度，所借瑞記洋款尚餘二百五十萬兩。體察兩年後，兩淮鹽務尚可再籌一百萬兩，共計可得三百五十萬兩，足敷成本之半，其餘一半概招商股，先令造吴淞至蘇州一路，再令造蘇州至鎮江一路，以達金陵等語。今會奏請將蘇滬鐵路歸併蘆漢，合一公司，所有備存蘇滬造路官款二百五十萬兩，可否照原奏撥作鐵路總公司之官股，至兩淮鹽務之一百萬兩恐不可靠，擬請將直隸所收海防捐款，撥銀五十萬兩，共成官股三百萬兩之數。目前擬先造吴淞至上海一路，將來續造上海至蘇州一路，俱無庸再請官本。

一請由公司先借官款一千萬兩，續借洋款二千萬兩，五年之後分作二十五年歸還，每年應還官債本銀四十萬兩，洋債本銀八十萬兩。按商股四十萬股每股每年僅須繳付本銀三兩，中國商民不富而庶，零星積攢，輕而易舉。照西例買票後，有需錢用者股票聽其售與他人，但執票者不准不依限續繳，如不繳即作廢紙，約至十餘年後各人已執有股票五十兩，以六釐利息計之，即可將利繳本矣。公司忠信爲主，揣度此票似可通行。

謹查商股必在路成之日，有利可收方能招集。洋債亦須俟工將及半，有路可指，方能抵借。所以除官商股分千萬之外，必須先借官債，千萬趕緊造軌，分道開工，俟造成軌道一段，再向洋商貸借一款，擬以實抵，不作空欠，先與該洋商訂定合同，庶不致受其要挾。至公司請借官款，官亦無非將所借之洋款挪撥，一俟路工告成，即當與公司洋債一律按期繳息，分限歸本，惟路工未完之先，暫免繳利，仍俟將來餘利充足，如數補繳，並擬定公司股分得利在一分五釐之外，酌提餘利一半歸官，藉伸報效。

一、請鐵路悉照公司章程辦理，應遴選各省公正、殷實、聲望素著之體面紳商，舉充總董十二員。又選身家殷實，熟悉商務之幫董二十四人，公同招股。再由三十六人公舉銀錢總管、工程總管、參贊監察諸執事，俱按西國規模，盡除官場習氣，如有絲毫弊竇，准由有股商人指實究辦，並由户部及直湖兩督隨時派員到工查察，如果查出員董有弊，即可隨時指發究辦，一面由鐵路督辦另議撤换。

謹查鐵路必先遴選頭等工程洋師，勘路繪圖，謀定後動，否則毫釐千里之謬，難以半途更改。擬借何國之款，即募何國之匠。美國未貸官債，並於中國無所覬覦，鐵路工程尤精，如借美債，用美匠，各國忌心稍遜，中國於鐵路工程尚無專門之學，駕馭洋匠，教習華徒，考求工料，研究地形，隨在俱關緊要，而用人理財尤非精神貫注，不能取精用宏，風清弊絶。宣懷管窺蠡測，略貢所知，斷難驅策群材，肩斯重任，惟乞另簡賢能，早成要舉，大局幸甚。

—13. 皇朝經世文統編　卷九〇　考工部四　鐵路

擬設天津中西學堂章程稟

敬稟者，竊於光緒二十一年閏五月二十九日，奉憲台札開光緒二十一年閏五月二十八日，承准軍機大臣字，寄奉上諭："自求治之道，必當因時制宜，况當國事艱難，尤宜上下一心，圖自强而弭隱患。朕宵旰憂勤，懲前毖後，惟以蠲除痼習，力行實政爲先。疊據中外臣工條陳時務，詳加披覽，采擇施行，如修鐵路，鑄鈔幣，造機器，開礦産，折南漕，減兵額，創郵政，練陸軍，整海軍，立學堂，大抵以籌餉練兵爲急務，以恤商惠工爲本源，皆應及時舉辦。至整頓釐金、嚴核關税、稽察荒田、汰除冗員各節，但能破除情面，實力講求，必於國計民生兩有裨益。各直省將軍、督撫將以上諸條，各就本省情形與藩臬兩司暨各地方官悉心籌劃，酌度辦法，限文到一月内分晰復奏。當此創鉅痛深之日，正我君臣卧薪嘗膽之時，各將軍、督撫受恩深重，具有天良，諒不至畏難苟安，空言塞責。原摺片均著抄給閲看，將此各諭令知之。欽此。”欽遵寄信前來，合行恭録諭旨，抄録奏札，飭悉心籌議，札到該司道等，即便欽遵，迅速妥籌議復，以憑酌核具奏等因。奉此伏查自强之道，以作育人才爲本。求才之道，尤宜以設立學堂爲先。光緒十二年前任津海關道周馥禀請在津郡設立博文書院，招募學生，課以中西有用之學。嗣因與税務司德璀琳意見不合，籌款爲難，致將造成房屋抵押銀行，蹉跎十年，迄未開辦。可見創舉之事，空言易，實行難；立法易，收效難。况樹人如樹木，學堂遲設一年，則人才遲起一年。

日本維新以來，援照西法，廣開學堂書院。不特陸軍、海軍將弁皆取才於學堂，即今之外部出使諸員，亦皆取材於律例科矣。製造槍炮，開礦造路諸工，亦皆取材於機器工程科、地學化學科矣。僅十餘年燦然大備。中國智能之士何地蔑有，但選將才於儔人廣衆之中，拔使才於詩文帖括之内，至於製造工藝，皆取材於不通文理、不解測算之匠徒，而欲與各國絜长較短，斷乎不能。

職道之愚，當趕緊設立頭等、二等學堂各一所，爲繼起者規式。惟二等學堂功課，必須四年方能升入頭等學堂。頭等學堂功課，必須四年方能造入專門之學，不能躐等，即難免遲暮之憾。現擬通融求速辦法：二等學堂本年擬由天津、上海、香港等處，先招已通小學堂第三年功夫者三十名，列作頭班；已通第二年功夫者三十名，列作二班；已通第一年功夫者三十名，列作三班；來年再續招三十名，列作四班，合成一百二十名爲額。第二年起每年即可拔出頭班三十名，升入頭等學堂，其餘以次遞升，仍每年挑選三十名入堂，補四班之額，源源不絶。此外國所謂小學堂也。至頭等學堂本年擬先招已通大學堂第一年功夫者，精選三十名列作末班，來年即可升入第三班，并取二等之第一班三十名升補頭等第四班之缺。嗣後按年遞升，亦以一百二十名爲定額。至第四年底，頭等頭班三十名，准給考單，挑選出堂，或派赴外洋，分途歷練，或酌量委派洋務職事。此外國所謂大學堂也。職道與曾充教習之英國總津副領事丁家立考究再三，酌擬頭等、二學堂章程，功課必期切近而易成。

大約頭等學堂每年需經費銀三萬九千餘兩，二等學堂每年需經費銀一萬三千餘兩，共需銀五萬二千兩左右。現值國用浩繁，公款竭蹷，事雖難辦而費實難籌，職道查津海鈔關，近年有收開平煤税，每年約庫平銀一萬四五千兩，爲從前所無之税款，似可儘數專提，以充學堂經費。又天津米麥進口，自光緒十九年，禀明每石專抽博文書院經費銀三釐，每年約收捐銀三四千兩，擬每石改收銀五釐亦不爲多。又電報局禀明由天津至奉天借用官錢遞寄海蘭泡，出洋電報每字津貼洋銀一角，電線通時，每年約計應繳洋三四千元。營口一帶線斷之後，已經停止。嗣後錦州至奉天改造商電，僅借用天津至錦州官線一段，貼費更微。擬令電報局以後不計字數，每年捐繳英洋二萬元。又招商局運漕，由滬至津輪船，向係援照沙甯船成案，裝運土貨，例准二成免税，藉以抵制洋商，擬令招商局以後，在承運漕糧運脚免税項下，每年捐繳規銀二萬兩。以上合計每年捐銀五萬二千兩左右，全數解交津海關道庫存儲，專備天津頭等、二等學堂常年經費。通籌扯算，似可有盈無絀。所有頭等學堂應即照前北洋大臣李批准，周前道原擬以博文書院房屋爲專堂。現經胡臬司顧全大局，由糧台設法籌款，向銀行贖回，作爲公産，其屋價内原有總税務司赫德及津海關税務司德璀琳捐款在内，如仍作學堂，税務司亦必樂從。所需購辦格致、化學器具、書籍等項，及聘請教習川資，創辦應用之款，不在常年經費之内。查光緒十九年起至二十一年四月止，米捐存銀八千餘兩，擬即在此款内核實動用。二等學堂應覓地另行蓋造，擬在開辦初年，教習、學生尚未齊全，應餘經費之内提用，毋庸請發公款。其房屋未造成之先，應即借用，頭等學堂房屋甚寬，足可敷用。所有學堂事務任大責重，必須遴選深通西學、體用兼備之人總理，方不致有名無實。頭等學堂擬請憲台札委二品銜候選道伍廷芳總理，二等學堂擬請札委同知銜候補知縣蔡紹基總理，并擬訂請美國人丁家立爲總教習。該堂延訂中西教習，考取學生，購辦機器、書籍等事，均由職道會商伍道、蔡令及總教習，於年内妥速開辦，以免因循，虚曠歲月。向來學堂有會辦、提調、監督各名目。今擬一概删除，藉省開銷而杜紛雜。

謹繕呈章程清摺，是否有當，伏乞憲台俯賜鑒核，迅賜批示遵行，并請奏明立案，以垂久遠，實爲公便，肅此。敬請勛安，伏乞垂鑒。

謹將擬設天津頭等、二等學堂章程、功課、經費，與總教習丁家立酌議各款分繕清摺，恭呈鈞鑒。

計開

頭等學堂章程

一、頭等學堂因須分門别類，洋教習擬請五名，方能各擅所長。是以常年經費甚鉅，勢難廣設，現擬先在天津開設一處，以爲規式。

一、房屋必須寬大，擬即就天津梁家園，南圍墻外，前津海關周道所議造之博文書院，作爲北洋頭等學堂，以期名副其實。

一、頭等學堂必須諳習西學之大員一人，爲駐堂總辦，尤必須熟習西學教習一人，爲總教習，所有學堂一切布置及銀錢各事，均歸總辦管理。所有學堂考核功課以及華洋教習勤惰，學生去取，均歸教習管理。遇有要事，總辦、總教習均當和衷商辦。

一、頭等學堂以選延教習，挑取學生兩大端最爲緊要，總教習不得稍有寬徇，致負委任。

一、頭等學堂以四年爲一任，是以總分教習均訂四年合同，任滿去留再行酌定。

一、頭等學堂第一年功課告竣後，或欲將四年所定功課全行學習，或欲專習一門，均由總辦、總教習察看學生資質，再行酌定。然一人之精力聰明，祗有此數，全學不如專學，方能精進而免泛騖。如學專門者，則次年所學功課與原定功課稍有不同，至第三四年所學功課，與原定功課又相徑庭，應俟届時再行酌定。

一、頭等學堂常年經費，應照第四年教習學生足額酌定數目，其第一年至第三年學生未能足額，教習無庸多請，所節省之經費，除另造二等學堂及每次考試花紅外，其餘積存生息，以備四年後挑選學生出洋川資經費。

一、格物學、化學、機器學等房，創辦時均須預備機器式樣，以備各學生閲視考据，并學堂置辦書籍各圖，所有經費應在常年經費之外開支。

一、學生將來由二等學生挑來者，漢文自可講究，現由粵滬等處挑來者，恐漢文不能盡通，是以漢文教習必須認真訪延，不可絲毫徇情。

一、漢文不做八股試帖，專做策論，以備考試實在學問經濟，大約小學堂内四書古文均已讀過，此外經史皆擇要講讀。

頭等學堂功課

歷年課程，分四次第：

第一年：幾何學、三角勾股學、格物學、筆繪圖、各國史鑑、作英文論、翻譯英文。

第二年：駕駛并量地法、重學、微分學、格物學、化學、筆繪圖并機器繪圖、作英文論、翻譯英文。

第三年：天文功程初學、化學、花草學、筆繪圖并機器繪圖、作英文論、翻譯英文。

第四年：金石學、地學、考究禽獸學、萬國公法、理財富國學、作英文論、翻譯英文字。

專門學分爲五門：

一、工程學。專教演習工程機器、測量地學、重學、汽水學、材料性質學、橋梁房頂學、開洞挖地學、水利機器學。

一、電學。深究電理學、講究用電綫理、傳電力學、電報并德律風學、電房演試。

一、礦務學。深奥金石學、化學、礦務房演試測量礦苗、礦務略兼機器工程學。

一、機器學。深奥重學、材料勢力學、機器、汽水機器、繪機器圖、機器房演試。

一、例律學。大清律例、各國通商條約、萬國公法等。

洋人教習五名：

一、工程學、算學教習一名。

一、格物學、化學教習一名。

一、礦物機器學、地學教習一名。

一、機器學、繪圖學教習一名。

一、律例學教習一名。

華人教習漢文二名：

一、講讀經史之學。

一、講讀聖諭廣訓。

一、課策論。

華人教習洋文六名：

一、華人洋文教習，視其所通何學，則由洋文總教習調度，幫助洋人教習。

頭等學堂經費

第一年：

一、華總辦一員。每月薪水公費銀二百兩。每年計銀二千四百兩。

一、洋人總教習一名。每月薪水銀二百兩。每年計銀二千四百兩。

一、格物學、化學洋教習一名。每月薪水銀二百兩。每年計銀二千四百兩。

一、漢文教習一名。每月薪水銀四十兩。每年計銀四百八十兩。

一、華人洋文教習二名。每人每月薪水銀一百兩。每年計銀二千四百兩。

一、學生膏火。三十名，每名每月四兩。每年計銀一千四百四十兩。

一、司事二名。每月共薪水銀三十兩。每年計銀三百六十兩。

一、總辦、教習、學生、司事共三十六名，膳費每年計銀一千二百六十兩。

一、書籍、紙張、筆墨等費，每年約計銀二百兩。

一、聽差、燈油、炭火、雜款等費，每年約計銀六百兩。

共約計銀一萬三千九百四十兩。遇閏按月照加。第一年比較第四年經費約省銀二萬五千五百四十四兩。

第二年：

一、華總辦一員。每月薪水公費銀二百兩，每年計銀二千四百兩。

一、洋人總教習一名，每月薪水銀二百兩，每年計銀二千四百兩。

一、格致學、化學洋教習一名，每月薪水銀二百兩，每年計銀二千四百兩。

一、工程學、算學洋教習一名，每月薪水銀二百兩，每年計銀二千四百兩。

一、漢文教習二名，每人每月薪水銀四十兩，每年計銀九百六十兩。

一、華人洋文教習三名，每人每月薪水銀一百兩，每年計銀三千六百兩。

一、學生膏火，三十名，每人每月四兩，三十名，每人每月五兩，每年計銀三千二百四十兩。

一、司事二名，每月共薪水銀三十兩，每年計銀三百六十兩。

一、總辦、教習、學生、司事共六十八人，膳費每年計銀二千三百七十六兩。

一、書籍、紙張、筆墨等費每年約計銀四百兩。

一、聽差、燈油、炭火、雜款等費每年約計銀六百兩。

共約計銀兩萬一千一百三十六兩。遇閏月按月照加。第二年比較第四年經費約省銀一萬八千三百四十八兩。

第三年：

一、華總辦一員，每月薪水公費銀二百兩，每年計銀二千四百兩。

一、洋人總教習一名，每月薪水銀二百兩，每年計銀二千四百兩。

一、洋人分門教習五名，每人每月薪水銀二百兩，每年計銀一萬二千兩。

一、漢文教習二名，每人每月薪水銀四十兩，每年計銀九百六十兩。

一、華人洋文教習四名，每人每月薪水銀一百兩，每年計銀四千八百兩。

一、學生膏火，三十名，每人每月四兩，三十名，每人每月五兩，三十名，每人每月六兩，每年計銀五千四百兩。

一、司事二名，每月共薪水銀三十兩，每年計銀三百六十兩。

一、總辦、教習、學生、司事共九十九人，膳費每年計銀三千四百九十二兩。

一、書籍、紙張、筆墨等費，每年約計銀六百兩。

一、聽差、燈油、炭火、雜款等費，每年約計銀八百兩。

共約計銀三萬三千二百十二兩。遇閏月按月照加，第三年比較第四年經費約省銀六千二百七十二兩。

第四年：

一、華總辦一員，每月薪水公費銀二百兩，每年計銀二千四百兩。

一、洋人總教習一名，每月薪水銀二百兩，每年計銀二千四百兩。

一、洋人分門教習五名，每人每月薪水銀二百兩，每年計銀一萬二千兩。

一、漢文教習二名，每人每月薪水銀四十兩，每年計銀九百六十兩。

一、華人洋文教習六名，每人每月薪水銀一百兩，每年計銀七千二百兩。

一、學生膏火，三十名，每人每月四兩，三十名，每人每月五兩，三十名，每人每月六兩，三十名，每人每月七兩，每年計銀七千九百二十兩。

一、司事二名，每月共薪水銀三十兩，每年計銀三百六十兩。

一、總辦、教習、學生、司事共一百三十一人，膳費每年計銀四千六百四十四兩。

一、書籍、紙張、筆墨等費，每年約計銀八百兩。

一、聽差、燈油、炭火、雜款等費，每年約計銀八百兩。

共約計銀三萬九千四百九十四兩。遇閏月按月照加。

計開

二等學堂章程：

一、二等學堂即外國所稱小學堂，日本一國不下數百處，西學之根柢皆從此起，現擬先在天津開設一處，以後由各省會推而至於各郡縣，由各通商口岸推而至於各鎮市，官紳商富皆可仿照，集資開辦，輕而易舉。

一、凡欲入二等學堂之學生，自十三歲起至十五歲止，按其年歲，考其讀過四書並通一二經、文理稍順者，酌量收録，十三歲以下，十五歲以上者俱不收入。

一、二等學堂之學生，照章須學西文四年，方能挑入頭等學堂。現因頭等學堂來年亟須挑選，不得已本年先選已通西文學生九十名，以充頭二三班之額，至來年起每年挑選三十名以補四班之額。

一、房屋必須另造，現因頭等學堂人未齊集，尚可暫借博文書院房屋，以一院分作兩院，足敷布置，來年另行擇地構造，須能容學生一百二十名之用。

一、二等學堂必須諳習西學之員一人爲駐堂總辦，所有學堂一切布置及錢銀各事，均歸總辦管理，所有學堂考核功課以及教習勤惰，學生優劣，均歸總教習考核。遇有要事，總辦、總教習均當和衷商辦。

一、二等學堂以選延教習、挑取學生兩大端最爲緊要，總教習不得稍有寬徇，致負委任。

一、二等學堂洋文教習均用華人，每班須用英文正教習一名，幫教習一名，必須學業充足，故不得不酌寬薪水，如四年任滿，所有學生堪勝頭等之選，准由總辦詳情從優保獎。

一、二等學堂漢文教習每班須用一名，必須認真訪延品學兼優、精神充足者，方能講學得力，不得絲毫徇情。

一、漢文不做八股試帖，專做策論，以備考試實在學問經濟，第一年現選學生九十名，皆自外來，漢文必淺，尤應認真講誦，以立造就根基。

一、二等學堂之學生每月貼膳銀二兩，第一年每人每月膏火銀一兩，第二年學生每人每月一兩五錢，第三年學生每人每月二兩，第四年學生每人每月二兩五錢。俟風氣大開，咸知西學有進身之階，漸推漸廣，膏火或酌裁。

二等學堂功課

歷年課程分四次第：

第一年：英文初學淺書、英文功課書、英字拼法、朗誦書課、數學。

第二年：英文文法、英字文拼法、朗誦書課、英文尺牘、翻譯英文、數學並量法啓蒙。

第三年：英文講解文法、各國史鑑、地輿學、英文官商尺牘、翻譯英文、代數學。

第四年：各國史鑑、坡魯伯斯第一年、格物書、英文尺牘、翻譯英文、平面量地法。

洋文華教習八名：

一、四班，每班英文正教習一，幫教習一名。

漢文華教習四名：

一、講習四書、經史之學。

一、講讀聖諭、廣訓。

一、課策論。

二等學堂經費

以第二年核算

一、華總辦一員，每月薪水銀六十兩，每年計銀七百二十兩。

一、漢文華教習四人，每人每月薪水銀二十兩，每年計銀九百六十兩。第一年少一人可節省銀一百四十兩。

一、洋文華教習四人，每人每月薪水銀五十兩，每年計銀二千四百兩。第一年少一人可節省銀六百兩。

一、洋文幫教習四人，每人每月薪水銀二十五兩，每年計銀一千二百兩。第一年少一人可節省銀三百兩。

一、學生膏火一百二十名，每年計銀二千五百二十兩。第一年少第四班三十名可節省銀三百六十兩。

一、司事一人，每月共薪水銀十五兩，每年計銀一百八十兩。

一、總辦、教習、學生、司事共一百三十四人，膳費每年計銀四千八百二十四兩。第一年少三十三人可節省銀一千一百八十八兩。

一、書籍、紙張、筆墨等費，每年約計銀六百兩。

一、聽差、燈油、炭火、雜款等費，每年約計銀六百兩。

自第四年起每年經費共約計銀一萬四千四兩。第一年計可節省銀二千六百八十八兩。

凡頭等、二等歷年經費，祇能約核銀數，此外如有額外用款，實難節省者，應在開辦初年，節存經費之内，稟請批准開文，所有收支各款，按月由堂申報北洋大臣一次，並咨津海關道衙門、招商局、電報局一次。至一年期滿，將學生功課等第及收支經費刊布一次，以備中外考核。

以上頭等、二等學堂章程、功課、經費各條，皆就目前擬議具陳，深恐未盡確當，如開辦後須有變通之處，應准隨時稟商補定，以期精益求精，合并聲明。

—14. 皇朝經世文統編　卷六一　禮政九　學校附書院學堂

請招商設立中國銀行片

再銀行昉於泰西，其大旨在流通一國之貨財，以應上下之求給。立法既善於中國之票號、錢莊，而國家任保護，利權無旁撓，故能維持不敝。各國通商以來，華人不知務此。英、法、德、俄、日本之銀行，乃推行來華，攘我大利。近年中外士大夫，灼見本末，亦多建開設銀行之議，商務樞機所繫。現又舉辦鐵路，造端宏大。非急設中國銀行，無以通華商之氣脉，杜洋商之挾持。議者謂國家銀行，當全發帑本，簡畀大官，通行鈔票由部造發。如英法等國，財賦皆出入於銀行，是户部之外府也。然中外風氣不同，部鈔殷鑒不遠。執官府之制度，運貿易之經輪，恐窒礙滋多。流弊斯集，或致委重西人，取資洋款，數千萬金，咄嗟立辦。其詞甚甘，其權在彼，利害之數，未易計度。

臣惟銀行者，商家之事。商不信，則力不合；力不合，則事不成。欲慎始而圖終，必積小以成大。擬請簡派大臣，遴選各省公正殷實之紳商，舉爲總董，號召華商，招集股本銀五百萬兩，先在京都、上海設立中國銀行，其餘各省會各口岸以次添設分行。照泰西商例，悉由商董自行經理。

臣前在上海，與開設粵、閩、浙、滬、江、漢各海關官銀號之紳商候選道嚴信厚議及銀行之事。嚴信厚顧全大局，情願以其獨開之銀號，歸併公家之銀行，使其氣局寬展，並照匯豐銀行規，以精紙用機器印造銀票，與現銀相輔而行。按存銀之數，爲印票之數，以備隨時兑現。各省官司向銀行借貸，應照西例由總行稟明户部批准。以何款抵還，方通議定合同。歐洲國債數千百萬，皆由銀行籌辦。印發借券，應收年息。歸行取付，大信不渝，集事自易。嗣後京外撥解之款，可交匯以省解費。公中備用之款，可暫存以取子息。官造銀元，尚不能通行盡利者，可由銀行轉輸上下，官得坐收平色之利。銀行用人辦事，悉以匯豐章程爲準。則合天下之商力，以辦天下之銀行。但使華行多獲一分之利，即從洋行收回一分之權。並照西例，俟有餘利，即酌量提捐歸公，預定章程遵守，商民既交得其便，國家即陰受其益。將來官商交孚，内外政法，變通盡利，再行籌設國家銀行，與商行並行不悖。庶幾早見措施，以免空言無補。謹附片陳請伏乞聖鑒訓示。謹奏。

—20. 皇朝蓄艾文編　卷二九　商政二

覆陳籌造南北鐵路情形疏

竊臣恭閲邸抄，光緒二十四年五月初八日内閣奉上諭："前因蘆溝開辦鐵路，設立招商公司，特派盛宣懷督辦。計時將及兩年，所有勘路購地各事宜，應已辦有端緒。此項鐵路，關係緊要，豈容觀望遷延。現在業已籌有的款，著盛宣懷剋日興工趕辦，並將辦理情形先行具奏。倘再延不開辦，玩誤要工，責有攸歸。盛宣懷豈能當此重咎耶。此外粵、漢、寧、滬各路，並著承辦各員，一體迅速開辦，毋得任意遲緩。欽此。"仰見聖主以幹路爲重要，策勵責成，嚴申訓誡，俾海内咸迴視易聽，曉然於朝廷先務之所急，圖功之奮迅。跪聆之下，感悚交深。伏查蘆漢幹路，臣於光緒二十二年九月奉命會同直隸督臣王文韶、湖廣督臣張之洞辦理，是年十月陛辭出都，十一月，由天津航海至滬，當將開辦蘆溝橋至保定府一段工程，並在上海設立鐵路公司緣由，先後奏報。二十三年三月，在漢口工次籌辦漢口迤北勘路購地各事。又將幹路先後次序，操縱機宜，會摺密陳，並請准撥借官款。聲明蘆保業經興築，淞滬亦在開工，此兩段來年均可造成。九月間又將幹路由楚入豫，詳勘襄樊、信陽兩道，比較便利，會摺請旨遵行。聲明北端蘆保一段，土工已竣，料物陸續運購到工，年内外可開車運料。一面派員續籌保定至正定一段買地事宜。南端漢口至孝感一段，已儲備木石各料。墊道、造橋均仰荷飭下户部、總理衙門議行在案。計開辦以來，一年有半，臣無日不督飭華洋員司，分頭勘路，按圖購地，購求料物，催趲工作。並在津、漢各設鐵路專門學堂，及預籌製造各廠，不敢稍涉遷延。今蘆保已開車運料，年内全工可竣。淞滬月内告成。漢口、灄口間，外江内湖，數十里工最艱鉅。夏漲以前，甃石築土，亦皆蕆事，幸與前奏均符。然保定迤南，灄口迤北，未能兼程並進者，則籌款之周折，而事變之不及料也。總公司原以招集商股爲歸宿，但華商須待工程利見而後來。

臣經辦輪船、電報，前事不忘。近如昭信股票，以明詔之剴切，官吏之勸諭，所得者自服官之人及官力可及之鹽、當各商外，商民買票寂乎罕聞。尤可與樂成，難與圖始之明驗。臣說帖原議，故先官款，次洋債，而商股後焉。蘆漢議准借撥部款一千萬，嗣會奏請發户部先撥四百萬，連南北洋官款三百萬，支付蘆保、淞滬、漢灄三段工用，業已告罄。臣惟路工的款必資洋債，而遲速難易之權，操於出借之人。且洋商與中國議借款，明餌暗索，向多以利爲誘。臣與王文昭、張之洞商定議借路款，首除斯弊。惟我既無私利之心，當多争公中之利。彼不能挾制於後，愈不肯遷就於前。初與美商議，病其索權利過多。繼及英商，相去不遠。臣以事關數十年之利害，深慮借款吃虧，還款不易，筆秃唇焦，未敢遽定。上年春間馳赴武昌，與張之洞决機宜，適有比商瑪西等介漢口比領事就議，持向與英、美力争數大端相要，比商皆允如議。張之洞與臣密商，比以鋼鐵工作著名，國小而無大志，借用此款，利多害少，遂舍英、美而就比。兩次定約，均達天聽。至正月首次交款之期，比國派人來滬，備言膠州之事，大局震動。且國債以鹽課釐金抵押，歸税務司管理，於前訂之蘆漢借票相形見絀，無人肯受，另送續約條款，要索甚多，屢駁屢改，拖延數月，至於廢約罷議而後轉圜，逮五月初七始與畫押。其間委曲艱難情形，隨時皆與總理衙門王大臣，及直隸、湖廣督臣往返電商，迄於無可讓減，方與定議，並已會同專奏，皆在聖明洞鑒之中。

比國總工程司俞貝得赴漢口，查勘已做各工，訂定頭批借款到華，即行接續趲辦，由楚入豫，節節前進。保定以南，迄於黄河，比公司必須俟來年續付借款，方能接造。然圈地築土，皆當先期赶辦。俟續發部款，尅日分段購築，約計一年。道工堅實，比款續到，接造北段，庶幾工無待時，一氣呵成。令該總工程司另立文憑，除黄河橋工外，如無意外擔擱，款不中輟，限令三年竣工行車。粤漢一路自鄂至湘，業經督撫臣派員會同總公司派出之員，前往查勘大略，並曉諭一切。惟粤省尚未准奏委員會勘。美款甫定草約，而西班牙開戰，美公司稍有所待。昨接駐美使臣伍廷芳來電，該公司派人過夏後來華勘估全工，須俟勘定議立正約，即可分頭開工。美國工程甲於各國，諒無耽延。滬寧一路，英國工程司勘估大概將竣，正約一定，開辦必速。

以今日中國之勢，借各國之款，而又要之以商借商還，絶無實抵，不待智者而知其難也。紆回年餘，鈎心鬬角，三路之款，次第就範，即三路之功操券可成。此皆仰賴國家之護持，總署王大臣之指示，非臣一人筆舌之勞所能倖致。

至於造路以費省工速爲主。臣初任事，亦欲雇用洋工程司任我指使，而不假以事權，無如中國員司就使皆精白乃心，究竟事非諳習，華人苦工師之多方挑剔，工師咎華之人辦理兩歧，常致欲速而反遲，求省而轉費。是以獨排群議，與立約各洋商堅明約束，酌定限期，借用某國之款，即訂用某國總工程司，代爲營造。年限之内，其事權略如海關税務司。一切購料辦公，用人理財，悉資經理。仍事事預請總公司核定而後行。此後三路同舉，合同内皆限以款到之日爲始，三年工竣。臣與王文韶、張之洞會奏蘆漢、粤漢合爲一氣，竭五六年之苦工，當可使南北幹路，相爲銜接，以符原議等語。蓋三路係分三國借款營造，緊約寬期，互相比較，則一成而無不成也。

惟臣植薄能鮮，憂讒畏譏，雖竭盡心力而爲之，恐難勝此艱鉅，必需遴舉賢能，各專一路之任，與各國工程司按約辦理，而以總公司挈其綱領，綜其大成。又必俟各省督撫臣體國公忠，同心協力，庶幾事無阻隔，依期蕆工。上紓聖君宵旰之勤，下免徵臣貽誤之咎。大局幸甚。

所有籌造南北鐵路辦理情形，謹先繕摺具陳，伏乞皇上聖鑒訓示。謹奏。

—20. 皇朝蓄艾文編　卷三六　郵運二

李提摩太（Timothy Richard）（1845—1919）

英國傳教士。同治九年（1870）至中國，先後在山東、太原等地傳教，曾在滬主持廣學會，多譯著。有《泰西新史攬要》《留華四十五年記》。

論格致學緣起

歐洲士今著名之人甚多，千年之内著名者，莫大於拜肯（培根），其父爲英國相。溯其所以出名，緣教人之法不同。蓋古今之教相反，古以率由舊章爲貴，拜肯以現在實效爲貴，又貴搜尋古今各國事迹，凡有益於人者必考究之，又欲創新法以教人。千六百六十年，英人某又推廣其意，欲集各國博學人，每年聚會，講求其新知格致之治。初立時國王亦喜，因許其立會。所立章程有一總辦，外有二十人贊襄之，凡遇事皆此二十人共商，其餘凡有名望者亦均請之入會。初立祇有五十五人，此皆英倫敦聚會者也。後法、俄及他國等亦照此法立格致之會。此會既興百五十年，歐洲各國名人皆知格致之學，大有係於國之興衰焉。千八百二十二年，即道光二年也，日耳曼人以各國名人聚會不能皆至，乃定章程，每年聚會各定一處，預知照會期，至日俱往，在大衆前各言其所得格致新法，以比較焉。旁設鈔胥，議竣會勘，以知某某爲最。千八百三十一年，即道光（二）十一年，英國亦立格致之會，不第英京一處，並散立各處，如某處有名人約請，大家必均赴約，因聚議焉。立此會者爲英宰相博羅罕，其意欲遍國名宦、名紳、名牧師及著名讀書人，同心辦理此格致之事。朝廷准其多設此會，欲使知此會之益大也。凡大碼頭之處，亦皆知此益，每年捐助銀若干，以此助博學人創立格致之新學。自此以後至今，各處輪流聚會。初會時，來者不過三十人，今已逾三千人矣。此但英一國，蓋因國家得此格致之力甚大，故皆踴躍争先云。

—8. 皇朝經世文三編　卷一〇　學術一〇　格致上

兩君相見論

與國往來，主賓酬酢，無非交以道、接以禮，一誠之周浹而已。誠則珠盤玉敦，壇坫聯歡；不誠則敵愾同仇，干戈作氣。

溯自春秋以來，各國互相雄長，專主雜霸，仁義之道早已久假不歸。然觀其内尊外攘，事大字小者，莫非開誠布公，信以待人，方能狎主齊盟，以爲诸侯長。故《魯史》一書，大抵皆紀兩君相見會盟之事，其所以維繫人心者，固班班可考也。雖然，春秋之初，去古未遠，人鮮詐虞。所以桓公用管仲之言，招携以禮，懷遠以德，凡屬列辟，罔不率從，遂爲衣裳之會者九，天下同風。孔子稱管仲曰：“如其仁，如其仁!”誠足尚已。迨其後，各國之君以智勇相傾，以争奪爲事，同舟皆爲敵國，婚姻漸作寇讎，所有覿面之儀，歡好之會，莫不暗懷機詐，爲挾制要求之事。如盂之盟，宋公爲楚所執，而霸業因之不終；夾谷之會，齊令萊人爲樂，欲執魯君，幸孔子輔以君子之道，隱消禍患於將萌。遞至戰國，七雄並峙，於敦禮讓、修盟好之事更置不講。其有相約會晤、能徼倖於一時、不致喪身辱國者，非有文武兼資之臣，臨機應變，制勝於倉卒間不可。如秦趙會於澠池，酒酣，秦王請趙王鼓瑟，趙王鼓之。藺相如請秦王擊缶，秦王不允。相如曰："五步之内，臣請得以頸血濺大王矣!"左右欲刃之，相如張目而叱，莫不披靡，秦王卒爲一擊缶。趙王歸，以相如爲上卿。至秦昭王遺書，誘楚懷王會武關面結盟。昭睢、屈平曰："秦，虎狼之國，不可信。"子蘭勸之行。王入武關，秦伏兵絶其後，遂留懷王。嗚呼！趙有藺相如，前既能完璧而歸，後復能折衝樽俎，奉君還國，且令强秦降心相從，不敢加兵於趙。楚有昭睢、屈平，而君爲人虜，豈非用賢不用賢之明證歟？諺云：筵无好筵，會無好會。是以中國列代以來，兩國之君或相見於疆埸之上，或論交於微賤之時。若已踐履大位，雖使命迭至，玉帛頻通，苟欲輕身入境，握手言歡，則從未之前聞。

乃近來五洲相連，環地球九萬里，各國無不互市相交，開數千年未有之變局。而外洋新聞紙屢載德、俄、英各國君主，時相往還，輕車簡從，盡泯嫌猜，相親如一家，相敬如一人，倘有歐洲全局關係要事，不難當面商斷。論者謂今日歐洲之局，不啻一大戰國，及觀其推誠相與，真意相孚，非戰國諸君所能及其萬一矣。噫，物極則變，變久則通，實天道、世運、人事有以限之也。在中國正統相承，定於一尊，向來劃疆自守，不事遠圖。但今既海禁大開，外洋各國聲氣相聯，情誼日密，而我獨示外人以落落自處，將來孤立無援，獨受其害。是誠不可不及早圖維，幡然變計者也。

—8. 皇朝經世文三編　卷三八　禮政一　大典

論學校

天生蒸民，予以健順，五常之性，豈盡能自淑哉？有聖人出，作之君，作之師，以先知覺後知，以先覺覺後覺，本之以孝弟忠信，澤之以禮樂詩書，故自唐虞三代以來，未嘗一日廢學校。洪惟本朝文明大啓，棫樸興賢，璧水圜橋，躬逢盛事。屈指數百年來，宏儒碩彦，後先相望，或以功業，或以風節，或以行義，或以道學，皆卓然特出，著名當世。其學校得人之盛，固不僅掇巍科、躋膴仕已也。獨是天道世運，積久必變。至於今，歐亞互市，此往彼來，以四千年自守之天下，一變而爲五大洲相通之天下。吾知車書一統，四海同文，當有漸推漸廣者矣。

雖然，泰西各國學校之益，約有數端，正不妨參考而觀焉。夫學校爲教化之原，始於比閭，設於州鄉，本於家塾、黨庠、州序，以達於王國。蓋當日無人而不學，無地而不設學以教之者也。至今日而中國十八省生齒日繁，統計每百人中，能識字記事者約不過十餘人。而泰西各國，學校規制大略相同，其學堂自鄉而城，而郡，而都，各有層次，國中無論男女貴賤，自七八歲起皆須入學，至十五歲爲小成，訖計每百人中，能識字記事者，德國約有九十四人，美國約有九十人，英國約有八十八人，法國約有七十八人，俄國約有十一人。此人數之宜考者，一也。

古之學校，養其心，不養其身；後之學校，養其身，不養其心；又其後也，養心之教既泯，養身之教復缺，君子所以嘆古今之殊也。惟本朝典隆養士，自大學以至郡縣各學，莫不優以廩餼，其長育人才，可謂盛矣。若泰西各國之學院，經費尤稱充足，所謂養心與養身者，莫不交盡其道。每年需銀，計美國八千萬，法國二千萬，德國亦在二千萬左右，英國一千六百萬，俄國一千二百萬。按各國書院之款，有全係國家籌備者，有半爲國家措辦、半爲學生捐助者，雖所費較多，而成就甚大。此經費之宜考者，二也。

夫一物不知，儒者之恥，故孔子則好古敏求，顏子則博文約禮。自古聖賢學問，莫不從勤奮中來。近日中國學校之士，讀書刻苦者頗不乏人，其著述之書亦皆考究精詳，凡於歷代長進及一切興衰之故，無不燦若列眉，可謂善矣！所惜者，中國士子專習華書，而於他國之風俗、政事一概不知，未免自囿於方隅。至佛教、回教中人，但知讀本教之書，尤愚之愚也。若泰西各國，從前學校中人，亦祇知讀本國之書，近則翻然改計，於五洲各要書，如經史子集等類，莫不蒐羅探討，摘録存儲，以備觀摩之用。夫以中國士子誦讀之勤，心思之敏，倘再能推廣，旁及五洲各書，實與自强之道大有裨益。此讀書之宜考者，三也。

千古綱常名教，經濟學問，皆從經史中出，文義中生，是以歷代帝王經營天下，雖於戎馬倉皇之際，必首立學校，以維國本，蓋知其關係大也。近日歐美等洲學校中，多設各國要書，以講求養民之法，故閭閻康阜，財貨充盈，較之百年前可加六倍之富。況其國地土日闢，商務日隆，天下五大洲皆有屬境，火車、輪船逐漸推廣。其權勢之大，亦非百年前可比。此關係之宜考者，四也。

嗚呼！文教興而人才衆，規模遠而費用宏，識見廣而讀書多，强弱判而關係重，是知物極則變，變久則通。居今之日，爲今之學，雖聖人復起，有不能不變通盡善者矣。《詩》曰："思樂泮水，薄采其芹。"彼有教化之責者，當亦憬然於學校之地，固非國家之緩務也夫！

—8. 皇朝經世文三編　卷四一　禮政六　學校上

論新學部亟宜設立

從來古今之人材出於學，而學之事無窮盡，亦學之時有變遷。今之學者不恥不知，顧且爲虛憍夸大之辭以自文飾。動曰事非先聖昔賢之所論述，物非六經典籍之所紀載，學者不得過而问焉。不知泰西之輪楫旁午於中華，爲五千年來未有之創局。天變人事會逢其適，其政事、言語、文學、風俗之不同，雖堯、舜、禹、湯、文、武、周、孔之所不及見聞。苟拘拘於聖賢之論述，經籍之紀載，一旦有事，朝廷不得識時通變之才而用之，於交際之宜、措施之方，庸有當乎？處今之時，爲今之學，則不得不就彼之所通者，以通吾之所未通，而吾儒誠不能以其異而諉之、難而畏之也。考百年前各國閉關自守，此疆彼界不甚往來，其國内一切政治、文學，莫不自以爲是，方謂此外諸邦皆有未逮。

近年來五洲互市，聲教大通，始知各國均有可采之事，故競立新學，擇善而從，以爲教養之用。回溯八十年前英國初得印度時，深慨該處讀書人士落落無多，因定章每年撥銀四萬爲開新學之用。從彼時直至今日，用銀助開新學，年盛一年，計近日印度新學費用，每年需銀至七百餘萬。凡該地有竭力設書房者，每學生一名，國家必助銀幾分，是以傳教者立書房甚多。查歐洲無論男女，每百人中有識字者七八十人，惟印度境内，每百人中僅有識字者四人。目前新學日盛，而印度識字者每年增多至一二百萬人。西曆一千八百八十八年，印度有報館四百五十處，每館印出之報多寡不等，極多者約有二萬張，可見新學之在印度已大興矣。如日本國者，特亞洲東海一島國耳，人數不及印度七分之一，獨於新學孜孜矻矻，極爲研究，十幾年前設立新學部，費銀無多，現每年新舊各學至用銀六百萬。此外又有教士分立中等書院，以廣甄陶，而日本紳宦雖不在教，因知其益國益民，各願捐銀幾萬，助成善舉。更有國家新學部所立中等書院五處，内有大臣幾人，力薦教士總管各書院，其意在教士可兼授英文。英文既通，西國各書自易於融通。至新學部各事，則派親王總辦，以昭鄭重。此日本國設立新學部之大略情形也。

若中國學校，法度之善，淵源之遠，辟雍鐘鼓，遺澤未湮，實非五洲各國所能企及。顧學校之書，衹知述古，自囿方隅，不能博通五洲，近達時務，爲可惜耳。是以海禁大開以後，西國教士聯襼來華，其好善之懷，與在他國一例。立新學，凡創招商局，開礦、開鐵路，並領人出洋肄習西學，莫非教中學生，如容觀察纯甫、唐觀察景星、馬觀察眉叔是也。在中國，從前視以上各端並無關得失，迄今辦有成效，始共知其有益，而溯厥由來，實皆教士基之也。至現在遍立電線，縱横至三萬餘里，加以各國開礦，南北開鐵路，非新學之力不克至此。所惜者，中國新學一端不甚認真，用款亦有限，如派學生赴美國，時衹一次，撥銀一百二十萬兩。再閩廠學生派赴歐洲，三年共撥銀二十萬兩。前後僅此二次，殊非久遠育材之計。其能久遠造就人材者，惟同文館一處。總管丁韙有學問，頗可造就人材，惜經費無多，若與西國較，衹可與小書房相等耳。爲國家大計，廣儲奇傑之材則猶有未逮，顧前派出洋肄習新學各生，雖人數無多，業已收其實用。若京都譯署，若南北通商節署，其餘若鄂、若粤、若閩、若浙沿海各處，莫不有新學之人爲指臂之助。當未有新學各生之前，常與西國失和，近則中外相安，彼此情洽，其得失之數，不可較然若睹哉！然前習新學各生，亦僅知其端倪，而精微之域究未深造。試觀他國，自立新學以來，早獲富國養民之益，今中國爲亞洲大邦，豈可轉落人後耶？

如中國幡然變計，欲廣新學，宜特簡親王游歷五洲，遍覽各國風俗政事，俾知新學爲當務之急，實力講求，亦設立新學部，再多籌經費，廣立書院。從此漸推漸廣，人材輩出，爲國家宣勞，爲海疆保障，大用大效，又何難駕出西人上哉？竊爲中國拭目俟之。

—8. 皇朝經世文三編　卷四一　禮政六　學校上

紀西國送信章程始末

西國國家遞送信函章程，日異月新。古時寄密信必藏匿身邊，或髮際皮肉内，防人劫奪。始步行，繼乘馬，至一驛站則换班易馬。如寄信至鄉僻村落，便請貿易中人由城往鄉，順便携往，此古法也，與中國無殊。殆國家改設信局，遂於寄信一事較爲便利。初用車馬馳騁，仍形迂緩，故遇緊要信件專派人乘馬飛行，每點鐘可馳十八英里。及鐵路告成，來往消息更捷，每點鐘可行三十七英里，較乘馬更迅。人心喜悦，咸驚爲神，蓋與中國人性同也。斯時信局信貲亦從廉，第不能大減，以其神速之故。

考當時倫敦中人户口，每年付出信力，較平素居家日用爲昂。如父子每月通二次安信，所費即已實多。若爲人傭作店伙，幾至終歲難通家信。故每一子弟外游，不啻魚沈雁杳然，祇緣信力太昂耳。按其時每一信資需費洋錢半圓，故貧寒之家恒苦難措，甚至父母之喪逾期不獲得訃奔歸者。各營兵卒更將家口付之度外，儼與無家者等。蓋通信維艱，不如斷絶牽掛也。信資視程途遠近及信中大小輕重爲斷。如信面稍覺適觀，或多加紙張一層，則必增益信貲。國之大臣信面注明官爵，例准免却信力。物議不平，又改新章。集多人公雇一人專送，衆股攤派信貲，於［是］較信局爲省。另有狡黠者，先期約家人預訂暗記，此後由信局寄家信，祇作空函，仿殷浩故事，家人閱信面之數字，便知游子在外平安，不必展視，仍還信局，可免信貲。似此類辦法，日久行之，信局受累既多，遂又不得不更章矣。又商賈中人每值傳報各埠銀洋貨物時價，或嫌信貲太昂，則暗用字碼通達消息，亦藉省信貲若干。

在一千八百十七年前，送信者多係乘馬，故携帶信件無多。後將孔道以碎石修整，所有信函以車載送，携帶較多。先時每點鐘僅行四英里，人嫌其緩，商之信局，再求加速，於是每點鐘可行五英里。迨五十年後，夜間加班兼程，每晝夜可行一百二十英里。如人寓倫敦，相去在三百英里外，祇須五六日可得回音。由倫敦遞信至較遠處所，每禮拜可遞送三次。再遠者，每禮拜可遞送兩次，再遠者可遞送一次，但每日登程宜早。由各處送信至倫敦無一定時刻，送信至各處亦無一定時刻。似此迂遲，人咸苦之。嗣經大臣拍馬建議，以裝載客商之馬車更代，每車四輪，車容十人，較信局遞信其速倍之。信局所帶之信，需費三邊士者，（按一邊士合大錢二十有奇。）馬車則需費計兩先林，一先林十二邊士。亦有時衆人願增信貲，以期更速者。旋又改用載人之大馬車寄信，取此車派兵護送，備禦途次不虞劫奪。且風雨無阻，途程不計險夷，啓程之期與安抵之期俱有定準時刻。故寄信者更有把握，益形方便。

當國家之初次仿行也，人心疑慮。迨堅持十年後，覺前此每禮拜可通信一二次者，今則每禮拜可以逐日通信矣。因之生意日旺，國家所入信貲年盛一年，綜計一歲中可得信貲銀二十四萬磅，較曩昔僅入信資銀三千磅者，其數奚止倍蓰。由是人乃知爲有利無弊。且較從前時日減省一半，遂各遵此法行之，直至通行鐵路始止。

蓋屈指計之，前後不過五十年耳。一千八百三十六年，英國共有寄信馬車九十四輛，係以四馬駕一車者。另有寄信馬車四十九輛，係以兩馬駕一車者。該車每點鐘可行三十英里，每英里合華路三里餘，連歇息在内。至一千八百三十八年，綜核寄信馬車來往里數，共計有七百萬英里數，幾於一日周行地球。每日民人觀此信車出入，争以先睹爲快。當一千八百二十七年，每晚由倫敦開車，動有二十七輛之多。此項車輛行程里數，暨行抵各處，統計五千五百英里。每值半點鐘以前車欲開輪，搭客胥立道旁祇候。此項車輛之馬夫悉著號衣，馬與鞍轡率皆潔净修整，夜晚觀之，頗覺耀目。每午后八點鐘車將開時，人役全執信袋，分置車内，有條不紊，故衆心喜躍争睹。如值每歲國皇萬壽，各車必布列整齊，游行京都各街，如中國賽會相似，藉申祝頌之義，於是人人競羨。英國信局規模宏闊，有非他國所可比倫。馬車每次開行，必令其由總理書信館門首經過，蓋欲使總理者察閱一周。

近有英人名希利者，與權要友人結納，因議信貲仍昂，擬設法再從廉减，爰酌擬每四函信件，凡送至大英境内者，祇需費銀一邊士，合大錢二十有奇。先納信貲，後方發信，如此則信貲不致落空，於國帑可期無誤。然又與管理信局諸人不利，蓋若輩惟知貪利，不解推廣招徠，故有阻撓新法之意。希利則堅持定見，條陳國家。國家乃下之數大臣公議，議准後又飭下議院復議。適斯時英之讀書儒士亦久有擬改信局章程之意，今既經大臣及下院議准，于是姑試行之。按照每信四邊士改用每信一邊士，信資先付，信面粘鷹頭爲記。除國家公事免納信資外，他人一樣納資。如此試辦後，於一千八百四十年正月十號始，全遵希利新法，改用每信一邊士。倘已納信資，則於信面粘一鷹頭，追抵其欲寄之處，使不再索信資，否則倍罰。蓋尋常信件分兩不可過半兩，每半兩多加一邊士。始也係用英皇后圖像，鷹頭印於信面上，繼因不適於用，遂改用鷹頭印於另一紙上，聽人自行粘貼各信面。第一年循照是法行之，國家入款尚少，一年中只收四十六萬五千磅，較少三分之一。而衆意知久於其事，必可獲利，仍堅持之，於未設之局增設多處，又值鐵路告成，而往來益形便捷矣。且查第一年所以不能獲利之由，衹緣衆人嫉忌希利，相率阻撓。追擠去希利，仍用外部大臣，其所辦寄信諸事又復不孚人望，於是更無起色。衆心復思希利，爰將希利請之復回，仍歸其經理，以故始終克奏大功，卓著成效。百姓悦之，皆恭敬爲禮，天下群則效焉。

至一千八百七十年，此十年中，僅英之一國，綜計信函來往已有八百四十七兆之多。至一千八百八十年，信函更屬興旺，共有一千零二十八兆之多。此尚指大宗信件而言，外小宗信件亦有一百一十一兆。又寄至各處新聞紙等件，共有三百四十五兆，較疇昔幾不可以核計。由是觀之，則國家一歲所入信貲進款概可想見。又信局以外，又兼管匯兑莊，無論何處信局，皆可發寄匯票。其現在每年所匯銀兩共有二千萬磅，以此核算，則每百人中應用五十一張之匯票。另有信局兼管電報者，亦復年盛一年。在一千八百七十年，共寄有電報信八百六十萬二千七百三十二件之多，至一千八百七十九年，增漲至二千三百三十八萬五千四百十六件，其國家電報信暨新聞紙尚不在此數之内。即以電報信力一宗而言，已有二十五萬七千六百零一磅。

邇來英國信局費除費用以外，每年進項一千餘萬。於是各國見其進項之多，皆效法之，盡立信局。近來合計各國信局所收之信貲，每年不知其若干億矣。至一千八百七十四年，德相俾思麥思設立五洲通信總章程，每封衹費大錢五十文，爲各國寄信方便起見，蓋亦實與國事有裨。此西國遞信送件章程始末也。

倘中國果能仿行，則成規不遠，事半功倍，獲利銀定可比隆。縱當創始之初難以如數，然即收效十分之一，亦可每年獲利銀一百六十餘萬兩。在國家既進如此財源，而於寰區百姓亦較便益。目前急務，其在斯乎。竊願當軸者知所變計焉可也。

—8. 皇朝經世文三編　卷五五　兵政一一　郵政

利　器

蓋嘗觀於壯士之赴鬥，以有器與無器校，則有器勝；以利器與不利之器校，則利器勝。匹夫杖劍，雖被褐懷寶而暴客不敢睨者，氣奪於所畏，備豫於先事也。中國比年以來，講求制敵之利器，各自所購新式前膛、後膛大小洋炮不下數百尊，所製所購之新式後門洋鎗不下數萬桿，其餘水雷及師丹石炮船，均已逐漸購備，禦西人雖不足，禦東人則有餘矣。然西人所以誇詡日本、日本所以挾傲中國者，則彼有鐵甲船而我無之也。

蓋聞日本定購鐵甲船三號，原質本係木船，其上面蒙鐵不過厚三四寸，其馬力不過二百八十四，其價不過每船三十萬金，非真鐵甲船也。又聞外洋鐵甲船最大者，其機器有一千五百匹馬力，食水太深，中國口岸恐難購用。蓋船價之高下，視船之精粗大小、厚薄、新舊爲準的，其式固各有不同，其價亦難於懸斷，非有駐洋明練之人員，精心考校，無從得其要領。姑就一時濟急之用，約略計之，夫日本三船之價不滿百萬，今中國誠能籌銀三百萬兩，則視日本已三倍有餘矣。就中國口岸相需之船，大小參用，少則可購四號，多或至五六號，非必用之以摧敵也，但使得此利器，坐建無形之威，則假託者自然而氣餒，旁觀者亦竦然而神驚，不待兩陣交鋒，可以潛消鄰釁，已省無窮之費。否則，欲彼（聘）［騁］所長，其勢必迫我以交鋒。否則彼所購之鐵甲船三號，其究亦必取償於我。此中之得失利病，不待智者而决矣。

雖然，當此經費支絀之際，即尋常用度已日不暇給，何能復籌額外鉅款？憂時者知難設法，不得已而爲籌借洋債之一說。夫使中國果萬無可籌，暫借外資，以展大計，固無不可。惟外洋諸國，如土耳其之顛危，西班牙之貧弱，日本之困匱，皆爲國債所累，甚者罄歲入之款不足以供息銀，於是苛斂横征，而内變迭作。中國債項僅逾千萬，近年各省關銀額爲洋款所分，已覺異常耗竭，况西征之餉銀，借息加重至一分二釐，西人遂視爲成例，不肯少讓。設因累於輸息而展轉加借，十年之後，積纍益巨，利不勝害，不可不慎也。然則洋款之難借如此，經費之難籌如彼，利器終不可肯致乎？謹查光緒二年，部撥西征餉銀二百萬兩，由庫存四成洋税提出批解，仍劃各省應解海防經費之半，分年歸款，此誠轉移之妙術也。計此三四年中，所省之息銀已近百萬矣。夫庫儲重款原所以備緩急非常之用，今鄰國之侮甚於回寇，防海之棘重於邊疆，可否援照成案，撥發部庫存銀二百萬兩，以爲創製利器之用？仍以滬關二成洋税，及粤、潮、閩、浙、江海五關四成洋税之半，分年補劃。如此一轉移間，則以海防之費用之海防，不待籌撥於各省，而帑項無虧缺之虞，不受盤剥於外人，而器械有剋期之舉。再援照同治十三年籌辦江防成案，截留長江三關四成洋税，一歲所入，幾可敷三百萬之數。其養船之費，則各處所解南北洋之款如無缺額，尚可勉供其駕船之才，則江海水師宿將，與出洋學生、武弁藝成而還，皆可以備遴選。且中國所造之木輪兵船，如無鐵甲船以相依護，亦不能以成軍。蓋木輪得鐵甲而氣始壯，鐵甲得木輪而勢益張也。

古人有言：器械不利，以其將卒予敵也；將卒不練，以其器械予敵也。是故有是船不能不利兵，不能不選將，而欲駕馭將領日起有功，則推擇統帥尤其至急者矣。或曰：以區區琉球之故，而勞兹費，可乎？不知日本所圖並不在琉球也，我之所重亦不在琉球也。設令日本復封琉球，而利器之購遽爾中止，則彼愈有以窺我之因循，或且伺間思逞，將迫我以不得因循之勢。誠及此時毅然振奮，特發重資入西廠，訪期式、訂期定造，彼西人必先動色相告，傳播遐邇，固可稍戢其揚日本、抑中國之心。日本聞中國之有備也，亦必知難而退，或者器未至而彼先服也。此古人先聲後寔之妙用也。

—8. 皇朝經世文三編　卷六二　工政二　製造

論開煤礦之益

《傳》曰：“天不愛道，地不愛寶。不愛之者，不吝惜以與人也。”夫天既不吝道以傳人，地即不吝寶以養人，此固自然之理，亦即自然之利。然伊古以來，所謂地中之産寶者，惟稼穡耳、材木耳。惟《周禮》有丱人一職，似於山内各産，略有所出，然亦未見大行。秦漢而後，更鮮有言及者。夫國家寶稼穡，農人重菽粟，則農人終歲勤苦者，大抵皆面之所生耳。而地之所以不愛寶以與人，人竟捨而棄置之，終千百年而不用，良可惜也。鄙人嘗著論説言商務諸事，必須輪船、火車以濟之，自有此製，而往來運脚省費不啻倍蓰，而中土人士竟漠置焉，甘於運脚之耗費而不悔，良用詫異。今地中有寶以供人用，又甘棄置而不出，豈果不知此利耶？亦以出之無良法，而且又未曾核計其數，姑舍是耳。今試爲始終核計，必當恍然思，幡然悟，而知所變計矣。按英國之民亦未嘗不力田，一自礦務改興，而合一國所出之煤匀計，每年每人可得工銀四兩。況考五洲各國煤礦，惟中國最多，以此推之，中國每省民人匀計可增銀八千萬兩。煤礦之開，所關不綦大哉。按地學家考煤之原質，係開闢之初，有無數樹林覆於地中，地中有火燒之，一如窑狀，迨將濕氣逼出，惟餘黑炭在土而已。然煤又有三類：一、有不十分黑之煤；二、其煤有甚軟而有油者，故入爐時有煙，又名曰煙煤；三、有煤甚堅硬而光亮無煙者。按化學家言，不十分黑之煤，每百分中有只七十分之炭，炭即煤也，下餘惟輕養二氣，俗名即曰濕氣。煙煤有八十餘分炭，餘亦濕氣。惟堅硬無煙之煤，每百分中有九十餘分之炭，幾若無濕氣者。然此但論煤塊而已，若煤渣滓亦有法製之，將此渣滓入窑燒煉去煙，仍成炭塊，名曰焦炭。凡用火輪者，最喜用此，緣無煙而力大也。

早年西國居家者，每年每口匀計用煤十斤，至今每年每口均拉用煤七十餘斤，蓋緣有輪車、輪舟、鐵廠、煤氣廠及各類製造廠用煤故也。又查西國一千八百八十五年所出之煤四百餘兆噸，每噸一千六百八十斤。内有歐洲出煤三百兆，美洲出煤一百兆，其餘之國所出不過廿兆。惟英一國出一百六十兆，可見歐洲所出之煤，多半皆在英國。而五洲列國所出之煤數，查本年三月初三日報可知。由是觀之，中國地中所産之煤已駕乎五洲而上之，惜均在地中，尚未經發泄耳。今聞國家已准各省産煤之區，任人開采，鄂省、臺灣已皆行之有效。即開平所開煤井每日可出數百噸，甚見興盛。將來各省所出愈多，銷售愈廣，行見利民利國指顧間耳。不第此也，而且又可遠售各國，則財又不可以倍蓰計矣，不禁跂予望之。

—8. 皇朝經世文三編　卷六八　工政八　礦務

泰西新史攬要序

此書爲暗室之孤燈，迷津之片筏。詳而繹之，質而言之，又實救民之良藥，保國之堅壁，療貧之寶玉。而中華新世界之初桄也，非精兵億萬、戰艦什百所可比而擬也。

嘗考中國古世，善體天心，恒孜孜於修身、齊家、治國、平天下之道。其於遠人也，優待如家人父子。總之，一日萬幾，無不求止於至善，是以巍然高出於亞洲，爲最久之大國，而聲名之所洋溢且遠及于他洲，猗歟盛哉！何圖近代以來，良法美意而忽然中改，創爲閉關自守之説，絶不願與他國相往來。他國不乏修心樂道之人，更動輒加以疑忌，可惜孰甚焉。至西人之通商於中華者，固曰爲牟利來也。然而以有易無，以羡補不足，中華亦何嘗不利。乃中國偏欲恃其權勢，遇事遏抑而壓制之。華人容有不以此語爲然者。然細究居心行事之實迹，多不免有所偏重，閲者試熟思之，果其不謬，則中國之病根在是也。知其爲病而去之，即天下一家矣。

泰西各國素以愛民爲治國之本，不得不藉兵力以定商情，且曰中國不願與他國交，於上天一視同仁之意未有合也，遂屢有棄好尋仇之禍，他國固不得謂爲悉合也。然閉關開釁之端則在中國，故每有邊警，償銀割地，天實爲之，謂之何哉。重以前患甫息，後變迭乘而又加甚焉。沿至今日，竟不能敵一蕞爾之日本，嗚呼，誰之咎歟！誰之咎歟！猶幸尚有明敏之才，深知中國近年不體天心、不和異國、不敬善人，實有取敗之理，因冀幡然盡改其謬誤。凡華人所未知者，明於事理、敏於因應之才，深思而博考之，具列其目於左：

一、知萬國今成一大局，遇事必合而公議，直如各省之服皇帝，各人之守王法，各業之聽同行。故雖分而爲各國，而教化不相歧視，關税改從一律，此合而共便之道也。各國既無礙於他國，他國即應任其自由，不相鈐制，此分而各便之道也。夫如是，逆料異時各國若有釁隙，可請他國公評曲直，有恃强而出於戰者，天下共伐之，當永無戰禍矣。

一、知今日治國之道僅有三大端：泰西各國救世教一也，中國儒教二也，土耳基等國回教三也。而宰治之最廣者，實推救世教，故五大洲各國，共合男女一千五百兆人，受治於救世教者九百餘兆，受治於儒教者四百餘兆，受治於回教者八十兆。全地球陸地共合華程五百餘兆方里，爲救世教所轄者四百二十兆方里，儒教所轄者四十兆方里，回教所轄者三十兆方里。

一、知今日興國之道有斷不可少者四大端：道德一也，學校二也，安民三也，養民四也。凡精於四法者，其國自出人頭地；不精或不全者，不免瞠乎其後；毫不究心者，則更在後矣。夫行此四大端者，分爲四支：古今一也，東西二也，普遍三也，專門四也。今考泰西各國，不但生齒之數，歲有所增，且國富民安，亦復日新月異。中國於近五十年來，人不見增，財亦不見富。是故以富而言，歐洲各國庫儲所入之款，每年約合華銀二千八百兆兩，非剥民以奉上也，民富而君無不足也。中國歲入之款不過一百兆兩。若論回教各國，則人既歲有所減，民之困苦反歲有所增。

此明敏之才，既熟察乎中外之情形，爰知中國近來訛謬之關繫大莫與京，所謂聚六州之鐵不能鑄一大錯字也。欣聞皇太后運廟算於上，恭親王、李傅相、南皮張尚書承流宣化於下，皆曰：人非就學，於人之爲耻；不學而甘居人後，乃真足耻也。苟其持是説而身體力行之，則中國之厚幸也。所可惜者，聖母賢王、名相純臣，雖有整頓之心，而膽識兼優、敢於竭力進言者，京外均甚罕見，鋭意酌改者，更寥落如晨星。且即有蓄意言之、設法改之者，亦以未諳各國整頓之道，往往無從下手。僕雖不敏，而灼知欲渡無梁之苦，代爲焦慮者，歷有年所，繼而喟然曰：明鏡足以鑑妍媸，新史足以究隆替，曷不發篋出書，以爲華人泰山大海之助乎。及讀英國馬懇西先生所著《十九周大事記》，西例以耶穌降世後，每百年爲一周，今適在十九周中也。則誠新史而兼明鏡之資也。中國服官之衆，讀書之士，其於中國之古訓，自已爛熟於胸中，若欲博考西學，振興中土，得此入門之秘鑰，於以知中國之所以興與夫利弊之所在，以華事相印證，若者宜法，若者宜戒，則於治國讀書之道思過半矣。夫西國之廣興，多在近百年中，是書擷近人著作之菁華，删其繁蕪，運以才識，國事分縏，殫見洽聞。故欲考近事，無有出其右者；欲治近世，亦無有出其右者。如欲兼考數千年來之掌故，則西國之書奚啻汗牛充棟，學者循序漸進，非必以一書囿也。

光緒十八年，朅來上海，亟思翻譯華文，以餉華人。爰延訪譯書之有名者，聞蔡君芝紱於中外交涉之事久經參考，遂以禮聘之來。晴几雨窗，偶得暇晷，即共相與紬繹，迄今三載，始克卒業，蓋誠鄭重乎其事也。至論勸令宦途士林中人，盡讀新書，以興中國之策。不揣狂妄，敢擬二條：一曰請皇上降旨，繼自今凡學院考取生童，主考總裁取中舉人、進士，必就西史命題條對。如生童考經古及鄉會試第三場策問之類，必其洞悉無遺，始克題名各榜。一曰請皇上降旨，繼自今天潢諸貴胄與夫翰苑中人，均取是書，悉心考核，以爲先路之導。然後遴選年在四十歲以内者，令其游學各西國，肄習新法，期以數年學成回國，量才擢用。

果其二法可行，僕敢保有益於中國之萬法必皆由是而生，是一國備萬國之善也。泰西於近百年之内，民富於昔者五倍，中國之民豈獨不能增倍之富乎？民既增五倍之富，有不能禦他國者乎？且不特禦一國，即禦他洲各國，亦無所難。彼小人之見解，動曰以兵力禦敵國。無論兵凶戰危，不可妄動，即使殺敵致果無往不利，亦且下釀生靈之禍，上干造物之和。就若深味此書，見諸行事，而隱禦外患於無形乎！且夫中國之地，擅歐羅巴全洲之廣也；中國之民，合歐羅巴全洲之衆也。然而歐洲府庫歲入二千八百兆金，中國則僅得二十八分之一者。無他，新法之未興也。新法既興，國未必歲增千兆鉅金，而數倍於今之入，操券可得。彼償日本以數百兆金，不過一次，何慮之有！

故夫今日者，懲前毖後，一旦盡祛錮習而迪新機，轉禍爲福，此正天之所以興中國也。君子體上天好生之心，不念他事，永敦睦誼，馴致五洲萬國，同慶升平，豈不美哉！抑更有最要之一説者，中國若不即日更改學校之制，士子但讀本國古書，但知我爲首出之大國，素著盛名，彼他國皆遠出我下，微特不知他國之善己也，終必并其本國之善而亦失之。萬病之生，蓋皆出於此不知之故。倘能善與人同，易不知而進於知，則救華之機全在此舉。嗚呼，可不慎歟！况乎中國可患之事，尚有更甚於今者，不過數年，禍端立見。設使猝遘其時，雖欲再思補救，恐已無濟於事。僕之爲此言也，明知觸犯忌諱，人多逆耳，但無一非真實無妄之語，萬一不能見諒於今日，他日必有思我言而長嘆者。夫至思我言而長嘆，則豈徒今日我言之不用，爲我之不幸也哉。

—9. 皇朝經世文新編　卷三二　雜纂

論街道

津都爲海疆重鎮。漕河之米，長蘆之鹽，皆由此路轉運，宜乎商賈薈萃，市肆寬宏。顧未通商以前，止有河北大街，較今不及三分之一。運河南北、海河東西並無稍大市鎮，村落甚屬零星。紫竹林一帶不過茅屋數椽，與墦墟遠近相望，以荒寒而致落寞，其來久矣。通商以後，西人租河干地，建行棧，立碼頭，築土路。各國精粗之貨、貴賤之物，疊以輪船載至，易購華物以往，歲無虚日。操奇計嬴之流，爭設闤闠，貿遷有無，殫心力於致富奇書。數年之間，自城西迤北而東，街市聯絡如櫛比，如鱗次，登高眺遠，目力所不能窮。凡逐蠅頭以爲衣食者，莫不螘羶相屬。而街道隆窪不一，行者苦之，推挽運重之人尤難舉步。幸各憲設工程局，收捐以治街道，用泰西法以碎石碾而坦之，其平如砥。富商卸貨於棧，上貨於船，悉僱苦力貧民以車推運。東洋小車數千輛往來若織，晝夜嘗有轔轔之聲。諸商輻輳，百貨流通，新鈔兩關税金倍入。上有裨於國用，下有益於民生，斯局之善，蔑以加焉。

惟是昔興街市多就河沿，曲折迂回，隨厥地勢鋪面緊接，檐牙相連。至窄之路，無如洋貨街、宮南北、鍋店街、針市街、爬頭街等處，洋車甚小，猶難並行，裝貨之車最易阻滯。彼此相讓，碰磕愈多。苟逢馬車，通衢梗塞，動需時刻，始克前行。貧民自食其力，必須日不空閑，得錢稍多，乃能養活家口，一有躭閣，徒喚奈何。以若人朝出而作，夜静而歸，約計一日可用力者止有六時，一時計兩點鐘，共得十二點鐘。大小車輛同出一途，其途又甚狹隘，或遭擁擠，必待緩緩疏通。幸能去窄就寬，瞬已一點鐘之久。窄處不一而足，别無可繞之途，心雖急而難延，足欲前而不得。若其人力强足捷，有半個時辰不難往返一次，得錢約可百餘，足敷一人半日之用。街道壅塞，一日不知幾次，即以一點鐘比而擬之，一車躭誤一點鐘，少得力錢百餘文，十車少得力錢千餘文，百車少得力錢萬餘文。此地車夫不下五六千人，止一點鐘，少得力錢已積至五六百吊。由此推之，一月少一萬五千吊，一年少十八萬吊，五年之間少至九十萬吊。加以乘車之人所誤之工，其數必至加倍。倘工程局費一百萬吊修路，尚餘八十萬吊。路既開寬，往來甚速，來往之車，自必加添，車捐亦必增益。各商亦可以多發貨物，車夫即可多賺錢文，誠商民大有益之事也。

郡屬灾歉頻仍，食物昂貴。今夏水患十倍往年，力作之人尤爲艱窘，躭誤時日，苦何以堪。如自紫竹林推運貨物以至竹竿巷中間窄路，宜於設法展開。而鋪口修已多年，一時烏能更改，成事不説，固已莫可如何。或於此道之外别開直路一條，車輛並進，務求寬綽有餘，式如蘇公之堤，築以小碎石，使車易行，與北關行棧通達無滯。此道一闢，則舊路之窄處亦無梗塞之虞。諸商最重行情，貨流通以時俯仰，使彼得速於收發，利益自生，不難樂助貲財。即修直路之中，以工代賑，但恐地勢難爲耳。若其可爲，誠工程局不費之惠，亦灾民之大幸也。小洋貨街甚屬寬闊，比河沿之途爲近，而車不行於此者，蓋以石塊之路不如土路易行，故車夫聞而裹足。若將小路改作小碎石，碾而平之，則車夫運貨皆出於此，而河沿之路亦得稍免壅滯矣。語曰：芻蕘之言，聖人擇焉。願鑒一得之愚而酌之，則幸甚。

—10. 皇朝經世文新編　卷一三上　郵運

銀行論

財者，國之寳也，民之命也；寳不可滯，命不可困。昔太公爲周立九府圜法，而泉布之制遂行天下，無有滯其寳而困其命者。夫泉者，水也，如水之行地不可一日止。此非獨上下之相通，而亦盈虧之相乘，若止而不流，雖千尋之泉，有立見其竭者矣。故聖人之大寳曰位，因位以制權，因權以制用。如漢文之寵鄧通也，曰吾能富之，賜以蜀山之銅，而鄧氏之錢滿天下。彼其竊一日之權，尚足以萃四海之貨，況以萬衆而自振其權，可勝用哉？

考泰西各大國，於數百年内所經辦之事，不獨通行本國，總期於五大洲一概通行。迨至近五十年來，輪舟、火車相繼爲用，而五洲形勢更無所扞格，是以大宗銀錢，雖國家户部及向來之匯兑莊，皆不克綜此大權。問有能宏攬巨綱，周流地球，使財竇無滯、民生不困者，其惟開設大銀行之一法乎？西瀛各國，莫不籌集巨資，争立銀行，爲裕國養民之道。計英國銀行有本銀五千八百萬，法國銀行有本銀二千九百萬，德國銀行二千四百萬，土耳其國二千萬，俄國八百萬。每股分數目，多則一千餘兩，次則六百兩，次則四百兩不等。但此指大銀行而言也。若中等銀行，本銀四百萬者極多，統計英國大銀行有六十處，分支銀行有一百八十八處，與國往來相通者則不下一千號；德國大銀行十七處，分支銀行二百二十一處。目前財用五洲既已流通，則各國總銀行所辦之事最鉅，僅就英京一總銀行言之，每日經手款項有銀八千萬兩之多，由此類推，他國亦皆不少。

論者謂銀行之設，可以興利，可以除害。約舉其事，厥有數端。國家庫帑存儲，向來隨運隨收，雖積如山阜，不准絲毫外借。如自有銀行，無論銀錢多寡，皆可流通，往來周轉，真所謂利如刀，流如泉，布如布，子母相權，錙銖之微亦有生息，不致徒藏無益也。此有銀行之利一也。國家正賦之外，充軍國之用，惟在整頓錢法而已。欲重錢法，必議鼓鑄。向來中國鑄錢，僅都中寶泉、寶源二局，各省雖曾設局，然旋開旋停，故錢路不廣。如自有銀行，可以責成鼓鑄，永除盗鑄私銷之患，更兼行鈔法，可收宋、元交子、會子之用。若按英國辦法，如于遍國每口加本錢三兩有另。此有銀行之利二也。國家凡興建大役，軍務重情，經費不敷，非轉貸於鄰封不可。中國自同治年間西征需餉，曾借洋款，係滬上銀行經理，利息未免過重。如自立銀行，將來一切軍國大事亟需鉅款，皆可由此大銀行經手借用，行息既可從輕，而利權仍可操之在我，不致爲他人挾持。此有銀行之利三也。至市井之徒，術工壟斷，凡有銀錢入門兑换，短平扣底，明侵暗蝕，閭閻受害，無可如何。若設立銀行，則此種積習，自可一掃而空。其除害者一。近來海禁大開，五洲互市，金銀行市或漲或落，其出入之權關係匪輕，上年鄙人曾經論過此事，必須有人專管，國家方免大受虧耗。若設立銀行，則隨時價值自有主持，永無損折之患。其除害者二。

再查中國銀錢舖面，林立通衢，即以居民四百兆而計，于千家中有錢舖一家計算，即有四十萬家，與全國經營人數大略相同。然錢舖之用心，皆係分財之法，正如蠹之蝕物，暗中受害於無窮。若開設大銀行，則皆注意生財之道，非獨不至分人之利，且能使人與己皆自能生利，嗣後獲利較豐，而又無損於人，不誠富國益民之要圖哉！方今中國正擬華德銀行，倘能仿照西國大銀行之法推廣辦理，如同遍國人按每口加銀三兩，則款亦巨矣。夫既得此集巨款之妙法，將來開鐵路、立新學及一切益民之事，有何難哉？夫興利者必深悉夫利之何以不興，利一興即無不並興；除害者必深悉夫害之何以不除，害一除即無不並除。變通盡善，操縱自如，圜法之興，庶幾拭目俟之乎？竊願在上者及早圖之。

—8. 皇朝經世文三編　卷三〇　户政八　商務二

錢志澄（1846—1904）

字伊甫，一字清士，浙江嘉興人。廩貢生。校刻《温端公年譜》《世祖太常公年譜》。

近日北邊防務輕重緩急何在論二

曷言乎東三省之爲重也。孟子曰：“天時不如地利，地利不如人和。”吴起曰：在德不在險。人多韙其言。三代上尚德，故薄地利而不講，三代下尚力，往往有因地利以爲勝敗者，是地利又不可不講也。考東三省固無險阻要隘之區，可以據爲地利。然於北邊則國家之門户也。今有富人於此，藏貲巨萬，珠玉寶器充積滿堂，固大盗所覬覦而窺伺者也。我乃高峻墻垣，嚴備守衛，使知無懈可擊，無隙可入，而覬覦窺伺之心不覺其自息，此策之上者也。其或我所以備之者，不足以戢其邪心，盗乃狡焉思逞，而守備者猶能奮力抵拒，使之不得越雷池一步，此策之中者也。其或守備者未必足以拒盗，而猶可以虚張聲勢，此策之下者也。

若曰門户去我遠，無足慮，我守我堂奥足矣。大盗至，長驅直入，於此雖有賁育之勇，亦難保其無所失。然後嘆前此之過計，而繼之以悔，則失策孰甚焉？今以北邊而論，則東三省其門户矣。以東三省而論，則黑龍江其門户矣。試問果有高墻垣、嚴守衛，有以息敵人覬覦窺伺之心乎？曰無有也。又試問守衛者果能奮力抵拒，使敵人不越雷池一步乎？曰不能也。又試問擐甲執兵之輩果能虚張聲勢乎？曰不能也。

然則，雖有北洋水師與旅順、大沽臨海口之守備，又何異於舍門户而守堂奥者哉！吾懼其有後悔也，故曰莫重於東三省。曷言乎足民也。《書》曰：“民惟邦本。”又曰：“政在養民。”《記》曰：“民以君爲心，君以民爲體。”《春秋傳》曰：“民者君之本也。”夫古之君臣，其視民若斯之重者，其故何哉？蓋人主之於民也，譬猶木之有根，水之有源，燈之有膏也。根深則枝茂，源遠則流長，膏滿則光明。而人主之於民也亦然。民足則國强，是故古人於居人鮮少，土地荒凉之處，必徙民以實之。彼豈不知安土重遷，爲生民所不願哉。第以久要之圖不得不如此耳。向使勒石分界之際即經營其間使無曠土，則俄亦安敢潛移界石，而千里之地，又何至拱手而援之他人也哉。今北邊地廣人稀，在上者不思未雨綢繆，有以使之人烟稠密，户口繁多，徒坐視其衰敗彫敝，不以前車爲鑒，往事爲戒，此有心人者所爲深憂而長嘆息者也。吾故曰：莫急於足民。曷言乎？急開墾，興稻田，勸蠶桑也。《記》曰：“無曠土，無游民。”以明土地不可使有餘利，人民不可使有逸豫也。

今中國患財力之不足，豈非以山澤之利未盡墾，而游惰之民未盡歸農哉。自來講富强之術者，必富利於先，而强次之。誠以國既富，斯能强國，既不富，强於何有？居今日而言富，舍開墾其何由乎？國家休養生息二百餘年，生齒數倍乾嘉時，而生穀之土不加闢，於是乎有受其飢之人，弱者溝壑，强者林莽矣。小焉探囊胠篋，大焉斬木揭竿矣。客或語余曰：英吉利縱横千數百里國耳，惟能涉重洋，不遠萬里，墾田拓土，故生息愈繁，國用愈足。中國無是故貧，其言韙矣。雖然，近將棄之，奚論乎遠。夫一畝之稻，可以活一人。直省田凡七百四十餘萬頃，種稻之田半焉。其餘豈盡不宜稻哉。職方氏宜稻之州七，今僅存荆、揚，亦後世百度廢弛之確證也。西北地脉深厚，勝於東南塗泥之土，而所種止粱麥，所用止高壤。其低平宜稻之地，雨至水匯，一片汪洋，不宜粱麥。夫宜稻而種粱麥，已折十人之食爲一人之食，況并不能種粱麥乎。然則地之棄也多矣。吾民之天閼也亦多矣。求富之道，莫若推廣稻田。林文忠輯《西北水利說》。備采宋元明以來何承矩等數十家言。大指言西北可種稻，即東南可減漕，當自直隸東境多水之區始。將以述職上之宣廟，當國某尼之，召對亦未及，事遂不果行。

嘗考明洪武三年徙蘇、松、嘉、湖、杭州無業者田臨濠，凡四千餘户，給牛種資糧以遣之，三年不征税，續徙者亦如是。當是時徙民最多，今可如其法斟酌而行之。更宜以西人耕具濟之，或用馬，或用火輪機，一人可耕百畝。或曰：我中國向來地窄民稠，一用此器，傭者無所得食，未免利少而害多。以今日論之，頗非地窄民稠之舊，則此器不可常用而可暫用也。勸之董之，務有以變之。俾北邊無曠土而後已，顧治田必治水，人每諉之於重大不易行，宜以東洋鐵柱開井之法行之，則足以灌溉矣。去歲總署曾向東洋定購，未知何故封藏不用，殊可惜也。

西北邊有至簡至易之事，行之可以收無窮之利者，蠶桑是也。西北諸省，千百里彌望平坦，莫不宜桑，一切棄之，其可惜有倍甚於田者。曩有人旅居京邸，後圃有桑數株，歲飼蠶數簇，繅絲與南中無二。蓋西北地脉深厚，外燥而内潤，故梨、桃、蔬果之屬轉勝於南桑性亦如之。知西北之棄地多矣。天下事本難於創始，蚩蚩者尤甚。十年樹木，利在日後，而費在目前。嘗見吴鄉西郊地畝值錢數百，桑園畝三十千，然不能化山地盡爲桑園者，亦以人情狃於近利，劚地栽桑必三五年無利有費之故。東南猶爾，況西北乎。勸種之法，宜官爲倡導。令編檢部曹中嘉湖人挈家至城外，發帑買地種桑，募其鄉善飼蠶者爲之師，雇本地人受其法。五年之後，招土著承買，歸其帑，永爲世業。民間有能仿行者，呈明給照，永不許王公府八旗争奪，並永不加賦，使安其業。十年之後，桑陰滿邦畿矣。近京不甚寒之省仿此，夫經傳所言蠶桑之利未嘗及吴越。《七月》之詩曰“爰求柔桑”，則豳可蠶。《將仲子》之詩曰“無折我樹桑”，則鄭可蠶。《氓》之詩曰“桑之未落，其葉沃若”，則衛可蠶。《十畝》之詩曰“桑者閑兮”，則晋可蠶。《皇矣》之詩曰“其檿其柘”，《桑柔》之詩曰“菀彼柔桑”，則周可蠶。兖州厥贡漆絲，厥篚織文。桑土既蠶。青州厥篚檿絲，徐州厥篚元纖縞，揚州厥篚織貝，則齊魯揚徐可蠶，荆州厥篚元纁璣組，豫州厥貢漆枲絺紵。厥篚纖纊，則楚豫可蠶。孟子樹墻下以桑，則齊梁可蠶。蠶叢都蜀，教民蠶桑，則蜀可蠶。不知何時利獨歸於吴越。視宜稻七州之僅存荆、揚，殆有甚焉。

夫北邊苟有蠶桑之利，稻田之制，數年之後，稍有成效。四方人民必不召而自來也。地益加闢，人益加衆，夙昔僻冷荒蕪之地，一變而爲商賈雲集、冠蓋薈萃之區。中國之富固可立致，而中國之强，又可翹足待也。吾故曰：足民莫急於開墾，開墾莫急於興稻田、勸蠶桑。

—20. 皇朝蓄艾文編　卷五三　邊陲五

張百熙（1847—1907）

字埜秋，號潛齋，湖南長沙人。同治十三年（1874）進士，授編修，督山東學政，官南書房侍讀，累官廣東學政、内閣學士、左都御史、京師大學堂管學大臣。謚文達。有《張百熙奏議》《退思軒詩集》。

奏辦京師大學堂情形疏

竊臣於上年十二月初一日奉上諭："興學育才，實爲當今急務。京師首善之區，尤宜加意作養。前所建大學堂，應即切實舉辦。著派張百熙爲管學大臣，將學堂一切事宜責成經理。務期端正趨向，造就通才。應如何裁定章程，並著悉心妥議，隨時具奏等因，欽此。"奉命以來。臣當即悉心考察，夙夜搆思。一面查勘現在情形，一面豫籌將來辦法。計惟有欽遵諭旨，端正趨向，造就通才，以仰副朝廷興學育才之至意。

惟是從前所辦大學堂，原係草創，本未詳備。且其時各省學堂未立，大學堂雖設，不過略存體制，仍多未盡事宜。今值朝廷鋭意變法，百度更新，大學堂理應法制詳盡，規模宏遠。不特爲學術人心極大關係，亦即爲五洲萬國所共觀瞻。天下於是審治亂，驗興衰，辨强弱。大才之出出於此，聲名之係係於此，是今日而再議舉辦大學堂，非徒整頓所能見功，實賴開拓以爲要務，斷非因仍舊制、敷衍外觀所能收效者也。惟念臣本無學問，粗識事情，當國家圖治之時，正臣子致身之日，固不敢安於簡陋，亦何至稍涉鋪張。誠深悉唐虞三代，古世所以致太平極治之規，又親見歐美日本諸邦，所以變通興盛之故確有憑據，諒不虚誣。今日中國若議救敗圖存，舍此竟無辦法。如使成規坐隘，收效無從，臣一身不足惜，所恐上無以對聖朝，下無以塞群望，見輕外人，更傷國體。成敗之故，罔不隨之。臣既見及此，敢不直陳。用特粗擬推廣辦法五條，敬爲我皇太后、皇上縷析言之。

一、辦法宜豫定也。查各國學堂之制，大抵取幼童於蒙學，卒業之後，先入小學堂。三年卒業，乃升入中學堂。如是又三年，乃升入高等學堂。如是又三年，乃升入大學堂。以中國准之，小學堂即縣學堂也，中學堂即府學堂也，高等學堂即省學堂也。今雖奉明諭，令各省府州縣遍設學堂，至令奏報開辦者，尚無幾處。是目前並無應入大學肄業之學生，而各省開辦需時，又不知何年而學堂方可一律辦齊，又何年而學生方能次第卒業。通融辦法，惟有暫且不設專門，先立一高等學校功課，略倣日本之意，以此項學校造就學生，爲大學之豫備科。一面由臣請旨催辦各省學堂，三年之後，豫備科所造人才，與各省省學堂卒業學生，一併由大學堂考取，升入專門肄業。所有豫備科功課，謹遵繹本年變通科舉、普設學堂歷次上諭，分爲二科：一曰政科，二曰藝科。以經史、政治、法律、通商、理財等事隸政科，以聲、光、電、化、農、工、醫、算等事隸藝科。惟取入豫備科肄業學生，亦須平日在中學堂卒業者，方能從事。

查京外所設學堂，已歷數年，辦有成效者，以湖北自强學堂、上海南洋公學爲最，此外則京師同文館、上海廣方言館、廣東時敏學堂、浙江求是學堂，開辦皆在數年以上。餘若天津高等學堂之已散學生、出洋游歷學生、外洋華商子弟，亦多合格之才。再由各省督撫學政，就地考取各府州縣高才生，咨送來京，由管學大臣覆試如格，方准送入學堂肄業。其外省考試之法，由大學堂擬定格式，頒發各省，照格考取，以免歧異。學生入學之後，俟三年卒業，由管學大臣擇及格者，升入大學正科。有不及格者，分别留學撤退。恭查本年上諭，已有各省選派出洋學生，學成回華。由督撫、外務部考驗之後候旨分别賞給舉人、進士明文。大學堂豫備科卒業學生，與各省省學堂卒業學生功課相同，應請由管學大臣考驗如格，擇尤帶領引見，候旨賞給舉人，升入正科。又三年卒業，再由管學大考驗如格，帶領引見，候旨賞給進士。如此辦法，十年之後，所造就者，定多可用之材。以之綜理庶務，當無不足，富强之基，必立於此。

惟是國家需才孔亟，士大夫求學甚殷，若欲收急效而少棄材，則又有速成教育一法，應請於豫備科之外，再設速成一科。速成科亦分二門：一曰仕學館，一曰師範館。凡京員五品以下，八品以上，以及外官候選，暨一因事留京者，道員以下，教職以上，皆准應考入仕學館，舉貢生監等，皆准應考入師範館。仕學館三年卒業，學有成效者，請准由管學大臣擇尤保獎。師範館三年卒業，學有成效者，由管學大臣考驗後擇其優異，定爲額數，帶領引見。如原係生員者准作貢生，原係貢生者准作舉人，原係舉人者准作進士，均候旨定奪。准作進士者，給予准爲中學堂教習文憑；准作舉貢者，給予准爲小學堂教習文憑。蓋豫科之學生，必取其年歲最富，學術稍精者，再加練習，儲爲真正合格之才。速成之學生，則取更事較多，立志猛進者，取其聽從速化之效。此目前姑請緩立大學專門，先辦預備、速成二科之實在情形也。至將來奏定京師大學堂之章程，即全照大學規模，恭擬上聞，以備異日學成，升入正科之用。仍將現所辦高等學校之預備科，並附設之速成科章程，暨頒發各直省高等學、中學、小學各章程，一併奏進，候旨遵行。再專門正科，開辦雖尚可稍稽歲時，而考求不能不預爲地步。擬候照現擬章程，先行開辦，後再由臣慎選通達純正之員，派赴歐美、日本，考察其現行章程，應辦書籍。又講求化學、電學，其房屋皆有一定造法，以及光學家之暗堂，醫學家之煖房，凡欲深究專門，皆須先造特室，其圖式皆宜預向各國考求。再中國學堂所請西人教習，向皆就近延其本居中國者，或爲傳教來華之神甫，或爲海關退出之廢員。在教者本非專門，而學者亦難資深造。且西國學問數年一變，則其人才亦月異而歲不同，將來延請教習專門，亦非彼國文部。及高等學堂考問，不能分其優劣，似派員考察一層，爲必不可少之舉。現在湖北聞已派人先赴日本，即用此意。屆時擬由臣選得其人，再行奏請辦理。

一、講舍宜添建也。查現在大學堂從前係暫撥應用，原議本須另撥地面，俾可建合格之屋，又須令四面皆有空地，以便陸續增造工、醫等項專門學堂。今請仍照此議。將來另須撥地新造，方足以便推廣而壯規模。惟目前一切尚待推求，一面趕爲開辦，只好仍舊基修葺，並將附近地方，增拓辦理。臣親往勘視，丈量學堂四面圍墻，計南北不過六十丈，東西不過四十丈，中間所有房屋，僅敷講堂及教習官役人等之用。其西北兩邊講舍，共計不足百間，非大加開拓，萬萬不敷居住。現勘得學堂東西南三面，皆可拓開數十丈。其地面所有房屋，多係破舊民房，若公平估價，購買入官，所費當不甚鉅。此項新拓地面，即作爲增建學舍之需。查大學堂開辦約有二年，學生從未足額，一切因陋就簡，外人往觀者，至輕之等於蒙養學堂。此於上國聲名，極有關係。朝廷興學育才，方以振起全局爲要歸。臣誠不敢希圖省事，至使中國未收通變之效，而先貽外人以口實之譏。況一經開辦，學生足額之後，若再加以同文館學生以及官員司役人等，總在千人以上，斷非此方數十丈之地所能容納。查外省如廣東之廣雅書院、湖北之自强學堂、兩湖書院、上海之南洋公學，視大學堂現在基址，皆大至數倍或一倍不止。斷無京師制度，反減於外省之理。若過於狹隘，不特無以示天下，亦且無以示國中。是增建講舍，實爲學堂首先應辦之事，不能不據實上陳者也。

一、譯局宜附設也。查現隸大學堂之官書局，開辦最早，當時即選譯各局書籍及外洋各種報章。上海設立南洋公學，江寧新設學堂，亦先後奏設譯書局。是譯書一事，實與學堂相輔而行。擬即就官書局之地，開辦譯局一所。蓋欲求中國經史、政治諸學，非藏書樓不足以供探討之資。欲知西國政治、工商等情，非譯書局不足以廣見聞之用也。惟欲隨時采買西書，刷印譯本，更宜設分局於上海，則風氣既易流通，辦理亦較妥便。又翻譯東文，費省而效速。上海就近招集譯才，所費不多，而成功甚易。南中紙張工匠，比京師尤賤。擬即將東文一項，在上海隨譯隨印，可省經費之半。惟是中國譯書，近三十年，如外洋地理名物之類，往往不能審爲一定之音，書作一定之字，擬由京師譯局定一凡例，列爲定表，頒行各省，以後無論何處譯出之書，即用表中所定名稱，以歸劃一，免淆耳目。然譯局非徒翻譯一切書籍，又須翻譯一切課本。泰西各國學校，無論蒙學、普通學、專門學，皆有國家編定之本，按時卒業，皆有定章。今學堂既須考究西政西藝，自應翻譯此類課本，以爲肄習西學之需。惟其中有與中國風氣不同，及牽涉教宗之處，亦應增删潤色，損益得中，方爲盡善。至中國四書、五經，爲人人必讀之書，自應分年計月，垂爲定課。此外百家之書，浩如煙海，亦宜編爲簡要課本，按時計日，分授諸生。蓋編年紀傳，諸子百家之籍，固當以兼收並蓄，使學子隨意研求。然欲令教者少有依據，學者稍傍津涯，則必須有此循序漸進，由淺入深之等級。故學堂又以編輯課本爲第一要事。現各處學堂皆急待國家編定，方有教法。上海南洋公學、江鄂新設學堂，即自編課本以教生徒，亦不得已之舉也。臣惟國家所以變法求才，端在一道德而同風俗。誠恐人自爲學，家自爲教，不特無以收風氣開通之效，且轉以生學術凌雜之虞。應請由臣慎選學問淹通、心術純正之才，從事編輯，假以歲月，俾得成書。書成之後，請頒發各省府州縣學堂應用，使學者因途徑而可登堂奧，於詳備而先得條流，事半功倍，莫切於此。

一、書籍、儀器宜廣購也。查大學堂去歲先被土匪，後住洋兵，房屋既殘毁不堪，而堂中所儲書籍、儀器，亦同歸無有。臣愚以爲大學堂功課，不外政、藝兩途。政學以博考而乃精，藝學以實驗而獲益。書籍、儀器兩項，在學堂正如農夫之粟，商賈之錢，多多益善，不特前所有者固當買補，即前所無者亦宜添購，方足以考實學而得真才。查近來東南各省，如江南蘇州、杭州、湖北、揚州、廣東、江西、湖南等處官書局，陸續刊刻應用書籍甚多。請准由臣咨行各省，將各種調取十餘部不等。此外民間舊本、時務新書，並已譯未譯西書，均由臣擇定名目，隨時購取，歸入藏書樓，分别查考翻譯。至儀器一項，除算學家所用以測量，圖學家所用以繪畫外，如水、火、氣、聲、光、電、化以及醫學、農專門，應用甚多，不特每門皆有器具全副，即隨時試驗材料、藥水等項，學生愈多，則購用愈繁，學問愈精，則考驗愈明，此類尤不可省。譬之武備而靳予槍炮子藥，而責以準頭命中，必不能矣。現擬先向上海、日本等處購辦萬餘金，以爲開辦普通要需，再籌定經費，向歐美各國廣購，歸入各專門應用。惟采買必須得人，價目務從核實。俟臨時由臣采訪通達、誠樸之員，遣往辦理，以期器歸實用，款不虚靡。

一、經費宜寬籌也。學堂之設，以造就人材爲最。至其需用款項亦最繁。從前大學堂教習功課，僅分語言文字教科，略教公法、格致數事，教習既無多人，學生亦未足額，計每歲所費已在十萬金上下。今議規模既須宏備，則款項何止倍增。加以現在情形，一切講舍、書籍、儀器等項，或半歸殘破，或掃地無遺。計修理舊屋，增造新齋，暨購買各項政學應用書籍、輿圖，藝學備驗器具、材料等件，又增添翻譯四書、編輯課本等局，費亦不貲。將來推廣，博物院、驗工場，以及派員考察之貲，學生游歷之費，亦動巨款。查户部向有存放華俄銀行庫平銀五百萬兩，每年四釐生息，應得庫銀二十萬兩，申合京平二十一萬二千兩。光緒二十四年，經户部奏准以此項息銀由該行按年提出京平銀二十萬零六百三十兩，撥作大學堂常年用款，僅餘一萬一千三百七十兩未撥。今請將此項存款銀兩，全數撥歸大學堂，仍存放華俄銀行生息。款項既有專注，名目亦免涉紛歧，將來或支或存，由學堂自與銀行結算。每年年終，開單呈覽，免其造册報銷，似此較爲直截。至去歲學堂停辦，尚有未經付出存款，當時一律交回華俄銀行暨中國銀行暫行收管，並經知照户部在案。現在學堂事同創始，需用一切開辦經費甚多，應請將前項存款，仍發回學堂應用。惟似此辦法，當年款項所增尾數，究屬無幾，仍須添撥鉅款，方足以資挹注。查近年各直省，如江南、四川、湖北、湖南等處督撫，皆資遣學生出洋，每次亦費至數萬金。今大學堂既定高等功課，專門教習，則前項學生赴外肄業，可送外國者，亦可送大學堂。且大學堂專門正科，本爲各省高等學校，卒業學生貲送肄業地步，則各省理宜合籌經費，撥濟京師。應請飭下各直省督撫，大省每年籌款二萬金，中省一萬金，小省五千金，常年撥解京師大學堂。有此增添常款，庶幾得以展布一切。而諸事自日起而有功，人才亦積久而漸出矣。

以上五條，以豫定辦法一條爲總立大綱，以購買書籍儀器、附設譯局二條爲講實用，以增建學舍一條爲漸拓規模，而尤以寬籌經費一條爲諸事根原，均乞恩准施行，俾臣得以從容布置。至各直省合籌經費一節，仍懇明降諭旨，飭令各直省督撫務籌的款，按季撥解大學堂應用。出自逾格鴻慈，所有遵旨籌辦大學堂大概情形，理合繕摺具奏。伏乞皇太后、皇上聖鑒。謹奏。奉硃批："另有旨。欽此。"

—20. 皇朝蓄艾文編　卷一六　學校三

曾紀鴻（1848—1881）

字栗誠，湖南湘鄉白楊坪（今屬雙峰）人，曾國藩之子，近代數學家。多次參加科舉，屢試不第，恩賞舉人，充兵部武選司郎官。有《對數詳解》《圜率考真圖解》。

圜率考真圖解跋

曩讀古今人數學書，莫不言割圜之難。《數理精藴》中所載圜率，與西人固靈所求三十六位之數相同，皆用内容外切、屢次開方之法。欲求此三十六位之率，不下數十年工夫，亦綦難矣。後有泰西杜德美特立屢乘屢除之法，省去開方，較舊法爲稍捷。然秀水朱君小梁用其術，以求四十位圜率，止有二十五位不誤，其後十五位概行譌誤，足見紛賾繁難，易於淆亂。果臣先生屬紀鴻等凝心搆思，幸得創兹巧法，斂級甚速。按等推求，瞭如指掌。邇日深於算者，窮理之功多，演數之功少，反覺不切於日用。今左君壬叟、黄君玉屏，竟用此術，推得各弧背真數至百位之多，庶幾息諸家之聚訟，而爲古之困於圜率者，置一左券也。

—5. 皇朝經世文續編　卷八　學術八　文學四附算學

張佩綸（1848—1903）

字幼樵，號簣齋，直隸豐潤（今河北唐山市豐潤區）人。同治十年（1871）進士，以編修擢侍講。光緒間官侍講學士，署左副都御史。有《澗于集》。

請創設外海兵輪水師疏光緒十一年

臣維泰西各國所以縱横海上、難與争鋒者，船堅炮利而已。二十年來，中外既通商定約矣。而各國鋼船鋼炮，製作日新月異。其鷹跱狼貪，注目垂涎于亞洲之心，固路人所共知也。國家即令大治水師，猶懼不敵。若復徬徨審顧，不爲自强根本之計，誠恐海上之警，殆無已時。

查中國海岸，東暨奉錦，南訖瓊廉，延袤萬有餘里。各省海口，多者數十處，本屬防不勝防。而俄據海參崴，以睨混同；倭襲琉球，以伺臺澎。英取香港，法取越南，葡萄牙取澳門，以逼粤三路。此爲大海之險，與彼共之矣。

西洋各國，復闢紅海以趨捷徑，設海綫以達軍書。一旦有事，彼航海三萬里，而徵調應期，饋輸不絶，排重溟之險，可以直叩門扃。我惟自扼海口，集陸路以禦之。進則有利，退亦無害。客之勢轉逸，主之勢轉勞。此固論兵者所深忌，而籌海者所宜知者也。自粤捻既平，中國稍稍治船廠，購機器，以立兵輪水師權輿。餉力之不充，人才之不出，水旱灾沴之不時，内外議論之不一，至今外海師船未改舊章，各省輪船未垂定制。無警則南北洋之經費，關關欠解；有警則南北洋之經費，省省截留。仍此不變，而欲沿海水師，足備攻援，足資戰守，亦已難矣。

同治年間，丁日昌請設三洋水師提督。左宗棠謂洋防一水，可通輪船，聞警可赴，北東南三洋，各駐師船，常川會哨，自有常山擊蛇之勢，若兼分三洋，轉生畛域。李鴻章亦謂沿海口岸林立，處處宿以重兵，所費浩繁，意在以全力扼要害，而尤戒散漫分防。其後沈葆楨乃有輪船聚操上海之奏。臣考之西洋兵制，水師均專設海部，兵柄極重。英人赫德曾在譯署獻議，亦以請設總海防司爲言。深惟二三老成之籌謀，參以五六海國之新制，水師之宜合不宜分，宜整不宜散，利弊亦略可觀矣。然則，欲求制敵之法，非創設外洋兵輪水師不可。欲收横海之功，非設立水師衙門不可。水師政要，約有四端：曰審形勢，曰練將才，曰治師船，曰考工用。海防之事，督撫不能不問。而各省既分疆域，即不能盡化町畦。若責成重臣，舉沿海口岸，分别要衝次衝，何處可屯鐵船，何處可建炮臺，何處可修船塢，何處可伏水雷，將帥一家，水陸一氣，始能血脉貫注，骨節靈通。雖海口之廣狹，潮汐之往來，泥質之韌軟，礁沙之厚薄，斷非一耳目所能周，一手足所能舉。而備多用分之弊除，斯集思廣益之效著，則相地之任宜專也。

陸軍宿將，强令巡海，固恐遷地勿良，即向帶内江長龍舢板之楚將，不習風濤海徑，向帶紅單艇船之粤將，不習機器測量理法，亦未敢輕於相委。南北洋輪船，近多募用洋員，延以重資，臨敵請退，終難收客卿蕃將之益。欲求水師將材，惟出洋學徒，庶幾中選。然非師船時時游弋，時時聚操，則技藝日就荒嬉，心志亦終歸驕惰。無能者或以奔競而獵遷，多藝者或以樸拙而淹滯。陶鎔鼓舞，胥賴帥臣，則馭將之任宜專也。

海上戰守，莫要於師船。粤省之船，河海兩絀，閩廠之船，兵船兩絀。即赫德訂購之蝨船，機露炮重，底平行遲，長於守港，難於涉海，亦非水師利用。今定遠、濟遠、鎮遠等鐵艦，既未來華，惟北洋超勇兩艘，南洋開濟五艘，號稱新式耳。然而中外條議，或謂艇船仍不可裁，或謂帆船亦不可去，或謂中國安置鐵船之口岸甚多，或謂南洋水性過熱，海蟲水草足爲鐵船之害，非有深諳軍事，熟悉洋情者，詳爲考核，購船既受其欺，駐船未得其地，皆足啓侮損威。至於羅經海線，考查宜精，魚尾雁行，陣法宜講，尤非專心一志，不能日起有功，則治船之任宜專也。

購外洋軍火有年，惟南洋北洋有克虜伯炮及各種精槍，而滇粤各軍，求呍啫士得士乃得之槍，尚爲奇貨可居，則各省之風氣未開也。置外洋機器有年，而因陋就簡，與規矩不能與巧，至今造船之材料，造槍炮之鋼鐵，均須購自外洋，則機器之大原未立也。誠得專員，經理南北，采木之法，别其性質，以代洋木。煉鐵煉鋼之法，宜先探其本，然後輪機配定何式，槍炮擇定何種，用不雜而兵精，工不雜而藝精。其他水雷魚雷，行軍需用之器，擇地擇人，通籌兼顧，軍火既免於缺乏，餉需亦免於虚糜，則簡器之任宜專也。惟是七省水師，特派重臣經畫。創辦之始，必須持款千餘萬；辦成之後，必須有經費數百萬。統籌國用，亦知財力難勝。然以水師一軍，應七省之防，即以七省籌水師一軍之用。各督撫通力合作，挹彼注兹，當不致束手坐視。而水軍以漸擴充，遠或七年，近或五年，積蓄經營，殫精竭慮，或可有成。

夫以中國之大，聖詔之宏，畏天恤民，講信修睦。苟彼族漸濡德禮，豈不宜詐虞悉泯，懷我好音。乃十年之中，豐大業之案甫定，而日本構兵，馬嘉利之案甫弭，而俄人要約。東失中山，而南又挫於交海，何哉？彼以水師火器爲長技，挾兵以衛商，挾戰以要和，而我猶狃於舊船舊炮，不知改弦更張。徒欲將士以血肉相薄，文臣以口舌相窮，亦常不及之勢矣。反復思維，自今遴選將帥，經畫水師，在法事爲後事，在海防爲先著。應請專派大臣，將沿海七省水師，改爲兵輪，垂爲經制。俾各省船廠機局，均歸調度，以事責成。内政作而外禦紓，庶幾收懲病蓄艾、嘗膽卧薪之效乎。應如何籌定餉項，建立衙門，請派大員之處，伏懇敕下軍機大臣、總理各國事務衙門大臣，會同户部妥議具奏。

—5. 皇朝經世文續編　卷一〇八　洋務八　軍政上

王鵬運（1848—1904）

字佑遐，號幼霞，自號半塘老人，晚號鶩翁，廣西臨桂（今桂林）人。同治九年（1870）舉人，歷官内閣侍讀、監察御史、禮科給事中。有《半塘定稿》。

奏興辦商務疏

治國之道，農商並重。然一國獨立，則務在農；群雄角逐，則務在商。商固與兵相輔者也。中國素爲一統之國，不懼利源之外泄，故于商務一道缺焉不講。近自與泰西各國通商以來，利源日涸，商務日壞，當事始亟于講求，思爲補牢之計。兹將總署覆《奏講求商務》一摺，録于左方，以供衆覽。

光緒二十一年十二月二十四日，總理衙門謹奏，爲遵旨議奏事。光緒二十一年十一月十七日軍機處交片，御史王鵬運《奏請講求商務》一摺，軍機大臣面奉諭旨："著總理各國事務衙門議奏。欽此。"臣等查該御史所陳，無非欲官商一氣，力顧利權，此《周官》保富之法，行之今日尤爲切要。如所稱沿海各省會應各設商務局一所，責令督撫專政局中，派提調一員駐局辦事，將該省各項商業悉令公舉董事一人，隨時來局，將該省商况利病情形，與提調妥商補救整頓之法，禀督撫而行之。事關重大者，督撫即行具奏一節。查通商爲致富之源，必令上下相維，始克推求利弊。泰西各國以富强爲首務，或專設商部大臣，其他公司商會隨地經營，不遺餘力。中國各省商行自爲風氣，間有公所、會館，章程不一，地方官吏更不關痛癢，公事則派捐，訟事則拖累，商之視官政猛如虎，其能收上下相維之益乎！

自立約互市以來，洋商運貨，衹完正、子兩税；華商則逢關納税，遇卡抽釐。于是不肖華商，賄買牌照，假託洋商之名，洋商出售報單，坐收華商之利，流弊遂不可究詰。要之歐美各洲，商民之捐，名目繁多，如田房捐、存款進項捐、印花捐，較中國釐金加重倍蓰。即香港、新加坡諸島，何莫不然，此皆華商習聞習見者也。至于洋商僅完正、子兩税，便可暢行無阻，利權較華商爲優；然華商食毛踐土，當能仰體國家立約通商之故，不應自外生成。何以假冒牌照之風年來愈熾？良由官商隔閡，官既不恤商艱，商復何知官法？該御史請于各省設立商務局，俾得維護華商，漸收利權，誠爲當務之急。惟請派設專員作爲提調，以官府之體而親闤闠之業，終難透闢。不如官爲設局，一切仍聽商辦，以聯其情。擬請飭下各督撫，于省會設立商務局，由各商公舉一殷實穩練、素有聲望之紳商，派充局董，駐局辦事，將該省物産、行情，綜其損益，逐細講求。其與洋商關涉者，絲茶爲大宗。近則織布、紡紗、製糖、造紙、自來火、洋胰子諸業，考其利病，何者可以敵洋商，何者可以廣銷路，如能實有見地，確有把握，准其徑禀督撫爲之提倡。再由各府州縣于水陸通衢設立通商公所，各舉分董，以聯指臂。所有各該處物産價值漲落，市面消長盈虛，即由各分董按季具報，省局彙總造册，仿照總税務司貿易總册式樣，年終由督撫咨送臣衙門，以備參考。其華商互相貿販、不與洋商相涉之貨，亦應按照市價公平交易，不准任意抬高，或故爲跌價，以累同業。設經局董查確，應即明爲告誡；若復怙惡，由局董禀官，將該行店劣迹榜示通衢，以儆效尤。該局所遇有禀官之事，無論大小衙門，均不得勒索規費。各局所地方長吏，月或一二至，輕騎減從，實心諮訪。蓋必有恤商之誠，乃能行護商之政，非徒藉勢位之尊也。各直省果能實力奉行，商情可期踴躍，商利可冀擴充，即華洋交涉，亦可得其要領矣。

又如原奏所稱，招商局開辦多年，並未起色，請特派督辦招商局大員一人，駐局辦事，將招商之務，分爲閩廣、三江、兩湖、四川四大股，每股各令公舉殷實公正之商董一二人，專辦該股一切商務；由各商董議定辦法，稟督撫而行之；别置提調一員，專管局中一切章程一節。查招商局爲南北洋輪船總匯，同治十一年前，北洋大臣李鴻章奏明設局，商爲承辦，官爲維持。自光緒二年，買併旗昌船棧後，官帑積付一百九十萬八千兩，逮今撥還，現已不存官款，尚非並無起色。即就每年完税而論，各省關所收招商局船税，歲約三百餘萬。搭載水脚，自開局至今，幾逾萬萬。若無局船，則此利盡屬洋商，是該局收回利權，寔明效大驗。更能力祛中飽，切實經理，則爲益較多。該御史請整頓招商局，誠非無見。

惟整頓之法，實分兩端：一在局之弊，一在船之弊。查該局所以能自立者，實賴官爲維持。故雖怡和、太古多方排擠，該局猶能支拄。蓋歲運蘇浙漕米，又帶免二成税課，皆該局獨擅之利，其于江西、兩湖漕米，則代買代運，尤操奇贏。若概屬之局中，不由一二人專利，則公積愈增。此在局之弊，所應整頓者也。各船買辦，半由夤緣而得，每船貨脚，容有艙口簿可查；而搭客則以多報少，影射隱瞞，難爲究辦。外洋輪船，責在船主，事無巨細，悉聽船主指揮。每搭客登舟則驗票，船至半途則查票，登岸則繳票。此皆大副專責，而船主總其成，不致擠雜朦混。招商局船主，但管駕駛，船中一切，買辦主之。故長江買辦之缺爲最肥美。此在船之弊，所應整頓者也。

凡兹積弊，臨以貴而無位之督辦，公私未澈，呼應不靈，徒擁虚名，恐無實際。該局向隸南北洋轄理，以局船起卸，口岸均有關道可以稽查，而受成于南北洋，較爲切近。光緒七年，李鴻章議復王先謙一疏，聲明該局繳清官款。不過商本盈虧，與官無涉。並非一繳公帑，官即不應過問，聽其漫無鈐制，蓋預言之矣。擬請飭下南北洋大臣，將招商局歷年積弊，認真整頓。該局總辦及掣票登帳，管理船頭司事，與夫江海各船買辦能否得人，經辦之事有無自私自利，爲商股所指摘，并申明舊章，每年結算，由津滬兩關道稽核，該局歲刊告白。設被商股詆駁有據，則津滬兩關道亦應任咎。至于每船到岸如何稽察客載，應飭各關道委員經理，無分晝夜，與税關船頭官公同查驗，以杜弊混。其未設官道之地，如江南下關，安徽大通、安慶，湖北武穴等處，由南洋大臣檄委地方官辦理，按月徑稟南北洋商署存查。能否如該御史所陳，分閩廣、兩湖、三江、四川爲四大股，應由南北洋大臣體察情形酌辦。該局船曾駛赴舊金山、檀香山、新加坡各島，道遠費煤，船小載輕，爲利無幾。現求擴充之法，宜就中國各口岸有可爲。該局增益以敵洋商者，統由南北洋大臣隨時規畫，請旨遵行。至通商事務，向由臣衙門辦理。該御史請在京師設立商務公所，與臣衙門無甚表異，自應毋庸置議。所有臣等遵旨議奏緣由，謹繕摺具陳，伏候皇上聖鑒訓示，謹奏。

奉旨："依議。欽此。"

—8. 皇朝經世文三編　卷二九　户政七　商務一

黄遵憲（1848—1905）

字公度，别號人境廬主人，廣東嘉應州（今梅州）人。光緒二年（1876）舉人，官至湖南按察使，歷充使日參贊、舊金山總領事、駐英參贊、新加坡總領事。有《人境廬詩草》《日本國志》等。

日本工藝志序

外史氏曰：形而上者謂之道，形而下者謂之器。形而上者，自上古以來逮於堯、舜、禹、湯、文、武、周公、孔子，其所發明者備矣。形而下者，則自三代以後，歷漢、魏、晋、唐、宋、金、元、明，猶有所未備也。余觀開闢之初，所謂聖智不過製醫藥、立宫室、制衣服、作器用，此皆後世所斥爲工藝之事，而古人以其開物成務，尊爲聖人。成周之制，官有六職，工與其一。而歷世鐘鼎奉爲宗彝，令子孫寶用，蓋古之人所以重工藝者如此。後世士夫喜言空理，視一切工藝爲卑卑無足道，於是制器利用之事，策歸於細民末匠之手，士大夫不復身親，而古人之實學荒矣。

今歐美諸國，崇尚工藝專門之學，布於寰區。余嘗考求其術，如望氣察色，結筋搦髓，破腹取病，極精至能，則其藝資於民生；窮察物性，考究土宜，滋榮敷華，收穫十倍，則其藝資於物産；千鈞之炮，連環之槍，以守則固，以戰則克，則其藝資於兵事；火輪之舟，飛電之線，雖千萬里頃刻即達，則其藝資於國用；伸縮長短，大小方圓，製器以機，窮極便利，則其藝資於日用。舉一切光學、氣學、化學、力學，咸以資工藝之用富國也，以此强兵也，以此其重之也。夫實有其可重者在也。

中國於工藝一事，不屑講求，所作器物不過依樣葫蘆，沿襲舊式。微獨不能勝古人，即漢唐之後，若五代之紙墨、宋之錦、明之銅鑪，責之今人，亦不能爲。所謂操刀引繩之輩，第以供人之奴役，人之鄙夷亦無足怪也。雖然，以古人極重之事，坐令後世鄙夷之若此，此豈非士大夫喜言空理，不求實事之過乎？今萬國工藝，以互相師法，日新月異，變而愈上。夫物窮則變，變則通。吾不得而變革者，君臣也，父子也，夫婦也，凡關於倫常綱紀者皆是也；吾可得而變革者，輪舟也，鐵道也，電信也，凡可以務財訓農，通商惠工者皆是也。今之工藝，顧可忽乎哉！作《工藝志》。

—9. 皇朝經世文新編　卷一一　工藝

日本食貨志後序一

外史氏曰：嘗稽日本榷税之數，益嘆吾民之鑿井耕田，真不知帝力之何有也。日本一島國耳，國家歲入之款至五六千萬圓，府縣之費又數百萬。供之國者，征斂之重，不待言。供之府縣者，乃下至一飲一食之細，一技一藝之末，莫不有之。極古人所謂逮及纖悉者，非民脂民膏，何自來乎？設以吾民當此，必疾首蹙頞以相告，爲士大夫者又或微言刺譏，詠歌而嗟嘆，以爲苛政之猛於虎矣。

顧余嘗考歐羅巴人之治國大抵如此：彼執政者，惟皇皇然慮金錢之流出，若國中所用，必豫計其歲出之數，悉徵之於民；彼以爲取吾國之財，治吾國之事，仍散之吾國之民，令行政舉，非惟無害，而損富以益貧，調盈以劑虚，蓋有利之存焉。徐而考其每歲出入之表，宫府所用皆有定數，果無藴利厚藏之患。及詢之歐羅巴人，亦終無一人怨其國之横征暴斂，愀然悲嘆者也。日本之人，承舊藩六公四民、七公三民虐政之後，故十取二五，尚如出水火而登衽席。特以變法之過驟，行法之稍苛，亦間有投書納匭、揭竿斬木以訴窮困者，然卒不爲害。士大夫之不喜新法者，每生謗議，獨未嘗以此責執政也。

嗟夫，普天率土，各子其民。昏荒之國，蠻貊之邦，皆若有急公愛國之心，况我中土素習禮教，聚四千億萬之赤子，竭力以事上，猶若虞不足者。臣嘗求其故而不得，既乃知爲取之過輕，徵之又不如額之故也。唐虞三代，取民之制皆十一爲準。白圭議二十取一，孟子以爲不可。三代下治世稱漢唐宋明，然口賦丁錢之外，漢有鹽鐵利，唐有間架税，宋有月樁錢，明有金花錢，雜賦尚不可勝數。獨至我朝，仁厚之政遠邁三五，綜饒瘠之地，不過四十取一，而東南粟米之征，西北力役之征，尚不相兼。於戲！德可謂至也矣。名臣若靳輔、孫嘉淦，皆嘗謂取賦過輕，耗羡不可撤。然以聖祖、世宗、高宗聖聖相承，日以損上益下爲心，故免租賜逋，疊下恩詔，又許令州縣徵及七成者免議，是皆曠古未聞之舉。

臣考是時太平百餘年，無兵革之患，無旱潦之灾，司農所儲乃有七千餘萬之多，斯固千載一時，不可多得之會也。承平日久，生齒日繁，物力日絀，歲之所入征收又不如額，則益不足以用。故普賜田租、普免逋賦，可行於康熙、乾隆之世，不可行於今。設關抽釐之舉，始亦出於不得已。而咸豐、同治之間，非是則不足殄巨寇、平大亂，誠以國用匱乏、入不敷出故也。今司農竭蹶，天下所共知，而永不加徵之諭，皇祖有訓，載在方策，事固萬萬不可行。然獨不能稽田賦之額、耗羡之數，清查而實徵之乎？東南之沙坦，西北之荒地，未及升科者隨在而有，亦當一一清釐。《會典》所載，如牙行税、落地税，或亦可申明舊章，倣照西法，擇要而行之；取舊有之利，祛中飽之弊，還於朝廷而公於天下，可以舉百廢，濟貧民，安在其不可行也？夫國之爲國，非如人之一身一家之有恒産者可比，故欲以一國之財治一國之事，舍租税之外，更無他法。

世人徒見英、俄、法、美船炮之多，金帛之富，而不知其歲入租税至七千萬磅之多。英國歲入約七千一百萬磅，俄國歲入約六千六百萬磅，法國歲入約七千二百萬磅，德國歲入約七千八百萬磅。惟美國近年歲入以次減少，然亦在三千萬磅之間。假使中國歲入得有此數，比今日常税驟增五六倍，即鐵甲輪路一切富强之具咄嗟而辦，亦復何難？正爲税入不足之故，無論外務及内國政令，亦不得不苟且敷衍。能静而不能動，謂非取之過輕之故歟？嘉慶、道光以來，聖主所以勵名臣，良民所以頌賢吏者，未嘗不曰“任勞任怨”。陶文毅之理漕糧，胡文忠之興釐務，寧使怨歸於己，必不使餉絀用匱，貽朝廷寇亂之憂，其用心可謂獨苦。

三十年來，封疆大吏之肩荷艱鉅、實心任事者，往往綜核名實，清釐弊竇，以修舉庶政。蓋其勢不得不然，而不便己私者輒騰怨言，以“言利之臣、苛酷之吏”譏之，抑亦冤矣！若自詡爲催科政拙者偏隅，或蒙小惠以博一己忠厚之名則可，相率而效尤，國何以立乎？士夫讀書，徒見古君子之議薄賦斂，未嘗考其時之狗彘食人、餓莩載道，當時所取幾何？舉古人之十取三四以議今日，亦嘵嘵然議減漕、議減釐，搢紳寡識，間又上書言事，相聚乞恩，若惟知朝廷應設官以衛民、不知百姓應竭力以奉公者，豈非不達時務之甚乎？上稽百世以上，旁考四海以外，未有如我大清之輕賦者，於此猶欲欠糧匿税，洵可謂天地之大而猶有所憾矣。

—10. 皇朝經世文新編　卷一五　税則

日本兵志後序一

外史氏曰：中國三代，寓兵於民，無事則耕，有事則戰。其不用也，舉天下皆力農桑之民；其用也，舉萬乘皆決射御之士。兵與食俱無不足，其規模可謂善矣。然自戰國以後，齊有技擊，秦有鋭士，即已兼用召募之法。暨唐府兵制壞，用張説之議，遂專用募兵。自是以後，民出食以養兵，兵出力以衛民，相沿至今，而兵與民遂不可復合。儒者好言古制，徒見唐宋養兵，蠹國病民，驕惰無用，遂慨然思復三代之舊。不知募兵之害固大，以言乎徵調，軍書所至，雞犬爲空，邑里蕭條，田園蕪廢，觀於新安折臂之翁，石壕捉人之吏，民困於役，如此其甚，法安得而不變？夫古人用兵之日少，兵食出於一，即兵與民不必分；後世用兵之日多，兵食不得不分，即兵與民亦不能復合，徵兵之變爲募兵。蓋亦世變所趨，不能不爾。非獨中國，天下萬國亦莫不然也。

然余考歐洲近日兵制，乃又由募兵而復爲徵兵。其法，男子二十使應徵，四十、五十而免役。少者壯而老者退職，老者退而少者又入營，故兵無羸弱之憂。其常備之兵有定額，即養兵之費亦有定額。然歷三年，即一人之餉得二兵之用；歷六年，即一兵之餉得三兵之用。故量無虚縻之患，當爲常備，民即爲兵，訓練既精，兵復爲民。無事則全國之兵皆農工商，有事則全國之農工商皆兵，故國無虚耗之恐。觀其按籍而稽，應時而調，同於古人料民之法。然所調之兵，僅徵其力役，而兵之衣糧器械，皆别取其奉給於民。斟酌於徵兵募兵二法，各去其流弊而用其長，而又以時而訓練，分年而更代。此非數百年窮研實踐，未易得此精密之法也。日本仿此法行之八年，雖未嘗争戰於鄰國，而削平内亂屢奏其功。數年之後，必更可觀，亦可謂善變矣。

中國自唐宋至今，多用募兵，而募兵之法固有不可驟變者，將旗一樹，萬夫雲集，不患無兵。亦自有不必行此法者，余特以爲抽换教練之法，似可采而用之也。國家歲縻千餘萬兵餉以養緑營，迨洪楊事起，乃至胥天下之兵無一可用。當事者有鑒於此，始創爲練勇爲兵之法，近年以來，稍稍精强。然國家既竭餉以養有用之勇，仍縻餉以養無用之兵，其何以持久？且今日之勇，固皆百戰勁卒，可爲干城，然再歷十年，則此輩又且衰老，更何以善其後耶？嗟夫，今天下萬國，鷹瞵鶚視，率其兵甲皆可横行。有國家者，不於此時講求兵制，籌一長久之策，其可乎哉？

—9. 皇朝經世文新編　卷一八　兵政上

日本國志叙

《周禮》小行人之職，使適四方，以其萬民之利害爲一書，禮俗、政事、教治、刑禁之順逆爲一書，以反命於王。其春官之外史氏，則掌四方之志。鄭氏曰：謂若晋之《乘》，楚之《檮杌》是也。古昔盛時，已遣輶軒使者於四方，采其歌謡，詢其風俗，又命小行人編之爲書，俾外史氏掌之，所以重邦交、考國俗者，若此其周詳鄭重也。自封建廢而爲郡縣，中國歸於一統，不復修遣使列邦之禮。若漢之匈奴，唐之回紇，國有大事，間一遣使。若南北朝，若遼宋金元，雖歲時通好，亦不過一聘問一宴饗而已。道咸以來，海禁大開，舉從古絶域不通之國，皆鱗集麕聚，重譯而至。泰西通例，各遣國使互駐都會，以固鄰好而覘國政。内外大臣，迭援是以爲請。朝廷因遣使巡視諸國。至今上光緒元、二年間，遂有遣使駐扎之舉。

丙子之秋，翰林侍講何公，實膺出使日本大臣之任，奏以遵憲充參贊官。竊伏自念，今之參贊官，即古之小行人，外史氏之職也。使者捧龍節，乘駟馬，馳驅鞅掌，王事靡監，蓋有不暇於文字之末。若爲之寮屬者，又不從事於采風問俗，何以副朝廷咨諏詢謀之意？既居東二年，稍稍習其文，讀其書，與其士大夫交游。遂發凡起例，創爲《日本國志》一書，朝夕編輯。甫創稿本，復奉命充美國統領事官，政務繁密，無暇卒業，蓋幾幾乎中輟矣。乙酉之秋，由美回華，星使鄭公既解任，繼之者張公，仍促余往。而兩廣制府張公，又命遵憲爲巡察南洋諸島之行。遵憲念是書棄置可惜，均謝不往。家居有暇，乃閉門發篋，重事編纂，又幾閲兩載而後書成。凡爲類十二，爲卷四十。昔契丹主有言：我於宋國之事，纖悉皆知，而宋人視我國事，如隔十重雲霧。以余觀日本士夫，類能讀中國之書，考中國之事。而中國士夫，好談古義，足已自封，於外事不屑措意。無論泰西，即日本與我僅隔一衣帶水，擊柝相聞，朝發可以夕至，亦視之若海外三神山，可望而不可即，若鄒衍之談九州，一似六合之外，荒誕不足論議也者，可不謂狹隘歟？雖然，士大夫足迹不至其地，歷世紀載，又不詳其事，安所憑藉以爲考證之資！其狹隘也亦無足怪也。

竊不自揆，勒爲一書，以其體近於史志，輒自稱爲外史氏。亦以外史氏職在收掌，不敢居述作之名也。抑考外史氏掌五帝三王之書，掌四方之志。今之士夫，亦思古人學問，考古即所以通今，兩不偏廢如此乎？書既成，謹誌其縁起，並以質之當世士夫之留心時務者。光緒十三年夏五月。

—20. 皇朝蓄艾文編　卷六〇　外史一

潘慶瀾（1848—?）

字安濤，號芸閣，安徽涇縣（今屬宣城）人。優貢生，官至順慶知府。有《宜識字齋詩抄》。

請整頓奉天三省監斃人犯積弊疏

竊以奉天、吉林、黑龍江三省自二十年慘罹兵燹，休養生息亟爲目前要務。臣以爲欲謀休養，尤以清厘獄訟、顧惜民命爲先。臣前充刑部奉天司員外郎，辦理三省咨題稿件，歷年以來，每遇人命案件，往往具題之稿尚未辦齊，而該省續報各犯病故咨文接踵而至，有首存從故仍具題者，有首故從存即改咨者，有首從俱故但咨覆者，如此等件不一而足。其餘軍流徒罪各案尤多，稽遲積壓，藉口于人證之不齊，查傳之隔境，有遲至數年始行辦結者；有原被告正犯俱故，就餘犯辦結者。閭閻拖累，莫此爲甚。查各省人犯除罪犯立決即恃正法不計外，其罪犯監候之犯，秋審時不必皆入情實也，乃不問可緩不可緩，先使之不死于罪而死于獄。既國法之未伸，亦民命之罔恤，其罪不至死而牽率致死者，其無辜更可憫矣。查外省府州縣監禁之犯，斷不能如刑部每年新舊各案及現審隨時出入之犯不下二百餘名口，而監斃者歲寔寥寥。況三省每歲監犯口糧均由户、刑二部按季支領放給，並無闕欠，雖每次呈報監犯病故咨文到部，亦取有印典各員並無凌虐情斃甘結。

竊恐日久已成具文，而尅扣苛虐諸弊仍在所不免。現值三省整飭吏治，擬請旨飭下奉天、吉林、黑龍江將軍，於所屬州縣寔力整頓，認真稽察，倘有苛虐情弊，嚴行參辦，以示懲儆，庶可以挽積弊而恤民生。至尋常案件，務使依限清結，無任拖延，囹圄少一無辜，即隴畝多一耕作，於休養之道大有裨益。

—18. 皇朝道咸同光奏議　卷五八　刑政類　治獄

管斯駿（1849—1906）

字秋初，江蘇蘇州人。諸生。有《管地齋尺牘》《悼紅吟》。

論中國於孔子舊法並未泥守

嘗覽日報所載，有謂尊崇孔子。孔子，聖之時者，自宜因時制宜，乃中土竟昧中國斯義，居今日而猶泥守孔子之板法，國日孱弱，是不啻孔子害之也。案此言謂孔子聖之時者，法當因時制宜，固得之矣。至云"泥守孔子之板法"，竊謂孔子原無板法，而今日或並取孔子之板法而遺忘之，既無所守，何泥之有？彼云"泥守板法"，猶未悉中國之情也。何以謂中國於孔子之法未能盡守？孔子之教也，先小學，後大學。小學云何？厥惟禮、樂、射、御、書、數。禮樂，今猶近之。若射御，原係古之武備，在今即屬槍炮之類，古男子桑弧蓬矢，志在四方，固以觀德，亦以示强。假令今猶識射御之微意，武備必修，營伍不至頽靡矣。今即守射御之板法，精神必振，文武不至分途，政事無虞惰窳矣。六書之學猶存《説文》，而椎魯之子不盡識字，是同文之教亦未宏也。假令婦孺知書，則大義聿昭，不至甘爲漢奸矣。

西人格致，悉本數學。假令數學猶精，則一切化學、光學、電學一覽無餘，無一不精製造矣。乃今於小學悉皆屏棄，即躐等而言大學，不知大學之格致即小學也。此不盡守孔子法者一。

大學先修身而後齊家，先齊家而後治國。今有無本之經濟，是不盡守孔子法者二。

大學言平治，曰絜矩，曰慎德，曰生財有大道，曰以義爲利。假令今猶識生衆食寡爲疾用舒之道，則輪船鐵路、織布紡紗、礦務農務、西北水利，已興於數十年前，財用不至匱乏矣。令猶識以義爲利之説，則捐納一途已早停矣。此不盡守孔子法者三。

《中庸・九經》曰修身，曰尊賢，曰親親，曰敬大臣，曰體群臣，曰子庶民，曰來百工，曰柔遠人，曰懷諸侯。我朝深仁厚澤，獨在"子庶民"一語，故庶民戴德無有心乎外國者。若夫盛拜跪之繁文，則大臣未必敬矣。減内外之額俸，則群臣未必體矣。黜西人格致之學，則百工未必來矣。至於遠人不柔，諸侯不懷，猶其顯焉者也。此不盡守孔子法者四。

《論語・冉有適衛》一章，備言由庶而富，由富而教。今教民之法尚未盡失，而富民之法未必講求。民窮吏貪，其不聚而不盗者幾希。此不盡守孔子法者五。

今之弊端尤以文官要錢、武官怕死爲最重。西人謂中國文官有三手、武官有四足。試問孔子之門有此乎？或問孔子之法欲概遵守，將井田封建盡復古歟？王安石以此僨事，吾子審之曰：孔子聖之時，吾固韙其説矣。務所不可行者，知孔子必不行也。且孔子作《春秋》，撥亂世反之正，三統循環，明示後人以準則。三統者，忠質文也，即夏、商、周之遺制也。孔子時，周制文弊，故《春秋》法殷。法殷之後，三代又當法夏。夫周田徹，殷田助，夏田貢。今之田法即貢也，何必改之？王安石之新法不行，爲其擾民也，非泥守之過也。大抵孔子之法，秦以後未能盡行，所以變禍相尋，無能及三代延祚之長。至今日五洲互市，而斯文遂以岌岌。

嗟乎，三代而上，名世挺生，期以五百載；三代而下，聖人不作，已曠二千年。似此悠悠，我不敢知曰吾道不少衰也。又案，儒教以孔子爲至聖，實有立道綏動之效。

外此則公儀爲相，魯即削弱；荀卿宰楚，亦少建樹。叔孫通之進言也，謂難與創始；漢高祖之謾駡也，常斥爲豎儒。宋崇理學，莫救偏安；明尚時文，益多邊患。從來文學炳蔚之秋，即國寖弱之始。豈真儒者無益於國哉？抑後世小人儒太多，君子儒太少故也？唐鑄萬所著《潛書》，譬昔之儒爲古時上黨之葠，今之儒爲今日上黨之葠。謂其種變也久矣！伏願同志力圖振作，一洗上黨葠之恥。

—8. 皇朝經世文三編　卷二　學術二　原學下

黄琳材（生卒年不詳）

字豪伯，江西上高（今屬宜春）人。諸生，官雲南平彝、彌勒縣知縣，曾勘中緬邊界。有《得一齋雜著》。

五印度形勢《游歷芻言》

五印度爲古天竺國，一名身毒，幅員遼闊，地勢三角形，每邊六千里。其間大小數十國，從古不相統一。明初，賽馬爾罕王諦母爾本，元駙馬鐵木兒之後，兼併西域諸回部，遂南侵印度，歸入版圖，號曰大蒙古，建都於中印度之德希城。其國廣袤二萬里，歲收賦税二萬二千四百萬，各國皆景仰焉。正德時，有葡萄亞人初至西邊海隅貿易，既而荷蘭、英吉利、法郎機、西班牙等國之商接踵而來。然大蒙古之王，威權重大，人皆畏之。其後，衆子争權，内亂並起，各部酋長乘間跋扈，四分五裂，國勢漸衰。乾隆二十年，孟加拉土酋與法人密約，將境内之英人概行禁錮，斃其大半。英人欲雪此仇，調傾國之師，遣大將律記利夫統之，駛入安額河，竟獲全勝。於是東印度各酋長望風歸服，乘勝席捲中南諸部。乾隆三十年，復又背叛，盡戮英人。英遣薩伊姑底奪復疆域。嘉慶十年，盡驅法荷兩國駐印度之兵，以據其地。自是以後，五印度之地歸英之囊括者十之七八，蒙古王亦納款。迄今後裔猶存，食租衣税，徒擁虚號而已。其餘各部，或設官置吏，夷爲郡縣；或輸賦納貢，降爲藩服。英人於沿海建立三碼頭：一曰孟加拉，所以控其東鄙；二曰曼打拉薩，所以扼其南疆；三曰孟買，所以鈐其西北。又於亞加拉烏得、本若、信地諸部及錫蘭島，俱鎮以巨酋，戍以重兵，特遣勛戚大臣爲之總統，畀以全權，便宜行事。每歲冬春二季，駐於孟加拉；夏秋二季，駐於巴勒里額。設英軍三萬，土軍十八萬二千有奇，或輪調駐防，或派充工役。其人半係釋教，半係回教，分門别户，彼此如仇，互相牽制，免其同心謀叛。然前此兵變之事往往有之。

中東二印度，地勢平衍，物産殷阜，火車鐵路，六通四達。孟加拉之會城曰卡里格達，實西南洋第一繁盛之區，樓閣雲連，水陸輻湊，居民八十萬户。有地税、房税、招牌税、畜牲税、水火税，百工技藝皆有捐，一馬一牛必納課，種種名目，不勝枚舉。夫賦税如此繁重，而民無怨言者，何也？蓋昔之土官番酋，率多殘刻，不知愛民，誅求無藝，以視英人今日之政，不啻出水火而登衽席。又所入之財，仍爲本地之用，除官俸兵餉之外，一切修治道路、橋梁、輪舶、飆車、電線、煤燈、學堂、醫院之類，民多便之，是以人心亦頗相安。南印度瀕海多山，山内之民仍其舊俗，英人不煩兵力，悉俯首帖服。惟西北二印度，風氣剛勁，好爲戰争。北印度爲古之罽賓，西印度爲古之月氏。二國境壤毗連，迭爲興衰，互相吞併，今爲塞哥及阿富汗兩國，尚稱强大。嘉慶年間，塞哥王名倫亞升者，獨創教門，盡絶神佛，募歐羅巴人操練兵法，屢越境侵擾英之藩屬。道光十九年倫殂，宗孫嗣立，亦復雄武。道光二十二年遂大舉南侵，乘英人不備，一戰而勝，英軍大挫。他部繼起，效尤者衆。是時英人惶惶，惟恐印度不保，相持兩載，英將高拂卒破塞哥之軍，然後請盟議和，將拉維河南岸本若一部割隸於英。次第削平信地以下諸反側者。於是上尊號於君主，蓋前時侵占印度皆公司之所爲，至是始歸君主統轄焉。阿富汗與英構難前後數十年，或勝或負，時戰時和，大抵俄人從中慫恿也。去歲俄遣使臣駐扎甲布城，而英國使臣至則拒而不納，從此失和，復興兵役。始因天寒地險，英軍不利，既而大獲勝仗，直搗甲布。阿王挾其宮眷輜重，退避俄境，留其子阿古柏監國。不久阿王病殂，古柏襲位，不得已降志議和，割地酬餉。業已立約罷兵，奈民志不服，忽於七月間倉猝變起，戕害英之大員。阿古柏之弟復因民心起而争位，古柏進退維谷，内難外寇，一時交攻，乃讓位於其弟。夫英人之力，非不足以滅阿富汗，特留之以爲屏蔽耳。蓋葱嶺迤西回部，如霍罕布哈爾基法等，盡爲俄羅斯所踞，與印度僅隔興都哥士一山。其山在巴達克珊國境内，即元太祖避暑行宫所在也。俄人覬覦印度之富，常懷攘奪之謀，遣人學習印度言語，煽惑民心，聯絡波斯、阿富汗諸國，密約詭計。英人力爲提防，重兵駐守隘口，不敢稍懈。頃聞俄軍游獵縛芻河一帶，印度大帥傳諭克什米耳土酋，豫爲設備。俄人甚怪其越俎代庖也，兩雄並峙，勢若秦楚，龍争虎鬥，日尋干戈。俄攻土魯基，則英扼之，英征阿富汗，則俄尼之，外雖結好和親，而内實相猜忌也。

夫印度自漢始通中國，武帝遣使從西南夷指求身毒，爲昆明所閉。明帝夢金人長大，頂有光明，乃遣使天竺，問佛道法。晋唐以後，中土請經求律之僧，踵趾相接。其間凡有三道焉：一由和闐南行，經毒龍池，躡懸絙，過沙河，入罽賓國，是爲東道，即晋法顯、北魏惠生所行之程也。一由伊犁西行，歷霍罕，至賽馬爾罕，折而東南，踰鐵門渡、縛芻河，越興都哥士大雪山，入克什米耳，是爲西道，即唐僧元奘及元邱道人長春所行之程也。一由葉爾羌西南行，循徒多河而上，陟葱嶺至塞勒庫兒泊，再南逾印度河，是爲中道，即唐元奘歸途所經之程也。考中國用兵印度，惟唐太宗與元太祖俱獲全勝。貞觀二十三年，遣右衛率府長史王元策使天竺，以蔣師仁爲副。天竺王發兵拒之，剽奪財物。元策挺身走吐番西鄙，檄召鄰國兵，吐番以兵千人來；泥婆羅即廓爾喀以七千騎來。元策部分進戰茶鎛和羅城，三日破之，禽其王阿羅那順，俘男女萬二千人，降城邑五百八十所。元太祖親征印度，駐軍於雪山行宫，遣將追可弗乂算端至中印度，窮及申河。《元史》載有鐵門遇見角端之事。憲宗之世，屢命師征取印度，然終以大雪山之隔，鞭長莫及，旋得而旋失之。夫三藏之地，與印度密邇爲鄰，中隔大山數重，綿亘數千里，峻嶺危峰，道途險阻，一至八月以後，則大雪封山，往來絶迹，此殆天之所以界限中外也。

惟大吉嶺一路最爲扼要。由江孜南行三站，至帕克里，踰嶺即布魯克巴境；又三程，至塔西蘇登，轉西南三程，至大吉嶺，約計五百餘里，爲往來孔道。大吉嶺土酋降附於英吉利，其民言語風俗與唐古特相同。地勢高寒，印度富商多築别墅以避暑。英國設領事官一員，其統兵副帥亦駐於此，修建碉堡數座。由大吉嶺乘馬車，一日至夕力格里，即登火車，一夜可達孟加拉，計鐵路三百邁，約當華路一千里之程。現在日加修治，不久即可直抵大吉嶺。竊觀此間别無通都大邑、商貨薈萃之所，乃英人不惜重費開通道路，此其注意於通商藏地，非一朝一夕之故矣。蓋印度公司一意經營，利之所在，無孔不入，非必盡出於英國本意也。然彼知藏地爲中朝所屬，不敢輕開邊釁，但詭計百端，用重賂以要結布魯克巴、哲孟雄諸番，入其牢籠。彼皆孱弱，不能相抗。惟廓爾喀一部較强，地形險要，民志勁勇，仰仗天威，僅能自保。當撫以恩信，藉固藩籬，一旦有變，足爲先驅。從前濟隴聶拉木絨，轄喀達四隘口，皆所以防廓夷，其他鄰部未嘗滋事，故疏於設備。今時異勢殊，彼爲輕而此爲重，似宜於江孜、定日、帕克里等處，整頓邊防，以防履霜之漸。至若孟加拉之東，英人新闢一地，曰亞山，一名阿賽密，長一千餘里，廣三四百里，北界布魯克巴，東界貉貐野人，東南界緬甸，四境多山，惟蒲蘭布達江兩岸，平壤膏腴，近年墾地種茶，漸致繁興。特延閩粵茶師訓導土人，每歲出茶十萬箱，然終不若華産之良也。按西人地圖，亞山東北境，距江卡巴塘不過直徑二度，約五六百里。而近英人嘗言欲從亞山開路，直抵滇蜀兩省，較爲便捷。此緣舊圖之誤，將藏地雅魯藏布江，連於亞山之蒲蘭布達江。其實藏江乃大金沙江之上源，從緬甸以入海也。大小二金沙江之間，尚有檳榔、龍川、潞音、瀾滄諸巨流，自亞山以東，巴塘以西，江卡之南，騰越之北，中間一段，隔絶野番，曠古以來人迹罕到。其道里遠近無從稽考，然審其山川之脉絡，推其經緯之度數，廣袤不下二千餘里。山則重巒峭壁，無可梯繩；水則急溜奔瀧，不任舟筏。雖有五丁力士，無所施其勇矣。亞山之東南有數小部落，曰格路時，曰各士亞，曰正得爾，曰的北亞，俱降附於英。再南海灣有新埠，曰徹地缸，曰唉克雅，在阿拉干部内。阿拉干之東，曰跋散，曰漾貢，曰摸兒面，曰墨尼，曰梯泥色領，皆通商碼頭，昔本緬甸屬地，道光以後，割隸於英。自徹地缸至梯泥色領，沿海七八千里，英國置吏戍兵，安設電綫，傳遞文報，悉統於印度大帥。故華人但知英之據有印度，財賦所出，倚爲外府，而不知其所占緬暹諸國海濱精華之區，由印度直達星加坡，聲息相通，略無阻礙，尤爲緊要也。若夫他國市埠之在印度者，則有葡萄亞之科襪，在科曼海灣；達蒙在古塞拉的部内，的玉亦海旁小地；大尼之西稜普爾在孟加拉部内；達郎給巴爾在加爾那得部内。法蘭西之本得支黎、哥黎架爾二郡俱在加爾那的部内；牙那安郡在巴西爾加爾部内；商得爾那哥在孟加拉部内；馬哈郡在馬拉巴爾部内，不過一城一邑，寄頓貨物而已。孟買本葡萄亞所屬，後讓於英。麻力普爾本大尼所屬，距卡里格達四十里，亦美邑也，今爲英人屯軍之所。巴勒里界連後藏，嘉慶十九年爲廓爾喀所據，英人以數萬金贖還之。其大帥行館所在曰新拉，有鐵路相通。各部遇有大事，仍由電報請命焉，雖相距數千里，而往返瞬息，無異面談。此五印度之大概情形也。

夫印度爲佛教所興，漢唐以來，布滿天下，可謂盛矣。無何，回教起自天方，漸染葱嶺左右，迄今印度之民，皆舍牟尼而拜派罕。鷲嶺鷄峰，河山依舊，舍衛鹿苑，遺迹蕩然，所謂慧光照於震旦，而净土反滋他族，良可慨已。其紅教、黄教行於三藏及内外蒙古、滿洲者，爲釋氏之别派。此外惟緬、暹、越南三國尚遵佛教。余觀釋氏，以慈悲爲主，持齋戒殺，漸致柔弱。回教最堅忍，冥心孤往，百折不回。今復益之以天主、耶穌教，力攻二氏，三教之勢遂若冰炭。君子觀於教門之盛衰，而世運之升降係焉，國俗之强弱關焉。或稱印度爲婆羅門教，實則此乃種類之名，非教之名也。蓋印度人分爲四等：上品爲婆羅門，凡酋長職官，皆此族爲之。其下爲兵，爲商，爲工役，各世其業，無相奪倫。一出其類，則父母國人皆非之。有塗畫眉稜額角及印堂等處者，大抵雕題之舊俗歟。且夫五印度因方隅以命名，孰東孰西，非有一定之界限。古今沿革，分合靡常，或易以蒙古語，或參以回部語，近世一變爲英吉利語，求其一一吻合，不可得也。余繪印度全圖，一從今名，祈於核實，不敢有所穿鑿附會於其間。於迤北部落與三藏交涉者特加詳審，俾他日考古者有足徵，亦籌邊者有可據云爾。

—5. 皇朝經世文續編　卷一一九　洋務一九　固圉下

西域形勝

出嘉峪關外至哈密，分爲南北二路，中隔騰格里山，即天山也，綿亘五千餘里，直抵葱嶺。南路爲回部八城，北路爲烏魯木齊、伊犁及庫爾喀喇、烏斯塔爾、巴哈台，統稱新疆。其建置道里，具詳官書，姑不具論。惟就葱嶺外者言之：

自伊犁西南行，經特穆爾圖泊千七百里，入霍罕境，古之大宛國也。納林河中境西流，折西北注於咸海。都城曰尋思干，西契丹建牙於此。元初，置阿母河行省，以控西域諸國。所屬之城，東曰馬爾噶朗，曰霍什；東北曰納木干，曰安集延，商賈所萃，故獨擅名；其西北之霍占科拉普、塔什罕等城，久已割隸於俄羅斯，近年復爲俄人所誘，舉國降附之。查新疆南城通霍罕之路有二：一由喀什哈爾西行，陟葱嶺，經奈曼布魯特游牧，過喀喇庫兒泊，以達於霍罕，計程一千四百里；一由葉爾羌西南行，循徙多河而上葱嶺，經塞勒庫兒泊折西北至克什南，又北過睹賀羅境，以達於霍罕，約計二十日程，雖皆山路崎嶇，然沿途回莊烟户稠密，水草方便，較之伊犁北路，砂磧曠渺無垠者有間矣。由霍占渡河西南行七百餘里至賽馬爾罕，爲康居故城。其地居四達之衢，從古著名，康居盛時，或户十萬，或作颯末建，一作悉萬斤，又名邪迷思干，皆一音之轉也。西契丹置河中府，元封駙馬塞因帖木耳於此。至明中葉，遂霸西戎，北併俄羅斯，南兼五印度，幅員萬里，號曰大蒙古王，即《四洲志》所稱莫卧爾者是已。莫卧爾即蒙古兒之轉音。華人於尋思干、賽馬爾罕二城，因譯音相近，往往混合爲一，不知相距千有餘里，一爲大宛故都，一爲康居故都。《明史》謂賽馬爾罕爲漢罽賓國，魏默深力辨其謬。蓋是時賽馬爾罕跨有北印度克什米耳，罽賓實隸其封内，特《明史》沿王圻《續通考》之誤，未能區别耳。由賽馬爾罕東南踰鐵門，渡縛芻河，歷博羅爾巴達克山，而入阿富汗國，廣袤三四千里，兼有月氏、高附厭達諸國之地，東倚印度河，北負大雪山即興都哥士山，元太祖征印度駐軍於此避暑，四境險塞，風俗勇悍，樂爲戰争。所與鄰者又多强國，南界俾路芝，西界波斯，北界布哈爾，東北界塞哥，東南與英吉利所屬之信地、本若犬牙交錯，盡皆勁敵，日尋干戈。當月氏之盛也，西踰哥蘭森以侵安息，東跨印度河而割塞哥；及其衰也，或稱藩於波斯，或降附於罽賓。此三國者，境壤毗連，迭爲强弱，互相兼併，所謂疆埸之邑，一彼一此，初無一定之界限也。

波斯國名最古，南枕海灣即波斯灣，一名墨生丁海，又名東紅海，北面大澤即裏海，一名加斯比安海，分十二部，藩臣擅權，各世其職。舊時建都伊士伯興，今遷於得希蘭城，（勝）兵二十萬，長於擊刺，多養刺客，以伺敵人。並於里海設立水師戰艦，以資防護。西北一隅，與俄國藩部高加索相接，其耳利玄那、格什玄等城，爲俄所占。東境哥蘭森部内有眉什奚城，即《元史》所稱木乃奚國。眉什奚之東爲哈烈國，一名黑臘，又名亞加業坦。元駙馬塞因帖木耳遣其子哈魯沙據此城，境宇日拓，漸成强國。明時西域諸國貢使，每序哈烈於首。其後波斯轉强，降爲附庸，今又入於阿富汗。而波斯屢起師征之，哈烈求助於英俄乃免。然北境與機哇布、哈爾密邇爲鄰，恐終爲俄人捷足先得也。

波斯之西爲土耳基。其國分二部，東部在亞細亞洲，西部在歐羅巴洲。都城曰君士但丁，建於□□海峽，扼兩海之咽喉，據二洲之衝要，自古必争之區。俄羅斯久懷併吞之志，而英法普奥諸國，惡其相逼，合從聯約，相與併力拒俄而保土，以維歐洲均勢之局。丙辰年，六國公使會盟於巴黎城，俄國兵船不得出地中海，他國兵船不得入黑海。乃近歲普既與俄交歡，法敗於普，一蹶不振，奥則自顧不暇，於是從散約解。而土耳基女主執政，國多内亂，俄人得以乘間抵隙，肆其蠶食。英人獨力難支，亦坐視而不能救矣。希臘、埃及二國本土之藩屬，後皆背叛而自立，英與俄屢助之。蓋祖護同教之民，不欲受制於回回也。然而土國之存亡，於歐洲大局攸關，昔則惡其强而抑之，今則憐其弱而扶之，倘一旦無土，俄人出黑海而與諸國争南洋之利權，欲求旦夕之安，其可得哉？考土耳基、波斯，皆古安息地境。其南之亞剌伯則條枝也，一稱天方，爲回教祖國，自派罕默德創立教門，漸染西域，蔓延於五印度暨葱嶺東西、天山南北。一入其教，冥心堅守，百折不回，每七日禮拜其王，爲臣民講論，殺敵者授福，死敵者生天，逞刃尋仇，奮不顧身，雖英與俄據有其地，終不能變其教而移其俗也。至若西北一帶游牧部落，逐水草無定居，皆哈薩克種類，分左右中三部，散處於裏海、鹹海、騰格里海及額爾齊河兩岸，氈帳毳幕，轉徙無常。其都會曰達奇司丹，曰布哈爾，曰機窪，頗稱繁盛，今皆爲俄人所脅降。

且夫俄羅斯地跨三洲，控弦百萬，挾其詐力，日以開疆闢壤爲事。自烏拉嶺以東曰西比利亞，延袤萬里，直抵黑龍江，俄人不煩一兵一餉，誘而降之。邇來尤極力經營於中亞、細亞，西人稱西域爲中亞、西亞。建造火車鐵路，由布哈爾東北經賽馬爾罕、霍罕、塔什罕等城，至札木干分而爲二：一東經伊犁西境，折北至波那丁司科，順額爾齊河而下，以達於呵木司科。一西經達奇司丹，沿納森河北岸至咸海，折北而西至阿林伯克，復分爲二：一西南沿烏拉江而至里海之格昭城，一西北經索麻拉以達於馬司孤都城。此外如窩雅江、高加索部内，新建鐵路，不一而足。統計俄國境内共有鐵路四萬餘里，六通四達，皆近二十年内所成者。去歲復議增修一路，由俾格什宓沿裏海而南，經波斯哈烈以達於阿富汗，特遣大將高福滿統領重兵，駐扎霍罕，南以窺伺印度，東以覬覦新疆。其陰謀詭計狡焉思逞，夫豈一朝一夕之故哉！同治初年，乘回部之亂，竊據伊犁，得寸則寸，得尺則尺。今欲索還，此豈口舌所能争者？夫伊犁爲新疆精華，北路門户，俄人實逼處此，終爲邊患，及早圖之，興修鐵路，添設電報，乃足以長駕遠馭，保固疆圉。非然者，迢迢萬里，奏報稽遲，轉餉勞劬，雖有知者亦難爲謀。或曰工程浩大，難籌鉅款。吾謂中華財力之富，十倍他國；人民之众，百倍他國。綜五歲而計之，以驛遞之費，添設電報而有餘；以轉輸之費，建造鐵路而無不足。南北二路，地勢平坦，易於施工。恧見之士，必且聞而怪之。然而古今異宜，世變日新，豈循途守轍者所可與議天下大計乎？因繪西域地圖，不禁慨然言之，以俟籌邊者之采擇焉。

—5. 皇朝經世文續編　卷一一九　洋務一九　固圉下

朱雲錦（生卒年不詳）

字絅齋，直隸永清（今河北永清縣）人。有《豫乘識小録》《皖省志略》。

地圖説《豫乘識小録》

昔晋司空裴秀，嘗作《禹貢地域圖》十八篇。其序曰：制國之體有六。一曰分率，所以辨廣論之度也；二曰准望，所以正彼此之體也；三曰道里，所以定所由之數也；四曰高下；五曰方邪；六曰迂直。此三者，各因地而制宜，所以校平險之異也。六者作圖之法備矣。惜其書不傳。後唐賈耽作《華夷圖》亦稱於世。嘗謂地理之學，百聞不如一見。又云十説不如一圖。古人之圖史並重者以此。愚意有方面之任者，可飭沿邊及腹地，有山險州縣，各勘明本境某山周回約幾里，高約若干丈，與傍近山或聯或斷，距州縣治若干，某水出某山，流接某縣，山内通行之路，凡自某縣某堡入境，至某縣某地出境，有無兵營分防官司，又有樵路若干條，可爲至某處捷徑，或古設有某關，今有無基地，再注明四至八到，並爲説，挨縣呈送，再繪爲總圖，統爲之説。則一省之形勢瞭然矣。漢入關中，蕭相國先入丞相府收圖書，然後知天下扼塞户口。唐時每州亦造送圖經，皆此。若得數同志者，即所莅之地，各成一圖，匯齊可成大觀。與古之裴賈，方軌並駕。而守土稽古者，皆得有所考鏡矣。嘗閲各志，見張應科《林縣險要圖説》。甚簡核可法。附録之，以待有心者之則效云。

張應科《林縣險要圖説》：此林縣西山之險要也，險隘處所均所屬太行之支節。其北繇百餘里而入有馬塔口、洪梯口，迤南則爲蟻尖寨，寨之南爲魯班壑，又南則有斷金橋、風門口、東峻坂、崔八口、關墻嶺，距邑七十餘里。而上總之南北相連，人迹可及其險而當守者，首蟻尖寨，次斷金橋，其餘則崎嶇樵徑，車不得方軌，馬不得成行，上下爲難，無容慮矣。何者，蟻尖寨西北距縣四十里，繇姚村迤西五六里，爲東寨門口，上黄蒼巖等泉十處，中有古營房、教場，其南繇小蟻尖寨、大蟻尖寨。古巖口東，蓋頭泉小明清水泉至西，蓋頭泉距營房約二十五里餘，獨有巖東西，蓋頭泉各有樵徑可攀援而上，宜剗削之以絶蹊徑。又自教場北繇朱路巖之斷頭崖，距營房約十餘里，而朱路巖亦有樵徑宜剗削。其北柳樹水泉、百户水泉、碓臼焦水泉，俱營房正西，山西漆樹溝水泉，南柳樹水泉，蓮花水泉，俱大蟻尖山後。西面凡水泉皆可資軍用，斷頭巖至西，蓋頭泉，南北三十五里。東寨門至寨西後溝，東西闊十五里，總周八十里，而多後溝。有通山西蹊徑已經堵截往來，而法久令廢，幾成大路，乃令剗削，只留一面上下，便於防守足矣。其斷金橋，去縣西南五十里，繇桃源店西上有水泉一道，與山西平順縣接界，險峻，一橋可度二人。倘一夫當關，真萬人之莫敵。東西咽喉，行者絡繹。至蟻尖寨下險上平，水泉數十，可屯萬軍。曹魏高齊，倉屯瓦礫，猶有可辨，自古防之矣。

—2. 皇朝經世文編　卷七九　兵政一〇　地利下

田渠説《豫乘識小録》

《農桑要訣》有曰：陸田者命懸於天，人力雖修，水旱不時，則一年功廢。水田制之由人，人力苟盡，則地利可興，旨哉其言也。然江淮之間，熟於水利，官陂官塘處處有之。民間所自爲溪堰水蕩，大可灌田數百頃，小可灌田數十畝。至民間買賣田地，先問塘之有無、大小。且歲時修葺，固之使無渫，鑿之使有歸，田間似有棄地，而實地無餘利矣。惟西北高亢之地，多置水利於不講，雨潦之年但受水害而已。其實如關西之鄭國、白公、六輔，關外之嚴熊、龍首諸渠，何嘗不以灌溉稱沃壤？況豫州河内有史起十二渠，南陽有召信臣鉗盧陂，潁川有鴻隙陂，陳蔡之間有鄧艾、棗祗等屯田遏潁水，所作諸陂，俱可化平疇爲陸海，生稻粱於斥鹵。然凡民可與樂成，難與圖始。昔西門豹鑿漳渠，邑民苦之，豹曰：當令百歲後父老子孫思我耳；然又苦經畫者之泥古而强爲，而不知順水之性。夫苟通其性而熟其法，則山泉可用，平地之泉亦可用，大川可用，積潦亦可用。明徐伯繼《西北水議》云：制水之法，高則開渠，卑則築圍，急則激取，緩則疏引。此即《周禮·稻人》蓄水、止水、蕩水、均水、舍水、瀉水之遺意也。

中州水利，如賈待詔所謂即河水穿渠灌田，以殺水勢，史公西門堰漳流而富鄴下。今河則重堤矗立，尚虞其衝决，漳流悍疾，且時有遷徙，此萬無可議者。開封、歸德、陳州數爲河决沙淤，故渠堙没，故但有泄水溝渠，以求水不爲害而已。西南一帶，山溪下注，勢如建瓴，間有平衍渟蓄之處，引水灌田，爲數甚寡。其以水利著者，西北則懷慶各屬，東南則光固等州縣。光固之間與吴楚近，其民既習於陂堰塘泊等務，而史曲諸河，交貫其中，秔稻之利，通省仰給。河内濟源等處，則分濟、瀆、丹、沁之餘潤，而勝國河内令袁公應泰所建之廣濟渠爲著。渠即古枋口，晋司馬孚易以石，晋之沁水至是入豫境。古址久堙，袁公令河内相度水勢，鑿石山爲洞，置閘司啓閉，引水出洞口東南流，歷濟、河、温、武四縣界，又數分支流以資傍潤。其自著《廣濟渠申詳條款碑記》，詳著其用水護堰諸法甚晰見《省志·藝文類》，然其創始之艱，用力之勤，亦可概見。百泉之水，亦可廣溉灌之利，特衛水用以濟運，設立斗門石堰，定例自三月朔至五月中旬，三日濟運，一日塞口灌田，其餘日但資竹絡壩，涓涓之流，雖無妨於農業，而亢旱之時，不無嗷嗷，此亦不能兩顧之勢也。當事者如慨然以斯事爲己任，無難檄下郡邑，飭將境内有無川澤，及建渠引灌係用何水，與某郡縣連接，某渠灌田若干頃畝，壩長閘頭若何分日用水，並治内有無古堰堪以興復，有無源泉可以挹注，繪圖詳説，使觀者於宜修宜創之故，瞭如指掌，則全局在握；遇疏濬之工，指據有方，或以争渠致訟，亦可按圖立斷，洵不無小補也。兹將《通志》所載灌田之渠，列之别方，其有古渠今湮者，亦間著之，以待留心者之咨訪云。

—2. 皇朝經世文編　卷一一五　工政二一　各省水利二

童寶善（生卒年不詳）

字米孫，浙江德清（今屬湖州）人。同治十二年（1873）選拔貢生，官和州知州。

治河議下

前議既定，然後治河之要略，可得而言。其塞鄭州決口也，有三要：一曰選人才，一曰購物料，一曰嚴法令。水土之事與兵學皆爲專門，非有真識真才，不能機宜之悉當。我朝如湯文正、靳文襄、張清恪、裘文達諸公，其深明河務者，皆一代名臣也，故曰河臣能知全河淺深寬窄者爲上。若爲奔走效用之才，張靄生《河防述言》已言其概。大約須勤樸耐勞、安詳持重而無躁進趨利、膏粱紈袴之習者，此之謂選人才。河工物料最難應手，埽柳葦楷近河頗饒，至若椿木來自江浙，甃石采於諸山，灰磚釘鐵必有淘冶。一有因公擾民，尅價肥私，物不符式，帑皆虛糜，貽誤要工。往事非一，故必纖細親裁，精心董理，運買必速，儲備必寬，給價必實。物料齊，而工員兵役皆有以措手。此之謂購物料。大工賞罰，一以兵法爲部署：合龍則越級保升，失事則斥革遣戍，皆不可有情故之私，輕重之意。其才者，雖微員末弁而可以拔取；其不才者，雖親舊貴勢而無所寬假。信賞必罰，一出於大公至正，使在工之人，皆如身使臂，臂使指，鼓舞以從事。此之謂嚴法令。若然，則決口塞矣。

以言山東之河工，亦不外此而已。而又有三要焉：一曰厚堤岸，一曰精測算，一曰試輪機。近世治河名臣，以潘、靳爲稱首。其所論者，不過築堤束水、用水刷沙、使水必歸槽、沙隨水去而已。山東堤岸取土爲難，故奏稱僅高一丈、底八丈、頂二丈，不知築壩回溜，挖淤取土。包氏世臣之記五全一，於裹外皆水，無土可取之中，而能取用裕如，足見堤岸工程，亦尚有運用之妙。山東現築之堤，必當增卑培薄，以收攻沙之效。此之謂厚堤岸。《周髀算經》曰："故禹之所以治天下者，此數之所由生也。"趙君卿注云："禹治洪水，決疏江河。望山川之形，定高下之勢，除滔天之災，釋昏墊之厄，使東注於海而無浸溺，乃勾股之所由生也。"郭守敬，算學名家，嘗以海面較京師，過汴梁，定其高下地形。是治水必用算學，古人已有明證。今宜於東省河流之處，用明算術者測量高下，因勢利導，成奠定之績。此之謂精測算。本年五月間，王大臣會奏，聞德國來因河等處，機器濬治有效，應確加詢訪外洋辦法，仿造試行。又用小輪船拖帶混江龍等船，終日飛行，當有刷沙之效。此爲濬治下流之計，破前人所未有也。愚見近人吴縣馮氏文集，即詳言西人刷沙之法。法用千匹馬大火輪置船旁，可上可下，於潮退時下其輪，使附於沙而轉之，沙四飛隨潮而去，凡通潮之地皆宜之。夫古無濬海之法，亦無海戰之事；今既有海戰之事，亦當有濬海之法。事變日新，非常論所可拘。可於船局創製一艘，試行於黄河海口，果效則利益大矣。此之謂試輪機。

然今黄河既決，挾淮而下，目前之患，江省爲急，則防禦之，疏消之，宜何如？曰：是又有三要，一曰通引河，一曰修高堰，一曰疏海口。現在黄勢未定，大約以洪湖爲歸，由洪河而達於清口，則有引河七道，曰張福，曰裴家場，曰張家莊，曰爛泥淺，曰三岔河，曰天然，曰天賜。東禦兩壩之間，又有太平河。自黄河改道，率皆淤塞。如欲挑濬舊河，中泓疏消漫水，則必於此引河及太平河，擇要挑濬，仍使上接洪湖，下就黄河故道，用黄率清，順流而下，然後足爲漫水歸宿之區，而高堰不至喫重。

此之謂通引河。嘉慶間，御史徐寅亮奏稱，高堰日見殘損，遇西風急浪，動輒坍掣二三百丈不等，設有疏虞，淮南民命恐付諸波浪。道光四年，黄河倒灌，逼淮攻堰，高堰遂決，下河幾爲澤國。是高堰雖土石堅工，足資捍禦，而溜勢既盛，安保無虞？故必詳細查勘，以及周橋、翟壩、智仁等五壩，一并查勘，務使修築堅固。或用包氏泥草摟護之法，或用吴氏碎石坦坡之議，速估速辦，保護堤身。目前既爲抵禦漫水之計，即决口趕堵不及，明春汛發，亦稍有恃以無恐。此之謂修高堰。高堰之東爲下河，興化、東臺、鹽城、阜寧、高郵、寶應、山陽，七州縣是也。山陽則有廟灣，鹽城則有天妃、石𨅔，興化則有丁溪、白駒，寶應則有朦朧喻口，其他鹽場小渠，不可勝紀，皆通湖以入海。而射陽湖爲其歸墟，帶場河爲其脉絡，尤不可不通爲疏治，以備堰壩漫溢之水使去路多而消水易。萬一灾及下河，亦爲補救之一法。此之謂疏海口。

雖然，又有要之要焉：用大衆，興大工，皆以愛人爲本。元之賈魯，雖有治河之功，而元末之亂由兹以起，由其晝夜程督不恤衆也。皖省民風强悍，遭兹蕩析，已爲可慮，而哥老會匪，伏莽甚衆。以數萬衆之工役，用之有恩而齊之有法，不生一事，不累一民，非公忠體國之大臣，烏乎能哉，烏乎能哉。

—5. 皇朝經世文續編　卷九一　工政四　河防下

鄒　弢（1850—1931）

字翰飛，號瀟湘館侍者，江蘇無錫人。諸生，申報館主筆。有《三借廬筆談》。

風俗考

土耳其人氣性剛强，悍勇犯難，視生死於度外，而然諾必踐，未肯失信於人，遇貧之者必哀矜之，周助銀物無吝色。舉國奉回回教，每日沐浴跪禱五次，歲有長齋期一月，而開晚食極早，日未墮崦嵫，則相戒不敢求口實。間有天主、耶蘇教人，回人深惡之。國中服制，首多不冠，以布纏之，衣長袍可五尺。席地趺坐，卧無床，以籐榻代之。入室必脱履於户外，室内幾人視履數可悉。飲食以手撈取，不用箸叉刀匙。亦嗜阿芙蓉，形容憔悴。婚事一男可娶數女。政體君主自專，治無定律，民不從者罪之，或刎其首，或籍其家。民多嬉游，製造行商者不可多得。國庫歲入五千一百六十六達列爾，歲出五千二百六十達列爾，國債二億三萬九千一百五十七達列爾。蘇爾且所居宫殿極宏麗，民尊之稱曰“神影”，又稱日月爲兄弟。次等蘇爾且管理教事。再次則爲宰相，統兼文武，國中刑賞諸大政皆聽之。遇戰，宰官親自交綏，不肯畏避。宰官以下官員衹有三等，其品級以執馬尾條數分，以次而殺，馬尾一條者爲極卑之官。蘇爾且妃嬪五六百人，而寵者不得逾七人之數，然雖獲寵，仍不得伉儷自居。蓋尊卑相懸，無匹敵之理也。

法蘭［西］人聰明桀驁，爲歐洲難治之國。蓋自高盧即加禄敵抗羅馬哥魯義開展版圖，沙立曼人即蘇爾曼，推測全歐。國人争化其風，天性好鬭，且豪爽自喜，終日歌舞無戚容。京城不及倫敦，而富麗直駕其上。王窮極奢侈，國人文教在歐洲上中之間，而思慮精明，工於製造。每人受田不過數畝，而專事耕耘，衣食常足。出葡萄佳釀、大呢綢緞各宗，不必往涉重洋，可得鉅利。惟國多私黨，仇殺相尋，無所顧忌。其君民禮制，大略與英國相同，所殊無幾。

英吉利人心計精密，作事堅忍。國中男女兄弟，均分父母之産。男不得娶妾，犯者流七年。賓主相見，以脱帽爲恭，各伸右手相握。跪禮最重，惟拜耶穌天神行之，其餘雖見君王亦不叩首。尊卑雜坐無别，每年自爵員、相臣以至人民之妻，皆入王宫游賞或筵宴一次。君主必以一一接見，或抱其腰，或執其手。宴時合座先起立，祝君主壽，頌以諛詞，然後舉杯一飲而盡。國中又有舞戲、會獵之禮。舞戲者，跳舞之戲也，先數日折柬約定，各人至斯麕集，以鳴琴跳舞抱腰爲樂。遇婦人在座，不能吸烟，當另赴吸烟客座吸之。會獵者，亦約友人同出赴獵，深山窮谷必自親歷，往往携帶其妻不嫌贅。俗以男女並重，父母之財，子女皆得瓜分之。夫不能養妻，或妻携去之財爲夫自用，可以控之官府，定夫罪。凡坐馬車、火車、宴會，已嫁之女坐上位，未嫁之女坐下位。且未嫁者其髮垂下，往往不編。有喪，父母爲輕，妻妾爲重。孝服之制，衹在帽上或領上縫元色狹綢布一條。吉服以白色爲最。國中設婚姻局，凡有嫁娶，須入局捐得教師及國家執照，然後赴教堂行合巹禮。男女各易戒指一枚，彼此親自替戴。遇夏日携其妻或至山林，或乘舟赴海乘凉，婦女在場，雖熟客不得過謔。坐席時夫婦每對坐，婦之左爲第一座，右爲第二座；夫之左爲第三座，右爲第四座。罪人刑罰，由巴力門大議院議定。君位男女皆得嗣立，惟即位時以手按教書自誓。政治必循國例，巴門上議院曰勞爾德士，下議院曰高門士，皆用本國人，他邦及屬地人不得與議。上院議員曰比爾士，均皆貴爵、教長或王親，拔下議院人員爲之，年幼者皆不得與。下院皆百姓公舉之人充之。凡欲選議院，須有身家之人，否則不得置喙。國政必待王與兩院皆合意，然後施行。巴力門會議，王不與聞，維聚散時親臨之。法制：財賦出入，用人行政，王與兩院主之，並登報章宣示。所議之法，必上於王；王不允，亦不能行，再行妥議。高門士之權，過於上議院。政治不善，高門士可以抗違，並不納税。上下院首員曰斯比格，聽衆議而裁定之，以白於王。凡有一議，先書一紙呈斯比格，再集議，視可否多寡必三議乃定。朝廷用人不得任私意，宜擇巴力門所推重之人用。首輔亦然。首輔以下，即上議院首院，名樞機協辦大臣。其外更有五人：一治本國之政，一治列邦之政，一治藩屬之政，一治軍旅，一治阿爾蘭。禄俸惟執政大臣及倫敦牧守有之，地方官出於民選者無俸。刑犯因時制宜，共衙門六所，凡定一罪，難乎其難也。

俄羅斯政由君主。執政者四部：一曰國會，會長一人，屬員四十二人，各局宰相及王族與之，職掌關白萬幾，監督諸政，兼增損國律；二曰司律院，即上等刑審衙門，掌法律，兼一歲出入；三曰教法院，管理國中教務；四曰宰相院，院分内廷、外國、陸軍、海軍、國内教育、會計、刑法、王室、私邑、製造監督十一司，各有宰相長官，每事奉化内閣政院旨意，不能如他邦之可以專權也。國中教務不甚專重，其餘風俗與歐洲大略相同，惟回教甚多。

五洲之中，有名澳削尼亞洲者，俗名新金山，大半爲英吉利屬地。其本處風俗有可笑者，謂我人有一父居於雲中，即爲萬物之父，能助萬物生長。此父生有三子。又謂萬物係極大之蛇，其後分爲萬物。太陽、太陰，皆前古世上之人，與别種有靈之物變化而成。有猝斃者，則舉家大駭，群謂仇人用符術所致，須將仇人查出，致之死地。否則當一家盡斃，連累無休。其查之之法，將死者安葬高隴，拍擊塚上之土，使之極平。倘有小蟲各物行經其上，即視其足迹所向，卜仇人所止之方。如足迹向南，則謂仇人亦在南方。凡居南方之人與死者有仇，爲生人所知者，即捕而殺之。設求之不得，則令戚友家人遍爲物色，風聲鶴唳，草木皆兵。有求至數千里外者。至於遠近覓仇，久仍不獲，則别用求仇之法，以食物潛布於地，人默伺於旁，如設有食其物而咯嗽者即爲仇人，乃同隙殺之，或以他法捕治，務令其死而後已，故遠近各處無不寒心。又謂人死之後，其魂在本處者，能附人身，往來地上，每日居天上若干時，復降臨於地上若干時，不知僕僕往來何所事也。

澳洲昆斯蘭土人，皮色黝黑，性兇鷙，殺人以食，不足爲奇。惟遇歐洲白人，即太西人，容色多白，皆以爲此等改變之貌，必其死而後生，殊非容易。且謂人死之後，高居於星宿之間。吾之祖若宗，雖相去千百年，皆未死也，特遠居他處海島，多變爲白人耳。所行喪事，夫死，婦以木炭搗屑和樹油，遍擦己體，又以利石自割其膚，血溢而止。毁傷之後，方行舉哀。又或令人圍尸而守，徹夜誦經。其圍尸也，必使人數極多，擁擠無隙，蓋恐敵人之魂併入尸内也。其喪事必用巫覡，其欲極奢。倘所欲不遂，巫者將死人尸骨嚙囓作聲，或置之輪下推轉，則土人大懼矣。

澳洲牛齊蘭土人，敬神之禮，以背陰處草根置之筐中，懸之室内，然後歡呼。其族中首領，由族中公選，極爲鄭重。以爲首領爲天寵所鍾，其生也手秉神權，死後必在神靈之列。所敬首祖名曰毛依。相傳本處土人所居之地，乃毛依從海中釣出，其初時則渾茫大水，空無所有耳。又謂人死之後，必變飛鳥、蛛蜘、虺蜴等物。天地間萬物奇異之事，如潮，如雷，如電，如陰，如晴，風雨地震，皆名鵶拖耶。又名天曰朗弟，地曰巴巴。昔天地生有六子，一司武勇，一司野生食物，一司魚蟲，一司風雨，一司植物，一司林中梟鳥。有此六子，天地始各奏事。其後六子意見紛歧，互相傾軋，天地遂不可合。又謂世上之人，除變各物之外，又有一種之人，死後可居天上或海中，隨意游行，其餘各處皆不能至。

新金山薩摩亞島土人，謂古初洪水之時，世人皆寄居天上，洪水既退，人與神同降世間。故人心之中，每有敬畏神明之意。其居家也，每將兇猛獰惡各象置之物上，如耕獵所獲累累繁多，亦必置像其上，以防竊盜，以爲人見此像則畏，而不敢偷竊。苟有犯之，則犯者必爲惡像所食，或染病而死。故土人之性，往往置之屋外，置像守之，無敢私行偷盜者，亦習俗使然也。

澳洲漫迦雅土人，謂天地萬物之形，如大椰之殼，内有一隙，發生明光，本處之人居之。上有一處，其形凹下，凹處居一最大之神，名曰長壽。其下底根粗而且厚，作尖式，有神名萬生根者，居之尖底之下。鬚莖叢叢，有神名成明者居之。以上三神，皆生長萬物、司理人民者也。殼内一女，其大無外，名曰太初。一日忽有人道之感，遂將左右脅肉各去若干，因生許多人鬼，管理山海風雨雷電等事。當其初，鬼神與人每託小鳥通達語言，惟鳥語啁噍，不能達語，鬼神思得一勞永逸之計，遂派教師降生，與人通接。又謂本處土人所居之地，當初本有裂縫，縫中鬼影童童，常出爲世人之禍，人死多從裂縫中經過，方至陰中，皆被縫中鬼擾，爲害不堪。先王某見而憫之，思捨身救人，遂躍入縫中，其縫頓閉，至今已無踪迹。又古時風俗，往往殺人以祭。凡欲祭某神，主祭輔祭者預爲商酌，擇定誅殺某人，既擇定，即不能改，今此風已革除矣。

澳洲打細的地方土人，謂人死之後必被厲鬼攫至陰間，徐徐嚼食。其有一等之人不可食者，反令與衆神爲伍，相習既熟，亦漸變爲神。其俗所尊貴曰阿羅。阿羅爲萬民萬物之司，非殺人以祭，則不能得其神歡心也。

澳洲三德桅枝地方，有火山焉。土人以火神目之，奉之惟謹。每年定有賽會日期，至期男女紛來，各停工業，盡竟日之歡。祭品以豬雞、龜鱉、果實爲之，凡獻祭之物，人不敢食其餕餘。祭祀之節，禁忌甚多，燈不火，食不飽，船不水，人不俗；除辦廟中神事外，足不出門，雞無令啼，犬無令吠，雞犬之口，每以細繩繫之，或以布束縛於内。雖貴如土王，亦不敢以手摩弄生物，違者必殺。土人又謂人有兩魂，死後赴冥間者爲魂，見於鏡中水中者曰明魂。

澳洲内地土人，性殘忍凶鷙，無倫理，每喜殺人以食，尤喜食敵人及親人之肉。食之者共有兩意：食敵人之肉者，泄忿也；食親人之肉者，恩愛也。人死，親族鄉鄰次第來集，環立室内。家人割死者之肉，分飼衆人畢，然後自食。凡死者生平大有德望者，則死後食其肉者愈多。總之，人之賢否，視食肉者之多少以爲定。食肉盡者，則咸謂道高德重，尊貴無倫。故子若孫往往有强致不相干涉之人，以食乃祖乃父之肉者。倘死者之肉尚留有餘，則家人必憂形於色，以爲其不能博他人之愛也。所事之神名曰睡妖。相傳睡妖最爲兇悍，其首大逾山岳，其身之長大可兼數洲，充塞天庭。惟因軀體過鉅，故不能轉動自如，終年惟昏睡不醒，不飢亦不食。俟世間刦運將終，睡妖自醒，乃將地球之人大嚼盡食無遺，以供一飽。迨食人既盡，則睡起欠伸，鼓腹，長嘯，巨躍，而世界亦即混沌矣。其俗，男女未經婚嫁，可以任意居處，荒淫媟褻，父母亦不能禁。若一經嫁娶，則謂官屬。凡官屬之人，男女有分，他人不亦相犯矣。

阿非利加洲帶痕火迷地方土人，奉祀最要之神六尊：一曰大神，一曰陰神，一曰陽神，一曰蛇神，皆操人禍福賞罰之權。别有雌蛇神一千，以爲之配。有踐蹈者爲大不敬。司蛇教師可將其人立致死地，他人不得私議。一曰高而雅觀神，司理樹木及世人疾病；一曰海洋神，另有教師護之。教師極有重權，倘河海中風浪大作，則教師預備米麥、豆布油五物擲河海中，且祝之曰："凡爾怪物，咸聽予言，饗此美物，速退勿前。"殊足令人絶倒。本處亦有土王，風俗相傳慘酷殘忍，王死，必殺男女五百名以爲妻妾、臣工侍役，自後無論何事與已死之王相關者，必先殺數人，至少一人，以爲通報先王之用。即先王賓客入宫吊奠，從此宫將至彼宫，亦必先殺一人爲之前導。殘忍如此，誠不解其何心也。

阿非利加洲埃卑亞果他地方土人，所奉之神一名阿羅，一名善哥。阿羅一神常居樹林深處，千章緑木隨意安居，往往出而驚人。婦女行道至荒僻無人之處，苟有呼其名者，即爲阿羅神所戲弄。婦女聞之，須遄奔而歸，避於室内，否則必死。善哥神爲此族創世之祖，功成升天，游行無礙。其善神獵鳥獸、補釣魚蝦，又嫻戰陣之事，遇善人必設法護之，若好獵者更能得其保護。其外又有一神名污魯倫，譯即"天主"之意，亦間有人信奉之者。

阿非利加洲西境，代霍買國地方，版圖狹小，風氣强悍，有男兵有女兵，各自成隊。女子初生，即報名注入軍籍，至十七八歲按籍徵入軍中，教習戰陣各技，臨戰時，勇勝於男。所獲敵人，皆監禁囹圄，俟良辰佳節而後殲之。各家聞有殺人，無不慶賀。王宫之中，骷髏纍纍，如懸燈然。寢宫遍鋪敵人骨殖，多者爲貴，若無此物，則居之者跼蹐不安矣。

格凌蘭得亦名青地，島名也，與拉白拉島相連，皆在阿非利加及亞細亞兩洲相連，極北極寒之境。格凌蘭得在北寒道，緯線六十度至六十七度，地方遼闊，共數萬里，人類甚稀。此處土人曰衣司雞母族，北境凡有人類之地以此地爲止，過此則雪地冰天，絶無人至矣。然依司雞母已極嚴寒，雪山數千丈，終歲不融。拉白拉在寒道緯線六十度至六十三度，此兩處歐亞熱道之人不能前往，惟身軀壯强者方可一游。土人以漁獵爲生，鑿冰山爲竇，其中蒙以魚獸各皮，以爲居室，嚴寒皆藏室中。其室半露地面，半藏地中，如深洞然。土人性情坦直，心氣和平，所得大魚大獸，必分給同族，不肯自私，雖其人未與捕捉之役，亦得分其所餘。惟小魚小獸以爲私物，不必分給其族。無尊長，亦無君王，然彼此相安，從無争執之事，無懷葛天之民不啻相類，誠近世之桃源也。

婆羅洲人，胸前必鑽細孔如蜂房，以爲插花之用。亦不知火器，衹有弓矢刀鎗，每殺一人，必將首級携歸家中。男子未經殺人，則衆人皆以爲弱，鄙夷唾棄，弗與聯姻。故生子至十三四歲，父母即教以操刀殺人，所犯命案愈多，則謂有勇。然所殺者多係敵人，故見家室内骷髏如貫珠者，方謂榮顯之家，咸嘖嘖稱道不置。其土人最重夢兆，即罷工特召巫者卜之，名曰"的押"。其的押有二：一曰海的押，一曰陸的押。所奉敬之神其名不一，總神之名曰吐情，皆謂和平慈善，故人喜近之。

蘇門答臘巴丁族中人，多愚昧，謂世上有上等大神三：一皇天，一后土，一空氣。

其下等之神最繁亦最惡。下等神中有四神，各占一山，人間禍患皆此四神主之。

阿非利加洲，東自桑西巴爾起，至赤道止。民無鬼神，不知天堂地獄爲何解，又無靈魂之説，但奉一神名曰姆倫古，專司雷電、空穹、疾病等事。倘患頭痛，則以爲先父冥中示罰，乃以食物置樹葉之上，向空祭之。疑人有罪，則令自服毒藥以試之，服之而吐，則謂無罪；服之而死，則謂有罪；服之不吐亦不死，則謂其惡更甚而罪更大。雖鞫訊訟獄，胥用此法。阿洲西境亦然。又阿洲溝港河與加本河，阿的生族中之人，每逢兵戰，先獲敵人數名，最少一名，殺於軍中，取其心血，和野草數種煎湯飲，從未經戰之人以壯其膽而堅其體。若不飲此，則謂殺人之後，被殺之魂必來滋擾加禍。至加本河地方，教師更有分身之術，在此處言語，他人聞之，如在他處作聲也。

阿非利加洲合丁突地方土人，最爲愚蠢。人病將死，祇留一息，（則）家人則將病者任意摇撼簸弄，或以足蹴踏翻騰，死而後已。死後向其耳畔高呼其名，數其罪而詈之。又有一種之人，聞雷則以爲惡物所發之聲，必向空中申詛詈。苟見電光，則拋擲舊靴以爲抵禦。行經墓旁，則將石塊或指甲少許置之塚巔，以邀福佑。遇群鹿行曠野，或途中見小蟲一簇，亦皆爲神，叩拜惟謹。本處又有一等專究天時之士，天氣陰晴雨雪，必預先告示，倘所告不應，則必爲人逐出境外。又阿洲打嗎那族中，首領亦間有作教師者，女則爲女教師，以保護民物者爲主。其言曰：民物之生，當初有大樹一株，令人忽而爲人，令物出而爲物，以後孳生蕃息，充塞世間，其實肇其於一樹也云云。故此處至今常有大樹數株，蔽日參天，人不敢伐，祀之甚虔。樹中有一神曰阿馬苦羅，專司降雨，心愛下民則降雨，否［則］久旱矣。祭祀所用之火曰明火，最爲敬重。明火周年不息，人苟不慎滅之，則謂天將降禍下民，須宰牛數十頭祭之，其火始可復然也。人病垂危，雖家人戚友無人肯入病者之室，必令人將死者拽之室外，使之速死。臨死則以牛皮衣之，不知何故。

亞美利加洲秘魯、墨西哥内地土人風俗，娶妻無定，有數十妻者，有百餘妻者。其全洲内地之人分爲四種土人：曰鴨不辣經族，曰巴西族，曰不打哥尼亞族，曰非利哲刑族。俗尚文身，殺人多者則胸前所文五色班駁，殺人少者文身亦少，不文者則人皆鄙棄。開納臺美國本土人，本無教化，名曰紅人，性忍鷙善射，能殪飛鳥於百步之外。所用連環棍，用鐵索牽之，百發百中，西人亦不能學，誠絶技也。

非旗島即非幾島，在（大西洋）［太平洋］中間，錯出分羅，合大小一百五十餘處，成爲一境。其有人類者，約八十島。其類，人與人相食，漫無倫理。失事之船飄至彼處，必爲土人所食，故他處之人，無敢往者。族中夫死，妻必爲親族所殺，以爲殺之所以愛之，俾其同赴冥間偕老也。家主死則殺奴僕以殉。其婚嫁、造船、建屋、兩族聚會，皆爲大事。每遇大事必殺奴僕，以爲恭敬先容之禮。蓋非此不伸其敬、致其誠，人亦必非笑而責備之也。彼處人類貴賤分爲六等：一總酋長及本族酋［長］，二祭司，三酋長處司事之人，四兵卒，五平民，六奴與僕。全境分爲各村，村又分社，社又分户，數户爲一社，數社爲一村，數村爲一族。每社每村各有酋長一名，每族有本族酋長一名，而隸於總酋長之下。凡爲酋長者，須聰明博學方可充之。凡遇喪事，或絶粒一二日，或減食一二月，且必薙髮一周，以伸哀慕。喪之最重者，斷去小指一枚。然須夫婦之間，方有斷指之喪，父母間亦有行之，尋常之人無此禮也。酋長皆由村社各户公舉，不能世於其位。奴僕極賤，稍拂主人之意即治以極刑，或煮以爲食。

苟得仇敵之人，則在軍中争食以示勇敢，其凶暴殘忍如此。今夫天主、耶穌教人已入彼處，日加勸化，風氣爲之一新矣。

印度適中之地，有比烈山焉。山下居民曰比烈族。所事之神甚多，如瘟神、龍神、痘神，各有其名。其祀祭也，大半在最高之山，用石磊築爲臺，旁設泥馬石馬各一。泥馬特空其身，糞門極大，以爲人死之後，魂必行入糞門，然後上升天堂。讕語無稽，殊堪絶倒。近處另有一種之人曰蓋衣族。祭神之禮，必懸小錢一枚於深林之中，即向錢膜拜。又木打拉地方之南，每有極大神像，以巨木刊之。巨像之旁又有小男像五，小女像一，男像爲巨神之弟，女像爲巨像之姊，俱能致人疾病，使之速死。又有女神名加利者，司人間痘證。土人設像建大廟祀之，祭必殺人。將祭之前一夕，祭司携其人入廟禁錮，夜深殺之，以爲痘神之性最喜生人之血。道光初年，英人禁之無效，亦習俗使然也。

緬甸卡倫地方，土人謂人生各有一護衛之神，厥名曰護拉，蓋中國謂神，彼處以爲拉也。其外又有七拉。護衛者爲善拉；其七皆爲惡拉，能致人疾病死亡。若善拉已去，則七拉爲灾矣。土人以爲善拉於人盡心保護，若坐於病者元首之上。七拉雖惡，邪不勝正，卒亦無如之何。推之禽獸、草木、蟲魚，亦有所司之拉。撲燈蛾、水獺、野鶩，苟爲人所網得，皆謂之拉。樵者伐木，其斧不中墜地，因拉不管理所致。又有惡鬼一種，名曰那，凡爲巫覡者皆有之。間有以彼之那食人之拉者，土人懼那最甚，因其能食拉故也。

俄羅斯屬西比利亞可比河之濱，烏師的爺地方，所奉竈神，土人名曰賽旦，能護人産業，致人巨富。又有一神，其名曰朗，專司人間秘密之事及藥材質料。人死則設像祭之，三年而畢。其教師兼爲醫士，可與神交接，通語言時作種種狂態。亦奉熊爲神，宰熊而取其皮以爲聖品。教師問神時，巨躍大言，隨即倒地。旁有司事者，即取聖品蒙之，族人四圍周裹，即以麻繩拴繫其頸，别有二人，各取繩之一端，在旁抽縊，使端漸緊。教師在内極力（掌）［撑］拒，吭塞氣促，急汗盈身，窘不可狀。逾時釋之，教師疲甚。少選，一躍而起，妄謂已得神示，信口向人言之。

印度内地，古有敬牛之俗，以爲牛係天神寵愛，特降人間。每族必公選神［牛］十一頭，建廟祀之。居住廟中司理香火者，謂之香頭。神牛所出糞溺，寶若仙丹。香頭用器受之，分派各民户。良辰令節，各人將牛糞染其額上，敬謹入廟叩拜。家中祭祀，亦必供設牛糞以表其誠，凡遇喜慶等事，人必用之，一若萬不可無者，誠異俗也。

波羅洲内地，尚聞足之禮。貴客相見，各出其足，彼此以鼻嗅之。如是數四，方爲恭敬，如西人之握手，中國之拜揖也。其男女最重修道，修道者謂之潔人，如中國之節烈然，尊長等人皆敬重之。惟修道之禮極爲殘忍，男子修道則閹割之，女子修道則幽閉之。每逢閹閉之期，親友畢至，酋長亦遣人前來監視。男子送閹後，每將其勢傳示族中，或以雕漆盛之，置鎖市中，俾人見之，以資取法。此等風俗，誠聞所未聞者矣。

阿剌伯本土風俗，凡遇喪事，將死者殯殮，舁赴墓上。墓前十餘步，預鑿一河，上駕飛橋，死者至橋即行停歇。橋之前建設喪棚，有律師三十二人預宿棚中，棺柩即停棚内。其時衆戚友均來送喪，如死者生前有曖昧欺心之行，可任人向律師控愬。如三日内無控訴者，則謂德望已孚，方可舁至墓中安葬。倘有控告，則律師憑公審斷，果其素行有虧，則停葬若干日，任人向死者棺前辱駡，方可安葬，葬時不許衆人吊送。其人倘無控告者，則安葬之時均來祭奠，即葬後亦有祭奠之人。其祭奠之法，取連根花草樹木植於墓前，久而漸活。故凡有德者，死後其墓上花草極多，送艷飛香，甚美觀也。

波斯國古時素奉火教。其教之由來，見於教化一門，兹不贅。

埃及國境向多水患，因海水流入内地，有害民居。其流入之處，有大河曰奈兒河，每年潮泛之期，合境咸以爲苦。初時有貞女某，矢願築壩，禦此水灾。惟流水湍急，成功匪易，竭數年之力，尚未合龍。貞女乃鼓勵衆人，而觀望徘徊，不克奏效。貞女恐其功敗垂成，乃躍入水中殉之，衆人急救已是不及，於是念貞女苦衷，竭力經營，始得築成一壩，即範貞女之像建設壩中，名曰奈兒娘娘。每逢身殉節期，則舉國停工，緑女紅男，紛集祭奠，必殺一人投入水中，如河伯迎娶故事。如是者凡三日，始各回家。今殺人之事雖已禁止，然殉水節期依然熱鬧也。

—8. 皇朝經世文三編　卷七五　洋務七　外洋通論一

楊崇伊（1852—1908）

字莘伯，江蘇常熟人。光緒六年（1880）進士，改庶吉士，累官至廣西道監察御史、漢中知府。

釐正文體以端士習疏

竊臣恭讀高宗純皇帝聖訓曰："文風純駁之分，即士習端褻所係，而民俗之醇薄實因之。"聖謨洋洋，蓋深悉夫文運之關於世運也。御批《通鑑》又曰："科舉之制，惟藉爲登進先資，至得人之適用與否，則尚需之歷試。蘇軾所云'設法取士，不過如此'最爲通論。"仰繹訓詞，實足闢厭故喜新、妄議更張之謬説。我朝設科紹明之制，先尚專經，後重策論，或增表判，或添性理。至乾隆五十二年而其制遂定，得人之盛超越前代。穆宗毅皇帝削平大難，在事諸臣大都科目出身，制義取士，何常不可得真才哉。自少年新進，喜於速仕，不能潛心討論，因而鄙薄八股，而文體遂趨險怪，士習遂趨躁妄，時局艱難未始不根乎此。

伏讀列聖訓諭，經義首重清真雅正。其過爲新奇、墮入牛鬼蛇神妄道者，高宗純皇帝尤再三申戒。查《科場條例》，説書以宋儒傳注爲宗，行文以典實純正爲尚。剽竊異端邪説，徵引僻書難字，闌入子史文集，不合經旨者，不得取録。又文體不正，字句可疑者，褫革。又文有正體，不許故摭一家言飾爲宏博。又攙雜難字，立異矜奇，勢必群起效尤，日趨詭僻，不但文體非宜，尤恐暗通關節。當時定例，於關節防之最嚴，即已垂諸功令，自宜永永恪遵。乃近來衡文教士者以艱深文其淺陋，援引孤經，書寫古篆，是否關節，臣不敢臆斷，而顯違功令，則人人皆知。士子進身之始，敢背功名以求詭遇，其人品心術可知，通籍以後之居心遇，又何足怪。明年届丁酉科鄉試，應請旨申誡各省士子不准揣摩怪誕，務以清真雅正爲宗。衡文諸臣尤當懔遵舊章，不准矜奇立異，不准專重三場，不准借孤僻之漢學、新出之金石爲搜索名士之關節。庶幾文體正而人心正，億兆民心亦無不正矣。

—18. 皇朝道咸同光奏議　卷四二　禮政類　貢舉

李經邦（1852—1910）

字達夫，號巽之，安徽合肥人。同治二年（1863）優貢，官江蘇候補道，加二品頂戴。有《冰穀小草》。

防海防陸難易緩急論

嘗謂中國近來防務，有難而無易，有急而無緩。以海防言之，兵丁不及西人之精鍊，船炮不及西人之堅利，巨海中之潮汐風濤不及西人熟悉，各海口之島嶼險要不及西人盡知。雖亦築炮臺，購鐵甲，而有利器無用利器之人，則水師亦何足恃。海防如是，安可視爲易、視爲緩哉？以陸防言之，俄人已踰大興安嶺而南，與我劃黑龍江爲界，險要之勢已失，東三省形勢日蹙，而我之陸軍均係旂丁，無緑營勇，不動操運，吸食鴉片，下以賭博爲能，上以尅扣爲事，一旦俄人狡焉思啓，此等陸軍，萬無可恃。陸防如是，豈可目爲不難、目爲不急哉？然防海防陸，雖如是之難，如是之急，而以中國之時、之勢力而論，斷不能海陸兼顧。既不能兼顧，不得不於二者之中，先擇至急者圖之。

以目前觀之，防海雖難，較防陸爲稍緩；防陸縱緩，較防海爲尤急。何言之？歐洲各國之最富强者，莫如英法美，而三國皆去中華數千萬里，而輪舶飛駛，近者非一月不達，遠者非數月不達，即使戰而能勝，則孤軍深入，勢甚可危，設不能勝，則異土殲師，後難爲繼。況中國此時海禁大開，各口岸均爲通商公共碼頭，百貨蝟集，萬商麕聚，一旦興戎，則各國必執公法以相繩，故歐洲各國每與中國齟齬，或張兵威以示恫喝，或乘修約以肆要求，而卒未見有顯啓兵端，甘爲戎首者。蓋西人之志，但在貨財，不在土地。西人既不覬覦我疆土，則我中國防海之舉，可以稍緩；惟陸路則與俄羅斯土壤毗連，處處可以入犯，事事可以挑衅，一有争端，不難以非理相加，得寸則寸，得尺則尺，在中國既無險隘可守，在他國難以公法相繩，是中國防陸，不較防海爲急乎？然我之陸防，自黑龍江至新疆，綿亘二萬餘里，安能節節設防，亦惟有擇要害扼塞之區防之而已。要害何在？一在西北之喀什噶爾，一在東北之琿春，兹二地者，一爲俄人水師之出路，一爲俄人商隊之要道。喀什噶爾爲新疆屬地，從前左文襄肅清關隴，其老謀深算，必能先事預防，目下設立行省，該處地方官，尚能實事求是，力爲整頓，即緑營兵將，均係身經征戰，尚不至十分疲玩。俄人知新疆之無隙可乘也，則必出其不意，攻其無備，改而擾我東三省。東省雖有練軍，而經邦曾於戊子年奉使至奉天、吉林、黑龍江等處，觀其所練之兵，統是旂丁，大半老弱癃疲，虚糜餉糈，濫竽充數，且多嗜好，練軍大臣礙於情面，不能認真，斷不足敵俄人。今欲撟其弊，不若招募漢勇，統以知兵大臣，勤加訓練，布置從容，無事可以擒獲盜賊東三省馬賊甚多，有事可以捍衛疆圉。由是觀之，防陸固以練兵爲急也。

雖然，兵練矣，而所以養兵者則曰粮，粮從何出？要非屯田不爲功。自古以來，禦夷狄者，皆不能廢屯田，如漢趙充國之擊先令，唐郭子儀之鎮河中，其餘之載在史册者，無不班班可考。況東省中沃壤不少，均宜稻田，誠能大興水利，則一二年中，可期成熟。假令招人十萬，分半爲丁，分半爲屯，度地勢，驗土宜，給種給牛，人數十畝，別以人統其衆，按畝徵粮，以足兵食，則以民養兵，而兵可不費，以兵衛民，而民可無憂，兵民相依爲命，俄人雖强，何敢窺伺哉？

若地之斷難耕種者，不妨大興牧務。東省及内外蒙古科布兑等處，或本有牧場，或不乏曠野草地，苟擇草長媒驕之處，以畜牧爲名，修備爲實，與屯田相輔而行，則邊陸有事，轉運利便，近可顧山陝之防，遠可備漠北之徵調，俄人見我之有備也，亦不敢而生心矣。

然兵雖精，糧雖足，猶慮呼應之不靈也，則宜造鐵路。鐵路固以天津至漢口爲幹，尤以東西北支路爲最要。西北自嘉峪關至霍罕交界，平常路程約兩三月，俄人自裏海以東已造鐵路至謀夫，距霍罕陸路不過三十餘天，一旦新疆有事，華兵雖强，遲不敵速，勝負利鈍之機，不待交餒而已見。當由嘉峪關造一鐵路至吐魯番，以吐魯番爲總匯，分爲兩支，一嚮天山北路，聯絡各城而至伊犁，一嚮天山南路，而達喀什噶爾，此防强俄于西北也。東北則俄欲自琿春造一鐵路至西伯利亞，以備據我長白山之陽，扼我朝鮮之背，如其與我失和，可作疾雷不及掩耳之舉。是宜由山海關造鐵路至奉天省，再嚮東北至吉林省之伯都訥，又東偏北沿混同江混同江雖爲俄據，而沿江以東尚爲我地而至三姓，再（四）［西］南沿瑚爾哈河而至寧古塔，由三姓仍沿混同江，東北至黑龍江會處，再沿黑龍江西北而至黑龍江城。則一旦琿春有事，近運寧古塔、三姓之兵以遏其前，以伯都訥兵爲策應，遠運黑龍江城兵，由陸路直擣其巢穴，而令其首尾不能相應，我更嚴守圖們江北岸之長白山，南岸之朝鮮各要口，圖們江口雖俄爲據，而北岸爲長白山，南岸爲高麗界，非俄地。以防其乘虚而攏。俄人雖强，而我以逸待勞，無有不勝矣。

中國之陸防既固，而我爲東三省門户者，則爲朝鮮。朝鮮之北境名咸鏡道，會城曰咸興，統府三，曰會寧，曰永興，曰慶源一曰端川，北界吉林，而極北之東部，即爲俄羅［斯］地屬，中隔以圖們江口。俄人若屯於其屬地，而由陸路窺朝鮮，必取道於慶源之慶興道一帶，皆咸境，爲朝鮮之北之道。慶源爲咸鏡極北之府，此處最關緊要，苟不設重兵守之，俄人乘其不備，直入朝鮮，則我奉、吉二省深受其害，故必須先事預防，以杜其陸路入寇之計。

陸防既密，於是徐圖防海之策。蓋防陸雖急，而究較防海爲易；防海縱易，而要比防陸爲難也。中國陸軍尚有把握，海軍則萬萬不及西人。觀昔年法人擾我馬江，我船與法船數亦相埒，而紅旗一麾，我之船炮盡被毁夷；迨其後一戰於宣光，再戰於諒山，正當法人菁華薈萃之區，而乃拉朽摧枯，勢如破竹，追奔逐北，恢復全疆。豈馬疆之法軍皆梟勇精鋭，而宣光、諒山之法人盡老弱疲殘乎？誠以海戰乃西人所長，陸軍則我戰所長也。以我之短而敵人之長，其不勝也固宜。然中國既知海戰之非所長，斷不能自安於所短。既不自安於所短，則海軍之不得不練也明矣。然防海之要不僅築炮臺，購鐵艦已也，在乎繪島嶼，測天星，驗風暴，候潮汐，試砂礁，計針路，辨水泥，演陣圖。而其尤要者，莫如嚴舉錯。舉錯不嚴，則人才不奮。觀今日之水師，司機器、引針路者不乏人才，奈皆厄於下僚，不克展其所長。而爲管駕者，大抵寅緣要路，以逢迎爲盡職，以揣摩爲能事，鎗炮藥彈不視爲戰具，而視爲利藪，風濤砂礁，茫然不知，一旦有事，安望其指揮用命哉？苟能實力整飭，一矯從前積弊，此等管駕，去之務盡，不使一人混迹其間，而凡充管駕者，必須自能司機器、看羅盤、放鎗炮，始足以資駕馭。西國之設海軍也，先於學館誦讀，專其藝以明其理後，乃到船習練，行其法而悉其事，日有課，月有考，升有序，革有條，以故有膽有智，有識有謀，令肅威行，矯捷忍鷙，明測算以知程途之遐邇，驗氣候以知風颶之有無，習準頭以期鎗炮之中的，製船網以禦水雷之轟船，至於海道闊狹，沙線短長，如數掌上螺紋，故能横行海上，所嚮無前。我誠能師其所長，而彼乃失其所長矣；師其所長而更勝其所長，則我獨擅其長矣。如是而中國海軍尚不能獨步寰中者，吾不信也！然究其源，非嚴舉錯不可。至以形勢言，則北洋較南洋爲尤急。京師居中國東北，天津居其前，爲門户，烟臺居其旁，爲藩籬，旅順居其背，爲腰脊，而北洋獨扼其衝，朝鮮又爲北洋之外門。經營北洋，蓋即聯朝鮮之勢也；聯朝鮮即以固東北之圉也。以北洋控朝鮮，即以朝鮮控東北，故曰防海則北洋較南洋爲尤急。若南洋之瓊州、舟山、臺灣等處，雖亦皆爲要隘，而目前尚無須十分過慮，俟北洋之防既固，然後徐圖南洋，以成犄角之勢，此亦先難而後易，先急而後緩之道也。中國之海防陸防既皆可恃，然後伺隙而動，索琉球於日本，歸緬甸於英吉利，取安南於法蘭西，凡我屬國，仍當由我保護，諸國雖强，有不聞風而生畏哉？當局其亟籌之。

—8. 皇朝經世文三編　卷五三　兵政九　兵機三

姚文棟（1852—1929）

字子梁，號棟木、東木，上海人。諸生，官直隸道員。曾隨黎庶昌、薛福成等出使日本、俄國、英國，又勘滇緬邊界。有《滇南四種》。

答東洋近出古書問

中國之通日本始于秦。遷史言：始皇遣徐市即徐福發童男女數千人，入海求仙人。又徐市嘗稱，海中有三神山，其後實至日本。今紀伊國有徐福祠，熊野山有徐福墓，此其證也。日本之通中國，始於後漢。范書言：建武中元，委奴奉貢朝賀，光武賜以印綬。所謂委奴者，亦即日本。近時筑前人掘土，得漢委奴國王印，此其證也。徐福東渡時，賫書與否，蓋不可考。彼國史稱有典墳，殆因中土有此名，而附會之，未有人見其書也。歐陽公《日本刀歌》云："徐福行時書未焚，逸書百篇今尚存。令嚴不許傳中國，舉世無人識古文。"此亦好古想像之詞耳。據源光圀《大日本史》：應神十六年，徵王仁於百濟，始有《論語》《千字文》。此鍾繇《千文》。繼體七年、十年，百濟遣五經博士段揚爾，又遣漢安茂，始有五經。日本紀以《禮》《樂》《書》《論語》《孝經》爲五經。《古語拾遺》曰：上古之事，口耳相傳而已。自王仁來，人始識字。按日本通百濟，其時當中國南北朝之季，而陳壽志有親魏倭王之敕，《北史》云：其後並受中國爵命。江左歷晋、宋、齊、梁，朝聘不絶，則是中國漢以後，頻與日本往來，而未有一書出海，考之彼國史而可知也。隋煬帝時，日本遣大禮小野妹子《隋書》云：蘇因高即其人。來聘。妹子歸奏曰：臣之還，隋書授臣以書，臣船經百濟，百濟逼臣奪書。此爲中國書東流之始。

自後遣唐之使，相望於道，又頻遣留學生來唐，由是其國書籍漸富。然彼史無藝文志，無由考知其書目及諸書存佚聚散之由。至《宋書》稱：日本僧奝然獻鄭注《孝經》，又奝然述其本國之書，内有《文館詞林》。宋人不知其名，誤"館"爲"觀"，事見宋朝《類苑》引楊億《談苑》。意中國經五代之亂，書多散亡，轉有藉日本以流傳者矣。然日本自保元平治而後，武門争權，源平二氏，日尋戰鬥，區宇雲擾，書多毁於兵燹。其時賴以綿一線之傳者，惟僧人耳。越九百餘年，德川氏興，而文治復盛，學校書庫之設，遍於各藩。昌平學、足利學、楓山官庫、伊勢林崎文庫，其藏書尤夥者也。一時學士大夫，漸摩風氣，無不知貴重古本，如狩谷氏求古樓、小島氏寶素堂、福井氏崇蘭館、新見氏賜蘆文庫、曲直瀨氏懷仙樓、山田氏九折堂、增島氏竹蔭書屋、澀江氏容安書院、塙氏温古堂、多紀氏三松齋、伊澤氏酌源堂、海保氏傳經廬、松碕氏石經山房、奈須氏久昌院，皆海外錚錚有聲者。

近世書目家，前有藤佐世之《日本現在書目》，又有今人森立之之《經籍訪古志》，足以資考證。立之云：彼國所傳古鈔本，具存隋唐之舊，爲宋元人所不能睹者，蓋不下數十百種。至於宋元板及朝鮮刊本，爲明以來諸家所未睹者，尤指不勝屈，一一能徵其言，頗非誇誕。然其書散在各方，艱於搜采。而明治維新以後，西學興而漢籍替，世禄廢而學士貧，將不能保其所有，其流落歸於澌滅者，翹足可待也！光緒三年，番禺何公使日本，訪搜佚書無所獲，然日人知中國之求之也，乃稍稍出其所有，以聞於世。今星使遵義黎公復搜之，未一年間，不脛而至者殆及二十種。則將來之續有所獲益，未可限量矣。

—5. 皇朝經世文續編　卷五　學術五　文學一

學堂條議八則

一、東西洋各國都城皆有大學堂，爲人材總匯之所。每年用費至二三十萬之多。蓋以京師首善，四方之所則傚，萬國之所觀瞻，故規模不可不宏，而教法不可不備。

一、西國教民養士之法最爲近古。自八歲以上，無人不學；自十室以外，無地不學，此所謂鄉學也。於其京城及都會之地，添建大學堂，此所謂國學也，專設學部大臣以總理全國之學政。其人材奮起，國勢日强。今中國一時未能遍設鄉學，先設大學堂於京師，亦可樹之風聲。

一、美國學堂分古學、今學兩門，此猶英國議政會之有舊黨、新黨也。説者謂舊黨能保守成法，使堅固不摇；新黨則博采新法以補益之。途雖分而相爲表裏，故能盡美盡善。今欲考求西法，必先考求中學，務使學者融貫中西，參合古今，方能蔚成國器。

一、學生本有三等：有小學生，有中學生，有大學生。各有一定課程。小學卒業入中學，中學卒業入大學，此西國通例也。兹擬以年歲爲序，分作兩班：自十二歲至二十歲以内，漢文、洋文並教，是爲幼班；二十歲内外，漢文已通，早已成名者，專教洋文，聽其自用漢文功夫，是爲頭班。此兩班概係學生名目，按月給予膏火，考課時並有奬賞。其年在三十以外，不能再習洋文，而欲考求西學者，准其每日來院，在洋教習處問業，不發膏火。如能與洋教習共譯有用之書，啓迪後學者，酌給花紅津貼，由衆公議之。

一、學中諸生分科習業。論文字語言，則有英、法、俄、德四國之殊；論學術，則有天算、地輿、格致、公法各項之别。凡此各學，固不可不備於一國，而斷不能求備於一人。故延訂教習，各須專門有精詣，毋得惜費兼攝，致有因陋就簡之譏。

一、藏書樓須有兩處，一藏中國圖書，一藏洋書洋圖。學天文者須有觀星臺，習格化諸學者須有陳設器物之所，爲礦學者須聚各種礦質，考求動物植物者須有草木園及禽獸苑，又須有玻璃房蓄養水族。以上均須布置，方可爲切實之學。學中又須有看報處，購聚中外各報，以拓見聞。又須有印書處，凡有新著隨時印出。

一、武學與文學須分兩院，俟文學辦有成效，再議接辦武學。

一、派員總管學務。凡司事、丁役一切人等，賞罰黜陟權歸於一，勿任旁人牽掣，庶免叢脞之慮。

—8. 皇朝經世文三編　卷一　學術一　原學上

準　良 (1852—?)

裕瑚魯氏，滿洲鑲黄旗中林佐領下人。光緒九年（1883）年進士，官至内務府大臣。

請修鐵路疏

爲富强之策，鐵路爲先，敬陳管見，請飭廷臣會議舉辦，恭摺仰祈聖鑒事。竊查光緒六年，前撫臣劉銘傳請開鐵路，以圖自强，嗣後總理海軍衙門王大臣議於天津一帶試辦鐵路，其於鐵路利益均能臚陳確實，包舉無遺。比以衆議紛紜，莫衷一是，加之鉅款無着，迄未興修。奴才愚以爲鐵路在今日，實致富之良規，自强之首務，利權所繫，約益於國者六，便於民者四，敬爲我皇上縷晰陳之。

鐵路先幹而後枝，由天津至鎮江至漢口過江西而達廣東爲一路。由蘆溝橋下保定推及太原以達陝甘爲一路。地多平坦，成本必輕，道出通衢，得利必旺，不惟收養路之經費，實可裕無窮之餉源。此國之利一。

通商以來，門户洞開，藩籬盡撤，强鄰環伺，隱患方長。鐵路一開，則聲氣聯絡，呼吸相通，百萬之師，一呼可集，徵調無慮倉皇，轉輸無虞艱阻，赴敵應援，以静制動，用兵之速，孰便於是。此國之利二。

北地毗連俄界，海口公諸各國，畫疆而守，則防不勝防，分段應策，則費不勝費。鐵路開則裁兵節餉並成勁旅。劉銘傳原奏所稱合十八省爲一氣，一兵可抵十數兵之用，將來兵權將權俱在朝廷，内重外輕，不爲疆臣所牽制者此也。此國之利三。

内地礦産未經剥削，苗旺源長，煤鐵尤甚。鐵路開則運機器以興辦，采西法之煎鎔，開未盡之地寶，即所以杜已出之漏卮。此國之利四。

海上用兵，慮梗漕務，幹路既成，則南漕百餘萬石，由鎮江輪船溯江而上，不五日可達京城。闢飛挽之坦途，兼可省挑運之浮費。此國之利五。

和局既成，勢須裁撤兵勇，一旦多出十數萬無業游民，最易滋事。若興辦鐵路，則改勇作工，可杜隱患。此國之利六。

中國物産之盛，甲於五洲，徒以工艱運貴，其生不蕃，其流不廣。鐵路一開，則機器可入，重貨可出，山鄉邊郡之産，悉可致諸江岸海埂，而流通於九州四瀛之外。銷路暢旺，商務繁興，其便於民者一。土貨暢行，用工斯衆，工作既盛，養人斯多。且幹路人物輻輳，沿途支流必旺，列肆之賈，執鞭之徒，生計甚寬，無慮失所，其便於民者二。幹路所需，除機器車頭，勢不能不購諸外洋，其鋪路之鐵，架鐵之木，以至客車、貨車所用木貨鐵料，均由各幹路就近采辦，設局鼓鑄，是此項鉅資銷諸外洋者十之二三，散諸内地者十之六七也，其便於民者三。比年水患頻仍，賑務接踵，祇以路遠運費，雖有豐獲之區，莫收補偏之效。鐵路通則千里雜糧日夕可至，官賑義賑舉易措手，其便於民者四。夫事固有利興於此，而害隱消於彼者，鐵路興則國勢振，而自强之事可徐圖。

查劉銘傳原奏有云：俄人所以挾我，日本所以輕我者，皆以中國守一隅之見耳。若一下造鐵路之詔，顯露自强之機，則氣勢立振，不獨俄約易成，即日本窺伺之心，亦可從此潛消。斯言也，以今日之事局權之，蓋亦不幸其言之億中矣。自來非常之舉，難於圖始，而易於樂成。西國鐵路初興，拘成見者何嘗不極力阻抑。迨利弊大明，始恍然於前此浮詞信非確論。故在今日稱不便者，非坐井觀天之見，即瞽人捫籥之談。二者舉無與於國計民生之大也。擬請飭下軍機大臣、總理各國事務衙門大臣會商開辦。惟庫款支絀，勢不能不借資商力，創修伊始，勢不能不招集公司。應請簡派大員董司全局，詳定條約章程，期於利歸中國，而杜積弊。

總之鐵路開則洋款易集，洋款集則邦交自固，邦交固則和局斯堅。以此爲致富始基，以此爲自强進步，誠安危大局之樞紐也。奴才愚昧之見，是否有當，伏乞皇上聖鑒。謹奏。

—8. 皇朝經世文三編　卷六三　工政三　工程

陳　虬（1851—1904）

原名國珍，字志三，號蟄聲，晚號蟄廬，浙江樂清人。光緒十五年（1889）舉人，後屢試不中。曾充軍機處章京上行走，參與維新變法。有《治平通議》。

腹地運置木路議

嗚呼，鐵路之在今日，其真不可以已乎。近之爲富强計者，動曰：築炮臺，更練營，設商局，精製造。然無鐵路以爲之緯，則呼應不靈，終歸無用。鐵路其終不可以已乎？顧或者謂腹地之設鐵路，籌費不易，養路須資，宜先就通商口岸舉行。蒙獨以謂鐵路者，軍國之大計，非工商之末務，當視輪舟不及之處，宜先由西北而後及於東南。鐵路之費誠鉅矣，無已則請先以木路。

進考木路之始，有新金山之人馬斯孟於其地初開行鐵路之時，勸用木路，以引火輪車，作書一卷，極言木路之便利。普剌薩又試之於倫敦。嘗以杉木爲條，長約九尺，方六寸，其火輪車重十三噸，所牽五座客車各重二噸，每日行十點鍾，平常之速，每點鍾行七十五里，可行八千次而並無損傷。至木路、火輪車之價，與一切修費，約省鐵路一半有奇，且成路所費之時，又約爲鐵路三分之一。譯其舊説，參之時局，其利有十。能速成，利一。成費大省，利二。銷磨甚少，利三。能易行彎曲之路與斜路，利四。如正輪忽斷，則輔輪能受車體之重，行甚穩當，利五。車行時並不摇動，且不發響，利六。因各項之費用少，則運客之價可便，而主人易於得利，利七。木條内地各足，無須洋鐵，財不外滲，利八。木作土工易仿，民無失業，利九。木廠視鐵廠簡易天淵，便利速成，利十。有此十利，胡不仿而行之？

其取道之法，請由宛平、良鄉、涿州、正定計六百六十里出井陘計一百五十里，壽陽、榆次至山西太原計四百里，循汾河南下而至潼關計一千另七十里達西安計二百二十里，過商州、商南、鄖陽而迄襄陽計一千一百另十四里之江陵計五百五十里以爲幹地，計長四千一百六十四里。再由西安至咸陽，西北由興平、乾州達甘肅皋蘭西南，由興平、武功、沔縣達成都，此備之於西北也。復由潼關循黄河東行至鄭州、歸德，以及宿州，而以宿州爲一匯。由宿州、滁州北上，歷滕縣、濟寧、德州、景州、保定達通州以衛神京。再由宿州、鳳陽，歷滁州、江浦達江寧，由江寧北達揚州，南達江蘇，而止於浙江，如此而東南之聲勢壯矣。復由鄭州至郾城，歷遂平、應山，下達武昌。再由鄭州、許州、陳州、太和、壽州、廬江而至安慶，由安慶至九江達南昌。再由九江東行至鉛山、廣信、玉山，左達浙江，右達福建，復由九江南下，至臨江由新淦達廣東，由新喻、袁州達廣西，星羅棋布，節節可通，而全路成矣。

夫泰西各國，皆各有鐵路數萬里，其成皆近在十數年之内，有開必先。寧可畏難而自晝哉！蒙之爲是説也，取道似紆，用費似繁，然實有深思存乎其間焉。歐邦之創鐵路也，其始祇取便商，而後乃假之行軍。中國則當以軍務爲急，而輔以載運。東南沿海臨江之區，既設有海軍長江水師矣，輪舟四達，形勢利便，似不慮其單弱，所可慮者，獨西北之策應不靈耳。萬一江海道梗，輪舟之利與敵共之，則倚爲臂指之助者，非秦晋川楚之兵而誰耶？古來兵衝四要之區，得之則足以制人，失之皆足爲吾患。創中國從來未有之舉，朝廷不憚恃其全力，乃僅斤斤於目前養路之費，不顧將來之全局，非計之得也。且養路亦不患其無資也。西北膏腴之地，素稱天府，特無鐵路以開其風氣耳，利豈真薄於東南哉。全路猝不易辦，當先舉幹路，計長不過四千餘里。若徑改鳥斜，更可縮省木路，既視鐵路省費過半，當不過一千餘萬。期以三年，每年僅需三百餘萬，似不患費無所出。曰然則費果將安出乎？曰國家度支有常，近歲出不可復計，當另籌裕財之法。若俟臨時而始議費款，未有不切急從事者。使由吾前各説，先爲之地，則以天下之財辦天下之事，尚何有支絀之日哉？夫泰西各國，其歲計可考而知也。開辦之初，可先就幹地次第舉行，而後及支路。山徑過峻，水道較闊，猝難施功者，不必穴山架橋，視平地告竣，始行從事。目前尚可省費十分之七，而人已大得其便利。利源稍裕，再易鐵路，當易爲力。全路若成，輔以輪舟，十八行省之兵，徵調往返，不旬日而鱟至闕下。靖内寇，禦外夷，節餉需，裕利源，進可以戰，退可以守，豈非萬世不拔之基哉。夫秦皇之備胡也，特築萬里長城。近俄人亦新添鐵路，計長七千餘里。合之中國亦不下萬餘里。豈有以堂堂中國四千餘年聲名文物之邦，甘自局於一隅，而不思急爲變計哉！蓋有非常之人，而始有非常之功，在變通行之而已。

—8. 皇朝經世文三編　卷六四　工政四　工程

張　謇（1853—1926）

字季直，號嗇庵，江蘇通州（今屬南通）人。光緒二十年（1894）進士，授翰林院修撰。曾創建大生紗廠、通州師範學校。有《張季子九録》。

變法平議

護墉熏鼠，鼠未盡而墉穿。愛林逐鷴，鷴即去而林擾。乘積弊之後，挾至鋭之氣，取一切之法而更張之，上疑其專，而下不喻其意。伊古以來，變法固未有不致亂者矣。然則鑒變之禍，而惟變之承可乎？曰：惡乎可！孟子曰："雖有智慧，不如乘勢。雖有鎡基，不如待時。"變法之禍既形，天下咸曉然於前後彼此反復得喪之故，斯可變之機樞也。法之拿破崙，美之華盛頓，德之威廉，日本之明治，其變法皆出於創巨痛深，而因事委蛇，屢進而屢變者，蓋數十年而未已。何況中國沿元明制度，吏窟其奸，而官養於弊，浸淫漸漬，六百餘年之久者乎？戊戌庚子，變亂迭興，新黨舊黨之争，衍爲南北，支離變幻，漸可究詰。斷以一言，則均之有詬詈而無商量，有意氣而無條理。今識微之士，或以爲當修往聖之舊，采列强之新，固已。然不斟酌中國今日弊政之標本，與夫民之風俗，士大夫之性情，以權因革損益之宜，第輕重緩急之序，則意行百里，而阻於五十。何如日二三十里者之不至於阻而猶可達也。况夫道平而軌順之，將不止於百里也。古今中外政治之言百家，梅生既舉明職任人之要旨矣。子培贄先，復厘其綱領，其言固天下之公言也。今本朝廷除舊更新之諭，權因革省併之宜，約分三端，以歸一致。有必先更新而後舊可滌者，有必先除舊而後新可行者，有新舊相參爲用者。仍依六典，類分條舉。

凡吏部之事十：

一、置議政院。日本明治初，維新之始，置公議所，旋廢。置集議院。後設元老院。凡制定新法，改正舊章，上有所建，交議院行。下有所陳，由議院達。故下無不通之情，上無不行之法。今聞西安已仿置公所，督催各省新政條陳，其意甚善。但新舊之際，固貴有改弦調瑟之方，尤不可忘納約自牖之誠。况因時審勢，通變化裁，經緯萬端，國是所系。宜合京外四五大臣領之。此四五大臣者，予以自辟議員之權，慎選通才，集思廣益，分别輕重緩急，采輯古今中外政法之切於濟變者，厘定章程，分别付行法司法之官，次第舉行，隨時斟酌損益，不必事事督促，復蹈操切之轍。

一、設課吏館。立法之地，以治人先治法，行法之地，以治法先治人。今議法而緦緦患人才之不足用，過計也。然遂如往者之不擇人而畀，在京則尚書、侍郎，六部任調，在外則户、禮、刑、工，一縣兼司，則亦效虚名而無實有。議者謂政事本於人才，人才本於學堂，學堂無專家，故人才無專長，信已。然科舉將變，學堂未興之際，又必不可停政而待人也。惟有設課吏館一法。先取中國《文獻通考》《續通考》《皇朝通考》《皇清奏議》《經世文編》及已譯各國政書，分門别類，令在京之翰林院、國子監、六部司員，在外之候補道以下，各占一門，呈明願學，内由堂官，外由督撫，每門各派一長，月一課之。課以章程，不以議論，籍其等第，與其原卷，存之以待取用。其未譯之各國政治、文學、史法、經濟學、倫理學、博物學、教育農工商業諸史，與夫日本法科、理科、文科、工科、農科、醫科各專家學業之書，另由譯書館隨時譯成，送館備課。凡行一政，即取專習此一政之人屢試高等者用之，以覘其能否而進退之。十年後學堂漸興，專家日衆，可賡續爲用矣。

一、停捐納。有課吏之法以陶鎔庶職，捐納亦可不停。然人貲補吏，昔史譏之，外人鄙之。不即停罷，無以示舊習必除、新政必行之信。且自光緒五年停捐以後，一開於海防，再開於鄭工，捐入之數，日減一日。自頃鑾輅西巡，關中凶歉，陝直捐例，一時并開。校其所入，亦曾無幾。新政需用，歲幣需增，每歲所短，直數千萬計。曾謂捧土之足以附山，墜露之足以益海乎？何況雜流並進，足以礙學堂出身之路，分少年騖學之心。斷宜陳明永遠停止。若以不擇壤流，稍資鱗爪，則韓氏菼、馮氏桂芬嘗議之矣，與其賣官，無寧鬻爵。秦有民爵，西洋各國大商有爵。今第留公、侯、伯三等以旌有功，子、男以下皆可鬻，其法詳韓氏、馮氏議。

一、改外部。總理衙門沿理藩院之名，而稍變其面目，蓋兼取撫馭藩部之名，而專辦交接友邦之事。今各國既已請改，抑不惟舉正其名而已。宜仿日本外務省，以通知時事之大臣領之，佐以才儁。一面設學堂講求外交家學，用《左傳》《國策》爲本，而以各國外交史譯本資其博究。每日早朝召見，即在軍機後添外部大臣一班，庶不致洋情隔塞之虞，亦即爲聖學高深之助。

一、分職以專職。督撫統兵之官也，而今則吏、户、禮、兵、刑、工之事，無不匯之於督撫。州縣牧民之官也，而今則教諭、主簿、縣丞、巡檢、典史之事，無不總之於州縣。無論才未必盡長，學未必盡通，即才學過人，而精力目力，亦有所不給矣。上稽官禮既不合，旁考歐美亦難通。今宜分別責任。督撫掌外交、海軍、陸軍，糾察所屬，布政司專掌賦税，按察司專掌刑法，巡道改爲警察道，專掌警察，糧道改爲農商道，專掌農商。日本農商務省，有工務局，郵便隸之。其輪路、器械、河防，别爲工部省。別置二道，專掌文科、工科。各道並升從三品視鹽運使。府州縣不相統，地大者爲府。府有自治之地，有首縣一者裁縣。有首縣二者裁一。次爲州，次爲縣廳。視地大小，或改州，或改縣，縣升爲從五品視鹽提舉。府州縣專掌法律。舊時府州縣屬官，分别各掌賦税、警察、農商工、文學諸事，各不相統。有事則各徑達於專掌之司道。各專掌之司道，徑達於專掌之部。各督撫司道府州縣得自辟吏佐治，如漢唐幕職。督撫辟課吏館，屢試優等之候選候補道，司道辟課吏館，屢試優等之候選候補府，府辟課吏館，屢試優等之候選候補州縣，州縣辟課吏館，屢試優等之候選候補佐貳雜職。仿日本例明定權限，庶下有仕學迭爲摩厲之途，上有新舊默爲消息之地。日本籌費收税，劃區開墾，興土功，管礦山，皆府知事。縣令任之。其刑事屬裁判所，税務屬收税吏，又有警部區長、郡長、户長諸屬官，今權變通爲之初級。

一、省官以益官。官何以可省？吴起所謂不急之枝官也。有督撫專掌外交、海軍、陸軍，則將軍都統之官可省也。有布政使以下專掌賦税之官，行折漕之法，見後户部。則漕運總督以下，各屯衛官及關監督可省矣。有農商道，則鹽運使織造以下之官可省矣。有工科道，則河督以下之官可省矣。此省併外官之大略也。若京朝官，則六部每部一尚書二侍郎領之。各部分辦之事，就舊制言，如理藩院同於外部，大理寺同於刑部，太常、鴻臚、光禄、鑾儀同於禮部，太僕同於兵部。就新法言，欽天監可隸於文部，内務府、太醫院可隸於内部。即以九卿等官并於各部，次侍郎一等，酌仿西制，增設各局，俾各專任一事。爲各局主事、員外、郎中遞升侍郎之階。是九卿以下官，有實以副其名，但併而不至廢。都察院掌警察，通政司歸議院。議院官皆名卿，並司諫議。此省併京官之大略也。官惟其人，不分滿漢，廓然王路，昭示大公。顧氏炎武有言：大官多則亂，小官多則治。今省疊床架屋、監臨牽制之官，而益分門别類、專責辦事之官，不猶愈乎？

一、長官任辟僚屬。變法之始，兼爲候選候補人計，既取資於課吏館矣。十年以後，各專門之學興，生徒濟濟，必有英異博通之才，出乎其間。不爲之開登進之階，將何以正趨向之軌。日本陸軍出身之大尉、中尉、小尉，有士官、户山二學校，文、法、理、工、農、醫六科出身之判師、律師、技師、醫士、學士、博士，有大學校、大學院。且學且仕，且仕且學，用意深遠，規模至備。今師其意，各次階級，京官侍郎卿，外官督撫司道，凡專任一職者，皆予以自辟僚屬之權。視專門學堂得有憑證之人，何等出身，准之奏任。府州縣以次等官，亦仿判任之制，自辟僚屬，奏任者聞於朝，判任者達於政府，並三年爲一任，任滿考其績而升降之。

一、胥吏必用士人。舊制各部衙門胥吏，三年而滿，不聽久據。今且或爲世業，或爲販貿，舞文竊柄，鉤結爲奸。吏道之壞，大半由此。今府州縣以下，既各專一職，僚屬以外，必用胥吏。今之胥吏，故《周禮》太宰所屬殷輔之士衆也，用之途二：一自變法分職之日始，或由各府州縣以下官自行選召，或暫照舊章，令本有之吏正身供職三年。三年之内，無過失被人告發得罪者，給照許其子孫入官。立普通學堂時，三年不納膳金，畢業領憑，更入專家學堂者，各學堂就近送京外官各衙門，由各衙門官選用。一現在府州縣學諸生，年三四十以上，素行謹愿，而文學平常，不能入學堂者，各學學官院長就近擇送各衙門，由各衙門官選用，並三年而易。其升降以俸。督撫司道衙門之俸優於府，府屬衙門之俸優於州屬，州屬衙門之俸優於縣屬。

一、優官吏俸禄。本朝沿元明之制，官俸殊薄。日本師歐美之法，俸亦不豐。然日本十等官，月給尚四十五圓。中國佐雜之俸不及也。而佐雜以官爲市之所入。其地腴而取貪者，何翅十倍於俸。雍正、乾隆兩朝，增給恩俸養廉。今京官有減折之令，外官有攤扣之令。抑豈獨養廉恩俸，無所得而已，寖且及俸。而朝廷日操法，以責其廉而賂日彰，宜矣。故欲變法而責其效，必自優俸始。姑仿日本俸例而增之。俸以月給，一等官至十八等官，至多者月三千圓，至少者月五十圓。官均，則以地之大小，事之繁簡，税賦之多寡爲差等。胥吏多者月三十圓，少者十圓，差爲五等。凡當官所入，不在俸之列者，皆入公。凡因公之用，皆定額以取諸公。舍暗言明，似俸益而費不支。合暗於明，則官益而俸且省。試一核計，必能辨之。

一、設府縣議會。變官之法略具矣。然國有興革，何以使民不疑？國有徵斂，何以使民不怨？興革視民之俗，何以杜其疑而使之和？徵斂視民之力，何以平其怨而使之服？權衡樞紐，必在議會。《周禮》鄉大夫各掌其鄉之政教禁令。其吏有州長、黨正、族師、閭胥、比長。歲終會政致事。又有詢於衆庶之法。即日本府縣會議之權輿也。其府縣會議之法，以地方大小定議員多寡。多不過五人。議長若副，選於議員之中，上其名於内務省。選舉之人，被選舉之人，均以有家資或有品望者充之。示期投票。票數多者中選。票均較年。年均則定以鬮。選定，布其名於衆。每二年以抽籤定留易之半。無俸。有往來滯留之費。常會歲三月一開，臨時會有事即開。議事草案，由知事令交付其所議之事會决之。其府縣事，以地方税支辦者，豫算之額數，徵收之方法，會定之。可否視同議者多寡。可數多者。數同，則決於長。有大利害，則議員得上其議於内務卿。若妨礙國安、背律違規者，知事令得罷其議。議場許人集聽，而亦嚴毀貶喧擾亂雜之禁法。如此，意至美也。而或者以爲民智未開，議必踏駁而不能合。不知正以議會開民智。選舉之人，被選舉之人，必紳士也。紳士雖不盡曉新法，而有文告以諭之，權限以示之，必與蚩蚩者有間。自兹以往，釋民教之争，籌學堂、警察農工商業公司之費與事，而通上下之情，使人憬然動君民休戚相關之感，其不以此乎？

凡户部之事十二：

一、徵地丁圖籍。《周禮》大司徒掌土地之圖與人民之數。東西各國，尤注意於此。中國舊例，何嘗不十年一行大丈。所謂丈者，州縣按籍填報而已。抑猶幸其不真丈，而上下胥吏誅求，尚有陋規，民不至大擾也。今聯軍入京，新修會典之圖已燼，宜及此時，令各州縣用測繪學生，核實測量繪圖，定以程限，予以器式。程限者，自呈報測量日始，府州縣大者三十閱月，中十二閱月，小一十閱月。器有五：一馮氏桂芬及羅經，一記里車量路用，一英國量地鋼絲繩量田用，一德國畫圖器，一開方圖紙每方計一里。式有六：一用馮氏各州縣城門主石柱爲主表之法，表方徑尺有五寸，有座，座方三尺，厚尺有五寸，座面爲地平高下起數之此稍變馮法，表爲他表遠近起數之準。一記方里内地平高下，一記水道廣狹，一記物産工作，一記山澤荒地，一記村鎮、廬舍、寺觀、津梁之名。測繪之人，即本地學堂測繪學生爲之。大府州縣分八班，十六人；中分六班，十二人；小分四班，八人。其法詳學校。每班另派引繩推車二人。但非雨雪，皆可測量。徵地圖之大略如此。言者動稱中國人民四百兆，此據《賦役全書》，各府州廳縣呈報丁口之數，不足盡信。求一簡核之法，惟有於測量繪圖時，先令地甲呈報，再由學生隨時抽户復查，分别圖堡圩甲案團各處都鄙之名。每畫一圖，附記其後。全圖成則爲表揭之。而總數可得矣。徵丁籍之大略如此。仍定爲制，内地三年一修，濱江海地歲修。各國莫不歲修也。

一、頒權度法式。權度者整工商，信乎上下之根本也。泰西各國言度量權衡者，咸推法國。蓋拿破侖上准黄道，差析分數，是以德、義、奥、比、瑞、荷、班、葡、希、瑞、巴、秘魯諸國皆師之。中國商業，英先盛，故通用英度。然度量權衡，國家政旂權力之有標幟，猶文書之有璽押，軍旅之徽章也。康熙朝三藩之變，海内震動。聖祖不欲重擾閭閻之耳目，故户、禮、工部，雖有權衡斗斛之式，而民間聽其自便，不允廷臣同律度量權衡之請。今各國皆有畫一之美，而我仍人自爲制，家自爲俗。侏儒觀一節，豈足以示舊邦之文物哉！宜由户部準舊制校定權度升斗斛之長短、大小、輕重，範銅爲式，分頒各省布政使。由布政使選明圖算之士，督率金工精細仿鑄，刊識年月、造人姓名。每一府州縣，各給一具。各府州縣掌賦税官，選明圖算之士，督率木工，用堅緻木料，精細仿造，亦識年月、姓名，賣給民間。價準工料成本加一成，爲就地支辦之費。民間舊物，悉令銷除，不准亂用。若有在普通學堂圖算學成請分造者，給予準設官照，并授法式。仿日本度量税，每照收税五圓，亦充就地支辦之用。

一、行金鎊，改錢法。圜法之壞極矣！金鎊銀價，中外不同。權操於人，我甘其敝。自通商以來，合中國公私上下，與外人交涉者，虧損殆不可數計。即無賠款，勢已僵枯。何況前還二百兆之殘漏未終，後此數百兆之決河又見乎？羅雀掘鼠，設法於賠款之外，不如移的就箭，先籌於賠款之中。此次分年賠款，歲月遥遥。以銀還鎊，其虧至巨。是宜與各國約，照英鎊鑄用金圓。各國錢幣，悉準英鎊。以同治六年鎊價較之，光緒二十一年，已增一倍。每值中國賠款，鎊價必昂。中國用銀平色，非獨此省與彼省異，此府與彼府異，即一縣之中，亦不一例。其爲不便，人盡知之。西洋各國，以銀爲生貨。通商口岸，悉用墨西哥銀圓。比年官鑄龍圓，稍分鷹圓之利。徒以部款不納，京市不行，故西北内地，大都閉塞。今京師廛市，用暢價平，風氣已開，官民均便。是宜仿禁生貨，廣鑄龍圓。日本變法之初，頗同中國之困。後仿辨士自鑄銅貨。今中國毁錢製器之風，日甚一日。推原其故，由於錢貴。順康雍乾四朝，每錢一千，重逾七斤。銷而爲器，值貴四倍。雖改至千錢四五斤，猶不相當。民徇利則法窮，官失權則令褻。咸同之間，固嘗行當五當十大錢矣。是宜仿日本成範，鑄行銅圓。兼具是三者，金錢行而鎊價均，銀圓行而市價平，銅圓行而私毁清。行金圓銀圓，而銅亦有金銀之用。行銅圓而一圓不止一圓之用。所省所羨，當不下二三千萬。鑄金鎊之局，止宜京師、江南二處。銀圓之局，宜以京師、江南、湖北、廣東爲限。銅圓亦由四處先行附鑄。

一、立銀行用鈔幣。券鈔之法，唐宋金元明皆行之。其弊也，以票爲貨，票與貨皆虚。虚故不能久也。歐洲各國之用幣，則有國立貿易，兑换貯蓄存金，農工勸業，各銀行爲之挹注焉。富商巨室，其居者藏所有之金銀於行，握其一紙，而無復誨盗之患。其行者，可隻身挾巨資行數萬里而遥。日本維新之初，嘗行札幣以濟金銀銅貨之窮。論者謂其利大而害亦大。然中國各行省民間錢店，方其殷實，人何嘗不寶貴其票券哉。各省市政司，宜各設一官立之銀行。凡賦税所入，悉匯湊焉。大省以五十萬爲本，中省以四十萬，小省以三十萬爲本。其用鈔幣之數，視本加三成。施行廛市，各府州縣設分支官立銀行，均設儲藏。紳民有以家財入儲者，給息二厘。其民間公立銀行，領用鈔幣，則取息四厘。爲代守儲藏之費。請領之時，聯環取保，以實産作抵，按季收息。納賦繳税，官亦收之。庶虚實相注，本息相資，國有利而民亦無害。

一、行豫計。日本維新之初，國之貧蓋甚矣。大隈重信始仿西法作會計豫算表，人猶未信。及决算表出，款明數核，其爲用乃大白。夫取人之財以供我用，與取人之財爲其人用，而不使知所以用，皆能致嫌。嫌生阻，阻生困。豫計决算以釋嫌，即以釋困。法以每年七月朔，至次年六月晦爲一年。分歲出、歲入爲常用準備二部。常用中又分常用、减債爲二部。每歲出、歲入諸款，分列科目，著爲定例。歲入經常之目，曰租税，曰作業益金，曰雜收入。臨時之目，曰諸還納款，曰雜收入。歲出經常之目，曰國債償還，曰帝室及皇族費，曰賜金恩給款，曰官省院使局費，曰營繕土木費，曰府州縣費，曰警察費，曰神社費，曰備荒儲蓄，曰補助營業貲本款。臨時之目，曰興業費，曰雜支出，曰各廳營業貲本，曰豫備。黄氏遵憲所謂權一歲入，量入爲出，權一歲出，量出爲入者也。今宜將每年還款用款如朝廷、宫禁、官吏、兵備及官辦製造學校，及一切經常興作之費，析一户部總出入之數。由户部按各省向來解部外銷多寡，析一各省出入之數。復由布政使按各府州縣解司及本地支辦多寡，析一各府州縣出入之數。各府州縣自析應解布政使者爲一類，本地方已辦教養諸事爲一類，應興學堂、警察、測量、水利、興業、備荒諸事爲一類。凡歲出若干，又析賦税爲一類，雜入爲一類。凡歲入若干，出入相抵不足若干，應增入若干。事前豫算，揭告於衆。事後决算，揭告於衆。增入之法，議會籌之。要使聚之官，散之民，與天下共見共聞而已。

一、訂税目。西人印税，無事不包。東人税目，亦五十餘，疑其苛矣。然《周禮》天官、地官之所屬，其所征賦税，至纖至悉。而考其用則還諸民者什九，未嘗於入而私之，不嫌於出而公之也。本朝賦税所入，裁八千餘萬，合五洲各國，未有如是之廉取者。而民顧蹙蹙若不終日。論者以爲上下交困，而獨利中飽。而不知正税之法，固未善也。不善之根，在隔在暗。今如以一切耗款陋規，分歸各税正額，月揭細數，歲揭總數，而告於人，則不暗。收税之官，日有定晷，與民直接，事有定法，與民易知，則不隔。約取日本税目，施於今日而可行者，一礦山税，一郵便税，一訴訟罰紙，及代言人。今改名辯護士，即律師。税，一車船税，一會社税即公司，一度量税，一版權執照税，一銃獵税。其本有而亟宜整理者，一契税，一雜税煙、酒、魚、屠、碾、埠之類。其學有專門，其法宜先仿日本。各省亦有例。查州縣雜税之法，然上無所得，徒飽胥役之囊而已。

一、改鹽法。以民生日用之所必需，而表配禁柙之以爲利，使天下嗷嗷，無智愚以爲不便，百弊叢起，化民爲匪，自樹之敵，以受其困，偷懦憚事，持牢而不變者，莫如引地食岸之鹽法。顧氏炎武善李雯就場定額一税不問所之之議，或者以爲不可行。而馮氏桂芬善陶氏澍、陸氏建瀛之行票鹽，又以爲綱是目非，而於票鹽之中，爲清窠、減賦、造船、建倉之策。籌之亦備矣，然且不行。今私鹽既不可戢，而洋鹽行至矣。洋鹽至，則私鹽之利且奪，無論官鹽。顧或以爲洋鹽運由印度，進口有税，成本已重，來亦無害。不知廣東之鹽，有每斤錢一文者，有每斤錢四文者。洋商而不知商務則已，洋商而知商務也，必運粤鹽，以我之矛，陷我之盾矣。欲抵洋侵，必輕成本。欲輕成本，必多出鹽。欲多出鹽，必設煎廠煎鹽，而後就場徵税。若網在綱，可坐而理矣。設廠之法，商集公司，先規草地，築堤以禦暴上之潮，闢渠以引日夕之潮，去葦植茅，以裕草木，灰場鹵井，悉爲妥置。然後造廠安鐅，列村聚丁，雇丁就煎，計日給值，廠日收之，以積以廩。仍於堤外闢地給丁耕種，賣分零躉，皆在廠場。零始百斤，躉必五石。仿唐劉晏及印度法，税無零躉，悉加價内。官但按鐅而稽，可以知出鹽之數，即可以知税入之數。而丁聚在廠，散在村，地曠易瞭，不虞私竈，人得販運，梟亦自絶。梟絶則無事緝私。人得販運，則無事督銷。寓税於價，則收税簡。價必有税，則市價平。其公司則先儘舊商，現在分司轄地。向産佳品而餘地多者，立正廠一，分廠二三。其販運遠道者，或用馮氏説，自製千墩小輪，或裝商輪，或仍用民船，聽商自便。爲今日鹽法計，通變宜民，殆無逾此。印度就場徵税，每歲所入，約七百萬金鎊，約合中國銀四千九百萬兩。今厘課並計，歲入千二百餘萬兩，僅印度四分之一耳。

一、定折漕。京師仰漕於東南，運輸之法，河不如海，民船不如輪船，而本色又不如折色。士論於室而争於廷，夥矣。始阻於司農之駁議，終厄於傖父之誓言。事不果行，可爲太息。今大亂甫定，外人勒兵議約，以索歲幣。爲中國計，未遑開源，且當節流。尚容南漕之弊藪乎？漕折定而漕項之費不省，漕董漕剥幫官押運之費可省，漕督、糧道之官可省。且州縣每年漕價，常浮於市，劣紳猾吏，分吸其餘。今若胥江浙之漕，改定折色，所省已復不少。每年八月以後，但令上海道招商承運，按照市價，核定糧數，給予運照而減其關税。商人騖利，應時必集。仍以所省之費，於一二年内就京通各倉，儲一年之糧。以後陸續購米，推陳出新。即遇凶荒，不虞無備。彼一言改折，非以陰恤沿河窮民爲護局之辭，即以慎重天庾正供爲飽私之計，胥可廓而清之矣。

一、行印税而裁厘金。厘捐之病商也，雖西人亦日議去之。中國之士，乃欲代以印税。英之印税，法密如荼，驟而行之，勢且大擾。欲潛移其視聽，必代惡以所歆。今日行印税，民不知其便我否也。而曰裁厘卡以行印税，俾民感動於上知我之疾苦也，則疑阻之心減矣。然據光緒二十三四年，各省報部厘金，率約一千五百萬。今遽裁之，徵或不足，誰執其咎？則有各省先行産地落地税之一法。令各省列表開列五年各物進出進即落地，出即産地。及經過所收之厘數，而匯於部。部爲析之，取其中數，匀經過厘於産地、落地加收三成，寓於每張印花之内。産地、落地，各收其半分。令各府州縣賦税官，飭各業立税會，承領總數，行用印花，猶江浙包捐之法。稽查檢視，責之警察。下省一切船頭、查艙、紅錢、黑費，則於予之中而不盡。上省一切局卡、員司、丁役、薪費，則於取之外而有餘。理勢較然，何妨試辦。惟此爲内地而言。若運販出口，另由新關收税，亦給印花。

一、集公司而興農業。農，舊名也；公司，新法也。仍舊名而不用新法，則山野之曠地，江海之荒灘，彌望無垠，童童濯濯，竭中人以上一人一家之力而不足治，欷歔輟想，皆成廢棄矣。欲集公司，先由官勸。有應勸者，令其按地繪圖，開方計里，自擬私集公司，舉辦利益章程，白於各府州縣。農商官勘視虚實，爲上於農商道，訂定給之。有佃可招者招佃。深山窮谷，畀之寺院僧道。人力不足，合用機器者用機器。自興辦日始，三年後，各視其地之上下，繳價於官。六年後，按股請領執照，視税契例量減而納照税。俟業利興盛，股東有願分地自管者，則給照易回股票，爲股東管業之據。凡各府州縣轄境，三年内責成農商官，毋許有不林之山，不穀不牧之地。庶地無曠土，野無游民，國收其大效矣。

一、清屯衛田。今漕政之事，挽運皆付之水手矣，而運丁之名如故。無丁矣，而衛所之官如故。衛官不籌費，不治事矣，而養官養丁之田如故。馮氏《裁屯田議》，言之甚詳且盡。而中外大臣談經濟者，乃相顧莫敢發難也。汲汲求理財，而坐視此數千百萬可理之財，聽其散棄旁落，而曾不稍恤，甚怪，甚怪。考《會典》乾隆十八年册載山東、山西、河南、江蘇、安徽、江西、福建、浙江、湖北、湖南、陝西、甘肅、四川、廣東、廣西、雲南十六省，凡屯田共二十五萬九千四百十六頃四十八畝有奇。雖輾轉典賣，影占乾没，而册籍具存。奏請飭查，不難得實。即使衛官藉詞兵燹以爲推託，而屯田所在，父老皆知。州縣確究，何從隱遁。查得其數，但令現在管業者，仿江海灘地例，予以限期，按畝繳價，嚴禁胥吏勒索浮費。其典賣轇轕，並責州縣隨事清厘。影占乾没，概許報繳，貸勿加罪。約計一畝繳價五錢，可得一千二百九十七萬一千餘兩。屯田清而衛官汰，歲約可省數萬兩。倉猝籌款之大宗，蓋無有逾此者矣。

一、收僧道税。《周禮》宅不毛者，罰夫里之布，罰所以警其惰游也。天下之惰游，莫甚於僧道而無罰。丁猶有賦也，而僧之不農、不工、不商者無賦。然遂胥天下僧道之所在，而人其人，廬其廬，則又擾。今議變法，各府州縣之事，需費至多，而籌之至不易。四民咸須出其力以奉公矣。僧道不擾之可也，而今獨蕩佚於法外，則不可。擬收其税，其法有四：一度牒，凡開旗傳戒者，先報受戒人數、姓名於賦税官，官給度牒，一牒税銀圓五枚。一香税，凡寺觀香火盛者，由各府州縣賦税官，歲量其所入香錢，百分抽十，給以税照。是二者，唐宋元明嘗行之。一給封税，先由吏部視三品至九品撰某某禪師及真人封號七階，許僧道入貲授給，貲以銀圓。三品三百，四品二百，五品一百，六品八十，七品六十，八品四十，次三十，九品二十。一贖過稅，凡有應笞之過願贖者，罰重五十，次四十，次三十。不請度牒私自傳戒者，罰二十。然西人賦稅，言取民之財，治民之事矣。取僧道之財而還之僧道，其法亦有二：一僧道年十歲以上者，亦入普通小學堂。一如就近寺觀之荒山曠地，僧道能墾種殖樹者，免其香稅而給爲業。視所著效之大小而給以封。其給業照稅，及三年後繳價。六年後納賦之例與民人等。

凡禮部之事八：

一、普興學校。國待人而治，人待學而成。必無人不學，而後有可用之人。必無學不專，而後有可用之學。東西各國，學校如林。析其專家，無慮百數。前導後繼，推求益精。但能擇善而從，皆足資我師法。端其基礎，首在正蒙。日本普通以及高等小學校，即各國鄉塾。其尋常中學校及尋常高等師範學校，即各國郡學院。陸軍及各專門學校，即各國實學仕學院。大學校即太學院。其學分法學、理學、文學，其章程有初定，有改定。爲中國今日計，不獨當師其改定之法，亦當深知初定之意。知其初定之意，而後我無操切率易之心。師其改定之法，而後我無苟簡紛歧之弊。較其次第，宜各府州縣，先立一小學堂於城。小學堂中，先特立尋常師範一班。選各府州縣學諸生，年二十至四十，束脩自受，文理通暢者，四五十至七八十人，視學大小，爲人數多寡。延師範師教之。三月後，試令分教小學堂學生。由地方視學官，每月會同師範師試其學業、教法之進退，而第其優絀。第二年，四鄉分立小學堂。府州縣大者四十區，中三十區，小二十區，酌分地段。有寺廟者，先借爲之。分師範生優者爲教習。其優而願留堂力學者聽。第一年師範生不納膳金。試而優者分三等給獎，最優者五圓，優者四圓，次優三圓。學生納膳金。第三年即以先立之小學堂爲中學堂，仍并尋常師範學堂於内，兼教西文，而别立高等師範學堂。凡學生皆納膳金，數各隨地酌定，是爲官學。若紳富私立或公立者聽便。建設之始，報明視學官，轉報文部，給予準據。學堂教育章程及課本書，與官學同，考試給憑出身亦同。第四年，各省城立專門高等學堂。第五年而京師大學堂可立矣。凡第一次官立者，書籍由學堂備置。其餘無論公立私立，皆學生置備。有人捐備者，由官給獎。凡各府州縣公立私立之學堂，初設及設後費用不足，由官補助。此由各府州縣小學中學，循序而至高等學堂大學堂之序也。其應特立者，仿日本學習院，於京師五城擴官學堂十區。凡宗室、八旗、王公大臣子弟，年二十以上，或屆學齡者自六歲至十二歲。日本謂之學齡，無人不入學入焉。其功課普通及高等小學堂程級，與各小學堂同。畢業後，以次入中學堂、大學堂，與漢高才生同學。異之者，崇以特絶之禮，而動分外向上之心。同之者，平其挾貴之心，而化顯分畛域之見。其應分立者，各府州縣警察、法理、農業、工藝學堂，高等商業學堂，女子師範學堂。其可較緩者，高等師範、音樂學堂，盲啞學堂。凡學堂官立及補助公立私立之費，皆入豫計。各省學堂以府州縣稅支辦，官學堂則以停止八旗兵丁口糧支辦。以奪之者予之而平其怨，即以教之者養之而當於施。聞之，普之勝法也，群臣相賀，其相卑士麥執小學校夏楚以示人曰："撻法者此也。"大哉斯言！考諸三王而不謬，百世以俟聖人而不惑矣。

一、酌變科舉。今有木焉，根柢於崖谷之間，巨石上壓，氣至乙然四出。其萌蘖久之，則化爲叢莽矣。樵者過之，斧其三而留一。根之受氣，畢由一達而益旁薄。久之，森森而幹矣。又久之，睨崖而出其上，匠石以爲材，木德此樵也矣。而必以爲向之斧者戕其生，不如叢莽之以不材爲材也，誣材之性也哉。科舉之妨學堂，猶是斧其三。奈何？與科舉而並妨學堂者，曰捐納、保舉。捐納停矣，辟召之奏任判任。任其人以事，必其人之所曾學，是保舉猶在也。而非向昔之所爲保舉也，是斧其二。凡應科舉而工其術者，其智故學堂之上材矣。今變五百年之科舉，而使天下人材畢出于學堂之一途。天下之士，年二十五以下，天資穎異，其術能取科舉者，必無不能就學堂以成一業。其二十六以上至四十之人，可學於師範學堂，習小學堂師範課本書，教授鄉里，或應各府州縣以下官之辟選，亦不致大違其素業。其聞變科舉而色然駭，皇皇不可終日者，年四五十以上，業科舉而不能自立之人，冀幸不變，而有舊株可守也。然四五十以上，則有子弟矣。論者或主策論代制藝，或主習經而減鄉會試製藝之篇數。夫學堂主學，而科舉主文。學可賅文，而文不足盡學。與其主策論、制藝，而翻騰於其中，不若擯策論、制藝，而消息於其外。年二十五以下諸生，自中學堂始，亦須十年畢業而爲世用。此十年之中，年三四五十之諸生，正可取學堂文科、理科、法科之書，如史哲、地理、倫理、社會、教育、經濟、財政、政治、數學、農商十二學，已譯成者，普令肄業。應試之日，分爲兩場。第一場試以九經義一首，工制藝者聽作制藝一首。第二場以十二學各發問題試之。凡九經義、十二學占習何門，並令自報。試中者分門注籍，由考官咨送各專管之部，以憑京外各衙門辟舉任用。斷以十年爲限，限滿即停。中額減半，略依嘉道間舊例。是亦移花接木之近方，吐故納新之漸徑矣。

一、學堂先學畫圖。山川都邑，非圖不明。户籍水利，非圖不清。警察，非圖不靈。海軍、陸軍，非圖不行。礦山、鐵路、工商，非圖不營。圖故變法之軌道哉！測量畫圖之學，本不精深，學以半年，即能成就。日本初等小學，即事繪圖。故雖工商出游，莫不能右握鉛刀，左擎紙素，隨所游覽，形形貌勢。今擬各府州縣初立小學堂，即延測繪教習一人，專教測繪學生。地大者二十人，中十六人，小十二人。臨派測量，各減其四。以留於堂爲學生，或有發病事故，或學之不精，而辦事無實者，更换之備。備圖成，由教習參合訂正之。

一、譯書分省設局。集一裘之腋者，必獵千狐，求連城之璧者，必剖萬璞，非好爲是煩難也。西政專門之書，經東人列爲學科者，類已逾百。而一類之中，又有新舊之本，各家之説。約計所知，大抵又五六倍焉。若西書之繁，尤不勝數。據花之安《德國學校論》，一千八百七十、七十一二年，新撰書二萬七百餘種，英國一千八百七十年，新撰書三千四百八十九種。今中國爲先河後海之謀，宜譯東書。即爲同種同文之便，亦宜譯東書。然各省同時並立學堂，並需課書。若專倚一省，不及供求取之殷，而各省輳興，亦慮有複沓之弊。謂宜約分門類，就江南蘇州、淮南書局並入、上海、江西、湖北、湖南、山東、四川、浙江、福建、廣東十處，原有書局，經費各認若干門，延致通才，分年趕譯。每成一種，互相分送。全數譯成，仍分各類，由宏達之士爲之芟蕪薙遝，集要鈎元，都爲一書，以餉學者。收通力合作之效，亦即爲博學詳説之資。抑更有説焉：今天下新舊南北之見囂然矣。譯書事繁，雅才難得。苟勝其任，宜破嫌疑。非特藉兹實事，弭釁化争而已。以愛力合群，其將由之。徵諸古，則宋太祖之修《太平御覽》，考諸今，則我聖祖之修《明史》，胡文忠之寶善局，曾文正之忠義局，聖君哲相，神明之用，不大可思乎？

一、權設文部總裁。中國教化之事，禮部任之。若開館修書，則特派總裁，任用部院府寺各官，分承編纂之事。日本官制，舊仿《唐六典》，維新後始建文部，有學務編習局。凡一切學校之事，設學之區，教育之規，必經文部審定准諾。而授課之書，不得出文部檢查之外。故舉國學業，合轍同途。今各省普立學堂，則小學堂、中學堂、高等學堂、大學院各科之書，必次第編輯課本。又必約準畢業年限。各家之學，不漏不繁，中人之資，可於限内畢業者，宜請特派學問賅洽、通知時事、素有聲望之大臣爲總裁，設局編纂。或令致仕大臣，仿書局自隨故事，在外總裁，自辟賓僚，設局編纂。其有私家編擬課程之書，悉由總裁審勘，奏請朝廷敕定頒行。

一、明定學生出身。南北洋近三十年以來，方言館，武備、水師、陸師學堂日益矣。就學之生，大抵中才及以下者耳。其高秀者或悔焉。學成而上不用，世不見重。不足比舉人進士之榮故也。其貧無聊者，乃往往挾其學，得重貲於他族。然則，欲鼓舞天下之俊雄，使其家人父子，咸願其家有一人焉，入學堂以發名成業，其必自明定學生登進之路始。凡歷、小學校至府州縣尋常中學校畢業者，宜給憑證作爲生員。其中學校之師範高等分數多者，作爲貢生。由是而文者，歷專門學校文法理學農醫科畢業者，宜給憑證作爲舉人。又歷大學院文法理農工醫科畢業者，宜給憑證作爲進士。其專科中之專科分數至多者，爲學士。其武者，由貢生而歷士官學校畢業者，宜給憑證作爲守備。又歷陸軍大學校畢業者，宜給憑證作爲都司。其内堂外場各學分數至多者，爲游擊。蓋學生入學至早，而禀賦聰强者，自六七歲至成進士、都司，已二十餘歲。統計十七八年中，學生所費，於脩脯、衣食、住房、書籍者，多寡約計每年六十圓，數已逾千。况專門學校在省，大學在京，又有舟車之費乎？士之希生員、舉人、進士也，爲其榮於邦，而他日足以贍其家。而魚魚而就試，得者僅數千百之一，而不得者屢喪其資斧。至於皓首黄馘而不悛悔。每人而計之，其數亦豈少哉！出身定，則溺於彼者又將移於此。風氣所扇，雲合景從。吾未見必待官爲普立，而學堂始盛也。

一、派親貴游歷。國初定例，宗室王公，不得私自出京。出京逾四十里者有罪。所以爲漢民計，而納宗人於無故之地，至仁。彼宗室王公者，亦既生而富貴矣，又不讀書親賢士大夫，入與閹寺、圉隸、走卒、優伶爲馳馬、蹴踘、媟嫚之戲，出臨媕婀之朝貴，而頤指其意向可否。閣門差使，盡於拜跪。宜其訑訑顧盼，專己自封，而曰天下之言盡知之矣。若夫西人則不然。雖太子、諸王無不入學院，與學子同課業之級，且無不歷兵官，受提督鈐束，有合于《周禮》師氏、保氏、大司樂合世子而教之之法。今既謂宜廣設官學堂，教宗室、八旗、王公子弟矣。其年在三十以上者，亦宜用各省年力不能入學諸生，止讀各科譯本書例，令稍涉獵史鑒，及各國政治、外交史諸書。每年春秋，朝廷更迭選派一二人，隨帶有文學知時務之卿貳出洋游歷，考察各事。俾涉道路、風濤、震恐之險，知平時叨逾非分之可慚。觀各國製造、警察、教育、武備一切政治之精，知平時汰侈自大之多妄，而躬與彼諸王周旋。彼通學問而我陋，彼諳政事而我疏，彼躬陳力於軍旅行伍之間而我惰。相形見絀，宜必愧奮。子産曰：安定國家必大焉。先宗室、王公、八旗、大臣，稍知天下有學問之事，天下有安枕日矣。

一、省官府儀衛。今上之諭變法也，謂采彼之長，補我之短。又令中外大臣，酌量當省當併，而首朝章。變法而及朝章，則治定功成以後之議也。今固不暇。且禮俗之事，仍舊無礙。日本士大夫燕居之服，亦尚有寬袍博帶者。竊謂惟警察、官弁、兵丁，宜用西式短衣。此外惟文武官儀衛可省。本朝儀衛，一仍元明之制。執役之人，服亦元明之服。西人見官排導而過市者，嘗鼻笑之。以爲襤褸乞兒，傴僂錯亂，蛆擁輿前，不足美觀而徒費也。今宜一切裁省。其掌兵者，用兵衛四人。掌警察者，用警隊二人。若文學、賦税、農商官，本無所用衛。必欲存典命車旗之禮以辨等威，則文以車輿之帷，武以樊纓之罽别之。如巾車所掌，夏篆夏縵墨車棧車役車龍勒鵠纓之意可通也。或用旗，或留一蓋以代九旗，而别其名物。司常所掌旂，旜物，旗旟旐旞旌畫象以象事名之例可推也。寧惟沙汰虚文，昭然易變法之耳目。合計二十二行省，文武大小各官，歲支之役食，省費亦不少。

凡兵部之事四：

一、抽制兵衙役練警察部隊。變法奚行乎？猶造器也，國爲之材，學堂爲之工。而工不能徒手而成器也。刀鋸築削，搏磨櫛雕，則必在警察。西法警察有二：有行政警察，有司法警察。日本維新，以行政兼司法，隸内務省，而别立總監之。廳府縣有警部，凡十等。其職保護人民。其事四：曰去害，曰衛生，曰檢非違，曰索罪犯。凡地方有犯殺人放火、鬥毆竊盗、反獄越監、僞造貨幣、誆騙、博奕、奸淫者，見則捕之。民人告發，則白於官，持票捕之。路醉病老稚婦女，及外國人，維護之。異言異服、游戲、傷敗風俗、聚徒黨横議非爲者，詰禁之。識道路、街市、村落、廬舍之所，居民之身家品行，清理道路溝渠，檢留遺物，救灾暴，警察之略如此。故警察者，上通政府，而下達窮壤，弭教案，詰戎莽，稽印税，緝私鑄，佐學校，清田賦，莫不賴之。無學堂則無體，無警察則無用，然行之亦有序。今州縣衙門有卯名及白役，多者逾千，少亦數百，爲民蠹久矣。制兵虚額者，什有五六。其存者鎮將以下，層層剥蝕之。所得月餉，不足半月飽，大半以小販爲生計。而户部歲計馬步戰額兵之餉，尚數百萬。是二者，一病國，一病民。驟而去之，則失業者多，而難於安置。惟移爲警察卒，則一舉而兩得。法宜先於各府州縣城設警察官，立警察學堂，采日本警察章程爲課本。調各汛營制兵，及各衙門差役，選其壯者，入學堂學習。三四月後，先行於城厢内外及大市鎮，徐更及於四鄉，而酌其所轄户口之多寡爲疏密。制兵老弱不入選者，給一年口糧。有卯之役不入選者，給一年役食，俾另謀生。其警察之費，歸入各府州縣豫計，用本地税支辦。是法也，蓋合司市司虣司稽匡人、撢入、野廬、修閭之職而一之。西法之合於古，而爲變法政要，此其一。

一、爲武科將領設武備外院。自西學西政之説傳於中國，而牢守舊習，併爲一談。雖臨以朝廷之命、疆帥之令，而卒不可破者，莫如各營統兵之官。其人自以曾從咸同間將帥，見削平巨寇之功，遂爾夜郎自大，輕外人爲小敵。重以鑽差扣餉，後者師前，立功之念本虚，拼命之言亦僞。而武科慣用刀弓，掇取科第，施之行陣，正如制藝之無當於服官，較之行伍，尤在其下。論者謂民窮財盡，海内焦然，何必以拮据難得之資財，供緩急難資之武備，去兵節餉，事在宜先，然彈壓内匪，豈容無備。爲斟酌變通之計，謂宜停止武科，大汰營數，就各省水師、陸師、武備學堂，置學習外院，各限定數名額，抽選武舉人、進士之曾受職，及參游都守之年力尚强，能識字者，另立簡要課程，隨班學習，第其高下。一二年後，以屢試高等者，次第派充各留防營營哨官。所换之營哨官，有願就外院學習者，驗如合格，列作新班。營哨之官，亦三年而更調。令其漸知他人之長，兼顧自存之地。夫更番入學，改良進步，固日本陸軍户山學校之規模，可則而效之也。

一、别立畢業生練營。語曰：天生五材，誰能去兵？以勇營將領之不足恃，而士卒之未教，議大去之，是也。然兵猶潮也，不進即退。猶輪機也，日用之，則瑩潔而有光。間十日不用，則暗。一月則銹生焉，一年則闢動是機者亦澀。而匠於機性，且將有不習之虞。如之何而不爲之計？今各省陸師、武備之畢業生，自亨利康貝及德日兵官之來觀者，咸謂諸生圖畫操練諸課，俱不爽於師法。而諸生有志者，亦争自磨厲，願得一試，其機不可遏。且不試，亦孰能驗所謂可用者不面諛否？而願試者果堪試否也？今如當裁勇營十，則裁十二。以多裁二營之餉，俾已畢業領有憑證學生，自募二營，而以所習之法訓練之。營哨之官，咸取於此。仍采日本陸軍經理學校法，課而行之，俾得練習衣糧、幕舍、工程、療病之事。令課吏館、學習兵學之候補道府監之。如營務處練成，由各督撫臨閲，分此已練者五成于各營，更就各營抽選五成，與之互易。練成，更以前五成續分於各營，而迭易之。庶幾教成學生之資，與留養兵勇之餉，兩不虚糜，而免新舊齟齬之患乎。

一、畫一製造廠槍炮。聞之各國之練兵也，凡一國之兵，其步伐行列同，槍炮膛線、表、尺、準心同，其槍之機托、刺刀之輕重長短、炮之輪座無不同。每得新製法，成而試之，利過於舊，則悉更之，悉舉其所更畀之商。伺中西有事，而貨於中國。中國急則捐重價購焉而畀於營。營不問其與已所有異同否也，取有其具而已。又或得新槍焉，非所習也，視之與舊槍等，不珍視之也。聞之英將戈登語某提督，中國兵用槍，合舊新無所用，某嫌其言詆輕我。夫誠使瞢瞢然附文繡於身，而不知其名，果膏粱於腹，而不知其味，戈登言誠是。必若不免而猶須練兵，則槍炮之不可不畫一審矣。今中國造槍炮者，止天津、上海、江寧、武昌四廠。天津一廠燼已。其三廠所制之槍炮，均不一例。其故則主者好矜，恥相取下，而不知工之無度，國威且墮於此也。今宜選明曉各國兵學一人，督理三廠，通檢江南、湖北武庫所儲各營所用之器械，略分三等。上等最新式而命中最遠者，如小口徑快槍，合三廠仿造而研究之，畀畢業生練營。中等式稍舊者如毛瑟之類，畀各防營即戈登意。下等舊者，如哈乞開士之類，畀各府州縣警察部卒。極舊而前膛者，悉收鎔而改鑄。德國全國造槍炮者止兩廠，其鋼料皆出於克虜伯，治兵有條理，强也固宜。

凡刑部之事四：

一、增現行章程。刑律不可遽議，理至繁，時未至也，條理不可不增，事已具，律不備也。德國民法，至備至精。日本仿之以判民訟，法與各國同，則彼此皆得行其國際之公判法權而無所阻。然則，法之不備，而欲以司寇所據繩各國之人，不可得也。事連彼族，而欲使我國之人，訟伸其理，亦不可得也。非必彼很傲而恃强，狡黠而善辯。民之嗜好、飲食、體質、教育、職業、知識、風俗，無一而同。我之官吏，即非闒冗，而無所據以爲争執。譬之徒手而與操利刃者搏，未有不敗者也。以商務一端言，彼律常輕，我律常重。彼律有專條，我律多比用。開港至今，受弊已多。與其使華商延狀師，引西律，以聽斷於西官，孰若增科條以自庇吾民，自保吾權乎？今欲遽引各國刑法之書，編爲定律，非得專家通才，詳審參酌，不給於用。且果變法，則民日智而事將益繁，不可無糾力、糾守、糾孝、糾職、糾恭之典。定律即稍需待，而六部二十二行省辦事章程，歲有增益。何獨於中外交涉關係甚大者，而憚爲之。約舉其要，教案當定章程，租界當定章程，報館當定章程，工商業當定章程，公司當定章程，銀行當定章程。而尤要者，莫若礦山。新約既成，外人開礦，内地接踵而至，地産人工，賊盜鬥訟，華洋紛拿，苟無章程，何以察治？抑今日所謂章程者，即異日定律之本。所當以日本刑法，合我之禁令風俗，而著其可行可守之綱目，以爲各府州縣行法司法之據。隨時修改，不厭精詳。法拿破侖《治罪法》一書，特爲諸國刑家之冠。明治十年後稍參用之。又以各國謂其法律不完備，笞杖斬殺之罪，不足治外人，乃依拿破侖律參定成書。其事勢與我正復相類，我采輯而增損之，要之以華洋兩平爲主義。

一、增輕罪條目。法重難犯乎？輕難犯乎？以常情言，慮無不曰："重則難犯矣。"孰知夫法太重者難行，難行則犯者十，實行者勢將不過一二。實行不過一二，則有法不啻無法也。民胡爲而不犯之？罰鍰自《吕刑》，罰作見漢律，禁錮奪勞見六朝律，皆三代相沿舊法。自明一切廢之，統以笞杖代。以爲存之無益於治也，而去之爲害於治乃甚大。無制之罰款，無期之淹禁，累千數之鞭笞，縋石曳鎖之虐狀，皆杖笞輕不足懲，溢而横出者也。而工商闤闠無輕罪，禁令之不能行者彌多。自徒以上必破家，錢財之訟破人家，仁者固不忍，而笞杖毁形裸體，又難施諸稍有體面之人。以此權之，增定章程，事雜華洋，自當仿洋法，增添輕罪矣。日本重罪如後四等：曰重懲役，輕懲役，重禁獄，輕禁獄。視徒刑固已變通。輕罪之刑三：一重禁錮，二輕禁錮，三罰金。違警之罪二：一拘留，二科料。附刑六：一剥奪公權，二停止公權，三禁治産，四監視，五罰金，六没收。其刑名十有五，皆中律徒流以下笞杖罪也。目繁而不虐，刑輕而不可免。存其廉恥，不恕其非違。禁令無不行，風俗無不肅，職是故耳。苟不采取此意，地方官以意判决，暴者殘民，仁者失有罪，徒爲外人姍笑耳。日本近者改正刑法，草案稍嚴，其辨護士上書抗駁。夫日本用西律，主慈祥者也，猶如此矣。

一、清監獄。律於獄囚，防弊至矣。應禁而不禁，罪止杖六十。故禁者罪起杖八十，重至於絞。衣糧有專條，陵虐得舉告。食鋪所店私押輕罪，指參嚴辦。立法如是其密，而猶有班房私押，差役私刑，寒暑疾疫，瘐死日積，則輕重罪囚不盡分，而獄室穢迫所致也。西國於監獄制度，至整且詳，所以爲瘐死備，無微不至。日本有禁錮場，拘留所，以處輕罪，皆良法之可采者。中國惟刑部有杖不收禁之法。外省州縣，拖累干連，店所侵虐甚於監獄，平人苦累甚於罪犯，言之痛心！近湖北大修監房，嚴禁私押，用意至善。宜以其事行各省，各令設法清理。

一、行訟税。《周禮》司寇聽訟，必先令兩造入束矢鈞金於朝，三日然後聽之，欲致訟而必得三十斤之金，一不直而金没於官矣。當其時，必有一本不直者。得罪之輕重，尚待判决之後，而此三十斤之金，則在罪外，而特爲取信之質。説經者以爲是先王愛民，不輕受訟，而致民於刑之道也。日本仿西例律師，設代言人，復易其名爲辨護士，其人皆高等學堂法科畢業之人，經司法者試給執照而許充之。日須納金十圓。每年更納照税，非違有罰。其涉訟者，告訴狀、答辯書證憑抄寫本，必購用商賣官造罫紙，不用者官不受理，紙視事類色分。金穀之事，自金不滿十圓、米不滿五石，至金千圓、米五百石以上者用黄，若黄緑，若橙黄，若緑，若黑；人類之事用青；土地家屋之事用紫；雜事用紅；文告用赭。其税自五厘至五錢不等。堂判所用，亦依類分色。凡原被告人自用，及傳唤狀堂判所用罫紙，並由理屈者償税。案結三日，與裁判費俱納票。有不經官許而賣者罰百倍，買者半之，此有《周禮》遺意。今各府州縣之聽訟也，無此事也。然而民有一訟，則有代書之費，有號錢之費，有傳呈之費，亦號錢也。告期每號一條六圓，傳呈則視事大小，加二三條號不等。有經承之費，有拘提之費，有號單之費，有鋪堂之費，有和息之費，有酬謝酒食之費。官不得贓，民猶不甚怨。若明定以税，而取其裁判之費，不既勝於以國家行法之事，爲丁役受賕之符乎？而況於有説乎？

凡工部之事四：

一、開工藝院兼博覽所。考工之事，三代所重。攻木攻金，刮摩搏埴守之，世以名官。皆後世所謂匠藝也。中國庶而不富，厚民生者，工且尤切於商。日本以商業抗歐洲，輸出數驟羸，皆製造品，不願以生貨供歐廠也。以生貨與人，而我失工之利。以熟貨與人，而我得分人之利。然無學堂，則工藝固無由以致精。各國之言工學者，新理日出。若土木工，若機械工，若冶金之工，采礦之工，化學雜料之工，材料構造之工，日本學科並有專書。大學院有工科，特設有工業學校、技手學校。考取中學堂、小學堂學生充之。宜於沿江沿海省會各通商大埠，仿設數處，以興製造。而博覽會尤有益於工。良楛並陳，生競心；新奇多見，生巧思。凡通商大都，如蘇杭川粤，製器恒優於他省，由其見之博也。江鄂已設商務局。宜令鼓舞商人於各業公會款内，量集專款，設博覽所。即在工藝學堂外院，以爲勸工之助。若漆器，若磁器，若銅器，若雕琢器，若文玩服用器，若竹貨，若皮貨，各省各有良工，薈萃羅陳。最精良者，給以賞牌，或設法助其銷器。生料便而手藝拙者，入工藝學堂教之。洋貨暢銷品尤宜多備，以便仿造。日本新政，植基工商。工尤商之源也。

一、行補助法廣助力機。機器之助力多方，各省仿行製造，所用者皆資火力。火力之機必用引擎，汽爐購價既昂，造廠尤費，自非通都大埠，商力殷盛，不易措辦。日本民間用風力、水力、電力以製造就地生貨者頗多。江西、福建水碓水磨，亦復不少，自江以北，絶無此事。不知近山之所，懸泉注瀑，水能生電，利用最宏。平水之鄉，亦可因形勢用重力以高下之矣。美國風車，農家習用。中國變通舊法，即可仿行，成本不多，集資尚易。自臺灣割棄以來，糖與樟腦價日踴貴。而洋麵洋鹽，灌入漸盛。自非就各府州縣物産相宜之處，多設風水電助力機器，不足利民用而挽外溢之資。今如各府州縣特設農商官，則其事是其專責。可各因地制宜，勸工興事。然距江海較遠之地，風氣未開，富人畏官，低首縮尾。提倡保護，宜責於官。設力有不足，即宜官爲補助。酌定分數，爲立章程。此項遇事補助之資，即在每年豫計之内，或於創辦之始，量免收税，寬其經營之力，即所以爲募勸之方。西人商政，有出公款以助製造家之法。日本補助營業資本，列於歲出表，以爲度支之常經。彼各國君臣上下，力圖富强，理財致富之書，汗牛充棟。豈不知聽民自便，而收其辛苦所得之餘以爲利哉？孟子曰："春省耕而補不足，秋省斂而助不給。"老子：欲固取之，必先予之。誠明乎取也。

一、勸集礦路公司。天下曷爲而治乎？通則治，公則治。曷爲通？工商之運，政法之行，豐凶之相劑，征守之相足，斯通矣。是路之事也。曷爲公？取所藏以應人甚相需之求，則同其似不便者而公。聚所藏以治我應治之事，與資我轉相益之利，則同其至便者而公。是礦之事也。然則曷爲亂？亂生於治，求治而無方，斯亂矣。礦路之亂，一在墳墓，一在廬舍。廬舍妨路，優給遷資，一縣數十家而已。開礦關礙風水，動合一縣開於此而彼不開者，以爲行將及我，而人人自危。人人有自危之心，則必危我而事且敗。然則曷爲已之？曰合曰分。合以力言，而分以序言。以各府州縣預計之法，明告天下，而示以某事應納於官者若干，某事供地方支辦者若干，出於賦税若干。又示以礦之利，路之利，俾民咸曉然於一府州縣出入之數。有業者圖發其藏，以減其力之所應出。無業者圖人之發其藏，而增其力之所應入。斯合矣，合則必立公司而民智之待人而開也。各省量各府州縣礦産最旺、便利無礙之區，先立一官局，延訂礦師先開以爲倡，聽紳民附股，辦事兼用官紳。而明定官民資本，辦事界限之章程。隨局立礦學堂，教本地文理清順之子弟。有願集公司另開者，官爲勘明，給以準照，予以公司礦山法律，使遵守之，分畢業學生試辦。公司至五萬兩以上者，分别給獎。鐵路則大幹而外，官不能盡開。民間商賈之轉運，車騾之生計，不有馬路，終不靈通。並應勸集公司，聽民自辦。有願開者，報官勘明利益所在，給予准照，就地延訂工師，立路工學堂，爲逐漸推廣之用，是爲合。民智不能遽開也，有專管官以司之，有議員以聯之，有學堂以化之，有警察以通之，有章程以便之。而又爲之酌量情形，定年限以次第之。是爲分。能合而分，庶幾其通乎？抑豈不愈於外人之攘據乎？

一、講求河防新法。自明潘季馴以來，治河之書率囈語耳。鯀殛於堙，而禹有天下之功以疏。鯀方堯命，則堙非堯意。而禹鑒其父之失計，變而用疏。是禹之功，鯀以罪易之矣。禹善變而鯀不悛，故禹帝而鯀死。孟子曰：“水由地中行，得禹之意哉。”自元迄今，數百年來，以治河名者，皆鯀耳。其書又喜言賈、魯。魯之功安在？不據聖人之經，并不能師賈讓之意，壹以培薄增高爲事，資耳目於都水之成案，河兵之辦法，庫儲之奏銷，而曰能治河。當時之臣，隨其事而補苴之。而奏議政書，適足爲河督以下歲冒百數十萬之護法。河安能治？雖然，不變法則後此治河之臣，無一而不鯀，疏河無具也。不能别闢一河，施畚臿而疏此河也。惟有培薄增高，奉鯀爲本師而已。蒙言變法始測量矣。而變河之法，尤宜以測量爲本。自龍門以下，至於今黄河出海之口，地平高下宜測也，河身宜測也，廣狹宜測也。每桃汛伏汛，至於霜降，至於冬，每方一里，容水方若干，宜測也。今水之載於地上者，每方一里，積厚若干，宜測也。是宜特設河工學堂，招學生六七十人，學測量工程之事。學既畢業，則自龍門以下，每二十里立一局，河干每五里立一鐵表，至於海口而止。每局一學生駐之。每日以往來量記水勢爲功課。延西洋工師熟察水土之性，購相宜挖泥之機船，每十里一船，令各每日往復於十里之間，駁泥之舟調天津、通州及清河、山東之糧駁爲之。南漕改折此等船無用，以此銷之。駁運之泥，却於舊堤之外，以厚其附。約以千里，計需用百船，約以每船值一萬四千銀圓，計需一百四十萬銀圓。又設立學堂，延師河工，運泥儲煤，修船及船塢一切之費，歲二十萬圓。裁當每年河督以下官兵及奏銷用款之數。即使溢出二三十萬，而每一機船，每日去土若干方，即河身低下若干方，亦即容水若干方。濬而不已，期以平水之時，下地面五尺，減船之半，水下一丈，則減船之七，留三成以爲常。設遇盛漲，有卧槽逼岸，突出險工之處，則師聖祖切灘抽溝之方略，聚三數船於中流，或對岸以解之。各省有工科道，各府州縣又有工科專官，河督以下，皆可裁省。二十年後，當有順軌安流之日，而河工之案，舉可摧燒矣。或者謂裁官以爲節省也，而又用之，而或且過之，非計。安得有財節而河治之法？則告之曰：有英國一千六百九十四年八底生以一百萬圓設官銀行，籌還水陸兵餉之法在。

以上事散見於六部者，四十二篇。其施行之次第，則第一，設議政院，課吏館；各府州縣城設中學堂；先教測繪、師範，教警察；各有設局編小學堂及中學堂課本書；譯各史及各學科書；户部及各省布政司、各府州縣行豫計表。第二，分職省官定俸，各府州縣實行測繪，警察，訂税目，增法律章程，罷厘金，停捐納，變科舉，行決算法。第三，各府州縣分設各鄉小學堂，興農工商業，抽練營兵，減官府儀衛。而一事也，或以事理階級定分數，或以省分財力定分數。分數既定，分年可辦。由督撫自定，而六部課之。

嗚呼！變法其果可行乎，而盱衡抵掌而言之也。自甲申中法之役而朝局一變，甲午又變，戊戌再變，至於庚子而朝局之變禍極於滔天矣。本朝家法最重祖制。然自世祖定鼎燕京，已非天命天聰之舊。康熙、乾隆亦非順治之舊。咸同兩朝變革尤多，安在舊之能守。而取便其私者，聞變法之言，必以輕更祖制聳上聽，而劫持同列。夫使中國得終古閉關，赤縣神州不見外人之足迹，則高曾矩矱世世相安。元明之法何必不度長於三代？惟世變棘而朝夕環伺之强隣其所以馴至富强者，轉有合於我二千年以前之政治，有志之士樂道其善，或稍稍爲激論，值朝局水火，更相推蕩，波譎雲詭，萬怪惶惑，而喜言新法者又不善自爲地，逞快喉舌，於是形勢相逼，睚眥尋仇，毒流大區而危及宗社。推而論之，亦與變法何預也！夫法所以行道而法非道，道不可變而法不可不變。日月星辰曜明而無常度，布帛菽粟飽煖而無常品。法久必弊，弊則變亦變，不變亦變。不變而變者亡其精，變而變者去其腐。其理固然，而迫隘之計又不可以救洶乱。蓋必恐懼修省而後能定七鬯之守，必含宏光大而後能致品物之亨。今中外大臣思所以會明詔而爲殷憂啓聖之助者，甚至蒙既畧舉所知以備采擇。而私意所尤望，於今以爲變法之命脉者，則在上破滿漢之界，下釋新舊之争，其他推行更俟異日。烏乎！禍之所從來可知矣。自其來之門而兑之，而剛柔相易，惟變所適，禍庶幾已乎。豈非人乎。

—13. 皇朝經世文統編　卷一〇二　通論部三

錢　恂（1853—1927）

字念劬，浙江吴興（今屬湖州）人。早年入寧紹台道薛福成幕，後歷任總統府顧問、參政院參政。有《二二五五疏》。

通商綜核表序

約章所載，進口免税各物，初因品物不多，無關税額。又皆彼中日用，無預華人，不予徵科，以示曲體遠人之至意。詎向之專供旅用者，今則視爲利途。非無司關者，稍與争持，而總税務司動加駁斥。商利關税，交受其侵。又若同一紙也，墨也，金銀器也，氈毯也，衣服也，蜜餞也，煙葉煙絲也，皆出口有税，進口則免。中外互市，貴取其平，免則均免，税則均税。苟取舊章，而更定之，酌一進出皆税之則，堅持定論，彼必無詞。况我國免税各物，大半爲日本税則所不免，何西人於日本則甘於輸將，於中國則每形崛强。折而服之，固有詞矣。按西例，出口貨税，或輕或免，以期暢銷土貨，重征進口貨税以遏來源，保我黎民，毋侵害農工。未有舍己芸人，抑内護外者也。又閲涇縣吴劍華《續罪言》，其税務司一條云：按海關之制，既有老關以收商課，又有新關以收洋税，税課總歸海關，而洋税則另用外人掌之，名曰税務司。積各海關之税務司，而轄之以一總税務司，亦用外人。濫觴已久，無有悟其非者，吁！何其悖也！夫創始之時，實以洋人貨價，非華人所諳，故不得不藉外人之力，以助其成。今日大非然矣，税則既定專條，章程盡人能解，何用碧眼黄髮之儔，越俎而代治乎？且既設一總税司以轄之，則凡爲税司者，皆自以爲不歸關道轄治，儼成分庭抗禮之勢，輒以細事，動致齟齬。而所用洋人扞手，類皆袒護洋商，而漠觀華商。同爲一色之貨，竟估二種之價。於是華商怏怏，而控之關道，關道皇皇，而問之税司，税司茫茫，而委之扞手，率從初議，使納重税，關道瞠視之，無如何也。於是轉賄囑洋商爲護持，而華商之貨皆洋商之貨矣。華商既賄托洋商，而貨本較重，不增價則本虧，價增而華商之貨日滯，洋商之貨暢銷矣。且廣東各口，往來港澳等處，輪船經過關口，必須停錨，俟税關人役，下艙查驗。如係西人船主，則無庸候驗。何薄於土人，而厚於外人如此？而要皆一税務司階之厲也。方今天下洋務日興，不乏洞明税則，暢曉條規之人。苟使曾任關道者，留心人才，時與税務司考究，選擇幹員而薦舉之，以爲税務司之副，責其學習數年，有效則漸裁外人，而使代之。我華人皆知奮勉，次第迭更，不十年而各關皆無他族矣。然税務司，乃總税務司所轄也，不先去其總，則必多方撓阻，而關道終無事權。各税務司必存私心，此議卒不能行。彼日本小國耳，昔海關權税，亦用外人，今則悉舉而代之以本國官矣。

嗚呼，何以堂堂中國曾不倭若。以天下利權，授之外人之手，而使坐長奸利，以笑中國之無才哉。查中外各國，請外人爲税務司監收國税者，只印度、中國、日本三國而已。印度税捐，以鴉片爲最，昔爲英商承辦，太阿倒持，禍至失國。日本初聘西人協理，今則全换土人，不用西人矣。我中國尚屬如故。考各口洋關正税務司三十人，署税務司十餘人，代理税務司二人，副税務司又十餘人，尚有徵税、船鈔、教習三項，分内班、外班、海班，共有四千三百四十三人。其中華人三千五百七十四人，通西文且在洋關當司事者不少，何無一操守廉潔者，可升爲税務司乎？或謂華人難免舞弊，西人豈得盡善。不觀鎮海關洋人美生之事乎？如謂華人不盡如西人，何不於其中慎選而用之？又謂選擇甚難，然則西人獨不須選擇，將盡人而賢耶？劍華所論，實獲我心。余細考華人之舞弊者，大抵西人俸重，足以開銷，華人俸薄，不敷繳用。且聞泰西各國無關卡，有納税印花出賣，運貨納税者，計銀若干，即貼若干印花，關卡委員無中飽病商等弊。聊貢芻言，伏候采納。

—8. 皇朝經世文三編　卷三六　户政一五　榷酤上

關税釋類

關税者，内國及外國之貨物通過而賦課之租税也，其種類凡三：一曰輸出税，二曰輸入税，三曰通過税。輸出税者，自内國而輸出於外者也。輸入税者，自外國而輸入於内者也。通過税者，自甲國輸送於乙國而通過於丙國者也。

論租税者，先當究租税之賦課，誰爲歸結擔任；蓋關税者，亦猶内國消費品税，有轉嫁於人之法，假如輸出税者，雖先由本國商人豫行代納，而至於歸結，則究在於買主之外國人也。然亦有時而反其道者，則如外國市場物品争競之際，一時不能昂價，而其税仍歸於本國商人之擔任，此即利源應究之點。

輸出税者，昔雖行於歐洲，今已漸漸廢止，尚存者不過伊太利、瑞士一二國。蓋現時國際上之通商貿易，非常發達，各國皆於外國市場，擴張銷路，以争取壓他國之商品，故不得不讓以低廉之價格，若重以輸出之税，則過殺其争競之力，而殊妨内國産業之進步，是以前此爲輸出重税策者，莫不誚其以手割腹之愚。而今日努力通商之國，且將輸出重要品，并輕其一切内國過路税，以爲其暢銷之路者有之。然全然而爲廢止輸出税之説，亦不必也。蓋事物有特殊之際，亦不妨徵税以增國帑，今略舉其例：

第一，或以一國需要物，共知濫出之不利，則課以輸出税，而藉爲抑制者有之。假如工業中必須之原料，如煤、鐵等，而内國之生産不富者，使國家放任一人之私販，而傷大衆之利益，則統財政者之責任也。是以英國十八百四十二年以來，定賦課煤之輸出税。要之無論何國，苟有傷害國家公利之事，則爲課税而爲抑制之法，此本公法之所許，亦政治之必要也。

第二，或以土地氣候之關係，爲一國特産之貨物，而爲他國所鮮有者。如伊太利之硫磺、巴西之咖啡、印度之鴉片等，即使價格騰貴，外國必無競争，雖課以税，而仍得轉嫁於外人，不可爲非利之應得，而策之得宜也。惟亦須注意者，則世界之新學既進，苟以一物機出之昂貴，而有人焉爲之改種，爲之化造，如錫蘭島之玉桂、祕魯之硝鹽等，以世界之代用製品漸出，今所夫其昂貴之售價，則宜參酌世情，而審配於適當也。

輸入税者，外國品輸入本國而課税者也。其租税負擔皆在内國消費人。輸入税、啓昌税中尤爲衆議紛集之點，往時重金主義盛於歐洲，以爲輸出過於輸入，則正貨内入國富增加，於是防遏輸出，獎勵輸出，大課輸入品以重税，不知輸出入之平均，乃財界自然之勢。百年前，斯密司亞丹出，特破此謬，解倡自由貿易之原則，爲最適於人民利益之增進，然自是重金主義之謬，雖漸喝破，而自由貿易與保護貿易二者之利害得失，甲論乙駁，大啓學家争議。此二者，亦大爲今日理財政策上所宜推究也。

爲自由貿易者之説曰：自由貿易最適合理財之原則，而爲造物巧妙之配劑。蓋各國各依其地味風土，人民各依其才能伎倆，利用其優長，而爲之比較，爲之交换，長短相師，有無相通，豈非人類最大幸福？世間藝學日進，甲國之物産，或宜於乙國之取財，丙國之製造，或宜於丁國之需用。一國物産不僅爲一國運用，則生産物之利益日大，而爲互均利益之交易，若政府而行干涉政策，則適阻礙利源之發達。往時英國輸入税非常繁重，至漸次改正，一取自由政策之後，商業逐漸隆盛，至握世界貿易之霸權，是保護政策之不當之一明證也。且輸入税之加重，内國工業實被損害。蓋一國産物豈能全備，外來原料品價貴，則製造家必大遭困厄。千八百七十年間，佛國之拉德兒楷壘等地方揭竿起叛，亦窘於此種關税之故，故近今各國群悟一國孤立之不利，講共相扶掖之策，併欲立共銷兵器之約，以成世界之商戰焉。

爲保護貿易者之説曰：世界列國既已分立，各國各起其愛國私念，圖自國之富强，以互爲對峙。此侵彼略，此吞彼噬。欲財力之擴張，勢必借助於武力，恐世界平和主義不過哲學家理想空談。且處各國競争之際，而講一國富源增進之法，不得不講政府合力扶掖之策，故當國際競争激烈，莫不運以適宜保護之策，若據自由主義，他人以全力猛進，事業日盛，己國以平和退讓，銷路日減，是何異以三尺童子之歌舞拒壯丁之干戈也。况世界風雷常起於頃刻，若以自由主義而一切放任，依賴外國之供給，一旦兩國開衅，必遭杜絶，是争戰開，而財界先受挾制也。謂百般産業必皆出於一國之經營，當世界既開原可不必，而預備有事，以自衛國家利益爲計，亦不可不干要之。保護税者雖不免阻礙世界利源之發達，而列强對峙，國家爲産業特殊之保護，亦屬不得已之策。

故謂自由主義者理財之原則，保護主義者因時之特策，無不可也。雖然保護税者，於對内國産業尤須注意，如果其國産業既臻興盛，則亟宜撤去此策。蓋一有單行獨步壟斷利益之弊，二有産業家依賴保護，苟安小康，不爲遠圖之弊，政府當局者，往往於意想纏綿之際，不識不知之間，釀生幾多損害，是誰在有爲之，當局以卓越眼光，英斷手段，於適宜時期決然廢止，爲善耳。

輸入税之關於貿易政策者如此。其財政上關係，則對内國各種消費品物，既分課以租税，於對外國消費品而課税，亦自公平至當之理。若對外國品而輕税率，則廉價販賣，本國貨之銷路必落，是無異對外國品而予以特别保護之惠矣。且内國物品税之徵收，費用煩勞，而外國輸入税先有一定之關口，徵收易，入額鉅，故即自由貿易主義之國，亦無不炫其利益。其二三注意點有不可不知者。

第一，輸入税須重於奢侈品而輕於必需品。

第二，輸入税須重於精制品而輕於原料品，且或竟免税，以原料品之課税有礙於内國工業者也。

第三，輸入税重三數要品，而不重雜品。雜品之税不妨輕減，以徒煩收費而無實得也。英、佛關税收入之大部，不過二三之要品。千八百七十六年，英國關總收千九百八十九萬六千三百八十六磅，而千九百二十萬六十九百四十七磅爲茶、咖啡、火酒、葡萄酒、煙草之五種。千八百七十三年，佛國關之總收二億千八百萬佛朗，而一億八千五百八十萬佛朗爲咖啡、砂糖、油煤、炭、椰子之數種。

輸入税之課賦法有二種：一曰從價税，一曰從量税。

從價税者，應輸入品之價格而賦課之。有因輸入品之原價，與因買費之價格之二種，然通常因原價者少，因買賣價格者多，故輸入者先按其價格而申告於關税，關檢查而賦課之，若認不確當，申告人不服税關所定價，則可别邀評價人公評之，而税關代買焉。

從量税者，應輸入品之重量而賦課之。或專因其重量，或以其物品之品位、數級而分區之。各國現今輸入税格，專從重量者少，因品位而異其税率者多，二法亦各有長短。

從價税之所長：一從價税得課税之公平。蓋課税者，於物件之價格不可不比例也，若從量税者，同其物量，或異其品級，則未免有不公之課税。故今日以價格爲完全之法。二從價税合於社會政策。從量税則反之，何者？從量税僅僅以重量爲標準，而往往粗品重量大，精品重量小，細民每需粗品而大負重税，富民方購精品而轉負輕税，不公之理判然。若從價税，則高價之精品税重，低價之粗品税輕，此理之無或爽者。

從價税之所短：一以價格比例雖得公平之則，而以各種之貨物，每難於一一得公平評價，納税者與税關官吏間紛議争論不絶，必阻礙國際之貿易。二從價税課税之標準，往往由税關之意見，甲關之評價與乙關每異寬嚴，而政府所收入或致絶大之等差。三從價税施行時，政府須多增税關費，何則？此法不但多需官吏，費用煩雜，且所選官吏又需通曉市情者，其俸給自必加厚。四從價税施行，税關或啓敗德，向則評價雖有定則，而上下其手厥術甚多，賄賂苞苴或所不免。

故爲矯正之法，以從量税而嚴密其準則爲善，而宜種自由運動之範圍，不可不束耳。若從價税不過博公平之虚名，苟於從量税而按時應格，因疏補漏，亦未始非救弊良法。

今歐洲諸國，其初大抵用從價税，嗣以施行用難，漸次改爲從量税。英國千八百年始，獨國千八百六十五年始，佛國千八百八十三年始，奥國千八百八十二年始也。至今尚用從量税者，惟白耳義、荷蘭等國耳，若北美合衆國，以保護貿易爲主義，其改去從價税尚未久也。

輸入税之定率又分二種：一曰獨定税率，一曰協定税率。

獨定税率者，以内國法律隨意定率，今惟露、美二國用此法，彼主保護貿易策，宜其對外國物特課重税。

協定税率者，與外國爲通商條約而協定其率，今所通用。

論二法之得失，在財力既發達之國，協定法原屬大公，若夫産業未盛，自以獨立法爲得計。蓋協定法，雖條約原有相互同等之利益，而同爲興盛國，則可以並駕齊驅，若國力相差遥遠，安能對抗？故産業未盛國，若無獨定税率之權，則國力永不能增進。

輸入税率之中，又有普通税率、特定税率之區别。

普通税率者，不問從何國輸入，而賦課之率惟均。

特定税率者，或以兩國條約之利益，而特異税率者，亦有所謂關税戰争，對交界之一國而特課重税者。

通過税，即前所謂甲國輸送於乙國，而通過於丙國者也。舊時各國猶課此等税，今則悟其不利，漸爲廢止矣。蓋外國商品通過其國，其國利益必大增，何也？貨物聚散頻繁，則運輸需人力，存儲需屋地，皆於其國有鉅大之利。抑且四方輻輳，此國遂爲商業中心點。如現今香港蕞爾小島，而商業隆盛冠於東亞，蓋西自歐洲、印度，南而澳州等國，東而亞美利加、日本、朝鮮等國，皆以此爲中心點。故如有此等地位，則雖地味磽确，面積窄狹，人口稀少，而仍得莫大之榮富。

附各國輸出入之總金額及税關之收入

國名	年	輸出額（千元）	輸入額（千元）	關税收入（千元）
美	一八九〇	六六五九六五	六三五四三六	二一〇〇〇〇
英	同	一五四二三五八	一七四六九〇五	九八五〇〇
佛	同	六六〇〇四六	八四六八七三	六五九四三
獨	一八八五	七二八八一四	七四七四九二	六三四七九
伊	同	一八九一六一	二九一五五三	四六五二〇
奥	同	三三六〇四五	二七八九七四	三三一七二
西班牙	同	一二三八三六	一五五九二九	二六二六八
白耳義	一八八五	二六七五〇〇	二八五一四〇	五一〇一

—19. 最新經世文編　卷五四　計學八　關税

日本現行關税法

關税之制定，國家統治權所運行，以己國法律自由定奪，此國法之原則也。惟近世國際之交通大開，於是有通商條約協議之定率，故國定税率外，猶有所謂協定税率者，顧關税之賦課徵收，與普通徵收法，迥不相侔。兹舉要述之：

第一關税之主項。關税主項，謂輸入貨物也。近世國家於輸出貨物，往往寬免其税，若輸入貨則不問裝載外國及本國之船舶，而賦課無不照率，抑且或禁止，或重課，或平價，一由其國之主張，此公法所公許，亦一國財政之特權也。

第二關税之徵收。關税者，於輸入申告時施行徵收法，苟有偷漏，則無論内國外國人，必悉照犯則之處分，抑或附項税費未全納者，亦須將其貨物暫存倉庫，以爲税費之保押，而此外進口船櫝之多少，陸揚猶言起岸之時日，亦須即時申報，而貨物争議，税價滯納之時，則得由政府代收其貨轉無公賣，若郵便物之須課關税者，税關可將其税額通知郵局。再通知本人，以印紙加足郵費再來領取。

第三關税之減免。通過貨物免税之外，或有以物品之適用於内國，而不課關税者，或貨物輸入未滿六個月，復行輸出者，此種貨物乃先於輸入之際，别以金錢押存以爲擔保，即使不再輸出，亦無虞漏税。減税者，以貨物輸入時遇有損傷者也。輸入被損，得由税關檢查爲相當之減税。

第四關税之擔保。遇輸入貨，於六個月以内仍須輸出者，則先納擔保金，否則以貨物存押。漏税時，税關得公賣其貨物。惟既以貨物擔保，即届時不以金錢换納，亦不得以漏税論，故公賣後若有餘金，須給還本商。

第五關税之時效。關税之徵收，若貨物輸入已越過二年，則不得重行追求，謂定期已過而追求失其效也。

第六異議及訴願。關於關税之賦課對税關長之處分，有不服者，則得爲異議之申入。異議申入之要則有三：一時期不得出十日以内，二須照文書規則，三貨物未轉運以前。税關長以文書判定交付於申入之人，而猶有不服者，則得訴願於大藏大臣，付委員會審查，依大藏大臣裁決。

關税有從價從量之別，税率有國定協定之分。考日英之議定書，税目專取從價税，而其中品類之特定者，所得以從量税换算，其從量價額，則三年一次改定之，依明治三十年敕令，輸入貨物得享受協定税率之利益，故除郵便物及價僅百元者以外，須添付製産原地證明書，否則貨入内地，左證莫辨，須依國定税率課税。

關税定率法，依附屬税表分貨品爲三種：第一種有税品，第二種免税品，第三種禁制品。屬於第一種者，課從價税，是爲國家財源計。屬於第二種者，其免税必有原因，或書器之歸於民知，或品物之利於工業也。屬於第三種者，或害公安，或傷風俗，關於國家政治之要，而於關税無涉也。

船舶及貨物之出入關税上關係之要點，爲關税法之一部分。

第一船舶。船舶出入有開港不開港之分。開港者，專爲外國貿易而設，故進出口船舶之所必經，而苟非不得已之時，斷不准於不開港處私爲通行；外國貿易船舶其出港入港，皆不可不遵守規則，如出入之申告、准許裝卸及載重之量目等，皆得照規則遵行。

第二貨物。外國輸入或内國輸出之貨物，除遭難之特定條件外，必皆由開港出入，無論輸出輸入皆須申告税關，非經檢查不得轉移。

一開港之間，非必直接輸出入之關係，即他之沿海通航回漕之際，亦須申告税關，或貨物裝卸之時，亦須經官檢查，所以防密輸之弊也。

輸入未税品之藏置，須爲設保税倉庫。此倉庫自宜官設，即有私設者，亦須由所轄大臣之特許，其業務一切皆由就地方官廳指揮監督。又私設之保税倉庫，其於貨物之輸入税完納，庫主不得辭責，而貨物之失亡遇灾等因，亦惟庫主自問，以其有保管貨物之責也。寄庫期限以一年爲滿，過期須向庫主照犯則例，重課輸入税。官設倉庫，亦有一定期限公告。

船貨送致税關時，或陸揚時，以七十二小時爲限，若届時未即發送，或保税倉庫未爲保管，則税關得收容之以防意外之危險。其收容時，先爲揭示三日以内貨主得爲收容解除之申出。若税關收容貨物之後六個月無申告者，税關以其貨物之記號、種類、個數等公告，自公告三日起，一個月無申告者，則將其貨物公賣，除費用應納之外，仍將其餘全存留，以待領取。

關税既係特設之職，則税官亦不可無特予之職權，如税關官吏於監督必要時，得有貨物之檢查、鎖閉及倉庫之檢查鎖、閉各職權。又或船車之出發禁止、進行停止，以及一切之處分，且遇緊要，并得請海軍之援助，協同取報。關税之中，又有所謂噸税者，蓋關税者專對輸入之貨物課税，而噸税者，則於入港時，專對外國貿易船之重量以課税者。其徵收雖亦屬税關之職掌，而噸税率者，須先記船舶之登簿噸數，每一噸積量十石付税五錢，或於每一年之進口噸税，於一時酌額納付，則此一年内進口可得通便。

—19. 最新經世文編　卷五四　計學　關税門

貨幣流通之法則

鑄貨事，無論何國，通例皆屬國家主權，而不許人民私造，故貨幣固已帶法律性質者也。斯賓塞爾氏自由鑄造之論，久被學者社會所指摘，橋呞氏極言私鑄貨之粗濫，無國不然。昔時英國銅貨輕重不等，商人中至别選一種定位貨通用。英國官吏及人民，至開會協議，以安格累塞，Anslerey 會社之貨幣外，不凖授受，可見當時惡貨盛行。夫鑄貨權必歸於國主者，原以畫一其國制。憲法國又恐權太偏重，定以議院之協贊，是誠然矣。而有時民智未開，每乏貨幣問題之智識，不能有良好一致之計畫，徒守習慣見解，爲談幣制者所深惜云云。此專重法定主義，亦近今文明國定制也。貨幣之名稱大小性質及價格，以及交换之割合，通用之强制，固非法律之力不爲功。假如補貨之二十錢銀貨五枚，其實不及一元之量。而以法律之力通用爲一元。又或用二十錢時，不得過若干枚，各過規定，罔敢弗遵。舍法律其奚從。至於不换紙幣之流通，全分仗於法律。倘能從法律上計畫，使萬國兩本位制，亦以萬國法律規定，使金銀有一定比價，其力尤宏，其利尤溥者矣。

貨幣之必宜法定，固無疑義，而一國中必有先日習慣通行之貨幣，其勢力非可輕視，有時可以助成法律，亦有時可以壓倒法律。讀古來東西幣史，政府每仗權力以頒用新錢而禁舊錢，乃人民不知新意，往往以利已心習慣心對抗法令，雖此時之法律能力，固未必確當無訛，而習慣力於貨幣流通，大及影響者也。蓋多數人民，未必審貨幣之原理。而貨幣品質精密之比較，除兩替商地金商及銀行執業人外，鮮能了解。彼等受取貨幣時，唯求他人之通用此幣與否，而此外非所願也。諾威於二十年前新鑄美麗之金貨曰克拉奈，Kronoy 遠勝於舊行之達拉 Daler 紙幣，而田舍人民，轉喜用達拉紙幣。日本維新後新鑄美貨，一時亦不能通用，均可爲證，習慣勢力之廣大如此。又政府鑄新貨，往往襲舊貨稱號，東西不乏類例。如奥大利之馬利亞特累舍 Maria Dresa 銀貨，始造於千七百八十年，爾後以同形續造，并年號而不改。此貨乃廣流通於北美。英國政府阿比西尼亞遠征時地在澳國南，對土人嘗用此種貨幣。故奥國政府，亦不欲廢止也。日本寬永通寶錢，至今日尚用其舊存者，以爲一釐，雖已罕見，然可見習慣力者，亦幣制史上一大能事也。

世所傳格累顯姆法理者，原本於希臘二千年前一哲學家，至千五百餘年間，英國富商託馬司格累顯姆 Sir Thamas Gresham 者，大加發明。謂凡良貨與惡通貨行時，良貨必爲惡貨所遂云。驟觀其説，似與理相反。人情棄惡而擇善，豈有轉喜惡貨者。而抑知於貨幣獨不然，人之購求物品，其致用在物，故必擇善而棄惡。若貨幣不過爲一種交换之媒介，其目的在於可以交换，而不必原物之致用。於是兩替商地金屋等，從而生利，以其重而良者或鎔解改鑄，或輸出博利，其結局良貨絶其迹。社會間僅留一種之惡貨，此惡貨者，從法定之價，其作用固依然與良貨等，而無所區别也。於是流行愈盛，而把持之勢力愈大。政府雖爲禁令或收而改鑄，亦幾有無可挽回之勢。故政府於此所宜注意者，第一，造幣局發行之本位貨幣，必須有純度均一之定量，第二，政府以適當之方法，爲新舊貨之引换，若斯賓塞爾氏之自由私鑄論，是未深求於格累顯姆之法理也。

今世界艷稱用金本位矣，而真金本位者，厥惟英國。其美國差近似。若佛，若獨，若日本，雖曰金本位，仍未脱銀本位範圍，即未得爲純然金本位。蓋一國本位，心視其計數用何名稱，此名稱是金是銀名實相符，乃定本位。英國凡數以磅計。磅者，金幣名也，其下有先令，銀補助貨也，有便士，有法丁，銅補助貨也。是金磅者，英國貨幣之本位也，故可稱金本位。若美國凡數以達拉計日本書作弗字，達拉者，銀幣之名也，其下有五十仙、二十仙、十仙，亦銀貨也，有五仙，銅補助貨也。目今雖亦有一達拉之金貨，然不敵銀達拉之多五達拉以上皆金貨，故以達拉爲金本位，未盡符也。至於獨國，凡數以馬克計，而馬克，銀幣之名也，其下有鐵有銅爲補助貨，十馬克始有金貨。佛國凡數以佛郎計，而佛郎，銀幣之名也，其下有銅爲補助貨，十佛郎始有金貨。日本凡數以元計，而元銀幣之名也，其下有鎳、有銅爲補助貨，十圓始有金貨。若用一馬克、一佛朗、一圓，仍銀貨耳，安得竟稱金本位乎！露西亞財政，極秘極紊，凡數以露布計。金幣尤罕寓目，更不得稱金本位。其他次小各國，更可勿論。英國始造金幣在千二百五十七年，宜其稱金本位而無愧矣。

—20. 皇朝蓄艾文編　卷三二　幣制二

王錫蕃（1853—?）

字季樵，號康侯，山東黄縣（今龍口市）人。光緒二年（1876）進士，官少詹事，署禮部左侍郎。有《季樵函稿》。

奏請倣泰西之例設立商會片

臣伏見我國家振興商務，設立總局，簡派大員督理，此仿外洋設立商部之意也。查各國除專立商部外，復於各處城鎮口岸設立商會。商會非商部所設，而爲商部所准立。凡各國立會之處，皆由商家辦事，而其國家助之，公舉董事集議，以通達商情，振興工藝，開拓利益爲要圖。故凡法律税則，有與商務窒礙，或應行補訂條規者。如海口工程之作輟，河海行船之章程，暨輪車郵電諸務，有於商賈裨益之事，均准與議院及各該管部員條議。凡本處鄰境之交易公所、商務判院應否建設，各式股票應否交易，各處水陸運價如何加減，水火保險有無流弊，或條陳商部，或由商部札問，均可隨時核議。至本處商家公産，如學堂棧屋及救生、衛生各局，均歸商會經理。其董事之名，達於商部。董事無薪水，夫役、書記則俱有薪工。其經費取於商家之納帖者，歲定若干，報部核定，此外國商會之大略也。德國自戰勝法人後，始立商會。未二十年，出口貨十倍於前。日本商會林立，出口貨亦日增。英國商會，權力尤大，其設於上海者，偶有與華商意見不合之處，其領事輒爲之争論。中國貿易雖多，而官商之情不通。官不能隨時助商，故利不興而弊不去。今國家既設商務總局，似宜敕下各省督撫，於沿江沿海各埠頭設立商會。而於上海設總商會，由總理衙門派員爲之經理，或由商家公舉職員，請總理衙門札派。專以聯絡各項商業爲急務，講求進口貨物之利弊，詳達各商家之隱情。秉成於總理衙門，與商務局相輔而行。遇有與洋商交涉事件，均可與地方官及領事隨時妥議，庶不受洋商之抑勒。其保全華商之權利，裨益甚多，商務必蒸蒸日上。查湖廣督臣張之洞，前於署理兩江總督任内，曾創設商務局，委員督辦。上海各商中，亦類有商董名目，然未經明奉諭旨，是以實效尚少。微臣仰體朝廷振興商務之至意，謹抒愚見，附片具陳，是否有當，伏乞聖鑒酌核施行。謹奏。

—20. 皇朝蓄艾文編　卷三〇　商政三

李鍾玨（1854—1927）

原名安會（曾），字平書，一字君玉，江蘇寶山（今屬上海）人。廩生。

索逃犯議

泰西公法，最重匿藏他邦逃人之罰，而待中國不然，中國罪犯逃至他國地界者，務爲蔽護，官府百索不得。如去年粤東一犯，逃在香港，又犯西律監禁，獄中委員往索，多方阻勒，猶曰："於彼亦有案件也。"其他之罪大惡極必不可恕者，一至其地，若無事之人，毫無忌憚。如昔年奉旨嚴拏之某犯逃在新加坡，公然戴已革之頂，插身官場，干預公事。此尤無忌憚之至者矣。

所以然者，當中英前届换約之日，未將此條切實更定，至今得以藉口。夫中西文法不同，往往同一語言，輕重互異，立約之時，苟不悉心細繹，一字含渾，他日即受牽制。即如《中英和約》第二十一條載："中國民人因犯法逃在香港，或潛住英國船中者，中國官照會英國官，訪查嚴拏，查明實係罪犯交出"等語。細繹和約，原文曰"逃在香港"，則出港一步，如南洋各埠，皆不在此約矣；曰"潛住英國船中"，其洋文亦專指在港之英船而言，則出港一步，其他英船亦不在此約矣。當立約之日，以交涉祇有香港一地，故如此立言。

今也租界日闢，南洋各島尤爲逋逃淵藪，亟宜重定約章，務照泰西公法，一例辦理。現届下次换約之期不遠，竊以爲此事實爲换約時第一要務，蓋邦有常刑，斯有綱紀，使罪犯皆可巧避，則綱紀不振，而天下從此亂矣。余常詢諸西士之達時務者，曰："公法既重逃人之例，何以獨收中國犯人？豈非顯悖公法耶？抑真外中國於公法耶？"曰："非也。泰西重公法，尤重教。吾教以仁慈爲主，彼犯人者，求生而來，若捕而送之，是速其死矣，爲教主所不忍。"曰："然則西國犯人何以互交乎？"曰："中西律例，輕重不同，刑法各異。西國人命重案祇有監禁，而牢獄亦潔净。中國一入獄中，備受苦楚，無論絞、斬、極刑，即審案時，每至血肉交飛，哀慘難狀，皆爲吾教不忍。昔年香港曾交一犯至粤後，有教士某在法場親睹凌遲之慘，上告教王，教王惻然，爰登新聞紙，引爲深戒。不然西國何愛於罪犯，而甘受逋逃藪之惡名哉？"觀教士所言，未始無故。中國斷不能枉法，以就彼教。然他日换約時，亦當揭明此意，稍示變通矣。

—5. 皇朝經世文續編　卷八六　刑政三　律例下

禁猪仔議

南方以物之稚者曰仔，猪仔者猶言小猪也。閩廣兩省生齒繁盛，當海禁未開，南洋群島如蘇門答臘、加拉巴、小吕宋等處，中國人民商販出洋，家於其地者，不可勝數。海外獲利數倍。内地愚民艷之，日趨日衆。然皆因其戚友，安然無害。未嘗有拐騙販賣，驅良民而置之死地者也。

同治初年，泰西英、荷諸國，開闢荒島，乏人墾治，以重貲誘往作工，遂有販賣猪仔之事。當時閩之厦門，粤之香港、澳門，公然設館。被拐者驅入舟中，縶其手足，如載群豕，其苦難言。及至外洋，更遭慘酷，十必死五。而奸民則坐獲重利。後經地方紳士，據情禀報，上達總署，通行沿海各省，嚴密查禁。又照會英國，定以三十餘款，可謂詳備。而英國不允，其法未行。特猪仔之館，不復公然開設。比年以來，較之同治間，風亦少息，然厦門、香港、汕頭，每一輪船開行，凡下艙搭客，往往數百人，多至千餘人。其中自願出洋者固多，而被拐之猪仔，何船無之。中國雖不設館，新加坡仍有客館，專收猪仔。前年中國駐坡領事官，設法議禁，英員不允，後經移請潮惠嘉道出示查禁，以爲清源之策。而示懸旬日，卒爲駐粵英領事斷斷於大府，檄令收回。於是拐販之徒，知中國禁令不行，益復肆行無忌。上年粵東火船，查出被拐良民至六十人之多。則其他之未經破案者，可知矣。

爲今之計，欲與西官商禁，則總署之照會且不允行矣，地方之告示且不准懸矣。即執公法輿論，亦必强詞奪理，徒費口舌。惟有責成就地紳士，購線查緝。其法在閩粵沿海各州府，選擇公正紳士，諭以緝匪之事。每一輪船開行，於埠頭密查下船之客，必一一過目。如遇形迹可疑，詳細盤究。平日又訪查拐匪，不使入境。紳士不同委員，氣誼聯而耳目近，訪查較易而確，此猶古者守望相助之法，彼外人不能阻我者也。况閩粵人好仗義，凡有益地方之舉，皆肯爲官府將伯之助，近年粵東清理匪鄉一事，亦經紳士幫辦。以之助禁猪仔，焉有不樂從哉。此誠簡便易行之策也。

—5. 皇朝經世文續編　卷八六　刑政三　律例下

范本禮（1854—1894）

字荔泉，號滌新，江蘇上海縣（今屬上海）人。光緒十四年（1888）以優貢考取教職，尋入江南製造總局翻譯館工作，後受聘于臺灣巡撫邵友濂幕中。有《吴疆域圖説》。

復河運議

天下事有一定而不可變者，理之所在是也。有一變而不可復者，勢之所趨是也。二者似相反而實相因。河運者，非一定不可變之制也。既變焉，則不可復。虞夏之世，冀州田中中，賦上上，總秸秷粟米，皆賦於甸服，故上無仰食之病，下無轉輸之勞。今捨三代培養本原之道，而專取唐宋以來苟且目前之計，自棄其食，以仰食於人，非所以重根本也。故以理而言，欲爲天下計久長，河運固在所必變者已。

河運之變爲海運也，固非能爲根本計者，徒以清口淤澀，漕滯難通，勢迫使然耳。勢之來，雖聖人無如之何，故既變焉則不可復。議者徒見近日中法之役，和議速成，未始不由於海運阻滯，因欲規復河運，謂河運復而後海疆有事乃不虞受制於人，而不知其勢之不可也。

夫欲復河運，必先治運河。考同治十年曾文正疏陳河運艱難，如嶧之大泛口、滕之郗山口，皆嫌淺窄；自微山湖至袁口閘，更處處淤淺，或數十丈，或百餘丈，十餘年來淤也，當更甚治之，也當亦更難。且無論治運河之難也，雖治之亦終無益。何也？黄河穿運以後，汶不能越黄濟運，安山以北益患乾涸。同治初年大溜全趨，張秋尚能灌運，嗣穿運之處，日徙以南，自安山至八里廟五十餘里，運堤節節穿斷，黄流湍急，漕舟難行，運河可治，黄之穿運者不可治也。况道光六年始行海運，繇於清口淤墊。清口淤墊，繇於引黄濟運。當其時，黄未北徙也，故黄無論南北行，運河不能不爲所穿。運爲黄穿，運道必不能無阻滯，故曰河運之不可復者，勢所趨也。

夫議者亦未見河運之害耳。丁夫之騷擾，有司不敢詰；風水之阻滯，人力不能施。當其時，蓋公私苦之矣。五十餘年後，忘其前不慮其後，鰓鰓焉以復河運爲急務，何見之淺也。且河運果復，萬一海疆有警，豈真能不制於人哉。何也？河運固不能越天津而抵通州也，而得以河運爲萬全策哉？然則如之何而可也？曰因勢利導，救时之務也；務農足食，立國之本也。直隸水利所以屢興屢廢者，非地不可耕也，民惰而不見其害也。今海運一阻，糧食騰貴，民亦知仰食於人之不足恃矣。及此時而道之浚溝渠、給田器、教樹藝，力田者有賞，而賦不加徵，行以漸，持以恒，務使根本之地不仰給於人。此理之正也，雖虞夏之盛，何以遠過於此哉。

—5. 皇朝經世文續編　卷四一　户政一八　漕運下

汶衛濟運論

元都燕京，仰給東南，苦轉運之不便，乃用韓仲暉言，引汶絶濟，自安民山開河至臨清，直接衛河，名會通河，此運河所由昉也。夫古人因水爲利，意亦良美。然失水性之自然，而惟藉人力以制之，後人又用之不得其道，故利之所在，害即隨之。大抵運河淺狹不能容水，患不在不足，即在有餘。不足，則害在運；有餘，則害更不止在運。然用汶兼用泗，汶、泗交濟，本無不足；用衛不用漳，漳衛分流，又無有餘。古人創制之初，經營措置，何嘗不盡善盡美哉！夫汶之濟運，始於元之畢輔國，而韓仲暉繼之，明之宋禮成之。考畢輔國之引汶入泗也，建金口壩，開金口閘，引泗爲府河至濟寧；又築堽城壩，開堽城閘，引汶由洸河至濟寧；又以濟寧之地北高南下，恐水之易南而難北也，於是乎建天井閘以遏其南，建開河閘以放其北，其於地形水勢籌之熟矣。至宋禮用白英之言，改築分水口於南旺，而築壩於戴村，自是專資汶水，已失汶、泗兼用之意。然猶使汶水七分北行，三分南行，故自南旺至臨清，尚不患不足。自南旺上下閘建，而水之北行者少；安山、袁家古、戴家廟三閘建，而水之北行者愈少。故南旺以北，水恒苦絀，其弊在損之又損也。

我朝張清恪公欲浚府河，改分水口於南旺北，使南旺以南，泗出全力；南旺以北，汶有專功。雖改築分水口，役繁費重，勢所難成，而挑深府河，師畢輔國汶、泗兼用之法，未始非補偏救弊之道也。乃清恪未行以泗助汶之説，而反開以漳合衛之道，則又執一不通之故也。夫古人濟運獨取汶、衛者，良以汶、衛水清，無潰溢淤塞之病耳。泗清故亦可引，漳濁則斷不可用，其勢然也。清恪不知水勢，而好以多爲利，是以引沁入衛議雖不行，而引漳入衛，卒啓大患。原其引漳之意，不過欲藉漳助衛，豈知衛弱漳强，衛不足以容漳，漳適足以奪衛。貪目前之利，開無窮之害，其弊又在益之又益也。損所不當損，與益所不當益，均害也，而益之害大。故府河之浚，可從其緩，而漳河故道之復，當處其先，所謂急則治標也。顧説者謂漳河正流歸寧晋泊，其支流則至青縣南，由運入海，是漳終不能不入運也。曰：漳至青縣南，減水河即在其東，可以暢行入海，非若臨清至四女寺，經行四百餘里也。漳歸故道獨行，溜勢稍順，非若與衛合之勢盛也。且於入運之處建立插座，冬春水少則啓插，分漳以濟汶、衛之窮；夏秋水大則緊閉插洞，俾漳水自行入海，而漳、衛合流之處，築壩堵塞。如此，奚患有餘！至於南旺上下閘，啓閉有法，使水常蓄於北，更以挖河機器挖通府河，復引汶入泗之道，挖深南旺，使能多容水，水漲盡蓄於南旺，水竭放入北運，如此又奚患不足！昔人謂治黄無一勞永逸之道，吾謂治運亦然。均調水勢，損益得宜，有治人無治法也。

今自黄河北徙，運河情形又爲之一變。汶既不能越黄以濟運、衛，又不能自臨清南流，安山以北所以患涸，議者因欲束黄濟運，是蹈徐有貞金龍口之覆轍，必不可行也。考龍灣、魏家灣，皆有滚水壩，原所以泄運河漲水於馬頰、徒駭兩河，今擬於壩下各開水竇門，而於清平縣西、博平縣南各開蓄水湖，東西建插。運河水漲，開兩湖西插，緊閉東插，以蓄水；運河水涸，開兩湖西插及兩水竇門，即以所蓄之水濟運，是所以補不足也。更於戴家廟南安山閘北，建築堅壩，使黄不得稍混入運，是又所以防有餘也。夫河運之法，至今日而已窮。然於萬無可爲之時，籌一因時制宜之策，雖開湖築壩，不免勞民傷財，而欲舍此別求，恐亦更無他法也。

—5. 皇朝經世文續編　卷九二　工政五　運河

嚴　復（1854—1921）

初名宗光，字又陵，一字幾道，福建侯官（今屬福州）人。光緒三年（1877）入英國格林尼茨海軍大學，歸國官北洋水師學堂總教習，旋任總辦。有《嚴譯名著叢刊》。

闢　韓

往者吾讀韓子《原道》之篇，未嘗不恨其於道於治淺也。其言曰：“古之時，人之害多矣。有聖人者立，然後教之以相生相養之道，爲之君，爲之師，驅其蟲蛇禽獸而處之中土。寒，然後爲之衣；饑，然後爲之食。木處而顛，土處而病也，然後爲之宫室。爲之工以贍其器用，爲之賈以通其有無，爲之醫藥以濟其夭死，爲之葬埋、祭祀以長其恩愛，爲之禮以次其先後，爲之樂以宣其湮鬱，爲之政以率其怠倦，爲之刑以鋤其强梗相欺也，爲之符璽、斗斛、權衡以信之。相奪也，爲之城郭、甲兵以守之。害至而爲之備，患生而爲之防。”如古無聖人，人之類滅久矣。何也？無羽毛、鱗介以居寒熱也，無爪牙以争食也。如韓子之言，則彼聖人者，其身與其先祖父必皆非人焉而後可，必皆有羽毛、鱗介而後可，必皆有爪牙而後可。使聖人與其先祖父而皆人也，則未及其生，未及成長，其被蟲蛇、禽獸、寒饑、木土之害而夭死者，固已久矣，又烏能爲之禮樂刑政，以爲他人防備患害也哉？老之道，其勝於孔子與否，抑無所異焉，吾不足以定之。至其自然，則雖孔子無以易。韓子一概辭而闢之，則不思之過耳。

而韓子又曰：“君者，出令者也；臣者，行君之令而致之民者也；民者，出粟米麻絲、作器皿、通貨財以事其上者也。君不出令，則失其所以爲君；臣不行君之令，則失其所以爲臣；民不出粟米麻絲、作器皿、通貨財以事其上，則誅。”嗟乎！君民相資之事，固如是焉已哉？夫苟如是而已，則桀、紂、秦政之治，初何以異于堯、舜、三王？且使民與禽獸雜居，寒至而不知衣，饑至而不知食，凡所謂宫室、器用、醫藥、葬埋之事，舉皆待教而後知爲之，則人之類其滅久矣，彼聖人者，又烏得此民者出令而君之？

且韓子故不云：民者，出粟米麻絲、作器皿、通貨財以相爲生養者也，其有相欺相奪而不能自治也，故出什一之賦而置之君，使之作爲刑政、甲兵，以鋤强梗，備其患害。然而君不能獨治也，於是爲之臣，使之行其令，事其事。是故民不出什一之賦，則莫能爲之君；君不能爲民鋤其强梗、防其患害則廢；臣不能行其鋤强梗、防患害之令，則誅乎？

孟子曰：“民爲貴，社稷次之，君爲輕。”此古今之通義也。而韓子不爾云者，知有一人而不知有億兆也。老之言曰：“竊鉤者誅，竊國者侯。”夫自秦以來，爲中國之君者，皆其尤强梗者也，最能欺奪者也。竊嘗聞“道之大原出於天”矣。今韓子務尊其尤强梗，最能欺奪之一人，使安坐而出其唯所欲爲之令，而使天下無數之民，各出其苦筋力、勞神慮者，以供其欲，少不如是焉則誅，天之意固如是乎？道之原又如是乎？“嗚呼！其亦幸出於三代之後，不見黜於禹、湯、文、武、周公、孔子也；其亦不幸不出於三代之前，不見正於禹、湯、文、武、周公、孔子也！”

且韓子亦知君臣之倫之出於不得已乎？有其相欺，有其相奪，有其强梗，有其患害，而民既爲是粟米麻絲、作器皿、通貨財，與凡相生相養之事矣，今又使之操其刑焉以鋤，主其斗斛、權衡焉以信，造爲城郭、甲兵焉以守，則其勢不能。於是通功易事，擇其公且賢者，立而爲之君。其意固曰，吾耕矣織矣，工矣賈矣，又使吾自衛其性命財産焉，則廢吾事。何若使子獨專之於所以爲衛者，而吾分其所得於耕織工賈者，以食子給子之爲利廣而事治乎？此天下立君之本旨也。是故君也臣也，刑也兵也，皆緣衛民之事而後有也；而民之所以有待於衛者，以其有强梗欺奪患害也。有其强梗欺奪患害也者，化未進而民未盡善也。是故君也者，與天下之不善而同存，不與天下之善而對待也。今使用仁義道德之説，而天下如韓子所謂“以之爲己，則順而祥；以之爲人，則愛而公；以之爲心，則和且平。”夫如是之民，則將莫不知其性分之所固有，職分之所當爲矣，尚何有强梗欺夺，尚何有於相爲患害？又安用此高高在上者，朘我以生，出令令我，責所出而誅我，時而撫我爲後，時而虐我爲仇也哉？故曰：君臣之倫，蓋出於不得已也。唯其不得已，故不足以爲道之原。彼佛之棄君臣是也，其所以棄君臣非也。而韓子將以謂是固與天壤相弊也者，又烏足以爲知道者乎？

然則及今而棄吾君臣，可乎？曰：是大不可。何則？其時未至，其俗未成，其民不足以自治也。彼西洋之善國且不能，而况中國乎。今夫西洋者，一國之大公事，民之相與自爲者居其七，由朝廷而爲之者居其三，而其中之犖犖尤大者，則明刑、治兵兩大事而已。何則？是二者，民之所仰於其國之最急者也。昔漢高入關，約法三章耳，而秦民大服。知民所求於上者，保其性命財産，不過如是而已。更騖其餘，所謂“代大匠斲，未有不傷指”者也。是故使今日而中國有聖人興，彼將曰：“吾之以藐藐之身托於億兆人之上者，不得已也，民弗能自治故也。民之弗能自治者，才未逮，力未長，德未和也。乃今將早夜以孳孳求所以進吾民之才、德、力者，去其所以困吾民之才、德、力者，其無相欺相奪相患害也，吾將悉聽其自由。民之自由，天之所畀也，吾又烏得而靳之。如是，幸而民至於能自治也，吾將悉復而與之矣。唯一國之日進富强，余一人與吾子孫，尚亦有利焉，吾曷貴私天下哉！”誠如是，三十年而民不大和，治不大進，六十年而中國有不克與歐洲各國方富而比强者，正吾莠言亂政之罪可也。彼英、法、德、美諸邦之進於今治者，要不外數百年間耳。况夫彼爲其難，吾爲其易也。

嗟夫！有此無不有之國，無不能之民，用庸人之議論，忌諱虚憍，至於貧且弱焉以亡，天下之恨事孰過於此者？是故考西洋各國，當知富强之甚難也，我何可以苟安？考西洋各國，又當知富强之易易也，我不可以自餒，道在去其害富害强，而日求其能與民共治而已。語有之曰：“曲士不可與語道者，束於教也。”苟求自强，則古人之書且有不可泥者，况夫秦以來之法制。如彼韓子，徒見秦以來之爲君。秦以來之爲君，正所謂大盗竊國者耳。國誰竊？轉相竊之於民而已。既已竊之矣，又惴惴然恐其主之或覺而復之也，於是其法與令蝟毛而起，質而論之，其什八九皆所以壞民之才，散民之力，漓民之德者也。斯民也，固斯天下之真主也，必弱而愚之，使其常不覺，常不足以有爲，而後吾可以長保所竊而永世。嗟乎，夫誰知患常出於所慮之外也哉？此莊周所以有胠篋之説也。是故西洋之言治者，曰：“國者，斯民之公産也，王侯將相者，通國之公僕隸也。”而中國之尊王者曰：“天子富有四海，臣妾億兆。”臣妾者，其文之故訓猶奴虜也。夫如是則西洋之民，其尊且貴也，過於王侯將相，而我中國之民，其卑且賤，皆奴産子也。設有戰鬥之事，彼其民爲公産公利自爲鬥也，而中國則奴爲其主鬥耳。夫驅奴虜以鬥貴人，固何所往而不敗。

—9. 皇朝經世文新編　卷二七　民政

原　强

今之扼腕奮肸，講西學，談洋務者，亦知近五十年來，西人所孜孜勤求，近之可以保身治生，遠之可以經國利民之一大事乎？

達爾文者，英之講動植之學者也。承其家學，少之時周歷寰瀛。凡殊品詭質之草木禽魚，裒集甚富。窮精眇慮，垂數十年而著一書，曰《物種探原》。自其書出，歐美二洲幾於家有其書，而泰西之學術政教，一時斐變。論者謂達氏之學，其一新耳目，更革心思，甚於奈端氏之格致天算，殆非虛言。其書謂：物類繁殊，始惟一本。其降而日異者，大抵以牽天繫地之不同，與夫生理之常趨於微異；洎源遠流分，遂闊絶相懸，不可復一。然而此皆後天之事，因夫自然，馴致如是，而非太始生理之本然也。其書之二篇爲尤著，西洋綴聞之士皆能言之，談理之家摭爲口實，其一篇曰《物競》，又其一曰《天擇》。物競者，物争自存也；天擇者，存其宜種也。意謂民物於世，樊然並生，同食天地自然之利矣。然與接爲搆，民民物物，各争有以自存。其始也，種與種争，及其稍進則群與群争，弱者常爲强肉，愚者常爲智役。及其有以自存而遺種也，則必强忍魁桀，趫捷巧慧，而與其一時之天時、地利、人事最其相宜者也。此其爲争也，不必爪牙用而殺伐行也。習於安者，使之爲勞，狃於山者，使之居澤，以是以與其習於勞、狃於澤者争，將不數傳而其種盡矣。物競之事，如是而已。是故每有太古最繁之種，風氣漸革，越數百年數千年，消磨歇絶，至於靡有孑遺，如丱學家所見之古獸古禽是已。動植如此，民人亦然。民人者，固動物之類也，達氏總有生之物，標其宗旨，論其大凡如此。至於證闡明確，犂然有當於人心，則非親見其書者，莫能信也。此所謂以天演之學言生物之道者也。

斯賓塞爾者，亦英産也，與達氏同時。其書於達氏之《物種探原》爲早出，則宗天演之術，以大闡人倫治化之事。號其學曰“群學”，猶荀卿言人之貴於禽獸者，以其能群也，故曰“群學”。夫民相生相養，易事通功，推以至於刑政禮樂之大，皆自能群之性以生。又用近今格致之理術，以發揮修齊治平之事，精深微妙，繁富奥殫。其論一事，持一説，必根據理極，引其端於至真之原，究其極於不遁之效。於五洲殊種，由伾榛蠻夷，以至著號開明之國，揮斥旁推，什九罄盡。而於一國盛衰强弱之故，民德醇漓合散之由，則尤三致意焉。殫畢生之精力，五十年而著述之事始蕆。其宗旨盡於第一書，名曰《第一義諦》，通天地人禽獸昆蟲草木以爲言，以求其會通之理，始於一氣，演成萬物。繼乃論生學、心學之理，而要其歸於群學焉。夫亦可謂美備也已。

斯賓塞爾全書而外，雜著無慮數十篇，而《明民論》《勸學篇》二者爲最著。《明民論》者，言教人之術也。《勸學篇》者，勉人治群學之書也。其教人也，以浚智慧、練體力、厲德行三者爲之綱。其勉人治群學者，意則謂天下沿流討源，執因責果之事，惟群事爲最難，非不素講者之所得與。故有國家者，其施一政，著一令，本以救弊防民也。而其究也，所期者每或不成，而所不期者常以忽至。至夫歷時久而轉相因，其利害遷流則有不可究詰者。格致之事不先，偏頗之私未盡，生心害政，未有不貽誤家國者也。是故欲爲群學，必先有事於諸學焉。不爲數學、名學，則吾心不足以察不遁之理、必然之數也；不爲力學、質學，則不足以審因果之相生、攻效之互待也。名數力質四者之學已治矣，然吾心之用，猶僅察於寡而或熒於紛，僅察於近而或迷於遠也，故必廣之以天地二學焉。蓋於名數知萬物之成法，力質得化機之殊能，尤必藉天地二學，各合而觀之，而後有以見物化之成迹。名數虚，於天地徵其實；力質分，於天地會其全。夫而後有以知成物之悠久，雜物之博大，與夫化物之蕃變也。雖然，於群學猶未也。蓋群者人之積也，而人者官品之魁也。欲明生生之機，則必治生學；欲知感應之妙，則必治心學，夫而後乃可以及群學也。且一群之成，其體用功能，無異生物之一體，小大雖殊，而官治相准。知吾身之所以生，則知群之所以立矣；知壽命之所以彌永，則知國脉之所以靈長矣。一身之内，形神相資；一群之中，力德相備。身貴自由，國貴自主。生之與群，相似如此。此其故無他，二者皆有官之品而已矣。故學問之事，以群學爲要歸。唯群學明而後知治亂盛衰之故，而能有修齊治平之功。嗚呼！此真大人之學矣！

不觀於圬者之爲墻乎？與之一成之磚，堅而廉，平而正，火候得而大小若一，則無待泥水灰黏之用，不旋踵而數仞之墻成矣。由是以捍風雨，衛室家，雖資之數百年可也。使其爲甎也，窳㲉𪘂缺，小大不均，則雖遇至巧之工，亦僅能版以築之，成一糞土之墻而已矣。廉隅堅潔，持久不敗，必不能也。此凡積垜之事，莫不如此。唯其單也，爲有法之形，則其總也，成有制之聚。然此猶人之所爲也。唯天生物，亦莫不然。化學原質，自然結晶，其形制之窮巧極工，殆難思議。其形雖大小不同，而其爲一晶之所積而成。形則雖折之至微，至於莫破，其晶之積面隅冪，無不似也。然此猶是金石之類而已。夫其動植之倫，近代學者，皆知太初質房爲生之始，其含生蕃變之能，皆於此而已具。但其事甚賾，難與未嘗學者談。而其本單之形法性情，以爲其總之形法性情，欲論其合，先考其分。則昭昭若揭日月而行，亘天壤不刊之大例也。

夫如是，則一種之所以强，一群之所以立，本斯而談，斷可識矣。蓋生民之大要三，而强弱存亡莫不視此：一曰血氣體力之强，二曰聰明知慮之强，三曰德行仁義之强。是以西洋觀化言治之家，莫不以民力、民智、民德三者斷民種之高下，未有三者備而民生不優，亦未有三者備而國威不奮者也。反是而觀，夫苟其民契需恂愗，各奮其私，則其群將涣。以將涣之群，而與鷙悍多智、愛國保種之民遇，小則虜辱，大則滅亡。此不必干戈用而殺伐行也，磨滅潰敗，出於自然，載籍所傳，已不知凡幾，而未有文字之先，則更不知凡幾者也。是故西人之言教化政法也，以有生之物各保其生爲第一大法，保種次之。而至生與種較，則又當舍生以存種。踐是道者，謂之義士，謂之大人。至於發政施令之間，要其所歸，皆以其民之力、智、德三者爲准的。凡可以進是三者，皆所力行；凡可以退是三者，皆所宜廢；而又盈虚酌劑，使三者毋或致偏焉。西洋政教，若自其大者觀之，不過如是而已。

由是而觀吾中國今日之民，其力、智、德三者固何如乎？往者日本以寥寥數艦之舟師，區區數萬之人衆，一戰而翦我最親之藩屬，再戰而陪都動摇，三戰而奪我最堅之海口，四戰而威海之海軍熸矣。使曩者款議不成，則畿輔戒嚴，亦意中事耳。當此之時，天子非不赫然震怒也。思改弦而更張之，乃内之則殿閣樞府以至六部九卿，外之則洎廿四行省之疆吏，旁皇咨求，卒無一人焉足以勝禦侮折衝任者。“猛虎深山”，徒虚論耳。兵連不及周年，公私掃地赤立，洋債而外，尚不能無擾閭閻，其財之匱也又如此。夫一國猶之一身也，脉絡貫通，官體相救，故擊其頭則四支皆應，刺其腹則舉體知亡。而南北雖屬一君，彼是居然兩戒；首善震矣，四海晏然，視邦國之顛危，猶秦越之肥瘠。合肥謂以北洋一隅之力禦倭人全國之師，非過語也。此君臣勢散而相愛相保之情薄也。將不素學，士不素練，器不素儲，一旦有急，則蟻附蜂屯，授之以扞格不操之利器，曳兵而走，轉以奉敵。其一時告奮將弁，半皆無賴小人，覬覦所支餉項而已。至於臨事，且不知有哨探之用，遮革之方。甚且不識方員古陳大不宜於今日之火器，更無論部勒之精詳，與夫開闔之要眇者矣。即當日之怪謬，苟紀載其事而傳之，將皆爲千載笑端，而吾民靦然固未嘗以之爲愧也。

夫閫外之事既如此矣，而閫内之事則又何如？法弊之極，人各顧私，是以謀謨廟堂，佐上出令者，往往翹巧僞汗濁之行以爲四方則傚。其間稍有意者，亦不過如息夫躬所云“以狗馬齒保目所見”，而孰謂是區區者之終不吾畀也。至於顧問獻替之臣，則不獨於時事大勢瞢未有知，乃至本國本朝之事，其職分所應知者，亦未嘗少紆其神慮。是故有時發憤論列，率皆唵嘷童騃，徒招侮虐，功罪得失，毁譽混淆。其有趨時者流，自許豪傑，則徒剽竊外洋之疑似，以熒惑主上之聰明。其尤不肖者，且竊幸事之糾紛，得以因緣爲利，求才亟則可僥倖而驟遷，興作多則可居間而自潤。嗟乎！此真天下士大夫之所親見。僕之爲論，豈不然哉？

夫人才者，民力、民智、民德三者之徵驗也。求之有位之中，既如此矣。意或者沈伏摧廢，高舉遠行而不可接歟？乃吾轉而求之草野閭巷之間，則又消乏彫亡，存一二於千萬之中，竟謂同無，何莫不可？然則神州九萬里，地四十京之民，此廓廓者徒土荒耳，是蚩蚩者徒人滿耳。尚自冠帶之民，靈秀之種，周孔所教，禮義所治，諸君聊用自娱則可耳，何關人事也耶！且事之可憂可畏者，存乎其真，而一戰之勝敗，不足計也。使中國而爲如是之中國，則當日中東之事，微論敗也，就令邊釁不開，開而倖勝，然而自有識之士觀之，其爲憂乃瘉劇。何則？民力已苶，民智已卑，民德已薄故也。一戰之敗，何足云乎？今雖有聖神用事，非數十百年薄海知亡，君臣同德，痛鋤治而鼓舞之，將不足以自立。而歲月悠悠，四鄰耽耽，恐未及有爲，已先作印度、波蘭之續，將斯賓塞之術未施，而達爾文之理先信。矧自甲午迄今者幾何時，天下所震興者幾何事，固諸君所共聞共見者耶。嗚呼！吾輩一身無足惜，如吾子孫與四百兆之人種何。天地父母，山川神靈，尚無相兹下土民以克誘其衷，咸俾知奮。

聞前言者造而問余曰：甚矣，先生之言，無異杞人之憂天墜也。今夫異族之爲中國患，不自今日始也。自三代以迄漢朝，南北猾猾，互有利鈍。雖時見侵，無損大較，固無論已。魏晋不綱，有五胡之亂華，大河以北，淪於旃裘湩酪者蓋數百年。當是之時，哀哀黔首，衽革枕戈，不得喙息，蓋幾靡有孑遺，耗矣！息肩於唐，載庶載富。而李氏末造，趙宋始終，其被禍乃尤烈。金源女真更盛迭帝。青吉斯汗崛起鄂諾，威憺歐洲。忽必烈汗薦食小朝，混一華夏，南奄身毒，北暨俄羅，幅員之大，古未有也。然而塊肉淪喪，不及百年，長城以南，復歸漢種。至國朝龍興遼瀋，聖哲篤生，母我群黎，革明敝政，湛恩汪濊，蓋三百祀於兹矣。此皆著自古昔者也。其間遞嬗，要不過一姓之廢興，而人民則猶此人民，聲教則猶古聲教，是則即今無諱，損益可知。林林之衆，詎無噍類。而吾子聳於達爾文氏之邪説，一將謂其無以自存，再則憂其無以遺種，此何異衆人熙熙，方登春台，而吾子被髮狂叫，白晝見魅也哉！不然，何所論之怪誕不經，獨不慮旁觀者之閔笑也。況夫昭代厚澤深仁，隆基方永，景命未改，謳歌所歸，事又萬萬不至此。殷憂正所以啓聖明耳，何直爲此叫叫也。且而不見回部之土耳其乎。介乎俄與英之間，壤地日蹙，其逼也可謂至矣，然不聞其遂至於亡國滅種，四分五裂也，則又何居？吾子念之，物强者死之徒，事窮者勢必反，天道剥復之事，如反覆手耳。安知今之所謂强鄰者不先笑後號啕，而吾子譹嘆嫠憂，所粤君自損者，不俯吊而仰賀乎？

應之曰：唯唯，客所以祛吾惑者，不亦至乎！雖然，願請間，得爲客深明之。若客者，信所謂明於古而晻於今，得其一而失其二者也。姑微論客之所指爲異族之非異族也。蓋天下之大種四：黄、白、赭、黑是已。北並乎西伯利亞，南襟乎中國海，東距之太平洋，西苞乎昆侖，虛黄種之所居也。其爲人也，高顴而淺鼻，長目而强髮。烏拉鹽澤以西，大秦舊壤，白種之所聚也。其爲人也，碧眼而鬈髮，隆額而深眶。越裳、交趾以南，東縈吕宋，西拂痕都，其間多島國焉，則赭種之民也。而黑種最下，亞非利加及繞赤以諸部，所謂黑奴是已。今之滿、蒙、漢人，皆黄種也。檀君舊國，箕子所封；冒頓之先，降由夏后，客何疑乎？故中國邃古以還，乃一種之所居，實未嘗或論於非類。第就令如客所談，客尚不知種之相爲强弱，其故有二：有鷙悍長大之强，有德慧智術之强。有以質勝者，有以文勝者。以質勝者，游牧射獵之民是已。其國之君民上下，截然如一家之人，憂則相恤，難則相赴。生聚教訓之事，簡而不繁。騎射馳騁，雲屯飆散，旃毳肉酪，養生之具，益力而能寒。故其民樂戰輕死，有魁桀者爲之要約而驅使之，其勢可以强天下。雖然，强矣，而未進夫化也。若夫中國之民，則進夫化矣，而文勝之國也。耕鑿蠶織，城郭邑居，於是有禮樂刑政之治，有庠序學校之教。通功易事，四民肇分。其法令文章之事，歷變而愈繁，積久而益富，養生送死之資無不具也，君臣上下之分無不明也，冠昏喪祭之禮無不舉也。故其民偷生而畏法，治之得其道則易以相安，治之失其道亦易以日窳，是以及其末流，每轉爲質勝者之所制。

然而此中之安富尊榮，聲明文物，固游牧射獵者所深慕而遠不逮者也。故其既入中國也，雖名爲之君，然數傳以後，其子若孫，雖有祖宗之遺令切誡，往往不能不厭勞苦而事逸樂，棄惇德而染澆風，遁天倍情，忘其所受，其不漸摩而與漢物化者寡矣。蘇子瞻曰："中國以法勝，而匈奴以無法勝。"然而其無法也，始以自治則有餘，迨既入中國而爲之君矣，必不能棄中國之法，而以無法之治治之也，遂亦入於法而同受其敝焉。此中國所以經累勝而常自若，其化轉以日廣，其種轉以日滋。何則？物固有無形之相勝，而親爲所勝者，雖身歷其境而尚未之或知也。然則取客之言，而深論之，則謂異族常受制於中國也可，不得謂異族制中國也。

至於今之西洋，則與是不可同日而語矣。何則？彼西洋者，無法與法並用而皆有以勝我者也。自其自由平等以觀之，則捐忌諱，去煩苛，决壅蔽，人人得其意，申其言，上下之勢不相懸隔，君不甚尊，民不甚賤，而聯若一體者，是無法之勝也。自其官工兵商法制之明備而觀之，則人知其職，不督而辦，事至纖悉，莫不備舉，進退作息，皆有常節，無間遠邇，朝令夕改，而人不以爲煩，則是以有法勝也。其鷙悍長大既勝我矣，而德慧術知又爲吾民所遠不及。故凡其耕鑿陶冶，織紝牧畜，上而至於官府刑政、戰守、轉輸、郵置、交通之事，與凡所以和衆保民者，精密廣大，較吾中國之所有，倍蓰有加焉。其爲事也，一一皆本諸學術；其爲學術也，一一皆本於即物實測，層累階級，以造於至精至大之塗，故蔑一事焉可坐論而不足起行者也。苟求其故，則彼以自由爲體，以民主爲用。一洲之民，散爲七八，争馳並進，以相磨礱，始於相忌，終於相成，各殫智慮，此既日異，彼亦月新，故能用法而不至受法之敝，此其所以爲可畏也。

往者中國之法與無法遇，故雖經累勝而常自存；今也彼亦以其法以與吾法遌，而吾法乃頹隳朽蠹如此其敝也，則彼法日勝而吾法日消矣。何則？法猶器也，猶道塗也，經時久而無修治精進之功，則扞格蕪梗者勢也。以扞格蕪梗而與修治精進者並行，則民固將棄此而取彼者亦勢也。此天演家言所謂物競天擇之道固如是也。此吾前者所以言四千年文物俯然不終日之勢者，固以此也。嗟乎，此豈徒客之甚恨哉！然而事既如此矣，則吾豈能塞耳塗目，而不爲吾同胞有垂涕泣而一指其實也哉。且吾所謂無以自存，無以遺種者，豈必“死者國量平澤若蕉”而後爲爾耶？第使彼常爲君而我常爲臣，彼常爲雄而我常爲雌，我耕而彼食其實，我勞而彼享其休，以戰則我常居先，出令則我常居後，彼且以我爲天之僇民，謂是種也固不足以自由而自治也。於是加束縛馳驟，奴使而虜用之，俾吾之民智無由以增，民力無由以奮，是蚩蚩者亦長此困苦無聊之衆而已矣。夫如是，則去不自存而無遺種也，其間幾何。不然，夫豈不知不至其無噍類也，彼黑與赭且常存於兩間矣，矧兹四百兆之黄也哉！民固有其生也不如死，其存也不如亡，亦榮辱貴賤，自由不自由之間異耳。

客謂物强者死徒，事窮者勢反，固也。然不悟物之極也，固有其所由極，故勢之反也，亦有其所由反。善保其强，則强者正所以長存；不善用其柔，則柔者乃所以速死。彼《周易》否泰之數，老氏雄雌之言，固聖智之妙用微權，而非不事事聽其自至之謂也。不事事而聽其自至，此《太甲》所謂“自作孽不可逭”者耳，天固何嘗爲不織者減寒，爲不耕者減饑耶。至土耳其之所以尚存，則彼自謨罕蓦德設教以來，固以武健嚴酷、死同仇異之道狃其民者也。故文不足而質有餘，學術法度雖無可言乎，而勁悍勝兵則尚足以有立，此所以雖介兩雄而滅亡猶未也。然而日削月侵，其爲存亦僅矣。此誠非暖暖姝姝偷懦憚事如中國之民者，所援之以自廣也。悲夫！

雖然，論國土盛衰强弱之間，亦僅疇其差數而已。夫自今日中國而視西洋，則西洋誠爲强且富，顧謂其至治極盛，則又大謬不然之説也。夫古之所謂至治極盛者，曰家給人民、曰比户可封、曰刑措不用之數者，皆西洋各國之所不能也。且豈僅不能而已，自彼群學之家言之，且恐相背而馳，去之滋遠焉。蓋世之所以得致太平者，必其民之無甚富亦無甚貧，無甚貴亦無甚賤；假使貧富貴賤過於相懸，則不平之鳴，争心將作，大亂之故，常由此生。二百年來，西洋自測算、格物之學大行，製作之精，實爲亘古所未有。民生日用之際，殆無往而不用其機。加以電郵、汽舟、鐵轍三者，其能事足以收六合之大，歸之一二人掌握而有餘。此雖有益於民生之交通，而亦大利於奸雄之壟斷。壟斷既興，則民貧富貴賤之相懸滋益遠矣。尚幸其國政教之施，以平等自由爲宗旨，所以强豪雖盛，尚無役使作横之風，而貧富之差，則雖欲平之而終無術矣。中國之古語云：“富者越陌連阡，貧者無立錐之地”；“富者唾棄粱肉，貧者不厭糟糠”。至於西洋，則其貧者之不厭糟糠，無立錐之地，與中國差相若，而連阡陌，棄粱肉，固未足以盡其富也。夫在中國，言富以億兆計，可謂雄矣，而在西洋，則以京該秭載計者，不勝僂指焉。此其人非必勤勞賢智勝於人人也，仰機射利，役物自封而已。夫貧富不均如此，是以國財雖雄，而民風不競，作奸犯科、流離顛沛之民，乃與貧國相若，而於是均貧富之黨興，毀君臣之議起矣。且也奢侈過深，人心有發狂之患；孳乳甚速，户口有過庶之憂。故深識之士，謂西洋教化不異唐花，語雖微偏，不爲無見。至盛極治，固如此哉。

然而此之爲患，又非西洋言理財、講群學者之所不知也。彼固合數國之賢者，聚數百千人之智慮而圖之，而卒苦於無其術。蓋欲救當前之弊，其事存於人心風俗之間。夫欲貴賤貧富之均平，必其民皆賢而少不肖，皆智而無甚愚而後可，否則雖今日取一國之財產而悉均之，而明日之不齊又見矣。何則？樂於惰者不能使之爲勤，樂於奢者不能使之爲儉也。是故國之强弱貧富治亂者，其民力、民智、民德三者之徵驗也，必三者既立而後其政法從之。於是一政之舉，一令之施，合於其智、德、力者存，違於其智、德、力者廢。當是之時，雖有英君察相，苟不自其本而圖之，則亦僅能補偏救弊，偷爲一時之治而已矣。聽其自至，浸假將復其舊而由其常焉。且往往當其補救之時，本弊未去，而他弊叢然以生，偏於此者雖祛，而偏於彼者闖然更見。甚矣，徒政之不足與爲治也。

往者英國常禁酒矣，而民之酗酒者愈多；常禁重利盤剥矣，而私債之息更重。瑞典禁貧民嫁娶不以時，而所謂天生子者滿街。法國反政之後，三爲民主，而官吏之威權益横。美國華盛頓立法至精，而苞苴賄賂之風，至今無由盡絶。善夫斯賓塞爾之言，曰：“民之可化，至於無窮，惟不可期之以驟。”而吾孔子亦曰：“爲邦百年，勝殘去殺。”又曰：“雖有王者，必後世仁。”程子曰：“有《關雎》《麟趾》之風，而後可以行周禮。”古今哲人，知此蓋審。故曰：欲知其合，先察其分。天下之物，未有不本單之形法性情以爲其聚之形法性情者也。是故貧民無富國，弱民無强國，亂民無治國。

然則假令今有人於此，憤中國之積弱積貧，攘臂言曰：胡不使我爲治？使我爲治，則天下事數著可了耳，十年以往，其庶幾乎。然則其道將奚由？彼將曰：中國之所以不振者，非法制之罪也，患行奉行不力而已。祖宗之成憲具在，吾寧率由之，而加實力焉。於是而督責之令行，刺舉之政興。如是而爲之十年，吾決知中國之貧與弱猶自若也。何則？天下大勢，猶水之東流，夫已浩浩成江河矣，乃障而反之，使之在山，此人力所必不勝也。

於是又有人焉，曰：法制者，聖人之芻狗，先王之蘧廬也，一陣不可復用，一宿不可復留。宇宙大勢，既日趨於混同矣，不自其同於人者而爲之，必不可也。方今之計，爲求富强而已矣；彼西洋誠富誠强者也，是以今日之政，非西洋莫與師。由是於朝也則建民主，立真相；於野也則通鐵軌，開礦功。練通國之陸軍，置數十百艘之海旅，此亦近似而差强人意矣。然使由今之道，無變今之俗，十年以往，吾恐其效將不止貧與弱而止也。

蓋一國之事，同於人身。今夫人身，逸則弱，勞則强者，固常理也。然使病夫焉，日從事於超距贏越之間，以是求强，則有速其死而已矣。今之中國非猶是病夫也耶？且夫中國知西法之當師，不自甲午東事敗衄之後始也。海禁大開以還，所興發者亦不少矣。譯署一也，同文館二也，船政三也，出洋肄業局四也，輪船招商五也，製造六也，海軍七也，海署八也，洋操九也，學堂十也，出使十一也，礦務十二也，電郵十三也，鐵路十四也。拉什數之，蓋不止一二十事。此中大半，皆西洋以富以强之基，而自吾人行之，則淮橘爲枳，若存若亡，不能實收其效者，則又何也？蘇子瞻曰："天下之禍，莫大於上作而下不應。上作而下不應，則上亦將窮而自止。"斯賓塞爾曰："富强不可爲也，政不足與治也。相其宜，動其機，培其本根，衛其成長，則其效乃不期而自立。"是故苟民力已薾，民智已卑，民德已薄，雖有富强之政，莫之能行。蓋政如草木焉，置之其地而發生滋大者，必其地之肥磽、燥濕、寒暑與其種性最宜者而後可。否則，萎粹而已，再甚則僵槁而已。往者，王介甫之變法也，法非不良，意非不美也，而其效浸淫至於亡宋，此其故可深長思也。管、商變法而行，介甫之變法而敝，在其時之風俗人心與其法之宜不宜而已矣。達爾文曰："物各競存，最宜者立。"動植如是，政教亦如是也。

夫如是，則中國今日之所宜爲，大可見矣。夫所謂富强云者，質而言之，不外利民云爾。然政欲利民，必自民各能自利始；民各能自利，又必自皆得自由始；欲聽其皆得自由，尤必自其各能自治始；反是且亂。顧彼民之能自治而自由者，皆其力、其智、其德誠優者也。是以今日要政，統於三端：一曰鼓民力，二曰開民智，三曰新民德。夫爲一弱於群强之間，政之所施，固常有標本緩急之可論。惟是使三者誠進，則其治標而標立；三者不進，則其標雖治，終亦無功；此舍本言標者之所以爲無當也。雖然，其事至難言矣。夫中國今日之民，其力、智、德三者，苟通而言之，則經數千年之層遞積纍，本之乎山川風土之攸殊，導之乎刑政教俗之屢變，陶均爐錘而成此最後之一境。今日欲以旦暮之爲，謂有能淘洗改革，求以合於當前之世變，以自存於恇儴煩擾之中，此其勝負通窒之數，殆可不待再計而知矣。然而自微積之理而觀之，則曲之爲變，固有疾徐。自力學之理而明之，則物動有由，皆資外力。今者外力逼迫，爲我權藉，變率至疾，方在此時。智者慎守力權，勿任旁奪，則天下事，正於此乎而大可爲也。即彼西洋之克有今日者，其變動之速，遠之亦不過二百年，近之亦不過五十年已耳，則我何爲而不奮發也耶。

然則鼓民力奈何？今者論一國富强之效，而以其民之手足體力爲之基，此自功名之士觀之，似爲甚迂而無當。顧此非不佞一人之私言也，西洋言治之家，莫不以此爲最急。歷考中西史傳所垂，以至今世五洲五六十國之間，貧富弱强之異，莫不於此焉肇分。周之希臘，漢之羅馬，唐之突厥，晚近之峨特一種，莫不以壯佼長大，耐苦善戰，稱雄一時。而中土疇昔分争之代，亦皆以得三河六郡爲取天下先資。顧今或謂自火器盛行，懦夫執靶，其效如壯士惟均，此真無所識知之論也。不知古今器用雖異，而有待於驍猛堅毅之氣則同。且自腦學大明，莫不知形神相資，志氣相動，有最勝之精神，而後有最勝之智略。是以君子小人勞心勞力之事，均非氣體强健者不爲功。此其理吾古人知之，故庠序校塾，不忘武事，壺勺之儀，射御之教，凡所以練民筋骸，鼓民血氣者也。而孔孟二子皆有魁桀之姿。彼古之希臘、羅馬人亦知之，故其阿克德美柏拉圖所創學塾。之中，莫不有津蒙那知安此言練身院。屬焉，而柏拉圖乃以駢脅著號。至於近世，則歐羅化國，尤鰓鰓然以人種日下爲憂，操練形骸，不遺餘力。飲食養生之事，醫學所詳，日以精審，此其事不僅施之男子已也，乃至婦女亦莫不然。蓋母健而後兒肥，培其先天而種乃進也。去歲日本行之，《申報》論其練及婦女，不知所云。嗟夫，此真非以裹脚爲美之智之所與也。

故中國禮俗，其貽害民力而坐令其種日偷者，由法制學問之大，以至於飲食居處之微，幾於指不勝指。而沿習至深，害效最著者，莫若吸食鴉片、女子纏足二事。此中國朝野諸公所謂至難變者也。然而夷考其實，則其説有不盡然者。今即鴉片一端而論，則官兵士子，禁例原所未用。假令天子觀察二品以上之近臣大吏，必其不染者而後用之。近臣大吏各察其近屬，如是而轉相察，藩臬察郡守，郡守察州縣，州縣察佐貳，學臣之察士，將帥之察兵，亦用是術焉。務使所察者，人數至簡，以期必周。如是定相坐之法而實力行之，則官兵士子之染祛。官兵士子之染祛，則天下之民知染其毒者必不可以爲官兵士子也，則自愛而求進者必不吸食。夫如是，則吸者日少，俟其既少，然後著令禁之，舊染漸去，新染不增，三十年之間可使鴉片之害盡絶於天下。至於纏足，本非天下女子之所樂爲也，拘於習俗而無敢畔其範圍而已。假令一日者，天子下明詔，爲民言纏足之害，且曰：繼自今，自某年所生女子而纏足，吾其毋封。則天下之去其習者，猶熱之去燎而寒之去翣也。夫何難變之與？有夫變俗如是二者，非難行也，不難行而不行者，以爲無與國是民生之利病而已。而孰知種以之弱，國以之貧，兵以之窳，胥於此焉，階之厲耶！是鴉片、纏足二事不早爲之所，則言變法者，皆空言而已矣。

其開民智奈何？今夫尚學問者，則後事功，而急功名者則輕學問。二者交失，其實則相資而不可偏廢也。顧功名之士多有，而學問之人難求，是則學問貴也。東土之人，見西國今日之財利其隱賑流溢如是，每疑之而不信，迨親見而信矣，又莫測其所以然，及觀其治生理財之多術，然後知其悉歸功於亞丹斯密之一書，此泰西有識之公論也。是以制器之備，可求其本於奈端；舟車之神，可推其原於瓦德；用靈之利，則法拉第之功也；民生之壽，則哈爾斐之業也。而二百年學運昌明，則又不得不以柏庚氏之摧陷廓清之功爲稱首。學問之士，倡其新理，事功之士，竊之爲術，而大有功焉。故曰：民智者，富强之原。此懸諸日月不刊之論也。顧彼西洋以格物致知爲學問本始，中國非不爾云也，獨何以民智之相越乃如此耶？或曰：中國之智慮運於虚，西洋之聰明寄於實，此其説不然。自不佞觀之，中國虚矣，彼西洋尤虚，西洋實矣，而中國尤實，異者不在虚實之間也。夫西洋之於學自明以前，與中土亦相埒耳。至於晚近，言學則先物理而後文詞，重達用而薄藻飾。且其教子弟也，尤必使自竭其耳目，自致其心思，貴自得而賤因人，喜善疑而慎信古。其名數諸學則藉以教致思窮理之術，其力質諸學則假以導觀物察變之方，而其本事則筌蹄之於魚兔而已矣。故赫胥黎曰："讀書得智，是第二手事。唯能以宇宙爲我簡編，民物爲我文字者，斯真學耳。"此西洋教民要術也。而回觀中國則何如？夫朱子以即物窮理釋格物致知，是也。至以讀書窮理言之，風斯在下矣。

且中土之學，必求古訓。古人之非，既不能明，即古人之是，亦不知其所以是。記誦詞章既已誤，訓詁注疏又甚拘。江河日下，以至於今日之經義八股，則適足以破壞人才，復何民智之開之與有耶？且也六七齡童子入學，腦氣未堅，即教以窮玄極眇之文字，事資强記，何裨靈襟。其中所恃以開浚神明者，不外區區對偶已耳。所以審核物理，辨析是非者，胥無有焉。以是爲學，又何怪制科人十九鶻突於人情物理，轉不若農工商賈之有時而當也。今之蒿目時事者，每致嘆於中國讀書人少。自我觀之，如是教人，無寧學者少耳。今者物窮則變，言時務者，人人皆言變通學校，設學堂，講西學矣。雖然，謂十年以往，中國必收其益，則又未必然之事也。何故？舊制尚存，而榮途未開也。夫如是，士之能於此深求而不惓厭者，必其無待而興，即事而樂者也。否則刻棘之業雖苦，市駿之賞終虚，同輩知之則相忌，門外不知則相忘，幾何不廢然反也。是故欲開民智，非講西學不可，欲講實學，非另立選舉之法，别開用人之塗，而廢八股、試帖、策論諸制科不可。

至於新民德之事，尤爲三者之最難。今微論西洋教宗如何，然而七日來復，必有人焉，聚其民而耳提面命之，而其所以爲教之術，則臨之以帝天之嚴，重之以永生之福。人無論王侯君公，降以至於窮民無告，自教而觀之，則皆爲天之赤子，而平等之義以明。平等義明，故其民知自重而有所勸於爲善。今夫“上帝臨汝，勿貳爾心”、“相在爾室，尚不愧於屋漏”者，大人之事而君子之所難也，而西洋小民，但使信教誠深，則夕惕朝乾，與吾之大人君子無所異。内省不疚，無惡於志，不爲威惕，不爲利疚，此誠教中常義，而非甚瑰琦絶特之行者也。民之心有所主，而其爲教有常，故其效能如此。

至於吾民，則姑亦無論學校義廢久矣，即使尚存如初，亦不過擇凡民之俊秀者而教之。至於窮簷之子，編户之氓，則自襁褓以至成人，未嘗聞有孰教之者也。孟子曰：“飽食暖衣，逸居而無教，則近於禽獸。”夫飽食暖衣之民，無教尚如此。則彼飢寒逼驅，救死不贍者，當何如乎？後義先利，詐僞奸欺，固其所耳。曩甲午之辦海防也，水底碰雷與開花彈子，有以鐵滓沙泥代火藥者。洋報議論，謂吾民以數金錙銖之利，雖使其國破軍殺將，辱地喪師不顧，則中國今日之敗衂，他日之危亡，不可謂爲不幸矣。此其事足使聞者髮指，顧何待言。然諸君亦嘗循其本而爲求其所以然之故歟？

蓋自秦以降，爲治雖有寬苛之異，而大抵皆以奴虜待吾民。雖有原省，原省此奴虜而已矣，雖有燠咻，燠咻此奴虜而已矣。夫上既以奴虜待民，則民亦以奴虜自待。夫奴虜之於主人，特形劫勢禁，無可如何已耳，非心悦誠服，有愛於其國與主，而共保持之也。故使形勢可恃，國法尚行，則覥靴犂面，胡天胡帝，揚其上於至高，抑其已於至卑，皆勸爲之。一旦形勢既去，法所不行，則獨知有利而已矣，共起而挺之，又其所也，復何怪乎。今夫中國之詈詬人也，僞曰畜産，可謂極矣。而在西人則莫須有之詞也。而試入其國，而僞人曰無信之誑子，或曰無勇之怯夫，則朝言出口而挑鬥相死之書已暮下矣。何則？彼固以是爲至辱，而較之畜産萬萬有加焉，故寧相死而不可以並存也。而我中國則言信行果僅成硜硜小人，君子弗尚也。蓋東西二洲，其風尚不同如此。苟求其故，有可言也。

西之教平等，故以公治衆而尚自由。自由，故貴信果。東之教立綱，故以孝治天下而首尊親。尊親，故薄信果。然其流弊之極，至於懷詐相欺，上下相遁，則忠孝之所存，轉不若貴信果者之多也。且彼西洋所以能使其民皆若有深私至愛於其國與主，而赴公戰如私仇者，則亦有道矣。法令始於下院，是民各奉其所自主之約，而非率上之制也。宰相以下，皆由一國所推擇。是官者，民之所設以厘百工，而非徒以尊奉仰戴者也，撫我虐我，皆非所論者矣。出賦以庀工，無異自營其田宅，趨死以殺敵，無異自衛其室家。吾每聞英人之言英，法人之言法，以至各國之人言其所生之國土，聞其名字，若我曹聞其父母之名，皆肫摯固結，若有無窮之愛也者。此其故何哉？無他，私之以爲己有而已矣。

是故居今之日，欲進吾民之德，於以同力合志，聯一氣而禦外仇，則非有道焉使各私中國不可也。顧處士曰："民不能無私也。聖人之制治也，在合天下之私以爲公。"然則使各私中國奈何？曰：設議院於京師，而令天下郡縣各公舉其守宰。是道也，欲民之忠愛必由此，欲教化之興必由此，欲地利之盡必由此，欲道里之闢、商務之興必由此，欲民各束身自好而爭濯磨於善必由此。嗚呼，聖人復起，不易吾言矣。

此三者，自强之本也，不如是則雖有伊尹、吕尚爲之謀，吴起、李牧爲之戰，亦將寖衰寖滅，必無有强之一日决也。雖然，無亦有其標者焉。然則治標奈何？練兵乎？籌餉乎？門丱乎？通鐵道乎？興商務乎？曰：是皆可爲。有其本則皆立，無其本則終廢。自甲午以來，海内樊然並興者，亦已衆矣，其效何若？其有益於强之數與否，識時審勢之士將能言之，無假鄙人深論者也。雖然，有一事焉，自僕觀之，則爲標之所最亟而不可稍或遼緩者也。其事維何？曰：必朝廷除舊布新，有一二非常之舉措，内有以慰薄海臣民之深望，外有以破敵國侮奪之陰謀，則庶幾乎其有豸耳。不然，是瑣瑣者，雖百舉措無益也。善夫吾友新會梁啓超之言曰："萬國蒸蒸，大勢相逼，變亦變也，不變亦變。變而變者，變之權操諸己，不變而變者，變之權讓諸人。"《傳》曰："無滋他族，實逼處此。"願天下有心人三復斯言而早爲之所焉可耳。

—13. 皇朝經世文統編　卷一〇三　通論部四

闕名

論世變之亟

嗚呼，觀今日之世變，蓋自秦以來，未有若斯之亟也。夫世之變也，莫知其所由然，强而名之曰運會。運會既成，雖聖人無所爲力，蓋聖人亦運會中之一物。既爲其中之一物，謂能取運會而轉移之，無是理也。彼聖人者，特知運會之所由趨，而逆睹其流極。唯知其所由趨，故後天而奉天時；唯逆睹其流極，故先天而天不違。於是裁成輔相，而置天下於至安。後之人從而觀其成功，遂若聖人真能轉移運會也者，而不知聖人之初無有事也。即如今日中倭之搆難，究所由來，夫豈一朝一夕之故也哉。

嘗謂中西事理，其最不同而斷乎不可合者，莫大於中之人好古而忽今，西之人力今以勝古。中之人以一治一亂、一盛一衰爲天行人事之自然，西之人以日進無疆，既盛不可復衰，既治不可復亂，爲學術政化之極則。蓋我中國聖人之意，以爲吾非不知宇宙之爲盡藏，而人心之靈，苟日開瀹焉，其機巧智能，可以馴致於不測也。而吾獨置之而不以爲務者，蓋生民之道，期於相安相養而已。夫天地之物産有限，而生民之嗜欲無窮，孳乳寖多，鐫鑱日廣，此終不足之勢也。物不足則必争，而争者人道之大患也。故寧以止足爲教，使各安於樸鄙顓蒙，耕鑿焉以事其長上，是故春秋大一統。一統者，平争之大局也。秦之銷兵焚書，其作用蓋亦猶是。降而至於宋以來之制科，其妨争先爲深且遠。取人人尊信之書，使其反復沈潛，而其道常在若遠若近、有用無用之際。懸格爲招矣，而上智有不必得之憂，下愚有或可得之慶。於是舉天下之聖智豪傑，至凡有思慮之倫，吾頓八紘之網以收之，即或漏吞舟之魚，而已暴顋斷耆，頽然老矣，尚何能爲推波助瀾之事也哉。嗟乎，此真聖人牢籠天下，平争泯亂之至術，而民智因之而日窳。民力因之以日衰。其究也，至不能與外日争一旦之命，則聖人計慮之所不及者也。雖然，使至於今，吾爲吾治，而跨海之汽舟不來，縮地之飛車不至，則神州之衆，老死不與異族相往來。富者常享其富，貧者常安其貧。明天澤之義，則冠履之分嚴；崇柔讓之教，則囂凌之氛泯。偏灾雖繁，有補苴之術；萑苻雖夥，有剿絶之方。此縱難言郅治乎，亦用相安而已。而孰意患常出於所慮之外，乃有何物泰西其人者，蓋自高顙深目之倫，雜處此結袵編髮之中，則我四千年文物聲明，已涣然有不終日之慮。逮今日而始知其危，何異齊桓公以見痛之日，爲受病之始也哉。

夫與華人言西治，常苦於難言其真。存彼我之見者，弗察事實，輒言中國爲禮義之區，而東西南朔，凡吾王靈所弗届者，舉爲犬羊夷狄，此一蔽也。明識之士，欲一國曉然於彼此之情實，其議論自不得不存是非善否之公。而淺人怙私，常詈其譽仇而背本，此又一敝也。而不知徒塞一己之聰明以自欺，而常受他族之侵侮，而莫與誰何。忠愛之道，固如是乎？周孔之教，又如是乎？公等念之，今之夷狄，非猶古之夷狄也。今之稱西人者，曰彼善會計而已，又曰彼擅機巧而已。不知吾今兹之所見所聞，如汽機兵械之倫，皆其形下之粗迹，即所謂天算格致之最精，亦其能事之見端，而非命脉之所在。其命脉云何？苟扼要而談，不外於學術則黜僞而崇真，於刑政則屈私以爲公而已。斯二者，與中國理道初無異也。顧彼行之而常通，吾行之而常病者，則自由不自由異耳。

夫自由一言，真中國歷古聖賢之所深畏，而從未嘗立以爲教者也。彼西人之言曰：唯天生民，各具賦畀，得自由者乃爲全受。故人人各得自由，國國各得自由，第務令毋相侵損而已。侵人自由者，斯爲逆天理，賊人道。其殺人傷人及盗蝕人財物，皆侵人自由之極致也。故侵人自由，雖國君不能，而其刑禁章條，要皆爲此設耳。中國理道與西法自由最相似者，曰恕，曰絜矩。然謂之相似則可，謂之真同則大不可也。何則？中國恕與絜矩，專以待人及物而言。而西人自由，則於及物之中，而實寓所以存我者也。自由既異，於是群異叢然以生。粗舉一二言之：則如中國最重三綱，而西人首明平等。中國親親，而西人尚賢。中國以孝治天下，而西人以公治天下。中國尊主，而西人隆民。中國貴一道而同風，而西人喜黨居而州處。中國多忌諱，而西人衆譏評。其於財用也，中國重節流，而西人重開源。中國追淳樸，而西人求歡虞。其接物也，中國美謙屈，而西人務發舒。中國尚節文，而西人樂簡易。其於爲學也，中國誇多識，而西人尊新知。其於禍灾也，中國委天數，而西人恃人力。若斯之倫，舉有以中國之理相抗，以並存於兩間，而吾實未敢遽分其優絀也。

自勝代末造，西族已通。迨及國朝，梯航日廣。馬嘉尼之請不行，東印度之師繼至。道咸以降，持驅夷之論者，亦自知其必不可行，群喙稍息，於是不得已而連有廿三口之開。此郭侍郎罪言所謂“天地氣機，一發不可復遏。士大夫自怙其私，求抑遏天地已發之機，未有能勝者也。”自蒙觀之，夫豈獨不能勝之而已，蓋未有不反其禍者也。惟其遏之愈深，故以禍之發也愈烈。不見夫激水乎？其抑之不下，則其激也不高。不見夫火藥乎？其塞之也不嚴，則其震也不迅。三十年來，禍患頻仍，何莫非此欲遏其機者階之厲乎？且其禍不止此。究吾黨之所爲，蓋不至於滅四千年之文物，而馴致於瓦解土崩，一涣而不可復收不止也。此真泯泯者智慮所萬不及知，而聞斯之言，未有不指爲奸人之言，助夷狄恫喝而扇其焰者也。

夫爲中國之人民，謂其有自滅同種之爲，所論毋乃太過。雖然，待鄙言之。方西人之初來也，持不義害人之物，而與我搆難，此不獨有識所同疾，即彼都人士，亦至今引爲大詬者也。且中國蒙累朝列聖之庥，幅員之廣遠，文治之休明，度越前古。游其宇者，自以爲横目冒耏之倫，莫我貴也。乃一旦有數萬里之外荒服島夷，鳥言夔面，飄然戾止，叩關求通，所請不得，遂爾突我海疆，虜我官宰，甚而至焚毁宫闕，震驚乘輿。當是之時，所不食其肉而寢其皮者，力不足耳。謂有人焉，伈伈俔俔，低首下心，講其事而咨其術，此非病狂無恥之民不爲是也。是故道咸之間，斥洋務之污，求驅夷之策者，智雖囿於不知，術或操其已促。然其人謂非忠孝廉節者徒殆不可也。然至於今之時，則大異矣。何以言之？蓋謀國之方，莫善於轉禍而爲福，而人臣之罪，莫大於苟利而自私。夫士生今日，不睹西洋富强之教者，無目者也。謂不講富强，而中國自可以安，謂不用西洋之術，而富强自可致，謂用西洋之術，無俟於通達時務之真人才，皆非狂易真心之人不爲此。然則印纍綬若之徒，其必矯尾厲角，而與天地之機爲難者，其用心蓋可見矣。善夫，姚郎中之言，曰：“世固有寧視其國之危亡，不以易其一身一瞬之富貴。”故推鄙夫之心，固若曰：危亡危亡，尚不可知。即或危亡，天下共之。吾奈何令若輩志得，而自退處無權勢之地乎？孔子曰：“苟患失之，無所不至。”故其端起於士大夫之怙私，而其禍可至以亡國滅種，四分五裂，而不可收拾。由是觀之，僕之前言，過乎否耶？噫！今日倭禍特肇端耳。俄法英德，旁午調集，此何爲者？此其事尚待深言也哉，尚忍深言也哉！《詩》曰：“其何能淑，載胥及溺。”又曰：“瞻烏爰止。”心摇意鬱，聊復云云。知我罪我，聽之閲報諸公。

—13. 皇朝經世文新編　卷三　通論下

吴宗濂（1856—1933）

字挹清，號景周，上海嘉定人。京師同文館畢業，清末任外務部右丞、駐義大利公使。有《隨軺筆記》。

上京外當道新政芻言光緒二十七年

竊宗濂恭讀去歲十二月初十日上諭："世有萬古不易之常經，無一成不變之治法等因。"仰見聖明在上，發憤爲雄，鋭意維新，力求振作，煌煌綸綍，薄海同欽。此誠世運轉移之會，人心感奮之秋也。我中堂憲台公忠體國，久矢丹忱，輔弼宣猷，歷膺重寄。則諭旨中所謂各就現在情形，參酌中西政要，舉凡朝章國政以及民生、學校、科舉、軍政、財政，當沿當革，當省當併，或取諸人，或求諸己。如何而國勢始興，如何而人才始出，如何而度支始裕，如何而武備始修者，自必獻可替否，入告嘉謨，以仰答兩宫急欲改弦易轍，中西兼資，簡賢任能，上下交儆之至意。疏逖小臣，何敢以管窺蠡測之言，上塵鈞聽。惟是泰山不讓土壤，故能成其高；河海不擇細流，故能成其大。宗濂隨節出洋，既有年所，彼西國之條教制度，雖未能盡會其通，然亦嘗究心一二。不揣冒昧，謹擬芻言二十四條，以備采擇。所有宗濂應詔陳言，開具説帖緣由，理合具禀。職道宗濂謹禀。

謹將芻言二十四條恭呈鈞政：

一曰廣考制以勵人材。我中國以帖括取士，功令所在，喁喁嚮風，數百年來，遵行罔替，名臣碩輔，半出其中，此所以咸視爲掄才大典也。然而全才難得，以之鼓吹休明則有餘，以之出應事變則不足。知此弊者，中國非無其人也，即如昔之曾文正，今之合肥李相國、南皮張制軍，雖皆科第出身，而能獨持灼見，力排衆議，引疏上陳，奏設同文、方言、水師、自强、武備等學堂，並擇優遣赴東西洋各國游學，給膏火，予保舉。凡所以招徠而鼓舞之者備至。如此苦心孤詣，原冀拔十得五，使之人材輩出，乃何以至今寥落如晨星？曰：是亦有故。蓋以無識者不惟不重視此輩，且目爲異途而詬病之。是以此等學堂，雖已渥荷栽培，而未能遽收臂助也。查外洋各國，無一不有學堂，亦無一不有考試，除初試以文字語言，又淺近各學，合併辦理。入選者如中國之附生外，餘如格算、律例、輿地、史鑑、政治、商業、水陸、韜略、内外醫學，皆設有專科，分門教授，考試入格，給以執照，如中國之舉人、進士。然西國多材，職是之故。中國若按照西制，廣設學堂，俾來學者一律出脩，除普通學概令人肄習外，餘俱就性之所近，聽人自擇，研精一門，卒業後無須保舉，但加以舉人、進士等名目。與帖括一途，並行不悖，而逐科鄉會中額，即藉以遞減，減至文章之才足用爲止。則庶幾由漸而進，課帖括者，不致全失憑依，攻實學者，亦能蒸蒸日上。十餘年後，人材或有用乎。

一曰更官制以一統馭。中國官員難於振作者，一以用學相反，如長於閱文者，短於聽訟是也。再以務博不專，如以一縣令而兼管審案、緝盗、催科是也，又如外官推升，由道而臬而藩以至督撫，京堂升轉，自九卿而遞至工、刑、兵、禮、户、吏，務必逐一經由，一若各官皆係全才，無事不優爲者，殊不知人各有能，祇須稱職，事非一律，何得求全。今爲法制所拘，資格所限，無惑乎敷衍因循之比比也。外洋之官，有從考試歷練出者，如各部司員、讞署問官、徵税委員、外府監司、水陸兵官等是；有從公舉出者，如地方牧令、議院紳士、工程局員等是；有從首相援引而得分掌事權者，如各部堂官是；有從特旨簡派，不次超遷，由議紳而執政柄者，如首相是。要皆量能授職，降旨批准，仍由國君主持。是以指臂相使，事無牽掣，而吏治遂蒸蒸也。若英、若法、若德，固其尤著者。擬請旨飭令出使大臣羅豐禄裕庚、吕海寰速令譯員取該三國之詳細官制，考譯成書，進呈御覽。再下臣工悉心核議，條奏以聞，然後斷自宸衷，重定官制。庶挈領提綱，而統馭可歸於一。

一曰增官俸以養操守。京外實任各官，廉俸微薄，加以參罰折扣，所餘無多。出仕者不能枵腹從公，遂有收受羅括之弊。外洋官員，凡經手事件，從未有敢染指，或受苞苴者。如我國所用海關洋人，亦皆實征實解，公正無私。豈洋人居官立品，獨勝華人哉！無他，俸糈厚斯操守廉耳。今將使天下居官者，盡爲廉吏，惟有增其常俸，使無憂内顧。然後澈底清查，以陋規作正供，而上下俱有裨益。擬請請旨飭下京外各臣，按照外洋官俸及海關章程，將中國原定俸數變通而更定之。庶重禄勸士，而操守可底於純。

一曰裁儀仗以減差役。中國官場，最尚體制。平日高自位置，於民間疾苦，既不能灼見周知，而其出門也，則前呼後擁，一應護圍，隨從者動輒以數十，或百餘計。各省文武，大率位愈尊，則儀仗愈多，意謂不如此不足以示威也。殊不知此十人、百餘人者，無非公門無賴，有事則厠列其中，無事則游手好閑，爲閭閻害。宗濂前者游歷各國，見其官長出門，除民舉之倫敦府尹到任日大排儀仗外，餘皆用雙馬或單馬轎車一輛，隨帶衹僕人一名，藉備拜客投刺之用。甚有不帶從人，踵門自達者，則於俄首相吉爾斯之答拜劉星使端芬，法外部大臣施畢賴之答拜薛星使福成見之。今我國以各處闤闠之區，街道多不潔净坦寬，固難繩以此等苦事。然以前大學士沈文定、閻文清、前尚書彭剛直之儉約自待爲法，似非難事。擬請請旨飭令外省大小臣工，即將儀仗大加裁汰，庶務實黜華，而差役之數自減。

一曰設巡捕以除盗匪。方今伏莽滋多，會匪充斥，富有貴爲等票，勾結於皖、鄂、湘、晋。江蘇有鹽梟光蛋，浙江有齋匪及温台亂民，兩粤有滋事土匪及擄人勒贖之盗。星火可以燎原，涓流將成江河，識者蓋憂之矣。查外洋各國，除土耳其外，不聞有盗。即在中國各租界中，華民亦皆安如環堵。蓋以有巡捕之日夜梭巡也，而巡捕尤以英國爲善。往者某撫臣略師其法，有保衛局之設，雖規制尚未盡善，而民間已交口頌之。可知巡捕一項，有益於閭閻。然其實與京師之看街兵、外省之保甲局，異流同源，不過彼則實力奉行，我則虚應故事耳。擬請請旨諭飭步軍統領衙門、各省督撫，采取英國巡捕章程，將原有之看街兵、保甲局逐一整頓，庶詰奸懲暴，而盗匪之迹可除。

一曰修街道以便商旅。中國街道穢隘，到處皆然。居民鋪户，貪占尺寸之土，相率效尤，而省會熱鬧之區爲尤甚。其故由於互相推諉，不肯捐修，地方官苟且偷安，略不顧問，遂致因陋就簡，幾至不堪厠足。若外洋則獨於此政最爲認真，每邑有工程局，專管街道之興築修理。兩旁行人往來，中間車馬絡繹，而種樹木、設夜燈、置巡捕等事並及焉。即遠至郊野，亦復康莊。而其款則出於各城之煙酒落地税下，以故民樂其便，而輪蹄輻輳，貨物流通，市面因之日盛。近來中國官員之知此者，惟南皮張制軍而已。當署任兩江時，即毅然飭自金陵下關之輪船碼頭起，開通馬路，直達城中。

迨回任湖廣，又在武昌開築，商民喜悦，交作頌聲。惜爲地步所限，未能到處通行。現在鐵路既將大興，則凡内地之無鐵道處，尤須有寬暢街衢，以爲之輔。尚望請旨嚴飭工部及順天府府尹、各省督撫，於所轄地方，按照外洋程式，將各處街道一律籌款興修，庶四通八達，而商旅皆願出其塗矣。

一曰改讞政以平獄訟。查外洋審案各官，悉係律師出身。除竊案歸巡捕緝拿懲辦外，其錢債細故，人命重案，則皆分門别類，設有專官，日坐堂皇，逐案清查。凡上司過境，迎送饋贈，一概不問。其審案也，除命案例須先將兇犯拘押外，其餘惟以牌票標名，由郵政局遞送，訂期質訊。故原被無差役之累，案牘無叢脞之虞。若命案則止須人證確鑿，雖其人矢口不承，亦可由聽審紳士十二名，公同投鬮，以定其罪。至取供不事刑求，到案無須長跪，證人且領津貼，尤足爲審案者無形之助。今我中國百度維新，讞政似亦應按西制量爲變通也。

一曰改監獄以重民命。人至犯罪而縶於囹圄，其情亦可憫矣。曾子曰：如得其情，則哀矜而勿喜，奈何讞未定而先受桎梏之苦，讞既定而又罹縲絏之中也。查外洋監獄，輕犯同室作工，重犯始幽閉。然每日食後，乃督令兩項人犯，至長巷中行走時許，以紓筋骨，步伐整齊如營中隊伍及西塾操練脚步。然房屋高廠，牀桌齊全。書籍准其取觀，筆墨亦可借用，甚至禮拜堂、傳教士無一不備。禁卒晝夜巡邏，獄吏逐日戾止。男女不同監，相距在十餘里外，其規制有如此者。我中國以聲名文物之邦，而反於斯政漠焉不講。此歐洲人所以鄙我爲野蠻，嗤我爲苛虐也。上海租界巡捕房之監獄，本不逮外洋遠甚。然湖廣總督張制軍已一見而善之，回任後即飭府縣在武昌省城，先行試辦，改造監獄。可知督撫苟盡心民事，見此善政，無有不恍然悟勃然興者。宗濂爲慎重民命起見，伏乞請旨飭下各省督撫，即照張制軍辦法，將各處監獄，一律修改，並飭張制軍推行外府，以廣皇仁。

一曰查户口以清民數。論者謂地球生齒之繁，首推中國，或言四百兆，或言四百兆半。此皆舉大概言之，不足爲據。至究竟共有民數若干，秉鈞者蓋未得其詳也。查西制於生育、婚嫁、死亡三項，無論貴賤貧富及他國之旅居境内者，皆須報官注册，並領憑照。每月爲數多少官報宣登，民報抄列，是爲清查户口之始。於是每三年再向各户挨查一次，男女、老幼、姓名、籍貫、恒業、年歲，一一詳開，既分地以鈎稽，復合群以彙，紀而民數遂碻然矣。中國旗籍軍民，或非漫無所考，餘雖有保甲、門牌，無非虛行故事，隨意填報，甚有牌上字樣與實數大不相符者。今欲清源正本，備悉盈虚，似宜於清查户口一事加之意也。

一曰開礦産以闢地利。今者庫無存積，户鮮蓋藏，可謂上下交困矣。如欲以造物自然之利，足朝野不竭之用，則開礦尤爲先務。查盛京、吉林、黑龍江一帶，素以金礦著名；次如蜀、湘、黔、鄂、皖、晋，則有銅、鐵、錳、鉛、銻、煤、磺；魯之沂州，又産金鋼鑽。此外如江南北、浙西東，礦産亦復不少。誠使華人能集資自辦，實力振興，如漠河、開平、大冶、萍鄉諸礦，成效卓著，豈不甚善。如熟悉礦務者既鮮其人，富有資財者又多觀望，以致章程等諸空言，開采無從下手。現在脅約將成，礦利恐爲他族所占。竊謂綢繆未雨之計，似莫善於仿照湖廣總督張制軍奏定之《武昌商埠章程》，將各礦照會各國領事，由中國官爲召租。准其納貲租賃，而並徵其礦砂出礦之税。庶礦務大興，非特華人作工可藉以贍其身家，即國家亦得坐收其利。補救之法，此其一端乎。應請憲台通盤籌算，詳訂章程，奏明辦理。

一曰增微税以集鉅貲。今日商情疲敝，市面衰頹，誠有無可議捐之勢。然而參以西法，博考輿情，尚有數事可捐而民無怨者，試縷陳之。一爲印花税。向者曾有言官條奏，奉旨飭議，並由使臣進呈章程，嗣以議者復陳，一時尚多窒碍，遂作罷論。查外洋印花，凡收清發票、租賣契券、銀行掣票、鋪户招帖、公司合同、股票等，皆須黏貼印花。除大宗股票及空白契券掣票，請印花税局蓋印外，餘皆向郵電局或官准開設之煙店，零購即遞信之印花是粘貼後，即在其上簽明年月日及其人姓氏，以作勾抹而杜再用，法至便，意至良，收款亦至鉅。今中國既另設郵政局，應請責成赫德詳訂章程，兼辦斯事。二爲招牌税。查外洋店鋪，本有招牌税，即寄售物件。在玻璃窗上黏一字條，亦須納税。甚至路隅小攤，亦必購有准照，方免巡捕驅逐。今我中國政尚寬大，除寄售及小攤姑免議税外，所有各店之懸簷竪街招牌，殊碍官道，似應納官道之税，按其尺寸大小，以定税數重輕。其吝税而自行撤牌者，聽之，則既可清道，又得微捐，實於公款官衢，兩有裨益。三爲經懺税。華人酷信鬼神，薦先度亡，每延僧道諷經拜懺。即以宗濂現身説法，此等事雖素不信，然究未能免俗，蓋不如是即爲人所訴病也。特揆之實理，頗覺虚渺，徒費貲財，應請諭知嗣後無論官紳士庶延拜經懺，須至地方官處報明納税，領有准照，否則不准，違者罰鍰。四爲鞭炮錠帛税。鞭炮以漢上爲著名，行銷各省，而閩粤人尤善施放。錠帛則各省通行，而以江蘇爲甚。其製摺錠帛之料名錫箔，出於浙之杭、紹，每年銷數，其值不貲。鄂省則燒黄紙，敬神者曰黄表，媚鬼者曰錢紙，皆來自江西，或自四川。與錫箔同爲無益之費，然而民間不悟也。即如宗濂明知無益，而亦不能禁家人之焚。竊謂此等物件，儘可於出口進口處，稍增其税。應請飭下善後局司道詳議施行。

一曰整圜法以維市道。查外洋錢制，分金銀銅紙四品。法以二十銀佛郎爲一金錢，其名曰魯移。每銀佛郎一，值銅錢十枚。英以二十先令爲一金錢，其名曰鎊。每銀先令一，值銅錢十二枚。紙即鈔票，法以五十或百或五百或一千佛郎爲一票，英以五鎊十鎊、二十鎊、百鎊爲一票，各由國家協助之銀行一家備製，通行遍國。故以金銀銅紙四品，向店家兑换，價目皆同，毫無增減。惟以法錢至英，英錢至法，易地兑换，則隨市價爲轉移，不免稍有折耗。餘如俄、德、奧等，其制亦大同小異。是以錢市流通，而民皆稱便也。今中國則銀平不一，錢制又雜，民間既隱受其虧，國家亦未得其益，似宜酌中定制，使之劃一整齊。竊謂粤鄂龍元，最稱精緻。應請明降諭旨，飭嗣後自部庫以至民市，統以該兩省龍元爲準，銀則一概不用。銅錢缺乏，私鑄頗多，亦應設法整頓，務使私鑄之人，無利可獲。並采用粤省新鑄之當十大錢，而再輔以通商銀行之銀元鈔票皖撫王前曾以此條奏、湖北官錢局之制錢官票迨當十大錢通行後即改爲當十大錢官票，使各省通行，官民共用，如此一轉移間，即可多出數百萬金之數，似於目前度支，不無裨益也。

一曰廣仿製以宏利益。慨自中國通商開埠以來，洋人窺我之風尚嗜好，得日挾其新巧瑰奇之貨易我金銀以去者，蓋已不知其幾千萬億。而中國所藉出口貨以抵制者，絲茶外罕及焉。然近年來茶不如錫蘭，絲不如日本，亦幾幾乎爲强弩之末矣。前奉明旨飭令各商於此二項竭力整頓，並采用西法興作各藝，商務轉機其在斯乎。宗濂愚竊以爲此外尚有輕而易舉，可用人力以興之者，如居家食具用具，婦人首飾衣料，皆堪僅藉人工逐一仿製。今中國通商各口已有華人仿製。洋人見之，喜其精巧玲瓏，競相購取，亦有以之遥贈歐洲戚友者，受者視同拱璧。每遇中國使署人員，輒出示以爲誇耀。可見中國之物，亦大可以運歐販銷。惟無人提倡，限於一隅，不能推至海外耳。竊謂各省宜設勸工局，專教仿製外洋物件，即由上海之總商務局派員收買，躉販外洋。一面行知各海關，於此等貨物減收出口税，以輕成本而廣銷場。則集腋成裘，利益亦不患其不宏也。

一曰通商情以捷販運。查外洋領事之設，原所以講求商務，保護利權，故於其所駐之地，凡每年進出口貨，以何國爲多，何物爲盛，及閭閻之好尚，式樣之變更，無不加意諮詢，逐條禀報。甚且講買其地土貨之樣，寄回本國，俾資規仿。無他，欲以其國之貨易人之錢，固不得不博采詳求，就人範圍，變我模式耳。彼日本人已於此道深得其法，知華磁爲西人所悦也，則巧爲規仿，而繪事過之。知洋貨爲華人所悦也，則竊其形似，而賤價脱之。如此輾轉仿造，而日本之工業日精，商務日旺。察其原委，固在於領事之不憚瑣繁，國家之力爲提倡。今我中國雖設領事有年，似於此項本旨尚覺抛荒。現欲大興商務，擬請請旨飭令各出使大臣，轉飭所屬各埠領事無領事處即由譯員兼辦，悉照東西各國領事辦法，將其所駐處之商務情形，詳細禀報。至土貨之堪以仿製者，亦一併購樣寄回。由商務局將其禀報之文，刊印宣布。各貨之樣，須陳各省商會，供人考查，則庶幾商情通而販運亦捷矣。

一曰廣捐輸以資協濟。准捐實職銜封之例，中國外無聞也。然今日除原有之新海防、江南籌餉兩項外，復開秦、晋、順、直實官捐者，豈得已哉？亦以時勢所迫，不得不然耳。試於萬不得已之中，籌一由近及遠之計，請即推之於海外華人。查華人出洋以來，已逾百年，生聚日衆，以目下計之，殆不下數百萬人。其中獲鉅資，作貿遷，有家室者，約十成之二。頻年捐賑助餉，不忘本原，早邀憲鑒，可知情殷桑梓，實未嘗易地而異。當中日之役，聞華勝則喜動顔色，敗則悲憤交深。此次事變，致貽君父憂。彼等寄迹他邦，豈無傷心故國者？今聞和議將成，籌辦善後新政事宜，其懽欣鼓舞，必更一往情深也。假使奏請明降諭旨，其有領事處，即著出使大臣轉飭各該領事勸捐。無領事處，另派公正忠義之監司大員前往宣勸，則鉅款集成，自必指日可待。如英屬之新加坡、新金山，美國之舊金山、紐約，緬甸之仰光，法屬之西貢、北圻、真臘，荷蘭之蘇門答臘、噶羅巴，英荷分屬之婆羅洲，美屬之非利賓群島，古巴之夏拿灣，暹邏之曼谷，日本之横濱等處，華民之多，幾不可以數計，即使人捐一元，已不下數百萬元。况更有慷慨解囊，以圖銜封翎頂之榮，或竟指捐實職者乎，敢以是請。

一曰修河工以期經久。黄河之爲中國患久矣，歲糜帑項，不可以億萬計，而終不能保無決口之變。然則治河者，竟束手無策，一任其歲歲爲灾乎。宗濂愚，竊以爲未必然也。盛漲既有定期，防衛何難預算，其治法總不外乎大濬下流，多籌出路，俾無漫溢而已。查治河亦學問之一端，水性、水質、水力，皆當用測算、格致等學以求之，其他築堤建閘亦具有工夫。故西人備有專門學堂，以培植此等人材，而荷蘭國人於此尤精。蓋彼國地勢低窪，非築堤以禦海、治河以泄流不爲功。考黄河高於平地數丈，視彼國地勢之低於海面者，其勢相等。誠以黄河工程，託諸荷人，當不患無善法以處之。况西人辦事實心，處處能綢繆未雨，其不至如中國河員之屢棄前功，尤可預必。往者李中堂奉旨查勘，曾帶比國鐵路工程司羅福爾隨同考求。據該工程司擬呈辦法，頗有條理，旋以費鉅中止。然彼尚非治河專家，其籌辦切實且如此。設係專家，更當精密。現在盧漢鐵路正在興築，倘河水陡發，工作將何所施，此又不能不思患預防者也。擬請請旨飭下出使荷蘭國大臣吕海寰託該國外部代訂治河工師，携帶匠頭前來中國，設法整頓。一面並設治河學堂，裁成後進，以資接辦，則同一縻費鉅金，而此則較爲經久合算也。

一曰改使章以節經費。我國自於東西各國遣使以來，每歲經費，以數十萬計，蓋緣隨帶之員多也。遇有使臣更調，則所費尤倍。蓋緣前後使臣及所帶人員，皆須往返川資也。查西制凡使臣、參贊、領事，皆係實缺實官，即派至中國、日本及土耳其等國，另有翻譯人員，而此員亦係實缺。此外又有隨員，類皆身家殷實之貴族子弟，自備資斧，在額外行走，以學習出使事宜者也。凡諸人員，皆可循資遞升，由隨員或翻譯而升參贊、領事、使臣。由使臣而升外部大臣，或兼充首相，未嘗有一定年限也，但使人地相宜，即可久於其位，以待升遷。今中國則視同差使，使臣膺他項實職，循例升轉，每三年即調回本國，其餘各員及鈔寫供事，亦與俱回。作爲異常勞績，給以優保。其黠者且於到洋一二年後，加捐數層，以期一保即至道府。故每簡使臣，人人欲厠隨從之列，冀得優保。使臣或碍於囑薦者之情面，往往委曲遷就，多帶從人。既至外洋，又限於定額經費而不肯照章發薪。故始以見好顯僚而挈帶，繼且失歡於屬員。其初欣然往者，終或廢然返。今欲鼓勵使材，撙節經費，盍照西制，重訂使章。其如何永著爲令，將出使中各項名目，即作實缺實官，並久任使臣以節經費之處，擬請請旨飭下總理各國事務衙門詳議具奏。

一曰仿德制以練民兵。中國兵力疲敝，久在聖明洞鑒之中。此次事起，重訂和約，彼族權力益增，大有迫我以不克練兵之勢。雖然，我中國竟束手待斃哉，亦求所以挽回抵制之法耳。查西歷一千八百零六年，即嘉慶十一年，法國拿破侖大破普國聯軍於依愛那入栢林都城，受盟城下，並令蓄兵不得逾四萬二千。當是時，普國創鉅痛深，可謂極矣。乃有提督沙爾拿司德者，設法練兵，巧脱苛禁，以練有成效之兵，即行放歸，而另招新兵補其缺，如此迭相更换，兵數遂多。一千八百十三年，即嘉慶十八年，普居然以兵十二萬，敗法百戰之師。一千八百六十一年，即咸豐十一年，普王威廉登位，擢俾司麥爲相，以提督毛奇總統軍務，重改制度，精益求精。越八年，即同治九年冬，借端與法宣戰，以兵一百十餘萬，直搗法國巴黎。爲時僅七個月，割其兩大省，得其兵費五千兆佛郎每四佛郎姑作庫銀一兩，共合庫銀一千二百五十兆兩以返。自此普王威廉遂爲日耳曼諸王之長，上尊號曰：德國皇帝。至今國勢蒸蒸，方興未艾。我中國民多於德，地大於德，物産富於德，而現在所遭陵侮亦幾似德。設及今而上下一心，卧薪嘗膽，安見不能轉弱爲强，而獨令德之專美於前乎！竊謂苟能按照德制，先行教練旗民，推至各省郡縣，悉歸一律，十年之後定可改觀。似應請旨簡一曾至德營肄業之華員，如記名副都統廕昌者，授以重權，督率教練，則責任專而功效亦速矣。

一曰收利權以振國勢。查外洋公例，凡異國之人來至本國者，除使臣及參隨外，如或干犯法令，無論貴賤貧富，皆受我範圍，聽我審斷。而中國則中西合訟，各遵其律，載在約章，奉行已久。但西律寬而華律嚴，此中顯難公允。華人不明其故，遂以爲袒西抑華，每有憤憤不平之意。至西人所以不願照華律者，以其刑章過猛耳。而中國定案之問官，反受會審西官頤指氣使，此訟案之利權，亟宜收回者一也。又查西制一國之中，衹許國家協助之銀行可出鈔票。今中國則民間錢鋪，既可虛出錢票，假倒捲逃，層見疊出，而彼國銀行如匯豐、麥加利、道勝等行，本非我中國國家協助者，反擅造規銀及銀元鈔票。華人以其結實可靠，信用頗多。此鈔票之利權，亟宜收回者二也。又西制他國之人，旅居本國，遞寄信件，衹許由本國郵局收發，從未有各設郵局者。乃中國則英、法、俄、德、日本，在中國通商各埠及京師處，皆各設郵局，互相接收，是分我郵局之利爲不少矣。此郵局之利權，亟宜收回者三也。以上三項，其利權所以被占之故，蓋託言在租界内耳。各國在京師設立郵局，不知何所託詞。然果欲收回，似非難事。以言訟案，衹須照已譯之法國律例，施諸中外涉訟之人，由總署照會各國，告以某年月日起，即行照辦。則彼族既見我律與彼相合，自當無詞阻撓。以言鈔票，應由通商銀行，延請律師，據理與争，即請督辦其事之盛丞堂宣懷從長計議。以言郵局，應由總署照會瑞士國郵政公會，行知各國政府，將在華擅設之郵局，一律收停，即責成兼辦郵政事宜之總税務司赫德稟請總署核奪可矣。

一曰結洋報以資維繫。查外洋各報，大者日出兆數，小者亦銷萬餘，一紙傳來，争相購閲。況其流布之捷，秉筆之公，有時反足爲中國助。昔者越南事起，曾惠敏適秉駐法使節，除與譯署隨時電商機要外，一面即結好各洋報之主筆訪事，故維時各報論説，不致袒法侮中。其首相兼外部之裴禮，遂大不理於口，民志騷然，竟有袖鎗以謀擊刺者。厥後鎮南之敗，斐禮至議院請再添餉添兵，而議院竟不之允。斐禮不得已，即日辭職卸權。是以繼任之茀來西尼遂肯乘勢轉圜，議和就款，不復索償兵費，則實洋報維繫之功也。惟近來各報，於彼國在華之種種迫脅要求，每多附和之詞。雖法國奴佛利斯忒報之主筆訪事，如虛素拂拉維男爵、白吕楠及覃爾瑪三人，尚能獨排衆議，秉公昌言，然卒以勢孤而無濟於事。至該三人之所以肯出此者，不過曾與中國使署往還耳，而其發議已肯爲中國代鳴不平如此。誠使各出使大臣平日皆以曾惠敏爲法，則月旦公評，徧於道路，其受益有在於無形者。此事關係匪輕，擬請請旨密令各出使大臣及參贊譯員等，於外洋各報館之主筆訪事，廣爲結納，並許以寶星之獎。俾作隱援而聯聲氣，則於交涉事件，實大有裨益也。

一曰派親貴以事游學。伏考本朝定制，凡親王、貝勒、貝子等從未有任封疆，徧游各省者，何況外洋，程途過遠，既慮風濤，言語不通，更多扞格。而彼族之富强實在情形，即有使臣及私家著述，言之鑿鑿，恐未必信而不疑。是以親貴出洋游學，實爲目前要圖。昔俄君大彼得因其國勢陵夷，曾微服以游各國，溷迹匠役，考求製造秘奥，回國後毅然改革，遂得大啓雄圖，至今尚駸駸未已。即俄之今主尼谷拉第二，未登位時，亦曾游至中國、日本。此外各國親貴，或肄業學堂，或周游異國，更不可以僂指計。就近者言之，德親王亨利其一也。今欲知彼知己，借鑑外洋。惟有請旨簡派近支王大臣之年穉質敏者，前往東西各國，親加考察，似最有益。如能通曉其文字語言，無論英法，更覺事半功倍。蓋親貴能至外洋，於一切政治身親目擊，一人實可抵數十使臣，數百平民子弟也。一旦回華，執持政柄，其補弊救偏，必有加人一等者。收效之捷，何待贅言。

一曰派重臣以陪親貴。如照前議，請旨選派王公、貝勒、貝子出洋游學，此舉關係遠大，盡人能知。蓋西國政治、學校、商業、工藝及一切水陸兵制，皆足以長我識見，供我取資。即宗濂臚舉以上各條，一經身親目擊，尤可逐一印證，得其指歸，恍然於彼國富强之故。是王公、貝勒游學之舉，固目前新政中至急之一端也。惟是外洋風俗豪侈，一玩好之具，一游戲之場，紛華靡麗，隨在足以惑人，少年血氣未定，易爲所動。是以各國親王、世子等駕言出游，雖極輕裝减從，無絲毫貴介氣，亦必有老成練達之大臣到處相隨，若保傅者，蓋防閑於無形也。今中國王公、貝勒果其游學各國，固將以開發其心胸，擴充其志氣，陶融其學問，而備他日回國後之大用也。擬請請旨加派忠正明敏、年力富强、曾任督撫之大臣一員以爲保傅，庶王公等有所敬畏，不爲異俗所移。該大臣亦有所考求，益得展匡時之略，蓋一舉而兩善備焉。至到洋後，或需僱人導引，尤須慎選心地光明，忠於中國者，是在該大臣之留心體察耳。

一曰請破格以用通材。伏讀上諭有云："人才以資格相限制，而日就消磨。"又云："有治法又貴有治人。苟得其人，敝法無難乎補救；苟失其人，徒法不能以自行。"大哉王言，誠深得求治之要矣！以我中國土地之大，人民之衆，靈秀所鍾，人文薈萃，又且軺車四出，隨從者衆。出洋游學，卒業者多，兩次派員游歷，更得考求彼國政治之本原與富强之實際，而猶謂天下無才，不亦羞當世之士耶！今者新政方興，力求上理。竊謂非羅致通材，破格録用不爲功。是在憲台及各督撫等廣爲汲引，舉之朝端耳。不揣冒昧，敢貢所知，前湖北學政王同愈告養回籍，屢徵不出之安徽知縣湯壽潛，署湖北孝感縣知縣丁國楨，特用道鄭孝胥，江蘇候補道李經方，翰林院編修汪鳳藻，福建福寧府知府嚴良勛，記名副都統蔭昌，北洋水師游擊薩鎮冰，候選知府朱寶奎，候選知縣黄開甲，湖北試用通判金鼎等，皆各有專長，堪備通材之選。設加以器使，假以事權，其治迹當有可觀。應如何奏請破格録用之處，伏候鈞裁。此外爲宗濂所不及知者，亦難數計。尤望憲台博采宏搜，勿任其風塵埋没，則人才蔚起，天下不難圖治焉。

一曰派總裁以資改革。欽奉明詔，變法更新。各督撫等，受恩深重，更事亦多，自必竭忠盡智，舉今日切要之圖，臚陳無隱。然而意見容有不同，辦法亦難一致，不加精擇，易涉歧途，失之毫釐，差以千里。是變法之始，須有明達大員主持審定也。昔普當大挫之後，祇因有涉爾拿司德、俾斯麥、毛奇等人，先後繼起，改革整頓，遂以中興。我中國今日時局，務須變革敝政，方足以圖恢復，早在聖明洞鑒中，特此舉千經萬緯，厥任匪輕。奏功不能以數月計，而審慎周詳，又非數十人所能備。應請由憲台會同各督撫等，合詞具奏，公舉一資深望重、且曾環游各國、親見一切西政之大員，請旨派爲總裁，並准延聘西國政治專家數人，隨同贊助。再由憲台及各督撫等，戮力同心，以一切嘉謨，和衷商榷，庶新政藉手有資，而諸事不難就緒也。

以上二十四條，未必盡可見諸施行，不過潢潦之水，冀有補於河海。况逢明詔，言路宏開。則如宗濂之十載出洋，累保以至今職者，其敢隱忍緘默，不以平日之見聞，參酌乎今日之時勢，以貢於憲台之前乎？謹就管見，披瀝直陳。是否有當，伏乞賜察。

——20. 皇朝蓄艾文編　卷一〇　通論一〇

陳　熾（1855—1900）

字克昌，號次亮，江西瑞金人。光緒八年（1882）舉人，歷官軍機處章京、户部主事等。與康有爲組織“强學會”，任提調。有《庸書》。

藝成於學説

中國之工藝何以不如泰西也？曰學不學之分耳。中國之購機器、開製造者有年矣，何以終不若泰西也？亦學不學之分耳。泰西之學何所仿哉？仿於近百年來創行新法之人。創法之人又何所仿哉？仿於五六强國喜新尚異、争名逐利之心。然而天下之人不以爲非，且孜孜然慕而效之者何哉？以其有益於國也，有益於民也，效之者有大益，不效之者即有大損也。蓋藝也而進乎道矣，故曰天也。一舟也，行止聽乎風，一車也，遲速憑之馬，五千年來未之有改耳。有華忒者，緣茗壺之氣衝蓋有聲，始悟熱之有力，推之以擊石，推之以運煤，推之以起重，而火輪新法實始萌芽。父作之，子述之，不憚十反以求其利弊，而輪車之製遂成。獻之英君，錫以世爵。然僅一小輪，信船藉以遠通音問也。既而設學以教之，立廠以造之，而數十丈之巨舟，數千匹之馬力，海天萬里，絶迹飛行，繼之以快艦、巡船、雷艇、鐵甲，每一時行二百里，而輪舟之用始神。然而水道雖通，陸路仍虞梗阻也，復有人推廣此意，創造輪車，嵌以鋼條，墊以木板，車行其上，神速無倫，每一時行三百里，於是水陸連接，視萬里如户庭，幾幾乎縮地之神方，補天之秘鑰矣。復悟金、鐵相摩生電之法，機輪磨蕩，陰電陽電生生不已，如環之無端，而電報作焉。其始也，迅寄一音，僅以防車輪之撞擊耳，至今日而電綫三匝環遶全球，鐵筩沈浸於海中，銅竿森立於地上，環地球十萬里，通信不逾一時。推之於照夜之燈，則卓立雲霄，光明如皎月；推之於傳信之器，則懸隔山海，聲息猶比鄰。疑鬼疑神，胡天胡帝，而推原本始，則皆由茗壺熱力之一事門之由。是以火蒸水，以水化氣，以氣行輪，以輪生電，馴至天下萬事萬物，皆入於機，皆出於機，物之細也入毫芒，力之大也摧山嶽，上關國計，下益民生，四海風行，五洲響應。此豈泰西之智士所能爲乎？然則孰爲之？天爲之也！天假手於西人，以成兹地球一統、萬國會同之法物也。環球十萬里，大小數百國，非輪舟鐵路，何以捷往來？非電線德律風，何以通文報？或卉衣木食，或穴處巢居，或飲血茹毛，或窪尊土鼓，將使冠裳棟宇大啓文明，非以一人作十人百人之工，何以給生民之日用也？今各國呈奇效瑞萃我中華，而中國二千年來工師失傳已久，因循簡陋不思變通，轉使海外小邦以器物之精良出而傲我，習遠而忘近，騖虚而失實，得精而遺粗，皆不學之故也。天將以器歸中國，而以道行泰西，同軌同文，開萬國同倫之大化，所謂凡有血氣莫不尊親者，此其時矣。取彼良工，同我郅治，昭以文物，獲其王侯。孰重孰輕，爲得爲失，何去何從，必有能辨之者。

—10. 皇朝經世文新編　卷一一　工藝

論學校一

吾聞之，《春秋》三世之義：據亂世，以力勝；升平世，智力互相勝；太平世，以智勝。草昧伊始，蹄迹交於中國，鳥獸之害未消，營窟懸巢，乃克相保，力之强也。顧人雖文弱，無羽毛之飾，爪牙之衛，而卒能檻縶兕虎，駕役駝象，智之强也。數千年來，蒙古之種，回回之裔，以虜掠爲功，以屠殺爲樂，屢蹂各國，幾一寰宇，力之强也。近百年間，歐羅巴之衆，高加索之族，藉製器以滅國，借通商以闢地，於是全球十九歸其統轄，智之强也。世界之運，由亂而進於平，勝敗之原，由力而趨於智。故言自强於今日，以開民智爲第一義。

智惡乎開？開於學。學惡乎立？立於教。學校之制，惟吾三代爲最備，家有塾，黨有庠，術有序，國有學，立學之等也。八歲入小學，十五而就大學，入學之年也；六年教之數與方名，九年教之數日，十年學書記，十有三年學樂誦詩。成童學射御，二十學禮，受學之序也。比年入學，中年考校，以離經辨志爲始事，以知類通達爲大成。課學之程也，《大學》一篇言大學堂之事也，《弟子職》一篇言小學堂之事也，《内則》一篇言女學堂之事也，《學記》一篇言師範學堂之事也。管子言，農工商群萃而州處，相語以事，相示以功，故其父兄之教不肅而成，其子弟之學不勞而能。是農學、工學、商學，皆有學堂也。孔子言，以不教戰，是謂棄民。晋文始入而教其民，三年而後用之；越王栖於會稽，教訓十年，是兵學有学堂也。其有專務他業不能就學者，猶以十月事訖，使父老教於校室，見《公羊傳》宣十五年注。有不帥教者，鄉官簡而以告，其視之重而督之嚴也如此。故使一國之内，無一人不受教，無一人不知學。兔罝之野人，可以備捍城；小戎之女子，可以敵王愾；販牛之鄭商，可以退敵師；斵輪之齊工，可以語治道；聽輿人之誦，可以定霸；采鄉校之議，可以聞政；舉國之人，與國爲體，填城溢野，無非人才。所謂以天下之目視，以天下之耳聽，以天下之慮慮，三代盛强，蓋以此也。

馬貴與曰：古者户口少而才智之民多，今户口多而才智之民少。余悲其言。雖然，蓋有由也。先王欲其民智，後世欲其民愚。天下既定，敵國外患既息，其所慮者，草澤之豪桀乘時而起，與議論之士援古義以非時政也。於是乎爲道以鈐制之，國有大學，省有學院，郡縣有學官。考其名猶夫古人也，視其法猶夫古人也，而問其所以爲教，則曰制義也，詩賦也，楷法也。不必讀書通古今而亦能之，則中材以下，求讀書、求通古今者希矣；非此一途不能自進，則奇才異能之士，不得不輟其所學，以俯焉而從事矣；其取之也無定，其得之也甚難，則倜儻之才，必有十年不第，窮愁感嘆，銷磨其才氣，而無復餘力以成其學矣。如是則豪傑與議論之士必少，而於馴治天下也甚易。故秦始皇之燔詩書，明太祖之設制藝，遥遥兩心，千載同揆，皆所以愚黔首，重君權，馭一統之天下，弭内亂之道，未有善於此者也。譬之居室，慮其僮僕竊其寶貨，束而縛之，寘彼嚴室，加扃鐍焉，則可以高枕而卧，無損其秋毫矣。獨惜强寇忽至，入門無門，入闑無闑，悉索所有，席卷以行，而受縛之人，徒相對咋舌，見其主之難，而無以爲救也。

凡國之民，都爲五等：曰士，曰農，曰工，曰商，曰兵。士者，學子之稱，夫人而知也。然農有農之士，工有工之士，商有商之士，兵有兵之士。農而不士，故美國每年農産值銀三千一百兆兩，俄國值二千二百兆兩，法國值一千八百兆兩，而中國只值三百兆兩；工而不士，故美國每年自創新藝，報官领照者二萬二百十事，法國七千三百事，英國六千九百事，而中國無聞焉；商而不士，故英國商務價值二千七百四十兆兩，德國一千二百九十六兆兩，法國一千一百七十六兆兩，而中國僅二百十七兆兩；兵而不士，故去歲之役，水師軍船九十六艘如無一船，榆關防守兵幾三百營如無一兵。今夫有四者之名，無士之實，則其害且至於此。矧於士而不士，聚千百帖括卷摺、考據詞章之輩，於歷代掌故，瞠然未有所見，於萬國形勢瞢然未有所聞者，而欲與之共天下、任庶官、行新政、禦外侮，其可得乎？

今之言治國者，必曰仿效西法，力圖富强，斯固然也。雖然，非其人莫能舉也。今以有約之國十有六，依西人例，每國命一使，今之周知四國、嫻於辭令、能任使才者，幾何人矣？歐美澳洲、日印緬越、南洋諸島，其有中國人民僑寓之地不下四百所，今之熟悉商務、明察土宜、才任領事者，幾何人矣？教案、界務、商務紛紛屢起，今之達彝情、明公法、熟約章、能任總署章京、各省洋務局者，幾何人矣？泰西大國，常兵皆數十萬，戰時可調至數百萬。中國之大，練兵最少亦當及五十萬，爲千營，每營營哨官六員。今之習於地圖、曉暢軍事、才任偏裨者，幾何人矣？嫻練兵法、諳習營制、能總大衆、遇大敵、才任統帥者，幾何人矣？中國若整頓海軍，但求與日本相敵，亦須有兵船百四十餘艘，今之深諳海戰，能任水弁者，幾何人矣？久歷風濤，熟悉沙線，堪勝船主、大副、二副者，幾何人矣？陸軍每營，水師每船，皆需醫師二三人，今之練習醫理、精達傷科、才任軍醫者，幾何人矣？每造鐵路十英里，需用上等工匠二員，次等六十員，今之明於機器、習於工程學、才任工師者，幾何人矣？中國礦産，封鐍千年，得旨開采，設局漸多，今之能察礦苗、化分礦質、才任卝人者，幾何人矣？各省議設商務局，以保利權，今之明商理、習商情、才任商董者，幾何人矣？能製造器械，乃能致强，能製造貨物，乃能致富，今之創新法、出新製、足以方駕彼族、衣被天下者，幾何人矣？坐是之故，往往有一切新法，盡美盡善，人人皆知，而議論數十年不能舉行者，苟漫然舉之，則僨轍立見，卒爲沮抑新法者所訴詈。其稍有成效之一二事，則任用洋員者也。而輪船招商局、開平礦局、漢陽鐵廠之類，每年開銷之數，洋人薪水幾及其半；金陵自强軍所聘西人，半屬彼中兵役，而攘我員弁之厚薪；海關厘税，歲入三千萬，爲國餉源，而聽彼族盤踞，數十年不能取代。即此數端論之，任用洋員之明效，大略可睹矣。然猶幸而藉此以成就一二事，若决然舍旃，則將並此一二事者而亦無之。嗚呼！同是圓顱方趾，戴天履地，而必事事俯首拱手，待命他人，豈不可爲長太息矣乎！

若夫四海之大，學子之衆，其一二識時之彦，有志之士，欲矢志獨學、求中外之故、成一家之言者，蓋有人矣。然不通西文，則非已譯之書不能讀，其難成一也；格致諸學，皆藉儀器，苟非素封，未由購置，其難成二也；增廣學識，尤藉游歷，尋常寒士，安能遠游，其難成三也；一切實學，如水師必出海操練，礦學必入山察勘，非藉官力，不能獨行，其難成四也；國家既不以此取士，學成亦無所用，猶不足以贍妻子、免飢寒，故每至半途，廢然而返，其難成五也。此所以通商數十年，而士之無所憑藉，能卓然成異材、爲國家用者，殆幾絶也。今夫農夫未嘗播種而思獲秋，雖愚者知其不能矣。操豚蹄而祝滿篝，旁觀或笑之。况彼數百年來，於人材盛衰消長之故，如秦人視越人之肥瘠，猶復束縛之，馳驟之，銷磨而鈐制之，一旦有事，乃欲以多材望天下，安可得耶？安可得耶！

然猶曰洋務爲然也。若夫内外各官，天子所以共天下也，而今日之士，他日之官也。問國之大學、省之學院、郡縣之學官及其所至之書院，有以歷代政術爲教者乎？無有也。有以本朝掌故爲教者乎？無有也。有以天下郡國利病爲教者乎？無有也。當其學也，未嘗爲居官之地；其得官也，則當盡棄其昔者之所學，而從事於所未學。《傳》曰：吾聞學而後入政，未聞以政學者也。以政學猶且不可，况今之既入官而仍讀書者，能有幾人也？以故一切公事，受成於胥吏之手，六部書辨、督撫幕客、州縣房科，上下其手，持其短長，官無如何也。何以故？胥吏學之，而官未學也，遂使全局糜爛，成一吏例，利之天下，禍中腹心，疾不可爲。是故西學之學校不興，其害小；中學之學校不興，其害大。西學不興，其一二淺末之新法，猶能任洋員以舉之；中學不興，寧能盡各部之堂司、各省之長屬，而概用洋員以承其乏也？此則可爲流涕者也。

—16. 皇朝經世文編五集　卷四　學校

圜　法

國家何以鑄錢？曰：“以爲民也，日用通行，非此不便也。”“今日何以停鑄？”曰：“以爲國也。銅價過昂，所得不償所費也。”然則有益無損，有利無弊，既可便民，又不病國者，莫自鑄金銀錢若矣。古之時粟帛交易而止矣。自首山采鑄，九府通行；炎漢五銖，輕重適當。泉刀貨幣之用，緜歷四千餘年。唐宋以還，疆土益廣。至明而後，地丁税課，概用紋銀，良由人利輕齎，事趨簡便，三品之輕重，視九州之廣狹以爲差。然紋銀折算畸零，權衡輕重，出入高下之際，吏胥弄法，市儈操奇；銅錢則笨重煩難，不能及遠，運千緡以行萬里，所得者幾何矣？

今日萬國通商，外國銀錢遍行於東南各省。民情之所便，即天意之所開也。歐洲諸國，航海東來，因商旅暢通，道途日遠，銀錢猶有不便，乃一律行用金錢。自中國、印度外，貨幣交通，概以黄金爲準，因時制變，雖聖王不能禁之矣。其顯敝中國者，莫甚於洋債一宗，鎊價參差，隱虧鉅萬。而民間貨物，一出一入，低昂輕重，均以金磅爲衡，暗剥潛銷，利源外溢。國家所恃以宜民利用，奔走一世者，太阿之柄，甘授之於外人，薄海漏卮，永無底止。殆不得鋪張塗飾，視若緩圖矣。謂宜統飭各省，設局購機，將三品之金，一律鑄錢行用。其金錢銀錢之輕重及五分一角四開諸式，略仿泰西。惟參酌情形，熟權子母，别定式樣，詳議章程，仍由户部侍郎主持其事。錢局薪俸，及防弊諸端，均參仿中西，從其善者。礦政局開采所得，就近平價采買，以供鼓鑄之需。仍與鈔法局相爲表裏，互資挹注，外合内分，相繫相維，立於不敗。部庫藩司收解之款，亦將銀兩折合金錢銀錢，三者並收，略照時價。年終奏定，由部頒行各官。廉俸既增，則火耗陋規，均可酌量裁減。民生日厚，國用益饒，而天下吏胥衙蠹舞文骫法之端，已剗削根株，不去而自去矣。

夫三品《厥貢》《夏書》兩著，其文天生五材，以利民用。今日之貧匱，非食之不足，實用之不充也。中國金礦、銅礦之多，遠非泰西所及，伐山開礦，就地鑄錢，免西人龍斷之虞，有四海流通之利。商務日振，工藝日興。再歷數十年，中國之豫大豐亨，有斷非海外小邦所能及者。此自有之利、自主之權。乃怠惰因循，守株待兔，補苴掇拾，剜肉補瘡，他日財盡民窮，偶有水旱偏灾，鋌而走險，其事尚忍言哉？迨天之未陰雨，徹彼桑土，綢繆牖户。維此，下民孰敢侮？予鴟鴞之詩人，所爲拊心而嘆也。

—16. 皇朝經世文編五集　卷一九　圜法銀行國債

報　館

天生民而立之君，君者群也，所以爲民也。然而分隔勢睽，堂高廉遠，古人於是有諫鼓謗木之制，有采風問俗之官，惟恐下情不得上聞，上澤不能下究，所以防壅蔽而恤痌瘝者，如此其汲汲也。秦以武功吞併六國，變封建而爲郡縣，舞文法以馭臣民，燔棄詩書，愚我黔首，偶語者棄市，腹誹者有誅，暴戾恣睢，及二世而土崩瓦解。後世人主沿襲餘波，雖苛政漸除，而輿情終抑。唐宋以下，給諫侍御，言路亦有專官，然而風影傳聞，結援樹黨，閭閻之疾苦安得遽登臺省之章疏也？况乎忌諱猥多，刑戮不免，所謂“言者無罪，聞者足戒”，昔有其語，今無其事，蓋暴秦之爲禍烈矣。本朝聖神相繼，愛民納諫，不罪言官，顧廊廟雖高不諱之風，草野尚有難通之隱，積重之勢，未易遽回也。

泰西報館之設，其國初亦禁之，後見其公是公非，實足達君民之隔閡，遂聽其開設，以廣見聞。迄今數十年，風氣日開，功效日著。製一精器，登報以速流傳，而工作興矣；立一公司，入報以招貿易，而商途闢矣；與國之政令，朝夕可通，而敵情得矣；刑司之讞辭，纖毫必具，而公道彰矣。耳目所經，聰明益濬，至於探一新地，行一新政，見一新理，得一新聞，皆可與天下之人同參共證，所謂“不出户庭而周知天下之事”者，非報館無由也。比年各省水旱偏灾，重賴日報風行，有以感發善心，集捐鉅款，明效大驗，已如斯矣。惟各國報館雖多，均其國人自設，法國並派員查閲，以示限制。中國於己民則禁之，於他國則聽之，偶肇兵端，難免不曲直混淆，熒惑視聽，甚非所以尊國體而絶亂原也。似宜曉諭民間，准其自設資本，不足官助其成。偶值開釁之時，必派專員稽察，主筆者公明諒直，三年無過，地方官吏據實保薦，予以出身。其或顛倒是非，不知自愛，亦宜檄令易人，一切均仿泰西報館章程辦理。

至西人報館，宜與各使妥議，毋許再出華字報章，否則按月繳捐，仍須派人查閲。此事不載通商之約，本屬中國自主之權，各國當亦無詞以拒也。論者輒以前此日報鄙夷中國，痛絶其事，並深惡其人，而不知桀犬吠堯，各爲其主，國之利器不可假人。今報紙之流行廣矣，華人知日報之益者多矣。一轉移間則諸利皆興，而諸弊皆去。集思益廣，四民之智識宏開；殫見博聞，萬里之形聲不隔。高掌遠蹠，明目達聰。修益地之圖，補職方之志。此亦大一統之先聲嚆矢也，而顧可忽視乎哉？

—16. 皇朝經世文編五集　卷二一　官書局報館

驛傳

天下之土地由狹而廣也，邦國由分而合也，事變由少而多也。古之時，王畿千里，區以五服，别以九州，各子其民，各君其國，自爲風氣，不相往來。秦併諸侯，漢開邊境，自是而後，土宇日闢，生齒日蕃，世變日紛，則驛傳日重。置郵傳命，達意通情，無［論］君民上下皆欲之，皆用之，皆需之，此自然之理也。中國置驛設臺，專遞公文，不通私信，經費既鉅，流弊孔多，道路稽延，人馬瘐斃，及軍情瞬息，警報紛紜，雖有官司，仍虞曠誤。各省會及沿海要地，多增設文報局，以捷信音。商民遠適他方，聲聞睽隔，黠者創立信局，用便旅人。各口輪舶既通，推行日廣。然辦理一切，官不過問，故劫掠逃閉之事時有所聞。且陸路收資，爲數過鉅，國家歲費帑金百萬，而膏澤不逮於民。分道揚鑣，上下交病，已大非君民一體之盛心矣。况信局惟利是圖，耳目見聞有所不及。遂有土匪伏莽，逆書秘信任意飛傳，而塘報遷延，乃反瞠乎其後。疏虞之患，何可勝言？

今泰西諸邦，均設立書信館，公文私信一律通傳，酌收微貲，以資津帖。不惟設驛之費綽乎有餘，而積少成多，遂爲每歲大宗之入款。官私利便，消息靈通，既易稽查，永無遺誤，利民利國，二者兼之矣。惟聞近日總税務司有延訂西人代爲經理之説，無論民情疑怪，易滋事端，而履霜堅冰，尤不可不防其漸。蓋天下之事，譬諸一身，土地猶肌肉也，財貨猶膏血也，而驛傳四達，則脉絡之所流行也。沿海税關，既以相授，而聲息之筦鑰，復舉而畀諸異國之人，則天下大權咸歸掌握。即英人不貪土地，設彼自爲操莽，何以禦之？此存亡禍福之機緘，必不可輕心以掉者也。

竊謂西人决不能用，而西法必應仿行。責成出使諸臣，將各國書信館章程詳加繙繹，參酌舊制，議立新章，以現在驛站塘汛爲之基，而各省鎮埠鄉村均設分局，量收信費，酌派賢員，縷析條分，實心經理，稍有私弊，立予撤參，每歲所收專款報部，仍由各省臬司督辦。現有信局飭令閉歇，仍將夫役人等收入官局，俾得駕輕就熟，且免失業爲匪。民間寄信之資，統照信局酌減一半。刊刷憑紙，無論何處，均可計日飛達，以便閭閻，仍與電報局聯爲一氣。中國地大物博，商旅繁多，通一歲計之，所入當不下二三千萬，而官報之往來愈捷，民財之節省已多，大憝句通，預籌防範，窮民奔走，益廣生機。惟一二壟斷之信局，商人稍失重利。然利多害少，取信商民。言籌餉於今玆計無便於此者。獨是國之利器，不可假人，苟以赫德爲之，則其害亦反是。毫釐千里，移步换形，所望於彼己之間，熟思審處，毋倚其小忠小信，而自貽後患於無窮也。

—16. 皇朝經世文編五集　卷二二　驛傳郵政電報

教養

天生民而立之君，國家之設官以爲民也。

三代以上之爲治也，君臣上下汲汲然以教養爲先，務治天下如國，治其國如家。

井里桑麻，教之樹畜，養民之政若此詳也；庠序學校，申以孝悌，教民之事如此其備也。至秦而後，咈百姓以從己之欲，以天下奉一人。患其富而得衆也，而務貧之；患其智而生事也，而務愚之；患其强而爲亂也，而務弱之。先王教民養民之方，去之惟恐不盡，謂今而後，莫予毒也已。恣睢暴戾，曾不旋踵而亡。炎漢既興，寬法省禁，師黄老之清静，以與民更始，而古人之良法美意，無一存焉者矣。

自是以後，循良之治，曠世一逢；條告之頒，虚文徒具。當世所稱能吏，競以催科折獄爲長。偶有盡心民事者，則上官掎之，同僚笑之，衆庶疑之，不入考成，不登薦牘，群掣其肘，必潰於成而後已。不肖者專揣缺分之肥瘠，以圖飽私囊；其賢者亦第求案牘之清釐，以規避處分。於設官爲民之本意，上下泰然，久已忘之，而且習之矣。或曰：治民之道，廉静不擾而已，教養奚爲者？而不知民情可與樂成，難與圖始。近而不能遠，私而不能公，非不知勤四體而分五穀也。水利溝渠，備旱備潦，非一人一家之力所能爲者，無以董之，則廢而不修矣。非不知貴禮義而尊聖賢也，僻壤窮鄉，見聞孤陋，或中人之産，無力延師者，不有以倡之，則廢而不學矣。此所以饑饉洊臻，流亡載道，顓蒙愚昧，刑罰滋多者，無他故焉，教養之道失焉耳。又況補助無方，鹵莽滅裂之患滋，而土田瘠，山澤無禁，斧斤網罟之時失，而物力殫之。無資而賢才少，工師貧匱而器用苦窳，商賈蠢愚而貨財□□；民習游惰，讀法懸書之不講，而盗賊多；士有秀良，親師取友日絀。不教不養，以貧中國，愚中國，弱中國。暴秦之禍深矣，遠矣，烈矣，酷矣，蔑以加矣！

謂宜詳稽古制，參以自古迄今養民教民之法，分門别類，明著爲令，飭各省牧令，實力奉行。借以厲民肥己者，加等治罪。三年大計，列入考成。僅僅折獄、催科，止能免過也，必有教養之實政，始得登卓異之章。虚應故事者，以違制論。《傳》曰："上有好者，下必甚焉。君子之德，風；小人之德，草。"併心壹志，持以十年，而人才不日多，民生不日富，國勢［不］日彊者，未之有也。

—16. 皇朝經世文編五集　卷二九　養民機器

韓文舉（1855—1937）

字孔菴，號樹園，廣東番禺（今屬廣州）人。康有爲弟子，歷任《時務報》《新民叢報》等主筆。有《韓樹園先生遺詩》。

國朝六大可惜論

無賢君而國萎瘁者有矣，無賢臣而國萎瘁者有矣，無其時、無其勢而國萎瘁者有矣，士氣不倡、人民不慧而國萎瘁者亦有矣，然皆不患此也。其君則變法勵治之英主也，其臣則中興自强之元勳也，其士民則聰明智慧、通變達時之翹秀也。然而卒不免制於俄，敗於日，束縛於英、法、德，何哉？不然則風俗蒙蒙，愚魯充也；不然則奸佞綸綸，據要津也；不然則勇士殫，智士殘也；不然則謀策多言風波也；不然則巧宦滋章，營營身家也；不然則奸民諜伺，以情輸敵也；不然則不務天時，不治地利也；不然則游民闐溢，寇盗多有也；不然堂上百里，堂下千里，門庭萬里也；不然商賈失計，百工無藝，農民困匱也；不然文巧不禁，游幕侵蠹，胥吏盗權也；不然士人蔀塞，搢紳驕恣，官吏婪悍也；不然國自爲國，民自爲民，官自爲官也。有一於此不可爲國，况數者兼備，豈不痛乎！豈不痛乎！器械雖精，無用也；海軍雖修，無用也；陸兵雖練，無用也；營壘雖固，無用也；城郭雖鞏，無用也。不然，何爲其如是也？或曰：西北回部一金順而三月定矣。髮捻巨匪蹂躪十餘省，盤踞十餘年，曾、左諸公接踵而出，而犁其庭、掃其巢矣。諒山之戰，馮、王諸將殲其醜類，覆其全隊矣。信如子言，得無誣乎？曰：惡是未達時勢者言也。中國水師奚與英比，而商務無論也；中國陸軍奚與德俄比，而輿地、學校無論也；中國繁富奚與美比，而風俗、技藝無論也；中國製造奚與日比，而振作無論也。奚爲而不衰？奚爲而不愚？奚爲而不弱？奚爲而不蹙？而昧昧者不知也。

子未知國有六惜乎？

昔世祖章皇帝時，周朗上書，請二十家選一長，百家置一師。男子十二至十七皆令習經，十八至二十遍使修武，授以書記、圖律，訓以軍部、舟騎，上下男女咸令習醫。習經者五年有立言於司徒，嫻武者三年善藝，升於司馬。若不成，罷歸鄉里，終身不得爲宦。大哉言乎！設用其策，人無不學，民無不兵，律無不解，圖無不精，醫無不良，舟無不善。扼南洋以制歐西，闢西北以控强俄，臨高麗以迫日本。俄雖强，日雖興，英法雖悍，黑龍江、琿春、緬甸、安南、高麗、琉球奚得而陷失哉！惜其言不用，以至今日。此可惜者一也。

然猶曰漢家朝儀，叔孫草定。群情未集，無暇兼籌。聖祖襲位，聰明特起。三藩亂而鴻博開矣，西算重而律歷改矣，察天儀地球而知歐西智矣，逐羅刹於黑龍江而知俄人患矣，罷黜八股，越至九年，知舉業無用矣。惜昏愚之臣多，而才知之臣少，不能相與輔翼，互爲終始，而無恥小人，伺間而起，奏請復立，悲夫！當此之時，俄王彼得游歷歐洲，睹各國强盛，翻然易服。水役則躬之，鐵匠則身之，知舊法、舊政、舊藝不適於用也，歸而易之，風俗一變，耳目一新，洵爲古今英主哉！尋而敗拿破崙，滅波蘭，折土耳其，吞西北各部，至今爲天下雄。嗟乎！彼得變法，驟然而興；聖祖變法，忽然而止。天其運乎？地其運乎？不可知矣。此可惜者二也。

庚申之役，英、俄、美、法戰艦環攻津沽，一失險要，俱開圓明，一炬化爲灰燼，傷心慘目有如是耶！恭邸洞達時變，議請詞曹話臣，西算西語，咸令改習，信爲恢復規模萌芽於此。不意事蹶於垂成，堤潰於蟻穴，而倭文端一言，遽尼廷議，辦事何多，解事何少！此可惜者三也。

逆匪擾擾，民心惶惶。曾文正廓定全圖，邦如新造，國家積弊屢指可數。人情思治，如水如火，如雨如云，改絃易轍，易於拉朽。而竟不聞陳一策、上一書、力言變法者，何哉？津沽教案非不悉也，馬加理舊案非不知也，西兵平亂非不睹也。徐、郭諸公，日一討習洋務，非不諳時局，尚格致也；譒書有局，非不通也；令襲侯學數國語言，非不達也。然而不爲變政之名臣，遂爲藏身之老子。公乎私乎？吾不敢言矣。此可惜者四也。

日本明治元年，兆倡變法，尼虚曼始之，伊藤贊之，三條實美成之。延美人以訓學，延德人以練軍。男女杳杳，師範學開；鄉里師師，學校林立。器藝過於英，人民溢於法，盛矣哉！我朝同光之間，格致書院、武備學堂、水師學堂、同文館、廣方言館、海軍衙門、招商局、船政廠相繼興立，然能製器者有幾人乎？能譯書者有幾人乎？能海戰者有幾人乎？能熟習商情者有幾人乎？日本以相臣而興，中國以相臣而敗。一盈一絀，一盛一衰，何其殊也！此可惜者五也。

暨乎甲午中日兆釁，旅順、威海相嗣淪陷，三省既失，四域震驚。乞於英而英不拯，援於德而德梗和，貸於俄而俄要挾。詞臣滚滚，彈劾權奸；公車彬彬，上書陳計，卒不能救臺灣之割，二萬萬之償款，五口岸之通商，岌岌乎殆哉！雖然，人心不死，誰甘爲囚虜？誰甘爲恥辱？誰甘爲刲割乎！强學會興，耆賢靡萃，京師發始，滬上應之，海内喁喁，謂將振百年之弱矣！規模未立而疑妒相乘，劾議始聞而人相委去。商子曰：庸人難與慮始，可與樂成。其謂此乎？此可惜者六也。

嗚呼！與孟賁爲鄰，不憚其勇，非勇也。與逢蒙爲鄰，不憚其射，非射也。與公輸爲鄰，不憚其巧，非巧也。與離朱爲鄰，不憚其明，非明也。與孫子爲鄰，不憚其兵，非兵也。與商鞅爲鄰，不憚其法，非法也。與老子爲鄰，不憚其智，非智也。與惠子爲鄰，不憚其辯，非辯也。與慶忌爲鄰，不憚其捷，非捷也。與鄒子爲鄰，不憚其誕，非誕也。今迫我而憚者，非鄰國乎？械而精鋭，艦而充塞，器而工巧，商而繁溢，民而饒富，農而沃衍，學而駢闐，會而萃聚，志而膠合，群而愛結，報而充揚，烏得不憚乎？不憚非愚則妄。愚則不量，妄則不商，時事不審，形勢不詳，徒召兵殃。人反其道，誰怨無良？時接今日，孰籌其富，孰籌其强？

—8. 皇朝經世文三編　卷四　學術四　廣論上

童蒙藝塾説

責人以製八萬墩之舟，百五十墩之炮，二十五萬金之鏡，而人必色色然驚，規規然失，曰："我何能爲哉，此西人事耳。"語以算學則不精，語以光學則不曉，語以重學則不解，奚暇與論製器哉。

非西人智而中人愚，非西人巧而中人拙也。創之有始，教之有道，習之有素，目之手之，心之肉之，又何異乎？守而不獲其要，襲而僅掇其皮，如此者謂爲拙。工通其法而不悟其微，循其舊而不識其新，如此者謂爲中工。今日闢一法，不知其爲物，明日闢一法，不知其爲我也，如此者謂爲巧工。擦琥珀而知爲電氣，驗菓落而知爲吸力，觀蒸氣而知製輪舟，覽地圓而知爲動繞，察鐘摇而知地力大小，信地動而知行星相類，石存蟲迹而知物類始生，地藏巨骨而知人形漸縮，穴有宫室而知爲劫餘古國，地有煤層而知爲昔時材木，目入夜而不見，知爲假藉外光，耳雖聾而可聞，知爲專賴腦氣，物能觸動而知腦筋之靈，視恒不足而知光氣之差，悟回復之理而知回聲回光，窮陰陽之故而知雌雄草木，聲光有浪而知空氣之蕩流，人物衰殭而知養氣之剥蝕，物可漲縮而知冷熱之度，物可互均而知輕重之衡，質可分合而知化學之原，植化爲動而知變易之理，檢大鳥大獸之骨而知種類無存，睹根荄胎兆之始而知形迹早備。何爲而深，何爲而淺，何爲而大，何爲而小，何爲而微，何爲而顯，何爲而精，何爲而粗，未形已形，循環相成。我得其道，奚而不明？

虚虚子問於實實子曰：人皆形其形，色其色，物其物，吾與子游於無形無色無物，可乎？實實子曰：吾有顯微鏡，子烏能遁之？虚虚子曰：蜻蛉千睛，子能鏡之；菜有千蟲，子能鏡之；氣中微物，子能鏡之。若吾游於無朕，出入無端，視之不見，聽之不聞，微之又微，深之又深，神之又神，冥冥默默，芒芒芴芴，子又烏能窺哉，烏能窺哉？實實子曰：然則顯微鏡可廢乎？虚虚子曰：鏡於無形，通於陰陽，游於一氣者能之；鏡於有形者，此西人所長，非余所言也。鏡於水族，鏡於地族，鏡於星族，今西人尚未遍也，奚暇與之言無形？實實子曰：吾既被西人泄其秘，窺其奥，無所逃矣。聲之虚也而傳之，影之虚也而脱之，骨之藏也而照之，子何爲而不自度乎？虚虚子曰：子之術淺矣，子之技小矣，奚而不窮哉！我之言，非子所聞也。實實子曰：子言誕矣，謬矣，侈然自失矣！爲問子處亞洲大國既久，稱爲二萬里之地，四萬萬人之衆，能製一新器乎？虚虚子曰：聞其聲知爲何物、知爲何色者，西人有乎？形影相關之理，西人能知乎？子何區區以西人爲言哉？實實子曰：吾不與子言其深，請言其淺。西人教幼童也，課有定程，學有本末，立爲時刻以舒之，繪爲圖説以悦之，制爲器藝以玩之，甘而不苦，徐而不疾，自童子已然，何論其壯也？愚尚可成，何論其智也？若斤斤誦讀，苦而無功，沾沾帖括，成而無用，尚能騁其技哉？虚虚子曰：子無懾夫西人。吾有一法，使一切器藝縮之短之，製爲小物，作爲玩具，鬻之於市肆，皮之於博物院，羅之於學塾，損其值，賤其物，目有所見，耳有所聞，使心與物合，物與心化。作爲童藝報，以廣其識見；著爲童藝書，以濬其心思；繪爲童藝圖，以悦其耳目；制爲童藝器，以定其規倣。將其物分之合之，顛之倒之，久而悟其法，久而洞其微。始則一童習此器焉，使其專也；繼則二童習此器焉，競其智也；繼則三童習此器焉，鼓其勇也；繼而爲十童，繼而爲百童，繼而爲千童，繼而爲億兆童。今日與此童習焉，明日與彼童習焉。如有十童，自一至十相與終始，上才與中才習使教之，上才與中才習使進之，中才與下才習使近之，參之伍之，錯之綜之，久而不知其道，有是理哉？實實子曰：既無機器，何言製造？曰：子拘矣。購之自人，倣之自我，始而舊，卒而新，久而神，奚不可乎，奚不可乎？苟循斯道以訓童子，速則三年五年，遲則八年十年，尚無小藝創爲新式者，誰其信乎？莊子曰：其作始也簡，其將畢也鉅。又曰：粗而不可不陳者，法也。不觀歐西乎？有童蒙藝塾乎？吾將規之矩之。實實子曰：子所言歐西緒餘也。虛虛子曰：子未明夫道乎？不有作之，奚有述之？通夫道者藝，與道爲一焉。痀僂掇蜩，梓慶爲鐻，大馬捶鉤，其類是乎？

—9. 皇朝經世文統編　卷一四　文教部一四　教法

文廷式（1856—1904）

字道希，號芸閣，江西萍鄉人。光緒十六年（1890）進士，授編修，升侍讀學士。有《雲起軒詞鈔》等。

聯銜糾參督臣植黨疏京官文廷式、張百熙等五十餘員

奏爲督臣植黨營私，貽誤君國，乞恩罷斥，以全大局事。竊爲倭人肇釁，變亂藩封，恭讀七月初一日宣戰詔書，仰見我皇上不得已而用兵之意，仁至義盡，薄海同歡。乃者兩月以來，事機屢變，僨軍失隊，警報疊聞，朝野震驚，人心岌岌。恭讀八月二十六日皇太后懿旨，以干戈未戢，停辦頤和園典禮。深宫焦勞之意，感動中外。普天率土，切齒同仇。而禍變之從來，事機之貽誤，始終本末，可得而言，敢爲我皇上披瀝陳之。

竊聞倭人國勢兵力，不能與西洋各國同年而語。國債重而民力困，則根本未堅也；有快船而無巨艦，則武備不足也；兵出於初募，非訓練之師也；權紛於黨論，非劃一之政也。兵事之興，凡曾經戰陣之士，通達事情之人，莫不以爲螳臂當車，應時立碎，雖西人亦鑿鑿言之，而事竟有大謬不然者。韓城失矣，未幾復敗於牙山；成川棄矣，未幾復潰於平壤。漢江之沉艦不歸，廣島之戰船復毁，威旅爲海門鎖鑰，今則游弋不禁矣。義州爲奉天屏蔽，今則籬藩盡撤矣。用一衛汝貴，而百戰之淮軍化爲叛卒；用一丁汝昌，而大桅之鐵甲盡屬漏舟。朝鮮不可復，方且急圖摀、鴨緑之防；仁川不可窺，方且憂大沽、北塘之警。誰總師干？誰司進止？以大禦小，以强敵弱，潰敗决裂，一至於此！此不能不太息痛恨於昏庸驕蹇喪心誤國之李鴻章也。

李鴻章受命東援，而陰勒諸將，密爲箝制。既不爲先事之防，復屢掣其臨時之肘。統計小浦之戰、平壤之戰、牙山之戰，皆我軍端坐，拱手以待倭人之圍攻，其實不能以此望和，而事機一失，徒以損國威而張敵勢。倭人唯事事先發，故能制我之死命；我唯事事後發，故終始爲倭人所制。遷延坐誤，全局瓦解。此天下所太息痛恨者一也。

兵行千里，轉運爲先，内地尚設糧台，何况出師疆外。至與外洋各國相角，尤以槍炮爲急需。李鴻章閲歷兵事三十餘年，豈其慮不及此？而牙山之軍缺軍火、闕糧餉於前，平壤之軍缺軍火、闕糧餉於後。長夫不備，車馱無資，兵自負糧，槍無餘彈，以至餓軍掠食，結怨韓民，戰士死綏，徒手相搏。以二十年朝廷所注意海内所仰望之重軍，徒以無糧無械，束手就斃，皆李鴻章信任私人，不肯早設糧台之故。此天下所痛恨者二也。

倭人甘心韓地，蓄意有年。今歲春初，萌芽已露。北洋於外事消息最靈，豈竟一無所見及乎？事之將起，袁世凱深悉倭情，屢騰密報。若使倭韓形勢早達朝廷，則先事圖維，必不至如後來之倉卒。無如李鴻章，始則模糊影響，諱莫如深，繼則揚厲鋪張，肆其恫喝，直至事機决裂，而倭人之本末疆内知之，朝廷仍不盡知。聞朝旨詢袁世凱，而李鴻章輾轉禁錮，不使至京代陳，各路電奏，時時删改，以就該督意旨，務使真實洋情不得上聞，廟算指揮無憑遥度，奸欺蒙蔽，罪不勝言。此天下所太息痛恨者三也。

比年以來，天下之利權李鴻章綰之，天下之兵權亦李鴻章主之，朝廷倚李鴻章爲

長城。李鴻章廣蓄私人，以欺罔朝廷。盛宣懷爲耳目，張士彬爲腹心，丁汝昌、衛汝貴爲爪牙，龔照璵、劉含芳爲羽翼。此數人者，皆天下所姍笑，而李鴻章以之分布於海關、電報、糧台、軍械各關繫軍國重要之區，窟穴深固，牢不可破。平時病蠹國事，皆墮壞於冥冥之中；曁乎有事之秋，譸張爲幻，不惟助李鴻章以欺罔朝廷，抑且賣李鴻章以邀利有所不恤。而李鴻章方且卵翼之，汪涵之，仇詆言官，變亂黑白。甚至奉命撤退之丁汝昌而抗爲之不遵旨，坐使數千里藩封，斷送於三五小人之手。此天下所太息痛恨者四也。

尤有甚者，倭米船則放之，倭運開平煤則聽之，倭奸被獲或明縱或私放。外有海光寺旁居民王姓，經天津縣獲究，而李鴻章之子前出使日本大臣李經芳爲之説情。倭奸石川氏及軍械所劉姓被獲，供詞牽涉李經芳及軍械所局員，而盛宣懷述李鴻章意，勒令天津縣李振鵬改供，爲李振鵬駁斥而止。而臺灣拿獲倭船，又爲之請旨釋放。軍械所歷年所儲槍炮，多被監守盜賣。及東事已起，猶檢出不合用之前膛槍子，賣與日本，得銀十四萬兩，局員瓜分，而李鴻章爲之補給領字。外間並有傳聞李鴻章有銀數百萬存日本茶山煤礦公司，李經芳又在日本各島開設洋行三所，以故李鴻章利令智昏，爲倭牽鼻，聞敗則喜，聞勝則憂。雖道路之言，而萬口流傳，豈得無因而至此！天下所太息痛恨者五也。

總論此次敗衄之故，由海軍則丁汝昌主之，從前避倭不敢當敵，及至渡送銘軍，倉卒接戰，而致遠衝鋒獨進，無一艦繼之者，丁汝昌之督師爲有方乎？斬先逃之濟遠管帶，而獨寬統帥之罰，於法未平，海軍之氣不能振。陸軍之敗，由衛汝貴望風先逃，葉志超繼之。聞未敗之先數日，左寶貴密電，有如撤衛汝貴一軍，則諸將尚有致死，否則同歸於盡等語。蓋以衛汝貴虐遇韓民，奸淫擄掠，無所不至，以致韓民視我爲仇，大軍無所得食，軍敗之時，父子服叢葦中，幾爲其下所殺。又平時剋扣糧餉，虐遇軍士，所有種種罪狀，罄竹難書。然而天下之人知朝廷必不能誅此兩人也。

李鴻章一日不去，北洋兩巨奸一日不能伏法，三軍之氣一日不能振作，潰敗之局一日不能挽回。何也？三軍之氣，視統帥之賞罰爲鼓舞。如海軍劉步蟾被劾，李鴻章反使護理水督；林國祥力竭船沈，李鴻章反請暫行褫革；甚且以首先潰敗，貽誤大局之衛汝貴，而李鴻章反以爲得力。種種顛倒功罪，務使敢戰之士人人氣沮，如此而三軍之衆有不解體者乎？倭主出居廣島，親自督師。八月初間即聞有限十日取平壤之説，而平壤果於十六日失守。今又聞以四禮拜取奉天矣，又聞限九月内破津沽矣。敵兵統九萬大隊入寇朝鮮不已，進而盛京、津沽不已，則京師重地所必窺伺。我戰守之備無一足恃，而專委命於一昏庸驕蹇、傷心誤國之李鴻章，如此而謂陵寢之必無動，京師之必無警，誰能保之？軍事初起時，若宋慶、若劉永福皆忠勇發憤，請赴前敵，而皆阻於李鴻章之壅遏。即淮軍一聶士成，津人一曹克忠，號稱能戰，於諸將中爲優，而李鴻章必黨其私人，以遏抑之。頃聞命宋慶節制前敵諸軍矣，若仍以李鴻章爲後路，恐逞其妒忌之心，行其阻撓之計，文書之呼應不靈，餉械之接濟多缺，平壤覆轍，又爲寒心。天下士民公論，李鴻章不以嚴譴去津，則天下之精兵猛將必不能得其死力，以挽回既潰之局。故李鴻章一人之去留，實于宗社安危、生民休戚相關係。

伏維皇上乾綱獨斷，速賜施行。再若囿於庸議，遷就遲疑，則士氣仍前畏葸，而奉天之震動、威旅之失守，皆在意中。萬一陪都有失，近畿告警，變起倉卒，雖食李鴻章之肉，於事奚裨？且恐以罪人不去之故，致朝廷日下急詔，而天下之兵觀望不前，有非臣之所忍言者。此則同聲感憤而不敢不瀝陳我皇上之前者。如蒙皇上采擇芻言，斷以行之，請量簡知兵大員，老成宿望者，星馳往代，速籌戰備。非不知臨敵易帥，兵家所慎，但以李鴻章怙私縱敵，後患孔長，斷難再事姑容，坐視大局糜爛。伏乞迅賜罷斥，然後宗社可安，軍氣可振，東藩亦可期恢復。天下幸甚！生民幸甚！

—8. 皇朝經世文三編　卷五一　兵政七　兵機一

湯壽潛（1856—1917）

原名震，字蟄先，浙江山陰（今紹興）人。光緒十八年（1892）進士，授編修，清末任預備立憲公會副會長、浙江諮議局議長。有《爾雅小辨》《理財百策》。

鬻　爵

官不可賣，雖流外之秩，足以病民也。爵不妨鬻，雖極品之銜，無傷政體也。韓文懿曾因商君民爵遺意而有抗禮轉售之説。馮桂芬依之以議變捐例，非不見籌饟之苦心，而終未見諸施行。即行矣，亦恐所獲無幾也。竊有變通盡利之策在：

一曰鬻封爵。唐宋時，開國公、侯、伯、子、男之封，如漢之關内侯。如今之虚銜頂戴、揚歷仕途者得之甚易。國朝五等之榮，易於同姓而艱於異姓。開國二百五十餘年，異姓之分茅者寥落於策。雖至人臣極地，非有武功、非有特恩不數數覯，尋常紳民其豔羨益無論矣。今賣官之害如彼，而捐項之疲又如此。不如以鬻爵爲令，从重定例，就五等中按等遞減。花樣既新，禮數亦異，或老廢之大僚，或殷富之紳商，聞而興起，輸將必衆。不但抗禮公卿也，即召對便殿以寵之，亦何不可？唯尚寄仕版者不得援例，以因公晋接，有乖儀注也。所收者不訾之款，大有益於亟需所費者。一紙之名，並無損於實在，誰曰不宜？

一曰鬻女爵。考《周禮·天官》，有九嬪以掌女學，漢制有内起居注，魏有女尚書，齊有女侍中。古固有以婦女備官者，後世輕視女子，而女職瘝矣。近唯泰西男女並重，各國女學林立。英國大書院，男女一律入學考試；德國生女八歲，例必入學，否則罪其父母；美國女師女徒，多至三四百萬人，女學可謂盛哉。顧中國扶陽抑陰，閫内外界若秦越然，萬不能猝授女官，駭人耳目。然女子中志切顯揚、樂於表見者必不乏人，但授以爵似亦於古有徵。可撰一品至九品女爵名色，因而鬻之。或即以夫人至孺人爲爵，以便例鬻。有欲封贈其父母、伯叔、兄嫂、翁姑及本夫者，如其品，而仍予以大夫即之封，計於名器，並無輕褻，而於度支大有增加。以視捐納實官，冒不韙之名，而僅收有限之款，利害不較然可睹哉？

—16. 皇朝經世文新編　卷五　官制

劉　淇（1856—?）

字武仲，一字龍田，號南泉，山東濟寧人。有《衛園集》《桂海集》。

里甲論

縣何以里，里何以長也，所以統一諸村，聽命於知縣，而佐助其化理者也。每縣若干里，每里若干甲，每甲若干村，如身之使臂，臂之使指，節節而制之，故易治也。

《周禮》：五家爲比，比有長；五比爲閭，閭有胥；四閭爲族，族有師；五族爲黨，黨有正；五黨爲州，州有長；五州爲鄉，鄉有大夫。自上治下，率不過五人。漢制：十里一亭，亭有長；十亭一鄉，鄉有三老，有嗇夫，有游徼。三老掌教化，嗇夫職聽訟，收賦税，游徼循禁盜賊。

《東漢志》云：鄉置有秩三老，掌一鄉人。其鄉小者，縣置嗇夫一人，皆主知民善惡，爲役先後，知民貧富，爲賦多少，平其差品。又鄉有鄉佐，主民收賦税；里有里魁，民有什伍，善惡以告。

《高帝紀》：二年二月，令舉民年五十以上，有修行能率衆爲善，置以爲三老，鄉一人。擇鄉三老一人爲縣三老，與縣令、丞、尉以事相教，復勿繇戍。

北魏太和中，給事中李冲上言，宜準古五家立一鄰長，五鄰立一里長，五里立一黨長。長取鄉人强謹者，鄰長復一夫，里長二，黨長三，所復復徵戍。餘若民，三載無愆，則陟用，陟之一等。孝文從之。

後周蘇綽作六條詔書曰：非直州郡之官，皆須善人，爰至黨族閭里正長之職，皆黨審擇，各得一鄉之選，以相監統。隋文帝開皇十五年，始罷州郡鄉官。

明洪武二十七年四月，命有司擇民間高年老人，公正可任事者，理其鄉之詞訟。若户婚田宅鬬毆者，則會里胥决之。事涉重者始白於官。若不由里老處分而徑訴州縣者，即謂之越訴。非如今不先聞州縣，而遽詣府司者，然後謂之越訴也。里老歲時謁縣庭，知縣必接之以禮貌，不遽賤辱而笞駡之也。其人既嘗已爲公家所優藉，必自愛而重犯法。鄉人見知縣之日少，見里老之日多。里老得其人，則鄉人亦莫不自愛而重犯法。此教化之本也。

其後遇里老如徒隸伍伯，少謹厚者即不肯承。且諸事一無所關，唯用之儹督租課，所以影射侵漁者萬方。既遇之以徒隸伍伯，則彼亦徒隸伍伯而已矣，烏有愧恥萌其念慮哉？然則，非里老之過也，所以用里老者之過也。近時患其如此，改爲滚單及自封投櫃之法，而里老遂廢。嗚呼！此餼羊也，而亦亡哉！又按明初以大户爲糧長，掌其鄉之賦税，多或至十餘萬石，運糧至京師，得朝見天子。洪武中，或以人材授官。原其初制，欲俾草野之情不壅於上耳。然其人往往依倚作奸，挾持官府，侵牟糧户，無所不至。宣德五年，南京監察御史李安，六年監察御史張政，並言糧長之害。自是嚴加禁飭，又不得朝見，冀幸意外，故其人日以輕，而賠累之患起，亦自然之勢也。萬曆三十六年，知縣王應乾申請除之，改爲官解之法，一時安賴，比於更生。

其因革乘時，本無定轍，然而矯枉救弊，意已無餘矣。其祖宗立法深意，遂已没滅而不可復知，又足惜也。

—2. 皇朝經世文編　卷七四　兵政五　保甲上

賦役論《堂邑志》

明萬曆三十五年以前，賦役之科凡四：曰夏稅，曰秋糧，曰馬草，曰徭役。徭役者，丁也。夏稅、秋糧者，楊炎之兩稅也。馬草，又其額外改折者也。唐租庸調即古者粟米、力役、布縷三征。以明賦考之，足知兩稅但兼租調而已，力役猶自爲一科也。至萬曆中始行條鞭法，三徵遂併爲一，但額外諸立名色盡編正賦，一時便之，沿之至今。然條鞭既屬正供，一遇度外事，不得不額外羨取。條鞭未行，不過取之額外而已。至是則額外之中又額外焉，此明季以來已著之弊也。自條鞭行而催科分數之法立，麥出地未二寸而民已受笞於庭，桁楊相望矣。二月賣絲，五月賣穀，殆近此也。善乎淄川高司寇珩之言曰：明初定隔徵、現徵之法，季世猶踵行之。隔徵者，今年徵去歲之糧，如夏稅、秋糧、馬草之類。現徵者，如徭役、驛站、兵餉之類，其《賦役全書》猶可考也。場圃既登，先後辦賦，長吏從容而課繭絲，直從枕席上署上考焉。今夏稅、秋糧緩徵之期，屢壓睿算，且日討萬曆年間則例而講求之，卒未嘗議及隔徵、現徵之舊政爲可循也。

又按縣原額，大糧外復有額外荒地諸項。初不知其所自來，及考舊志，載嘉靖元年知縣耿鎰踏勘闔邑白地，凡八千九百八十五頃七畝有奇。萬曆九年知縣高東光清丈，除官堤古道，實在白地八千六百三十七頃十畝有奇。然後知額外增田職此之故。邑人黄中丞圖安《田賦議》云：自萬曆九年清丈，除官堤古道，實在白地八千六百三十七頃有零。則是正額大糧地外，更無他地昭然也。至明末正額地多荒蕪，因有荒田納租之額。歷來知縣每遇催糧户頭報完之日，即賞給荒田二三畝，責令開墾，三年納租，或勒令揑報開荒二三畝。其間有地遠人惰者，率有納租之名，無受地之實，愈積愈多，由是户户皆有有租無地之民。是荒田名輕而實重也，賞地名利而實害也。夫荒田起科不載於萬曆九年清丈之時，可知其時原無此項矣。既曰白地，雖種之亦不能生殖，蓋縣境鹽鹻飛沙之地，從來未經開墾者，所在多有。即或附近田人牽率耕治一二畝許，率十年不得一二穫，不可以爲常例而起科也。當時賞給荒地，多是正額原熟之地，既經豁免，雖已開墾，不入正賦，但收其租入充巡按公費而已。巡按裁後，改充巡撫公費，既而巡撫急公奏歸大部，定以“額外”二字，爲其納租少輕，與大糧有異，不在舊額存留起解之内也。夫正額八千六百餘頃地，太平既久，勢必盡數開報以足國賦，而此荒田二百二十餘頃復着落何所乎？且此項尤可憫者，當大荒大兵之年，各地俱准報荒，唯此不准，以爲荒地無更報荒之例也。不思熟田尚且逃亡，豈荒田獨無榛蕪乎？此項宜清爲查核，其無地揑報者准行除豁外，如有實在於白地中開墾者，盡歸正額下田之中，每畝納銀一分五釐，斯窮民無包糧之苦，而賦得其平矣。又云各縣田地分上中下三四等，大抵下地多於上地也。堂邑雖分上下兩等，而下僅一十三頃有零。舊傳下地三千餘頃，然則今所謂上地者其實有下地二分之一不止也，其何以堪？更可異者，各縣每畝二分有零，米六合有零，獨堂邑每畝納銀三分有零，米一升九勺有零。其獨重之故殊不可曉。豈堂邑地獨腴乎？

又舊志有代編各州縣驛站銀一千六百四十兩五錢，康熙七年撥回本縣，改爲地丁起解。黄中丞云：代編起於嘉靖末年，因各州縣驛遞煩擾，紛紛告病，當事者遂通融損補，設爲代編之法。代編者，代別州縣而加編，明其非正額也。此不過一時權宜計耳，其後遂爲一定不易之規，漸增漸煩，遂至一千六百餘兩。且從來協濟他縣，止有撥補之例。撥補者，因他縣錢糧不足支用，將此縣之有餘，那移他縣以補其缺。是仍在正額之中也。代編則除本縣起解存留舊數之外，而代爲他縣加派矣。夫加派於各州縣驛站不足之本處猶且不忍，而況於無辜之鄰乎？此大不可解者也。按中丞諸議可謂桑梓至計，然代編既已歸併丁地，則豁除益難矣。又堂邑正賦獨浮於他縣者，代編當亦在其中，然不過三之一耳。

舊志載萬曆三十六年初行條鞭時，每畝猶用二分一釐有零起科，此與他縣無異。厥後增加之故，遂莫詳其始訖。當是天崇以後百費俱興，故日倍一日，且又喪亂劻勷，失於記載耳。邑人蘇沆云：前張侯茂節每及此項，輒義形於色，嘗已定議，爲一邑請命，而吾邑人因循惰窳，不能仰承賢父母至意，除永久病累，愧負慨然。然則張侯其畫雖不行，亦賢矣哉。諸所議説備載於篇，雖空言哉，庶幾賢於杞宋之無徵也。後之人遭得爲之權與時而爲之，固非漫然無所依據，即否者亦將發其觀感焉。

—1. 切問齋文鈔　卷一五　財賦一

姚文枏（1857—1933）

字子讓，一字爾梅，又字農盦，上海人。優貢生，録用知縣，民國後爲衆議員。有《喪服喪禮草案》。

六朝經師宗派並所著經注經説考

儒者每謂漢人經學有師承，魏晋以後無之。以今考之，斯言殊誤。曷證之？《隋書·經籍志》云：孟氏、京氏《易》有書，無師。夫既以無師别之，則其餘未亡諸家皆有師承可知矣，難者曰：李延壽南北史《儒林傳》，南略而北詳。北史傳序述經師宗派，斷自徐遵明、魏獻之，若謂皆有師承，則其前何以不詳？曰：此又誤也。《北史·儒林傳序》，乃襲李百藥《北齊書·儒林傳序》，非延壽本文。百藥但爲北齊諸儒推其淵源，故舉魏末大儒爲斷。讀史者不得據延壽探取之文，謂可賅北四朝宗派正當。因百藥本文，推以爲例，而知其餘之亦有宗派也。蓋百藥能溯源於魏末，而魏收不能溯源於晋初，沈約、蕭子顯、姚思廉不能溯源於漢末以來，是可憾耳。然散見列傳，猶有可考者。如由獻之上推，則有程元，由遵明上推，則有張吾貴、酈詮、牛天祐，又若沈麟士、沈峻、太史叔明、沈文阿、張及、王元規等之授受，賀道力、賀瑒、皇侃、鄭灼之傳《三禮》，張崖、劉文紹、戚衮之傳《三禮》，周宏正、張譏、陸元朗、朱孟博之傳授，均散見本傳。惟欲上續兩漢，則魏晋間相傳之緒，闕不可考。

慨自正始以來，士大夫崇尚虛無，究經術者日以寡，朝廷既不厝懷，紀載因之闕略。故儒林雖有宗派，而國史多所不詳，固不得專咎陳壽諸人也。李延壽云：南北所爲章句，好尚互有不同，江左《周易》則王輔嗣，《尚書》則孔安國，《左傳》則杜元凱，河洛《左傳》則服子慎，《尚書》《周易》則鄭康成，論南北宗派之殊，此其大略。按東晋時荀崧請置鄭《易》博士不果，而鄭《易》遂微。然《書》鄭注、《春秋》服義，仍與孔、杜並行。故宋時裴駰作《史記集解》，徵引尚夥。至陸氏《釋文》，始稱《尚書》。近惟崇尚古文，馬、鄭、王注遂廢。《釋文》作於陳末，而曰近，則鄭義之廢，實在齊梁以後。然《春秋》服義仍與杜氏並行。《陳書·王元規傳》稱，自梁以來，爲左氏學者，皆以賈、服之義，難杜凡一百八十條，此其明證。然則江左服、鄭之微，亦有先後也。至謂服、鄭行於河洛，尤有未盡然者。《隋書·儒林傳》於《易》則稱河南及青齊，間多主王輔嗣所注，於《春秋》則稱河外儒生，俱服膺杜氏。然則服、鄭行於河北，不行於洛中，而洛中之尊尚王、杜，實在江左之先，且較江左爲甚，固無可疑者。

厥後隋氏自北并南，而北學轉微，南學轉盛。豈非洛中都會之地，久習王、杜故耶？延壽又云：《詩》則並主於毛公，《禮》則同遵於鄭氏。然葉遵於《毛詩》之外，别樹一幟，議禮家於王肅之義，參用亦多，則延壽之言，亦第舉其概爾。至南北朝人所著經注經説，彙見於《隋書》及新、舊《唐書》經籍藝文志，雜見於《經典釋文》叙録、南北各史《儒林傳》《隱逸傳》，散見於各史本傳。大抵《隋志》有而《唐志》無者十之五六，《唐志》有而《隋志》無者十之三四，而史傳及陸氏叙録所載，足補隋唐志之闕略者，亦復不少。按《隋書》作於貞觀中，而《唐志》實據開元四部。貞觀、開元相去未遠，書或先存而後佚，或先隱而後見，參以史傳，互相校核，適足以互相補苴，固其宜也。顧各書同異，歧出頗多，有卷帙相同，而書名各別者，如崔靈恩《傳左氏條例》十卷，《唐志》崔靈恩《春秋申先儒傳例》十卷，凡此之類，疑多同書異名。有書名未改而卷帙頓殊者，如顧彪《尚書文外義》，《隋志》一卷，《舊唐志》三十卷，《新唐志》五卷，凡此之類，疑多分合增删之本。惟宋明帝《論語補》衛瓘注，《隋志》二卷，《唐志》十卷，證以陸氏叙録，知《唐志》兼瓘原書數之，而《隋志》專指補注，此則可考其異同之故者矣。外此卷帙差池者尚夥。然錢宫詹《廿二史考異》稱《隋志》《毛詩義疏》二十九卷，沈重撰《周書儒林傳》作二十八卷。今按武英殿本，《隋志》實作二十八卷，則知刊本多訛，未必史文之同異，參校轉爲多事矣。若其所著經注經説之見於宋以後著録者，《關朗易傳》一卷，見《宋史·藝文志》、晁氏《讀書志》、陳氏《書録》、馬氏《文獻通考》，任正一《甘棠正義》三十卷，見《宋志》及《崇文總目》、馬氏《通考》，劉炫《春秋義囊》二卷，見《宋志》，均史傳、隋唐志所未見者。關書至今尚存，已灼知其僞。炫有《春秋述義》，攻昧規過，及《杜序集解》各書，《宋志》所録，疑後人拾其遺文輯爲一書者，玩囊字之義，儻或然歟？至任書裒然巨帙，當時何至漏略。《崇文總目》稱孔氏《正義》申演其説，不知何據，殊未可臆斷矣。至其見於史傳、隋唐志而復見於宋以後著録者，《宋志》最夥，然多不傳於今。其傳於今者，庾蔚之《禮論鈔》、崔靈恩《三禮義宗》兩書，馬作吾輯本各得三卷，又非全帙。其全帙具存者，惟四庫著録之皇侃《論語疏》十卷，然亦失而復得之本也。至若庾蔚之《喪服要記》，杜君卿載入《通典》，太叔求《詩譜注》，本歐陽公得諸絳州，劉瓛《易義》，張皋文輯入别録，劉炫規杜，邵氏瑛爲之持平。其餘散見李氏《周易集解》、陸氏《經典釋文》及孔、賈各疏者尚夥，殘膏賸馥，亦復沾溉靡窮，在嗜古者搜采而已。

此南北朝人所著經注經説之大略也。夫所著各書，即可考見當時宗派之得失。故王光禄《蛾術編》頗有論列。然其書既已不存，惟是捜剔佚文，議論長短，未見其然，兹故略焉。是爲考。

—5. 皇朝經世文續編　卷五　學術五　文學一

擬彙刊宋人及國朝人補歷代史表志序

昔劉知幾《史通》述史有六家而歸於二體。然編年一體，匪無作者，而相沿正史獨用馬班舊式。竊嘗以爲疑，反復思之，乃知紀傳可以賅編年，而編年不能賅紀傳。何言之？《史》《漢》首本紀，即《史》《漢》中之編年也。若其舉一朝之將相除拜，封爵襲替，而絲聯繩貫以爲之表，羅一代之典章制度，而使之各具本末以爲之志，則其開帙釐然，有勝於編年家者。是則編年家之所短，而《史》《漢》之所長矣。獨怪後之作史者能取法《史》《漢》，而仍舍《史》《漢》之所長。如陳壽、李延壽書皆無表志，沈約、蕭子顯、魏收書及唐初所脩各史，皆有志無表，《舊唐書》《五代史》亦如之。其有志有表者，又或詳略失宜，讀史者病焉。宋時豐城熊氏始有補史之書。爰及我朝，作者尤盛。方今粵東書局又有校補史志之議，卷軸增益，正未可量，而先出者轉已有散佚之患。兹薈萃各種，都爲一編，既以廣其流傳，亦使究心史籍者無零星購覓之難也。嗟乎！以當時所闕略，而出於後人之補苴，其爲益也已也淺。顧開帙釐然，讀史者寶之矣。輒用龍門叙傳例，列其目如左：

西漢郡國兵制，孟堅附入《刑法志》，京師衛士見於《百官表》。不立《兵志》，非疏闕也。錢氏搜采本書，使散者畢萃，雖云借抒胸臆，於史學亦有功矣。録錢文季《補漢兵志》一卷。

史之無表自後漢始。不知《東觀記》及謝承、司馬彪諸書固如是耶。要之蔚宗有不得辭其咎者，豐城補史之堂所由起也。録熊廣居《補後漢書年表》十卷。

自蔚宗作俑，繼起者因之。故十七史自《史》《漢》外，惟《新唐書》有表，餘蓋闕如。四明萬氏悉爲補撰，媧皇之石，厥功偉矣。録萬季壄《歷代史表》五十九卷。

熊豐城書善矣，然“海昏”“不其”“壽亭”各條，《四庫》糾之。後有作者削其瑕疵，摭其未備，以成一書，抑亦豐城之功臣也。録錢可廬《後漢書補表》八卷。

魏收作《魏書》立《官氏志》，托克托脩《金史》立《部族表》。有元起自北方，宜同斯例，而史臣闕焉，是安可以不補？録錢竹汀《元史氏族表》三卷。

竹汀别有《元史稿》百卷，可廬别有《後漢郡國令長考》一卷。意其各有專精，與漢聖唐鑑公媲美無難也，况藝文一門，尤錢氏所究心者。録竹汀《補元史藝文志》四卷、可廬《補續漢藝文志》二卷。

目録之學，史志最要。然《漢》《隋》《唐》《宋》五書外，無志此者。今所采集與錢氏弟兄書相先後。録倪璵士《補遼金元藝文志》一卷，侯君謨《補後漢藝文志》四卷、《三國藝文志》四卷。

崔鴻作《十六國春秋》並爲年表，今久佚矣。而後之作者復有斯製，以司馬子長《十二諸侯》《六國年表》及《秦楚之際月表》例之，雖補入《晋書》可也。録張庭碩《十六國年表》一卷。

自漢以來，言地理者宗班志，司馬彪《續漢志》差可繼武。嗣後群雄糾紛，疆域割裂，志之也愈難。而志之者之疏且闕也彌甚，有能究心於此而爲其所難，豈不可珍也哉！録洪稚存《三國疆域志》二卷、《東晋疆域志》四卷、《十六國疆域志》十六卷。

正史未有志僭僞疆域之例。稚存《十六國》一種固不可以補入《晋書》。然爲其所難，正於僭僞蜂起時見之，有未可以常例拘者。故因稚存書并録徐仲圃《東晋南北朝輿地表》若干卷、劉孟瞻《楚漢諸侯疆域志》一卷。

今《隋書》十志，乃梁、陳、齊、周、隋、五代史志，《史通·古今正史篇》可證，則謂《梁書》無《地理志》不可也。然《晋書》有《地理志》，而稚存《東晋》一種，史學家珍之，况梁固未有專志乎？録洪子齡《梁疆域志》八卷。

郝冀公《續後漢書》有《職官録》，然雜采《史記》《前後漢書》《晋書》之文，紀載冗沓，未可據爲三國典要。况班書《百官表》實承《史記·將相大臣年表》之例，後世史臣但爲之志，失初意矣。録子齡《三國職官表》三卷。

李延壽《南北史》無表志，然沈約、蕭子顯、魏收及唐之史臣既各爲之志矣，則志固可以不補，而表則必當補者也。録周兩塍《南北史表》六卷。

嘗怪司馬彪志《輿服》，沈約、蕭子顯志《符瑞》《祥瑞》，而《食貨》《兵刑》之大闕焉，輕重顛倒，莫此爲甚。《後漢》《南齊》未有爲之補輯者。今録郝蘭皋《補宋書食貨志》一卷、《刑法志》一卷。

兵之有志，始於《新唐書》。自是欒清錢氏遂起而補《漢書》之闕，越數百年，乃復有錢氏者起而補《晋書》之闕，若有淵源者然。録錢衎石《補晋兵志》一卷。

凡宋人所補表一、志一，國朝人所補表七、志十有三，合若干卷。其有續出者，惟當世君子共留意焉。

年月日某序。

—5. 皇朝經世文續編　卷五　學術五　文學一

今之牧令要務策

自來設官分職，凡以爲民也。而分疆守土之官，未有若牧令之於民至親而至切者也。我朝吏治清嚴，而牧民者爲尤重。憲皇帝頒行訓飭州縣上諭，剴切深至，至《州縣事宜》一書亦經奉勅頒布。邇年以來，朝廷廑念民生，鄭重牧令之心屢形於詔旨。爲牧令者思欲利濟一方，上副德意，固貴以實心行實政，而其措施之迹，亦不可不亟講也。

夫牧令者，治民者也。治民者，必有以教民養民。教民養民者，必有法制之立，條教之頒。顧有時立一法欲以興利也，而弊竇叢生；下一令欲以革弊也，而騷擾百出。何哉？聖人有言矣，家齊而後國治，國治而後天下平，謂夫治其近者，而後可推以及遠也。是故治天下者，必先肅清宫府，而後及於吏治民生；治一省者，必先整飭官常，而後及於兵刑錢穀；治一州一縣者，必先整肅公門，而後及於地方利弊。昔臨川李氏嘗言之曰：居官大戒，第一蒙蔽。蒙蔽之在内者，有門幕；蒙蔽之在外者，有胥吏。官之受其蒙蔽也，人以爲官之不明也。夫此豈明之所能爲功哉！然則奈何？曰胥吏者，官民交接之樞紐也；門幕者，胥吏交接之樞紐也。吾日與民相見，而胥吏無權矣；吾日與胥吏相見，而門幕無權矣。是故昔之循吏，禮紳士之賢者而諮訪之，巡歷鄉邨以遍察之，見不善則訓誡之，其有謹愿而力田者，則慰勞獎許之，若不及焉。以事至者，因而誨諭之，又加詳焉，使百姓見我之行事，知我之心，信我之深，而不惑於胥吏之言，則胥吏不得售其欺於百姓。其於胥吏也，公溥以處之，嚴明以察之，使之服我之教，知我之心，信我之深，而不惑於門幕之言，則門幕不得售其欺於胥吏。如是則政綱既立，乃可與言措施之大要矣。

夫牧令措施之政，不外教養二者。然必先握其綱領而後可，則請先之以編查保甲，清釐田賦。夫保甲之法，丁口繫於户，而尤必使附注其業與產焉。惟編查最易擾民，故莫若法汪龍莊之治寧遠，責成里長，給簿填注，最爲簡而周。至一縣田賦亦宜詳知，今串册一切，俱付之各都圖莊胥吏之手，雖公然飛灑而官不能察，政體尚何在乎？宜令將魚鱗、糧户等册清造一分，不時存覽，則田之荒熟、户之良玩亦可隨時察知。二者既行，則一邑之大綱已立，而教養之政乃有所措矣。

然則教養之政奈何？請條陳之。

一曰勸農桑。衣食者，民之天；力作者，民之常也。然導之之責則在牧民者。必也相土宜以教之，察水利之應修者而修之，勿因公而擾農，勿延訟以誤農，又於春秋巡行阡陌，從而勸導之。至於墾荒，尤爲急務。我世宗御極初元，即詔行《墾荒事例》。爲牧令者惟在相度機宜，力而行之耳。

一曰備積貯。社倉不如常平，常平倉不如常平田，昔人論之詳矣。然爲法不同，同歸於治，但須行所得行，總期有利無弊。

一曰敦教化。義塾鄉約，各州縣皆能舉行。古人有善惡簿等法，今則無聞焉。夫良法美意，亦在行之者耳。竊謂處今日而言教化，大抵節儉忠厚爲要。知節儉之宜尚，則迎神賽會、婚喪僭侈之類在所必禁，淫賭之類在所必懲矣；知忠厚之宜尚，則唆訟者、邪教惑民者在所必治矣。至敝俗相沿，尤必力正之，使改易，此則隨地而殊，又未易以一概論也。

一曰練隸役。我朝廷制，州縣隸役有三：曰皂，曰快，曰民壯。民壯設以衛庫、獄，例本與兵一體操演，近只以喚詞訟而已。夫監司有備兵，州縣隸民壯，乃朝廷立法之深意。竊謂宜復舊令，其演習武事，不能者汰之，以遵國典，設有變故，而武弁或猝不足恃，亦不至以一身坐聽存亡矣。

此規四者，雖其節目之詳，有待於行者之斟酌而潤澤，而其大要不外此矣。

要之，爲牧令者涵養心德，以端爲治之本；約束胥役，以清出治之源；清查保甲田賦，以握圖治之綱。然後教養之政次第舉行，而以實心貫之，則牧令之務，常莫常於此，要莫要於此矣。

今之牧令，大率視一官如傳舍。即有一二有志者，亦不過以決獄爲勤民，刑輕爲仁術，守己爲稱職。苟進之以兵農禮樂，鮮不以爲迂闊而難行。夫此誠迂闊而難行矣，然求其返乎迂闊者，則惟用不測之恩威以臨其吏民，取效於一時，而貽無窮之害也。否則，苟且彌縫，粉飾文告，以無事爲安者也，夫此豈士君子之所能講求者乎？

—5. 皇朝經世文續編　卷二一　吏政六　守令

易順鼎（1858—1920）

字實甫，又字中實，自署懺綺齋，晚號哭庵，湖南龍陽（今漢壽縣）人。光緒元年（1875）恩科举人，官廣東欽廉道。有《琴志樓詩集》。

請罷和議疏

奏爲醜虜跳梁，不宜遷就，權奸誤國，不可姑容，恭瀝愚誠，仰祈聖鑒事。

竊臣風聞出使日本全權大臣李鴻章，電奏稱倭船廿餘艘，將出廣島，若不定約，即將犯京，請割遼東、臺灣兩地予倭，並賠兵費二萬萬，爲保京計，不得不然，業經定約書押等語。此外條款，不一而足。人言嘖嘖，似非無因。微臣迫於杞憂，未敢緘默，謹就見聞所及，不避斧鉞，披瀝陳之。

溯自咸豐、同治以來，中國與外國凡三次用兵，一曰咸豐十年庚申之役，一曰光緒六年庚辰之役，一曰光緒十年甲申之役。庚申之役，尤爲我朝中外大局絶要關鍵，其時髮捻縱連，寰區鼎沸，天下岌岌不可終日，而海外各國亦復同時生釁，英法合從，兵臨城下，僧格林沁敗於津沽北塘，勝保還於朝陽門八里橋，曾國藩、胡林翼諸人勤王之師，緩不濟急，敵騎長驅直入，京師不守，宗社幾危，時勢艱難，殆有百倍於今日者。假使各國要求土地，恐不能不聽客所爲，乃當日講和，不過立約通商，稍償兵費而已，初未聞割尺寸之土也。至若庚辰之役，俄據伊犁邊境僅一二百餘里，使臣業已擅許，而疆臣左宗棠等堅欲索還，抗兵相加，大局幾將决裂，然不久即和，僅償款數百萬盧布而已，不惟未割地，且並伊犁亦索回也。甲申之役，法取越南，攻寧波，擾臺灣，陷馬江，沿海戒嚴，天下騷動，澳粵邊防戰事之棘，不亞今日，然不過讓以越南而已，未嘗於越南之外更有所予也。試即今日之事與昔日之事相衡，敵雖强，未必出於英法俄之上，事勢雖急，未至於庚申之危。彼不過虚聲恫喝，肆意要求，我即稍緩須臾，與之再决一戰，再遲數日而後定議，未嘗不可；即不然償以兵費數百萬，亦未嘗不可；即不然許其比照各國在江海各口通商，開設碼頭，亦未嘗不可。而皆不出此賠款至二十千萬，猶以爲未足，竟舉腹心根本、膏腴要害一二千餘里之地，開門而延寇，拱手以與人，何其畏倭人甚於畏英俄法諸大邦，重遼東、臺灣，反不如重新疆伊犁及滇粵荒徼之地也哉？

伏思割地一事，尤爲萬不可行。以理之是非論，其不可有三；以勢之利害言，其不可有六。

祖宗創業於前，子孫守成於後，非若自我得之者，可以自我失之。試思太祖高皇帝、太宗文皇帝之締造遼東，世祖章皇帝、聖祖仁皇帝之經營臺灣，取之如此其難，而棄之何忍如此其易？矧陪京密邇，陵寢攸存，坐使長陵壞土，自我而變爲邊界，皇太后、皇上將如列祖何？此理之不可者一。自有本朝，未聞割地予人之事，自有中國，未聞以重地要地割予海外島國之事，玉斧劃河，珠崖棄郡，若非甌脱，即係石田，豈有卧榻之旁供人鼾睡？書於史册，辱甚燕雲，坐使赤縣神州，自我而淪爲異域，皇太后、皇上將如後世史書何？此理之不可者二。遼東、臺灣之民，或本從龍，或由向化，二百餘年，食毛踐土，芸芸赤子，孰非我國家之孝子順孫。今乃屬之他人，儼成敵國。父母雖窮，尚不忍輕鬻其子；國家未蹙，獨何忍遽棄其民？坐使海隅蒼生，自我而化爲他族，皇太后、皇上將如天下百姓何？此理之不可者三。

遼東者，北洋之藩籬；臺灣者，南洋之門户。今日無遼東，明日即可無北洋；今日無臺灣，明日即可無南洋。天下畏盗之人，必求遠盗，未有揖盗於門内，而求其不發篋探囊；天下畏虎之人，必求遠虎，未有納虎於室中，而冀其不磨牙吮血。行見奉錦登萊一帶，不復能立錐，江浙閩粤各疆，不復能安枕。海口海面皆非我有，餉械無以接濟，而海運即窮，戰守無從布置，而海防又立窮，中國將來必無可辦之洋務。此勢之不可者一。

英法垂涎臺灣，俄人蓄謀遼東，豈伊朝夕？況各國狡焉思逞之計，貪得無厭之懷，誰不欲拓境開疆，因時取利？今見倭人以一舉手、一啓口之勞，而得地如此多，獲利如此厚，雖云無故，亦必生心。倘群起效尤，則中國雖大，恐一日之間可以瓜剖立盡。然此猶他國也，即以倭事驗之。同治十一年，彼因琉球難民爲生番所殺，藉端挑釁，兵抵臺灣，當時大吏不能折之以理、怵之以威，反以數十萬金賠款了局。彼見中國易與，始漸輕視中國而謀益迫、勢益驕，推其得隴望蜀之情，曾何已極？此日之厲階，既皆由於昔日；時之欲壑，恐更甚於今，中國將來必無可存之地。此勢之不可者二。

自軍務平定後，謀臣猛士多就彫零，千百之中僅存什一，此次徵求宿將，招集舊部，士馬精壯，已有可觀，乃甫聚又將令之散，既散恐不可復聚。且所練之新軍，營費幾何，練成而不用，待用之時又將臨時另練；所購之新械，勞費幾何，購齊而不用，待用之時又須臨時另購。今日尚不能戰，以後豈復有能戰之時？再閲數世，一有緩急，求如今日之將與兵且不可得，宿將舊部消亡既盡，新募者未經戰事，對當大敵，中國將來必無可用之兵。此勢之不可者三。

賠款至二萬萬之多，不知從何搜括，又不知搜括净盡之後，尚有應辦之務、必需之款，何所取資？夫使賠款既交，而我可不作一事，彼可相安十年猶之可也。正恐我之防務仍不能不辦，兵餉仍不能不需，鐵路仍不能不修，驛車仍不能不設。入款則有減無增，出款則有增無減。意外之舉尚不暇論，而彼則一波未平一波又起，前款未清，後款又來。以斯民有盡之脂膏，填彼族無窮之欲壑。剜肉補瘡，肉將盡而瘡更劇；抱薪救火，薪將竭而火更燃。中國將來必無可籌之餉。此勢之不可者四。

長白、鴨緑，爲祖宗發祥鍾靈之地，黑龍江、吉林等省，爲國家植根歸宿之區，地利最多，民氣亦厚。當此强鄰環伺，正宜乘時經略，加意保全，較之臺灣尤關緊要。一旦遼東爲倭所有，則俄自北侵，倭從南襲，不數年内，其民與地皆將折而入於倭與俄，東三省全境之危亡可立而待。且京外八旗人民，既不謀生，又不習鬬，一朝有事，而東三省已不能歸。退則爲倭寇所草菅，進則爲亂民所蹂躪。中國將來必無可保之旗民。此勢之不可者五。

臺灣一省，饒富著稱。近來文教振興，更已變椎髻爲衣冠，進侏儒於禮樂，其士民皆愛君親上，好義急公。而林維源身爲民望，官列京朝，勢不能以家委敵。況彰義之名，出自純皇帝所賜，臺人固必思義而顧名，皇上又安可數典而忘祖？至於遼東之爲豐沛鄉里者，更無論矣。民情何常之有？親之則親，疏之則疏，向之則向，背之則背。雖厚澤深仁已浹於祖宗之世，而先疇舊德不保於孫子之朝，恐未免百姓寒心，四方解體。倭既據我内地，且將取我民心以利誘之，而桀黠者必爲倭爪牙以威迫之，而駑弱者必爲倭魚肉。行見流民無所依歸，而西晋雄特之禍起；奸民相與勾黠，而嬴秦勝、廣之變生。驅魚爲淵，瞻烏誰屋？中國將來必無可固之民。此勢之不可者六。

以上各節，不過據臣所私憂竊慮，粗舉大端，而其禍變相尋，尚有不勝枚舉者。以言理之是非則如彼，以言勢之割害又如此。大約稍有心肝之人，皆必不肯爲之，所有知識之人，皆必能見及之。而不謂渥蒙國恩、深悉時務之李鴻章，竟悍然不顧，冥然罔覺，行人之所不肯行之事，出人之所不忍出之言。臣前見李鴻章行事不慊人心，尚疑其別有苦衷，代爲原諒。直至今日，始灼然有以知其心術之幻，而得其罪狀之真，所謂“臧孫紇雖曰不要君，吾不信”，及“司馬昭之心，路人皆知之”者，恐宋臣秦檜、明臣仇鸞之奸，尚未至此也。且遼東、臺灣並割予倭，臣以爲窮倭之兵力不能及此，充倭之始願亦未嘗及此。如其兵力能及此，則何不徑取遼瀋以索登萊、徑取臺澎以索閩厦？囊括席捲，彼豈有所恤而不爲？如其始願嘗及此，明知遼東一索可得，何必以全力攻牛莊？明知臺灣一索可得，何必以全力攻澎湖？是其情形，已可概見。不謂有李鴻章焉，爲虎作倀，教猱升木，於是倭不啻取懷而予，操券以償。蓋倭力不及此，而李鴻章之力能及此，倭願不及此，而李鴻章之願早及此矣。

抑微臣更有不忍言，又不忍不言者。李鴻章之奸，尚不及其子李經方之甚。李經方前充出使日本大臣，以己資數百萬借給倭人購船餉，其所納外婦即倭主睦仁之甥女，其奸詐險薄，誠不減蔡京之有蔡攸、嚴嵩之有嚴世蕃。假使憑依城社，竊據津塗，張邦昌、劉豫之事，不難立見。我朝貽謀之遠，立法之善，爲前古所未有。當此之時，而欲以島夷入主中國，以人臣攘執太阿，蓋亦戛戛乎難之！不圖天地躍金，陰陽鑄錯，於倭生一睦仁，於中國生一李經方。以權奸爲醜虜内助，而始有用夷變夏之階；以醜虜爲權奸外援，而始有化家爲國之漸。俱成頭角，各長羽毛，腐木蟲生，霜寒冰至。今日此事，尤爲中國污隆、本朝興替一大關鍵。微臣悲江河之日下，痛滄海之横流，所爲涕泗汍瀾，而不能自已者也。雖然，李鴻章敢於犯天下之不韙，欺朝廷以其方者，窺見皇太后、皇上與諸臣畏倭之心，而後藉詞保京，反自託爲忠愛之忱，以巧遂其奸欺之詐也。在李鴻章，固已爲舍己別無他人，舍此別無他策。微臣不揣冒昧，竊於此策之外，爲朝廷敬畫二策焉。

伏揣朝廷畏倭之心，不過以明爲鑒。不知明之亡，不亡於邊患，而亡於流寇，不亡於諱言和，而亡於諱言遷。夫國君死社稷，乃指諸侯而言。若天子以四海爲家，何代不有遷移之事？明之君臣不通古今，昏憒紛呶，以至亡國。如早遷都江南，國尚可存。我朝法度修明，湛恩汪濊，既非明政不綱、加賦召亂者可比，一統金甌，處處完善，既無流寇之禍，僅有海邦之憂，又非明之天下糜爛、無地圖存者可比。惟以海禁大開，形勢久異，千金之子，坐不垂堂，以此而遷，又何所諱？宅中建極，莫若太原。五台經累朝巡幸，供列聖御容行宫尚存，盛軌可溯，其善一；京師千里之程，十日可達，往來迅速，進止從容，其善二；土厚水深，人民殷富，其善三；兵精馬健，風氣勁强，其善四；河汾太原，表裏山川，其善五；平陽安邑，步趨虞夏，其善六。而太行起天下之脊，冀州居天下之中，我能往，彼不能來，尤足爲子孫帝王萬世之業。去年十二月，微臣在都，曾以此議條陳，未獲上達天聽。若當日早定大計，則此時八方風雨，三晋雲山，業已高屋建瓴，神京鞏石，砥方隅而鏡寰海，礪泰山而帶黄河。何至廑宵旰之焦勞，患畿疆之危偪哉？然投鼠忌器，此後方多，則亡羊補牢，及今未晚。與其以二萬萬借盗賫糧而利歸海外，何如以二萬萬營都充帑而利在國中。此微臣所畫一策，曰遷者是也。

又揣朝廷畏倭之心，不過以犯京爲慮。不知倭力果能犯京，何待今日。豈於去年京師無備之時，不敢來犯，而於今年京師有備之時，反敢來犯者？且倭人進兵，不外水陸兩途。由遼瀋進兵，則尚有依克唐阿、長順、裕禄、唐仁廉在；由錦州進兵，則尚有宋慶、魏光燾等在；由榆關進兵，則尚有劉坤一及余虎恩、熊鐵生諸將在；由津沽南北進兵，則尚有王文韶、聶士成、曹克忠人在；即使内犯京畿，亦尚有程文炳、董福祥在，而諸臣等亦莫不在。倭兵盡如鬼神，豈僅不由關津經過，而飛入京師耶？我兵未必盡屬疲聾，豈竟任其飛入京師，而毫無聞見耶？微臣逆料倭人必不能犯京，其故有四。請略舉近日軍事證之，以釋朝廷疑慮之端。

一曰倭人不能攻堅。我所失之地皆瑕也，非堅也。惟旅順、威海可謂之堅。然旅順之失，以守將争逃；威海之失，以海軍不戰。且一由皮子窩，一由落風港，均係蹈瑕乘虛，抄後而入，不敢直犯當前。蓋其兵餉最重，精鋭無多，護惜鋒鋩，每虞傷損，肉薄攻堅，决無此事。觀於聶士成之守堅，而彼不敢犯摩天嶺；裕禄、徐慶璋之守堅，而彼不敢犯遼瀋；唐景崧、劉永福之守堅，而彼不敢犯臺灣；况畿輔爲我最堅之地，而彼敢輕於嘗試乎？此其不足慮者一。

一曰倭人不能持久。越國圖遠，糜餉勞師，多一日則多一日之糧，少一兵則少一兵之用。倭至今日，黔驢之技已窮，騎虎之勢難下，左支右絀，外强中乾久矣。夫以中國之地大物博，餉足兵多，尚以曠日持久爲憂，蕞爾之倭，更何能堪？試觀其棄威海而不留，攻臺灣而即退，不能持久，亦復可知。此其不足慮者二。

一曰倭人不能疾驅。考倭之軍制，皆效德國陸操，步武整齊，紀律嚴肅，誠有足多，而輜裝繁重，行走甚遲。以之持重則有餘，以之疾驅則不足。視中國之卷甲銜枚，一日夜行可二三百里者，實有長短優劣之殊。觀於此次牛莊之戰，倭由間道甫至牛莊，曾未多時，而李光玖聞警後發之兵亦已踵至，吴大澂由田莊退至雙台子，親軍僅數十人，距敵僅數十里。若使倭能疾驅，非但我軍噍類無遺，即寧、錦亦恐相隨不守，而倭竟不能，豈獨於京師能疾驅數百里耶？即此其不足慮者三。

一曰倭人不能深入。夫以無援之軍，不繼之餉，而入最深之地，犯極厚之兵，是必有進無退，有死無生而後可。抄掠剽忽、不顧其後之賊或能爲之，而倭人固未能出此。如其出此，則必用全力，擲孤注，行險徼幸。而自津至通，一線長途，兩旁皆水，沿途一帶，皆有重兵，程文炳、董福祥可以抵禦於前，聶士成、曹克忠可以合圍於左右，劉坤一率領諸將可以追躡於後，彼非深入送死而何？且彼之兵力有限，既已全力犯我，則其後路必虛，獨不畏取朝鮮而襲廣島耶？觀其得榮城、文登而不敢深入山東，得海城、牛莊而不敢入奉、錦，又何能越關津、畿輔而深入京師？此其不足慮者四。

又况乎魏光燾堅固不摇，李光玖奮勇敢戰，牛莊雖敗，而殺傷倭人亦足相當。倭見湘軍人人敢死，竟不敢再過雷池一步。諸將領之最忠勇者，一聞和議，皆痛哭堅卧，不肯起食。可見將士皆有死志，並非軍心瓦解，勢不可爲。且依克唐阿、聶士成、宋慶，皆倭人所畏，而丁槐一軍隊伍已到，唐仁廉一軍槍械已齊，皆可與倭一决。倭人情見勢絀，漸成弩末，我即不與之戰，而但與之堅持，再閱數時，彼力斷難支久，然後再言和議，自必易於轉圜。此又微臣所畫一策，曰守者是也。

總之，以遷爲戰之地，能遷，則不戰而已可屈人之兵；以守爲戰之地，能守，則不戰而已可制人之命。或遷或守，雖非上策，而不失爲中策。賠款割地，非僅下策，而實無策。

伏查光緒六年，即庚辰一役，崇厚亦以頭等全權大臣使俄，與俄國定約畫押，讓地一二百里，尚非割地，且係邊外之地，經廷臣交章論劾，皇太后、皇上赫然震怒，立將崇厚拿交刑部治罪。其與俄所定之約，雖已畫押，仍行更改，俄人終亦降心俯首，就我範圍。今昔相衡，以敵言，則俄更强大於倭，以事言，則讓地尚非割地，邊地尚非内地，一二百里之地尚非一二千里之地，是李鴻章之罪，尚爲崇厚所無，而以定約言則一，係擅許一，係請旨擅許者至拙而請旨者至工，是李鴻章誤國之術與其誤國之心較崇厚尤爲加倍。惟有仰懇皇上天威獨斷，上思列祖列宗，下念薄海臣民，照崇厚例，將李鴻章拿交刑部治罪，并撤回李經方，革職嚴辨。一面飭王文韶、劉坤一，妥備戰守，奬勵裕禄、唐景崧等，以安人心；一面明發諭旨，宣示中外，奉皇太后西幸，命恭親王留守京師。如戰而不勝，賠款割地尚爲未遲。戰而糜款，猶勝於和而賠款；戰而失地，猶勝於和而割地。如國或遷或守，而致貽誤大局，請先誅微臣以謝天下。皇上爲英主爲孱主，中國爲强國爲弱國，本朝爲大朝爲小朝，諸臣爲貞臣爲邪臣，皆視此一舉。微臣不勝迫切待命之至，伏祈聖鑒。謹奏。

—8. 皇朝經世文三編 卷五一 兵政七 兵機一

籌戰事六條請代奏疏

稟爲敬籌戰事六條，仰懇代奏事。竊職員於本月初二日披瀝上書，本月初四日荷蒙代奏在案。現聞和議要挾太多，礙難照准，聖意振勵，薄海同欽。惟一經决裂，必有戰事，且距四月十四日之期，已爲迫近，尤當力争先著。不揣冒昧，敬籌事宜六條，伏呈於聖主之前。

一曰加兵餉。重賞之下，必有勇夫，然與其重懸賞格，不如普加兵餉。湘軍口糧每名每月四兩二錢，各軍皆然。夫四兩二錢之銀，而欲贍其身家，賺其性命，此必不可得之數也。論者皆言，今日之兵不可恃，而其不可恃之故，實在於此。爲今日計，惟有暫將關内外防剿各軍，月餉普加兩倍，俟戰争畢後，再復舊章，所有賞格，仍另行核給，不在加餉之内。加餉一項，以每名每月銀十兩計之，目下大軍約十數萬人，一月不過百萬，一年不過千萬，十年不過萬萬，較之以二萬萬爲敵人充餉者，其利害得失，果何如耶！擬請皇上聖斷，一面敕下户部，一面電諭各路統兵大臣，轉諭兵勇一體知悉，必將歡聲如雷，感泣奮舞，而争求效死矣。兵勇既食重餉，誼不忍逃，夫然後將可以死戰責兵，帥可以死戰責將，國家可以死戰責師。譬之有廉俸而後可以責官之廉節，有恒産而後可以責民之恒心，其理一也。

一曰用地溝。越南之役，岑毓英已曾行地營之法，以拒法人，頗有成效。此次各軍稍知仿辦，而丁槐尤爲熟悉。職員考其規制，微覺煩重，似不如地溝之更簡捷。地溝者，即倭人所謂梅花坑，隨時隨地，皆可立成。只須兵勇各帶洋鍬，以備開挖之用。既可以避敵之槍炮，又可以藏我之槍炮；既可以藏我之兵，又可以擊敵之兵，而扼防海岸，尤宜用此。蓋敵船不能近岸，如欲登陸，必以大炮從船上轟我岸上之兵，使不能抵禦，而彼乃一面以小舟或巨筏載其陸兵，乘勢而登。用地溝則彼船上之炮，不能擊我伏溝之兵，而我溝内之兵，可以擊彼登岸之賊。如鴨緑江倭以棚布鐵桿搭橋，榮成海邊，倭以長條細板編筏，當時若使有地溝伏兵於内，乘其半渡擊之，彼必不能飛渡可知。擬請敕下，將各路統兵大臣，嚴督諸將訓厲兵勇，必隨時隨地，實力奉行，以此爲安身立命，禦倭折衝之地。其因時制宜，因地制宜，一切辦法，不能預定，仍頒各領斟酌妥籌，以期適用。

一曰攻老巢。自九連、鳳凰以至金復、海蓋、營口、旅順皆爲賊老巢久矣，然其各處屯兵，實不甚多，而九連、鳳凰等城之賊尤少，合計各路不過數萬，其力僅足以自守，而不足以攻一處。而以攻一處，而不足以攻數處。其不敢來攻我者，實畏我之往攻。再本年三月吴大澂之攻海城不能得手，反至失利者，由於調度之誤，布置之疏，非攻之罪也。夫攻堅之兵，必分數路進兵，而後可使人之力薄，又必分數層進兵，而後可使我之力厚。查關外前敵各軍，遼瀋奉錦一帶，有依克唐阿二十餘營、長順二十餘營、沙克都林札布數營，合徐慶璋之敵愾軍十數營，共有三萬餘人，可足爲中路，由遼陽進攻海城。其陳湜十營、孫顯寅、吕本元共十餘營，益以唐仁廉之三十營，共有二萬餘人，可作爲東路，由摩天嶺等處，進攻九連、鳳凰兩城。其宋慶三十餘營、魏光燾二十餘營、李光玖數營，合以吴鳳柱之數營、徐邦道之十一營，共有四萬餘人，可作爲西路，由雙臺子等處，進攻牛莊、營口。三路之中，每路又各分半進攻，分半接應，必可以直搗賊巢，而不至蹈吴大澂之覆轍。且遼東一帶，百姓久望王師，高麗沿邊地方，皆附中國。若大兵進圖收復，則各處團練義民俱可號召響應，各處礦匪獵户，俱可收納招降。倭之勢蹙計窮，不難立待。

一曰掣賊勢。海軍覆後，彼有船我無船，彼能來我不能往。朝廷所以慎重而恐其犯京者爲此故耳。然彼之兵船，亦祇有此數。近聞臺灣、澎湖等處，又擊沈其船數艘。彼若攻臺灣則不暇犯津沽，彼若犯津沽，則我臺灣尚有兵船，即南洋亦尚有兵船，獨不能攻廣島耶？况臺灣一省，朝廷業已度外置之，此次不妨即以破甑視之。爲臺灣計，與其瓦全不如玉碎，與其爲人攻，不如出而攻人。唐景崧、劉永福等身當此時，固已有死之心，無生之氣，必能奮不顧身，與倭一决。擬請温諭奬勵，令其督率船艦，徑出臺灣，並請敕下張之洞，令其選擇水師驍將如黄金滿等，統帶南洋各兵輪，會合唐景崧、劉永福，游弋海面，以壯聲援，視倭船之進止爲進止，視倭船之向背爲向背。若彼犯津沽，則我攻廣島。雖以之掃滅賊氛尚覺不足，而以之牽掣賊勢，固自有餘。但使彼有顧忌，而不敢内犯津沽，則大局已無足深慮也。

一曰聯外援。聞俄、法兩國願以兵艦假我，果有此事豈非大幸！若無此事，而但有此意，亦爲難得。又聞俄方求琿春，法人方求蒙自開礦，兩國若真能助我，即不妨各如所願以酬之。割琿春猶勝於割遼東、臺灣兩地；許蒙自開礦，猶勝於許各口通商。以利歸法、俄，猶勝於以利歸日本，所謂兩害相形則取其輕是也。况遠交近攻，古人之遺法，實今日之要策。擬請密敕總署妥商俄、法兩國使臣，如果兩國真能出力相助，協同剿倭，則中國或以地爲謝，或以巨款爲謝，皆無所不可。即使不能出力助剿，而但能出力調停，不許倭人肆意要求，則我之所全已多。即以琿春謝俄，以蒙自開礦謝法亦未始不可。

一曰絶内應。李鴻章者日本之内應也，孫毓汶者李鴻章之内應也。李鴻章以本國之機密輸之於日本，孫毓汶又以朝廷之機密輸之於李鴻章。有此二臣，而天下大事已敗壞决裂，不可收拾矣。是故日本不過癬疥之疾，而李鴻章、孫毓汶則爲心腹之疾。且因有李鴻章、孫毓汶，而所謂癬疥之疾者亦變爲腹心之疾。吴若早誅伯嚭，何至行成於越，宋若早誅秦檜，何至服事於金。國家欲禦外侮而保丕基，非亟罷李鴻章、孫毓汶二臣不可。此二臣者，國人皆曰可殺，萬口一詞。皇上寬待大臣，或未忍寘之重典。應請立加罷斥，以儆奸邪。倭人既失奥援，自必折其詭謀，輯其驕焰。而僉壬既黜，忠讜始升，乾斷克昭，人心共奮。我國家億萬年有道之基，視此矣！犬馬微忱，不勝迫切屏營之至。伏乞鑒核，代奏施行。

—8. 皇朝經世文三編　卷五一　兵政七　兵機一

蔡爾康（1858—約1923）

字紫黻，别號縷仙，室名鑄鐵盦，江苏嘉定（今属上海）人。廪生，屢試不第，投身報業。譯有《中東紀事本末》。

中國度支考序

國家度支出納之政，後世掌於户部，成周則隸於天官。嘗讀《周禮》太宰之職，以九職任萬民，以九賦斂財賄，以九貢致邦國之用，以九式均節財用。其屬有宰夫焉，掌治法以考百官府郡都縣鄙之治，乘其財用之出入。凡失財用物辟名者，以官刑詔冢宰而誅之。其足用長財善物者賞之。有大府焉，掌九貢九賦九功之貳，以受其貨賄之入。頒其貨藏之府，頒其賄於受用之府。凡官府都鄙之吏及執事者，受財用受。于焉凡頒財，以式法授之。關市之賦，以待王之膳服。邦中之賦，以待賓客。四郊之賦，以待稍秣。家削之賦，以待匪頒。邦甸之賦，以待工事。邦縣之賦，以待幣帛。邦都之賦，以待祭祀。山澤之賦，以待喪紀。幣餘之賦，以待賜予。凡邦國之貢，以待吊用。凡萬民之貢，以充府庫。凡式貢之餘財，以供玩好之用。凡邦之賦，用取具焉。歲終則以貨賄之入出會之。元公制作之精，燦然具陳，犁然各當也若此。此豈後世補苴苟且之人，所能幾其什一哉！又讀《禮・王制篇》："冢宰制國用，必於歲之杪。五穀皆入，然後制國用。用地小大，視年之豐耗。以三十年之通制國用，量入以爲出。""國無九年之蓄曰不足，無六年之蓄曰急，無三年之蓄曰國非其國也。三年耕，必有一年之食。九年耕，必有三年之食。以三十年之通，雖有凶旱水溢，民無菜色。然後天子食，日舉以樂。"相傳此篇爲漢文帝時博士所作，多與周制不合。然先王理財字甿之深意，實具此尺幅之中，亦非後世小儒所能夢見。

中西通道而後，泰西各國之善政，往往流傳中土。其尤善者，今歲之杪，政府豫計來歲之國用，屬下議院籌之。下議院員爲民間所公舉，周知小民之疾苦，以時斟酌而損益之。不急之務，駁請罷之。國用不可緩，民力所不能供者，則稱貸以助之。朝野有一德一心之美，君民無過貴過賤之嫌。試登高山而望海西，不禁嘆古昔之休風，今尚去人未遠也。我大清之御宇也，輕徭薄賦，方駕唐虞，列祖列宗，躬行節儉。純皇帝承重熙累洽之盛，賡春補秋助之仁。左藏所餘，乃七千萬。嘉道而後，四方多故，廟堂之上，恪遵成憲，田不加賦，户不抽丁。亦越於今，不懈益虔，懿乎鑠哉，信所謂覲耿光而揚大烈也。然而國計日以貧，不忍厚斂以病民，民生反日以蹙者，何歟？無亦上下之情未盡通，中飽之弊未盡祛歟？不然，將因利而利之道，未盡得歟？又不然，上好仁而下不好義，懷忠履信，難期諸晚近之民歟？今試執章甫縫掖之士而問之曰："職内掌邦之賦入，歲幾何矣？"則瞠目而對曰："不知也。"又試訪搢笏垂紳之侶而詢之曰："職歲掌邦之賦出，年幾何矣？"則赧顏而謝曰："未審也。"更試登户部之大堂，入十四司之郎署，長揖而請曰："今天下土田、户口、財穀之政，重賴明公之平准者，無論權三十年之通也。歲將杪矣，明年量入以爲出，其數可得聞乎？"則仰屋而嘆曰："我聞有命，不敢以告人也。"或者且厲色而起曰："有《會典》在，非下士之所宜問也。"則甚矣上下之睽也。

顧嘗聞諸西人矣。西人之言曰：中國一歲之所入，恒不足一百兆。夫以撫有四百兆之民，而歲入僅止於此。則是一家五口，終歲之所奉於上者，衹一金有奇耳。歐洲之英國，能以仁心行仁政。年來取諸民者，計一家五口，歲納英金十二磅不足。揆諸喜林價值，約合華銀八十四兩。一千八百十四年英法苦戰之際，英民每一丁口勻計歲納英金□磅。以華人視之，不幾謂朘削至此，民不聊生乎？閱英廷一千八百八十七年清册，征收賦税之属，共英金九十兆磅。内支昔年兵債之息二十八兆磅，經武所需三十兆磅，用人行政諸費二十八兆磅，合八十四兆磅，即華銀五百八十八兆兩□，增中國十分之六。所餘六兆磅，合華銀四十二兆兩，以備不時之需及還債之用。且夫英國區區數島地耳，土地、人民舉不逮中華什一。關税、田賦反增於中華什六英征客貨人口税，於四十年來自一千二百類，删存十二類，□中烟酒税四十二兆磅，茶税四兆五億磅，餘則如富户之糧賦，暨一切印花税之屬者，無他，惠而不費，因民之所利而利之。善政得民財，百姓足而君無不足也。矧值國家多難，戎馬倉皇，維正之供，無以給不貲之餉。議院以貸金爲請，小民皆争輦以來，截數届期，動浮數倍，泰西息民借財必先示以股額，截數合計。認借者溢出若干股，則按額而折收之，不欲於定額之外多收一股也。且一貸不已，更數貸而不以爲嫌。英國當力遏法燄之年，所負國債，自英金二百六十八兆磅，增至八百兆磅。上文所紀每年付息二十八兆，即此款也。計年息三釐五毫。衡以近年市價，約合華銀五千六百兆兩。中國予日本兵費二百三十兆兩，僅抵英債二十四分之一。而中國土地、人民多於英國十倍有餘。理財苟得其宜，措而還之猶反手，亦其何貧之足憂？傳之中國，豈不咋舌？顧英國則行所無事，英民反富莫與京。

中國積負之資，無過白金三百兆。户都責諸疆吏，疆吏不能爲無米之炊也。羅雀而掘鼠，頭會而箕斂。惟是取盈於編户，以償强國之委金，中國初次貸款，俄即輔貸法金以委之，此所謂伺人渴即飲以鴆也。户部請飭各省分認還款，疏中亦應强鄰之責諾語。獨不解氓之蚩蚩。讀公家息借之明文，罕見輸將恐後者。迄今米珠薪桂，不啻日受追呼，則又忍氣吞聲，莫之敢怨。是豈義民少而良民多哉？無亦曰：上下之情不通而已矣。

草莽臣獨居深念，敢妄進一言曰：處今兹百事維新之運會，莫若師萬年不敝之法度以貞之。夫《周禮・王制》之文，誠有滿肚皮不合時宜者，然如歲杪之制國用，量入以爲出，兼權三十年之通。又如正月之吉始和，布置於邦國都鄙，乃縣治象之法於象魏，使萬民觀治象。挾日而斂之，是皆我華古先聖王之至治，泰西大國今日之良規也。行之於上，奕世一世三十年也。食其利而無弊；布之於下，舉國服其公而無私。上下之情，豈尚有壅遏之患哉！夫至上下無壅遏，彼貪墨之長吏，舞文骫法之府史胥徒，度亦將相顧悚息，而不敢肆其伎倆。苟尚愍不畏死，則即繩以宰夫之律。凡失財用物辟名者，以官刑詔冢宰而誅之。注：財穀也，用貨賄也，物畜獸也。辟名也，爲書以空作，見文書與實不相應也。有大府焉受貨賄之入，而具列待用之主名。古名不必泥，可準以今制而通之。每届歲終，更立通會入出之令。夫如是，中飽之弊，可一掃而空矣。

然而民尚不能遂富也。大司徒以土宜之法，辨十有二土之名物，以相民宅，而知其利害，以阜人民，以審鳥獸，以育草木，以任土事。辨十有二壤之物，而知其種，以教稼穡、樹藝。其屬又有草人一官，掌土化之法，以物地相其宜，而爲之種，即今化學糞田之所祖也。語詳拙譯《農□新》。更有司市之官，掌市之治教、政刑、量度、禁令。凡治市之貨賄、六畜、珍異，亡者使有，利者使阜，害者使亡，靡者使微，即今西方董理通商之張本也。司門，幾出入不物者，正讀爲征。其貨賄，凡財物犯禁者舉之。司關，司貨賄之出入者，掌其治禁與其征廛。凡貨不出於關者，舉其貨罰其人，則即中外設關征榷之法也。厥有廾人焉，尤爲今日當務之急，其職掌金玉錫石之地，而爲之厲禁以守之。按：鄭注云：吏其地之民遮護守之細味，其意蓋恐他人之盜取也。故下云。若以時取之，則物其地圖而授之，巡其禁令。至於媒氏，凡男女自成名以上，皆書年月日名焉，則泰西生孩注册之例也。虞衡，作山澤之材。藪牧養蕃鳥獸，百工飭化八材，嬪婦化治絲枲，皆具載於太宰九職任民之内。泰西山林有政，牧養有政，工藝有政，紡織有政，莫不隱隱相合。中國若一一舉行，與趨時者言吾用西法，與守舊者言吾實遵古法也。彼復何説之辭，而惠而不費之一美，業已囊括無遺。起視斯民有不日豐而月豫乎？

且夫衣食足而知廉恥，禮義生於富足，於古有明訓也。子弟洞悉父兄之甘苦，則共安樂者必願與同患難，又人情之常也。相被小民，得彼新政之澤，一身終歲所入，驟增百金，曩爲李先生提摩太譯《八星之一總論》曾有此意，又爲廣學會作募捐啓，更明白曉暢達之。鼓舞權忻，情難自已。及閱官頒徵信册，凡本鄉本户所納者，纖毫必以登。閻丹初相國，奏頒各省徵信册於紳士，乃十餘年來鄙人尚未得見一字□耶。試持較朝廷每歲所需，則竟有入不敷出之憂，其心已怦然而欲動。更有脩大司徒之職者，以鄉三物教萬民而賓興之。一曰六德：知、仁、聖、義、忠、和；二曰六行：孝、友、睦、婣、任、恤；三曰六藝：禮、樂、射、御、書、數。鄉大夫乃三年大比，考其德行道藝，而興賢者、能者、鄉老及鄉大夫。師其吏與其衆寡，以禮禮賓之。凡民目染耳濡，共識尊親之義，無論偶聞鼛鼓，樂於趨事赴功也。常則助國家用人行政之大經，官俸則按額增，正官之俸不可不增，充員之額不可不汰。鐵路則應時闢；變則紓皇上旰食宵衣之焦慮，召募則剋期集，稱貸則竭力供彼有挾而來者，直揮手以謝之可也。而何必憂關税之不敷再質，路工之不克自主哉。盧漢鐵路亟須開築。聞比利時國願承貸款，即索本路爲質，然中國本有清還債項之意，大可慨然允許，殊不必以東西剖割爲慮也。乃有欲以巧弄字義，愚比商者，一若爲質之物，僅此鐵梗兩條，木橛數千萬段，事遂中阻，惜哉。惟是以若所爲，求若所欲，收效固極奇而極捷，而期諸委靡迂拘之政府，則恐有窮年莫究，累世莫殫者。居今日而思饋貧之糧，其在度支清册乎？誠使長户部者從實臚列，頒示民間，俾如朝廷窘迫情形，實將詠將伯助予之句，則弗謂民之無良也。必有田連阡陌之人，出倉廩以佐天庾。又必有家累榜標之子，分黄白以寄農曹。蓋一發於孤忠，一激於大信，有莫之致而致。不期然而然者也。

而或者曰：不可。中國無此體制。且財賦者，國家命脉之所繫，况值强鄰環伺，隱秘□虞不暇，豈宜明頒官册，顯暴窘鄉。噫！《周禮》明有縣書象魏之文，象魏所縣未嘗明指貢賦之出納，然統以治象，斷無獨秘度支之理。尚得謂體制不能宣露耶。英國駐滬領事官哲美森君，自壬辰年爲始，積三載之鈎稽抉摘，輯成《中國度支考》一書，呈送其國宰相兼外務大臣沙士勃雷侯鑒定。咨交上下兩議院核准，飭發官書局印行，尚得謂命脉必須隱秘耶。林榮章先生托足中華，關心大政。日本難作而後，考聞中國貸金之不易，又知負債而受挾制之艱危。嘗與爾康太息而言，似此戔戔，在華儘足自籌，何事仰人眉睫？然而不能者，毋徒責華民之不忠也，其咎實在於華官之無信。即以目前之事而論，息借議起，户部奏定章程，儼如鐵鑄。不謂各省開辦之際，多易樂認而爲苛派，已與原案不符。然猶曰民不信官，非是則百無一應也。及至還疑届期，正宜昭示大信，如諺所謂圖招後來主顧者，乃或竟以情願報效具奏，將前賬一筆鈎銷。民則曰：借時因迫追提，還時忽甘報效，有是人乎？或又以改充商務局貲本爲請，不知當時即屬願借，祇因公家軍需之急耳，與商務局股本，絶不相干。況又不識商務局總辦、總董爲何許人，豈肯貿然以重金相托付？故有人寧執司收，不願例換局票，然司中亦竟不還也。諸如此類，謂非失信之尤乎！至於中國中飽之弊，天下幾盡人而知。哲領事此書，不因抉弊而作，故但渾言之曰：民間應完於官者，不論銀米，必加收額外耗費，至少以一倍爲度，而於地丁銀之多納二三倍。上海常關收税，似於一禮拜内可照定額徵足，乃積至一年，僅溢銀十一兩，未聞有發其覆者，皆所不解。林先生傳譯是書，更不欲督見淵魚，惟念中朝需用浩繁，苟能弊革而利興，既富且强，可坐而致。其惓惓之意，於自跋一篇中，特借西人之語，盡情傾吐。

吴江任申甫茂才，兼通西學，既佐先生譯録成帙，復譯全跋以爲之殿。剞劂既竟，爾康承命製序，不敢以不文辭，輒附古義，藉申今情。有能采及芻蕘者乎？殆未敢信其果有益也。然而《周禮》具存，周公豈欺我哉！然而西政之善，有徵可信；西業之富，無美不臻。西國豈欺人哉！光緒丁酉十月。

—20. 皇朝蓄艾文編　卷一八　財政二

康有爲（1858—1927）

字廣厦，原名祖詒，號更生，亦稱康南海、南海老人，廣東南海（今屬佛山）人。光緒二十一年（1895）進士，官授工部主事。有《康有爲全集》。

上今上皇帝第一書

爲國勢危蹙，祖陵奇變，請下詔罪己，及時圖治，呈請代奏事。

生聞言事有越職之禁者，所以定名分也；闢門有傳言之典者，所以采芻蕘也。定分以靖臣下之心，采言以通天下之氣。生猥荷天慈，蒙被蔭典，入監讀書，雖復疏賤，然自祖父世受國恩，區區之私，常懷報稱。

竊見方今外夷交迫，自琉球滅，安南失，緬甸亡，羽翼盡剪，將及腹心。比者日謀高麗而伺吉林于東，英啓藏衛而窺川滇于西，俄築鐵路于北而迫盛京，法煽亂民于南以取滇粤，亂匪遍江楚、河隴間，將亂于内。生到京師來，見兵弱財窮，節頽俗敗，紀綱壞亂，人情惰偷。上興土木之工，下習宴游之樂，晏安歡娱，若賀太平。頃河决久不塞，兖、豫之民蕩析愁苦，沿江淮間地多苦旱，廣東大水，京師大風拔木百餘，甚至地震山傾，皆未有之大灾也。而尤可駭痛者，奉天大水，山湧川溢，淹州縣十餘，甚至沖及永陵山谷，陊圮坍拆凡十八山，形勢全改。今《上海新報》館繪圖募賑，遍傳各省。伏念永陵爲我朝發祥之地，岸谷告變，震動非常，以爲皇太后、皇上聞此奇變，必悚惶震悼，戒勵群臣，痛哭戒誓。乃伏處下風，未聞有恐懼、責躬、求言、恤民之特詔，親臣重臣未聞有直言極諫、痛哭入告之封章。内而侍臣，外而藩僚，不聞一言；下而部寺司員，亦不聞一言。上下内外，咸知天時人事，危亂將至，而畏憚諱忌，箝口結舌，坐視莫敢發。生所爲憂憤迫切，瞻望宫闕而惓惓痛哭也。伏讀世祖章皇帝聖訓曰：“近來條奏多係細務，未見有規切朕躬者。朕一日萬幾，豈無未合天意、未順人心之事？良由諸臣畏憚忌諱，不敢進諫耳。朕雖不德於古帝王，納言容直，每懷欣慕。朕躬如有過失，諸臣須直諫無隱，言之過戇亦不譴責。欽此。”此真開國聖人省身求言之極則也。伏惟皇太后、皇上聰聽彝訓，樂聞讜言。生竊慕漢宋時大學生劉陶、陳亮有上書之義，近咸同時監生周同穀、貢生黎庶昌遞摺言事，荷蒙列聖嘉納，故敢不避斧鉞之誅，披瀝血誠，忘其僭越，爲我皇太后、皇上陳之。

竊惟國事蹙迫，在危急存亡之間，未有若今日之可憂也。方今中外晏然，上下熙熙，生獨以爲憂危，必以爲非狂則愚也。夫人有大癰惡疾，不足爲患。惟視若無病，而百脉俱敗，病中骨髓，此扁鵲、秦緩所望而大懼也。自古爲國患者，内則權臣女謁，外則强藩大盗而已。今皇太后、皇上端拱在上，政體清明，内無權臣女謁之弄柄，外無强藩大盗之發難，宫府一體，中外安肅，宋明時承平所無也。生獨汲汲私憂者何哉？誠以自古立國，未有四鄰皆强敵，不自强政治而能晏然保全者也。近者洋人智學之興，器藝之奇，地利之闢，日新月異。今海外略地已竟，合而伺我，真非常之變局也。日本雖小，然其君臣自改紀後日夜謀我，内治兵餉，外購鐵艦，大小已三十艘，將剪朝鮮而窺我邊。俄築鐵路，前歲十月已到浩罕，今三路分築，二三年内可至琿春。從其彼德羅堡都城運兵炮來，九日可至。則我盛京國本，禍不旋踵。英之得緬甸，一日而舉之，與我滇爲界矣。滇五金之礦，垂涎久矣。其窺藏衛也，在道光十九年已陰圖其地，至今乃作釁焉。法既得越南，開鐵路以通商，設機謀以誘衆，漸得越南之人心，又多使貨賄煽誘我民。今遍滇粵間，其地百里，無一蒙學，識字者寡，决事以巫，有司既不教民，法人因而誘之。又滇、越、暹羅間有老撾、萬象諸小國及倮苗諸種，法人日煽之。法與英仇，畏英屬地之多也，近亦遍覓外府，攻馬達加斯加而不得，取埃及而不能，乃專力越南，以窺中國。數年之後，經營稍定，以諸夷數十萬與我從逆之民，内外并起，分兩路以寇滇單閩，别以舟師擾我海疆、入我長江，川楚奸民從焉。不審何以禦之？夫敵國並立，無日不訓討軍實，而虞敵之至也。邇者德、法之争，十三日失和，十七日德以兵二十四萬渡禮吴河而壓法境矣，兵勢之速如此。而我兵不素練器，不素備急，乃徐購募以應之，雖使廉頗、韓信爲將，庸有幸乎？又美人逐我華工，英屬奥大利亞隨之，將來南洋諸島，紛紛效尤。我民出洋者五百萬計，中國漏卮於洋貨久矣，稍藉此補其尾閭，若不保護，還無所業，必爲盗賊，金田之役將復起矣。昔甲申之事，法僅以一二舟師驚我海疆。我沿海設防，内外震動。皇太后、皇上宵旰憂勞，召問諸臣，一無所措。乃旁皇募兵購炮，所費數千萬計，而安南坐失矣。且是時猶有左宗棠、彭玉麟、楊岳斌、鮑超、馮子材、曾國荃、岑毓英、劉錦棠、王德榜等，皆知兵宿將，布列邊外，其餘偏裨亦多百戰之餘。然已兵威不振，人心畏怯如是。今則二三宿將重臣漸皆凋謝，其餘諸將皆已耄老，數年後率已盡，即偏裨之曾列戎行者亦寡。而强鄰四逼于外，奸民蓄亂于内，一旦有變，其何以支！我既弱極，則德、奥、意、丹、葡、日諸國亦狡然思啓，累卵之危，豈有過此？生所爲日夜憂懼也。

竊觀内外人情，皆酣嬉偷惰，苟安旦夕，上下拱手，游宴從容。事無大小，無一能舉。有心者嘆息而無所爲計，無恥者嗜利而藉以營私。大厦將傾而處堂爲安，積火將然而寢薪爲樂。所謂安其危而利其灾者，譬彼病痿，卧不能起，手足麻木，舉動不屬，非徒痿也。又感風疾，百竅迷塞，内潰外侵，朝不保夕。此生所謂百脉敗潰，病中骨髓，扁鵲、秦緩所望而大憂者也。今兵則水陸不練，財則公私匱竭。官不擇才而上且鬻官，學不教士而下患無學。此數者人皆憂之痛恨焉，而生未以爲大憂也。夫先王之治，於理財至精也。《周禮》：三農生九穀，園圃毓草木，虞衡作山澤之材，藪牧養蕃鳥獸。又有草人、稻人，化土宜焉。善乎《禮記》之言曰：無曠土，無游民。食節事時，樂事勸功，尊君親上。《管子》曰：慎民在舉賢，慎富在務地。夫有土此有財，而以政事緯之。地利既開，于是通商惠工，敬教勸學，授財任能。豈有以地方萬里之大，人民四萬萬之衆，物産二十六萬种之多，而患貧弱哉！故生皆不以爲大憂也。生所大憂者，患我皇太后、皇上無欲治之心而已。伏惟皇太后、皇上敬天勤民，法祖宗，用耆舊，聖德之美踰越古今。生敢以爲無欲治之心，何也？竊見與强夷和後，苟幸無事，朝廷晏安，言路閉塞，紀綱日隳，頃奇灾異變，大告警厲，天心之愛至矣。不聞有怵惕脩省之事上答天心。又古者灾異，策免三公樞臣實秉國鈞，亦無戰兢之意。未聞上疏引罪，請自免謝，泄泄如是，而徒見萬壽山、昆明湖，土木不息，凌寒戒旦，馳驅樂游，電燈、火車，奇技淫巧，輸入大内而已。天下將以爲皇太后、皇上咈天變而不畏，蓄大亂而不知，忘祖宗艱大之託、國家神器之重矣。天命無常，而民窮難保，棟折榱壞，誰則能免？生所爲夙夜憂懼，不敢畏而自隱也。伏惟皇太后、皇上恭儉憂勤，臨政之日不爲淺矣，所以内脩政事，外攘夷狄，雪列聖之仇恥，固萬年之丕基，宜有在矣。乃事無寸效而又境土日蹙、危亂將至者，何哉？以爲所任非其人歟？則以皇太后、皇上之明，豈敢謂盡非其人？以爲所由非其道歟？則以皇太后、皇上之聖，豈敢謂盡非其道而遂以致此者？得無皇太后、皇上志氣未堅，無欲治之心故耶？夫諸苑及三山暨圓明園行宫，皆列聖所經營也，自爲英夷燒毁，礎折瓦飛，化爲礫石。不審乘輿臨幸，目睹殘破，聖心感動，有惄然奮怒，思報大仇者乎？若有此也，生欲鑾馭日臨之也。然亦未聞有興發之政，聳動天下，則以爲皇太后、皇上無欲治之心也。以皇太后聰明神武，臨政二十年，用人如不及，從善如流水。當同治初年，勵精圖治，起翁心存、李棠階相機務于内，用曾國藩、左宗棠治戎事于外。李鴻章、沈葆楨、郭嵩燾、韓超，並由道員擢授巡撫，劉蓉且以諸生超授撫藩。開誠心，布大度，孜孜求治，用能芟夷大盗而致中興。生每伏讀穆宗毅皇帝聖訓，未嘗不感激起舞而至於流涕也。又光緒八九年，用人行政，赫然有興作之意。

生竊謂皇太后、皇上有光明聖德，可與爲堯舜之治也。所以倦勤者，得無以勵精已久，而致治無期耶？生維同治初年，大亂甫定，上下肅雍，中外望治，譬大病新愈，補之自强，此中國圖治第一機會也。然聖意勤勤，而未足振弱者，不變法故也。光緒八九年，宫廷赫然求治，士風大變，譬久病稍起，非更加醫藥，不能驟瘳。此中興第二機會也。不幸法夷入寇，于是復蹶。得無有讒慝之口，間于左右，以爲臣下能言者不周于用乎？夫人各有能有不能，通治者未必知兵。夫天下多才，不能以一人僨事而盡疑天下之才。豈聖意以爲嘗圖治矣，而輔相無人，因而漸怠耶？生謂中遭事變，所以不竟，厥施者不慎選左右故也。如使皇太后、皇上憂勤惕厲，震動人心，赫然願治，但如同治、光緒初年之時，本已立則末自理，綱已舉則目自張。風行草偃，臣下動色。治理之效，必隨聖心之厚薄、久暫而應之。生所欲言者三：曰變成法、通下情、慎左右而已。夫法者皆祖宗之舊，敢輕言變者非愚則妄。然今天下法弊極矣。六官，萬務所集也。卿貳多而無所責成，司員繁而不分委任，每日到堂，拱立畫諾；文書數尺，高可隱身。有薪炭數斤之微，銀錢分釐之瑣，而遍行數部者。卿貳既非專官，又多兼差，未能視其事由，勞苦已甚，况欲整頓哉？故雖賢智亦皆束手，以爲周公爲今冢宰，孔子爲今司寇，亦無能爲法。弊至此，求治得乎？州縣下民所待治也，兵刑、賦税、教養合責于一人，一盗佚，一獄誤，一錢用而被議矣。責之如是其重，而又選之極輕，以萬餘金而賣實缺焉；禄之極薄，以數百金而責養廉矣。其下既無周人虞衡、牧稻之官，又無漢人三老、嗇夫之化，而求其教養吾民，何可得哉？以故外省奉行文書，皆欺飾以免罪；京朝委成胥吏，率借例以行奸。他若吏部以選賢才也，仍用銓除；武舉以爲將師也，乃用弓石；翰林以儲公卿也，猶講詩字。其他紊於法意，而迂於治道，舛亂淆泱，難遍以疏舉。是以皇太后、皇上雖有求治之心，而無致治之效也。今論治者皆知其弊，然以爲祖宗之法，莫之敢言變，豈不誠恭順哉！然未深思國家治敗之故也。今之法例，雖云承祖宗之舊，實皆六朝、唐、宋、元、明之弊政也。我先帝撫有天下，不用滿洲之法典，而采前明之遺制，不過因其俗而已。然則，世祖章皇帝既定燕京，仍用八貝勒舊法分領天下，則我朝豈能一統久安至今日乎？故當今世而主守舊法者，不獨不通古今之治法，亦失列聖治世之意也。今之時局，前朝所有也，則宜仍之；若知爲前朝所無也，則宜易新法以治之。夫治平世與治敵國並立之世固異矣。昔漢臣魏相專主奉行故事，宋臣李沆謂凡人士上利害一切不行，此宜於治平之世也。若孫叔敖改紀，管仲制國，蘇綽立法，此宜於敵國並立之世也。今但變六朝、唐、宋、元、明之弊政，而采周漢之法意，即深得列聖之治術者也。皇太后、皇上知舊法之害，即知變法之利，于是酌古今之宜，求事理之實，變通盡利，裁制厥中。如欲采聞之，則農夫耕而君子食焉。

生愚願盡言于後也，尤望妙選仁賢及深通治術之士，與論治道，講求變法之宜，而次第行之。精神一變，歲月之間紀綱已振，十年之内富强可致，至二十年久道化成，以恢屬地而雪仇恥不難矣。日本崎嶇小島，近者君臣變法興治，十餘年間百廢具舉，南滅琉球，北闢蝦夷，歐洲大國睨而莫敢伺。況以中國地方之大，物産之盛，人民之衆，二帝三王所傳禮治之美，列聖所締搆人心之固，加以皇太后、皇上仁明之德，何弱不振哉！生謂變法則治，可立待也。今天下非不稍變舊法也，洋差、商局、學堂之設，開礦公司之事，電綫、機器、輪船、鐵艦之用，不睹其利，反以蔽奸。夫泰西行之而富强，中國行之而奸蠹，何哉？上體太尊而下情不達故也。君上之尊宜矣。然自督撫、司道、守令以下至民，如門堂十重，重重隔絶，浮圖百級，級級難通。夫太尊則易蔽，易蔽則奸生。故辦事不核實，以粉飾爲工；疾苦不上聞，以摧抑爲理。至於奸蠹叢生，則雖良法美意，反成巨害，不如不變之爲愈矣。今上下否塞極矣！譬患咽喉，飲食不下導，血氣不上達，則身命可危。知其害而反之，在通之而已。古者君臣有坐論之禮，大學之美。文王曰：“與國人交詩曰：‘呦呦鹿鳴，食野之苹。我有嘉賓，鼓瑟吹笙。’”言懇誠發乎中，禮群臣若嘉賓，故群臣盡心，下情既親，無不上達，則奸消弊縮，雖欲不治，何可得哉？通之之道在霽威嚴之尊，去堂陛之階，使臣下人人得盡其言於前，天下人人得獻其才於上。周有土訓、誦訓之官，掌道地圖、地慝、方志、方慝。漢有光禄大夫、太中大夫、議郎，專主言議。今若增設訓議之官，召置天下耆賢以抒下情，則皇太后、皇上高坐法宫之中，遠洞萬里之外，何奸不照，何法不立哉！以皇太后、皇上明目達聰，宜通下情久矣。然今猶壅噎底滯者，得無左右皆宦官、宫妾，壅塞聰明，而無學士、大夫與論治耶？即有其人，亦皆讒諂面諛之人，而非骨鯁直亮之士耶？不然，以聖德之茂，何未能日緝熙于光明也？古者師傅以傅德義，史官以記言動，侍御僕從，罔匪正人，繩愆糾謬，格其非心，所以養之深而培之密者如此，故君德易成。暨于漢制，君臣猶親。袁盎、汲黯入内，燕見而唾壺，虎子執戟，皆妙選良士。如東方朔、孔光、揚雄，爲之猶有古義也。明年皇上大婚禮成，親裁庶政。春秋鼎盛，宜慎聲色之防；聖德日新，宜慎近習之選。所謂慎者，辨忠佞而已。伊尹曰：“有言逆于心，必求諸道；有言遜于志，必求諸非道。”故事君以承顔順意者，佞臣也；格君以側身脩行者，忠臣也；欺上以承平無事者，佞臣也；告上以敵强國危者，忠臣也。《書》稱：“毋以側媚，其惟吉士。”孔子稱：“去讒、賤貨，所以脩身。”伏願皇太后、皇上熟辨之，去讒慝而近忠良，妙選魁壘端方、通知古今之士，日侍左右，兼預燕内，以資啓沃，則德不期脩而自脩矣。皇上正一身以正百官，正百官以正萬民，士節自奮，風俗自美，餘事何足爲哉！

生伏念祖宗辛苦經營，休養生息，有此天下。置之安危，在今日矣。今不築金湯之業，而築丹雘之宫；不游勲華之世，而游藪囿之内。生竊爲皇太后、皇上惜之。故從生之言，天下可安，宗社益固，及今亟圖，猶可爲治，俾朝廷益尊，令德神功，播聞後嗣。否則，恐數年後，四夷逼於外，亂民作於内，於時乃欲爲治，豈能待我十年教訓乎？恐無及也。今皇太后、皇上即不自爲計，獨不爲天下計乎？即不爲天下計，獨不爲列祖列宗計乎？即幸而天命眷顧，僅能圖存，設令敵人割我尺土寸地，皇太后、皇上何以對列祖列宗乎？《易》曰："其亡其亡，繫于苞桑。"孟子曰："般樂怠敖，是自求禍。"願皇太后、皇上念列聖付託之重，答天心警示之勤，無忘庚申之變，震悼祖陵之灾，特下明詔，引咎罪已，誓戒群下，恐懼脩省，求言圖治，則宗廟幸甚。生草野愚賤，罔識忌諱，竭露愚誠，干冒宸嚴，不勝戰慄惶悚之至！伏惟代奏皇太后、皇上聖鑒。謹呈。

—9. 皇朝經世文新編 卷一 通論

上皇帝書第二

爲安危大計，乞下明詔，行大賞罰、遷都練兵、變通新法，以塞和款而拒外夷，保疆土而延國命，呈代請奏事。

竊聞與日本議和，有割奉天沿邊及臺灣一省，補兵餉二萬萬兩，及通商蘇杭，聽機器、洋貨流行内地，免其厘税等項，此外尚有獻俘遷民之説。閱《上海新報》，天下震動，舉國廷諍，都人惶駭。又聞臺灣民臣，不敢奉詔，思戴本朝。人心之固，斯誠列祖列宗及我皇上深仁厚澤，涵濡煦育，數百年而得此。然伏下風數日换約期迫矣，猶未聞明詔赫然峻拒日夷之求，嚴正議臣之罪，甘忍大辱，委棄其民。以列聖艱難締搆而得之，一旦從容誤聽而棄之，如列祖列宗何，如天下臣民何？然推皇上孝治天下之心，豈忍上負宗廟，下棄其民哉！良由誤於議臣之言，以謂京師爲重，邊省爲輕，割地則都畿能保，不割則都畿震驚，故苟從權宜，忍於割棄也。又以群議紛紛，雖力擯和議，而保全大局，終無把握，不若隱忍求和，猶苟延旦夕也。又以爲和議成後，可十數年無事，如庚申以後也。左右貴近，論率如此。故盈廷之言，雖切而不入，議臣之説雖辱而易行。所以甘於割地棄民而不顧也。

竊以爲棄臺民之事小，散天下民之事大，割地之事小，亡國之事大，社稷安危，在此一舉。舉人等棟析榱壞，同受傾壓，故不避斧鉞之誅，犯冒越之罪，統籌大局，爲我皇上陳之。何以爲棄臺民即散天下也？天下以爲吾戴朝廷，而朝廷可棄臺民即可棄我。一旦有事，次等割棄，終難保爲大清國之民矣。民心先離，將有見土崩瓦解之患。《春秋》書梁亡者梁未亡也，謂自棄其民同於亡也。故謂棄臺民之事小，散天下民之事大。日本之於臺灣未加一矢，大言恫喝，全島已割。諸夷以中國之易欺也，法人將問滇桂，英人將問藏、奥，俄人將問新疆，德、奥、意、日、葡、荷皆狡焉思啓。有一不與，皆日本也，都畿必驚。若皆應所求，則自啖其肉，手足腹心，應時盡矣，僅存元首，豈能生存？且行省已盡，何以爲都畿也？故謂割地之事小，亡國之事大。此理至淺，童愚可知。而以議臣老成，乃謂割地以保都畿，此敢於欺皇上，愚天下也。此中國所痛哭，日本所陰喜，而諸夷所竊笑者也。諸夷知吾專以保都畿爲事，皆將陽爲恐嚇都畿，而陰窺邊省，其來必速。日本所爲，日日揚言攻都城，而卒無一炮震於大沽者，蓋深得吾情也。恐諸夷之速以日本爲師也，是我以割地而鼓舞其來也。皇上試召主割地議和之臣，以此詰之，度諸臣必不敢保他夷之不來，而都畿之不震也。

則今之議割地棄民何爲乎？皇上亦可以翻然獨斷矣。或以爲庚申和後，二十年乃有甲申之役。二十年中可圖自强。今雖割棄，徐圖補救，此又敢以美言欺皇上、賣天下者也。夫治天下者勢也，可静而不可動，如箭之在栝，如馬之在埒，如决堰陂之水，如運高山之石，稍有發動，不可禁壓。當其無事，相視莫敢發難；當其更變，朽株盡可爲患者。昔辛巳以前，吾屬國無恙也。自日本滅琉球吾不敢問，於是法取越南，英滅緬甸，朝鮮通商，而暹羅半剪，不過三四年間而吾屬國盡矣。甲午以前，吾内地無恙也，今東邊及臺灣一割，法規滇桂，英規滇粤及西藏，俄規新疆及吉林、黑龍江必接踵而來，豈肯遲遲以禮讓爲國哉？况數十國之逐逐於後乎？譬大病後，元氣既弱，外邪易侵，變症百作，豈與同治之時，吾國勢猶盛，外夷窺伺情形未洽比哉！且民心既解，散勇無歸，外患内訌，禍在旦夕，而欲苟借和款，求安目前，亡無日矣。今乃始基耳。症脉俱見，不待盧扁，此舉人等所爲日夜憂懼，不憚僭越，而謀及大計也。夫言戰者，固結民心，力籌大局，可以圖存。言和者，解散民體，鼓舞夷心，更速其亡。以皇上聖明，反覆講辨，孰利孰害，孰得孰失，必當獨斷聖衷，翻然變計者。不揣狂愚，統籌大計。近之爲可和可戰，而必不致割地棄民之策，遠之爲可富可强，而斷無敵國外患之來。

伏乞皇上下詔鼓天下之氣，遷都定天下之本，練兵强天下之勢，變法成天下之治而已。何謂鼓天下之氣也？天下之爲物，譬猶器也，用其新而棄其陳，病乃不存。水積於淤，流則不腐；户閉必壞，樞則不蠹。炮燒則晶瑩，久置則生銹；體動則强健，久卧則委弱。况天下大器，日摩洗振刮，猶恐塵垢，置而不用，壞廢放汎失，日趨於弊而已。今中國人民咸懷忠義之心，非不可用也，而將吏貪懦，兵士怯弱，乃至聞風嘩潰，馴至辱國請和者，得無皇上未有以鼓其氣耶？是有四萬萬之民，而不善用之也。伏念世祖章皇帝手定天下，開創之聖人也，而順治十八年中，責躬之詔屢下。穆宗毅皇帝手定艱難中興之盛功也，而同治元二年間，罪己之詔至切。天下臣民，伏讀感泣，踴躍憤發。然後知列聖創定之功所由來也。傳謂禹湯罪己，興也勃然。唐臣陸贄謂以言感人，所感已淺，言猶不善，人誰肯懷？今日本内犯，震我盛京，執事不力，喪師失地，幾驚陵寢，列聖恐恫。皇上爲人子孫，豈無震動厥心者乎？然於今經年，未聞有罪己之詔，責躬咎厲。此樞臣輔導之罪，宜天下之有望於皇上也。伏乞皇上近法列聖，遠法禹湯，時下明詔，責躬己罪，深痛切至，激厲天下，同雪國耻。使忠臣義士，讀之而流涕情發，驕將懦卒，讀之而感愧忸怩，士氣聳動，慷慨效死。人懷怒心，加報私仇，然後皇上用其方新之氣，奔走驅馳，可使赴湯蹈火，而豈有聞風嘩潰者哉？此列聖善用其民之成效也。故罪己之詔宜下也。皇上既赫然罪己，則凡輔佐不職、養成潰癰、蔽惑聖聰、主和辱國之樞臣，戰陣不力、聞風逃潰、克扣軍餉、喪師失地之將帥，與夫擅許割地、辱國通款之使臣，調度非人、守禦無備之疆吏，或明正典刑，以塞其膽，或輕予褫革，以蔽其辜，詔告天下，暴揚罪狀。其餘大僚尸位，無補時艱者，咸令自陳，無妨賢路。庶幾朝廷肅然，海内吐氣，忭頌聖明，願報國耻，此明罰之詔宜下也。大奸既黜，典刑既正，然後懸賞功之格，爲不次之擢。將帥若宋慶、依克唐阿，疆吏若張之洞、李秉衡，諒山舊功若馮子材，皆有天下之望，宜有以旌之。或内綜樞柄，或外典畿疆，以鼓舞天下。夫循資格者，可以得庸謹，不可以得異材；用耆老者，可以爲守常，不可以爲濟變。不敢言遠者，請以近事言之。當同治初年，沈葆楨、李鴻章、韓超皆以道員擢爲巡撫，閻敬銘則由臬司擢撫山東，左宗棠則以舉人部員賞三品卿，督辦軍務，劉蓉且以諸生擢四川藩司，逾月授陝西巡撫，用能各展材能，克佐中興。若漢武帝之用才，明太祖之任吏，皆用不次之拔擢，不測之刑威，用能奔走人才，克成功業。伏讀世祖章皇帝聖訓，屢詔舉天下之才，下至山林隱逸，舉貢生監，佐貳雜職，皆引見擢用。此誠聖主鼓舞天下之盛心也。今日變甚急，天下未爲乏才，而未聞明詔有求才之舉，似非所以應非常之變也。夫有非常之事變，即有非常之才應之。同治中興之臣，率多草澤之士。宋臣蘇軾謂智名勇功之人，必有以養之。伏乞詔下九卿、翰詹、科道、督撫、兩司，各舉所知，不論已仕未仕，引見擢用，隨才器使。昔漢高之於樊噲，每勝增其爵級，其於韓信一見即拜大將。凡有高材，不次拔擢，天下之士，既懷國恥，又感知遇，必咸致死力，以報皇上。故求才之詔宜下也。夫人主所以駕馭天下者，爵賞刑罰也。賞罰不行，則無以作士氣；賞罰顛倒，則必至離民心。今聞日本要我以釋喪師之將，是欲以散衆志而激民變也。苟三詔既下，賞罪得當，士氣咸伸，天下必距踴鼓舞，奔走動容，以赴國家之急。所謂下詔鼓天下之氣者此也。

何謂定天下之本也？自古都畿皆憑險阻。自周公盛德，不敢以洛邑爲都。故婁敬挽輅，漢祖移駕，宋汴梁無險，致敵長驅，徽、欽之辱，非獨失德使然也。方今旅順已失，威海既隳險無有，京師孤立。自北塘、蘆臺、神堂、澗河，遠自山海、撫寧、昌黎、樂亭、清河、蠶沙處處可入，無以爲防守之計。此次議和即成，而諸夷窺伺，皆可揚帆而達津沽。《易》曰：王公設險，以守其國。險既失矣，國何可守？故今日大計，必在遷都。請以前事言之。我朝當道光之時，天下全盛，林則徐督粵，鄧廷楨督口，迭敗英酋。朴鼎查、額爾金之兵，而移師天津，即開五口，而償二千萬矣。其後道光二十九年，咸豐六年，咸豐八年，皆始戰終和，藉京師以爲要挾。諸口益開，鉅款累償。暨庚申之變，我文宗顯皇帝，至爲熱河之狩，焚燒御園，震驚宗廟。至今萬壽山營繕雖新，餘燼尚在。由是洋人掉臂都畿，知吾虛實。此事非遠，皆諸臣所鑒於五十年事，而尚以爲孤注哉！獨不畏徽、欽之辱乎？或謂國君有死社稷之義，此尤不達經義之瞽言也。夫國君者，諸侯之謂，以社稷受之天子，當死守之，猶今地方有司，有城池之責比耳。若天子以天下爲家，四方皆可建都立社，何一城之爲？明莊烈帝既爲愚儒所誤，明社遂屋。豈可再以此誤我國家哉！且一朝而有數都，自古爲然。商凡七遷，周營三邑，漢室二京，唐世兩都，及明祖定鼎金陵，永樂乃遷薊燕，以太子留守南京，宮殿官僚，悉仍舊制，擇有司扈從行在，廟社官署，隨時增修，永分兩京，可以爲法。若夫建都之地，北出熱河、遼瀋，則更迫强敵。南入汴梁、金梁，則非控天險。入蜀則太深，都晋則太近。天府之腴，崤函之固，莫如秦中。近雖水利不開，漕運難至，然都畿既建，百貨自歸。若藉機器督散軍，亦何水利之不開哉？夫京都建自遼金，大於元明，迄今千年，精華殆盡。近歲西山崩裂，屢年大水，城垣隳圮，閭閻房屋，傾壞無數。甚者太和正門、祈年法殿無故而灾，疑其地氣當已泄盡。王者順天，革故鼎新，當應天命，謂舍燕薊之舊宅，京長安爲行在。然人情樂於守常，難於移動。以盤庚遷殷，誠諭至煩三誥，以魏文遷洛，世臣猶有違言。蓋世臣大家，輜重繁多，遷徙不易，聽其戀舊，庶免阻撓，自非大有爲之君，不易破尋常之論。魏文南征，永樂北伐，皆借巡幸留而作都。皇上既講明利害，遠之防諸夷之聯鑣，近之拒日本之挾制，急斷乃成。亟法漢高，即日移駕奉皇太后巡於陝西。六龍西幸，萬人歡慶。

幸當講和之時，民心稍静，擇親藩之望重者，留守舊京，車駕從容西狩。擇百司扈從，以重兵擁衛，必不慮宵小生心。日人雖欲輕兵相襲，數日乃抵津沽，而我大兵雲集都畿，猶可一戰。彼豈敢深入内地，飛越四天門潼關之險哉？然後扼守函潼，奠定豐鎬，建爲行在，權宜營置，激厲天下，妙選將才，總屯重兵，以二萬萬之費改充軍餉。示之以雖百戰百敗，沿海麋爛，必不爲和。日本既失脅制之術，即破舊京，不足輕重，必不來攻，都城可保。或俯就駕馭，不必割地和議亦成，即使不成，可以言戰矣。故謂遷都以定天下之本者，此也。

何謂强天下之勢也？凡兩物相交，必有外患。獸有爪牙之衛，人有甲胄之蔽。列國並立兵者，國之甲胄也。昔戰國之時，魏有武卒，齊有輕騎，秦有武士。楚莊投袂，屨及劍及，即日伐宋。蓋諸國並聘，無日不訓討軍實，國乃可立。今環地球五十餘國，而泰西争雄，皆以民爲兵。大國練兵至百餘萬。選兵先以醫生視其强弱，乃入學堂學習布陣、騎擊、測量、繪圖。其陣法、營壘、器械、槍炮，日夕講求，確有程度。操練如真戰，平居如臨敵，所由雄視海内也。日本步武其後，遂來侮我。而我猶守大一統之舊制以待之，不訓兵備，至有割地款和之事。今日氛未已，不及練精，然能將卒相知，共其甘苦，器械精刻，壯其膽氣，亦自可用，選將購械，猶可成軍。夫用兵者，用其器也。老將富貴已足，無所願望，或聲色銷鑠，精氣竭衰，暮氣已深，萬不能戰。即或效忠，一死而已，喪師辱國，不可救矣。近者楊芳失律於粤城，鮑超驕蹇於西蜀。今彼再如爲兵時，跳身坐炮眼上，豈可得哉？此趙惠所以致疑於廉頗，光武所以不用馬援也。伏讀《聖祖仁皇帝聖訓》，亦以老將氣衰不能用，此真聖人之遠謨也。惟少年强力，賤卒懷賞，故敢輕萬死以求。故選將之道，貴新不貴陳，用賤不用貴。且外夷戰備日新，老將多恃舊效，昧於改圖，故致無功。今請更練重兵，以待敵變。都畿根本至重，必有忠勇謀略下士，愛民之督撫，如李秉衡之流者，專以畿輔之軍，假以便宜。令其密遣將才十人，不拘資格，各練十營，日夜訓練，厲以忠義，激以國恥，擇其精悍，優其餉糈，以爲選鋒。既有李克用之義兒，李成梁之家丁，緩急可恃。得此五萬，都畿可守。再有將才，可以續練。前敵之宋慶、魏光燾、李光久，宿將才馮子材，並一時人望，可咨以將才，假以便宜，悉用選鋒厲以仇恥。沿邊疆臣，亦宜選拔有作爲之人，不宜用衰老資格之舊，各選將才，各練精兵萬人。並飭紳士各自團練，遇有警迫，堅壁清野。並請敕下群臣，外至守令，傳諭紳士有忠義沈毅慨慷知兵之士，不拘資格，悉令薦舉，引令拔用，或交關内外軍差遣。各縣草澤中，皆有魁梧任氣、忠勇謀略之士，責令州縣各薦一人，拔十得一，才不可勝用。必有千城之選，足應國家之急者。是謂選將。管子謂器械不精，以卒予敵。外夷講求槍炮，製作日新。槍則德有得來斯槍、毛瑟槍，法有沙士鉢槍，英有亨利馬梯尼槍，美有哈乞開司槍、林明敦槍、秘薄馬地尼槍，俄有俾爾達奴槍。而近者英之黎姆斯槍爲尤精。炮自克虜伯炮、嘉立致外，近有毒煙開花炮、空氣黄藥大炮以及暗炮臺、水底自行船、機器飛車、禦彈戎衣、測量炮子表，巧製日新。日本步武泰西，亦能自製新器，曰苗也理槍。而我中國未能創製，只購舊式，經辦委員不解製造，於堅輕遠準速無所諳曉，或以舊槍改充毛瑟，貪其價廉，乃不可用。其中飽者益無論，聞近來所購者，多暹羅廢槍，香港以二兩八錢購得，而中國以十二兩購之。查同治十三年，德之攻法，每分時槍十餘響。光緒三年俄之攻土，槍三十餘響。至日之犯我，槍乃六十餘響。我師潰敗，雖將士不力，亦器械不精，故膽氣不壯，有以致之。故吾非懸重賞以厲新策，不足取勝。今不及辦，宜選精於製造、操守廉潔之士，專購英黎姆斯槍十數萬，以備前敵，並廣購毒煙空氣之炮、禦彈之衣，庶器械精利，有備無恐，是謂購械。又我南洋諸島民四百萬，雖久商異域，咸戴本朝，以喪師割地爲諸夷訕笑，其懷憤怒過於内地之民。其人富實，巨萬之資以數千計，通達夷情，咸思内歸中國，團成一軍，以雪國恥。特去天萬里，無路自通。若派殷商，密令舉辦，派公忠智略、通達商情之大臣領之。或防都畿，或攻前敵，並令聯通外國，助攻日本，或有奇功。所謂練兵以强天下之本者此也。

然凡上所陳，皆權宜應敵之謀，非立國自强之道也。伏念國朝法度，因沿明制數百年矣。物久則廢，器久則壞，法久則弊。官制則冗散無數，甚且鬻及監司。教之無本，選之無擇，故營私交賄，欺飾成風，而少忠信之吏。學校則教及詞章詩字，寡能講求聖道，用非所學，學非所用。故空疏愚陋，謬種相傳，而少才智之人。兵則緑營老弱，而募勇皆烏合之徒。農則地利未開，而工商無製造之業。其他凡百積蔽，難以遍舉。而外國奇技淫巧，流行内地。民日窮匱，乞丐遍地，群盗滿山，即無外釁，精華已竭，將有他變。方今當數十國之覬覦，值四千年之變局。盛暑已至而不釋重裘，病症已變而猶用舊方，未有不暍死而重危者也。竊以爲今之爲治，當以開創之勢治天下；不當以守成之勢治天下；當以列國並立之勢治天下，不當以一統垂裳之勢治天下。蓋開創則更新度百，守成則率由舊章；列國並立則争雄角智，一統垂裳則拱手無爲。言率由則外變相迫，必至不守不成。言無爲而諸夷交争，必至四分五裂。《易》曰：窮則變，變則通。董仲舒曰：爲政不調甚者，更張乃可謂理。若謂祖宗之法不可變，則我世祖章皇帝何嘗不變太宗文皇帝之法哉？若使仍以八貝勒舊法爲治，則我聖清豈能久安長治乎？不變法而割祖宗之疆土，馴至於亡，與變法而光宗廟之威靈，可以大强，孰輕孰重，孰得孰失，必能辨之者。不揣狂愚，竊爲皇上籌自强策計萬世之安，非變通舊法，無以爲治。變之之法，富國爲先。户部歲入銀七千萬，常歲亦已患貧，大農仰屋，羅掘無術，鬻官税賭，亦忍恥爲之，而所得無幾。然且旱潦河灾，船炮巨帑，皆不能舉。聞日本索價二萬萬，是使我臣民上下，三歲不食，乃能給之。若借洋債，合以利息，扣折百年，亦無償理，是自斃之道也。與其以二萬萬償日本，何如以二萬萬外修戰備，内變法度哉？

夫富國之法有六，曰鈔法，曰鐵路，曰機器、輪舟，曰開礦，曰鑄銀，曰郵政。

今奇窮之餘，急籌巨款，而可以聚舉國之財，收舉國之利，莫如鈔法。今天下銀號報明貲本，皆存現銀於户部及各省藩庫，户部用精工製鈔，自一至百，量其多少，皆給現銀之數，而加其半，許供賦税禄餉。其大者户部皆助貲本，其虧者户部皆代攤償，助其通流，昭彰大信。巨商樂借國力，富户不患倒虧。以十八行省計之，可得萬萬。既有官銀行，上下相通，若有鐵路、船廠大工，可以代籌，軍務、賑務要需，可以立辦。國家借款，不須重息中飽，外國匯款，無須關票作押。公款寄存，可有入息，鈔票通行，可擴商務。今各省皆有銀票錢票，而作僞萬種，利不歸公，何如宫中爲之，驟可富國哉？此鈔票宜行一。

可縮萬里爲咫尺，合旬月於晝夜，便於運兵，便於運械，便於賑荒，便於漕運，便於百司走集，便於庶士通學，便於商賈運貨，便於負擔謀生，便於通言語，一風氣，有此數便，不費國帑而可更得數千萬者，莫如鐵路。夫鐵路之利，天下皆知。山海關外，久已興築。今方運兵，其效已見。所未推行直省者，以費鉅難籌耳。若一付於民，出費給牌，聽其分築。官選通於鐵路工程者，畫定行省、郡縣、官路，明定章程，爲之彈壓保護。凡軍務、運兵、運械、賑荒，皆歸官用。酌道里遠近，人數繁寡，收其牌費，吾民集款力自能舉，無使外國收我利權。天下鐵車牌費，西人計之，以爲可得七千萬，且可移民出於邊塞，而荒地闢爲腴壤，商貨溢於境外，而窮閻化爲富民。俄人琿春鐵路將成，邊患更迫，但爲防邊已當亟築，況可得巨款哉！且可裁漕運而省千里之需，去驛鋪而溢三百萬之項，此鐵路宜行二。

機器廠可興作業，小輪舟可便通達。今各省皆爲厲禁，致吾技藝不能日新，製作不能日富，機器不能日精，用器、兵器皆多窳敗，徒使洋貨流行，而禁吾民製造，是自蹙其國也。官中作廠，率多偷減，敷衍欺飾，難望致精，則吾軍械安有起色？德之克虜伯，英之黎姆斯，著於海内，爲國大用，皆民廠也。宜縱民爲之，並加保護。凡作機器廠者，出費領牌，聽其創造。輪舟之利，與鐵路同。官、民、商賈交收其益，亦宜縱民行之，出費領牌，聽其拖駛，可得巨款。此機器、輪舟宜行三。

周官丱人，漢代鐵官，開礦之法久矣。美人以開金銀之礦富甲四海，英人以開煤鐵之礦，雄視五洲，其餘各國開礦均富十倍。而藏富於地，中國爲最，如雲南銅、錫，山西、貴州煤、鐵，湖廣、江西銅、鐵、鉛、錫、煤，山東、湖北鉛，四川銅、錫、煤、鐵，其最著者。亘古封禁，留待今日。方今國計日蹙，雖極節儉，豈能濟此艱難哉！家有重寶，而仰屋嗟貧無策。甚矣！山西煤、鐵尤盛，星羅棋布，有百三十萬方里，苗皆平衍，品亦上上，德人以爲甲於五洲，地球用之千年不盡。又外蒙古，阿爾泰山即金山也，長袤數千里，金產最（著），又苗亦平衍，有整塊數斤者，俄人並爲察驗繪圖。至滇粤之礦，尤爲英法所窺伺，我若不開，他人入室。今雲南已專設礦務大臣，熱河、開平亦設官局，並著成效。而未見大利者，皆由礦學之未開，采辦之非人也。礦學以比國爲最，自山色、石紋、草木、苗脉、子色，皆有專書。宜開礦學，專延比人教之，且爲踏勘。購機器，以省人工，築鐵路以省轉運，二十取一而無定額稅，選才督辦而無濫私人，則吾金、銀、煤、鐵之富，可甲地球。此礦務宜開四。

錢幣三品以通有無，其制最古。自濠鏡通商，洋銀流入中國，遍漸内地，及於京師。觀其正朔，則耶穌之年號，而非吾之紀元也。是謂無正朔。考其漏卮，則每歲運入約數百萬，進口無稅，八成夾鉛，而换我足銀，市價漲落七錢二分之重，或有漲至八錢者，多有折耗。是謂大漏卮。名實俱亡，吾政之失，孰大於是！而吾元寶及錠形體既難握携，分兩又無一定。有加耗、減水、折色、貼費之殊，有庫平、規平、湘平、漕平之異，輕重難定，虧耗滋多。而彼重率有定，體圓易握，人情所便，其易流通固也。查泰西皆用本國之銀，如俄用盧布，法用馬克，德、奥用福禄林，英用喜林，外國銀錢不許通用。我宜自鑄銀錢，以收利權。今廣東已開局鑄銀，但患經費不敷，未能擴充以鑄大圓耳。夫金銀質軟，只用九成。查美國鑄銀，每刻可成大圓一千二百，而每圓之利，三分移作製造之費，猶有餘饒，利亦厚矣！請飭下户部，預籌鉅款，並令各直省皆開鑄銀局，其花紋年號，式樣成色，皆照廣東鑄造，增置大圓。由督撫選精明廉吏專司此局。厚其薪水，嚴其罰刑。督撫以時月抽提户部，以化學核驗。他日礦產既盛，增鑄金錢，抵禁洋圓，改鑄錢兩。令嚴而民信，可以塞漏卮，而存正朔矣。此鑄銀宜行者五。

我朝公牘文移，諭旨奏摺，皆由塘驛泛鋪傳遞，而軍務加緊，又有驛馬遍布天下。設官數百，養夫數萬，歲費帑三百萬兩，而民間書札不得過問。貲費重厚，猶復遠寄艱難，消息沉浮，不便甚矣！查英國有郵政局寄帶公私文書，境内之信費錢二十，萬車急遞，應時無失，民咸便之，而歲入一千六百餘萬。我中國人四萬萬，書信更多，若設郵政局以官領之，遞及私書，給以憑樣，與鐵路相輔而行，消息易通，見聞易廣，而進坐收千餘萬之款，退可省三百萬之驛，上之利國，下之便民，此郵政宜行六。

行此六者，國不患貧矣。然百姓匱乏，國無以爲富也。中國生齒，自道光時已四萬萬，今經數十年休養生息，不止此數。而工商不興，生計困蹙，或散之他國爲人奴隸，或嘯聚草澤，蠹害鄉邑，雖無外患，内憂已亟。夫國以民爲本，不思養之，是自拔其本也。養民之法，一曰務農，二曰勸工，三曰惠商，四曰恤窮。

天下百物皆出於農，我皇上躬耕，皇后親蠶，董勸至矣，而田畯之官未立，土化之學不進。北方則苦水利不闢，物産無多，南方則患生齒日繁，地勢有限。遇水旱不時，流離溝壑，尤有哀痛。亟思宜良法以救之。外國講求樹藝，城邑聚落，皆有農學會察土質，辨物宜。入會則自百穀花木，果蔬牛羊牧畜，皆比其優劣，而旌其異等。田樣各等，機車各式，農夫人人可以講求。鳥糞可以肥培壅，電氣可以速長成，沸湯可以暖地脉，玻罩可以禦寒氣。刈禾則一人可兼數百工，播種則一日可以三百畝。擇種一粒可收一萬八百粒，千粒可食人一歲，二畝可養人一家。瘠壤變爲腴壤，小種變爲大種，一熟可爲數熟。吾地大物博，但講之未至。宜命使者擇其農書，遍於城鎮，設爲農會，督以農官。農人力薄，國家助之。比較則棄楛而從良，鼓舞則用新而去舊，農業自盛。若絲茶爲中國獨擅，恃爲大利，而近年意大利、法蘭西、日本皆講蠶桑，印度、錫蘭茶葉與吾敵，奪我之利，致吾衰减至千餘萬。而吾養蠶未善，種茶未廣，再不講求，中國之利源塞矣。宜設茶絲局，開絲茶學會，力求振興，推行各省。其餘東南種棉蔗，西北講牧畜。棉以紡織，蔗以爲糖，牛毛之毳，可以織呢絨氈毯。以及沙漠可以開河種樹，海濱可以漁網取魚。種樹之利，俄在西伯利部歲入數百萬，漁人之計，美之沿海可得千餘萬。今材木之運，罐頭之魚，中國銷流甚盛，宜有以抵拒之。又美國養蜂，西人以爲能盡其利，所入等於舊金山之金礦，宜有以鼓勸之。此務農宜行一也。

《周官》考工，《中庸》勸工。諸葛治蜀，工械技巧，物究其極；管仲治齊，三服女工，衣被天下。大牛之制，指南之車，富强之效也。嘗考歐洲所以驟强之由，自嘉慶十二年英人始製輪船，道光十二年即犯我廣州，遂闢諸洲屬地四萬里。自道光二十五年後鐵路創成。俄人以光緒二年築鐵路於黑海、裏海，開闢基窪、阿爾霸等國六千里。其餘電線、顯微鏡、德律風、傳聲銅、留聲筒、輕氣球、電氣燈、農務機器，雖小技奇器，而皆與民生國計相關。若鐵艦炮械之精，更有國者所不能乏。前大學士曾國藩手定大難，考知西人自强之由，創議開機器之局。近者各直省漸爲增設，而只守舊式，絶無精思，創爲新製。蓋國家未嘗教之也。宜令各州縣咸設考工院，譯外國製造之書，選通測算學童，分門肄習，入製造廠閱歷數年。工院既多，圖器漸廣，見聞日闢，製造日新，凡有新製繪圖貼説，呈之有司，驗其有用，給以執照，旌以功牌，許其專利。工人自爲身名，必殫精竭慮，以求新製。槍炮之利，器用之精，必有以應國家之用者。彼克虜伯炮，毛瑟槍，爲萬國所必需，皆民造也。查美國歲給新器功牌一萬三千餘，英國三千餘，法國千餘，德國八百，奥國六百，意國四百，比利時、嗹國、瑞士皆二百餘，俄國僅百餘，故美之富，冠絶五洲。勸工之法，莫善於此。此勸工宜行二也。

凡一統之世，必以農立國，可靖民心，並争之世，必以商立國，可侔地利，易之則困敝。故管仲以輕重强齊國，馬希範以工商立湖南。且夫古之滅國以兵，人皆知之，今之滅國以商，人皆忽之。以兵滅人，國亡而民猶存；以商賈滅人，民亡而國隨之。中國之受弊，蓋在此也。今外國鴉片之耗我，歲凡三千三百萬。此則人盡痛恨之，豈知洋紗、洋布歲耗凡五千三百萬，洋布之外，用物如洋綢、洋緞、洋呢、漳絨、羽紗、氈毯、手巾、花邊、鈕扣、針、綫、傘、燈、顔料、箱篋、磁器、牙刷、牙粉、胰皂、火油，食物若咖啡、吕宋煙、夏灣拿煙、紙捲、煙紙、鼻煙、酒、火腿、洋肉脯、洋餅、洋糖、洋鹽、藥水、丸粉、洋乾糖、洋水果，及煤、鐵、鉛、銅、馬口鐵、材料、木器、鐘錶、日規、寒暑針、風雨針、電氣燈、自來水、玻璃鏡、照相片、好玩淫巧之具，家置户有，人多好之。乃至新疆、西藏亦皆銷流，耗我以萬萬計。而我自絲茶减色，不敵鴉片，其餘自草帽辮、駝毛、羊皮、大黄、麝香、藥料、綢緞、磁器、雜貨不值三千萬，僅得其洋布之半數。而吾民内地則有厘捐，出口則有重税，彼皆無之。吾物産雖盛，歲出萬萬，合五十年計之，已耗萬兆，吾商安得不窮。今日本且欲通及蘇、杭、重慶、梧州，又加二萬萬之償款，吾民精華已竭，膏血俱盡，坐而垂斃。弱者轉於溝壑，强者流爲盗賊，即無外患，必有不可言者。似宜特設通商院，派廉潔大臣長於理財者，經營其事。今各直省設立商會、商學、比較廠，而以商務大臣統之，上下通氣，通同商辦，庶幾振興。商學者何？地球各國貿易，條理繁多，商人愚陋，不能周識，宜譯外國商學之書，選人學習，遍教直省，知識乃開，然後可收外國之利。商會者何？一人之識未周，不若合衆議；一人之力有限，不若合公股。故有大會大公司，國家助之，力量易厚，商務乃可遠及四洲。明時葡萄牙之通澳門，荷蘭之收南洋，英人乾隆時之取印度，道光時之犯廣州，非其政府之力，乃其公司之權。蓋民力既合，有國助之，不獨可以富貴，且可以闢地。商會所關，亦不少矣。比較廠者何？泰西賽會，非騁游樂，所以廣見聞，發心思，辨良楛。凡物有比較，優劣易見，則劣者滯消，而優者必行。彼之貨物流行中土，良由此法。今我並宜設立此廠，於是廣紡織以敵洋布，造用物以敵洋貨。上海造紙，關東捲煙，景德製窑，蘇杭織造，北地開葡萄園以釀酒，山東野蠶繭以成絲，江北改土棉而紡紗，南方廣蔗園而製糖，皆與洋貨比較，精妙華彩，務溢其上。又令吾領其事，探其所好，投其所欲，更出新製，且以奪其利，敵其貨而已。然後蠲厘金之害以慰民心，减出口之税以擴商務。此外發金銀煤鐵之利，足以奪五洲，製臺艦槍炮之精，可以横四海。故惠商宜行三也。

我生齒既繁，鐵路未開，運貨爲難。即以北口之皮，京師之煤，天津之貨，作貨者人四百，而運貨者人六百。主之者少，食之者多。其餘窮困無業，游散無賴，所在皆是。京師四方觀望，而乞丐遍地，其他孤老殘疾，無人收恤，廢死道路，日日而有，公卿士夫，車聲隆隆，接軫不問，直省亦然，此皆皇上赤子也。皇上不忍匹夫之失所，但九重深居，清道乃出，不知之耳。若親見其呼號無訴，癘瘍卧道，豈忍目睹乎！以一人而養天下，勢所不給，宜設法收恤之。恤之之法：

一曰移民墾荒。西北諸省土曠人稀，東三省、蒙古、新疆疏曠益甚，人迹既少，地利益以不開。早謀移徙，可以闢利源，可以實邊防，非止養貧民而已。移有三：曰罪遣。今俄國徙希利尼黨於西伯利部，而西北利部以開。曰認耕。英之客拿大，新疆、般烏各島，美之密士必失河，東南各省，巴西全國是也。曰貿遷。荷蘭南洋諸島，皆商留者也，英自移民之後，闢地過本國七十倍，民益繁盛，豈有苦其生齒之繁而棄之。今我民窮困，游散最多，爲美人傭奴然猶不許，且以見逐，澳洲、南洋各島效之。數百萬之民失業來歸，何以安置？不及早圖，或爲盜賊，或爲間諜，不可收拾。今鐵路未成，遷民未易。若鐵路成後，專派大臣以任此事，予以謀生之路，共有樂土之安。百姓樂生，邊境豐實，一舉數善，莫美於是。

二曰教工。《周禮》有里布以罰不毛，圜土以警游惰。游民無賴，小之作奸，大之爲盜。宜令州縣設立警惰院，選善堂紳董司之。凡無業游民，皆入其中，擇其所能，教以藝業。紳董以其工業鬻給其食，十一取之，以充經費，限禁出入，皆有程度。其有大工大役，以軍法部署，俾充役作。其能改過自新乃放，再犯不赦。其小過犯人，皆附入之，等其輕重，以爲歲月。其乞丐之非老弱殘疾者，咸收於外院，工作如之。窮民得食，而良民乃安，仁政之施，似難緩此。

三曰養窮。鰥寡孤獨，疲癃殘疾，盲聾喑啞，斷者侏儒，民之無告，先王最矜，皆常餼焉。宜令各州縣市鎮聚落，並設諸院，咸爲收養，皆令有司會同善堂，勸籌鉅款，妥爲經理。其司事經理有效，窮民樂之，聯名請獎，許照軍功勞績獎勵，則無一夫之失所，其於皇仁豈爲小補！民心固結，國勢自繫於苞桑矣。故恤窮宜行四也。

然富而不教，非爲善經，愚而不學，無以廣才。是在教民。學校之設選舉科，先王之法盛矣。然漢魏以經法舉孝廉，唐宋以詞賦重進士，明以八股取士，我朝因之，誦法朱子，講明義理，亦可謂法良意美矣。然功令禁用後世書，則空疏可以成俗，選舉皆限之名額，則高才多老名場。況得之則詞館而躐公卿，偕於旦夕，失之則耆碩不聞徵聘，終老茅菅。題難，故少困於搭截，知作法而忘義理；額隘，故老逐於科第，求富貴而廢學業。標之甚高，束之甚窄，甚至鑒於明末，因噎廢食，上以講學爲禁，下以道學爲笑。故任道之儒既少，才智之士無多。乃至嗜利無恥，蕩成風俗，而國家緩急無以爲用。法弊至此，亦不得不少變矣。若夫小民識字已寡，或有一省而無禮律之書，一縣而無童蒙之館，其爲不教，甚矣。夫天下民多而士少。小民不學，則農工商賈無才。產物成器，利用厚生，既不能精；化民成俗，遷善改過，亦難爲治，非覆幬群生之意也。故教有及於士，有逮於民，有明其理，有廣其智。能教民則士愈美，能廣志則理愈明。今地球既闢，輪路四通，外侮交侵，閉關未得，則萬國所學，皆宜講求。宋臣姚夔謂：我之所爲彼皆知之，彼之所爲我獨不聞，安得不爲所制乎！嘗考泰西之所以富强，不在炮械軍兵，而在窮理勸學。彼自七八歲人皆入學，有不學者責其父母。故鄉塾甚多。其各國讀書識字者，百人中率有七十人。其學塾經費，美國乃至八千萬。其太學生徒英國乃至一萬餘。其每歲著書，美國乃至萬餘種。其屬郡縣，各有書藏，英國乃至百餘萬册，所以開民之智者亦廣矣。而我中國文物之邦，讀書識字僅百之二十，學之經費少於兵餉數十倍。士人能通古今達中外者，郡縣乃或無人焉。夫才知之民多則國强，才知之士少則國弱。土耳其天下陸師第一而見削，印度崇道無爲而見亡，此其明效也。

故今日之教，宜先開其智。武科弓刀步石無用甚矣。王制謂：贏股肱，决射御。

出鄉不與士齒，此武后之謬，豈可仍用哉！同治元年，前督臣沈葆楨請廢武科，近年詞臣潘衍桐請開藝學。今宜改武科爲藝學，令各省州縣遍開藝學書院。凡天文、地礦、醫律、光重、化電、機器、武備、駕駛，分立學堂，而測量、圖繪、語言、文字皆學之。選學童十五歲以上入堂學習，仍專一經，以爲根本。延師教習，各有專門。學政有司，會同院師，試之以經題一論及專門之業，通半中選不限名額，得薦於省學，謂之秀才，比之諸生。五年不成者出學。省學書器益多，見聞益廣。學政督撫會同其師，每歲試其專門之業，增以經一，論史一，考掌故一策，通半中選，不限名額，貢於京師，謂之舉人。五年不成者，出學。京師廣延各國教習，圖器尤盛。每歲總裁禮部會同大習教試之，其法與省學同，不限名次，及半中選，謂之進士。三年不成者，出學。其進士得還爲藝學州縣總教習，其舉人得爲分教習，並聽人聘用。其諸生得還教其鄉學塾及充作各廠。其文科童試，即以經古場爲正場，自占經解一，專門之學一。二場試四書文一，中外策一，詩一，亦及格即取，不限名額。每場考試，人數不過得三百。增設學政，每道一人，可從容盡力矣。其鄉會試，頭場四書義一，五經解一，詩一，縱其才力，不限格法，聽其引用，但在講明義理，宗尚孔子。二場掌故、策五道。三場問外國，考五道，及格者中，不限名額。殿試策問，不論楷法，但取直言極諫，條對剴切者，入翰林。其文科、藝科願互應者聽。有創著一書，發明新義，確實有用者，皆入翰林。進士授以檢討，舉人授以庶吉士，諸生授以待詔，如是則天下之士，才智大開，奔走鼓舞，以待皇上之用。

其餘州縣鄉鎮，皆設書藏，以廣見聞。若能厚籌經費，廣加勸募，令鄉落咸設學塾，小民、童子人人皆得入學，通訓詁、名物，習繪圖、算法，識中外地理、古今史事，則人才不可勝用矣。《周官》誦方訓方，皆考四方之慝，《詩》之《國風》《小雅》，欲知民俗之情。近開報館，名曰新聞，政俗備存，文學兼存。小之可觀物價，瑣之可見土風。清議時存，等於鄉校，見聞日闢，可通時務。外國農業、商學、天文、地質、教會、政律、格致、武備各有專門，以爲新尤足以開拓心思，發越聰明，與鐵路開通，實相表裏，宜縱民開設，並加獎勸，庶裨政教。然近日風俗人心之壞，更宜講求挽救之方。蓋風俗弊壞，由於無教。士人不勵廉恥，而欺詐巧滑之風成；大臣托於畏謹，而苟且廢弛之弊作。而六經爲有用之書，孔子爲經世之學，鮮有負荷宣揚，於是外夷邪教，得起煽惑吾民。直省之間，拜堂棋布，而吾每縣僅有孔子一廟，豈不可痛哉！今宜亟立道學科，其有講學大儒，發明孔子之道者，不論資格，並加徵禮，量授國子之官，或備學政之選。其舉人願入道學科者，得爲州縣教官。其諸生願入道學科者，爲講學生，皆分道鄉落，講明孔子之道，籌厚經費。且令各善堂助之，並令鄉落淫祠，悉改爲孔子廟。其各善堂、會館，俱令獨祀孔子，庶以化導愚民，扶聖教而塞異端。其道學科，有高才碩學，欲傳孔子之道於外國者，明詔獎勵，賞給國子監翰林院官銜，助以經費，令所在使臣領事保護，予以憑照，令資游歷。若在外國建有學堂，聚徒千人，確有明效，給以世爵。餘皆投牒學政，以通語言字文、測繪、算法爲及格，悉給前例。若南洋一帶吾民數百萬，久隔聖教，徒爲異教誘惑，將淪左袵，皆宜每島派設教官，立孔子廟，多領講學生，分爲教化。將來聖教施於蠻貊，用夏變夷，在此一舉。且藉傳教爲游歷，可詗夷情，可揚國聲，莫不尊親，尤爲大義矣。

夫教養之事，皆由國政。而今官制大冗，俸禄太薄，外之則使才未養，内之則民情不達，若不變通，而無以爲教養之本也。天下之治，必由鄉始。而今知縣，選之既不擇人望，任之兼責以六曹，下則巡檢、典史一二人，皆出雜流，豈任民牧？上則藩臬道府，徒增冗員，何關吏治？若京官則自樞垣臺諫以外，皆爲閑散，各部則自主稿掌印以外，徒糜廩禄。堂官則每署數四，而兼差反多；文書則每日數尺，而例案繁瑣。至於鬻及監司，而吏治壞濫極矣。

今請首停捐納，乃改官制，用漢世太守領令長之制、唐代節度兼觀察之條，每道設一巡撫，上通章奏，下領知縣，以四五品京堂及藩臬之才望者充之。其知縣升爲四品，以給御、編檢、郎員及道府之愛民者授之。其巡撫之下，增置參議、參軍、支判，凡道府同通改授此官。其知縣之下，分設功曹、決曹、賊曹、金曹，以州縣進士分補其缺。其餘諸吏，皆聽諸生考充，漸拔曹長，行取郎官。其上總督，皆由巡撫兼管，各因都會，以爲重鎮。使吏胥之積弊，化爲士人、三老之鄉官，各由民舉。整頓疏通。乃可爲治。其京官則太常、光禄、鴻臚，可統於禮部，大理可併于刑部，太僕可併於兵部，通政可併於察院，其餘額外冗官，皆可裁汰，各職一營，不得兼官。章京領天下之事，宜分以諸曹，翰林爲近侍之臣，宜輪班顧問。部吏皆聽舉貢學習，以升郎曹，通政准百僚奏事，以開言路。駢枝既去，宦途甚清。以彼冗糜，增此廩禄，令其達官有以爲輿馬傔從之費，而後可望以任事。是小吏有以仰爲事俯畜之用，而後可責以守廉。若用魏隋之制，予以世禄之田，既體群臣，庶多廉吏。内弊既除，則外交宜講。春秋子羽能知四國之爲，漢武下詔，求通絶域之使。蘇武不辱，富弼能争，列國交争，其任重矣。而今使才未養，不諳外務，重辱國體，爲夷訕笑。

今宜立使才館，選舉貢生監之明敏辦才者入館學習。其翰林部曹願入者聽。各國語言文字、政教律法、風俗約章，皆令學習。學成或爲游歷，或充隨員，出爲領事，擢爲公使，庶幾通曉外務，可以折衝。考俄日之强也，由遣宗室大臣，游歷各國，又遣英俊子弟，詣彼讀書。俄主彼得，乃至易作工人，躬習其業，歸而變政，故能驟强。我親藩大臣，世爵與國休戚，啓沃聖聰者也，而不出都城，寡能學問，非特不通外國之故，抑且未知直省之爲，一旦執政，豈能有補。大臣固守舊法，習爲因循，雖利國便民，力阻罷議，一誤再誤，國日以替。宜選令游歷三年，講求諸學，歸能著書，始授政事。其餘分遣品官，激厲士庶，出洋學習，或資游歷，並給憑照，能著新書，皆爲優獎，歸授教習，庶開新學。則上之可以贊聖聰，下之可以開風氣矣。夫中國大病，首在壅塞，氣鬱生疾，咽塞致死，欲進補劑，宜除咽疾，使血通脉暢，體氣自强。今天下事皆文具而無實，吏皆奸詐而營私。上有德意而不宣，下有呼號而莫達。同此興作，並爲至法，外夷行之而致效，中國行之而益弊者，皆上下隔塞，民情不通所致也。

夫以一省千里之地，而惟督撫一二人僅通章奏，以百僚士庶之衆，而惟樞軸三五人日見天顔，然且堂廉迥隔，大臣畏謹而不敢盡言，州縣專城，而末由呼籲小民冤抑。故君與臣隔絶，官與民隔絶，大臣小臣，又相隔絶。如浮屠百級，級級難通，廣厦千間，重重並隔。夫天下萬物之繁，封圻千里之廣，使督撫樞軸皆是大賢，然是數人者，心思耳目所及必有未周，才力精神之運必有不逮，以之運驟四海，措置百務，已狹隘不廣矣。況知人之哲，自古爲難。唐帝失之於共兜，諸葛失之於馬謖。任用偶誤，一切乖方，而欲倚之以扶危定傾，經營八表，豈不難乎！天下人民四萬萬，庶士億萬，情僞百端，才智甚廣，皇上僅寄耳目於數人，而數人者又畏懦保禄，不敢竭盡，甚且煬灶蔽賢，壅塞聖聽。皇上雖欲通中外之故，達小民之阨，其道無由。名雖尊矣，實則獨立於上，遂致有割地棄民之舉，皇上亦何樂此獨尊爲哉？夫先王之治天下，與民共之。《洪範》之失疑大事，謀及庶人爲大同；孟子稱進賢殺人，待於國人之皆可。盤庚則命衆至庭，文王則與國人交。《尚書》之四目四聰，皆由闢門；《周禮》之詢謀詞遷，皆合大衆。嘗推先王之意，非徒集思廣益，通達民情，實以通憂共患，結合民志。昔漢有辟徵有道之制，宋有給事封駁之條。伏乞特詔頒行海内士民，令公舉博古今、通中外、明政體、方正直言之士。略分府縣，約十萬户而舉一人，不論已仕未仕，皆得充選。因用漢制，名曰議郎。皇上開武英殿，廣懸圖書，俾輪班入直，以備顧問。並准其隨時請對，上駁詔書，下達名詞。凡内外興革大政、籌餉事宜，皆令會議於太和門。三占從二，下施部行。所有人員，歲一更换。若民心推服，留者領班，著爲定例，宣示天下。上廣皇上之聖聽，可坐一室而知四海；下合天下之心志，可同憂樂而忘公私。皇上舉此經義，行此曠典，天下奔走鼓舞，能者竭力，富者紓財，共贊富强，君民同體，情誼交孚，中國一家，休戚與共。以之籌餉，何餉不籌？以之練兵，何兵不練？合四萬萬人之心以爲心，天下莫强焉！然後用府兵之法，而民皆可兵，講鐵艦之精，而海可以戰。於以恢復琉球，掃蕩日本，大雪國恥，耀我威棱。

昔德國相臣畢士麻克，嘗以中國之大，冠絶四洲，他日恐爲歐羅之患，思與諸國分之，後以中國因循不足畏，議遂中止。今若百度更新，以二萬里之地，四萬萬之人，二十六萬種之物産，力圖自强，此真日本之所大患，畢士麻克之所深忌，而歐羅巴洲諸國所竊憂也。以之西撻俄英、南收海島而有餘，何至含詬忍恥，割地請款於小夷哉！及今爲之，猶可補牢。若徘徊遲疑，苟且度日，因循守舊，坐失事機，則諸夷環伺，間不容髮，遲之期月，事變必來。後欲悔而改作，大勢既壞，不可收拾，雖有聖者，無以善其後矣。且夫天下大器也，難成而易毁；兆民大衆也，難静而易動。故先王懍朽索之馭馬，慮天命之無常，戰戰業業，若懍淵冰。楚莊王之立國也，無日不訓討軍實，慮禍至之無日，戒懼之不可怠。諸葛亮之佐蜀也，工械究極，用兵不戢，屢耀其武。率皆君臣上下，振刮摩厲，乃能自立。稍有因循，即懷愍蒙塵，徽、欽見虜矣。

近者土耳其爲回教大國，不變舊法，遂爲六大國割地廢君，而柄其政。日本一小島夷耳，能變舊法，乃能滅我琉球，侵我大國。前車之轍，可以爲鑒。自古非常之事，必待大有爲之君。自强爲天行之健，志剛爲大君之德。《洪範》以弱爲六極，《大易》以順爲陰德。《詩》曰：天之方懠，無爲夸毗。説者謂：夸毗，體柔之人也。

伏惟皇上英明天直，下武膺運，曆鑒覆轍，獨奮乾綱，勿摇於左右之言，勿惑於流俗之説，破除舊習，更新大政，宗廟幸甚！天下幸甚！夫無事之時，雖勛舊之言不能入；有事之時，雖匹夫之言或可采。舉人等，草茅疏逖，何敢妄陳大計，自取罪戾？但同處一家，深虞胥溺，譬猶父有重病，庶孽知醫，雖不得湯藥親嘗，亦欲將驗方呈進。公羊之義，臣子一例。用敢竭盡其愚，惟皇上采擇焉。不勝冒昧隕越之至。伏惟代奏皇上聖鑒。謹呈。

——8. 皇朝經世文三編　卷一六　治體四　變法上

保朝鮮策

保朝鮮之術有三：吾有力，則收爲内地而執其政，中策也；吾無力，則捐爲萬國公地，援比利時例，各國共保護之，此上策也；若内冒藩屬之虚名，而外聽通商之自主，此下策，實無策也。

夫强俄有陸而無海，故邇年之謀，北欲出波羅的海，西欲出地中海，中欲出印度海，皆爲英人所塞。歐洲諸强國，莫不忌俄之出海也，所以塞之無不至。俄無所出，則必竭力欲出於東方。咸同間既得志於琿春矣，猶以地之僻遠也。朝鮮國弱，而爲東海之阨，俄欲肆志於東海，勢必窺朝鮮。日本雖三島，然地處温帶，其水逆而人機智。近者通知地球之勢，不變法則不能自强，而必爲人弱，故步武泰西，以振其國。日地僅十四萬方里，而民數三千餘萬，方里之内人二百餘，地小不足以自養，非闢地無術矣，故南取琉球，北開蝦夷。自此以外，不攻朝鮮，將何闢也？朝鮮近日而弱，故日本必窺朝鮮。俄地大而遠，日地小而近，則日之窺尤迫。姑舍俄、日焉，狡焉思啓何國？蔑有英之舉緬，法之舉越，豈必接壤哉？是故朝鮮有必争之勢，至昭昭也。朝鮮國小而民貧，即能變法自强，非三十年無效。封豕、長蛇環伺而交窺，豈能俟之三十年乎？是故朝鮮無自守之理，至昭昭也。以必争之地，處不能守之形，而我乃雍容聽之，或乃隱慮其然，爲之通商以翼其自立。投愛子於虎狼之旁，而爲之傳譯，而謂虎狼曰："汝無食彼。"己乃高卧而置之。嗚呼！何其傎也。且夫日本嘗滅我琉球焉，我忍辱而未嘗過問矣。若以朝鮮同琉球，雖翦滅而置之度外可也。夫置之度外而獨饋俄、日，則何如分饋諸國，而以廣大迫近之强鄰。此何計也？夫分饋諸國，而朝鮮已分裂矣。孰若以爲萬國之公地，而各國共保護之，而朝鮮尚可存，我猶有法焉。此孰得也，與其滅而我不能救，吾辱甚矣。孰若共保護之，吾有盛德，而昭出公明，酌定交際之理，何辱之有？故謂吾無力，莫若捐爲萬國公地。吾有琉球、緬甸而不能救，救越南而無補，此無力之證也。琉球、緬甸、安南，朝鮮前轍也。朝鮮有事，在旦夕矣。吾琉球而聽之，則外之有不保藩籬之名，内之有陪京脣齒之患。吾越南而救之，則兵力不足，於朝鮮未必能救，而吾東三省、海疆必受其患。聖人之能事，在思患而預防之。故謂捐爲萬國公地，此上策也。

朝鮮國小無政，其不能自守既明矣。俄、日相迫，童子知之。與陪京脣齒，我不能琉球而度外之，此中智所熟料者也。以萬國公地共保之，又中朝政體之所無所也。夫地處必争，勢處必救，放羔豚於虎穴，待其既食而後争之，豈若自爲牧人而修其圈牢，或可保也。故壬午東渡，當以文武重臣駐高麗而總其政，以高爵厚禄待其故王，如外國保護之例，選其才俊，理其財賦，鍊其士伍，安其夫家，引爲中國内地。彼俄、日雖交伺，苟非度有全力可制吾者，不敢無端搆釁以動。然非吾能自强，則吾之兵力防内地沿海而不足，豈可又添一國數千里之防乎？負重擔而趨百里，力不足矣，又加遠焉，適形其不足而自病耳。故非自强未能兼此也。故謂吾有力則收爲内地，此中策也。

若不慮久遠之變，苟徇格式之舊，公之萬國，則不能割虚名；引爲内地，則不能行大事。緩則引爲藩衛而親之，而不能救其亡；急則傾其國力而援之，而且以生内累。

吾陪京可暫安，而必至速危；吾海疆可無事，而必至有事。則朝鮮之爲也，夫吾海疆何備之有？有事則築臺、購炮、募兵，事平則臺廢、炮鏽、伍散矣。苟幸敵之不來，不幸而來，未審何以禦之？是朝鮮爲吾之火而致燎原也，故曰下策實無策也。若隱慮其危，而借通商以保護之，其出使也陪臣在我之上，其調兵也必告之敵，藩屬而非藩屬。無事則辱國，有事則召敵，事急則喪師，進退無据，榮辱皆非，何足責哉！何足責哉！

二十年秋，日人據朝鮮，余乃書其後曰：此光緒十六年，聞俄人窺高麗所策也。今果爲日人據之，而波及東三省矣。爲今之計，朝鮮已全爲日有，計將奈何？曰：今吾竭力援朝鮮，而吉林爲所深入，未必能救。即能救之，盡逐日人，朝鮮亦不能自守，閱時又召敵矣。吾豈能頻傾國力而救之？故仍以朝鮮公之萬國矣。今日已據朝鮮，朝鮮非吾藩屬矣，何能公之萬國？曰：以朝鮮肥日，吾大患也。吾嚴海防，其患無已，其費無已，不若以朝鮮與俄。曰："朝鮮，吾屬也，萬國皆知。今日本無道，吾甚惡之。吾願不自屬，以屬之貴國也。"俄人必從。雖然，俄欲朝鮮而失機，使日人先制之，攻之甚難。故俄人頓重兵而不敢開端，且狐疑焉。我乃告俄曰："汝能救高麗，吾助汝餉。"以海關貸千萬以畀之，俄退得厚利，進得朝鮮，必從之矣。是吾鬬俄、日而可自保也。英惡俄之出東海也，必將出而居間。吾謂請捐爲萬國公地，是吾陪京不與日爲唇齒矣。故今日上策，仍以朝鮮爲公地也。

—9. 皇朝經世文新編　卷二一　交涉中

上海强學會後序

號物之大者，曰駝、象、騾、馬、牛，皆彭享龐巨倍於人體。然而檻之，縶之，服之，乘之，甚且刲之，臬之，駝、牛、馬俯首，宛轉悲啼痛苦，受縶縛、駕乘、刲臬而呼號終莫救、仇怨終莫雪者，何哉？爲其弱也。牛馬無罪，無辜服勤供役，勞亦甚矣，而不免宰割者，何哉？爲其愚也。《書》曰：兼弱攻昧。既弱既昧，自召兼攻，奈之何哉？嘗考三千年青史氏之册，五大洲萬國之志，若劉石之破洛陽，耶律氏之取石晋，金斡離不之破汴，駈虜搒掠，有若犬羊，斷殊骨肉，宛轉道路，託命異類，寄生鼎俎。當此之時，其與象、駝、牛、馬之受縶維、駕乘、刲割，豈有異哉！豈有異哉！彼馬基頓之破波斯，回教突厥之破羅馬，及近者泰西之分非洲，虜掠凌暴異種殊族，皆以愚弱被吞食者。然則，天道無知，惟佑强者。《易》首繫《乾》，以自强不息，《洪範》六極，弱居極下，蓋强弱，勢也。雖聖人亦有不能不奉天者歟！然則，惟有自强而已。夫强者有二，有力强，有智强。虎豹之猛而扼於人，虎豹不能學問考論則愚，人能學問考論則智，是智勝也。至於天人、鬼物、昆蟲、草木莫不考論，則益智故貴學。美人學會繁盛，立國百年而著書立説多於希臘、羅馬三千年。故兵僅二萬，而萬國莫敢誰何，此以智强也。夫物單則弱，兼則强，至累重什、百、千、萬、億、兆，京垓之則益强。荀子言，物不能群，惟人能群。象、馬、牛、駝不能群，故人得制焉。如使能群，則至微之蝗，群飛蔽天，天下畏焉，况莫大之象、馬而能群乎？故一人獨學，不如群人共學；群人共學，不如合什、百、億、兆人共學。學則强，群則强。累萬、億、兆皆智人，則强莫與京。吾中國地合歐洲，民衆倍之，可謂龎大魁巨矣，而吞割於日本，蓋散而不群，愚而不學之過也。今者思自保之，在學、群之。昔在京師，既與諸君子開會以講中國自强之學，朝士集者百數，然猶未足合天下之才。海内耆賢通學，捧手推襟，欲推廣京師之會，擇合群之地，而益宏厥規。則滬上總南北之匯，爲士夫所走集，乃群中外之圖書器藝，群南北之通人志士，講習其間，而因推行於直省焉。凡吾神明之胄，衣冠之族，思保其教，思保其類，以免爲象、駝、牛、馬之受檻縶刲割，豈無同心乎，抑其甘淪異類耶？其諸有樂於會友輔仁歟！仁者何仁？吾神明之胄，先聖孔子之教非歟！

—8. 皇朝經世文三編　卷一　學術一　原學上

日本書目志序

聖人譬之醫也。醫之爲方，因病而發藥，若病變則方亦變矣。聖人之爲治法也，隨時而立義，時移而法亦移矣。孔子作六經而歸於《易》《春秋》。《易》者隨時變易，窮則變，變則通。孔子慮人之守舊方而醫變症也，其害將至於死亡也。《春秋》發三世之義，有撥亂之世，有升平之世，有太平之世，道各不同。一世之中，又有天地文質三統焉，條理循詳，以待世變之窮而采用之。

嗚呼！孔子之慮深以周哉！吾中國，大地之名國也，今則耗矣。哀哉！以大地萬國皆更新，而中國尚守舊故也。伊尹，古能治病國者也，曰用其新，去其陳，病乃不存。湯受其教，故言日新又新。積池水而不易，則具腐興，身面不沐浴，則垢穢盈。大地無風之掃蕩改易，則萬物不生。物新則壯，舊則老，新則鮮，舊則黯，新則潔，舊則敗，天之理也。今中國亦汲汲思自强而改其舊矣。而尊資使格，耆老在位之風未去，楷書割截之文，弓刀步石之制未除。補綴其一二，以具文行之，譬補漏糊紙於覆屋破船之下，亦終必亡而已矣。即使掃除震蕩，摧陷其舊習而更張之。然泰西之强，不在軍兵炮械之末，而在其士人之學。

新法之書，凡一名一器，莫不有學。理則心倫生物，氣則化光電重，蒙則農工商礦，皆以專門之士爲之。此其所以開闢地球，橫絶宇内也。而吾數百萬之吏士，問以大地道里國土，人民物産，茫茫如墮烟霧，瞪目撟舌不能語。况生物心倫哲化光電重農工商礦之有專學新書哉！其未開徑路固也。故欲開礦而無礦學，無礦書。欲種植而無植物學，無植物書。欲牧畜而無牧學，無牧書。欲製造而無工學，無工書。欲振商業而無商業，無商書。仍用舊法而已。則就開礦言之，虧敗已多矣。泰西於各學，以數百年考之，以數十國學士講之，以功牌科第激厲之。其堂室門户，條秩精詳，而冥冥入微矣。吾中國今乃始舍而自講之，非數百年不能至其域也。彼作室而我居之，彼耕稼而我食之，至逸而至速，决無舍而别講之理也。今吾中國之于大地萬國也，譬猶泛萬石之木航，與群鐵艦争勝於滄海也。而舵上榜人，皆盲人瞽者，黑夜無火，昧昧然操柁於烟霧中。即無敵船之攻，其遭風濤砂石之破可必也。况環百數習于出没波濤之鐵艦，而柁工榜人皆漁户爲之，明燈火、張旌旗而來攻，其能待我從容求火乎？然今及諸艦之未來攻也，吾速以金篦刮目，槐柳取火，尤不容緩也。然即欲刮目取火以求明矣。而泰西百年來諸業之書，萬百億千，吾中人識西文者寡。待吾數百萬吏士識西文而後讀之，是待百年而後可，則吾終無張燈之一日也。故今日欲自强，惟有譯書而已。今之公卿明達者，亦有知譯書者矣。曾文正公之開製造局以譯書也，三十年矣，僅百餘種耳。今即使各省並起，而延致泰西博學專門之士，歲非數千金不能得一人。得一人矣，而不能通中國語言文字，猶不能譯也。西人有通學游於中國，而通吾之語言文字，自一二教士外，無幾人焉。則欲譯泰西諸學之要書，亦必待之百年而後可。彼環數十國之狡焉思啓者，豈能久待乎！是諸學終不可得興，而終不能求明而自强也。

夫中國今日，不變法日新不可，稍變而不盡變不可。盡變而不興農工商礦之學不可。欲開農工商礦之學，非令士人通物理不可。凡此諸學，中國皆無其書，必待人士之識泰西文字，然後學之。泰西文字，非七年不可通，人士安得盡人通其學。不待識泰西文字而通其學，非譯書不可。譯書非二十行省並興不可。即二十行省盡興而譯之矣，譯人有人矣，而吾國岌岌，安得此從容之歲月。然則法終不能變，而國終不可强也。

康有爲昧昧思之曰：天道後起者勝於先起也，人道後人逸於前人也。泰西之變法至遲也，故自倍根至今五百年而治藝乃成。日本之步武泰西至速也，故自維新至今三十年而治藝已成。大地之中，變法而驟强者，惟俄與日也。俄遠而治效不著，文字不同也。吾今取之至近之日本，察其變法之條理先後，則吾之治效，可三年而成，尤爲捷疾也。且日本文字，猶吾文字也，但稍雜空海之伊呂波文十之三耳。泰西諸學之書，其精者日人已略譯之矣。吾因其成功而用之，是吾以泰西爲牛，日本爲農夫，而吾坐而食之，費不千萬金，而要書畢集矣。使明敏士人習其文字，數月而通矣。於是盡譯其書，譯其精者而刻之，布之海内，以數年之期，數萬之金，而泰西數百年數萬萬人士新得之學舉在是。吾數百萬之吏士識字之人，皆可以講求之。然後致之學校以教之，或崇之科舉以勵之，天下響風，文學輻湊，而才不可勝用矣。於是言礦學而礦無不開，言農工商而業無不新，言化光電重天文地理，而無微之不入也。以我温帶之地，千數百萬之士，四萬萬之農工商，更新而智之，其方駕於英美，而逾越於俄日可待也。日本變法二十年而大成，吾民與地十倍之，可不及十年而成之矣。邇者購鐵艦槍炮、築營壘以萬萬計，而挫於區區之日本，公卿士夫，恐懼震動，幾不成國。若夫一鐵艦之費，數百萬矣，一克虜伯炮之微，費數萬金矣。夫以數金可譯書，以開四萬萬人之智，以爲百度之本、自强之謀而不爲，而徒爲購一二炮以爲齎敵藉寇之資，其爲智愚何如也？

嗚呼！日人之禍，吾自戊子上書言之。曲突徙薪，不達而歸。欲結會以譯日書久矣，而力薄不能成也。嗚呼！使吾會成，日書盡譯，上之公卿，散之天下，豈有割臺之事乎？故今日其可以布衣而存國也。然今不早圖，又將爲臺灣之續矣。吾譯書之會，不知何日成也？竊憫夫公卿憂國者，爲力至易，取效至捷，而不知爲之也。購求日本書至多，爲撰提要，欲吾人共通之。因《漢志》之例，撮其精要，剪其無用，先著簡明之目，以待憂國者求焉。

—20. 皇朝蓄艾文編　卷七二　學術四

宋育仁（1858—1931）

字蕓子，一字子晟，號道復，四川富順（今屬自貢）人。光緒十二年（1886）進士，選庶吉士，任翰林院檢討，官至湖北補用道。有《泰西各國采風記》《問琴閣詩録》。

時務論

與議政者言復古，則群焉舌撟而咤，且迂笑之。與議政者言救時，庸者曰幸相安於無事，諛者曰天下治安久矣，蓋勝前古，非所得而議。夫言治者觀於目前之效則易明也。今内則國藏空虚，民不安業，會匪潛結，伏莽之戎屢起，近三年之間，前後以十數，雖旋即撲滅，而滋蔓已深；外則先亡琉球，旋失緬甸、印度，近者法奪我越南，英人進規藏衛，朝鮮叛而外坿，俄坐收帕米爾地千里，藩屬侵削殆盡。外國富强，中國貧弱，不可以言治。我欲無事，彼屢生釁，不可以爲安。於是習於夷者未聞治道，欲一切易中國以洋法。不求其意，惟稱其法；不師其法，惟仿其器。竭天下之心思財力，以從事海防洋務，未收富强之效，徒使國輿聚斂，而官私中飽。此不揣本而齊末，故欲益而反損。於是拘於墟者，閉明而塞聰，耳食而目論，以爲一切宜報罷。不者以爲天下殃，問何以策此時，則烏猝。嗟，諉之於無策，然則古誠不可復，時信不可救。雖有聖者，無如何哉！習於夷者曰：世局之變，非聖人所及知，外國之善治，又聖人所未見。古今變局相徑庭，不能以聖人之言治治也。即有聖哲復起，亦必師於外國。拘於墟者曰：中國自有法度，富强或聖人所不取，未聞變於夷者也。二者之論，交鬨於朝野，不和於中國，而臧與紇皆亡羊，其謬相等，皆亡治術之本矣。

夫不能富强，且不可爲國，又安能致治？夷夏之辨，豈因富强乃夷之乎？世局雖變，富强之道則不變，豈可以己之無術，厚誣聖人乎？以余觀聖人之論治，先富而後教，由兵而及禮。其始務在富强，其術具在六經，而《周官》尤備。外國未習其書而能得其意，故專勤其始務，而遂收其初效。中國蒙承平而安之既久，書生不問時務，仕者守成法，又不求經術，故習其書乃反亡其意。猝見外國之富强，震惑於心目，以爲自古所未聞，聖人所不及，是非惟不知聖人之治術，並不知外國之富强何由而致也。誠求外國富强之故，乃隱合於聖人經術之用。則言救時之策者，孰有瘉於復古乎？請證其效。

外洋之富，在工者四。

凡一都會，率有工作廠一區以至數區。或官督而工作，或民集股爲公司。其出入一聽於主廠會計，而百工服事受值焉，此《周官》考工之事也。昔者嘗以冬官爲闕矣，以余觀考工三十工，即冬官事典一職，言乎審官則當，言乎出入有稽，言乎兵制則備矣。冬官蓋未嘗缺，河間所得爲完書，非取而補之，蓋故書然也。五官皆自卿至下士凡六等，其下乃有庶人在官。冬官三十工皆不比於士，而其上壙僚焉。斯讀者滋疑，求其説而不得，故謂之缺耳。夫孰知事典之爲職，非儀文之謂乎？司空爲三公之兼官，其屬士夫分領於五官之屬，猶監督也。經則既言矣，坐而論道，謂之王公。作而行之，謂之士大夫。審曲面勢，以飭五材，以辨民器，謂之百工。明乎百工之事，固不可以治且爲也，故以别於士大夫而謂之事職。其食由下士以降，其等視庶人在官，而又日有省察，月有考工。以上下其食而誅賞，故曰以能奠食。以世事教能，則民不失職。

日省月試，餼稟稱事。所以勸百工也，經意甚明，其金革、羽毛、骨角、珠玉、漆枲、絲材，徵於九貢及與虞衡所掌山澤之農，初不煩出帑而充牣自餘焉。舉諸司空，命諸百工，制以成器，誠輕入而重出，民見其利用，不見其聚財，而府庫已富矣。訪外洋工作廠之制，民廠多於官廠。其金革、羽毛、骨角、漆枲、絲材，集財而斂賒，與古少殊，餘俱不異。其效一也。

泰西諸國例皆同。平人有罪則罰令坐監工作，以國服爲贖，期滿而舍。此《周禮》司空之役也。《周禮》國之有罪，納之圜土而施職事。役諸司空，又鄉師受州里之役。要以考司空之辟，以逆役事。其役自三月至於朞，上罪在司圜者，乃三歲而舍。言辟則爲罪罰可知，言役則爲工作抑明矣。此則服罪者無間民，役工者恒省費。其效二也。

俄、德、法諸國有工兵、供差兵、巡捕兵，嘗取馬隊、炮隊、步兵之羨劣以充其額。此既不能乎工作，又未嫺於武藝，故用以服。工作之役事，部以兵法，則仍如卒伍，亦備非常徵調。此《周禮》司隸之治也。司隸掌五隸之法，帥其民而搏盗賊，役國中之辱事，爲百官積任器。任者，任重之事也；器者，任重之器也。積者爲之置頓收儲。百官者，凡百官府也。即罪隸職所謂掌役百官府與凡有守者，牛助爲牽傍之屬。此則民無棄材，工無冗事，意在養民而費已節矣。其效三也。

外國之車政咸畫一矣。其自火車、馬車、載車、東洋人車，皆作於公司。車出而税入，舉國之所用，悉賃於數廠，皆有號數以備簡稽。此《周禮》巾車之職也。考工車造於輪輿，而入於巾車。夏篆、夏縵、墨車、棧車、役車，凡五等。凡良車、散車不在等者，其用無常。凡車之出入，歲終則會之，凡賜闕之。毁者入齎於職幣。職幣斂官府都鄙與凡邦用財者之幣。古者有賜車馬，故其始受車於巾車，無入齎事。毁折而入齎者，爲將易之也。凡賜闕之謂，有出車無入齎，故闕而不會。明其餘皆會矣。不在等者用無常，則債之於民，隨其所用。法久少變通。其民用之車，或聽民貿轉，故記申言命車不鬻於市。命車既數數而易，入齎自源源而來。良車、散車雖聽民得貿遷，而官制精良，賃者自衆，故天下車同軌而富自生。外國無儀等，車廠不掌於官，而各公司以會爲聯，市價不貳，有掌於官之意。其效四也。

在商者四。

其都邑按居户多寡遠近而立市。同一業者州處一區，分段而立市租。視市之興替，爲市租增减。古者闤闠謂之廛。《周官》建國，面朝後市。其駢誾列肆，皆度於司空，營於匠人，以授民居，而令之賦，因以廛爲市租之名。孟子言許行之徒，捆屨織席，故願受一廛。記曰：市廛而不征，謂惟取市租而已。廛人掌斂市，質布、罰布、廛布入於泉府。古者典質掌於官，市禁多舉罰，制尤密矣。而且勿具論。廛市之取市租則甚明。惟立市則掌於内宰，屬之王后。此先王之禮文，順陰陽之義，其實亦君主之矣。司市以次叙分地而經市，以陳肆辨物而平市。今外域市分地段，同業而居異市，或聯爲一公司，蓋得其遺意。分地段則價不得私俺，聯公司則貨無所居奇，而亦不至踴滯。市租所入，以市業爲衡，以屋舍爲限，即無有畸枯。其效五也。

夫商賈之事，貨財所出入，非情通而事習，則乾没中飽浮費之事多，不能以官法治也。外國之市利，君民共之。官商共集股而商主事。凡一市事皆立公司，數公司聯爲一商會，皆有首董。凡商會之程式，皆定於首董，而質成於商部。其市肆則由首董自用賈人。《周官》常用賈人矣。其次在府史之間，則官總其司而賈爲受事，至胥師、賈師至於肆長。由二十肆一人以至每肆一人。上無所統，胥師掌其次之政令，而平其貨賄。賈師掌其次貨賄之治，辨物均平，展成奠賈，則事專其成矣。而無爵等，則猶之庶人在官可知也。此如今豪家之用主闠，舉肆以付之。惟以時權其子母，稽其盈耗。胥師、賈師及於肆長，其秩爲庶人在官，則禄不得加於其等。蓋令其入財共賈以孳息。此既習於賈，又習於官，則情通而事治。其所司又係於己利，則乾没中飽浮費之弊不生，而國之生財可坐而理。肆長言斂其總布，則其肆不專主私財。西例商會公司，皆民間集股。公家如入股，付官本以聽於公司。如别立官肆，則稽於商部，從其商會公司之式，主肆皆用賈人，積資勞以次升爲總辦，得積財以坿股，而不奬以官。其效六也。

中國之關税似密而實疏。老子有言：治大國如烹小鮮。魚煩則碎，治煩則亂也。處處而譏謹，步步而留難。商不困於征，而困於旅食。不耗於正税，而耗於中飽矣。詭漏之途愈興，關譏之設愈密。一局則委員、管記、吏胥以數十計，既糜費正等。而侵漁又倍焉。名與實交失，其何取於此。外洋諸國於税務，惟征於所産之地。核於出關之始，税於所鬻之鄉，凡三則已。與之質劑，聽其行遠，關則有譏而無征。取税之途，既簡而易稽。司關又絶其入財之路，則詭漏者少，而中飽亦無藉而施，此於古爲尤近也。《周禮》司門幾出入不物者，正其貨賄。凡財物犯禁者舉之，舊讀正爲征，以余觀《周禮》無假正爲征，則謂正其不正也。不物者，爲器不中度。犯禁者，貨之禁出於國門者也。故其罰重，並財物而舉之，則司門無征。國中之所産，與若成器，既税於中國明矣。司關掌國貨之節以聯門市，司貨賄之出入者，掌其治禁與其征廛。征則關之征也，廛則市之税也。關征而及廛則何居？蓋賈於國中，則廛取也。少貿遷出關而行遠，則廛取有加。市廛而門譏，至關乃綜其出入。三者聯而若一焉，故曰以聯門市也。然後所達貨賄者，則以節傳出之，猶今洋貨入關，隨其所往。其效七也。

管子有言：古者立其君而手實，故興鹽策之利。計口以授餐，國富而民亦足。而輕重之法亦由此行也。俄、美及泰西諸國，每一都會寬鄉，其民産歲出若干磅及先令、法郎、盧布，皆有簡稽。職於總司會計度支官，而質成於户部。視今歲之所入，量來歲之所出，以爲賦税增減之數。故下不得逋，而中不得飽，取之裕如。今中國乃稽於臨取之時，與既取之後，謂之比校，此庸有及乎？雖嚴罰厚賞，猶不能禁。況賞罰皆有常憲，恒不逮其所獲，則何爲哉？即誠有竭力奉公，而有資於上，或重困於下，何則？未得其輕重之實也。《周禮》小司徒稽國中及四郊都鄙之夫家九比之數，頒比法於六鄉之大夫，使各登其鄉之衆寡、六畜、車輦，辨其物，以歲時入其數。而州長以下，咸以歲終會成司會。以九貢、九賦、九功令財用，而聽其會計。以詔王及冢宰廢置，事事而周知，量民出以爲國入，未有以國而患貧者也，況天下乎！其效八也。

泉幣者，所以劑百物之盈虚。物産豐則錢值昂，物産歉則錢值減，故有輕重之名。有時多亦患，今徒知少之爲患，而未知多之爲患也。外域之地産不饒，錢價常輕，物價常重。其地舉財若易，而日用亦不資。此泉幣浮於物力較然也。故彼法廣采五金，制錢幣以徠遠貨，利行賈，於中國地産尤致意焉。先王之道則何術不備，乃廿人則爲之厲禁而守之。非時不采，職金之掌金錫。受其入征者，則頒於爲兵器之府。大府、内府、外府、職内、職幣所司，皆凡貢九賦、九功之入，逆考斂弛而已。泉府惟取市之征布斂市之不售，貿遷有無化居，而鼓鑄無聞焉。夫豈缺略而無徵，蓋知錢幣之本矣。司市曰：國凶荒札喪，則市無征而作布。凶荒則地產不生，札喪則器物少成，物少則價昂，而民財將不給於用，於是乎作布以徠遠貨、達斂藏也。此古與夷事相反。而因時度地以操輕重平準，其意乃隱合。其效九也。

外域刑簡，民麗於法，皆罰以出財入官。其聽訟也，官司重取焉。明著爲令，罰之爲政古矣。《堯典》金作贖刑，《周官》之言罰者屢。司救曰：民之有衺惡者，三讓而罰，三罰而上加明刑。其有過失者，三讓而罰，三罰而歸於圜士。胥師之有誅罰也，質人司關之有舉罰也，廛人斂其罰布矣。職金入其罰金矣，於後甫侯訓刑，更詳定罰鍰之格，著以爲律。夫財者，民所愛惜也。而麗於刑而命之贖，方且感上之仁恥諸明刑矣，則亦棄於人群矣。臨以劓刖之嚴，民知罪當而幸免。即亦不敢多方以逃罰，此與明刑、肉刑相須爲用，聖人意深遠也。夷固未足知此，直以罰金爲罪，尚且行之而行矣。司寇以兩造禁民訟，以兩劑禁民獄，令入束矢鈞金，然後聽之。今中國聽訟，有司亦取財而以爲陋規，不敢上聞，則何不較然而明之爲愈也。外國因此而訟轉稀，常會其罰入以供役費，則相當矣。絶私賄之路，而有養吏胥之資。其效十也。

外國之强在利器，水以鐵船爲主，陸以炮臺爲主。鎗炮之利，則水陸共之。其修守戰之備，竭力講求，不惜勞費，務求制勝。此爲古之所無。然而古之兵車，今之鐵船也。古之弧矢，今之鎗炮也。三代立國，皆在中原平野。有井田徑遂溝洫之限，車攻而馬同進有衝鋒之鋭。頓有堅城之守，兩軍相撞，堅韌者勝。未有鎗炮，則弓矢爲利兵。一將受矢，三軍羽下。進與馬謀，射必中貫，戰陳之能事畢矣。故《周禮》射御等於禮樂，文武之用也。一物而工聚者車爲多。考工車人、輪人、輿人、輈人之分事，其於曲勢規，萬尺寸水縣權量，委曲而精密矣。而弓人、矢人之辨器，其於材幹、角筋、膠絲、漆鏃、羽笴，且治之以四時，審析於豪末，他工未有其詳焉。謂爲利器則然耳。兹事不同，而同於其意。其效十一也。

兵制各國不同。英用募補額，額兵之外有備兵，出於額兵之羨與商會民團。德、法凡丁壯皆充伍，區爲四等，朝暮操練者爲額兵，五年後每歲入營操練一月者爲備戰，四年後家居習武以時赴操者爲團兵，五年後在家待徵者爲備兵。俄國陸軍名目尤多，有馬隊、步隊親兵，步隊、炮隊守兵，巡界稽税馬兵、工兵，此皆無與於徵調之事。惟馬步戰兵、炮隊戰兵爲備戰耳。親兵將出則從，守兵備守炮臺巡界稽税，則有常職。工兵則守軍物、修鐵路、傳電報、造橋梁、治道路，大率萃處而用衆之事，皆部署以兵法，編之爲卒伍，故事不難治。習於軍法進退，則氣質强固，而非常徵調，亦可備以爲資。此兵家之權謀，而管子之所爲作内政而寄軍令也。管子蓋法先王矣。《周禮》司徒會萬民之卒伍以起軍旅，通率六鄉家二人而有十二軍，常所徵發，無過家一人，以餘爲羨則六軍也。此爲戰兵。由羨卒游闕以選，六遂則以邱甸之法，起軍皆爲羨卒，其出長轂謂之廣車。公邑家邑，亦以邱甸起車其用主守，如有徵發，則縣師受法於司馬。稍人以縣師之法治其政令。帥而以至，其都家之軍，則都家司馬掌焉，以聽於國司馬，皆主於守。掌固所謂頒其士庶子及其衆庶之守，以通守政。舉國皆兵，而調者寡，守者衆，則相倚以爲固，更代以均勞，其氣自倍。平時皆有事守，則不致坐養其驕惰，而材力亦紓。其效十二也。

工兵既同於司隸之治矣。而稽税之有兵，與通衢都市之設巡捕，於古亦有徵焉。司險之爲守禁達道路也，則徒四十人。司隸之搏盗賊守厲禁也，則徒二百人，每隸又百二十人，合五隸而六百人。野廬之達道路，誅相翔、禁徑踰、比脩除也，徒百有二十人，其事則巡界治途也。其徒視他官爲衆，雖不名爲兵，什長以胥，猶之編伍也。常以嚴肅爲治，則官司不骫骳。而民且相習以整暇，此亦兵强之所由，不可忽也。其效十三也。

夫外域未嘗聞先王之道，而其效往往合於古時者，上下之情通，而捐益之途廣也。中國有首出之聖人，措正執中，一舉而天下治。彼蓋歷千有餘年，智者議之，能者行之。議非一人，行非一時，然後規模略具矣。民獻其意，主决其計，官司專守以責其成。事有不便，不憚於更除，議有善者，未嘗不舉用也。合古今衆人之心思材力，以興利而除患，則必有其善之善者也。乃觀其善之善者，則先得自强之本矣。

彼國有上下議院，上議世爵爲主，下議士民爲主。兩比而從其衆，兩持而折其中。《周禮》宰夫掌萬民之逆，逆者如上書矣，是民得以言達於上也。司寇詢國危，詢國遷，詢立君，則舉其重者。而興賢與聽訟，又皆有詢衆庶萬民之事，上下情通，則文具之法無焉，而弊之泰甚者亦去矣。即誠不恃以行政，不曰周知民隱乎？

彼國之學，皆出於書院藝院。民五歲以上，無富貴貧賤皆入小學，違者罰其父母，學謂之蒙館。年十七，期滿卒業考成，入於中學，謂之經館。卒業考成，入於大學。分科而課業，卒業考成課最，即爲其學教習。若藝科者，或爲官廠總辦。若法科者，或由刑部舉爲公家律師。即授以職，所教即所用，於群萃州處考校謂之成，此猶有鄉詢衆庶賢賓，興賢能之意，無貴賤皆就學，此猶國子貴游與俊選同師也。雖所教不同，而同歸於一道而齊俗。故古者師道立則善人多，今外夷師道立而能者衆，人情貧富不敵。十則服，百則役，貪生於不足，則處脂而思潤矣。

古者禄以馭富，其旨深微也。其用蓋有兩端：一則使夫受禄者之財，足給其宫室、車馬、衣服，起居日用，恒敵於富人，則持公奉法之愈盛，而富者不能以財勢相凌奪；一則使禄以位隆，體國而家自足，然後六計以廉弊吏，而督責可施。故曰忠信重禄，所以勸士也。漢得其意，而不得其治源。故法律賤商人，禁常有市籍者不得爲吏。唐宋則朘民以肥官，明則講以空文，而私斂陋規、鬻公納賄之風起。外夷以商立國，以富爲本。乃易興甿而選士於商，限歲入財若干，出税若干以上，始得舉入議院。其各部長官由相舉，雖無限富明條，然貧者未嘗與選。其下官司亦稱事而制禄，大抵所司鉅者其俸多，無禄輕而任重者。此誠不知馭富之深微，然頗簡易而情得。彼國上多重斂，富人皆兼並。近者俄羅斯豪猾，結黨鈎連，舉此二者爲言，煽民作亂，欲變易其君爲民主。法國既爲民主，而亂黨日滋。然而重斂者如故，兼並者如故，而幸安無事者，重斂而或散，兼並而能施，貧民雖多而飢寒者少也。其國男女書院、工商學館、養濟院、醫館，皆爲之峻閈廣厦，衣食饒給，貧者有所資生，藝成有以謀事，故游惰日寡。

昔者文王施政，先於窮民。大司徒以保息六養萬民：一曰慈幼，二曰養老，三曰振窮，四曰恤貧，五曰寬疾，六曰安富。族師八閭爲聯，使之相保。遺八鄉里之委積，以恤民之艱阨。門關之委積，以養老孤。古之爲治，先正經界，均民田。兼並稀而貧無業者少，故如此而已足。至於疾醫瘍醫養萬民之疾病，非惟醫之，又且養之，與彼之醫院同矣。彼爲厚聚，故必厚施，且養且教而游惰日寡，故貧富雖甚不均，而民和樂。儻其重征兼並而無此劑之，將亂且不圖，而又何富强之與有？

夫法之良者，美於其意也。制之變通者，因於其時也。由彼已成之效，求其富强之術，稽之於古而意不得通，則謂古今之民殊。談經術者爲迂闊，由今之治，無變今之習，即不必富强而幸可無患以長保，則謂中外之勢殊，言更張者爲多事。然今中國之患弱而憂貧，路人知之矣。敵國之富强，反求於古則備。用經術而富强立效，天下大安，敵國懷畏，有長久之福，聖治之名，則何所顧慮而不師於古？昔者王莽用《周官》以自亡，王安石以經術爲禍於宋。議者遂以此爲經術病耳。是不揣本而齊末，懲於沸羹而吹虀也，非惟吹虀，又且廢食。王莽借經術以文奸，於經術未始有聞也。《周官》自治王畿千里，而王莽以六鄉六隧盡四海之域；《周官》鄉隧什一而徹，其采乃九一而有公田，莽則盡天下與王田矣。安石學本申、韓，特緣飾以經術，考其行政，惟手實保甲，有經制之意，而欲以文告令天下不習之吏，無率而自從，一時而具舉，先王之治如是乎？我未之前聞也。

古之爲治者，皆自近始矣。近者耳目先周，而成效易睹。效著於近，則遠者令之而見從，行之而見由。故曰正朝廷以正百官，正百官以正萬民，《周官》之治也。故曰：内其國而外諸夏，内諸夏而外夷狄，《春秋》之志也。故《尚書》曰：克明俊德，以親九族。九族既睦，平章百姓。百姓昭明，協和萬邦。故《孝經》曰：本於家邦，施於四海，推而放之東海而準，推而放之西海而準，推而放之南海而準，推而放之北海而準，未有不通其意而能行其法者也。彼病不明經術耳，何足爲經術病？將明經術之效，先有變法之疑，公卿士夫，嘗摇手動色以相戒矣，謂立子孫之朝，不宜變祖宗之法。爲此言者，有似於忠且敬也，實則妨賢病能，而不恤國家之急者也。

昔三代之制，度者皆聖人，前聖後聖而必有損益者。法久行而必弊，人情久習而必遷也。故文質三統，敝則又更。周而復始，因其時也。當祖宗定制時，因明之制者十九，惟去泰甚，與臣民相變革，非擇而取之，亦因其時耳。曷嘗命之曰萬世守之，毋少損益哉。不寧惟是，開國之制，至聖祖始定爲成憲。雍乾之治，已異於國初，嘉道以來，又數有改易。其因時推移者，且緣案增例酌爲章程矣。祖宗之朝，固因時爲損益，此不宜於效法乎？不寧惟是，咸豐軍興之際，文宗顯皇帝毅然宸斷，易直兵而召募，破常例以用人。兩宫皇太后繼之，天下卒安。撥亂反正，此不徵效痡近乎？不寧惟是，軍興後洋務起，海防戰守之備，駐洋交問之使，祖宗朝所無也。因時之制，則不得已。夫外患之猝來者易覺，内治之積弊者難知。積弊至於此時而甚，必更張者，亦誠不得已之勢也。彼不疑於變法，此獨疑於變法乎？今將决天下之計，必先定天下之疑。今將定天下之疑，則莫如因敵國已睹之效，以明經術之用，初之所言十三效者是矣。

在工者四，而正兵之與罰作，一屬於刑，一屬於兵。先言其在工科者，《周官》考工以辨民器，舉民間之所用，皆造於工官。後世相承，襲其名而亡其意。工部所掌惟以供御而已，無與於百工之事。古者立考工以富百官，今者立工部以耗國用。其名存實亡，與古相反，此爲尤甚也。今外國凡都會皆有工作廠，皆統於其工部。事有章程，工有等餼，物有奠價，出入有會計。凡大宗器物，用汽機製造者，皆出於廠。凡創一機器，請於國家給與憑據，保其專利批發，餘人不得仿造。故公司雖民業，而與官廠無殊。惟作器材料，《周禮》徵於貢，彼出於采買。立廠程本，《周禮》出國帑，彼則國與民集股而分財。顧《周官》所治止於畿内千里而近，材料徵於九貢，不爲煩苛。

今則郡縣遼遠，自以采買爲宜也。材料徵於貢，程本自减輕，故出官帑而已足。采買材料，則程本重，非集股不爲功。且古者食於工商者少，故官獨治之。民以其所有交易取用焉。

今世業於工商者多，不與合財而共利，則爲奪民業矣，皆自然之勢，推行而盡利者也。今有工部，復有内務府，宜以供御之事，一歸之内務，而變通工部衙門舊制，復周官之政，而參以外國之法。先責令工部司員，曉習工事。若算，若輿圖，若營造，若製作，若鼓鑄，分其門目。務令知其所司，由一事以上，以多能爲課最。不願習者，對品改官，仍歸部署。國與官民共集股，首立廠於京城，統於一署，而分爲數區。凡爲竹木作，五金作，玉石作，織繡作，漆染作，羽皮作，陶匏作，視京師之成賈而鬻多者皆作焉。延外國藝士爲師，就廠各坿設藝學館，招工以數等之價，且教且作，以時稽其良窳。而上下其奉，則官督之。每一作有都工，由洋藝師考課而升也。都工得鳩群工之股財，以入於官股。欲學爲徒者，以都工爲師。其采買則用賈人。如庶人在官，其奉與入股。視都工爲例，除工賈有常職，其雜項供役，則編之爲卒伍，以爲工兵，月有常餉。其廠作有定價批發，與市價相平準。惟服物之有關品秩者，如章服、翎頂、貂裘、朝珠之屬，則以公財占買民間所已成，不法者修治之。令立廠以後，皆由廠批發，民市不得私造。此禮經之義，既足以明制，且可以生財，興工而其事自舉矣。

兵器之與舟車，爲工之大宗，宜改武備院工作廠隸於工部。程本一出於公帑，而别設專官監督，以重其務，官督而工作，如他廠之制。湖北既立鐵政局，足爲工務提綱。南北洋舊有鎗炮、火藥作廠，宜令相聯爲一。自鐵自消，精鐵良鋼入於鎗炮廠。次者入於五金作，而别立察驗署於京師，選明製造之員典其事。凡鐵銅、鎗炮、藥彈之式，皆解署察驗比較，定其良楛等差，核其價值，采買外國者亦如之。近京各省，車用甚廣，宜專立一廠，聚工而作。今民市所造車笨滯而無度，惟以任載耳。宜擇司員通曉其務者，督選良工，因舊式而損益。《周禮》車凡五等，制可考而知，豈必寸寸而銖銖。先王之禮意，在於制足明等、器足適用而已。

今外國馬車行於中國者有二等，北地之後輪、大鞍、箱車，凡三等也。比而合之，五等可備。益以東洋手車，合於良車、散車，不在等者，其用無常。民間用以代步，價廉而製不侈。其五等之車，以四等爲命車，以一等爲庶人乘車。命車則禁民私作，不鬻於市。乘車則聽民便作，隨其貿轉。既不奪民業，又足明等。且以生財一舉而所益者衆，又非有難行也。外省省會及通衢，令先平治馬路，同時立廠。國保其專利六。而官民集股，工食科條，一如京師之利。南省船之用廣於車，長江首尾七省，南通湘而北通漢，自重慶至上海，處處皆通商之碼頭。誠水道之交衢，商旅之富藪。湖北又當上下江之中，湘漢之交，爲諸省之會。今修船政則必以長江爲綱，規畫長江則必於湖北立廠。議造船三等，機艇一式爲一等，專用設機鼓輪，不以任載，令其力專行駛，能帶多艦。官舫深底高艙，大小二式，爲一等。商船深底低艙，俱一式，爲一等。於吴淞、鎮江、江寧、蕪湖、安慶、湖口、九江、漢口、荆河口、沙市、宜昌皆修碼頭，每一碼頭，安設機艇若干艘。官舫、商船皆五倍之。機艇不令行遠，但於碼頭兩界，往復而交替。水程既熟，無所阻滯。往返而近，無所稽留。節節傳帶，每頓而爲定價。官舫商船，以貨爲主，則隨貨所届而爲定價，省登下之煩。其近游商旅，則聽招商輪船行之矣。江船利風，其行亦駛，至彼一頓風利，則自行一頓，不需傳帶。常令機艇上風帶下船，下風帶上船，帆船常可省半程之費，則途旅悦從，而洋輪之利可奪。機艇常可得倍程之功，則往返需十艘，而減五以給用也。輔以水師舢板，化無用爲有用。令舢板與機艇爲聯，主水程保險，仿外國保險法爲之定價。官舫令舢板傳遞護行，而商船亦坿及。雜色民船，願隨帶願保險者，但出其頓價，亦得拖帶保險，與商船一律，收輪船之便利，明中國之制度，習水師之勞，無烟筒爆裂焚燒之險。頓置嚴明，傳護絡繹，水盜之患自息。遇有風波驟險，停泊機艇，隨帶舢板救赴自易。自宜昌以上，湍峻水飛，機輪不利，民船之行者又極險難也。即不爲工商利，猶當爲途旅慮患而有以易之。今既修峽路達於巫山，其工雖費而基已立，因其址而削高培卑，爲功頗省，可續修以達宜昌。施鐵軌，行火車，上至夔州，率一日程，而爲之野廬候館。夔門以上水少平，然數有峻湍險磯，可揆勢而修通，仍用機艇輔引帆船，如下江之制。

顧船政車政，雖同時興工，而爲之必有次第。經國自京師始，則車政爲先。欲修車政，必先平治道路。《周禮》匠人營國度涂，以軌爲經途、環途、野途，至整齊詳繕矣。豈有污蕪不治如今日者乎？古者興大工皆起徭役，均人所謂公旬，用民之力，歲不過三日。漢唐以來，有過更踐更之制，猶行公旬遺意。夫修城郭、溝洫、道途，與民共利之事，貧者均出其力，富民出財雇人以自代。衆擎既易舉，而偷工減料，侵漁尅削之弊亦易清。今國之所用，亦無非取諸民者。顧所取在此，所用在彼。取之一時，用又一時。君與民隔絶不相聞。每興一工，百蠹叢生，朝廷壅蔽而不能知，民皆知之而不能過問，故憚於興役而工官廢弛。外國於道途溝洫，皆分地域令民自治。其地之首重，自議其工段與財，關於公會。官與議院議允，以章程達於工部。工部核其工值，當保其權。則按户鳩財，舉董僝工，不煩而治。故所在道途、廛里、溝洫皆修如一。

今治道途，先自京師，宜參復徭役過更之法，分段按户集財興工，民自舉董而工官督之，道途治而舉車政矣。在商者四：立市租、經官肆、制税則、綜會計是也。《周禮》建國面朝後市，市立於官。其屋舍皆司空營之。商賃居而列肆，賦市租焉。廛人掌斂市之廛布是也。今外國市場，屋舍雖建於私家，而有地税、屋税、市税，分地而立則，按屋而取租，覩若畫一。此經商之政，最爲簡切，賢於關税者矣。司市以次叙分地而經市，市業有贏耗，即市租因以爲增減，故理市政必以分地爲綱，乃經之以官肆。《周禮》常有官肆矣。胥師、賈師至於肆長，其所職者皆公司也。其人皆用賈在官而無爵。其胥師至肆長，令相筦攝，自爲等差，不用官士參焉，一皆如今外國公司之式矣。作廠雖有批發，不得遍流通，必立官肆分銷，百貨乃無壅滯。議於京師及省會水陸通衢，出國財立市廛修治閭舍。市師則命户、工兩部，外省則命督撫督同海關分巡道使，詳議而審治之。每一貨所居，分爲一段。官肆與民肆州處其間，皆令出市租。視屋舍多寡，定爲市租平準。乃招商入股以爲主闤，必因其舊業，視其入股多寡、行能良乏，以爲任事等差。略如胥師、賈師、肆長之相屬，專用賈人，毋參用士夫。經以商規，毋治以官體。其無財入股而能習商業者，由主闤保任，量所能而授以司，許以身俸之贏，續入爲股分，積年勞無失，即可升爲肆長。《周禮》市治於地官，而財會於司會。今外國户部外有總司度支，與古制同。我國無司會計專官，則宜悉歸於户部。率以歲終稽其出入，課其贏耗而誅賞。誅以除夥奪事，賞以倍息分財。

夫經商者富國之資，古今之效甚著。而往時試之而不效者，動以官法治，既不習於商，上下情不通，而中飽浮費之弊多也。而持空文者，又從而議其後，以爲與民争利。夫必持天下之利權，始能均天下之貧富。此先王之政，所以立平準，通百貨，而抑兼並之家，而國富乃因其自然之勢，聚天下之財者，亦以爲天下用也。特患私其財而不知發耳，豈諱言富國乎？

中國税務煩苛，而外國税務簡易，利弊既言之矣。《周禮》司關聯門市，掌徵廛，徵則關之徵，廛則市之税，關徵而及廛者，賈於國中，則有市租無貨税。所謂市廛而不徵，貿遷行遠而利厚，則增以貨税之科，以取於所出之地，猶地租也。故亦謂之廛，此宜取於國中之市，然慮有販夫販婦，易於市中，而豪家斂之以行遠，如今收買鄉貨成堆莊者，則有漏税專利而商政不均，故及門而簡稽，及關而徵其關税，加取市廛，然後達以節而聽行遠。故曰：以聯門市，正如今海關三聯單矣。外國税務取於所産之地，稽於入關之始，加取於所鬻之鄉。出關則授以質劑，有譏無徵，古者王畿千里，此外爲他國，勢不得税之於所往。今中國既廣遠，輾轉販鬻，道里懸絶，不取落地税，則中途貿轉者利厚，道地采買者利微。本處之貨不自行銷，而民業爲商所病。列國分疆，利在商貨來集，財用始饒，故貨自外來入關不税。今外洋本國小而屬地遠，利於攬利權，無取於徠遠貨。故出關不税，入關而重征。及其鬻而按取之，其實即落地税也。中國海關出入皆徵，獨不取落地税，無所統宿。乃步步爲之關卡，局税煩苛而取多，洋關簡易而取少。勢不驅天下之商税，盡入於洋關不止。洋關税項，雖仍歸朝廷，而耗於海防、出使、洋務局者大半。存者爲朽蠹，不轉注於别省。上徒見洋關之日益，而不問各省之日消。

外省既絀於經費，又設法以别取於民。民生日困，且財入人手，把持之局已成，常則以公帑權私息，供洋黨烹分，變則挑釁啓戎，恫喝譎索之謀作，是我守籍而人食租也。則何不變通税局，同於海關之簡易，既除積弊，又收成效，然且不能無顧慮者。局税取多，洋關取少，當患貧之世，而進寡取之計，此必不成。夫利害之相形，則易明也。取多則商顧而之他，取少則商聚而歸我。驅而之他，則海防殫洋關之入，實不見一錢，而且授寇柄賫盗糧也。招而歸我，税寡而人不擾，則隱漏者稀，局少而事易稽，雖有侵漁者蓋寡矣。税且日增，而何有於乏？且今之局務開銷，亦極煩費正等矣。合各省釐局薪餉度支以千萬計，税項即絀於曩時，裁撤諸局，省其靡費，補苴亦略當矣。即曰不然，兩害相形，寧取其輕，與爲假寇柄而賫盗糧乎，曷若恤商而富吾圉也？夫欲行簡易之治者，宜先清其源也。在乎周知民物之數，定制原有户口之籍，令州縣清釐增減，以歲時登下其數，亦猶行先王之道也。而積久廢弛，皆爲具文。其著籍與實數相差不知其倍蓰也。《周禮》掌於小司徒，頒鄉大夫、州長，登於鄉遂之吏，職於司民，會於司會。其衆寡、六畜、車輦、九貢、九賦、九功之式，辨其物以歲時入其數者，何爲其不憚煩也。民生之盈絀，國計之豐儉，而皆從此出。量出以爲入，然後量入以爲出，不可不周知而審計也，豈徒爲徵税計？即以爲徵税計者，亦必如是乃可爲也。今外國凡一都會、一市場，皆有民數。凡地出某貨若干，會於作廠，合其都目，準以常價，計歲出若干磅，以時登下，其所增減務得其實數，責成於公司，會於總司會計。若工部、商部，以民數考出貨增減，則知民情好尚與其勤惰。以出貨多寡定物價，則輕重得其平。以物價爲税式，則取適中而隱遁者少。然後比較得其情實，而侵漁亦絶。古之爲徵科者如此，外國之出税法者又如此。此可不務乎？今若責成州縣釐清户口，則久習爲故事，必仍報以虚詞，甚者局紳、保正、團董紛然而四出，借端以驚擾鄉愚，開局斂財，遲久而不報。及報則虚詞，非實者如故也。積習重深，至爲難治。

議自京師步軍統領屬旗籍内城，五城御史屬五城坊，府尹屬大興、宛平，仍其分治。分街道爲地段，每一地段自三十户至百户而差，以經界易分明爲主。其户數有多寡零奇，不必以成數相限。就本段居民擇舉一人爲主籍，除京官私宅不在所稽，餘户男丁、女口、雇工、奴僕悉書其名數，以時登下簡實，書其生業與其産。若士則有田若干畝，歲收粟麥若干擔；若農則自田若干畝，或佃田若干畝，出佃田若干畝，歲收粟麥若干擔，雜糧某若干擔，牲畜、絲棉歲鬻者並登之；若工則治某器物，歲出某器物若干，其鬻者幾，其滯不售者幾；若商則收買某器物歲若干，出售其器物歲若干，並業者并載。率以春時著籍，歲終核實。主籍各以其屬，上於佐協領正副揮大宛縣，佐協領正副揮大宛縣會之。佐協領正副揮大宛縣各以其屬上於步軍統領、五城御史、順天府尹。統領、御史、府尹又會之。府尹徇史步軍統領各咨於户部，户部堂司總會之。既有作廠宫肆，則工商物價可按而知。乃持籌而算之，歲出若干緡，舉可知矣。外省則議分城、市、鄉爲三科。城有市，統於城，鄉有市，統於鄉，爲通衢碼頭乃別以爲市。城則以街道分地段，一如京師。鄉則令一族而爲一籍，族舉一人爲主籍，其注籍算畝，稽産辨業，一如城籍之式。市籍主工商，雖有居民無工商業者，亦統於市。就其市售之貨，能成一宗者，以爲工商類聚之名。令一宗而爲一籍，謂若金工、木工、茶商、鹽商矣。一宗者，今市言爲幫。凡幫必有會，會必有人爲之音。即用會首爲主籍，督清户口成器貨居，彼固習焉，不勞而事辦。皆責成各省布政司，擇委明敏能任事之員，以專其任，毋定員數。惟其任使之人數，毋限班階。惟其通曉立法之意，毋同時並舉，紛然四出。即所擇可任之員轉移督理，仍會同該管州縣以相鉤考。先由近省、首屬州縣，漸推而遠，訖於邊府州縣，率有十員則先辦十縣，竟又移駐他縣。度一肖則一年遍，而天下已遍矣。主籍以其籍上委員，委員會同州縣申於布政司，皆會計之，然後算緡，申於督撫，督撫以咨於户部。税務之源既清，天下之大，關津之遠，徵科可坐而定也。

在錢幣者一，古者金三品，銅爲赤金，其用施於範器爲多，而鑄錢蓋寡。太公九府圜法，蓋緣天下新定，更造錢幣，以立百物平準。錢幣與百物一出一入，比以九式，算以盈不足。今兩適而均，以九賦九貢入財之數，爲九式用財之數，以九式用財之數，爲九府圜法鑄泉之數。三而若一，足以給斂弛之用，而流通不窮矣。故攻金六職，備載《考工》，而不典圜法之事。蓋初時特立之，畢鑄而罷。平時但權物價與泉值低昂，特其輕重，謹其斂弛而已。惟國凶荒札喪，則令市無徵而作布。夫飲食日消，衣月陳而器歲敝，泉則出入百年而不耗，轉移千害而不減。惟私銷者改作爲成器久，久而破散，當損耗於初，而亦未有棄之者也。故流通則多，錮藏則寡。多則賤而賦價爲之昂，少則貴而物價爲之減。物價自爲低昂，則視地産民力所出多寡，而泉布居其間爲之消納。故《周禮》惟以凶荒作布，招遠貨之有餘，補地産之不足。譬若尋常物價，斗米錢二百以至錢五百，斤鹽十錢以至錢七十，尺布錢三十至六十，木橙粗具無異工，銀一錢至銀五錢。用財多寡不同，而飲食服用不異。遷乎其地民不爲怪，則以夫爲陶冶以易械器者，其得值亦相當也。外洋用金錢，舊價金錢一枚，當中國銀三兩有奇，今則當銀七兩。其貧人傭書算者，月得十枚，僅給一家四五口，粗衣貶食。傭工月得四枚，多無力娶妻。較中國銀則月入二十餘兩，衡以中國物價，能資中人八口之家。

洋工之在輪船者，受俸月三四十元，才足給衣食。中國之食力者，月得錢五千，則充綽有餘焉。即小以推大，可知貧富之數在財者虛也，而在物者實也。其黃金、白金古亦用以賞罰、餽遺、交質，而價不甚昂，民間用者稀也。錫以和煎佐鑄器，鐵之用兵爲多。職金掌其徵入，而廿人職廿爲之厲禁。外州不得封禁則徵之，畿內則非時不采，不欲與外以利權，亦不使財浮於物，末重於本也。惟列國争衡相勝以富，始利多財以遠交而近役。故管子行輕重之法，廣采鑄之路。今中外並立交馳，外國物産不饒，則廣鑄金錢，倍值以奔走中國之民，收其地産，既不能遏止，即不得不與争利權。

雲南既設礦務，鑄銅錢，廣東用機器鑄銀錢，而無金幣。外國上幣用金錢，一金錢换銀錢二十，以金錢較重，才十五换銅錢十二枚，或十枚，當銀錢一枚。以銀較銅輕重，才十换有奇。我益鑄銅錢，錢多而銀值益昂。土貨交易皆用銅錢，通商交易始用銀錢。銀聚於通商碼頭，不流通於内地。土貨之利益微，徒役貧民以便末商之兼併、供洋人之壟斷，於是中國錢幣出納之權，歸於洋銀行數家，悉以洋商在中國貿易之嬴，買中國之金，運還歐洲。而中國錢幣之輕重，舉聽命於金磅，適足爲彼所役。議罷鑄銅錢，以鑄權量百器，專用黃金、白金二品鑄金錢，以持其輕重。金餅多而銅錢不加益，久之價當自平。金銀價減，則彼入貨如常，而出價當增。又有金錢，與之等式同重，則彼不得詭價以抑中國之銀，而利權歸我矣。國初時銀一兩值錢八百，今值率一千五百。軍務初平時，湖南金多，才估十换强，今則三十换而弱。金流於外洋，銀聚於通商口岸，銅錢不利行遠，但與土貨自爲轉輸，多之徵賤，少之徵貴，物理然也。謂宜大開礦禁，聽民得自采，而官收鑄，驅游民以歸工。用金銀以製幣，幣愈多，地産愈昂，則彼之人民爲我役，而不致我之人民奔走於洋商，彼之利器爲我收，而不致日輸我之地産以爲彼奉。一轉移而强弱貧富之形立相反。夫錢幣用以交易有無，而無實用。古時中國一家，故捐金於山不爲過。今中外交争，則廣鑄以遏其流而令返本，其義一也。

在刑者二：罰役與罰金是也。明刑之失官久矣。古者用刑人以服力役，後世費力役以服刑人。古者有罪而罰以出財，後世出財以養有罪。我朝承用前代之制，而尤加慎焉。矜有罪重民命之意，至仁且厚。然而民情日僞，法網日密，耳目所不能周，故公牘皆虛砌之詞，而律例爲舞文之具。古者有肉刑，堯舜設之而未嘗用。《書》曰：皋陶方施象刑。鄭康成、王充皆説象刑爲畫刑。荀卿且備言畫刑五服之制，於書又有徵。象以典刑者，各以其辟五等制爲罪人衣服，所謂常刑也。流宥五刑者，士大夫有罪當刑，乃比其罪深淺而放流之。鞭作官刑者，庶人在官有罪，比其刑辟以鞭折責。扑作教刑者，士人在學有犯，比其刑辟以扑折責。如官刑也。金作贖刑者。平人有罪，比其刑辟以金折贖，免施象刑也。又申之曰眚災肆赦，謂一犯也。一犯爲眚，此在肆赦之條。記過而不科罪，怙終賊刑者。既施象刑而後又犯，乃加以賊虐之刑，則肉刑是矣。於周禮又有徵。司救曰：民之有袤惡者，三讓而罰。三罰而士加明刑。明刑即象刑，讓罰至三而始加之。其又怙終以至竟施肉刑者，蓋亦希矣。故曰堯舜畫刑而民不犯，漢承秦後，循用肉刑，而不知有象典、金贖、眚赦、怙賊之律。故用刑過重，文帝乃起而除之。今泰西歐洲諸國律，有死刑而無桁楊桎梏，特密於罰役罰金之律。此亦足以防民，而法乃合於古。《周官》納之圜土，役諸司空，復作之期。自三月以至三年而舍，又有男入於罪隸，女入於舂槀，宜有復期如司空之辟。

今外國民有罪坐獄，役以工作，大率粗功如柔韋、製屨、蹋輪之屬。官督作而監鬻，即以其贏給其衣食。司圜所謂罰人不虧體，役人不虧財者也。誠慮獄中散弛，未能遽變更，既立作廠，必設工兵役勞事。議自軍流以下以三等之罪比其期而罰作，分隸於作廠工兵。既省軍犯遞解之煩，復節坐徒養囚之費。而收其用獄隸，又不得因緣敲剥，施非法之刑，致囚多死。司救言：三讓而罰，職金入其罰金。《堯典》金作贖刑，而甫侯訓刑明定罰鍰之格，見甄於書矣。泰西各國犯，禁争訟，皆議以罰金。先王之意大可知，外國行之而又果行也。誠思明刑弼教之深遠乎？謂宜盡法《堯典》也。如不肯驟更而求其次，今軍台有告疾繳台費罷遣之科，在宫過犯有罰俸之比，推廣而增條，不爲變亂法度。議自軍罪以下，仍以三等拆贖，比而罰金。三等之中，仍别公罪私罪以殊輕重，令刑部詳議章程，增入則例。富人則罰金，貧人則罰役。又可相通而辦，不致滯碍難行也。

在兵者三：變武科，修兵制，治公徒是也。鐵船、炮臺、火器之利，與古不同者，由立國之形勢先異也。古者畫井分疆，以甽遂溝洫限戎馬。大司馬之教陳，因其徑畛途道，以爲偏伍行列，步步而爲限，百里而一國。故爲之軍禮，製以兵車，取足以制侵陵而殺傷者少，非聖人不能爲火攻利器也。以其地形、國勢之相制爲攻守者，如是已足也。春秋始用步卒，戰國始用騎兵。《墨子》城門、衝梯、軍械諸篇，即已談火攻、機器矣。今中國爲一域，四海開通，萬里而趨戰者攻利猛，攻猛者守利堅，故鐵船、火器、炮臺之長技起於海外，而諸國皆效之，勢不能遏止。昔中國之聖人，未嘗自制殺人之器也。蚩尤造五兵，聖人不能禁，乃因而用之。外洋造火器，既不能禁，即當因而用之。

開國時八旗緑營，皆爲勁旅。旗兵鍊習騎射，將領由是拔取。武科取士，亦以步箭爲宗。既興鎗炮，則弓矢不爲利兵。且軍興以來，將皆出於行伍，武科實無所用，謂宜停止此科，用其人於編伍。古者文武無分途，選士於射者，實造士於學。今外國若德法舉國人皆入伍，實舉國人皆入學。其爲兵官者，别立學堂，課業而升，以考課爲拔補次第。宜就京師及各省設武科大小學，令武生武舉入各省小學，以餉爲廪。由督撫考成拔尤，以貢於大學。侍衛武進入京師大學，由兵部考成課最而授營職。令習知輿圖海線、兵輪駕駛、火器炮臺，施運製造之法，以收實用。其旗兵則竟易弓矢以鎗炮，訓練拔取，一如舊制。上將伐謀，使敵不生心者。彼之良技，我國盡人而皆知，所謂先爲其不可勝也。中國直兵自軍興時已不可用，於時别立勇營，亦事平則疲於養兵，不得不議裁減。裁則無所歸，於是聚爲會匪，散爲劫盗。治之目前不可勝治。積久難治，且有伏患。頃者法人美生懷竊發之謀，結連會匪幾大半天下。既約會期，一處舉事，潛伏皆起，可爲寒心。幸而發覺不成，而讞以英律，坐監而不誅。中國不能罪也，使我無會匪游勇之腹患，彼遽能思逞乎？我之腹患不除，而美生猶在，戎生心矣。黠桀横煽者，庸豈獨一美生乎？

欲杜亂萌，在修兵制。《周官》之起軍旅，有正卒，有羨卒，有游闕，有都家之軍。都家之軍，起於都家，而聽於國司馬。游闕起於公邑、家邑、都邑，而屬於掌固與國有司。羨卒起於遂，正卒起於鄉。正卒常所徵調，羨卒以備更番。游闕主游巡補羡卒之闕，與都家爲聯，皆主於守。正卒由羡卒以選，羡卒由游闕以選。選於游闕者，令移於遂；選於羡卒者，令移於鄉。兵將相習，文武爲一。出者皆精卒，其羡三倍更番，而游闕以待補。巡徼與守者鼓鼙相聞而達乎四境也，故兵制立而自强矣。外國兵之名目甚多，然其實亦戰兵、備戰兵、巡兵、守兵四等。戰兵由備戰兵拔補，備戰兵由巡兵、守兵拔補。戰兵先發，備戰兵以次代更，巡兵、守兵亦備番代。非常益兵乃發。此外有親兵、工兵、巡界稽税兵。工兵、税兵、巡捕，於古爲司隸，司險野廬之徒隸。此皆無與於戰陣，惟以兵法部署之。今縱不能易召募而起徒，宜仿四等，變通舊營而爲之制。議以勇營爲戰兵，分爲正羡。沿江濱海省分水師爲要，則以水師營爲戰兵，陸營爲備戰。東三省、北五省、雲貴、四川、廣西陸師爲主，則以邊營爲戰兵。中地營爲備戰，令總督於巡閲時，督同提鎮核實甄別，限年五十以下，二十以上，核以身材、目力、氣力超距，如俄國選戰兵之格，入格者補爲戰兵，不及格而合年限，猶堪訓練者，調移備戰諸營。常令備戰兵兩倍於戰兵，多或三倍以爲率。限年更代迭休，制其餉爲二等。以時校閲，備戰營課最者，拔補戰兵營。其老弱不能訓練者汰黜，選於直兵營拔補，兼招舊營所散游勇以實其額。直兵久廢弛，且其餉薄不足以養，恒操他業自給。責實訓練，勢有難行，加餉裁額，又紛紜而生弊矣。莫如因之，用以爲巡兵。仍令甄别，老弱不任力役者汰除，招平民合於年限者充補，責以巡警道路，譏禁鬭毆殺傷，捕緝盜掠財物，護送行旅。凡在途游敖之役，有官守者出則爲之辟，傳送交替於所巡之境，酌議規條，令其輪班值日。雖應公旬趨走之役而間日尚多，不妨於他業。此徭役之意也。

今大小衙門公徒已多，而事乃不治。地面有司之差役，驛站之郵遞長夫馬圉，其弊至深。一名著籍，託其名而食於役數十人，謂之散役，平時鉤結盜賊，亯分贓財，借催科聯甲謞索鄉愚小户。緣案四出，詭名影捕，利民多訟，利訟久延，喝詐以取財，私押以肆虐。唆誣良懦，指扳質証。雖有廉能之吏，重刑嚴法，不能禁止。各處情形不同，而未有不爲民患。驛站則利於浮派虚支，夫常三倍，價常三折。薄與雇值，而勒令當差。名爲官價，民夫以爲患苦。遇有欽差大僚過境，則多方竄匿不出。地保夫頭勒取疲民惰夫充數，往往半途而遁，莫可誰何。上下交患苦之，其餘皂隸民壯巡更守門之屬，與各衙門鼓吹儀衛。各局巡邏給使，雖無甚弊，亦頗雜然無章，幾於省異俗而縣殊治。《周官》之卒伍起於徒役。其官府給使，亦謂之徒。什長以胥，則與卒伍起徒一例。今議以差役、驛夫二者爲主，而雜色人目坿焉。悉部以兵制就該處公司各局撥款，爲餉甚易，役爲役卒，驛爲驛卒，雜色人目爲餘丁。其給使税局者，則税兵也。保甲固行之矣，不必易章，但求閲實，以當守兵。役卒與保甲爲聯，驛卒與巡兵爲聯，平時各治所司，有事則驛卒與巡兵共巡警而通守政。役卒聯保甲相助而專主守。其工兵隸於作廠，責以治道路橋梁、修鐵路、傳電報、移運作廠貨物。如外國章程，則别招平人散勇，而參以弛刑徒復作。汰於戰兵、備戰兵者，歸於役卒、驛卒。税兵、工兵，汰於直兵者歸於餘丁。就其所近，其管帶，若役卒則州縣自領之，若驛卒則必用哨官統焉，以屬於本營兵備知府。兵額增則散勇可招而集，内以解會匪之連，外以壯竊發之謀。即會匪因而易治，公徒盡爲兵，既除差役、驛夫之積弊，且與勇營工兵相習，連爲一氣，遇有江河堤防急功、築城濬渠諸力政，俱可酌宜調發，相助僇功。要使無疲倚以臨之官事，無坐而游食之驕兵，即不待試之以連戰，而已足知，爲勝兵强國矣。然法令之行，必自京師始也。統領、步軍、五城兵舊爲巡兵如故。大興、宛平縣役亦更以伍，與步軍、五城兵各屬所治編聯保甲主守。惟各衙門公人數少不能部居。

夫欲强國者，首善之地，不可不嚴肅也。京師多盜，民多玩法，無上下之體。此不可惜費因循，謂宜别立營隸於兵部。令以更日輪值，給各衙門奔走趨召之役，由兵部發給各衙門。事多員衆者給多，事稀員簡者給少。以四季輪流交替，下值則歸於兵部訓練。常以二時給使，二時講武，仍限年格。厚其廪餉，詳立訓練考核章程。優其賞倍餉，劣者汰除。京師一整齊，天下嚮風承流而聽矣。前之言十三效者，酌行爲十四事，誠富强之要術，古今之明驗，而猶非所以爲治本也。將求先王之治本，即縈言更僕而不能終，或且疑迂闊高遠而不切於事也。

善言古者，必有驗於今，仍請徵信於敵國已行之效。

一曰通下情。外國凡有舉廢，皆詢於上下議院。兩院議成而後謀定，國主報可而後施行。雖有植黨而交訌，未有欲陳而無路者也。凡有陳告，皆無所壅。交訌之久而是非亦見，夫非必能所行俱善。然兩議而决所長，兩端而從其衆，此必有多取於順民情者矣。其制下議院議士由民舉，權至重，臨議政府長官列坐而聽，可面相詰難。上院亦如之。遇相持不下，則分曹而别其左右袒，視兩袒而從其衆。《周禮》詢國遷，詢國危，詢立君，以爲國之非常，故始謀及衆庶。其平時舉措，皆有定制。惟賓興賢能與治訟獄，非周咨廣聽，則賢否相亂，是非不得其情，故有詢萬民之事。所謂爵人於朝，與衆共之，刑人於市，與衆棄之，不事事而詢，時時而議者。聖人立政，惟先有以通天下之情，而遂足以定天下之志，其周咨久矣。故又曰：天下有道，則庶人不議。夫非禁其議而箝其口也，制度洽於人心，無從而生議也。然猶慮法久而或敝，民俗久而或遷，故又令太宰掌萬民之復逆，俾下情得以自通，而上不得壅。四裔之興，未有首出之聖人，故合舉國之心思才智，損益數百年，始以成今日富强之治。古今張弛之用不同，而其求通下情則無以異。今假令民得奏書言事，無論其語膜而言臆，即外省與京師隔越遼遠矣。且如外國置上下議院，官流而民主土著，兩持畛域，必護私而廢公。是猶築室而道謀也，將不求通下情乎？相蒙以詐，相遁以僞，何以能振？今且不遽廣求於天下，而先議京師。又且勿遽詢萬民，而先議官府。各衙門官屬至多，然每署惟總烏布首領值堂印稿一二人，爲得與聞其政，餘皆陪班進退而已。隔署即不相聞，所師且不得議，以百司分理之庶務，而取用於一二人，故日奔走於簿書期會。其形鞅掌，而其實康瓠。其閑散者無事而嬉游，與未服官無異。故人人視所司如寄旅，以外任爲歸宿。即有賢才而能其官者，雖欲自效而其道無由也。於是乎權歸吏胥，各衙門乃爲叢弊之府，巧歷所不能算。天下政權在六部，部司之事爲尤多。議令各部有差使無差使，已補缺未補缺，已奏留未奏留，郎中至主事，就本部之務，條舉其利弊，因議其變通，先後具呈而堂官職其考。未奏留者，因以爲奏留甄别；既奏留者，勿遽爲等差，言可采者存而記之，且觀其奉職，既補缺而京察由此選，其言利弊情形變通之法，彼此不同，以相稽考而知其得失。此詢事考言之意也。所議誠即善，且未遽施行，亦未嘗暴賞。既防新進紛更之患，又絶夤緣干進之路。合衆人之所知，則利弊可得而盡周，得失可因而參决。上之聽無惑，而下亦争自濯磨矣。其餘各衙門亦令各言本署之所宜整飭，以爲考察，如六部之例。惟翰詹科道，朝廷本重其選以爲清要。翰詹職在獻納，科道職司糾舉。故翰詹有經筵進講，輪班扈從，起居記注，書房儤直，皆常常而見，以備朝夕論思，顧問得失。因以考驗其才行，上者儲爲公輔，次者處之文學。故中興以前，内而卿貳，外而督撫，皆自翰林洊擢爲多，非置之閑散，令習書卷摺、講求文墨而已。翰林無簿書期會之司，此屬以陳民隱通下情爲尤便。宜令翰詹自正詹學士以至庶吉士，各以其耳目所知，見聞甚確者，條舉某地民風好尚，閭閻貧富，貨財貴賤，物産盈歉，土地所宜，參以利弊興除，敷陳爲策論。就翰詹署爲陳議之所，掌院爲院首，正詹副之。庭辨得失，論定上聞。毋涉於糾彈，即無避於本省，其言之可否，則聽斷於皇上聖聰，不以此爲黜陟之條，則但收其效而無憂其弊也。給事中本掌糾各部之遺失，監察御史舊職出巡所掌諸道，故有六科十七道之名。我朝懲明之弊，少損其權，令司諫議糾正，不限所司，得以風聞奏事，官守固存，然惟事事而與聞，斯其不聞者多矣。謂宜仍專責成，給事某科者，責以備陳某部所當興除，監察某道者，責以周聞某省現時利弊。部務則與部司所陳相鉤考，外有情形，則與翰詹所陳相質証，縱有辨言以惑聽，罔上以行私者，彼能結盈朝之口，聯衆聲而響應乎？如此則下之情無不通，政之得失靡不聞，不啻執萬民而訊之也。

夫外洋立國之根本在議院，議院之根源在學校，其事甚明。而習於目前者疑焉，以爲於古無徵，談洋務者諱言之，假謂民權太重，不可爲訓也。其實欲盜威福之柄以愚天下耳。於《禮》有徵，《記》言國之大事，受成於學。於《詩》有徵，朝士掌治朝之位，有群士衆庶在焉。治朝聽政之朝也，衆庶入於朝，即詢萬民之事，非議政而何矣？受成於學者，下議士爲主；廣詢於朝者，上議君爲主。君爲議主，故三公與衆庶咸在，不嫌於僭踰。先王創制之精，外國得其近似，而遂以致治。今采古今中外而酌其損益，合治朝國學兩議而先詢儒臣經權，至不相遠。然學術之衰久矣，自以大卷，試帖白摺課翰詹而倖獲者多，空疏者衆，國計安危，民生休戚，或茫然而無知，言之而不切，則欲益而反損。夫欲通下情者，近臣不可不察也。計惟有令翰詹自相推舉，選於其衆，始令入院議事。令不入選者相觀而興起。且以求民隱，且以勉人才。其諸寺京堂、各部司員，有明經術、達治理、周知中外情形者，由朝士若干人推舉以上，得入院同議。俾相講求切劘，而人才日出，何政不成？豈以數千年聖賢精營之業，而屈於四裔者哉？

一曰明教典。古之爲師者，皆受命於國也。無私家之師，故司徒之紀曰聯師儒。而九兩繫民目言，師以賢得民，儒以道得民。别乎在朝與在野言之也。大學在國郊，其師則春官大樂正一屬。《記》所謂王太子、諸侯之世子、卿大夫元士之適子。國之俊選皆造焉，謂之成均，謂教成而德均也。王公虎門爲王子貴游之小學，師氏保氏爲之師，六鄉之學，爲族塾黨庠州序，以教國之俊選，其師自州長以降，而鄉老大夫率焉。古者致仕歸而教於鄉里，大夫爲父師，士爲少師，各就其鄉而君命之教，故鄉遂之官，皆致仕之任，容有在朝奉職者兼焉。要以任用致仕士夫爲主，所謂使民興賢出使長之，使民興能入使治之。其登進由族師以三物詢萬民。書賢能以升於黨正州長。名升於其官者，身入於其學。鄉老大夫考德觀成，即名達於司徒，謂之進士。乃升於大學，與國子齒，司馬論之，位定而受禄。《記》所謂升於司徒者不征於鄉，升於學者不征於司徒。其國子則由虎門之學，即升於成均。其外州則命之教然後學，既立學然後貢，亦進考於成均。國子俊選州貢，凡三科而並進，皆三年而一舉。所教即所取，所取即所用。教官與考官無異人異見，即無有學優而身滯。業隳而弋獲者也。今國子監，古之大學成均也。上書房景山，咸安八旗官學，則王宮虎門之學也。大小書院，則古之族塾黨庠州序也。然教官與試官不謀，司教者不典試，典試者不司教。决進於一日之長，不關於平時所學，則學者不勸，而賢能無自而興。外國升進，舉由於學。其學分大學、中學、小學三等。十七歲以前，無人不入小學。操別業者，或入中學而止，爲士者皆入於大學。學分五科，共一院而分治業。由學院考取成名以後，多著述，有重望，乃得爲大學教習，命爲博士。國設典試官，與大學博士參主選士，考授丞貳吏胥之屬。典試官爲主，考取五科之士。博士爲主，於平日群萃州處考校而以爲優，即關於學部。由大學生徒得升爲中學教習，其藝多者其廩厚，不名一藝者不得升。由成一藝以上，又能通達事體，凡大學得專舉議員，博士與群士，即得舉所知以登於議院。選舉議員之制，各國小有異同。然率以曾入大學，學業多通，長於筆札議論，周知國一政民事，凡三者，以爲選舉之式。限民有田産，歲捐若干磅以上，有職業，歲能自致財若干磅以上，始得舉人。視古制爲簡夷，則頗得其意。外國得其意，中國存其制。則何不循名而責實乎？議舉行致仕之典，令士大夫七十者咸致仕，其未及七十而願致仕者，察由科目出身，曾經實任，未獲私罪者，亦予告休。皆令歸教其鄉，命主本處書院。此致仕爲教官，宜待以在官之禮，與地方官晋接儀注，如所居官秩，其等威令京外相比，總督視尚書，巡撫視侍郎，布政視三品京堂，按察視四品京堂，道府視科道，知府視郎中，同知直隸州視主事，首領與知縣同視七品小京官。秩從京官，儀從外官。今覯若畫一，其與現任官晋接，尚書視總督，侍郎視巡撫，三品京堂視布政，四品京堂視按察，翰詹科道視道使，郎中視知府，主事視直州，中書七品京官視知縣。分省、道、府、縣、書院爲四等，就本處致仕人員，以朝命命之教。爵尊者主本省書院，爵卑者各主其縣書院，以次而差。同時致仕爵均者以齒，爵齒次當及而不願居此職者，令其自舉代，然後得退休。以其歲脩爲之禄，專任教化，參與選舉，其餘皆不與。有不法者，郎中知府以下，由本道糾舉。翰詹科道以上，由督撫奏參，皆會同於學政。其造士令人執專業，責其實效。今府縣之試學僮，具文而已。實不操進取之權，又無主教之責，徒以苦繁供億，勞敝學者，甚無益也。議移縣府考試歸於府縣書院，由縣書院課最升於府書院。由府書院課最升於道書院，學政分道按察，則取各道書院生徒與各道書院院長參同合異，而考其成。院長舉而學政試之，各以其所業，果有成就，學僮取坿學爲生員，生員補增廣廩膳。

一如舊制，取其尤異爲高才生，以升於省書院。省書院院長考其業，三升而皆課最，以達於本省督撫。本省督撫與學政會考之，則以爲選貢，如欲規復先王造士之法乎，謂宜罷遣考官典試鄉試舉人之額，而合恩拔歲優爲一科。每縣一人，三年而一舉。以貢於朝，即會試於禮部，如憚積久難更也。則姑仍舊制，而以此途選貢入於成均。今國子監考取舉人貢監爲生徒，而無出身。景山宗室咸安八旗官學皆爲置師，且教且養，及其進取，則一切付之考官。蔭生則有出身矣，而考者徒具文。學校與仕途爲二，則學者皆游惰，仕者圖徼倖，天下紛然。請以官學責成管學官，定格考成，拔其尤以升於國子監，蔭生則核實考取中選者，亦選於監。合官學生、蔭生、各省學政咨送貢生、本監考録舉人生員之肄業生四者，並觀業於成均。三年而一大比。管學大臣職其考，祭酒司業貳焉。分其等而同予出身，與進士分途並進，仕退而有職任，則人樂於致仕，而仕途無壅滯。官師而參選舉，則教之莫敢不從，而游惰之士日少。業成而有官禄，則學者自勸於所業。人才將由此出，教化可由此興。

夫求人才而登進之者，所以助理成化也；興教化者，所以使民安其生，樂其業，免於刑戮，隱消兵革於未萌，而爲國家保長久也。其事若爲士謀，其實乃爲民謀。爲民謀者，乃所以爲國謀也。立官師於國，猶慮教不究於鄉。廣學校於秀良，猶慮澤不被於氓庶也。天下大矣，府州縣治之外皆鄉也，士之外皆民也。今州縣之經野各自爲治，或爲鄉、爲都、爲保、爲村、爲場、爲集，或爲之保正、鄉約、都首、團董、里長、社長與若義塾之師，或由民舉，或同官授，未始不言政教也。然而所在强侵弱，衆暴寡，飢寒患難不相恤，死傷不相救。富者封殖，貧者盜竊。户婚田土攘奪鬥毆，仇殺之訟獄，歲累而月積，吏胥與紳董又因以爲利而肆其威，民則相率就縲絏，以瘐死於獄。幸而不死，紳董藉事以朘其財。更相告訐，至於不可究詰，則聽其自强弱矣。會匪因緣而起，鈎連横煽。小則刦掠，大者謀爲不軌，可爲寒心。

嗟乎！以不教之民，而令理一鄉之教治，又以率不教之民，是驅天下强悍之貧民而入於會匪也。天下民皆入會，則誰與供民職乎？然而反求之於古，則未有其事也。近求之於外國，則並無其患也。此何以故？古者士皆有宗，農皆有主，工商皆統於官，皆有分屬考程，故人皆各盡其情，而不敢或遁於法。外國惟以法治，而分類而居，並業而處，故人皆服於法而不得遁其情。今鑑於古今中外之得失，而求其近於古而可行於今者，則莫如推廣學校於鄉。而寓以宗法之意，議至一品至九品，凡致仕者，皆命爲其族宗子。一族而並有爵以爵尊，爵均以昭穆。昭穆同以齒，爲其宗子者，即爲其族長。其族上其名於縣官，縣以申於藩司，達於禮部。爲族之長者，即爲其族之師。令民合族爲聯，即分族而教，分族而治。每族立一塾，教其子弟之秀良。縣書院之肄業三年而一考取，由族塾而選也。則既言矣，族之師但令保結，不由薦舉。即私親之弊，無自而生。其餘糧課捐輸，社倉契税，衿孤恤寡，養老賑貧，更役團甲，諸關於鄉者，皆以屬其族。族長職之，盡除里長、鄉約諸色人，而概令民以族治，則宗法行矣。

其有盜竊燒會聚衆爲非者，族長執以付於官。相隱者連坐，命主一族户口之籍，集族之公財，以收養其孤寡廢疾者。先爲議定條例，頒發遵行。有不法者，州縣得舉聞，以其品秩分命督撫、巡道、查按如官師之例。此則户口之繁可核，盜寇之源可清，困窮有所收恤，賦斂不致浮濫。子弟之游惰，由此而少，閭閻之觀法，由此而興。何則？其情得也。鄉之人勢不能無所統，縣吏之耳目所不能周，與若用鄉人以治他族，則何如用其父老自治其子弟之爲愈也。與若用鄉人之屠沽，以治一鄉之士夫，則何如用鄉之士夫自治其族之爲愈也。

一曰核名實。今中國官多而事乃不治者，名實不相副也。有職繁而並務，有官冗而無事。並務者勞於簿書、期會而不暇思事。無事者無食，則相率而營私。孔子曰：“必也正名乎。”馬融説以爲正百事之名也。今謂之字者，古謂之名。先正其名，其分乃定。故曰《春秋》以正名分。名不正之弊，推之至於禮樂不興，刑罰不中，民無所措手足。而治之之要在乎審方策之名，如今修《會典》矣。《周官》一書，周公所以致太平者，在乎設官分職。官職所係，奉爲科律者，即在官職某事之數言，其名一定天下曉然。然後循名責實，天下可得而理也。孔子爲魯，先以簿主祭器。假若孔子爲衛，亦必先修明典章以正朝廷，故曰正名也。今既詔修《會典》三年矣，率摭取已行故事，增入條例而已。謂宜考先朝定制之初意，斟酌以成一代憲章。挈其綱領，别爲《會典提要》一書。專明某官職守某事，及其儀注、起居、服用，全法《周官》之意。頒行各署，凡實缺人員，命爲法守。内自大僚至部司，去其兼理差官務繁多者，以畀無事之員，務令凡官皆有所職。然後大考庶官，乃命各署堂官，會同撮舉《會典提要》，在官之所用，參合古今學術士人之所習，析爲考試若干條。令庶僚具呈各承所業，乃選大臣之能其業者，分業而課殿最。課最者視明保，課殿者降改官。一無能業者，歸之於國子監，與舉人住監一例。不願住監者，罷歸田里。其國子監宜廢學業之科，與考試庶官若干條相比，由監肄業課最。管學大臣保舉，量其能照原品與官。一考黜陟而壅滯已疏，人才自奮，其留署效用者，京察以此爲衡。某官某差第其奉職狀皆有切實考語，其外官實任職守、考課一切如故，但令核實而已。

夫禄之與位，名實宜相因也。而禄位之與禮命，名實又不可不相附也。今或同官而差缺之優絀懸絶，有官尊而所入薄，位卑而所入豐。譬若内之六部諸司，吏户掌印漕運、督糧，本廠琉璃窑監督，歲入可數萬金，别部堂官或不能及。諸寺京堂則仰屋而嗟矣。其餘司員自俸之外，各省自爲治，歲分印結費不過能數百金。外吏同一州縣，優缺歲入可十萬，下缺乃一二千緡。道府優缺可歲入三四十萬，下缺或二三千緡。故長官居缺之貧者，仰給於屬僚之私餽陋規。而屬僚相率夤緣長官，奔走脂韋，苞苴行賂，以營求所謂美差優缺，而國計民生，置於不問也。仕進之途濫，試用候補之員日增，不得已推廣閑局以養冗官，而夤緣奔競傾軋之風日熾。官方不澄，政何由舉？仕版不清，官何由澄？捐納不停，益以濫保。一省候補道員多者以百數，州縣以千計，其宫室、車服、婚喪賓祭之用，貴賤無所限制。有財者任自爲之，富者争相誇耀，而貧者勉强效尤。故雖常處美官而恒患不足，長官乾没不已，下僚聚斂而供，以兩求其所欲。上則交侵公帑，下則巧取民財。於是金幣、器物、地産、民力，悉率以供豪奢兼並之家，而民生困瘁。位與禄之名寔不副而官方壞，禄位與禮命之名實不副而天下貧矣。古者位定然後禄侯國自下士代耕，等而上之至於君十卿禄，王朝自士食四井。等而上之，至於公受成國。《周官》爵以馭貴，禄以馭富，掌於大宰，馭者使其無過不及之差，令其爵禄相等也。有職然後設官，士進而未受位者，皆返於學。小宰以官成經邦治，聽禄位以禮命，典命掌諸臣之五等。其宫室、車旗、衣服、禮儀、度數皆各如其命數，所謂以平邦國，以均萬民，以節財用也。求於古之治則如此。如疑其不可行於今也，則曷觀外國整齊之效乎？英法諸國官制小異而大同，其世爵皆擁富資，餘官率以身俸多寡，爲其位尊卑之等。富則有才能者，得驟舉爲各部長官，禄給其在官之用。僚屬由長官自辟，積年勞者加其俸薪。雖有夤緣干進，而無夤緣調缺，其總司、會計、司關税之屬，所司出納重者，俸入即重，而位亦尊。故取民者皆入於公，無陋規中飽之事。凡政務官率無候補，惟議員、邑宰、水師、兵官有候補，倍實任員數。議紳、邑宰候次於家，水師、兵官限年仍就於學。以學之考課殿最爲拔補保舉，無聚冗官而仰游食之弊。惟俗尚奢侈，其宫室服用，則誠上下無度，富人皆兼並而國重徵。此與古之爲治相反，然頗整齊而治者。

家兼並而鮮錮藏，國重徵而財仍散也。其法自君以率，食於官之奉，不以遺其家。國君自有私財産業，寄股分於各公司。凡出徵斂統於公司，不以國君之股分而免税。畫分公帑若干，以爲國君歲奉。此外君無所取，故相承多富而後求仕。其仕而求禄者，辟除之公吏而已，有年勞積增其俸，無所營於優缺美差，顯者無以仕。致富之事，國用之出入，權於議院。財産多者出亦多，無能恃勢以逃税。地方之興作亦發議於議院，報可而民自董其成。凡書院、藝院、醫院、養濟院、街衢、道路之屬，率取於其民者。即用之於其地，貧者藉以資生，利溥而事周，有加而無已。如不肯師古而欲取富國之近效乎？其必先置府庫之財，不爲國所主，以與民共議而治，然後畫公帑爲國私財以與民共賈而食。此中國能之乎？此如不能，而徒漸其聚斂、兼並、奢侈之習，用之者無厭，而爲之者不給，聚之者甚速，而散之者無時。求財源之不竭，可得乎？則曷返其本矣。欲正官方懲多取，則莫先於計官而制禄。國家之廉奉，勢不能以自給。故内外官府，所在皆有陋規。相承既久，亦無大害。但以不均爲患，故貪競成風。

請定制舉京外大小衙門陋規，核實而簡稽，明著於令，以爲京外官養廉津貼。内則分署而計，令諸司稽合同異條陳，名目多寡，互具保結以申於堂。堂官會議核定以聞，會計堂司所入凡若干款，有隱匿不聞者，御史得糾舉。其翰詹科道，亦令掌院都御史具聞。外則分省而計，督撫下諸道督各府廳州縣稽合同異條陳，名目多寡，取所治紳民干結，核實列款通詳，而藩司職其總會計。一省從督撫至佐雜凡若干款，督撫會同核定以聞，有隱匿不實，學政得糾舉。其學政、校官及武營，則令學政、提督會同督撫具奏如令。所在備聞，乃大會計於户部。計一署堂司若干員，通率入款若干數。六部則堂官爲一等，實缺司員爲一等，候補司員爲一等，小京官以下爲一等，諸寺監則正副堂、實缺、候補司員爲三等，内閣堂屬尊卑相判，别分爲五等，翰詹科道無堂屬，則異以品階，分爲三等。通率以其一署人數較其入數，有均之而猶不贍，有分計而常有贏者，即撥移此署之羡，以補彼署之不足。命爲協濟養廉，其入款仍歸本署自收。而會計於户部，開支本署者，由本署截留。協濟他署者，解入於户部。户部管其度支，發於所協濟之署。外省則督撫、兩司、各道、知府、州縣分爲五等，首領、佐貳、佐雜又别爲三等而差。各道、知府、州縣三等之中，又品第爲上中下三等。原缺優者與中等，次者與中等，下者與下等。同官三等津貼之差，至多無過兩倍。於均平之中，仍寓治繁治簡鼓勵人才之意。既得因材器使，又以塞其詭隱亂法之源，率由州縣解於藩司。藩司爲之支發，上其會計於户部。以一省員數較其入數，有贏不足過差者，亦令撥此省之羡餘，以協濟他省之貧者。户部定章酌，去其泰甚取之病民者，刊印章程一書，永遠爲式，頒發各衙門諸司。各直省州縣，與天下共聞知。有於令外加取於民者，民得訐告，部科糾舉，處以重法。官禄既定，有以處實任，無以處閑員。聽之乎，僕維巧滑宂食，朋比侵奪，壞政亂紀者如故，不可爲也。一切罷歸田，以時咨取謁選，未爲非計，而愚者見目前之利，不肯者樂於乘亂以便其私，必且天下囂然。且既命之來仕矣，不能無故而黜退，宜令督撫嚴核各省局務宜罷不宜罷。不宜罷者，嚴核局員宜裁不宜裁。不宜裁者著爲額缺，詳議章程，寓辟除之意，而參以考試之法。就局務之興除利弊，及洋務之製造、測算、圖繪，令候補人員自呈所習，而督撫、兩司參執其考。能其事者，以等次分界局差。不入選者，就閑局撥款爲字習人員學院。

仿外國水師學堂章程，以考課殿最爲擢補先後。無實任班次者，既令終身於此途。有實任班次者，至期調補如故。捐納之宜停，不待躊躇而决矣。保舉之塞仕途，盤踞鈎，援徇私行，賄壞官，方隳士節，爲害尤巨，而不能悉罷。宜嚴立限制，非已任實缺不保過班，督撫之用局員，既如辟除矣。其有兼才、知治體，由局員保授實任官者，亦依辟除之典。不稱職者，連坐舉主，永著爲令。凡品官宫室、車服、器用、昏喪、賓祭之等差，則詳著於《會典提要》，頒發所在遵行，命官時時糾察，以昭軌物。《周禮》太史以書恊禮事，掌建邦之六典，辦法者考焉，内史執國法及國令之貳以考政事。我朝禮書亦掌於吏官而統於禮部，惟考法之事，缺焉未講。雍正朝曾命儒臣出爲觀風正俗使，亦猶行《周官》之治，故其時天下蒸蒸，此先朝之盛典不可闕也。向既言均官職矣，今翰詹居於無事，謂宜專令翰詹與科道糾察京師官士、吏民、車服、器用、昏喪、賓祭、禮儀等威，有僭亂者舉之，咨於禮部。官則舉其物入公而科以罰俸，民則但没入其物，不科餘罪。其外則選翰詹科道爲觀風正俗使，或即以學政兼其職，有所糾察，咨聞禮部，其罰一如京師。如此即不慮天下騷然，而制度等威已辨矣。均官職則人人皆有事守，賢者樂盡其職，不肖者亦不敢營私以廢公，明試以功而人材自見。均官禄則人人不慮身家，取之於民，不犯贓私之罪，與之自上，知感朝廷之恩。廉者保其操，貪者畏於法，而奔競之途自息。明制度則天下皆定其心志，奢者不敢僭，儉者無所求，多財不足以誇榮，而貪黷之風自止。一舉而三善壀。百姓被其澤，天下稱聖明，則何憚而久不爲此。夫奉法行政，用此共治此民者皆官也。於此不圖，誰與共理？

一曰課民職。士、農、工、商，謂之四民。民則必有業，今稱爲士者，但能挾策咿唔，曾與縣府之試，託名爲士，終身游食，往往困苦無聊，無所不至。其稍才智者，乃爲訟棍會匪。鄉閭子弟，席有先人田産，此似爲農，然實不知耕稼。甚者深居華奉，未嘗一履阡陌。惟佃田與農人，坐而衣租食税。富家豪者，或家承鹽筴、魚陂、質肆、匯號之利，此似爲商賈，然實未嘗躬親市廛，惟役使主計撞指，坐而計入。平人小户，幼無力就學，至長無所業，相率游閑，久之無食則流爲盗賊，入於會匪。弱者偷竊，强者劫掠。軍務既平，營勇多遣。散彼惟習殺人刼物，别無能業。則鈎連會匪，相與爲一。小則刼奪，大則挺走爲亂。此五者，皆游惰之民也，爲害於天下甚巨。有知其爲害而亟欲治之者，會匪與訟棍是也。有不知爲害而未嘗思治之者，似農而非農，似賈而非賈，二類之民是也。知爲害而治不得其本，雖日事嚴刑重兵以誅鋤之，猶之未治也。五者之患不同，而皆爲游惰。民之多游惰，國之所以不富强也。今務富强而不知懲游惰，其於富强之術，不亦遠乎！欲知富强貧弱之分，外國人人有職業，而中國處處皆游惰，即此可知矣。

昔先王之政，士與軍皆選於農。故《周禮》選士謂之興甿，徵軍謂之起徒，入於學則一人食於學，調於軍則一人食於軍，其家仍爲農也。簡黜於學者，仍令歸農。軍罷而還，復還於畎畝。惟進仕於朝，始除其農業，而舉家食於官。未有進不得仕，而退無所歸者；亦未有聚則養以爲兵，散則聽其走而之四方者也。其農則計口以分田，分一易、再易、三易等爲上地、中地、下地，準之惟家百畝、家二百畝、家三百畝，未有不耕而坐食者。其田主惟士大夫有采立宗，世禄之家則然。所謂宗以族得民，主以利得民也。其商賈則治於司市，而肆長以上，皆著籍於官。其山林川澤，則掌於虞衡與國人共之。不爲一家之利，而不親市肆之業者。其餘夫授田二十五畝，或不肯耕作則收其田，謂之爲閑民，而罰令出夫家之徵。太宰九職任萬民，則曰閑民無常職，轉移執事。其夫家之徵，則取於其轉移執事之主。有無主無所取徵者，謂之罷民，執以歸於圜土，督令工作，出於圜土則殺之。其責民之職業，如此其嚴密也，則安有游惰者乎？誠不能遽復先王之政，亦宜深鑒外國富强之故，而禁我游惰之民。彼國不必人人有家室，而責令人人有職業。其收效在所在有學院、藝院，舉國無貧富貴賤。凡八歲以上，皆責令就學，違者罰其父母，貧者養以公財。十七出小學，各就其所近分業而治。士與工無殊，學此藝不成，改執他業，其國自官府、商會、工廠、公司用人，無業不出於學，無職不用其考。至於商肆、經紀、乳嫗皆有考取入選憑據。必成一藝以上，舉得以謀生。故人人自勉，稍才智俱勸於能，成業以去。其兵有聚養而無遣散，限年過五十者退，而仍食半餉以終其身，故無游士、游民、游勇之患。其園主富商誠亦役，貧以自養。然國之公舉出財以教養國人者，數亦不貲。其治與古不同，而責民以通職業，任保恤，抑猶行周官之政。游士、游民、游勇之流爲盜匪，爲患易見。而欲治其亂源，則必先責之坐食之農與坐計之賈，何故？二者皆兼並而封殖，以妨民生計。失業者衆無所賴，則游惰匪盜因緣而起。向既議令民分族而治矣，請令富民分其財産以贍族。限有田若干畝以上，十取其一，爲贍族之田。即令其人主其族田之出納，就族塾坿立工商學堂，就其地産所宜。推鄉之耆老知工商者爲教習，與其族致仕之師與長，共議而交治之，爲之養且教其族之貧無業者，亦不令坐食。若爲士則教於其族之書院，限年考核。學而無成，則令改業。爲農者即耕贍族之田，爲工商者令學於工商學堂，務使能執業而事事。不率教者，許其族公議去其族籍，以聞於有司。爲匪盜者，責成其族執以付於吏。孤老無依，貧嫠不嫁，始廩而坐養之，著爲科條。限民田産若干以上，爲富農富商，出田産贍族若干以上，乃得與民爵，凡數等，捐例既停矣，富民以爲榮，風行甚易。貧者得食而教以執業，即不慮游閑。流爲盜匪，富者即以理財贍族爲之職業。化豪强兼並爲保恤之良民，一舉而四患除。至於散勇之患，既議興工作廠，則有工兵；既議變通營制，則可召補額兵；既議易有司公司徒爲卒伍，則隨地易於安置，就近而劑盈虚，近其鄉者，則令歸其族，編於保甲。如此猶有結會椎埋者，縛殺若犬豚耳。

夫天下雖衆，官與士與民盡之矣。次第舉而治之，朝野安全甚易。再復因循，人方日長炎炎，而我日凌夷不振，國貧於上，民匱於下，而官中飽，民不聊生，相激相援，會匪盜徒盈天下。有如往歲美生竊發之計，潛結横煽，伏莽俱起。此時即欲偷安而粉飾，其可得乎？顧議救時而必斤斤復古者，誠見外國之盛强，在於治法之密而近於古，非困循補苴之治術所能與之争。《周官》聖人經世之術，外國略得其意，而其效立睹，非漢唐以下諸人之所及見。論者不思其本，欲舉國效洋，而天下哼哼不服其名，狃於習見，開口不談。而天下洶洶，交喪其實。孰明乎外國之爲治有得有失乎？其失者彼夷狄之法，其得者乃古昔聖人之意也。今取證於外國富强之實效，而正告天下以復古之美名。名正言順，事成而天下悦從，而四海無不服。舍此而再思其次，則無策以自救。用此則撥亂而反治，轉敗而爲功。譬之荆軻入秦，圖窮而匕首見矣。夫殷憂者，天所以啓聖人也。毋亦我朝奉天憲聖，經術當興，天故令外夷之悟我中國乎？則何幸有此萬期之一時也。

以西法證古制，本本源源，尋得稿據，對症發藥，痛下鍼砭。字裏行間，無限苦心孤詣，閲者幸勿以安石復古議之。寶軒注。

—20. 皇朝蓄艾文編　卷二　通論二

袁世凱（1859—1916）

字慰庭，號容庵，河南項城（今屬周口）人。官至内閣總理大臣。後爲北洋軍閥首領，北洋政府總統。有《洹上函稿》。

奏陳試辦山東大學堂疏

竊臣伏讀光緒二十七年八月初二日奉上諭："作育人材，端在修明學校等因，欽此。"仰見聖朝敬教勸學，興賢育材，薄海士民，同深慶幸。臣伏維國勢之强弱，視乎人才，人才之盛衰，原於學校，誠以人才者，立國之本，而學校者，又人才所從出之途也。以今日世變之殷，時艱之亟，將欲得人以佐治，必須興學以培才。顧學校不難於大興，而規制實難於妥擬。蓋各國學校之制，大都因時以損益，歷久而觀成，中國則古制就湮，事同創始，既不可徇俗以安於簡陋，亦未可駭俗而病其繁難，使等級不至相陵，規模於焉大備，庶幾人易從學，學易收效，而才彦乃可期蔚然興矣。臣識闇才庸，奚足以知大體？第念學校一事，人才所繫，而治道因之，有不容置爲後圖者。本年春間應詔陳言，曾以廣建學堂爲請，並一面訪訂教習，籌商規制，甫有頭緒而微臣適蒙恩賞假，未及興辦，暫以中輟。迨臣假期將次届滿，適奉八月初二日諭旨銷假之後，當即欽遵，通飭各屬，一律舉辦，並籌貲擇地，先於省城改設大學堂以爲之倡，擬定試辦章程四項，首議辦法，次立條規，次訂課程，次籌經費，請爲我皇太后、皇上約略陳之。

一曰辦法。考各國學制，必先由小學而後升入中學，由中學而後升入大學，此通例也。現各屬應設之小學、中學堂難以驟成，而省城之大學堂又勢難久待，衹得就大學堂内區分三等，一備齋習淺近各學，略如各州縣之小學堂，一正齋習普通學，略如各府聽直隸州之中學堂，一專齋習專門學。按大學堂衹應設專齋，因一時無所取材，故雖有大學堂之名，暫不立專齋之課，而先從備齋、正齋入手，俟正齋諸生畢業有期，再續訂專齋課程，以資精進。其備正各齋教法，以四書五經爲體，以歷代史鑑及中外政治、藝學爲用。惟是中國經史精深廣博，如與各國政治、藝學同時並習，既慮之致功無序，泛涉不精，又恐髫齡子弟血氣未定，見異思遷，或至忽其本根，歧其趨嚮，必須另設蒙養學堂，挑選幼童，自七歲起至十四歲止，此八年内專令講讀經史，並授以簡易天文、地輿、算術，畢業後選入備齋，除隨時温習經史外，再令講求淺近政治，加習各種初級藝學，俟入正齋，再加深焉。庶先明其體，後達其用，功程遞進，本末秩然。現當創辦伊始，所有中學、小學以及蒙學，均尚在議而未設之列，衹可先用經義、史論考選學生，挑入備齋肄業，暫以三百人爲定額，以年在十五歲以上，二十三歲以下，通解經史，身家清白者爲合格，慎選教習以爲之師長，分設總辦、監督以爲之鈐制，其學生按照酌定年限，依次畢業。其總辦、監督、教習各員，按照五年保獎一次，其各種圖書、儀器先擇應用者，酌量購置以供肄習。將來擬增設譯書局、藏書樓、博物院各壹所，以臻美備，此辦法之大略也。

一曰條規。課士之道，禮法爲先，而宗聖尊王，尤爲要義，堂内應恭祀至聖先師孔子暨本省諸先賢先儒，每月朔望由教習率領諸生行禮，並宣講《聖諭廣訓》以束身心。若恭逢萬壽聖節暨至聖先師孔子誕日，均須齊班行禮以誌虔恭，其餘並皆堂有定規，業有定程，講習有時，行坐有序，出入有度，休沐有期，功過賞罰均有薄記，司事雜役各有職掌，要之總以嚴肅整齊爲主，此條規之大略也。

一曰課程。備齋以兩年爲畢業之限，温習中國經史、掌故，並授以外國語言文字、史記、地輿、算術各種淺近之學。正齋以四年爲畢業之限，授普通學，分政藝兩門。政學一門分爲三科：一中國經學、二中外史學、三中外治法學；藝學一門分爲八科：一算學、二天文學、三地質學、四測量學、五格物學、六化學、七生物學、八譯學。專齋則以兩年至四年爲畢業之限，共分拾門：一中國經學、二中外史學、三中外政治學、四方言學、五商學、六工學、七礦學、八農學、九測繪學、十醫學。學者各專一門。各齋學生每日均須將功課分數填注日記，功課餘暇均須練習體操，每月均須作中西文字，每年春秋季考兩次，此課程之大略也。

一曰經費。考德、美、英、法、俄、日諸國所立各等學校，每國不下千百區，所撥經費每年動至數十萬。中國物力方艱，東省庫儲尤絀，驟籌鉅款殊屬不易惟念當務之急，必須竭力經營。就現在辦法而論，學堂常年額支之款，暫需六萬兩之譜，其一切活支數目尚難預計，日後漸次推擴，經費亦須隨時加增。臣本年曾整頓税契一項，頗有起色，擬即以此項撥充學堂經費，飭令委員撙節動支，力戒浮縻以期持久。此經費之大略也。

現在四項粗已就緒，擬即考選學生，開學試辦，以慰士子觀望之心。臣謹當督同在堂各員，按所定章程，逐一實事求是，認真經理，其有未盡事宜，仍當隨時增損，期於至善。至蒙養學堂及各府廳州縣應設之中小學堂章程，容俟依次酌定，逐漸推行，用以仰副朝廷修明學術，作育人材至意。抑臣更有請者，建學固以儲才，儲才實以待用，現在學堂既設，必須顯示出身之路，優予登進之階，始能觀感奮興，日新月盛。擬請飭下政務處會同禮部，將選舉章程早爲議定，明詔天下，庶幾海内志士争自濯磨，鼓篋者多而彈冠者亦衆，長爲我國家慶得人矣。

—18. 皇朝道咸同光奏議　卷七　變法類　學堂

招商運米籌辦平糶疏

竊查順直各屬民間本乏蓋藏，光緒二十五年旱灾甚廣，次年復遭非常兵劫，人民逃亡，失於耕種，是以上年收成又歉，仰荷聖慈將二十六年錢糧全行蠲免，復將二十七年錢糧亦分别蠲緩，恩□下逮，浹髓淪肌。而銀短錢荒，糧價久昂，值此青黄不接之時，民間生計益艱，亟應從長培養，以先濟民食爲根本重要之務。溯查同治二年，其時因南漕起運數少，經前御史洪昌燕以商販南省稻米來直，免徵税釐，藉廣招徠，以濟民食，奏奉允准有案。上年由部臣酌議，自本年起江浙起運漕白糧，計共一百萬石，其餘及江安漕糧均改折解，約計每年少運正耗各米，數在六十萬石上下，京倉自前年亂後餘粒無存，短此鉅數，恐妨民食。

臣悉心籌計，及時派委大員招商購運南米，庶可酌盈劑虚。查有前任通永道沈能虎，曾辦輪船招商局多年，從前迭次平糶，均係該道辦運，是以上年江浙漕糧，改由火車運京，由户部會同全權大臣奏派該道籌辦，其於滬市商情頗爲熟悉，現經臣會同會辦商務大臣盛宣懷，仍派該道會辦招商局，並令就近在上海、蘇州、常鎮等處，分設招商辦運，米石陸續裝運北來，按月間報運數，官爲收買。儻一時招商未能踴躍，再議設法湊撥款項，助籌購運，於京、津、保定分設平糶，或酌立官米局，冀平糧價。應請自本年起每歲辦運六十萬石，由臣分别刊給印照，凡經過沿途局卡及出口海關，均驗明照内所填米數，免徵厘税。此後如水旱灾荒，藉此以爲培養，期以三五年，届時察看民情，再行陳奏。以江浙少運漕糧六十萬石之後而籌此購運，於南省運出之米並未有增，以京倉少進漕糧六十萬石之後而籌此購運，於市面行銷之米亦不致見短，至免此出口六十萬石之厘税，適如向年不納厘税出口漕糧之數，於經過各局卡釐捐及關税實亦並無短收，而於畿疆民食大有裨益。惟有仰懇天恩，飭下兩江督臣、江蘇撫臣通飭關卡，驗明臣處所給印照，免納税釐，並令出口海關加蓋關防，由出口、進口各關道按月開報此項出口、進口米數，互相考核。仍責成沈能虎妥速招商購運，認真稽查，不得稍有疏忽，以杜影射夾帶之幣。所有招商購運南米，籌辦平糶，請免税釐以顧民食緣由，理合恭摺具奏。

——18. 皇朝道咸同光奏議　卷三〇　户政類　養民

東撫覆奏條陳變法疏

竊臣恭奉光緒二十六年十二月初十日上諭："著軍機大臣、大學士、六部、九卿、出使各國大臣、各省督撫，各就現在情形，參酌中西政要，各抒所見，通限兩個月，詳細條議以聞等因。欽此。"伏讀之下，欽悚難名。仰見皇太后、皇上宵旰焦勞，懲前毖後，咨儆百爾，壹意振興，詔求嘉謨，訓詞深痛。薄海臣庶，感動奮發，靡不涕零。環球列邦，共睹共聞，當亦同深欽服。臣忝膺疆寄，渥受國恩。值此時艱，莫能補救，夙夜愧憤，無地自容。敢不勉效一得之愚，仰備聖明采納。臣維全局至重，庶政彌繁。當積重難返之秋，爲改弦更張之計，因革損益，各有所宜。現或苦於人材之不敷，或絀於才力之不足，而又有浮議撓之，錮習蔽之，雖有良法美意，未易一概施行。臣權衡輕重緩急，通盤籌劃，其驟難興舉者，貴乎循序漸進，不可操切以圖，其亟須變更者，又貴乎明斷力行，不爲尨言所動。核其要在於熟審治法，能慎始乃能圖終；探其本在於廣植衆材，能得人乃能行政。其餘理財講武，以次遞施，因時制宜，興利剔弊，而成效乃可得而言也。臣愚慮所及，不敢爲繁重闊遠之論，謹就言之易行，行之易效者，臚列十條，敬爲我皇太后、皇上陳之。

一、慎號令。號令，國之大權，臣民之所欽仰也。必精審詳度，計天下實可遵行者，而後毅然出之，理無反汗，期在必行。即視臣下奉行之勤惰，以課殿最而加賞罰，始可上理日臻。倘不慎之於初，或發一號而窒礙多端，勢將中輟，或施壹令而流弊叢出，轉致長奸，甚或破除積習，不便貪庸，群起撼摇，多方阻格，持之不堅，終將廢置。迨號令頻更，衆情疑惑，遇有善政，亦且相率觀望，視若具文，不肯力行，安能收效。現值明詔求言，内外臣工，均得抒其蘊蓄。行見封章交進，群策畢陳，博采兼收，亟須審擇。擬請簡派明練大臣數人，設立議政公所，選派司員，分别考核。其致仕勳舊，素有聲望，經事較多者，亦可徵置其間，俱參諮議。凡遇臣工條陳可采者，均發交該大臣等，詳加討論，擇善而從，從衆而定。設有尚待推究事宜，或發還上言者，明白詳復，或發交資深望重諸疆臣，分條議奏，内外合謀，不厭精詳。迨至稟承廟謨，擇定而行，便成不易之勢。無論如何爲難，亦必堅持定見，始終不渝。臣下知其無可遷延規避，自然奉行惟謹，奮力圖功。於是明示賞罰以鼓勵之，勤者有不次之擢，惰者無或貸之刑。庶人知勸懲，百廢不難俱舉矣。

一、教官吏。人才登進，向重正途。究之釋褐之初，用非所學，類多嫻於文義，拙於政事。又自咸同軍興而後，保舉捐納，階進日多，流品益雜，京員半受成於胥吏，外官恒藉重於幕友。不但通達時務，幹濟世變者，百無一二；即求其能稱職守，了然於分所應爲之事，亦甚難其人。似亟須有以教之。擬請在京師設立課官院，簡派明達王大臣督其事。由六部九卿、翰詹科道各衙門，精選品學敦實、才識明通者入其中，分延教習，課以本國史學掌故，政治律例，以及各國約章公法，一切泰西政史，各就性之所近，分别門類，各專其業。嚴定課程，考其殿最。其優異者，既按其所執之業，而試其所宜之事。其志趣遠大者，或派令出洋游歷，以驗其造詣，而求其精審，回華之後，優於獎擢。並請飭下各行省，分設課吏館，專就吏治、時務、交涉等項，擇要輯書，發令候補人員學習，按月扃考，擇其連取優等者，酌予委用。不過一二年間，京外官吏，皆知講求實在經濟，臨事自易措手。方今時艱日亟，需才孔亟。若待學校大興、人材輩出之後，方使之蒞官任事，勢必有所不及。但就現有之官吏，設法造就，俾皆成爲有用之材。彼既無廢業之憂，則鼓勵奮興，收效必速。濟急之方，莫先於此。

一、崇實學。百年之計，莫如樹人。古今立國，得人則昌，作養人材，實爲圖治根本。查五洲各國，其富强最著，學校必廣，人材必多。中國情見勢絀，急思變計。興學儲才，洵刻不容緩矣。擬請飭將京師本有大學堂，認真整頓，竭力擴充，並飭下各行省籌經費，多設學堂。或仿照各國學校章程，區分等次，以次推廣。務使僻壤窮鄉，皆有庠序。擇中外有裨實用之各項書籍，及各國著有成效之各種學術，延師講授，分門肄業。但目前師資無多，惟有譯書之一法最爲便捷。似宜專派大員，考核各國書史，其已經譯出者，多刊廣布，未經譯出者，精選譯員，譯成漢文。一面分咨出使各國大臣，隨地購書，選譯咨送。近年以來，日本譯書甚多，而洋人之久在中華者，亦多有譯本，均可搜羅印證，彙輯成編，發交京外各學堂循序購買，以期學術一律而免分歧。並可酌聘洋員爲之教習。迨所學漸有門徑，再分别資遣出洋，以資歷練。將見風行海内，而人才不難蔚興矣。

一、增實科。夫當世無深明大義之人，故人材今不如古；當世無博達時務之人，故人材中不如外。然近日取士，必廣求兼通古今中外之人。非但無此本末兼賅之士子，恐亦無此體用兼備之考官。雖立法極詳，勢必有所不行。即勉强行之，亦終於有名而無實。似暫宜量爲變通，舊科仍按期舉行，不必一旦全廢。但將各省歲試鄉試取中定額，先行核減二成。另增實學一科，即將舊科所減之額，作爲實科取中之數。擬請先飭沿海各省，如南北洋、兩廣、閩浙省各督臣，會同妥議條規，按中西各學，分門别類，募考實學。各省風氣不一，不必拘定籍貫，亦不必分省限額。薈萃聚考，先仿佛童試規模，由該督臣等精選試員，認真校試，擇其優異者作爲附生。再行覆試，取中者作爲舉人。再咨送禮部，由禮部會同總理衙門遴調試員，並奏請簡派考官，訂期會試，中式者爲進士。但各試雖皆以經濟時務爲重，亦必須能明四子書大義及有宋諸大儒理蘊，方准取中，以免趨末忘本之弊。成進士後，一體殿試，試以時務策論，不拘格式，不避忌諱，恭呈御定，賜以出身。内用者各執所學專門，分發六部觀政。其深通各國語言文字及熟諳各國政要者，發交總理衙門出使大臣差遣。外用者發交各省督撫分别委用。並由各堂官、使臣、督撫，認真察看，一年期滿，出具切實考語甄别，不准視爲具文。倘有品行不端，心地難信者，隨時參革。舊科中額，每次遞減一成，實科中額，每次遞增一成，以五成爲度。使士子知所趨嚮，争自濯磨，皆漸勉爲有用之材，以求奮於功名之路。迨數試之後，學堂中多成材之士，考官中亦多實學之人。即將舊科中五成中額，一併按照實科取士章程辦理。而實科亦必另作一途，仍歸各省一律舉行。如此逐漸轉移，而士風不難亟變矣。

一、重游歷。春秋戰國之世，晋文在外，晋悼游周，趙武靈入關而瞰秦王，滕文公過宋而見孟子，皆不憚遠涉，視爲故常。至於會盟之役，國君親行，聘問之使，親貴並遣，徵諸往策，不可勝數。固敦交鄰之誼，亦以察與國之情。近來泰西各邦，國君親王，遨游列國，尤爲習見。揆其用意，實與古合。擬請簡派王公，分赴外洋各國，慎選留心時務之京官，隨從游歷。考究各國政治、學術、工藝、風土人情，既資以廣見聞，亦藉以覘敵勢。濡染既久，智慧日生。外洋情形，均得要領。回國任事，自然措施。遇有交涉，更無難於因應。各國見我風氣日開，必漸相引重親近。且彼之底蘊，已爲我所洞悉，亦可稍戢横暴，不至任意欺陵。至京師各衙門人員，如有情願出洋者，准其報由總理衙門，詳加考核。察係志趣正大，才堪造就者，亦可在出使經費項下，酌予川資，遣詣外洋游學。回華後切實考詢，視其所得之淺深，以判優劣而定黜陟。倘或親貴中有以海外風濤爲慮者，不妨先赴日本及通商各埠，就近游覽，亦足通知時局，稍識洋情。未始非成材捷速之一道。

一、定使例。各國陵我貧弱，遇有要脅，惟在辦理交涉人員善爲因應，以免失機僨事。是出使人員關係絶重。查各國使例，英爲最善，公使一途重諳交涉，領事一途重諳商務。雖統名爲使員，而其中實隱有區别。凡膺出使之任者，必爲其政府所素信，及洞悉各國情勢，始可充選。抵任後，考究該國風土政治，一切利弊，與其意向動静，隨時探刺，據實報明本國。執掌既重，任用尤專。其階資遷擢，率不外乎本途。類由書記、翻譯、參贊，以次遞升。常有數十年不離一國，亦有終其身專膺使命者。按其年限，給假休息，差俸仍歸。有時外部缺員，亦由使員内選調任用。故内外情通，洋務諳熟，交際之間，應付咸宜，而本國利益在在均占先著。中國遣使，向無專途，隨帶人員，尤多冗雜，而任滿受代，永難熟習。似宜精選使才，先令在總理衙門當差，稍加歷練，再因缺派往各國。其隨帶各項要差人員，均由總署在於實科登進之各司員内，考取派充，概不准隨意携帶，亦不准無故調换。自使臣以下，均以久任爲主。有時使臣易人，而所屬各員仍可照舊供差。仿照英例，立限給假休息。總署需員，亦分别堂司使員中調用。庶總署使員，聯爲一氣，呼吸相通，任久職專，情形透澈。有各國事案，自可算無遺策。且使員得人，敵情了然，即有詭謀，亦得預爲防範。該使員並可藉其牽制，緩我禍機，而相機聯絡，以分敵國之勢。其中無形之作用，裨益良多。

一、辨名實。京外各官，禄入素薄，每不足以資贍養。而經理財賦、厘税各差缺，率視肥美之區。委之者名爲調劑，任之者喜於中飽。積習成風，牢不可破。而名實之混淆甚矣。夫薪俸之獲自公家者有限，而贏餘之入諸私橐者無窮。推究其故，悉由無以養人之廉，亦遂無以禁人之貪耳。然此風不除，終難核實。雖欲振興百度，力圖富强，恐一法行而人皆緣法爲奸，利尚未興，弊已先伏。欲治之成，其道無由。似宜將京外各官廉俸，從優厘定，計足以資事畜，又量差缺之優絀繁簡，酌定經費，以資辦公。其散職冗員，無所事事者，分別裁併。節其薪俸以供挹注。而經手理財，不妨格外從優，以杜侵蝕。此外凡財賦、厘税，所入涓滴之微，錙銖之細，亦必列爲公帑，不准稍有損耗。蓋明予之千金，有所不吝，而暗取之絲忽，在所必嚴。有坐贓者，盡法痛懲不貸。果能事事核實，不但賦税可期倍增，即將來仿行各國興利致富諸法，亦可期有成效。綜核名實之道，必當以此爲先務，而理財得失關鍵，將即繫於此。昔原憲辭禄，孔子止之。聖人之用心，其必不肯導人以貪也明矣。蓋慮遠思深，而維持者大也。

一、裕度支。各國財政，途徑紛繁，大約在采礦産，造鐵路，興商務，進貨幣，及一切生財之道，凡可以利國利民者，靡不竭力經營。官吏提倡之，保護之，而又昭示大信，爲久不渝。上下交孚，而利源日闢。其税則綦重，名目亦多，人口間架，以逮印花之類，莫不有税。然其教民衛民，並爲民代謀生計，實屬無微不至。又事事核實，推誠布公。故重取於民，而民不怨。多爲之名，而民不擾。近年來路礦、郵政諸務，中國皆已舉行，而收效尚需時日，非目前所能濟，宜亟興商務，以保利權而厚民生。現各省亦多有設立商務局者，不過具文，無裨商務。蓋由官尊商卑，上下隔閡，官視商爲魚肉，商畏官如狼虎。局所雖多，徒滋紛擾。如欲切實整頓，必須辦理商務局者，掃除在官習氣，使官商一體，情意相通；並在各商萃聚之處，設立商會，分舉董事經紀其間，遇事聯絡聲勢，通力合作，以與洋商相角逐。有害則官爲除之，有利則官爲倡之。其有抑制陵虐者，官爲保護之，其財力不逮者，官爲助成之。辦理商務人員，又須常歷各海口，隨時接見諸商，討論中外商務情形，訪詢利病，相機興革。又須與出洋人員，互通聲息，協籌合謀，始可日有起色。至洋人以銀圓暢行内地，而中國以實銀反得鎔鑄。人享大利，我受耗損，所虧甚鉅，流弊日生。似宜照迭次議定成法，通飭各商，購機設局，趕造銀元。銀元通按庫平一兩製造。小者遞減。務使天下一律，不得有參差攙雜之弊。並可造紙幣以輔行之，設官局合辦銀行以流通之。其農部放餉各款，均依次改用銀幣。但能辦理得法，士民見信，則鑄錢之提減成色，銀行之出入子母，紙幣之現存騰挪，自可周轉不窮，坐獲厚利。至各國税重且繁，欲仿行之，先擬慎擇。擬請飭下出使大臣，訪查各國税章，擇其裕國而不病民，可以推行中國者，彙録奏聞。再發交各疆臣，各就地方情形，會議增減，以期行之無弊。迨利源漸拓，庫帑日充，然後因富求强，勢自順而事自易矣。

一、修武備。各國士農工商兵，均有專學，而兵學尤重。蓋以諸强國犬牙交錯，勢均力敵，各懷吞併。欲謀自得，不得不競修武備。往往窮通國之全力，殫數十年之經營，竭千萬人之智巧，以切究而精求之，又互相師法，絜長棄短，日新月異，幾無止境。故能出奇制勝，美備畢臻。考其兵事之根源，大都植基於學校。凡軍中應用之物，應有之義，應知之理，無不逐一講求。將皆知學，士皆素練，此其所以强也。中國兵事本無專學。應試士子，向取弓矢刀石。用之今日，既非所宜。而營兵之操槍炮者，又不知運用理法。將弁半起民家，卒伍但憑血氣，絶少謀略。斯其所以弱也。似宜通飭各省，多設武備學堂，廣儲將材。凡中外兵法、戰法、天算、輿地、測繪、器械以及技藝、工程各學，均須切實講習。其南北洋各省學堂原有之生徒，業經學有規模者，即仿照文場實科取士辦法，酌減各省武試定額一成，移作武備生徒中額。每次按成遞互增減。俾天下挽强引重之士，皆變爲技精略裕之才。而武試舊科，亦將不廢而自廢。至各省軍政必須劃一。擬請簡派知兵大員，詳定營制操法及選將募兵各條規，請旨頒發各省遵照辦理，隨時特派大員分往查閲，嚴定賞罰，不稍假借。又宜分調各省軍營弁目，按省分之大小，人數之多寡，以二百人至五百人爲率，萃聚一處，遴派專員，督率訓練，擇武備切用學問，分别教授。二三年後，稍有成規，即遣回原省，轉相授習。再另調新班，更番輪練。各省操法，自易一律。遇有調發，亦易收臂指相使之效。至器械爲士卒之衛，固貴精利，尤忌參差。現新約將定，增軍火自屬爲難。然既不能取資於人，即當返求諸己。斷不可因噎廢食。似宜飭下向有製造各省，重資募匠，先講求煉鋼鐵各料之法，再仿造機器，逐漸推廣以製軍火器械，考定一式，俾免歧異。各省需用，備價購取。如有粗窳等弊，准由購取省分，指實嚴參，追回原價。但能實力興辦，多方獎掖，華人智巧，不讓西人。且華工之糊口外洋者甚多，亦可設法招徠，優養器使。國家懸的以求，士民聞風奔赴。將見良工巧匠，輻輳並進。行之漸實，考之愈詳，必不乏精械利器以供捍衛之用。惟司其事者，必須慎選深通製造理法，而又性情堅定，不憚繁難者徵之，方可提綱挈領，始終經理，以底於成。自强之要，不外是矣。

一、開民智。中國腹省，風氣未開，士民囿於一隅，每至寡聞鮮見。一遇洋人，非存畏避之心，即起仇視之意。畏則甘受欺侮，仇則激生釁端。且於敵情國勢，物産民風，窺察無從，隔膜必甚。須啓其智慧，廣其見聞，始可期彼此相安，兼可益民商生計。伏查開民智之法，各國重在報館。惟中國報館，多托洋商牌號，其於中國朝章吏治，應湯諱飾者，多能曲加回護。似宜通飭各省，一律開設報官局。報端恭録諭旨，中間紀載京外各省政要，後附各國新政近事以及農工商礦各種學術，選派公正明通委員董司其事。由省局分發外邑村鎮，各處士民，均得購覽。並申明報律，將一應外間謡傳之説，暨干犯忌諱之詞，概行禁除。一以啓發民智爲主。庶風氣日闢，耳目日新，既可利益民生，並可稍息教案。

以上十條，雖皆卑無高論，務期切實易施。敢竭愚忱，恭應明詔。抑臣更有進者：中國自甲午以來，積弱甚矣！復當大釁，創鉅痛深，才絀力殫，患貧患弱。憂時之士，咸慮不支。臣獨以爲未也。在昔越王勾踐，困辱備嘗，生聚十年，卒雪大恥。近世普法之戰，法幾不國，經營未久，復抗群雄。日本一島國耳，幅員不及我之三省，明治維新，遂成望國。况我中國土地之廣，人民之聚，物産之饒，爲萬國所不逮，果能實心整頓，力求富强，取人之長，補我所短，行見事半而功效倍之。願我皇太后、皇上兢業一心，恢張百度，審擇要政，次第敷施，示天下以作新，與臣民以更始。行之以漸，持之以恒，不求近功，不摇定見，斯治安之理已得，即强盛之效可期。臣至愚極庸，愧不能上分主憂，下裨時局。然而天良具在，忠憤難忘。惟有勉殫血誠，力圖振作。尤當懔遵公爾忘私，實事求是聖訓，以時自儆於厥心，冀可稍答高厚生成於萬一。所有遵旨敬抒管見，上備甄擇緣由，是否有當，謹恭摺縷晰復陳。伏乞皇太后、皇上聖訓。謹奏。

—20. 皇朝蓄艾文編　卷九　通論九

汪康年（1860—1911）

初名灝年，字梁卿，後改康年，字穰卿，晚號恢伯，浙江杭州人。光緒二十年(1894) 進士，近代中國報刊活動家。有《汪穰卿遺著》《汪穰卿筆記》。

論中國求富强宜籌易行之法

今必欲籌全局乎？則必官同心、士同志、工商同法，此徒滋議論而積久不能成一事矣。今必欲正本源乎？則必設議院，定官制，盡改政法，此又徒滋議論而積久不能成一事矣。小水之相會也，非欲成大川也，然而成大川之道在此矣。衆聲之相和也，非欲成大響也，然而相和已多，則成大響矣。治水者自流，伐木者披枝；事故有由散而後得整，由流而後及源者。今天下雖未能一旦更變，然内之部院，外之督撫、監司，固有就其職所能及，幡然以圖更變者。其郎曹守令，及其居鄉播紳，亦有就其力之所堪，而毅然以成事爲己責者。今且無言高遠也，但就各人願力之所及，隨其事之大小難易，而合力以圖之，則安知數年之後，維新之盛業不於此基之哉！

今日振興之策，首在育人才。育人才則必新學術，新學術則必改科舉，設學堂，立學會，建藏書樓。然改科舉必將官制、政法盡行改革，非旦夕所能期。泰西學堂之制最爲美備，有大學堂、中學堂、小學堂，而武備、水師、醫生、律師又各有專門學堂，别有師範學堂，以教爲師者。其學堂規制，大者工費至數十萬磅，小者亦數萬磅，延師購書之費稱是，此必非一時之力所能舉辦。泰西各種學問皆有學會，蓋以講學之人多，故學會可遍設也。泰西之藏書樓藏書至數十百萬卷，備各國文字之書。是三者，皆興國之盛舉也，而非今日所能行也。

今日之務，一在立小學堂，堂中延一教西文師，延一教算學師，延一教中文，並各種初學書之師。而成材之願學者附入焉。

一、開小學會。凡士子欲講求時務、政法、算學、輿地者，可各聯一會購置。會中應用書籍，一月數聚，自三人以上即可創辦，以漸增加。一、建小藏書樓。各州縣應醵貲購中西各種學問切要之書置諸樓中，使人掌其籍，願學者可就觀之，而限以時刻。一、各處書院應兼試時務、藝學，不能作或作而不當者，不得居前列。一、凡秀異之才無貲讀書者，可以公中之財資之學，學成則行之外海，以博其學識。一、宜多撰問答體之各種啓蒙書，埘以圖説，使觀者易曉。一、宜多譯西人專門學問政法之書，由淺而深，又多譯章程之書，以便仿行。一、宜用西人燈影法，講各種學問，使人樂觀而易曉。

凡此數者，自問匹士以上，即有可爲之事，而官紳亦可各以其權力所及而爲之。此不待巨款，不勞聚論而即可行者。

振興之要，又在阜財用。阜財用則必興商務，興商務則必定商政，改税則，立公司，鑄金幣，設銀行，開鐵路。然定商政，必由朝廷采取西法，設立商部大臣，無論變更成法，非一時所能行。且或立法未善，或不得其人，則益滋流弊。西人税則出口輕而進口重，此非今日國勢所能行。仿西法鑄金幣，誠今日提挈商務之要舉。然事既創舉，且國家賦入賦出之法將因之盡變，亦難猝辦。設銀行則可握利權，阜商本，而事亦浩大。鐵路既開，則中原之物産可盡出，程途輕捷，轉運便利，而非刻期可待之事。立公司則貲本殷實，布置周遍，可與西商相角。然華人自爲者多，罕能共濟。凡兹數者，皆繁重而難舉，非可必之於今日者也。

今日之務，宜籌商人能自行之法，各業能自振之方。一、宜立商會。凡通商大埠爲商務聚會之區者，宜立總商會，專考求商務盈虧之故，而籌更變之策。而各業又自立會，凡美善之法，必宜師之；其疵病弊端必盡去之，庶物易銷售，而西人不能抑勒矣。一、宜仿泰西製造各物，本國銷售，使財不外溢，並可漸行之各國。一、宜擇中國之物爲西人所樂用者，精其製造，以便行銷。一、宜定專利之法，使創造者不致有徒費之虞。一、凡新造之物，宜減輕其厘税。一、應由商會派人考求各處物産。一、應設《商務報》，專報以上各款之事。然商賈，阜通貨賄者也，而貨賄非造於人則出於地，然則不講求農工而但求諸商務，豈非務末而忘本乎？故宜設驗工會。凡通商大埠應立驗工會。凡制作精工過於他肆及能自創新物者奬之，或許專利。又設務農會。凡農蠶種畜之事，悉心考究，辨物土之宜，求孳乳之法。以上二事可隨地設之，有所得則附登《商務報》，各州縣行之，各省行之，不數年而物産豐饒、利源推廣矣。凡此數事，人人可行，事事可行，無多待於上，並不見掣於外。苟行數年，未有不見富庶之效者也。

至若禦外侮，尊國權，則必講武備。然整頓水師、陸軍，延西將，練洋操，購船炮，此皆國家之事，非常人所當與聞。若夫改武試，則變更舊制，難期准行。繪輿圖，則繁費不易行。常人所可講求者，一宜立兵學會。凡夙負材勇之士，宜入此會。會中應購備各式槍炮及武備書籍，以資考求。一、宜多譯書籍。一、宜選士之精細者，專考求修造槍炮之法，或竟入西國名廠中肄習。一、宜選士之有謀略者，專考求西人行軍步武行陣之法及其號令擊刺。一、宜考求中國沿海内地攻守險要之所在及敵人進兵之路。凡若此者，苟以精心毅力行之，大固可備將帥之才，小亦足備一方之患。此則在下位者，皆可勉力爲之者也。

抑是三者，固非煩勞難行之事。然舊習不除，則雖有良法美意，亦必阻格不行。中國舊習，好矜己事而罕察外情。一則以爲中國之舊法已善矣，一則以爲我之行事已善矣，如此則忠告不至，無從取正，一也；好聽諛言而惡逆耳，不知得諛多者受蔽亦愈甚，二也；怠於作事而妬人成功，見他人有所造作，輒以私意排詆之，甚至甲作則乙斥之，乙作則甲又斥之，終於無成，三也；意見各執抗不相下，寧敗成功，不肯遷就，四也；退後之談，非無正論，及見當局，則心中所不然及於理不合者皆置不言，而專用揣測迎合之説，五也；見他人之得則思排擠，見他人之失則思推避，不相扶救，六也。祛是六失，宜崇五善。一宜虚心聽受，二宜廣采直言，三宜互相扶救，四宜論列以實，不得以私意非毁，五宜作事必要其成，不得有所畏憚，而又必立簡法，以免紆回。求速捷以懲迂緩，勤事爲以防廢弛，限時刻以定作息，則庶乎諸務克舉，而功效可睹矣。

—7. 皇朝經世文新增時務續編　卷二八　時務二八

商戰論

國立于地球之上，咸以戰争自存者也。以戰自惕罔不興，以不戰自逸罔不亡。戰之具有三：教以奪其民，兵以奪其地，商以奪其財。是故未通商之前，商與商自爲戰；既通商之後，則合一國之商以與他國之商相戰。然則商之持籌握算，以與他國較錙銖，猶其被甲執戈而爲國家效力于疆埸也。其貨物則其兵刃也，其貲本則其餱糧也。國家之待將卒，必厚其糧糒而予以利器。豈偏愛此將卒哉？以爲是一國存亡所繫，百姓生命所關，不敢不致謹也。今夫農盡力田畝，或植材木，以出地中之所産，然非商則不能運而致之遠；工取五行之精而制爲器用，非商則不能衒于肆，以得他人之貲。且商之爲事常，兵之爲事暫；商之爲事繁，兵之爲事寡；商所赴之地多，兵所赴之地少。兵者，備而不必用者也；商者，無日不用者也。然則國家之當加意于商，豈不甚重矣哉！

商之所利，貨物美，貲本輕，程途捷，行銷廣，四者而已。顧四者非國家加力助之，則不爲功；不行激勸之法，不定專利之條，不嚴冒牌之禁，則貨物不能美；銀行不設，税則不減，假貸之法不定，則貲本不能輕；鐵路不開，輪船不廣，内地不通，盜賊不戢，則程途不能捷；不遍設公使、領事于各國及其通商之埠，不能以輪船載貨而致之他洲，不能以兵船衛之，不能以全國之權力保護之，則行銷不能廣。如是則全國之商，不過持其舊法，行迂曲之途，而待銷于本境之内，欲求商務遠駕于他國之上，得乎？

西國商務之極盛也，以其保護之甚力也。保護之道維何？曰：使之便利，使之有權而已。是以定錢式及金銀銅三品之價，開官私銀行，定匯票，使用票；輕出口之税，凡税不與物價相比者，得隨時改定；開鐵路，行輪船，凡至他國者，得載以已國之船，而護之以兵輪；又定開設公司之例，定專利之條，嚴冒牌之禁，凡以使之便利也。許商人設市館，爲議論貿易及定價值之所；又許立商會，使得商禁約他國貨物之法，他國之幣不得流入内地。或恐碍本國貨之銷路，則重進口之税，恐碍本國之工作，則輕進口之税，凡以使之有權也。故西商之至各國，求必得而謀必遂，職是故也。

夫使商人便利，使商人有權，所以保商也。即嚴治商之禁令，釐剔商人之弊病，亦所以保商也。西國之治商也，凡商家册籍及存貨底單及進出款之簿，皆有一定程式，歲呈之官，以便稽核。凡商之章程，必請于官，官允其行，必力保護之。其行使銀行之票及保險之法，皆有定章，至若不得已而倒閉，則官稽其存數而使之攤還，不得有所偏倚。又定報窮之令，凡報窮者不得齒于其類，若有意誆騙，或經商不合法度而致倒他人之財，則官得按法嚴治之。店之夥友侵没主人之財者，皆嚴治其罪。夫如是，故商人皆慎重不敢爲非，而彼此得相信相保也。

今吾中國與西國交通以來，兵則屢戰而不一勝，條約則屢定而權利愈失。西國之貨銷行者歲億萬計，而有損無益之物，雖闌入而莫之能禁，財貨日失，利源日涸。然猶幸商人能忍受艱苦，節嗇勤力，以與西人相搏相持，雖不能相抵，然尚十得五六。而閩、粤民之工商于南洋及美、澳諸洲者，每歲寄回之銀，又十得二三。故中國雖困乏，尚得支持，而國家關税亦賴以取盈。而且賑饑則捐之商，禦敵則捐之商，有大工大役又捐之商，而報效之款尚不在此列。然則商固無負於國家也。

嗚呼，中國商人之困，至今日而已極矣。一、不鑄金幣，又不定用銀幣之制，致受西國鎊價之虧。二、銀錢價低昂不定，致商人有受暗虧之慮。三、各省平色萬殊，致受錢莊抑兑之虧。四、假貸抵押及存銀均無定法，使商人運掉不靈。五、不明許商人立會，致商人無自主之權。六、不設市館，以定隨時公平之價。七、各業所立行規，不與官相通，官可任意廢去。八、不立專利之條，致商人不敢出重貲創辦新業。九、不嚴禁冒牌，使美劣得以混淆，出重貲者不必能得利。十、無專治倒帳之章程，致被倒者無可控訴。十一、有意虧倒及設計誆騙者，不能盡治以法，致市面大敗，而奸猾之徒仍得公然出入官商之間。十二、凡夥友虧倒主人之貲，官不能嚴治，致有貲財者不敢放手營運。十三、無保水火險之行，使商人得保其貲財。十四、不能重進口稅而輕出口稅，使中國貨物得暢銷于各國。十五、不開鐵路，不廣設内河輪船，使行程迂繞。十六、無徑達歐、美洲之輪船，使得載貨以之他國。十七、各國不設領事，無兵輪駛行外洋，使經商各國者得有保護。權則内外倒置，便利則中西互易。困厄己國之商，而便利西國之商，未有若今日者也。

然猶曰力不足不能行也，財不給不能辦也，國權不足不能得之于西國也。自秦漢以後，政尚疏略，若必使纖悉皆治之官，恐轉叢弊也，固也。顧何以出口之貨不能減輕其稅乎？釐局約俟軍務告竣停止，今已逾約矣，獨不可裁減之乎？然猶曰償款方迫，興作方緐，國用方匱，非輕徭薄賦之時也。顧獨不能釐革其法制，裁廠併徵，使商人得行輕捷之途乎？今釐卡如織，一水之地而抽釐十餘次，驗票又十餘次。一貨之稅而徵之于未成材料之時，又徵之于已成器物之時。物價之低昂不一也，而稅則一成不變，有始僅值百抽五者，繼至十抽三四。各局之衰旺不定也，而稅額則有增無減，致有强稅就額之弊。尤可異者，一國之中而各省之章程不一，一省之中而各局之章程又不一，一局而前後之章程又不一。至于以若干起稅及何物免稅，皆無一定之章。故尺布斗粟未嘗獲免，日用之物未嘗見蠲。甚至司釐卡之員，溢額則得獎，虧額則見責，歲增則留差，歲減則撤差。如此有不朘削脂膏，例外取盈，以求稱上之意乎？夫以各省督撫之明察，豈不知此，而因循不變者，一則苦無安置冗員之地，一則外銷之款無可開支。嗚呼！國家得一二，而使民間失千萬，不許明銷，而俾暗取，誠非計之得也。

顧此猶制之自上，以備國家之用，商民不敢怨也。假使承辦員役能體朝廷不得已之意，一秉至公，絶無留難，則商民猶不甚困也。然而莅其事者，大率負債積貲百計求説而後得此，將于是清負，將于是起家，何暇他顧？故其扼制商民之法至不忍言，有得錢賣放之弊，有大頭小尾之弊，有得錢減貨之弊。此猶病國而不病民也。若夫銀則補水，錢則補串，罰無限制，稍不遂意，則蹴壞其物以嚇之，新鮮果物則故欲翻動以挾制之，甚至故栽僞洋而迫其掉换。且又商人守卡而故與晏開，商船乘潮而故與停留，疾風甚雨而故與稽滯，商人之貲財不顧也，商人之身命不問也。是以厘稅之入，上得其一，而下得其九。此九成中，官纔二三耳，司事頗得其三四，而巡丁則得其五六。夫縱千百虎狼以逐羊兔，幾何不相將俱盡者，而欲其能致勝，得乎？

顧中國前則以官剥商而商困，今則以官侵商而商愈困。莊子曰："牧馬者，去其害馬而已矣。"孟子曰："所欲與之聚之，所惡弗施爾也。"夫商之擇利不待教于官也，今之經商宜以新法求利，商人亦稔知也。道在正商法、保商權、捷商途而已矣。今之言治者，動曰：宜通官商之氣，宜合官商之情。于是有曰官督商辦者，有曰官商合股者，有竟奪商人之事而畀之官者。夫以官之積威，商人安能與之較論？于是豪猾之徒以中國之官權，行西國之商法，官本則昂物價以抵除而莫或過問也，商本則暫以微利羈縻而莫敢與聞也，遂以傾詐陰險之才，行籠絡捭闔之術，盡取天下之利權，而歸之一己，而商人愈困矣。

縛勇士之手足，而使與人鬥，得乎？桎梏勇將，縶維健卒，而使與人戰，可乎？今置商人于牽掣拘攣之地、抑鬱之鄉，欲其能與各國之商爭勝，是猶南行而北轅也。夫以中國之商受中國之法，以理論之，固當盡行折閱無可牟利矣。顧環觀華商，亦頗有積日月之力以獲貲者，蓋華商性能儉約刻苦，無多求利，不敢效西人之奢闊，故拾遺掇剩，稍能步西人之後塵。且又有意外之幸焉，蓋法不準情，于是所司有行法外意，而潛減貨值者；又有因比較嚴切，兩卡爭釐，因減釐以致商者；又有船户與司役通同，或減名數，或常年包賄若干以漏釐者；又有託官船、試船夾帶以邀免者；又有掛洋旂、託洋人報關以免苛政者。嗚呼！使商人失利于彼，而得策于此，此豈謀國者所忍聞乎？然則今日欲振商務，必自設商部始，必自裁釐併徵始。

—7. 皇朝經世文新增時務續編　卷三〇　時務三〇

中國自强策上

事至今日，危迫極矣，挫於倭，迫於俄，侮辱於英，教案蜂起，回匪蠢動，兵變民變之事不一而足。而瓜分中國之説，西報屢載之，西人屢言之，雖至愚之人，亦知其殆。然而廟堂無定策，中外無定議，舊弊未一除，新猷未一布，則非安於不爲，即以爲無策也。夫安於不爲，則無論矣；以爲無策，尚未然也。夫中國在今日，猶以一羊處群虎之交，曾不足以累其牙爪。然而不遽動者，群雄角立，未有所歸，故艱於發難。又無端戕人命，敗商務，又西人所不欲爲。故猶遲回以待之。我苟能自振，則西人之於我，亦猶其於日本耳。惟我永不自振，則彼惟恐爲人所得，必將爭先以取之。然則我國振興之政，不於今日，則無及矣。夫中國利之宜興，弊之宜除，誰不知之。而卒爲定論者，蓋食於弊者太多，則必多爲之説以亂之，多出其途以撓之。蓋非不明不强之患，而由於權無所歸，則無人焉爲發光與力之地也。夫國朝承明之後，懲於擅權朋黨之禍，故執政之臣，名曰軍機大臣。人多而權不一，但能唯諾於上前，而不能堅持其意也。但能恭擬諭旨，而不能自發號令也。然則苟欲聚其權，以辦庶務，舍立相莫由矣。顧今日而驟然立相，竊恐但有牽掣阻礙之苦，而無行權决策之效，則非先立議院不可矣。或曰立相則不免擅權之慮，開議院則權在下，且散而不合，徒滋論議，於事非便。不知有議院以與相相持，則相不能擅權。議院之人多矣，且有議事舉人之權，而無行事之權，雖在下何病？又議院論雖不一，西例必擇其多者從之，何囂雜之患？

且凡事初行，必多漏略，要在隨時審正耳。若其成規，則西人之議院章程，可擇而行也。至於開辦維新之政，則有三大端焉。一曰齊天下之論。今天下之論，至不一矣，政府不擇而用之，或朝暮更易，或南北互異，必當論定一格，以便施行。二曰慰天下及各國之望。維新之政，中國望之，不應則離，西國望之，不應則侮。宜明詔天下，以舍舊從新之故，而與各國立力保太平之約，並方便予以權利，且聘其賢豪，與之參定法制，則中外始有更新之望矣。三曰安天下官吏、士兵之心。維新政行，則宗室、旗丁、冗員、士人、胥吏、軍士皆有失所之慮。始而以言語相煽惑，繼而以全力相阻撓。宜預籌安插之法。宗室、旗丁除作官當兵外，或與以利益，或弛其禁防；新改立之官，除總理之人必拔用能者，其餘仍以舊官依班敘補；學校新設，必十年方能選用，則從前士人在十年之内，仍可補官；胥吏、軍士汰剩者，可補充諸役。如此則各人無失業之憂，即新政無阻撓之患矣。然此但言開辦之大要，而未及其所行之事也。

—7. 皇朝經世文新增時務續編　卷二三　時務二三

中國自强策中

中國自古獨立于亞洲之中，而其外皆蠻夷視之。素以君權爲主，務以保世滋大爲宗旨，故其治多禁防遏抑之制，而少開拓擴充之意。君恐臣之侵其權，故不使之有纖毫之權，恐臣下之結黨，故務散其黨，牽制之使不得行其志，錮蔽之使不得極其聰，以天命怵之，以鬼神懼之。臣下承之以諱飾爲能，以敷衍爲工，以趨避諉卸爲巧。其於民也，但以壓制欺嚇爲事，無復有誠意以相孚。故吏習於弊混，民安於刁玩，士成於陋劣，兵貫於嘩潰。其齊民皆以閉户不與外事爲秘策，以積財遺子孫爲得計。故上下之大弊不出四事，曰徇私，曰惡直，曰崇虚，曰耽逸。循習至久，全國之民皆失自主之權，無相爲之心，上下隔絶，彼此相離，民視君父如陌路，視同國若途人。

夫民之弱與離，君所欲也，積至今數千年，乃受其大禍。然則至今日，而欲力反數千年之積弊，以求與西人相角，亦惟曰復民權，崇公理而已。其於官也，汰冗職，删儀官，使官各有事。其教人也，必使爲有用之學，毋誤用其聰明。其選人也，必使以所學爲其官，毋使用非所學。其升補也，必依其本職，毋使朝此而夕彼。其用人也，厚其禄，過則責，故則斥，勤奮則升遷，而遞加其俸，終世無失業之虞。其定律也，依罪爲斷，必求可行，無虚設之律，無難行之例。其罪人也，訪緝密而治之寬。其讞罪也，稽罪而盡其辭。其取於民也，各以其資占税，毋倒置，毋苛索。其理財也，使財歸實用，毋糜於虚文，毋漏於中飽。昔之重文而輕武者，今必使文武並重。昔之優文士而輕吏治者，今必以吏事爲急。汰繁重以求其速捷，去虚文以責其實效。删矯誣不實之談，斥虚僞無理之事。尚創作而賤安閑，尚改變而賤守常。以能開利源爲能，以能創新學爲優。民性必求其宣達，士氣必求其振奮。昔之不使民與國事者，今必與之共治。昔之使民安於愚弱者，今必使之極其明强。務使内之權力，在在足與外人相抵。夫如是，或可儌倖與各國相持。然此但言其治道宗旨所在，而未言辦法之實也。

—7. 皇朝經世文新增時務續編　卷二三　時務二三

中國自强策下

請實言辦理之法。今使上赫然下明詔，告天下以力圖自振之故，而使士民之明秀者互相舉爲議員，使至京入議院，而使中外大員，自三品以上，俱入上議院。議院既立，則立相以總内外之務，立户部以掌財用之出入，立刑部以掌天下之獄訟及巡捕之事，立商部以興商賈並掌税則及考察工作物産之事，立農部以教種植，立外部以理交涉之事，立兵部以掌兵事，立工部以掌營造之事，立郵政部以理道路、河渠、輪車、輪船、郵遞之事，立民部以掌各處地方之事，立海部以掌海軍之事，立教部以掌學校之事。俟議員舉定相臣，則由相臣自擇用諸部大臣及各省之長，大臣及長，又各舉其屬，而皆决於議院。十年以後，則議員及各官，皆取於學校。如西國之法，設吏治局於京師，徵天下賢能之吏，使學習治法，而分派之於各省，以教諸地方官。十年以後，亦皆取之學校。各省提鎮選於兵部，而提鎮又遞選其屬。十年之後，始取之水陸武備學堂。外部及出使大臣，必取精西文、通西事者。十年之後，始取之使才學堂。京師立各種學校，精選中西之能者教之，以遞及於各省府州縣。十年之後，始取之師範學堂。宰相與各大臣既舉定，則遣使與各國立力保亞洲太平之約，而大改上下内外之體制，務從簡易，悉去趨蹌拜跪之節。復立憲報館，凡新政改革之意及中外交涉之故悉載之，各種振興之政乘時並舉。且捐納停，冗員裁，調濟安插之途廢，資格班次之説止。既無無事之官，復無無官之事。局中之人可因官以展其才，局外之人可因事以責其效，則職無不舉矣。一事一官既無旁貸之方，一官一事又無叢脞之慮，則人勤於職矣。在事之人有治事之權，事外之人有監察之權，而又有議員以鉗制之，有日報以舉發之，則官邪息矣。厚俸禄而革陋規。入官之日，予以裝錢，辭官之日，予以恩俸，或給終身，或逮子孫。辦公有費，登程有資，則人興於廉矣。

改衙署之制，速咨稟之法，汰應酬之煩，删迎送之禮，則官敏於事，勤於察矣。省府州縣各設議員，以與官相抵，官不能專其事，則民困蘇矣。因其事以設之官，因其官以爲之學，因其學以定所取。入官之後，非罪不斥，心不枉耗，才不虚糜，人無失所，官不易方，則人知專所學矣。取士多途，學堂遍設，由都會以及州縣，由州縣以逮鄉閭，人無廢才，才無滯用，則人勸於學矣。釐定文字，使歸淺近，多撰教化之書，使人易曉，而遍設義塾教堂以教齊民，則尋常之人皆可讀書明理矣。凡刊刻書籍由官准駁，其便用者准其專利，則要用之書不日可得矣。嚴户口之册，定鄉里之制，産業生死，昏姻必注，零户必禁。城鎮無雜處之虞，鄉里無散居之慮，而又遍設巡捕，並設包探，則逋逃清，邪民無所匿矣。律法從平，無有偏頗。重則絞殺，輕則禁罰，則罪易辦而情易得矣。刑官治獄，不兼他事，復有會審以察其虚誣，有律師以伸其辨説，無刑求之苦，無拖累之患，則枉濫息矣。吏皆有禄，役皆受緡，既無藉口之資，即無婪賄之弊，如此則獄訟易矣。有不率教者，輒禁錮終身。動其羞恥，嚴其禁防，則人恥於爲非矣。

平道路，濬江河，開鐵軌，通電報，招商以成之，借債以足之。且路燈、自來水，在在設立，使往來便捷，消息靈通，則用兵賑灾、經商行旅便矣。礦務開，銀行設，然後鑄金銀銅三等之幣，齊其輕重，又製鈔票，而禁兑换銀錢之店，以便行使，税餉出入，一律行用。三年之後，度新幣已足，則悉禁舊錢，則錢法行，而人便於用矣。製鈔幣，立銀行，正税則，嚴中飽，則國用可足矣。立商部，定商制，嚴賠償之法，定詐騙之條，除厘税之苛，捷水陸之途，考求各國之物産，察勘各地之工作，内江外海，准行輪舶，能糾合公司者奬之，商之成本重者許專利，則商勸矣。能效法泰西製造各物者賞之，並許專利，能以新法製器者給以功牌，則工勸矣。税以資算，富重而貧輕，税以息計，商多而農少，蓄洩有資，種植有法，則民勸於田畝矣。停無用之武試，開水陸學堂，令凡能武事者，不與齊民齒，則人競於武矣。精選而厚其餉，嚴教而重其防，老休則廩以終身，戰死則恤其子孫，則兵皆能戰，而平時不敢滋事矣。防兵周於水陸，兵將悉由考試，定平時遣調之法，定臨時招募之方，炮械必精，雷艦必備，醫藥必贍，兵法既嫻，軍律尤峻，則武備嚴矣。釐定祀典。公私無名之祀，悉行停止。一切虚誣術數之説皆不得行，則邪説息而正務舉矣。設報館以達民隱。凡中外交涉、選舉、獄訟、報銷，悉由官登之報，新理新法及一切民間之事及其冤抑，無不可登報，則上下之情通矣。定齊民之等級。以有能者爲上，有業者次之，游惰爲下，則民勤於所事矣。而又設輿圖局以測全國之形勢，設繙譯館以收各國之書籍，設製造軍火局以給軍用。如此行之十年，國以富、民以强，始可收回已失之權利。除租界之法，改進口之税，定管轄異邦人之制，而與泰西各國相抗衡。若夫施治之宜，叙次之方，新舊交替之法，則當俟辦理之時議之，非一時所能决也。

—7. 皇朝經世文新增時務續編　卷二三　時務二三

熊亦奇（1861—?）

字尚德，一字戇夫，號餘波，江西新昌（今屬宜春）人。光緒九年（1883）進士，改翰林院庶吉士，授編修。

京師創立大學堂條議

暴秦以降，先王之道存，而先王之法亡。亡之中，傳之西。西人拾之，又從而精進之，故其國政與教分。道其所道，道無足觀；而法我之法，法乃轉勝。通商立約以來，彼不解取我之道以益所本無，我轉得采彼之法以還吾固有。以道御法，法行道行；彼法先來，吾道終往。全球大一統之規，將基諸此。夫道一而已矣。法在下爲藝，在上爲政。前擬官書局設一新學館，開風氣育人才，不過粗引其端。因而擴充之，非廣設學堂不可。學堂者以吾道爲體，以我法參彼法，兼藝與政爲用者也。古之爲民者四，曰士農工商。今之爲民者五，增其一曰兵。士不能農工商，兵而不可不通農工商。兵之學農工商，兵不必能爲士之學，而不可不專學其學。顧其始，要皆必原於小學。請爲小學設二科，送子弟聰穎者入之。曰音訓，中國六書，兼及各國語言文字，學所由入門也；曰測算，兼及天文曆法、律度量衡，學所從措手也。士者農工商兵之耳目，亦農工商兵之樞紐也。士之學曰大學。請爲大學設二科，選子弟小學有成，尤聰穎者入之。曰格致、水、光、火、氣、聲、力、化、電無不賅，所以學爲藝，備農工商兵之用也；曰政治、職官、賦税、典禮、法律、軍政、郵政、工程、交涉無不具，所以學爲政制農工商兵之宜也。有士斯可有農工商兵之學，不曰大學，曰專學。請爲專學設六科，選子弟小學有成，性有所近者入之。農者工之本也。農之科二：曰種植，因天時，察土宜，盡人事，地上之利無不興；曰礦石，明相度，善開采，精熬煉，地中之藏無不出。如是而工有所資矣。工者農之委商之源也。工之科一，曰製造，化果穀爲酒餳，變絲麻爲布帛，易金木土石爲舟車、宫室、器用。機括有必精，工力有必省。如是而農有所授，商有所因矣。商者農工之流也。商之科一，曰轉運。公司以厚其資本，銀行以通其有無。汽船、火車以捷其轉輸，電報、信局以神其消息。利權有必攬，利源有必擴。如是而農工有所通矣。兵者農工商之衛也。兵之科二：曰水師，外洋内港、風潮沙礁有必詳，兵船炮臺、雷彈機輪有必習；曰陸師，馬隊、步隊、槍隊、炮隊、工程隊，奇正分合有必熟，攻法、守法、追法、退法、安營法，疾徐隱見有必嫻。如是而農工商有所保矣。

大學，士所獨也。小學、專學，士農工商兵所同也。凡三學六類十科，科設一堂，堂爲若干齋，齋分若干事。綱舉目張，巨細必舉，可無混雜之虞。或兼或專，因材而篤。毋掛漏，毋雜糅，毋作輟，毋凌躐。復爲總堂，日集十堂之秀，講明吾道綱常名教之大，修齊治平之全，求其所當然，及其所以然，濡染而薰陶之，優柔而饜飫之。托始京師，推行各省，師師濟濟，不可勝用。以道御法，法行道行；彼法先來，吾道終往。三年而國勢張，十年而國體尊，數十年百年而爲大國師，爲萬國王。全球大一統之規，舍是其將焉往？彼茫茫然謀富於商，不知求之農工；皇皇焉責强於兵，不知求之士農工商。捨本逐末，顧此失彼，蒙誠不識其可也。若夫節目之繁猥，條理之縝密，非尺幅可終。今姑從略。

一、西學須從語言文字入手，兼習圖算，是爲第一級課程。蓋不通文字語言，則無由讀西書；不習圖算，則天文、地理、格致諸學皆無由入門。故西洋蒙館，無不以作字、繪畫、筆算、心算等爲初課也。

一、語言文字。雖不必遠尋希臘、羅馬古文，而英、法、德、俄四國之文，不可不備。論西國通人，無不兼通數國。今各學生問津伊始，難責以兼人之量，祇可各占一科。

一、自各國通使往來，又有貿易交涉。凡爲士商者，不能不知地球大勢及他國衰盛强弱之由。故西人之教初學，必以地球圖說及各國史乘爲先，盡人所當共知。二者不可偏廢。今亦仿用其例，定爲第二級課程。

一、多識於鳥獸草木之名。古人詩教則然，西人有植物、動物等學，亦同此意。不但識其名，更當盡物之性也。此二學最淺顯，當爲第二級課程之附。

一、格致、化學爲養民富國之本，公法條約，爲睦鄰禦侮之本，定爲第三級課程，令各學生分途學習，以成專門名家。

一、人皆戴高履厚，焉可不知天地。通天地人爲儒，亦古之志也。故天學、地學，亦定爲第三級之課程，期其專精一學。

一、天學與算學相表裏，算學與格化諸學相表裏。凡算學由淺入深，自初學以至成材，其用最廣，其功不可間斷，須參合中西，故洋漢兩課並及之。

一、地學有考地形者，有考地質者。地形之學輿圖是也，已載第三條矣。地質之學兼金石，質言之，實爲農學、礦學之本，與格化諸學，亦相爲表裏。

一、農學、礦學、商學。固以算格諸學爲本，然西洋近年已各設專科，今當仿行之，俾爲格化學及算學者各專一門，以底實用。

一、製造一科，凡深於測算格致者，自能知之，不復列爲專門。一以上課程，雖以西學爲主，務令簡約可行，不復盡拘西例。故道、法、醫三大科，在西洋大學中最爲專精切要之學，兹弗遑及。

一、此論課程大概，其詳細節目，俟延訂教習後，再當斟酌盡善。

附：武學

一、有文事者，必有武備。前數條論文事詳矣，宜更設武學，與文學分院練習。

一、武學以陸軍、水師爲兩大宗，其課程節目俟延訂教習後再議。

一、船政學堂本係專設，應在近海之處。凡造船行船諸法，不但行軍，兼資通商，於富强最有關繫。今姑附於武學，俟後再行擴充。

一、電線、鐵路等，本各有專設學堂，今亦附於武學，以資考究。

學條十規，仿照天津育材館成例。

一、每日上午八點鐘到館，下午五點鐘散館，不得遲來早去。

一、每日習漢文四點鐘，洋文四點鐘，午膳一點鐘。

一、所有課程，教習分班排定，按序肄業，毋得攙越。

一、師道宜尊。請業請益，皆當起坐。見教習禮貌必恭，毋得簡慢。

一、肄業之時，各宜專心壹志，其互有質疑問難之處在所不禁，惟不得談閑笑語。親友亦不得來訪交談，致荒館政。

一、諸生每日功課畢後散學，及每月放學之息游，原所不禁，惟切須自加防檢，毋得蕩其心志，致肄業不能專進。

一、讀書、行己二者交修。諸生來學毋得矜奇立異，以世俗浮僞之習爲戒。立心行事，力趨篤實，相期遠大。人貴自立，毋得煩言。

一、每月逢星房虚昂日放學一日，夏月入伏日起放學二十日，十二月十六日起至次年正月十五日止放學三十日。此外概不得放學。

一、洋文所需書籍、筆墨、紙張各件，由館中供給，漢文所需書籍各件，由諸生自備。

一、館中預備各種書籍，祇准在館看閱，毋得携帶出外。

—8. 皇朝經世文三編　卷一　學術一　原學上

譚嗣同（1865—1898）

字復生，號壯飛，湖南瀏陽人。科举屡试不第，甲午戰後提倡新學，積極推行新政。戊戌六君子之一，政變後被殺。有《譚嗣同全集》。

思緯壹壹臺短書

王仲任有言：彼短書之家，世俗之人也。沈休文名所著書曰《俗説》，循短書之趣也。嗣同夙憤末世之誣妄，感於神怪雜讖，使民弗亹亹乎事業，坐爲異邦隸役。讀衡陽王子闢“五行卦氣”諸説，慨焉慕之，獨怪於河圖洛書、《太極圖》等，何復津津樂道？然苟明乎五行非以統萬物，八卦非以綱百名，則諸雜説非五行八卦無所牽附，以苟其義者亦且自息。嘗分條訟辯，以與世俗砥礪，而仍恐自不出乎世俗，遂標曰“短書”，奄積月日，得若干件。適有《報歐陽瓣薑師書》，足以櫽括厥旨，間有未盡，復於《報貝元徵書》詳焉。師以《報書》及擬爲算學杜章程，别刊《興算學議》一卷。兹乃僅以報貝者代吾短書。夫彼之隸役我者，則必事業之有可徵焉，吾獨不可以反鑒乎哉！故觀化學析别原質七十有奇，而五行之説不足以立乎天地。曰乾坤特巴比倫之方言，赫德氏因謂八卦爲布算之號記。他若《爾雅》歲陽、歲陰、閼逢、攝提格之屬，亦皆巴比倫語。至於甲子紀，向始見於東方朔《十洲・神異》之篇，要皆依斗柄所揭，分度爲十二宫，定子午而餘向胥定，月以甲子名，蓋亦緣此。而歲緣歲星所躔而名，時緣日所加而名，各依全圜三百六十度爲率。猶夫指南針之旋於圜盤，而甲子特方向之異名而已。然則，壬遁孤虚，風水生尅，豈足當一辯哉？吾所欲辯，固有大於斯者。

—10. 皇朝經世文新編　卷一中　通論

報貝元徵書

元徵齊年有道：

李正則書稱足下流寓天津，適館厥家，德星輝聚，甚善，甚善。

奉五月十四日書，具承操先醒之資，蘊憫亂之旨。方復圖謀三反，盱衡相告，其曰正則同駐，藉曉中外情事，此誠當務之急，儒者所盡心矣。嗟乎！誰爲爲之，不圖才數月，使天下大局破裂至此，割心沉痛，如何可言。夫不獲已而和是也，而利權、兵權、製造之權，駸駸乎及於用人行政之權，一以授之敵，無短籬之不撤，有一綱而俱盡，直合四百兆人民之身家性命而亡之，即何能爲今之條約解矣。前寄書有未宣究，今且即答來語，一一陳之。

來語將“講洋務之術尚未精，必變法以圖治歟？抑中國聖人之道固有未可盡棄者歟”？嗣同以爲聖人之道，無可疑也。方欲少棄之而不能，何况於盡。特所謂道，非空言而已，必有所麗而後見。《易》曰：“形而上者謂之道，形而下者謂之器。”曰上曰下，明道器之相爲一也。衡陽王子申其義曰：“道者器之道，器者不可謂之道之器也。無其道則無其器，人類能言之。雖然，苟有其器矣，豈患無其道哉！君子之所不知而聖人知之，聖人之所不能而匹夫匹婦能之。人或昧於其道者，其器不成，不成非無器也。無其器則無其道，人鮮能言之，而固其誠然者也。洪荒無揖讓之道，唐虞無吊伐之道，漢唐無今日之道，則今日無他年之道多矣。未有弓矢而無射道，未有車馬而無御道，未有牢醴、璧幣、鐘磬、管弦而無禮樂之道，則未有子而無父道，未有弟而無兄道，道之可有而且無者多矣。故無其器則無其道，誠然之言也，而人特未之察耳。故古之聖人，能治器而不能治道。治器者則謂之道，道得則謂之德，器成則謂之行，器用之廣則謂之變通，器效之著則謂之事業。故《易》有象，象者像器者也；卦有爻，爻者效器者也；爻有辭，辭者辨器者也。故聖人者善治器而已矣。"又曰："君子之道，盡夫器而已矣。辭所以顯器，而鼓天下之動，使勉於治器也。"由此觀之，聖人之道，果非空言而已，必有所麗而後見。麗於耳目，有視聽之道；麗於心思，有仁義智信之道；麗於倫紀，有忠孝友恭之道；麗於禮樂征伐，有治國平天下之道。故道，用也；器，體也。體立而用行，器存而道不亡。自學者不審，誤以道爲體。道始迷離徜恍，若一幻物，虛懸於空漠無朕之際，而果何物也耶？於人何補，於世何濟，得之何益，失之何損耶？將非所謂惑世誣民異端者耶？夫苟辨道之不離乎器，則天下之爲器亦大矣。器既變，道安得獨不變？變而仍爲器，亦仍不離乎道，人自不能棄器，又何以棄道哉？

且道非聖人所獨有也，尤非中國所私有也，惟聖人能盡之於器，故以歸諸聖人。以歸諸聖人，猶之可也，彼外洋莫不有之。以私諸中國，則大不可。以彼處乎數萬里之海外，隔絶不相往來，初未嘗互爲謀而迭爲教。及證以相見，則所食者穀與肉，不聞其或異也，所飲者酒與漿，不聞其或異也，所衣者布帛裘褐，所寶者金玉珠璣，不聞以冠代履，以貴貿賤也，所需之百工器用，商賈輸販，與夫體國經野，法度政令，不聞有一不備也，與中國通商互市，易器物而用之，又未嘗不各相宜也。獨於倫常，竊竊然疑其偏絶。夫倫常者，天道之所以生生，人道之所以存存，上下四旁、親疏遠邇之所以相維相繫，俾不至瓦解而土崩。無一息之或離，無一人之不然，其有節文之小異，或立法之相去甚遠，要皆不妨各因其風俗，使捷於知而便於行，未有一舉倫常而無之者。

即如君臣一倫，人人知其有，不待言矣。而有所謂民主者，尤爲大公至正，彬彬唐虞揖讓之風，視中國秦以後尊君卑臣，以隔絶不通氣爲握固之愚計，相去奚止霄壤？於族屬有姓氏之分，有譜牒之系，長幼卑尊之相次，父子兄弟之相處，未嘗不熙熙然。彼惟無人不出於學，深得易子而教之義，故年至成立，藝術已就，其父母分與資財，令其自立，是尤合古之士父子異宫之法，其日日問視可如故，非一離不復合，一别不更親也。且將以小離終保其大合，以有别不至相夷於無親，是可無中國"室無空虚，婦姑勃谿"之弊。人人不能不求自立之道，通國於以無惰民，不似中國轉累父母養之憂之，使父母有"多男多懼"及"汝曹催我老"之歎也。祖父之産，身後不悉歸於子孫，猶然民主之法之推也。是永無兄弟骨肉争産之訟與奪嫡争繼之訟。嗣同所識西人，有英醫士某，能孝其母，言及其母，則肫肫然有孺慕之色，三數日一寄書，言瑣屑事甚備，下至日所食之蔬果，無不奉告惟謹，又不時電問安否。至其俗左男而右女，自爲風氣所囿，亦猶中國燒拜香之陋俗，謂止可爲母燒之，父則當不起也。夫婦則自君至民，無置妾之例，又皆出於兩情相願，故伉儷篤重，無妒争之患，其子孫亦遂無嫡庶相猜忌之患。朋友則崇尚風義，講信修睦，通財忘勢而相赴難。其學堂書院之規模，一堂師弟，恩誼分明，迥非中國書院之攘詬及近日師弟相待之薄。即與異邦人交，無不竭盡其誠，胡、越而肝膽，永無市井欺詐之習，是尤爲中國衰世所絶無。至於取人之國，專尚陰謀狡險，此兵家之道，所謂“兼弱攻昧，取亂侮亡”，因可施而施之，所當自反，豈得怨人哉！

中國之五倫，詳於文而略於法。彼不尚文，而其法能使家庭之間不即不離，就令不無流弊，而長短適足相抵。何至如中國前跋後疐，貌合神離，强遏自然之天樂，盡失自主之權利，使古今賢聖君子於父子兄弟之間，動輒有難處之事。尊爲天子，德爲聖人，徒抱幽恨於無窮，而無術補不周之已缺，毋亦强密其文，而法未有以節宣之歟？

由是論之，夫惟仁是以相人偶，夫惟義是以能制事，夫惟禮是以有《周官》之制，是以有朝聘、宴饗、軍賓、婚喪賀吊、歲時上塚之儀。其不祭，知其無益也。喪服各有等衰，爲父母持服一年，餘以次遞降，其不三年者，文不具耳。天性篤至者，烏知不有終身之戚也。彼之免冠，吾之半跪也；彼之握手，吾之長揖也；彼之畫數，吾之頂戴也；彼之寶星，吾之翎枝也。吾笑彼冠服簡陋，彼即詰吾之髮辮何爲者，無以答也。若夫智、信，又人人共知共睹，不待言者。子張問十世，孔子告以百世可知。萬年之久，萬里之遥，各安于所習，不必相遠，不必相從，自不必相非也。其不能變者，極之縱天橫地，無可變也。果未有一舉倫常而無之也。使彼無倫常，則不相愛，不相育，彼吞此噬，攻鬥涣散，族類澌滅久矣，尚安能舉國一心，孜孜圖治，一旦遠出中國上，如今日乎？使無倫常而猶有今日，則倫常者初無關於治亂得喪，爲可有可無之贅旒，而吾聖人以倫常設教，反虚而多事矣。

彼其教或有不曉者，要亦尊天明鬼陰以整齊其民耳。中國之佛老何謂也？鄉曲之牛鬼蛇神，一木一石，一藤一井，皆虔而祀之，禱而祈之，又何謂也？詆之者謂在中國有抉目刳心，爲諸不道，而誰目睹之耶？果爾，何以在本國不聞有是，而天道又何在？此有識所斷不信。

嘗笑儒生妄意尊聖人，秘其道爲中國所獨有，外此皆不容窺吾之藩籬，一若聖人之道僅足行於中國者。尊聖人乎？小聖人也。蓋聖人之道，莫不順天之陰騭，率人之自然，初非有意增損於其間，强萬物以所本無而塗附之也。則凡同生覆載之中，能別味、辨聲、被色，頂上而踵下，抱陰而負陽，以口鼻食息，以手足持行，其形氣同，其性情固不容少異。子思子由“舟車所至，人力所通”，推之“天之所覆，地之所載，日月所照，霜露所墜，凡有血氣者，莫不尊親”。不必即尊親，其人自由其道而莫之知也。在人言之，類聚群分，各因其厚薄以爲等差，則有中外之辨，所謂分殊也。若自天視之，則固皆其子也，皆具秉彝而全畀之者也，所謂理一也。夫豈天獨別予一性，別立一道，與中國懸絶，而自能理其國者哉？而又何以處乎數萬里之海外，隔絶不相往來，初未嘗互爲謀而迭爲教，及證以相見，莫不從同，同如所云云也？惟性無不同，即性無不善，故性善之説，最爲至精而無可疑。而聖人之道，果爲盡性至命，貫澈天人，直可彌綸罔外，放之四海而準。乃論者猶曰：“彼禽獸耳，烏足與計是非、較得失？”嗚呼！安所得此大不仁之言而稱之也哉！其自小而小聖人也，抑又甚矣。故中國所以不振者，士大夫徒抱虚憍無當之憤激，而不察夫至極之理也。苟明此理，則彼既同乎我，我又何不可酌取乎彼？酌取乎同乎我者，是不啻自取乎我。由此而法之當變不當變，始可進言之矣。

夫法也者，道之湑頤而蕃變者也。三代儒者，言道必兼言治法，在漢儒猶守此誼，故老莊與申韓同傳，而《鹽鐵論》列於儒家。自言道者不依於法，且以法爲粗迹，别求所謂精焉者，道無所寓之器，而道非道矣。至於法之與時爲變也，所謂“漢唐無今日之道，今日無他年之道”，道之可有而且無者也。且無則不能終無，可有尤必應亟有。然以語乎今日，又不徒可有而且無，實今無而古不必不有者也。

憶往年共足下談時事，疾世之薄儒也，嗣同奮起作色曰：“奈何詆儒術無用乎？今日所用，特非儒術耳。”足下便歎絶，説是知言。故夫法之當變，非謂變古法，直變去今之以非亂是、以僞亂真之法，蘄漸復於古耳。古法可考者，六經尚矣，而其至實之法，要莫詳於《周禮》。《周禮》，周公以之致太平而賓服四夷者也。朱子謂：“《周官》如一桶水，點滴不漏，蓋幾經歷代聖君賢相創述因革，衷諸至善，而後有此郁郁乎文之治。”嗣同嘗歎，周公之法而在也，誰敢正目視中國，而蒙此普天之羞辱，至率九州舍生之類以殉之也哉！蓋至是始識周公立法之善，而孔子、孟子皇皇周流，思以匹夫挽救周公之法之將廢，終不見用，猶垂空文以教後世，萬一有能復之者，所以貽萬世以安，不忍於人類日趨消亡，遂有今日之奇禍也。其事至難，其心至苦，斯其計慮亦至深遠矣。當時既皆不悟，至秦果盡廢周公之法。是周公之法，在秦時已蕩然無存，况秦以來二千餘年，日朘月削，以迄今日。雖漢唐之法，尚遠不逮，豈復有周公之法一毫哉！

然則今日所用，不但非儒術而已，直積亂二千餘年暴秦之弊法，且幾於無法，而猶謂不當變者，抑嘗深思而審處上下古今一綜計之乎？然以積亂二千餘年暴秦之弊法，且幾於無法，而欲盡取周公之法之幾經歷代聖君賢相創述因革，衷諸至善，而後有此郁郁乎文之治，爲兩漢所可復而不復，而使一旦復於積重難返之時，則勢亦有萬萬不能者。井田可復乎，封建可復乎，世禄可復乎，宗法可復乎？一切典章制度，聲明文物，又泯然無傳，非後世所能憑虚摹擬。此數者，周公藉以立法之質地也。數者不可復，其餘無所依附，自閡窒而難施。故曰：“無其器則無其道。”無珩琚而爲磬折委佩之立，人鮮不笑其戚施矣；無筵几而爲席地屈足之坐，人鮮不疑其癱瘓矣。

是故後世人主，未嘗不慕古之良法美意，鰓鰓然效之。若封禪，若樂舞，若耕籍，若親蠶，諸如此等，不一而足。效之誠是也，而終於塗飾附會，故事奉行，牛非牛，馬非馬，泥虚文而無實濟。即儒生則古稱先研覃經術，一若三代大同，得尺寸柄遂可舉而措之，及嚮用矣，亦終不能有如其所自期而躊躇滿志之一日。豈皆學之不至與所從學者之不至哉？“爲高必因丘陵，爲下必因川澤。”古法廢絶，無以爲因也。無以爲因，則誰周孔復作，亦必不能用今日之法，邀在昔之效，明矣。貫七札者非空拳，伐大木者無徒手。無他，無其器則無其道而已。於此不忍坐視，而幡然改圖，勢不得不酌取西法，以補吾中國古法之亡。正使西法不類於古，猶自遠勝積亂二千餘年暴秦之弊法，且幾於無法。又况西法之博大精深，周密微至，按之《周禮》，往往而合，蓋不徒工藝一端，足補《考工》而已。斯非聖人之道中國亡之，獨賴西人以存者耶？

説者謂周衰，疇人子弟相率而西，故西人得竊中國之餘緒而精之，反以凌駕中國之上。此猶粗淺之論，未達夫性善之旨與聖人之道之所以大也。同生於覆載之中，性無不同，即性無不善。彼即無中國之聖人，固不乏才士也。積千百年才士之思與力，其創制顯庸，卒能及夫中國之聖人，非性善而能然歟？又以見聖人之道，果順天之陰騭，率人之自然，初非有意增損於其間，强萬物以所本無而塗附之，故闇合而懸同歟？就令如説者之言，西法皆原於中國，則中國尤亟宜效法之，以收回吾所固有而復於古矣。見飛蓬而作車，見蜘蛛而結網，一草一蟲，聖人猶制器尚象，師之以利用，況窮變通久，如西法之爲聖人之道乎？不然，且日貧日弱，長爲人役，聖人之道乃終亡矣。故嗣同以爲變法圖治，正所以不忍盡棄聖人之道，思以衛而存之也。

來語“數十年來士大夫争講洋務，絶無成效，反驅天下人才盡入於頑鈍貪詐”。嗣同以爲足下非惟不識洋務之謂，兼不識何者爲講矣。中國數十年來，何嘗有洋務哉？抑豈有一士大夫能講者？能講洋務，即又無今日之事。足下所謂洋務，第就所見之輪船已耳，電綫已耳，火車已耳，槍炮、水雷及織布、煉鐵諸機器已耳，於其法度政令之美備，曾未夢見，固宜足下之云爾。凡此皆洋務之枝葉，非其根本。執枝葉而責根本之成效，何爲不絶無哉？況枝葉尚無有能講者。

試先即枝葉論之，西法入中國，當以槍炮爲最先，其次則輪船，皆不爲不久矣。槍炮尚不能曉測量，遑論製造。今置一精槍精炮於此，足下以爲可僅憑目力而浪擊之乎？勢必用表用算而後能命中，則試問左右前後之炮界若何，昂度低度若何，平綫若何，抛物綫若何，速率若何，熱度若何，遠近擊力若何，寒暑風雨陰晴之視差增減若何？平日自命讀書才士，無一人能言者，甚則並其名與制猶不能識。有事則召募愚愿鄉農使用，讀書才士所不能識之器，不亦大可哀乎？去年日本聞中國購槍械，從而笑之曰：“縱得精者，其如無人解用何！終爲我有而已。”後竟如其言。彼之炮兵無不精測算，槍兵亦通曉大略，勝負之數，早辨於此矣。

輪船雖内江商輪曾不能自駁，必聘洋工駕駛，又况海船，又况海軍之且戰且行。回旋不成三角，何以避碰船？炮機不極靈熟，何以禦雷艇？下至風濤沙綫，猶須寄耳目於洋工，就令秦越有同舟之誼，而攻戰大事，何能專責一二駕駛之人？平時依違近港，虚作聲威，初不意真使出戰，迫迫以軍法，將士環向而泣，至有宵遁者。其能與履險如夷、少成習慣之悍敵，馳逐於洪波駭浪中，而望其不覆敗乎？則凡汽機之靈滯，水火之均劑，速率、馬力、漲力、壓力之多寡，測天以辨經緯，測地以驗遠近，更無論矣。

嗣同嘗往來各省機器局，見所謂總辦，非道即府，問其得道府之由，上之挾萬無一用之舉業、弋科目而馴致之，不則入貲財而貨取之，營薦舉而巧攫之。中國辨士論官，固自不出此，何怪於算學、製造了不省寤，則以下諸官屬之懵然昏然，又不待言。即或一二奇材異能之士雜其中，夫誰知而聽之！非無格致書院、武備水師諸學堂矣，而肄業不過百數十人，又不過每月應課，支領獎餼，以圖敷衍塞責。非能合天下全力，如治八股之殫精竭智，以治其業，以求禦侮之方。兼無一定登進之途，使免於夤緣干禄，而謂此智愚不齊之百數十人，皆可造成人材，有是理乎？材或成矣，又誰知而辨之？於是各局不得已而用西人主其事。西人竭誠忠事與否，民不可信，見我無知無識，安坐束手，以受指揮，而聽愚弄，彼亦何爲不遂愚弄之乎？故槍炮廠不一，天津、上海、江寧其最久者，至用槍炮之時，無槍炮也。船廠不一，旅順、福州其最大者，至用船之時，無船也。於是又不得已而購於外洋，外洋知中國素無試驗船械之機器，莫辨良楛也，盡以其共棄而已廢者，昂值售之中國。其外觀猶是也，而鐵質之粗疏，煉法之苟簡，花綫骨節之不中程度，有非機器莫辨者，固不得諦審而爭論也。又況如去年危迫時，欲購稍鈍之器，皆礙於公法而不可得。智利爲局外之國，因乏見錢，竟不願售。而出使大臣意在入肥，收兑委員從而索費，值愈昂而器愈劣，又累被倭船搜奪，私相授受，急何能擇耶！然則中國虚擲此數十年，足下猶稱爲講洋務，毋乃過於高視衮衮諸公，爲之出其罪乎？儆末流之失，遂謂創始之非，又何異懲羹而吹齏，因噎而廢食矣。

且惟數十年士君子徒尚空談，清流養望，以辦洋務爲降志辱身，攻擊不遺餘力。稍知愧耻者，至不敢與辦洋務人通往來。於是惟下賤無耻、不恤聲名之流，始甘心從事。上官明知其非類，窘於無人，不獲已而用之。有細崽起爲關道者矣，有從馬占仕至封圻者矣，人才安得興？洋務安得有效？足下所謂反驅天下人才盡入於頑鈍貪詐。反之一字，適足見洋務本非驅人之具，無真知洋務之人，使頑鈍貪詐得詭托於洋務以售其奸，反似洋務有以驅之云爾。此又不得專罪諸公，實士君子引嫌自高，不屑務實之過矣。有其學而不用，猶可曰不用者之罪也。自不肯爲有用之學，將誰執其咎哉？某公嘗歎曰：“無惑乎合淝之得志也。遍中外大小臣工，學問非不好，人品非不好，心術亦未必都不好，然問以新舊小大炮數百種，新舊後膛槍數百種，形式若何，運用若何，某宜水，某宜陸，某利攻，某利守，某利山林，某利平地，以及水雷、旱雷、炮臺、地營諸攻守之具，進而西人政事法度之美備，更有十百於此者，無能知焉。賢之與不肖一也。少知之惟一合淝，國家不用之而誰用乎？”而昨見□□□上合淝書，痛詆洋務，兼及曾、左，兼及香帥。其爲合淝畫計，則又勸其率鐵甲船往攻日本，是誠奇計矣。然無論中國初無人解馭鐵甲，即有之，而鐵甲獨非洋務乎？非測天無以識途，而謂當用中國之土圭乎？非測地無以記里，而謂當用中國之更香乎？不解汽機，何以行船？不熟算術，何以定炮？不習公法，不能懸旗；不通語言，不能答局外之問。凡此數者，非致力久，用心專，則不能得實用，而謂平日不當講肄，自可取辦於臨事乎？是鐵甲尤諸洋務之薈萃，是中國之名士未始不知洋務之有用，特己所不知不能，恐一講洋務，即失其所以爲名士之具，不得不忍心出死力以擠之耳。試問詆洋務者，能不衣洋布、用洋物乎？與其仰彼之物以爲用，使其日耗吾民之財，何如皆自造之，自用之，兼造彼所需用者抵禦之，以留養民命、紓民力之脂膏耶？即如洋錢一宗，通行東南各省，西人獲利無算，中國何以不早仿造？始以爲貲本太重耳，湖北建銀元局，購置機器纔數萬金，是亦何難？乃至今始有廣東、湖北二局。銅錢則竟坐視西人之銷熔，而不爲之所。

中國舉事著著落後，浸並落後之著而無之，是以陵遲至有今日。而所謂士者，方更堅持舊説，負固不服，不問此時爲何時，所當爲爲何事，溺於考據詞章，狃於湘軍中國人殺中國人之百戰百勝，而怙以矜誇。初不辨爲某洲某國，概目之曰洋鬼。動輒夜郎自大，欲恃其一時之議論爲經濟，意氣爲志節，盡驅彼於海外以閉關絶市，竟若經數十年賢士大夫焦思極慮無以處之者，彼一横蠻即旦夕可定。見有識者討論實學，力挽危局，又惡其形已虚而乘己短也，從而娼之、嫉之、詈之以異端，訾之以邪説。然則便當拱手瞠目以待誅戮耶？愚嘗謂中國有亡國之士者，此也。

又不惟士，有亡國之民焉。各省之毁教堂，打洋人，湖南之阻礦務，阻電綫。以天子之尊，不能舉一事。官湖南者動色相戒，噤口不敢談洋務。加以周漢之稗士亂民煽惑之，快私志於一逞，而陰貽君父以危辱，猶施施然不知天高地厚，方自詡忠義，驕語於人曰："吾能闢邪説，攻異端矣。"頃四川教案，牽涉多國，大不易了。保護教堂之嚴旨，急如星火。馴至寓湖北之洋人，每日游洪山，令由督撫衙門派兵伺候，豈復成世界！西人猶謂中國之官曾不能自約束中國之民，要此官何用？其評吾湘人，一則曰無教化之野蠻，再則曰未開知識之童騃，而中國之人嘗一致思否乎？

窮其所以至於如此之故，即又不得不專罪諸公處無法而當變法之時，不能出鐵肩，下辣手，如張江陵毀天下書院，如國初薙髮之令，以力遏此曹稗士亂民，反曲循之使不變，使士民無所適從。欲不講洋務，而接於聰明，接於精神，接於日用飲食，何莫非洋務？既不能高飛遠走，不在人間，斯決去之而勢有不能。平時所考，不過八股、試律、大卷、白摺。及使之也，迥異其所考，不問其習不習，一於求全責備，事事皆使爲之，卒至一事不能爲。欲講洋務，而國家初無是法，乏師承以致其精，又望焉而畏其煩苦，恐徒分治舉業之日力，又不能與科目、貲財、薦舉者争進取。目營四海，茫無系屬，遂忍而付諸不論不議。無鐵路及游歷之費以擴充其見聞，乃真以爲可不講洋務，而講之即非聖人之道。似是而非，習非成是；一唱百和，同然一詞。雖家置一喙，亦講深閉固拒而不信。

日本、暹羅之變法也，先變衣冠，所以神其鼓舞之妙用，而昭其大信，一新士民觀聽，俾曉然共喻於法之決於一變，漸摩濡染，久久自將合爲同心同德，以舍舊而新，是圖進變他法，始自易於聽從，樂於效用，民志於以定，謗議於以平也。日本遂以勃興，暹羅亦不失爲宇内第三等國。其不變者，則皆不祀忽諸斬焉滅矣。故夫變衣冠，亦洋務根本之一端焉。或者以五十步笑百步而不願變，亦可不强之，而其他當變者，固無一可緩也。夫言不當變法，亦幸生此取士用人無據之時，得匿其無所能，而冀幸於糊名之取士，資格之用人，以便身圖耳。西人鄙中國之士志趣卑陋，止思作狀元宰相，絶不自謀一實在本領，以濟世安民。吁，異哉！此言乃出自西人之口，吾中國之取士用人何如耶？

足下昔慨資格糊名之失，猶以爲彼善於此，爲公道之僅存。斯其憤時嫉俗之深心，非不知聖人之道之無存，惟恃此希疏將裂之法，聊爲遮禁，而獨不思變計何耶？變而鄉舉里選，謬采虚聲，則得人爵，棄天爵，黨同伐異，弊愈益滋，更出資格糊名之下。是古法果不可行於今，果不能不變爲西法。取士用人之依於實事，苟依於實事，即鄉舉里選又未嘗終不可行，故以爲變法即變而復於聖人之道此物此志也。向令早數十年變科舉，如西法之依於實事，舍此更無出身之階，彼便身圖者，復何所容其冀幸，而不回心易慮以治西學？迄乎今日，民志久定，謗議久平，人才久布列在位，中國久復乎聖人之道，而首出乎萬國，父以是詔，兄以是勉，我輩亦必精其業於公法條約，使務、界務、商務、農務、税務、礦務、天文、輿地、測繪、航海、兵、刑、醫、牧、方言、算數、製器、格致之中，各占一門，各擅一藝，以共奮於功名之正路。何至如今日一無所長，而流爲廢物？又何勞騰其口説，至有此等辯論？令彼時有强我輩復爲八股者，有不笑之罵之如今之笑罵洋務者乎？又令我輩不生中國，而生於英、俄、法、德、美、日諸邦，見中國所謂八股及我輩此等辯論，有不旁觀而目笑者乎？然則諸公與士民，皆有不得歸罪者，不早變科舉故也。

今之原禍始者，必以合淝爲叢矢之的。夫日暮途窮，百政廢弛，誠足惡矣。然二十年前，有絶大之名奏議，爲中國生死存亡之所繫，則爲請以科舉變西學一疏。既格不行，何從得群策群力以自輔？何從使君子自别於小人，而化四百兆無用之廢物爲有用？更何從有安内攘外、建威銷萌之一日？合淝聰明人，豈見不到此？故規模雖極宏遠，布置雖極周匝，一有邊警，即始終主和，亦灼見科舉不變，材藝不奮，萬無可戰之理。此其洞睹幾先，力維大局，非後生淺識所能窺覯者矣。責人斯無難。我輩匡居逸豫，超然事表，但覺彼之失機後時，而當局者步步荆棘，居高位而不能行其志願，事變萬端，交乘迭赴，實有至難者。獨怪其變科舉之言既不用，何不以去就争之？争之不得，即奉身而退，不人己兩全矣乎！俟至伊藤博文十年變法之詰，張目而不能對。嗟乎！貪位戀權之足以喪身如此，徒枉其才而已。故夫變科舉，誠爲旋乾斡坤，轉移風會之大權，而根本之尤要者也。

或難曰："不先正天下之人心，變猶不變也。"曰：是固根本之根本，而亦第正在上位之人之心可矣。有《雎》《麟》之意，而後可行官禮之法，亦就在上位者言之，何便溥罪天下之人心乎？必謂天下人心皆不正，又何其過尊西人而自誣之甚也。西國之治平，豈皆人心正於中國乎？彼獨操何術以致此，然則彼性善而我性恶乎？亦彼之法良意美，我無法而已。法良則中人以下猶可自勉，無法即中人以上難於孤存。法良則操、莽無從覬覦，無法即堯、舜終於猶病。且即欲正天下之人心，又豈空言能正之乎？極知今日之禍亂有爲人心所召，彼甘心誤國者，所謂不待教而誅，雖聖人不能正此已死之人心，然有後來未死之人心焉。無法又從何處正起？則亦寓於變法之中已耳。衣食足，然後禮讓興；聖人言教，必在富之之後。孟子謂："救死而恐不贍，奚暇治禮義？"言王道，則以耕桑樹畜爲先，無其器則無其道。聖人言道，未有不依於器者。豈能遍執四百兆顛連無告之民，一一責以空言，强令正心乎？所謂垂空文以教後世，亦望後之人能舉其法以行其教，而空者不空耳。若但空文而已足，則前人之垂亦既夥矣。今之於教何如哉？孔子作《春秋》而亂臣賊子懼。並孔子之世，不乏亂臣賊子矣；後孔子之世，不乏亂臣賊子矣。孟子距楊墨，而異端不絶於後世；韓昌黎闢佛老，宋儒又闢佛老，卒與昌黎、宋儒並存。無他，孔孟、昌黎、宋儒不幸不得位行權，以施其正人心之法，徒恃口誅筆伐，以爲千里金堤而不憂横决，固不免爲奸雄所竊笑。然則不變法，雖聖人不能行其教以正人心。此變學校尤爲正人心之始基，根本之根本矣。學校何以變，亦猶科舉依於實事而已。

夫人心既不可抉取以考察正否，故非借證於實事，尤無從以得，其中國之經史、性理，誦習如故，尊崇如故，抑坐定爲人人應有，而進觀其他，不當别翹爲一科而外視之也。即考據詞章、八股試律，亦聽其自爲之，不以入課程，不以差高下，皆取文理明通而已，以其可僞爲也。餘不可僞爲，自必皆實事。皆實事，則科舉之取士也有據，而鄉舉里選亦無計以遂其私。善夫西法學校科舉之合爲一也，有擇官選士之意焉。有初學院、中學院、上學院，學者依次遞升，其材者升於大書院，猶成均也，各守專門之學以待録用。學弗精進，或他過失，依次降之，猶郊遂也。其投考也，即由各專門院長考之，不拘人數，求考即考，一二人可也，百十人可也。不拘時日，隨到隨考，今日可也，明日可也。所考又皆實事，皆可實驗。如考算學即面令運算，船學面令駕船，律學面令决獄，醫學面令治病，汽機學面令製造，天文、測量面令運用儀器，衆目昭彰，毫無假借。中式即面予證書，差其等第，以爲名稱，如中國舉人、進士之類，其有殊尤，立即報明擢拔。考政學、文學者官内部，考算學、理財者官户部，考兵學者官海軍、陸軍部，考法律者官刑部，考機器者掌機局，考測繪者掌輿圖，考輪船者航江海，考礦學者司煤鐵，考公法者充使臣，考農桑者列農部，考醫學者入醫院，考商務者爲商官。餘或掌教，或俟録用，或再考。每國大小公私書院、學塾多至十數萬區，少亦數萬。學某學即讀某門專書，而各門又無不兼有輿地之學。又有兵學校，凡兵均令讀書。又有瞽學校，製凸字書令捫而讀之。凡子女生八歲不讀書，罪其父母。又有五家連坐之法，一家不讀書，五家皆坐罪。故百工、商賈、農夫、走卒，無不讀書。又有女學校，故婦女無不讀書。由是小兒得於母教，方七八歲時，即知地爲球體，月爲地之行星，地爲日之行星，地自轉而成晝夜，地繞日而有寒暑，地凡幾洲，凡幾國，某國與我親，某國與我讐，及其廣狹强弱，均已曉其大概。至於品行心術，固無法以考驗，實即寓於諸學之中，坐定爲人人應有，而進觀其他。苟其不端，亦决無能善其事而不敗露者。况有警察、官吏舉刺之，有上下議院評論之，又有濃賞厚罰驅其後，復何憂不得人哉？中國之考八股，於品行心術即又何涉！豈惟八股，經史、性理、考據、詞章，凡可僞爲者，其無涉猶八股也。顧亭林悼八股之禍，謂不減於秦之坑儒。愚謂凡不依於實事，即不得爲儒術，即爲坑儒之坑。惟變學校，變科舉，因之以變官制，下以實獻，上以實求，使賢才登庸而在位之人心以正，且由此進變養民、衛民、教民一切根本之法，而天下之人心亦以正。根本既立，枝葉乃得附之。夫何憂頑鈍貪詐，夫何憂洋務之無效？

或又難曰："天下大局，已潰裂至此，所謂利權、兵權、製造之權，駸駸乎及於用人行政之權，一以授之敵，欲毁約又已無及，雖變法庸有濟乎？"曰：是難言也。吾獨惜夫前此數十年寬閑之歲月，不計此，不爲此。見日本之變法而興，可謂"雖無老成人，尚有典型"矣。猶不思效法，反議之，詆之，笑之，咒之。初通商之不變，尚曰不識中外情形也；庚申可變矣，庚辰可變矣，乙酉可變矣，而决不變。迄乎今日，奄奄一息，自救不遑，顧不度德，不量力，張脉僨興，忽起而與能變法之日本戰。如泰山壓雞子，如腐肉齒利劍，豈有一幸乎？初聞湘軍之見敵即潰也，心雖哀之，未嘗不竊喜吾湘人之驕從此可少戢矣。既而其驕如故，"躬自厚而薄責於人"，吾何暇計外洋之欺凌我、虔劉我哉？責己而已矣。《春秋》之法，責賢者備。彼甘心誤國之臣，既非賢者，責又將别有所在，則事之不可爲，夫亦亡國之士與民爲之也。何則？今日誤國之臣，即前日之士民；今日之士民不變，他日又將誤國矣。雖然，吾所云變學校，變科舉，凡以爲士與民，化其桀驁，而登庸其賢才也。賢才登庸，正如西人所稱聯合力，豈有不可爲之時勢哉？

試爲今之時勢籌之。已割之地，不必論矣。能有爲者，固不在大，此其淺禍也。賠兵費二萬萬兩，又議增三千萬兩，其禍較深。括盡中國之民財及於婦女之環珥，恐猶不足取辦。不足取辦，則威海之倭兵永不得撤，五十萬之歲餉永不得停，子金又日孳而日重，勢不得不假貸於西人。西人更因而盤剥之，重息也，質地也，抵押海關也，皆所不免，而吾益不足取辦。子金之日孳日重，負西人無益於負日本，積纍既久，雖割地割海關猶不能償。統籌全局者，所以必首先從事於此。若無内國債可舉，而擇禍莫如輕。莫如俗諺"與其欠錢，不如賣田"，是猶有辦法者也。至於遍地通商，免稅免釐，興創機局，製造土貨，其禍之烈，直無辦法！

來語所云“各國援利益均沾之説，從而效尤，小民豈堪其苦?”嗣同所云：“直合四百兆人民身家性命而亡之，此約不毁，聖人無能爲矣。”然毁之自當有其道也。今夫内外蒙古、新疆、西藏、青海，大而寒瘠，毫無利於中國，反歲費數百萬金戍守之。地接英、俄，久爲二國垂涎，一旦來争，度我之力，終不能守，不如及今分賣於二國，猶可結其歡心，而坐獲厚利。二國不煩兵力，驟獲大土，亦必樂從。計内外蒙古、新疆、西藏、青海不下二千萬方里，每方里得價五十兩，已不下十萬萬。除償賠款外，所餘尚多，可供變法之用矣。而英、俄之出此款，亦自不易。吾則情願少取值，浼二國居閑脅日本廢去遍地通商之約；即再加賠費，亦無不可，而仍願少取值，請歸二國保護十年。二國第毁約與保護，即少出值，尤必樂從。夫保護之説，本不可恃，而此所謂保護，止求其出一保護之空言，且須有十年之限制，吾暫假以爲虎皮嚇他國，使不吾擾耳。似今浙江之舟山、天津之鐵路，竟由英、德派兵保護，則斷斷不可。即十年内與他國有事，亦不可真令其助。然得宇内二大國之一言，亦斷不至與他國有事。且英、俄互相猜忌，倚中國爲障隔，中國轉因而居重。新疆、西藏壤地密鄰，二國又將彼此相謀，自固其圉，更無暇犯中國。即令欲犯中國，而經營内外蒙古、新疆、西藏、青海大而寒瘠之區，如農務、礦務、商務、鐵路之屬，必十年之後始少有條理，是尤爲緩兵之策。吾得此十年閑暇，固足以自强矣。而二國出值，又不必皆見銀，凡鐵甲船、快船、碰船、雷艇、水雷、精槍、快炮、商船、火車，造鐵路之鋼條、木板，及應用諸機器，皆許作抵。凡此於日本於英於俄無不準情酌理，兩劑其平，所謂絜矩之道也。

於是遷都中原，與天下更始，發憤爲雄，决去壅蔽。且無中外之見，何有滿、漢之分？則凡一官兩缺，凡專稱旗缺，一律裁止；則凡宗禄駐防，凡旗丁名糧，一律裁止。廣興學校，無一鄉一村不有學校，而群才奮。大開議院，有一官一邑即有議院，而民氣通。慎科舉，無一定之額數，無常限之日期，程其藝事，端其趨向，繁其匯目，精其較量，而一人不求其備。改官制，無内外之重輕，無文武之區别，專其職業，少其層累，遷其勳階，增其禄糈，而終身不易其官。選士人治里閭，以復鄉官之舊；練鄉兵隸守令，以代力役之徵。凡府史皆用律學之士人，既有升轉之望，而書吏之盤踞空。凡胥徒即用在役之鄉兵，既有踐更之期，而差班之蠹賊去。譏闕失有警察之官，禁暴修閭之遺制也；正糧土有測繪之官，封人、均人之職掌也。分海軍、陸軍爲二部，將則必出於武學堂。創辦之始，募西貢、新加坡、新舊金山之華民以練海軍。無事則令運載貨物，出洋貿易，既可挽救商務，又得熟習航海。陸軍則守兵仿寓農而隸守令，戰兵募選鋒而立將帥，槍兵可尚勇力，炮兵兼通算學，工兵則備築壘、浚濠、炮堤、地營、修造器具諸工作。其練之也，守兵令站炮臺，較準頭，布陣勢，習步伐。戰兵於數者之外，益以徵調代操練。今日往某處，已而易一處，已而又易一處，日日如臨大敵。彼出此歸，不使游惰。盡開中國所有之礦，以裕富强之源。兼以兵法部勒礦夫，有事則處處皆兵。多修鐵路，多造淺水輪船，以速徵調，以便轉餉，以隆商務，以興礦産，以廣游歷，以通漕運，以宏賑濟。商務則設商部，集商會，立商總，開公司，招民股，興保險，建官銀行，而必以學商務者爲之官。精求工藝製造，如磁器、絲、茶之屬，與中外所共需者。下至爛布可造紙，萊菔可熬糖，駱駝、牛、羊、雞、鴨之毳可爲毡爲褐。工與商通力合作，以收回利權。改訂刑律，使中西合一，簡而易曉，因以掃除繁冗之簿書。清理庶獄，分别輕繫重繫，使操作如白粲鬼薪之罰。歲始豫算，歲終決算，絲毫皆用之於民，而不私於府庫，以明會計之無欺。出口免税，入口重税，涓滴皆操之自我，而不授於外洋，以杜漏卮之有漸。食鹽與諸土貨，則一徵於出産之地，而不問所之。税坐賈而不税行商，以歸簡易而塞弊竇。尤須研覃税務之學，縷晰中外税則，查驗章程，始可奪回税務司包辦海關之權。講求植物學，以裨農政，以豐材木；講求動物學，以蕃馬政，以溥畜牧。興女學以課婦職，興廢疾學以無坐食。蠶織用機器，可去蠶瘟，而成功多以速。耕不必用機器，而引水用機器，可省筒車之費與手車、脚車之勞。續電綫，創郵便局以理郵政。汲自來水、然電氣煤氣燈以利民用。街道修，則癘疫之源塞；醫院多，則醫治之術工。造公共之花園，以爲養生卻病之方。七日一休沐，以合文武弛張之政。博通各國語言文字，以翻譯西書西報，以周知四國之爲，以造就使才；而四出游歷，以長見識，以充學問，以覘人國之得失興衰。各國之長並取之，各國之弊立去之。各國之船械無一不能造，各國之器用無一不愈精。謹權量，審法度，一道德，同風俗，法立而教自存焉矣。

而中國有屢去而不能去之弊二，不能不變而去之，曰漕務，曰河務。八省漕米，歲數百萬石，由河運則費銀四十兩而致一石；後改海運，費仍十七八兩，而河運亦不廢。嗣同不解所謂，歎爲可已不已，嘗共足下言之。足下謂惟正之供何當廢絶，嗣同亦無以決。後見李次青布政條奏，果謂《禹貢》秷秸粟米不出五百里外，《周禮》九貢九賦亦專指王畿而言。漢高帝轉關東粟以給中都，不過數十萬石，唐初漕運不過二十萬石。宋都汴，去江淮不遠，勞費尚輕。元行海運，初止四萬石。迨明成祖得國不正，挾衆北遷，慮南人不喜食麥，乃漕南米以贍北都，開運河數千里，引黄河以濟運，勞民傷財，幾竭天下之全力。然則今之漕務，特始於明成祖之枉道干譽，遂相沿不改。倉廩陳紅，不知何用。宜將河運、海運均罷去，酌量都城每歲用米之數，另由鐵路隨時轉運，餘以貯各府州縣，或由鐵路運往各缺米之地。且有鐵路，則民間之銷售易，徵收可盡改折色，俟缺米時，然後采買，尤爲簡便。古人耕九餘三與謹蓋藏諸法，皆爲人少又無鐵路之時言之。今者生齒日繁，數十倍於古，所食之穀，自不甚有餘。即有餘，亦自知蓋藏。豈慮貨棄於地者，惟苦無鐵路以流通耳。有鐵路，則不在此即在彼，因其虚而趨填之，斷無天下皆荒之理。即可有天下相通之事，初不必恃有餘之留與蓋藏之謹。凡官倉、社倉之繁難悉可省矣。往年山西、河南旱灾連歲，赤地方數千里，富室擁重金，轉死溝壑，有司疾視，莫可奈何，正坐運道艱遠耳。使有鐵路，何至窮窘若此？

治河古無良策，殷商五遷，半因河決。然則言齊桓堙九河，中國始有河患者，虚也。西人治河，亦止築堤一法，但善審形勢，又多築相距數里之遥堤，至三四重。兩堤之間築横堤，使兩堤相屬，中成方罫。平時皆可栽種，偶潰一處，水仍束於一方罫中，進潰一處，又束于一方罫中，不至浩蕩横流，使人無從施工，無地取土。嗣同因悟井田之法，亦必四面有堤，中如方罫，始成一井。堤上可行，所謂徑也畛也。井愈多則堤愈高愈厚，所謂涂也道也路也。而畎遂溝澮洫者，即各依於本堤。蓋堤四旁八達，皆有口門，可以宣洩由己，水大堤圮，亦止一井被淹，餘可無害。故八蜡中有防，可知堤者，井井皆有，爲農家最切要之事。不然，一有水灾，溝洫畎澮，反足導水入灌。後儒遂以井田爲不解之積疑，至戰國時，毁井田爲阡陌，殆惡堤之占地，因鋤而去之，疆界亂而水患亦劇矣。今西人殆以井田之法治河，所亟宜效法者也。而治水之要，則曰不與水争地。湖湘垸圩，日築日多，故洞庭、江、漢之泛溢年甚一年。曾奉嚴旨禁革，卒不能止。亦由人滿土稀，無可墾闢之地。昔行陜甘道中，見山東、河南被水灾，黎民挈妻子負農器而西邁，流離飢困，心竊哀之。停車慰問，云："將遷耕曠土。"問素願乎？曰："苦資斧不足自達耳。故鄉一片汪洋，豈復堪戀？"於時陜甘大吏頗有周之者。西北土滿，胡不遂遷瀕河瀕江湖常被水之民於彼，使水得所容受，以殺堵激之怒耶？然此非鐵路無以致之。故鐵路之有益農務，尤在無形，誠根本之一端矣。

中國又有屢興而不能興之利二，不能不變而興之，曰鑄錢，曰鈔票。金銀銅三品，皆所應鑄，而銅錢至今日尤壞極矣。重則私銷，輕則盗鑄，抑亦古今之通弊。惟有就出銅各礦，用機器鑄極純之銅，極精之花幕，而又少輕之錢，則私銷無利，而盗鑄不能。然錢中有孔，即不啻多出一邊，尤宜力求細緻機器。造物圓體易工，方形難好。故廣東機鑄之銅錢，方孔中不甚光净，無以杜刮取銅屑之弊。當改造圓孔，而孔内邊外，皆作極細之平行縱綫，略如銀元之式。至妙之法，又莫如無孔銅錢。無孔積至千，不便提携，勢不能不用銀元。銀元又無孔，勢不能不用鈔票。故西國錢皆無孔，亦其暢行鈔票之微權矣。鈔法又銀錢兼權者也。國家不行鈔，致令票號錢鋪坐盗御世之大柄，而持輕重於其間，事之倒置，無逾此者。錢鋪更易倒閉，甚至故設騙局，窮民受害無涯。然而猶通錢鋪之票者，當世錢實不多，鄉間尤窘，不得不賴此幾張紙以爲轉輸耳。言者輒引咸豐朝鈔事爲戒，不知特行之未久，又未免失信，所以難行。若許民納賦完税皆可用鈔，又訂造外國精紙精板，自以中國之印印之，令票號錢鋪即領用官鈔，而嚴禁其出私票，隨設官銀行，視國家入銀若干，始出鈔若干，止求便民，毫無營利之心，原非持空紙以誆民，亦豈有不能行者？况官銀行爲商務先著，銀行既設，商民存款交易必以票爲據。是鈔票不待行，自不能不行也。從前陜甘糧臺有匯兑之票，可匯銀往應解陜甘協餉之各省，毫不需費。票至，各省由藩庫發兑，以代運餉，立意極爲靈巧。湖北善後局有台票，准其上繳釐金及諸解款，皆未嘗不暢行，且甚便也。鈔票於行軍，尤有三利：一，便於轉運，二，士卒輕於齎帶，三，不幸戰没，所亡失止空紙而已。日本兵餉半銀半幣，故亡失甚少，此又亟宜效法者也。

凡利必興，凡害必除，如此十年，少可自立，不須保護，人自不敢輕視矣。每逢换約之年，漸改訂約章中之大有損者，援《萬國公法》，止許海口及邊口通商，不得闌入腹地。今無論東西大小各國皆如此，獨中國任人入腹地耳。如不見許，即我通商於彼國之輪船亦當闌入彼之腹地，此出洋貿易之船所以萬不可少。所謂"即以其人之道，還治其人之身"也。援各國之例，加重洋貨進口之税。如不見許，即我往彼國之進口税，亦當視他國而獨輕矣。去年湖北籌餉，加抽洋油釐金，止加於中國商民，於西人無與，而西人謂有礙其銷路，竟不准行，此正苦於無以相報也。但使一國能改約，餘皆可議改，如此又十年，始可由富而强，始可名之曰國。治定功成，禮樂可徐興矣。夫不入虎穴，焉得虎子？不下十成死工夫，焉能辦成一事？平日務當胸中雪亮，眼明手快，窮理盡性，大公無私，權衡數千年上之沿革損益與數千年下之利弊究竟，調劑五大洲政教之盈虚消長，而因應以爲變通，使人存政舉，利權盡操之自我。以中國地寶之富，人民之衆多而聰慧，必將爲五大洲三十餘國之冠。外洋皆將仰我鼻息以爲生活，更何至有戰事！故今日言治，實有易於前人者。因格致諸理，早經西人發明，吾第取而用之。彼於醫學，尤不恤臠割其肢骸，以訂中國醫書之誤。其他入經大法，皆由屢試屢效，考驗而得。吾不難親炙西人，目察其利病以法之也。

足下昔言“外洋煤、鐵向罄，中國之礦未開，他日中國挾煤、鐵二宗即足制外洋之死命”，是誠然矣。然中國必先自開其礦，以圖富强，始能制人。不然，人將奪我之礦以制我矣。西人亦有言：中國譬則富室，千倉萬廂，蓄積至厚。即湖南一省之礦，足抵外洋各國而有餘。無如四鄰環居，皆窮餓乞丐，耽耽垂涎，即欲緘縢固篋，終閉不出，而勢恐有所不能。危切之言，不啻箴規我矣。凡事不憚其難，不憂其繁，但當先尋一下手處，雖承群小人擾亂極弊之後，不難掉臂行游，密籌追補之策，以期異日可行。今之礦務、商務，已成中西不兩立不並存之勢，故西書《物類宗衍》中有“爭自存宜遺種”之説，謂萬物必爭，而後僅得自存以綿延其種類也。以礦務、商務力與之爭，即今之下手處。而所以能有此下手處者，豈他故哉？前所言賢才登庸之力，而固無望於今之執政者也。况會匪、回匪、散勇、餓民，行將四起，大亂即在眼前，更何暇及此？然失今則更不可爲，又將奈何？曰：前所言者，王道也，無已則有霸道焉。河西、吴越以保民爲心。旁求俊乂，精研格致製造，諸學猝起，與外洋力戰，以争一旦夕之命，其勝也或可蒙數十年之安，然而無可必也。凡霸道必不如王道之可大可久，皆此類也。此而又不可得，則惟有自變其學術而已矣。

學術可變乎？亦曰復古而已矣。唐虞之際，任農者稷，任工者倕，任水土者禹，任山林者益，任教者契，任刑者皋陶，任禮樂者伯夷、夔，任曆算者羲和，皆深明其學，故多世其官。而群聖之相與咨謀，又不離乎兵刑六府鮮食艱食懋遷有無化居之實事。有薄一名一物之不足爲，而别求所謂道者乎？

三代學者，亦皆有所專習，切近而平實。自秦變去古法，學術亦與之俱變，漸無復所謂實學，而今則滋甚。即如算學爲中國最實之學，中國往往以虚妄亂之，故談算者必推本河圖洛書，爲加减乘除之所出。不知任舉二數，皆可加可减可乘可除，何必河洛？夫河洛，誠不解是何物，要與《太極圖》、《先天圖》、讖緯、五行、爻辰、卦氣、納甲、納音、風角、壬遁、堪輿、星命、卜相、占驗諸神怪之屬，同爲虚妄而已矣。必如西人將種種虚妄一掃而空，方能臻於精實。算家又言黄鍾爲萬事之根本，此大可笑。黄鍾一律筒而已，何能根本萬事？即以造度量權衡而論，十二律吕，誰不可借爲度量權衡，何必黄鍾？况累黍之法，實迂謬不可行，何能取準？是以從古至今，九州十八省，無一齊而不差之度量權衡，則亦創法者未盡善，雖虞舜不能强同之矣。夫謹權量爲王政之大者，奈何不求一定率，而聽奸民相欺飾乎？惟法人分地面之天度爲四千萬分，以其一爲度，度定則算立方容積以爲量，即以其重爲權衡，而權立方之輕重，又可還正乎度，一有差數，夫人可運算得之。中國之度，至分數止矣。彼有佛逆及分釐尺，每分可剖爲千百。中國之權衡，至分數止矣。彼有化學天平，每分亦剖爲千百。以故通都大邑，僻壤窮鄉，出而相較，無不吻合。中國測量家多用西尺，沿海民間交易尤慣用西人之度量權衡。非好新奇，實彼有準而我無準也。天地之機緘，一發不可遏，將盡泄其靈奇，以牖民於聰明之域，其間自有不期變而自變者，此類是也。算術古有九章之説，割立、方田、粟布、商功、均輸諸名目，實非本乎自然。疑《周禮・保氏》之九數，初不如此。其説失傳，漢儒乃割裂算數以補之。在先鄭時已多出夕桀重差諸法，明不止九。至宋秦九韶知九章不足信，别立九章名目，所分乃益無理，是不若西人點綫面體之説足以包舉一切。惟此則凡中國所稱五穀、六穀、九穀、百穀，三江、九江、五湖、九河，要不過隨舉一數以爲名，如九夷、八蠻之類，原可不必拘泥。經生家瑣瑣分辨，卒不能折衷一是，亦止覺玩時愒日而不切事理矣。格致之理，雜見周秦諸子，乍聆之似甚奇，其實至平至實，人人能知能行，且已知已行，習焉不察，日用之不覺耳。而迂儒睹諸凡機器不辨美惡，一詆以奇技淫巧。及見其果有實用也，則又仗義執言，别爲一説曰“與民争利”。當西人之創爲機器，亦有持是説阻之者。久之貨財闐溢，上下俱便，不惟本國廢棄之物化爲神奇，民間日見富饒，並鄰國之金錢亦皆輸輦四至。各國大恐，争造機器以相勝，僅得自保，彼此無所取贏，乃相率通商於中國，以中國無機器也。中國若廣造機器，始足保利於民，而謂争民之利何耶？輪船似争船户之利矣，然任外國輪船往來江海，以刮取民財，吾不自造輪船奪回一二，可乎？又如招商局有民間之股分，各輪船所用民人以千計，各碼頭之商務繁盛，其利非仍歸於民乎？鐵路似争車夫之利矣，然應用之人當百倍於車夫，鐵路所不到之處仍須車運，是車夫之利且將日盛，而民間笨重不能運之頑鐵怪石，遺秉滯穗，至此皆可易錢，其利民尤不勝計。漢陽鐵政局似争鐵匠之利矣，然所造皆鐵匠所不能造之物，所雇工役又皆即鐵匠，餘雜役及煤、鐵各礦山所用人以千以萬計。財既散於民間，亦以分外洋鐵器之利。武昌機器繅絲局似争蠶婦之利矣，然自此育蠶者將日多，且雇用女工以千計，使武昌不産絲之地忽增此厚利，而所繅之絲又以售於外洋，争有大於此者乎？凡地方一設機器局，肩挑負販必數倍於平日，此亦利之淺而易見者也。

西國兵法，有氣球飛船，機器中之最脆薄者。然最足以亂敵耳目而奪其氣。往年鎮南關緣此失事，今年澎湖又因以不守。中國宜如何講求仿造及應付之道，偶與人言之，輒以“奇技淫巧”四字一筆抹煞。中國之士尚得謂之曉世事乎？輿圖者，爲政之綱領，尤行軍之首務，中西所同然也。然中國從古至今，無一詳而確之圖。經史大儒，恒自命輿地專門，於亞細亞洲沿革形勝，尚紛争不已，無從折衷，況此外豈復知爲何地？西人分輿地爲文、質、政三家。文家言地與日月諸行星之關係，各球體之大小輕重，各本質之鬆緊分數，寒暑、晝夜、潮汐之所以然，及測日星所躔高弧，定經緯道里而著之於圖。質家辨土石之新舊層，各種僵石五金凝結之故，得太古以前冰山火山、滄海桑田之形勢，動物植物之同異，及礦苗之類别。政家紀風土禮俗及治忽之理，攻守之宜。故西學子目雖繁，而要皆從輿地入門。不明文家之理，即不能通天算、曆法、氣學、電學、水學、火學、光學、聲學、航海繪圖、動重、静重諸學；不明質家之理，即不能通化學、礦學、形學、金石學、動植物諸學；不明政家之理，即不能通政學、史學、文學、兵學、法律學、商學、農學、使務、界務、税務、製造諸學。去年前敵虜獲倭兵，其身皆有地圖。攻某處即繪有某處之圖，山澤險要，橋樑道路，無一不備。下至山之斜度，川之廣狹，某容騎兵，某通單步，皆有比例可尋。每逢抄襲埋伏，要約期會，雖一走卒，能按圖心領其意，不致歧誤。西國史書記一大事，即有一當時之地圖附之而行。凡游歷士人，到一處即繪一圖。然西人猶自以爲未臻其極，各國皆特結輿地會，邀集千百輩，潛心考究，精益求精，永無止息。中國則雖大將出師，不過恃嚮導之口述，初不解測繪爲何事也。兵法者，亦儒家之大用，而今所謂純儒反諱言之。夫平居不講習，臨急又安得有一將才？西人既重韜略，尤喜觀戰。如我與日本之戰，其勝負之由爲我所不自知者，皆詳圖其地，並附説以論斷得失，回國印板售賣，使人人知兵，即人人可兵。人人可有槍械，兼許自造。故一呼即成勁旅，所謂“百足之蟲，死而不僵”也。中國則惟恐民之知兵。軍興以來，奏報條陳及兩軍之情，皆秘不示人，雖督撫大臣亦不令知，而外洋則無不知也。民間售藏槍械謂之犯法。明知弓矢無用，而考武終不改用火槍，蓋防民熟其器而爲亂，如漢時挾弓弩之禁也。卒之亂民未嘗無火槍，又徒束縛良懦而已。一旦有事，或外患，或内憂，其不使蚩蚩之氓駢首被戮者幾何矣！况國家將召使爲兵，何能期其得力？然則爲握固之術以愚黔首，適自愚以自困耳。尤不可解者，日存猜忌之心，百端以制其民，民之不甘受制者，自托於外國，即莫敢孰何。猶一家兄弟相攻，不遺餘力，一遇外侮，反靦然樂受，且召之焉，獨何故哉？

商務者，儒生不屑以爲意，防士而兼商，有背謀道不謀食之明訓也。然此不惟中國防之，西人亦何獨不然？官自官，士自士，商自商，仕宦而貨殖者有常刑。富商雖挾敵國之貲，不少假以名位。其稱商學商部，特研究商務之贏絀，而時消息以匡救之，非以其身逐什一也。中國憚講商務，遂並商務與國存亡之故而亦棄置勿復道。修鐵路則曰無費，然粤商某竟出貲爲美國包辦鐵路矣。造輪船則曰無費，然閩浙巨商往往購大輪船挂外國旗，自號洋商矣。淵魚叢爵，楚材晋用，此固在上者驅迫使然，彼爲士者獨不可悟商務力量之大乎？惟此凡言農務、蠶務、牧務、漁務，皆非謂身爲之，但當精察其理，以爲民導耳。圖表者，尤所以總群學之目而會其歸，爲經濟家所恃以程核而籌策者也。試問中國爲此學者誰乎？西人表學譯名統計，謂源出《禹貢》及九鼎之所圖象。考西學近墨，而墨子法禹，則言必有據。故於政之至纖至悉，莫不列表。夫家登耗，百官進退，外國興衰及交涉事件，礦苗衰旺，出産增减，年穀豐歉，百物價值，用度奢儉，歲入多寡，兵額損益，船械精粗，工藝良楛，各種學術高下，醫院治病得失，庶獄人數及罪名，皆分等級，爲年月比較表，或變爲方圓等圖。既可省案牘之煩苦，尤能一目瞭然，視通國之事如數掌紋，故常以簡御繁，操之有要。太史公曰：“吾觀周譜，旁行斜上。”蓋即中國治經作史之法。至於新聞報紙，最足增人見識，而藉知外事。林文忠督粤時，廣翻西國新聞紙，故能洞悉其情而應其變。今日切要之圖，無過此者。况鄉間無所聞見，尤須藉此爲耳目。中國之大病，莫過於不好游歷，又並此無之，終身聾盲矣。凡此諸端，有一非學者所當爲者乎？抑有一非古法乎？而謂别有聖人之道，此不足容於聖人者，過矣。

□□□言昔在上海，有西人到其齋頭，見書籍堆案，佯爲不識而問曰：“此何物也。”曰：“書也。”又問有何用處，不能答。乃徐曰：“此在我西國自皆有用處，汝中國何必要此。”哀哉此言！亦所謂無其器則無其道也。不力治今之器，徒虚談古之道，終何益焉？若西人之於書，則誠哉其有用矣。經史、通鑒及有宋儒先之書，各國久即譯出，又皆有專譯中書館，期將中國經史子集，下逮小説、新聞紙，概行翻譯，以備采擇。彼既有其器矣，道乃得以附之。觀其設施，至於家給人足、道不拾遺之盛，視唐虞三代，固品節無其詳明，而收效卒不少異，區域且加廣焉。嘗恨博施濟衆之説，聖人以爲至難，則將與天地終此缺陷乎？今不圖於美、德諸邦遇之，雖西國亦斷無終古不衰弱之理，而中西互爲消長，如挹如注。彼所取者，即我所與；我所增者，亦即彼所損；我不自盛强，斯彼亦終無衰弱之理。則洋務之當講不當講，豈待徘徊而計决哉？

來語“倭未嘗蓄内犯之志”云云，嗣同以爲足下此言，視所云曉中外情事者，毋乃相去太遠。倭之蓄謀，當在二十年前，儲峙錢粟，繕治甲兵，久爲外人側目。合淝知爲中國之大患，曾言於朝，沈文肅亦言之，薛叔耘又言之，而丁雨生中丞言尤激切。外此中西智士談東事者，指不勝屈，足下豈不知之？而故爲輕敵之論者，殆猶以中國真可以一戰也。夫戰必有所以，曹劌猶能言之，今則民從耶？神福耶？忠之屬耶？去年主戰之輩，不揆所以可戰之人心、風俗，與能戰之餉與械，又不籌戰勝何以善後，戰敗何以結局，瞢然僥倖於一勝。偶有一二深識之士出而阻之，即嗤爲怯懦，甚則詆爲漢奸。雖然，此無勢之能審，猶有義之可執也。則互日窮天，孤行其志，勝敗存亡，或可不論。及至形見勢絀，有百敗，無一勝，所失膏壤方數千里，沿海八九省同時稱警，顧此失彼，日不暇給。守則無此恒河沙數之兵，棄又資敵。而海軍煨燼，漭漭大洋，悉爲敵有。彼進而我不能拒，彼退而我不能追，彼他攻而我不能救，彼寄椗而我不能蹙。彼有優游自得以逸待勞之勢，方且意於東而東宜，意於西而西宜，擇肥而噬，伺瑕而蹈，顧盼自雄，意氣横出；我則望洋坐歎，不知所措。當海軍之未亡也，言者欲直搗長崎、横濱，爲圍魏救趙之計，不知我之海軍且失事於海口，其能得志於外洋乎？一泛滄溟，即暈眩嘔噦，不能行立。竊恐東南西北之莫辨，將舉踵而郤行，適幽燕而南其趾，能識長崎、横濱之何在乎？然海軍之不可用，猶曰中國所短也。中國所長，莫如陸軍，而奉天敗，高麗敗，山東敗，澎湖又敗；旗軍敗，淮軍敗，豫軍、東軍、各省雜募就地召募之軍無不敗，即威名赫濯之湘軍亦敗，且較諸軍尤爲大敗。將領相顧推諉而莫前，鄉農至以從軍爲戒，聞與倭戰，即縮朒不應募，或已募而中道逃亡。雖將領不得其人，然亦有善調度、能苦戰者矣，亡死數萬人，亦不爲少義勇之士矣，而卒至此者，則陸軍之於海軍又未必相懸殊也。至若餉械之亡失，大小炮以千計，炮彈以萬計，槍以十萬計，槍彈以百萬計，其他刀矛、帳棚、鍋碗、衣服之屬，尤瑣細不足計，亡失之銀錢與工料以千萬計，統中國所耗之戰守鎮防，月餉加餉，轉運一切，又以千萬計。司農告匱，外庫搜括靡遺，下而勸捐勒捐，房捐商捐，加税加厘，息借洋款，息借民財，名目雜出，剔脂鑽髓。且陝甘、雲貴之協餉，以及廉若俸與凡應支之款，概支吾而不發。捲天下所有，曾不能供前敵之一敗，而添購軍械之款尚無所從出。於是赤手空拳，坐以待斃。向之主戰者，乃始目瞪舌撟，神喪膽落，不敢出一語，偶蒙顧問，惟頓首流涕，相持嚎哭而已。而和之勢遂不至摇尾乞憐，哀鳴緩死不止。嗣同以爲孟浪主戰之臣，以人家國爲僥倖，事敗則置之不理，而逍遥事外，其罪猶加敗將一等矣。而日本則戰無不勝，攻無不取，鼙鼓經年，其陣亡之真日本人才六百餘而已，餉械更有得無失。足下以爲中國可戰乎，不可戰乎？

前見□□□上書，言與西人戰不當用槍炮，當一切棄置，而用己之氣。□□□同守此義，而持變氣之説，曰專精誠。然觀其文采則美甚，書法則佳甚，中國之名士大抵如此矣。夫洋槍洋炮之利，在西人猶其餘事，然亦萬無徒手可禦之理，殆誤於孟子制梃之説耶？然孟子明明提出秦、楚二字，何嘗謂可撻英、俄、法、德諸國之堅甲利兵乎？即以炮論之，最大之克虜伯、阿模士莊能擊五六十里，而開花可洞鐵尺許者可使萬人同死於一炮。雖斷無萬人駢肩累足以待炮之理，而其力量所及，要不可不知。由是以推，彼不過發數萬炮，而我四百兆之黄種可以無噍類，猶謂氣與精誠足以敵之乎？况彼之法度政令，工藝器用，有十倍精於此者，初不必盡用蠻攻蠻打，自可從容以取我乎？今倭已得險要，已得命脉，已具席捲囊括之勢。有可幸者，或各國牽制，恐礙商務，不即盡其所欲爲耳。悲夫！會見中國所謂道德文章，學問經濟，聖賢名士，一齊化爲洋奴而已矣。豈不痛哉！豈不痛哉！而猶妄援“攘夷”之説，妄援“距楊墨”之説，妄援“用夷變夏”之説，妄援“不貴異物賤用物”之説，妄援“舞干羽于兩階，七旬而有苗格”之説。如死已至眉睫，猶曰：“我初無病，凡謂我病而進藥者，皆異端也。”大愚不靈，豈復有加於此者耶？

且足下抑知天下之大患有不在戰者乎？西人雖以商戰爲國，然所以爲戰者，即所以爲商。以商爲戰，足以滅人之國於無形，其計至巧而至毒。今之策士動曰“防海”，不知曲折逶迤三四萬里，如何防法。既無鐵路使調度靈便，即應有海軍，可南可北，首尾相應。練一軍而固數省之防，使數萬里海面不致盡爲敵有，如圍棋所稱活著，今又亡失於非人，將從何處防起耶？於是有爲練民團漁團之説者，此以張疑兵、助聲勢可耳，若責令當大敵，匪惟不情，抑近兒戲矣。有爲棄海口海岸，專守内地内江之説者，此殆以爲西人止能水戰，亦不識夷情之至矣。西人尤善陸戰，有正有奇，能謀能勇，苟得我之海口海岸，所謂舐糠及米，而内地内江又化爲海口海岸之形矣，然則又將棄之耶？故無鐵路，無海軍，直是無防法。且彼又不必真與我戰也，率數艘鐵甲，今日北洋，明日南洋，後日閩廣，乍離乍合，倏去倏來，止游弋而不接仗，彼所費無幾，而我必傾天下之財力以爲防，防密即退，偶疏又進，一夕數驚，乘間抵隙，不一年而我無有不疲極内亂者。此亟肄多方之故智，楚之所以滅亡也。今倭人專定數地，明目張膽，與我接仗，猶其老實易與處。若夫西人則更不須亟肄多方也，歲取中國八千萬，視國家歲入猶羸一千萬，且無國家之費用，是商務一端已遠勝於作中國之木那克。迨至膏血竭盡，四百兆之人民僵仆流離，自不能逃其掌握。今欲閉關絶市，既終天地無此一日，則不能不奮興商務，即以其人之矛，轉刺其人之盾，豈一戰能了者乎？向令戰勝日本，於中國全局初無裨益，轉恐因以驕貪，而人心之疵癘永遠於深痛，故敗者未必非幸，和者尤當務之爲急，但不當如此和耳。

更思足下輕敵之意，殆猶以爲彼夷狄耳。此天下士大夫之通病，有斷斷不可不改者。語曰：“知己知彼。”先必求己之有可重，而後可以輕人。今中國之人心、風俗、政治、法度，無一可比數於夷狄，何嘗有一毫所謂夏者！即求並列於夷狄猶不可得，遑言變夏耶？即如《萬國公法》，爲西人仁至義盡之書，亦即《公羊春秋》之律，惜中國自己求亡，爲外洋所不齒，曾不足列於公法，非法不足恃也。歐洲百里之國甚多，如瑞士國國勢甚盛，衆國公同保護，永爲兵戈不到之國，享太平之福六百年矣。三代之盛，何以加此？尤奇者，摩爾奈止三里之國，歲入可萬餘元，居然列於盟會，非公法之力能如是乎？中國不自變法，以求列於公法，使外人代爲變之，則養生送死之利權一操之外人，可使四百兆黄種之民胥爲白種之奴役，即胥化爲日本之蝦夷，美利堅之紅皮土番，印度、阿非利加之黑奴！此數者，皆由不自振作，迨他人入室，悉驅之海隅及窮谷寒瘠之區，任其凍餓。黑奴生計日蹙，止堪爲奴。紅皮土番初亦不下千百萬，今則種類頓少至十數倍。蝦夷則澌滅殆盡。皇天無親，惟德是輔，奈何一不知懼乎？無怪西人謂中國不虚心，不自反，不自愧，不好學，不恥不若人，至目爲不痛不癢、頑鈍無恥之國。自軍興後，其譏評中國尤不堪入耳。偶晤西人之曉華語者，輒故作哀憐慰勉之詞來相戲嬲，令人愧怍，無地自容。

而今日又有一種議論，謂聖賢不當計利害。此爲自己一身言之，或萬無可如何，爲一往自靖之計，則可云爾。若關四百兆生靈之身家性命，壯於趾而直情徑遂，不屑少計利害，是視天下如華山桃林之牛馬，聽其自生自死，漠然不回其志，開闢以來，無此忍心之聖賢。即聖人言季氏憂在蕭牆之內，何嘗不動之以利害乎？孟子一不可敵八之説，小固不可以敵大，寡不可以敵衆，弱不可以敵强，又何嘗不計利害？雖滕文公之艱窘，不過告以强爲善以聽天，若使孟子不計利害，便當告滕文公興兵伐齊、楚矣。堯、舜相授受，猶以四海困窮，與十六字並傳，而阜財之歌不忘於游宴，是小民之一利一害，無日不往來於聖賢寢興寤寐之中。若今之所謂士，則誠不計利害矣。養民不如農，利民不如工，使民不如商賈，而又不一講求維持挽救農工商賈之道，而安坐飽食以高談空虛無證之文與道。夫坐而論道，三公而已。今之士止騖坐言，不思起行，是人人爲三公矣。吾孔子且下學而上達，今之士止貪上達，不勤下學，是人人過孔子矣。及至生民塗炭，萬衆水火，奪殘生於虎口，招餘魂於刀俎，則智不足以研幾，勇不足以任事，惟抱無益之憤激，而嘵嘵以取憎。其上焉者，充其才力所至，不過發憤自經已耳，於天下大局，何補於毫毛！其平日虛度光陰，益可知矣。

英教士李提摩太者，著中國失地、失人、失財之論，其略曰："西北邊地，爲俄國陸續侵占者，可方六千里，此失地也，而知之者百無一人也，中國五十年前，人民已四百二十兆口，以西法養民之政計之，每歲死生相抵外，百人中可多一人，然至今初無增益也，此失人也，而知之者千無一人也。又以西法阜財之政計之，每歲五口之家，可共生利一鋌，然中國日貧一日也，此失財也，而知之者竟無其人也。"審是，則中國尚得謂之有士乎？嗣同深有痛于此，常耿耿不能下臍。平日於中外事雖稍稍究心，終不能得其要領。經此創巨痛深，乃始屏棄一切，專精致思。當饋而忘食，既寢而復興，繞室徬徨，未知所出。既憂性分中之民物，復念灾患來於切膚。雖躁心久定，而幽懷轉結。詳考數十年之世變，而切究其事理，遠徵之故籍，近訪之深識之士，不敢專己而非人，不敢諱短而疾長，不敢徇一孔之見而封於舊説，不敢不舍己從人，取於人以爲善，設身處境，機牙百出。因有見於大化之所趨，風氣之所積，非守文因舊所能挽回，而必變法始能復古，不恤首發大難，畫此盡變西法之策，於所謂算學格致，益不敢不盡心焉。

於是上書歐陽瓣薑師，請於本縣興創算學，其指曰："士生今日，亦止有隱之一法。然仕有所以仕，隱尤當有所以隱。爲天地立心，爲生民立命，以續衡陽王子之緒脉，使孔、孟、程、朱之傳不墜於地，惟夫子與劉夫子、涂夫子自當任之。而諸門弟子亦宜分任其責，或如仲子之治賦，或如冉子之通算術、能理財，或如端木子之通算術、經商務，或如樊子之考究農務，或如公西子之足備使才，或如宰我子之習語言，或如卜子之治文字，或如顓孫子之訂儀注，或如言子之詳節文。陶淑既久，必將有治學合一，高據德行之科，兼爲邦南面之才與器，如顔子仲弓其人者。師弟一堂，雍雍三代，有王者起，必來取法，可不疑矣。然今之世變，視衡陽王子所處，不無少異，則學必徵諸實事，以期可起行而無窒礙。若徒著書立説，搬弄昌平闕里之大門面，而不可施行於今，則何貴有此學耶？聞曾發變法之論，伏望先小試於一縣，邀集紳士講明今日之時勢與救敗之道，設立算學格致館，招集聰穎子弟肄業其中。此日之銜石填海，他日未必不收人材蔚起之效，上之可以輔翼明廷，次之亦足供河西、吴越之用。

即令付諸衡陽王子之噩夢，而萬無可爲之時，斯益有一息尚存之責。縱然春蠶到死，猶復搗麝成塵。諺曰：‘巧婦不能作無米之炊。’然必有米而後作炊，亦不得謂之巧婦矣。然則畏難而就簡因陋，一慚之不忍而累及終身，事急又横蠻言戰，曾不恤情理之安，亦安得謂通天地人之爲儒，推十合一之爲士，爲包羅萬有、本末兼該、體用具備之學乎？夫彼之横蠻言戰及爲閉關絶市之説者，其不計利害也，是勸五十里之國之滕文公伐齊、楚也。”書到，以商於涂大圍師，俱蒙嘉納，遂有興算學社之舉。唐紱丞諸君復得請於學政，將縣中南臺書院改爲算學館，而劉淞芙又别聯一小社，稽古振今，士風一奮。嗣此倡扶正學，丕振宗邦，尤爲足下是賴，而乃懾於講洋務之名，隨衆以詆，如諸來語，甚非所願聞也。

竊意足下天姿開敏，行且猛悟，今特爲嚚談所奪耳。歷觀近代名公，其初皆未必了了，更事既多，識力乃卓。如曾文正、惠敏父子，丁雨生中丞，洞徹洋務，皆由親身閱歷而得。左文襄晚達，故沈觀最久，其請造輪船之疏曰：“彼既巧，我不能安於拙；彼既有，我不能傲以無。”所至輒興創機器，信知所先務矣。沈文肅疏論船政，自謂“臣則一無知而已矣，其悔恨爲何如耶”！彭剛直號爲不喜洋務，然築沿江炮臺，何嘗不用西法，又何嘗不請造兵輪。其序鄭陶齋《盛世危言》，至謂“孔孟復生，不能不變法而治”，是於洋務獨能深入其藴。黎蒓齋兵備爲諸生時，上書言事，深薄洋務，及使東章奏，迥然如出兩人。郭筠仙侍郎歸自泰西，擬西國於唐虞三代之盛，幾爲士論所不容。薛叔耘副都初亦疑其揚之太過，後身使四國，始歎斯言不誣。夫閱歷者，人所同也，但能不自護前，不自諱過，復何難寤之有？即嗣同少時，何嘗不隨波逐流，彈抵西學，與友人争辯，常至失歡。久之漸知怨艾，亟欲再晤其人，以狀吾過。而或不更相遇，或遂墓上草宿，哀我無知，負此良友，故尤願足下引爲鑒戒焉。十年之前，作《治言》一篇，所言尚多隔膜，未衷於理，今並呈覽，亦可考驗其識見之增益。昔嘗以日新相期，足下未遽領悟，或者其失即在此乎？若嗣同則自今益當求新，決不敢自囿於所陳，足下不斥其妄，尤有更精之策，並爲足下傾箱倒篋而出之。

一曰籌變法之費。除賣地以供國家鉅用外，餘議院、學堂、鄉塾之所需，莫如毁天下寺觀廟宇諸不在祀典之列者。即在祀典，亦宜嚴立限制，節其侈費，以供正用。則各府州縣，皆能就地籌財，無俟他顧。今之寺觀廟宇，多而且侈，使悉廢之，不惟財無虚擲，人無游手，而其雲構崇閣，亦可爲議院、學堂諸公所之用。至民間每年所省香燭、紙爆等費，尤爲不可勝計。黄佩豹兩至西藏及諸番部，金銀之富，無與倫比。佛寺大小以萬計，寺産可千萬金者，隨在有之。佛像屋頂，悉以赤金鑄成。餘黄白之屬，或熔爲山，或窖於地。民俗愚而勤苦，歲有贏貲，輒以獻諸佛寺，堆積至厚，而不知取用。設若强鄰内侵，梟雄竊據，其爲借寇兵齎盗糧，害有不堪設想者。誰秉國鈞，願思冶容慢藏之訓，亟有以收之，而中國自此富無與京矣。

一曰利變法之用。機器之興，僅賴煤炭、火油以司運動，則耗多而勢必竭。西國有收地熱、日熱以行輪船，及用電氣以行鐵車者。然地日之熱其力甚微，電氣貲本所費不給，則莫如就四川之火井、各省之温泉以設機器，更助以地熱或日熱，是可以省火力矣。就各山之瀑布飛泉，安措輪軸，使摩激而生電氣，因而傳引至需用之處，是可以節物力矣。然而西人諸機器之力猶有限量，欲求大至無限量之力，又莫如海潮。據天學家言，海潮與日月相吸之力，能令地球暫離其軌道，所以積久必有歲差。今任其自消自長，而不思所以用之，則亦徒負大力，而無裨於人事矣。可就沿海潮頭極大之地，遍立極大之機廠，以取受其力。距海遠者，則用電綫傳力之法，而力無不達。由是巨靈遜其開山，共工慚其陷地，助力之廣，殆於不可思議。

一曰嚴變法之衛。夫甲船槍炮，日出新奇，久之必更有一物焉駕乎其上，而他具皆廢。涂大圜師深痛戰具酷烈，嘗曰："不識氣學、電學，能禦槍炮否？"夫禦之則不能，而有加酷之法，不啻禦之而尤甚。西人嘗欲以電氣施於槍炮之中，各國聚謀，尚無精詣。惟英人瑪格森者，曾造靈巧小炮，每分鐘時能放子六百出，宜車亦宜舟，兼有吸水櫃、能減炮之熱度，使久用不息，固已絶倫超群矣。而成此炮後，復精治電學，創爲電氣飛船，無論風之順逆，皆可飛行無阻，進退升沉，轉旋如意，但尚不能速耳。此與氣球同爲行軍絶技，即薛叔耘副都所謂雲軍雲戰者也。今幸西人尚未極精，使中國從而精之，則可無敵於天下。蓋各種槍炮俱不利仰擊，田雞炮雖較勝，亦不能及遠。而電船氣球行度，常在三十里内外，即降至十里或數里，亦無有能傷之者。是翱翔所至，山海失其阻深，槍炮都成廢物矣。且重物下墜之率，於相距之平方，有反比例，漸次增速，即漸次增重，愈速則愈重。一斤之物，墜之於至高，及其至也，可陡增千萬倍之重。故人乘電船氣球，並不必用槍炮，第取開花炸彈，或實心巨彈而下墜之，即已無堅不摧。而西人又有用大凸透光鏡，取日中之火以焚敵者。鏡方八尺，即可熔化生鐵於三十里之外，是尤宜參用其法，則凡鐵甲船、水雷、旱雷、各式炮臺、地營與城郭之屬，皆爲無用矣。然則氣學、電學所能禦者，豈第槍炮而已哉。惟此策慘無人理，尤須防人之以此加我，宜專設一學，孜孜製造，庶幾力争先著。若又讓西人之我先，中國直几上肉耳。

一曰求變法之才。前言變學校，變科舉，是求才矣，而創辦之始，尤貴有人焉以肩其任。莫如即責成各府州縣之紳首，有能倡議廢寺觀，或集股開礦，或置辦機器，與以一藝一事名者，與興利諸事，即加服命寵異，令入議院充議員。由官佽助之、保護之，使成其事。有梗議者，籍其名不令出仕，並不准干預地方事。有一府一縣皆頑梗不受化者，即將所屬停止科舉，以坐辱之。賞罰明，斯人材奮，無可疑也。然以中國民風之良懦爲五大洲之所無，故治國之易，莫易於治中國。他日治成，亦必爲五大洲之所無。患上之不行耳，何患民弗從哉？

嗣同拭目隆平，逾於飢渴，見諸公變法之奏，不禁躍如。所言儻皆踳駁，望足下别思一可行之策，勿談空理，勿尚浮文，並條舉而件繫之，庶乎吾儒之實學。若徒摘一字一句之未安而遽爾見攻，雖墨翟環帶之守，將不能任。惟高明圖察是幸。

甲午秋七月，譚嗣同謹上。

—10. 皇朝經世文新編　卷一中　通論

報章文體説

周公以前，師道攝在上，故文總於史官。周公之制作，史之隆軌也。孔子以後，師道散在下，故文總於選家。孔子之删述，選之極則也。《傳》曰：文王既没，文不在兹乎！可爲史禪選而選纘史之證。自爾以後，選家代興，太史氏徒擁閑秩，備官書而已。輶軒絶代之使，難方方菹也；東觀石渠之秘，靡人人窺也。既不能網羅散失舊聞，復不足垂信天下後世。文之統緒，乃胥移於選家，而其黜陟顯晦之權，亦惟選家操之。然選家率皆陳古而忽今，取中而棄外，或斷代爲書，或畫疆分帙，致令奇觚瓌采，羌鬱伊而被擯；瓦缶簧桴，軼鐘球而引奏。進退失理，拘囿階之焉。且事鑒切近，靡藻帨則無嘗於行；學富日新，隱塵牘則彌形其舊。以云識時務，謙讓不遑，而日廣見聞，未見其可。若夫皋牢百代，盧牟六合，貫穴古今，籠罩中外，宏史官之益，而昭其義法；都選家之長，而匡其闕漏。求之斯今，其惟報章乎！皃見膚受，罔識體要，以謂報章繁蕪闒茸，見乖往例，此何異下里之唱聞、蕢镛而惶惑？眢井之蛙，語溟瀚而卻走者矣。

今爲疏别天下文章體例，去其詞賦諸不切民用者，區體爲十，括以三類，曰名類，曰形類，曰法類。名類得四體：一曰紀。凡名皆託紀而彰，故紀爲名之首。《尚書》之紀事，《春秋》之編年，左氏之隸故實，群史之本紀、列傳、綱目、紀事本末，以及私家之行狀、碑志、傳誄、記事、書事咸隸焉。二曰志。志者，紀之詳規制者也，《禹貢》《王制》《周禮》《儀禮》與《禮記》之述品節者。《詩經》爲古人之樂章，則亦志也。及群史之書志，及山經水注、歷代輿地、郡縣掌故、禮樂制度之書咸隸焉。三曰論説。論説者，闡揚紀志之奥賾而精其理、指其事者也。謨訓誥命之書，《公羊》《穀梁》之傳，《周易》《論語》《孟子》《孝經》與《禮記》之言禮意者，及《詩》《書》之序，及諸子、佛經、道書、西人論學論政論教之書，及奏議、檄移、書札、序述、駁辯、考解、釋議、銘贊、頌箴咸隸焉。四曰子注。子注者，紀事論説之散見綴證者也。《爾雅》《説文》及訓詁、箋疏、群書之注咸隸焉。形類得三體。五曰圖。凡形皆依圖而存，故圖爲形之著。《周易》之河圖卦畫，《尚書》之絺繡作繪，及天文輿地，及諸物形，及幾何形學之圖咸隸焉。六曰表。表者，圖之變也。《禹貢》之田賦差上中下，喪服之等威殺上下，旁及群史群書之表咸隸焉。七曰譜。譜者，表之變也。《左傳》之世系，《經解》之六藝，《爾雅》之蟲魚草木，《投壺》之魯鼓辟鼓，及群史之《藝文》《經籍志》，及志氏族、目録、金石、法書、刀泉、耒耜、琴簫、博弈之譜，及一名一物之品題彙列者咸隸焉。法類得三體。八曰叙例。凡法皆據例而斷，故叙例爲法之先。《春秋》之發凡起例，《周易》之《序卦》《雜卦》，及群史群書之叙例，爲發明其書之宗旨條理者咸隸焉。九曰章程者。章程者，例之見諸行事者也。《尚書》之誓命，《公羊》之戰例，及公法、條約、律例、教令、告示，及凡百辦事之章程咸隸焉。十曰計。計者，例與章程之分數也。《周禮》之要會質劑，與群經群史、疆里禄賦之數。周制，司寇孟冬獻民數於王。漢制，郡國遣吏上計於京師。在今謂之册籍，謂之報銷。西人謂之豫算、決算。凡算經、數學及有數可稽者，下逮民間日用之帳簿、交易之券據咸隸焉。

凡此三類十體，雖會九州之典册鴻篇，魁耆鉅子，外教雜流，竪儒鄙士，展軸晦日月，束筆齊山岳，誦聲奪雷霆，視草踰恒沙，源流若江河，正變在指掌，時時諷讀，家家撰著，蘄於開物成務，利用前民，要無能出此三類十體之外。乃若一編之中，可以具此三類十體，而犂然各當、無患陵躐者，抑又窮天地而無有也。有之，厥惟報章，則其體裁之博碩，綱領之匯萃，斷可識已。臚列古今中外之言與事，則紀體也；縷析其名與器，則志體也；發揮引申其是非得失，則論説體也；事有未核，意有未晰，夾注於下，則子注體也；繪形勢，明交限，若戰守之界綫，貨物之標識，則圖體也；縱之横之，方之斜之，事物之比較在焉，價值之低昂在焉，則表體也；究極一切品類，一切體性，則譜體也；宣撰述之致用，則叙例體也；徑載章程，則章程體也；句稽繁瑣，則計體也。篇幅紆餘，又以及於詩賦詞曲、駢聯儷句、歌謡戲劇、輿誦農諺、里談兒語、告白招帖之屬，蓋無不有焉。上下四方曰宇，往古來今曰宙，罔不兼容併包，同條共貫，高挹遐攬，廣收並蓄，識大識小，用宏取多。信乎經國之大業，不朽之盛事，人文之淵藪，詞林之苑圃，典章之穹海，著作之廣庭，名實之舟楫，象數之修途。總群書奏，《七略》謝其淹洽；甄七流綜，百家慙其懿鑠。自生民以來，書契所紀，文獻所徵，參之於史既如彼，伍之於選又如此。其文則選，其事則史，亦史亦選，史全選全。文武之道未墜於地，知知覺覺，亦何常師？斯事體大，未有如報章之備哉燦爛者也。

—9. 皇朝經世文新編　卷三二　雜纂

傅雲龍（1840—1900）

字懋元，浙江德清（今屬湖州）人。監生，官兵部主事、直隸候補道、出洋游歷大臣。工文詞刻印。有《游歷日本圖經》《游歷秘魯圖經》等。

海防論

水防莫重於海防。海防重於兵輪，其將非古蒼兕比。《史記·齊世家》："太公曰：'蒼兕蒼兕，總爾衆庶，與爾舟楫。'馬融曰：'蒼兕，掌舟官名。'"其軍非古舟師比，《左傳》："楚子爲舟師伐吴。"其火器亦非古鈎拒比。《稗編》："墨子曰：'公輸船（般）自魯之楚，爲舟戰之具，謂之鈎拒。'"《太白陰經》："水戰之具始伍員，以船爲車，以櫓爲馬。"凡炮，陸戰欲輕，水戰欲重。説者曰："重炮莫臺壘若。"而聞之西人云：炮臺彈如雨，難阻敵舟不一過。兵輪雖被炮十之二，但輪行非無用。説者又曰："禦炮難忽。"而雲龍以爲不勝其禦。湘軍之創快蟹諸舟擊髮寇也，戰河耳，後膛炮寡，非有三十有半磅彈也，非有栗藥無煙藥也，避之以網與絮與髮與竹與革，而鉛丸輒洞。於是乎彭玉麟、楊載福當衝而敵炮失勢。師以畏炮爲恥，而敵炮愈失勢。河戰且然，海軍之戰何必不然。然難在得人。臨事言戰，未事則言防。南北洋無慮數千百里，不勝其防，而節節防與不防等，一疏百密矣。輔水軍之陸師尚以聚而效，況兵輪炮艦快船之重兵，能不擇要扼耶？横沙之港，淺潮之灣，輪不必巨，炮亦不必重，一百五十匹馬力足矣，逸以待勞，無事則巡境内海面。而備鐵甲大輪分泊最要，以時互易，無事則以其一周游海國，風潮既狎，膽識自增，奚有久頓則荒慮耶。彼不遠數萬里航海來兵，未有不籌通糧之舟、避險之地者，亦未有不探旁出之口繞後之津者，第而曰何者爲無定之防，何者爲有定之防，莫若寓有定於無定，而擊其所必救，以無定濟有定，而使之進不支而退無倚。道紆則費大，時移則餉糜，將不戰而走矣。凡防近登宜扼遠口，防前擊宜策後抄，炮臺宜泥不宜石，水雷宜虚實寔虚。綜而論之，必居不敗之地而後可戰，必能得戰之人而後可守，又必識守戰皆宜之時而後可和。

—8. 皇朝經世文三編　卷四五　兵政一　海防一

六大州説

古無六大州目，而有九州目。譯西書者以洲爲州，而《説文》有州無洲。《説文》：水中可居曰州。周繞其旁，從重川。昔堯遭洪水，民居水中高土，故曰九州。一曰州，疇也。各疇其土而生之。經籍州訓不一，或訓殊，或訓浮《廣雅·釋言》，或訓聚《國語·齊語》。此無專指，或訓二百里《周禮·載師·司農》注引《司馬法》，或訓里十《管子》：里十爲州，或訓五黨，或訓二千五百家《周禮·大司徒》"又州長"。又載《師禮》内則，或訓黨鄉之屬《禮鄉·飲酒》注。此非大州。或訓九州：冀、兖、青、徐、揚、荆、豫、梁、雍《公羊莊十年傳》注、《素問》注，或有幽、并，無徐、梁《周禮·大司徒》注，或訓四十三萬二千家《書大傳》注，或訓國《廣雅釋詁》。此非統中外言也。然則有無謂天下九州乎？曰：有。《河圖括地象》《御覽》三十六引"地有九州"。《史記·孟子傳》：騶衍以爲儒者所謂中國者，於天下乃八十一分，居其一分耳。中國名曰赤縣神州。赤縣神州内自有九州，禹之序九州是也，不得爲州數。中國外如赤縣神州者九，乃所謂九州也。於是有裨海環之，人民禽獸莫能相通，如一區中者，乃謂一州。如此者九，乃有大瀛州環其外，天地之際焉。桓寬《鹽鐵論》亦本厥説。《鹽鐵論》：中國者，天下八十分之一，名曰赤縣神州，而分爲九。川谷阻絶，陵陸不通，乃爲一州。有人瀛海周其外，此所謂八極，而天下際焉。《淮南子》："行有九州。" 又云："北方州之圜天。"《後漢［書］·張衡傳》注："地有九州。" 又有不顯言九州而實可參證者。《列子·湯問》曰："四海之外奚有？華曰：猶齊州也。" 知四海、四荒、四極之不異。《鶡冠子》"天有九鴻"，異今説矣。而今説大州繇二而四而五而六亦異。二大州孰謂？亞細亞、歐羅巴。亞非利加最近、澳大利亞少遠，爲東一州，亦謂之東半球。而亞非利加與亞細［亞］之不聯，以紅海南二段爲界。紅海北段支初陸一線，限二州，今通矣。而亞非利加與歐羅巴之不聯，以日斯巴尼亞南之日百拉達海峽及西之西利島、西南之極峽海面爲界。謂南北二阿美利加巴拉馬亦天之所以限東西也，議掘無效，爲西一州，亦謂之西半球。

四大州孰謂？一亞細亞也，中國在其中；一歐羅巴也，在中國之西北；一亞非利加也，在中國西南；一阿美利加也，在中國東詳《雲龍別國名歸》一表。五大州孰謂？或分南洋群島謂之阿塞亞尼，《瀛寰志略》闕之矣。今於四大州中，分阿美利加爲南北，美利加合衆國、墨西哥國，屬北，餘屬南。六大州孰謂？謂澳大利亞自爲一州也。陸居全地四之一，而水居三。中國居陸五十之二，是居水陸二百之二也。陸少水多，與水中可居之訓符。然則作洲謡乎？曰"州""洲"，古通用字，《詩》："在河之洲。"《説文》作"州"，《説文》：水中可居曰"州"。《漢地理志》："州"同"洲"。《爾雅·釋水》、《書·舜典》、(傳左)［《左傳》］文十年、哀二十二年，《釋文·騷注》、《國語》、《方言》、《詩·鼓鐘疏》、漢賈捐之《傳注》、後漢馮衍《傳注》、《淮南地形注》、《文選注》、《釋名》、《一切經音義》十七引、《爾雅》孫注，皆作"洲"。然則"洲"亦未爲非，而"州"勝。

—8. 皇朝經世文三編　卷七一　洋務三　外洋疆域

毓　賢（？—1901）

字佐臣，隸内務府正黄旗漢軍，監生，歷任山東、山西巡撫。

治河除弊疏

再，黄河治法誠如部臣所云，無論治標治本，總以展寬河面、盤築堤身、疏通尾閭之事最爲扼要之策。查尾閭之害以鐵板河爲最，全河抹沙帶泥，至此無所收束，散漫無力，挾以風潮，膠結如鐵，安望暢流？流不暢則出路塞，出路塞則横溢多，故無十年不病之河。現擬建築長堤直至淤灘，用椿硬厢，如水中作工之法，再設法防護風潮，縱不能經達入海，而多進一步即多收一步之益。至於堤埝卑薄，固由風雨剥殘，車馬踐踏，亦由從前修培之時土方未必足，夯硪未必實，其防汛者，又衹知水來搶埽，不知固其根基，甚以起後戧之土壓掃壩之面，此卑薄者所以歷久彌甚也。今擬修培時土方必足，分硪必堅，切實做工，不准稍涉草率。修培之後尤宜加意保守。其坐灣之處一灣一險。極險則直偪堤根，次亦掃邊。泅如上游之賈莊、孫家樓，中游之垌家岸、霍家溜、桑家渡，下游之白龍潭、北鎮家集、鹽窩著名巨險，其餘險處尚多。期年此險固非裁灣取直不可，然亦須相度形勢。如坐灣過大，引河工長，上口無收吸之勢，下口直沖逼岸，則去一險復生一險。必引河上口能迎溜勢，下口直入河心，既避無數險工，又不致顧此失彼，方爲得計。如蒲台迤西魏家口起，至迤東之宋莊止，約長四十里，河水分流，納正河之溜三分。若就勢修堤建壩挑溜，則蒲台北岸之北鎮宋家灘、宋家集一帶減去險工甚多，將來溜歸此河正河，如於蒲台城垣永免水圍之患，此裁灣取直之最有益者，擬即勘估興辦，其餘再相機辦理。要之，辦工貴在得法，而立法先期除弊。

河工積弊之深，一言難罄，而“上損國帑，下病民生”二語足以括之。兹飭總辦河工督糧道尚其亨會同三游督辦之員，嚴飭在工文武員弁，凡從前虚報搶險，侵食土方，種種弊端一律掃除，買料定准萬斤，按時價發給價錢。既足，再有減色，立予嚴懲。防汛及承修各員，酌添局費以養其廉。經費既添，再有不實，立予嚴參。蓋弊除而後法可行，法行而後河可治。

—18. 皇朝道咸同光奏議　卷六〇上　工政類　河工

李希聖（1864—1905）

字亦元，號卧公，湖南湘鄉（今屬湘潭）人。光緒十八年（1892）進士，官刑部主事。有《雁影齋詩存》《庚子國變記》《光緒會計録》。

光緒會計録叙

泰西各國，歲出歲入之款，年終則布告國中，登諸報館，故雖五尺之童，無不能言國用者。中國則不然，雖司農大臣，老於其任者不能盡知也。通才碩學，博極古今，至問以左藏之所掌，則愕眙而不能言。蓋官既無成書，吏亦無專牘，雖欲稽考其道無由。余於掌故之學，夙所究心。甲午之夏，重入京師，講求中外交涉之故，於泰西各國富强之政，亦既得聞其凡矣。獨於本國度支不能盡悉，竊用恧焉，逢人而詢，呼吏而語，展轉傳鈔，久而大備，藏諸篋笥，不敢示人，蓋當路之所諱也。中日和議成後，言變法者紛紛，天子亦思奮發自强，采其一二，既已見諸施行矣。然則，户政一端，仿行西法，使人人盡得而見之，亦當務之急也。乃敢排比鉤稽，表而出之，綱目具舉，犂然可觀。蓋國家八千餘萬之出入，盡在是矣。治國聞者，可以考焉。夫自祖宗盛時，歲入不及今日之半，然用以削平諸夏，鞭撻四夷。其時太倉之粟，紅朽相仍；府庫所藏，動逾億萬；天下殷富，户有盖藏；江淮之間，尤爲奢汰，一宴之費，或至千金；鹽漕改法，黄河北流；夷禍萌牙［芽］，海疆多故；徵兵轉餽，天下騷然；大盗乘之，毒流海内；竭天下之全力，僅乃平之。而後乃今患貧矣。

嗚呼，立國以富强爲命，非富則萬不能强。今日事益急矣。日本虎踞於東，常懷遠交近攻之志；俄人狼顧於北，時以開疆拓土爲心；英由緬甸以規滇，法由越南以規粤。天驕弱矣，蒙古不足屏蔽北方；外府成矣，印度可以直窺西藏。屬藩盡失，唇亡則齒寒；利益均霑，此倡則彼和。一旦發難，何以禦之？鐵路未備，則脉絡不能自輸；兵艦無多，則聲勢不能自壯。脂膏竭矣，無可籌之餉；民心動矣，無可用之兵。雖欲割數千里之地以請和，地有時而盡；賠數百兆之費以予敵，費有時而窮。此真可爲寒心者也！宜自今上下一心，卧薪嘗膽，舉數百年相沿之成法而盡變之。日中必熭，操刀必割。速變，則救天下之全；遲變，則救天下之半。若終不變，不忍言矣。變之之道如何？請言其目，則曰：興學校也，廢科舉也，練陸師也，復海軍也，設銀行也，造金幣也，行郵政也，開礦産也，整頓商務也，講求工藝也，税則宜加也，電綫宜廣也。西北多曠土，則宜牧宜農；東南多沃區，則宜漁宜植；鐵路宜支幹並舉，鐵廠宜官商並行。利權不收，則埃及、暹羅之所以削弱也；漏卮不塞，則印度、爪哇之所以滅亡也。凡兹急切之大端，皆爲富强之首務。若能本末兼治，次第舉行，則以此言富，雖數倍英、俄、德、美可也；以此言强，雖混一歐、美、阿、澳可也。雖然，徒法不能以自行，要之以得人爲本。英、法、德、俄、美入款，皆在四萬萬圓内外；義大利入款，亦近三萬萬圓；日斯巴尼亞爲歐洲小國，入款亦一萬六千餘萬圓。中國自道光以後，驟增四千餘萬之入款，人皆以爲無復可加。然其實僅過於日本耳。中國土地之廣，埒於俄英；户口之繁，則占地球四分之一。利源不開，地力未盡，安所得管敬仲、公孫鞅、桑弘羊、劉晏之徒，相與持籌而算之乎？推行盡利，存乎其人；誰秉國鈞，敢告在門。

商政不修，漏卮日甚。歲輸五千萬於西人，殆同獻納。即以日本言之，二十年來計，漏出之銀蓋一百四十兆圓矣。二萬萬之兵費，有形之賠也；一百四十兆之商費，無形之賠也。有形之賠二萬萬而止矣，無形之賠日復一日，長此安窮？況以機器改造土貨，洋貨概免税釐，工商之生計盡亡，國家之入款驟減。内窮於支應，外困於賠償，突厥以是分，波蘭以是滅，秦之續也，吴其沼乎？

東南亂後，流亡未還，田宅邱墟，燕巢林木。墾荒升科，乃林文忠所謂補苴中之補苴也。河運則歲費不支，海運則敵易爲梗。轉帆遼海，挽粟黄腄，坐食三吴，殆非長策。聞政府欲盡廢運漕，改徵折色，實救時之大計。乃見阻於浮言，況西北古稱陸海，今成石田，禹迹芒芒，雍田上上，潞水客談，高安規畫。囊編具在，待人而行。

整頓錢糧，左文襄創之於湖南，胡文忠仿之於湖北。其後，左文襄又行之於浙江，李鴻章仿之於江蘇，近聞李秉衡復仿之於山東。皆爲國家增數十萬之入款，爲民間省數十萬之出款，利國利民，而不利於中飽。此外，惟聞丁文誠裁四川夫馬而已。去年户部所頒籌餉諸條，亦有整頓錢漕一節。食其利者，造爲游詞，以相撓阻，疆吏遂以空文塞責。申施名實，韓切事情，經國大猷盍勿推而廣之。

乾隆以後，鹽法極弊之時也。陶文毅轉移於前，曾文正補苴於後，故淮鹽獨爲無弊。此外，若川滇兩省，立法稍詳。其餘則運有官商之别，票有大小之分。法既兩歧，利出二孔，談綜核者宜加意焉。太公正鹽策而諸侯斂袵，漢武搉鹽鐵而匈奴畏威。毋避專利之名，請行責實之政。

近年以來，釐金驟絀五六百萬。蓋由洋商僅完子税，華商賄買報單。惟重慶、廣州兩口，減抽釐金，輕於子税，子口税單，絶無發用。此外則利權旁溢，流弊滋多。故赫德有准華人請領報單之議，亦持平之一道也。近復以外人製造土貨之故，每百金徵落地税五兩，盡免釐金。然則，釐卡所收去其半矣。故陳侍御璧盛、京卿宣懷，皆欲議行印税，以抵釐金。法變則通，人存斯舉。

河工歲修之費，爲國帑一大漏卮。康熙以前，沿河州縣撥派民夫，乾隆中始全發帑，至嘉慶加價遂加至五百萬，而河患如故，則曰治河無上策。豈其然乎？若美利堅之治密昔西比河，荷蘭之治來因河、馬斯河，義大利之治波河，埃及之治尼勒河，土耳其之治多惱河，或築横堤如方罫，或用窄堤逼泥沙，或築小堤，或用旁閘，而其要則在濬海口。若能參取其法，以治中國之河，師彼長技，實我陳言。自張勤果試用挖泥船不效，遂謂西法爲不可行。倍薄增卑，犯賈讓之下策；分流減水，守靳輔之謬談。必改絃而更張，庶一勞而永逸。

自日人就款以來，國債已增至二百三十一兆六十六萬兩。僅以息計，已歲需二百三十四萬一千六百三十兩據英報。本息併計，歲需一千二百萬兩上下。益以蘆漢鐵路所借及匯豐、克薩、華商等款，數已在三萬萬兩外。每年由户部認還二百萬兩，由各省及海關分認一千萬兩。無米之炊，斷難持久；利源不開，我其爲葡萄亞之續矣！

海關税款，以光緒十七年爲最多。十八年總徵關平銀二千二百六十八萬九千餘兩，已比十七年少八十二萬八千餘兩。值百抽五，載在約章，本乖公法。李鴻章持節使俄，以加税爲己任。然中國日用之物專恃外洋，所加之税仍取償於我之貨價，損下益上，剜肉醫瘡，甚無謂焉。故他國議加税，足以制外貨之來源；中國議加税，適愈削小民之生計。有深慮者當自知之。通商惠工，既强且富而後議焉，則操縱由我矣。

是編所記洋税，衹据各省總數。今將光緒十七年逐關所收總數列之於下：此舉歷年之最多者，以後絀數總在二百萬内外。牛莊五十八萬三千三百四十三兩三錢二分七釐，天津六十四萬二千八百五十五兩四錢九分七釐，之罘三十二萬四千一百四十六兩五錢八分四釐，重慶九萬九千四百四十三兩五錢五分五釐，宜昌十萬三千七百三十三兩五錢八分七釐，漢口一百八十二萬五千七百十一兩二錢六分九釐，九江一百十五萬六千三百五十四兩四錢六分三釐，蕪湖七十一萬二千三百三十四兩五錢七分六釐，鎮江六十萬二千七百八十八兩五錢五分八釐，上海六百八十三萬二千八百九十八兩一錢九釐，寧波一百二十二萬五千三百六十六兩四錢八分七釐，温州三萬一千四百十八兩八錢七分八釐，福州一百六十四萬八千八百九十三兩八錢四分八釐，淡水六十三萬八千一百三十五兩四錢一分三釐，臺南四十七萬三千四百三十四兩五錢一釐，厦門九十九萬一千三百九十五兩四錢一分，汕頭一百六十四萬四千五百七十三兩二錢七分三釐，廣州二百四十八萬一百五十九兩七錢二分二釐，九龍五十九萬七千二十四兩五錢五分一釐，拱北四十六萬三千五百三十九兩六錢三分，瓊州十一萬七千五百十六兩四錢二分三釐，北海二十六萬九十五兩六錢九分四釐，龍州一千九百十一兩七分四釐，蒙自六萬九百四十六兩六錢二分九釐，共計二千三百五十六萬八千二十一兩五分九釐。今雖失淡水、安平兩海關，而補以新開之四口，必有贏無絀。

養兵之數，前代惟宋爲最多，外洋惟俄爲最多，皆非深算遠慮之道也。此外，德國養兵五十八萬四千七百三十四人，法國養兵五十二萬四千七百六十八人，英國養兵八十六萬五千四百二十一人，日斯巴尼亞則僅九萬五千人。中國合兵額勇營數逾百萬，近雖裁十分之三，猶遠在德法之上。夫不鍊之兵，雖盡裁之可也。封常清以白徒敗韓，淮陰以市人勝，則選將爲要矣。戚南塘練兵不過三千人，所向必克，則用少爲能矣。

開源節流之説，盡人皆能言之。近日之裁額兵，及顔料緞匹二庫減放二成，此節流之説也。而管侍御廷獻欲規復乾隆舊制，其勢既萬不能行。順治時入款僅一千四百餘萬，至乾隆時幾三倍之。乾隆之不能復國初，猶今日之不能復乾隆也。至户部所議，清隱賦，核釐金，糖户鹽斤之加價，土貨典當之捐輸，行之一年，尚無成效，國債日增，公私掃地。救時之計，是在開源節流。開源之法，則余序中所舉之目備矣。

今日言理財者，莫不曰仿行西法，可也。然法待人而行，人但知西之有法，而不知西之有人。請略舉之。歐洲諸國，以俄、英、德、奥爲最强。德有畢士馬克，俄有加姬考甫，英有的士累利，奥有安德拉。昔四國之强，此數人經營之力爲多。德尤號爲霸國，一伐丹麥，再圍奥都，師丹之役遂虜法王，晋爲共主。如毛奇、欒特、富列打力、查魯士郡王，皆得人之最著者。法爲普蹶，幾不振矣。得麥馬韓替矮士甘卜大相繼柄政，收復瘡痍，復爲强國。十餘年後，遂能用師數萬里之外，據有越南。義大利瓜分於法、奥，得賢相如加弗耳，名將如喀拉擺爾，提墟已燼之焰，卒復全國，列爲上邦。土耳其有一麥德哈德而不能用，故其國四分五裂，幾於滅亡。由是觀之，得人則富强，失人則貧弱，無古今中外，一也。

是編成於乙未，刊於丙申。總數分數皆以光緒十九年爲据。李趙公上《元和會計》之書，蘇文定序《元祐會計》之録，雖慚曩哲，亦代鈔胥。至於例言之作，稍涉駢枝，乃援溺之苦衷，非著書之常例。大雅宏遠，庶見亮焉。

儲桂山（生卒年不詳）

字馨遠，江蘇泰州人。曾肄业于上海格致书院、求志书院，光緒二十年（1894）入南洋公學特班學習。有《皇朝經世文續新編》。

紗織二十五策

粤自印度産棉，由南番流入中國，千百年種棉日盛，紗布之利益固中國所本有也。但所用紡織之器，皆安於粗陋，通商互市以來，遂不免相形見絀矣。近日風氣漸開，當軸者首創織布局，繼立紡紗局，侈稱仿行西法，似有蒸蒸日上之機。乃十餘年來，各官商之入股本，皆未得絲毫利息。即督辦之員，亦津貼頗多。豈非籌辦之未盡善乎？夫籌辦之法，最忌僅襲西國皮毛，而不能統籌全局、究本窮源以確求其利益，則雖目前入股者多，場面亦形闊綽，出入之貨亦覺充盈，國家商民皆不得均沾其惠，甚至外强中乾，終有崩潰之一日，是真所謂有名無實之局。西國紡織之廠，不可屈指計，大抵多由民間集立公司，僅至官署挂號即可施行。而商部之臣，又百般體商情，以與民相聯絡，有利必興，有弊必除，且時時以有礙於商務爲慮。此所以獲利之多，如操左券耳。中國紡紗情形，非不集股本也，而無如或官或商，多寡萬有不齊，往往重官而輕商，不若西國視官商爲一體。所謂總辦、督辦者，皆由衆商會議公舉，以免歧視。非不購機器也，而無如運載有費，洋行有費，不若西國之自造自用，最爲便捷。非不招習學也，而無如習一門，祇專一門，如謂某工人新製一器，爲前人所未聞者，絶不概見，不若西國之人，隨時講求新法。非不節浮費也，而無如礙於情面，局中司事諸人皆由薦引，不若西國之人，必經考試。有此數弊，而不急思有以補救之，則大局之害，正不特如上海之焚織布局僅暫行虧折已也。蒙按近日紡織兩端，其籌算之方，有急宜舉辦者六，必欲變更者四，力求相輔者三。果能如法施行，則有利益於國家者五，有利益於商民者十。僅就管見，試臚陳於後。

所謂宜急舉辦者，一曰廣植棉種。夫棉有華棉，有洋棉。華棉，即印度之草棉；洋棉，則美國之木棉也。今宜於各省之地已種者，勸令推廣之未種者，飭令試辦之，兼擇地暖土肥之處，如大江南北，兩廣、閩浙、雲南諸省，購買洋棉，教以種植之法，則出産尤佳，更告以紡織之業，近日大爲振興，銷場日拓，則蚩蚩者氓，未有不實力播種者也。二曰廣用機器。中國紡織以車，織布以機，由來久矣。雖目前各局皆尚機器之法，鄉村之中絶不聞有購辦者。今宜於各府州縣之内，先招村民數人，赴局學習運用機器之法，然後飭令回鄉以爲先路之導。雖機器之價所費不貲，非貧民所敢問，可先令紡織之家，合股購辦，或十家一架，五家一架，日久利興，自必愈推廣也。三曰廣設分局。中國紡織之局，現僅於通商處創辦。將來獲利，原自有推廣之説。殊不知不先推廣，則獲利爲尤難。猶人之氣血未能周身流暢，而先望其一處流暢，無是理也。法宜於各府之地先立局廠，其合股招工諸事，即責令本府委員辦理，而各處所産之棉，皆可就近售去。民之願習機器紡織者，亦易於往局審視，以開見識。庶不至以耳聞者終未目睹，遂阻其振興之機也。四曰統算出入。中國創辦一事，往往虧折太多，遂至因噎廢食，大抵皆未能預先統算之故。夫開廠之初，無物不需購辦。所出之貨，成本太鉅，而價目又不能稍昂於西國。是非統盤攤算，分年提抽各費之器不可。再者，股本不足，切不可貪收存款，至利息先爲其所奪。局中司事人員，尤必淘汰，萬不可濫充其數。如是每年實力整頓，則支耗無多，必不至日形窘迫也。五曰講求新法。夫西國機器，其興也，亦不過百餘年，乃精益求精，遂至不數年而一變。近來日本精於仿製，而又不離於仿效，故所造機器每每出自心裁。中國仿造器具，究不能出西人範圍。豈華人之不如日人乎？雖前者聞湖北某治坊，能自造紡紗之器，較日本之器出貨尤多。但若此者，卒不能多覯。今亟宜下一令，曰：如有人造紡織機器，别開生面，倍形靈捷者，准其獨辦數年，更爲嘉賓。則人心愈思愈巧，必能推陳出新也。六曰立票營運。凡紡織局中，無論已入股、未入股商人，概准領票運貨，至各埠銷售，或准其運至何處，載明票末。其關税一切即仿洋關例，於地頭匯報，以免遲悮。至若預定貨匹者，亦可至期給票領照，或新出一花樣之布匹，更可仿照圖書集成局招買股票之例，每匹先取銀若干，迨貨成時再取若干，則貨物必易銷售也。

所謂必欲變更者何？一曰減輕貨税。中國出棉花地雖廣，苟税例不減，而欲成本之輕，終無良策。今當創辦之初，尤宜輕減棉税，以爲鼓勵之方。試思西國運貨來華，水脚疊加而猶能獲利，中國取華棉爲布，仍售於華，而反不獲利，非由於税重乎？再者，西國出口之貨，其税必輕，欲西人之暢行也。今中國之貨雖未能一旦出洋，而亦宜先更其利，減出口貨税，以爲異日暢行之路，而不可拘成法者也。二曰聯絡官商。中國紡織各局，皆以官督商辦爲准。苟辦理得人，兼能持之恒久，原非不善，而無如欲廣施行，則官場中之才大心細、公正無私者，恐不能多得。一旦所託非人，則全局爲之摇動。法宜改爲官商會辦，每局中必公請熟悉商務者一人以爲總辦。督辦持綱領，總辦操籌劃。凡有興作，尤宜與各股商會議，詢謀僉同，然畫諾施行。督辦、總辦皆不得擅專焉，則自能有利而無弊也。三曰考試匠工。中國日省月試考工之法本有明文，考之正所以勸之也。但近日紡織局中考試之權皆操於督辦，甚至聽憑司事人役從中留難，無論有無情面私弊等事，考試時亦祇能察其勤惰，而不能辨其精微。法宜由匠師考試，分上、中、下三等，凡列前茅者，受上賞。匠工之中亦不必同司事人役，即以屢列優等者爲管理，以一轄十，十轄百，如軍制之法，則工既精良，而糜費亦省矣。四曰嚴修火政。中國滬上織布局被焚一事，人皆謂未保險之故。此後籌辦者當不至惜此小費，至害大局。即各處續辦者，亦必以此爲前車之鑒，殊不知保險固宜，與其索賠於事後，不如謹慎於機先。必宜於局中專派一人，司察火種，時以小心火燭爲戒，自不至日久生玩。房屋鋪陳，概不用引火之物；機器工作，必使與堆貨之廠遠相間隔。且宜時時操演洋龍，以求熟悉，亦保全利益之一道也。

所謂力求相輔者何？一曰添製造局。夫紡織機器必向製造處購辦。倘紡織之局益多，而機器不能應給，則必向外洋購辦。無論利權爲人所奪，而定造之初，設使不合於用，必至多爲周折。今宜多立製造分局，每紡五六處即合設一處，專辦紡織機器及修理更换等事，更准其售於民間，以廣利息，則機器之盛行，不待智者而知之矣。二曰開煤炭礦。夫機器必借火力，固在在皆須煤炭也。中國産煤本多，而辦之處甚少。如多設紡織之局，則煤炭之用益廣，必至以重價購用洋煤，而所費太鉅矣。法宜廣驗礦苗，急行開采，且就近有煤礦處設立紡織之局，最爲稱便。西國煤炭，多於印度。雖運用印度之煤，而布貨成本廉於印度，此其證也。三曰廣營運路。中國此時遽欲廣造鐵路，實有空言無補者。火輪雖已設立商招，而内地究不能開往，此貨之所以難運也。今亟宜於陸路集立公司，先造木路以運火車，其費不足十分之三。或就近開築馬路，如上海製造局之至分局，如此節節施行，亦可以由近而及遠。至於内河之地，宜製造小火輪船來往，如恐有妨民利，即招民間大船主集股，仍雇用尋常船夫，則自無不利，而紡織之貨亦因此而暢銷矣。

以上所言皆籌辦之要務，苟握權而布治之，則不必俟諸異日，而其效固有彰彰共著者。請先言國家之利益。夫中國邊省荒土極多，既導以種棉之利，則瘠地皆變爲沃土，而從前之官地無國課可收者，至此皆有正供矣。其利益者一。平時棉花布匹收税雖重，而計數甚微。今出産既充，則銷售亦暢。各省之關税釐捐，雖皆略爲减輕，而運貨多一分，即關税旺一分，愈推則愈廣矣。其利益者二。近三十年暢銷西國布匹，而銀錢之利不免外奪，今既各處設立分局，則各處所銷之貨其利皆在民間。有子云："百姓足，君孰與不足?"是言信不誣也。其利益者三。中國庫款久形支絀，而設廠招工，又必先籌官本，其擘畫殊非易易。今既生意暢旺，則官本有利。雖由藩司籌撥，亦可借此利資以助軍餉，而不虞虧折矣。其利益者四。曩時紡織未興，尚且力籌款項，添設海軍及製造火器諸局。今既推廣紗布之利，則民日以富，即國日以强，而外患可以無虞矣。其利益者五。

請更言商與民之利益。向來民間植棉，如南通州等處，往往因出産太多或洋莊停歇，則即大爲减色。今既到處可銷，則人無觀望徘徊之念，而植棉者皆獲利矣。其利益者一。中國南方山地高田，每有旱荒之患。今既興種棉花，則收麥之後不能植稻者即可植棉，而收成較平時必加倍矣。其利益者二。中國談仿西法者，往往慮奪民間之利。今既廣用機器，教導鄉民，則無論婦子家人，皆可以機器爲生財之道，而無害於女紅也。其利益者三。中國人民繁多，無業則墮入下流，理之常也。今既各處開局，則匠工必多，而游手好閑之輩亦可借以養身，而不至以舊金山等處爲樂土也。其利益者四。近年以來，民間廣用洋布，尚覺便宜。今既自行紡織，價值又從廉，而貧苦之民亦易於購取矣。其利益者五。内地商賈之民，多因關税太重致形阻礙。今既减輕棉税，則牽車服賈者流，自必如霧之蒸，如雲之集，而皆出於其途矣。其利益者六。商賈之業最難定者，價值之漲落，故每每因虧折堪虞，轉多周折。今既劃定本利，無大漲落，則商人皆可放心而取票營運矣。其利益者七。中國民人，每畏與官場交接，故招股之事頗覺不易。今商股既各得利息，則聞風而至，自必奮勉異常，而紡織之局益多矣。其利益者八。内省各地，向因運貨脚費太重，以致缺貨時聞，價值即多漲跌。今既局廠宏開，兼水陸通行有小輪木路，則店舖之家自易於接濟，而市面劃一矣。其利益者九。中國久欲設立銀行，因各省自不能通商，故多窒礙。今既商務振興，來往匯票或存或撥，貿易自多暢旺，而銀錢未有不通者也。其利益者十。統觀大局，孰非認真仿行西法之效哉?

此外尚有餘事可仿者，如每年必核計各省共設局若干處，機器若干架，出貨若干匹，值銀若干數，工匠若干人，各股利息有無多寡，費用出入每年若何，皆必登諸日報，一以廣見聞，一以昭公允。蓋中國之弊，不必慮工藝之難精，而慮督理之不善；不必患人才之未廣，而患選拔之不真也。近如天津海憲規復上海織布局，先將餘燼所值，攤派商股，而官本則待棉紗等捐。殊覺官商聯絡，辱承明問，敢妄論之以一得。

—8. 皇朝經世文三編　卷二六　户政三　理財下

章炳麟（1869—1936）

字枚叔，號太炎，浙江餘杭（今屬杭州）人。師事俞樾，爲張之洞幕客，《民報》主編。有《章太炎全集》。

論學會大有益於黄人亟宜保護

血輪大小，獨巨於禽獸；頭顱角度，獨高於生番野人，此文明之國種族所同也。繼神明之後，以九皇六十四民爲祖，若檀柘有鄉，萑葦有藂，此葱嶺以西種族所獨也。春秋至太平之世，周阹無表，不殊内外，黄池之會，夫差稱吴子。是故整齊風俗，範圍不過，若是曰大一統；益損政令，九變復貫，若是曰通三統。通三統者，雖殊方異俗，苟有長技則取之。雖然，凡所以取其長技，以爲我爪牙干城之用者，將以衛吾一統之教也。教術之變，其始繇於種類。均是人也，而修短有異，黄白有别，則德性風俗亦殊。故古者婆羅門種，因族以稱其教，可爲左證。惟吾神皋沃壤，五德昡備，則教莫正焉，種莫貴焉。雖有混成之志，匪自尊大，而猶不能不自殊别。譬之草體蛤螺，甲節脊骨，百族蜎蠉，猶有繁簡，而況於人乎？景教入中國，事至微淺，然一遇凌侮，則挺劍挾弓而議，其教會盛也。中國儒冠之士，踽行孑處，無所倚毗。皋門有政，庶人所不議；疆場有事，鄉校所不聞。雖有賢傑，不在官位，則娖娖無所長短，儒術之衰，將不能保其種族。悲夫！於此有人焉。合耦同志，以建學會於息壤之將陷、天保之未定，沈憂噍殺，朝夕講貫，雖磨頂放踵所不敢辭。其與夫汝、潁、洛、蜀、東林之士，僅與憸壬爲仇敵者，所事孰緩孰急矣。若當軸不察，治以黨錮，株連鉤考，將投濁流，危言竦論，則恐蹈狐咺、范滂之戮。默而息乎則不勝漆室杞人之慮，舉鼎絶臏亦不敢以怨他人。獨慮變起瞚息，戎夏交捽，以不誅夷爲誅夷，以無焚坑爲焚坑。比於紅人、黑人尚不得齒，於斯時也而猶欲挺劍挾弓而議之，不知吾類、吾教之能自主者，尚有什一之存否也？

設教之始，以大刑甲兵爲輔，自古惟穆罕默德乎？中國神聖則有其制矣。吕不韋有言：禹攻曹魏，屈驁有扈，以行其教《召類篇》。然則水火相擠，其極不鬬不止也。古之齊俗者，役龍蛇而鬥之，役虎豹鵰鶚而鬥之，三戰然後得其志。近觀突厥革島之事，兩教不輯，僵尸千里。盖行教若斯之難哉！我齊州之土，自水精制，法七十子，後學贏糧奔走，任師道於四方。浸尋二千年，雖詞章帖括絶流爲害，然其彰駁礌落者猶無偭錯，蜂鏑不行而民知所向。大哉，其入人之心也！然而捲勇股肱之力，經畫取與之智，不及俄羅斯；居奇操贏，使天下歛袂，不及英吉利；弭兵善鄰，折衝於樽俎，不及美利堅。其諸六藝之學、四術之教無益於生民歟？曰：惟不能合群以張吾學。

故獨居而聽竽瑟不如市朝，處幽谷而干羽旄不如通都大邑。人之樂群，其天性然也。髫齔之童，迮而誦竹笘，有與共學，則皃藻搏躍，聲亦隨之；無與共學，而流涕長嘶矣。學者之樂群，亦天性然也。嘗試觀邑序，臨横室則弦誦之聲寂如矣。趨辟廱，升瞽宗，則裝潢之卷俄空矣。古香四庫之藏，文匯、文瀾之府，翰詹所講肄，駿雄所習業，則入其門無門焉者，入其閨無閨焉者矣。人之好惡固若是變易乎？何以束髮就傅，則萃群處切厲之爲樂；稍長知學，則惟是離群索居也？曰：自宋與明，作則之主，將以其權力勢藉錮塞諸生，而懼其腹誹唇反、不仰天而頫；畫地則爲之餼廪、利禄以羈縻之，而仍使不足以事其父母，畜其妻子。彼去之則不惜，不去則無俚，牽曳跋疐，前郤進退。營一生之不給，何暇爲衆生？救一室之不贍，何暇慮五洲？故世有天下之士，肥瘠不相顧，痛瘼不相知，非直不能衛周、孔，且求一墨翟、禽滑厘而不可得。《小雅》盡廢，四夷交侵，殆以此也。

西國學部之盛，中華企望而有怖心，尚已。然俄羅斯之在北方，與準噶爾、土爾扈特等部一邱之貉耳。其俗樸僿，未嘗留意師儒也。自芬蘭一省，完全富足，以趨俄羅斯，其民好學，逮園夫女紅皆識字。俄人效之，以立學校，至於今，介胄工匠亦人人知書矣。中國四百兆人，識字者五分而一，賴地大物博，户口殷賑，以分率計之，猶得八十兆，未甚少也。其知文義者，上逮舉貢，下至學官弟子，無慮六十萬人；誦習史傳、通達古今者，百人而一；審諦時務、深識形便者，千人而一。以此提倡後進，郡不過數人，則甚少矣。然使舉措不違，此六百人者雲合霧集，智略輻凑，以振起綴學之士，猶可爲也。而朝廷所以宣教化於下民者，惟郡縣之學官，雖優崇其禮，不使屈厀。至於官秩事權則統隸於郡守，考成於縣令，縱有材行，無所措施。是以大儒骨鯁、白首耆艾魁壘之士，有爲齋長，無爲教職。曰是箸於三尺法，固甓愚朽鈍者之任也。烏虖！昔之愚民者，鉗語燒書，坑殺學士，欲學法令，以吏爲師，雖愚其黔首，猶智其博士。今且盡博士而愚之，使九能之士懷寶而不獲用，幾何其不爲秦人笑也！

欲善學校，必取《明夷待訪録》，而朱氏一新斥之曰："彼但知清議之出於學校，不知横議之亦出於學校也；但知陳東、歐陽澈之爲太學生，不知爲賈似道頌功德者亦太學生也。"烏虖！必如其説，則廢君道即無桀、紂，廢將相即無羿、莽。是必焚符破璽，部斗折衡，而後天下夷然無故爾。夫兩利相較取其重者，兩害相較取其輕者。學校非無害也，而潤澤於天下爲多，故君子取之。自天府既廢，凡政法律令，下集於學校，上集於柱下史。史氏之職，以死奮筆，足以定是非；受賕抵諆，亦足以亂是非。然而聖王不以舞詞弄札之害廢史氏者，其利多也。彼學校則猶史氏也，躁競之士率群下以造謗者，吾見其紛呶噂沓，甚囂塵上矣。購千百泛駕之馬，而幸獲一要褭飛兔，不猶愈於購駑馬乎？

今行省皆設中西學堂，以救學官之窮，亦以是傾西人之設義塾於中國者。彼義塾之設，招吾屠牧子，教之語言，教之布算，教之格致，而大旨不出乎摩西基督之書。本實既撥，於彼有用，於我無益。雖然，屠牧子可教，則吾（士）族之子，其可教可知。設學堂以籠之，誠古策已。乃夫聰明特達之士，閎覽博物，不詣學而成，如魏默深、李壬叔其人者，今安所處之乎？農就田野，處商就井市，處工就官府，處士就閑燕，古之明訓。政府不能任，而士民任之。於是奔走展轉，搜逑索偶，以立學會。推其用意，凡民有喪，匍匐救之，所謂以繩墨自矯而備世之急者，此誠豪俊成學之任，而非童齔彪蒙所與能也。宜有以糾之，合之，禮之，養之，宣之，布之，使比於賓萌，上説下教，以昌吾學，以强吾類。是而不行，人終以科舉爲清望，而以他途爲卑污庳下，則仍驅高材揵足以從學究矣。彼學究則將捋去其新知而錮之以故見。所以爲教者不三數傳，即無以異於教皇之助飛蝶南也。昔意王飛蝶南、頭會箕斂，誅求無藝，民不堪命，教皇佐之，導其民以不識不知，無敢私議，而意卒破裂，教皇亦先後見驅。烏虖！殆矣。

景教之尊莫教皇，若歐洲諸君長踐阼，必得其命；釋教之尊莫達賴喇嘛，若蒙古諸酋豪稱汗，必得其命。彼非席蘿圖操齊斧也，而異域尊之顧如是，以是知綱紀不可去。綏丹敗而教皇弱，喀爾喀賓而達賴微。天地之氣，無紫色鼃聲，則統緒必歸於正。

中國之儒，孰敢繼素王？三老五更，則無世而無其人。饋醬酳爵，北面拜事，吾知其可也。墨家者流，出於清廟之守，嘗見斯禮則而效之，於是乎有傳鉅子。九服之大，鉅子惟一人，其崇與教皇等矣。今縱不欲效西人，宜效墨子；縱不欲效墨子，宜效三代。老更既立，賢哲蔚薈，條肄布散，皀衍神恉。不及十年，而六曹大政必於是受成，則黄種之維肱固矣！此所謂紀也。

吾聞《齊詩》五際之説曰：午亥之際爲革命，卯酉之際爲革政。神在天門，出入候聽。是其爲言也，豈特如翼奉、郎顗所推，係一國一姓之興亡而已？大地動搈，全球播覆。内奰中國，覃及鬼方。於是乎應之。方今百年之際，其殆與之符合也哉？故不逞之黨，假稱革命以圖乘釁者，蔓延於泰西矣。中國甿庶馴擾，戴其君長，如臨父母，無敢高言盂行以犯名分者。自與歐美通商，聞見漸異，以至於今五十年。古巴之背叛，稱以義軍；尼亞利黨之謀逆，待以不死。民智愈開，轉相放效。自兹以往，中國四百兆人將不可端拱而治矣。風氣之推遷若有攝力，雖夸父、龍伯不能争。居今之世，將欲壅遏民氣，使不得伸，無論其無成績也，幸而勝之，雖不土崩，猶將瓦解。是自遏抑吾黄種，而反使白種爲之尸也。雖然，土崩又非百姓之利也。秋霜降者草花落，水摇動者萬物作。故内亂不已，外寇間之。昔者八王相鬨，而劉、石逞其志；張、李横行，我朝以成龍興之業。苟有揭竿斬木者，是自戰鬥吾黄種而反使白種爲之尸也。然則，如之何而可？曰：以教衛民，以民衛國，使自爲守而已。變郊號、柴社稷，謂之“革命”；禮秀民、聚俊材，謂之“革政”。今之亟務，曰以革政挽革命。

—7. 皇朝經世文新增時務續編　卷二九　時務二九

儒　道

學者謂黄老足以治天下，莊氏足以亂天下。夫莊周憤世湛濁已不勝其怨，而託危言以自解。譬則屈子之賦《遠游》，其于治亂也何庸？老氏之清静效用于漢，然其言曰：“將欲取之，必固與之。”其所以制人者，雖范蠡、文種不陰鷙于此矣。故吾謂儒與道辨，當後其清静而先其陰鷙。韓嬰有言：“行一不義，殺一不辜，雖得國可恥。”儒道之辨，其揚搉在此耳。

然自伊尹、太公有撥亂之才，未嘗不以道家言爲急。《漢藝文志》：道家有伊尹五十一篇，太公二百三十七篇。迹其行事，與湯、文王異術而鈎距之用爲多。今可觀者，猶在《逸周書》。老聃爲柱下史，多識掌故；約《金版》《六弢》之旨，箸五千言，以爲後世陰謀者法。其治天下同，其術甚異于儒者矣。故周公詆齊國之政，而仲尼不稱伊、吕，抑有由也。

且夫儒家之術盜之不過爲新莽，而盜道家之術者則不失爲田常。漢高祖得天下，不求嬴財帛，婦女不私取，其始與之而終以取之，比于誘人以《詩》《禮》者，其廟算已多。夫不幸污下以至于盜，而道猶勝于儒。然則憤嗚之夫，有訟言“僞儒”，無訟言“僞道”，固其所也。雖然，是亦可謂防竊鈎而逸大盜者也。

—11. 皇朝經濟文編　卷二　學術二　儒行

儒墨

《春秋》《孝經》皆變周之文從夏之忠，而墨子亦曰法禹。知三統已盭于聖哲者，非樂爲大。彼苦身勞形以憂天下以若自觳，終以自墮者，亦非樂爲大。何者？喜怒生殺之氣，作之者聲也。故湩然擊鼓，士愾怒矣；鎗然撞鐘于纖以吹簫，而人人知慘悼。儒者之頌舞，熊經蝯攫，以廉制其筋骨，使行不愆步，戰不愆伐，惟以樂倡之，故人樂習也。無樂則無舞，無舞則薾弱多疾疫不能處，憔悴將使苦身勞形以憂天下，是何以異于騰雲蹇驢，而責其登太行之阪矣。嗟乎！鉅子之傳至秦漢間而斬，非其道之不逮申、韓、商、慎，惟不自爲計，故距之二百年而墮。夫文始五行之舞，遭秦未滅。今五經犕可見，《樂》書獨亡，其亦昉于六國之季。墨者昌言號嘑以非樂，雖儒者亦鮮誦習焉。故灰燼之餘，雖有竇公制氏，而不能記其尺札也。烏虖！佚翟之禍，至自弊以弊人，斯爲酷矣。

詆其"兼愛"則噧言也。張載之言曰："凡天下疲癃殘疾、惸獨鰥寡，皆吾兄弟之顛連而無告者。或曰其理一、其分殊，庸詎知墨氏兼愛之旨，將不一理而殊分乎？夫墨家宗祀嚴父以孝視天下，孰曰無父。"詳《孝經本夏法說》。

至于陵谷之葬，三月之服，制始于禹。禹之世，奔命世也，墨翟亦奔命世也。伯禽三年而報政，曰"革其故俗，喪三年乃除"。太公反之，五月而報政。然則短喪之制，前倡于禹，後繼踵于尚父。惟晏嬰鐫之，廬杖衰麻，皆過其職。墨子以短喪法禹，于晏嬰則師其孅嗇，而不能師其居喪，斯已左矣。雖然以短喪言，則禹與太公皆有咎，奚獨墨翟以蔽罪于"兼愛"，謂之"無父"？君子音之。

——11. 皇朝經濟文編 卷二 學術二 儒行

吴昌綬（1869—?）

字伯宛，號印丞，晚號松鄰，浙江仁和（今屬杭州）人。光緒二十三年（1897）舉人，官至内閣中書。有《松鄰遺集》。

中國創設海軍議

欽惟皇太后、皇上勵精圖治，鑒於泰西諸國之偪處，允内外臣工所請，整飭海防，大治水師，以固本而安邊釁。恭讀光緒十一年五月初九日暨九月初六日兩次諭旨，仰見睿謀廣運，燭照靡遺，亦既綱舉目張，釐然有序矣。竊維事屬更創，固不宜因循苟簡，其一切應行事宜，必得揆度利弊，參綜成規，期於有備無患，斯可爲一勞永逸之計。目下北洋甫經會操，尅日成軍。此外各省亦將次第開辦，軍容之盛，方興未艾。今就擬議情形，分條臚舉如左：

一曰儲才。夫任事以求才爲先。求才以除莠爲要。况國家建立大政，宜何如廣采賢能，顧第就才智而論，堂堂中國，何遽不及彼族。特海軍之議，昉自外洋，規畫布置，皆宜參仿。必先明其利而後可以言備豫，必先察其弊而後可以寓變通，僅言捍衛無與也。從前甫經通商。中朝士大夫，多以洋務爲不屑談，甚且從而鄙夷之。兵釁屢開，始惕其害。於是欲求其利，稍稍講習。漸摩又久，不無可觀。然就近時而論，得失尚屬參半。何則，泰西諸國，其始亦僻處一隅而已。自其人皆勇於自治，何者富國，何者强兵，日出其心思才力，以斟酌措施，朝野之休戚同也，君民之聲氣聯也，故其政令日異月新。用能雄視諸洲，縱横海上，其實廣遠富庶，非中國比也。中國爲文物之邦，聲教最古，而積習太深，實爲古今通病。朝廷廑念時艱，疆臣刻懷報稱，無如起衰救弊，選任綦難。爲今之計，要以優教育、嚴考核爲第一義。

何謂優教育也？同治間曾文正公創議，揀派幼童出洋學習，立意甚深。而當時所派，多係貧賤小户弟子，於世務舉未通曉，欒於外洋之奢侈，增長習氣。叩以所學，都難憑信。後來遂意裁撤，不爲無見。武備學堂，津閩等處均曾創設，上年廣東亦改設博學館，教迪西法，隨時稽考。然規制未充，鮮有成就。竊思水師工弁，首貴嫻練，此任所最相宜者。莫如學堂生徒，平時誠肯講求，臨陣庶有把握，所費非鉅，裨益良多。宜就瀕海之省，各立學堂一所。而總其成於京師。慎選生徒，延聘外洋教習。凡水路戰守，及翻譯、測量、電學、化學、重學、氣學、光學、礦學，有關兵事者以及火船火雷、輪機駕駛、臺壘工程，逮夫製造火藥、電線、强水各種技藝，因才量授，分門講習。再令募到洋弁，及有志願之將弁，亦入其中，互相討論，以期實踐。酌定年限，擇其志趣閎遠，才識明通者，優予獎勵，咨送京師備用。或謂讀書考索，收效甚遲。不若親歷外洋，見聞較確。惟出洋一舉，前鑑昭昭。若仍令未學幼徒前往，終蹈覆轍。應就學之已成者，每年挑取若干人咨送出使大臣。其一途令駕駛兵輪，游歷各國，以壯其膽識。惟須熟習洋面形勢駕駛程法，以備管帶之用。其一途仍令入各國學堂，以求精進，大抵樸實耐勞，即爲上選。雖洋文一切未能深造，已遠勝浮僞無歸者。

何謂嚴考核也？督撫大員，提綱挈領，必任使得人，始克有濟。即如兵輪管駕率委諸親信將弁，兵事不知，徒矜氣焰，較之外洋兵官，皆能躬親駕駛，得失若何？招商局爲商務筦鑰，總其事者屢有更易，或以不肖濫膺，致多虧蝕。購買槍械，大都委員經辦，居奇漁利，互相傾軋，或以低僞充數，或以短絀浮銷。礦物開辦，亦歷有年，辦理者久抱私囊，於公家毫無利益。若此之類，不勝枚舉。若輩出身微賤，略諳西學，目爲能員，以致聯絡要津，肆無忌憚。嗣後各項人員，必當確加遴防，如有似此情形，立加屏斥，不可仍任盤踞，貽害無窮。此外遇有洞明政體、諳習洋務人員，或草野志士，條陳時事，非浮僞無據、徼倖功名者，即有一藝之長，皆當隨時記録，期在破格任用，以資鼓勵。至目下製造一切，漸能自出心裁。其延聘外洋員弁，雖實心任事，固不乏人，而薪費太鉅，計非久長。將來造就有方，自可逐加裁汰。

總之，優教學以植其基，嚴考核以端其習，兩者兼重，所資非淺，實目今爲治之要務也。

一曰定制。西洋兵制，皆專設海部，兵柄極重，所以固邊防。厚兵力，法至善也。中國西起奉、錦，南訖瓊、廉，海疆延袤萬餘里，口岸林立，防不勝防。各省雖有兵輪。而畛畡顯分，一旦聞警，勢難互應。且海面遼闊，未能尅期赴援。敵船遽偵其虚，不免顧此失彼。若非明定經制，嚴密設防，恐環海諸軍，難於操勝。同治間有請設三洋水師提督之議，嗣赫德在繹署獻議請設總海防司，前侍講學士張公佩綸請設七省兵船水師，上年左文襄公請設海防全政大臣，粤督張公之洞復有分設四洋海軍之奏，深維重臣謀猷，參以海國制度，似總設海部，分統四洋，最爲妥善。查沿海各口，爲外洋入華要道。如廣東之虎門、汕頭，福建之五虎門、東冲口，高山聳峙，港道紆窄，最得形勢，防守較易。天津之大沽口，雖無甚險峻，口外有浮沙一道，輪船至此，未能暢行，尚屬可恃。若浙江之寧波、温州，江南之崇明、吴淞，山東之烟臺，地勢平衍，毫無扼要之處，非得重兵，斷難固守。此外小口尚多，港道淺狹，敵船未能駛入。所慮者沿邊各處，海岸平坦，儻徑登陸，攔入内地，則百密仍恐一疏。惟有於島嶼之間，扼要抵禦，庶可補守口者所不及。今應練海軍五大枝，總隸於海軍衙門。以一枝駐旅順，據奉直之隘，大沽一帶，皆可聯絡，而北洋之防固。以一枝駐長江口外，江浙洋面屬焉，而南洋之防固。臺灣爲七省門户，宜以一枝駐澎湖，以爲屏蔽，而閩洋之防固。粤省華洋雜處最久，最關緊要。宜以一枝駐虎門，遥制瓊州，而粤洋之防固。其他各口，即歸各軍分隊駐扎。其一枝循外洋兵輪駐華保護商人之例，分往通商各國游歷，并遣各學明幹生徒隨同前往，外洋有事，可往觀戰，名屬游歷，實探敵情，且商民可資保衛，公使可壯聲援，生徒可增識見，一舉數備，實爲切要之圖。次年再將駐守之兵，更調前往。每軍應設鐵甲船三艘，魚雷船六艘，分爲三隊，總統分統，各領一隊，合爲一軍。其他快船、炮船、糧船、小輪舢板，各因其宜備焉。至出洋之船，衹須鐵甲，其餘魚雷等船，併爲一軍，即留守天津以鞏畿輔。統領等官，必須常令駐船會操。凡地方迎送轉運，不得擅調。每軍工弁，併計不過二千人，額既不多，務求其精。擇操演嫻熟、膽略充壯者，優予糧俸，老弱疲憊，删汰務盡，庶可以少勝多。統將職任甚重，目下求才匪易，應就文武大員中，擇其確有經猷，才識兼著者任之，暫且不拘資格。當差人員，亦應先給札付，日後再定額缺，均俟辦有成效，再議畫一章程。惟練軍以固吾圉，修好以睦鄰封，可並行不可兼理。一切交涉事宜，仍應歸總署及南北洋大臣核辦，不得并入海軍衙門，以滋窒碍。至洋面島岸遼闊，何處應築炮臺，何處可安永雷，何處可抗，何處可堵，何處可救應截擊，形勢不等，未易臆斷，應歸各洋總統周歷細勘，參酌布置，務在完善，以重防務。大抵中國於海防一事，辦理有年，船礮臺壘，非不堅利，特患在散漫，動多牽掣，以致法人之役，馬江七船、石浦二船，同遭覆敗，咎在管帶之人於戰駛之道多未諳練，以致可恃者轉不可恃，甚至爲他人所有，此海軍之議宜急爲籌也。

一曰備具。海軍之要，船堅炮利而已。竭十餘年之心力，縻數千萬之帑項，舊製不善，重之以新法。自造不足，加之以外購，處今日而猶復汲汲焉，議增議改，其故何也？舊製者姑不具論，即就新法言之，外購者動受其愚，自造者仍因夫陋，殫心竭慮，終無所成。爲今之計，當以增拓大廠，認真督造，可期工實費省，爲妥切無弊之計。查閩省船政，統以大臣，局面最廣，江蘇、廣東均有機器局。近來講求工作，所製不少。前署楚督卞公寶第，曾請於江西鄱湖口設立機器局。因長江自武漢以下，兩岸港口，險地水深，無逾此處，其說似在可行。竊惟機廠之設，厥有數要。一地勢寬廣，二鞏固，三轉運近便。有此三要，方爲妥善。刻下經費支絀，另闢爲難，莫若就舊局擴充，較易爲力。其欽派大臣督辦船政，亦屬於海軍衙門，以一事權。用之最急者，莫如兵船，從前所製，多係半兵半商舊式，近年改造鐵脅快船，方之外洋鐵甲，仍分優劣。船中鎗炮，皆屬購配，亦有多寡利鈍之殊。現在新式兵船，不過十餘艘。既須大治水師，即此萬難敷用，然工遲費鉅，一時不克猝成。應參購外洋，以資急用。德國伏爾鏗廠所製水帶鐵甲，制度較省，其價已逾百萬。各種水雷，以魚雷爲上，兼船、炮、雷三者之用，最爲猛烈，有浮沉、撞伏、伺射各製。其艇較小，易於配製。德國所創，裹以鐵甲，并安大炮，可攻鐵艦，且可禦哈乞開司連珠炮，每艘約需九萬兩，粵省皆議購辦，此華廠所未能即造，急須訂購者也。泰西炮廠甚多，英之阿姆斯脱郎、法華士，德之克虜伯、葛孫、力佛諸廠，皆屬穩固可用。其式有船炮、臺炮、行營炮之異。礮身筒箍，有鋼鐵之分。礮位口徑，有六生特至八生特之判。滬廠購有製十八墩礮之機器，用阿姆斯脱郎之内外鐵，用克虜伯之來福線後開門諸法。儻果克成，已堪適用。鎗亦以後膛爲上，單響者德國力佛廠之毛瑟，擊靶雖遜於馬梯尼三十步，機托堅樸過之。近亦有八子連響之式，連響則美國林將登廠之五響黎意，遠於毛瑟十步，近於六響哈乞開司十步，鎗勢穩定則過之。要在彈碼劃一，以免手法參差。以上鎗礮二項，製作較易。應令各廠分造礮臺，與船相輔，乃克有濟。考之西式，有尖圓蓋露之殊，或作聯堡子堡，連大壘以當陸路之衝。或蓋浮臺以守水路之險，或用鐵，或用石，或用英土泥，其制不一。英國地藏礮，亦爲靈捷。中國瀕海，砂積鬆軟，易於傾頽，尤須堅實，應就各處酌量修補，以鞏海疆。洋師洋弁，德爲最宜，美丹亦可。以外人皆誇詐不馴，未可假手，其工之優劣，費之贏絀，全在經辦之人。必選派廉員，始免影射侵漁。火車、鐵路一事，尤宜急爲創辦，此事收效甚多，未易枚舉。或以水陸舟車，因此將廢，恐激事端。然輪船搭運貨物，垂二十年，商情並無窒碍。輪船尚係涉險之舉，海道有阻，輒難順行。火車既興，不特漕糧可以迅速運行，無須迂道運河，致疏引徒縻鉅費。即海軍餉械、礦局煤鐵，皆可藉此轉輸。儻有軍務，可以應期徵調，穩捷妥便，莫過於是。刻下聞有洋商，情愿包造，如果可靠，不妨即以委之，未可以清議阻撓，遂廢盛舉。開平本有鐵路一道以運煤鐵，久稱利便，現又逐漸加增，即此以推，可知其裨益匪淺矣。

一曰籌用。海軍之舉，所費甚廣，目今庫帑支絀，非合天下之全力，斷難集事。

凡裁減額餉，截留稅釐，開辦捐輸，各省協解，内外臣工，深謀至計，亦詳且盡矣。竊謂此舉非從前軍務可比，不在一時之接濟，而在隨時之儲備。現在以北洋爲之倡，各省次第興辦，餉源已覺稍舒。除原有船礮及從前所設廠局，悉仍其舊，撙節支用外，所有添購機械、練募工弁，一切通盤攤計，每年須得五百萬金，始敷支用，必籌經久之計，以免臨時無可指撥。

泰西諸國，所以克致富强者，由其商務與國政並重，庶可挹彼注兹。中國情形，原有不同，而參酌其法，亦有數端可用。

一則擴商局也。外洋皆有公司輪船，合衆商之力，而以國家總之。或由本國，或在他國，轉運貨物，往來貿易。即就來華者而論，英法各國月必數船，每船完納關税在二萬金左右，成本之厚可知。中國出洋貨物，絲、茶實爲大宗。該船販載出洋，其出口税銀與進口相埒，價值跌漲靡常，獲利甚夥，是我之源爲彼操之矣。自開辦招商局以來，公家輪船，逐漸推廣，成本積至五百餘萬，不爲不鉅，但僅在中國各口。且貨物多被洋人包攬，以是無甚起色。該局實爲商務一大關鍵，莫若乘時擴充。其各口輪船，仍照舊章，再由外洋訂購堅捷商船二三艘，騰挪寬大棧房，另築碼頭，設立外洋商船帳房，并隸招商局，裝運絲、茶。及外洋所需雜貨，兼搭客商，自往各國貿易。以中國土産，歸中國自運，於公法並無不合。洋人不能因奪其利，遂生齟齬。且海軍既設，原有出洋游歷兵船，可資保護。價值務在持平，使彼無所藉口。日本距華尤近，亦應一律通行。

一則開地利也。山澤之利，王政所重，廾人之職，掌於周官。中國煤鐵各礦，甲於五洲，惟辦理不得其人，開采不得其法，因之久無成效。宜擇礦地最多地方設局，仿船政之例，亦請欽派大臣督辦，屬於海軍衙門。並分委人員，隨帶外國礦師，前往各處察看。先求善地，次考化分，次歸煎煉，如福建穆源、古田、安溪，廣東惠州、清遠，江南徐州，直隸灤州，皆産善鐵，兼饒煤垔。他省視此尚多，如能妥爲開采，可供製造之需，俾免以銀易鐵，徒滋折損。

一則開官號也。外洋銀錢，華人習用已久，猝難更改。美國鑄造鷹洋，專供中國、日本之用。其自用銀錢，以鷹洋易之，衹可十分之九，而重與相同。此中無形之耗，伊於何底。林文忠公曾有仿造之議，迄未施行。宜就各省産銀之處，設局鼓鑄中國銀錢，核實使用。無得長落不齊，再於通商各埠仿外國銀行之例，設立官銀號，以濟緩急，通行銀錢鈔票，以收利權。銀價既能持平，奸商亦不敢作僞。通商以來，利權流入外洋，以致銀根日緊，刻惟杜絶漏卮，庶餉源稍充，得以切實辦防，以禦外侮。

以上數端，僅係大略情形。土壤細流，高深無補。芻蕘之獻，藉貢下忱。伏祈鈞鑒。謹議。

—20. 皇朝蓄艾文編　卷三八　軍政一

歐榘甲（1870—1911）

字雲高，號雲樵，廣東歸善（今惠州惠陽區）人。康有爲弟子，歷任《時務報》《知新報》筆政。

變法自上自下議

孟子曰："不仁者可與言哉？安其危而利其菑，樂其所以亡者。"悲哉，言乎！其青史氏易姓之符契歟？夫自古無不亡之國，故王者必通三統，所以博觀終始，通變宜民而綿國祚也。《易》曰："安不忘危，存不忘亡。"是以身安而國家可保也。夫以安爲安，存爲存，尚虞有前山後冰之禍，況火然寢薪、病入腦髓、危亡見端不待言决，而猶晏安嬉笑於牀笫之間、從容燕食於湖山之上。何異飲刃以求生，沉淵以冀活者哉！且魚爛于内、蠻觸于外，而在上不知；約章恫喝、面顔伈俔，而内臣不知；鴻哀横衢、狐鳴聒耳，而外臣不知；衣冠危于纍卵、種族將爲奴隸，而士夫不知。非直不知也，且以爲安。北狩不聞復讐之詔，則上不恥矣；東敗不聞臣死其事，則臣不恥矣；率土不聞尊王之議，則士不恥矣。且夫法之敗于普也，法人圖其戰敗屠戮之狀與夫死喪流離之形，懸之壁上，以勵仇恥，故數年而法復强。日人之還遼東也，國人憤齒痛心，以爲天孫降生未有辱，立紀念會以冀他日報復。中國割祖宗之地以與人，括萬姓之膏以饋敵，園陵震驚，海水沸嘯，腥氣未已。各國狡然，乃仍循其無知無識之見，相慶以幸可無事。間有建異議、發忠言者，則諉之于部議，部議諉之于疆吏，疆吏諉之于州縣，州縣卒以幸可無事諉之于百姓，于是無一事能行，無一人可用，甘心陸沉，坐待棘莽。嗚呼，豈天之棄中國哉！其不然耶！

歐榘甲曰：《春秋》書"梁亡者，棄民自亡也"。外人之輕我甚矣！縱吾日日諱亡，而存不可倖也。奚若熟籌得失，而上下變計以求存乎？夫中國之弊不一端，而私僞居其二。何謂私？曰：古之王者以民爲國，爲之置田宅，謀畜牧，立黨庠。民有凶荒、疾疫，則天子食而不能舉樂也。後之王者以國爲産業，以民爲芻狗，於産業無損，雖棄千萬之民弗恤也。是故歡樂具陳，觀逸游田，優游卒歲，遑顧黎民，上之私也；沉沉靦顔，患得患失，無動爲大，且以永日，内臣之私也；歲云莫矣，死無幾時，幡然改變，吾將奚依，外臣之私也；桓桓衿纓，墨守章句，致用通經，吾輩何恃，士之私也。曰夏曰華，孰恤予家？胡天胡帝，碩鼠有牙，民之私也。各便其私，遂生諸僞。國勢攘攘，人心皇皇，薄言順之，無拂四方，僞於上也；舉口奈何，束手一諾，莫肯朝夕，式臧覆惡，僞於内也；動言國運，亦曰天心，視官如市，消息陽陰，僞於外也；疾彝如仇，畏彝如虎，不識不知，行同狂瞀，不麗於群，不習於仁，哿矣富人，各顧其身，僞於士與民也。嗚呼，以此二端施於大一統之朝尚且不可，況四國環伺、日不暇給者乎？

不觀夫波蘭之亡乎？天潢淪於溝壑，宫闈陷爲泥塗。爵紳權貴流死荒山荆棘中，白骨枕藉，妻子爲奴。義民屢舉勤王之師，卒爲俄殲捕而竄之於西伯利、高加索。全波之人，破家散業，孤兒啼於道路，老者僵於輪蹄，檻若牛馬，屠若雞犬。西一千八百六十五年，使波人不得操土音，其所以愚波者至矣，而波遂亡。夫波蘭非小弱也，約翰之雄烈未泯也，户口殷闐、土地廣衍幾與俄亞，非若緬甸、越南之藩於人也。所由至此，則内政不修，私僞相尚，甘爲人役，以自速其亡也。考俄與波鄰，忌其强，約普分之。西一千七百六十四年，俄人乘亂率大軍劫波蘭王，以列孛寧爲使臣，監其國政，迫波王與内奸西直的多權，又申其國憲。波蘭之人結爲至交，頃國以聽而不之悟也。一千七百七十二年，波蘭内亂，俄、普、粤聯兵入都城。俄臣恣虐波人，波人怨，援普拒俄，而普怨波素與俄合。波人哥修士孤軍雖屢戰克捷，歐洲諸國畏俄，無敢赴援者。西一千七百九十五年，俄、普、粤竟分波蘭地，至今百餘年耳。當其寄生刀俎，宛轉悲啼，君臣同盡，貴賤殲旃，何其痛哉！籍非上下乖離，不相愛護，召虎狼使吞噬，授盗賊以兵刃，豈至是哉！而今之謀國者不自振拔，約爲與國。彼固利吾土地之大，且畏我之將自强也，旦夕間將有區畛剖匏之事焉。自入陷阱，直波蘭之續耳。夫黄白歧視，黄人不同興，則誰援手矣；華彝嫌名，華人不自救，則爲胥溺矣。上自諉則國統亡，下自諉則種類滅。故今日言變法，人人皆有其責，人人當任其事。然變之之道有二：一曰變之自上，一曰變之自下。

變之自上者何？俄、日是也。俄土跨歐亞二洲，民族各爲風氣，道路灌莽，農工惰窳，商業武備無可言者。彼得即位，覽歐西制作自恥不如，環顧臣僚懵昧無識，乃滌童昏之氣，退庸懦之臣，遷新都，改軍制；遣門閥子弟於各國傳習諸術，擇國中少年游意大利、荷蘭、日耳曼，學造船、航海，自變姓名，游歐洲各製造廠，與工人合作，講地理、法律、政治諸學；歸乃興工場，務耕種，立黌舍，令民通各國語言文字，修水陸道路以通行旅，參西律以成新律，設礦局以開利源，立醫院以療民疾。凡百新政，俄皇皆躬自親之。其遺命曰：“我子孫宜爲歐亞二洲之主，歷世傳授。”遂乃滅波蘭，削土耳其，創瑞典，割波斯。邇俄之國，蠶食殆盡。鐵路通吾東三省，且已俯瞰神京矣。初俄之變政也，貴紳梗於内，瑞、波搆於外，而彼得獨用走卒綿西果夫爲相，盡黜舊黨，君臣一心，雄略遠震。通波羅的海、黑海以及太平洋，寰球之内稱强國者，必曰英、俄，彼得爲之也。

至如日本之開諸港也，鎖國之黨倡攘夷之議以忤幕府，排之者目爲奸黨，犯之者即罹手刃，殺大僚，攻使館，燒外艦，刺洋官，内訌緜攣，外伺蓼擾。睦仁乃與公卿誓曰：萬機决於公論。上下一心，文武一途，使庶民各遂其志，一洗舊習，一從公道，求智識於海内。於是勅百官大勵廉節，毋營私利；置集議院，撤諸關，廢虐刑，廢藩爲縣，領以親王。遣使歐美，博問興國之策。定學制，分學區，開地方官議會，設女子師範學校。國勢勃興，士氣昌大。三十年中，奪我琉球，割我臺灣。競商務於歐美大洲，通電線於太平洋，以扼全球之吭，駸駸争霸天下焉。日本乃在海中三島耳。語其土地，不如吾中洲之靈淑也；語其人士，不及四萬萬之繁衆也；語其物産，不如二十四萬種之多也。幕府專横，不如吾君權之獨尊；浮浪慓戾，不如吾士類之謹飭也。然而强弱異勢，功業相反焉。天道喜强而惡弱。觀日本之已事，況以中國而振奮有爲也乎？夫鄰我者莫如俄日，迫我者莫如俄日，宜取法者亦莫如俄日。不取法於俄日，必見殲於俄日。不寧惟是，棄果於塗，遺金於市，雖騃童乞人皆得取而有之，不必强有力也。中國圖治久矣，卧薪嘗膽，布於綸音；創鉅痛深，暐哉天語。而左右貴近，煬蔽汶闇，無能周知外事、翊贊聖聰。畿内外吏，又復忘君父之大讐，無能憤揚國恥、力任新政。是以高拱深宫，獨立無助，是皆有官守者之過也。曹翽不忘汶陽，范蠡不忘會稽，卒能沼吴返地，克濟大計。伊藤井上之徒，首倡革政，日人譁然，卒用大治。

誠使吾之在位者勿爲身家之謀，共懷晋宋之辱。其年届懸車則自行告退，毋妨賢路；其識仍故轍則急自祓濯，無誤朝廷。大辟公府以延天下之士，廣集衆議以上天子之聽。流涕痛哭，不計利害。聖聰既達，四門斯闢。降至尊以交國人，振長策而御宇內。本先聖經世之義，采泰西殖民之規。陽開陰闔，乾端坤倪，良法美意，耳目焕然。遣使臣與列邦公會，立二十年太平之約；選學士與列邦教會，明春秋太平之制。《易》曰："首出庶物，萬國咸寧。"《詩》曰："周雖舊邦，其命維新。"其是之謂乎？此變之自上之策也。

變之自下者何？泰西諸國是也。當美法之民之大變也，全球震蕩，民智豁開。歐洲諸國，人人知有自主之權，人人知有當爲之事，而譁然而起，英民尤甚。故學校之盛，以英爲最。其幼學堂也，一萬二千七百十三所，自五歲至十三歲皆入塾讀書，百人中識字者七十餘人。雖英廷助以國帑，而經費則民自捐給也。其於農也，立農學會，刊《農學報》，製農學新具，創農學新法。每年所産值一千兆兩。雖英廷助以國帑，而化學、格致則民自爲考究也。紡織之廠七千二百九十四所，出口之數值四垓八京磅。雖英廷助以國帑，而火輪、自來機器則出於民之心思材力也。自餘若鐵路，若輪舟，若電線，若槍炮、煤、鐵、乳、油、羊毛、氈絨等類，莫不創合公司，召集鉅股，講求新法，售於外地。他若義堂、善局、善會，皆由英之人士倡之，以保貧窮，以救疾苦。國無無告之民，人有仰給之樂。迨其後民氣日昌，民權日重，且以十三萬金之商會而墟印度，以二十五萬金之教會而踞太平洋諸島。屬地占全球之一，商務爲五洲之冠。夫英倫三島，縱竭其全力，豈能遽致富强哉！厚其力，雄其財，廣其智，故能如是也，而國家亦安，坐而受其福矣。

《書》曰："民爲邦本，本固邦寧。"此之謂也。且夫泰西之强也，民群强之也；中國之弱也，民不群弱之也。是故學校盛則民智慧，善堂盛則民仁善，農織盛則民富饒，工商盛則民闐溢之。數者，民之有也，民之事也。民而甘爲愚獷凋瘵，則可不事其事矣。如其不然，未有舍己而從人者也。五官必自用，衣服必自被，飲食必自進。其待於人者，非廢疾之人，必寄生之君，其下焉則狗馬雞豚哉！然而一木不足以成棟宇，獨流不足以成江海，孤峰不足以成丘壑，匹夫之勇不足以禦三軍，横潦之水不足以敵廣澤，孤根之智不足以戡萬靈。以之爲士則綍繾，以之爲農則荒蕪，以之爲商則靃靡，以之爲工則沾濦。何也？未能群也。虎豹雖猛不敢入九衢，群與否也。今之中國人衆矣，土廣矣，然而無士也，無農也，無工也，無商也。非無士也，士而不群，故無學會以通聲氣，無圖籍以擴見聞，無教會以禦外侮，無游歷以廣尊親。外士焭焭，吾士麀麀，與無士同也。非無農也，農而不群，故無農會以相比較，無農報以稽土物，無新機以利刈播，無化學以速滋生。外農勤勤，吾農盹盹，與無農同也。非無工也，工而不群，故無工局以講製造，無工器以闢心思，便日用則無妙製，禦漏巵則無巧式。外工裳裳，吾工芒芒，與無工同也。非無商也，商而不群，故無商會以厚財力，無商學以歸巨利，資小而取微，勢分而志軋。外商夥夠，吾商焦囚，與無商同也。夫以中國之大，成爲無人之境，等於滅亡之野，豈不痛哉！其坐以待斃歟，抑思有以振之而未得其道歟？思有以振之則宜合群，思合群則宜開會。學會者士之群也，農會者農之群也，工會者工之群也，商會者商之群也。然而世變日迫，曾無幾時，卒未聞有踔堪奮發、雲興霧湧、宣布新化者，豈不意望於上人哉？夫人各有能有不能，且商務之局，鐵路之興，既已疊奉明詔，天語煌煌，自當謹率，不必因人成事也。即斯人而果如望也，不過佽助我耳，誘勸我耳。其章程條理，闡發奥藴，化質纖微，考察猥瑣，試汽驗力，蹈隙操贏，經緯委曲，條畫密緻，不能代我而任之也。不能我代，復何望哉？盍亦自謀之爲愈矣。自謀如何？

一曰開學會。各直省設大學會，各府縣設中學會，各鄉閭設小學會。其學會之旨，以明孔教、捄中國爲宗祖，以通時務、求實用爲條理。其會之目，專門經學，備講圖書，通其政治，佑我文明。議論有關時事者刊之新報，著作有益人心者付之副墨。其會之人能文學者令傳教於四方，能言語者充講生於異域，能藝術者制利用於民生。學會已盛，智士憤勵，風气日開，人心蘇醒，延未墜之道，續將絶之脉，庶有瘳乎。及今不圖，則禍患接軫，雖欲講學亦無日矣。臺灣某之言曰：臺未亡時，士溺舉業，無知識。有倡學會爲自强計者，士皆譁訕之。及臺約已成，乃亟思合力以自守，而倏忽間日人遍地矣。今所謂士者，科舉路絶，惟有困苦，乞爲奴而已。嗚呼！臺事如此，學會之宜興何如矣？夫中國之衰，士气之卑，濕遲重基之老楊其心，訓詁其學，帖括其業；八星勿識，五洲勿知，語以大道，咋舌瞠目。非蕩滌其污澤，則淪溺及之矣。此士之宜變也。

二曰開農會。各直省設大農會，各州縣設中農會，各鄉閭設小農會。其會之旨則以請化學師爲第一義，以辨土宜爲第二義，以購嘉種爲第三義，以購新器爲第四義，修水利爲第五義，精糞壅爲第六義。田畝之外，如畜牧、林漁莫不有利務農，三年息可數倍。然今之爲農者，皆聽于愚夫愚婦爲之耳，問以土化而不知，語以水利而不識，講新法則概乎未有聞，講新器則瞠乎其未見。不寧惟是，吾物産不豐，不敷自給；家置户用，莫非彼物；洋米洋麵充斥于民間，歲耗以千萬計；富者饋焉，貧者助焉，富貧交困，民不堪命矣。中國爲全球沃壤，地處温帶。西方之人曰：中國若以化學澆壅，一縣一年可增款一百五十萬兩，一省一年可增款三萬八千四百萬兩，十八行省一年可增款六十九萬一千二百萬兩。苟農會林立，種植得宜，家安耕穫，墾荒闢地，人衆滋多，富甲全球矣。夫子興保民，屢言桑畜；商君强秦，首重農戰。今列國並立，尤以農務爲强弱。故俄産值二千二百兆兩，法産值一千餘兆兩，德産值一千七百兆兩，美産值三千一百兆兩，其富爲五洲冠。中國萬里膏腴，廢爲灌莽。吾民獨不自爲計乎？此農之宜變也。

三曰開工會。各直省設大工會，各府縣設中工會，各鄉閭設小工會。闢工藝院以嫻技巧，賽會場以濬心思，廣見聞以趨時尚，集巨貲以速銷行。中人用力之勤，奉身之儉，取價之廉，用心之巧，以興工藝，可以横絶四海，西人嘖嘖稱道者也。《考工》一記，詳察陰陽天地，搜羅羽贏脂膏，民器所重，比於王公。後儒無學，工務失統，任外物之暢銷，無精思以製造。商局鐵路，哆然繼作，然不眩精華則嗜好莫投，不立學堂則工程不習。苟民自立會，厚集工資，自爲保護，自精格致，自妙製造，行見奪回利權如操左券。英、日購棉於吾國，而復運以入，所獲尚爲倍蓰。吾民據沃衍之産，無轉餉之勞，精造出口，握利無算。雖外國多用機器，成功較捷，然以吾工人之衆，工價之廉，作工之久，實足相抵。能若自創機巧，直可衣被全球矣。英人學織綢於意、法，學織呢於和蘭，學織葛於比利時，學製船於丹墨華忒克楞呑，創汽力新機，遂乃工藝無倫，船艘旁午，而光、化、聲、電、熱、重等學，皆推小致大，以裨國家。豈白人之靈異哉！講之求之，合衆力以爲力，合衆智以爲智也。此工之宜變也。

其四曰開商會。各直省設大商會，各州縣設中商會，各鄉閭設小商會。計然之言曰：“務完物，無息幣；貴出如糞土，賤取如珠玉。”美哉，商學乎！商者，貿遷有無，非居積以待售者也。故曹邴行賈遍郡國，師史轉轂以百數。商者貨無常主，必用奇勝者也。故郅氏鼎食以酒削，濁氏連騎以胃脯。商者與時俯仰，鬬智以治産者也。貪賈三之，廉賈五之。故同業而相傾者必敗；合力而善謀者必饒。中國之商，非無魁桀，失此三者，坐致無措。西人商書，譯者甚少，商術精微，末由步武。然觀其微物適用，即爲輻湊。而集公司經商數年，即與萬户侯等。蓋力能爲繼業，益擴充獲利甚普，人自樂附中國。北方如牛羊駝麝，南方如棉蔗桑樟，物雖纖薄，爲用甚多。誠能踴躍集資，建成大本，製作適宜，生財必厚。其他如絲茶織紡，成效久彰；散商内潰，遂至虧閉。心力不齊，乃至於此。往者，英購印棉以作布；近者，日用桑皮以製棉。公司霧湧，頃刻集事。而吾釐務闕廠，需索無已，雖有美製，亦苦滯銷。水運陸行，亦難迅速。子長氏之傳《貨殖》曰：“利者，人所弗能而能。”而吾商棄其不涸之源，不竭之府，而自即於窮絀，果何爲哉？此商之宜變也。此變之自下之策也。

難者曰：上變法矣，官書之局開矣，鐵路、銀行、郵政並舉矣；下變法矣，報館開矣，學會起矣，農務、商務方萌芽而未有已也。子何强聒爲？曰：子言是也。試問上之變法，有如俄、日君臣一心以圖新政者乎？無有也。下之變法，其他吾不知，試問舉國學校，有如諸國一縣之多者乎？無有也。國家受外侮久矣，蹙蹙惴惴而氣日下，稍一舉動即恐人指摘。於是有識者睊睊焉以望下，謂下爲之固甚善也。而下亦漫不之省，曰無權無勇，職爲亂階矣，復睊睊焉以待上。於是上下失望。外人睨吾權無所屬，乃日欲代吾權，欲滅吾權，曰：“中國之不自政治也，須我政治之也。其下之不自教化之、保養之也，須我教化之、保養之也。”嗚呼！吾中國果求外人爲謀耶？吾聞古之有天下者曰：“保民而王，民事不可緩。”言保民以保國也。糜爛其民而不顧，必無失吾般樂怠傲之素，是自求禍也。又曰：務民之義曰天下有道，則庶人不議。言國勢危蹙，民發憤昌言，合群迸力，自務其義以捄君父也。夫上能變則宜待之上，上不能變則下宜自爲之，非背上也。崦嵫已迫，雨雪其旁。毋寧自變焉，以塞狡謀而杜衆口，或有補於上乎？瑞士一小國耳，處群虎之中而莫敢搏噬者，以民氣固結，莫可瑕疵也。然則，萃中國士農工商，各群於會，各聯其氣，各精其業，各奮其心，各充其智，各竭其力，謂他日震爍地球可也。不自爲政，而百姓亦復不率勞焉，夫復何望哉？或曰：子言悲而恫，爲下也多，而爲上也寡。夫雷動風舉，上之變顧不易耶？曰：惟易也，當路者之事也，不必言，不待言。吾民也，故言吾悲恫言。

—9. 皇朝經世文新編　卷二　通論

高鳳謙（1870—1936）

字夢旦，福建長樂（今屬福州）人。幼承家學，通經史。應童試，補縣學生員，曾任職於商務印書館，是近代著名教育家、出版人。曾任浙江大學總教習。編有《辭源》等。

謂拜跪之禮不可行於今

拜跪，禮乎？曰禮也。於人情便乎？曰俯伏偃仰，心氣不舒，未見其便也。然則聖人制禮，故爲此不便以重困生人乎？曰拜跪之禮便於古，不便於今，非制禮之過，而泥守古禮不知變通之過也。夫古之人猶是人也，古之拜跪猶是俯伏偃仰也，何以獨見其便？曰古者席地而坐，以尻著腓，其去跪也無幾矣。《曲禮》：坐而遷之。《少儀》：寢則坐而將命。《玉藻》：退則坐取屨。《樂記》：武坐致右憲左。疏皆訓坐爲跪，此坐與跪通之證。鱄諸刺王僚，坐行而入。管幼安好學，一黎牀五十年，當膝處皆穿。此以膝坐之證。今勾麗、流求之人猶以膝著席而坐，殆行古之道也。聖人因爲長跪之禮，拜手之禮，頓首稽首之禮，皆取其至便者，所謂因人情爲節文也。朱子云：兩膝著地，以尻著膝而稍安者爲坐，伸腰及股而勢危者爲跪。然則古之所謂跪者，猶今之危坐而已。揚子云拜從兩手下。然則古之所謂拜者，猶今之拱手而已。故君有拜臣之文，而項王亦嘗跪以禮樊噲，未聞拜跪之爲重禮也。《史記·魏其武安列傳》：獨故人避席耳，餘半膝席。如注以膝跪席上也，是避席爲禮之重，跪反爲禮之輕。蓋席地本便於跪者。後世交倚之具既興，而坐席遂廢。人習於尻坐，驟易以膝，則身蜷而不適，氣窒而不通。雖强有力者，未有久跪而不頓，亟拜而不疲者也。於是老臣倦於朝請，有乞假以歸者矣。疆臣憚於陛見，有引疾以去者矣。長官疲於答拜，有謝客而不接其僚者矣。屬吏恥於送迎，有投劾而折其腰者矣。兩造坐獄，有引爲詬病而不敢直其冤者矣。公庭匍匐，有因而震懾而不得盡其辭者矣。

推之中外交涉之事，則尤有難者。西人崇奉基督，禮拜而外，無跪禮。故無論何國交際，均不以拜跪爲敬。今吾朝臣引西人入覲，則吾人稽拜，而西人鞠躬也。吾部民與西人質訟，則吾人長跪而西人挺立也，損國威，挫民氣，即此亦甚不便者。西人寓中國，有司不得管轄，原以法律不同，國勢又弱，故失吾自主之權，亦因拜跪之禮西人萬不能堪。中國不變拜跪，自主之權斷難一朝而復也。或疑禮有拜跪，所以嚴君臣父子之大防，雖曰不便，猶將守之。不知先王制禮，不過借文以致敬，不爲甚不便者以苦人。若謂臣子之禮必待拜跪而後伸，則宜專以施於君父，奈何敵體之人亦通用此禮乎？今席地變而交倚，設几變而高座，獨此至不便之拜跪，又何爲而不變？且軍禮不拜，在古人已自變之，誠以介胄在身，有不便於拜也。孔子曰：禮從宜。又曰：惟其稱。又曰：禮者，義之實也。協諸義而協，則禮雖先王未之有，可以義起也。然則聖人制禮，何常之有？亦曰人情而已矣。

—9. 皇朝經世文新編　卷五　官制

翻譯泰西有用書籍議

有聲音而後有言語，有言語而後有文字。然五方之聲音，長短高下，清濁疾徐，既萬有不齊，言語文字即因以俱異。有王者起，患天下之不一，以同文爲先。於是讀書之士，挾方寸之簡，上下千年，縱横萬里，無所不可通。夫而後中國之文字彙於一。其環中國而處者，如日本、朝鮮各邦，雖用中國之文字，猶不能無所異同。况泰西遠絶數萬里，千歲未通者耶？互市以來，天下競尚西學，競習西文。然而音義詭異，則學之難也；教授乏人，則師之難也；由官設學，則周遍之難也；由民自學，則經費之難也；文義深遠，則成功之難也；國不一國，則兼通之難也。惟以譯書濟之，則任其難者，不過數十人，而受其益者，將千萬人而未已。泰西有用之書，至蕃至備。大約不出格致、政事兩途。格致之學，近人猶知講求。製造局所譯，多半此類。而政事之書，則鮮有留心，譯者亦少。蓋中國之人，震於格致之難，共推爲泰西絶學，而政事之書，則以爲吾中國所固有，無待於外求者。不知中國之患，患在政事之不立。而泰西所以治平者，固不專在格致也。况格致之學，各有附隸，非製造之人不能學，即學之亦無所用，且需儀器以資考驗，非徒據紙上之空談。若夫政事之書，剖析事理，議論時政，苟通漢文者，無不能學。果能悉力考求各國政事之得失，兵力之强弱，邦交之合離，俗尚之同異，何國當親，何國當疏，何事足以法，何事足以戒，無不了了於胸中，遇有交涉之事，辦理較有把握。即欲興一新治，亦不至事事仰鼻息於人，或反爲愚弄。此翻譯政事之書所以較之格致爲尤切也。

譯書之要有二：

一曰辨名物。泰西之於中國，亘古不相往來。即一器一物之微，亦各自爲風氣。有泰西所有，中國所無者。有中國所有，泰西所無者。有中西俱有，而爲用各異者。至名號則絶無相通。譯者不能知其詳，以意爲之名。往往同此一物，二書名異。且其物爲中國所本有者，亦不能舉中國之名以實之。更有好更新名，强附文義，以爲博通。令人耳目炫亂，不知所從。宜將泰西所有之物，如六十四原質之類及一切日用常物，一一考據。其爲中國所有者，以中名名之，中國所無者，則遍考已譯之書，擇其通用者用之，其並未見於譯書者，則酌度其物之原質，與其功用，而别爲一名。凡泰西所用之物，用中字西字詳細臚列，刊爲一書，頒布通行。後之譯者，以此爲准，不得更改。其他權衡度量，國各不同，亦宜定爲一表。如英磅合中權若干，法邁合中尺若干，詳爲條舉，以附前書之後。《中西權衡度量表》一書，金陵亦有，刻本但考據未盡精詳耳。

一曰譜聲音。名物制度，有義可尋，雖有異同，猶可稽考。地名、人名，有音無義，尤爲混雜。西人語言，佶屈聱牙，急讀爲一音，緩讀爲二三音。且齊人譯之爲齊音，楚人譯之爲楚音。故同一名也，百人譯之而百異。即一人譯之，而前後或互異。《瀛寰志略》中所載國名之歧，多至不可紀。極宜將羅馬字母編爲一書，自一字至十數字，按字排列，注以中音。外國用英語爲主。以前此譯書，多用英文也。中國以京音爲主，以天下所通行也。自兹以後，無論以中譯西，以西譯中，皆視此爲本，即一二音不盡符合，不得擅改，以歸劃一。此書若成，可與名物之書相輔而行。譯者、讀者俱有所據。若將此二書呈之譯署，請旨頒行，飭令各省譯局及私家撰述一體遵照，尤爲利便。

此二者，譯書之根本也。若譯書之人，必兼通中西文而後可。其有專精西文者，可以文士輔之。傳曰：言之無文，行而不遠。必使所譯之書，質而不流於俗，博而不傷於誕，文義可觀，又無失原書之意。庶亦牖人心、開風氣之一助也夫。

—9. 皇朝經世文新編　卷七　學校

徐 勤（1873—1945）

字君勉，號雪庵，廣東三水（今屬佛山）人。庠生，康有爲弟子。創辦《國事報》等。

擬粵東商務公司所宜行各事

合群之義有三：言政則議院，言學則學會，言商則公司，之斯三者而已。然學校不興，科舉不變，民智未開，國是未定，則議院末由開也。例禁未除，人心未定，舉國頑嚚，知學者寡，則學會末由開也。若夫商務、公司之設，則較二者爲易易矣。百工居肆以成其事，終日營求以謀贏絀，一省之中有會館焉，一埠之中有會館焉，一行之中有會館焉，所積之款有多至巨萬或數千者，所聚之衆有多至十數萬或千數百者，其勢之易，成其人之易，合固非學會、議院所能比例者也。因勢而利導之，則商務之興可翹足待也。然而未嘗學問，驚智守愚，徒泥成法，知近忘遠，内之不足以廣其商務而立於不敗之地，外之不足以塞其漏巵而善厥抵制之術。故數十年來，江河日下，工商告竭，而莫可振救，此商務之興其難一。軍興以來，創設厘稅，遇卡抽驗，勒索萬狀，工商之困半由於是。西南一埠當西北二江之要衝，薪米油豆價定於斯，自三水設釐卡而市面爲墟矣。佛山一埠爲天下之重鎮，工藝之徒咸萃於此，自釐金一設而百行虧折矣。近復有牙捐、海防之費，臺炮坐釐之目，商務日困，而抽勒愈甚，自傷其類無術甚矣。此商務之興其難二。明季之世，葡、荷東來，鏡湖爲互市之始。至嘉道之間，割香港，開廣州，通商之事亦爲行省冠。四百餘年，洋貨遍地，紋銀耗漏，士庶束手仰給異類，吾粵之苦不可言矣。近者無厭之求日益横肆，英闢梧州之岸，法涎瓊崖之濱，德窺高廉之地，深目高鼻之倫充斥於内地，奇技淫巧之器更溢於市廛，腹地盡通，利權悉盡，險要全失，制我死命。大厦將傾而風雨遞至，民罹水火而深熱益甚。五年之間雖外患未至，而内變之機可預決矣。此商務之興其難三。海禁之開數十年矣，吾粵之出洋謀食者以百萬計，新甯一縣所以富甲吾粵者，因是之故，洋貨之漏巵蓋已久矣，亦稍藉此以補其尾閭。自美國機利倡禁華工之論，澳洲、安南、暹羅、古巴、檀香山等處隨之，甲午之役師徒撓敗，華工被虐日甚一日，英屬之加拿大、日本之三島、高麗之舊藩、臺灣之故土，亦復紛紛效尤。重税苛例，層出不窮，我民進無所依，還無所業，游散之輩漫衍國中，金田之役將復起矣。此商務之興其難四。人有恒言曰：吾粵户口之繁甲於五省，彼如所言雖非實據，然粵自耿、尚二王陷城之時，死人僅七十萬，髪役之變，受其害者嘉、應、廣、甯四會之外，靡有聞焉。咸豐四年，紅巾之亂、土客之争死傷之數不過數十萬，方諸行省微乎少矣。近雖比年癘疫，死傷亦寡，水旱之灾，未爲已甚，故謂庶甲五省，人滿爲患者，誠非臆説也。此商務之興其難五。印度之烟售於中國者，始於吾粵。自林文忠禁烟不行，受其毒者以吾粵爲最巨。賭博之術日新月異，甲申以後籌款孔亟，闈姓有餉，番攤有徵，舉粵之大，惟賭是務，終歲皇皇等正業矣。搢紳胥吏借此爲營私之具，市井小氓賴是作衣食之計。售烟市賭之館多於米薪之店，嗜烟意錢之輩多於食力之工。嗚呼，風尚至是，不第泰西所未有，即行省亦未之聞也。然猶尊爲雄省，倚若長城者，豈不謬哉！此商務之興其難六。山東响馬，吾粵海賊，爲患久矣。然猶曰海外之事無與内地也。自二十年來，華工悉禁，失業者衆，於是城市、村落强暴充溢，結夥劫掠，動以百數。所用器械隱若軍隊，商賈裹足，道路爲之梗塞，風鶴咸驚，眠曒因之未安。越南之散勇横悍於欽州，苗洞之客民反側於境内，三合三點，興中之會黨繁聚於南洋。昔年陷城之謀，黨魁未獲；高州、遂溪之亂，餘賊未平。嗚呼，大亂將至，上下晏安，旦夕之危，腹心之患，豈有甚於吾粤者乎？此商務之興其難七。談洋務者，動稱閩粤，然究其實，閩不敵於粤也。考香港西學堂近習西文者，其額驟增至三千餘人。省垣之間，富家大室，多有延師爲教習者。其餘城厢内外，西文之館亦不下十數。洋務之興盛於時矣。然習西文者，第求通其語言文字之瑣，以充通事買辦之用，供奔走服役之勞而已。於西人商學之條例，商務之盈絀，未窺毫末也。即幸而稍得盈餘，富逾巨萬者，亦不過薄其自奉，勞於作工，以致此耳。非能合大衆，集衆股，出奇制勝以與西商相抗衡也。此商務之興其難八。坐是之故，商務不興，斯固然矣。若復忍然置之，弗易舊習，則泰西諸國實迫處此，豈能遲遲以禮讓爲哉。印度滅亡之慘，香港箝制之苦，豈非耳聞而目睹者乎？夫火燎於原則拯救彌急，病及危殆則求醫益切，存亡繼續，即兹數年，誠能合大群、集衆力、易新法，鼓厲而力行之，則挽利權而塞漏卮，存吾粤而興中國，未始非由斯來也。英以一公司而墟五印之地，一商會而撓中國加税之議，外顧敵氛之迫，内懷家國之變，此亦有心人所不能自已者矣。自頃，各省有設立商務局之議，事下於商，釐正是舉，旬月之間，寂寂未聞。勤性不敏，於商務之理非有所知識，第以事變忽至，同受傾覆國家之感，未忘於厥心。故不揣愚謬，竭其所慮，貢其所知。近察吾粤商務致弊之由，遠探泰西商務盛衰之故，斟酌損益，期於可行。以野老而談文學，以聾俗而辨五音，自知其無當者也。若夫糾而正之，條而密之，推而廣之，群策群力，共濟斯艱，則亦區區之心所竊自幸矣。謹將諸事條列於下：

一曰公舉總辦。夫公司之設所以聯合大衆也，總辦之立，所以領袖諸商也。吾粤之俗言語不通，官民隔膜，畏吏如虎，一涉訟事，薦紳之徒多挾官吏之勢上下其手，而藉以營私者。書院學社之多甲於他省，然藉斯作弊者不知凡幾，職此之故，官與民不相親，紳與民又不相親，上下不孚，則雖有良法美意莫能自行。夫商務、公司者，國家之善政，吾粤之創行者也。使條理未善，所任非人，上隔新政之行，下離商民之志，事機一敗不可收拾，他日雖有善者，亦無如何矣。故總辦之人，必學識通博，週知中外，能保護商民、振興商務者，始克選舉、公舉之法，必糾合諸商，集思廣益，踵議院之法，守從衆之義，方免流弊。然猶慮公舉之偶有差失，考察之或有未詳，而敗群者得以濫竽其間也，故定爲三年一任，及期而代，其善者則群舉而復任之，其貪劣者則群起而除去之，不得藉爲盤踞久安之地。且籌款之事，出納之權，仍歸於商人而總辦無與焉。斯官吏之取於商也，無所專責，而總辦無壓制之苦，商人無自縛之患矣。

一曰創商報。農以食之，工以成之，商以通之，故商者，農工之樞紐，而操天下相通之權者也。若夫商務之報，大之可以悉中外商業之盛衰，小之可以探本業之隆替，開風氣，益民智，精商術，莫此爲尤，則又操商務相通之權者也。泰西報館各有專門，政治爲重，商務次之。省垣香港之報不下十家，貨價、市情、輪舶、行期每日呈列，商務之事亦賴是知其一二。然第誌本埠，不及他載，於各埠之大勢，洋貨之大宗，某者暢銷，某者壅滯，如何爲抵制之法，如何挽已失之利，則靡得而聞焉。擇焉而不精，語焉而不詳，月無所紀，歲無所計，知漸而不知久，知末而不知本，是亦聊勝於無而已。視泰西之考核精詳、遠近畢録者，則瞠乎其後矣。故雖行之三十年，多至十餘報，而於商務之盛衰究無所裨也。今宜特立一報，妙選撰述，按月一册，凡省中七十二行之情，事纖毫備，誌列爲表目，其餘粤中各埠及外省、南洋等處，或派人游歷，藉斯察訪，或函通彼埠商董，令其隨時報告。凡有創一新器、得一新法者，則亟登報中，以廓聞見。廣譯西報，以知通商之事；遍譯西書，以窮商學之理。廉其價值，以擴售路；簡其論説，以便披覽。數年之後，商報大行，智學日開，其於市面之跌漲，洋貨之虧耗，前後盛衰消長之機宜，如家人之數米鹽，莊嶽之談楚語，知之極明，操之甚熟，商務之利，其猶有落後之患者，吾不信也。

一曰開商會。泰西諸國莫不有會，而獲效之速以商會爲最。葡荷之撫有南洋，美國之富甲諸國，英國之地遍五洲，皆由斯道也。吾粤諸商所在有會，凡諸會者不過作歲時伏臘之事，賓客酬劇之所而已。西共堂七十二行之總會也，而徒藉爲要挾長官之具。義興、海山諸公司，南洋華工之總會也，而徒藉爲植黨鬥争之計，空有其名而不知本要，雖群而實獨，聚而實散，其於商務豈有補乎？方今列國並立，其無事也，則以商爲戰。中國所與立約者一十六國，洋貨之入中國歲至三萬萬有奇，縱群天下之商，合舉國之力，聚行省之財，振刮精神，互爲犄角，以爲内守外敵之計，猶恐其弗克勝任，而終於敗績也。况徒泥成法，聲氣不通，中外之變懵然不覺，彼衆而我寡之，彼通而我塞之，彼合而我離之，則烏得不爲人弱哉？烏得不爲人貧哉？今宜仿西法，設立商會，以省城爲總會，以各埠爲分會，其近者則一月有一會，其遠者則三月一會，其有道遠而不能赴會者，則令彼以函通使知彼埠之情。實開會之日，百行交集，工商鱗萃，陳土物之所宜，察人情之好尚，辨市貨之騰落，其暢銷而獲利者，策群力以廓充之，其滯銷而虧本者，合衆志以變通之。有昔盛而今衰，此棄而彼取者，咸令自陳審其利害，定其避趨，以興利源。又中國所需於外洋諸物，以及外洋所需於中國諸物，皆求所以抵禦之術，自售之法，都其要論勒爲成書，刊諸報中，使上下咸悉。智愚專向，斯遠近無隔絶之弊，而公私免交困之苦矣。

一曰立商學堂。泰西之經商也，上有商部以經理之，下有學堂以教育之，故商學之才不可勝用，而商務之利日見其盛。吾粤實學、同文之館創之久矣，然一爲水師而設，一爲旗民而設，於商人無與也。今宜立商學堂，聘中西教習，嚴定課程，選子弟之聰慧者充爲學童，入學之始先以辨字習語爲第一義，辨字之法分楷、草二類，擇其通用之字三千，按日辨認。習語之法先通土語、客語，次及南北正音。語言文字略有所識，則經商之學既植其基矣。然後教以文法，授以算學，示以方名，訓以西文。凡諸所學稍有成就，則廣譯泰西商務之書，考求其理法，辨悉其條例，於製造、銷售、水陸、轉運、郵政、電報、銀行、保險、出入税則、權衡輕重諸事皆令講習，無或茫然。然猶慮其所見未廣而域於一隅也，復選其學成者，遍游各地，先於粤中各埠，行省各口岸，以及南洋諸島華工所至之處，考其商業，録其情事，呈於公司，以週衆覽。若學堂經費稍充，更派遣各國，以求新法而覘敵情，則中外之故，精粗之學，靡不畢備，可謂通商矣。以之興商，何商不興？以此拒敵，何敵不拒者乎？如謂曠日持久，所成非速，倒行而逆施之，則今日之商，言語未諳，文字未解，而遽欲逐什一之利者，比比然矣，而卒不免於終歲勤劬，愁苦萬端，而一無所獲者，則孰得孰失，孰大孰小，不待智者而可決矣。

一曰立工藝院。工藝之道中國有過於泰西者二：事物産極多而不假外求，工價甚廉而費本甚輕。若能開設藝學，教以工藝，使自製造以敵洋貨，則以中國民數之多，心思之慧，不難駕歐美諸國而上之。日本三島工藝日盛，西人猶或妬之，恐其侵奪商務也，况中國乎？吾粤地界赤道，物産尤盛，海濱之國，中西孔道，運載至易，則又諸省所莫及者也。自通商以來，佛山針行之大廢散殆盡，婦人織紡之業蕩然無存。蓋列國並立，商戰之世，勢力悉敵，方可自立。吾既日與彼相通，而仰給其器物，乃不思所以興技藝、自製造而防制之，其不至上下束手，竭我利源者弗止也。今宜創立工藝院，聘工藝師，講求種植、工藝之事。如種茶、樹棉、養蠶、繅絲、織布、紡紗、製氈等類，開辦之始，力有未逮，則先立窮民工藝院，教以粗淺各技，所費不多，而獲利甚大。使能自食其力，而國無游民，既有成效，然後逐漸推廣，數年之間粤貨之遍行大地矣。外洋華工當亦歸而求之，弗至鬻身於異域也。上存國體，下濟小民。興盛之機，可決於此乎。

一曰開博物院。西人之經商也，商報以明其理，博物院以考其實。英之倫頓，法之巴黎，奥之維也納，日本之東京，美之斐拉鐵非、芝加高諸賽會，其爲百年來最大之賽會者無論矣。即香港而論，一小島之地，西人僅數千耳，猶有一博物院，以爲士女游觀，工商考鏡之助。而吾民之多，直省之大，樹産之饒，反寂寂無聞焉。故有終世爲商，終世爲工，而問其專門之事業，彼埠之物産，猶懵然而弗知所答。嗚呼，近猶如此，則直省可知矣。直省如此，則五洲可知矣。博陋既殊，智愚自異，而巧拙之工，精粗之業，即自兹而定。今天下商權削矣，商勢孤矣，人整而我散，人智而我愚，而我日驅其庸衆駑散、不識不知之民，而與彼相角逐，則我何所恃而不恐哉。自頃美人李佳白欲創一博物院於京師，以開士夫之智。夫以吾中國之大而藉手於西人之力，則可愧甚矣。湘、桂二省創立學會，大庀圖書，然衹爲士夫而設，於商人猶無補也。今宜創博物院於省會，興辦之始，先備七十二行中工藝諸器與粤省動植各物，并購直省、外洋製造各物、水陸之産，以大其規模，廓其知識，使中外備陳，互相炫異，愚者啓其塞，巧者神其術。雖無公輸，而工自巧矣；雖無管陶，而商自精矣。又仿西國博物院之例，其有新製一奇器，偶得一異物者，則置之院中，誌其姓氏，定其價目，以示表異，而廣其銷路。則外得聲譽，内獲大利，凡百工商而有不争先恐後，而勵其商藝者乎？

一曰設功牌。吾粤工匠素稱精巧，象牙之球，刺繡之業，几席之精，西人亦素稱之，以爲莫及也。惜上無報官領照之例，則奮厲之心怠；下多攙奪僞冒之弊，則創造之法鮮。遂使智巧之術日就失傳，銷暢之物日形凋落。吾友南海陳君錦濤，算術之深，西人以爲未見；新會周君靈生，《真周假切》一書能出中西算術之外；開平謝君康如，能制行軍服式，達於英廷，大加取録。昔年出洋學生半多粤人，而間有成就專門之學者，然由前之説，卒使壅壓抵滯，莫克致用，深可惜也。考美國每年創新器報官領照者，多至二萬二百十事，法則七千三百事，英則六千九百事。今宜仿其法，凡工商之能創新法、新藝者，則於商會開會之日，呈衆考驗其確有實用而利民者，則由公司總辦稟請大吏給以功牌，予以厚利，刊入報中，廣其傳布。以吾粤物産之繁，工商之巧，數年之間新法、新器日出而靡盡矣。則凡順德之蠶桑，鶴山之茶煙，新會之葵橙，高要之草蓆，清遠、英德之煤鐵，南雄、龍川之紙，興寧之布，惠州之蔗糖，廣寧、四會之竹木，潮州之磁器，從化之油豆，香山、番禺之果物，瓊州之藤木、礦產，沿海各縣之魚鹽，石灣之瓦器，昔稱美於粵中者，亦將争相考求，精益求精，以廣其自然之利矣。

一曰設輪船。輪舶之多以英爲最，其商船之到中國者，每歲至千餘艘。故東方商務之盛甲於諸國。吾粵沿海而居通商之國也，然輪船之禁未弛，道路阻塞，百里之遥，動費時日，商務之滯，其在是乎。昔有商人開設輪船，報官領牌，走行内地，然釐卡、胥吏咸藉口於走漏之弊，有防厘税，隨廢迄，無成例者。近者梧州開關，洋舶充塞，攙奪商利，何可勝計。夫以區區防弊之故，而自困其民，增益外敵，何如寬其例禁，使民間自設輪船，遍行内地，以通百貨，而收利權之爲愈乎？無事則爲通商運載之用，有事則爲調兵運餉之用。昔年桂省之旱，今日高州之亂，輪船之效已可睹矣。若更造巨輪通行南洋，聯合華工，奪洋人公司之權，收載貨搭客之利，一旦有變，可充戰艦，爲國家禦侮之助，公私並利，一舉兩得，法至善矣。日本師之，其所以覆我也。

一曰辦團練。吾粵自孫文之變，咸有懼心。城市之間，團勇相望，然劫掠之案不少衰息，此雖盗賊滋熾，實捕治之無方也。中國通商各口岸五方雜處，爲群盗之淵藪，而搶掠之事終歲寡聞者，何也？蓋其法之善也。立巡捕房以總其稽核，定巡守時以舒其餘力。口號畫一，則呼調自靈；器械精練，則拒捕尤易。嚴其賞罰，破其疆界，用能收指臂之助，而群盗斂迹焉。考粵省街道之多，自旗滿所居之外，有二千四百五十六條，每街約有團丁四名，統計其數，則不下萬人矣。若聚而合之，精而練之，則干城之選，即泰西民團之法也。甯獨捕盗哉！惜其勢散而不聚，私而不公，辦團之權無一尊之狀，定捕盗之法無守望之助，所募皆乞丐之流，所用皆窳敗之器，終日站立，靡有定時，一歲之久，未聞操練，其憊倦之狀，散涣之勢，弱子猶或侮之，况强盗耶？夫歲費巨款而莫收其用，虚有其名而實被其害，則亦何樂此爲哉。今宜裁撤舊額，另選壯丁，盡倣西法立巡捕房以一事權，延通泰西兵法者爲教習，訓以兵法，新其章程，定爲例禁，省垣既定，推之各埠，踵而行之，則盗風可以少息，而商業亦或小安矣。

一曰修街道。省垣户口之多，京師以外首稱吾粵。然道路湫隘，渠巷穢臭，行旅苦之。西人游歷至是，以爲土番之國誠不謬也。昔南皮張香帥督粵時，築堤岸，建碼頭，商人稱便。第大工未竟，而忽然中輟，粵人至今惜之。今宜倣香港潔净局之例，定清道之法，嚴積穢之禁，其狹隘者則廣大之，其淤塞者則疏通之，設自來水以免泥濘之苦，立街市以除穢雜之患，增築堤岸，添設碼頭，則輪船得所寄泊，而馬車、手車亦可致用矣。省盤運之繁，免游民之苦，除疫癘之害，往來之便，商旅之益，孰有過於是乎。

從上諸義，皆泰西已然之迹。至切至近，至簡至要，易於舉行。而商務公司所當有事者也。然則款將何籌焉？曰：法有四。吾粵之人頗稱好義，省城之愛育善堂、廣濟醫院，香港之東華醫院，澳門之鏡湖醫院，其資籍多至十餘萬者，皆由勸捐來也。昨年桂省之旱，廣仁善堂集款至五萬餘金，近者鄂省之灾亦不下萬金。若夫商務公司則倡之自上行之於下，大可以保國，小可以保家，其事甚重，其利甚溥，合通省八十家善堂之力，到處募捐，其所集之款，必非區區救灾恤鄰之事所比也，是爲募捐粵省闈姓之業。六年之間，報效二百二十萬圓，納餉四百八十萬圓，亦可謂重矣。然猶趨之若鶩，惟恐弗得，况以商務之大而有商報、輪船、工藝諸利者乎！大信既洽，人心所歸，集衆招股，則無事不辦矣，是爲集股。一公司之設，實爲商人興利除害之計。今就省中七十二行，核其商務之多寡，如迎神賽會之法，照例輸助，一凡由商學堂、工藝院學成出身者，三年之間必將其所得之薪水半入公司，以充經費。一省垣民居舖户約九萬餘間，民數約六十五萬四千餘人，若人捐一金，折半計之，亦三十餘萬矣。且有公司以爲之保護，有商會以爲之講求，有功牌以爲之鼓勵，有商學堂、工藝院爲之學習所，益甚大。若不捐一金者，皆不得與聞其事，均沾其利。商人近爲身家之謀，遠爲子孫之計，豈吝此一金而失此大利者耶？則所得更不止三十餘萬也。一省垣廟堂有多至十餘萬，或萬數千者，迎神報賽動費千百，其大者以萬計，陋習相沿，恬不爲怪。今略爲省節，將所耗費置之有用，他日公司獲利按數抵派，其法至美，而利亦自在也，是爲例捐。吾粤之富，外人以爲富甲九省，若於公司内立任卹祠，凡捐金逾萬或千數者，則立主祠中，闔省工商咸集時祀以志盛德，或稟請上憲，旌表其門，實力鼓勵，則所助必多。是爲勵捐巨款，既籌諸事立辦，則規模亦少成矣。他若設保險以安生業，開銀行以通有無，築鐵路、馬路以捷往來，定厘税以便出入，濬河道以通運載，開礦産以濟困乏，遣游民以墾荒土，通南洋以保華工，聯各省以廣聲氣，毁淫祠以尊孔子，立書院以惠士人，教蛋户以興漁鹽之利，教苗民以興山澤之材，禁烟賭、拐帶以除日用之害。凡諸條理，皆由後之用，非由今之急也。俟三年以後，基趾略定，功效已見，衆志成城，然復臚舉斯義，以相告焉。

—9. 皇朝經世文新編　卷一三　商政下

論日本自强之故

凡國從古依於人者其變易，從古皆自立者其變難，吾觀於中國、日本而知之矣。日本自神武天皇立國二千餘年，漢學之盛基於王仁，佛教之興來自百濟，程朱、陽明之學盛行於明季，《春秋》專攘之義大倡於維新。此學術之依於人者也。推古、舒明始通隋唐，摹倣六典，日趨於文，至孝德帝始置左右大臣，尋設八省百官，以規模唐制。此官制之依於人者也。古昔兵制，兵與農合。孝德之朝悉倣唐制，設兵部省，自崇神時始制貢賦，至孝德中倣唐租庸調之法。此兵制食貨之依於人者也。孝德朝始踵唐法立刑部省，中分二司。日本之曆，初用夏正，自推古以前，統稱爲太古曆。此刑法、律曆之依於人者也。至若中古之時，國史之書概用漢字，昏娶之事多本唐禮。醫則倣唐制而設典醫寮，商務則因唐貨而設唐物使。遣使於吴而求縫織，通使隋唐而學蜀錦。茶葉則本於江南，棉種則傳於西域，蔗苗則征於琉球，筆墨則來自高麗。蓋土地狹隘，民數寡小，故政教風俗之大，義理制度之繁，日用器物之小，伊昔以來，皆依於他人，而寡能制作者也。

洎夫明治之世，外患屢啓，内訌數蠢。英、俄、美、荷之國繼踵而來，强藩世室之家乘間而起。廢封建之制而爲郡縣，易鎖國之黨而成維新，振千年失權之習，破前朝南北之界，舉國囂囂，咸有憤心，精神丕振，上下一治。習英、荷之語言，法英國之商務，師美洲之學校，效德國之軍制，三島之强列諸二等，興盛之速，咸目新英。

滅琉球以試其端，擾基隆以張其餤，亂高麗而據遼東，割臺澎而索賠款。西唆印度之自主，東干澳洲之事權。藉檀香山之亂而涎其地，乘小吕宋之危而助其勢。入萬國之公法而悉廢舊章，與報館之聯盟而得儕斯會，通太平洋之電線以握全球之大勢，測西伯利之鐵路而洞俄國之險要。其工藝則精巧而敏捷，其商務則擴充而日盛，其水陸之兵則整練而勇鋭。與之言工商，英、美所不能奪也。與之言兵法，德、法所不敢欺也。與之言謀國之善、圖治之速，中、俄所不能及也。英以三島而强於西，日以三島而興於東，三十年來蔚爲大國。强弱之異，盛衰之由，今昔之殊，豈可以巧歷計哉！

難者曰：高麗有開化之黨而無救滅亡，波斯有敢死之士而徒然守舊，土耳其有變政之民而終於削弱。蓋君非欲治，本源虧壞，心腹之疾，罔可振救，舉國之民徒事呌嘵，寧有濟耶？日本之國，土地褊狹，户口寥寂，群藩跋扈於外，將軍專制於内，事權不一，民不知君，欲强斯國，豈易言哉！釋之曰：昔俄爲閉化之國，一彼得而興之。日耳曼三十餘小邦，一威廉而合之。睦仁以成童之年，繼承大統，平諸侯之難，釋外交之釁，復七卿之位，設五誓之詞，罷警蹕喝道之儀，革薙眉涅齒之習，立議政之院，創記念之會，改正朔，易服式，異器械，殊徽號。舉凡利國便民之事，廢故維新之政，莫不與民更始，而次第施行。其勵精圖治之心，君民一體之親，蓋自二千五百年立國之久，神武天皇相傳諸統之衆，未有能比者也。且不特此也，五洲之内，英、俄、德、意諸國，其君主之賢明，固所謂天下之豪而傑出一世者矣。然英皇則暮氣已深，持盈戒滿。美、澳之屬，咸有自主之思；三島之民，競倡革命之黨。此英之莫能與比者也。俄皇則踐祚未久，人心反側，加冠盛典，徒糜億兆之金。議院弗開，人懷篡上之志。此俄之莫能與比者也。德皇則年少氣盛，輕舉妄動，隱疾致患，位幾不保。卑相以元勳之功而投諸閑散，强英以姻婭之重而時形勃谿，此又德之莫能與比者也。至若意大利有非洲之敗而氓志澆漓，西班牙有古巴之争而國勢困竭，突厥有忌列之亂而蘇丹已廢，波斯有弑君之變而人心靡定。此更不可以望其肩背而相與比倫者也。故地球五洲之大，列國君主之政，君民之親，政治之修，聰明神武之姿，沈雄嚻競之志，舍睦仁其奚任哉？近者藉其强仕之年，鼓其新興之氣，逞其戰勝之威，激其舉國之心，五年之間，臺澎已定，兵力已足。亞東之局，其不爲日本所動者，幾希矣。

難者曰：日本之强，固由君之賢有以致之矣。然中國自同治初年勵精圖治，用人如不及，從善如流水。起翁、李諸臣，相機務於内；舉曾、左諸賢，治戎事於外。同治三年即遣人采辦機器，同治五年創船政局，同治六年設同文館於京師，同治十年募子弟出洋學藝，同治十一年設招商局，籌造戰艦，遣使外國。變法之事，漸次舉行，用人行政，赫然有興作之意。君德之修，中興之治，蓋可謂一時無兩者矣。然而日本以賢君而强，中國以賢君而弱。日本以變法三十年而興，中國以變法三十年而敗者，何哉？釋之曰：中國之君誠賢矣，其法誠變矣。然學術不改，學校不興，科舉不變，徒襲外國軍兵炮械之末，語言文字之瑣，豈云得西學之源本，振千年之積弱者耶？

日本之變法也，則異此矣，不急他變，而先事三要。夫國之盛衰繫於人才，而人才之出没繫於學術，故工商器械者，政治之餘事耳。使學術不明，本源未立，則國事未定；人心不一，所學非所用，所用非所學，以言變法，實自害耳，欲强其國，豈易易乎！日本自德川氏并政七百餘年，威權最盛，君徒守府，有如綴疣，日事干戈，學術微息，國統之危，不絶若綫。尋而山東天皇立，營孔子之廟，用儒臣源光國，編

《大日本史》，立《將軍傳》《家臣傳》，而隱示尊王統、斥武門之意。至仁孝天皇時，處士蒲生作《山陵志》以寓尊王，作《不恤諱》以寓攘彝；源松苗作《國史略》，山縣昌貞著《柳子》十三篇，倡正名之義；賴襄作《日本政記》《日本外史》。自是以後，學述大變。是非既定，《春秋》尊攘之義益明，而維新之治即基於此矣。此學術之變者一。

學術既變，人心自正。無學校以養之，則虚而弗實，弗適於用也。日本舉國分七大學區，自明治四年立文部省，頒定學制，分設諸校，有外國語學校，有小學校，有中學校，有師範學校，有專門學校，有東京大學校。其中分法學、理學、文學三部，而東京醫學校附焉。此外有工部大學校，有海陸軍兵學校，有農學校，有商學校，有工學校，有女學校。群校既立，條理畢備矣。尤恐諸生之隘於見聞而域於一國也，有書籍館、博物館、新聞紙以廣其知識；延西士，聘教習，派游歷，以精其藝業。舉國之大，上而士夫，下而婦孺，無學弗有，無人弗學。蓋三十年來，聲明文物之盛，幾等埒於泰西矣。此學校之變者一。

夫學校爲體，科舉爲用。用之弗行，體將安立。中國自同治以來，同文館、武備堂、製造局、船政廠諸學校，沿邊直省亦既略爲創立矣。然帖括之制不改，弓石之技不變，緩急倒置，習用異途，故數十年來，事變一起，無一才一藝能收其用者。日本自變法以後，其取士之法多本於泰西，三月而小試，教師爲之糾察焉；周年而大試，教長爲之監臨焉。及其卒業也，知府、縣令爲之親試之，其學成者則給以證書，由小學而升諸中學，由中學而升諸專門之學。既卒業矣，則由東京大學校校長試之，而給與稱號。他日仕進之階，即於此而定矣。其尤異者，則派遣外國，游學歸則拔之顯耀。今之執政諸臣，皆由斯來也。故一國之士所學，皆他日所用也；一國之官所用，皆昔日所學也。分途别用，各盡所長，有乏才之患，而無遺才之患。此科舉之變者一。

有此三變，日本自强之故既博深而切明矣。然則世之變法者，亦何憚此三變之法而甘爲人弱哉。日本亦果何操此三變之術，而卒能自强哉。雖然其能不能之勢，變不變之故，蓋觀於一國之士氣而知之矣。日本古昔皆封建之制，其環列小諸侯以數百計，門下食客充積於國中，輕死生，尚任俠，甚有戰國之風。方其幕府之專肆也，則倡尊王之説以傾之；强鄰之要挾也，則倡攘彝之説以拒之。立鎖國之黨，數幕府之罪，至於刺大老，攻使館，殺朝臣，雖伏尸流血，幽錮流竄，不可勝計。而其激憤之志，愛國之忱，不因此而小渝也。故武門之權，上不能奪而處士可以削之；神武之統，上不能定而處士可以安之。易舊俗，變西法，開國會，定自主諸政事，上不能成，亦惟處士可以倡之。嗚呼！何士氣之昌耶？何士權之重耶？何國家與處士關繫之切耶？吾觀於日本而吾心懼矣，吾觀於中國而吾心傷矣。故有以變法之説進者，吾且與之言三變。有以三變之説進者，吾且與之言士氣。

—9. 皇朝經世文新編　卷二四　外史

梁啓超（1873—1929）

字卓如，號任公，別署飲冰室主人，廣東新會（今屬江門）人。光緒十五年(1889）舉人。康有爲弟子，近代維新派領袖，學者。歷任湖南長沙時務學堂總教習、清華研究院導師、段祺瑞内閣財政總長等。有《飲冰室合集》。

古議院考

問：泰西各國何以强？曰：議院哉，議院哉！問：議院之立，其意何在？曰：民權。[君權］與民權合，則情易通；議法與行法分，則事易就。二者，斯强矣。

問：子言西政，必推本於古，以求其從同之迹。敢問議院於古有徵乎？曰：法先王者，法其意。議院之名，古雖無之，若其意則在。昔哲王所恃以均天下也，其在《易》曰："上下交，泰；上下不交，否。"其在《書》曰："詢謀僉同。"又曰："謀及卿士，謀及庶人。"其在《周官》曰："詢事之朝，小司寇掌其政，以致萬人而詢焉。一曰詢國危，二曰詢國遷，三曰詢立君，以衆輔志而蔽謀。"其在《記》曰："與國人交止於信。"又曰："民之所好好之，民之所惡惡之，此之謂民之父母；好民之所惡，惡民之所好，是謂拂人之性，灾必逮夫身。"其在《孟子》曰："國人皆曰賢，然後察之；國人皆曰不可，然後察之；國人皆曰可殺，然後殺之。"《洪範》之卿士，《孟子》之諸大夫，上議院也；《洪範》之庶人，《孟子》之國人，下議院也。苟不由此，何以能詢？苟不由此，何以能交？苟不由此，何以能見民之所好惡？故雖無議院之名，而有其實也。

漢制，議院之職有三：一曰諫大夫，二曰博士，三曰議郎。《通典》云諫大夫掌議論，無常員，多至數十人。《漢舊儀》云博士，國有疑事則承問，有大事則與中二千石會議。《史記·三王世家》言，臣謹與列侯臣嬰、齊，中二千石、二千石臣賀，諫大夫、博士臣安等議云云。又言臣青、霍，臣湯，博士侯吏二千石，諫大夫、博士臣慶等議云云。又言臣青翟、臣湯、博士臣將行等云。又言臣謹與中二千石、二千石、諫大夫、博士臣慶等昧死請云；《儒林傳》言，謹與太常臧、博士平等議云云。蓋漢世有事無不與諫大夫、博士會議者，而博士爲尤重。每上一議，必列其官，且列其名。《史》《漢》中多不具徵。蓋博士，實議員之徵也。中世以後，博士多加給事中，入中朝，備顧問，稱爲腹心，上所折中定疑。《漢官解詁》云，議郎，不屬署，不直事，國有大政、大獄、大禮，則與中二千石、博士會議。夫曰多至數十人，則其數與西國同；曰不屬署、不直事，則其職與西國同；國有大事乃承問會議，則其開院之例與西國同；或制書徵，《史記·儒林傳》：伏生，孝文時徵爲博士。或大臣舉，《漢書·孝成本紀》：陽朔二年，詔丞相、御史與中二千石、二千石雜舉可充博士位者。則其舉人之例亦與西國略同。雖法之精密有未逮，而規模條理亦略具矣。《史記·叔孫通傳》稱，秦二世時陳涉反，召博士與公卿會議。然則博士主議論，其制不始於漢。《鹽鐵論》云，齊宣王褒儒尊學，孟軻、淳于髡之徒受上大夫之禄，不任職而論國事。蓋亦與議郎之不屬署、不議事等。然則國家有議論之官，其制又不始於秦。齊、秦、漢挽近力徵之邦，此良法美意豈能特創？蓋必於三代明王遺制有所受之矣。滕文公欲行三年之喪，而父兄百官皆不悦，此"上議院"之公案也。周厲無道，國人流之於彘，此"下議"之公案也。鄭人游於鄉以議執政，子産弗禁；漢昭帝始元六年，詔公卿問賢良、文學民所疾苦，遂以鹽鐵事相争議，辨論數萬言，其後卒以此罷鹽鐵，是雖以國家特設之“議員”，而亦陰行其權也。至於漢官之制，丞相有議曹，見《翟方進傳》；大司馬有議曹，見《匡衡傳》；車騎將軍有議曹史，見《匡衡傳》；行軍有軍正、議郎，見《衛青傳》，其制尚足以補西法所未及。又郡國皆有議曹、門下議史，見《北海相景君碑陰》；議曹、議曹史，見《倉頡廟碑陰》多不具徵；《漢書·朱博傳》云：“博（尤）不愛諸生，所至輒去議曹。”曰：“豈可復用謀曹耶?”是前此各郡皆有議曹矣。西國每邦謂合盟國之各邦、每城皆有議會，亦即此意也。

問：古議院之亡，自何時乎？曰議院者，民賊所最不利也，如朱博之徒，悍然以敗壞古制爲事者，蓋不知幾何人矣。

問：今日欲强中國，宜莫亟於復議院？曰：未也。凡國，必風氣已開，文學已盛，民智已成，乃可設議院。今日而開議院，取亂之道也。故强國以議院爲本，議院以學校爲本。

—8. 皇朝經世文三編　卷一八　治體六　變法下

論中國積弱由於防弊

先王之爲天下也公，故務治事；後世之爲天下也私，故務防弊。務治事者，雖不免小弊，而利之所存恒足以相掩；務防弊者，一弊未弭，百弊已起，如葺漏屋，愈葺愈漏，如補破衲，愈補愈破。務治事者，用得其人則治，不得其人則亂；務防弊者，用不得其人而弊滋多，即用得其人而事亦不治。自秦迄明垂二千年，法禁則日密，政教則日夷；君權則日尊，國威則日損。上自庶官，下自億姓，游於文網之中，習焉、安焉、馴焉、擾焉。静而不能動，愚而不能智。歷代民賊自謂得計，變本而加厲之。及其究也，有不受節制、出於所防之外者二事，曰彝狄，曰流寇。二者一起，如湯沃雪，遂以滅亡。於是昔之所以防人者，則適足爲自敝之具而已。

梁啓超曰：吾嘗讀史鑑，古今成敗興廢之迹，未嘗不悁悁而悲也。古者長官有佐無貳，所以盡其權，專其責，易於考績。《王制》《公羊傳》《春秋繁露》所述官制莫不皆然。獨《周禮》言建其正，立其貳，故既有冢宰、司徒、宗伯、司馬、司寇、司空，復有小宰、小司徒、小宗伯、小司馬、小司寇、小司空。凡正皆卿一人，凡貳皆中大夫二人。此今制一尚書、兩侍郎之所自出。《周禮》，僞書。誤盡萬世者也。漢制九卿，尚沿斯制。漢晋間，太常等尚無少卿。後魏太和十五年始有之。後世懼一部之事一人獨專其權也，於是既有尚書，復有侍郎，重以管部。計一部而長官七人，人人無權，人人無責，防之誠密矣。然不相掣肘，即相推諉，無一事能舉也。

古者大國百里，小國五十，各親其民，而上統於天子。諸侯所治之地，猶今之縣令而已。漢世猶以郡領縣，而郡守則直達天子。後世懼親民之官權力過重也，於是爲監司以防之；又慮監司之專權也，爲巡撫巡按等以防之；又慮巡按之專權也，爲節制總督以防之，防之誠密矣。然而守令竭其心力以奉長官，猶懼不得當，無暇及民事也。朘萬姓脂膏，爲長官苞苴，雖厲民而位則固也。

古者任官各舉所知，内不避親，外不避讐，漢魏之間尚存此意。故左雄在尚書，而天下號得人；毛玠、崔琰爲東曹掾，而士皆砥礪名節。後世慮選人之請託、銓部之徇私也，於是崔亮、裴光庭定爲年勞資格之法，孫丕揚定爲掣籤之法，防之誠密矣。然而奇才不能進，庸下不能退，則考績廢也；不爲人擇地，不爲地擇人，則吏治隳也。

古者鄉官悉用鄉人。《周禮》、《管子》、《國語》具詳之。漢世掾尉皆土著爲之。《京房傳》：房爲魏郡太守，自請得除用他郡人。可知漢時掾屬無不用本郡人者。房之此請乃是破格。蓋使耳目相近，督察易力。後世慮其舞弊也，於是隋文革選，盡用他郡。然猶南人選南，北人選北。宋政和六年詔，知縣注選，雖甚遠，無過三十驛。三十驛者，九百里也。明之君相，以爲未足，於是創南北互選之法，防之誠密矣。然赴任之人，動數千里，必須舉債，方可到官，非貪污無以自存也。土風不諳，語言難曉，政權所寄，多在猾胥，而官爲綴旒也。

古者公卿，自置室老，漢世三府，開閣辟士，九卿三輔郡國，咸自署吏。顧氏《日知録》云，鮑宣爲豫州牧，郭欽奏其舉錯煩苛，代二千石署吏。是知署吏乃二千石之職，州牧代之，尚爲煩苛。今以天子而代之，宜乎事煩而職不舉。所以臂指相使，情義相通。後世慮其植黨市恩也，於是一命以上皆由吏部，防之誠密矣。然長佐不習，耳目不真，或長官有善政而末由奉行，或小吏有異才而不能自見也。

古者用人皆久於其任，封建世卿無論矣。自餘庶官，或一職而終身任之，且長子孫焉。爰及漢世猶存此意，故守令稱職者璽書褒勉，或累秩至九卿，終不遷其位。蓋使習其地，因以竟其功。後世恐其久而弊生也，於是定爲幾年一任之法，又數數遷調，宜南者使之居北，知禮者使之掌刑，防之誠密矣。然或欲舉一事，未竟而去官，則其事廢也。每易一任，必經營有年，乃更舉一事，事未竟而去如初，故人人不能任事。而其盤踞不去、世其業者乃在胥吏，則吏有權而官無權也。

古者國有大事，謀及庶人，漢世亦有議郎、議大夫、博士、議曹，不屬事，不直事，以下士而議國政，余別有《古議院考》。所以通下情，固邦本。後世恐民之訕己也，蔑其制，廢其官，防之誠密矣。然上下隔絶，民氣散耎，外患一至，莫能爲救也。

古者三公坐而論道，其權重大，其體尊嚴。三公者，一相二伯。漢制，丞相用人行政，無所不統。蓋君則世及，而相則傳賢。以相行政，所以救家天下之窮也。後世恐其專權敵君也，漸收其權歸之尚書，漸收而歸之中書，而歸之侍中，而歸之内閣，漸易其名爲尚書令，爲侍中，爲左右僕射，中書侍郎，門下侍郎，爲平章政事，同三品，爲大學士。漸增其員爲二人，爲四人，乃至十人。漸建其貳爲同平章事、參知政事，爲協辦大學士，其位日卑，其權日分，於是宰相遂爲天子私人，防之誠密矣。然政無所出，具官盈廷，徒供畫諾，推諉延閣，百事叢脞也。

古者科舉皆出學校，教之則爲師，官之則爲君。漢晋以降，猶采虚望。後世慮士之沽名，官之徇私也，於是爲帖括、詩賦以錮之，浸假而鎖院，而搜檢，而糊名，而謄録，而回避。若夫試官，固天子近侍親信之臣，親試於廷，然後出之者也。而使命一下，嚴封其宅焉，所至嚴封其寓焉，行也嚴封其舟車焉，若檻重囚，防之誠密矣。然暗中摸索，探籌賭戲，驅人於不學，導人以無恥，而關節請託之弊，卒未嘗絶也。

古之學者以文會友，師儒之官以道得民。後世恐其聚衆而持清議也，於是戒會黨之名，嚴講學之禁，防之誠密矣。然而儒不談道，獨學孤陋，人才彫落，士氣不昌，徒使無忌憚之小人借此名以陷君子，爲一網打盡之計也。

古者疑獄，汜與衆共，懸法象魏，民悉讀之，蓋使知而不犯，冤而得伸。後世恐其民之狡賴也，端坐堂皇以聳之，陳列榜楊以脅之，防之誠密矣。然刁豪者益藉此以嚇小民，愿弱者每因此而戕身命。猾吏附會例案，上下其手，冤氣充塞而莫能救正也。

古者天子時巡，與國人交，君於其臣賤亦答拜。漢世丞相謁天子，御座爲起，在輿爲下，郡縣小吏常得召見。後世恐天澤之分不嚴也，九重深閉，非執政末由得見，防之誠密矣。然生長深宫，不聞外事，見賢士大夫之時少，親宦官、宫妾之時多，則主德必昏也。上下睽孤，君視臣如犬馬，臣視君如國人也。凡百庶政，罔不類是，雖更數僕，悉數爲難。

悠悠二千歲，莽莽十數姓，謀謨之臣比肩，掌故之書充棟。要其立法之根，無不出此防弊之一心，謬種流傳，遂成通理。以慎密安静爲美德，以好事喜功爲惡詞。容容者有功，磽磽者必缺。在官者以持禄保位爲第一義，綴學者以束身自好爲第一流。大本既撥，末亦隨之。故語以開鐵路，必曰恐妨舟車之利也；語以興機器，必曰恐奪小民之業也；語以振商務，必曰恐壞淳樸之風也；語以設學會，必曰恐導標榜之習也；語以改科舉，必曰恐開躁進之門也；語以鑄幣楮，必曰恐蹈宋元之轍也；語以采礦産，必曰恐爲晚明之續也；語以變武科，必曰恐民挾兵器以爲亂也；語以輕刑律，必曰恐民藐法紀而滋事也。坐此一念，百度不張。譬之怔病，自驚自怛，以廢寢食；譬之痿病，不痛不癢，僵卧床蓐，以待死期。豈不異哉？豈不傷哉？

防弊之心烏乎起？曰：起於自私。請言公私之義，西方之言曰人人有自主之權。何謂自主之權？各盡其所當爲之事，各得其所應有之利，公莫大焉。如此則天下平矣。防弊者欲使治人者有權，而受治者無權，收人人自主之權而歸諸一人，故曰私。雖然，權也者，兼事與利言之也。使以一人能任天下所當爲之事，則即以一人獨享天下人所獨得之利，君子不以爲泰也。先王知其不能也，故曰："不患寡而患不均。"又曰："君子有絜矩之道。"言公之爲美也。

地者，積人而成；國者，積權而立。故全權之國强，缺權之國殃，無權之國亡。何謂全權？國人各行其固有之權。何謂缺權？國人有有權者，有不能自有其權者。何謂無權？不知權之所在也。無權惡乎起？曰始也欲以一人而奪衆人之權。然衆權之繁之大，非一人之智與力所能任也。既不能任，則其權將糜散墮落，而終不能以自有。雖然，向者衆人所失之權，其不能復得如故也，於是乎不知權之所在，故防弊者始於争權，終於讓權。何謂讓權？天下有事，上之天子，天子曰：議以聞。是讓權於部院；部院議可移文疆吏，是讓權於督撫；督撫以頒於所屬，是讓權於州縣；州縣以下於有司，是讓權於吏胥。一部之事，尚侍互讓；一省之事，督撫互讓；一國之事，君民互讓。争固不可也，讓亦不可也。争者損人之權，讓者損己之權。争者半而讓者半，是謂缺權。舉國皆讓，是謂無權。夫自私之極，乃至無權。然則，防弊何爲乎？吾請以一言蔽之曰：因噎而廢食者必死，防弊而廢事者必亡。

—7. 皇朝經世文新增時務續編　卷二八　時務二八

論中國之將强

西人之侮我甚矣。西人之將滅人國也，則必上之於議院，下之於報章，日日言其國政之敗壞，綱紀之紊亂，官吏之苟黷。其將滅人种也，則必上之於議院，下之於報章，日日言其種族之獷悍，教化之廢墜，風俗之糜爛，使其本國之民士若鄰國之民士，聞其言也，仁者愀然思革其政，以拯其難，鷙者狡焉思乘其敝，以逞其志。夫然後因衆人之所欲，一舉再舉而墟其國，奴其種，而瞯然猶以仁義之師自居。斯道也，昔施諸印度，又施諸土耳其。今彼中憒土、責土、唾罵土之言，且日出而未有止也。迭見近年《萬國公報》《時務報》中。余讀西報，其訾中國之國政、綱紀、官吏，蓋數十年以來矣。去歲八九月以後，乃更明目張膽，昌言華種之野獷，華民之愚詐，華教之虛僞，《時務報》中亦屢譯之，然其不敢譯者尚不知凡幾。即如去年西曆十二月廿四號，上海某西報有一論言華民不徒已死，並且臭爛。其言真不堪入耳。此外，類此者尚多。其意若謂苟不滅此朝食，則爲逆天，爲辱國，爲悖理。一倡百和，舉國若狂。日本人師其故智，於其報章日言臺灣之民頑惡刁狡，不如生番之馴善。西國羅馬舊律，凡與文教之國戰争者皆有公法，雖攻城入邑無得肆擾，惟與野蠻戰不在此論。日人惟痛詆華民，曾土番之不若，故得屠戮淫掠，慘無天日。而他國鮮有以爲非者。非不知其非也，彼其因利乘便，狡焉思啓，思以此道行於吾十八行省者，舉歐洲諸國，皆有同心也。羅馬舊律，凡入野蠻之國者，不由國門入，築橋踰城而進焉。庚申之役，英、法之待我，蓋以此也。去歲五六月間，英人、德人先後調其向駐非洲之公使來駐中國，厥意謂之國也，非以治非洲之道治之弗治也。無端而逐工，無端而拒使，無端而索島岸，無端而攬鐵路，無端而涎礦産，無端而干獄訟。人之輕我，賤我，野蠻我，奴隸我，禽獸我，尸居我，其慘酷至於如此其極也。

梁啓超曰：西人其毋爾中國，非印度、土耳其之比也。印度見并已百數十載。爾來英人設學校以教之，其人才成就，能與旅印之英人齊驅者蓋絶焉，愚智之相越遠也。土耳其受侮三十年，而其居民上下委軟薾敝，無或思自振厲以衛國本，徒知區别種族，仇視其民。今中國誠敗衄矣，然未至如百年以前之印度也，且未至如三十年前之土耳其也。今自和議以後，雖朝貴大吏晏安猶昔，而草茅之間風氣大開，其灼然有見於危亡之故，振興之道，攘臂苦口，思雪國恥者所在皆有。雖喉舌之地尚多窒塞，而各省封疆奮然興作者蓋不乏人。雖鄉曲學究枯守眢井，侈言尊攘，舊習未改，而後起之秀年在弱冠以下者，類多資禀絶特，志氣宏遠，才略沈雄。嗟乎！謂天之不亡中國也，則瓜分之約期以五年，内訌之形不可終日，雖諱言亡，寧有幸也？謂天之亡中國也，則何必生此無數人才以膏兵刃，而藉馬足使之奴焉、僕焉、犬焉、馬焉於異類，然後爲快也！

吾請與國之豪傑大聲疾呼於天下曰：中國無可亡之理，而有必强之道！約舉其故，都有三事，而土地之腴、礦脉之盛、物産之衍猶不與焉。今夫西人之所以强者，則豈不以人才乎哉？以今日蒙翳，固陋窒閉之中國，而欲與西方之人才較短長，其奚不量？雖然，今微論他事，以吾所聞，嚮者所派學生游學美國者，咸未及卒業，中途撤歸。而至今卓然成就專門之業、有聲於西域者，猶不乏人。當其初達美境，於彼中語文一無所識，二三年後，則咸可以入中學校，每試焉輒冠其曹。學中教師罔不鼓掌贊嘆。蓋無論何國學堂，苟有支那人在弟子籍者，未有不翹然秀出於儕輩也。今夫嚮者之游學生，皆非必吾此間之上才也。嚮者風氣未開，父兄所以詔勉其子弟者，恒在科第。大率量其才力不足以得科第，乃遣之從事於此途，非如日本之遴選俊異以承其乏也，然所成就已若此。然則，以彼中上才與吾中才較，而其短長高下，固尚在不可知之數矣。況率吾四萬萬人中所謂聰明才智之士者，而一一進之以實學，練之以實事，行之以實心，十年之内，何才不成！彼夫印度之不昌，限於種也。凡黑色、紅色、棕色之種人，其血管中之微生物與其腦之角度，皆視白人相去懸絶。惟黄之與白殆不甚遠，故白人所能爲之事，黄人無不能者。日人之規肖西法，其明效也。日本之種本出於我國，而謂彼之所長必我之所短，無是道也。土耳其之不振也，局於教也。回民錮蔽窒塞，殘忍酷虐，謂殺人者生天，謂戰死者成聖。其教也，蓋野蠻之行也。若夫吾教，則精粗並舉，體用兼備，雖久湮昧，一經發明，方且可以施及蠻貊，莫不尊親，而何有於區區之神州也！以種則若彼，以教則若此。嗚呼！是豈宜奴焉、僕焉、犬焉、馬焉於人者哉？聞之有才千人，國可以立；有才萬人，國可以强。今夫以中國之大，種類之美，教俗之善，欲求於四萬人中而得一人，殆匪曰難也。此其將强之道一也。

今天下大較西國，則君子多而野人少；中國則君子少而野人多。斯蓋强弱之大原哉。雖然，福固禍所倚，禍亦福所伏。十年之後，吾恐黄白兩種之交涉，必有因此而生非常之變者。西國機器日盛，工廠所容之人日夥，而争工價，争作工時刻，抑脅廠主，相率罷役之事歲輒數十見。何也？知學之人日以多，謀生之道日以廣。苟其才力粗足以自養，則恒樂爲勞心而不樂爲勞力，此人情也。以是操作辛工之人日少一日。工人既日益減，而所興作之事，所需工人日益增，以希獲貴於是，執業愈賤、愈苦者所獲之工價愈大。工價既漲，則所成物價亦漲；一切物價既漲，則一切人所執業之價亦漲。互相增益，無有已時。故歐洲人譚時務者，以工價一端，爲數十年絶大消息之事。夫以今日白種作工之人，應今日歐美工廠之用猶嘆其少，况十年以後，此益增而彼益減乎？工價日增，而作工時刻日減，則廠主病。廠主折閲，工亦無依，則工人亦病。百物騰踊，人心皇惑，則舉國皆病。窮極思反，必求工人多，然後工價可以賤；工價賤，然後物價可以平，此必然之情形矣。今夫華民四萬萬，其恃作工以謀食者過半，而未有已也。中國婦女恃粗工自養者亦過半。而其操業最勤，其費用最儉。惟勤也，故作工時刻可以倍增；惟儉也，故工價可以倍減。丁彼時也，用吾之所短，以持西人之所長，則華工之權力可以横絶於天下，舉天下之器物皆抑成於華民之手，欲華種之無强不可得也。今夫日本之民數，視中國僅什一耳。其操作之勤，取值之寡，視歐洲雖有間，其去中國則尚遠甚也，而近年以來，猶以工藝雄於萬國，每歲手作之物，售至美國者，且值千百萬，西方諸國靡不睊睊畏之，而况於闐繁樸愨之中國乎？彼美人之苟逐華民也，固彼中巨室所大不欲，而無如其力之不足以勝細民也。彼細民之嫉我也，蓋亦有忌我畏我，而無術以制我，故寧冒天下之不韙而悍然出於此途。然則，我必有使人可忌可畏之道，昭昭然也。彼今日徒知嫉吾以自衛，而不知隱微之間，同受其病者已非一日，十年以後，患害大著，上下共睹，而吾華民之公利，終莫得裁制而禁抑之也。此其將强之道二也。

歐洲何以强？歐洲壤地最褊，生齒最盛，自四五百年前即憂人滿於是。哥侖波創采新地，闢阿墨利加大洲，而印度、非洲、南洋、澳島相繼墾殖，徙歐民以實之，莽莽五洲，轍迹殆滿，是以白種之權利遍天下。使歐人以丸泥自封，閉關勿出，今雖以瘠亡可也。雖然，殖民之政，日本人稱屬地爲殖民地。蓋人滿則徙之他地以殖之也。行之數百年矣，其真能盡地利者，今惟合衆一國自餘。若印度、若加拿大、若澳洲、若南洋諸島，近數十年鋭意拓殖，然猶未得其半。若非洲，若亞洲西北一帶，雖頗經營，曾靡功焉，此猶曰沙漠不毛之地爲然也。若夫南阿墨利加一洲、若巴西、若墨西哥，其緯道在温熱帶之間，與中國、美國相等，地質肥沃，物産繁衍亦伯仲於兩邦。蓋地球天府之壤，未或過是也，而歐人之力不能及之，聽其荒而不治而已。彼非不涎之也，强弩之末，不穿魯縞。彼白人祇有此數，固不足以盡專天下之利。且其君子多而野人少，用以攫他人已有之成業則有餘，用以開千古未闢之地利則不足，故千手億目，咸注東方，而穰穰膏腴，莫或厝意也。夫全地人類祇有五種，白種既已若是，紅種則湮滅將盡，棕、黑兩種，其人蠢而惰，不能治生，不樂作苦，雖芸總猶昔，然行尸走肉，無所取材。然則，佃治草昧，澄清全地者，舍我黄人未由也。今夫合衆一國，澳大一洲，南洋一帶，苟微華人，必不有今日。今雖獲兔烹狗，得魚忘筌，擯之，逐之，桎之，梏之，魚之，肉之，奴之，僕之，然篳路藍縷之功在公論者，終不没於天下。顧徒爲人作計，曾未能得其絲毫之利。雖由國勢之不振，亦由吾民於彼中情僞未悉，恒以可得之權利，晏然讓諸人耳。昔惟昧之，是以棄之；今惟察之，是以得之。消息甚微，軌軸甚大，殆亦天之未絶黄種，故留此一綫，以俟剥極將復，乃起而蘇之也。此其將强之道三也。

吾聞師之言地運也，大地之運起於昆侖，最先興印度迤西，而波斯，而巴比倫，而埃及，渡地中海而興希臘，沿海股而興羅馬、意大利，循大西洋海岸迤北興西班牙、葡萄牙，又北而興法蘭西，穿海峽而興英吉利。此千年以内，地運極於歐土，洋溢全洲。其中原之地，若荷蘭，若瑞士，若德意志，則咸隨其運之所經而一一勃起。百年以内，運乃分達。一入波羅的海迤東以興俄，一渡大西洋迤西以興美。三十年來，西行之運循地球一轉，渡大東洋以興日本。日本與中國接壤，運率甚速，當渡黄海、渤海興中國。而北有高麗，南有臺灣，以爲之過脉。今運將及矣，東行之運經西伯利亞達中國。十年以後，兩運並交於是，中國之盛强將甲於天下。昔終始五德之學，周秦儒者罔不道之，其幾甚微，其理可信。此固非一孔之儒可以持目論，而非毁之者也。以人事言之，則如彼；以地勢言之，則如此。嗚呼！彼西人雖欲犬馬我，奴隸我，吾奚懼焉？吾奚餒焉！

問者曰：瓜分之約期以五年，内訌之形不可終日。汲汲顧影，日薄崦嵫，死喪無日，遑言盛强！五尺之童知其無救。甚矣，吾子至愚而病狂也！不則，故爲大言以自憙，以欺天下也。釋之曰：不極剥者不速復，不小往者不大來。華盛頓八歲血戰，南北美頻年交惡，於美之强寧有害焉？拿帝用兵，殺人如草菅，君民革政，廢置如奕棋，於法之强寧有害焉？俄、德、美三國劫盟海疆，薩、長、土諸藩搆釁内地，於日本之强寧有害焉？且而不聞乎殷憂所以啓聖，多難乃以興國？又曰：置之死地而後生，置之亡地而後存。舉天下人而安之，斯獲危矣；舉天下人而危之，斯獲安矣。吾直懼夫吾國人於今日危亡之故，知之者尚少也，藉或知之，則以爲大局之患於我無與也。亦既知之，亦既憂之。固知重泉之下，即是天衢。各懷銜石之心已無東海，彼何德而天幸？我何辜而天亡？敬告我□后及我大夫，凡百君子，吾儕小民，忍大辱，安大苦，發大願，合大群，革大弊，興大利，雪大耻，報大讐，定大難，造大業，成大同，仁人志士其寧能無動於其心者乎，其聽其冥冥以淪胥也？若夫夜郎之夫，莫肯念亂，徒摭餘論，益其囂張，則蒙有罪焉矣。

—9. 皇朝經世文新編　卷三　通論

學校餘論

軍興以前，中國之學堂，惟有同文館、廣方言館等，所在屈指可數，生徒不滿千計，是以梁啓超憂之。軍興以後，廟謨諄諄，野議繽繽，則咸以振興學校爲第一義。上自京師，下及省會，訖於巖邑，兩歲之間，踵武數十，其以故有書院改課增課者稱是；其倡議而未成，成而未及知者亦稱是。雖比之泰東西各國萬不逮一，然風氣之開，不可謂無其幾也。然而梁啓超愈益憂之。憂之奈何？曰：今之以學校爲第一義者，豈不以育人才乎哉？雖然，彼向之同文館、水師學堂等，其設心也，曷嘗不惟育才之爲務？然至今數十年，未嘗有非常之才出乎其間，以效用於天下，天下所共聞也。今之興學堂者，其意寧不曰：吾今之爲此，必有以異於彼所云也。然而吾竊量其他日之所成就，必無以遠過於彼，且猶或弗逮，何也？表正者影直，表迻者景邪，此公理之易明者也。彼同文館等之設，其原奏檔案所稱，不過以交涉日夥，鞮寄需人，思通其語言，毋受矇蔽，故其所成就，上焉者足備總署使館之翻譯，下焉者可充海關洋行之通事。彼其所求之者，固如是而已。故雖以丁韙良、傅蘭雅等爲之教習，不可謂非彼中文學之士，然而所成卒不過是，何也？所以爲教者未得其道也。今教之之道舉無以過於彼，而教習之才又遠出丁、傅下，其聘用西人者，半屬無賴之工匠、不學之教士；其用華人者，則皆向者諸館之學生，學焉而未成，成焉而不適於用者也；其尤下者，香港、寧波之衣食於西人者也。教之之道既如彼，教之之人復如此，以故吾敢量其它日之所成，且或弗逮也。

夫所謂教之未得其道者，何也？自古未有不通他國之學，而能通本國之學者，亦未有不通本國之學，而能通他國之學者。西人之教也，先學本國本法，乃進求萬國文法；先受本國輿地、史志、教宗、性理，乃進求萬國輿地、史志、教宗、性理，此各國學校之所同也。今中國之爲洋學者，其能識華字聯綴書成俗語者，十而四五焉；其能通華文文法者，百而四五焉；其能言中國輿地、史志、教宗、性理者，殆幾絶也。此其故何也？彼設學之始，其意以爲吾之教此輩也，不過責之以譯文傳語，爲交涉之間所有事，若夫經世之義，修齊治平之道，別有所謂揣摩講章、唾掇甲第之人以講求之，而不必以望之於此輩，故其學中所設，雖有華文功課一門，不過循例奉行，苟以塞責，實則視爲無足重輕之事。其西文總教習等，既於中學毫髮未有所聞，而其所謂華文分教習者，又大半鄉曲學究，抱兔園册子謂爲絶學，以此而欲造人才，烏可得也。然使於中學雖不甚厝意，而於西學實有所大成，猶可言也。凡學西文者，大率五六年後，乃始能盡通其文規，可以讀其書，知其義，無所於閡，而今之治此學者，往往學四五年，輒以譯人之才囂然自大，出而謀衣食，自此以往，即與學絶，而究其前數年所學者，不過語句、拼字、文法之類，去西學尚遠甚。

今夫能作華語、粗解華文之人，不能命爲中學之人才，此五尺之童之所共明也；然則能作西語、粗解華文之人，不能命爲西學之人才，昭昭然矣。故恒有彝其語、彝其服，日以西學自鳴於口岸，而叩以彼中政治、學術、形勢、情實，其所見聞，視我輩之待命舌人者，尚或有間，何則？學與不學之異也。夫此四五年之間，於中國之學既已循例若贅，閣束一切，則其所誦經書，只能謂之認字，其所課策論，只能謂之習文法，而絶不能謂之中學。其西學亦然，極其能事，乃亦不過在認字與習文法之二事，是直謂之未學焉可已。今以國家之所旁求，天下之所側望，翹首企踵，以謂他日撥亂反正之才，將取於是，而其究竟乃卒歸於未學。此余所以悁悁而悲也。然則奈何？曰：無徒重西文教習，而必聘通儒爲華文教習以立其本，無僅學西文，而必各持一專門之西學以致其用。斯二義者立，夫乃謂之學。今日之學，當以政學爲主義，以藝學爲附庸。政學之成較易，藝學之成較難。政學之用較廣，藝學之用較狹。使其國有政才而無藝才也，則行政之人振興藝事，直易易耳。即不爾而借才異地，用客卿而操縱之，無所不可也。使其國有藝才而無政才也，則絶技雖多，執政者不知所以用之，其終也必爲他人所用。

今之中國，其習專門之業稍有成就，散而處於歐墨各國者固不乏人，獨其講求古今中外治天下之道，深知其意者殆不多見。此所以雖有一二藝才而卒無用也。抑欲爲藝學者，奉一專門名家之西人以爲師，雖於中國之學不識一字可也。欲爲政學者，必於中國前古之積弊知其所以然，近今之情勢知其所終極，故非深於中學者不能治此業。彼夫西人之箸書爲我借箸者，與今世所謂洋務中人，介於達官市儈之間，而日日攘臂言新法者，其於西政非不少有所知也，而於吾中國之情勢政俗未嘗通習，則其言也必窒礙不可行。非不可行也，行之而不知其本，不以其道也。於是有志經世者，或取其言而試行之，一行而不效，則反以爲新法之罪。近今之大局，未始不壞於此也。故今日欲儲人才，必以通習六經經世之義、歷代掌故之迹，知其所以然之故，而參合之於西政，以求致用者爲第一等。求之古人，則有若漢之長沙、子政、武侯，秦之景略，後周之王朴，宋之荆公、夾漈、永嘉，元之貴與，明之姚江，國朝之船山、梨洲、亭林、默深，庶幾近之。求之西域，則彼中政治學院之制，略以公理人與人相處所用，謂之公理、公法國與國相處所用，謂之公法，實亦公理耳之書爲經，以希臘、羅馬古史爲緯，以近政、近事爲用。其學焉而成者，則於治天下之道及古人治天下之法，與夫治今日之天下所當有事，若集兩造而辨曲直，陳緇恙而指白黑，故入官以後，敷政優優，所謂學其所用、用其所學，以故縫掖之間無棄才，而國家收養士之效。日本之當路知此義，變法則獨先學校，學校則首重政治，采歐洲之法，而行之以日本之道，是以不三十年而崛起於東瀛也。

今中國而不思自强則已，苟猶思之，其必自興政學始，宜以六經諸子爲經，經學必以子學相輔，然後知經學之用，諸子亦皆欲以所學易天下者也。而以西人公理公法之書輔之，以求治天下之道；以歷朝掌故爲緯，而以希臘、羅馬古史輔之，以求古人治天下之法；以按切當今時勢爲用，而以各國近政、近事輔之，以求治今人之天下所當有事。苟由此道，待師而教之，使學者知今日之制度，何者合於古，何者戾於古，何者當復古，何者當變古；古人之制度，何者視今日爲善，何者視今日爲不善，何者可行於今日，何者不可行於今日；西人之制度，何者可行於中國，何者不可行於中國，何者宜緩，何者宜急。條理萬端，燭照數計，成竹在胸，遇事不撓。此學若成，則真今日救時之良才也。

《易》曰：正其本，萬事理。失之毫釐，繆以千里。不此之務，則雖糜巨萬之資，竭數十年之力，僅爲洋人廣蓄買辦之才，靡捄於國，靡造於民。吾恐它日必有遠識之士，以學堂爲詬病者。彼海軍一政，日本講之而得强，中國講之而得削，其名不殊，其實大異。烏乎，其無使今日之學堂，等於昔日之海軍也。問者曰：子偏重政學，子薄藝學乎？藝學者，西人所以致富强之原也。釋之曰：予烏敢薄藝學？顧欲治藝學者，必廣備諸器以藉試驗，歷履諸地以資測勘；教習必分請顓門，學生必儲之綺歲。吾度今者，諸學生經費之所入，尚未足以語於此也。若治政學者，則坐一室可以知四海，陳群籍可以得折衷，雖十室之邑、中人之産，猶能舉之，故吾謂政學之成較易，藝學之成較難也。若夫有大力者能創博物之院，開比較之廠，聚其才俊，以前民用，此又國之命脉也。夫烏得而薄之！吾直異夫今之言學堂者，上焉於政無所達，下焉於藝無所成，而徒考績於口舌之間，自畫於同文、方言之一義，而欲以天下才望之於其徒也。

—10. 皇朝經世文新編　卷五上　學校

論師範學校

善矣哉！日人之興學也。明治八年，國中普設大學校。而三年之前，爲師範學校以先之，師範學校與小學校並立；小學校之教習，即師範學校之生徒也。數年以後，小學之生徒升爲中學、大學之生徒，小學之教習即可升爲中學、大學之教習，故師範學校立而群學之基悉定。

《書》曰："作之君，作之師。"《記》曰："人，其父生而師教之，是以民生於三，事之如一，其重之也知此，非苟焉而已。"古者學校皆國家所立，教師皆朝廷所傭，故《大戴》七屬言學則任師，《周官》九兩言以賢得民，而《學記》一篇，乃專標誨人之術以告天下之爲人師者。然則師範學校之制，徵之三代，雖書闕有間，若乃其意則可推而見矣。後世學校既廢，天子不復養士，於是教師之權散於下，巖穴鉅子各以其學倡焉。及其衰也，乃至如叔孫通之講學，教以面諛；徐遵明之授徒，利其修脯。師道之敝極於時矣。坐是謬種流傳，每下愈况，風氣日以下，學術日以壞，人才日以亡。故夫師也者，學子之根核也。師道不立，而欲學術之能善，猶是種稂莠而求稻苗，未有能獲者也。

今之府州縣學官，號稱冷宦，不復事事，固無論矣。此外握風氣之權者，爲書院山長，爲蒙館學究，車載斗量，趾踵相接，其六藝未卒業、四史未上口、五洲之勿知、八星之勿辨者，殆十而八九也。然而此百數十萬之學子，方將帝之、天之、圭之、臬之，以是爲學問之極則，相率而踵襲之。今夫山木有擇，必待大臣，美錦在御，不使學製，懼其有棄才也。中人之家聘師誨子，周詳審慎，必擇其良，懼子弟之失學也。若夫士人者，帝王之所與共天下也，其貴也匪直大木、美錦，其重大過於中人之家之子弟萬萬也，今乃一舉而付之不通六藝、不讀四史、不知五洲、不識八星之人，使之圭之、臬之、刓琢之，欲於此間焉求人才，烏可得也？是故先王患人才之寡，後世患人才之多。患才寡，故立爲學校，定其教法，以成就之。患才多，故設爲不待學、不待教之帖括，以籠絡天下士，而士之教焉、學焉於其間者，亦終身盤旋於胯下，而不復知有天地之大。師範之不立，自數百年以來矣。

今天下之變日亟，教學之法亦日新，於是立爲同文馆、水師學堂等，皆略效西制，思講實學。然一切教習多用西人。西人言語不通，每發一言，必俟翻譯，展轉口述，强半失真。其不相宜一也。西人幼學異於中土，故教法亦每不同，往往有華文一二語可明，而西人衍至數十言者，亦有西人自以爲明曉，而華文猶不能解者。其不相宜二也。西人於中土學問向無所知，其所以爲教者專在西學，故吾國之就學其間者，亦每撥棄本原，幾成左衽。其不相宜三也。所聘西人不專一國，各用所習，事雜言龐。嘗見某水師學堂之教習，其操兵所用口號，英將官教者用英語，法將官教者用法語，德將官教者用德語，徒視其一隊，非不號令嚴肅，步伐整齊也，不知溝而通之各不相習，且臨陣之號令隨時變化，萬有不齊者也。今惟尋常操練之數口號，習聞之而習知之，一旦前敵或進退起伏，偶有一二事爲平時所未習者，則統帥雖大聲疾呼，而士卒若罔聞知，則安往而不僨事也？其不相宜四也。西人教習既不適於用，而所領薪俸又恒倍於華人。其不相宜五也。夫有此五端，而此諸館諸學堂猶然用之，若有重不得已者，則豈不以中國之人克任此職者之寡也。夫以四萬萬之大衆，方領成帷，縫掖如鯽，而才任教習者乃至乏人。天下事之可傷可恥，孰過此矣！

今之識時務者，其策中國也，必曰興學校。雖然，若同文館、水陸師學堂等，固不得謂之非學校焉矣，然其成效也若彼。今使但如論者之意，自京師以及各省府州縣遍設學校，復古法，采西制，以教多士，則其總教習當以數百，分教習當以數千。試問海内之士，其足以與斯選者爲何等人也？欲求之今日所謂耆學名宿，則彼方褒其所學，率天下士而爲蠹魚、爲文鳥，是欲開民智而適以愚之，欲使民强而適以弱之也。若一如今日諸館諸學堂之舊例，則爲之師者，固不知聖教之爲何物，六籍之爲何言，是歐人而焚毁詩書，閣束傳記，率天下士而爲一至粗極陋之西人。夫國家歲費巨萬之帑，而養無量數至粗極陋之西人，果何取也？今夫由前之説，此吾國數百年積弱之根原；由後之説，則數十年來變法之所以無效也。

故欲革舊習、興智學，必以立師範學堂爲第一義。日本尋常師範學校之制日本凡學校皆分二種：一高等，二尋常，其所教者有十七事：一修身，二教育，三國語謂倭文、倭語，四漢文，五史志，六地理，七數學，八物理、化學兼聲、光、熱、力等，九博物指全體學、動植物學，十習字，十一圖畫，十二音樂，十三體操，十四西文，十五農業，十六商業，十七工藝。今請略依其制而損益之，一須通習六經大義，二須講求歷朝掌故，三須通達文字源流，四須周知列國情狀，五須分學格致專門，六須仞習諸國言語。以上諸事，皆以深知其意、能以授人爲主義。至其所以爲教之道，則微言妙義，略具於《學記》之篇，循而用之，殆庶幾矣。

是故居今日而言變法，其無遽立大學堂而已。其必自小學堂始，自京師以及各省府州縣皆設小學，而輔之以師範學堂。以師範學堂之生徒爲小學之教習，而别設師範學堂之教習，使課之以教術，即以小學堂生徒之成就，驗師範學堂生徒之成就。三年之後，其可以中教習之選者，每縣必有一人，於是薈而大試之，擇其尤異者爲大學堂、中學堂總教習，其稍次者爲分教習或小學堂教習，則天下之士必争自鼓舞，而後起之秀有所稟式，以底於成。十年之間，奇才異能遍行省矣。不由此道，時曰無本；本之既撥，而日灌溉其枝葉，以求華實，時曰下愚。

—10. 皇朝經世文新編　卷五上　學校

論幼學

西人每歲創新法、製新器者，以十萬計，著新書、得新理者，以萬計，而中國無焉。西人每百人中，識字者自八十人至九十七八人，而中國不逮三十人。頂同圓也，趾同方也，官同五也，支同四也，而懸絶若此。嗚呼！殆天之降才爾殊哉？顧吾嘗聞西人之言矣，震旦之人學於彼土者，才力智慧，非一事弱於彼，其居學數歲，褒然試舉首者往往不絶。人之度量，相越蓋不遠也。而若是者何也？梁啓超曰：《春秋》萬法託於始，《幾何》萬象起於點，人生百年，立於幼學。吾嚮者觀吾鄉塾，接語其學究，蠢陋野悍，迂謬猥賤，不可嚮邇，退而傀焉憂，愀然思，無惑乎鄉人之終身爲鄉人也。既而游於它鄉，而它縣，而它道，而它省，觀其塾，接語其學究，其蠢陋野悍，迂謬猥賤，舉無以異於嚮者之所見，退而瞠然芒然皇然。曰：中國四萬萬人之才、之學、之行、之識見、之志氣，其消磨於此蠢陋野悍、迂謬猥賤之人之手者，何可勝道？其幸而獲免焉者，蓋萬億中不得一二也。顧炎武曰：有亡國，有亡天下。梁啓超曰：强敵、權奸、流寇，舉無足以亡國，惟吏胥可以亡國；外教、左道、鄉愿，舉無足以亡天下，惟學究足以亡天下。欲救天下，自學究始。

古之教學者，不可得見矣。顧其爲道，散見於七十子後學所記者，若《曲禮》，若《少儀》，若《保傅》，若《學記》，若《文王世子》，若《弟子職》，何其詳也。吾未克游西域，觀於其塾與其學究，顧嘗求之於其書，聞之於其人，其與今日之中國，何相反也？其爲道也，先識字，次辨訓，次造句，次成文，不躐等也。識字之始，必從眼前名物指點，不好難也；必教以天文地學淺理，如演戲法，童子所樂知也；必教以古今雜事，如説鼓詞，童子所樂聞也；必教以數國語言，童子舌本未强，易於學也；必教以算，百業所必用也；多爲歌謡，易於上口也；多爲俗語，易於索解也；必習音學，使無厭苦，且和其血氣也；必習體操，强其筋骨，且使人人可爲兵也；日授學不過三時，無使太勞，致畏難也；不妄施扑教，使無傷腦氣，且養其廉恥也；父母不得溺愛荒學，使無棄材也；學究必由師範學堂，使習於教術，深知其意也。故西童出就外傅，四年之間，其欲爲士者，即可以入中學，初專門以名其家，其欲爲農，若工若商若兵者，亦可以略識天地人物之理，中外古今之迹。其學足以爲仰事俯畜之用，稍加閲歷，而即可以致富貴，故用力少而畜德多，數歲之功，而畢世受其用也。

中國則不然，未嘗識字，而即授之以經，未嘗辨訓，未嘗造句，而即强之爲文，開塾未及一月，而"大學之道，在明明德"之語，騰躍於口，洋溢於耳。夫《記》者明揭之曰"大學之道"，今乃驟以施之乳臭小兒，何爲也？"明德"二字漢儒据《爾雅》，宋賢襲佛典，動數千言未能懸解，今執負牀之孫而語之，彼烏知其作何狀也？夫大學之道至於平天下，中庸之德極於無聲臭，此豈數齡之學童所克有事也？今之教者，姑以授之，而希冀其萬一能解也，則是大愚也。知其必不能解，而猶然授之，是驅其子弟使以學爲苦，而疾其師也。學究之言曰，童子入學之始，必使誦經，俾知聖教。如梁氏言，是蔑經也，非聖也。吾姑弗與辨，吾但群天下之學究與黨於學究者而誓之，任千人中求一人，能以經以教爲心者，有諸乎？則非吾之所敢云也。其誦經也，試題之所自出耳，科第之所自來耳。假使以佛教取士，吾恐"如是吾聞""一時佛在"之語，將充斥於塾舍；假使以耶教取士，吾恐“天主造物”，“七日而成”之語，將闐溢於黌序，而四書六經無過問者矣。此非吾深文之言也。彼《儀禮》者，亦六經之一，先聖之所雅言，問今之學子，曾卒業者幾何人也？同一《禮記》，而《喪服》諸篇，誦者幾絶，豈不以應試之無取乎此哉？夫以先聖制作之精，經緯之詳，乃僅供此輩賤儒竊取甲第、武斷鄉曲之用，夫誰爲蔑經，而誰爲非聖矣？古人之爲教也，由淺而深，由粗而精，今則不然，先後倒置，進退逆行。故四書六經者，大道之所在，終身由之，而不能盡者也。而麥菽始辨，即以授之。及其長也，而授之以八股試帖，則文士之餘耳。又其長也，則授之以大卷白摺，則鈔胥之役耳。荀卿曰：始於爲士，終於爲聖人。今則不然，始於爲聖人，而終於爲鈔胥，豈不惘哉！然持此以責賤儒，賤儒必不伏受，吾但如其意，爲其科第計，而必授學之始，而責其子弟以必不能解之學，而反於其所能解者而擲置之，其操術何其拙也？而取途何其迂也！人之生也，有大腦、有小腦，即魂魄也。西人爲全體学者，魂譯言大腦，魄譯言小腦。大腦主悟性者也，小腦主記性者也。佛氏言八識，以眼耳鼻舌身爲前五識，意爲第六識，意根爲第七識。第六識即小腦也，第七識即大腦也。小腦一成而難變，大腦屢濬而愈深，故教童子者導之以悟性甚易，强之以記性甚難。何以故？悟性主往以銳入爲主，其事順，其道通，通故靈；記性主回如返照然，其事逆，其道塞，塞故鈍。是故生而二性備者，上也。若不得兼，則與其强記，不如其善悟。何以故？人之所異於物者，爲其有大腦也，故能悟，爲人道之極。凡有記也，亦求悟也，爲其無所記，則無以爲悟也。悟嬴而記絀者，其所記恒所足以佐其所悟之用；吾之所謂善悟者指此，非盡棄記性也。然其所記者，實多從求悟得來耳，不可誤會。記嬴而悟絀者，蓄積雖多，皆爲棄材。惟其順也，通也，靈也，故專以悟性導人者，其記性亦必隨之而增；惟其逆也，塞也，鈍也，故專以記性强人者，其悟性亦必隨之而減。西國之教人，偏於悟性者也，故觀烹水而悟汽機，睹引芥而悟重力。侯失勒約翰近譯《談天》一書，即其所著，疇人之良也，而自道其得力，乃在樹葉石子之喻。見《談天》首《侯夫勒約翰傳》。中國之教人，偏於記性者也。故古地理、古宫室、古訓詁、古名物，纖悉考据，字字有來歷。其課學童也，不因勢以導，不引譬以喻，惟苦口呆讀，必求背誦而後已，所得非不堅定也，雖然，人之姿禀英異，而不善記誦者蓋有之矣。吾以爲，如其善記也，則上口十次若二十次，未有不能成誦者也。若過此以往而不能，則督之至百回亦無益也。試變其法，或示之以卷中之事物，或示之以篇中之義理，待其懸解，助其默識，則未有不能記者也。人生五六年，腦顋初合，思，从囟，从心，囟象腦初合形。腦筋初動，宜因而導之，無從而窒之，就眼前事物隨手指點，日教數事，數年之間，於尋常天地人物之理，可以盡識其崖略矣。而其勢甚順，童子之所甚樂。今舍此不爲，而必取其所不能者，而逼之以强記，此正《學記》所謂苦其難而不知其益也。由前之説，謂之導腦；由後之説，謂之窒腦。導腦者日强，窒腦者日傷。此西人之創新法、製新器者，所以車載斗量，而中國殆幾絶也。雖然，近世之專以記誦教人者，亦有故也。彼其讀書固爲科第也，誦經固爲題目也，自考試扃院搜檢之例定，而塾中咿嚘占畢之聲繇，懼其一二字之遺忘，而畢生之所願望者將大受其害也。此非吾之深文也。吾觀學子得第之後，曾無一人復以記誦爲事者，故知其初意，專爲如是也。曰：然則彼胡不示以事物，告以義理，以助其記也？曰：彼其所誦之書之事物義理，非數齡之童子所解喻也。然則彼胡不易一書而教之？曰：凡書而非考試所有事者，可無讀也。

故窒腦之禍，自考試始。

古人之言即文也，文即言也。自後世語言文字分，始有離言而以文稱者，然必言之能達，而後文之能成，有固然矣。故學綴文者，必先造句。造句者，以古言易今言也。今之爲教者，未授訓詁，未授文法，闖然使代聖賢立言，朝甫聽講，夕即操觚，顧野王之記《建安》，李長吉之賦《高軒》，自非夙根，寧容躐進？又限其格式，詭其題目，連上犯下以鈐之，擒釣渡挽以鑿之，意已盡而敷衍之，非三百字以上勿進也；意未盡而桎梏之，自七百字以外勿庸也；百家之書不必讀，懼其用僻書也；當世之務不必講，懼其觸時事也。以此道教人，所以學文數年，而下筆不能成一字者比比然也。

《論語》曰："夫子循循然善誘人。"孟子曰："教亦多術矣。"故夫師也者，以道得民，非以力服人也。今之教者，毀齒執業，鞭笞觵撻，或破頭顱，或潰血肉，飢不得食，寒不得息。國家立法，七年曰悼，罪且減等，何物小子，受此苦刑？是故中國之人有二大厄，男女罹毒，俱在髫年：女者蠸足，毀其肢體；男者扑頭，傷其腦氣。導之不以道，撫之不以術，地非理室，日聞榜楊，教匪宗風，但憑棒喝，遂使視黌舍如豚笠之苦，對師長若獄吏之尊。《學記》曰："其施之也悖，其求之也佛。"夫然，故隱其學而疾其師，苦其難而不知其益也。夫豈特疾焉苦焉而已，古之聽訟猶禁笞楚，所以養廉遠恥，無令自棄；今於鼓篋之始，而日以囚虜之事待之，無惑乎世之妾婦其容，奴隸其膝，以應科第求富貴者，日出而不可止也。

《記》曰：張而不弛，文武不能也。又曰：藏焉脩焉，息焉游焉。此古今中外之通例也。西人讀書執業皆有定時。當其時也，雖有重客要事不以廢也，逾其時也則相從而嬉，飲酒蹴踘所弗禁也。西人比較每歲户口生死之數，每百人中，英國死者恒逾於美國。二人醫者，推極其理，曰美之操工者日三時，英之操工者日四時，其率之差，實起於此。然則執業時刻之多寡，其與人身之相關，如此其重也。中國之人，不講斯義，其惰者旦夕嬉逸，甘爲游民，其勤者終日勤動，罔知節制，来往宴會，曾靡定晷，酬應無度，叢脞是憂，斯固然矣。若夫學童者，腦實未充，幹肉未强，操業之時，益當減少。《論語》曰：學而時習。《記》曰：蛾子時術之。但使教之有方，每日伏案一二時，所學抑已不少，自餘暇晷，或游苑圃以觀生物，或習體操以强筋骨，或演音樂以調神魂，何事非學？何學非用？其宏多矣。而必立監佐史以莅之，正襟危坐以圄之，庭内湫隘，養氣不足，圈禁拘管，有如重囚，對卷茫然，更無生趣，以此而求其成學，所以師勞而功半，又從而怨之也。

《記》曰：凡入學者，必釋奠於先聖先師。所以一志趣，定嚮往，崇教而善道也。今之學塾，於孔子之外，乃兼祀文昌、魁星等，吾粤則文昌、魁星專席奪食，而祀孔子者殆絶也。夫文昌者，槱燎司命，或稱爲天神；張仲孝友，或指爲人鬼；魁星者，襲奎宿之號，依魁字之形，造爲幻相，狀彼奇鬼，矯誣荒誕，不可窮詰。倡而尊之者，當從左道惑衆之條；沿而奉之者，亦在淫祀無福之例。乃入學之始，奉爲神明，而反於垂世立教、大成至聖之孔子薪火絶續，俎豆蕭條，生卒月日，幾無知者。是故父兄之相詔，師長之相督，朋友之相勉，語以求科第、博青紫，則恬然固然不以爲怪；語以學聖人、救天下，則色然驚，竊然笑，以爲此妄人也。孟子曰：修其天爵，以要人爵。今又甚焉，明目張膽，以細人自居，其不如是者，且從而非笑之。流失敗壞，一至此極，非人之性惡也。彼其受學之始，其所以蓍龜之而矜式之者，固在彼而不在此，彼其不如是，則是改其初服，而倍其師也。嗟乎！以視佛氏之日念佛號、耶氏之七日禮拜者，其相去抑何遠矣。

凡此數端，其積習在十年以前，其流毒遍九州以内，或安焉而不知非，或知矣而憚於改，或思改而不得其道，或知道而難乎其人，坐是謬種流傳，日敝一日，而儒者遂以無用聞於天下。若夫其欲爲農若工若商若兵者，其意既非爲科第也、青紫也，而其勢又不能終身肆力於此間，盡經閲其所謂帖括、考据、詞章者，而以求大道也。七八齡間，力貧就傅，發蒙益慧，恃此數年，過此以往，與學絶矣。爲之師者，當如何悉心善誘，導其捷徑，去其阻力，以求其有成？乃亦舍天命，謂性無聲無臭之外，無所謂讀本也；舍破承起講、對偶聲病之外，無所謂文法也。夫賤儒之學此也，雖云無用，然能藉以竊甲第，武斷鄉曲，一生喫著不盡，彼固自以爲受用莫大也。若夫爲農爲工爲商爲兵者之學此，其於學非所用，用非所學，更顯而易見也。而歷數百千年，數萬萬人，因沿蹈其覆轍而不知變，迨至弱冠以後，始以不學無術自怨自艾，而此數年之功若有若無，如煙如夢，曾無秋毫能受其益。蓋莫不自咎其向者之惰於學也，而不知皆蠢陋野悍、迂謬猥賤之學究禍天下也。此所以識字之人不及西國之半，而農而士、工而士、商而士、兵而士者，千萬中不得一二也。

然則奈何？曰：非盡取天下之學究而再教之不可，非盡取天下蒙學之書而再編之不可。大率自五歲至十歲爲一種教法，自十一歲至十五歲爲一種教法，苟慧非項橐，癡非周子，皆可率由此道，相與有成。

一曰識字書。今之《説文》九千三百五十三文，加以徐氏新附字，及近人所輯逸字外編等，蓋萬餘字，比之於西文，未爲繁也。雖然其字之見於群經者，才二千有奇耳。漢初儒者作《蒼頡篇》，合秦之《蒼頡》《爰歷》《博學》三書爲之，斷六十字爲一章，凡五十五章，都三千三百字。而司馬相如作《凡將》，史游作《急就》，李長作《元尚》，皆取材於是書。然則西漢以前文字，實祇三千餘耳。《説文》据揚雄、班固所續元始中，王莽徵天下通小學者，説奇字於庭中，揚雄取其有用者，作《訓纂篇》續《蒼頡》，凡八十九章，五千三百四十字。班固作《在昔》《太甲》等篇，以續揚雄，凡一百三章，六千一百八十字。而增益之，其字之真出於古與否，不必深辨。要之，今日通行文字，實不過二千有奇，苟識此數，即以之參悟天人，經緯倫物，恢恢乎有餘矣。西人之文，以聲爲主，故字雖多而識字易；中國之文，以形爲主，故字雖少而識字難。雖然，亦有道焉。以聲爲主者，必先學字母，而後拼音；以形爲主者，必先學獨體，而後合體。古人言，獨體爲文，合體爲字。獨體之字象形、指事爲多，合體之字形聲、會意爲多。王菉友著《文字蒙求》，條理頗善，自言以教童子，一月間而有用之字盡識，顧其書於形、事二端善矣。而古今文字，除獨體外，形聲居其十之八九，必得簡法以馭之，乃可便易。余頃在澳門，有葡萄牙人來從學者，或不識字，或識矣不能寫，余先以《文字蒙求》象形、指事兩門中之獨體者授之，繼爲形聲字表，以偏旁爲緯，以聲爲經，專取其有用者不過二千餘字，爲表一紙，懸之堂中以授之，十餘日而盡識矣。中國文字雖不主於聲，而聲中之義甚多，故形聲一門中，實有妙理可尋，黄公度、汪穰卿皆發此義。黄之説云：如天、顛等音，皆有高之意；地、底等音，皆有低之意；圓、全、完、旋、還、環等音，皆有圓之意。汪之説云：如古有舊意，而枯、故、沽、固、楛等，亦皆有舊意。黄之説，《釋名略》演之；汪之説，《説文通訓定聲》間有發明，兩君皆將著專書以言其理。又按，凡所論説，有用古今人之説者，多注明，惟用師説者不注，以一切文字皆述師訓也，附標其例。然此乃教字之本義，若引伸、假借，孳乳浸多，猶未足以馭之。西人之教學童也，先實字，次虚字，次活字，今亦宜用其意。魏默深有《蒙雅》一書，分天篇、地篇、人篇、物篇、事篇，詁天、詁地、詁人、詁物、詁事，凡十門，四字韻語，各自爲類，與《急就章》略同，頗便上口。惟所載字已太多，有無用者，《文字蒙求》亦同。且虚字亦非韻語所能達，韻語只能載同類之義，若不、也、焉、哉等虚字，皆假借之義，又其義各不相侔，難以韻語爲次。今宜用其實字、活字等篇，其虚字則先識其字，至教文法時，乃詳其用，則事甚順矣。學者自離經辨志以後，亦既能讀一切書，能屬一切文，幼歲之事不復記憶，今鰓鰓然以識字爲言，未有不匿笑之者。然中國識字人少，實坐斯弊。且既無字書，假手俗師，當其初學書也，僅令識其字，不令知其義，及少進而再以義授之，故其始也難記，其後也益繁。彼西人花士卜、士比林卜等書，取眼前事物至粗極淺者，既綴以説，復繫以圖，其繁笨不誠可笑乎？然彼中人人識字實賴此矣。又聞西人於三歲孩童欲教以字，則爲球二十六，分刻字母，俾作玩具，今日以AB兩球與之，明日從彼索A球，又明日從彼索B球，二十六日而字母畢記矣。中國文授獨體字，亦可效其意也。

二曰文法書。中國以文采名於天下，而教文法之書乃無傳焉。意者，古人語言與文字合，如《儀禮》《左傳》所載辭令，皆出之口而成文者也，故曰“不學《詩》，無以言”。魏文帝、劉彦和，始有論文之作，然率爲工文者説法，非爲學文者問津。故後世恒有讀書萬卷，而下筆尤沓弇俗、不足觀者。至於半途輟學之商賈等類，其居學數年，而豪間不能達一字者，更不知凡幾也。西人於識字以後，即有文法專書，若何聯數字而成句，若何綴数句而成筆，深淺先後，條理秩然。余所見者，馬叔眉近著《中國文法》，書未成也。余昔教學童，嘗口授俚句，令彼以文言達之，其不達者削改之。初授粗切之事物，漸授淺近之議論，初授一句，漸三四句，以至十句，兩月之後，乃至三十句以上。三十句以上，幾成文矣。學者甚易，而教者不勞，以視破承起講，支支節節而續成者，殆霄壤也。若其條理，則俟馬氏書成，可得而論次焉。

三曰歌訣書。漢人小學之書，如《蒼頡》《急就》等篇，皆爲韻語。推而上之，《易經》《詩經》《老子》以及周秦諸子，莫不皆然，蓋取便諷誦，善莫於此。近世通行之書，若《三字經》《千字文》，事物不備，義理亦少。今宜取各種學問，就其切要者編爲韻語，或三字或四字，或五字或七字，或三字七字相間成文。此體起於《荀子·成相篇》：請成相，身之殃，愚闇愚闇墮賢良。後世彈詞導源於此，吾粵謂之南音，於學童上口甚便。其已成書者，若通行之《步天歌》《通鑑韻語》《十七史彈詞》，近同縣陳慶笙之《直省府廳州縣韻語》，粤人某君之《歷代紀元歌》，仁和葉浩吾之《天文歌略》《地理歌略》，皆有用可讀。今宜補著者，一曰經學，其篇有四：一、《孔子立教歌》，二、《群經傳記名目篇數歌》，三、《孔門弟子及七十子後學姓名歌》，四、《歷代傳經歌》。二曰史學，其篇有七：一、《諸史名目種别及撰人歌》，二、《歷代國號及帝王種姓歌》，三、《古今大事歌》，四、《域外大事歌》，五、《歷代官制歌》，六、《歷代兵制歌》，七、《中外古今名人歌》此篇復分二章，一民功，二民賊。三曰子學，其篇有三：一、《周秦諸子流派歌》，二、《歷代學術流派歌》，此篇復分四章，一漢，二六朝、唐，三宋元明，四國朝。三、《外教流派歌》。四曰天文，其篇有四：一、《諸星種别名號歌》自行星、恒星，以訖星雲、星氣、雙星、變星，並言其理，二、《八星繞日及諸月歌》此二篇因葉氏書而損益之，三、《測候淺理歌》專言潮汐、空氣、風雲、雷雨等事，亦謂之地面學，四、《古今中外歷法異同歌》。五曰地學，其篇有七：一、《五洲萬國名目歌》，二、《中國内地屬地名目歌》，三、《中國險要各地歌》，四、《地球高山大河名目歌》，五、《歷代都邑萬國京城名目歌》，六、《中國大都會外國大商埠名目歌》，七、《地質淺理歌》專言地中金石各事。六曰物理，其目有四：一、《原質名目歌》，二、《動物情狀歌》，三、《植物情狀歌》，四、《微生物情狀歌》。以上各門，略舉大概，若其詳備，以俟編時。又别爲《勸學歌》《贊揚孔教歌》《愛國歌》《變法自全歌》《戒鴉片歌》《戒纏足歌》等，令學子自幼諷誦，明其所以然，則人心自新，人才自起，國未有不强者也。

四曰問答書。古人言學，皆以學、問並舉，孟子曰有答問者。蓋學者由外入，問者由内出，其得力蓋有間也。顧聞之《記》曰：善問者如攻堅木，先其易者，後其節目，不善問者反此，蓋問亦非易言也。古之教者，恐人之不善問也，故傳記之體，代其問而自答之，若《春秋》之《公羊》《穀梁傳》，《易》之《文言傳》，大戴之《夏小正傳》，莫不皆然。《管子》有問篇，皆代人設問。西人啓蒙之書，專用問答，其餘一切書，每篇之末，亦多附習問。近譯之《筆算數學》《數學啓蒙》《代數備旨》《幼童衛生編》《聖會史記》等書，皆有之。蓋人之讀書，勢不能盡所讀而悉記之，則必提其要者。然書中要義，未必人人過目即能提出，故莫如著者代摘，而讀者自記，此著書之良裁也。西人問答專書，譯成華文者，有卜舫濟之《啓悟要津》，言天文地學淺理，次第秩然，一覽可解。惜爲書甚少，於他種學問尚從闕如。中亦多彼教語。今宜略依歌訣書之門目，條分縷晰，由淺入深，由繁反約，一一設爲問答以發明之。以歌訣爲經，以問答爲緯，歌訣以助其記，問答以導其悟，記悟並進，學者之能事畢矣。凡善著書者，取義靡不宏富，而既講體例，又講文法，故條理隱伏，讀者易眩，苟擷而剔之，不值思索耳。余以爲，雖繁重詳博如《古文尚書疏證》《明堂大道録》等書，使爲問答以演之，每書不過千字，其義已可大明。凡所言問答書，皆列斷不引證。故盡天下有用之學，而編以問答，爲書不出三十本，崖略即已畢具。此爲粗通一切言之，若欲專門名家，當讀引證之書。學子雖有下質，十五歲以前此編當可卒讀，魁碩耆宿蔑此淹通矣。又師範學校未立，求師爲難，既有此編，則雖冬烘學究，亦可按圖索驥，依所問以課其徒。吾所謂盡天下之學究而教之，此亦其一事也。

五曰説部書。古人文字與語言合，今人文字與語言離，其利病既縷言之矣。今人出話皆用今語，而下筆必效古言，故婦孺農甿靡不以讀書爲難事。而《水滸》《三國》《紅樓》之類，讀者反多於六經。寓華西人，亦讀《三國演義》最多，以其易解也。夫小説一家，《漢志》列於九流，古之士夫未或輕之。宋賢語録，滿紙"恁地""這個"，匪直不事修飾，抑亦有微意存焉。日本創伊吕波等四十六字母，别以平假名、片假名，操其土語以輔漢文，故識字、讀書、閲報之人日多焉。今即未能如是，但使專用今之俗語，有音有字者以著一書，則解者必多，而讀者當亦愈夥。自後世學子務文采而棄實學，莫肯辱身降志弄此楮墨，而小有才之人因而游戲恣肆以出之，誨盗誨淫，不出二者，故天下之風氣魚爛於此間，而莫或知非細故也。今宜專用俚語，廣著群書，上之可以借闡聖教，下之可以雜述史事，近之可以激發國恥，遠之可以旁及彝情，乃至宦途醜態、試場惡趣、鴉片頑癖、纏足虐刑，皆可窮極異形。振厲末俗，其爲補益，豈有量邪？

六曰門徑書。學者於以上五種書既已致力，則可以覃精六籍，汎濫群書矣。顧《四庫》之編已如煙海，加以《古逸》，加以近著，更加以西書，汗萬牛闐億室，數十寒暑能讀幾何？故非有以導之不可。《四庫提要》於諸學門徑略具矣，惟書頗繁重，童蒙憚焉。啓超本鄉人，瞢不知學，年十一游坊間，得張南皮師之《輶軒語》《書目答問》，歸而讀之，始知天地間有所謂學問者。稍長游南海康先生之門，得《長興學記》，俯焉孜孜從事焉。南海先生復有《桂學答問》《甲午游粤西告桂人士》者，其言較《長興學記》爲切近。歲甲午，余授學於粤，曾爲《讀書分月課程》以訓門人，近復爲《讀西學書法》以答問者，皆演師友末説，靡有心得，童蒙之求，所弗辭耳。仁和葉瀚爲《讀書要略》，條理秩然，蓋便初學學童鼓篋之始，依此數書，當有塗徑。嚮者，每欲薈萃中外古今，爲《群學源流》一書，以教學究，恨學淺才薄，僅成數篇，海内君子庶幾成之，嘉惠來者焉。

七曰名物書。西人有書一種，此土譯者命之爲“字典”，其最備者至數十巨册，以二十六字母編次，古今萬國名物皆具焉。故既通文法者，据此編以讀一切書，罔有窒矣。中土歷古未有是書，揚氏《方言》，意蓋近之。今宜用其意，盡取天下之事物，悉行編定，以助學者翻檢之用。如云君天下者，三皇謂之皇，五帝謂之帝，三代謂之王，秦後迄今謂之皇帝，皆謂之君，亦謂之后，亦謂之辟，亦謂之上，蒙古謂之汗，或謂之貝勒，回部謂之沙，俄謂之沙，突厥謂之蘇魯丹，日本謂之天皇，西藏謂之贊普，歐洲諸國謂之木那克，亦謂之愛伯勞，亦謂之塞佛倫，亦謂之爾路漏，亦謂之金，亦謂之伯理璽天德云云。其餘一切，並同斯例。大抵官制、地理兩事最爲繁博，其餘各門，殆易易耳。學者既通文法，明大義，苟得此書，則可以盡讀群書，無不能解者。其所譯定西人名稱，即可爲他日《國語解》之用，翻譯西書，名號參差，宜倣遼金元三史《國語解》之例，整齊畫一，公定譯名，他日續譯者，毋許擅易。雖非徒蒙拾之助，而學童得此，其成學更事半功倍也。以上諸書，朋輩中多言其不容緩者，南海康先生草定凡例，命啓超等編之，已五年矣，玩忽時日，殺青無期。順德何君穗田，義士也，頃集義款，開幼學書局於澳門，聯合同志，共襄斯舉，擬先成識字、文法、歌訣、問答四種，今歲夏間即當脱稿，由澳門廣時務報館印行。其名物一書，亦已開編矣。

西文西語之當習，今之談洋務者莫不言之矣。雖然有欲學焉而爲通事、爲買辦以謀衣食者，有欲學焉通古今中外、窮理極物、强國保教者，受學之始，不可不自審也。今沿江沿海各省，其標名中西學館、英文書塾以教授者，多至不可勝數。彼其用意，大抵若前之説而已，其由後之説者，則概乎未始有門也。昧者以爲是西學將興，吾謂若輩之所爲，於亡中學則有餘，至西學之能興與否，則非吾之所敢言也。吾聞西國學士，非通拉丁文者不得與試。蓋拉丁文者，英、法、俄、德諸文之所從出，彼中績學之士，其著書發論，篇中每帶拉丁文法，如中國之能文者，多用先秦漢魏語。若未經從事者，讀之多不解焉。聖祖仁皇帝每日召西人入内，授拉體諾文二小時。拉體諾，即拉丁也。今之學者，每於學英、法文將成之時，始習拉丁，然聞之由英、法以上追拉丁，則學之甚難，由拉丁以下通英、法，則學之甚易，故學童授學之始，以先習拉丁爲善云。又嘗見西人習華文之書，大抵皆日用應酬口頭常語，其究心訓詁義理者絶少，故西人之旅中土者多能操華言，至其能讀書者希焉，能以華文綴文著書者益希焉，雖由華文之繁難，亦由彼之學者不得其書也。今之教授西文者，其蔽亦坐是，故造就通事、買辦則有餘，培養人才則不足。有志於是者，宜學彼中學人之所學，毋學此間市井洋傭之所學，先其文言，後其俚語，則庶幾矣。《記》曰：十年出就外傅，學書計。六藝之目：禮樂射御書數。是知古人於數計一學，與書並重，無人不學，無人不能。後世俗儒鄙爲小道，不復厝意，晚近有顓此以名家者，則又群推爲絶學，皆陋之甚也。今宜令學童自八歲以上，即授之以心算，漸及筆算之加減乘除、通分、小數、比例、開方等，及幾何之淺理，令演之極熟，稍長以後，以次授代數、微積稍深之法，事半功倍，年未弱冠，可以以疇人鳴於時矣。

嘗見西人幼學之書，分功課爲一百分，而由家中教授者居七十二分，由同學熏習者居九分，由師長傳授者不過十九分耳。兒童幼時，母親於父，日用飲食，歌唱嬉戲，隨機指點，因勢利導，何在非學？何事非教？孟母遷室，教子俎豆，其前事矣。故美國嬰兒學塾，近年教習皆改用婦人，以其閑静細密，且能與兒童親也。中國婦學不講，爲人母者半不識字，安能教人？始基之壞，實已坐此。今此事既未克驟改，至其就學之後，一切教法亦宜稍變，無俾爾許人才皆汩没於學究之手。《記》曰：八歲入小學。又曰：十歲出就外傅。今將八歲以上、十二歲以下，略審中人之資所能從事者，擬爲一功課表，世之愛子弟者或有取焉。行此功課數年，則能讀經史、格致等書，其功課别詳他篇。

每日八下鐘上學，師徒合誦贊揚孔教歌一遍，然後肄業。

八下鐘，受歌訣書，日盡一課，每課二百字。每課以誦二十遍爲率。

九下鐘，受問答書，日盡一課，凡問答書皆歌訣書之注疏，問答書之第一課，即解歌訣書之第一課，餘同。不必成誦。師爲解其義，明日按所問而使學童答之，答竟，則授以下課。

十下鐘，剛日受算學，柔日受圖學。凡受算學，先習筆算一年，以後漸及代數，每日由師命二題，令學童布算。凡受圖學，先習簡明總圖，漸及各國省縣分圖，以紙摹印寫之，日約盡一縣。印畢，由師隨舉所已習者，令學童指其所在之經緯度。

十一下鐘，受文法。師以俚語述意，令學童以文言達之。每日五句，漸加至五十句。

十二下鐘，散學。

一下鐘，復集，習體操。略依幼學操身之法，或一月或兩月盡一課，由師指授。操畢，聽其玩耍不禁。

二下鐘，受西文。依西人教學童之書，日盡一課。

三下鐘，受書法。中文西文各半下鐘，每日各二十字，漸加至各百字。

四下鐘，受説部書，指新編者言。師爲解説，不限多少。其學童欲涉獵他種書者，亦聽。

五下鐘，散學。師徒合誦愛國歌一遍，然後各歸。

每十日一休沐。至日，師徒晨集堂中，祀孔子畢，合誦贊揚聖教歌一遍，各散歸。

凡孔子生卒日及萬壽日，各休沐五日。

《記》曰：少成若性。謂其耳目未雜，習氣未入，質地瑩潔，受教易易也。故《曲禮》《少儀》《弟子職》等篇，謹其灑掃應對，導以忠信篤敬，大抵薰陶其德性之事十居八九焉。朱子曰：小學是做人的樣子。陸子曰：雖不識一字，亦須還我堂堂地做個人。人而無教，則做人之道尚不自知，雖謂之非人可矣。今之學童，其生長羅綺叢中者，每聽其驕侈淫佚，日與燕朋狎客相逐，而莫之禁；其三家村子，則又聽其跳野頑劣、蠻俗襤縷而莫之教，學舍如溷牖，學童如丐兒。及其稍長也，則授之以高頭講章，翰苑楷格，語之曰：如是則可以攫青紫，如是則可以摟黄白。學者自幼至壯，舍僥倖苟且、誕詐污賤之外，更無所聞，則以爲是固宜然矣。善夫！吾友嚴又陵之言曰："八股之害，錮智慧，壞心術，滋游手。"當其做秀才之日，務使之習爲剿竊詭隨之事，致令羞惡是非之心旦莫梏亡，消磨歲月於無用之地，墮壞志節於冥昧之中，長人虚驕，昏人神智。嗚呼！何其不率四萬萬之人，以盡入於無恥也！吾聞泰西諸國，雖皇子之貴，亦入兵船充水手，循循率教，事其師如長官，以視吾之驕侈淫佚者，何如矣？又聞諸國雖孤兒罪童，亦設校以教之，無不衣服整潔，禮儀彬洽，其視吾之蠻俗頑劣者，何如矣？又聞美國學童，跬步必肅，言笑不苟。詢其故，則曰他日吾將爲總統，長國家，恐有失德，聲名敗裂，爲衆所擯也。美國例，凡經人告訟者，不得舉總統。其視吾之哦講章、摹楷格，以僥倖於富貴、武斷於鄉曲者，又何如矣？

古人有言曰：人不昏宦，情欲失半。此至言也。《記》曰：男子三十而娶。又曰：三十曰壯，有室。今西俗亦然，弱冠以後，父母則不之養，使其自謀衣食，足資俯畜，然後敢及昏事。蓋人生十五至三十，力强年富，正受學之時。苟以此十餘年之功，殫以向學，其高才可以通徹今古，經營四方，其中人以下，亦能治生干禄，無憂飢寒矣。今也不然，口尚乳臭，即懷昏媾，蚤作夜思，寤寐反側，雖或展卷，寧復厝心？年十七八居然有室，日夕纏綿歌泣，疲精敝魂於牀第之側；未及三年，兒女成行，家累日重，於是忽焉捐棄其疇昔之所欲學者，而持籌握算，作家人語矣。是故早昏之大害有三：縱欲溺志一也，伐性夭年二也，重累廢學三也。舉國人才，其潛銷暗蝕於此間者，何可勝道？積重難返，習焉莫怪，非細故矣。《傳》曰：君子愛人以德，小人愛人以姑息。爲人父母者，宜何擇焉？

今之爲教也，欲其子弟之长而爲士者，與欲其子弟之長而爲農、爲工、爲商、爲兵者，則其教之之法大異，此最可笑之事也。彼其爲士者，舍八股、試帖、律賦、白摺之外，無所謂學也。其不習八股、試帖、律賦、白摺者，則亦不能目之爲士也，以故教之之法，畫然兩途。今夫爲士者，而不教之明庶物、達世情，故逢掖累億，動如木偶。其坐此躋顯位致厚實者，千人中不過一二人；其小得志，榮於鄉里者，不過十人；其青一衿，差足自養者，亦不過數十人；自餘九百無以自給，欲農則不能舉耜，欲商則不能握算，即不轉溝壑，亦無人趣矣。爲農、爲工、爲商、爲兵者，不教之以識大義、通文法，則愚者若海絨，悍者若野兕，算百十之數，艱於演微積，聞孔孟之名，詫若説鬼狐，名非野蠻，其實不能以寸矣。故善爲教者，必使舉國之人無貴賤、無不學。學焉者，自十二歲以下，其教法無不同，入學之始，教以識字，慧者及八歲，鈍者及十歲，中西有用之字皆識矣。蘇州彭君新三，擬創教識字法，爲方格書字於其上，字之下注西字，其旁加圈，識字有一義者識一圈，有數義者識數圈。師爲授其音，解其義，令學童按圈覆述之。中文既識，則及西文。洵簡易之法也。然後按前者所列之功課表而以授之，慧者及十二歲，鈍者及十五歲，則一切學問大綱節目略有所聞矣。自此以往，其有欲習專門者，可更入中學、大學，晕精數載，以求大成；其欲改就他業者，亦既飫道義、濡文教，大之必不爲作奸犯科之事，小之亦能爲仰事俯畜之謀，於此而猶有爲盗賊、爲奸細者乎？無有也。猶有爲游手、爲餓莩者乎？無有也。衣食足，禮義興，以此導民，何民不智？以此保國，何國不强？孟子不云乎：逸居而無教，則近於禽獸。今夫舉一國之子弟，而委諸蠢陋野悍、迂謬猥賊之學究之手，欲不謂之無教焉，不可得也。夫以數千年文明之中國，人民之衆甲大地，而不免近於禽獸，其誰之恥歟？顧亭林曰：天下興亡，匹夫之賤，與有責焉。已耳。人人以爲吾無責也，其亡忽焉也；人人以爲吾有責也，其興浡然也。今與天下論變法，唇焦舌敝，聞者必曰：此肉食者之事，吾雖有志焉，而莫能逮也。若夫吾有子弟，吾自誨之，肉食曰可，不能助我，肉食曰否，不能阻我，轉圜之間，天下改觀。夫孰爲無責，而孰爲有責矣乎？《康誥》曰：作新民。國者，民之積也，未有其民不新，而其國能立者。彼法國、日本維新之治，其本原所自昭昭然矣。誰曰維彼哲人，告之話言？慎德之行，其惟愚人！覆謂我僭人各有心，是則可爲痛哭流涕者也！

—10. 皇朝經世文新編　卷五下　學校

論女學

孟子曰："逸居而無教，則近於禽獸。"痛哉斯言乎！執一人而目之曰禽獸，未有不色然怒者，然信如子輿氏之言也，則今日之近於禽獸者何其多也。海内之大，員其首、方其足之種蓋四萬萬，其名之爲農、爲工、爲商、爲兵，終身未嘗讀書者，殆一萬九千萬有奇；其名之爲官、爲士，號稱讀書，而實未嘗讀書者，殆數百萬。其員其首而纖其足，不官、不士、不農、不工、不商、不兵，而自古迄今未嘗一讀書者，凡二萬萬。不寧惟是，彼之官焉、士焉、農焉、工焉、商焉，而近於禽獸者，猶或以禽獸爲恥也；此之不官、不士、不農、不工、不商、不兵，而近於禽獸者，豈直不恥，廼群天下之人以爲是固宜然耳。嗚呼，豈不痛哉！豈不痛哉！梁啓超曰：居今日之中國，而與人言婦學，聞者必曰：天下之事，其更急於是者不知凡幾，百舉未興，而汲汲論此，非知本之言也。然吾推極天下積弱之本，則必自婦人不學始。請備陳其義，以告天下。

一義曰公理家之言，曰：凡一國之人，必當使之人人各有職業，各能自養，則國大治。其不能如是者，則以無業之民之多寡爲强弱比例差。何以故？無業之人必待養於有業之人，不養之則無業者殆，養之則有業者殆。斯義也，西人譯者謂之生利、分利，即吾《大學》"生之者衆，食之者寡"之義。南皮先生曰：食，訓蝕，謂耗蝕也。《管子》曰："一夫不耕，或受之饑；一女不織，或受之寒。"此非空言也。蓋合一國之人民物産，而以决疑數術、盈虚消息之，其所得之率實如此也。中國即以男子而論，分利之人將及生利之半。余近著《説群》中詳言其故。自公理家視之，已不可爲國矣。况女子二萬萬，全屬分利而無一生利者。惟其不能自養，而待養於他人也，故男子以犬馬奴隸畜之，於是婦人極苦。惟婦人待養，而男子不能不養之也，故終歲勤動之所入，不足以贍其妻孥，於是男子亦極苦。以予所見，上而官，中而士，下而農、工、商、兵，無論爲何等人，則無時不皇然愀然若重憂貧者。其受凍餓轉死溝壑者，更不知凡幾也。其實以比例淺理論之，苟人人以一身所作之業爲一身衣食計，必無可以貧之理。今中國之無人不憂貧也，則以一人須養數人也。所以釀成此一人養數人之世界者，其根原非一端，而婦人無業，實爲最初之起點。雖然，等是人也，何以或有業或無業？蓋凡天下任取一業，則必有此業中所以然之理及其所當行之事，非經學問不能達也。故即以男子而論，大率明達事理之人謀業甚易，反是者謀業较難。然則學也者，業之母也。婦人之無業也，非天理宜然也。其始據亂之世，專尚力争，彼男子之所欲有事者，固非婦人之所能也，於是以婦人爲不足輕重而不復教之。既不教矣，其無從執業，有固然也。積之既久，漸忘其本來，則以爲是固當生而不事事，而嗷然待哺於人者也。是以男子貴而婦人賤，婦人逸而男子勞。逸而賤，非人情所樂也，貴而勞，亦非人情所樂也，則何如均其貴賤，亦均其勞逸之爲得也！論公理則如此，考事勢則如彼。故曰：國何以强？民富斯國强矣。民何以富？使人人足以自養，而不必以一人養數人，斯民富矣。夫使一國之内而執業之人驟增一倍，則其國所出土産作物亦必驟增一倍。凡所增之數，皆昔日棄地之貨也。取棄地之貨而藏之民間，其事甚順，而其益甚宏。若此者，舍學未由也。

二義曰人有恒言，曰：婦人無才即是德。此甕言也。世之瞀儒執此言也，務欲令天下女子不識一字、不讀一書，然後爲賢淑之正宗，此實禍天下之道也。古之號稱才女者，則批風抹月，拈花弄草，能爲傷春惜别之語，成詩詞集數卷，斯爲至矣。若此等事，本不能目之爲學。其爲男子，苟無他所學，而專欲以此鳴者，則亦可指爲浮浪之子，靡論婦人也。吾之所謂學者，内之以拓其心胸，外之以助其生計，一舉而獲數善，未見其於婦德之能爲害也。如曰無才即是德云爾，則夫鄉僻婦嫗不識一字者不啻千百億萬，未嘗聞坐此之故而賢淑有加，而惟聞取帚之誶、反唇之稽，視宦學家之婦人殆益甚焉，則又何也？凡人之鄙吝也，忿争也，必其所見極小，目光心力盡日營營於此極小之圈限中，以生此蔽也。使其人而知有萬古、有五洲，與夫生人所以相處之道、萬國所以弱强之理，則其心也方憂天下、憫衆生之不暇，而必無餘力以計較於家人婦子之事也。今夫婦人之所以多蔽於彼者，則以其於天地間之事物一無所聞，而竭其終身之精神，以争强弱、講交涉於筐篋之間，故其醜習不學而皆能，不約而盡同也。是以海内之大，爲人數萬萬，爲户數千萬，求其家庭内外相處熙睦，形迹言語終身無間然者，萬不得一焉。而其發端，罔不起於姑嫜妯娣之間，憤時者至謂婦人爲盡可殺。夫婦人豈性惡耶？群塊然未經教化之軀殼若干具，而鍵之於一室，欲其能相處焉，不可得也。彼婦人之累男子也，其不能自養而仰人之給其求也，是猶累其形骸也；若夫家庭之間終日不安，入室則愀，静居斯嘆，此其損人靈魂、短人志氣，有非可以常率推者。故雖有豪傑倜儻之士，苟終日引而置之牀笫筐篋之側，更歷數歲，則必志量局瑣，才氣消磨。若是乎，婦人之果爲鴆而不可近也。夫與其飲鴆而甘之，則盍於療鴆之術少留意矣。

三義曰西人分教學童之事爲百課，而由母教者居七十焉。孩提之童，母親於父，其性情嗜好，惟婦人能因勢而利導之，以故母善教者，其子之成立也易，不善者，其子之成立也難。《顔氏家訓》曰：教兒嬰孩，就傅以前，性質志量皆已略定，少成若性，長則因之。此實言教、言學一切之始基也。苟爲人母者通於學本，達於教法，則孩童十歲以前，於一切學問之淺理，與夫立志立身之道，皆可以粗有所知矣。今中國小學未興，出就外傅以後，其所以爲教者，亦既猥陋滅裂，無所取材。若其髫齔嬉戲之時，習安房闥之中，不離阿保之手耳目之間，所日與爲緣者，舍牀笫筐篋至猥極瑣之事，概乎無所聞見，其上焉者歆之以得科第保禄利，誨之以嗣産業長子孫，斯爲至矣。故其長也，心中目中，以爲天下之事更無有大於此者。萬方億室，同病相憐，冥冥之中，遂以釀成今日營私趨利、苟且無恥、固陋蠻野之天下，而莫知所自始。豈惟莫知所自始而已，且恬然不以爲怪。故試取西人幼塾乳臭之子，與吾此間寵壯碩老之士大夫相挈，其志趣學識，必有非吾此間此輩之所能望者。豈其種之特異哉？無亦少而習焉者之不得其道也！故治天下之大本二，曰正人心、廣人才，而二者之本，必自蒙養始。蒙養之本，必自母教始，母教之本，必自婦學始。故婦學實天下存亡强弱之大原也。

四義曰胎教之道。《大戴禮》《論衡》詳哉言之，後世此義不講蓋久。今之西人，則斷斷留意焉。西國公理家考物種、人種遞嬗、遞進之理，以爲凡有官之物，人、禽、蟲、介、草、木爲有官之物，金、石、水、土爲無官之物。一體之中，有其死者焉，有其不死者焉。如一草木根荄、支幹、果實、花葉，其死者也，而常有不死者，離母而附於其子，緜緜延延，相續不斷，是曰傳種。惟人亦然。雖然兩種化合之間，有浸淫而變者，可以使其種日進於善，由猩猴而進爲人也，由野番賤族而進爲文明貴種也。其作始甚微，而將畢至鉅也。故西人言種族之學者，以胎教爲第一義。其思所以自進其種者不一而足，而各國之以强兵爲意者，亦令國中婦人一律習體操，以爲必如是，然後所生之子膚革充盈，筋力强壯也。此亦女學堂中一大義也。今之前識之士憂天下者，則有三大事：曰保國，曰保種，曰保教。國烏乎保？必使其國强而後能保也。種烏乎保？必使其種進而後能保也，進詐而爲忠，進私而爲公，進涣而爲群，進愚而爲智，進野而爲文，此其道也。教男子居其半，教婦人居其半，而男子之半，其導原亦出於婦人，故婦學爲保種之權輿也。今與人言此義，鮮不謂以耕捄饑，掘井消渴，迂遠而無當也，而不知此蓋古先哲王，與泰西通儒所講之極熟，推之至盡，而汲汲焉以爲要圖者也。《胎教篇》曰：《易》曰：正其本，萬事理。失之毫釐，差以千里，故君子慎始。謹爲子孫昏妻嫁女，必擇世世有行義者，如是則其子孫慈孝，不敢淫暴。黨無不善，三族輔之。故鳳皇生而有仁義之意，虎狼生而有貪戾之心，兩者不等，各以其母，其言深切著明。又曰：胎教之道，書之玉版，藏之金匱，置之宗廟，以爲後世戒，蓋古人之重之如此，必非無故也。侯官嚴君又陵譯《天演論》，云無官者不死，以其未嘗有生也，而有官者一體之中有其死者焉、有其不死者焉，而不死者又非精靈魂魄之謂也。可死者甲，不死者乙，判然兩物。如草木之根荄、支幹等，甲之事也；而乙則離母附子，代可微變，而不可以死，或可分其少分以死，而不可以盡死。此動植所莫不然者也。是故一人之身常有物焉，乃祖父之所有而託生於其身。蓋自得生受形以來，遞嬗迤降以至於今，此胎教所以然之公理。嚴君與余書又云：《生學公例》言，一人之生，其心思、材力、形體、氣習，前則本數十百代祖父母之形神閲思，積委而成，後則依乎見聞師友，與所遭之時與地而化。其論極精。欲言保種者，非措意於此二義不可。欲措意於前一義，則胎教爲之根原；欲措意於後一義，則胎教尤爲根原之根原。此學數十年後必大明於天下，今日則鮮不以爲迂遠無用矣。

西人格致之家之言曰：言算學、格致等虚理，婦人恒不如男子；由此等虚理而諸實事以成，爲醫家、製造等專門之業，則男子恒不如婦人。然則男女之於學各有所長，非有軒輊。論者或疑，數千年來男子之成絶學立大功者，方策不絶，而婦人無聞焉。若是乎，雖興婦學，其所成亦僅矣。抑吾又聞生學家之言公理矣：凡含生負氣之物，倒生者最愚，横生者次愚。若夫軀體峙立、首函清陽者，其聰明必不甚相遠，所以生差别者，在智慧之開與不開耳。若乾嘉間，漢學彬彬於江浙，而吾粵靡一人焉；咸同以後，口馬、鄭，手《説文》如鯽矣。非粵民愚於乾嘉而智於咸同也。日本明治以前，民智僾塞，工藝窳劣，翻然維新，遂有今日，非日人拙於曩而巧於今也。其腦筋伏而未動，其靈髓塞而未通，從而導之，機捩一撥，萬線俱動矣。彼婦人之數千年莫或以學名也，未有以導之也。婦人苟從事於學，有過於男子者二事：一曰少酬應之繁，二曰免考試之難。其居静，其心細，故往往有男子所不能窮之理而婦人窮之，男子所不能創之法而婦人創之。西史所載，若摩哈默德之母、以伯南之女、侯失勒約翰之姑，其學業成就，視男子未或讓。而吾中國之女子游學異國成學而歸者，若吾向者所聞康愛德氏、石美玉氏，雖西域耆宿猶歆譽之。然則婦人豈生而不能學耶？夫以二萬萬戴天履地、首函清陽之人類，而必夷而棄之，謂與倒生、横生之物相等，欲不謂爲不仁，不可得也。

善夫，諸教之言平等也。南海先生有《孔教平等義》。不平等烏乎起？起於尚力。平等烏乎起？起於尚仁。等是人也，命之曰民，則爲君者從而臣妾之；命之曰女，則爲男者從而奴隸之。臣妾、奴隸之不已，而又必封其耳目，縛其手足，涷其腦筋，塞其學問之塗，絶其治生之路，使之不能不俯首帖耳於此强有力者之手，久而久之，安於臣妾，安於奴隸，習爲固然而不自知。於其中有人焉，稍稍自疑於爲臣妾、爲奴隸之不當者，反群起而譁之。以故數千年來之男子，無或以婦學爲治天子所當有事；而數千年之婦人，益無有奮然自張其軍，以提倡其同類者也。非不才也，壓力使然也。

今語人曰："欲强國，必由學校。"人多信之。語人曰："欲强國，必由女學。"人多疑之。其受受蔽之原，尚有在焉。今日之攘臂奮舌以譚强國、震驚於西人而思效其長者，則惟是船艦之雄也，槍炮之利也，鐵路之速也，礦務之盛也。若此者，皆非婦人所能有事也。故謀國者曰：教婦人非所急也。而不知西人之强在此，其所以强者不在此。農業也，工作也，醫學也，商理也，格致也，律例也，教授也謂教授之法，男子所共能，抑婦人所共能也。其學焉，而可以成爲有用之材，一也。今夫言治國而必推本於學校，豈不以人才者國之所與立哉？豈不以中國自有之才，必待教而始成哉？夫必謂彼二萬萬爲人才，而謂此二萬萬爲非人才，此何説也？

西方全盛之國莫美若，東方新興之國莫日本若。男女平權之論，大倡於美，而漸行於日本。日本之女學約分十三科：一修身；二教育言教授及蒙養之法；三國語謂日本文；四漢文；五歷史兼外國史；六地理；七數學；八理科謂格致；九家事；十習字；十一圖畫；十二音樂；十三體操。其與男學相出入者，不過數事而已。此數事者，大率與兵政相關，亦尚力之世所當有事者也。彼西人之立國猶未能至太平世也。太平之世，天下遠近大小若一，無國界，無種界，故無兵事，無兵器，無兵制。國中所宜講者，惟農、商、醫、律、格致、製造等事。國人無男無女，皆可各執一業以自養，而無或能或不能之别。故女學與男學必相合，今之美國殆將近之矣。是故女學最盛者，其國最强。不戰而屈人之兵，美是也。女學次盛者，其國次盛，英、法、德、日本是也。女學衰，母教失，無業衆，智民少，國之所存者幸矣，印度、波斯、土耳其是也。

若是夫中國之宜興婦學，如此其急也。雖然，今日之中國烏足以言婦學？學也者，匪直晨夕伏案，對卷伊吾而已，師友講習以開其智，中外游歷以增其才，數者相輔，然後學乃成。今中國之婦女，深居閨閣，足不出户，終身未嘗見一通人、履一都會，獨學無友，孤陋寡聞，以此從事於批風抹月、拈花弄草之學，猶未見其可，況於講求實學，以期致用？雖有異質，吾猶知其難矣。不寧惟是，彼方毁人肢體，漬人血肉，一以人爲廢疾，一以人爲刑僇，以快其一己耳目之玩好，而安知有學？而安能使人從事於學？是故纏足一日不變，則女學一日不立。嗟夫！國家定鼎之始，下令薙髮，率土底定。順治末葉，懸禁纏足，而奉行未久，積習依然。一王之力，不改群盲之心，强男之頭，不如弱女之足，遂留此謬種孳乳流行，歷數百年，日盛一日，内違聖明之制，外遺異族之笑，顯罹楚毒之苦，陰貽種族之傷。嗚呼！豈蒼蒼者天，故厄我四萬萬生靈，而留此孽業以爲之窒歟！抑亦治天下者，未或厝意於是也！

—10. 皇朝經世文新編　卷五下　學校

治始於道路説

入其鄙而熇穢蕪蕞，蔡莽螫刺，入其都而水土惡，塵薶惡，沮洳瀸漏，湫埢如鼠壤，則雖騃穉之豎必曰："此島夷野瑶，可謂閉化之國也已。"入其鄙而曠敞夷達，隧軌修潔；入其都而平逵九達，車可方軌，土閬之環，落渠之寫，軒廓整葺，奕然而理，則雖騃穉之豎必曰："此名都理邦，可謂開化之國也已。"是未嘗見其風俗之淳漓也，民智之濬塞也，物産之殷窳也，條教之隆秕也，然而矚於其墟，游觀其闤市，遂信其人工之無精英，工儒之無魁桀，百室萬貨之呰敗，法禮政治之弛靡，號而夷之曰："僻陋之國。"若是者何也？曰：卉木之腴瘁，必形於枝葉；氣體之充憊，必貢於支面。道路者，固國之枝葉、支面也。安有葉萎面癯而不知其木瘁體憊者哉？抑又聞之，巧秝之秝起於點綫，風化之開基於切近。夫以目之所睹，足之所履，氣息之所吸觸，出入之所趨步，自王公貴人以至於甿隸，無日不馳履於其間。其所謂切近者，雖室闥庭户，不是過矣。室闥庭户，蕪積穢壅，雖有疲懦，猶力起而糞除之。其有習居闒冗而不以爲惡者，其長老必從而訴誶之，外人必從而誹詆之，曰："是不治之敗家也。"而獨於室闥户庭之稍遠者，則任其蕪積穢壅。因緣濡染，慮不動於耳目切近之地，弛廢猶且如此，是尚得曰國有人乎？夫僻鄙宵壤，物力凋敝，或不任其整治耳。

中國固文明之古國，而人數四萬萬餘，又地球所謂殷庶之邦也。然而城會之間，猥狹湫滯，轂擊映咽，不能旋踵。且其糞穢之所積、腥膻之所萃、污垢敝物之所叢集，棄遏蒸鬱，動如山阜。又其甚者，垤穴軀踦，瀋涂滲濡，三市之衢，猥積瓦礫，是亦何以異於物力凋敝之霄壤乎？然猶可諉曰：省會之遜遠也。若夫京師内地，是固天子宅中之境，所謂首善之區也，是固輦轂之下，而百官、諸侯、王所趨侍麟萃者也。然其道涂荒蕪幾如沙漠，大風揚播，污薶晝晦，積穢没踝，淳潦妨轂。白晝大途之中，甚且糞溺以爲便，臭毒所鬱，蒸爲瘴癘。每一夏暑，斃者乃不知幾十萬人。此固行路之所掩鼻，外人之所悼心矣。而其重卿鉅公與夫分司而守此土者，熟視無睹，固恬而不怪。此蒙所爲大惑不解者也。夫彼之漠然於此者，非必樂而安之也，特以爲瑣碎齷齪之事，不足爲慮，經國大猷不在是耳。

然吾聞治國者之言矣：匠人營國中之道，經途九軌，環塗七軌，野塗五軌，必不使之湫隘也；野盧達國，道於四畿，必不使之隔絶也；比郊及野，宿息井樹，必不使之荒廢也；舟車擊互，叙而行之，必不使之壅塞也；合方掌，達津梁，必不使之陷敗也；禁馳騁，禁徑踰，必不使之擾亂也；季春開通，必不使之障礙也；以時平易，必不使之窪踦也；雨畢而除，必不使之潦污也。體國經野，亟亟於此，何嘗輕而緩之哉？抑又聞之古史氏矣：殷人之制，棄灰公道則斷其手；周人之制，列樹立鄙以表道。夫利民之事，豈無大於是者？而古帝哲后則必齗齗以此爲急務。使古人而皆愚人也則可，古人而少知治體者烏可輕而緩之哉？

微獨古先哲王之急此也，泰西新政非顯著富强之效者哉！其修道之制也，寬廓涂軌以張偪滯，高中卑旁以流潦潰，甃水通溝以滌污垢，日加輪碾以平頗仄，車人異道以達壅塞，激水澆灑以蕩氛薶。而復然電燈以燭之，邏巡捕以敘之，禁棄糞穢以潔之。其街道之制，亦可謂精且密矣。夫古今相去千餘年，而泰西新政曾無少異於古王之舊制，豈非有國者之所急，必不能遺此切綫之最近者哉？西人之通商我國者，其租界之道路整潔亦猶是矣。吾人之游覽之者，莫不嘆其政治之修，廢弛之舉。而與吾相切者，反靳然置之。是何異喜賃居者之潔治廊廡而堂室垢雜，乃坐視而無術，抑何不引前制鄰政而觀之也？無具甚矣。

且彼所謂坐視無術者，亦曰：工重難任，款大難籌耳。夫因人心之所樂，興民生之大利，事至易行也。分土而理，各修所治，責至易專也。中國貧民窮餓，謀生艱苦，即以修路之費爲養民之資，以工代賑，效至易收也；禁棄積穢，令至易行也；時一葺理，後至易繼也。且國家亦嘗歲撥内帑百數十萬以修道矣。然中飽吏胥，因循粉飾，日擲黄金於虚牝，孰若一爲更始，實收前民利用之益，而盡去梗咽污穢癘疫之害哉！夫有此大利關於國體，雖勉强籌劃猶當爲之，况修路本有常款，省數年之虚費而已足者乎？荀子曰："凡事利多而害少，則爲之。"商君曰："利不十，不變法。"有百倍之利，而更無一害，夫亦何憚而久不爲也？挽粟調兵，通商利運，振灾察吏，開風氣，通有無，鐵路之利，亦既知之言之，籌巨款而專辦之矣，而反於此近民要圖，習不加察，有數微款，諉難籌辦，無亦見遠而遺近乎？

遠法商周之舊制，近采泰西之新政，内豁壅污之積弊，外免鄰國之惡誚，民生以利，國體以尊，政治以修，富强以基，一舉而數善備，固未有切近便易於此者也。《書》曰："王道蕩蕩。"又曰："王道平平。"蓋信乎王道之必先如此，然後有以著蕩平之化也。

—8. 皇朝經世文三編　卷一五　治體三原治

論報館有益於國事

覘國之强弱，則於其通塞而已。血脈不通則病；學術不通則陋；道路不通，故秦越之視肥瘠漠不相關；言語不通，故閩粵之與中原邈若異域。惟國亦然，上下不通，故無宣德達情之效，而舞文之吏因緣爲奸，内外不通，故無知己知彼之能，而守舊之儒乃鼓其舌。中國受侮數十年，坐此焉耳。

去塞求通，厥道非一，而報館其導端也。無耳目，無喉舌，是曰廢疾。今夫萬國並立，猶比鄰也；齊州以内，猶同室也。比鄰而吾不知，甚乃同室所爲不相聞問，則有耳目而無耳目。上有所措置不能喻之民，下有所苦患不能告之君，則有喉舌而無喉舌。其有助耳目喉舌之用，而起天下之廢疾者，則報館之爲也。

報館於古有徵乎？古者太師，陳詩以觀民風。饑者歌其食，勞者歌其事，使乘輶軒以采訪之，鄉移於邑，邑移於國，國移於天子，猶民報也。公卿大夫揄揚上德，論列政治，皇華命使，江漢紀勳，斯干考室，駉馬畜牧，君以之告臣，上以之告下，猶官報也。又如誦訓掌道方志以詔觀事，掌道方慝以詔辟忌、以知地俗。外史掌四方之志，達書明於四方。撢人掌誦王志，道國之政事，以巡天下之邦國而語之，凡所以宣上德、通下情者，非徒紀述，兼有職掌，故人主可坐一室而知四海，士夫可誦三百而知國政。三代盛强，罔不由此。

西人之大報也，議院之言論紀焉，國用之會計紀焉，人數之生死紀焉，地理之險要紀焉，民業之盈絀紀焉，學會之程課紀焉，物産之品目紀焉，鄰國之舉動紀焉，兵力之增減紀焉，律法之改變紀焉，格致之新理紀焉，器藝之新製紀焉。其分報也，言政務者可閲官報，言地理者可閲地學報，言兵學者可閲水陸軍報，言農務者可閲農學報，言商政者可閲商會報，言醫學者可閲醫報，言工務者可閲工程報，言格致者可閲各種天算、聲光、化電專門名家之報，有一學即有一報。其某學得一新義，即某報得一新聞。體繁者證以圖，事賾者列爲表，朝登一紙，夕布萬邦，是故任事者無閡隔蒙昧之憂，言學者得觀善濯磨之益。猶恐文義太賾，不能盡人而解，故有婦女報，有孩孺報。其出報也，或季報，或月報，或半月報，或旬報，或七日報，或五日報，或三日報，或兩日報，或每日報，或半日報。國家之保護報館如鳥鸗子，士民之嗜閲報章如蛾附羶。閲報愈多者，其人愈智；報館愈多者，其國愈强。曰惟通之故。

其益於國事如此，故懷才抱德之士，有昨爲主筆而今作執政者，亦有朝罷樞府而夕進報館者。其主張國是，每與政府通聲氣，如俄、土之争戰，德、奥、意之聯盟，五洲之人莫不仰首企足，以觀《泰晤士》之議論，文甫脱稿，電已飛馳，其重之又如此。然而英國、德國、日本國或於報館有讒謗之律，有懲罰之條，則又何也？記載瑣故，采訪異聞，非齊東之野言，即秘辛之雜事，閉門而造，信口以談，無補時艱，徒傷風化。其弊一也。軍事敵情，記載不實，僅憑市虎之口，罔懲夕雞之嫌，甚乃揣摩衆情，臆造詭説，海外已成劫燼，紙上猶登捷書，熒惑聽聞，貽誤大局。其弊二也。臧否人物，論列近事，毁譽憑其恩怨，筆舌甚於刀兵，或颺頌權貴爲曳裾之階梯，或指斥富豪作苞苴之左券，行同無賴，義乖祥言。其弊三也。操觚發論，匪有本原，蹈襲陳言，剿撮塗説，或乃才盡爲憂，敷衍塞責，討論軼聞，紀述游覽，義無足取，言之無文。其弊四也。或有譯録稍廣，言論足觀，删汰穢蕪，頗知體要，而借闡宗風，不出《鄭志》，雖有斷章取義之益，未免歌詩不類之憾。其弊五也。具此諸端，斯義遂牿，遂使海内一二自好之士，反視報館爲蟊賊，目報章爲訞言。古義不行，良法致敝。嗚呼，其不恫歟！

今設報於中國，而欲復西人之大觀，其勢則不能也。西國議院議定一事，布之於衆，令報館人入院，珥筆而録之。中國則諱莫如深，樞府舉動，真相不知，無論外人也。西國人數物産，民業商册，日有記注，展卷粲然，録副印報，輿衆共悉。中國則夫家六畜未有專司，州縣親民，於其所轄民物産業末由周知，無論朝廷也。西人格致製造專門之業，官立學校，士立學會，講求觀摩，新法日出，故亟登報章，先睹爲快。中國則稍講此學之人已如鳳毛麟角，安有專精其業、神明其法而出新製也？坐此數故，則西報之長皆非吾之所能有也。然則報之例當如何？曰廣譯五洲近事，則閱者知全地大局，與其强盛弱亡之故，而不致夜郎自大，坐眢井以議天地矣。詳録各省新政，則閱者知新法之實有利益，及任事人之艱難經畫，與其宗旨所在，而阻撓者或希矣。博搜交涉要案，則閱者知國體，不立受人嫚辱；律法不講，爲人愚弄，可以奮厲新學，思洗前耻矣。旁載政治、學菽要書，則閱者知一切實學源流門徑，與其日新月異之迹，而不致抱八股八韻、考據詞章之學，枵然而自大矣。準此行之，待以歲月，風氣漸開，百廢漸舉，國體漸立，人才漸出，十年以後，而報館之規模亦可以漸備矣。

嗟夫！中國《邸報》興於西報未行以前，然歷數百年未一推廣。商岸肇闢，踵事滋多，勸百諷一，裨補蓋寡，横流益急，晦盲依然，喉舌不通，病及心腹，雖蝨蝱之力無取負山，而精禽之心未忘填海，上循不非大夫之義，下附庶人市諫之條，私懷救火弗趨之愚，迫爲大聲疾呼之舉。見知見罪，悉憑當途。若聽不亮，目爲誹言，摧萌拉蘗，其何有焉？或亦同舟共艱，念厥孤憤，提倡保護，以成區區，則顧亭林所謂“天下興亡，匹夫之賤，與有責焉”已耳。

—10. 皇朝經世文新編　卷二一　雜纂

變法通議自序

法何以必變？凡在天地之間者莫不變。晝夜變而成日，寒暑變而成歲。大地肇起，流質炎炎，熱鎔冰遷，累變而成地球。海草螺蛤，大木大鳥，飛魚飛鼉，袋獸脊獸，彼生此滅。更代迭變而成世界。紫血紅血，流注體内，呼炭吸養，刻刻相續，一日千變而成生人。藉曰不變，則天地人類並時而息矣。故夫變者，古今之公理也。貢助之法變爲租庸調，租庸調變爲兩税，兩税變爲一條鞭。井乘之法變爲府兵，府兵變爲彍騎，彍騎變爲禁軍。禁軍學校升造之法變爲薦辟，薦辟變爲九品中正，九品變爲科目。上下千歲，無時不變，無事不變。公理有固然，非夫人之爲也。爲不變之説者動曰守古守古，庸詎知自太古、上古、中古、近古，以至今日，固已不知萬百千變。今日所目爲古法而守之者，其於古人之意，相去豈可以道里計哉？今夫自然之變，天之道也，或變則善，或變則敝，有人道焉，則智者之所審也。語曰：學者上達，不學下達。惟治亦然。委心任運，聽其流變，則日趨於敝；振刷整頓，斟酌通變，則日趨於善。吾揆之於古，一姓受命，創法立制，數葉以後，其子孫之所奉行，必有以異於其祖父矣。而彼君民上下猶瞯焉，以爲吾今日之法，吾祖前者以之治天下而治藹然，守之因循不察，漸移漸變，百事廢弛，卒至疲敝不可收拾。代興者審其敝而變之，斯爲新王矣。苟其子孫達於此義，自審其敝而自變之，斯號中興矣。漢唐中興，斯固然矣。《詩》曰：“周雖舊邦，其命維新。”言治舊國必用新法也。其事甚順，其義至明，有可爲之機，有可取之法，有不得不行之勢，有不容少緩之故。爲不變之説者猶曰守古，守古坐視其因循廢弛，而漠然無所動於中。

嗚呼，可不謂大惑不解者乎。《易》曰：“窮則變，變則通，通則久。”伊尹曰：“用其新，去其陳，病乃不存。”夜不炳燭則昧，冬不御裘則寒。渡河而乘陸車者危，易證而嘗舊方者死。今專標斯義，大聲疾呼。上循土訓誦訓之遺，下依矇諷鼓諫之義。

言之無罪，聞者足興。爲六十篇，分類十二。知我罪我，其無辭焉。

—10. 皇朝經世文新編　卷二一　雜纂

西學書目表序例

余既爲《西書提要》，缺醫學、兵政兩門未成，而門人陳高第、梁作霖、家弟啓勳，以書問應讀之西書，及其讀法先後之序。乃爲表四卷、札記一卷示之，媵之以敘曰：大哉，聖人之道！孔子適周，求得百二十國寶書。聖祖仁皇帝御纂《數理精蘊》，潤色西算，弁諸卷首。高宗純皇帝，欽定《四庫書總目》，凡譯出西書，悉予著録。先聖後聖，其事不同，其揆若一。嗚呼，溥博宏遠，蔑以加矣！海禁既開，外侮日亟。曾文正開府江南，創製造局，首以翻譯西書爲第一要義。數年之間，成者百種。而同時同文館，及西士之設教會於中國者，相繼譯録。至今二十餘年，可讀之書，略三百種。昔紀文達之撰提要，謂《職方外紀》《坤輿圖説》等書，爲依仿中國鄒衍之説，誇飾變幻，不可究詰。阮文達之作《疇人傳》，謂第谷天學，上下易位，動静倒置，離經畔道，不可爲訓。今夫五洲萬國之名，太陽地球之位，西人五尺童子皆能言之。若兩公，固近今之通人也。而其智反出西人學童之下，何也？則書之備與不備也。大凡含生之倫，愈愚獷者，其腦氣筋愈粗，其所知之事愈簡。愈文明者，其腦氣筋愈細，其所知之事愈繁。禽獸所知最簡，故虎豹雖猛，人能檻之。野人所知亦簡，故苗黎番回雖悍，人能制之。智愚之分，强弱之原也。今以西人聲光化電、農礦工商諸學，與吾中國考據、詞章、帖括、家言相較，其所知之簡與繁，相去幾何矣！兵志曰：知己知彼，百戰百勝。人方日日營伺吾側，纖悉曲折，虛實畢見，而我猶枵然自大，偃然高卧，非直不能知敵，亦且昧於自知。坐見侵陵，固其宜也。故國家欲自强，以多譯西書爲本。學子欲自立，以多讀西書爲功。此三百種者，擇其精要而讀之，於世界蕃變之迹，國土遷異之原，可以粗有所聞矣。抑吾聞英倫大書樓所藏書，凡八萬種有奇。今之所譯，直九牛之一毛耳。西國一切條教號令，備哉粲爛，實爲致治之本，富强之由。今之譯出者何寥寥也？彼中藝術，日出日新，愈變愈上。新者一出，舊者盡廢。今之各書，譯成率在二十年前。彼人視之，已爲陳言矣。而以語吾之所謂學士大夫者，方且詫爲未見，或乃瞠目變色，如不欲信。嗚呼，豈人之度量相越遠邪？抑導之未得其道也？

一、譯出各書，都爲三類。一曰學，二曰政，三曰教。今除教類之書不録外，自餘諸書分爲三卷。上卷爲西學諸書：其目曰算學，曰重學，曰電學，曰化學，曰聲學，曰光學，曰汽學，曰天學，曰地學，曰全體學，曰動植物學，曰醫學，曰圖學。中卷爲西政諸書：其目曰史志，曰官制，曰學制，曰法律，曰農政，曰礦政，曰工政，曰商政，曰兵政，曰船政。下卷爲雜類之書：其目曰游記，曰報章，曰格致，總曰西人議論之書，曰無可歸類之書。

一、明季國初，利、艾、南、湯諸君，以明曆見擢用。其所著書，見於《天學彙函》《新法算書》者百數十種。又製造局、益智書會等處，譯印未成之書百餘種。通商以來，中國人著書言外事，其切實可讀者，亦略有數十種。捃拾薈萃，名爲附卷。

一、西學各書，分類最難。凡一切政皆出於學，則政與學不能分。非通群學不能成一學，非合庶政不能舉一政，則某學某政之各門不能分。今取便學者，强爲區别。其有一書可歸兩類者，則因其所重。如《行軍測繪》不入兵政，而入圖學，《御風要術》不入天學，而入船政，《化學衛生論》不入化學，而入醫學是也。又如《電氣鍍金》《電氣鍍鎳》等書，原可以入電學，《脱影奇觀》《色相留真》《照像略法》等書，原可以入光學，《汽機發軔》《汽機必以》《汽機新制》等書，原可以入汽學，今皆以入工藝者，因工藝之書，無不推本於格致，不能盡取而各還其類也。又如《金石識别》，似宜歸礦學類，又似宜歸地學類，而皆有不安，故歸之化學。《海道圖説》，似宜歸地學類，又似宜歸海軍類，而皆有不安，故歸之船政。此等門目，亦頗費參量。然究不能免牽强之誚。顧自《七略》《七録》以至《四庫總目》，其門類之分合，歸部之異同，通人猶或訾之。聚訟至今，未有善法。此事之難久矣。海内君子惠而教之，爲幸何如。

一、門類之先後。西學之屬，先虚而後實。蓋有形有質之學，皆從無形無質而生也。故算學重學爲首，電化聲光汽等次之。天地人謂全體學物謂動植物學等次之，醫學、圖學全屬人事，故居末焉。西政之屬，以通知四國爲第一義，故史志居首，官制學校政所自出，故次之，法律所以治天下，故次之，能富而後能强，故農礦工商次之，而兵居末焉。農者地面之産，礦者地中之産，工以作之，作此二者也，商以行之，行此三者也，此四端之先後也。船政與海軍相關，故附其後。

一、已譯諸書，中國官局所譯者兵政類爲最多。蓋昔人之論，以爲中國一切皆勝西人，所不如者，兵而已。西人教會所譯者，醫學類爲最多，蓋教士多業醫也。製造局首重工藝，而工藝必本格致，故格致諸書，雖非大備，而崖略可見。惟西政各籍譯者寥寥，官制、學制、農政諸門，竟無完帙。今猶列爲一門者，以本原所在，不可不講，懸其目，以俟他日之增益云爾。

一、書目例標撰人名氏，今標譯人，不標撰人者，所重在譯也。譯書率皆一人口授，一人筆述。今諸書多有止標一人者。原本不兩標，故仍用之，名從主人也。

一、收藏家最講善本。故各家書目，於某朝某地刻本至爲齗齗。今所列皆新書，極少别本，仍詳列之者，不過取便購讀，與昔人用意微殊。其云在某某書中者，無單行本也。其云《格致彙編本》《萬國公報本》《時務報本》，其下不注本數、價值者，亦無單行本也。

一、古書用卷子本故標卷數。後世裝潢既異，而猶襲其名，甚無謂也。故今概標本數，不標卷數。

一、目録家皆不著價值，蓋所重在收藏，無須乎此。今取便購讀，故從各省官書局之例，詳列價值。其標若干兩若干錢者，銀價也；其標若干千若干百者，制錢價也；其標若干元若干角者，洋銀價也。製造局、同文館、天津學堂之書，概據原單。其家刻本及西士自印本，據格致書室單。製造局書有原價、減價、重減價，格致書室單所列製造局書略依其減價之值。今所列者，乃其重減價之值，減價之視重減價約如十與八之比例。

一、表下加識語，表上加圈識，皆爲學者購讀而設，體例不能雅馴，所不計也。惜所識太略，又學識淺陋，未必得當耳。世之君子，尚救正之。

一、附卷所載通商以前之西書，多言天算、言教兩門。今除言教之書不著録外，自餘諸書，不能以類别，故以著書人爲别。

一、附卷所載，中國人言西學之書，搜羅殊隘。其海内通人，或有成書而未刻，刻成而鄙人未及見者，當復不少。管窺蠡測，知其孤陋。若夫坊間通行之本，有稗販前人、割裂原籍以成書者，乃市儈射利之所爲，方聞之士所不屑道，概不著録，以示謹嚴，非挂漏也。

一、中國人言西學之書，以游記爲最多。其餘各種，亦不能以類别。今用内典言人非人，化學家言金非金之例，區爲游記類、非游記類二門。

一、近人頗有以譯本之書，而歸入自著書之中，不標譯字者，概爲疏通證明，仍入諸譯書表中，不援名從主人之例。

一、表後附札記數十則，乃昔時答門人問之語，略言各書之長短及某書宜先讀，某書宜緩讀。雖非詳盡，初學觀之，亦可以略識門徑。故竊取過而存之之義，附見末簡，名日《讀書法》。博雅君子，諒無哂之。若其芻蕘之見，則略具所著《西書提要》中，此不能多及也。

—10. 皇朝經世文新編　卷二一　雜纂

西政叢書叙

政無所謂中西也。列國並立，不能無約束，於是乎有公法；土地人民，需人而治，於是乎有官制；民無恒産，則國不可理，於是乎有農政、礦政、工政、商政；逸居無教，近於禽獸，於是乎有學校；官民相處，秀莠匪一，於是乎有律例；各相猜忌，各自保護，於是乎有兵政。此古今中外之所同，有國者之通義也。中國三代尚已。秦漢以後，取天下於馬上，制一切法，草一切律，則咸爲王者一身之私計，而不復知有民事。其君臣又無深心遠略，思革前代之弊。成新王者規徒因陋就簡，委靡廢弛，其上焉者補苴罅漏，塗飾耳目，故千瘡百孔，代甚一代。二千年來之中國，雖謂之無政焉，可已。歐洲各國，土地之沃，人民之蹟，物産之衍，匪有邁於中國也，而百年以來，更新庶政，整頓百廢，始於相妒，終於相師。政治學院列爲顯門，議政之權逮於氓庶，故其所以立國之本末，每合於公理，而不戾於吾三代聖人平天下之義。其大國得是道也，乃縱横汪洋於大地之中而莫之制；其小國得是道也，亦足以自立，而不見吞噬於他族。播其風流，乃至足以闢美洲，興印度，强日本，存暹羅，西政之明效大驗，何其盛歟？

利、徐以來，西學始入中國，大率以天算、格致爲傳教之梯徑。自晚明以逮，乾嘉魁儒鉅子，講者蓋寡。互市以後，海隅士夫，怵念於敗衄，歸咎於武備，注意於船械，興想於製造，而推本於格致。於是同文館、製造局、船政所，各事南北，踵起而旁行之。書始立於學官，象鞮之筆漸齒於士類。然而舊習未滌，新見未瑩，則咸以爲吾中國之所以見弱於西人者，惟是武備之未講，船械之未精，製造之未習，格致之未嫺，而於西人所以立國之本末，其何以不戾於公理，而合於吾聖人之義者，則瞠乎未始有見，故西文譯華之書數百種，而言政者可屈指可算也。吾既未識西人語言文字，則翹頸企踵，仰餘瀝於舌人之手，一新譯政書出，購之若不及。雖然所譯之書未必其彼中之良也，良矣譯者未必能無失其意也。即二者具備，而其書也率西域十餘年以前之舊籍，他人所吐棄而不復道者，而吾猶以爲瑰寶而珍之，其爲西儒笑也，固已多矣。又況並此區區者，迺不過燕、吴、粤一隅之地有通行本，而腹地各省鄉僻績學士，猶往往徒睹目録，如宋槧元鈔，欲見而不可得。嗚呼！中國之無人才，其何怪歟？乃從肆客之請，略擷其譯本之最要者，或家刻本少見者，或叢刻本無單行者，得十餘種，彙爲一編，俾上石以廣流通。其華人著作之深通外事而有獨見者，亦附數種焉。腹地之省鄉僻績學之士，其或願聞之也。雖然其細已甚，欲免於西儒之笑，難矣。慰情聊勝，無亦靡恧焉。若責以古賢編輯之體例，則俟譯本遍天下，必有人從而抉擇之、釐定之者。

—10. 皇朝經世文新編　卷二一　雜纂

論學校三《變法通議・科舉》

科舉，敝政乎？科舉，法之最善者也。古者世卿，《春秋》譏之。譏世卿，所以立科舉也。世卿之敝，世家之子不必讀書，不必知學，雖騃愚淫佚，亦循例入政，則求讀書、求知學者必少，如是故上無才。齊民之裔，雖復讀書，雖復知學，而格於品第，未從得官，則求讀書、求知學者亦少，如是故下無才。上下無才，國之大患也。科舉立，斯二敝革矣，故世卿爲據亂世之政，科舉爲升平世之政。

古者科舉皆出學校。學校制廢，而科舉始敝矣。古者家有塾，黨有庠，術有序，國有學。州長、黨正、遂師、鄉大夫，皆其地之教師也。見於《周禮》者，皆言掌其地之教令。《王制》所記，有秀士、選士、俊士、進士之號。當其爲秀士也，家黨術鄉教之；《國語》：齊桓公内正之法，正月之朔，鄉長復事，君親問焉。曰：於子之鄉，有居處好學、慈孝於父母、聰慧賢仁、發聞於鄉里者，有則以告；有而不以告，謂之蔽明，其罪五。有司已於事而竣，公又問焉。曰：於子之鄉，有奉養股肱之力、秀出於衆者，有則以告；有而不以告，是謂蔽賢，其罪五。役官及五屬大夫復事，公問之如初。五屬大夫退，而修教於其屬，屬退而修縣，縣退而修鄉，鄉退而修卒，卒退而修邑，邑退而修家，是故匹夫有善可得而舉也。啓超案：屬、縣、鄉、卒、邑、家，以《周禮》《管子》證之，皆使教於其地者矣。當其爲選士也，司徒教之；當其爲俊士也，大樂正教之。故升秀士於司徒者，鄉大夫也。《尚書大傳》：七十而致仕，老其鄉里。大夫爲父師，士爲少師，歲事已畢，餘子皆入學。啓超案：古者鄉官皆以其鄉人爲之。然則鄉大夫者，皆老於其鄉之大夫也。升選士於學者，司徒也；升俊士於司馬而告於王者，大樂正也。居處相邇，耳目相習，爲之師者，當平居之時，於群士之德行道藝，孰高孰下，孰賢孰不肖，固已熟察之而飫知之。及大比之日，書其賢者與其能者，蓋教之有素，非漫然決優劣於一二日之間而已。

自漢以後，得天下者皆於馬上，庠序之事未遑，京師大學猶且議數十年不能定，郡國之間尤無聞焉。故雖有鄉舉里選之名，而於古人良法美意，殆稍稍澌滅矣。是以天子不能教士，而惟立一榮途，爲之標準，以誘厲之，天下之士趨焉。班孟堅所謂“禄利之路”然矣。於其時也，或有碩儒巨子出乎其間，代司徒樂正之權，行學校之事，綴學小生，群焉萃焉，稟而受之，至其人才盛衰，則恒視國家所立之標準，或善或不善以爲差。雖然，取士之與教士既分其途，則雖其所立標準極盡善美，而於得人抑已難矣。故兩漢辟舉之法，其流弊乃至變爲九品中正，蓋學校不立，有司未嘗有人才之責，一旦以考校賓興之事，而受成於渺不相屬之刺史守相，其安從知之，安從舉之？是以不考實行，專采虚望，末流所届，乃至寒門貴族，劃若鴻溝。鄉舉里選之敝，極於時矣。隋唐以後，制科代興，慮郡國之不實，乃悉貢京師以一其權；慮牧守之徇私，乃專出侍臣以承其乏。夫郡國之疏逖，已遜於塾序，而京師又加甚焉；牧守之閡隔，已異於學官，而内臣又加甚焉。舉一切耳目，而寄之於虚空無薄之區，於孔子"舉爾所知"之義，其悖謬爲何如矣！其疏逖而閡隔既已如是，則非惟實行無可見，即虚望亦無可聞，於是其所立以爲標準者，不得不在雕蟲之計、兔園之業、狗曲之學、蛙鳴之文。上以鼓下，下以應上，父詔兄勉，友習師傳，雖有道藝，非由此進不爲榮；雖有豪傑，非由此道不能進。盡數十寒暑，疲精敝神，以從事於此間，而得與不得，尚在不可知之數。故三代之盛，天下之士，無一人不能自成其才，而國家不可勝用；兩漢之間，士民之失教而自棄者，蓋有之矣，苟其才學可備世用，則無不可以自達。降及後世，豈惟不教？又從而錮蔽之。豈惟不用？又從而摧殘之。嗚呼！其所餘能幾何哉！故科舉合於學校則人才盛，科舉離於學校則人才衰，有科舉無學校則人才亡。

科舉學校既已分矣，則其所立標準，出於多途者，其才稍盛；出於一途者，其才益衰。此亦古今得失之林也。故漢代以孝廉爲常科，而其餘有所謂賢良方正者，直言極諫者多不具徵，明當世之務、習先聖之術者元光五年，文學高第者，有行義者，茂才異倫者多不具徵，可充博士位者陽朔二年，勇猛知兵法者元延元年，能直言通政事、延於側陋、可親民者建平元年，明兵法有大慮者建平四年，治獄平者元始二年，通天文、曆算、鍾律、方術、本草者元始五年。而丞相辟掾，亦有四科；一曰德行高妙、志節清白，二曰學通行修、經中博士；三曰明習法令，足以決疑，能按章覆問，文中御史；四曰剛毅多略，遭事不惑，明足決斷，材任三輔縣令。光禄茂才亦有四行；淳厚、質樸、謙遜、節儉。刺史移名亦有三等。一明經，二明律，三能治劇。其取之也，或特詔徵，或特科試，或三府辟，或公車召，或公卿郡國舉，或遣持節察上，或上書待詔，或博士弟子射策，或以技藝爲郎《漢書衛綰傳》，或仕郡爲曹掾從事。其科目與出身之多如此，故天下之士皆能因其性之所近而各成其學。學苟成矣，則徵辟察舉交至，未有不能自見者也。故天下人人皆有用之器，而國家不至以乏才爲患。

唐因隋制，設六科，一曰秀才，二曰明經，三曰進士，四曰明法，五曰明字，六曰明算。又有史科、開元禮、道舉、童子、學究等科。其制科之名，則多至百數，見於《困學紀聞》者八十有六。雖不免猥濫，而一時賢俊，如姚崇之下筆成章、張九齡之道侔伊吕者，往往出焉。宋初繼軌，亦有九經、五經、三史、三禮、三傳、通禮、初沿唐制，試《開元禮》。至開寶六年，《開寶通禮》成，乃改科，是歲以新書試問。學究、明經、明法、明醫《宋史》：醫學初隸太常寺，元豐間始置提舉判局以教之，曰方脉科、鍼科、瘍科。試題有六：一墨義，二脉義，三大義，四論方，五假令，六運氣。等科。夫明經有科，則士知守其教矣；行義有科，則人篤於行矣；治劇有科，則有司知盡心於民事矣；明律治獄有科，則政刑平矣；兵法有科，則多折衝之才矣；開元禮、通禮有科，則士習於本朝掌故矣；學究有科，則可以爲人師矣；技藝、明算有科，則制器前民矣；明醫有科，則人壽矣。此諸科者，今西方之國莫不有之。若驟以語守舊之徒，則將吐而棄之曰：彝也彝也，而不知皆吾中國所嘗行之者也。惜乎徒懸其名，未廣其用。其所偏重乃專在進士一科，遂令天下學子雖有絶學高志，不能不降心俯首，以肆力於詩賦、帖括之業，而通人碩儒蹉跎不第，若韓愈、劉蕡者，猶不可數計，馴至廉恥道喪，請謁若固，關節還往，温卷求知等名，習焉不以爲怪。榮途之狹，人才之少，風俗之壞，蓋自千數百年以來矣。

宋熙寧間，議建學校，變貢舉，罷詩賦，問大義。此三代以下一大舉動也，惜荆公以無助而敗。後人廢其學校之閎議，而沿其經義之偏制，謬種流傳，遺毒遂日甚一日。凡天下任舉一事，必有本末。荆公之議與學，本也；變科，末也。本既不行，徒用其末，不成片段，安得不敝？荆公經義取士，未敢謂爲善制，而合科舉於學校，則千古之偉論也。當時舊執政之黨，嘵嘵争辯，全屬意見之言。其傳誦後世，最近理而亂真者，蘇文忠公一疏也。向嘗剌其紕謬而條辨之，今略録於下。當今之世，其猶有援此等迂謬之論以相駁詰者，可以此折之矣。

蘇氏曰：得人之道在於知人，知人之法在於責實。使君相有知人之明，朝廷有責實之政，則胥吏、皂隸未嘗無人，而况於學校貢舉乎？雖用今之法，臣以爲有餘。使君相無知人之明，朝廷無責實之政，則公卿侍從常患無人，况學校貢舉乎？雖復古之制，臣以爲不足矣。

梁啓超曰：君相雖曰知人，若欲舉天下之士，其才學之可任與否，一望而蓋得之。雖堯、湯、皋、禹，吾知其不能矣，則必寄耳目於公卿，公卿寄之牧守，牧守寄之令長。令長可謂親民者也，然其民之才智與其學行，烏從而知之？則非由學校不爲功也。但言責實，不言更新，此固守舊家之常談也。試問國家之取人，非所以共政事乎？政事之才不足，而設學校以養之，固其宜也。今乃以詩賦、帖括之濫劣，冒其名而充其數，則誰爲實而誰爲虚矣？胥吏、皂隸，未嘗無人者。古者卒史皆以通經之士爲之，學校之功也。公卿侍從常患無人者，自其入學之始，即務爲阿世無用之學，一旦得志，安望其能匡時哉？此無學校之敝也。吾以爲蘇氏而不知此義則已，苟其知之，則當推求其所以然之故，而瞿然於學校之興刻不容緩，而尚暇爲駁議耶？

蘇氏曰：夫時有可否，物有興廢。使三代聖人復生於今，其選舉亦必有道，何必由學乎？

梁啓超曰：道有可與民變革者，有不可與民變革者。學而優則仕，學而後入政，此不可與民變革者也；人民社稷何必讀書，此孔子深惡痛絶之言，而蘇氏乃摭拾之，何爲也？且所謂其選舉亦必有道者，道果何若矣？强聖人而從我，聖人豈任受之？

蘇氏曰：且慶曆間嘗立學矣，天下以爲太平可待，至於今惟空名僅存。今陛下欲求德行道藝之士，責九年大成之業，則將變今之禮，易今之俗，又當發民力以治宫室，斂民財以養游士，而又時簡不帥教者，屏之遠方，徒爲紛紛，其於慶曆之際何異？

梁啓超曰：凡持議者但當論其事之是不是，不當論其事之成不成。學而不當立，雖慶曆規模已定，猶當廢之，苟其當立，前事何害？且慶曆之僅存空名，正坐朝廷不能責實之弊。蘇氏向不申其責實之説，議續舊緒，顧乃因噎廢食也。夫人才者國民之本，學校者人才之本。興學所以安國而長民也。欲成大功不見小利，雖稍勞費，將焉避之！且有司供給之需，養兵饒饋之用，每歲節其一二，可以興學而有餘矣。不彼之争，而斤斤然阻撓安國長民之舉，果何必也！范蔚宗推原漢法，且謂傾而未顛，抑而未墜，出於黨錮諸賢心力之爲，游士果何負於人國乎？先王之教其民若誨其子弟，故既有選秀之升，而亦有不帥教之罰。上下一體，痛切相關，此太平之所由也。後世去古既遠，不明先王之意，徒據今日之敝政以繩古制，宜其以爲笑矣。

蘇氏曰：夫欲興德行，在君人者修身以格致，審好惡以表俗。若欲設科立名以取之，則是教天下相率而僞也。上以孝取人，則勇者割股，怯者廬墓；上以廉取人，則敝車羸馬惡衣菲食，凡可以中上意者無所不至。德行之弊，一至於此。

梁啓超曰：科名之不足以得賢才，固也，蓋其本原必在學校也。若修身格物之説，乃俗儒迂言，能制人之口，不能服人之心。其於辯才，斯爲下矣。漢以孝廉取士，而一代名節出焉。雖云僞也，其視唐之進士懷温卷趨拜馬下者，何如矣？自魏武下令再三，求負污辱之名、見笑之行、不仁不孝而有治國用兵之術者，此後廉恥道喪，播其流風，極於五季。其視割股廬墓、惡衣菲食之爲僞者，又何如矣？蘇氏本以氣節自任，今乃以意見之故而發爲此言，真非吾之所敢聞也。

蘇氏曰：雖知其無用，然自祖宗以來莫之廢者，以爲設法取士不過如此也。

梁啓超曰：吾聞《大易》之義，“幹父之蠱”謂之吉，“裕父之蠱”謂之吝。今既謂爲無用，則當更求其所謂有用者，以匡厥不逮。今乃悉舉而歸罪於祖宗，以爲制度雖壞，吾不任其咎。此豈仁人孝子所忍言哉？且祖宗之法，非祖宗所自創也，因前代之徵而已。前代又因其前代之敝而已，推而上之，以至於古人立法之始，則其法固未嘗如是也。歷代相沿，不思振刷，逐漸流變，遂成今日。然則所謂法者，不過成於泄沓庸臣之手，而非祖宗之意，以爲不如是不可爲始也。今樂於師庸臣，而憚於法先王，此太平之道所以千歲而不一遇也。自漢迄今，取士之法已不知幾易，今乃謂不過如是，其誰信之。閱數百載，背元涉明，薾靡疲敝；迄於今世，揣摩腔調，言類俳優，點名對簿，若待囚虜，擔簦纍纍，狀等乞匄，搜索挾書，視同穿窬，糊名摸索，乃似賭博，歸本重書，若選鈔胥。夫國家之取士，取其才也，取其學也，取其行也。今以俳優、鈔胥畜之，以囚虜、乞匄、穿窬、賭博視之，欲士之自愛，欲國家之能受其用，何可得也？王介甫曰：古者取士也寬，其用之也嚴。今取士也嚴，其用之也寬。吾請爲一説，曰：古者試士之具嚴，其爲途也寬。今試士之具寬，其爲途也嚴。今之所以進退天下者，八股之文，八韻之詩，雖使伊、吕、管、樂操觚爲之，必無以遠過於金、陳、章、羅，而曲士陋儒剽竊模倣，亦未嘗不可能之而有餘也。故不必論其立法之善否，但使能如其法、中其程式者而後取之。就所取之人以爲比例，則舉人之可以及第、諸生之可以得解者，皆當數千人矣。而進士之額，每科不過數百，舉人之額，每省不過數十，則其餘數千人之見擯黜者，安知無伊、吕、管、樂之才？而所取之數百數十，安得無曲士陋儒以濫竽於其間也？昔人論科舉之弊不一，而以探籌之喻爲最當。所謂非科舉之能得人才，而奇才異能之人之能得科舉，斯固然矣，然奇才異能者固能得之，闒冗污下者亦能得之，則將何擇也？今夫挾千金以求力士，號於衆曰：有能舉千鈞者致千金，則强有力之人立見矣；號於衆曰：有勝匹雛者致百金，則所懷之金頃刻而盡，而賁、獲之才未必能致也。今之爲説者，每以科第猥濫，欲裁中額，以清其途，不知由今之道，無變今之法，雖進士之額裁至數十，舉人之額裁至數人，而猥濫如故也，徒使懷才之徒嶔奇抑鬱，不能自達，騣騣白首，才氣銷磨。此所謂不揣其本而齊其末也。

吾蓋見夫綴學之子，當其少年氣盛，未嘗不欲博通古今，經營天下。其意若曰：吾姑降心於帖括之學，竢得一第，可以娱父母、畜妻子，然後事於吾之所欲學而已。當其應童子試也，縣試數場，經月始畢，又逾月而試之府，府試數場，經月始畢，又逾月而試之院。三試竣事，一年去其半矣。既以半年之力廢學以就試，一經黜落，則窮愁感嘆，不能讀書，而頹然以自放者又復數月。感嘆既已，而縣試又至矣。試不一試，年不一年，即幸而入學，而諸生得解之難，其情形猶是也。舉子得第之難，其情形猶是也。詞館得差之難，其情形亦猶是也。試事無窮已之日，即學子無休暇之時。日月逝於上，體貌衰於下，而向之所謂博通古今、經營四方者，終未嘗獲一從事也。若夫瑰瑋之士，志氣不衰、衝決羅網、自成其志者，千百之中豈無一二人哉。然其中材以下，汩没此間而不能救者，何可勝道？况此一二人者，苟非爲科舉所困，而移其衝决羅網之力量，以從事於他端，則其成就又當何如也？故學校之盛，中人亦進爲上材；科舉之衰，有志亦成爲無用。其差數之相去，如此其遠也！

—16. 皇朝經世文編五集　卷四　學校

論學校四《變法通議·科舉》

今内之有同文、方言之館舍，外之有出洋學習之生徒，行之數十年，而國家不獲人才之用，蓋有由也。昔俄主太彼得躬游列國，擇國中俊秀子弟，使受業葡、法之都，歸而貴顯之，布在朝邑，俄遂以强。日本維新之始，選高才生就學歐洲，學成反國，因才委任，今之伊藤、榎本之徒，皆昔日之學僮也。而中國所謂洋務學生者，竭其精力，廢其生業，離井去邑，逾幼涉壯，以從事於西學，幸薄有成就，謂可致身通顯，光寵族游，及貿貿然歸，乃置散投閑，瓠落不用，往往栖遲十載，未獲一官。上不足以盡所學，下不足以救飢寒，千金屠龍，成亦無益。

嗚呼，人亦何樂而爲此勞勞哉！夫國家之教之將爲用也，教而不用，則其教之之意何取也？生徒之學之將授用也，學而不見用，則其學之之意何在也？此真吾之所不能解也。或謂此輩之中，求所謂奇才異能可以大用者，蓋亦寡焉，斯固然矣。不知國家所重，既不在是，舉國上才之人，悉已爲功令所束縛，帖括所驅役，鬻身滅頂，不能自拔，孰肯棄其稽古之榮，以俯焉而從事也？故當其就學之始，其與斯選者，大半僅中人之才耳；而自束髮以後，又未嘗一教以中國義理之學，徒溷洋場，飽染習氣，及至學成亦且視爲雜流，不與士齒，其不自愛，固所宜也。坐是之故，而瑋偉絶特之徒，益懲羹吹齏，羞與噲伍。是以此中人才，日就寂寥也。然二十年間，其在西國學堂中考試前列，領有學成憑據者，往往有人。而西人之達者，亦每復嗟嘆，謂震旦人才，不下彼國。然則出洋學生中之未嘗無才，昭昭然矣。顧乃束之高閣，聽其自窮自達，不一過問。於是有美國學生餬口無術，投入某洋行爲買辦者；有製造局匠師，月俸四十金，而爲西國某廠以二百金聘去者。豪傑之士安得不短氣，有志之徒安得不裹足！既無細腰高髻之倡，重以棄鼎寶瓠之失，不懷顧犬補牢之義，徒效淵魚叢爵之愚。猶復頓足搓手，日日嘆息，曰："無人才，無人才！"天下之人，豈任受之！

故欲興學校，養人才，以强中國，惟變科舉爲第一義。大變則大效，小變則小效。綜而論之，有三策焉：

何謂上策？遠法三代，近采泰西，合科舉於學校，自京師以訖州縣，以次立大學、小學，聚天下之才，教而後用之。入小學者比諸生，入大學者比舉人，大學學成比進士，選其尤異者，出洋學習比庶吉士，其餘歸内外户刑工商各部任用。比部曹，庶吉士，出洋三年學成而歸者，授職比編檢。學生業有定課，考有定格，在學四年而大試之，以教習爲試官，不限額，不糊名。凡自明以來取士之具，取士之法，千年積敝，一旦廓清而辭闢之，則天下之士靡然向風。八年之後，人才盈廷矣。所擬細章具詳下篇。

何謂中策？若積習既久，未即遽除，取士之具，未能盡變，科舉學校未能遂合，則莫如用漢唐之法，多設諸科，與今日帖括一科並行。昔聖祖、高宗兩開博學鴻詞，網羅俊良，激厲後進，故國朝人才，以康乾兩世爲最盛。此即吾向者多途勝於一途之説也。今請雜取前代之制，立明經一科，以暢達教恉，闡發大義，能以今日新政證合古經者，爲及格。明算一科，以通中外算術，引申其理，神明其法者，爲及格。明字一科，以通中外語言文字，能互翻者，爲及格。明法一科，以能通中外刑律，斟酌適用者，爲及格。使絶域一科，以能通各國公法，各國條約章程，才辯開敏者，爲及格。

通禮一科，以能讀皇朝三通、《大清會典》《大清通禮》，諳習掌故者，爲及格。技藝一科，以能明格致製造之理，自著新書，製新器者，爲及格。學究一科，以能通教學童之法者，爲及格。明醫一科，以能通全體學，識萬國藥方，知中西病名證治者，爲及格。兵法一科，以能諳操練法程，識天下險要，通船械製法者，爲及格。至其取之之法，或如康乾鴻博故事，特詔舉試，或如近世算學舉人，按省附考，而要之必予以出身，示以榮途，給以翰林、進士、舉人之名，准以一體鄉、會、朝、殿之實。著書可以入翰林，上策可以蒙召見。告之以用意之所重，導之以利禄之所存，則巖穴之間，鄉邑之内，與夫西學諸館及出洋學習之學生，皆可因此以自達。其未有成就者，亦可以益厲於實學，以爲天下用，則其事甚順而其效亦甚捷。

何謂下策？一仍今日取士之法，而略變其取士之具。童子試非取録經古者，不得入學。而經古一場，必試以中外政治得失，時務要事，算法、格致等藝學。鄉會試必三場並重。第一場試四書文、五經文，試帖各一首。第二場試中外史學三首，專問歷代五洲治亂存亡之故。第三場試天算地輿、聲光化電、農礦商兵等專門。聽人自仞一門，分題試之，各三首。殿試一依漢策賢良故事，專問當世之務，對策者不拘格式，不論楷法。考試學差試差，亦試以時務、藝學各一篇，破除成格，一如殿試。如是則向之攻八股哦八韻者，必將稍稍捐其故業，以從事於實學，而得才必盛於向日。

上策者三代之制也，中策者漢唐之法也，下策者宋元之遺也。由上策者强，由中策者安，由下策者存。若夫守晚明之敝制，棄歷朝之鴻矩，狃百載之積習，憚千夫之目議，違作人之公理，踵愚黔之故智，則雖鐵艦闐海，誰與爲戰？槍炮如林，誰與爲用？數萬里地，誰與爲守？數百兆人，誰與爲理？《傳》曰：“子有美錦，不使人學製焉。”言不學之人，不可以共政事也。今其用之也在彼，而取之也在此，是猶蒸沙而欲其成飯，適燕而南其轅也。豈不傎哉！豈不傎哉！

昔同治初葉，恭親王等曾請選編檢庶常，並五品以下由進士出身之京外各官，及舉人、恩拔副歲優貢等，入同文館學習西藝，給以廩俸，予以升途。原奏究澈利弊，駁辨邪説，語語適當，切實可行，恐外間見者尚少，特照録以饜衆覽。其文曰：“臣等因製造機器，必須講求天文、算學，議於同文館内，添設一館等因，於十一月初五日具奏，奉旨依議，欽此欽遵在案。臣等伏查此次招考天文、算學之議，並非務奇好異，震於西人術數之學也。蓋以西人製器之法，無不由度數而生，今中國議欲講求製造輪船、機器諸法，苟不籍西士爲先導，俾講明機巧之原、製作之本，竊恐師心自用，枉費錢糧，仍無裨於實際，是以臣等衡量再三而有此奏。論者不察，必有以臣等此舉爲不急之務者，必有以舍中法而從西人爲非者，甚且有以中國人師法西人爲深可恥者，此皆不識時務也。

“夫中國之宜謀自强，至今日而已亟矣。識時務者，莫不以采西學、製洋器爲自强之道，疆臣如左宗棠、李鴻章等，皆深明其理，堅持其説，時於奏牘中詳陳之。上年李鴻章在上海設立機器局，由京營揀派兵弁，前往學習。近日左宗棠亦請在閩設立藝局，選少年穎悟子弟，延聘洋人教以語言、文字、算法、畫法，以爲將來造船、機器之本。由此以觀，是西學之不可不急爲肆習也，固非臣等數人之私見矣。或謂雇賃輪船、購買洋槍，各口均曾辦過，既便且省，何必爲此勞驗。不知中國所當學者，固不止輪船、槍炮一事，即以輪船、槍炮而論，雇買以應其用，計雖便而法終在人，講求以徹其原，法既明而用將在我。蓋一則權宜之策，一則久遠智謀，孰得孰失，不待辨而明矣。至於以舍中法而從西人爲非，亦臆説也。查西術之借根，實本於中術之天元，彼中猶目爲東來法，特其人性情縝密，善於運思，遂能推陳出新，擅名海外耳。其實法固中國之法也。天文、算法如此，其餘亦無不如此，中國創其法，西人襲之。中國儻能駕而上之，則在我既已洞悉根源，遇事不必外求，其利益正非淺鮮。且西人之術，我聖祖仁皇帝深韙之矣。當時列在臺官，垂爲時憲，兼容並包，智周無外。本朝掌故，亦不宜數典而忘。况六藝之中，數居其一。古者農夫、戍卒，皆識天文，後世設爲厲禁，知者始鮮。我朝康熙年間，除私習天文之禁，由是人文蔚起，天學盛行，治經之儒，皆兼治數，各家著述，考證俱精，語曰一物不知，儒者之恥。士子出户，舉目見天，顧不解列宿爲何物，亦足羞也。即今日不設此館，猶當肄業及之，况乎懸的以招哉！若夫以師法西人爲恥，此其説尤謬。夫天下之恥，莫恥於不若人。查西洋各國數十年來，講求輪船之制，互相師法，製造日新，東洋日本近亦遣人赴英國學其文字，究其象數，爲仿造輪船張本，不數年亦必有成。西洋各國雄長海邦，各不相下者，無論矣。若夫日本蕞爾國耳，尚知發憤爲雄，獨中國狃於因循積習，不思振作，恥孰甚焉！今不以不如人爲恥，而獨以學其人爲恥，將安於不如而終不學，遂可雪其恥乎？或謂製造乃工匠之事，儒者不屑爲之。臣等尤有説焉，查《周禮》考工一記所載，皆梓匠輪輿之事，數千百年黌序奉爲經術，其故何也？蓋匠人習其事，儒者明其理，理明而用宏焉。今日之學，學其理也，乃儒者格物致知之事，並非强學士、大夫以親執藝事也，又何疑焉？總之學期適用，事貴因時，外人之疑議雖多，當局之權衡宜當。臣等於此，籌之熟矣。惟是事屬創始，立法宜詳，大抵欲嚴課程，必須優給廪餼，欲期鼓舞，必當量予升途。謹公同酌擬章程六條，繕呈御覽，恭候欽定。再查翰林院編修、檢討、庶吉士等官，學問素優，差使較簡，若令學習此項天文、算學，程功必易。又進士出身之五品以下京外官、舉人、五項貢生，事同一律，應請一併推廣招考，以資博采。”得旨依議，其時正當日本初次遣人出洋學習之時耳。此議若行，中學與西學不至劃爲兩途，而正途出身之士大夫，莫不犟心此間以待用。至今三十年，向之所謂編檢及五品以下官，皆位卿孤矣。用以更新百度，力圖富强，西方大國猶將畏之，而况於區區之日本乎？乃彼時倭文端方以理學名臣主持清議，一時不及平心詳究，遂以用彝變夏之説，抗疏力争，遽尼成議。子曰：“君子一言以爲智，一言以爲不智。”文端之言，其誤人家國，豈有涯耶？抑天心之未厭亂也。今夫非常之原，黎民懼焉。千數百歲之痼疾，一旦欲舉而去之，吾知其難矣。然不由此道，則終無自强之一日。雖事事模仿西式，究其成就則如邯鄲之學步，新武未習而故迹已淪。我三十年來，學西法之成效，已可睹矣。後之視今，猶今之視昔，悔前事之無及，思繼起之有功，嗚呼！其毋使後人而復哀後人也。

—16. 皇朝經世文編五集　卷四　學校

論學校七《變法通議・學會》

道莫善於群，莫不善於獨。獨故塞，塞故愚，愚故弱；群故通，通故智，智故强。星地相吸而成世界，質點相切而成形體，數人群而成家，千百人群而成族，億萬人群而成國，兆京陔秭壤人群而成天下。無群焉曰鰥寡孤獨，是謂無告之民。虎、豹、獅子、象、駝、牛、馬，龐大傀碩，人檻之駕之，惟不能群也。非洲之黑人，印度之棕色人，美洲、南洋、澳島之紅人，所占之地居地球十六七，歐人剖之、鈐之，若檻獅象而駕駝馬，亦曰惟不能群之故。

群之道：群形質爲下，群心智爲上。群形質者，蝗蝱蜂蟻之群，非人道之群也。群之不已，必蠹天下，而卒爲群心智之人所制。蒙古、回回種人，皆以衆力横行大地，而不免帖耳於日耳曼之裔。蝗蝱蜂蟻之群，非人道之群也。

群心智之事則賾矣。歐人知之而行之者三：國群曰議院，商群曰公司，士群曰學會。而議院、公司，其識論業藝罔不由學，故學會者，又二者之母也。學校振之於上，學會成之於下，歐洲之人以心智雄於天下，自百年以來也。

學會起於西乎？曰：非也。中國二千年之成法也。《易》曰：“君子以朋友講習。”《論語》曰：“有朋自遠方來。”又曰：“君子以文會友。”又曰：“百工居肆以成其事，君子居學以致其道。”孔子養徒三千，孟子從者數百，子夏西河，曾子武城，荀卿祭酒於楚宋，史公講業於齊魯，樓次子之著録九千，徐遵明之會講逾萬，鵝湖、鹿洞之盛集，東林、幾、復之大觀。凡兹前模，具爲左證。先聖之道所以不絶於地，而中國種類不至夷於蠻越，曰惟學會之故。學會之亡起於何也？曰：國朝漢學家之罪，而紀昀爲之魁也。漢學家之言曰：今人但當著書，不當講學。紀昀之言曰：漢亡於黨錮，宋亡於僞學，明亡於東林。嗚呼！此何言耶？此十常侍所以傾李膺、范滂，蔡京、韓侂胄所以錮司馬公、朱子，魏忠賢、阮大鋮所以陷顧、高、陳、夏而爲此言也。吾不知小人無忌憚之紀昀，果何惡於李、范諸賢，而甘心爲十常侍、蔡京、韓侂胄、魏忠賢、阮大鋮之奴隸也。而舉天下綴學之士猶群焉宗之，伈俔低首，爲奴隸之奴隸，疾黨如仇，視會爲賊，是以僉壬有黨，而君子反無黨，匪類有會，而正業反無會，是率小人以食君子之肉，驅天下之人而爲鰥寡孤獨，而入於象駝牛馬，而曾蜂蝗蟲蟻之不若，而後稱善人。嗚呼，豈不痛哉！豈不痛哉！

今天下之變亟矣。稍達時局者，必曰興礦利、築鐵路、整商務、練海軍。今試問驅八股八韻、考據詞章之士，而屬之以諸事，能乎？否乎？則曰：有同文館、水師學堂諸生徒在。今且無論諸生徒之果成學與否，試問以區區之生徒，供天下十八行省變法之用，足乎？否乎？人才之絶，百舉具廢，此中國所以講求新法三十年而一無所成，卒爲一孔守舊之論，間執其口也。今海内之大，四萬萬人之衆，其豪傑之士聰明材力足以通此諸學者，蓋有之矣。然此諸學者，非若考據詞章之可以閉户獺祭而得也。如礦利，則必游歷各省，察驗礦質，博求各國開礦、分礦、鍊礦之道，大購其機器、儀器而試驗之，盡購其礦務之書而翻譯之，集陳萬國所有之礦産而比較之；練軍則必集萬國兵法之書而讀之，集萬國製造槍炮藥彈、築修營壘船艦之法而學之，學此諸法，又非徒手而學也，必游歷其國，觀其操演，遍覽各廠，察其製造，大陳汽機，習其用式。自餘群學，率皆類是。故無三十七萬金之天文臺，三十五萬金之千里鏡，則天學必不精；不能環游地球，即游矣而不能遍各國省府州縣、皆有車轍馬迹，則地學必不精。試問一人之力能任否乎？此所以雖有一二有志之士，不能成學，不能致用，廢棄以没世也。

西人之爲學也，有一學即有一會，故有農學會，有礦學會，有商學會，有工藝會，有法學會，有天學會，有地學會，有算學會，有化學會，有電學會，有聲學會，有光學會，有重學會，有力學會，有水學會，有熱學會，有醫學會，有動植兩學會，有教務會，乃至於照像、丹青、浴堂之瑣碎，莫不有會。其入會之人，上自后妃、王公，下及一命布衣，會衆有集至數百萬人者，會資有集至數百萬金者。會中有書以便翻閲，有器以便試驗，有報以便布知新藝，有師友以便講求疑義，故學無不成，術無不精。新法日出，以前民用，人才日衆，以爲國幹，用能富强甲於五洲，文治軼於三古。

今夫五印度，數萬里之大，五十年間晏然歸於英國。廣州之役，割香港，開口岸，舉動轟赫，天下震懾，而不知皆彼中商學會爲之也。通商以來，西人領文憑游歷邊腹各省，測繪輿國，考驗物礦者，無歲無之。中國之人疑其奸細，而無術以相禁，而不知皆彼中地學會爲之也。故西國國家之於諸會也，尊重保護而獎藉之，或君主親臨以重其事，或撥帑津貼以助其成。會日盛而學日進，蓋有由也。

今欲振中國，在廣人才；欲廣人才，在興學會。諸學分會未能驟立，則先設總會。設會之目，一曰臚陳學會利益，專摺上聞，以定衆心；二曰建立孔子廟堂，陳主會中，以著一尊；三曰貽書中外達官，令咸捐輸，以厚物力；四曰函招海内同志，咸令入會，以博異才；五曰照會各國學會，常通音問，以廣聲氣；六曰函告寓華西士，邀致入會，以收他山；七曰咨取官局群籍，概提全分，以備儲藏；八曰盡購已翻西書，收庋會中，以便借讀；九曰擇購西文各書，分門别類，以資翻譯；十曰廣翻地球各報，布散行省，以新耳目；十一曰精摟中外地圖，懸張會堂，以備流覽；十二曰大陳各種儀器，開博物院，以助試驗；十三曰編纂有用書籍，廣印廉售，以啓風氣；十四曰嚴定會友功課，各執專門，以勵實學；十五曰保選聰穎子弟，開立學堂，以有人才；十六曰公派學成會友，游歷中外，以資著述。

舉國之大，而僅有一學會，其猶一蝨一蝨之勞也。今以四萬萬人中，憂天下求自强之士，無地無之，則宜所至廣立分會，一省有一省之會，一府有一府之會，一州縣有一州縣之會，一鄉有一鄉之會，雖數十人之寡，數百金之微，亦無害其爲會也。積小高大，擴而充之，天下無不成學之人矣。

遵此行之，一年而豪傑集，三年而諸學備，九年而風氣成。欲興農學，則農學會之才不可勝用也；欲興礦利，則礦學會之才不可勝用也；欲興工藝，則工藝會之才不可勝用也；欲興商務，則商務會之才不可勝用也；欲製新器、廣新法，則天算、聲光化電等學會之才不可勝用也。以雪讐恥，何恥不雪？以修庶政，何政不成？若徇紀昀之讏言，率畏首之舊習，違樂群之公理，甘無告之惡名，則非洲、印度、突厥之覆轍不絶於天壤。西方之人豈有愛乎！一木隻柱，無所砥於横流；佩玉鳴琚，非所捄於急難。《詩》曰："迨天之未陰雨，徹彼桑土，綢繆牖户。"今此下民，或敢侮予。嗚呼，凡百君子，其無俟風雨漂摇，乃始嘵音瘏口，而莫能相救也。

—16. 皇朝經世文編五集　卷四　學校

大同譯書局敘例

譯書真今日之急圖哉！天下識時之士日日論變法。然欲變士，而學堂功課之書靡得而讀焉；欲變農，而農政之書靡得而讀焉；欲變工，而工藝之書靡得而讀焉；欲變商，而商務之書靡得而讀焉；欲變官，而官制之書靡得而讀焉；欲變兵，而兵謀之書靡得而讀焉；欲變總綱，而憲法之書靡得而讀焉；欲變分目，而章程之書靡得而讀焉。今夫瞽者雖不忘視，跛者雖不忘履，其去視履固已遠矣。雖欲變之，孰從而變之？無已，則舉一國之才智而學西文、讀西籍，則其事又迂遠，恐有所不能待。即學矣，未必其即可用，而其勢又不能舉一國之才智，而盡出於此一途也。故及今不速譯書，則所謂變法者盡成空言，而國家將不能收一法之效。雖然，官譯之書，若京師同文館、天津水師學堂、上海製造局，始事迄今，垂三十年，而譯成之書不過百種。近且悉輟業矣。然則，以此事望之官局，再自今以往，越三十年，得書可二百種。一切所謂學書、農書、工書、商書、兵書、憲法書、章程書者，猶是萬不備一。而大事之去固已久矣。用是憤懣，聯合同志，創爲此局。以東文爲主，而輔以西文；以政學爲先，而次以藝學。至舊譯希見之本，邦人新著之書，其有精言，悉在采納。或編爲叢刻，以便購讀，或分卷單行，以廣流傳。將以洗空言之誚，增實學之用。助有司之不逮，救燃眉之急難。其或憂天下者之所樂聞也。

一、本局首譯各國變法之事，及將變未變之際一切情形之書，以備今日取法。譯學堂各種功課，以便誦讀。譯憲法書，以明立國之本。譯章程書，以資辦事之用。譯商務書，以興中國商學，挽回利權。大約所譯先此數類。自餘各門，隨時間譯一二。種部繁多，無事枚舉。其農書則有農學會專譯，醫書則有醫學會專譯，兵書則各省官局尚時有續譯者，故暫緩焉。

一、舊譯之書，或有成而未刻，刻而已佚者，隨時搜取印布，或編爲叢書，以便新學購讀。

一、中國人所著或編輯之書，有與政教、藝學相關，切實有用者，皆隨時印布。

一、海内名宿，有自譯自著自輯之書，願托本局代印者，皆可承印。或以金錢奉酬，或印成後以書奉酬，皆可隨時商訂。同志之士，想不吝見教。

一、本局所印各書，行款裝潢，悉同一式。散之則爲單行本，合之則爲叢書。收藏之家，致爲便益。

一、本局係集股所立，不募捐款。印出各書，譯費、印費所糜甚鉅。已在上海道署存案。翻印射利者究治。

—11. 皇朝經濟文編　卷八　學術八　譯書

適可齋記言記行序

中國之爲人弱，其效極於今日，而其根伏於數十年以前。西人以兵弱我者一，以商弱我者百。中國武備不修，見弱之道一；文學不興，見弱之道百。西人之始來也，非必欲得地也，滅國也，通商而已。通商，萬國之所同也。客邦之利五，而主國之利十，未或以爲害也。害惡在？中國人士處暗室，坐眢井，夢不知外事。又疲散薾要，苟欲彌一日之患，而狃於千歲之毒。彼族察是，故相待之道，曰欺曰脅。而我之邇彼也，如叢神與奕秋博，無著不謬，無子不死，一誤再誤，以訖於今。嗚呼，不可謂國有人矣。

自十七歲，頗有怵於中外弱强之迹，顧鄉處寡學，因艤駕南朔，求所謂豪傑之士，周之四國者。所見所聞，其象鞮之流，往往學此爲衣食計，無通識，無遠志。或有宿學清流，鋭意新學，然未肄西文，未履西域，未接西土，隔膜影響，如貧子説金，終無是處。蓋帖然概於心者，不過數人。顧聞馬君眉叔將十年矣，稱之者一，而謗之者百，殷殷願見，彌有歲年。今秋海上，忽獲合并，其晨夕飫言論者十餘日，然後霍然信中國之果有人也。世之謗君者勿論，其稱君者，亦以爲是嘗肄西文，履西域，接西土而已。之人也，自命使以來，可斗量也，吾有以窺君之所學。泰西格致之理，導源於希臘，政律之善，肇矩於羅馬。君之於西學也，鑒古以知今，察末以反本，因以識沿革遞嬗之理，通變盛强之原，以審中國受弱之所在。若以無厚入有間，其於治天下若燭照而數計也。

君書未獲見，所見者二種，《適可齋記言》《適可齋記行》，非君特撰之書也。然每發一論，動爲數十年以前談洋務者所不能言。每建一義，皆爲數十年以後治中國者所不能易。嗟夫！使向者而用其言，寧有今日！使今日而用其言，寧有將來！宋殤之於孔父，知而不用，《春秋》罪之。是或有天運焉，則更何惑乎謗君者之百其喙以吠聲也？吾請進一言，願君捐慮覃精，爲其所欲爲者，成一家之言，以詒天下。荀卿不云乎，鍥而不捨，金石可鏤。窮極必變，天之道矣。四萬萬之人，寧冥冥以淪胥歟？光緒二十二年九月十日，新會梁啓超謹叙。

—20. 皇朝蓄艾文編　卷七八　雜纂二

邱煒萲（1874—1941）

字叔元，號菽園，福建海澄（今龍海）人。光緒十九年（1893）舉人，曾參加公車上書。有《嘯虹生詩鈔》。

論中國不得享萬國公法之益

萬國屏中國於萬國公法之外者，何也？以其非大國歟？則全地球一千三百餘兆人，而中國得其三百餘兆矣；全地球分爲六大州土地，而中國又得亞西亞州最大之州之一大半矣。以其非文明之國歟？則四千餘年前已有歷法，紀元二千餘年前已有孔聖設教，早超出乎拉丁、埃及之上矣。然則其屏我於萬國公法之外者，則以我中國政刑之律，多不能從同也。西人知我之不能從同，又適遇我連番挫敗之餘，無不藉口要挾，乘機逼迫。統計道咸通商以來，其中受虧者不止一次，不在一端。

然其大較可得而言也，傳教與國事本不相關，有保護之例，無抑勒之爲。而各次約章，無不參人傳教一條矣。一國有利，各國均沾。此何爲者也？而中國獨忍受之。西人在中國無不均沾其利，而我華人之旅美、旅荷、旅法、旅班者，其得與有約章之治，同沾其利否耶？有海口則有領事，有村堡則有教堂。領事、教堂之所不及，則有游歷人員以遍布於吾内地。無論商事工事，重案細情，鬥毆吵鬧，皆惟各海口之領事是管。領事之上，復有公使；公使之權，可集兵輪；兵輪之外，租界民團、伏戎衷甲環如也。喧賓奪主，莫此爲甚。而華工之見逐於美者，不能以施諸我者而施諸彼也。華商之見凌於班者，不能以争諸我者而争諸彼也。漸至小民積怒成仇，希冀一快其敢剸刃於外人之腹者。拿辦之後，繼以賠償。賠償之餘，餌以口岸租界而且不足。去年德人占領膠州之事是已。

其有在中國犯事之外人，雖至理虧勢窮，領事、公使、戰艦、衷甲等等無所用其袒護，亦必百計千慮，旁見側出，以恫喝我，游説我，簧鼓我，恐嚇我。而我以刑律不同之故，亦不得不俯首下心，就其範圍，任其倒置而後已。此非無所見而云然也。往年英人美生私運軍火一案，其尤彰彰者也。至於我一言及欲設領事，則必多方阻撓，使不得行。即至事或垂成，亦必使之敗涣而始快，無論其他。即班國小吕宋埠，中國現欲設領事，微論其十餘次而卒無一次之成。香港近在肘腋之下，亦至今闃然焉。其已設者亦復見制於和約章程而不得享平等之利。

静坐無爲，學太上之老子吁其瘨也。以言税則，西貨人中口，務從其輕；中貨入西口，務從其重。以言商情，西人賴華人債，一經報窮，便可了事；華人欠西人債，雖至萬不得已，亦必已身繫獄，照會華官，封其家産，累其親朋而後已。此中之故，雖華官媚西過於奉承，亦寔由西人在中國約章所載權利太大之故。不觀厦門德商寶記寶昌轇轕之事乎？同安縣署所拘者若而人？厦防廳署所禁者若而人？首尾三年，至今未了。一船之瑣，越境勞官。此事若同在西國，將見伸理多時矣。推原其故，皆中國不變政刑，自吃其虧。苟一旦發憤爲雄，先變刑律與萬國等，即不必船堅炮利而已進於文明，外之與萬國同爲平等，内之則兆民之志氣可伸。馬首是瞻，東有啓明，導吾先路也夫！

—11. 皇朝經濟文編　卷六七　禮政一二　交涉附公法

丁福保（1874—1952）

字仲祜，號疇隱居士，江蘇無錫人。庠生，曾任京師大學堂算學教習，後因體弱多病學醫。有《疇隱居士學術史》。

算學書目提要例言

象數之學，肇自軒帝，降及近古，作者飆興，自遠西通涉，譯籍尤夥。縣闚其藩，茫無涯涘。今括取大端，次爲提要。由淺入深，引繁就簡，以示來者，容有當焉。

疇人箸述，門徑各異。演數説理，實分兩途。矧明理之書，不無誤會。求數之作，類多偶合。良由學力未邃，以致輕重失倫。余故辨厥妍媸，嚴爲去取。其有流傳已久，漫無精義者，雖甄録數種，不爲曲諱。至刊刻傳寫之異同，價值增損之始末，無關閎恉，概不贅述。

自子政校書，勘讎之學，踵事日增。矧古今算籍，尤少精槧。其有别風淮雨，雜出簡端者，特爲標出，以便後學。

趙宋以降，權輿評點，諸家刻集，間有師者。既醒眉目，尤便句讀。兹刻點句，一從其例。典籍分目，肇於七略；降及四庫，變通益善。然歸部之異同，分類之次第，聚訟紛紜，莫衷一是。今是書所輯，釐爲三類：曰中算類，曰西算類，曰中西算總類，以便學者之檢尋，不爲考據之瑣碎。如云某類宜先，某書宜後。目録家數，僕謝不敏。

算氏叢書，最便初學。一部之中，可該群籍。蒐殘存佚，厥功尤偉，故别爲一類，殿之後勁。凡叢書中最之最緊切者，另有提要，分次各類。

古人論纂，不録生存，杜標榜也。然箸述優劣，自有公論。一家私議，胡能殽亂？豈况近人述作，輘駕先民。心之所賞，詎能割愛。兹就所心折，著録於編。

劉勰有言：意翻空而易奇，詞徵實而難巧。算氏持論，其理亦然。是書所陳，悉以明確爲主，不以好奇爲尚。庶可謝彼虚談，徵兹實學。惟算數之理，皓首難窮。譬如吸波溟渤，而海水無涯。籌量恒河，而積沙無限。兹之所述，若太倉之一粟，昆侖之拳石耳。

是編創始於丁酉，畢業於己亥。華若溪師見之，斧落徵引，裨益宏多。蔣君留春、仲懷昆季匡諍啓發，亦復不少。附書於此。以志勿諼。

—20. 皇朝蓄艾文編　卷七六　算數三

麥孟華（1875—1915）

字孺博，一字汝博，號駕孟，廣東順德（今屬佛山）人。光緒十九年（1893）舉人，康有爲弟子，後在日本協助梁啓超辦《清議報》，曾任大同高等學校校長。有《商君評傳》《蜕庵詩詞》。

論中國變法必自官制始

問中國自强之道，其通人碩士，則莫不攘臂奮舌曰：變法哉！變法哉！麥孟華曰：中國變法，蓋三十年矣。興輪船，設電線，練海軍，創船政，開總署，派公使，開煤礦，勸紡織，習洋操，購鎗炮，設同文館、武備學堂，凡仿行西法，關涉洋務之事，不一而足，而不免於今日。吾子變法之説，其謂之何？彼則曰：吾今日變法之説，則有以異於他日。他日鐵路未開也，銀行未創也，銀幣未鑄也，礦務未闢也，製造未盛也，小輪未行也，郵政未立、學堂未設也，其類乎此之西法，一切未休行也。風氣一開，舉而措之，國不足强矣。麥孟華曰：疇昔之變法者，其心未嘗不如吾子之所言也，曰吾變此法，而即可以强吾國也，然而不免於今日。今子之法猶彼之法也，子之言猶彼之言也，後人之視吾子，其猶視彼也。今試問興一鐵路，而籌款購鐵，招股集工，畫定官路，釐正章程，刻期必成，材無呰窳，吏無中飽，工無廢輟，任此者誰也？創一銀行，而聯合户部，糾集商、民，部勒委員，令無奸僞，令無侵蝕，任此者誰也？鑄一銀圓，而成色無虧，重率無漏，抽提無缺，流通無窒，推行無阻，局費無濫，屬吏無偷，任此者誰也？辦一礦務，而延聘礦師，購辦機器，勘驗苗脉，鎔化子色，通便轉運，釐定税額，選才督辦，無濫私人，開采化鑄，實著成效，任此者誰也？建一製造小輪，而鑄鐵製械，無致偷減，派員督理，無令敷衍，出費領牌，無訛民商，任此者誰也？立一郵政，而勿訛郵費，勿誤急遞，勿付浮沈，領局者勿視爲利藪，督辦者勿諉爲公事，任此者誰也？設一學堂，而聘請教習，招集生徒，商略課程，籌撥經費，富藏圖書，試課執業，督訓獎勵，如誨子弟，任此者誰也？此外，一切紡紗織布、鐵廠商局，以及類此之西法一切當仿行者，其經營、監督，任此者誰也？

今夫海内有心人之所喁望，四萬萬生靈之所寄託，千百萬人新政之所由推行，則豈不在巍巍然乘軒食肉、待漏持版之官吏之手哉？夫以若此之重之事，而託之此輩官吏之手，其能舉與否，雖蒙崽騃豎，可一言而斷也。既不能舉矣，而猶日攘臂奮舌，曰吾變法！吾變法！其有以異於嚮者之所云者幾何矣？

然則中國之官，固皆闒冗無具矣乎？曰古者設官，以任事也。禮樂刑教、兵農工户，納言守土，分隸以職，專其責，久其任，厚其權，贍其身家，使無掣肘，使無内顧，故畢精亶力，事其事而事治。霸天下者，創於權臣藩鎮之禍，慮其專擅而拔扈也，則緐之副佐，以殺其勢；慮其盤踞而肆蹇也，則促之更調，以窘其力；慮其挾重柄、席貴勢以覬搏我也，則號令之、監督之，以翦其威；慮其侈縱不度，且官多而俸難給也，則薄糈賤禄以節其用。權勢絀，才力絀，財用絀，是驅其臣於爲惡之路矣。然其才智强權術巧不次之，擢餌其前不測之，威躡其後束縛而馳驟之，不敢不慄慄循職也，故畢精力事其事而事亦治。逮霸天下者之孫子馳驟亦既哆矣！然箝束既久，壓力日重，雖有才智，靡能自拔也。上者馴擾偃仰，煦沫文辺之中，其視官也如傳；下者奸詐賄墨，㬰垢無恥，其視官也如市。烏乎！豈古人必才桀狷潔，而今人必罷軟墨黷哉？則其制之不善也。

且夫賁育之勇，縛其手足則不能勝匹雛；倕輸之巧，錮其耳目則不能製一器。夫欲用人之耳目手足，乃先縛之錮之，使極之拘攣聾瞽，倉卒有急，則又號而求治，責才力聰智於拘攣聾瞽之人，是適裸壤而求龍章，趣聾俗而求韶濩也。且先王之任官也信之，後世之任官也疑之；先王之任官也用之，後世之任官也窘之。下亦習知上之疑我、上之窘我也，乃務爲安静之説，乃惰乃諉，乃陊視其朝廷，乃如粥肆、如路人。夫舉國而委之路人、粥物者之手，其不欺賣而利之幸矣，何望其能善其事哉？夫今日之官制，固明太祖操縱之術，而前代之弊政也。然閉關之世，濡沫太平，則奉行文書，按循資格，誠爲防弊攬權之權術。若夫强鄰環睒，事變百幻，而仍此縛錮之舊，則必互相牽掣，互相推諉，延宕張皇，一事不辦；且同此善政，西人行之而大效，中國行之而滋弊，壅隔侵蝕，卒至廢輟。夫變法而不正其本，是溉枝葉而求本之茂，瀓港汊而求水之清也。董生不云乎：爲政不調，甚者乃解而更張之，無百年不弊之法，前代美治至今猶敝，况勝朝數百年之秕政哉？强弱舉委，振墜通塞，其政極大，其事極緐，而靡不建始於官制。然剔舉朝之宿弊，藥十年之沈疴，條理萬端，非可一言竟也。請先究其病源，條其要旨，以此醫國，庶有瘳乎？

欲治病源，一曰汰冗。善矣夫！日本之變政也，芟除冗官，以知縣直隸國主，而親王之尊出爲知縣，弛其監制，使可自達，尊其權位，使可任事，上與君事，下與民親，故情通事舉，不二十年而國遂强。今以縣親民矣，而控以本府、控以監司、控以督撫，上謁長官如覲天帝，下規民事動輒掣肘。君與臣相隔絶，官與民相隔絶，大臣小臣又相隔絶，堂陛九級，廉誠遠地矣。然噎轇壅塞，上德何自宣，下情何自達？昔者周以百里封侯，直隸天子。漢以郡守領令，下逮小民。今吾壤地遼廓，縣令緐多，縱不能遠師成周，如日本之直隸，亦宜法漢良制，領以巡撫，崇其品秩，授以事權，庶幾尋功簡能，易於規督，專城撫字，不患控掣。漢宣帝曰："與我共治，其惟良二千石乎？"每拜守相，輒親見問，觀其所緐，質其所言，故循良最盛，遂以中興。唐太宗重親民之任，督守之名書於屏間，條其善惡，故州治率理，貞觀之治遂致太平。其親之也如彼。是以鍾離意、桓榮以尚書令、僕射出領郡守；虞延、鮑昱以郡守入躋三公，妙選人才，級秩崇簡，其重之若此。今雖監司之尊，奏牘不能上達，政治不能逮民，傀然中立，壅絶上下；至於縣令，則吏部銓選，上不知其名姓，參謁長吏，勞幾同於僕役，清流之士羞而不爲，尚欲以之求治哉？汰藩臬道府之冗員，除參見拜跪之縟節，人知自愛，吏能舉事，而後上可收用也。至夫卿寺冗閑，尤宜併汰。刑部掌刑矣而復設大理，禮部掌禮矣而復設鴻臚，六部重任矣而堂官六七，各無專事，潦倒冗枝，乃若閑曹。若夫宰相，則天子之元輔矣。古者三公之制，二伯處外，一相治内，任至重也；後世則移爲司徒、司馬、司空，而相有三矣；移爲中書、尚書，而三公具官矣；移爲同三品平章事，而三省虚設矣；移爲同平章事、參知機務、參預政事，而他官兼攝，宰相且存銜勅尾。今則大學士四人，加以協辦，然樞密之事，悉隸軍機，内閣之設，皆爲散秩。官制蕪敝，已傷國體。况舉一新政，則得而會議，得而阻撓，得而絆掣，是養虚冗之員以自擾也，小則虚糜國俸，大則諉掣朝政。若猶因循敝法，是猶渡江河而焚其維檝，固不待風波之險，中流而船必覆矣。

一曰專任。今夫一人專制，千室鳴絃，二人牽羊，則仆於道矣；一人規畫，則千門萬户頃刻立定，築於道旁，則三年而室不成矣。非一人謀之則智且才，衆人謀之則愚且闇也。其權不一，其見不合，其勢又相持而不下，始則牽掣，繼則推諉，終則傾軋，乃至智靡而才亦仆。故專制之法，失人則亂，得人則治；分任之治，失人亦亂，得人亦亂。專任之治，治一其功，亂專其責；分任之法，治則相軋，亂則相諉。是以先王之立官也，廣其僚屬而不佐以儲貳，所以專責成而一事權也。漢之三公，魏之九卿，沿而勿改。後魏之世始建少卿，以分九卿之職；隋煬之世始置侍郎，以貳尚書之權。遂乃控制紛轕，政事叢脞，官制之壞，垂及千年。今舍周漢之美法，襲魏隋之積弊，是游前車之覆軋而以爲坦途。且上患下之攬權而專事也，故一部之中堂官已六，復加管部，其權殺矣，其事分矣。而又慮其放惰無事也，於是他攝他部，一人之身兼差數四，一日到數署，奔走困頓，然每日到堂，拱立畫諾而已，其事不諳，其勢不逮，固不能治一事也。夫數人共一事，則必才屈而事敗；一人治數事，則才絀而事亦敗，孰與人事其事之爲愈乎？曰庶務緐擾，固非一人耳目才智所可周也。如是，則莫若議政行政分任其人。西國各部，長以一人，其有興革，議院集議其得失，然後下之各部，令其推行，故慮争周而集事速。今略仿其意，修虞帝闢門之典，復漢代議郎之制，精選通達中外之士集之内廷，熟審機宜，詳慮利弊，計議既定，下部施行，詢謀則群策無遺，措辦則一夫專制，既不患其攬權，復不憂其掣掣，數年之間，百廢具舉。舍良法而不行，徒爲懲羹吹虀之舉，嚮之所以窘人，乃適足以自窘而已。如此而欲求治安，雖堯舜不治。

一曰久任。安其土地，習其人民，諳其風俗，擾其人情，察其好惡，辨其土宜，衡其利害，規畫有年，然後可舉一事，然又非蚤行而莫效也。張綱振目，染濡滛浸，或行之數年而效，或行之十年而效，或行之數十年而後效。故吴祐之相膠東，九年而報績；杜詩之守南陽，十載而成化。若促其時日，數其更調，則雖皋繇司理，仲路治賦，龔遂、文翁之守郡，亦將束手俯頸，無以自見，况以之責效於俗吏哉？漢宣帝之言曰：守令，吏民之本，數變易則下不安，民知其將久而不可欺罔也，乃服從其教化。故漢世郡縣，皆久其任，其能異者褒以璽書，累秩九卿，終不易位；漢世循良，迭背相望，固由人才之盛，亦上之能竟其用也。後魏太和之世，始以六年爲限，後唐則促爲二十五月，宋世則定以三年。行之至今，復多攝署，變法急促，不及數月，方營一事，而忽調異郡，則它人嗣職，將變其前爲矣；方治一職，而檄權它郡，則五日京兆，以不習而諉陊矣。且鐵路未通，道途遼絶，之官之期，動逾時月，未及布置，又復它移，自非上聖，疇能過化哉？古之封建，分土子民，親愛國人，如治家事，故廢興墜舉，土闢民治，封建易而郡縣矣。惟久任之法，尚存封建之遺意。若遷移倉卒，官如驛舍過客，雖才，誰能治驛舍之事哉？難者曰：久據專城，勢將蹇肆。唐之藩鎮，其事已矣。曰：引線之差，視其起點；攝引之率，眎其重心。唐以武力之臣授之大郡，私握兵柄。世之子孫，重心已偏，故攝引不能及也。今治吏百里，兵權不屬，十餘年外即可遷調，雖有桀驁，何能專肆？且古之吏治也患其專，今之吏治也患其諉；古之吏治也患其擅，今之吏治也患其諉。制異勢殊，專擅誠非所患，今猶藉口唐藩，謂久任不如時易，則胡不引漢世前事而觀之也？

三者行矣，然佐理無人，則事猶墜而不舉，則猶格而不達也。西國新相登朝，則各部之長皆必更易，聽自選擇，用其所如，如身使臂，如臂使指，令下流水，不憂阻捍，是以意無不行，事無不舉。漢世三公，皆有曹掾，開閤辟士，妙簡英賢，故漢之公府，得人最盛。外之州郡，咸有僚屬，别駕、治中、功曹、主簿，皆州自辟除，通爲百石。王涣辟仇覽爲主簿，宗資署范滂爲功曹，周景延陳蕃爲别駕，成瑨除張牧爲賊曹，委心任政，用奏殊績。魏晋以降，猶沿斯制。北齊失政，佞幸侵官，州官始有勑用。然隋唐之世，判官、推官，雖待奏報，猶自辟名也。後世慮其延任私人，於是一命以上銓於吏部。内之閣部司員皆由掣籤，僅供主稿署押之用，非能資其毗贊也；外之縣丞佐雜皆由捐納，無非市井無賴之尤，非能益其輔佐也。智有不及，才有不能，獨立既不可爲矣，况文書數尺，高可隱身，成案積例，皆非諳悉，乃不能不委用於胥吏。胥吏固天下之猾蠹者也。詩曰：與師友處者治，與奴隸處者亡。所處皆無賴猾蠹，而猶欲以是求治，非左書而右息之哉？故爲今之計，當略師漢制，内之宰相、部官，外之督撫、縣令，聽其辟士，略置品級，幕府儲材，庶裨政治。若夫胥吏，則猶木之巨蠹也。夫一署之中，書吏數百，盤隔上下，抑遏冤苦，訛牽訟費，甚於狼虎，而又熟於成例，藉爲要挾，雖恫其害，莫敢誰何。蠹之不去，本必不茂。去蠹之法，是宜用士人以易之。蕭何之主刀筆，朱震之爲從事，繆彤之爲主簿，省署文書，督促簿役，皆用名賢以親其事，故上能匡揚清化，而下能抽達鬱滯也。州縣之官不習吏事，一舉一動仰息吏胥，吏胥因持其急而短長之，是所謂以羊牧狼也。唐世士人初登科及未仕者，皆就藩府辟置。金設主事，亦猶書吏，以下第舉人爲之師；師其意，以士人試而不第者爲吏，優其禮節，使可出身，其有能事擢爲部曹，上之所重，人自樂就。如此則上有僚屬之謀議，下資良吏之馳驅，牧民之官不勞而治矣。此之不爲，顧乃聽其噎蔽，任其蠹斃，不察病根，日責痛疾，豈不謬哉？豈不異哉？

若夫奔走百司，鼓舞豪傑，則資格固非所宜得士也。曰後來居上，汲黯諷其積薪；宋臣李沆，亦謂不用少年喜事之人，固非以資格爲治耶？曰資格之説，可治處常之天下，不可治應變之天下；可治一統之天下，不可治列國並立之天下。閉關蒙業，無需人才，一二老成，足供令使，年少魁桀，可老其才以遺孫子也。今日事變急矣，强鄰逼矣，遏抑既久，人才瘝瘝，厚貌以求、嫗言以號猶懼不應，朝拔其尤、暮委其政猶懼不逮，乃復限以品秩，投之閑散，一旦有急，其誰赴之？且夫舉大事、任大政、興大利，精督俶儻侃然不慴於衆議，則豈不以鋭氣可用，而才力足以任事乎哉？窘以科舉，屈以下僚，剉以奔走，劘以歲月。其壯年之雄材偉略，與鄉所謂精督俶儻不慴衆議之鋭氣，皆已摧獮蕩夷以至於盡。雖有魁磊耆碩，憂國如家，且將躓仆仕途，白首郎署，幸而躋預樞要，則已昏蔚頽耄，駑鈍不堪。

嗚呼！老其材而才乃敝，習之事而事乃墜，下固窘矣，上亦何所賴哉！且夫英后明辟，號稱能羅駕天子之英隽者，豈不以爵賞自我，足以驅役之而操縱之哉？漢武擢霍光、金日磾於僕虜之中，起衛青、霍去病於甿隸之下，委以國事，屬以兵權，用能翦勁匈奴，弼輔委裘之治。明太祖陟用不測，一言稱旨，立躋顯宦。蕭滋以貢生爲大學士，曾敏以監生爲尚書，故士皆銜國士之知，奮不顧身，以徇利禄。今爵禄未爲不尊榮也，神州靈淑魁才亦未爲乏絶也。然格以官階，平流而進，得邀崇秩，則曰致以日力，非上之特拔我也；得授達官，則曰得于成例，非上之能知我也。苟得老壽富貴，固所自有，誰復感激圖報，縻國士之身，以酬衆人之遇哉？

古者官階疏簡，數遷即可上至公卿，故漢之車千秋，起家大鴻臚，數月即爲丞相。後漢黃瓊，以議郎四遷而至司空。沿及明世，官階雖少，編檢三階可爲大學士，以言資格，猶未爲害也。今則官級多密，遷轉綦難，入爲翰林，數十遷乃躋卿貳，出爲縣令，數十年未階督撫，雖有曾、史之懿行，管、葛之奇才，猶將頫首資格，末由自達，而庸材下品，反以年日深久，灼然先用，此踸踔之士所以掉頭解體、穢朝廷而不顧者也。昔崔亮創爲停年之制，不問賢愚，斷以格限，人才淪敝，拓拔遂亡。夫魏之亡也如此，漢之興也如彼，由斯以談，果孰利而孰害、孰得而孰失矣？《詩》曰："周王壽考，遐不作人。"蘇軾曰："能用智名勇功之人則治。"故欲振國勢，必作人才；欲作人才，必破資格。聽其上書，試之行事，廣爲詢督，遍加抽擢，果有異能，立授大臣，如此則智名勇功之人有不縱萃輦轂、奮身而圖報者哉？才既得矣，而尚憂事之不治哉？以弱爲强，以危爲安，以亂爲治，一轉移間而才集事舉，夫亦何憚而久不爲也。

且上之明詔大號，睊睊眮眮，督誡其臣下曰：不曰潔己守法，無瞰我利，無侵漁我民乎哉？然而上以廉求，下以貪應，若是者何也？曰：與人以生者，乃可得人之死；贍人之家者，乃可得人之身。薄與厚求，非所以得廉潔於臣下也。中國官吏千數，夤緣爲奸，盤剥小民，苞苴昌盛，賄託餽遺，因恬而不知怪，逐利否耳，慮非顧行也；又其甚者，欺上而利之矣，侵蝕國帑，剋扣軍餉，粥缺謀差，較揣肥瘠，主上有急，因以爲利，可謂無行誼之最者也。然而沿習爲例，視若固然。其有佼佼自好、潔己奉公，則已眵眵盱盱，詫爲奇行，上自督撫，下至縣令，以墨敗者十常八九。若夫京官之炭敬，部員之印結，固昌言不諱，可公之大廷廣衆之中者也，雖號稱賢者亦固眵然受之，而莫之或非矣。然繩之國法、準以古義，爲污耶？爲潔耶？非古所謂簠簋不飭者耶？

嗚呼，捐廉棄恥，乃至於此。等此顱趾，等此視息，豈獨其獨異人哉？則上之道上者，非其理故也。古者勸士，首重重禄。圭田之制，詳於《孟子》；庶人之仕，禄足代耕，法至良也。漢世以石爲俸，厥有定制。宣帝用張敞、蕭望之之言，增天下吏俸十五，後漢建武復益官秩，故室家無累，人懷自勵之心。降及隋唐，制禄猶厚。宋世階品、官職、封勛、差遣，皆有俸禄，正俸職錢、公用職田之外，復有衣糧餐錢，而復制祠禄以佚老，厚恩賞以優賢。自秦以來，班禄最重，是以真、仁之世，名臣疊背，潔清治行，吏治循良。遞至有明，官俸乃薄，一品之禄未及百石，而本色折色實得無幾。始則以鈔折米，十貫而抵一石，則石俸乃僅二三十錢矣；成化間鈔已極賤，一貫僅值錢二三文。繼則以布折錢，匹布而抵二百貫，則石俸乃僅十四五錢矣。布一匹亦僅值二三百錢。制禄之薄，古所未有。管子曰："倉廩實而知禮節，衣食足而知榮辱。"身且不贍，而責以潔身守正，烏可得哉？我朝之興，因明敝制，大學士之貴，俸乃二百五十金、二百五斛米。家無九人之食，不及周之上農；禄無百石之入，不及漢之小吏。雍正七年，始更養廉，然中國之儀節縣縟，費用滋巨，長吏靡其傔役，下吏窘於供應，區區之數，未之足也。况夫慶典軍役輒有折扣，太倉紅粟朽不能食，名雖達官，實幾不給，以此而求其狷介，雖鞭策督前，斧鋸臨後，且不可得，而猥欲澄叙吏治哉！

西國之任官也，分職甚寡，給俸甚優，别與公費，以給應酬。土耳其燕敝之國，相臣月俸且一千八百磅，巡捕下吏工資亦月數十金。其有越理受賄，必與重懲。是以事無陋規，物無官價，人知自愛，恥犯贓污。驗之中外，稽之往古，是非其明效大驗耶？人情莫不念室家、顧妻子，毁家濟國，高節不可以責人也。上不與厚糈以贍其家，彼必私取於下以自奉。與其下取以賊民，孰若上與以勸吏？與其私取以敗公，孰若公與以禁私？惜此小費，滋此大患，未見其計之得也。量其缺分，重其糈秩，紓其窘急，厲其廉隅，則士必争自濯磨，約身赴治。若患國帑空虚，費無重出，則冗濫之員千數百計，汰其虚縻，併其額禄，一舉手而廪費已裕矣。語曰：正其本，萬事理。欲正本者，則盍於此加之意矣？

其本正矣，然不清其流，仕途猶雜。清流之道，厥有二端：曰停捐納，曰嚴保舉。古者國有大慶，賜民爵級，與民同樂，非利之也。晁錯始爲納粟拜爵之説，謂爵爲上擅，出口無窮，捐納之風，遂爲（嗃）［嚆］矢。名器烏可以假人哉？然但與虚爵，未之或病也。桓靈之世，粥及實官，吏治秕稗，遂屋漢社，是固敝政失德，足以亡人之家國者矣。而議者動曰權宜之計，於是操奇計贏，易朝爲市，始則止粥虚銜也，浸而粥及實缺矣，浸而粥及監司矣，浸而粥及科名矣。臧僕亡命、市儈無賴之人，皆得出其贏餘，綰符紆組揚然與一士大夫齒。出粟内錢，乘傳行郡，此賈子所謂無行之尤者也。人習知夫綰符紆組者，一旦我亦可以得此也，於是夷然官吏，於是輕量朝廷，於是輕賤功名，而污其爵禄。爵不足勸，吏不足治，如是尚可爲國哉？况夫清流之士羞與噲伍，咸自引匿，不任國事，而民生大計與夫興利除弊之新政，遂皆託之亡命無賴之手。

嗚呼！幾何而不爲漢季之續也！且捐納之説固謂資其款項，上濟國用也。元世捐一縣丞衡猶需十五萬石，仍此貴重，猶有所得。今則爛羊侯尉，其賤如狗，捐一監司未及萬金，其於國用無裨萬一。夫行此敝政，雖厚得重獲，已壞朝事而傷國體，况坐受大害而博此百數十萬之數哉？中國地廣壤腴，物産二十六萬，礦産之富冠絶地球，誠能開礦墾荒、種植畜牧，國用百倍猶有餘裕，顧乃棄此大利，蹈此敝舉，是固不可解也，無策甚矣！至若以人事君，固人臣之公義，古今之盛事也。叔牙舉管仲爲上卿，蕭何薦曹參爲丞相，齊遂以霸，漢遂以安。今之保舉，乃爲弊藪，非循故例，則延攬其私人，巧宦鑽營，真才沉抑，故疆臣大吏，歲有薦剡，然姓氏累牘，未嘗有一奇才也。甚或得以諛媚，謀以賄賂，自非數者，莫得上聞，上欺君上，中敗官，下鬱鬱士氣。真有覺識，具有天性，顧乃謀人家國，若斯之奸謬哉！今天下未爲乏才也，屬官治内聞見未爲逖絶也。是宜嚴責大臣，妙簡英俊，各舉所知，推薦非人，坐其舉主，汰康瓠而顯寶鼎，退駑蹇而致絶足，庶幾爵賞無濫，而國家可得用才之效也。事至易行，效至易睹，而猶怯於更易，是珍饈當前憚於舉箸，而日號以求療飢之術，烏可得哉？

數者具舉，宏綱畢張，鬱噎以通，牽制以除，才幹以展，蕪雜以清，魁傑以達，大數得矣。然既革宿弊，宜增善制。善制之要，首曰商部。中國洋貨内流，歲漏千萬，工藝呰梏，上不過問。茶絲美利，日以寖衰。西國商務立爲專部，商會力有不逮，則國家助其推行，專意經營，故能墟印度而弱我中國。今宜别立一部，掌以專官，合衆講求，助命推布，庶能振我絶業，塞其漏卮。二曰農部。西國民有農會，國有農部，擇種督土、灌培播刈皆用新法，國家督之，農官考之，蠶務公會究其飼養，驗其瘟病，以至種植畜牧，皆掌之農部以善其事。故歐洲農田所植，歲計一萬一千九百三十兆兩，英人棉花之税，歲入一千二百萬磅，俄人西伯利亞種樹之利，歲數百萬兩，而美人養蜂之入，且敵舊金山之金礦。有農部以督核之，故利盡而事舉也。中國沃壤，以歐洲新法所產推之，每縣可增銀七十五萬，誠能特立專部，訓民務農，講究新法，不及十年，富甲諸國矣，豈患貧哉？三曰學部。西國大小學校、諸學學堂遍於國内，立部司之，識字之民十得八九，著書之數歲乃二萬。中國人寡讀書，獷若苗傜，識字之數百不得十，非之智於西而愚於中也，上不設學校以開其智也。多立學堂，别創學部，專官任事，重其責成，如是而民智不開殆未有也。

若此者增減得宜，利舉弊革，立法美善，中人之性可以賢，中人之質可以智，中人之力可以才。以行新政，何政不舉？以興新法，何法不張？而顧鰓鰓焉慮其事不治哉？曰其事重大，匪易任也。曰變法之本，舍是末由。日本之强，實基於此。語曰："非常之原，黎民懼焉；藺罷不振，怖爲河漢。"有其舉之，易亦反掌，若猶懾其艱鉅，憚於革易，而顧仿行一二西法，委任一二西人，貿然自以爲得計，何怪其一利未見，萬弊叢集，千瘡萬孔，反贈守舊者以藉口哉？

—8. 皇朝經世文三編　卷一八　治體六　變法下

長　庚（？—1916）

伊爾根覺羅氏，滿洲正黄旗人。以縣丞保知縣，光緒六年（1880）授巴彦岱領隊大臣。謚恭厚。

釋　熱

熱之爲物也，無聲無臭，而其用至廣。有從日而來者，有由火而生者，有因二物擦磨而出者。其從日而來者，與光直來，歷程萬萬里；由火而生者，其熱有光，與從日來者無異。地受太陽照臨，熱氣甚盛。地心積熱，如大爐焉。地震即地中烈火所致。烈火發於火餤山，如地心之火爐煙囱，故常地中火出。至人身之熱則無光，人之覺暖也，由體内自有之熱，非衣足以暖體也。衣以蔽體，使内熱不速外散耳。二物擦磨而生熱，亦有無光者，如以兩滑棍相磨，祇覺其熱而已。如木機器，兩端擦磨，熱甚則生火。二木棍互相摩擊，亦有火生。熱能四散，如執一鐵條，置彼端在火，俄而此端覺熱，因傳熱速也。如二物相連，熱能由此達彼。設有二物，一熱一冷，互相依近，少頃，二物冷熱等矣。熱之傳也，視各物質以爲遲速。鐵傳熱最易，試持鐵條置一端於火，熱即傳至彼端。若爲木條，傳熱必不若此之易也。蓋木難傳熱，彼端然火，此端尚不覺其熱耳。熱能令物漲大，如火輪車之鐵軌，兩軌相接處必留空隙，防其因熱鐵漲也。車輪安置鐵圈，必先炙其鐵，鐵熱則漲，安之甚易，然後沃以水，鐵圈縮緊，輪自堅固，即此理也。熱能發舒天氣，氣熱則漲，漲則輕，輕則上升。而他處之氣較冷較重，即向此處吹聚，以補其空缺，所以天氣時常鼓蕩也。設嚴扃一暗室，僅開一隙，放光射入，窺光線中見天氣飛騰，或上或下，是知氣遇熱則升。他處之氣吹來，此氣之流行無滯也。風之起也，職是故耳。海涯晚風之凉爽也，因當晝地受日熱，熱甚則氣升，清氣吹來，故成海風也。熱氣恒輕於冷氣，以氣遇熱則漲，而氣之質並無所加。祇覺愈漲愈稀，愈稀愈輕。氣遇冷則縮，而氣之質並無所減，祇覺愈縮愈稠，愈稠愈重也。水與流質遇熱則漲而薄，熱甚流質即化氣，如水熱則化爲蒸汽，實質遇熱亦漲，惟不若氣與水之甚耳。熱之大者，由日而生，使世界無此熱氣，則庶物不育，草木不生。熱之爲用大矣哉！

—16. 皇朝經世文編五集　卷一四　解釋

康同薇（1879—1974）

字文僩，號薇君，康有爲長女，廣東南海（今屬佛山）人。創辦《女學報》，有《風俗制度考》。

論中國之衰由於士氣不振

重矣哉，士之於國也！强弱係焉，興廢係焉，教化係焉，風俗係焉。不知先王之道，不窮天人之化。不明政治之故，不達諸教之理，不審諸國之勢，不究物理之微，不諳古今之變者，非士也。睹奸兇亂國，王室凌遲，兆庶塗炭，四鄰交逼，上下窮困，賊盗迭起，社稷將亡，而不疾首痛心、握腕痛哭思振之者，非士也。睹聖教式微，禮樂廢壞，外教紛布，内民託庇，人之視我爲野番，以我爲無教，而不深引愧恥、痛自激勵思捄之者，尤非士也。若夫士則仰觀造化，俯察宗教，綜覽今古，横審中外，以聖人之學，治天生之民。故國家隆替，視士氣之昌微；奸佞乘權，因士氣之衰靡。蓋士之是非，衆所繩准也，豈不重哉！

夫歷往古觀來今，興廢之迹，得失之端，未有不由是者。《詩》曰："濟濟多士，文王以寧。"此文王以多士而興者也。逮乎始皇暴虐，畏士清議，乃禁《詩》《書》，坑儒士，禁偶語，愚黔首。而人士之口卒不可塞，民庶之怨因日以殷。不終二世而亡其天下。東漢桓、靈，以庸弱之姿，信讒邪之寺，鈔錮賢人，害殺良士，漢社遂虚。宋之元祐、慶元，明之東林、復社，士氣抑塞，國運朽敗。此古用士不用士之效也。

夫才者國之基也，士者才之宅也。士盛則其國强，士寡則其國殃。近徵外國，莫不皆然。美、英、德、日，今號强盛之國也。然英、日，三島之地也；德，三十餘小國之一也；比利時，萬餘方里之小也，崛然興，屹然盛，左强鄰，右雄敵，未敢片言侵犯，豈非能自振則弱小不可輕哉！土耳其、波斯、印度、中國，古稱文明之都也。土耳其屏藩内叛，國權外失，六大國欲分之久矣。印度已隸于英矣，波斯已屬于俄矣，中國且有瓜分之説矣，豈非不能自振，則廣大不足恃哉！夫美以士立，日以士强，豈非士之可貴哉！

中國頽弱廢病不振者久矣。甲午之役，以堂堂四千餘萬方里之國，挫于區區三島之衆，失東藩，割臺灣，賞巨金，開商埔，盟城下，立自縛之約，失百世之威，傾吾民之膏液，戕吾民之財命，使天下之民撟口咋舌，震驚悚駭者何歟？夫日本戊辰以前，危困之狀與今日中國等耳。自天智至孝明千餘載，外戚擅權，王綱解紐。奉承鴻緒者，盡皆籐原氏甥；叙位朝廷者，無非籐原氏之族。宗室削弱，兆庶無告，賄賂遍於朝廷，田園布於天下。而諸國吏治廢弛，叛亡蜂起，令宰逃職，豪武牧居。原、平二氏起自武功，奪籐原，履故迹，專横之行日進不衰，威福之狀有加無已。德川家康、豐臣氏之雄藩也，以權詐陰險之行，坐持政柄二百有餘年矣。自昔籐原柄政，相家執權，保平亂國，武門專肆，大政移于關白，全權歸于幕府將軍，以世君如贅旒。自公卿迄輿隸，各分采邑，以贍家族。臣，將軍之臣；民，將軍之民。積弱相安，不知有君。此我中國從古所無，即魏晋盗竊亦未嘗如此之久而甚也。當此之時，内則抑壓其民，苛賦重斂，公七民三。富商豪農，别有編派。間或罹罪，律無定式。畸輕畸重，唯刑吏之意。含冤茹苦，無可訴之門。越分上請，扳軒泣訴，奏牘未上，刀鋸已加，瞻仰君門，如天如神。積威力劫，壓制已極。此又中國之所無也。外則德、美、俄、法、奥、荷見逼，鯨吞虎視，肆其雄略之威，弱肉强食，任彼膏腴之取。幕府則胆如鼷小，識似猶卑，畏難苟安，唯命是聽。索償鉅金，無勿予也；要闢口岸，無勿從也。立約勿敢過問也，曲直勿敢與判也。敬其敵，虐其赤，取容一時，偷安瞬息，不知傾覆之近在旦夕。此中國之同病，可爲痛息者也。

德川晚好儒，建孔子廟，講程朱學，由是士知君臣之義，民有勤王之心。儒生源光國箸書，首倡尊王之義；藩主齊昭立説，主持攘彝之議，激動人心，感發士氣。度邊華等譯西書，新并君美傅雅蘭學。山縣昌貞、高山正之、蒲生秀實等或著書寓意，或泣哭動人，或演説勸化，或面折權貴，或刺主和之臣，或襲外國之使。其生徒故吏，星繁雲衆，發激甚多，傾動天下。故處士横議沸盈，如風雷之相應，乃至潛交公卿，密連大藩，以抗幕府。于是，公卿藩侯多至主攘彝之説，然尊攘之士褫官者十七人。幕府方且厲其威稜，大索嚴錮，而人心益横，士氣益張，伏蕭斧，觸密網，至不可勝。數前者駢戮，後者輩起，一往不顧，視死如歸。用能使公卿悚變，幕府危懼，革八十國封建之積勢，收千餘年已墜之神柄。使神武墜緒亡而復存，明治維新肇有端略，皆諸士之功也。于是，日本維新政治，更正條約，頒定憲以張國治法，開國會以伸民氣。變政僅二十餘年，而挫割四千餘萬方里、四百餘兆人民之中國，威振海外，名振英法。推原所自，豈非士氣之振致之哉！

夫日本之士，得中國學術之緒餘而若此，我中國之士，受數千年之聖教師傳未失而若彼，豈不異哉！嘗獨居深念，窮思其故：豈船不堅、礮不利，無以助强歟？土地僻小，不足自立，物産薄劣，不足自供，無以致富歟？草昧不闢，無教之國，無以稱文明歟？則皆非也。士氣之不振也，苟安幸免，心私志散，以釀成此不痛不癢世界耳。推吾中國之士之意，豈不曰：勢之强弱，國運也；事之成敗，朝臣也。素位而行，吾何預於國？國寧賴於吾哉？

夫胚三王，孕五帝，聰秀開敏，翹然而首於齊民者，士也。孔子一布衣耳，車馬栖栖，斯人是與；伊尹一耕夫耳，先覺自任，溝中已溺。彼二聖者，夫非猶是區區之士邪？昔郅惲投竿，范滂攬轡，東撤上書，東林攘臂，請朝太上則帝車可牽，廷議大禮則宫門可挽。匹夫抗憤，嬈直斯行，亦寧非中國之士邪？雖然，中國士氣之不振，抑有故焉。漢初，道雜黄老，亂真發黜之始，痼毒既劇。逮及晋世，崇尚釋道，清談之誤，因以亡國。有唐繼起，士節掃地，奔走權門，恬不爲怪。宋儒獨善，自謀既優，流風所暢，爲害亦烈。自明迄今，士習之弊亦有數端。貞逸自高者，則絶世離群，山林深密也；風流自命者，則沈酣詩酒，馳逐聲歌也；迂闊遠事者，則委於國運，安於朝廷也。考據之家，則禽、魚、草、木，嚼之愈甘，賈、馬、杜、鄭，旋其胁下。尤其下者，皓首詞章，終老帖括，舉凡民生之疾苦，郡國之利病，種族之存亡，宗教之興替，不啻楚弓得失，渺不相關。

嗚呼！以此言士，士氣可知；以此求士，士才可數；以此厲士，士節可想矣。此中國所以變法數十年而不强也。更有無賴學子，於中國之學懵然未嘗問津，於是彝其語，西其服，壓人以氣，大於夜郎，而英、法之文率未上口，格致之學猶未窺徑，獵其皮毛，失其竅要，其爲士者，又何如矣！此中國所以變法數十年而益弱也。即有一二志士，熱血捄世，合大群，倡實學，修聖道，攘除恥辱，整理天下，乃大心未就，而謡諑旋加，鋭氣而前，無聊而返，豈不痛哉！觀鄰火而閉門隱避者，灾必自及；睹里貧而厚藏自備者，盗必横侵。獨不見印度乎？隸英六十餘年，而議院不有印人之迹也。非我族類，其心必異。種類之辨，西人最嚴。彼誠奚愛于我哉！若夫安其故常，絶無振作，好虚誕，遠實學，賤農工，惡商賈，善藏畏事，圖自私自利之計，就縛制藝，無利民便國之事，甘心爲印人之續，俯首就奴隸之賤，殷鑒不遠，竊爲天下賢士傷之！

夫天下事，顧亦人爲之耳。公車上書，激動全國；强學立會，開發天下，士氣一振，群然景從，已然之效也。《春秋》之義，責備賢者，反不討賊，趙盾等于弑君，隣國不救，齊桓引爲大恥。以此律之，則中國弱危之弊，不能無咎于士君子也。若夫斗筲之量，無識之人，斯固無與于責焉矣。夫天下之士氣，乃心王事，日、美之所以興隆也；士與國離，自私自利，波斯、土耳其、印度之所以衰頹也。寧孰樂焉？吾也漆室抱憂，投梭而起杞人之念，益用拳拳，天下士其同此衷否耶？

—9. 皇朝經世文新編　卷三　通論下

副编

辦理交涉以膽識才辯爲先論　黄潤章

春秋時，列國兵争，群雄蜂起，賴二三有才辯之臣通使其間，以息戰伐而全民命，於是向戌弭兵，端木通騎，莫不爲諸侯所倚重。至漢，而北患匈奴，西結月氏，遂致數萬里外，使節不絶於道，而博望侯張騫、典属國蘇武，嘖嘖人口焉。此使才辦理各國之事，所以見重於世也。况今中國，自道光年間許泰西各國通商，大開海禁，互相往來。統計其國，曰英，曰法，曰俄，曰美，曰德，曰普，曰義，曰奥，曰丹，曰日本，其餘小國均附焉。於是創設總理衙門，兼設南北洋大臣，又有出使大臣，他若隨員、繙譯、領事等官，以辦理交涉事宜。况取法西學，一切礦局、電局、船政局、製造局，無不以精通洋務之才充當其任，而洋務遂紛紛起焉。蓋數十年，西洋各國惟英法與中國最多齟齬，一二强邦迭起乘之，事機愈棘。至於華民在外洋者愈衆，教堂在内地者愈多，創立西法愈廣，則辦理洋務之才愈亟，故内而總署，外而督撫，各大憲總理洋務，耳目難周，不得不選派人員以充洋務之任。夫洋務豈輕視哉？前者，中國人員未諳洋務，每立條約，受洋人之欺飾，枝節横生，實由於此；每購軍器，受洋人之朦蔽，物賤價昂，即設局創辦，半途遽廢，辦理無人，至今悔之已不及矣。兹承垂詢，洋務人員以何者爲稱職。竊謂辦理洋務者，一在外洋，一在中國。原其要，惟改士科、變仕途。凡辦理洋務人員，莫不由此而稱職焉。

曷言乎在外洋也？自駐洋使臣而外，名爲隨員、參贊、領事諸員，有由翰林出身者半，有由繙譯出身者半，有由大憲保舉者半。凡擅長詞章，不過紀外洋之風俗人情、道里城郭，以誇耀於中華，而深究其政治之若何，得失茫然也；即有一二人員用心西學，日與洋官相洽合，亦不過略知其言語，略知其文字，略知其機器，每滿任回華，詡詡然自命爲洋務中人，究其泰西各國之實學，仍茫然也。所謂稱職者安在哉？蓋隨員、參贊爲使臣之羽翼，凡呈國書，赴讌會，不卑不亢，攝以威儀，猶其淺焉者也。必先求其熟悉繙譯，善於鈎矩，應對便利，機變不測，善能逐事會心，足以探外洋虚實强弱之實在情形而毫釐不爽。領事爲使臣保護商民分理而設，有新嘉坡領事，有舊金山總領事，有紐約領事，有古巴總領事，有馬丹薩領事，有嘉里約領事，有長崎、横濱、神户三領事，有箱館副領事。凡領事隨所見聞與外洋地方官商辦，即駐洋使臣亦以領事所報爲憑，方可與外部辯論，以决是非。領事一官，若徒以驗民船、稽民數，此具文也。蓋辦理外洋事務，一以振商務，一以安民業。總計華民之在外洋者，或爲通商，或傭傭工，或爲種植，或爲開礦，不下三百餘萬人，皆以領事轄之，而以使臣總任其事，亦以隨員、參贊分任其事。其辦理商務也，創製外洋各埠公司船，但西人貨税本重於華關所徵，况華貨進口任意加徵，如前招商局和衆輪船是也，而不知洋貨進口税，先與洋人訂立税則，即可以此例彼，華貨進彼口岸，亦應减重就輕；并應仿《通商章程》第二款，凡中國金銀首飾，各種器皿，衣服行李，烟葉藥料，酒燭柴炭，茶食魚菜，糖菓麵餅，到外洋通商埠頭，一概照中國例免税，雖洋官不無梗議，然必據理以斷，有以閉其口而奪其氣。果能洋官允從，則洋貨税輕，獲利乃厚，不特海外華商以恢生計，亦且土貨旺銷，内地之民生因此而稍裕；又恐華商公私不齊，自相傾軋，必待洋務人員爲之合力維持，相機辦理，不能預爲臆斷，則外洋商人日有起色，胥藉此也。其辦理民業也，聞各國洋人皆有薄待華人之意，或禁止華工，或焚殺華民，或迫入爲奴，或歲收身價，凡一切任意苛政，不願中國設領事者，美國爲最，荷、日次之，英、法又次之。此丁提督巡洋如新嘉坡各島，華商因被土人欺凌剥削，無不環訴哀求。擬請各設副領事一員，即薛星使有添設南洋各島領事一疏，爲華民起見，是以選派人員宜何如相機籌辦，以安海外數百萬生靈。雖洋人性情堅韌，每多一事必多波折，然必援公法以争之，不憚筆舌之繁，不參游移之見，不紊緩急之序，致使洋官無可置喙，土人不敢侵侮矣。此皆在外洋人員辦理洋務之稱職也。

曷言乎在中國也？自中國與泰西立約之初，中國人員每不識洋務，受損實多。即洋藥而論，爲生民之毒物，各國所不容入口，無如中國立約，遽許洋人販入，載在約中。知中國貧弱之形，實始於此。況洋藥在孟買出口，每箱徵銀六十鎊，中國出口茶税，每箱僅徵每百圓之七五，不上一成，至英國入口所徵，不下四五成。更有英民有犯事者，皆由英國懲辦；中國人欺凌擾害英民，皆由中國地方官自行懲辦。若是，則洋人與華人同一犯事，而中國之罪重，泰西之罪輕，其利害可知矣。至於每歲購辦船炮人員，視爲優差，若何而船堅，若何而炮利，竟茫然也，惟知私飽宦囊，以賤報貴。又其次者，如船政製造各局司事，濫竽者不知幾人，甚至每月給二十餘兩銀而尸位以待，亦不知幾人。又其次之又次者，招股開礦，往往誤僱礦師，虛縻歲月，礦未開而銀皆烏有，礦即開而潰敗半途，以致鉅富破家、錢庄閉市者，不可勝計。孰爲爲之，孰令致之？蓋辦理礦務人員，試問其鍊礦石幾斤，出銅鐵幾斤，則貿然不知也。所謂辦理礦務人員者，未免有慚色矣。夫辦理洋務不勝枚舉，擇其大者而言，不外富國强兵之計。一曰辦理鐵路。蓋鐵路以勘路爲第一關鍵，必須精於輿地之學，深諳測量之術，凡山川險易，道路平陂，無不了然胸中，方能勘定合法之地；一切過山渡河，皆須測準而繪有平剖面圖，圖中注明每里高若干尺，地圖既明，則造路之全局在胸矣。又以估工估料，工則以築路、硪地、開山、砌洞、鋪軌爲大宗，而停車之廠、渡河之橋次之；料則以鐵軌、墊木、碎石爲大宗，而汽車、客車、貨車，又日用之煤、中途之棧次之。工程估定，則造路有把握矣。此爲辦理鐵路人員之稱職也。一曰礦務。中國爲財賦奥區，雲南産銅，山西産鐵，湖北、江西、湖南産錫，齊魯、荆襄産鉛，臺灣産硝，以及伊犁淘金，和闐采玉，礦産之富誠爲五大洲所未有。凡查礦之法，以土色定層次，石質分原雜。既分之後，抑知何石含金，何石含銀，何石含銅、含鐵、含鉛、硫、鋇、錫等質，成色分剖，絲毫不爽，且鑽深礦層，試其厚薄寬窄，依法推算，而知礦藏幾何，以汽機之馬力若干者而合用礦夫幾何，以每日出礦若干者而核計成本幾何，即使礦師謬指某處産金銀，某處産煤鐵，任意高談，聽之者無不受其愚，然有精於礦務人員者往查其實，力辯其非，不至如前誤聽礦師，一敗塗地。此誠辦理礦務人員之稱職也。一曰軍械。自西人崇尚武備，精益求精，中國每年購辦軍器不下數千萬金，無如泰西槍炮月異日新，而中國往往購辦之時半成舊式，其如耗費金銀何？蓋辦理軍械人員未諳製造之法，何怪其受西人欺飾也。若能購求器械，如臺炮略重無妨，即英之亞吾士郎之炮，似已足用；如船炮非輕則船不能勝，即德之克虜伯廠爲最宜，要皆以身長擊遠爲貴；如行營諸炮即克虜伯車炮之六生特、七生特半口徑者，八生特口徑者，北方南方平原皆合用，分截行營，鋼炮利於踰山行遠，田雞炮利於憑城據嶺夾岸擊船；如各種後膛鎗，單響者以德之毛瑟爲最，連響者以美之五響黎意槍爲最；

如各種水雷，以魚雷最爲猛烈，一物而兼船、炮、雷三者之用。如果悉心考校，剖别精粗，此誠辦理軍械人員之稱職也。

曷言乎改士科，變仕途也？自文科以文章取士，故中國文人其所知所能者，不過時文試帖而已。吁！時文試帖果能經文緯武、安内攘外乎？一旦厠仕途，辦洋務，幾如朦瞽，安望有裨時局哉。自武科以弓石取人，凡糾糾武夫，其所擅長操强弓、舞刀而已，然試思槍炮用事之世，而猶欲重挽强命中之才，殆欲恃刀石弓矢禦水雷鐵甲乎？宜西人傳爲口實也。以是知中國積習難除，所習皆非所用。至於濫職京員不屑談及洋務，凡辦理洋務者目爲用夷變夏之人，迨濯任封疆，恍然於近今時勢與昔迥殊，竊嘆洋務之不可不講求也，然已晚矣。况一官有一官之令，雖前任大員極意經營，意良法美，然有後任者每更易之，前後異轍，此華人所以辦事鮮精也。若不稍變成法，於洋務開用人之道，使人人皆能通曉，將來即有萬全之策，數十年後，主持乏人，亦必名存實亡，漸漸頽廢。然則爲今計，莫若破除舊例，凡供職京都者，考試差及翰詹科道，大考時試以洋務策題，通達時勢、條對詳明者，不次超遷，雖紙上空談，坐而言未必能起而行，然專心於時務之中，以博取人間富貴，其稱職可立而致也。歲科鄉會試，八股縱不能盡廢，亦當有以減其途，宜於沿海七省之中，誠能減文額之半，以取别途，專考天文、輿地、兵法及水火電重氣光聲化礦醫等學，首篇繕寫華文，次篇繕寫西文，其有西文通而華文不通，如前之出洋學生，不過爲海關添一通事，爲洋行添一買辦，庸有益於中國乎？其有通華文而不通西文，但知潛心帖括，識見拘墟，行爲迂謬，是腐儒也，皆不得與試。惟二者兼之，方準入試，名爲特科。其有獨出心裁，能造各種機器物件者，准其隨場呈驗，并許指明所長何藝，以憑先期報名，命題考試，俾天下人民知功令所在，不得不用心而學，爲邀榮希寵之謀，一旦脱穎而出，安知無精通洋務之人才哉？其稱職固不待言矣。武科首場改試洋槍，次場試以槍炮，三場試以測量繪圖，既中甲科，即投入水陸各營，隨營操演，以壯其胆識。如果材藝俱優者給以品級，他日臨陣邊疆，胸有把握，其稱職又可以知矣。仕途以專而愈精，久而愈疏，凡省中有交涉外洋之事，即以明白洋務者倚任之，終身不出洋務差使。其先爲洋務人員者，專司繙譯，繼授海疆州縣，繼授海關監督，内陞總理衙門差使。每擢任之時，一切刑名錢穀皆置之不問，另以委員幫辦，致使辦理洋務者精神專注，叢脞無虞，不致視官爲傳舍，而百廢具舉矣。其稱職更當何如耶？庶幾功令變而真出才，上有好者，下必其況。中國地廣人稠，若奮其才力心思，超軼四國何難哉！二十年之外，中國辦理洋務人員，其稱職當不可縷述矣。此中國今日之天下，一大轉機之天下也，其在斯時哉！

—8. 皇朝經世文三編　卷一九　治體七　臣職

備夷策　歐陽柄榮

自海禁宏開，而夷舶輻凑，實古今一大變局。魏源《籌海》三策四論，止是道光間情事。左侯相《序》謂其“所設方略，非盡可行，而大端不能加”，洵篤論也。况今視咸同間又變，視光緒初亦稍變矣。爰就管見，聊攄末議，魏志已及，不詳述焉。

昔之備夷，專在海口、内河，今則兼在邊境、藩屬。英人烟臺議約，闌入准其探藏路一條，非僅注意藏地，蓋欲開道滇蜀，爲陸路通商捷徑。法之取越，猶英志也。乃英則番民亦能阻止，法則兵力亦難捍禦，雖其驕橫過英，亦由中樞大臣爲積威之所劫耳。今法聲言欲據福州，蓋即英人道光末年聲言直搗阿瓦故智。倘亦如緬被其恫喝，非特難望普魯士，亦且有愧馬達加斯加矣。竊計法兵艦不過廿餘艘，法兵士不滿五千人，就令實欲一戰，無論不勝，普與英、俄必乘其弊，即使倖勝，洋人既守局外，漢奸亦絶勾通，彼之軍火、炭米、淡水、馬匹，亦難接濟。我果奮然一戰，無論主客、勞逸、衆寡、順逆，大相懸絶，可卜必勝。即或不勝，法之疆不過佛貍，今之政豈亞元嘉？彼徒得一臧質，尚不使虜馬飲江，此有檀道濟數人，何至牽動全局？且法之不難敵亦明矣。劉團義旅數千，卒能覆軍戮將。今之率土同憤，十倍劉團，法之出於聲與形，而不出於實，正畏此也。英、俄各國，胥視此爲進退。苟又不戰而和，三年內外，英必過獨吉嶺，俄必過興安嶺，高、暹、緬、藏諸藩必難全矣。中樞不允賠費，計誠是也，而終不肯戰者，非以戰之難保必勝乎？不知事無全利，亦無全害。李密惟違柴孝和而駐東都，故易勝爲敗；莊宗惟聽郭崇韜而襲汴京，故轉亡爲存。自古英雄舉事，以多顧慮而至敗亡，不可勝數。苟非倜儻無前，若小太宗未有能行度外之事，奏非常之功者也。乘機會而息後患，惟在斷與不斷耳。

備夷近策有八，遠策有四：一曰辦團以壯聲援。踵保甲成局，著實行之，雖不能捍外寇，實可以靖內奸。至於漁團，其益尤大。二曰築塢以護炮台。勿蹈道光間虎門、厦門、定海、上海、寶山覆轍。三曰掘地洞以避開花炮。炮然則入洞以避，炮止則出洞以禦夷，炮雖多且利，亦難驟進。四曰結劉團以復東北圻。越南故所失地，劉團能復，即以予之，並許竭力援應。劉團不亡，非徒兩圻難爲法有，西貢海防商務必多妨礙。捐虚名而收實效，此類是也。以視自爲守禦，難易顯然。五曰募善泅膽勇以便用奇。鄧廷楨於南澳，梁體群於粤東，某委員於乍浦，其明效也。六曰製平原戰車以備陸戰。天津地勢平坦，陸路尤難堵禦。夷人行軍慣用小舟渡軍登岸，倘用林則徐剿青海番時所製陸戰炮車教習車戰，津防尤可無虞。七曰習用炮測量法，以期必中。勿專用丁監生舊式，宜兼仿歐洲人新製。八曰講攻擊海船法，以期必破。鄧廷楨、林則徐皆著成效。今船雖堅於昔，苟聘西人講求，未必遂無其法。以上八條，皆可立辦者也。

若夫難以立辦，而究不得不辦者，又有四焉：一曰添設領事，以保商民，而據衝要也。南洋群島華人有數百萬，謂宜各島分設領事，特遣重臣駐星加坡，總理一切事宜。蓋星加坡一埠，自蘇彝士河既開，遂爲海道咽喉，四方電線文報，悉萃於此。此處聲勢，聯絡人心固結，足以綱紀萬國，節制兩洋。二曰練習海軍，以巡外洋而固內地也。兵之爲用，匏繫株守，多亦見少，變動周流，少亦見多。我師惟難出洋巡邏，故爲外夷所輕。若練海軍數萬，分布南洋各島，時出大洋，慣狎風濤，熟習形勢，俾成海外雄獅，尤易出奇制勝。即寇繞道入犯，可使腹背受敵；或又分軍攻其要害，奪其餉需。夷能攻我，我亦能攻夷，較之海疆萬里、汊港紛歧，節節設防，備多力分，但爲人制而不能制人者，相去遠矣。外可震疊諸夷，內可屏障各省。張星使幼樵一疏，當今籌海第一要著也。三曰考取洋學，以廣人材，而供驅使也。宜於南洋各島興立書院，訓課洋學，繙繹漢文，考試一准內地生員定制，予以頂戴。拔其尤者，咨送總理衙門以備任用，此後辦理中外交涉事件，情形必能熟習，措施必無乖違。以及製造管駕諸事，取之洋學有餘，較之特遣幼年子弟分投外洋學習，費多人少，其效何如？四曰整飭邊防，以聯藩屬，而杜狡謀也。越、緬、暹、藏世修職貢。越既屬法，緬、藏，亦逼於英，暹介緬越之交，不便海道，稍易自保。緬之阿瓦，暹之賓角，或仿駐藏大臣舊制，各設領事一員，聯絡聲氣，堅其内附之忱。越南覆轍，庶可不繼？繼復八關九隘，招野人生番。再將南甸營都司移駐蠻，允設塘汛於野人境，疏灘淺於新街江，聲勢既通，餉需亦便。此固緬之大略也。修江孜，定日帕克里等處邊備。廓爾克、布魯克巴二部雖彈丸地，尤當撫以恩信，無事可資保塞，有事可效前驅。此固藏之大略也。東三省國家根本，伊犁北路門户，蒙古諸部西北屏障。欲固伊犁，非仿西人之法，興修鐵路，添設電線，則奏報稽遲，轉輸勞劬，何足以長駕遠馭？欲固東三省，非行張洎之策，沿邊建三大鎮，各統數萬之衆，鼎峙而守，則形勢單弱，所謂具城自固，不能出戰者也，何足以互相策應？若夫昔則惡其强而抑之，今則憐其弱而扶之，六國於土耳基莫不然也。堂堂中朝，顧智反出歐洲下耶？蒙古各盟，固不可一任羝羊之觸也。此固東北之大略也。

—5. 皇朝經世文續編　卷一〇三　洋務三　洋務通論下

辨定祭禮通俗譜《四庫全書提要》

《辨定祭禮通俗譜》五卷，國朝毛奇齡撰。奇齡有《仲氏易》，已著録。是編一名《二重禮譜》，蓋欲成喪、祭二禮，嗣以喪禮别有《吾説編》，因惟存祭禮。其説取古禮而酌以今制，故以通俗爲名。凡分七門：一曰祭所，二曰所祭者，三曰主祭之人，四曰祭之時，五曰祭儀，六曰祭器，七曰祭物，末附外神。其中各條雖間與《朱子家禮》爲難，不出奇齡平日囂争之習。然考《朱子年譜》，《家禮》成於乾道六年庚寅，朱子時四十一歲，其稿旋爲人竊去，越三十年，朱子没後，始復有傳本行世。儒者或以爲疑，黄幹爲朱子弟子之冠，亦云爲未暇更定之本，則《家禮》之出自朱子手定與否，尚無顯證。即真獲朱子已失之稿，而草創初成，亦恐尚非定本。以王懋竑之篤信朱子，而所作《白田雜著》乃反覆辨是書之依託，其言具有根據，則奇齡之辨，又不能盡以好勝目之矣。其間如謂漢唐以來，人臣無建廟之文，南渡紹興、嘉泰諸年，爲秦檜、韓侂胄立廟，而制終未定。考宋龔鼎臣《東原録》，稱文彦博家廟不作七間，乃用唐杜岐公家舊式，則安得謂漢以後人臣無建廟之文？其論後世不世爵世官，今之宗子非古宗子，引阡陌不同於井田、郡縣不同於封建爲證，其説是也。然井田廢而正供之義不廢，封建廢而臂指相維之義不廢，世官廢而宗子支子之義不廢。《漢書》載當時詔令，每稱賜天下爲父後者，其時已不世官，而云爲父後，則有不爲父後者可知。今制，父母在而子先卒者，其長孫於祖父母之喪，服斬衰三年，即宗子爲後之義，灼然可推，安能一舉而廢之，使主祭之時，但以行輩年齒爲序乎？至於“祭必以子”一條，謂祠堂合祭先代，使宗子主四親之祭。致凡爲人子者，不得祭父，則所祭四親，係他人之親，竝非已親，所祭之父，係他人之父，竝非已父。措語尤乖，皆不免於瑕纇。蓋其大意，務通人情，故不免有違古義。然大致斟酌變通於古禮之必不可行，及俗禮之誤託於古者，剖析考證，亦往往釐然有當，固不妨存備一家之説也。

—2. 皇朝經世文編　卷六六　禮政一三　祭禮上

裁差役尤急於裁書吏論　闕名

衙署奉公之人最足爲害閭閻者，向推吏役。良以書吏之舞文弄法，與差役之倚勢作威，名雖不同，惡實相濟。以故能吏下車之始，除約束家丁外，必嚴禁吏役，不得横行。否則，吏持例案於内，差肆横暴於外，上下其手，狼狽爲奸，民困不能蘇，官箴不能飭矣。然書吏略通文義，縱不免營私舞弊，究尚有所畏忌，不敢恣肆自如。若差役，則貪如狼，暴如虎，惟知朦蔽本官，魚肉良懦，刑責有所不畏，廉恥有所不知，種種膽大妄爲，有書吏所不敢與聞，而彼竟公然肆無忌憚者。國家定制，吏有進身之路，而差役不得齒於衣冠之列，子弟亦不准應試。是以地方官於書吏或稍加禮貌，役則否。蓋役之爲人鄙棄也久矣。日來朝廷仿行新政，孜孜圖治，特諭飭京内外大小衙門，一律裁汰書吏，而獨於差役轉不議及。豈吏可裁而役不可裁耶？抑役之惡不若吏之甚，故特予以寬容耶？

執筆人嘗爲之默察事情，竊意此事發自廷臣，或鑒於部吏把持之弊，幾至無可究詰，思有以廓而清之，遂激而建此議，而不知弊之百倍於吏者，尚有變詐百出之差役在。吏裁而役不裁，何以服吏之心？各省大府有見於此，故自恭奉諭旨後，迄今數月，尚未毅然見諸施行。揆厥由來，非盡曲徇若輩之請，亦以害必去其太甚，理必示以大公，不忍使吏獨抱向隅之憾也。他省姑弗暇論，試即以蘇省證之，而知上峰用舍予奪，固自有權衡矣。先是江蘇巡撫聶仲芳中丞接奉綸音時，與藩臬兩司會商遵辦，僉謂吏固當裁，差亦未便輕縱。遲徊審慎，然後分别札行。於是，蘇州府向子振太守即飭所屬長洲、元和、吴、崑山、新陽、吴江、震澤、常熟、昭文九縣，各將書吏若干人，差役若干人，開明姓名、年歲，造具清册，呈候核奪。蘇州府如此，他府可以類推。既而中丞接到政務處六百里排單，亦係咨請裁撤胥差。是知差役之狐假虎威，無惡不作，早爲衮衮諸公所洞知。前之僅議吏者，猶執一偏之見，非持平之論也。

顧或謂差役名目不一，若者爲捕班，若者爲皂班，若者爲快班，大抵用以提人證，緝盜賊，解案犯，設令一旦概行撤去，不幾無以供使令乎？不知此正有不必慮者。聞之蘇省各府廳州縣，每署差役多者百餘名，至少亦必二三十名。今即責令各去其半，亦何患不足供奔走之用？且一差名下，必有夥役若干名，裁一差可去無數夥役，更何必多養此游手好閑之輩、坐耗民財哉！况如浙江寧波府屬鄞縣及杭州府屬仁和、錢塘等縣，每縣差役更多至二三百名，益以夥役不下千餘名。縱不皆仰給於官，試問非向民間敲肌剥髓，將何以爲仰事俯畜之資乎？特此輩散漫無稽，上之人不一細察，下之人遂吞聲忍氣，付之無可如何耳。然由此推之，其民之苦差擾累，必有數倍於蘇省者。奈何關心民瘼者，竟不一計及之耶？

夫差役恃公門爲窟宅，假官長爲護符，遇事招摇恐嚇訛詐，充其害必使良民家破人亡而後已。間有賢明之吏，或亦以使貪使詐，謂不妨假以事權，而豈知其膽愈張，其毒愈熾？設遇夢夢之官，則若輩竟視同傀儡，以爲綫索在手，提之掇之無不如志，甚至官之功名竟爲彼所累，而彼反得事外逍遥，太阿倒持，害必至此。且役恃官勢，役之黨又恃役勢，盤踞既固，畏懼毫無。民間雀鼠紛争，往往有兩造自願言和，而差役多方阻撓，使之不能中止者，卒之兩敗俱傷，而彼乃坐獲漁人之利。此俗所以有

"閻王易見，小鬼難當"之説。而馮氏林一痛陳其害，比之散千百虎狼於民間，豈不痛哉！不此之去，而惟沾沾焉曰：裁吏，裁吏。吾恐吏治終不能振興也。明以擇之，嚴以馭之，汰疲玩而策勤能，是所望於有興利除弊之責者。

—15. 皇朝經世文四編　卷一六　吏政　吏胥

藏書　闕名

我朝稽古右文，尊賢禮士。車書一統，文軌大同。海内藏書之家，指不勝屈。然子孫未必能讀，戚友無由借觀。或鼠齧蠹蝕，厄於水火，則私而不公也。乾隆時特開四庫，建文宗、文匯、文瀾三閣，准海内稽古之士，就近觀覽，淹通博洽，蔚爲有用之材，作人養士之心，至爲優渥。而所在官吏，奉行不善。宫牆美富，深秘藏庋。寒士末由窺見。及寇亂洊經，付之一炬。中興將帥每克復一省一郡，汲汲然設書局，復書院，建書樓。官價無多，盡人可購。故海内之士，多有枕經葄史，博覽群書，堪爲世用者。通商日久，西學流傳，南北洋亦復廣譯西書，以資考證。惟是窮鄉僻邑，聞見無多，疆吏亦漠不關心，置之度外。則僻僻孤陋，故我依然。然後知藏書之爲益多，而廣置藏書，以資誦讀者之爲功大也。泰西各國，均有藏書院、博物院，而英國之書籍尤多。自漢唐以來，無書不備。本國有新刊之書，例以二分送院收儲。如有益於國計民生者，必膺朝廷重賞，並給予獨刊之權若干年。咸豐四年間，於院中築大厦名曰讀書堂，可容三百人，中設几案筆墨。有志讀書者，先向本地紳士領有憑單，開列姓名、住址，持送院中董事，换給執照，准其入院觀書。限六閲月即更换一次。有欲看某書某册，則以片紙注明書目，交值堂者檢出付閲。就長案上静看，不許朗誦。閲畢，簽名書後，何日何處，何人閲過，繳還經手。該值堂年終查核，知何書最行。另有賃書樓，有股份者，每年出書銀四元，可常往看。各處新報俱全。衹准借書兩本，限兩禮拜歸還。如無股份者賃閲，每日計，銀兩先付。閲畢繳還，不許携帶出門及損壞塗抹。倘有損失，責令賠償。特設總管一員，司理其事。執事數百人，每年經費三十萬金。通國書樓共二百所，藏書凡二百八十七萬二千册。此外如法蘭西書樓共五百所，藏書凡四百五十九萬八千册。俄羅斯書樓共一百四十五所，藏書凡九十五萬三千册。德意志書樓共三百九十八所，藏書凡二百二十四萬册。意大利書樓共四百九十三所，藏書凡四百三十五萬册。澳大利（亞）書樓共五百七十七所，藏書凡五百四十七萬六千册。法京巴黎另有一書樓，異常宏敞，獨藏書二百七萬九千册。德京伯靈之書樓亦藏七十萬册。羅馬大書院除刻本外，更有鈔本三萬五千册，細若蠅頭，珍如鴻寶。洵數典之巨觀，博學之津梁也。

中國自都中四庫外，鎮、揚、杭三閣，早付劫灰。其家藏最富者，如崑山徐氏之傳是樓，鄞縣范氏之天一閣，杭州汪氏之振綺堂，錢塘吴氏之瓶花齋，吴門黄氏之滂熹園，石塚嚴氏之芳茉堂，鄔鎮鮑氏之知不足齋，昭文張氏之愛日精廬，南潯劉氏之瞑琴山館，所藏古籍，宏富異常。兵燹以來，半歸散佚。近日吴興陸氏之皕宋樓，首屈一指，另建守先閣，請於大府，奏於朝廷，供一郡人士觀覽。其大公無我之心，方之古人，亦何多讓。獨是中國幅員廣大，人民衆多，而藏書僅此數處，何以遍惠士林？宜飭各直省督撫，於各廳州縣，分設書院，購中外有用之書，藏貯其中，凡外國未譯之書，宜令精通西文者譯出收貯。派員專管。無論寒儒博士，領憑入院，即可遍讀群書。至於經費，或由官辦，或出紳捐，比利時國屆開國五十年之期，臣民咸醵金上壽，王受而置諸外府，曰：此衆人之貲，將爲衆人求益。飭議院議之。下院擬以此款開設格致院一區，廣購圖書、器皿，用供國人探討格致之學。英君主壽誕，臣民亦□金築一大博物院，無物不備，爲其君主壽，留名千古。萬民同受其福，何樂如之？宜各國皆當仿行也。或由各省外銷款項，科場經費，將無益無名之用度，稍爲撙節，即可移購書籍而有餘。仍常年儲備專款，分派員役，管理稽查。所有新書，隨時添購。果能認真經理，數十年後，賢哲挺生，兼文武之資，備將相之略，或鈎玄摘秘，著古今未有之奇書，或達化窮神，造中外所無之利器。於以範圍天地，籠罩華夷，開一統之宏規，復三王之舊制。極巍焕，信景鑠，皆於讀書稽古二事基之矣。今天下競言洋學矣。其實彼之天算、地輿、數學、化學、重學、光學、汽學、電學、機器、兵法諸學，無一非暗襲中法而成。第中國漸失其傳，而西域轉存其舊。窮原竟委，未足深奇。若合天下之才智聰明，以窮中外古今之變故，標新領異，日就月將，我中國四萬萬之華民，必有復出於九州萬國之上者。苟强分畛域，墨守規爲，固陋昏蒙，甘受人制，則印度、琉球、越南、緬甸其已事也。前車已覆，來軫方遒。有識之君子，將何擇焉？

—8. 皇朝經世文三編　卷三八　禮政二　家教

籌餉十策　闕名

一曰減漕運。三代以上，有貢道而無漕運。《禹貢》：“納秸，納粟米，不出五百里。”《周禮》：“九貢九賦。”未聞轉侯國之粟，以贍王畿也。秦攻匈奴，飛芻挽粟，率三十鍾而致一石；漢高轉關東粟以給中都，歲不過數十萬石；武帝滅朝鮮、擊匈奴，轉運甚遠，率十餘鍾致一石。是漕務因軍務而起，未聞官俸民食，皆仰給於遐方也。唐初漕運，歲不過二十萬石，其後兵日多，漕米亦日多，裴耀卿、劉晏所講求，半爲養兵計也。宋都汴京，去江淮不遠，勞費尚輕。元行海運，初止四萬石，後至二百餘萬，亦無甚勞費。自明始永樂九年，會通河成，遂廢海而用河。時建都南京已四十年，南人不喜麥食也，乃漕南米以贍北都，開通河運，千里引黄河以濟運，勞民傷財，幾竭天下之全力。聖朝龍興東土，定鼎北京，本係食麥之地，仍沿明制，歲漕南米四百萬石，二百四十餘年，帑項之耗，耗於漕與河者不可數計。列聖宵旰勤勞，亦於此二端尤甚。其設官也，有漕督，有中軍副將，以下各弁有漕標兵，有各省督糧道，有倉場總督，有坐糧廳，有巡糧御史；又衛守備兵四十人，千總六十人，運丁數十萬；又運河設閘官四十一人，閘夫數千。其給漕費也，運丁各授屯田使耕，每船給田千畝，少亦數百畝，其船三年一小修，五年一大修，十年拆造，皆給例價。頭舵水手有工食，家口有月糧，運丁有行糧，又輕齎有月增，有席亶銀。凡運米百石，例給耗米五石，銀十兩，猶不敷用，於是州縣給以兑費，雍正初每船給銀二十兩，嘉慶五年增至二百兩，道光初則七八百兩矣，然運丁之疲苦如故也。各衛有千總領運矣，而漕督又歲委幫押官，又分爲一人押重，一人押空；每省有糧道督押矣，又別委丞倅爲總管；沿途有地方官催趲矣，又有漕委、河委、督撫委，自瓜州抵淀津，不下數百員。官愈多，費愈廣。一總運費二三萬金，一重運費二三千金，一空運、一催趲，費皆逾千金。至淮安盤糧，則有漕督之弁兵，通州上倉，則有倉督之經紀，兩處費皆不貲。加以黄河口額設官剥船七百五十艘，山東官剥船三百艘，直隸官剥船七百五十艘，通州、武清六州縣剥船六百餘艘，及挑濬運河、建閘築壩諸費，通盤合算，非四十金不能運米一石入京倉，視秦之三十鍾、漢之十鍾，古今一轍。而米在京城，每石不過值千餘文，其餘皆成虚擲矣。此漕運之所以爲無底之壑也。道光初創行海運，論者深以爲便。軍興以來，河運不行，蠹弊不革除，海運成效益著。乃自海防不靖，法人藉端挾制，聲言欲攔截海運米船，於是他國洋行領運之冬漕，不免藉詞觀望，洋報中屢及之。現雖已定款約，然此説既明，恐海運終久不無阻滯，或藉此爲要挾之端。蓋諸國中，倘有一國爲梗，勢即不行，不能不思患預防也。臣聞窮則變，變則通，通則久。古無五十年不變之法，漢之代田不行於唐，唐之府兵不行於宋，安在漕運必沿明制而習焉不察哉？况漕之利病在河，河不治則漕不能治。國家經費以黄、運兩河爲漏卮，而又無十年不決之河，故漕與河嘗交其弊。今黄河北徙，天意既折河與漕爲二，猶不思解絃而更張之，非計之得也。應請飭部核議改章，除直隸之通州、天津二所，山東之濟寧、東昌、臨清、任城、德州五衛，濮州、東平二所，皆密邇京畿，無虞阻隔，照章運米，徑解通倉，計共六十五萬三千三百二十九石外，其餘江南十九衛、江西三衛七所、浙江四衛一所、湖廣十一衛，歲額三百三十餘萬石，並隨漕耗米概行折色，照現定折價每石一兩四錢，或酌加數錢，共折銀五六百萬，責成各糧道征收解部，由倉場總督酌設招商局，奏定價時，陸續采買麥石，仍儲京倉。凡官俸民食，願領銀者，按照折價給銀。京東産米，海船多往注，南中一聞都城需米，自必源源而來，自購亦易。其願領麥者，每米一石給麥一石二三斗，以價值相準爲度。其萬不能不需米者，尚有六十餘萬石以給之。俟十年後官民交便，則直東漕運可一律改折，届時酌議施行。如此一轉移間，於倉庫民食俱無所裁，而裁員弁、汰標兵、罷運船、免丁夫、省接濟，所省者歲約數百萬，以之撥充海防經費，造（人）［船］、籌炮、煉兵，可以實力講求矣。或謂民食爲國之根本，成法未容輕變，不知此正爲根本起見也。以養民之源仰給於數千里外，使外人得持其短長，設一旦驟被阻隔，人心必至惶然，曷若就地籌倉，不假外求之爲脚踏實地乎？夫南人食米，北人食麥，定於天，亦定於地也。南人既居北地，則易米以麥，自亦無難。况米不難購乎！查湖廣、江南漕米，久經折色，現惟各采數萬石搭運赴津，此外惟浙江及江寧四府之米百三十餘萬石，江安糧道止十萬石而已。然則因勢而利導之，概行折色，是亦非創舉也。如蒙擇采議行，則因而及者，可進籌矣。

一曰辦屯田。漕法既改，則兩江、兩湖、浙江共三十七衛八所，請照湖南三廳屯田章程，改衛守備爲屯守備，衛千總爲屯千總，其運丁改爲屯田郎，認耕所受之屯田、屯租照入官地畝勘報，義租例責成該管知府，各按原册清查頃畝實數報部，毋許胥吏上下其手，瞞匿者罪之，盗賣私典者嚴追復舊，大約每畝收租一石，折銀五錢，較完納錢糧爲重，較民間租課則輕。此項折價，解各糧道經收，聽候部撥，以供海防經費。計兩江、兩湖、浙江兩衛所共船五十餘艘，以每船千畝計之，應有田五千萬畝，收租一石，折銀五錢，歲可得銀二百五十萬。其通州、武清、寶坻、香河、東安、永清六州縣，舊設剥船六百餘艘，每船給地十頃，共六千餘（艘）［頃］，均請免其剥運，改爲屯田，每頃收麥租一百石，歲可收麥六萬石，徑解通倉，以助支放。又每船假給水脚銀十兩，歲需六千餘兩，今亦可省。此外黄河口之官剥船、山東閘河内外官民剥船、直隸官剥船，凡曾給地畝者，均照麥租章程辦理。是改漕法即以興屯田，歲入不無小補也。

一曰裁員弁。漕運既停，則漕督自可不設。其直隸之二所，山東之二所五衛，有順天府尹、山東巡撫可以兼理。漕標自中軍副將以下，計參將一人，游擊一人，都司二人，守備三人，千總十二人，把總十三人，除鹽城、海外、東台三營均兼城守，應酌留改歸鎮標外，餘皆可裁，歲省廉俸兵餉及各衙門胥役工食銀，約數十萬。又運河免挑濬，設河閘官閘，夫縱不全撤，亦可裁改大半，此因改漕法而議節之冗費也。此外則凡與總督同城之巡撫，亦皆可省。查巡撫均昉自前明，因事設官，事定則罷，中葉始爲定額，我國朝因之。然督撫多不並設，如甘陝川湖總督所轄，亦時有分合，直隸初設巡撫，後改總督，浙江曾設總督，後改巡撫，甘肅舊有巡撫，後以總督兼之，皆因時制宜之道也。第督撫權位相埒，和衷固不乏人，而同城者議論、意見每多不協。同一事也，或此是而彼非，同一人也，或此好而彼惡。兩姑之將，難爲婦道。屬吏既無所適從。應請旨飭議，將同城之湖北、廣東、雲南三巡撫裁併，而各以總督兼之，以一事權。其福建巡撫則應專駐臺灣。計楚、粵、滇三撫標官、弁、丁，歲可節省廉俸、兵餉、役食銀數十萬。聽候指撥而所裁之員弁，改仍隸他標，以原官候補，亦不至偏枯。或謂督撫相資，成法未可輕議，則請問直隸、四川何獨有督而無撫？山東、山西、河南何以有撫而無督？況河南近裁總督，新疆近增巡撫，奉天亦增設督撫，沿革因時，未容拘泥，倘許增而不許減，恐後亦難爲繼矣。

一曰重農政。言京東水利者多矣，雍正中發帑百萬，遣重臣大治營田，踵而行之非一次，著書言農田水利者不一家，然皆無大成效。非法不可行也，南人宜稻，北方宜麥，而請興水利欲藉以寬東南之輸挽，則必强種麥之地以種稻，無論非土之宜，亦非人之所習。且種稻之難較種麥數倍，必强人以所難，何怪勸之而不動。況有麥可食，即與穀米無殊，何必定需輸挽。今漕運既成，就地采麥，自當廣用其原，以重根本。應請簡派勸農大臣巡察畿輔，會同各疆理督勸種麥，毋或失時，州縣以是爲考成，倉儲以是爲來路。麥以冬雪爲命，不甚資雨澤，故不必圖興水利，而但除水害足矣。何謂水害？田間之溝洫不深通，水無去路，一遇霖潦，遍地汪洋，安有秋成之望？是必正其經界，深其溝道，毋怠耘鋤之力，無失栽種之時，斯粟麥不可勝食矣。至木棉之利，乾隆中直隸督臣方觀承，曾實力講求。今亦宜出示勸種，以興織絍之利。織絍宜用機器，巧捷異常，事半而功倍。由此推之，各省宜設機房，如織絨則設直隸，以就其地之棉花，皆參用機器，獲利較豐。此亦開源之一端也。縱由懲惰農則耕者宜奮，禁游女則織者自勤，實爲根本之計耳。

一曰整淮綱。天下産鹽之地九，而課額以淮鹽爲最多。淮南歲額一百三十九萬五千餘引，課銀五千八十餘萬。内皖西鄂湘四岸，認運之引已敷原額，鄂岸現懸十五萬引。咸道初，賊踞江南，楚督奏明，備運川鹽以濟民食，仍聲明事定歸還引地，以符定制。江寧既復，曾國藩、沈葆楨迭請查照原議，禁川復淮，節奉諭旨，停止川鹽行楚。部議森嚴，而川楚督臣先後奏請展緩，楚省以川釐濟餉爲辭，川省以黔滇未靖，鹽無銷路爲辭，遂成久假不歸之勢。曾國藩不得已，疏請暫將湖北之荆州、襄陽、安陸、宜昌、施南、荆州五府一州，湖南灃州一州，借行川鹽，日後仍遵定制，收回引地。又議於五府二州境地設局，配銷淮鹽，以爲收復張本。然川鹽價賤，淮鹽價昂，運商卒無肯往配銷者。其川私既廣占引地，而所完之釐又歲止一百四五十萬串，合銀不及九十萬兩，較淮課不及一半。於是沈葆楨奏明，運商自願自完鄂釐；劉坤一奏稱，鄂省果以引地歸淮，願自光緒八年起，鄂省每年應解部款，請減去九十萬兩，改撥兩淮；其時丁寶楨奏明，川鹽可以停止濟楚，鄂餉又已有，而鄂省仍格未行，於是川鹽不特占銷湖北之五府一州，湖南之灃州，并武漢、黄德及岳常各屬，川私亦充斥矣。溯查道光十九年，林則徐督楚時曾奏稱，果使川課與淮課相等，則均之有益於帑項。臣亦何敢畛域過分，今以課則較之，川鹽每包一百三十五斤，在大寧、雲陽等廠，僅納銀六分八釐一毫，即最重之犍爲廠，每包亦止一錢三分四釐，若淮鹽一百三十五斤，即該納銀一兩三四錢，比川課加重十數倍，是淮鹽銷得一分，幾足抵川鹽二十分之課，川鹽侵越一分，即淮鹽絀銷一分等語。然則禁川復淮之議早行一年，即多得十數倍之課，司計者不能坐受其弊矣。近年川省奏定章程，每引一張，配鹽五十包，連皮重一萬一千二百斤，以淮鹽每引連皮六百八十八斤計之，川鹽每月酌定七百引，冀川減一分，使淮得進一分，以期漸復舊制，不知輕重懸殊，即七百引已抵淮鹽一萬一千四百九十餘引，合計一年已占銷十三萬七千餘引矣，尚云減乎？况偷漏飛洒之數，更莫可究詰乎。已往者不可諫矣，當此軍餉緊急之秋，坐令淮綱有著之秋，盈千累萬，盡歸中飽，豈不惜哉？應請仍遵禁川復淮諭旨，如上届之停止，上年之决戰，不容群議，特旨飭行，責成兩江督臣派員派兵堅阨宜昌府屬之平善壩，以杜川私來路，責成楚省官吏實力查禁，如有陽奉陰違，以私廢公者，罪之。凡楚岸五府二州引地，一概收回，如果緝私認真，歲可增淮課及鹽場錢糧銀二百萬。且鄂岸尚懸十五萬引，計三百票，將來照章募商認運，可得報效銀三百萬，即酌減亦不下二百萬，爲益多矣。至宜昌所屬之鶴峰、長樂，向食川鹽，請仍照林則徐奏定章程，專配大寧一場之鹽，不准遠配犍爲場鹽，以杜影射浸灌。或慮川販失業滋事，是爲遁詞。夫兩淮竈丁數十萬，引地被占，銷路日蹙，窮苦無聊，尚不慮其滋事，川販獲厚利已三十年，尚何滋事哉？再查鄂省，近年除川私外，又被浙私侵占，名曰岱私，由寧波夾底船運來，借外國旗號闖關而進，莫敢過問。此種無税私鹽，每斤價不過四十文，較川私尤賤，應請飭總理衙門，縷叙前由，照會各國，勿以旗號借給民船，仍責成沿江關道監卡，認真查緝，如夾帶岱私，縱有旗號，仍照例懲辦，諒外國亦無異言，而岱私庶可杜矣。

一曰改鈔法。咸豐初年嘗行鈔矣，而卒無成效者，非鈔不可行，所以行之者未善也。凡鈔皆用以準銀，而不執以發銀。前次行鈔，各省立官局，以備按鈔發銀，此必窮之道也，何怪其不行哉？今請飭部造鈔，計銀二千萬兩，分兩年造完，著爲定額，以後不得再添（則）濫其銀數，則每百兩編一字號，仍照舊章，五十兩一張，十兩二張，五兩四張，一兩十張，餘照此而推。自奉文之日起，凡出款進款，概令搭鈔三成，凡地丁、漕折、關税、鹽課、釐金、捐款等項，均按成搭解。行至三年後，遇有解銀而不搭鈔者，以違例論，部庫、關庫、司道庫，均駁回不收，務使鈔與實銀並重，且將過之，不准有折水等事。惟有外洋交涉之款，搭否聽其自願，並不相强。其外洋應交中國之款，仍令搭交三成，如此則鈔法行矣。滿十二年後，鈔紙漸敝，即照原字號另造新鈔兑换，亦不必另起爐竈。但於收鈔到庫日，如數驗看，原鈔注銷備案，外省則由司道關庫驗換後，將原鈔解部備查。請即令錢法堂兼管鈔法堂事務，不以鈔爲權宜之計，而以鈔爲制用之經，雖日後帑項至足，錢乃與銀相輔而行，搭用如故。蓋鈔有定額，則無冗濫之虞；出進搭成，則［無］畸重畸輕之弊；鈔時可以换，新换敝復無煩費，則用者毫無疑慮。得此二千萬鉅款流通於官民上下，無減無增，自足資周转，而为力亦舒。此目前之急務也。或者既無銀，發則空券耳，慮難取信於人。不知銀錢飢不可食，寒不可衣，不過應用而已，鈔既可以通用，而又出進一律，有輕齎之便，無耗折之虞，亦何憚而不受鈔哉？查湖北糧台，自咸豐中搭用台票，至今承用，常有巨款在外，藉以騰挪，倘妥議鈔章，盡杜流弊，而又堅如金石，信如四時，其可行也决矣。

一曰招鼓鑄。近年市面蕭條，錢商歇業，良由軍興以來，久停鼓鑄，而私銷者復多，遂至錢日艱貴。聞官中鑄錢一串，須工本一串三百餘文，無怪其絀於財力也。今請用招商鼓鑄之法，查銅出滇中，鉛出黔省，設局鼓鑄，必銅鉛兩便而後可以開爐，必水路通行而後可以轉運。惟四川瀘州，爲滇銅黔鉛［匯萃之地，京銅、京鉛由此起運，唐宋時嘗開］鑄於此，誠以銅鉛便則資本少，而餘利自豐也。自各省停鑄，而銅鉛均無銷路，同治初，黔撫張亮基以軍餉無出，奏請開局仁懷廳，招商鼓鑄，試辦在案，以寇匪充斥，委員不得其人，致無成效。今請查照原案，飭下四川督臣、滇黔督撫臣，開局於瀘州，招商鼓鑄，多集股分，官爲照料，或徑由官辦，遴委廉幹大員總理。凡雲南昭通、東川之銅，貴州威寧之鉛，皆可由水路抵瀘，而宣威、楚雄等處之廠，及遵義、仁懷舊有各廠，均可一律開辦。即蜀有洪雅、滎經銅源亦旺，所謂嚴道銅山者也，推之陝西之寧羌各處，均可復舊廠，均由水路至瀘州，是一舉而川滇黔皆分其利矣。鑄錢既遠，廣四流通，商辦則核計所謂贏餘，官抽厘税，官辦則以錢解充川黔各省之協餉，較之鑄錢於京内，成本輕便多矣。但使錢文日多，自見充給，并不在抽釐之多少也。

一曰開礦廠。《周禮》：“廾人之職，主開采金玉。”外國有礦師，能知五金之礦，按法開采，有機器以省人工。近聞各國之礦開采將盡，見中國礦産富有，莫不垂涎，因而潛生覬覦。蓋中國地氣最厚，尚未發泄，五金、煤礦各省皆有。且煉鉛可以得銀，煉銀可以得金，一則無所不有，所謂地不愛寶也。特以山多封禁，不敢議開，譬如家有窖金囷粟，不知取用，而徒仰屋憂貧，豈不固哉？今宜專請礦師，分途勘驗采試，確有把握，即行開辦。試辦之初，當用人力，既獲利益，則購機器，仍分官辦、商辦兩種。商辦由巡撫給與印帖，令該商邀集股分，聯絡公正紳士，如法開采，地方官就近照料，或酌撥兵勇彈壓，俟一年之後，出産既旺，照章抽釐，如有奸人藉開礦爲名，騙吞股分，即行重究；官辦則在委員得力，不辭勞苦，不貪小利，毋任用私人，毋虐視礦夫，辦有成效，滿三年即行破格升擢，營私誤公者罪之。如此則地寶出矣，無論金銀也，但使煤鐵皆漸出土，其利已不可勝言。蓋礦中有煤則必有鐵，中國既設船炮局，機器造鐵甚多，則購之於英，是以利畀外人也。今自開鐵礦，則造炮、造機器、造鐵船、造輪車、鐵路，皆取諸宮中，且可售之西人，以奪其利。西人嘗言，中國一省所産之煤，可抵歐羅巴一洲而有餘。西人輪舶東來所用之煤，皆自遠運至，一旦不給，船即不行。若中國有煤，則取資甚便，西人所以每請中國開煤礦，而不請開鐵礦也。今我有煤鐵，則出口之價稍昂，彼亦無如我何，而我得收其利矣。至五金之利，則雲南産銅，山東、山西産金，而燕台一帶尤旺，四川産銀，廣東水銀。西人解周歷其地，繪圖貼説以告其國，必我能自行開辦，庶彼不至生心也。或謂礦税爲前明弊政，安可效尤。然彼以聚斂爲心，任用閹宦，此興自然之利，期厚民生，詎可因噎而廢食哉？

一曰籌開墾。查乾隆中，嘗因八旗人衆，分撥拉林地方給田墾種，甚享其利。嘉慶季年，吉林將軍富俊准奏，於雙城堡設立中左右三屯，議移駐京旗三千户，每歲以二百户爲率，願移者十月報部咨，年正月治裝，户給裝銀三十兩，本旗津貼銀五十兩，車馬皆官給，到屯後每户給屋四間，皆官建。自道光二年至五年，共移駐二百户，時墾熟之地已有三十餘萬畝。會富俊卒官，往者遂少，其後尚書英和，猶屢以爲言。先是富俊屢請，推其法於伯都訥圍場，謂可墾地二十萬畝，較雙城堡事半而功倍，議以經費不足而止。道光三年，松筠繼爲將軍，亦請以開養什牧及大凌河馬廠，皆嘉慶十七年故所勘地，然亦未施行，其實費小而益大。近年俄人逼近琿春，則吉林、黑龍江、伯都訥等處，正宜大興屯政，爲募民實邊之計，兼固藩籬。又新疆庫車、阿克蘇、烏什闐、喀什、噶爾羌、伊拉里克、塔爾納沁等處，舊辦屯墾，道光末曾命林則徐親歷各城，縱横二萬里，水利大興。近更回亂，屯務久廢，應請查照原章，飭令新疆巡撫逐漸施行，即以裁撤之勇、裁汰之兵，改而爲農，官購外國機器，藉水火二氣之力，更爲事半功倍。至浙江、秦晋、青豫、滇黔，自經寇亂，田土多荒蕪未墾，請飭各督撫，責成各守巡道，詳查勘報，出示勸諭附近殷實之户，分地承釐，三年後升科，即作爲墾主承業，此殷實户所樂從也。一家得利，則一邑勸，一邑得利，則鄰邑勸，有人此有土，有土此有財，似不可以其近而忽之，因其難而畏之也。

一曰節糜費。查光緒十年，上海、閩、粤機器局三所，支銀八十四萬有奇，而各營所需槍械，仍須別購。未知各局所造究有若干，是否可用，應請責成經手各員，每歲開明通稟，核實報銷，以歸實用。《經》云：日省月試，既稟稱事，以勸百工也。又查是年出使經費，共用過一百萬六千有奇。夫英、俄共一使，德、法共一使，美國一使，日本一使，而需費至百萬以外，雖云外洋日用昂貴，任大事者不惜小費，然總督養廉銀多者不過萬八千兩，使費未免過優，應令節省以定經久之制，節流與開源並宜加意也。又查關税釐金，例收制錢，而關款之解庫，又必以錢易銀，是所收者錢，所解者非錢，錢雖大而公家固未收其益也。近聞洋人句通關吏及沿江釐局司事之人，收買大錢，每一串可易行錢一串四百文，運以出洋，銷作銅器，仍運入中國，以售厚值。制錢所以日少，此之一端也。然其授受甚祕，禁遏頗難，持之過迫，慮生隙於外人，惟有仰懇飭部酌改章程，嗣後海關及各處釐局完課，概行錢每串補水及補底加收六十文正耗，一同報解，惟不受私鑄小錢，抑或改收銀兩，如此則公項無損，而私賣之弊可免矣。

—15. 皇朝經世文四編　卷三五　兵政　糧餉

出奇制勝策　闕名

日人無端開釁於中國，欲奪中國數百年以來之藩屬，爲中國人之所共憤，並爲萬國所不容，此其罪固不可待言矣。而其所以敢於如此，一若毫無顧忌也者，則以狃於琉球之役故也。琉球之爲中國藩屬，則亦無異於朝鮮，而日人乃公然夷以爲縣，此其禍固由於琉人之自取，然而日人之用詐力以滅人國，則自此始。琉球國王尚泰，因地方去日本最近，見維新之初，日王革除鎮將，政治一新，聲威頗著，因而獻媚日本，特爲貢獻，而日人遂由此生心。適有琉球沿海遭風之難民，爲臺灣生番所殺，生番不服王化，向稱難治，而日人藉口於爲琉人鳴冤，復借端於邊帥失言，竟以兵輪直攻臺嶠。維時中國髮捻初平，諸軍勞苦不息，海軍尚未練習，乃隱忍姑容，不與深較，與之訂約，償以撫恤琉人之銀，日人遂大言不慚，以爲中國其懼我矣。撫恤銀兩，本以給琉人之死於生番者，而日人又盡吞蝕之，而以鐵皮船一艘贈琉球，并甘言以誘之，令日弁爲之訓練士卒；又要琉王親赴日京鳴謝，而預築客館羈留琉王，即夷琉球爲冲繩縣，幽其王於東京，月給俸銀三百元。然琉王在日眷口既多，其臣下隨扈而來者亦不少，琉球既不國，則官皆降而爲民，其小者尚可以改圖爲農爲商，大臣等實無可改業，則惟有仰給於琉王。琉王亦義不容辭，不得不分俸以養之，而每月三百元能養幾人？以故琉王在日，惟日逐鬻售器物以餬口。琉人聞之，憤憤不平者蓋已積之久矣。而日人乃亦欲以其取琉球者，而圖朝鮮，又豈料朝鮮非琉球比，中國所必争，且爲萬國所不容日人之獨占者也。此時中朝已明降諭旨，决計與日本以兵戎相見。日人每多詭計，而中國則一出於正道。兵法云：兵不厭詐。此日人之所以欲圖僥倖以一勝也。

余前爲先發制人之説，原以中國兵多將廣，不難分兵以搗之，顧日本海口亦正不少，不能處處分兵以擊之也。昨有友人爲余述琉球近日情形，聞中國决計與日搆兵，琉人時時向山頂峰巔遥望海中，惟冀有中國兵船駛入日本，蓋其遍國義憤之氣蓄之已久，苦不得一發，而深願王師之至，所謂東面而征西夷怨，南面而征北狄怨，曰奚爲後我？其情形正與今日之琉人相似。其望中國兵船之征日本，若大旱之望雲霓焉。夫日人以詐力取琉球，而又不能善其後，固無怪琉人怨毒之叢。且日人渺視琉球，其所留以防衛之兵殊亦不多。我中國本未嘗棄琉球而不顧，前此因國中多故，無暇兼及，後則又以日人無隙可乘，遂亦不欲輕舉妄動，而中國人之意中，無一不有一琉球被日本所滅之恨在。此時日人又役志於朝鮮，則正我中國兩仇並復之時，故爲中國計，當以重兵調集臺灣，嚴爲防守，而潛與粤中聯絡，出其不意，以偏帥直抵琉球，復其王位，反其國政，留兵駐守。日兵還救，則要之於途，若以兵攻圍琉球，則其地去臺灣止隔一水，調援接濟均尚易便，而又得閩粤兩軍相爲犄角，日人其何能爲？既得琉球爲駐兵之所，即不難由首山、那霸節節進取，步步爲營，進有可取，退有所歸，此不特足以出奇制勝，而亦殊見老成持重。竊以爲目前中國用兵之策，無逾此者。此時日人注意在朝鮮，且屢爲中國之兵所敗，必將添兵增餉，以全力與中國相持，未必即慮及於此。及此時而行之，正如迅雷不及掩耳，日人且將疑亞夫將軍從天而降。若再遲延，則恐日人先有以防之，而吾謀不可用矣。或者曰：子言固善，然臺灣與琉球究有一水之隔，設日船於中途阻截，則我孤軍深入，不將大受虧苦乎？則應之曰：所以謂臺灣須厚集兵力，正爲此也。日兵中途隔截，我可以兩面夾攻，若轟毁其阻截之船，彼又安能肆志也乎？且不敢深入者，膽怯故也。若膽怯，則勿與搆兵。今日日人之入韓京，前此法船之入中國，何嘗非孤軍深入？若令畏首畏尾言之，則亦一步不能行而已。見可而進，知難而退，進退之間，固有灼然之的也已。

——11. 皇朝經濟文編　卷七五　兵政三　兵法

大閲考 闕名

嘗考我朝《朝會典》所載緑營，總兵於所轄各營，歲一閲；提督於所轄各營制，各標營，視地方遠近，或歲一閲，或間歲一閲，或三歲一閲。復定爲分年查閲之法，由部開列領侍衛内大臣、都統及滿洲大學士、尚書、侍郎，奏請欽派，每省一人，直隸、山西、甘肅、四川爲一年，湖北、湖南、雲南、貴州爲一年，福建、浙江、廣東、廣西爲一年，山東、河南、江蘇、安徽、江西爲一年。四年而遍，或即令該督撫查閲，並候欽定。有總督省分，歸總督辦理，與巡撫隔省，一時難於遍歷者，會商請旨。觀此則大閲之典，督撫原可分任其事。蘇省提督巡閲，故事三歲一舉行，而特旨大閲之期，則輪應［癸］卯、癸未年分，此届本應光緒二十一年乙未歲，應與山東、河南、安徽、江西同膺簡命。維時峴帥正當督帥防剿榆關，至去歲回任，又值《中日和約》初定，各省裁減兵額，故展至今歲而始命中丞以任其事，固帝心之簡在，抑亦此任之本無定屬也。且蒙嘗讀郭筠仙侍郎變通督撫同城一疏中，引同治元年兵部奏議御史陳廷經變通營制一摺，奉旨："江蘇、浙江、安徽、江西、陜西、湖南、廣西、貴州等省，各鎮協武職陞遷調補，暫由巡撫辦理。千總以下徑由巡撫咨拔報部，所有校閲營伍，考核將弁，並本省籌辦防剿，即專責成巡撫經理。其總督兼轄省分，軍政考核著徑由巡撫就近具考，會同具題。至巡撫同城者，仍照舊章辦理等因。欽此。"按督撫同城，向惟福建、湖北、雲南三省，今自福建巡撫移駐臺灣，而臺疆既割，閩省不聞復設巡撫，則督撫同城，衹滇、鄂二省矣。以上諭旨所云江蘇等八省，皆非與總督同城，原可事權專畀，而况用人行政，朝廷自有權衡，固非草莽微臣所得而揣測者乎。

今者中丞清風亮節，迥異凡庸，際此大江南北，巡視一周，應令旌旗變色，古稱"小范老子腹中有數萬甲兵"，以中丞當之，庶幾無愧矣。或者謂中丞此行，本定四月初一日回轅，兹於按臨淮、徐時，接得署中電告，因有要事，故忽促回程至滬，則僅閲機器局、炮廠等處，至松則日甫過午，閲操已畢，約計次日澱湖水操後，憲節遄回，先期六七日而竣事。此殆道路傳聞，非確説也。夫以大閲鉅典，四載而一舉行，中丞以封疆重臣，特膺簡命，是所任之事，無有更要於此者。古名臣國爾忘家，斷不存内顧之憂，分心王事。况際此時局多艱之日，凡所以整軍經武者，尤宜事事躬親，處處核實。二月初二日，奉上諭："本年輪應查閲福建、浙江、廣東、廣西四省營伍之期，福建即派邊寶泉，浙江即派廖壽豐，廣東即派譚鍾麟，廣西即派史念祖，認真查閲。各省營伍關繫緊要，國家養兵，歲糜巨帑，原以備禦侮折衝之用，近來各省督撫循例校閲，往往視爲具文，以致武備日弛，殊屬有負委任。兹特再行申諭各該督撫，務當逐一簡校，如有技藝荒疏，老弱充數及軍實不齊等弊，即將該管將弁，據實糾參，毋得稍涉瞻徇。欽此。"夫福建等省之輪應本年巡閲，與江蘇之補行乙未年巡閲，其事同也；邊、廖諸帥之奉命與中丞之奉命，其任同也。福建等省宜認真查閲，則江蘇尤宜認真查閲，是二月初二日之諭旨，亦中丞所當遵行者。其竣事遲遲，固當局者自有權衡，非局外人所得而揣測。第念中丞之由滬而返松也，松郡爲提臣駐節之所，提標將之優劣，兵丁之强弱，爲闔省風聲所樹。近歲緑營氣習甚重，操防既不如練軍之勤，承平日久，幾乎空糧逾於實額，重以不肖書識，夤緣漁利，將弁既以營謀得缺，無怪其縱令兵目魚肉良民，此去歲金澤汛杭革弁之案，所以事連某游戎也。刻下此案業經中丞訪悉，札飭府縣集訊得情。此外如杭革弁者，豈無其人，想當嚴行甄別，而爲各弁之首領者，則各營員也。去其短，取其長，不能不有望於中丞矣。

——11．皇朝經濟文編　卷七三　兵政一　兵政

都城官書局開設緣由　京都官書報局

學會、報館，在西國已成習俗，在中國則爲創見，是以開辦之始，動遭疑阻。去年京師設立强學會於城南之孫公園，爲諸京官講求時務之地，已而改爲强學書局，業已購置書器，開刷報章。旋於十二月間由御史楊崇伊奏請封禁，已而言官多有上疏争之者，而御史胡孚宸一疏尤爲婉轉剴切，奉旨交譯署議奏，旋覆奏請，徑由官辦理。正月十七日奉上諭："總理衙門奏新設官書局，請派大臣管理一摺，着孫家鼐管理。欽此。"此蓋我皇上至聖至明，洞知時務一道，非講習則不明，非群聚以講習則不能得其要領，兹將都城傳抄總署覆奏一通照録於後，俾有志時事者得所觀覽焉。

總理衙門謹奏，爲遵旨議奏，仰祈聖鑒事：光緒二十一年十二月二十二日，准軍機處鈔交御史胡孚宸奏書局有益人才。請飭籌議、以裨時局一摺，軍機大臣面奉諭旨："着總理各國事務衙門議奏。欽此。"遵到臣衙門，查原奏内稱：京師近日設有强學書局，經御史楊崇伊奏請封禁，在朝廷預防流弊，立意至爲深遠。惟局中所儲藏講習者，首在列聖聖訓及各種政書，兼售同文館上海製造局所刻西學諸書，繪印輿圖，置備儀器，意在流通秘要圖書，考驗格致精蘊。所需費用，皆係捐資集股，絶無迫索情事。所刻章程，尚無疵謬。此次封禁，不過防其流弊，並非禁其向學，倘能廣選才賢，觀摩取善，此日多一讀書之士，即他日多一報國之人，收效似非淺鮮。請旨飭下總署及禮部各衙門，悉心籌議。官立書局，選刻中西各種圖籍，任人縱觀，隨時購買，並將總署所購洋報選譯印行，以擴聞見，或在海軍舊署開辦，經理既善，流弊自除，庶於國家作育人才、挽回時局之本心不相剌謬等因。臣等維國勢之强弱，視乎人才；人才之盛衰，繫乎學校。古者家塾、黨庠、州序、國學，自諸侯以逹王畿，莫不建學。大而德行道藝，細而名物象數，綜貫靡遺，是以人才日盛。近世學者往往避實騖虚，舍難就易，視西人一技之長，一能之擅，或斥爲異學，或詫爲新奇，不知西人之學無不以算學爲隱括。西算之三角與中算之勾股，理無異同。《周髀經》曰："圜出於方。"又曰："方數爲典，以方出圜。"言圜之不可御，而馭之以方。西人三角八綫之法，實基於此。餘若天學、化學、氣學、光學、電學、重學、礦學、兵學、法學、聲學、醫學、文字、製造等學，皆見中國載籍。試取《管》《墨》《關》《列》《淮南》諸書，以類求之，根原具在，可知西學者中國固有之學，西人踵而行之，所謂禮失而求諸野耳。

泰西教育人才之道，計有三事：曰學校，曰新聞報館，曰書籍館。英、法、德、俄各國學校之盛，或二三萬所，或六七萬所，生徒率皆二三十萬人。美國學校多至十七萬餘所，生徒幾及千萬人。學校費用自三四千萬至八千萬不等，率由國家及生徒各出其半。各國富强之基實本於是，是庶政由人才而理，人才由學術而成，固有明效大

驗。該御史請將强學書局改歸官辦，自係爲講求實學，培養人才起見。臣等公同商酌，擬援照八旗官學之例，建立官書局，欽派大臣一二員管理，聘訂通曉中西学問之洋人爲教習，常川住局，專司選譯書籍、各國新報，及指受各種西學。並酌派司事譯官收掌書籍，印售各國新報，統由管理大臣總其成。司事專司稽察，所需經費由總理衙門於出使經費項下，每月提撥銀一千兩，以備購置圖籍、儀器、各國新聞紙，及教習、司事、繙譯薪水等用，核實散放，年終由臣衙門奏銷，毋庸招股集貲。設不敷用，再由臣衙門設法籌措。如有慕義之士，願捐鉅款，或捐書籍，准由司事呈明，管理大臣酌定核收。至建設學舍地方，或假官房，或租民宅取足。教習各官起居之地，兼爲士大夫入觀群書之所，因地制宜，妥籌布置。該御史所請就海軍舊署開辦之處，應毋庸議。如蒙俞允，再由管理大臣詳訂章程，定期開設。再，該書局現既奏明擇地另設，其强學書局原屋，應行文該地面官，飭令屋主領回，以清界限。所有臣等遵議緣由，理合恭摺具陳，伏乞皇上聖鑒，訓示遵行。謹奏。

—16. 皇朝經世文編五集　卷二一　官書局報館

富國宜亟開礦説　闕名

嗟乎！五洲萬國，其孱弱而不能振者，莫中國若矣。欲挽弱而返之强，其要莫先於富國。於是謀富者抗手而言曰："興商務、講工藝、廣農桑、開鐵路、倡銀行，此富國之策也。"雖然天地有自然之利，可爲國家無窮之用，我中國竟委棄之而不知其利者，則如礦是。

夫中國疆域之遼闊，爲五洲萬國冠；土壤之膏腴，亦爲五洲萬國冠。其間若産金之礦、産銀之礦、産鐵之礦、産銅之礦、産煤之礦，當不可以數計，取不禁、用不竭，足以富國、足以富民。而顧熟若無睹，惟恐其一發露者，是誠何心歟？昔年有美國人名哇爾赫脱者，名礦師也，游歷中國五年之久，足迹遍十五省之遠，到處詳勘，察得中國煤礦，以邇時而論，足敷四千年之用。而三江兩湖礦産尤佳，倘采之煉之，能得善法，則製鐵甲，造鐵軌，無事購諸外洋，而西國之利權必爲所奪。又西報比利時外部咨其議院謂："金銀銅鐵錫，五金之礦，中國最多。煤産尤十倍於英，總計十二萬七千方英里。"而英人亦謂："有近德人游歷中國，曾過山東等省，探悉礦産極富，煤礦尤多。"李提摩太《時事新論》又謂："山西礦産，曾經德人察閱，稱該省鐵煤之礦品居上，多至三十萬餘英方里。"總觀諸語，雖言人人殊，而中國礦産之富饒，爲西人所稱道艷羨者，已可概見。

乃西人此論，已發之於數年以前，而中國曾不知覺，因循苟且，坐使其藏富於地，而不亟謀開挖之方。若使早爲之圖，則國用以充，生民利賴，國家必不至於貧弱如是。何自中日一役之後，洋債日重，償款無從，帑藏空虚，司農仰屋，諫官方以爲利，疆臣始遵行勘視哉。然猶及此，而亟亟焉開采之，則實力奉行，成效克睹。已開者無半途中止之虞，未開者有漸興之利，國家轉貧爲富之大業，亦未始不基於此也。所惜者上以是求，而下不以是爲應酬。雖前者朝廷明降綍綸，謂"開礦一事，爲富國之本，通諭各直省將軍、督撫，體察各省情形，酌度辦法具奏。嗣據陸續奏覆者，則有安徽太湖之大石等各堡莊煤礦，江西贛州、吉安、廣信、饒州、萍鄉等處各煤礦，湖南永順、永州二州屬之煤苗，新疆和闐之舊金礦，四川雅州各屬之礦産，山東寧海之礦務；或已集款招商，或已派員往勘，或責令立時開辦，或飭其未可中停。刻下究竟若何？未知其細今所開辦者，除漠河金礦，開平煤礦，平泉銅礦，早經攻采外，祇遼東之銀鉛礦務，經奉天將軍具奏興辦，其餘殊鮮所聞。況雲南向産五金，貴州出鉛素旺，山西所産之鐵夙稱精良，今皆未知，能考察精詳，據實覆奏否?”即歷觀近日本報所紀，如天津任邱縣城西之娘子岡煤苗透旺，經人禀請開辦。金陵省垣外之青龍山、湖山、幕府山，礦質極佳，甲於他處。厦門南太武山内暨安溪之鐵煤鉛三礦，經軍督二憲派法國礦師查勘，在太武山挖出煤數担，安溪山挖出煤鐵數十斤。廣東肇慶府屬開建縣之金礦，經商人驗得礦質甚好，集資禀請開挖。湖南澧州所屬之石門地方，内有銅苗甚旺，經人禀請湘撫，領銀試辦。浙省之嚴衢處温、寧、紹等處以及武康、長興等山，均有礦源。而寧波東鄉之銀山岡，以開礦之故，鄉人惑於風水，出而阻撓，幾釀事故。總觀本報所紀各省之開采礦産，不可以僂指計，但雖有開辦之説，而果否開辦，與夫開辦之能獲利與否，皆未深知。

余則謂天不愛道，地不愛寶。扶輿磅礴，山川鬱積，寶藏之興，夫豈謬理？特執其政者不能實心行事，半爲中飽之謀，而國家遂不得其益，而天地自然之利，遂棄之於無何有之鄉矣。吾是以願撫有天下者，急求此不匱之利源，而尤願各執事之不私囊橐也。能如是，國家尚憂貧乏乎？

—15. 皇朝經世文四編　卷四四　工政　礦務

覆陳維持招商局事宜疏光緒十二年　户部

北洋通商大臣大學士李鴻章等奏遵議招商局事宜，以保中國權利一摺，光緒十二年正月二十四日，軍機大臣奉旨：“户部知道。欽此。”由軍機處抄交到部。據原奏内稱：欽奉光緒十一年九月十二日寄諭順天府代遞道員葉廷眷條陳扶持商局一條等因。欽此。竊謂輪船招商局之設，原因各口通商以來，中國江海之利盡爲外國商輪侵占，故設法招集華股，特創此局，以與洋商争衡。惟船棧碼頭成本甚重，分攬客貨所得水脚無多，洋商屢次跌價傾擠。上年又遭法兵之擾，海船難行，遂致局本虧折，不得不暫借洋債以應急需。當此局勢岌岌之際，必須官爲維持，乃可日就起色。

葉廷眷所陳各節，裝運鄂鹽，展緩運漕期限兩條，不無窒礙，應毋庸議。其運漕局船回空照沙船免税一條，查運漕沙寧船回空，凡在北洋三口裝載豆貨雜糧等項，向准全免出口税。嗣後商局輪船運漕回空，請免北洋三口出口税二成。如原來裝米一千石，回空時，免出口貨税二百石，較沙寧船少免八成，以示區别。

又湖北帽合茶一條，向由鄂豫内地運赴張家口、蒙古地方，粗枝大葉，價值甚輕。嗣後華商由鄂附搭商局輪船出口，請照磚茶之例，每百斤減爲出口税銀六錢，並免復出口半税。其由津北運張家口外，仍照完沿途内地税釐。以上兩條，應請自本年開辦起，另將執照保單及稽核章程核定，分飭遵照。惟總計所沾利益，每年不過核銀二萬兩左右。局累既深，實不足以資補救。查該局奏定章程，原藉運漕水脚以補攬載客貨之不足，每石實銀五錢六分零。上年美商、英商承運漕糧，減爲三錢五分，實則支用不敷。現在沙寧船運漕每石應支銀四錢三分一釐零。所有本屆商局輪船運漕，應請照沙寧船現領之款支給，不再區分扣減，亦不扣海運局公費，以資津貼。

又該局原存官本，及光緒二年買併旗昌船棧案內，奏撥官本未還銀一百七十八萬餘兩，由運漕水脚項下分年扣還。並湖北軍需扣款，尚應還銀七十七萬餘兩，應請暫緩拔還，免扣水脚各項，以示體恤。俟商局洋債歸結後，即責令籌繳官本，不准短少，該局商困藉可少紓。

至該局自去秋向旗昌收回後，遴派道員盛宣懷等，認真整頓經理，嚴定章程，力除弊竇等語。臣等伏查輪船招商局之設，創始於同治十一年，當時如何招商集股，有無借撥官款，部中無案可稽。光緒二年，前兩江總督沈葆楨奏美國旗昌公司歸併招商局，請撥浙江等省官款通力合作，是爲招商局報部之初案。此後行之十年，官本之盈虧，商情之衰旺，該局從未報部，部中均無從查悉。惟據沈葆楨原議奏稱“不可失者時也，有可憑者理也。論時則人謀務盡，適赴借賓定主之機；論理則天道好還，是真轉弱爲强之始”等語，是招商局一舉，實通商以來之要務。今據李鴻章等奏稱，當此局勢岌岌之際，必須官爲維持，乃可日有起色，自係實在情形。查原奏回空免税一條，臣部查歷届海運章程，内開沙船領運官糧至津交清後，回南販運北地貨物，並准循照奏案，全行免税。如往天津、牛莊、奉天、山東各口販運，仍由津局查明承運，米石全清後，方准填給免税印照，持赴各關呈驗放行。倘有交米不清之船，一概不准給照。如在各口帶有洋藥，應令查照新章完税等因。今該督請嗣後商局輪船運漕回空，請免北洋三口出口税二成，原來裝米一千石，回空時免收出口貨税二百石，係援照沙寧船成案辦理，仍較沙寧船少免八成，應議准行。該船如帶有洋藥，仍應照章納税字樣，以防包私偷漏。

又原奏湖北帽合茶一條，臣部查《俄國條約》内載：磚茶每百斤收正税銀六錢，半税銀三錢等因。今該督請嗣後如華商附搭商局輪船運帽合茶出口，請照磚茶之例，每百斤減爲出口正税六錢，並免復進口半税，係爲商船多得水脚起見，且稱減税甚微，亦應准行。惟帽合茶一項，原運張家口各處，每百斤收正税若干，半税若干，部中無案可稽，應由該大臣轉飭查明報部。

又原奏漕運水脚一條，臣部查本年二月間，兩江總督曾國荃等奏：蘇省海運章程内開上届加給沙輪各船修艙，每石銀一錢五分。上年經户部奏准：沙船減去一錢，每石准給五分，輪船永遠停給。今届自應遵辦。又沙船每石應支正項水脚四錢之内，扣發三分。輪船招商局業已收回，仍歸華商經理，似與洋商有間，是否循照向來華輪之數支給，抑照上年暫雇洋輪數目核給，請敕部核復遵辦等因。經臣部議復：本届招商局承運江浙漕糧，除每石修艙一錢五分照案永遠停給，其應領水脚、神福等項，准其循照向來招商局華輪之數支給，以示體恤。其應扣回一分及三分等銀，照章提扣，行知直隸、兩江總督，查照在案。查向來華輪之數，較之上届雇運外國輪船水脚，每石多支銀三分零，已足以示體恤，應令仍照臣部前議辦理。湖北、湖南采辦漕米，如由該局承運，亦即援照江浙現支之數支給，以昭畫一。俟該局官本清還，運脚應否議減，再由臣部酌核辦理。

又原奏官本暫緩撥還一條，臣部查光緒二年，兩江總督沈葆楨奏歸併旗昌輪船，請撥官本銀一百萬兩，内江藩司十萬兩，江安糧道二十萬兩，江海關道二十萬兩，浙江省二十萬兩，江西省二十萬兩，湖北省十萬兩。光緒三年，直隸總督李鴻章咨撥濟招商局生息銀十萬兩，内天津道五萬兩，津海關五萬兩，此招商局官款之報部有案者也。光緒六年三月，李鴻章奏各省撥存該局官款，自光緒六年起，匀作五年撥還，由承運漕糧水脚按年抵扣。六年六月，又據李鴻章奏，定購美國鐵甲船二隻，提用招商局三届漕脚還款一百萬兩。此招商局撥還官款之報部有案者也。復查二年沈葆楨摺内有“本年北洋又酌撥官帑以濟”之語，六年三月李鴻章摺内有“存官本原平銀一百九十萬八千兩，除撥還東海關十二萬六千五百兩，尚存一百七十八萬一千五百兩”之語，是招商局官本不止部中有案之一百一十萬兩，撥還官本亦不止部中有案之一百萬兩。又查光緒三年南北洋大臣李鴻章等會奏整頓招商局摺内稱：歷年撥存該局官帑一百九十萬八千兩，均與緩息三年，俟光緒六年起緩息撥本，均分五期，每年繳還一期。無論如何爲難，不得再求展緩，統計八年官本全清。其緩收息款以後，或作官股，或陸續常繳，届期察看情形再議等因。今據該督奏稱：該局官本計歷年扣還並湖北軍需扣款業已過半外，尚應還銀七十七萬餘兩等語。前後奏案頗有參差。且歷年所緩息銀作何結算，亦未聲叙。臣部職司度支，既爲官帑攸關，即無論正款、閑款，均應詳細稽核，慎以洋出入相應。請旨飭下北洋大臣李鴻章、南洋大臣曾國荃，將招商局撥借官款，某年由某省某項動撥銀若干，某年於某案内撥還，抵還某省銀若干，現在未還、係欠某省銀若干；併查明前後八年所緩息銀共計若干，曾否陸續繳還；抑係作爲官股生息，應於某年起息，每年息銀若干，詳細開單奏報，以備考核。至所請應還官本七十七萬餘兩，俟洋債歸結後分年籌繳，未免漫無限制。所有招商局未還官本，除本年免與撥還，應自光緒十三年起分作五年清繳，每年祇責令繳還十餘萬兩，商力亦不至竭蹶。所繳銀兩即令提解部庫，以備餉需。

抑臣等更有請者：三代之治法，貴本而抑末，重農而賤商。從古商務未嘗議於朝廷。海上互市以來，論者乃競言商政，竊謂商者逐什一之利以厚居積，權子母爲事者也。厚居積必月計之有餘，權子母必求倍入之息。若計成本則日虧，問子母則無着，甚且稱貸乞假，以補不足，猶號於衆曰：“此吾致富之術也。”有是理乎？嘗見富商大賈必擇忠信之人以主會計，其入有經，其出有節，守餘三餘一之法，核實厚積，乃能久遠。若主計不得人，生之者寡，食之者衆，取之無度，用之無節，不旋踵而終窶。用人理財之道與政通矣。前者李鴻章、沈葆楨創立此局，謀深慮遠，實爲經國宏謨，固爲收江海之利以與洋商爭衡、轉貧爲富、轉弱爲强之機，盡在此舉。惟洋人之通商中國，斷不爲折閱而來。乃招商局十餘年來，不特本息不增，而官款洋債欠負纍纍，豈謀之不臧哉？臣等稽之案牘，證之人言，知所謂利權上不在國，下不在商，盡歸於中飽之員紳，如唐廷樞、朱其昂之被參於前，徐潤、張鴻禄之敗露於後，皆其明證。主計之不得其人，出入之經不能講求撙節，又安得以局本虧折諉之於海上用兵耶？

臣等公同商酌，該局既撥有官款，又津貼以漕運水脚，減免其貨税，其歲入歲出之款，即應官爲稽察。擬請旨飭下南北洋大臣，欽遵光緒十一年八月十七日諭旨，澈底清查，認真經理。並將該局現存行海輪船幾隻，行江輪船幾隻，碼頭幾處，船隻名號，碼頭處所，及總局、分局委員、商董銜名，詳造細册，送部備考。其每年承運官漕民貨，所得運脚若干，開支員董薪水、輪船經費若干，自本年起，每届年終，核造四柱清册，報部存案。該局總辦由該大臣會商遴派。嗣後派辦之員，再有如徐潤、張鴻禄之虧欠局款，其原保及失察之大臣，即應請旨交部議處，以昭慎重。

—5. 皇朝經世文續編　卷一一五　洋務一五　商務三

岡底斯山考《四川通志》　闕名

岡底斯山，在阿里之達克喇城東北三百十里，直陝西西寧府西南五千五百九十餘里。其山高五百五十餘丈，周一百四十餘里，四面峰巒陡絶，高出乎衆山者百餘丈，積雪如懸崖，皓然潔白，頂上百泉流注，至山麓即伏流地下，前後環繞諸山，皆巉巖峭峻，奇峰拱列。按其地勢，出西南徼外，以漸而高，至此而極。山脉蜿蜒，分幹向西北者，爲僧格喀巴布、岡里木孫諸山，繞阿里而北二千五百餘里，入西域之和闐南山及葱嶺諸山。向東北者，爲扎布烈斜而克、角烏爾克、年唐拉、木薩坦岡、匝諸莫渾烏巴什、巴顔哈喇諸山環衛，地竟青海，連延而下六千餘里，至陝西西寧等處邊界。向西南者，爲悶郡克尼兒、薩木泰岡諸山，亘阿里之南二千餘里，入厄訥特克國。向東南者，爲達木楚克、喀巴布岡、噶爾沙彌、砮金剛花諸山，歷藏衛，達喀木七千餘里，至雲南、四川之境。國朝康熙五十六年，遣喇嘛楚兒泌藏布蘭木占巴、理藩院主事勝住等，繪畫西海、西藏輿圖，測量地形，以此處爲天下之脊，衆山之脉皆由此起云。按《水經注》：阿耨達山西南，有水名遥奴，山西南小東有水名薩罕，小東有水名恒伽，此三水同出一山，俱入恒水；康泰《扶南傳》曰：恒水之源，乃極西北，出崑崙山中，有五大源。枝扈黎大江出山西北，流東南注大海。枝扈黎，即恒水也。今阿里爲藏中極西南，地近古天竺境北，山西出狼楚、拉楚、麻楚三大水，皆西流轉東而南，合爲岡噶江入南海，疑此即阿耨達山也。自佛書言阿耨達山，而釋氏《西域記》、酈道元《水經注》、蕭德言《括地志》，咸謂阿耨達即崑崙。然以地遠莫考，轉相附會，荒怪不經。我聖祖威德廣被，薄海内外，罔不臣服；西南徼外窮荒不毛之土，盡隸版圖。使臣測量地形，踰河源，涉萬里，如履階闥，一山一水悉入圖志。四十九年諭大學士九卿等曰："梵書言四大水出於阿耨達山，下有阿耨達池，以今考之，意即岡底斯，是唐古特言岡底斯者，猶言衆山水之根，與釋典之言相合。"聖言煌煌，始知宇内衆山水，皆導源於岡底斯山，自是而載籍所傳，或有或無，皆可按圖以辨，猗歟盛已！

—2. 皇朝經世文編　卷七九　兵政一〇　地利下

各國船政考　漢塞爾

自一千八百九十五年七月初一日起，至九十六年六月三十止，各國注册輪船帆船，凡一百噸及一百噸以上者，計三萬三百六十八艘，合二十五兆十萬七千六百二十噸。其中輪船居一萬三千二百五十六艘，計十六兆八十八萬七千九百七十一噸；帆船居一萬七千一百十二艘，計八兆二十一萬九千六百六十一噸。

英國造船數目。九十四年，英國新造入水之船，除兵船不計外，共計六百十四艘，合一兆四萬六千五百八噸。其中輪船五百九十四艘，計九十六萬四千九百二十六噸；帆船六十五艘，計八萬一千五百八十二噸。英國自用者，百分中幾八十七分。其造船所需之料，百分中鋼居九十八分六，鐵居一分四，原文一分二，似誤。今校改。輪船用鐵造成者衹二艘，一計一千九百噸，一計一千二百噸。此外皆漁船，每艘無過三百五十噸者。帆船用鋼造者，百分中居九十七分九，用鐵造者衹二分一。原文五厘，似誤九十四年所造船之噸數，比九十三年實多二十一萬噸，其中輪船噸數加添尤多。九十二年所造各船，百分中帆船居二十四分，九十三年僅十四分，九十四年不及八分也。

帆船減少，緣由商務清淡之時，用帆船載貨似比輪船合算，因非急於待用之貨，用帆船遲遲轉運，但當棧房之用，其益處亦有過於輪船者。且其益處尚不止此，以其裝載貨物需時甚久，每非數禮拜不可，貿易場中，因此又得以買空而做期頭生意。況造價及行船之價，又比輪船便宜，乃帆船雖有此等益處，終不及輪船之美。輪船行駛之法各國隨時整頓，致帆船載貨之價，遂不能如前此之賤於輪船矣。貨之由帆船載運者，現已年減一年。英國與澳大利亞，與灘斯美尼，與紐西蘭各島，往來貿易，從前全用帆船，以當時輪船用煤太多，載貨獲利甚微耳。現在帆船所做之生意，皆輪船所不屑爲者也。中國、印度、日本、緬甸、新加坡等處，與英國往來貨物，皆取道蘇彛士河，均用輪船。英國進口貨物，由帆船承辦者，其在美洲之沿太平洋各處，及南河美利加之東南沿海各處乎？即此數處，間亦有用輪船裝載者。帆船數目太多，用場太少，不覺空間。推其故，大帆船比輪船失事更易。因大帆船比中號之船駕駛尤難，故大帆船保險需費亦格外巨大。乃當今水脚甚賤，非大帆船又難獲利。詎知帆船愈大，駕駛亦愈難，雖配有氣機，備在海面轉動風帆、錨鍊之用，無風時可使行駛以代風篷，有風時可抵風力，免吹近岸，其如不能補救於萬一，何至裝煤、裝五穀各帆船因貨過重遭險尤多也！

商船可代兵輪之用。英、法、美、德各國，凡有輪船公司造行走海洋輪船，能於軍務時改作快兵船者，政府必從豐給予津貼，以示鼓勵。英國海部船單上所有商輪，遵照海部章程而造者甚多。此等商輪，均能裝配軍器，雖未與政府訂立合同，說明情願聽候國家調用，譬如華利恩得爾輪船公司，政府曾欲給予定銀，公司雖不受，仍將其所造之船，不獨遵照海部定章，並有比海部定章尤相宜者，以備改作兵輪之用。其近造輪船名屋否之法，最易改作兵輪，且貯煤最多，若每點鐘行十八海里半，能連駛一萬四千海里；若每點鐘行十海里，能連駛一百三十天，無須另行裝煤。該船載重六千九百十噸，馬力一萬匹。

小快輪。近來小輪之行走内河、海峽並濱海各處以及短程途者，速率大加整頓。其中數艘，有事之時用作探船最稱合宜。此等小輪，有明輪、有暗輪之分，每點鐘能行十九海里，或十九海里以上。有行英格倫及歐洲各國，有行英格蘭及阿爾蘭及海峽各島，亦有行蘇格脱及阿爾蘭各處之間者，其中每點鐘行二十一海里者，凡六艘；行二十海里者，七艘；行十九海里者，十七艘。近有某公司與政府新訂合同，在於好雷黑及根思打之間往來，携帶書信。照此合同，該公司尚須添造雙輪輪船四艘，船身須比現在所有各船尤大，往返帶信尤速，蓋至遲須行二十二海里也。

洋海輪船將來速率。俄國政府在英國牙洛廠新造一滅魚雷船，名粟㱿爾者，觀其試驗之效，即可知輪船行駛速率將來尚能復加。該船經官試驗時，每點鐘行三十海里有奇。凡欲加船速率，必須講究二法：曰福斯屈蘭夫，曰應調斯屈蘭夫。用此以加煤火之力，及生發之熱氣耳。其用福斯屈蘭夫之法，以鍋房用相宜之門關閉，使天氣不得由其門而入；鍋之火爐所需天氣，由能轉動之風扇，將天氣從船面煽入鍋房，既入之後，鍋房内之天氣壓力，自比在船面之天氣壓力更大，入氣若干，可用滚水漲力表測表。所入之天氣，欲從鍋房騰出，非經過爐墊不可。過爐墊時，以其壓力較量，使爐内天氣頓加，爐内之煤遂發火愈猛，發熱氣水氣遂愈多也。其用應調斯屈蘭夫之法，則開鍋房放入天氣，將風扇放在烟筒根内，因風扇轉動不息，近烟筒之根有幾分，遂成無天氣之空處，轉動風扇，原爲將爐内熱氣向上，經通烟筒與天氣一併驅出。如此一驅，使鍋房之氣經過爐墊，拉進烟筒，通至外面，一路騰出，較速也。

—9. 皇朝經世文新編　卷一九　兵政下

恭讀上諭各直省督撫設法開辦礦務謹注　梅鼎銘

開礦之舉，歷代具有成法，而《周禮》獨先著爲經。《周禮・廾人》："掌金、玉、錫、石之地。"注云：廾之言礦也。又曰："以時取之，物其地圖而授之，巡其禁令。"是礦務之舉，三代上已行之，《周禮》明言其開采之法，爲後世所仿而行焉者也。嘗考一山有礦，千山有引。習於礦學者，行山望氣，辨引觀苗，即知其地力之盈虚與夫礦産之衰旺。大抵其地可聚千人者，即有可活數千人之利；可聚百人者，即有可活數百人之利。至其開而能成，成而能久，實不易多得，故向來衰歇者所在恒多。然而熟於廠事者，亦必能明其消長之理，以籌修復之法，或拉龍扯水，或旁路抄尖，經之營之，而使閉者轉興，衰者轉旺，惟實難得其人耳，所謂人事居其半，天事亦居其半也。查礦之有引，猶泉之有脉，引之初見者謂之子引，漸而得有正引，乃可進山獲礦。礦形成片者謂之刷，硐礌寬廣者謂之堂，由成刷而成堂，始爲旺廠。若土石夾雜者謂之鬆垙，旋開旋廢，或下開上壓者謂之蓋被。即以銀礦而論，銀礦惟炸礦爲上，爲其塊頭净潔，出銀多而成色高，然廠中似此之礦百不得一。其習見者名爲大花銀礦、細花銀礦，其實皆鉛礦也。鉛礦百斤煎鉛得半，即爲好礦，而好鉛十斤入鑪架罩，其上者得銀六七錢，次者僅二三錢或三四錢；其裹出鉛汁者名爲銷團，鉛浸灰内者謂之底母，皆可溜成黑鉛。黑鉛一項獲利雖微，然以之錘造錫薄，或炒錬黄丹顔料，所用亦廣，原非僅爲製造鉛彈之需也。凡此之礦，認勘者必須詳細先審山形豐厚，地脉堅結，草皮旺盛。引露即沿脉尋苗，有苗即力求獲礦，有礦即務使成堂，《周禮》所謂"物其地圖"是也。金爲水母，五金所産之硐，皆須戽水而後取礦，故向來辦銅例有水泄之費，銀礦亦然。冬春水涸，似易爲力，夏秋硐礌多水，宣泄倍難，往往停歇。若水過多而無處可泄，則美礦被淹，亦成廢硐，今用泰西精良機器或無慮此，《周禮》所謂"以時取之"者是也。

開采人多，須有彈冶之法。如今之廠内各設課長、客長、硐長、鑪頭、欀頭、鍋頭，皆所以約束礌户、尖户、鑪丁、砂丁等類。又須多派書差巡練，以杜禁偷匿、漏課、奪底、争尖之弊。向來廠上之人，殷實良善者十之一二，而獷悍詭譎者十之八九。

且昔年廠中極興燒香結盟之習，故諺有“無香不成廠”之説。其分也争相雄長，其合也併力把持，恃衆欺民，漸而抗官藐法，是以有礦之地，不獨官懼考成，即紳士、居民亦皆懔然防範。更有一種詐僞之徒，慣以哄騙爲伎倆，於礦砂堆中擇其極好净塊，如俗所謂墨緑及硃砂、蕎麵之類，作爲樣礦示人，啗以重利，慫恿出貲，承攬既多，身先逃避。黠者詐財，愚者受累，致良民不敢開采，此向來積弊也。今興利必先除弊，非嚴不可，此《周禮》所謂“巡其禁令”者是也。兹蒙諭令各直省督撫，揀派熟悉礦務、實心辦事之員，於所在有礦之地，逐一認真履勘，擬定辦法，仰見聖主裕國足民、利用厚生之至意。

夫當今要圖，首在籌餉。餉之所出，實有其源，有土有財，開礦實爲要義，誠如聖諭所云，當道者安可不詳慎謀維，通籌全局，察訪實情，推行無弊，以仰副宵旰疇咨於萬一哉？惟是開鑄辦廠資本甚鉅，原非一人之力所能獨開。官辦既已呼應不靈，而在任久暫無常，交代葛藤滋甚，虧空則參辦有所籍口，籌補則益啓效尤。且位尊處高，安肯胼胝手足，任怨任勞，勢必假手幕丁胥役，而弊竇不可勝言。兹蒙恩諭准：由本地人民自行呈請開采，一切辦法官不與聞。是五金之礦，百姓皆可酌量開采，不必拘定一格。如或有人互争之地，前因滋事而未准開者，今不妨稟准復開；抑或草皮單薄之礦，前恐未成而不敢稟者，今不妨據實報聞也。聖明俯體下情，如此開誠布公，百姓更何所慮而不率作興事耶？

—16. 皇朝經世文編五集　卷一六　鐵政礦務

古今工程異同説　楊輝

今夫製造之工，以算學爲體，以化學爲用。非點線面體以相求，無以深明底藴；非形色氣質之分合，無以剖析毫芒。此皆製造家所宜講者也。我中國古時，製造莫詳於《考工記》一書，其攻木之工，曰輪人、輿人、弓人、廬人、匠人、車人、梓人，而木之利乃普；攻金之工，曰築氏、冶氏、鳧氏、㮚氏、叚氏、桃氏，而金之用以興；攻皮則函人、鮑人、韗人、韋氏、裘氏，所以飭犀革之材；設色則畫繢、染人、筐人、㡃人，所以昭彰施之美；而且刮摩則玉人、楖人、雕人、磬氏、矢人，乃見切磋琢磨之效；至於摶埴則陶人、旊人，並戒髻墾薜暴之爲。是《考工記》固開製造之先聲矣。顧古今風氣不同，古之工作不求其速，但求其精，故多以人力；今之工作既欲其精，又欲其速，於是求以算學之法，核以化學之功，所由機器風行，製造日盛也。且機器製造，尤莫要於鋼船、鋼炮，斯二者固非參算學、化學不能精也。

請先言船。船有宜於古而不宜於今，宜於海而不宜於江，宜於外洋而不宜於内港者，核以算法，則製造鋼船。行於海洋者，大宜七千二百八十噸，闊宜五十九英尺，長宜三百零八英尺，吃水深宜二十英尺，鋼甲厚宜二十英寸，始能出奇制勝，遠涉風波。行於江及内港者，則大宜二千二百噸，闊宜二十八英尺，長宜二百四十英尺，吃水深宜十英尺，鋼甲厚宜十八英寸，始能進退裕如，不虞膠滯。然衡中國形勢，造船寧小而無大。蓋爲思啓封疆計，則鋼船欲其大，大則陷陣摧鋒，聲威自覺百倍。而爲保守海口計，則鋼船欲其小，小則左衝右突，操縱可以自如。今中國幅員甚大，原無兼併之心，但使保護城池，令敵人不越雷池一步，則已足矣，又何賴乎船大！且造小鋼船，其利有六：鋼甲大船，動需巨款，小者可省數倍，是以一大船之費，能分製小船數艘，船隻既多，布置自密，其利一；船小則入水淺，凡大船不能到處，小船皆攸往咸宜。其利二；勝可乘勢進攻，敗可退守内港，敵船吃水深者，不能追踪而入，是我可進可退，而敵不能也，其利三；小船既多，分防設伏，一與敵遇，則夾擊夾攻，更番進戰，敵計猝無所施，足爲聲東擊西之計，其利四；大船之炮能擊遠，不能擊多，以數小船圍攻，則可百發百中，敵船必受大創，其利五；中國海港分歧，節節設防，需費甚巨，若稍疏忽，又恐意外之虞，此防海所以難也。如造小鋼船，耗費無幾，造成後分遣各處，攻擊已捷，駕駛復靈，足以保山河鞏固，其利六。有此六利，則鋼船宜小不宜大可知。

其船須置活鋼炮臺，臺以少爲貴。蓋多則所置之炮小，力不足以及遠，勢不足以攻堅。少則可置大炮，猛烈異常，足以一當十，以十當百，故首尾各置一臺可矣。略大之鋼船，尤宜配以雷艇。昔意大利條里由兵艦内有船塢，專藏雷艇。俄土之戰，俄人議造雷艇，置於康士旦丁艦中，旁用曲架加以挺簧，不論波浪如何，可以收起放落，决不損傷。又有樹膠管運大鍋之汽入於懸雷艇之鍋中，立可行駛神速，於土戰大得其益。可見配用雷艇，尤爲制勝之方也。至於材料何以精純，鋼鐵何以堅固，行駛何以神速而無弊，形式何以粗細而合宜，則又賴化學之功。是宜在製造時，悉心講究矣。鋼船之宜，參酌盡善也如此。次言製造炮之術，全在鍊鋼。須以算學之理，核藥彈大小，而定鋼質厚薄。其藥膛炮管之大小，長短分寸之間，悉賴勾股核算，方能配合得宜。要皆以膛口空徑爲則。假令一炮約定膛口空徑爲一寸，則口邊應厚五分，炮墻近耳處應厚七分五釐，近尾處應厚一寸。耳之長及耳之圓徑，俱應一寸。比例相生，作爲定率推步，是以無炸裂等弊。至於鋼料又非化煉極純，不能得其要也。

且造炮之要有二：一曰命中之遠，一曰擊力之大，而尤要在擊力。倘擊力不大，則不能致遠，不能透堅，雖命中亦屬無濟。故各國近造鋼炮，務求其大，務極其堅。其炮之最佳者有二：如英阿姆斯脱郎所造巨炮重八十礅，長二十七尺，口徑六尺，炮膛十六尺，炮彈一千六百磅，每次施放火藥須三百磅。其質皆用純鋼，雖鋼甲厚者亦可擊穿。前歲德國克鹿卜又造新式鋼炮，重三百三十五噸，長四十尺，炮腰徑最大處長六尺半，圓圍十九尺四寸，炮彈長四尺，容火藥七百磅，遠可及十一英里，約中國三十三里，誠可謂愈出愈精矣。惟此炮難用於船，以其過重也。爲防守海口計，則多置此炮於炮臺，實足寒敵人之膽。故中國欲造鋼炮於船中用者，宜多造阿姆斯脱郎之八十噸炮，於口岸用者，宜多造克鹿卜之三百五十噸炮。鋼炮之宜舍短取長也又如此。方今各省船局製造局所造船炮日精，去歲上海製造局又設煉鋼廠，用希門慈之法提煉純鋼，較之洋產有勝而無不及。誠使擇船炮之精者，推廣仿製，杜强鄰之窺伺，即保海宇於澄清，豈非自强切要圖哉！

—8. 皇朝經世文三編　卷六五　工政五　工程

廣教化以變風俗論　闕名

考古帝王之世，其所以移風易俗者，不專以法令爲務，必以教化爲先。維時人心善良，民風樸厚，刑措不用，比屋可封，長治久安，聿登上理。匪有異術也，誠知法令禁於一時，禁於教化，維於永久。若徒恃法令而教化不先，是舍本而逐末也。烏乎可哉！

方今輿地之廣，度越前朝。舉古來未有之疆隅，胥歸一統，未通之國邑悉隸版圖，特民生其間，俗尚各異，爲上者不能一一躬道之，而其所爲特教又未必能一一盡如其俗。雖或設官，分於府有教授，於州有學正，於縣有教諭，又各設訓道以佐理之，更特命學使以統率之。凡所以佐牧令之教化者，幾不可勝數，而求其躬問學、蹈繩矩、振興風節、維持名教，則什不得一焉，或百無二三焉。豈士人學古有年，一旦身任教官，而不顧名思義以盡其教之之心乎？良以教職一官，選除悉循資格，升轉漫無定期，在上者既視爲無足重輕，甚或舉被議儒吏，勒令改教，以爲藏拙之地。以故科目明經中之夙儒碩彦，每不樂就之，而就之者亦遂與時俯仰而不克自振耳。不知教職爲課士之官，猶之有司爲牧民之官，其親士與親民無以異也。苟自命備員，絶不以作育人材爲己任，綜計一邑之士充弟子員者，多至數百人，少亦不下百數十人，類皆稱之爲師，而實無分毫授受之益，將安所貴有教官之設乎！且夫千里不同風，百里不同俗，風俗之不能皆美情也。舉一世而甄陶之，合萬邦而協和之，教化之不能遍及亦勢也。所賴有承宣流化之吏，隨其地之所宜，因其俗之所安。若文翁之治蜀，黄霸之治潁川，略師其意而變通之。令各府州縣城設立鄉約公所，月以朔望，會集文武官弁、紳士、庶民，即以本城教官作爲講官，宣講《廣訓》恪恭將事；離城所屬各鄉鎮，則以通學中之廩增生員，派充鄉約正副教士，分駐各處宣講，一如在城之制。優給廩餼，俾贍身家，以專其事。嚴定勸懲，俾知感奮，以責其功。教士中有不能稱職者罷之，能悉心講諭，著有成效，准由該管教官據實上陳督學使者，酌予獎賞。似此一轉移，教官得以盡其職，教士得以贊其成，凡紳商士庶咸曉然於善之當行與惡之不當爲，欣然以從，翕然以化，行之數年，有不革其舊染之俗而敦禮讓之風者，未之聞也。

閑嘗討論泰西教務之興甲於他洲，别户分門，各從其會。耶穌、天主，不一其名，咸以敬天修道、戒殺好生、不奉邪神、不信釋道爲宗，其與各政相爲表裏，並行而不悖者，垂數千百年，要亦未可厚非也。迹其各教會所設之監督，類由公舉，每歲巡行各處，考察牧師教士之勤惰，以及教會之盛衰，如中國督學之制；各堂所設之牧師，督率教士，以傳教於四方，亦如教官之例。其爲牧師之佐者，皆爲教士，分駐各處，隨時講道，以廣其傳。此西教之大略也。彼教中人謂我中國有牧民之官，無教民之官，其言較確。世有志於教民者，當不河漢斯言。

—15. 皇朝經世文四編　卷三〇　禮政　訓俗

海道用師議　闕名

古之海道用師，詳於顧亭林《日知録》，然其時初無巨炮也；明之海道用師，詳於鄭若曾《籌海圖編》，然其時尚無輪船也。時勢既殊，用兵各異，故其陳言，今皆不贅。即國朝之平臺灣、平蔡牽，皆爲海道用師，然皆制内寇，而非防外夷，其勢亦異。若道光中防英人尚無水雷，咸豐中防英法尚無鐵艦電報，則雖爲防海防夷，與今之防俄，尚有不同也。今論防俄，請規時勢，籌變通，出獨見以立議。

夫議防俄防海而用師，宜倣長江水師提督，而設防海水師提督，以今各省之海口既分，各省各守，各口各守，不相顧也。此口設或有警，彼口祇自嚴防，如左右手之不相助也，如左右鄰之不相救也。祇圖自全，豈暇遠襲？一旦敵至，敵則并力聚攻，我則一口孤守，即能堅守力戰，久恐勢必不支，非計也。惟設防海水師提督，以統轄各口，北自奉天之牛莊、旅順、山海關，直隸之天津，山東之萊州、登州、烟臺，南則江蘇之海州、狼山、上海，浙江之乍浦、寧波、温州，福建之福州、厦門、臺灣，廣東之廣州、潮州、瓊州，沿海萬餘里，各海口皆歸統轄，則呼應既靈，連絡一氣，戰守相援，奇正交擊，如敵至一口，即鄰口飛援，敵攻一口，即鄰口交襲，則勝勢成矣。蓋海口與鄰口相距雖遠，或數百里，或千餘里，而用電線傳軍報則瞬息可通，用輪舟載水師則計日可至，敵舟如忽逼，援師即飛來，自可犄角圍攻也。譬如敵至上海，則傳電報，而狼山、乍浦左右兩鄰口水師，可飛駛輪舟夾攻；如敵至天津，則傳電報，而牛莊、山海關、旅順、烟臺，前後左右數海口水師，可飛駛輪舟圍襲。如此則敵勢孤而我勢盛矣。蓋譬之一人，有提督一主帥，猶人之有一心也；左右兩口水師，猶人之有左右兩手也。無心則兩手不相顧，致兩鄰不相援；有心爲主，則兩手自相助，而兩鄰自相援矣。我既心手相關，敵自腹背受敵，此要策也。考我朝兵制，陸兵之戰守，以正兵應敵，而以兩翼兵爲奇兵，交出圍擊，以此制勝。今議設防海提督統轄沿海水師，以本口戰守爲正兵，以鄰口交襲爲奇兵，實本陸師兩翼之意，而變通推廣也。

至於海道用師，尤在平時預教，蓋行海道、扼海口、駕輪舟、用鐵艦、發洋炮、伏水雷、傳電音、測海水，不但陸兵所未諳，即長江水師亦未盡諳也，必預教而習熟之，乃克有濟也。其預教之法，大端凡二：曰戰，曰守。守之目凡五：曰堅築炮臺，曰習練火器，曰造備鐵艦，曰暗伏水雷，曰學傳電報。戰之目亦有五：曰善駕輪舟，曰精發巨炮，曰熟悉海道，曰巧運雷船，曰團練島勇。十者備，而戰守皆宜矣。請分條而詳論之。

如守海五要，一爲炮臺須堅築者。各海口炮臺已多堅築矣，而用中法，似宜參西法。近布國希哩哈著《防海新論》一書，言美國炮臺，於發巨炮處之前起沙堆，開炮路，以防敵炮之遠擊也；又於藏火藥屋之上，造鐵蓋覆屋頂，以防炸炮之燃焚也。此防海之要務一也。二爲火器須練習者。近時火器，多用後膛來福洋槍，而各國之不同，所發之法各異，固宜預教預習；又洋炮如田雞炮、開花炮、轉輪炮，發各不同，尤宜練習；以言巨炮，更爲守海利器，而如布國之克虜伯炮、博樂威炮，英國之奄斯蕩郎炮、瓦瓦斯炮，法國之庇僧桑立化炮，及美國新法所造之百立壽炮，復發各不同，皆宜預教而練習也。此防海要務二也。三爲鐵艦須造備者。鐵艦即鐵甲輪船，極大極堅，屹若堅城，較炮臺尤爲足恃。近西國鐵艦，愈造愈大愈堅，鐵甲厚至尺餘，巨炮不能洞穿，足禦敵炮。此尤守海者不可無也，宜預爲備也。此防海之要務三也。四爲水雷須暗伏者。水雷伏則敵舟毁，觸即虀粉，而其類甚多，巧機各異，有性爾水雷，電氣水雷、火箭水雷、强水發火之水雷、磨而發火之水雷。其暗伏發機，皆宜預教也。此防海之要務四也。五爲電報須學傳者。電報傳軍報，瞬息千里，或置電線於空中，架於木上，或置電線於海中，沉於水底，近布國又改置於地中，護以鐵管，防敵毁也。其傳電報法，今上海、天津已試行之，造電線架，用電氣盤，依電報書，或用廿六字頭合成西語，或變編號暗記，巧傳華言，合字成言，合言報事。其法未易猝嫻，慎防微錯即誤軍機，尤宜預教也。此防海之要務五也。

至於戰海五要，一爲輪船須善駕者。駕駛輪舟，全在掌機器靈警，窺遠鏡之詳明，察針路之精細，辨風色之轉變。善駕則於海中使輪船如使馬，足以制敵；不善駕則或撞傷，或迷霧，或擱淺，或觸礁。平時且多危，何況臨陣，或觸水雷，或撞鐵艦，舟即毀矣。且戰海輪舟，尤宜倣西國新製船，傍施鐵網，以防水雷，船首安鐵錐，以壞敵艦。於駕輪舟而戰海也，更宜參以西法。考西國兵書，如輪船布陣、水師操練諸書，不可不預究而預教也。此戰海之急務一也。二爲巨炮須精發者，炮不中敵，與無炮同。在守於海口時，敵以炮擊平地易，以平地則的大而不動，有定向也；我以炮擊敵舟難，以敵舟則的小又行動，無定向也。若戰於海中時，則我舟既行動無定向，敵舟又行動無定向，中的更難矣，惟精於發巨炮、辨針向、精算法、參風勢、測敵情，而又於輪舟之上，參以西人新法，巧造鐵炮臺，妙運活機關，而始定的，乃百發百中焉。故西人兵書之論發巨炮者，如《炮準心法》《兵船炮法》《克虜伯炮操法藥法》諸書，又不可不預究而預教也。此戰海之要務二也。三爲海道須熟悉者。如出海口擊敵，及鄰口赴援，其要尤在明海道，惟審針路則行不誤，試水託則行不危。論針路，如自上海出口往狼山口，則針路須向正北微偏東，如東南風，須偏東一字，如西南風，須用子午針。此針路之因風而改也。又如自雲梯關往山東，海山關之東有大沙暗伏海中，則須偏東一字以避之，避過則用子午針。此針路之因沙而變也。又如自山東成山往天津口，西折，針路須向北微偏西至烟臺，其西北有大沙，須偏東以避之，過廟島往天津口，又須改針路爲正西偏北。此行海道之針路，須熟習也。論試水託，以繩繫鉛探水，五尺爲一託，計託知處，如自上海至十效，則十託至二十託，過佘山則三十託，上下水色黑，入黑水洋矣。至五十託，上下水色緑，入緑水洋矣。至六十託，上下水色黄水泥軟，即知近天津口矣。此行海道之水託，宜預知也。知之而海道可行，師不迷道，不犯沙，可冀有安無危。而戰時之海道，更無定也，又須隨機應變，勤測遠鏡，時變倒輪，不觸水雷，不撞鐵艦，庶可冀有勝無敗矣。此戰海之要務三也。四爲巧發水雷者。水雷有兩類，繫定者利於守，流行者利於戰，如美國之新造火箭水雷船之類，此可用之於戰而毀敵舟者也。善用火雷，立毀敵艦，用數水雷，勝十萬師矣。學習而巧運焉，則勝算可操。此戰海之急務四也。五爲團聯島勇者。大兵多則餉匱，兵［少］則勢孤，惟團聯近島之民勇，則餉不糜而氣自盛。島民習於行海，團聯而預練之，許襲敵而獲金帛，即以予之，擒渠而奪炮舟，即奏官之，則皆奮勇殺敵，群起圍攻，無異勁兵矣，皆助勝師矣。此戰海之急務五也。有此十者，可以行海，可以行師矣。

而尤有更要者，則留意將才是也。此十者，非將才不能總其成。所謂將才，必有謀有勇，有學有識。斯或爲儒將，或爲名將，不貪利，不倖功，不輕敵，不畏死，能持重，能神速，慎戰好謀，可成大功焉。彼哆口談兵，侈然自負，難事易言者乃妄人，不足與成事也。論防海，於防江有同有異。防江制内寇，防海禦外夷，一異也；江流千里，貫通海口，各省分隔，二異也；江流横而如帶，兩岸皆轄矣，海口縱而如襟，萬里皆駭浪，三異也。乃有異而同者，長江固當設水師提督以統轄之，而事權始歸一；防海亦當設水師提督，以統轄之，而指臂乃可使也。此異而同也。

—15. 皇朝經世文四編　卷三四　兵政　海軍

海運河運議 李慶恒

國家定鼎燕京，承前明之舊，歲輸東南之粟，令漕卒自至所在州縣，支運輸挽之費歲率二三倍，行之二百年。道光季年，天子念元元之困，惻然憫之，乃下大臣議復海運，行之至今，數十載矣。東南瘡痍之後，得以裁浮費，稍稍與民休息，蓋其效已睹。議者猶深謀遠慮，防海道梗塞之患，欲並試河運。請得借箸以籌之：

當元之時，伯顔以河漕繁費，令朱清、張瑄通海道，由劉家港開洋，至撑脚沙、轉沙嘴，至三沙揚子江；過萬里長灘，經清水、黑水二洋至成山；過劉島至之罘、沙門二島；放萊州大洋，抵略河口。終元之世獲其利。然漂溺無歲無之，而季世終以不給。明成祖遷都北平，鑒亡元之弊，命疏會通河以挽漕。是時南直隸蘇、松、常之粟，浙江杭、嘉、湖之粟，送至淮安；鎮江、廬、鳳、淮揚之粟，送至徐州；徐州之粟、山東兖州之粟，送至濟寧，並以裏河船遞送至京師，所謂轉運也。當時民以爲不堪，乃改於淮安、瓜州水次，增加船脚耗米、對船貼兑，與軍領運，謂之兑運。民猶以爲不堪，復改於本府州縣附近水次交兑，而增加漕卒過江脚耗，於是乎定長運。本朝因革損益，知明制之未可輕廢，故不敢惜一時之費，而改二百餘年之舊。然而法久弊滋，漕卒之需索，官司之浮冒，紳民之輕重不齊，蓋至宣宗成皇帝之世而東南重困矣。

河運之改而由海，固其勢不得不然，而亦因以蘇斯民之困也。大抵海道速，旬日可至，輸挽之費又省，效可旦夕睹。然一旦海氛不靖，梗塞阻隔，倉卒不可救，而漂没覆溺之患猶小。河運雖無此慮，然三四千里，不三月不至，所費既鉅，重爲民生困。二者各弊，是以國家非甚不獲已不輕言變法，蓋其慎如此。今海運行二十年，漕大便利，當事者復議欲復其舊，豈不以朝廷二百年之法，子孫萬世無窮之利，不可以遽廢。且自停運以來，漕卒無所得食，山東、河南諸省盗賊蜂起，十數年而始滅，中原之元氣實傷於此。又以逆夷窺伺，畿甸萬一有變，以舟師截我之糧道，事尤有大可憂者。夫此誠不可不爲之計。

然第防海運之害，而不知今日河運之未可驟復。即使復之，而亦不能保其有利而無害。蓋河運一復，所費必鉅，所費既鉅，勢不得不取之民間。小民無知，不以爲勢之不得不然，而以爲上仍不恤民之困。至於官吏之藉端加派，而浮冒侵漁之弊，又將不可勝言。夫民者，邦之本也。孔子與子貢論政，寧去食而不失民之信，聖人豈爲是迂論哉？誠以無民而有食，不可以立國也。國家承列聖深仁厚澤漸漬於人心，斬木揭竿之徒旋起而旋滅，亦以民之固結者深，故根本固而外患不足以摇之。

今東南甫定，又蒙毅皇帝加恩，減江南之漕，可謂勤恤民隱矣。使復以河運之故而小民重受昔日之累，是爲德不卒，甚非有國家者久安長治之策也。然則如之何而可？曰漕運無得失，漕運之多寡乃其得失。漢初，漕山東粟以給中都，歲止數十萬石，其後則歲六百萬。唐初歲不過二十萬，其後三歲七百萬。宋初亦不過數十萬，其後至五百五十萬。夫其後之所以不得不多者，羨卒之太多，冗員之未去，西北之水利未興。不去其不得不多之原，以馴復於不漕自裕之法，區區講目前之得失，抑亦治其標而不知治其本也。

爲今之計，亦惟汰羨卒，裁冗員，興水利而已矣。夫國初養旗丁以拱衛京師，比於漢之南北軍，誠得内重外輕之勢。然二百年來生齒日繁，使皆仰食天庾，必不可以久。今若定以額數，簡其精鋭，别爲一軍，其餘並令各尋所業，與漢人等一，轉移間而國家之所省多矣。至於去冗員，則非閉捐例、嚴保舉不可。夫今日外省之官，科目不及異途之半，而京師各官自員郎以下，亦皆可以資入。至保舉之濫，自監司至守令、佐雜，更不知幾千百人。此其人即小有技能，然非讀書稽古，又大率躁進之徒，使之踞於民上，不惟虚糜朝廷之廪禄，而亦重以剥小民之脂膏。今若永閉捐例保舉一途，申連坐之法，令大吏不得濫予，前此捐職保舉人員，在京由各部、在外由督撫嚴加甄别，除才績卓著者奏留外，餘俱聽其回籍，如是則國家之所省愈多矣。其尤要者，則在乎興西北之水利。夫土無瘠沃，水利之興廢即其瘠沃。今日西北之石田，皆三代膏腴之地，夫誰不知之？而水利終未能興者，以費鉅而任使又難其人也。夫慮其費鉅而無所出，則莫若漸以行之，令地方官得便宜從事。募民修陂塘，築堤岸，墾荒田，而免其起科。小民易於趨利，必踴躍從事。苟得各州縣相率爲之，庶力衆而事可辦。若夫任使之人，則在各大吏之實心整頓，嚴其賞罰，一其事權，久其任使。天下豈無鄭國、鄧艾其人者乎？行之有效，然後盡折東南之漕，輸銀天府，不特東南之民力以紓，於國計亦永永有賴焉。其與斤斤於海運之得失者，奚可同年而語乎？願以告天下之有心經世者。

—5. 皇朝經世文續編　卷四一　户政一八　漕運下

黑龍江圖説《會典》

黑龍江。黑龍江將軍治齊齊哈爾城，在吉林北一千七十二里，至京師三千三百七十七里。領城六：齊齊哈爾城之東南呼蘭城，其北布特哈城、墨爾根城，其東北黑龍江城，其西呼倫貝爾城。

嫩江，出墨爾根城西北伊勒呼里山，二水合東南流，西合伊什肯河折東流，北合納納爾河、額爾赫肯河，西合拉都里河、多布庫爾河、貝爾河，東合哈羅爾河、中科河、諾魯爾河、諾納爾河、和羅爾河，經墨爾根城北，折西南流。甘河出其西山，二水合東流，北合呼裕爾河來會，又西南經布特哈城東稍南。納納穆爾河出其東山，二水合西流，北合一水。努敏河出其西山，亦二水合東流，北合三水，南合畢拉河、格尼河俱來會。又西南阿倫河自其西北二水合東南流注之，又經齊齊哈爾城北，及西。又西南，雅爾河出其西北山，五水合東南流，西合濟沁河，分二支津俱來會。又南，穆爾河自其西北二水合東南流注之，又東南入内蒙古杜爾伯特旗界。嫩江之東曰瑚裕爾河，出齊齊哈爾城東山，二水合西南流，亦入杜爾伯特旗界，瀦爲察漢泊。又東曰呼蘭河，出呼蘭城東北山，西南流，北合一水折西，又西南流，北合瑚拉庫河、額伊濟密河、額伊渾河、納敏河，又經呼蘭城西，通肯河出其西北山流（往）［注］之。又東南入吉林阿勒楚喀城界，注混同江。又東曰呑河，出佛思亨山西南麓，南流，西合伊春河，河東流，北合喀穆齊河，西合紅科河，又東北合和河、穆遜河、土河，入吉林三姓城界。呑河之南曰巴蘭河，南合一小水，亦東流入三姓城界，俱注混同江。

黑龍江，上源曰敖嫩河，自喀爾喀車臣汗部東流，經雅克薩城西境，安巴格爾必齊河、卓魯克齊河、烏魯穆河俱自其西北注之。又東會額爾古訥河，又東南合墨河，又東格爾必齊河、鄂爾河、鄂爾多昆河、烏爾蘇河，俱自其西北注之。又經雅克薩城南而東，波羅穆達河自其西北注之。折東南，額爾格河、巴爾坦河俱自其西北注之。又東南會瑚瑪爾河，稍東北，合淘斯河。又經烏魯蘇木丹城南而東，西合滚河，北合庫倫河、額蘇里河。又南，西合三小水，與精奇里江會。又經黑龍江城東，愛琿城西而南，西合坤河。又東南，西合博科里山水，北合謨里爾克河、博屯河。又南，遜河、占河出其西山，合東流來會。又東南科爾芬河自其西南，二水合東北流注之。又東卓倫奇河出其北山，三水合南流，東北合牛滿河，折西南流，東合塞拉穆河來會。又東北合哈拉河、庫爾圖爾河、珠春河、庫魯河、畢占河，南合烏伊河、富河、布倫山水扎伊河、集達河。又東入吉林三姓城界，注混同江。額爾古訥河，上源曰呼倫池，喀魯倫河自喀爾喀車臣汗部卡倫外，東北流入界瀦焉。鄂爾順河亦自車臣汗部貝爾池北出入境來會，稍北，東會哈拉爾河，北出爲額爾古訥河。東北流，西合霍爾津池水，東合蒙克西里河、和倫河、眉勒爾喀河、謨里爾肯河、牛爾河、伊穆河，又北［注］黑龍江。哈拉爾河，上源曰特諾克河，出呼倫貝爾城東山，二水合西流，北合扎敦河，又合北來一水。又西依奔河出其東南山，二水合西北流，南合輝河來會。又東北經呼倫貝爾城東，墨勒根河出其東山，二水合西流來會，又東北瀦於呼倫池。貝爾城，上源曰喀爾喀河，出呼倫貝爾城東南特爾根山，爲達勒彬池，西流，南合安巴喀爾渾河，北合古爾班賽堪河，又西南合訥墨爾根河、和爾和齊河，折西北流，出卡倫瀦爲貝爾池，接喀爾喀車臣汗部界。瑚瑪爾河，出黑龍江城西伊勒呼里山，四水合東流，南合塔哈河，又合北來二水，稍東，南合倭勒克河，又東北注黑龍江。精奇里江，出外興安嶺雅克薩城北境山中，東南流，欽都河出其東北山，二水合西南流，北合一水，東合二水來會。又東南鐵牛河上源曰寧尼河，出其北山，東西合五水南流來會。又東南西林穆迪河出其北山，西南流，北合陽奇尼河，東合楊山水，西北合納拉河，折東南流，東北合翁額河來會，折南流，西合一水，東合托謨河、貝屯河，又南經愛琿城北，注黑龍江。綽爾河，出呼倫貝爾城東南特爾根山，三水合東南流，西合那爾什河及索岳爾濟山水，入科爾沁右翼後旗界。

雅克山在齊齊哈爾城西北。内興安嶺繞墨爾根城東西。外興安嶺在黑龍江城北，接俄羅斯界。伊勒呼里山在墨爾根城西北。索岳爾濟山在呼倫貝爾城南。喀穆尼山在黑龍江城南。佛思亨山在呼蘭城東，南至吉林界，西至喀爾喀車臣汗部界，西南接内蒙古之烏珠穆沁左翼旗、科爾沁右翼中旗、前旗、後旗、扎賚特旗，北至俄羅斯。

—2. 皇朝經世文編　卷一一九　工政二五　各省水利六

湖北水道圖説《會典》

河南省之南爲湖北省，以武昌府爲省會。武昌府之東黄州府，其西漢陽府、荆州府、宜昌府，其西北安陸府、襄陽府、鄖陽府。漢陽府之西北德安府，荆州府之北荆門州，宜昌府之西施南府。

大江自四川東流入境，經宜昌府，合元渡河、沙鎮溪、茅坪溪、香溪河、卷橋溪、梁村河。又東南經荆州府，合清江、漢陽河、白水港、洋溪、瑪瑙河、沮河，一水南出曰虎渡河；又一水西南出曰華容河，俱入湖南境。大江亦入湖南境，折東北，復自湖南入境，經漢陽府，合沔陽湖曰新灘口，又合赤野湖曰沌口，又合斧頭湖、寧清湖而北，與漢水會曰漢口，又合牛河曰灄口，合武湖水曰武口，又東南經黄州府西南、武昌府東北，合龍河、岐亭河及梁子湖曰樊口。又合巴河、英山河、童子河、漳源河、陽辛河，折而東，又合古角河，接江西境。清江上源曰大跳敦河，出施南府，合龍馬河、冷水河、龍溪河，東流經宜昌府，合桃符河、金雞河，入於江。沔陽湖、赤野湖俱在漢陽府境，北通漢水，支渠交錯，西合草市河，東流入於江。虎渡河自大江南出，西通均湖，東通白蓮湖，南流入湖南境。其自白蓮湖南出一水曰蓮湖水，亦入湖南境。龍港自江西北流入境，經武昌府注陽辛河，達於江。漢水，自陜西東流入境，經鄖陽府，合曲遠河、陡河。又東南經襄陽府，合曾河、丹河、粉河、唐河、白河、蠻河、豐樂河。又經安陸府西，荆門州東，合樂鄉河。南出一水，通荆州府諸湖，又經漢陽府，南通沔陽湖、赤野湖，合三台湖。又西（河）［合］溳河曰溳口，又合澴河而東，與大江會。丹河、白河、唐河俱自河南南流入境，經襄陽府入於漢。楊葉湖在安陸府東，巾水河、内河、皂市河俱匯焉。其東南爲三台湖，南入於漢。丹河、滔河俱自陜西東流入境，經鄖陽府，又東入河南境。龍黹河出施南府，合南河，其東曰唐崖河，亦出施南府，俱南流入四川境。北河亦出施南府，西南流入湖南境。澧水出宜昌府，合霧江；其東曰渫水，亦出宜昌府，俱東南流入湖南境。

南至湖南界，東南至江西界，東至安徽界，北至河南界，西北至陜西界，西南至四川界。

—2. 皇朝經世文編　卷一一七　工政二三　各省水利四

互市檔案《中西紀事》

國朝康熙二十二年，滅鄭氏，臺灣平。越二年，疆臣開海禁，報可。於是設榷關四，在於粵東之澳門、福建之漳州府、浙江之寧波府、江南之雲臺山。時荷蘭以助攻鄭氏有功，首請通市。大西洋素稱饒沃，又其人勤於貿易，多操海舶爲生涯。自荷蘭得請，則明以前之未通中國者，皆争趨之。英吉利者，大西洋之强國也。自明以來，拓地漸廣，開通市埠及於東南洋。當康熙之初，即謀通商於澳門，以海禁未開而止。九年，鄭成功之子經方踞臺灣，英商來往於厦門、臺灣等處凡數歲，鄭減其税而羈縻之，藉以控制荷蘭。未幾，耿、鄭交兵，藩臣内亂。朝廷議先定沿海邊界，防外洋之助鄭爲患者。於是英人以華商交易不便，復去之。及臺灣隸入大清版圖，英人又疑新拓之區税則必重，乃舍閩赴粵東，又時來往於浙之舟山、寧波等處。而其時英吉利之名不著，但知其爲紅毛之番族而已。五十六年，總兵陳昂始奏稱："粵東紅毛，有英圭黎諸國，最爲奸宄。"蓋其時通市於廣州、澳門等處，屢以粵關索費太重，糾洋商合詞争之。雍正之初，又議增收禮物、銀兩。乃於七年合詞控於大府，得稍稍裁減。未幾，官吏又增出口之税，於是英人始有移市入浙之志矣。初，浙之海關設於寧波，舟山尚未置縣，商船出入寧波，往還百數十里，水急礁多，往往回帆徑去。迨定海既設監督，張聖詔始請移海關於定海，部議從之。乃於定海城外道頭街之西，特建紅毛館一區，以爲番舶來往之逆旅。自是，浙之定海商船日多。英商以粤中不便數來往舟山，見今昔情形之異，乃定計爭之。乾隆二十年，英舟泊定海港，有總商喀喇生、通事洪任輝，請於浙之寧紹台道，願在定海納餉，許運貨至寧波府。閩粤兩督聞之，以其利浙税之輕而致關課之絀也。二十二年，閩粤總督上言："浙關正税，請視粤關則例，酌加增一倍。"部議從之。奉旨："洋船向收廣東口，由粤海關稽察徵税。浙省寧波不過偶一至，今奸牙勾結漁利，至寧波者甚多。番舶雲集，日久留住又成一粤之澳門矣。今更定章，視粤稍重，俾洋商無所利而不來，以示限制意，初不在增税也。"未幾，部臣復議外洋不准赴浙貿易。定制歸併粤東一港，每年夏秋之交，由虎門入口。是時方嚴絲觔綢緞出洋之禁，英吉利雖時時違制，潛赴寧波，無所得，仍遵新制，在粤通市。粤中初設洋商通事，洋行據爲壟斷之利，誅求不已，串通官吏，規費益增。於是英商洪任輝等仍赴浙，請在寧波開港。而浙撫已奉新令，悉毀英商旅廨，聞其舟舶舟山，遂發令驅逐，斷其岸上接濟之食物。洪任輝憤甚，乃由舟山泛海直抵天津，仍乞通市寧波，並訐粤關積年規弊。奉旨詰責，飭將洪任輝由旱道押赴廣東。遂於二十四年七月，奉命："著福州將軍以欽差赴粤按驗。"苛勒有狀，將監督家人問罪。又因洪任輝不應違制擅赴天津，押往澳門，圈禁三年始釋之。自此，諸番通市粤中，奉法惟謹。乃事閲三十年，弊端復起。向之裁改歸公者，又增其費而加重焉。各洋商皆以爲不便，而懲洪任輝之往事，未敢訟言。英國王雅治乃與其臣下謀議，以純廟八旬萬壽，入貢天津，乘間言之。五十八年，英國王遣其使臣馬甘尼，一作馬戛爾尼。由海道赴天津入貢，始通中國也。時上以遠人嚮慕，誠款可嘉，特命理藩院導其入覲。嗣使臣以其國王表文進，仍請在浙開港，並通市天津；又欲援俄羅斯往例，遣人寄住京師。上以寧波、天津無通事洋行，交易未便，且俄羅斯自立恰克圖後，久不在京寄寓，所請有給舟山海島並廣東附近省城地華洋參錯，斷不可行，因特頒敕諭前後二道，逐款指駁，示以中外之防。使臣乃不敢言。比其返也，上遣重臣伴送，由内地經歷直隸、山東、江蘇、安徽、浙江、福建至粤東，放洋回國。貢舟過寧波，請便道市茶、絲出洋，許之。馬甘尼回國，國王開讀敕諭，自知所請與中國體制不符，事遂寢。然雖絶意於舟山，猶思逞志於澳門。又其時英人方與佛蘭西搆兵，懼其播聞於中國，因敕諭中有"許其再來款貢"之語，乃於六十年復具書幣，由粤之大班轉呈粤撫，代爲陳奏，並述其昔年曾帶兵船至的密地方助天朝大將軍，蓋福康安征廓爾喀時事也。粤撫譯其文，以其詞極恭順，上亦優答之。然其來往澳中，既忌葡人，又防佛蘭西，展轉包藏，遂有嘉慶七年、十三年之事。

澳門者，各洋貿易來往之所聚，而葡萄牙實主之。乾隆間定制並歸粤東，暫泊黄埔，交市事竣，仍回澳門住冬。轉向葡人賃屋栖止，限滿則驅之歸國。又葡人但輸船鈔，不似諸番船貨並税。英人自通市於粤，設四班公司，經理貿易，欲得中國一島之地，如新嘉坡、麻六甲者，以爲逆旅，其形便無過澳門。而爲葡萄牙所先已積不能平，又見澳中官吏與之爲援，尤陰忌之。迨乾隆之末入貢，要求請令澳門寄住之洋商得出入自便，意欲效葡人事例，得以輕賦，自立馬頭，而未敢訟言。上亦陰相制馭，故勅諭中但令其循向來澳門貿易之常例，而英人窺之不已。嘉慶七年，英有兵船六，泊雞頸洋，託言佛蘭西欲侵澳門，故遣兵來戍，實藉詞窺澳也。葡萄牙人覺之，乃告於大府。飭洋商宣諭令其釋兵回國。遂以是年六月去。去之日，遣人陳謝，仍以佛蘭西爲言。時粵中大吏以其在澳未久，又不煩兵力，遂秘之。而其事已寖聞於上。迨十年，英國主復具方物，遣使臣附商舶來粵。譯其表文，則以方與佛蘭西搆釁，恐其播謡以中國以間我，蓋自説其七年之役也。是時英商每有貨船，輒以兵船防護之。又恐中國疑其復有澳門之事，值閩粵之間海氛不靖，乃託以協剿海盜，游弈内洋。上見其表文中有“欲爲中國效力”之語，諭新任總督那彦成至粵，整飭戎備。其護貨之兵船，亦令申畫疆界，毋使侵踰。越三年，而澳中釁復起。十三年，英將有度路利者，一作圖禮。自安南敗歸，以其餘艘抵澳，亦聲稱：佛蘭西取小吕宋，將順道襲澳門。葡人知其詐，而粵之大班有喇佛者，以七年之役爲澳夷所間，挫衂而歸，欲以此時兵力，唆令度路利占澳門，爲補牢計。大府聞之，即飭諭洋商傳諭大班，令遣兵船回，且告曰：“澳門非葡萄牙所有，乃我大清土地也，佛焉敢侵軼我？且邊寇有警，中國自能禦之，毋勞戍師，致吾民驚擾。”度路利聞之怒，乃率兵登岸，占踞市樓。澳門之民，驚恐罷市。時兩廣總督吴熊光、粵撫孫玉庭聞變，乃援照違抗封艙之案，調兵守禦。度路利遂率兵船三，徑駛入虎門，進泊黄埔。又自黄埔乘杉船數十艘，直抵會城，入館寄寓，揚言將刼十三洋行，以修［逋］怨。度既下令，兵船争趨之。乃有碣石鎮總兵黄飛鵬，以師船横截省河，飛炮擊斃西兵一、傷者三。始懼而退，然其踞洋館如故也。時大班索還累年商欠，又以封艙停市，請退所買之茶而償其值。虚聲恫喝，勢燄益張。適英吉利本國有船主來，聞封艙之事，懟大班曰：“犯中國而罷市，雖得澳門，猶石田也。”先時，洋船率以七月抵粵，停泊黄埔，换貨不過兩月，交冬即回帆去。至是，泊港外數月，貨無起日。各商亦怨謗沸騰。大班喇佛乃言於度路利，責葡人納賂，以番洋六十萬犒師。英之兵船，始具狀歸誠，請照舊通市。維時方奉剿辦之諭旨，各路官兵雲集者二千六百名，而督撫意在弭釁，遂許以兵退開艙。於是度路利以冬月起椗出洋，蓋已有成約也。上以吴熊光辦理遲緩，又不親涖澳門，耀示兵威，雖開艙在西兵既退之後，而許之在先，嚴旨切責。旋飭新任督臣，馳赴澳門查訪，盡得其情。因劾熊光示弱畏葸狀，遂與巡撫孫玉庭俱論罷遣有差。是役也，英人覬覦濠鏡，自謂與天朝無纖芥之嫌，而度路利稱兵入省，實由封艙激成。且其自安南來，亦非該國王本意。大班喇佛教唆，其事聞於英國，王遂革大班之職。喇佛不敢歸，復回粵。粵中人以前事銜之，驅逐回澳，數年以憂死。

自公司局之設也，大班來粵者，率寄寓洋行。行人事之惟謹。然所以朘削之者，無所不至，又與關吏因緣爲奸。課税既增，則規費抽用亦增，有取之十倍、二十倍於前者。十五年，英之大班禀控粵撫，謂：“各洋貿易貲本，皆自國帑借領，不堪虧折，請酌量裁減，以利遠人。”粵撫韓崶，檄飭布政司核議。久之，竟寢不行。當初行用時，每兩奏抽三分，以作洋行辛費；繼而軍需出其中，貢價出其中，各商攤還西債亦出其中，遂分爲内用、外用名目。於是各洋利薄怨生，屢思藉貢輸忱，以希恩澤。二十一年，英國王復遣使臣，分入粵東、京師。其至粵者，曰加拉威禮。方至粵，輒争謁見。儀注以舊制貢使見制府、將軍，皆免冠俯伏，大吏坐，堂皇受之。加拉威禮不可。時粵督蔣攸銛方入覲，攝事者爲董教增，許免拜伏禮，僅免冠致敬。大府亦離席立受之。是時，英之正貢使羅爾美、副貢使馬禮遜，已乘貢舟達天津。夏六月，上遣大臣户部尚書和世泰等，賜宴使臣於天津。有司諭以謝宴時，應行跪叩禮，不可。將入都，又告以乾隆二十八年該國使臣入覲儀注，不答。時上在圓明園，尚書和世泰等先期導使臣，自通州起行，一晝夜馳至御園，車馬困頓，而使臣衣裝輜重皆落後，蓋惡其不肯循跪叩儀注，欲以計尼之。時使臣表未賫，禮服不備，倉皇失措，遂以病辭。而睿廟已詰朝御殿，傳呼和世泰，始以正使病聞。復召見副使，又不至。上怒其無禮，命卻其貢不納，即日遣理藩院押回通州。瀕行，仍令援乾隆五十八年例，由內地行走。是役也，使臣失禮，實以衣車未至之故。上詢之廷臣，始知當日理藩院迓接不如儀，乃譴和世泰酌收貢物數事，仍頒敕諭，賜其國王珍玩，以答遠忱。驛交粵督蔣攸銛，令慰遣之。然英使本欲以粵東增規費事入告，竟不得達，怏怏而去。大班之在粵也，初寓洋行，繼則立公局，久留粵中，已不復循回澳住冬之例。道光之初，粵城外不戒於火，民居多斥爲平陸。英商欲廣其公局，乃藉修葺爲名，以次侵占，拓地數里。而其地當對河民居渡口，居民欲返其故地不得，乃控於大府。時大學士李鴻賓任兩廣總督，寘不理。粵人謂其受洋商賄，乃乘其入覲之間，控於粵撫朱桂楨。朱在粵素有威望，洋商憚之，聞控震怒，立鎖拿通事下獄。洋行懼誤開艙事，跪求免究。乃親督拆毀平之。英商之桀黠者，果以八事入禀要挾，停止開艙，相持者半年，仍以孟加剌新到之船主居間調停，事遂解。此道光七八年間事也。初，洋商在粵通市，定制不得携帶家屬。自大班、公司之設，出入自便，遂於八年秋，有大班某，挈一洋婦寄寓粵城。而其時，十三洋行中有東裕行司事謝某，爲置肩輿，出入乘坐。久之，夜郎自大，翻不許行中人乘轎入館。大府廉得之，立拿謝某究治，瘐死獄中。大班聞其事，輒架大炮於洋館外，設兵自衛。大府慮激變，乃進［岳麓本爲“遣”］通事蔡剛以理曉諭，令撤去兵炮，並速遣洋婦回國。於是洋行具禀，託以大班患病，需人乳爲引，俟稍愈，當即遣之。大府據禀完案，不復根追，洋婦卒逗留不遣。數年之後，義律來粵，竟以挈眷爲援例之常，而邊釁亦因之起矣。

義律者，英公司散後續到之大班也。英人自開港於粵，惟公司船許赴粵中貿易，此外散商不得擅自出入，著之令甲，以二百年爲限。其公司大班亦定以三十年一瓜代。所有貿易貲本，悉領自國庫中，歲收其息。嗣因公司乾没庫帑，不能償。又於十三年後，復請展限，限滿則虧折如故。英國主見其黨羽日多，駸駸乎不可制，亟思設法解散之。值道光十年後，屈指例限將届大清通商二百年之期，考西人紀載，以解散公司爲十四年事。然律勞卑以是年來粵，爲盧制使所逐，則解散必在十年以後、十四年以前。二百年者，亦舉其大數而已。遂乘機裁革前例，解散公司之局，聽散商各自牟利，英之富商皆以爲便。而中國素惡公司横甚，不如散商之易於制馭，惟十三洋行與公司交通既久，狼狽爲奸，反以爲不便。乃託言公司散後，統領無人，因有再著大班來粵之請。十四年，盧坤調任兩廣總督，奏請勅令洋商寄信回國，仍援前例，派公司大班來粵，管理貿易。英國主得信，即遣領事一人名律勞卑者，以是年秋至澳，由澳來粵。大吏以其未經通報闖入省河，慮非其國主所遣，是時有御史奏稱“律勞卑帶領兵船進至黄埔，督臣盧坤調派水師，布置嚴密，旋即惶恐悔罪，請領紅牌出口”云云，蓋但知其驅逐律勞卑之事，而其時大班來粵，實出自督臣所請。核之十六年義律至粵，粵督奏聞，奏中仍理前次督臣請寄信遣大班來粵之案。是此時之驅逐有因也。乃派員押回澳門。其十六年繼至者，則義律也。義律之來，英人初議欲在粵中設立審判衙門，專理各洋行交涉訟事，不管貿易，蓋欲仍聽散商自行經理。然其時各洋行貲本首推英商，而義律初至，洋行尤謹事之。遂以是年冬，携一妻一子來粵，名爲約束商人、水手，不管貿易，實則總攝其事。諸番之在粵者，咸仰其鼻息，不敢自樹異同。十九年，躉船之役，義律主之。時欽差大臣來粵查辦，飭令各洋行將躉船鴉片悉數繳銷。首傳義律，不至。嗣因各洋行禀覆稽延，拘其奸商顛地等，義律適自澳門回，則封艙撤去沙文沙文即洋商買辦，見後。之令已下，不得已始遵飭繳銷，而悻悻欲圖報復之意不已也。義律寄信回國，仍住澳門。是年之秋，各洋貨船來粵者，皆遵諭停泊澳洋，聽候中國委員查驗。義律首發難端，凡英之貨船，悉配以兵船，聚泊尖沙嘴，不聽查驗。制府發令驅逐，三挫其鋒，始駛出老萬山。復行文照會，索償烟價，以爲入粵配茶之需。制府見其跋扈，一面照覆，責其不守臣節，一面奏請停止英人貿易。是時邊釁方起，内外諸臣有請閉關封艙，並外洋各國一律停止通商。上發交粵督議奏。林則徐上言："罰不及衆，必須示以大公。今以英人不遵法律，輒將恭順之各國一律峻拒，未免良莠不分。設各國禀問何辜，臣等即礙難批示。且自英人貿易斷後，他國頗欣欣向榮。蓋逐利者喜彼絀而此贏，懷忿者謂此榮而彼辱。此中控馭之法，正可使其相間相睽，輸忱内向。若概與之絶，轉易聯成一氣。昔人所謂'彼則聚而協以謀我者，不可不預爲之防'"等因。奉旨如議。然是時如彌利堅、港脚等國之貨船，雖奉准開艙，而英人以兵船攔阻口外，不得入。二十年冬，琦善以欽差赴粵，方欲議撫，許英人照舊通商，而義律遽謀先戰後商，遂有大角、沙角之師。粵撫奏稱："自用兵以來，關課短絀。所到洋艘，已不及向來十分之二，又被英人攔阻，泊在港外守候，開艙遥遥無期。"時上已授貝子奕山爲靖逆將軍，隆文、楊芳爲參贊大臣，飭令到粵，先查明各國情形，果否怨恨英人阻撓生計，抑稍有觖望於天朝，未能招徠撫綏，以致向隅失業，據實陳奏等因。蓋上意在懷柔遠人，更欲使疆臣體察外，情如其怨恨有因，即可加意招徠，供我指臂，此近交遠攻之計也。然其時各洋人以阻梗牽留，輒思各帶兵船，與之講論，而義律餂以甘言，謂："撫事已有成議。"因之各洋人急欲開艙，反爲英人作説客，而大府不悟也。二十一年二月，英人闖入虎門，攻破烏涌卡座。時則港外之彌利堅、佛蘭西及港脚等國貨船共四十餘艘，銜尾而進。於是彌利堅、佛人首請開艙，復陳明義律悔罪，不敢别有要求，但求與各國一體通商，無不同聲欣感。參贊楊芳據以入奏，奉嚴旨切責，而義律果不受撫，遂有四月闖入省河之役。當義律之請撫也，一索烟價，一欲得香港馬頭。琦相以事關割地，佯許之，而未敢入奏。然英人自謀奪濠鏡不得，屢思於附近粵東省城乞一島一地，以爲定居，蓋早有窺香港志矣。迨聞相國許其入奏，始則稱兵以要之，繼則請繳還浙之定海，及獻出二角炮臺以易之，相國方欲請旨定奪，而英人已在香港出示，起造房屋馬頭，視爲已有。未幾，將軍、參贊至粵，遂以六百萬及香港一島爲城下之盟。而義律之狡焉以逞，遂於澳東始終之。《詩》曰："誰生厲階，至今爲梗。"則公司之再設也，粵東罷兵，義律遂回英國不復來。其稱兵於閩、浙、江蘇以要通商之各海口者，曰濮鼎查，曰郭士利。連兵二載，擾及三省，由海入江，而白門之撫議再起。二十二年秋，英人泊下關，將攻江寧。欽使制府聯銜請撫，首定五口通商之約。五口者，粵之廣州，閩之福州、厦門，浙之寧波，江蘇之上海也。初，英人以粵東關税之重，屢請在浙開艙，然其本意亦祇欲在舟山建立馬頭，運貨至寧波，不敢遽希腹内地也。二十年，英將伯麥占踞定海，即欲在定海通商。時浙撫劉韻珂方莅任，臚陳八弊，請飭諭粵東欽差大臣。計出萬全，慎重妥辦，必不可准英人在定海通商。然自粵東再犯，已踞定海爲老巢，遂將城垣拆毁，建造洋樓，綿亘數里，挈眷居住，見浙撫致白門三帥函中。自謂足償其夙願，不復他求。一旦逞志犯江，挾兵要撫，遂萌得步進步之念。況得寧波而踞之，則定海一香港也。上海則吴淞爲之屏障，築海塘高岸以蔽之。一旦入寶山郛，扼之黄浦之口，浸浸乎堂奥矣。閩港之請，上以福州關係省會，飭换令給泉州。而濮、馬等馬即馬利遜，見後。堅持前約，三帥不敢與之争，遂定議。當粤東初開艙時，定制洋商换貨之後，請領牌回至澳門住冬，不可逗留在省，挈眷寄居，亦不得於城内設立貨棧，及洋商擅自入城。迨白門之役，濮、馬等意在弛禁，遂於約内載明五口通商，准設正副領事官管理貿易，皆得挈眷居住。又海口賃屋買地以及起造禮拜堂、醫院、墳塋之類，悉聽其便。領事官遇有相商事件，隨時往來，悉聽入城與地方官衙署相見。大府但以“通商”二字完案，不復援挈眷入城之舊檔例禁與之詰難。自此五口通行，悉與澳門、香港無異矣。是役也，彌利堅人不與，佛蘭西亦後至焉。續聞通商事定，相國耆英任兩廣總督，赴粤陳請，遂悉援英人例，許之。惟俄羅斯者，舊制在黑龍江設立恰克圖，但許其在陸路通市，不准由海道入粤。迨五口禁開，遂以二十七、八年間，闌入粤東及江蘇之吴淞口，雖疊經督院查明駁回，而陽奉陰違，率附英、彌海船出没於五口間，關吏不敢詰。此白門議撫通商之大略也。

方英人之要撫於粤也，粤之紳民獨忌之。適賂款事定，英兵登岸，出北門，過蕭關三元里，鄉民聚衆創之，義律幾不免。詳後卷。踰年，白門議款時，粤民方興團練之局，與英人爲不共之仇，聞其條約内有“領事官相商事件，得於地方衙署相見”，以爲將破昔年入城之禁，益洶洶不可止。踰年夏，濮鼎查至粤，先期通刺制府，期以入城相見。粤人聯名阻之，濮遂去。其後，屢請入城，不許。二十九年己酉，英舟闖入省河，挾兵請入城。粤人集團練爲制府聲援。英之公使文翰，知衆怒不可犯，乃請罷入城之約，復開艙通市如初。咸豐六年，英人以白門前約所定税則一款，原議百中取五，近年貨值漸減，税額不符，擬請重定，並欲援白門前約，得與制府相商署中。時葉相國名琛任兩廣總督，旋奉旨授爲欽差大臣，粤人乃持其二十九年之約而争之。維時英人在粤，方以中國執其舟子起釁。於是公使、水師提督及領事巴夏禮等，挾兵以要我。是年九月，英師攻城不克，遂襲沿河炮臺。粤民憤甚，乃悉毁城外十三洋行。英人不勝，乃歸告國主，請調派兵船，別遣重使至粤，並約法蘭西爲助。七年，英公使額羅金來粤，《西人月報》作埃爾謹，蓋譯音之轉也。首請更定貿易條款，兩致書制相，不省。是時，各洋皆以夏秋間至粤，於是英人以所請不行，轉相號召，遂起合從之師。十二月，英法進兵攻粤城，陷之，執制相，繫舟中，歸之於國。八年，四國遣兵由上海徑赴天津，遂有是年四月大沽之役。以上俱詳後卷。既罷兵，俄、彌二國復以撫事請。奉旨飭大學士桂良、吏部尚書花沙納馳赴天津查辦。久之不决，而英人挾兵要盟，擅擬天津新議凡五十六款，趣請换約。奏聞，上謂：“税則之款，必須親歷海口，相度地宜。”爰降旨，飭四國使臣前詣上海，仍命桂良等馳驛同往。是年八月，欽使及四使臣先後到滬。於是英人持其所定天津新議中凡交涉通商事務者，定爲税則善後條約，將近年出口入口之貨，仍照百中取五，按時值估計，載明納税定數，議十年一修改。時直洋藥上税，定每百觔納海口税三十兩。欽使等復與三國議專條，載入滬約第五款，與天津新議之第九款、二十八款無涉。見後卷中。議定，桂相奏請令該三國赴都换約，遂有九年不遵原議，闖入大沽之役。英師既敗，惟彌人以恭順准其换約而歸，然並天津新議亦中寢矣。時西人以天津新議業已奏准，遂刊入西人通書中。此天津再議通商之略也。

十年，英人以换約不果，又懲大沽水師之創，歸募潮勇，將由天津登岸内犯京師。夏六月，英法連兵入寇天津，僧王格林沁帥兵禦於大沽口。七月初五日，西兵自北塘後路襲我大沽北岸之炮臺，初七日遂陷天津。僧王退守通州。西兵由河西務、張家灣一帶進襲通州，王執英酋巴夏禮，縶之京師。八月初七日，西兵自通州入寇，都統勝保率禁兵禦於齊化門外，我師敗績。越日，上啓蹕，狩於灤陽。恭親王奕訢奉旨留守京師。二十二日，西兵襲海淀。恭王退駐彰義門外四十里。西兵直薄安定門，聲言攻城。駐京王大臣等請釋巴夏禮，議撫西人，許諾二十九日大開安定門，館西酋於國子監、天主堂等處。尋奉行在硃諭：飭恭王入城，速定和議。遂於九月十一、十二、十七等日，與英、法、俄三國先後交换和約。英則巴夏禮主之，於天津新議五十六款外，增入九條，法、俄亦有續增之款。又於前索通商各海口增入天津、淡水等處。其税則專款定自滬中者，曰《通商善後條約》，凡十款，内載各國進口、出口之貨皆有一定税則，議以十年一修改。以上各議均奉上諭頒行，各省督撫大吏，一體按照辦理。英、法乃罷兵，退駐天津。此續議通商及天津前議，得旨允行之張本也。

撫事既成，英人欲逞志各省，以專通商之利。尋據英酋卜魯士照會换約之王大臣内稱："八年所定條約，内載奉天即牛莊、海口。等處皆准通商，欲派領事官前往駐扎。"並稱"第十款所載，長江一帶擬於九江、漢口兩處先行開商，請咨湖北、江西各大吏，一體查照遵辦"各等因。於是恭王奕訢等奏請籌辦通商善後章程，並請設立總理各國事務衙門，及欽派各口通商大臣。十二月初一日，奉上諭："京師設立總理各國通商事務衙門，著即派恭親王奕訢、大學士桂良、户部左侍郎文祥管理，並命禮部頒給欽命總理各國通商事務關防。應設司員，即於内閣部院、軍機處各司員、章京内，滿、漢各挑取八員，即作爲定額，輪班辦事。侍郎銜候補京堂崇厚著作爲辦理三口通商大臣，駐扎天津，管理牛莊、天津、登州三口通商事務，會同各該將軍、督撫、府尹辦理，並頒給辦理三口通商大臣關防。其廣州、福州、厦門、寧波、上海及内江三口，並潮州、瓊州、臺灣淡水各口通商事務，著署理欽差大臣江蘇巡撫薛煥辦理。新立口岸，牛莊一口仍歸山海關監督經管外，其餘登州各口，著各該督撫會同崇厚、薛煥派員經理。所有各國照會及一切通商事務宜隨時奏繳，並將原照會一並呈覽。一面咨行禮部，轉咨總理衙門查照。其吉林、黑龍江中外邊界事件，並著該將軍等據實奏報。一面知照禮部轉咨總理衙門，不准稍有隱飾，欽此。"按，此皆據王大臣等奏定章程六條内開各事宜，照議允准。尋據恭王等又酌定新設衙門章程十條具奏。奉旨："均著照所擬行。欽此。"此京師新設總理各國事務衙門及各口設立通商大臣之檔案也。

以上所輯，前半據《海國圖志》所采粤中舊檔，參以西人所撰《華英通商事略》；自十九年邊釁以後，則皆得之聞見者。蓋自康熙開海禁以來，二百年互市之消長變遷，令人不可思議。於是論者皆謂"中西之釁，自燒烟啓之"。今載考前後，乃知釁端之原於互市，而非起於鴉片也。夫互市者，實中西交争之利，而關胥、牙儈必欲專之。外洋因利而得害，乃思以害貽中國，而陰收其利。善夫范蔚宗之言曰："匈奴貪尚關市，嗜漢財物，漢亦通關市不絶以中之。"此盛世柔遠之術，知者知務之言。"中"之云者，中其求利之欲耳。梯航萬里，遠涉風濤，得利則欣，失利則戚，人情之常，何足爲怪！一自貪吏侵漁，奸商掊克，彼以求利而來，終於失利而返，能無怨謗之沸騰邪！明之倭禍始於中官，繼以商儈，終於豪貴。於是，外番之怨日深，而中國亦官民交困矣。

國初，海禁既開，設關有四，江浙閩粤無不可通。乃未幾而粤東海關專其利藪，未幾而十三洋行操其利權。税有定則，未幾而益以規費支銷名目，未幾而益以歸公充餉名目。始則取之在吏，繼則取之在官。如據《澳門月報》言，洋行抽用，定例不得過三分。今據嘉慶年間大班禀控之詞，言棉花一石，價值八兩，向例行用二錢四分，連税銀不過四錢。據此，則初定税則，每兩不過二分，爲百中取二。其後，每石行用加至二錢，幾十倍之矣。又言茶葉税餉二兩五錢之外，洋行、會館每石抽費六員至九員不等。計茶葉出口之價，不過二四倍於八兩一石之棉花，而税用兩行已虧折其十之三，則增設名目之漸也。洋商不堪其悉索，則控於地方官；地方官不能平其訟，則越控於大府；大府不欲窮其獄，乃回訴於本國。於是帶兵船講論，而干戈之釁以起。《書》曰："若顛木之有由蘖。"語曰："物必自腐也，而後蟲生焉。"由是言之，即使鴉片不入中國，亦未能保外洋之終於安靖而隱忍也。且鴉片之來，亦爲貨物之虧折起見耳。貨物不得其利，乃思取違禁之物以補償之。若使税用不增，逋欠可得，彼又何樂乎以違禁之烟土，而予關吏以把持，啖水師之賄賂哉？竊謂當日欲與之申明烟禁，必先取中西互市之全局，通盤打算，平其百貨之税則行用，更擇其胥儈之尤者而懲之，必使番人憬然於生計之贏絀，不在鴉片之有無。但使關税行用之積蠹漸除，則湖絲、茶、黄之轉輸自便。此爲中外一體，威福並行。制敵、撫敵之策，似無踰於此者。不清其源，而圖塞其流，一旦决堤潰防而莫之遏，雖藉十七省商民廢著之貲，不足以填其無厭之壑。有識者觀於鴉片之流毒中土，未嘗不扼腕長嘆，以爲其戎首興於關市，其厲階梗於封疆則甚矣。漏卮之失輕，而養癰之患大也。問者曰："中西之釁，起於互市，然則閉關之議可行乎？"曰："此懲羹吹虀、因噎廢食之見也。"

夫中國無所資於外洋，而外洋實有資於中國，茶、黄之屬是也。以其爲祛瘴不可少之物，故中國以此全其民命。即以此制其死生，但使關市持平，蠻夷嚮化，則其趨之也如慕羶，其甘之也如食飴，又何取乎閉關折符而絶之哉！林文忠奏覆曾望顔一摺，不欲停止外洋貿易，而不知其請停英人貿易，亦自失之。何者？當日英人負固，我之聲罪致討，固已師出有名，不值詰及其瑣屑之貿易而明禁之。况違抗封艙，歷有成案。當其聚泊尖沙嘴，不聽查驗，計惟有羈其船隻，不准入口，而嚴兵以守虎門内外炮臺，絶其兵船窺伺之念，似毋庸以請停貿易，預形之章奏示諭中，俾得有所藉口。至於定海之陷及大角之役，逆情顯著。彼其貨船在外，遽肯深試於不測之淵，此又禁之毋庸禁者。唯事機之失，實失於粤東之自撤藩衛耳。若增兵戍守，無懈可乘，則彼之攻擊不遂，固已自絶於天朝，即招之使來，其貨船亦必不敢入。然後大張曉諭，許恭順之各洋先後進口開艙。斯時若被英人攔阻，在其素所役屬之港脚、雙鷹等國或不能不仰其鼻息，而勁敵如法蘭西、彌利堅者，豈肯甘心失利？有喙三尺，而不帶兵船與之講論哉。據花旗呈請通商詞内，謂貨船入口，正可藉以制服西兵。此正以毒攻毒之機會，惜其時虎門已失，無可把握。若使防衛依然，衹須嚴守内洋，大張通商之論，則制西兵者即在西人，彼英人豈能梗阻，以自速其寇讐邪？英人求戰不得，開艙無期，仍必由法、彌二國爲之講解，又豈敢索烟價、索香港以肆吠聲邪？予謂文忠燒烟之舉，未免操之過蹙，而海口之防範亦以此煞費苦心。况其時守虎門則關天培，守沙角則陳連升父子，皆一時之梟將。若海口之藩衛不撤，即極其鬼蜮之伎，不過棄疾於閩、浙間，而如粤東者，固已搤其吭而拊其背矣，又豈能翻然翱翔，以縱横於海上邪？然則琦相不來，文忠得以一人一手，次第經理，始終其事，則大局未始不可挽也。

粤中撫事之局，賂款六百萬，名爲追交通欠，實則按十九年燒烟之價如數以償。仍令出具永不售賣甘結，此外尚無包藏禍心之事。至於壬寅以後，中西交争，一波未平，一波又起，皆自白門之條約啓之。如約内五口通商，不將天津、山東等處申之厲禁，載入約中。識者已知其必有異日得隴望蜀之求。至於番人不准入城及城内不得設立棧房，約内既不提及，中間突敘入領事官有相商事件，得與地方官衙署相見一條，遂爲後來入粤入閩口實，卒釀成咸豐七年攻踞粤城之變。又如粤東已給商虧六百萬，江寧議和不聞劃抵，突又增入軍費一千二百萬，遂啓後來天津新議索軍費二百萬，續又於京師换約增索六百萬。其援案五口通商定約者，惟英人一國。至二十五年，耆相在粤，始增給法、彌二國通商條約，一如英人之式，遂啓四國連兵，及十年以後大西洋各小國紛紛陳請之效尤。予頻年奉差赴潯，見西門外洋樓綿亘，一如滬中。而自粤氛擾東南，淮鹽滯銷，該洋人則自長江駕一火輪船拖帶鹽艘，往來任意，甚至潛赴吴城、饒州一帶，前年有至省之鹽船，予奉委會同首縣駁回。所過關卡，不聽查驗，而鹽法壞矣。銀之漏巵，耗於鴉片，近則各通商口岸罕有以貨易貨者。故洋商置買貨物，亦復銀洋互用，中外流通。惟中國自行鈔、行大錢之後，私鑄既多，官板日少，而洋船自海道往來，購辦銅運，並中國制錢亦捆載出洋，而圜法壞矣。至於茶、絲兩項之出口，足與鴉片之入口相抵。是則中國之地利盡於外洋，而得其一坏之土。馴至商民人等，竭其終歲之操作，不足以償闇室之一燈。今日銀荒，恐數十百年後百貨俱荒，悉入外洋壟斷之藪。蓋利之所在，不奪不饜。故太史公讀《孟子》，而以利爲亂之始。《孫子》謂："知者之慮，必雜於利害。"誠有見於古今大勢以利始者，未有不以害終。嗚呼，可不鑒諸！

—5. 皇朝經世文續編　卷一一三　洋務一三　商務一

華文西文利弊論　楊選青

嗟乎，談西學於今日，亦可謂易矣，亦可謂難矣。何以易？易於襲西學之貌也。何以難？難於造西學之精也。溯自海禁宏開而後，泰西博學之士各挾所學以顯於中華，於是華人知西學之上有以益國計，下有以利民生，莫不切意講求，孜孜不倦。以故京師則有同文館，福建則有船政局，上海則有方言館，天津則有武備學堂，皆以西學爲首務。所以講求西學者，亦不可謂不切，不可謂不殷矣。然而數十年來，卒無人升西學之堂，入西學之室，造西學之極，探西學之微者，何哉？則以講西學者，徒用華文，而不用西文之弊也。何以言之？蓋西學之爲理也微，其爲類也廣，必須旁稽博考，始可以得其旨而會其歸。若第用翻譯之華文，則既翻譯者，尚得稍涉其籬藩，未翻譯者，即不得深窺其奥窔。如此而欲擅西學之妙，入西學之微，是猶緣木求魚矣。況乎西學之大義，與華文迥不相同。同一字也，十人譯之而十異，百人譯之而百異，甚且一人譯之而前與後異，此與彼異。蓋西文同音者無兩字，而華文則同音者數十字。西文有兩字合音，三字合音者，而華文無此種字。故以華文譯西語，其不能吻合之處，本已居多。此所以用翻譯之華文，不能免差訛之弊也。然則華人既講求西學，其不可不用西文也明矣。譬之宫牆，西學爲室，西文爲門，不得其門，不能入其室也。譬之事物，西學爲末，西文爲本，不明其本，不能知其末也。是非用西文，不能有利無弊也。且夫西學不一，即西學之宜用西文亦不一。試類陳之以覘利弊之所在。

一曰算學。中國算學亦甚備，如御制《數里精藴》，及梅、戴、徐、李、項、劉諸書，推陳出新，頗爲精美，然尚未及西學之詳備。此算學所以必以西學爲歸也。夫泰西之算學甚精，其自加減乘除開方，以及代數、微積、曲線等法，莫不推陳出新，足資推測。以既翻譯者而論，則言加減乘除開方者，有如《幾何原本》數本，《三角數理》六本，《算法統宗》四本，《算式集要》二本，《數學理》四本，《勾股六術》一本，《開方表》一本，《數根開方術》一本。言代數者有如《代數術》二十五卷，《對數表》《八線簡表》，《弦切對數表》各一卷，《八線對數全表》二卷，《代數難題解法》四本。言微積者，有如《代數積拾級》數卷，《微積溯源》八卷。惟《微積溯源》勝於《代微積拾級》之略，蓋《溯源》之前四卷爲微分術，後四卷爲積分術，其理最奥，其義最深。近來廣方言館諸公所新翻譯之算學等書又有數種，信如是則算書如此之多，演算法如此之備，苟使講求算學者，心精力果，維日孜孜，即或第用華文，亦奚不可不知。第用華文而不用西文，實不足以言無弊也。何則？蓋西文既譯爲華文，詞意每多扞格，且文以譯而變，即理以辭而晦。故往往有尋解不得處，此用華文所以有疑難之弊也。況乎算學之理甚微道甚大，非旁徵曲引，融會貫通，無以出化而入神。苟徒用華文，則翻譯華文之算書，猶得而學之，未經翻譯之算學，即不得而學之，雖有聰明材力，亦苦於無所用，而欲其臻算學之極也難矣。是故講算學者，必用西文，始可有利無弊也。

一曰格致學。西學格致，始於希臘之阿盧力士陶德爾。至英人貝根之書出，其學始精，逮達文施本思之説行，其學益備。總而言之，則曰格致學，分而言之，則曰光學、重學、化學、汽學、聲學、電學。近來華人之講格致，多用翻譯之華文，鮮有用西文者。雖翻譯之書，亦多精美，光學如英人田大里所輯之《光學》，傅先生所譯之《量光力器圖説》，偉列亞力所譯之《分光求原重學》，如英人艾約瑟所著之《重學》，美人丁韙良所著之《重學入門》，傅先生所著之《重學圖説》《重學彙編》，化學如英人羅斯古所纂之《化學啓蒙》，美人嘉約翰所譯之《化學初階》，英人蒲陸山所撰之《化學分原》，英人韋而司所撰之《化學鑒原》，汽學如丁韙良所譯之《汽機入門》，英人蒲而捺所撰之《汽機》，必以英人白爾格所撰之《汽機新制》，英人美以納、白勞那所合撰之《汽機發軔》，聲學如田大里所著之《聲學》，電學如英人奴搭所撰之《電學》，丁韙良所著之《電學入門》，田大里所著之《電學綱目》，英人瑙挨德所著之《電學源流》，類皆詳悉無遺，足資考證。然西書之未譯者，猶多美備，必用西文則可羅西學格致之書，盡致之窗下，朝以習之，夕以玩之，雖性情愚魯，亦不難進以探格致之原也。是故講格致者，必用西文，始可有利無弊也。

一曰地輿學。西書云：地學與算學相通，其理昭然，可以推測。欲知全地之形者，先明爲行星類之，欲知地面之方位者，先明其天空之經緯。至於水陸之形勢，氣化之流行，須推以格致之事；人民之情狀，物産之異同，須考諸紀載之書。可知地輿之學廣大精深，非深造不足以有得也。夫風濤沙線，及一切測地量地之法，西書言之最詳。近亦有翻譯數種，如《繪地法原》《測地繪圖》《地學淺釋》《地學指略》《大江圖說》《海道圖說》《航海簡法》《海面測繪》《地理全志》《地理問答》等書，類皆有益於世。故廣方言館及各局生徒，多有明地理者。惟所用多係華文，猶未免有淺嘗之弊也。姑舉一端，與以見其概。即如行舟，西人之爲船主者，風濤、沙線以及測度之法，何一不熟悉於胸中。華人雖有知地理者，究未能洞明航海機宜，故中國雖多輪船，皆用西人爲船主。豈果中西人才之不相等哉？誠以不能精於學耳。如欲精於學，非用西文不可。蓋西文者，西學之基也。既曉西文，則凡西洋一切航海，測地之法，必不難博徵曲證。如有疑難處，亦得與西士參稽，自可由淺以及深，由近以及遠。是故講地輿者，必用西文，始可有利無弊也。

一曰天文學。中國自古以來本重天文，獨有專司其出身者，曰天文生，又復厚之以禄，榮之以銜，如欽天監之司晨博士、挈壺靈郎主簿、五官正監、副監正等官皆是。我國家之視天文可謂重矣。雖然欽天監之通天文，固能推測無差矣，而必恭稽以西學，乃克益臻神化。此所以講求西學天文者之日多也。就西書之既譯者而論，如英人侯失勒所撰之《談天》，英人駱克優所撰之《格致啓蒙》，天文素稱精細，其餘亦多可采者。然而西國天文之學爲格致之大端，記測候則有簿，置儀器則有臺，談天之書屢經删補，測算之法時著新奇，豈此區區翻譯之書所能盡其奥妙乎？况乎翻譯之華文，更不免混名之弊。試舉一事以概其餘。即如合信氏《博物新編》之名目，不甚差忒，而譯書者可仍其舊，乃譯書之士以爲定名，幾彼一人所主，而前人所定者皆置於不論，故有以《博物新編》内之淡氣，當爲輕氣之用。若華人閱此二人著作，則淡氣、輕氣之義，幾難分辨矣。况各門教師稱造化萬物之主，有譯曰天主者，有譯曰真神者，有譯曰上帝者，尚且混名如此，其他可以類推。苟徒翻譯華文，豈能免躊躇顧慮之勞乎？如用西文，既可窮深極遠，亦無混名難別之虞，實較之徒用華文，既無損而又獲益也。是故講天文者，必用西文，始可有利無弊也。

一曰武備學。中華武備之書甚夥，自《孫子》《管子》以下，無慮數百家，乃自華洋互市以來，西人挾其槍炮、輪船以樹雄海外，於是華人知弧矢不足以制强敵，争效西人武備之法。十餘年來所講槍炮兵輪，不可以枚數，講求武備不可謂不殷矣。雖然有槍炮而無精學演放之人，則與無槍炮等；有兵輪而無精學駕駛之人，則與無兵輪等。所以武備之學，不可不講也。天津武備學堂一切皆學西法，復延西師訓練之，近來頗著成效，如能教生徒皆用西文，復多購西學武備之書盡儲之堂内，日則習練諸法，夜則博覽群書，數年後置兔之才有不遍天下者，無是理也。此惟用西文爲有益耳，若用華文，則華文所譯未備之書，終爲有限，必不足以增見聞也。是故講武備者必用西文，始可有利無弊也。

一曰醫學。中西之醫學本不相同，中醫惟尚乎王道，西醫每矜乎霸功。究其所以存心濟世則一也。然華人之學西醫者極少，即或有之，亦不過用翻譯之華文，如舒高第所譯之《西學總説》，以及合信氏之《全體新論》，柯爲艮氏之《全體闡微》，海得蘭氏之《儒門醫學》，來拉氏、海得蘭氏合撰之《醫藥大成》，德貞氏之《體骨考略》，圖嘉約翰氏之《西藥略釋》《皮膚新編》《内科闡微》《裹扎新法》等書而已，從未有用西文而遍觀群籍者。此所以襲西學之迹，而往往不得其真也。如用西文，則可聚西醫之書，深味而玩索之，然後刀針之秘訣可以熟悉於胸中，藥餌之新奇可以運行於筆底，不數年必舉西學之所能者而盡能之，亦可以遍曉華人，使知西醫之特著奇功，實有所可取也。是故講西醫者必用西文，始可有利無弊也。

統此數端，亦可知利弊之大略矣。

總而論之，西文固宜用矣，然因致力西文之故，遂而致華文不通，則亦失華人之本色。計惟有俟華文通以後，乃盡力於西文，然後既翻譯之西學可得而涉獵之，未翻譯之西學亦可得而深窺之，有兼聽並觀之明，無扞格不通之慮。以此言西學，而西學乃可日引而日深也。且夫華人講求西學亦有年矣，在有識者見西學之不振，知西學之可興，因欲明利弊之所在，使天下共見共聞，此其用情爲獨殷，此其用心亦良苦矣。而吾謂欲振興西學，不獨在利弊也，而尤在國家有以宏培才之道。夫培才之道莫良於德。其自正學而外，如工藝、商賈、船務、武備、農桑、音樂、起建、製造各學，無不設立教堂，延明師以教之，所由人材輩出，國富而兵强也。即如德屬之拜晏國當光緒初年時，其民籍僅四百九十餘萬，而國内設課農教堂三十四所，教徒二千一百四十四人，課樹藝教堂一所，教徒四十人，課蒔花教堂一所，教徒三十人，課獸醫教堂一所，教徒一百四十人，課商賈教堂二十所，教徒二千人，課工藝教堂二十九所，課製造教堂三所，課繪畫教堂二所，課雕刻教堂一所，課起建教堂一所，課音樂教堂十一所，課繪圖教堂二百六十一所，教徒九千九百三十三人。又如德屬之威而敦伯而克國當光緒初年時，其民籍止一百八十餘萬，而課化學、重學、機器等教堂十一所，爲之師者五百三十九人，其徒五千一百四十八人，課工藝等十一所，爲之師者二百八十六人，其徒六千四百五十七人。至於德國國中，總計師長一千一百五十四人，文教館學生一千七百九十五人，律法館學生三千一百六十五人，格致館學生四千五百四十七人，醫學館學生三千九百八十三人，共一萬三千九百九十人。其餘雜學，如商賈、工藝等項，教館尤不可以數計。

此其所以法良意美，藝精業專，人才之多，直駕乎歐洲諸國之上也。今中國雖不暇旁及工藝、商賈等學，而於西學之大者，不妨多立學堂，一若武備學堂之例，如算學則立算學學堂，格致則立格致學堂，使學者各習一業，精益求精，不得有泛騖之心，不得有兼營之念。惟須先設華文講學堂，凡十歲以内之幼徒欲學各項西學者，先人總學堂中，專肄一切華文等書。俟華文通曉，然後由總學堂考試。考取後，其欲學算學者，則送往算學學堂，欲學格致者，則送往格致學堂，先致力於西文，後致力於西學。其餘各學亦如之。然後不難由粗及精，由細及巨。十年後其有不人才蔚起，西學大興，以争海外之雄，以興域中之利者，吾不信也。請以質之識時務之俊傑。

—8. 皇朝經世文三編　卷二　學術二　原學下

化學當學論　張豐年

今之聚談實學者，非曰格物算法，即曰天文地理。步武西法者，不曰洋陣洋操，即曰英文英語。庸詎知此僅西學之皮毛而非其精義哉！泰西有化學焉，與格物算法相表里，與天文地理相頡頏。文字語言由此而開妙藴，行兵布陣亦藉之而瀹靈機。行之於大廷，固可以强兵富國；守之於一己，亦可以益壽衛生。乃魯鈍者苦其精深，聰穎者又鄙其瑣屑，是可惜也。請略言化學之理。

化學者，化分化合之謂也。盈天地間之物，杳不知其億兆。京垓秭壤溝澗正載也，而考其原質不過六十有六。苟非化合化分則衹此六十六種而止，何由而有億兆京垓秭壤溝澗正載之物哉！然欲考其如何化分、如何化合，以何法化分，以何法化合，何質與何質化分，何質與何質化合，化分之後變何形，化合之後成何物，其中有奥理焉，有苦功焉，非三言兩語可以明，非三月期年可以解也。無已，姑就富國强兵、衛生益壽數大端，略言化學之效。

富國之急需開礦，夫人而能言之者也。以五金而論，豈漫爲是掘地鑿山哉？必也未開之先，如法化分，知其含金之貴賤；已開之後，如法化分，知其出金之盈絀。其法愈精，得金愈多，人工且又省。他如工藝製造，無非化學之所發皇也。照像鍍金，無非化學之所流露也。或曰：此皆小民之事，初非君子所宜。豈知工力固屬乎小民，而理法必出於君子乎？我故曰“化學可以富國”。中國槍炮藥彈率皆購自西國，雖常設局製造，亦歸西人執掌。嗟彼華工，無非如奴僕之供人使令耳。今既欲與西國相争衡，而軍器必資於强敵，孰勝孰敗，較然易明。獨不思西人亦猶是人也！華人之心思且亦有勝於西人者，而遇事皆瞠乎在後。此無他，化學之明且精，遠遜於西人也。假令我華人之於化學亦如西人之專心致志，將何鎗何炮之不能造，何藥何彈之不能製哉！吾故曰“化學可以强兵”。至於療病之藥材，中國雖有炮製煎炒諸法，西人則以化學之理去其渣滓，提其精液等藥也。華藥用數兩者，西藥衹用數分。同病也，華藥服半杯者，西藥衹服數滴，下咽既屬甚易，去病又形甚速，事半功倍，此之謂歟！且於化分化合之理，察藥材則知某藥之同質，是故中國外科有用珠粉者，西人則知珍珠與灰石同質，遂舍其貴而取其廉。華醫又有用硇砂者，西人則代以淡輕四緑。又如蛋白與輕粉相和，則結爲定質，以此推之，則遇服輕粉者解以蛋白，毒自不散，豈有不效者乎？人每言西醫之藝絶倫，而不知其得力於藥材者實其得力於化學也。泰西醫士必從化學入門，西人年壽今長於昔，歷觀西中，具有明徵。吾故曰“化學可以益壽衛生”。要此三者，語焉不詳，欲讀成書，已有譯本。而其上益於國，下利於己，則此説實莫之易也。有志之士，曷其舍化學而不學乎？

—20. 皇朝蓄艾文編　卷七二　學術四

荒産宜設法杜弊疏　朱澄瀾

伏讀同治二年十一月欽奉上諭："著各該督撫於新復各處，督飭各該州縣確切查明實在逆產入官，其荒廢地畝，有原業主者，即行給領。尚未查得業主者，即著暫行造册登記，俟業主續歸再行給還等因。欽此。"仰見我皇上軫念窮黎，無微不至，跪讀之下，淪浹難名。查無主荒田原應暫爲官地，俟業主續歸時領還，亦必辦理得宜方能無弊。現飭各督撫妥議章程，自能悉心籌劃。玆就管見謹擬防弊四條，爲我皇上敬陳之：

一、呈報宜寬予歲時也。各省道途梗塞，文報遲延，若期限過嚴，恐各業主或流落遠方未能趕到，或逗留僻壤不易即知。必有因逾期而勢難給領者，且恐長留難免訛詐之風。欲除此弊，似不必預定日期。凡業主續歸領田者，俱俟到籍後，限半年内具呈報官。即令里鄰親族，或佃户，及從前取租人，各取實保結，將由批給各業主存案，不准藉端滋擾。以恤流離。

一、認領難盡憑册契也。外省田畝較多之業主，半係祖產留貽。或且窮鄉寫遠，更多有託人照管者。故地段四址田，每未能盡知所恃者，惟糧户册及買田紅契耳。地方遭兵後，糧册田契類已遺亡，尤恐有同姓者竊獲，頂名揑造者，奪真攫利。欲除此弊，仍不必盡憑册契。惟各取切實保結，並聲明現在有無册契緣由。再由該管官確查後，即行另立册給契，以絶紛争。

一、逆產與非逆產當嚴辨也。逆產例應入官，特恐貪劣各員，幸民田入官，爲易於分肥計，將賊所强據。賊所取租，及與賊稍有毘連交涉，或毫無瓜葛各荒田，訛斷入官。田主不敢自明，必多失業。欲除此弊，惟於逆產入官時，亦各取切實保結，聲明實無誣逆情弊。再由該管官確訪得實，方准永遠入官，庶荒田不敢概行籍没矣。

一、田主與僞田主必密查也。荒田尚無業主，恐有詭充業主者。租户之侵吞，土豪之兼併，均可虞也。官或誤信於前，勢必飾非於後。原主續歸日，其懦弱者畏見官司，每致鳩據鵲巢，莫由分辨。欲除此弊，凡業主領田時，俱令取切實保結，即當時已有原業主者，亦必令聲明實無私占與假冒情弊。再由該管官確驗給收，如有占冒者，從重治罪，庶荒田不致互相竊取矣。

以上四條，除嚴禁吏胥人等，毋庸干預擾民外，均責成里鄰親族及各人證切實作保。再嚴飭地方官秉公認真查辦。儻劣員或奸徒有徇隱侵漁把持婪索者，即飭該管上司官查拿懲辦，以儆其餘。並先通行示諭軍民人等知悉，俾不敢營私霸産，預弭刁風。

——4. 皇朝經世文續編　卷三四　户政九　屯墾

會奏變通科舉事宜摺附章程　政務處、禮部

光緒二十七年八月初五日，内閣鈔出七月十六日奉上諭："科舉爲掄才大典，我朝沿用前明舊制，以八股文取士，名臣碩儒多出其中。其時學者皆潛心經史，文藝特其緒餘。乃行之二百餘年，流弊日深。士子但視爲弋取科名之具，剿襲庸濫，於經史大義無所發明。急宜講求實學，挽回積習。況近來各國通商，智巧日闢，尤貴博通中外，

儲爲有用之財。所以各項考試，不得不因時變通，以資造就。着自明年爲始，嗣後鄉會試頭場試中國政治、史事論五篇。二場試各國政治、藝學五道。三場试四書義二篇，五經義一篇。考官閱卷，合校三场，以定去取，不得偏重一場。生童歲科兩考，仍先試經古一場，專試中國政治、史事及各國政治、藝學論策。正場試四書義、五經義各一篇。考試試差庶吉士散館均用論一篇、策一道。進士朝考論疏、殿試策問，均以中國政治史事及各國政治藝學命題。以上一切考試，凡四書五經義，均不準用八股文程式。策論均應切實敷陳，不得仍前浮衍剽竊。自此次降旨之後，皆當争自濯磨，務以四書五經爲根抵，究心經濟，力戒浮囂，明體達用，足備器使，庶副朝廷求治作人之至意。所有試場詳細章程及其餘各項考試未盡事宜，着禮部會同政務處妥議具奏。欽此。”欽遵。仰見聖謨深遠，洞澈源流，於祛除積弊中甄拔真才，於講求時務中昌明正學。士林興起，薄海同欽。臣等伏考本朝定章，試士原有策論。近因鄉會歲科各考，偏重時文，士學日非，遂爲通人所呰議。至經義始於北宋，體裁一如講義，文筆亦尚雅馴。溯查順治二年制科取士，亦曾試以四書義經義，厥後屢有變更。今既一律考試論策義，是準今仍以酌古。天下學術所在，即國家治本所賅，關繫實非淺鮮。惟科舉節目，頭緒紛繁，考核務極其周詳，通變不離乎宗旨。

臣等博稽例案，參酌時宜，謹將各項考試事宜，謹擬章程，開列清單，恭請欽定。伏候命下，分别咨行京外各衙門一體遵照。其餘内簾一應場規，悉照科場條例辦理。如尚有未盡事宜，應行通變之處，即由各督撫、學政隨時酌度，咨由禮部另行核議具奏。所有遵旨妥議緣由，是否有當，伏乞皇太后、皇上訓示遵行。再此摺係由禮部主稿，合并聲明。謹奏請旨。光緒二十七年十一月初一日奏。本日奉旨：“依議。欽此。”

謹將變通科舉各項考試事宜詳擬章程，恭呈御覽：

一、第一場試中國政治、史事論五篇。中國歷代事迹，具詳正史。其沿革大政，則《資治通鑑》《續資治通鑑》中采擇略備。《御批通鑑綱目》《御批通鑑輯覽》二書，聖斷折衷，尤足昭示萬古。此外，如唐杜佑《通典》、宋鄭樵《通志》、馬端臨《文獻通考》、《欽定續通典》、《續通志》、《續文獻通考》等編，士子平時用功，均宜博覽周知，以淹學識而資論斷。考及命題，則謹以《御批通鑑綱目》《御批通鑑輯覽》及歷代正史爲本，上下古今，已足賅括。至國朝掌故，書目繁多，講實學者尤宜切實討論，藉以援古證今。應聽考官酌舉命題，不必定以專書。

一、第二場試各國政治、藝學策五道。查各國政治，自以學校、財賦、商務、兵制、公法、刑律、天文、地理爲大綱。其藝學則格致、算術、製造、聲、光、化、電等類，亦宜研究入微，各求心得。現奉新章，以此命題試策。士子講求時務，肄習有素者，自可各抒底藴。惟恐邊遠省分，風氣尚未大開，現譯各書，亦未流傳悉遍，擬請近科考試，先以各國政治藝學中之切於實用者命題。算學有應繪圖者，准其於卷内繪圖。迨數年後振興鼓舞，造就有成，再由典試學臣酌量文風高下，由淺入深，或酌分門類，仿國初分經試士之法，以蕲專精而收實效。算學既歸入二場考試。前定中額，應即裁撤。

一、第三場試四書義二篇，五經義一篇。查向來順天鄉試及會試四書文題，均請欽命。現改八股爲四書義，移於後場，仍合校三場以定去取。擬請嗣後順天鄉試及會試第一場論題，第二場策問，均由考官酌擬。其第三場四書五經義題，仍請欽命。庶於講求實學之中，仍寓崇尚經術之意。并請飭下各省鄉試考官命題，仍遵五經四書原文，不得删改增減，割裂聖經。

一、策論義體例，較之八股文律，固應從寬。惟考官衡文，亦不得不限以程式。頭場五論，士子切題發揮，必須上下古今指陳得失。策則每舉一事，亦必窮原竟委，議論詳明。總期各抒所見，不蹈空言。四書義經義，尤宜樸實説理，研究精義，會通各家經説，闡發無遺。不得剿襲講章，膚淺塞責。其釐正文體之法，尤不得塗澤浮艷，作駢儷體，鈎章棘句，作怪澀體。仍不准闌入雜家謬論、二氏妄談、異域方言、報館瑣語，一切離經畔道之言，悉當嚴加屏黜。考官選刻魁卷，每場試藝均應擇尤刊刻以爲標準。

一、向例策題五道。每道或十餘條，或八九條，題目字數過多。故功令僅書第幾問，士子對策無論空疏寡學者，固屬依題敷衍。即實對者，亦不過鈔襲坊本，剿説雷同。今既求實學，擬此後策士命題，每道約舉一二事。字句無多，即可書寫全題。俾士子切實敷陳，不致仍前空衍。

一、鄉會試向設謄録。現經政務處議准裁撤，則對讀官亦應裁去。主試房考等官閲卷，務宜秉公衡鑑。如有辨認字迹，徇私濫中，一經發覺，應即從嚴議處。至試卷向有空白起草，故事奉行，寖成虚設。今既講求實學，五論、五策、三義，士子各場竭一晝夜之力，已苦不支，擬一併裁去。鄉會覆試卷應行起草者，亦照此辦理。其餘一切考試應行起草者，悉仍其舊。至鄉會試默寫頭二場起講，所以防試卷舛錯，今既改爲論策義，應默寫著藝前四行，以憑核對，外簾筆色，應將謄録硃筆，核對黄筆撤銷，内簾筆色悉仍其舊。

一、歲科兩考。先試經古一場，專試中國政治、史事及各國政治、藝學策論，應由學政酌量命題。生童願考與否，仍聽其便。童試正場試四書義、五經義各一篇。覆試試四書義一篇。生員歲科試，正場試四書義、五經義各一篇。覆試均試四書義一篇。其應行恭默《聖諭廣訓》，悉仍照舊。凡生員優等及文童取進，若正場試卷文理同屬通順，應先儘其經古場之入彀者，以勸實學。

一、各省考試拔貢、優貢，向例各分兩場。今既變通考試，拔貢頭場，擬改試中國政治、史事論二篇，各國政治、藝事一道。優貢頭場改試中國政治、史事論一篇，各國政治、藝學策一道。拔貢、優貢第二場，均改試四書義一篇、五經義一篇。拔貢、優貢、朝考均改試四書義一篇，中國政治、史事論一篇。其宗室鄉會試覆試及各直省鄉會覆試，鄉試録科，并考試漢教習，均照優拔貢朝考一例改試。至繙譯會試，頭場向試孝經論一篇，四書文一篇。今擬將四書文改試四書義，孝經論改試中國政治、史事論。其餘繙譯各項考試，暨考試滿教習，向非八股時文，悉仍其舊。惟有論題者，均改試中國政治、史事，以歸畫一。

一、向來朝考、殿試、散館、考差，以及考取優拔，並中書、教習、謄録等項，類皆偏重小楷，兼及詩賦，今既改試策論，詩賦已屬無用。而小楷一道，徒損志氣。耗目力，亦與實學無裨。嗣後逢有各項考試，但期字畫端整，無庸刻意求工，並准其添注塗改。考官閲卷，專取其文理優長者，不得復以小楷之優劣定去取。除貢士殿試，皇上臨軒策問，體制宜崇，擬仍用朱絲直格大卷。其餘各場試卷無横格者，均添用横格。有横直皆無界格者，均添用直格横格，以便書寫。

一、官辦試卷，鄉會自有定制。今既改試策論義，並擬裁去謄録草稿，不用硃卷。若仍照舊式，則填寫年貌履歷，及鈐蓋各項關防戳記，卷面不敷，卷内頁數多寡，亦有不合。現擬展寬卷式，每頁每紅格二十行，每行二十五字，頭二場均用十四頁，三場八頁，每場卷首，均留空白三頁，預備彌封。每篇字數，仍照舊例不滿三百字者不録。卷頁行數既已加增，縱士子才長亦儘敷獻藝，不得雙行擠寫。其鄉會覆試卷，仍照舊式。每頁紅格十二行，改用八頁。至頭場題目應低二格，照寫全題，加論字，文改爲低二格寫。二場題目仍低二格照寫全題，加策字，文低二格寫。三場照四書文經文例書寫原文，文亦頂格寫。所有添注塗改，及一切違式應貼之處，悉照例辦理。

一、試卷取中後，向有磨勘。原以正文體，察弊竇。功令所垂，理宜核實。乃行之既久，漸涉煩苛。或摘取字句之小疵，或搜尋正草之脱落，其他不勝枚舉。士子拘牽避忌，往往尋行數墨，轉不能切實發揮。文體日卑，半由於此。今既改策論義，但期學問之淹通，何必吹求於毫末。除有關弊竇，及文理悖謬、剿襲雷同、直犯廟諱御名諸大端，仍照例磨勘外，其稍有不諳例禁，無關緊要者，概從寬免，亦仰體朝廷破格求賢之意也。

一、闈中備考書籍均係欽頒。間有調閲，隨時坊間購置。禮部向存書序，卷帙紛繁，兵燹之餘，全行散失。現又改試策論，講求中國政治、史事及各國政治、藝學，所需書籍尤多。查同治年間江南、浙江、湖北、廣東等省，曾將各種書籍，設局刊版，流傳已久。所有場中備用各書，擬由禮部開單咨取，江南、浙江、湖北、廣東各省官書局照單咨送。至應用各國政治、藝學諸書，亦擬由兩江、兩廣、兩湖各督撫查照現已譯成之書有關鄉會試闈中備查者，擇要開單，一併咨送到部。其學堂所有書籍，亦許闈中隨時調閲。

一、變法之初，原期盡善，而奉行尤在得人。士子之趨向，端視考官爲轉移。衡文校藝之人，果能明體達用，深通中外各學，則鑒衡不爽，自可得確學而黜浮華。擬請嚴飭典試學臣及同考等官，嗣後閲卷，務當悉心評定。總以經術湛深，史學淵博，通達時務，切於實用者爲準。倘仍有剿襲荒謬之文，濫行入選，一經磨勘簽出，定當從重議處，以爲奉行不力者戒。至外省簾官取於州縣，大都學問荒疏者居多。尤宜令各督撫慎加選送，必期衡校得人，庶幾文風丕變，而真才日出矣。

—20. 皇朝蓄艾文編　卷一六　學校三

吉林水道圖説《會典》

吉林在盛京東八百四十五里，至京師二千三百有五里。吉林將軍治吉林城，領城八廳三。吉林城之北打牲烏拉城，又北伯都訥城、拉林城、阿勒楚喀城，其東三姓城、寧古塔城，又東南琿春城，其西爲長春廳。吉林城之西北邊門二，在西曰伊通門，西與盛京奉天府之赫爾蘇門接，在東曰巴延鄂佛囉門，東與大山接。三姓城，當混同江口，大海在其東，迤而南經寧古塔城東境，折而西爲綏芬河口、圖們江口，接朝鮮國界。

鴨緑江出長白山南麓，南流合東北一水，折西北流十二道溝，至頭道溝，皆自其北注之，又西南入盛京界。松花江出長白山西北，上源有四：南源二，東曰小土拉庫河，西曰大土拉庫河，合北流；東源曰尼雅木尼雅庫河，西流來會；又北東北源曰富爾哈河，東北二水合西南流來會，合西北流。額赫額因河自其東南山西北流，三音額因河出其西南山東北流，合而北，西合雅哈河、雅庫河、那爾温河、尼碩哈河來會。又北西合托哈那爾渾河，東合薩勒河、薩穆什河。輝發河自盛京奉天府東北流入境，經輝發城北而東，北合佛多羅河、奇爾薩河，南合索爾和河，滚河亦來會。又東北東合穆欽河、費納雅河，西合鄂河、瑪彦河。拉發河出小白山西麓，西南流，北合雅屯河，穆魯里河亦來會。又西北經吉林城東南，温德亨河自其西南注入。又經城東而北，東合伊罕河，又經打牲烏拉城西，雅哈河、搜得河自其西南北合流注之。又西北東合那穆魯噶河，西合蒐登河，出巴延鄂佛囉邊門，東合托兒泥河，又西南合穆舒河。伊通河出依蘭木哈連山，南北二源，納南來一水。西北流，經伊通邊門及長春廳東，折北流，東合薩隆河亦來會。又西北經伯都訥城西，又經内蒙古郭爾羅斯旗，嫩江自其西北境東南流來會。二江既合，遂爲混同江。折東流，又經伯都訥城北，又經拉林城西北。拉林河出拉林山，北曰墨倫河，南曰舒蘭河，合西流，東南合和倫河，又西北流來會。又經城北，又東北經阿勒楚喀城北。稍東呼蘭河，自黑龍江呼蘭城南流來會。阿勒楚喀河自其東南山北流，經阿勒楚喀城東亦來會。又東南合費克圖河、扎巴蘭河，北合布雅密河，又東南合瑪延河，經三姓城西會瑚爾哈河。發爾圖渾河出其東山，二水合西流，南合一水，北合巴和里河、薩鐵爾河，又西北流來會。巴蘭河、呑河俱自黑龍江呼蘭城東流入境亦來會。又東北東合鄂恰河、音達穆河、西合富爾瀾河、烏爾河，又東北合都爾河，南合安巴河。

又東北黑龍江自黑龍江城東流入境，北合畢占河來會。又東奇穆尼河出其西北山，二水合東南流，北合一水來會，又東會烏蘇里江。又東北庫魯河出其西北山，二水合東南流，北合一水來會。又東北東合和羅河、博敦河、畢爾古河，西合布庫河、傅達里河、對罕河，又東北會格楞河，又東北東合倭克特河、倭爾吉河、希拉遜河、年塔哈河、奇吉泊水、鄂堤河、鄂敏河、瑪哈爾河、錫雅里河、和勒爾河。西合溝根河、庫爾古河、綽羅河、多林河、齊克圖哈河、畢占河、圖纆河、梅庫河、福達哈河。又東會滚河，又經集達特噶城南而東，南合提發音河、阿克齊河。噶穆河出其西北山，東流經城北，亦來會。又東南合巴爾克河、科奇河，北合奇凌河、集河、鄂米河、里齊河、時發海河、看丹河，入於海。瑚爾哈河上源曰勒富善河，出寧古塔城西南之額敦山，北流。富爾佳哈河出其東山西流，南合珊延穆克河來會。又東北合都凌克河、南納托罕河，又東北合額伊瑚河、布泥河、沙蘭河，南合查珠河、松集河，匯爲阿卜湖。又東經寧古塔城南，南合瑪爾瑚里河、琉爾綽河、塔克通阿河，又經城東而北，東合商音河、呼錫哈里河、也赫河、特林河、尼葉赫河、每赫河、武斯呼河，西合米占河、海蘭河、富達密河、薩爾布河、舒蘭河、阿穆蘭河、昂巴河、阿布罕河、安巴河，經三姓城，西注混同江。烏蘇里江出寧古塔城東南錫赫特北山麓，西北流，南合法納圖河，東合富金河、能圖河、嫩屯河，又西南合呼雅河，折北流，西合伊魯山水，東合瑚爾穆河、噶爾瑪河、庫爾布新河，西會松阿察河，又北會搜里河。稍北福爾圖庫河自其東注之，又北會穆林河，又經三姓城東南境。阿庫里河出其東山，二水合西流，北合一小水，東合尼滿河來會。又北西合錫布克里河、都滿河，東合齊法庫河、畢新河、欽河，又北會諾羅河，又北東合阿翁河、多羅河、勒河，又北分爲三渠，俱注混同江。松阿察河上源出興凱湖，在寧古塔城東，烏札瑚河、捫河、扎哈懋河、尼雅林畢拉河、散奇河、都特赫河、額爾格河、菲雅河諸水匯焉。東北流曰松阿察河，注烏蘇里江，一支渠西南流，匯爲達布庫湖。穆林河出寧古塔城東扎木蘭呼勒山，二水合東流，北合一水，南合二水。又東北，北合穆勒肯河、葉爾渾河、南合巴彦河、達爾瑚河。又東北一支渠東流曰搜里河，俱東流，注烏蘇里江。諾羅河出三姓城東納丹哈達拉山，東流，南合喀穆圖河、富沁河、畢齊欽河，北合一小水。稍北，西合西拉布河，又東注烏蘇里江。格楞河出三姓城北山，東南流，西合三小水。又東多索米河出其西北山，東西各合一水，東南流注之，又東注混同江。其北興滚河，亦東南流。哈滚河出其西北山，二水合東南流，北合一水來會，又東合北來一水，又東注混同江。奇吉泊在集達特噶城西南，瑚伊里河、錫拉巴錫河、那穆德克特河俱北流瀦焉。

大圖們江出長白山東麓，二水合東流。小圖們江出其北山，二水合東南流來會，又東經寧古塔城南境，會噶哈里河，折東南流，北合二小水，經琿春城西南。琿春河出城東北山，西南流，西合拉特河，經城南，北合古米河來會，又東南入於海。噶哈里河出寧古城南山，東南流，舒爾哈河、薩奇庫河出其東北山，合西南流來會。又南，西合艾米塔河、和集河，東合富爾哈河、噶順河。海蘭河出其西山，南合巴彦河，東北流，西合布爾哈圖河，又東流亦來會，又南注圖們江。綏芬河出寧古塔城東大嶺，東流，北合鄂爾琿綏芬河、色珠倫河、渾達山水，南合瑚布圖河、舒藩河。又東北合會哈河，折南流，東合穆夏河，西合米拉河、庫塔福河、穆克察河、雅哈河、阿尼河、蒙古河，又南入於海。混同江口之北寧爾河，其南曰泥滿河、底米河、察克瑪河、克拉穆特河、提揚靄河、湟湟里河、額奇第河、克模爾河、僧克拉河、布魯河、瑚野克河、都爾河、濟瀨河、額勒河、約色河，俱出三姓城東境山中。又南曰瑚爾新河、拉傅拉河、額穆里河、塔爾芬河，俱出寧古塔城東境山中，俱東流入於海。圖們江口之東彦楚河，又東曰哈濟密河、額濟密河。綏芬河口之東乾溝子河，又東曰傅爾嘉哈河、石頭河、錫林河、大烏濟密河、小烏濟密河、雅蘭河、石人溝水、夾皮溝水、外富金河，俱南流入於海。三姓城北山中有索倫河，其南曰阿拉河，俱東流，其東曰瑪尼噶河、吉特河、鄂古河、瑚圖爾河、古第河，俱東北流，皆入於海。三姓城所屬海以外，當混同江口之東，有大洲亘千里。洲之上，西有博和畢河、汪艾河、低巴努河、温忒呼河、楚克津河、楚拉河、特肯河、伊對河，俱西流；東有額里野河、皮倫圖河、薩伊河、達喜河、郭多和河、塔塔瑪河、努烈河、啓社什河、阿常吉河，俱東流，皆入於海。

長白山在吉林城東南，小白山在吉林城東北。温德亭山在吉林城西南。費德里山在吉林城南。錫赫特山、扎木蘭呼勒山，俱在寧古塔城東。

吉林西南至盛京奉天府界，北至黑龍江城呼蘭城界，西至内蒙古之郭爾羅斯前旗後旗、科爾沁左翼中旗界，南至朝鮮，東及東北俱至海。

—2. 皇朝經世文編　卷一一九　工政二五　各省水利六

建倉儲米不如推廣鐵路輪舟説 闕名

國家設倉儲米，以備凶荒，依古已然，非自今始。特其倉有常平、社倉等名目，今各州縣置之，以爲糴糶之本。而社倉之法，尤便於民。或謂倉儲收米，恐年久朽壞，不如儲錢之爲便也。嘻！是亦未之思矣。昔宋太祖以契丹未平，積每日羨餘投於庫，謂之“盈樁庫”。曰：“俟錢積滿，以爲召募平契丹之用。”迨至王安石行新法，出其錢散於州縣，以貸民而收其息，謂之“青苗錢”。此儲錢之説也，然未之以一民，而徒以擾於一荒，更無論也矣。今曰儲米不如儲錢，以備於以乎？儲錢固無消耗之弊，倘凶荒遍地，而豐年處所甚遠難達，饑民待哺甚急，餓殍將何以免乎？是儲錢猶不如儲米之爲愈也。

然而處今之時，當今之世，建倉之意最良，而其法已舊，且笨重而不靈捷。欲求靈捷無弊之政，固莫如輪船、火車之爲萬全也。今四民之中，唯農最苦，豐年苦於穀賤，凶年苦於穀貴，聶夷中《田家詩》所爲言之痛切焉。若有輪舟、火車以糴糶之，則無慮最遠之路，火車一運，旬日可達，農民既無甚貴甚賤之苦，奸商亦無所施其居奇之棧。饑民待賑既免號呼，本地穀昂亦應低首。輪舟、火車交相爲用，便何如也，且其法西國皆知遵而行之，惟恐其後，惟能深悉其种，故行之果耳。查西國自興鐵路以後，從無儲米備荒之議，盖以儲舊不如糴新之爲愈也。且以輪舟、火車運脚之遲速貴賤，與車載牲駄相較，有差之倍蓰者。試言之，豐年穀賤，牲駄不過百里，車載不過三百里，而鐵路輪舟，一相爲運，則數千里且不止，且脚直又不啻賤數十倍焉。前恃車載牲駄，可養百人及數百人者，今則以火車、輪舟之運，可養數千人不等，故西國專用輪舟、火車也。今法人自安南建鐵路，以達雲南界首。中國西南印度國中，早有鐵路，今又由緬甸修建，以達於滇之西北。波斯借外款建鐵路，以爲保國衛民之計。俄人先自新疆以西建鐵路，以達歐洲；今又自蒙古北修路，東西約萬里。日本全境興修鐵路，凡皆鼓舞，無一阻撓。此近數十年情事也。苟稍有害，此數國者，豈皆大愚？而惟中華知之者少，亦惟中華之灾被之者重，豈天有以默警之與？抑將借此以默啓之與？要之，鐵路一成則利益自見。而説者動謂中朝比歲國帑甚絀，鐵路之修費又甚巨，似覺難爲。抑知費用之巨，猶有甚於海防者乎？海防之設，所以衛國衛民也，然徒見其坐費而未見其生財；鐵路之修，費雖甚鉅，而路成之進款亦巨，居常處變，無一不得其力，衛國養民，與輪舟相濟，以較海防，爲更有益而無害焉。何紳庶之猶不悟若是乎？因論建倉儲米之説而哆及之，幸無河漢斯言也可。

—8. 皇朝經世文三編　卷六四　工政四　工程

江西水道考《江西通志》

江西水之上源，其大者爲漳水。《漢志》曰：“豫章水。”《山海經》《水經》曰：贛水出南安聶都東山。東流經大庾縣，合巑山和溥水、雲山密水、丫山靈嚴水、大里水、黄公坑尚山水、傀儡山大明水、大庾嶺嶠水，北流入之。廣東仁化所出之平政水，合涼熱水昔名豫水，東北流入之。經南康縣西南爲南埜口，合蓮塘、蕉溪諸水，及布尾之封侯水、鏤山西符水、禽山禽水、過山過水，東流爲芙蓉江。西北崇義縣，有樟山之潛水，湖南益漿之麟潭水、牛皮龍水、玉泉山之義安水、大嶂山之帶圍水即横水，經上猶縣界。上猶江源出湖廣郴州桂陽縣，流經琴江口，營前彭山水入之。過大猶嶂、合稍水出石溪、料水出料樹、造水出老寨背、鬬水出益漿、石門水出百丈洞、米洲水，皆從東南流入章水。至南康沙口，又東經贛州城西，環城而北，與貢水會。

貢水，《漢志》曰：湖漢水。發源福建汀州新樂山，西流經瑞金縣陳石山，綿江水流五十里入之。又合烏村智水、銅鉢山灞水、羅田浮圖水，流經會昌湘水上源爲羊角水。北流過龍石，綿湘二水始合，爲湘洪水。淵深多怪石，蛟蜃居之。盤古山、墨斗灣諸水，皆會而入貢水。安遠濂江水南流入之，經雩都南爲雩水，合金溪水出鴨公嶂、化龍水出鴨公山、羅芽汊水出慈果嶺。其東北石城之琴水出鷹子岡，合灞水。寧都之梅水出梅嶺，在邑北一百二十里，非大庾之梅嶺。合白沙江出武頭峰麓、白鹿江出石城。璜溪，又合東江之鰲溪、小溪，西江之龍變溪、桃溪出桃林山，會於吴口渡，西南流入雩水，繞城而西，出雩都峽。其北，興國之瀲江，源出桐林埂及蜈蚣山，合瀲水出太平鄉藍坡、黄田水山清德鄉、龍下川出曹溪西流、長信衣錦二瀧，西南流入雩水。其南則定南員，魚溪出南坑坰，龍南桃水出冬桃山，合筋竹葛溪諸山水，爲三江口。經信豐爲桃江，源出龍南桃嶺，合黄田江出始興大竹圓保昌靠頭龍南樟木坰諸處、方溪水出龍洲、北江水出猶山、大樂口水出大庾界楓山、安樂鄉三江水一爲新田江，出安遠會昌界；一爲周坑江，出會昌游魚山；一爲寺坪腦江，出會昌贛縣上下坪、巫水出中坑洞、禾溪口水出長老山、綿水出綿山、安息江水出安遠東坑，東北流至雙溪口，又北爲烏漾，又北會於雩水。故雩都爲衆水之匯也。貢水又西經贛州城東，環城而北，與章水會，二水合而爲贛。此齊都官尚書劉澄之説，雖酈道元譏其以字説水，亦未遠失水實。若謂縣治居二水之間，因以名縣，則説尤允矣。

城中三池二溝之水通之。長步水出黄家山，東流入之；龍溪水出黄竹嶺，北流入之；梁水出龍頭嶺，西流入之；皂水東流出皂口入之。凡北流三百里，歷十八灘，經萬安，龍溪水西入之；綿津溪水出雙坑及長仙，合流入之；蜜溪水出鵝公嶂西流入之。贛江折而東流，蘇溪水由九石陂入之；雲岡水出朝天橋入之；韶江水合黄鵠水東流入之；武朔溪受風雨雲雷四潭之水，西流入之。其西龍泉遂江水，源出左右二溪，至李派渡合爲一，東北流入之。經泰和，江流澄澈，故曰澄江。永新拔鐵山出之，牛吼水合龍泉之射洲江，東流入之。麻斜溪水合李陂溪水，出西江口入之。贛江又北經永豐西。報恩江發源寧都西北界，古名瀕水，西流合葛溪、黄竹溪、白水、麻江、龍門江諸水，流遶邑城下，流爲英潭。其南沙溪蕭瀧，發源興國界，西北流，合孤江儲溪，出廬陵張家渡入贛江。江水又北經吉安城東，白鷺洲在焉；合習溪水出吉塘渡、螺湖水出五里岡冷水坑及横石江水在北界吉水。安福之盧水發源盧蕭山，西受永新之禾水、勝業水及溶江在永新東界，合毛停水、閤水、郭水出郭山，上通宜春、同水出游嶺、赤谷水出分宜界、智溪出宜春桑東麓、荷溪出鴿湖，東流與王江會。源出陳會山之舟湖水，合修水於書岡下，達於王江。又東流合泰和之禾水，一名早禾江，經廬陵神岡山下，同入於贛。其自富田合明德水而入者，爲廬陵之王江。盧水下流與清溪水相合者，爲廬陵之廬水。贛江又北經吉水南爲文江，永豐英潭之交會也。

江中有青湖洲，二水繞之，狀若吉字；又云兩水交合如文，故名文，亦曰字水。

合義昌水出文昌鄉，上通蕭瀧，陽豐、永豐、幽溪、沙口諸水入之。南溪水出中鵠鄉，東流出柘口入之。經峽江東流折北，舊爲玉峽鎮，江水束於中而不得溢。合亭頭水出七里洞、暮膳水出石牛嶺。自古山漕溪逆流南入者，爲仁和水。自漕溪北入者，爲蓮花潭水。經新淦西湄湘水，發源高嶺，合秀溪水西流入之。藍陂溪發源百丈峰，合金灘水東流入之。贛江又經臨江郡城南爲清江水，蓋袁江、贛江二水會於萬碩洲南，繞城而北，故名臨江。明成化末，贛水暴衝蛇溪水爲銅鑼江，没田畝以千計，直北流三十里與袁江會，於是，臨江城臨袁不臨贛也。袁江者，發源萍鄉羅霄山下，爲羅霄水，東流至宜春西爲稠江，折而北爲秀江，合麟橋江其源爲清瀝江，出老山、仰山水、九曲水、鸞溪水，經分宜南爲清源渡，合赤江、楊江、野江、介溪、竹橋諸水，東流經新喻，南爲渝川縣。本以渝水名，唐後訛而爲喻。西合嚴塘江、阪陂江、畫江，東合距江出分宜、灼江、穎江發源蒙山，合八十四源，即太平江水、長宜江出瑻縱嶺諸水，凡九十九灣，八十八灘，紫州、東瀛洲聯互以障之，下清江而合於贛。贛江又北流至清江鎮，淦水發源離嶺，會沉香溪水，一名閤山水，出洋湖西注之。

蕭水亦名小陽水，出古清泉里二源，匯於香田，由蕭洲橋，歷蕭灘鎮，東注之。經豐城西爲劍江，繞而北，歷苦竹、楊林、金雞諸洲。豐水出杯山東北，流由三溪津，會羅山之富水，東流受百斤湖廣百餘頃，溉田五百餘頃、株湖長十餘里，溉田千餘頃、銅湖亘三十里、赤湖廣二里，溉田二百餘頃、平港湖溉田二百餘頃諸水，又會猴峰之槎溪水，合流出小港口入贛江。江水北流，雩韶水出撫州横汊河，合隱溪水，西流入之。過龍霧洲，即金鐘口是也。杭溪水出介山，匯爲藥湖，合瑞州水東流入之。瑞州水自萬載西南八疊山，有金鐘湖，東流爲龍江，歷魚鱗灘，合康樂水，東流經上高南爲凌江。新昌之東溪來自奉新，西溪來自寧州，皆南流入之。合鹽溪在新昌西門外、清溪秀溪一名查溪，有晋陶淵明遺迹、白竹港出高嶺諸水，又合滕江水，受小水出烟竹嶺、易樂水出乾陀嶺、斜口水出蒙山、六口水出止、石洪港水，東流貫高安城南爲錦江，一名�河。《漢志》曰：蜀水分一支，亘南城爲市河，東會於象牙潭，受鐘口出荷山、龍口出蛟湖、華陽出新喻小溪、龍陂出米山、梅口出蕭坊斜溪諸水，東流抵新建，界黄源出蕭峰下、銅源山香城山、芭蕉源諸水入之。北流經南昌府城西爲章江。麥源水出西山，注梅嶺下爲吴源水，合白石源水入之。寧州修水出黄龍山，受杏苑水出幕阜山，亦連通城、百菖水出大湖山、武寧鄉水出大溈山，連湖廣劉陽、興國州及新昌界，乃盗賊淵藪也、東津水出州南東津山、洪水灘水灌毛嶺山下田三十頃、鹿源水腰帶水出鳳皇山、過州城東受安平水出毛竹山、鶴源水出湖廣連界九宫山及泰安鄉歛口梁溪諸水，東北流經武寧縣南，合義溪水、官塘源港亦名腰帶水，出神童山、魯溪水，南受清江出銀爐山、長田出牛皮洞、楊浦石鏤俱出嚴陽山、鳳口出三卷山、北受茶培出伊山、東北受陂田出昇仁鄉、箬溪出丫髻山、東受磧溪出雙嶠山諸港水，東流靖安城西。

雙溪水出毛竹山興寧州界，一支歷南源諸郡，東北流達於追里；一支歷中下燥坑，達於桐城。合流受桃源水出九洞南流、石掌灘水，東南流抵奉新，與馮水合出邑南百丈山。龍溪水出藥王山、華林水出華林山，縈紆西來入之，而皆會於修水。安義之龍江水、兆州水，東陽新徑水合於邑東，爲三合水，并皎源出寶峰山、白武斛源二水俱出靖安界諸水，東流合於修水。又東北流經建昌縣，南合檀陂水雲、居山之楓林西江、白沙雲門諸水，東流入之。又合珠溪水，達於章江，匯於彭蠡。星子六溪、十八湖之水入之。德安博陽川東南流入之。又北爲女兒港，德化水入之。港口曰金沙洲，明師殲陳友諒之卒於洲上，是爲西鄱陽湖。

南昌城中之水，曰三湖九津。三湖者，蘇圃迤北曰北湖，由廣濟橋至洪恩橋曰東湖，同仁坊二小橋至兩學宫抵水關閘曰西湖。總名爲東湖，古稱十里，後僅廣五里，歲額魚課一百二十金。明萬曆中，郡邑捐納，禁不復漁。九津者，義取《洪範》“九疇”，所以泄三湖水。廣潤門二津；惠民、進賢、順化、永和、德勝五門，各一津；章江門二津。津各引水歸濠，水關橋置内外閘，湖水盈則放水，西達章江。江湖俱溢，則閉外閘，使江水不得浸入。乃開内閘，引湖達濠，繞廣潤、章江、德勝、永和四門而東注。歸蜆子、艾溪二湖，出牛尾閘，趨楊家灘，入於湖。盱水發源血木嶺，過厓山，北流爲巴溪，又北爲小勳溪，過白水鎮，經廣昌縣南，爲平西大河。合南村、石壁、青銅諸港水，北流經南豐西，會滄浪水出新城界、軍港出軍山、蔓翠湖諸水。北流經建昌郡城東川門，爲盱江，合東江出覆船山、石頭港水一名梅溪出梓木山、新城飛鳶水亦名悲猿港，合荀溪西入之。東北流經金溪西，合齊岡清江石門塗嶺后車溪出韓婆嶺、東漕港諸水，經撫州東，爲汝江。上流爲金溪水，與苦竹、赤橋二水合流，由夢港環城而北，江廣流緩，渟瀦如湖，名曰瑶湖。宜黄漳水發源箬嶺，北流與軍峰宜水合，又北流與黄土嶺黄水合，二水合而名縣也。崇仁巴水出臨川山，爲臨水之源，東北流至嚴陀大盤山，寶唐水會之。芙蓉山之書堂十洞，二水分流，會於李河埠而與之合。東流會華蓋山之西寧水，曲折數百里，合青水，東流過黄洲，有長橋束之，水灌則湧激如奔馬，過左港，合羅山水，東流合孤嶺水，北流合大浮山水、高峰山水、石牛源水，徑白鷺渡，爲臨川，至西津合汝水。其北連礬水，發源長岡，出黄塘橋東流入之。諸水相合，由金玉臺出烏鵲石，折而北，過虎頭洲，至金雞城東鄉，三港水合金橋、延橋二水西流入之。東北流，合西洛水，入武陽水、進賢通濟港水，出香爐山，流爲九曲，至藏溪灣，合獅山之院澤水、優游源，北流入洪源湖，一名日月湖。東歷回龍洲連軍山湖，湖延袤五十餘里。北爲白沙湖，與南昌大沙、小沙二湖接邑西羅溪嶺水，流爲清溪，合南陽水爲青嵐湖，與洞陽、武陽合爲三陽水，至南昌東北入湖。玉溪出懷玉山，西流合沙溪、永平溪水，又永豐溪源出福建建寧盤亭，西流入之。過廣信城南爲上饒江，西流合儲溪、宋溪、葛溪諸水皆出靈山爲弋陽江一名弋溪。信義港自福建邵武分流入之，西流合明溪水，過桃花灘，經貴溪南鄉溪水，合箬溪湖陵戴星諸溪水，過白茫洲，經安仁南爲安仁江，一名錦江。白塔河合王石、烏石、鵝湖、河陂、諸潤之水與之會，藍溪水三源合流入之，建昌之瀘溪水流百三十里亦入之。西北流，經餘干桐口灘分二派：西北流者，由布村趨龍窟河，受潤陂水三源一出李梅峰，一出臨川大梅嶺，一出進賢贊王嶺，過樣林雲霧洲，至瑞洪鎮，入於湖；東北流者，由八字嘴（由）［又］分二支，一受古埠水二源一出貴溪鶴嶺，一出安仁洪大源趨馮田，過黄坊，合沙港水；一由破穴入布河中。有越水出西津，俱會珠湖，趨饒河口、沙港、西津，爲大河也。鄱水發源江南祁門環中，合大共山之霄溪，禾戌嶺之柏溪，及榔木嶺、武陵嶺、盧溪山諸水，西流出經浮梁東之梅村，始容舟，三十五里會天寶水，十數里會横槎港水，至臧家灣，合江家山水，南合歷降水、鯉魚橋水、黄壇水、柳家灣水，西合大演水、洗馬橋水、畫溪塢水，流爲昌江，過景德鎮，經饒州鄱陽南爲鄱江。樂平洎川，發源德興洎山下洎灘里，西流與大溪會。溪出江南婺源，合浙江開化寅港水，至明口，與長樂水會。水出大茅山，合桐川横溪瑞港出石榴源諸水，至桐山港口，合建節水，水出弋陽霧山下，俱西流歸大溪，入樂安江。江水源出徽州芙蓉嶺，内河吴溪諸水，皆西流入之。萬年之殷河，匯竹屯河、文溪、南溪諸水，又書源出之九芝水，注之而入鄱江。江受北珠、南珠、楓木、角尾、大雷、白水諸湖之水，環饒州城西，折而北，至雙港口分爲二：一支西經棠陰鎮，出饒河口，會餘干水入於湖；一支西注堯山港，由老鸛港匯爲烏玲湖，出虬門入於湖，是爲東鄱陽湖。湖闊四十里，袤三百里，南跨南昌，西接南康，東抵饒州。盡匯諸江之水古稱彭蠡，一名宫亭，一名揚瀾。近都昌者爲左蠡湖，近湖口者爲土目湖。北爲皂湖、白洋湖，又北爲西倉湖、勞渡湖、爲虎塘，皆在大孤山之上，下由湖口出大江。此豫章水殊源同歸之大概也。

瑞昌蘆泉、魚泉、石房大塅梅溪、白龍諸泉，潴爲赤湖，流爲瀼溪，東流經九江城西，入龍開河，東通湓浦港，南通濂溪港，東流入潯陽江。湖口沙頭港，發源黄土嶺，接沙頭河，入大江。明萬曆中，增設湖口關税，商舟往來所泊，易以嘉名，如楊港曰武曲港，黄牛洑曰文昌洑，老鴉磯曰鳳皇磯之類是也。彭澤清山大泊諸湖，瀼子、臙脂、筲箕、横山諸港，皆濱大江。此雖水之别入於江，而在《漢志》豫章郡境内，亦當隨地以附見者。其陂塘堤壩之廢興，與夫灌溉蓄泄之利，詳見左方。

—2. 皇朝經世文編　卷一一六　工政二二　各省水利三

戒濫刑　宋邦僡

非刑拷訊，本干例禁。即尋常扑責，亦宜慎重。蓋無論罪犯之重輕，衡情引律，法自難逃。若訊取供辭，全在虚公詳鞫，真僞自分，曲直自見，萬不容率以刑求。自來冤獄未有不以鍛煉誣服者。昔明道先生作令，常於左右書“視民如傷”四字。士大夫苟時存此心，則惻隱之念生，自不忍以喜怒加人矣。

—5. 皇朝經世文續編　卷八四　刑政一　刑論

戒株連　宋邦僡

謹按律，惟反叛又糾衆戕官、反獄、邪教、惑衆，見《例》、殺一家三人、支解人、采生折割、造畜蠱毒等犯，緣坐其親屬。而女許嫁已定、子孫過房、與人聘妻未成者，俱不坐見謀反大逆。又一家人共犯，止坐尊長侵損於人者，方以凡人首從論，見《名例律》。又《例》載，凡詞狀止許一告一訴，告實犯實證，不許波及無辜，及陸續投詞，牽連原告内無名之人。如有牽連婦女，另具呈詞；倘波及無辜者，一概不準，仍從重治罪見《誣告》。仰見盛朝欽恤惟中，懲惡雖嚴，而所以示矜，全防株累，實無微不至。百司承流宣化，自當以矜慎爲心，非案内確有罪名之實犯，不得牽連；非案内必須對簿之要證，不得拘唤。自來秉性殘忍者，往往羅織無辜，不旋踵而自罹慘報。稽諸前史，歷有明徵，可不戒哉。

—5. 皇朝經世文續編　卷八七　刑政四　治獄

救亡决論　闕名

天下理之最明，而勢所必至者，如今日中國不變法則必亡是已。然則變將何先？曰莫亟於廢八股。夫八股非自能害國也，害在使天下無人才。其使天下無人才，奈何？曰有大害三。

其一害曰：錮智慧。今夫生人之計慮智識，其開也必由粗以入精，由顯以至奥，層累階級，脚踏實地，而後能機慮通達，審辨是非。方其爲學也，必無謬悠影響之談，而後其應事也，始無顛倒支離之患。何則？其所素習者然也。而八股之學大異是。垂髫童子，目未知菽粟之分，其入學也，必先課之以《學》《庸》《論》《孟》，開宗明義，明德新民，講之既不能通，誦之乃徒强記。如是數年之後，行將執簡操觚，學爲經義。先生教之以擒挽之死法，弟子資之于剽竊以成章。一文之成，自問不知何語。迨夫觀風使至，群然挾兔册，裹餠餌，逐隊唱名，俯首就案，不違功令，皆足求售，謬種流傳，羌無一是。如是而博一衿矣，則其榮可以誇鄉里，又如是而領鄉薦矣，則其效可以覬民社。至於成貢士，入詞林，則其號愈榮，而自視也亦愈大。出宰百里，入主曹司，珥筆登朝，公卿跬步。以爲通天地人之謂儒，經朝廷之賓興，蒙皇上之親策，是朝廷固命我爲儒也。千萬旅進，人皆鍛羽，我獨成龍，是冥冥中之鬼神，又許我爲儒也。夫朝廷鬼神皆以我爲儒，是吾真爲儒，且真爲通天地人之儒，從此天下事來，吾以半部《論語》治之足矣，又何疑哉！又何難哉！做秀才時，無不能做之題，做宰相時自無不能做之事，此亦其所素習者然也。謬妄糊塗，其曷足怪？

其二害曰：壞心術。揆皇始創爲經義之意，其主於愚民與否，吾不敢知。而天下後世所以樂被其愚者，豈不以聖經賢傳，無語非祥，八股法行將以忠信廉恥之説，漸摩天下，使之胥出一途，而風俗亦因之以將厚乎？而孰知今日之科舉，其事效反於所期，有斷非前人所及料者。今姑無論試場大弊，如關節頂替，倩槍聯號，諸寡廉鮮恥之尤，有力之家，每每爲之，而未嘗稍以爲愧也。請第試言其無弊者，則孔子有言："知之爲知之，不知爲不知，是知也。"故言止於所不知，固學者之大戒也。而今日八股之士，乃真無所不知。夫無所不知，非人之所能也。顧上既如是求之，下自當以是應之。應之奈何？剿説是已。夫取他人之文字，腆然自命爲己出，此其人恥心所存，固已寡矣。苟緣是而僥倖，則他日掠美作僞之事，愈忍爲之，而不自知其爲可恥。然此猶其臨場然耳。至其平日用功之頃，則人手一編，號曰揣摩風氣。即有一二聰穎子弟，明知時尚之日非，然去取所關，苟欲求售，勢必俯就而後可。夫所貴於爲士，與國家養士之深心，豈不以矯然自守，各具特立不詭隨之風，而後他日登朝，乃有不苟得不苟免之概耶！即乃今者，當其做秀才之日，務必使之習爲剿竊詭隨之事，致令羞惡是非之心，旦暮牿亡，所存濯濯，又何怪委贄通籍之後，以巧宦爲宗風，以趨時爲秘訣，否塞晦盲，真若一邱之貉，苟利一身而已矣，遑恤民生國計也哉！且其害不止此，每逢春秋兩闈，闈内外所張文告，使不習者觀之，未有不欲股弁者，逮親見其實事，乃不徒大謬不然，抑且變本加厲。此奚翅當士子出身之日，先教以赫赫王言，實等諸濟竅飄風，不關人事。又何怪他日者，身爲官吏，刑在前而不慄，議在後而不驚。何則？凡此又皆所素習者然也。是故今日科舉之事，其害不止于錮智慧，壞心術，其勢且使國憲王章，漸同糞土，而知其害者果誰也哉？

其三害曰：滋游手。楊子雲有言：“言，心聲也，書，心畫也。”故知言語文字二事，係生人必具之能。人不知書，其去禽獸也，僅及半耳。中國以文字一門專屬之士，而西國與東洋則所謂民之衆，降而至於婦女走卒之倫，原無不識字知書之人類。且四民並重，從未嘗以士爲獨尊。獨我華人始翹然以知書自異耳。至於西洋理財之家，且謂農工商賈皆能開天地自然之利，自養之外，有以養人，獨士枵然開口待哺。是故士者固民之蠹也。唯其蠹民，故其選士也必務精，而最忌廣。廣則無所事事，而爲游手之民，其弊也爲亂爲貧爲弱。而中國則後車十乘，從者百人，孟子已肇厲階。至於今日之士，則尚志不聞，素餐等誚，十年之間，正恩累舉。朝廷既無以相待，士子且無以自存。棫樸叢生，人文盛極。然若以孫伯符殺丹陽太守，坐無所知者例之，則於當塗公卿，皆不容於堯舜之世者也。況夫益之以保舉，加之以捐班，決疣潰癰，靡知所届。中國一大豕也，群蝨總總，處其荃蹄曲隈，必有一日焉，屠人操刀，具湯沐以相待，至是而始相吊焉，固已晚矣！

悲夫，夫數八股之三害，有一於斯，則其國鮮不弱而亡，況夫兼之者耶！今論者將謂八股取士，固未嘗誠負於國家，彼自明以來用之矣，其所致之賢哲鉅公，指不勝屈。宋蘇軾常論之矣，果循名責實之道行，則八股亦何負於天下？此説固也，然不知利禄之格既懸，則無論操何道以求人，將皆有聰明才智之儔入其彀。設國家以飯牛取士，亦將得甯戚百里大夫；以牧豕取士，亦將得卜式公孫丞相。假當得見其得人，遂以此爲科舉之恒法，則諸公以爲何如？夫科舉之事，爲國求才也，勸人爲學也。求才、爲學二者，皆必以有用爲宗。而有用之效，徵之富强，富强之基，本諸格致。不本格致，將無所往而不荒虚。所謂蒸砂千載，成飯無期者矣。彼蘇氏之論，取快一時，蓋方與温公介甫立異抵巇，又何可視爲篤論耶！

總之八股取士，使天下消磨歲月於無用之地，墮壞志節於冥昧之中。長人虚驕，昏人神智。上不足以輔國家，下不足以資事畜。破壞人才，國隨貧弱。此之不除，徒補苴罅漏張皇幽渺無益也，雖練軍實、講通商亦無益也。何則？無人才，則之數事者，雖舉亦廢故也。舐糠及米，終致危亡而已。然則救之之道當何如？曰痛除八股，而大講西學，則庶乎其有鳩耳。東海可以回流，吾言必不可以易也。

難者曰：夫八股錮智慧，壞心術，滋游手，積將千年之弊，流失敗壞，一旦外患憑陵，使國家一無可恃。欲戰則憂速亡，忍恥求和則恐寖微寖滅。當是之時，其宜改弦更張，不待議矣。顧惟是處存亡危急之秋，待學問以圖功，將何殊播穀飼蠶，俟獲成獻功，以救當境飢寒之患。道則是矣，於塗無乃迂乎！今先生論救亡而以西學格致爲不可易。夫格致何必西學，固吾道大學之始基也，獨其效若甚賒，其事若甚瑣。朱晦翁補傳一篇，大爲後賢所聚訟。同時陸氏兄弟，已有逐物破道之譏。前明姚江王伯安儒者之最有功業者也，格窗前一竿竹，七日病生。其説謂格字，當以孟子格君心之非，及今律格殺勿論諸格字爲訓，謂當格除外物，而後有以見良知之用，本體之明。此尤事功無待格致之明證。而先生謂富强以格致爲先務，蒙竊惑之。其説得詳聞歟？應之曰：不亦善乎，客問之也。夫中土學術政教，自南渡以降，所以愈無可言者，孰非此陸王之舉階之厲乎！以國朝聖祖之聖，爲禹文以後，僅見之人君，亦不過挽之一時，旋復衰歇。蓋學術末流之大患，在於徇高論而遠事情，尚氣矜而忘實禍。夫八股之害，前論言之詳矣。而推而論之，則中國宜屏棄弗圖者，尚不止此。自有制科來，士之捨于進梯榮，則不知焉。所事學者，不足道矣。超俗之士，厭制藝則治古文詞；惡試律則爲古今體。鄙摺卷者，則争碑版篆隸之上游；薄講章者，則標漢學考據之赤幟。於是此追秦漢，彼尚八家。歸、方、劉、姚、惲、魏、方、龔，唐祖李杜，宋米蘇黄。七子優孟，六家鼓吹。魏碑晋帖，南北派分。東漢刻石，北齊寫經。戴、阮、秦、王，直闖許、鄭。深衣幾幅，明堂幾個，鐘鼎校銘，珪琮著考。秦權漢日，穰穰滿家。諸如此倫，不可殫述。然吾得一言以蔽之曰：無用。非真無用也，凡此皆富强而後物阜民康，以爲怡情遣日之用，而非今日救弱救貧之切用也。其又高者曰：否否，此皆不足爲學。學者學所以修己治人之方，以佐國家化民成俗而已。于是侈陳禮樂，廣説性情。周、程、張、朱，關、閩、濂洛，學案幾部，語録百篇。《學蔀通辨》，晚年定論。關學刻苦，永嘉經制。深寧、東發，繼者顧、黄，《明夷待訪》《日知》著録。褒衣大袖，堯行舜趨。訑訑聲顔，距人千里。奄上驅虜，折箠笞羌。經營八表，牢籠天地。夫如是，吾又得一言以蔽之曰：無實。非果無實也，救死不贍，宏願長賒，所託愈高，去實滋遠。徒多僞道，何裨民生也哉。故由後而言，其高過於西學而無實，由前而言，其事繁於西學而無用，均之無救危亡而已矣。客謂處存亡危急之秋，務亟圖自救之術，此意是也。固知處今而談，不獨破壞人才之八股宜除，與凡宋學漢學，詞章小道，皆宜且束高閣也。即富强二言，且在所後，法富先求何道可以救亡。惟是由陸王二氏之説，謂格致無益事功，抑事功不俟格致，則大不可。夫陸王之學，質而言之，則直師心自用而已。自以爲不出户，可以知天下事，而天下事與其所謂知者，果相合否？不徑庭否？不復問也。自以爲閉門造車，出而合轍，而門外之轍，與其所造之車，果相合否？不齟齬否？又不察也。向壁虚造，順非而澤，持之似有故，言之若成理。其甚也，如驪山博士説瓜，不問瓜之有無，議論先行蜂起。秦王坑之，未爲過也。蓋陸氏於孟子，獨取良知，不學萬物皆備之言，而忘言性求故，既竭目力之事，唯其自視太高，所以强物就我。後世學者，樂其徑易，便於惰窳傲慢之情，遂群然趨之，莫之自反。其爲禍也，始於學術，終於國家。故其於已也，則認地大民衆爲富强，而果富强否，未嘗驗也。其於人也，則神州而外皆夷狄，其果夷狄否，未嘗考也。抵死虚憍，未或稍屈。然而天下事所不可逃者，實而已矣。非虚詞飾説所得自欺，又非盛氣高言，所可持劫也。迨及之而知，履之而艱，而天下之禍，固無救矣。勝代之所以亡，與今之所以弱者，不皆坐此也！即前車已覆，後軫方道，真可歎也！若夫詞章一道，本與經濟殊科，不妨放達。故雖極蜃樓海市，惝恍迷離，皆足移情遣意。一及事功，則淫遁詖邪，生於其心，害於其政矣。苟且粉飾出於其政者，害於其事矣。而中土不幸，其學最尚詞章，致學者習與性成，日增慆慢，又況以利禄聲華爲准的，苟務悦人，何須理實。於是慆慢之餘，又加之以險躁。此與武侯學以成才之説，奚啻背道而馳。僕前謂科舉破壞人才，此又其一者矣。

然而西學格致，則其道與是適相反。一理之明，一法之立，必驗之物物事事而皆然，而後定之爲不易。其所驗也貴多，故博大；其收效也必恒，故悠久；其究極也，必道通爲一，左右逢原，故高明。方其治之也，成見必不可拘，飾詞必不可用。不敢絲毫主張，不得稍行武斷。必勤必耐，必公必虚，而後有以造其至精之域，踐其至實之途。迨夫施之民生日用之間，則據理行術，操必然之券，責未然之效，先天不違，如土委地而已矣。且西士有言：凡學之事，不僅求知，未知求能，不能已也。學測算者，不終身以窺天行也。學化學者，不隨在而驗物質也。講植物者，不必耕桑。講動物者，不必牧畜。其絶大妙用，在於有以練智慮而操心思，使習於沉者不至爲浮，習於誠者不能爲妄。是故一理來前，當機立剖，昭昭白黑，莫使聽熒。凡夫恫疑虚愒，荒渺浮誇，舉無所施其伎焉者，得此道也。此又大學所謂知至而後意誠矣。且格致之道以道眼觀一切物，物物平等，本無大小、久暫、貴賤、善惡之殊。病生知之，故曰道在屎溺，每下愈况。王氏窗前格竹，七日病生之事，若與西洋植物家言之，當不知幾許軒渠，幾人齒冷。且何必西士，即如其言，則《豳詩》之所歌，《禹貢》之所載，何一不足令此子病生。而聖人創物成能之意，明民前用之機，皆將由此熄矣。率天下而禍實學者，豈非王氏之言歟？且客過矣。西學格致，非迂途也，一言救亡，則將舍是而不可。今設有人於此，自其有生而來未嘗出户，但能讀三墳五典，《八索》《九邱》，而於門以外之人情物理，一無所知。凡舟車之運轉流行，道里之險易澀滑，岩牆之必壓，坎陷之至凶，擿埴索塗，都忘趨避，甚且不知虎狼之可以食人，鴆毒之可以致死，一旦爲事勢所逼，置此子於肩摩轂擊之場，山巔水涯之際，所不殘毀僵仆者，其與幾何。知此則知中國由今之道，無變今之俗，欲求不亡之必無幸矣。

蓋欲救中國之亡，則雖堯舜周孔生今，捨班孟堅所謂通知外國事者，其道末由。而欲通知外國事，則捨西學洋文不可，捨格致亦不可。蓋非西學洋文，則無以爲耳目，而捨格致之事，將僅得其皮毛。眢井瞽人，其無救於亡也審矣。且天下唯能者，可以傲人之不能；唯知者，可以傲人之不知。而中土士大夫，怙私恃氣，乃轉以不能不知傲人之能與知。彼乘騏驥，我獨騎驢，彼駕飛舟，我偏結筏。意若謂彼以富强，吾有仁義。而回顧一國之内，則人懷穿窬之行，而不自知羞；民轉溝壑之中，而不自知救。指其行事，誠皆不仁不義之尤，以此傲人，羞惡安在！至一旦外患相乘，又茫然無以應付，狂悖違反，召敗蕲亡。孟子曰："不仁而可與言，則何亡國敗家之有。"夫非今日之謂耶！且客謂西學爲迂塗，則所謂速化之術者，又安在耶？得無非練軍實之謂耶？裕財賦之謂耶？製船炮開礦產之謂耶？講通商務樹畜之謂耶？開民智正人心之謂耶？而之數事者，一涉其流，則又非西學格致皆不可。今以層累階級之不可紊也，其深且遠者，吾不得與客詳之矣。今姑即其最易明之練兵一端言之可乎？

今夫中國，非無兵也，患在無將帥。中國將帥皆奴才也，患在不學而無術。若夫愛士之仁，報國之勇，雖非自棄流品之外者之所能，然尚可望由於生質之美而得之。至於陽開陰閉，變動鬼神，所謂爲將之略者，則非有事于學焉必不可。即如行軍，必先知地，知地必資圖繪，圖繪必審測量。如是則所謂三角、幾何、推步諸學，不從事焉不可矣。火器致人，十里而外爲時一分，一機炮可發數百彈，此斷非徒袒奮呼，迎頭痛擊者，所能决死而幸勝也。於是則必講合壘濠塹之事。其中相地設險，遮阸鉤連，又必非不知地不知商功者所得與也。且爲將不知天時之大律，則暑風寒雨，將皆足以破軍。未聞遵生之要言，則疾疫傷亡，將皆足以損衆。二者皆扎營踞地，息息相關者也。乃至不知曲線力學之理，則無以盡炮准來復之用。不知化學漲率之理，則無由審火棉火藥之宜。不講載力、重學，又烏識橋樑營造？不講光、電、氣、水，又何能爲伏椿旱雷與通語探敵諸事也哉？抑更有進者，西洋凡爲將帥之人，必通敵國之語言文字。苟非如此，任必不勝。此若與吾黨言之，愈將發狂不信者矣。若夫中國統領伎倆，吾亦知之。不知道理而迷惑，則傳問驛站之馬夫；欲探敵人之去來，則暫雇本地之無賴。尤可哭者，前某軍至大同，無船可渡，争傳州縣辦差。近某軍扎新河，海嘯忽來，淹死兵丁數百。是于行軍相地，全所不知。夫用如是之將領，使之率兵向敵，吾國不亡，亦云幸矣！尚何必以和爲辱也哉？且夫兵之强弱，顧實事何如耳。又何必如某總兵所稱，銅頭鐵額如蚩尤，驅使虎豹如巨無霸。中國史傳之不足信久矣，演義流布，尤爲惑世誣民。中國武夫識字，所恃爲韜略者，不逾此種，無怪今日營中，多延奇門遁甲之家，冀實事不能，或迎此道制勝。中國人民智慧蒙蔽弇陋，至於此極，雖聖人生今，殆亦無能爲力也。

哀哉！議者又謂：自海上軍興以來二十餘年，師法西人，不遺餘力者，號以北洋爲最，而臨事乃無所表見如此，然則曷貴師資。此又耳食之徒不考實事之過也。自明眼人觀之，則北洋實無一事焉師行西法。其詳不可得言，姑舉一端爲喻。曩者法越之事，北洋延募德酋數十人，洎條約既成，無所用之，乃分遣各營，以爲教習。彼見吾軍事多不可者，時請更張。各統領惡其害己也，群然譟而逐之。上游籌所以慰安此數十人者，於是乎有武備學堂之設。既設之後，雖學生年有出入，尚未聞培成何才，更不聞如何器使。此則北洋練兵練將，不用西法之明徵。夫盗西法之虚聲，而沿中土之實弊，此行百里者所以半九十里也。嗚呼，其亦可悲也已！然此不具論。論者見今日練兵，非實由西學之必不可耳。

至於阜民富國之圖，則中國之治財賦者，因於西洋最要之理財一學，從未問津，致一是云爲自虧自損，病民害國，暗不自知。其士大夫亦因于此理不明，故出死力興鐵路、機器爲難，自遏利源。如近日京師李福明一案，尤足令人流涕太息者也！不知是二事者，乃中土真不容緩之圖，富强所基，何言有損。果其有損，則東西二洋其貧弱而亡久矣。《淮南子》曰：櫛者墮髮，而櫛不止者，爲墮者少，而利者多也。彼唯有見於近，而無見於遠；有察於寡，而無察於多。肉食者鄙，端推此輩。中國地大民衆，誰曰不然。然地大在外國乃所以强，在中國正所以弱。民衆在外國乃所以富，在中國乃所以貧。救之之道，非造鐵道用機器不爲功。而造鐵道用機器，又非明西學格致必不可。是則一言富國阜民，則先後始終之間，必皆有事于西學。然則其事又曷可須臾緩哉！

約而論之，西洋今日業無論兵農工商，治無論家國天下，蔑一事焉，不資於學。錫彭塞《勸學篇》，嘗言之矣。繼今以往，將皆視物理之明昧，爲人事之廢興。各國皆知此理，故民不讀書，罪其父母。日本年來立格致學校數千所以教其民，而中國此忍終古。二十年以往，民之愚智益復相懸，以與逐利争存，必無幸矣。《記》曰："學然後知不足。"公等從事西學之後，平心察理，然後知中國從來政教之少是而多非。即吾聖人之精意微言，亦必既通西學之後，以歸求反觀，而後有以窺其精微，而服其爲不可易也。夫中國以學爲明善復初，而西人以學爲修身事帝，意本同也。唯西人謂修身事帝，必以安生利用爲基，故凡遇中土旱乾水溢，饑饉流亡，在吾人以爲天災流行，何關人事，而自彼而論，則事事皆我人謀之不臧。甚且謂吾罪之當伐，而吾民之可吊。而我尚傲然弗屑也，可不謂大哀也哉。

嗟嗟！處今日而言救亡，非聖祖復生，莫能克矣。聖祖當本朝全盛之日，賢將相比肩於朝，則垂拱無爲，收視穆清，宜莫聖祖若矣！而乃勤苦有用之學，究察外國之事，亘古莫如。其所學之拉體諾，即今之辣丁文，西學文字之祖也。至如天算、兵法、醫藥、動植諸學，無不講，亦蔑不精。廟謨所垂，群下莫出其右，南齋侍從之班，以洋人而被侍郎卿銜者，不知凡幾。凡此皆以備聖人顧問者也。夫如是則聖者日聖，其於奠隆基致太平也何難。不獨制藝八股之無用，聖祖早已知之，即如從祀文廟一端，漢人所視爲絶大政本者，聖祖且以爲無關治體，故不許滿洲人得鼎甲，亦不許滿人從祀孔子廟廷，其用意可謂遠矣。而其所以不廢猶行者，知漢人民智之卑，革之不易，特聊順其欲而已。然則聖祖之精神默運，直至二百年而遥，而有道曾孫處今日世變方殷，不追祖宗之活精神，而守祖宗之死法制。不知不法祖宗，正所以深法祖宗。致文具宗存，邦基陧阢，甚或廟社以屋，種類以亡，孝子慈孫豈願見此！曩己丑庚寅之間，祈年殿與太和門數月連毁。一所以事天，一所以臨民，王者之大事也。灾異至此，可爲寒心。然安知非祖宗在天靈爽，默示深痾也哉！總之，驅夷之論，既爲天之所廢而不可行，則不容不通知外國事。

欲通知外國事，自不容不以西學爲要圖。此理不明，喪心而已。救亡之道在此，自强之謀亦在此。早一日變計，早一日轉機。若尚因循，行將無及。彼日本非不深惡西洋也，而于西學則痛心疾首，卧薪嚐膽求之，知非此不獨無以制人，且將無以存國也。而中國以惡其人，遂以並廢其學，都不問利害是非。此何殊見仇人操刀，遂戒家人勿持寸鐵，見仇人積粟，遂禁子弟不復力田。嗚呼，其傎甚矣！雖然吾與客皆過矣。運會所趨，豈斯人所能爲力？天下大勢，既已日趨混同，中國民生，既已日形狹隘，而此日之人心世道，真成否極之秋，則窮變通久之圖，天已諄諄然命之矣。繼自今中法之必變，變之而必强，昭昭更無疑義，此可知者也。至變於誰氏之手，强爲何種之邦，或五裂四分，抑或業歸一姓，此不可知者也。吾與客茫茫大海，飄飄兩萍，委心任運可耳，又何必容心於鼠肝蟲臂，而爲不詳之金也哉！客言下大悟，奮袖低昂而去。

—9. 皇朝經世文新編　卷三　通論下

孔教大行於諸國考　陳高第

今有一物焉，蟠委屈錯於圜球運動之中，而使圜球積面凡百種類無利無害，無公無私，無弱無强，無生無殺者，惟孔教乎。《易》曰："保合太和乃利貞。"《書·中候》云："天地休通，五行期化。"《禮運》云："故外户而不閉，是謂大同。"誠如是，則智周天地，明照日月，與陰陽爲變化，與萬物爲始終，匈匈隆隆，信足立太平而鏡太清矣。有若言出乎其類，拔乎其萃。《中庸》言日月所照，霜露所隊，凡有血氣莫不尊親。有子，子思乎？洵爲吾道干城哉。而或有睥睨神州掊擊儒術者，謂儒家靡濫，均爲弱國之媒；經書踳駁，無非伐性之斧。中國不欲强則已，如欲自强，倘非閣束《詩》《書》，灰塵《禮》《樂》，則新法必少變通之理，君國將無自主之權。物必先腐而後蟲生之，此泰西人士所以日爲中國慮也。雖然，若而人者果能於孔教天人之奥要，導九竅而獨窺其間乎，抑或於後儒考據之紛紜，執兩端而或有疑議乎？夫以考據無憑之學測聖人，是猶以蠡測海、以管窺天，而究不知天地山河之如此磅礴也。夫人日戴天而不知天，日履地而不知地，亦猶凡百種類日受孔教彌綸鼓鑄中而不知，道烏乎始，物烏乎終。芒乎芴乎，而故爲出異議也。某少讀詩書，略有旨趣，及睹西來繙譯諸書，凡百制度多有摭采聖經、胎息王制者。偶一表見，無不爇天載地，蔚爲宏規。墨子曰："上士聞道趨而行，下士聞道大笑之。"紬繹斯言，未嘗不嘆孔教推行，浸浸成大一統之形也。前箸《孔教大行說》一書，擬將各教條理，各洲風俗，各國制度，各方文物，凡有推本聖經、剽竊儒術者，鱗次而條說之。書猝未成，故先舉其大端一二，列之於左。

興滅國。孔子之制，據衰亂以進升平。據亂云者，將使列國諸侯王弱而强之，亂而理之，覆而復之，亡而存之。上無瘠牛僨豚之患，下無哀鴻鎩羽之苦，然後鶴膝囂風，教之制耜，魚頭赤子，援以登臺，雍容揄揚，王道行而頌聲作矣。故齊桓存三亡國，《春秋》褒之；無駭帥師入極，《春秋》貶之。以爲興滅繼絶，扶弱鋤强，實王者之始基，亦群雄之盛軌也。法王拿破侖等聞其言而説之，於是東約普奥，西結英倫，長驅而至土國都城，與强俄鏖戰，一舉而解亞那多里之圍，再舉而復君士但丁之社。旌旗一指，遂使北門鞏固，俄人不敢西渡河。是何如魄力也！此孔教之行於西國一也。近俄人復我東三省，亦本此意，但欲弛固張之術，則非所敢言。

禁火攻。孔子之教義，以正己仁以正人仁也者，因勢利導，奉天順人。凡有公利，無不聚之；凡有公害，無不除之。然後肉朽骨而生枯荑，岂九垓而裹萬物矣。况順刃者生，蘇刃者死；興師撥韉之場，喋血流沙之外。兵者，不祥之器也，而可玩而視之乎！孟子曰："不嗜殺人者能一之。"此其快論也。然非獨孟子言之也，《春秋》疾取邑，疾火攻。蓋洞悉數千年後，糜爛慘毒之形與。夫百萬輿圖、礮械、水雷之害，故不得不握其亢、提其耳，大聲而喝籲之。此孔子禁兵之本意也。泰西殷富巨紳、著名碩彦，聞其言而説之，於是糾合士商創立弭兵公會，一會於巴黎，再會於倫敦，三會於羅馬，遂使歐羅巴之百萬生靈、亞美利之十年和局或不致借端而起釁焉。如法與荷蘭争據南美利加屬地，後遵弭兵公會請俄皇判斷，得免紛争；卑令海峽捕魚一案，英美亦幾釀兵端，後亦遵公會判斷。此其明效。此孔教之行於西國二也。

立學校。學校者，人才之淵藪，而政教之樞機也。孔子體天奉元，廣樂成教，故家有塾，黨有庠，州有序，千萬人之才力即可以千萬人之造就判之，言小學也。有虞氏養國老於上庠，夏后氏養國老於東序，殷人養國老於右學，周人養國老於東膠，四朝之學校即可以一王之法制括之，言大學也。《士昏禮》云："祖廟未毁，教於公宫。"《内則》云："女子十年不出，姆教婉娩聽從。"言女學也。百工以居肆爲先，《周禮》以考工爲要，言藝學也。君子之於國也，學而優則仕，仕而優則學也，而政教存之。句踐之滅吴也，十年生聚，十年教訓，武備也。而學校儲之天下，斷無失教之國，天下亦斷無不學之民。孔子提挈斯文，學校成而條理始密矣。泰西諸國聞其風而踵效之，由是各國學堂雲布星羅，以數千萬計。每院經費，購圖製器歲百萬餘元。而實學院專教語言文字，武學院兼習星算輿圖，仕學院、女學院别户分門，藝學院、農學院通工易事。考績之期不拘年月，即專門之學日進精微。此孔教之行，又非諸教所能企也。

省刑罰。夏禹之開天下也，權謀則濟以兵戎；商周之錮斯民也，刑罰則浮於教化。孔子嘗非之。於是上推堯舜，下託文王，創爲五刑五宥之言，推本視民如傷之旨，而聽訟期於無訟，明刑約以無刑。觀《論語》導德齊禮一篇，而孔子慈祥惻怛之心，躍躍乎其欲動矣。董子《繁露》云："天道右陽而左陰，故聖人貴德而賤刑。"此其説可謂圭臬也。泰西詳律學者聞其風而鼓舞之，由是廓清囹圄，釐别罪狀。謀殺叛逆則縊殺以剪其兇，盜賊奸回則罰鍰以寬其限。即有罰償無力者，亦必餓其體膚，勞其筋骨，務使若人自怨自艾，去水火而登衽席焉。此孔教之行，又非西國所能遏抑也。

廢封建。封建諸侯，夏殷周之舊制也。孔子始則存之，終則廢之，三世之義也。世亂則民煩，民煩則政削，政削則奸宄叢生，而耳目瞀於所蔽，臣工遠竄，則聲教阻而難通。此聖人之所大患也。故侯封百里，爵分三等，而二伯、八方伯、七卒正復與三公九卿等制，互相統攝焉。此衰世用重典，皆聖人不得已之所爲也。然君重則民輕，上强則下弱。舉世皆公子王孫蹯踞大利，而芻狗萬民皋牢天下，皆其故智也，孔子憂之。於是，黜諸侯以廢封建，定新王以大一統。而天鼓動，注精起，伯禹在庶，四方師舉，緯説中其有微意乎？胡爲乎旁施網罟、廣設藩籬，抑塞磊落之奇才而顛倒世臣之上下手也。倭主睦仁等聞其言而昌大之，由是撤藩封，改郡縣，奪大將軍偶國之權，與民更始，而政治之隆，變化之速，遂足爲五洲觀式焉。此孔教之行，又將不脛而走矣。

設議院。議院之制，其在《書》曰“詢謀僉同”，又曰“謀及庶人”，“謀及卿士”。《周禮》云“謀及衆庶”。《孟子》曰“察及國人”。《禮記》曰“爵人於朝，與衆共之；刑人於市，與衆棄之”。人思廣益，扶陰抑陽，皆孔制也。漢興，廣立博士議郎即泰西所謂議員，然後上下一心，君臣同气。唐宋以來，迭興匭院鼓院，然後民情大順，治道宏通。孔教彌綸宇内，已相沿千百餘年，後人漠而瞀之，矯而異之者，亦比之魚游江湖而不知江湖之大，人參天地而不知天地之閎也。泰西各國聞其言而欽慕之，於是裏海以西、洋海即東洋大海以東，波羅的海以南，地中海、大西洋以北，凡屬士夫，莫不駢首接踵，相聚而謀曰：公法之不行久矣！如欲藉公法以維大局，必先設議院以固民心；民心合，然後置船械、備餱糧，折衝於樽俎之間，即禦侮千里之外矣。但巴黎議院權規君相，華盛頓都城議院權重商民，英德因時損益。制度雖有不同，而王公世爵諸事紛擾，積久弊生，究不若貶世卿、嚴選舉之尤爲得計也。此孔教之行諸國亦微窺其一間也。

變民主。民主之制，孔子倡於始，孟子要於終，周秦諸子敷其義。如《孝經緯》云：天子，爵稱也。天子而有爵，與民爲一體也。故孟子曰：“天子一位，與公侯之爵同。”《尚書》曰：“天佑下民作之君。”又曰：“簡代夏作民主。”民主者，君民共主之辭也。故孟子曰：“民爲貴，社稷次之，君爲輕。”此其大略也。且《尚書》託始唐虞，而訟獄謳歌，共隨民便。成湯伐夏救民，而《虺誥》一篇猶有慙德，則陰陽平等，鐵案難移。後世不明此義，以爲天下利害之權皆歸於我，遂欲决生民之脉命，以博我一人之歡心，割天下之脂膏，以厚我一人之産業。而孔子因民之制、孟子重民之説皆廢而不講。曾聞堯舜之所以昌，桀紂之所以亡者，在此乎？在彼乎？美洲有華盛頓者，聞其風而大説之，乃屬國人而告之曰：國家之大利也，皆公利也。得國而傳子孫，是私也。牧民之任，宜擇有德者爲之。於是，建都分國，各立統領一人，以四年任滿爲率。統領外，又別立一總統持之，其制與各方統領等。天下爲公，尊卑一例，駸駸乎三代之遺意焉。而不料孔子太平之制，遲之二千數百餘年，而又見之萬國版圖之外也。俄皇彼得亦行此制，後爲保羅等易之。

尊教王。教王名號，惟孔子能居之，外此者無庸紛論也。《春秋》稱孔子爲文王，《緯書》稱孔子爲素王，周秦諸子稱孔子爲先王，或稱孔子爲聖王。此教王之鐵證也。國非教不立，民非教不治，政非教不行，學非教不備。終古有數傳可易之天子，終古無數傳可滅之教王。《春秋繁露》云：王者有改制之文，無變道之實。萬變不離乎教也。昔天子立辟雍，諸侯立泮宫，所以崇師教也。而布政於堂，受成於學，師道也，而君道存焉。《詩・魯頌》云："在泮獻馘，在泮獻功。"然則，儐罰之權未有不歸於太學者。彼皮弁祭菜、圜橋觀聽之文，猶其小焉者也。此教主之名，遂足冠百王而法萬世也。羅馬喇嘛等教聞其風而艷羨之，謂德不足化則挾之以威，教不可行則撓之以術。由是據床之俗，蔓延於兩藏，加冕之禮，簧鼓於西歐。不知者以爲各教之宏規，其知者以爲孔教之遺制也。

—10. 皇朝經世文新編　卷一九　教宗

禮部頒喪服之制《大清會典》

凡服有五：

一曰斬衰。斬衰三年：子爲父母，子之妻同；子爲繼母、慈母、養母，子之妻同；庶子爲嫡母、爲所生母，庶子之妻同；爲人後者爲所後父母，爲人後者之妻同；女在室爲父母，已嫁被出而反在室者同；嫡孫、承重爲祖父母，祖、父俱亡，爲高曾祖父母，嫡孫之妻同，爲人後者承重同；妻爲夫；妾爲家長。

二曰齊衰。有齊衰杖期：嫡子、衆子爲庶母，嫡子、衆子之妻同；子爲嫁母；子爲出母；夫爲妻，父母在不杖。有齊衰不杖期：祖爲嫡孫；父母爲嫡長子及衆子；父母爲嫡長子之妻；父母爲女在室者；父母爲子爲人後者；繼母爲長子、衆子；子爲從居改嫁繼母；從子爲伯叔父母及姑在室者；爲親兄弟及姊妹在室者；爲親兄弟之子及女在室者；孫爲祖父母；孫女爲祖父母，雖適人不降；庶孫爲生祖母，慈母、養母孫同；女出嫁，爲父母；爲人後者，爲其本生父母，仕者解任，士子輟考，丁憂一年，一子承祀兩祧，爲其本生父母同；女在室及雖適人而無夫與子者，爲其兄弟姊妹及兄弟之子、兄弟之女在室者；女適人，爲兄弟之爲父後者；婦爲夫兄弟之子及女在室者；妾爲家長之父母及家長之妻妾、爲家長之長子、衆子與其所生子；爲同居繼父兩有大功以上親者。有齊衰五月：爲曾祖父母，女孫雖適人不降。有齊衰三月：爲高祖父母，女孫雖適人不降；爲繼父先同居今不同居者；爲同居繼父兩有大功以上親者。

三曰大功。大功九月：祖爲衆孫及孫女在室者；祖母爲適孫、衆孫及孫女在室者；生祖母爲庶孫，慈養祖母同；父母爲衆子；婦爲女之已嫁者，慈母、養母爲其子婦同；伯叔父母爲從子婦及兄弟之女已嫁者；爲人後者爲其兄弟及姑姊妹在室者；夫爲人後，其婦爲夫本生父母、爲己之同堂兄弟及同堂姊妹在室者、爲姑及姊妹之已嫁者、爲兄弟之子爲人後者；女出嫁，爲本宗伯叔父母及兄弟與兄弟之子及姑姊妹及兄弟之女在室者；婦爲夫之祖父母，爲夫之伯叔父母。

四曰小功。小功五月：爲伯叔祖父母；嫡孫、衆孫爲庶祖母；爲同堂伯叔父母；爲同堂姊妹之出嫁者；爲再從兄弟及再從姊妹在室者；爲同堂兄弟之子及女在室者；爲祖姑在室者；爲堂姑之在室者；爲兄弟之妻；祖爲嫡孫之婦；爲兄弟之孫及兄弟之孫女在室者；爲外祖父母；爲母之兄弟姊妹；爲姊妹之子及女之在室者；爲人後者爲其本生母之父母；爲其姑及姊妹之已嫁者；婦爲夫兄弟之孫及孫女在室者；婦爲夫之姑及夫之姊妹，在室出嫁同；婦爲夫之兄弟及夫兄弟之妻；婦爲夫堂兄弟之子及女之在室者；女出嫁，爲本宗姊妹之出嫁者、爲本宗堂兄弟及堂姊妹之在室者；有子之妾，爲家長之祖父母。

五曰緦麻。緦麻三月：祖爲衆孫婦；曾祖父母爲曾孫、曾孫女；高祖父母爲元孫、元孫女；祖母爲嫡孫衆孫婦；爲乳母；爲曾伯叔祖父母；爲族伯叔祖父母；爲族伯叔父母；爲族兄弟及族姊妹在室者；爲曾祖姑在室者；爲族祖姑及族姑在室者；爲兄弟之曾孫及曾孫女在室者；爲兄弟之孫女出嫁者；爲同堂兄弟之孫及孫女在室者；爲再從兄弟之子及女在室者；爲祖姑及堂姑及己之再從姊妹出嫁者；爲同堂兄弟之女出嫁者；爲父姊妹之子；爲母兄弟之子；爲母姊妹之子；爲妻之父母；爲壻；爲外孫及外孫女；爲兄弟孫之妻；爲同堂兄弟之妻；爲同堂兄弟子之妻；婦爲夫高曾祖父母；爲夫之伯叔祖父母及夫之祖姑在室者；爲夫之堂伯叔父母及夫之堂姑在室者；爲夫之同堂兄弟及同堂兄弟之妻；爲夫之同堂姊妹在室出嫁同；爲夫之再從兄弟之子及女在室者；爲夫同堂兄弟之女出嫁者；爲夫同堂兄弟子之妻；爲夫同堂兄弟之孫及孫女在室者；爲夫兄弟孫之妻；爲夫兄弟之孫女出嫁者；爲夫兄弟之曾孫及曾孫女之在室者；女出嫁，爲本宗伯叔祖父母及祖姑在室者；爲本宗同堂伯叔父母及堂姑在室者；爲本宗堂姊妹之出嫁者；爲本宗堂兄弟之子及女在室者。

各辨其等以定制。斬衰，以至粗麻布爲之，旁及下際不緝，麻冠絰、菅屨、竹杖，婦人麻屨不杖。齊衰，以稍粗麻布爲之，旁及下際皆緝，麻冠絰、草屨、桐杖，妇人麻屨。大功，以粗布爲之，冠絰如其服，繭布緣屨。小功，以稍粗熟布爲之，冠絰如其服，履與大功同。緦麻，以稍細熟布爲之，絰帶如其服，素屨無飾。

凡喪三年者，百日薙髮，在喪不飲酒，不食肉，不處内，不入宫门，不与吉事。期之喪，二月薙髮，在丧不婚嫁。九月、五月者，踰月薙髮。三月者，踰旬薙髮。在喪，均不與燕樂。

—2. 皇朝經世文編　卷六四　禮政一一　服制上

理財不主節流而主暢流論　闕名

運河之水節節設閘，謹蓄不輕泄，而後運艘可通，無虞阻滯焉，此節流之説也；岷江之水千支萬派，奔放東注，日夜不息，而舟楫之利遍南省焉，此暢流之説也。財之在天下，猶水之在地，貴流通而不貴壅遏。古人製“泉”字之精義，蓋由於此。而《史記·貨殖傳》所以有“財幣，欲其行如流水”之喻也。泰西諸國之人，多覃精研思於富國學，其説經緯萬端，浩博無涯涘。挈其大綱，罕有不以流通爲主義者。

今夫千金之家，節衣縮食，銖積寸累，傳之數世，由漸而至萬金，至數十萬金，至數百千萬金，此人所稱爲善理財者也。然而既括衆人之所有聚之一人，復不能以一人之所有分之衆人，則衆人之生機幾絶。一人富而衆人貧，其比例之懸絶，至於不可思議。若是者謂之大不平。“不平則傾”，仁和龔氏之教也；“不平則亂”，邵陽魏氏之戒也。暢流財者主義正以劑不平之勢，而使人人得其利也。泰西善理財之人多明此義，故有財之家多出其資本，以供築路、開礦、貿易、製造之用，而日擴大其業，以争利於五洲。百工、技藝、文學、商賈之人，皆賴是以贍養其中，而生機常沛然不絶，用能物産日富，製造日精，而利之滋生者，亦日以增加，深得生之者衆、爲之者疾、用之者舒之義。用不舒則爲不疾，爲不疾則生不衆，其理本循環相因，而不可易者。是故暢流者非他，即開源之關鍵，而滋生之樞機也。苟有以開其源，而日用不窮則滔滔而來，與岷江之水無異，不待節流，而自無匱竭之虞。苟無以開其源，則如運河之水，雖節節設閘，終有告涸之一日，而斷非補苴罅漏者所能奏效。此理之至明而至確者也。雖然西人理財之法固不主節流，而其持論則亦未嘗不以節儉爲言，以爲撙節則資本日增，而滋生之利益廣，崇儉則無益之費絶，而有益之業日開。是其所以爲節流仍不外乎暢流之旨，二者並行而不相悖，夫豈聚務積而不散者可比哉？

嗚呼！理財之必先開源也。我中國豈不知之？而乃築路則懼靡費，開礦則懼耗資，一切機器製造之經費則尤懼不繼，而事事阻止。揆理財者之意，無非欲其節流耳。夫流而果能節也，猶可謂善理財者也。然而開源之關鍵已絶，滋生之樞機已塞，一切日用之貨物皆仰給於外人，而曾無術以抵制之，則歲且漏出數千萬，數萬萬，流亦何能節耶？抑聞西人之善理財者，分國内之人爲二等：一曰生財，一曰用財。用財之人多於生財之人，則國必貧。今中國游民之多倍於各國，而富厚之家競尚奢侈，既爲耗財之一大蠹。此外，又有壅財之人，吝嗇深閉，坐擁巨資而不識暢流之義者，既不能爲用財之人，又不能爲生財之人，其害視奢侈耗財之人爲尤大。此則於生財、用財之外，自爲一等者，利源之盡讓於外人，詎不以此夫！

—15. 皇朝經世文四編　卷一七　户政　理財

理財卮言　闕名

李傅相此次來英，其主意在請英廷增加進口税，則以濟急用而裕國庫。中國所借洋款，共計三十八兆六十一萬磅，約合華銀二百三十一兆六十六萬兩，均以關税爲質。僅以息計，已歲需一兆七十二萬三千六百五磅，約合華銀二百三十四萬一千六百三十兩。查一千八百九十五年，各關收款入銀二十一兆三十八萬五千三百八十九兩，約倍所需息銀之數。其尋常國用，除賑災荒、平内亂、治黄河、意外之款各項外，計養旗兵凡銀七兆兩，内務府經費一兆兩，又喀什噶爾、精奇里、甘肅、齊齊哈爾、滿洲、天津、雲南及廣西等邊防各兵費五兆兩，另加黄河歲修二兆兩，共計十五兆兩，合二兆五十萬磅，並不爲多，所收釐金，足抵此款。釐局所入，實不止此數，約可三倍，至少亦倍之，惜盈餘悉入官員私囊。所謂釐捐，即内地各税，最有礙於各國商務者也。地丁，每年本可徵收三十兆兩，但除因旱灾水荒豁免外，據官所報，歲入至多二十兆兩。此項地丁，官員多徵至五倍十倍不等，曾經侍御屢奏上聞，西人游歷各省者探聽此事，僉謂所奏屬實。多徵之數，爲各省政府所侵蝕，由於養廉之薄，又爲僕隸衙役所剥削，由於薪工之微所致耳。鹽課入款，比釐尤鉅，幾與地丁相埒。其弊亦較釐金、地丁爲尤深。所收之款，侵蝕更甚，解入國庫者不過十兆兩，蓋僅實收之數成耳。其餘巨款，又爲辦鹽務上下人等私肥己囊矣。前項鹽項、地丁，目前非西人所得與聞，及至國庫奇窘，中國將有不得不整頓之日也。是以爲我國計，莫若聽其自然，我既不稍干與，則各省大員無忌心，屬員無怨言，而無與洋人爲難之意矣。論地丁、鹽課宜如此。至於釐金，今有一法，事半功倍，不獨可倍添國家入款，并可推廣各國商務，既極便宜於洋商，又有大益於華民。至法之有礙大小官員出息者，另有他款以補足之。其法維何？曰：允加進口税，如不能照現在税則加倍，或加三分之一，或加四分之一亦可。而盡除中國現行之釐金耳。此事之易於舉行，洋藥辦法其明徵也。

一千八百八十七年，我國允將洋藥重釐，一律改歸海關總收，所有區區進口税，仍照數完納。如此辦法，該項烟税頓成巨款，一千八百九十三年竟收至六百二十萬兩之多。既可見此設想之法易於舉辦，亦足見中朝如有意禁止釐金，亦不難遽行革除。緣自此項税銀改歸海關之後，所有釐金與洋藥爲難之處，絶無所聞；即有一二總督爲人所惑，偶爾爲難，總署立即電止，皆確鑿可考者也。英商初聞此法，必以利少弊多視之。實則除匹頭進口應另擬妥章、免被中國本地紡織之布所困外，其餘不必過慮。惟所加之税，將來定章，西人必須有權以主持之，使内地久後如有抽税情事，我仍有法以阻止之。如是則中國東西南北舊禁廢弛，各國商務無有不蒸蒸日上者。商務盛興，則國富民足，而各國駐京使臣與總署亦可免許多口舌，豈非一舉而數美備焉者乎？再，加税所入巨款，應提出各省向來歲入之十五兆兩，以補其所失之利，則各省官員不獨不以海關爲仇敵，將以海關爲彼之知己。果能照辦，亦未始非中國興利除弊、整頓度支之一端也。中國度支論

遞信省書記官中橋，游歷蘇、杭、沙市各處，回國後陳其意見曰："日本貨物銷路最廣之處，人皆曰莫如歐美。目前固然，終則必在中國，而不在歐美也。"中國地大物博，其商賈又有恒心而耐勞。各國知華人於商務一項，將來必能與之争利，故於此道悉心研究，惟恐不精。諸凡國中情形，亦莫不加細考究。獨日人以中國商務爲不足懼，未嘗留意；即有所知，亦僅皮毛耳。詎知中國終必爲商務最大之國，日本無先見之明，終有噬臍之悔。中國國政固不堪問，其辦事固無頭緒，其商務工業固未悉心舉辦，利源未興，實由於此。譬如沙市及各省煤礦甚旺，而國中所用之煤皆取諸日本，藏其固有之利者，昧於事理也。若果風氣漸開，將其煤礦陸續開挖，必盡變其現在情形，而爲天下煤業之冠。以其所産之煤多於日本，不啻倍蓰。歐美各國所以知中國最深者，各處既派有傳教采訪，復設有官員坐探，消息自靈也。日本則不然，所派領事皆係新手，商務情形未能熟諳，到任後專候升派他國優缺，此等領事焉能望其有作爲哉？其實派赴中國領事比他國尤爲緊要，宜選精明强幹之員，方足勝任。日官在華，不獨有管理本國人民之權，並有采訪政教、商務之責。各國皆有册紀，既精且詳，其國政情形，僅查册紀已可得其大概。中國無之，是以采訪尤難，非派能員無濟於事。再，日本商賈能與歐美各商角勝負者，不在資本之大、技術之精，而在起居飲食一切費用較省耳。乃日本人之僑寓中國者，每改其本來面目，費用一切不崇本國及中國之儉省，而專習西人之奢侈，遂失其取勝之道也。夫如是而欲於商務場中與西人争利，不愈難哉？中國商務必大興論

美國領事本年三月具報上海户口並製造工廠謂：一千八百八十五年，上海居民數目，計十二萬五千六百六十六名；九十年，十七萬一千九百五十名；九十五年六月一號，二十四萬五千名。此數僅指租界内居民而言。城内民數約在二十萬左右，其住在租界各國人數之内，洋人居五千名，而以英人爲最多。租界設巡捕五百名，又洋人團

練四百名。該團防分爲步、馬、炮三隊，督率有人，操練整齊。查上海自五十年前通商以來，實爲各國來貨及土貨出口總匯之區，近今五年，又變爲製造各廠聚集之所。此固租界地勢相宜使然也。又查一千八百九十年前，所有設在界内及鄰近工廠祇五處，今計五十三處，或已完工，或已告成，皆紡紗、繅絲、織布各廠也。滬濱繁庶

中國爲地球之大市場，五方人士所注目焉。然其國土甚大，人質言語，南北互異，氣候風俗，東西不同。雖名爲一國，而其實則不異數十國土。欲貿易交通於中國者，當先詳察其民情、習俗、嗜好及所需要用等，而熟悉操縱之機也。以吾論中國，當分别爲三大部：曰北部中國，中部中國，南部中國。所謂北部中國，總稱山東、直隸、滿洲等。此等地少通商埠頭，惟山東有烟台，直隸有天津，滿洲有牛莊耳。然北部中國人民多貧窘，文化之度亦未高，其地産物及財力，遠遜於中部中國、南部中國，頗爲瘠境矣。所謂中部中國，總稱江蘇、浙江及長江沿岸各省，中國文物之所萃，其人民足智多財，善於産物，善於購貨，爲中國之第一要地。所謂南部中國者，即福建、廣東、廣西等是也。其商情文化之度，亦略似中部中國，而殆足頡頏焉。此三大部，不獨民情、言語、風俗有差異，即氣候土宜亦較然有異，决不可一律同視，則貿易之道亦不可不準繩各異也。

今夫北、南部中國姑置勿論，至中部則財貨輻輳，商務盛興，須於此處擴展商務。何則？此地爲中國富庶之源，而文化富度之長進冠於通國；則其産物之力，購貨之力，亦非他部可比。宜擴張商務於此地，以謀貿易之利，不待智者而知也。此地又多江流，故便搬運之利，揚子江流貫其中樞，而二分中國南北，其他川河自南北而流注，船舶航行甚便，足大資其商務矣。此地又控長江南北之廣土，故貨物集散銷流之地亦自廣闊。又其人情風俗與氣候亦大有類於我國，最易親交。今欲盛行商務於此地，宜講所以致發達貿易之道者。其道維何？曰：先大興輪船開行是也。揚子江發源西藏，貫流雲南、四川、湖南、湖北、江西、安徽、江蘇等省，而注太平洋，自江源至海口，直徑一千八百五十英里，水流殆三千英里，江面五十四萬八千英方里。流出之水在宜昌距海口千英里每秒約五十萬立方英尺，在江口一百萬立方英尺，比諸天下各國之大川巨流，無能出其右者。故其水利之便亦甚盛，自江口至宜昌一千英里，輪船開行上下其間，如上海、漢口之中，可以開行二千噸船而無阻礙，自宜昌至重慶四百英里，亦足行輪船。行船既便，實足資藉以興商務也。論中國商業地理

中國北方近年以來多栽培葡萄，擬取爲釀酒之料。其初釀酒實在千八百九十三年，晶質佳美，歐美人亦頗稱善焉。甚或以爲遠軼於法國香賓酒即《志略》所謂酒味極醇，色淡黄微赤，斟之起沫者。之上。蓋中國北部，地質必合於種植葡萄也。中人注目於此，欲開利源，將來必有足觀者焉。論中國葡萄釀酒

大阪府藤井某新得桑皮製棉之法，絲質頗有光澤，價亦極廉，而優於外國所造之絲。商人咸謀集貲本二十萬圓，興公司製造，又設分司於兵庫岡和歌山等處，以就地收料，待明春蠶事方畢之時，乃開辦也。計桑皮百餘目，可製棉十八貫百目，而所費之貲不過十九圓十七錢，棉之時價可得銀一圓五十錢六十錢，總算桑皮百貫目所得貲爲二萬三千九百五十圓，則其所益豈不大乎！桑皮製棉公司

—8. 皇朝經世文三編　卷二六　户政三　理財下

立憲法淺説　闕名

天下各國之政體大要有三，從前譯本稱之，曰君主政治，曰民主政治，曰君民共主政治。君主政治，中國之外，如俄是也；民主政治，如美如法等國是也；君民共主政治，如德如英等國是也。近人譯本以謂君主、民主、君民共主等稱，似與原義仍有未安，改稱之曰：專制政體、共和政體、立憲政體。專制政體者，一人專其權於上，以制萬民萬事者也；共和政體者，凡事由民間建議，而政府從令而行者也；立憲政體者，公立法律，君民皆相遵守者也。

斯説一出，於是而中國政府乃歸入專制之屬，雖然以予言之，中國亦何嘗能專制哉？名爲收其權於一人，實則一人乃退處於無權之地，徒受此專制之名而已。專制之義，一人指揮於上，萬衆懾伏於下，出令如轟雷，奉令如流水，乃今而後可以盡專制之分量。然而一人獨處，其勢最危，吸力稍弱，扶挾稍疏，塌然潰矣。中國君主，或稱曰孤、或稱曰朕，以謂其尊無二，其大無方也。不知孤者，孑然無耦之義；朕者，無形、無影、無端之義。由此言之，危乎不危？況復萬國注射，四面受敵，而欲以一人旨意之所，可否以當其衝，能耶？否耶？譬諸疾病，元氣既傷，外邪復中，攻邪則元氣并陷，補元則伏邪愈堅，雖有華、扁，猶知難矣；况病者方自爲主持，妄訂方藥，而求其病之能愈哉。

歷代以還，外交之紛糾，未有如今日者也。有秦之世，專制斯起。然以秦政雄譎，而不能制其後趙高鹿馬之謀、陳涉鴻鵠之志；以漢高之雄略，而不能制其後諸吕人彘之慘、赤眉銅馬之禍；以光武之雄偉，而不能制其後群狼之宦官、鉅鹿之人妖；以唐祖之神武，而不能制其後無漁陽之鼙鼓、馬嵬之風雲；以宋祖之沈雄，而不能制其後之不縛束操縱於宦官、稱姪稱臣於敵國。自餘朝代忽起忽落，約計不數十年間，即有一場争長争雄干戈血戰，以大地爲殺戮之劇場，以人命爲賭博之資本，驅萬民於鋒鏑，没肝腦於泥塗。天地生人之心，吾知其必不若此也。此無他，皆專制之一念累之也。

雖歐美各國未嘗無大戰争，民主之君未嘗不遭轟擊，然而文明發達日漸，彌淪弭兵思想已萌芽孽。且推求其争殺之故，如以同部民人而互相殘殺者蓋息。惟中國自來皆以本國之人，争殺本國之人者爲多。且推求其故，皆爲一人之効力以殺彼一人，又爲彼一人之効力以殺此一人，使善於詼諧者設譬以問諸其人，實則兩邊人皆無所謂也。此等殺戮，亦殺得可笑矣乎！然猶謂憔悴虐政，瀕於死亡，逃避無法，姑用是不惜身命以争將來一日之太平，不知禍亂方終，而專制之義仍踵起。畢竟循環往復，久則百數年，速則數十年，仍以其昔日之所以殺人者，終歸必爲人所殺。然則幾自殺之也，彼一人何足惜？其如蒼生何？其如人群何？然則何以謂專制之一念累之也？大凡專制政體，其初念亦非有意害人也。惟其視此國爲彼自有之物，而此物又爲人人所窺伺而貪得之者，即或無貪得之心，而凡於此物中稍得尺寸，假手皆可以操縱當時，睥睨一世，此中委曲弊竇良多，吾無法以制馭之，此弊烏能已乎？此物烏可久乎？慢藏猶能誨盗，冶容猶能誨淫，況此物之足以動人，不知比財與色，其相去幾千億萬倍！而又千方百孔，彌缺良難，竭力攫拏，稍縱即逝，自非盡其制馭之力，窮其制馭之方，不足以語於斯矣！此專制之所由起也。乃知專制之起，由於視國家爲私有之物。

夫既視國家爲私有之物，是故凡諸制度，無所謂國政也，防弊之術焉已耳；無所謂官常也，箝制之術焉已耳；無所謂民治也，鎮壓之術焉已耳。一私既起，萬弊叢生。是故以言夫君，君有權也，亦有限也。專之，則爲無限之權，而寧可大權之旁落，主權之外移以言夫官，官有權也，亦有限也。專之，則迫而嚴爲之限，而重分其權，而寧可竊權於奸邪，寄權於婦寺。以言夫民，民有權也，亦有限也。專之，則嚴促其限而盡奪其權，而寧可潢池之弄權，不許善良之自主。窮其私之所至，於是而黜陟不必由公評。當官則限以回避利弊，不許其上陳。設官不必其有用，經費可出以勒派，國用不必其共知。寧購炮械於外人，而不准民間之製造；寧驅無賴以送死，而不能編民以爲兵；寧失刑於權所不及之地，而必嚴刑以治其絶不外向之民。種種弊端，良難盡述。大要言之，則曰：斷無興利，惟有防民而已矣。然苟當鎖港之世，海内一家，雖不能治，猶曰苟求無事，即可以坐享太平也。

今則萬蝟叢鑽，群雄衝突，自非群策群力不足自全，而仍欲以一人之智力以當其衝，祇見其不知量矣。本原既亂，百事皆非，故即以學堂言之，學生成學，轉多受傭於外人，智識漸開，乃竟苦若於謀叛。而所謂平民者，又視國事爲於我無所關，匪斯人之天良素昧，蓋束縛既多，抑壓太過，大背公理，又加之以憤極之時艱，故其胸中之所蕴積，乃不可以復遏。而蚩蚩者民，平日既不令其參知國事，至是而語以國家之急，故亦漠然置之，若以爲亦於我無所關也。然則何以謂鎖港之世，海内一家，雖不能治，猶之可也。今試有巨家於此，其平日之訓其子弟也，遵循而已矣，恭順而已矣。苟其無事，衣租食税，未嘗不足以保家也。一旦天昏夜黑，劇盜猝至，呼徒嘯侶，明火治械，以入其家，則强梁子弟、健僕豪奴，乃轉適用，蓋時異而勢不同。至是而所謂遵循、恭順者，乃竄縮戰污，一任傾筐倒匣，飽其所欲而去耳。然竊以爲，今之能見及此者，蓋亦不一其人，然而不得稍爲變計者，無他，蓋恐將以敗吾之私産也。若曰是固吾所私有之物，强盜攘奪，乃無可如何之事，而惟恐其播弄於家人之手而已。嗚呼！由此言之，而謂其尚可挽救乎！即具絶大愛心、絶大能力，亦所争者，旦暮遲速而已矣，况於泄沓如故也。是故因而任之則已瀕死道蕩，而决之則擾亂太平，二者俱不可論者，於是主立憲之法。

夫立憲之法，試爲畧而言之，而利已不可勝言矣。凡諸利害，與衆共之，人心自一，内亂以消，外侮自解，疆宇可以保全，大位於以永固，利一。建官行政，大衆得而參預之，則公多而私少，官常自肅，集事自易，利二。事令叅知，便覺關切，既有關切，乃肯出錢。試觀民間辦一公事，倡一善舉等，而至於演劇賽會，何以一倡百和，籌集巨資而無難？何至於房捐之類，則威之迫之，而仍有弗恤，則關份與不關份之分也。可知君民通氣，籌欵自易，利三。事參衆議，則國家行政不至臨時棘手，利四。猝有事變，隨地可决，不至觀望，坐誤時機，利五。事與衆定，即有敵患，恫喝自難，利六。衆之所利，衆與争之，衆之所害，衆與除之。利權既葆，元氣斯固，利七。争爲國争，死爲國死，民氣自奮，乃可圖强，利八。鑽營無益，賄賂不行，修行立名，便可出衆，從此我國始有好人，利九。若求出衆，必創美舉，各出才力，以争上游，從此我國始有好事，利十。民生之初，無所統紀，衆所歸往，斯謂之王；事爲民設，斯謂之政。帝王本意於以不墜，若刦之威，使人慴伏，此劇盜之所優，爲非盛德也。苟能師古，萬世稱盛，利十一。與衆守法，子孫而聖，國固大治，子孫而愚，國不至亂，利十二。出入警蹕，扈衛以兵，歷代帝王，有何樂趣？君民通氣，無復顧忌，而後君主乃確較樂於衆人，利十三。秦僅再傳，漢長四百，據爲己有，終有已時。每至易代，不忍卒讀。豈惟累民大遭慘死而已？貴爲天子，至是乃手刃子女，而後隨之而亡者有之，自祝生生世世不生帝王家者有之，自縊者有之，王位既（矢）［失］，種裔并絶。惟公之與民，自免此禍，可以永世，可以萬年，利十四。

此外，利益之相因而起者，殆不可以筆舌罄余。甚矣憊不能更，復終所言。嗟嗟日暮途遠，人間何世？違時之論，徒託空言。然而若不能已者，悲黄族之將淪慘禍也。若夫詞語鄙俚，不事修飾，則余方刻意通俗，不暇咬文嚼字以求工。

—17. 皇朝經世文新編續集　卷二　君德

兩浙水利詳考《浙江通志》

謹按兩浙之水，浙江界其中，大海環於東南。諸水或徑入海，或由江以達於海。

其發源有數派。江以西爲武林派。漢地理志云：“武林山，武林水所出。”南爲九溪，西爲十八澗，潴爲西湖三十里。湖水北流，合外沙河，東過永昌壩，合菜市門河；西至會安壩，合艮山門河。轉德勝橋，武林門内大河，自吴山水驛過清湖，上中下三閘與之會，分爲二：一爲上塘河，東北徑舊東倉過臨平山，爲臨平湖，西爲石鼓湖，北至長安壩；一爲下塘河，過北新橋分爲二，西北流者入德清界，北流者爲運河。歷謝村塘栖，穿石門城，左受語兒楓樹十八涇，右受柿林羔羊十三涇之水，徑石門塘東折入桐鄉界。南受車口陸墅，北受車溪、爛溪、龍翔灣諸水，東流徑皂林，入秀水境，逾白龍潭，東流潴爲鴛鴦湖。一名南湖。其東南爲滮湖，一名馬場湖。長水、海鹽，二塘水之所匯也。長水塘自長安壩東流爲二十五里塘河，過海寧縣，又東流入袁花塘、妙果山之尾，合姚塘、茶湖、麻涇、彭墩、洋江塘諸水，入洛塘河。北經紫微山、贊山間爲峽石河。東經練浦、海鹽塘，亦合海寧諸水。北經横塘，俱匯於滮湖。東流經雙溪橋，又東出會龍橋，分二支：一由漢塘至平湖，一由魏塘至嘉善。其由滮湖入澄海門，由漕河入通越門者，出望吴、春波二門，俱東趨會龍橋。又一支繞城北流，過西麗北麗爲相家湖，又東北爲麟溪，亦入嘉善境。其由漢塘東流者，合胥江、陶涇諸水，匯爲當湖、海鹽、鸕鶿、上谷、黄道諸湖之水，合流而北，過柳莊獨山，乍浦諸塘之水入之。東北流，由三泖入黄浦。自魏塘東流者，一爲華亭塘，東爲張涇，匯爲風涇之白牛塘，合祥符蕩蘗蕩之水，會章練塘東入泖。一爲冬瓜湖塘，北流入夏墓蕩，又北入汾湖，又北入淀山湖，東至黄浦入海。

又有天目派。天目山上二池，左屬臨安爲東溪，右屬於潛爲西溪。西溪水出尖頂，徑細荆口，下流與東溪合。南徑白鶴溪，合雙清溪，匯爲三潭，與虞溪合。經於潛城西，岝㟧山臨其側，名爲錦江。南流爲浮溪，經寮車橋藻溪，合百丈嶺水，横塘水、竹林水入之。經地風山浪溪，與柳源水合而爲交溪。經昔口，昔溪出黄嶺入之。東南過烟口，苦竹水入之。又東南與昌化紫溪合。東南流有二溜，昌化者小流，於潛者大流也。經武勇山，桑乾水入之。至分水境，西南流，合印渚溪，繞天禄山下，歷二十四灘。西南流，徑桐廬爲桐溪，自天目而下。一支出廣苕山，爲苕溪，由臨安東流，經餘杭，合仇溪。溪二源，一出高陵山，一出獨松嶺，亦名雙溪，合徑山港，經錢塘，東北流，過安溪奉口，又經德清齊眉山下爲洋溪。東流爲餘不溪。其上流爲龜溪，水清徹，亦名清溪。東北過敢山漾，又北過菱湖，又北過楊灣大溪，過阜安橋，與武康前溪合。源出銅峴山，上流爲阮公溪，合北爲後溪。又東爲新溪，宋令蔡霖疏去砂磧，因名蔡公溪，合北流水，即餘不之支分也，會於沙溪北，過峴山漾，一名碧浪湖，北入湖州安定門。其出自獨松嶺者，一支過邵渡爲龍溪，經荻浦與仙溪合。又合李豐浮玉山水，其在峴山者爲小浮玉，此爲大浮玉也。董嶺水東流者，入寧國境，西流者與南嶼水會於梅溪，繞安吉城東南，邸閣池北來之水，合梅溪西來之水，經長興爲荆溪。其西白峴、蒼雲諸水，流爲楊店、梓方二澗，匯爲合溪，東流爲罨畫溪。折而南，經吕山塘四安溪，合石澗、廣德諸水，東流入之。其南餘罽溪北流入之，會於霅溪，又名江子匯。北流至含山塘，入太湖。罨畫之下流爲箬溪，南曰上箬，北曰下箬，北連顧渚溪，經明月峽，北流爲紫花澗，出水口鎮，注包洋湖，過夾浦，入太湖。虞翻《川瀆記》云：太湖東通淞江，南通霅溪，西通荆溪，北通鬲湖，東通韭溪。以其通五水故，亦名五湖也。江子匯之水，分一支出迎春門爲運河，又東流爲官塘河，經昇山塘合烏鎮水，由潯溪通吴江，入新城塘。過石臼漾，合穆溪水，入嘉興之漕河。此浙西水道之源委也。

江以東有金川派。金溪二源在門化，一出馬金嶺，一出百濟嶺。經嵩陽源合而西流，繞城經鐘山下，東南流，聲口溪入之。龍山溪二源，十二曲流至華埠入之。始容小舟，經常山北與私溪石硿溪合，謂之三合水。可勝三百斛舟。下流與文溪合，文溪四源，流經江山禮賢鎮，匯爲一。合鹿頭、染口二溪，經西安溪爲西溪。折而北，經溪鳴山下。定陽溪出遂昌，周公源東北流與之合，亦名東溪。東流爲盈川。經龍游爲瀔溪。溪南岸，姑蔑故墟也。靈山港出遂昌，合赤真水、東流入之。金村源水出壽昌，南流入之。築溪出松陽大方山，合馬報水，北流入之。過翠花巖下，爲團石潭，此衢港也。

抵金華有雙溪派，一爲東港，一爲南港。東港出東陽大盆山，東北流，東白山水入之。安定溪西流入之，迤西横溪水入之，折而南，荆浦溪入之，合爲東陽港，西流抵義烏。鮎魚水出南山，西流入之，龍門山澗水西流入之。華溪出雲横山，吴溪出杏溪，合丹溪、峴溪，流至黄蒲潭入之。五雲溪合梅溪，至成家渡入之。匯於畫塢山下爲畫溪，東陽江之别名也。經金華城南石碕巖下，潛溪出南山，三斷水合梅花溪入之。赤松澗水出金華山，合徐公湖南流入之，與南港合。南港出縉雲黄碧山，流經永康。花溪出密蒲山，東南流入之。仙溪出馬嶺北谷，南流，合義烏蘇溪水入之。北溪出石佛山，南流入之，合南溪爲永康溪。湯溪之秀芝、小龍、白砂諸溪水，北流入之。合大小銅川，南流經武義，入素溪，出八素山，南流入之。妃水溪北流入之。姬水溪西流入之。遂昌之熟溪，合大妃嶺苦竹溪、三斷山白姥溪東南流入之。經金華城下，與東港合，故曰雙溪。西流出五百灘，言水迅駛，挽舟四五百人。此婺港也。婺港西流，衢港東北流，匯於蘭溪。蘭陰山下，水紋如縠，亦曰縠水。三源水上曰鮑源，中曰盛源，下曰繆源，南流入之。驥溪出玉壺山，入石溪，出雞窠巖，龍門水出烏蜀山，俱南流入之。社溪、芝溪二水，合爲甘溪，至湖步入之。洞溪出洞巖山，西流入之。下流爲香溪，東北流與浦陽江合。江水出深裊山，合巖坑山水、貝山步橋水，由現浦入之。私水出天目，伏流一百六十里乃見，東流入之。經觀山下，龜川水入之，蛇浦水曲流入之。橋溪出白石山，東流入之。白麟溪出金芙蓉山，西流入之。義烏酥溪出青潭山，深溪出龍祈山，合於丫口，而北流入之。

與富陽江合，又有新安派。新安江源出歙縣，一名青溪，經涫安南，雲溪合梓桐水，東流入之。清平水合軒駐溪，南流入之。遂安武强溪合靈巖溪，東北流入之。壽昌過浴山，出三泉，一爲周溪八艾溪，一爲協儒溪，入淤堨溪，一爲五里溪入湖神溪，合流至翠口，又合竹溪交溪諸水，入大同溪，東北流入之。經建德東，聖水出烏龍山巔，流爲三灣九曲水，秀泉出秀山，流爲西溪，過杜橋入之。馬目溪合大小洋溪，又合桐溪北流入之。杜息溪出雲岫山，東流入之，爲胥口江，一名建德江。此歙港也。三港之水合流而下，爲富春江。經巖陵山七里瀨，新城水由青山潭南流，會葛溪，三源合流。至南新鎮，受分水之禾溪水。東南流，達派溪口，受湘溪水，經縣南爲鼉江，繞百丈山，東流至深浦，入於江。下流經蕭山，西爲浙江，一名錢塘江。江中有羅剎石，又名羅剎江。江岸有定山，海潮至山下即回，亦名定山江。

又有東白派。山跨三邑，在嵊曰北白，在東陽曰西白，在浦陽曰東白。其水出山之陰，流入諸暨界，分爲二：一爲上東江，合孝義、開化二溪，西北流，會下瀨溪，爲洪浦江；一爲上西江，亦名豐江，東北流，合黄沙溪，至丫港口，合東江流爲浣江，經諸暨南，分爲下東、下西二江。東江受烏石溪、高公湖、泌湖諸水，西江受五泄溪、青山溪、紫草溪諸水，合於三港口，經山陰之西江，柯水出柯山，北流入之。餘支溪二源，一温一涼，爲鏡湖別派。鏡湖，古南湖也，周三百五十八里，受山會三十六源之水，流爲運河，與西江合。東北流出斗門，達三江閘入海。西北流經蕭山西，潘水入之。西流至臨浦，出西興渡，入錢塘江，由龕赭兩山出鱉子門入於海。此浙西、浙東之水，合流於江以入海者也。其水出東白山之陽者，流入嵊縣南，爲剡溪。其匯流有三：一自青陽封山，合太白山、青陽岡、五龍山諸派，北流入之；一自天臺石橋，出爲東溪，經新昌東南，合石笥溪、柘溪，下長潭，過彩烟山，上碧溪，東流入之；一自奉化四明山，有棃洲泉，其流九曲，爲冽源溪，至新昌爲黄澤溪，繞三十六渡，北流匯於杜潭，出浦口入之。溪紆回五十餘里，越嵭嵊二山峽間，東折而北，入曹娥江，亦名浦陽江，又名上虞江。

又有姚江派。江源出太平山，一稱蕙江，亦名舜江。西流與上虞江合，菁江合長冷河，東北流入之。五夫河受夏蓋、上妃、白馬諸湖之水，東流入之。夏蓋湖在夏蓋山下，周一百里，北枕大海；南爲白馬湖，周四十五里；西爲上妃湖，周三十五里。納三十六澗之水，爲上虞巨浸。江水又經會稽東南爲小舜江，亦名東小江。若邪溪經鑄浦山下，北流入之。東爲沈釀川，北爲篁醪河，又北爲丫溪。《越絶書》云："禹鑿丫溪，人方宅土也。"北流過瀝海所，至三江口入海。

又有甬江派，即鄞江。南接奉化江，一名北渡江。台州、寧海之白渚溪，出白嶠山，東北流入之。柏溪出鎮亭山，南溪出鯉湖山，北溪出日嶺，西錦溪出華頂山，雙溪出杉木、鮎碕二嶺，金溪出金峩山，棠溪出白杜、黄柑二嶺，俱分流由縣溪入之。西接慈溪江，江源出太平山，至丈亭渡分爲二小支，貫邑中。大支由車厩浦抵城北，合於鄞江，它山、大雷山諸水，東流入之。又東爲管山江，過桃花渡，經鎮海南爲大浹江，支流爲小浹江，受西北諸湖之水，東流爲黄崎江。巾子、候濤二山，對峙爲屏障，北流出虎蹲蛟門，入大海。此浙東水道之源委也。

至温州一府之水不與浙江通，而自入於海。其大者有三：曰永寧江，曰安陽江，曰横陽江。永寧江在府城北門外，水源有二派：一出瑞安芳山鄉爲瞿溪，東北流，經岷岡山與雄溪合，經暘嶴與郭溪合，匯爲會昌湖。唐會昌中，郡守韋庸所浚，分爲南湖、西湖，中有韋公堤。西過慈湖竹嶴。一出仙居山中，爲枏溪，南流合城北六鄉之水，流爲櫳樟羅藤蓬珍小李八溪，至潮滐，合爲永寧江，一名蜃江，亦名甌江。城西蜃川七曲，合新河百里，坊河東北流入之。沿江有三洲十二浦，樂清之象浦，其一也。東接館頭江，合東溪、西溪同入於海。安陽江有二派：一自福建政和縣温洋南流至百丈口，泰順之仙居溪東流出焦灣，至洪溪，合葛溪水入之。又會羅陽大洪莒江水爲大溪。一自處州青田木凳嶺至陀溪，合三坑水，轉至陶山南口爲小溪。二溪合流，至瑞安縣南爲安陽江，舊名安固江，吴時名羅陽江，唐後名飛雲渡。永豐湖水出安仁鄉，東北流入之。東湖、北湖及城内水，與城北帆游諸鄉之水入之。北湖一名錦湖，又東仙巖河水入之，東流入海。横陽江在平陽縣西二十五里，舊名始陽江，南則親仁、招順、金舟、西鄉諸水入焉；北則歸仁、崇政、宰清、鳳林、東鄉諸水入焉。梅溪出蓋竹山，東流入之，蒸湖納烏石諸山鄉之水入之，燥溪自宋蘭洋分流入之，東入於海。

處州十縣如遂昌、松陽、縉雲之水，間有流入浙江者，前已詳之，餘水俱從温州入甌海。其大川南自龍泉之查田，東北過縣南留槎閣，又東下二百里，會雲和之浮雲溪水；又五十里至堰頭，會松遂二縣水；又五十里，過麗水之鏡潭，至三港口，會宣平之黄村水；又三里至蘇埠，會西溪水爲大溪，又名洄溪。南過郡城三里，與東溪合。東溪即今好溪，其東北自縉雲大盤山西南九十里，過縣東，會嶺水，下略九盤山，至東渡。又西五十里，經府東突星瀨，過靈山，爲好溪。又十里，西南流與洞溪合，東出佛頭嶺，過石帆山，會大群水。又南八十里，會景寧之小溪水，過青田，經高江，至温州永嘉縣入海。若温之泰順，雖屬山縣，而白溪之水繞城南流，經鎮南橋，過文筆峰下，抵福建壽寧界入海。又一支爲泗溪，南流至東溪渡，合焦溪水，入石龍潭。南下龍漩溪，抵福建福安界入海。而處之慶元地入閩界，槎溪、芸洲溪、棘蘭溪、新窑溪諸水，俱出縣北，流入於閩，與他縣之水歸宿差别。此温處二府水道之源委也。

夫水性潤下，資灌溉，長禾稼，通楫舟，固萬世之利也。時或霪霖暴漲，決田疇，漂廬舍，亦未免爲民害，故善治水者，不惟享其利，兼宜防其害；貴順其性而使之流，亦貴遏其勢而使之止。要而論之，瀕江海者，利在堤塘陡門；瀕湖者，利在疏濬規瀦；山澗溪壑之水，利在堰埭陂閘。前代所已舉者修復之，昔賢所未創者增益之。先時而謀，臨事而慎，俾蓄泄有方，旱潦無恐，皆爲民牧所當悉心殫力者也。至各府屬縣，雖形勢不同，而舊迹俱在，詳載於後，以備參考。

—2. 皇朝經世文編　卷一一六　工政二二　各省水利三

論籌餉爲行軍要義　陳耀卿

自來行軍之道，莫先乎籌餉。餉不裕則無以固兵士之心，餉不足亦無以壯軍旅之氣。易子而食，析骸而爨，不觀夫倭人之自相殘殺乎？其始也，以紙幣行用乎國中，而爲之兵者不任其紙幣之欺。其繼也，以重價廣招夫兵旅，而爲之民者不受其重價之誘。甚至以四千萬之鉅款勸捐乎紳商富户，而不知紳商富户早恨其窮兵黷武，甘爲戎首，尚肯以有用之錢財，作此無益之耗費乎？而不然者，即有人勉力輸捐，或十數元，或數十元，或百數十元，以區區之捐數，供軍士之食用，恐倭人雖狡，不能作無米之炊。此皆倭人目前之窘況，而非所論於我中國也。我中國地大物博，巨商大賈莫不思有以報效之，王公卿相莫不思有以捐輸之，特恐曠日持久，不能源源接濟，一旦餉糈告乏，則兵皆枵腹，士盡餓殍，烏可以言戰，亦烏可以言勝。此籌餉之道所由爲行軍要義也。

昔者，項羽破釜沉舟，思藉敵糧以爲口食，作晋軍三日館楚穀之謀。當時項自知力能破漢，故用以激勵將士耳。若彼此之間勝負殊難遽定，則孟子云“師行而糧食”，原屬千古用兵之例。孔明六出祁山，莫不以兵糧爲本，輜重載道，運送不絶，或恐人力偶乏，未暇派兵，爰造木牛流馬以助轉輸。漢高之還定三秦也，統兵而出，每賴蕭酇侯供餉不絶，而軍心穩固，是以著有成效，爲炎劉開創之君。不知足食在足兵之先，孔子告子貢者，原有層次，初非順口説成，無關經濟者也。

今以日本擾及高麗，勞我師旅。大軍策遣，即日起程。桓桓赳赳之夫，勢難枵腹從事。倘一旦脱巾譁噪，禍起减灶添灶之間，則雖有良將，亦難鎮静而撫綏之也。我國家鄭重其事，飭户部妥籌良法，並着天津四大票莊聚解一百五十萬金賫解北洋，以備軍儲之用。加以皇太后明降懿旨，撥給慶典銀兩，以佐軍需。李傅相既在遼東設立糧台，復於天津派設後路糧台。尤可慕者，余侍御關心時事，入奏天庭，奉旨：“飭户部籌款一百萬兩。”嗣後户部又經集議，擬將京官俸銀，自王公起，按三成扣减，以充兵餉。此外尚有鹽斤加價，茶税加增各條，而兩淮運使江都轉又先事籌備，將十二灣存棧鹽堆先行提運一綱，諭令各商預繳課釐，聽候撥用，是爲軍食計者不可謂非至且周矣。第大軍之用非可僅爲旦暮計也，務籌三四年五六年經久之法。其餉之源源不絶，無患倉空，無憂庫虚者，要當謀之於先，不得僅計目前，聊濟燃眉之急，待異日有缺再行計議。諺所云“三軍未動，糧草先行”，與尚書費誓所稱伐淮徐而峙乃芻茭峙乃糗糧，其意原相同也。國家養兵二百餘萬，國用半因此而絀。今加以遠行之役，亦當爲久遠之餉以接之。然遍地賦税釐金，已皆取之於民，勢不得再勞吾民，重加以捐餉之法，如是而又添一入款，良亦甚難。

然度支之政，要在執政者熟思而審處之耳。不奇取，不逼捐，不强以重輸。其間果有天良者，如令尹子文毁家紓難，千古傳爲美談，何目前未聞有其人、有其官、有其事耶？何未聞一人爲之倡，而先出一言以表率耶？苟忠良之輩群起，而效乳虎之經猷，行見海内人民素所向義者，莫不貢獻維殷，願效涓埃之報。幸而通國如斯，餉項雖百年不竭，豈僅目前數月之饋也。是則殷殷所屬望於當道者。

—11. 皇朝經濟文編　卷七八　兵政六　糧餉

論出使　闕名

通商以來，外國與中國輯睦其間，偶有齟齬，致起兵戰之禍。雖由於各國之嗜欲無厭，要求不已，而其實皆我與之釁而已。夫數萬里外，不憚重洋危險，載貨至於中邦，推其本心果何所在？夫亦爲利耳。西洋人之多欲出於性生，故肯爲此。若華民則數十里百里而遥，尚有離鄉背井、抛妻棄子之憂，臨期牽袂，涕泣漣如。故中人罕至其地，即不知其風俗；罕與相接，即不識其性情。於其來也，目之爲夷，自上及下，皆存輕視之心。在朝廷，自治其國，設官分職，皆理境内之事，治境内之人。無專官治以其與華民交接、與華商貿易之務，不過海關巡道有洋務之責而已，然終非專理通商事也。其本職則備兵，其兼任則收税。中外之人有貿易交接，並歸理處，非以通商而後有巡道也。直江兩總督，有南洋北洋大臣新銜，亦此意也。即專司洋務如總理衙門，且不過部院屬員之差使已耳，無專官也。上海租界之會審公署，亦差也。尋常西人之議，謂中國誰爲專理中外交涉事件之官，則中人實無可對，又不宜曰中國於洋務輕之，故不設官也。故西人往往論中國之品大者，必曰道臺。蓋其所見，可以理其與華民交涉事者，不過海關道也，宜其爲是言也。然則，中國於洋務若是其輕之，雖三十年來未之有改焉，宜西人之猶有疑也。西人之傳教，事屬不經。海濱人見之，習不爲怪。中地二百里有教會神户，分書講理，十人九厭之。夫教亦西人之一端，通商並不由此。惟上官未將其故宣示民間，則民愚而不改。所謂弱怒於言，强怒於色，因而多事矣。夫上下皆輕視之，成見未融，固執不化，以爲我中國爲四洲萬國所宗，自行其道，以盡我愛國與民之心，獨不思時既必至通商，勢不能舍洋務。苟自謂暫羈縻之，姑作權宜之計以爲後圖，亦徒爲外人所竊笑耳。

吾不知洋務不設專官，將待數十年來後閉關絶使，不與西洋通，不與其人至，故兼攝其事而已足歟！彼以商民聚中國，必設領事等官於各口岸，我之地使彼處之，我之民與彼日接，而反不設官以治其事，我之愛國與民之心，獨不如其自愛其國與民乎！且夫由内以及外事相通也，始而我民憚遠涉，彼民好漫游；今我民往矣，且衆往矣。彼以富民來，我則以窮民往矣。往來則一，貧富各殊，大抵謀生計蹙，甘涉重洋，拚定死亡，以圖發迹。苟皆瘠而去，肥而歸，豈非通商之有利於吾民乎？然而招工開館矣，豬仔在船矣，皮魯之鳥糞拾矣，古巴之糖寮多矣，金山之金掘盡矣，或折磨之無人理，或厭惡之起殺機。彼之民在中國重樓疊閣，美衣錦食，富也，而我何敢侮之；我之民在外洋，狗牽豕捆，枵腹鳩形，貧也，而彼皆可虐之。彼民既富而護之，且不一官；我民至貧而保之，反無一官。何也？豈以彼來者富，我往者貧，有官以統率之，如作乞丐之頭盧，爲外方人笑乎？然又胡不思我之貧民深入其地，不能自立，至於受傭被虐，驅之如豚，豢之如犬，弄之如籠鳥，殺之如微蟲，獨不爲外人所笑乎？夫此被虐之民，雖由於自蹈陷阱，死無所怨，然誰實有此民者，而使之不能自保其生，自安其業，以至如此哉？吾故謂出使之舉，刻不容緩。而美國、日本之出使，尤不可緩也。

使臣既派，身稟朝命，爲在外國之華民保護維持，則如美國金山土民欲逐華民之事，尤不可不加意焉。然金山之華民不過與土人争利，起其娼疾之心，猶不如古巴糖寮傭工受虐之慘。上年陳荔秋京堂回國，於古巴各傭工情形親知灼見，入諸奏牘，三年以來死者又不知其幾許矣。此次奉派美國欽差，惜古巴非美國屬地，不能乘便辦理。垂斃之民，空懸嚮望，正不知有生還之日否也！仰將於出行之日，道經該處，拯救傭工耶？若置此事於不論不議之列，則日本、美國之使亦止尋常通好之事，而於出洋之華民無補焉。豈其日本之華民，土客不容，均宜遣使臣以安撫之，而獨於古巴之傭工可置度外，甚非計之得也。吾故謂出使必能保華民，而保華民必先理古巴案。若次第簡派各國欽差遲之又久，而及於古巴華傭將無孑遺矣！

——15. 皇朝經世文四編　卷二八　禮政　聘使

論出使大臣　闕名

中朝至今日簡放使臣，不必曰我國家已貧弱至此，外人將輕視之，而於是存自卑之心，遂以爲知機也；亦不必曰我國家雖貧弱至此，尚不至終於貧弱，而於是存自高之心，遂以爲得體也。縱與國或存强弱我之心，而我不可先自存强弱之心。有公法存，有條約在，不卑不亢，不自侮，斯人亦無從因而侮之矣。以故朝廷之簡使也，知其關繫國家匪淺，特於使才中多方抉擇，必其向在總署多年，時與洋人往還，一切外交情形瞭如指掌，如何可以不失外交之歡心，如何可以保全國家之體統，何者爲應享之權利，何者爲當争之界限，不至鹵莽決裂，不至隕越貽羞，而後始蒙簡放。朝廷之於使臣，蓋可謂慎重已極矣。昔之曾惠敏、郭侍郎向爲使臣中出色人員，外人或稱道之；而近數年來，使才猶較前輩出。其在與國轉圜一切，弭患無形，使邦交能敦輯睦而不至數見以兵戎者，使臣之力猶多。顧皇皇使節爲國争光，朝廷簡放得人，草野小臣復何擬議？所抑鬱而不能不言者，其唯使臣之隨員乎？

官無論大小，既隨臣使，秉節出洋，則同是爲國家辦事。使臣在與國或不至有辱君命，隨員在與國則或至無所不爲，致令使臣無顔而國家受辱，縱與國或尚以禮相待，而亦屬難堪矣。此則使臣不可不預爲防範者也。顧與其已經隨同出洋，而或致多所爲難，曷若於未放洋之先，首以斟酌其去留。而一爲出使者，想其所帶隨員甚雜者，亦似有迫不獲已之苦衷，或係上峰所薦迫於勢，或係兒女姻親迫於情，或有年誼或有世誼迫於義不容辭，因之遂不免人員擁擠而於是良莠不齊矣。然究之此乃國事也。若人而有才也，是雖非世誼、非兒女姻親、非上峰所薦，而量材器使，亦可以使之充當隨員也；若人而無才也，是即爲世誼、爲年誼、爲兒女姻親、爲上峰所薦，而才力不及，亦不可以使之充當隨員也。是又豈能以國事而作人情耶！而日後來由出使大臣援例奏請褒獎，以無才無識之人而濫於薦章之列，既褻瀆朝廷名器，且由此倘即斧柯得假而誤國病民，其害亦有不可勝言者！此則出使者之所當先事審慎也。顧即先事未加審慎，而已帶之隨同出洋矣，則不可不約束也。約束何在？習氣是也。

每見中國通商各埠習學洋務者，於西學或尚未窺其奥竅，便以脱帽爲禮，把手爲歡，甚至本國人與本國人遇，所談亦皆西語，有絶口不及土音者，自以爲不羈之士，而一切堪與外人爲伍，此在中國通商各埠已如此，而由是以推彼從出使大臣游歷外國者，其一切耳聞目見，不較區區各商埠爲愈廣哉！顧聞見愈廣，斯根本愈易忘，甚有因而改易服色、剃去髮辮有之，彼豈不謂如是，乃可與外人聯絡夫！焉知外人已因而設一無形之防矣。自來中國服色與髮辮，本無所取義，不過示與外國者别耳。故雖中國人猶是中國之裝，或其心未必果有利於中國之心，然仍有中國之裝式在也。若並其外觀而悉去之，而謂無其外者尚有其内，思欲圖利於中國，則又誰之信者？是則有志於西學者，又何必於此服色、髮辮之微而斤斤計較，必欲改去之哉！且由此恐將授頑固者以指摘，而致兩宮維新之主，遂因之多所猜疑，此在使臣所不可不約束者也。

嗟乎，時艱日亟，外交愈難，使臣毋謂一己，無負於國，並隨員亦無負於國，斯使臣乃真爲無負於國耳。尚未隨同出洋者，則宜加以斟酌；業已隨同出洋者，則宜加以約束。此所爲抑鬱不能不言者也。竊願奉命出使者，尚其采及芻蕘乎。

—15. 皇朝經世文四編　卷二八　禮政　聘使

論　光　闕名

充塞乎天地之間，互貫乎古今之際，習而不察，終身由之而不知其道者，光是也。凡物之質可分爲四：有發光者，有透光者，有回光者，有食光者。何爲透光？如空氣、玻璃、清水等類是也。何謂回光？如水銀類、金銀銅鐵錫類，凡化學之所謂金類者皆是也。何爲食光？如樹葉、黑絨等類也是。發光之易者莫如燐質。然燐質與空氣化合故發光耳。若不與空氣化合，仍不能發光也。宇宙之原質，無一種是原能發光者，惟與别質化分或化合則發光耳。火之顯然者柴薪，遇熱與空中之養氣相化合，於是發光。日之所以發光者，據天文家言，空中小體爲流星之類，皆飛至日體與日體相化合而生光。計一點鐘之久，飛至日體者，周遍日而約有五寸厚，如爐灶之添置柴炭者，然可謂善喻。

中國光學見諸《墨子》經上篇，《淮南子》日火外景、金水内景之説本之，沈存中《夢溪筆談》亦嘗引申之，《張子正蒙》參兩篇謂火日直而施、金水闢而受，得無有取於是耶？夫火之與日，皆物質化分、化合之所也。化分化合則物質之變動速，故光輝外發焉。金類皆回光。回光者，反光也。反光者，不受光也。金不受光，故能以其光反照入於人目。水中透光。透光者，不阻光又不反光也。人能於水鑑者，水不純清，底有土石，如玻璃底之有水銀然，故可鑑也。曰闢而受者，陰陽内外之説，其所由來者久矣。哥白尼倡地繞日之説，於三百餘年之前，第谷非之，閱百年，奈端以吸力證之，於是哥白尼之説爲天文家最新最確之案。嘉道時，揚州阮氏輯《疇人傳》，泥於上下天地定位之經典，斷哥白尼爲離經畔道，而不知蹈西人愚夫之故轍也。雍乾時，西人蔣友仁已將哥白尼之説發揮，於是變本輪均輪之拙曆法，而爲橢圓地動之巧曆法，但中國之天算家仍以爲借象，不敢信天地之本象真如是也。至咸豐年間，英國偉烈亞力在上海繙譯侯失勒·約翰《談天》一書，然後中國天算家始信橢圓地動爲真象而非借象。倘使阮氏增多數十年之壽，其懺悔之心，豈不如汪衡齋之於杜德美割圓捷術耶！南海鄒徵君伯奇知阮氏之誤，而宇宙内如此確案竟爲西人先發，中國失色，心大不甘，於是檢翻古書，則《尚書》考靈曜早發有四游人居地上，不知地轉，猶居舟中，但覺岸移之義，且東漢時張衡曾作地動儀矣，可以爲中國挽回體面。

然而地球究竟天何而轉動，則自數千年有文字以來地球之人未有言之者。余閒傅蘭雅君所輯第四年《格致彙編·量光力器圖説》，竊謂地球之轉動，實日球之光力撥之。日球左旋，則其光亦左旋，於是乎撥地球右旋，由西而東。或曰月球常以一面向地球，而不爲日光所轉動，何也？日光能轉動地球，何以不能轉動月球耶？答之曰：

月去地球近，去日球遠，受地球之吸力大於受日球之光力，故常以一面向地球。此一説也。凡光力不如吸力之大，月球之受日球光力者，面積之一半耳，而受地球吸力者，則體積之全也，故常以一面向地球。此又有説也。且地球有回光反照於月球，日球左旋則欲撥月球右旋，地球右旋則又欲撥月球左旋，雖回光之力大不及正光，然亦有相消之能焉。此又一説也。或問曰：子言日光力能使地球轉動，我懸一小鐵球於空中，何以日光力不能轉動之乎，豈力能轉動地球之重者，反不能轉動小鐵球之輕者乎？答之曰：上文光力不如吸力之大云云，已經詮解。今更可設一譬喻以明之。月球能吸大洋之水成潮，而不能吸池塘之水成潮，其理略類乎此。是耶？非耶？敢以質之天文家、光學家、重學家。

—13. 皇朝經世文統編　卷九五　格物部一　格致

論光學植物　闕名

近人考求光學之理，言太陽之光原爲紅黄藍三色合成，以三角分之，則各得其色。此三色可相配而得各雜色，與人物之生長、化學之離合大有關繫。其紅光帶熱，有補養之力；藍光帶寒，有化分之力；黄光明亮，有顯揚之力。映像之片見光，銀藥即時化分，惟遇紅黄二光則無害眼染。熱疾忌見紅光，故戴緑眼鏡。緑爲黄藍之並色也。人身虚弱，宜穿紅内衫；而植物之發生，全藉紅光而畏藍光。夫植物賴光而生，人皆知之。惟全藉紅光而畏藍光，則前人未之知也。

近有法國博士名琴美羅付藍馬倫者，在沼委市埠耕稼學舍讀書，得新理極其大用。用花盆四個同置於一處，每花盆種花樹一枝，熱度常相同，水土各無異，惟所受之光不同：一盆爲紅光，一盆爲緑光，一盆爲白光，一盆爲藍光。其取光之法，用有色之玻璃接隔日光也，自落種以至兩月，其受紅光者高至一尺六寸，受緑光者僅五寸，受太陽之金光者高四寸，而受藍光者衹高一寸。其得紅光者，僅五禮拜即開花，其枝葉皆青緑，柔嫩可愛，壯大異常。其受藍光者，則無花而又枯濁可厭。其受紅光者，枝葉極靈動，以手弄之即時舒而捲矣。受緑光與藍光者，全無靈性。而受白光者，雖稍有靈性，惟極粗硬，枝節太多，兩月之久，雖有花而未開。此人又將其法施他物，如蛇母子之類，所得結局亦同，受紅光者得菓早而大，受藍光者全無花菓。此法一傳，人争試驗。得見植物之世界别現新景。余嘗嘆世人因粒食維難以至干戈不靖，每欲考究農學，將中國二造禾改爲三造，一造禾改爲二造。今有此法，將不止二三造已也，而收成必更倍蓰矣。吾人奚不稍變成法哉！

—13. 皇朝經世文統編　卷九五　格物部一　格致

論交涉　李東沅

中國自與外洋立約通商以來，濱海之區悉開口岸。上自官商教士，下自兵役匠工，紛至沓來，履迹幾遍。而傳教則許入内地，游覽則給與護符。無論微員商賈，與有司接見，悉禮若嘉賓，無或簡慢。竊謂中國之待洋人已如是，其忠且敬矣。雖有時變生意外，釁起無端，半由於教堂恃勢欺人，小民積忿既深，群思報復，然一經稟訴，查辦維嚴。則中國之於洋人，誠無所負也。若洋人能返己自思，謙以持躬，恕以接物，中外一體，開誠布公，不存欺藐之心，悉泯彼此之見，我華人有不休戚相關，憂患與共哉！

乃近日目見耳聞，凡洋人之到中華，每以言語不通，律法不同，尊己抑人，任情蔑理，藉端滋事，恫喝要求，以致交涉之案層見疊出。而中國顧全大局，戒開邊釁，遇事則官長過於遷就，士民不敢抗衡。洋人習以爲常，愈無顧忌。如輪船於河道港口駛行無忌，恒與華船相撞，小則船具毀壞，大則人貨俱沉。被控到官，仍復强詞申辨，或咎華人不知趨避，或誣華船桅燈不明。改重從輕，苟且結案。而華人之身家性命盡付東流，負屈含冤，無可控訴。又如往來孔道，馬車馳驟，行人偶不及防，無論踩踐死傷，竟策馬揚鞭，不顧而去。倘旁人阻止，與之理論，反謂車來當讓，大肆咆哮。即使扭赴公堂，亦僅以薄罰完結。又如洋行所僱華人，每月工金多寡，固有定約，給發亦有常期，而往往借釁生端，多方扣減，少不稱意，即行毆逐，甚至持槍恐嚇，偶一失檢，釀成命案。及事經官府，又復委曲調停，僅援誤傷之條，予以薄罰。而尤爲慘酷者，則莫如粵省奸匪與洋人串通，散布四方，拐誘鄉愚，販賣外洋，永爲奴僕。聞古巴、秘魯、亞灣拿等處，歲中所陷華人以千萬計。其殘忍刻薄，既大傷天地之和；其暗騙明欺，復顯背中西之約。惜路隔重洋，無人查辦，莫爲發其覆而斥其奸耳。

至於貿易一途，華人欠洋人之賬，則必須控官追索，家産封填，甚且擾及鄉鄰，押其同族；而洋人若有折閱，雖饒私蓄，亦不過循例報窮，將家具拍賣攤派而已。且外國於中國進口之貨税從其重，而洋貨之進口税欲其輕。又華人到其國貿易，須照例納款，按名報繳，歲有常規；而洋人在中國經商並無此費。試將中外接待情形兩相比較，直有雲泥之隔，豈徒厚薄之分！是洋人先自薄待乎華人，又何怪華人之歧視乎洋人也！

夫河港中禁輪船飛駛，街道中禁馬車馳驟，無事則禁携軍器，用人則禁扣工資，而販人出洋尤干例禁，泰西各有律法，按籍可稽。倘華人理直氣壯，援萬國公法反覆辨争，堅持不撓，彼雖狡獪，亦當無可措詞。惟查中西立約之時，以中國法重，西國法輕，判然各異。故議交涉之案，如華人犯罪歸華官，以華法治之，洋人犯罪歸洋官，以洋法治之。顧有時華洋同犯命案，華人則必議抵償並施撫恤，無能免者，至洋人則從無論抵，僅議罰鍰。若過持公論，争執條約，而洋官反暗中回護，縱遣回國，究詰無從。非特輕法未加，抑且無法以治，此尤事之不平者。故中國好言勢者，專事羈縻，而於國計民生未暇兼顧。雖不至於開釁，然習於疲薾，不知振作。如患瘵疾，妄用補劑，而此身漸弱矣。好言理者，激於忠義，專主攘夷，而於彼此情形未能統籌，措置失宜，每至決裂。如患瘍毒，常施攻伐，而元氣日衰矣。

方今辦理洋務，雖不越理勢二端，然當權其輕重，度其緩急。如勢足固不能以違理，即勢不及尤當折之以理。彼有所請，可許者則應之，勿事因循；不可許者則拒之，更宜直捷。倘依違莫決，聚訟紛紜，致洋人引爲口實、多方恫喝、反覆要求而結案，或議罰賠，或開商埠，使後之辦理者更靡所適從矣。考西國搆訟兩造，俱延狀師赴質審。或不公，狀師可辨其是非，駁其枉直。必須水落石出，疑竇毫無，問官始克定讞。

竊謂中國此時亦須參仿辦理。倘有通西律、嫻清例，其人品學問素爲中西所佩服者，大吏得保奏於朝，給以崇銜，優其俸禄，派往總理衙門及南北洋大臣處差遣。其律法參用中西，與洋官互商，務臻妥善。如猶以爲不合，即專用洋法以治之。以洋法治洋人，使之無可規避；以洋法治華人，罪亦同就於輕。庶幾一律持平，無分畛域。遇有交涉事務，秉公審斷，按律施行。每年終，將各案如何起釁，如何訊問定讞，删繁就簡，勒爲成書，以備各國公覽，兼資華人考證，則是非枉直，開卷了然。詭詐欺凌，奸謀莫逞。既不失講信修睦之誼，亦可見準情酌理之施。海隅蒼生，并蒙其福。

然而不祗此也，古今來良臣謀國，必深悉天下之全勢、各國之人材、敵情之險詐，知己知彼，乃能安内攘外，遠交近攻。今中國時事日艱，强鄰日偪。隨則病國，激則興戎，而敵勢洋情，尚多未諳。大小臣工意見又往往不同，以致辦理交涉事宜動多窒礙，猶豫徬徨，莫衷一是。至於軍機大臣及南北洋大臣，尤貴洞悉各國情形，思深慮遠，非先充出使大臣之任，亦必須久辦總理衙門事務者，乃能勝任裕如，事無膠固。否則高談氣節，恥洋務爲不經，臨事張皇，息兵端而無術。鄙人實抱杞憂矣。

——5. 皇朝經世文續編　卷一〇七　洋務七　邦交四

論借款《洋務抉要》　李東沅

中土向無國債之名。有之，自泰西各國。凡興建大役、軍務重情、國用不敷，可向民間告貸，動輒千萬，或每年僅取子金，或分數年連本交還，隱寓藏富於民之義。如本國無款可借，則轉貸於鄰封，習以爲常，殊不之異。中國自同治六年間，左伯相以西征需餉，始借洋款，係滬上銀行經理，由八釐至一分五釐行息，將各海關洋税撥抵，分年本利清還。該銀行分售中外商人，每股計銀百磅，歲納息銀八釐。況其借也，以彼國之磅數，折我之兩數；其還也，又以我之兩數，折彼之磅數。暗中折缺，喫虧甚多，經手者大獲厚利。實以軍餉緊急，於無可如何之時，爲萬不得已之舉耳。考英、法、德、美諸大國，借貸行息多不過五六釐。而土耳其、波斯等國，則因公債過重，行息過多，致利權爲他國所挾持，國勢寖形貧弱。我中國輿圖之富、礦産之饒、關税之盛，遠勝泰西。帑藏多而借貸少，不必出八釐重利，即可借得鉅款。聞中國之股分借券，中外人争購之，十不得一。每股九十五磅至九十八磅，漲至壹百零四磅，珍重收藏。由是觀之，中國雖少出子金，仍能應手。從前籌借洋款，固由辦理不善，利息過多。嗣後即有要需，應向英國勞士齋、乃德博令等大銀行籌商，自臻妥協。此兩行專管各國挪借銀錢事業，素有名望，人皆信服，常能以微息而借鉅資。他處銀行，萬不能及。且聞洋人詳言此事，如中國願借銀一百萬兩，不過到匯豐、麗如等銀行説明所借之數，所給之息，指明某數口關税償還，本利分作若干結，於若干年内付清云云。銀行譽允借銀，收存文契，即將銀如數兑交。此向來籌借洋款之局面也。該銀行如果鉅富有款可貸，則此種辦法尚屬可行。無如僅能擔承，實非東主。

中國既與銀行議定，銀行即湊集允借之數，出具百兩券票一萬張，從一號編至萬號。而買股者遂察看借銀事務虚實，或買一張，或買百張。迨頭結還款到期，何人之銀先收，何人之銀後付，不可預知。其故何也？蓋券票之軟强無定。券票軟，則本錢恐缺，人思速還；券票强，則利息依期，人思久借。爰創拈鬮之法，定還債之期，免銀行袒護之謗。此等辦法雖極公平，然而多股之人，必受破碎本錢之累。誠以是否收回全數或收回半數，非到拈鬮之日無從預知，斷不能料理於先。收回本錢，復入股分，大爲不便。倘將來再籌借款，須設法補救此失，始易通融。大凡借債於人，必先將不便諸事通盤籌算。稍有妨礙，勢必增長利息，備受其虧。欲策萬全，厥有二法：一曰立法。借銀限定不移之年月，一次全還。一曰按結。歸款先於券内載明，第一結歸還，或第二、第三結歸還，俾東主得早爲料理。且放債者每樂聞某國借錢建造鐵路、電線，開礦、治河一切富國之政，以其出息大而券票强；甚不願出貲以作耗財之事，尤惡借銀以用兵，將銀錢變作火藥彈丸，散於槍炮之口，不復能返，則債主不但失利，成本將虧。其言可深長思也。我國家量入爲出，本有常經。前時借債外洋，不過剜肉醫瘡，聊紓眉急。永行停止，固屬有裨。即偶爾急需，而别款可竭力彌縫，仍以不借爲上。萬一羅掘俱窮，司農仰屋而嗟，疆臣束手無措，不得不出此下策，稍濟目前。尤須全局統籌周詳審慎，不必託中國銀行經手，輾轉圖利。須先將從前流弊一洗而空，用昭大信。朝廷惟諭飭駐英公使，徑向勞士齋、乃德博令等大銀行熟商，則行息不過五六釐，可籌巨款。況中國素來守信，洋人自必樂從。倘重給子金，非特耗財，反令洋人疑中國難以清償，諸事轉多棘手矣。

——5. 皇朝經世文續編　卷一一六　洋務一六　商務四

論近來圜法之弊　闕名

圜法之壞，壞於私鑄，而實壞於官鑄。官鑄之弊官爲之，不若私鑄者之弊私爲之。私之者猶可以官法禁之，官爲之則不能官法禁也。

自太公九府管氏官山，制已有，不可復考。降及後世，一代有一代之錢制，亦一代有一代之錢幣。論者謂漢之五銖，輕重適中，最爲合法，然其後裁皮糊紙，其流弊一至於此，此何故哉？若以爲定制之初先已有弊，則固未必然。其所以然者，仍由於官鑄之日益少也。官鑄之錢既少，而民生日繁，不敷所用，遂至弊端百出。

夫錢也者，猶之券也，此購物以此記數，其實寒不可衣，飢不可食，而人顧重視之者，以其可以易衣食也。定制以銅爲錢鈔，於是民間皆重銅錢。設定制以鉛錫與鐵爲錢，則民間即重鉛錫與鐵之錢。漢武帝患錢少，而製白鹿之皮以爲幣，每方值錢五百串，而鹿皮之價乃大昂。前者咸豐年間曾一行鐵錢，亦復競相通用。然惟京師行之，外省則行用者甚少，蓋嫌其過重也。至於鉛錫爲錢，則尚未之前聞，然較之於剪紙之錢，則又勝矣。凡此皆錢之弊，非錢之利也。所謂錢之弊由於官錢，而非由於私鑄者也。

夫錢法之弊，至今日而甚矣，而上下相蒙絶無人焉。達之帝聽，即有進言者，而帝處深宫，從來不見錢之面，其見也者，皆其善焉者也。惟世宗憲皇帝幼而遁於荒野，巡行天下，深悉市廛貿易等事，故其整頓圜法，爲獨認真。而雍正之錢厚而大，皆出於順治、康熙之上，乾隆之錢雖厚，而不及雍正遠矣。雍正之錢，近來竟不多見，轉不若順治、康熙之錢尚有行於市者，則以雍正之錢質重，故選厚錢者皆挑而出之，以鎔鑄他物。此等弊，官則知之，而不能禁之，而官錢之壞，則亦由來久矣。自嘉、道以後，制錢多雜砂殼薄片，其小者竟可一制錢化而爲三。此等錢其文多係道光、咸豐，以前無有也，以後亦無有也。以前之所以無有者，因官錢尚無流弊，而所鑄皆大錢也；後之所以無有者，則并此小者而無之也。同治、光緒之錢，現在市面行使者殊未之見。前數年外省有鑄之者，則惟廣東所成者爲最佳，而鑄成之後，聞皆運往京師，以供内府之用，民間仍未行使，顧雖未行新鑄，而亦不見錢之少者，則以舊錢尚多故也。惟是舊錢雖有，而多在小錢，若必令一律行用制錢而盡去小錢，恐市面之以錢爲購物之券者，有不敷周轉者矣。

六月十二日上諭："前據御史端良奏，寶泉、寶源兩錢局，鼓鑄廢弛，均以鑄錢工本銀兩收買制錢交庫，當經諭令户部查明具奏。兹據户部奏稱，寶泉局四廠，匠役逐日工作，鑄成之錢每有分限，運局報部候提，實無收買制錢充數交庫情事等語。該御史所奏，自係傳聞之訛，即着毋庸置議。惟錢幣爲兵餉民用所需，開繫重大，嗣後著兼管錢法堂侍郎，不時到局嚴密稽查。如該廠錢文有識記攙雜、質色次舊等弊，即將該員、匠等分別重懲，以維圜法而資整頓。餘着依議。欽此。"伏讀一過，而知圜法之積弊，盖有不易挽回者焉。端侍御謂其收買制錢交庫充數，則彼固有辭矣。四廠開鑄，月月報銷，所鑄制錢逐日皆有，何得謂之收買充數？明有四廠開爐鼓鑄，何得謂之並不開鑄？然但知其然，而不知其所以然。實則四廠之開鑄，實不如停鑄之可以節費，轉不如收買之可以省工。如廣東所鑄之錢，廣東用之殊爲不便，大約核算錢價，較之舊錢相去十分之一，故廣東所鑄之錢，廣東本省反不甚行用，即其到外省者，大都因新錢式樣甚佳，故携之以爲玩具而已。福建亦曾鑄錢，聞約銀一兩，易新鑄之錢一千六百文，則錢數適符銀價，而爐火人工皆須賠貼矣。以是知江蘇、浙江等省皆未開爐。即欲開爐，工匠亦無從雇覓，須向私鑄處訪尋，盖以官爐不開，工匠無所謀食，故皆爲私鑄者招之去也。夫聞官鑄之錢佳者，則不敷開銷，明知其不敷開銷，而又停爐不鑄。然則即使寶泉四廠開鑄，亦僅足以供京中之用而已，又豈能流出外省，分布民間也哉？

—15. 皇朝經世文四編　卷二一　户政　錢幣

論舉人用才之關繫　闕名

今國家而果實有招致賢才之意乎？此則至重至要之事，上不可徒以是示延攬，下不可徒以是私市恩，蓋治忽之機在是，則存亡之機亦在是。嘻！其不可不慎也。今年兩宫以多難之故，下詔廣求人才。當此創痛深亂極思治之時，諸大臣宜如何博采精擇，慎益加慎，期無負朝廷垂殷垂詢之至意。乃旬月以來，雖僅見鄂、湘、皖諸撫及楊星使保荐諸人，然細加考察，實有令人不能解者。如某者輕儇成性，輿論不齒，特以去秋辦差，驟獲慈眷，今復希上旨而舉之。又如某者本係庸猥之流，且僅在上海辦理文報，但以爲己經理産業之故，屢荐擢，今復與諸人一同保荐。又如某者以木天之清品，於前年某君至日本時，甘爲騈拇之隨員，爲人所譏笑，今忽裒然爲舉首。其他之志識凡劣，才行偏僞者，尤不一而足。嗚呼，吾不知諸公之意，果爲所舉諸人實爲當此之鴻竇、不忍自私、必欲貢諸明廷乎，抑明知其不可而姑以是爲欺飾也？至向來用人最可怪者，凡情節較重之革員，或乘朝廷需款之時報效一二萬金，即由督撫奏請復職，是視黜陟之大典不值萬金也。又凡被此省督撫奏劾人員，夤緣他省督撫，或别行舉荐，或闌入保案，奏得復官，是督撫爲若輩所顛倒，而朝廷羅致人才乃爲諸革員復官地也。經濟特科，今戊戌舊法，彼時即有以此舉爲贅旒，蓋以能膺是科者實難其選，且難於考試。與其增設名目，徒開倖門，不如慎選精擇，徐爲試用，猶可收效。然現已一再降詔矣，則内外諸大臣遴選舉奏，尤應慎重。蓋既名特科，則登諸奏牘，朝廷既極重視，海内見者尤深契慕，且今日膺荐之士既得此榮名，則將來榮名似較他途爲易。頗聞各省官場子弟，一聞詔旨視爲捷徑，或出重資請人代作著述，或鑽營門路求列荐牘，若果以此輩充選，則十年後人才何堪設想？竊願内而尚侍，外而督撫，均視此爲重要之事也，采諸輿論，察其學行，忽視爲徇情酬恩之具，則有益大局，實非淺鮮。抑又有進者，國家用人，由大臣特保，此實非妥善之法。蓋天下人才雖多，而足膺特荐者實少。蓋既於數千萬人中而特荐數人，則必其人才遠出儔出類，爲千萬人所佩服而後可。否則不爲衆嫉怨，必爲衆非笑，而此人即小有技能，或轉以爲衆指目之故，事事皆致掣肘，是保舉不特不能得人才，且適以害人才也。况乎國家於造就人才一事，平日未嘗着意，一旦有事則遽欲求人才，且欲得奇才異能，試問誰爲儲之，誰爲教之乎？吾固望内外各大臣慎重保舉，而尤願全國速辦學堂，以期多得人材也。

—15. 皇朝經世文四編　卷一六　吏政　保舉

論軍事與文化有相維之益　（英）和而斯雷

吾今日所論，人或悮會，以爲黷武佳兵，則殊失吾本意，不幸孰甚。吾要不忘臨事而懼，必先苦而後甘也。夫事出於戰，固多可虞。然正以顯雄才大略，而能馭用豪傑，膽壯耐勞，不畏怯，不惜死，願爲國效命疆場，人而具此才行可紓國難，雖其國或將傾覆，亦必竭忠以挽救之也。吾再爲汝等言爲兵之道：

凡在行伍，亦雖立有志行，用能盡力，以事其上，必先操習，能耐饑渴、冒寒暑，縱處極苦極難之時，終無怨懟；即捐軀報國，亦視爲分内，不稍畏避。果使兵盡若是，又何功不成！故備戰之要，必使兵之性情練習至此，然後可用。若或躭於奢侈，作婦女之態，恇怯不前，此棄材也。亦猶有國者，奢侈廢弛，不知振作，即不免至於滅亡矣。吾所謂兵之性情必須練習者，亦即黜華崇實，勿懦弱如婦女耳。誠使通國之人皆能强其筋骨，勿致驕惰而生滛佚之心，此非軍事之與文化實有相維之益者乎？近五十年之内，我國有小戰事，其中得益於文化之處，當亦汝等所共見共知。尤可喜者，每一接仗，即添得屬地，爲商務增開新市面，即地球各處，亦常因有戰事，而文化藉以擴興，豈非理之所同歟！無論何處，但懸有我國之旗者，我必設法教化，導之以規矩，示之以公道。此即文化之本也。縱未能悉化其俗，而吾之心盡矣。凡吾現有屯營之處，或曾經駐軍之所，該地民俗，從前或與生番無異，今則亦能率教矣。言之殊快人意。我國家每以攻戰而得勝，非必利其土地也，實欲往行文化之教耳。况得其地非僅爲益己之計，即以商務而言，亦與人共之，豈吾獨享其利哉！一言以蔽之曰：因戰而擴充邊界，得新屬地，實皆傳教及我之律法文化之力有以維持而羅致之也。

人每謂吾之商務，若隨吾旗之所至，及我之律法、吾之教會文化蓋多好處，足以挈吾之旗及商務同趨而並進。且戰爭又有與仁慈相關者，譬與生番交戰是也。稽諸史册，若近今攻戰之寛例，其源流即從生番人之滅羅馬國始，又或有國正在衰敗變亂之際，因有攻戰之寛，得以改其衰敗氣象，一變而振興。故知一國之中，若民無鬬志，即是滅亡之兆。凡史册所載，荒滛廢弛及粉飾太過，民拘積習，往往致使其國不能自立如土京者，其前車之鑒矣。良由其軍民急公赴義之心已漸頽涣，民心既懈，誰能復爲國家出力哉！有此急公赴義之心，是爲立國之綱領，庶能沐浴文化，保護自主，外可以禦侮，内可以弭亂。如果一國之中民習偷惰，武備不修，街衢所遇，無非歌唱跳舞之儔，若此者，不獨國運將衰，即所謂文化亦無復存矣。上年我國鄉勇義勇投效者計十二萬人，吾以爲有此多人奮然投軍，益見我國之文化方興未艾。此等勇丁，將來期滿裁汰，其性情必較初著戎衣之時能安分守法。是民因投軍不致趨入下流，每年挽救於無形者正不知凡幾。然則吾之陸軍，確因文化而生色，信可稱矣。吾所以不憚煩言者，非求全洲必皆仿行陸軍之章程，但求吾一國妥設律法，使少壯者皆練其筋力，能以自强耳。

—10. 皇朝經世文新編　卷二一　雜纂

論考試　李東沅

三代以來，風俗敦龐，取士之途，鄉舉里選，惟重實學至行。寛其途以求士，故野無遺賢；嚴其制以用人，故朝無倖進。降而唐宋，嚴於取而寛於用。始當考試，斤斤然拘於一格，至今因之。無論文武，總以科甲爲重，謂之正途。否則胸藏韜略，學貫天人，皆目爲異路。其取士也隘，則豪傑每有沈淪；其用士也寛，則庸佞不無忝竊。故舉世奮志功名者，悉從事於此，老而不悔，竟有髫齡就學，皓首無成，尚何暇他顧哉！聞西國設有數科，量材取士，雖王子國戚，欲當水師將帥者，無不兼習天輿、地球、格致、測量諸學，初編行伍，以資練習，文案則自理，槍炮則自燃，即至賤至粗之事，皆不憚辛勤而畢試之。及功成名遂，致仕閑居，亦不廢立説著書，以期傳於當時，垂諸後世。至礦師醫士，無不精於格物，通於化学。訟師亦須深明律例，考有文憑，方准行世。無論何學，總期實事求是，坐而言者，可起而行焉。

中國之士專尚制藝，上以此求，下以此應，將一生有用之精神，盡銷磨於八股五言之中，舍是不遑涉獵。洎登第入官，而後上自國計民生，下至人情風俗及兵刑錢穀等事，非所素習，猝膺民社，措治無從，皆因仕學兩歧，以致言行不逮也。然則文科可廢乎？曰：非也。千古綱常名教，經濟學問，皆從經史而出，悉由文義所生，惟須分列四科，拔尤表薦。一曰考證經史，以覘實學。二曰策論時事，以觀卓識。三曰兼試詩賦，以驗其才華。四曰博詢政事，以考其吏治。拔真材以資實用，不愈於空言無補之帖括乎！至武科設於武后之時，專以騎射技勇見長，與文科並重，而世之習武者，祇求入彀博取科名，即默寫武經，亦僅如小考文童之恭鈔聖諭而已，試以兵法，開卷尚屬茫然。迨夫仕途既入，舉凡訓練弁卒與夫水陸攻守之策，《陰符》《壬遁》之書，冥然罔覺，即使射穿七札，力舉百鈞，要亦匹夫之勇耳，一旦臨敵，將何恃而不恐哉？是不教而驅之戰也。邇来蕩平小醜，建立大勳，皆非武科中人，則其所習非所用也明矣。然則武科可廢乎？曰：否。今戰守所資藉以出奇制勝者，不外乎水師火器。今中國既已舉行，惟機器尚製造未精，輪船尚駕駛未熟，鎗炮尚施放未巧，行陣尚步伐未齊。即有諳練之人，亦苦不足於用。誠能分門別類，取精用宏，當於武科中亦列三等，以取將才。一詢山川形勢、軍法進退，以觀其韜略。二問算學格致、機器製造，以窮其造詣。三考測量鎗炮高低、命中及遠以盡其能事。其能集衆長者，不次超遷，以示獎勵；專工一藝者，量材授事，以廣旁求，不愈於僅嫺技勇騎射者乎！然而欲作人才，先覘教養。今之學校書院，專事舉業，而外邦之風俗政事，一概不知，且深以西學爲可鄙。欲求一洞識時事、兼習中西者，實難其人。況當今海禁大開，藩籬盡撤，歐洲各國無不肩摩轂擊，互市通商，各恃富强，相爲要挾，更宜練兵脩政，選將籌邊，斷非醉草可以嚇蠻、圍棋自堪破敵時也。

鄙見宜仿司馬光十科之法，添設一科，頒行天下。省會除小學堂外，各設書院，敦請精通泰西之天球、地輿、格致、農政、船政、化學、理學、醫學及各國言語、政事、文字、律例者數人，或以出洋之官學生業已精通返國者爲之教習。所選學生自十餘歲至二十歲爲限，須先通中西文字，就其性之所近，肄業四年，升至京都大書院，力學四五年。如果期滿造詣有成，考取上等者，即獎以職銜，派赴總理衙門、海疆督撫或船政製造等局當差，或充出使各國隨員，如舉博學鴻詞之例。凡入院諸生，每年納束脩百元。如書院膏火不敷，由該地方官籌款補足，以冀漸開風氣，實力研求。倘有別出新裁，造成一器，於國計民生有益者，視其利之輕重，准其獨造數年，並給頂戴，以資鼓勵。如此則聞風興起，人材衆多，又何須朝廷遴選幼童肄業泰西，致糜巨款乎？夫幼童萬里從師學業，自卜其精進，惟少染外洋習氣，情性或因而變遷，亦似非養正之道也。誠能變通舊制，教育英才，爲國家宣勞，爲海疆保障，大用大效，小用小效，又豈特文章華國，咸誇鳳翽之才，武藝超群，即列鷹揚之選也哉！

附論洋學

泰西各國學校，規制大略相同，而布國尤爲明備。其學堂自鄉而城而郡而都，各有層次。初學鄉塾分設各處，由地方官捐建經理。國中男女，無論貴賤，自七八歲起皆須入學，至十五歲爲小成。鄉學之費，每人限七日出一本納。城學之費，每月出一喜林。本納、喜林皆西國銀名。喜林約中國銀一錢六七分。如或不敷，由地方官捐補。至大學院，學業繁重，果能詣力克副而願學者，聽其肄業，院費每季不過出十五喜林。美國人不論貧富，皆入皇家書館讀書，其經費捐自房租，每百抽十兩。學以序分，不容躐等。女館則兼教組纂女紅，設有專條，使之用心習學。塾中分十餘班，考其勤惰，以爲升降。其沈淪末班、不能遷升首班者，不得出院學藝。鄉塾之上有郡學院，因材授學，專教格致、重學、史鑑、曆學、算法、他國語言文字及藝術所必用之書。再上有實學院，院有上下，分十三班，考工計程，以定進止。院中師長，上等者皆進士班考選者當之。上實學院院考得首班，入選大學院肄業；下院考得首班，入技藝等院，再進有仕學院，蓋欲其學優而仕也。此院大抵十八歲以上方能就學，每考僅十餘人，若入選則賜文憑，入大學院。次等入師道、格物、武學等院。大學之掌院必名望出衆、才識兼優者，方膺此任。

院中各種書籍規儀器物，無一不備。一經學，二法學，三智學，四醫學。經學者，係論其教中之事，故不復贅。法學者，考論古今政事，利弊異同，如何損益，又奉使外國如何修辭，或通商事宜有關國例者，詳加討論，然後入衙門考取，聽候簡用。智學者，格物兼性理、文字、言語諸事。醫學者分六課，首以格物統核全身及内外諸部位，次論經絡表裏功用，次論病源、製配藥品，次論胎産接生，必須考選。又技藝院學習汽機、電報、采礦、陶冶、製煉、織造等事。格物院與技藝院同條共貫，大抵多發源於算學，算學則以幾何爲宗，器料齊備，使學者討論而窮究之。其最要者爲力學、化學，考核甚微；又格金石、植物、胎卵、濕化各物如何而化、如何而生；觀天則有測步鏡儀，而算學爲最要。船政院爲行船航海之學，先通外國語言文字並天文、地理、算學。若涉大海，茫無津涯，學此則隨處可知船在經緯幾度分，各處潮汐之遲速大小，各處海口水道之深淺、礁石之有無，風雨如何趨避，器機器者，驗風雨表篷桅之類；機者，汽機也。如何得宜。考選後爲副舵工，閱歷有年，再考爲正舵工，果能操縱自如，方充船主。如有失誤，有司同船政司勘驗。若船主措置不善，則褫其職，傾産賠償。如其人事已盡，天實爲之，則船主與舵工免議。武學院課式與實學院同，但多武藝、兵法、御馬諸務。初經拔取，准充弁員。及其精嫻，纔升千總。果屬才識出衆，勇力超群，則調詣都城大院，再習上等兵法，如算量、圖畫、地利與各國水陸戰法，至水師則測風、防颶、量星、探石，辨認各國兵船，識别各處沙礁。先授末職，拾級而升。通商院則以數學、銀學、文字三者爲宗。更有農政院、丹青院、律樂院、師道院、宣道院、女學院、訓瞽院、訓聾瘖院、訓孤子院、養廢疾院、訓罪童院，餘有文會、夜學、印書會、新聞館。别有大書院九處，書籍甚富，盡人進觀，但不能携書出院。每歲發國帑經理，生徒入院肄業三四年，聽其去留，歲出費銀十五磅。至管理各大學院，每省派有主院兩員，諸院悉隸文教部，使國中人民無一棄材，各有裨於公私，以廣其用，誠法度之至善者也。

夫欲制勝於人者，必盡知其成法而後能變通，變通而後能克敵。且彼萃數國之人材，窮百年之智力，擲億萬之貲財，而後得之，泐爲成書，公諸人而不私諸己，廣其學而不秘其傳。今中國所設之同文院、廣方言館已歷有年，而於格致諸學尚未深通，其所製造全仗西人指授，不過邯鄲學步而已，何能别出心裁、創一奇巧之兵船、造一新捷之火器哉？且又從不講求西國律例，凡交涉案件，莫能辨理，如延西國訟師代我辨論，則又恐從中袒護，不能力斥其非。此數端，皆中國所必需，尤當過其漏卮，啓其秘鑰，將西國有用之書，條分縷晰，譯出華文頒行。天下各設書院，人人皆得而學之。院師擇請西儒或出洋首選之官生，以充其任。以中國幅員之廣，人才之衆，竭其聰明智力，何難駕出西人之上哉？而奈之何甘於自域也。

—5. 皇朝經世文續編　卷一二〇　洋務二〇　培才

論練兵爲立國之本　闕名

自古有天下者，揆文必繼以奮武，未有戎備不修、軍容不盛而能措天下於磐石者也。使黄帝無涿鹿之師，何以成垂裳之治？使湯武無巢牧之戰，何以成戡亂之勳？《易》曰："王公設險，以守其國。"孔子曰："臨事而懼，好謀而成。"爲千古言兵之所祖。然則兵之關係顧不重哉！大抵混一之世，養兵以遏亂略，非以耀武功；割據之秋，則土地相埒，聲勢相抗，兵事之得失，國勢之盛衰倚焉。自春秋降及戰國，七雄並峙，厥後六國次第覆滅，而秦獨東向稱帝，豈非恃兵力之强哉？沿及漢晋唐宋元明，數千年來，盛衰之故可考而知。

土壤愈闢而愈廣，風氣愈變而愈新。時至今日，五洲萬國各恃輪船、鐵路彼此往來，視重瀛爲庭户；向之閉關自守者，至此亦不得不與之往來。彼之來也，雖以通商爲事，然豈無壤地相接、眈眈虎視、圖撤我之藩籬者？我苟不於兵事實力整頓，則失地賠款，終不能償欲壑，雖有智者，亦不能爲後之策，故欲裕立國之本，必以練兵爲要。西國水陸軍官，皆由水師、武備學堂出身，屢登上考，始給以文憑加以賞賚，水師則派至船中，習練而增見識，俟其積勞已久，然後次第升遷，故爲將弁者，無不熟諳韜略。額兵之外，復有民兵，操練數年，放歸田里，間一抽調，以驗技之純熟與否，有事則一呼即至，人盡爲兵，即古者寓兵於農之法也。如非由學堂出身者，不得爲將領，雖久於戰事，亦不過令其管理瑣事，如中國什百把總之類，其將才之慎選也如彼，兵士之精練也如此。而各國尚以盛衰有倚伏之端，强弱有循環之理，雖戎備已修，軍容已盛，而尚不敢自以爲可恃，孜孜焉惶惶焉，旰宵從事，不遺餘力。一若不如此不足以立國者，豈過慮哉，蓋亦時勢使然也。泰西各國，數百年來争戰難以更僕數，然前此槍炮未甚出奇，故每一争戰，兩軍死亡之數尚不甚多。今則槍炮愈造而愈利，戰法愈變而愈奇，如德法一役，法雖師熸國破，而德兵之死亡亦不少矣。事定之後，法固無日以不報仇雪恥之心爲心，德亦不敢侈然自肆，置武備於不講，比年以來，增修武備，日進不已，殆更勝於前矣。此外，各國亦莫不以兵爲切要之圖，運以精心，持以全力。所以然者，豈不以戰勝於有形，不若戰勝於無形，不待兩軍已合而始分勝負，判强弱也。西國之重治兵事如此，所以能相維相繫，而杜吞併侵凌之患也。

中國自古迄今，皆蹈重文輕武之習。設官分職，文可以轄武，武不能兼文，相沿既久，在上之設施與在下之觀聽，遂牢不可破，致有"好漢不當兵"之語。夫使天下人人不肯當兵，誰與執干戈，蒙鋒鏑，以衛社稷哉？故必破除重文輕武之習，使人皆重視兵事，而後草澤英雄咸賦同袍之計矣。其次則練兵須用西法。緑營半係老弱，且多空額，徒費餉糈，無裨實用；各省招募之兵，尅日成軍，故無暇認真挑選，亦豈能倉卒訓練？一旦有事，則招之使來，無事則麾之使去，處置不善，又恐其流爲匪徒，糜國家無數餉糈，而終不得一兵之用。此則不善處置之故也。以中國財賦之豐，人民之衆，即設額兵百十萬亦不爲多，平日精勤訓練，教以西國兵法，如槍炮之準的，陣法之變化，號令之疾徐，皆能有會於心，自可備折衝禦侮之用。管帶官必由武備學堂出身，宜在各省增設武備學堂，選年富而質慧者肄業其中，此日之學生，即他日之將領，造就既多，自無將不知兵之患。又須時加考核，每月一小操，每年一大操，特簡夙嫻韜略、卓有威望之大員，憑試縱觀，獎有功，罰有過，破除情面，力求實際，兵事庶日有進境。至於水師將弁，亦必由水師學堂出身，熟諳風濤沙綫，天文地理，與夫一切攻戰之法。西國之視水師，尤重於陸兵，以故水師餉糈，較陸兵爲優。然水陸正自分途，陸軍之將不能入水師，水師之將亦不能改陸軍，盖人各有能有不能，既已各專一藝，既當分任守職，俾得盡其長，非若中國之忽水忽陸，漫無界限也。約束又極嚴明，將弁既已身爲倡率，則兵亦奉令惟謹，無事時不准出營游蕩，自無烟賭嬉游之弊。中國苟仿其長而用之，數年之後，兵事自必改觀，雖有强鄰窺伺於側，亦將有所忌憚而不敢逞。國威於以壯，國體於以尊，從此取威定霸且不難，何有於癬疥之足爲後患哉？

—15. 皇朝經世文四編　卷三四　兵政　兵法

論女學堂　闕名

嘗讀《國語》至《敬姜論勞逸》一篇，而嘆古之婦女固無人而不操作也。古者養民之道，首重耕織。耕之事，男任之；織之事，女任之。固《禮》之《月令》，《詩》之《邠風》，於農桑諸務皆三致意。漢詔猶謂雕文刻鏤爲傷農事，錦繡纂組爲害女紅。知古人以耕織爲重，而不偏重夫男者，並不輕視夫女。若夫入學諷誦、博覽圖書，則固男女之所同習，而未嘗獨擯夫巾幗也。是以《詩》三百篇，婦人女子之作遂居其半。沿及兩漢，而唐山夫人手定雅樂，曹大家續成《漢書》，蓋其時中國女學猶未廢耳。後世女學既廢，彼不學無術之輩，遂謂婦女之職僅在酒漿絲枲，此外非所當預。而爲婦女者，亦習聞其説，信爲固然。於是，苟免操勞即安處淫佚，稍知翰墨便共詫通才，遷流至於今日，而中國之婦女已大半成爲廢棄矣。蓋婦女無所事事，而徒知食粟，則幾與罷癃殘疾者等。

今者寓滬諸君，鑒泰西女學堂造就人材之盛，欲仿西法創立中西女學堂，爲中國二百兆坐食無能之婦女特開風氣，誠善舉也。然鄙人雖身居局外，有不能已於言者焉。竊謂西學分門别類，至繁且隨。中學旨遠詞文，實緩而迂。爲今之計，彼緑窗貧户之婦女，汲汲操作，無暇入學並無力入學者，固無論已。若夫大家閨秀，閥閲名媛，其有志附學者，於中學似宜僅教以訓詁，俾收大義而已。彼經史百家、詞章考據之學，可不必講，而亦無暇於講也。至於西學，則凡算學、格致、光學、電瀛學、化學、重學、聲學，以及測量、繪圖、醫理、蠶績，凡婦女可以安坐一室以行其所學者，皆宜各就其性之所近，使造爲專門名家，以爲他日見諸實用之地。他如兵法、刑律、輪船、鐵軌、風濤、沙綫諸學，可毋庸議。何則？中國男女之别綦嚴，非泰西諸國可比之，數者皆非婦女所得與也。顧其尤要者，莫如各種工藝。試思西國之所以强者，由商務之盛也。商務之盛，由工藝之精也。中國之病，既坐此二百兆婦女之坐食無能，不能廣闢利源，則爲中國廣闢利源者，舍工藝其誰屬耶？或謂蠶織之事於女子爲尤重，奈何忽近而圖遠？殊不知蠶織之利，本吾華所固有，不過參以西法，使之精益求精焉斯已耳。若夫工藝，則凡土不宜桑之所，候不當蠶之時，皆得動其四體而居爲恒業者也，不是之學而奚學哉？或又謂婦女之學既重在工藝，則凡算學、格致及光電、瀛化諸學，可以無事，獨致力於工藝焉斯可矣。曰：是不然。西人工藝之學，莫不由算學、格致、光電、氵氣化諸學而來也。飲水而不窮源，其可乎？而況算學、格致、光電、氵氣化諸學，若能專精一事，其利益固自無窮，而奈何其概置之也！查今年西報所載，美國女子學成卒業，而爲工程首事者二十五人，善繪畫者一千二百人，精測繪者一百十一人，工樂律者三萬四千五百十八人，司會計者二萬七千七百七十七人，甚至製造廠之教習，亦用婦人。可想見該國女學，大抵以工藝爲首務。客歲，厦門女子鄭綺梅亦有中國宜振興女塾以造就人材之説。其間議論，亦以工藝一端爲不可廢。要之，西人女學舍讀書識字而外，概以工藝爲重。且不特女學爲然，即其國男子之學，亦何獨不然！

吾中國誠欲大興女學，使此二百兆之裙釵慨焉奮發，以爲今日自强之計，以爲他日争雄競爽之圖，則莫如首工藝而後更習其餘。特不知鄙人之言，有當於諸君之意否耳？

—11. 皇朝經濟文編　卷五八　禮政三　學校

論遣派學生出洋肄業事　闕名

上諭："造就人才，實係當今急務。前據湖南、湖北、四川等省選派學生出洋肄業，著各省督撫一律仿照辦理，務擇心術端正、文理明通之士，遣往學習。將一切專門藝學認真肄業，竭力講求，學成領有憑照回華，即由該督撫、學政按其所學分門考驗，如果學有成效，即行出具切實考語，咨送外務部加覆考驗，據實奏請獎勵。其游學經費，著各直省妥籌發給，准其作正開銷。如有自備旅資出洋游學者，著各該督撫咨明該出大臣隨時照料。如果學成得有優等憑照回華，准照派出學生一體考驗獎勵，候旨分別賞給進士、舉人各項出身，以備任用而資鼓舞。將此通諭知之。"仰見朝廷作育人才無微不至，薄海人心無不爲之歡欣鼓舞。中國轉弱爲强，當此爲最急之務矣。所慮者，中國人民之衆冠於五洲，待學人之奚啻恒河沙數，各省選派出洋必有額數，否則隨報隨選，隨選隨派，不但中國子弟將充溢於歐美各洲，恐各學堂無從位置。且中國亦何來如許經費？考經費以日本爲最省，然每年每人亦需三百金左右，西洋當倍之，其來往資斧更數倍之。當此府庫支絀之時，即每省限以百人統計，各省已有二千餘人，以最省之數核之，每年已需六十餘萬金。況勢不能皆赴日本，則所費必致更巨。況中國之人如此之衆，需才如此之殷，即定有額數，亦不能選派一次之後戛然而止，勢必逐年遣往，每年所需恐不至百萬不止。朝廷雖有培植之心而無培植之力，恐鼓舞者不過數百輩，而向隅者不知幾千萬人，其亦將何以處之乎？在朝廷非不慮及於此，故謂如有自備資斧者准照派出學生一體獎勵。

中國子弟果能皆自備旅資出洋肄業，既省朝廷經費，又無額數可限，誠屬最美之事。惟中國之俗，父母能不姑息，子弟能自向學者，類皆寒素居多；至於有力之家，向日延師課讀，歲不過百餘金，其附學於外者不過數十金，現在仿照西法設立學堂，附學者，脩善必較前增益，父母之欲培植子弟者，已不免躊躇，而況於出洋乎！故朝廷即有獎勵之方，其能自籌旅資者當亦百不得一，千不得一。夫選派既不能廣，自學又如此之難，中國人才雖有奮興之機，恐終不能如泰西之盛，將奈之何？則應之曰：

所慮非不是。然凡事須由漸而來。目今朝廷選派出洋之舉，原欲使學成回國，自教華人，非常使中國之人受教於外國。故選派者每省即以百人而論，或五年，或十年，畢業回華之後，一人可教百人，則中國十五年中，每省已可得萬人，二十年後，每省可得十萬人。即資質有高下，功力有淺深，學業有成廢，然折半計之，亦可得五萬人。每省能得習專門之學者五萬人，人才尚不得謂之盛乎！抑中國雖寒素居多，而能備資斧者究屬不少。現在風氣既開，自不若從前之憚於遠出。況人情於名利之途，無不趨之若鶩，既准賞給舉人、進士各項出身，知吾富家翁即甚姑息，即甚吝嗇，亦必欲使子弟博一第之榮，將來自備旅資出洋者，當不減於選派，又何慮之有耶！

——15. 皇朝經世文四編　卷二八　禮政　游歷

論商務《洋務抉要》　李東沅

原夫歐洲各邦以通商爲大經，以製造爲本務。蓋納税於貨，而寓兵於商也。其未通商之始，劃疆自守，不相往來。今則百貨流通，各商雲集。設此國之財竟任滔滔而去，彼國之利不能源源而來，莫塞漏巵，久將坐困。故泰西各國舉凡利之所在，趨之如狂。而傳教者，則非惟欲服中國之人心，兼爲洋商之偵探也。查英國進口之貨税較出口倍重，而本國之船鈔比他國稍廉，便商家而暢銷路。惟歲核各商所盈之利，約八十分取一，略如中國户税。所賜商賈寶星及他表記沕之用器，以爲光榮。其歲入有常，三百磅以下不税。如有關於商務者，必使議政院官商議覆，務期妥協而後施行。並設商務大臣專理其事。是以利權獨擅，日臻富强。所有商埠要區，俱設公使、領事，屯泊水師兵舶，以資護衛而壯聲威。遇有事端，恃爲挾制。或請開口岸，或勒免釐捐，誅求無厭，必遂其大欲而後已。初，英國在印度等處租地開埠，志在通商；其後，觀釁併吞，倚爲外府，而富强遂冠於歐洲。無如中國商民株守故鄉，乏於遠志，求如洋人之設公司、集鉅款，涉洋貿易者，迄今尚鮮其人。去款日多，來源日絀。竊慮他日民窮財竭，補救殊難。然既不能禁止通商，維有自理商務，核其出入，與之抗衡，以期互相抵兑而已。

中國出洋之貨，以絲茶爲最大宗。今印度等處皆植桑茶，所出與中國相仿。洋人悉往購辦。故年來中土之貨，未能暢銷，後或并此而失之，中國之利源不幾竭乎？宜令地方官廣勸農民於山谷間地，遍種桑茶，勤加經理。其繅絲、製茶之法，尤須刻意推求。如有勝於尋常者，優加獎賞，務使野無曠土，農不失時。則出數愈多，其價可減，酌爲銷售，用廣招徠，將不特國課可增，而民財亦可阜矣。況中國東南各省多種棉花，西北廣牧牲畜，若用機器製以造洋布、羽毛、呢絨等物，則一夫可抵百夫之力。又省往返運費，其價較外洋倍賤，而獲利倍豐。或疑用機以代人工，恐攘小民之利，不知洋布、呢羽本出外洋，無礙民業，仿而行之，本以分彼之利權耳。今聞粤人之賈於星加坡、舊金山各處者，不下八十萬人，其中或住經二百餘年，或隸入英美等籍，然皆奉大清之正朔，服本朝之冠裳，足徵聲教覃敷，龐乎莫外矣。倘中朝亦簡派領事人員，顯示撫循，隱資控制，則華人有恃無恐，籌劃愈工。

舉凡外洋之貨，我華人自營運之；中土之貨，我華人自經理之。擴其遠圖，擅其利藪，則洋人進口日見其衰，而華人出洋日徵其盛，將富國裕民之效，可操券而得焉。所慮者，志無洋人之堅貞，財遜洋人之豐厚，偶有盈絀，便思改圖。惟賴在上者，扼其利權，神其鼓舞。凡中西可共之利，思何以籌之；中國自有之利，思何以擴之；西人獨攬之利，思何以分之。扼此三端，則利權可復矣。惟西人多財善賈，利之所在必争趨之。若華人亦設公司、造商船，力與争雄，媢商減價，拚折資本，勢必彼此虧絀，無裨大局。欲救其弊，須開其源。按公法例載，凡長江内河如歐羅巴之來因河、多拿江，盡人皆得開設船行，以其分屬於各國也。美國之米西昔比江，帆輪之利，土著擅之，以專屬於一國也。他如巴西之阿麻沈江，雖發源於秘魯，入巴西支分派别，兼注依瓜朵耳國、委内瑞拉國，以貫注巴西數千里之遥，昔有客請立船行，而執政拒之。嗣因商旅蕭條，爰除前禁，以廣招徠，操縱之權仍自掌之，不以假人也。

若夫中國之長江，西導岷峨，東注滄海，源遠流長，如美國之米西昔比江，絶非巴西可比。今長江二千數百里有奇，洋船往來，實獲厚利，喧賓奪主，殊抱杞憂。宜俟中西約滿之時，更換舊約，另議新章。凡西人之長江輪船，一概給價收回。所有載貨水脚，因争儎而遞減者，酌復其舊，則西人罔敢異詞。更於長江上下游間，日開行輪船以報市價。如是，則長江商船之利，悉歸中國。獨擅利權，當道其有意乎？爲國爲民，胥於是乎在矣。

—5. 皇朝經世文續編　卷一一六　洋務一六　商務四

論商務報緣起之故　詹撍

方今中國之所握要以圖者，豈有他哉，不外乎富强而已矣。人第知立國之道莫要乎自强，而不知自强之基莫先乎富國。夫觀其朝，則頭會箕斂而爲補苴；行其野，則鬻窳偷生而亡積聚。加以虎狼之鄰伺於外，蝨賊之民訌於内，則雖才如管樂，智如孫吴，勇如賁育，辯如蘇張，而亦必從而束手，從而寒心。是故輕重九府之書成，而齊威以霸；務財訓農之政舉，而衛文以興。自古未有不務富其國而遽能自强者也。故中國而不欲自强也則已，中國而亟欲自强乎，其要必自富國始。

富國之道有二：曰導源，曰節流。導源爲要，而節流次之。所謂源者何在？曰商務而已矣。夫我中國非無商也，不知所以爲商也。無學以教商，則商民拙；無會以聯商，則商情暌；無帑以助商，則商志惰；無兵以護商，則商途梗；無政以令商，則商道乖不寧。惟是，又從而卑之抑之，迫促而箝制之，苛虐而朘削之。噫！抑何待商之薄而責商之厚哉？夫烏知歐洲諸邦與夫目前之日本，皆恃有商務以爲始基，而始日臻乎强盛哉！苟能導其源而節其流，胥天下而達於商務，治國其如運於掌乎？

然而，富國者商也，而不僅商也。智創巧述以應夫商之求者，則有工；耕九餘三，以給夫商之食者，則有農。農而食之，工而成之，商而通之，三者舍一而不可。不能善其事利其器，則求之者亟，應之者緩，有工如無工也；不能物土宜盡地力，則食之者衆，生之者寡，有農如無農也。無工無農，而商何以立？中國自農家者流絶，而樹藝播種之法失；其傳《考工》之記亡，而飭材成器之官曠其職。故自二千餘年以來，民皆錮其智，蔽其聰。舉凡農、工、商三者皆聽民之自爲，盈虚消長於其間，而不之問。洎乎中外通商，大開海禁，見聞所逮，耳目一新，然後進而驗其所以然之故，而後知各國之所以自强者在商務；又不知其製造何以若斯之巧也？繼而始悉其所專精者在工務，又不知其物産何以若斯之饒也；繼乃始悟其所致力者在農務。於是乎中國環視而起，思爲亦步亦趨之計，而擇焉不精，語焉不詳，雖通商條約載有“利益均霑”之語，而中國則僅蒙其害，未享其利，第見爲損，不見爲益，坐使他國之人攘吾之財，莫知紀極；明知利權之外溢，而無術以挽回之。然則至今日而始談商務，而并計及乎農工之務，是猶見兔而顧犬、亡羊而補牢也，不亦晚乎？然而至今日而亟談商務，而并不忽乎農工之務，是則尚能顧犬、尚能補牢，雖晚而猶未晚也。

間嘗竊計乎中國之大局，而惕然懼也。中國自咸豐八年與英、法、俄、美四國在上海議定通商換約而後，合計通商之埠凡七省，又在長江增設三口。自中東和議既成，又增安慶、沙市、杭州、蘇州等通商馬頭。於是各省要埠皆爲洋商所據，而中國無自占之商埠矣。英於當時條約又載有“準其持照往内地商游歷、通商悉聽其便”一款，於是有自赴各省山鄉市鎮采辦貨物，爲有司所不能禁者，加以許雇内地船隻販運往來，是則舟車所至，皆可施其飲羊登龍之計。利之所在，恣其挹注，而華商貿易之途隘矣。四國換約而後，小國效尤者踵至，如葡萄牙、西班牙、意大利之屬，前此王會之圖所不載，職方之記所未詳者，均闌入内地，收我利權，而漏卮之入於外洋者巨矣。四國换約而後，俄羅斯乃割黑龍江以北之地五千里以罷兵。其中五金煤鐵之礦不可勝計，而北陲之利半入於俄矣。自洋藥入内地銷售，至十餘萬箱之多，爲值以萬萬計，而氓庶之脂膏竭矣。米穀豆石銅錢，向例不準出口，自長江各口許英人設埠，一切弛禁，以至米穀翔貴，民食維艱，於是乎人無隔宿之儲，户有罄懸之嘆矣。錢禁既弛，錢皆捆載出洋，以藥水提取金銀，仍以銅鉛轉售中國，至使比年以來，制錢奇絀，私鑄滋多，而國家之圜法壞矣。洋人以貨易銀歸國，其貨之購自華商者，皆以大小銀元，銀元中雜以銅質，刻雖自行鼓鑄，而前此所耗已多，是中國之銀根短矣。銷磺、白鉛、軍械等，向例不準入口，自弛禁後，皆明目張膽列肆分銷，甚至鎗炮、船隻悉購自外國各廠，而中國采辦軍需之銀，又半輸之外洋矣。俄人新産之茶日衆，歐洲蠶桑之利日饒，中國絲茶兩項日見滯銷，而華商之生計蹙矣。自英人殘破廣州，議償兵費、商欠各項至二千一百萬之多。法人安南之役，亦償其兵費。逮中東議和，竟償兵費至三百兆。目下國債遂增至四百餘兆，於是正供雜税之入，不足以償國債之息，而度支益形其絀矣。自海軍盡没於倭，而船隻、軍械、炮臺又將籌款經營，而羅雀掘鼠之計窮矣。欽差、公使絡繹出洋，縻費以鉅萬計，而無益之損失多矣。洋人竭澤而漁，中國傾囊而奉；先時帑藏無望珠還，後此取求未堪囊塞。《詩》曰：“池之竭矣，不云自頻；泉之竭矣，不云自中。”蓋中國公私交困，未有甚於今日者也。

况乎中國今日之人口不下四百兆，其散處於外洋者已有數十兆。以逮年之生息計之，每口百兆，除與物故者，兩（紙）［抵］約宜增口三四兆，統計每年約增口十數兆，并以後十年而計之，中國人口宜加至五百餘兆。使不思患預防，而無食以養之，無業以授之，無術以全之，則舍四民而外，雖欲求爲游惰而不可得計，惟有散而至於四方已而，惟有相率而爲寇盜已耳，後日中國不將以人滿爲憂哉？抑知“有人此有土，有土此有財”，聖人之言，萬世不易。誠使自今以後，能振作一切商務，於内則特設商務大臣，爲之綱維主張，以握其要。然後設商學、立商會，爲之借貸、津貼，以籌集商之貲本；爲之鐵路、輪舟，以通夫商之往來；爲之兵船、戰艦，以衛夫商之行李；爲之禁令條教，以弭夫商之詐虞。而又參之以電學、化學、光學、汽學及機器、測量、天文、輿地諸學，以啓工之智而代其勞，廣農之利而倍其入，務期地無遺利，民有餘力，則過此以往一二十年，微特内地比户可封，即散處外洋之民亦必家給人足，由富而强。向之寄居謀食者，勢且等於盤踞，有此五百餘兆之衆不虞飢寒，而後選其材技以備折衝，而又有散處他國之民爲之聲援，則舉地球之上所有諸國，吾决其可折箠，使之内無腹心肘脅之虞，外有席捲囊括之勢。自强之謨，莫要乎此，商務顧可忽乎哉？

乃今之倣西法而設報館者，昧乎當務之急也。務爲臆説，信口雌黄；作爲大言，熒惑衆聽；謬論時艱，誹謗朝政；言國之隱，罔恤陰私；犯諸不韙，以訐爲直；啓人覬覦，潛召外侮；多魚漏師，甘昭召敵，以兹相例，殆有甚焉。其或摭拾新聞，益之傅會，僅資談柄，無裨國家。如斯之倫，未易悉數。本館主人憫時事之孔艱，念民力之彫敝，懷曲突徙薪之意，厪未雨綢繆之思，竊念地球上所有諸國，其土地之膏腴、礦藏之豐厚、物産之富饒、户口之蕃息，無可與中國比者，雖際積弱，盡足自强。又見國家興造鐵路，創設郵政，力開風氣，以收利權。而一二封疆長吏，亦駸駸乎設商局、立商會，知商務爲當今切要之圖，籌劃經營，不遺餘力。特恐天下之大，商民見聞有限，一切良法美意暨西人制作之精無由觀聽，爰特設《商務報》。凡屬中外商務日出而不窮者，周諮博訪，備列報章，間或附陳管見，參以論説，效其一得之愚，以俟芻蕘之采。將來中國商務蒸蒸直上，是爲蹄筌之助者，在本報與有微勞亦未可知。浸假目此，而後不旋踵間，而中國竟得由商而富，由富而强也，則天下幸甚！本館幸甚！

—16．皇朝經世文編五集　卷二一　官書局報館

論書數　何樹齡

數者，宇宙自然之記號也。字者，人類特設之記號也。自然之記號一定不易。地球可毁，諸天世界可滅，而一加一則成二，勾三股四則弦五，徑〡則圍〣，〡、〤、〡、〥、〩、〢，方〡則斜〡，〤〡、〤〢、〡〣。舉凡堯其列地之例，阿爾熱巴拉之義，任他劫劫塵塵千萬變，不能另樣畫葫蘆也。特設之記號則隨地而變，隨時而變。東海有倉頡焉，造字如此；西海有倉頡焉，造字又將如彼。此以一大爲天者，彼或以一圈爲天矣。此以日生爲星者，彼或以日没爲星矣。論其義彼此皆通，論其説彼此不同。望文生義果何所終？《説文》支派，捕影捉風。人不可屢易其名，字不可屢破其體，記號不可自亂其例，如是而已矣。字畫之義無足深求，而算數之理則不可不深求。蓋數者，等差之謂也。凡事物不能無等差，即不能無數。以三爲五，以五爲九，近而倫紀必須數焉。多算則勝，少算不勝，險而軍兵必須數焉。他如辨方正位，體國經野，量地制邑，度地居民，凡有關乎多寡厚薄之調劑，遠近久暫之斟酌，長短小大之比較，濃淡疏密之匀稱，輕重遲速之妥宜，以之而開物成務，以之而去危就安者，下而婦孺，上而聖神，皆恃乎數。

是以古人六歲教之數矣，十年就傅學書計矣。字由外爍，數由心生。識十字者，不可云括盡宇宙無量字；識十數者，則可云括盡宇宙無量數。數者，族類辨物，别嫌

明微，人之良知也。推而致之，萬事萬物迎刃而解，批郤導窾不見全牛，盤根錯節游刃有餘。昧數理者，囫圇吞棗，如夢如寐，不綱不紀，無條無理。盍觀幾何家之作證乎？孰當先焉，孰當後焉，次序秩然。聽者不倦，得意忘言，相悦以解。盍觀代數家之布式乎？由門而庭，由庭而堂，由堂而室，由室而奥，明所未明，若撥雲霧。胸有萬字，錯之綜之，參之伍之，指事類情，或提或頓，能使人悲，能使人樂，能使人喜，能使人怒，字之功也。胸有十數，錯之綜之，反之覆之，比之例之，代之借之，方圓曲直無所遁形，正負陰陽無所遁情，數之功也。微分積分，進而上之，精義入神，各種曲綫，動静重學，互爲其根。下而河嶽，上而星辰，緣何而雙曲，緣何而抛物，緣何而橢行，緣何而人竪，緣何而獸横；蓮莖何以圓，茨莖何以方，此皆曲綫之界與重學有相關者也。鐵熱億兆度，閲歷億兆年，或可變爲金；銅熱億兆度，閲歷億兆年，或可變爲銀。六十餘原質，其實歸於一。一自有兩端，錯綜相感化，排列有不同，成物自異焉。此皆不可以物證而可以數推者也。句三股四弦五，若但以精器驗之，則雖離婁之明，公輸子之巧，亦覺其弦爲四九九九九九九九九九耳；否則爲五〇〇〇〇〇〇〇〇〇一耳。然豈能因是而謂其弦爲非五耶？宇宙間不可以物證而可以數推者，此類是也。徒以器驗，徒以物證，人壽幾何，掛一漏萬。數乎數乎，孰倚之乎？參天者乎，兩地者乎？軸綫中點，其爲宇宙之大宗師乎？

—10. 皇朝經世文新編　卷二〇上　學術

論税務《洋務抉要》　李東沅

昔夏禹有會計之紀，《周官》著理財之條，誠以有天下者準乎什一之法，取諸民以供國用而藉治百事也。中國自開海禁與各國通商，由道光二十二年中西立約，以洋人各貨進口納税之後，即准由華商販運各地，過關衹按估價，每兩加税，不得過若干分，維時當事不知中國税額較之各國有輕至四五倍七八倍者，故立約如此也。迨後天下多事，徵兵募勇，始創榷貨抽釐之制，藉給軍資。夫商賈以販運爲生，若賊匪未靖，道路不通，銷貨必遲，故莫不情殷報效。且所抽之釐，仍增價於所售之貨，實則取之衆人，積少成多，是以民泯怨咨，商無虧損。最旺之時，通計海内歲收不下兩千萬，今雖稍減，亦有一千五百萬，故得以削平群寇，共慶昇平，胥賴此耳。無如釐卡委員，或辦理不善，或因兵燹時設卡過多，洋人遂執洋貨免釐之説，以爲要挾，顯違條約。欲撓我中國自主之權，即使釐損果累商民，亦須俟國用稍裕時，自行酌裁，漸次停免，斷非局外人所得而干預也。今軍務雖平，而防營尚不可撤，田賦猶未復原，一切善後事宜尚須布置，即製造輪船槍礮，悉藉釐金彌補，去之則半籌莫展，百事俱弛，且華商因避釐捐，競買税單，故洋税因之而旺，倘釐捐停止，則洋税必多偷漏，有減無增，此自然之勢也。

查初辦釐捐時，洋人之貨亦在各子口徵課，尚無異説，迨咸豐八年十一月中西重訂約條，始定洋貨土貨，願一次納税，可免各口徵貨者，每百兩徵銀二兩五錢，給半税單爲憑，無論運往何地，他子口不得再徵。其無半税單者，逢過關卡，仍照例納税抽釐。斯乃體恤洋商，恩施格外，較之華商其獲利厚矣。故華人之黠者，每每串通洋人，互相蒙蔽，有代華商領半稅單而取費者，有代洋商用洋船裝運洋藥各貨者，有代用護照包送無運照之土貨者，譸张爲幻，流弊滋多，洋稅、釐金交受其困。而華商之守分者，不能獲利，多依附洋人，而變爲奸商，反不如裁撤釐金，倍增關稅，其販運別口者，仍納半稅，則洋人無所藉口，而華商不至向隅。況查洋人所轄之香港、澳門，無徵收厘稅之例，商賈多抵其地，以期貨平易售，免出稅釐，故香港、澳門之貨物日多，中國各埠之生涯日澹，貽鄰邦之藐視，擴洋島之財源。又如粤東闈姓捐輸，其款甚鉅，本屬病民傷化，惟不能杜其弊，遏其流，而奸民遂遷往澳門，仍行開廠廣收，綜計三年捐銀五十萬兩，利歸洋人，此所謂爲淵驅魚，爲叢驅爵也。曾考泰西各國稅額，大致以值百取二十或取四十爲制，最多更有值百取者，又有全不取稅者。盖以輕重之中，各寓自便之計，即如烟酒，外洋徵稅極重。在中國開洋酒店者，尚須納規領牌。而每年進口之吕宋烟、洋酒其數甚鉅，竟充伙食，概不納稅。泰西俱無此例，尤屬不公。今宜重訂新章，仿照各國稅則，加徵進口之貨，並重稅烟酒、鴉片虛費等物，以昭平允。又如珠玉、錦繡、珍玩，非民生日用飲食所必需，雖倍稅加釐，無損於貧民，無傷於富室。且統計我國之所無者，則輕稅以廣來源，有者則重稅以遏去路，權其輕重，衛我商民。倘慮率爾更易，齟齬必多，惟於期滿换約之時，重定稅則，據理力争，務使之就我範圍而後已耳。

—14. 皇朝經世文統編　卷四七　户政一二　關稅附釐金

論西國古今通變　闕名

地球五大州，除奥大利亞而外，其幅員之狹無如歐羅巴，物産、生聚不過一中國，而其才人薈萃，學藝精深，雄視宇内，則英與京焉。果操何術以致之哉？豈自昔而已然耶？原其由來，已非一朝一夕之故矣。諸國邊境多近海隅，駕駛是其長技，因此通商異域，傳教遠方，闢土開疆，鯨吞蠶食，駸駸乎日盛一日。然溯其得亞墨利加南北各地，不過三百餘年耳，自此東南洋諸島國幾盡爲所並兼，置爲屏藩，視同外府。凡歐人所至，莫不敬而畏之，且莫不羡而慕之曰福者。西國之人歟！何其聲威之播，有如是之盛也！顧嘗考其昔時，草昧未開，中國有夏之際，尚以游獵爲生，居無定所，全地蒼莽，荒蕪不治。已而，羅馬一統，聲教漸開，然則歐洲聲明文物之盛，以後於中國二千餘年矣。降至唐宋，羅馬既衰，又爲西域北狄所侵擾，逮乎有明中葉，列國始得自强。其興也，殆不逾四百年，而以近百年較之前三百年，已覺其文質之不同，以近五十年較之前五十年更覺其教政之相勝。倘日後再歷數十年，其美備又當何如乎？誠不禁睪然以思，憬然以警，而曠然以高望也。何中國五千年以來尚且拘守成法，不知變通，而每下愈况歟？

試觀西國，昔者方隅自封，夜郎自大，不與諸國往來；而今則四海縱横，無遠弗届，不獨長駕遠馭，馳域外之觀，即地球無人所到之區，亦必求至其境。昔者才識蠢愚，智慮淺狹，昧於遠大，不知變更；今則學問淵博，器重廣遠，精益求精，必至登峰造極而後已。昔者教理未明，樸野未化，鬪殺相尚，慘刻時聞；今則神道設教，崇敬歸一，志行虔誠，不趨新異者。昔君上專權，恣睢毒害；今則各處皆立議院，庶人得參末議，民能自主，政歸於公，凡有利國裨民者，皆得參議而行之。昔者政教不分，門户角立，幾若水火，入主出奴，設有厲禁，以强迫人；今則任民自擇，無彼此畛域之見，輕重高下之殊，而主教者不得過而問焉。昔俗尚兇頑，動生仇隙，睚（眺）［眦］之怨，必至報復；今則人嗜道藝，互篤友愛，既畏法而懷刑，復尊親而敬長。昔者商賈貿易，官府爲之限制；今一切任其自然，公私之利溥焉。昔者工事不盛，製造未廣，因之貨財不生，其源難濬；今則物料輸入，製器輸出，轉運不窮，財以裕焉。昔者屋宇卑狹，視別不備，園林池囿，咸所未有；今則大家巨室，窮工極巧，名園廣墅，數里相連。昔者盤饌烹調，惟供土物，山珍海錯，不知外求；今則華茶竺糖，遠方異品，無所不備，朝夕饔飧。昔者山海遼闊，跋涉難艱，既窘以險徑，復困以洪波；今則鑿山通道，行海駛船，火車輪舟，安坐致遠。是皆各國變通之迹也，中國其亦能次第舉行也乎？

—15. 皇朝經世文四編　卷四七　外部　治道

論英國在中國所有之利益　老臺灣

英國在東方之利益，處岌岌之時，凡中西交涉，關係所在。幸有長於文辭諸人，挈舉要端，敷告於衆，藉爲勉圖振興之萌兆。本月間，《康坦姆伯來而雷報》中有撓門所著論説，深可嘉許。餘如不署名人所論中日條約，又密起在《勃來克烏特報》中論及中西交涉，復有《太姆士》專駐東邊訪事之人，論前次李傅相出使之事。本館以此數論，類皆意寓勸警，冀使英人藉其忠告，可悟在中國之責任利益。能收如是美之效，亦猶前此諸人在新聞紙中所論，宜增添水師，後果因而得力，其效驗正復相同。

撓門雖自謂論事意見太苛，然核其所論，實能緊握全題，闡發悉當。渠在三四年之前曾周游東邊，所得閱歷及其所著之書，可以供衆覽而增長人之閱歷。我英廷臣如果采納其說，則英在中國至今仍當推執泰西之牛耳，復何疑哉！至密起謂英在中國實有之利益，衆人尚未全知，其言誠是。然尚應加入一語，蓋即廷臣中無論何黨之人，亦鮮有能審其詳者。若中國風俗服飾之異，及信星讖、惑巫卜、酷刑貪婪，又如新聞紙中所載，有益於英人所應留意之處。在我外部暨駐中國北京公司，各埠領事，以及國中之人民，固皆耳熟而心識之矣。至於中國真實底細如何，情形仍未能洞燭而悉知。英官之在東邊者，不過專力於中國之文學，以求淹博之名耳。若密起所言，中國實爲我英工藝之人衣食所賴。蓋如中國之樂太平、守律法、服勤而節儉，億兆之人勞其筋力可以自致巨富，且能使英人因之而益富，如於查探生番所費之工夫，能移一分用諸中國，即可知其底細情形。譬在曠野之中，散播嘉種，何不少留分播於肥饒之地畝！且此等地畝，即四五年前在我掌握之中，可以豐穫，而爲我工藝之人所利賴者。其實情信如斯也。英國思欲攻取蘇屯在非洲，願耗多金而與俄、法力爭，其實似此地方，即使得之，久終讓歸於人。試觀兩國將從三百兆中國人之中，漸漸消奪我英政府及商務之權勢，而我轉漫不爲意。抑知此三百兆人，如果英國權勢所及，即能用以興我之商務，而有益於我工作之儔，其利甚大。

蓋今國家之政賦，即維繫於此等工商之手也。至謂各國涎中國而覬瓜分，其端已開；或言英亦宜有所取，而在密猶以爲此非要著。然則密於英國近時情形似尚有未知，其在中國商務可以推廣之處，密起力舉其策，謂宜用鐵路及其他新法以維持之。然以吾度之，如使他國果出於斯而英獨無取，猶欲思於中國商務，握其大綱，而專其美利，於理殊多未合。俄在中國所得權勢，無非有礙於英之商務，吾將鑒於前事而知之矣。俄之忠於謀國者，所辦交涉得手，有益於其民之處，議論《中俄條約》者所述殊有味焉。此約現非子虛，其礙吾利益、損吾權勢之處，在十二個月之前以至於今，始終所聞，皆實有其事。英之商民所當預防此險。因凡有謠傳，往往可信。如謂俄辦交涉之人，隱存窺伺之意，初猶以爲訛言，及後終成實事。此種閱歷，吾輩得之者多且久矣。《太姆士》訪事人所論中國官場之積習，在不諳中國情事之人，固以其言爲快談，然於英在東邊之權勢所關無多。至撓門謂“英在當初得宜之時，未曾與俄立約，夷然不動，坐令其於中國不但居保護之名，且真有管束之實，是誠英之大錯也”數語，確當直抉其弊。姑無論中國國勢或進或退，在官之人是廉是貪，即現與西國往來之事實，已歸俄國管束，法既助之矣，德又從而慫恿之，抑何愚歟！良由英國無端妬忌，激之使然也。倘各國果爲割據之舉，英於其間亦有所求，或各國所興商務，英亦欲争得一分，視分内所應有，必不可少。而定須得之者，但欲求能如吾願，必使北京政府知英有水師、陸軍可以强要而力取，並知英較俄、法兩國合併之力尤爲可懼，然後可也。當英在中國權勢最盛之時，辦理交涉之人在總理衙門。遇有既懦且狡老於世故之輩，恒玩視我若待孩童。凡吾分内應有之權及應得之利益，非使北京之官若睨我有水師提督立於公使之後，似將開炮者。然即不能保我所應有，蓋自昔而已然矣。嘗有一日，聞諸某駐英華使自表其所見云：英國現無能爲，欲得戰勝於天下者，惟我華與俄耳，該使所言如此。

竊謂今日英在中國，如但有辦理交涉之人，而不助以兵力，尚何有他望哉！中國土地商務，英國若欲圖之，必俟吾政府迫於民情之催促而有所作爲，乃即可以證該使之言，實屬年輕不明天下之大勢，且所學西文僅襲皮毛，因之轉爲所誤，以致所見者淺，而所論者乃不符也。然吾苟有所求，俄與法必將阻撓於其間。蓋彼在天下各處皆思與我爲難。如從阿比西尼亞至華盛頓，又從曼谷至黑拉特，無處不然。設英在北京果求吾所欲，俄法必以保護中國爲己任，將合兩國水陸各軍，併力以拒我，此亦意中事也。至其所得儲煤之處，不但能廢去我在滿洲暨中國北邊及其西南各處之商務，並且彼在北京權勢日大，將使我南洋石叨及香港各屬亦皆因之而震撼。況中國之人旅寓於彼，而操工藝各業者户口甚繁，該處居民咸倚之，若脊梁之在背。其能致富饒、能臻興旺，蓋全恃乎此等流寓之人工業之多也。惟其父母妻孥類多仍居中土，今俄、法在北京實有操縱自如之概。萬一英與俄、法有事於兵戈，英欲保護自香港至仰光一帶所有可寶之屬地，而寓西華人之有室家在中土者，俄、法必唆使中國設法借仗其力以遥相牽制也。按阿比西尼亞在非洲東境，東近海，北界努比阿。曼谷爲暹羅京城，濱湄南江下游。黑拉特即《明史》哈烈國，故地今屬阿富汗，在阿富汗西境，並哈烈河北岸。仰光一作漾貢，亦作冷宫，或稱琅玕埠，今官文書作仰光。英屬南緬甸，地瀕伊勒瓦諦江，即大金江下游，東支河入海處，號稱大埠，實即《明史》擺古國南境之地也。

數年以前，英之統兵官猶恐中國或有如昔時之君上者，復爲歐洲之患。此誠過慮，其實如中國者何用慮爲！惟以數百萬强壯華民練習成軍，而由俄、法率領之，此則實爲印度心腹之患也。英在一千八百六十年所得之利益，今則失去已多。且有較此尤甚者，坐失事機，茫不自覺。倘將來赫德以年老乞退，則英國情形恐更不如今。赫之扶助北京政府業已有年，其爲中國謀可謂盡心，而於英亦裨益良多，實較勝於吾自簡之駐華公使也。當中日開釁之時，倘歐洲各國俱守局外之例，則保全中國本非我英分内之事，因彼政府迂鈍拗執，自召其侮，固應自當之也。然如俄、法之在中國利益甚微，與英懸殊，彼既干預而染指矣，英之爲民上者，及在廷之臣，何以不即乘機著手於其間？駐北京之公使，又何以不即宣告，謂英以保全文化起見，極願與俄、法會同辦理？即俄所求不冰凍之口岸，亦未始不可允從。惟我在中國之商務利益實爲民生大局所繫，攸關非淺。日本戰勝之後，一切條議，我有應得與聞之處。縱使出於兵争，亦勿稍阻，奚爲姑待默不一言乎？誠由乏明决練達之人，致我政府束手坐視耳。中國將來情形於俄最有關係，法國意存阻礙於我，且知其事之重要，因將中國立從吾手奪歸伊等保護。

夫中國與外洋往來之商務，我英十居其七。我三十兆人民，全恃擴充外國市面以爲生計，而我政府漠然視之，若無足輕重。稽諸史册之所載，至危至急之時，殆無有如今日者矣。顧人猶坦忽弗思乎？查百年以前，英之户口尚少，食物等類及製造所需之各料不待外求，造成貨物，行銷於地球之上，獲利恒多，且與同洲各國力尚能戰。彼時各國之商務，尚不能十分與英争利，而吾廷臣猶常留意遠從各處尋闢門徑，使吾商人得以營運謀生。今則耕種之民漸少，所産五穀不敷國人三月之食，除稍有煤鐵而外，製造所需各物料，大都皆購求於各國，有此物料方能施工而成器業，於是乃可藉工而得值，終歲之衣食取於斯，室家之養贍資於斯，是錢也食也胥倚賴於各國而求生活者矣。是故市面日益衰，銷路日益狹，則吾做工之人將愈窮困也。若英在海面所有之兵力，使再失之，則必致其餓困以死。其危機苦況，正與從前猶太被圍之情形相似。英所有之商務益處，無論其在本國或在藩屬，吾必公諸天下，俾同享其利。而各國於此等市面上每多争占吾利，若在伊等國中及所屬之處且禁阻我，使勿得絲毫便宜。前此七八十年，政府辦事之人雖少，而從田産及商務之中出息殊多，其辦理交涉各事，亦頗有學識。今則權屬於民，所恃以活命者，全在擴充本有之市面，使得工作之利，尤賴别有尋闢，以暢其流。然欲得此新市面而久守之，宜必有雄盛之水師，庶辦理交涉之際，可以示强而得力。若此要緊關鍵，正恐吾工藝者流尚貿然罔知，所以毫不在意。是尤政府所當教戒使知。凡推廣國勢，但求謹慎辦理，並無開釁之意，固專爲吾民保其利權也。如水師太少，不敷調遣，應使百姓曉然於國家主政之人，無論其何黨，若於是事不盡職分，是即做工百姓之仇敵。

今大臣之中，勿論何黨，往往泛議義學及其他瑣事膚言，以分騖民心。殊不知此等泛議，若在承平興旺之時猶之可也，豈今之急務哉！至論大任要端，或各國交涉危險之機，或以兵力求吾應得之權，英之廷臣非被百姓强之而作，即寂無所動。如吾民欲强政府保護東邊要緊利益，今正是不能或罷之時矣。英在中國擴充權勢，能得利益之處，民果能知，即應堅促大臣力持定見，無論俄、法如何舉動，凡於瓜分中國，或從十八省及各屬地開爲通商口岸，准各國互市應得利益之處，英國决不肯不取一分，以後中國即不至再有駐英華使，敢言二十九兆人民不能勝過三百兆人民矣。亦當無在外部之官不知盡職，而讕言吾據之澎湖，係西班牙所屬矣。然毋謂天下商務吾已能獨擅其利，輒自滿而侈；更勿以吾能造船售與外人，又自喜而誇。因彼人方將設法以攘我獨有之利也。

英之商船往來於歐洲、美國一帶，裝載料物及已製成之貨，其駕駛之人大半來自瑞琉、丹德及東印度等國，而英民得沾其利者殊鮮。故我英之恃以爲國者，尤在擴充外國商務，有進無退，庶使開礦、製造之儔，能藉工作以獲利。如果政府確以民間之甘苦爲念，即應竭力設法冀得天下極好極大之市面，俾盈兆工藝之人可以享無限之益。所謂極好極大之市面，即今中國是矣。且可立收其效。然則我英當知乘人未入手之先，相機而進，庶幾能如所願也。

——9．皇朝經世文新編　卷二一　交涉中

論英日會議維持東方大局事　闕名

今日之天下，一窺伺攘奪之天下也。群雄逼處，裂地而治，外雖立約定和通商，内則各懷詐虞有所圖謀。如英俄之互相防備，德法之各懷嫌疑，幾同連雞不能並栖，時欲起而紛争。雖則謀國是者恒以保守太平之局爲言，然究非其本意也。故論者比天下於戰國，以英俄比齊秦之東西王，良有以也。

然英俄之積不相能久矣。蓋自土俄之戰，英法起而干預，致俄艦不能出地中海，以與諸國争衡。俄人仇英實甚，旋幡然改圖，欲取阿富汗以出印度洋，營建水師埠以聚戰艦。英人洞燭其謀，又從而阻之。俄蠖處數載，前年覬覦巴馬，英又會同中國以抑俄。雖廢然而返，而其心究未忘印度也，故邇來建車路以通西伯理部，遣戍軍以實琿春口岸，此皆爲圖印度之根本。然印爲英之外府，英未嘗漠然置之度外。俄之舉動，英已潛窺默喻，嚴爲之防。第恐重洋遠隔，鞭長莫及，致爲俄所乘。遂思得東方大國，聯絡保護，同禦俄人。因見中國整軍經武亦已有年，似可與圖功，且東三省接連俄疆，又足以附俄人之背，遂欲聯中以拒敵。

數年前，英人凡遇中國交涉，皆倍形輯睦者，蓋欲藉以結納中國也。不意中日一戰，中國情現勢絀，英知中不可與謀，遂改易初心，欲借重於日本。但俄人圖印度，必須在琿春附近謀海圖以駐水師，而縱覽四方，莫善於高麗。今高麗被日本捷足先登，俄人未免輸却一著，於是俄怒，而助中以拒日。法因普國之戰，怨英坐視不救，故與俄聯盟，遂亦起而從之。而德人又思求大欲於中國，亦既隨聲附和。獨英人恐失臂助，不敢忤日，是以中日和議初成，俄法德三國協力助日人攘奪遼東，且保護高麗自主。惟英則袖手旁觀，不出一言。昨閲西報，謂日廷欲委相臣之子往英商議，以維持東方大局。奚用英人聯合維持？其所以若是者，實爲防俄計耳。蓋在日人之心，視高麗如砧上之肉，釜中之魚。

今姑奉以自主之名，使其孤立無援。而先遣兵駐要隘，派臣干國政，寖假則盡奪其權，使君同守府；寖假則撫有其民，將地隸版圖。琉球之結局，即高麗之覆轍也。乃今爲俄所抑，操之過急，致失邦交。則中國之戰務方息，兵馬疲勞，恐爲俄人所餗，致威名得而後失。若姑爲隱忍，又恐高爲俄占，空費營謀。故日本欲圖高麗，必先籌禦俄，而獨力難支，非聯盟則力怯。而忌俄者莫如英，且英亦欲與日本聯輔車之依，以牽制俄人，而英日兩國遂有是議矣。議而果有成也，則各國互相維持，牽掣東方大局，似或可平安，然究未必能久安也。何也？俄人之謀高麗、印度，時刻未嘗去懷，各國舉動皆隨時細查防備。故其籌辦戰務，經營車路，汲汲不終日，未必因英日此議，遂半途而廢。况日本雖崛起東方，而軍事多未備，不足以敵法俄。英國軍兵雖精强，冠於諸邦，而口岸棊布，分而不聚，一旦有事，難免顧此失彼。俄人籌之已稔，恐不數載，即將發難矣。然俄法英日苟或决裂，豈特高麗、印度備受蹂躪，雞犬難安，即中國界於兩地之間，邊圉亦未免多故矣。際兹群雄窺伺，勢力相當之時，而謂可不矢志奮興，早抵强富哉！

—15. 皇朝經世文四編　卷五〇　外部　交涉

論營兵屯田不便疏康熙七年　四川提督

查前任四川總督臣苗澄奏，“請於各鎮抽兵七千名開墾，歲得屯米四萬二千石，即支來歲秋冬兵食，可歲省餉銀五萬六千兩”等語。竊思抽兵屯田，利賴軍國，謬叨蜀帥，敢不殫心？及奉部文，今歲播種踰期，並兵丁實未開墾，不給錢糧，何所依賴？以免生事，宜咨行各鎮營確查去後，兹據各回稱前督苗部院於康熙七年二月内准到部文，通行各鎮營承領牛種農器。因四川地方遼闊，奉行在三月，及差人赴重慶承領，回日往返耽延，又在五六月不等，不但時已踰春，而且夏季將盡，康熙七年分是以實未開墾也。至於兵丁既未開墾，錢糧仍舊支給，誠有如皇上體恤之至意。乃各鎮營嚴責將領，督率屯兵，芟草開荒，預爲康熙八年分興屯之計，不料各兵身親南畝，以荷戈之夫荷鋤，非其所長，欲耕不能，即强耕無益，勢必兵農兩誤，紛紛泣訴，處處皆然。且謂全川四面環夷，其中百里無烟，彈壓防禦，差使護餉，民鋪未設，安塘遞送，盡係兵丁，兵農勢難兼顧，恐致貽誤地方。各鎮營身任封疆，目擊各兵不能開屯之狀，不得不據實陳請，代爲控籲者也。

臣再四思維，前督臣苗澄抽兵七千名開屯，原取其銷兵省餉。今以素不耕穫之人，而欲求以耕穫之利，恐兵徒銷而餉不可省，何如就事變通，從長酌議之爲得也。以臣管見計之，與其抽兵七千人日後兵農兩誤，不若於防禦稍緩之地量爲裁汰。其可裁汰者，共計缺額並實在官兵一千七百餘員名，馬八百八十餘匹，俸餉乾米操賞等項，每歲共減出銀五萬六千三百有奇。是上可有裨於國計，下亦無誤於地方。似於銷兵省餉之廟謨，庶可少佐其萬一云爾。倘荷俞允，仍行各鎮營，將原領牛種農具如數變價還官，似爲兩便。

臣久在邊疆，熟習軍情，既目見此重大之事窒礙難行，未便緘默，用敢冒昧直陳，伏祈睿鑒。

—2. 皇朝經世文編　卷七二　兵政三　屯餉

論招工　李東沅

《書》曰：“民爲邦本，本固邦寧。”故先王行仁政以濟貧乏，嚴法令以禁惰游，所以保我黎民，不致流離異域者，意良厚也。頻年粤東、澳門，有拐誘華人，販出外洋爲人奴僕，名其館曰招工，核其實爲圖利。粤人稱之爲買豬仔。夫曰豬，則等人於畜類，仔者微賤之稱。豢其身而貨之，惟利是視，予取予携。復聞豬仔一名，載至西洋，税銀一元。澳門議事亭番官收費銀二圓，而又恐華官燭發其奸。於是上下賄蒙，詭計百出。且粤省拐匪，先與洋人串通，散諸四方，投人所好。或炫以貲財，或誘以闖賭。一吞其餌，即入牢籠。遂被拘出外洋，不能自主。又或於濱海埔頭，通衢歧路，突出不意，指爲負欠，牽扯落船。官既置若罔聞，紳亦不敢申訴。每年被拐，累萬盈千。其中途病亡及自尋短見者，不知凡幾。即使抵埠，悉充極勞極苦之工。少惰則鞭撻立加，偶病亦告假不許。置諸死地，難望生還。或謂豬仔落船，皆經番官訊問。不願者立遣回籍。其飄然長往，絶無顧慮者，皆屬情甘，似非刑驅勢迫。不知拐匪奸計百出，賄通上下。即使番官審訊，悉屬拐党替冒。並非本人一一過堂。釋遣回籍之文，適以欺世。心狠手辣，踪秘術工。且其中不乏富貴之家，單傳之子，誤罹陷阱，望斷家鄉，一線宗祧，於焉中絶。言之酸鼻，聞者傷心。夫販人出洋，本干例禁，亦爲西律所不容。昔年有販阿洲黑人爲奴者，經英國上下議院集商禁止，出貲數十萬，悉贖之還，盡行遣釋，而嚴申禁約，弊絶風清，諸國無不稱頌其德政。美國南北之戰其始以禁止販奴而起，後卒設法禁絶，一視同仁。今汕頭等處，詭秘難知，而澳門一隅，彰明較著。夫澳門本香山縣屬，即歸洋人管轄。我朝宜申明條約，遣一介往責西人曰：販人出洋爲奴，實干例禁。各國共知，公法具在。查歷年運往外洋之人，皆我赤子，不少富家宦族，墨客寒儒。據生還之華傭，述其苦況，幾同地獄。然細核所由，半皆受騙於匪人，非真立有合同，甘心遠適。試爲平心而論，易地以觀，倘以此待貴國之人，其果能樂受否乎？貴國嗣後，當飭地方官留心查察，並禁船主不得私行運往。如敢故違，一經訪察或被告發，船立充公，人即定罪。如此，則理直氣壯，洋人自當折服矣。

—5. 皇朝經世文續編　卷八六　刑政三　律例下

論治獄　闕名

宣尼有言云：“聽訟，吾猶人也，必也使無訟乎。”此蓋言在上者之於民，必先有以化其暴戾之氣，動其禮讓之心，然後鴞音可格，犴獄胥清也。至訟而猶待於“聽”，而已落第二乘矣。然苟能明鏡高懸，智珠在握，則詞訟當前，自無難立分其曲直，顯别其是非。如龐士元之治耒陽，雖日在醉鄉，無虞也。無如今之爲民父母者，往往玩視民瘼，以奔走大吏之門，謂爲善於奉承；以徵逐讌會之場，謂爲熟於世故；日行公事，視若具文；以致案牘山積，漠不加意。一案淹留，動至經年纍月，即或開堂提訊，亦必裝腔作勢，遍布爪牙，以壯聲威。所訽供詞，又有牛頭不對馬嘴、一任差役等顛倒其間者。以欲使涉訟之人畏其伎倆，爲多索差費地步耳。又或於伸訴之際，故意高聲吆唱，使不得盡其詞，致涉訟者負屈含冤，欲一白苦衷而無。自諺有之“閻王好見，小鬼難當”，殆即此之謂歟。

猶憶往歲，予偶往某邑催租局觀審，見各佃户當比責之際，悉袖出錢籌一二枚以與差役，則被笞時一無痛楚，幾若不知己身受笞也者。設無此物，則甫笞數十下，即已流血滿地，而呼痛之聲，竟令人慘不忍聞。此其輕重之處，雖全視賄賂之有無以爲衡。然亦在上者之太無覺察，致爲若輩所蒙耳。維時予見應比者羅列階下，約有三百餘人，并聞每次比責均有此數，方竊竊然，私訝該差役等所進之財，正未可以限量。有識者謂：此尚非該差役等所獨得，實與局員通同一氣，暗中瓜分，故敢肆意妄行若此。否則彼高坐堂皇，究非泥塑木雕可比，况又目灼灼如賊，豈真無所見耶？予以此言雖近於刻，然查該差役等皆由縣中撥往，其平日之所爲已可概見，固不必目睹，而始知其然也。

差役之外，其能作弊者，則更以招書爲最甚，蓋案犯罪名之輕重，必以招書所録之供詞爲定。嘗聞昔有某富室因殺人案發，庭訊時以畏刑故從實供認。旋因自知罪無可逭，遂重賂招書，代爲塗改數字，後果得從輕發落。據此觀招書之作弊，不更甚於差役乎？設不預爲防範，其不致弊竇叢生者幾希矣。

今新任元和縣郭子華大令所發堂規數條，餘者姑不俱論，即如鄉民不解口語，祇許書吏傳語，不許站堂差役傳話；又刑杖不許隨意輕重，高下須一律清楚；又不許站班書差於審案時故意吆唱；又招書録供須照供直書，不許隨意參改易文，退堂時，立將原稿送入内署等語，覺書吏之情弊、差役之乖張，已早在大令洞悉之中，諒自此以後，當可弊絶風清矣，三吳人民亦何幸而得此賢大令哉！

雖然，予更竊有進焉，夫官場作事，每多虎頭而蛇尾，其初非不雷厲風行也，迨至政務紛繁，難以兼顧，遂不得不稍爲懈弛，即欲持之以恒，而其勢亦有所不得。在大令勵精圖治，力求整頓，或不至始勤而終怠。然書事作奸，差役刁滑，實有防不勝防之概，苟非隨在加意，則未有不被所朦者，大令其亦知之否乎？且與書差表裏爲奸者，尚有門稿等人。門稿權勢每足與官相埒，蓋官之所不知者，門稿則無不知之；官之一舉一動，又門稿所親知而灼見，故其作弊也，亦較書差而更易。否則謀充跟官差使者，何必必以門稿爲優缺乎？此尤顯而易見者也。嘗聞昔有每令將赴任時，僚友等各以僕從相荐，令一一傳見，莫不衣服燦爛，口齒伶俐。問其向充何役，則均以曾爲某某等署門稿對，固皆熟悉公事者。末後一人則面目慘淡，衣服襤褸，問其知何公事，則以“不知”對，問識字否，則云“略解之無”。令笑謂：“能識字便易學習。”遂以門稿委之。其人兢兢從事，終令之任一無貽誤。此無他，蓋取其樸誠也。現在各衙署門稿等人，往往肆行無忌，其威權之大，幾有非可以言語形容者。大令如於差役外更能加之意焉，吾知閭閻小民，必更稱頌無已也。牖下書生不禁拭目望之。

—15. 皇朝經濟文編　卷九〇　刑政三　治獄

論中國北京外交情形光緒二十三年西九月稿　（西人）闕名

夫公使署者，實國家在外交涉之府，然交涉之事，非獨在公使署也。歐美諸國之於外交必有一大秘府，而秘府之用，盖因各國種類不同，所以上下通情，相助爲理也。何謂秘府？曰：教會也，學堂也，醫院也，文武教官也，顧問官也，各種事業家也。凡此皆所以贊成公使所未到，而爲外交之一大秘府也。

英美俄法四國，皆於北京建造教會，而法國天主教最有勢力，現於城内有東西南北四教堂，規模宏敞，頗壯觀瞻。其二堂即中國皇帝所敕建也。此等敕建教堂，爲他教所未有。教堂如此，故教士亦從而增多。信奉此教者，往往倍蓰於他教。又有男女學堂，附屬於教堂，以教養學生數百人。卒業之後，或爲教師，或有出仕至府縣等。另有病院，亦甚美備。非但療養其信徒也，即異教之人，來請療治，亦且欣然允之，是真仁術矣。間有受其療治之人，幡然而爲信徒者，不知凡幾，蓋宣教師之至誠所使然也。

監督此等教士，而爲之主者，爲法稗衙氏。氏到北京時，輪船尚未通於中國，乃乘一葦之帆船，航海至天津。數十年間，級力傳教於中國北部。敕建教堂，實此人之功也。此人於中國上下之事情，甚爲精通。常著中國衣服，操中國言語，又常與中外之人士來往交際。中外人士，不論公使、書記官及其餘之人，舉無敢仰而視者。然渠本懷豪傑之資，意在傳教，其威勢傾中外，固不足怪。故雖法公使亦無奈渠何。公使有非行，渠往往不少寬容，必叱責之。現如前公使路美衙氏，失衆望時，渠先忠告於公使，次之以痛論，遂連衆教士爲一氣，極力追究。法國政府，乃爲之召還公使。如此之類，渠之勢威，亦足以見一班矣。渠既擁威勢，睥睨於北京。故該國公使，亦倚渠爲重。苟假其一臂，則中國政府之虚實與列國之情形，無論巨細，悉出於渠口，而入法公使之耳。故公使駐在中國，必以先得渠懽心爲要也。現如殺拉兒得公使，熟悉此間消息，隱忍不平，陽爲尊敬，以得外交便宜，盖昭昭在人耳目矣。該公使雖有伎倆，然非假渠之一臂，則恐未能伸其驥足耳。且法國天主教之勢力，屢行於外交之上，不止於北京。即中國内地各處，其威勢亦甚不淺。

今觀中國内地四百州之山河，睢有操中語、衣中服而傳天主教之教士，爲地方官所敬信。滿洲人民，奉天主教者，殆與法民無以異。該信徒間有犯法，中國官吏等，輙憚之不復治其罪。苟如是，則天主教之於中國民，似别有治外之權在矣。豈不怪哉！

俄國亦於北京城内，設有希臘教堂，學堂附焉。教堂内有圖書館，皆作俄式。其祈禱誦經贊美歌等，亦用俄語。雖信徒未衆，而誠意奉教者，卻亦不少。其教士持戒，極其嚴正，不容少懈。嘗有一教士，買醉於某樓，旋即遣歸本國云。此等僧徒，雖未致縱横世上，而其隱德漸在人間。或云俄國開國，實由此等教士，與可薩克兵之力，夫如是，則俄國教士之力，不可没也。其助成俄國外交之功，固亦大矣。

英美二國教會之傳道，亦甚有便宜於外交之上。美國有二三種宗派，各開設教會於中國内地，又開學堂以教養男女生徒，又設病院，博施中外。而其宣教師等，各結爲學會，或研究中國歷史，或爲新報訪事，而不必超然於人俗之外。英國亦有二種教會，從事於傳道，兼開病院於城内各處，以行博愛之術。此輩雖名爲傳道，其實則慨中國不振之甚，或欲改良社會，或寓意於政法之變革。故雖身爲教士，而不知其實爲策士，爲説客，爲經世家也。或有接語於朝内大員，或有結交於翰林諸人，或有訂交於御史，而傳教師之名實，終不相讐也。傳教師之補益於外交也，亦昭昭明矣。如聞英人現在滿洲，留意稽考俄人經營之策，故欲知滿洲事情，則莫如納交於此等教師也。嗚乎！此等之徒，真爲公署之羽翼矣。

羽翼公署，裨益國家之交際，不止於傳教師也。如總理衙門顧問官、同文館教授、海關税司等，無不皆然。現爲總理衙門顧問者，爲得伯林打氏。氏比利時人也。此人深通公法，故爲顧問於中國。然中國情形，猶未通曉，意者恐未悉總理衙門之爲何也。

觀其到中國之後，終未嘗爲中國興一利，是則食中國之禄，一無能爲而已矣。前居於比利時公署内，後移居於中國政府所給與之官舍。然晚餐必與比國公使共，豈非極可怪乎？夫比國公使之與法國公使相善，外交家所共相識者也。法使所請中國之事，不一而足，常以比使啓其意。初中國聘顧問於歐洲，求於與中國不關利害之國。比利時國介立於列國之間，而利害不關中國，稍可公平無私。故中國政府遂聘顧問於比利時，然彼使之與法使最親厚，乃法使以比使爲奇貨，常假其力，是爲俄人所欽羡也。於是乎比國人爲顧問者，即一變爲告知法比兩國之意於總理衙門之使者矣。如借蘆漢鐵路貲本於比利時之類是也。吾人未必以此事爲果出於得伯林打氏之斡旋，然亦應由此人，多得其便宜也。意者自今而後，亦必有此種之利便，而補益其外交也。然則法比之於該氏，豈非假力於外交之上者乎？况該氏此後閲歷多年，則亦必通曉中國情形，而見重於北京之外交家。其伎倆之練熟，亦可以前知焉。苟如此，則將來可與英赫德氏同其匹也。

然英法之於中國，奇觀即由此出矣。赫德氏名聲隆盛，其勢力傾動中外。此人自髮匪之亂以來，既居身於高位。邇來數十年，致力於中國海關事業，現爲總税務司。其聲望之大，殆匪夷所思也。夫氏何由而致此乎？各國使臣之到北京者，先必訪氏。氏開口先説忍耐二字，謂處中國之事，莫能外此二字之旨。故氏在中國多年，唯守此二字，豫定永遠之計，逐次漸進而收其效。中國政府每年所收海關税二千五百萬兩，實氏之功。夫税關爲中國各種税中之最大者，唯此一事，足見重於中國政府。而中國政府所以厚遇氏者，亦由乎此也。又聞英與列國公使假此人之力以收其效，亦復不少。然則此人在北京，中外人士視爲泰山北斗。各國公使亦且相率拜其下風，豈偶然哉！此人既爲總税務司，而其僚屬亦多爲英人，各居樞要之地，故其公使、領事等，即使不借赫之力，亦多賴其僚屬之力也。則彼公使、領事等之便宜，豈其餘外國所能及乎！是以近時俄法等，雖餘威振於中國，而至其實力，則固不能壓英國而上焉，謂有天淵之隔無不可也。

今俄國鑒英之故轍，特築造中國東部鐵路，又開興中俄銀行，欲以監督中國將來之財政。盖列國争强之所致，洵不得已也。抑於中國貿易諸埠，英法德既設銀行。俄國及今始興銀行，似覺稍緩。然俄人作業，本有一種異様之面目，則其成效，亦或出人意外，未可知焉。監理此銀行者，爲捕油地魯布氏。雖其聲名未甚著，而其人以敏於事聞，則異日將爲赫德氏之續，能干涉中國財政，遂至使中俄銀行監督中國財政，猶未可知也。况現時該銀行爲外交之便，亦甚昭明矣。

近年來中國稍知列國所以交中國之策，於是列國亦一變其政策。即變國家與國家之關係，爲國家與一商會或一外人之關係。現如中俄銀行，盖中國政府與俄一銀行之關係也。俄國善知權宜，於是操縱一銀行，翻弄中國，以獲取其利權，即中俄銀行是也。皆所以欲乘中國之衰，而恣虎狼之欲也。嗚呼！英於海關，於銀行，法於天主教士，德於練兵之武官與賣軍火商人，俄則於中俄銀行，渠等奏功於外交之上者，豈淺鮮哉！

有一英人在北京，外國人等戲目曰：候補公使。其人爲誰？曰達都惹恩氏。年少時爲英國福音堂施病院醫員，偶來北京，爲曾侯紀澤所知，延爲顧問。自曾侯已逝，乃爲同文館教習。邇來在同文館已多年，又兼施醫於北京。而英大夫之名，兒童皆知，群以不知大夫爲恥。且渠不知操何術，能亟致富。又善得親交之士，上自某親王，下至大官宰相，亦善相識。名聲日興，中國上下人士，無不知渠。夫渠一醫生耳，而有隻手診脈，隻手談天下之經濟。又能於繕方之時，以筆寫出傾動天下之文章。身居一室之間，與萬客談論。吾雖未深許其人，然思渠出身於醫生，而其伎倆能若此，亦人傑矣哉！

又有宣教師李荼得，中名李提摩太者是也。中國到處無不知其名。意者中國自有宣教師以來，未有如此之名著，則博人間之愛敬者也。雖中人極惡宣教師之甚，然不但不惡渠，且群焉師事之。此豈一朝一夕之力所能致哉！蓋其忍耐艱若，亦已久矣。又其立言明晰，其所撰譯著述亦多而頗佳。聞渠初擬先布教於山東，卜居於濟南府。務精通中語，又改其衣服而衣中服。中人其言貌，以投中人所好。歐洲宣教師之在中國者，以數百計，而能衣中服者，除天主教師之外，幾乎無有。有之蓋自渠始。居此數年，知府、知縣、知州等，亦訂交於渠。渠輒以改俗易風之説進於官府，更致意於囚獄之事。有某知縣力行其所進之言於政治之上，故在山東省，有使囚人執業之法，尚存於今。該地方人士等，每以爲德，屢稱李提摩太功業極多，其後如興學會，刊新報，首唱政治、理財、宗教等之精理，興歐洲之新學。又或草時務策，啓格致之精，以公之於世，又或獻策於當路，蓋如李提摩太者，亦極少矣。故不止中國讀書人及信教者稱道之，雖王公大臣，亦以異域之奇材而重焉，或且欲延之爲師。現於戰後，京中設强學會以講求時務，該會後改爲官書局，管理之人卑辭厚禮，欲延爲顧問官。亦可以見其爲當時所重也。英國多材在北京如此，則其國之富强與其外交之機，相待成功，亦豈偶然哉！如爲英公使者，能用此等偉材，相助爲理，則其奏功於外交之上，當爲列國欽羨不置也。

美國在中國之宣教師，不一而足。其聲名最顯者，爲李以得氏。其華名曰李佳白，初居山東濟南府，已十有餘年矣。迨後再來中國，遂移居於北京，志欲傳教法於中國上等之人。日出入王公大人及翰林御史之門，能巧操中語，服中服。其來北京也，寓滙文書院内一室中，食中國之粗飯，怡然不以介意。每食後必往訪名門貴族之人，然此等人甚不肯容易接見異種未深相識之客。故李佳白爲此等守門者所阻，不知凡幾。然尚必勉强請見，及見則談論風生，妙語銜口而出，於是向不輕易接見之人，甚嘆相見之晚焉。聞李曾訪翁大臣數次，而未得見。一日詣李大臣處，有一客在座。李不知爲誰，問於李大臣，大臣云："此翁大臣也。"佳白乃請李大臣達己之言曰："吾向者數爲翁大臣守門者所拒，請自今以往，勿爲已甚之舉。"李大臣微笑，乃轉致此言於翁大臣。翁遂洞開門户，後乃屈宰相之尊，往訪佳白於滙文書院内。見佳白不甚講求衣食，所居之房，止得一間，其書籍散亂床下，桌上則簿書亂，堆與塵埃井高。每有賓至，則延見於書院辦事房内。李之不求安居，而敏於謀事，亦可知矣。唯其如此，故欲自建尚賢堂於北京，已爲中國皇帝所允許。其爲中國謀，不亦忠乎？又常以地球諸强國不啓導中國爲嘆。故屢發策問，詢求振興中國之策。其所著策論有如《改政急使條議》《民教相安議》《理財篇》《上政府書》《東三省邊防論》等，此皆爲中國籌也。李雖未成其志於今日，而其志氣勇往，洵非平常宣教師之徒所能同日而語也，惟有英之李提摩太近之耳。

—20. 皇朝蓄艾文編　卷五八　交涉五

論中國當亟求禦水之法　闕名

去年江浙水灾，人民蕩析，田禾被淹，粒食爲艱。今春雨暘時，若方欣欣然，謂可補去年之不足矣。不意各處報灾，仍絡繹不絶，何天心之不厭禍耶？温郡早稻將次登場，而月初風雨交加，河水驟漲，幾致年成減去十之七；瑞安等處又被蛟水冲去人口數百名；而福州大雨，亦有衝没田禾、淹斃人口之事；湖南慈利等縣起蛟水，至溢常德府城。噫！何水之爲患一至於此？然大雨之積，蛟水之發，進鋭退速，雖亦爲患，猶其小者。河流北徙，冲刷無常，天津來信謂九河增漲，漫溢爲灾，京津一路，悉成澤國。夫鄭工告竣，曾無幾時，乃南流方慶安瀾，北流又報衝决，是其爲患，誠無已時焉。國以民爲本，民以食爲天，民食固國之本也。水灾迭至，民食無賴，有心人於此，安得不思顧本之計？雖水旱雨灾，均足爲民食之害。然中國近來苦旱之日少，被水之日多，則治水尤爲當今之急矣。

水患之大莫大於河，則治水之争亦莫急於河。國家軫念民生，凡有害於民間者，不惜財力，以爲之計。各處灾祲一經奏報，立發帑金，或截南漕以資散放。而於黄河一事，尤爲不遺餘力。河員林立，每汛必須奏報。倘幸而安流不變，則即爲我民慶。不幸而何處防决，何處開口，則赫赫然震怒，立將治河各員從嚴懲處。其被灾之處，則立布恩施。言念及此，猶得曰朝廷之眷念民生，未盡心哉！然而河患迄不少止，抑又何也？

治河之法，自漢以來，代有成書，摘其大要，不外“宣堵”二字。主宣者謂堵者爲因循，主堵者謂宣者爲煩擾，紛紛聚論，莫衷一是。孟子述大禹治水有疏、瀹、决、排之説，四字皆有宣泄之意，主宣泄者祖之，遂以爲治水之道不外乎此。不知孟子所言，不過論禹之治功，並非注意於河政。《書》曰：“九澤既陂，四海會同。”夫陂即堤也，禹何嘗不用堵哉？要不專事乎堵耳？夫水性就下，順其性而使宣泄，固也。然黄河之水，濁水也，帶泥而行，行遲則泥止，泥止則河淤，下淤則上决，亦勢所必然。上流既决，堤既潰矣，至於下流，復歧而分之，比及海口，勢已如强弩之末。徒知分流，以殺其性，而不知水勢益分，其力益弱。水力弱，又安望其導積沙以注海乎？不咎法制之未備，而徒咎築堤堵塞爲下策，實定論哉。蒙以爲以人治水，不如藉水以治水。以人治河，不如引淮以治河。蓋黄河之性，合則流急，分則流緩。急則滌蕩而疏通，緩則停滯而淤塞。今請盡塞諸决，使黄水悉注於淮，以合其水力。寬築堤防，以杜其衝决。多設減壩以固其遥堤。高家堰等處更多築閘壩，使淮不東注。諸决既塞，堤防既寬，則河水必深。河水既深，則其赴海也必急。淮既合河，則其流亦必更急。二水并力，以推滌海淤，則海之宣泄二瀆也，當亦因之而自急。如此，則河雖有汛，堤岸可保；淮雖有溢，而消退必速矣。

或者謂水馴於分，勇於合。今盡塞諸决，而合於一，其爲力大矣。苟其合而湧也，大决所犯，傷人必多，又將何如？然寬築堤防，固所以恣其奔騰也，是寓分於合矣。或又謂禹之治水，既曰“宣堵”並用，則子何爲不用宣而專用堵？不知堤苟堅則水自合，水自合則河自深，沙日去而流日暢，是不宣而自宣矣。或又謂淮水之勢，不若河水之急，一合之後，入淮諸水，勢必自壅，則何不使黄淮分背，而乃使淮助河勢、河扼淮勢也？不知海沙既闢，宣泄不患不通。河不决，固自深得淮羽翼，則更深是用淮於河也。若必使黄淮分背，則煩擾矣。或又謂閘壩既多，行旅不便。不知河梁既奠，百世可安，往來稍滯，又何足慮？且今日水則輪舶飛挽，陸則鐵路將興，行路猶愁遲滯耶？所慮者鄭州之工始竣，鐵路之議方興，庫款不支，大工難集。然河流時决，十年之中，歲修之費不知幾千百萬，猶復時慮大决，何若聚數年治河之費，建一日非常之功，爲一勞永逸之計。倘得一旦奏績，從此無河决之患，無支銷之處，不亦一大快事哉？嗟夫！合河淮非難，合天下之彙議爲難。姑息成風，粉飾爲巧，而欲建非常之業，豈可得歟？因閱報，憫近日水患之多，遂推念及此，閱者亦諒此苦衷已。

—15. 皇朝經世文四編　卷四六　工政　河防

論中國各税輕出重入之弊　蕭詩言

竊維强兵必先富國，而富國要在籌餉。自髮逆擾亂，楚軍遂興，胡文忠公創爲抽釐濟餉之法，原以救一時之急，而非欲屢世遵行而不變也。且當時但有洪逆，而夷患未亟，抽中國之釐，濟中國之餉，定中國之亂，公私相安而大難芟夷，已著其效矣。嗣是釐務相沿，遞有加增，百物騰貴，財力因之日絀，逐錐刀之末，利析秋毫，其所由來者漸矣。苟非變而通之，安在不民窮財盡乎？然此特重，非所重之一端耳。

自海道大通，輪舟麕集，洋商之來我中國者，除英、法、俄、美、德五大國外，載在和約者，何止數十餘國。名爲通商，心存覬覦，乃燕臺一闕，而子口税定，則入口之洋釐遂輕，我中國出口之釐日有增而無減。蓋入口輕，則洋貨之銷售必多且速，獲利亦倍蓰；出口重，則中國之物必遲鈍而銷售難，即獲利亦僅。况更有利無所獲，而自虧其本者乎？如是則利歸外洋，而中國遂貧，而財益竭矣。間嘗觀中外之大勢，而知其得失之所在矣。外洋之税非不輕也，而重於入口。其於土産出口之貨，除烟酒害人之物必加重外，而一切輕之。是輕其所出，而重其所入也。出口輕，則利在商人而民富；入口重，則利在公家而國亦富。且民既富矣，設一旦有大役，亦可進議院而籌款於民，故雖有國債而不失爲富强之國。我中國地大物博，顧乃反其道而行之，於以求得志於洋人，斯已難矣。

然天下之事，必先自强，不受制於人，而後操縱由我，立法之輕重由我，否則倒持干戈，授人以柄，而欲勉强以冀倖萬一，其不至僨事者幾希矣。夫所謂自强者何？曰戰而已矣。自古能戰，而後能守，能守而後能和，不移之論也。前者中法搆兵，劉軍奮起，其時洋人聞黑旗勝則皇然以懼，黑旗敗則欣然以喜。何以懼？蓋惟恐中國戰勝而商務有變，或無所圖利也。知所懼，則知所喜矣。惜乎諒山一役，僅偶勝而遂議和也。設彼時乘勝直前，大加懲創，則彼法人者震我兵威，抑然屈服，即英美諸邦，皆有所懾而不敢動，然後稍變易舊法，於百貨之出入而輕重之，俾利歸中國而無漏巵之患矣。然此時則未可言也，子口税載在和約，洋人堅持其議，未能以無故而輕動也亦審矣。再洋人每經營一埠，如新加坡、西貢等處，均於入口之貨，人、物並税，而於他國運入本埠之物則加重之。我中國於入口之貨，僅洋藥一事加重倍蓰，尚稱得法，他如洋呢、洋布、百貨等物，皆輕而又輕，與出口之茶葉、湖絲、大黄、牛皮事事相反，無惑乎洋貨遍天下，而中國且日見其貧弱也。嘗怪中國於西洋算學、格致、機汽諸藝皆欲師其所長，以爲自强根本，而於富國之道，反不知講求，而一加變計以救貧弱，欲其能自强而不受制於人也，不亦戛戛乎其難哉？鄙人憂天，姑就所見筆之於書云。

—8. 皇朝經世文三編　卷三六　户政一五　榷酤上

論中國税務嬴絀　（法）拉盧士

中國之内政，我西人向未知其詳，蓋較之文學、工藝有難焉者。西人於中國教務、政治等書，雖有譯文，未探奥秘。然既得門而入，如鑰啓扃，先路是導，而後西人之能知中國政治者，自此始矣。中國地大物博，分爲二十一行省，此疆彼界，畛域攸分。北京政府祇守向有之例，有專管權柄。歐洲必出之政府者，中國則散而分屬之各省，以致中國之大，竟成一權不專屬之國焉。然而中國主權最尊，嘗見各省督撫獲罪，懲治甚嚴，或爲督察院御史參奏，立見之擯斥。各省督撫有管一省者，有兼轄兩省者，其管理之權亦甚重大。督撫之權，可以調兵，可以徵收税餉爲本省之用，而以其嬴餘解於户部。户部收每年之所入，儲之府庫焉，則謂各督撫之解户部，如屬國之貢税於大國可也。照此行之，中國之財散於國中，而欲權無旁落，盖甚難矣。

中國各省税額輕重不一，收税之法尤不一。欲考中國民間財賦之多寡，與夫國家徵税之出入，似若散漫無稽。中國收税亦分二種，一爲明收之税，一爲暗收之税。明收之税最多者爲地丁錢糧，爲國家入款一大宗。如回回、印度、爪窪等處之例，國家自以爲地主，而實則地主之權不在國家而在農夫。蓋農夫受田而耕，本有地主之實，而於國家無與也。中國農務最爲講求，農務所以日興者，由於耕種之足以自給。地丁照地之肥瘠攤算，每一法畝每一萬方邁當爲一法畝。納銀一佛郎五生特至五個佛郎。夫以地之肥腴而僅納此數，自法國視之，已覺其太少矣。有一法畝之地，中國農夫已足一家自給，此其肥腴爲何如。地税雖輕，然足敷國家歲入用款。有人云，爲地主出地租之人約有七十五兆之多。地租愈多，地力愈盡，而爲地主者亦愈衆矣。英法兩國擁巨資爲地主者最多，中國不特無此等人，且境内荒蕪未闢之地尚屬不少。山地出産物資，西國向爲地主之利，中國則存貯之，以待將來。中國尚用舊法，地丁銀可以糧食抵交。繙閱清册，大半皆以米折銀。所交之米，如公中不用，則官可爲發賣。中國之税大半出於地丁，西國有家具税，中國尚無此例。聞游歷人云，中國農務日益盡力，而於工藝轉若不甚措意。中國税務，皆責成於總頭目一人，用此法可免偷漏之弊。然偷漏亦所時有，如官員座船，例免查驗，此即偷漏之顯見者。歐洲人税，中國雖無之，然有一種税却與歐洲商税相同，特爲數甚少耳。

暗税有三：一爲内地貨税，一爲鹽税，一爲關税。内地貨税名曰釐金，爲數甚鉅，統歸一人包收包解。每年限繳銀若干萬兩，經收者從中漁利，爲一大出息焉。包收之法，中國從前有行之者，如鴉片烟税歸四人包收十年，每年繳餉八十五萬兩是已。至於鹽税，在中國久有此款，出息亦至鉅。鹽之爲物，銷路最廣，泰西各國皆作爲入款一大宗，與中國無異。關税分二種：一種爲内地未通商口岸，歸中國地方官自行經收，如今之子口半税是也；一種爲通商口岸之税，用外國人協同收取，如今之各海關洋税是也。海關之税占税額五分之四，涓滴歸公，爲中國最信實之款，外國國債多以此抵押焉。中國當帑項空虚，每每捐例大開，名器日濫，此亦爲籌餉之一端。大約中國每年進項共有七十九兆五十萬兩，收銀之税約六十六兆四十萬兩，以貨易銀之税約十三兆十萬兩，每年互有長落，未能畫一。然以中國之大，僅收此七十九兆五十萬兩之税，實不爲多。至於官長之侵肥，吏胥之剥蝕，爲數不少，則又不在此數也。中國官數約三萬員名，以四百兆人而有此數，本不爲多，然官俸菲薄，不足以資辦公，不能養廉，安能潔己？是以苞苴公行，簠簋不飭，皆由此起，儼同分内應得之款，爲津貼之一大宗焉。中國物産之多，人民之衆，與印度略同，然究不能與歐洲比富，至於工藝則更無論矣。五金煤礦開采，甫見端倪。惟農務一門，中國向來考究，已日有起色，但各省荒田尚多，地力究未盡也。中國人情，能耐勞苦，但所求不多，稍有贏餘，已足自給。廣營産業之富人，中國尚不概見。人數雖多，較之歐洲，猶有遠不如人之憾。然欲更變，亦非甚難，必也改革政治以正民心，發明新學以開地利，庶可以圖富强，猶足與西國比權量力也。中國向無國家銀行，然民間銀號、錢鋪、質鋪、當店已屬不少。因無極大買賣，歐洲人之在中國者，乘間而起，因而成業者頗多。但中國人極願與西人合本貿易，用洋商牌號者日見其多。中國錢鋪出票不少，但行之不遠。國家用鈔幣僅於一千八百五十八年粤寇亂時，行過一次而已。至於國債多寡，約有三十兆兩。其向外國借者，俱由西國銀行經手。第一次借款，已在一千八百七十四年，日本臺灣之役，中國向匯豐銀行借銀六十二萬七千六百一十五磅，每百磅利息八釐，十年清還。第二次借款，在一千八百七十七年，亦爲匯豐銀行經手，借銀一兆六十萬零四千二百七十六磅。第三次，在一千八百八十一年，借銀四兆三十八萬四千兩。第四次借銀二兆兩，利息每年均八釐。中國國債之弊，一在利息太多，一在限期太速，利則必以八釐爲率，限期一則十年，一則六年半，如期償款，永無短缺。其所以然者，以在海關洋税項下應付，故能如是迅速也。夫中國之所以借洋債者，以國帑不足也。然國帑不足，不由於政府積儲太少，實由於外省度支太濫。外省督撫，平日以所入錢糧供本省之用，而庫款支絀，饑饉頻仍，遂不得不籌借洋債矣。考洋債之借，始於一千八百七十四年，日本臺灣之役，始與英國銀行借債。一千八百八十五年，法越之戰，和約告成，而中國度支告匱，漸成弩末之勢矣。

中國古昔錢法三品，曰金，曰銀，曰銅，後以僞造者多，遂廢不用。今所行者祇有錢一種，用銅及錫鑄成圓形，中貫以繩，以一千枚爲一貫，重法平四個吉羅格郎。各處圜法亦不一，有以九百六十作一千者，有以九百八十作一千者。至京東一帶，竟以三百三十三作一千，名實不符如此。銀數論兩，每兩合錢一千五百文。銀價各省不同，市儈之罔利者，因得以從中壟斷，奇貨可居。未通商以前，每銀一兩，貴至大錢三千文。後因中西互市，錢價始行跌落。此亦市面一大轉機也。至墨西哥洋錢一種，最爲通行，乃專鑄此洋行銷，以供中國之用，每年進口以數千百計，實爲中國絶大漏巵。中國亟宜自鑄銀圓，以挽回自有之利權。此雖與税務無關，以其有關國計，故論及之。

—8. 皇朝經世文三編　卷三七　户政一六　榷酤下

論自由權與商戰關繫集録　闕名

二十世紀之世界，一全球相争相競之世界也。競争之目的，在求所以自存。而達目的之方法，則必以戰争爲用。然自哥侖布航海得新地以來，已漸易其兵戰之世界，而爲商戰之世界。且商戰之勝負，其利害得失之關係於其國者，尤較兵戰爲甚。蓋兵戰而不勝，猶可養精蓄鋭，徐圖恢復。苟有豪傑之士，旋乾轉坤，則雖割名城，償鉅款，而曾不數年，國勢强富之程度，且進於昔法蘭西之挫於德意志是也。若商戰而敗，則國民之脂膏已竭，經數十年而元氣未蘇。外人既握我養命之權，既有以制我之死命，雖有志士，無能爲力。印度之墟於商會是也。是故無形之戰争，其禍常烈於有形，而優勝劣敗，固競場之公例也。

合全國之商，以與地球之商相戰。此非其所挾持之物力，於相謀相劑之道，獨見相宜，則必不能争焉而獨勝也。東西諸强國知其然也，爲之保護之，維持之，提倡而激勸之，務使其貨物美，資本輕，轉運捷，行銷廣而後已。顧是四者爲商戰之要固已，然皆制勝於形質上者耳。其亦知彼制勝於形質上者，必先激發其獨立不羈之精神，而後其形質乃有所附乎。挫之抑之，使其精神既疲敗不振，而第亟亟焉籌所以補救形質上之欠缺，甯何益哉！甯何益哉！善將將者之待將卒也，固必備乃餱糧，精其器械，然尤必曰閫以内寡人主之，閫以外將軍主之。夫自由之界，説其一曰軍營不得自由，而不惜以全權予其臣，未嘗敢干預牽制於其間。且必使其軍，發揚蹈厲，無不伸之氣者。誠謂不如是，不足以制勝於疆場也。今以商戰之酷且烈，乃輒干預牽製商人之權利，是猶權奸在内，而欲大將立功於閫外。扎維勇士，而使之與猛虎鬥也。勝負之數，甯有幸哉！然則商戰之精神，亦在自由權之完全無缺而已矣。

中外通商，數十載於兹矣。然權利競争之地，幾爲外商所獨操，而華商無不敗者。是豈競争之性，華商果不相宜，遂適符此優勝劣敗之公例也歟？非也！自由與不自由之階級，相去尚遠也。自由之商，天民也；不自由之商，僇民也。自由之商，主人也；不自由之商，奴隸也。自由則智，不自由則愚；自由則勇，不自由則弱。以自由權完全無缺之商，而與不自由之商相遇，猶持利器以刃桎梏之人。彼桎梏人誠勇矣，然坐以待斃而已，無所謂競争也。中國商戰不振之原因，蓋不一端。然原因之原因，則實在此。蓋自秦漢而後，没襲重本抑末之謬説，私天下者，又輒恐富商大賈，操寄握贏，或得與人君争養民權。故數千年來，皆以賤商爲政策，不惜挫之抑之以爲快。其爲商者，亦若寄身於貿易場中，丐取餘潤，而獨立之性質，愛國之熱心，均逐漸銷磨於無何有之鄉。一旦進而與之言競争之理，無惑乎其拱手而讓也。而種種不利於商戰之政策，則所以拘攣其僇民，錮窒其奴隸者也。故吾國誠知商戰之酷且烈也，必自使商人知物競天擇優勝劣敗之理而後可焉。然非假以自由權，則焉有僇民而可與天民争，奴隸而可與主人競者哉。

且自由權之界説，非謂商人可任意欺詐於法也。西國之治商也，嚴冒牌之禁，定報窮之令。其章程必請於官，其册籍必呈於上，或不合法度，則上得嚴治其罪。夫蠻野之自由，必將侵他人之自由。侵他人之自由者，非自由也。西國之商，有文明之自由，而無蠻野之自由；中國之商，有蠻野之自由，有無文明之自由。優劣之程途既遠；

斯勝敗之結果可知矣。彼以自由爲亂天下之説者，其亦研究自由之精義乎？其亦惘我商戰之前途，而姑以予我商人乎？不然者，外人既有以制吾之死命，而長此壓制踐踏。吾恐我商人之終爲僇民與奴隸也。吾尤恐爲僇民爲奴隸者，將不僅我商人已也。雖然，有自由權者，尤必有自治之性質，商人其果有自治之性質也耶！吾願有振商之責，及凡爲商人者，咸各盡其責，以勉與外商競争焉。

—20. 皇朝蓄艾文編　卷三〇　商政三

蒙古源流《四庫全書提要》

《欽定蒙古源流》八卷，乾隆四十二年奉敕譯進。其書本蒙古人所撰，末有自序，稱庫圖克徹辰鴻台吉之裔小徹辰薩囊台吉，原知一切，因取各汗等源流約略叙述，並以講解精妙意旨《紅册》、沙爾巴胡土克圖編纂之《蓬花漢史》、雜噶拉斡爾第汗所編之《經卷源委》《古昔蒙古汗源流》《大黄册》等七史合訂，自乙丑九宫值年八宫，翼火蛇當值之二月十九日，角木蛟鬼金羊當值之辰起，至六月初一日，角木蛟鬼金羊當值之辰告成。

書中所紀，乃額納特珂克、土伯特、蒙古汗傳世次序，及供養諸大喇嘛，闡揚佛教之事，而其國中興衰治亂之迹，亦多案年臚載，首尾賅備，頗與《永樂大典》所載《元朝祕史》體例相近。前者我皇上幾餘覽古，以元代奇渥温得姓所自，必史乘傳訛，詢之定邊左副將軍喀爾喀親王成衮札布，因以此書進御。考證本末，始知奇渥温爲卻特之誤，數百年之承訛襲謬，得藉以釐定。闡明既已，揭其旨於《御批通鑑輯覽》，復以是編宣付館臣，譯以漢文，潤色排比，纂成八卷。

其第一卷内，言風壇、水壇、土壇初定，各種生靈降世因由，及六噶拉卜乘除算量運數，而歸於釋迦牟尼佛教之所自興，是爲全書緣起。次紀額納特珂克國汗世系，首載星哈哈努汗之曾孫薩爾斡阿爾塔實迪汗之子丹巴多克噶爾成佛事，而自烏迪雅納汗以下，崇信佛教諸大汗，及七贊達、七巴拉、四錫納等汗，則俱詳著其名號，與藏經内之《釋迦譜》約略相仿。次紀土伯特汗世系，始於尼雅特贊博汗，在善布山爲衆所立，終於札實德汗，大致亦頗與西蕃《嘉喇卜經》合。其中載持勒德蘇隆贊娶唐太宗女文成公主，持勒丹租克丹汗娶唐中宗弟景德王女金城公主，核之《唐書》，太宗貞觀十五年，以宗女文成公主妻吐蕃贊普棄宗弄贊，中宗景龍初，以雍王守禮女爲金城公主，妻吐蕃贊普棄隸蹜贊，其事迹多屬相符。是土伯特，即吐蕃國號，而《唐書》所稱棄宗弄贊，乃持勒德蘇隆贊之訛，其汗世以贊博爲名，與《唐書》所稱贊普亦音相近也。

其第三卷以後，則皆紀蒙古世系，謂土伯特色爾持贊博汗之季子布爾特齊諾，避難至必塔地方，其衆尊爲君長，數傳至勃端察爾，母曰阿隆郭斡哈屯，感異夢而生，又九傳至元太祖，與元本紀多相合，而間有異同。其稱元太祖爲索多博克達青吉斯汗，元世祖爲呼必賚徹辰汗，元順帝北奔後，世傳汗號，至林丹庫克圖汗而爲我朝所克，中間傳世次序名號，生卒年歲，釐然具載，詮叙極爲詳悉。明代帝系，亦附著其略。其最踳駁者，如以庫色勒汗爲元明宗弟，在位二十日，史無其事；又以明太祖爲朱葛，仕元至左省長官，讒殺托克托噶太師，遂舉兵迫逐順帝，亦爲鑿空失實；其他紀年前後，亦往往與史乖迕。蓋内地之事，作書者僅據傳聞録之，故不能盡歸確核。至於塞外立國傳授源流，以逮人地諸名，語言音韻，皆其所親知灼見，自不同歷代史官摭拾影響附會之詞，妄加纂載，以致魯魚謬戾，不可復憑，得此以定正舛訛，實爲有裨史學。仰惟我國家萬方同軌，中外嚮風，蒙古諸部久爲臣僕，乃得以其流傳祕册，充外史之儲藏，用以參考舊文，盡卻耳食沿訛之陋，一統同文之盛治，洵亘古爲獨隆矣。

—13. 皇朝經世文統編　卷一六　地輿部一　地球事勢通論

擬以李悝平糴法輔社倉議　闕名

朱子社倉之法，由紳士捐金積米，濟鄉人歉歲之飢。夏則領米，冬則還倉，不加利息，可謂仁民。是以由宋行之至今，法至善也，今已推行於天下矣。惟捐本由鄉紳，一鄉之紳士無多，即社倉之儲米有限，設疊遇灾荒，饑民還米艱難，倉米易空，恐難持久。惟有擬仿李悝平糴之法，於豐年米賤，更勸紳士糴以廣儲，則即疊遇灾荒，屢賑不憂米竭。二法參行，此尤經久之善法也。考李悝平糴之法，詳於《漢書·食貨志》，其法於年豐穀賤增價糴之，大豐糴三舍一，中豐糴二，小豐糴一，歲飢穀貴則減價發而（糴）［糶］之，於歲之豐歉，價增減而適得其平。悝於相魏文侯時行之。按悝則豐糴歉糶，今仿行之，以濟社倉，則豐糴歉賑。豐糴可儲米常充，歉賑可屢濟不竭。社倉如參以平糴之法，則可經久矣。否則，社倉雖法良意美，疊遇灾荒即屢賑，而倉米易罄，必至饑民嗷嗷，坐視而無所措。此亦仁人所蒿目傷心也，宜預籌之。宜參此法，謹獻末議焉。

—15. 皇朝經世文四編　卷二〇　户政　倉儲

派遣學生學習師範禀　陶森甲等

竊照職鎮等奉派閲操日本，見其規仿泰西，蒸蒸日上。初以爲凡習韜鈐者，全出於陸軍專門學校也。及察看東京各學校，方知其通國士民，皆受普通教育之益。國中公私小學校，多至二萬數千餘區。其帝國大學校，習專門之學，分法科、文科、理科、工科、農科、醫科六門，近又擬增商科一門，所以待有志上進之士。其普通學校，則徧設於府縣村市。其課程爲倫理、本國文、外國文及歷史、地理、化學、習字、圖書、唱歌、體操等科。凡小學校皆依爲準則。蓋必普通學校畢業，乃可上進於專門。故普通之學校，爲全國必受之完全教育，亦即歐美諸强國已行之學校也。

然日本各府州縣設學雖徧，尤致重於師範學校。校中有豫科、本科、研究科等門。必在小中學校畢業者，方準入師範學校。有尋常專門師範學校章程，必需十年之久。凡教育方法等級，及編譯教科書籍各事，無不精益求精。學科既有條不紊，而又廣儲教育之材，故學術日新月異。又其普通之學畢業，凡願爲武官者，乃專力於兵學。於是由士官學校、户山學校以上進於陸軍大學校，收將才不可勝用。萃全國三十年之精神財力，注意學校，始有今日，豈易言哉！

中國各省會均設學校，建書院，民間私塾亦復不少，文教不爲不盛。自開埠通商，外患日逼，識時務者始致力於洋文、算術，亦未深考全球學術之原。方今諭旨疊頒，毅然廢帖括，變科目，尤諄諄於各省開設學堂，洵爲救弊起衰一大關鍵。山東省城所建大學堂一切章程，已登報紙。我憲台振興文學，亦已派員創建學堂，設局編譯書籍。□聽之下，佩仰同深。惟以職鎮等蠡管之見，此次創鉅痛深，開設學堂，自應以溥通學爲基礎。就日本溥通學言之，外國語言爲交涉所必需，物理、化學爲泰西獨闢之途，即大學格致功用、倫理爲修身之本，數學爲六藝之一，地理、歷史，所以通知今古，唱歌、體操，亦可通於樂舞。留學日本學生曹汝霖，撰有《中學校輯譯述略》一書，將科目學年列爲一表，取日本六年之學程，縮爲四年。豫定輯譯新教科書經日本教育家審定者，期在兩年内一律刊刷行世。其於幼年溥通學、高等溥通學科目，包舉無遺。兹將該學生原稿抄呈察覽，如憲台以爲可采，擬請發交派辦處再加審定，專摺奏請諭旨定奪，頒示各省。定爲溥通學程表，一律遵辦。

庶學有統宗，不至於人自爲學也。獨是以中國之大，遍設學堂，安有如許教授之材堪供聘用。職鎮等在東京晤其高等師範學校校長嘉納治五郎，談及中國立學，惟有分久遠、速成兩項辦法。多派生徒留學外國，學成歸國，以爲擴充庠序之用，此久遠辦法也；遴選宿儒，專入師範學校，考察教育程途，尅期歸國，責令管理學堂，此速成辦法也。若延聘外國教師，無論語言不通，宗旨難合，且恐魁儒碩彦，未必惠然肯來等語。職鎮等因念派遣留學，必稽歲時，延聘外人，驟難浹洽。惟有就東南各省選擇品學兼優，關心教化者六十人，送入日本師範學校，定一急就課程，特班教育，限六月習其至要學科等級，心通其意。再令游歷外府縣兩月，考求小中學校辦法，分起回省。就各本省設一師範講習所，約該省之通人達士，講求討論，次第派令掌教，各學堂必能舍舊從新，恢復教澤。江南人文淵藪，選求更易，以十人出洋旅費計之，即格外從優，每人給洋銀六百元，京祇費六千元而已。而風聲流播，必有自備資斧，前往考察者。如蒙采用，容再詳擬章程，呈候核定。一面咨商各省同時派遣，冀收速成之效云云。

—17. 皇朝經世文新編續集　卷五　學校上

請整頓船政摺　陳璧

奏爲船政整頓伊始，敬陳管見，以備采擇，恭摺仰祈聖鑒事：

竊臣前奏請另簡專員，規復船政，仰蒙聖明洞鑒。近日敬聞命福州將軍裕禄兼充船政大臣，朝廷知人善任，以榷税之官兼將作之選，工程款項並責諸裕禄，觀成可指日待矣。然臣有不能已於言者：泰西以水師爲命源，水師以船政爲根本。外國幅員，不及中二三行省，製造之廠林立，養廠養船之費，君臣上下並力任之。中國沿海萬餘里，所占海面最廣，左宗棠、沈葆楨議創福建船政，實海防第一要著。自由德國購鎮遠、定遠數船歸後，侵蝕虚冒，無有發其覆者，且照例有異常勞績。保案將校，無搴旗斬將之功，坐致專閫委員，無經商服賈之勞，立成巨富，蠅營狗苟，傾軋成風，勢不詆毁船政，使師船盡出於購買不止也。豈知船政所製之寰泰、鏡清、開濟，較南洋之南琛、南瑞爲優，已見諸劉坤一之奏。船政新製之平遠鋼甲，較北洋定購之致靖、經來，式不甚遠，費且大減。大東溝之役，並駕齊驅，屢受巨彈，船身並未損裂，謂自製之船不足以任戰，豈平情之論哉？今朝廷以船政委裕禄，若以裕禄爲國勳舊，休戚相關，必能任怨任勞，力顧大局；然使以籌款專責將軍，而户部、總理衙門便可不問，則海關一出一入，各有指撥，即使按月五萬舊案，掃解於製造鐵甲一年一船之用，猶恐不敷，況其力顧京餉及新派洋款？考成解數，斷不能足，則船政屬之將軍與屬之總督，何以異乎！沈葆楨在船政前後十年，廉以持己，嚴以率屬，取廠中一草一木者，立案軍法，令行禁止。其取材多用士人，成效必獲信賞，人無異念，咸有競心。臣居同里閈，實親見之，亦中外所備聞而無異詞者也。蓋以船政關係重大，非他省機器等局可比，不以軍法從事，則整齊畫一之規模不立，不多用士人，則官場習氣删除不净，老成規畫，用意至爲深遠。自英將琅威理回國，北洋海軍之操演虚；自出洋局之監督撤，船政學生之肄業廢，工用濩落，消息阻絶，解款日蹙，成船日稀，良可惜也。夫上海製造局以道員管理，每年造炮數尊，江海關二成洋税，按月劃濟，歲約百萬；船政以專派大員責成製造，師船解款又不及十之二三，無米爲炊。在事雖鋭意翻新，其可得耶？應請飭户部及總理衙門，於三五年之間，每年籌約款二百萬兩，交船政大臣，爲製船開炮之用，並由總理衙門照會德國外部，由該國國家代中國精選洋總監工一員、洋匠數員、礦師兩三員，立定合同，來華交裕禄委用。限定每年成船若干，得礦若干，即以此爲船政大臣之考成，數年之後，成船可敷海軍之用，礦産可濟船工之窮。縱使一時無可籌劃，多借洋款，一氣呵成，未爲失算。裕禄任安徽巡撫、湖廣總督，甚有政聲，將軍衙門旗務極簡，且有副都統同城，足以助理。所管海關各口多在沿海一帶，船政離省水程五十里，往返不便。前此督臣兼管，每月涖工僅一二次，駐工之員，奔走稟承，尤多曠職，則此次裕禄之兼辦船政，非移駐署中，親督率不可。甲申之役，穆圖善出駐長門，敵船恐塞出路，不敢登陸以迫船廠，是其明證。閩省海口，重山疊嶂，波流紆折，若兩岸炮臺得力，水陸控制得地，敵船斷難飛越。船廠既屬深藏，新成之羅星塔船塢尤占形便，一切新式鐵甲出入俱屬相宜，儘可自製。是爲船政計，將軍應專駐船政；爲控制海防稽税務計，將軍亦應移駐船政也。

抑臣更有請者，船政員紳薪水本不甚優，雖屬在官，無異寒士，而海關處脂膏之地，在事員役積習相沿，由來已久，雖將軍正己率屬，一時亦驟難轉移。應請飭下該大臣，查照舊案，遴選官紳士人，分執其事，勿得參用海關員役，致壞風氣。所有督催工程、驗收料物、支發款項、稽查工課，皆按開廠初年成法而加密焉。在事官紳人等，濫竽者革逐，舞弊者治罪；弁役盗竊官物者，立時以軍法從事。俾人心知儆，耳目一新。將軍任滿之日，應如何特加委任，使奏全功，則朝廷自有權衡，非微臣所敢妄擬。總之，以船政責成裕禄者，爲朝廷破格用人之異數，不得視爲將軍照例應得之兼差，籌船政款項，爲中外臣工之公職，非裕禄一人之私責，則船政幸甚！大局幸甚！臣爲海防根本起見，理合具摺瀝陳，伏乞聖鑒，訓示施行。謹奏。

—7. 皇朝經世文新增時務續編　卷七　時務七

勸戒學生文　闕名

今之策自强者必曰求人才。人才何以求？曰學堂哉，學堂哉！夫古者家有塾，黨有庠，術有序，國有學，何其立學之備也。八歲入小學，十五入大學，何其就學之衆也。比年入學，中年考校，以離經辨志爲始事，以知類通達爲大成，又何其課學之嚴也。舉國之地，無地無學；舉國之人，無人不學。宜乎人材之盛，溢野填城，而三代盛强，莫與倫比也。難者謂今中國亦未嘗無學，書院也，講舍也，省會郡縣何地蔑有，皆所以爲學也，皆所以培植人材也。雖不襲學堂之名，而實即學堂之制，烏得謂古之人有學而今之人無學？然今之所謂學者，時文而已，詩賦而已，小楷而已，訓詁而已。問有能以歷代政術爲學者乎？無有也。問有能以本朝掌故爲學者乎？無有也。問有能以天下郡國利病爲學者乎？亦無有也。更何論乎殊方異域之學問，有一二奇傑旁及於此，然餘力所逮，斷非若專力之精也。一人之傳，終不敵衆人之咻也。於此而欲求人材，宜乎人材之不興；人材之不興，宜乎國勢之不振。《記》曰："下無學，賊民興，喪無日矣。"《傳》曰："小雅盡廢，則四彝交侵，而中國微。"

嗚呼！今中國之微而屢受外人之侵者，非即在無學乎？昔者，晋國之弱也，文公入而教其民三年，然後用之，而晋以霸。越國之滅也，句踐栖於會稽，教訓十年，而越以復。此中國前事之可師者也。普爲法所敗，普君令通國皆設鄉學，子弟無不誦讀，有不學者罪之，不十年而敗奥、敗法，兼併德意志，小邦而稱帝。日本受侮於各國，明治天皇令遍國皆設學校，以能通五洲各國雜學者，爲取士之上選，不三十年而滅鄰近之琉球，割中國之臺灣島，國之强列於二等。此普日二國近事之可師也。能學則若此，不學則若彼。中外古今，事同一轍。則今欲强我中國，非學不可。欲人人皆知嚮學，而習爲有用之學，非廣設學堂而變通其學不可。今之識時務者，大都能見及於此，而亟亟焉謀開學堂。夫學堂之開，誠不可緩矣。而我竊有所慮者，則在學堂中之學生。吾間嘗有見於今之所謂學生矣，同文館也，廣方言館也，水師學堂也，武備學堂也，自强學堂也，實學館也，求是書院也，凡若此者指不勝屈，皆所謂今之學堂也。其中學生皆國家所栽培教育，儲以爲異日治世之選者也。其質性粹美、苦心肄業者固不乏其人，而志氣囂張、操守龐雜者亦未嘗絶迹。甚至恃其勢衆，挾制教習，以爲彼學問淺薄，烏足以覥然爲人師，聚徒滋鬧，鬨堂而散。此其過雖不能盡諉之學生之乖張狂妄，亦即於此可見。推而言之，則在外之妄爲，自餘之滋事，當復不一。吾不敢謂各處學堂都有此輩，而以上所言則亦未嘗無一二實事可指。今欲廣設學堂，則學生愈衆；學生愈衆，則其勢愈盛，而類此之事將愈見其多。夫以一概百，固非君子忠厚待人之篤論；而以一例百，則又君子防微杜漸之深心。况乎少年血氣未定，中於奇衺之説，而心術漸趨於不端者，此又學生之所宜默自勉勵者也。

嗟乎！世之欲廣設學堂者，意在求人材也。求人材而若此，是未受人材之益而先受人材之害矣。既不能因噎廢食，謂學堂之不可廣開，又不敢投鼠忌器，謂學生之盡無陋習。端品行以爲立身之本，勤學業以儲治國之才。挽弱起衰，繫望天下，故爲苦口之語以勸誡學生。知我罪我，聽之人；世若以爲有心詆之，則過矣。

—15. 皇朝經世文四編　卷五　學術　法語

人工與機器論　（美）闕名

以機器爲工人之仇敵，自昔然矣。迄今製造日新，而襲是論者踵相接。出一新法可以裁省人工若干，姑置不問，而必懸爲之禁曰：一廠興，衆工廢。當紡織、輪車、收乂、縫紉、排印諸機器初出之時，無不執是説以相阻撓。彼其自命爲先機，妄矣；而或罪以造言，亦苛也。直無一真識者耳。知利賴之偏者，而忘其普者耳。故織機一而可兼數工，工必怨曰：是奪我織工之業也。不知布價廉而用者廣，用廣則需工，奚啻十倍？初史蒂芬生軌鐵路，駕火車，便行旅，利挽運，而向之恃車馬、旅館以爲生者譁然曰：是奪我口中之食也。無幾，而食於鐵道者，國中人以百萬數，轉運速則製造益多，而暗中所增工業，又十百於此。僉知愛利亞豪其縫紉器與縫工較，一以當五，而昧於綜核者，又緦緦然慮千萬縫工之失業，而今不且多於無縫器之時乎？是則信而可徵，有册籍可稽者也。大抵新法機器其製物也，縱以速且多，而價愈廉，至奪一人一業之工，而所增者恒五十倍。近今街談巷議，見國中貿易之衰，失業之衆，群歸咎於機器之奪人工，信乎，否乎？我紐約國人當愚不至此。吾不敢與當世争公是公非，但不忍坐聽機器被誣，機士見阻，則吾講學會不得不辭而闢之，以期有利於國人。

頃者，某當道復以機器奪人工之説宣言於衆，殆欲使衆無知者如昔日之毁維忒南紗廠至毁其半乎？機器原所以代人工，代之適以廢之，不廢亦無爲貴機器矣。然而廢者一，而用者十，他業之緣是以興者且百焉。且同一傭也，而傭於機器者，值多倍蓰；同一物也，而物以機器者，價少倍蓰，因之男女百工富於曩日者倍蓰，而衣食起居侈於曩日者亦倍蓰。非不知自有機器而物産價值異於古昔，每行一新法，而百工之操作頓變其故常。有如某邑街車，舍馬之用而用電，於是善誣機器者抵巇而言曰："曩之爲馬蹄鐵者，釋其手中錘，滅其爐中火，而嗟咨改業者且二百有九人。"此二百有九人者誠爲可憫，而彼發電力御電氣，與夫造作繕緝之人，多於失業者數十倍，而美利亦數十倍，獨非猶是工人也乎？故增一新法，即增一豐美之生涯，其爲群工之母也必矣，而又舉國之人皆便利之，此獨不可喜乎？使無新法，抑何以躋吾國於文明，而臻工商之盛業？第使無火車之絡繹，彼作力役者將何由朝出暮歸，散處於近郭之居，高塽之塏，以享其有生之樂？近今五十年，服用之華，閲報之易，幾於人手一報，而知識日開，此獨非隱受新法之福者乎？就令新法有害，害於一人一業，一時一處而已矣，其遍普永久之美利，亦大足以相償云。前十年商務之盛已極，至前四年而商務漸衰，至今已極，其源甚深，非可以尋常之法補救之。必如吾黨所見到者乃可暢行，暢行於將來，可於既往操之券也。如第歸罪於新法之增添，吾得預爲之判曰：以今日機器創新之盛，煊赫於合衆國之史册者，往日不受其誣，他日亦不受其誣也！

——9. 皇朝經世文新編　卷一一　工藝

人身血質考　闕名

今天下中外一家，車書同軌。美學士卜舫濟航海東來，掌海上約翰書院。課餘集華洋教習十數輩，輪流考察而定之，此其一也。

嘲菊日届，沈醫主星垣主講血理。時日烏墜金，月兔升玉，牀頭有酒，正擬同斟，忽聞郎當聲，側耳聽之，曰此集客鐘也。急起，偕司鑰之朱葆元與王書蘭諸弟子，隨客拾級登樓，入化學房，以次列坐。顧視東西壁，列八大琉璃厨，實以機器；南軒列天文鏡一；北憑窗横陳二架，滿列化藥數百鐏；中設平臺，置蠟人一具，長三尺許；周列標乂，高張人體内外圖八幅，令化學生吴慎之、金戍生等分司之。上懸七色斗大星球七點，炯然有光，旁用八大凹鏡分懸於壁。臺南分列十二案，監院居首座；觀樂軒主吴子良與予用來頓十二電池如法灌滿强水；偏北距八九弓，虚受齋主朱玉堂、評華逸史孫紹周，用但尼里器三十六電筩通銅線於機首，未幾，聞咄咄聲，兩電燈同時發光，上下通明，陸離璀璨，幾疑此身在瓊樓玉宇，會接群仙也。頃之，户外姍姍其來前者，乃女教習抹史道孫米奢司卜、琴師李、馬兩女士，偕陶雷、瑪乾諸西女，而陶雷手携一筐，雜以日臘紅、大利花，東洋諸香草，分插案瓶中，西俗所以示敬禮之意也。二琴師至西南隅並坐，琴臺次第奏雅，時室中人皆危坐無謦欬者。

曲終，英醫生馬栢山離坐而起，至平臺前，啓示蠟人諸部。美教習司瑪李將鞭指圖，以示血管血輪諸平面，沈星垣亦起而揖衆，宣言謂：血爲流質，非原質也。其色微黄，其味微鹹，汁中皆輪點，計人全體血居八分之六。其質較重於水，如二十立方寸與二十一立方寸之比。血之運行，在脉管則赤，在回管則紫。其源發於心，其流亦歸於心，故曰心爲血府。中分左右上下四房，隔以横直兩膜，每房約容血二兩，右下房由肺脉管運紫血入肺，復由肺回管入於左上房，爲内運；左下房由身脉管運赤血以周身，復由身回管入於右上房，爲外運。脉管凡三層，外胞膜，中肌絲，内濕膜，力主縱縮，逼血前行，俾紛入微絲管者，爲總脉管。回管内外層與脉管同，惟中層無肌絲。近心處曰總回管，内有一門，以阻回血逆流，形如半月。有名微絲管者，細如髮，密如綱，設横割一寸，可得九百餘縷。管質無肌，僅有薄膜，幾不成層。

言未已，見一客脱帽而起，視之，乃海上唐君梯旃也，直前致辭曰："血管之説既聞命矣，血色之赤紫無聞其詳，願聞其指。"星垣曰："客無躁，吾徐語之。大抵血含炭氣者其色紫，含養氣者其色赤。蓋紫血入肺之微絲管，散布膜内，將炭氣呼出，養氣吸入，變成赤色。若一入人之微絲管，而呼吸之功適相反，故血又化紫。謂予不信，可一試之。"即見監院令學生將諸器分置於案，時古鄮周君直卿已將紫血兩許，置入玻璃管，用器吸入養氣，其色漸赤；復吸入炭氣，而逼出養氣，其色又紫。座中皆顧而相詫。沈君遂將所試之血，作一分傾入化分器中，一再分化，得水七十九分，定質二十一分。其二十一分，卵清六分，鹻一分，油與鐵銹等二分，純汁十二分。復將純汁分滴於凹面玻璃片，遞司顯微鏡者。鏡之鏡，凡三架。司其事者，一爲長安詩酒客李毓蘭，其次爲戴調侯、汪夢蓮兩茂才。汪君司五分之一之凹鏡，戴君司五分之二之凸鏡，李君司十分之四之凸鏡，血作黄色。其輪點之視差，隨凸鏡之大小也。

一生喜强辯，獨不信，前席笑曰："血質如是，敢問可有肥瘦之分乎？"沈君曰："有。"遂左右顧，招肥肌之吴生、瘦肌之王生至前，初不肯，强拽之，客皆笑不已。二生既至，沈君出細針，均令刺指血，滴於片鏡，得紅輪每千點，得白輪四五點爲正，而瘦者較多於肥者三四點。沈君云："白輪若多至二十點外，則血中有病矣。"鼻邊忽聞麴糵氣，在坐次忽現天龍一指，其所言皆酒。顧之乃某君也。語沈君曰："吾聞挾忠肝者血碧，具佛心者血白。阿儂之血白耶？碧耶？"沈君未及對，予笑應之曰："君抱仙骨，恐針遍十指，但有青氣如烟而出。"言次，延陵吴子已代爲刺之，得血一點如芥大，倩吴君自鏡。見其眇一目，口呼咄咄者。良久曰："噫，異矣！今而知我之血戰矣！請諸君大書，某年月日爲我記功也可。"客皆次第窺之，見鏡中之血，徑長五六寸，血輪上下盤旋，借酒力而倍速，如窗隙之野馬戰於日光也，逾時凝結作深紅色。青州曹雨南博士測得輪徑每點積三千二百分寸之一平方寸，約積十六千三百八十萬點。

監院恐客酒渴茶渴，摇鈴示僕，陳香餅、加啡、糕果以宴之。又倩米奢司卜指按風琴，奏一堂歡喜之樂。西語曰：凹倫尚吴以志雅集。樂甫經耳畔，陡起錚錚聲，屈指已鐘報十下矣。諸學生遂次第斂其電燈亦息，客散。

予抵卧室，見燭龍尚留餘跋，因命楮先生、管城子、龍賓十二爲述其緣起如此。

—15. 皇朝經世文四編　卷一二　學術　身學

三　要　闕名

生財之道三：曰天時、曰地利、曰人功。天事隱而難明也，請先言地利。地上之利則五穀、百果、鳥獸、草木及飛潛動植諸物是已；地中之利則五金、煤鐵、藥石諸産是已。地上之生長者無窮，地中之藴藏者無窮，而出以供天下人之取携者有限，此所謂自然之利，不竭之源也。然地利雖富，取材致用，則全恃乎人，如煤産於山，天生利藪，不有人力采而運之，其利將終棄於地。即采之運之，僅恃人力，而手足之力必有所窮，則取者半，棄者亦半也。機器之用興，而後山川之藴出。其制雖巧，非銅鐵不能成，則地利之與人功交相需也，亦交相濟也。

雖然，以物製物，物必有自來；以工作工，工不能無食。所以籌之於先，積之於素，固有在地利、人功之外者，則資本其尤要矣。夫資本不從天降，不由地出，一言以蔽之曰：樽節之所餘。非謂有所餘即有所得，有所節即有所成也。地利之所生，或經數十百人，而始能供用。人功之所出，或閱數千百器，而始可觀成。譬之農夫服田力穡，耕芸播種，以至有秋，必經數月之久。此數月中，豈能枵腹而待新穀之登乎？所恃以延生養命者，固舊歲之所餘，撙之節之，以濟今年之用者也。農夫則然，推之於工，推之於商，亦何莫不然。然天下之人，往往明於農而闇於工與商者，則何也？夫地利者，生財之道也，人功者，取材之道也，而資本者，節財之道也，是之謂三要。

—16. 皇朝經世文編五集　卷二　富强

上海設立同文館議　闕名

今通商爲時政之一。既不能不與洋人交，則必通其志，達其欲，周知其虚實情僞，而後能收稱物平施之效。互市二十年來，彼酋類多能習我言語文字之人。其尤者能讀我經史，於朝章國政、吏治民情，言之歷歷。而我官員紳士中，絶無其人。宋聾鄭昭，固已相形見絀。且一有交涉，不得不寄耳目於所謂通事者，而其人遂爲洋務之大害。上海通事，人數甚多，獲利甚厚。遂於士農工商之外，别成一業。廣州、寧波人居多。其人不外兩種。一爲無業商賈。凡市井中游閑跅弛，不齒鄉里，無復轉移執事之路者，以學習通事爲逋逃藪。一爲義學生徒。英法兩國，設立義學，廣招貧苦童稚，與以衣食而教督之。市兒村竪，流品甚雜。不特易於漸染洋涇習氣，且多傳習天主教，更出無業商賈之下。此兩種人者，聲色貨利之外，不知其他。惟藉洋人勢力，狐假虎威，欺壓平民，蔑視官長，以求其所欲。即如會辦防堵一舉，間與能作漢語之大酋議論，未嘗遠於事理。而局中米鹽瑣屑，勢不能與大酋言，往往需索之無厭，挑斥之無理，開銷之無藝。無非通事勾結洋兵，爲分肥之計。欺我聾瘖，逞其簧鼓，顛倒簸弄，爲所欲爲。實法所必誅而不勝誅，且不能誅。又其人質性中下，識見淺陋。叩其所能，僅通洋語者十之八九，兼識洋字者十之一二。所識洋字，亦不過貨名銀數，與俚淺文理。不特於彼中致治張弛之故，瞢焉無知。即間有小事交涉，一言一字，輕重緩亟，輾轉傳述，往往影響附會，失其本指。幾何不以小嫌釀大釁。洋務爲國家招携懷遠一大政，乃以樞紐付之若輩，遂致彼己之不知，真僞之莫辨，宜與宜拒，汔不得其要領。其關係非淺鮮也。

夫通習西語西文，例所不能禁，亦勢所不可少。與其使市井無賴獨能之，不若使讀書明理之人共能之。前見總理衙門文，新設同文館，招八旗學生，聘西人教習諸國語言文字，與漢教習相輔而行。此舉最爲善法。行之既久，能之者必多。必有端人正士，奇尤異敏之資出於其中。然後得西人之要領而馭之，綏靖邊陲之原本，實在於是。惟是洋人總匯之地，以上海、廣州二口爲最。種類較多，書籍較富，見聞較廣。凡語言文字之淺者，一教習已足。其深者務在博采周咨，集思廣益，則非上海、廣州二口不可。行之他處，猶是一齊人傳之之説也。行之上海、廣東，則置諸莊嶽之間之説也。况通商綱領，雖在總理衙門，而中外交涉事件，則二海口尤多。勢不能以八旗學習之人，兼顧海口。惟有多途以招之，因地以求之。取資既廣，人才斯出。愚以爲莫如推廣同文館之法，令上海、廣州仿照辦理，各爲一館。募近郡年十五歲以下之穎悟誠實文童，聘西人如法教習。仍兼聘品學兼優之舉貢生監，兼課經史文藝，不礙其上進之路。三年爲期，學習有成，調京考試，量予録用。遇中外交涉事件，有此一種讀書明理之人，可以咨訪，可以介紹，即從前通事無所施其伎倆，而洋務之大害去矣。至西人之擅長者，曆算之學，格物之理，制器尚象之法，皆有成書。經譯者十之一二耳。必能盡見其未譯之書。方能探賾索隱，由粗迹而入精微。我中華智巧聰明，必不出西人之下。安知不冰寒於水、青出於藍。輪船火器等製，盡羿之道，似亦無難於洋務。豈曰小補之哉。

—11. 皇朝經濟文編　卷五八　禮政三　學校

上劉峴帥書　余虎恩

電稱：和議將成，有賠款外，割給遼東、臺灣等語。兵民聞之，莫不吞聲飲恨，憂憤填胸。總兵行伍起家，年經六十，由田畯膺世禄，拜真除，聖主之恩施不次，憲台之知遇獨隆，有不感激涕零者，斷非人類。當此君父大讎，誓與國事同終始，不與倭寇共死生，而和議無聊至此，撤我南北藩籬，任彼直窺堂奥，即一小國，已禍臨卧榻，各國環起效尤，何堪設想？是和如未和，且不如不和。社稷安危，繫於一線，繞帳躊躇，有不能引嫌自避，緘默自甘者。謹熟權利害，冒死陳之。

夫和議如此遷就者，殆因從前各軍屢戰屢蹶，遂謂戰不足恃耳。抑知戰事得失，必先審敵情，察民情，諳軍情，不得徒執勝負之常，置大局於不問也。則試以敵情論，日本幅員僅四島，地不爲廣，丁不滿十萬，兵不爲强，洋價日增，國不爲富。曩歲窺我臺灣，正進退狼狽，而我允償兵費，使彼得意以歸，遂滅琉球。襲其故智，而又有今日。月初停戰一議，在我被陷諸城，可取皆不能取，而彼得抽精鋭，攻我臺灣，廟算淵深，已非淺近所能測。今日復允賠款，並許割地，不識上年興師，是何意見？上年所失之朝鮮，猶是附庸，今日所割之遼臺，實爲門户。門户洞開，則彼雖無長駕遠馭之規，已有囊括席捲之勢。與其割土求和，引賊人室，何如以守爲戰，張網待魚。從前旅順各城，並未交戰，皆淮軍棄城與敵，後有傷亡者驗之，皆背面傷痕，其明證也。即如牛莊一役，湘嶽貽羞，實亦疏防所致。倘得一忠勇之將，訓練之師，相與决一死戰，則彼之火器雖利，卻一人僅執一槍，非兩手能持兩炮，而謂無術以治之，總兵殊未敢信也。此敵情之宜審者也。

民情大可見，孩提之童亦以殺倭人爲快。第關外近歲大荒之後，繼以重兵，天災流行，民不聊生。錦州等處，盜風日熾，搶往劫來，所在多有。良善之家，至鬻妻子爲食，困苦流離，野有餓殍，有司不以告，長吏若無聞，政體尚堪問乎？倭人乘隙誘惑，啖以錢糧，每每陰派漢奸，先入内地，託名貿易，暗通賄賂，勾結民心，窮餓愚氓遂樂爲之用，爲可以免死，並可以養生，有乳即娘，無足怪也。我惟通飭各屬，查悉民間之疾苦，奏請撥賑，以重生靈。救民命即以收民心。民心固結，斯守望相助，婦孺皆兵，何一地不可以戰？此民情之宜察者也。

治兵之法，首重嚴整。今則三五營爲一軍，八營十營爲一軍，多寡不同，而統領名目同即分位同，其立心有忠奸曲直，意有高下，才具有長短，臨陣亦有勇怯，不能强不同以爲同。頭緒紛繁，茫無綱紀，安能同心同德，嚴肅整齊。此依將軍海城一戰，恃劉樹元爲援軍，卒因負約失援，遂至潰敗，良可慨已。至於忠憤之士，或備多力分，或有步無馬，即能獨當一面，而於截擊尾追，起伏包抄，衝突馳騁諸技，已難操縱隨心，徒藉别軍應援，其可恃乎。語云：師克在和不在衆。和不和在心，我一心，人又一心。離心則事終罔濟，已覆轍之堪虞；同心則利可斷金，何倭寇之難滅？此軍情之宜諳者也。

由是言之，彼爲客，我爲主，彼難深入，我利久持。相持而我則安處室中，寓戰於守，彼則懸軍海上，戰守兩難。我不賠款，即以賠款濟軍，彼竭餉源，更無籌餉之地。各國逼償舊債，彼國民怨愈深，彼之精鋭漸消，我之徵調無盡，區區島國，不能出我掌握中。堂堂中朝，何竟甘貽腹心患？

乾隆二十三年正月，高宗純皇帝諭曰："駕馭外藩之道，示之以謙則愈驕，怵之以威則自畏。此二言若子孫世世能守，實大清國億萬年無疆之休也。欽此。"聖謨洋洋，不獨我皇上永宜謹守，内外臣工，何一人不宜欽遵。爲今日正不必言和，而請與言戰。戰則避水就陸，俟有登岸，聚而殲旃。且不遽言戰而先言守。守則日異月新，遇有機緣，相時而動。顧守之道，亦有三焉。

一、在選將。將貴勇，尤貴謀。承平日久，宿將凋零，有存焉者或暮氣已深，頹風莫振，或因陋就簡，整頓需時，或任用非人，或兵額太短，以致盛名之下，其實難副。此外將不知兵，夤緣倖進者，實繁有徒，恃兵符爲兒戲，敗由自取，非敵之强。夫朝廷所倚重者主帥，主帥所倚重者統領，統領所倚重者營哨官，營哨官得人，而什長伍長均得其人，斯踴躍用命，萬衆一心。其統領者，乃能隨意指麾，如身使臂，臂使指，血脉聯貫，一氣呵成。否則手足痿痹，腹心誰衛，雖衆無所用之。擬請擇關津要害，密駐重兵，處處與畿輔相顧，合關内外通盤籌劃，應練大軍六枝，每軍步馬精兵六十營，遴統領六員，外内四匀派地段，各專責成。某處失守，必某員全軍覆滅，斯誅無可誅，纔得諉諸氣數。查彼傾國之兵，不過十萬，縱令聚攻一處，而有三萬人捐軀赴義，彼豈獨無所損折乎？况此聚則彼聚，彼散則此散，前軍敗，而後軍可勝。彼所先踞者，我復以别軍取之，彼亦終無勝算也。此選將領，所以一事權，而選之之法，在平時留心細察，實事求是，未可曲循情面，貽誤戎機。

一、在裁兵。兵貴精不貴多，統計徵調各營奚啻數百，或招市井游民，或雜以僧丐，或狃制兵積習，不講操防，或年力就衰，或吃食鴉片，此即嚴加訓練，其可望成勁旅乎？擬請於關内外各營，循名核實，汰弱留强，挑足三百六十營，以備戰守。無論旗員漢官。苟非勁旅，立即奏明皇上裁減歸併，務祈一營盡一營之長，一勇得一勇之力，斯戰無不勝，餉杜虚糜。如精壯不足夠數，則赴南添募驍勇，以實戎行，不可濫收入伍，此左文襄入關平隴，辦有成效者。兵裁餉節，而後餉可議加。古稱重賞之下，必有勇夫，倭寇雖悍，何難盡絶根株。

一、在養氣。古來禍變之大且奇者，莫如滔天洪水，而神禹得告成功。其次如銅頭鐵額之蚩尤，卒隕命於涿鹿，則以風后力牧之出奇，騎虎役豹之巨無霸，卒授首於昆陽，則以雲台諸將之效力。蓋天地間厲氣，鍾於異類，以亂天下，必有天地間正氣，產爲偉人，以安天下，其大較也。况以元會運會之説，推之堯舜，時當午會，今去堯舜僅四千餘歲，依然午會。周孔之遺澤不應歇絶今日，即外域之腥膻，不能久溷於中土。考宋當南渡，恨抱金牌尚有岳少保氣壯山河，屢拙金師。今諸將鋭氣全消，聞風鼠竄，又武穆之罪人。較南渡功敗垂成，尤爲憤氣。他淮軍喪氣於前，湘軍耗氣於後，聞者爲之氣短，遂可知其氣之餒也。擬請代奏陛見，容總兵面陳一切。務期君臣一德力撑，元氣充剛，大浩然之氣，鼓天下忠勇之氣。所恃以滅絶倭人者此氣，恃以固結人心，維持國脉者此氣。得養氣制勝之法，而以静馭動，以逸待勞，庶幾一鼓作氣，衆志成城，百神效力。昔人謂孫吴之技擊不足當桓文之節制，桓文之節制不足當湯武仁義之勇，非迂論也。彼以賠款割地議和者，吾恐賠不勝賠，割不勝割，不徒令人氣沮耶，所有聞電憤激及熟籌戰守各下忱，可否摘由代奏，出自鈞裁。

—8. 皇朝經世文三編　卷五二　兵政八　兵機二

上中丞切要事宜　魁聯

一、新寧食鹽章程，擬請籌變通也。寶屬例食淮鹽，然港淺灘高，水販每難運到。邵化各邑遇缺鹽之時，往往赴下游買食。新寧逼近粵西，嶺嶠既峻，灘河尤險，官鹽萬難到地，小民不能不買食粵私。痞棍藉緝私爲名，私設關卡，據爲利藪，無賴之徒趨之若鶩。此弊不除，竊恐愈積愈衆，日久難免不滋生事端。除飭地方員弁隨時禁戢查拿外，既有見聞，不能不據實禀聞，將來可否於善後案内奏改粵鹽之處，伏候憲裁。

一、武岡阻米惡習，亟應痛加懲除也。寶慶山多田少，户鮮蓋藏。一遇旱澇偏灾，富户揹價居奇，小民聚衆遏糴。凡有米穀出境，設卡阻攔。始猶藉口保境自全，繼即乘間搶奪，各處皆然，而武岡爲尤甚。緣武岡田土較沃，穀米稍多，痞徒藉地處上游，穀米有出無入爲詞，糾煽鄉愚，私行卡阻。始而阻於歉歲，繼即阻於豐年；始而專在勒索米船，繼即肆擾一切行旅。倘日聚而日多，勢日積而日疲，荒歲則劫奪之案層見疊出，豐年則貨棄於地，貫朽粟紅，商賈因而蕭條，農民日形窮蹙。到任又經節次示諭，督同該州縣拿辦，現在邵陽各處均已斂戢，而武岡黄橋鋪、排上渡一帶，尚敢恃衆負隅。除遴選幹員，飭帶練勇，會營前往督同查拿外，第遏糴之痞匪固罪不容誅，而義穀之勸捐尤刻不容緩。雖有力之家，好義者固不乏人，而鄙吝者亦所時有。現擬出示曉諭地方紳耆、士民，果有勸捐出力及捐穀較多之户，將來歸於善後案内，由地方核實，詳請從優題獎，俾各士民咸知。既免荒歉無備之虞，復有章服榮身之樂，庶鼓舞激勸之中，可收踴躍樂輸之效。是否有當，伏乞憲裁。

一、緝捕擬添募練勇，議請酌籌經費也。寶屬痞匪盜賊多而且悍，且接壤之處時有匪徒結會拜盟，並有紅、黑等會名目，緝捕最關緊要。惟邇來兵役大率積疲，難期得力。到署後，蒙督憲凱旋過郡，賞發銀一千兩，以爲整頓地方費用。即當召募曾充鄉勇，年力强壯者，取具連環保結，遴委試用，從九高凌漢管帶備置槍械，逐日訓練。兩次挑選共八十名，每名每日給口糧銀五分，出鄉捕匪者酌加行糧，每十名考驗一次，擇其技藝嫺熟者，酌予獎勵，捕獲痞匪盜賊，量功分别給賞。兩月有餘，較兵役尚爲得手。惟地方剽悍强梁已成積習，邵武、化城各處，高巖深峒，多爲匪徒出没淵藪；而武岡、城步一帶，痞匪尤敢明目張膽。新化本年六月間，曾有新寧逃匪竄入，經張令會營拿解。可見此等在逃餘匪，事定後難保不潛回滋擾。若不乘此將各匪痛加搜拿懲創，誠恐患等養癰，善後終屬有名無實。［卑府］悉心籌商，現募練勇八十名，雖附近緝匪疊有成效，然令其遠出徑擣匪穴，竊恐其力尚單，未可深恃。若輕易添撥兵役，不特易於走漏風聲，并恐民間難免騷擾。至於村莊團練，僅能各保里閭。而匪窩附近之區，公正紳士尤少，辦理稍有失宜，流弊不一而足。莫如再添練勇八十名，以給兵械，遴選勤幹之員，分帶訓練督捕，以本地壯健之良民，爲本地除悍惡之痞匪，兼以未染習氣，易以約束，即如苗防練勇，迄今尚較勝標兵，是其明證。惟寶郡雖屬苗疆，若遽仿苗防常川添設練勇，當此經費支絀之際，誠恐窒礙難行。然整頓地方非此不可。現擬添募八十人，并現在練熟之人，合計一百六十名，分員管帶巡緝，遇有匪徒踪迹，立即馳督地方員弁踹拿務獲。一面跟踪，將各匪出没淵藪痛行洗除。俟一二年之内，各匪絶迹，四境肅清，即可裁撤。惟此項經費，可否於善後案内俯賜，酌籌給發之處，伏乞憲裁。

—4. 皇朝經世文續編　卷八九　兵政二〇　剿匪

設立教董論　闕名

天主教駐京主教樊君，覆直隸藩司周玉山方伯函牘，有擬由各州縣舉教内外董事數人，凡遇民教相争，先由董事調處，不必遽控之官；即既控陳而訊理之時，仍以董事調處之言爲底本云云。不禁躍然而起曰：中國教案，苟皆若是辦理，更何患變端迭起，致勞官長之爲難哉！

夫民教相爭，其初大抵由疑心而起。既入教者，疑平民之有鄙夷心；不入教者，疑教民之有桀驁心。互相猜疑，即互相誹謗。於是，挖眼剖心之説，一唱百和，迭起環生。而仇隙以成，即風波以起。迨至釀成鬧教之禍，而教民不甘辱侮，不得不群起抵禦。因之有謂教堂藏有槍炮，圖私奸謀者；有謂教士皆間諜之流，外洋用以偵國事者。而義和拳匪之類，更乘之作亂，大逞其滅洋殺教之心，而國事遂至糜爛不可收拾，卒至議償議恤，議懲仇教之匪類，議褫縱惡之長官，甚至星傳西航，奉書謝罪，何莫非“疑”之一字，釀爲厲階哉！誠得設董事以理之，民教一有齟齬，董事即排解其間，務使化有爲無，化大爲小，我知齟齬不難息，即民教永以安。雖有匪人，當亦無能伺隙而發難矣。抑僕更有説焉：天下事治之於已然，不如弭之於未著。董事既因教務而設，自必於洋教之來歷與夫教中之規制章程，了然於心，明白曉暢。法當於平日互相解釋，遇平民則告以洋人之來傳教，係奉教皇及教會之命，但期行善，無稍異心，其於育嬰也，施醫也，講書也，設塾也，無非以泰西之良法，輔益我華人。我華人而信之，固教中人所甚喜；我華人而不信，教中人亦决不强使遵從。我誠何惡於教中人，而必反顔以相向耶？於教民則告以今之藉端鬧教者皆匪人耳。若安分良民，則朝廷既准遠人宣播鐸音，决不敢私相仇視。且教雖各别，情則相通。爾等既奉洋教爲依歸，即當體《聖經》愛仇如友之心，犯而不校。如是則不特良民斷不致視教中人爲仇敵，即匪類亦必無從藉口，而争端漸息，教民自可安枕無憂矣，豈非一舉而兩全其美？

或曰：洵如子言，法誠善矣。然董事之權力有限，惟小事可以理之，設遇重大事機，官吏且棘手咨嗟，豈董事所能措置？曷若請教皇簡派專使來駐京師，先與外務部議訂律文，專理教中案件，遇有教民控平民之案，准此律以科斷，即遇平民控教民之案，亦援此律以定讞詞。如此則各國不復得以護教爲名，遇事向中朝饒舌而中朝於教案之茫無頭緒者，至此亦可事歸畫一，免却無數紛繁。若董事則惟責以保護教堂，教民無所用其調停事故。彼教皇率以息事寧人爲志，當亦無不樂從也。則應之曰：子之所言，不爲無見。然教皇惟統轄天主教中教士，教民即允遣使來華，議訂教律，亦惟天主教中之事，得以按律敉平；若耶穌教則另有教會以統之，教皇斷不能效尸祝之越俎。矧兹事重大，惟議和全權使者，或可奏請施行。我輩人微言輕，雖有是言，終恐難於成就，則不若仍主設立董事之説，由直隸以推之各省，每一州縣例設一董，尋常糾察，就地調和；遇大事則以省董理之。庶事以簡而易行，而目前即不難收其效乎。爰掇管箸《設立教董論》，以貢之維持國是之衮衮群公。

—15. 皇朝經世文四編　卷三一　禮政　教務

慎刑説　闕名

嘗讀《周易・旅》之《象辭》曰：“山上有火，旅。君子以明慎用刑，而不留獄。”良以獄者，民命之所關，一有不慎，貽誤非細。故明必出之以慎，而況不明者乎。周道既衰，秦用苛法。漢祖入關，告諭與民，約法三章，如出水火而登衽席。然法度未備，不足以持久遠。厥後張蒼造律令，仍大半用秦法。説者謂：“漢家之制，王霸雜用。”非虛語也。三代下，循吏莫如漢，而酷吏亦莫過於漢。作法於凉，其弊猶貪，使三代盛王之法，不復行於後世者，詎非漢之咎哉？自漢以降，惟《唐律》較善，《明律》實宗之。我朝《大清律》即因《明律》，斟酌盡善。凡斷罪之科有七：曰凌遲也，斬也，絞也，軍流也，徒也，杖也，笞也。至詢拷之刑，載在令甲者，惟竹板戒尺之類。至大盗匪徒，狡展不承者，始用交棍。此外皆爲非刑法所禁用。即夾棍亦不得輕用。所謂三木之下，何求勿得？惟恐以嚴刑榜問，而失入人罪也。

伏讀《大清律》卷三十七《刑律斷獄類・辯明冤枉》條例内載："一、凡處决人犯，有臨刑時呼冤者，奏聞覆鞫，如審明實有冤，抑立爲申雪，將原審官參奏，照律治罪。如係妄行翻異，冀延顯戮，而原犯斬罪仍即處斬外，如原犯絞罪者亦改爲斬罪，即行正法。”蓋因惜生畏死，人之常情。其始迫於刑責，自行誣服，聊以免一時痛苦，迨至處决之期，頃刻身家不保，未有不哀痛迫切、呼號乞命者。雖此中無不刁狡之徒，妄思翻異以延顯戮，而立法之意，則不因刁徒妄翻，而并置實有冤抑之良民於不顧。所以内外行刑官，於臨刑呼冤人犯，例得奏聞覆鞫，審其虛實，分别辦理者，所以重人命而慎刑章也。

皖臬於本月初八日接到刑部釘封，當飭府縣於各監提出男犯三名、女犯一口至臬轅，如法捆綁。男係盗案，女屬奸情。有兩盗面上刺字，年皆半百。又有犯年約廿五六，身體魁偉，談笑自若，云係來安縣要案首犯。惟女犯年過花信，貌亦平常，當綁時猶向諸役跪拜，哀求救命。及至綁畢，大呼冤枉，係屈打承招，一路號咷痛哭，見者頗爲憐惜。由縣尊吴明府及某都戎等督率兵丁，將諸犯押至北門外斬决，女犯凌遲。當將一男犯首級用木籠盛解犯事地方示衆。女犯凌遲之刑既重於盗犯，假令情真罪當，似應俯首就戮，今乃於捆綁之時，一若駭出意外，而向諸役跪求救命。又若不知若輩非能操生死之權者，愚懦閨娃迥殊凶狠淫婦，所云屈打承招，或非虛語？且無論其語之虛實，業已臨行呼冤，則當暫緩行刑，援例覆鞫，而乃不聞有是，是何故耶？猶憶光緒初年，河南盗犯臨刑呼冤一案，厥後平反，疆吏因之罷職。其事迄今未逾數載，殷鑒不遠，詎宜蹈之？

西人每謂中國刑訊之案，未能得實，不若西國之法，案犯祇憑證據以及狀師辯駁，從未有用刑拷問者。以中國聲明文物之邦，奈何操切若此？不知中國帝王立法之初意，固未嘗大意於西國也。試讀《周禮・秋官》之職、《尚書・吕刑》之篇，皆悱惻纏綿，其難其慎，夫豈以刑鞫爲能者？孔子曰："聽訟，我猶人也。必也使無訟乎？"又曰："片言可以折獄者，其由也歟！"曾子曰："上失其道，民散久矣。如得其情，則哀矜而弗喜。"聖賢之旨又何嘗一涉於刑鞫哉？自漢張湯，唐周興、來俊臣之徒作俑無後，偕厲至今，近世命盗各案，往往屢翻異。此中情實，正不易知。要在當事者，以明慎爲心，弗參私見焉，可耳。

—15. 皇朝經世文四編　卷四一　刑政　刑政

盛京圖説《會典》

盛京在京師東，其南爲東京，其東爲興京。奉天府尹本屬府一，所屬府一。盛京將軍本屬城一，所屬城十三，治奉天府，西爲錦州府。其西北邊門十二：在西曰鳴水堂門，迤而東北曰白石嘴門、梨樹溝門、新臺門、松子嶺門、九關臺門、清河門、白土廠門、章武臺門、法庫門、布爾圖庫門、赫爾蘇門。其東邊門六：在北曰威遠堡門，迤而東南曰英額門、汪清門、鹻廠門、靉陽門、鳳凰門。鳳凰城當鴨緑江口，南爲大海，東接朝鮮界，迤西至金州城南，折而北，經復州城、熊岳城、蓋州城西，又北爲遼河口，又西爲大凌河口，又經錦州城，南爲小凌河口，又西接直隸界。鴨緑江自吉林西南流入境，東岸爲朝鮮界，西納十餘水，及佟佳江靉河入於海。遼河上源曰東遼河、西遼河。東遼河出興京東北邊門外西流，西遼河自内蒙古游牧東南流來會，合而南入邊，曰巨流河，西合養息牧河，東合開原城南諸水。及渾河、土河、鞍山河，入於海。大凌河、小凌河，俱在内蒙古游牧南流入境，夾錦州府治，而南入於海。啓運山在興京城西北，天柱山在承德縣東，隆業山在承德縣西。北至内蒙古游牧，東北至吉林界，西至直隸界，東南至朝鮮，南至海。

—2. 皇朝經世文編　卷一一九　工政二五　各省水利六

盛世元音原序　沈學

今日議時事者，非《周禮》復古，即西學更新。所説雖異，所志則一，莫不以變通爲懷。如官方兵法、農政、商務、製造、開礦、學校，余則以變通文字爲最先。文字者，智器也，載古今言語心思者也。文字之易難，智愚强弱之所由分也。上古結繩之世，文風未啓。黄帝垂裳制形，象數器物，以便民生。倉頡製六書，以代結繩，文物漸昌明矣。籀文篆隸，字體代變，歷數千年幾盡失。製字精英，大都删繁就簡，畏難趨便，然亦人性使然，事理必至。大清列聖御世，風氣大開。萃萬國之冠裳，通五洲之輪艦，極從古未有之世界，啓從古未有之變局。中外相形，中國不啻羲皇上人。最絀者文字一學，太西切音，中國象形故也。自倉頡造字，至今四千五百餘年。分字部之法有三：一事類，一音韻，一筆畫。字部多至五百四十四，至少亦二百一十四。共計字體四萬九百餘字，士人常用者惟四五千字，非誠讀十三經不得聰明，非十餘年工夫不可。人生可用者有幾次十年？因是讀書者少，融洽今古、横覽中外者更少。既文事凌夷，外患蜂動。當此巨痛創深之際，莫不欲自强爲計。

竊謂自强陳迹有三：一，歐洲列國之强。羅馬失道，歐洲散爲列國。列國所以强，有羅馬之切音字也。人易於讀書，則易於明理。理明，利弊分晰，上下同心，講求富强。二，美洲之强。其所以强，由歐人遷居其地，大都讀書種子。今格致富强，與歐洲並駕齊驅者，亦切音字爲之。切音字易達彼此衷曲，上下無隔膜。三，俄國、日本之强。俄皇彼得，幼肄習歐洲，一切富强事銘之心，筆之書，身登大寶，新政隆然，今天下畏之。日本通商二十載，奮然興者，勇於師也，上下莫不以吕方美興爲志，今天下敬之。二國之自强，其勢由上藉本國切音字，繙譯太西富强書，令民誦讀者也。三者莫不以切音字爲富强之源。

中國人民居天下三分之一，人民既衆，宜識字之法更便。不然，多多者皆蠢蠢之輩，雖具耳目如未見聞。統計華人三四百兆，每年生死相比，百人多一人，一年增三四百萬，十年增三四千萬，即多兩省之人。不速爲計，何以教養？變通文字，則學校易廣，人才崛起。有曰：切音易於寫讀者，理也。獨象形目治，切音耳治。目治無耳治之廣遠，耳治無目治之恒久，利害相抵也。余曰：象形恒久，豈以其象耶？字形代變，意會者多。欲真恒久，非圖畫不可。字非圖書，字各有音，漢文以邊傍爲訓詁者若干部，與格致大相剌謬，不足爲義。考字義之源只三，詳《文學性理》篇。既字義三源，安知不可用法成之，詳《書法》篇。字音有六千二百八十不同單音，詳《反切》篇。是更要於字義何止千倍！西字不作字義，只以字音連句讀，通行天下，足證字音勝字義，字義難載字音，漢文音隨地而變，義不少變。字音盡在字義。觀《西字彙》可證。是切音字不獨廣遠，兼能恒久。或曰："然則，假彼國之切音字，切中國之音，可否？"

余考中國之方音最多、最亂，歐洲方音不大遠殊，尚不能合切，各成字母。英文不切法音，法文不切俄、德、丹音，其字母亦不能相通。歐人每議合數國音使之同文，卒至今日無成。其筆畫亦並不省捷，數十字母有并兩三字爲一母者，三仄四聲茫然。聲音不及筆畫，又便轉不如用象形字，雖寫讀較難，而意義尚易判別也。中國音同義異之字頗多，用其切音字，理所不可。或謂爲富強計，不在另創新字，一切效法泰西，用洋文者洋文、漢文者漢文可也。余謂欲深通格致，力求富强，非兼通漢文、洋文不可。盡驅國人學洋文勢所不能，必賴出洋之徒，譯其書，繙其語，注以漢文授子弟。然漢文不能注西字音者甚多，且快慢脱節，輕重失序，在在皆是。漢文一字，各隨方音而異，欲其惠於後學，得乎？是生爲華人，欲兼數國之文，鬚白尚在塾中，欲其精一藝，得乎？

余恐中國風氣一變，勞逸之心生，利弊之見明。以洋文較漢文寫讀之易，利用之大，不百年，讀漢文者無矣！國中有一變，更將棄如敝屣。如此，則富強未得，中國之方音滅矣，中國之文字廢矣！上以埃及、巴西爲鑑，下以印度、日本爲鑑，千古之精英盡失，良可嘆也。然則，漢文處今日有不得不變之勢，又有不能遽變之情，爲之奈何？天下無不可考之理，無不能爲之事。余闡詳體用，得盛世元音十八筆字母，可公天下，能切天下音，兼分文理音同義異之字，以譯漢文洋文書籍，音義不爽累黍。以十八筆爲階八，下點可以盡學。寫讀之疾省，製作之美備，古今未曾有也。一載通國皆能誦讀有用之書，三年遍地盡屬有用之人。得文字之捷徑，爲自强之源頭，同文之盛殆將見之矣。

—9. 皇朝經世文新編　卷三〇　學術

施粥不如散米説　黄懋

賑饑之法，莫善於散米，莫不善於施粥；莫善於各圖散米，莫不善於籠統城市散米。

或問：各里圖中煮粥之善如何？曰：施粥止可及十里之人，十里之外多不能及。即十里以内之人，其臟腑筋骨已爲饑餒所敗，欲晨赴夕歸，力不能堪，况日止一餐，而逐日奔馳往返，兼之風雨霰雪，道路泥濘，即使施粥不缺，亦必轉填溝壑，至於疲癃殘疾、極老太弱之人，而不能出而吃粥者，又不必言矣。若各里散米，則皆安居而受賑。其善一。

煮粥必多人料理，此曹或私其親友，寬假其僮僕，有濫冒偷竊，或縮米添水，或宿餿，種種諸病，又有柴薪器具之費，計米一石，饑民所食不過六七斗耳。散米則一人之費儘可供二人。其善二。

城市得鄉圖苦索之捐，富户吐餘膏之橐，城市游閑無賴，皆得謀籌積飽。鄉愚遠竄瀕死之民，安能與争？强者則重殑連次，弱者或後時空返，不公不均，無從查考。若本圖捐米，捐者樂從無憾，舉目皆親鄰熟識，誰不願利惠一方？若本圖散米，則按籍分給，既無重殑之弊，亦無往返空嗟。其善三。

一家幾口，吃粥必須齊出，以少年婦女出頭露面，有志者羞愧飲泣，愚癡者習成無恥，甚至廠役之夫，喪心評泊，亡命之徒，調戲挨擠，事變叢生，言之足令髮竪。散米則男人持票赴廠受給，婦女得全廉恥。其善四。

然此猶小者，受粥雖佳，只救目前之性命，至於救將來之性命，則在其農桑。若日日待餐於城市，早出暮還，荒耕廢織，或廢農桑。散米則五日一給，領在本圖，僅費一時之工夫，仍不曠逐日之程。農安於畎畝，婦任於紡織，野無曠土，市乏游民。生計既裕，賑益省力。其善五。

况饑民宜散不宜聚，宜静不宜動。日喧鬧於市井，穢污之氣最易蒸爲疫癘，何如帖然受賑於本圖村落之家？其善六。

城市散米，似可省舟車之費，然鄉民走領數升之米，往還過午，饑腸難支，必不能全歸炊煮，不免於城市换餅餌粥，聊以充饑，而家中仍嗷嗷無食。若各里散米，則無其患。其善七。

籠統散米，人户難稽，應領不能領，弊多叢生。惟各里造册，委任於大姓自賑，則鄰里熟悉，非親即佃，根柢易知，真僞難欺，可少不公不均之弊。其善八。

城市施賑，每日給領，此則五日一給。蓋日日給之則太煩，若總給之則饑民有不撙節者，不可不限也。其善九。

或疑但救此土而不救流亡，而不知流亡中有刁猾强悍者，小則爲鼠竊狗偷，大則爲刼爲奪，往往爲害地方，况被灾之處財力維艱，飽一流亡，必餒本土之一民矣。但使各邑各圖效行此法，各任其土著，即有流亡，故鄉受賑，誰樂爲他鄉人乎？不救流亡，正救流亡。其善十。

此法既行，人不出行，又可行地方利益事。巨室之家，或疏浚河塘，或築塘堤岸。高鄉或濬河濱，低鄉或築圩岸。有産之家稍出升合，既以活人，又可興無窮之利。其善十一。

—2. 皇朝經世文編　卷四二　户政一七　荒政二

十可勝説　闕名

天下之事，介於兩可，而勝負之數未分，則老成持重者，往往持息事安人之説，以托於君子之不争。若我已立於不敗之地，而猶躊躇觀望，不能一决，必至坐失事機，而後將不可以復振。如今中日戰事，勢不可中止，而英俄二國有出爲調和之説，斯可異矣。夫俄，虎狼之國也。其覬覦高麗已非一日，今若令俄干預其間，是假以權也。英雖無私意，然未知調和之議何辭？若欲令日人俯首聽從，則彼狂悖性成，未必遽肯服罪。若欲求中國讓人一着，則皇帝英武，必不允。遽赦其辜，和議不成，再行議戰，而已遷延時日，虛糜軍餉矣。故今日萬全之策，莫妙於持必戰不和之議，使他國不能致辭。以愚所見，中國之與日本，有必勝之道十焉。

日本壤地褊小，今歲水旱迭灾，饑饉之象已見，又其從征軍士，多患疫痢，不能持戈，狂噬之爲，不容於覆載，天授以時，必不可失，此天時勝也。以中國之大，進而可戰，退而可守；日本蕞爾一邑，孤懸海中，若以勁軍四面攻之，則彼應接不遑，東西擾攘，一敗塗地，無以爲家，此地利勝也。日本户口零落，軍興之日，下三丁抽二、兩丁抽一之令，婦人孺子亦舉以充數，愁嘆怨詈之聲不絶於路；我朝深仁厚澤，結於人心，一聞有事，莫不義憤填胸，馳驅願效，悦以使民，民忘其勞，此人和勝也。日本之與高麗，與國耳，彼此有事，不相干預，乃以鼠竊狗盗之行，而施其鯨吞蠶食之謀。若高麗之與中國，則屬國也，彼之土地即我之土地，彼之人民即我之人民，出師保護，名正言順，此名分勝也。中國不預朝鮮事，鮮人必以爲怨，日本强預朝鮮事，鮮人不以爲功，彼曲我直，彼逆我順，此事理勝也。中國兵力十倍於日，而皆經戰耐苦；日本多以農商充數，不習戰陣，必非節制之師，此兵卒勝也。日本戰船數十艘，中國除守口外，尚有數十艘，槍炮亦盡購諸外洋名廠，有過之無不及也。及鋒而試，當者必靡，此器械勝也。中國文臣武將，雖未必無畏事之人，然如葉、聶兩軍門，袁欽使，均駐高征日，不肯讓敵毫釐；又如劉淵亭軍門之上書乞征，甘作前驅，桓桓虎將，誰謂中國無之？此將士勝也。中國二十三省，歲出糧食足供軍餉，雖用兵數年，亦不至十分匱乏；日本則兵乍出境固已空虛，鐵路已抵借矣，按户已勸捐矣，民窮財盡，亡在旦夕，此軍餉勝也。皇太后聖諭有“大國不受小國之欺”一語，皇上亦有必戰之諭，於以知朝野同心，君臣一德，大將軍有全權之命、閫外之專，得以便宜行事，而無掣肘之患；日本則政府議事，人各一心，敗北以來交相尤怨，統兵諸將人人自危。此專一勝也。

我中國有此十可勝之機，而任事者或猶因循畏縮，以俟和議之成，果何所懼而不戰，何所待而不戰哉？抑恐生靈塗炭，體上天好生之德乎？抑不忍今日兵士受刃之慘，而使後來兵民受之乎？老成持重，果如是乎？吾不得而知之矣。嗟乎！機有可乘，時不可失。日本料我無必戰之心，故敢於倡狂跋扈。我示之以必戰，則日人之計窮。議和各國窺我有欲和之心，故出而解紛排難，我示之以必不和，則他國之説息。和議息而戰事成，戰事成而國威立，使六洲萬國皆知我有奮發自强之心，而不敢借端以生事。雷池一步不以讓人，卧榻之側豈容鼾睡，則不特防一時之邊患而已也！

—15. 皇朝經世文四編　卷三四　兵政　兵法

史學 闕名

儒者以五千年前後之史，鏡億兆人操作靈頑之質。三代以始，迄於有明，持論不刊。行於上，下效之；襲於長，稚沿之。方是時也，震旦儒士錮於見聞，雖漢唐史志頗詳葱嶺以西地埶國名，而風教闕如。元代幾囊括全亞，洎入中原，鞭長莫及。其時士夫未聞究心印度、波斯、突厥諸事實，以考政俗興衰之迹者。本朝大啓疆宇，風力所届，陸讋水慄。而三百年運氣轉窮。《易》曰："窮則變，變則通。"中國之通，斯云劇矣。而不變、而至死不變即变已。民議官，士彈國，萃什伯千萬之儒冠縫掖，諮以三通、廿四史之名，能備舉其目者不可多得，何論寰球夫！溺水求援，衣不待解；落井下石，狼已甘心。不先使之洞燭古今中外情形，而望其奮起，是奏韶濩於聾俗，固亡怪已。荀子曰："欲觀聖王之迹，則於其燦然者矣，後王是也。"謝秋水曰："學明理於經，而習事於史。史於學居十之六，而閱歷煅鍊又居其四。"是故不通中史，不知秦漢以來之政治、學術或爲真源，或爲孳派。經數千百變而靡所底，而制度、典章、文物之顯易其程者，尚不在此例。不通西史，不知歐洲數百年以前世家執權，民狃故常，士譚空理如西曆一千二百七十八年英吉利誣格物者爲妖術。頗於中國永和遺風爲近。惟彼愈變愈實，中國愈變愈虛。合中西諸史勘之，竊惑乎日變皇王精意者，猶硜然以不變爲詞，而於俄之大彼得、法之拿破侖、美之華盛頓，一切故實未曾夢見者，輒曰："彼舊俗然，烏有所謂百年以來之新政？"昔耶律德光謂晋臣曰："中國事皆吾知之，吾國事汝曹不知也。"夫以遼與今日泰西較，其智愚、工拙何如矣，而尚能若此。然則，吾中國四萬萬人，曾無通知各國治亂興衰之由者，可乎？不可。

古者，六經皆史也。《尚書》，左史掌之；《春秋》，右史掌之。尚已！《易》爲卜筮之史，《詩》叙列國得失之迹，《禮》《樂》，史氏之制度。經與史相表裏者也。及乎變周之文，從殷之質，楚書、晋乘各自名家。於是，以馬班纂述爲正史，荀、袁《紀事》、司馬《通鑑》爲編年之史。至於兵刑譜系之殊科，詔令奏議之合隸，若者爲地理遺編，若者爲職官故事，若者沿《周官》六典之遺，若者仿劉氏《七略》之體。夫判析源流，周知派别，原爲史家常例。而有志之士，尤以單心四民教養之原，通考歷代禮樂兵刑之制，能見諸施行者爲要務。若夫襲宋代誅心之餘論，沿明人評尾之陋習，衍爲空談，博取甲第，斯又每况愈下者矣。要之，考古以證今，由中以逮西，博觀而約采，規時而達用之四者，史學之宗恉也。

是故讀歷代正史、編年、紀傳之録，通古史也；讀聖朝《東華録》《東華續録》、魏默深《聖武記》諸書，通今史也；讀黄遵憲《日本國志》，王韜《法國志略》，慕維廉《大英國志》，徐景羅《俄史輯譯》，岡千仞《米利堅志》，沈敦和《英法俄德四國志略》暨日本岡本監輔《萬國史記》，艾約瑟《歐洲志略》《希臘志略》《羅馬志略》，及林樂知、嚴良勳、李鳳苞《四裔編年表》，王韜《普法戰紀》，林樂知、昂瞿來《東方交涉記》，林樂知、鄭昌棪《列國歲計政要》，李提摩太《泰西新史攬要》，通西史也。惟是中西文字迥然不侔，诸史多經繙譯而成，詞意緐蕪，誠所不免。是以初學多苦其聱牙，通人又鄙其委瑣。是在儒者平心静氣，以西史之精者，與中史參互研究可耳。嘗謂從前未有西學，華人罕能通史學。精史裁訂訛謬者頗不乏人，然能破秦漢以來治亂得失之癥結者十無一二。今襲西學之皮毛，華人轉欲廢史學。無西學，史學亡；有西學，史學亡。欲拯其失，首宜顯揭古今各國政術異同，以知强弱存亡之本；次考列國源流、種類、遷徙；次列帝王人物，中西比較；次明各教派，别善否，知將來，環球大地，不能越素王改制精心；次表各國和戰機要有關全局者；次詳各國古時土番與中國壯黎蠻苗漸次消滅之理。此次略明應讀史書，其詳容每册叙列考鏡。唐太宗云："以古爲鑑，可知得失。”余謂合中西之古以爲鑑，其收效更何如矣。

泰西不立史館，蓋報館即其史館也。凡遇開議院時，君主臨駕，王公大臣暨各議員臨焉，無論事之大小，各伸其説，以剖判是非，報館即書之，以傳諸一國，布諸五洲。記有之史載，筆士載言，其遺意歟？故語無忌諱，言多實錄，視中國之史書爲尤足信。况其推廣新聞紙之多，雖至酒樓茶肆往往而有。是史館爲一國公有之權，史學乃四民與知之業。且凡地數、民數，比較多寡；火車、鐵路、電線，推算方里；貨殖出入噸數，以及官制、教會、學校、國計、兵數，靡勿籖記賅覈，與中史各《表》《志》例同。案《漢書·藝文志》，小説家出稗官。如淳謂王者欲知閭巷風俗，故立稗官以請説之。蓋今日之報章，即異日之史科。政治家、格致家、法律家胥權衡於此，一舉而三善備焉。故本報之首《史學》專門者，誠重之也，誠慎之也。

—9. 皇朝經世文新編　卷三〇　學術

受訴不可執成見　宋邦僡

徇受請託，稍存直道者不爲。惟先入之言最易惑人，兇徒挾仇誣攀，訟師刀筆漁利，往往憑空揑造，淆亂黑白。偶爾訪察，則袒原告者，説原告之詞，袒被告者，説被告之詞。又或別衙門業已有供，亦難據爲信讞。一爲偏向，遂至冤抑莫伸。

—5. 皇朝經世文續編　卷八七　刑政四　治獄

書魏默深籌海篇後《邊防偶述》

魏氏《海國圖志》百卷，首以《籌海》四篇，曰“議守”“議戰”“議款”。其《議戰》篇云：“既款之後，宜師夷長技以制夷。”又欲立譯館、繙夷書，以求熟悉夷情。兹數者，近二十年執政諸臣，皆欲藉此爲富强之圖，備邊馭敵之長計也，而卒未足爭强外洋，何哉？蓋古來善用兵者，每以長擊短，不聞學敵之長而以擊敵所長也。方今敵之所長在器械之精堅、行駛之靈捷，而不徒恃其精堅靈捷也；在節制之嚴整、才力之猛鷙，而不徒恃其堅整猛鷙也。其致治之原在君民一體，而呼吸可以相通；其自强之道在志慮專精，而措施必求實濟。乃我之學彼，非特昧其致治自强之本，并所謂器械、行駛、節制、才力而皆遜之，宜任敵之縱横海上，而無一可以應之也。兵不素練，與無兵同。利器不得人而用，與無器同。今之患，非患在師夷之船械，而不復知養兵練兵哉？近因關外防營偶爲敵挫，仍藉口於戰守不足，議撤北圻軍以與法和。彼議和者，固將以簡練各省師徒徐俟後圖，而不妄舉耳。嗚呼！曾謂備戰二十年，糜帑千億萬，迄無一兵一卒之足用。繼此而撤防株守，并償法人通道雲南之奢願，尚能力圖整頓，以善其後乎？或謂我之懼法不在陸而在水，不在滇粵一隅，而在沿海各口。愚恐自是以後，西南之藩籬既潰，則粵滇在在可虞，水陸亦處處可入，不獨如或所慮水道海口已也。

今豐潤學士請設濱海七省兵輪，而以審形勢、練將才、治師船、考工用四端爲水師政要，誠合大《易》“窮變通久”之言。而蒙意有進於此者，則數十年來諸臣身任海防之得失，若何辦理船政機器？若何當明賞罰以資振勵也？沿海水勇之分防截攻孰優？及輪船管駕之可用與否？當精考核，以杜虚糜也。弊革而利乃可興，黜不肖而賢才始出。否則非徒萬餘里海岸之廣，外患固不勝防。即歷辦洋防與購洋輪軍火者之耗蠹百出，積習相沿，先禁之無從禁矣。此國家日求富强，而日愈貧弱之所由來也。今治北寧失律之罪，則或黜或誅，威令未嘗不肅。不知南北洋之捐糜財力，豢此洋務人員，能保臨事有用而不潰退乎？舍此責彼，何以服人？朝廷不明示刑賞用舍之公，而欲得人以飭邊防，難矣。嘻！亡羊補牢，今日誠爲未晚。乃牢壞而莫之補，而曰吾將張弓挾矢以待盗羊者，而與之從事，恐矢未及加，並爲盗攫之去，而咄咄書空矣。今日之防務，何以異此？而各海疆督撫大臣猶欲以此欺飾，聖明欲棄越南，而聊固吾圉耶！

—5. 皇朝經世文續編　卷一〇三　洋務三　洋務通論下

唐律疏義《四库全书提要》

《唐律疏義》三十卷，唐太尉揚州都督趙國公長孫無忌等奉敕撰。《風俗通》稱臯陶謨虞造律，《尚書大傳》稱夏刑三千，周刑二千五百。是爲言律之始。其後魏李悝著《法經》六篇：一“盗法”，二“賊法”，三“囚法”，四“捕法”，五“雜法”，六“具法”。商鞅受之以相秦。漢蕭何益《户》《興》《厩》三篇爲九篇，叔孫通又益旁章十八篇，張湯《越宫律》二十七篇，趙禹《朝律》六篇，合六十篇。馬融、鄭康成皆嘗爲之章句。魏世删約漢律，定增十九篇，就故五篇，合十八篇。晋復增損爲二十篇。南北朝互有更改，漸近繁密。隋文帝開皇三年，敕蘇威、牛宏等更制新律，除死罪以下千餘條，定留五百條，凡十二卷：一《名例》，二《衛禁》，三《職制》，四《户婚》，五《厩庫》，六《擅興》，七《盗賊》，八《鬬訟》，九《詐僞》，十《雜律》，十一《捕亡》，十二《斷獄》。史稱其刑綱簡要，疏而不失。唐太宗詔房玄齡等增損隋律，降大辟爲流者九十二，流爲徒者七十一，而大旨多仍其舊。高宗即位，又命長孫無忌等偕律學之士撰爲《義疏》行之，即是書也。論者謂《唐律》一凖乎禮，以爲出入得古今之平，故宋世多采用之，元時斷獄，亦每引爲據。明洪武初，命儒臣同刑官進講《唐律》，後命劉惟謙等詳定《明律》，其篇目一凖於唐。至洪武二十二年，刑部請編類頒行，始分《吏》《户》《禮》《兵》《刑》《工》六律，而以《名例》冠於篇首。本朝折衷往制，垂憲萬年。欽定《大清律例》，明簡公平，實永爲協中弼教之盛軌。

臣等嘗伏讀而細繹之。凡《唐律》篇目今所沿用者，有《名例》《職制》《賊盗》《詐僞》《雜犯》《捕亡》《斷獄》諸門。其《唐律》合而今分者，如《户婚》爲《户役》《婚姻》，《厩庫》爲《倉庫》《厩牧》，《鬬訟》《鬬毆》《訴訟》諸門。其名稍異而實同者，如《衛禁》爲《宫衛》，《擅興》爲《軍政》諸門。其分析類附者，如關津留難諸條，《唐律》入《衛禁》，今析入《關津》《乘興》《服御》、《物事》。應奏不奏，驛使稽程，以財行求諸條，《唐律》俱入《職制》，今分析入《禮律》之《儀制》、

《吏律》之《公式》、《兵律》之《郵驛》。《刑律》之受贓謀殺人諸條，《唐律》入《賊盜》，今析入《人命》。毆駡祖父母、父母諸條，《唐律》竝入《鬭訟》，今析爲兩條，分入《鬭毆》《駡詈》。又奸罪、市司平物價、盜决堤防、毁大祀丘壇、盜食田園瓜果諸條，《唐律》俱入《雜律》，今分析入《刑律》之《犯奸》，《户律》之《市廛》《田宅》，《工律》之《河防》，《禮律》之《祭祀》。蓋斟酌畫一，權衡允當，迨今日而集其大成。而上稽歷代之制，其節目備具，足以沿流而討源者，要惟《唐律》爲最善。故著之於録，以見監古立法之所自焉。其書爲元泰定間江西儒學提舉柳贇所校刊，每卷末附以江西行省檢校官王元亮釋文及纂例，亦頗可以資參訂也。

—2. 皇朝經世文編　卷九一　刑政二　律例上

天津等處擬試辦鐵路以便調兵運械疏　總署王大臣

竊查鐵路之議，歷有年所，毁譽紛紜，莫衷一是。臣奕譞向亦習聞陳言，嘗持偏論。自經前歲戰事，復親歷北洋海口，始悉局外空談與局中實濟判然兩途。當與臣李鴻章、臣善慶巡閲之際，屢經講求。臣奕譞管理各國事務衙門，見聞親切，思補時艱。臣曾紀澤出使八年，親見西洋各國輪車鐵路，於調兵運餉、利商便民諸大端，爲益甚多，而於邊疆之防務，小民之生計，實無危險窒礙之處。近在總理各國事務衙門行走，於此事更加留意探詢，所聞相同。現在公同酌核，華洋規制，自古不同，鐵路利益雖多，若如外洋之遍地皆設，縱横如織，不惟經費難籌，抑亦成何景象，至調兵運械，貴在便捷，自當擇要而圖，未可執一而論。正商榷間，據天津司道營員聯銜禀稱：直隸海岸五七百里，雖多淺灘沙磧，然小舟可處處登岸，輪船可以泊岸之處，除大沽、北塘兩口外，其山海關至洋河口一帶，沿岸百數十里，無不水深浪闊。大沽口距山海關約五百餘里，夏秋海濱水阻泥淖，炮車日行不過二三十里，且有旱道不通之處，猝然有警，深虞緩不濟急。且南北防營太遠，勢難隨機援應，不得不擇要害，各宿重兵，先據所必争之地，以張國家閫外之威。然近畿海岸，自大沽、北塘迤北五百餘里之間，防營太少，究嫌空虚，如有鐵路相通，遇警則朝發夕至，屯一路之兵，能抵數路之用，而養兵之費，亦因之節省。今開平礦務局於光緒七年創造鐵路二十里。復因兵船運煤不便，復接造鐵路六十里，南抵薊河邊閻莊爲止。此即北塘至山海關中段之路，運兵必經之地。將若此鐵路南接至大沽北岸，北接至山海關，則提督周盛波所部盛軍萬人，在此數十里間，馳騁援應，不啻數萬人之用。若慮工程浩大，集資不易，請將閻莊至大沽北岸八十餘里鐵路先行接造，再將由大沽至天津百餘里之鐵路逐漸興辦，若能集款百餘萬兩，自可分起告成。津沽鐵路辦妥，再將開平迤北至山海關之路接續籌辦。此事有關海防要工，即或商股一時不能多集，似應官爲籌措，並調兵勇幫同工作，以期速成。且北洋兵船用煤，全恃開平礦産，尤爲水師命脉所繫，開平鐵路若接至大沽北岸，則出礦之煤半日可上兵船。若將鐵路由大沽接至天津，商人運貨最便，可收取洋商運貨之資，藉充養鐵路之費。如蒙奏准，擬歸開平鐵路公司一手經理，以期價廉工省，並請奏派公正大員主持其事等情，會禀前來。臣等查該司道營員等所請，由閻莊接修鐵路至大沽北岸八十餘里，均在大沽、北塘之後，距海岸尚數十里，實無危險之慮。惟須籌出養鐵路經費，庶可持久。所請由大沽至天津百餘里之鐵路，逐漸興造，洵足爲挹注良法，於軍旅、商賈兩有裨益，平日藉資拱衛，遇事便於援應。即戰陣偶不得力，祗須收回輪車，拆斷鐵路，埋伏火器，自不虞其衝突。

臣等會同商酌，擬請照依該司道營局各員所請，舉辦仍交開平鐵路公司一手經理，並擬派奏留北洋差委前福建布政使沈保靖、署長蘆鹽運使直隸津海關道周馥，督率官商，妥爲辦理。計今夏英德兩國訂造戰艦，可以來華，臣奕譞明年當再赴海口，與臣李鴻章編立海軍第一枝，即就便查看鐵路，如果合用無弊，擬將京外開礦各處，均次第仿照興辦。

—5. 皇朝經世文續編　卷一〇九　洋務九　軍政中

條陳出使外洋事宜疏　總署王大臣

竊查前因儲才出使條議，臣衙門先後奏請簡派英、美、日、祕等國使臣，奉上諭："候補侍郎郭嵩燾、候補道許鈐，身著出使英國，候補三四品京堂陳蘭彬、同知容閎，著出使美國、日國、祕國等因。欽此。"現在滇案已經議結，直隸督臣李鴻章與英國使臣議定條款，內有簡派使臣賫奉璽書前往英國，表明惋惜一條。是前派出使英國使臣亟須尅期出洋，其美、日、祕魯等國既經派定，亦應前往。所有出使經費自應酌核定數，以便開支。

查同治四年，臣衙門奏派斌椿並同文館學生等游歷外洋，暨同治六年奏派志剛、孫家穀及蒲安臣等出使各國，均因事屬創始，所需經費無由核定，先由總稅務司赫德墊發，俟出使事竣，動用三成船鈔及輪船變價銀兩分別支銷。同治九年，臣崇厚出使法國，雖經查照前次出使費用，動支津關八分經費，亦係酌量給發，並未議有定章。此次使臣常駐各國，事期經久，與歷屆情形有異。現經臣衙門奏准動用各海關六成洋稅，尤宜撙節動支，以昭核實。查泰西各國派駐中國人員，向係分別使臣及參贊、繙譯、領事等官支給薪水。現在出使外洋，自應分別等差核給。臣等公同商酌定擬，除往來火輪、車船、租賃公館、寄信費用、公會公宴一切公件難以豫計，應准隨時酌核作正開銷外，所有使臣並隨帶各員，每月應需火食、包車、雇車價值、跟役工價、飯食等項，分別月給俸薪自二百兩至一千四百兩不等，謹擬清單，恭呈御覽，俟奉旨後，即照奏准日期開支，仍於年終核實造報。

謹擬給出使各員俸薪銀數清單：欽差大臣頭等一二品充，月給俸薪一千四百兩；二等二三品充，月給俸薪一千二百兩；三等四等品充，三品月給俸薪一千兩；四品八百兩；署任月給俸薪六百兩。總領事官月給俸薪六百兩，正領事官月給俸薪五百兩，副領事官月給俸薪四百兩，署領事官月給俸薪四百兩。頭等參贊官月給俸薪五百兩，二等參贊官月給俸薪四百兩，三等參贊官月給俸薪三百兩。頭等繙譯官月給俸薪四百兩，二等繙譯官月給俸薪三百兩，三等繙譯官月給俸薪二百兩，領事處繙譯官月給俸薪三百兩。欽差大臣處隨員、醫官月給俸薪二百兩，以上本員火食、包車、雇車價、跟役工價、飯食在內。此外一切公用作正開銷。其餘武弁、供事學生每月每人約須百兩以內，由出使大臣屆時酌定準數，作正開銷。如有未盡事宜，統由隨時核實辦理。

再，臣衙門前因出使各國每年俸薪等項約需銀五六十萬兩，擬請於各關六成洋税項下提撥等因，於本年八月初九日會同户部具奏，奉旨："依議，欽此。"十三日，臣衙門又將出使俸薪等項酌定銀數開單具奏，並經聲明，即照奏准日期開支，奉旨："依議。欽此。"欽遵各在案。臣等查此次簡派使臣分駐各國，統率參贊、領事等官，辦理一切交涉事件，責任既甚重大，經費尤覺繁多，且事屬創始，並無成案可循，自應明定章程，以資遵守，而昭核實。臣等公同商酌，謹擬出使章程，並於前奏稍爲通變，共十二條，繕單恭呈御覽。

謹擬出使章程十二條：

一、擬由禮部鑄造銅關防，頒發出使各國大臣各一顆，以昭信守。其文曰：大清欽差出使大臣關防。其未頒發以前，先刊木質關防行用。

一、出使各國大臣擬自到某國之日起，約以三年爲期。期滿之前，由臣衙門預請簡派大臣接辦，各國副使亦一律辦理。

一、出使各國大臣分頭、二、三等名目。此次辦理伊始，所有現在業經派出各國大臣，擬請均暫作爲二等。

一、出使各國大臣所帶參贊、領事、繙譯等員，應由該大臣酌定人數，開列姓名等項，知照臣衙門查核。各該員亦隨同出使大臣以三年爲期，年滿奏獎。如有堪留用者，應由接辦大臣酌留。倘不能得力，亦即撤回。

一、出使各國大臣到各國後，除緊要事件隨時陳奏外，其尋常事件函咨臣衙門，轉爲入奏。

一、出使各國大臣有兼攝數國事務者，應如何分駐之處，由該大臣酌定，知照臣衙門查核。

一、出使各國大臣月給俸薪，請照現在實職官階支給。惟原擬二、三品充二等欽差者，月給俸薪一千二百兩，三、四品充三等欽差者，三品一千兩，四品八百兩。其四品充二等者，未經議及，今酌中定擬，月給一千兩。至各國副使俸薪，擬月給銀七百兩。

一、出使各國大臣有兼攝數國事務者，月給俸薪毋庸另加，各國副使亦一律辦理。

一、出使各國大臣及副使以下各員月給俸薪，自到某國之日起，各按應得銀數支給，扣足三年爲期。期滿停支俸薪。如接辦大臣尚未能到，期滿大臣尚未交卸，應按照在任日期算給，俟接辦大臣到後住支，副使以下各員亦一律辦理。其參贊、領事、繙譯等員，如經接辦大臣留用者，俸薪即從年滿日期接算支給。

一、出使各國大臣及副使以下各員，由中國起程及由差次回華，行裝歸裝均需頓整，所有往返兩項整裝，擬各按照三個月俸薪銀數支給，均由臣衙門前撥各關六成洋税内動支。

一、出使各國大臣等俸薪及往返盤費、駐扎各國一切經費等項，由該大臣按年分晰造報臣衙門查核。

一、出使各國大臣等俸薪及往返盤費、駐扎各國一切經費等項，由江海關彙齊，按年匯寄。應如何分别匯寄之處，由臣衙門札知總税務司遵照辦理。

—5. 皇朝經世文續編　卷一〇四　洋務四　邦交一

通商口岸關係英人命盜及審斷交涉案件委員觀審章程光緒二年十一月　總署王大臣咨南北洋

滇案議結條款，曾經本衙門照式刷印，於本年八月間，咨行查照在案。查條款内開：凡遇内地各省地方或通商口岸，有關係英人命盜案件，議由英國大臣派員前往該處觀審。此事應先聲叙明白，庶免日後彼此另有一辭。威大臣即將前情備文照會，請由總理衙門照復，以將來照辦緣由聲明備案。至中國各口審斷交涉案件，兩國法律既有不同，祇能視被告者爲何國之人，即在何國官員處控告。原告爲何國之人，其本國官員祇可赴承審官員處觀審。倘觀審之員以爲辦理未妥，可以逐細辯論，庶保各無向隅。各按本國法律審斷，即《條約》第十六款所載“會同”兩字本意，“以上各情，兩國官員均當遵守”等語。本衙門於八月間，接准英國威公使照會，以遇有命盜案件派員觀審，按照條款，備文照會，請由本衙門照復存案等因。除由本衙門照覆以派員觀審一節，自當通行各省照辦外，相應咨行查照。

—5. 皇朝經世文續編　卷八六　刑政三　律例下

屯墾策　楊毓煇

今夫籌邊備莫善於裕積儲，裕積儲莫善於勤屯墾。屯墾者，防邊之首務，致富之要圖也。黑龍江密邇强俄，守備胥關緊要，所設防兵頗衆，所需糧食甚繁，苟不裕其食源，邊地空虚，難於接濟。况俄造西伯利亞铁路，彼得羅堡直達琿春，一旦有事，彼之運糧甚便，我之足食維艱。居今日允宜請開民屯以實邊儲也。但黑龍江地方遼闊，一律開屯則難。其足以避敵氛、宜穀産者，以通肯河一帶爲最。其地在烏蘭城西，齊齊哈爾城東，喀什喀爾圖山南，混同江北，至俄界約七百里左右，其間限以興安嶺及黑龍江，又層層有山屏蔽，嚴密異常，此敵氛可避也。其源發河於混同江，經烏蘭河迤邐而北，水源豐溢，沿河一帶土壤尚不甚亢，凡百種植自能以生色，此則穀産必宜也。既有此可屯之田，亟須籌善屯之法，不揣謭陋，爰就管窺所及，議謹屯八條：曰設專官以資督理，遣荒民以勤工作，正疆以杜紛争，借款以備牛種，開支港以使沃饒，備戽機以資灌溉，緩升科以紓民困，兼種樹以擴利源。此大略耳。其詳細辦法，臚陳如左：

民屯與商屯、軍屯不同，非設專官不足以收後效。漢唐皆置專官督理其屯田，所由有成也。今宜設屯官一員，屯副四員，分駐通肯河一帶，凡稼穡之事，溝洫之利，盡心教導。民若勤於耕作，隨時獎勵，以資觀感；怠玩游嬉者，嚴加申飭，如仍不改，即行斥革，另招新氓。其屯官亦宜定以賞罰，如三年後田野治、草萊闢，是其教導有方，即有賞，反是則罰。此蓋振興屯務之本也。所謂設專官以資督理者，此也。通肯河一帶土著無多，若招各省游民，未必能勤工作，爲今之計，不必招游民，而宜遣荒民。邇來山東、河南連遭荒遣，順直及關外灾祲尤深，朝廷特開賑捐，善士廣籌賑款，拯救荒民，亦已無微不至。然與其耗費百萬，不過補救於一時，何若遣往屯田，則可款不虚糜，功垂久遠也。擬請奏准飭下各省督撫，將荒民之强壯者，酌量遣往通肯河以興屯墾，各省賑款抽提數成寄往以助經費，倘有不足，則籌官款以補之。所謂遣荒民以勤工作者，此也。

疆界不正，易啓豪强隱占之患，良民何以自安，是利未興而弊先伏也。開辦之初，宜量地授田，正其界址。假如通肯河一帶有三百畝可耕，則分爲三十屯，每屯計十畝，每一人治一屯，每十屯選精於種植者以爲創率，藉補屯官之不周。凡民既受地後，給以方單爲憑，並載明四址以清地界，庶免争競之端。三年後布種如有起色，即使世守其業；如不能得法，再展限三年；限滿尚仍荒蕪，是乃自外生成，應即遞解回籍，不准復來。此乃授地之餘事也。所謂正疆界以杜紛争者，此也。

論者每謂民屯之難，以貧民拮据，牛種無從措辦也。此當仿借銀完糧之法。查乾隆四年陝西開墾，經督臣奏明，每年酌動官項借給窮民，秋收照時價還糧，厥後又經撫臣奏請，共發銀六萬餘兩，收糧十餘萬石。此則已著之成效也。竊以爲此法不獨可行於陝省，並可行於通肯河。況通肯河一帶水流暢旺，壤地沃饒，開墾既多，收成必旺，所發之款，斷不至於無着。誠使春間籌款發給民間，令其互相環保，一至秋收即可以糧上繳，有不上下交益哉？所要者，勿使官吏之侵漁，差役之勒措，勢必民情踴躍，曠土日稀矣。所謂借款項以備牛種者，此也。

南北地勢不同，南恒憂水，北恒憂旱，通肯河如開民屯，水利自宜興修。昔鄭國爲秦穿涇水，關中盡屬膏腴焉；臻開鏡河，會稽遂成沃衍，可見水利之關係重矣。今通肯河來源甚旺，挹注可以不窮。誠於河之東西多開支港，俾水利四通八達，灌注田間，則雖高仰之田，悉能肥茂。若慮款無從出，可招紳商籌款，分段辦理，辦有成效，按其所潤之田遠近，所捐之款多寡，奏請從優議叙。若是，則可不費國帑而興無窮之美利。所謂開支港以便沃饒者，此也。

水利既興，而所以起水者亦不可不備，則戽水機尚焉。上古皆抱甕灌田，後世始有戽水之車，有輪盤，有機軸，其法已備，而泰西之戽水機則尤佳。其機不但備旱，並能備水，旱則如倒瀉銀潢，潦則可戽起積水，不費人力，能挽天功，實於屯墾有裨者也。爲今之計，宜購數具存於屯官署中，惟屯民輪流借用，且此機儲之於平日，所費無多；用之於臨時，厥功匪淺。既欲興此大業，即不當於惜乎小費也。所謂備戽機以資灌溉者，此也。

升科納賦，所以供國用而濟軍需，不容過於寬免。然使荒田初墾，即令升科，則民情必多畏阻，墾務何以日興？查雲南開墾於乾隆七年，内經題准部議覆，凡地角山頭坡側旱壩，可墾種在三畝以上者，照旱田十年起科之例；若係砂石磽确，不成片段，更易無定，或雖成片段，不能引水澆灌者，皆永免升科；至水濱河尾，人力可以挑培，或稍成片段在二畝以上者，照水田六年起科之例，以下則升科。此法最爲妥善。今通肯河初開，民屯情形與滇省相同，應請照滇省成法辦理，近河之田以六年升科，遠則十年升科，其沙石及片段一概永免升科，則足以廣招徠、資鼓勵矣。所謂緩升科以紓民困者，此也。

《周禮》以九職任萬民，一曰三農生九穀，二曰園圃疏草木，可見草木與穀食並重，皆有裨於民生也。今誠於通肯河兩岸、喀什喀爾圖山畔多種多木，則其有利於屯墾者。四河岸寬鬆，易有衝决，而雨刷沙石入河，又易污淺，若種樹，則樹根能結固砂泥，則不衝决又不污淺，其利一。美蔭遍於四境，可以驅旱魃而致雨師，行見雨水調勻，屯墾日盛，其利二。椅、桐、梓、漆皆有大用，而棗、柿、榆、柳爲尤佳，蓋棗柿之實可療飢，榆柳之木可以造屋，其枝葉可以爲薪，種之宜多，用之不盡，其利三。凡山麓水窪穀産不宜者，而樹木皆宜，既可與穀相輔而行，獲利亦不遜於穀，其利四。舉而行之，民屯有不起色哉？所謂兼種樹以擴利源者，此也。

以上所議八條，皆揆合時宜，參酌成法，務期上有以裨國計，下有以利民生。是否有當，伏乞憲鑑。

—8. 皇朝經世文三編　卷二八　户政六　屯墾

萬國貨殖論　葉耀元

自古帝王崇本抑末，貴農桑而賤商賈。神農制耒耜，辨百穀果木；后稷教民稼穡，樹藝五穀；太公通魚鹽，極技巧，人物歸之，繈至而輻凑，此皆由本以及末。蓋欲開商賈財貨之源，爲民樹飽暖之基，必先務農工虞人之本也。上古之世，鄰國相望，至老死不相往來，人民寡，質樸易治；後世地大物博，民庶事繁，風氣移人，若水之就下，雖有聖人難以化矣。儒者讀書明理，鑑衡千古，而知積世積時積人有愈久而愈變者。夫冬夏不可一其候，古今不可强使同，天運如是，人事可知，所貴因時制宜，經古緯今，而王會所開，何必盡同。神農以前吾不知已，至如典籍所載，外家四裔所述，黄帝以來有南夷乘白鹿獻裘；夏有島夷貢貝錦皮弁之服；商正四方獻令；周時王會貢獻悉由外洋；自漢以還，或遣人入海市珍貨奇物，或置市舶、設市區，或榷貨物，或置市舶司，彼以貨來，我以錢予，其與外洋通商，由來尚矣。然皆東南洋藩服島夷，近在一隅，而非歐、美、阿洲之各邦也。其間如安息、烏弋、山里、條支、大秦等國，即今回部小亞細亞地中海畔之波斯、勃路芝司登舊譯俾路芝、亞辣伯、意大利也，不過由陸地輾轉而至，重譯偶通耳。顧歐人之在本境通商已久，當商武丁十二年，即西歷紀元前一千二百六十有二年也，希臘人始製艘舶入地中海，遠駛洋面，爲航海貿易之始。前明正德間，歐人始知東方諸國皆可以舟楫相通，於是繞阿南航海東來，葡、班、荷、法諸國接踵而至，攘擄南洋諸島。法蘭西築堡建舍，意圖久踞，諸悉患之；葡人挈眷至澳，孳育蕃息，世據其地；荷人至澎湖，亦伐木築舍，爲久居計。當時疆吏有言通商之利者，抽納肥民，藉充府庫；廷臣有陳通商之弊者，法人兇狡，恐釀釁端。然皆具有深意，不得謂其無見也。

迄我朝龍興，遠方賓服，於是五大洲各國重譯款塞，請求獻見者何可勝數，此唐虞四千年來未有之盛也。許其立埠通商，設領事，議條約，此皆我國家柔遠之經道、覆載之量，所以來者不止，天壤也。順治十二年，荷蘭入貢通市。康熙二年，定貿易二年一次；二十二年，荷人助克鄭氏於臺灣；二十四年，海禁大開，首許荷蘭通商。自許荷後，歐洲各國皆争趨前來。雍正中，英人以粤省規弊過重，旋移入浙。乾隆二十年，英又請納餉運貨至寧波；二十二年，因奏加浙税，上許之；尋又赴粤通市；五十八年，英遣使入貢。然其往來澳中，疾法忌葡，蓄心積慮，而釀成嘉慶七年、十三年之釁端矣。英人自通商粤中，設大班貿易公司，而粤中又設洋商通事、洋行十三家，與公司交通，利權獨擅。夫公司貲本悉假國帑，嗣因虧折不能償。迄道光十四年，英廷患之，乘機裁革，公司於是解散矣。嗣屢次齟齬，邊釁疊起，甚至入犯帝闕。至咸豐末年，而南北洋通商已有牛莊、天津、登州、上海、寧波、福州、厦門、廣州、潮州、瓊州、臺灣淡水及内江三埠，共十五口矣。此皆封疆無人，遇事棘手，不能施德振威，俾遠人感慕，致啓兵端，使堂堂中國受制於島夷梟猾之邦，良可慨也。夫通商所以牟利也，搆釁所以要求通商也，乃以烟、教之端，猜憤之隙，日積而深。但恪遵我祖宗成憲，厚待遠人，曲爲體恤，雖至番苗，亦將化矣。推我誠，布我公，事有可以利民富國者，宜中外合力爲之，士氣漸平，邦交日篤。如是而此往彼來，熙熙攘攘，雖使天下萬國爲一家不難也。

顧西國百年以來，廣譯六經、四書，歸教國人，創書院，置中華圖書數千種，我教日興，遠被絶域。此所謂凡有血氣莫不尊親者哉！其人好學篤志，能發憤，爲事有始終，數百年後，孔氏之教當遍行天下矣，可不懼哉，可不喜哉！歐美諸邦，貪而勇，君臣上下好賈趨利，利之所在，勞苦艱難無所避，豈所謂上下交征利者耶？然其好稼穡，殖百穀果木，猶有先王之遺風，讀我書未及百年也，何聖人之咸格如此其速哉！彼欲善商賈之末，先饒物産之源，闢山澤之利，極工藝之巧，皆所以由本及末也，故其稱曰格致興而物産盛，物産盛而商務旺，毋怯，毋驕，毋怠，毋躁，信義相孚，商務乃興。其治生産，猶行軍出令，公事不畢則身不得會友酬酢。考經緯，定寒暑，造舟車，察天氣，興水利，辨土脉，變肥磽，度山川高下以窮樹藝之道，而佐之以化、算、地力各學，日省月試，爲卝礦工虞之大備。於是設農部以司種植，礦虞以掌山澤，工藝以製器物，而總之以商部。上下一氣，相地勢之利，乘時而至。論其盈虧難易則知貴賤，貴上極則反賤，賤下極則反貴，此貨物之情，商賈之大經也。李悝務盡地力，白圭樂觀時變，西人殆得其遺法矣。天下物産，不外乎五穀、果菜、蠶桑、畜牧、麻縷、絲絮、布帛、茶烟、林木、魚鹽、珠璣、寶玉、五金、煤石、消黄、油氣、器皿什物。天生萬物，不相偏而若相偏，使萬物有有無無，以所多易所鮮，梯山航海，往來於大地七萬里間，而成熙攘之世，豈非天哉？

物産中首重五穀，散布於赤道南北七十度，亞歐美阿澳五洲，皆樹五穀，而亞美爲最盛。他若澳西、亞北多沙，地亢旱，不利於種植。阿洲沙漠最多，内地草茅未啓，民不知文，草木暢茂，禽獸繁殖，尚在鴻濛之世。計其未開闢者，得中國十八省者四，中國全國者約二倍，此天所留以待后來者也。美利堅、喀納塔、印度有麥産之饒，饒甲天下。天下食麥者多，稻次之，粱、黍又次之，故曰麥者，天下貿易之長者也。光緒十年，統核五洲約産麥九十億斗，而美利堅、喀納塔、印度、日本、智利、阿、澳等處，多至六十億斗，可謂盛矣。美麥與印麥同其廉，而樹藝之良則印不若美。喀納塔有一處距海千五百里，産麥頗饒，由海濱復運至外邦，共歷四萬五千里，雖與他麥齊價，而尚能獲利，何也？以其種植巧而輸進便也。緬甸、印度、暹羅、日本等國之米産，多有販至歐洲者，皆能獲利。史遷曰："百里不販樵，千里不販糴。"以今觀之，豈盡然哉？麰麥爲百穀之祖，芒、萊、蕎、雀諸麥，皆其類也。蕃滋易生莫如麰麥，北緯七十度挪威北境，衹種此麥。凡地可樹小麥者，亦可樹麰麥。歐洲北鄙至冷也，地中海四圍至燥熱也，他穀不生，而麰麥獨宜。美、德、俄、土、小亞細亞、阿北之阿齊尼亞種此甚多，悉用以製皮雅、威賓格諸酒。可種芒麥之區，較小麥尤廣，收成多至二倍。最饒者如英、丹、德、俄、瑞士、瑞典、挪威諸國。喀納塔山谷中芒麥極蕃，民以爲糧。萊麥、蕎麥無論地之肥磽皆可播種，丹、挪、二瑞所食麵包皆係萊麥粉，而瑞士、俄、奥諸國，百穀中萊麥最多。蕎麥爲亞洲東鄙即中國、日本等處之産，携往歐洲不過數百年耳。食稻之處，如中國東南各省，安南之東京，印度之南鄙，日本、暹羅、緬甸、小吕宋、意大利之南省、美國等處是也。統計全地人民食稻者三之一，亦云廣矣。玉蜀黍，美洲産也，歐人航海至此嘗之，以其味美，遂携種以去。亞、澳二洲之北，亞洲之東南，種之最宜。它若俄、埃、土諸國，産此黍亦饒，以代粦麥，而收成倍之。如光緒十四年，澳洲有麥田三十九萬英畝，英畝約六倍於華畝。收麥四百七十萬博萩；每博萩得八軋倫，一軋倫得八英升，而英升略小於華升，是每博萩約得華量六斗餘。玉蜀黍十七萬英畝，收有四百九十萬博萩。所種麥田倍多於黍，而所收尚不及黍，黍之蕃滋可知矣，故人衆地重之區，種此最宜。萩、薯亦糧食之要品也。喀、美、地中海四圍産豆頗饒，歐南、阿北、亞洲之東南多有販豆者，西班牙及燥熱之區往往食豆。上古之人多食赤豆，中國、日本、印度等處以黄豆作豆腐西國無此物、漿、油。薯芋爲物綿延易生，英、法、德三國所用甚繁。

至如果，有五果：山果、夷果、蓏果、水果之别，種類頗多，如蘋果、橘、柚、葡萄、無花果、核桃、栗子是也。歐美各國用蘋果甚繁，歐人所食大半從美、喀、澳販至者。向以橘、柚爲中國産，至今華人最精種橘。初行至安南、東京、印度等處，明正統時，葡萄牙人始將橘種携往歐洲，地中海四周頗蕃殖。西印度、巴西、亞洲之東南皆有橘、柚之饒。英、法二國氣候不宜於橘。至橘産之良，則首推地中海及西印度也。凡可種橘之處，亦可種無花果。最宜者如地中海東畔小亞細亞、希臘、意大利南鄙是也。各國産蒲萄雖多，然皆不販售它處，常作本處造酒之用。希臘附近諸島及亢陽之區産此最饒，其在赤道南北四十度内者，皆可製酒。此外蒲萄雖能爲酒，味惡劣不堪飲，於商務無涉也。法國産酒最多，每年約製九億四千萬軋倫；其次如意、班、奥、葡、德、意大利、呢布利色、斐雅、俄、英、美、亞利及斯、考老尼角；最少者爲澳洲、中國，每年約製酒二百萬軋倫。酒之佳者亦以法國爲最焉。向用以製糖者惟蔗麥。考種甘蔗之區亦廣，赤道北西班牙可種至三十七度，赤道南如南洲可種至三十度。此物亞洲東南産也，西國素無此物，其初由亞喇伯人携蔗種至埃及國，迄唐昭宗時，地中海島上往往有種蔗者。後傳至西班牙，至今歐洲種蔗，衹西班牙一國。它如西印度、灰阿那、巴西、噶羅巴、小吕宋、非利必那群島、中國、毛里希歐司、埃及諸處，皆有甘蔗販至他處。今西人多用紅菜頭製糖，新法也，歐洲内地種此頗多，美國舊金山多有其種，近年日本、新西蘭皆行試種，頗著效驗。至如中國、德意志、比利時、墨西哥、山度明哥皆饒糖産。二百年前，歐洲合屬每年衹用糖五萬噸，今獨一英國每年需糖一百萬噸，糖業之盛可想而知。此外，製糖之物尚有數種，如粟、黍及棗、椰、靡婆西穀米此米係樹心所作，非穀類也。各樹，皆可製糖，惟不盛耳。此五穀果菜，皆萬國通行之産，貿易之要貨也。

次於百穀果菜者，爲蠶桑、畜牧、紵麻、綿絮、布帛、茶烟。全地絲、茶以中國爲大宗，至今中國産絲三倍於歐洲，販出外邦者得三之二。其地凡可樹桑者即可畜蠶，所謂桑土宜蠶也。中國之外首推日本，印度亦有絲、茶之饒。當漢初時，始有販絲至意大利。意大利古名大秦，西人呼之曰羅馬，當初見有服綢服者，輒取筆紀之，昔年全盛時，幾爲歐洲一統之國。迄隋文帝時歐人始知畜蠶，其間希臘、意大利最先，嗣傳至西西里、西班牙、小亞細亞，當時貿易頗盛，至今歐洲之絲四分之三爲意大利所產。其次則法國，織綢亦法國最佳，德國次之，法之立甕城爲桑蠶要區。茶，中國產也。自東漢以還，始知茶之功用。唐末，日本、朝鮮始知種茶。明嘉靖二十三年，歐商泛海抵粵，携茶種以歸。迄國朝康熙初年，歐洲茶價貴甚，每磅約售銀二十枚，是時有商人獻茶於英皇。自來茶市首推中國、日本、印度、錫蘭等處，以其人工廉也。光緒十一年，中國茶市居全地七之五。十四年，英國進口茶，印茶忽多於華茶，此爲創見之事。今巴西、法蘭西皆產茶樹。飲茶首推英國，全地茶物英買其半，俄居四之一，美、喀六之一，其餘歸荷、比、澳洲、新西蘭各處而已。咖啡、柯柯亦茶類也，性與茶同。巴西產咖啡最饒，天下咖啡半出是處。其次如噶羅巴、錫蘭、海提、蘇門答臘、西里百諸島，及會内瑞辣、印度、小吕宋、阿非利加等處。產柯柯之處與咖啡約略相同，亦能通行各國。葡、班二國幾專食柯柯，較他邦約多六倍，二國柯柯之貿易可知矣。印度又有御米之饒。御米即罌粟，其花苞之液曰阿芙蓉，一名阿片，俗呼曰鴉片。印度出口貨有三大宗，即五穀、棉花、阿片。而阿片其一也。阿片多販至我國，我受其害者五十年於兹矣。英人以印度爲外府，恃阿片爲利源。間有一二老成人，亦以販烟爲非義。近今華人亦廣種罌粟，自粵、川、滇、桂、閩、越、兩湖、三江以至陝、甘等處，幾遍十八省，由是印烟大衰，然每年販進猶有銀二千八百萬兩之多，漏巵之禍尚未已也。阿片功用與金雞那略同，西國衹用以入藥，所含之質亦硝養淡炭，與金鷄那同質而異分。印度產烟葉亦多，他如墨西哥及中國、南洋諸島皆栽烟草，以資商販貿易。

美、印、俄、墨皆饒畜牧、棉麻之利。澳洲考老尼、新西蘭以及比、丹、葡、班、喀納塔、烏拉乖雖有牧野馬牛羊之饒，而無棉麻之利。英、德、奥、瑞、意、希、秘亦多芻地，勤於畜牧。其間各國或有麻纑，無棉絮，或多棉絮，寡紵纑。至如埃及、巴西諸國，皆饒木棉，少畜牧，故皮革、罽毲寡有。各國牲畜羊最多，牛次之，馬、騾、豕最少，故羊之於貿易甚鉅也。温暖之帶產羊毛最佳，地中海四周多芻草，地最宜畜牧，其毛□毿柔澤。澳洲畜牧甲於天下，牧地多至五千萬畝，牛羊多至九千萬頭。南美洲羊亦相若，然每羊產毛僅得澳羊之半，不獨以澳地相宜，亦澳人善畜故也。其次爲美、英、俄、烏拉乖、阿根廷諸國。產麻之地甚廣，自印度之南，迄俄羅斯之北，皆可種植。歐洲產麻之區大半在俄，種類以意、俄爲最良。麻布之精，首推德、奥。它若比利時、阿爾蘭、法蘭西各處之袈裟布，亦稱爲最。麻之爲物，練績頗煩，各國患之，僉謂如可代以機器，不致繁重，始可廣種麻云。棉，温熱帶交界之産也。印度產棉最古，周宣王時已有樹棉者，亞、歐、阿三洲之棉，皆印度產也。天下產棉最饒者，莫如美利堅、印度、埃及、巴西等國。中華所產衹供本國之用，無販售外邦。初歐人不知紡織，迨北宋初年，摩洛哥人始創織布之法，元成帝時棉紗始進，英國所用紡車與中國同，衹紡單紗。迄國朝乾隆中，創紡紗新機，紡紗易且多，嗣屢加修改，使更便捷。道光中，美人復製新紡機，較英機更巧。至今精益求精，盡用汽機，每具紡紗多至千餘縷，每七日作工五十六小時有半，紡紗一千七百磅，每磅得華衡十二兩，約衹費英銅錢一枚又十六分之七，約得華制錢三十四五文，可謂廉矣。華紗當四倍之焉，宜其用機織布販運於數萬里外，猶得奪他布之利也。今最巧織機，於一分時中梭可往還二百次。光緒十年，英國某處設賽奇會，會中有織機一具，一分時中梭可往還四百次，是每秒約可往復七次，可謂捷矣。歐洲布業，英最盛，初賈於歐洲各國，旋即衰敗，復興於阿洲、中國、印度、日本等處。今印人亦勤紡織，販售於中國、日本，較英獲利更厚，因其産棉多，人工廉，販運簡也，然最細之布仍難與英布相頡頏。

光緒十二年，全地棉市有千分，獨英一國買有三百八十三分，歐洲其餘各國共購三百七十六分，美國購二百四十一分。英國布業之盛，於此可見矣。今各國紡織並興，獨美國最速。考英國紡織廠多至七千餘處，意大利繅絲局多至二千户，瑞士、法蘭西皆有絲綢之富，法之綢局織廠共有四千户；瑞士介於法、德、奧、意之間，民多文綵，産錦繡，繡綢之莊共千五百家，每年産繡綢四千萬銀。天下鐘表之精首推瑞士，光緒八年，鐘表價值多至銀一千六百萬兩。歐、美、阿洲各邦，貧富强弱雖有不齊，而其勤畜牧，務耕織，阜物善賈，則大致相同。加之以工藝之巧，舟車之利，而呢羼、布匹、氍毹、氈毯之屬，幾遍天下。考近年通商總册，中國進口貨歲輸銀一億餘兩，其中布匹得三千七百萬，呢羼六百萬，阿片二千八百萬。此爲布、烟兩大宗。它如銅、鐵、煤、棉、油、海味等約得二千餘萬，出口貨歲入銀八千餘萬兩，其中絲綢共得三千餘萬，茶葉三千萬。此爲絲、茶兩大宗。它如草帽邊、糖、紙、衣服、華人之流寓澳、美、新西蘭、新加坡、南洋諸島者，實繁有徒，故有衣服出口。皮革、磁器等約有千餘萬。考出入貨殖，則中外通商大勢，不啻洞若觀火，但使出入相平，已可爲長治久安之策矣。今瀕海各省幾乎無人之身無洋布，人民上下十人之中必有嗜烟者。嗚呼，是亦不可以已乎。當世賢臣卿相蒿目時艱，憂民憂國，於是招商設電、開礦、造車以奪西人之利權。今夫漏巵洋布、阿片，而已補漏巵者絲、茶而已，塞漏巵者禁烟興布而已。雖禁烟之令一時難下，而力農務織，整頓絲、茶，此出於農而成於工，培本之方，易行之事也。他如虞人掌山澤之利，丱人開礦産之源，皆中華自古本有之事，何在不可以奪洋利？講求時務者往往矜奇炫異，專事旁求，毋乃失其本乎？

考歐、美、阿、亞各邦，多有林木、魚鹽之饒，金、石、煤、鐵之富。英吉利、法蘭西皆饒魚鹽，喀納塔、挪威、比利時、紐方蘭、勃倫瑞克、日本均濱海而處，捕魚爲業者叢萃其間。甚至如喀納塔於光緒十三年中，産魚值銀二千五百萬，英國産魚值三千餘萬，重六十萬噸，漁之利亦厚矣。至如俄、美、德、奧、意、班、葡、印皆饒瀉鹵之地，多産鹽。鹽有水陸二種，海鹽係海水所煮，陸鹽乃地中生成，如中國東瀕海，多海鹽，西高陸，多鹽鹵也。英、俄、德、意、中、日皆多茂林，有五金、煤礦之饒。他如印度、錫蘭、喀納塔、荷蘭、瑞士、比利時、葡萄牙莫不沃野數千里，多大賈擅材木之利。紐方蘭、勃倫瑞克多良木，英人近設鋸木廠一所，故僉謂是處木産有蒸蒸日上之勢焉。墨西哥、秘魯、澳洲、智利、波力、斐雅、會内瑞辣、法蘭西、奧斯、西班牙、瑞典、比利時、奧凌資、福里司、代得、特蘭司福耳、那塔耳各處，大半産黄金、銀礦、銅、鐵、鉛、錫、鋅、煤石、消黄，而墨、秘、澳三處金、銀最饒，英、美、德、法、比鐵冶最富。至於産銅之山，首推美、智、班、德諸國。他若南澳、俄、英、法以及考尼、會内瑞辣、瑞典、挪威，莫不穴山采礦，鍊礦成銅，以致富饒。各國銅礦，咸運至英國煆煉，故銅産貿易英爲獨盛。班、美二國産鉛最旺；英、秘、希臘次之；其如愛耳及里歐、土耳其、智利等國，雖有，不多；惟法國爲最少。昔年僅英國産錫，今新加坡錫礦頗饒，亞、美、澳各屬，往往多有其物，其中惟尼伍埽資外耳司所産較旺。西班牙、意大利、奧斯馬加等國多有汞穴，道光末年，美國克里佛尼雅即舊金山開掘此物頗旺。他如中國、墨西哥、秘魯、色斐雅等處多有之。俄羅斯並産白金。白金爲天下最貴之金，黄金每立方寸約重十七兩，而白金重於黄金三之一，其名貴可知。中、英、美、意、比皆饒礪砥各石，而中、意二國尤多雲石。奧凌資，阿洲南陸也，其地多（駝）［鴕］鳥，産金鋼寶石、美玉、瑪瑙。考老尼角亦産金鋼石甚夥，統計出口貨，金鋼石居七之四，其多可知。天下蓄煤之地中國最富，約有一百八十萬方里，美國略相埒。喀納塔得中國三之一，印度六之一，尼伍埽資外耳司八之一，俄羅斯十之一，英吉利十八之一，西班牙三十六之一，日本四十之一，法蘭西百之一，奧斯馬加一百十二之一，德意志與奧斯相埒，以至比利時祇得中國四百分之一，其餘無足論矣。至開采之多寡，則以英、美爲最，德、法、奧、比次之，俄、尼、喀、印、日、中、班諸國爲最少。奧凌資、特蘭司産煤最佳。波力斐雅産橡皮最良。

他如植物油，亦各國商貨之一種也。此油多藏子核中，恒産於温熱兩帶之交。含油最多莫如橄欖、花生、芝麻、棉花子、棕櫚。按油之爲用甚廣，或澆燭，或製藥，或飲食，或點燃，甚至如麻油竟可製爲顔料。油大半可熬肥皂，如棕樹油爲熬肥皂必需之物也。歐洲南境植橄欖最蕃。其地當温帶之南，熱帶之北，雖暖煦無酷暑也。如意、葡、班諸國，天時地氣均宜，産橄欖油頗盛。他如小亞細亞北境、墨西哥、智利、秘魯及南美洲各屬、南澳洲、中國南鄙、印度等處，多有植橄欖。橄欖油惟意大利最旺，法國産油雖不及意大利之多，而油之精良則過之，意油多販至法蘭西。英國所市者，皆來自班、土、摩摩洛哥、都都尼司等國。芝麻産自中國、印度、小亞細亞、阿洲西境等處，此物含油極多，百斤芝麻約可磨油五十斤。棕油大半産自錫蘭、新加坡、婆羅洲噶羅巴群島及南亞、美利各屬。

植物油之外又有軟石油俗呼洋油、煤油、火油、自然煤氣亦蜀中煮鹽火井之類。軟石油産於地中，自然生成。自産此油，而植物油之爲用不廣矣。遍地皆産軟石油，惟俄、美爲最饒。近年俄地産油之井與中國川、桂間諸葛井、火井同甚夥，油自井中激流噴漂，與源泉無異。惟渾濁不適於用，百分中可濾三十分净油。自光緒七年至十一年，數年内産油至三十七億八百萬軋倫之多，光緒十三年計其販運各處有四億軋倫，其油商亦盛矣。美國之紐約、烹昔耳、斐阿皆産軟石油。有一山長約五百里，寬百餘里，其地約鑿油井二萬口。近十年間産油更饒，每年可産十億軋倫，甚至二十億軋倫，較俄油甚佳，百分中可濾八十餘分净油。美油雖湧盛一時，然年少一年，源流枯澀，恐難歷久耳，要不若俄之源源不絶也。美國又有自然煤氣之饒，鑿井貯器可用點燃，與俗用之煤氣燈同。聞於光緒十三年産自然煤氣值銀一千三百萬兩之多，其數亦鉅矣。他如中國、日本、緬甸、美洲之喀納塔、會内瑞辣、歐之奧、德、意諸國多産軟石油，或已開掘，或僅察知，或向有而今漸湮没。衰旺固地運使然。要之，非人力亦無以收其自然之利耳。

其餘凡百工藝，一切製造金石、木器、日用什物盈千累萬，書不勝書，要皆無關於通商全局。各國於輪船、鐵路、電報孳孳講求，不遺餘力，大半爲商務也。各國中美最富饒，而開闢則最遲，每歲出入款相抵，必盈餘銀五六千萬兩。英國每歲出入相抵適均。其他各國每歲出入相抵，無有不負者。故曰：凡有國家者，教化愈興，政治愈美，則出入之款必愈平準。其説近是。觀各國致富之道，莫不先饒物産，極農工、虞人之業，而後度水陸之險易，通之以商賈。所事皆有本末，非苟而已也。至如舍本逐末，見利忘義，西人亦醜之。余悲世俗不察其類，而猥以英、美諸邦，令與番獠蠻觸同類而共鄙之也。晚近世風日下，人無恒心，懷利去仁義，争富貴，趨炎勢，務寵賂，荒學業，每見位卑勢微者輒鄙夷之。嗚呼！自古論人，以品學不以勢位，品高者雖萬世不朽，品污者雖高必崩，與其忍心爲非，以强致富饒，毋寧耕織誦讀，灌治田園，經商服賈，逐什一，權子母，牟其餘利，以給公上，以事父母，以畜妻子，猶得以安俗樂業，克全本性。此亦人情所同，中外一致，豈可異而視之哉？我中國地大物博，處亞洲之東南。東南饒瀕海之利，西北擅山原之富，内地沃壤數千里。物産山出棊置，五金、煤礦遍野皆是，而山東即墨一帶尤饒金銀，舉所謂五穀、果菜、蠶桑、畜牧、麻縷、絲絮、布帛、茶烟、林木、魚鹽、珠璣、寶玉、五金、煤石、消黄、油氣，各國所有者，中國無不有，各國有最饒者，中國更饒之。夫物産猶水源也，商販貿易猶江河支派也，源遠流長，理勢然也。矧開闢之，古文教之隆，人民之衆，甲於天下。此乃天生絶大厚地，地重難動摇，誠能窮樹藝之經，西國講求農、工、商賈皆有學堂，有專書。廣山澤之産，闢丱礦之源，通舟車歐美各大邦，創電報、鐵路，往往貨債至一二億之多，常事耳。凡一事初創必難，久行不倦，終能獲利，各國已成之事可鑒也。此非因兵敗賠餉，或荒淫無度而借債，則有去無來，人皆恥之，如法、土等國是也。故不患借款之鉅，但患辦理之不得其人耳。今我國自南而北築一鐵路，非有專款五千萬不可，苟能明約信言，仿各國借民債之法，則此事似乎不難。之利，無論工藝物産，凡可以收天下之利權者，皆宜仿行試種。設農、工、礦虞各學堂於南北通商各埠，擇其尤者，使通英、美、德、法、荷各國方言，英、美二國文語同。五國屬地最廣，商務最盛。考各國民風嗜好，物産盛衰，道路遠近，輸運難易，税則輕重，條約寬嚴，貨物真僞、美惡、貴賤，權衡度量、錢幣異同，以及匯票、銀紙、保險則例，簿書帳目出入算數，靡不詳盡無遺，務求實濟。於是疆吏設商部南、中、北三處：南設於廣東之廣州，中設於江蘇之上海，北設於直隸之天津，商務學堂即在其中。舟車所至，人力所通，凡有人類者皆可通商。毋濫，毋苛，毋驕，毋疾，毋顧私以害公，毋徇情以錮蔽，毋有始而無終，毋沽名而盜譽，毋自信，毋偏聽，毋欺，毋詐，毋飽囊橐，勿以小廉而不爲，勿以小貪而爲之。擇人任事賢賢，賊不肖。然吾計者，用之必興，留之；否吾計者，雖令不從，去之。如是經營，行之十年而猶未能駕乎各國之上者，吾不信也！

—9. 皇朝經世文新編　卷九　農政

文論《卧廬文稿》

有學人之文，有才人之文。學人以學問鎔性情，其爲文也，與天地同其節；才人以學問舒性情，其爲文也，與天地同其變。與天地同其節者，烟景必於春，雷霆必於夏，風霜必於秋，冰雪必於冬，其性情所發，常得天地之正氣，故立言平粹，有甄陶萬世之功。與天地同其變者，春雲煦物，忽而電掣風馳，秋濤捲空，忽而水清石瘦。才人之文，不必盡衷諸道，而天下古今之情變則固腹存手集，而有震動一世之神，如天地之大寒暑灾祥變，亦不失其正也。才人爲文，當去其褻嫚之詞，而不當抑其激昂之氣。學人爲文，當務爲練達人情之學，而不可存偏執一己之心。激則可挽頹波而行山，練則不至坐幽室而談道。扶世立教，其功必要諸此。此文所以爲天地之心也。

—5. 皇朝經世文續編　卷五　學術五　文學一

問格致之學泰西與中國有無異同　闕名

格致之學，中國與泰西有各異者，有相似者，有同而異，異而同者。

泰西格物，非空談以理，必以試驗得實、著有成效者爲據。有若輪船、火車、風雨針、寒暑針、電線、電燈、得律風、天氣球、郤水衣及一切機器製造等件，無一不從格物中來。其格物也，舉萬物之性質一一考其異同，更以調和交感之法加於物，分之而得其純一之質，合之而得其變化之理。如論水，知爲養氣輕氣合而成；論火，知爲養氣炭氣合而成；論木，知必有養、輕、炭三氣合而成。好學之士，悉心講求，日增月盛。有若天文質學、地學、動物學、金石學、電學、天氣學、光學、植物學、醫學、算學、幾何原本學、身體學、身理學、重學、流質重學，莫不加密求精，競於有用。今格致家精天文者，能以千里鏡見日月五星體象及轉運之奇，與所以成四時晝夜及日食月食之故。且知衆行星小日五百倍，日大於地一百三十萬倍，地大於水星十四倍，大於火星三倍，土星大於地一千倍，木星大於地一千四百倍，聶段星大於地八十倍。精質學者，能推論物之性質，論力知有攝引、黏合、配合之别，論定質則辨物動音分，以及因熱而幻爲流質氣質之理，與所以有冷有熱、有光有電之故。精地學者，能以數端證地體之圓，并知地球之體週圍八萬七千一百九十二里，直徑二萬七千六百九十二里。又考上下數千年間地殼所有諸石層之所自成，與石層中露有鳥雀、蟲魚、草木等迹之故。且因五金傳熱、毛羽不傳熱之故，而知地心之熱力足以長物，與吸力足以載物。精動物學者，則能分有脊骨、可分節、有生命、無知識四類。精金石學者，則能分氣質、水質、炭并合炭之質、硫磺質、酸與土或與某類强水合成之鹽質、土石質、金質七類。精電學者，則辨電氣之生，有二物相磨而生者，有二性合化而生者，有加熱於紅銅與倭船等金而生者，有磁石自生分兩起者，有動物體中盛含電氣觸物即發者。精化學者，能詳究諸物内皆有幾多原質，并各原質之分數多寡，及各物與諸原質之性何若，并諸原質相合相離之性何若。精天氣學者，查明風雨、霜露、雹雪、虹霓皆爲天氣幻成之形。天氣有寒暑，而漲縮疏密及壓力增減均一。又計週地球之天氣，原有百二十里或百五十里不等，動即成風；水氣結而爲雲，雲逐風飛，爲熱所致。日初出與欲没時，其體大而光斂者，乃日體上下界邊處之光參差不同，所遵曲線不能平入人目之故；迨午，則空氣較薄，而曲線少直入人目，故體小而光明。精光學者，知光每分時行三千萬里，日光下射八分時即至地面。且知光色白者，諸色皆備，故不復受色；光色黑者，諸色皆無，故能受衆色。因此而辨虹蜺之七色，窺玻璃之三角焉。精重學者，知凡物由高墜下，歷幾分至幾多里數，且能以水之輕重較物之分兩。精身體學者，能詳察人物内外筋骨皮肉、臟腑經絡，并腦氣筋等形狀，與呼吸出入、氣血周流之真據。精身理學者，能明人身中之理。精植物學者，能别花類陰陽，且知花鬚爲葉所化。其他著書林立，不可殫述，此特約舉其最精者言之。而功用尤妙，在顯而能見。如測經緯而知所行之地，則度數可信。由赤道北行至赤道南，寒暑各異，則地球每歲周太陽而轉之説可信。東西兩半球電語相傳，時刻各異，則地球每日東西轉一週之説可信。東行歷地球一週，仍至故處；登高望遠，來船先見桅尖，則地體之圓可信。懸兩鈴於櫃中，用器吸氣盡出，櫃外摇櫃，使鈴相擊，寂然無聲，則聲音籍風以揚之説可信。置錢碗中，退行使恰不相見，注水於碗，漸注漸見，則光射水中之物必略折斜入之説可信。類如此者，誠可謂格致之實益焉。

《大學》格致之説，自漢儒鄭康成以下，論者數十家。《蒼頡篇》云："格量度也。"黎氏《大學發微》云："格物，格其物，有本末之物；致知，致其知，所先後之知。"鄭氏《禮記注》云："格，來也；物，猶事也。"孔氏潁達，以格物兼行善惡説。其後，李習之《復性書中篇》小變其説曰："物者，萬物也；格者，來至也。"司馬温公謂：鄭氏未盡古人之意，其釋格物曰："格猶扞也，禦也，如格鬬之格。"孫氏鍾元曰："格物只一物，修身是也。致知只一知，知本是也。"魏文靖公曰："明德本也，親民末也。格物者，格此而已。"又有别開生面，以格作格律、格式解者。吴興沈氏，以先儒解格物爲窮極物理、格去萬物，皆未免於用力。若作一切照破解，則物自無不極其解。格爲"若大人能格君心之非"之格，不待用力，説近禪學。廬陵胡氏以格爲如《書》言"格如舜"之格，又曰如《緇衣》"民有格心"之格，又曰如《書》言"惟先格王"之格，又訓格爲"正"，如《論語》"有恥且格"之格。或説心，或説性，或説理，或説良知，千言萬語，終無把握。朱子取程子之意以補之，謂在"即物而窮理"，其解正矣。惜後儒未能本此意以推廣之，而求其一定之理，以究其實效，故雖知格物爲治平之本，都未嘗格出一物。王文成公取庭前竹格之，七日無所得，至於成病，由是專用力於良知一途，未免愈變而愈失其本來矣。夫曾子作《大學》，原未嘗明言所格者何物，所致者何知。惟考曾子以前，制作代興，可知三代上雖無格致之説，實有格致之事。三代下，多論格致之理，實未見格致之效。夫有一物，即有一物之理。格物者，當逐物而詳究其理，不當離物而虚論其理。後儒不察，至并舉物理之説而紛之，不亦難乎！所謂各異者，此也。

論者謂：格致之學，中西同出一源。一切所講論之法，皆中國所固有，西人特踵而精之。如天文，中國渾天之説謂天如雞子，地如雞子中黄，居於天内，天大而地小。《倉頡》曰："地日行一度，風輪扶之。"《書》考靈曜曰："地恒動不止。"《春秋》元命苞曰："地右轉以迎天。"《河圖括地象》曰："地右動起於畢西國。"所述天地之形，不能出此大旨也。論算學，則中國《九章》《天元》《四元》之書，本由西法一理，惟立式稍異。曆家以八線弧角算天，不過取其簡便，實則與六宗三要同出勾股一源論。化學則於《書》稱：水潤下作鹹，火炎上作苦，木曲直作酸，金從革作辛，土稼穡作甘。《墨子》言：五合水火土，離然鑠金，腐水離木。《張子》言：木金者，土之華實也。性有水火之雜，故木水漬而生火，然而不離，蓋得土之浮華與水火之交。金得火之精於火之燥，得水之精於水之濡，故水火相待而不害。爍之反流而不耗，蓋得土之精實於水火之際。《亢倉子》言：蜕地之謂水，蜕水之謂氣。以及陽燧取火，方諸取水等説，不甚相異。此外如重學，則與《墨子》均髮均懸等説同。聲學，則即古人聞牛鳴窌中而知宫，離群羊而知商，聽雉登木鳴而知角，見豕負而駭而知徵，聽鳴鳥在樹而知羽，同出一理。光學，則與臨鑑立景、二光夾一光等説，同出一理。電學，則與

《淮南子》陰陽相溥爲雷，激揚爲電，鍊土生木，鍊木生火，鍊火生雲，鍊雲生水反土，及頓牟掇芥、磁石引鍼等説，大同小異，特詳略各殊耳。凡此論説，皆巧於會通。所謂相似者，此也。

西人謂中國格致之學，與泰西古時相類。蓋泰西格致之學，始於希臘之阿盧力士託德爾。其學多就耳目所接，逐加試驗，迄無定據。因此憑己之思議，著爲成書。擬議天地之理，博引見聞之事，辨論紛繁。雖究心微妙，多屬揣測。其謂天地萬物有四行，乃合水火氣土而成，多所缺漏。迨後畢他哥拉斯與柏類多繼之，以天事與人事相雜，而雜以鬼神之道，後復雜以數學。有名比羅士者，從而損之，矯執拗而成鄙細，皆不足道。迨至明季萬曆間，英國刑司貝根創爲新論，謂窮理必溯天地之大原。尚臆説者往往歧於摹想，譬彼大匠，非繩墨不能知曲直，非丈尺不能度長短，必心力與機器互用，方可得其實據，而大略可定。又云：格物之學，由物中謹慎彙選，先融化於智慧之心而包涵之，去渣滓以存其精液，更試驗其所行之事而强識之，辨虚誣而歸真實。爰是，設立二法：曰心機料量，曰天地闡義，一以輔助格致之學，一以研窮萬物之理。其書曰格致新理共分七類：曰天地闡義，凡三十七條；曰方尺意像，凡二十四條；曰格物諸理，凡九條；曰格物差謬，凡七條；曰格物謬因，凡十五條。曰格物學漸興之基，凡三十三條；曰天地闡義新法，凡十五條。皆更易古昔之遺傳而新其義理，探求天地萬物之底藴而顯其功用。分條析縷，正喻互用，不下數萬言。當書之初成，頗形扞格。迨後屢試屢驗，如風象、天氣、養生術、星學、醫學等，皆是。由此前説盡闢，其學始精。未幾，有名鈕敦者，出而相繼，加增測量之法，指出（慧）［彗］星之道。而泰西好學之士，皆知講求實益。所謂同而異者，此也。雖然中西格致因自有相同之義，要當據其最真者以相提而並論，方爲的實。其他或是或非，毋庸紛論。

中國古時，燧人氏鑽木取火，神農氏嘗藥辨性，作耒耜、興陶冶，伏羲氏畫八卦、造書契，軒轅氏作甲胄舟車，金天氏作弧矢網罟，虞廷之璇璣玉衡，成湯之飛車，周官之銅壺晝漏，周公之指南車，此其最著者也。三代而下，如公輸子之削木爲鳶，可以升天，削木爲御，可以駕車；墨子亦能削鵲而飛；偃師傀儡，手足運動無異生人；孫武之梯衝，用以攻城；諸葛武侯之木牛流馬，藉以運糧；朱買臣之樓船，祖冲之之千里船，不因風水，施機自運；王彦恢之飛虎輪艦，楊么之輪船，專恃人力，行駛水面，其捷如飛；元順帝之龍舟、宫漏……此其奇技妙搆，巧思獨絶，無異西人之各出心裁。惜遺制淪亡，皆不可考耳。或疑古書所載，恐未必真。安知其必不真乎？至於火器一端，中國雖不及泰西之精，而其器實先有之。南宋金元之際，漸已流行。虞允文采石之戰，發霹靂炮敗敵；金人守汴，城中有名震天雷者，用鐵罐盛藥，以火點之，聲發如雷。按此即近代用火炮之始。阿里海牙攻樊城時，元世祖得回回亦思馬，因所獻新炮法，命送軍前以之攻樊，樊破，遂移攻襄陽，一炮中譙樓，聲如震雷，世所謂襄陽炮也。火炮之制，至是而益精。然元代僅一用之，而造法不傳。泰西於此時製造火器，尚未有所聞也。由是觀之，開物成務，中西具各精心，則非中國與泰西古時同，實泰西與中國古時相類！所謂異而同者，此也。

溯泰西之制作遠不過二千餘年，而中國三千年前已制作代興，實開泰西之先。設相傳至今，源源不絶，則其精於泰西者當不知凡幾。祗因務其大而不深究其細，持其本而不急治其末，反令有用之學盡失其傳，致與泰西巧拙相判。學問消長之機，實國勢强弱所係。所最可異者，中國制作就衰之時，正泰西格致漸興之日。編史紀年，彰明較著，一若造物之主，惟恐精奇之詣不留天壤，聰明之用汩於人心，而默爲維持，使泰西之踵其後者。中國軍興以來，勤求治術，朝廷特俞重臣之請，於瀕海各省設立機器製造局、船政局、輿圖局、水師院、電報局，講求格致之事，近日又允廷臣之請，議興鐵路。由此蒸蒸日上，歲異月新，不獨可與泰西等，且不難駕六洲諸國而上之，亦何必矜古制之留傳，與泰西争勝哉！潛心格致者，但當以是存心，勤求實學，固不可謂中國不如泰西之聰明，亦不必謂泰西盡竊中國之餘緒。但觀其後，勿論其前；但奮有用之精神，不作無益之辨論。是所望於取精用宏、利國愛民之君子也。

—13. 皇朝經世文統編　卷九五　格物部一　格致

問魏氏《海國圖志》與徐氏《瀛寰志略》考證孰優　闕名

徐繼畬《瀛寰志略》十卷，魏源《海國圖志》一百卷，二書皆考四海諸國。而魏書卷帙十倍於徐書，論考證之詳明，固魏優於徐矣。然徐書作於前，魏書作於後；創始者難爲功，繼起者易爲力也。考徐繼畬，字松龕，山西五臺人，官福建巡撫，作此書成時爲道光十八年。魏源字默深，湖南邵陽人，官高郵州知州。其書初成則六十卷，時爲道光二十六年，後又續增四十卷，合爲百卷，時則咸豐二年也。徐則作於前，魏則作於後也。

夫論中國諸近國，則全史諸書多已言之。至西洋諸遠國，則前明時西洋之利瑪竇、南懷仁著書始言之。然言多誇飾，而略於疆域、制度、兵刑、風俗，非有裨實用、可資制馭之書也。自道光中英事起，林文忠爲粵督，專心洋務，注意制馭，始致洋人譯洋圖，詢之述之，佐以近人紀載，筆之於書，撰爲《四洲志》而未刊行。松龕與文忠同時爲閩撫，亦注意制馭，詳詢洋人，細譯地圖，參考異同，主於核實，勝於《海國聞見録》未盡合洋圖者多矣。且其大旨，意在得今時之情事，而不在考古書。此《瀛寰志略》歷五年而後成，自言書采可信，得片紙亦存稿。凡數十易，未嘗一日輟，其用心良苦矣。蓋自以雖精密而僅得崖略，故書以“志略”爲名也，然已得其要領矣。其創始之功，正不易也。至於默深又撰《海國圖志》，其自序中第言得林文忠《四洲志》之鈔本，絶不及松龕之《瀛寰志略》。然魏書備引徐書，是實本二書推廣之，又博引群書詳加考證耳，既益以分圖，亦爲夷譯，又附以諸論，兼策戰和。其自序稱：“東南諸國增林書十之八，大西洋諸國增林書十之六。”今以魏書較林、徐二書，誠爲詳備，幾於後來居上矣。蓋創始者難爲功，繼起者易爲力也。乃劉鴻翱之《瀛寰志略序》謂《海國圖志》大半臆説，此似過爲苛論矣。

今若論考證，則魏書優於徐書，請於二書言諸國，取一二國以二書合論之。如南洋之安南國。徐書則沿革括以數言，叙近時情事則頗新異，爲前人所未言，於篇末注云：“安南本中國地名，諸書言之綦詳，故不多贅。”又於篇後附引顧亭林《天下郡國利病書》，則沿革亦已甚詳矣。又引陳資齋《海國聞見録》及蔡進士親至之言，則分國與水程亦詳矣。至俗傳安南人善泅水、能釘洋船底、繩曳擱淺而焚之，又有軋船能攻破洋船之説，則辨其不確。嘗有將軋船繪圖倣造，入海無異常船，耳食之談，施之實事無效。可見松龕采書必擇可信矣。此徐書之優也。夫徐書於安南沿革，第篇首簡括而不繁引，則凡例中已言之。凡例云：南洋諸國，漢時已通中國，歷代史籍紀載或殊，轉不如近時閩粵人游者所紀録爲可據。此書皆依據近人雜書，而略附其沿革於後，僅於篇中略叙數語，以歸簡浄。蓋徐書大旨在考近今之情事，不在考古之詳明也。此亦徐書之優也。再論魏書於越南國，其首篇實本林文忠《四洲志》而增廣之。其叙安南乞師佛蘭西之事，辨之頗詳。又言師船火器諸事，誠足補徐書之闕。又引《萬國地理全圖集》及自著之《聖武記》，兼引《英夷記略》《瀛寰志略》《地理備考》《外國史略》《裨海記游》《臺灣志》《澳門記略》諸書，考證誠博矣。然如徐書所引之《天下郡國利病書》、蔡進士言轉不之及，未知何故。魏書又附以《越南疆域考》，則引《皇清通考》《一統志》。又考越南分國，則復引《東西洋考》《皇清通考》《海國聞見録》。又附考安南分國沿革，則更引《晋書》《梁書》《宋書》《水經注》《唐書》《宋史》《明史》《海録》。論其考證，誠博而優矣。以考證言，優於徐書矣。惟徐書則不信安南人能泅釘而焚洋船之説，故引《海國聞見録》則删去此語；不信軋船能破洋船之説，言倣造試之無用已辨之矣。而魏書則引明鄧芝龍釘焚洋船之事而信，引《海國聞見録》不删此語，且引郁永河《裨海記游》，尚謂軋船中國宜講，則二書所見不同也。按近今安南與法國搆兵，嘗乞援於中國；今安南地已多爲法人侵占，如更考證補之，則益優矣。近既安南屢敗，則泅釘能焚洋舟、軋船能破洋舟之説，恐不足信矣。

再請於北之俄羅斯國，合二書所言合論之。徐書言俄國雖書不盈一卷，而於篇首先略言沿革，次及國朝，俄事已略具梗概。次言疆域，分四大部：曰波羅的部，曰波蘭部，曰高加索部，曰西伯利部。又言分五大域：曰東俄，曰大俄，曰加匽俄，曰小俄，曰南俄。又析言所屬諸部及各科。其言科者，猶華言省也，兼及其國政、兵刑、風俗，又附考其沿革、都城。松龕復親詢美國人雅裨理，載其所言，切中情事，爲前人所未及。又引《海國聞見録》，又更於篇末言嘉慶、道光中，俄船至粤東、上海，經奏駁回，則大略已得要領矣，似已近優矣。再考魏書，言俄國則書盈三卷，考證加詳。其序引言：伏讀康熙《平定羅刹方略》，俄羅斯兵守雅克薩、尼布楚二城，每城兵僅數百。我黑龍江兵則數千，攻之何難決勝？而聖祖兩致書察罕，一寄書何蘭，往返數萬里，何哉？其時喀爾喀準噶爾未臣服，皆與我接壤，苟狼狽犄角，且將合從以撓我兵力。自俄羅斯盟定，而準噶爾火器無所借，敗遁無所投，即乾隆阿逆土爾扈特之事，亦無掣肘，於是西北版圖開闢萬里，經營於耳目之前，而收效於數十年、數世之後。此默深能仰見聖祖慮患之遠，見事之大，其名論誠優矣。惟其首篇曰《俄國總記》，凡五千餘言，皆林文忠《四洲志》之文也。未著《四洲志》書名，則似皆爲己言矣。至續輯乃引《萬國地理全圖集》《地球圖説》《地理備考》《外國史略》諸書，引證較詳矣，似較優矣。再考魏書，其次諸篇曰大俄十八部，曰小俄三部，曰南俄五部，曰加匽俄四部，曰南新藩俄五部，曰小部落百二十有一，曰東新藩俄四部，曰西悉畢蠻二部，曰東悉畢蠻二部，附西卑里十部，此諸篇凡八千餘言，亦皆文忠《四洲》之文也，亦不著書名，似爲己言。以此諸篇合之首篇，都計萬三千言，並爲文忠之言。默深以得林書鈔本，尚未刊行，遂隱其書名，若爲己説，近於攘美，不無可議。近人何秋濤已將《四洲志》之言俄國者，備刊入《北徼彙編》，可以校核也。惟默深續輯又引《地理備考》《地球圖説》二書，則引證加詳矣，似亦優矣。再考其續輯，又增益四篇：曰《俄國沿革》，曰《國朝俄羅斯盟聘記》，曰《元代北方疆域考》上下二篇。其《俄國沿革》篇則引《皇清四裔考》《一統志》《職方外紀》《西域聞見録》《癸巳類稿》《貿易通志》《異域録》諸書，於諸書中多加按語考論，且於《西域聞見録》更能力辨其非，足見考證之精而優矣。至《國朝俄羅斯盟聘記》則引自著《聖武記》中之所記也。又附以《澳門月報》，頗有中綮語。其《元代北方疆域考》二篇，則詳考元時俄國西北、東北兩境地，其考證尤詳矣。篇末又全引《瀛寰志略》及《志略》所引《海國聞見録》之言，則於徐書亦備采不遺也。合二書而論之，徐書意在簡而明，魏書意在詳而明；徐書意主考今，魏書意兼考古。若以考證論之，則固魏書優於徐書矣。惟《北徼彙編》中如俄羅斯進呈書籍記之類，似可擇取一二附以補之。至魏書成後，中俄近事，如歸我烏魯木齊，及昔時互市，則在中俄交界之恰克圖，近則互市於吉林極南境之琿春矣，已深入内地矣。此可備載其定約章程，續以補之也。

請再以二書之言大西洋英國者合而論之。徐書言英國，書不盈一卷。其言沿革，以中國古書所無也，乃譯洋書而敘次之。其言疆域，以英國爲海中三島：一曰英倫，則國都也；其二曰蘇格蘭；曰阿爾蘭。因析言英倫之五十二部，蘇格蘭之三十三部，阿爾蘭之三十二部。又歷言其國政教、兵刑、輪船、機器、洋礮、洋煷、物産、商務、冠服、風俗，言皆得實覽之，已可知其梗概矣。且其立論謂，英國雖僅海中三島，而國外之得地甚多，始則得美利加，繼又據印度地，後又尋得澳大利亞，復於南洋數千里外廣立埔頭，如何喀刺達歪則取之緬甸，麻剌甲、息力則易之荷蘭而富强，遂冠諸國矣。其立論精確，已得要領矣。按近今英國又乞得中國之香港，而地更近粤矣。以管窺言之，英國强以船堅炮利，智以機器輪舟，富以遠商重税，更以印度所産之鴉片烟市於中國，尤握利權，此所以富强甲天下也。而徐書已一一考核言之，似不得議其過略矣。再考魏書，則言英國書盈四卷，考證愈詳。其第一卷三篇：曰英吉利蘭墩即英倫五十三部；曰斯葛蘭即蘇格蘭三十部；曰愛倫即阿爾蘭三十部，則縷析條分，較徐書更詳矣。其餘三卷曰《英國廣述》上中下三篇，則博引旁徵，考證尤詳。上篇引《英國論略》《貿易通志》《職方外紀》《萬國地理全圖集》《地球圖説》《地理備考》《外國史略》諸書；中篇引《皇清四裔考》《海録》《英國夷情記略》《瀛寰志略》諸書；下篇引萬令裕之《記英吉利》及自著之《英吉利小記》、姚瑩之《臺灣進呈英國圖説疏》及瑩之《英吉利地圖説》諸書。夫徐書言英國不盈一卷，僅六千餘言；魏書則盈四卷，都計四萬八千餘言，加增八倍，博引群書，皆足資考證，則魏書較徐書更優矣。惟魏書成後，中英之事如咸豐中英人兵艦直駛天津，進逼都城，竟焚圓明園，而後受款，乃諭户部予巨金以償兵費，許英使駐京師，領事駐各口，而沿海五口通商，准教士於五口建天主堂，行耶穌教，不禁華人入教，凡此諸事及定約章程，似宜增入也。況近又不但沿海增口，北口已至於奉天，且又增長江各口，輪船不惟溯長江千里而上，由蕪湖、九江而至漢口，更南駛而直至湖北之宜昌矣，已十五口通商矣。此歷次定約章程似亦宜增入也。又如近之英人慕淮廉著《大英國志》、傅蘭雅著《益智新編》，其中言英之近事者似亦可約取一二以附入也。

以上第取二書言南之安南國、北之俄國、西之英國合而論之也，請再進論二書之全書。夫徐書之優，尤在諸地圖。詢洋人而譯洋圖，又博訪參考，故能核實，較前人之圖尚有未合者遠勝矣。此其優也。至於魏書增圖益多，亦皆詢譯核實，使後人觀之者於數萬里外之遠國一覽瞭然，如履其地，則更優矣。且魏書於詳考諸海國之外，於卷首又冠以《籌海》四篇，議守、議戰、議款，自抒偉論，究心經濟，專籌制取。此尤其全書精神之所注也。全書之卷末又附以要論二十七卷：曰《國地總論》三篇，則引西洋人利瑪竇、艾儒略二《記》、南懷仁《圖記》、中國人莊廷旉《圖記》、西洋瑪吉士《地理備考叙·地球總論》、美國培端《地球推方圖説》；曰《籌海總論》四篇，則備采《蕭氏粤東市舶議》、浙粤章奏及條約；曰《夷情備采》三卷，則備采《澳門月報》、華言《夷情貿易通志》翻譯夷律，此皆博引繁徵，足資考證也；其餘十二卷之書，則詳論輪船、火器、炮臺、水雷、遠鏡、測量諸法，尤有裨實用，其篇目曰《仿造戰船議》，曰《火輪船圖記》，曰《鑄炮鐵模圖》，曰《倣鑄洋炮議》，曰《炸彈飛炮説》，曰《炮車炮圖説》，曰《西洋用炮測量記》，曰《西洋炮臺記》，曰《西洋自來火銃法》，曰《攻船水雷圖説》，曰《西洋技藝雜述》，曰《西洋遠鏡法》。按以上諸篇，默深命意，在得洋人之長以制洋人之長，誠爲妙策。此又全書之至優處也。今各省已設製造局，倣造輪船、火器，則其説已行矣。惟考魏書中之《攻船水雷圖説》二卷，全載潘仕成《水雷圖説》之原書。潘書爲圖多至二十有八，圖皆有説，其説皆詳，全采之固至優矣。夫水雷爲伏海中攻毁輪船利器，宜詳益求詳，精益求精。考近布國人希理哈著《防海新編》，其中詳言各種水雷，復有電氣水雷等諸巧製。近人又著《水雷船圖説》，更可人坐船中船行水底，至輪船下而發雷攻毁之法。且上海製造局中，又新譯有西人專論水雷之書，其新法有愈出愈奇者，似宜更續爲增入，則愈精愈詳而愈優矣。至論魏書言洋炮、輪船諸法，固已詳矣。而近時上海製造局中所譯洋人之書，言洋炮者則有《克虜伯炮説操法》及表，《克虜伯炮彈造法》及《餅藥法》《製火藥法》《攻守炮法》《炮準心法》《兵家炮法》《爆藥記要》諸書；言輪船者則有《輪船布陣》《汽機發軔》《汽機新製》《汽機必以》諸書；言測量則有《行軍測繪》《測地繪圖》諸書；言藝術則有《西藝知新》諸書；言炮臺、遠鏡則所譯《布國防海新論》又詳言之。魏書言輪船而未言鐵艦，而《新論》中又詳言之；魏書言火輪船而未言火輪車，而近時英人傳蘭雅又有《火輪車圖説》，此似亦宜續爲增入，庶愈詳愈備而愈優也。魏書又於全書之終篇，附以地球天文合論四篇。夫默深於此書博引旁徵，萃心力考證，可謂專且勤矣。其書較徐書誠更優矣。

以上論全書也，而以管窺别據一二事言之，則又有説焉。夫徐書之優，昔見徐書原本初印者，於英國言英人性情有瘈狗妙喻，言其虚聲恫喝，啓釁興兵，正如瘈狗狂吠而欲噬人。如其人執杖擊之，即懼而反走；倘其人畏而疾避，即愈狂吠追噬矣。此松龕詢之洋人而得其性情，深見其肺腑也。可悟制馭之道矣，此徐書之優也。請以前事證之，如昔粤督林文忠因其犯粤，即以兵擊之，彼即引退矣；後人怯而主款，則彼即犯江浙，趨天津，逼都，焚御園，正如狂吠追噬矣。此一證也。又如逼都城時，文宗命少司空成琦赴英營議和，時甲館琦家，琦晨往暮歸，屢議未定，嘆而相告曰：英使巴夏禮狡甚，議既定而詰朝變，議再定而移時又變，屢變不能定，若奈何？時俄館之俄使聞之，至曰：請偕往議之，如再變，則論國俄大英小，論兵此主彼客，請共擊之，必勝。如其言，英使乃慴而遵議。此正如瘈狗之畏操杖共擊，即不敢而貼耳服也，又可證也。後曾文正亦以此喻爲然，故於爲江督時，英人或以非禮請文正，即正色拒之曰：此斷不能行。英人亦即無言而退。此正如吠而叱之，亦即畏而去之也，又可證也。然徐書之優以此，徐書之毀亦以此。後英人譯徐書至此喻，慚而憤，知松龕方引退家居，英人乃請總署向五臺取版毀之。英人又念徐書已印行，乃削此喻，以活字版排印，賤價廣售，則即今盛行之縮本是也。未知英人於此書尚有妄削妄改，否則今甲藏之原本已失，不得校核矣。夫能得制馭英人之道者，文忠遣戍，松龕去官，而書尚被毀。幸文忠之書未刊，得免被毀耳。論徐書之優，優以此，毀亦以此，惜哉！再論魏書，固至優矣，而以管窺言之，如默深論戰守，謂不當守海口、戰海中，當縱使入口，伏而擊之。默深之意，以昔洋船侵安南，安南縱使入口，百里不見一人，潛使善泅以巨綆釘船底，曳至淺灘擱淺而焚之，以此洋船不敢入安南境。此行之有效之妙策也。然中國與安南地勢人情不同，中國口内居民繁密，豈能使百里不見一人！如縱使入口，恐民多糜爛矣。且縱使入口，是引寇入門也。拒盜者不拒之於大門之外，而縱使入内室之中，然後拒之，必家人多被傷矣，似尚非萬全之策也，似未可執古方以醫今病也。況近今安南洋船已深入其境，而内地多被侵占，何不聞洋船之被焚乎？是已徐書早已不信此説，而魏書尚信之，此其説似未可試行也。是以今之防海尚嚴守海口，以保衛内地也。於海口築炮臺、密巨炮、精測量，以求炮準；活炮架以向敵船，而又戰則多備輪船，守則更設鐵艦，伏則預沉水雷，務求萬全，以期必勝，殆亦不以默深之説爲然也。然則魏書雖至優，而此説可疑，似尚未優也，得無白璧微玷、智者之千慮一失乎？此管窺之論也。然以考證論之，則魏書固優於徐書矣。

—15. 皇朝經世文四編　卷一〇　學術　地學

物體本原　陶師韓

泰西化學，實有格物致知之功。物體共有二質：一爲原質，一爲雜質。雜質内必涵原質，皆數質配合而成，至少者二。不能判爲二者，謂之原質，計六十有五，分二類：一金類，一非金類。原質中稠體者五十八，是爲凝質；氣質者五；流質者二。原質之獨稟賦成者少，與别質並成一物者多。自西曆一千八百年以前，僅知原質二十有九，如五金等，皆爲世所常見。嗣後，復陸續考得三十有六，必多備器藥，設法分化，始睹其質。大抵以彼物與此物配合則凝者，可化爲流；流者亦可化爲凝。顧流質之汞溴二物，固可以他物化之使凝，而凝質則或成形，或變色，或化氣，各有不同。其能化爲流質者有之，其不能化爲流質者亦有之。水火之力居其半，藥水之力居其半，尤當濟以巧思，參以活法也。雖然，西人之闡明此法爲時未久，今已流傳中土，不乏致力之人。將來中外好學深思之士，旁搜遠紹，因此悟彼。

凡地球所産之物層出不窮，有其體必有其質，爲世人所未見者當亦不少。吾知凝質必不止仍爲五十八，氣質必不止仍爲五，流質必不止亦仍爲二也。安能據目前西人所記述，遂著爲定論也哉！獨怪華人之於化學，往往不求甚解，專賴西國之傳書，西人之陳説，供其剽竊。即有一知半解，偶得凝流二質之大略者，類皆小試其端，未能裕其根源，竟其功效。僅以玩好之類，或得些微秘術，輒敢妄稱能，無復更求精進。殊不知凝流二質，華人早已研究，豈僅爲西人所明辨？即如荳之爲物，凝質也；研碎後，煮爲漿，則成流質；以食鹽或石膏點之，則成腐，而仍爲凝質。五金，凝質也；

煅以火而得熱，即成流質；火熄而得冷，即仍爲凝質。汞，流質也，由礦取出，再加甑煉，始成水銀。復以水銀鏡鍊成辰砂銀硃，使流質化爲凝質。如此類者，不一而足。凡操其業者，皆優爲之。

惟於通乃緣電線，過羅盤針及變吸鐵石之法，彼此相生，格物家遂揣摩而生造電報之法焉。至咸豐四年，又有人能造電燈，光明倍常。九年，法國人又有造存電瓶者以備用。其時，意大利人又揣知生電之法，專用吸鐵石，機輪一轉氣自生，生生無窮，電不勝用矣。既不用摩拭之法，又無須濕電，更爲簡便。此二十年内，集衆人之心思，盡百物之考察，而電學始大明，電之功用始大異焉。蓋先用鋼生電者，今則皆用熟鐵，輪機一轉則化爲吸鐵石，以吸鐵生電，其力較大於鋼。且人既得此新生電之法也，知電能化物，有借以爲包金包銀之飾者。不但此也，又緣電光之明及電火之烈，而知以電火照於農田，則如日照之煖，而禾稼可生。若將電火運於土内，則禾苗更易長矣。電之關於人用者，豈不大哉！此生電器之大概也。道光十七年，英美人既得電報之法，民間猶以爲戲玩，惟鐵路公司知其益，乃沿道設電桿，以報鐵路來往相避之信。及道光二十四年，英廷亦知此大有關係，乃用之遠近，無不報者。至咸豐八年，英美相隔不下萬里，信問甚遲，乃協商於海底添設電線，以通信焉。嗣因路太遠，雖有極大電力，緣鐵針之分量太重，不能靈轉，是信仍不能通也。後英人别作一表，但借無分量之日光以達之。其先雖用極大電力總不能達，今竟以極小之酒盅，用絶細銅絲一，倭銀絲一，再加一滴强水，電力立時達到。其運思之妙，可謂極矣。今之電報在海底者甚多，聯絡各國之線，合計其長足繞地球。五洲之用，又發電報之機不一，有按西國二十餘之字母發者。然此猶易事，但按其書尋證，雖未學者亦知，但不速耳。近又有新法，使其針自按號碼。然嫌無墨迹可認，又有揣得新法者，使其針自畫號碼有墨迹可尋矣。此法在咸豐四年奥人所出。後又有人揣出新法，能使其針爲字迹圖畫及圖像，皆如真者，不愈出愈奇乎！法雖奇妙，然尋常之用，仍不外奥人所出之常法。使略加更改便稍精矣。尋常發電報，每數百里或數千里，中間路遠，各處總須掉换，今則用新法直達，不必掉换。如英京至波斯（學）萬餘里，一直達到是也。當電報初立之時，每一分鐘止發四五字，今則每一分鐘可發四百六十二字。其始也，以五條線發一信，今則以一線發六信，均在一時，各不相碍，真巧妙。今西國人因其便而用以達信者多，計英國每一禮拜發信不下百萬函，電報不愈盛乎！此電報之大概也。

再德律風，亦可借電報之線用而不礙。在光緒二年，美國人創設德律風。其始也，衹能傳語數十里，今則借鐵線傳語七百餘里矣。若用銅線可傳語六千里。創此器者嘗曰：此物若靈巧得法，愈傳愈遠。雖中華京都相隔數萬里，亦可以如對面語焉。此德律風之大略也。

要之電之爲用，實關係國家興衰也。昔德國將軍毛奇在軍處幄中，皆有電線與各營將弁通。凡國家遇有行軍出令，雖本營人亦無有知者，外人何由伺探乎？故凡不曉電學者，皆不克與之敵。英有大商駱某，生意遍各國，彼終歲不出門庭，而天下各國生意盛衰無一不知。此皆恃電報、德律風等之用也。不第此也，凡士農工賈四民亦無不仰賴之。此可知電學之典，雖古之制作，亦未有逾於此者。所願中華人士慎勿專襲電學之皮毛，而不深究其奥理。苟能深究，自可悟出新法，獨抒心裁，生生無窮，用之不盡，豈不懿哉！

—8. 皇朝經世文三編　卷一二　學術一二　化學

西法測量繪圖即晉裴秀制圖六體解　朱正元

晉司空裴秀爲《禹貢地域圖》十八篇，已佚。惟《晉書》本傳具載其序。言制圖之體有六，測繪之理包括無遺，實與近時西人至精之書、至詳之圖若合符契。謹據管窺所及，以通古今中西之郵焉。

夫分率者，繪圖之法也；準望者，測經緯度也；道理者，測地面之大勢也；高下、方邪、迂直者，測地之子目也。繪必先測，故今且不言分率，先言準望。地體渾圓，南北二點，當天空之南北二極中。要大圈亦當天空赤道。人在北極下，則以北極爲天頂；人漸向南，則見北極漸低；至赤道，則北極與地平合。南極亦然。是地之南北不同，則北極出地之高低亦異也。東地之日出入，早於西地之日出入。地周三百六十度，應天周三百六十度。每度六十分，都爲二萬一千六百分。日歷天周爲晝夜，地自轉一周成晝夜。以視象言，則爲日歷天周。分二十四小時，時六十分，都爲一千四百四十分。故時之一分，等於度之十五分，四分等於一度。此地在彼地之東一度，則此地之日出入，早於彼地之日出入四分時。是地之東西不同，則日出入之遲早亦異也。欲測經緯，先定午線。西人之定午線也，較準指南針電氣差，定子午儀以窺。日之過午，爲其國之午線。其隨處測緯度也，則自日晷將午至過午時，用紀限儀或經緯儀，屢測太陽高弧，爲本處太陽過午線距地平高度，亦即本處午正，乃以太陽距地平高度減蒙氣差，加地半徑差，爲實高度。以減象限九十度，得太陽距天頂度，以與本日太陽赤緯度南加北減，即得北極出地之度。其隨處測經度也，或用月食，或用太陰凌犯星宿時，或用木旁四小星掩食木星時。常用之簡法，則以極準時表，俟太陽過其國之午線時辰開準，乃行至本處，測其午正，視時表差若干，化分爲度，四分爲一度。即知本處在其國之東西若干度。

夫地圓蒙氣之理，指南經緯之器，古書具詳，無容覼縷。即定午線測經緯之法，亦述不勝述。姑即《周禮》言之，《考工記》曰："匠人營國，水地以縣，置槷以縣，眡以景。爲規識日出之景，與日入之景。晝參諸日中之景，夜考之極星。""水地"即西人之用水準，亦名酒準。"縣"垂線也。"極星"如西人之測句陳大星也，以歲差考之，古蓋測帝星。此言定午線也。又大司馬以土圭之法，測土深，正日景。土深指南北，日景指東西。夏至漏晝中日南影短，是地在南近日，故土圭之景短也。日北景長，是地在北遠日，故土圭之景長也。此言定緯度也。日東景夕，是地在東，日過其國之午線時，東地之景已夕。日西景朝西，是在地日過其國之午線時，西地之景方朝。此言定經度也。裴氏曰："準望，所以定彼此之體。"又曰："有分率而無準望，雖得之於一隅，必失之於他方。"蓋地既與天相應，必以在天之度與鳥飛之里互相檢較，而後彼此之體可正也。地本渾圓，寫入平幅，不能絲毫無所參差。西人益求精進，欲使其差極小，於是繪全球者，有用弦切及等距諸法繪分圖者，有圓錐及圓柱諸法。今繪全球者，率用等距繪分圖者，相地率爾等成法，大約緯度不甚寬，則用圓錐法極相宜。因圓錐法經線皆改爲直線，與緯線皆成直角，如用紙作錐形套於球外，令錐之旁面緊切本處之中。緯線其錐之鋭鈍，以緯度之餘切爲比例。其地如緯度稍闊者，則用圓錐法，令錐旁稍割球面以消息之。若圓柱法雖爲繪海圖而設，然近赤道一帶用以繪地圖亦甚宜，因其經緯線所成之格幾成方格耳。若但有開方格子而不詳經緯，且不知其在大地之何處矣，其失固不待言。即注明其經緯，亦如以方目之網套於圓球之上，何能一一相應哉！天度既得，即當測量地面。測必先量，量爲測之本。量而後測，測濟量之窮。近日西人測地，必先上應天度，分全圖形勢爲三五大三角形，則又不用量而用測矣。蓋曠野平疇可量也，至高山峻嶺，兩處垂線相距之平遠無可量矣。一里二里可量也，至數十里穿山越海，直距之里數更無可量矣。

西人之測地也，最初最要者，爲測三角法。三角之最初最要者，爲定底線。此底線乃本三角之本，亦衆三角之根也。西人定底線極鄭重，必屢測而後定，以防毫厘千里之差。底線既定，乃覓一可指之物或立表，與底線之兩端成三角形，記其底線與角度之方向於册，測三角用平面審圖桌最便，隨測隨繪。繪三角宜用鉛筆，以便圖成時擦去。兼須先定分率。又從本三角之腰，轉測他處，而即以腰爲其底或記於册，或用平面桌，均如前，更迭爲底，遁察不已，使大地成無數三角形。案三角即中法之句股。試自三角至一角作線，與對角之邊成直角，即分爲二句股形，改三角爲句股，則量句測弦以得股，化股爲句以測弦。展轉相推，亦可以御無數之形象。裴氏曰：“道里所以定所由之數。”又曰：“有準望而無道里，則施於山海隔絶之處，不得以相通下。”又以道里與徑路分别言之，則道里者固測量之始事，而與西人測三角無異者也。大局已定，則地面高下、方邪、迂直可細測矣。西人之測高下、方邪也，所用之器最要者爲紀限儀，爲瓶水地平儀。紀限義以測高深之度數，測法於測處置二定點或立表，與山頂成三點，以二定點間相距數爲底線，用平測三角法已知三角一邊，求得測處之任一點至山頂斜線之數，再用立測三角法以斜線爲已知之邊，測得三角，求得山頂高於測處之數，及山頂垂線與地平成直角至測處之平距數所謂測處者，即上所用求山頂斜距之點，測深者同。至測山之斜度，若用象限儀尤便捷，雖不及瓶水地平儀之準，而輕便過之。若測山之逐層高低，則非用瓶水儀不可。測法詳下。測法，懸垂線於儀心，繫錘使下墜，依平邊仰望高處相切，視垂線所成角，即爲斜度實用餘角。若山根有退行之路，則用以測山之高及平距數，較前平立測三角更便。其法或名重測，本前後立兩表，因不便且難準，今爲改之。法於山前一處，用象限儀，用瓶水地儀更準，測得山頂與垂線及測處所成直角三角形之頂角，命爲甲角，又退行若干里，必使前後兩測處與山頂成一直線，又測如前，命爲乙角，乃以甲乙兩正切相減爲一率，半徑爲二率，退行里數爲三率，求得四率，即山高，須加儀器離地平數。若用甲正切或乙正切爲二率，則求得四率，爲山之平距數，用甲正切，則得數爲山頂垂線，下去前測處數，用乙角則爲去後測處數。瓶水地平儀以測逐層之高低。器爲長銅管，管之兩端上安玻璃瓶、刻度瓶，與管成直角。管下承三足架。當管中承處爲活節，置器於高低之間，低昂銅管，視兩端瓶水等平而止。於器之上下，對管口直尺，自管窺之，而取其度高低懸遠者，屢測之而記其各層之款。山勢磅礴者環測之，而記其各點之向，屢測者，逐層之高須等，以便命共距之數。環測者各點之高亦須等，以便平成剖面之形。又山高與逐層之高之比，如平距與各平剖面平距之比，求之以記於册。其測迂直也，水道、徑路之類，均其測迂直之向，而以測路輪記其遠近，使容於各三角之内。按古地理書，於名山大川，往往記其高數及周圍數，湖泊亦記之周圍之數。班固《地理志》於大川記其里數，《水經》諸書尤詳。《古今注》曰："大章車所以識道路也，起於西京，亦曰記里車。車上爲二層，皆有木人。行一里，上層南擊鼓；行十里，下層南擊鐸。"較近時測路輪，理同而制更巧也。裴氏曰：高下、方邪、迂直，諒哉言乎。雖書缺有間之校，則徑路必與遠近之實相違。三者皆因地而制形，所以校險夷之異。又曰："有道里而無高下、方邪、迂直，而左右采獲者尚足以互相發明。"又何震於西人刮面圖之精也哉。

測事既畢，可以繪圖矣。繪圖首事，當明分率。分率者，地與圖之比例也。地球周徑之數，古者參差不齊，蓋由於尺制不同之故。康熙年間，測各處經緯，定爲每度二百里。是地球一周實計七萬二千里，或爲每度三百五十里者，縱黍尺與橫黍尺之差，其實二也。乾隆間西人蔣友仁，按工部營造尺一百八十丈作一里，測得每度一百九十二里有奇，是地球全周僅有六萬九千餘里矣。營造尺即橫黍尺，康熙、乾隆未聞有異，而差池若此，非康熙之尺與測不準，即乾隆之尺與測不準也。近三十年來，法蘭西人竭數十年之力，測量地球全周之數，減去地面高低差，以海平圜而爲準，分爲四千萬分，定爲密達尺，歐洲各國皆韙之，蓋後來居上者矣。

案地圜之説見於經典，地動之説見於《尚書》，緯考靈曜，不待言矣。地爲匾圜，西人最精之詣也。前乎裴氏者張平子《靈憲》已言之矣。密達尺亦西人最精之詣也。案齊氏履廉《郭太史行狀》曰："嘗自孟門以東，循黄河故道縱廣數百里間，皆爲測量地平。"又嘗以海面較京師至汴梁地形高下之差，是後乎裴氏者且見之實事矣，又何疑於裴氏哉！定分率本無定法，或以一寸代一里，或代十里，或代百里，或代千里，總以圖之詳略定比例之大小。西人作圖，每擇蕃盛之區，另爲詳圖，比例展大。圖中尺寸，遞加遞析，皆視此爲準。作分率，違分尺，以遞析其極小之數。六十分之名曰度尺，二百分之名曰里尺。作分角器，以定其方向之準。以紙爲之。作半圜形，畫度，分於周。近時改用明角徹底通用，較易便析，作精圖必能分分秒者。分率既定，可布經緯。寫渾於平，本無長策，有經緯均作曲線者，有經曲緯直者，有緯曲經直者，有經緯均作直線者，此即默加禱畫法，用作海圖最妙，舟行不迷方向也。之數法者各有短長，或差在東西，或差在南北。但當相地以擇法，不可泥法以概地也。近時西人作各圖，分圖緯度不甚寬者，多用圜錐法。若以中國幅員南北四十四度，用圜錐法繪之，則以北緯四十度爲中緯求得。雖尖爲八十度，錐尖距中緯點爲六十八度十一緯分五十三秒，惟如緯太寬，應用割入球面法消息之，則從中緯北十一度割入，中緯南十一度割出，則求得錐尖去中緯點爲六十七度十一分三十七秒。注中雖離八十度，指角度距中緯數係由本圜周比得。若填郡縣城之經緯，可展規按度，分量分率，度尺縱横定點即得。經緯漸遠赤道者，則按度求其距里，法以半徑爲一率，緯度餘弦爲二率，赤道上每度二百里爲三率，得四率，即本處距里。按距里者，本處兩經相距里。以里尺量之亦得。若填各三角形，須先定準底線，方向用分度器即分角器，依測得角度，輾轉移向，定其方位。此繪平面形之要略也。有山之處，既以其山方向處作點，聯成曲線，爲天空俯視真形。其分山形平坦巉峭之法，常用者爲黑白二線。黑白之多少，定斜度之大小。全黑者爲四十五度，八黑一白者爲四十度，七黑二白者三十五度；順是而下，每少一黑線即多一白線，則少五度；至零度則全爲白線矣。均分之，則以線之粗細，定斜度坦削。此繪剖面形之要略也。

裴氏圖已失傳，其究竟何如繪法不能確指。然既分率、準望而二之，則必有經緯度可知。既别道里、徑路而二之，則其先測三角或句股形可知矣。按中法測田，向用圭形。一田分爲多形，并之爲其共積。圭形即三角形。然則古人或測三角形亦未可知也。即分高下、方斜而二之，則必有平剖面形又可知矣。至繪法原無一定，歐洲各國尚不能一律，何必刻舟以求耶？綜斯六者，其於西人測地繪圖猶有未盡否耶。竊意裴氏當古圖失傳之後，十八篇之圖，當僅如西人之總圖耳，未必能過詳也。其説當有所受之。案《管子》曰："凡主兵者，必審知地圖。轘轅之險，濫車之水，名山、通谷、經川、陵陸、邱阜之所在，苴草、林木、蒲葦之所茂，道里之遠近、城郭之大小、名邑廢邑困殖之地，必盡知之地形之出入，相錯者盡藏之，然後可以行軍襲邑，舉措知先後，不失地利。"則古人地圖之詳可知。又案《周禮》大司徒"掌建邦土地之圖"，"周知九州之地域廣輪之數"，司險職方等官又分掌之，則其圖之互爲詳略又可知。又案《史記·蕭何傳》漢王所以具知天下阨塞、户口多少强弱之處、民所疾苦者，以何具得秦圖書也，則其圖之非略具形似又可知。故今略陳古義，以明裴氏之有本確指。新法以明中西之同歸。若今日通行之圖，則明人之圖耳。朱思本原本已不可見，無論宋以前矣。其於準望猶未精也。近人李氏、胡氏之圖畫分分率、準望是矣。然所布經緯，於算理可通而於形不甚肖也。鄒氏圖經緯肖矣，然所據者李氏之圖，不及胡圖之詳也。以裴氏所論核之，法尚未備也，何論測之精否乎？噫！古法之失傳者，殆不可更僕數也，豈僅測地繪圖一端已哉！

—8. 皇朝經世文三編　卷九　學術九　測算下

西寧青海圖説《會典》

西寧辦事大臣駐西寧城，在甘肅省西南六百七十里，至京師四千六百七十四里。所屬青海和碩特部二十一旗，綽羅斯部二旗，輝特部一旗，土爾扈特部四旗，喀爾喀部一旗，凡二十九旗，環青海而居焉。其西南爲玉樹等土司，凡三十九族。西寧府之西五百餘里，有庫可諾爾，蒙古語即青海也。其東北岸爲和碩特東上旗，東岸爲和碩特南右翼後旗，東南岸爲綽羅斯南右翼頭旗，南岸爲喀爾喀南右翼旗，西南岸爲和碩特南左翼後旗，西岸爲和碩特北前旗，西北岸爲綽羅斯北中旗，北岸爲和碩特北右翼旗。和碩特東上旗之東，爲和碩特南左翼末旗。和碩特北前旗之西，爲和碩特南左末旗。其西南爲和碩特西前旗。皆在布喀河南岸。西前旗之西北，爲和碩特北右末旗，在布喀河源。其西爲和碩特北左翼旗。東上旗之西北，爲和碩特前左翼頭旗，在大通河南岸。其北爲和碩特西右翼前旗，在大通河北岸。綽羅斯南右翼頭旗之南爲輝特南旗，其西爲和碩特南右翼末旗，俱在黄河北岸。又西爲和碩特南左翼次旗，又西爲和碩特西後旗，其南爲土爾扈特南中旗，其西爲土爾扈特南後旗，其南爲土爾扈特西旗，俱在黄河西北岸。輝特南旗之南，踰河爲和碩特南右翼中旗，其南爲和碩特前頭旗，南當黄河之曲。其西爲土爾扈特南前旗，南臨黄河。其北爲和碩特南左翼中旗，西臨黄河。西前旗之西南，爲和碩特西左翼後旗，又西爲和碩特西右翼後旗，又西爲和碩特西右翼中旗，三旗俱跨柴達木河以居。

青海南北受十餘水，最大者曰布喀河，上源曰喀喇錫納河，出和碩特北右末旗之北額枯山，東南流，西合英額池、沙爾池水。又東經和碩特西前旗、和碩特北左末旗，北合西爾噶河、濟瑪爾台河，潴爲海。大通河出青海西北之阿穆尼尼庫山，南北合十餘水，東流經和碩特前左翼頭旗、和碩特西右翼前旗，入甘肅西寧府界。博羅沖克克河出青海東北之察罕鄂博圖山，東流，折而東南曰北川河，入甘肅西寧府界。崑崙河出其南山，四水合東流，亦入西寧府界，爲西寧河。黄河自羅布諾爾伏流，至噶達素齊老山復出，是爲黄河重出之源，爲阿勒坦河。東流穿鄂敦他拉海而東，潴爲扎凌海。又東爲鄂凌海，南合鄂羅庫河、圖爾根河，折而南，又東流，南北合十餘水。經積石山南，又東北，三崑都崙河自四川松潘廳西北流注之。折西流，繞積石山東及北，經和碩特前頭旗、土爾扈特南前旗，南合十餘水，北合哈柳圖河，小哈柳圖河，又北經和碩特南左翼中旗。圖生圖河出其南山，西合德爾多河，北流來會。又北經土爾扈特南中旗、南後旗，西合結博河、呼呼烏蘇河，西合碩爾渾河、哈克圖河。復東流，經和碩特南右翼末旗、輝特南旗，南合烏蘭河及數小水，入甘肅蘭州府界。柴達木河出河源之北曰扎遜池，西合阿拉克池水。西北流，格德爾古河、烏蘭烏蘇河、布隆吉爾河俱自其東注之，又西入於沙。雅礱江上源曰瑪楚河，出固察土司之南，東流，南北合十餘水，入四川雅州府界。金沙江上源曰木魯烏蘇河，出黄河源之西南與西藏接界之巴薩通拉木山。東北流，南合拜都河、阿克達木河、匝伯輝河，西合喀齊烏蘭木倫河、扎克托乃烏蘭木倫河、那穆齊圖烏蘭木倫河。折東南流，南北合十餘水，曰布壘楚河，入四川雅州府界。匝楚河上源曰格爾吉河，出格爾吉土司之南。東南流，東西合數水，又南入西藏界，爲瀾滄江。匝楚河之南，二水合東南流曰鄂穆楚河，亦入西藏界。索克河出蘇魯克土司之西，東流，一支渠北出，爲多增爾池，正渠東南流，亦入西藏界。沙克河出巴薩通拉木山，南流，折東流，西合庫蘭河，亦入西藏界。庫賽池在玉樹土司西北，東流入於沙。博爾池在和碩特北左末旗境。沙爾池在和碩特北右末旗境。西尼池在和碩特南右翼末旗境。鹽池在和碩特西後旗境。額勒蘇池在和碩特西左翼後旗境。

木素鄂拉，蒙古語雪山也，即積石山，在阿里克土司之東。魯察布拉山即西傾山，在和碩特南右翼中旗之東南。枯爾坤凡三山：曰阿克坦齊欽山，曰巴爾布哈山，曰巴顔喀喇山，在玉樹土司之東。其東南峰爲噶達素齊老山，蒙古語謂北極星石也。

青海東北至甘肅之甘州府肅州、安西州界，東至甘肅之西寧府、蘭州府、鞏昌府界，東南至四川之松潘廳雅州府界，南至西藏界，西北踰大戈壁，至甘肅之鎮西府迪化州及伊犁所屬喀喇沙爾城界，西至大戈壁。

—2. 皇朝經世文編　卷一一九　工政二五　各省水利六

西學包羅於六經説　闕名

揠苗助長，不得謂之非長，而實非長也；飲羊而壯，不得謂之非壯，而實非壯也。趨而避影，其影愈多，削足適履，其足遂廢者，何哉？舍本而逐末也，務外而棄内也。是故，不明物理不可以爲事，不達本治不可以爲國。處今日之勢，值强鄰之逼，遭窮困之時，於此而求自立，謀富强、易新法、尚西學，計誠得矣，其如步人之後塵何！羿之善射，逢蒙師其技而殺羿，不若甘蠅之於飛衛也。飛衛之學射於甘蠅也，盡其技而不得其咬矢之法，於是張弓逐之。甘蠅繞樹而走，飛衛射之，甘蠅口咬其矢而免，卒秘其術而不傳也，故獲免於飛衛之手。有人於此，其拳勇固天下敵也。人與角而敗，思有以復之，乃從而師其技。人曰："未可也。彼盡其道以畀，而不虞而之窮之乎?"曰："我甘辭以譽之，厚幣以誘之，鮮不濟矣。"遂往。彼受其幣而教之，不盡其道。三年自以爲得也，誇於人曰："可矣！余將復之矣。"期而較於野，三試三蹶。歸而告於其友，曰："子誤矣。求於敵，曷若求於己之爲愈也!"曰："其道若何?"曰："養其氣，厲其志，蓄其勢，嫻其技。舉動默語，坐作進退，皮膚無一刻之懈，筋骨無一息之弛。引伸觸類，隨處皆是，習焉安焉，庶可盡天下之能事也。"其人諾而歸，行之期年，術乃大進。至於次年，一戰而雪其恥焉。知所務也，變其所當變也。非特此也，謀圖亦然。

五大洲廣矣，數十國衆矣，求其文教之盛、祀祚之長如中國者，莫之與京也。而外侮迭至，危殆日甚，杞憂之徒，競言變法，競言新學。當道諸公，亦復不棄葑菲，采其芻蕘，風氣遂開，極時之盛。十八省四百兆之衆，群然以喜，奮然而興，美矣善矣，可謂至矣！然而猶有説者，務枝而舍幹也，重流而輕源也。吾聞之矣，古者王霸之學不相謀也，帝王之道不可獵也。務富强者，管晏也，申韓也，孫吴也，商君也，白起也，然皆霸伯之術而非帝王之學也。學無二致，中學者西之師也。彼得其末而强，我失其本而弱。論世者不咎其行之不得其道，而惟新之是圖，不亦大可哀乎！聖人者，立教化、作禮樂、别等差、明制度，而立人極者也。舍此之外，豈另有所謂學哉！彼之能者，僅得其一體之微，條目之細，而能身體力行，故能日臻强盛；而不知凡所謂學者，已包羅於六經之中而不自覺，僅以帝王之道供呫嗶帖括之用，而矜奇立異、别求新學，爲彼之所竊笑也。清理其所謂包羅之所在，以質於世之學者。即以《周禮》一書而論，彼之所重者醫也，而醫師、食醫、疾醫已包羅之矣。

瘍醫、獸醫非所謂外科者乎?彼之所重者理財也，而外府、内府、司會已包於其中矣。職内、職歲、職幣而司其出入之數者非乎。彼之所重者，工藝也。而典絲、典枲、縫人、染人、玉府、追師、玉人之屬；包之工技之類，則有攻木之工七：輪、輸、弓、廬、匠、車、梓；攻金之工五：築、冶、鳧、段、桃，攻皮之工四：函、鮑、韋、裘；設色之工五：畫、繢、鐘、筐、㡃；刮摩之工五：玉、楖、雕、矢、磬；搏埴之工二：陶、瓬。六工之中，舉凡藝術、匠作無不包羅於中矣。彼之所重者，譯學也，而象胥、方士非乎。彼之所重者，外交也，掌客、掌訝、掌交者非乎。彼之所重者，約章也，司約、司盟者非乎。至於兵政則司馬包之，通商則司市、司廛、載師、簡師、均人等包之矣。榷關之徵，則司門司關包之矣。警備則司救包之，錢法則泉府包之，機器等屬則輪人輈人包之，稽查民政則旅師縣司委人無不包羅之。凡此之類，更僕難數。在於學者，極深研幾以求其源，則亦何難駕而上之也！然而泰山土壤、河海細流，擇善而從，亦有裨益。聖人曾學官於郯子矣，退而告人曰："天子失官學之於四夷。"聖人且然，而况於今日乎！誠能以西法而起我之失，準繩於《周禮》而以五經輔之，則效西法所長而棄其所短，因古者之所宜而不戾於今，務使六經之中有一語之適於今日者無不取之，然後參之以西法，中外相較，各極其宜。財無空乏之虞，民無飢寒之累，生衆食寡，爲疾用舒，男女以正，婚姻以時，王道之本也，區區霸伯云乎哉！

西學以格物爲要論　闕名

中國《大學》之道始於格物，與今泰西格致之學名同而實異。中學所謂格物者，窮致事物之理；西學所謂格物者，考察萬物之體。物體本然之質，大率分凝流二種。至化學家，功用則能凝者使之流，流者使之凝。近取諸身，遠取諸物，巨則包含山海，細至剖析毫芒。綜其要端，大略有四：

一曰性變。如鐵可流而爲酒，煤可流而爲油，米漿可凝而爲器，油炭可凝而爲胰。剛柔燥溼之性，不妨互變。一曰色變。硫磺與水銀合，則變而爲朱色；銅與硝强水合，則變而爲藍色；海藍與黑鉛合，則流而爲黄色；木炭與硫磺合，則變而爲清水色。青黄赤白之色，可以遞變。一曰味變。如養硝二氣，凝時無味，流爲硝强水則味酸；木炭二質，凝時亦無味，流爲紅白糖則味甜；海水流時味薄，凝成鹽則味厚；牛乳流時味膻，凝成精粉則味和。酸甜辛苦之味，竟無一定。一曰形變。如五金之類，其質本重，一經氣化則目不能睹其形；鹽氣之屬，其質本浮，一經水銀則轉足以堅其形；絮布鍊之以爲紙，則厚薄之形異；毛羽織之以爲綢，則美惡之形異。虚實輕重之間，可以互易。

總之，天地間形形色色，人可變其自然之凝流，而别成其爲凝，别成其爲流者，要不外硫磺鹽醋之力，烹鍊淘汰，各因其體之所宜，分而化之而已。若夫天地自然之忽凝忽流，則又皆空氣使然也。空氣者，虚浮縹緲，踪迹莫窮。他物凝流之質，人皆見之，空氣則人莫信之。不知雲之流行而不墜者，空氣託之也；風之流動而自生者，空氣助之也；雨之流注而下降者，空氣因壓力而不勝也；露之流潤而飄零者，空氣得陰寒而漸縮也。天之自然而流也有如此。雨凝而爲雪，露凝而爲霜，微雨半空驟凝爲霰，大雨半空驟凝爲雹，則又以空氣得熱則漲而上融，得寒則縮而難融也。天之自然而凝也有如此。雨露冰雪滲入土石，漸積成多，得隙而湧出，是爲溪澗之流；江湖河泊之流，或匯而存儲，或迭相流通不等，千支萬派莫不歸宿於海，其所以周流無滯者，非皆地勢使然，實有空氣推行於其間也。魚龍諸水族沈浸於中則生畜之，盆盎則不生者，空氣不足故也。地之自然而流也又如此。江湖胡爲而無冰？溪澗胡爲而易冰？地大則空氣之往來亦大，寒沍不以阻之；彼咫尺之水，其氣不敵也。石卵出於淺灘，明珠藏於深淵，其所以能凝結者，皆空氣孕之也。金玉之精華，煤産之饒富，其所以能凝實者，實空氣涵之也。無土不凝實，無地非空氣也。地之自然而凝也又如此。

天地之間，物體共分二質：一爲原質，一爲雜質。雜質内必涵原質，皆數質配合而成，至少者二，不能判爲二者爲之原質，計六十有五，分二類：一金類，一非金類。原質中，稠體者五十八，是爲凝質，氣質者五，流質者二。原質之獨稟賦成者少，與别質并成一物者多。自西曆一千八百年以前，僅知原質二十有九，如五金等，皆爲世所常見。嗣後，復陸續考得三十有六。必多備器藥，設法分化，始睹其質。大抵以彼物與此物配合則凝者可化爲流，流者亦可化爲凝。顧流質中物，固可以他物化之使凝；而凝質則或成形、或變色、或化氣，各有不同。其能化爲流質有之，其不能化爲流質者亦有之。水火之力居其半，藥水之力居其半。要當濟以巧思，參以活法。若僅賴傳書，剽竊萬一，類皆小試端緒，未能窮究根源。而欲以中西格物之學合而爲一，豈通論哉！

——13. 皇朝經世文統編　卷九五　格物部一　格致

鄉學篇　孫學修

古之教者，二十五家而有塾，五百家而有庠，萬二千五百家而有序。耰鋤已藏，祈樂已入，里胥鄰長，分爲之師。中年考校，課其殿最。三年大比，則彙其賢能，貢於國學。朝廷釐爲經制，歲一行之，無或敢廢。故均是人也，役之則爲民，官之則爲吏，教之則爲士。文學盛於上，才智生於下。三古之隆，皆由是也。後世制爲郡國學，黨庠術序，聽民自處。先王牖民之典，蓋廑有存焉矣。《漢書・平帝紀》：元始三年，立學官，鄉曰庠，聚曰序，置孝經師一人。然是時政由王氏，徒擬《周官》，無裨實際。泰西建國，君民教學爲先。國無論大小，民無論男女，地無論城鄉，有烟户三十家，例設小學堂一。國家更嚴不入塾之科條，議罰之條，列國通例，以英、德、奧爲最嚴。設文學部之專官。文學部猶我國國子監祭酒，其權眎禮部。雖以甚小之國，啓蒙之塾往往二三千所，箸録之徒三四十萬人。公家之撥帑，學徒之修脯力不能者免，紳富之輸將，綜而計之，不下數十百萬，或數百千萬，而不稍恡惜。此外瞽聾瘋瘖，孤子罪童，無人不有學，禮拜夜會，無時不有學。嗚呼，何其盛也！又聞西人入塾期率六歲至八歲，出塾期率十三至十六，中數每人尚多學八年，貧甚者許其半日在家以助父母而已。例期既滿，教者遴其俊秀升於大書院。國家需才，此焉皆備。其不願仕者，亦任其肄習專門，擇途自處。

夫以八年向學之人，無論出而爲兵農、爲工商，以與一丁勿識、數行未讀者相遇，孰智孰愚、孰强孰弱，蓋尌然矣。我不敢知。曰：今中國郡縣非盡無書院也，鄉村非無私塾也，然瀏攬四千三百萬方里内之書院有幾？四百萬萬人中之能肄業於書院者有幾？私家之力能延師，並能得善導之師者有幾？而窮陬僻澨、蠢如鹿豕、姓名不能書、條教不能讀者，吾反見其如林如鯽也。夫我黄種，四千年來素以文物甲他族，今核十歲以上識字之數，百分中不足十分，較諸歐美差六十至八十分。讀書寫字算學，勤敏之學僮竟不能比數，豈昔文明而今愚獷邪？抑導之無其人也！孔子曰："其有所譽，必有所試。"遠鑒殷周，近鑒泰西，已試之效者也。乃者京師内外推見隱微，亦以推廣學校爲自强第一義，視彼齦齦於海艦鐵軌者何如矣。然所議者，國學也，郡學也，議鄉學者何寥寥也？夫郡國學爲育才也，而其原則在於鄉學，鄉學盛而郡國學盛矣。此之不講，坐使彼之所謂教堂得廣設義塾，施其異教於吾民，吾民之無依者争昵就之，習與性成，將以龍荒易桑梓，《十誡》爲六經。嗚呼，父母流水之歸，螟蛉類我之祝，則不患棄材，而尤患棄民。

——11. 皇朝經濟文編　卷五八　禮政三　學校

選將論　何文炬

古之建樹宏大者，皆有命世之才。才之生本應運，而用足匡時。諸葛武鄉侯有言：

“才須學，學須識。”學與識裕，義理出其中，韜略亦出其中。然則求人才而至於將，固可忽乎哉？考有熊氏，修德治兵，以征不享，論者以爲即兵端所自始，然無所謂將也。禹格有苗，始誓群后；啓勦有扈，用召六卿。成湯之興，昆吾、鳴條諸役，伊尹、費昌實左右之，蓋直以相而兼爲將矣。迄於周，擇元戎，簡軍實，卒乘輯睦，四方以和，而將才於是乎大備。秦漢以還，時移勢異，求將之術愈密，爲將之道亦愈周，而要皆以才爲斷。伊古來整軍經武，先後同原，實以奠邦家，靖朝野，限中外，戢豪强，長治久安，屏藩保障，俾天下共曉。然於撥亂反正之義，與持盈保泰之誠，不至以兵凶戰危，輕於一試也。昔人謂：才足以將物而勝之，之爲將。將也者，有平時訓練之才，有當機攻守之才，有事後息養之才，而運用之妙實皆歸宿於一心。心者，才之所自出也。以一心成天下之務者，謂之才；以一心取天下之善者，謂之學；以一心斷天下之是非者，謂之識；無識量學術以裕其才，則偏裨之任耳。孔子許子路之治賦，必戒以“暴虎馮河”，而進之以“臨事而懼，好謀而成”，若不與其行軍者，豈不以子路兼人之才，而所謂“存乎一心”者，或有未至哉？

方今强鄰虎視，機局萬難，著威望者半就彫零，演陣圖者率成棘灞，欲爲救急之圖，莫如求山澤之猛士，收沿海之豪民，選文武知兵大員，專練數枝，分屯要害，變通練法，務操勝權，輔以團防，杜絶奸宄，但使緩急可恃，固已隱若長城。然非在上者整頓風氣，激勵人心，苟且因仍，終鮮實際。承平無敦節仗義之士，臨難安有忘軀寄命之臣？居心無急公親上之真，當時安有勘亂扶危之實？咸豐初元，髮逆煽亂，首令賽尚阿視師粵西，軍以不競，旋任曾、胡、彭、左諸名臣，而湘湖江淮之彦遂崛起而後先之，卒成中興大業，是前事之師矣。大抵將不可用，厥有數種：虚額冒餉，貪不可用；臨陣潰退，怯不可用；坐擁富貴，習於安樂，惰不可用；不諳形勢，不悉敵情，不得士心，劣不可用。漢高祖曰：“運籌帷幄之中，決勝千里之外。”岳忠武曰：“不要錢，不怕死。”論將之道，數言盡之矣。今懸此格，以物色而慎選之，知必有俞、戚其人起而應之者。將才而兵精，兵精而防固，譬猶文必己出，不蹈他人窠臼；鑪錘在手，規矩從心，撤去藍本可矣。若夫募西弁，聘洋師，一呼一吶，衆手爲左右，動足踏地有聲，是殆學其所謂學，識其所謂識，以才其所謂才耶？成敗利鈍之機，通人已所共見，固非一得之愚之所得而擬議也。

—11. 皇朝經濟文編　卷七六　兵政四　將士

伊犁水道圖説《會典》

伊犁將軍駐惠遠城，在甘肅省西五千五里，至京師一萬九里。將軍本屬城九，所屬城十二。天山以北惠遠城、惠寧城、熙春城、綏定城、廣仁城、瞻德城、拱宸城、塔爾奇城、寧遠城、庫爾喀喇烏蘇城、塔爾巴哈台城；天山以南回疆喀喇沙爾城、庫車城、賽哩木城、拜城、阿克蘇城、烏什城、和闐城、葉爾羌城、喀什噶爾城、英吉沙爾城。

伊犁河三源：曰特克斯河，曰空格斯河，曰哈什河。特克斯河出惠遠城南汗騰格里山，南北合十餘水，東北流。空格斯河出空格斯山，南北合數水，西流會焉，合西北流。哈什河出庫爾喀喇烏蘇城南哈什山，北合十餘水西流，亦來會，曰伊犁河，西北流，合北來二水，經寧遠城南而西，合北來二水。又經惠遠城南而西，合北來一水，又經綏定城南而西。察罕烏蘇河出城西北，三水合南流來會，又經塔爾奇城南而西。霍爾果斯河出其北山，二水合南流來會，又經拱宸城而西。圖爾根河出其北山，南流歧爲二支，復合，瀦爲泊。又南流來會，又西合北來一水。又西，察林河出其西南山，東西合數水，東北流來會。又西北，圖古哩克河自其北注之。又西北，固爾班賽哩河出其西南山，數水合東北流，西合塔爾錫克河，阿蘇河來會，又西北入哈薩克界。特穆爾圖泊，在伊犂城西南，圖布河、集勒噶朗河西流瀦焉，南北合十餘水。一渠西出，喀拉河、索克河自其西合東北流來會，曰吹河，西北流。那滚泊水出其東，西流，北合二水來會，又西合南來數水，入布嚕特界。鹽海子在精河城北。庫爾喀喇烏蘇河出庫爾喀喇烏蘇城南山中，三水合北流，經城東及北，合南來一水。又西北，濟爾哈朗河自其南注之。又西，敦穆達河亦自其西南注之，合流瀦焉，曰鹽海子。精河出精河城西南，三水合北流，經城西，大河出其西，二水合東北流。博囉塔拉河出瞻德城北山，四水東合流，俱入鹽海子。額米爾河出塔爾巴哈台城東北珠爾呼珠山，二水合西流，會北來數水。南來一水，經城南而西，分二道入阿拉克圖古勒泊，北合裕勒雅爾河、哈拉河；南合雅瑪圖河、雅爾哈圖河、金集里克河，皆瀦焉。額爾齊斯河自科布多界西流，北納諸河，至塔爾巴哈台城東北瀦爲齋桑泊。俄東河、特穆爾河出城東山，北流。阿布塔爾謨多河出城北境，東流，皆會焉。復自泊西北出，仍名額爾齊斯河，東納輝齊爾河，又北西納布坤河、納林河，經科布多西境，入哈薩克界。賽哩木泊在惠寧城北。

塔里木河三源：曰喀什噶爾河，曰葉爾羌河，曰和闐河。喀什噶爾河上源曰雅滿雅爾河，出喀什噶爾城西南，歧爲二支，東經城南復合，曰喀什噶爾河。又東，赫色爾河、哈拉庫爾河出其西北山，合南流瀦爲泊，折西流來會。又東經英吉沙爾城東北，英吉沙爾河出城西北山，西流經城北來會。又東北經葉爾羌城北，又北經烏什城，又東經阿克蘇城南會葉爾羌河。葉爾羌河出葉爾羌西南塔爾塔什嶺，三水合東流，折西北，復折東北流，歧爲二支，環葉爾羌城而東。復合的雜布河出城東南境，北流來會。又東北會喀什噶爾河，稍東會和闐河。和闐河出和闐城南山，北流，歧爲二支，經城東復合。又北，玉隴哈什河、喀喇哈什河俱出城西，合東北流來會，又北會葉爾羌河。喀什噶爾河，曰塔里木河，稍北，會阿克蘇河，又經拜城、賽哩木城、庫車城而東會拜河，又經布古爾庫勒爾而東會開都河，東流瀦爲羅布泊。在甘肅吐魯番廳之南，阿克蘇河出阿克蘇城西北山，東南流，經城西及南。烏什河出烏什城西山，二水合東流，歧爲二支，經城北復合。又東來流會，稍東，歧爲二支，注塔里木河。拜河二源：曰哈布薩朗河，曰穆薩爾河，俱出拜城西北山，合於城南而東流，經城南，合北來一水。又經賽哩木城西南東，赫色爾河出其北山，三水合南流來會，又東南經庫車城南而東。庫車河出城東北山，二水合南流，經城東來會，又東南注塔里木河。開都河上源曰珠勒都斯河，出布古爾東北山，數水合西南流，西納達賴克河，折東流，歧爲二支，復合南北納十餘水而東。北納瑪爾什河，經喀喇沙爾城西及南，瀦爲博斯騰泊。一渠西南出曰開都河，經庫勒爾北，折東南流，注塔里木河。伊西洱、庫爾泊在喀什噶爾城西南，其北曰圖斯庫爾泊，支渠交通，西流入霍罕界。塔巴赫薩爾泊在布古爾南。伊斯庫爾泊在和闐城西北。

汗騰格里爲天山最高峰，在伊犂城南。木素爾鄂拉，蒙古語謂雪山也，在伊犂城西南，爲天山西段之最高峰。塔爾奇山在伊犂城北哈朗歸塔克，回語謂深山也，在和闐城南。塔爾塔什即蔥嶺，在喀什噶爾城西南，嶺以東水皆東流，嶺以西水皆西流。南路土爾扈特四旗，在喀喇沙爾城北，其西爲中路和碩特三旗，皆北依天山，南與東西皆臨珠勒都斯河。北路土爾扈特三旗，在塔爾巴哈台城東，東與科布多所屬新土爾扈特境接。東路土爾扈特二旗，在庫爾喀喇烏蘇城西南，北臨濟爾哈朗河。其西爲西路土爾扈特一旗，在精河南，南皆依天山。

伊犂東至甘肅之迪化州鎮西府界，東北至科布多界，北至哈薩克界，西北至霍罕界，西南至博羅爾巴達克山界，南踰大戈壁，至西藏界。

—2. 皇朝經世文編　卷一一九　工政二五　各省水利六

議辦郵政摺光緒二十二年二月初七日議　總理衙門

奏爲遵旨議辦郵政，由海關現設郵遞推廣，並與各國聯會，以便商民而收利權，恭摺仰祈聖鑒事：

臣衙門准署南洋大臣張之洞咨鈔，擬請設立郵政，請飭議章程一片，光緒二十一年十二月初三日欽奉電傳諭旨："郵政一節，業經總署籌議，粗有頭緒矣。欽此。"欽遵，仰見聖主周恤商旅，通志類情之至意。查原奏内稱"泰西各國郵政重同鐵路，特設大臣總理，取資甚微，獲利甚鉅。權有統一，商民並利。近來英、法、美、德、日本在上海及各口設局，實背萬國通例。曾經南洋大臣曾國荃據道員薛福成、委員李圭、税務司葛顯禮等往來條議，咨由總理衙門飭總税務司赫德詳議，謂此舉裕國便民，爲辦得到之事。至税關所辦郵遞，因與國家所設體制不同，故推廣每多窒礙。現復與葛顯禮面加籌議，知其情形熟悉，各關税務司熟諳辦法者當亦不乏。請飭總理衙門轉飭赫德，妥議章程開辦，即推行沿江沿海各省及内地水陸各路，務令各國將所設信局全撤，並與各國聯會彼此傳遞文函"等語。臣等查光緒二年間，赫德因議滇案，請設送信官局，爲郵政發端之始。經臣衙門函商北洋大臣李鴻章，於四年間覆稱擬開設天津、京城、烟臺、牛莊、上海五處，略仿泰西郵政辦法，交赫德管理。嗣因各國紛紛在上海暨各口設立郵政，慮占華民生計。九年間，值德國使臣巴蘭德來請派員赴會。十一年，曾國荃咨稱州同李圭條陳郵政利益各節，並據甯海關税務司葛顯禮申稱"香港英監督有願將上海英局改歸華關自辦"之語。經臣衙門先後飭據江海關道、總税務司籌議，咨行南北洋大臣查核。十六年二月，札行赫德，以所擬辦法既於民局無損，即就通商各口推廣辦理。擬俟辦有規模，再行請旨定設。此該大臣張之洞所稱"各税關試辦郵遞"之權輿也。

臣等復查甯海、江海各關道來稟，每謂税關郵局未經奏定，外人得以藉口。十八年冬，赫德亦以數年來創辦艱難，若再不奏請設立官郵政局，恐將另生枝節。十九年五月，迭接李鴻章、劉坤一咨，據江海關道聶緝槼稟稱：上海英美工部局現議增設各口信局，異日中國再議推廣，必更維艱各等語。是原奏所稱體制不同，推廣每多窒礙，誠爲洞見癥結之論。至各國通行歲收鉅帑一節，考泰西郵政，自乾隆初年普國始議代民經理，統以大臣，位齊卿貳。各國以爲上下交便，仿而效之。光緒十九年，葛顯禮呈送《萬國郵政條例》，聯約者六十餘國。大端以先購圖記紙，粘貼信面，送局以抵信資。其費每封口信重五錢者取銀四分，道遠酌加。其取資既微，又有定期而無遺折，百貨騰跌，萬里起居，隨時徑達，至有事時並可查禁敵國私函。誠如原奏所稱“權有統一，爲利商利民，即爲利國之要政也”。

又查十八年以來，美國一國郵局清單，一歲所收銀圓至六十四兆二十萬九千四百九十元之多。張之洞所舉英國收數當中，銀三四千萬兩，尚係約略之辭。利侔鐵路，誠不爲虛。且西國郵政與電局相輔，以火車、輪船爲遞送。近年法國設立公司，輪船十艘，統名曰信船。遇口停泊，信包未到，不得開椗，其鄭重如此。中國工商旅居新舊金山、檀香山、新加坡、檳榔嶼、古巴、祕魯者不下數百萬人，據李圭禀稱：“該工等有一紙家書十年不達者，緣郵會有扣阻無約國文函之例也。中國郵政若行，即以獲資置備輪船出洋，藉遞信以流通商貨，其挽回利權，所關尤鉅。”臣等博訪周諮，知爲當務之急。爰於十九年札飭赫德詳加討論，是否確與小民生計無礙。上年六月至十二月，復與該總税務司面商屢屢，先後據其遞到四項章程，計四十四款，臣等詳加披閱，大致釐然，自應及時開辦，相應請旨，敕下臣衙門轉飭總税務司赫德專司其事，仍由臣衙門總其成，略如各口新關規制，即照赫德現擬章程，定期開辦。應製單紙，亦由赫德一手經理。遇有應行酌改增添之處，隨時呈由臣衙門核定，期於有利無弊。至赫德原呈内稱：萬國聯約郵政公會係在瑞士國，應備照會，寄由出使大臣轉交該國執政大臣，爲入會之據。自可援萬國通例，轉告各國，將在華所設信局一律撤回。按咸豐八年俄約，光緒十二年法約，本載明兩國公文信件互相遞送。中國既經入會開局，各國當無從藉口。

以上所議，如蒙俞允，即由臣衙門欽遵，分别咨議，札飭辦理。俟辦有頭緒，即推行内地水陸各路，尅期興辦。一面咨行沿江沿海及内地各直省將軍督撫知照，届期即將簡要辦法飭地方州縣曉諭商民，咸知利便。凡有民局，仍舊開設，不奪小民之利，並准赴官局報明領單，照章幫同遞送，期與各電［局］相爲表裏。其江海輪船及將來鐵路所通處所，應如何交寄文信，由該總税務司與各該局員會商按結申報，臣衙門辦理。郵政局歲入暨開支款目，由總税務司按結申報，臣衙門彙核奏報。所有遵議推廣海關郵遞、開設官局並與各國聯會各緣由，理合專摺具陳。赫德所議章程條款，另具清單，恭呈御覽，伏乞皇上聖鑒訓示。謹奏。

奉硃批：“依議。欽此。”

—9. 皇朝經世文新編 卷一七 郵運下

議和預防後患論 闕名

天下事，一誤豈容再誤。倭奴獷悍桀黠，其蠢蠢欲動，十年於兹矣！乘朝鮮東學黨之亂，襲取其京城，擾亂其政事，戕賊其民人，而我軍之保護藩屬，駐扎牙山者兵單力薄，卒以失援潰退，句驪全境盡爲占據。皆由當國者惰慢昏庸，堅不欲戰，祇有“和”之一字在其胸中，牢不可破，是以事機之誤，至於斯極。然始猶幸中國邊陲，未嘗侵及也。及至九連、鳳凰諸城警報頻聞，而京師都震動矣；金州、旅順等處險隘盡失，而京戒嚴矣。於斯時也，朝野内外，智愚賢不肖，莫不髮指眥裂，其弱者扼腕而太息，其强者攘臂而奮呼，皆欲得倭虜而寢其皮食其肉。而倭虜之在高麗者，既爲學黨所困，屢受夷傷，兼之北地苦寒，凍斃者尤不可以數計。其國王則自遷居廣島後，民心離畔，謗讟頻興，時時有縱火焚燒之事。至其兵額不足，則募及於小工，餉需不足，則勒捐夫妓女，種種困迫情形，已可概見。此天與我以剿倭之機時哉，不可失也！我若分兵三路，一從間道渡鴨緑江，收復韓京；一攻收長崎，覆其巢穴；又以一軍往來巡察，以遏外援，使其腹背受敵，不得不俯首帖耳以求和。如是以言和，則兵端永息，必不敢自外聲教，而罔怵王靈，而致誤於前者，庶不至貽誤於後矣。

乃近聞朝廷特派張少司農、邵大中丞馳赴日本，商議和事，此蓋我皇上、皇太后軫念億兆生靈慘罹鋒鏑，用宏遐邇一體之量，廣乾坤覆載之恩，俾戢干戈，重通玉帛。特恐犬羊之性，馴習維艱，彼見我各路大兵，如水赴壑，足以捍禦敵氛，一旦遣使言和，不以我爲大度包容，藉深黷武之戒，而以我爲舉朝恇怯，甘求城下之盟，於是肆厥貪饕，多所要挾，或别求口岸以互市，或索償軍餉以息争。此固啓釁之本心，至是而適如其願，以相償也。不特此也，目前倭人力盡勢窮，兵餉交困，欲進不可，欲退不能。我不於此時抵其瑕，蹈其瑕，以盡殲其衆，而遽與聯懽，即使既和之後，倭兵即行撤歸本國，然未示以威，先示之弱，彼狡焉思逞者，安必其不再生心？轉瞬春回，北洋冰泮，彼更背約稱兵，乘我不備，猝以兵艦奪我藩封，窺我畿輔，且分兵擾及南洋，使我首尾不能相顧，彼時良將鋭師已大半撤回，所募之勇亦未必盡留防次，而一無裁遣，豈能如此日軍容之盛、防務之嚴也？而倭兵乃休息多時，轉弱爲强，轉怯爲勇，滿載其車糧，以與我猛撲而堅攻，恐前此之棄械而逃、望風而靡者，將復見於他日矣。是一誤於未戰而欲和，致令先機之坐失，再誤於既戰而輕和，不思後患之宜防，欲懲覆轍，適蹈危機。國是至此，尚可問耶？昔金人以和愚宋，秦繆醜以和愚高宗，高宗實以和自愚，讀史者每爲之廢書三嘆。

今之議和，固非昔比。然倭人猾譎性成，輕諾寡信，倘陽與我和，而陰實誤我，則我爲倭所愚，而後悔莫及矣。然則爲今之計，决不可主和乎？曰：主和亦未嘗不可也，特所以不和之策與所以能戰之謨，不可一日忘也。使倭人自知財已窮，力已竭，兵連禍結，何時可已，因仰體我朝懷柔之意，帖然就我範圍則可和，和亦可久；若仍恣睢暴戾，欲逞其貪得無厭之心，則不宜與之和，速與之戰。值此猛將雄師次第翕集，即用上所云三路進兵法，而協力同心，自不難懾其氣而寒其膽。萬一不勝，再别求制勝之方，必待既勝而後言和。而南北洋防務，仍不可稍可懈弛，北洋似宜以宋、聶二統帥總戎綱，南洋似宜以馮、劉二軍門握兵柄，而事權歸一，使無牽制之虞。而東藩孱弱，别派重兵以守護之，至各行省召募之勇丁，若統歸營伍，則靡餉難支，惟簡擇精良，斯克敵可恃，此和局既定而善後之計也。總之，寇氛深入，當軸者誤之於先。自今以後，雖晏安無事，而衮衮諸公，時刻有烽烟之象交儆於心目間，則乾惕深而後患潛消矣。《傳》曰：一日縱敵，數世之患也。倭擾邊疆，未經大創，忽焉罷兵息戰，是縱敵也。蒙懼其叵測居心，患貽數世，故爲一誤不可再誤之説，以聳當途之聽焉。

——15. 皇朝經世文四編 卷三八 兵政 戰和

議時文取士疏乾隆三年禮部議覆

查兵部侍郎舒赫德奏稱：科舉之制，憑文而取，按格而官，已非良法；况積弊日深，僥倖日衆。古人詢事考言，其所言者，即其居官所當爲之職事也。今之時文徒空言而不適於用。此其不足以得人者一。墨卷房行，輾轉抄襲，膚詞詭説，蔓衍支離，以爲苟可以取科第而止。其不足以得人者二。士子各占一經，每經擬題，多者百餘，少者不過數十，古人畢生治之而不足，今則數月爲之而有餘。其不足以得人者三。表判可以預擬而得，答策隨題敷衍，無所發明。其不足以得人者四。且人才之盛衰，由於心術之邪正，今之僥倖求售者弊端百出。探本清源，應將考試條款改移而更張之，别思所以遴拔真才實學之道等語。

謹按取進之法，三代以上出於學，漢以後出於郡縣吏，魏晋以後出於九品中正，隋唐至今出於科舉。科舉之法，每代不同，而自明至今，則皆出於時藝。三代尚矣。漢法近古，而終不能復古。至漢以後，累代變法不一而足，其既也莫不有弊。九品中正之弊，毁譽出於一人之口，至於賢愚不辨，閥閲相高，劉毅所云“下品無高門，上品無寒士”者是也。科舉之弊，詩賦則衹尚浮華，而全無實用，明經則徒事記誦，而文義不通。唐趙匡所謂習非所用，用非所習，當官少稱職吏者是也。時藝之弊，則今該侍郎所陳奏是也。

聖人不能使立法之無弊，在乎因时而補救之。蘇軾有言：得人之道在於知人，知人之道在於責實。蓋能責實，則雖由今之道而振作鼓舞，人才自可奮興。若惟務徇名，則雖高言復古，法立弊生，於造士終無所益。今謂時文經義以及表判策論，皆爲空言剿襲而無用者，此正不責實之過耳。夫凡宣之於口，筆之於書，皆空言也，何獨今之時藝爲然？且夫時藝取士，自明至今殆四百年，人知其弊而守之不變者，非不欲變，誠以變之而未有良法美意以善其後。且就此而責其實，則亦未嘗不實於用，而未可概訾毁也。何也？時藝所論，皆孔孟之緒餘，精微之奥旨，未有不深明書理而得稱謂佳文者。今徒見世之腐爛抄襲，以爲無用，不知明之大家，如王鏊、唐順之、瞿景湻、薛應旂等，以及國初諸名人，皆寢食夢寐於經書之中，冥搜幽討，殫智畢精，始於聖賢之義理，心領神會，融液貫通，參之經、史、子、集以發其光華，範之規矩准繩以密其法律，而後可稱爲文。雖曰“小技”，而文武幹濟、英偉特達之才，未嘗不出乎其中。至於奸邪之人，迂懦之士，本於性成，雖不工文，亦不能免，未可以爲時藝咎。若今之抄腐襲爛，乃是積久生弊，不思力挽末流之失，而轉咎作法之凉，不已過乎？即經義、表、判、策、論等，苟求其實，亦豈易副？經文雖與四書並重，而積習相沿，慢忽既久，士子不肯專心學習，誠有如該侍郎所云“數月爲之而有餘”者。今若著爲令甲，非工不録，則服習講求，爲益匪淺。表判策論，皆加覆核，則必淹洽乎詞章，而後可以爲表，通曉乎律令，而後可以爲判，必有論古之識，斷制之才，而後可以爲論，必通達古今，明習時務，而後可以爲策。凡此諸科，内可以見其本源之學，外可以驗其經濟之才，何一不切於士人之實用，何一不可見之於施爲乎？必變今之法，行古之制，則將治宫室、養游士，百里之内置官立師，訟獄聽於是，軍旅謀於是，又將簡不率教者，屏之遠方，終身不齒。其毋乃徒爲紛擾而不可行。又况人心不古，上以實求，下以名應。興孝，則必有割股、廬墓以邀名者矣；興廉，則必有惡衣菲食、敝車羸馬以飾節者矣。相率爲僞，其弊滋繁。甚至借此虚名，以干進取，及乎莅官之後，盡反所爲，至庸人之不若。此尤近日所舉孝廉方正中所可指數，又何益乎？若乃無大更改，而仍不過求之語言文字之間，則論策今所見行，表者賦頌之流，是詩賦亦未嘗盡廢。至於口問經義，背誦疏文，如古所謂帖括者，則又僅可以資誦習，而於文義多致面牆。其餘若三傳科、史科、名法、書學、算學、崇文宏文生等，或駁雜紛歧，或偏長曲技，尤不足以崇聖學而勵真才矣。則莫若懲循名之失，求責實之效。由今之道，振作補救之爲得也。

我聖主洞見取士源流，所降諭旨纖悉坐照。司文衡職課士者，果能實心仰體，力除積習，杜絶僥倖，將見數年之後，士皆束身詩禮中，潛心體用之學，文風日盛，真才日出矣。然此亦特就文學而已，至於人之賢愚能否，有非文字所能决定者。故立法取士，不過如是。而治亂興衰，初不由此，無事更張定制爲也。所奏應毋庸議。

—2. 皇朝經世文編　卷五七　禮政四　學校

議院得失篇　陳翼爲

天生蒸民，無欲無主則亂。聖人者立，爲之王侯以統之，爲之卿大夫士以治之，然後天下匯於一。三代以前，海内諸侯何啻萬國，有分土無分民，民衆則其國强，民寡則其國弱，民散則其國亡。國之所與立者民，而君聽命於民者也，唐虞以前尚矣。堯之舉舜，舜之舉禹，皆博咨於衆而授以位。夫天下重器，王者大統，而授受之間，惟衆言是聽。舉凡百官之黜陟，百事之興廢，其待决於衆可知。孟子所謂“天與民與者”是也。夫建君所以爲民，立政所以便民，設官所以理民順民之心、行民之事，而王者無所私於其間，此聖人意也。其在《商書》曰：“民惟邦本，本固邦寧。”《周語》亦云“衆心成城”。古人之重民如此，故箕子演《洪範》，有“謀及庶人”之語；凡伯刺厲王，有“詢于芻蕘”之訓。然則唐虞三代之隆，未有不博咨於民者也。春秋之時，號爲亂世，然子産不毁鄉校而鄭以興；列國之君一舉大事必訪於民，如晋惠之囚秦、陳靈之與楚、衛靈之叛晋，皆朝國人而問之。及至戰國，齊威后有“民無恙，歲無恙”之問，孟子有“民爲重，君爲輕”之論，則當時之重民可知矣。秦并天下，始爲尊君抑臣之制，焚《詩》《書》以愚黔首。及其弊也，卒亡於民。自是之後，有天下者率蹈秦轍，益輕其民。然漢之博士、太學生得議朝臣之政事，魏之九品中正得舉天下之賢才，而庶人之上書言事者無代蔑有。至如東京之黨錮，明季之東林，皆以布衣清議力持朝政，是重民之意雖亡，而民之所以爲重者未嘗亡也。綜而論之，三代以前，諸侯之國犬牙相錯，土曠人稀，上輕其民，民散於四方，莫得而禁也。秦漢以下，天下一家，尺土一民，莫非其有。民去則無所之，逃則無所匿。爲上者習見而狎之，不倚以爲重，至於暴戾恣睢，然後激而叛上。方其初犯也，民固無如君何也。自通商以來，泰西諸國接踵四裔，有火車、輪船以通其道，民固不以歐西爲遠。然則，今之天下固中外争民之時也。處今之勢，治今之民，欲以秦漢唐宋之制行，固不可得而理矣。

泰西國於歐洲去中土數萬里，亘古不相通問，政教風俗不相師者，今其國乃有議院之設。嗚呼，何其大類皇古之道乎，豈亦有所師而然乎。抑或理之所同，勢之相便，不相謀適相合乎？按議院之制，各國皆有之，法國爲先，諸國多從其法，時有不同，然大致不甚遠。姑就法國言之。法國議院之設甚久，然不獨柄國家之權，至西曆一千八百八十五年，始置上下議院，然後舉國之權皆議院主之。其制上議院三百人，皆舉於鄉里之有聞望者。衆所服者，置之一鄉之中，以理鄉事；才大者，則升之一邑之中，以理邑事；才尤大者，則升之一郡之中，以理郡事；才又大者，則升之上議院，及上議院以平章軍國之事。與成周鄉舉里選，略相彷彿。國家之兵戎、田賦、徵榷、刑罰、禮制諸事，則博謀之議員。下議院條其事上之上議院，上議院定其可否以達於總統，總統下之部臣以行於民。其有未審者，總統若部臣駁之，反覆再四，必使盡善而已。其議終不合者，則部臣引退。若下議院之員與總統不合，總統得退之，然必合於上院之意，然後行。總統有事，惟下院得告之，上議院得斷其曲直。議員有罪，亦惟本院得而審之。凡會議之時，年有五月，非有機密重事則大開院門，舉國之人皆得而與聞之。此法國議院之大略也。今若其善而可行於今者，舉而爲之，輔之以文章禮樂，本之以仁義忠信，則唐虞三代之盛可復睹於今，豈獨與泰西各國爭富强而已哉！

難者曰：中華文物之邦，若建議院，是變於夷也。是大不然。夫上古雖無議院之名，而有議政之制。特書經秦火，其詳不可得聞。今以泰西之法，行上古之政，所謂禮失求野，天子失官，守在四夷也。難者又曰：築室道旁，三年不成。議院若設，是啓紛爭之漸，欲求其治安，豈不難哉？不知議院之中，非驅市人而與之議也。不過議民之才智以任其職。議員有常數，議事有常經，又何不一之患哉！難者又謂泰西民主之國，君民一體，故議院可立；今民主之國既不可變，即議院亦不必立也。然此說亦非也。泰西有非民主之國，無無議院之國。姑就英、美、俄、法諸大邦言之，法與美民主之國也，英與俄君主之國也。英、俄之議院無異於法、美。然則，議院之設，固不問其爲君主、爲民主也。夫議院以通上下之情，上知下之情而恤其下，下知上之樂而樂其樂，上下交而國不治者未之有也。果能不拘成見，舉而行之，則其利不可勝言。姑條其大者，曰去四害，曰興三利。何謂四害？一曰抑臣工之弄權。自古大臣竊國必箝諫諍之口，以蔽人主之耳目，故民罷而君不知，政罷而君不知，水旱寇賊而君不知。議院立，則天下之情通，而大臣之奸謀息。二曰去胥吏之積弊。胥吏習於例案，凡京員之銓選，州縣之補授，必厚賄吏胥，否則往往據例而駁之，甚至内之部臣、外之監史，反爲玩弄於股掌之上。議院立，則群臣之情通，而吏胥之伎倆窮。三曰絶官紳之私徵。田賦徵榷，倍取於民，僅半入於公。商農微賤，不能上訴帝廷，任其所爲，而莫敢誰何。議院立，則商農之情通，而官紳之中飽絶。四曰免獄官之鍛鍊。親民之吏，一遇命盜重案，承審官懼有處分，往往輾轉規避；規避不得，則取疑似之人嚴拷之以塞責。其貪者，賣獄之事在所不免。議院立，則囚虜之情通而刑獄之冤抑泯。四害既去，三利仍之。一曰吏治可振。近世官吏勤於奔競，惰於任事，苟得長之心，民雖怨之，無如何也。議院既設，則毀譽爲賞罰。清議之所與，從而舉之；清議之所非，從而去之。雖大吏不能爲左右袒，則有位莫不相勵矣。二曰財源可裕。天下生財之事，如鐵路，如開礦，如織紡，及百工之事，官不能獨爲之，必資民力。而又不信官，是以往往格而不行，即行亦不久而廢。苟上下之情既通，則公司可舉合天下之財與天下之利，而猶不能成者未之有也。三曰人才可興。議員之舉，皆選於民，則中才以上，争自濯磨以待國用；其餘有藝之長者，官皆知而用之；奇才異能之士，既可表見於世，而人無遺力矣。興三利，利也；除四害，亦利也。有此七利，則議院之舉，誠不可視爲緩圖。但積習既久，反古實難，當行之以漸，持之以久，則其利益之大，豈言辭所可盡哉！

—15. 皇朝經濟文編　卷六〇　禮政五　議院

議院十難　楊史彬

今夫民心至涣也，天下甚遥也，而欲上德無不下宣，下情無不上達，誠非易易也。獨有設議院之法，則可利無不興，弊無不革，民之望因以慰，民之業得以興，野既樂利相安，國斯强盛可致。何則？朝野一體也。身體之日用，必待手足之運行，未有手足豐腴而身體瘠瘁者也。君民一本也。本根之挺生，實賴枝葉蔭庇，未有枝葉敷秀而本根枯槁者也。是故泰西之富强由於議院。其始立議院者僅一二國，繼而各國聞風興起，莫不創立，藉通君民之情，其法良，其意美，方之皇古之制，亦何多讓。蓋古之爲政皆重民。《書》曰："民惟邦本，本固邦寧。"言國以民爲重也。又曰："衆志成城。"言既重民，斯能得民心也。設使堂廉高遠，下情或不能上達，雖欲重民而無自，雖欲得民而未必能矣。故説者謂中國亦宜設議院，達輿情，采清議，以追鄉校之遺風。誠如是，則頽靡爲之一新，局面爲之一新，則利必多，其益必廣。雖然欲設議院創舉也，言其利者一人，而言其弊者或十人，謂其益者或百人，謂其害者或千人，苟不舉其間利害，推闡詳明，將何以破浮言、成大事？爰不揣譾陋，設爲十難以辨之。

難者曰：中國之政教號令俱出於朝廷，内而贊襄者有卿相，外而輔佐者有督撫，一切用人行政，非庶民所能干。設議院後，則君無權，官無權，而權在議員，毋乃有倒行逆施之弊乎？曰：非也。中國政事議員能辨論是非而不能發施號令。蓋議員所司者，議事之職耳。朝獻一治安之策，夕陳一富强之謨，務使利害之關鍵闡明，得失之機緣無隱，是其所職；若事之得否，仍須國家批准，方可照行否，則議員無擅行之理，安得謂君無權乎？且上議員皆用勛舊大臣，非但下議員可以自主，又安得謂官無權乎？且議員深明大體，洞悉時務，更足補君相之不逮，是其有利無害，可想而知，何容鰓鰓焉而過慮哉！

難者又曰：泰西爲蠻貊戎狄之國，中朝實聲明文物之邦，夷夏之防，不可不謹。故以泰西而行部議之法則可，以中朝而行議院之法則不可，蓋用夷變夏，賢者所耻也。曰：此不達理之言耳。議院雖行於泰西，而實昉於中土。試觀三代之議禮明堂，鄭人之議政鄉校，即議院之所由來。西人仿而行之，變而通之，遂使制度章程莫不盡善盡美。夫西人尚能師古，而我反行蔑古，竟視古法爲西法，以爲斷不可行，抑何忘本若是？且即使議院爲西法，而上有以利國，下有以益民，亦當采彼所長，補我所短。不然，電報、輪船，西法也，礦務、鐵路，西法也，造鎗炮、用機器，西法也，何不聞一概絶之？可見事之有裨大局者，原宜創行，初不分乎夷夏。今若設議院，正禮失求野之意也，何耻之有哉？

難者又曰：事事步武泰西，久爲外人所輕視。今又仿行議院，西國見我因人成事，必益視爲無能，而恫喝要求將無忌憚，其害如此，尚得謂之利乎？曰：此正反言之也。實則中國不設議院，必爲外人所輕，苟設議院，勵精圖重。何則？日本東洋一小國耳，其地不如中國之大，其人不及中國之繁，而近來尚設議院，勵精圖治。其上院議員係親王及文武大員，名曰貴族院；下院公舉各府州縣士民，名而計議院。凡事由下院先發議論，然後達諸上院，如以爲可，即行上聞，候國王批准。是日本尚能力求治理。今中國不及泰西而并不及日本，其能免外人輕笑乎？一旦設立議院，彼見我經營擘畫，日起有功，勢必敬重逾恒，而和局從此可以永固矣，其利不亦大乎？

難者又曰：各國議院，其例雖同，其制略異，法固有叫囂之氣，美、法有過重之權，今中國將何所適從？苟立定章程未能妥善，勢不免弊端百出，利何有哉？曰：此無慮也。法、美之制，固不當從。可從者莫如意、荷、英、德之制，而意之法度尤爲簡約易行。其上院由國王選派，議員以親王、世子、大臣之有名望者充之，約二百七十人；下院議員則由民間公舉，約五百八人，年須及二十以上，有地產於國中者方能應選，而一切官吏教士皆不得選，惟水陸兵官及副部員可略舉五分之一。以五年爲期，其院每年開舉一次，散院後遇有政事，須訂期會議。議事之法，盡人暢所欲言，而以從違之多寡，以定可否。議既定，上之國王，待批准而後行。行其法簡而且備。中國苟依法試行，並略爲變法，藉臻美善，蓋其利不可更僕數，弊何有哉？

難者又曰：俄爲强大之國，自其先君彼得羅堡效趙武靈微服之過秦術，遍歷歐洲，凡國有利之圖無不仿行，而獨不立議院。使議院果有利益，俄何爲不行乎？曰：正爲俄人不立議院，而其亂黨所以多也。其民向分數黨，平日被官吏欺壓，時思起而作亂，以泄不平。觀日報所載，其君出游，亂黨往往要伏中途，思欲利刺。可見俄之不設議院，上下之情故不通也，雖其國有亦議會，而究不若議院之良。蓋必設立議院，政必以有得無失，官不敢舞弊營私，民間有疾苦之情立能上達，天下遇灾荒之事不壅上聞，何難庶績咸宜、百廢具舉？然則議院之利益，誠可謂無窮矣。

難者又曰：中國幅員之廣，爲亘古所未有，若設議院，亦僅設於京都，順、直一帶雖可略沾利益，而其餘各省相隔迢遥，下情豈能一概上達？則是議院即有益，亦未能普於天下也。曰：天下之利，拘而守之，似亦限於一方，推而廣之，即可溥於四海。今欲使均沾議院之利，在淺見者固謂其難，而不知無難也。當仿英國立紳之法：英之城鄉市鎮，每一地段分立紳士一二人，將地方利病曲直，隨時布諸同院而上陳之，計倫敦五十三部，共立紳四百八十九人，阿爾蘭三十二部，共立紳一百零三人，蘇格蘭三十三部，共立紳六十人。中國如照此法，於各州郡縣遍立紳士，隨時采訪，情形達諸議院，何難利益溥於天下乎？

難者又曰：西國議員恒多充位濫竽，而行政之權仍歸之於宰輔，黎庶不得干其事，君主不得操其權，名爲與民共政，實則政由甯氏。然則所利者官耳，君民有何利哉？曰：此説似是而實非也。夫天下之事，大都利弊相因，辦理而不得法，則濫竽之弊誠所難免。然使嚴行賞罰，明定章程，其弊自消，安有任非其人之慮？况乎議政之法，無不一秉大公，而又下院之權重於上院，宰輔雖爲上院之主，然一事也上院以爲是，下院以爲非，宰輔即不能專主，然則謂黎庶不得干其事者非也；一議也上院以爲可，君主以爲否，宰輔亦未克擅行，然則謂君主不得操其操者亦非也。蓋上下交益之端，從來莫善於議院，而或以爲官可專政，無利於君民，不亦謬哉！

難者又曰：時勢多艱，籌款不易，苟立議院，則議員俸薪所需匪微。試觀各國議員之費，比則月支四百三十福蘭格，荷則歲支一百六十六磅，葡則日支七先令，美則上、下院主席歲支俸一萬元，上議員歲支七千五百元。是欲建議院，必先籌費，而每年多此一費，不有損於國計乎？曰：議院之俸，多寡初無一定，而意大利並無俸。今中朝如立議院，上議員皆王公大臣，既有本職養廉，原無庸兼支議俸，不過下議員非俸不可，然究爲數無幾，何患乎不易籌？況自來興大業者不惜小費，議員既獻可替否、補弊救偏，是亦大有裨於國政，豈復吝區區之費耶？

難者又曰：建官分職，我朝之立法極詳。六部九卿外，又有監察御史，所以寄耳目也。故天下之利，御史得據實直奏；天下之害，御史可危言相阻。是言官之設，利益良多，何煩再立議院，以滋他弊乎？曰：此真經生之見也。夫朝廷之設言官，固欲其敷陳時政，然而承其乏者，未必明大局情形，甚至揣摩時趨以爲投機之。如昔年某學士奏開藝學科，而某侍御以難弊甚多，請罷其議；某大員奏興鐵路，而某侍御以難於持久，請勿庸行，遂使良法不能見諸施爲。此何也？蓋識時務者少，泥故步者多，而欲風氣大開，不戛戛乎其難之哉！設議院後，則議論大發，耳目一新，即拘執不通者亦將默化潛移，知時務爲不可不講，行見大局不致束縛，其利自不勝言也。

難者又曰：古來爲遠圖者以籌全局，利之不能通行者不爲，益之不能持久者不爲，必也沾其利者千百人，受其益者千百世，始當竭力圖維。試問議院之利益，果能大而遠乎？曰：利之大而遠者，莫如議院也。以商務論，原爲致富之本，議院立，凡振作商務，推廣商務，自必設法創行，而外洋之勢可以奪。以地利論，今多棄之如遺，議院開，凡墾務以裕民，礦務以富國，樹藝以廣生計，製造以廣流通，自必大加振作，而中土之財源可以興。其他足挽既倒狂瀾者，難以縷述，謂非利益大而遠乎？

綜此數端，可見議院之行，誠爲當今之急務，較明目達聰之制，尤足除壅塞而振衰靡。而不識時務者猶以爲不可行，抑何所見之太迂也？故特持管見，設爲十難，藉杜妄議之口。世有留心大局者，當不河漢視之也。

—8. 皇朝經世文三編　卷一八　治體六　變法下

易俗論　闕名

南北民風不同。北人尚儉而不貪，平時節嗇，留其有餘以備凶歲之需；災害非常，儲蓄早罄，猶存自食其力之心，至不肯領官糧。而南人風俗性情輙大反是，其故總由自奉太奢，自食不足，於身家之外有覬覦之想，故因貪成妒，因妒懷忌充其心，可以無惡不作，靡事弗爲。是以北洊饑，而盗賊未嘗充斥；南方偶荒，而邪術亦既横行矣。北人風氣剛勁，南人柔弱。剛則立志，可以不撓；柔則存心，隨時而變。假令目前之灾，易爲南數省，其禍尚可言哉！吾謂地力厚薄，風俗因之，一時難化。然亦賴乎在上者有以治之，使漸知禮義，有守身之操。又力革澆淫，轉崇節儉，則苟免無恥之民亦未有不可教者也。

獨是江南北閩、廣諸省，地多腴沃，物力繁華，朝廷以爲賦財所出，即官吏亦思藉手以自肥，端本之治，闕而無講，風俗日下，人品愈污，爲不知底止耳。夫民充其力以養家，士農工商各有本業，苟計入爲出，斷無不敷。省一縻費，即少一營求。我安我分，雖萬金當前，無所歆羨。然人往往守此望彼，私心竊計，倘得鉅資在手，以任我揮霍，平時之心既皆如此。或見富人而羨妒者有之，恐恨者有之，一值資罄糧竭，且不能保本來，能勿冀及意外乎！中人之家，起居如顯宦。今日所進，已供前昨之用。輕視微資，妄想發財，絶無存儲，適以自累而已，豈能久也？嘗見傭販之徒，日得數百文，醉飽安樂。室中之妻，衣飾縱不華麗，而亦全備無缺，黄白滿頭，紈綺在身。牀頭空無一金可以待不時之需者，甚至借債聽利，以侈外觀，裁肉損魚，以製衣服。此江浙、閩粤之間，牢不可破之積習也。

更有江淮間之民，地本瘠苦，俗不奢華，室止破椽藉風雨，假令男女勤慎，豈不足以餬口？而好爲閑游，以破船泛濫天下，城鄉市鎮無一不至。或假賣子女，或詭捏灾荒，叩告騙錢，名爲哀黨。而日間所得錢文，必大嚼魚肉，盡數入腹而後已，决不攢積以顧明日。此又南人之一俗也。然至於萬不得已，則雖竊盗而亦肯爲矣。稍有守者，則假邪教惑人，歛錢分用。淫祠林立，游手而嬉。或皈教得錢，藉以養贍。不務正業，以此終身，無恥甚矣，而又濟之以貪。上焉者，謀食遠游，夤緣薦事；下焉者，屈作長隨，甘爲厮役。又甚者，見小利必取，逢便宜必占。富人損資，官糧散賑，歲設粥廠，以濟饑民。既不需此，何事往爲？乃强凶惡霸，恐後争先，大盌小甌，取逯飼畜，减人間口食，資豬鴨芻糧。官循例而弗能禁，紳好善而不暇計，見之實堪痛恨。晋省辦賑，至今未聞有此事也。然則南人之貪而無恥，北人之儉而知守，於此可見。

嘗與人論爲州縣，北方較易於南方，以北民可不教而治。不過風氣剛勁，倘鬥殺釀事，實爲地方官憂之。而南人則往往不可教，然南人亦未始不可教。以地沃俗奢，公門多事，無暇訓導，以求上理，故皆未嘗教也。所幸俗敝而民氣本柔，雖不教亦尚無事耳。但易俗移風，牧令之責，知民情之如是，而姑幸無事而置之，又何如挽回一二端，而使知漸化歟！雖然，牧令治民，責雖專而權不重，此王道也，此本務也。非一省之中，上下大小協力一心，則地方官將求變於其民，而不以爲迂疏，必以爲操切。大吏得而罪之，小民從而怨之，事未行而任先解，往往有之。現當此數省灾困之極，辦賑諸公，親見其風俗人情，推求其故，而知南方之人必不可不以此治之。大吏敦囑下寮，同寅互相講究，道舉一本，彼此皆奉之，一縣革除民訪，鄰境無不皆然。即無所藉口，而甘於返樸還純，棄邪歸正矣。大凡事勢之殊，古今運會所關，有時難强，然奢而使之儉，薄而使之厚，邪而使之正，貪而使之廉，則上下數千年，未有易乎斯道也。化行而後俗美道一，要在風同。民而無恥，風俗可問哉！願諸爲民父母者，勿徒務錢穀、刑名，問考成殿最也。

—15. 皇朝經世文四編　卷三〇　禮政　訓俗

英國領事論中國釐金弊病　闕名

英國駐扎福州領事，本年西三月，具報該埠貿易情形。兹將其所論釐金摘録於左。

中國商務，約有四種人能得其利益：曰銷貨人，曰經商人，曰度支官，曰榷税官。西國收税者無足重輕，中國收税者則往往大員充當，不能藐視。其抽税之法，責成釐金委員每年解款若干，所有贏餘不妨公然肥己。是以税重而經費繁，而國家所得之利轉不足也。聞釐金所收之數，百分中七十分作爲經費。此説未免過甚，而亦非無因。查福州抽税各局，互相比較，各以所收爲不足。其抽税之處有四：

一、海關。凡各國及中國輪船進出口貨，應由海關抽税。所抽之税，除茶葉外，尚不甚重。查茶葉每担抽銀二兩五錢，當一千八百五十八年時，茶價每担五十兩，原不過值百抽五。現在茶價減至十五兩，所抽之數，已自值百抽五，加至值百抽十六分有半矣。印度、西朗茶葉出口一概免税，中國茶葉日壞，亦未始非重税之所致也。

二、大關。凡中國帆船所載之貨，應在大關還税。該關歲入十萬兩，其中木料居三萬兩。中國商務之不旺，非僅因抽税太重，實由忌海關所致也。欲除此弊，惟有用中國輪船專走内地各口岸，分運往來華洋輪船進出口貨耳。日本照此辦法已有成效可觀。第輪船所載之貨，向由海關抽税，若是，則華官不能飽其私囊，故各省皆屢梗斯議，不獨福建矣。

三、釐捐局。釐金初爲助餉而設，今則恃以輸藩庫也。福州總局歲入七十萬兩，全省統算不下一兆二十萬兩。凡國中所産及外洋進口各貨，無一得以邀免。抽税之苛，無出其右。幸華民馴良，故能受此屈抑耳，然已有因此而釀成事端者。僑居福州之西人，均以釐金爲不便。洋商字號俱在閩江南岸，凡貨物運至北岸城厢内外者，均須納釐。如此辦法，顯違條約。因南京約内，載明福州作爲通商口岸故也。其不便處，尚不止釐金而已也。緣貨物至本埠者，海關不准請領半税執照，此事業經禀請駐英使臣與總署理論，惟此項釐金與大小官員均有關繫，欲遽除此，華官必竭力辯駁爲難也。茶葉釐金，名爲每担抽銀二兩二錢，實則須加另費，共約二兩八錢。查該釐金分五項：曰原税銀六錢，曰釐金七錢，曰捐費七分二厘，曰助餉銀六錢二分八厘，曰銀色二錢，共合二兩二錢。其所以欲將該釐金分爲五項之故，還請問諸個中人。以上釐金之外，茶葉自福州以北各處運來者，尚須加抽渡釐，自西來者，加善舉銀三錢，是以茶葉釐金總共或尚不止二兩八錢。若將茶葉價每担作爲十五兩，則由中國出口時，所需各項釐金連出口税，即算五兩三錢，已照價值百抽三十五分矣。或問：茶商何以不請半税執照？若請執照，茶葉由内地運至福州，每担不過還税銀一兩二錢五分。曰：本地采辦及種茶之人，畏官駁飭，洋人又愛莫能助故也。

四、陸地税。總局設在省城，分局凡七處，歲入三四萬金。

中國商務受虧之處有二，曰轉運難而税政壞耳。除弊之法，言之甚易，行之維艱。若夫整頓水路轉運尚屬易辦，但准本國輪船行走内地，其有裨益於沿海各處已匪淺鮮，尤應准小輪船在於閩江一帶往來，此事當可成功。緣本埠官員聞廣東珠江及長江一帶均有輪船往來運貨，頗有效法之意。現有商家禀請包辦，若准所請，官可收照費，商務可推廣，誠一舉兩得也。惟陸路轉運，一時恐難整頓耳。

—16. 皇朝經世文編五集　卷一〇　洋税釐金錢糧

郵政策　王益三

謹按中國郵政，向係沿途置驛，用快馬傳遞。遇有緊急公文，每日或限行六百里，或限行八百里，若遲延則州縣官例有處分。每歲額支夫馬銀兩悉於地丁項下開支，各省皆然，相沿已久。至若民間私信，則概由信局寄帶。凡大城鎮有信局處，則書信可通，若荒州僻壤商賈稀少者，則無信局，以至音書遂梗，游客深苦不便。非若西國有輪船、火車，四通八達，朝發夕至，特設郵政大臣總理其事。如英國倫敦、法國巴黎均設有總局，派官若干員，司事千餘人，每日會集各處信函，分爲東西南北各路，存號包封，每兩點鐘發遞一次，無片刻停留。各路有分局，俱恪守總局定章。總局常派員稽察勤惰，隨時更易。其在本國者，固已無遠弗届，即遠在別國，俱經定立《萬國郵約》。凡有約之國，彼此信函互相代送，而寄信之費極廉。核計每年贏餘，爲國家一大進款，由其立法美備，故能通行。日本亦於明治二年改效西法，詳定章程，遣使與歐洲各國互立郵便之約，初辦時經費不敷，現已有盈無絀。

惟中國尚率由舊章，莫有議及此者。蓋中國之民情，可與圖成而難與謀始。如電報一事，當創辦之初，未嘗無疑議，卒賴當事者力爲主持，毅然克底於成。昔年中法交綏之際，傳軍情於瞬息，決事機於千里，皆深知電報之益。行之數年，逐漸推廣，此其明效之昭著者也。況郵政尤爲便民之舉，商務之興於此實有關繫。但中國輪船雖已通行，而鐵路尚未舉辦，與西國情形不無少異，若遽仿效辦理，事恐扞格難行，祇可審度中國之形勢，變通西國之章程，由漸而推，事輕易舉。爰執事下問，謹擬郵政各條陳，伏惟采擇焉。

一、開辦之初，若各處遍設郵政局，勢必費用鉅而事難舉行。現在各省俱有電報局，宜附入其内，不獨經費可省，且郵政與電報相輔而行辦理，更易得手。

一、上海爲通商總匯，外海、長江俱由此經過，宜以上海爲總局，凡輪船所通之各口，俱有郵政分局，無論商局及洋行、輪船，均與包定，遇有輪船開行，即交附帶，以期迅速而無耽延。

一、内地輪船不通，水路宜雇用快船，陸路宜分置快馬、健足，日夜儹行，風雨無阻。

一、鐵路未開，西北各省之信最難遞送，若按站置備夫馬，所費不貲。宜責成各省提塘發交沿途驛站，隨同公文傳送。每季酌貼驛站之費，提塘官每年分給花紅，以酬其勞。

一、各處信函會歸總局，分東西南北各路，各路又分總匯之處均設分局，則將某處信總封，發遞某局。該局接到後，應轉遞者再加封，發遞前途，如分幹分枝，節節可通，則有條不紊。

一、信資宜按向來各信局定章核減，刊列章程，將某處寄至某處信資若干，一一詳載，俾衆周知。

一、郵政局宜仿照西洋，精製印頭。每一印頭值錢若干，聽憑各商民預買存用。來信必黏貼印頭，分别路途之遠近、信件之輕重、應黏貼印頭之多寡，俱列在章程内。各司事核明與定章相符，方准接收。旋即登號，將信面所黏印頭加蓋圖記，使其不能再用。

一、郵政局兼可代匯銀洋，並寄零星物件，但多寡輕重俱有定限，過限不准接收。匯費寄力，自有定章，不容增減。

一、各分局接收函件，有近在本處者，除照章分送外，若相距較遠，按每里定給力資若干，加蓋分局圖記，毋許多索其銀洋。物件送到後，掣取收條繳局，立即轉遞發來之原局存，俟本人查取。

一、僻遠之鄉鎮，勢不能遍設分局，宜擇該處妥當之鋪户，派令代本局接送信件。年終核計所收信資，酌提花紅，以酬其勞。

一、凡通商薈萃之區，宜酌擇適中之地，分置郵筒，上書“郵政局收信處”字樣，面開一長孔，如尋常信函黏貼本局印頭，投入其中，按時派人收取，换置空筒，以備續投。

一、發遞信件，每日或一次，或兩次，限以一定時刻，無論收信多寡，必依限封發。如有逾限送到者，即歸下次發遞。

一、各局司事如收發信件，掛號包封，管理發賣印頭及稽查賬目等事，各分其職，薪水酌中訂給，每年盈餘應酌提幾成，作爲各司事花紅，以資鼓勵。總局隨時派親信之員分赴各局，明查暗訪，如有偷惰舞弊等事，立時斥退更换。

一、郵政既行，或謂各信局不免失業。然事便於萬民，非專利於若輩，且郵政局各處須用送信之人，自必雇募熟手，應准投充，仍可無妨生計。

一、總局發出印頭，每月一核，各分局請領者統於月底將售數存數報明總局，以便稽核。

—8. 皇朝經世文三編　卷五五　兵政一一　郵政

雲南水道圖説《會典》

雲南省以雲南府爲省會。雲南府之東南澂江府、臨安府、開化府、廣南府，其東曲靖府、廣西州，其東北東川府、昭通府，其西楚雄府、蒙化廳、永昌府，其北武定州，其西北永北廳、大理府、麗江府，其西南元江府、景東廳、鎮沅州、普洱府、順寧府。

金沙江自四川南流入境，經麗江府，合總文河、碩多岡河。又經永北廳，合五郎河、漾弓江。又經大理府，合桔木河、答旦河、一泡江。又東經楚雄府，合大姚河、龍川江。又經武定州，合大環水、普渡河、壁谷河。又北經東川府，合以禮河、車洪江。又經昭通府，仍入四川境。瀾滄江自西藏南流入境，經麗江府，合白水河。又經大理府，合沘江。又經永昌府，合銀龍江。又經順寧府，合黑惠江、鳳凰山水、順寧河、徠克山水、威遠江。又經普洱府，合猛賴河，曰九龍江。又合漫達河，入南掌國界。黑惠江一曰漾濞江，其上源爲東劍海，出麗江府，合工江。南流，經大理府，合洱海水、勝備河。又經蒙化廳至順寧府，注瀾滄江。禮社江上源曰赤水，河出大理府，東南流，經楚雄府，合陽江、馬鹿河、緑汁江。又經元江州曰元江，合清水河。又經臨安府，合亞泥河曰梨花江。又南入越南國境。南盤江上源曰沙河，出曲靖府，合臘溪河、瀟湘江，爲鐵池河。西流經雲南府，又南經澂江府，合興寧溪、仙湖水。又經臨安府、廣西州，合小曲江、巴盤江、瀘江河爲混水江。又東北經廣南府，合邱北汛水、馬别河爲八達河。又北入貴州境。鴉礲江，自四川南流入境，經永北廳，合瀘沽湖。折而東，仍入四川境。小紋溪、大紋溪、定川溪、宋江、永寧河，俱出昭通府，北流入四川境。赤水河亦出昭通府，東流入貴州境。可渡河出曲靖府，合結里汛水，東流入貴州境。九龍河亦出曲靖府，合塊澤河，東流入貴州境。西洋江出廣南府，東北流入廣西境，合同舍河。又東南入境，合者郎河。又東仍入廣西境。者賴河、普梅河俱出廣南府，南流入越南國境。潞江一曰怒江，自西藏南流入境，經麗江府，又經大理府、永昌府合沙河。又西南入緬甸國境。龍川江自永昌府北邊外南流入境，合曲石江、芒市河、岡椀河，入緬甸國境。檳榔江亦自永昌府北邊外南流入境，合大盈江、盞達河，入緬甸國境。南汀河出順寧府，合虎口河，西南流經永昌府，合南底河，入緬甸國境。孟達河、漫路河俱出順寧府，南流入緬甸國境。李仙江一曰把邊江，出景東廳，南流經鎮沈州普洱府，合阿墨江、薩普河，入南掌國境。三岔河出臨安府，南流入越南國境。盤龍江上源曰烏期河，出開化府，南流入越南國境。

北至四川界，東至貴州、廣西界；又北至西藏界，西至怒夷界，西南至緬甸界，南至阿瓦、南掌、越南界。

—2. 皇朝經世文編　卷一一八　工政二四　各省水利五

再論河務　闕名

國家興大役、辦大工，不患經費之不足，而患辦理之無人。苟能實心經辦，事事撙節，一錢可得一錢之用，則費省而工倍，尅日而奏功。布置從容，綽有餘裕，大工大役辦理，亦復何難？苟不得人，則曠日持久，糜餉耗財，以有限之金銀，供無窮之朘削，巨款虛擲，奏功無期。在朝廷綜核名實，部臣慎重報銷，雖或時時督責，時時挑剔，然以侵蝕中飽爲事者，上不顧國計，下不顧民生，惟以多開款項、巧立名目，爲含混搪塞之計。朝廷雖加以督責，而玩愒粉飾如故也。部臣雖施以挑剔，而彌縫掩蓋如故也。積習相沿，牢不可破，前人創其成規，後人師其故智，一若蕭規曹隨，莫能變革也者。有志之士縱論及此，未嘗不咨嗟往復，發憤嘆息也。

即河工論，國家歲修之費，不下六七十萬，爲數不可謂不多。河工諸臣，苟能遇事認真，實銷實用，磚石稽料，預備於平時，築壩加廂，綢繆於未雨，則辦理自可裕如，經費何憂支絀？無如在河工辦事者，皆以妻子衣食爲念，一得優差，便欣然色喜，以爲此生財之機會也。若不及時取利，一潤貪囊，得無使他人笑我拙也。由是倒行逆施，毫無忌憚，虛支冒領，無所不爲，國家歲費巨帑，無非供若輩之侵漁。一旦出有險工，則張大其詞，藉口於經費之不足，紛紛然請添修款。卒之所添之款，半以供工費，半以資中飽。幸而河伯效順，獲慶安瀾，則貪天之功以爲己力，雖有朘削之實，不居朘削之名。不幸而堤防驟決，貽害生靈，則又諉之天變，非人力所能施。夫朝廷之築堤禦水，爲保衛民生計，非爲若輩中飽計也。而在中飽之徒，則不啻以河工爲世世衣食計，國家數十萬之經費，沿海數百萬之生靈，曾不足以稍動其心。以若所爲，求若所欲，雖欲黃河之不爲患，其可得乎？

歷來河工大員，豈無公忠體國之人？然或未悉此中情弊，雖欲悉心釐剔，苦於無從下手；又或礙同僚之情面，畏物議之阻撓，此所以徘徊觀望，隱忍不發也。許仙屏河帥，到任未及二月，即以破除積弊爲事，實心整頓，毫無顧慮。此其識見膽量，誠有大過人者，宜朝廷深韙其言，不待部議，而遽允其請也。河帥原奏抉發弊竇條陳，辦法詳明剴切，不啻秦鏡温犀，而其尤吃緊處，則在綜核名實。天下事莫患乎務究其名而不考其實。即如河工報銷，種種冒領浮報之款，慮部臣之駁詰也，於是移東戤西，含混影射，巧立諸名目，以爲報銷地步。舞文弄法，參錯紛紜，必使閱者茫無頭緒，而後可以不遭駁詰也。此次河帥芟去諸名目，核定歲修款項，以六十萬爲率，從此名實釐然，不容或紊。領款者照章而行，可無混冒侵漁之病。實用實銷，從前虚僞之風至此革除净盡。而磚石稭料，亦得隨時購備，免致臨事張皇。其有裨於河工者，豈少也哉？

總之，非常之事，必待非常之人而後行。昔年閻丹初相國領農部時，創辦歲入歲出册籍，舉凡天下錢糧，纖悉備載，綱舉目張，如馬伏波聚米爲山，形勢瞭然在目。由是掌度支者皆得有所考核，胥吏不得因緣爲奸。創辦以來，迄今數載，每歲辦理一次，遵循勿替。此其綜核名實，良法美意，洵可歷久行之而無弊者也。將欲興利，必先除弊，河帥之切實整頓，定爲新章，亦此意也。假使衮衮諸公，盡以除弊興利爲念，運以精心，策以定力，不爲浮言所惑，不爲成見所拘，吾知有利必興，有弊必革，戒虚憍而歸核實，天下事庶有豸乎？世有其人，吾願馨香祝之。

—15. 皇朝經世文四編　卷四六　工政　河防

折漕説　闕名

明成祖永樂十三年後，惠通河開，平江伯陳瑄督民運，造淺船三千餘艘。初運三百萬担，寖至五百萬担。嗣瑄見民運漕詣倉，往返幾一歲。不如令官軍就各州縣水次兑民運，嗣是由支而兑，然尚無定額。迨憲宗成化八年，乃定爲南糧三百二十四萬四千四百担，北糧七十五萬六千六百担。我朝因其定章，垂爲成憲。内中兑運者三百三十萬，由支改兑者七十萬，兑之中湖廣出河南東折色十七萬七千七百。通計兑運改兑改耗之入京通兩倉者，凡五百十八萬九千七百担。而南直隸正糧獨百八十萬，蘇州一府七十萬。加耗在外，浙賦視蘇減數萬。江西、湖廣又殺焉。時又有天津、蘇州、密雲、昌平軍米六十萬，支兑運以給。而臨清、德州所儲預備米十九萬，餘則取山東河南改兑充之。遇灾撥二倉米以補漕足四百萬担之額不缺。又定至京限期三年考成，過限者運官降罰，故終明世漕皆足額。京通二倉無告糴之事，然亦有弊焉。

燕京初建，費用浩繁。加以遼瀋用兵，軍糈孔亟。其時運船大小無定數，多取給於官。天順以後，始定爲萬一千七百七十艘，官軍十二萬人。准附帶土産物貨，河西務、張家灣等處免其税。其船三年小修，五年大修，十年更造。每船受正耗米四百七十二担，後船缺。一船受七八百担。然附載夾帶日多，所在稽留違限，一遇河決，即有漂流。官軍因之爲奸，水次折乾，沿途侵盗，妄稱水火，至有鑿船自沈者。其弊至不可究詰。

顧猶有弊而不弊者，如輕賫［賚］銀係給本幫沿途修船之用以兑運，俱一鋭一平。每石隨船鋭耗，共六斗六升，向分爲三七折銀者也。又有脚米以改兑，准給脚價，耗米照六年折銀之例。即令彼處收糧官折收解部，每正糧一担，收脚價六升者也。又有加耗米者，一則徐、淮、臨、德四倉民運，各就水次改兑，與軍准加耗米領運。一則各倉糧斛，每担改耗八升，仍照正統十三年例。一尖一平，收受進倉。

我朝因前明舊制，亦以四百萬担爲全漕定額，内則倉場總督，外則漕運總督，專理漕務。督飭直隸、山東、江南、江西、浙江、湖廣八省之糧道，衛守備，衛千總等官，每歲第其功過。北通州計倉十有四：曰大通橋倉、曰大西倉、曰中倉、曰禄米倉、曰南新倉、曰舊太倉、曰海運倉、曰北新倉、曰富新倉、曰興平倉、曰太平倉、曰儲濟倉、曰本裕倉、曰豐益倉，皆設滿漢監督，以坐糧廳領之。又欽派侍御十三員稽察倉務。

運糧舊制，一丁管一船。隸丁於衛，丁曰旗丁，籍曰衛籍。亦有兩丁合領一船者。五船爲伍，五伍爲幫。每五年由該管官編審户口一次。其先大抵皆前明勛裔，或錦衣千萬户等官，安置如衛使世掌運事。亂後官存，而船倉皆毁。曾文正公督師兩江，奏請光僱民船試運，循舊運河直達通倉，試辦幾三十年。每届艱於雇船，大小不一，往往三百担正額，分載數船，船户又貪載餘米貨物，以致堤閘灌塘，沿途動輒失事，馬糧憲目擊，在事員役視爲畏途。由京南旋，聞都中有折色之議，具禀兩江張制軍以折價入奏。亦如明武宗正德時以淮、徐、臨、德四倉，久無支銷，致米陳腐。因將浙江、江西、湖廣正兑三十五萬担，折銀解京。而令三省衛軍赴四倉支運，如所折之數，則米不腐，軍又便運，且於定額外可得三十五萬折銀，似甚得計。然《食貨志》謂臨德二倉，儲米凡十九萬，計十年得百九十萬。自灾傷補撥日多，而山東、河南灾歉，數請輕減。且二倉囤積多朽腐，因此改折之議屢興，而倉儲漸耗。

我朝乾隆年間，純廟以京通二倉存米充溢，施恩蠲免。時阿文成奏云：“漕異於錢，非旦夕可達京師。蠲免後設有水旱，恐緩不濟急，未如所請。”後嘉慶時河患阻漕，倉儲果絀，始服文成先見，則折漕固未可爲善策也，更以丁銀論之。謹按嘉慶四年十一月上諭：“各督撫於開徵之先，按照市價核實换銀上庫之數，每兩徵收大錢若干文，出示曉諭，聽民自便。糧價須照市價，市價外不准浮收。”同治四年，護蘇撫劉郇膏奏定，每兩條銀折錢多不過二千文，蘇州府議照市價酌加六百文，爲貼補辦公之費。六年，布政使丁日昌以二千之數通檄各屬。其時以市價核算，公費已在其内。後市價日昂，折價亦日增。至丁公陞撫蘇，七年奏請折收錢二千二百文。十年，張公之萬爲蘇撫，奏請收錢二千四百文。光緒三年，吴公元炳撫蘇，奏請收錢二千二百文。價雖增減或殊，總有公費在内。公費總不外六百文左右。今市價折跌，而條銀未聞减價折收。此丁銀折價之宜核者也。

日前，户部遵議胡大京兆所陳折南漕一條，正與南省督撫往返電商，原擬改折六成，解米四成。未定之際，復據國子監瑞司業洵奏稱，攤折南漕甚利，正下部議，倉督廖侍郎等漕峻覆命。面奏陳明漕米仍舊解京，俟鐵路成再議改章。查定制歲解南漕四百萬担，赴通州倉場交納，再由通倉轉運京倉，以供甲米俸米之度支。論者謂京倉支用，以甲米爲大宗。官俸僅十之一。八旗兵丁，不慣食米。往往由牛禄章京領米易錢，折給兵丁轉買雜糧，約南米一担，合銀一兩有奇，官俸亦然。四品以上，尚多親領。其餘領米票轉賣米鋪，每担亦一兩有奇。

夫南漕解至京倉，每担通扯十兩或五六兩不等，而及其歸宿，乃爲易銀一兩之用，誠爲漏巵。現在所謂四百萬担，自道光年間已不及額。至咸豐三年以後，如河南、江西、湖北、湖南等省以及安徽之皖南四府一州，均改折色，每石概以銀一兩三錢解部。解本色者惟蘇松糧道、江安糧道、浙江糧道所屬之府衛州縣耳。

查蘇、松同治三年前，原額漕白正耗米一百七十餘萬担。四年，減定一百二十餘萬担。嗣是每年由海運六十八萬担。近年撥出十萬担，試辦河運。與江安糧艘銜尾北上，至額征漕項銀六十餘萬兩。則除輕齎一項起解外，餘俱留充海河運輕費。江安所屬之江北各屬額征耗米二十五萬餘担。自同治九年起運十萬担至十一萬餘担。現在歲運三十萬餘担，額徵漕項銀十四萬餘兩。除輕齎四千兩批解通庫，餘俱留充運費。浙江原額漕白正耗米九十六萬餘担。四年，減定六十九萬餘担。自十年起運至四十餘萬石不等。現在歲運三十九萬餘担，額徵漕項銀約四十餘萬兩。除輕齎起解外，餘俱留充海運經費。

此外，則山東、奉天各解粟米與豆，山東歲十八餘萬担。奉天歲三萬餘担，如統歸折色，就部定一兩三錢計之，每歲增入銀數五萬，再加耗費一概帶徵，又增數百萬。如果蠲除積弊，歲入日增，似亦甚善。惟念粵捻亂時，運道梗阻，洋舶未通，沙船運米開洋不足恃。京師以南糧不至，部臣奏令報效籌備京倉米。至同治十年，天津收到江浙漕白米一百九萬六千餘担，人心始定。光緒四年，朝廷仍以京倉入不敷出爲虞，時倉督翁公同龢奏稱：現在京倉米除粟米及未到南漕不計外，實存粳秈米二百二十七萬担。按照現放章程，可支兩三年之用。案章程歲支甲米六十萬担。春秋俸米，京倉約放十三萬担，通倉約放五萬担，一切雜支約數萬担。橋倉轉運例，除折耗及抽查掣欠約數萬担，統共不出九十萬担。此京倉所以須儲米也。

—20. 皇朝蓄艾文編　卷一七　財政一

振興格致論　闕名

《大學》言治國、平天下，而先之以格物致知。誠以人必知萬物之原而後擴而充之，可以由末而返諸本。正不第讀《山海經》《爾雅》，多識鳥獸草木即可自矜爲宏通淹博之才也。近百餘年來，泰西格致之學日以精，往往剖析毫芒，研窮其理。小而蚊蚋蠛蠓，大而日月山川，無一物不有理寓乎其間，即無一物不窮其理之究竟，愈推愈廣，愈闡愈微。由是而究天文、考輿地、興製作、講樹藝，以及槍炮舟車之利、佃漁織牧之經，一經格致家推本窮原，即能竭其才力聰明，以漸收富國强兵之效。然則由格致而幾平治，古人言豈我欺哉！

中國近五十餘年海禁天開，西儒之不遠數萬里而來者，類皆挾其所長以誘掖我華士庶，暇更將一切天學、地學、光學、化學、熱學、瀛學、重學、電學、聲學、醫學以次譯出，俾學人之未習泰西文理者亦可簡練揣摩，而尤以英儒傅蘭雅先生之《格致彙編》爲能集其大成，餉遺靡盡。所惜先生應廣方言館之聘，筆墨紛繁，以致《彙編》譯至第七年即戛然而止。竊嘗私心冀幸曰："安得有具大願力者踵而行之，庶幾格致一門得以日新而月盛乎！"至今日而始有《格致新報》以繼其後。是報創於青浦朱君子堯、榮組昆季，而向、賈二西士更出其所學，相與有成。

報例一遵《格致彙編》。其第一卷，推論動物之理及泰西學問源流，反覆詳明，有條不紊。其中詳述鐵路利益，尤爲當務之急。今者蘆漢鐵路先已鳩工庀材，而閩中容純甫觀察更創議由鎮江另修一路至天津，俾南北二千數百里中得以氣脉流通，往來利便。所有條陳奏牘，備登前日奏章。得此報以互證參觀，庶恍然於鐵路之成效昭彰，而入股者得以愈堅其志歟！至於互相問答諸條，尤有教學相長之義。彼窮鄉僻壤之有志學問者，皆可於此獲師資焉。抑又聞之，凡物皆推原於點，目前粗淺之理，精之即其妙無窮。此其理湘鄉曾劼剛侍郎嘗言之矣。其略曰：白者，諸色皆備；黑者，諸色皆無。諸色備則不復受色，故以色著白紙，常推而拒之，顯露於紙上；諸色皆無則能受衆色，故以色著黑紙，常納而入之，隱晦於紙中。夫繪白紙而顯露，繪黑紙而隱晦，此孩提之童所能知，匹夫愚婦所不屑道者也。然泰西學士由此以證日質之所有，辨虹霓之七色，窺玻璃之三角，定藻繪之彰施，考影相之宜忌，其學無窮極焉。五金傳熱，毛羽不傳熱；投鐵杖一端於火，火外之鐵遽不可執；焚獸皮將盡而未盡者，仍可執，此傳熱不傳熱之證也。狐貉足以禦寒，非狐貉能生熱也，惟其不傳熱，故能護藏人身本有之熱。夫投鐵杖與獸皮於火，可執不可執之別，此亦孩提之童所能知，匹夫愚婦所不屑道者也。然泰西學士由此理以考求地心、太陽之熱力，與一切機器鍵轄、火輪舟車蒸汽生力之大凡，稽化學生尅之源，察冷煖漲縮之理，儲水銀、鑄鋼鼓以及製寒暑之表、風雨之鍼。五緯彗字、地球月輪，藉攝力以環日；地火震山、空陽牛颶，循定軌以行災。推測之眇通乎神明，其學亦無窮極焉。然則積小以高大，由淺近而至精深者，非格致家所謂萬物起於點之明證乎？

僕年未五十，已視茫茫而髮蒼蒼，又以嫁線勞人於西人考求格致之書，雖嘗涉獵及之，終未一窺其閫奧。其中惟醫藥一道，稍得一知半解，然亦未敢謂有得於心。今幸朱君昆季之力果心精，創爲是報，他日傳箋研問，擴我見聞，由醫學而漸及夫化、電、光、聲、天文、輿地諸學，正不第鰤生之願於此可慰，即由是而推，暨夫製作、樹藝、槍炮、舟車不將使兵日以强、國日以富，用以立《大學》治國、平天下之基乎！

—13. 皇朝經世文統編　卷九五　格物部一　格致

振興學校論　闕名

夢畹生喟然而嘆曰：嗟乎！我蓋觀於日本各學校規模，而知我華古制雖亡，猶可求諸海外也。古者家有塾，黨有庠，術有序，國有學。比年入學，中年考校。一年視離經辨志，三年視敬業樂群，五年視博習親師，七年視論學取友，謂之小成；九年知類通達，强立而不反，謂之大成。而又教之以秋版春戈，俾知武事不可不講求，更以弦歌抒其鬱勃，法良意美，迥越尋常。自後世風教日非，有力之家各自延師以課子弟，窮氓編户食力尚虞不給，安能修脯之資，遂坐令子弟目不識一丁，竟罔知天地古今爲何事。日本則異是，學校皆由國家設立，子弟甫勝衣即就傅，有不送令入塾者，科父母以應得之愆。於是通國無不識字之民，即賤若輿臺，猶且暇則手一編，研求義理，而尚何有逆倫犯上、顯悖王章者哉？

友人南摩綱紀，高等學校教諭也，嘗以校中章程見示。其大略分爲三科，一曰理化學，二曰博物學，三曰文學，皆修學三年，始得卒業。而又每科中分爲數目，理化學中有教育學、倫理學、英語、數學、物理學、化學、手工、圖畫、音樂、體操。博物學中有教育學、倫理學、英語、數學、化學、礦物學、地質學、植物學、動物學、生理學、農業、圖畫、音樂、體操。文學中有教育學、倫理學、國語、漢文、英語、地理、歷史、理財、哲學、音樂、體操。其意謂先授以教育、倫理二端，俾知淑世持躬自有大道，然後各專一業，以爲進身之階，而又於閑暇之時教以鳴琴賦詩，使之怡情悦性，迨午飯後則有數時習武，以强壯其筋力，不致委靡衰頽也。

洎乎學業既成，則復遴入師範學校中，俾知爲師之道。其學分三類：一曰尋常小學科，二曰高等小學科，三曰尋常中學科。尋常小學科及高等小學科所授生徒有男有女，蓋年方髫齡，兩小無猜也。及至尋常中學科，則皆男子矣。計尋常小學科分九目：曰讀書，曰作文，曰習字，曰算術，曰圖畫，曰英語，曰□藝，曰唱歌，曰體操。入此者四年而卒業。高等小學科分十二目：曰讀書，曰作文，曰習字，曰算術，曰地理，曰歷史，曰理科，曰圖畫，曰英語，曰裁縫，曰唱歌，曰體操。入此者亦四年而卒業。尋常中學科分十五目：曰倫理，曰國語，曰漢文，曰第一外國語，曰第二外國語，曰地理，曰歷史，曰數學，曰博物，曰物理，曰化學，曰習字，曰圖畫，曰唱歌，曰體操。入此者凡五年始卒業。推其原始，大約仿自泰西，而其法實與中國古時暗合。所謂體操，即泰西學校中午後，縱令學生至隙地嬉娛，蹴踘、鞦韆，隨心所欲。日本則教以技勇，距躍曲踴，躍馬横戈，雖王謝名流，金張子弟，亦無不短衣窄袖，與士卒爲儔。日人之重武功，不於此可見乎？

顧小學雖兼收女子，然除縫紉之外，皆爲男子之所爲，於是另設女子學校於其旁，俾右族嬌娃得以專心肄習。其一爲女子高等師範學校，分科目爲十七：曰倫理，曰教育，曰國語，曰漢文，曰英語，曰數學，曰簿記，曰地理，曰歷史，曰博物，曰物理，曰化學，曰家事，曰習字，曰圖畫，曰體操。入凡四年而卒業。一爲高等女學校，分科目爲十三：曰倫理，曰國語，曰漢文，曰英語，曰數學，曰理科，曰地理，曰歷史，曰家事，曰習字，曰圖畫唱歌，曰體操。入凡五年而卒業。一爲幼穉園。此園之設，專使女子高等師範學校中生徒研究保育之法。園中所收幼女，皆在三齡以上，六齡以下，分課程爲二十：曰修身，曰物名，曰積片，曰排版，曰排箸，曰排環，曰畫，曰刺紙，曰縫，曰剪紙，曰組紙，曰摺紙，曰□紙，曰豆製，曰搏土，曰繫線，曰數，曰讀書書字，曰唱歌，曰游嬉。嘗謂中國女子不能讀書識字，以致於綱常倫理未免有虧。然僅讀書，則織紝、縫紉任將誰屬？雖有紙閣蘆簾之樂，其如酒漿中饋何？今於讀書識字之餘，復使之修身以知禮節，授之縫紉以習女紅，俾他時三日入厨，不致一籌莫展，而其始則以積片、排板等事開豁其心思。女子之心靈，靈則易於解悟；女子之心静，静則獨具聰明。他時賦茗頌椒，流傳佳話，何莫非此學校肇其端哉？故愚以爲我中國於學校一端必不可緩，而女學校尤爲當務之急，所當變通盡善，一律推行。因就南摩君所示章程推廣言之，以告有師保之責者。

—15. 皇朝經世文四編　卷二七　禮政　學校

知新報緣起　吴恒煒

不慧於目，不聰於耳，不敏於口，曰盲、聾、啞，是謂三病。此古今之達憂，天下之大患也。吾嘗披藻火，佩明月，抱韶樂，懷金玉，游於無明之邦，臨於不聞之鄉，登於反舌之場。爲之誇色，若則默然勿睹也；爲之奏聲，若則隆然勿聽也；爲之敷言，若則漠然勿辨也。豈不痛甚矣哉！雖然病一人耳猶可言也，病一家耳猶可言也，病一邑、病一方猶可言也，若胥古今之遠，疆域之廣，帝王之尊，士夫之貴，工商之庶，漁農之盛，婦女之衆，苗僮之夥，普天下血氣之倫，而一一中盲聾啞之毒，豈可言哉！嗟乎！享其菑，而樂其殃者，今中國四萬萬人是也。

古之人有在於是者。周嚴監謗之刑，秦苛偶語之令。嚴關而守，固自得矣，卒不免田園故宫囚虜子孫。遂至師師圓首，慘遭殃魚之灾，蒼蒼海隅，同受崩榱之痛，爲天下髮指，後世僇笑者，豈偶然哉？是故眼目不明，口耳不靈，則木偃之人也；情意不孚，箴諷不聞，則寄生之君也；聲氣不群，時勢不諳，則閉化之民也；因革不通，中外不審，則綴疣之國也。今日之中國殆類之矣。盍亦反其本矣。

然猶曰：此周秦之前事，非今日之所患也。請試言其近者。英之據港也，禁商會矣，是奴之也。法之滅安南也，徵口税矣，是販之也。俄之挾高麗也，持太阿矣，是僕之也。此外而暹羅，而琉球，而南洋諸島，固中國之舊藩也，相繼比肩而去矣。此皆吾党之所聞知，天下之所目擊也。夫爲奴爲販爲僕，人情所不願也，然無一二得脱焉。彼慧我盲之，彼聰我聾之，彼敏我啞之也。彼將僞爲是以詭我，使我奮心併力而爲之，世世子孫勿相去也。亦既爲之矣，彼且諛我焉。我且自譽焉，岌岌乎遞瓜代之時，杌杌乎處弟及之勢者，是不可爲之寒心哉。今不早圖，病將不起，求爲盲聾啞直不可得。孔子曰：清斯濯纓，濁斯濯足。自取之也。今此之病，中國自取之也。

夫中國其度温帶，其土腴厚，其氓聰秀，其教美備。數千年來軒頊之治，放華之化，素王之學，儒術之懿，份份郁郁，熙熙敖敖，固神明之倫也。其土地固非西比里、葛邏巴之荒壤比也，其種族固非亞非利加、昆斯蘭得之野人比也，其開闢最古，固非美州之新國也，其形勢鞏合，固非歐州之離漫也，其聰明睿知，固非屈法、德、英、美諸儒之下也。所積既厚，所借既衆，使振而括之，更而張之，内則有自主之權，外則成合縱之勢，終則進大同之治，致太平之化，于于焉且登慧土，游聰城，嬉敏國矣。縱不能是，庸肯瞀焉，隆焉，瘖焉，樂趨污晦蔽塞之惡途，忍爲懵昧暗默之僇民哉？人雖下愚，必絶然不屑爲也。吾有知其不然矣。然坐是不慧不聰不敏者何也？

日曜相麗，所以彰其明也；雷電相章，所以昭其聲也；氣浪相嘘，所以宣其言也。人之生生灝氣之中，咄咄造化之域，受靈於天，流形於地也，固無異也。眼目口耳，固自若也。同是眼目口耳耳，存之則强，亡之則弱，直須時耳。使今有人焉，乘馮馮之虚，登録録之場，懸千金號於衆曰：吾請今爲鬥盲之戲。表一木於其中，使盲者右其西，而不盲者左其東，鼓而前，鉦而退，一午爲度，勝者與千金，盲勝者倍焉。由此觀之，不待交綏，可決其必敗矣。何也？理勢相背也。我雖内之有父母之親，妻孥之昵，昆弟之誼，宗族之戚，外之朋友之游，師徒之接，賓主之歡，蠻貊之交，上之陰陽之奥，造化之微，人物之理，古今之賾，下之學術之原，政治之要，中外之情，存亡之運，以迄宫室舟輿、衣裘什器之名，興居飲啄、喜笑哀樂之故，皆冥焉若囚，懵焉若讎，俯焉若傴，莽莽無所聞所見所言也。而彼我所困者，爲之合群立約，集款開會，繪圖演説，延醫搆器，萃天下眼目之衆，竭萬民口耳之能，無不剖之剔之，噉之犁之，毅然務三病之盡去。出而窺我，此彼之所以强，而我之所以弱也。一身一家一邑一方且然矣，况舉環球數十雄國，五州千數兆人群，剽鋭精悍，浚給迅辦，不盲不聾不啞之衆馳驅我不慧不聰不敏之國，蹂躪我不見不聞不言之民者乎！斯時也，彼將窮我所困者甚而愚之，吾雖屈伸扶伏崩角碎首，乞除盲聾啞不可得矣，豈不哀哉！人雖至愚，必不屑爲也。然坐是不免於盲聾啞者，又何也？岩壑之渺也，沃沮之沉也，蟠沙之漠也，炎瘴之陰也，苔艾蕪蔚，菁蔥芬蔭，挺拔枝蔓於其上，而斤鉞斲鑿之，苦不免於蕘者，何也？鵬、鶬、鶡、鵜、鴻、雁、鷹、隼嗚嗚徊翔於其中，而彈矢羅網之害，不免於禽者何也？猛虎、龐駝、暴狼、巨象、惡蛇、毒蟒、鯤、鯨、鱷、鯫，蹄迹窟穴於其下，而椎檻之痛，餌罟之患，不免於佃人者何也？無知也。無知則愚，愚則盲，則聾，則啞，則雖有剥削之慘，無從而訴，雖遭割宰之痛，無從而聽，雖受醢俎之辱，無從而覺，即有助者，不能捄也。人三才之美，五行之秀，百物之靈，萬類之長也，固不慧不聰不敏若是，其去草木禽獸魚介者無幾耳。此有志之儒，抗憤之士，所以撼膺嘔心，太息而長涕也。然人坐是不聞不見不言者，則又何也？不通故也。

窮山隆隆，阻水溶溶，獸蹄鳥迹，交錯厥中。一里五里，蠻蠻異風，行人斷絶，亘世不通，土司之故國也。塗徑綿梗，行路蹇焉，回川阻深，涉津苦焉。智者知其然也，坦其津途而車馬之，則一瞬可至也；疏其淵源而舟楫之，則千里可達也。智者猶慮其塞，惡其緩也，製爲鐵路以迅之，作爲輪船以濟之，則萬里之人，可半日而遇也，則四方之貢，可踵足而集也。是俄之築西卑里鐵路也，由中至英直七日之程矣。法之開闢蘇彝士運河也，由歐至亞，省二萬里之路矣。此無他焉，道路通故也。道路不通，將有戇山之名，不免愚溪之誚矣。是苗僮之俗，土司之國也，如之何以堯舜禹文之舊都，詩書禮樂之儒國而法彼也？由斯觀之，道路通之，其福如此，道路塞之，其禍如彼，况於人乎？

嗚呼，瞽癈瘖啞，先王謂之無告，天下謂之僇民，此仁者所當矜憫而加察之，收恤而調護之也。人生何幸，而有此不幸，斯亦已矣。不道之徒，又從蓄而貨之，少者千百，多者億萬，多者兆萬，其至多者，乃至數十兆數百兆萬，一一重徵之，供其般淫，供其揮霍，不足則朝貨一焉，不足則夕貨一焉，不足則今日貨一，明日貨一焉，又不足則盡貨之而不悔，務飽其欲乃止。以爲是非吾之骨肉，非吾之子孫，絶不有慟也。然骨肉子孫亦將卒不免也。不寧惟是，父兄子弟、師徒親友，且相率羅致，轉徙販粥於歐美諸國，以貨利焉，日久盈溢且遭擯絶。嗚呼，豈不痛哉。不通之病，有如是者。

慈父之於子也，無不愛焉，友兄之於弟也，無不親焉。痛疾痾癢，無不調治焉，起居出入，無不提携焉。逮其少長，其父兄且謦人曰：若子若弟，將爲吾門之阿東，我家之汝南也。於是求聘天下之達人，明敏辨悟有道術者爲之師，爲之傅，日與子弟共晨夕以教導之，啓悟之，使求通也。子弟日見通事，聞通言，談通議，前後左右，罔非通人也。比及少壯，使游通域，交通士，所接所寓，罔非通也，所行所止，罔非通也。遲之一年，遲之三年，遲之五年十年，雖欲不通，則弗能得矣。是猶置身火車之上而發電焉，不能不速也；頓足飛船之中，而鼓輪焉，不能不捷也，否則塞矣。何也？教之者非其人，而求之者非其道也。是由騎牛而渡昆侖，航桮而浮渤海，不能一日至也。一家之於子弟，尚猶如此，况君之於民，民之於國乎？不求所以通，則民非其民，國非其國也。今不可不察也。

不審鹿馬，不諳麥菽，不辨黑白，不明分寸，性質壅蔽，固不通矣，吾猶不爲大懼也。雕槧其顱，繫摯其腰，鉗穿其耳，縛束其趾，血脉凝滯，固不通矣，吾猶不爲大懼也。俳於帖括，瘁於册頁，優於詞歌，奴於刀石，非謂通乎？僕於聲音，困於箋傳，皂於金石，厮於章句，非謂通乎？徒於簿書，胥於資限，利於舊規，固於成制，非謂通乎？人且嘵嘵然，謂是可通於政，政學何以不舉？謂是可通於教，教學何以不隆？舉凡醫學、圖學、星學、地學、使學、禮學、機器、格致諸學何以不精，何以不成？吁！通其古而塞其今，通其習而塞其變，將以求慧、求聰、求敏，適以求盲、求聾、求啞也。以此求通，何異廢大章而猶奏土鼓，居朱明而不釋重裘。圓枘而方其鑿，北轅而南其轍也，豈不悖哉，豈不懼哉？

智者窺釁於未墜，保危於未亡，是以徙薪之憂，履冰之戒，踐聾之懼，捧甕之嘆，罔不夙夜而敬忌，旦暮而悚惕，戚戚焉自棄於蔽也。天下大勢，方倒懸矣，一人絗之，十人從而掣之，十人軒之，百人從而輊之，百人軋之，千人從而棼之，千人冶之，萬人從而搏之，務盡閉天下之目，塞天下之耳，拑天下之口，使屈頸折膝，俯頭就命，馴不我逆，戀不我背，而後快於心焉。然潛淵無珠，鮫人不采，童山無木，樵者不至。是以巖壑佳麗，碩人爲之息心；花鳥鳴春，行路爲之玩志。得亡所存，苦樂所係也。是故懼人之議，其後相提携而去之，爲之粲其絺繡，豐其鐘鼎，熵其金石，瓌其珠玉，羨其倉囷，翬其閈閎，淫其聲樂，俊其僕妾，以招携綏來之，苟有利其私便其情而已，他非有所愛顧也。天下之人，聞其風而説之，莫不懸揣奔走。挾天下之大，聚天下之衆，勸其父兄，率其子弟，勵其戚友。自童而長，自長而壯，自壯而老，少而習焉，長而安焉，樂爲盲爲聾爲啞，争起而俱應焉。投骨於地，衆狗争之；投餌於淵，衆魚争之。標之愈高，束之愈狹，驅之愈促，争之愈力。於是隳肝嘔心，焦精弊思，晝夜不休，寢食不息。瘁不通之力，耗不通之氣，研不通之業，炫不通之譽，且不知手之足之，舞之蹈之，忘乎爲盲爲聾爲啞也。且以爲是未足三者之量，未竟三者之功，弟子雖饑，不容少懈也。登壟斷者，臨尊御卑，因利乘便，早以鹽其腦，握其吭，撫其背，斷其臂，從而鞭撻之，驅馳之，束縛闔闢之，進退而貴賤之，生死而榮辱之。檻繫之牛，圈笠之豕，唯唯受命耳。於是逐臭效顰之風暢，長眉高髻之俗成矣。彼豈不盼左顧右，叫後呼前，自鳴得志哉。愚一國矣，計誠得矣，環中諸國，術安施而盲聾啞之哉。

龍之角於淵也，虎之鬥於山也，鼠之戰於堂也，鵲之格於林也，揚沉風濤，蹴踏雲霧，弱者固敗，强者固勝矣。庸知捕者張其弧，施其衆，牙其錭，芒其刀，即從揜其後乎？主人誠安矣，上之無畏，下之無怖，北其宫而朝委裘，夕偃息焉，東其闉而兵以盲者焉，西其户而鑰以聾者焉，南其室而閽以啞者焉，自云金湯之固，不朽之業，與人無患，與世無争也。山積厚實者，玉人爲之震顔；厨具八珍者，庖人爲之染指。遇美於塗，登徒不送目；鋤金於野，華歆不釋手。慢藏爲誨盜之券，卧榻妒鄰夫之鼾。一旦無道，而有力者如喬跖之倫，炊熄塵泥，風起烟浪，揭竿制梃，曲拳鋸牙，呼嘯而來。鋋其闉，破其户，火其室，瀦其宫。轅轍於其域，而笙鼓於其中。勢必斂其重器，蘊其輿橐而後去。守者逯焉閔焉，相顧瘆瘆，相望氣氣，病莫能救也。倒懸如此，豈非自貽伊阻哉。非徒倒懸已也，又苦潰裂。無他故焉，愚而已耳，不通而已耳。

曰越，曰暹，曰緬，曰韓，曰波蘭，曰波斯，曰阿剌伯、阿富汗、俾路芝、麻達加諸國，無論矣。亞非利加，宇宙之大洲也；澳大利亞，海外之巨島也；印度、土耳其，亞洲之舊都，回部之雄國也。始則其教術非不强大也，治化非不隆茂也，令望非不赫濯也，其版圖之廣，非不逮中國，且敵歐洲也，其户籍之衆，非不及中國，且逾歐洲也，黯黯慘慘，蒙蒙茫茫，瞬息百年間，若君若臣，若士若民，相踵踵接，爲懷、滑，爲徽、欽，爲張、孔，爲朱、鄭，爲輿臺，爲僮妾，爲象駝，爲犬羊，垢面蓬髻、柔項揉首於歐洲獨夫民賊者，不開民智也。民智之開，彼印、土之君若臣，非不自知也。然語開鐵路，則塞之也；語行輪船，則塞之也；語盡地利，則塞之也；語聯外交，則塞之也；語改官制，則塞之也；語變科舉，則塞之也；語設教會，則塞之也；語立學堂，則塞之也；語采新法，革舊習，則塞之也。舉凡著一書，撰一説，立一義，舉一事，有益民智者，則無不塞之也。此何故哉？豈獨性異人哉。惡夫我獨而民衆，我愚而民智。將不爲我役也，寧甘心爲他人役？誓不使民役我也，庸知民之智有補於國？何如也？且庸知壓之愈力，其智愈出，抑之愈嚴，其智愈廣，摧之縛之愈固，其智愈鋭而强。馴至事變一動，孑嬰臨軹道之灾，夏桀蹈夏臺之悔，民乃袖手談笑，莫之援救焉。夫父母之邦，桑梓之國，生死存焉，豈有詠葛喪，誦來蘇，爲父師抱器之奔，報牧野倒戈之效哉？不得已也。曷不觀臺灣乎？此不通之大禍也。

歐强於北也，美富於西也，日振於東也，人懾其廉甲兵，迅舟輿，速置郵，奇技能矣，非也。人震其精貿遷，阜貨賄，饒鹽鐵，蕃農牧矣，非也。此由後之效，非由今之急也。諸國之興，道有急於是者，開民智也。歐洲嘗殘削於羅馬矣，美洲嘗併弱於英法矣，日本嘗迫挾於三國矣。其危險墜殆，固與今日之土耳其、非洲、印度等也。大創以後，乃始知强弱之不相敵也，仁暴之不相勝也，文野之不相抗也，智愚之不相衡也。於是恍然若思，曝然若覺，毅然舉平日愚民之情，愚民之術，愚民之具，愚民之禁，相與感泣流涕，蕩滌而掃除之。萃天下之士庶，合天下之大衆，注其精神，鼓其血氣，决其壅焉，拔其滯焉，刮其蔽焉，始獲今日之富强，振百年之國威也。向使諸國守此不變，今雖以殘亡可也。此通之大福也。

由前而談，土、印諸國，塞之其禍如此；由後而談，歐美諸國，通之其福如彼。二者誠中國之鵠哉！夫禍福自求，前覆作後車之戒；舍從惟大，樂取博他人之美。靈王胡服，趙國以强；單于用漢法，匈奴以大。金人禁學南裝，《春秋》惡用漢夷禮。

孔子曰：三人同行，必有我師。在擇取捨審而已。嗟乎！明太祖者，我孔子之罪人，中國之蟊賊也。禁著私書，禁談國事，禁止直言，禁倡清議，妄興文字之大獄且百餘人，鉗以祖廟之成規且三百載。詭其名實，陽托聖門。距楊闢墨之義，惡其害己，陰行秦皇焚書坑儒之詐。讀史者咸怒其鹵莽滅裂，而不知其心術之叵測爲大可懼也。於是宗旨既謬，是非大殽。濮土桑間，明堂雜奏。夜光魚目，後車紊色。唯諾相嘘，蕩成風氣。泄沓相競，孳其謬種。逮至國朝紀昀之徒，從其風而扇之，鼓其波而揚之，海内學士大夫又從而加諛焉，鉗其口舌，囚其手足，沁沁焉甘爲其奴隸，而莫敢悔。直至今日，士氣益衰，民風益靡矣。道咸以來，迭經大創；同光以後，漸移民俗。然中國變法垂三十年，海軍興矣，船廠設矣，電線桿矣，車起築矣，山礦采矣，租界開矣，錢幣鑄矣，圖書譯矣；製造之廠，招商之局，同文之館，格致之院，罔不辦矣；公使之職，翻譯之員，領事之官，教習之聘，罔不舉矣。其效西法而圖中興，與日本同。然甲午之役，軍師熸，要害失，韓藩亡，臺島棄，鉅款償，口岸割，卒赧然見弱於日本者，何也？日本求通之道勝，中國求通之道失也。

處今之時，當今之勢，通之之道，將如何？悖今而反古，則有執禮誤民之灾；廢中而遵西，則有用彝變夏之謗。開議院，則勢涣而滋亂；倡教會，則道高而難成；廣學堂，則費重而莫舉；擴善社，則事龐而效淺；編部曲，則謡雜而近俚；演傳奇，則意譎而惡陳；通翻譯，則力薄而緩時；窮游歷，則勢孤而傷費。此由後之效，非由今之急也。今雖欲求通，杳不可得也。且也天下至大，人民至衆，官萃於堂，兵萃於行，士萃於庠，農萃於鄉，工萃於坊，商萃於場，舟車不常，家室無方，孰能不脛而驤，不翼而翔，一一口之舌之，揚之張之哉？若夫收已涣之精神，不特合衆，省誦讀之日力，無事閉門，可調古今，可審中外，可瞻風俗，可察物理，可諳時變，可稽敵情，可新學術，可强智慧。茹其新，吐其陳，嗇其直，豐其益，不蹴户域，而眼目口耳，罔不通焉者，非無其道也。

先王知其然也，遒人徇路，木鐸有權。太史采風，輶軒遠使。《詩》之風雅，審民俗之情；《周官》誦方，察四國之慝。唐宋以降，濫觴於邸抄；嘉慶以來，創始爲報館。名曰新聞，從風披扇文章，並述政俗攸存。小之可觀物價，瑣之可見土風。清議流傳，補鄉校於未備；見聞通暢，窮宇内之大觀。至若外國農務、商業、天文、地學、教會、政律、格致、武備，各有專門，競標宗旨，習其業者，隨而購閲，發有新義，即刊報章。耳目咸通，心思愈擴，無閡民情，有裨政教。朝夕可達，均郵電之捷；聞見相助，同賽會之益。是以歐美兩洲，類分二千三百餘種；歐洲諸國，日售千四百餘萬張。且日本國報，有報王之稱，瑞士開會，敦嘉客之請，可謂隆矣。諸國盛强，新聞報之力也。

報者，天下之樞鈐，萬民之喉舌也。得之則通，通之則明，明之則勇，勇之則强，强則政舉，而國立教修，而民智。故國愈强，其設報之數必愈博，譯報之事必愈詳，傳報之地必愈遠，開報之人必愈衆，治報之學必愈精，保報之力必愈大，掌報之權必愈尊，獲報之益必愈溥。胥天下之心思知慮，眼目口耳，相依與報館爲命，如室家焉。是以英之霸也，《太晤士報》日五六十萬，甲海外焉。日之興也，《朝日報》日十五六萬，名亞東焉。中國人數號稱四百兆，非謂不庶矣，出報之處，乃不逾三十，分報之類，多不逾四十，銷報之處不逾十萬，閲報之人，不逾百萬。順天爲首善之區，而閲報者寡其人；河洛爲中原之壤，而傳報者窘其步。且旬月之内，從而折閲者有焉；期月之間，從而中止者有焉。且其中十餘種爲教報，閲外國報者，僅百十耳。比而較之，直百萬倍之二五千人之一。譬猶諸天之微塵，滄海之一滴耳。其去歐美諸邦何霄壤也？且求足以寓目者不可多覯也。我安得不爲人弱哉！智者知其然矣。

甲午之變，公車上書萬八千言千三百人，車聲轔轔，震蓋中外，古今諸國，所未有也。雖計絀於半途，事遂於不諫，而通塞之運，已漸啓矣。京師士夫，於是有强學會之設。今官書局是也。旬月之間，滬上繼焉。今《時務報》起重而振之。比及中年，流及海隅，加以江學提倡，湘民於變，鄂督札諭，斯風彌暢，魁哉偉矣。然廣厦萬間，衆檠非一木之任；畛途千里，致遠非跬步之勞。孤掌不能獨鳴，隻輪未能并發。何則群獨之勢殊，南北之情睽也。況鐵路未周，郵政未便乎，夫贈人以言，匪丈夫之登隴；因文見道，喜吾黨之有鄰。此澳門《知新》之報所以繼上海而廣之也。

今維粤省，泰西之孔途，嶺南之重鎮，中原之外府也。人民之庶，户口之衆，商賈之富，市廛之盛，甲他州矣。十餘年來，報館之設，不爲少矣，報章之銷，不爲罕矣。第宗旨既乖，毫釐斯謬。風雅不作，徒取芍藥，王道不説，祗嘶芻蕘。殽變是非，指鹿以爲之馬；艷説駢麗，購櫝而還其珠。徒陷人心，徒隳風氣，徒害政術，徒蕪教學，徒褻國體而已。勿怪有識者唾穢而塵垢之，至等秉筆政於市儈無行者，相伯仲也。彼且矜然喜以市儈無行自傲也，豈不異哉。嗟乎！不爲通之，將以塞之。

詩云：訛言莫懲，書戒無稽。勿聽今之作者，無或取焉。《春秋》經世，振先王之雅言；百二寶書，譯環球之近事。異聞必録，不襲陳言；百病備陳，無取深諱。倡提聖學，無昧本原；采譯新書，旁搜雜事。審其技藝，窮其新理，則明者勢不抱曲學而愈愚矣；察其土俗，知其形勢，則通者勢不泥舊章而解蔽矣；明其律法，諳其機權，强者勢不能執成法而振弱矣。三病之禍，亦已祛矣，豈不懿歟。雖然以中國人民四百兆之衆，内地十八省之大，設報之所宜有二千，分報之類宜有二萬，每類之數宜一千，日出之數宜二千萬。比而較之，二十人僅看一分，二萬人僅購一種。乃中土之廣，而滬僅一焉；吾粤之庶，而澳僅一焉。維此晋鄭焉依，藉收唇齒之助。知我罪我，分任口舌之謗。其猶一稗一穅之微，一蚊一蝱之勞也。思以二三報館之權力，以變易天下也，吾知勢甚難也。第以孤憤所存，不忘内熱，因其行事，托之空言。不議之譏，匪吾所聞，擴而充之，睠懷來者。有志之士，同類之倫，其將奮然興起，而將伯之乎！中國二千年將墜之聖教，四百兆日蹙之生靈，將有賴耶。余日望之。嗟乎！後有作者，斯義以明，宜立報科，用光斯道，吾黨之幸，天下之幸也。

—8. 皇朝經世文三編　卷五五　兵政一一　郵政

至誠開導令愚民悔悟　宋邦僡

小民狃於習俗，不知禮讓，往往激於一時之忿，遂成不解之讐。此險彼健，訐訟不已。一口之氣未伸，全盛之家幾破。爲官長者，遇有此等詞訟，必須多方開導，使兩造及早和息，則所以保全愚民者不少。又有迫於飢寒，偶罹法網，懲處之餘，尤貴深其訓誡。人苟悔罪，雖惡人許其自新。所貴吾至誠惻怛，有以感動之耳。凡人具有天良，鮮有不可以勸化者，勿概以若輩爲不屑教誨也。

—5. 皇朝經世文續編　卷八七　刑政四　治獄

治標庸言　鏡存子

查厘捐助餉，行之垂四十年，統計各省歲收，共一千三四百萬，而局卡林立，留難需索，委員十居三四，司事十居六七，商民受累滋深。今爲嚴杜中飽，宜重徵坐賈，寬恤行商，則捐項既免零星，商人亦自便易。業經户部陳奏，洵爲扼要破的之論。今日本訂約内地通商，改造土貨，於江南浙西數百萬厘金，實受其害。此外各省，亦難免牽礙，餉源所繫，亟應變計。謂宜統裁水陸局卡，悉除行商厘捐，略師周官廛市之意，妥議章程，於城鄉鎮市捐徵坐賈，不事煩奇，俾易遵從。應請先頒恩旨，將米麥雜糧各種名目，查明榜示，永遠免捐。而後將小民日用之物，分别從輕，此外酌量加重。無論行棧店鋪，一切貨物一律輸納，填給捐單。其已由行户捐過之貨，批發鋪面者，呈驗捐單。如分售各鋪，由行户報明，另給分單爲憑。一經報明，任便出入，並舉紳董設立商業公所，編號立册。

凡有張歇，隨時登除，無分華商、洋人。倘有徑向城鄉作坊交易者，以偷漏論，照洋關例，拍賣充公。其辦運出洋，及轉别口，仿用報章運照，並參酌沿江五處章程，先就江南浙西開辦，推行各省。以視局卡林立擾累，大相徑庭。比之零星抽收數目，必無短絀。且蘇杭既行駛輪船裝運貨物，和約雖無拖帶船隻字樣，俟議商約，勢所必然。是洋商輪船拖帶船隻，衹應照關章完税，而不能遇卡抽厘。華商輪船拖帶船貨，既應遇卡抽厘，又不能不報關章納税。既已報明江海關，沿途局卡，無能隱匿，不能不據關津抽厘，反不能如向來之減收少報，商困更不堪矣。是水陸局卡之不能不裁，而改徵坐賈，亦時勢使然也。羅浮山人曰：致富之道，當與地争利，勿與民争利。當栽培工商，以敵洋貨，而杜漏卮，勿搜括税厘，以病民而自病。既未能如西例免去土貨出口之税，以廣利源，凡彼口到此口之土貨，亦當照洋關税則，一律免厘，粤東土貨到香港轉船出口至滬，變爲洋貨，可免厘税，無異爲叢驅爵。庶免華商日鮮。若不設法維持，恐新築之鐵路，及往來内河各輪船，徒爲洋商廣開利源耳。

—8. 皇朝經世文三編　卷三六　户政一五　榷酤上

治獄四條　李上楨

一、審賊以慎密爲主。凡賊初拿獲，不可在外久停滋弊，到官即擇深邃之處審問明白。所云“停宿長智”，洵非虚語。況從來無無窩主之賊，亦無不通衙役之賊。未審明白之時，尤不許衙役出入泄漏，使餘賊知覺潛逃。然審時亦不徒恃刑法，而在隔别分訊，閑有供報同夥姓名，亦查衆賊口供相同者，姓名、年貌、住址，一一注明，即時出票分差往拿。及到官後，仍前隔别嚴審而定奪之。

一、强盗務須得其强狀。必先問其果有明火、器械、劫財、殺傷等情。如竊盗、搶奪，及謀爲强而終爲竊、謀爲竊而終爲强者，原情按律，各有正條情律。此外，如有繁冗舛錯口供，須前後删正明妥，毋令混亂，致難結也。

一、原問别官或有失出失入、改批我覆審者，如審出枉縱情由，必當援情據理，明允平反。蓋明允者，明而後允服其心；平反者，平而後反正其案。毋得避嫌疑，看情面，仍照原問回覆，以枉民命。

一、承問大獄，期無枉縱，速結爲當。查引新例，如無新例，即遵律條。如律條之所未合者，自有援引矜疑之情以議之。其難其慎，必簡必速，毋聽狡犯株連多人，耽延時日。尤不可輕出輕入，致有枉縱。不然，訟獄繁興，而百姓之誤生計而累性命者，可勝言乎？

—2. 皇朝經世文編　卷九四　刑政五　治獄下

中國邊事論　（俄將）鋪加脱

我俄國在亞細亞洲與中國接境一千五百餘里，蓋關於邦家休戚者爲不鮮也。然接壤之地，非其本洲，乃長城以外之屬土，西起新疆，東終滿洲一帶，爲邊備之要地，固無論已。我俄之於中國，如軍略也，邦交也，關係此地極爲握要。本論以叙中國外部軍備及攻守之難易爲主，且并論及其内部焉。

北京平原指直隸省一帶之地，帝京所在，防備嚴肅，常集大軍以備外患，一朝有事，則分發兵勇，凡向敵之軍，皆自此調遣也。若首都不支，則中國大勢可知耳。以上總論。北京爲中國帝京，其地非在國之中央，實偏在北方，距長城南僅一緯度，西北山嶺連亘封鎖，東面渤海，有白河、運河、新黄河等貫通平原，東流朝宗焉。又有運河，其口通白河，舟楫利便。天津，各河水三叉之處，迤西諸川或集注，或分派，到處多沼澤，黄河之水縱横匯注於九河。方今秋季淫雨不已，河水汜濫，溢入沼澤，不堪其量。自天津至保定府一帶低地，如在大河之中，此處平原土質肥沃；天津以南至運河東，洪水捲土沙，不生植物；西方山麓之地，疲瘠不毛，亦多沙礫。觀平原一帶，不得謂之富饒也。然其土産，養省内民人綽有餘裕。環帝京，有八旗軍將士及家眷住焉，其俸禄一半給以禾穀。故自古來，南部諸省每歲貢米，納諸北京及通州官廩，而後頒發，永沿爲例。夫使兵糧給足而能行嚴法，則大軍屯北京平原者，若逢戰争，日久亦決不見其告乏也。然有司之專横放肆，私竊官穀而不顧焉，累弊積年，往往暴露惡迹，致以軍事頽敗，滔滔皆是。除禾穀外，有燃料及肉類，乃此地所産。西南之山地與北京原有煤坑，散在沙土或花岡石層岩下，采掘煤炭夥夥，如天津東北永平地方，並北京西方諸山，處處皆然。北部蒙古及滿洲，多産肉類，中人本嗜豚肉，膳羞必供。其餘所用肉品極鮮，牧畜之業除養豚外，不見其興旺也。

北京平原，大概如斯。今欲蹂躪此平原，宜審進軍道途。北京平原之地，群山周繞，西北諸山能阻礙敵軍前進，其天險足妨大軍行步，山嶽蜒蜿，溪谷洞開，有一二天門非自此路不能行軍也。考長城沿壁之通路，如北京西北有捷路曰南口，往時路幅狹隘，一鳥徑羊腸耳，今則加工興築，以爲廣途。自南口而北，有溪谷曰懷來，分歧東西，一至塘子口，一至宣化府及貢關。故即張家口之關。南口東北有一狹路，可出長城外，道險難容車馬，止可徒步耳；又有一狹路通承德，險惡不讓前者；又有一路自承德南下，横斷長城抵北京，爲白馬關；白馬關東有鐵門關，道路稍廣闊，軍馬進退游行自在。昔朔北之國侵劫中土，每由此路。自鐵馬關至山海關一帶之地，峻嶺高峰，峨峨聳峙，不通樵徑。山海關路，著於史册者，北人攻漢，此爲要衝也。其餘自北京經由保定、柏井，至山西通路。以上通路，伊古以來，黄沙青草，不識留幾許鐵馬蹄痕矣。夫此五通路中，廣闊平坦可行大軍者，唯有山海關一路耳。近時自天津經由永平創設鐵路，搬運利便，亦由是路也。此外雖有白河舟楫之利，冬季三個月河水冰凍，不可行舟。雖通路有五，而風雪天時諸多阻塞，是亦兵家所不宜忽略者矣。

北京平原東方一帶，渤海波平，不聞有外寇之警，何怪其無防備哉。自中國政府通款歐洲，交涉事夥，波濤屢驚，今非復疇昔之情狀。蓋始之者，鴉片之役也。次之千八百六十年，英法同盟軍上陸，不出數旬直逼北京，燒燼帝城，而中國警醒舊夢，始行畫策防禦直隸，仿歐洲式法修築要塞，於是經營慘淡，以遼東及山東之兩半島，地勢當防海要害，聚全力於此，以禦外敵矣。蓋中國軍制，以防帝京爲重，故常屯大軍於此。然形勢一變，今又配置軍隊在海岸各寨，爲兵備之要區。中國軍隊，兵勇以八旗營爲最衆，國家所賴以安泰也。環列帝都，駐扎城郭内外，其所守備不止京城，凡國家軍政要鎮之處，皆可營舍，如山海關、承德、多倫諾爾、貢關、密雲、通州及保定府是也。其築設要塞之地，如大連灣、金州、旅順口、威海衛、芝罘、營口、山海關、北塘及大沽是也。除屯京城兵勇外，尚有蘆台、北塘、大沽、新莊、楊柳青、天津等諸營，所以防由白河之敵兵也。外敵欲攻北京，經由是路則行程較捷，況有白河自然水道，以便行舟乎，則諸營之鎮，豈偶然哉？平時駐屯直隸兵勇二十四萬餘人，北京八旗營兵十二萬七千餘人。然能堪野戰者，唯鑲字軍一隊耳。防海兵勇及駐扎白河下流諸營兵勇，皆李中堂管轄也。若考其實際，足以野戰者，不過李中堂管轄兵及八旗營兵之一部，試選拔其兵勇足用者，千人中僅五十人耳。要之，一朝戰役起於直隸以外或北部海岸，欲派遣軍隊以應危急，恐不能也。若派遣之，則帝京防守，盡爲空虚，適使燕京瀕危耳。推論其極，與中國交戰，欲攻略北京平原，則中國捍衛此地勢力過虚，自非假援他省，惡能防禦敵軍之進擊哉？唯恃畿内營兵控馭敵勢，可謂單弱之極矣！以上論北京平原。

新疆隔外部支那西北隅，距中國政府頗遠，故朝廷之威信政令，往往不通，繙閱近世史書，可知涯略。然此邊陲廣漠之野，關係俄國軍事原非淺鮮，是最不可忘者矣。試舉近世要事，以資畫策焉。抑此地方一帶，蒙古大汗嘗統治之，至千六百年代之季，汗部分裂爲二國，一曰準噶爾，一曰東土耳機斯坦中國官書作塔什干。準噶爾取天山以北之地，東土耳機斯坦領山脉以南至帕米爾西部一帶。中國當代開基，於此勢力漸增，至康熙之世，遂興師遠征，出長城之外，鏖殺噶爾丹兵於烏爾稽塔什干地，尋併吞東土耳機斯坦，使亡國遺民奉中朝正朔。於是欲强固權勢，使滿洲、蒙古兵士，挈眷移駐於新版圖，人遷甘肅、陝西之民居於此地，且整頓新圖百般事業，移民繁殖，振興農業，或令東土耳機斯坦人民移放準噶爾，以營此土，然亦不見有效驗之美也。千八百五十六年，甘肅、陝西肇亂，北聯準噶爾，勢極猖獗，中國威令不行，叛徒等據伊犁山中，設獨立汗汗猶君主，號支丹，威風殘暴，披靡四鄰，漸及俄境。俄國不忍旁觀，遂出軍隊擊退匪徒，取克里雅一帶地方，時實千八百七十一年也。爾來十易星霜，秩序復舊，乃還此地於中國矣。東土耳機斯坦亦一治一亂，我俄假力於中國，給糧餉以平定之，後中國出償金九百萬兩於我俄國，伊犁一帶之地分附中華，而確定俄中境界，千八百八十年所訂條約是也。中國既恢復斯土，欲專立威信，而堅固根基，努力於商工等業，日圖興旺，如鹽業、養蠶業、製絲業，皆其所推獎也。又欲備内訌不虞之變，設屯田之制。至千八百八十五年更新，就合喀緒、什噶爾、準噶爾，爲甘肅、新疆省，凡農民欲移住此土，給與田産貲財，非經三歲不收租税，以謀開拓興盛矣。

查華民移寓此地，合前後約二千四百五十旗，能納税者百二十三萬五千五百餘人。然以税貲償其政費，頗覺不易。中國每年補給款項四百五十萬兩，至千八百九十三年，減爲二百五十萬兩。蓋産業漸興，而税政漸舉，邊備軍隊逐年加多，養給之貲亦漸增益，然後綜理之，所用乃足，亦可謂竭力矣。要之，中國北疆政務，其於養民則至矣，然教之則未也。華人不能使土民心服，如東干薩特爾、奇爾稽思、喀爾喀等，目中人爲蛇蝎，反目猜疑，不肯輕交，視如仇敵，動輒凌軋，時啓争鬭，意中國威名未足以服此也。是吾人所當三思也。熟察新疆之地理，此地乃往古咸海，後變爲茫漠原野，天山之脉起乎其中，纏綿東西，分别南北；烏魯木齊府以西，山嶽高峻，直連俄國舍尾里天士克非路港。天山脉，北曰天山北路，南曰天山南路，自古以來，民族遷徙出入，每由此二路。昔蒙古大軍西征，實取道於此，勇猛鋭進，蹂躪歐洲，嘗風靡一時矣。南路道里險峻，至帕米兒，山地難行大軍，僅可行騎兵縱隊。蒙古大軍到此，不能前進，忽然駐兵，蓋爲此也。此外尚有亞爾泰、塔爾巴哈台等山脉一帶之地，亦兵家所宜注意耳。其餘一望地區，皆砂磧之原野，地質磽确，不可墾拓，唯伊犁河之上流及支流爲較佳。自長城西端嘉峪關入蒙古，以通天山南北，路有二道。於北路之衝，有巴里坤、烏魯木齊二府，爲沿道要鎮，又西達俄屬賽密城、拉廷斯克，南路至喀什噶爾則狹小，此二路可以行軍。烏魯木齊府，位置在蒙古中央，當今中國以此爲施政蠻境之中樞。駐屯此地常備軍兵總員五萬，據甘肅新疆總督所報告千八百九十四年：有步隊二十四營十八協一哨，每營五百人，每協三百六十人，每哨百人；馬隊四十八協，各協將校百二十五人。又有炮兵，以三個騎兵成隊，各隊三百七十六人。統御者，有上長官及兵官總共三百八十人，又警察將校百二十九人，武裝軍夫千八百十七人，等屬六百五十五人。又塔爾巴哈台縣兵員，并馬丁車夫厨夫數，據北京申報千八百九十四年：步隊三個大隊，並將校士卒二千五百五十五人，馬隊兩個大隊，五百八十四人；伊犁縣兵員，據千八百九十三年稽查書每歲稽考兵數情形之書：合步隊、炮隊十三營，將校七十八人，下士以下四千三百五人，馬隊九營，將校二十七人，下士以下千九十八人也。

此處地方，尚有滿洲兵及蒙古民兵駐扎焉。即屯伊犁千八百二十人，屯塔爾巴哈台五百十五人，屯甘肅、新疆二千五百四十人，總計約五萬人，然能堪戰鬥者不過三萬人。甘肅、新疆全省兵軍，沿北路南路所在都府，各有屯勇，以備不虞之變。西自我俄境内，東至嘉峪關，千里雲山，指呼相應。然兵員駐扎相距遼遠，朝廷監理不能周到，其戰力薄弱，可察而知也。然其備我境上兵力最厚，據稱一半兵力在我邊境，亦非過言也。冥冥之間，中國蓋防我萬一侵攻矣，但戰力薄弱，勢難敵强耳。按中國各省屯軍之數，唯此處地方駐兵勇最多。試以人口比例兵數，於餘省人口三百人中兵勇一人，而此省人口四十五人中兵勇一人。近時中國政府邊備益修，增多鎗炮，且使徵集兵勇，學習戰術。往年帕密爾之事興，中國告警，以克式野炮三十門、山炮二十八門、那兒的兒費兒的式機炮十六門、小鎗一萬五千桿送至此地，且選拔監督將校數人，由李中堂麾下以簡派調遣矣。又在烏魯木齊設製造鎗炮火藥所，在克爾雅、塔爾巴哈台等建立軍事會議所，專考兵制，又架設電線於新疆，瞬刻之間能傳帝京消息。要之，中國備我俄人，不吝貲財，孜孜不已也。我俄豈輕舉掠其邊境哉？俄與中國各分境界，北自額爾齊斯河沿岸，南至烏什，地勢東高而西低，或依山河爲自然之境界，或建竪標柱而表識焉。延長六百俄里，在北部通貝木魯須、塔爾巴哈台等之溪間峽路；在中部通道伊犁之溪澤間，此道稍廣闊，未必阻礙行軍，中國嚴兵備於此，亦有故也；喀什噶爾與我賽密坡、拉廷斯克兩地接壤，峻路羊腸，縈迂曲折，步履頗難，亦能行小軍隊，若謂之大軍通路，則不可也；又自喀什噶爾通我費爾千一路，雖非險途，而地勢頗高聳，拔海面者一萬四千英尺，周歲積雪，至年半始消融，開拓亦未至，不足令人傾意也；伊犁縣沿伊犁河上流之地，有一通路，即準噶爾關門。除此以外，中國之兵即有神術，亦不能窺我俄境也。蓋新疆地方，距中國本部離隔頗遠，懸軍萬里，其不利可知，欲决雌雄於此一帶地方，則此地雖有若無也。况一旦有事，則此地爲奇貨，可無論矣。何者？新疆俗尚名爲郡縣，奉中國正朔，然一旦外警忽生，則疆内匪徒乘機蜂起，昭然若揭矣。當此之時，我俄國假名爲彼定亂，興兵入境，如往年伊犁之舉指西千八百七十一年之事耳。若夫在新疆境上徒戒嚴兵備，我豈爲之哉？

蒙古一帶之地，荒野蒼茫，介於我西伯利亞與中國本部之間，土地不毛，人烟稀薄，苟從軍政上起見，此處頗爲要地矣。然則欲知彼情形，宜先審其沿革之故也。當第十三世紀之初，中國爲成吉思汗所攻略，至忽必烈之時，自和林格倫即今庫倫也遷都於北京，改號曰元，國運之興，文物隆盛，百度均舉。如開鑿運河，實當代之遺迹矣。久之，宫中風紀大紊，國勢凌夷不振。至順帝之時，黄河氾濫，歲不豐稔，暴官酷吏恣意收斂，匪徒蜂起，海内鼎沸，卒爲明祖所滅。而餘孽遺屬，奔竄逃遁至太耳喀湖畔，復遷至和林格倫。然蒙古之族本甚慓悍，騷亂相續，幾無寧歲，明朝帝王起親征之師，率五十萬人深入朔北，到傲嫩河上。當是之時，準噶爾獨立爲汗，其後日益分裂，無能統一焉。而明朝諸帝，蕩逸荒淫，耽溺游樂，威武漸衰，内則官吏放肆，外爲他國輕侮，察哈爾汗林丹者振發，暴威憑凌，所部於中國本部之北方獨立稱汗，且至强使明朝納貢。未幾滿人遂代明朝，於是大清創興焉。滿人本精練兵事，攻略四鄰以大擴版圖，進兵於蒙古準噶爾汗，噶爾丹者能與之反抗，屢苦清軍，然力不能久支，蒙古一帶之地始入中土版圖。中國欲馴化蒙古慓悍之俗，以爲游牧之民，頗費功夫，於此其設施得宜，功績大著，與我西伯利亞一帶接壤，不復有干戈之警，而我拓地移民之計，亦大有進益矣。抑蒙古一帶之地，與我接壤者殆二千八百俄里一［俄］里當［日］本九町四十五間，西自額爾齊斯河起，東至黑龍江省終。以軍事而論，分蒙古地理爲二，西北爲山地，東北爲平原，而首要之處，尤映我眼中者，則爲東部平原地。何則？我入中國本部，此爲最近捷之地也。中國備兵於蒙古一帶地方，是果足顧慮乎？意我俄國不必爲此備也。何則？屯在此地兵勇，本非我俄人之好敵手，彼蒙古部落募兵，决非有戰力者也。故當有事之秋，中國遣兵師於我，以入我國境，必自東南平原而進焉。不言俄國進兵於中國，而言中國進兵於俄國，俄人之機智概如此類。

蒙古之平野，蓋爲戈壁高原之一部，拔海面者約三千七百五十英尺，地質多磽确，間見有混粘土及泥土，人口約三百萬，多以游牧爲民，常逐水草轉移，其能土著者，獨爲喇嘛教寺院所居之民。此高原一帶道路，實留大古之原形，不見有人工開鑿之迹。意此道路，當游牧民轉徙時，率無數之獸畜，又或運搬百種器具，故自成蹊徑，否則商隊來往通行，以印其足迹耳。然地本砂礫，磽确而踏成蹊路，其堅牢往往與鐵路等，故大軍經行者，亦甚便也。然行大軍於此高原蹊路，試問能得須要諸品，不虞困乏乎？如泉水也，燃料也即薪、煤炭等之類，秣草也，果能收得乎？是兵家所不宜忽略也。稱之曰：軍需品當行軍時運搬最難。又蒙古高原頗乏泉水，雖有小川湖沼等，然亦不甚多。在戈壁沙漠中，全無此種水源，掘井取水，沿道所在多有。然井能出若干水，而足養若干兵勇，是關於行程之遲速，進軍之能否，兵勇之多寡，當豫籌其最大者矣，故豫算水量之多寡，須要精詳也。在此高原之井，口徑約一亞兒神當日本二尺三寸五分餘，水質不必淡，或有鹹水，或有雜硫磺者。據行旅言，水面在地下約七英尺至二十英尺之間，蓋是不必過深也。夫自地上至水際不爲過深，則汲之不銷多時，則有快給水之便。况於井數少處，行軍之次，亦能掘鑿新井也。進軍之遲速，兵勢之强弱，與水量之多寡，其關係如此。而次之者，糧餉也。凡漠地有水源處，常爲游牧民所栖息，而四周之地，亦爲牧畜之場，故所在秣草，爲此等獸畜所蹂躪，往往不遺寸蘖矣。故當軍隊張野營時，宜遠驅馬匹於有秣草之地。何則？有水源之處，多不遺秣草也。前隊於有水處能得秣草，而後隊或不能如此者，往往然矣，故當行軍於沙漠中，又必携送秣草，以備馬匹之用。至於燃料亦然，雖漠中非無灌木叢生之地，亦决不多有焉。倘前隊易得燃料，而後列或不能得一草木，苟如此，則宜深入漠中以收羅之。然則當行軍之時，又須携帶燃料也。要之，常食品物固應携帶而行，至若畜肉，則蒙古之地所在多有，得之不難，即牛豚山羊之類，沙漠中所到成群，可多應敵人之糧也。然則行軍於此漠地，果能行若干人乎？意者，亦可以行十萬人也。考諸昔日華軍征蒙古之例，亦必不差。又須整備器械，以運搬軍需諸品，如彼苦路巴多錦將軍即俄將，嘗爲此種出征之例，最足爲龜鑑也。今夫運搬諸品，於蒙古之地宜用馬也無論已，餘外宜用駱駝。此獸能擔荷至遠，一日夜間可行四五十俄里。又蒙古之牛體力頗健，若用兩匹駕車，可以當一駱駝。蓋是彼商隊旅行沙漠者所實驗也，則行軍之法應由此地，故一旦有事，進軍於彼地，收集馬匹、駱駝等，固自易易耳。嘗見蒙古人運茶於恰克圖市場之現情，實多至七萬五千匹，我若行十萬之兵，必需二十萬駱駝，然聚集此等之數，亦决不難也。既於糧餉、燃料及一切行軍之事無遺算矣，則將出於何途以進軍乎？又欲作何等列隊乎？請試言之：

一曰自北京出長城，經貢闕、賽爾烏蘇等，而通恰克圖，咸稱爲驛路大道也。二曰自北京之北，經由貢闕、烏達吴厄沁，而通烏爾稽及恰克圖也。三曰自北京經由貢闕、亞爾噶里及奈來哈，至烏爾稽及恰克圖也。四曰自北京經塘子口，又由多倫諾爾、烏里雅蘇台等，至烏爾稽及恰克圖也。五曰自北京經多倫諾爾及克爾倫，至克魯蘇台站也。六曰自北京沿興安嶺脉西部，經多倫諾爾，至土爾扈特站也。今欲記諸道之遠近，及其險易如何，而余未遍踏其地，然即一二大路，亦可以知其梗概矣。如上所記第一路，蓋中俄貿易商隊每由此路，及兩國驛傳亦取道於此。自北京抵恰克圖，千七百七十俄里，比較各路，此爲頗長。意行軍於此，須分兵爲小隊，一隊約六百人，以次第進行。何則？漠中乏水，會有握井，苟水源不豐，則兵氣爲之老矣。且一日夜行程以三十俄里爲率，使兵不疲勞也。我之行兵，本入敵地，然中國本熟知己國之地勢風土，故六道中隨路皆可經行；若中國以十萬兵勇發遣於六道，則一路約一萬六七千人，亦甚易進行也。然在我俄軍，不能有如此之利。案六路之情形，當悉集於烏爾稽之地，而後行至恰克圖也，故俄之行兵，大軍可以至烏爾稽，而此地以南不能如此。至入戈壁漠中，千艱百困，恐於全軍之勢力亦少衰矣。是宜於分全隊爲小隊，而前隊之與後隊間隔三十俄里，且一小隊編列六百人，而作二十隊，則全隊之旅亘六百俄里，如行千七百俄里，應銷三個半月，始得進入燕京。行軍於沙漠，其困難如是，則我俄進兵於彼地，自非排千艱萬難而鼓大勇氣，焉酬素志哉？往時滿洲好調兵於四方，其所用兵多是騎隊，所用兵器亦弓箭劍戟之類耳。然今也其兵有步隊，其兵器有炮有彈，不復如昔日。且近代訓練軍隊之法，亦有改革，如兵器、糧餉之制亦從變更。然則如康熙年間親征噶爾丹之戰争情形，亦足以爲鑑矣。今考其戰争情形，蓋起親征之師，先分大軍爲四：第一軍三萬五千六百人，取道於土拉河之上流；第二軍爲三萬五千四百人，接第一軍之迹；第三軍爲三萬七千七百人，皇帝親帥之，自北京經由塘子口，而向烏爾稽；第四軍號約百萬人，蓋役夫、輜重并在其中也。以一千六百九十六年即康熙三十五年四月一日，大軍發自北京，經塘子口、烏里雅蘇台、察漢搜爾等各地，以六月八日抵克魯倫河之上流，以月之十一日達綏爾非特烏。此路程千二百十俄里，約銷七十有二日，自其帝都至我俄境，一日約行三十俄里，此役第一軍始與敵接戰，約出帝都第六十八日耳。由是觀之，懸軍萬里，疲困路程，雖有已遁之敵在數里之間，無復有追擊掩戮之餘力，兵勢於是易老矣。此役嘗有此厄，於是中國知回師之爲是，僅留第一軍以當敵衝，而悉收餘軍以返帝都。然第一軍到土拉河時，其兵不出一萬人，而在途上散亡者爲二萬五千餘人，於是抽二千人於第二軍中，以補充其缺。中軍雖知朔北地理，屢苦糧食不給，或至殺馬而食。當此之時，爲敵兵所襲擊，戰於烏爾稽鄰接之地，幸得一掃敵兵，大有所獲，頒分士卒，以慰藉其功勞。若微此一捷，則中軍士氣沮喪已久，恐不免覆軍於朔北之野也。康熙親征之時，兵器、輜重等不如今日之制，頗爲簡易，然猶有難焉。今也兵制一變，行軍於沙漠中，尤爲至難也。由是觀之，蒙古一帶之地，揆諸情理，按其實迹，蓋爲界在中俄之間、兩軍爭戰之一大障壁也。若夫西自額爾齊斯，東至滿洲一帶百千里之國境，不能爲彼我爭戰之疆場也。

滿洲近古以來沿革之迹，足爲後代鑑者，蓋甚多矣。余既叙蒙古之風土，又將叙滿洲也。滿洲各部，嘗爲諸種民族割據，當十七世紀之初，聰睿貝勒時征服四鄰而立國，與明交兵，攻略遼東縣。然直隸一帶至陰山之間，以防備極嚴，不能得志者久矣。聰睿貝勒，實爲中朝太祖也。太祖第八子太宗即位，屢敗明軍，威武大振，遂征服蒙古之乃蠻敖漢及喀喇沁等，以察哈爾爲已之屬部，東出兵於朝鮮，征伐之更南，自鐵門關超長城直進，襲擊北京，明軍大敗，而北京陷重圍之中。太宗以孤軍深入敵地，後患難保無虞，乃回兵滿洲。自是屢遣强悍騎隊頻逼明朝，出没白馬關、塘子口及南口等，或進至山東濟南。然直隸一帶防備猶頗堅固，不易入山海關，雖屢自鐵門關以北之山道，進兵於北京，直下地方。明軍動輒自海岸一帶而出襲彼背後，於是兩軍對峙，久之乃陷錦州城。當是之時，明國漸衰，到處匪徒蜂起，勢極猖獗，賊魁李自成奪黄河接近之地，匪黨雲從，遂陷北京，僭號稱王，明帝徇難煤山。然明大軍猶在直隸西北隅，吴三桂統率之。三桂者，明之將軍，本以老練剛毅見稱，至是通款於太宗，欲討滅李自成以鎮禍亂。太宗容納其請，遂共逼北京，殲滅反賊，國號大清。爾來二百年，專謀擴版圖，西北自蒙古起，東至黑龍江、烏蘇里接近之地，遂接壤於我俄境矣。抑我俄國之接壤於中國，以黑龍江、烏蘇里河、興凱湖，均訂約時所確定爲界者也。其長實二千七百俄里，亦不爲短矣。滿洲在長城以外，管盛京、吉林、黑龍江等三省，面積約二十八萬英方里，人口一千六百萬，地質稍豐饒、人烟稠密之區，以松花江四鄰及吉林以南爲最，北接壤於俄境，居民稀少，然地質亦不惡，如山間之地，往往肥沃，可開拓以殖民焉。滿洲一帶地勢，固多高原山巒，如盛京、吉林兩府間，有長白山蜿蜒連亘，東山西脉，又遠亘南北，其最高處聳拔海面實八千英尺；黑龍江省山地亦夥，大小興安嶺山脉四分五歧，漸西而下，乃見原野，青草繁茂，西則一帶荒磧，是爲戈壁之沙漠也。松花江，雖頗不便於行舟，而艇舟底淺者，可以上下至遠，往年華人謀用小輪船，吃水英三尺者搬送貨物，卒不見效，而遂終止矣。我俄嘗欲溯黑龍江，自松花江更溯其上流，而華人峻拒我往來，立國際條約，以防遏我行船矣。本江水底亦無常態，當冰雪融解之時，其支流注蕩土砂，每歲河底蓋有變異；嫩江，自伯都訥至齊齊哈爾，稱利舟楫之便；遼河，亦可往來淺底小舟，至其河口則水深，最便於出入巨船，營口繁華，蓋因有此河水之利也；鴨緑江，在中韓境界，溯江口六十俄里有昌城府，可通小船，以至此間；瑚爾哈河，縈回迂折，人烟稀少之野，水量不多，故船舶上下亦少，時見小帆船遠溯上浮耳；烏蘇里河，在中俄之界，爲一大河，隨處可行小輪船；滿洲川河，略如上志。所録雖有舟楫之便，時方冬季沍寒，堅冰鎮水不可行一，約兩個月或至四個月，是爲可惜耳。滿洲之風土，在長白山以東有定期風，自太平洋面而至，頗多秋雨，而在其西北方，則以西北風劇烈之故，秋無淫雨。要之，東南降雨甚多，春夏二季淫霖亘数月，時值秋霖，則諸川氾濫，浸没道路，雖大道正路，溢水没港，泥濘如澤，斷來絶往。行軍於此地，則當擇淫雨始去，漸入冬季之候，而從事於此，方爲恰可。况至積雪皚皚之時，則開通橇道，而更得其利便也。又山河所在位置，頗得其宜，土地膏腴，亦見有栽植農耕焉。牧場到處散布，而山腹之間亦有森林，其材可築家屋。農産之物，有大麥、小麥、高粱、稷米、菽、罌粟、麻、烟、玉蜀黍等屬。又到其南部，則産出棉類，如蔬菜、杏、梨、林禽等，所在之地皆能産焉。青藍人參亦能繁植。滿洲之地如此，故行軍於此，不至如在蒙古之艱苦也。其糧食、泉水、燃料、蒭秣或有困乏，至家畜之衆，則每歲輸進豚於中國内部者甚多，最可見牧養之豐也。要之，亦擁十四五萬兵而入滿洲之野，以向燕京，余未見其乏肉與秣也。若或有不足，僅轉一步於東，則有韓土在焉，取此品物，何慮之有哉？余故言此地天惠豐饒，决無使大軍饑餓之患矣。

吉林府，在滿洲中部，大道可通四方，東至於海，南直達中國本部。其要路有三條：一自吉林南出，經奉天府、新民廳、錦州府及山海關至北京。又有奉天府分歧，經遼陽至營口，南下達旅順；又有山路，自遼陽通鳳凰城。吉林、奉天兩府之間有二道：一可以至法庫門，一可以至呼蘭。城濱呼蘭河，會入松花江處，在三姓、伯都訥兩城之間。此等諸道，蓋爲聯結中國與朝鮮一帶之路也。二自吉林府向我俄，亦有數條路：經額莫赫索羅站在寧古塔西南，珠魯多渾河濱及寧古塔，達我尼闊里斯喀雅者在烏蘇里河濱，屬東海濱省，其一也；經三姓城，達興凱湖畔圖利羅格者在興凱湖西畔白稜河口，其二也；依松花江，達米海羅斜滅羅甫斯喀雅在松花江與黑龍江會流處，濱黑龍江北岸，今屬阿穆爾省之水路者，其三也。自吉林東走直至我俄國，道路最近。若取道於此，則自中國本部至我俄國約千五百俄里，自吉林則四百五十俄里耳。比年以來，中國政府有見及此，極力開拓，又能闢地通道，於是軍事樞紐如三姓城、寧古塔、琿春等，聯絡相貫，指呼可通。三自吉林經齊齊哈爾，分歧爲二：一經墨爾根城及愛琿城，至我布拉郭威什臣斯克即海蘭泡，在結雅河與黑龍江會流處之西，今屬阿穆蘭省，與我愛琿城隔江相望，一經呼倫貝爾城，至奮託羅海。自齊齊哈爾至愛琿一帶道路，風土形勢極佳，可運行輜車。自北京至布拉郭威什臣斯克，爲二千五十俄里，由吉林而至爲一千俄里。上所記諸道，並爲國道，平坦廣闊，可通貨車。若至歧路，則有難焉。東方各道，動輒有泥澤之患，如淫雨之候，絶無人馬通行。然在冬期，則道路凍結，諸路皆車馬絡繹，有繁庶之狀，當冬令之期，則每數里設立客舍，以便行旅。按滿洲道路形勢，自然易使人生侵掠之念，則此地之所關於軍事，最不可輕視也。况與我接壤，固當留意焉。此地古來部屬相争，又屢使中廷感懷邊治之難，故常爲中廷之患者，滿人也；又使中廷迭奏偉功，亦爲滿人也。

何爲滿人？曰八旗營兵是也。是故八旗營兵之士氣，每與中廷盛衰相爲表裏，然現時聯絡不得其宜，訓練亦不合，至戰争之術，則其所最拙也。於是中廷猛省，近二十年來，務加振作，故革新其兵制，今核算兵員，古式八旗營兵爲三萬六千八百七十五人，新式營兵爲一萬八千八百五十一人，駐屯境上兵爲八千三百二十五人，合計六萬三千九百五十一人。所謂古式八旗營兵者，古來爲滿洲鎮撫之兵也，故洲中要鎮重城必駐屯此兵。餘外又有邊疆防備之兵，駐屯俄、韓邊境上，於三姓城接近二千五百人，於寧古塔接近二千七十五人，於琿春二千五百人，於鳳凰城二千五百人，合計九千五百七十五人。近時滿洲各省首府，必配置練習野戰兵，各府一樣，步隊八營一營五百人，馬隊二協一協二百五十人，備炮二十門，步隊用毛瑟鎗，馬隊用檳查斯的兒式鎗，此兵數實一萬三千五百人。中國政府近年改革兵制，每歲以現役兵之半爲預備兵，謀於有事之日得大兵之策矣。且每月給銀一兩，於預備兵一年兩次點檢、演習、觀兵，其意欲於滿洲三省得預備兵六萬人也。尚有八旗營預備兵，在奉天省所管七萬人，吉林省所管七萬人，黑龍江省所管三萬人，故滿洲全軍，實多至二十三萬三千九百五十一人也。中廷何在故滿洲接我俄境之地，琿春及其他要地，築堅寨，固壁壘，裝備克式巨炮，頻嚴防備，余未解其何意也。雖然，彼華人於戰略戰術未能擅長，又不熟攻守城寨之技，雖未足以爲深憂，而其意亦可略推耳。如彼吉林，不獨爲堅堡固城，又謀於此地建設兵器彈藥製造所，近聘將校於德國，以實行此要圖矣。既於吉林設立兵器廠，以推擴其規模，蓋欲供有事之用也。如彼築搆三姓、寧古塔、琿春等三城，以爲之前哨，是豈非向我烏蘇里境邊排列防禦而何也？又中國惡我嘗欲溯松花江開貿易之端，其意以在松花江爲已有，而一旦有事之日，欲據以大收戰利，故中國嘗投礙物於三姓城下江中，以梗塞舟楫之便。至若中國所真注意者全在那邊，是不須細述而知之焉。雖然，中國固爲龐大至古之邦也，意者自警崛起，以危害人國，决其不能有爲也。惟歐洲使節，冥冥之中常資顧問，頻説軍備之要，以攪亂其腦氣筋，中國於此遂欲行自家政策也。秉鈞之人，豈其目無鄰國哉？爲我國人者，處於此間，當警醒一番矣。噫，豈可不覺悟哉！

—8. 皇朝經世文三編　卷五〇　兵政六　邊防下

中國火車弊病　闕名

火車在車站停後，復向後退，其爲禍於車客，果何如哉？自西人亞得勃雷之子遭不測後，八月二十四日，有西人名亞得勃雷者，乘火車到北大河車站，停車後，纔下車，其子尚在車臺上。車忽向後退，突然跳動，亞子立足不住，墮跌下車。其父見之，立即救起，該孩足指已被壓損，《字林西報》因此著爲論説。辦鐵路者當亦有所驚覺焉。中國火車，向不能停在合宜之處，更不能停定。車將到車站，先遲遲行走，然後停止。未幾，忽向後退。站站如此，此弊非立除不可。其除此弊之法，所用管機人務能使車停在合宜之處，否則每車臺上須有得力之護車人，候車向後退止後，然後准客人出門下車，或可藉資補救。最可奇者，中國辦理火車，如此疏忽，而不測之事亦並未見極多，此次當可引以爲前車之鑒矣。

既論鐵路，則所有天津至塘沽一路，其辦理不週之處，車客嘖有煩言。爲辦鐵路各員所應知者，試更縱言之。該路收發行李，無一定合式辦法。其經理此事者，一群襤褸之工人耳。上下車時，所有隨身携帶各件，又無人照應搬運，使無損壞遺失。其辦理無頭緒如此，即此一端，與日本相比已有霄壤之别。日本車站，栅欄以内，停車之處，不准小工進出。所有車客行李，均由護車人幫同搬至栅欄之外。如初到該國，不知鐵路之徑，護車人尤可指示一切。在中國則車客之適意與否，均不聞問。車位之潔凈與否，亦不講究。車内所棄之喫存食物，散積遍地。凡可以掃除乾凈之處，亦不灑掃；有時穢同豬圈，實非人可暫住之處。如此而再不整頓，將待何時？辦理鐵路者，身任其事，應如何講究整頓？庶上可以顧全國家之體面，下可以不負車客之厚望，而後自問無愧也。

—16. 皇朝經世文編五集　卷一七　鐵路

中國宜設銀行論　闕名

今之談時務者，無不以振興商務爲要圖，以收回利權爲急務。而究之利權何以能收，商務何以能興，則非仿行西法不爲功。

夫西法固非一端可竟也。輪舶所以通商，西人多備公司，船往來各國，貨物自行運載。而中國僅在本國運載，從未自至外洋購貨，一切皆聽命於西人。而欲自置公司船往來各國，不特成本較大，公費難籌，且建造仍須外洋，又須熟悉洋面風濤沙綫之人，方能駁駛。中國商人素未學習，若至外洋，既語言文字之未諳，復飲食起居之不慣，不如西人之在中華，事業既大，可以自由自在。此欲振興商務之難一也。兵船所以保商。中國自設立海軍後，方期逐漸擴充。而中日之戰，丁禹亭將兵船盡失，二十年經之營之廢於一旦，刻非不欲恢復舊規，而所費愈大，整頓愈難。即使重立海軍，購置鐵甲，亦祇能自顧海防，斷無餘船可以分駐各國。若無兵船往駐，外洋何以保護，彼此倘有齟齬，必受西人挾制；即有兵船保護華人，尚未必肯赴外洋，若并此而無之，又何怪其裹足不前哉。此欲振興商務之難二也。説者謂既不能自置公司船赴外洋貿易，又無兵船分赴外洋保護。此外豈無振興商務之法耶？西人所尚者機器耳，無物不用機器製造，物既精美，工猶省約，華人所以樂用，西人所以得利也。現在鐵廠、製造各局，各省可以次第舉行，而繅絲、紡紗、織布各廠亦日新月異，將見西人之所爲者華人無不爲，西人之所能者華人無不能，亦安見商務之不能振興、利權之不能收回哉？不知鐵廠、製造各局誠將次第舉行，繅絲、紡紗、織布各廠果然日新月異，無如所需之物料、所用之機器仍須購自外洋，使西人不肯售與華人，則巧媳其能爲無米之炊乎？况西人機器日出不窮，華人方得購到學習，而西人已將變易，華人不過步其後塵，即能孳孳不倦，精心習學，恐非一二十年不能與之争衡也。

然則，振興如是之難，其將何法以處之哉？曰爲今之計，欲便民裕國，上下相通，其惟設立銀行乎！西法以設立銀行爲要務，用則藉行爲轉移，遇有要需，無事羅掘，一利也；不用則存行生利，且以便民，二利也。現在西人在華設立銀行，華人皆趨之若鶩，華人不信本地之錢莊而信外國之銀行者，以其本大而可靠、牽制多而不易倒閉也。即如匯豐銀行，報中時登告白，據云資本一千萬元，公積五百七十五萬元，又另備股本一千萬元，存銀每日結帳者，長年二釐起息，存至二十萬元兩爲止，存一年者長年四釐，半年者長年三釐半，三個月者長年二釐半，一定章程，有條不紊。股票作二百二十五元，現已值銀二百六十餘兩。公積又如此之多，獲利之厚可想而知。然其存本雖大，而獲利要歸存項。無論西人有銀皆存銀行，而華人亦不嫌其利之薄，樂於存放，宦途充裕者無不以銀行爲外府，於是銀行之資本愈大，轉運愈靈，各票莊無不仰其鼻息，而銀行之利愈厚矣。使中國自立銀行，雖西人之利不爲我有，而華人之利，華人可以自主，不愈於外溢乎？

説者謂華人自設銀行，華人未必深信，仕宦之銀更多牽制，避嫌而不肯存放，恐仍不能與西人争利也。曰是不難。商務以信爲主，祇須資本充裕，轉運通靈，仿照外國銀行之例，認票不認人，華人有何不信哉？官場又何避嫌哉？且仿立小銀行，使民間隨便可存，隨便可取，俾民間皆有蓄積，不致浪用國家。若有要需，亦可向銀行措辦，各省庫款皆可存於銀行生息。種種利便，非不律所能盡述，因略舉一二，以爲當道者望焉。其能不以此言爲河漢乎？

—13. 皇朝經世文統編　卷五八　理財部三　銀行

中國郵政應如何辦法論　羅毓林

今之盱衡時局，曠覽華洋，動輒私相謂曰：中國之效法泰西，凡有關於國計民生者，其講求初不遺餘力。一輪舟也，始創於長江，繼行於海上，今南洋諸國且過而問津矣。一電線也，北則山陝津沽，南則蘇浙閩粤，今邊徼塞外又遞相安設矣。一礦務也，開平首竟其功，順德繼收其效，今承德、遼東又用爲後勁矣。凡此皆富强之本，而爲我中國明效大驗者也。獨泰西郵政一端，此時尚缺焉無聞，似乃非裕國便民之道。

按泰西諸國亦無郵政名，有之自乾隆初年始。先是德國見商人於各大碼頭設有信局，專遞民信，遂起而創行郵政。凡官府之公文、民間之私信，無不傳送，並派員經理其事，頗著成效。各國亦倣而行之，於是泰西郵政之名以立，其年同治十一年，各國所收信資，德則一千八百餘萬，英法皆一千四百餘萬，除所用經費外，其盈餘各五六百萬不等。前日本亦倣行此法，並與泰西聯絡爲一，是郵政之能便民裕國從可知也。

獨是中國之政令與泰西異。泰西無驛傳之名，中國則自古迄今驛傳未嘗或廢。今若創行郵政，其如中國之驛傳何？夫中國之驛傳，大率供皇華之使臣，朝貢之方國，齎奏之員弁，與夫文武之咨稟，寮友之關移。驛傳每州邑或再設或三設。每站額馬或六十或七十，此項廪糧工料即於存留項下支銷，而歲終隨地丁奏報焉。其爲差也，有大差、小差之名，有緊差、散差之别。而水驛之船隻，陸驛之夫馬，罔不具備，事綦繁、任綦重也。今郵政若行，是將胥中國之驛傳而裁之，抑將合中國之驛傳而一之乎？而要皆非也。且明季之衰，嘗因裁撤驛傳而盗賊蜂起矣。彼時雖因饑饉頻仍，當事者又不善爲撫輯，然其事究不可行。是欲籌郵政之辦法，當令郵政無害於驛傳，驛傳仍備官差，郵政則僅傳書信，是郵政即以補驛傳之不足，兩不相涉，庶其事可與謀始，而其法乃可見施行。謹擬辦法數端，以備采擇。

一曰設官局。大抵事當創造之初，若不由官設局，勢必窒礙而難行。設局之事，若使處處籌辦，將合中國二十三行省，所謂水陸通衢、商務薈萃之所，當不止數十百處，其爲款當需幾何。不若就電局所設之處先行試辦，庶不徒託空言，亦可漸收實效。查泰西之列郵政，與電氣相輔而行，電報所通之處亦即郵政所行之處。中國電報現已無不流通，若再益以郵政，既非生面別開，且亦圖成較易。所謂因勢而利導者此也。

一曰置輪船。查外洋郵政，無不設有公司輪船，誠以公司輪船既設，凡各國之通商大埠，均可任我往來，利源便不外溢。前者泰西有人欲合五大洲之郵政聯爲一氣，蓋亦有利均霑之意。中國郵政若行此項，公司輪船斷不可不置。現今旅居外洋華人，如檳榔嶼、新加坡、新舊金山等處，人數頗衆，我若置有公司，固可寄送信件，即一切土貨出口，洋貨進口，亦不至盡爲他人占去。是此時特設之公司，即爲他日商輪之繼起，一舉而兩得其便，未始非收回利權之一助也。

一曰製信票。信票各國不一，大率皆尊其本國君，上繪爲人頭形，亦有繪以飛鳥者。堂堂中華，似宜特製雙龍形，上鑄國號，下志銀數，用後即蓋以年月日圖書，杜其不得再用。此項信票鑄成後，發往各局，使商民隨時購買。其價自一分至五分，各視其地之遠近，定取資之多寡。大約本省無論遠近，取資一分；外省無論遠近，取資三分；外國無論遠近，取資五分。即旅居中國西人所有寄送信件，不得另用他國信票，以昭畫一而大利權。揆諸西例，當亦謂然。

一曰籌巨款。自來興大事者，必先計其事所由起與事所由終，了然於胸，庶籌算萬無一失。中國郵政若行，所謂添造房屋應需款若干，置備快船應需款若干，購辦機器、安設夫馬又應需款若干，通盤籌算，總非數百萬金不可。此時庫款虧空，何從籌此巨款？不若仍做集股之法，由官創辦。前同治五年，總税司亦曾派人招股，創行華洋書信館，惜以不得其法中止。遂僅於冬令封河後，由海關遞送文件而已。集股之法，或即仿招商局成案亦可，總期取信於民，有益於國，庶不至談虎而色變也。

一曰用夫役。信局一業，中國行之久矣。其在通商各口，每處不下數十家，以一家六七人計之，將業此者已有一二萬。至内地各處，尚不在此數。一旦改行郵政，將此數萬之衆於何謀其生業，是不可不慮及。此不知郵政雖行，其用人則一也。他不具論，即此旱脚夫役等類，在在需人。此中需人之處，無待他求，即令信業中人供其奔走，既可熟手是資，且亦不絶其生路，計之得也。

一曰擇鄉董。中國幅員廣矣，郵政若行，安能節節設局？即電報亦祇於通衢大道分置一所，其偏隅僻壤則無有也，是掛一仍屬漏萬。惟有選舉鄉董之一法，或即責成地方官，凡屬鄉鎮集堡，稍形偏僻者，或五十里，或三十里，擇一誠實鄉董一人，由局給以薪水，令其租賃民房一間，爲某縣郵政之分局，所收信件一日專人送至總局一次。是中國疆域雖大，自無鞭長莫及之患，且用費亦省，而收效良多也。此特其大略也。至於郵政之行，仍須輔以電報，濟以鐵路，三者缺一不可。電報現已通行，鐵路尚未舉辦，謀富强而勤遠略，是所望於當道諸公。

—8. 皇朝經世文三編　卷五五　兵政一一　郵政

中國擇地建造船塢論　李龍光

間嘗考西國船塢，厥有三種：有修船之塢，則築塢水濱，而建活門以通水，船入其中，即閉閘而屏竭其水，以便修艌船底。此塢之建於岸者也。有泊船之塢，則於海濱築堤以禦風浪，船入其中，無潮水漲落之高低，以便起落貨物。此塢之建於水者也。有藏船之塢，則專爲海軍養船之澳。蓋兵艦常年行海，易爲海水銹蝕而壞，故收藏於塢上，建大棚以終蔽風日，復吸水令乾，而置船於架上，時加油漆，有事則放船出洋，無事則收船入澳，則兵船能耐久，常多得一半之用。此塢之水陸並用者也。

各國海軍無不以船塢爲重務，而中國則知其制度者鮮矣。然使有船無塢，則修理既難而藏船亦復不易。彼鐵甲等船費逾百萬，何可無一修艌藏儲之地！譬如千金之馬，而吝惜造厩之費，則良馬易生瘯蠡之疾。此經費所不當惜者也。顧造塢非難，而擇地最難，非將沿海沿江島嶼、港汊遍爲履勘，殊難得其實在情形。

即以大沽、旅順之船塢言之。大沽河道不深，鐵甲兵船易於擱淺，祇能容小輪；旅順與烟臺、威海衛遥遥相對，爲北洋緊要門户，形勢天然，規模頗大，近年由法人德威尼包承，計價銀三十五萬兩。船塢大小各一，其大塢已經華人開鑿過半，小塢亦借山勢鑿成，故工價大省。旅順海口水深二十八尺，船塢深亦如之。其定遠、鎮遠等各大兵船，吃水在二十四尺以内，均能出入裕如，潮滿時塢内存水五十尺，足以停泊兵輪。若膠州爲前明海泊聚市之處，雖昔人建議欲開膠萊河以通漕運，免繞榮成山角之險。但近來海舶皆以此爲迂途，鮮有至者，商市亦遂寥落。自上海而往，羅盤直指東北，至將近成山，始敢捩舵。誠以傍山而行，礁石林立，而膠州口外，沙易膠舟，故洋人不甚垂涎，未嘗請開爲通商口岸，規畫此處似非要着。此則北洋船塢之情形也。

廣州之黄埔有船塢兩處，均以石砌，本係洋人所造，張振軒宫保督粤時，以鷹銀十八萬圓購得之，連洋棧、洋房、滊機、吸水筒等在内。至今設水雷廠輪船局於此，然而規模尚小。彼號稱能修鐵甲船者，乃香港之船塢，即西人所稱阿白丁船塢也。其塢原建於黄埔，該公司後又覓得九龍新地號稱小香港者，形勢愈佳，遂賣去黄埔之舊塢而新建此塢，係一千八百七十七年開工，實爲東方各船塢之冠。凡泰西兵輪鐵甲巡歷來華，無不入此塢修理。至福建船局則僅有浮船塢，上海機器局則僅有木船塢，皆不足以修最大之兵輪。此則南洋船塢之情形也。

長崎形勢，峰巒環抱，兩岸炮臺林立，有一夫當關之勢，遇有兵争，足以保護，是以航海者翕然稱之。其船塢上長四百三十八尺，下長四百尺；上闊八十九尺，下闊七十七尺。大汛潮滿時，塢中水深二十七尺六寸，小汛時水深二十三尺。共用鷹銀三十萬圓，工程頗爲堅緻。顧自日本人言之，則彼國船塢本有三處：小緩野地方之塢，長三百尺，祇能修八百噸之船，而推横須賀船塢爲巨擘，凡海軍各艦皆隸於此。又有斜板修船處，計軌道長五百五十尺，臺車長二十尺。滿潮時，前部水深十一尺，後部水深十九尺。而軌道之設於石上者，足架一千六百噸之船體。此即西人所謂坦坡修船之法，與船塢稍有不同。此則日本船塢之情形也。

中國沿海沿江之地，豈無合式之地勢堪造船塢者？以海外言之，則莫如浙之定海。英人初思占爲兵船之埠，乃初屯一旅，疫死大半，遂疑爲水土惡劣而棄之，遂占我香港。然猶恐他國據以屯兵，故立約許爲保護，不容他人覬覦。此其形勢之險，西人共知之矣。以内港言之，莫如九江之湖口。據長江之上游，爲吴楚之關鍵，有石鐘山爲之屏蔽，有鄱陽湖爲之轉輸，即於湖内練習水師，效漢武昆明湖故事，改長江之楚勇爲橫海之水師，最得居中馭外之勢。惟慮自狼山口至九江，迤長二千餘里，豈能處處深通鐵艦，吃水甚深，保無中途險阻？不知中國現辦海軍，不過保我和局，原無長駕遠馭，争雄海外之規。現造兵船本不須大，無需吃水甚深，保穩渡重洋之計。況近來各國之鐵甲船，新式百出，亦衹争速率而不争長大。我中國初創海軍，宜爲可進可退之謀，勝則可以駛出大洋，敗則可以收入内港，方爲勝算。若定海孤懸海外，萬一不利，恐蹈馬江之覆轍。故此刻經營定海，尚可置爲緩圖，不如多用機器、船隻，開浚長江，使我鐵甲船暢行無阻，而止彼敵船之吃水深者，不能追踪而入也。此則中興諸大老且有言之者矣。顧或者謂湖口造塢，未免太遠，一旦海疆有警，出海需時，殊慮鞭長不及。不知修船之塢猶病兵之醫院也，地宜僻静，方可調養。若逼近軍前，倘有風鶴之警，人情易擾，殊非計出萬全也。或謂船塢可鑿山而成，沿江處處均可開挖，本無藉天然之湖泊，倘於圖山關以内，擇藏風避浪、山石稍鬆之地，似亦可以鑿山爲之。如燕子磯、夾江一帶，借江防以兼護船局，設炮臺而守以重兵，較湖口無其遠，較定海無其險。此説當並存之。

總之，長江水師以武漢爲基，海外水師即當以長江爲基，此爲一定不易之理。如以一旅孤軍孤懸海外，而無收港泊船之地，則反主爲客，倀倀無歸，萬一敵艦環攻，毫無退步，遠則蹈元征日本之師，近則如石浦沉舟之役。故論今日海軍，擇地設塢，當先長江，而後定海。願與當世賢豪借箸籌之。謹對。

—8. 皇朝經世文三編　卷六六　工政六　治河

中國振興日報論　闕名

嗚呼！泰西各國之有日報，至於今而可謂盛矣。合歐羅巴、亞美尼加，或大或小，或君主，或民主，或君民共主之國，無一處無民人，即無一處無日報。蓋幾幾乎有君、有臣、有民即有日報焉。考日報自二千數百年前羅馬國首爲之創，當其時規模粗具，刷印之利未興，大抵偶得新聞則筆而録之，以供衆覽。後究以傳抄不變，未得通行。至三百年前，活字板風行於世，德國人復舉行其事，創敗新闻紙馆，禮延四方名士，崇論宏議，多所聞陳。各國皆仿而行之，月久年深，愈推愈廣，迄於今，雖山陬海澨，僻壤遐荒，苟爲人烟聚集之區，斷不能缺日報。雖然，日報之得行於西國，亦非苟焉已也。西人之爲日報者，必其事理通達，才識兼優，公正清廉，不偏不倚，用能使筆之於簡，遐邇風傳，發一議、出一謀，統智愚賢不肖之儔，無不低首下心，傾忱拜服。聞之西友曰：英國各日報以《太晤士》爲首屈一指，風行各處，人皆以争先快睹爲心。數十年前，有匪徒在法國結黨成群，欲將各銀行謀害，《太晤士》寓法訪事人訪知其事，登諸日報，累牘連篇，各銀行遂得預爲之防，無所損失。匪人計不得遂，徒喚奈何，有一人以忿無所宣，向官指控，官提執筆人研訊，訊得稍有差處，罰出錢六文。然訟費不貲，須由《太晤士》籌出。民間素敬其立言正直，略不偏私，乃爲之集取巨金，代繳訟費。《太晤士》不欲重勞閱報者，仍將訟費自行繳楚，而以其錢給聰穎之二童子，使大學入讀書。迄今談新聞者，猶舉此以爲佳話。使非平日名望素著，遠近信從，烏能若是之各罄其囊，毫不吝惜哉？且夫名望亦豈可漫焉而得哉！泰西之設報館，必先薈萃夫群才，合兵法製造、天文輿地、算學醫藥諸科，一一熟悉於胸中，而後能論事紀言，各得其當。儘有置身通顯、曾任大員，洎乎解組歸田，由報館延主筆政者，故其所言者皆身親閱歷，不同紙上空談。而名位既高，斷不肯納賄營私，以自貶其聲價。

我中國自與泰西通道，事事皆取法於泰西，自槍炮兵輪，以及器皿、房屋、文字、語言，莫不細意研求，争相效倣，獨至日報一事，閱數十載風氣猶未大開。泰西即偏僻之區，類皆設有日報館。美國有一鄉堡，居民約祇二萬人，亦有日報二十餘處。中國則除上海外，惟廣州、天津二處有日報，餘則旋開旋閉，鮮有能支持至一年半年者。泰西報館之權甚大，無論相臣將臣，苟有失德，則報館即直言指斥，無稍隱瞞。甚至帝王之尊，亦有被日報中譏其不韙者。是以由朝廷以迄士庶，罔不規行矩步，不敢爲非。非懼憲章，實懼日報，用能使勵精圖治，日上蒸蒸，國富兵强，爲五大洲之冠。中國則事多粉飾，報館中惟是頌揚官長，以博其歡心。其或官長辦事不公，日報略加譏諷，則向之饒舌，剌剌不休，直使執筆之人箝口結實，是非曲直無所發，即明雖有報章之例矣。尤其甚者，人或有不堪告人之事，見諸日報，未免赧顏，則必輾轉設法，暗中行賄，以冀恐難遵報章。報館中人薰心利欲，曲徇其情，爲之掩飾遮瞞，罔恤世間公論。即如日内有人因穢褻之事無顏見人，本館屢次照事直書，不稍遺漏，其人乃託友從中賄囑，欲令本館掩盖彌縫。幸本館廉潔自持，訪得行賄者之住居，原緘璧返，堅拒其請，誓不枉道以徇情，若苟稍有貪心，則賄賂公行，尚復成何事體哉？

今苟欲振興日報，使中國人咸知日報之有益，無人不奉爲指南。第一要在敢言。文自宰相以迄州縣丞倅，武自提鎮以迄千把外委，苟有過失，務必侃侃而談，格其非心，咸歸於正，而於地方之利弊，人才之盛衰，風俗之澆淳，製作之良窳，精心考核，羅列報章，庶乎國家能日盛月新，舊規頓改矣。其次在守正。執筆之士，務求品學兼優，一秉至公，毫無私曲。於暗託者則婉謝之，於納賄者則峻拒之，胸中空空洞洞，不染纖塵，惟澄觀當世之得失是非，自抒偉議，宏通淹雅，大言炎炎。如是以爲之，有不到處風行、洛陽紙貴者，我不信也。非然者，畏首畏尾，欲吐仍茹，左顧右瞻，專徇情面，甚至爲醫卜星相出招帖，爲優伶娼妓著聲名，不受人唾罵斯幸耳。

—15. 皇朝經世文四編　卷三二　禮政　報館

中國振興製造論　許象樞

形而上者謂之道，形而下者謂之器。上古之中國，道與器並重，故器用日備。秦漢以後之中國，重道而輕器，故藝事不能加精。皇古之世，睹飛篷而作帆，觀蛛絲而作網，取火以鑽燧，克敵以弓矢，其創制之精，蒙不具論。即以唐虞時考之，棄作后稷，精於植物學者也；益作朕虞，精於動物學者也；皋陶作士，精於律學者也；后夔典樂，精於聲學者也；垂作共工，精於重學者也；授時之羲和，精於天算者也；治水之伯禹，精於地理而兼測量者也。觀兗州之篚以織文，揚州之篚以織貝，知紡織之利溥；觀荊州之貢金銀銅，梁州之貢鐵銀鏤，知開礦之利饒。降及成周，雖醯醢之細，醫卜之雜，莫不設有專家，《周禮》一書可考。已後世聖賢如孔孟之徒，知天下之器用已備也，於是專務道德，謂人人親其親、長其長，而天下平，一切技藝之事不復詳載六籍，啓天下奇技淫巧之風。又經七國之亂、嬴秦之火，古人之遺言往訓遂蕩然無存。其傳萬一於灰爐之餘者，惟《周髀》一經，及《墨子均經》上下、《經説》上下四篇而已。此技藝之所以日失其傳，而不能與西人争衡也。

泰西風氣之開，較中國爲後。紀元前二千四百餘年，希臘有士曰大利司，摩擦琥珀能引輕物，知琥珀有氣吸之，曰琥珀氣。此爲格致之鼻祖。至於今日言天文者精奪羲和，言製造者巧掩倕般。輪船、火車，瞬息千里；火炮、水雷，無堅不破。醫則剖腹斷足，較華陀而尤奇；畫則以鏡攝影，比虎頭而更肖。商務之盛冠於五大州而莫之奪。此豈泰西之士用心獨密，致力獨專哉！蓋上之人有以導之然也。泰西各國書院極多。查德人花之安所著《西國學校》，雖農政、船政、通商、丹青、樂律、格物，罔不設有書院。技藝特其一耳，分爲十二門：一課金類，謂舉礦中所産金類數十種，詳其冶鍊之法；二課陶煉，謂製石灰、製各石膏器、製磚瓦、製玻璃器；三課石作，謂取各種石坯，治理各石雕刻各石、及斲磨玉石；四課營造，謂污作、木作、油漆、裝裱；五課配合歸當之法課，謂製鐘錶並各小機輪、製各種樂器、製各種醫具、製各磨輪；六課煉，各種引火物，謂以木製强酸，製紫炭、製巴麻油、製松香、煤烰、製各氣燈，提硫磺製鎗嗆、造火藥；七課製元明粉、樸硝、白礬、青礬、各種顔料；八課製造，謂製各種絨絲綿、洋布、綿花並紡法、織法、漂法、染法、配色法、裁縫法、各種衣鈕法；九課屠解，謂論宰生物、論剥脱、硝草、製革條、皮履、鞍墊，製毛刷、骨器、脂燭、膠料，番鹹鹻；十課紙作，謂壓印及一切活板、桐板、石板、陰陽紋圖像，下至紙偶要具；十一課糧科，謂製各種酵麯，造大麥箪葉、葡萄汁、釀果瞉酸醋；十二課論製糖法，謂何者宜蔗漿，何者宜蘿蔔。每年春秋二季考課，學者須留院三載，方得與考。三考而不見録，則出之。考取者由院給憑，任職行事。泰西各書院，例皆如此，不獨技藝然也。中國自咸同以來，各省添設西學館、製造局，不可謂不多，不可謂不久，而卒鮮精通技藝之人能自出心裁、創造一物者。非華人之心思才力不逮西人，亦上之誘掖獎勸有所未至也。中國而欲設立技藝書院，宜廣其門類，舉凡天算、輿地、化學、光學、聲學、電學、醫學、氣學、水學、火學、重學、植物學、動物學，胥在乎内，而不囿乎花之安所述十二門。

至振興之道，亦在乎上之誘掖獎勸而已。蓋天下惟上智之人爲能立志不摇；自中材以下，必利之所在，方争趨之。如使下習技藝而上不重焉，是名誘之而實沮之也，安見其能振興哉！故欲振興之，必竭力誘掖，盡情獎勸而後可。請言其法。

曰：精選藝師。學藝之不可無師也，猶水之不可無源，無源則水立涸，猶木之不可無根，無根則本立朽。中國欲興藝事，宜令出使各國大臣，延聘名望素優、屢考上選之洋人來華教習；又令經商外洋之華人，選聰俊子弟入外國學校肄業，年滿則由該國家考校，選列上等，即令來華充各書院教習。凡公侯大臣之子弟，亦必入院肄業，各習一藝，以爲之倡。則人皆知西學之重，而風氣開矣。

曰：開設藝科。泰西風俗，大而刑律軍政，小而測量圖繪，皆得考選入官，是以講求日精；中國取士，文則以經藝試帖，武則以弓馬刀石，不嫻此者，雖有異能奇技，無由進身。士所以不肯用心於藝事也。今宜特開一科，習各國之語言，識縱横之大勢者，入總理衙門當差，備出洋大臣之選；習律例者入刑部；習武備者入兵部；習營造者入工部；習地學入户部；習商務、習製造，即以用其所長，派爲中外各局總辦；餘如習醫，學習植物、動物等學，雖不必特設多官，亦宜賜冠帶以尊榮之。則天下之士，皆歆羡愛樂，無不用心於藝事矣。

曰：厚賞藝士。泰西重藝，由來已久。英人哈力遜以度時表泛大洋海，能察經度，英王酬以金錢二萬。珏歐玲能以鹽水變淡水，英議院爵紳以金錢二萬畀之。法人佛爾陀作大電池，法王賜以金牌，又金錢六萬。戴開創照相法，法王賜以金錢每年一千二百以終其身。此技藝所由精也。中國宜仿照此法，如能獨創一器，便民利國，由國家撥款大資之，並給以文憑，俾獨享其利，或五年，或十年，或數十年。近有以化學法鍊銀硃呈請者，合肥李相國給予憑據，准他人不得就近仿造得之矣。

曰：歲開藝會。泰西各國之設博覽會也，非以是炫異矜奇，誇多鬬靡也，藉以知各處之出産何如。日本自仿效西法以來，屢設賽會，故出産漸精。中國十八省所出之貨，十八省所製之器，不爲不多，宜於京師開設一會，評定其優劣。優者立予獎賞，劣者宜直抉其弊，使再詳求，至無弊而後已，則技藝精矣。此振興之法也。誠如是，則中國技藝不難駕泰西而上之，安用借材異域哉！

—8. 皇朝經世文三編　卷六一　工政一　製造

中國整頓商務策　華國盛

慨自中外通商，而外國歲耗我銀數十萬，年復一年，勢必華人生計日絀，洋人生計益精，不令我中國民窮財盡而不止。識者憂之，爰詢收回利權之策。此誠救時之急務也。謹繕十條以對，伏祈憲鑒。

一曰廣開藝學，所以立收回權利之本也。中國銀錢之流出外洋者，匹頭、鴉片之外，首在煤鐵與機器。然中國豈無煤、鐵與不能爲機器乎？何紛紛爲此不終日之計也。誠能廣設藝學、礦務各塾，慎選聰穎子弟，延訂誠正名師，將近今開采製造各理法，悉心授受，定以年限，約以規章，先以算學植其基，化鍊練其事，重學明其理，繪造試其技，實事求是，行之十年，必有成效。將有人才輩出，開采製造各事宜，必有精曉之者。縱不免楚材晋用，然於僱訂洋人一事，亦可以我之所能，考彼之所造，可免誤僱之失。即所出之材料，未必遽能運販出口，亦可以減其進口。推之槍礮、船艦，皆貴自鑄自造，然後利權漸事收回，鐵工、木工生計益廣。

一曰洋貨加税，所以定收回利權之法也。進口之貨，洋布爲大宗。乃其税重者，緞布每匹不過納税銀二錢，色布每匹不過一錢五分，花布每匹不過一錢，其餘每匹有不及錢僅納數分者，如扣布每匹不過納税銀四分是也。雖曰十百抽五，實不及抽五。乃進觀法國，西貢進口重税有值百抽四十者，如扣布每匹值洋一元一角五者，須納四角五分；有值百抽三十七者，如漂布每匹值洋三元半者，須納税一元三角。曾有一布船，自新嘉坡運至西貢，布值二千四百元，竟納税洋九百元，是值百抽三十七五矣；

新嘉坡爲英國屬地，其出口貨以布匹爲大宗，新坡商務局員恐如此重税大礙其地商務，故請英廷咨照法國，改輕税則。然改與不改，權操自法，如果不改，英亦無如之何。即英美各國進口税，亦有值百抽數十，未聞值百僅抽其五者。況前年招商局和衆輪船偶至美國，所納貨税重過彼國税則，是彼既有進口重税，又可任意加重。我即定守税則以照大信，獨不可改重税則以伸大權乎？税則十年一改，乃自咸豐八年與各國重修舊好立約以來，幾及三十年從未一改。迄今又屆十年一期，改之此其時矣。是所望於修約之大臣。若中國織布局又當從速興辦，今上海織布總局續招新股數萬，所有老股加銀三十兩，更换新票，是則此局之成有日，而又得機器軋花紡紗新局以爲之輔，則取携甚便，而出布必多，行銷必廣。蓋布匹之利，衣被群生，以故近年絲、茶各棧無不虧耗，而洋布一業獨有贏餘。且局中專織洋布，自與土布無妨，斷不奪民間生計。自織洋布多銷一匹，即外來洋布少銷一匹，商既載運稱便，工亦多一生計，一舉而備數善。用是亟望其成，且期各通商口岸踵行。

一曰設局戒烟，所以絶其進口以防害我生計也。溯道光十九年，廣東焚燒鴉片，原期戒烟，乃江寧立約置之不論，洋人心竊喜之。至咸豐八年立《善後條約》，而准其進口，竊謂一誤再誤，以至今進口日多。每年約以七萬箱計，即耗銀三千數百萬，即税厘并征除收七百餘萬，亦耗二千餘萬。若内地藉種罌粟，無異爲叢而驅雀；若不禁種，又是趨利忘本，一有饑荒，何以爲計？二者兼權，卒無善策，不如各省、各縣設立官戒烟局，務取應驗良方，寬其期限，厚其調劑，人不論貧富皆准入局，由縣通飭各鄉，悉令入局受戒。其有持藥歸戒者，取其保結，聽其歸戒。戒者有賞，不戒者有刑，實事求是，行之以漸，安見數十載之沈疴，不可祛之於一旦？於是更禁内地種植，不准洋藥進口，外洋亦無所藉口，此非中國權所必不能爲者也，而歲少漏卮，不知凡幾矣。其各縣設局之費，即有土行烟館攤捐，以其矛攻其盾，亦可不憂費無從出。設再不禁，數十年後，民生更蹙，大局實不堪設想，不但餉無可籌，兵無可用已也。此爲減少進口貨之首務，而更爲富且强之一大轉機，有親民之責者，幸勿迂視斯言。

一曰鼓鑄銀錢，所以減其進口，以求擴我生計也。鷹洋行自墨西哥國，而美國又專販此洋於中國。在美僅值八角五分，在中則用作十角，此中暗耗亦可想見。況乎銀色既低，而進口免税，以彼之洋，易我之錢，錢雖不准出洋，而金銀則在免税之例，其或易金易銀，則以無税劣銀之洋，易我無税足金銀以去，而中暗耗又復何如？日本竊其故智，以五角、兩角、一角等小洋通行於中國，通商地方受此暗耗，亦復不少。方今銅錢則已經官鑄矣，竊謂大小銀錢之鑄，亦不可緩，雖不得照式仿鑄有干通例，何妨稍易其制，核定價值，不准低昂，以免賣空等弊，則利便爲何如？而進口之來必少，是亦收回利權之一法也。

一曰立會考工，所以裕收回利權之實，爲出口計也。嘗思《周禮》，考工爲六官之一，《虞書》利用列三事之中。工倕有職，省試有經，鑒衡既精，巧拙立判。果能法外洋博物賽會之舉，廣羅百貨，悉心考校，若者優，若者劣，不難一望而知；孰合華，孰合洋，更可兼權而計。凡瓷器、綢綾，中國著名之物，務期日臻精美，利於行銷。即各省土産，爲外洋所必需者，悉令送入會中，按其工藝之精粗分别獎勵。果有心靈手敏翹然特異者，雖不便參以西法，給以憑單，亦可將作者之姓名、籍貫，列於新聞報章，以爲工勸。如是則智者創，巧者述，斷不偭規錯矩，而出口者必多，視上之人振興何如耳。

一曰減厘恤商，所以妙收回利權之用，便出口地也。夫設卡設厘本屬權宜之用，乃數十年來粤氛已靖，而裁撤無聞，或數十里，或數百里必設一卡，偶有報少，照章倍罰。以有限之錙銖，供無窮之溪壑，操奇計贏者其病是哉？無怪百物昂貴，困於食用者既苦於出重價，欲運出口者又以無利而止。若得量爲裁減，則攘往熙來，貨物充牣，既足於用，出口必多，關税亦增。外洋之設商部，誠所以便商也。中國於六部之外，雖不必另立名目，然有通商之責者，當必有善法以處此。不然，恐上下交困，惟中飽者是便而已，甚無取也。釐金既減，又當於通商各口設立華洋商會，以洋務委員總其事，邀集各華商一月數次，曉以目前進口洋貨，何者爲多，何者爲少；出口土貨，孰則爲減，孰則爲增。進口多者當設法仿製，出口減者當設法防弊，務使進出持平，且出多於進，然後利不外散，商務大興。此商會之設爲不容已也。洋人在我通商大埠者皆有商會，以達商情，以維商務，故能官商一氣，呼吸靈通。是在官人勝任，以期官商相與浹洽，興利除弊而已。

一曰整頓絲、茶，所以清收回利權之源也。中國絲、茶爲出口大宗，乃自日本、意大利、法國皆出絲，而絲業已衰，外洋行銷印度、錫蘭、瓜哇之茶，而中國茶之出口亦少，且洋茶無税，而中茶出口每擔税銀二兩五錢，英、美各國皆嫌税重，向運中茶年五六萬萬磅者，本不過二萬數千萬磅。而錫蘭一島種茶之地，五年前僅有三萬二千英畝者，至前年而已有十四萬英畝。補救之法，非立新章不可。一曰齊價。新茶與絲既出，由同行公議，視貨之等差多少以定價值之高下，若有私自賤價者，其貨全行充公。絲茶售而價不貶，絲茶不售而價亦不貶。洋商知價有一定，則絲、茶一出，無不早買，而絲、茶各商屯積之費，利息之銀，皆可以減，即在洋商亦無不利。否則華商既苦折閲，而洋商以價值不齊，以致運往外洋賤購者或得貴售，貴購者或反賤售，亦何能均獲其利哉？如或華商以屯積之久，浮費加少，則亦同行公議一律加價，若是則洋商早買新出賤價之絲、茶，斷不緩買加價之絲、茶矣。二曰去弊。絲則色或不净也，或染油也，或雜以亂絲也；茶則或采摘不以時也，或炒工不足也，或紅緑之色不艷也，或味不佳也，或有所攙雜也。有一於此，皆足壞絲、茶之業，而失中國絲、茶之名。是宜去弊。三曰歸併。絲、茶各商當立公司，通商各口設一二公司足矣。絲、茶小行棧，宜合於大行棧以成公司，毋自獨開生面，徒多虧耗。蓋洋商所購絲、茶數雖無定，可以中數約之數公司，公售此數，以相聯絡，併各口聲氣相通，劃一定價，則其勢合，其情洽。洋商雖黠，亦無如之何矣。四曰官法頻頻訓誥。宜由當道時出條示諭，以與洋商交易，必須信義相孚，貨真價實，師《周禮・司市》各官之遺意，凡有害於商者去之，有利於商者予之。官不病商，惟求益商，則商有所恃，而不爲洋商所欺，亦商有所畏，而不欺洋商，毋虞毋詐，以有易無，通商之善經也。五曰洋莊。華商自往外洋設立公司，自運絲、茶出口，絲、茶在華價貴，則售於洋商，價賤，則運往外洋，由公司待價而沽。外洋公司一切開銷宜省，用人宜少，信息宜靈。司事各人家屬，由在華公司養贍。若在外洋有虧空逃匿等情，惟該家屬是問。每季出《徵信録》一本，有贏餘則分之，再提公積以備之，有虧折則公積以補之，凡有章程悉照在華洋行而去其弊。此五者前曾著爲論説，上之當道，幸未遭屏棄。兹議收回利權，而附重於此。

一曰開拓商局，所以盡收回利權之量也。自有招商局以來，十餘年於兹矣，上届綵結，雖餘銀十九萬四千餘兩，較前年多銀六萬餘兩，股利派有七厘，公積銀有三十二萬兩有奇，而股分票不得善價而沽者，想以外觀有耀而内實難知。然苟開源節流，以守成爲開創，多製外洋輪船，增設外洋碼頭，外洋商局自運貨物，或收水脚，或自置貨寄存外洋商局，待價而沽；或在外洋通商各口，載運華洋貨物，亦如中國洋行輪船之攬載客貨，則無論南洋二十餘島、太平洋檀香山各島、大西洋巴哈蘇群島、古巴散朶明科等島，商局輪船無不可往，而中國商務庶能與外國抗衡。倘謂言之匪難，行之維艱，則在商局總辦之大展其臂畫耳。若在國中開拓之法，與其另開局面或多縻費，不如以收爲縱。如今臺灣商務一局，不妨附於招商局，即名合實，分年酬招商局碼頭等租亦無不可，盖有鑒於獨木難支，通融易辦也。主持局務權衡者，當不河漢所言。若内地運物不易，不外鐵路以輔水道之窮，倘能擇要興築，達於通商各口，土物出口必多，利國利民不可殫述。既有開平一路爲之先道，將見推行盡利時必不遠，盍拭目俟之？

一曰保護華傭，所以得收回利權之助也。華人在美國者十二三萬，在南洋各島者約四五十萬，在秘魯與古巴者各十餘萬，在檀香山、新金山者亦有數知，要皆工人爲多。今則美國以二十年局期議定，禁華傭復往，而檀香島主亦已於今年西曆三月初一行限制華人入境新例：每季不得過三百名，且須出銀五元領護照，否則罰銀五十元，即逐出境；即游歷及商賈人等，在山亦不得逾一年，且須出保單，保銀取五百元，保半年内出境，若有過期，罰去保銀，監禁半年。此等苛例，豈可准行？新金山亦紛紛效尤。華人到彼，須納身税英銀三十磅，即合規銀壹百四五十兩，而又欲英國與中國立約禁止，以新金山爲英國屬地也。不知彼來此往載在約章，且新、舊金山及南洋各島華人，年需中國食物器用值數千萬金，江、浙、閩、粵税關以此項出口税爲巨款，而華傭每年寄回之銀亦逾千萬，即中國近年水旱灾荒，藉其助賑者年亦有數十萬。是華［傭］在外，正隱爲中國收回利權，豈可任其昌言禁議而不與之争？所望出使大臣執條約公法，據以辨之，不亢不卑，有以闢其口而奪其氣，則華傭幸甚！大局幸甚！

一曰旁求牧務，所以廣收回利權之途也。酥酪爲西人飲食所必需，羊毛、駝毛爲織呢、織毯所必用。美國牛之大者，日出乳八百四十兩，即牛乳一項販運出口，約年值洋五萬萬元，較前年中國出口各貨僅值銀七千七百二十萬六千五百六十八兩者，不已多五之二乎？而中國前年進口各貨，則共值銀八千七百四十七萬九千三百二十三兩，較出口多銀一千二十七萬二千七百五十五兩。出口既少，而進口又視出口爲多，西人嘗求其故而不得，則相與嗟嘆之而已。因是計及牧務，即以北鄙而論，東三省及内、外蒙古科布多、新疆等處，或本有牧場，或不乏廣野草地，宜大興牧務，隱寓邊防，以限戎馬之足。且地界强俄，易生窺伺，設或棄而不顧，俄必從而生心。光緒八年，俄人請於草地無論設官不設官之處，皆准通商，蓋欲自庫倫達張家口、歸化城及河套，自烏理雅蘇台達甘肅之金塔、毛目、甘州鎮番又阿扯喜，是宜擇草長媒驕之處，以畜牧爲名，修備爲實。是屯田相輔而行，則邊鄙有事，轉運利便，遠可備漠北之征調，近可顧山、陝、甘省之邊防，即東三省有警，亦可分師東指，以爲策應。况河套之北纏金一地，山、陝人民私往耕種，藏匿匪徒，每易生事，若編立保甲，責以牧事，則以安無業游民，即以弭邊患。若漠北草地與俄接攘之處，所有蒙古王公，我國家固深得其心，然必使之生計日廣，庶不爲外人所侵，則講求牧務似尤不可緩。至陜西之寄居邊境，或俄國哈薩克之或居中國，或屬俄國，服色、語言出入難辨，稽查不易者，則當令其屬中國者易中國服色，仿照塔爾巴哈台舊屬之哈薩克編爲佐領，責成畜牧。《詩》曰：“誰謂爾無羊？三百維群；誰謂爾無牛？九十其犉。”《記》曰：問國君之富，數馬以對。可知畜牧之事，古人不廢，苟能從事於此，則勿謂風馬牛不相及，而皆可以通易事。舉凡馬重、酪漿、氈毹、嗶嘰皆可釀製，行銷中外，以收利權，而益工商。若其餘不妨進口與不准進口，及郵政電報之所以收回利權，而進出口之少與多可不計者，玆不贅焉。自揣榛荒，有慚芻獻。

—8. 皇朝經世文三編　卷三二　户政一〇　商務四

中外化學名物異同考　楊毓煇

今夫化學之功用大矣哉！用之於組織，則可化朽腐爲神奇；用之於洗煉，則可化渣滓爲精華；用之於一切製造、測量，則可化粗澀爲工良，並可化煩難爲平易。然則，化學之功用不誠大矣哉！查泰西化學家共分物質爲二類：一曰原，一曰雜。當西曆一千八百年以前，所考得之原質不過二十有九，厥後續考得三十有五，共爲六十四原質。可知西國化學之精，亦爲時未久也。其六十四中又分二類：一爲非金類，一爲金類。何謂乎非金類？則曰養，曰輕，曰淡，曰弗，曰綠，曰炭，曰燐，曰碘，曰硫，曰溴，曰硼，曰矽，曰碲，曰硒，此十四種皆非金類也。何謂乎金類？則曰錂，曰鋤，曰鋰，曰鉀，曰鈉，曰鎂，曰鍶，曰鈣，曰鋇，曰鋁，曰（鈥）［鈦］，曰鉺，曰鏑，曰鋃，曰錯，曰鋮，曰鋯，曰鉒，曰鎔，曰鐵，曰錳，曰銅，曰錫，曰鉛，曰鋅，曰鈉，曰鈾，曰鉍，曰鎳，曰鈷，曰鉻，曰錮，曰鎘，曰鎢，曰鉛，曰銻，曰鐟，曰鈮，曰鉭，曰鉮鉮亦有列於非金類者，曰鉬，曰金，曰銀，曰汞，曰鉑，曰鈀，曰銶，曰釕，曰錴，曰鉥，此五十種皆金類也。在譯書家嘗謂二類中，其爲世所常有者止十餘種，其餘非特中國無之，即西國亦罕有之也。若譯以西語實覺繁冗，若繙作華名又無其物，故特創爲形聲之字以名之。計所創之法有二：一以平常字外加偏旁而爲新名，仍讀其本音，如鈽、矽、鉮、鎂等類是也。一以字典内不常用之字，釋以新義而爲新名，如鋅、鈷、鉀、鉑等類是也。果若是，似養、輕、淡、緑、炭、燐以及硫、鉛、鋅、汞、五金之外，皆非中國所有之物矣，不如中國實有之物也。試舉數端，以見梗概。即如化學中之鋅，即中國之白鉛也；化學中之錳，即中國之粗鐵也。至於鉀，在西國亦無獨成者，然鉀養淡養五，即中國之火硝也。使中國亦化而分之，即可得鉀硝於之内。是中國雖無鉀而實有鉀也。鈣於中國向無獨生者，然鈣養硫養三，即中國之石膏也。使中國亦化而分之，即可得鈣於石膏中。是中國雖無鈣而實又有鈣也。他如鉮養，即中國之砒霜也。使化砒霜而分之，鉮亦可得。是中國又未嘗無鉮矣。矽養，即中國之水晶也。使化水晶而分之，矽亦可得。是中國又未嘗無矽矣。況乎化硼砂即可得鈽，化元明粉即可得鈉乎！是可見化學中本多中國之物也。

且夫化學中原質，其體不同，其用各異。如不嫌繁瑣，請詳陳之：

一曰養氣之體用。養氣無色無味，原質中以此爲最多。地球體三分之一天氣内涵五分之一，水道中涵九分之八，至於生物體中，如草木鳥獸等物，均涵養氣。是養氣所以生養萬物者也。故化學家謂世間人每日呼吸需養氣七十五億斤，禽獸每日呼吸需一百五十億斤。然則養氣之體微而其用則宏矣。且養氣遇各原質，除弗類外，俱有配搭成物，如底類、酸類、蛤蜊類，皆爲養氣化合所成，可見六十四原質中，惟養氣之用爲最廣。其入物也，有直能深入者，如鐵沾養氣即全身透銹是也；有止食一層者，如鉛沾養氣止銹外露之一面是也。此則養氣之體用可見者也。

一曰輕氣之體用。輕氣亦無色無味，非金類内以此質爲最輕，約比養氣輕十六倍，比空氣輕十四倍半。當中國乾隆三十一年，西人始行查得，凡屬酸質，均涵輕氣焉。其用亦廣，以之裝入毬中，即可以上升；以之裝入番鹼水作氣泡，其泡亦上升甚速；又能與他質化合，如輕與炭合爲炭輕，西名曰瑪而式氣；與養氣合爲輕養，即水也，西名曰奈脱力酸；與緑氣化合爲輕緑，西名曰海特羅克羅立酸。此則輕氣之體用可見者也。

一曰淡氣之體用。乾隆三十七年，始查悉萬物中本多淡氣，天氣内涵十分之六，植動物亦多涵之。其氣亦無色無味，而不能燃燒，亦不能獨養生命。故置生物於淡氣中，則立即悶氣；投火於淡氣内，則立即烟消。以無養氣均匀故也。雖其體極静，亦不易與别物相合，然化合之用亦不少。如鉀淡、養淡、輕養等類，皆是合之難而分之易耳。凡作爆裂之料，以此氣爲要物，如火藥、棉花藥及一切軍火炸裂之藥，俱不能無淡也。此則淡氣之體用可見者也。

一曰弗氣之體用。弗氣常藏於鈣中，而成銻鈣礦。西人煉取金類，每用之爲配合之料。推其性酷毒，與緑氣及碘質、溴質無甚懸殊。如遇金類及玻精，則牽合之力甚大；至與輕氣化合成酸類，其用尤宏。此則弗氣之體用可見者也。

一曰緑氣之體用。動植物内之各流質均涵是氣，因其色黄緑，故名曰緑氣。西語則云咭咾連。其味甚惡。氣質中以此爲最重，約比空氣重一百有奇。若冷至六十餘度，再以四倍之空氣壓力加之，即成流質，而色黄。惟不易結冰，雖冷至下二百二十度亦仍如故也。若論其用，則緑氣最有滅臭之性。凡各種惡臭之氣，皆可化合而滅之。又有漂白之功，凡各種顔料所染之色，一沾緑氣，其色頓滅。至與别質化合亦甚多，如銻緑、輕緑、緑養鈣、養緑納、養緑鉀、養緑皆是也。此則緑氣之體用可見者也。

一曰炭之體用。炭爲世間最多最要之質，在物中，則草木鳥獸皆涵之，在地中，則金石煤炭亦涵之。其色黑，其質脆，無臭無味，而能經久。嘗有西人查驗二千年前火山所噴之處，其迹尚存，可知炭能經久。炭精禀賦之純者有三：一爲筆鉛，一爲金剛石，一爲煤與純炭。至炭與養輕淡化合之物，尤不可以更僕數。此可見炭之爲用亦宏也。凡插地木樁、電桿，外炙令焦，反能經久不敝。若加大熱，亦有去色去臭之功。無論何物，或腐爛不堪，或臭惡已極，用炭粉鋪其上，臭味即收。又可作濾器，以濾流質。如將墨水或墨酒以動物炭濾之，則其味與色俱無矣。此則炭之體用可見者也。

一曰燐之體用。燐無獨成者，動物、植物、沙石、田泥皆涵之。禾麥之涵此質皆聚於穀仁，而稈幹中則略少。燐之爲色也白，質軟如密蠟，然水不能化，必須衣打酒或火酒油而始鎔。若露而放之，即與養氣化合，熱自初度至十五六度，便能自燃。故必須貯之水瓶中。至其用亦不少：動物、植物俱賴以生長，燐與養鈣化合爲鈣養燐養五而成動物之骨，故骨之燐爲最多。農家有用獸骨壅田者，亦以骨中之燐能肥田稼耳。

且燐之性易燒，故自來火亦用之。此則燐之體用可見者也。

一曰碘之體用。碘之爲物，當嘉慶十六年，西人始行查出，海水内有之，泉水内間亦有之，其餘如海草魚芥等物亦多有之。其色青黑，狀如細鱗，不冷不熱，則爲定質。如加熱至一百零七分，則化爲流質；加熱至一百七十七分，則化爲氣質。此物入水能令水色變黄，故此一分用水七千倍方能鎔盡。惟火酒及磺酒精化之甚易。若論其用，則爲泰西精妙之藥品也。然不可多食，多食則毒。以之治瘰癧等症，頗能見功。照相、染紙亦用之，餘則無大用矣。此則碘之體用可見者也。

一曰硫之體用。硫之爲色黄，而其質脆。産於火山者最多。與金類化合，則成鐵硫、銅硫、鉛硫、鋅硫等礦。凡動植各物多涵硫質，銀匙入雞蛋，用久即黑，緣雞蛋中亦涵硫耳。硫磺之體，厥有二形。地中産者爲八面橄核形，一經燒煉即變爲長方形。若致力擦磨即能生電。惟性易燒燃，其火燄成淡藍色。火酒及伊打酒、松香油皆能鎔之也，其用亦甚廣。中國石膏内即有硫磺，西人以之作藥料，共分三等：一爲白粉，一爲團塊，一爲條子。又能與别質化合，而最要者，尤首推硫養三及輕硫也。此則硫之體用可見者也。

一曰溴之體用。溴每藏於鹹水中，每鹹水七千分約有溴一分。其臭味與緑氣相仿，而更猛烈。故西人名之曰步咾綿，即臭惡之意也。受熱至六十三度則沸而化氣，受冷至二十三分則凝而爲冰。惟其性甚毒，生物之皮肉沾之而即變黄色。若論其用，則漂白最爲有功，照相亦多用之。與他質化合之用，則有溴養、輕溴、溴養醋酸等類。此則溴之體用可見者也。

一曰硑之體用。硑之形有三：一爲暗定質，其色粽緑；一爲晶粒形，其色似金剛石；一爲半明定質，其色如筆鉛。然無獨生獨成者，與鈉養化合則爲硼砂，與養氣三分劑化合則成硑養三，其餘無大用處。此則硑之體用可見者也。

一曰矽之體用。矽與硑相同，其形體亦有三：一爲晶粒形，一爲粽色粉，一爲筆鉛形。凡地球大小石内皆涵之，若受大熱則爲流質。且矽亦無成質，與養氣化合即成矽養三。如玻璃水晶曰沙火石，以及竹之�之皮，大半皆爲矽養也。此則矽之體用可見者也。

一曰碲之體用。碲之原色，其白如銀，而脆如玻璃，化成後與硫硒之質無甚大異。然其獨成之質不常見，常見者合於金類之中。如金銀銅鉍之礦皆涵之也。其用亦不大，與輕氣化合，則成碲輕，性甚酷毒。其餘化成之質，嗅之不覺其臭，人若誤食少許，則發出之汗，呼出之氣，竟至穢臭不堪。此則碲之體用可見者也。

一曰硒之體用。硒之爲物，質脆而色粽黑。當嘉慶二十一年，始行查出。萬物中涵此質者甚少，銅鐵銀内間或涵之，其光如新割之鉛，形體化成，與硫磺無異。受熱至二百十二度即鎔。若論其用，與養氣化合則爲硒養，成酸類二種；與輕氣化合則爲硒輕，氣甚臭惡，故取五金礦者恒以吹筒射火，嗅有此氣否，即知該礦涵此質否也。此則硒之體用可見者也。

一曰鋰之體用。鋰每於泉水中得之，每泉水一噸僅涵鋰二三釐。又有數種石亦涵之。與養氣化合則成鋰養，亦頗有用，餘則無大用矣。此則鋰之體用可見者也。

一曰鉚之體用。鉚與養氣牽合之力甚大，遇空氣能自燃，投水中亦自燒，凡泉水内俱涵之。又有數種石及植物之炭亦涵之。與養氣化合則成鉚養。鹼性極大，故與鋰鈉鉀鋰同爲鹻屬之金。此則錮之體用可見者也。

一曰鈉之體用。鈉之形性與鉀略同。凡植物中多涵鈉。鈉非獨生，每於鈉養化分養氣而得其净質，在化學家以鈉爲最有用之質。凡化分鎂、鋁所不能缺，與他質配合之用亦甚廣。如食鹽即鈉與緑化合而成，化學家名曰鈉緑。顆粒之鹽即鈉與炭化合所成，化學家名曰鈉養炭養二。蘇特硝即鈉與硝强酸化合所成，化學家名曰鈉養淡養五。元明粉即鈉與硫化合所成，化學家名曰鈉養硫養三。此則鈉之體用可見者也。

一曰鉀之體用。鉀之色白而質軟。凡地中之石皆涵之，草木所涵尤多，故常法皆從草木炭内取之也。與養氣牽合之力最大，如置鉀力於水，即與養氣牽合成火而燒；如化分輕氣，氣燒則光顯玫瑰之色，水中若先加紅色草酸，則所發之光便成藍緑等色。其化合之用除鉀養外，又有鉀養炭養、鉀養淡養等質。此則鉀之體用可見者也。

一曰鋰之體用。鋰之形性與鈉略同。然不常有，惟石中含鋰最多，菸葉之灰内亦微有之。凡定質中以鋰爲最輕，約比水輕一半。與養氣化合則成鋰養，與他質化合亦有數種，其最有用者爲鋰養炭養二，可以供療病之需矣。此則鋰之體用可見者也。

一曰鎂之體用。鎂與鎴、鈣、鋇皆爲鹻土，屬之金，其色如銀而質極軟，可打爲箔，可製成絲，置於空氣中歷久而不生銹。其爲用亦甚廣，飛甘石即鎂與養相合而成。鎂養與石灰相合者成鎂石灰，與矽養三相合者成石數種。其餘，西國之烟火花礮亦多用鎂，航海夜行亦用鎂以發火燄。此則鎂之體用可見者也。

一曰鎴之體用。鎴之色亦白，磺養之鎴産於硫磺礦中，炭養之鎴産於鉛錫礦中。凡鎴化成之質，於火中燒之，俱成猩紅色。惟無甚大用處，若以之製烟花尚佳。西國烟花即以鎴淡養等品合製而成也。此則鎴之體用可見者也。

一曰鈣之體用。鈣質極净，其色淡黄，可打成薄片如紙，加熱至紅色即化，再加熱則現亮白之光。如將鈣、碘及鈉同鎔即得净鈣。鈣爲地殼常有之質，其化合之用亦多。如石灰即鈣與養氣化合所成，石膏即鈣與硫養三化合所成，大理石、珊瑚以及白石粉、蛤螺類亦即鈣養炭養二化合所成。此則鈣之體用可見者也。

一曰鋇之體用。鋇之色白而易消鎔，不須煅之紅色即化，故打爲薄片極易。然與别質化合則又體重。西國故呼之曰巴哩庵，即重意也。其産於地面者，多在鉛礦、銅礦之間。若與緑氣化合則成鋇緑，化分物質常用之；若將鋇養炭養二入鈉養淡養五水銷化，即結成斜方粒，用作火藥，宜於礫石開山。此則鋇之體用可見者也。

一曰鋁之體用。鋁出於泥土，有幾許石俱涵之。其色白，其質堅，與銀無異，而價值則兩倍於銀。雖在空氣中亦不生銹，若打爲箔、抽爲絲，擊之，其聲甚大。與養氣化合則成鋁養，其餘化合之用亦多。故土屬之金有十，惟鋁爲最有用。餘如鈦、鉺、鏑、（銀）［鋃］、錯、鋱、鋯、釷、鎔，皆屬罕見，亦無大用也。此則鋁之體用可見者也。

一曰鈦之體用。鈦之礦不多見，産於瑞顛等國。與養氣合則成鈦養，色白，而性與釷養同。與他質化合俱爲白色，惟無大用處。此則鈦之體用可見者也。一曰鉺之體用。鉺亦産於瑞顛等國，與鈦同出一礦。與養氣化合則爲鉺養，性與鈦養之性同。惟鈦養色白，鉺養色黄耳。此質亦無大用處。此則鉺之體用可見者也。

一曰鏑之體用。鏑無自然獨成者，多出於錯礦，與（銀）［鋃］之性相同而形體迥别。合於養氣則成鏑養一物，其含水者現茄花色，其不含水者現棕色，而用極少耳。

此則鏑之體用可見者也。

一曰鋃之體用。鋃亦無自然獨成者，大都出於錯礦。與養氣化合止有鋃養一質，餘則不聞矣。此則鋃之體用可見者也。

一曰錯之體用。錯之礦亦鮮。與養氣化合則成錯養，其色白。錯養草酸亦可以作藥料，餘亦無大用。此則錯之體用可見者也。

一曰鉽之體用。鉽與鉺同，而出於鈦礦。鉽養之性亦與鈦養相同。其所化成之質，大都具玫瑰色，鮮艷異常，惟無大用耳。此則鉽之體用可見者也。

一曰鋯之體用。産鋯之礦有二，非特中國無之，即泰西各國亦罕有之。其形似釸，而質稍有不同。若遇大熱反難鎔化，置沸水内能使輕養二氣化分。（爲）［惟］此質亦無甚用。此則鋯之體用可見者也。

一曰鉒之體用。鉒之形體與鋁略同，亦爲地球中罕見之物，與養氣化合則成鉒養，置鉒養與鉀養水中，則消化甚難；置鉀養、炭養水二中，則消化甚易。其質雖無大用，然化學家不可不知耳。此則鉒之體用可見者也。

一曰鋊之體用。鋊之物世不恒有，泰西化學家嘗化分寶石而得之。與養氣化合則成鋊養，與别質化合味甚甜。此則鋊之體用可見者也。

一曰鐵之體用。鐵與錳、銅、錫、鉛、鋅、釩、鈾、鉍、鎳、鈷、鉻、錮、鎘、鎢、鉿、銻、鐠、鈮、鉏、鉮、鉬，皆爲賤金之屬，而鐵之用爲最多。其形質爲藍灰色，顆粒爲立方形，斷處皆有紋理，磨之能光。其純者爲熟鐵，性甚柔；含灰者爲鋼鐵，性甚堅。惟生鐵之性甚鬆，不能錘打，打之易碎，衹可鎔化於模，以成其用。如火管、水管、燈柱、鐵欄、火輪鐵架皆是也。西人嘗謂鐵與國政相關，若無鐵則國之政令不能行。即瀛車、火輪、機器、槍炮，皆不能造矣。可見鐵之用爲最宏也。此則鐵之體用可見者也。

一曰錳之體用。錳色灰白，究如生鐵，形性亦與生鐵同，質脆而堅，鑽挫所不易入。其有角之粒可劃玻璃，若與别金化合，所用亦廣，惟提鍊純質非易耳。至於錳養二地産甚多，研爲粉可作玻璃及漂白粉，又與作質化合之物，其色皆如玫瑰，亦大有裨益化學之用。此則錳之體用可見者也。

一曰銅之體用。銅質略帶紅色，而不甚硬，可搥爲片，可牽爲絲，在空氣中不甚生銹，惟受濕氣過甚，亦生緑銹。其礦種之類不一，形體亦各不同。若與各金相合，而其爲用也尤廣。如炮銅即净銅九十分、錫十分合成者也。黄銅即紅銅六十六分、鋅三十四分合成者也。鐘銅即銅一分錫十分合成者也。宣爐銅即銅九十一分、錫二分、鋅六分、鉛一分合成者也。此則銅之體用可見者也。

一曰錫之體用。産錫之地甚多，如英國孟加拉，中國雲廣等處，以及麥西國、南亞美加利皆有所産。其質甚軟而鎔化易，若屈曲之，則簌簌而有聲。常用者有二種：一爲紋錫，其質純；一爲塊錫，其質粗。但錫之爲物，磺養能食少許輕緑酸，由漸而食淡養，則化之甚速；既化便成白散，即錫養也。以此白散煅至水盡，以擦玻璃，殊覺光亮。若以錫鍍鐵，則可不生銹。又與銅鐵合鎔，可作器皿，色白如銀而軟過之。此則錫之體用可見者也。

一曰鉛之體用。鉛之天然獨成者極少，多與别質合礦，其顆粒爲正方立形。其形體爲藍灰間色，軟同於錫，可作薄片，可抽長絲，若沾濕氣亦能生銹。其用處甚多，自來火管、自來水管俱用之，亦可軋薄以蓋屋。若與他質化合亦極有用，如白鉛粉即鉛與炭養二合成，紅鉛粉即鉛與養氣四三合成，硬鉛與醋酸合則成鉛養醋酸，黄鉛與養氣合則成黄鉛養，鉛養鉛糖。其他如白鐵釬即鉛二分、錫一分所作合，字粒之鉛即鉛三分、銻一分所作也。此則鉛之體用可見者也。

一曰鋅之體用。鋅爲灰白色之金，無獨成者，常見於鋅硫礦及鋅養炭養礦。其質亦脆，加熱即可摺疊搥打；若熱至紅色則化氣，遇空氣即燒焚而變成鋅養也。此質亦爲有用，鍍鋅於鐵皮，鐵即不銹；若與緑氣相合成輕緑，則可收淡輕氣、輕硫氣以及臭腐朽惡之氣，並可使動植各物不至有朽腐之虞。此則鋅之體用可見者也。

一曰釩之體用。道光七年，西人始查出。是質色白如銀，而硬過之。外觀其質是重，實則頗輕，可扯爲絲，可打成片，雖遇養氣亦不生銹。地球中有數種寶石俱涵釩養；又有釩緑三水，其色藍；又有釩養淡養五水，其色亦藍。此則釩之體用可見者也。

一曰鉀之體用。鉀之性與錳略同，而不常見，亦無大用。所成之質有鉀二養三，其色緑；又有二鉀養、鉀二養三，其色深黑，可爲玻璃、瓷器之黄色及黑色。此則鉀之體用可見者也。

一曰鉍之體用。鉍色紅白，質硬而脆，受熱至四百餘度即化，與别金相合則消化尤易。如鉍以八分、錫三分、鉛五分，至水沸之度，即可鎔化也。若論其用，則必與别金配合始有大用。如鑄精細鉛字及印圖之板俱用之。此則鉍之體用可見者也。

一曰鎳之體用。鎳産於礦，多與鉀、硫、鈷相合。其色白，光亮如銀，抽爲絲亦極易。其與各物相合之質色多淺緑，化於水亦無異也。至其用處，可配合爲白銅，製造各種器具。凡易藏吸鐵電氣者，惟鐵與鎳而已。此則鎳之體用可見者也。

一曰鈷之體用。鈷本紅灰色，爲罕有之物，天隕星石及空中墜下之鐵始涵是質。與養氣合則成鈷養，用作玻璃之顔料藍色最鮮；與緑氣合則成鈷緑，消化於水，濃則成藍色，淡則成紅色。若以淡者寫字，隱而不見，遇熱則即現深藍色，冷則仍隱，故西人謂之冷隱墨。此則鈷之體用可見者也。

一曰鉻之體用。鉻無獨成之質，各處所産者多與養氣化合。其色灰白似錳，顆粒爲方橄欖形。若與各質化合，色皆鮮艷無匹，故染布之顔料、繪圖之顔料、玻璃瓷器之顔料，俱可用鉻製成也。此則鉻之體用可見者也。

一曰鈿之體用。近光色分原之法始考得。鈿之質色白而脆，可打成薄片，清水不易鎔化，若加以鹽强水，熱至紅色，即燒化，見茄花色之光。惟其質亦無大用耳。此則鈿之體用可見者也。

一曰鎘之體用。鎘常合於鋅礦内，其形似錫，其性如鋅，亦爲白色之金。鎔化易於鐵與碘化合成鎘碘，可爲照相之用。與硫化合成鎘硫，可作顔料之用。近日泰西各國亦有用以合成白銅作各種器具者，如洋白銅即鎘與銅鋅相合而成焉者也。此則鎘之體用可見者也。

一曰鎢之體用。鎢恒見於錫礦，顆粒大而長方，色棕而光，體堅而脆。所化合之質亦不少，而最有用者惟鈉養鎢養三，凡印染棉布，先浸布於此水，染之甚覺光潤，既乾後火不易燒。此則鎢之體用可見者也。

一曰鉿之體用。鉿亦用光色分原法考得。其體質與鉛同而易於生銹，既銹後其味甚烈，凡與鉿化成之質亦如之，惟亦無大用耳。此則鉿之體用可見者也。

一曰銻之體用。銻爲藍白色之金，内含珠形，極脆，可研爲粉，常熱不能變，若加大熱則鎔，發光亦甚明亮。與養合共分三級。若論其用，則獨有一質其用甚少，必須與别金配合，如作鉛字，及充銀等項是也。此則銻之體用可見者也。

一曰鐕之體用。鐕無獨成之質，恒見於鐵礦。其顆粒爲長方形，與銅相似。與養氣化合成鐕養二，其質白，可作瓷器及僞牙。又與淡氣化成鐕淡，爲茄花色之粉。此則鐕之體用可見者也。

一曰鈮之體用。鈮之顆粒極堅，而無獨成之礦。常與鈮養二鐵養錳養相合，然不常見，亦無大用。惟與養氣二合則成白粉，尚屬有用耳。此則鈮之體用可見者也。

一曰鉭之體用。鉭之爲用也不多見。形體與鈮略同。昔人故誤作鈮。後始知其爲鉭。現産於瑞顛國，惟無大用耳。此則鉭之體用可見者也。

一曰鉮之體用。鉮色如鋼而質極脆，可研爲細粉，恒見於銅、鐵、錫、鈷、鎳等礦。其純質極少，與别質化合之用則甚多。如砒霜即信［石］，即鉮與養氣三化合所成，而性酷毒，若以之擦動物之身上，則可永不腐爛。又有銅養鉮養三，可作緑顏料，鉀養鉮養三可爲藥材。若與硫化合則成鉮硫三、鉮硫五，即雄黄、雌黄也。此則鉮之體用可見者也。

一曰鉬之體用。鉬之色白而質硬，最難消鎔。常合於硫礦内，爲鉬硫三，狀如筆鉛，若以硫强水煮之，水即變棕藍色。此質之大用，惟合成之淡輕三鉬養三而已。此則鉬之體用可見者也。

一曰金之體用。金與銀、汞、鉑、鈀、銠、釕、鋨、銥皆爲貴重之品。其色極黄，其性極韌，可造成極薄之韌片，並可造作極長之細絲。質純者體軟如鉛，如大熱即鎔，鎔後復硬，則略縮小。惟無論寒暑濕燥皆不發銹也。至其用處甚廣，以之作金錢、器皿，須加銅十分之一，始能耐久。又用以打成金箔，可作包金之用，亦極玲瓏。若與養類化合則成金養，與緑氣化合則成金緑，照相亦用之。此則金之體用可見者也。

一曰銀之體用。銀之色最白，其體質硬於金而軟於銅，可抽爲極細之絲，可搥爲極薄之片。惟銀於礦中常與硫磺相合，或兼涵礦鉛、磺銅、磺鐵、磺銻等質。其所以貴於用者，以在空氣中不與養氣牽合，故雖歷久而不銹也。若以之造錢幣、器皿，亦須攙銅少許，始能堅久。故西國與製造銀餅入銅多少皆有定率，計英國銀餅每銀十一分，銅一分；美國銀餅銀十分，銅一分。又可鍍銀於銅、鐵、玻璃等器，亦頗雅觀。與他質配合之用，尤不可以更僕數。此則銀之體用可見者也。

一曰汞之體用。汞之色白而體重。獨成之汞，間亦有之；然不如涵硫者多，即汞硫礦也。由礦取出，必加甑煉，始得純汞，凡遇空氣及濕氣俱不生銹。其質甚密，不冷不熱爲流質，冷至三十九度則疑結如鉛，可製成薄片；熱至三百五十度則沸而化氣。其功用甚大，凡風雨表、寒暑表，各種藥材，各種返光照鏡，及藉以取金銀之在礦中者，俱用之。又有汞養即三仙丹，汞二緑即輕粉，其用亦宏。此則汞之體用可見者也。

一曰鉑之體用。鉑即白金，其色如銀，微有灰色，常産於海濱沙坦之中，不與别金溷雜。常見者爲小扁粒，大塊極少。其體硬於銅而軟於鐵，可以打箔抽絲，惟電合及二氣火管始能鎔之，否則雖烈火亦不化也。

若所函之質、所有之氣，以及配鍊力、化力、熱度、鎔度、色變、味變、形變、臭變之類，尚未盡得奥妙，深明定準而已。誠能由淺入深，即小見大，推而廣之，會而通之，何難與西人並駕齊驅乎！

——8. 皇朝經世文三編　卷一二　學術一二　化學

中外交涉論　闕名

中外交涉，由來已久，蓋不自今日始矣。周以後三千餘年中，大概盛於西北，而略於東南。至隋唐之與高麗釁由黷武，不足深論。元明之開始於日本搆難，而亦内民導之，非必凴凌上國也。今者泰西各國恃舟航之利，萬里咫尺，海之所至，無不與中國共之。其交涉之道，有與前代迥異者，固當深思而熟處之，未可以一端言也。

謀國者不曰戰，則曰和。説非不是，然皆皮毛而未得其體者也。試問我之兵勢即强，能與大海角逐乎？我之撫循雖能殷，終饜其欲乎？一波未平，一波又起，欲求始終相安，雖愚者亦知其不可得也。乃頭痛顧頭，見病治病，築室道旁，和戰日紛，而中土之元氣，日爲之朘削，能不深懼哉？夫泰西立國之雄，無不稱其船堅，其礮利，其機器巧，其算學精，故一意師其長技以制之，以爲舍此四者不足爲功，而不知其根本之圖，則在於政令簡、下情達、國是公、養人厚，雖日事戰鬭，而臨陣則釋俘决囚無殊辟，渾僕剛毅，有中土上古之風。故心志齊一，嚴號令明，而又有利器以助之，此所以動輒制勝也。我不探其本，而推末是務，則縱有其船，有其礮，有其技，而無其上下簡嚴忍鷙之勢，則亦徒爲寇資而已。

謀國者又曰："爲今之計，力求富强。"説亦非不是也。然富强之策在富於人材，强於刑政，而不在聚斂蒐練也。試就康、雍、乾三朝言之，準噶爾、喀環喀、羅刹、土扈特而霍集，與大小金川、緬甸、安南，其環伺而長驅者指不勝屈也。三聖人臨御，亦惟是簡賢任能，張弛互用，中外之治具畢舉，先有以大服十八省兵民之心而作之氣，故不戰而屈人，來王來享，莫之敢後，猶夫人身正氣日壯，外邪自當退聽，不僅日施攻伐之劑也。又讀太祖高皇帝訓曰：此時有甲十三、有衆一旅，惟君臣父子上下一心，故能屢克堅城，前摧大敵，即少康一成之喻，况以目前無缺之金甌乎？一旦丕承祖烈，大振紀綱，使野無遺賢，朝無倖位。振作以祛積習，寬厚以撫殘黎，智者竭其謀，勇者盡其力，有一往無前之朝氣，濟以朝作夜思之精神。吏治一新，民頌大起。則安内即所以攘外，國派日固，可以富、可以强、可以和、可以戰。泰西諸國，目睹中土之紀綱震勁，上下同仇，未有不翻然改圖，惕然翕服，不待鞠旅陳師，而彼氣已餒，所謂戰勝於廟堂是也。故就今日而談洋務，欲制外人，不必師外人，師中國可也；不必師中國之古人，師中國之本朝可也。法制之善，莫如本朝；事迹之近，莫如本朝。倘不求之根本所在，而以祖宗爲不足法，人言爲不足畏，因陋就簡，愒日玩時，則宵小從而生心，四鄰皆無忌憚，舟中敵國，衽席戈矛，又豈特不能制伏鯨鯢已乎？杜牧之議河北曰："上策莫如自治。"孟子曰："壯者以暇日修其孝弟忠信，可使持梃以撻秦楚之堅甲利兵矣。"今日之籌邊，亦惟遠師孔孟之言，上復祖宗之法，則正論在是，權論亦在是。非然者紛紛然議戰、議和、議師其法以制其人，吾恐徒勞，而終無益耳。

——15. 皇朝經世文四編　卷三〇　禮政　交涉

中西格致本原論　葛道殷

《大學》言：格致在即物而窮其理。又云：衆物之表裏精粗無不到。所謂格者，亦覺精而備矣。三代而還，諸子互有發明。自明季海禁大開，泰西好學深思之士，越重洋遠來中土，各挾其所長以進。竊以爲，格致之理固無不同，而格致之事各有詳略精粗之不同。

夫物莫大於天地，中國之論天地，自卵白、卵黄之説而後，如揚子雲因衆儒之説，以天爲常左，日月星辰隨而東西。王蕃《渾天》説周天三百六十五度五百八十九分度之百四十五。東西南北，展轉同規，半覆地上，半在地下，故二十八舍半隱。以儀準之，其見常百八十二度有奇，以可半覆地上，半在地下也。明以前書皆是其意，至國朝采用西法，即有地球之説，謂地處天中不動，天九重繞之，恒星最上，七政各以層數次第包環於外，運衍不息。此地静天動之説也。更益以三角八線算法造曆，猶是中國之曆法。西人不然，謂日居中不動，地球亦爲行星，間於月與諸行星之間，繞日而行。又製最精之遠鏡、儀器，實測久之，而知其所繞之路非平圓，并互有攝動之差。彗星，中國史不絶書，中國曆書無之。西人考測甚詳，測其所行之大圓甚橢，或數百年一見，或數十年一見，或數年一見不等，故能得其根數，立有成表。近代天算家考究尤精，故推彗之法日密一日。其意似不關休咎。置閏，中法以無中氣之月爲閏月；西法四年閏一日，一百二十八年閏三十一日，四百年閏九十七日。是步天造曆，皆有異也。言地，《尚書考靈曜》：地有四游，冬至，地上，北而西三萬里；夏至，地下，南而東三萬里；春秋分，則中。又《續漢書》張衡作地動儀以精銅鑄，即是西人地球轉動之説，但步地量地測地之説皆闕如也。西人以地既爲圓球，即匀分三百六十經度，又平分地腰爲赤道，迤北抵北極，迤南抵南極，各九十度，爲緯度。是以測天行海，皆憑此爲準繩。又能考究地彀土石層數，動植各物形迹，查其古今變遷並求其所以成形之理，名爲地學。是考地論地，皆詳略之有異也。

至論人之一身，中國醫書言理甚精，但所載骨肉、臟腑、經絡，多不明其體用。西書全體新論考之精詳，言之確鑿，是論人身有詳略不之同也。至於化學、重學、光學、電學、汽學，中國如《墨子》云：化徵易若鼁爲鶉，五合水火土，離然鑠金，腐水離木。此即化學之謂也。均髮均懸輕重，而髮絶不均也；均其絶也，莫絶一，少於二而多於五。説在重非半弗鄀倍、二尺與、二尺去其一，此重學之謂也。臨鑑立景，二光夾一光，足被下光，故成景於上；首被上光，故成景於下。鑑者近中，則所鑑大，景亦大；遠中，則所鑑小，景亦小。此光學之謂也。《亢倉子》云：蜕地之謂水，蜕水之謂氣。此汽學之謂也。《經》言："地載神氣，神氣風霆。風霆流形，百物露生。"此電學之謂也。《關尹子》言："擊石，石生光。"雷電緣氣以生，可以爲之。《淮南子》言：黄埃、青曾、赤丹、白礬，元砥，歷歲生澒。其泉之埃，上爲雲，陰陽相薄爲雷，激揚爲電。上者就下，流水就通，而合於海。鍊土生木，鍊木生火，鍊火生雲，鍊雲生水，鍊水反土。及夫頓牟掇芥，磁石引鐵之説，中國之言電氣特詳。但西國所言實較中國爲更詳。

如言化學分爲兩大類：一曰化成，類如金、土、氣、水等物。一曰生長，類如動植等物。不能化分者，爲原質，共有六十四種。原質又分兩類：一爲金類，一爲非金類。金類之品，雖多於非金類，然萬物以非金類化成者，乃多於金類。六十四種之内，氣質五，流質二，其餘不甚冷不甚熱之時，俱爲定質。其中言愛攝之力，論質點之微，體積之分，劑多少之比例，無不極精窮奥、得諸實驗。如燐，少得空氣即漸然，置諸日中立然。考其各種氣之根源，驗其各種氣之功用，養氣爲萬物之第一要物，風水火皆賴以生，人物均賴以呼吸。炭氣足以殺人，而草木之呼吸與動物相反。木本炭精，恒藉炭氣培養，而炭氣中之養氣反成無用。而放出輕養二氣，可以作鐙鉀養緑養五，并玻璃粉，用燐合製爲自來火。化學之大，中國所略，而西人加詳而精焉者也。

至於水學，中國僅言動静二種，有性情之不同。故醫者取長流水以療疾。其海水之鹹，雨水之輕，黄河水之重，江水之澄，湖水之清，山泉水性生硬，使人飲之而項癭，皆未分著。而西人言水，從涓滴相吸，以推其輕重壓力；流水則推其高低之躍、疾徐之流、波浪之理，各極精微。火學分熱與光爲兩物，論熱溯其來源，傳熱失熱變化各形，以熱造表。至於熱氣二説，爲物非物，已入幽微。論光之發源，共有五種，并解明眼目所以能視之理。云萬物中光之功用極大，一語精當之至。直射、返照，二光相抵，以遠近成方及比之理計之，可知其濃淡，均造微之論。論定氣又分爲二：一言天氣，包裹地球，漸高漸稀，約計二百里，有深淺厚薄之時，故其壓力不能常常相同。如水之在海，波浪起伏，畸重畸輕。風起之故，由於空氣壓力加減，氣浪翻騰。雨落之故，由於空氣含水，遇冷下墜。冰雪寒暑，惟南北温帶互相循環，熱帶無冬夏，南北寒帶半年爲晝夜，人迹罕到。蒸氣以火煮水所化，力能動機，大者可計馬力若干。測氣用氣，皆有至理善法，得自心思，並無師承。至凝露結霜之故，起霧成雲之理，皆由於水氣冷熱縮伸，各有微論，難以殫述。聲學，謂氣以傳聲，冷則稍速，熱則微遲。若中和之候，一杪内有九十六丈，可通其疾徐，與聲音之大小無涉。雖極微之聲與巨雷相較，快慢一也。惟聲之大者能及遠耳。目聲有浪，因氣激蕩成浪，如水因風激一般。若巨聲之浪，有破紙窗、墜屋瓦之能。

電學，謂電氣有空中自然成者，有造成者。自然成者，如空中雲二片，所含電氣爲相反者，則彼此交易電氣時，電火爲電氣流行之路，電聲即電火沖激之響。其響遇雲而有回聲，所以聞其聲轟轟然有引長之意。造成之電，則有乾濕之名，其氣雖同，而發源各殊。又分正負二種，不同類二種金相切，中無流質，一金類生正電氣，一金類生負電氣。此電氣存本金類體内，又分濃淡。鍍金欲其光滑而質镁匀净，本求恃其器具必所發之電氣數多而濃，且匀净。器内置正負材料之面大，而電氣之濃與數之比例過小，用以鍍金則時緩；反之，如正負材料之面小而塊數多，則電氣之濃與數之比例過大，所鍍各金或成顆粒或細粉，且必令藥水自行化分，見可鍍金所用電，具其正負材料必合比例而配之。由摩擦而生者，謂之乾電。二金浸於强水交感而成者，謂之濕電。濕電之用，可通音信。路有遠近，時無後先，電學亦神矣哉。力學，論物之行止升降必藉乎力。物莫大於地與日月，被地吸有潮汛，二力合一，一力分二。二力一用，各有至理。物之墜地，因輕重爲疾徐；礮之擊遠，因天氣爲高低。至於助力之器，槓桿、輪軸、滑車、斜面、螺絲、尖劈，人多忽略；西人之製器多賴之。此各事莫不各具算學比例之理，西人皆能精考實徵詳。推物莫微於昆蟲，蠶有病，精於格物之巴斯陡井，以六百倍顯微窺之，遂得其要領，謂此病名爲粒瘟，又名椒末瘟。最易傳染。

且母蚕病此，生子相延，傳蔓無已，故各蚕或死於抽繭之先，或未死而成絲太弱。是格物之極其微，正格物之大其用也。

嗟乎！西人之於格物，可謂無餘藴矣。顧何以煤瘴之伏礦中，無定法可免；直空以助升降，無善術可行，是礦務之猶有憾事。機織之布敏捷而不耐久，機壓之呢耐久而不光滑，機紡之綢價廉而無寶光，是紡績之猶待考求。雨螽、雨豆、雨血、雨毛，中西尤皆無確論，乃知合中西立教之原，積世、積人、積智，而物理之微而繁，非獨中人衹言其理，不能盡格，即西人專門之學亦多有不格之處，故云格致之理無不同，格致之事實有詳略精粗之不同也。

—8. 皇朝經世文三編　卷一〇　學術一〇　格致上

中西格致異同辯　彭瑞熙

中國有格致之學，西人亦有格致之學，然中國之格致兼道與藝言之也。西人之格致專以藝言，而亦未嘗非道也。世有迂闊者流，深薄西學，以爲非聖人之教；而沉溺於西學者，則謂中國專尚空談，不如西學實事求是，其失又甚矣。是不可以不辯。

夫中國格致之學，無所不有，無所不包。其深者探造化之原，究性命之理；其大者辨彝倫之叙，考平治之經；以及官司之守，器用之資，一名一物，一草一木，莫不有理，莫不當知，所謂衆物之表裏精粗無不到，而吾心之全體大用無不明也。故曰兼道與藝言之也。彼西人於器數之學竭力殫精，深求實驗，故能窮極象緯，轉移氣質，運用水火，變化金石，馭風發電，測海凌空，火輪船車瞬息千里，風雨寒暑立驗座隅，此外各種器用並臻奇妙，就其有用者用之，雖聖人亦不能廢，豈得概以奇技淫巧斥之？故曰專以藝言而亦未嘗非道也。且夫中國聖賢以道自任，而藝亦不遺，如周公多材多藝，孔子天縱多能，子産稱博物，冉求以藝傳，經傳所稱，必非虚語。至於六藝設科，考工分職，尤其彰明較著者矣。今之人特爲西學所詫，以爲非中國所有，殊不知巧樸雖異，源流實同。

又中國製器祇求適用，不尚新奇，而西人則精益求精，日新月異，此所以相形見絀耳。嘗考西人談天，謂“天地如球形，天静而地動”，似與中國蓋天、穹天、天動地静諸説不合。然中國固宗渾天之説，謂天如雞子，地如雞子，中黄居於天内，天大而地小。其在《易》曰：乾爲天、爲圜。《楚辭・天問》曰：圜則九重，孰營度之？許氏《説文》曰：圜，天體。《大戴禮》曾子曰：如誠天圜而地方，是則四角之不揜也。倉頡曰：地日行一度，風輪扶之。《書考靈曜》曰：地恒動不止，而人不知。《春秋元命苞》曰：地右轉以迎天。《河圖括地象》曰：地右動起於畢。彼利瑪竇、湯若望、南懷仁、侯失勒、約翰輩所述天地之形，大旨不出此也。西人談算有幾何、借根、對數、代數、微積諸術，極其妙矣。然中國自《河圖》寓加減之源，《洛書》肇乘除之祖，而隸首立法，商高授書，掌於保氏，散爲疇人，由來已久。近世所傳《九章》《天元》《四元》之書，本與西法一理，惟立式稍異。曆家以八線、弧、角算天，不過取其簡便，實則與六宗三要同出勾股一源耳。

又中國以月度定年，故每年三百五十四日，合氣盈朔虚，而三年一閏，五年再閏，十有九年七閏，謂之一章。西洋以日度定年，故每年三百六十五日，而四年閏一日，略盡餘分，惟月數不合朔望，實不如中法之妙。《書》稱：水潤下作鹹，火炎上作苦，木曲直作酸，金從革作辛，土稼穡作甘。《墨子》曰：五合水火土離然，鑠金腐水離木。《張子》曰：木金者，土之華實也。其性有水火之雜，故木水漬而生火，然而不離，蓋得土之浮華於水火之交也。金得火之精於火之燥，得水之精於水之濡，故水火相待而不害，爍之反流而不耗，蓋得土之精實於水火之際也。《亢倉子》曰：蜕地之謂水，蜕水之謂氣。以及陽燧取火、方諸取水之類，是即化學家氣化、質化、化分、化合之説也。又《墨子》曰：均髮均懸，輕重而髮絶，不均也；均其絶也，莫絶。一少於二而多於五，説在重。非半弗析，倍二尺，餘尺去其一。是即重學家萬物皆趨重心之説也。臨鑑立（立）景，二光夾一光，足被下光，故成景於上；首被下光，故成景於下。鑑者近中，則所鑑大，景亦大；遠中，則所鑑小，景亦小。非即光學家回光、折光、傳光、射光之説乎？古人聞牛鳴窌中而知宫，離群羊而知商，聽雉登木，鳴而知角，見豕負而駭而知徵，聽鳴鳥在樹而知羽，五音之妙能以耳力得之。自黄帝命伶倫象鳳鳴而造律吕，每三分而損益，隔八位以相生，而度量權衡、規矩準繩皆出於黄鐘之管。且律吕可以候天地自然之氣，由是播諸八音以宣八風，聽之者可以知興亡、治亂、善惡、灾祥之故，微妙至於如此。彼西人《聲學》一書未必能出其範圍也。

《經》曰：地載神氣，神氣風霆，風霆流形，百物露生。《關尹子》曰：石擊火生，光、雷、電緣氣而生，可以爲之。《淮南子》曰：陰陽相薄爲雷，激揚爲電，鍊土生木，鍊木生火，鍊火生雲，鍊雲生水，鍊水反土。以及頓牟掇芥、磁石引鍼之類，中國之言電氣者詳矣，不過藥物配合，久失其傳耳。古聖人斲木爲耜，揉木爲耒，斷木爲杵，掘地爲臼，弦木爲弧，剡木爲矢，刳木爲舟，剡木爲楫，結繩爲網罟，嘗百草以爲醫藥，範金合土以爲宫室，養蚕植桑以爲衣服，觀轉蓬象北斗以爲輪輿。凡日用所需，莫不精心結構，然猶曰此常器也。若夫成湯作飛車，送奇肱氏歸國；周公作指南車，送越裳氏歸國；公輸子削木爲鳶，可以升天，削木爲御，可以駕車。墨子亦能削木爲鵲而飛。《拾遺記》言：秦始皇起雲明臺，有巧工二人皆騰虚，緣木運斧斤於雲中。《三國志》言：諸葛亮伐魏，造木牛流馬以運糧。《朝野僉載》言：則天時海州匠造十二辰車，回轅正南則午門開，四方回轉，不爽毫釐。中國之爲機器者多矣，不過遺制淪亡，多不可考耳。即西人以火器稱雄海外，侵軼中華，其槍炮水雷之製愈變愈奇，然考其始亦原於中國。元伯顔帖木兒威行西域，始創火槍，一時制勝。是時有歐羅巴人在其麾下，携以歸國，肆力講求，遂臻其妙，諸國效之，始爲軍中無敵之技。至於火輪舟車、電報電燈之類，在彼土亦創於近歲，古來未有也。上古結繩而治，自黄帝命倉頡象鳥獸蹏迒之迹，以造書契，以後孳益漸多，有象形、會意、指事、諧聲、假借、轉注六書之目。彼西人以二十六字母拚合成文，僅有諧聲、假借兩端，而四者無有。又其語言文字一致，並無雅俗淺深之分，比之中國亦已粗矣。總而論之，中國風氣重道而輕藝，西洋風氣重藝而輕道。然自古至今，治亂安危恒繫乎道之隆污，不繫乎藝之巧拙也。今天下中外周通，强鄰窺伺，挾其所長以傲我所短，中國於是欲師其長技以制之，此西學之講求所以難已也。

至於綱常法度，禮樂教化，終爲治天下之本，其可一日少乎？權衡輕重，有識者必當知之。又格致二字本出中國之書譯者，以意義相近取而文之耳。考西人器數之學本名東來，法則原本益可知矣。世有講求格致者，以道爲經，以藝爲緯，則中西一貫，亦何異之有哉？

—8. 皇朝經世文三編　卷一〇　學術一〇　格致上

中西算學致用論　闕名

粵自河游神馬，圖開八卦之先；洛出靈龜，書備九疇之用。所謂象而後有滋，滋而後有數也。是以春皇御世，陰陽姸六峚之精；炎帝嗣基，氣朔啓一元之秘。翠嬀受録，元穹漸剖乎天苞；白阜呈圖，廣袤咸歸乎地紀。官稽少皞命五正以分司記述，高辛序三辰而著象，軒轅纂統益明星氣之占，顓頊乘權更纂重黎之業。幹支分配，推筮策於潛龍；律吕均調，協和聲於鳴鳳。算明隸首，爲九數之權輿；蓋造容成，實三家之肇始。業精推步，兼資稽牧之儔；度察離躔，分隸羲儀之屬。溯自皇初，逮於中古，天算之學，星日爲昭矣。迨乎旁羅歷象四時，首定於唐都；仰察璣衡七政，並齊於虞陛。羲和分測量，尋永短之差；章亥周行步，記廣輪之異。治垂神禹，握句股以程功；術受商高，剖圓方而立法。巫咸甘石，既家法之攸分；馮相保章，亦職司之各判。三代而下，六朝以還，時憲屢更，術元各立。還史太采初之法，崖略僅存；孟堅引三統之言，規模粗具。續《漢書》者司馬術列諸家，修《晋志》者李家辨羅衆説。借端耆策，惟大衍之争推；取數張弦，獨授時之首冠。大抵初承舊法，各運精思，惟測驗之日精，故推求之漸密。觀夫制傳洛下，爰創造乎渾儀。銘讀佐公，猶代垂乎刻漏；日行光道，知宿度之宜循；月食對衝，識日躔之所存。劉洪乾斗象分，始覺其太强；虞喜安天歲差，遂因而立法。晦朔弦望，何承天課定餘分；伏逆遲留，張子信推明緯度。類皆鈎深索隱，造極詣微，代不乏人，僕難更數耳。

夫成周設教，常懸保氏之規；炎漢開基，猶繫史官之掌。算經分掌，李唐並重乎六科；祀典初頒，趙宋兼崇乎五學。莫不垂諸令典，布在科條。欽惟我聖朝，道崇稽古，法本右文，學究天人，功參造化。聰明獨亶，溯河洛以探源；理數兼賅，貫中西而合撰。天山底定，新疆呈地理之圖；月竁來賓，上館肄天文之業。六儀並設，詳瞭望於臺官；四率相求，極探研於博士。蒲輪應召，由績學以參微；節著譚經，合疇人而列傳。一時珥筆簪毫之士，懷鉛握槧之流，靡不並習《九章》，兼明八線。或謂窮探要眇，洞究淵微，無非儒者之兼長，究遜專門之世守，然而刊訛正謬，訂墜搜遺，仍資汲古之功，尤重通明之學。彼夫五位三所，溯開國於泠鳩；二首六身，核疑年於史趙。鄭君《圖緯》，藉度算以甄明；杜氏《春秋》，據術元而考正。物宜紀候，詳稽《夏正》之篇；器尚考工，審訂《冬官》之紀。他若存名夕桀，徵古義於秦書；術著重差，證遺言於留序。縱横定位，早詳孫子之遺經；正負無人，更見松庭之算例。招差垛疊，郭邢臺術草猶存；隙積曾圓，沈存中《筆談》偶及。豈若榮陳答問，附《周髀》而難通；唐顧貽書，讀《天元》而未解者哉！若夫中西雖判，理法無殊。信異地之同符，如閉門而合轍。即如《天圓談問》，嘗徵《戴禮》之篇；地動呈形，屢見緯書之説。橢圓立法，稽古訓於靈均；蒙氣有差，證前聞於姜岌。以及形呈句股，貫屬三角之宗；度著弧弦，能賅八綫之用。對數之説，原比例之相通；代數之推，亦四元之遞衍。固不僅借根方之捷法，悉本天元一之遺規也已。且夫準繩規矩，聖人既竭其心思度量權衡，舉世咸遵乎軌則。以故兵刑錢穀，瑣屑周知；禮樂文章，燦明可紀。蟻旋乾軸，握尺管而全窺；鰲柱坤維，操寸錐而盡測。高深廣遠，無非接數以推求；曲直方圓，凡屬有刑而莫遁。若夫施諸日用，利在民生，統小大以賅，合精粗而畢。貫引鍰量用，嘗披管子之書；握算持籌，曾覬臨川之說。蔣士安之轉運，明察群推；趙光漢之鈎稽，精能莫及。以至潮來應月，窺蟾兔之盈虛；氣動生風，辨馬牛之順逆。與夫炮轟落地，球舞齊天，電氣潛通，水雷陡發，運機輪而遠駛，設箭鏡以冥搜，而推衍而靡窮，亦範圍之莫外者矣。

—15. 皇朝經世文四編　卷八　學術　算學

酌議同文館章程疏　總署王大臣

竊臣等前因製造機器、火器，必須講求天文、算學，議於同文館內添設一館，招取滿漢舉人、恩拔副歲優貢生、前項正途出身之五品以下京外各官，考試録取，延聘西人在館教習，並聲明一切章程，俟奉旨允准後再行詳細酌定，奏請施行等因。於十一月初五日具奏，奉旨："依議。欽此。"欽遵在案。臣等伏查，此次招考天文、算學之議，並非矜奇好異，震於西人術數之學也。蓋以西人製器之法，無不由度數而生，今中國議欲講求製造輪船、機器諸法，苟不藉西士爲先導，俾講明機巧之原，製作之本。竊恐師心自用，徒費錢糧，無裨於實際，是以臣等衡量再三而有此奏。

論者不察，必有以臣等爲不急之務者，必有以舍中國去而從西人爲非者，甚且有以中國之師法西人爲深可恥者，此皆不識時務之論也。夫中國之宜謀自强，至今而已亟矣。識時務者莫不以采西學製洋器爲自强之道，疆臣如左宗棠、李鴻章等，皆能深明其理，堅持其說，時於奏牘中詳陳之。上年李鴻章在上海設立機器局，由京營揀派兵弁前往學習；近日左宗棠亦請在閩設立藝局，選少年穎悟子弟，延請洋人，教以語言文字、算法、畫法，以爲將來製造輪船、機器之本。由此以觀，是西學之不可不急爲肄習也，固非臣等數人私見矣。或謂雇賃輪船，購買洋槍，各口均曾辦過，既便且省，何必爲此勞繢？不知中國所當學者，固不止輪船、槍礮一事。即以輪船、槍礮而論，雇買以應其用，計雖便而法終在人，講求以得其源，法既明而用將在我。蓋一則權宜之策，一則久遠之謀，孰得孰失，不待辯而明矣。至以舍中法而從西人爲非，亦臆說也。

查西說之根源，實本於中術之天元。彼西土目爲東來法，特其人性情縝密，善於運思，遂能推陳出新，擅名海外耳。其實法固中國之法也，天文、算學如此，其餘亦無不如此。中國創其法，西人襲之。中國儻能駕而上之，則在我既已洞悉根源，遇事不必外求，其利益正非淺鮮。且西人之術，我聖祖仁皇帝深韙之矣，當時列在臺官，垂爲時憲，兼容並包，智周無外，本朝掌故，亦不宜數典而忘。況六藝之中，數居其一。古者農夫戍卒皆識天文，後世設爲厲禁，知者始鮮。我朝康熙年間，特除私習天文之禁，由是人文蔚起，天學盛行，治經之儒皆兼治數，各家著述考證具精。語曰：一物不知，儒者之恥。士子足不出户，舉目見天，顧不知列宿爲何物，亦足羞也。即今日不設此館，猶肄業及之，况乎懸的以招哉？若夫以師法西人爲恥者，其說尤謬。夫天下恥莫恥於不若人。

查西洋各國數十年來，講求輪船之製，互相師法，製作日新。東洋日本，近亦遣人赴英國學其文字，習其象數，爲仿造輪船張本，不數年後亦必有成。西洋各國雄長海邦，各不相下，無論矣。若夫日本，蕞爾國耳，尚知發憤爲雄，中國狃於因循積習，不思振作，恥孰甚焉。特因期至其人，將來或可突過其人。今不以不如人爲恥，而獨以學其人爲恥，將安於不如而終不學，遂可雪其恥乎？或謂製造乃工匠之事，儒者不屑爲之，臣等尤有説焉。查《周禮·考工》一記，所載皆梓匠輪輿之事，數千百年，黌序奉爲經術，其故何也？蓋匠人習其事，儒者明其理，理明而用宏焉。今日之學，學其理也，乃儒者格物致知之事，並非强學士大夫以親執藝事也，又何疑乎？總之，學期適用，事貴因時。外人之物議雖多，當局之權衡宜定。臣等於此籌之熟矣，惟是事屬創始，立法宜詳，大抵欲嚴課程，必須優給廪餼，欲期鼓舞，必當量予升途。

謹公同酌擬章程六條，繕呈御覽，恭候欽定。再查翰林院編修、檢討、庶吉士等官，學問素優，差使較簡，若令學習此項天文、算學，程功必易。又進士出身之五品以下京外各官，與舉人、五項貢生事同一律，應請一併推廣招考，以資博采。

一、請專取正途人員，以資肄習也。查天文、算術，義藴精深，非夙知勤學用心之人，難以漸窺底蘊，與專習外洋語言文字之學生不同。前議專取舉人、恩拔副歲優貢生及由此項出身人員，今擬推廣，凡翰林院庶吉士、編修、檢討並五品以下由進士出身之京外各官，俾充其選。緣該員等研經有素，善用心思，致力果專，程功自易。服官者由京外各衙門保送，未仕者取具同鄉京官印結及本旗圖片，徑赴臣衙門具呈，由臣衙門定期試以策論等項，考取送館學習。其各省保送人員，程途遠近不齊，難以久候應俟，咨送到時，陸續考試，以免躭延。至京外各衙門咨送此項人員，務須擇其年在三十以内者方可咨送。如有平日講求天文、算學，自願來館學習，藉資印証，以精其業者，其年歲亦可不拘。

一、請飭各員常川駐館，以資講習也。查成事必由居肆，力學務在親師。本館留學各員，必須朝夕在館，講習問難，方可積漸見功。若朝出暮歸，往來踩躞，則晨夕之荒功不少，而心思亦因以不專。今議在館學習人員，無論京外，均一概留館住宿，飯食由臣衙門備給，其出入由該館提調設立號簿，隨時登記，以便稽查。至各本衙門如有應送差使以及考試等事，仍准照舊辦理，以期兩不相妨。

一、請按月考試，以稽勤惰也。查在館學習人員，果能專心致志，自可日起有功。惟其中勤惰之分，亦必隨時考察，用資策勵。今議，俟該員等學習半年之交，按月出題考試一次，由臣等親如校閲，分别甲乙，優者記功，劣者記過。功過分而勤惰見，相形之下，奮勉益生。

一、請限年考試，以觀成效也。查三載考績，朝廷課吏之方，誠以功力積至三年，優絀無不立見。今議每届三年舉行大考一次，分别等第。高等者立予奏奬，並酌量差遣試用；下等者照常學習，俟下届考試再行察看。

一、請厚給薪水，以期專致也。查此次留學各員，難保無寒峻之士，必須優加體恤，乃可冀其用志不紛。今議在館各員，除飯食由臣衙門備給外，每月仍各給薪水銀十兩，俾資津貼，庶内顧無憂，而心益專一矣。

一、請優加獎叙，以資鼓勵也。查該員等學習三年，試居高等，足見其平日用心勤苦，始終不懈，自應格外優奬，以爲後之留學者勸。今議此項人員，均准各按升階，格外優保班次，以示鼓舞而廣招徠。

—4. 皇朝經世文續編　卷一二〇　洋務二〇　培才

咨行通商各口募用外國人幫辦税務章程《通商約章類纂》

總理衙門咨同治三年七月十二日，據總税務司赫德呈報，查通商各口，除瓊州外，現有口岸十四處，均設有税務司，會同各關監督辦理税務，惟税司之下，有幫辦人等。在公事房辦理事件，又有扦子手在船驗貨，及此稽查偷漏等事，目下统计各關幫辦者，有八十餘人，扦子手也有三百名之多。若不定立章程，俾知遵守，無以昭畫一而示勸懲。兹擬章程二十六條，呈請酌核等因前來。本衙門查各關事務紛繁，幫辦及扦手人等，爲數亦復不少，必須定立章程，庶各關税務司辦理不致參差。而該幫辦、扦手人等，亦得所遵循，該税務司所請不爲無見。其所定章程二十六條，經本衙門詳加酌核，删改增添，共成二十七條，札知該總税務司遵辦，内第十九條内載，“若無總税務司及本關監督文書，不准僱用洋商船隻，作爲巡船”一節。查此條，係爲預防各關所用外國人任便爲中國僱覓洋船起見，總税務司及該關監督行文税務司，僱備巡船，其僱價由税務司於該關議定經費項下支發，如未經總税務司及監督行文税務司擅行僱備，應不准其開銷。至該關監督如有自用巡船之處，船由該監督自行僱備，即由監督調遣，所需經費亦由該關自行籌辦，不得動用各關税務司經費之款。除札知赫總税務司照辦外，相應將本衙門改定章程二十七條，抄録一紙，咨行查照，並將此項章程照録通行各該關監督，一體遵照辦理。同治三年七月咨各省。

一、總税務司，凡有應申陳本衙門事件，及更换各口税務司，務即隨時申報本衙門查核，仍一面分别申陳南北洋通商大臣，並知會各本關監督。

一、總税務司，係總理衙門所派，至各口税務司，及各項辦公外國人等，中國不能知其好歹，如有不妥，惟該總税務司是問。

一、各關所有外國人幫辦税務事宜，均由總税務司募請調派，其薪水如何增減，其調往各口以及應行撤退，均由總税務司作主，若某關税務司及各項幫辦人内，如有辦理不妥之人，即應由該關監督，一面詳報通商大臣及總理衙門，一面行文總税務司查辦。

一、各關雖係徵收洋商之税，然其事實中國之公事，所用之人，雖非中國人，其所辦係中國之事，其薪水亦中國所發，應較中國人格外盡心辦公，其與中國官民有交涉事件，尤須格外以禮相待，彼此不可猜疑傲慢。

一、各關所用之人，以各人分内應辦之事，爲第一緊要，務當盡心盡力。至泰西所有各項新法，大有便益於日用常行爲中國所未有者。若與地方官民相處浹洽，議論試行，雖屬同仁之義，然究爲餘事，總以分内應辦之事爲主，不可因此而誤公，彼此均不可勉强以必行。

一、各口税務司係總税務司所派之員，倘手下之人，有懈怠誤公者，惟該税務司是問。各該税務司於各口收税章程、各國通商條約，並外國商情，本應熟悉，且於中國情形較各項洋人尤爲透徹，辦理税務一切事宜，務求妥協。若有任性偏執，或與監督會商，並不悉心陳説，以致誤會，辦事乖謬，進退兩難，是該税務司才不勝任之據，定即撤退。

一、各口税務司，如有才不勝任及辦事錯誤者，係惟總税務司是問。至通商各口辦理收税事宜如有不妥，均係各關監督之責成。是以凡有公事，自應歸監督作主。如此，則税務司所辦之事即監督手下之事。惟税務司係總税務司所派之人，非監督、屬員可比。然不得因非其所屬，遇事招摇攬權，有礙公事，以致監督難專其責。

一、各口税務司於各國所派領事官常有交涉事件。若領事官非作買賣，税務司與之交好，自於公事有益。惟當論事辦事之間，愈當以凡事均係監督責成，不可稍存侵權見好之心，致罹咎譴。

一、各口税務司人等，逐日在關與商民交涉，均應設法重税課順商情。查各口章程分兩項，一係禁止作弊，以重税課，一係將税務各事，曉諭各商，以順商情。是以各口税司除嚴行防堵走私偷漏外，應每日在關察看所用之人，是否盡心辦公，隨時體恤各商有無刁難之處。且買賣爲税課之本，若令人爲難，不順其情，不免與税有礙，應由各該税務司細心斟酌地方情形，多便貿易，以期多收税餉，但不可與章程條約相背。

一、各口税務司手下之人，内有日後可勝司税之任，應由現任税務司爲之表率，令其妥悉税務，並應留心學習漢文漢語，以期日後可用。

一、各口税務司係專爲幫辦税務起見，其税務外地方各事與之無涉，本不應干預，惟税務司與地方官民相處熟悉，遇有外國人與地方交涉之事，從中調處，兩受其益，原不在禁止之例，然須將所處之事及來往信件均（須）報知總税務司。若處置乖方，以致别生事端，總税務司不能代任其咎，亦必將其懲儆。

一、各口税務司本口界外，概不准管理别口税務，及干預别口地方公事。兹將各口税務司應管界址注明於後，以便遵守。自香港至海南，其中沿海歸粤海關税務司稽查。自香港至潮州北之海島名拉碼磕斯，歸潮州關税務司稽查。自拉碼磕斯至泉州府海灣，歸厦門關税務司稽查。自泉州府海灣至北關海灣，歸閩海關税務司稽查。自北關海灣至乍浦歸浙海關税務司稽查。自乍浦沿口海至黄河老口，以及沿江至狼山，歸江海關税務司稽查。自黄河老口至大清河，歸東海關税務司稽查。自大清河至山海關，歸天津關税務司稽查。自山海關至大連灣、歸牛莊關税務司稽查。長江自狼山至江寧，歸鎮江關税務司稽查。自江寧至武穴，歸九江關税務司稽查。自武穴至岳州，歸江漢關税務司稽查。臺灣西北沿海各處歸淡水關税務司稽查。臺灣西南各處歸臺灣關税司稽查。

一、各口税務司内有代理人員與署理無異，代理、署理人員均與實任無異，其來往文書均用平移，不得自爲高下。

一、各口税務司若無總税務司明文准行，不得出駐扎之府界，擅離職守。如有緊要事件，必須親往，應一面具文申報總税務司，並先行知會該關監督，其關上公事，應交妥人接手照料，不得有誤。其所管沿海各處，有隨時稽查之事，准其派本關人往查。

一、各關所有總辦、幫辦、通事、扦子手頭目四項人等應領薪水，不得由該關税務司增減，亦不得任意撤退。若內有不妥之人，即准暫停薪水，不令赴關辦事，一面申報總税務司示遵。如此四項人內，有自行辭退者，亦隨時具報總税務司，以便另行選派。

一、通事之外，各關所用之中國人，以及外國扦子手人等，如有不妥，即由該口税務司立刻撤退，如係書辦，應知照監督，如係扦子手，應報明總税務司。

一、各關所用如中國人月領銀在十兩以上，外國人月領銀在六十兩以上者，不得由該關税務司自行增添薪水。

一、各關之外國人，除扦子手外，若非總税務司派來之人，概不准在關上干預公事。

一、若無總税務司及本關監督文書，不准僱用洋商船隻作爲巡船。

一、若有在關上阻撓公事，生端擾害之人，如係中國人即請由監督懲辦。如係外國人，應請監督行文該國領事官查辦。若領事不肯秉公辦理，即將情由申報總税務司，並請監督及總税務司申詳總理衙門。各口税司均不得擅自究斷。

一、各口税務司每逢結底，將結內收支罰三項各款，照前式摺報，及遇事隨時具報外，每於月底須將該口買賣收税各情形，簡明報知，均須端楷，盡寫漢文，報摺不得挖補。

一、遇有别口發來單照內有錯誤或探聞别口界內有偷漏情弊，應行文該口税務司查照。該口税務司即行查辦，並一面知照該關監督。

一、各口收税除載在條約者無可更改外，其日行詳細章程，亦應永遠遵辦。如其中實有因時制宜，必須隨時更改者，務當先期申請酌核，不得擅自更改。按所謂日行詳細章程，即後列之進出口上下貨税司簡明章程。

一、税務司總辦、幫辦、扦子手頭目，俟過五年後，准告一年之假，領一半之薪俸，回國休息，須先三個月請假，以便擇人更换。通事每三年准告假三個月，領全薪俸，均由議定各關税務司經費項下支取給。

一、各口税務司總辦、幫辦、扦子手頭目四項，若有不妥，由總税務司一人作主撤退。或前期三個月諭知起身回國時，即不另發銀兩。若立時撤退者，發給三個月俸銀，飭令起身。若歷過五年，自行因病回國，並非因事撤退者，給予半年薪俸。歷過十年者，賞給一年，二十年者，賞給二年，亦均由議定各關税務司經費項下支給。其各關税務司如有更動，總税務司隨時知照該關監督。

一、凡税務司與該口監督來往日行事件，除尋常事件，毋庸鈔録，如有緊要之事，鈔報總税務司查核。若與地方官有不得已行文者，無論是否有關税務，均須鈔録具報，倘有應行申呈總理衙門事件，必須開具節略，蓋印畫押，呈送總税務司轉呈。

一、總税務司所請在各關公事房內，辦事之外國人，分爲六等：一税務司、一總辦、一頭等幫辦、一二等幫辦、一三等幫辦、一四等幫辦。內如有告假回國，派以次之人接辦，准支本身薪俸一半，署缺薪俸一半，亦均由議定各關税務司經費項下支給。

以上共章程二十七款，各口税務司務須一一遵守，如有違背者，立即撤退。

—5. 皇朝經世文續編　卷一一五　洋務一五　商務三

奏陳開源節流章程疏　户部

光緒十年九月初五日，欽奉慈禧端佑康頤昭豫莊誠皇太后懿旨：“現在軍餉緊要，應如何預爲籌劃之處，著軍機大臣、户部、總理各國事務衙門大臣，會同妥議具奏，醇親王奕譞著一併與議。欽此。”臣等當即公同集議。

伏查本年六月，户部會同軍機大臣，有通盤籌劃接濟餉需之奏，令各省裁節用款，專供海上兵糈；並令各省於兩個月内，將某項裁減若干，每月籌劃若干，迅速籌備，開單奏明。又本年七月，户部於奏請添撥部庫邊防經費摺内，陳明籌餉緊迫。此後，凡有户部指撥各項海防餉需，無論各省藩運司道監督等，如能照數批解，毫無貽悮，由户部半年題奏一次，照軍功例請給優獎；其有支吾推諉遲誤者，由户部隨時嚴參。嗣經各直省迭次奏請，撥餉均經户部，或准添領部餉，或許截留京餉，或停應撥協餉，或令改解原餉，隨時核辦，一出於移緩救急，爲一時周轉之計。而於其何以持久，俾無缺乏，方切焦慮，亟當妥籌。今欽奉懿旨，復令臣等會同籌議。

臣等竊以爲國家理財一政，行之無事之時，較易行之；軍興之際，實難行之。小有撻伐之世，尚易行之；大亂初平之後，尤難。自咸豐同治以來，粤匪亂起，海疆滋事，中外用項，日增月益。彼時籌餉即難，然各省廣開捐例。初議抽釐，各軍每自謂供餉之方，未全勞廟堂之籌措，兼之改幣行鈔，大減放款，勉爲敷衍京省之需。髮捻平後，西路、海防兩處，用尤浩繁，一歲所入，不足供一歲之出，又十五六年矣。户部前於光緒二年奏總核度支，六年奏籌備餉需。深睹大亂初平，民生彫敝，新增入數，皆有占定。支款舊例，賦税荒缺，未能滿徵。非及早綢繆，無以爲自强之基。無如内外臣工，因循成習，情面未除，言而未必行，行而未必實。恭查同治九年欽奉上諭：“近來内外臣工，往往遇事機緊急，徒事張皇，迨禍患略平，則又泄沓成風。爲目前自安之計，即使飭立戰守章程，而在事諸臣奉行不力，有名無實，遂使朝廷深謀遠慮均屬具文。似此因循成習，何時可冀自强？何時可平外患？宵旰焦勞，無時或釋等因。欽此。”臣等平時敬讀此旨，輒深愧憤。今兹法人搆難，戰事未已，目睹時艱，敢不同竭愚忱，力圖匡濟？

竊維自古理財之道，不外開源節流一事。今謹將臣等商擬開源節流各事宜，另繕清單，恭呈懿覽。一俟命下，由户部分行中外，一體欽遵照辦，迅即施行。並由户部再行申明光緒六年所奏籌備餉需，及本年六月會奏籌劃各路餉需各原議，嚴切催令各省於此次接奉諭旨後，分别勒限四五個月，一體認真分别舉辦。如再視同具文，遲延不覆，或竟空言搪塞，實無整頓，於來年六月底限滿之日，仍應由臣等會同切實考核，具摺奏參。

—5. 皇朝經世文續編　卷二六　户政三　理財下

奏設檢書處議　闕名

檢書處者何？仿日本板權所也。日本板權所隸於文部省，由大臣派員主持之。舉凡民間繙譯西書以及各種箸述，甫經脱稿，即須請所員鑒定，始得付諸棗梨。及印釘告成，則又送呈樣本，蓋以防曲説横議有壞政教風俗，與夫異端邪術蠱惑人心也。中朝文字之禁向嚴，康熙時，湖州莊廷鉞《明史》案發，一時名士之牽連被戮者多至數百人。厥後乾隆中葉，又申明書禁，凡錢謙益、吕留良、屈大均諸人詩文等集，一律將版銷毁。此外《言言集》《南山集》諸案，亦復多所株連。即讖緯之書，如《推背圖》，如黄蘗老人詩，更皆匿迹銷聲，無一人敢私行藏皮。昌正學而熄邪燄，風行雷厲，誠不得謂之法網過嚴也。洎乎海禁既開，中西互市，海外文人學士每喜劇創開報館，刊布新聞，濫觴於香港之遐邇貫珍，由是而上海，而天津，而寧波，而漢口，以迄閩粤諸行省，無在不有報紙，即無在不暢發議論，大言炎炎。其中秉筆者不可乏宏通淹雅之才，而語雜言尨，終不免妄談朝政。其所以不加禁止者，豈真畏其有所依倚哉？亦以報紙最易益人智慧，擴人見聞，舍其短而取其長，殊足爲學問之一助耳。初不料沿及近日，康、梁諸逆陰蓄狡謀，初行《事務報》於滬江，繼創《湘報》及《湘學報》於三楚，藉口臚陳時事，實則用以誘正士入奇邪。迨乎逆迹昭彰，逃亡海外，猶且箸爲《戊戌政變記》以及《保皇會規例國會覆南皮制軍書》，侮辱聖慈，指斥執政。稍一披閱，即令人髮指眦裂，恨不得食其肉而寢其皮。

噫，文字之禁一寬，而令狂悖之徒弄筆摇唇，目無君父，此而不嚴爲之禁，勢必天下文字不盡入叛逆之黨而不止。然則檢書處之設，其能已於目前乎？矧日前欽奉綸音，此後大小科場胥棄時文，而用策論、經義。讀書之子争先撰述，以便揣摩，所出新書自必倍多於往日。雖康、梁之燄已滅，向之依草附木者，皆斂尾竄伏，不復敢以異説鳴於時。然僞本流傳，安知無摭拾成編，以博蠅頭之利者？當由執政者奏請皇太后、皇上，於政務處設立總檢書處，簡大員中學有根柢者總其成，一面通飭各直省督撫大員分設檢書處，遴委科第出身之司道充檢書總辦。凡書籍之前已刊板者，責令將樣本賫呈，由總辦檢察再三，必使字句之間全無違悖情形，始準刷印發售，否則既劈其板，復懲其人。若夫新箸初成，則先賫呈原稿字句，有違礙者削之，全書皆違礙者焚之。或實係有用之書，而一篇一節之中立論稍有不合，則删改而批示之。夫而後文教昌明，僞學盡黜，彼康、梁逆與夫文人之議論好爲奇闢，甚至涉及宫闈者，舉無自流行，而人心乃於焉大正。豈非當今不可緩之要圖乎哉！或慮狡獪文人於呈稿時抽去違礙之處，及檢畢發回刊布，即重復插入，以冀掩飾彌縫，則當每歲札令府縣各官向書肆調集各書，彙送總辦覆檢。設與所呈原稿有異，則仍嚴以禁之，務使狡獪之技無所施，而狂悖之詞不得逞。或曰：若是，則文人恐不敢箸書立説，而教術將不得大行，奈若何？則正告之曰：是當既嚴其禁令，而復優予以利權。今書賈翻印之弊盛行，文人每成一書，未移時而已縮爲小本，致箸述家無從獲利，甚且積書不售，折閲良多。應於檢核準行後給以文憑，許其專利數十載，有翻印者明定律例，罰必加重，以絶書賈射利之狡謀，庶箸述家得以名利兼收，而不至心灰意倦歟！側聞今南皮制府就鄂中創設學務處，以興實學而啓新機，所望采及芻蕘，與政府中衮衮群公，奏行此事，則僞學當無從攙雜，而不讓日本版權所獨見其意美法良矣。若夫定報章律例，禁誨淫誨盜諸書，則鯫生當於他日再陳一得之愚，兹不贅及。

—15. 皇朝經世文四編　卷六　治體　書籍

索

引

作者索引

字頭拼音檢字表

作者索引

M

N

O

P

篇名索引

D

G

H

K

L

R

S

Z